JN429005

제 9 판

헌 법 학 강 의

이 준 일 저

弘 文 社

9th

Constitutional Law

Zoonil YI, Dr. jur.

Professor of Law, Korea University

2025

Hongmoonsa Publishing Co.

SEOUL, KOREA

제9판 머리말

지난 겨울, 느닷없이 한밤중에 비상계엄이 선포되었다. 비상계엄을 선포한 대통령은 국회에서 탄핵소추가 의결된 뒤 2025년 4월 4일 헌법재판소에서 파면결정을 받았다. 계엄군을 국회에 진입시켜 계엄해제의결을 방해하고, 부정선거 운운하며 중앙선거관리위원회에 계엄군을 투입시킨 것이 결정적이었다. 비상계엄을 선포하고 유신헌법을 제정하여 종신집권을 꿈꾸었던 박정희가 저격당한 뒤 선포된 비상계엄, 그리고 12 · 12 군사쿠데타로 등장한 신군부가 비상계엄을 전국으로 확대하자 이에 저항하며 들불처럼 일어난 5 · 18민주화운동이 무력으로 진압된 지 무려 45년이 지난 대한민국에 비상계엄은 참으로 생뚱맞고 비현실적이었다. 대통령의 법률대리인들, 대통령을 배출한 여당(국민의힘) 소속 국회의원들, 대통령의 지지자들, 심지어 일부 헌법학자들조차 헌정질서를 파괴하는 비상계엄을 옹호했으며 그런 비상계엄을 선포한 대통령의 탄핵에 반대했다. 헌법이 정한 실체적 · 절차적 요건을 충족하지 않은 비상계엄을 선포하는 행위는 탄핵사유일 뿐만 아니라 국헌을 문란케 할 목적의 폭동으로서 내란죄의 구성요건에 해당한다. 법적 요건을 충족하지 못한 비상계엄을 불가피했다고 옹호하고 그런 비상계엄을 선포한 대통령의 탄핵에 반대하는 것은 헌정질서 파괴행위를 지지하고 내란에 동조하는 것과 마찬가지다. 비상계엄과 탄핵 국면에서 한 마디도 언급하지 않던 대법원장은 대통령이 파면되고 실시된 조기 대통령선거의 유력 야당 후보자에 대한 다분히 정치적인 재판에서 파기환송판결을 내리면서 사실상 미래권력을 찬탈하려는 사법쿠데타마저 기도한다. 비상식적 계산법으로 대통령의 구속을 취소한 법관은 파면된 대통령에 대한 내란죄 재판을 침대축구 하듯이 지연시키고 있다. 정치적 · 물리적 · 사법적 탄압의 질고를 억세게 뚫고 나온 소년공 출신의 새로운 대통령이 2025년 6월 3일에 실시된 조기대선에서 선출되어 빛의 혁명을 이루어낸 시민들과 함께 헌정질서를 회복시키고 내란의 잔불을 종식시키고자 하지만 그 길이 결코 순탄하지 않다. 기록적인 무더위 속에서 오랜만에 신판을 출간하면서 간절히 고대하는 것은 오롯이 헌정질서의 신속한 회복뿐이다.

2025년 8월
안암동
고려대학교 법학전문대학원 연구실에서
저자 이 준 일

제 8 판 머리말

작년 대선 이후 시민들의 얼굴에서 어렵지 않게 짜증을 읽을 수 있다. 나라가 원하는 모습으로 돌아가지 않을 때 국민의 한 사람으로서 일반적으로 느끼는 그런 당연한 짜증으로 보인다. 작년 가을 시월의 끝자락에 수많은 젊은 청춘들이 이태원 골목에서 압사를 당해 세상을 떠났다. 아무도 책임지지 않는 안타까운 죽음을 마음껏 애도하지 못한 시민들에게 이제 분노마저 일어난다. 정치 경험은 전무하지만 법률가 출신의 대통령에게 그래도 무언가 기대하는 사람들이 많았다. 이제 사람들은 법률가들의 정치적 소통능력을 의심하고 있고, 오히려 법조카르텔을 만들어 자신들만의 세상을 구축해가고 있는 법률가들의 이기적 탐욕을 걱정할 지경이 되었다. 불편한 이야기를 들으면 강제수사권을 언급하며 위협하는 태도도 이제 신물나고 있다. 이러한 뒤틀린 현실이 나아가야 할 방향으로 헌법정신을 말하는 사람들은 많지만 정작 헌법정신은 정파적 이익을 위하여 아전인수 격으로 해석되어 심하게 곡해되고 있다. 그럼에도 불구하고 여전히 원론적으로 말하면 다시 헌법정신으로 돌아가야 할 때가 되었다. 이처럼 힘든 시기일수록 대한민국 국가공동체 구성원의 일반적 합의이면서 지구공동체 구성원의 보편적 합의까지도 담고 있는 헌법정신의 의미를 되새겨 볼 필요가 있다. 결국 헌법정신의 핵심은 인간의 존엄이다. 인간의 존엄을 보장하기 위하여 국가가 있고, 법이 있으며 헌법이 있다. 그러한 인간존엄은 모든 사람들에게 그들 각각이 처한 형편과 상관없이 충분한 자유와 평등을 동시에 보장할 때만 실현된다. 공정이나 정의와 같은 거창하고 추상적인 문구보다 누구나 자유롭고 평등한 존재로 인정하는 헌법정신이 일상의 삶에서조차 되살아나는 그런 순간을 고대하는 마음으로 새 판을 준비했다.

2023년 여름
안암동 고려대 연구실에서
저 자
이 준 일

제 7 판 머리말

2016년 겨울과 2017년 봄, 촛불을 들고 광장에 쏟아진 시민들의 정의로운 분노로 가득 찬 함성이 대통령의 탄핵을 만들어냈다. 감히 '촛불혁명'으로 부를 수 있는 역사적 사건이다. 새로운 정부가 등장했고, 다시 헌법개정에 관한 논의가 한창 진행되기도 했다. 소위 '1987년 체제'를 상징하는 현행 헌법이 30년도 넘는 세월로 변해 버린 시대정신을 제대로 반영하지 못한다고 생각하는 국민들의 관심이 집중되었다. 하지만 또 그렇게 정치적 공방만 무성하다가 개헌은 물 건너가 버렸다. 대통령 5년 단임제보다 일종의 중간선거를 거친 사실상 8년짜리 중임제가 시대정신에 부합한다고 단정하기는 어렵지만 민주주의와 국민주권의 가치를 광장의 함성을 통해 쏟아낸 시민의 시대정신을 담아내는 헌법개정은 필요하다고 본다. 역동하는 시대와 더불어 살다보니 4년만에 겨우 내는 개정판이다. 하지만 그렇게 많이 손을 보지는 못했다. 변경된 법령과 판례를 반영하는 것이 전부라고 할 수 있다. 늘 좋은 책을 만들기 위해 수고하는 홍문사 편집진에게 감사의 마음을 전한다.

2019년 여름
안암동 연구실에서
저자 이 준 일

제 6 판 머리말

지난겨울, 헌법재판소는 통합진보당을 위헌정당으로 해산하는 결정을 내렸다. 그와 동시에 소속 국회의원의 의원직도 상실되었다. 최근에 세월호 참사 진상규명을 위한 입법과정에서 국회의 입법권과 대통령의 행정입법권이 정면으로 충돌했다. 정치의 중심에 헌법이 자리 잡았다는 증거들이다. 정치영역에서 헌법이 행동기준이 되었다는 사실이 헌법학자로서 불만스러운 일은 아니지만 정치가 사법화(司法化)하는 현실에 대해서는 동의할 수 없다. 법은 공동체를 위한 최소한의 행동기준이지 최대한의 행동기준은 아니기 때문이다.

공동체를 위한 최대한의 행동기준은 정치가 제공한다. 정치의 사법화는 최소한의 행동기준이 공동체를 지배함으로써 공동체구성원이 상상할 수 있는 행동기준의 최대치를 하향시킨다. 한마디로 정치의 사법화는 공동체의 이상과 품격을 낮춘다. 최소한의 행동기준이 구현되는 공동체도 지구상에 많지는 않지만, 대한민국 공동체가 지향하는 수준은 그보다 높아야 한다는 점에서 정치의 복원이 필수적이다. 이제 한국 사회의 모든 이슈가 헌법재판소의 법정으로 가는 추세는 지양되어야 한다. 시민사회와 의회의 정치력이 복원되어 소수의 사법엘리트가 공동체의 의사를 최종적으로 결정하는 전근대성은 시급하게 해소되어야 한다.

그동안 게으름으로 많은 법령이 바뀌고, 새로운 판례가 축적되었음에도 불구하고 이 책에 반영되지 못했다. 그래서 이번 판에는 무엇보다도 법령과 판례의 보완에 무게를 두었다. 그리고 읽기에 불편했던 학설 부분의 가독성을 높이고자 했으며, 사례연습 문제 10문항을 추가했다. 무더운 여름 동안 추가된 법령과 판례의 보완을 위해 밤을 새며 수고해 준 내 조교 남중권과 이은진에게 따뜻한 고마움의 마음을 전한다.

2015년 선선한 바람과 함께 시작되는 가을에
안암동 연구실에서
저자 이 준 일 (YI. Z. I.)

제5판 머 리 말

현행 헌법에 따른 여섯 번째 정부가 탄생하였다. 단임제의 전통이 대한민국에 확고하게 자리를 잡았다고 평가할 수 있는 대목이다. 그렇다면 이제 중임제 개헌에 관한 논의가 필요한 시점이라고 볼 수도 있다. 하지만 중간평가를 받지 않는 5년 임기의 대통령제와 (4년 중임제의 경우) 중간평가를 통해 8년까지 임기가 보장되는 대통령제의 장단점을 엄격하게 비교하여 중임제의 선택을 결정해야 한다. 중간평가를 통해 국민이 선택할 수 있는 대통령의 임기는 4년으로 5년 단임제 대통령보다 고작 1년의 임기가 짧을 뿐이다. 단지 1년 먼저 대통령을 평가해 보려 했다가 자칫 3년의 임기를 더 보장할 수도 있다. 새로운 정부가 탄생할 때마다 등장하는 개헌논의가 신중해야 하는 이유가 여기에 있다. 굳이 개헌논의가 필요하다면 그것은 정부형태에 관한 것이기보다는 국민의 기본권에 관한 것이어야 한다.

새로운 정부의 조직에 관한 대체적인 구상은 나와 있지만 아직 정부조직법이 국회를 통과하지 못하여 이 책에는 정부조직법에 관하여 현재까지 나와 있는 구상을 중심으로 설명하였다. 의결되지도 않은 법안을 기초로 장관을 임명하는 것과 같은 우를 범한다는 비판이 제기될 수 있지만 새 학기를 앞두고 책의 출간을 더 이상 미룰 수 없는 형편이 되었다. 어쨌든 정부조직법을 제외하고 제5판에서는 지난 판 이후에 나온 법령과 판례를 충분히 반영하려고 노력했다. 교정을 위해 수고해 준 고려대학교 대학원의 황지영, 손민호, 남중권에게 감사의 말을 전한다. 그리고 출판을 위해 언제나 수고를 아끼지 않는 홍문사 편집진에게도 감사의 마음을 전하고 싶다.

2013년 벽두에
안암동,
고려대학교 연구실에서
저자 이 준 일 (YI. Z. I.)

제4판 머 리 말

세 번째 판을 내고 3년이 흘렀다. 매년 개정판을 내는 관행에 비추어보면 게으름 탓으로 돌릴 수밖에 없다. 겨우 맘먹고 준비하다 막판에 몸까지 고장이 났다. 결벽증에 가까운 평소의 완벽주의를 고집했다면 책을 낼 수 없었다. 하지만 이미 재고가 모두 소진된 마당에 출판을 미룰 수 없었다. 아쉽고 부끄럽지만 다음 판을 기약할 수밖에 없었다. 덕분에 조교들이 고생을 많이 했다. 먼저 나의 헌신적인 조교 이승택과 유철희에게 감사의 마음을 전한다.

기본적으로 이 판은 책을 다시 쓴다는 마음으로 구성을 새롭게 해보았다. 단락번호를 없애고, 문장 옆에 달았던 할주도 각주의 형식으로 변경했다. 그리고 몇 가지 중요한 주제들의 위치를 변경시켜 체계적 완성도를 높이고자 했다. 또한 그동안 로스쿨에서 강의하면서 출제했던 사례문제와 모범답안도 추가했다. 한편 지난 3년 동안 국적법, 공직선거법, 국회법, 정부조직법 등의 부수법령과 필수적으로 다루어야 할 여러 법령들이 다수 개정되어 이를 반영했다. 더불어 중요한 사회적 이슈가 되었던 판례들도 쏟아져 나왔으므로 이를 최대한 담아보고자 노력했다.

치밀한 정치적 계산이 깔린 것으로 보이는 개헌논의가 다시 고개를 들고 있다. 헌법은 국가의 기본법이므로 개헌은 국가의 미래에 중대한 영향을 미칠 수밖에 없다. 대한민국의 장래를 걱정하는 마음으로 신중하고 이성적인 논의가 진행되기를 소망한다. 특별히 이러한 논의 속에서 전문가의 목소리가 의미있는 역할을 수행할 수 있기를 기대하고, 이 책도 그런 목소리 가운데 하나가 될 수 있었으면 싶다. 마지막으로 나의 조교들과 함께 수고해준 고려대학교 대학원생 정다영과 황지영에게도 고마운 마음을 남기고, 편집을 위해 열과 성을 다해준 홍문사 편집진에게도 진심으로 감사드린다.

2011년 2월
안암동 연구실에서
저자 이 준 일 (YI. Z. I.)

제 3 판 머 리 말

제 2 판을 낸 후 많은 변화가 생겼다. 2007년 여름 로스쿨(법학전문대학원) 제도가 도입되었고, 2008년 2월 새로운 정부가 탄생하였다. 이에 따라 제 3 판에는 로스쿨을 대비하여 케이스(사례연습) 문제를 보강하였다. 그리고 많이 바뀐 정부조직법을 비롯하여 개정된 법령과 추가된 판례를 최대한 반영하였다. 이제 반년 정도 후면 시작될 로스쿨이 성공적으로 한국에 정착하기를 기원한다. 또한 미국산 소고기 수입 때문에 위기를 맞고 있는 '이명박 정부'도 성공적으로 5년의 임기를 마치기를 염원한다.

2008년 5월 임기를 시작한 제18대 국회가 헌법개정 논의를 공론화시키기 시작했다. 필자도 첫 번째 발제자로서 정부형태에 관한 논문("한국에서 의원내각제 – 도입의 필요성과 전제조건 및 실현가능성을 중심으로 –")을 발표했다. 발제문을 준비하면서 권력구조 개편에 편중된 당리당략적이고 단기적인 논의가 아니라 국민 전체와 다음 세대를 생각하는 장기적 관점의 논의가 되기를 바라는 마음이 간절했다. 이런 간절한 마음을 담아 제 3 판을 준비했다. 이 책이 헌법개정에 관한 논의의 과정 속에서 조금이나마 기여할 수 있기를 기대한다.

다시 시애틀(Seattle)을 찾아 여름을 보내면서 제3판을 만들었다. 맑고 너른 호수의 마음으로 생각에 생각을 거듭하면서 문장을 다듬었고, 가능한 한 문단이 부드럽게 연결되도록 하여 독자들이 쉽고 자연스럽게 읽을 수 있도록 하였다. 무더운 여름 동안 교정을 위해 수고해 준 나의 조교 이승택을 비롯하여 고려대학교 대학원에서 헌법을 전공하는 대학원생 김용태, 유승익, 유철희, 원용연, 유시형, 손민호, 황지영, 정다영, 이진수에게 감사의 말을 전한다. 그리고 특별한 열정을 가지고 편집에 수고해 주신 홍문사 편집진 여러분께도 감사를 드린다.

2008년 여름
다시 찾은 시애틀에서
저자 이 준 일 (YI. Z. I.)

제2판 머 리 말

그동안 출간된 교과서와는 많이 다른 『헌법학강의』를 내고 수많은 격려와 비판이 있었다. 참신하다는 의견도 있었고, 어렵다는 의견도 있었다. 특히 이 책이 기초로 삼은 '대화이론'과 '규칙/원칙모델'은 신선하면서도 이해에 어려움이 많다는 의견이 대부분이었다. 하지만 많은 의견이 있다는 것만으로도 이 책은 성공했다고 자평한다. 이 책이 출발점으로 삼은 '대화이론'의 기본전제가 견해의 다양성이기 때문이다. 앞으로도 이 책은 독자들의 다양한 지적과 비판, 그리고 그에 대한 대응과 답변이라는 대화의 형식으로 계속해서 만들어져 갈 것이다.

제 2 판은 초판의 골격을 그대로 유지하면서 이해하기 어려운 문장들을 쉽게 바꾸고, 길게 늘어졌던 문장과 문단을 간결하게 나누었다. 또한 그동안 바뀐 법령과 판례를 최대한 반영했다. 그리고 본문과 구분이 잘 되지 않았던 법령과 판례를 구분하기 위해 시각적 변화를 주어 깔끔하게 정리하였다. 책의 생명은 형식이 아니라 내용이라는 것을 잘 알지만, 내용을 담는 형식의 변화가 내용의 이해를 용이하고 풍부하게 한다는 점을 주목했다.

『헌법학강의』의 초판은 분주하면서 다이내믹한 도시 서울에서 만들어졌다. 그만큼 바쁘고 정신없이 책이 나올 수밖에 없었다. 반면에 제 2 판은 여유로우면서도 로맨틱한 도시 시애틀에서 만들어졌다. 많은 시간과 여유를 두고 여러 번 생각하면서 만든 까닭에 초판을 만들면서 보지 못했던 많은 부분들을 보게 되었다. 그래서 그만큼 꼼꼼하고 차분하게 책이 만들어질 수 있었다.

교정지가 한국과 미국을 오가며 책이 만들어진 이유로 홍문사(弘文社) 여러분이 수고를 많이 하셨다. 또한 연구년을 맞아 미국에 체류 중인 나를 대신하여 연구실을 지키며 묵묵하게 일하여준, 고려대학교 법과대학 박사과정에 있는 나의 조교 김용태의 수고가 컸다. 그 밖에도 교정으로 수고해준 고려대 법대 헌법전공 대학원생 김정혜, 손민호, 유철희, 이승택, 황지영에게도 특별히 감사하고 싶다.

2007년 봄을 기다리며
물과 숲으로 가득 찬 에메랄드빛 도시 Seattle,
University of Washington Law School에서
저자 이 준 일 (YI. Z. I.)

초판 머 리 말

오랫동안 이 책을 준비하면서 두 가지 목표를 세웠다. 하나는 '학문적 깊이'였고, 또 하나는 '정보적 넓이'였다. 학문적 엄밀성이나 창조성을 유지하면서도 교과서에서 반드시 필요한 판례나 법령에 대한 충분한 정보를 담아내는 것이 집필의 주된 목적이었다. 가까운 지인들에게 이 두 가지 목표를 가지고 책을 준비 중에 있다고 이야기했을 때 되돌아오는 답변은 공통되었다. 자칫 학문적 수준도 유지 못하면서 정보도 충분히 담아내지 못하는 어정쩡한 책이 될 수 있다는 우려가 그것이었다. 하지만 법학의 이론은 법과대학에서 배우고, 정작 사법시험은 '신림동'이란 단어로 형상화된 고시학원에서 준비하는 기현상을 조금이라도 바로잡아야 한다는 사명감이 그런 우려들을 압도했다. 이러한 고민 속에서 세상에 나오는 책인 까닭에 이 책은 학문적 깊이와 수험적 정보를 모두 담았다고 자부할 수 있다.

작년 가을 헌법학을 이해하는 법철학적 기초를 설명하기 위하여 『법학입문』을 출간하였다. 지금 출간하는 이 책 『헌법학강의』는 헌법학의 법철학적 기초가 되었던 '대화이론'(theory of discourse)을 구체화시킨 책이다. 대화이론은 『법적 논증이론』(Theorie der juristischen Argumentation)과 『기본권 이론』(Theorie der Grundrechte)의 저자이자 나의 박사학위논문을 지도한 알렉시(R. Alexy) 교수의 영향으로부터 완전히 자유롭기가 어렵다. 대화이론은 절차주의(proceduralism)에 기초하고 있다. 이러한 절차주의는 '인식론적'으로는 주관주의와 객관주의, '가치론적'으로는 상대주의와 절대주의, '정치철학적'으로는 자유주의와 공동체주의의 논쟁을 극복하는 '제3의 대안'으로 정초(定礎)되었다. 이러한 절차주의에 기초한 대화이론이 이 책을 관통하는 중요한 코드다. 이 책의 통일된 코드인 대화이론을 이해하기 위하여 제 1 편 제 1 부 제 1장 의 정독은 필수적이다. 만약 이해에 대한 이 책의 설명이 부족하다면 『법학입문』의 설명을 참고하기 바란다.

제 1 편 헌법총론은 대화이론으로부터 출발하여 헌법의 일반이론과 한국헌법의 일반이론을 다루었다. 그리고 제 2 편 기본권론은 대화이론을 기본권학(基本權學)에 적용하기 위하여 고안된 '규칙/원칙모델'(rule/principle model)에 따라 서술되었다. 여기서 다시 일반적인 분류에 따라 기본권총론과 기본권각론으로 구분하였다. 한편 제 3 편 국가조직론은 입법, 집행, 사법 등의 국가기능의 분배와 이러한 국가기능을 담당하는 국회, 대통령과 정부, 법원 등의 국가기관의 조직에 대해서 설명하고 있다. 마지막으로 제4편 헌법재판론은 전통적으로 국가조직론(또는 통치구조론)에서 설명되던 헌법재판제도 또는 헌법소송법에 대한 고찰을 독립시킨 것이다. 이미 많이 축적된 헌법재판소의 판례, 특히 헌법재판소의 홈페이지(www.ccourt.go.kr) 판례검색에 의지한 바가 크다.

이제는 많이 알려졌다고 하지만 헌법학에서 여전히 낯선 '대화이론'과 이제 비로소 알려지기 시작한 '규칙/원칙모델'에 기초하여 서술된 이 책이 어떻게 평가될지는 전적으로 독자의 몫이다. 물론 대화이론과 규칙/원칙모델은 완성된 이론이 아니라 앞으로 더 연구되어야 할 숨겨진 보물과 같은 영역에 속한다. 낯선 것은 때로 두려움을 주는 대상이기도 하지만 도전의 대상이기도 하다. 독자들의 참여와 비판은 이 책의 기초가 된 이론들을 더욱 진전시키는 좋은 밑거름이 될 것이다. 이 책은 '항상 집필 중'에 있으므로 독자들의 비판과 조언에 귀 기울이도록 노력하려 한다. 독자들의 뜨거운 관심과 참여를 기대한다.

아직 진전 중에 있는, 그리고 부족한 자를 통해 연구된 이론에 기초한 이 책의 출간을 위하여 수고하신 홍문사(弘文社) 임권규 사장님과 편집에 수고해주신 여러분들께 먼저 감사하고 싶다. 그리고 이 책의 전편(全篇)을 꼼꼼하게 읽고 세심하게 교정해준 고려대학교 법과대학의 대학원생 김용태, 유승익, 학부생 오지석, 윤경섭, 윤길현에게 특별한 감사의 말을 전하고자 한다. 이 책의 기본입장인 대화이론을 집필과정에서도 실천하다 보니 그 밖에도 많은 학생들이 참여하게 된 까닭에 일일이 이름을 다 열거할 수 없는, 감사해야 할 학생들이 많이 있다. 그 가운데 우선 사법연수원생 김진하, 류경은, 학부생 강인실, 김진성, 김미정, 송진숙, 윤동연, 이혜연에게 감사의 마음을 전한다. 마지막으로 모든 영광과 감사를 받아야 할 그분에게 진정한 감사를 올린다.

2005년 여름
고려대학교 법과대학 연구실에서
저자 이 준 일 (李 準 一)

차　　례

제 1 편　헌법총론

제 2 부　한국헌법 일반론

제 2 편 기본권론

제 1 부 기본권총론

제 4 편 헌법재판론

[참고문헌]

[국내문헌]

저 자	서 명	판 수	출판사, 연도	인용약어
계희열	헌법학(상)	신정2판	박영사, 2005	계희열(상)
계희열	헌법학(중)	신정2판	박영사, 2007	계희열(중)
권영성	헌법학원론	개정판	법문사, 2010	권영성
김철수	헌법학개론	제19전정신판	박영사, 2007	김철수
김하열	헌법강의	초판	박영사, 2018	김하열a
김하열	헌법소송법	초판	박영사, 2014	김하열b
성낙인	헌법학	제15판	법문사, 2015	성낙인
장영수	헌법학	제9판	홍문사, 2015	장영수
전광석	한국헌법론	제10판	집현재, 2015	전광석
정종섭	헌법학원론	제10판	박영사, 2015	정종섭a
정종섭	헌법소송법	제8판	박영사, 2014	정종섭b
한수웅	헌법학	제5판	법문사, 2015	한수웅
허 영	한국헌법론	전정11판	박영사, 2015	허영
홍성방	헌법학(상)	제2판	박영사, 2013	홍성방(상)
홍성방	헌법학(중)	제2판	박영사, 2015	홍성방(중)
홍성방	헌법학(하)	제3판	박영사, 2014	홍성방(하)
헌법재판소	헌법재판실무제요	제1개정증보판	헌법재판소, 2008	실무제요

[독일문헌]

Alexy, R., Begriff und Geltung des Rechts, 제2판, Freiburg 2005(이준일 옮김, 『법의 개념과 효력』, 고려대학교 출판부, 2007

Alexy, R., Theorie der Grundrechte, 제2판, Frankfurt/M. 1994

Benda, E./Maihofer, W./Vogel, H.-J., Handbuch des Verfassungsrechts, I, II, Berlin/New York 1983

Hesse, K., Grundzüge der Verfassungsrecht, 제19판, Heidelberg 1993

Ipsen, J., Staatsrecht I(Staatsorganisationsrecht), 제14판, Neuwied/Kriftel 2002

Ipsen, J., Staatsrecht II(Grundrechte), 제5판, Neuwied/Kriftel 2002

Isensee/Kirchhof, Handbuch des Staatsrechts, Heidelberg(Bd. I, 1995; Bd. II, 1998; Bd. III, 1996; Bd. IV, 1999; Bd. V, 2000; Bd. VI, 2001)

Jarass, H./Pieroth, B., Grundgesetz für die Bundesrepublik Deutschland, 제6판, München 2002

Kelsen, H., Reine Rechtslehre, 제2판, Wien 1960

v. Mangoldt/Klein/Starck, Bonner Grundgesetz(Bd. 1-3), München 2001

Maunz, Th./Dürig, G., Grundgesetz Kommentar, 제7판, München 1991

Maunz, Th./Zippelius, R., Deutsches Staatsrecht, 제30판, München 1998

v. Münch/Kunig, P., Grundgesetz Kommentar, München (Bd. 1, 제5판, 2000; Bd. 2, 제5판 2001; Bd. 3, 제3판, 1996)

Pestalozza, Ch., Verfassungsprozeßrecht, 제3판, München 1991
Pieroth, B./Schlink, B., Grundrechte(Staatrecht II), 제15판, Heidelberg 1999
Sachs, M., Grundgesetz, 제3판, München 2003
Schlaich, K./Korioth, S., Das Bundesverfassungsgericht, 제6판, München 2004
Schmitt C., Verfassungslehre, 제8판, Berlin 1993
Stern, K., Das Staatsrecht der Bundesrepublik Deutschland, München(Bd. I, 제2판 1984; Bd. II 1980; Bd. III/1, 1988; Bd. III/2, 1994)

[법령약어]

교육자치법	지방교육자치에 관한 법률
국감법	국정감사 및 조사에 관한 법률
남북교류협력법	남북교류협력에 관한 법률
민소법	민사소송법
민집법	민사집행법
선거법	공직선거법
신문법	신문 등의 진흥에 관한 법률
인권위법	국가인권위원회법
인수법	대통령직인수에 관한 법률
자금법	정치자금법
증감법	국회에서의 증언·감정 등에 관한 법률
집시법	집회 및 시위에 관한 법률
행소법	행정소송법
헌재법	헌법재판소법
형사보상법	형사보상 및 명예회복에 관한 법률
형소법	형사소송법

※ 대부분의 법령은 법령명을 그대로 인용함. 법령명이 없는 조문은 헌법의 조문임.

[판례인용예시]

헌재 2005. 2. 24. 2004헌바24
→ 헌법재판소 2005년 2월 24일 선고, 2004헌바24 결정

대판 1999. 7. 27. 98다47528
→ 대법원 1999년 7월 27일 선고, 98다47528 판결

대결 1995. 5. 23. 94마2218
→ 대법원 1995년 5월 23일자, 94마2218 결정

1

헌법총론

제1부

헌법일반론

제1부 헌법일반론에서는 맨 먼저 헌법을 포함한 법 일반에 대하여 접근하면서 출발점으로 삼는 기본입장을 소개한다(제1장). 다음으로 그러한 기본입장에 기초하여 법은 왜 필요한지, 그리고 그러한 법은 도대체 무엇이고, 헌법은 무엇이며 헌법은 어떠한 특성을 갖고 어떻게 분류될 수 있는지 설명한다(제2장). 그 후에 헌법은 어떻게 만들어지며 개정되고, 그 한계는 무엇인지를 검토한다(제3장). 마지막으로 헌법은 어떠한 방식으로 해석되고, 이러한 헌법해석에서 나타나는 특징은 무엇인지 논의한다(제4장).

제1장 기본입장

제1절 기본입장으로서 대화이론

Ⅰ. 기본입장의 필수성

우리가 앞으로 헌법이 무엇인지 고찰해 가면서 출발점으로 삼는 기본입장은 '대화이론'이다.[1] 이렇게 처음부터 기본입장을 분명히 밝히는 이유는 간단하다. 어떠한 주장이나 이론도 반드시 기본입장을 전제할 수밖에 없다고 생각하기 때문이다. 비록 명시적으로 밝히지는 않더라도 기본적인 입장이나 관점을 전제하지 않는 주장이나 이론은 존재할 수 없다. 물론 고찰하고자 하는 대상을 객관적으로 인식하기 위해서는 반드시 전제된 기본입장을 버려야 한다는 주장이 제기될 수도 있다. 그러나 중요한 것은 전제된 기본입장을 버리는 것이 아니라 바로 그 전제된 기본입장을 분명하게 밝히고 그 정당성을 논증하는 작업이다. 그리고 그러한 논증이 합리적이기 위해서는 하나의 일관되고 정합적인 이론체계를 갖추어야 한다. 우리는 대화이론이라는 하나의 일관되고 정합적인 이론체계를 갖춘 기본입장을 먼저 밝히고 이러한 입장의 정당성을 논증하고자 한다.

Ⅱ. 대화이론의 기본전제

대화이론은 우선 여러 사람들의 생각(의견 또는 견해)이 다를 수 있다는 점에서 출발한다. 이처럼 '생각의 차이'를 인정하는 것은 그렇게 다른 생각을 할 수 있는 주체인 개인의 인격을 존중한다는 뜻이다. 그리고 이와 같은 개인의 인격에 대한 존중은 일단 공동체보다는 개인에게 더 비중을 둔다는 뜻이다. 정리하면 대화이론은 모든 개인의 인격과 생각을 존중하는 '다원주의'를 출발점으로 삼는다. 하지만 대화이론은 공동체형성의 필요성 때문에 서로 다른 생각들이 하나로 모아져야 한다는 요청도 함께 고려한다. 공동체는 단순히 개인들의 집합이 아니다. 따라서 공동체의 형성과 유지가 가능하기 위해서는 개인적 의견이나 의사의 단순한 총합을 넘어서는 '공동체의 의사'가 필요하다. 이것은 공동체구성원 모두가 합의할 수 있는 규범과 가치로 구성된다. 이러한 공동의 규범과 가치를 본질적 구성요소로 하는 공동체를 인정한다는 점에서 다양한 개인은 대화이론의 출발점이기는 하지만 전부는 아니다. 마지막으로 대화이론에서 중요한 것은 어떻게 서로 다른 생각들이 하나로 모아져 공동체의 의사를 형성할 수 있는지에 관한 물음

---

1) 대화이론에 대해서는 이준일, 『법학입문』(2004), 제1장 및 같은 이, 법학에서 대화이론, 『법철학연구』(한국법철학회), 제3권 제2호(2000), 89면 이하 참조.

이다. 이러한 물음에 대해서 대화이론은 ① **절차이론**의 입장에서, ② **실천이성**에 대한 신뢰에 기초하여, 그리고 ③ **자유주의**의 전통에 서서 대답하고자 한다.

제 2 절 절차이론

대화이론은 진리에 관한 절차이론이다. 진리에 관한 절차이론에 따르면 진리는 **대화를 통해 합의**에 이르는 **절차**에서만 도달될 수 있다. 이러한 견해에 따를 때 공동체의 의사는 모든 구성원들, 또는 적어도 가능한 한 많은 구성원들이 참여한 대화를 통해서, 대화에서 반드시 지켜져야 하는 규범들이 준수되는 가운데, 그들 모두가 동의할 수 있는 합의를 의미하게 된다.

Ⅰ. 대화의 이론

1. 내 용

대화이론은 오로지 '대화'라는 의사소통의 과정을 통해서만 진리가 발견될 수 있다는 신념에 기초한다. 여기서 대화를 특징짓는 본질적인 개념표지는 **복수의 참여자**다. 따라서 대화이론에 따르면 정의를 포함하는 넓은 의미의 진리는 복수 또는 다수의 개인들, 가장 이상적으로는 관련된 개인들 전체의 참여를 통해서만 발견될 수 있다. 그 이유는 ① 개인으로서의 인간은 생래적으로 불완전하다는 점, ② 인간 개인의 인식은 자신의 관점과 입장에 따라 상대적일 수밖에 없다는 점, ③ 일정한 대상(객관)에 대한 주체(주관)의 인식은 언어(기호)에 의해 매개되는데 언어의 의미는 그것을 사용하는 주체와 상황에 따라 다양하게 변한다는 점, ④ 진리의 발견에 참여하는 개인들의 이해관계는 다양하고 서로 충돌할 수 있다는 점, ⑤ 현대사회가 대단히 다원화되고 이질적으로 분화되어 개인은 자신이 속해 있지 않은 다른 영역에 대한 이해가 불충분할 수밖에 없다는 점 등이다.

따라서 생래적으로 불완전한 개인의 인식이 오류의 가능성을 극복하고 '완전한 인식에 접근'하기 위해서는 수많은 개인이 의사소통을 위하여 모이는 대화를 필요로 한다. 또한 주관적이고 상대적인 개인의 인식이 수정과 보완을 통해 '객관적이고 보편적인 인식으로 전환'되기 위해서는 다수가 참여하는 대화의 과정을 거칠 필요가 있다. 그리고 주체와 대상을 매개하는 언어의 다양하고 모호한 의미가 여러 사람이 합의할 수 있는 '일의적이고 명확한 의미로 수렴'하기 위해서도 같은 언어를 사용하는 사람들 사이의 대화가 필요하다. 그 밖에도 진리의 발견에 참여하는 '모든 개인들의 이해관계를 충분히 고려'하기 위해서는 이해관계가 있는 모든 사람들이 참여하는 대화가 필수적이다. 마지막으로 다원적이고 이질적인 현대사회가 '상호이해에 기초한 공동체로 재구성'되어 진리의 발견이라는 공동목표에 도달하기 위해서도 구성원들 상호간의 소통과 대화는 반드시 필요하다.

2. 비판과 재비판

그럼에도 불구하고 여전히 진리에 대한 접근은 개인에 의해서도 가능하고, 적어도 특별한 능력을 가진 개인이나 집단에 의해서도 가능하다는 반론이 제기될 수 있다. 물론 개인마다 능력에 차이가 있고, 다양하고 전문화된 현대사회에서 다양한 영역마다 요구되는 전문성의 차이를 부정할 수는 없다. 따라서 개인의 능력과 전문성은 진리를 발견하는 과정에서 충분히 고려되어야 한다. 하지만 그렇다고 하더라도 진리는 공동체 전체의 차원에서 발견될 필요가 있고, 이러한 의미의 진리는 다양한 영역의 부분적이고 전문적인 진리가 지향해야 할 방향을 제시해준다는 점에서 개인의 능력과 전문성에서 나타나는 차이는 상대화될 수 있다.

따라서 개인이나 집단에 의한 진리발견의 가능성에 대한 과도한 강조는 **특정 개인이나 특정 집단의 진리에 대한 독점의식**을 표현하는 데 불과하다. 그들의 의식 저편에는 모든 사람들의 생각이 동일해야만 한다거나 자신들의 생각을 기준으로 다른 사람들의 생각을 평가 또는 검증할 수 있다는 또 하나의 의식이 전제된다. 그들이 생각하는 대화는 모든 사람들이 이미 가지고 있는 동일한 생각을 확인하는 과정이거나 다른 사람들이 가지고 있는 다른 생각을 평가하거나 검증하는 과정이 될 게 분명하다. 결국은 특정 개인의 진리나 특정 집단의 사람들만이 합의한 진리를 거기에 동의하지 않는 다른 개인들이나 집단들에게도 강요할 수밖에 없다. 이것은 생각이 다른 개인이나 집단에 대한 박해나 배제나 추방으로 이어질 것이 분명하다. 이로써 공동체는 자신만이 진리라고 주장하는 개인들이나 집단들이 이전투구(泥田鬪狗)를 벌이는 **이념투쟁의 장이 될 위험성**이 커지게 된다. 또한 공동체는 단지 목소리가 크고 힘이 센 개인이나 소수의 견해가 관철될 가능성, 즉 오로지 **힘의 논리와 밀림의 법칙이 지배할 개연성**이 높아지게 된다.

Ⅱ. 합의의 이론

1. 내 용

대화이론은 진리에 관한 '합의'의 이론이기 때문에 진리에 관한 **일치(상응)이론**과 구분된다. 진리에 관한 일치이론에 따르면 진리를 탐구하는 주체와 독립되어 있는 객관적 진리가 존재한다. 그리고 이러한 객관적 진리는 다양한 주관적 진리가 참(true)인지를 판단하는 궁극적인 기준이 된다. 다시 말해 각각의 주체들이 진리라고 주장하는 주관적 진리는 객관적 진리와 비교하여 양자의 일치 또는 상응 여부에 따라 참된 진리인지 여부가 결정된다. 주관적 진리가 객관적 진리와 일치하면 참된 진리로, 일치하지 않으면 비(非)진리로 판단되는 것이다.

여기서 문제는 객관적 진리가 존재하는지, 적어도 객관적 진리에 대한 절대적 인식이 가능한지, 더 근본적으로는 애초에 주관과 객관의 구분이 가능한지 하는 점이다. 이에 대해서는 앞에서 인용한 논거, 즉 인간의 생래적 불완전성, 인간인식의 상대성, 언어를 매개로 한 주관과 객관의 분리불가능성, 인식주체에게 기반이 되는 이해관계의 다양성, 현대사회에서 급속하게 진행되고 있는 다원화와 전문화에 근거하여 불가능하다고 판단된다. 생래적으로 불완전한 인간이, 자신의 주관적 입장에 따라 상대적인 인식을 기초로, 그것도 자신의 관점과 상황에 따라 달리 이해되는 언어를 매개로, 다양한 이해관계에 기반하여, 이질적일 정도로 다원화되고 전문화된 현대사회라는 조건에서 객관적 진리를 인식한다는 것은 사실상 불가능하기 때문이다. 따라서 진리는 객관적 진리와 주관적 진리의 분리를 전제한 뒤 양자의 일치 여부를 확인함으로써 판단할 수는 없다.

그렇다면 남는 것은 각자 진리라고 주장하는 수많은 주관적 진리들이다. 그럼에도 불구하고 공동체의 형성에 대한 요청은 공동체의 의사를 의미하는 **공동체적 진리**(공동선 또는 공공의 정의)에 도달할 것을 요구한다. 여기서 진리라고 주장하는 수많은 주관적 진리들이 공동체적 진리가 되기 위해서는 반드시 요구되는 조건이 있다. 그것은 다른 구성원들의 **동의**다. 진리라고 주장하는 주관적 진리를 다른 사람들이 납득하고 동의할 수 있을 때에만 공동체적 진리로 인정되는 것이다. 따라서 공동체적 진리에 접근하는 과정은 다른 사람의 동의를 얻어내기 위해서 다른 사람을 이해시키는 대화와 소통의 과정일 수밖에 없다. 이러한 상호이해와 대화의 과정을 거쳐 구성원들의 동의가 모아지면 **합의**를 형성하게 된다. 이렇게 공동체적 진리로서 평가받기 위한 결정적인 기준은 사회적 합의이다.

2. 비판과 재비판

합의이론에 대해서는 사회적 동의나 합의가 반드시 진리인 것은 아니라는 반론이 제기된다. 물론 여러 가지 경험적 증거들이 보여주는 것처럼 사회적 동의나 합의 그 자체가 반드시 진리인 것은 아니다. 사회적 동의나 합의에 있어서 중요한 것은 그러한 동의나 합의라는 결과보다 오히려 거기에 도달하는 과정과 절차다. 그리고 더 중요한 것은 그러한 과정과 절차를 합리적이고 정당한 것으로 인정할 수 있는 규범적 조건이 존재한다는 점이다. 이것은 합의이론이 절차의 이론에 의해서 보완되어야 함을 의미한다.

Ⅲ. 절차의 이론

1. 내 용

대화이론은 진리에 관한 절차의 이론으로 **실체이론**과 구분된다. 진리에 관한 실체이론에 따르면 진리탐구의 대상은 탐구주체와 독립하여 존재하는 진리의 객관적 실체다. 반면에 진리에 관한 절차이론은 진리의 객관적 실체보다 진리에 도달하는 절차에 더 주목한다. 여기서 요구되는 것은 **절차의 합리성**이다. 이러한 절차의 합리성은 어떠한 절차에서도 반드시 요구되어야 하는 **규범**이 준수되고 있는지 여부에 따라 판단될 수 있다. 모든 절차에서 반드시 요구되는 규범은 모든 **절차참여자에 대한 인격적 인정**이다.

이는 절차에 참여하는 모든 사람을 하나하나 독립적인 인격적 주체로서 인정해야만 한다는 규범적 요청이다. 따라서 합리적인 절차에서 모든 참여자는 하나의 인격체로서 존중받고 대접받는다. 절차에서 인격체로서 존중받고 대접받는다는 것은 무엇보다도 자유롭고 평등하게 절차에 참여할 수 있는 독립적인 주체가 되는 것을 뜻한다. 결론적으로 절차이론의 핵심은 모든 절차참여자에 대한 자유롭고 평등한 인격적 존재로서의 인정이다.

2. 비판과 재비판

절차의 이론에 대해서는 절차가 진리가 될 수 없고 진리는 여전히 실체라는 반론이 제기된다. 그러나 절차의 이론으로서 대화이론은 결코 진리가 순전히 절차로만 구성된다고 말하지는 않는다. 단지 진리는 오로지 절차를 통해서만 접근할 수 있다고 주장할 뿐이다. 여기서 진리의 실체에 접근하는 데 기초가 되는 것은 **절차에 참여하는 사람들이 진리라고 주장하는 주관적 진리**이다. 이러한 주관적 진리는 세계에 대한 절차참여자들의 이해와 해석을 담고 있다. 비록 그것이 생래적으로 불완전한 인간이, 자신의 관점과 입장에 따라, 다양한 상황에서 상이한 의미를 가질 수 있는 언어를 매개로, 자신이 속한 공동체의 제한된 지평 위에서, 그리고 이질적일 정도로 다양하게 세분화된 현대사회의 특정한 영역에 소속되어 해석하고 이해한 세계일지라도 그것만이 공동체적 진리에 접근할 수 있는 유일한 자료가 되는 것이다. 따라서 불완전하고 상대적이며 제한적일지라도 적어도 실체 자체를 배제하는 것은 아니기 때문에 절차이론으로서 대화이론이 진리가 오로지 절차라고 말하는 것은 아니라는 점은 분명하다.

제3절 실천이성

Ⅰ. 이론과 실천

'실천이성'은 '실천'과 '이성'이 조합된 개념으로 실천의 영역에서 이성이나 합리성의 가능성에 대한 문제의식에서 출발한다. 따라서 이것은 실천에 관한 의제들에 대해서 합리적인 결론이 도출될 수 있는지의 문제를 내용으로 한다. 여기서 실천은 이론과 구분되는 개념이다.[2] 우선 실천은 **당위**의 양식으로 표현되고, 이론은 **존재**의 양식으로 표현된다는 점에서 구별된다. 실천의 영역에는 '규범'이나 '가치'처럼 '마땅히 그래야만 하는 당위적 요청'들이 속하고, 존재의 영역에는 '사실'이나 '현상'처럼 '현실적으로 그렇게 존재하는 상태'들이 속한다. 또한 실천의 영역에서는 **정의의 효력주장**, 즉 어떤 주장이 옳거나 그르다는 효력에 관한 주장이 문제되고, 이론의 영역에서는 **진리의 효력주장**, 즉 어떤 주장이 참이거나 거짓이라는 효력에 관한 주장이 문제된다는 점에서도 구별된다.

2) 이준일, 『법학입문』(2004), 20면 이하 참조.

	표현양식	효력주장
이론(존재)	존재문장(Sein, be) ① 상태 – 있다. ② 행위 – 하다.	진리(참과 거짓)
실천(당위)	당위문장(Sollen, ought to) ① 상태 – 있어야만 한다. ② 행위 – 해야만 한다.	정의(옳고 그름)

Ⅱ. 실천적 합리성

1. 개념과 유형

실천이성의 개념은 실천에 관한 대화에서 합리적 판단이 가능할 때 성립할 수 있다. 실천에 관한 합리성에 대해서는 크게 네 가지의 입장으로 구분될 수 있다.[3] ① 첫째, 실천이성이라는 개념 자체에 반대하는 견해로 애초에 실천에 관한 합리적인 판단은 불가능하다는 **니체주의**의 입장이 있다. ② 둘째, 이성을 공동체와의 관련성 속에서만 이해하는 **아리스토텔레스주의**의 입장이 있는데 '공동체주의'(communitarianism)라고도 부른다. 공동체주의에 따르면 개인의 이성은 공동체의 규범과 분리될 수 없고, 자명하게 선재하는 공동체의 규범에 반드시 구속된다. ③ 셋째, 개인을 이기적 존재로 전제하면서 이성의 개념을 자유주의의 관점에서 이해하는 **홉스주의**의 입장이 있는데 '공리주의'(utilitarianism)라고도 부른다. 공리주의에 따르면 실천에 관한 판단은 이기적 개인의 이익을 최대화하는 경우에만 합리적일 수 있다. ④ 넷째, 개인을 합리적 존재로 전제하면서 이성의 개념을 또 다른 형태의 자유주의적 관점에서 이해하는 **칸트주의**의 입장이 있다.

2. 대화이론의 기초로서 칸트주의

(1) 칸트주의적 실천이성의 기본입장

대화이론에서 전제하는 실천이성은 칸트주의적인 것이다. 이에 따르면 실천에 관한 합리적 판단은 **정당한 논거가 제시되는 판단**을 뜻한다. 대화의 절차에서 정당한 논거는 단지 그 논거를 제시한 사람이 주관적으로 정당하다고 주장하는 논거를 말하지 않는다. 논거의 정당성은 '토론'(discussion)과 '논증'(argumentation)의 과정을 거쳐 가능한 한 많은 참여자들로부터 동의를 받는 경우에 획득된다. 따라서 칸트주의의 이성 개념은 이기적 개인들의 이익과 손해를 계산하고 조정하기 위한 '타협'(compromise)과 '협상'(negotiation)을 거쳐 합리적 판단이 가능하다는 홉스주의의 이성 개념과 구별된다. 또한 공동체의 규범을 강조하여 개인의 이성이 가지는 독립성을 부인하는 공동체주의의 이성 개념, 처음부터 이성의 가능성을 부인하는 니체주의적 반(反)이성주의와도 구별된다.

---

3) R. Alexy, Eine diskurstheoretische Konzeption der praktischen Vernunft, ARSP, Beih. 51(1993), 12면 이하 참조.

(2) 절차주의적 칸트주의

칸트주의적 실천이성 개념에 따라 토론과 논증을 거쳐 가치와 규범에 대한 합리적 판단이 가능하다고 할 때 여기서도 중요한 것은 그러한 토론과 논증의 절차에 참여하는 모든 사람들을 독립적인 인격적 주체로 인정해야만 한다는 규범적 요청이다. 이로써 실천이성에 관한 칸트주의의 입장이 절차주의의 기본이해와 결합된다. 따라서 여기서 출발점으로 삼는 이성은 개인의 주관적 능력과 관련되는 것이 아니라 규범과 가치에 관한 일정한 결정을 도출해 내는 절차 및 이 절차에서 반드시 요구되는 규범과 관련된다. 이런 의미에서 대화이론에서 전제가 된 칸트주의는 절차주의에 의하여 보완된 칸트주의를 의미한다.

제 4 절 자유주의

Ⅰ. 자 율 성

1. 자율성의 우월성

자유주의는 개인과 공동체의 관계에서 개인의 자율성이 공동체의 명령, 즉 공동체의 전통 · 문화 · 가치 · 규범 · 질서보다 우월하다는 입장이다. 따라서 자유주의는 개인의 자율성보다 공동체의 명령을 우선시키는 공동체주의와 구별된다. 대화이론은 자유주의적 전통에 따라 원칙적으로 공동체보다 개인을 우선시킨다. 하지만 대화이론의 기초가 되는 이러한 개인의 우월성은 앞에서 설명한 절차주의의 입장과 결합되면서 **잠정적 우월성**으로 이해된다. 즉 합리적인 근거가 제시되기 전까지만 개인의 자율성이 우월하고, 합리적 근거를 제시해야 할 부담은 개인의 자율성이 가지는 우월성에 반대하는 주장을 하는 사람에게 있다는 뜻이다. 따라서 공동체의 우월성을 주장하는 사람에 의하여 합리적인 근거가 제시되는 경우에는 개인의 자율성보다 공동체의 명령이 우월할 수도 있다.

2. 절차주의적 자유주의

이러한 맥락에서 대화이론의 기초가 되는 자유주의는 개인의 자율성이 공동체의 명령보다 항상 우월하다는 '자유절대주의'(= 자유지상주의)와 구별된다. 대화이론이 이해하는 자유주의는 개인의 자율성에 대하여 단지 잠정적 우월성만을 부여하되, 공동체의 명령에 대한 우월성을 주장할 수 있는 합리적 논거가 제시되는 경우에는 그 주장에 동의할 수 있다는 의미에서 '절차주의적 자유주의'라고 부를 수 있다. 절차주의적 자유주의는 개인의 자율성과 공동체의 명령 가운데 어디에 우월성을 부여할 것인지에 관한 문제를 합리적 논증절차에 맡기면서, 다만 **개인의 자율성에 유리한 논증부담**을 부과하는 데 그친다. 즉 절차주의적 자유주의 안에서 개인의 자율성과 공동체의 명령 상호간의 우열관계는 원칙적으로 합리적인 논증게임에 의하여 결정되지만 우선적으로 논증부담을 지는 쪽은 공동체의 명령에 대해서 우월성을 주장하는 쪽이다.

Ⅱ. 보편주의

1. 내 용

보편주의는 보편적인 것이 존재한다는 입장으로 보편적인 것의 존재를 부인하는 **상대주의**와 구별된다. 물론 여기서 말하는 보편적인 것은 실체적인 것일 수도 있고, 절차적인 것일 수도 있다. 대화이론이 기초로 삼는 절차주의의 입장에서 볼 때 보편적인 것은 우선 절차와 관련된다. 그것은 앞에서 설명한 것처럼 모든 대화와 소통의 절차에서 보편적으로 요구되는 규범을 내용으로 한다. 다음으로 보편적인 것은 그러한 보편적인 절차규범이 준수되는 경우에 합의될 수 있는 실체적 내용들을 의미한다. 이로써 절차이론에 기초한 대화이론에서 보편적인 것은 절차와 관련된 내용뿐만 아니라 실체적인 내용도 포함한다. 물론 이러한 실체적 내용은 객관적 실체가 아니라 주관적으로 해석된 실체들의 합의를 의미한다. 결국 대화이론에서 전제가 되는 보편적인 것은 보편적으로 요구되는 절차규범이 준수된 절차에서 도달한 합의를 말하게 된다.

2. 상대주의에 대한 비판

보편주의에 반대하는 상대주의에 대해서는 일반적으로 '모든 것이 다 허용될 수는 없다'는 비판이 가해질 수 있다. 허용될 수 있는 것도 있지만 결코 허용되어서는 안 되는 것도 있기 때문이다. 또한 특별히 공동체주의의 의미에서 상대주의는 공동체의 가치나 규범을 '문화상대주의'라는 이름으로 정당화하려고 하는데 이에 대해서는 '전체주의의 논거'를 가지고 비판할 수 있다. 흔히 문화상대주의는 공동체의 가치나 규범을 전통이나 문화로서 정당화한다. 공동체의 가치나 규범은 적어도 그러한 전통이나 문화를 공유하고 있는 공동체구성원들에게는 정당한 것으로서 요구된다는 것이다. 물론 전통이나 문화는 공동체구성원들에 의해 합리적인 논거로서 비판되기 전까지는 정당한 것으로 인정받을 수 있다. 그러나 공동체구성원들을 납득시킬 수 있는 합리적인 논거가 제시될 수 없음에도 불구하고 전통이나 문화의 이름으로 모든 것을 정당화하는 것은 전체주의에 다름 아니다.

제5절 대화이론과 헌법주의

1. 헌법주의의 의미

대화이론이 절차이론으로서 실천이성과 자유주의에 기초하여 궁극적으로 주장하려고 하는 명제는 '헌법주의'(constitutionalism)이다. 이것은 '법률주의'(legalism)와 구별되는 것으로서 국민으로부터 직접적으로 민주적 정당성을 부여받은 입법자도 절대로 넘을 수 없는 헌법적 한계가 존재한다는 입장이다. 그러한 한계는 앞에서 설명한 것처럼 인간의 보편적 삶의 양식으로서 대화의 절차에 참여한 모든 사람들에 대하여 독립적인 인격적 주체로서 인정하라는 규범적 요청이고, 그러한 규범적 요청이 준수된 대화에서 반드시 합의할 수밖에 없는 것, 즉 인권의 보장에 대한 요청이다.

2. 헌법주의와 기본적 인권

진리나 정의에 도달하는 대화의 절차에서 반드시 요구되는, 절차참여자에 대한 인격적 인정의 규범은 단순히 '발언'의 수준에서뿐만 아니라 '행위'의 수준에서도 요구된다. 발언의 수준에서 인격적 인정의 규범이 실현되면 행위의 수준에서도 그러한 규범은 반드시 합의될 수밖에 없기 때문이다. 행위의 수준에서 요구되는 인격적 인정에 관한 규범을 '인권'이라고 부른다. 이렇게 인격적 인정의 규범을 매개로 정당화된 인권은 ① 보편성(Universalität), ② 도덕적 효력(Moralische Geltung), ③ 근본성(Fundamentalität), ④ 실정법에 대한 우월성(Priorität), ⑤ 추상성(Abstraktheit)을 특징으로 한다.[4] 하지만 이러한 인권이 어느 정도 확정된 의미와 강제적 효력을 갖기 위해서는 실정법에 의한 제도화가 필요한데 이에 따라 헌법에 의하여 제도화된 인권, 즉 헌법적 권리로 전환된 인권을 '기본권'이라고 부른다. 이로써 제도화된 인권을 의미하는 기본권은 민주적 정당성을 가진 입법자의 활동에 일정한 한계를 긋는 동시에 입법자가 적극적으로 실현해야 하는 과제가 된다.

이러한 의미의 헌법주의는 입법자도 포기할 수 없는 인격적 인정의 규범과 인권을 기본권으로서 반드시 헌법체계 안에 포함시킬 것을 요구한다. 따라서 인권과 동일한 내용의 기본권은 헌법체계 안에 수용되었기 때문에 비로소 정당화되는 것이 아니라 이미 실정헌법 이전에 또는 실정법을 뛰어넘어 도덕적으로 정당화될 수 있는 권리로서 자리잡는다. 인권은 헌법상 제도화된 기본권의 도덕적 근원이 된다. 같은 맥락에서 대화이론의 전제가 되는 헌법주의는 실정법 이전의 혹은 실정법을 뛰어넘는 자연법이나 정의의 우월성을 주장하는 '자연법론'의 전통과 연결된다. 자연법론의 전통에 따르면 기본권은 실정헌법 이전이나 실정법을 뛰어넘어 정당성을 획득한다. 하지만 대화이론이 기초로 삼는 헌법주의는 자연법론과 분명한 차이를 보여준다. 자연법론은 실정헌법 이전에 존재하거나 그것을 뛰어넘는 권리인 기본권을 천부적이며 자명한 권리로서 전제한다. 반면에 대화이론은 앞에서 설명한 바와 같이 절차이론, 실천이성, 자유주의의 관점에서 기본권의 도덕적 정당성을 납득할 만한 논거를 제시하여 논증함으로써, 결코 더 이상의 논증을 필요로 하지 않는 자명한 것으로 전제하지는 않는다.

---

4) R. Alexy, Die Institutionalisierung der Menschenrechte im demokratischen Verfassungsstaat, S. Gosepath/G. Lohmann(편), Philosophie der Menschenrechte, Frankfurt/M., 제2판(1999), 246면 이하 참조.

제2장 법형식의 하나로서 헌법

제1절 법형식의 필요성

논의의 출발점으로 삼은 기본입장을 논증한 후에 헌법을 본격적으로 다루기에 앞서 우선 헌법을 포함한 '법'이라는 형식에 대해서 이해하기로 한다. 헌법도 역시 법의 형식을 가진 규범으로서 법체계의 일부를 구성하기 때문이다. 여기서 논의하고자 하는 주제는 법의 필요성, 즉 헌법을 포함한 법의 형식이 왜 필요한지 하는 점이다.[1)]

헌법을 이해하면서 대화이론을 출발점으로 삼은 우리는 법의 필요성을 논증하면서도 대화이론을 출발점으로 삼고자 한다. 대화이론의 관점에서 법의 필요성은 ① 대화를 방해하는 외부적 요인, 그리고 ② 대화의 한계에서 나오는 내부적 요인이라는 두 가지 측면에서 논증될 수 있다.

Ⅰ. 대화를 방해하는 외부적 요인과 법의 필요성

1. 가장 보편적인 삶의 양식으로서의 대화

대화이론에 기초하여 법의 필요성을 논증하면서 가장 먼저 해명되어야 할 것은 '왜 하필이면 대화라는 의사소통의 과정이어야만 하는가'라는 물음이다. 그 대답은 '대화가 인간의 가장 보편적인 삶의 양식이기 때문'이다. 이것은 인간이 존재하는 곳에서는 언제, 어디서나 대화와 소통이라는 삶의 양식이 확인될 수 있다는 뜻이다. 따라서 적어도 한 번만이라도 대화라는 삶의 양식에 참여하지 않는 사람은 없다. 대화가 가지는 이러한 '경험적 보편성'은 법에 대한 이해를 대화라는 삶의 양식에서부터 출발할 수밖에 없게 하는 충분한 근거가 된다.

대화의 과정을 단순화시켜 보면 대화는 주장하고(assert), 질문하며(ask), 답변하는(answer) 과정으로 이루어진다. 따라서 인간이 살아가면서 적어도 한 번은 대화에 참여한다는 것은 적어도 한 번은 주장하거나, 질문하거나, 답변하는 과정에 참여하게 된다는 뜻이다. 이로써 대화를 구성하는 주장과 질문, 그리고 답변은 가장 보편적으로 확인될 수 있는 인간의 생활양식이 된다.

---

1) 법의 필요성에 대해서는 이준일, 『법학입문』(2004), 제3장 및 같은 이, 법의 필요성에 대한 논증, 『법철학연구』(한국법철학회), 제4권 제2호(2001), 195면 이하 참조.

2. 이상적 대화와 필수적 규범

이렇게 가장 보편적으로 경험될 수 있는 삶의 양식인 대화와 소통의 과정에는 필수적으로 전제되어야 할 규범적 요청이 존재한다. 대화에 필수적인 규범적 요청이란 그것이 배제된 대화를 진정한 의미의 대화라고 부를 수 없게 만드는 대화의 본질적 구성요소를 말한다. 그것은 **대화에 참여하는 모든 사람을 하나의 독립적인 인격적 주체로 인정하**라는 규범적 요청이다. 이러한 규범적 요청이 완벽하게 준수되는 대화를 '이상적 대화'(ideal discourse)라고 부른다. 이상적 대화에서는 모든 참여자가 독립적인 인격적 주체로서 자유롭고 평등하게 발언(주장 · 질문 · 답변)할 수 있어야만 한다. 이처럼 대화의 과정에서 참여자를 인격적 주체로 인정하라는 규범적 요청은 참여자에 대한 **발언의 자유와 평등의 보장**으로 구체화된다. 대화의 과정이 주장과 질문과 답변으로 구성된다면 발언의 자유와 평등은 대화참여자가 주장과 질문과 답변에서 자유롭고 평등하다는 것을 의미한다.

3. 현실적 대화와 법의 필요성

하지만 우리의 경험으로 볼 때 이러한 이상적 대화를 실현하기 위한 규범적 요청이 '현실적 대화'(real discourse)에서는 제대로 준수되지 않는다. 여기서 현실적 대화는 현실에서 실제로 진행되는 대화의 과정을 말한다. 이상적 대화와 일정한 거리가 생길 수 밖에 없는 현실적 대화를 정당화하는 가장 손쉬운 논거는 '관행'과 '전통'이다. 지금까지 아무런 의문 없이 그냥 그렇게 관행적으로 계속해 오고 있다는 식의 논거, 그리고 그래서 사람들의 의식 속에서 전통이라는 권위를 가지고 자명한 규범으로 자리 잡고 있다는 식의 논거를 통해서 현실적 대화는 가장 용이하게 정당화되는 것이다. 그 밖에도 '경제적 효율성'이나 '국가행정적 필요성'도 현실적 대화를 정당화하는 논거로서 자주 인용되곤 한다. 경제적 비용 때문에, 또는 국가행정의 편의를 위해서 이상적 대화의 규범적 요청은 생략되는 것이 현실이다.

그러나 가장 보편적인 삶의 양식인 대화와 소통에서 반드시 요청되는 규범적 요청이 말 그대로 필수적인 것이라면 현실이라는 단순한 경험적 논거가 그러한 규범적 요청의 폐기를 정당화할 수는 없다. 오히려 그러한 규범적 요청은 '현실을 지도하고 규율하는 이념'(regulative idea)으로서 작동해야 한다. 바로 이러한 맥락에서 법의 형식이 요구된다. 다시 말해 가장 보편적인 삶의 양식에서 **필수적으로 요청되는 규범적 요청을 강제함으로써 관철시키는 형식**으로서 법이 필요하다. 이로써 법의 형식은 모든 참여자에 대한 독립적인 인격적 주체로서의 인정이라는 필수적인 규범적 요청을 현실에서 '강제적으로' 관철시키는 기능을 수행한다.

4. 법의 특성

여기서 법이 가지는 세 가지 특성을 발견할 수 있다. 첫째로, '형식적 측면'에서 법은 **강제질서**다. 법은 동원될 수 있는 여러 가지 제재수단을 사용하여 실천을 강제한다. 둘째로, '내용적 측면'에서 그러한 강제를 통해서 실현하고자 하는 **인격적 인정의 규범적 요청**을 필수적 내용으로 담아야 한다. 여기서 인격적 인정은 두 가지 차원에서 요청되는 규범이다. 그것은 우선 '대화'라고 하는 절차의 차원에서 발언의 자유와 평등으로 요청된다. 다음으로 대화절차를 넘어서 '행위'의 차원에서 행동의 자유와 평등으로 요청되기도 한다. 우리는 이것을 '인권'(human rights)이라 부른다. 발언의 자유 및 평등은 구조적 측면에서 행동의 자유 및 평등과 유사하기 때문에 전자로부터 후자를 곧바로 도출하기도 한다. 그러나 발언의 차원에서 행동의 차원으로 넘어가기 위해서는 '추가적인 논증'이 필요하다. 인격적 인정의 규범적 요청이 준수된 대화, 즉 발언의 자유와 평등이 보장된 대화에서 **인권은 반드시 합의해야 할 규범**이라는 논증이 그것이다. 이렇게 논증된 인권은 실정법 이전에 이미 정당성을 획득한다. 그리고 이러한 인권은 실정헌법에 수용되어 제도화됨으로써 헌법적 권리를 의미하는 '기본권'(fundamental rights)이 된다. 헌법상 보장된 기본권을 매개로 법체계 안에 도덕에서 유래하는 인권이 수용됨으로써 법과 도덕은 서로 밀접한 관련을 맺는 체계가 된다. 여기서 **도덕과 밀접하게 결합될 수밖에 없다**는 법의 세 번째 특성이 논증된다. 정리하자면 법규범은 ① 형식에 있어서 강제성, ② 내용에 있어서 인권의 보장, ③ 법과 도덕의 관계에 있어서 필수적 결합을 그 특성으로 한다.

Ⅱ. 대화의 한계에서 나오는 내부적 요인과 법의 필요성

법의 형식은 대화의 한계에서 나오는 내부적 요인 때문에도 요구된다. 그러한 요인은 대화가 내부적으로 안고 있는 **세 가지 한계**로 요약되는데 ① 인식의 한계, ② 실천의 한계, ③ 조직의 한계가 그것이다.[2)]

1. 인식의 한계

인식의 한계는 대화라는 의사소통의 과정이 우선적으로 '절차'를 지향하기 때문에 발생한다. 우선적으로 절차를 지향하는 대화는 그러한 절차를 통해 도달해야 하는 '결정'에는 일차적 관심을 두지 않는다. 따라서 외부적 방해가 전혀 없는 이상적 대화가 완벽하게 실현된다고 하더라도 대화를 거치면 반드시 일정한 결정에 도달할 수 있는 것은 아니다. 결정이 없는 상태는 그러한 결정에 따라 행동해야 하는 사람들을 '인식적 불확실성'에 빠뜨리기 때문에 결정에 도달하지 못할 수 있는 대화의 한계를 인식의 한계라고 부른다. 특별히 규범을 주제로 하는 실천적 대화에서 결정이 도출되지 못하면 공동체를 규율해야 할 규범이 부재하는 상황이 발생하게 된다. 따라서 공동체의 존립과 유지를 위

---

2) R. Alexy, Probleme der Diskurstheorie, *Zeitschrift für philosophische Forschung*, Bd. 43(1989), 81면 이하 참조.

하여 실천적 규범에 관한 결정이 반드시 필요하고, 어느 시점에서는 절차를 지향하는 형식에서 결정을 지향하는 형식으로 전환되어야 한다. 여기서 법의 형식에 대한 필요성이 정당화된다. **법은 결정을 지향하는 형식**으로서 요구된다.

이렇게 의사소통의 과정으로서 대화는 결정의 필요성 때문에 법의 형식으로 제도화된 **법적 대화**로 바뀐다. 법적 대화에는 우선적으로 법규범을 제정하는 단계에서 **입법절차**가 있고, 다음으로 법규범을 해석하고 적용하는 단계에서 **사법(재판)절차**가 포함된다. 입법절차 이외에 사법절차가 필요한 이유도 결정을 지향하는 제도화된 대화의 특성 때문이다. 즉 입법자가 법규범을 통해 결정한 내용에 대해서도 여전히 '다양한 해석의 가능성'이 남을 수 있기 때문에 법규범의 해석에 관한 권위있는 결정을 내리기 위하여 사법절차가 필요하게 된다.

결정을 지향하는 절차인 법적 절차, 특히 입법절차는 사법절차에 의해 보완될 필요성이 있지만 그럼에도 불구하고 입법적 결정 그 자체도 가능한 한 '인식의 객관성'을 확보하기 위해 노력해야 한다. 인식의 객관성이란 누가 보아도 동일한 내용의 결정이어야 한다는 뜻이다. 이러한 객관성의 요청은 법규범이 규율해야 할 '대상'의 측면에서 **명확성원칙**으로, 법규범이 규율해야 할 '시간'의 측면에서 **불소급원칙**으로 구체화된다. 즉 명확성원칙에 따라 법규범이 규율하고자 하는 '대상범위'의 경계를 명확하게 설정하고, 불소급원칙에 따라 규율하고자 하는 '시간범위'의 경계를 법규범의 제정시점으로 명확하게 설정함으로써 법규범의 내용은 객관성을 확보하게 된다. 따라서 명확성과 불소급성은 법규범이 결정을 지향하는 형식으로서 반드시 포함해야 할 본질적인 특성으로 이해될 수 있다.

2. 실천의 한계

실천의 한계는 대화라는 의사소통의 과정을 거쳐 일정한 결정이 도출된다고 하더라도 그것이 곧바로 실천으로 연결되지 못한다는 점에서 나온다. 외부적 방해가 없는 이상적 대화는 결정을 만들어내지 못할 뿐만 아니라 비록 결정이 내려졌다고 하더라도 그 결정을 실천으로 강제하여 관철시키지는 못한다. 여기서 다시 법의 형식에 대한 필요성이 정당화된다. **법은 실천을 강제하여 관철시키는 형식**으로서 요구된다. 법적 절차는 결정을 지향할 뿐만 아니라 그러한 결정에 대한 이행과 준수를 강제하여 결정을 현실에서 관철시킨다. 따라서 이미 대화를 방해하는 외부적 요인에서 논증했던 것처럼 법의 형식은 대화에서 요구되는 필수적인 규범적 요청인 인격적 인정의 규범뿐만 아니라 대화에서 도출된 다양한 결정을 강제하여 관철시키기 위해서도 필요하게 된다.

3. 조직의 한계

조직의 한계는 대화에서 결정이 도출되고 그것이 실천으로까지 연결된다고 하더라도 그러한 결정과 실천을 체계적으로 조직화하지 못한다는 점에서 나온다. 이렇게 되면 심지어 일관되지 못하고 서로 모순되는 결정과 실천을 강제할 수도 있다. 여기서 또다시 법의 형식에 대한 필요성이 정당화된다. **법은 조직을 지향하는 형식**으로서 요구된다. 법적 절차는 결정을 도출해 내고, 그러한 결정을 실천에 옮기도록 강제할 뿐만 아니라, 그러한 결정과 실천이 체계적으로 조직화되도록 만든다. 이를 위하여 법은 일관성이나 정합성의 요청을 충족하여야 한다. 이와 같은 요청을 충족시키기 위한 전제로서 요구되는 원칙이 **법률의 일반성원칙**이다.

4. 법의 기능

이와 같이 대화절차의 내부적 한계에 기초하여 법의 필요성을 논증하면서 확인된 법의 기능적 목적을 정리하면 법은 ① 결정을 지향하고, ② 실천을 강제하며, ③ 결정과 실천을 조직화하는 기능을 수행하는 형식이라고 할 수 있다.

제2절 법의 개념과 효력 및 법체계모델

법의 형식이 반드시 필요하다면 다음으로 논의되어야 하는 주제는 법의 개념과 효력 및 법체계의 모델이다. 여기서는 법이란 무엇이고, 법의 효력은 무엇이며, 법은 어떤 구조를 가지고 있는지에 대한 논의가 이루어진다. 이러한 논의는 헌법의 개념과 효력 및 구조를 이해하는 데 중요한 기초가 된다.

Ⅰ. 법의 개념

법개념이란 **어떤 규범을 법규범으로** 볼 것인지 하는 문제와 관련된다. 다시 말해 일정한 규범을 법규범으로 인정할 수 있는지 여부를 결정할 때 **어떠한 표지**를 기준으로 삼을 것인지의 문제가 법개념의 핵심을 이룬다.

1. 법개념의 세 가지 기본표지

법개념을 정의할 때 기본이 되는 세 가지 표지가 있다. ① 제정성, ② 실효성, ③ 정당성이 그것이다.[3)]

(1) 제 정 성

법개념을 정의하는 첫 번째의 기본표지는 제정성(due enactment)이다. 제정성의 표지를 가지고 판단하면 일정한 규범은 법이 부여한 권한을 가진 기관에 의해서, 법에 규정된 절차에 따라, 상위에 위치한 법에 위반되지 않은 채 제정되면 법규범으로 인정된다. 따라서 법규범을 인식하는 세부적인 표지로서 ① 법적 권한, ② 법적 절차, ③ 상위법이 제시된다. 문제는 이러한 세부적인 표지들이 이미 또 다른 법규범에 규정되어 있어

---

3) R. Alexy, *Begriff und Geltung des Rechts*, 29면 이하(이준일 옮김, 『법의 개념과 효력』, 23면 이하) 참조.

야 한다는 점이다. 그러므로 법규범인지 여부는 결국 권한과 절차를 규정하는 다른 법규범이나 상위의 법규범의 의미내용을 확인한 뒤에 그 의미내용과 합치하는지 여부에 따라 확인될 수 있다. 이런 맥락에서 제정성은 '합법성'(legality)이라고도 부를 수 있다.

일정한 규범이 제정성이나 합법성의 표지를 충족했는지를 확인하는 작업은 '분석적' 범주의 인식영역에 속한다. 왜냐하면 법규범의 제정과 관련된 권한(수권)규범과 절차규범 및 상위규범의 의미내용을 확인하기 위해서는 그러한 법규범이 사용한 문언을 순수하게 개념적·논리적으로 분석해야 하기 때문이다. 한편 이러한 제정성이라는 법개념의 표지는 앞서 법의 필요성에서 논증했던, 법적 대화에서 도출되어야 하는 '결정'과 밀접한 관련이 있다. 법적 대화에서 도출되는 법규범이 일정한 결정으로서 의미를 가지려면 객관적 인식이 가능할 정도로 그 의미내용이 확정되어야 한다. 따라서 일정한 규범의 합법성을 확인하기 위하여 요구되는 법규범에 대한 인식은 이미 객관적으로 확정된 의미내용을 엄밀하게 분석하는 데 한정된다.

(2) 실 효 성

법개념의 두 번째 기본표지는 실효성(social efficacy)이다. 실효성의 요소에 따라 판단하면 일정한 규범은 실제로 '준수'되고 있는지, 그리고 준수되지 않는 경우에 '제재'가 가해지는지 여부에 따라 법규범으로서 인정되는지 여부가 결정된다. 이러한 준수 및 제재 여부는 일정한 수치(수량)로 표시될 수 있다는 특징을 가진다. 따라서 규범이 실효성의 표지를 충족했는지 확인하는 작업은 규범의 준수 및 비(非)준수에 대한 제재 여부와 정도를 경험과 관찰을 통하여 확인하는 '경험적' 범주의 인식영역에 속한다. 한편 이러한 실효성이라는 개념표지는 앞서 법의 필요성에서 설명한 '관철'이 가능한 강제질서로서의 법의 형식과 밀접한 관련을 맺는다. 법의 필요성에서 도출되는 법규범의 기능적 특성 가운데 하나인 강제 및 관철가능성은 경험적으로 확인될 수 있기 때문이다.

(3) 정 당 성

법개념을 정의할 때 사용할 수 있는 마지막 세 번째 기본표지는 정당성(substantial correctness)이다. 정당성의 요소를 기준으로 판단하면 일정한 규범은 그 내용이 도덕적으로 정당한지 여부에 따라 법규범으로 인정되는지 여부가 결정된다. 절차주의의 이해에 따르면 법규범의 도덕적 정당성은 합리적인 논증의 절차에 참여하는 모든 사람들에 의하여 보편적인 합의를 얻을 수 있는 경우에만 가능해진다. 이처럼 법규범의 정당성에 대한 확인은 보편적으로 합의가능한 일정한 가치를 전제로 수행되는 **규범적 평가의 범주**에 속하기 때문에 합법성을 분석적으로 확인하거나 실효성을 경험적으로 확인하는 작업보다 평가주체들의 다양한 가치관이 개입될 여지가 크다. 이러한 정당성이라는 법개념의 표지는 앞에서 법의 필요성에서 설명한 인권보장을 위한 강제질서로서의 법의 내용과 밀접한 관련을 가진다. 법의 필요성에서 논증된 법의 목적인 인권은 공동체의 보편적 합의를 위한 절차에서 필수적으로 전제되어야만 하는 보편적 합의에 속하는 것이기 때문이다.

2. 두 가지 기본입장

법개념을 정의하는 세 가지 표지 가운데 어떤 표지를 고려하는지에 따라 실증주의의 입장과 비(非)실증주의의 입장으로 크게 구분할 수 있다.[4] 그리고 고려된 표지들 가운데 어떤 표지에 더 비중을 두는지에 따라서 각각의 입장 안에서도 다양한 견해가 존재할 수 있다.

(1) 실증주의

실증주의는 **제정성과 실효성** 가운데 한 가지, 또는 오로지 이 두 가지만을 고려하는 입장을 말한다. 만약 제정성과 실효성을 모두 고려하는 경우에는 실증주의 안에서도 ① 제정성을 우선시키는 입장과 ② 실효성을 우선시키는 입장으로 다시 구분될 수 있다. 중요한 것은 제정성과 실효성 가운데 어떤 표지를 더 강조한다고 하더라도 실증주의는 법개념을 정의하면서 단지 이 두 가지 표지만을 고려하고, 정당성의 요소는 완전히 배제한다는 점이다. 이러한 입장을 실증주의라고 부르는 이유는 비교적 객관적인 확인이 가능한 실증적 인식, 즉 제정성과 실효성과 같이 분석적 범주와 경험적 범주에 속하는 인식의 작업을 통하여 법규범인지 여부를 결정하기 때문이다.

(2) 비실증주의

비실증주의는 **제정성과 실효성뿐만 아니라 정당성**까지도 고려하는 입장을 말한다. 여기서 주의해야 할 점은 비실증주의도 실증주의와 마찬가지로 제정성과 실효성의 표지를 동시에 고려하고 있다는 점이다. 따라서 법개념의 표지들 가운데 제정성과 실효성의 표지를 배제한 채 오로지 정당성의 표지만을 고려하는 '자연법론'은 비실증주의와 구별되어야 한다. 그 동안 법개념을 둘러싼 논쟁은 제정성과 실효성의 표지만을 고려하는 실증주의와 정당성의 표지만을 고려하는 **자연법론**의 이분법적 논쟁으로 이해되어 온 것이 사실이다. 하지만 법개념을 둘러싼 논쟁은 실증주의와 자연법론의 양자택일적 해결로는 끝이 날 수 없다. 실증주의와 자연법론이 각각 고려하는 법개념의 표지들을 전체적으로 고려하여 정합적이고 합리적인 법개념의 체계를 구성하는 것이 중요하다. 그렇다면 법개념을 둘러싼 논쟁은 정당성의 표지를 배제하는 실증주의와 정당성의 표지까지도 포함시키는 비실증주의의 싸움이라고 잘라 말할 수 있다.

같은 맥락에서 법과 도덕의 관계에 대해서 실증주의는 **분리설**을 주장하고, 비실증주의는 **결합설**을 주장한다. 왜냐하면 법개념을 정의할 때 실증주의는 도덕적 정당성의 표지를 전혀 고려하지 않음으로써 법과 도덕의 관계를 완전히 절연시키는 반면에 비실증주의는 도덕적 정당성의 표지까지 함께 고려하여 법과 도덕의 관계를 밀접하게 관련시키기 때문이다. 법개념을 정의하는 표지로서 정당성을 포함시키는 입장을 비실증주의라고 부르는 까닭은 법규범인지 여부를 판단하는 과정에서 비교적 객관적인 확인이 어

---

4) R. Alexy, *Begriff und Geltung des Rechts*, 30면 이하(이준일 옮김, 『법의 개념과 효력』, 24면 이하) 참조.

려운 규범적 인식인 평가의 작업이 개입되기 때문이다.

3. 비실증주의에 찬성하는 논거

대화이론의 입장을 견지하는 우리는 원칙적으로 비실증주의에 찬성한다. 찬성하는 논거로서 ① 정당성의 논거, ② 불법의 논거, 그리고 ③ 원칙의 논거가 제시될 수 있다.[5)]

(1) 정당성의 논거

비실증주의에 찬성하는 첫 번째 논거는 정당성의 논거다. 모든 법체계는 명시적으로, 또는 적어도 묵시적으로라도 그것이 **정당하다는 효력을 주장**(Geltungsanspruch auf die Richtigkeit; the claim to correctness)한다. 따라서 법체계는 이러한 효력주장에 대해서 논증의 요청이 있으면 논증해야 할 의무를 진다. 이러한 논증의 과정에서 법적 논거뿐만 아니라 도덕적 논거도 인용되어야 한다. 왜냐하면 단순한 법적 논거, 즉 합법성의 논거를 가지고서는 법체계의 정당성이 충분히 논증될 수 없기 때문이다. 단순히 합법성에 근거하는 경우에 합법성의 근거가 되는 법규범의 합법성을 계속적으로 묻는 순환논증에 빠질 수밖에 없다. 따라서 법체계는 합법성의 논거를 넘어서 도덕적 정당성의 논거를 제시함으로써 비로소 완벽하게 자신의 정당성을 논증할 수 있게 된다. 결국 도덕적 논거를 통하여 자신의 정당성을 입증해야 하는 법체계는 도덕적 정당성의 요소를 개념적 표지로 포함해야만 한다.

(2) 불법의 논거

두 번째 논거는 불법의 논거다. 수많은 역사적 경험에 따르면 우리는 **악법이 존재할 수 있다는 사실**을 확인한다. 그리고 이러한 악법을 법체계로부터 추방해야만 하는 당위성도 인식하고 있다. 바로 이렇게 악법을 판단하고 통제하는 근거로서 실정법체계를 넘어서는 도덕적 법체계로서 정법(정의 또는 자연법)이 필요하다. 결국 현실적으로 존재하는 악법의 문제를 해결하기 위하여 도덕적 정당성은 법개념의 필수적인 개념적 표지로 요구된다.

(3) 원칙의 논거

마지막 세 번째 논거는 원칙의 논거다. 법체계는 규칙형태의 규범뿐만 아니라 원칙형태의 규범도 포함한다.[6)] 앞서 논증한 기본적 인권은 법체계 안에 체화(體化, Inkorporation)되어 있는 대표적인 원칙형태의 규범이다. 바로 이러한 원칙형태의 규범은 형식적 측면에서 볼 때는 법이지만 내용적 측면에서는 도덕인 규범을 말한다. 따라서 법체계 안에 원칙형태의 규범이 존재한다는 사실을 확인하는 것으로 법과 도덕의 결합을 매우 설득력 있게 주장할 수 있게 된다. 이렇게 원칙형태의 법규범을 매개로 법과 도덕이 결합됨으로써 도덕적 정당성은 법개념을 정의함에 있어서 필수적으로 고려되어야 하는 요소가 된다.

---

5) R. Alexy, *Begriff und Geltung des Rechts*, 63면 이하(이준일 옮김, 『법의 개념과 효력』, 54면 이하) 참조.
6) 규칙과 원칙의 구분에 대해서는 제1편 제1부 제2장 제2절 Ⅲ. 참조.

Ⅱ. 법의 효력

1. 세 가지 효력개념

법개념을 정의하는 세 가지 표지에 상응하여 효력개념을 정의하는 표지도 세 가지로 구분된다. 이러한 표지에 따라 법의 효력개념은 ① 법학적 효력개념, ② 사회학적 효력개념, ③ 윤리학적 효력개념으로 구분될 수 있다.[7)]

(1) 법학적 효력개념과 법적 효력

법규범은 권한을 가진 기관에 의하여, 규정된 절차에 따라, 상위법에 위반되지 않은 채로 제정된 경우에 효력을 갖게 된다. 이러한 효력을 **법적 효력**이라 부르고, 이와 같은 의미의 효력개념을 **법학적 효력개념**이라고 부른다. 법학적 효력개념은 법개념의 표지 가운데 제정성과 연계되어 있다.

(2) 사회학적 효력개념과 사회적 효력

법규범은 수범자들에 의해 준수되고, 준수되지 않을 때 제재가 가해지면 효력을 갖게 된다. 이러한 효력을 **사회적 효력**이라 부르고, 이와 같은 의미의 효력개념을 **사회학적 효력개념**이라고 부른다. 사회학적 효력개념은 법개념의 표지 가운데 실효성과 연관되어 있다.

(3) 윤리학적 효력개념과 도덕적 효력

법규범은 도덕적으로 정당한 내용을 가진 경우에 효력을 갖게 된다. 이러한 효력을 **도덕적 효력**이라 부르고, 이와 같은 의미의 효력개념을 **윤리학적 효력개념**이라고 부른다. 윤리학적 효력개념은 법개념의 표지 가운데 정당성과 관련이 있다.

2. 법적 효력의 한계와 넓은 의미의 법학적 효력개념

법개념에 관한 비실증주의의 입장을 견지하면서 법개념을 정의하는 경우에 법개념의 세 가지 표지들이 모두 고려되어야 하는 것처럼, 법의 효력개념을 정의하는 경우에도 법의 효력개념을 구성하는 세 가지 표지들이 모두 고려되어야 한다. 그 밖에도 다음과 같은 두 가지 근거에 기초하여 법의 효력에 관한 개념을 정의함에 있어서 효력개념에 관한 세 가지의 요소가 동시에 고려되어야 한다.

(1) 순환의 오류

법의 효력을 오로지 법학적 효력개념에 따라 법적 효력에 국한시키면 안 되는 첫 번째 이유는 순환의 오류 때문이다. 법학적 효력개념의 표지들, 즉 법적 권한, 법적 절차, 상위법이라고 하는 것들은 실정법규에 의하여 규정된다. 이것은 논증이 더 필요한 논거(법적 권한, 법적 절차, 상위법)를 가지고 논증하는 일종의 동어반복적인 '순환적 논

---

7) R. Alexy, Begriff und Geltung des Rechts, 139면 이하(이준일 옮김, 『법의 개념과 효력』, 122면 이하) 참조.

증'이다. 왜냐하면 법적 효력을 논증하는 표지들 자체가 법적 효력을 갖는지에 대해서 다시금 논증이 필요하기 때문이다. 이러한 문제를 해결하는 방법은 매우 간단해 보인다. 법적 효력의 개념표지들이 법적 효력을 갖는지를 다시 실정법에 근거하여 논증하면 되기 때문이다. 하지만 실정법의 근거를 또 다시 실정법에서 찾게 되면 끊임없이 실정법적 근거를 필요로 하는 '무한순환의 오류'에 빠질 수밖에 없다.

이러한 오류를 극복하기 위하여 대표적인 실증주의자인 켈젠(H. Kelsen)은 "근본규범"(Grundnorm)이라는 가상의 규범을 만들어냈다.[8] 그러나 가상의 규범인 근본규범 자체는 더 이상 논증할 필요가 없는 자명한 전제로서 주어진다. 따라서 근본규범을 설정하는 것은 논리적 정당화의 과정을 일순간에 정지시키고 만다는 비판을 받을 수밖에 없다. 다시 말해 법학적 효력개념의 논리에 충실하려면 근본규범의 정당성은 자명한 것으로 주어질 수 없고, 여전히 법적 근거의 제시를 통하여 논증이 필요하다.

이처럼 법적 효력에 국한되어 이해된 법의 효력은 ① 논증이 더 필요한 논거를 가지고 논증함으로써 논증을 반복해야 하는 '순환의 오류'를 범하거나(circular argumentation), ② 끊임없이 논리적 효력근거를 제시해야 하는 '무한회귀의 오류'를 범하거나(infinite regression), ③ 더 이상 논증이 필요없는 자명한 논거를 제시함으로써 갑자기 논증을 끝내버리는 '중단의 오류'(abandonment of agumentation)를 범할 수밖에 없다. 이러한 세 가지 논리적 오류를 뮌히하우젠의 삼중모순(Münchhausen-Trilemma)이라고 부른다.

(2) 세 가지 효력의 충돌

법학적 효력개념에 따라 법의 효력을 오로지 법적 효력에 국한시키면 안 되는 두 번째 이유는 법적 효력과 다른 효력의 관계 때문이다. 다시 말해 법적 효력이 사회적 효력이나 도덕적 효력과 충돌할 수 있는 경우가 고려되지 않음으로써 이러한 충돌을 합리적으로 해결할 수 있는 가능성이 사라지기 때문이다. 예를 들어 켈젠이 주장한 공식[9]에 따르면 법적 효력과 사회적 효력이 충돌할 때 '전반적으로 사회적 효력을 갖지 않는 법체계나 최소한의 사회적 효력도 갖지 않는 개별 법규범은 효력을 상실한다.' 이러한 공식은 효력개념을 정의하면서 사회적 효력을 고려했을 경우에만 가능하다. 또한 라드브루흐(G. Radbruch)가 제시한 공식[10]에 따르면 법적 효력과 도덕적 효력이 충돌할 때 '참을 수 없을 정도로 악한 법규범은 효력을 상실한다.' 이러한 공식도 법의 효력개념을 정의하면서 도덕적 효력을 고려했을 경우에만 가능하다.

따라서 법적 효력과 다른 유형의 효력이 충돌하는 문제를 해결하기 위해서는 법의 효력을 정의하면서 사회적 효력과 도덕적 효력을 함께 고려하는 효력개념이 필요하다. 이러한 효력개념을 '넓은 의미의 법학적 효력개념'이라 부를 수 있다. 이러한 효력개념

8) H. Kelsen, *Reine Rechtslehre*, 196면 이하 참조.
9) H. Kelsen, *Reine Rechtslehre*, 219면 이하 참조.
10) G. Radbruch, *Rechtsphilosophie*, E. Wolf/H. P. Schneider(편), Stuttgart, 제8판(1973), 164면 이하 참조.

은 앞서 설명한 법적 효력에 국한하여 법의 효력을 정의하는 '좁은 의미의 법학적 효력개념'과 구분된다. 이렇게 넓은 의미로 법의 효력개념을 정의하는 경우에만 비로소 켈젠이 제안한 근본규범의 개념범위도 확장할 수 있게 된다. 즉 켈젠이 법규범의 최종적 효력근거를 제시하기 위하여 주장한 순수하게 '논리적 · 분석적' 의미를 가지는 근본규범의 내용은 사회적 효력을 가지는 '경험적 · 사실적' 의미의 근본규범이나 도덕적 효력을 가지는 '규범적 · 도덕적' 의미의 근본규범으로 확대될 수도 있다. 왜냐하면 효력개념을 넓게 이해하면 근본규범은 실정법적 근거와 같이 순전히 논리적 근거일 필요는 없고, 사회적 근거 또는 도덕적 근거가 될 수도 있기 때문이다. 그리고 이러한 근본규범을 매개로 그 안에 포함된 다양한 효력개념의 충돌이 해결될 수 있는 가능성이 생기게 된다.

Ⅲ. 법체계모델

1. 규칙과 원칙

법체계모델은 기본적으로 규칙모델과 원칙모델로 구분된다. 그리고 이러한 구분은 규범(norm)을 규칙(rule, Regel)과 원칙(principle, Prinzip)을 구분하는 견해에 기초한다. 규칙과 원칙의 구분은 드워킨(R. Dworkin)에서 유래하고, 알렉시(R. Alexy)가 구체적으로 발전시켰다.[11)]

(1) 규 칙

규칙은 다음과 같은 구조적 특성을 가진다. ① 규칙의 구성요건이 충족되면 규칙에 포함된 법적 효과가 반드시 발생한다. ② 규칙의 구성요건이 충족되었으나 규칙에 포함된 법적 효과가 발생하지 않는 경우는 그 규칙이 '무효'이거나 그 규칙에 '예외조항'이 부가되어 있는 경우다. ③ 규칙이 서로 모순(갈등)을 일으킨 경우에는 하나를 '무효'로 만들어 그러한 모순을 해결한다. ④ 규칙을 사안에 적용하는 전형적인 방식은 '포섭'이다.[12)]

규칙에 내재하는 이러한 구조적 특성은 규칙의 구성요건이 **확정적으로**(definitive) 결정되어 있다는 사실에서 연유한다. 규칙의 구성요건이 확정적으로 결정되어 있는 만큼 구성요건의 범위는 축소된다. 또한 구성요건의 범위가 축소되는 만큼 규칙과 규칙이 서로 모순을 일으킬 가능성도 감소된다. 하지만 규칙이 서로 모순을 일으키는 경우에 규칙의 모순을 해결하는 방식은 '효력의 상실'이다. 서로 갈등을 일으키는 규칙들 가운데 하나의 효력이 상실되어야만 규칙의 갈등은 해결된다. 아무튼 규칙이 효력을 가지면 규칙은 구성요건에 해당하는 모든 사안에 적용되고, 규칙이 효력을 갖지 않으면 규칙은 구성요건에 해당하는 어떠한 사안에도 결코 적용되지 않는다. 이처럼 규칙은 그 효력에 따라 '전부 아니면 전무(all or nothing)'의 방식으로 적용되는 규범이다.

---

11) 이준일, 『법학입문』(2004), 제5장 참조.

12) 포섭에 대해서는 제1편 제1부 제4장 제3절 Ⅰ. 참조.

(2) 원 칙

원칙은 다음과 같은 구조적 특성을 가진다. ① 원칙의 구성요건이 충족되는 경우에도 원칙에 포함된 법적 효과가 반드시 발생하지는 않는다. ② 원칙의 구성요건이 충족되었지만 원칙에 포함된 법적 효과가 발생하지 않더라도 원칙이 무효이거나 예외규정이 부가되었기 때문은 아니다. ③ 원칙이 서로 충돌하더라도 하나의 효력을 상실시키지 않고, 충돌하는 원칙들을 서로 조화롭고 균형있게 실현시키는 방식으로 원칙의 충돌을 해결한다. ④ 원칙을 적용하는 전형적인 방식은 '형량'이다.[13]

원칙에 내재하는 이와 같은 구조적 특성은 원칙의 구성요건이 **잠정적**(prima facie)으로만 결정되어 있다는 사실에서 나온다. 원칙의 구성요건이 잠정적이고 불확정적인 만큼 구성요건의 범위도 확대된다. 또한 구성요건의 범위가 확대되는 만큼 원칙이 서로 충돌할 가능성도 증가한다. 하지만 원칙의 충돌은 하나의 효력을 상실시킴으로써 해결되지 않는다. 서로 충돌하는 원칙을 조화롭고 균형있게 실현시킴으로써 원칙의 충돌은 해결된다. 원칙의 충돌이 해결되는 과정에서 원칙이 확정적으로 효력을 가지는 경우에만 구성요건에 해당하는 사안에 적용된다. 반면에 원칙의 충돌이 해결되는 과정에서 원칙이 확정적으로 효력을 갖지 않게 되면 구성요건에 해당하는 사안에도 적용되지 않는다. 이처럼 원칙의 확정적 효력은 구체적인 사안에 따라 결정된다. 구체적 사안에 따라 원칙이 확정적으로 효력을 갖지 않게 되는 경우에도 원칙의 효력이 완전히 상실되지는 않는다.

	규칙(rule)	원칙(principle)
구성요건과 법적 효과	충분조건관계	필요조건관계
예외조항과 무효	있 음	없 음
모순해결방식	효력의 상실	균형적 실현
적용방식	포 섭	형 량

2. 두 가지 기본모델

(1) 규칙모델(rule-model)

1) 개념과 전제조건 법체계의 규칙모델이란 법체계가 **오로지 규칙으로만 구성**되어 있다는 입장을 말한다. 법체계의 규칙모델에 따라 현실이 규율될 수 있으려면 빈틈없이 **완벽한 법체계**가 구성되어 있어야 한다. 이러한 완벽한 법체계의 구성을 위해서는 몇 가지 전제조건이 필요하다. ① 우선 규칙의 문언에 의해서 표현되는 의미가 확정적이고 고정적이어야 한다. 만약 문언이 표현하는 의미가 다의적이거나 모호한 경우에는 해석규칙을 통해 확정될 수 있어야 한다.[14] ② 그리고 발생할 수 있는 모든 사안에 적용할 수 있는 규칙이 미리 제정되어 있어야 한다. ③ 또한 규칙 상호간에 어떠한 모순

13) 형량에 대해서는 제1편 제1부 제4장 제3절 Ⅱ. 참조.

14) 해석규칙에 대해서는 제1편 제1부 제4장 제3절 Ⅰ. 1. 참조.

도 발생하지 않거나 적어도 모순을 해결하는 또 다른 규칙이 준비되어 있어야 한다. ④ 마지막으로 악법인 규칙은 존재하지 않아야 한다.

2) 규칙모델과 법관의 과제 법체계의 규칙모델에 따르면 법규범을 해석하고 적용해야 하는 법관의 과제는 매우 단순하고 기계적이기까지 하다. 법체계가 규칙으로만 구성되어 있다면 법관은 미리 완벽하게 구비된 규칙형태의 법규범을 충분히 활용하여 사안을 해결하면 된다. 법관에게는 발생할 수 있는 모든 사안을 해결할 수 있도록 규칙이 완벽하게 구비되어 있다. 따라서 법관은 완벽하게 준비된 법체계에 대하여 충분한 정보와 지식을 가지고 있을 것이 요구된다. 그리고 법관이 사안을 해결해야 할 때 법체계에 대해서 자신이 가지고 있는 객관적인 정보와 지식을 동원하여 해당 사안의 해결에 정확하게 일치하는 규칙을 찾아 적용하면 된다. 따라서 법관은 사안을 해결할 때 자신의 주관적 가치판단을 개입시킬 필요도 없고, 그렇게 해서도 안 된다. 결론적으로 법관에게 부여된 의무는 법체계를 구성하는 규칙형태의 법규범을 충분히 인식하고, 객관적이고 중립적인 관점에서 인용하여, 사안을 적절하게 해결하는 대단히 기계적인 일에 지나지 않는다.

3) 규칙모델과 법적 안정성 규칙모델이 실현되기 위한 전제조건이 모두 충족되어 규칙모델에 따라 현실이 규율된다고 가정해보자. 그렇게 되면 미리 완벽하게 구비된 규칙형태의 법규범을 통해 문제가 될 수 있는 모든 사안이 예외없이 해결된다. 이것은 공동체에서 분쟁과 혼란이 사라지고 질서와 평화가 유지되고 있음을 의미한다. 따라서 규칙모델은 법규범을 통해 공동체의 질서와 평화를 확보하도록 요청하는 **법적 안정성**의 이념을 실현할 수 있다.[15]

4) 규칙모델의 한계 문제는 규칙모델이 실현되기 위한 전제조건이 완벽하게 충족될 수 없다는 것이다. ① 우선 규칙의 문언이 표현하는 의미가 다의적이거나 모호하면서도 해석규칙을 통해 일의적 의미를 확정할 수 없는 경우가 있다(**문언의 다의성과 모호성 및 해석규칙의 한계**).[16] ② 그리고 문제가 된 사안을 해결할 수 있는 규칙이 애초에 없는 경우도 있다(**규범의 흠결**). ③ 또한 사안에 적용할 수 있는 규칙들이 서로 모순을 일으키는 경우도 있다(**규범의 모순**). ④ 마지막으로 법관이 적용해야 할 규칙이 극단적인 악법으로 판단되는 경우도 있다(**악법**). 이처럼 **법의 공백**이나 **악법**이 발생한 경우를 통틀어 법체계의 **열려진 영역**이라고 부른다.[17] 이러한 열려진 영역에서 법관은 자신에게 부과된 과제와 의무를 수행하지 못하게 된다. 그리고 법규범은 공동체의 질서와 평화를 유지해야 하는 법적 안정성의 이념을 구현할 수 없게 된다.

(2) 원칙모델(principle-model)

1) 개념과 전제조건 법체계의 원칙모델이란 법체계가 오로지 원칙으로만 구성되

15) 법적 안정성에 대해서는 제1편 제2부 제4장 제2절 Ⅴ. 1. 참조.

16) 해석규칙의 한계에 대해서는 제1편 제1부 제4장 제3절 Ⅰ. 2. 참조.

17) 이준일, 『법학입문』(2004), 제2장 참조.

어 있다는 입장을 말한다. 원칙모델은 두 가지 점에서 규칙모델과 차이를 보인다. 첫째, 원칙모델은 규범의 모순을 효력상실의 방법으로 해결하지 않는다는 점에서 규칙모델과 차이가 있다. 규칙이 서로 모순을 일으키면 하나의 규칙은 효력을 상실해야 한다. 하지만 원칙은 서로 충돌해도 두 개의 원칙 모두 효력을 유지한다. 원칙의 충돌을 해결하는 방법은 형량이다. 둘째, 원칙모델은 법규범을 해석하고 적용하는 방식에서 규칙모델과 비교할 때 차이가 있다. 규칙을 해석하고 적용하는 전형적인 방식은 포섭이다. 하지만 원칙을 해석하고 적용하는 전형적인 방식은 '형량'이다. 이처럼 원칙모델에 따라 원칙의 충돌을 해결하고, 원칙을 적용하는 방식은 형량이다. 형량은 구체적인 사안에서 문제가 되는 원칙의 비중을 결정하는 과정이다. 원칙의 비중은 구체적 사안을 조건으로 결정되는 원칙 상호간의 우열관계(조건부 우열관계)를 의미한다. 이러한 형량의 과정을 기호화하면 다음과 같다.

[형량] C (P1 p P2): 조건부 우열관계

- P1, P2: 서로 충돌하는 원칙(서로 동시에 실현될 수 없는 원칙), C: 상황적 조건, p: 우열관계

규칙모델과 비교하여 두드러지는 원칙모델의 핵심은 형량에 있다. 따라서 원칙모델이 현실에서 실현될 수 있는 전제조건은 형량의 과정이 공정하고 합리적인 과정으로 구성되어야 한다는 점이다. 원칙들을 공정하고 합리적으로 형량하기 위해서는 우선 구체적인 사안에서 문제가 될 수 있는 다양한 원칙에 대해서 이해당사자들이 자유롭게 주장할 수 있어야 한다. 그리고 자신이 주장하는 원칙들에 대해서 찬성하는 근거와 반대하는 근거를 자유롭게 주고받을 수 있어야 한다. 이를 위하여 법관은 이해당사자들이 자유롭게 원칙을 주장하고 찬반근거를 제시할 수 있도록 보장해야 한다. 결론적으로 원칙모델의 실현을 위한 전제조건은 형량의 공정성과 합리성을 확보하기 위한 절차의 보장이다.

2) 원칙모델과 법관의 과제 원칙모델에서 요구되는 법관의 과제는 규칙모델에서 요구되는 법관의 과제와 완전히 다르다. 규칙모델에 따라 부과되는 법관의 과제가 다소 단편적이고 기계적인 사고가 필요한 것이라면 원칙모델에 따라 부과되는 법관의 과제는 종합적이고 입체적인 사고가 요구되는 것이다. 규칙이 적용되는 포섭의 과정에서는 매우 기계적인 논리가 사용되지만 원칙이 적용되는 형량의 과정에서는 대단히 입체적이고 다차원적인 논리가 사용되기 때문이다. 이에 따라 원칙모델에서는 법관에게 공정하고 합리적인 형량의 절차를 보장해야 할 과제가 부과된다. 앞서 언급한 것처럼 구체적 사안에서 관련된 당사자들이 문제가 될 수 있는 원칙들을 충분히 주장하고, 그에 대한 찬반근거를 제시할 수 있는 절차를 보장해주어야 할 의무가 법관에게 있다.

3) 원칙모델과 정의 법체계 안에 원칙이 포함되면 규칙모델의 한계가 극복될 수 있다. ① 우선 규칙의 문언이 표현하는 의미가 다의적이거나 모호하면서도 해석규칙을 통해 문언의 의미가 확정될 수 없을 때 문언의 의미를 확정하기 위한 기준으로서 원칙이

인용될 수 있다. ② 그리고 사안을 해결할 수 있는 규칙이 존재하지 않는 경우에도 **사안해결의 기준**으로서 원칙이 인용될 수 있다. ③ 또한 사안에 적용될 수 있는 규칙이 서로 모순을 일으키지만 그것을 해결하는 준칙이 없을 때에도 **모순을 해결하기 위한 기준**으로서 원칙이 인용될 수 있다. ④ 그 밖에도 적용해야 하는 규칙이 악법으로 의심되는 경우에 **악법을 판단하고 통제하는 기준**으로서 원칙이 인용될 수 있다. 이처럼 법의 공백이나 악법이 발생한 열려진 영역에서 원칙은 이른바 '정의'나 '자연법'이라고도 불리는 초실정법적 규범으로서 사안을 해결한다. 따라서 원칙모델은 실정법으로 해결할 수 없는 영역 또는 실정법을 판단하는 기준이 필요한 영역에서 요청되는 정의의 이념을 실현할 수 있다.[18]

4) 원칙모델의 한계 법체계가 원칙으로만 구성되면 규칙을 통해 실현되는 법적 안정성의 이념을 실현할 수 없게 된다. 법의 공백이나 악법이 발생하여 원칙이 적용되어야 하는 열려진 영역은 오히려 '예외적인 상황'에 해당한다. 열려진 영역을 제외한 일반적인 상황에서는 확정적 구성요건을 가지는 규칙이 적용되어야 한다. 이를 통해 공동체의 질서와 평화를 유지해야 하는 법적 안정성의 이념이 실현될 수 있다. 따라서 일반적인 상황에서 발생하는 사안을 해결하여 법적 안정성을 확보하기 위해서는 법체계가 원칙으로만 구성되는 것으로 충분하지 않게 된다.

3. 두 가지 통합모델

법체계의 규칙모델과 원칙모델은 장점도 있지만 동시에 일정한 한계를 갖는다. 규칙모델의 한계는 원칙모델의 장점에 의해서 보완될 수 있고, 원칙모델의 한계는 규칙모델의 장점에 의해 보완될 수 있다. 따라서 규칙모델과 원칙모델은 상호 보완하는 통합모델로 결합될 필요가 있다.

(1) 규칙/원칙모델

법체계의 통합모델로서 규칙/원칙모델은 **법체계가 규칙과 원칙으로 구성**된다는 입장을 말한다. 따라서 규칙/원칙의 통합모델은 규칙모델의 장점과 원칙모델의 장점을 동시에 가질 수 있다. 다시 말해 규칙모델을 통해 실현되는 법적 안정성의 이념과 원칙모델을 통해 실현되는 정의의 이념을 모두 다 충족시킬 수 있는 이상적(ideal) 법체계모델이 구성될 수 있다. 이러한 법체계모델에서 법관은 규칙모델에서 요구되는 과제와 원칙모델에서 요구되는 과제를 동시에 수행해야 한다. 따라서 규칙체계에 대한 완벽한 정보와 지식을 갖추고 있어야 할 뿐만 아니라 공정하고 합리적인 형량을 위한 절차를 보장해야 할 의무도 부담한다.

규칙/원칙의 통합모델에 따르면 구체적 사안을 해결하기 위하여 규칙과 원칙이 모두 적용될 수도 있다. 여기서 규칙과 원칙을 적용할 때 어떤 것을 먼저 적용해야 하는

18) 정의의 이념에 대해서는 제1편 제2부 제4장 제2절 V. 2. 참조.

지가 문제될 수 있다. 규칙은 원칙을 형량한 결과물로 이해된다. 따라서 형량을 통해 확정된 규칙은 원칙보다 잠정적으로 우선하여 적용되어야 한다. 이것은 원칙을 적용해야 할 만한 합리적인 논거가 제시되기 전까지는 우선적으로 규칙이 적용되어야 함을 의미한다. 또한 이것은 원칙의 적용을 주장하는 사람이 자신의 주장을 논증해야 할 부담을 지게 되는 것을 뜻한다. 이에 따라 원칙의 적용에 대해서 논증해야 할 부담을 지는 사람이 합리적 논거로 자신의 주장을 논증한 경우에는 원칙이 적용될 수 있다.

(2) 규범/절차모델

법체계의 규범/절차모델은 법체계가 규범(norm)과 함께 절차(procedure)를 포함한다는 입장을 말한다. 이러한 규범/절차의 통합모델에 따르면 우선 규범은 규칙과 원칙으로 구분된다. 이 가운데 원칙을 적용하는 전형적인 방식으로서 형량이 필요하고, 공정하고 합리적인 형량의 과정을 확보하기 위하여 일정한 절차가 요구된다. 공정하고 합리적인 형량의 절차란 문제가 될 수 있는 모든 원칙들이 충분히 주장되고, 그에 찬성하는 근거와 반대하는 근거를 자유롭게 주고받을 수 있는 절차를 뜻한다. 법체계에 규칙과 함께 원칙이 포함되어 있다는 규칙/원칙의 통합모델을 선택하는 경우에 원칙의 공정하고 합리적인 형량을 위한 법체계에 절차가 포함되어야 하는 것은 논리적으로 당연한 결론에 해당한다.

Ⅳ. 헌법의 개념과 효력 및 법체계모델과의 관계

1. 일반적 법개념 및 효력개념의 구체화

헌법의 개념과 효력개념을 정의하는 경우에도 일반적으로 법의 개념과 효력개념을 정의하는 데 포함되어야 하는 세 가지 표지들이 모두 고려되어야 한다. 헌법도 역시 법규범으로 이해되기 때문이다.

(1) 헌법의 제정성과 법적 효력

헌법의 개념을 정의할 때 제정성의 표지를 고려하면 헌법은 우선 권한을 가진 주체에 의하여, 규정된 절차에 따라, 상위법에 위반되지 않도록 제정 또는 개정된 경우에 '법적 효력'을 갖게 된다. 헌법을 제정하거나 개정하는 권한을 가진 주체는 국민 또는 그 대표기관이 되고, 헌법을 제정하는 절차를 헌법에 규정하는 것은 논리적으로 불가능하지만 개정하는 절차는 헌법에 규정될 수 있으며, 헌법은 최고법이기 때문에 형식적 의미의 상위법은 존재하지 않는다. 따라서 제정성의 표지만 고려하는 경우에 헌법은 권한을 가진 국민이나 대표기관에 의하여 제정되거나 헌법에 규정된 절차에 따라 개정되면 법적 효력을 가지게 된다.

(2) 헌법의 실효성과 사회적 효력

또한 헌법개념을 정의할 때 고려되어야 하는 실효성의 표지에 따르면 헌법은 국민과 국가권력에 의하여 준수되고, 준수되지 않을 때 제재가 가해짐으로써 '사회적 효력'을 가질 수 있다. 헌법의 준수와 비준수에 대한 제재는 주로 헌법재판을 통해서 실현된다. 이렇게 강제적으로 실효성이 확보될 수도 있지만 헌법의 사회적 효력은 국민 전체의 헌법에 대한 존중의식을 강화함으로써 더욱 효과적으로 담보될 수 있다. 관습헌법은 대표적으로 사회적 효력을 가지는 헌법에 해당한다.

(3) 헌법의 정당성과 도덕적 효력

마지막으로 헌법개념을 정의함에 있어서도 정당성의 표지가 고려되는 경우에 헌법은 도덕적으로 정당한 내용을 담음으로써 '도덕적 효력'을 가질 수 있다. 이러한 도덕적 효력은 헌법에 관한 합리적인 논증의 절차에 참여하는 모든 사람들에 의하여 보편적인 합의를 얻을 수 있는 경우에만 가능하다. 따라서 헌법의 도덕적 정당성을 판단하는 기준은 무엇보다도 모든 이상적 대화에서 필수적으로 요구되는 규범적 요청, 즉 대화의 절차에서 인격적 주체로 인정받기 위한 규범적 조건인 발언의 자유와 평등, 그리고 이러한 요청이 실현된 상태에서 반드시 합의할 수밖에 없는 인권이다.

2. 헌법과 법체계모델

헌법은 규칙규범과 원칙규범을 모두 포함한다. 헌법에 포함된 규칙규범은 해석규칙을 동원한 포섭을 통해 해석·적용되어야 한다. 헌법에 포함된 원칙규범으로는 기본권과 기본원리(국가원리)를 들 수 있는데 이것들은 형량을 통해 해석·적용되어야 한다. 형량의 합리성은 형량을 위한 절차의 합리성을 통해 보장되기 때문에 특히 원칙규범을 많이 포함하는 헌법의 해석과 적용에서 합리적인 형량을 위한 절차의 구성이 요구된다. 따라서 헌법은 규칙규범과 원칙규범을 포함하는 규범과 함께 절차까지도 포함하게 된다.

3. 헌 법 관

헌법을 어떻게 이해할 것인지는 '헌법관'으로 설명되기도 한다. 이는 지나친 단순화의 위험성이 있지만 이른바 세 가지 헌법관, 즉 ① 법실증주의, ② 결단주의, ③ 통합이론은 결국 헌법의 개념과 효력에 대한 견해의 차이로 요약할 수 있다.[19] 따라서 앞에서 설명한 법개념의 요소를 고려했을 때 법실증주의는 제정성을 강조하고, 결단주의는 실효성을 강조하거나 또는 제정성의 요소 가운데 법적 권한을 사회적 권력으로 환원시켜 강조하며, 통합이론은 정당성의 요소를 강조하는 입장에 속한다고 볼 수 있다.

(1) 법실증주의

"법실증주의"[20] 또는 "규범주의"[21]라고 불리는 헌법관은 방법론적으로 볼 때 규범

---

19) 헌법관에 대한 자세한 설명은 계희열(상), 17면 이하; 허영, 13면 이하 참조.

20) 계희열(상), 17면 이하.

21) 허영, 13면 이하.

과 현실 또는 당위와 존재의 극단적인 이분법에 기초한다. 앞서 설명한 대로라면 법실증주의 또는 규범주의는 법개념을 이해함에 있어서 법과 도덕의 관계에서 '분리설'에 기초한다는 뜻이다. 따라서 법실증주의나 규범주의에 따르면 순수하고 엄격한 헌법학을 위해서는 헌법에 포함된 규범 또는 당위를 이해함에 있어서 현실이나 존재의 요소가 완전히 배제되어야 한다. 이러한 이해는 국가와 기본권의 이해에도 그대로 적용되어 국가와 기본권의 정당성도 실정법질서 안에서 찾는다. 그러면서 법규범의 체계를 완결된 체계로 이해한다. 따라서 **법규범의 정당성은 완결된 법체계 안에서의 형식적인 합법성으로 축소**되어 법규범은 법적 권한을 가진 주체가, 법적 절차에 따라, 상위법에 위반되지 않게 제정하기만 하면 정당한 것으로 평가받게 된다.

헌법의 개념과 효력에 대한 이러한 "형식주의"[22]에 근거한 견해는 법의 이념 가운데 하나인 법적 안정성에 기여했다는 평가에도 불구하고, 앞에서 지적한 것처럼 '순환의 오류'에 빠지게 된다. 이러한 순환의 오류를 극복하기 위하여 켈젠처럼 그의 "법단계설"[23]에 따라 법단계의 최상위에 위치하는 헌법의 논리적 근거로서 근본규범이라는 가상의 규범을 만든다고 할지라도 그 내용이 무엇인지에 따라 그러한 오류로부터의 근본적인 탈출은 불가능할 수도 있다. 헌법의 효력 또는 정당성에 관한 최종근거가 될 수 있는 근본규범이 분석적 근본규범인 경우에는 근본규범의 명확한 내용과 그 자명성에 대한 논증이 필요하고, 경험적 근본규범인 경우에는 경험적 사실의 규범적 당위성에 대한 논증을 필요로 하기 때문이다.

(2) 결단주의

법실증주의 또는 규범주의를 극복하기 위하여 규범과 당위를 이해하면서 현실과 존재의 요소를 함께 고려해야 한다는 "실질적 헌법학"[24] 또는 "동태적 헌법학"[25]의 구축은 우선 결단주의에서 주장된다. 대표적인 결단주의자인 슈미트(C. Schmitt)가 헌법의 정당성은 **정치적 실존의 양식을 결단할 수 있는 힘을 가진 존재로부터** 나온다고 주장한 것처럼[26] 결단주의는 헌법의 정당성을 현실과 존재에서 찾고자 한다. 이러한 이해는 국가와 기본권의 이해에도 적용되어 국가는 정치적 통일체로서 정치적 결단이 형성되고 실현되는 영역을 뜻하고, 기본권은 실정법에 의하여 정당화된 권리가 아니라 국가에 앞서 존재하는 자연법적 권리를 뜻한다. 앞서 설명한 법개념의 요소를 고려할 때 결단주의에서 중심이 되는 결단하는 힘이 '사실적 · 사회적 권력'이라고 한다면 법개념의 요소 가운데 제정성을 강조하는 입장이 되고, 그러한 힘의 실체가 국민이 규범을 이행하고 준수하는 '사회적 현실'이라면 실효성을 강조하는 입장이 된다. 또한 힘의 실체로서 국민이 규범에 대

22) 계희열(상), 23면.
23) H. Kelsen, *Reine Rechtslehre*, 228면 이하 참조.
24) 계희열(상), 27면 이하.
25) 허영, 16면.
26) C. Schmitt, *Verfassungslehre*, 87면 이하.

해서 '합의'하고 그것을 결단이라고 부른다면 정당성까지 고려했다고 말할 수도 있다.

그러나 그것이 어떤 것이든 현실과 존재가 규범과 당위로 곧바로 전환된다는 측면에서 이러한 입장은 존재하는 사실에 당위적인 규범력을 부여하게 된다. 이런 맥락에서 이러한 입장을 존재하는 제정법에 정당성을 부여하는 법실증주의에 비유하여 "권력실증주의" 또는 "사회학적 실증주의"라고 부르기도 한다.[27] 하지만 현실과 존재가 규범과 당위가 되기 위해서는 그 정당성에 관한 합리적 논증이 필요하다. 존재하는 사실이 곧바로 마땅히 그래야만 하는 규범적 당위가 되는 것은 아니기 때문이다. 물론 결단주의는 이러한 견해가 등장하게 된 독일의 현실적 배경, 즉 제1차 세계대전의 패배 이후 무질서와 혼란을 강력한 사실상의 힘과 권력을 통해 극복해 보려는 노력이 학문적으로 반영된 위기상황의 이론이라고 평가될 수도 있다. 그렇지만 결단주의이론의 당위성이 현실적 배경에 근거하여 정당화될 수는 없을 것으로 보인다. 같은 맥락에서 결단주의가 결국 나치체제라는 전체주의적 독재국가의 정당화에 기여했다는 비판적 지적[28]은 주목할 만하다.

(3) 통합이론

법실증주의를 극복하고자 하는 실질적 헌법학의 모습은 통합이론에서도 나타난다. 이 견해에 따르면 규범과 현실은 분리된 것이 아니라 상호관련된 것이다. 따라서 **국가와 헌법은 고정된 것이 아니라 끊임없이 변화하는 유동적 과정**으로 이해된다. 이러한 과정을 '통합(Integration)'이라 부른다. 이러한 통합의 과정을 의미하는 국가와 헌법의 정당성은 이미 자명한 것으로 선재하지 않고, 계속적으로 논증되어야 한다. 통합이론은 리트(Th. Litt)의 사회철학을 국가론에 적용했다고 평가받는 스멘트(R. Smend)의 통합사상에 기초한다. 이러한 통합이론은 다양한 현실의 측면을 강조하여 현대의 민주주의적 상황과 다원적 산업사회에 적합한 이론이라는 긍정적 평가를 받는다. 하지만 통합이론은 헌법의 "규범성"을 지나치게 소홀히 하고, 헌법규범의 "능동적 측면"인 헌법실현의 측면을 너무 가볍게 다루고 있다거나, 통합의 중요성을 강조하는 까닭에 "갈등"의 요소를 간과하고 있다는 비판도 받는다.[29]

통합이론은 국가와 헌법을 과정과 과제로 이해함으로써 정당성이라는 요소를 고려했다는 점에서 비실증주의의 입장에 속한다고 볼 수 있다. 그러나 이른바 '변증법적 구조'를 갖는다고 하는 개인과 공동체의 관계를 통합의 과정으로 보고 이 과정에 '공동의 가치'가 기초되어야 한다고 하면서도, 이렇게 중요한 의미를 지니는 공동의 가치 자체에 대한 정당성을 어떻게 확보할 것인지에 대해서는 여전히 의문을 남기고 있다. 만약 이러한 공동의 가치에 대한 정당성의 문제가 해결되지 않은 채 성급하게 공동체의 통합을 강조하게 되면 자칫 이미 존재하는 전통이나 문화 또는 사회적 합의와 같은 것을 공동의 가치로 인정할 수 있게 된다. 이것은 통합이론이 비판하는 결단주의의 결단과 마

27) 계희열(상), 31면.
28) 계희열(상), 35면; 장영수, 29면 각주 33.
29) 계희열(상), 45면; 허영, 18면.

찬가지로 결단의 의지적 요소만 제외한다면 이미 존재하는 사실에 규범적 당위성을 인정하는 동일한 결론에 이를 수도 있다. 같은 맥락에서 결단주의와 마찬가지로 통합이론도 여전히 지나치게 '정치학적인 법이론'이라는 비판을 받을 수밖에 없다.

(4) 비판과 대안

앞에서 논의한 바와 같이 법의 개념과 효력을 이해함에 있어서는 제정성, 실효성, 정당성이라는 세 가지 표지가 모두 중요하다. 그리고 헌법관의 문제는 헌법의 개념 및 효력개념과 밀접하게 관련되어 있다. 그렇다면 헌법관과 관련해서도 법실증주의와 결단주의, 그리고 통합이론에서 강조하는 이러한 세 가지 표지가 종합적으로 검토되어야 한다. 따라서 어느 하나의 헌법관에 기초하여 다른 헌법관의 견해가 가지는 부정적인 측면을 극대화함으로써 그러한 견해를 완전히 부정하는 태도는 극복되어야 한다. 특히 헌법관에 대한 논의는 통합이론의 입장에서 법실증주의와 결단주의의 입장에 대한 비판을 중심으로 진행되기 때문에 법실증주의와 결단주의가 주장하는 내용들 가운데 충분히 설득력이 있는 부분까지 폄하되는 경향이 강하게 노출된다. 무엇보다도 법실증주의와 결단주의에서 강조되는 제정성과 실효성이라는 법개념의 표지들이 가지는 비중, 그러한 법개념의 요소들을 인식하는 분석적 방법과 경험적 방법의 중요성에 대한 고려는 여전히 큰 의미가 있다. 따라서 각각의 헌법관에서 강조하고 있는 헌법개념과 효력개념의 요소들을 종합적으로 고려함으로써 비실증주의적 헌법개념과 효력개념을 구성하는 것이 합리적이다.

4. 형식적 의미의 헌법과 실질적 의미의 헌법

형식적 의미의 헌법이란 '헌법전'이나 '성문헌법'의 형태로 존재하는 법규범을 뜻한다. 반면에 실질적 의미의 헌법이란 존재형식(헌법, 법률, 명령, 규칙, 조례와 같은 성문법 또는 관습, 조리와 같은 불문법)과는 상관없이 헌법사항에 속하는 내용을 담은 규범을 뜻한다. 따라서 형식적 의미의 헌법은 확인이 용이한 반면에 실질적 의미의 헌법은 헌법사항을 판단하는 기준에 따라 포함될 수 있는 내용이 달라진다는 점에서 확인이 용이하지 않다. 아무튼 전자는 '존재의 형식'을 헌법의 개념표지로 삼고, 후자는 '실질적 내용'을 헌법의 개념표지로 삼는다는 점에서 차이가 있다.

앞에서 설명한 법개념의 기본요소들 가운데 단지 제정성의 표지만이 고려된 헌법개념이 형식적 의미의 헌법이고, 오로지 실효성이나 정당성의 표지만이 고려된 헌법개념이 실질적 의미의 헌법이다. 형식적 의미의 헌법이 모두 다 실질적 의미의 헌법인 것도 아니고, 실질적 의미의 헌법이 모두 다 형식적 의미의 헌법에 수용되는 것도 아니다. 여기서 두 가지 의미의 헌법개념을 모두 고려하는 **'절차적 의미의 헌법'**을 구성할 수 있다. 이에 따르면 헌법이란 '가장 중요한' 대상을 내용으로 하는 법규범을 뜻한다. 즉 헌법은 형식적 의미의 헌법에 명시되어야 할 만큼, 또는 사회적으로 인정되고 관철되어야 할 만큼, 또는 도덕적 효력을 가져야 할 만큼 대단히 중요한 대상을 내용으로 하는 법규범을 의미한다.

제 3 절 헌법의 특성

헌법의 특성을 올바로 이해하기 위해서는 헌법에 규정된 여러 가지 규정들의 속성을 분석하여 하나하나 열거하는 것만으로는 불충분하다. 헌법의 특성은 법체계 안에서 다른 법규범들과 비교하여 헌법규범만이 독특하게 가지는 특성을 뜻하는 것이어야 하기 때문이다.

[학설] 헌법의 특성

• 계희열 〈(상), 50면 이하〉 【1】 최고규범성, 【2】 개방성, 【3】 자기보장성, 【4】 정치성.

• 권영성 〈11면 이하〉 【1】 사실적 특질[1 정치성, 2 이념성, 3 역사성], 【2】 규범적 특질[1 최고규범성, 2 기본권보장규범성, 3 조직 · 수권규범성, 4 권력제한규범성, 5 자기보장규범성], 【3】 구조적 특질[1 규범구조의 간결성 · 미완결성, 2 규범내용의 추상성 · 불확정성 · 개방성].

• 김철수 〈18면 이하〉 【1】 헌법제도의 특성[1 정치성, 2 이념성 · 역사성 · 가치성 · 개방성, 3 규범성], 【2】 헌법규범의 특성[1 수권적 조직규범, 2 기본권보장 · 권력제한규범, 3 최고규범, 4 헌법제정규범 및 헌법개정규범].

• 김하열a 〈16면 이하〉 【1】 최고규범성, 【2】 개방성 · 추상성, 【3】 정치성.

• 성낙인 〈27면 이하〉 【1】 헌법의 사실적 특성[1 정치성 · 개방성, 2 이념성 · 역사성 · 가치성], 【2】 헌법의 규범적 특성[1 최고규범, 2 자유(기본권)의 장전, 3 정치제도를 설계하는 권력의 체계{ ㉠ 조직규범성, ㉡ 권력통제규범성, ㉢ 수권규범성 }, 4 헌법보장을 위한 규범, 5 통일된 가치체계].

• 장영수 〈39면 이하〉 【1】 헌법의 우위(헌법의 최고성), 【2】 헌법의 추상성 · 개방성(형식상의 특성), 【3】 헌법의 자기보장성(효력상의 특성).

• 정종섭a 〈29면 이하〉 【1】 최고규범, 【2】 윤곽(골격)규범, 【3】 시원규범, 【4】 정치규범.

• 전광석 〈29면 이하〉 【1】 국내규범성, 【2】 최고규범성, 【3】 규범성과 정치성[1 추상성, 2 구조적 개방성, 3 가치관련성].

• 한수웅 〈11면 이하〉 【1】 정치성 · 이념성, 【2】 규범성, 【3】 추상성 · 개방성.

• 허 영 〈23면 이하〉 【1】 최고규범성, 【2】 정치규범성[1 유동성, 2 추상성, 3 개방성, 4 미완성성], 【3】 조직규범성, 【4】 생활규범성, 【5】 권력제한규범성, 【6】 역사성.

• 홍성방 〈(상), 16면 이하〉 【1】 포괄적 규범성, 【2】 최고규범성, 【3】 조직규범성, 【4】 정치 · 경제규범성, 【5】 구조적 개방성.

Ⅰ. 가장 상위에 위치하는 법규범

헌법은 법질서라는 잘 정돈된 체계 안에서 가장 상위에 위치하는 법규범, 즉 **최고규범** 또는 **최고법**이다. 헌법이 최고규범이라는 사실은 그것을 **명시하는 헌법규정**을 통해서 확인될 수도 있지만 그 밖의 헌법규정을 통해서 **묵시적으로 전제**되어 있을 수도 있다. 현행 헌법에는 헌법이 최고규범이라는 명시적 규정은 없다. 하지만 ① 기본권과 국가원리에 관한 규정 등을 포함하고 있다는 **내용적 측면**에서, 그리고 ② 헌법개정절차를 일반법률의 개정절차보다 까다롭게 규정한다든지 헌법재판제도에 관한 규정 등을 포함하고 있다는 **형식적 측면**에서 최고규범이라는 사실을 확인할 수 있다.

법체계 안에서 헌법보다 하위에 위치하는 법률이나 법령은 헌법이나 상위법에 의해서 보호되지만 최고규범으로서 헌법은 자신을 스스로 보호해야 한다. 이것을 헌법의 **자기보장성**이라 부른다. 헌법이 가지는 이러한 특성은 최고규범으로서 헌법이 당연하게 가지는 특성이다. 헌법이 스스로 자신을 보호해야 한다고 하는 것은 헌법을 만든 주체, 즉 국민이 스스로 헌법을 지키고자 하는 의지를 통해서만 헌법이 보호될 수 있다는 의미이다.

Ⅱ. 가장 광범위한 효력을 가지는 법규범

1. 헌법은 모든 국가권력을 구속한다.

헌법은 법체계 안에서 가장 광범위한 효력을 미치는 법규범이다. 우선 헌법은 **모든 국가권력**, 즉 집행권이나 사법권뿐만 아니라 입법권도 구속한다. 특별히 입법권이 헌법에 구속된다는 사실은 매우 중요한 의미를 갖는다. 왜냐하면 입법자는 국민으로부터 민주적 정당성을 획득하여 국민의 대표로서 국가공동체의 의사를 결정할 수 있는 권한을 가지는데 바로 이러한 입법자조차도 마음대로 처분할 수 없는 한계이자 입법자가 반드시 실현해야 하는 과제를 헌법이 부여하기 때문이다.

2. 헌법은 모든 법영역에 효력을 미친다.

또한 헌법은 **모든 법영역**, 즉 공법(公法)영역뿐만 아니라 사법(私法)영역에도 효력을 미친다. 사인간의 관계를 규율하는 사법영역에 대한 헌법의 효력은 우선적으로 입법부가 사법영역에 관한 법률을 제정함으로써 실현될 수 있다. 입법부는 사인간의 관계를 규율하는 기본적인 원칙과 규범을 제공해야 한다. 하지만 사법영역에 대한 헌법의 효력은 재판을 담당하는 사법부(司法府)를 매개로 해서도 가능해진다. 입법부가 제시한 기본적인 원칙과 규범을 해석하는 과정에서 헌법이 고려되어야 하기 때문이다.

Ⅲ. 가장 중요한 대상을 규율하는 법규범

헌법은 국가공동체를 규율하는 법체계 안에서 가장 중요한 대상만을 규율대상으로 삼는다. 무엇이 헌법에 의하여 규율되어야 할 만큼 중요한 대상인지는 원칙적으로 헌법의 규율을 받는 국가공동체의 구성원들이 그들이 속한 공동체의 구체적인 상황과 조건들을 고려하여 결정한다. 하지만 적어도 국민의 기본권이라든지, 국가가 지향하는 목적과 과제, 그리고 국가조직의 구성원리와 국가조직의 대강 등은 헌법에 의하여 규율되어야 하는 가장 중요한 대상들이 된다.

Ⅳ. 가장 개방적인 의미를 가지는 법규범

1. 의미론적 개방성

최고규범인 헌법은 가장 광범위한 효력을 가지고, 가장 중요한 대상을 규율해야 하기 때문에 가장 개방적인 의미를 표현하는 문언을 사용할 수밖에 없다. 예를 들어 인간존엄, 자유, 평등과 같은 기본권이라든지 민주주의나 법치주의 또는 사회복지주의와 같은 국가원리의 의미내용은 대단히 불명확하고 일반적 · 추상적이라는 의미에서 개방적이다. 이러한 의미의 개방성을 **의미론적 개방성**이라고 부를 수 있다.

2. 구조적 개방성

헌법은 의미론적 개방성과 함께 **구조적 개방성**이라는 특성을 갖는다. 구조적 개방성이란 단순한 의미론적 차원을 넘어서 구조적으로 전혀 다른 범주의 내용까지도 헌법이 포함할 수 있는 개방적 성격을 말한다. 예를 들어 기본권에 의해 보장된 '자유'는 이에 근거하여 '방어권'이라는 부작위청구권과 함께 '보호권', '절차권', '사회권'이라는 작위청구권과 같은 구조적으로 전혀 다른 범주의 내용(권리)으로까지 구체화될 수 있다. 헌법은 이렇게 구조적으로도 개방되어 있기 때문에 헌법의 구체화로서 헌법의 해석은 법률의 해석보다 중요한 의미를 가진다.

3. 가치적 개방성

헌법의 해석에서는 **형량**이라는 전형적인 양식이 사용되기 때문에 의미론적 개방성이나 구조적 개방성과는 다른 의미에서 개방적일 수 있다.[30] 헌법의 해석에서 자주 등장하는 형량의 과정은 서로 충돌하는 법익을 평가하여 균형적으로 실현하는 과정인데 이러한 평가와 균형의 과정에서는 다양한 가치의 개입을 피할 수 없기 때문이다. 따라서 헌법은 **가치**에 개방된 법규범이다.

---

30) 형량에 대해서는 제1편 제1부 제4장 제3절 Ⅱ. 참조.

4. 도덕적 개방성

헌법규범은 보장영역이 불확정적인 **원칙규범**의 형태를 갖는 경우가 많다. 이러한 원칙규범은 형식적으로는 법규범이지만 내용적으로는 도덕규범이라는 특성을 갖는다. 따라서 헌법은 도덕에 개방된 법규범이기도 하다.[31] 따라서 헌법은 '도덕으로 향하는 문'이 되어 법과 도덕을 결합시키는 매개가 된다. 여기서 헌법이 도덕과 결합되어 있다는 것은 헌법이 특정한 도덕과 결합된다는 의미가 아니라 어떠한 도덕이든 상관없이 헌법과 도덕은 결합될 수밖에 없다는 뜻이다.

Ⅴ. 그 밖의 특성에 대한 비판적 검토

그 밖에 헌법의 특성으로 **정치성**, **역사성**, **이념성**을 들기도 한다. 우선 정치성은 헌법이 국가공동체의 기본원리나 목표 또는 국가권력의 분배와 조직을 내용으로 하기 때문에 나타나는 헌법의 특성이다. 그리고 역사성은 시대적 상황에 따라 헌법이 변화될 수 있기 때문에 나타나는 헌법의 특성이다. 한편 이념성은 헌법이 국가체제의 정치적 또는 경제적 이념(이데올로기)을 포함하기 때문에 나타나는 헌법의 특성이다.

이러한 특성들에는 몇 가지 문제점이 발견된다. 첫째, 이러한 특성들의 의미가 명확하지 않기 때문에 헌법의 특성으로 열거하기 위해서는 명확한 의미의 확정이 필요하다. 둘째, 이러한 특성들은 다른 법규범도 가질 수 있는 것이기 때문에 그 자체가 헌법의 특성이라기보다는 다른 법규범과 비교하여 헌법이 상대적으로 더 많은 정도를 가지는 특성으로 이해되어야 한다. 셋째, 이러한 특성들의 공통점은 헌법이 법의 영역 바깥에 위치하는 영역, 즉 정치, 역사, 이념, 철학, 도덕 등의 영역과 밀접한 관련을 맺는다는 사실을 확인시켜 준다는 점이다. 결론적으로 정치성, 역사성, 이념성은 다른 법규범보다 헌법에서 더 두드러지는 특성이거나 헌법의 개방성으로 귀결될 수 있는 특성이다. 따라서 이러한 특성들은 앞에서 설명한 헌법의 개방성을 정당화하는 논거로 인용될 수 있다.

제 4 절 헌법의 분류

Ⅰ. 전통적 분류

헌법을 분류하는 방법은 ① 전통적인 방법과 ② 현대적인 방법으로 구분된다. 먼저 전통적인 방법에는 다음과 같은 것들이 있다.

---

31) 원칙규범에 대해서는 제1편 제1부 제2장 제2절 Ⅲ. 1. (2) 참조.

1. 성문헌법과 불문헌법

성문화된 헌법전이 존재하는지의 여부에 따라 **성문헌법**과 **불문헌법**으로 구분된다. 불문헌법은 두 가지 의미를 갖는다. ① 첫째, 성문화된 헌법전(형식적 의미의 헌법)이 없는 국가에서는 실질적으로 헌법의 내용을 가진 헌법규범, 즉 '실질적 의미의 헌법'을 의미한다. ② 둘째, 성문화된 헌법전이 있는 국가에서는 성문의 헌법규범을 보충하는 '불문의 헌법규범', 즉 헌법판례나 헌법관습법(관습헌법)을 의미한다. 헌법을 분류하면서 성문헌법과 구분되는 불문헌법은 첫 번째 의미로 사용된다. 그런데 대부분의 국가가 성문의 헌법전을 가지고 있을 뿐만 아니라 불문헌법국가라고 할지라도 대부분 실질적 의미의 헌법이라고 부를 수 있는 법률들이 제정되어 있기 때문에 이제 이러한 구분은 특별한 의미가 없게 되었다.

2. 경성헌법과 연성헌법

헌법개정을 위한 절차가 일반법률의 개정절차보다 까다로운지 여부에 따라 **경성헌법**과 **연성헌법**으로 구분된다. 이러한 구분도 대부분의 국가가 경성헌법국가이기 때문에 이제는 큰 의미가 없다.

3. 공화국헌법과 군주국헌법

정부형태 또는 국가형태가 군주국인지 아니면 공화국인지에 따라 **군주국헌법**과 **공화국헌법**으로 구분된다. 하지만 형식적으로는 군주국가인 경우에도 실질적으로는 군주의 권한이 매우 의례적이거나 제한적이기 때문에 군주국과 공화국의 구분에 기초한 헌법의 분류도 의미가 큰 것은 아니다.

Ⅱ. 현대적 분류

현대적 분류방식으로 ① **독창적 헌법**과 **모방적 헌법**의 구분, ② **이념적 헌법**과 **실용적 헌법**의 구분, ③ **규범적 헌법**, **명목적 헌법**, **장식적 헌법**의 구분이 있다. 특별히 의미있는 구분은 세 번째 방식으로, 규범적 헌법은 헌법규범이 현실에서도 실현되고 있는 헌법(항상 입고 다니는 옷)을, 명목적 헌법은 헌법규범이 현실에서 제대로 실현되고 있지 못한 헌법(옷장에 걸어 놓고 입고 다니지 않는 옷)을, 장식적 헌법은 불법적이고 부당한 현실을 미화하기 위해서 존재하는 헌법(가면이나 변장을 위한 옷)을 의미한다. 이와 같은 구분은 '헌법규범과 헌법현실의 관계'를 중심으로 이루어진다는 특징을 갖는다. 여기서 규범적 헌법의 경우에는 헌법규범이 헌법현실에서 관철되기 때문에 헌법현실에서 관철되지 않는 명목적 헌법이나 장식적 헌법과 구분된다. 또한 규범적 헌법과 명목적 헌법은 부당한 헌법현실을 전제하지 않는다는 점에서 부당한 헌법현실을 전제하는 장식적 헌법과 구분된다.

제 3 장 헌법의 제정과 개정

제 1 절 헌법의 제정

Ⅰ. 개 념

헌법제정이란 헌법을 최초로 만드는 행위, 또는 헌법을 창설(창조)하는 행위를 말한다. 헌법의 제정은 국가가 만들어지기 전이라면 국가의 수립을 위한 것이고, 이미 국가가 수립된 상태라면 혁명을 통해 새로운 국가의 형성을 위한 것이 된다. 그렇기 때문에 헌법이 자연적으로 만들어지지 않는 한 헌법의 제정에는 반드시 주체가 있기 마련이다. 따라서 헌법의 제정에서 가장 중요한 것은 '누가 헌법을 제정할 권한을 갖는지' 하는 주체의 문제이다. 그러나 민주주의를 기본이념으로 하는 국가에서 헌법을 제정할 수 있는 주체가 국민이라는 사실은 너무나 명백하다. 따라서 민주주의와 국민주권이 보편적으로 확립된 오늘날 헌법의 제정과 관련하여 중요한 것은 국민이 '어떠한 절차에 따라 헌법을 제정해야 정당한 것인가'라는 절차의 문제로 바뀌게 된다. 하지만 헌법제정을 주체의 문제로 보든 절차의 문제로 보든 양자는 모두 헌법의 개념과 효력에서 권한과 절차와 같은 제정성의 요소만을 고려한다. 헌법의 개념과 효력에 관하여 이렇게 권한이나 절차와 같은 제정성의 요소만을 고려하는 입장과는 달리 실효성이나 정당성의 요소를 강조하는 입장에서는 헌법제정과 관련하여 그 밖에도 제정된 헌법이 실제적으로 효력을 발생하고 있는지, 그 내용이 도덕적으로 정당한 것인지 하는 문제도 제기될 수 있다. 결국 헌법제정의 문제도 헌법의 개념 및 효력의 문제와 밀접하게 관련을 맺게 된다.

Ⅱ. 헌법제정권력

헌법의 제정을 논의할 때 첫 번째 제기되는 문제는 헌법제정의 권한과 관련된 문제이다. 이 문제는 이른바 '헌법제정권력'에 관한 문제로부터 출발하는데 궁극적으로는 '누가' 헌법을 제정할 수 있는 권한을 가져야 헌법의 제정이 정당한 것으로 인정될 수 있는지 하는 문제, 즉 헌법제정권력의 주체에 관한 문제가 된다.

1. 사상적 기초

(1) 시예스의 이론

시예스(Abbé Sieyes, Emmanuel Joseph Sieyes 1748-1836)는 프랑스혁명 당시 '제3

계급(신분)이란 무엇인가'라는 팸플릿에서 헌법제정권력(pouvoir constituant)의 문제를 최초로 제기하였다.[1] 그의 주장의 핵심은 헌법을 만드는 권력이 "제3계급", 즉 '국민'에게 있다는 것이었다. 이러한 주장은 군주제에 대한 대항이론으로서의 의미를 갖는다. 시예스에 따르면 헌법제정권력은 "조직되지 않은 권력"으로서 자연상태에 있는 '국민'이 담당자가 된다. 따라서 국민은 국가나 헌법에 구속되지 않기 때문에 국민이 가지는 헌법제정권력은 절대적이고 무오류이며, 자율적이고 창조적이며, 양도불가능한 권력이다. 이것은 궁극적으로 헌법제정권력에 아무런 한계도 존재하지 않는다는 것을 의미한다. 이러한 헌법제정권력에 의해서 비로소 헌법과 국가가 만들어진다. 국가는 이렇게 조직되지 않은 헌법제정권력에 의해 비로소 만들어진 "조직된 권력"으로 이해된다. 따라서 헌법제정권력과 그것이 만든 조직된 권력인 입법권은 구별된다. 헌법제정권력에 관한 시예스의 이론은 하나의 혁명이론으로서 위기상황에서 헌법제정을 위한 최소조건을 설명하고 있을 뿐이라는 비판을 받는다.

(2) 슈미트의 이론

독일에서 헌법제정권력에 관한 논의를 본격적으로 시작한 학자로는 앞에서 결단주의의 대표자로 소개되었던 슈미트(C. Schmitt)를 들 수 있다. 그 이전에는 규범(당위)과 현실(존재)을 엄격하게 구분하는 법실증주의의 영향으로 헌법제정권력에 관한 논의가 법학적 논의의 대상이 아니라 사회학적 논의의 대상으로 취급되었기 때문이다. 슈미트에 따르면 정치적 실존의 양식과 형태에 대한 근본결단을 내릴 수 있는 힘과 권위를 가진 존재가 헌법제정권력이다.[2] 그에 따르면 이러한 헌법제정권력으로부터 나오는 "헌법"(Verfassung)과 그로부터 유래하는 "헌법률"(Verfassungsgesetz)은 구분된다.[3] 헌법제정권력은 조직된 권력이 아니라 조직하는 권력을 말하기 때문에 양도불가능한 권력으로서, 항구적이고 자율적이며 분할불가능한 통일적 권력이다.[4] 이로써 헌법제정권력은 어떠한 한계도 없는 권력으로 자리 잡게 된다. 이러한 견해에 대해서는 사실적인 힘과 권위가 반드시 정당한 것은 아니기 때문에 헌법제정권력에도 일정한 한계가 부가되어야만 한다는 비판이 가해질 수 있다.

2. 헌법제정권력의 주체

헌법제정권력을 논의하면서 가장 중요한 문제는 헌법제정권력의 주체에 관한 문제다. 앞에서 설명한 시예스에 따르면 헌법제정의 주체는 국민(Nation)이다. 국민이 헌법제정권력의 주체로서 제3계급이기 때문이다. 그의 이론은 군주제에 대한 대항이론이었

1) E. J. Sieyes, Was ist der Dritte Stand?, O. Dann(편), 1988 Essen: 이 번역판에서는 독일어 번역이 1796년 J. G. Ebel이라는 의사에 의한 것이라고 밝히고 있다.
2) C. Schmitt, *Verfassungslehre*, 75면 이하.
3) C. Schmitt, *Verfassungslehre*, 20면 이하 참조.
4) C. Schmitt, *Verfassungslehre*, 77면 이하 참조.

으므로 국민이 헌법제정의 주체가 되는 것은 당연한 결론이었다. 한편 슈미트의 이론에 따르면 헌법제정권력의 주체는 개인(군주국가), 소수집단(귀족국가 또는 과두국가), 국민(민주국가)이 될 수 있다.[5] 그러나 그의 이론은 실제로는 힘과 권위를 가진 개인으로서 히틀러의 정권을 정당화하는 역할을 하였다. 이러한 헌법제정권력의 주체라는 문제는 민주주의와 국민주권이 보편화된 현대에 와서 그 의미를 상실했다고 볼 수 있다. 하지만 역사적으로 보면 헌법제정권력의 주체가 누구인지에 따라 ① 군주가 주체가 되는 흠정헌법(欽定憲法) 또는 군정헌법, ② 군주와 국민이 함께 주체가 되는 협약헌법, ③ 국민이 주체가 되는 민정헌법으로 구분하기도 한다.

3. 헌법제정권력의 행사방법

민주주의와 국민주권의 원리에 따라 국민에게 헌법제정의 권한이 부여되고 있는 현대사회에서 헌법제정과 관련된 문제의 중심은 권한에서 절차로 이동한다. 헌법제정권력을 행사하는 절차는 두 가지 유형이 있다. ① 첫째로, 국민은 선거를 통해 **헌법제정의회**(=제헌의회)를 구성하기만 하고, 제헌의회에서 헌법안을 기초·의결함으로써 헌법을 제정하는 방법이 있다. 1948년에 제정된 대한민국 제헌헌법이 이와 같은 방식으로 제정되었다. ② 둘째로, 국민이 헌법제정의회를 구성한 뒤에 의회가 헌법안을 기초·의결하고, 의회가 의결한 헌법안에 대해서 다시금 **국민이 찬반투표**를 함으로써 헌법을 제정하는 방법이 있다.

4. 헌법제정권력의 한계

(1) 의 의

헌법제정을 위한 권한·절차와 같은 제정성의 요건이 충족되었다고 하더라도 여전히 헌법의 실효성과 정당성의 문제가 남는다. 현실에서 실제로 효력을 발생시키지 않는 헌법의 제정과 그 내용에서 도덕적 정당성을 확보하지 못하는 헌법의 제정은 의미있는 헌법제정으로 이해될 수 없기 때문이다. 여기서 헌법제정권력에 대한 한계의 문제가 제기된다.

(2) 내 용

헌법제정권력의 한계와 관련하여 법실증주의자에게는 헌법제정권력 자체가 법적 문제가 되지 않고, 결단주의자에게는 헌법제정권력의 한계가 없다. 그렇지만 헌법제정권력의 한계는 일반적으로 인정되는데 다음과 같은 한계를 예로 든다.[6] ① 첫째, 법적 이성, 정의, 법적 안정성과 같은 **법의 기본원리** 또는 헌정의 전통에서 성립된 법문화를 헌법제정권력의 한계로 든다. ② 둘째, "전(前)국가적 인권"[7]과 같은 **초실정법적 자연법**

5) C. Schmitt, *Verfassungslehre*, 77면 이하 참조.
6) 계희열(상), 102면 이하; 허영, 45면 이하.
7) Th. Maunz/R. Zippelius, *Deutsches Staatsrecht*, 39면.

도 헌법제정권력의 한계가 된다고 한다. ③ 셋째, 제헌 당시 그 시대를 지배하는 **정치이념**과 같이 법적인 내용이 아닌 이데올로기적 내용도 헌법제정권력의 한계가 될 수 있다고 한다.[8] ④ 넷째, 독일이나 일본처럼 패전국의 헌법에 승전국이 영향을 미치는 경우에는 **국제법**이 헌법제정의 한계가 되기도 한다. ⑤ 그 밖에도 "헌법제정 당시의 국민적 합의의 내용"[9]이나 "일원적인 법공동체를 조직함으로써 사회평화와 사회질서를 확립"하려는 "제헌목적"[10]도 헌법제정의 한계가 된다고 한다.

(3) 비판과 대안

개인적으로는 절차이론을 본질로 하는 대화이론의 입장에서 볼 때 헌법제정의 한계는 **절차적 내용**으로 이해된다. 앞에서 열거된 헌법제정의 한계들은 실체적인 내용이기 때문에 구체적인 상황에 적용되기 위해서는 다양하고 상이한 내용으로 채워질 수밖에 없다. 오히려 헌법제정이 정당성을 획득하기 위해서는 헌법제정에 관한 대화가 이성적이기 위한 보편적 조건을 충족하여야 한다. 헌법제정을 포함한 모든 주제의 대화가 이성적이기 위한 보편적 조건은 인간의 존엄, 자유, 평등과 같은 **기본적 인권**과 민주주의, 법치주의, 사회복지주의와 같은 **보편적 국가원리**다. 이러한 기본적 인권과 보편적 국가원리는 이상적 대화에서 도출되는 '필수적 합의'에 속하기 때문이다. 같은 맥락에서 볼 때 현대 민주주의적 상황 때문에 기본적 인권의 실정 헌법적 보장이 불가피한 것이라고 하면서 초국가적인 자연법에서 유래하는 기본적 인권이 헌법 제정의 한계가 되는 것은 아니라고 비판하는 견해[11]는 타당하지 못하다. 물론 대화이론이 헌법제정의 한계로서 기본적 인권을 들고 있다고 하더라도 그것은 자연법론에서 제시하는 기본적 인권과 구별된다. 대화이론에서 제시하는 기본적 인권의 정당성은 논증가능한 것이지만 자연법론에서 제시하는 기본적 인권의 정당성은 논증이 필요없는 자명한 전제로서 이미 주어진 것이기 때문이다.

제2절 헌법의 개정

Ⅰ. 헌법개정의 개념

헌법의 개정(Verfassungsänderung)이란 **헌법의 동일성을 유지한 채로 헌법이 정한 절차에 따라 기존의 헌법조항을 수정, 삭제하거나 새로운 조항을 추가**하는 행위를 말한다. 헌법개정은 변화하는 현실에 헌법이 역동적으로 적응하기 위해서 필요하다. 헌법이

8) 허영, 45면: "헌법제정 당시의 정치적인 시대사상 또는 생활감각".
9) 권영성, 47면.
10) 허영, 45면.
11) 허영, 46면.

아무리 개방적이어서 변화하는 현실에 탄력적으로 적응할 수 있다고 하더라도 거기에는 일정한 한계가 있기 때문이다. 물론 여기서 말하는 헌법개정은 성문헌법(형식적 의미의 헌법)과 경성헌법을 전제하고 있다. 헌법전이 없는 불문헌법의 경우에는 명문의 헌법조항에 대한 수정 · 삭제 · 추가가 없이도 헌법의 변화가 가능하기 때문이다.

헌법개정의 개념은 다음과 같은 유사개념과 구별된다.[12] ① 우선 헌법개정은 **헌법의 변천**이나 변질(Verfassungswandlung)과 구별된다. 헌법변천은 헌법조문은 변화하지 않은 채 그 규범의 의미내용이 변화하는 것을 말한다. 즉 헌법의 외관은 유지한 채 실제의 내용이 변화하는 것을 의미한다. 따라서 헌법의 변천은 명시적으로 행해지는 헌법개정에 이르기 바로 전단계까지 이루어지는 '암묵적인' 변경을 의미한다.

② 다음으로 헌법개정은 **헌법의 침훼**나 침해(Verfassungsdurchbrechung)와 구별된다. 헌법침훼는 헌법조문은 변화하지 않은 채 헌법규정에 위반되는 조치가 취해지는 것을 말한다. 이 경우 그러한 조치는 위헌이 되어야 한다. ③ 또한 헌법개정은 **헌법의 파괴**나 파기(Verfassungsvernichtung)와 구별된다. 헌법파괴는 기존의 (성문)헌법(전)과 헌법제정권력자가 모두 배제되는 것을 말한다. 헌법의 동일성이 유지되지 못한다는 의미에서 '혁명'에 해당하고 새로운 헌법의 제정을 필요로 한다. 예를 들어 프랑스혁명에 의한 절대군주제헌법의 파괴, 러시아혁명에 의한 제정러시아헌법의 파괴 등이 이에 해당한다. ④ 그리고 헌법개정은 **헌법의 폐지**나 폐제(Verfassungsbeseitigung)와 구별된다. 헌법폐지는 기존의 헌법을 배제하는 것을 말한다. 새로운 헌법으로 교체하기 위한 전제로서 이루어지기 때문에 '헌법의 교체 또는 개편'(Verfassungswechsel)이라고도 부른다. 이것은 정권담당자의 교체(쿠데타)가 이루어지는 것으로 기존의 헌법에 규정된 헌법개정절차를 무시하고 행해진다.

⑤ 마지막으로 헌법개정은 **헌법의 정지**(Verfassungsuspension)와 구별된다. 헌법정지는 헌법의 특정 조문의 효력을 일시적으로 중단시키는 것으로 "헌법존중적(합헌적) 헌법정지"(헌법규정에 따라 헌법을 정지시키는 것)와 "헌법무시적(위헌적) 헌법정지"(헌법적 근거 없이 헌법을 정지시키는 것)가 있다. 예를 들어 유신헌법에 따라 대통령의 긴급조치권(제53조)에 의하여 국민의 기본권에 관한 조항의 효력을 정지시킬 수 있는 경우는 전자에 해당하고, 1961년 5 · 16 후 국가비상조치, 1972년 10월유신 후 10 · 17 비상조치, 1980년 국가보위비상대책위원회의 5 · 17 조치 등은 후자에 해당한다.

Ⅱ. 헌법개정의 방법과 절차

1. 헌법개정의 유형

헌법의 개정도 민주주의와 국민주권의 원리에 따라 국민의 권한에 속한다. 따라서 여기서도 중요한 것은 어떠한 방법과 절차에 따라 국민이 헌법을 개정할 것인지 하는

12) C. Schmitt, *Verfassungslehre*, 99면 이하 참조.

점이다.

(1) 헌법회의

헌법개정을 위하여 특별히 **헌법회의**(憲法會議)를 소집해야 하는 경우가 있는데 그 예로 미국헌법을 들 수 있다.

(2) 국민투표

헌법개정을 위하여 **국민투표**를 실시하는 경우가 있다. 헌법개정을 위하여 국민투표를 하는 경우에도 여러 가지 변형이 가능하다. ① 첫째, 국민투표 이외에 **국회의 심의·의결**을 필요로 하는 경우로서 현행 헌법을 들 수 있다. 다만 프랑스헌법, 이탈리아헌법, 오스트리아헌법은 예외적인 경우에만 국민투표를 추가로 요구한다. ② 둘째, 국회의 심의·의결을 필요로 하지 않는 경우로서 국회의 심의·의결 없이 곧바로 국민투표에 부쳐 통과시켰던 유신헌법을 예로 들 수 있다. ③ 셋째, 국민투표를 실시하더라도 모든 헌법개정에서 국민투표를 필요로 하는 경우와 특별한 경우에만 국민투표를 요구하는 유형으로 구분된다.

(3) 입법기관

입법기관에서 헌법개정을 담당하는 경우로서 독일 등 다수 국가에서 채택하고 있는데 한국의 건국헌법, 제2공화국헌법도 이러한 예에 속한다. 다만 이 경우에는 일반법률의 의사 및 의결정족수보다 '강화된' 정족수를 요구한다. 그 밖에 기존의 의회를 해산하고 총선거 후 구성된 새 의회가 헌법개정안을 의결하는 방법도 있다.

2. 한국헌법의 개정절차

개정과 관련하여 현행 헌법은 제10장 제128조부터 제130조에서 규정하고 있다. 이에 따르면 헌법개정은 ① 제안, ② 공고, ③ 의결, ④ 국민투표, ⑤ 공포라는 절차를 거쳐 이루어진다.

(1) 제 안

헌법개정에 관한 **제안**은 "국회의원"(재적과반수)이나 "대통령"(국무회의의 심의 필요)의 발의에 의해서 가능하다(제128조 제1항). 따라서 국민은 직접 헌법개정을 발의할 수 없도록 규정되어 있기 때문에 직접민주제의 중요한 요소인 이른바 헌법개정에 관한 국민발의제는 인정되지 않는다.

(2) 공 고

헌법개정안은 "20일 이상" **공고**해야 한다(제129조). 헌법개정안을 반드시 일정 기간 동안 공고하도록 요구하는 이유는 개정내용을 모든 국민이 알 수 있도록 하고, 개정내용에 대해서 국민적 토론을 가능하게 하려는 데 있다. 따라서 공고기간은 헌법안을 이해하고 토론하는 데 충분한 기간이어야 하므로 이 기간이 좀 더 연장되어야 한다는 견해도 있다.[13] 실제로 제헌헌법(제98조)은 헌법개정안의 공고기간을 "30일 이상"으로 규정하였으나 1972년 유신헌법(제125조)에서부터 "20일 이상"으로 축소되어 현행 헌법에 이르기까지 그대로 유지되고 있다. 국가 전체의 운명을 결정하는 헌법개정에 최대한 신중을 기한다는 점에서도 공고기간이 충분하게 보장되는 것이 바람직하다.

(3) 의 결

헌법개정안은 공고된 날로부터 "60일 이내에" 국회에서 의결되어야 한다(제130조 제1항). 헌법은 국회가 헌법개정안을 의결해야 하는 최대기한(60일)만을 한정하고 있기 때문에 최소한 보장되어야 하는 공고기간(20일) 내에서도 국회의 의결이 가능한지가 문제될 수 있다. 공고는 일반 국민을 상대로 하는 것이므로 공고 즉시 국회가 헌법개정안을 의결하는 것도 가능하다고 본다. 국회에 보장된 의결 기간내에서도 헌법개정안에 대한 충분한 토론이 필요하고, 단지 국회내부의 토론만이 아니라 국민적 참여도 요구된다. 국회의 의결을 위해서는 재적의원 3분의 2 이상의 찬성이 필요하다. 이때 수정의결은 할 수 없고, 원안에 대한 가부투표만 가능한데 그 이유는 수정의결이 헌법개정안의 공고제도에 반하기 때문이다. 개헌안에 대한 국회의 표결은 기명투표로 한다(국회법 제112조 제4항).

(4) 국민투표

헌법개정안은 국회가 의결한 날로부터 "30일 이내에" **국민투표**에 회부하여야 한다(제130조 제2항). 이러한 국민투표절차에서 국회의원선거권자 "과반수의 투표"와 "투표자 과반수"의 찬성으로 헌법개정은 확정된다(제130조 제3항). 헌법 제130조 제2항에 규정된 국민투표절차는 헌법개정을 위한 헌법적 절차이기 때문에 헌법 제72조에서 대통령의 권한으로서 규정된 국민투표절차와 구별된다.[14] 전자는 국회의결을 전제로 하여 헌법개정안에 관한 국민의 찬반의사를 묻는 국민투표인 반면에, 후자는 외교·국방·통일 기타 국가안위와 관련된 중요정책에 대하여 국회의 의사를 묻지 않고 국민에게 직접 찬반의사를 물을 수 있는 국민투표라는 점에서 차이가 있다. 따라서 후자의 방식으로 헌법개정을 위한 국민투표를 실시할 수는 없다. 헌법개정을 위한 국민투표는 헌법적 절차에 따라 반드시 먼저 국회의 의결을 거쳐야 하기 때문이다.

(5) 공 포

국민투표로 확정된 개정헌법은 대통령이 즉시 **공포**하여야 한다(제130조 제3항). 헌법개정안은 국민투표로 확정되기 때문에 대통령의 공포는 헌법개정안이 효력을 갖는 데 영향을 미치지 못한다. 다만 개정헌법의 효력은 공포시에 발생하므로 대통령이 장기간 개정헌법을 공포하지 않음으로써 개정헌법의 효력이 발생하지 못하는 사태를 방지하기 위하여 법률의 공포와 관련하여 국회의장의 공포권을 예외적으로 인정한 규정(제53조 제

13) 계희열(상), 112면.
14) 대통령의 국민투표부의권에 대해서는 제3편 제3장 제1절 Ⅲ. 2. 참조.

6항)을 준용하거나 법률로써 대통령이 개정헌법을 공포하지 않은 경우를 대비한 효력발생시점을 명시할 필요가 있다.

(6) 발 효

개정된 헌법은 원칙적으로 공포 즉시 발효한다. 현행 헌법은 예외적으로 부칙 제1조에 따라 공포 즉시 발효되지 않고, 1988년 2월 25일부터 효력을 발생하였다. 국민투표의 효력에 대하여 이의가 있는 경우에는 투표인 10만인 이상의 찬성을 얻어 중앙선거관리위원회 위원장을 피고로 하여 투표일로부터 20일 이내에 대법원에 제소할 수 있다(국민투표법 제92조).

Ⅲ. 헌법개정의 한계

1. 의 의

헌법의 제정과 마찬가지로 헌법의 개정에서도 법적 절차만 밟으면 정당한 헌법개정인지, 즉 헌법에 규정된 절차만 따르면 어떤 내용의 헌법개정도 가능한지에 대한 의문이 들 수 있다. 여기서 헌법개정의 한계에 관한 문제가 제기된다.

2. 학 설

헌법개정의 한계에 대해서는 헌법관에 따라 다른 기준이 제시된다. ① **법실증주의**에 따르면 존재와 당위는 엄격하게 구분되기 때문에 존재(헌법현실)와 당위(헌법규범)에 불일치가 존재하는 경우에 헌법변천(존재의 개입)을 인정하지 않고, 헌법개정으로 이러한 불일치의 문제를 해결하려고 한다. 이러한 헌법개정에는 한계가 없다. 왜냐하면 정해진 절차에 따라 제정되고 실효성을 가진 헌법은 법적 효력을 갖기 때문이다.

② **결단주의**에 따르면 헌법제정권력과 헌법개정권력 및 헌법과 헌법률은 구분되기 때문에 헌법개정권력은 헌법률을 개정할 수는 있어도 헌법제정권력의 근본결단인 헌법을 개정할 수는 없다. 이에 따라 헌법은 헌법개정권력이 헌법을 개정하는 데 일정한 한계가 된다. 하지만 헌법제정절차나 헌법개정절차에서 모두 국민투표를 필수적으로 요구하는 경우에 헌법제정권력과 헌법개정권력의 구분이 없어지기 때문에 헌법과 헌법률의 구분도 사라지고, 헌법개정의 한계도 유지될 수 없다는 문제점이 발생한다. 헌법재판소도 헌법개정절차에서 국민투표가 요구된다는 점 등을 들어 헌법제정권력과 헌법개정권력의 구분론을 위헌심사의 논거로 인용할 수 없다고 한다(아래 [판례] 참조).

③ **통합이론**은 국가와 헌법을 계속해서 형성되어 가는 과정과 과제로서 이해한다. 이러한 전제에 따를 때 헌법의 변천과 함께 헌법의 개정은 필수적인 것으로 보일 수도 있다. 하지만 이러한 헌법의 변화가능성에도 불구하고 헌법개정은 무제한적인 것이 아니라고 한다. 헌법의 지속성이나 동일성 또는 계속성을 헌법개정의 한계로 보기 때문이다.

[판례] 헌법제정권력과 헌법개정권력의 구분

우리나라의 헌법은 ① 제헌헌법이 초대국회에 의하여 제정된 반면 그 후의 제5차, 제7차, 제8차 및 현행의 제9차 헌법 개정에 있어서는 국민투표를 거친 바 있고, ② 그간 각 헌법의 개정절차조항 자체가 여러 번 개정된 적이 있으며, ③ 형식적으로도 부분개정이 아니라 전문까지를 포함한 전면개정이 이루어졌던 점과 ④ 우리의 현행 헌법이 독일기본법 제79조 제3항과 같은 헌법개정의 한계에 관한 규정을 두고 있지 아니하고, ⑤ 독일기본법 제79조 제1항 제1문과 같이 헌법의 개정을 법률의 형식으로 하도록 규정하고 있지도 아니한 점 등을 감안할 때, 우리 헌법의 각 개별규정 가운데 무엇이 헌법제정규정이고 무엇이 헌법개정규정인지를 구분하는 것이 가능하지 아니할 뿐 아니라, 각 개별규정에 그 효력상의 차이를 인정하여야 할 형식적인 이유를 찾을 수 없다. 이러한 점에 비추어, 헌법제정권과 헌법개정권의 구별론이나 헌법개정한계론은 그 자체로서의 이론적 타당성 여부와 상관없이 우리 헌법재판소가 헌법의 개별규정에 대하여 위헌심사를 할 수 있다는 논거로 원용될 수 있는 것이 아니다(1995. 12. 28. 95헌바3).

3. 유 형

헌법개정의 한계로는 다음과 같은 유형들이 제시된다.[15] ① 첫째, **헌법내적 한계**로서 헌법내부에 개정할 수 없는 내용들이 포함되어 있다고 한다. 예를 들어 "헌법의 동일성과 계속성"을 유지시키는 내용들, 즉 헌법의 민주적 및 법치국가적 질서의 기본요소들이 헌법내적 한계라고 한다. ② 둘째, **헌법외적(초헌법적) 한계**로서 자연법적 한계와 국제법적 한계를 들기도 한다. ③ 셋째, **헌법명시적 한계**(실정법적 한계)로서 '개정금지조항'을 규정할 수도 있다. 예를 들어 1954년헌법(제2차 헌법개정)[16]은 민주공화국(제1조), 국민주권(제2조), 주권제약 또는 영토변경을 위한 국민투표제도(제7조의2)에 대한 헌법개정을 명시적으로 금지하는 조항을 두고 있었다. 개정금지조항이 앞에서 설명한 헌법내적 한계를 헌법에 명시적으로 규정하는 경우에 그 규정은 그러한 한계에 대한 선언적 의미만을 가지게 된다.

구체적으로 개정금지조항과 관련하여 대통령의 임기연장이나 중임변경을 위한 헌법개정에 대해서 규정하고 있는 **헌법 제128조 제2항**이 그러한 조항에 해당하는지가 문제된다. 그러나 이 조항은 임기연장이나 중임변경을 위한 헌법개정 자체를 금지하는 것이 아니고, 다만 개정의 '효력범위를 제한'하는 조항으로 보아야 한다. 따라서 임기연장이나 중임변경을 위한 헌법개정은 허용되지만 제안 당시의 대통령에 대해서는 개정의 효력이 미치지 않음으로써 효력의 인적 범위가 제한된다. 또한 임기연장을 위한 헌법개정의 효력만 인적 범위가 제한되므로 임기축소를 위한 헌법개정의 효력은 제안 당시의 대통령에 대해서도 적용된다. 게다가 헌법 제128조 제2항은 개정금지조항이 아니기 때문에 이 조항 자체의 개정도 허용된다. 다시 말해 헌법개정의 인적 효력범위를 제한하는 이 규정 자체를 먼저 개정하여 삭제하고, 임기연장이나 중임변경을 위한 헌법개정을 한

15) 계희열(상), 156면 이하; 허영, 55면 이하.

16) 제1편 제2부 제1장 제1절 Ⅲ. 2. 참조.

경우에는 헌법개정의 효력이 제안 당시의 대통령에게도 발생한다. 하지만 이를 위해서는 두 번의 국회의결과 국민투표를 거쳐야 하는데 이것이 사실상 가능할지에 대해서는 의문이 남는다.

4. 비판과 대안

헌법개정의 한계의 경우에도 헌법제정의 한계와 같은 결론을 도출할 수 있다. 다시 말해 헌법개정에서 인정되어야 하는 한계도 절차적 내용으로 이해되어야 한다. 그것은 헌법개정에 관한 대화가 이성적이기 위해서 보편적으로 요구되는 규범적 조건이다. 구체적으로 기본적 인권과 국가목적 및 국가구성원리가 그 내용이 된다. 만약 이러한 내용에 대한 개정금지가 헌법에 명시적으로 보장되는 경우에는 그러한 내용에 대한 개정의 금지를 재확인하는 선언적 의미를 담게 된다.

이러한 헌법개정을 위한 절차이론적 한계 또는 앞에서 설명한 실정헌법상의 절차규정을 위반한 헌법개정은 원칙적으로 무효이다. 따라서 기본적 인권과 국가목적 및 국가구성원리를 배제하면서 개정된 헌법 또는 국회의결이나 국민투표절차를 배제하면서 개정된 헌법은 법적 효력이 없다. 다만 이러한 법적 효력이 없는 헌법을 강제로 관철시키는 경우에 사실적 효력은 존재할 수 있으나 이에 대하여 국민은 저항권을 행사할 수 있다.

제 4 장 헌법의 해석

제 1 절 개 관

Ⅰ. 법해석과 헌법해석

헌법의 해석을 올바로 이해하기 위해서는 헌법을 포함한 법규범의 해석에 대해서 일반적으로 고찰할 필요가 있다. 이러한 일반적 고찰과정을 통하여 법규범의 한 유형인 헌법에 대한 해석이 다른 법규범에 대한 해석과 공통적으로 가지는 특성을 이해할 수 있고, 또한 다른 법규범에 대한 해석과는 달리 헌법의 해석이 가지는 고유한 특성을 더욱 분명하게 이해할 수 있게 된다.

Ⅱ. 법해석의 기본요소

헌법의 해석을 포함한 법규범의 해석은 텍스트(문언자료)에 대한 해석의 과정이 대체적으로 가지는 성격을 공유한다. 해석의 과정은 일반적으로 세 가지 요소로 구성된다. ① 해석의 대상이 되는 **텍스트**, ② 텍스트를 만든 **저자**, 그리고 ③ 텍스트를 해석하는 **독자**가 그것이다. 예를 들어 소설이라는 텍스트를 해석하는 과정에는 해석의 대상이 되는 소설, 이 소설을 저술한 작가, 그리고 소설을 읽는 독자가 등장한다. 해석의 과정을 구성하는 이러한 세 가지 요소 가운데 무엇을 중심으로 해석할 것인지가 해석에서 가장 중요한 문제다.

이러한 일반적인 해석의 과정처럼 법규범을 해석하고 적용하는 과정도 세 가지 요소로 구성된다. ① 해석의 대상이 되는 **법규범**, ② 그것을 제정한 **입법자**, 그리고 ③ 그것을 해석하는 **해석자**(법관)가 법해석을 위한 세 가지 기본요소이다. 법규범의 해석을 둘러싼 견해의 차이도 본질적으로 법해석의 과정을 구성하는 이들 세 가지 요소 가운데 어디에 더 비중을 둘 것인지에 관한 차이에서 연유한다.

제 2 절 법해석의 세 가지 기본입장

Ⅰ. 객관주의

1. 기본입장

법해석에 관한 객관주의는 법규범을 해석하고 적용할 때 해석자의 주관적 입장이나 관점의 개입이 없이 법규범의 의미내용에 관한 객관적인 해석이 가능하다는 견해를 말한다. 이 견해에 따르면 누가 법규범을 해석하고 적용해도 법규범의 의미내용에는 변함이 없게 된다. 따라서 법규범의 의미내용은 모든 해석자에 의하여 동일하게 해석되어 해석의 객관성을 확보할 수 있다. 이러한 견해는 법규범을 해석하고 적용하는 과정을 구성하는 세 가지 요소 가운데 **해석자를 완전히 배제**하는 결론에 이른다.

2. 주관적 해석론과 객관적 해석론

객관주의는 객관적 해석의 목표와 대상을 무엇으로 삼는지에 따라 다시 주관적 해석론과 객관적 해석론으로 구분된다. ① 주관적 해석론은 객관적 해석의 목표를 해석의 대상이 되는 법규범을 제정한 **입법자의 주관적 의도**로 삼는다. 법규범의 의미는 무엇보다도 그것을 제정한 입법자의 주관적 의도를 존중하여 해석되어야 한다고 보는 것이 이러한 해석방법을 선택하는 이유다. 해석과정을 구성하는 세 가지 요소 가운데 입법자를 가장 강조하는 입장이다. ② 객관적 해석론은 객관적 해석의 목표를 입법자의 내면적 의사가 외부로 표현된 **법규정의 객관적 의도**로 삼는다. 법규범의 의미는 그것을 제정한 입법자의 주관적 의도가 아니라 비록 그것을 표현하고 있더라도 이미 법규정으로 표현된 법규범의 객관적 의도에 따라 해석되어야 한다고 본다. 법규범의 해석과정을 구성하는 세 가지 요소 가운데 법규정이라는 텍스트에 가장 비중을 두는 입장이다.

3. 객관주의의 근거

객관주의의 입장은 **민주주의**와 **권력분립원칙**에 따라 정당화된다. 첫째로, 법규범의 해석과 적용은 무엇보다도 민주주의에 근거하여 국민으로부터 민주적 정당성을 부여받아 국민의 대표로서 국가의 의사를 결정할 수 있는 권한을 가진 입법자의 의도에 충실해야 한다. 둘째로, 권력분립원칙에 따르면 법규범의 해석과 적용에서 입법자가 아닌 해석자는 법을 정립하거나 형성하는 권한을 가지지 않기 때문에 입법자의 의사를 확인해내는 해석자로서의 역할을 다하는 것으로 충분하다. 다만 객관주의의 경우에도 해석자가 해석의 목표로 삼아야 하는 입법자의 의도는 '본래의' 의도와 '표현된' 의도로 구분되기 때문에 본래의 의도(주관적 의도)에 충실해야 한다는 주관적 해석론과 표현된 의도(객관적 의도)에 충실해야 한다는 객관적 해석론으로 구분될 뿐이다.

결론적으로 법해석에 관한 객관주의를 지지하는 경우에 입법자가 본래 의도한 바는 내면적인 것이어서 그것을 확인한다는 것 자체가 불가능할 수 있고, 내면에 의도한 바는 표현된 것에 의해서만 확인될 수 있다는 점에서 객관적 해석론이 잠정적으로 우월하다고 본다. 또한 법치주의의 구성요소인 법적 안정성의 원칙을 고려하더라도 비교적 확인이 용이한 입법자의 표현된 의도에 잠정적 우월성을 부여해야 한다.

4. 객관주의의 한계

(1) 문언의 의미의 불확정성

법규범의 해석과 적용에 관한 객관주의의 견해가 타당하려면 무엇보다도 법규범을 표현하는 문언, 즉 법규정의 의미가 확정적이고 고정적이어야 한다. 문언의 의미가 공간적 거리나 시간적 차이에 따라 달라지면 안 된다는 뜻이다. 그러나 문언의 의미는 그것이 사용되는 상황에 따라 달라질 수 있고, 그것을 해석하고 적용하는 사람에 따라 달라질 수도 있다. 따라서 객관주의는 그 전제로서 문언의 의미가 확정성과 고정성을 확보하지 못하는 경우에는 타당하지 못한 결론에 도달할 수 있다.

(2) 해석규칙의 한계

법규범의 문언이 제공하는 이러한 불명확성을 제거하기 위하여 해석규칙이 고안되었다.[1] ① 문법적 해석규칙, ② 논리적 해석규칙, ③ 역사적 해석규칙, ④ 체계적 해석규칙이 그것이다. 그 밖에도 입법자의 주관적 의도를 해석의 목표로 삼도록 요청하는 역사적 해석규칙을 주관적 · 목적론적 해석규칙으로 부르는 것과 비교하여 법규범의 객관적 의도를 해석의 목표로 삼도록 요청하는 ⑤ 객관적 · 목적론적 해석규칙, 법규범의 해석에서 다른 나라의 해석례를 모범으로 삼도록 요청하는 ⑥ 비교법적 해석규칙도 제안된다.

그러나 이러한 해석규칙들은 해석의 방향이나 지침을 제공할 수 있을 뿐이고 여전히 다양한 해석의 가능성을 남기고 있다. 또한 이러한 해석규칙들이 끌어낼 수 있는 결론들이 서로 충돌할 수 있는 가능성도 배제하지 못한다. 따라서 해석규칙의 고안으로 보완될 수 있는 객관주의적 해석방법은 여전히 일정한 한계에 부딪힐 수밖에 없다.

Ⅱ. 주관주의

1. 기본입장

법해석에 관한 주관주의는 법규범을 해석하고 적용할 때 반드시 해석자의 주관적 입장이나 관점이 개입될 수밖에 없기 때문에 법규범의 의미내용에 관한 객관적인 해석이 가능하지 않다는 견해를 말한다. 이는 법해석을 구성하는 세 가지 요소 가운데 해석자를 강조하는 입장에 속한다. 법해석의 과정에 해석자가 개입될 가능성은 이미 객관주

1) 자세한 내용은 이준일, 『법학입문』(2004), 제6장 참조.

의의 입장 가운데 객관적 해석론에서도 나타나고 있다. 왜냐하면 입법자의 주관적 의도가 아니라 법규범의 객관적 의도가 해석의 목표와 대상이 되면 해석은 입법자의 주관적 의도와 일정한 거리를 두면서 이미 거기에 해석자의 관점이 개입될 가능성이 높아지기 때문이다. 그러나 해석자의 개입가능성이 분명하게 표현되는 것은 여전히 주관주의의 입장에서부터라고 말할 수 있다. 결국 주관주의에 따르면 법해석의 과정에서 해석자의 적극적 역할이 강조되기 때문에 해석자에 따른 다양한 해석가능성이 존재하게 된다.

2. 해석학과 문제변증론

주관주의적 입장은 해석학(Hermeneutik)에서 가장 잘 드러난다. 물론 해석학은 주관주의보다 더 넓은 통찰에 기초하고 있다. 해석학에서 주장하는 '해석학적 순환'은 텍스트와 (해석자의) 선이해(先理解, Vorverständnis) 사이에서뿐만 아니라, 부분과 전체, 그리고 법규범과 사안 사이에서도 존재하기 때문이다. 첫째로, 선이해란 해석자가 텍스트에 접근하면서 가지고 들어가는 가정(가설)을 말한다. 이 가정에는 해결해야 할 법적 문제를 올바르게 결정하는 데 요구되는 해석자의 추정이나 기대가 담겨지게 된다. 그리고 이러한 추정이나 기대는 대부분 해석자가 일상생활에서 얻은 경험이나 직업적으로 획득한 체험에 기초하여 형성된다. 어쨌든 해석자의 선이해는 법해석의 과정에서 법규범의 텍스트와 상호작용하는 가운데 해석자로 하여금 비판 또는 반성(성찰)을 촉구하게 된다. 둘째로, 부분과 전체의 관계에서 해석자는 개별법규범에 대한 이해뿐만 아니라 전체법체계에 대한 이해도 증진시키도록 노력해야 한다. 개별법규범과 전체법체계는 상호작용하면서 해석자로 하여금 법규범을 통일적으로 또는 체계적으로 해석하도록 촉구하게 된다. 셋째로, 해석자는 추상적이고 일반적인 법규범과 구체적이고 개별적인 사안을 "오가면서 (Hin und Herwandern des Blicks)"[2] 각각의 표지들을 충분하게 고려할 때에만 올바른 결정을 내릴 수 있다. 이와 같은 해석학의 통찰은 법해석에서 해석자가 차지하는 중요성을 분명하게 보여준다.

해석학의 통찰 가운데 특히 법규범과 사안의 관계가 가지는 중요성과 관련하여 법규범의 해석과 적용에서 문제중심의 사고를 강조하는 "문제변증론" 또는 "법적 관점론"(Topik)이 제안된다.[3] 문제변증론은 문제중심의 사고를 강조하여 구체적인 문제(사안)에서 등장하는 관점들을 가능한 한 모두 고려하도록 요청하는데 이러한 입장에 따르면 법규범도 하나의 관점에 불과하게 된다. 예를 들어 뮐러(F. Müller)는 헌법텍스트("규범텍스트")에 대한 해석에서 규범을 의미하는 "규범프로그램"과 함께 규범이 적용되는 현실을 반영한 "규범영역"이 고려되어야 한다고 한다. 이러한 견해에 대해서는 규범으로서의 규범프로그램과 규범현실로서의 규범영역을 구분하고 있지 못하고 있다는 비판

2) K. Engisch, *Logische Studien zur Gesetzsanwendung*, Heidelberg, 제3판(1963), 15면.

3) Th. Viehweg, *Topik und Jurisprudenz*, München, 제5판(1974) 참조. "문제변증론"이라는 번역은 계희열(상), 76면 이하에서, "법학적 관점론"이라는 번역은 허영, 68면 이하에서 사용된다.

이 가해지기도 한다. 어쨌든 문제변증론의 경우에도 구체적인 사안에서 다양한 관점을 고려해야 하는 해석자의 역할이 강조되고 있음을 확인할 수 있다.

3. 주관주의의 한계

법규범에 대한 다양한 해석가능성이 존재하고 법규범이 하나의 관점에 지나지 않는다면 주관주의는 법규범의 문언에 대한 구속을 약화시켜 법치주의와 권력분립원칙에 반하는 결과를 초래할 수 있다는 비판도 가능하다. 이에 따라 주관주의에 기초한 통합이론의 입장에서는 헌법의 규범력을 강화시키기 위한 몇 가지 원리들이 제안된다.[4] ① 헌법의 전체적 관련성을 고려해야 한다는 '헌법의 통일성의 원리', ② 문제가 된 모든 법익을 고려하여 조화로운 실현을 도모해야 한다는 '실제적 조화의 원리', ③ 헌법에 의하여 입법자와 해석자에게 부여된 기능이 적절하게 분배되도록 고려하여야 한다는 '기능적 적정성의 원리', ④ 국가의 정치적 통일을 조성하고 유지하도록 요구하는 '통합작용의 원리', ⑤ 헌법이 규범으로서 현실을 규율하는 효력을 강화시키도록 요구하는 '헌법의 규범력의 원리' 등이 그것이다.

법규범의 통일성이나 전체성에 기초하여 체계성이나 정합성을 고려함으로써 법의 규범력을 강조하는 이러한 견해는 법해석에 관한 주관주의에 가해지는 객관주의의 비판에 대한 설득력 있는 논거를 제시하고 있는 것으로 보인다. 그러나 법규범이 하나의 통일된 전체나 정합적 체계로 구성되기 위해서는 일정한 실체적 내용을 가진 규범이나 가치를 전제해야만 하기 때문에 그러한 실체적 규범이나 가치의 내용과 정당성에 대한 해명이 없는 경우에는 다시금 객관주의로 돌아가는 오류를 범할 수 있다. 그렇다면 다양한 해석가능성들에 내포된 주관성과 상대성을 배제하고 객관성과 보편성을 확보하는 것은 단순히 법규범의 통일성이나 전체성을 강조하기보다 그러한 통일성이나 전체성에 도달하기 위한 합리적인 절차가 보장되는 경우에만 가능할 것으로 판단된다.

Ⅲ. 절차주의

1. 내　　용

법해석에 관한 절차주의는 법규범을 해석하고 적용할 때 반드시 해석자의 주관적 입장이나 관점이 개입될 수밖에 없다는 주관주의의 견해를 수용하면서도 **해석의 보편성**을 획득하기 위하여 **해석을 위한 절차의 합리성**이 보장되어야 한다는 견해를 말한다. 이러한 맥락에서 절차주의는 일정한 실체적 내용의 가치에 기초한 법규범의 통일성이나 전체성을 통해 주관주의의 약점을 극복하려는 견해와는 길을 달리한다.

---

4) K. Hesse, *Grundzüge des Verfassungsrechts der BRD*, 단락번호 70 이하(계희열 옮김, 『독일헌법원론』(2001), 40면 이하) 참조.

2. 합리적 해석절차의 전제조건

절차이론을 본질적 특성으로 하는 대화이론은 절차이론을 선택할 수밖에 없는 논거와 동일한 논거에 따라 법규범의 해석과 적용에서도 절차주의를 기초로 삼는다. 그리고 대화이론의 입장에서 절차의 합리성은 대화에서 필수적으로 요구되는 규범적 요청의 보장에 따라 결정된 것처럼, 법규범의 해석과 적용의 절차에 대한 합리성도 동일한 규범적 요청의 보장 여부에 달려 있게 된다. 이것은 두 가지 측면에서 구체화된다. 첫째로, **제도화된 해석절차**(재판절차)의 측면에서 ① 우선 법규범을 해석하고 적용하는 법관에게 당사자의 견해를 충분히 청취하여 당사자가 주장하는 모든 해석가능성들을 충분히 고려해야 하는 의무를 부과하는 것이다. ② 다음으로 이러한 법관의 의무에 상응하여 법규범을 해석하고 적용하는 절차에서 당사자가 자신의 해석가능성을 충분히 주장할 수 있는 권한을 보장하는 것이다. 둘째로, **제도화되지 않은 해석절차**의 측면에서 제도화된 해석절차와 서로 소통하고 영향을 미치는 법문화와 법윤리의 형성이 필요하다. 즉 제도화된 해석절차인 재판절차에서 등장한 해석가능성들을 법률전문가와 일반시민들이 참여하는 제도화되지 않은 해석절차에 의하여 비판적으로 성찰하고, 그러한 비판과 성찰을 제도화된 해석절차가 고려하는 것이다.

3. 규칙/원칙모델과 절차주의

한편 법체계의 규칙/원칙모델[5]은 법해석에서 절차주의의 입장이 적절하다는 점을 정당화하는 또 하나의 논거가 된다. 이 모델에 따르면 법체계에는 규칙형태의 규범뿐만 아니라 원칙형태의 규범이 포함되어 있다. 따라서 법규범을 해석하고 적용하는 양식으로는 해석규칙이 제시하는 방향과 지침에 따라 분석적 차원에서 행해지는 '포섭'뿐만 아니라, 해석자의 가치가 개입되어 규범적 차원에서 행해지는 '형량'도 사용된다. 이러한 형량의 합리성은 형량이 진행되는 절차의 합리성을 확보하는 경우에만 가능하다. 따라서 형량을 법규범의 해석과 적용의 양식으로 포함시키는 경우에는 법규범의 해석과 적용에서 절차주의적 이해가 필수적일 수밖에 없다.

제3절 법해석의 두 가지 기본양식

법체계의 규칙/원칙모델에 따라 법규범을 규칙과 원칙으로 구분하면[6] 법규범을 적용하는 양식도 규칙을 적용하는 양식과 원칙을 적용하는 양식으로 구분될 수 있다. 법규범을 규칙과 원칙으로 구분하는 법체계모델은 이미 자세하게 설명하였으므로, 여기서

5) 제1편 제1부 제2장 제2절 Ⅲ. 3. 및 이준일, 『법학입문』(2004), 제5장 참조.

6) 규칙과 원칙의 구분에 대해서는 제1편 제1부 제2장 제2절 Ⅲ. 1. 참조.

논의의 진행을 위하여 간단하게만 정리하면 규칙은 확정적인 구성요건과 효력을 가지는 규범을 뜻하고, 원칙은 잠정적인 구성요건과 효력을 가지는 규범을 의미한다.

Ⅰ. 포 섭

1. 포섭과 해석규칙

포섭(包攝, Subsumtion)은 확정적인 구성요건과 효력을 가지는 '규칙'형태의 법규범을 적용하는 전형적인 양식이다. 이러한 포섭은 법규범을 표현하는 문언의 확정된 의미를 개별적인 사안에 적용할 수 있을 만큼 **구체화하는 분석적 인식의 과정**을 의미한다. 이와 같은 분석적 과정에서는 이미 객관적으로 확정된 문언의 의미를 전제하면서 그러한 의미의 구체적인 내용을 찾아가기 위하여 다양한 해석규칙이 동원된다. 해석규칙에는 법규범을 표현하는 문언의 의미를 ① 의미론과 구문론을 포함한 문법에 따라 해석하도록 요청하는 **문법적** 해석규칙, ② 법규범의 문언이 사용된 전체 문맥(context)에 따라 해석하도록 요청하는 **논리적** 해석규칙, ③ 법규범의 문언이 자리하는 체계상의 위치에 따라 해석하도록 요청하는 **체계적** 해석규칙, ④ 시간적으로 과거에 존재한 역사적 입법자의 의도 또는 법규범의 문언에 포함된 의미의 역사적 변천에 따라 해석하도록 요청하는 **역사적** 해석규칙, ⑤ 법규범의 객관적 목적에 따라 해석하도록 요청하는 **객관적·목적론적** 해석규칙, ⑥ 동일한 문언을 사용하는 다른 나라의 해석론에 따라 해석하도록 요청하는 **비교법적** 해석규칙 등이 있다. 결국 확정된 의미내용을 구체화해야 하는 포섭의 과제는 이러한 해석규칙들이 올바로 작동할 수 있는지에 달려 있다.

2. 포섭의 한계

그러나 앞에서 언급한 바와 같이 해석규칙들은 여전히 다양한 해석가능성과 그것들 상호간의 충돌가능성의 여지를 남기고 있기 때문에 단지 **해석의 방향이나 지침**만을 제시하는 기능을 담당하는 데 머물 수밖에 없다.[7] 왜냐하면 포섭은 이미 확정적으로 전제된 법규범의 의미내용들을 분석하여 구체화하는 과정으로서 이해되는데, 이러한 분석적 구체화과정에서 해석규칙들은 오로지 분석적 논거가 결정적 역할을 수행하도록 해야 함에도 불구하고 실제로는 **경험적 논거나 규범적 논거를 개입**시킬 수밖에 없기 때문이다. 이러한 해석규칙의 한계는 궁극적으로 포섭의 한계를 결정하게 된다.

해석규칙의 적용과정에서 등장하는 경험적 논거나 규범적 논거, 그리고 그 밖의 문제점에 대해서 간단하게 살펴보면 다음과 같다. 우선 ① 문법적 해석규칙의 경우에 문법의 존재는 경험적 확인이 필요한 문제이고, 문법적 해석규칙에 따른다고 해도 여전히 다의적이거나 모호한, 그리고 가치평가적 개념이 사용된다면 해석의 여지는 남게 된다. 또한 ② 체계적 해석규칙의 경우에도 다양한 의미의 체계가 존재할 수 있기 때문에 어

7) 이준일, 『법학입문』(2004), 제6장 참조.

떠한 체계에 따라야 하는지에 따라 다양한 해석가능성이 남는다.

한편 ③ 다양한 의미로 이해될 수 있는 역사적 해석규칙은 일정한 해석이 역사적으로 존재한 입법자의 의도와 일치하도록 요청하거나(주관적·의미론적 해석) 입법자의 의도라는 목적을 실현하기 위하여 일정한 해석이라는 수단이 사용되도록(주관적·목적론적 해석) 요청한다. 그러나 이러한 요구가 충족되기 위해서는 먼저 입법자의 의도를 확인해야 하고, 입법자의 의도라는 목적과 일정한 해석이라는 수단 사이의 관계를 확인해야 하는 경험적 차원의 논증이 필요하다. 또한 역사적 해석규칙을 역사적 해석선례에 따라 의미의 시간적 변천을 고려하여 해석하도록 요청하는 규칙으로 이해하는 경우에 역사적 선례의 정당성에 대한 평가라는 규범적 차원의 논증이 선행되어야 하는 문제도 남는다.

그 밖에 ④ 객관적·목적론적 해석규칙의 경우에도 객관적 목적의 의미내용과 정당성에 대한 평가라는 규범적 차원의 논증이 전제된다는 점이 문제될 수 있다. 그리고 ⑤ 비교법적 해석규칙의 경우에도 마찬가지로 비교의 기준이 되는 다른 나라의 해석에 대한 정당성을 먼저 물어야 하는 규범적 차원의 논증이 문제된다.

3. 비판과 대안

이처럼 각각의 해석규칙들이 적용되는 과정은 단순히 분석적 차원의 논증으로 끝나지 않고 경험적 차원과 규범적 차원의 논증이 결합된 복합적 논증의 과정으로 구성된다. 따라서 해석규칙들은 **다양한 해석의 가능성과 서로 충돌하는 해석적 결론에 도달할 수 있는 가능성**을 더욱 강화시킨다. 이러한 문제점은 문언의 의미가 의미론적 테두리에 갇혀 있을 수 없고, 문언을 사용하는 사람이나 상황에 따라 다양한 의미를 지닐 수 있다는 화용론적(話用論的) 이해에 의해 더욱 분명하게 확인될 수 있다.[8] 또한 법규범이 처음부터 없거나 또는 있어도 서로 충돌하는 경우에는 해석규칙은 애초부터 적용될 수 없게 된다. 이러한 해석규칙의 한계는 포섭의 한계를 결정하게 된다. 하지만 민주주의와 권력분립의 원칙에 따른다면 적어도 다른 해석규칙들보다 **문법적 해석규칙이 잠정적으로 우선**한다든지, 일반적·실천적 논거보다는 **전통적 해석규칙에 포함된 법적 논거가 잠정적으로 우선**한다는 원칙을 확인할 수는 있다.

Ⅱ. 형 량

1. 개 념

형량(衡量, Abwägung)은 잠정적인 구성요건과 효력을 가지는 '원칙'형태의 법규범을 적용하는 전형적인 양식이다. 원칙의 형량은 서로 충돌하는 가치나 이익을 조화롭고

8) 기호학(semiotics)은 기호와 의미의 관계를 다루는 의미론(semantics), 기호와 기호 상호간의 관계를 다루는 구문론(syntactics), 기호와 사용자의 관계를 다루는 화용론(pragmatics)으로 구분된다.

균형 있게 실현시키기 위하여 서로의 비중을 평가하는 과정으로 이해된다. 서로 충돌하는 가치나 이익의 비중은 추상적으로 동일할 수 있지만 개별적인 사안에서의 구체적인 비중은 상이할 수 있다.

2. 방법과 한계

이러한 형량을 효과적으로 수행하는 방법에는 ① 가치의 수량화, ② 절대가치의 상정, ③ 예상가능한 충돌을 해결하는 목록의 작성 등이 있다. 우선 가장 간단한 방법은 서로 충돌하는 가치나 이익의 비중을 수량화(계량화)하여 비교하는 것이다. 그러나 규범의 영역에서는 수치화가 불가능하기 때문에 이러한 해결방식은 타당하지 못하다. 다음으로 서로 충돌하는 가치보다 상위의 가치로서 절대적인 비중을 가지는 이른바 '절대가치'를 설정하여 문제가 되는 가치의 비중을 평가하는 방식이 있을 수 있다. 하지만 절대가치의 존재나 인식가능성에 대해서는 근본적으로 의문이 제기된다. 마지막으로 구체적으로 발생할 수 있는 개별적인 충돌사안을 모두 예측하여 미리 서열을 정해 놓은 목록을 작성하는 것이다. 그러나 이러한 해결방식도 불가능할 수밖에 없다.

3. 형량의 합리화

따라서 형량의 과제는 충돌하는 가치나 이익을 개별적인 사안에서 평가하여 구체적인 비중을 결정하는 것이다. 여기서 중요한 것은 이러한 구체적 비중을 결정하는 일이 합리적으로 재구성되는 것이다. 형량의 합리적 재구성이 가능한지에 따라 형량은 단순히 주관적이고 심리적인 결단이나 결정의 과정 또는 정치적이고 경제적인 계산이나 타협의 과정이 될 수도 있다. 그러나 합리적으로 재구성된 형량의 과정은 **토론과 논증의 과정**이어야 한다. 이러한 맥락에서 볼 때 법해석에 관한 절차주의적 이해의 정당성이 다시 한 번 확인될 수 있다. 왜냐하면 ① 평가라는 규범적 차원의 논증이 중요한 형량의 과정에서 합리성을 담보하기 위해서는 문제가 될 수 있는 가치와 규범이 가능한 한 모두 법관에 의해 충분히 고려되어야 하고, ② 또한 그러기 위해서 그러한 가치와 규범이 이해당사자들에 의하여 충분히 주장될 수 있어야 하며, ③ 더욱이 제도화된 해석절차는 제도화되지 않은 해석절차와 소통하면서 상호 비판적 성찰이 이루어져야 한다는 절차적 요청이 요구되기 때문이다.

제 4 절 헌법해석의 특성

Ⅰ. 상대적으로 높은 개방성

헌법의 가장 중요한 특성은 개방성이다.[9] 첫째, 헌법의 규범을 표현하는 문언은 '의미론적 차원'에서 개방적이기 때문에 이러한 개념의 의미내용을 구체화하는 헌법의 해석도 개방적일 수밖에 없다. 둘째, 헌법의 '구조적' 개방성으로 인해 헌법을 구체화하는 과정에서 단순히 분석적 방법으로는 도출할 수 없는 의미내용이 확인될 수 있으므로 헌법의 해석은 개방적일 수밖에 없다. 따라서 헌법해석에서는 법해석에 관한 객관주의를 견지하기가 매우 어렵고, 법해석의 양식으로서 포섭에만 의존하기가 상당히 어려워지게 된다.

Ⅱ. 상대적으로 높은 형량가능성

헌법에는 형량을 필요로 하는 원칙형태의 규범들이 상당히 많이 포함되어 있다. 예를 들어 기본권과 같은 것들이 그것이다. 따라서 헌법의 해석과 적용과정에서는 포섭이라는 분석적 방법보다 형량이라는 평가적이고 규범적인 방법이 중요하게 된다. 이것은 헌법의 해석에 가치가 개입될 가능성이 높다는 뜻이기 때문에 헌법의 해석에서 법해석에 관한 절차주의의 입장이 그 기초가 될 개연성은 그만큼 높아진다. 왜냐하면 가치나 규범의 형량에서 요구되는 합리성은 절차의 합리성을 확보함으로써만 실현될 수 있기 때문이다.

Ⅲ. 상대적으로 높은 도덕관련성

헌법해석에서는 형량의 대상이 되는 원칙형태의 규범이 적용됨으로써 헌법해석은 도덕에 개방된 해석의 과정이 될 수 있다. 헌법은 형식에서는 법규범이지만 내용에서는 도덕과 밀접한 관련을 가진 원칙형태의 규범들을 많이 포함한다. 따라서 헌법규범의 해석에서 도덕적 논증의 가능성이 상대적으로 높아진다. 이처럼 법적 논증이 도덕적 논증과 결합될 수밖에 없는 경우에 법적 논증과 도덕적 논증의 관계에 대해서는 알렉시의 "특수경우이론"(Sonder-fallthese)[10]에 따라 **법적 논증의 잠정적 우월성**을 인정하는 것이 합리적이다. 알렉시의 특수경우이론에 따르면 현행 실정법에 구속되어 구체적 결정을 정당화해야 하는 법적 논증은 실정법을 넘어선 보편적인 타당성을 정당화해야 하는 일반적인 실천적 논증의 특수한 경우에 해당한다. 이것은 법적 논증이 일반적인 실천적 논증의 부분집합으로서 포함관계를 뜻하는 것으로 이해될 수 없다. 오히려 법적 논증과 일반적인 실천적 논증의 밀접한 관련성을 전제하고, 법적 논증의 고유한 독립성을 인정하면서 법적 논증의 잠정적 우월성을 인정하는 관계로 이해되어야 한다. 따라서 법적 논증에서는 일반적인 실천적 논증의 과정으로 진입하려고 하는 사람에게 논증의 부담이 부과된다.

---

9) 제1편 제1부 제2장 제3절 참조.

10) R. Alexy, *Theorie der juristischen Argumentation*, Frankfurt/M., 제2판(1991), 263면 이하 참조.

제 5 절 헌법합치적 법률해석의 원칙

Ⅰ. 개 념

헌법합치적(합헌적) 법률해석(Verfassungskonforme Auslegung)의 원칙이란 법률이 헌법에 합치되는지 여부가 문제되고, 해석에 따라 헌법에 합치(합헌)될 수도 있고 불합치(위헌)될 수도 있는 경우에 헌법에 합치되도록 법률을 해석해야 된다는 요청을 말한다. 따라서 정확하게 말하면 이러한 요청은 '헌법해석'과 관련된 문제라기보다 '법률해석'과 관련된 문제다. 이로써 위헌법률심판권을 가진 헌법재판소는 기본적으로 법률제정권을 가진 입법자와 충돌하지만 헌법합치적 법률해석을 통해 법률해석권을 가진 법원과도 충돌하게 된다. 결국 규범통제(위헌법률심판)의 경우에 헌법은 '심사기준'이 되지만 헌법합치적 법률해석의 경우에 헌법은 '해석기준'이 된다는 점에서 차이가 있다.

Ⅱ. 근 거

1. 법질서의 통일성

헌법합치적 법률해석을 해야 하는 근거는 무엇보다도 헌법을 정점으로 하는 통일적인 법질서를 유지하기 위하여 비록 해석하기에 따라 위헌적인 요소(위헌적 해석가능성)가 있다고 하더라도 합헌적인 요소(합헌적 해석가능성)를 살리는 방향으로 법률을 해석해야 한다는 데 있다. 해석의 과정에서 헌법에 위반되는 요소가 발견되는 경우에 해석의 대상이 되는 법규범을 법체계로부터 완전히 제거하기보다 위헌적인 해석가능성을 제거하면서 합헌적인 해석가능성을 유지하는 것이 법체계의 통일성을 보장하면서 법적 안정성을 확보하는 합리적인 방법이 되기 때문이다.

2. 입법부에 대한 존중

민주주의와 권력분립의 원칙에 따를 때 입법자의 법률제정권은 국민이 선거를 통해 부여한 민주적 정당성에 기초하고 있고, 헌법을 구체화하는 법률을 제정하는 권한은 원칙적으로 입법자에게 부여된다. 따라서 법률의 위헌 여부를 판단하기 위해 헌법을 해석하는 권한을 가진 헌법재판소는 원칙적으로 입법자를 존중하고, 본질적으로 해석자인 자신의 한계 내에서 헌법을 해석하도록 요청된다. 이러한 요청이 헌법합치적 법률해석을 정당화하는 또 다른 근거가 된다.

3. 법률의 유효추정(favor legis)

민주적 정당성을 부여받은 입법자가 법률의 형식으로 내린 결정은 원칙적으로 국민의 결정으로 의제된다. 따라서 입법자가 제정한 법률은 잠정적으로 합헌성을 추정받게 된다. 다시 말해 입법자에게는 선거를 통해 국민으로부터 직접적으로 부여받은 민주적 정당성에 근거하여 대단히 넓은 형성의 자유, 즉 입법에 있어서 상당히 자유로운 활동 영역이 보장되므로 입법자의 활동을 위헌이라고 주장하는 쪽에서 그것을 논증해야 할 부담을 지게 된다. 따라서 법률의 위헌적 해석가능성을 주장하는 근거가 합헌적 해석가능성을 주장하는 근거보다 더 합리적이지 않다면 위헌성 여부가 문제가 된 법률은 합헌적인 방향으로 해석되어야 한다.

4. 법적 안정성

일단 제정된 법률이 위헌으로 무효가 되면 규율할 법률이 존재하지 않기 때문에 법적 생활의 안정성에 대한 위협이 발생할 수 있다. 이러한 위협으로부터 공동체를 보호하기 위하여 헌법합치적 법률해석이 요청되기도 한다. 비록 위헌적인 해석가능성이 존재한다고 하더라도 합헌적인 해석가능성이 병존한다면 법적 안정성이라는 법의 이념에 비추어 합헌적인 해석가능성이 우선해야 한다. 물론 법의 이념은 법적 안정성뿐만 아니라 정의도 포함하기 때문에, 법적 안정성과 정의가 충돌하여 위헌적인 해석가능성을 허용할 수 없을 만큼 정의의 요청이 강력한 경우에는 헌법합치적 해석방법은 허용될 수 없다.

Ⅲ. 한 계

1. 원 칙

법률의 위헌 여부에 관한 판단에서 우선적으로 민주적 정당성을 가진 입법자의 의사를 존중하도록 요청하는 헌법합치적 법률해석의 원칙은 몇 가지 한계를 가진다. 첫째, **법문언적 한계**로서 헌법합치적 법률해석은 입법자가 사용한 법률문언의 객관적으로 명백한 의미에 반할 수 없다. 둘째, **법목적적 한계**로서 헌법합치적 법률해석은 법률문언으로 표현된 객관적으로 명백한 입법자의 목적에 반하지 않아야 한다. 셋째, **헌법수용적 한계**로서 헌법합치적 법률해석은 헌법에 의하여 수용될 수 있는 한계를 넘는 것이 금지된다.

[판례] 합헌적 법률해석의 한계

법률 또는 법률의 조항은 원칙적으로 가능한 범위 안에서 합헌적으로 해석함이 마땅하나 그 해석은 법의 문구와 목적에 따른 한계가 있다. 즉, 법률의 조항의 문구가 간직하고 있는 말의 뜻을 넘어서 말의 뜻이 완전히 다른 의미로 변질되지 아니하는 범위내이어야 한다는 **문의적 한계**와 입법권자가 그 법률의 제정으로써 추구하고자 하는 입법자의 명백한 의지와 입법의 목적을 헛되게 하는 내용으로 해석할 수 없다는 **법목적에 따른 한계**가 바로 그것이다. 왜냐하면, 그러한 범위를 벗어난 합헌적 해석은 그것이 바로 실질적 의미에서의 입법작용을 뜻하게 되어 결과적으로 입법권자의 입법권을 침해하는 것이 되기 때문이다. (1989. 7. 14. 89헌가5등; 2007. 11. 29. 2005헌가10).

2. 비판과 대안

헌법합치적 법률해석은 법률문언에 대한 다양한 해석가능성을 전제로 하여 확정적인 해석이 단지 법문언이나 법목적만으로는 결정될 수 없는 경우에 요구된다. 따라서 헌법합치적 법률해석이 필요한 사안에서 법문언이나 법목적의 의미는 객관적으로 명백하지 않기 때문에 법문구나 법목적이 헌법합치적 법률해석의 한계로 작동할 수 있을지는 의문이다. 결국 **헌법수용적 한계가 본질적으로 중요한 한계**로서 제시될 수 있는데 그 내용을 구체화해야 할 필요가 있다.

헌법합치적 법률해석이 요구되는 근거는 크게 '권한', 그리고 '법이념'이라는 두 가지 측면에서 고찰될 수 있다. 첫째로, **권한의 측면**에서 헌법합치적 법률해석이 문제되는 경우에 입법자와 헌법재판소의 합리적인 권한분배가 쟁점이 된다. 우선 민주주의와 권력분립에 기초하여 입법자의 권한에 더 큰 비중이 부여되는 경우에는 헌법합치적 법률해석이 요청된다. 하지만 기본권이나 헌법적 법익에 기초하여 그것을 보호해야 하는 헌법재판소의 권한에 더 큰 비중이 부여되어야 하는 사안에서는 헌법합치적 법률해석의 요청은 준수되지 않아도 된다. 따라서 헌법합치적 법률해석의 원칙이 적용될 수 있는지 여부는 입법자의 권한과 헌법재판소의 권한을 정당화하는 헌법적 권리나 법익에 대한 합리적 형량을 통하여 결정된다.

둘째로, **법이념의 측면**에서 헌법합치적 법률해석이 문제되는 경우에는 법적 안정성의 이념과 정의의 이념의 충돌에 대한 합리적 해결이 쟁점이 된다. 여기서도 두 가지 법이념에 대한 합리적 형량이 본질적으로 중요하다. 따라서 법적 안정성의 이념이 정의의 이념보다 우월하다는 합리적 근거가 있는 경우에는 헌법합치적 법률해석이 요청되고, 반대로 정의의 이념이 법적 안정성의 이념보다 우월하다는 합리적 근거가 있는 경우에는 헌법합치적 법률해석은 요청되지 않는다.

결국 헌법수용적 한계에 관한 구체적 내용은 헌법합치적 법률해석과 관련된 국가기관의 권한과 법이념이라는 두 가지 측면에서 서로 충돌하는 가치에 대한 합리적 형량을 의미한다. 따라서 그러한 **합리적 형량**이 허용할 수 있는 한계 내에서만 헌법합치적 법률해석이 요구될 수 있다.

Ⅳ. 방법과 판례

1. 방　　법

헌법합치적 법률해석의 구체적인 방법으로는 **변형결정**이라는 주문형식이 사용된다. 단순위헌이나 단순합헌의 주문형식이 아니라 한정위헌이나 한정합헌 또는 헌법불합치라는 변형된 결정형식이 사용되는 것이다.[11] 다만 헌법합치적 법률해석의 취지에 비추어

11) 변형결정에 대해서는 제4편 제3장 제5절 Ⅰ. 3. 참조.

사용될 수 있는 변형결정은 한정합헌결정이나 한정위헌결정으로 한정된다.

2. 판　례

헌법재판소는 헌법합치적 법률해석과 관련하여 "어떤 법률의 개념이 다의적이고 … 여러 가지 해석이 가능할 때, 헌법을 최고법규로 하는 **통일적인 법질서의 형성**을 위하여 … 위헌적인 결과가 될 해석을 배제하면서 합헌적이고 긍정적인 면은 살려야 한다는 것이 헌법의 일반법리"[12]라고 판시하였다. 또한 "입법부가 제정한 법률을 위헌이라고 하여 전면폐기하기보다는 그 효력을 되도록 유지하는 것이 **권력분립의 정신**에 합치하고, **민주주의적 입법기능을 최대한 존중**하는 것이 되며, 일부 위헌요소 때문에 전면위헌을 선언하는 데서 초래될 충격을 방지하고 **법적 안정성**을 갖추기 위하여서도 필요하다"[13]고 하면서 헌법합치적 법률해석이 필요한 근거를 제시하였다.

한편 헌법합치적 법률해석이 요구되는 구체적인 조건을 "위헌적인 법률조항을 잠정적으로 적용하는 위헌적인 상태가, 위헌결정으로 말미암아 발생하는 법적 공백의 합헌적인 상태보다 오히려 헌법적으로 더욱 바람직하다고 판단되는 경우"로 적시한다.[14] 이것은 헌법합치적 법률해석의 원칙을 적용할 때 형량이 필요하다는 명시적인 언급이라는 데 주목해야 한다. 이러한 언급은 법률해석에서 위헌적인 요소와 함께 합헌적인 요소가 있다고 해서 곧바로 헌법합치적 법률해석을 할 수 있는 것이 아니라 **위헌이라는 해석의 결과(법적 공백)**와 **합헌이라는 해석의 결과(위헌적 법률의 적용)에 대한 형량**을 거친 후에야 비로소 그러한 해석방법을 동원할 수 있다는 의미있는 지적으로 볼 수 있다.

12) 헌재 1990. 4. 2. 89헌가113.
13) 헌재 1990. 6. 25. 90헌가11.
14) 1999. 10. 21. 97헌바26(보상규정없이 토지재산권의 제한을 허용한 도시계획법 규정에 대한 헌법소원); 2000. 8. 31. 97헌가12(신법 시행 이전 10년 동안에 출생한 자에게 국적취득을 허용하는 국적법 경과규정에 대한 위헌심판) 참조.

제2부

한국헌법 일반론

제2부 한국헌법 일반론은 대한민국의 헌법에 대하여 전반적으로 적용되는 내용을 설명하는 부분으로 우선 한국헌법의 역사에 대한 설명으로 시작한다(제1장). 이러한 설명으로부터 자연스럽게 현행 헌법 안으로 들어오면서 헌법의 맨 앞에 위치한 전문(前文)과 국가형태를 고찰한다(제2장). 그리고 한국헌법이 적용되는 사람(국민)과 공간(영역)의 범위에 대해서 살펴본다(제3장). 그런 후에는 한국헌법의 기본적인 원리(제4장)와 제도(제5장)는 어떤 것들이 있고, 또한 어떠한 내용을 갖는지에 대하여 설명하기로 한다.

제 1 장 한국헌법의 역사

대한민국 헌법(한국헌법)의 시작[1)]은 1919년 3 · 1운동으로 건립된 임시정부의 임시헌법이다. 현행 헌법의 전문도 임시정부의 법통(정통성)을 계승하고 있다는 점을 분명히 밝히고 있다. 1945년 8월 15일 일제로부터 해방된 대한민국은 미군정 3년을 마감하고, 남한만의 단독정부를 수립한다. 이후 한국헌법의 역사는 이승만 정권 12년, 박정희 정권 18년, 전두환 · 노태우 정권 12년 등 장기집권과 군사독재로 얼룩진다. 이로써 오로지 개인의 정권욕을 만족시키기 위하여, 그리고 불법적으로 획득한 정권을 연장하기 위하여 한 국가의 헌법이 한 개인의 소유물처럼 사용되었던 역사가 한국헌법사의 특징을 이루게 된다. 그러나 독재자의 정권연장을 위한 음모는 국민의 저항 앞에서 길게 유지될 수 없다는 사실도 우리 헌법의 역사는 웅변적으로 가르쳐 주고 있다.

제 1 절 1948년 헌법: 정부수립 후 최초헌법

1948년에 제정된 대한민국 최초의 헌법에 대해서는 "건국헌법"[2)]이라는 명칭과 "제헌헌법"[3)]이라는 명칭이 함께 사용된다. 그런데 견해[4)]에 따라서는 "제헌헌법"이라는 용어가 적절치 못하다고 비판되고 있으나 "제헌헌법"이란 말은 '헌법이 최초로 제정될 당시(제헌 당시)의 헌법'이라고 이해하면 문제가 없기 때문에 건국헌법이든 제헌헌법이든 그 용어는 특별한 논쟁의 실익이 없다. 다만 대한민국의 건국 시점을 임시정부로 보는 한 "건국헌법"이라는 표현은 적절치 않을 수 있다. 따라서 이하에서는 '정부수립 후 최초헌법'('최초헌법'으로 약칭)으로 부르기로 한다.

I. 최초헌법(1948. 7. 17. 공포)의 성립배경

대한민국의 헌법을 제정하기 위한 제헌국회 또는 "초대국회"[5)]의 선거가 1948년 5월 10일에 실시되었다. 제헌국회는 2년의 임기(1948. 5. 31.－1950. 5. 30.)로 1948년에

---

1) 한국헌법의 역사에 대한 상세한 설명은 이준일, 『헌법의 시간들: 한국헌법사, 독립운동가부터 사이코패스까지』(2025) 참조.
2) 권영성, 89면 이하.
3) 김철수, 113면; 성낙인, 76면 이하.
4) 권영성, 89면.
5) 김철수, 113면 이하.

198명이 선출되었고, 4 · 3사건으로 1년 후에 제주도에서 실시된 선거에서 2명이 더 선출되어 총 200명으로 구성되었다. 5월 31일에 소집된 제헌국회에서 이승만(재임기간: 1948. 5. 31. – 1948. 7. 24.)이 국회의장으로, 신익희와 김동원이 부의장으로 선출되었다. 3일 후에 헌법기초위원 30명과 전문위원 10명으로 이루어진 **'헌법기초위원회'**가 구성되어 유진오 원안과 권승렬 참고안을 기초로 정부형태는 의원내각제, 국회는 양원제를 채택하고, 위헌법률심사권은 법원에 주는 헌법초안을 만들었다. 유진오 박사(1906. 5. 13. – 1987. 8. 30.: 소설가인 동시에 고려대 총장을 지낸 법학자이며, 신민당 총재를 역임한 정치가)의 설명에 따르면 처음으로 의회제도를 실시하는 우리나라의 상황에서 의회의 "횡포와 경솔한 행동"을 억제하기 위하여 양원제, 즉 '민의원'과 '참의원'을 구상했다고 한다.[6]

그러나 **대통령제와 국회의 단원제를 채택하고, 위헌법률심사권을 헌법위원회에 주는 이승만안이 최종안**이 되었다. 6월 23일 헌법초안이 국회본회의에 상정되었고, 광복일인 8월 15일까지 정부수립을 해야 된다는 요구 때문에 헌법초안에 대한 심의가 빠른 속도로 진행되었다. 마침내 7월 12일에 헌법안이 의결되고, 7월 17일에 국회의장이 대한민국헌법을 공포하여 시행되기에 이른다. 여기서 발견되는 최초헌법의 특징은 **국민투표의 절차가 부재**했고, 부칙에 따라 **공포 즉시 시행**되었다는 점이다. 이 헌법에 따라 7월 20일 국회에서 대통령(이승만)과 부통령(이시영)이 선출되고, 국무총리(이범석)와 대법원장(김병로)도 임명되었다. 여기서 주의할 대목은 **초대 대통령과 부통령은 국민이 직접 선출하지 않고, 국회에서 간접적으로 선출**(제53조)했다는 점이다. 마침내 8월 15일에는 대한민국정부수립 선포식이 거행되었다.

[참조] 제헌국회 또는 초대국회의원 선거(1948년)

제주도를 제외한 남한 전 지역에서 실시된 제헌국회선거는 투표율 88.4%를 기록하였으며, 총 198명의 국회의원이 선출되었다. 1년 후에 제주도에서 2명의 의원이 추가로 선출되어 무소속 85석(득표율 38.0%), 대한독립촉성국민회 55석(24.6%), 한국민주당 29석(12.7%), 대동청년단 12석(9.1%), 조선민족청년단 6석(2.1%), 대한독립촉성농민총연맹 2석(0.7%), 대한노동총연맹 1석(1.5%), 기타 10석(11.3%)으로 의석이 분포되었다. 남한만의 단독선거에 반대하던 정치세력의 불참으로 무소속당선의 비율이 높았다.

Ⅱ. 최초헌법의 내용

최초헌법은 **전문과 10개 장**[① 총강, ② 기본권, ③ 국회, ④ 정부, ⑤ 법원, ⑥ 경제, ⑦ 재정, ⑧ 지방자치, ⑨ 헌법개정, ⑩ 부칙], **103개 조항**으로 구성되었다. 제1장에서는 대한민국의 국가형태를 민주공화국으로 하면서(제1조) 국민주권원리를 선언했다(제2조). 대한민국의 영토를 한반도와 그 부속도서로 규정하고(제4조), 침략적 전쟁을 부인함(제6조)과 동시에 국제조약과 국제법규에 대한 존중의 이념을 채택했다(제7조). 제2장에서는 국민의 기본권을 규정하면서 평등권(제8조)과 자유권(제9~15조: 직업의 자유가 없음에 유

6) 유진오, 『헌법해의』(1949), 2면 이하 참조.

의)뿐만 아니라 사회권(제16~20조: 근로자의 이익분배균점권[7]에 유의), 그리고 절차권(제21~27조)도 보장되었다.

제3장에서는 **국회를 단원제**로 규정하고, 국회의원의 임기를 4년으로 하되, 제헌국회의 임기는 2년으로 하였다. 제4장에서는 정부형태를 **대통령중심제**로 하고, 대통령은 국회에서 간접선거하여 임기는 4년, 1차에 한하여 중임이 가능하도록 규정했다(제55조). 그리고 **부통령**(국회에서 간접선거로 부통령을 독자적으로 선출한다는 점에 주의)을 두고, **국무원**(대통령, 국무총리 및 국무위원: 부통령은 국무위원이 아니라는 점에 주의)을 설치했다. 대통령의 중요한 권한행사가 국무원의 의결(심의기관이 아니라 의결기관이라는 점에 주의)을 필요로 하고(제68조), 국무총리의 임명에 국회의 사후승인이 필요할 뿐만 아니라(제69조) 국회의원의 국무위원 겸직을 가능하게 하며 정부에 법률안제출권이 부여되는 등 **의원내각제 요소가 가미**되었다. 제5장에서는 법원과 함께 부통령을 위원장으로 하고 대법관 5인, 국회의원 5인으로 구성되는 **헌법위원회**를 설치하여 위헌법률심사권(3분의 2 찬성 필요)을 부여했다(제81조). 탄핵심판은 독립적으로 설치된 **탄핵재판소**에서 담당했다(제47조: 재판장은 부통령, 대법관 5인과 국회의원 5인으로 구성).

제6장의 **경제질서**에서는 **사회화 경향**이 강하여 국민의 경제상의 자유를 통제하는 계획경제를 주축으로(제84조) 자연자원의 원칙적인 국유화(제85조)와 공공성을 띤 기업의 원칙적인 국·공영제(제87조), 공공필요에 의한 사기업의 국·공유화(제88조), 경자유전(耕者有田)의 원칙에 입각한 농지개혁을 실시할 수 있도록(제86조) 규정했다. 제8장에서는 **지방자치제도**를 채택하고, 제9장에서는 헌법개정이 **국민투표 없이 국회의원 3분의 2 이상의 찬성으로 확정**되도록 규정했다.

Ⅲ. 최초헌법의 개정

1. 제1차 헌법개정(1952. 7. 7. 공포: "발췌개헌")

최초헌법을 처음으로 개정하게 된 중요한 배경은 여소야대의 국회구성과 한국전쟁의 발발로 간선으로는 대통령당선이 불가능해진 이승만 대통령과 여당 쪽에서 **직선제개헌**이 필요해진 데 있다. 우선 1950년 1월 28일 대통령의 독주를 견제하고자 야당인 한민당이 제출한 의원내각제 개헌안이 3월 13일 국회에서 부결(재적 179명에 찬성 79명, 반대 33명, 기권 66명, 무효 1명으로 부결)되었다. 하지만 5월 30일에 실시된 제2대 국회의원(임기: 1950. 5. 31. - 1954. 5. 30.)선거에서 **여소야대**의 국회가 구성되었다. 그리고 6월 25일에는 한국전쟁이 발발하였다. 이로써 간선제로는 재선이 불가능해진 이승만은 1951년 11월 30일 양원제 및 대통령직선제 개헌안을 제출했으나 다음해 1월 18일 부결되었다(출석의원 163명에 찬성 19명, 반대 143명, 기권 1명으로 부결).

---

7) 유진오, 『헌법해의』(1949), 52면 이하는 이 권리에 의하여 근로자가 기업이윤의 일부를 취득할 수 있게 됨으로써 우리나라가 "사회주의국가에 가까운 성격"을 갖게 되었고, 이것은 "시대의 조류"라고 설명한다.

이를 계기로 야당은 1952년 4월 17일 다시 의원내각제 개헌안을 제출했으나 내각제에 반대하는 관제데모가 일어나고, 폭력조직이 국회해산을 요구하며 국회를 포위하기에 이른다. 이에 대응하여 이승만은 비상계엄을 선포하고(4월 25일), 여당은 이미 부결된 것과 동일한 대통령직선제 개헌안을 다시 제출하여(5월 14일) 여·야가 첨예하게 대립하게 된다. 이 과정에서 국회의원이 의사당에 강제로 연행되고(5월 26일), 연금되는 등 공포분위기가 조성되었다. 7월 4일 여당안인 대통령직선제를 뼈대로 야당안인 국무원불신임제 및 국회양원제를 수용하는 발췌개헌안이 공고되지도 않은 채, 그리고 국회 내의 자유로운 토론도 없이 심야국회에서 기립투표로 의결되었다(출석의원 166명에 찬성 163명, 기권 3명으로 가결). 이 헌법에 따라 1952년 8월 5일 정·부통령 선거가 실시되었다(대통령 이승만, 부통령 함태영 선출).

[참조] 제2대 국회의원선거(1950년)

제2대 국회는 총의석이 210석으로 무소속 126석(득표율 62.9%), 민주국민당 24석(9.8%), 대한국민당 24석(9.7%), 국민회 14석(6.8%), 대한청년당 10석(3.3%), 대한노동총연맹 3석(1.7%), 일민구락부 3석(1.0%), 사회당 2석(1.3%), 민족자주당연맹 1석(0.5%), 기타 3석(2.0%)의 분포를 보였다. 곧바로 한국전쟁이 발발하여 이승만은 비상계엄령을 선포하고 긴급명령으로 통치하였다.

제1차 개정헌법의 주요내용은 ① **대통령과 부통령의 직선제**, ② **국회의 양원제**(민의원과 참의원)를 핵심으로 하여, ③ 국회의 국무원불신임권(제70조: 일반국무는 연대책임, 각자 행위는 개별책임, 자유당이 다수이어서 실제로는 행사되지 못함)을 규정하여 의원내각제적 요소가 강화되었다는 점, ④ 국무위원임명에 있어서 국무총리의 제청권(제69조)이 규정되었다는 점으로 요약된다. 한편 제1차 개헌의 문제점은 **공고되지 않은 채 국회에서 독회도 없이 개헌안이 의결되었으며**, 비상계엄령이 내려진 상태에서 **토론의 자유가 보장되지 않은 채 의결이 강제되었다는** 점 등이다.

2. 제2차 헌법개정(1954. 11. 29. 공포: "사사오입개헌")

제2차 헌법개정의 핵심은 **이승만의 3선**이다. 1954년 5월에 실시된 제3대 국회의원(임기: 1954. 5. 31. – 1958. 5. 30.)선거에서 여대야소의 국회가 구성되었고, 여당인 자유당은 무소속 국회의원을 영입하여 헌법개정에 필요한 의석을 확보했다. 이에 따라 9월 6일 **대통령에 대한 중임제한규정의 적용배제**(초대대통령에 한하여 3선제한조항 철폐)를 주요골자로 하는 헌법개정안이 재적 203명에 136명의 발의로 제안되었다. 그러나 11월 27일에 민의원에서 실시된 표결에서 재적 203명에 찬성 135명으로 부결되었다. 하지만 이틀 후 자유당의원만 참석한 가운데 부결을 번복하고, 가결로 선포하였다. 재적(203명)의 3분의 2 이상이 되려면 136명이 필요한데 이른바 '사사오입'(四捨五入) 방식으로 소수점 이하를 제하고 135명 이상이면 충분하다고 주장하면서 부결된 개헌안을 다시 가결된 것으로 선포한 것이다. 이 헌법에 따라 1956년 5월 15일 제3대 정 · 부통령 선거가 실시되었다(대통령 이승만, 부통령 장면 당선).

[참조] 제3대 국회의원선거(1954년)

제3대 국회는 총의석이 203석으로 자유당 114석(득표율 36.8%), 무소속 68석(47.9%), 민주국민당 15석(7.9%), 국민회 3석(2.6%), 대한국민당 3석(1.0%)의 분포를 이루었다.

제2차 헌법개정의 주요내용은 ① 초대대통령에 한하여 **3선제한을 철폐**하고 무제한 입후보를 허용하고, ② 주권의 제약 또는 영토변경을 위한 개헌은 '국민투표'에 부치며(제7조의2 신설), ③ **국무총리제를 폐지**하면서(의원내각제적 요소가 상당히 배제된다는 점에 주의) 국무위원에 대한 개별적 불신임제(연대책임제 폐지)를 채택하고, ④ 대통령 궐위시 부통령이 그 지위를 승계하며, ⑤ 군법회의의 헌법적 근거를 명시하고, ⑥ 경제질서를 자유시장경제체제로 전환하며, ⑦ 헌법개정의 제안에서 **국민발안제**(선거권자 50만 이상)를 도입하고, ⑧ 명시적인 헌법개정금지조항(민주공화국, 국민주권, 주권의 제약 또는 영토변경을 위한 국민투표 조항의 개정금지)[8]을 규정한 것 등이다. 제2차 개정헌법에 대해서는 **명백하게 정족수에 미달했다는 점**과 초대대통령에 한해 중임제한을 철폐하는 것은 **'평등원칙'**에 위반된다는 점 등이 문제점으로 지적된다.

제 2 절 1960년 헌법: 제2공화국 헌법

[학설] **헌법의 공화국차수** 1960년 헌법을 제2공화국 헌법이라고도 부르는데 이에 대해서는 '제 몇 공화국'이라고 할 때의 차수는 공화국이 중단되었을 경우에만 바뀔 수 있기 때문에 1948년부터 1961년까지를 제1공화국으로, 1988년부터 지금까지를 제2공화국으로 부르면서 그 중간시기는 군사정부시대로 부르는 견해(권영성, 93면 이하)도 있다. 이러한 문제제기는 공화국의 개념과 차수변경의 엄밀한 기준을 요구한다는 점에서 타당하다. 따라서 이 문제에 대한 합리적 답변은 공화국의 개념과 차수변경에 관한 보편타당한 기준이 제시되는 경우에만 가능할 것으로 보인다. 다만 학문적 엄밀성이나 타당성의 결여에도 불구하고 이해의 편의를 위하여 통상적으로 사용되는 공화국차수를 병기하기로 한다.

Ⅰ. 성립배경(1960. 6. 15. 공포: 제3차 헌법개정)

1960년 헌법이 탄생하게 된 배경에는 3 · 15 부정선거에 대한 국민의 저항인 **4.19 혁명**이 있고, 이로 인해 탄생한 제2공화국의 **내각제 개헌**이 개정의 핵심이다. 1956년 5월 15일에 실시된 제3대 정 · 부통령 선거에서 대통령으로 이승만(1875년생으로 당시 81세), 부통령으로 장면(민주당)이 당선되었는데 양자 사이에 불화가 발생하게 된다. 그리

8) 헌법개정금지조항에 대해서는 제1편 제1부 제3장 제2절 Ⅲ. 3. 참조.

고 1958년 5월 2일에 실시된 제4대 국회의원(임기: 1958. 5. 31. – 1960. 7. 28.) 선거에서 여당인 자유당이 원내다수를 차지했지만 야당인 민주당은 호헌선(79석 : 1/3 = 78석)을 확보한다. 이러한 의회구조에서 같은 해 11월 18일에는 이른바 "국가보안법 파동"("2 · 4 파동")의 계기가 되는 국가보안법 개정안(간첩개념 확대, 불고지죄 엄벌, 언론보도 규제 등)이 제출되었다. 이에 야당의 반대와 서명운동이 진행되고, 12월 24일 국회의장의 경호권 발동으로 수백 명의 무술경관이 국회 본회의장에 투입되어 개정안 가결을 반대하며 농성 중이던 야당의원을 퇴장시킨 채 자유당의원들만 모여 개정안을 의결하기에 이른다. 이후 국민의 반대시위가 점차 확산된다.

이런 와중에 1960년 3월 15일 실시된 제4대 대통령 선거에서 다시 이승만이 당선되지만 광범위한 불법 · 부정선거가 자행되어 국민의 저항을 맞게 된다. 그러던 가운데 항의시위 도중 경찰의 최루탄에 맞아 사망한 학생 김주열의 시신이 바다에서 발견되자 흥분한 국민의 시위가 전국적으로 확대되었다. 그 정점은 4월 18일 고려대생들이 국회의사당 앞 시위 후 귀가하던 중 동원된 폭력배들에 의하여 피습된 사건이었다. 이러한 사태의 심각성을 인식하고 4월 26일 이승만 대통령은 하야를 발표하였고, 27일 대통령 사임서를 국회에 제출하였으며 5월 2일 허정 외무장관을 대통령의 직무대행으로 하는 과도정부가 수립되었다. 그리고 이미 과도정부수립 이전인 4월 28일에 국회에 헌법개정기초위원회가 구성되었고, 6월 15일에는 헌법개정안이 의결되었다. 이 헌법개정안은 재적 218명 중 211명이 출석하여 208명의 압도적인 찬성으로 의결되었는데 '**최초의 여야합의에 의한 개헌**'으로 기록되고 있다.

> **[참조] 제4대 국회의원선거(1958년)**
>
> 제4대 국회의 총의석은 233석으로 의석분포는 다음과 같다: 자유당 126석(득표율 42.1%), 민주당 79석(34.2%), 무소속 27석(21.5%), 통일당 1석(0.6%).

Ⅱ. 주요내용

1960년 헌법은 전문과 12개 장[1 총강, 2 국민의 권리와 의무, 3 국회, 4 대통령, 5 정부, 6 중앙선거관리위원회, 7 법원, 8 헌법재판소, 9 경제, 10 재정, 11 지방자치, 12 헌법개정] 및 부칙으로 구분되고, 103개 조항으로 구성되었다. 중요한 내용으로는 우선 ① **기본권의 강화**를 위하여 언론 · 출판 · 집회 · 결사의 자유에 대한 사전허가와 검열을 금지하고(제13조), 기본권을 제한하는 경우에도 '기본권의 **본질적 내용의 침해를 금지하는' 조항**을 삽입했다(제28조 제2항)는 점이다. 그리고 ② 대통령제의 문제점을 인식하고 정부형태로는 **의원내각제**를 채택하고(제68조 이하), ③ **대법원장과 대법관을 '선거인단'에서 선출**(대법원장 및 대법관선거법 1961년 4월 26일 제정)하도록 하여 사법권의 민주적 정당성을 확보하려 했다(제78조). 또한 ④ **헌법재판소**를 신설(헌법재판소법 1961년 4월 17일 제정)하고(제8장 신설, 제83의3 이하), ⑤ 선거의 공정성을 확보하기 위하여 중앙선거관리위원회를 헌법기관화했다(제75조의2). 마지막으로 ⑥ 공무원의 정치적 중립을 명문화했으며(제27조 제2항), ⑦ 지방자치단체장의 직선제를 도입했다(제97조 제2항 신설).

Ⅲ. 1960년 헌법의 개정(1960. 11. 29. 공포: 제4차 헌법개정)

1. 배 경

4 · 19 혁명의 결과로 1960년 7월 28일 국회는 자진해서 해산하고, 7월 29일에 실시된 제5대 국회의원(임기: 1960. 7. 29. – 1961. 5. 16.)선거에서 민의원(233개 선거구: 소선구제)과 참의원(10개 선거구 58명: 서울특별시와 도 단위의 대선거구제)의 선거가 동시에 실시되어 민주당이 압승을 거두었다. 양원제는 이미 1952년 제1차 개헌에서 채택되었지만 제5대 국회가 구성될 때까지 8년 동안 구성되지 않았기 때문에 이 선거에 의하여 **최초로 양원제 국회가 구성되었다.** 양원합동회의에서 제4대 대통령(윤보선)이 선출되었고, 국무총리(장면)가 인준되었다. 그 후 10월 11일에 3 · 15부정선거 관련자 처벌을 요구하는 학생들이 의사당을 점거하고 시위를 벌이는 사태가 발생한다. 이에 10월 17일 3 · 15부정선거관련자 처벌 등을 위한 소급입법의 헌법적 근거를 마련하려는 목적으로 헌법개정(헌법부칙에 규정)이 제안되어 민의원과 참의원을 통과하게 된다.

[참조] 제5대 국회의원선거(1960년)

제5대 국회는 ① **민의원**의 경우에 총의석 233석으로 민주당 175석(득표율 41.7%), 무소속 49석(46.8%), 사회대중당 4석(6.0%), 자유당 2석(2.8%), 한국사회당 1석(0.6%), 통일당 1석(0.2%), 기타 1석(1.6%), ② **참의원**의 경우에 총의석 58석으로 민주당 31석(득표율 39.0%), 무소속 20석(49.3%), 자유당 4석(5.9%), 사회대중당 1석(2.5%), 한국사회당 1석(0.9%), 기타 1석(2.3%)의 의석분포를 보였다.

2. 내용과 문제점

3 · 15부정선거 관련자의 처벌, 반민주행위자의 공민권 제한, 부정축재자의 처벌을 위한 소급입법의 헌법적 근거를 마련하고, 이러한 사건들을 담당하기 위한 특별재판소와 특별검찰부를 둘 수 있도록 규정하였으나 '지나친 소급입법'이라는 비판이 제기되었다.

제 3 절 1962년 헌법: 제3공화국 헌법

Ⅰ. 성립배경(1962. 12. 26. 공포: 제5차 헌법개정)

여당인 민주당은 구파(윤보선 대통령)와 신파(장면 국무총리)로 분열되어 알력이 증대함으로써 정치적 지도력을 상실하게 되었다. 또한 시위대가 의사당에 난입하고 연일 시위가 계속되어 정치적 · 사회적 혼란이 가중되었다. 이런 상황에서 1961년 5월 16일 박정희(1917. 11. 14. – 1979. 10. 26.)를 중심으로 한 일부 군인들(육사 5기, 8기)이 **5·16 군사쿠데타**를 일으켜 "군사혁명위원회"를 조직하고, 전국에 비상계엄령을 선포하는 동시에 국회를 해산시키고 장면 정권을 총사퇴시킨다. 쿠데타를 감행할 만큼 군부의 세력이 확대된 배경에는 **한국전쟁으로 인한 국군의 수적 팽창**이 자리한다(전쟁 전에는 6500명에 불과했던 병력이 전쟁 후에는 70만 명으로 폭발적으로 증가했다).

5월 19일 "군사혁명위원회"는 "**국가재건최고회의**"(존속기간: 1961. 5. 19. – 1963. 12. 16., 2년 9개월의 군사정부)로 명칭을 변경하고, 그 법적 근거를 마련함과 동시에 최고통치기관의 지위를 부여받기 위하여 "**국가재건비상조치법**"(4장 24개조 – 국가재건최고회의가 3권 장악)이 제정·공포되었는데 제2공화국헌법은 이 비상조치법에 위배되지 않는 경우에만 효력이 발생하게 된다(제24조). 그리고 쿠데타를 주도한 박정희는 최고회의의장에 취임한다(윤보선 대통령은 1962년 3월 24일 하야).

새로운 헌법의 제정을 위하여 다음 해 7월 11일 **국가재건최고회의의 특별위원회로 헌법심의위원회**(최고회의의원 9명, 민간인, 학자 및 전문가 등 21명으로 구성)가 발족되었다. 그리고 9월 8일 비상조치법을 개정하여 제2공화국헌법이 아니라 **비상조치법에 따라 헌법개정**을 단행한다. 이것은 헌법에 규정된 절차에 따르지 않는 헌법개정으로서 '헌법파괴'[9]를 의미한다. 헌법심의위원회의 헌법안이 국가재건최고회의에서 의결·공고된 후 12월 17일에 국민투표로 확정되었다. 이로써 제3공화국헌법은 **우리 역사상 최초로 '국민투표'에 의해 확정**된 헌법이 되었다. 이 헌법은 12월 26일 공포되었지만 부칙 제1조 제1항과 제2조에 근거하여 **공포 후 거의 1년이 지난** 1963년 12월 17일부터 시행되었다. 이 헌법에 따라 헌법시행 이전인 1963년 10월 15일에 실시된 제5대 대통령선거에서 박정희가 당선되었고, 11월 26일 실시된 제6대 국회의원(임기: 1963. 12. 17. – 1967. 6. 30.) 선거에서 여당인 민주공화당이 다수의석을 차지하게 된다.

[참조] 제6대 국회의원선거(1963년)

제6대 국회: 총의석 175석(지역구/전국구 = 131/44석), 민주공화당 110/22석(득표율 33.5%), 민정당 27/14석(20.1%), 민주당 8/5석(13.6%), 자유민주당 6/3석(8.1%), 국민의당 2/0석(8.8.%).

Ⅱ. 주요내용

1962년 헌법은 전문과 5개 장[1 총강, 2 기본권, 3 통치구조{㉠ 국회, ㉡정부(대통령/국무회의/행정각부/감사원), ㉢ 법원, ㉣ 선거관리, ㉤ 지방자치}, 4 경제, 5 헌법개정], 121개 조항 및 9개 부칙으로 구성되었는데 주요내용은 다음과 같다. ① 헌법전문에 4·19정신과 5·16정신을 명문화하고, ② "인간으로서의 존엄과 가치"(제8조)를 최초로 명문화했다. ③ **정당국가적 성격이 강화**되어 대통령과 국회의원 입후보시 정당추천을 받

9) 제1편 제1부 제3장 제2절 I. 참조.

도록 하고(제36조 제3항), 국회의원의 당적이탈, 변경 또는 정당해산시 의원직을 상실하도록 했다(제38조). ④ 정부형태는 대통령제, 국회는 단원제로 환원하고, ⑤ 헌법재판소를 폐지하여 법원이 위헌법률심사권을 갖게 되었다(제102조 제1항). ⑥ 대법원장은 '법관추천회의'의 제청으로 국회의 동의를 얻어, 대법원판사는 '법관추천회의'의 동의를 얻어 대통령이 임명하고(제99조), ⑦ 헌법개정은 국회의 의결과 '국민투표'로 확정되도록(제121조 제1항) 규정했다.

Ⅲ. 1962년 헌법의 개정(1969. 10. 21. 공포: 제6차 헌법개정 – "3선허용 개헌")

1. 배 경

1964년 3월부터 한국과 일본의 외교정상화를 위한 한일회담을 굴욕적이라고 반대하는 데모가 시작되어 6월 3일 절정에 이르자 박정희는 서울시 전역에 비상계엄령을 선포하여 강제로 진압함으로써 이른바 "6 · 3 사태"가 발생한다. 그리고 다음 해 한일협정이 비준되고, 민주공화당의원들은 '한일협정비준동의안'을 상정하여 야당의원의 반대와 의원직사퇴서 제출이라는 저항에도 불구하고 결국 동의안은 가결되기에 이른다. 이에 반대하는 학생들의 데모가 확산되자 서울시의 요청에 따라 법적 근거도 없는 위수령이 발동된다(8월 26일). 한편 월남파병을 둘러싼 논쟁 끝에 '월남지원을 위한 국군부대증파에 관한 동의안'이 의결된다. 1965년 10월 27일 전투부대인 맹호부대 파병에 앞서 이미 1964년 7월 30일 '월남공화국 지원을 위한 국군부대의 해외파병 동의안'의 의결로 1964년 9월부터 비전투부대 파병이 시작되었다. 그 후 1973년 3월까지 8년 5개월 동안 5차에 걸쳐 약 32만 명이 파병되었다. 월남파병에 대해서는 군사원조와 경제지원을 미끼로 한 미국의 압력에 굴복하여 1만 2000여명의 젊은 피를 대가로 경제성장을 이룩했다는 평가를 받는다.

국민의 저항 속에서도 1967년 5월 3일[10]에 실시된 제6대 대통령선거에서 박정희 후보가 재선되고, 6월 8일 실시된 제7대 국회의원(임기: 1967. 7. 1. – 1971. 6. 30.) 선거에서 민주공화당은 3분의 2 이상의 의석수를 확보한다(총의석 175석 가운데 129석). 야당(신민당: 1967년 2월 7일 창당, 1980년 10월 27일 제5공화국헌법에 의하여 해체)이 부정선거 규탄대회를 열고 학생시위가 확대되어 30개 대학과 148개 고교에 대한 휴교조치가 행해진다. 이 와중에 1969년 8월 7일 3선금지규정을 완화(4선 금지)하는 헌법개정안이 제출되었다. 그리고 9월 14일 야당의원들이 본회의장에서 농성하는 동안 이른 새벽에 국회 별관에서 헌법개정안이 기습적으로 통과되었다. 이 헌법개정안은 10월 17일에 국민투표(헌정사상 두 번째 국민투표)로 확정되었다. 이 헌법에 따라 1971년 4월 27일에 실시된 제7대 대통령선거에서 박정희 후보는 가까스로 당선(3선)되었지만 야당후보 김대중의 급부상으

10) 1962년 헌법 부칙 제2조 제2문에 따라 이 헌법에 따라 최초로 선출된 대통령과 국회의원의 임기는 1967년 6월 30일로 종료되었다.

로 야당의 실질적 승리로 평가되기도 한다.[11]

[참조] 제7대 국회의원선거(1967년)
제7대 국회의 총의석은 175석(전국구 44석 포함)으로 민주공화당 129석(지역구/전국구 = 102/27, 득표율 50.6%), 신민당 45석(28/17, 32.7%), 대중당 1석(1/0, 2.3%)의 분포를 보였다.

[참조] 제3, 4공화국의 비상조치	
비상계엄령 (총 31개월)	① 1961. 5. 16.(5.16군사쿠데타), ② 1964. 6. 3.(6.3사태), ③ 1972. 10. 17.(10월유신), ④ 1979. 10. 18.(부마항쟁), ⑤ 1979. 10. 27.(박정희의 죽음과 1980년 5.18광주민주화운동)
위수령 (총 5개월)	① 1965. 8. 26.(한일협정반대), ② 1971. 10. 15.(교련교육반대), ③ 1979. 10. 20.(마산 · 창원사태)
긴급조치 (총 9회 69개월)	① 1974. 1. 8.(제1호, 헌법반대금지; 제2호, 비상군법회의설치), ② 1974. 1. 14.(제3호, 저소득층조세감면), ③ 1974. 4. 3.(제4호, 학원시위금지), ④ 1975. 4. 8.(제7호, 고려대학교 휴교령), ⑤ 1975. 5. 13.(제9호, 헌법논의중지)

2. 주요내용

제6차 개정의 뼈대는 대통령의 3선을 가능하게 하는 데 있다. 우선 ① "대통령의 계속 재임은 3기에 한한다"라고 규정하여 3선금지를 삭제했다(제69조 제3항). 그리고 ② 대통령에 대한 탄핵소추의 의결정족수를 가중하여 "50인 이상의 발의와 재적의원 3분의 2 이상의 찬성"으로 규정했다(제61조 제2항). 또한 ③ 국회의원 정수의 최대한을 "200인 이하"에서 "250인 이하"로 확대했다(제36조 제2항). 그 밖에도 ④ 국회의원의 국무위원 겸임이 가능하도록 개정했다(제39조).

3. 비 판

개헌의 주된 목적이 대통령의 3선을 허용하기 위한 것이었기 때문에 개인의 집권 연장을 위한 헌법개정이었다는 비판을 받을 수밖에 없다.

제 4 절 1972년 헌법: 제4공화국 헌법(유신헌법)

Ⅰ. 성립배경(1972. 12. 27. 공포: 제7차 헌법개정)

1971년에 실시된 대통령 선거에서 박정희는 힘겹게 3선의 고지에 오르지만 같은 해에 실시된 제8대 국회의원(임기: 1971. 7. 1. – 1972. 10. 17.) 선거에서 야당의 의석이 강화된다. 이런 상황에서 야당이 발의한 3건의 국무위원해임건의안 중 내무부장관해임건

11) 이 선거에서 박정희 후보는 634만 2000여 표(53.2% 득표율), 김대중 후보는 539만 9000여 표(45.3% 득표율)를 획득하여 단지 94만여 표의 차이를 보였다.

의안이 가결되기에 이른다("10 · 2 항명파동": 공화당의원 가운데 이탈표 발생). 위기를 의식한 박정희는 '대통령특별담화문'을 발표하면서 법적 근거도 없이 비상사태를 선포하고, 12월 27일에는 **'국가보위에관한특별조치법'**을 제정하였으며 이 법률에 따라 대통령에게 초헌법적인 '국가긴급권'이 부여되었다. 이러한 권한에 근거하여 1972년 10월 17일에는 '비상조치'를 선포하여 헌법의 일부 조항의 효력을 정지시킴으로써 국회가 해산되고, 정당 및 정치활동이 중지되었으며 국회의 기능은 **"비상국무회의"**가 수행하고, 비상국무회의의 기능은 당시 헌법의 국무회의가 수행하도록 하였다. 그리고 비상계엄이 선포되고 **"비상국무회의"에서 헌법개정안이 의결**되기에 이른다. 이 헌법개정안은 11월 21일 국민투표(헌정사상 세 번째 국민투표)에 부쳐져 유권자 91.9%의 투표와 유효투표수의 92.2%의 찬성이라는 믿기 어려운 놀라운 결과로 확정되어 12월 27일에 공포되었다. 이 헌법에 따라 헌법 시행 전인 같은 해 12월 23일 제8대 대통령 선거가 통일주체국민회의의 간선으로 실시되어 임기 6년의 대통령에 박정희가 다시 당선(4선)되었다.

[참조] 제8대 국회의원선거(1971년)

제8대 국회의 총의석은 204석(전국구 51석 포함)으로 민주공화당 113석(지역구/전국구 = 86/27, 득표율 48.8%), 신민당 89석(65/24, 득표율 44.4%), 국민당 1석(1/0, 득표율 4.0%), 민중당 1석(1/0, 득표율 1.4%)의 분포를 보였다.

Ⅱ. 주요내용

유신헌법은 전문과 12개 장[1 총강, 2 기본권, 3 통일주체국민회의, 4 대통령, 5 정부(국무총리와 국무위원/국무회의/행정각부/감사원), 6 국회, 7 법원, 8 헌법위원회, 9 선거관리, 10 지방자치, 11 경제, 12 헌법개정], 126개 조항으로 구성되었는데 주요내용은 다음과 같다. ① **대통령에게 막강한 권한**, 즉 긴급조치권(제53조), 국회해산권(제59조), 통일주체국민회의에서 선출되는 국회의원 정수 3분의 1에 대한 추천권(제40조),[12] 중요정책에 대한 국민투표부의권(제49조), 대법원장을 포함한 모든 법관의 임명권(제103조) 등을 부여했다. ② 대통령직선제를 폐지하고 **통일주체국민회의에서의 간선제**를 도입함(제45조)과 동시에 중임 및 연임제한을 완전히 철폐하고 임기는 6년(제47조)으로 연장했다. ③ 헌법위원회(제109조 이하)를 설치하여 위헌법률심사권, 위헌정당해산권, 탄핵심판권을 부여함으로써 법원의 지위가 약화되었다. ④ 거의 모든 기본권에 대한 법률유보조항을 두었을 뿐만 아니라 "본질적 내용침해금지"조항을 삭제하였다. ⑤ 무소속출마를 인정하여 정당국가화 경향은 약화되었다. ⑥ 부칙 제10조에서 지방의회구성은 조국통일 이후로 연기하였다. ⑦ 헌법개정은 대통령이 제안한 경우에는 국민투표로, 국회가 제안한 경우에는 국회의 의결을 거쳐 통일주체국민회의의 의결로 확정하도록 **절차를 이원화**하였다(제124조).

---

12) 이렇게 대통령이 추천한 국회의원 후보자 전체에 대한 찬반을 투표에 붙여 재적대의원 과반수 출석과 출석대의원 과반수 찬성으로 당선을 결정한다.

Ⅲ. 비 판

기본권에 대한 보장은 뒤로 한 채 헌법을 단순히 특정한 개인의 영구집권을 위한 기본문서로 전락시켰다는 비판을 받는다. 헌법재판소도 유신헌법의 헌법적 정당성에 대해 의문을 제기하면서(아래 [판례] 참조), 긴급조치 제1호, 제2호 및 제9호가 입법목적의 정당성이나 방법의 적절성을 갖추지 못하고, 참정권, 표현의 자유, 영장주의 및 신체의 자유 등을 침해한다고 판시하였다.[13)]

[판례] 유신헌법의 헌법적 정당성 여부

유신헌법도 그 시행 당시에는 헌법으로서 규범적 효력을 갖고 있었음을 부정할 수 없다. 그러나 유신헌법에는 권력분립의 원리에 어긋나고 기본권을 과도하게 제한하는 등 제헌헌법으로부터 현행헌법까지 일관하여 유지되고 있는 헌법의 핵심 가치인 '자유민주적 기본질서'를 훼손하는 일부 규정이 포함되어 있었고, 주권자인 국민은 이러한 규정들을 제8차 및 제9차 개헌을 통하여 모두 폐지하였다(2013. 3. 21. 2010헌바132).

제5절 1980년 헌법: 제5공화국 헌법

Ⅰ. 성립배경(1980. 10. 27. 공포: 제8차 헌법개정)

1. 유신정권의 몰락

1972년 12월 6일에 '통일주체국민회의법'이 공포·시행되고, 12월 23일 실시된 대통령 선거에서 박정희가 네 번째로 당선된다. 그리고 다음 해 2월 27일에 제9대 국회의원(임기: 1973. 3. 12. - 1979. 3. 11.) 선거가 실시되었는데 문제는 1선거구에 2인을 선출하는 중선거구를 채택하여 여당 1명은 반드시 당선될 가능성이 있었고(실제로 공화당은 73개 모든 지역구에서 당선), 국회의원 정수의 3분의 1(73석)을 대통령이 추천하여 통일주체국민회의에서 임기 3년으로 선출할 수 있도록 함으로써 사실상 '대통령임명제'나 다름없었다는 점이다. 이러한 노골적인 장기집권과 독재의 음모에 대항하여 국민의 저항이 시작되었다. 하지만 1974년 1월에 긴급조치 제1호가 발령되어 헌법개정에 대한 논의 자체가 국헌문란행위로 규정되어 금지됨으로써 국민의 저항을 강압적으로 제압하고자 하였다. 그러나 오히려 8월에 이르러 국민의 저항은 전국적으로 확대되었으며 11월에는 '민주회복국민회의'가 발족되기에 이른다.

마침내 1975년 2월 15일에는 **유신헌법의 찬반 및 대통령 신임에 대한 국민투표**(헌정사상 네 번째 국민투표: 투표 79.8%, 찬성 74.3%)가 실시되어 국민의 저항을 무마하고자 하는 시도가 있었다. 그럼에도 불구하고 계속된 국민의 저항에 대응하여 5월 13일 긴급

13) 헌재 2013.3.21. 2010헌바132.

조치 제9호가 발령됨으로써 "헌법을 부정, 반대, 왜곡, 비방하거나 개정 또는 폐지를 주장, 청원, 선동 또는 선전하는 행위 모두 금지"되기에 이른다. 하지만 재야(在野)인사들은 1976월 3월 1일에 명동성당에서 유신헌법 및 긴급조치의 폐지와 유신정권의 퇴진을 요구하는 '3 · 1민주구국선언문'을 발표한다. 그렇지만 1978년 7월 6일에 실시된 제9대 대통령선거에서 박정희가 또다시 당선(5선)된다. 한편 12월 12일에 실시된 제10대 국회의원(임기: 1979. 3. 12. - 1980. 10. 27.) 선거에서는 야당(신민당)이 득표율에서 앞서는 상황이 발생한다. 그리고 1979년 8월 11일에 신민당에서 농성중이던 YH무역 여공들을 경찰이 강제해산함으로써 폭발적인 국민적 저항의 계기가 된다. 또한 10월 4일에는 뉴욕타임즈와의 기자회견 발언내용이 문제되어 김영삼 의원의 제명이 의결되고, 이에 따라 신민당의원들이 전원 의원직사퇴서를 제출하게 된다. 결국 국민과 야당의 저항이 확대됨에 따라, 특히 김영삼의 정치적 기반인 부산지역의 시위가 확대되자 10월 18일에 비상계엄령이 선포되고, 시위는 마산과 창원지역으로 번져 이 지역에 위수령이 발동된다(부마항쟁). 이 와중에 당시 중앙정보부장이었던 김재규에 의해 10월 26일 박정희가 시해됨으로써 마침내 18년 동안 절대권력으로 통치해오던 박정희 정권은 몰락하게 된다.

[참조] 제9대(1973년) 및 제10대(1978년) 국회의원선거

① 제9대 국회의 총의석은 219석으로, 민주공화당 73석(득표율 38.7%), 신민당 52석(32.6%), 무소속 19석(18.6%), 민주통일당 2석(10.1%), 유신정우회 73석(33.3%)의 분포를 보였다. 한편 ② 제10대 국회의 총의석은 231석으로, 민주공화당 68석(득표율 31.7%), 신민당 61석(32.8%), 무소속 22석(28.1%), 민주통일당 3석(7.4%), 유신정우회 77석(33.3%)의 분포를 보였고, 득표율에서는 야당인 신민당이 여당인 민주공화당보다 앞섰다.

2. 제5공화국의 탄생

대통령이 궐위된 상태는 1979년 12월 6일 제10대 대통령에 최규하가 통일주체국민회의에서 간선됨으로써 일단 마무리된다. 이어서 긴급조치 제9호가 해제되어 국민의 민주화에 대한 열망이 폭발하기에 이른다. 한편 12월 12일에는 이른바 "12 · 12 사태"[14]가 발생하여 전두환이 지휘하는 합동수사본부가 정승화 계엄사령관을 강제연행하는 과정에서 무력충돌이 발생함으로써 또다시 군부가 정치에 개입하게 된다. 1980년 5월 17일에 비상계엄이 전국으로 확대되는 조치가 있었고, 5월 18일에는 광주민주화운동을 군부가 무력으로 진압하는 사태가 발생한다. 그리고 "국가보위비상대책위원회"가 발족되고, 대통령은 사임한다. 이에 따라 8월 27일 제11대 대통령으로 전두환이 통일주체국민회의에서 간선된다. 곧이어 정부 주도로 헌법개정안이 확정되기에 이른다. 이 개정안은 국무회의의 심의 및 의결을 거쳐 공고되고, 10월 22일 국민투표(헌정사상 다섯 번째 국민투표: 투표 95.5%, 찬성 92.9%)에 부쳐져 확정된다. 개정헌법은 10월 27일 공포 및 발효되었

14) 12 · 12 사태와 관련하여 헌법재판소는 "범죄행위"로 규정한 바 있다. 헌재 1995. 1. 20. 94헌마246 참조.

고, 부칙의 규정에 따라 통일주체국민회의가 해산되고, 국회의원의 임기도 종료되며, 정당은 해산되었다. 이에 따라 대통령이 임명한 81명의 의원으로 구성되는 "**국가보위입법회의**"가 설치되어 입법기능을 담당하게 된다. 1981년 1월에 비상계엄이 해제되고, 2월 25일에 제12대 대통령선거가 실시되어 전두환이 선거인단(2월 11일 선거인단 선거)에 의하여 간선된다. 한편 3월 25일에는 제11대 국회의원(임기: 1981. 4. 11. - 1985. 4. 10.) 선거가 실시되었다.

[참조] 제11대 국회의원선거(1981년)

제11대 국회의 총의석은 276석(전국구 92석 포함)으로, 민주정의당 151석(지역구/전국구 = 90/61, 득표율 35.6%), 민주한국당 82석(58/24, 21.6%), 한국국민당 25석(18/7, 13.3%), 무소속 10석(10/0, 10.7%), 민권당 2석(2/0, 6.7%), 신정사회당 2석(2/0, 4.2%), 민주사회당 2석(2/0, 3.2.%), 민주농민당 1석(1/0, 1.4%), 안민당 1석(1/0, 0.9%)의 분포를 보였다.

[판례] 국가보위입법회의에서 제정된 법률의 위헌 여부

1980. 10. 27. 공포된 구 헌법 부칙 제6조 제1항은 국가보위입법회의에 입법권을 부여하는 합헌적 근거규정을 마련하였고, 동 제3항은 국가보위입법회의가 제정한 법률에 대하여 지속효를 가지며 제소나 이의할 수 없도록 하여 구 헌법하에서 그 제정절차를 다툴 수 없는 유효한 법률임을 명백히 하였으며, 한편 1987. 10. 29. 공포된 현행 헌법 부칙 제5조는 현행 헌법 시행 당시의 법령은 현행 헌법에 위반되지 아니하는 한 효력을 지속한다고 하여 법령의 지속효에 관한 규정을 두고 있는바, 국가보위입법회의에서 제정된 법률의 내용이 현행 헌법에 저촉된다고 하여 다투는 것은 별론으로 하되 현행 헌법하에서도 제정절차에 위헌적 하자가 있음을 다툴 수는 없다(1994. 4. 28. 91헌바15등; 1997. 1. 16. 92헌바6등; 1997. 1. 16. 89헌마240).

Ⅱ. 주요내용

전문과 10개 장[1 총강, 2 기본권, 3 정부(대통령/행정부), 4 국회, 5 법원, 6 헌법위원회, 7 선거관리, 8 지방자치, 9 경제, 10 헌법개정], 131개 조항 및 부칙 10개 조항으로 구성되었고, 부칙 제1조에 따라 1980년 10월 27일부터 발효했으며 주요 내용은 다음과 같다. ① 대통령 **7년 단임제**(제39조 제1항), 대통령선거인단에 의한 **간선제**(통일주체국민회의 폐지: 제45조)가 채택되고, 임기연장이나 중임변경을 위한 헌법개정은 그 헌법개정제안 당시의 대통령에게는 적용되지 않는다는 규정이 삽입되었다(제129조 제2항). 그리고 ② 대통령의 긴급조치권이 폐지되고 **비상조치권**으로 바뀌어 그 발동이 제한되었으며 대통령의 **국회해산권**(제57조)도 유지되었으나 일정한 제한(내용적 요건과 절차적 요건 추가, 국회구성후 1년 내 국회해산불가능 및 같은 사유로 2차해산불가능)을 두었다. 또한 ③ 국회의 국정조사권이 도입되었고(제97조), ④ 일반법관의 임명권을 대법원장에게 부여했다(제105조 제3항). 그 밖에도 ⑤ 행복추구권(제9조), 구속적부심사제 부활(제11조 제5항), 연좌제금지(제12조 제3항), 자백의 증거능력제한(제11조 제6항), 사생활의 비밀과 자유(제16조), 형사피고인의 무죄추정(제26조 제4항), 환경권(제33조), 혼인과 가족제도의 보호에 관한 규정(제

34조)이 추가되었다. 마지막으로 ⑥ '본질내용침해금지'규정이 부활되었다(제35조 제2항).

제 6 절 1987년 헌법: 제6공화국 헌법(현행 헌법)

Ⅰ. 성립배경(1987. 10. 29. 공포: 제9차 헌법개정)

1983년부터 대통령직선제 개헌논의가 시작되었고, 마침내 1984년 5월 18일에 재야 인사들이 모여 '민주화추진협의회'(민추협)를 결성했다. 1985년 1월에는 신한민주당(신민당) 창당대회가 열렸고, 2월에는 야당지도자인 김대중이 미국에서 귀국한다. 그리고 2월 12일에 실시된 제12대 국회의원(임기: 1985. 4. 11. - 1988. 5. 29.) 선거에서 대통령직선제를 요구하는 야당이 급부상함으로써 직선제 개헌논의가 전국적으로 확산되었다. 1986년 7월 30일 여야 만장일치로 '헌법개정특별위원회'가 발족되었고, 여당(민주정의당)은 의원내각제, 야당(신한민주당)은 대통령직선제로 대립하게 된다. 1987년 봄에 대통령이 이른바 "4 · 13 호헌조치"를 통해 개헌은 올림픽 이후로 연기한다고 발표했지만 이 조치를 장기집권의 음모라고 비난하면서 철회를 요구하는 학생과 시민의 가두시위가 벌어져 6월 10일에 절정에 달한다(6 · 10항쟁). 그리고 '민주헌법쟁취국민운동본부'가 "박종철군 고문살인 은폐조작 규탄 및 호헌철폐대회"를 22개 도시에서 개최하고, 마침내 6월 29일 당시 민정당 대표위원 겸 대통령후보였던 노태우는 대통령직선제를 수용하는 이른바 "6 · 29 민주화선언"을 발표하기에 이른다. 결국 대통령직선제를 골자로 하는 헌법개정안이 발의되어(9월 21일 공고, 10월 12일 의결), 10월 27일 국민투표(헌정사상 여섯 번째 국민투표: 투표율 78.2%, 찬성율 94.5%)를 거쳐 10월 29일에 공포되었다(시행은 1988년 2월 25일부터).

[참조] 제12대 국회의원선거(1985년)

제12대 국회의 의석수는 총 276석(전국구 92석 포함)으로, 민주정의당 148석(지역구/전국구 = 87/61, 득표율 = 35.2%), 신한민주당 67석(50/17, 29.3%), 민주한국당 35석(26/9, 19.7%), 한국국민당 20석(15/5, 9.2%), 무소속 4석(4/0, 3.2%), 신정사회당 1석(1/0, 1.4%), 신민주당 1석(1/0, 0.6%)의 분포를 나타냈다.

Ⅱ. 전 개

1987년 12월 16일에 실시된 제13대 대통령 선거(16년 만에 이루어진 직선제선거)에서 야당후보인 이른바 "3김"의 분열로 여당후보인 노태우가 당선되었다(취임: 1988. 2. 25.). 하지만 1988년 4월 26일에 실시된 제13대 국회의원(임기: 1988. 5. 30. - 1992. 5. 29.) 선거에서는 여소야대의 국회[15]가 구성되었다. 한편 같은 해 9월 1일에는 역사적인 헌법재판소 시대의 막이 오른다. 11월에는 '5공비리 청문회'가 열려 전두환이 백담사에 사실상

15) 민정당은 전체의석의 42%인 125석에 그치고, 평민당 김대중, 민주당 김영삼, 공화당 김종필의 3김 정치가 부활하게 된다.

연금되고, 또한 '언론통폐합 청문회'와 '5 · 18 광주민주화운동 진상조사 청문회'도 열렸다. 1989년 3월 25일 문익환 목사가 김일성과 회담하고, 6월 27일에는 서경원 의원이 방북사건으로 구속되자 검찰은 그가 소속된 평민당의 총재였던 김대중을 불고지죄로 입건하기에 이르렀으며, 임수경이 전국대학생대표자협의회(전대협) 대표로 평양 세계청년학생축전에 참가한다. 이로써 정국은 급속하게 보수로 선회하고 공안정국이 초래되기에 이른다. 이런 상황에서 1990년 5월에는 민정당(노태우), 민주당(김영삼), 공화당(김종필)이 합당하여(전체의석의 72%인 216석 차지) 민주자유당(민자당)을 창당함으로써 국민이 구성해준 여소야대의 국회는 인위적으로 여대야소로 바뀌게 된다. 그렇지만 1991년 9월에는 민주당이 창당되어 야당통합이 이루어지고, 1992년 3월 24일에 실시된 제14대 국회의원(임기: 1992. 5. 30. - 1996. 5. 29.) 선거에서 여당은 과반수 의석도 확보하지 못하게 된다. 그럼에도 불구하고 12월 18일에 실시된 제14대 대통령 선거에서 여당후보인 김영삼이 당선됨으로써 이른바 "문민정부"가 탄생한다. 한편 1995년 6월에는 지방자치단체장과 지방의회의원 선거가 실시되어 '풀뿌리 민주주의'가 부활되었다. 그리고 1996년 4월 11일에는 제15대 국회의원(임기: 1996. 5. 30. - 2000. 5. 29.) 선거가 실시되어 다시 여소야대의 국회가 구성되었다.

1997년 12월 17일에 실시된 제15대 대통령 선거에서 내각제개헌을 매개로 김종필의 지지를 얻어낸 김대중 후보가 당선(최초 여야 정권교체)됨으로써 이른바 "국민의 정부" 시대가 열렸다. 하지만 2000년 4월 13일에 실시된 제16대 국회의원(임기: 2000. 5. 30. - 2004. 5. 29.) 선거에서는 야당인 한나라당이 제1당이 되었다. 한편 2002년 12월 17일에 제16대 대통령 선거가 실시되어 여론조사에서 계속적으로 열세에 놓였던 노무현 후보가 당선됨으로써 이른바 "참여정부"라고 하는 현행 헌법에 따른 네 번째 정부가 탄생하게 된다. 그러나 대통령이 국회로부터 탄핵소추의결을 받게 되고, 2004년 4월 15일에 실시된 제17대 국회의원(임기: 2004. 5. 30. - 2008. 5. 29.) 선거에서 여당은 다수당이 된다. 다양한 헌법적 논란의 중심이 되어 탄핵의 위기까지 이르렀던 노무현 대통령이 마침내 물러나고, 2007년 12월 19일에 실시된 제17대 대통령 선거에서 여러 가지 의혹사건으로 특별검사의 수사대상까지 내몰렸던 이명박 후보가 당선되었다. 그리고 2008년 4월 9일에 실시된 제18대 국회의원(임기: 2008. 5. 30. - 2012. 5. 29.) 선거에서는 여당인 한나라당이 과반수 의석까지 차지하게 되었다. 2009년에는 유례없이 두 명의 전직 대통령이 사망하고, 2010년에 실시된 동시지방선거에서 야당은 압승을 거두게 된다.

2012년 4월 11일 실시된 제19대 국회의원(임기: 2012. 5. 30. - 2016. 5. 29.) 선거에서는 여당인 새누리당이 과반수 의석을 유지하였다. 같은 해 12월 19일에 실시된 제18대 대통령 선거에서 근소한 차이로 박근혜 후보가 당선되었다. 2016년 4월 13일에 실시된 제20대 국회의원(임기: 2016. 5. 30. - 2020. 5. 29.) 선거는 야당인 더불어민주당이 과반수의 의석을 차지하는 결과로 나타났다. 그리고 2016년 겨울 광장으로 쏟아져 나와 대통령의 탄핵을 요구하는 국민의 목소리가 국회의 탄핵소추로 이어지고, 마침내 2017년 3월 10일 헌법재판소는 박근혜 대통령을 파면하는 결정을 선고하게 된다. 대통령의 궐위로 2017년 5월 9일 실시된 대통령선거에서는 문재인 후보가 압도적인 득표로 당선되었다. 2020년에 실시된 제21대 국회의원(임기: 2020. 5. 30. – 2024. 5. 29.) 선거에서 여당이 압도적인 승리를 거두었다. 2022년 3월에 실시된 제20대 대통령 선거에서 검찰총장 출신으로 정치경험이 전혀 없는 윤석열 후보가 0.7%의 득표율 차이로 당선되었다. 부인과 측근의 국정농단으로 위기에 빠진 대통령은 절차적, 실체적 요건을 준수하지 않은 채 비상계엄을 선포하여 독립적 헌법기관인 국회와 중앙선거관리위원회에 계엄군을 출동시켰다가 2025년 4월 4일 헌법재판소의 탄핵결정으로 파면된다. 중간선거의 성격으로 2024년 4월 10일에 실시된 제22대 국회의원선거에서 야당의 압도적인 우위가 유지됨으로써 국회의 탄핵소추, 특별검사임명법 발의가 반복되자 대통령은 법률안거부권으로 맞섰으며 종국에는 비상계엄을 선포하여 파국을 맞이한다. 대통령의 파면으로 2025년 6월 4일에 실시된 조기대선에서 인권변호사 출신으로 사법적 방식으로 정치적 탄압을 받던 이재명 후보가 압도적인 득표율 차이로 당선되었다.

국회 의석분포(13–18대)

합계(지역구/전국구)

제13대(1988) 299(224/75)	제14대(1992) 299(237/62)	제15대(1996) 299(253/46)	제16대(2000) 273(227/46)	제17대(2004) 299(243/56)	제18대(2008) 299(245/54)	제19대(2012) 300(246/54)	제20대(2016) 300(253/47)	제21대(2020) 300(253/47)	제22대(2024) 300(254/46)
민주정의당 25(87/38)	민주자유당 149(116/33)	신한국당 139(107/32)	한나라당 133(112/21)	열린우리당 152(129/23)	한나라당 153(131/22)	새누리당 152(127/22)	새누리당 122(105/17)	더불어민주당 163(163/0)	더불어민주당 161(161/0)
평화민주당 70(54/16)	민주당 97(75/22)	국민회의 79(66/13)	새천년민주당 115(96/19)	한나라당 121(100/21)	통합민주당 81(66/15)	민주통합당 127(106/21)	더불어민주당 123(110/13)	미래통합당 84(84/0)	국민의힘 90(90/0)
통일민주당 59(46/13)	통일국민당 31(24/7)	민주당 15(9/6)	자유민주연합 17(12/5)	민주노동당 10(2/8)	자유선진당 18(14/4)	통합진보당 13(7/6)	국민의당 38(25/13)	미래한국당 19(0/19)	국민의미래 18(0/18)
신민주공화당 35(27/8)	무소속 21(21/0)	자유민주연합 50(41/9)	민국당 2(1/1)	새천년민주당 9(5/4)	친박연대 14(6/8)	자유선진당 5(3/2)	정의당 6(2/4)	더불어시민당 17(0/17)	더불어민주연합 14(0/14)
한겨레민주당 1(1/0)	신정당 1(1/0)	무소속 16	한국신당 1	자유민주연합 4(4/0)	민주노동당 5(2/3)	무소속 3(3/0)	무소속 11(11/0)	정의당 6(1/5)	조국혁신당 12(0/12)
무소속 9			무소속 5	국민통합21 1(1/0)	창조한국당 3(1/2)			국민의당 3(0/3)	개혁신당 3(1/2)
				무소속 2	무소속 25			열린민주당 3(0/3)	새로운미래 1(1/0)
								무소속 5(5/0)	진보당 1(1/0)

Ⅲ. 내 용

1. 구 성

현행 헌법은 ① 전문, ② 10개 장 130개 조항으로 구성된 본문, ③ 6개 조항으로 구성된 부칙으로 이루어져 있다. 본문은 제1장 총강, 제2장 국민의 권리와 의무, 제3장 국회, 제4장 정부, 제5장 법원, 제6장 헌법재판소, 제7장 선거관리, 제8장 지방자치, 제9장 경제, 제10장 헌법개정으로 구성되어 있다. 현행헌법은 헌법 '부칙 제1조'의 규정에 따라 1988년 2월 25일부터 시행되었다. 다만, 이 헌법을 시행하기 위하여 필요한 법률의 제정 · 개정과 이 헌법에 의한 대통령 및 국회의원의 선거 기타 이 헌법시행에 관한 준비는 이 헌법시행 전에 할 수 있도록 규정하였다. 그리고 부칙 제3조에 따라 헌법공포일로부터 6월 이내에 국회의원선거가 실시되고, 최초 집회일로부터 새 국회의원의 임기가 시작하며 전 국회의원의 임기는 그 전날로 종료한다.

2. 주요내용

현행 헌법의 주요내용으로는 ① 대통령 직선제(제67조)와 5년 단임제(제70조), ② 대통령의 국회해산권과 비상조치권의 폐지, ③ 국정감사권의 부활(제61조), ④ 해임건의권 도입(제63조), ⑤ 대법관제의 부활(대법관은 대법원장의 제청으로 국회의 동의를 얻어 대통령이 임명하고 일반법관은 대법관회의의 동의를 얻어 대법원장이 임명)(제104조), ⑥ 헌법재판소의 도입(제111조 이하), ⑦ 국군의 정치적 중립(제5조 제2항) 등을 들 수 있다.

◈ 헌법개정 주요사항 ◈

	제헌헌법 1948년 제1공화국	제1차 개정 1952년	제2차 개정 1954년	제3차 개정 1960년 제2공화국	제4차 개정 1960년
정부형태	· 대통령제: 간선제, 4년 · 부통령 간선 · 국무총리 (국회승인) · 국무원 (의결기관) · 의원의 국무위원 겸직	· 대통령제: 직선제, 4년 · 부통령직선 · 국무총리의 국무위원제청권	· 대통령제: 3선 개헌 · 부통령의 대통령직 승계 명시 · 국무총리제 폐지	· 의원내각제: 형식적 대통령 간선, 5년	
국회	· 단원제	· 양원제 · 국무원불신임권	· 개별불신임		
법원	· 대법원장→국회동의/대통령 임명		· 군법회의의 헌법적 근거	· 대법관선거제	
헌법재판	· 헌법위원회 · 탄핵재판소			· 헌법재판소	
기본권	· 개별적 법률유보+일반적 법률유보			· 개별적 법률유보조항 삭제 · 본질내용침해금지조항 신설	
헌법개정	· 국회의결		· 헌법개정한계 명시		
국민투표			· 주권제약/영토변경개헌 국민투표 · 헌법개정 국민발안제		
기타	· 지방자치제도		· 자유시장경제질서	· 중앙선거관리위원회 · 공무원의 정치적 중립 · 지방자치단체장직선제	· 부정선거관련자/반민주행위자/부정축재자 소급처벌의 헌법적 근거

	제5차 개정 1962년 제3공화국	제6차 개정 1969년	제7차 개정 1972년 제4공화국	제8차 개정 1980년 제5공화국	제9차 개정 1987년 제6공화국
정부형태	· 대통령제: 직선제, 4년 · 부통령제 폐지 · 국무총리제 · 국무회의 (심의기관)	· 대통령제: 3선 개헌	· 대통령제: 간선제(통일주체국민회의), 6년, 중임제한 철폐 · 긴급조치권 · 국회해산권	· 대통령제: 간선제(선거인단), 7년 단임제 · 긴급조치권 폐지	· 대통령제: 직선제, 5년 단임제 · 비상조치권/국회해산권 폐지
국회	· 단원제 · 해임건의권		· 단원제 · 해임의결권 · 국정감사권폐지	· 단원제 · 해임의결권 · 국정조사권	· 단원제 · 해임건의권 · 국정감사권
법원	· 법관추천회의 · 일반법관→ 대법원장임명		· 일반법관→ 대통령임명	· 일반법관→ 대법원장임명	· 대법관→국회동의 · 군사법원
헌법재판	· 헌법재판소 폐지→법원		· 헌법위원회	· 헌법위원회	· 헌법재판소
기본권	· 인간의 존엄과 가치 명시		· 본질내용침해금지조항삭제	· 인권불가침 · 행복추구권 · 구속적부심 · 무죄추정 · 연좌제금지 · 사생활 · 환경권 · 혼인가족제	· 적법절차 · 형사피해자 재판절차진술권 및 국가구조청구권
헌법개정	· 국회의결 + 국민투표		· 이원화: 국민투표 또는 국회의결/통일주체국민회의	· 국회의결 + 국민 투표	· 국회의결 + 국민투표
국민투표	· 헌법개정		· 대통령제안헌법개정 + 중요정책국민투표	· 헌법개정 + 중요정책 국민투표(국가안위에 관한 중요정책)	· 헌법개정 + 중요정책 국민투표(국가안위에 관한 중요정책)
기타	· 정당국가화 경향 강화		· 지방의회선거 조국통일 이후로 연기	· 사회적 시장경제질서 · 임기연장/중임변경 헌법개정 효력제한 · 정당에 대한 국고보조금	· 국군의 정치적 중립

◈ 한국의 헌법개정과 대통령 및 국회의원 선거의 역사 ◈

	대통령 선거	국회의원선거
1948		第1대 국회의원(5. 10.: 제헌국회): 임기 2년(200명)
1948	**제헌헌법 제정**(7. 12.: 의결, 7. 17.: 공포)	
1948	제1대: 이승만(간선, 임기 4년), 8. 15.: 대한민국정부수립	
1950		제2대 국회의원(5. 30.: 210명-여소야대): 임기 4년
1952	**제1차 헌법개정**(7. 4.: "발췌개헌", 대통령직선제 및 양원제 개헌)	
1952	제2대: 이승만(8. 5.: 직선, 임기 4년, 부통령: 함태영)	
1954		제3대 국회의원(5. 20.: 203명-자유당 과반수: 114석)
1954	**제2차 헌법개정**(사사오입개헌: 초대대통령에 한해 중임제한철폐 개헌)	
1956	제3대: 이승만(5. 15.: 직선, 임기 4년, 부통령: 장면)	
1958		제4대 국회의원(5. 2.: 233명-자유당 과반수: 126석)
1960	이승만 당선(3. 15.: 직선, 임기 4년)	
1960	4.19 혁명	
1960	**제3차 헌법개정**(6. 15.: 제2공화국 헌법: 의원내각제)	제4대 국회는 헌법개정안 의결 후 해산
1960		제5대 국회의원(7. 29.: 양원제 - 민의원 233명(임기 4년), 참의원 58명(임기 6년))
1960	제4대: 윤보선(8. 12.: 양원합동회의 간선, 8. 19: 장면 국무총리 인준)	
1960	**제4차 헌법개정**(3.15부정선거 관련자 및 반민주행위자에 대한 소급처벌)	
1961	5.16 쿠데타	"국가재건최고회의"(군정기간: 1961. 5. 19. - 1963. 12. 16.)
1962	**제5차 헌법개정**(12. 17. 국가재건최고회의 의결 및 국민투표: 제3공화국 헌법-시행은 1년뒤)	
1963	제5대: 박정희(10. 15.: 직선, 임기 4년)	제6대 국회의원(11. 26.: 175명-지역구 131, 전국구 44) - 최초로 전국구 등장
1967	제6대: 박정희(5. 3.: 직선, 임기 4년)	제7대 국회의원(6. 8.: 지역구 131, 전국구 44 - 공화당 129)
1969	**제6차 헌법개정**(10. 17.: 3선개헌)	
1971	제7대: 박정희(4. 27.: 직선, 임기 4년)	제8대 국회의원(5. 25.: 지역구 153, 전국구 51)
1972	**제7차 헌법개정: 유신헌법, 제4공화국 헌법**(대통령의 중임·연임 철폐 및 권한강화, 통일주체국민회의 간선)	
1972	제8대: 박정희(12. 23.: 간선, 임기 6년)	제8대 국회해산과 "비상국무회의"가 국회기능 대신
1973		제9대 국회의원(2. 27.: 지역구 146 - 임기 6년 3. 7.: 유정회 73 - 임기 3년, 간선) - 지역구: 1구 2인 선출(중선거구제) - 유정회: 대통령 추천, 통일주체국민회의 선출
1976		유정회(2. 16.)
1978	제9대: 박정희(7. 6.: 간선, 임기 6년)	제10대 국회의원(12. 12.: 지역구 154), 유정회(12. 21.: 77명) - 공화당(31.7%, 68석), 신민당(32.8%, 61석)
1979	박정희 피격(10. 26.)	
1979	제10대: 최규하(12. 6.: 통일주체국민회의 간선, 임기 6년)	
1980	제11대: 전두환(8. 27.: 통일주체국민회의 간선, 임기 6년)	
1980	**제8차 헌법개정: 제5공화국 헌법**(대통령 간선제 및 7년 단임)	
1981	제12대: 전두환(2. 25.: 선거인단 간선, 임기 7년 단임)	"국가보위입법회의"(1980. 10. 27. - 1981. 4. 10.: 81명 의원) 제11대 국회의원(3. 25.: 지역구 184, 전국구 92) - 지역구: 1구 2인 선출, 전국구: 비례대표제

1985		제12대 국회의원(2. 12.: 지역구 184, 전국구 75) – 지역구: 1구 2인 선출, 전국구: 비례대표제
1987	**제9차 헌법개정: 제6공화국헌법**(6.10 항쟁과 6.29선언: 대통령 직선제 및 5년 단임)	
1987	제13대: 노태우(12. 26.: 직선, 임기 5년 단임)	
1988	제13대 대통령 취임(2. 25.)	제13대 국회의원(4. 26.: 지역구 224, 전국구 75) – 여소야대 – 지역구: 소선거구제, 전국구: 비례대표제
1992	제14대: 김영삼(12. 18.: 직선, 임기 5년 단임)	제14대 국회의원(3. 24.: 지역구 237, 전국구 62) – 지역구: 소선거구제, 전국구: 비례대표제
1993	제14대 대통령 취임(2. 25.)	
1996		제15대 국회의원(4. 11.: 지역구 253, 전국구 46) – 지역구: 소선거구제, 전국구: 비례대표제
1997	제15대: 김대중(12. 17.: 직선, 임기 5년 단임)	
1998	제15대 대통령 취임(2. 25.)	
2000		제16대 국회의원(4. 13.: 지역구 227, 전국구 46) – 지역구: 소선구제, 전국구: 비례대표제
2002	제16대: 노무현(12. 19.: 직선, 임기 5년 단임)	
2003	제16대 대통령 취임(2. 25.)	
2004		제17대 국회의원(4. 15.: 지역구 243, 전국구 56) – 지역구: 소선구제, 전국구: 비례대표제(1인 2표)
2007	제17대: 이명박(12. 19.: 직선, 임기 5년 단임)	
2008	제17대 대통령 취임(2. 25.)	제18대 국회의원(4. 9.: 지역구 245, 전국구 54) – 지역구: 소선구제, 전국구: 비례대표제(1인 2표)
2012	제18대: 박근혜(12. 19.: 직선, 임기 5년 단임)	제19대 국회의원(4. 11.: 지역구 246, 전국구 54) – 지역구: 소선구제, 전국구: 비례대표제(1인 2표)
2013	제18대 대통령 취임(2. 25.)	
2016		제20대 국회의원(4. 13.: 지역구 253, 전국구 47) – 지역구: 소선구제, 전국구: 비례대표제(1인 2표)
2017	제19대: 문재인(5. 9.: 직선, 임기 5년 단임) 제19대 대통령 취임(5. 10.)	
2020		제21대 국회의원(4. 15.: 지역구 253, 전국구 47) – 지역구: 소선거구제, 전국구: 비례대표제(1인 2표) – 선거연령: 18세로 인하 – 선거제도: 연동형 비례대표제 도입
2022	제20대: 윤석열(3. 9.: 직선, 임기 5년 단임) 제20대 대통령 취임(5. 10.)	
2024		제22대 국회의원(4. 10.: 지역구 254, 전국구 46) – 지역구: 소선거구제, 전국구: 비례대표제 – 연동형(1인 2표)
2025	제21대: 이재명(6. 4.: 직선, 임기 5년 단임) 제21대 대통령 취임(6. 5.)	

제 2 장 헌법전문과 국가형태

제 1 절 헌법전문

Ⅰ. 개 념

헌법전문이란 헌법전(憲法典)에서 위치상으로 볼 때 본문(本文) 앞에 위치하는 문장, 즉 헌법전의 서문(序文)에 해당하는 글을 말한다. 물론 이러한 헌법전문이 헌법전에 반드시 포함되어야 하는 헌법전의 필수적 구성요소인 것은 아니다. 그러나 헌법전문이 헌법전에 포함되었을 때 그것은 헌법전의 일부를 구성하면서 대체로 헌법의 유래, 국가의 목적과 이념, 헌법제정주체, 헌법제정의 목적 등을 내용으로 담는다.

Ⅱ. 법적 성격

헌법전문의 법적 성격에 대해서는 이를 부정하는 견해와 긍정하는 견해로 구분된다.

1. 부 정 설

헌법전문의 법적 성격을 부정하는 견해는 법실증주의의 입장에서 주장되는데 이 입장에 따르면 헌법전문은 아무런 구속력 없이 선언적인 의미만을 갖는다.

2. 긍 정 설

반면에 결단주의의 입장은 헌법전문이 헌법제정권력자가 누구인지를 밝히고 있다는 이유로, 그리고 통합이론의 입장은 헌법전문이 통합과정의 질서로서 헌법의 목표와 방향을 설정해 주며 헌법해석의 기준과 지침이 되어준다는 이유로 헌법전문의 법적 성격을 긍정한다.[1)]

3. 소 결

헌법의 체계상 위치를 가지고 헌법규정의 규범력을 부인할 수는 없다. 비록 헌법전문이 헌법본문 앞에 위치한다고 할지라도 헌법전의 일부를 구성하고 있기 때문에 규범력을 갖는 헌법규범으로 이해되어야 한다. 따라서 헌법전문은 최고규범으로서 해석의 기준과 지침이 되며 헌법본문과 동일하게 헌법재판에서 인용될 수 있다.[2)] 실제로 우리

1) 계희열(상), 199면; 권영성, 127면; 김철수, 135면; 허영, 144면.

2) 헌재 2006. 3. 30. 2003헌마806.

헌법재판소도 여러 차례의 결정을 통해서 평등원칙[3]이나 평화주의[4] 또는 평화통일이념,[5] 그리고 심지어 조세의 기능[6]을 정당화하는 근거로서 헌법전문을 인용하고 있다. 다만 헌법전문에 표현된 연혁적 · 이념적 기초로부터 곧바로 그에 상응하는 기본권이 도출되는 것은 아니라고 본다.[7]

[판례] 헌법전문의 법적 성격

[1] 헌법 전문은 헌법의 이념 내지 가치를 제시하고 있는 헌법규범의 일부로서 헌법으로서의 규범적 효력을 나타내기 때문에 구체적으로는 헌법소송에서의 재판규범인 동시에 헌법이나 법률해석에서의 해석기준이 되고, 입법형성권 행사의 한계와 정책결정의 방향을 제시하며, 나아가 모든 국가기관과 국민이 존중하고 지켜가야 하는 최고의 가치규범이다(2006. 3. 30. 2003헌마806).

[2] '헌법전문에 기재된 3.1정신'은 우리나라 헌법의 연혁적 · 이념적 기초로서 헌법이나 법률해석에서의 해석기준으로 작용한다고 할 수 있지만, 그에 기하여 곧바로 국민의 개별적 기본권성을 도출해 낼 수는 없다(2001. 3. 21. 99헌마139등).

[3] 이러한 조세의 유도적 · 형성적 기능은 우리 헌법상 '국민생활의 균등한 향상'을 기하도록 한 헌법전문 … 에 의하여 그 헌법적 정당성이 뒷받침되고 있다(1994. 7. 29. 92헌바49등).

[4] 헌법이 그 전문에서 '자유민주적 기본질서를 더욱 확고히 하여'라는 표현을 하고 … 있는 것은, 바로 조세의 합법률성의 원칙(**조세법률주의**)을 천명한 것으로서 … 그리고 … 헌법 전문의 '각인의 기회를 균등히 하고', '안으로는 국민생활의 균등한 향상을 기하고 …'라는 평등 규정에서 평등취급의 원칙, 불평등취급금지의 원칙을 그 내용으로 하는 조세의 합형평성의 원칙(**조세형평주의**)을 표명하고 있는 것이다(1990. 9. 3. 89헌가95).

[5] **탈법방법에 의한 문서 · 도화의 배부 · 게시 등을 금지**하고 있는 공직선거법의 조항은 탈법적인 선거운동행위를 규제하여 선거의 공정성을 확보하는 데에 그 입법목적이 있다는 점에서 "모든 사회적 폐습과 불의를 타파"한다는 헌법 전문의 내용에도 부합하는 법 조항이다(2001. 8. 30. 99헌바92).

Ⅲ. 한국헌법의 전문

1. 헌법규정

대한민국의 헌법전문은 다음과 같다. "유구한 역사와 전통에 빛나는 우리 대한국민은 3 · 1운동으로 건립된 대한민국임시정부의 법통과 불의에 항거한 4 · 19민주이념을 계승하고, 조국의 민주개혁과 평화적 통일의 사명에 입각하여 정의 · 인도와 동포애로써 민족의 단결을 공고히 하고, 모든 사회적 폐습과 불의를 타파하며, 자율과 조화를 바탕으로 자유민주적 기본질서를 더욱 확고히 하여 정치 · 경제 · 사회 · 문화의 모든 영역에

3) 헌재 1990. 9. 3. 89헌가95; 1992. 3. 13. 92헌마37등.
4) 헌재 1991. 7. 22. 89헌가106.
5) 헌재 2000. 7. 20. 98헌바63.
6) 헌재 1994. 7. 29. 92헌바49등.
7) 헌재 2001. 3. 21. 99헌마139등.

있어서 각인의 기회를 균등히 하고, 능력을 최고도로 발휘하게 하며, 자유와 권리에 따르는 책임과 의무를 완수하게 하여, 안으로는 국민생활의 균등한 향상을 기하고 밖으로는 항구적인 세계평화와 인류공영에 이바지함으로써 우리들과 우리들의 자손의 안전과 자유와 행복을 영원히 확보할 것을 다짐하면서 1948년 7월 12일에 제정되고 8차에 걸쳐 개정된 헌법을 이제 국회의 의결을 거쳐 국민투표에 의하여 개정한다." 이와 같은 헌법전문은 다음과 같은 내용을 담고 있는 것으로 이해할 수 있다.

2. 내 용

(1) 헌법의 제정 및 개정의 주체

헌법전문은 **헌법의 제정 및 개정의 주체** 또는 헌법제정 · 개정권력자가 누구인지 말해준다. "유구한 역사와 전통에 빛나는 우리 **대한국민**은 … 헌법을 … 국민투표에 의하여 개정한다"는 헌법전문에 따르면 대한민국의 헌법제정 및 개정의 주체는 대한민국 국민이다.

(2) 헌법의 유래와 역사

헌법전문은 **헌법의 유래와 역사**를 밝히고 있다. "유구한 역사와 전통에 빛나는 우리 대한국민은 3 · 1운동으로 건립된 대한민국임시정부의 법통과 불의에 항거한 4 · 19 민주이념을 계승하고, … 1948년 7월 12일에 제정되고 8차에 걸쳐 개정된 헌법을 … 개정한다"라는 문구에서, 한국헌법이 임시정부의 법통(= 법적 정통성)과 4 · 19민주이념을 계승하고 여러 차례의 개정을 거쳐 현행 헌법으로 성립된 역사적 과정을 확인할 수 있다. 한국헌법이 대한민국임시정부의 법통을 계승한다는 이른바 **'임정법통론'은 현행 헌법에 최초로 규정**되었다. 대한민국임시정부의 법통을 계승한다는 것은 대한민국임시정부가 군주제나 심지어 입헌군주제를 반대하고 국가의 기본이념으로 삼았던 민주공화국의 이념을 현행 헌법이 계승한다는 뜻으로 이해될 수 있다. 민주주의와 저항권을 강조하기 위하여 헌법개정을 통해 5 · 18광주민주화운동과 6 · 10항쟁의 정신을 헌법에 명시해야 한다는 주장이 꾸준히 제기되고 있다.

[판례] 헌법전문의 임정법통론과 독립유공자예우의 의무

헌법은 전문에서 "3 · 1운동으로 건립된 대한민국임시정부의 법통을 계승"한다고 선언하고 있다. 이는 대한민국이 일제에 항거한 독립운동가의 공헌과 희생을 바탕으로 이룩된 것임을 선언한 것이고, 그렇다면 국가는 일제로부터 조국의 자주독립을 위하여 공헌한 **독립유공자와 그 유족에 대하여는 응분의 예우를 하여야 할 헌법적 의무**를 지닌다고 보아야 할 것이다. 다만 그러한 의무는 국가가 독립유공자의 인정절차를 합리적으로 마련하고 독립유공자에 대한 기본적 예우를 해주어야 한다는 것을 뜻할 뿐이며, 당사자가 주장하는 특정인을 반드시 독립유공자로 인정하여야 하는 것을 뜻할 수는 없다(2005. 6. 30. 2004헌마859).

[판례] 헌법전문의 임정법통론과 국적에 관한 특별법 제정의 의무

헌법 전문의 '대한민국임시정부 법통의 계승' 또는 제2조 제2항의 '재외국민 보호의무' 규정이 중국동포와 같이 특수한 국적상황에 처해 있는 자들의 이중국적 해소 또는 국적선택을 위한 특별법 제정의무를 명시적으로 위임한 것이라고 볼 수 없고, 뿐만 아니라 동 규정 및 그 밖의 헌법규정으로부터 그와 같은 해석을 도출해 낼 수도 없다(2006. 3. 30. 2003헌마806).

[참조] 대한민국임시정부의 역사

1919년 3월 1일: 3 · 1독립운동 → 4월 10일: 임시의정원 구성 → 4월 11일: 임시헌장(전문과 10개 조항: 민주공화제 및 임시정부와 임시의정원, 기본권과 기본의무 등) 공포 → 4월 13일: 대한민국임시정부수립 선포 → 4월 23일: 한성정부수립 선포 → 9월 11일: 상하이(上海) 대한민국 임시정부로 통합(대통령: 이승만) 및 임시헌법(전문과 58개 조항) 공포 → 1932년 4월 29일: 윤봉길 의거 → 임시정부 이동: 1932년 항저우(杭州) → 1935년 전장(鎭江) → 1937년 창사(長沙) → 1938년 광둥(廣東) → 1938년 류저우(柳州) → 1939년 치장(綦江) → 1940년 충칭(重慶) → 1940년 임시의정원에서 김구 주석 선출 및 광복군총사령부 설치 → 1941년 건국강령(삼균제도: 정치 · 경제 · 교육의 균등) 반포 → 1945년 8월 15일: 해방 → 1945년 11월 23일: 김구 등 임정요인 입국(국사편찬위원회, 『한민족독립운동사 7(대한민국임시정부)』, 1990 참조)

[참조] 임시정부의 지도체제

1919. 9. – 1925. 3.	대통령제(임시헌법: 제1차 개헌)
1925. 3. – 1927. 2.	국무령제(내각책임제: 제2차 개헌)
1927. 2. – 1940. 9.	국무위원제(집단지도체제: 제3차 개헌)
1940. 9. – 1944. 4.	주석제(제4차 개헌)
1944. 4. – 1945. 8.	주석제 및 부주석제(제5차 개헌)

(3) 헌법의 이념과 원리

헌법전문은 **헌법의 이념과 원리**를 표현한다. 우선 "4 · 19민주이념", "조국의 민주개혁", "자율과 조화를 바탕으로 자유민주적 기본질서를 더욱 확고히 하여" 등의 문구에서 한국헌법이 **민주주의**를 국가의 기본원리로 채택하고 있음을 알 수 있다. 또한 "자율과 조화를 바탕으로 자유민주적 기본질서를 더욱 확고히 하여 정치 · 경제 · 사회 · 문화의 모든 영역에 있어서 각인의 기회를 균등히 하고, 능력을 최고도로 발휘하게 하며, 자유와 권리에 따르는 책임과 의무를 완수하게 하여"라는 문구는 한국헌법이 국민의 기본권보장을 본질적 목적으로 하는 **법치주의**를 국가의 기본원리로 채택하고 있음을 보여준다. 그리고 "정치 · 경제 · 사회 · 문화의 모든 영역에 있어서 각인의 기회를 균등히 하고, 능력을 최고도로 발휘하게 하며, 자유와 권리에 따르는 책임과 의무를 완수하게 하여, 안으로는 국민생활의 균등한 향상을 기하고"라는 문구에서는 한국헌법이 국민의 사실적 자유를 보장하는 **사회복지주의**(= 사회국가원리)를 국가의 기본원리로 채택하고 있음을 확인할 수 있다. 그리고 "밖으로는 항구적인 세계평화와 인류공영에 이바지함으로써"라는 문구에서 한국헌법이 **국제평화주의**를 국가의 기본원리로 채택하고 있음도 확인할 수 있다. 마지막으로 "평화적 통일의 사명에 입각하여 정의 · 인도와 동포애로써 민족의 단결을 공고히 하고"라는 문구는 한국헌법이 **평화통일**의 이념을 지향하고 있음을 분명히 밝혀준다.

[판례] 헌법전문의 평화통일이념

평화적 통일을 위하여서는 북한과 적대관계를 지속하면서 접촉 · 대화를 무조건 피하는 것으로 일관할 수는 없고, 자유민주적 기본질서에 입각하여 상호접촉하고 대화하면서 협력과 교류의 길로 나아가는 것이 평화적 통일을 위한 초석이 되는 것이며, 순수한 동포애의 발휘로서 서로 도와주고 일정한 범위 내에서 경제적, 기술적 지원과 협조를 도모하여 단일민족으로서의 공감대를 형성하는 것이야말로 헌법 전문의 평화적 통일의 사명에 입각하여 민족의 단결을 공고히 하는 방편으로서 헌법정신에 합치되는 것이다(1990. 4. 2. 89헌가113; 2000. 7. 20. 98헌바63).

(4) 헌법제정의 목적

헌법전문은 **헌법제정의 목적**도 알 수 있게 해준다. 즉 "우리들과 우리들의 자손의 안전과 자유와 행복을 영원히 확보할 것을 다짐하면서"라는 문구를 통해서 헌법제정의 궁극적 목적이 현재와 미래에 대한민국을 삶의 터전으로 하는 구성원들의 이익을 위한 것이라는 점을 보여준다. 여기서 다음 세대, 특히 아직 태어나지 않은 세대에 대한 고려, 그리고 자유와 행복과 함께 안전에 대한 강조는 기후위기와 전지구적 감염병 확산, 대규모 참사로 고통을 받고 있는 한국 현실에 주는 의미가 크다고 볼 수 있다.

제 2 절 국가형태

Ⅰ. 헌법규정

헌법은 제1조 제1항에서 "대한민국은 민주공화국이다"라고 선언함으로써 시작한다. 이 규정은 대한민국의 '국호'와 '국가형태'에 관한 내용을 담고 있는 것으로 이해된다.

1. 국호로서 대한민국

헌법 제1조 제1항에 따르면 우리나라의 국호, 즉 국가명칭은 대한민국이다.

2. 국가형태로서 민주공화국

헌법 제1조 제1항은 대한민국의 **국가형태**가 민주공화국이기 때문에 전체주의적 독재국가 또는 전제주의적 군주국가가 아니라는 점을 밝히고 있다.

Ⅱ. 국체(國體)와 정체(政體)

1. 국체와 정체에 관한 논의

여기서 문제는 민주공화국이라는 개념에 대하여 ① 국가형태에 관한 논의의 수준을 국체와 정체로 나누어 민주정은 정체를, 공화국은 국체를 가르치는 것으로 구별해서 보는 견해, ② 국체와 정체의 구분은 인정하되 제1조 제1항은 민주정이든 공화정이든 모두 다 정체를 의미하고 국민주권을 규정한 제1조 제2항이 국체를 의미한다는 견해, ③ 이러한 국체와 정체의 구분을 처음부터 부인하는 견해의 대립이 있다는 점이다. 국체와 정체를 구분하는 견해에 따르면 국체는 주권의 소재, 즉 주권자가 누구인지를 묻는 것이고, 정체는 주권의 행사방법, 즉 주권이 어떻게 행사되는지를 묻는 것으로 이해된다. 그리고 국가형태를 주권의 소재에 따라 군주국과 공화국으로 구분하고, 통치권의 행사방법에 따라 민주정체와 독재정체, 제한정체와 전제정체, 직접정체와 간접정체로 구분한다.

2. 비판과 대안

민주주의가 보편화된 현대사회에서 주권의 소재 또는 주체가 국민이라는 점에 대해서 의심의 여지가 있을 수 없다. 물론 영국이나 일본처럼 국민에게 주권이 있음에도 불구하고 군주국이라 불리는 나라가 없는 것은 아니다. 그러나 중요한 것은 실제로 주권의 담당자가 누구인지 하는 점이다. 이런 의미에서 민주주의와 국민주권이 보편화된 현대사회에서 주권의 소재를 묻는 국체에 대한 질문은 무의미하다. 결국 주권이 민주적으로 어떻게 행사되어야 하는지가 중요하다는 뜻이다. 또한 정체와 관련해서도 형식적으로 민주국가임을 선언하지 않는 나라는 없다. 아무리 독재국가라고 하더라도 스스로를 독재국가로 부르지는 않는 것이다. 결국 정체와 관련해서도 중요한 것은 민주정이 실제로 그렇게 실현되고 있는지가 된다. 따라서 국체든 정체든 실제로 국가권력이 민주적으로 행사되고 있는지가 중요하다. 결론적으로 국민주권이 보편적 가치로 자리잡은 현재 국체와 정체를 구분하는 논쟁 자체는 무의미하다고 볼 수 있다.

Ⅲ. 민주공화국의 의미

대한민국의 국가형태를 민주공화국으로 규정하고 있는 헌법 제1조 제1항은 국체와 정체의 구분과는 상관없이 이해되어야 한다. 국가형태로서 민주공화국은 보편적 헌법원리인 헌법주의 안에서 이해될 수 있다. 이에 따르면 국가형태로서 민주공화국은 국가목적과 밀접한 관련을 맺는다. 헌법주의에 기초한 국가목적은 국민의 인권을 기본권에 의하여 제도화하여 보장하고 실현하는 것이다. 따라서 민주공화국으로서 대한민국은 소극적으로는 국민의 기본권을 침해하는 군주국가나 독재국가가 되는 것을 부인하고, 적극적으로는 국민의 기본권을 실현하는 국가의 형태를 선언하는 의미로 이해된다. 같은 맥락에서 비록 의례적인 의미를 갖는 군주라고 하더라도 현행 헌법상 군주제의 채택은 위헌이며, 민주공화국이라는 국가형태는 헌법개정의 한계로서 이를 위협하거나 변경하는 것은 헌법적으로 금지된다. 다만 공화국의 의미를 공화주의라는 정치철학적 관점에서 해석할 것인지, 아니면 자유주의적 정치철학의 관점에서도 해석될 수 있는지는 더 많은 논쟁이 필요할 것으로 판단된다.

제3장 한국헌법의 적용범위
- 국민과 영역 -

제1절 한국헌법의 인적 적용범위: 국민

대한민국의 헌법은 원칙적으로 대한민국의 국민에게만 효력을 미친다. 헌법의 효력은 원칙적으로 해당 국가의 국민에게만 발생하기 때문이다. 다시 말해 '국민'은 헌법의 효력이 미치는 인적 범위를 한정하게 된다. 이로써 국민은 헌법의 인적 적용범위를 이해함에 있어서 중요한 개념이 된다.

Ⅰ. 국민의 개념

1. 국적을 가진 자연인 전체

국민은 외국인과 대칭되는 개념으로 일정한 국가에 소속되어 있는 개개의 자연인 전체를 말한다. 특정한 자연인이 일정한 국가에 소속되는지 여부는 국적에 따라 결정된다. 따라서 국민은 일정한 국가의 **국적을 소유하고 있는 개개의 자연인 전체**를 뜻한다. 일정한 국가에 소속되는지 여부를 결정하는 국적은 법적 개념이다. 다시 말해 국적을 소유하는지 여부는 법적으로 정해진 요건을 충족하는지 여부에 따라 순전히 법적인 의미에서 결정된다. 따라서 국적은 혈연을 기초로 한 '민족'이라든지 피부색을 기초로 한 '인종'과 같은 개념과 구별된다. 아무튼 국민은 자연인만을 포함하기 때문에 국민의 개념에서 법인이나 단체는 원칙적으로 제외된다. 물론 이것이 법인이나 단체에 대해서 헌법의 효력이 발생하지 않는다는 뜻은 아니다. 단지 헌법의 효력이 미치는 '국민'의 개념에 법인이나 단체가 포함되지 않는다는 의미일 뿐이다.

2. 국적법정주의

자연인으로서 누가 대한민국이라는 국가에 소속되는지, 또는 대한민국의 국적을 갖는지에 대해서 헌법은 대한민국의 국민이 되는 요건을 법률로 정하도록 하여(제2조 제1항) 법률에 위임하고 있다(**국적법정주의**). 이 헌법조항에 따라 대한민국의 국민이 되는 요건, 즉 대한민국의 국적을 가질 수 있는 요건을 상세하게 규정하고 있는 법률로서 **국적법**이 제정되어 있다.

[판례] 헌법사항으로서의 국적

헌법의 위임에 따라 국적법이 제정되나 그 내용은 국가의 구성요소인 국민의 범위를 구체화, 현실화하는 헌법사항을 규율하고 있는 것이다(2000. 8. 31. 97헌가12).

Ⅱ. 국 적

1. 개 념

국민은 국적에 따라 결정되는 법적 개념이므로 국적이란 **국민이 되는 법적 자격**을 말한다. 국적이라는 법적 자격을 획득하여 국민이 되면 일정한 법적 권리·의무가 발생한다. 국적법정주의에 따라 법적 자격인 국적은 법률이 정한 일정한 요건을 충족할 때 '취득' 또는 '상실'되고, 상실된 국적은 법률에서 정한 일정한 요건에 따라 '회복' 또는 '재취득'된다.

[판례] 국적선택권

[1] 개인의 국적선택에 대하여는 나라마다 그들의 국내법에서 많은 제약을 두고 있는 것이 현실이므로, 국적은 아직도 자유롭게 선택할 수 있는 권리에는 이르지 못하였다(2000. 8. 31. 97헌가12).

[2] "이중국적자의 국적선택권"이라는 개념은 별론으로 하더라도, 일반적으로 외국인인 개인이 특정한 국가의 국적을 선택할 권리가 자연권으로서 또는 우리 헌법상 당연히 인정된다고는 할 수 없다(2006. 3. 30. 2003헌마806).

2. 국적의 취득

(1) 선천적 취득과 후천적 취득

국적이라는 법적 자격을 취득하는 방식은 국적취득의 요건에 따라 ① 선천적 취득과 ② 후천적 취득으로 구분된다.

1) 선천적 취득 선천적 취득이란 **'출생'이라는 사실**이 국적취득의 요건이 되는 경우를 말한다. 즉 출생과 더불어 국적을 취득하는 경우를 말한다. 선천적 취득에는 속인주의(屬人主義)와 속지주의(屬地主義)의 두 가지 취득방식이 있다. 우선 **속인주의**는 출생 당시의 '부모의 국적'에 따라 국적을 취득하는 방식으로 혈통에 따라 국적을 부여하기 때문에 '혈통주의'라고도 부른다. 다음으로 **속지주의**는 부모의 국적과 상관없이 '출생한 지역'에 따라 국적을 취득하는 방식으로 출생지에 따라 국적이 부여되기 때문에 '출생지주의'라고도 부른다.

2) 후천적 취득 후천적 취득이란 **'출생 외의 사실'**이 국적취득의 요건이 되는 경우를 말한다. 예를 들어 출생 외의 사실인 인지(認知), 귀화(歸化), 입양, 혼인 등을 이유로 국적을 취득하는 경우를 말한다.

(2) 국적법의 선천적 취득방법

현행 국적법은 국적에 관하여 선천적 취득과 후천적 취득의 방법을 모두 규정하고 있다. 우선 선천적 취득과 관련된 국적법의 태도는 **속인주의를 원칙으로 하면서 속지주의를 예외적으로 인정**하는 것으로 요약할 수 있다.

1) **속인주의의 원칙**　출생과 더불어 국적을 취득하는 선천적 취득과 관련하여 국적법은 속인주의원칙을 채택하고 있다. 이에 따라 출생한 당시에 부모 가운데 한 사람이 대한민국 국민인 자는 출생과 동시에 대한민국 국적을 취득한다(동법 제2조 제1항 제1호). 이것은 국적법이 **부모양계혈통주의**를 채택하여 부모 가운데 적어도 한 사람만 대한민국 국적을 가지고 있으면 그 자녀가 대한민국 국적을 취득하게 됨을 의미한다. 헌법재판소에 따르면 오로지 부(父)의 국적에 의해서만 대한민국 국적을 취득할 수 있는 **부계혈통주의**는 평등원칙에 위배되어 헌법에 합치하지 않는다고 한다(아래 [판례] 참조).

[판례] 국적법의 부계혈통주의

① 부계혈통주의 원칙을 채택한 구법조항은 출생한 당시의 자녀의 국적을 부의 국적에만 맞추고 모의 국적은 단지 보충적인 의미만을 부여하는 차별을 하여 모가 한국인인 자녀와 그 모에게 불리한 영향을 끼치므로 헌법 제11조 제1항의 **남녀평등원칙에 어긋난다**. 전체 가족의 국적을 가부(家父)에만 연결시키고 있는 구법조항은 헌법 제36조 제1항이 규정한 "**가족생활에 있어서의 양성의 평등원칙**"에 위배된다. 구법조항은 **자녀의 입장에서** 볼 때에도 한국인 모의 자녀를 한국인 부의 자녀에 비교하여 현저하게 차별취급을 하고 있으므로 **헌법상의 평등원칙에 위배된다**. ② 신법 시행 전 10년 동안에 태어난 자에 대한 경과규정은 구법조항의 위헌적인 차별로 인하여 불이익을 받은 자를 구제하는데 신법 시행 당시의 연령이 10세가 되는지 여부는 헌법상 적정한 기준이 아닌 또 다른 차별취급이므로, 평등원칙에 위배된다(2000. 8. 31. 97헌가12).

한편 출생하기 전에 부가 사망한 경우에는 그 사망 당시에 부가 대한민국 국민이었던 자는 출생과 동시에 대한민국 국적을 취득한다(동법 제2조 제1항 제2호). 이것도 속인주의에 해당하는 것으로 출생하기도 전에 부 또는 모가 사망하는 경우(동시에 부모의 다른 한쪽이 외국인인 경우)를 상정한 것이다. 문제는 출생 전에 부가 사망한 경우(유복자)로 한정되어 있다는 점이다. 하지만 출생 전에 모가 사망하는 경우도 극히 예외적이기는 하지만 발생할 수 있다. 따라서 부모양계혈통주의의 원칙을 견지한다면 출생 전에 이미 모가 사망하였고 그 사망 당시에 모가 대한민국 국민이었던 자에게도 대한민국 국적을 부여할 필요가 있다.

2) **예외적 속지주의**　국적법은 선천적 취득과 관련하여 예외적으로나마 속지주의가 적용되는 경우를 인정하고 있다. 우선 ① 출생자의 부모가 모두 분명하지 않은 상태로 대한민국에서 출생한 자, 그리고 출생자의 부모가 누구인지는 분명하지만 ② 출생자의 부모가 모두 국적이 없는 상태로 대한민국에서 출생한 자는 대한민국 국적을 취득한다(동법 동조 동항 제3호). 또한 ③ 대한민국에서 버려진 채 발견된 기아(棄兒)는 대한민국에서 출생한 것으로 추정하고(동법 동조 제2항), 그 부모가 모두 분명하지 않은 상태이므로 대한민국 국적을 취득한다.

(3) 국적법의 후천적 취득방법

출생 외의 사실을 요건으로 하여 국적을 취득하는 **후천적 취득**과 관련하여 국적법은 ① 인지에 의한 취득, ② 귀화에 의한 취득, ③ 수반취득, ④ 국적회복에 의한 취득, ⑤ 국적재취득의 방법에 대해서 규정하고 있다.

1) 인지에 의한 국적취득　국적법에 따르면 대한민국 국민이 아닌 자, 즉 외국인이 ① 대한민국의 민법에 의하여 미성년자이고, ② 출생한 당시에 부 또는 모가 대한민국 국민이었으며, ③ 대한민국 국민인 부 또는 모에 의하여 인지된 경우에는 **법무부장관에게 신고**함으로써 대한민국 국적을 취득할 수 있다(동법 제3조 제1항). 이러한 인지에 의한 국적취득은 미성년자에게만 해당하기 때문에 성년자가 인지에 의해 국적을 취득하려면 아래에서 설명하게 되는 '특별귀화'의 방법에 의해야 한다.

2) 귀화에 의한 국적취득　귀화에 의한 국적취득과 관련하여 국적법은 '대한민국 국적을 취득한 사실이 없는' 외국인의 귀화허가 신청을 받아 **법무부장관이 심사**하고 법률이 정한 요건을 갖춘 경우에만 **허가**하도록 규정하고 있다(동법 제4조). 귀화허가를 받은 사람은 국민선서를 하고 귀화증서를 수여받은 때부터 국적을 취득한다(동조 제3항). 인지에 의한 국적취득은 '신고'만으로 가능하지만 귀화에 의한 국적취득은 '허가'가 필요하다는 점에서 차이가 있다. 귀화에 의한 국적취득은 귀화요건에 따라 ① 일반귀화, ② 간이귀화, ③ 특별귀화로 구분된다.

A. 일반귀화　일반귀화는 가장 일반적인 귀화의 방법으로 이 경우에 외국인이 귀화허가를 받기 위해서는 ① 5년 이상 계속하여 대한민국에 주소가 있고, ② 영주권을 가지고 있어야 하며, ③ 대한민국의 민법에 의하여 성년이며, ④ 품행이 단정하고, ⑤ 자신의 자산이나 기능에 의하거나 생계를 같이 하는 가족에 의존하여 생계를 유지할 능력이 있고, ⑥ 국어능력 및 대한민국의 풍습에 대한 이해 등 대한민국 국민으로서의 기본 소양을 갖추고 있으면서 아래에서 설명하게 될 간이귀화나 특별귀화의 요건에 해당하지 않아야 한다(동법 제5조). 외국인의 일반귀화요건과 관련하여 "품행이 단정할 것"이라는 요건은 명확성원칙에 위배되지 않는다는 것이 헌법재판소의 입장이다.[1] 일반귀화의 경우에는 반드시 영주의 체류자격을 먼저 취득해야한다는 점이 특징이다(영주권 전치주의).

B. 간이귀화　간이귀화는 일반귀화보다 완화된 요건으로 귀화허가를 받는 방법이다. 우선 ① 간이귀화는 대한민국에 3년 이상 계속하여 주소가 있는 외국인에게만 인정된다. 그리고 ② 부 또는 모가 대한민국 국민이었거나, ③ 대한민국에서 출생한 자로서 부 또는 모가 대한민국에서 출생하였거나, ④ 대한민국 국민의 양자로서 입양 당시 대한민국의 민법에 의하여 성년이었던 사람은 일반귀화의 요건을 갖추지 않아도, 특히 영주권이 없어도 귀화허가를 받을 수 있다(동법 제6조 제1항). 이때 입양에 의한 간이귀화는 성년

1) 헌재 2016. 7. 28. 2014헌바321.

자에게만 해당하기 때문에 미성년자가 입양되는 경우에는 아래에서 설명하는 특별귀화의 방법에 의해야 한다.

한편 대한민국의 국민과 혼인한 외국인도 일정한 요건에서 간이귀화가 가능하다. 우선 대한민국 국민과 혼인한 외국인이 ① 그 배우자와 혼인한 상태로 대한민국에 2년 이상 계속하여 주소가 있거나, ② 그 배우자와 혼인한 후 3년이 지나고 혼인한 상태로 대한민국에 1년 이상 계속하여 주소가 있으면 영주권이 없어도 귀화허가를 받을 수 있다(동법 동조 제2항 제1호 및 제2호). 또한 ③ 앞의 혼인 · 거주기간을 채우지 못했지만 그 배우자와 혼인한 상태로 대한민국에 주소를 두고 있던 중에 그 배우자의 사망이나 실종 그 밖에 자신의 귀책사유 없이 정상적인 혼인생활을 할 수 없었던 자의 경우에도 앞의 혼인 · 거주기간의 잔여기간을 채우면 법무부장관이 상당하다고 인정하는 사람은 영주권이 없이도 귀화허가를 받을 수 있다(동법 동조 동항 제3호). 그리고 ④ 앞의 혼인 · 거주기간의 요건을 충족하지 못했지만 그 배우자와의 혼인에 의하여 출생한 미성년의 자를 양육하고 있거나 양육해야 할 자의 경우에도 앞의 혼인 · 거주기간을 채우면 법무부장관이 상당하다고 인정하는 사람은 영주권이 없이도 귀화허가를 받을 수 있다(동법 동조 동항 제4호). 여기서 혼인은 법률의 취지에 비추어 볼 때 법률혼에 국한되고 사실혼은 포함되지 않는다.

C. 특별귀화 특별귀화는 일반귀화에서 요구되는 5년 이상의 거주나 영주권 취득, 대한민국 민법상 성년 또는 생계능력에 관한 요건이 충족되지 않아도 귀화허가를 받을 수 있는 절차를 말한다. 우선 ① 대한민국에 주소가 있는 외국인은 부 또는 모가 대한민국 국민인 사람은 귀화허가를 받을 수 있다(동법 제7조 제1항 제1호). 이 경우에 양자로서 대한민국의 민법상 성년이 된 후에 입양된 자는 간이귀화절차에 따라야 하므로 특별귀화대상에서 제외된다. 또한 대한민국에 주소가 있는 외국인은 ② 대한민국에 특별한 공로가 있는 경우(동법 동조 동항 제2호)와 ③ 과학 · 경제 · 문화 · 체육 등 특정 분야에서 매우 우수한 능력을 보유한 사람으로서 대한민국의 국익에 기여할 것으로 인정되는 경우(동법 동조 동항 제3호)에도 귀화허가를 받을 수 있다. 이러한 특별귀화는 일반귀화나 간이귀화에 의해서는 귀화할 수 없는 성년자가 인지된 경우나 미성년자가 입양된 경우에 적용된다.

3) 수반취득 수반취득도 후천적 국적취득의 방법인데 국적법은 외국인의 자녀가 대한민국의 민법에 의하여 미성년인 경우에는 그 부 또는 모가 귀화허가를 신청할 때 함께 국적취득을 신청하여 국적을 취득할 수 있도록 규정하고 있다(동법 제8조 제1항).

4) 국적회복에 의한 국적취득 국적회복에 의한 국적취득도 후천적 국적취득 방법의 하나로 대한민국 국민이었던 외국인이 법무부장관의 **국적회복허가**를 받아 대한민국 국적을 취득할 수 있는 방법을 말한다(동법 제9조 제1항). 과거에 대한민국 국적을 가졌던 외국인에게 귀화가 아닌 국적회복의 방법으로 국적취득을 가능하게 함으로써 최초로 국적을 취득하는 외국인보다 간편하게 국적을 취득하도록 한 것은 합리적인 이유가 있는

차별대우이므로 평등원칙에 위반되지 않는다. 하지만 법무부장관은 국적회복허가를 신청한 사람에 대하여 심사한 후에 ① 국가 또는 사회에 위해를 끼친 사실이 있거나, ② 품행이 단정하지 못하거나, ③ 병역을 기피할 목적으로 대한민국 국적을 상실하였거나 이탈하였거나, ④ 국가안전보장, 질서유지 또는 공공복리를 위하여 법무부장관이 국적회복을 허가함이 부적당하다고 인정하는 경우에는 국적회복을 허가하지 않는다(동법 동조 제2항). 국적회복의 경우에도 국민선서를 하고 국적회복증을 수여받을 때부터 국적을 취득한다(동조 제3항). 거짓 등 부정한 방법으로 국적회복허가를 받은 경우에 취소할 수 있는데(동법 제21조 제1항) 이 규정에 대하여 헌법재판소는 국적취득과 관련된 진실성, 적법성, 사회적 신뢰의 확보라는 관점에서 기본권을 침해하지 않는다고 본다.[2)]

5) 국적재취득에 의한 국적취득 국적재취득은 후천적 국적취득의 마지막 방법으로 인정된다. 대한민국 국적을 취득한 외국인은 대한민국 국적을 취득한 날부터 1년 내에 외국 국적을 포기하거나 외국 국적의 불행사를 서약해야 하고, 포기나 불행사 서약을 하지 않은 경우에는 그 기간이 지난 때에 대한민국 국적을 상실한다(동법 제10조). 이렇게 대한민국 국적을 상실한 외국인이 그로부터 1년 이내에 그 외국 국적을 포기하면 법무부장관에게 신고함으로써 국적을 재취득할 수 있다(동법 제11조).

<table>
<tr><th colspan="4">국적법상 국적취득의 유형</th></tr>
<tr><td rowspan="2">1. 선천적 취득</td><td colspan="2">(1) 원칙: 속인주의</td><td>· 출생 당시 부 또는 모의 국적에 따라 국적취득</td></tr>
<tr><td colspan="2">(2) 예외: 속지주의</td><td>· 출생지에 따라 국적취득(부모 불분명, 부모 무국적, 기아: 제2조 제1항 제3호, 동조 제2항)</td></tr>
<tr><td rowspan="3">2. 후천적 취득</td><td colspan="2">(1) 인지</td><td>· 대한민국 민법상 미성년자 + 출생 당시 부 또는 모가 대한민국 국민(제3조 제1항)
· 법무부장관에게 신고만으로 국적취득</td></tr>
<tr><td rowspan="2">(2) 귀화</td><td>① 일반 귀화</td><td>· 5년 이상 계속 대한민국에 주소 + 영주권 + 대한민국 민법상 성년 + 품행단정 + 생계능력 + 국민의 기본소양
· 법무부장관의 허가 + 국민선서 + 귀화증서(제4조)</td></tr>
<tr><td>② 간이 귀화</td><td>· 3년 이상 계속 대한민국에 주소 + 대한민국 민법상 성년 + 품행단정 + 생계능력 + 국민의 기본소양 + 부 또는 모가 대한민국 국민이었던 자 or 대한민국에서 출생한 자로서 부 또는 모가 대한민국에서 출생 or 대한민국 국민의 양자로서 입양 당시 대한민국 민법상 성년(제6조 제1항)
· 대한민국 국민과 혼인 + 혼인한 상태로 2년 이상 주소 or 혼인 후 3년 경과 및 1년 이상 주소 or 배우자의 사망 · 실종 등 귀책사유 없고 잔여기간 충족 or 미성년의 자녀양육(제6조 제1항, 동조 제2항)
· 법무부장관의 허가</td></tr>
</table>

2) 헌재 2020. 2. 27. 2017헌바434 참조.

		③ 특별 귀화	· 대한민국에 주소+품행단정+국민의 기본소양+부 또는 모가 대한민국 국민(성년 입양 제외) or 대한민국에 특별공로 or 특정분야 우수능력(제7조) · 법무부장관의 허가
	(3) 수반 취득		· 외국인의 자로서 대한민국 민법상 미성년자+부 또는 모의 귀화신청(제8조)
	(4) 국적 회복		· 대한민국 국민이었던 자(제9조) · 법무부장관의 허가+국민선서+국적회복증
	(5) 국적 재취득		· 대한민국 국적을 취득한 외국인+1년 이내 외국국적 불포기 또는 불행사 미서약+상실 후 1년 이내 외국국적 포기 후 신고(제11조) · 법무부장관에게 신고만으로 국적취득

3. 국적의 상실

복수국적금지의 원칙에 따라 복수국적은 원칙적으로 허용되지 않고, 예외적으로만 허용된다. 종래에 사용되던 '이중국적'이라는 용어는 법률상 사용되지 않는다. 복수국적이 되는 경우는 ① 대한민국 국민이 외국 국적을 취득하는 경우와 ② 외국인이 대한민국 국적을 취득하는 경우로 구분될 수 있다. 대한민국 국민이 복수국적자가 된 경우에는 **국적선택의 의무**가 부과되고, 외국인이 복수국적자가 된 경우에는 **국적포기의 의무**가 부과된다.

(1) 국민의 국적상실

대한민국 국민이 외국 국적을 취득하면 대한민국 국적을 상실할 수 있다. 여기서 외국 국적을 취득하는 방법은 여러 가지가 있을 수 있다. 즉 외국 국적을 자진하여 취득한 경우(자진취득)도 있지만 혼인 · 입양 · 인지 등에 의하여 취득한 경우도 있다.

1) 외국 국적의 자진취득 대한민국 국민으로서 자진하여 외국 국적을 취득한 자는 그 외국 국적을 취득한 때에 대한민국 국적을 상실한다(국적법 제15조 제1항). 외국의 '국적'을 취득한 경우에 국적을 상실하므로 외국의 '영주권'을 취득한 경우에는 국적을 상실하지 않는다.[3] 대한민국 국적을 상실하는 시점은 외국 국적을 취득한 시점이다. 따라서 자진취득에 의한 국적상실은 외국 국적을 취득함과 동시에 다른 법적 절차 없이 법률상 자동적으로 국적이 상실된다는 점이 특징이다. 외국 국적의 자진취득으로 대한민국 국적을 자동으로 상실하도록 하는 것은 거주 · 이전의 자유 및 행복추구권을 침해하지 않는다는 것이 헌법재판소의 견해다.[4]

[판례] 자진취득의 경우에 국적상실의 시기

미국은 호주나 캐나다 등과 같이 그 나라의 국민이 되는 자격으로서 국적제도를 두지 아니

3) 대판 1981. 10. 13. 80다2435.
4) 헌재 2014. 6. 26. 2011헌마502.

하고 시민권제도를 두고 있는바, 이러한 국가에서의 시민권은 국적과 그 법적 성격이나 기능이 거의 동일하다고 할 것이어서, 대한민국의 국민이 미국의 시민권을 취득하면 '자진하여 외국의 국적을 취득한 자'에 해당하여 우리나라의 국적을 상실하게 되는 것이지 대한민국과 미국의 '이중국적자'가 되어 법무부장관의 허가를 얻어 대한민국의 국적을 이탈하여야 비로소 대한민국의 국적을 상실하게 되는 것은 아니다(대판 1999. 12. 24. 99도3354).

2) 혼인 · 입양 · 인지 등에 의한 외국 국적의 취득 대한민국 국민이 ① 외국인과의 **혼인**으로 그 배우자의 국적을 취득한 경우, ② 외국인에게 **입양**되어 그 양부 또는 양모의 국적을 취득한 경우, ③ 외국인인 부 또는 모에게 **인지**되어 그 부 또는 모의 국적을 취득한 경우, ④ 외국 국적을 취득하여 대한민국 국적을 상실하게 된 자의 **배우자** 또는 **미성년의 자**로서 그 외국의 법률에 의하여 함께 그 외국 국적을 취득한 경우에는 그 외국 국적을 취득한 때부터 6개월 내에 법무부장관에게 대한민국 국적을 보유할 의사가 있다는 뜻을 신고하지 않으면 그 외국 국적을 취득한 때로 소급하여 대한민국 국적을 상실한다(동법 동조 제2항). 자진취득의 경우에는 외국 국적을 취득한 때에 자동적으로 국적이 상실되지만 혼인 · 입양 · 인지 등으로 외국 국적을 취득한 경우에는 국적보유의사를 신고하지 않은 때에 한하여 국적이 상실된다는 점에서 차이가 있다. 따라서 자진해서 외국 국적을 취득하지 않은 경우에는 국적보유의사를 신고하면 대한민국 국적을 상실하지 않는다. 다만 이 경우에 국적보유의사를 신고하면서도 외국 국적을 포기하지 않으면 복수국적자가 될 가능성이 있다.

(2) 외국인의 국적상실

외국인이 대한민국 국적을 취득하면서 그 외국 국적을 포기하지 않으면 대한민국 국적을 상실할 수 있다. 대한민국 국적을 취득한 외국인으로서 외국 국적을 가지고 있는 자는 원칙적으로 대한민국 국적을 취득한 날부터 **1년 내에 그 외국 국적을 포기**해야 한다(동법 제10조 제1항). 만약 1년 내에 외국 국적을 포기하지 않으면 그 기간이 지난 때에 대한민국 국적을 상실한다(동법 동조 제2항). 다만 예외적으로 외국 국적을 포기하지 않아도 되는 경우가 인정된다. ① 혼인 후 2년 거주나 혼인 후 3년 경과 및 1년 거주요건을 충족하여(동법 제6조 제2항 제1호 및 제2호) 또는 특별공로가 있거나 특정분야의 우수능력을 보유하여(동법 제7조 제1항 제2호 및 제3호) 귀화허가를 받은 자, ② 국적회복허가를 받은 자로서 특별공로가 있거나 특정분야의 우수능력을 보유한 자로 법무부장관이 인정하는 자, ③ 대한민국의 민법상 성년이 되기 전에 외국인에게 입양된 후 외국 국적을 취득하고 외국에서 계속 거주하다가 국적회복허가를 받은 자, ④ 외국에서 거주하다가 영주할 목적으로 만 65세 이후에 입국하여 국적회복허가를 받은 자, ⑤ 본인의 뜻에도 불구하고 외국의 법률 및 제도로 인하여 1년 내 국적포기가 어려운 자로서 대통령령으로 정하는 자는 대한민국 국적을 취득한 날부터 1년 내에 외국 국적을 포기하거나 대한민국에서 외국 국적을 행사하지 않겠다는 뜻을 법무부장관에게 서약해야 한다(동법 제10조

제2항). 이로써 예외적이지만 대한민국 국적을 취득한 외국인에게 복수국적이 허용된다.

[판례] 외국 국적의 포기 불이행이 귀화요건에 해당되는지 여부

대한민국 국민의 처가 되어 국적을 취득하였으나 6개월 이내에 종전 국적을 포기하지 않아 대한민국 국적을 상실하고 적법한 체류기간도 경과함으로써 불법체류자로 된 경우, 국적법 제2항 제2호에서 정한 '품행이 단정하지 못한 자'에 해당하지 아니한다(대판 2005. 7. 14. 2005두2483).

(3) 복수국적자의 국적상실

1) 국적선택의무 원칙적으로 복수국적은 허용되지 않지만 일정한 사정에 따라 외국 국적을 상실시키거나 포기할 수 없는 경우에 복수국적자가 될 수 있다. 이 경우에 출생이나 국적법에 따라 복수국적자가 된 자는 대한민국의 법령 적용에서 대한민국 국민으로만 처우한다(동법 제11조의2). 그리고 복수국적자에게는 **국적선택의무**가 부과된다(동법 제12조). 이에 따르면 만 20세가 되기 전에 복수국적자가 된 자는 만 22세가 되기 전까지, 만 20세가 된 후에 복수국적자가 된 자는 그때부터 2년 내에 하나의 국적을 선택해야 한다(동법 동조 제1항). 다만 앞서 설명한 것처럼 외국 국적 불행사의 서약으로 대한민국 국적 취득이 가능한 외국인에게는 국적선택의무가 없다. 복수국적자가 외국 국적을 선택하려면 외국에 주소가 있는 경우에만 국적이탈신고를 할 수 있고(동법 제14조 제1항), 신고가 수리된 때 대한민국 국적을 상실한다(동법 동조 제2항). 헌법재판소에 따르면 외국에 주소가 있는 경우에만 국적이탈신고를 할 수 있도록 한 것은 명확성원칙과 과잉금지원칙에 위배되어 국적이탈의 자유를 침해하는 것은 아니라고 본다.[5]

국적선택의무가 있는 복수국적자는 대한민국 국적을 선택할 수 있다. 우선 ① 복수국적자가 앞의 **기간 내**에 대한민국 국적을 선택하려면 외국 국적을 포기하거나 대한민국에서 외국 국적을 행사하지 않겠다는 뜻을 서약하고, 법무부장관에게 대한민국 국적을 선택한다는 뜻을 신고할 수 있다(동법 제13조 제1항). 반면에 ② 복수국적자가 앞의 **기간이 지난 후**에 대한민국 국적을 선택하려면 외국 국적을 포기한 경우에만 대한민국 국적 선택의 뜻을 신고할 수 있다(동법 동조 제2항). 다만 ③ **병역의무를 이행해야 국적이탈이 가능한 복수국적자**의 경우에 병역의무를 마친 후 2년 이내에는 외국 국적의 포기나 불행사 서약의 방식으로 대한민국 국적 선택의 뜻을 신고할 수 있다(동법 동조 동항 단서). 한편 ④ 출생 당시에 모가 자녀에게 외국 국적을 취득하게 할 목적으로 외국에서 체류 중이었던 사실(원정출산)이 인정되는 자는 외국 국적을 포기한 경우에만 대한민국 국적 선택의 뜻을 신고할 수 있다(동법 동조 제3항). 국적선택의 방식으로 '외국 국적 불행사의 서약'을 허용함으로써 제한적으로나마 복수국적이 허용되고 있다.

2) 병역의무와 국적선택 병역의무를 이행해야 하는 자는 병역의무를 이행해야만 비로소 국적을 선택할 수 있다. 우선 ① 병역법에 따라 병역준비역(18세 이상의 자)에 편입

5) 헌재 2023. 2. 23. 2020헌바603 참조.

된 자는 편입된 때부터 3개월 이내에 하나의 국적을 선택해야 한다(국적법 제12조 제2항). 이는 외국법에 의하여 성인이 된 자에 대해 국적선택권을 보장하면서 동시에 병역기피 목적의 국적이탈행위를 예방하려는 취지로 이해된다. 한편 ② 직계존속이 외국에서 영주할 목적 없이 체류한 상태에서 출생한 자는 병역의무의 이행과 관련하여 현역·상근예비역 또는 보충역으로 복무를 마치거나 마친 것으로 보게 되는 경우, 전시근로역에 편입된 경우, 병역면제처분을 받은 경우에(동법 동조 제3항) 그때부터 2년 이내에 하나의 국적을 선택해야 한다(동법 동조 제2항). 이는 단지 병역기피 목적의 원정출산 등에 의한 국적이탈행위를 방지하려는 취지로 이해된다. 이처럼 외국에 영주할 목적 없이 체류한 직계존속으로부터 태어난 자의 국적이탈을 제한하는 것은 명확성원칙이나 과잉금지원칙을 위반하여 기본권을 침해하는 것은 아니라고 보는 것이 헌법재판소의 입장이다.[6] 다만 ③ 대한민국 국적을 선택하려는 경우에는 병역의무 이행과 관련된 요건에 해당하기 전에도 국적선택을 할 수 있다(동법 동조 동항 단서).

[판례] 이중국적자의 국적선택과 병역의무

① 이중국적자로서 구체적인 병역의무 발생(제1국민역 편입)시부터 일정기간(3월) 내에 한국 국적을 이탈함으로써 한국의 병역의무를 면하는 것은 허용하되, 위 기간 내에 국적이탈을 하지 않은 이중국적자는 병역문제를 해소하지 않는 한 한국 국적을 이탈하지 못하게 함으로써 국적선택제도를 통하여 병역의무를 면탈하지 못하게 하려는 데에 그 입법취지가 있다. ② 이와 같은 규제가 없다면 첫째, 병역자원의 일정한 손실을 초래하고, 둘째, 이중국적자가 한국인으로서 누릴 각종 혜택을 누리다가 정작 국민으로서 의무를 다해야 할 때에는 한국 국적을 버리는 기회주의적 행태가 허용되는 결과가 되어 병역부담평등의 원칙이 심각하게 훼손된다. ③ 18세가 되어 제1국민역에 편입된 때부터 3월이 지나기 전이라면 자유롭게 국적을 이탈할 수 있고, 그 이후부터 입영의무 등이 해소되는 시점(36세)까지만 국적이탈이 금지되므로 일정한 시기적인 제약을 받을 뿐이며, 제1국민역에 편입된 때부터 3월이 지났더라도 병역문제를 해소한 때에는 역시 자유롭게 국적을 이탈할 수 있다. ④ 이중국적자들의 경우 적극적으로 국적이탈을 함으로써 병역의무를 조기에 해소할 수도 있고, 소극적인 방법으로 병역의 문제를 자연스럽게 해결할 수도 있어서, 이들에 대하여 국적선택제한조항의 적용을 명시적으로 배제하는 규정을 두지 않더라도 이들의 국적이탈의 자유를 침해하지 않는다(2006. 11. 30. 2005헌마739; 2015. 11. 26. 2013헌마805).

[판례] 복수국적자의 국적선택과 병역의무

심판대상 법률조항(병역준비역에 편입된 자는 편입된 때부터 3개월 이내에 국적을 선택하거나 병역의무를 이행한 후 2년 이내에 국적을 선택하도록 규정한 법률조항)의 입법목적은 병역준비역에 편입된 사람이 병역의무를 면탈하기 위한 수단으로 국적을 이탈하는 것을 제한하여 병역의무 이행의 공평을 확보하려는 것이다. … 병역준비역에 편입된 복수국적자의 국적선택 기간이 지났다고 하더라도, 그 기간 내에 국적이탈 신고를 하지 못한 데 대하여 사회통념상 그에게 책임을 묻기 어려운 사정 즉, 정당한 사유가 존재하고, 병역의무 이행의 공평성 확보라는 입법목적을 훼손하지 않음이 객관적으로 인정되는 경우라면, 병역준비역에 편입된 복수

6) 헌재 2023. 2. 23. 2019헌바462 참조.

국적자에게 국적선택 기간이 경과하였다고 하여 일률적으로 국적이탈을 할 수 없다고 할 것이 아니라, 예외적으로 국적이탈을 허가하는 방안을 마련할 여지가 있다. 심판대상 법률조항의 존재로 인하여 복수국적을 유지하게 됨으로써 대상자가 겪어야 하는 실질적 불이익은 구체적 사정에 따라 상당히 클 수 있다. 국가에 따라서는 복수국적자가 공직 또는 국가안보와 직결되는 업무나 다른 국적국과 이익충돌 여지가 있는 업무를 담당하는 것이 제한될 가능성이 있다. 현실적으로 이러한 제한이 존재하는 경우, 특정 직업의 선택이나 업무담당이 제한되는 데 따르는 사익 침해를 가볍게 볼 수 없다. 심판대상 법률조항은 과잉금지원칙에 위배되어 청구인의 국적이탈의 자유를 침해한다(헌재 2020. 9. 24. 2016헌마889등). → 2005헌마739 및 2013헌마805등의 결정을 변경하는 결정

3) 복수국적자의 국적상실 법무부장관은 복수국적자가 국적선택기간(동법 제12조 제1항 및 제2항) 내에 국적을 선택하지 않으면 1년 내에 하나의 국적을 선택하도록 명령해야 한다(동법 제14조의2 제1항). 또한 복수국적자가 대한민국에서 외국 국적을 행사하지 않겠다는 뜻을 서약하고도 그 뜻에 현저히 반하는 행위를 하면 6개월 내에 하나의 국적을 선택하도록 명령할 수 있다(동법 동조 제2항). 국적선택의 명령을 받은 자가 대한민국 국적을 선택하려면 외국 국적을 포기해야 한다(동법 동조 제3항). 만약 국적선택의 명령을 받고도 따르지 않으면 그 기간이 지난 때에 대한민국 국적을 상실한다(동법 동조 제4항).

복수국적자가 ① 대한민국의 국익에 반하는 행위를 하거나 ② 대한민국의 사회질서 유지에 상당한 지장을 초래하는 행위를 하여 대한민국의 국적을 보유함이 현저히 부적합하다고 인정되면 법무부장관은 청문을 거쳐 대한민국 국적의 상실을 결정할 수 있다(동법 제14조의3 제1항). 다만, 출생에 의하여 대한민국 국적을 취득한 자는 제외한다.

(4) 국적상실의 효과

국적을 상실한 경우에 당사자와 공무원에게 일정한 의무가 발생한다(동법 제16조). ① 대한민국 국적을 상실한 자에게는 **국적상실신고**의 의무가 있다(동법 동조 제1항). 그리고 ② 직무상 대한민국 국적을 상실한 자를 발견한 공무원에게는 그 사실을 법무부장관에게 **통보**해야 할 의무가 있고(동법 동조 제2항), ③ 법무부장관에게는 가족관계등록 관서와 주민등록 관서에 **통보**해야 할 의무(동법 동조 제3항) 및 ④ 대한민국 국적의 취득과 상실에 관한 사항을 **관보에 고시**해야 할 의무(동법 제17조 제1항)가 있다. 한편 대한민국 국적을 상실한 자는 국적을 상실한 때부터 대한민국 국민만이 누릴 수 있는 권리를 누릴 수 없다(동법 제18조 제1항). 따라서 ⑤ 대한민국 국민만이 누릴 수 있는 권리 중 대한민국 국민이었을 때 취득하여 양도할 수 있으면 원칙적으로 3년 내에 **대한민국 국민에게 양도**해야 한다(동법 동조 제2항).

[판례] 호적등재나 삭제의 국적득상 효과

대한민국 호적에의 등재나 삭제는 국적득상(國籍得喪)의 효과를 창설하는 작용이 아니고 국적법에 의하여 형성된 국적득상에 관한 사항을 절차적으로 정리하는 행위에 지나지 않으므로, 법원의 결정이나 그에 기하여 호적에 한 국적상실의 등재만으로 대한민국 국적이 상실되는 것은 아니다(대판 2003. 5. 30. 2002두9797).

Ⅲ. 재외국민의 보호

재외국민이란 외교공관원이나 상사주재원 또는 해외교포와 같이 대한민국 국적을 가지고 외국에서 장기 체류하거나 영주권을 얻어 영주하는 국민을 말한다. 국가는 이러한 재외국민을 보호할 의무가 있다(제2조 제2항). 재외국민의 보호에 대한 제1차적 책임은 해외공관이 진다. 재외국민에 대한 국가의 보호는 청구가 있어야 보호하는 소극적 의무가 아니라, 청구가 없더라도 보호해야 하는 적극적 의무로 이해된다. 하지만 재외국민의 보호는 법률에 의해서 구체적으로 형성되므로 특정한 내용의 보호를 요구하는 권리는 아니다.

재외국민을 포함한 '재외동포'의 법적 지위를 보장하기 위해 제정된 **재외동포의 출입국과 법적 지위에 관한 법률**(이하 '재외동포법'으로 약칭)은 재외국민과 외국국적동포를 구분한다.[7] 이에 따르면 ① '재외국민'은 외국의 영주권을 취득하거나 영주할 목적으로 외국에 거주하고 있는 대한민국 국민으로(동법 제2조 제1호), ② '외국국적동포'는 대한민국 국적을 보유하였던 자 또는 그 직계비속으로서 외국 국적을 취득한 자 중 대통령령이 정하는 자로 정의된다(동법 동조 제2호). 대통령령인 같은 법 시행령은 외국국적동포를 국외로 이주한 시점이 정부수립 이전인지 또는 이후인지에 따라 차별대우했는데 이에 대해서 헌법재판소는 평등원칙에 위반된다고 하여 헌법불합치결정을 한 바 있다.[8] 한편 재외국민에게 선거권을 인정하지 않고 국외거주자에 대해서 부재자투표제를 실시하지 않는 것에 대해서 헌법재판소는 이전의 판례에서 합헌이라고 결정하였으나[9] 판례를 변경하여 헌법불합치결정을 내린 바 있다.[10] 또한 주민등록이 되어 있지 않고 국내거소신고도 하지 않은 재외국민(이하 '재외선거인'으로 약칭)에게 임기만료 지역구국회의원선거권을 인정하지 않은 것은 합헌이라고 하면서, 그러한 재외선거인에게 국민투표권을 행사하지 못하도록 한 것에 대해서는 헌법불합치결정을 하였다.[11] 재외동포법이 재외국민에 대한 국내거소신고제도를 폐지하고(동법 제6조 제1항), 주민등록법도 주민등록말소제도를 폐지함과 동시에 재외국민에게도 주민등록을 할 수 있도록 하면서(동법 제6조), 공직선거법

7) 재외동포의 인권에 대한 자세한 논의는 이준일, 『인권법』(2021), 제47장 참조.
8) 헌재 2001. 11. 29. 99헌마494.
9) 헌재 1999. 1. 28. 97헌마253등; 1999. 3. 25. 97헌마99.
10) 헌재 2007. 6. 28. 2004헌마644.
11) 헌재 2014. 7. 14. 2009헌마256.

은 18세 이상의 주민등록이 된 재외국민에게 주민등록표에 3개월 이상 계속 올라 있고 해당 국회의원선거구 안에 주민등록이 되어 있는 경우 지역구국회의원의 선거권을 인정한다(동법 제15조 제1항 제2호, 주민등록법 제6조 제1항 제3호). 재외동포체류자격으로 입국한 외국국적동포는 국내거소신고를 할 수 있으며 이 경우에 국내거소신고증을 발급받을 수 있고, 추가로 모바일국내거소신고증을 발급받을 수도 있다.

[판례] 재외동포의 구분

정부수립 이후 이주동포와 정부수립 이전 이주동포는 이미 대한민국을 떠나 그들이 거주하고 있는 외국의 국적을 취득한 우리의 동포라는 점에서 같고, 국외로 이주한 시기가 대한민국 정부수립이전인가 이후인가는 결정적인 기준이 될 수 없는데도, 정부수립 이전 이주동포를 재외동포법의 적용대상에서 제외한 것은 합리적 이유 없이 정부수립 이전 이주동포를 차별하는 자의적인 입법이어서 헌법 제11조의 **평등원칙에 위배된다**(2001. 11. 29. 99헌마494).

[판례] 재외국민보호와 해직공직자에 대한 보상

재외국민이 받는 보호는 정당한 대우를 받도록 거류국과의 관계에서 국가가 하는 **외교적 보호**와 국외거주 국민에 대하여 정치적인 고려에서 **특별히 법률로써 정하여 베푸는 각종 지원**을 뜻하여 1980년 해직공직자에 대하여 사회보장적 목적의 보상을 위하여 제정한 특별조치법의 보호법익과는 다른 차원이므로, 위 특별조치법에서 이민 간 이후의 보상을 배제했다고 해도 국가가 재외국민을 보호할 의무를 행하지 않은 경우라 할 수 없다(1993. 12. 23. 89헌마189).

[판례] 미성년자보호협약 미가입과 재외국민보호의무

재외국민 보호에 관한 헌법규정으로부터 외교통상부장관이나 법원행정처장에게 독일정부의 우리나라 국민에 대한 '미성년자보호 관련관헌의 관할권 및 준거법에 관한 협약'의 강제적용을 피하기 위하여 우리나라 정부가 이 협약에 가입, 수정가입, 일부가입 또는 독일과의 별도조약을 체결하여 재외국민을 보호해주도록 요구할 수 없다(1998. 5. 28. 97헌마282).

[판례] 재일한국인 피징용부상자 보상에 관한 중재회부와 재외국민보호의무

정부는 재일 한국인 피징용부상자들의 보상청구권이 '한 · 일협정'에 의해 타결된 것인지에 관해서 한 · 일 양국정부가 의견을 달리 함으로써 양국 모두로부터 사실상 보호받지 못하고 있는 재일 한국인 피징용부상자들 및 그 유족들로 하여금 합당한 보상을 받을 수 있도록 가능한 모든 노력을 다 함으로써 그들을 보호하여야 할 것이나, 우리나라 정부에게 중재회부라는 특정한 방법에 따라 우리나라와 일본국간의 분쟁을 해결하여야 할 헌법에서 유래하는 구체적 작위의무는 없다(2000. 3. 30. 98헌마206).

[판례] 재외국민 선거권 미부여의 합헌성(변경 전)

선거권에 관하여 거주요건을 두는 것은 선거권의 본질 및 선거의 공정성 확보 등의 공공복리를 위하여 필요한 것이다. 첫째, **국토가 분단되어** 있는 우리나라에서 북한 주민이나 조총련계 재일교포에 대하여 선거권을 인정할 수 없기 때문이다. 둘째, **선거의 공정성**을 확보하기 어렵기 때문이다. 셋째, **선거기술상**으로 보아도 불가능하기 때문이다. 넷째, 선거권이 국가에 대한 납세, 병역, 기타의 의무와 결부되기 때문이다. 재외국민에 대하여 선거권을 제한하는 것은 그 입법목적에 있어서 정당할 뿐 아니라 그 입법에 의하여 보호하려는 공공의 필요와 침해되는 기본권 사이의 균형성을 갖추었으며 그 목적달성을 위하여 적절한 방법을 취하고 있다(1999. 1. 28. 97헌마253등).

[판례] 해외거주자 부재자투표 불허의 합헌성(변경 전)

① 해외에 거주하는 국민 모두에게 부재자투표를 허용하기 위해서는 선거기간을 연장하여야 하는데, 이것은 그로 인한 **부담이 가중**되는 문제를 초래하게 된다. … 국내보다는 훨씬 공정선거감시 체제가 미약할 수밖에 없는 해외에서는 더욱 **선거의 공정성**을 확보하기 어렵다. … 해외거주자들은 자신의 필요에 의하여 해외에 거주하고 있는 사람들로써 **투표권 행사에 장애가 되는 사유를 스스로 초래**하였다는 점에서 국내에 거주하는 사람들과는 근본적인 차이가 있는 것이다. … 국내 거주자에 대한 부재자투표의 경우보다 **많은 비용과 시간을 소요**하게 된다. 따라서 비록 해외거주자들에 대하여 국내거주자들과 달리 부재자투표를 인정하지 아니하는 차별을 한다고 할지라도 결코 합리적인 이유가 없는 것은 아니다. ② 어느 정도 범위의 국민까지 부재자투표를 허용할 것인지 여부는 **입법재량**의 범위에 속하는 문제이고, 해외거주자에 대하여 부재자투표를 허용할 것인지 여부는 **선거권 행사에 편의를 제공**할 것인지 여부의 문제이므로 선거권 자체가 침해되지는 않는다(1999. 3. 25. 97헌마99).

[판례] 재외국민 및 국외거주자 선거권 미부여의 위헌성(변경 후)

① 선거권의 제한은 불가피하게 요청되는 개별적 · 구체적 사유가 존재함이 명백할 경우에만 정당화될 수 있고, 막연하고 추상적인 위험이나 국가의 노력에 의해 극복될 수 있는 기술상의 어려움이나 장애 등을 사유로 그 제한이 정당화될 수 없다. 북한주민이나 조총련계 재일동포가 선거에 영향을 미칠 가능성, 선거의 공정성, 선거기술적 이유 등은 재외국민등록제도나 재외국민 거소신고제도, 해외에서의 선거운동방법에 대한 제한이나 투표자 신분확인제도, 정보기술의 활용 등을 통해 극복할 수 있으며, 나아가 납세나 국방의무와 선거권 간의 필연적 견련관계도 인정되지 않는다는 점 등에 비추어 볼 때, 엄연히 대한민국의 국민임에도 불구하고 주민등록을 할 수 없는 재외국민의 선거권 행사를 전면적으로 부정하는 것은 어떠한 정당한 목적도 찾기 어려우므로 헌법 제37조 제2항에 위반하여 재외국민의 선거권과 평등권을 침해하고 보통선거원칙에도 위반된다. ② 직업이나 학문 등의 사유로 자진 출국한 자들이 선거권을 행사하려고 하면 반드시 귀국하도록 하는 것은 헌법이 보장하는 해외체류자의 국외 거주 · 이전의 자유, 직업의 자유, 공무담임권, 학문의 자유 등의 기본권을 희생하도록 강요한다는 점에서 부적절하며, 그것이 자발적 계기에 의해 이루어졌다는 이유만으로 가장 기본적인 권리인 선거권의 행사가 부인되는 것은 타당성을 갖기 어렵다. 따라서 국내거주자에 대해서만 부재자신고를 허용함으로써 재외국민과 단기해외체류자 등 국외거주자 전부의 국정선거권을 부인하는 것은 정당한 입법목적을 갖추지 못하고, 헌법 제37조 제2항에 위반하여 국외거주자의 선거권과 평등권을 침해하고 보통선거원칙에도 위반된다(2007. 6. 28. 2004헌마644).

[판례] 재외선거인 임기만료 지역구국회의원선거권 미부여의 합헌성

지역구국회의원은 국민의 대표임과 동시에 소속지역구의 이해관계를 대변하는 역할을 하고 있다. 전국을 단위로 선거를 실시하는 대통령선거와 비례대표국회의원선거에 투표하기 위해서는 국민이라는 자격만으로 충분한 데 반해, 특정한 지역구의 국회의원선거에 투표하기 위해서는 '**해당 지역과의 관련성**'이 인정되어야 한다. 주민등록과 국내거소신고를 기준으로 지역구국회의원선거권을 인정하는 것은 해당 국민의 지역적 관련성을 확인하는 합리적인 방법이다. 따라서 선거권조항과 재외선거인 등록신청조항이 재외선거인의 임기만료지역구 국회의원선거권을 인정하지 않은 것이 재외선거인의 선거권을 침해하거나 보통선거원칙에 위배된다고 볼 수 없다(2014. 7. 14. 2009헌마256).

[판례] 재외선거인 국민투표권 미부여의 위헌성

① 재외선거인은 임기만료에 따른 비례대표국회의원선거에 참여하고 있으므로, 재외선거인에게 국회의원선거권이 있음은 분명하다. 국민투표법조항이 국회의원선거권자인 재외선거인에게 국민투표권을 인정하지 않은 것은 국회의원선거권자의 헌법개정안 국민투표 참여를 전제하고 있는 헌법 제130조 제2항의 취지에도 부합하지 않는다. … **국민투표는 선거와 달리 국민이 직접 국가의 정치에 참여하는 절차**이므로, 국민투표권은 대한민국 국민의 자격이 있는 사람에게 반드시 인정되어야 하는 권리이다. 대한민국 국민인 재외선거인의 의사는 국민투표에 반영되어야 하고, 재외선거인의 국민투표권을 배제할 이유가 없다. ② 국민투표권의 제한은 그 제한을 불가피하게 요청하는 개별적·구체적 사유가 존재함이 명백한 경우에만 정당화될 수 있으며, 막연하고 추상적인 위험이라든지 국가의 노력에 의해 극복될 수 있는 기술상의 어려움이나 장애 등의 사유로는 그 제한이 정당화될 수 없다. 재외국민 투표를 실시하게 될 경우 예상되는 문제점은 막연하고 추상적인 위험에 지나지 않거나 국가의 노력에 의해 충분히 극복가능한 선거기술상의 사유에 불과하다. ③ 민주주의 국가에서 참정권은 국민주권의 원칙을 실현하기 위한 가장 기본적이고 필수적인 권리로서 다른 기본권에 대하여 우월적인 지위를 갖는다. 이처럼 국민의 본질적 지위에서 도출되는 국민투표권을 위와 같은 추상적 위험 내지 선거기술상의 사유로 배제하는 것은 헌법이 부여한 참정권을 사실상 박탈한 것과 다름없다. 따라서 국민투표법조항은 재외선거인인 나머지 청구인들의 국민투표권을 침해한다(2014. 7. 14. 2009헌마256).

제2절 한국헌법의 공간적 적용범위: 영역

대한민국헌법이 적용되는 공간적·장소적 범위는 대한민국의 '영역'에 국한된다. 영역은 헌법이 적용되는 공간적·장소적 범위를 한정하기 때문이다.

I. 영 역

영역이란 국가의 공간적인 기반으로서 통치권이 미치는 지역적 범위를 말한다. 이러한 영역 자체를 자유로이 사용, 수익, 처분하고 영역 내의 인(人)과 물(物)을 독점적·배타적으로 지배할 수 있는 국가권력을 '영역권'(領域權) 또는 '영토고권'(領土高權)이라고 부른다. 헌법재판소는 영토에 관한 권리를 '영토권'이라 하여 기본권의 하나로 간주하고 있다.[12] 영역

12) 헌재 2001. 3. 21. 99헌마139등.

에는 '영토'와 함께 '영해'와 '영공'도 포함된다. 헌법은 영토에 관한 규정만을 두고 있다.

[판례] 기본권으로서의 영토권

국민의 개별적 기본권이 아니라 할지라도 기본권보장의 실질화를 위하여서는, 영토조항만을 근거로 하여 독자적으로는 헌법소원을 청구할 수 없다 할지라도, 모든 국가권능의 정당성의 근원인 국민의 기본권 침해에 대한 권리구제를 위하여 그 전제조건으로서 **영토에 관한 권리를, 이를테면 영토권**이라 구성하여, 이를 헌법소원의 대상인 기본권의 하나로 간주하는 것은 가능한 것으로 판단된다(2001. 3. 21. 99헌마139등).

1. 영 토

영토는 영역의 기초가 되는 토지, 즉 육지와 지하로서 영해와 영공을 결정하는 기준이 된다. 헌법에 따르면 대한민국의 영토는 **한반도와 그 부속도서**를 모두 포함한다(제3조). 따라서 헌법규정을 엄격하게 해석하면 북한지역도 대한민국의 영토에 속한다. 여기서 여러 가지 헌법적 문제가 발생할 수 있는데 이에 대해서는 아래에서 자세하게 설명하기로 한다.

2. 영 해

영토에 접속되어 있는 일정한 범위의 해역, 즉 바다를 영해라고 부른다. 문제는 어떤 범위의 바다를 영해로 볼 것인지 하는 것이다. **영해 및 접속수역법**에 따라 대한민국의 '영해'는 한반도와 그 부속도서의 육지, 즉 '해안의 저조선'(영해기선)에 접한 12해리이고(동법 제1조), '접속수역'은 영해기선으로부터 24해리까지의 수역으로 영해를 제외한 수역을 말한다(동법 제3조의2). 다만, '영해 및 접속수역법 시행령'에 따라 대한해협을 구성하는 수역에 있어서의 영해는 3해리로 한다(동시행령 제3조, 별표2). 한편 **배타적 경제수역 및 대륙붕에 관한 법률**에 따르면 대한민국의 '배타적 경제수역'은 원칙적으로 영해기선으로부터 200해리까지의 수역으로 영해를 제외한 수역을 말한다(동법 제2조 제1항).

[참조] 영해와 접속수역 및 배타적 경제수역

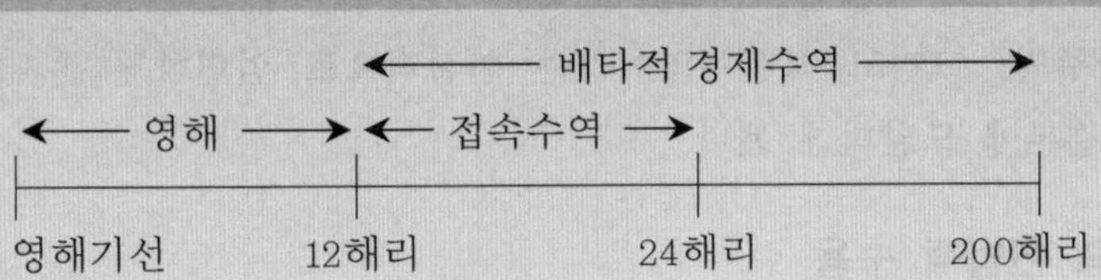

3. 영 공

영공은 영토와 영해의 수직상공을 말한다. 물론 여기서도 어떤 범위까지를 영공으로 볼 것인지 하는 문제가 중요한데 '지배가능한 상공'에 제한된다고 보는 것이 합리적이다(실효적 지배설).

[판례] 지방자치단체의 영토고권

마치 국가가 영토고권을 가지는 것과 마찬가지로, 지방자치단체에게 자신의 관할구역 내에 속하는 영토, 영해, 영공을 자유로이 관리하고 관할구역 내의 사람과 물건을 독점적, 배타적으로 지배할 수 있는 권리가 부여되어 있다고 할 수는 없다(2006. 3. 30. 2003헌라2).

Ⅱ. 영토의 변경

영토의 변경은 ① 영토의 병합과 할양에 관한 국제조약의 체결에 따라 영토가 변경되는 경우, ② 자연조건 또는 사실행위에 의해서 영토가 변경되는 경우로 구분될 수 있다. 영토 변경시 주민의 국적은, 우선 국가병합의 경우에는 완전한 국적변경이 이루어지고, 다음으로 일부할양의 경우에는 할양조약에 따라 결정되는데 일반적으로는 일정한 기간을 두고 국적을 선택하도록 한다.

Ⅲ. 대한민국의 영역

1. 헌법규정

헌법은 제3조에서 대한민국의 영토를 **한반도와 그 부속도서**로 정하고 있다. 따라서 헌법 제3조만 본다면 대한민국헌법의 효력이 미치는 영역은 한반도 전체와 그 부속도서이므로 북한지역과 북한주민에 대해서까지도 대한민국헌법의 효력이 미친다. 이렇게 '규범적으로는' 현행 헌법이 북한지역과 북한주민에게도 효력이 미쳐야 함에도 불구하고 '현실적으로는' 그렇지 못하다.[13] 그래서 헌법 제3조만 놓고 보면 '북한'의 실체는 한반도의 절반을 불법적으로 점령하고 있는 **반국가단체**일 뿐이고, '북한주민'은 그러한 반국가단체의 구성원이며, '북한지역'은 그러한 반국가단체가 점령하고 있는 영역으로 아직 수복되지 않은 지역, 즉 **미수복지역**이라는 주장이 정당화될 수 있다. 그러나 여기서 발생하는 문제는 이러한 주장이 대단히 현실성을 결여하고 있다는 점이다. 다시 말해 이러한 주장은 북한지역에도 대한민국헌법의 효력이 미친다는 헌법의 규범적 선언에 기초하여 북한과 북한주민, 그리고 북한지역이라는 현실적으로 엄연하게 존재하는 실체에 대해서 부정하는 결론에 도달하게 된다.

2. 헌법현실의 헌법적 수용

이러한 현실은 북한의 실체를 인정하여 평화적 통일을 달성하기 위한 '민족의 동반자'로서 이해하도록 만드는 평화통일조항(제4조)의 헌법적 수용으로 반영된다. 역사적으로 보면 1972년 유신헌법의 전문에 처음으로 "조국의 평화적 통일"이라는 내용이 신설되었다. 이미 같은 해에 발표된 '7 · 4남북공동성명서'에서 자주 · 평화 · 민족대단결이라는 통일의 3대원칙이 천명된 바 있다. 그 후 1988년 7월 7일에는 남북한 간의 화해를

13) 탈북주민의 법적 지위에 대해서는 제2편 제2부 제7장 제2절 제2항 Ⅱ. 참조.

위한 6개항을 북한에 제의하는 이른바 '7 · 7선언'이 발표되고, 이를 위한 법적 조치로서 1990년 8월 1일에 '남북교류협력에관한법률'이 제정되었다. 또한 1991년 9월에는 남북한이 동시에 유엔에 가입하게 된다. 그리고 같은 해 12월 13일에 '남북 사이의 화해와 불가침 및 교류 · 협력에 관한 합의서'(남북합의서)가 서명 · 교환되어 1992년 2월 19일부터 발효되었는데 그 주요내용으로 ① 상대방체제의 존중, ② 내부문제의 불간섭, ③ 비방 · 중상의 중지, ④ 파괴 · 전복행위의 금지, ⑤ 현 정전상태의 평화상태로의 전환, ⑥ 국제무대에서의 대결과 경쟁중지 등에 관한 원칙 등이 담겨있다. 마침내 2000년 6월 15일에는 남북의 정상이 만나 합의한 5개항의 공동선언문을 발표하는 역사적 사건이 발생하게 된다. 또한 2007년 10월 4일에는 남북의 정상이 또다시 만나 '남북관계 발전과 평화번영을 위한 선언'에 합의하게 된다. 그리고 2018년에는 4월과 5월에 판문점에서 정상회담이 개최되었으며 9월에 평양에서 다시 남북정상이 만난다. 그렇다면 문제는 헌법의 평화통일조항이 적어도 북한의 실체를 인정하기는 하지만 '국가'로서의 실체까지 인정하는지 여부다. 만약 헌법의 평화통일조항이 북한에 대해 국가의 실체를 인정하는 조항이라면 북한을 반국가단체로 보게 만드는 영토조항과 충돌하는 문제가 발생한다.

3. 학설과 판례

북한을 국가로 전혀 인정하지 않는 영토조항과 북한을 적어도 민족통일의 동반자로 보거나 심지어 국가로 인정할 수도 있게 만드는 평화통일조항은 서로 충돌한다. 이러한 충돌을 해결하기 위하여 학설과 판례는 다양한 해결책을 제시하고 있다.

(1) 학 설

첫째로, 영토조항을 평화통일조항보다 우선시켜 영토조항의 의미를 엄격하게 해석하는 견해가 있다.[14] 이에 따르면 대한민국의 영역은 구한말시대의 국가영역에 입각한 것이고, 대한민국이 한반도에서 유일한 합법정부이며, 휴전선 이북지역은 북한이 불법으로 점령한 미수복지역이기 때문에 영토조항은 북한의 체제를 찬양하거나 지지하는 행위를 처벌하는 국가보안법의 근거가 된다.

둘째로, 영토조항보다 평화통일조항을 우선시켜 영토조항을 완화된 의미로 해석하는 견해가 있다.[15] 이 견해에 따르면 영토조항과 평화통일조항은 반드시 상호 모순된다거나 양자택일적으로 해결해야 할 문제가 아니라 서로 조화될 수 있다. 그러면서 영토조항과 평화통일조항의 관계를 일반법과 특별법의 관계로 이해하여 후자를 우선시킨다. 다시 말해 분단의 현실, 즉 북한의 실체를 인정하고 통일을 평화적인 방법으로 달성하도록 요구하는 평화통일조항이 특별법으로 이해되기 때문에 일반법인 영토조항보다 우선한다.

---

14) 김철수, 169면.

15) 계희열(상), 173면 이하.

셋째로, 영토조항과 평화통일조항 가운데 어떤 것도 우선시키지 않는 견해도 있다.[16] 이 견해는 스스로를 "양조항등가론" 또는 "북한정권의 2중적 성격론"이라고 지칭한다. 그러면서 양 조항에 대한 규범조화적 해석을 시도한 견해라고 평가한다. 한편 북한을 하나의 실제적인 통치집단으로 인정해야 된다고 하고, 북한지역까지를 대한민국의 영토로 보려는 견해를 극복되어야 할 "경직되고 비현실적인 냉전시대의 사고"라고 이해하면서도 '2중적 성격론'에 대해서 한반도의 특수한 헌법현실을 잘 보여주는 것으로 평가하고 있는 견해[17]도 유사한 주장으로 분류할 수 있다.

(2) 판 례

헌법재판소는 '남북합의서'를 한민족공동체 내부의 특수관계를 기초로 하여 합의된 '공동성명이나 신사협정'에 준하는 것으로 보아, 남북합의서의 채택 · 발효가 북한을 하나의 국가로 인정한 것으로 볼 수 없다고 한다.[18] 또한 현실적으로 북한이 적화통일의 목표를 버리지 않고 남북한의 긴장 · 대립이 존재하는 상황에서 북한을 반국가단체로 전제하는 국가보안법은 필요하다고 본다.[19]

4. 영토조항과 평화통일조항의 합리적 해석

(1) 평화통일에 관한 헌법규정

영토조항의 문제는 국제사회에서 남한과 북한이 각각 하나의 국가로 인정받고 있다는 '현실적' 측면에서 발생할 뿐만 아니라, 통일이라는 현실적 과제를 '규범적'으로도 선언하고 있는 헌법 제4조의 '평화통일조항'과의 관계라는 측면에서도 헌법적 문제로 부각된다. 평화통일에 관해서는 일반적 조항으로서 제4조에 "대한민국은 통일을 지향하며, 자유민주적 기본질서에 입각한 평화적 통일정책을 수립하고 이를 추진한다"고 규정되어 있다. 그 밖에도 헌법전문의 "… 조국의 … 평화적 통일의 사명에 입각하여 … ", 제66조 제3항의 "대통령은 조국의 평화적 통일을 위한 성실한 의무를 진다", 제69조의 "조국의 평화적 통일 … 에 노력하여 대통령으로서의 직책을 성실히 수행할 것", 제92조 제1항의 "평화통일정책의 수립에 관한 대통령의 자문에 응하기 위하여 민주평화통일자문회의를 둘 수 있다" 등도 평화통일에 대한 규정으로 이해된다.

---

16) 권영성, 124면 이하 참조. 그러나 권영성 교수는 이전에는 "국제정치면에서는 이데올로기적 대결의 종식으로 동서간에 화해분위기가 급속히 확산되면서 그동안 북한의 배후지원국으로 우리의 적대국이었던 러시아와 중국과도 국교관계가 정상화되고, 국내정치면에서도 남북한 통일이 조속히 성취되어야 할 민족적 과업으로 인식되어 가고 있는 현실에 비추어 볼 때" "구법(영토조항)에 대한 신법(통일조항)우선의 원칙과 비현실(분단이라는 사실과 국제법상의 원칙의 외면)에 대한 현실(남북분단이라는 사실인식과 영토의 범위는 국가권력이 미치는 공간까지라는 국제법상의 원칙수용)우선의 원칙에 따라 해결되어야" 한다고 주장한 바 있다. 권영성(1998), 122면 참조.

17) 허영, 198면 이하.

18) 헌재 1997. 1. 16. 92헌바6등; 2000. 7. 20. 98헌바63.

19) 헌재 1997. 1. 16. 89헌마240.

(2) 개별적 문제점

1) 국가보안법의 문제 영토조항에 따르면 북한은 '반국가단체'임이 분명하고, 통일조항에 따르면 북한은 '민족공동체의 동반자'로 이해되어야 한다. 이러한 양 측면을 고려할 때 문제가 되는 것은 무엇보다 '국가보안법'이다. 즉 제3조만 고려하면 '국가보안법'의 위헌성은 문제될 여지가 없으나 제4조를 함께 고려했을 때 북한을 반국가단체로 전제한 '국가보안법'에 대한 위헌성 여부가 문제될 수 있다.[20]

2) 국가보안법과 남북교류협력법의 관계 문제 제3조와 제4조의 관계에 대한 문제는 단순히 '국가보안법'만 고려했을 때보다 '남북교류협력에 관한 법률'을 함께 고려했을 때 더욱 복잡한 양상을 띠게 된다. 전자가 북한을 반국가단체로 전제한 반면에 후자는 북한을 교류와 협력의 대상으로 전제하고 있기 때문이다. 이렇게 되면 북한과 이루어지는 동일한 행위가 한편으로 반국가단체와 행하는 불법행위가 될 수 있는 반면에, 다른 한편으로 민족의 동반자와 행하는 대화와 협력의 행위가 될 수도 있다. 이것은 동일한 행위를 법적으로 상이하게 평가함으로써 국민의 입장에서 보면 대단히 위험한 법적 불안정성을 초래하고, 이로써 법치주의원리에 반하는 결과가 발생하게 된다.

이와 관련하여 헌법재판소는 북한의 실체에 대한 두 가지 현실에 기초하여 국가보안법과 남북교류협력법은 입법목적과 규율대상이 서로 다르기 때문에 상호간에 충돌의 여지가 없는 것으로 보고 있다.[21] 또한 남한주민이 북한주민과 접촉하기 위해서는 통일부장관의 허가를 받도록 규정하고 있는 남북교류협력법의 조항에 대해서도 합헌이라는 결정을 내린 바 있다.[22]

[판례] 국가보안법과 남북교류협력법

현 단계에 있어서의 북한은 조국의 평화적 통일을 위한 **대화와 협력의 동반자임과 동시에** 대남적화노선을 고수하면서 우리 자유민주체제의 전복을 획책하고 있는 **반국가단체라는 성격도 함께 갖고 있음이** 엄연한 현실인 점에 비추어 전자를 위하여는 남북교류협력법 등의 시행으로써 이에 대처하고 후자를 위하여는 국가보안법의 시행으로써 이에 대처하고 있는 것이다. … 국가보안법과 남북교류협력법은 상호 그 입법목적과 규제대상을 달리하고 있는 관계로 구 국가보안법의 잠입·탈출죄에서의 '잠입·탈출'과 남북교류법의 '왕래'는 그 각 행위의 목적이 다르다고 해석되고, 따라서 두 죄는 각기 그 구성요건을 달리하고 있다고 보아야 할 것이므로, 위 두 법률조항에 관하여 **신법우선의 원칙이 적용될 수 없다**(1993. 7. 29. 92헌바48; 1997. 1. 16. 92헌바6).

(3) 비판과 대안

헌법재판소의 판례에서 나타난 북한에 대한 인식은 북한의 두 가지 실체에 대한 고민이 담겨 있다. 한편으로 북한은 남한과 '공존적 동반자관계'를 맺기도 하지만 다른 한편으로 '대립적 긴장관계'를 형성하기도 하는 것이 현실이다. 하지만 북한에 대한 서로

20) 국가보안법의 문제에 관한 자세한 논의는 이준일, 『인권법』(2021), 제11장 참조.

21) 헌재 1993. 7. 29. 92헌바48; 1997. 1. 16. 92헌바6.

22) 헌재 2000. 7. 20. 98헌바63.

모순되는 현실을 헌법이나 그것을 구체화하는 법률에 규범적으로 담는 것은 문제가 있다. 서로 모순되는 두 개의 법규범이 하나의 법체계 안에 공존하기 때문이다. 하지만 모순되는 현실은 존재할 수 있어도 모순되는 규범은 존재할 수 없다. 따라서 법규범이 서로 모순되어 발생하는 충돌은 두 가지 규범 가운데 하나의 효력을 상실하도록 만드는 것이 합리적이다. 가장 이상적인 방법은 헌법개정을 통해 영토조항을 현실화하는 것이다. 서독이 독일통일 이전에 서독헌법(기본법)의 효력범위를 서독지역에 한정하고 그 밖의 지역에 대해서는 서독에 편입될 때 적용하도록 규정하면서 통일헌법이 제정되는 경우에 기본법의 효력이 상실된다고 규정하였던 예는 우리에게 의미있는 모범이 될 수 있다. 물론 현재의 영토조항에 대해서 적어도 한반도가 통일되기 전까지 국제사회에 통일된 한반도의 영토를 선언하는 의미까지 부인될 수는 없다. 따라서 통일되기 전까지 헌법개정으로 영토조항을 현실화할 수 없다면 영토조항에 대한 합리적인 해석의 노력은 여전히 요구된다. 예를 들어 문제가 있어 보이기는 하지만 영토조항을 통일 이후의 영토에 대한 선언으로 보려는 해석[23]도 그러한 노력의 하나로 볼 수 있다.

23) 홍성방(상), 76면.

제 4 장 한국헌법의 기본원리

제1절 개 관

헌법의 기본원리는 헌법의 기본이 되어 헌법 전반을 관통하는 원리를 말한다. 따라서 헌법의 기본원리는 헌법을 해석하고 구체화할 때 그것을 지도하는 지침이 된다. 또한 헌법의 기본원리는 헌법에서 국가를 구성하고 조직하는 원리(국가구성원리)가 되고, 헌법에 의해 구성된 국가에 대해서 목적과 과제를 제시하는 원리(국가목적원리)가 된다는 점에서 '국가원리'라고 부르기도 한다.

한국헌법의 기본원리는 다양하게 분류되어 설명된다(아래 학설 참조). 이러한 설명들에서는 일정한 원칙이나 기준 없이 단순히 기본원리들이 나열됨으로써 불필요하게 중복되는 경우가 발견된다. 우리는 법치주의, 민주주의, 사회복지주의(사회국가원리)만을 기본원리로 보기로 한다. 왜냐하면 헌법의 기본원리는 이 세 가지 원리만으로도 충분히 합리적인 설명이 가능하기 때문이다. 그렇다면 왜 이 세 가지 원리가 헌법의 기본원리인가? 이 세 가지 원리는 이성법국가에서 보편적으로 요구되는 국가원리이기 때문이다. 물론 국가마다 그 헌법에서 고유하게 요구되는 기본원리가 있을 수 있다. 예를 들어 평화통일원리는 분단국가인 한국의 헌법에서만 고유하게 요구되는 독특한 원리다. 하지만 모든 국가의 헌법에 대해서 보편적으로 요구되는 기본원리가 존재하고, 이것은 한국헌법의 기본원리가 되어야 한다. 한국헌법에도 수용되어야 하는 보편적 국가원리는 다름 아닌 법치주의, 민주주의, 사회복지주의다. 우선 이러한 국가원리가 왜 보편적 국가원리인지에 대해서 세 가지 국가원리의 관계를 논의함으로써 설명하기로 한다. 그리고 나서 이러한 보편적 국가원리들을 개별적으로 살펴본 후에 다른 국가원리들에 대해서 검토하기로 한다.

[학설] 한국헌법의 기본원리

• 계희열 《(상), 195면 이하》 【1】 국제평화주의[1 침략전쟁의 부인, 2 평화적 통일의 지향, 3 국제법존중주의, 4 외국인의 법적 지위의 보장], 【2】 민주주의의 원리[1 국민주권의 원리, 2 국민의 직접적 정치의사형성, 3 통치의 정당화와 소수자의 기회균등 및 그 보장, 4 정치과정의 자유와 개방 및 방어적 민주주의, 5 다수결의 원리, 6 정당제도, 7 선거제도], 【3】 법치주의의 원리[1 실질적 요소{ ㉠ 인간의 존엄성, ㉡ 자유, ㉢ 평등}, 2 형식적 요소{ ㉠ 법의 최고성, ㉡ 기본권의 보장, ㉢ 권력의 분립, ㉣ 법률유보의 원칙, ㉤ 포괄적 위임입법의 금지, ㉥ 사법적 권리보장, ㉦ 법적 안정성의 원칙, ㉧ 과잉금지(비례)의 원칙}], 【4】 사회국가의 원리[1 사회적 기본권, 2 사회적 시장경제

질서], 【5】 문화국가의 원리[1 문화적 자율성의 보장, 2 문화의 육성과 진흥, 3 문화적 평등권의 보장].

- 권영성 〈131면 이하〉
  【1】 헌법의 기본원리[1 국민주권의 원리, 2 자유민주주의, 3 사회국가의 원리, 4 문화국가의 원리, 5 법치국가의 원리, 6 평화국가의 원리], 【2】 한국헌법의 기본질서[1 민주적 기본질서(정치적 기본질서), 2 사회적 시장경제질서(경제적 기본질서), 3 평화주의적 국제질서{㉠ 국제평화주의, ㉡ 국제법질서존중과 외국인의 법적 지위보장, ㉢ 평화통일의 원리}].

- 김철수 〈137면 이하, 182면 이하〉
  【1】 한국헌법의 기본원리[1 국민주권주의, 2 자유민주주의와 권력분립주의, 3 평화통일주의, 4 문화국가주의(전통문화의 승계발전), 5 국제평화주의, 6 군의 정치적 중립성보장, 7 기본권존중주의, 8 복지국가주의, 9 사회적 시장경제주의], 【2】 대한민국의 기본질서[1 민주질서{㉠ 국민주권주의, ㉡ 국민의 헌법상 지위, ㉢ 민주적 기본질서}, 2 정치질서{㉠ 정당제도, ㉡ 선거제도}, 3 행정질서{㉠ 법치주의, ㉡ 직업공무원제도}, 4 사회·경제질서{㉠ 사회복지주의, ㉡ 사회적 시장경제질서}, 5 국제질서{㉠ 국제평화주의와 평화통일주의, ㉡ 국제법존중주의}].

- 김하열a 〈53면 이하〉
  【1】 민주주의원리[1 국민주권의 원리, 2 대의제, 3 국민의 정치참여, 4 다원주의, 5 다수결원리], 【2】 법치주의원리[1 권력분립, 2 법률유보와 의회유보, 3 명확성원칙, 4 신뢰보호원칙, 5 비례성원칙, 6 사법적 권리구제], 【3】 사회국가원리, 【4】 국제평화주의

- 성낙인 〈129면 이하〉
  【1】 국민주권주의, 【2】 자유민주주의[1 (자유)민주적 기본질서, 2 대의제(대표민주주의)와 직접민주주의의 조화(반대표), 3 민주적 선거제도, 4 민주적 정당제도의 보장, 5 법치주의], 【3】 사회복지국가[1 사회복지국가원리, 2 사회적 시장경제주의, 3 문화국가원리], 【4】 국제평화주의[1 국제평화주의, 2 평화통일주의, 3 국제법존중주의].

- 장영수 〈135면 이하〉
  【1】 민주주의[1 국민주권, 2 대의제, 3 다수결, 4 다원주의, 5 자유민주적 기본질서와 방어적 민주주의], 【2】 법치주의[1 법의 이념{㉠ 법적 안정성, ㉡ 정의, ㉢ 비례성}, 2 기본권보장, 3 권력분립], 【3】 사회국가원리(제3의 헌법원리), 【4】 그 밖의 헌법원리[1 문화국가원리, 2 환경국가원리], 【5】 국제평화주의(국제질서에 관한 헌법의 기본원리).

- 정종섭a 〈123면 이하〉
  【1】 국민주권, 【2】 기본권의 보장, 【3】 공동체의 보장, 【4】 국가구조원리[1 민주국가원리, 2 법치국가원리, 3 국가형태원리].

- 한수웅 〈106면 이하〉 【1】 민주주의원리[1 국민주권주의, 2 대의민주제(필연적 기본형태), 3 직접민주주의, 4 다원적 민주주의, 5 사회의 민주화(정치적 요청), 6 선거제도, 7 정당제도], 【2】 법치국가원리[1 자유권의 보장과 과잉금지원칙, 2 권력분립원리, 3 국가기관의 법기속성, 4 법률에 의한 행정(법치행정), 5 법적 안정성의 요청, 6 권리구제절차의 보장, 7 형법의 영역에서 법치국가적 원리], 【3】 사회국가원리, 【4】 평화국가원리, 【5】 문화국가원리.
- 허 영 〈143면 이하〉 【1】 국민주권이념과 그 실현원리[1 기본권에 기속되는 통치권, 2 자유민주주의, 3 법치주의], 【2】 정의사회의 이념과 그 실현원리[1 사회적 기본권, 2 사회국가, 3 수정자본주의(사회적 시장경제질서)], 【3】 문화민족의 이념과 그 실현원리[1 문화국가, 2 혼인 · 가족제도], 【4】 평화추구의 이념과 그 실현원리[1 평화통일, 2 국제법존중].
- 홍성방 〈(상), 108면 이하〉 【1】 자유민주주의원리[1 국민주권의 원리, 2 복수정당제도, 3 선거제도, 4 다수결원리], 【2】 법치주의원리[1 기본권보장, 2 권력분립제도, 3 입법작용의 헌법 및 법기속, 4 행정의 합법률성, 5 사법적 권리보장, 6 공권력행사의 예측가능성보장과 신뢰보호의 원칙], 【3】 사회국가원리, 【4】 문화국가원리[1 문화적 자율성의 보장, 2 문화의 보호 · 육성 · 진흥 · 전수, 3 문화적 평등권의 보장], 【5】 평화국가원리[1 침략전쟁의 부인, 2 국제법존중주의, 3 외국인의 법적 지위보장, 4 평화적 통일지향].

Ⅰ. 형식적 법치주의

1. 법과 통치의 정당성

법치주의는 개념상 법(法)과 통치(治)의 필요성을 논증함으로써 정당화될 수 있다. 우선 법의 필요성에 대해서는 대화와 법의 관계를 매개로 이미 앞에서 설명하였다.[1] 다시 한 번 정리하면 법이 필요한 이유는 의사소통의 과정으로서 대화를 방해하는 '외부적' 요인과 이러한 대화에 내재하는 '내부적' 요인 때문이다. 이러한 두 가지 요인들 때문에 필요하게 된 법의 존재목적은 인권의 보장이고, 법의 특성은 '결정'과 '실천' 및 '조직'에 대한 지향성이다. 이 두 가지 측면을 결합시켜 보면 법은 인권보장을 목적으로 공동체의 의사를 결정하고 관철하며 조직하기 위하여 필요한 규범형식으로 필요하다. 다음으로 국가의 필요성은 법의 필요성이 논증되면 당연하게 정당화될 수 있다. 왜냐하면 법이 필요한 경우에 법을 제정하고 집행하며 적용하는 국가의 필요성도 함께 논증될 수 있기 때문이다. 이처럼 대화를 보편적인 삶의 양식으로 하는 모든 공동체에서 법과 국가의 필요성이 정당화됨으로써 법치주의의 두 가지 구성요소인 법과 통치가 정당화된다.

---

1) 제1편 제1부 제2장 제1절 참조.

2. 형식적 법치주의의 내용과 한계

하지만 법과 통치의 필요성에 기초하여 정당화된 법치주의는 우선적으로 법의 '형식'만을 고려할 뿐이지 법의 '내용'은 고려하지 않는다는 점에서 **형식적 법치주의**를 의미한다. 이러한 형식적 법치주의에 따르면 법의 내용은 전혀 중요하지 않고, 일단 법의 형식에 담기기만 하면 어떤 내용이라도 법규범으로 인정받게 된다. 또한 국가도 법의 형식에 근거하여 법의 형식으로 활동하기만 하면 국가의 모든 행위는 그 자체로 정당화된다. 물론 그 내용과 상관없이 법의 형식으로 통치하는 '형식적 법치국가'가 국민의 인권보장에 기여하는 바가 크다는 점은 부인할 수 없다. 왜냐하면 국가가 객관적이고 확정적인 기준에 따라 통치하게 되면 통치자의 주관적이고 자의적인 기준에 따라 통치하는 것보다 국민의 인권에 대한 보장을 확고하게 할 수 있기 때문이다.

그러나 법의 형식만을 중시하고 법의 내용을 소홀히 하는 형식적 법치주의에서는 **입법권에 대한 통제가 원칙적으로 배제**된다. 입법자가 어떠한 내용의 법률을 제정해도 정당한 것으로 인정되기 때문이다. 따라서 형식적 법치주의에 의하면 국가에 대한 통제는 단지 **권력분립원칙**에 따른 통제에 국한된다. 이것은 입법부가 '사법권의 독립'이나 '행정의 합법률성'과 같은 원칙에 의해서만 통제됨을 의미하게 된다. 이러한 형식적 법치주의에서도 법과 국가의 목적은 인권보장에 있고, 이러한 목적을 실현하기 위해 국가와 사회는 기능적으로 일정한 관련을 맺게 된다. 하지만 형식적 법치국가의 인권보장은 형식적일 수밖에 없다. 왜냐하면 법과 국가의 목적인 인권보장은 국가가 적극적으로 실현해야 할 과제로서 부과되는 것이 아니라, 단지 국가권력을 분리 · 분배함으로써 형식적이고 반사적인 결과로서 실현되는 효과에 지나지 않기 때문이다.

Ⅱ. 실질적 법치주의와 헌법국가

1. 인권의 헌법적 수용과 실질적 법치주의 및 헌법국가

형식적 법치국가에 의해 형식적으로만 보장되던 인권은 헌법에 수용됨으로써 국가가 실현해야 할 적극적인 과제로 부과된다. 헌법에 수용된 인권은 헌법적 효력을 가지는 권리인 '기본권'으로 변화되어 모든 국가권력을 구속하게 되는 것이다. 이렇게 실정헌법에 규정된 기본권을 매개로 인권을 존중하는 '실질적 법치주의'가 가능하게 된다. 그리고 실질적 법치주의에 근거하여 기본권을 존중하는 '헌법국가'가 구현된다. '실질적 법치주의'의 이념을 지향하는 헌법국가에서는 단지 법의 형식을 갖추는 것만으로 법규범으로서 인정받을 수 없다. 법의 존재목적으로서 법의 실질적 내용이 되어야 하는 인권과 기본권을 존중하는 경우에만 법규범으로 인정받을 수 있다. 이에 따라 헌법국가에서 **기본권은 입법권을 구속**하게 됨으로써 국가활동의 한계이면서 국가에 의하여 적극적으로 보장되고 실현되어야 할 과제로 요구된다.

2. 헌법국가와 헌법재판

하지만 헌법국가는 기본권을 존중하는 실질적 법치주의의 이념을 넘어서 그 이념을 구체적이고 현실적으로 관철하는 국가로도 이해될 수 있다. 즉 헌법국가는 입법자의 기본권구속을 헌법재판제도를 통하여 구체적이고 현실적으로 관철시킨다. 따라서 헌법재판제도는 헌법국가의 필수적인 구성요소이다. 물론 헌법재판제도는 입법자의 민주적 절차에 대한 불신으로부터 출발하는 제도다. 따라서 헌법재판소의 권한이 지나치게 확대되는 경우에 헌법재판제도는 헌법적 '후견주의' 또는 '간섭주의'(paternalism)의 의심을 받는 것도 사실이다. 하지만 역사는 입법자가 국민의 기본권을 침해할 수 있다는 사실을 분명하게 가르쳐준다. 따라서 헌법재판제도는 입법자의 기본권구속을 현실적으로 관철시키는 제도라는 점에서 민주적 절차의 또 다른 측면인 '시민사회의 공론영역'과 소통하며 민주적 정당성을 확보하는 경우에는 그 정당성을 획득할 수 있다.

3. 헌법국가와 사적 자율성

물론 헌법국가에서 보장되는 인권과 기본권은 우선적으로 자유나 방어권과 같은 소극적 지위를 내용으로 한다. 이러한 소극적 지위의 본질은 자신의 문제에 대해서 자주적으로 결정할 수 있는 '사적 자율성(private autonomy)'에 있다. 따라서 헌법국가에서 국민은 자신의 사적인 문제와 관련하여 하고 싶은 것을 할 수 있고, 하기 싫은 것을 하지 않을 수 있는 자유를 향유한다. 그리고 국가가 하고 싶은 것을 하지 못하게 금지(규제)하거나 하기 싫은 것을 하라고 명령(강제)하는 경우에는 그러한 금지나 명령을 중지하도록 요구할 수 있는 방어권도 갖는다. 사적 영역에서 보장된 자유의 한계는 오로지 타인의 자유를 침해하는 경우에만 발생한다. 따라서 국가는 국민의 자유가 서로 충돌하여 제한할 때에만 이를 조정하기 위하여 국민의 사적 영역에 개입할 수 있다. 이것은 국민의 사적 영역으로 구성되는 사회에 국가가 개입하는 경우가 매우 예외적임을 의미한다. 다시 말해 헌법국가는 국민의 사적 자율성을 보장하기 위하여 대단히 제한적으로만 사회와 관련을 맺는다.

Ⅲ. 민주적 헌법국가

1. 민주주의와 공적 자율성

헌법국가에서 국민에게 보장된 사적 자율성은 '공적 자율성(public autonomy)'에 의해 보완될 필요가 있다. 국민은 자신이 속한 공동체의 공적 문제에 대해서도 자율적으로 결정할 수 있을 때 비로소 완전한 의미의 자율성을 향유하기 때문이다. 이러한 의미에서 기본권적 자유는 사적 자율성과 함께 공적 자율성을 포함한다.[2] 국민에게 보장되어야 하는 공적 자율성이 실현되는 방법은 다양할 수 있지만 공통적인 내용은 공동체의

2) R. Alexy, Die Institutionalisierung der Menschenrechte im demokratischen Verfassungsstaat, S. Gosepath/G. Lohmann(편), *Philosophie der Menschenrechte*, Frankfurt/M., 제2판(1999), 261면 이하 참조.

의사가 결정되는 민주적 절차에 '국민의 참여'를 보장하는 것이다. 이렇게 공적 자율성이 보장되어 공동체구성원의 민주적 절차에 대한 참여가 기본권으로서 보장된 헌법국가를 '민주적 헌법국가'라고 부른다.

2. 민주적 헌법국가와 능동적 지위

민주적 헌법국가에서 존중되는 인권과 기본권의 기능은 우선적으로 국가에 대한 참여를 본질로 하는 **능동적 지위**를 내용으로 한다. 이러한 능동적 지위는 국가의사형성과정에 직접적으로 참여하거나 국민을 대표하여 국가의사를 형성하는 국가기관의 구성에 참여하는 방식으로 구체화된다. 더 구체적으로는 정치적 표현의 자유라든지 선거권을 통해서 국민의 능동적 지위는 보장된다. 따라서 민주적 헌법국가에서는 국가에 대한 국민의 참여를 매개로 국가와 사회가 비로소 거리를 좁히고 서로 소통하게 된다. 국민이 민주적 정당성을 매개로 국가에 개입함으로써 국가와 사회가 밀접한 관련을 맺게 되는 것이다.

Ⅳ. 민주적 · 사회적 헌법국가

1. 사회적 헌법국가와 적극적 지위

사적 자율성이든 공적 자율성이든 자유를 실현하기 위해서는 경제적 수단이 필요하다. 따라서 기본권을 존중하는 헌법국가는 기본권적 자유의 실현을 위한 현실적이고 물질적인 토대를 제공하도록 요청받는 **사회국가**에 의해 보완되어야 한다. 사회국가에서 존중되는 인권과 기본권의 기능은 사회권과 같은 **적극적 지위**를 내용으로 한다. 국가에 대해서 일정한 급부를 적극적으로 요구할 수 있는 권리를 의미하는 사회권에 의해 기본권적 자유가 보강됨으로써 '사회적 헌법국가'가 실현된다. 이러한 사회적 헌법국가에서 사회는 국가에 대해서 적극적 개입을 요구하게 되고, 국가는 이러한 요구에 상응하는 과제와 의무로 인하여 사회에 적극적으로 개입하는 관계를 맺는다. 이로써 국가와 사회는 양자의 구분을 실질적으로 의미 없게 만드는 기능적 결합의 관계에 들어서게 된다.

2. 국가의 이념형으로서 민주적 · 사회적 헌법국가

'헌법국가'는 인권을 헌법에 수용하여 기본권으로 보장한다. 이러한 기본권의 핵심은 사적 자율성을 본질로 하는 자유다. '민주적 헌법국가'는 사적 자율성과 함께 공적 자율성을 보장한다. 사적 자율성은 개인의 문제에 대한 자주적 결정을 가능하게 하고, 공적 자율성은 공동체의 문제에 대한 자주적 결정을 가능하게 한다. '사회적 헌법국가'는 자율성을 실현하기 위해 필요한 경제적 기초를 보장한다. 따라서 **민주적 · 사회적 헌법국가**는 인간의 기본적 권리가 완벽하게 실현되는 가장 이상적인 국가모델로서 이성적 국가가 되고자 하는 모든 국가에 대해서 보편적으로 요구된다. 이것은 민주적 · 사회적 헌법국가가 한국헌법의 기본원리로서도 요구될 수 있다는 뜻이다.

국가원리	본질적 표지	기본권의 기능	국가와 사회
형식적 법치주의	결정 · 실천 · 조직	인권의 형식적 보장	국가와 사회의 구분
실질적 법치주의 = 헌법국가	사적 자율성	소극적 지위	국가와 사회의 제한적 관련
민주주의	공적 자율성	능동적 지위	국가에 대한 사회의 참여
사회복지주의	물적 토대의 보장	적극적 지위	사회에 대한 국가의 개입

제 2 절 법치주의

Ⅰ. 개 념

1. 법치주의의 이념과 과제

(1) 법치주의의 이념

법치주의는 간단히 정의하면 '법에 의한 통치(지배)의 원리'를 뜻한다. 이것은 사람에 의한 통치 또는 자의에 의한 통치와 반대되는 개념이다. 즉 법에 의한 통치의 원리는 사람에 의한 자의적이고 주관적인 통치가 아니라 법이라는 확정적이고 객관적인 기준에 따른 통치를 의미한다. 이렇게 국가권력으로 하여금 법이라는 확정적이고 객관적인 기준에 의해 통치하게 함으로써 도달하려는 목적은 분명해 보인다. 그것은 통치권력의 행사에 법적 근거와 한계를 설정하여 통치의 대상이 되는 국민의 자유와 권리를 확실하게 보장하겠다는 목적이다.

(2) 법치주의의 과제

법치주의의 이념에 따라서 법치주의의 구체적 과제는 두 가지로 요약된다. 첫째, 법치주의는 국민이 행동의 지침으로 삼아야 하는 확정적이고 객관적인 기준을 정립해야 하는 과제를 갖는다. 둘째, 법치주의는 이와 같이 확정적 · 객관적 행동기준을 정립함으로써 국민의 기본권을 보장해야 하는 과제를 갖는다. 이 두 가지 과제는 동시에 강조되어야 한다. 왜냐하면 첫 번째 과제만 강조되면 법치주의가 기본권보장이라는 실질적인 목적을 상실하여 형식화되고, 두 번째 과제만 강조되면 법치주의와 마찬가지로 기본권보장이 궁극적 목적인 다른 국가원리와의 구분이 모호해지기 때문이다.

2. 법치주의와 기본권

다른 국가원리와 마찬가지로 기본권보장이 목적인 법치주의는 확정적이고 객관적인 기준인 법규범을 정립하여 자신의 목적을 실현한다. 하지만 법치주의가 실현하는 기본권보장은 소극적 의미가 강하다. 왜냐하면 법치주의는 적극적으로 기본권을 실현하는 방식이 아니라, 확정적이고 객관적인 행동기준인 법규범을 정립하여 법규범이 개입하여 규율하고자 하는 영역을 설정하고 그 바깥의 영역에서 기본권을 보장하는 소극적 방식으로 기본권보장의 과제를 수행하기 때문이다. 이처럼 법치주의는 국가권력이 법의 형식으로 국민의 자율성의 영역에 개입하여 활동할 수 있는 범위를 설정하여 적어도 개념적으로나마 국가영역과 사회영역을 구분함으로써 기본권을 보장한다.

Ⅱ. 법의 필요성과 법치주의

1. 법치주의에 대한 소극적 논증과 적극적 논증

법치주의는 소극적으로 논증될 수도 있고, 적극적으로 논증될 수도 있다. 우선 법치주의를 소극적으로 논증하려는 시도는 법치주의에 반대되는 이념, 즉 사람 또는 자의에 의한 통치의 이념이 지배함으로써 현실에 끼친 부정적인 측면, 다시 말해 자의적 통치에 의한 기본권의 축소와 침해를 반성적으로 검토한다. 이를 위해서는 보통 '역사적인 고찰'이나 '비교법적인 고찰'이 행해진다. 법치주의의 이념이 역사적 흐름에 따라 일정한 방향으로 발전해 왔다든지, 국가마다 일정한 의미로 사용된다든지 하는 식의 고찰 방식이다. 예를 들어 법치주의를 영국에서 유래하는 '법의 지배'(rule of law) 사상과 독일에서 유래하는 '법치국가'(Rechtsstaat) 사상의 측면에서 역사적으로 어떻게 변모해왔는지를 고찰하는 방식이 그렇다. 역사적인 방법과 비교법적인 고찰은 **경험적 방법**이라는 데 본질이 있다. 하지만 이러한 경험적 방법은 반드시 그 배후에 **규범적 근거**를 바탕으로 하게 마련이다. 따라서 이러한 경험적 방법의 정당성에 대한 논증은 그 배후에 놓여 있는 규범적 근거의 정당성에 대한 논증이 선행된 뒤에야 비로소 가능하다. 법치주의에 대한 규범적 근거의 정당성을 논증하려는 시도를 법치주의에 대한 '적극적 논증'이라고 부를 수 있다.

2. 적극적 논증으로서 법의 필요성

(1) 대화절차의 내부적 한계와 형식적 법치주의

우리는 앞에서 법과 통치(국가)의 필요성을 논증하면서, 법치주의에 대한 적극적 논증을 인간의 보편적 삶의 양식인 대화와 법의 관계라는 측면에서 시도하였다. 이런 논증과정에서 법과 통치의 필요성은 제도화되지 않은 대화절차의 한계, 즉 결정을 도출하지 못하거나 실천을 강제하지 못하고 조직적인 실천을 만들어내지 못하는 한계로부터 정당화되었다. 이에 따르면 법치주의는 공동체구성원의 행동과 관련된 일정한 결정을 도출하고, 그러한 결정을 모든 사람에게 강제하며, 그것도 조직적으로 실천되도록 하는 법에 의한 통치라는 측면에서 정당화된다. 이러한 정당화과정에서 나온 결론은 앞에서 언급한 것처럼 확정적이고 객관적인 행동기준을 정립해야 한다는 법치주의의 첫 번째 과제와 일치한다. 법의 형식에 대해서 요구되는 결정의 과제는 확정적이고 객관적인 행동기준의 정립에 다름 아니기 때문이다. 그러나 이렇게 정당화된 법치주의는 법의 내용이 아니라 우선적으로 결정이나 실천, 조직 등과 같은 법의 형식과 관련된다는 점에서 형식적 법치주의를 특징으로 한다.

(2) 대화절차의 필수적 규범과 실질적 법치주의

제도화되지 않은 대화절차가 법의 형식에 의해 제도화된 대화절차로 이전하면서 반드시 포함되어야 하는 도덕적 내용들이 있다. 그것은 바로 제도화되지 않은 대화절차를 합리적인 것으로 만들기 위해서 반드시 전제되어야 하는 규범적 요청이다. 그것은 모든 절차참여자를 인격적 주체로 인정하여 자유롭고 평등한 참여를 보장하라는 요청이다. 이러한 요청이 법의 형식을 가질 때 기본적 인권에 대한 보장으로 나타난다. 이것은 법치주의의 두 번째 과제가 기본권보장이라는 점과 내용적으로 일치한다. 이처럼 기본적 인권을 보장하는 법치주의, 즉 법의 내용으로서 기본적 인권의 보장이 포함된 법치주의를 **실질적 법치주의** 또는 **헌법주의**라고 부를 수 있다. 하지만 앞에서 언급한 것처럼 기본권을 존중하는 실질적 법치주의에서 우선적으로 보호하는 것은 기본권의 소극적 지위이다. 국가와 사회의 개념적 구분을 전제로 하여 국가권력이 법의 형식으로 활동할 수 있는 영역과 대립적으로 보장된 영역에서 기본권의 보장이 가능해지기 때문이다.

Ⅲ. 법개념과 법치주의

법치주의를 법에 의한 통치로 이해할 때 통치의 기준이나 방법이 되는 법의 개념을 어떻게 정의할 것인지는 법치주의를 이해하는 데 있어서 대단히 중요하다.[3]

1. 실증주의적 법개념과 형식적 법치주의

법개념의 세 가지 표지 가운데 제정성과 실효성만을 고려하는 **실증주의**의 입장에서 법치주의는 형식적 의미로 이해된다. 왜냐하면 이러한 이해에 따르면 일정한 규범은 권한을 가진 기관에 의하여 규정된 절차에 따라 제정되고, 상위법에 위반되지 않으며, 사회구성원들에 의해 준수됨과 동시에 준수되지 않을 경우에 제재가 가해지기만 하면 법규범으로 인정되기 때문이다. 따라서 법규범의 내용적 정당성은 전혀 문제되지 않으므로 법의 형식만을 가진 규범에 의한 통치가 가능하다. 이렇게 실증주의가 이해하는 법에 의한 통치의 이념을 **형식적 법치주의**라고 부를 수 있다. 이러한 의미의 법치주의는 결정 · 실천 · 조직을 법의 기능으로 이해하는 법치주의와 밀접한 관련을 맺는다.

2. 비실증주의적 법개념과 실질적 법치주의

(1) 법규범의 도덕적 정당성과 실질적 법치주의

법개념의 세 가지 표지를 모두 다 고려하는 **비실증주의**의 입장에서 법치주의는 실질적으로 이해된다. 이러한 견해에서 일정한 규범은 권한을 가진 기관에 의하여 규정된

---

3) 법의 개념에 대해서는 제1편 제1부 제2장 제2절 Ⅰ. 참조.

절차에 따라 제정되고, 상위법에 위반하지 않으며, 사회구성원들에 의해 준수됨과 동시에 준수되지 않을 경우에 제재가 가해질 뿐만 아니라, 그 내용에 있어서도 도덕적 정당성의 요청을 만족하고 있어야 하기 때문이다. 이렇게 법의 형식뿐만 아니라 법의 내용까지 고려하여 비실증주의가 이해하는 법개념에 기초한 법치주의를 **실질적 법치주의**라고 부른다. 이러한 의미의 법치주의는 기본권보장을 법의 목적으로 이해하는 실질적 법치주의와 밀접한 관련을 맺는다.

(2) 사회적 법치주의와 실질적 법치주의

실질적 법치주의는 다른 의미로 이해되기도 한다. 다시 말해 실질적 법치주의는 **사회적 법치주의**를 의미하기도 한다. 사회적 법치주의로서 이해되는 실질적 법치주의는 기본권실현의 물질적 토대와 재정적 기초의 측면에서 이해된다는 점에서 볼 때 법의 내용이 가져야 할 도덕적 정당성의 측면에서 이해되는 실질적 법치주의와 구별된다.

Ⅳ. 법체계모델과 법치주의

법치주의는 법체계가 어떻게 구성되어 있는지에 대한 입장의 차이에 따라 달리 이해될 수 있다. 따라서 법치주의에 대한 적절한 이해를 위하여 법체계의 모델에 대한 검토가 필요하다.[4]

1. 규칙모델과 형식적 법치주의

법체계의 규칙모델에 따르면 법체계는 규칙으로만 구성되는 빈틈없는 **완벽한 체계**다. 따라서 법체계 안에 법의 공백이나 악법과 같은 '열려진 영역'은 존재할 수 없다. 법의 공백이 없기 때문에 법관의 해석에 주관적 가치판단이 개입될 여지가 없고, 악법은 존재하지 않기 때문에 악법을 판단하는 기준이 동원될 필요도 없다. 이것은 규칙의 의미에 대한 법관의 해석이 정당한지, 악법으로 의심되는 규칙의 내용이 정당한지에 대해서 전혀 문제될 수 없음을 의미한다. 결국 법체계를 구성하는 규칙의 개념은 정당성의 요소를 배제한 채 제정성과 실효성의 요소만을 가지고 정의될 수 있게 된다. 따라서 규칙모델은 법개념에 관한 실증주의의 입장과 쉽게 결합된다.[5] 이것은 규칙모델에 따라 이해된 법치주의가 법의 내용적 정당성을 문제 삼지 않음으로써 형식적 법치주의와 밀접하게 연계될 수밖에 없음을 의미한다.

2. 통합모델과 실질적 법치주의

법체계를 규칙/원칙의 통합모델로 이해하게 되면 법체계 안에는 법의 공백과 악법이 발생하는 **열려진 영역**이 존재할 수밖에 없다. 법체계 안에 열려진 영역이 존재해야

4) 법체계모델에 대해서는 제1편 제1부 제2장 제2절 Ⅲ. 참조.
5) 실증주의적 법개념에 대해서는 제1편 제1부 제2장 제2절 Ⅰ. 2. (1) 참조.

만 원칙이 적용될 수 있기 때문이다. 법체계의 열려진 영역에서 적용되는 원칙은 법관의 해석과정에 개입될 수밖에 없는 주관적 가치판단을 정당화하고, 악법을 판단하기 위해 동원되어야 하는 기준을 정당화하기도 한다. 그리고 사안에 대한 판단의 정당화를 위하여 인용된 원칙은 그 자체가 정당화될 필요가 있다. 이처럼 법체계에 포함된 원칙의 개념은 정당성이라는 요소를 반드시 포함해야만 한다. 따라서 규칙/원칙의 통합모델은 법개념에 관한 비실증주의의 입장과 결합되기가 쉽다.[6] 이로써 법체계의 통합모델을 기초로 구성된 법치주의는 법의 내용적 정당성에 대해서 문제를 제기하는 실질적 법치주의와 연계될 수밖에 없다.

Ⅴ. 법이념과 법치주의

1. 법적 안정성

(1) 개 념

법적 안정성이란 법을 통한 안정성, 즉 법을 통해 공동체의 질서와 평화를 실현하고 유지하고자 하는 법의 이념을 말한다. 이러한 법이념에는 법규범이 공동체구성원의 행동과 구성원 상호간의 관계를 규율하는 확정적이고 객관적이며 고정적인 기준으로서 공동체에 질서와 평화를 가져다줄 수 있다는 신념이 전제되어 있다.

(2) 전제조건

법개념을 정의하는 요소 가운데 제정성과 실효성의 표지는 법적 안정성을 보장한다. 또한 법체계에 있어서 규칙형태의 규범도 법적 안정성을 보장한다. 이러한 법적 안정성의 이념을 실현하기 위해서는 법규범의 안정성, 즉 법규범에 대한 ① 명확성원칙과 ② 불소급원칙, 그리고 ③ 신뢰보호원칙이 전제되어야 한다. 명확성원칙과 불소급원칙 및 신뢰보호원칙을 전제로 하는 법적 안정성의 이념은 특히 형벌이나 조세의 영역에서 중요하기 때문에 **죄형법정주의**와 **조세법률주의**의 원칙으로 독립되어 강조되고 있다.

1) 명확성원칙

A. 학 설 **명확성원칙**은 법규정의 문언이 표현하고자 하는 의미의 범위가 확정적이고 고정적이어야 한다는 원칙을 말한다. 법규정의 문언은 동시대의 구성원들에게 분명한 의미범위를 제공할 때 '확정적'이고, 시대의 변화에 따라 의미범위가 변동되지 않을 때 '고정적'이다. 문제는 법규정의 문언이 표현하는 의미범위가 확정적이고 고정적일 수 있는지 여부이다. 문언의 의미범위에 대해서는 ① 확정적이고 고정적이라는 견해, 즉 **문언의미의 확정 · 고정설**과 ② 불확정적이고 가변적이라는 견해, 즉 문언의미의 **불확정 · 가변설**이 주장될 수 있다. 전자에 따르면 문언의 의미가 확정성과 고정성을 갖고 있는지 여부에 따라 명확성원칙의 준수 여부가 결정된다. 반면에 후자에 따르면 어차피 문언의 의미는 확정적이거나 고정적이지 않기 때문에 명확성원칙의 준수 여부에

6) 비실증주의적 법개념에 대해서는 제1편 제1부 제2장 제2절 Ⅰ. 2. (2) 참조.

대한 판단을 위해서는 다른 기준이 개입되어야 한다. 문언의 의미는 그 문언을 사용하거나 해석하는 주체가 처한 시간적, 공간적 맥락에 따라 달라질 수 있다는 점에서 문언의 의미가 확정적이고 고정적일 수 있는지는 의문이다.

한편 명확성원칙은 다의적이거나 모호한 법규정의 문언을 해석하기 위해 동원되는 '해석규칙'이 완벽할 수 있는지 여부와도 관련된다. 헌법재판소도 "법규범이 명확성원칙에 위반되는지 여부는 (통상적인) 해석방법에 의하여 그 의미내용을 합리적으로 파악할 수 있는 해석기준을 얻을 수 있는지 여부에 달려 있다"고 판시하여 이 점을 분명히 했다.[7] 해석규칙의 완벽성에 대해서는 ① 긍정하는 견해와 ② 부정하는 견해가 주장될 수 있다. 앞서 법규정의 문언을 해석할 때 경험적 논거와 규범적 논거가 등장할 수 있음을 보여줌으로써 오로지 순수하게 분석적인 논거만이 등장할 수 있음을 전제로 하는 해석규칙에는 일정한 한계가 있을 수밖에 없다는 견해를 제시하였다.[8]

B. 판 례

① 헌법적 근거와 기능 헌법재판소에 따르면 명확성원칙은 **법치국가원리**에서 파생될 뿐만 아니라 국민의 자유와 권리를 보호하는 **기본권보장**으로부터 도출되는 원칙으로서[9] 기본적으로 모든 기본권제한입법에 대하여 요구된다.[10] 이 원칙에 따라 법률은 명확한 용어로 규정됨으로써 적용대상자에게 그 규제내용을 미리 알 수 있도록 공정한 고지를 하여 **장래의 행동지침**을 제공하고, 동시에 법집행자에게 객관적 판단지침을 주어 차별적이거나 자의적인 법해석을 예방할 수 있는 기능을 한다. 왜냐하면 법규범의 규정내용으로부터 무엇이 금지되는 행위이고 무엇이 허용되는 행위인지를 수범자가 알 수 없다면 **법적 안정성과 예측가능성**은 확보될 수 없게 되고, 또한 법집행당국에 의한 **자의적 집행**을 가능하게 하기 때문이다.[11]

② 명확성의 정도 법률명확성원칙이 요구하는 명확성의 정도는 **모든 법률에서 동일한 정도로 요구되지 않고** 개개의 법률이나 법조항의 성격에 따라 다르게 요구되며 각각의 구성요건의 특수성과 그러한 법률이 제정된 배경이나 상황에 따라 달라질 수 있다.[12] 하지만 일반적으로는 **부담적 성격의 법률**에 대해서 수익적 성격을 가진 법률보다 더 엄격하게 명확성원칙이 요구된다고 한다.[13] 또한 **죄형법정주의상의 명확성원칙**과 일반적 명확성원칙을 구분하여 법률이 형벌법규인 때에는 일반적 법률보다 명확성원칙이 더욱 엄격하게 요구되고,[14] 적법절차나 죄형법정주의가 적용되는 영역에서는 그 밖의

7) 헌재 2005. 6. 30. 2002헌바83; 2007. 7. 26. 2006헌바12; 2009. 5. 28. 2006헌바109; 2010. 7. 29. 2008헌바106.
8) 제1편 제1부 제4장 제3절 I. 2. 참조.
9) 헌재 2001. 6. 28. 99헌바34.
10) 헌재 1998. 4. 30. 95헌가16; 2000. 2. 24. 98헌바37; 2002. 1. 31. 2000헌가8.
11) 헌재 1992. 4. 28. 90헌바27등; 1998. 4. 30. 95헌가16; 2000. 2. 24. 98헌바37; 2001. 6. 28. 99헌바34; 2002. 7. 18. 2000헌바57; 2003. 10. 30. 2001헌마700등; 2003. 12. 18. 2001헌바91; 2008. 11. 27. 2007헌바51.
12) 헌재 1992. 2. 25. 89헌가104; 2001. 6. 28. 99헌바34; 2008. 11. 27. 2007헌바51.
13) 헌재 1992. 2. 25. 89헌가104; 2015. 3. 26. 2014헌바156; 2016. 7. 28. 2014헌바421; 2021. 3. 25. 2018헌바348.

일반적인 경우보다도 더욱 엄격하게 요구된다.[15]

③ 명확성의 판단 일반적 개념이 사용된 경우에는 당해 **법률이 제정된 목적과 타규범과의 연관성**을 고려하여 합리적인 해석이 가능한지 여부에 따라 명확성의 구비 여부가 결정되어야 한다고 한다. 따라서 일반적이거나 불확정적인 개념의 용어가 사용된 경우에는 동일한 법률의 다른 규정들을 원용하거나 다른 규정과의 상호관계를 고려하거나 **이미 확립된 판례**를 근거로 하는 등 정당한 해석방법을 통하여 그 규정의 해석 및 적용에 대한 신뢰성이 있는 원칙을 도출할 수 있다면 명확성원칙은 유지되고 있다.[16] 또한 명확성원칙은 기본적으로 최대한이 아니라 **최소한의 명확성**을 요구하기 때문에 법문언이 **법관의 보충적인 가치판단**을 통해서 그 의미내용을 확인해낼 수 있고, 그러한 보충적 해석이 해석자의 개인적인 취향에 따라 좌우될 수 없다면 명확성원칙에 반한다고 할 수 없다.[17]

④ 죄형법정주의와 명확성원칙 특별히 형벌과 관련하여 명확성원칙은 헌법 제12조 제1항 제2문과 제13조 제1항 전단에서 천명하고 있는 **죄형법정주의**에서 파생되는 원칙으로서[18] 누구나 법률이 처벌하고자 하는 행위가 무엇이며 그에 대한 형벌이 어떠한 것인지를 예견할 수 있고, 그에 따라 자신의 행위를 결정할 수 있도록 구성요건이 명확할 것을 의미한다.[19] 형벌법규의 내용이 애매모호하거나 추상적이어서 불명확하면 무엇이 금지된 행위인지를 국민이 알 수 없어 법을 지키기가 어려울 뿐더러 범죄의 성립 여부가 법관의 자의적인 해석에 맡겨져 죄형법정주의에 의하여 국민의 자유와 권리를 보장하려는 법치주의의 이념은 실현될 수 없기 때문이다.[20]

여기서 구성요건이 명확해야 한다는 것은 그 법률을 적용하는 단계에서 가치판단을 완전히 배제할 수 있는 무색투명한 서술적 개념으로 규정되어야 한다는 것을 의미하지 않고, 입법자의 입법의도가 **건전한 일반상식을 가진 자에 의하여 일의적으로 파악될 수 있는 정도**의 것이어야 한다는 것을 의미한다.[21] 따라서 다소 광범위하고 어느 정

---

14) 헌재 1992. 4. 28. 90헌바27등; 2000. 2. 24. 98헌바37; 2001. 6. 28. 99헌바34; 2008. 11. 27. 2007헌바51.

15) 헌재 2000. 2. 24. 98헌바37.

16) 헌재 1992. 2. 25. 89헌가104; 2022. 10. 27. 2019헌바324.

17) 헌재 1992. 2. 25. 89헌가104; 1998. 4. 30. 95헌가16; 2001. 6. 28. 99헌바31; 2005. 12. 22. 2004헌바45; 2011. 3. 31. 2008헌바141; 2014. 7. 24. 2012헌바292; 2019. 12. 27. 2018헌바161; 2021. 11. 25. 2019헌바450; 2021. 12. 23. 2019헌바87; 2022. 3. 31. 2019헌바107.

18) 신체의 자유와 죄형법정주의의 관계에 대해서는 제2편 제2부 제4장 제4절 참조.

19) 헌재 1989. 12. 22. 88헌가13; 1990. 1. 15. 89헌가103; 1993. 3. 11. 92헌바33; 1998. 3. 26. 97헌마194; 2000. 4. 27. 98헌바95등; 2000. 6. 29. 98헌가10; 2001. 1. 18. 99헌바112; 2002. 2. 28. 99헌가8; 2002. 4. 25. 2001헌가27; 2002. 5. 30. 2001헌바5; 2002. 6. 27. 2001헌바70; 2003. 1. 30. 2002헌바53; 2004. 11. 25. 2004헌바35; 2005. 6. 30. 2002헌바83; 2008. 11. 27. 2007헌가24; 2010. 2. 25. 2008헌가6; 2010. 7. 29. 2008헌바706.

20) 헌재 1996. 12. 26. 93헌바65; 1998. 7. 16. 97헌바23; 2000. 4. 27. 98헌바95등; 2002. 2. 28. 99헌가8; 2002. 5. 30. 2001헌바5; 2002. 6. 27. 2001헌바70; 2010. 2. 25. 2008헌가6; 2016. 7. 28. 2012헌바258.

21) 헌재 1989. 12. 22. 88헌가13; 1990. 1. 15. 89헌가103; 2002. 4. 25. 2001헌가27; 2004. 11. 25. 2004헌바35; 2005. 6. 30. 2002헌바83.

도의 범위에서는 **법관의 보충적인 해석**을 필요로 하는 개념을 사용하여 규정하였다고 하더라도 그 적용단계에서 다의적으로 해석될 우려가 없는 이상 그 점만으로 헌법이 요구하는 명확성의 요구에 배치된다고 보기는 어렵다.[22] 다만 적용대상자와 금지내용에 대해서 자의를 허용하지 않는 **통상의 해석방법**에 의하여 **보통의 상식을 갖춘 사람**이면 누구나 알 수 있도록,[23] 또는 **건전한 상식과 통상적인 법감정을 가진 사람**이면 충분히 알 수 있도록 규정되어야 한다.[24] 법규범의 의미내용은 그 문언뿐만 아니라 입법목적이나 입법취지, 입법연혁, 그리고 법규범의 체계적 구조 등을 종합적으로 고려하는 해석방법에 의하여 구체화하여 합리적으로 파악되어야 한다.[25] 그러므로 처벌법규의 구성요건이 어느 정도 명확하여야 하는가는 일률적으로 정할 수 없고, 각 구성요건의 특수성과 그러한 법적 규제의 원인이 된 여건이나 처벌의 정도 등을 고려하여 **종합적으로 판단**해야 한다.[26] 형벌규정에 대한 예측가능성의 유무는 당해 특정조항 하나만을 가지고 판단할 것이 아니라 관련된 법조항 전체를 유기적이고 체계적이며 종합적으로 판단해야 할 뿐만 아니라 각 대상법률의 성질에 따라 구체적이고 개별적으로 검토될 필요가 있다.[27]

특별히 예시적 **입법형식**이 명확성의 원칙에 위배되지 않으려면 예시한 개별적인 구성요건이 그 자체로 일반조항의 해석을 위한 판단지침을 내포하고 있어야 할 뿐만 아니라, 그 일반조항 자체가 그러한 구체적인 예시를 포괄할 수 있는 의미를 담고 있는 개념이 되어야 한다.[28]

헌법재판소가 명확성원칙에 위반되지 않는다고 결정한 대표적인 사례로 법률상 금

22) 헌재 1989.12.22. 88헌가13; 1990.1.15. 89헌가103; 1993.3.11. 92헌바33; 1994.7.29. 93헌가4; 1996.12.26. 93헌바65; 2002.1.31. 2000헌가8; 2002.4.25. 2001헌가27; 2002.5.30. 2001헌바5; 2002.6.27. 2001헌바70; 2004.11.25. 2004헌바35; 2005.6.30. 2002헌바83; 2008.11.27. 2007헌가24; 2009.3.26. 2007헌바72; 2012.4.24. 2011헌바40; 2014.1.18. 2011헌바252; 2015.5.28. 2013헌바385; 2016.7.28. 2015헌바6; 2021.9.30. 2019헌마551; 2022.7.21. 2018헌바164.

23) 헌재 1992.4.28. 90헌바27등; 1993.3.11. 92헌바33; 2002.4.25. 2001헌가27.

24) 헌재 1996.12.26. 93헌바65; 1998.5.28. 97헌바68; 2002.1.31. 2000헌가8; 2002.6.27. 2001헌바70; 2008.11.27. 2007헌가24; 2010.9.30. 2009헌바313; 2011.11.29. 2010헌바54등; 2016.2.25. 2013헌바105; 2018.5.31. 2017헌바204; 2021.8.31. 2018헌바149; 2022.8.31. 2018헌바440.

25) 헌재 2005.6.30. 2002헌바83; 2007.7.26. 2006헌바12; 2009.5.28. 2006헌바109등; 2010.10.28. 2008헌마638; 2010.11.25. 2009헌바27; 2011.4.28. 2009헌바56; 2012.11.29. 2010헌바454; 2013.2.28. 2012헌바62; 2014.4.24. 2012헌바45; 2015.4.30. 2014헌바179; 2018.2.22. 2016헌바401; 2020.9.24. 2017헌바412; 2021.4.29. 2020헌바328; 2021.11.25. 2019헌바446등; 2021.12.23. 2018헌바435등; 2022.5.26. 2020헌바259; 2022.6.30. 2020헌바15; 2022.12.22. 2019헌바401등(범죄단체구성원으로 활동한 자).

26) 헌재 1990.1.15. 89헌가103; 1992.4.28. 90헌바7등; 1993.3.11. 92헌바33; 1994.7.29. 93헌가4등; 1995.5.25. 93헌바23; 1996.12.26. 93헌바65; 1997.3.27. 95헌가17; 1998.3.26. 97헌마194; 1998.5.28. 97헌바68; 1998.7.16. 96헌바35; 2000.11.30. 99헌바95; 2001.8.30. 99헌바92등; 2002.4.25. 2001헌가27; 2003.3.27. 2001헌바39; 2003.3.27. 2002헌바35; 2009.3.26. 2007헌바72; 2014.7.24. 2013헌바169; 2022.5.26. 2019헌바341.

27) 헌재 1996.2.29. 94헌마13; 2001.1.18. 99헌바112; 2011.10.25. 2010헌가29; 2019.8.29. 2014헌바212; 2020.10.29. 2019헌바249; 2022.10.27. 2020헌바375.

28) 헌재 2002.6.27. 2001헌바70; 2009.7.30. 2007헌마718; 2010.3.25. 2009헌가2; 2016.7.28. 2012헌바258; 2022.2.24. 2018헌바146.

지된 표현으로서 **음란**,[29] 청소년성보호법에서 금지된 **청소년이용 음란물**,[30] 군형법에 규정된 **추행**,[31] 의료인 아닌 자의 **의료행위**,[32] 게임물을 이용한 **사행행위**,[33] 허위세금계산서 교부를 위한 **영리목적**,[34] 공무원에게 금지된 **공무 외의 일을 위한 집단행위**,[35] 갓길 통행이 허용되는 **부득이한 경우**,[36] 정보통신망에 올린 허위사실의 **비방목적**,[37] 통신자료 취득의 요건으로서 **국가안전보장에 대한 위해**,[38] 경범죄처벌법에 따른 **못된 장난**[39], 어린이보호구역 안에서 요구되는 **안전운전의무**,[40] 민법상 무효가 되는 선량한 풍속 기타 사회질서에 위반된 사항(반사회질서),[41] 공직선거법에서 금지되는 후보자에 대한 비방[42] 등이 있다. 그밖에도 **형법에서 사용되고 있는 다양한 표현**, 예를 들어 직무유기,[43] 직권남용,[44] 궁박과 현저하게 부당한 이익,[45] 기망,[46] 폭행과 협박,[47] 공갈,[48] 위계나 위력에 의한 업무방해,[49] 공연성과 모욕,[50] 강제추행죄에서 추행,[51] 사회봉사,[52] 국기모독,[53] 야간주거침입절도죄에서 건조물,[54] 강간죄에서 항거불능,[55] 무고죄에서 허위의 사

---

29) 헌재 1998. 4. 30. 95헌가16(음란간행물); 2009. 5. 28. 2006헌바109(음란한 화상/영상); 2013. 8. 29. 2011헌바176(음란한 물건으로서 성기구); 2023. 2. 23. 2019헌바305(음란한 화상/영상).

30) 헌재 2002. 4. 25. 2001헌가27.

31) 헌재 2002. 6. 27. 2001헌바70.

32) 헌재 2005. 5. 26. 2003헌바86; 2005. 9. 29. 2005헌바29등; 2007. 4. 26. 2003헌바71; 2022. 3. 31. 2017헌마1343등(문신시술).

33) 헌재 2009. 2. 26. 2005헌바94.

34) 헌재 2013. 12. 26. 2012헌바217등; 2015. 12. 23. 2015헌바224; 2015. 12. 23. 2015헌바249; 2017. 7. 27. 2017헌바226; 2018. 3. 29. 2016헌바202등; 2019. 11. 28. 2018헌바219등.

35) 헌재 2014. 8. 28. 2011헌바32등; 2020. 4. 23. 2018헌마550.

36) 헌재 2021. 8. 21. 2020헌바100.

37) 헌재 2021. 3. 25. 2015헌바438등; 2021. 9. 30. 2019헌바360등.

38) 헌재 2022. 7. 21. 2016헌마388등.

39) 헌재 2022. 11. 24. 2021헌마426.

40) 헌재 2023. 2. 23. 2020헌마460등(민식이법).

41) 헌재 2023. 9. 26. 2020헌바552.

42) 헌재 2024. 6. 27. 2023헌바78.

43) 헌재 2005. 9. 29. 2003헌바52.

44) 헌재 2006. 7. 27. 2004헌바46.

45) 헌재 2006. 7. 27. 2005헌바19.

46) 헌재 2006. 11. 30. 2006헌바53.

47) 헌재 2008. 12. 26. 2006헌바16.

48) 헌재 2011. 12. 29. 2010헌바54등.

49) 헌재 1998. 7. 16. 97헌바23; 2005. 3. 31. 2003헌바91; 2010. 4. 29. 2009헌바168; 2011. 12. 29. 2010헌바54등; 2022. 5. 26. 2012헌바66.

50) 헌재 2011. 6. 30. 2009헌바199; 2013. 6. 27. 2012헌바37; 2020. 12. 23. 2017헌바456등; 2021. 9. 30. 2021헌가2등; 2022. 5. 26. 2021헌바342(모욕죄).

51) 헌재 2011. 9. 29. 2010헌바66; 2017. 11. 30. 2015헌바300; 2020. 6. 25. 2019헌바121; 2024. 7. 18. 2024헌바71(박사방 사건).

52) 헌재 2012. 3. 29. 2010헌바100.

53) 헌재 2019. 12. 27. 2016헌바96.

54) 헌재 2020. 9. 24. 2018헌바383.

실,[56] 부정한 방법[57] 등도 명확성원칙에 위반되지 않는다고 한다. 헌법재판소에서 문제가 된 법규범의 문언은 대체로 유사한 정도로 불명확한데도 그 시대에 함께 살고 있는 일반적인 보통사람들, 특히 오랫동안 법률교육을 받고 법률실무에 종사해온 직업법관을 포함한 법률전문가에 의하여 통상적으로 인정된 해석규칙을 동원해서 문언의 의미 범위가 어느 정도까지는 확정될 수 있다고 합의될 수 있다면 명확성원칙에 위배되지 않는다고 판단되는 것으로 보인다.

[판례] 명확성원칙에 위반된다고 본 사례

[1] 약사법에 규정된 '약국관리에 필요한 사항'(2000. 7. 20. 99헌가15: 포괄위임입법금지의 원칙과도 관련)

[2] 음란성 또는 잔인성을 조장할 우려가 있거나 기타 미성년자로 하여금 범죄의 충동을 일으킬 수 있게 하는 만화(=**불량만화**)의 반포 등 행위 및 아동의 덕성을 심히 해할 우려가 있는 도서, 간행물, 광고물, 기타의 내용물의 제작 등 행위(2002. 2. 28. 99헌가8: 음란성을 제외한 잔인성, 조장, 우려, 범죄의 충동을 일으킬 수 있게 하는, 덕성, 심히 해할 우려 등의 개념이 불명확)

[3] 전기통신사업자가 제공하는 전기통신역무를 이용하여 **타인의 통신을 매개하는 행위** 및 전기통신사업자가 제공하는 통신역무를 **타인의 통신용에 제공하는 행위**(2002. 5. 30. 2001헌바5; 2002. 9. 19. 2002헌가11등)

[4] 전기통신사업법에 규정된 **공공의 안녕질서 또는 미풍양속을 해하는 내용의 불온통신**(2002. 6. 27. 99헌마480)

[5] 감사인의 의무위반사항으로서 '감사보고서에 기재하여야 할 사항을 기재하지 아니하는 행위'(2004. 1. 29. 2002헌가20)

[6] 직업소개 · 근로자모집 · 근로자공급을 하는 자에게 금지되는 **공중도덕상 유해한 업무**(2005. 3. 31. 2004헌바29)

[7] 정부투자기관이 계약을 체결함에 있어서 공정한 경쟁 또는 계약의 적정한 이행을 해칠 것이 명백하다고 판단되는 자에 대하여 일정기간 입찰참가자격을 제한할 수 있도록 한 규정에서 '일정기간'(2005. 4. 28. 2003헌바40: 헌법불합치)

[8] 대통령령에 정하는 바에 위반하여 행하여지는 유가증권의 시세고정 · 안정 목적의 매매거래 등을 금지하고 있는 구 증권거래법에서 '대통령이 정하는 바에 위반하여'(2005. 5. 26. 2003헌가17)

[9] 국가를당사자로하는계약에관한법률에서 입찰참가자격의 제한기간으로서 '대통령령이 정하는 일정기간'(2005. 6. 30. 2005헌가1: 헌법불합치)

[10] 도로교통법상 운전면허 취소사유로서 '운전면허를 받은 사람이 자동차 등을 이용하여 범죄행위를 한 때'(2005. 11. 24. 2004헌가28)

[11] 조세범처벌법상 '법에 의한 정부명령사항'(2007. 5. 31. 2006헌가10)

[12] 의료법상 금지사항으로서 '의료업무에 관한 광고의 범위 기타 의료광고에 필요한 사항은 보건복지부령으로 정한다.'(2007. 7. 26. 2006헌가4)

[13] 영화진흥법에서 '제한상영가'등급의 영화를 '상영 및 광고 · 선전에 있어서 일정한 제한이 필요한 영화'라고 정의한 것(2008. 7. 31. 2007헌가4)

55) 헌재 2022. 1. 27. 2017헌바528.

56) 헌재 2013. 8. 29. 2011헌바253등; 2022. 10. 27. 2022헌바86.

57) 헌재 2021. 10. 28. 2019헌바448(편의시설부정이용죄).

[14] 산업안전보건법에서 산업재해발생에 관한 보고사항으로 정해진 '이 법 또는 이 법에 의한 명령의 시행을 위하여 필요한 사항'(2010. 2. 25. 2008헌가6)

[15] 전기통신기본법상 처벌의 대상이 되는 '공익을 해할 목적으로 전기통신설비에 의하여 공연히 허위의 통신을 한 자'(2010. 12. 28. 2008헌바157)

[16] 구 도시 및 주거환경정비법에서 속기록 · 녹음 또는 영상자료를 만들어야 하는 대상으로 정해진 '중요한' 회의(2011. 10. 25. 2010헌가2)

[17] 공공수역에 '다량'의 '토사'를 유출하거나 버려 상수원 또는 하천 · 호소를 '현저히 오염'되게 한 자를 처벌하는 조항(2013. 7. 25. 2011헌가26)

[18] 범죄구성요건이 되는 산업기술을 '관계 중앙행정기관의 장이 소관 분야의 산업경쟁력 제고를 위하여 법령에 따라 지정 또는 고시 · 공고한 기술'로 정의한 부분(2013. 7. 25. 2011헌바39)

[19] 구 '파견근로자보호 등에 관한 법률'에 따른 **공중도덕상 유해한 업무**(2016. 11. 24. 2015헌가23)

[20] 경범죄처벌법에 따라 처벌되는 '여러 사람의 눈에 뜨이는 곳에서 공공연하게 알몸을 지나치게 내놓거나 가려야 할 곳을 내놓아 다른 사람에게 부끄러운 느낌이나 불쾌감을 준 사람'(2016. 11. 24. 2016헌가3)

⑤ 조세법률주의와 명확성원칙 명확성원칙을 조세의 영역에서 구체화하고 있는 **과세요건명확주의**는 헌법 제38조와 제59조에서 선언된 조세법률주의의 한 내용으로서 과세요건을 정하는 법률규정의 내용이 지나치게 추상적이고 불명확한 경우에 과세관청의 자의적인 해석과 집행의 우려가 있기 때문에 그 **규정내용이 명확하고 일의적이어야 한다는 원칙**을 의미한다.[58] 헌법재판소에 따르면 당해 조세법의 **일반이론**이나 **체계** 및 **입법취지** 등에 비추어 그 의미가 분명하여질 수 있는 경우에는 이러한 원칙에 위반되지 않는다.[59] 한편 헌법재판소는 조세법률주의의 근거가 되는 법치주의는 실질적 법치주의로 이해되기 때문에 조세법률주의도 실질적 법치주의를 뜻하는 것이므로 비록 과세요건이 법률로 명확히 정해진 경우에도 그것만으로 충분하지 않고, 조세법의 목적이나 내용이 기본권보장의 헌법이념과 이를 뒷받침하는 헌법상의 제원칙에 합치되어야 한다고 한다.[60]

C. 비판과 대안 명확성원칙과 관련하여 문언의미의 확정 · 고정설은 법체계에 관한 규칙모델에 기초하고 불확정 · 가변설은 원칙모델에 기초한다. 따라서 통합모델에 기초하는 경우에 명확성원칙은 전통적인 의미와 함께 새로운 의미가 추가되어야 한다. 우선 규칙/원칙통합모델에 따르면 규칙의 경우에는 일반적인 해석규칙을 동원한 포섭의 방식으로 그 의미가 구체화될 수 있다면 명확성원칙을 충분히 만족시킨다고 볼 수 있다. 하지만 원칙의 경우에는 형량의 방식으로 그 의미가 구체화되고 확정적인 효력을 발생시키기 때문에 합리적인 형량을 통한 의미와 효력의 확정이 가능한 경우에만 명확성원칙을 충족시

58) 헌재 1992. 12. 24. 90헌바21; 1994. 8. 31. 91헌가1; 1995. 10. 26. 94헌바7등; 1998. 3. 26. 96헌바57; 1998. 12. 24. 97헌바33등; 1999. 12. 23. 99헌가2; 2001. 8. 30. 99헌바90; 2002. 4. 25. 2001헌바66등.

59) 헌재 1995. 2. 23. 93헌바24등; 1995. 11. 30. 94헌바40등; 1996. 8. 29. 95헌바41; 2002. 4. 25. 2001헌바66등; 2002. 6. 27. 2001헌바44; 2003. 6. 26. 2002헌바101; 2011. 12. 29. 2010헌바191; 2016. 9. 29. 2014헌바114; 2019. 8. 29. 2017헌바403.

60) 헌재 1992. 2. 25. 90헌가69등; 1997. 6. 26. 93헌바49등; 1997. 11. 27. 95헌바38.

키게 된다. 한편 규범/절차통합모델에 따르면 형량의 합리성은 절차의 합리성을 전제함으로써만 확보되기 때문에 명확성원칙에 대한 판단은 형량의 합리성을 확보하기 위한 절차의 합리성이 보장되었는지 여부에 따라 결정된다. 결국 통합모델에 따르는 경우에 명확성원칙에 대한 판단은 ① 포섭, ② 형량, 그리고 ③ 절차의 합리성에 따라 결정된다.

헌법재판소가 명확성원칙을 법치주의와 죄형법정주의 또는 조세법률주의 및 기본권보장에서 도출하면서 국민의 측면에서 행동지침을 제공하고 국가의 측면에서 판단지침을 제공한다고 주장한 점에 대해서는 전적으로 동의할 만하다. 하지만 명확성원칙의 개념과 적용을 설명하면서 제시한 헌법재판소의 논거에 대해서는 바로 앞에서 설명한 기본입장에 기초하여 다음과 같은 반론을 제기할 수 있다.

① 첫째, 명확성의 판단에서 제시된 "건전한 상식과 통상적인 법감정을 가진 일반인"의 개념 자체가 불명확하다. ② 둘째, 설사 그 개념이 명확하다고 하더라도 건전한 상식과 통상적인 법감정을 가진 일반인도 법문언의 의미의 해석에 대해서 의견의 불일치가 존재할 수 있기 때문에 법문언에 대한 다양한 해석가능성이 여전히 남는다. ③ 셋째, 더 근본적으로는 일의적 해석가능성에 대한 확신은 문언의 의미에 대한 확정 · 고정설의 입장에 기초하고 있기 때문에 불확정 · 가변설의 입장에서는 동의할 수 없다. ④ 넷째, 법관의 보충적 해석을 위한 도구로서 제시된 "통상의 해석방법"은 이미 살펴본 것처럼[61] 많은 한계를 노정시킨다는 점에서 여전히 통상의 해석방법에 대해서 그 가능성만을 고려하고 한계를 인정하지 않는 헌법재판소의 입장은 문제가 있다. ⑤ 마지막 다섯째, 법체계의 규칙/원칙모델에 따르는 경우에 포섭이 전형적인 적용양식으로 사용되는 규칙형태의 규범에 대해서는 전통적인 의미의 명확성원칙이 그대로 적용될 수 있지만, 형량이 전형적인 적용양식으로 사용되는 원칙형태의 규범에 대해서는 그렇지 못하다는 점에서 규칙모델에 기초하고 있는 헌법재판소의 견해는 한계가 있다.

2) 불소급원칙

A. 내 용 법적 안정성은 사전에 미리 마련된 법적 기준을 믿고 행동한 사람을 보호함으로써 실현된다. 사후에 마련된 법규범에 의해 이미 행해진 행위가 평가받을 수 있다면 법적 안정성은 사라진다. 따라서 법적 안정성을 위해 법규범의 소급효는 원칙적으로 금지되는데 이것을 '불소급원칙'이라고 부른다. 헌법 제13조 제1항은 모든 국민은 행위시의 법률에 의하여 '범죄'를 구성하지 아니하는 행위로 소추되지 않도록 규정하여 죄형법정주의에서 도출되는 형벌불소급의 원칙을 규정한다. 또한 같은 조 제2항은 모든 국민은 소급입법에 의하여 '참정권'의 제한을 받거나 '재산권'을 박탈당하지 않도록 규정하여 소급입법에 의한 참정권 또는 재산권 박탈금지의 원칙을 선언하고 있다. 이렇게 헌법적으로도 확인된 불소급원칙에 따라 정형화된 행동규준으로서 마련된 법규범에 근거할 때 자신의 행동에 대한 법적 결과의 예측이 가능해진다(예측가능성).

61) 제1편 제1부 제4장 제3절 I. 2. 참조.

B. 진정소급입법과 부진정소급입법 헌법재판소는 소급입법을 일반적으로 과거의 사실관계 또는 법률관계를 규율하기 위한 입법으로 정의한다. 그리고 ① 이미 과거에 완성된 사실 · 법률관계를 규율대상으로 하는 진정소급입법과 ② 이미 과거에 시작하였으나 아직 완성되지 아니하고 진행과정에 있는 사실 · 법률관계를 규율대상으로 하는 부진정소급입법으로 구분한다. 이러한 두 가지 소급입법 가운데 헌법(제13조 제2항)이 금지하는 것은 진정소급입법일 뿐 부진정소급입법은 아니다. 따라서 전자는 헌법적으로 허용되지 않는 것이 원칙이며 특별한 사정이 있는 경우에만 예외적으로 허용될 수 있는 반면에, 후자는 원칙적으로 허용되지만 소급효를 요구하는 공익상의 사유와 신뢰보호의 요청 사이의 교량과정에서 신뢰보호의 관점이 입법자의 형성권에 제한을 가하게 된다.[62] 한편 헌법재판소에 따르면 개정된 신법이 피적용자에게 유리한 경우에 신법 시행 전에 행한 범죄에 대하여 개정 법률을 적용하도록 하는 시혜적 소급입법을 할 것인지 여부는 입법자에게 광범위한 입법형성의 자유가 인정되므로 입법자의 결정이 재량의 범위를 벗어나 현저하게 불합리하고 불공정한 것이 아닌 한 헌법에 위반되지 않는다.[63]

[판례] 5.18민주화운동특별법이 소급입법인지 여부

12.12 및 5.18 사건의 헌정질서파괴범죄행위에 대하여 국가의 소추권행사에 장애사유가 존재한 기간은 **공소시효의 진행**이 정지된 것으로 본다는 특별법에 대해서 (1) 공소시효의 정지 여부와 관련하여 ① 공소시효제도의 구체적인 적용은 기본적으로 법원의 전속적인 권한에 속하는 사항이며 헌법재판소가 관여할 사항이 아니라는 재판관 4인의 견해, ② 당연히 공소시효의 진행이 정지된 것으로 보아야 한다는 법리를 확인하여 입법한 데 불과하므로 소급입법에 해당하지 않는다는 재판관 3인의 견해, ③ 공소시효는 법률로써 명문규정을 둔 경우에 한하여 정지되는 것이므로 공소시효정지를 규정한 특별법은 소급적 효력을 가진 형성적 법률이라는 재판관 2인의 견해로 나뉘었다. (2) 공소시효가 아직 완성되지 않은 것으로 보아 특별법을 부진정소급입법으로 보는 경우에 헌정질서파괴범죄를 범한 자들을 응징하여 정의를 회복하여야 한다는 중대한 공익이 있어 헌법에 위배되지 않는다. (3) 공소시효가 완성된 것으로 보아 특별법을 진정소급으로 보는 경우에 ① 기존의 법을 변경하여야 할 공익적 필요가 심히 중대하다는 점에서 정당화되고 허용된다는 재판관 4인의 합헌견해, ② 범죄구성요건과 형벌에 관한 한 어떠한 공익상의 이유나 국가적인 이익도 개인의 신뢰보호의 요청과 법적 안정성에 우선할 수 없다는 이유로 허용될 수 없다는 재판관 5인의 한정위헌견해로 갈리었다(1996. 2. 16. 96헌가2등: 합헌).

[판례] 친일반민족행위자 재산의 국가귀속과 진정소급입법의 예외적 인정

친일재산을 그 취득 · 증여 등 원인행위시에 국가의 소유로 하도록 규정한 이 사건 조항은

62) 헌재 1995. 10. 26. 94헌바12; 1996. 2. 16. 96헌가2등; 1998. 11. 26. 97헌바58; 1999. 4. 29. 94헌바37; 1999. 7. 22. 97헌바76등; 2001. 2. 22. 98헌바19; 2001. 4. 26. 99헌바55; 2002. 7. 18. 99헌마574; 2002. 11. 28. 2002헌바45; 2003. 4. 24. 2002헌바9; 2003. 9. 25, 2001헌마93; 2003. 10. 30. 2001헌마700; 2005. 6. 30. 2004헌바42; 2008. 2. 28. 2005헌마872; 2008. 5. 29. 2006헌바99; 2010. 7. 29. 2008헌마581; 2013. 11. 28. 2009헌바206; 2015. 12. 23. 2013헌바259; 2016. 7. 28. 2014헌바372; 2017. 7. 27. 2015헌바240; 2019. 12. 27. 2015헌바45; 2020. 3. 26. 2018헌바205등; 2020. 5. 27. 2018헌바420; 2021. 10. 28. 2019헌마106; 2022. 10. 27. 2019헌바44.

63) 헌재 2006. 5. 25. 2005헌바15.

진정소급입법에 해당하지만, 진정소급입법이라 할지라도 예외적으로 국민이 소급입법을 예상할 수 있었던 경우와 같이 소급입법이 정당화되는 경우에는 허용될 수 있다. 친일재산의 취득 경위에 내포된 민족배반적 성격, 대한민국임시정부의 법통 계승을 선언한 헌법 전문 등에 비추어 친일반민족행위자측으로서는 친일재산의 소급적 박탈을 충분히 예상할 수 있었고, 친일재산 환수 문제는 그 시대적 배경에 비추어 역사적으로 매우 이례적인 공동체적 과업이므로 이러한 소급입법의 합헌성을 인정한다고 하더라도 이를 계기로 진정소급입법이 빈번하게 발생할 것이라는 우려는 충분히 불식될 수 있다. 따라서 이 사건 귀속조항은 진정소급입법에 해당하나 헌법 제13조 제2항에 반하지 않는다(2011. 3. 31. 2008헌바141).

C. 비판과 대안 불소급원칙은 절대적인 효력을 가지는 원칙이 아니다. 이는 이 원칙을 통해서 실현하려는 이익이나 가치보다 더 우월한 이익이나 가치가 존재한다면 그 효력을 주장할 수 없다는 뜻이다. 불소급원칙이 실현하는 이익이나 가치와 다른 이익이나 가치가 서로 충돌할 때 무엇이 더 우월한지는 합리적인 형량의 절차를 통해서만 결정될 수 있다. 이러한 관점에서 진정소급입법과 부진정소급입법의 구분은 결과적으로 의미가 없을 수도 있다. 어떤 경우에도 소급입법을 정당화할 수 있는 중대한 공익상의 요청이 있을 때 예외적으로 허용될 수 있기 때문이다.

[판례] 진정소급입법이 허용되는 경우

진정소급입법은 개인의 신뢰보호와 법적 안정성을 내용으로 하는 법치국가원리에 의하여 특단의 사정이 없는 한 헌법적으로 허용되지 아니하는 것이 원칙이나 예외적으로 법적 상태가 불확실하고 혼란스러웠거나 하여 보호할 만한 신뢰의 이익이 적은 경우, 신뢰보호의 요청에 우선하는 심히 중대한 공익상의 사유가 소급입법을 정당화하는 경우에는 예외적으로 허용될 수 있다(1996. 2. 16. 96헌가2등; 2011. 3. 31. 2008헌바141등; 2021. 1. 28. 2018헌바88).

3) 신뢰보호원칙

법적 안정성에 대한 요청은 법규범이 존재하지 않거나 기존의 법규범에 의해 규율되던 과거의 사안에 대해서 현재의 법규범이 적용되지 않도록 요구할 뿐만 아니라 현재의 법적 상태가 미래에 대해서도 계속적으로 유지될 것이라는 신뢰와 기대를 보호하도록 요구한다. 현재의 법상태의 계속적 효력에 대한 구성원의 정당한 신뢰를 보호하도록 요청하는 원칙을 신뢰보호원칙이라고 부른다. 불소급원칙과 같이 신뢰보호원칙도 새로운 법규범이 제정되거나 개정 또는 폐지되는 경우에 적용될 수 있는데 불소급원칙은 명시적으로 소급효에 관한 규정이 있을 때 적용되는 반면에 신뢰보호원칙은 새로운 법규범의 시행 그 자체만으로 적용될 수 있다는 점에서 차이가 있다. 현재의 법규범에 대한 신뢰는 절대적인 것이 아니므로 현재의 법규범을 폐지 · 개정하는 공익목적과 형량이 필요하다.

부진정소급입법에 대하여 신뢰보호원칙을 적용하는 헌법재판소에 따르면 "법률이 개정되는 경우에는 기존 법질서와의 사이에 어느 정도의 이해관계의 상충은 불가피하다." 하지만 "기존의 법질서에 대한 당사자의 신뢰가 합리적이고 정당한 반면, 법률의 제정이나 개정으로 야기되는 당사자의 손해가 극심하여 새로운 입법으로 달성코자 하는 공익적 목적이 그러한 당사자의 신뢰가 파괴되는 것을 정당화할 수 없는 경우, 그러한 새 입법은 허용될 수 없다"고 한다.[64] 따라서 신뢰보호원칙의 위반 여부를 판단할 때 "한편으로는 침해되는 이익의 보호가치, 침해의 정도, 신뢰의 손상 정도, 신뢰 침해의 방법 등과 또 다른 한편으로는 새로운 입법을 통하여 실현하고자 하는 공익적 목적 등을 종합적으로 형량하여야 한다."[65]

(3) 한 계

법적 안정성을 만족시키기 위한 세 가지 요건, 즉 명확성원칙과 불소급원칙 및 신뢰보호원칙은 일정한 한계를 지닌다. 명확성원칙의 경우에 법률문언의 의미가 확정적이고 고정적이지 않으면서 해석규칙도 명확한 결정을 제시하지 못하는 경우에는 법적 안정성은 실현되지 못하고, 구체적 정의를 기준으로 판단할 수밖에 없다. 또한 불소급원칙의 경우에도 정의의 요청에 따라 소급효가 인정되어야 하는 때에는 법적 안정성이 실현되지 못한다. 그리고 신뢰보호원칙도 법률의 폐지나 개정으로 얻는 공익적 정의가 요청되는 경우에는 물러나야 한다. 따라서 법적 안정성의 이념은 정의의 이념과의 관련성 속에서 재구성될 것이 요구된다.

2. 정 의

(1) 개 념

법적 안정성이 실현하는 공동체의 질서와 평화는 정의롭고 정당한 것이어야 한다. 따라서 법의 이념은 법적 안정성과 함께 반드시 정의를 포함해야 한다. 법의 이념으로서 정의는 법규범의 내용적 정당성을 요구한다. 문제는 정의의 개념이 다양하고, 심지어 서로 상반되는 내용까지도 정의의 개념에 포함될 수 있다는 점이다. 우선 ① 누구나 동의하는 '객관적 정의'가 존재할 수 있지만 개인마다 상이하게 주장되는 '주관적 정의'도 존재한다. 그리고 ② 모든 상황과 사정에서 일반적으로 적용되는 '추상적 정의'를 구성하는 것도 가능하지만 개별적인 상황과 사정에서 판단기준이 되는 '구체적 정의'도 필요하다. 또한 ③ 정의는 고정적이고 불변하는 '절대적 정의'로 이해되기도 하지만 유동적이고 가변적인 '상대적 정의'로 이해되기도 한다. 그 밖에 ④ 정의는 기본적으로 일정한 내용을 가진 '실체적 정의'이지만 정의의 실체에 접근하기 위해서는 반드시 일정한 절차가 보장되어야 한다는 점에서 '절차적 정의'가 요구될 수 있다.

---

64) 헌재 1995. 6. 29. 94헌바39.

65) 헌재 2001. 2. 22. 98헌바19; 2001. 4. 26. 99헌바55; 2011. 7. 28. 2009헌바311; 2012. 11. 29. 2011헌마786 등; 2014. 2. 27. 2012헌바424; 2015. 5. 28. 2013헌마799; 2016. 10. 27. 2015헌바203; 2017. 7. 27. 2016헌바275; 2021. 6. 24. 2018헌바457; 2022. 7. 21. 2019헌바410.

(2) 정의의 헌법적 수용

절차이론에 기초한 대화이론의 입장에서 정의는 실천과 관련된 대화에서 일정한 절차를 거쳐 도달한 '합의'로 이해된다. 이에 따르면 정의는 이해관계가 있는 모든 사람, 또는 적어도 가능한 많은 사람이 참여한 절차에서 다양한 주관적 정의를 주장하는 참여자들이 서로 동의하여 합의한 것이다. 여기서 중요한 것은 이와 같은 동의나 합의에 이르는 '절차'가 합리적이어야 한다는 점이다. 절차의 합리성은 절차에서 반드시 요구되는 규범적 요청이 준수되고 있는지에 따라 결정된다. 그러한 규범적 요청은 모든 절차참여자에 대한 **인격적 인정**의 보장이다. 그리고 이러한 인격적 인정의 규범적 요청이 현실적으로 강제되기 위해서는 헌법에 수용되어 기본권으로 보장되어야 한다. 이러한 의미에서 헌법이 인격적 인정의 규범적 요청을 기본권으로 수용하고 있는 한 정의의 실체적 내용에 대한 보장은 없더라도 정의를 지향하는 헌법이라고 말할 수 있다.

(3) 정의와 법적 안정성의 형량

정의는 법적 안정성과 함께 법규범이 지향해야 되는 동등한 이념이다. 문제는 두 가지 법이념이 서로 충돌할 수 있다는 점이다. 여기서 중요한 것은 어떤 하나의 법이념이 절대적으로 우월하다고 보는 것이 아니라 구체적인 상황에 따라 상대적으로 어떤 법이념이 우월한지를 판단하는 것이다. 이를 위해서는 정의의 이념과 법적 안정성의 이념을 합리적으로 형량하는 것이 필요하다. 이러한 합리적 형량을 통해 구체적인 상황에서 두 가지 법이념 가운데 하나만을 일방적으로 선택하는 것이 아니라 두 가지 법이념을 모두 조화롭고 균형있게 실현할 수 있다. 두 가지 법이념의 조화와 균형은 다른 법이념인 합목적성에 포함된 비례성원칙을 통해서 가능해진다.

3. 합목적성

(1) 합목적성과 비례성원칙

법규범은 내용적으로 정의에 모순되지 않아야 할 뿐만 아니라 입법목적으로 제시된 공익을 실현하는 데 적합하고 필요한 것이어야 한다. 여기서 합목적성이 제3의 법이념으로 요구된다. 목적의 실현에 적합하고 필요한 수단을 사용하도록 요청하는 합목적성의 이념은 비례성원칙으로 구체화된다. 비례성원칙은 무엇보다도 행정법(경찰행정법)의 원칙으로 발전되었다. 즉 비례성원칙에 따르면 경찰권의 발동으로 투입될 수 있는 수단은 공공의 안녕과 질서를 유지하려는 공익목적을 달성하는 데 적합하고 필요한 경우에만 정당화된다. 따라서 비례성원칙에는 아무리 공익목적이 정당해도 그것을 실현하는 모든 수단이 정당화될 수는 없다는 점이 핵심적 내용으로 포함된다. 이러한 의미에서 비례성원칙의 요청은 행정작용을 포함한 모든 국가작용의 한계를 설정하는 원칙으로 확대된다.

(2) 비례성원칙의 부분원칙

비례성원칙은 ① 적합성원칙, ② 필요성원칙, ③ 좁은 의미의 비례성원칙으로 구성된다.[66] **적합성원칙**에 따르면 목적을 실현하는 수단은 '적합한' 수단, 즉 목적을 가능한 한 최대한 실현하는 수단이어야 한다. 이러한 의미에서 적합성원칙은 **'최대화명령'**이라고 부를 수 있다. **필요성원칙**에 따르면 목적을 실현하는 수단은 '필요한' 수단, 즉 그 목적과 충돌하는 다른 목적에 대한 피해를 가능한 한 최소로 줄이는 수단이어야 한다. 이러한 의미에서 필요성원칙은 **'최소화명령'**이라고 부를 수 있다. **좁은 의미의 비례성원칙**에 따르면 수단은 '비례적' 수단, 즉 하나의 목적을 최대한 실현하는 동시에 그 목적과 충돌하는 다른 목적에 대한 피해를 최소한으로 줄이는 최적화의 수단이어야 한다. 이러한 의미에서 좁은 의미의 비례성원칙은 **'최적화명령'**으로 부를 수 있다. 여기서 최적화란 서로 충돌하는 목적이나 이익들을 합리적으로 형량하여 균형적으로 실현시키는 과정으로 이해된다. 이렇게 비례성원칙의 구조는 두 개의 목적항과 한 개의 수단항으로 이루어진 '삼각형의 관계'를 이루게 된다. 이러한 '관계삼각형'에 의해 비례성원칙을 재구성하면 다음과 같다.

비례성원칙의 구조와 부분원칙

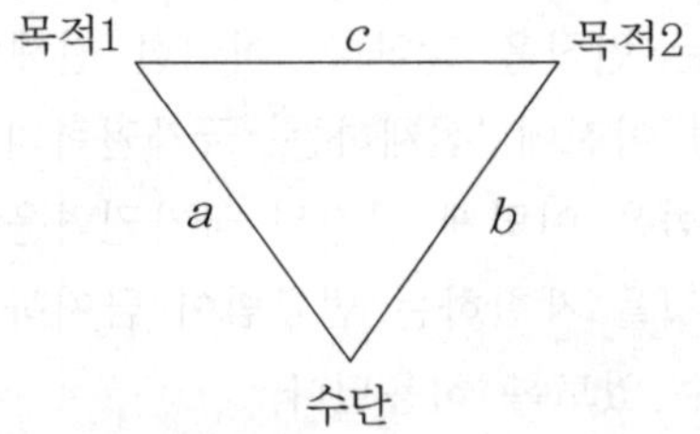

a: 적합성원칙 = 최대화명령
b: 필요성원칙 = 최소화명령
c: 좁은 의미의 비례성원칙 = 최적화명령

(3) 비례성원칙의 본질적 요소

비례성원칙의 세 가지 부분원칙들 가운데 적합성원칙과 필요성원칙은 문제가 된 상충하는 두 개의 목적을 실현하는 '경험적 가능성'을 결정한다. 반면에 좁은 의미의 비례성원칙은 문제가 된 상충하는 두 개의 목적을 균형적으로 실현하는 '규범적 가능성'을 결정한다. 경험적 가능성은 목적실현의 필요조건이지 충분조건이 아니다. 목적의 실현에서 가장 중요한 것은 결국 규범적 가능성이다. 따라서 비례성원칙의 본질적 부분은 합리적 형량을 거쳐 서로 충돌하는 목적을 균형적으로 실현하도록 요청하는 좁은 의미의 비례성원칙이 된다. 이러한 좁은 의미의 비례성원칙은 법적 안정성의 이념과 정의의 이념이 서로 충돌할 때도 적용될 수 있다는 점에서 비례성원칙을 내용으로 하는 합목적성의 이념은 법적 안정성의 이념이나 정의의 이념과 대등한 이념으로 보기는 어렵다.

Ⅵ. 국가권력과 법치주의

국가원리로서 법치주의는 국가에 대해서 과제와 목표를 설정하는 '국가목적조항'으

66) 이준일, 헌법상 비례성원칙, 『공법연구』(한국공법학회), 제37집 제4호(2009), 25면 이하 참조.

로 이해될 뿐만 아니라 국가권력의 조직과 활동에 관한 '국가구성원리'로도 이해된다. 이에 따르면 국가권력은 법규범에 의해서 비로소 조직되고, 국가권력의 활동도 법규범에 구속된다. 법치주의가 지향하는 궁극적 목적이 국민의 기본권보장에 있다고 할 때, 법치주의는 무엇보다도 **국가권력을 조직하는 단계**에서부터 국가권력이 집중되거나 독점되지 않도록 국가권력을 분할해서 서로 다른 기관에 맡김으로써 기관 상호간에 견제하고 균형을 이루도록(check and balance) 요청한다. 이처럼 기본권보장을 목적으로 하는 법치주의는 국가권력의 구성 및 조직과 관련해서 **권력분립원칙**으로 구체화된다. 또한 이렇게 조직된 **국가권력은 활동의 단계**에서도 활동의 근거나 범위와 관련하여 권한에 관한 법규범에 구속된다. 권한의 근거와 범위에 관한 권한규범과 관련하여 입법부는 헌법에 구속되고, 집행부와 사법부는 헌법과 법률에 구속된다.

1. 권력분립

전통적 견해에 따르면 권력분립원칙은 국가권력을 입법, 사법, 행정으로 단순히 나누어 서로 다른 국가기관에 분배함으로써 권력들 상호간에 견제와 균형이 이루어지도록 하고, 그럼으로써 국민의 자유와 권리를 보장하려는 원칙을 말한다. 이러한 견해에 따르면 국가권력은 법규범보다 먼저 존재하고, 법규범 이전에 '선재하는' 국가권력의 내용과 범위는 이미 현실적으로 결정되어 있으며, 법규범은 이렇게 결정된 국가권력을 사후적으로 제한하는 데 그친다. 따라서 국가권력은 그것을 제한하는 법규범이 금지하지 않는 한에서 현실적으로 이미 해오던 모든 것을 할 수 있도록 허용된다.

반면에 현대적 견해에 따르면 국가권력은 법규범에 앞서 이미 내용이 결정되어 선재하는 것으로 전제되지 않고, 국가권력의 내용과 범위는 법규범에 의해서 비로소 구성되고 조직되는 대상으로 이해된다. 이에 따르면 헌법에 따라 비로소 국가기능은 구분되어 규정되고, 그 기능을 담당하는 국가기관이 창설되어 그 기능을 행사할 권한을 부여받는다. 예를 들어 우리 헌법은 국가기능을 입법, 집행, 사법으로 나누어 규정하고, 입법권은 국회(제40조), 집행권은 대통령을 수반으로 하는 정부(제66조 제4항), 사법권은 법원(제101조)에 분배하고 있다.

2. 법의 최고성(법우위의 원칙)

국가권력은 법규범 이전에 이미 존재하는 것이 아니라 법규범에 의하여 그 근거와 내용이 비로소 결정된다. 따라서 법치주의의 요청에 따라 법에 의한 통치를 요구받는 국가권력은 무엇보다도 그 근거와 한계부터 법규범에 기초해야만 한다. 이것은 법규범이 국가보다 단지 시간적으로만 앞서 존재한다는 의미에 한정되지 않는다. 법규범이 국가권력의 근거와 내용을 결정한다는 것은 법규범이 국가권력보다 우위에 놓이고, 국가권력은 법규범에 위반될 수 없다는 **법의 최고성**을 의미한다.

우선 형식적 법치주의에서 법의 최고성은 법규범을 행정권력보다 우위에 놓고 행정권력이 법규범에 위반하지 않도록 요구하기 때문에 입법자를 구속하지는 않는다. 그러나 실질적 법치주의, 즉 헌법주의 안에서 인권의 헌법적 수용을 통하여 입법자는 기본권에 구속된다. 이처럼 헌법을 입법자보다 우위에 놓고 입법자를 헌법에 구속시키는 원칙을 **헌법우위의 원칙**이라 부른다. 또한 입법자가 제정한 법률을 집행하는 집행부와 그것을 해석하는 사법부는 그 법률에 구속되는데 이것을 **법률우위의 원칙**이라 부른다. 다시 말해 '법률우위의 원칙'은 법률의 형식으로 된 국가작용이 다른 형식의 국가작용보다 우선하므로 후자의 내용은 전자의 내용에 위반될 수 없다는 원칙을 뜻하게 된다. 이러한 원칙은 입법부와 행정부의 관계에서 적용되는 **법률유보의 원칙**과 구분되어야 한다. 법률유보의 원칙에 따르면 행정작용은 반드시 법률적 근거에 기초하여 법률의 수권범위 안에서 이루어져야 한다.

그렇다면 무엇을 헌법에 규정하여 입법자를 구속하는 헌법사항으로 하고, 또한 무엇을 법률에 규정하여 행정부를 구속하는 법률사항으로 해야 하는가? 실질적 법치주의, 즉 헌법주의의 요청에 따라 국민의 기본권과 같이 입법자도 포기할 수 없을 만큼 '가장 중요한 사항들'은 헌법에 규정해야 한다. 반면에 **법률유보의 원칙**에 따라 입법자는 '그 밖의 중요한 사항들', 즉 국민의 권리와 의무에 관련된 기본적이고 본질적인 사항은 법률에 규정해야 한다. 이처럼 입법자에게 요구되는 법률유보의 원칙은 행정부에 대하여 법률적 근거와 한계를 요구하는 법률유보의 원칙보다 더 넓은 의미를 포함한다.

[판례] 법률유보

입법권은 국회에 속한다는 헌법 제40조의 의미는 적어도 국민의 권리와 의무의 형성에 관한 사항을 비롯하여 국가의 통치조직과 작용에 관한 **기본적이고 본질적인 사항**은 반드시 국회가 정하여야 한다는 것이다(1998. 5. 28. 96헌가1; 2001. 4. 26. 2000헌바122).

3. 행정의 합법률성(법치행정)

법률우위의 원칙과 법률유보의 원칙은 또한 행정부의 측면에서 볼 때 행정의 합법률성(= 법치행정)의 원칙으로 표현되기도 한다. 이에 따르면 행정작용은 법률에 위반되지 않아야 하고, 법률에 근거하여 법률이 부여한 권한범위 안에서, 그리고 법률에서 정한 절차에 따라 행해져야 한다. 이러한 행정의 합법률성에 대한 통제가 가능할 때 법치주의는 관철될 수 있다. 이에 따라 헌법은 행정청의 처분이 헌법이나 법률에 위반되는지의 여부가 재판의 전제가 된 경우에는 대법원이 이를 최종적으로 심사할 권한을 갖도록 규정함으로써(제107조 제2항) 사법부에 의해 행정작용의 합법률성에 대한 통제가 가능하도록 규정하고 있다.

4. 포괄위임입법금지의 원칙

(1) 내 용

법률유보의 원칙에 따라 국민의 기본권과 관련된 중요한 사항은 법률의 형식으로 규율되어야 하고, 법률을 제정할 수 있는 권한은 의회에 속하므로 기본권에 관한 법률을 정립하는 입법작용은 원칙적으로 의회의 권한영역에 속한다. 그러나 현대국가에서 집행부의 역할이 증대함에 따라 이른바 '행정국가'로의 발전이 진행되고 있다. 또한 국민의 자유를 실현하기 위한 경제적 기초를 보장하도록 하는 '사회복지주의'의 요청은 국가의 적극적 개입을 정당화한다. 이런 이유로 행정입법의 필요성도 증대되고 있다. 행정입법은 입법부가 행정부에 위임한 입법이기 때문에 '위임입법'이라고도 부른다. 이와 함께 제기되는 문제는 자의적 행정이 증대될 가능성도 높아지고 있다는 점이다.

헌법은 대통령이 법률에서 **구체적으로 범위를 정하여 위임받은 사항과 법률을 집행하기 위하여 필요한 사항**에 관하여 대통령령을 발할 수 있도록 규정함으로써 구체적 위임입법만을 허용하고 포괄적 위임입법은 금지하고 있다(제75조). 이것은 행정입법의 헌법적 근거를 마련하는 규정이면서 동시에 비록 행정입법의 필요성이 증대된다고 하더라도 거기에는 일정한 한계가 있음을 뜻한다. 따라서 입법자가 집행부에게 입법의 권한을 위임하는 경우에는 반드시 '구체적으로 범위를 정하여' 위임하여야지 포괄적인 위임이나 백지위임을 하는 것은 허용되지 않는다. 이것을 '포괄위임입법금지의 원칙'이라고 부른다. 이에 따르면 위임입법에 대해서 구체성명령, 즉 포괄성금지가 요청된다. 여기서 구체성명령은 명확성원칙과 유사한 내용을 가진 것으로 이해될 수 있다.

한편 법률이 대통령령(제75조) 또는 총리령이나 부령(제95조)과 같은 법규명령에 위임하는 것 이외에 고시와 같은 행정규칙에 위임하는 것도 가능한지, 즉 위임입법의 형식이 헌법에 열거된 것에 한정되는지(**열거설**), 아니면 헌법에 열거된 형식은 예시에 지나지 않는지(**예시설**)가 문제될 수 있는데 헌법재판소는 행정규칙에 대한 위임입법을 인정함으로써 예시설을 따르고 있다.[67] 다만 행정규칙에 위임하는 경우에는 전문적 · 기술적 사항이나 경미한 사항으로서 업무의 성질상 위임이 불가피한 사항에 한정된다고 한다. 그리고 이 경우에도 포괄위임입법금지의 원칙이 요청된다고 한다. 그밖에 조례도 법률의 위임에 따라 입법사항을 규정할 수 있는데 이 경우에는 반드시 구체적으로 범위를 정할 필요가 없으며 포괄적으로 위임할 수도 있다고 본다.[68]

[판례] 법률이 행정규칙에 위임한 경우

국회입법에 의한 수권이 입법기관이 아닌 행정기관에게 법률 등으로 구체적인 범위를 정하여 위임한 사항에 관하여는 당해 행정기관에게 법정립의 권한을 갖게 되고, 입법자가 규율의 형식도 선택할 수도 있다 할 것이므로, 헌법이 인정하고 있는 **위임입법의 형식은 예시적**인 것으로 보아야 할 것이고, 그것은 법률이 행정규칙에 위임하더라도 그 행정규칙은 위임된 사항만을 규율할 수 있으므로, 국회입법의 원칙과 상치되지도 않는다. 다만, 형식의 선택에 있어서 규율의 밀도와 규율영역의 특성이 개별적으로 고찰되어야 할 것이고, 그에 따라 입

67) 헌재 2004. 10. 28. 99헌바91; 2006. 12. 28. 2005헌바59; 2008. 7. 31. 2005헌마667; 2008. 11. 27. 2005헌마161; 2009. 2. 26. 2005헌바94; 2009. 4. 30. 2007헌마106.

68) 헌재 2023.12.21. 2020헌바374(가축사육 제한구역 지정을 조례에 위임하는 법률).

법자에게 상세한 규율이 불가능한 것으로 보이는 영역이라면 행정부에게 필요한 보충을 할 책임이 인정되고 극히 전문적인 식견에 좌우되는 영역에서는 행정기관에 의한 구체화의 우위가 불가피하게 있을 수 있다. 그러한 영역에서 행정규칙에 대한 위임입법이 제한적으로 인정될 수 있다. 행정규칙은 법규명령과 같은 엄격한 제정 및 개정절차를 요하지 아니하므로, 재산권 등과 같은 기본권을 제한하는 작용을 하는 법률이 입법위임을 할 때에는 "대통령령", "총리령", "부령" 등 법규명령에 위임함이 바람직하고, 금융감독위원회의 고시와 같은 형식으로 입법위임을 할 때에는 적어도 행정규제기본법 제4조 제2항 단서에서 정한 바와 같이 법령이 전문적 · 기술적 사항이나 경미한 사항으로서 업무의 성질상 위임이 불가피한 사항에 한정된다 할 것이고, 그러한 사항이라 하더라도 포괄위임금지의 원칙상 법률의 위임은 반드시 구체적 · 개별적으로 한정된 사항에 대하여 행하여져야 한다(2004. 10. 28. 99헌바91).

헌법재판소에 따르면 포괄위임입법금지의 원칙은 행정부에 입법을 위임하는 **수권법률의 명확성원칙**으로서 법률의 명확성원칙이 행정입법과 관련하여 구체화된 특별규정이며 법률의 수권은 그 내용, 목적, 범위에서 충분히 확정되고 제한되어 있어서 국민이 행정의 행위를 어느 정도 예측할 수 있어야 한다는 것을 의미한다.[69] 이렇게 누구라도 당해 법률로부터 대통령령에 규정될 내용의 **대강을 예측**할 수 있어야 한다는 예측가능성이론[70]에서 출발하면서 이러한 예측가능성은 당해 특정조항만이 아니라 **관련 법조항 전체를 유기적 · 체계적으로 종합 판단**하여야 하고, 각 **대상법률의 성질에 따라 구체적 · 개별적으로 검토**하여야 한다고 한다.[71] 여기서 **규율대상의 특수성과 수권법률이 당사자에게 미치는 규율효과**가 수권법률의 명확성에 대한 판단에서 중요하다고 한다. 즉 다양한 형태를 갖거나 상황에 따라 자주 변화하리라고 예상되는 사실관계를 규율대상으로 하는 경우에는 입법자에게 명확성에 대한 엄격한 요구를 할 수 없고 자유공간을 인정할 필요가 있는 반면에 법률에 의한 기본권제한의 효과가 중할수록 명확성원칙이 엄격하게 요구된다고 한다.[72] 특히 처벌법규나 조세법규와 같이 국민의 기본권을 직접적으로 제한하거나 침해할 소지가 있는 법규에서는 구체성 · 명확성의 요구가 강화되어 그 위임의 요건과 범위가 일반적인 급부행정의 경우보다 더 엄격하게 제한적으로 규정되어야 한다고 한다.[73]

[판례] 정관에 대한 위임

법률이 정관에 자치법적 사항을 위임한 경우에는 헌법 제75조, 제95조가 정하는 포괄적인 위임입법의 금지는 원칙적으로 적용되지 않는다고 봄이 상당하다. 법률이 행정부가 아니거나 행정부에 속하지 않는 공법적 기관의 정관에 특정 사항을 정할 수 있다고 위임하는 경우에는 권력 분립의 원칙을 훼손할 여지가 없기 때문이다. 이는 자치입법에 해당되는 영역이므로 자치적

69) 헌재 2003. 7. 24. 2002헌바82.

70) 헌재 1995. 11. 30. 93헌바32.

71) 헌재 1991. 2. 11. 90헌가27; 1994. 7. 29. 93헌가12; 1995. 7. 21. 94헌마125; 1996. 3. 28. 94헌바42; 1996. 8. 29. 94헌마113; 1997. 10. 30. 95헌마7; 1998. 7. 16. 96헌바52; 2008. 11. 27. 2005헌마161.

72) 헌재 2003. 7. 24. 2002헌바82.

73) 헌재 1997. 2. 20. 95헌바27; 2006. 7. 27. 2006헌바18등; 2007. 12. 27. 2006헌가8; 2015. 11. 26. 2012헌바403.

으로 정하는 것이 바람직하다. 또한 헌법재판소는 조례에 대한 법률의 위임은 법규명령에 대한 법률의 위임과 같이 반드시 구체적으로 범위를 정하여야 할 필요가 없으며 포괄적인 것으로 족하다고 판단한 바 있다(1995. 4. 20. 92헌마264). 법률이 공법상의 법인의 정관에 위임한 경우에도 그것이 그 법인의 자치적인 규율사항이라고 보는 한 **조례와 같은 법리**가 적용된다고 할 수 있다. 그러나 공법적 기관의 정관 규율사항이라도 정관의 제정주체가 사실상 행정부에 해당하거나, 기타 권력분립의 원칙에서 엄격한 위임입법의 한계가 준수될 필요가 있는 경우에는 포괄위임입법금지 원칙이 적용되어야 한다(2001. 4. 26. 2000헌마122).

[판례] 포괄위임입법금지의 원칙을 위반한 사례

[1] 교통안전기금의 재원의 하나로 운송사업자 등에 대하여 부과되는 **분담금의 분담방법 및 분담비율에 관한 사항**을 대통령령으로 정하도록 규정한 교통안전공단법 제17조는 국민의 재산권과 관련된 중요한 사항 내지 본질적인 요소인 분담금의 분담방법 및 분담비율에 관한 기본사항을 구체적이고 명확하게 규정하지 아니한 채 시행령에 포괄적으로 위임함으로써, 분담금 납부의무자로 하여금 분담금 납부의무의 내용이나 범위를 전혀 예측할 수 없게 하고, 나아가 행정부의 자의적인 행정입법권 행사에 의하여 국민의 재산권이 침해될 여지를 남김으로써 경제생활의 법적 안정성을 현저히 해친 포괄적인 위임입법이다(1999. 1. 28. 97헌가8).

[2] 종합토지세 중과세 대상이 되는 **기타 사치성 재산용 토지의 구체적인 기준과 범위**를 대통령령에 위임하고 있는 지방세법조항 중 "기타 사치성 재산으로 사용되는 토지로서 대통령령으로 정하는 토지" 부분은 종합토지세를 중과세하는 마당에 '기타 사치성 재산으로 사용되는 토지'의 기준과 범위를 스스로 좀더 구체적으로 확정한 다음 하위법규에 위임하였어야 함에도 불구하고 기타 사치성 재산용 토지의 기준과 범위를 어떻게 규정할 것인지의 문제를 행정부의 재량과 자의에 맡겨버린 것이며, 입법목적, 지방세법의 다른 규정 또는 기타 관련법률을 살펴보더라도 그 기준과 범위를 객관적·합리적으로 예측하기 어렵고, 행정입법에 전적으로 위임할 수밖에 없는 불가피성도 없으므로 포괄위임입법금지원칙에 위배된다(1999. 3. 25. 98헌가11).

[3] "약국을 관리하는 약사 또는 한약사는 보건복지부령으로 정하는 약국관리에 필요한 사항을 준수하여야 한다"고 규정하면서 이 규정 위반자를 200만원 이하의 벌금에 처하도록 한 약사법조항은 **'약국관리에 필요한 사항'**이라는 처벌법규의 구성요건 부분에 관한 기본사항에 관하여 보다 구체적인 기준이나 범위를 정함이 없이 그 내용을 모두 하위법령인 보건복지부령에 포괄적으로 위임함으로써, 약사로 하여금 광범위한 개념인 '약국관리'와 관련하여 준수하여야 할 사항의 내용이나 범위를 구체적으로 예측할 수 없게 하고, 나아가 헌법이 예방하고자 하는 행정부의 자의적인 행정입법을 초래할 여지가 있으므로, 헌법상 포괄위임입법금지 원칙 및 죄형법정주의의 명확성 원칙에 위반된다(2000. 7. 20. 99헌가15).

[4] "대통령령이 정하는 바에 의하여 **일정한 기간 그 기술자격을 정지**시킬 수 있다."고 규정하고 있는 국가기술자격법조항은 자격정지 기간의 범위에 관하여 법률에 아무런 기준을 두지 않은 채 이를 모두 대통령령에 위임하고 있고, 국가기술자격법의 다른 규정이나 다른 관련 법률에서도 기술자격 정지에 관련된 규정을 찾아볼 수 없다. 이에 따라 이 사건 법률조항의 내용과 국가기술자격법의 다른 규정 등을 유기적·체계적으로 종합하여 판단해 보아도 이 사건 법률조항의 위임에 따라 시행령에 규정될

자격정지 기간의 범위, 특히 상한이 대강 어떤 것이 될지를 전혀 예측할 수 없으므로, 이 사건 법률조항은 자격정지 처분의 정지기간의 범위를 대통령령에 포괄적으로 위임한 것에 해당하여 위임입법의 한계를 규정한 헌법 제75조에 위반된다(2002. 6. 27. 2000헌가10).

[5] **의료보험요양기관지정취소**에 관하여 규정하고 있는 구 공무원및사립학교교직원의료보험법조항은 단지 보험자가 보건복지부령이 정하는 바에 따라 요양기관의 지정을 취소할 수 있다고 규정하고 있을 뿐, 보건복지부령에 정하여질 요양기관지정취소 사유를 짐작하게 하는 어떠한 기준도 제시하고 있지 않으므로 이는 헌법상 위임입법의 한계를 일탈한 것이다(2002. 6. 27. 2001헌가30). → 과거 의료보험법 판례(1998. 5. 28. 96헌가1)도 같은 취지.

[6] **양도소득세의 과세대상**으로 "제1호 내지 제4호 외에 대통령령이 정하는 자산의 양도로 인하여 발생하는 소득"을 규정하고 있는 구 소득세법조항은 양도소득세의 과세대상으로 규정한 다른 자산의 종류를 살펴본다 하여도 위 법률조항의 위임에 따라 규정될 자산의 종류나 범위를 짐작할 수 있는 어떠한 기준을 추출해 낼 수가 없으며, 양도소득세의 과세대상이 되는 자산을 결정하는 기준이 사회·경제적 정책의 변화 등의 여러 변수에 따라 변할 수밖에 없다 할지라도, 그 변화의 정도가 법률이 아닌 행정입법으로써 즉시 대응하지 않으면 안 될 정도로 강하다고 인정하기는 어렵다(2003. 4. 24. 2002헌가6; 2006. 2. 23. 2004헌가26).

[7] 금전채무의 이행을 명하는 판결을 선고할 경우 **손해배상액 산정의 기준이 되는 법정이율**은 소장 또는 이에 준하는 서면이 채무자에게 송달된 날의 다음날부터는 "대통령령으로 정하는 이율에 의한다."고 규정한 소송촉진등에관한특례법조항은 그 이율의 상한이나 하한에 대한 아무런 기준이 제시되지 않아 위임의 범위를 구체적으로 명확하게 정하고 있다고 할 수 없다. 또한 다른 법조항을 유기적·체계적으로 살펴보아도 이 조항이 예측가능성을 가지고 있다고 보기 어렵다. 이 조항에 의한 법정이율은 민사법상의 법정이율보다는 높은 이율로서 소송지연 방지 등을 위한 것이 될 것이지만, 종전의 "이자제한법의 범위 안에서"라는 상한 규정도 삭제된 상태에서, 과연 어느 정도의 높은 이율일 것인지 예측이 어렵다(2003. 4. 24. 2002헌가15).

[8] ① **퇴직연금지급정지의 대상**이 되는 정부투자기관·재투자기관 및 정부재정지원기관에 관하여 구체적으로 범위를 정하지 아니하고 포괄적으로 행정자치부령에 입법을 위임하고 있는바 이는 헌법상 입법위임의 한계를 일탈한 것이다. ② 퇴직연금지급정지제도의 본질에 비추어 지급정지의 요건 및 내용을 규정함에 있어서는 소득의 유무뿐만 아니라 소득의 수준에 대한 고려는 필수적인 것임에도 불구하고, 이 사건 심판대상조항은 이를 규정함에 있어 지급정지와 소득수준의 상관관계에 관하여 아무런 정함이 없이 대통령령에 포괄적으로 입법을 위임한 것으로서 포괄위임금지의 원칙에 위반된다. 나아가 이 사건 심판대상조항은, 퇴직연금 중 본인의 기여금에 해당하는 부분은 임금의 후불적 성격이 강하므로 재산권적 보호가 강조되어야 하는 점을 고려하여, '퇴직연금 또는 조기퇴직연금의 2분의 1의 범위 안에서'라는 구체적 범위를 정하여 위임하여야 함에도 불구하고 그러한 범위를 정하지 아니한 채 위임하고 있다는 점에서도 위헌이라고 보아야 한다(2003. 9. 25. 2000헌바94; 2005. 10. 27. 2004헌가20). → 퇴역연금지급정지제도의 경우에도 같은 취지(2003. 9. 25. 2001헌가22; 2005. 12. 22. 2004헌가24).

[9] 입찰참가자격의 제한 등에 관하여 필요한 사항을 재정경제부령으로 정하도록 한 정부투자기관관리기본법조항 중 "**입찰참가자격의 제한기간**을 재정경제부령으로 정하도록 한 부분"은 정부투자기관의 입찰참가자격제한처분권한을 규정한 정부투자기관관

리기본법 제20조 제2항에서 자격제한기간의 상한을 정하지 않은 채 "일정기간"이라고 불명확하게 규정함으로 말미암아 하위법령인 재정경제부령에 자격제한기간을 전적으로 모두 위임한 것과 같은 결과를 초래하게 되었으므로 포괄위임금지원칙에 위반된다(2003. 4. 24. 2002헌가15). → 국가를당사자로하는계약에관한법률의 '입찰참가자격의 제한기간'의 경우에도 같은 취지(2005. 6. 30. 2005헌가1).

[10] **증권감독위원회의 명령**을 위반한 경우 형사처벌하도록 한 구 증권거래법조항은 처벌법규의 구성요건적 내용을 증권관리위원회가 '대통령령이 정하는 바에 의하여' … 증권회사에 대하여 필요한 명령을 할 수 있다고만 규정하여 그 구체적인 내용을 포괄적 · 전면적으로 하위명령에 위임하고 있다. 따라서 수권조항에서는 대통령령에 규정될 구성요건적 요소가 어떠한 것일지를 전혀 예측할 수 없다. 즉 법 제54조는 구체적 구성요건적 요소를 규정할 대통령령에 아무런 제한을 두지 않고, 규정될 내용의 대강을 전혀 정하지 않은 채 곧바로 위임함으로써 실질적인 백지위임을 하고 있다(2004. 9. 23. 2002헌가26).

[11] **'자동차운전전문학원을 졸업하고 운전면허를 받은 사람 중 교통사고를 일으킨 비율이** 대통령령이 정하는 비율을 초과하는 때'에는 학원의 등록을 취소하거나 1년 이내의 운영정지를 명할 수 있도록 한 도로교통법조항에서 ① '교통사고'는 이 사건 조항에서 행정제재의 기준이 되는 비율의 계산에 있어서 중요한 변수이나, 이 사건 조항은 대통령령에 규정될 '교통사고'가 어떤 종류나 범위의 것이 될 것인지에 관한 대강의 기준을 제시하지 않고 있으며 도로교통법의 전반적 체계와 관련규정을 보아도 이를 예측할만한 단서가 없다. 따라서 '교통사고' 부분의 위임은 지나치게 포괄적인 것으로서 예측가능성을 주지 못하며 위임입법에서 요구되는 구체성 · 명확성 요건을 충족하지 못하였다. ② '사고 운전자의 비율'은 행정제재의 핵심적인 기준이므로 그 위임에 있어서는 법률에서 구체적 기준을 정하여야 한다. 그런데 이 사건 조항이나 도로교통법의 다른 조항들을 살펴보아도 그 비율의 대강이나 상하한선을 예상할 수 없다. 따라서 이 사건 조항은 운전전문학원 졸업자의 교통사고 비율을 대통령령에 너무 포괄적으로 위임한 것이다(2005. 7. 21. 2004헌가30).

[12] "의료업무에 관한 광고의 범위 **기타 의료광고에 필요한 사항**은 보건복지부령으로 정한다"는 규정 위반 시 300만 원 이하의 벌금에 처하도록 한 구 의료법조항은 위임되는 내용이 허용되는 의료광고의 범위인지, 금지되는 의료광고의 범위인지 모호할 뿐 아니라, 하위법령에 규정될 의료광고의 범위에 관한 내용이 한정적인지, 예시적인 것인지도 불분명하다. 위 조항이 위임하고 있는 내용이 광고의 내용에 관한 것인지, 절차에 관한 것인지 그 위임의 범위를 특정하기도 쉽지 않다. 이는 형사처벌의 대상이 되는 구성요건을 구체적으로 위임하지 않고, 하위법령에서 어떤 행위가 금지될 것인지에 예측할 수 없게 하므로 포괄위임입법금지원칙에 위반된다(2007. 7. 26. 2006헌가4).

[13] **영화상영등급분류의 구체적 기준**을 영상물등급위원회의 규정에 위임하고 있는데, 위임하고 있는 사항은 제한상영가 등급분류의 기준에 대한 것으로 그 내용이 사회현상에 따라 급변하는 내용들도 아니고, 특별히 전문성이 요구되는 것도 아니며, 그렇다고 기술적인 사항도 아닐 뿐만 아니라, 더욱이 표현의 자유의 제한과 관련되어 있다는 점에서 경미한 사항이라고도 할 수 없는데도, 영상물등급위원회 규정에 위임하고 있는바, 이는 그 자체로서 포괄위임금지원칙을 위반하고 있다. 나아가 등급분류의 기준에 관하여 아무런 언급 없이 영상물등급위원회가 그 규정으로 이를 정하도록 하고 있는바, 이것만으로는 무엇이 제한상영가 등급을 정하는 기준인지에 대해 전혀 알 수

없고, 다른 관련규정들을 살펴보더라도 위임되는 내용이 구체적으로 무엇인지 알 수 없으므로 이는 포괄위임금지원칙에 위반된다(2008. 7. 31. 2007헌가4).

[14] "이 법 또는 이 법에 의한 명령의 시행을 위하여 필요한 사항으로서 노동부령이 정하는 사항"만으로는 수범자가 처벌대상이 되는 행위의 범위가 어떠한 것인지를 전혀 예측할 수 없을 뿐만 아니라, 관련 법조항 전체를 유기적 · 체계적으로 종합 판단해 보더라도 수범자가 그 내용을 예측할 수 있을 정도로 내용이 명확하지 않다. 나아가 규범내용을 노동부령으로 특별히 위임할 긴급한 필요가 있거나, 미리 법으로써 자세히 정할 수 없는 부득이한 사정도 발견하기 어렵다. 결국 처벌법규의 구성요건에서 기본적 요소에 관하여 그 대강을 확정하지 아니한 채로 그 규범의 실질을 모두 하위 법령인 노동부령에 위임한 것은 포괄적 위임입법이다(2010. 2. 25. 2008헌가6).

[15] **기반시설의 종류로서 체육시설**은 시민들이 손쉽게 이용할 수 있는 시설에서부터 그 시설 이용에 일정한 경제적 제한이 존재하는 시설, 시설이용비용의 다과와는 관계없이 그 자체 공익목적을 위하여 설치된 시설 등에 이르기까지 상당히 넓은 범위에 걸쳐 있다. 따라서 그 자체로 공공필요성이 인정되는 교통시설이나 수도 · 전기 · 가스 공급설비 등 국토계획법상의 다른 기반시설과는 달리, 기반시설로서의 체육시설의 종류와 범위를 대통령령에 위임하기 위해서는, 체육시설 중 공공필요성이 인정되는 범위로 한정해 두어야 한다. 그러나 이 사건 정의조항은 체육시설의 구체적인 내용을 아무런 제한 없이 대통령령에 위임하고 있으므로, 기반시설로서의 체육시설의 구체적인 범위를 결정하는 일을 전적으로 행정부에게 일임한 결과가 되어 버렸다. 그렇다면, 이 사건 정의조항은 개별 체육시설의 성격과 공익성을 고려하지 않은 채 구체적으로 범위를 한정하지 않고 포괄적으로 대통령령에 입법을 위임하고 있으므로 헌법상 위임입법의 한계를 일탈하여 포괄위임금지원칙에 위배된다(2011. 6. 30. 2008헌바166).

[16] 토지 등 소유자가 도시환경정비사업을 시행하는 경우 사업시행인가 신청시 필요한 토지 등 소유자의 동의는 개발사업의 주체 및 정비구역 내 토지 등 소유자를 상대로 수용권을 행사하고 각종 행정처분을 발할 수 있는 행정주체로서의 지위를 가지는 사업시행자를 지정하는 문제로서 그 동의요건을 정하는 것은 국민의 권리와 의무의 형성에 관한 기본적이고 본질적인 사항이므로 국회가 스스로 행하여야 하는 사항에 속하는 것임에도 불구하고 **사업시행인가 신청에 필요한 동의정족수**를 토지 등 소유자가 자치적으로 정하여 운영하는 규약에 정하도록 한 것은 법률유보원칙에 위반된다(2011. 8. 30. 2009헌바128).

[17] **업무정지기간**은 국민의 직업의 자유와 관련된 중요한 사항으로서 업무정지의 사유 못지않게 업무정지처분의 핵심적 · 본질적 요소라 할 것이고, 비록 입법부가 복잡 · 다기한 행정영역에서 발생하는 상황의 변화에 따른 적절한 대처에 필요한 기술적 · 전문적 능력에 한계가 있어서 그 구체적 기준을 하위법령에 위임할 수밖에 없다 하더라도 최소한 그 상한만은 법률의 형식으로 이를 명확하게 규정하여야 할 것인데, 이 사건 법률조항은 업무정지기간의 범위에 관하여 아무런 규정을 두고 있지 아니하고, 나아가 의료기기법의 다른 규정이나 다른 관련 법률을 유기적 · 체계적으로 종합하여 보더라도 보건복지가족부령에 규정될 업무정지기간의 범위, 특히 상한이 어떠할지를 예측할 수 없으므로 헌법 제75조의 포괄위임금지원칙에 위배된다(2011. 9. 29. 2010헌가93).

[18] "노동부장관은 거짓이나 그 밖의 부정한 방법으로 이 장의 규정에 따른 고용안정 · 직업능력개발 사업의 지원을 받은 자 또는 받으려는 자에게 대통령령으로 정하는 바에 따라 그 지원을 제한하거나 이미 지원된 것의 반환을 명할 수 있다"고 규정한 이 사건 법률조항은 **고용안정 · 직업능력개발사업의 지원금을 부정수령**한 사업자 등에 대한

지원금의 지급제한기간 및 반환의 내용 및 범위 등에 관한 기본적 사항을 법률에 규정하지 않은 채 이를 포괄적으로 대통령령에 위임함으로써 행정청의 자의적인 법집행을 가능하게 하고 있으므로 헌법 제75조의 포괄위임금지원칙에 위반된다(2013. 8. 29. 2011헌바390).

[19] 심판대상조항은 식품접객업자를 제외한 어떠한 영업자가 하위법령에서 수범자로 규정될 것인지에 대하여 아무런 기준을 정하고 있지 않다. 비록 수범자 부분이 다소 광범위하더라도 준수사항이 구체화되어 있다면 준수사항의 내용을 통해 수범자 부분을 예측하는 것이 가능할 수 있는데, '영업의 위생관리와 질서유지', '국민의 보건위생 증진'은 매우 추상적이고 포괄적인 개념이어서 이를 위하여 준수하여야 할 사항이 구체적으로 어떠한 것인지 그 행위태양이나 내용을 예측하기 어렵다. 또한 '영업의 위생관리와 국민의 보건위생 증진'은 식품위생법 전체의 입법목적과 크게 다를 바 없고, '질서유지'는 식품위생법의 입법목적에도 포함되어 있지 않은 일반적이고 추상적인 공익의 전체를 의미함에 불과하므로, 이러한 목적의 나열만으로는 식품 관련 영업자에게 행위기준을 제공해주지 못한다. 결국 심판대상조항은 수범자와 준수사항을 모두 하위법령에 위임하면서도 위임될 내용에 대해 구체화하고 있지 아니하여 그 내용들을 전혀 예측할 수 없게 하고 있으므로, 포괄위임금지원칙에 위반된다(2016. 11. 24. 2014헌가6).

[20] 보건의료기관 개설자에게 부과하는 대불비용 부담금에 관한 필요한 사항을 대통령령에 위임하는 법률조항은 부담금의 액수를 어떻게 산정하고 이를 어떤 요건 하에 추가로 징수하는지에 관하여 그 대강조차도 정하지 않고 있고, 관련 조항 등을 살펴보더라도 이를 예측할 만한 단서를 찾을 수 없다. 또한 반복적인 부담금 추가 징수가 예상되는 상황임에도 대불비용 부담금이 '부담금관리 기본법'의 규율대상에서 제외되는 등 입법자의 관여가 배제되어 있다는 점도 문제가 있다. 따라서 이 법률조항의 '그 금액' 부분은 포괄위임입법금지원칙에 위배된다(2022. 7. 21. 2018헌바504). → 대불비용 부담금에 관한 위임내용 중 '납부방법 및 관리 등'은 포괄위임입법금지원칙에 위배되지 않지만 '그 금액' 부분은 위배되어 헌법불합치 결정

(2) 죄형법정주의와 포괄적 위임입법금지

범죄와 형벌에 관한 사항에서도 위임입법의 근거와 한계에 관한 헌법 제75조가 적용되지만, 법률에 의한 처벌법규의 위임은 헌법이 특히 인권을 최대한 보장하기 위하여 죄형법정주의와 적법절차를 규정하고 법률에 의한 처벌을 강조하고 있는 점에 비추어 바람직하지 못한 일이므로 그 **요건과 범위가 더욱 엄격하게 제한적으로** 적용되어야 한다.[74] 따라서 형벌법규의 위임을 위해서는 ① 특히 **긴급한 필요가 있거나** 미리 법률로써 자세히 정할 수 없는 **부득이한 사정이 있는 경우에 한정**되어야 하고, ② 이러한 경우에도 법률에서 범죄의 구성요건은 처벌대상행위가 어떠한 것이라고 **예측할 수 있을 정도로 구체적**으로 규정해야 하며, ③ 형벌의 종류 및 그 상한과 폭을 명백히 규정해야 한다.[75] 한편 위임입법의 예측가능성 여부를 판단할 때도 당해 특정조항만 가지고 판단하지 말고, 관련 법조항 전체를 **유기적 · 체계적으로 종합하여 판단**해야 한다.[76]

---

74) 헌재 1994. 6. 30. 93헌가15; 1994. 7. 29. 93헌가12; 1995. 9. 28. 93헌바50; 1996. 2. 29. 94헌마13; 1997. 5. 29. 94헌바22; 1997. 9. 25. 96헌가16; 1998. 3. 26. 96헌가20; 2000. 7. 20. 99헌가15; 2002. 5. 30. 2001헌바5; 2004. 8. 26. 2004헌바14.

75) 헌재 1991. 7. 8. 91헌가4; 2004. 8. 26. 2004헌바14; 2009. 9. 24. 2007헌마949.

(3) 조세법률주의와 포괄적 위임입법금지

조세법영역에서 행정입법이 필요한 이유는 조세는 경제활동과 관련된 전문적이고 수시로 변화하는 영역이기 때문이다. 헌법재판소도 조세법률주의를 지나치게 철저하게 시행한다면 다양하고 복잡하면서도 끊임없이 변천하는 경제상황에 대처하여 적확하게 과세대상을 포착하고 적정하게 과세표준을 산출하기 어려워 담세력에 응한 공평과세의 목적을 달성할 수 없어 행정입법이 필요하다고 한다.[77] 따라서 조세법률주의를 견지하면서도 조세평등주의와의 조화를 위하여 경제현실에 응하여 공정한 과세를 할 수 있게 하고 탈법적인 조세회피행위에 대처하기 위하여 납세의무의 중요한 사항 내지 본질적인 내용에 관련된 것이라 하더라도 그중 경제현실의 변화나 전문적 기술의 발달 등에 즉응하여야 하는 세부적인 사항에 관하여는 국회제정의 형식적 법률보다 더 탄력성이 있는 행정입법에 이를 위임할 필요가 있다고 한다. 조세법영역에서의 위임입법도 그 한계는 예측가능성이고, 이것은 법률에 이미 대통령령으로 규정될 내용 및 범위의 기본사항이 구체적으로 규정되어 있어서 누구라도 당해 법률로부터 대통령령 등에 규정될 내용의 대강을 예측할 수 있어야 함을 의미한다.[78] 이러한 예측가능성의 유무는 일반적인 위임입법과 마찬가지로 당해 특정조항만을 가지고 판단하지 말고, 관련 법조항 전체를 유기적 · 체계적으로 종합 판단하여야 하며 각 대상법률의 성질에 따라 구체적 · 개별적으로 검토하여 법률조항과 법률의 입법취지를 종합적으로 고찰할 때 합리적으로 그 대강이 예측될 수 있는 것이라면 위임의 한계를 일탈하지 않는다.[79]

5. 사법권의 독립

법률우위의 원칙은 사법부의 측면에서 사법권의 독립으로 표현된다. 행정의 합법률성이 행정권의 법률구속성을 요청한다면 사법권의 독립은 사법권의 법률구속성을 요청한다. 헌법에 따르면 법관은 헌법과 법률에 의하여 그 양심에 따라 독립하여 심판해야 한다(제103조). 이것은 사법부가 헌법과 법률에 구속될 뿐 다른 어떤 것에도 구속되지 않음을 의미한다. 이로써 사법부가 헌법과 법률에 구속된다는 의미에서, 그리고 다른 국가권력의 지시나 명령으로부터 자유롭다는 의미에서 사법권의 독립은 법치주의의 본질적인 요소가 된다. 다만 헌법에 구속되는 사법부는 헌법의 기본원리인 법치주의와 함께 민주주의에도 구속되므로 민주적 통제에서 자유롭지 않다.

---

76) 헌재 1996. 8. 29. 94헌마113; 2002. 3. 28. 2001헌바24; 2006. 2. 23. 2004헌바100; 2015. 1. 29. 2013헌바173; 2016. 4. 28. 2014헌바60; 2021. 9. 30. 2018헌바456.

77) 헌재 1995. 11. 30. 94헌바40등; 1996. 6. 26. 93헌바2; 1999. 7. 22. 96헌바80; 2002. 1. 31. 2001헌바13.

78) 헌재 1991. 7. 8. 91헌가4; 2002. 1. 31. 2001헌바13.

79) 헌재 1994. 6. 30. 93헌가15등; 1994. 7. 29. 92헌바49; 1995. 11. 30. 93헌바32; 1995. 11. 30. 94헌바40; 1997. 2. 20. 95헌바27; 1997. 9. 25. 96헌바18; 1998. 4. 30. 95헌바55; 1998. 4. 30. 96헌바78; 2002. 1. 31. 2001헌바13.

6. 사법적 권리구제

실체적인 의미에서 국가작용이 헌법과 법률에 구속되어야 한다는 요청은 절차적 의미에서도 실현되어야 한다. 따라서 위헌적 또는 위법적 국가작용뿐만 아니라 합법적 국가작용도 헌법과 법률이 보장하는 국민의 자유와 권리를 침해했을 때 효과적인 권리구제의 길이 마련되어 있어야 한다. 헌법은 국가배상청구권을 규정하여(제29조 제1항) 공무원의 직무상 불법행위로 손해를 받은 국민은 법률이 정하는 바에 의하여 국가 또는 공공단체에 정당한 "배상"을 청구할 수 있도록 하고 있다.[80] 또한 헌법은 재산권을 보장하면서(제23조) 공공필요에 의한 재산권의 수용, 사용 또는 제한 및 그에 대한 "보상"은 법률로써 하되, 정당한 보상을 지급하도록 규정하고 있다.[81] 또한 헌법은 형사피의자 또는 형사피고인의 보상청구권을 규정하여(제28조) 형사피의자 또는 형사피고인으로서 구금되었던 자가 법률이 정하는 불기소처분을 받거나 무죄판결을 받은 때에는 법률이 정하는 바에 의하여 국가에 정당한 "보상"을 청구할 수 있도록 하고 있다.[82]

Ⅶ. 국가비상사태와 법치주의

헌법은 전쟁이나 자연재해 또는 경제위기 등과 같은 국가의 긴급사태 또는 비상사태를 예정하여 대통령에게 ① 긴급명령권(제76조 제2항)과 ② 긴급재정·경제처분 및 명령권(동조 제1항), 그리고 ③ 계엄선포권(제77조 제1항)을 부여한다.[83] 이처럼 헌법이 대통령에게 긴급한 국가적 비상상황을 극복하기 위한 특별한 권한을 부여하고 있더라도 이러한 국가긴급사태 또는 비상사태를 법치국가의 예외적 상황으로 보는 것은 잘못된 것이다. 이러한 권한들도 헌법에 근거한 것이고, 헌법이 허용하는 범위 안에서만 행사되어야 하기 때문이다. 헌법은 명시적으로 긴급명령권과 긴급재정·경제처분권 및 명령권의 경우에 국회의 사후적 승인을 요구하고 있고(제76조 제3항), 계엄선포권의 경우에도 국회의 계엄해제요구권을 보장하고 있다(제77조 제5항). 이것은 대통령의 국가긴급권도 법치주의의 요청에 따라 행사되어야 함을 분명하게 보여준다.

Ⅷ. 법치주의와 다른 헌법원리의 관계

1. 법치주의와 민주주의

법치주의와 민주주의의 관계는 여러 가지 관점에서 접근할 수 있다. 양자는 동일한 사물을 관점이나 강조점을 달리 해서 바라보는 차이일 수도 있다. 하지만 우리는 양자가 단순히 관점을 달리 하는 차이가 아니라 본질적 개념표지를 달리 하는 것으로 보기

80) 第2편 第2부 第9장 第5절 參照.
81) 第2편 第2부 第7장 第4절 參照.
82) 第2편 第2부 第9장 第4절 參照.
83) 第3편 第3장 第1절 Ⅲ. 3. 參照.

로 한다. 그러나 양자가 항상 공동으로 작용한다는 점을 부인하지는 않는다. 다만 양자의 본질적 개념표지가 다르다는 점에서 출발했을 때만이 양자의 공동작용을 올바로 이해할 수 있다는 사실만을 지적하기로 한다.

법치주의는 내용적으로 정당한 법이 지배하는 국가를 지향해야 할 뿐만 아니라, 절차적으로 정당한 법이 지배하는 국가를 지향하도록 요구한다. 따라서 법치주의를 둘러싸고도 기본권을 존중하는 법치주의, 즉 '헌법주의'에 대한 요구와 민주적 정당성을 고려하는 법치국가라는 의미에서 '민주적 법치주의'에 대한 요구는 법치주의와 민주주의의 충돌가능성으로 이어질 수 있다. 나중에 다시 논의하겠지만[84] 입법자에 대한 극단적 불신 또는 극단적 신뢰를 어떠한 방식으로 화해시킬 것인가? 이것은 민주적 정당성을 가진 입법부와 헌법주의적 정당성을 가진 헌법재판소의 권한분배 문제로 이어진다.

2. 법치주의와 사회복지주의

법치주의가 실질적 법치주의로 이해될 때 그것은 국민의 기본권에 대한 법적 형식의 보장을 넘어선다. 그것은 자유와 평등에 대한 형식적 보장뿐만 아니라 내용적 보장을 요구한다. 자유와 평등의 내용적 보장은 법적용에서의 자유와 평등이 아니라 법제정에서부터의 자유와 평등을 보장한다는 의미다. 그러나 이러한 자유와 평등은 가능성이나 기회의 자유와 평등에 지나지 않는다. 단지 가능성이나 기회가 보장된다고 해서 실제적 결과까지 보장되는 것은 아니기 때문이다. 자유와 평등의 내용이 실제적 결과로 실현되기 위한 조건은 사회복지주의에 의해서 비로소 보장된다. 이러한 맥락에서 사회복지주의는 법치주의를 보완하고 강화한다. 하지만 문제는 이러한 자유와 평등의 내용을 실제적으로 보장하기 위한 국가작용이 법치주의가 보장하려는 자유와 평등에 대한 침해로 이어진다는 점이다. 이런 측면에서 법치주의와 사회복지주의는 충돌하고 상호제한적이다. 여기서 법치주의와 사회복지주의의 조화를 이루는 균형적 실현이 요구된다.

제 3 절 민주주의

법과 국가의 필요성을 논증함으로써 정당화된 형식적 법치주의는 법과 국가의 내용적 정당성에 대한 요청 때문에 실질적 법치주의, 즉 헌법주의에 의한 보완이 필요하다. 또한 형식적 법치주의는 절차적 정당성에 대한 요청 때문에 민주주의에 의한 보완이 필요하게 된다.

84) 제1편 제2부 제4장 제3절 Ⅳ. 참조.

Ⅰ. 도덕적 의미의 민주주의와 법적 의미의 민주주의

1. 구별의 표지

민주주의는 제도로서 실정화되기 이전의 '도덕적 의미'의 민주주의와 제도화되어 실정법질서 안에서 이해되는 '법적 의미'의 민주주의로 구분된다. 도덕적 의미의 민주주의는 제도로서의 성격을 갖지 않기 때문에 규범적(당위적)이면서 불확정적이고 개방적인 성격을 갖는다. 반면에 법적 의미의 민주주의는 제도로서의 성격을 가지기 때문에 개념적이면서 확정적이고 제한적인 성격을 갖는다. 따라서 도덕적 의미의 민주주의는 그 의미의 외연이 대단히 넓은 데 비해 법적 의미의 민주주의는 이미 그 의미가 개념적으로 또는 경험적으로 결정되어 제한된 외연만을 갖는다.

2. 구별의 효과

민주주의를 도덕적 의미와 법적 의미로 구분함으로써 얻을 수 있는 장점은 두 가지다. 첫째, 민주주의라는 개념적 범주 안에 단순히 실정법 안에서 개념적·논리적 분석이나 사실적·경험적 확인을 통하여 인식될 수 있는 법적 의미만이 포함되는 데 그치지 않고, 실정법 이전에 도덕적 정당성, 즉 보편적 효력을 가지는 규범적 의미까지도 포함될 수 있다는 점이다. 둘째, 민주주의라는 표현에 개념적으로 또는 경험적으로 포함될 수 있는 실정법적 의미내용들은 반드시 도덕적 의미의 민주주의에 포함되어야 하는 보편적 효력을 가지는 내용들에 의해서 정당화되어야 한다는 점이다. 따라서 실정법에 제도화된 민주주의의 의미는 실정법 이전에 도덕적 의미를 가지는 민주주의와 일치할 수도 있지만 그렇지 않을 수도 있다. 다시 말해서 도덕적 의미의 민주주의와 법적 의미의 민주주의가 적어도 개념적으로 구분되는 경우에도 실제적 내용에서는 중복될 수 있기 때문에 같은 내용이 단지 제도의 형식을 가지고 있는지 여부에 따라 차이가 있을 수도 있지만, 양자는 개념적 구분을 넘어서 실제로도 전혀 다른 내용을 가질 수도 있다.

Ⅱ. 제도화되지 않은 민주주의(도덕적 의미의 민주주의)

1. 개　　념

제도화되지 않은 민주주의는 도덕적 의미의 민주주의를 말한다. 도덕적 의미의 민주주의는 제도의 형식을 갖지 않은 채 이미 제도로서 결정된 내용을 포함하지 않기 때문에 개념의 범위가 대단히 넓다. 따라서 단지 다른 국가원리와 같이 매우 추상적인 개념과 비교하여 그 경계가 설정될 수 있을 뿐이다. 이러한 의미의 민주주의에는 적어도 민주주의라는 개념으로 표현되는 모든 의미들을 민주주의의 외연 안에 포함시킬 수 있는 장점이 있다.

2. 어원적 의미와 판례

(1) 어원적 의미

제도의 형식을 갖지 않은 도덕적 의미의 민주주의는 그 개방성으로 인하여 매우 다양한 의미로 쓰인다. 현재 지구상에 존재하는 거의 모든 국가와 정부가 민주주의라는 이름을 붙이고 있을 정도로 민주주의라는 개념은 다양하게 사용된다. 그러나 민주주의를 적어도 다른 국가원리와 구분되는 개념으로 쓰려고 한다면 그 의미의 범위를 어느 정도라도 한정하는 것이 필요하다. 이를 위해 흔히 민주주의의 어원으로부터 개념의 내포를 도출하기도 한다. 즉 민주주의(democracy)라는 말의 어원이 대중(demo)이라는 말과 지배(cracy = kratos)라는 말이 결합되어 만들어졌다는 점에서도 알 수 있듯이 민주주의는 '대중이 지배(통치)하는 국가원리'를 말한다. 지배는 지배의 대상을 필요로 하는데 지배의 대상도 역시 대중이다. 따라서 대중이 지배한다는 것은 **대중이 자신을 지배한다**는 뜻이므로 대중이 자신이 속한 **국가공동체의 의사를 자주적으로 결정한다**는 뜻이 된다. 다만 현실적으로 누가 국가공동체의 구성원에 해당하는 대중인지에 대한 명확한 기준이 필요하기 때문에 특정한 국가공동체에 거주하는 대중 가운데 국적을 가진 국민으로 국가공동체의 구성원은 한정될 수밖에 없다. 이것은 결국 '데모크라시'에 대한 번역인 '민주(民主)'라는 개념에서 잘 나타나듯이 **국민이 국가의 의사를 결정함으로써 국가의 주인이 된다는** 의미가 된다.

이는 더 구체적으로 국민이 국가의 주인이 되기 위해서는 무엇보다 '국민의'(of the people) 지배가 이루어져야 하기 때문에 국민이 **지배(권력)의 정당성을 위한 근거**이어야 한다고 풀이된다. 또한 지배는 '국민을 위한'(for the people) 지배이어야 하기 때문에 **지배의 목적**도 국민이어야 한다고 풀이된다. 그리고 지배는 '국민에 의한'(by the people) 지배이어야 하기 때문에 **지배의 절차** 가운데 국민이 참여하는 지배이어야 한다고 풀이된다. 이처럼 그 어원에 기초할 때 민주주의는 지배(통치·권력)의 근거와 목적, 그리고 절차가 국민과 밀접하게 관련이 있는 국가원리를 뜻한다.

그래서 보통 민주주의는 지배하는 자와 지배받는 자가 동일해야 한다고 하는 '치자와 피치자의 동일성원리(직접민주주의)'에 가까운 것으로 이해되기 쉽다. 또한 이런 의미에서 민주주의는 소수 엘리트의 지배를 의미하는 '군주주의'나 '귀족주의'와 명료하게 구분되기도 한다. 이렇게 어원에 근거해서 민주주의를 정의하는 시도는 도덕적 의미의 민주주의에 대해서 말해주는 바가 많지만 동일성민주주의에 기초한 직접민주제로 구체화되는 경향이 강하고, 다른 국가원리와의 관계를 분명히 하지는 못한다는 점에서 여전히 한계가 있다.

(2) 판 례

민주주의의 개념과 관련하여 **헌법재판소**는 자유민주주의를 "모든 폭력적 지배와 자의적 지배, 즉 반국가단체의 1인 독재 내지 1당 독재를 배제하는 다수의 의사에 의한 국민의 자치, 자유·평등의 기본원칙에 의한 법치국가적 통치질서"로 보고, "기본적 인권의 존중, 권력분립, 의회제도, 복수정당제도, 선거제도, 사유재산과 시장경제를 골간으로 한 경제질서 및 사법권의 독립 등"을 구체적인 내용으로 제시하고 있다.[85] 이것은 **독일연방헌법재판소**가 자유민주주의에 대해서 다음과 같이 정의한 것과 대단히 유사하다. "자유민주적 기본질서란 모든 폭력의 지배나 자의적 지배를 배제하고 그때그때의 다수의사에 따른 국민의 자결 그리고 자유와 평등을 기초로 한 법치국가적 통치질서를 말한다. 이 질서의 기본적 원리에는 적어도 다음과 같은 것이 포함되어야 한다. 즉 기본법에 구체화된 기본적 인권, 특히 생명권과 인격의 자유로운 발현권의 존중, 국민주권, 권력분립, 정부의 책임성, 행정의 합법률성, 사법권의 독립, 복수정당제의 원리와 헌법상 야당의 구성과 활동의 권리를 가진 모든 정당의 기회균등이다."[86]

헌법재판소와 독일연방헌법재판소가 이해하는 민주주의는 **자유민주주의**로서 법치주의와 민주주의가 결합된 형태이다. 헌법재판소도 이 점을 인식하고 있음을 확인해준다(아래 [판례] 참조). 따라서 민주주의를 다른 국가원리와 비교하여 정의하는 데 어려움이 있고, 우선은 법적 의미의 제도화된 민주주의를 전제로 하고 있기 때문에 제도화되지 않은 민주주의를 이해하는 데는 크게 도움이 되지 못한다. 이렇게 민주주의를 자유민주주의로 설명하는 것은 판례뿐만 아니라 학설[87]에서도 발견되기 때문에 판례의 설명방식에서 지적된 내용은 학설에 대해서도 똑같이 적용될 수 있다.

[판례] (자유)민주적 기본질서

[1] '자유민주적 기본질서'의 본질적 내용은 법치국가원리의 기본요소인 '기본적 인권의 존중, 권력분립, 사법권의 독립'과 민주주의원리의 기본요소인 '의회제도, 복수정당제도, 선거제도' 등으로 구성되어 있다(2004. 5. 14. 2004헌나1).

[2] 민주적 기본질서는, 개인의 자율적 이성을 신뢰하고 모든 정치적 견해들이 각각 상대적 진리성과 합리성을 지닌다고 전제하는 다원적 세계관에 입각한 것으로서, 모든 폭력적·자의적 지배를 배제하고, 다수를 존중하면서도 소수를 배려하는 민주적 의사결정과 자유·평등을 기본원리로 하여 구성되고 운영되는 정치적 질서를 말하며, 구체적으로는 국민주권의 원리, 기본적 인권의 존중, 권력분립제도, 복수정당제도 등이 현행 헌법상 주요한 요소라고 볼 수 있다(2014.12.19. 2013헌다1).

3. 대화이론과 민주주의

제도화되지 않은 민주주의를 이해하는 데 도움이 되는 판례는 독일연방헌법재판소의 다른 결정이다. 독일연방헌법재판소는 독일공산당(KPD)에 관한 판례에서 다음과 같이 판시한 바 있다. "자유민주주의에 대한 기본이해는 다음과 같다. 즉 서로 대립하는 사회적 세력과 이해들, 정치적 이념과 그것을 대변하는 정당들이 **끊임없이 정신적 논쟁**

85) 헌재 1990. 4. 2. 89헌가113.

86) BVerfGE 2, 1(12 이하).

87) 권영성, 134면 이하; 허영 152면 이하.

을 하는 가운데 국가의사형성을 위한 길을 마련하는 것이다. 그러한 길은 시행착오의 과정이기 때문에 자유민주주의가 항상 객관적으로 올바른 결과를 제공한다는 뜻이 아니다. 그 길은 끊임없는 정신적 통제와 비판을 통해서 국가 내에서 작용하고 있는 정치적 세력들 사이의 결합과 조정으로서 상대적으로 올바른 정치적 노선에 대한 가장 훌륭한 담보가 된다는 뜻이다."[88] 이 판례는 대화이론의 관점에서 도덕적 의미의 민주주의를 이해할 수 있는 몇 가지 중요한 표지를 제공한다.

(1) 목표로서 상대적 진리

민주주의의 목표는 상대적 진리다. 즉 민주주의라는 과정을 통해서 도달하려고 하는 목표는 영원하고 불변하는 의미의 절대적이고 객관적인 진리가 아니라 가변적이고 잠정적인 의미의 상호주관적이고 상대적인 진리다. 이처럼 민주주의적 절차의 최종목표가 확고하고 객관적인 절대진리에 도달하는 것이 아니라는 점을 인식하는 것은 민주주의의 이해에서 대단히 중요하다. 왜냐하면 절대진리는 존재할 수도 있지만 인간의 근원적 불완전성, 인식의 상대성, 인식의 매개로서 언어의 필수성, 현대사회의 다양성 등으로 인해 거기에 접근하는 것은 용이해 보이지 않기 때문이다. 따라서 초월적이고 형이상학적인 절차가 아닌 세속적이고 현실적인 절차인 민주주의 절차 안에서 절대적 진리라는 개념은 잠정적으로 통용될 수 없다.

그럼에도 불구하고 민주주의 절차에서 일정한 개인이나 집단에 의해서 이해되고 해석된 상대적 진리를 다른 사람과의 관계에서까지 절대적 진리라고 주장하는 것은 다른 개인이나 집단의 견해를 인정하지 않거나 포용하지 못하는 태도로 나타나게 된다. 더 나아가 민주주의 절차 안에서 자신만이 절대진리라고 주장하는 개인이나 집단은 심지어 다른 개인이나 집단의 견해를 박해하고 추방하는 데까지 이르게 되고, 이로써 공동체를 파괴할 위험성까지 내포하게 된다. 물론 개인이나 집단이 자신의 견해를 종교적 신앙이나 양심적 신념에 따라 주관적으로나마 절대적이라는 확신을 갖는 것까지 부인되지는 않는다. 오히려 헌법은 양심의 자유나 종교의 자유를 통해 이러한 확신을 명시적으로 보장하기까지 한다. 하지만 민주주의는 자신이 주장하는 진리가 다른 사람과의 관계에서는 상대적이라는 사실을 인정할 뿐만 아니라 공동체의 합의를 통해서 도달한 공동선조차도 상대적이라는 점을 인정하는 데서 출발한다. 이것은 개인이나 집단의 견해, 그리고 공동체의 합의가 언제라도 다시금 변경될 수 있음을 의미한다. 결국 민주주의는 상대방의 견해에 대한 인정과 포용으로부터 시작된다. 이로써 상대적 진리를 목표로 삼는 민주주의에서 상대방에 대한 인정과 포용은 단순한 미덕을 넘어 '도덕적 의무'로까지 이해될 수 있다.

(2) 출발점으로서 다양성의 인정

민주주의는 민주주의에 대한 현실주의적 이해를 출발점으로 삼는다. 따라서 민주주

88) BVerfGE 5, 85(135).

의는 현실적으로 존재하는 다양한 정치적 또는 사회적 세력들과 이해들을 전제로 하기 때문에 그것들 사이의 대립과 갈등을 결코 배제하지 않는다. 같은 맥락에서 민주주의는 다양한 이념이나 신념 또는 가치관이나 세계관에 '개방된 정치과정'으로서 '가치상대주의'에 기초하고, 이익과 집단의 '다원주의'를 본질로 한다는 주장[89]은 전적으로 타당하다. 공동체는 처음부터 동일한 이해관계와 견해를 가지고 출발하지 않는다. 공동체를 비로소 가능하게 하는 공동의 가치나 규범으로서 공동선은 앞으로 도달해야 하는 목표나 과제이지 이미 주어진 출발점이나 전제가 아니다.

문제는 어떻게 하면 이렇게 대립하고 갈등하는 견해들과 이해들을 최적의 상태에 이르도록 합리적으로 조정할 것인지가 된다. 여기서 먼저 민주주의는 협상이나 타협을 통한 이해관계의 조정이 아니라는 점이 확인되어야 한다. 우리는 합리성에 대한 홉스(Hobbes)적 이해에 기초한 계약이론이 아니라 **칸트(Kant)적 이해에 기초한 논증이론**에서 출발한다.[90] 이에 따르면 공동체를 비로소 가능하게 하는 합리적인 공동선은 구성원들의 대화와 논증을 통해서 도달할 수 있다. 현실적으로 존재하는 대립과 갈등은 오로지 대화와 논증을 통한 상호이해에 의해서 극복되어야 한다.

(3) 과정으로서 대화와 논증의 절차

민주주의는 일정한 과정과 절차로서 **정당성에 대한 끊임없는 논쟁**을 전제로 한다. 모든 견해와 주장은 대화와 논증의 과정에서 정당성을 평가받아야 한다. 이러한 논증의 과정을 통과한 견해와 주장만이 공동체가 동의할 수 있는 가치와 규범으로 인정받을 수 있다. 따라서 민주주의 절차 안에서 처음부터 정당성을 전제해 버린 채 그 자체로 자명한 견해와 주장은 존재할 수 없다. 물론 일정한 공동체의 전통이나 문화처럼 비록 역사적 경험으로부터 정당성을 획득한 견해나 주장도 있을 수 있지만, 민주주의 절차 안에서 새로운 대화와 논증의 과정이 시작되면 여기서 다시금 그 정당성을 평가받아야 한다.

하지만 민주주의 절차에서 이미 정당성을 획득한 견해나 주장은 새로운 대화와 논증의 과정에서도 적어도 잠정적으로는 정당성을 획득한다. 이것은 새로운 대화와 논증의 과정에서 그 정당성에 대해서 의심하는 사람이 그것을 논증해야 할 부담을 지게 됨을 뜻한다. 그렇지만 이미 정당성을 얻은 견해나 주장도 새로운 의심이 발생했을 경우에는 당연히 그 정당성에 대해서 다시금 논증해야만 하는 의무를 진다. 따라서 이미 확인된 다수의 견해도 소수의 합리적인 의심이 있을 때 논증되어야 할 의무가 부과되기 때문에 민주주의의 절차에서 다수자와 마찬가지로 **소수자의 균등한 기회**가 보장되어야만 한다는 주장[91]이 가능하게 된다. 여기서도 협상과 타협을 통한 이해의 조정이 아니라 논거를 제시하는 논증을 통해 정당성을 찾아가는 과정이라는 점이 중요하다.

---

89) 계희열(상), 241면 이하.

90) 제1편 제1부 제1장 제3절 Ⅱ. 2. 참조.

91) 계희열(상), 240면.

(4) 주장의 변경가능성과 상호이해

민주주의는 참여자들의 **견해나 주장이 변경될 수 있는 가능성**을 전제로 한다. 즉 언제나 자신의 견해나 주장을 해명하고 변경할 수 있는 가능성이 전제된 과정으로 민주주의가 이해되는 것이다. 이것은 민주주의가 **승복의 원리**를 따른다는 뜻이다. 민주주의적 절차에서 대부분의 참여자들을 납득시킨 주장에 대해서 그렇지 못한 주장은 승복해야 한다. 승복의 원리는 납득하지 못함에도 불구하고 공동체의 존립을 위해서 서로가 물러서는 양보의 원리와 다르다. 양보의 원리는 미덕이지만 승복의 원리는 규범적으로 요청되는 도덕적 의무이다. 납득할 만한 주장에 대해서 승복한다고 해서 인격적 패배자라는 낙인이 찍히는 것이 아니다. 그것은 대화절차의 참여자인 모든 인격체에게 요구되는 당위적 규범이다.

승복의 원리는 모든 참여자에게 상호적으로 요구되기 때문에 대화와 토론의 과정은 참여자 간의 소통을 통한 **상호이해의 과정**이다. 비록 처음에는 극단적으로 상이한 견해에서 출발했을지라도 대화와 토론의 과정을 거치면서 각자의 잘못된 견해를 수정하여 서로가 합의할 수 있는 공통의 견해를 찾아가는 과정이다. 따라서 대화와 토론의 과정에서 항상 승복해야 하는 참여자는 존재하지 않는다. 비록 소수의 견해라고 하더라도 다른 참여자를 납득시킬 수 있다면 다수의 견해를 승복시킬 수 있기 때문이다. 그러므로 결코 수정될 수 없다는 의미에서 '절대적 진리'라는 주장이나, 결코 논증을 필요로 하지 않는다는 의미에서 처음부터 '자명한 주장'은 상호이해의 과정인 대화와 토론에서 처음부터 배제될 수밖에 없다.

(5) 대화와 토론의 규범적 요청으로서 인격적 인정의 규범

민주주의는 모든 참여자에 대한 **인격적 인정을 규범적으로 요청**한다. 대화와 논증의 절차로서 민주주의 안에서 모든 견해나 주장은 상대적으로만 정당하고, 토론과 논증의 과정에서 끊임없이 그 정당성을 평가받아야 하며, 이러한 과정에서 언제든지 변경될 수 있다. 이를 위해서는 반드시 모든 대화참여자에게 자신의 견해와 주장을 '자유롭게' 표현할 수 있는 자격이 인정되어야 하고, 이러한 자격이 모든 대화참여자 상호간에 '동등하게' 인정되어야 한다. 이러한 **자유롭고 평등한 발언권의 인정**은 모든 참여자의 인격을 인정하는 기초가 된다. 이처럼 발언의 자유와 평등을 기본적 내용으로 하는 인격적 인정의 규범적 요청은 민주주의의 규범적 기초가 된다.

(6) 대화민주주의

1) 개 념 민주주의에 대한 대화이론의 이해는 민주주의에 대한 절대주의적 · 객관주의적 · 인식주의적 이해와 상대주의적 · 주관주의적 · 결단주의적 이해의 대립을 극복하고 양자를 연결하는 '절차주의적' 이해를 선택한다. 이에 따르면 민주주의는 **대화하고 토론하는 절차로서의 민주주의**를 뜻한다. 이러한 민주주의를 **대화민주주의**(deliberative democracy) 또는 대화 대신에 토론 · 토의 · 심의 · 협의 · 숙의 등의 술어를 붙인 민주주

의라고 부를 수 있다. 이러한 생각에는 대화와 토론이라는 절차를 통해서만 넓은 의미의 진리라는 실체, 다시 말해 진리와 정의를 포함하는 의미에서의 진리의 실체에 접근하는 것이 가능하다는 **절차주의의 이념**이 전제되어 있다.[92] 이러한 절차주의에 기초한 민주주의 이해는 민주주의의 본질적 표지를 '절차'에서 찾는다. 절차에 대응하는 것이 '결정'이라는 점에서 결정을 본질적 표지로 하는 법치주의는 절차를 본질적 표지로 하는 민주주의와 구별된다.

2) 대화민주주의의 제도화 하지만 제도화되지 않은 도덕적 의미의 민주주의는 제도화됨으로써 법치주의와 결합된다. 도덕적 의미의 민주주의가 제도화되어야 하는 이유는 대화와 토론의 절차를 통해 진리와 정의의 실체를 획득하려는 대화이념이 제도화된 민주주의에 의해 확실하게 담보되기 때문이다. 다시 말해서 대화절차는 제도화된 민주주의의 형태로 법의 형식에 의하여 제도화됨으로써 현실적으로 관철가능하게 된다. 그렇다면 법의 형식을 가진 제도화된 민주주의는 '제도화된 대화절차'이고, 법의 형식으로 제도화되지 않은 대화절차는 '제도화되지 않은 민주주의'라고 말할 수 있다. 결국 대화절차와 제도화된 민주주의는 상당부분 내용적으로 일치하지만 단지 법과 제도의 형식을 가지고 있는지에 따라 구분될 뿐이다. 대화절차가 제도화된 민주주의라는 법과 제도의 형식을 가져야 하는 까닭은 대화의 이념이 전통과 문화 또는 정치적 세력관계나 시장의 법칙과 같은 외부적 현실에 의해 끊임없이 침해당하고 있기 때문이다. 따라서 민주주의라는 제도는 대화의 이념을 현실적으로 관철하고 강제하기 위한 담보이며 대화의 이념은 민주주의적 제도를 합리적으로 지도하기 위한 규율적 이념(regulative idea)이 된다. 제도화되지 않은 민주주의는 제도화된 민주주의를 이념적으로 지도하지만 제도화된 민주주의에 의해서 구체화될 수 있다.

3) 제도화된 민주주의의 대화적 요소 대화절차가 제도화되면서 제도화되기 이전의 도덕적 의미를 그대로 유지한 채 제도의 형식만을 갖게 되는 것으로서 특히 **표현의 자유**에 주목할 필요가 있다. 제도적 의미의 표현의 자유는 제도화되기 이전에 이미 논증된 '발언의 자유'와 내용적으로 일치하기 때문이다. 이런 맥락에서 표현의 자유는 다른 기본권에 대해 잠정적으로(prima facie) 우월하다고 말할 수 있다. 물론 이상적이고 완벽한 대화를 위해서는 표현의 자유에 절대적 우월성이 요구될 수도 있지만 제도화된 기본권으로서 표현의 자유는 조금 후퇴하여 '잠정적 우월성'만을 갖는다. 이것은 이상적이고 완벽한 대화가 실제로는 실현될 수 없는 현실을 반영한다. 헌법재판소도 "정치적 표현의 자유는 자유민주적 기본질서의 구성요소로서 현대 자유민주주의의 존립과 발전에 필수불가결한 기본권"으로 이해한다.[93]

그 밖에도 집단적 표현의 자유를 보장하기 위한 제도로서 **결사의 자유**나 특별히 정치적 결사인 정당의 보호 및 **복수정당제도**, 그리고 **선거제도** 등을 들 수 있다. 이와 관

92) 절차주의에 대해서는 제1편 제1부 제1장 제2절 III. 참조.
93) 헌재 2023. 6. 29. 2023헌가12.

련하여 현대적인 상황에서 특별히 중요한 것은 언론과 정당이다. 따라서 언론과 정당을 무엇보다도 자본과 권력이라는 현실의 영향으로부터 벗어나게 하는 데 대화민주주의의 성패가 달려 있다고 해도 과언이 아니다. 그렇기 때문에 더욱 구체적인 제도들로서 언론사의 편집권독립, 정당에 대한 국고보조금의 제도 등도 제도화되지 않은 민주주의에 근거해서 정당화될 수 있다. 이렇게 제도화되지 않은 민주주의를 의미하는 대화절차에서 도출될 수 있는 제도들 이외에 제도화된 민주주의에서 이해될 수 있는 것들을 좀 더 자세하게 살펴보도록 하자.

Ⅲ. 제도화된 민주주의(법적 의미의 민주주의)

1. 국민주권제

(1) 의 의

1) 대화이론과 국민주권제 국민주권제는 국민에게 국가의사를 결정할 수 있는 권한(주권)이 있다는 원리, 또는 국민이 지배(권력)의 정당성을 위한 근거가 된다는 민주주의의 원리를 제도적으로 구체화한다. 따라서 국민주권제는 '주권은 국민에게 있고, 모든 권력은 국민으로부터 나온다'는 헌법 제1조 제2항의 표현에서 가장 잘 표현된다. 이 조항의 의미는 국가의사를 결정하고 국가권력에 정당성을 부여하는 근거인 주권이 국민에게 있다는 것으로 요약된다. 이런 의미에서 국민주권제라고 하면 때로는 민주주의와 동의어로 사용되기도 한다. 심지어 민주주의가 "국민주권의 실현원리"로 이해되어 국민주권제가 민주주의보다 상위의 이념으로 설명되기도 한다.[94] 그러나 국민주권제는 절차를 본질적 표지로 하는 민주주의가 제도화되면서 민주주의를 구체화하는 출발점에 지나지 않기 때문에 오히려 민주주의가 국민주권제를 포함한다.

대화와 토론의 절차를 제도화되지 않은 민주주의의 본질적 표지로 이해하는 대화이론의 입장에서 국민주권제는 결국 국가의사형성을 위한 대화절차의 참여자를 국가공동체의 모든 구성원으로 확대한다는 의미로 해석된다. 왜냐하면 국민주권제에 내포된 '국민'이란 국가공동체의 '모든 구성원'을 의미하기 때문이다. 따라서 '국민에게 주권이 있다'는 것은 국가공동체의 의사를 결정하는 절차에서 일정한 개인이나 집단만이 아니라 모든 구성원이 참여해야 한다는 뜻이 된다. 그리고 '권력이 국민으로부터 나온다'는 것은 국가공동체의 의사를 국민의 대표가 결정해야 하는 경우에 국민의 대표인 국가권력의 구성에도 모든 구성원이 참여해야 한다는 뜻이 된다. 국민주권제는 제도화되지 않은 민주주의를 의미하는 대화절차가 법과 제도의 형식을 가진 민주주의로 변형되면서 대화절차에서 필수적으로 요구되는 최소한의 규범적 요청, 즉 모든 참여자에 대한 인격적 인정의 규범을 제도화한 것으로 이해될 수 있다.

2) 국민과 국민주권의 개념에 대한 이분설과 비판 이른바 "국민개념이분설"에

94) 허영, 151면 이하.

따라 국민을 주권의 '주체'와 주권의 '행사자'로 구분하는 견해가 있다.[95] 이에 따르면 전자는 추상적인 전체국민(nation)으로서 주권의 이념적 귀속주체 또는 보유자를 뜻하고, 후자는 유권적 시민의 총체(peuple)로서 주권의 현실적 행사자를 뜻한다고 한다. 또한 이 견해는 이러한 개념구분에 기초하여 국민주권과 인민주권을 구분한다. 국민주권은 전자의 국민개념에 기초하고, 인민주권은 후자의 국민개념에 기초한다고 한다. 이러한 견해에 대해서는 주권이든 국민이든 일정한 실체라는 전제로부터 출발하는 것은 잘못된 것이고, 국민은 "관념적인 크기"에 지나지 않으며 국민주권도 이념적인 것에 불과하다는 비판적 견해가 제시된다.[96]

국민주권을 둘러싼 논쟁은 국민주권의 이념이 보편화되기 이전의 시대를 배경으로 국민주권이 주권의 '소재(주체)'에 관한 정치적이고 이데올로기적인 선언으로서 기능했던 **역사적 의미**만을 갖는 것으로 평가되어야 한다. 따라서 국민주권론의 의미는 더 이상 주권의 소재에 관한 논쟁에 있지 않다. 적어도 국민에게 주권이 있다는 요청이 규범적인 측면에서나마 보편적으로 승인되고 있는 현대사회에서 국민주권은 국가공동체의 의사결정과 국가권력의 구성을 위한 절차에서 국가공동체의 모든 구성원이 참여할 수 있도록 요청한다는 의미로 새롭게 이해된다고 볼 수 있다.

(2) 주 권 론

국민에게 주권이 있다는, 현재는 너무나 당연하게 이해되는 내용을 담고 있는 국민주권의 원리가 처음부터 당연한 원리이었던 것은 아니다. 주권론은 본래 교황과 황제의 권위에 기초한 중세봉건질서가 무너지면서 그 권위를 대체하기 위하여 **절대군주제를 옹호하는 이데올로기**로 제시되었다. 따라서 주권은 대외적으로는 독립성을, 대내적으로는 최고성을 특징으로 하는 어떤 실체로 이해되었다. 하지만 이러한 주권론도 단지 군주주권을 대변하는 정치적 이데올로기에 지나지 않았다. 그러다가 주권론은 군주주권론과 국민주권론으로 대립하게 되었고 이 두 가지 주권론은 서로 투쟁하는 이데올로기로서 대립하게 된다.

1) 군주주권론 군주주권론을 주장한 대표적인 학자는 **보댕**(J. Bodin, 1530-1596)과 **홉스**(Th. Hobbes, 1588-1679)이다. 근대에 이르러 최초로 주권개념을 제안했다고 평가받는 보댕은 왕권신수설에 따라 군주의 권력은 신으로부터 부여받은(divine) 절대적이고(absolute) 항구적인(perpetual) 최고의 권력이라고 주장한다. 주권은 절대적이기 때문에 분리불가능(indivisible)하지만 무제한적인 것은 아니다. 또한 주권은 항구적이기 때문에 그 보유자가 사라진다고 해도 소멸하지 않고, 누구의 소유도 아니며 본질적으로 양도불가능(inalienable)하다.

한편 인간을 근본적으로 이기적인 존재로 이해하는 홉스에 따르면, 만인의 만인에

95) 권영성, 132면 이하.
96) 허영, 149면 이하.

대한 투쟁상태(bellum omnium contra omnes)를 극복하고자 하는 이기적인 관심을 충족하기 위해 시민은 계약을 맺고 권력을 주권자에게 양도한다. 사회계약에 따라 요구되는 공동체의 평화를 효과적으로 유지해야 하는 주권자는 '리바이던(Leviathan)'이라 불리는 절대적인 권력이 될 수밖에 없다. 물론 주권자의 권력행사는 자연법에 구속될 수도 있지만 그것은 법적 의무를 준수하기 위한 것이 아니라 순전히 그것이 주권자에게 유리하기 때문에 일종의 도덕적 의무를 준수하는 것에 지나지 않는다. 보댕은 주권이 신법과 자연법에 의해 제한된다고 보는 반면에 홉스는 그러한 주권의 한계를 인정하지 않았다는 점에서 차이가 나타난다.

2) 국민주권론 국민주권론은 고대 그리스의 아리스토텔레스와 중세의 토마스 아퀴나스에 의해 주장되었다. 그 후 근세에 들어 그로티우스(H. Grotius, 1583-1645), 푸펜도르프(S. Pufendorf, 1632-1694), 알투지우스(J. Althusius, 1557-1638)에 의해 사회계약론과 결합되어 주장되기도 하였다.

또한 국민주권론은 로크(J. Locke, 1632-1704), 몽테스키외(Ch. Montesquieu, 1689-1755) 등에 의해 권력분립론과 결합되어 주장되기에 이른다. 홉스와는 달리 인간본성의 특징을 이성과 관용으로 이해한 로크에 따르면 자연상태에서 인간은 평등하고 독립적인 존재이며 생명 · 건강 · 자유 · 재산에 관한 자연권을 가진다. 그리고 국가권력은 사회계약을 통해 피치자의 동의를 얻을 수 있고, 피치자의 생명 · 건강 · 자유 · 재산에 관한 자연권을 보호할 수 있는 경우에만 정당하다고 한다. 같은 맥락에서 로크는 국가권력에 대한 견제와 균형(check and balance)을 강조하였다.

한편 몽테스키외의 권력분립론에 따르면 권력은 주권(sovereign power)과 행정권(administrative power)이라는 두 가지 유형으로 존재한다. 그리고 행정권은 입법권, 집행권(executive power), 사법권으로 구분된다. 국민주권론의 정점은 루소(J. J. Rousseau, 1712-1778)에 의해 이루어진다. 그에 따르면 주권이란 일반의지(general will)의 행사로서 사회계약의 한계를 넘을 수 없다고 한다. 여기서 일반의지는 가장 이상적인 상태에서 국민전체가 만장일치로 결정한 공통된 의사로서 모든 국민은 일반의지에 복종해야 한다.

3) 의회주권론, 국가주권론, 법주권론 국민주권론에 대해서는 의회주권론이나 국가주권론 또는 법주권론이 주장되기도 한다. 의회주권론은 국왕에 대항하여 의회의 권력을 강화시켰던 영국의 현실에 터잡아 주장되었다. 이러한 의회주권론은 의회의 정당성에 기초한 '의회제정법의 우위' 사상과 함께 주장된다. 한편 국가주권론 또는 법주권론은 독일을 중심으로 하는 대륙에서 발전된다. 이에 따르면 국가법인설에 기초하여 국가 또는 법에 주권이 있다고 한다. 이것은 군주주권론, 의회주권론, 국민주권론에 대한 타협으로 이해된다.

(3) 현대적 의미

국민주권제가 적어도 규범적으로는 보편적인 원리로서 인정되고 있는 현대사회에서, 그리고 법과 국가의 필요성을 인정하는 한에서 국민주권제의 의미는 변화되어야 한다고 다시 한 번 강조해도 지나치지 않다. 이제 국민주권제라는 개념 안에는 국가공동체의 의사결정과 국가권력의 정당성을 부여하는 절차의 참여자가 모든 국민이라는 절차적 의미만이 남기 때문에 사실상 그 실체적 내용은 사라지게 된다. 따라서 국민주권제는 더 이상 국민이라는 실체가 주권이라는 실체를 소유하고, 그것을 현실적으로 행사한다는 것을 의미하지 않는다.

물론 국민은 국민투표권, 선거권, 정치적 표현의 자유와 같은 정치적 기본권을 소유하고 행사함으로써 마치 하나의 통일된 전체로서 주권을 소유하고 행사하는 것처럼 보일 수도 있다. 하지만 이러한 정치적 기본권은 개인의 권리를 의미하는 '인권의 관점'에서 이해되어야 한다. 즉 정치적 기본권은 개인의 사적 자율성을 강화하기 위하여 보장되어야 하는 개인의 '공적 자율성에 관한 권리'로 이해되는 것이 타당하다. 이런 의미에서 정치적 기본권도 인권에 속한다. 단지 개념적 명확성을 위하여 공적 자율성에 관한 권리를 '주권'으로 표현하여 사적 자율성에 관한 권리인 '인권'과 구분하는 것은 가능하다. 하지만 그렇다고 해서 본질적으로 개인의 인권으로서 정치적 기본권을 의미하는 주권이 하나의 통일된 전체인 국민이 가지는 권리를 의미하는 주권이 될 수는 없다.

이런 의미에서 국민주권에서 말하는 국민은 "이념적 통일체" 또는 "관념적 크기"에 불과하며 실제로 주권을 행사하는 주체가 아니라는 주장은 타당하다. 그러므로 이제 국민주권제의 의미를 해석함에 있어서 중요한 것은 국민주권제의 이념에 기초하여 어떤 방식으로 국민이 국가의사를 결정하고 국가권력에 정당성을 부여하는 과정에 참여하는 절차를 제도적으로 구체화할 것인지의 문제가 된다.

(4) 국민주권과 직접민주제

국민주권제의 이념에 비춰보면 언뜻 국민이 직접 국가의사를 결정하거나, 아니면 적어도 국가권력을 담당하는 대표에게 지시하고 명령하는 직접민주제가 국민주권제를 가장 이상적인 형태로 구체화하는 제도인 것처럼 보인다. 이러한 직접민주제에 대한 요구는 예를 들어 '치자와 피치자의 일치에 기초한 동일성 민주주의', '정당에 대한 기속위임에 기초한 정당국가적 민주주의', 또는 '선거민에 대한 기속위임에 기초한 평의회 민주주의' 등으로 표현되기도 한다.

그러나 법과 국가의 필요성을 인정하는 한 간접민주제는 필수적이다. 이미 법의 필요성을 논증하면서 설명했듯이 국가공동체의 결정을 끌어내고, 그것을 관철시키며, 그러한 결정과 관철을 조직적으로 가능하게 하기 위해서는 법이라는 규범의 형식이 필요하다. 또한 이러한 법의 제정과 집행, 그리고 적용을 위해서는 국가, 즉 국가권력과 국가기관이 필요하다. 한편 국가기관이 국민전체의 이익을 위하여 책임있게 국가권력을 행사할 수 있기 위해서는 국민의 지시나 명령으로부터 자유롭게 활동하는 것도 필요하다. 따라서 국민이 직접 국가공동체의 결정을 내리고 집행하며 적용하는 것이 아니라 국가권력과 국가기관이 국가공동체의 결정을 내리고 집행하며 적용하는 간접민주제로 국민주권제는 구체화될 수밖에 없는 현실적 필요성이 있다.

그렇지만 간접민주제의 현실적 필요성을 인정하더라도 여전히 직접민주제의 요소는 남아 있을 수 있다. 여기서 중요한 것은 간접민주제와 직접민주제의 관계가 원칙과 예외의 관계에 서지 않는다는 점이다. 간접민주제든 직접민주제든 모두 다 국민주권제를 구체화하는 제도로, 그리고 양자는 서로의 단점을 보완하는 관계로 이해되어야 한다. 민주주의는 간접민주제와 직접민주제라는 두 개의 날개를 달고서만 날 수 있다. 다만 법과 국가의 필요성 때문에 적어도 간접민주제의 잠정적 우월성이 정당화될 뿐이다. 따라서 간접민주제와 마찬가지로 국민주권제를 구체화하는 직접민주제의 요소도 동일한 비중으로 고려되어야 할 필요성이 있다.

1) 국민투표제 국민투표제는 국민발안제, 국민청원제, 국민소환제와 함께 직접민주제를 구체화하는 대표적인 제도로서 인용된다. 그러나 역사적 경험에서도 볼 수 있듯이 국민투표제는 그 장점에도 불구하고 불법적 권력에 의해 악용될 가능성이 대단히 크다. 특별히 불법적 권력을 정당화하는 수단으로 국민투표제가 악용된 사례는 한국의 역사에서 잘 나타난다. 유신헌법에 대한 두 차례의 국민투표(1차 국민투표 1972. 11. 21.; 2차 국민투표 1975. 2. 15.)가 그 좋은 예다.

현행 헌법은 제130조 제2항에서 **필수적 국민투표**를, 제72조에서 **임의적 국민투표**를 규정하고 있다. 진리에 관한 합의이론에 기초하는 대화이론의 관점에서 볼 때 진리에 대한 판단에서 중요한 것은 합의 그 자체가 아니라, 합의를 도출하는 '절차의 규범적 조건'과 '실천이성에 대한 국민의 감각'이다. 따라서 합의를 위한 규범적 조건이 충족되어 있지 않고, 대다수 국민의 실천이성능력이 무감각해진 상태에서 실시된 국민투표는 오히려 불법적으로 획득한 권력을 정당화하는 수단으로 전락할 가능성이 크다. 이런 맥락에서 현행 국민투표제는 헌법개정을 하거나 국가의 안위에 관계되는 대단히 중요한 결정을 하는 예외적인 상황에서만 실시되어야 하고, 실시되는 경우에도 반드시 국민투표안에 대한 충분한 대화와 토론의 절차에 대한 보장이 전제되어야 한다.

[판례] 국민투표절차와 국민투표권

① 국민투표권이란 국민이 국가의 특정 사안에 대해 직접 결정권을 행사하는 권리로서, 각종 선거에서의 선거권 및 피선거권과 더불어 국민의 참정권의 한 내용을 이루는 헌법상 기본권이다(2007. 6. 28. 2004헌마644 참조.). ② 선거권이 국가기관의 형성에 간접적으로 참여할 수 있는 간접적인 참정권이라면, 국민투표권은 국민이 국가의 의사형성에 직접 참여하는 헌법에 의해 보장되는 직접적인 참정권이다(2001. 6. 28. 2000헌마735 참조.). ③ 선거는 대의제를 가능하게 하기 위한 전제조건으로서 국민의 대표자를 선출하는 '인물에 관한 결정'이며, 이에 대하여 국민투표는 직접민주주의를 실현하기 위한 수단으로서 특정한 국가정책이나 법안을 대상으로 하는 '사안에 대한 결정'이다(2004. 5. 14. 2004헌나1 참조.). ④ 헌법 제72조의 중요정책 국민투표와 헌법 제130조의 헌법

개정안 국민투표는 대의기관인 국회와 대통령의 의사결정에 대한 국민의 승인절차에 해당한다. 대의기관의 선출주체가 곧 대의기관의 의사결정에 대한 승인주체가 되는 것은 당연한 논리적 귀결이다. 재외선거인은 대의기관을 선출할 권리가 있는 국민으로서 대의기관의 의사결정에 대해 승인할 권리가 있으므로, 국민투표권자에는 재외선거인이 포함된다고 보아야 한다. 또한, 국민투표는 선거와 달리 국민이 직접 국가의 정치에 참여하는 절차이므로, 국민투표권은 대한민국 국민의 자격이 있는 사람에게 반드시 인정되어야 하는 권리이다(2014. 7. 24. 2009헌마256).

2) 선거제도 대의제적 간접민주제는 선거제도를 전제로 한다. 국민이 선거를 통해 대표에게 민주적 정당성을 부여하기 때문이다. 예를 들어 현행 헌법은 대통령(제67조)과 국회의원(제41조), 지방자치단체장과 지방의회의원(제118조)의 선출에서 선거제도를 규정하고 있다. 지방자치단체장의 경우에 물론 "선임방법"이라고 규정되어 있지만 그것은 선거의 방법을 전제하고 있다고 보는 것이 타당하다. 아무튼 대표의 선출을 위한 선거제도는 우선은 대의제라는 간접민주제의 요소로 이해되기 쉽다. 하지만 적어도 국민이 대표를 직접 선출하여 민주적 정당성을 부여하는 제도라는 측면에서는 직접민주제의 요소로 이해될 수 있는 측면이 간과되어서는 안 된다.

3) 시민사회의 공론영역

A. 개 념 시민사회의 공론영역은 민주주의가 대의제적 간접민주제로 구체화되는 경우에도 여전히 민주주의에서 중요한 의미를 획득한다. 법과 국가의 필요성을 논증하면서 밝혀졌듯이 국회의 입법절차나 법원의 사법절차처럼 제도화된 대화영역은 국가공동체의 의사결정에서 잠정적 우월성을 가지고 결정적인 역할을 담당한다. 그렇지만 입법에 관한 시민사회의 대화영역과 사법에 관한 시민사회의 대화영역처럼 제도화되지 않은 **대화영역**은 제도화된 대화영역과는 독립적인 영역으로서 고유한 역할을 수행해야 한다. 제도화되지 않은 대화영역은 제도화된 대화영역에 대해서 비판과 성찰을 요구함으로써 끊임없이 **도덕적 정당성**을 불어넣어야 하기 때문이다. 바로 이렇게 제도화된 대화영역에 도덕적 정당성을 부여하는 제도화되지 않은 대화영역을 '시민사회의 공론영역'이라고 부를 수 있다.

이러한 시민사회의 공론영역에 참여하는 주체는 **자유롭고 평등한 이성적 시민**이다. 다시 말해 시민사회의 공론영역에 참여하는 시민들은 공동체의 의사형성을 위하여 자유롭게 발언할 수 있고, 이러한 자유로운 발언권을 평등하게 향유하며, 자신의 의사를 합리적 논거에 따라 정당화할 수 있는 주체들이다. 따라서 시민사회의 공론영역은 자유롭고 평등한 이성적 시민들의 대화영역을 의미하는 것이지 단지 엘리트나 전문가만의 대화영역을 의미하지는 않는다. 이성적으로 논증할 수 있다면, 즉 절차에 필수적인 규범적 요청을 준수할 수 있다면 누구나 시민사회의 공론영역의 참여자가 될 수 있다. 시민사회의 공론영역은 이른바 "여론의 형성"과 "정치적 의사의 예비형성"[97]이 이루어지는 영역과 반드시 일치하지는 않지만 상당부분 중복될 수 있다. 어쨌든 제도화되지 않은 대화절차로서 시민사회의 공론영역은 법과 국가의 필요성에 따라 정당화된 제도화된 대화절차를 보완하는 직접민주제의 본질적인 요소가 된다.

B. 시민사회의 공론영역의 제도적 측면과 한계 제도화되지 않은 대화영역을 의미하는 시민사회의 공론영역을 점차적으로 제도화된 대화영역으로 포함시켜 가는 일도 중요하다. 물론 시민사회의 공론영역이 기본권으로 제도화된 정치적 표현의 자유에 의해 수행되는 한에서는 이미 제도화되었다고 말할 수 있는 측면도 있다. 또한 그렇기 때문에 직접민주제라는 제도 안에서 시민사회의 공론영역이 설명될 수도 있다. 하지만 제도화된 정치적 표현의 자유가 가질 수 있는 의미의 상당 부분은 도덕적 의미와 일치하기 때문에 제도화된 민주주의 안에서 시민사회의 공론영역을 이해하는 데는 일정한 한계가 있다. 오히려 시민사회의 공론영역은 제도화되지 않은 민주주의 안에서 가지는 의미가 강조되어야 한다. 따라서 제도화되지 않은 시민사회의 대화영역은 여전히 제도화되지 않은 채 제도화된 대화영역과 독립적으로 존재하면서 제도화된 대화영역에 도덕적 정당성을 부여할 때 존재의미를 유지하게 된다. 이렇게 제도화되지 않는 대화영역, 즉 시민사회의 공론영역은 제도화된 입법절차와 사법절차에 대해서 비판하고 대안을 제시할 뿐만 아니라 제도화된 대화절차가 도덕적으로 정당한 결정을 내릴 수 있도록 영향력을 행사하고 압박하는 역할을 수행한다. 여기서 특별히 중요한 의미를 갖는 것이 언론 · 출판 · 집회 · 결사의 자유(제21조)와 같은 정치적 표현의 자유다. 같은 맥락에서 시민단체나 정당의 설립과 가입 및 활동의 자유(제8조 제1항)가 중요한 의미를 갖게 된다.

2. 대 의 제

(1) 대의제의 필요성

통치(지배), 또는 그 주체인 국가권력은 민주주의에서도 피할 수 없다. 즉 통치자와 피치자의 구분은 존재하고, 이른바 통치자와 피치자의 동일성이란 이상에 불과하다. 이러한 동일성 사상의 기초에는 국민의 통일된 일반의사가 존재한다는 가정이 자리 잡고 있다. 그러나 이것은 다양하게 전문화되어 가는 이질적인 현대사회에서 현실적으로 불가능하다. 또한 국민의 통일된 일반의사가 존재한다고 하더라도 법과 국가의 필요성을 논증하면서 설명했듯이 그러한 의사를 국민이 직접 결정하거나 관철시키거나 조직하는 것도 불가능하다. 대화이론에 기초할 때 대의제는 제도화된 대화절차가 불가피하게 이르게 되는 결론이다. 결정과 실천을 지향하는 제도화된 대화절차는 반드시 대화참여자의 제한을 통해서 공동체의 결정을 도출해내야 하기 때문이다.

(2) 대의제의 구조: 국민과 대표의 관계

1) 치자와 피치자의 이원성 대의제는 국민과 그를 대표하는 대표자의 관계를 두 개의 축으로 한다. 이른바 치자와 피치자의 동일성을 배제하고, 치자인 대표와 피치자

97) 계희열(상), 236면 이하.

인 국민의 이원성에 기초한다.

2) **선거에 의한 민주적 정당성의 부여** 이러한 이원성에 기초하여 국민은 자신의 대표를 직접 선거를 통해서 선택한다. 이렇게 국민은 선거를 통해서 대표에게 민주적 정당성을 부여하고, 대표자는 자신의 정당성을 국민으로부터 획득한다.

3) **대표의 자유위임** 대표자는 전체국민을 대표하여 활동한다. 따라서 대표자에게는 포괄적인 활동의 자유가 보장되어야 한다. 즉 대표는 유권자인 국민은 물론 어떠한 개인이나 집단의 지시나 명령으로부터 자유롭게 활동할 수 있어야 한다. 이것을 국회의원의 '자유위임 또는 무기속위임의 원리'라고 부른다. 따라서 국민의 대표인 국회의원은 '국민 전체의 대표'로서 자신을 선출해 준 선거구민(유권자), 자신을 공천해 준 정당, 그리고 자신이 소속한 이익집단이나 사회세력으로부터 독립하여 자유롭게 활동할 수 있다.

4) **대표의 활동의 국민귀속** 국회의원의 자유로운 활동의 결과는 국민의 활동으로 의제된다. 국민의 실제적인 의사와 대표의 의사가 불일치한다고 하더라도 대표의 의사는 국민의사로 잠정적으로 간주된다.

5) **선거를 통한 통제** 국민은 자유위임의 원리에 따라 임기 동안은 소환 등의 수단으로 대표자의 법적 책임을 물을 수 없다. 국민은 단지 대표자를 다음 선거를 통해서 통제할 수 있을 뿐이다. 따라서 선거는 국민이 대표에게 정치적 책임을 묻거나 다시금 민주적 정당성을 부여하는 절차로서 기능한다.

(3) 대의제의 한계와 보완

대의제의 본질적 요소 가운데 하나는 자유위임이므로 국민은 어쨌든 임기 동안은 대표의 책임을 물을 수 없다. 여기서 앞에서 언급한 시민사회의 공론영역이 차지하는 역할이 강조되어야 한다. 제도화된 대화영역 바깥에서 형성되는 제도화되지 않은 대화영역인 시민사회의 공론영역은 제도화된 대화영역에 민주적 정당성을 끊임없이 불어넣는 계기가 된다. 물론 이러한 공론영역은 여전히 제도화되지 않을 때에만 제도화된 영역과 독립적으로 존재할 수 있는 가능성이 커지기 때문에 반드시 제도화될 필요는 없다. 중요한 것은 공론영역의 의사를 제도적으로 강제할 수 없지만 제도화된 대화영역에서 이러한 공론영역의 의사를 존중하고 관철시키려는 윤리와 문화의 형성이다. 이러한 윤리와 문화의 형성은 또한 시민사회의 공론영역에 대한 포퓰리즘(populism)의 위험을 제거할 수 있는 강력한 방어막이 된다. 제도화되지 않은 시민사회의 공론영역에서 형성된 합리적 의사만이 제도화된 영역에 영향을 미칠 수 있다는 윤리와 문화가 형성되는 경우에만 이성적이지 않은 시민들의 즉흥적이고 정서적인 결정의 영향력이 애초부터 배제될 수 있기 때문이다.

3. 다수결원리

(1) 개 념

다수결원리는 다수의 의사를 전체의 구속적인 의사로 간주하는 공동체의 의사결정원리를 말한다. 이러한 다수결원리는 단지 근대의 민주주의에서만 특징적인 원리인 것은 아니지만 특히 근대에 사회계약론과 결합되어 민주주의의 중요한 의사결정방식으로 자리 잡았다. 다수결원리가 '다수의 지배'를 말한다면 이것은 민주주의에서 중요한 의미를 갖는다. 그러나 그것이 형식적인 정당화수단인 경우에는 문제가 될 수 있다.

(2) 정 당 성

다수결원리의 정당성에 대해서는 다음과 같은 근거와 비판이 제시된다. ① 수적 우위 또는 사실적 우위가 다수결원리의 근거로 제시되는데 이에 대해서는 사실에 대한 규범력을 인정한다는 비판이 제기된다. ② 다수가 합리적일 가능성이 높다는 점을 근거로 제시하기도 하는데 경우에 따라서는 소수의 결정도 합리적일 수 있다는 비판이 제기된다. ③ 다수의 이익이 보장될 때 전체 이익이 극대화된다는 근거가 제시될 수 있다. 이에 대해서도 이익의 측정이 가능한지에서부터 공동체의 의사결정을 오로지 공리주의적 측면에서만 평가할 수 없다는 비판이 제기된다. ④ 다수가 결정한 것이 더 많은 사람에게 자유를 보장한다는 견해도 제시된다. 하지만 아무리 더 많은 사람에게 자유를 보장한다고 하더라도 상대적으로 적은 사람의 자유도 고려되어야 한다는 점에서 비판될 수 있다. ⑤ 다수결이 최대한의 정치적 평등을 보장한다는 점도 근거로 제시된다.

국가공동체의 의사결정을 위한 절차적 원리로서 민주주의는 본질적으로 자유롭고 평등한 참여자 '전체'의 동의를 전제로 한다. 하지만 제도화된 민주주의는 절차의 요소와 함께 결정의 요소를 포함하기 때문에 전체의 동의가 아니라 '다수'의 동의를 전체의 의사로 결정할 수밖에 없다. 따라서 앞에서 제시된 다수결의 내용적 정당성을 위한 논거들과 함께 '결정의 필요성'이라는 형식적 요소도 고려되어야 한다.

(3) 전제조건

본질적으로 절차를 지향하는 민주주의가 제도화되면서 일정한 결정에 도달하기 위한 결정방식으로 선택한 것이 다수결원리이다. 따라서 다수결원리는 대화와 토론의 절차를 본질로 하는 제도화되지 않은 민주주의 안에서 그 한계가 이해되어야 한다. 다시 말해 민주주의의 절차에서 반드시 요구되는 규범적 요청이 준수되는 한도 내에서만 다수결원리는 정당성을 얻을 수 있다. 그러므로 다수결을 위한 절차에서는 ① 공동체의 의사결정에 **자유로운 참여**가 보장됨으로써 자유로운 주장과 반박 그리고 근거제시가 가능해야 한다. 이러한 맥락에서 **표현의 자유**에 대한 보장은 다수결원리의 중요한 전제가 된다. 그리고 ② 공동체의 의사결정에 **평등한 참여**가 보장됨으로써 누구나 정치적 의사결정에 참여하여 주장하고 반박할 수 있어야 한다. 또한 ③ 공동체의 의사가 **강제없는 결정**으로 도출될 수 있도록 구성원이 가지는 자유로운 참여와 평등한 참여의 권리는 강압과 강제에 의해서 행사되어서는 안 된다.

이러한 절차가 보장되면 대체로 소수자가 보호되고, 이를 통해 소수자도 다수자가 될 수 있는 가능성이 보장된다. 하지만 다수결원리에 따를 때 어떤 경우에도 다수자가 될 수 없는 '절대적 소수자'가 여전히 존재한다. 이들에게 다수결원리는 타자의 결정에 의한 강압이 될 수 있으므로 이들의 의사가 공동체의 의사에 반영될 수 있는 제도가 마련될 필요가 있다.

Ⅳ. 민주주의와 기본권

1. 세 가지 기본입장

민주주의와 기본권의 관계에 대해서는 다양한 견해가 가능하지만 크게 ① 소박한 입장, ② 이상주의적 입장, ③ 현실주의적 입장으로 구분될 수 있다.[98]

(1) 소박한 입장

민주주의와 기본권의 관계에 대해서 민주주의와 기본권은 결코 충돌하지 않는다는 소박한 견해가 있을 수 있다. 즉 민주주의도 선한(좋은) 것이고, 기본권도 선한 것이기 때문에 민주주의와 기본권은 서로 충돌할 수 없다는 견해이다. 이러한 견해에 따르면 양자는 서로 제한될 필요 없이 동시에 실현될 수 있다. 그러나 선한 것과 악한 것 사이의 관계에서만 충돌이 있을 뿐, 선한 것과 선한 것 사이의 관계에서는 충돌이 있을 수 없다는 생각에는 문제가 있다. 왜냐하면 선한 가치를 실현하기 위한 수단의 유한성과 희소성이라는 한계 때문에 현실적으로 선한 것과 선한 것 사이의 관계에서도 충돌이 있을 수밖에 없기 때문이다.

(2) 이상주의적 입장

민주주의와 기본권의 관계에 대한 이상주의적 입장은 적어도 양자가 충돌할 수 있다는 견해에서 출발한다. 하지만 이러한 충돌은 현실에서는 해결될 수 없고, 오로지 가장 이상적인 상태에서만 해결될 수 있다고 한다. 중요한 것은 이상적 상태에서 민주주의와 기본권의 충돌을 해결하는 경우에는 양자를 서로 제한할 필요가 없다는 점이다. 즉 양자는 이상적 상태에서 제한되지 않은 채 동시에 실현될 수 있다고 한다. 그러나 이러한 생각은 실현될 수 없는 가상현실에 불과하다. 물론 이러한 견해가 도달해야 하는 이념으로서의 가치를 갖는다는 점을 부인할 수는 없다.

(3) 현실주의적 입장

민주주의와 기본권의 관계에 대한 현실주의적 입장에 따르면 양자는 현실에서 충돌할 수 있고, 이러한 충돌은 제한을 통해서만 현실에서 해결될 수 있다. 양자가 충돌할 수 있다는 현실주의적 입장은 다시 다음과 같은 두 가지 견해로 갈라진다.

① 양자의 **협력의 측면을 강조하는 입장**으로 '기본권은 민주주의와 대단히 친화적이다'라는 명제에서 출발한다. 왜냐하면 자유와 평등과 같은 기본권은 인격의 발현과 계

98) R. Alexy, Grundrechte im demokratischen Verfassungsstaat, Aulis Aarnio/Robert Alexy/Gunar Bergholz(편), *Justice, Morality and Society*(Aleksander Peczenik 화갑기념논문집, 1997), 32면 이하 참조.

발에 기여함으로써 민주주의적 절차에 참여하는 시민의 능력을 배양하기 때문이다. 특히 표현의 자유와 선거권을 포함한 정치적 자유권은 민주적 절차의 작동을 위한 필수조건이 되기 때문이다. 이렇게 기본권과 민주주의가 상호협력하는 측면을 강조하는 입장은 '무제한적인 민주주의'를 주장할 가능성이 크다. 민주적 절차를 보장하면 할수록 기본권이 더욱 더 보장될 수 있기 때문이다. 이러한 견해는 루소와 같은 이상주의적 민주주의 이론에서 나타난다.

② 양자의 대립의 측면을 강조하는 입장으로 '기본권은 민주주의와 대단히 적대적이다'라는 명제에서 출발한다. 이러한 견해에 따르면 기본권은 민주주의라는 절차에 대한 상당한 불신을 전제로 헌법에 규정된 것이다. 따라서 기본권에 대한 입법자의 구속의 의무를 강조하고, 입법자의 활동을 가능하면 헌법재판소의 강한 통제 아래 두고자 한다. 이러한 입장은 '극단적으로 제한적인 민주주의'를 주장하여 민주주의에 대한 회의론의 형태로 등장하게 된다.

2. 현실주의적 입장에 기초한 화해의 모색

우선 기본권과 민주주의는 충돌할 수 있고, 그렇기 때문에 양자는 제한될 수 있다는 현실주의적 입장에서 출발하기로 한다. 다음으로 기본권과 민주주의가 협력하는 측면과 대립하는 측면 모두를 동시에 고려하면서 양자의 조화로운 실현을 모색하기로 한다.

(1) 전체적 도덕관념으로서 기본권

기본권은 입법자가 다수결원리에 따라 보장할 수도 있고 보장하지 않을 수도 있는 대상이 아니다. 기본권은 입법자가 마음대로 처분할 수 없을 만큼 대단히 중요하여 반드시 모든 공동체구성원들에 의하여 합의되어야만 하는 것들을 대상으로 한다. 공동체구성원들마다 그들의 가치관이나 인생관 또는 세계관은 상이할 수 있다. 다시 말해 공동체구성원들은 저마다 다른 '개인적인 도덕관념'(moralische Konzeption)을 가지고 살아갈 수 있다. 개인적 도덕관념이란 개인이 어떠한 가치판단을 하고, 어떻게 인생을 살고자 하는지, 그리고 어떻게 세계를 이해하는지에 대한 주관적 신념과 확신을 내용으로 한다. 이러한 개인적 도덕관념이 사람마다 다를 수 있다는 규범적 요청은 헌법적으로 종교와 양심, 그리고 사상의 자유에 의해 보장된다. 그러나 개인들이 함께 공동체로 살아가기 위해서는 구성원들 모두가 합의해야만 하는 것들이 있다. 이것을 '전체적 도덕관념'이라고 부른다. 이러한 전체적 도덕관념들 가운데 공동체구성원들이 반드시 합의해야만 하는 최소한의 것들, 즉 롤즈(J. Rawls)의 표현대로 "중첩적 합의"(overlapping consensus)에 해당하는 것들이 존재한다.[99] 중첩적 합의는 공동체의 구성원들 전체가 반드시 합의해야만 하는 것으로 민주적 입법자도 마음대로 처분할 수 없을 만큼 중요한 것들을 의미한다. 그 가운데 대표적인 것이 기본권이다.

---

99) J. Rawls, *Die Idee des politischen Liberalismus*, Frankfurt/M., 초판(1994), 334면.

(2) 정책결정의 권한과 논증의 권한

여기서 기본권과 민주주의를 동시에 이해할 수 있는 단초를 발견하게 된다. 헌법은 공동체의 존립을 위하여 구성원들이 '합의할 수 있는' 대상들에 대한 '정책결정의 권한'을 입법자에게 부여한다. 한편으로 헌법은 구성원들이 '반드시 합의해야만 할' 것들을 헌법에 명시하면서 그 내용들에 대한 '논증의 권한'을 헌법재판소에게 부여한다. 이처럼 헌법은 입법자에게는 '정책의 대표'라는 지위를 부여하면서 헌법재판소에게는 '논증의 대표'라는 지위를 부여하고 있다.[100] 입법자는 민주적 정당성에 기초해서 국민을 대표하여 어떠한 결정도 할 수 있지만, 그럼에도 불구하고 다수결원리에 따라 마음대로 결정할 수 없을 만큼 중요한 것들이 있는데 그것이 무엇인지를 논증할 수 있는 권한을 헌법재판소에게 맡기고 있는 것이다.

이러한 권한분배에 따라 민주적 정당성에 기초한 입법자의 정책결정권한과 헌법에 규정된 기본권에 관한 헌법재판소의 논증권한이 충돌할 가능성이 발생하게 된다. 이러한 충돌은 서로 충돌하는 두 가지 가치(민주주의와 기본권) 및 그에 근거한 두 개의 권한(입법권과 헌법해석권)을 구체적인 사안에 따라 형량하여 제한하는 경우에만 해결될 수 있다. 따라서 양자의 관계에 대해서는 모든 사안에서 사법의 절제(judicial restraint)를 강조하는 '사법소극주의'나 모든 사안에서 사법의 개입을 강조하는 '사법적극주의(judicial activism)' 가운데 하나를 선택해야 한다고 일률적으로 말할 수 없다. 오히려 개별적이고 구체적인 사안마다 민주적 정당성에 기초한 입법자의 권한과 헌법으로부터 기본권에 관한 논증의 권한을 부여받은 헌법재판소의 권한 가운데 무엇이 우선하는지에 대한 합리적인 형량에 기초한 논증을 통해서 '세분화된 해결책'만이 제시될 수 있다고 말하는 것이 설득력이 있다.

V. 한국헌법의 민주주의

1. 헌법의 명시적 표현

한국헌법에서 명시적으로 민주주의의 이념을 표현하고 있는 경우가 있다. ① 헌법 전문의 "4·19민주이념", "민주개혁", "자유민주적 기본질서", ② 제1조 제1항의 "민주공화국"과 제2항의 "대한민국의 주권은 국민에게 있고, 모든 권력은 국민으로부터 나온다"는 국민주권의 이념, ③ 제4조의 통일정책과 관련된 "자유민주적 기본질서", ④ 제8조에서 정당의 조직과 활동과 관련하여 제2항의 "민주적", 제4항의 "민주적 기본질서", ⑤ 제32조에서 근로의무의 내용과 조건에 관한 제2항의 "민주주의원칙", ⑥ 제119조의 "경제의 민주화"가 그것이다.

---

100) R. Alexy, Grundrechte im demokratischen Verfassungsstaat, Aulis Aarnio/Robert Alexy/Gunar Bergholz (편), *Justice, Morality and Society*(Aleksander Peczenik 화갑기념논문집, 1997), 35면.

2. 민주주의를 구체화하는 헌법규정

민주주의를 구체화하는 ① 국민주권제는 국민투표제도(제72조 및 제130조 제2항), 선거제도에 관한 민주적 선거원칙(제41조 제1항 및 제67조 제1항), 시민사회의 공론영역을 보장하기 위한 표현의 자유(제21조)에서 찾을 수 있다. 또한 ② 대의제도는 국회에 관한 규정(제3장 국회, 제40조 이하)에서, 그리고 ③ 다수결원리에 대해서는 다양한 규정들이 마련되어 있다.[101)]

3. 경제의 민주화

민주주의가 국가권력의 정당성에 관한 원리로서 정치질서를 규율하는 국가원리로 이해되면 경제질서에서 민주주의를 요구하고 있는 '경제의 민주화'는 조합될 수 없는 두 개의 개념을 묶어놓음으로써 사실상 무의미한 규정으로 이해될 수도 있다. 하지만 민주주의는 공동체의 자율적 결정(공적 자율성)을 확보하기 위하여 구성원들의 참여를 보장하는 원리로 이해되는 경우에 경제질서에도 적용될 수 있다. 이러한 의미에서 경제의 민주화는 모든 경제활동주체들이 경제활동에 관한 결정의 과정에 자유롭고 평등하게 참여하도록 요구한다. 그렇지만 경제의 민주화는 자본주의 시장경제질서의 문제점을 보완하기 위하여 요구되기 때문에 자본주의 시장경제질서를 기본으로 이에 대한 수정이 필요하다고 볼 만한 합리적 근거가 제시되는 경우에만 요구될 수 있다.

제 4 절 사회복지주의

Ⅰ. 개 념

1. 사회복지주의와 사실적 자유

(1) 사회복지주의의 이해를 위한 국가철학적 기초

사회복지주의에 포함된 '사회'라는 표현은 **개인의 자유**에 기초하는 '자유주의'의 관점에서 이해될 수도 있고, **공동체의 연대성**에 기초하는 '공동체주의'의 관점에서 이해될 수도 있다. 자유주의에 기초한 대화이론에서 출발한 우리는 개인의 자유를 중심으로 사회복지주의를 이해하기로 한다. 더욱이 공동체의 연대성이라는 이념의 본질은 공동체구성원 전체의 기본권을 최대한 실현하기 위해 필수적으로 발생하는 개인의 기본권에 대한 제한이라는 데 있으므로 공동체의 연대성이라는 이념을 사회복지주의에서 문제되는 기본권의 실현을 위해서만 한정시킬 필요가 없기 때문이기도 하다. 물론 사회복지주의를 이해할 때 공동체의 연대성을 완전히 배제할 수는 없다.

101) 제3편 제2장 제4절 Ⅱ. 4. 참조.

(2) 사회복지주의에 대한 자유주의적 이해와 사실적 자유

개인의 자유를 근거로 사회복지주의를 이해할 때 사회복지주의는 국민의 **사실적 자유**를 보장하는 과제를 국가의 목적으로 부과하는 국가원리를 말한다. 사실적 자유는 법적 자유와 대비되는 개념이다. 법적 자유의 본질이 형식적 자유인 데 반해서 사실적 자유의 본질은 **실질적 자유**에 있다. 법적 자유의 본질로서 형식적 자유는 자신이 원하는 것을 하든지 하지 않든지 결정할 수 있는 주관적 지위를 말한다. 이러한 결정을 실질적으로 의미 있게 만드는 것은 그러한 결정을 현실적으로 실현할 수 있는 사실적 기초를 보장하는 것이다. 그것은 무엇보다도 **경제적 · 재정적 기초**를 말한다. 이러한 **자유실현의 물적 토대를 구축하여야 하는 과제**의 실현을 국가의 목적으로 설정하는 국가원리가 사회복지주의이다.

[판례] 사회국가의 개념

[1] 사회국가란 **사회정의의 이념**을 헌법에 수용한 국가, 사회현상에 대하여 방관적인 국가가 아니라 경제 · 사회 · 문화의 모든 영역에서 정의로운 사회질서의 형성을 위하여 사회현상에 관여하고 간섭하고 분배하고 조정하는 국가이며, 궁극적으로는 국민 각자가 **실제로 자유를 행사할 수 있는 그 실질적 조건**을 마련해 줄 의무가 있는 국가를 의미한다(2002. 12. 18. 2002헌마52; 2004. 10. 28. 2002헌마328).

[2] 사회보험은 사회국가원리를 실현하기 위한 중요한 수단이라는 점에서, 사회연대의 원칙은 국민들에게 최소한의 인간다운 생활을 보장해야 할 국가의 의무를 부과하는 사회국가원리에서 나온다(2000. 6. 29. 99헌마289; 2001. 8. 30. 2000헌마668).

2. 사회복지주의와 기본권

사실적 자유의 보장이 사회복지주의가 국가에게 부과하고 있는 과제라고 한다면 사회복지주의도 역시 기본권보장을 우선적 목적으로 한다. 이런 맥락에서 사회복지주의도 다른 국가원리처럼 기본권보장을 궁극적 목적으로 한다. 다만 민주주의가 '절차'를 통한 기본권보장에 중점을 두고, 법치주의가 '결정'을 통한 기본권보장에 무게를 두는 데 반해서 사회복지주의는 자유실현의 '물적 토대'의 구축을 통한 기본권보장에 중심이 놓여 있다는 점에서 구분될 뿐이다. 따라서 **법치주의에서 기본권**은 국가와 사회가 일정한 거리를 두고 국가의 개입이 없는 상태에서 개인이 누리는 **소극적 지위**가 강조되고, **민주주의에서 기본권**은 국가와 사회가 소통을 위해 거리를 좁히면서 사회가 국가에게 정당성을 부여하기 위해 참여하는 **능동적 지위**가 주목을 받는 반면에, **사회복지주의에서 기본권**은 국가와 사회의 구분이 모호할 만큼 거리가 좁혀지면서 국가가 사회의 요구를 충족시키기 위해 개입하고 사회는 국가에 대한 급부와 배려를 요구하는 **적극적 지위**가 부각된다.

3. 사회국가, 복지국가, 사회주의

자유실현의 물적 토대를 구축하는 과제를 우선적 목적으로 한다는 점에서 사회복지주의는 다른 개념들과 혼용되곤 한다. 무엇보다도 사회국가와 복지국가 및 사회주의의 관계가 문제된다.

(1) 사회국가와 복지국가의 구분

첫째로, 사회복지주의를 사회국가원리와 복지국가원리로 구분하여 보통 전자와 후자의 차이를 **국가개입의 정도**에 있다고 하면서 사회국가는 '부분적' 개입을, 복지국가는 '전면적' 개입을 특징으로 한다고 한다.[102] 그러나 자유실현을 위한 물적 토대의 구축을 위해 국가가 전면적으로 개입하는 것은 불가능할 뿐만 아니라 바람직하지도 않다. 따라서 사회국가와 복지국가에서 국가개입은 정도의 차이일 뿐이다. 그리고 그 실현은 사회국가든 복지국가든 각 나라의 경제규모나 경제정책에 의해서 결정된다고 볼 수 있다. 그러므로 사회국가원리와 복지국가원리는 사회복지주의로 부르는 것이 적절하다. 헌법재판소도 '사회국가' 대신에 '사회복지국가'라는 표현을 사용하기도 한다.[103]

(2) 사회복지주의와 사회주의

둘째로, 사회복지주의가 자유실현을 위한 물적 토대의 구축을 '점진적이고 개혁적인' 방식으로 수행한다는 점에서 '급진적이고 혁명적인' 방식으로 수행하는 사회주의와 구분된다. 그러나 역사적으로 보면 적어도 사회복지주의의 이념은 경제적 약자를 양산하는 경제적 불평등을 제거하려는 사회주의의 이상과 일정 부분 관련이 있다고 평가된다. 사회복지주의와 사회주의를 전혀 관련이 없는 것으로 완전히 분리시키는 것은 타당하지 않다.

Ⅱ. 한국헌법의 사회복지주의

1. 사회복지주의의 실현을 위한 두 가지 모델

사회복지주의는 **사회적 기본권**이라는 기본권의 보장을 통해서 실현되기도 하고, **사회적 시장경제질서**라는 경제질서의 구현을 통해서 실현되기도 한다. 현실적으로는 두 가지 모델 가운데 하나를 선택할 수도 있고, 두 가지 모델을 다 규정할 수도 있다. 현행 헌법은 사회적 기본권을 보장할 뿐만 아니라 사회적 시장경제질서를 구현함으로써 사회복지주의를 선언하고 있다.

2. 사회적 기본권

사회적 기본권의 본질은 사실적 자유에 있다.[104] 따라서 사실적 자유의 보장을 국가의 목적으로 하는 사회복지주의는 사회적 기본권의 보장을 통해서 실현된다. 현행 헌법은 제31조에서 제36조까지 사회적 기본권을 규정하고 있다. 따라서 현행 헌법에서 사회적 기본권을 보장하고, 사회복지주의를 선언하고 있다는 점은 분명하지만 사회적 기본권의 본질과 사회복지주의의 과제에 비추어 사회적 기본권을 체계적으로 정리할 필

102) 계희열(상), 381면; 허영, 166면 이하.

103) 헌재 1993. 3. 11. 92헌바33; 2002. 11. 28. 2001헌바50.

104) 사회적 기본권에 대해서는 제2편 제2부 제10장 참조.

요가 있다고 생각된다. 즉 제34조 제1항의 인간다운 생활을 할 권리를 '일반적인 사회적 기본권'으로 이해하면서 나머지 사회적 기본권들은 사회적 기본권의 가장 중요한 대상들인 생계, 의료, 교육, 주거, 노동, 환경(물론 환경은 사회적 기본권만으로 설명할 수는 없다) 등을 규정한 '개별적인 사회적 기본권'으로 정리할 필요가 있다. 한편 제34조 제2항의 사회보장과 사회복지의 증진의무는 사회적 기본권에 상응하는 국가의 의무를 규정한 것으로 이해된다.

3. 사회적 시장경제질서

(1) 경제와 헌법

경제는 거칠게 정의하면 재화와 서비스를 생산·거래·소비하는 과정을 의미한다. 이러한 과정이 진행되는 공간을 '시장'이라고 부를 수 있고, 시장은 자율과 경쟁을 본질로 한다. 경제가 움직이는 공간인 ① 시장 안에는 자율과 경쟁 외에 어떠한 규범도 존재하지 않는다는 입장과 ② 시장에도 내부를 공정하게 규율하는 자생적 규범이 존재한다는 입장으로 구분될 수 있다. 이에 따라 시장에 대한 국가의 개입은 ① 시장에 공정한 규범을 새롭게 부여하려는 목적이나 ② 시장에 존재했던 공정한 내부규범을 회복시키려는 목적 또는 ③ 공정성에 관한 시장의 내부규범이 형식적이므로 실질화하려는 목적을 들어 정당화될 수 있다. 새로운 규범을 부여하든 상실되거나 왜곡된 내부규범을 회복하든 내부규범을 실질화하든 국가는 헌법을 통해 시장에 일정한 규범을 요구하게 된다.

(2) 두 가지 경제질서

고전적 의미의 경제질서는 자본주의 시장경제질서와 사회주의 계획경제질서로 구분된다. 첫째로, **자본주의 시장경제질서**의 특징은 ① 생산수단의 사적 소유 및 사유재산제도, ② 계약의 자유, ③ 자유경쟁적 시장경제와 자율적 가격기구로 요약된다. 둘째로, **사회주의 계획경제질서**는 ① 생산수단의 사적 소유 및 사유재산제도의 부정, ② 계약의 자유의 부인, ③ 경제에 대한 전면적 계획과 조정을 특징으로 한다. 그러나 이렇게 분명하게 대칭되는 고전적 의미의 순수한 경제질서는 더 이상 존재하지 않고, 혼합된 경제질서만이 존재한다. 따라서 중요한 것은 자본주의든 사회주의든 어떤 것을 기본원칙으로 선택하면서, 얼마만큼의 수정을 허용할 것인지 하는 점이다.

(3) 한국의 경제질서로서 사회적 시장경제질서

1) '사회적'의 의미 대한민국의 경제질서에 관해서 헌법은 기본원칙으로 자율과 경쟁을 기반으로 하는 자본주의 시장경제질서를 채택하면서 사회주의 계획경제질서의 요소인 국가의 개입과 조정을 도입함으로써 일정한 수정을 허용하고 있는 혼합경제질서를 규정하고 있다. 이러한 경제질서를 '사회적 시장경제질서'라고 부를 수 있다. 따라서 '사회적'이라는 수식어는 기본적으로 시장에 대한 국가의 개입과 조정을 정당화한다. 그런데 국가가 시장에 개입·조정하는 목적은 ① 시장에 새로운 공정한 규범을 부여하거

나 ② 시장에 존재하던 공정한 규범을 회복시키거나 ③ 단지 형식적인 의미에 지나지 않는 공정한 규범에 실질적인 성격을 부여하기 위해서다. 이러한 의미에서 '사회적'은 우선적으로 공정성(정의)의 이념과 연결되지만 공정성의 실질적·경제적 기초에 대한 보장과 연결된다는 점이 더욱 중요하다. 여기서 사회적 시장경제질서는 사회복지주의의 이념과 결합된다. 전자가 보장하는 공정성의 실질적·경제적 기초는 후자가 보장하는 자유의 사실적 기초와 일치하기 때문이다.

2) 자본주의적 시장경제질서의 원칙 현행 헌법은 자본주의 시장경제질서를 원칙으로 한다. 이러한 사실은 ① 대한민국의 경제질서는 개인과 기업의 경제상의 자유와 창의를 존중함을 기본으로 한다는 점(제119조 제1항), ② 재산권과 사유재산제도에 대한 보장을 원칙으로 한다는 점(제23조 및 제22조 제2항: 지적 재산권), ③ 자유롭고 경쟁적인 경제활동의 기초가 되는 거주·이전의 자유(제14조)와 직업의 자유(제15조)를 보장한다는 점에서 확인된다.

3) 사회적 시장경제질서로의 수정

A. 사유재산제의 제한 사회적 시장경제질서의 수용으로 인해 재산권의 절대성은 부정되고, 재산권의 내용과 한계는 법률에 의해서 규정되며(제23조 제1항), 재산권 행사는 공공복리적합의무(사회적 의무)를 지게 된다(제23조 제2항).

B. 경제에 대한 규제와 조정

① 규제와 조정에 관한 원칙 사회적 시장경제질서는 균형있는 국민경제의 성장·안정과 적정한 소득의 분배를 유지하고, 시장의 지배와 경제력의 남용을 방지하며, 경제주체 간의 조화를 통한 경제의 민주화를 위하여 경제에 관한 국가의 규제와 조정을 정당화한다(제119조 제2항). 불균형적인 경제성장, 불공정한 소득분배, 경제력의 독점과 남용, 경제의 비민주성이야말로 자본주의 시장경제질서의 근본적인 모순이며 병폐에 해당한다. 이에 따라 헌법은 경제성장의 균형성, 소득분배의 적정성(공정성), 경제력의 분점과 견제, 경제의 민주화를 요구하고, 이러한 요구는 경제질서에 대한 국가의 개입·조정을 정당화하는 헌법적 목적인 동시에 경제질서와 관련된 기본권을 제한하는 근거인 헌법적 법익이 된다. 헌법재판소는 이러한 헌법적 목적 또는 헌법적 법익을 "국가목표"를 제시하는 "헌법규범"으로 이해한다(아래 [판례] 참조).

[판례] 경제질서에 명시된 국가목표의 의의

우리 헌법은 균형있는 국민경제의 성장과 안정, 적정한 소득의 분배, 시장의 지배와 경제력남용의 방지, 경제주체간의 조화를 통한 경제의 민주화, 균형있는 지역경제의 육성, 중소기업의 보호육성, 소비자보호 등의 경제영역에서의 국가목표를 명시적으로 언급함으로써 국가가 경제정책을 통하여 달성하여야 할 '공익'을 구체화하고, 동시에 헌법 제37조 제2항의 기본권제한을 위한 법률유보에서의 '공공복리'를 구체화하고 있다. 따라서 '경제주체간의 조화를 통한 경제민주화'의 이념도 경제영역에서 정의로운 사회질서를 형성하기 위하여 추구할 수 있는 국가목표로서 개인의 기본권을 제한하는 국가행위를 정당화하는 헌법규범이다(2004. 10. 28. 99헌바91).

② 국토와 농지 및 자연자원에 관한 규제 경제에 대한 국가의 규제·조정은 우선 국토·농지·자연자원의 영역에서 허용된다. 첫째, **국토와 자원**은 국가의 보호를 받으며, 국가는 그 균형 있는 개발과 이용을 위하여 **필요한 계획**을 수립한다(제120조 제2항). 또한 국가는 국민 모두의 생산 및 생활의 기반이 되는 국토의 효율적이고 균형 있는 이용·개발과 보전을 위하여 법률이 정하는 바에 의하여 그에 관한 **필요한 제한과 의무**를 과할 수 있다(제122조). 이처럼 국토(토지)에 대한 국가의 규제·조정은 '계획' 및 '제한과 의무'로 구체화된다. 그리고 이러한 계획 및 제한과 의무의 목적으로 국토개발·이용의 '균형성'과 '효율성'이 제시되고 있다. 또한 이러한 목적을 실현하기 위하여 투입되는 국가의 계획 및 제한과 의무는 '필요한' 경우로 한정되기 때문에 비례성원칙에 따른 심사가 요구된다.

둘째, 국가는 **농지**에 관하여 **경자유전**(耕者有田)**의 원칙**이 달성될 수 있도록 노력하여야 하며 **소작**(小作)**제도는 금지**된다(제121조 제1항). 따라서 농업생산성의 제고와 농지의 합리적인 이용을 위하거나 불가피한 사정이 있는 경우에만 농지의 **임대차와 위탁경영**은 법률이 정하는 바에 의하여 인정된다(제121조 제2항).

셋째, 광물 기타 중요한 지하자원·수산자원·수력과 경제상 이용할 수 있는 자연력은 법률이 정하는 바에 의하여 일정한 기간 그 채취·개발 또는 이용을 특허할 수 있다(제120조 제1항). 따라서 자연자원의 채취·개발·이용은 일반적으로 금지되고, 일정한 국민에게만 이러한 금지가 해제된다.

[판례] 토지거래허가제

토지거래허가제는 사유재산제도의 부정이 아니라 그 제한의 한 형태이고 토지의 투기적 거래의 억제를 위하여 그 처분을 제한함은 부득이한 것이므로 재산권의 본질적인 침해가 아니며, 헌법상 경제조항에도 위배되지 아니하고 현재의 상황에서 이러한 제한수단의 선택이 헌법상의 비례의 원칙이나 과잉금지의 원칙에 위배된다고 할 수도 없다(1989. 12. 22. 88헌가13; 1997. 6. 26. 92헌바5).

③ 독과점과 대외무역에 대한 규제와 조정 국가는 독과점에 의한 **시장의 지배와 경제력의 남용**을 방지하기 위하여 경제에 관한 규제와 조정을 할 수 있다(제119조 제2항). 또한 국가는 **대외무역**을 육성하며, 이를 **규제·조정**할 수 있다(제125조).

④ 농업과 어업 및 중소기업의 보호·육성 국가는 경제부문간이나 지역간 또는 기업간의 경제적 불균형을 해소하기 위해서도 경제질서에 대한 개입·조정이 허용된다.

첫째, 국가는 농·어업의 균형적 발전을 보호하기 위하여 경제에 대한 규제와 조정을 할 수 있다. 우선 국가는 **농업 및 어업을 보호·육성**하기 위하여 농·어촌 종합개발과 그 지원 등 필요한 계획을 수립·시행하여야 한다(제123조 제1항). 그리고 국가는 농수산물의 수급균형과 유통구조의 개선에 노력하여 가격안정을 도모함으로써 **농·어민의 이익을 보호**한다(제123조 제4항). 또한 국가는 **농·어민의 자조조직**을 육성하며, 그 자율적 활동과 발전을 보장한다(제123조 제5항). 둘째, 국가는 **지역간의 균형 있는 발전**

을 위하여 지역경제를 육성할 의무를 지기 때문에 지역경제의 육성을 위하여 경제에 대한 규제와 조정을 할 수 있다(제123조 제2항). 셋째로, 국가는 **중소기업을 보호 · 육성**하여야 하기 때문에 중소기업의 보호를 위하여 경제에 대한 규제와 조정을 할 수 있다(제123조 제3항). 또한 국가는 **중소기업의 자조조직**을 육성하여야 하며, 그 자율적 활동과 발전을 보장한다(제123조 제5항).

[판례] 농업과 어업 및 중소기업의 보호 · 육성

헌법 제123조는 농수산업정책, 지역적 경제촉진과 중소기업정책의 필요성을 구체적으로 강조함으로써, 지역 간의 경제적 차이를 조정하고, 국민경제적 이유에서 일정 경제부문이 변화한 시장조건에 적응하는 것을 용이하게 하거나 또는 경쟁에서의 상이한 조건을 수정하기 위하여, 경제적으로 낙후한 지역이나 일정 경제부문을 지원할 국가의 과제를 규정하고 있다. 즉 국가가 보조금이나 세제상의 혜택 등을 통하여 시장의 형성과정에 **지역적으로 또는 경제부문별로 관여**함으로써, 시장에서의 경쟁이 국가의 지원조치에 의하여 조정된 새로운 기초 위에서 이루어질 수 있도록 하는 것이 헌법 제123조의 목적이다(1996. 12. 26. 96헌가18).

[판례] 농 · 어민과 중소기업의 자조조직의 육성

절대적 개인주의 · 자유주의를 근간으로 하는 자본주의사회에 있어서는 계약자유의 미명 아래 '있는 자, 가진 자'의 착취에 의하여 경제적인 지배종속관계가 성립하고 경쟁이 왜곡되게 되어 결국에는 빈부의 격차가 현격해지고, 사회계층간의 분화와 대립갈등이 첨예화하는 사태에 이르게 됨에 따라 이를 대폭 수정하여 실질적인 자유와 공정을 확보함으로써 인간의 존엄과 가치를 보장하도록 하였는바, 이러한 절대적 개인주의 · 자유주의를 근간으로 하는 초기 자본주의의 모순 속에서 소비자 · 농어민 · 중소기업자 등 경제적 종속자 내지는 약자가 그들의 경제적 생존권을 확보하고 사회경제적 지위의 향상을 도모하기 위하여 결성한 자조조직이 협동조합이고, 우리 헌법도 국가가 자발적 협동조합을 육성하여야 함을 명문으로 규정하고 있다(1996. 4. 25. 92헌바47; 2000. 6. 1. 99헌마553).

⑤ 사기업의 국 · 공유화 경제에 대한 국가의 규제 · 조정은 다양한 방법으로 가능하지만 사기업을 국유화 또는 공유화하는 방법은 원칙적으로 금지된다. 즉 **국방상 또는 국민경제상 긴절한 필요**로 인하여 법률이 정하는 경우를 제외하고는, 사영기업을 국유 또는 공유로 이전하거나 그 경영을 통제 또는 관리할 수 없다(동법 제126조). 따라서 원칙적으로 사영기업을 국 · 공유화하거나 그 경영을 통제 · 관리하는 것은 금지되지만 국방상 또는 국민경제상 긴절한 필요가 있는 경우에는 예외적으로 법률에 따라 국 · 공유화나 경영통제 · 관리가 가능하다.

[판례] 사기업의 국 · 공유화

'사영기업의 국유 또는 공유로의 이전'은 일반적으로 공법적 수단에 의하여 사기업에 대한 소유권을 국가나 기타 공법인에 귀속시키고 사회정책적 · 국민경제적 목표를 실현할 수 있도록 그 재산권의 내용을 변형하는 것을 말하며, 또 사기업의 '경영에 대한 통제 또는 관리'라 함은 비록 기업에 대한 소유권의 보유주체에 대한 변경은 이루어지지 않지만 사기업경영에 대한 국가의 광범위하고 강력한 감독과 통제 또는 관리의 체계를 의미한다고 할 것이다. 그런데 **운송수입금 전액관리제**로 인하여 청구인들이 기업경영에 있어서 영리추구라고 하는 사기업 본연의 목적을 포기할 것을 강요받거나 전적으로 사회·경제정책적 목표를 달성하는 방향으로 기업활동의 목표를 전환해야 하는 것도 아니고, 그 기업경영과 관련하여 국가의 광범위한 감독과 통제 또는 관리를 받게 되는 것도 아니며, 더구나 청구인들 소유의 기업에 대한 재산권이 박탈되거나 통제를 받게 되어 그 기업이 사회의 공동재산의 형태로 변형된 것도 아니다(1998. 10. 29. 97헌마345).

⑥ 소비자보호 경제질서에 대한 국가의 규제·조정은 소비자보호를 위한 목적에서도 허용된다. 국가는 건전한 소비행위를 계도하고 생산품의 품질향상을 촉구하기 위한 소비자보호운동을 법률이 정하는 바에 의하여 보장한다(제124조).

4. 판 례

헌법재판소에 따르면 헌법 제119조 제1항은 사유재산제도, 사적 자치의 원칙, 과실책임의 원칙을 기초로 하는 **자유시장 경제질서를 기본**으로 함을 선언한다. 한편 경제에 대한 국가의 규제·조정을 규정한 헌법 제119조 제2항, 인간다운 생활을 할 권리를 보장한 제34조 제1항, 생활능력이 없는 국민에 대한 국가의 보호를 규정한 동조 제5항에 따라 **사회국가원리를 수용**하고 있다. 결국 우리 헌법은 **자유시장 경제질서를 기본으로 하면서 사회국가원리를 수용하여 실질적인 자유와 평등을 아울러 달성하려는 것을 근본이념**으로 한다.[105] 즉 우리 헌법의 경제질서는 사유재산제를 바탕으로 하고 자유경쟁을 존중하는 **자유시장 경제질서를 기본**으로 하면서도 이에 수반되는 갖가지 모순을 제거하고 사회복지·사회정의를 실현하기 위하여 **국가적 규제와 조정을 용인하는 사회적 시장경제질서**의 성격을 포함하고 있다.[106]

[판례] 사적 자치의 원칙과 계약의 자유

헌법 제119조 제1항의 자유시장경제질서에 사적 자치의 원칙이 포함되고, 헌법 제10조의 행복추구권에서 사적자치권이 도출된다(1998. 8. 27. 96헌가22등). 사적 자치의 원칙이란 인간의 자기결정 및 자기책임의 원칙에서 유래된 기본원칙으로서 법률관계의 형성은 고권적인 명령에 의해서가 아니라 법인격자 자신들의 의사나 행위를 통해서 이루어진다는 원칙이다. 사적 자치는 **계약의 자유·소유권의 자유·결사의 자유·유언의 자유 및 영업의 자유**를 구성요소로 하고 있으며 그 중 계약의 자유는 사적 자치가 실현되는 가장 중요한 수단으로서 이는 계약체결의 자유·상대방선택의 자유·방식의 자유·계약의 변경 또는 해소의 자유를 포함한다(2001. 5. 31. 99헌가18등).

[판례] 사회적 시장경제질서

[1] 농지개량사업 시행지역 내의 토지에 관한 권리관계에 변경이 있는 경우 그 사업에 관한 권리의무도 승계인에게 이전되도록 규정한 법률조항은 농지개량사업의 계속성

105) 헌재 1998. 5. 28. 96헌가4등; 2001. 2. 22. 99헌마365.

106) 헌재 1996. 4. 25. 92헌바47; 2001. 2. 22. 99헌마365.

과 연속성을 보장하고 궁극적으로는 농촌근대화의 목적을 달성하기 위한 것으로써 오히려 사회적 시장경제질서에 부합하는 제도이므로, 시장경제원칙에 위배되지 않는다(2005. 12. 22. 2003헌바88).

[2] 일반불법행위책임에 관해서는 자유시장 경제질서에서 파생된 과실책임의 원리를 기본원칙으로 하면서 특수한 불법행위책임에 관해서는 사회국가원리의 실현을 위한 위험책임의 원리를 수용하여 승객이 사망하거나 부상한 경우에 운행자에게 무과실책임을 지우는 법률(1998. 5. 28. 96헌가4등: 위헌)

[3] 절대적 개인주의 · 자유주의를 근간으로 하는 초기 자본주의의 모순 속에서 소비자 · 농어민 · 중소기업자 등 경제적 종속자 내지는 약자가 그들의 경제적 생존권을 확보하고 사회경제적 지위의 향상을 도모하기 위해 결성한 자조조직인 협동조합에 대한 헌법적 보호라는 측면에서 업종별축협의 설립을 제한하는 법률(1996. 4. 25. 92헌바47: 위헌)

제 5 절 국제평화주의

Ⅰ. 헌법규정

이미 헌법전문에서 "밖으로는 항구적인 세계평화와 인류공영에 이바지함으로써"라고 규정하여 대한국민은 세계시민의 일원으로서 평화와 공존을 지향하는 지구공동체의 책임있는 구성원이라는 사실을 선언하고 있다. 나아가 국제사회에서 평화와 공존을 지향하는 국제평화주의의 원리는 제5조와 제6조에서 좀 더 구체적으로 표현되고 있다. 우선 "대한민국은 국제평화의 유지에 노력하고 침략적 전쟁을 부인한다"(제5조 제1항). 이에 따라 "국군의 사명은 무엇보다도 국가의 안전보장과 국토방위의 신성한 의무"에 국한된다(동조 제2항). 또한 국제평화의 기초가 되는 국제법질서를 존중하여 "헌법에 의하여 체결 · 공포된 조약과 일반적으로 승인된 국제법규는 국내법과 같은 효력을 가진다"(제6조 제1항). 그리고 외국인을 보호하기 위하여 외국인에 대해서는 "국제법과 조약이 정하는 바에 의하여 그 지위"를 보장한다(동조 제2항). 이처럼 평화주의는 남북관계에서 평화적 통일을 지향할 뿐만 아니라 국제관계에서 침략적 전쟁을 부인하며 국제법질서를 존중하겠다는 의지의 표현으로 구체화된다. 이 조항들의 의미를 구체화하면 다음과 같다.

Ⅱ. 국제평화의 유지를 위한 노력

1. 평화주의의 선언

헌법은 대한민국이 국제평화의 유지를 위해 노력한다고 천명함으로써(제5조 제1항 전단) 국제관계에서 평화주의의 이념을 견지하는 대한민국의 기본입장을 국제사회를 향하여 일반적으로 선언하고 있다. 평화주의는 다양한 의미로 사용될 수 있다. 소극적으로는 단지 '분쟁이나 전쟁이 없는 상태'를 지향하는 의미로, 적극적으로는 '분쟁이나 전쟁의 근본적인 원인이 해소된 상태'를 지향하는 의미로 사용된다. 이러한 두 가지 의미가 모두 평화주의의 내용에 포함된다고 볼 수 있다.

2. 대화이론과 평화주의

대화이론을 출발점으로 삼고 있는 우리의 입장에서 평화주의의 내용은 대화의 이념이 가장 완벽하게 실현된 상태로 이해된다. 그렇다면 국제평화주의의 이념은 **대화의 이념을 국제적 수준으로 확장**하는 것으로 이해될 수 있다. 우선 '대화'라는 개념의 일상적 용법에서도 보이듯이 대화의 이념은 '비폭력'을 핵심으로 하는 평화의 이념을 뜻한다. 또한 대화이론과 평화주의가 지향하는 공통적인 이념은 모든 공동체구성원들에 대한 '인격적 인정'의 규범적 요청이다. 공동체의 평화는 모든 공동체구성원이 독립적인 인격체로 인정되어야 한다는 대화의 이념이 실현되는 경우에만 가능하기 때문이다. 이러한 인격적 인정의 규범이 실현되는 가장 이상적인 국가는 민주적 · 사회적 헌법국가다. 이것은 국민의 사적 자율성이 존중되는 법규범에 의해서 지배되는 헌법국가, 공적 의사결정에 관한 국민의 자율적 참여의 절차가 보장된 민주적 헌법국가, 그리고 그러한 자율성의 물적 토대가 보장된 사회적 헌법국가를 의미한다. 이러한 민주적 · 사회적 헌법국가는 국내적 수준에서 가장 이상적인 수준의 평화를 보장하는 국가로 이해된다. 그렇다면 국제적 수준에서도 헌법국가 · 민주국가 · 사회국가를 실현하는 것이 국제적 차원의 평화주의를 구체화하는 것이라고 볼 수 있다.

Ⅲ. 침략적 전쟁의 부인

평화주의의 이념이 실현되기 위한 최소한의 조건은 전쟁의 부인이다. 소극적 의미의 평화는 전쟁이 없는 상태를 의미하기 때문이다. 이에 따라 헌법은 침략적 전쟁을 부인하고 있다. 이는 유엔헌장의 무력행사금지원칙(동헌장 제2조 Ⅳ항)을 헌법에 명문화한 것이기도 하다. '침략적 전쟁'이란 영토의 확장이나 자국의 이익을 관철하기 위하여 또는 국제적 분쟁을 해결하기 위하여 감행되는 군사적인 선제공격을 뜻한다. 침략적 전쟁의 부인은 국제사회에서 국가로 승인된 모든 공동체에 대해서 주권을 인정하는 것, 즉 국제사회의 독립적이고 자주적인 주체로 승인하는 것을 의미하기 때문에 국제적 수준에서 모든 주체의 자율성을 인정하도록 요청하는 **헌법국가의 이념**을 실현하는 기초가 된다.

문제는 무엇이 침략적 전쟁인지에 대한 판단인데 헌법재판소에 따르면 침략적 전쟁에 대한 판단의 주체는 사법부보다 대의기관인 대통령과 국회가 되어야 한다고 한다(아래 [판례] 참조). 물론 침략적 전쟁에 대한 판단은 '판단주체'에 따라 달라질 수는 있지만 헌법을 해석하는 임무를 부여받은 헌법재판소는 선제적이고 공격적인 전쟁과 같은 침략적 전쟁에 대한 '판단기준'을 제시했어야 한다.

[판례] 침략전쟁에 대한 판단

이른바 이라크전쟁이 국제규범에 어긋나는 침략전쟁인지 여부 등에 대한 판단은 **대의기관인 대통령과 국회의 몫**이고, 성질상 한정된 자료만을 가지고 있는 헌법재판소가 판단하는 것은 바람직하지 않다고 할 것이며, 헌법재판소의 판단이 대통령과 국회의 그것보다 더 옳다거나 정확하다고 단정짓기 어려움은 물론 재판결과에 대하여 국민들의 신뢰를 확보하기도 어렵다고 하지 않을 수 없다(2004. 4. 29. 2003헌마814).

침략적 전쟁만을 부인하기 때문에 국가를 보위하기 위한 '자위적 전쟁'을 부인하는 것은 아니며, 따라서 모든 전쟁을 부인하는 것은 더욱 아니다. 또한 같은 맥락에서 자위적 전쟁의 수행을 위해 필요한 군대를 부인하는 것도 아니다. 여기서 자위적 전쟁은 외국의 군사적인 선제공격에 대항하여 자국을 방어하기 위한 전쟁을 말한다. 한편 군대의 설치는 헌법에 명시적으로 근거를 두고 있다. 예를 들어 ① **국군의 사명**에 관한 규정(제5조 제2항), ② **대통령의 국군통수권 및 국군의 조직과 편성에 관한 법정주의**에 관한 규정(제74조), ③ **국민의 국방의무**에 관한 규정(제39조 제1항), ④ **국가안전보장회의**에 관하여 규정(제91조), ⑤ **선전포고나 국군의 외국파견에 대한 국회의 동의권**에 관한 규정(제60조)은 현행 헌법이 군대 자체를 부인하고 있지 않으며 자위적 전쟁을 허용하고 있다는 명시적 근거가 된다.

하지만 침략적 전쟁의 부인과 자위적 전쟁의 인정에 근거하여 군대가 설치되고, 더욱이 헌법 제39조에 따라 국민의 기본의무로서 국방의무(병역의무)가 부과되어 있다는 사실에서 곧바로 양심적 병역거부에 대한 헌법적 부인으로 귀결될 수는 없다. 군대의 설치나 병역의무의 부과를 통해 확인된 국가안보와 국토방위라는 헌법적 가치는 양심의 자유라는 또 다른 헌법적 가치와 형량을 거쳐서만 확정적인 효력이 결정될 수 있기 때문이다.107)

Ⅳ. 국제법규의 존중

헌법은 헌법에 의하여 체결·공포된 조약과 일반적으로 승인된 국제법규가 국내법과 같은 효력을 갖도록 함으로써(제6조 제1항) 국제법질서를 존중하고 있다. 이와 같은 국제법질서 존중의 정신은 **국제적 수준에서 법치주의**를 실현하겠다는 의지의 표현으로 이해된다. 물론 여기서도 법치주의는 기본적 인권을 존중하는 실질적 법치주의로 이해되어야 하기 때문에 국제법규도 기본적 인권을 존중하는 내용적 한계를 가진다는 점에서 다르지 않다.

1. 조약의 존중

(1) 조약의 개념

조약(treaty)이란 2개 또는 그 이상의 국가 간에 문서로 행한 합의나 약속으로서 국

107) 제2편 제2부 제5장 제2절 제4항 Ⅱ. 3. 참조.

가 간의 법률상 권리와 의무를 창설 · 변경 · 소멸시키는 것을 말한다. 반드시 조약이라는 명칭을 사용할 필요는 없기 때문에 국가 간에 문서로 행한 약속이나 합의는 협약(convention), 협정(agreement), 규약(covenant) 등 명칭과 상관없이 조약이라고 부를 수 있다. 중요한 것은 조약이 국내법으로서 효력을 갖기 위해서는 절차와 내용의 측면에서 모두 헌법에 합치해야 한다는 점이다.

[판례] 국회의 동의가 필요한 조약

이 사건 조약('대한민국과 아메리카합중국간의 상호방위조약 제4조에 의한 시설과 구역 및 대한민국에서의 합중국군대의 지위에 관한 협정' 제2조 제1의 (나)항)은 그 명칭이 '협정'으로 되어 있어 국회의 관여없이 체결되는 행정협정처럼 보이기도 하나 우리나라의 입장에서 볼 때에는 외국군대의 지위에 관한 것이고, 국가에게 재정적 부담을 지우는 내용과 입법사항을 포함하고 있으므로 국회의 동의를 요하는 조약으로 취급되어야 한다(1999. 4. 29. 97헌가14).

[판례] 한미동맹에 관한 공동성명이 조약인지 여부

대통령이 피청구인 외교통상부장관에게 위임하여 2006. 1. 19.경 워싱턴에서 미합중국 국무장관과 발표한 '동맹 동반자 관계를 위한 전략대화 출범에 관한 공동성명'은 한국과 미합중국이 상대방의 입장을 존중한다는 내용만 담고 있을 뿐, 구체적인 법적 권리 · 의무를 창설하는 내용을 전혀 포함하고 있지 아니하므로, 조약에 해당된다고 볼 수 없다(2008. 3. 27. 2006헌라4).

(2) 조약의 성립요건

조약이 성립하기 위해서는 **헌법에서 정한 절차**에 따라 체결 · 비준되어야 한다. ① 첫째, 조약의 **체결 · 비준권은 대통령**에게 있다(제73조). 넓은 의미의 체결에는 비준이 포함된다. 그러나 현실적으로는 국가의 대표가 체결하고 사후에 국가원수가 비준하는 절차를 거친다. ② 둘째, 조약의 체결 · 비준에 앞서 **국무회의 심의**가 필요하다(제89조 제3호). ③ 셋째, 조약의 체결 · 비준은 **국회의 동의**가 필요한 경우가 있다(제60조 제1항). 국회의 동의는 조약의 체결 · 비준에 관한 '대통령의 권한을 통제'하면서 동시에 법률적 효력을 가지게 되는 조약에 '민주적 정당성을 부여'하는 기능을 한다. 또한 국회는 조약의 체결 · 비준에 대한 동의권을 행사하여 조약에 '법률적 효력을 부여'함으로써 입법기능을 수행한다.

[판례] 조약의 체결 · 비준에 대한 국회의 동의권과 권한쟁의

① 조약의 체결 · 비준의 주체인 피청구인(대통령)이 국회의 동의를 필요로 하는 조약에 대하여 국회의 동의절차를 거치지 아니한 채 체결 · 비준하는 경우 국회의 조약에 대한 체결 · 비준 동의권이 침해되는 것이므로, 이를 다투는 권한쟁의심판의 당사자는 국회가 되어야 할 것이다. … 권한쟁의심판에 있어 '제3자 소송담당'을 허용하는 법률의 규정이 없는 현행법 체계하에서 국회의 구성원인 청구인(국회의원)들은 국회의 조약에 대한 체결 · 비준 동의권의 침해를 주장하는 권한쟁의심판을 청구할 수 없다. ② 국회의 동의권이 침해되었다고 하여 동시에 국회의원의 심의 · 표결권이 침해된다고 할 수 없고, 또 국회의원의 심의 · 표결

권은 국회의 대내적인 관계에서 행사되고 침해될 수 있을 뿐 다른 국가기관과의 대외적인 관계에서는 침해될 수 없는 것이므로, 대통령 등 국회 이외의 국가기관과 사이에서는 권한 침해의 직접적인 법적 효과를 발생시키지 아니한다. 따라서 피청구인 대통령이 국회의 동의 없이 조약을 체결·비준하였다 하더라도 국회의 체결·비준 동의권이 침해될 수는 있어도 국회의원인 청구인들의 심의·표결권이 침해될 가능성은 없다(2007. 4. 29. 2003헌마814; 2007. 10. 25. 2006헌라5).

물론 모든 조약의 체결·비준이 국회의 동의를 받아야 하는 것은 아니다. 예를 들어 단순히 행정협조적이고 기술적인 사항에 관한 조약의 체결·비준에서는 국회의 동의가 필요없다. 헌법은 조약의 체결·비준에서 국회의 동의가 반드시 필요한 사항에 대하여 규정하고 있다(제60조 제1항). 국회의 동의가 반드시 필요한 조약으로는 ① 상호원조 또는 안전보장에 관한 조약, ② 중요한 국제조직에 관한 조약, ③ 우호통상항해조약, ④ 주권의 제약에 관한 조약, ⑤ 강화조약, ⑥ 국가나 국민에게 중대한 재정적 부담을 지우는 조약, ⑦ 입법사항에 관한 조약 등이다. 이러한 조약의 체결·비준에 대한 국회의 동의는 조약의 '국내법적 효력'만이 관련된다. 다시 말해 국회의 동의가 없어도 국제법적 효력에는 문제가 없지만 국내법적 효력에는 문제가 생긴다. 물론 이런 상황은 예외적이고, 국제적인 분쟁을 발생시킬 수 있다는 점에서 가능하면 회피되어야 하는 상황이다. 그 밖에도 조약은 헌법의 내용에 위반되지 않아야 한다.

(3) 조약의 효력

A. 국내법과 같은 효력 요건을 충족한 조약은 국내법적 효력을 갖는다. 우선 ① 요건을 충족한 조약은 '국내적으로' 효력을 갖는다. 그리고 ② 요건을 충족한 조약은 국회의 동의가 필요한 경우에는 '법률과 같은(동등한)' 효력을, 반면에 국회의 동의가 필요없는 경우에는 법률보다 하위의 효력을 갖는다. 이것은 조약이 헌법보다는 하위의 효력을 갖는다는 뜻으로 조약과 헌법의 관계에 관한 '헌법우위설'을 뒷받침한다. 같은 맥락에서 조약이 헌법보다 상위의 효력을 갖는다는 '조약우위설'은 주장될 수 없다. 왜냐하면 조약체결권은 헌법의 수권에 의해 부여된 권한이고, 헌법은 적어도 국내법체계 내에서는 최고규범이기 때문이다. 헌법재판소도 "우리 헌법은 조약에 대한 헌법의 우위를 전제하고 있으며, 헌법과 동일한 효력을 가지는 이른바 헌법적 조약을 인정하지 아니한다"고 한다.108)

국내법과 국제법은 서로 다른 법질서에 속한다는 '이원론'에 따르면 애초에 양 법규는 서로 충돌할 수 없으므로 양 법규 간에 우열관계를 결정할 필요도 없다. 따라서 헌법우위설은 적어도 국내법과 국제법이 서로 동일한 법질서에 속한다는 '일원론'에 기초할 때에만 가능하다. 이러한 일원론에 기초하는 경우에 국제법이 국내법적 효력을 가지기 위하여(효력의 문제) 별도의 입법을 통한 변형이 필요하다는 견해(변형이론)는 타당하지 않게 된다. 하지만 국내법적 효력을 가지는 국제법이 국내에서 실제로 적용되기 위하여(적

108) 헌재 2013. 11. 28. 2012헌마166.

용의 문제) 별도의 입법이 필요한 경우도 있고(비자기집행조약), 필요하지 않은 경우도 있다(자기집행조약). 적용을 위한 별도의 입법이 필요하지 않은 경우에는 국내법에 수용됨으로써 곧바로 국내법적 효력을 갖는다(수용이론). 하지만 적용을 위한 별도의 입법이 필요한 경우에는 그러한 별도의 입법이 있는 경우에만 국내법적 효력을 갖는다(집행이론).

한편 조약은 국회동의의 필요 여부에 따라 법률과 같은 효력이나 법률보다 하위의 효력을 가질 수 있기 때문에 조약이 국내법보다 항상 우월한 효력을 갖는 것은 아니다. 다만 법률과 같은 효력을 갖는 조약이 국내법과 충돌하는 경우에는 신법우선의 원칙, 특별법우선의 원칙과 같은 규칙에 따라 그러한 충돌이 해결될 수 있다.

[판례] 조약의 국내법과 같은 효력

[1] **마라케쉬협정**(우루과이라운드의 협상결과 체결되어 세계무역기구(WTO)를 발족시킨 협정: 필자주)도 **적법하게 체결되어 공포된 조약이므로 국내법과 같은 효력**을 갖는 것이어서 그로 인하여 새로운 범죄를 구성하거나 범죄자에 대한 처벌이 가중된다고 하더라도 이것은 국내법에 의하여 형사처벌을 가중한 것과 같은 효력을 갖게 되는 것이다. 따라서 마라케쉬협정에 의하여 관세법위반자의 처벌이 가중된다고 하더라도 이를 들어 법률에 의하지 아니한 형사처벌이라거나 행위시의 법률에 의하지 아니한 형사처벌이라고 할 수 없으므로, 죄형법정주의에 어긋나거나 청구인의 기본적 인권과 신체의 자유를 침해하는 것이라고 할 수 없다(1998. 11. 26. 97헌바65).

[2] '**대한민국과 일본국간의 어업에 관한 협정**'은 우리나라와 일본 간의 어업에 관해 '헌법에 의하여 체결·공포된 조약'으로서 **국내적으로 '법률'과 같은 효력**을 가진다(2001. 3. 21. 99헌마139등).

[3] 국제법 존중주의는 우리나라가 가입한 조약과 일반적으로 승인된 국제법규가 국내법과 같은 효력을 가진다는 것으로서 **조약이나 국제법규가 국내법보다 우선한다는 것은 아니다.** … 부정수표 발행행위는 지급제시될 때에 지급거절될 것을 예견하면서도 수표를 발행하여 지급거절에 이르게 하는 것으로 그 보호법익은 수표거래의 공정성이며 결코 '계약상 의무의 이행불능만을 이유로 구금'되는 것은 아니므로 국제법 존중주의에 입각한다 하더라도 국제연합 인권규약 제11조(계약상 의무의 이행불능만을 이유로 구금되어서는 아니된다: 필자주)의 명문에 정면으로 배치되는 것이 아니다(2001. 4. 26. 99헌가13).

[4] **한미무역협정**의 경우, 헌법 제60조 제1항에 의하여 국회의 동의를 필요로 하는 우호통상항해조약의 하나로서 법률적 효력이 인정되므로, 규범통제의 대상이 됨은 별론으로 하고, 그에 의하여 성문헌법이 개정될 수는 없다(2013. 11. 28. 2012헌마166).

B. 조약에 대한 헌법적 심사와 위헌인 조약의 효력 절차적·내용적 요건을 충족하지 않은 것으로 의심되는 조약에 대해서는 헌법적 심사가능성 및 위헌조약의 효력이 문제된다.

첫째, 조약에 대한 헌법적 심사가능성(규범통제)과 관련하여 ① 긍정설에 따르면 헌법우위의 원칙에 근거하여 법률적 조약은 헌법재판소, 명령·규칙적 조약은 법원에서 판단해야 하고, 헌법재판소가 위헌으로 결정한 조약은 효력이 상실되며 법원이 위헌으로 결정한 조약은 당해 사건에 한하여 법원이 적용을 거부해야 된다고 한다.[109] 그러나

② 부정설에 따르면 조약은 고도의 정치성을 띠는 국가간의 약속이므로 사법적 심사를 할 수 없다고 한다. 마지막으로 ③ 결정여부신중설 또는 사법자제설에 따르면 원칙적으로 긍정설에 동의하면서도 현실적으로는 국제적 관계나 국가적 체면과 관련되므로 가능한 한 신중을 기해야 된다고 한다.[110]

둘째, 위헌조약의 효력과 관련하여 우선 위헌조약은 세 가지 유형으로 구분된다. ① 절차와 내용이 모두 헌법에 위반되는 '진정위헌조약', ② 절차와 내용이 모두 헌법에 합치하는 '진정합헌조약', ③ 절차나 내용 가운데 하나만 헌법에 위반되는 '준위헌조약'이 그것이다. 진정합헌조약만이 국내법적 효력을 갖게 되고, 진정위헌조약은 국내법적 효력을 갖지 못한다. 준위헌조약의 경우에도 절차적으로는 합헌이지만 헌법에 위반되는 내용을 갖거나, 합헌적 내용이지만 헌법적 절차가 준수되지 않는다면 진정위헌조약과 마찬가지로 헌법우위의 원칙에 따라 국내법적 효력은 인정될 수 없다. 다만 위헌조약의 경우에도 국제법적 효력은 유지된다.

결론적으로 헌법우위설에 따라 **조약에 대한 규범통제는 가능하며 위헌적 조약에 대해서는 국내법적 효력이 부인되어야** 한다. 따라서 별도의 입법이 없이도 국내적으로 적용될 수 있는 자기집행조약의 경우에는 위헌법률심판이나 헌법소원심판의 대상이 될 수 있다. 하지만 국내적으로 적용되기 위하여 별도의 입법이 필요한 비자기집행조약의 경우에는 위헌법률심판이나 헌법소원심판의 대상이 될 수 없다. 다만 비자기집행조약의 경우에도 국내적 적용을 위한 별도의 입법이 있는 경우에는 그 입법을 대상으로 위헌법률심판이나 헌법소원심판을 청구할 수 있다.

[판례] 조약의 위헌법률심판 대상성

국제통화기금협정 제9조 제3항 등은 각 **국회의 동의를 얻어 체결된 것으로서**, 헌법 제6조 제1항에 따라 국내법적, 법률적 효력을 가지는 바, 가입국의 재판권 면제에 관한 것이므로 성질상 국내에 바로 적용될 수 있는 **법규범으로서 위헌법률심판의 대상이 된다**(2001. 9. 27. 2000헌바20).

2. 일반적으로 승인된 국제법규의 존중

(1) 개 념

일반적으로 승인된 국제법규란 대다수의 국가가 승인하여 국제사회에서 보편적 효력을 가지는 규범으로 인정된 국제법규를 의미한다. 따라서 일반적으로 승인된 국제법규는 대한민국도 승인하고 있을 수 있지만 대한민국이 승인하고 있는지 여부가 일반적으로 승인된 국제법규로 인정되는지를 결정하지는 않는다. 일반적으로 승인된 국제법규에는 ① 성문의 국제법규, ② 불문의 국제관습법, ③ 일반적으로 승인된 조약 등이 포함된다. 일반적으로 승인된 조약으로서 대한민국이 비준하여 가입하고 있는 경우에는

109) 권영성, 177면.

110) 계희열(상), 189면.

헌법이 국내법적 효력을 부여하는 조약일 뿐만 아니라 국제법규에 해당된다.

헌법재판소에 따르면 국제연합(UN)의 '인권에 관한 세계선언(세계인권선언)' 및 국제연합교육과학문화기구(UNESCO)와 국제노동기구(ILO)가 채택한 '교원의 지위에 관한 권고'는 국내법적 효력을 갖는 국제법규가 아니다.[111] 또한 국제노동기구(ILO)의 '강제노동의 폐지에 관한 제105호 협약'도 일반적으로 승인된 국제법규로서의 성격이 인정되지 않는다.[112] 그리고 국제노동기구의 '제87호 협약(결사의 자유 및 단결권 보장에 관한 협약)', '제98호 협약(단결권 및 단체교섭권에 대한 원칙의 적용에 관한 협약)', '제151호 협약(공공부문에서의 단결권 보호 및 고용조건의 결정을 위한 절차에 관한 협약)'도 일반적으로 승인된 국제법규로 볼 수 없다고 한다.[113] 한편 성격은 좀 다르지만 국제노동기구의 '결사의 자유위원회'나 국제연합의 '경제적·사회적 및 문화적 권리위원회' 및 경제협력개발기구(OECD)의 '노동조합자문위원회' 등의 국제기구들이 우리나라에 대하여 가능한 한 빨리 모든 영역의 공무원들에게 노동3권을 보장할 것을 권고하고 있다고 하더라도 이를 위헌심사의 척도로 삼을 수는 없다고 한다.[114] 그리고 자유권위원회가 채택한 견해(Views)도 자유권규약에 대한 해석으로 법적 구속력은 없다고 본다.[115]

(2) 요 건

일반적으로 승인된 국제법규일 것으로 충분하고, 국회의 동의와 같은 그 밖의 요건은 필요하지 않다. 여기서 문제는 일정한 국제법규가 일반적으로 승인되었는지 여부를 누가 결정할 것인지에 관한 것이다. 그러한 결정의 권한은 법규를 해석하고 적용하는 법원(최종권한 : 대법원) 및 법규를 통제하는 헌법재판소에게 있다.

(3) 효 력

일반적으로 승인된 국제법규는 국내법과 동등한 효력을 갖는다. 따라서 일반적으로 승인된 국제법규는 ① 국내적인 효력을 갖게 되고, ② 개별적인 국제법규에 따라 법률보다 상위 또는 하위의 효력을 갖게 된다. 일반적으로 승인된 국제법규가 헌법에 위반되는지 여부가 재판의 전제가 되는 경우에 법률과 같은 효력을 갖는 국제법규의 위헌 여부에 대한 제청권은 법원에, 결정권은 헌법재판소에 부여된다. 하지만 명령·규칙의 효력을 갖는 국제법규의 위헌 여부에 대한 심사권은 법원에게 있다. 일반적으로 승인된 국제법규가 국내법과 충돌하는 경우에는 법률충돌을 해결하는 일반원칙에 따라 해결될 수 있다.

---

111) 헌재 1991. 7. 22. 89헌가106 참조. 세계인권선언에 대한 동일한 취지의 결정으로 2008. 12. 26. 2005헌마971; 2008. 12. 26. 2006헌마462; 2008. 12. 26. 2006헌마518.

112) 헌재 1998. 7. 16. 97헌바23.

113) 헌재 2005. 10. 27. 2003헌바50등; 2007. 8. 30. 2003헌바51; 2008. 12. 26. 2005헌마971; 2008. 12. 26. 2006헌마462; 2008. 12. 26. 2006헌마518.

114) 헌재 2005. 10. 27. 2003헌바50등; 2007. 8. 30. 2003헌바51; 2008. 12. 26. 2005헌마971; 2008. 12. 26. 2006헌마462; 2008. 12. 26. 2006헌마518.

115) 헌재 2018. 7. 26. 2011헌마306.

V. 외국인의 법적 지위의 보장

1. 헌법규정

헌법은 외국인의 법적 지위에 대해서 외국인은 국제법과 조약이 정하는 바에 의하여 그 지위가 보장된다고 규정한다(제6조 제2항). 따라서 외국인의 법적 지위에 대해서는 국제법상의 일반원칙인 **상호주의원칙**에 따라 보장된다.

2. 문제의 핵심 : 외국인에게 기본권을 보장할 것인가?

기본권은 그 성격에 따라 '국민의 권리'인 경우에는 원칙적으로 국민에게만 인정되고, '인간의 권리'인 경우에는 외국인에게도 인정될 수 있다.[116] 국민의 권리인지 외국인의 권리인지가 불분명한 경우에는 외국인에게도 인정되어야 한다. 보통 국민의 권리로 이해되는 참정권도 지방참정권과 같은 경우에는 제한적으로 인정될 수 있다. 주민투표법에 따르면 18세 이상의 주민으로 대한민국에 계속 거주할 수 있는 자격을 갖춘 외국인은 **주민투표권**을 가질 수 있다(동법 제5조 제1항 제2호). 또한 공직선거법에 따르면 18세 이상의 외국인으로 영주의 체류자격 취득일 후 3년이 경과하고 지방자치단체의 외국인등록대장에 올라 있는 사람에게 **지방자치단체선거의 선거권**이 부여된다(동법 제15조 제2항 제3호).

제 6 절 문화국가원리

I. 문화와 문화국가

한국헌법이 지향하는 기본원리의 하나로서 문화국가원리가 제시되기도 한다.[117] 문화국가원리는 대체로 국가목적조항으로서 국가에 대해서 **문화형성의 과제와 실질적인 문화적 평등의 의무를 부과하는 국가원리**로 이해된다. 여기서 먼저 '문화'란 자연을 변화시키기 위한 인간의 모든 창조적인 활동을 의미한다. 이러한 '문화와 국가의 관계'에 대해서는 그림(D. Grimm)의 견해를 인용하여 ① 근대 이전에 국가에 대하여 문화가 종속되었던 단계, ② 근대 이후에 국가로부터 문화가 자율성을 확보하는 단계, ③ 자본주의 정착 이후에 시장에 대하여 문화가 종속되고 문화적 불평등이 심화되는 단계 등 역사적인 발전단계에 따라 설명을 하기도 한다.[118] 또한 '문화에 대한 국가의 태도'도 그림의 견해에 따라 ① 문화에 대해 국가가 전혀 개입하지 않는 이원주의적 모델, ② 문화적 목적 이외에 다른 목적을 위해 국가가 문화를 육성하는 공리주의적 모델, ③ 문화 자체의 목적을 위해 국가가 문화를 육성하는 문화국가적 모델, ④ 정치적 목적에 따라 국가

116) 기본권의 주체에 관한 문제는 제2편 제1부 제3장 제3절 I. 2. 참조.
117) 계희열(상), 413면 이하; 권영성, 143면 이하; 허영, 175면 이하.
118) 계희열(상), 416면 이하; 권영성, 144면 이하.

가 문화를 조종하는 지도적 또는 후견적 모델로 구분되기도 한다.[119] 그리고 '문화국가의 개념적 표지'를 후버(E. R. Huber)의 견해에 따라 ① 문화의 자율성과 국가의 중립성, ② 문화에 대한 국가의 기여, ③ 국가의 문화형성에 관한 권한, ④ 문화의 국가형성력, ⑤ 문화적 산물로서의 국가라는 다섯 가지 요소로 설명하기도 한다.[120] 헌법재판소도 헌법전문과 문화적 기본권을 근거로 문화국가원리를 도출하면서 한국헌법의 기본원리로 보고 있다(아래 [판례] 참조).

[판례] 문화국가원리의 헌법적 근거

우리나라는 건국헌법 이래 문화국가의 원리를 **헌법의 기본원리**로 채택하고 있다. 우리 현행 헌법은 전문에서 "문화의 … 영역에 있어서 각인의 기회를 균등히" 할 것을 선언하고 있을 뿐 아니라, 국가에게 전통문화의 계승·발전과 민족문화의 창달을 위하여 노력할 의무를 지우고 있다(제9조). 또한 헌법은 문화국가를 실현하기 위하여 보장되어야 할 **정신적 기본권**으로 양심과 사상의 자유, 종교의 자유, 언론·출판의 자유, 학문과 예술의 자유 등을 규정하고 있는바, 개별성·고유성·다양성으로 표현되는 문화는 사회의 자율영역을 바탕으로 한다고 할 것이고, 이들 기본권은 견해와 사상의 다양성을 그 본질로 하는 문화국가원리의 불가결한 조건이라고 할 것이다(2000. 4. 27. 98헌가16등; 2004. 5. 27. 2003헌가1등).

Ⅱ. 문화국가원리의 내용에 대한 비판적 고찰

1. 문화국가의 내용

문화국가원리가 국가에 대해서 부과하는 과제는 ① 문화적 자율성의 보장, ② 문화의 육성·진흥을 위한 적극적 개입, ③ 문화영역에서 실질적 평등의 보장으로 요약된다. 우선 문화국가는 한편으로 문화의 자율성과 다양성을 존중하기 위해 가능하면 문화에 대한 중립성을 유지한 채 문화에 개입하지 않으면서도, 또 한편으로 문화를 육성하고 진흥하기 위해 문화에 적극적으로 개입하는 국가로 이해된다.[121] 이에 따라 우선 국가는 문화의 자율성과 다양성을 보장하기 위하여 가능한 한 문화에 개입하지 않으면서 단지 문화영역을 사회적으로 조화시키거나 문화적 자율성에 대한 개인·단체의 침해로부터 보호하기 위해 최소한으로 개입하는 데 그친다. 그렇지만 국가는 문화의 육성과 진흥을 목적으로 문화유산의 보호, 문화의 창작과 보급, 문화시설의 보급·확충을 지원하기 위하여 조직적으로 문화영역에 개입하기도 한다. 또한 문화국가는 문화영역에서 실질적 평등을 실현하기 위하여 문화의 창조와 향유에서 급부를 제공하는 문화정책을 수립하는 방식으로 적극적인 개입을 하는 국가로 이해되기도 한다.

119) 계희열(상), 418면.
120) 계희열(상), 419면 이하.
121) 계희열(상), 422면 이하.

[판례] 문화국가원리의 내용

문화국가원리는 국가의 문화국가실현에 관한 과제 또는 책임을 통하여 실현되는바, 국가의 문화정책과 밀접 불가분의 관계를 맺고 있다. … 오늘날에 와서는 국가가 어떤 문화현상에 대하여도 이를 선호하거나, 우대하는 경향을 보이지 않는 **불편부당의 원칙이 가장 바람직한 정책**으로 평가받고 있다. 오늘날 문화국가에서의 문화정책은 그 초점이 문화 그 자체에 있는 것이 아니라 문화가 생겨날 수 있는 문화풍토를 조성하는 데 두어야 한다. … 국가의 문화육성의 대상에는 원칙적으로 **모든 사람에게 문화창조의 기회를 부여**한다는 의미에서 모든 문화가 포함된다(2004. 5. 27. 2003헌가1등).

2. 비판과 대안

문화국가원리의 내용은 문화영역과 관련된 기본권의 자유권적·보호권적 측면과 절차권적·사회권적 측면에서 도출되는 내용들을 결합시켜 국가의 과제로 부과하고 있다고 이해될 수 있다. 따라서 모든 생활영역에서 자율성의 보장을 과제로 하는 법치국가원리와 그러한 자율성의 현실적·물질적 기초에 대한 보장을 과제로 하는 사회국가원리에 의해서도 충분히 설명될 수 있는 내용들 가운데 문화영역을 독립시켜 문화국가원리의 내용으로 구성하고 있기 때문에 반드시 독자적인 영역으로 분리시킬 필요는 없다고 생각된다. 문화영역에 대한 법치국가원리와 사회국가원리의 요청을 독립시켜 문화국가원리로 새롭게 설정하는 것은 문화국가원리가 법치국가원리 및 사회국가원리와 병렬적으로 위치시킬 수 있는 지위를 갖는 듯한 인상을 준다. 그러나 문화국가원리는 모든 생활영역에 대해서 요구되는 법치국가원리와 사회국가원리에 포함되는 내용들 가운데 단지 문화라는 '특수한 생활영역'에 요구되는 내용을 분리시켜 포함하는 데 지나지 않는다. 이런 방식으로 국가원리를 열거하다 보면 문화영역뿐만 아니라 국가공동체의 개별적 생활영역들이 모두 다 하나의 독립적인 영역으로 분리되어 독자적인 국가원리에 의해 요구될 수 있게 된다. 이렇게 되면 불필요한 중복이 발생하게 되고, 국가원리를 체계적이고 합리적으로 설명해야 할 헌법학의 과제를 포기하게 되는 결론에 이르게 될 것이다. 따라서 문화국가원리를 법치주의, 민주주의, 사회복지주의와 대등한 독립적인 국가원리로 위치시킬 필요는 없다고 보인다.

Ⅲ. 한국헌법의 문화국가 요소

문화국가원리를 적어도 국가적 과제가 요구되는 '특수한 생활영역'을 독립시켜 강조하기 위한 국가원리로 이해할 수 있다면 현행 헌법에 이러한 문화국가원리가 어떻게 규정되어 있는지를 살펴보는 것도 의미 있는 일이다. 헌법은 국가에 대해서 전통문화의 계승·발전과 민족문화의 창달에 노력해야 할 과제를 부과하고 있다(제9조). 이 조항은 정치적으로 분단된 현실을 문화적 동질성의 확보를 통해 극복하려는 헌법적 노력으로 이해될 수도 있다. 그러나 이처럼 전통문화와 민족문화에 대해 헌법적으로 강조하는 것은 자칫 상업화된 외래문화에 비해 소홀하게 취급될 수 있는 전통문화와 민족문화의 주체성을 확보하기 위한 고려라고 해석하는 것이 더 바람직하다. 이것은 상업화된 외래문화, 특히 서구문화에 대해서 경제적 기반이 약한 전통문화와 민족문화를 지원함으로써 '문화의 다양성'을 확보하려는 노력의 측면에서 이해되어야 하기 때문에 성급하게 전통문화와 민족문화만을 고집하거나 우월하다고 보는 배타적이고 국수주의적 문화관으로 오해되어서는 안 된다. 그 밖에 헌법전문과 대통령의 취임선서조항(제69조), 그리고 문화영역과 관련된 문화적 기본권, 예를 들어 학문과 예술의 자유(제22조), 종교의 자유(제20조)는 물론 양심의 자유(제19조)나 표현의 자유(제21조)까지도 문화국가적 요소로 이해될 수 있다. 헌법재판소는 야당 소속 후보를 지지하였거나 정부에 비판적인 활동을 한 문화예술인이나 단체를 정부의 문화예술 지원사업에서 배제한 대통령과 공무원의 행위가 헌법에 위배되는지 여부를 심사하면서 문화국가원리를 인용하기도 했다(아래 [판례] 참조).

[판례] 문화국가원리와 문화예술계 블랙리스트

우리 헌법상 문화국가원리는 **견해와 사상의 다양성**을 그 본질로 하며, 이를 실현하는 국가의 **문화정책은 불편부당의 원칙**에 따라야 하는바, 모든 국민은 정치적 견해 등에 관계없이 문화 표현과 활동에서 차별을 받지 않아야 한다. 특히 아직까지 국가지원에의 의존도가 높은 우리나라 문화예술계 환경을 고려할 때, 정부는 문화국가실현에 관한 과제를 수행함에 있어 과거 문화간섭정책에서 벗어나 문화의 다양성, 자율성, 창조성이 조화롭게 실현될 수 있도록 중립성을 지키면서 문화에 대한 지원 및 육성을 하도록 유의하여야 한다. 그럼에도 불구하고 이러한 중립성을 보장하기 위하여 법률에서 정하고 있는 제도적 장치를 무시하고 정치적 견해를 기준으로 문화예술계 정부지원사업에서 배제되도록 차별취급한 것은 헌법상 문화국가원리와 법률유보원칙에 반하는 자의적인 것으로 정당화될 수 없다(2020. 12. 23. 2017헌마416).

[판례] 전통의 의미

헌법 전문과 헌법 제9조에서 말하는 "전통", "전통문화"란 역사성과 시대성을 띤 개념으로서 헌법의 가치질서, 인류의 보편가치, 정의와 인도정신 등을 고려하여 오늘날의 의미로 포착하여야 하며, 가족제도에 관한 전통·전통문화란 적어도 그것이 가족제도에 관한 헌법이념인 개인의 존엄과 양성의 평등에 반하는 것이어서는 안 된다는 한계가 도출되므로, 전래의 어떤 가족제도가 헌법 제36조 제1항이 요구하는 개인의 존엄과 양성평등에 반한다면 헌법 제9조를 근거로 그 헌법적 정당성을 주장할 수는 없다(2005. 2. 3. 2001헌가9등).

제 5 장 한국헌법의 기본제도

제 1 절 개 관

Ⅰ. 학 설

한국헌법의 기본제도를 설명하는 방식은 여러 가지가 있을 수 있다. 우선 '헌법총론' 편에서 설명하는 견해[1]가 있는 반면에 '국가조직론'(정치제도론 또는 통치기구론) 편에서 설명하는 견해[2]도 있으며 양쪽에 걸쳐 설명하는 견해[3]도 있다. 또한 기본제도를 기본원리나 기본질서와 구분하여 병렬적으로 설명하기도 하고,[4] 기본원리와 기본질서를 구분하면서 기본질서 안에서 기본질서를 구체화하는 요소로서 기본제도를 설명하기도 하며,[5] 기본원리 안에서 기본원리를 구체화하는 요소로서 기본제도를 설명하기도 한다.[6] 기본원리와 기본질서를 구분하는 견해에 의하면 기본질서는 기본원리보다 더 구체적인 내용을 가진 것으로 이해되지만 양자를 구별해야 할 필요성은 없다고 보인다. 따라서 국가의 기본원리는 기본질서를 매개로 하지 않고서도 기본제도로 구체화될 수 있다.

한국헌법의 중요한 제도로서 언급되는 것은 ① **정당제도** 또는 복수정당제도,[7] ② **선거제도**,[8] ③ **공무원제도** 또는 직업공무원제도,[9] ④ **지방자치제도**[10] 등이다. 그 밖에 군사제도,[11] 교육제도,[12] 가족제도[13] 등도 언급이 된다. 이렇게 제도라는 항목에서 일괄적으로 설명되는 제도도 있지만 사유재산제도나 언론 · 출판제도처럼 기본권을 설명하면서, 또는 권력분립제도나 대의제도, 그리고 의회제도처럼 국가조직을 설명하면서 언급되는 제도도 있기 때문에 실제로 제도라고 부를 수 있는 것은 그 수를 헤아릴 수 없을 만큼

1) 권영성, 182면 이하; 장영수, 249면.
2) 성낙인, 637면 이하(공무원제도), 648면 이하(지방자치제도).
3) 허영, 147면 이하, 683면 이하.
4) 권영성, 125면 이하, 152면 이하, 182면 이하.
5) 김철수, 182면 이하.
6) 계희열(상), 255면 이하; 허영 151면 이하.
7) 계희열(상), 255면 이하; 권영성, 185면 이하; 김철수, 206면 이하; 김하열a, 89면 이하; 허영, 153면 이하; 장영수, 249면 이하.
8) 계희열(상), 302면 이하; 권영성, 201면 이하; 김철수, 283면 이하; 김하열a, 72면 이하; 허영, 153면, 779면 이하; 장영수, 281면 이하.
9) 권영성, 225면 이하; 김철수, 273면 이하; 김하열a, 168면 이하; 장영수, 314면; 허영, 812면 이하.
10) 권영성, 237면 이하; 김하열a, 156면 이하; 장영수, 353면; 허영, 833면 이하.
11) 권영성, 257면 이하.
12) 권영성, 266면 이하.
13) 권영성, 277면 이하; 허영, 177면 이하.

많다. 이렇게 견해마다 다양하게 열거됨에도 불구하고 가장 공통적으로 발견되는 제도는 앞의 네 가지이다. 따라서 아래에서는 이 네 가지 제도를 중심으로 한국헌법의 기본제도를 설명하기로 한다.

Ⅱ. 국가원리와 기본제도

국가의 기본원리와 기본제도는 전자가 후자보다 상대적으로 더 일반적이고 추상적이라는 데 차이가 있다. 다시 말해 기본제도는 기본원리를 구체화하는 것으로 이해될 수 있다. 이렇게 기본원리와 기본제도는 **구체화의 관계**에 있다. 따라서 기본제도는 기본원리를 구체화하는 규범복합체로서 이해될 수 있기 때문에 헌법은 그 대강만을 규정하고 헌법보다 하위의 법령에서 개별적인 규범들이 규정된다.

Ⅲ. 기본권과 제도보장

이른바 '제도보장'이론에 따르면 사법상의 제도에 대한 보장을 "제도보장"(Institutsgarantie)으로, 공법상의 제도에 대한 보장을 "제도적 보장"(institutionelle Garantie)으로 구분하면서 다시금 이러한 제도보장을 기본권과 구별하려고 한다. 이러한 이론은 기본권을 주관적 권리로서 보장하는 반면에 제도보장은 객관적 법규범을 보장한다는 견해에 기초한다. 그러면서 기본권은 헌법개정에 의해서도 폐지할 수 없는 반면에 제도보장은 헌법개정에 의해서는 폐지할 수 있는 것으로 이해하는 듯하다. 그러나 제도보장이론은 기본권에 대한 국가의 침해가 빈번하게 발생하는 현실에서 국가에 의한 침해가 절대적으로 금지되는 제도의 영역을 설정하려는 의도에서 출발한다. 더욱이 기본권에 대해서 단지 방어권으로서 주관적 권리의 성격을 인정하는 데 그치지 않고, 가치나 규범으로서 객관적 성격을 인정하는 기본권이론의 현대적 흐름 속에서 제도보장이론은 의미를 상실했다고 볼 수 있다. 왜냐하면 제도보장이란 기본권의 성격을 단지 주관적 성격에 국한시켜 놓은 채, 그것도 방어권에 국한시킨 채 기본권의 객관적 측면을 정당화하고 강조하기 위하여 고안된 이론에 지나지 않기 때문이다.

조금 더 자세하게 설명하자면 제도보장이란 기본권의 객관적 측면, 정확하게 말하자면 기본권의 전통적인 주관적 측면으로 설명될 수 없는 기본권의 급부권적 기능이나 권한으로서의 기능을 강조하고 있는 것으로 보인다.[14] 기본권의 기능을 방어권에 국한시키는 견해로부터 벗어나는 경우에만 자유를 보장하는 규범으로서 기본권의 객관적 성격이 인정될 수 있고, 이로부터 체계적 해석에 따라 기본권의 다양한 급부권적 기능, 즉 보호권이나 절차권의 기능을 도출해낼 수 있게 된다. 그리고 주관적 지위와 객관적 규범은 논리필연적인 관계를 가지고 있기 때문에 보호권이나 절차권이라는 주관적 지위에 상응하는 객관적 규범이 존재한다. 이로써 방어권만으로는 설명할 수 없어서 고안된

14) 기본권의 급부권적 기능과 권한에 대해서는 제2편 제1부 제2장 제2절 Ⅱ.와 Ⅲ. 참조.

제도보장론에 기초하여 해명가능했던 내용들이 기본권의 또 다른 주관적 지위들과 그에 상응하는 객관적 규범에 의하여 논증가능하게 된다. 따라서 새로운 기본권적 기능들과 그에 상응한 객관적 측면에 의하여 논증가능한 제도보장의 내용들은 단지 기본권의 주관적 측면과 객관적 측면의 차이에 지나지 않기 때문에, 기본권이 헌법개정에 의해서도 폐지할 수 없는 것이라면 제도보장도 헌법개정에 의해서 폐지할 수 없는 것으로 이해되어야 한다. 그렇기 때문에 기본권과 제도적 보장의 관계에 대해서 애초에 전자와 후자를 구별하면서도 ① 제도보장이 기본권보장을 위해 따라온다는 제도보장의 기본권수반형, ② 제도보장과 기본권보장이 동시적으로 이루어진다는 양자의 보장병존형, ③ 제도보장으로 기본권보장이 부수된다는 기본권의 제도종속형 등으로 구분하여 양자의 밀접한 관계를 인정하려는 견해[15]는 합리적이지 못하다고 할 것이다. 한편 헌법재판소는 기본권과 제도적 보장을 구분하는 견해에 따르고 있다. 그러면서 기본권의 보장에는 '최대한 보장의 원칙'이, 제도적 보장에는 '최소한 보장의 원칙'이 적용된다고 한다.[16]

[판례] 제도적 보장

제도적 보장은 객관적 제도를 헌법에 규정하여 당해 제도의 본질을 유지하려는 것으로서, 헌법제정권자가 특히 중요하고도 가치가 있다고 인정되고 헌법적으로 보장할 필요가 있다고 생각하는 국가제도를 헌법에 규정함으로써 장래의 법발전, 법형성의 방침과 범주를 미리 규율하려는 데 있다. 다시 말하면 이러한 제도적 보장은 주관적 권리가 아닌 **객관적 법규범**이라는 점에서 기본권과 구별되기는 하지만 헌법에 의하여 일정한 제도가 보장되면 입법자는 그 제도를 설정하고 유지할 **입법의무**를 지게 될 뿐만 아니라 헌법에 규정되어 있기 때문에 법률로써 이를 **폐지할 수 없고**, 비록 내용을 제한한다고 하더라도 그 본질적 내용을 침해할 수는 없다. 기본권의 보장은 '최대한 보장의 원칙'이 적용되는 것임에 반하여, 제도적 보장은 그 본질적 내용을 침해하지 아니하는 범위 안에서 입법자에게 제도의 구체적인 내용과 형태의 형성권을 폭넓게 인정한다는 의미에서 **'최소한 보장의 원칙'**이 적용될 뿐이다(1997. 4. 24. 95헌바48).

제 2 절 정당제도

Ⅰ. 민주주의와 정당

정당제도는 헌법의 기본원리인 민주주의를 구체화하는 제도로 이해된다. 따라서 정당제도는 민주주의와의 관련 속에서 설명되어야 한다. 우리는 앞에서 도덕적 의미의 민주주의와 법적 의미의 민주주의를 구분하였기 때문에[17] 정당제도와 민주주의의 관계도 앞서 구분된 민주주의의 의미에 따라 설명하기로 한다. 한편 헌법의 기본원리가 기본권

15) 권영성, 185면 이하.

16) 헌재 1997. 4. 24. 95헌바48.

17) 제1편 제1부 제4장 제3절 I. 참조.

과 밀접한 관련이 있고, 민주주의가 기본권의 기능들 가운데 능동적 지위와 관련이 있다는 점을 기억한다면,[18] 민주주의를 구체화하는 정당제도를 검토하면서 국민의 능동적 지위를 보장하는 기본권인 정치적 결사의 자유가 함께 고려되어야 한다.

1. 대화민주주의와 정당

대화이론에 기초한 우리는 도덕적 의미의 민주주의, 즉 제도화되지 않은 민주주의를 대화하고 토론하는 민주주의로 이해한다.[19] 이에 따르면 민주주의는 현실적으로 다양하게 존재하는 정치적 주장과 입장들이 공동체의 의사를 결정하기 위하여 끊임없이 정신적 토론과 논쟁을 벌이는 가운데 상대적으로 올바른 진리와 정의를 찾아가는 과정과 절차로 이해된다. 이처럼 민주주의의 기초이자 본질적 구성요소인 토론과 논쟁의 절차 안에서 중심적인 주체는 여전히 공동체의 구성원인 개인이다. 하지만 개인들의 다양한 정치적 주장과 입장들을 결집시키고 대표하는 조직과 단체도 민주주의의 절차 안에서 중요한 주체가 된다. 이러한 조직과 단체들 가운데 가장 강력하고 조직적인 형태는 '정당'이다. 정치적 목표와 대안을 분명하게 전면에 내건 정당이라는 결사를 통해서 다양한 정치적 주장과 입장들이 **일정한 경향과 노선에 따라 결집되고 대표**되기 때문이다.

2. 제도화된 민주주의와 정당

또한 법적 의미의 민주주의, 즉 제도화된 민주주의가 대의제로 구체화되면서 대의기관을 구성하기 위한 각종 선거에서 정당은 정책을 제시하고 후보를 공천하여 지지함으로써 선거를 주도하는 실질적인 주체가 된다. 따라서 정치적 결사인 정당의 설립과 활동에 대한 헌법적 보장은 대화하고 토론하는 제도화되지 않은 민주주의에서뿐만 아니라 대의제로 구체화되는 제도화된 민주주의에서도 핵심적 요소에 해당한다고 할 수 있다. 이러한 정치적 결사에 관한 자유는 일반적인 **결사의 자유**(제21조)를 통해서 우선적으로 보장되고, **정당설립의 자유와 복수정당제**를 규정한 헌법조항(제8조 제1항)에 근거해서도 특별하게 보장된다. 정당설립의 자유에는 정당활동의 자유뿐만 아니라 정당해산·분당·합당의 자유와 정당가입·탈퇴의 자유도 포함된다.[20] 그리고 정당설립의 자유는 다양한 정치적 목표와 대안을 가진 다수의 정당을 가능하게 함으로써 복수정당제도와 동전의 양면을 이룬다.

[판례] '정당설립의 자유'의 의미

[1] 정당설립의 자유는 설립할 정당의 조직형태를 어떠한 내용으로 할 것인가에 관한 정당조직 선택의 자유 및 그와 같이 선택된 조직을 결성할 자유를 포괄하는 '정당조직의 자유'를 포함한다. 정당조직의 자유는 정당설립의 자유에 개념적으로 포괄될 뿐만

18) 제1편 제1부 제4장 제1절 III. 2. 참조.
19) 제1편 제1부 제4장 제3절 II. 3. 참조.
20) 헌재 2006. 3. 30. 2004헌마246; 2009. 3. 26. 2006헌마67; 2009. 3. 26. 2006헌마72; 2009. 3. 26. 2006헌마240.

아니라 정당조직의 자유가 완전히 배제되거나 임의적으로 제한될 수 있다면 정당설립의 자유가 실질적으로 무의미해지기 때문이다. 또 헌법 제8조 제1항은 정당활동의 자유도 보장하고 있기 때문에 위 조항은 결국 **정당설립의 자유, 정당조직의 자유, 정당활동의 자유 등을 포괄하는 정당의 자유를 보장**하고 있다(2004. 12. 16. 2004헌마456).

[2] 정당설립의 자유는 정당설립의 자유만이 아니라 누구나 국가의 간섭을 받지 아니하고 **자유롭게 정당에 가입하고 정당으로부터 탈퇴할 수 있는 자유**를 함께 보장한다. 구체적으로 정당의 자유는 개개인의 자유로운 정당설립 및 정당가입의 자유, 조직형식 내지 법형식 선택의 자유를 포함한다. 또한 정당설립의 자유는 설립에 대응하는 **정당해산의 자유, 합당의 자유, 분당의 자유**도 포함한다. 뿐만 아니라 정당설립의 자유는 개인이 정당 일반 또는 특정 정당에 가입하지 아니할 자유, 가입했던 정당으로부터 탈퇴할 자유 등 소극적 자유도 포함한다(2006. 3. 30. 2004헌마246; 2014. 4. 24. 2012헌마287; 2022. 3. 31. 2020헌마1729).

3. 정당국가와 정당

정당이 민주주의에서 현실적으로 차지하는 역할과 비중을 고려할 때 정당국가화 경향은 피할 수 없을 것으로 보인다. 여기서 정당국가란 국민의 정치적 의사형성 및 국가의 의사결정과정에서 정당이 중심적 역할을 담당해야 한다는 원리를 뜻한다. 더 나아가 정당의 역할을 지나치게 강조함으로써 정당국가에 의한 '동일성 민주주의'에 기초하여 정당을 통한 직접민주제를 주장하는 라이프홀츠(G. Leibholz)와 같은 학자도 나타나게 된다. 이러한 견해에 따르면 국민의 의사는 정당을 매개로 전달되기 때문에 정당의 소속원인 의원은 기속위임원칙에 따라 정당의 지시와 명령에 기속되어야 한다.

물론 이렇게 민주주의에서 강화된 정당의 역할이 처음부터 인정되었던 것은 아니다. 트리펠(H. Triepel)의 설명과 같이 '정당에 대한 국가의 태도'는 ① 적대시 단계, ② 무시단계, ③ 승인과 합법화 단계, ④ 헌법의 수용 단계로 발전되어 온 것이다. 결국 정당국가화 경향을 어느 정도 인정한다고 할지라도 그 전제는 '정당내부의 민주화'다. 따라서 정당내부의 민주화가 충분히 실현될 때까지는 정당을 매개로 한 의원의 기속위임보다 정당으로부터 의원의 자율성을 강화하는 자유위임이 더 강조되어야 한다.

4. 한국헌법과 정당

한국헌법은 정당에 대해서 다음과 같은 태도를 취하였다. ① **제헌헌법**에는 정당에 관한 규정이 없었다. ② **1960년(제2공화국, 제3차 개정)헌법**에서는 정당의 보호에 관한 규정을 두고 위헌정당의 해산은 헌법재판소의 결정에 따르도록 규정하였다(제13조). ③ **1962년(제3공화국, 제5차 개정)헌법**에서는 정당조항을 두어 복수정당제를 명문화하고, 법률에 의한 정당보호와 대법원의 판결에 의한 위헌정당해산을 규정했다(제7조). 더 나아가 정당국가화 경향이 두드러져 헌법에 명시적으로 대통령과 국회의원 후보자는 정당의 추천을 받도록 하고(제64조 제3항, 제36조 제3항), 국회의원은 탈당하거나 정당이 해산된 경우에 의원직을 상실하도록 규정하였다(제38조). ④ **1972년(제4공화국, 제7차 개정)유신헌**

법에서는 정당조항은 그대로 유지한 채 정당국가화 경향은 약화되어 무소속후보의 입후보를 허용하고, 통일주체국민회의 대의원의 정당가입을 금지시켰다(제37조 제3항). ⑤ 1980년(제5공화국, 제8차 개정)헌법에서는 정당에 대한 국고보조금제도를 신설하고(제7조 제3항), 법률에서 정당추천의 대통령후보와 국회의원후보를 무소속후보보다 우대하는 규정을 두었다. ⑥ 현행 1987년(제6공화국, 제9차 개정)헌법은 제5공화국 헌법을 거의 그대로 유지하고 있다.

Ⅱ. 정당의 개념

1. 헌법규정

헌법은 제8조에서 정당조항을 두어 ① 정당설립의 자유와 복수정당제에 대한 보장(동조 제1항), ② 정당의 목적, 조직, 활동의 민주성과 국민의 정치적 의사형성에 참여하는 데 필요한 조직을 가질 것(동조 제2항), ③ 정당에 대한 국가의 보호와 국고보조금제도(동조 제3항), ④ 정당해산제도(동조 제4항) 등에 대하여 규정하고 있다. 정당의 개념과 관련하여 헌법은 정당을 "국민의 정치적 의사형성에 참여하는 조직"으로 대단히 추상적으로만 정의하고, 그 구체적인 표지는 제시하지 않기 때문에 정당의 개념적 표지는 법률에서 찾을 수밖에 없다.

[판례] 정당설립의 자유에 대한 제한

민주적 의사형성과정의 개방성을 보장하기 위하여 정당설립의 자유를 최대한으로 보호하려는 헌법 제8조의 정신에 비추어, 정당의 설립 및 가입을 금지하는 법률조항은 이를 정당화하는 사유의 **중대성에 있어서 적어도 '민주적 기본질서에 대한 위반'에 버금가는 것이어야** 한다고 판단된다. 다시 말하면, 오늘날의 의회민주주의가 정당의 존재 없이는 기능할 수 없다는 점에서 심지어 '위헌적인 정당을 금지해야 할 공익'도 정당설립의 자유에 대한 입법적 제한을 정당화하지 못하도록 규정한 것이 헌법의 객관적인 의사라면, 입법자가 그 외의 공익적 고려에 의하여 정당설립금지조항을 도입하는 것은 원칙적으로 헌법에 위반된다(1999. 12. 23. 99헌마135). → 경찰청장이 퇴임 후 공직선거에 입후보하는 경우 정당추천을 배제하는 법률조항은 위헌이다.

2. 정 당 법

정당법에서는 정당을 국민의 이익을 위하여 책임있는 정치적 주장이나 정책을 추진하고 공직선거의 후보자를 추천 또는 지지함으로써 국민의 정치적 의사형성에 참여함을 목적으로 하는 국민의 자발적 조직으로 정의하여(동법 제2조) 정당이 국민의 정치적 의사형성에 참여하는 데 필요한 조직을 갖도록 요구한 헌법의 요청을 구체화하고 있다. 이를 나누어서 살펴보면 다음과 같다.

[판례] 정당의 개념

[1] 정당이라 함은 국민의 이익을 위하여 책임있는 정치적 주장이나 정책을 추진하고 공직선거의 후보자를 추천 또는 지지함으로써 국민의 정치적 의사형성에 참여함을 목적으로 하는 국민의 자발적 조직을 의미하는 것이다. 정당은 자발적 조직이기는 하지만 다른 집단과는 달리 그 자유로운 지도력을 통하여 무정형적(無定型的)이고 무질서적인 개개인의 정치적 의사를 집약하여 정리하고 구체적인 진로와 방향을 제시하며 국정을 책임지는 공권력으로까지 매개하는 중요한 공적 기능을 수행하기 때문에 헌법도 정당의 기능에 상응하는 지위와 권한을 보장함과 동시에 그 헌법 질서를 존중해 줄 것을 요구하고 있는 것이다(1991. 3. 11. 91헌마21).

[2] 우리 헌법 및 정당법상 정당의 개념적 징표로서는 ① 국가와 자유민주주의 또는 헌법질서를 긍정할 것, ② 공익의 실현에 노력할 것, ③ 선거에 참여할 것, ④ 정강이나 정책을 가질 것, ⑤ 국민의 정치적 의사형성에 참여할 것, ⑥ 계속적이고 공고한 조직을 구비할 것, ⑦ 구성원들이 당원이 될 수 있는 자격을 구비할 것 등을 들 수 있다(2006. 3. 30. 2004헌마246).

(1) 국민의 이익을 위한 책임있는 조직

정당은 '국민의 이익'을 위해 활동한다는 점에서 자신의 이익을 위한 이익단체나 압력단체와 구별된다. 또한 '책임있는' 정치적 주장이나 정책을 추진한다는 점에서 무책임하게 진지하지 못한 주장을 하는 단체와도 구별된다.

(2) 공직선거의 후보자를 추천 또는 지지

정당은 공직선거에 후보자를 추천하고 지지하기 때문에 후보자를 추천하거나 지지하지 않는 일반적인 사회단체와 구별된다. 정당법에 따르면 정당이 최근 4년간 임기만료에 의한 국회의원선거 또는 임기만료에 의한 지방자치단체장선거나 시·도의회의원선거에 참여하지 않은 때에는 당해 선거관리위원회는 그 등록을 취소해야 한다(동법 제44조 제1항 제2호).

(3) 국민의 조직

정당의 당원은 국민이어야 하기 때문에 외국인은 정당의 당원이 될 수 없다(동법 제22조 제2항). 국민의 경우에도 국회의원 선거권이 없는 사람, 공무원, 사립학교 교사 등은 정당의 발기인이나 당원이 될 수 없다(아래 [법령] 참조). 그리고 복수의 정당에 가입하는 것은 금지된다(아래 [판례] 참조). 헌법재판소는 국회의원 선거권이 없는 19세 미만인 사람이나 초·중등학교 교원에게 정당가입을 금지한 것이 과잉금지원칙에 위반되지 않는다고 했지만(아래 [판례] 참조), 19세 미만의 사람을 일률적으로 정치적 판단능력이 부족하다고 본다거나 공무원의 정당 가입 자체를 일반적·사전적으로 금지하는 것은 문제점으로 지적되었다. 이에 따라 선거연령이 18세로 인하되면서 정당가입연령도 16세로 인하되었다. 하지만 여전히 공무원과 사립학교교원의 정당가입은 금지되고 있다.

[법령] 정당의 당원이 될 수 없는 자: 정당법 제22조

① 16세 이상의 국민은 공무원 그 밖에 그 신분을 이유로 정당가입이나 정치활동을 금지하는 다른 법령의 규정에 불구하고 누구든지 정당의 발기인 및 당원이 될 수 있다. 다만, 다음 각 호의 어느 하나에 해당하는 자는 그러하지 아니하다.

1. 「국가공무원법」 제2조(공무원의 구분) 또는 「지방공무원법」 제2조(공무원의 구분)에 규정된 공무원. 다만, 대통령, 국무총리, 국무위원, 국회의원, 지방의회의원, 선거에 의하여 취임하는 지방자치단체의 장, 국회의원의 보좌관 · 비서관 · 비서, 국회 교섭단체의 정책연구위원과 「고등교육법」 제14조 제1항 · 제2항에 따른 교원은 제외한다.
2. 「고등교육법」 제14조 제1항 · 제2항에 따른 교원을 제외한 사립학교의 교원
3. 법령의 규정에 의하여 공무원의 신분을 가진 자
4. 「공직선거법」 제18조 제1항에 따른 선거권이 없는 사람

② 대한민국 국민이 아닌 자는 당원이 될 수 없다.

[판례] 19세 미만인 사람의 정당가입 금지

정당원 등 자격조항이 19세 미만인 사람에 대해 정당의 발기인 및 당원이 될 수 없도록 하는 것은 정치적 판단능력이 미약한 사람들이 정당의 발기인 및 당원이 되는 것을 제한하여 정당의 헌법상 기능을 보호하기 위한 것으로 **입법목적의 정당성** 및 **방법의 적절성**이 인정된다. 정당의 중요 공적 기능을 고려하면 정당설립의 자유만을 제한하거나 일정한 형태의 정당 활동의 자유만을 제한하는 것으로는 입법목적을 달성하기 어렵고, 정당 외에 일반적 결사체 설립을 제한하는 것은 아니며, 19세가 될 때까지의 기간만 이를 유예하는 취지라는 점, 미성년자는 정신적 · 신체적 자율성이 불충분하고 가치중립적인 교육을 받아야 한다는 점 등을 고려하면 **침해최소성 원칙**에 반하지 않고, 이 조항으로 인하여 19세 미만인 사람들이 정당의 자유를 제한받는 것보다 정치적 판단능력이 미약한 사람이 정당을 설립하고 가입함으로 인하여 정당의 기능이 침해될 위험성은 크다고 할 것이므로 **법익균형성**도 충족된다. 따라서 정당원 등 자격 조항이 청구인들의 정당의 자유를 침해한다고 할 수 없다(2014. 4. 24. 2012헌마287).

[판례] 초 · 중등학교 교원의 정당가입 금지

① 정당가입 금지조항은 공무원의 정치적 중립성을 보장하고 초 · 중등학교 교육의 중립성을 확보한다는 점에서 **입법목적의 정당성**이 인정되고, 정당에의 가입을 금지하는 것은 입법목적 달성을 위한 **적합한 수단**이다. 공무원은 정당의 당원이 될 수 없을 뿐, 정당에 대한 지지를 선거와 무관하게 개인적인 자리에서 밝히거나 투표권을 행사하는 등의 활동은 허용되므로 **침해의 최소성 원칙**에 반하지 않는다. 정치적 중립성, 초 · 중등학교 학생들에 대한 교육기본권 보장이라는 공익은 공무원이 제한받는 불이익에 비하여 크므로 **법익균형성**도 인정된다. ② 초 · 중등학교 교원에 대하여는 정당가입을 금지하면서 대학교원에게는 허용하는 것은, 기초적인 지식전달, 연구기능 등 직무의 본질이 서로 다른 점을 고려한 **합리적 차별**이므로 평등원칙에 반하지 아니한다(2014. 3. 27. 2011헌바42; 2020. 4. 23. 2018헌마551).

[판례] 복수당적보유의 금지

(2개 이상의 정당에 가입할 수 없도록 하는) 심판대상 조항은 정당의 정체성을 보존하고 정당 간의 위법 · 부당한 간섭을 방지함으로써 정당정치를 보호 · 육성하기 위한 것으로 볼 수 있다. 이러한 입법목적은 국민의 정치적 의사형성에 중대한 영향을 미치는 정당의 헌법적 기능을 보호하기 위한 것으로 정당하고, 복수 당적 보유를 금지하는 것은 입법목적 달

성을 위한 적합한 수단에 해당한다. 복수 당적 보유가 허용될 경우 정당 간의 부당한 간섭이 발생하거나 정당의 정체성이 약화될 수 있고, 그 결과 정당이 국민의 정치적 의사형성에 참여하고 필요한 조직을 갖추어야 한다는 헌법적 과제를 효과적으로 수행하지 못하게 될 우려가 있다. 심판대상조항은 예외 없이 복수 당적 보유를 금지하고 있으나, 정당법상 당원의 입당, 탈당 또는 재입당이 제한되지 아니하는 점, 복수 당적 보유를 허용하면서도 예상되는 부작용을 실효적으로 방지할 수 있는 대안을 상정하기 어려운 점, 어느 정당의 당원이라 하더라도 일반에 개방되는 다른 정당의 경선에 참여하는 등 다양한 방법으로 정치적 의사를 표현할 수 있다는 점 등을 고려하면, 심판대상조항이 침해의 최소성에 반한다고 보기 어렵다. 나아가, 정당의 당원인 청구인들로 하여금 다른 정당의 당원이 될 수 없도록 하는 정당 가입 · 활동 자유 제한의 정도가 정당정치를 보호 · 육성하고자 하는 공익에 비하여 중하다고 볼 수 없다. 따라서 심판대상조항이 정당의 당원인 청구인들의 정당 가입 · 활동의 자유를 침해한다고 할 수 없다(2022. 3. 31. 2020헌마1729).

(4) 자발적 조직

정당은 국민이 자발적으로 구성한 정치적 결사이어야 하기 때문에 국가에 의해서 강제적으로 조직된 결사는 정당이 아니다. 이와 관련하여 누구든지 본인의 자유의사에 의하는 승낙 없이 정당가입 또는 탈당을 강요당하지 않되, 당원의 제명처분은 예외로 한다(동법 제42조 제1항). 이에 따라 정당가입 또는 탈당을 강요한 자는 처벌을 받게 된다(동법 제54조). 정당가입의 자유가 동시에 2개 이상의 정당에 대한 가입을 허용하지는 않는다.

(5) 보충적 요건

① 정당의 존립에 **상당한 기간**을 요구한다고 볼 수 있는지, 있다면 상당한 기간을 어느 정도로 볼 것인지에 관한 문제가 남는다. 헌법재판소에 따르면 정당은 “상당한 기간 또는 계속해서”, 그리고 “상당한 지역에서” 국민의 정치적 의사형성에 참여해야 한다는 개념표지가 요청된다.[21] ② 종래에 정당법은 법정 **지구당의 수**에 대해서 정당은 국회의원 지역선거구 총수의 일정수 이상에 해당하는 수의 지구당을 갖도록 규정했다. 하지만 현재는 지구당제도를 폐지하여 정당은 5 이상의 시 · 도당을 가져야 한다고 규정하고 있다(동법 제17조). 또한 ③ 법정 **당원의 수**와 관련하여 시 · 도당은 1천인 이상의 당원을 가져야 한다(동법 제18조 제1항). 일률적 당원수 요구는 헌법에 위반되지 않는다는 것이 헌법재판소의 입장이지만 기성정당과 신생정당은 법정당원수를 차등적으로 요구받을 필요가 있다는 비판이 제기된다. 그리고 ④ 정당은 중앙당이 중앙선거관리위원회에 **등록**함으로써 성립하므로(동법 제4조 제1항) 등록이 필수적 요건이다. 이러한 정당등록제도는 헌법재판소에 따르면 정당의 자유를 침해하지 않는다.[22]

[판례] 지구당의 폐지 및 설치금지

지구당폐지 및 설치금지는 정당으로 하여금 그 핵심적인 기능과 임무를 전혀 수행하지 못하도록 하거나 이를 수행하더라도 전혀 비민주적인 과정을 통할 수밖에 없도록 하는 것이

21) 헌재 2006. 3. 30. 2004헌마246.
22) 헌재 2023. 9. 26. 2021헌가23.

라면 정당의 자유의 **본질적 내용**을 침해하는 것이 되지만, 지구당이 없더라도 이러한 기능과 임무를 수행하는 것이 불가능하지 아니하고 특히 교통, 통신, 대중매체가 발달한 오늘날 지구당의 통로로서의 의미가 상당부분 완화되었기 때문에, 본질적 내용을 침해한다고 할 수 없다. 첫째, 입법목적인 '고비용 저효율의 정당구조를 개선함'은 **목적의 정당성**을 인정할 수 있고, 둘째, 지구당 폐지는 위 입법목적을 달성하는데 효과적이고 적절한 수단이므로, **수단의 적정성**을 인정할 수 있으며, 셋째, 지구당폐지 및 설치금지하에서도 정당활동을 할 수 있는 길이 있으므로 **침해의 최소성**을 인정할 수 있고, 넷째, 달성하려는 공익과 이로 인하여 침해되는 사익 사이에 현저한 불균형이 있다고 보기 어려워 **법익의 균형성**을 인정할 수 있으므로, 비례원칙에 반하지 아니한다(2004. 12. 16. 2004헌마456).

[판례] 법정 시 · 도당 및 당원의 수

[1] 정당으로 등록되기에 필요한 요건으로서 5개 이상의 시 · 도당 및 각 시 · 도당마다 1,000명 이상의 당원을 갖출 것을 요구하고 있기 때문에 국민의 정당설립의 자유에 어느 정도 제한을 가하는 점이 있는 것은 사실이나, 이러한 제한은 "상당한 기간 또는 계속해서", "상당한 지역에서" 국민의 정치적 의사형성 과정에 참여해야 한다는 정당의 개념표지를 구현하기 위한 합리적인 제한이라고 할 것이므로, 그러한 제한은 헌법적으로 정당화된다(2006. 3. 30. 2004헌마246).

[2] 우리나라에 현존하는 정당의 수, 각 시 · 도의 인구 및 유권자수, 인구수 또는 선거인수 대비 당원의 비율, 당원의 자격 등을 종합하여 보면, 시 · 도당은 1,000명 이상의 당원을 가져야 한다고 규정한 법정당원수 조항이 신생정당의 창당이나 기성정당의 추가적인 시 · 도당 창당을 현저히 어렵게 하여 시 · 도당창당준비위원회의 대표자들에게 지나치게 과도한 부담을 지운 것이라고 보기 어렵다. 당원수가 시 · 도당을 창당하기에 부족한 경우에는 기초자치단체나 국회의원지역구에서 기초조직인 당원협의회를 통해 국민의 정치적 의사형성에 참여하는 활동을 하는 것도 가능하다. 그밖에 홈페이지, 블로그, 사회관계망 서비스(SNS) 등을 활용하여 시 · 도당 창당 지연으로 인한 정당활동의 위축을 최소화할 방법도 널리 열려 있다. 각 시 · 도당창당준비위원회의 대표자들은 법정당원수 조항으로 인해 당원이 1,000명 이상이 될 때까지 시 · 도당 창당이 지연되는 불이익을 입을 뿐이므로, 이들이 제한받는 사익의 정도가 공익에 비하여 크다고 보기도 어렵다. 따라서 법정당원수 조항은 과잉금지원칙을 위반하여 각 시 · 도당창당준비위원회의 대표자들의 정당조직의 자유와 정당활동의 자유를 포함한 정당의 자유를 침해하지 아니한다(2022. 11. 24. 2019헌마445 2023. 9. 26. 2021헌가23).

Ⅲ. 정당의 헌법상 지위와 과제

1. 정당의 헌법상 지위

(1) 국가기관설(= 헌법기관설)

정당은 국민의 정치적 의사형성 및 국가의사결정 과정에서 중요한 역할을 수행하기 때문에 정당에 대해서 국가권력을 담당하는 국가기관이나 헌법기관의 지위를 부여하려는 견해를 말한다. 그러나 정당은 헌법에 근거하여 설치되거나 헌법적 권한을 부여받아 국가의사를 결정하는 기관이 아니기 때문에 국가기관이나 헌법기관으로 보기는 어렵다.

(2) 사적 결사설

정당은 조직과 권한행사의 절차에서 국가기관과 다르다고 하면서 자유로운 설립과 활동이 보장되는 조직체로서 국가기관과는 달리 사적 결사로 보는 견해를 말한다. 하지만 정당을 단순한 사적 결사로 보기에는 정당이 국가의사형성과정에서 수행하는 기능과 역할이 사적 결사와는 상당히 다르다.

(3) 중간형태설

정당은 국가기관에 근접해 있지만 국가기관은 아니고, 그렇다고 다른 사적 결사와도 동일하지 않은 중간형태의 조직체로 이해하는 견해를 말한다. 이에 기초하여 헷세(K. Hesse)는 정당의 임무를 제대로 수행하기 위한 전제조건으로서 다음과 같은 지위의 보장을 주장한다. ① 첫째, **자유의 지위**에 대한 보장으로서 이러한 자유를 대외적 자유와 대내적 자유로 구분한다. 대외적 자유는 우선 국가권력으로부터의 자유를 의미하고 정당의 설립, 가입, 탈퇴, 해산에서의 자유를 내용으로 한다. 또한 대외적 자유는 현대적 상황에서 여러 이익단체들로부터의 자유를 의미하기도 한다. 한편 대내적 자유는 '정당 내 민주주의'를 뜻하고, 지역조직의 보장, 당원의 지위보장, 지구당의 민주적 정당화, 공천제도의 민주화 등을 내용으로 한다. ② 둘째, **평등의 지위**에 대한 보장으로 거대정당과 군소정당, 여당과 야당의 평등이 포함된다. ③ 셋째, **공공의 지위**에 대한 보장으로 국가기관에 근접한 지위를 정당에 보장하는 것이다.

[판례] 정당의 지위

정당은 정치적 결사로서 국민의 정치적 의사를 적극적으로 형성하고 각계각층의 이익을 대변하며, 정부를 비판하고 정책적 대안을 제시할 뿐만 아니라, 국민 일반이 정치나 국가작용에 영향력을 행사하는 매개체의 역할을 수행하는 등 현대의 대의제민주주의에 없어서는 안 될 중요한 공적 기능을 수행하고 있다(1996. 3. 28. 96헌마99).

2. 정당의 법적 존재형식

정당의 법적 성격 또는 존재형식에 대해서는 ① 법인격 없는 사단으로 보는 견해, ② 사적인 정치적 결사로 보는 견해, ③ 헌법제도와 결사의 혼성체로 보는 견해로 구분된다. 원칙적으로 정당의 법적 성격을 민법상 법인격 없는 사단으로 보는 견해[23]에 동의할 수 있다. 하지만 정당은 헌법상 기본권주체로 인정받는 데 문제가 없기 때문에 헌법소원을 청구할 수 있는 자격이 부여된다. 국가기관이 아닌 정당은 권한쟁의의 당사자가 될 수는 없다.[24]

[판례] 정당의 법적 성격

정당의 법적 지위는 적어도 그 소유재산의 귀속관계에 있어서는 **법인격 없는 사단**(社團)으로 보아야 하고, 중앙당과 지구당과의 복합적 구조에 비추어 정당의 지구당은 단순한 중앙

23) 권영성, 191면; 헌재 1993. 7. 29. 92헌마262.

24) 헌재 2020. 5. 27. 2019헌라6.

당의 하부조직이 아니라 어느 정도의 독자성을 가진 단체로서 역시 법인격 없는 사단에 해당한다(1993. 7. 29. 92헌마262; 2007. 10. 30. 2007헌마1128).

3. 정당의 과제

(1) 국민의 정치적 의사형성에 참여

정당은 그 헌법상 지위에 걸맞게 국민의 정치적 의사형성에 참여하는 과제를 갖는다(제8조 제2항). 대화하고 토론하는 민주주의에서 정당은 우선 국민들 사이에 이미 존재하는 다양한 정치적 주장과 입장을 조직적으로 결집시키고 대표한다. 이런 의미에서 정당은 '국민의사의 전달자' 또는 '국민의 **정치적 의사의 매개자**'이다. 이를 정당의 "중개적" 기능으로 부르면서 "소극적 · 수동적" 역할이라는 특성을 부여하는 견해[25]도 있다. 또한 정당은 대화민주주의의 실현을 위하여 공동체의 진리와 정의에 도달하는 끊임없는 정치적 논쟁과 토론의 장에서 스스로 새로운 정책적 대안을 제시하고 다른 대안에 대해서 비판하는 주체이기도 하다. 이런 의미에서 정당은 '국민의사의 생산자' 또는 '국민의 **정치적 의사형성을 위한 절차의 참여자**'이기도 하다. 이것을 "계도적" 기능으로 부르면서 "적극적" 역할이라는 특성을 부여하는 견해[26]도 있다. 한편 정당은 선거에서 후보자를 추천하고 지지함으로써 정치전문가 또는 **정치지도자를 발굴하고 육성**하는 기능을 수행하기도 한다.

[판례] 정당의 과제와 기능

정당은 국민과 국가의 중개자로서 정치적 도관(導管)의 기능을 수행하여 주체적 · 능동적으로 국민의 다원적 정치의사를 유도 · 통합함으로써 국가정책의 결정에 직접 영향을 미칠 수 있는 규모의 정치적 의사를 형성하고 있다. 구체적으로는 각종 선거에서의 입후보자 추천과 선거활동, 의회에서의 입법활동, 정부의 정치적 중요결정에의 영향력 행사, 대중운동의 지도 등의 과정에 실질적 주도권을 행사한다(2003. 10. 30. 2002헌라1).

이처럼 정당의 과제는 국민의 정치적 의사형성에 참여하는 것이므로 그 밖의 일을 하는 것은 금지된다. 예를 들어 재판에 간여하거나 인사에 개입하는 것 등은 허용되지 않는다.

(2) 정당내부의 민주주의

정당이 헌법상 지위에 맞게 국민의 정치적 의사형성에 참여하기 위해서는 먼저 정당의 목적과 조직, 그리고 활동이 민주적이어야 한다(제8조 제2항 전단). 이러한 요청은 '정당내부의 민주주의'로 요약된다. 정당내부에서 민주주의를 실현하기 위해서는 무엇보다도 정당의 의사결정구조가 대화민주주의에서 요구되는 규범적 요청이 준수되는 절차로서 보장되어야 한다. 이를 위해서는 무엇보다도 **정당의 지도부와 기관의 구성**이 당원

25) 장영수, 262면.

26) 장영수, 262면.

의 의사에 따라 결정되어야 한다. 또한 정기적인 선거를 통해서 정당의 지도부에 대한 당원의 신임을 확인할 수 있는 절차가 마련되어야 한다. 정당법에 따르면 정당은 민주적인 내부질서를 유지하기 위하여 당원의 총의를 반영할 수 있는 대의기관 및 집행기관과 소속 국회의원이 있는 경우에는 의원총회를 가져야 한다(동법 제29조 제1항). 그리고 **공직선거후보자의 공천**은 지도부의 의사가 아니라 당원들의 의사에 따라 결정되어야 한다. 정당법은 특히 비례대표국회의원 후보자의 추천과 관련하여 민주적 절차를 거친 추천을 요구한다(동법 제36조의2). 또한 이러한 공천의 과정에서 일반 국민이 참여하는 제도의 도입도 고려해 볼 수 있다. 마지막으로 정당이 대화하고 토론하는 민주주의적 의사결정 구조를 갖기 위해서는 궁극적으로 정당의 의사결정에서 모든 **당원을 자유롭고 평등한 주체로서 인정**하여야 한다.

이러한 정당내부의 민주주의를 강제하기 위하여 우선은 위와 같은 내용에 대해서 일반 국민의 평가가 필요하다. 이를 위해서는 정당의 **강령이나 당헌을 공개**하는 것이 최소한의 요청이다. 이에 따라 정당법은 정당의 강령 또는 기본정책과 당헌을 공개하도록 요구한다(동법 제28조 제1항). 또한 **재정적 지원이나 법적 강제**를 통해서 정당내부의 민주주의를 실현하는 것도 생각해볼 수 있다. 하지만 무엇보다도 중요한 것은 정당이 **시민사회의 공론영역과 소통**해야 한다는 점이다.[27] 정당이 국가기관은 아닐지라도 이미 단순한 사적 결사를 넘어 제도화된 대화영역 안으로 들어와 있는 한, 정당은 제도화되지 않은 대화영역에 의해서 합리성과 정당성에 대한 평가를 받아야 한다.

Ⅳ. 정당의 재정

1. 의 의

정당운영이나 선거운동과 같은 정치적 활동을 위하여 정당은 정치자금이 필요하다. 정당의 자유로운 활동을 보장하기 위해서는 당원들이 납부하는 당비로 정치자금을 충당하는 것이 이상적이다. 하지만 그것이 현실적으로 불가능할 때 정당은 국가와 사회로부터 보조와 후원을 필요로 한다. 여기서 대화민주주의의 매개자이자 참여자인 정당의 실질적인 활동을 보장하기 위하여 정당의 재정을 확보하면서도 정당을 권력과 금력(자본)의 영향으로부터 자유롭게 하는 제도가 요구된다.

이를 위해서는 우선 정치자금의 통제가 필요한데 정치자금의 통제방법으로는 원천적으로 정당운영과 선거운동에 드는 비용을 줄이는 방법과 정치자금의 출처와 사용의 투명성을 확보하는 방법으로 구분할 수 있다. 또한 정당의 재정을 확보하기 위해서는 국고보조가 필수적이다. 그러나 정당에 대한 국가의 재정보조는 기부자로부터는 자유로워지나 국가에 의존하게 되는 결과를 발생시킨다. 또한 기존 정당에만 유리할 수 있기 때문에 정당의 평등 또는 기회균등에 반할 수 있다. 더 나아가 기존 세력구도의 고착화

27) 제1편 제2부 제4장 제3절 Ⅲ. 1. (4) 3) 참조.

에 기여한다는 비판도 가능하다.

2. 정치자금에 관한 한국의 제도

(1) 헌법규정

헌법은 정당이 법률에서 정하는 바에 의하여 국가의 보호를 받으며, 국가는 법률이 정하는 바에 의하여 정당운영에 필요한 자금을 보조할 수 있도록 규정한다(제8조 제3항). 이에 근거하여 제정된 법률이 '**정치자금법**'이다.

(2) 정치자금의 개념

'정당과 정치인의 정치활동에 소요되는 비용'으로 요약되는 정치자금은 정치자금법에 따르면 당비, 후원금, 기탁금, 보조금과 정당의 당헌 · 당규 등에서 정한 부대수입, 정치활동을 위하여 정당(중앙당창당준비위원회 포함), 공직선거법에 따른 후보자가 되려는 사람, 후보자 또는 당선된 사람, 후원회 · 정당의 간부 또는 유급사무직원 그 밖에 정치활동을 하는 사람에게 제공되는 금전이나 유가증권 그 밖의 물건과 그런 사람들의 정치활동에 소요되는 비용으로 정의된다(동법 제3조 제1호).

1) 당 비 당비는 명목 여하에 불구하고 정당의 당헌 · 당규 등에 의하여 정당의 **당원이 부담**하는 금전이나 유가증권 그 밖의 물건을 말한다(동법 제3조 제3호). 이러한 당비는 정당의 재정을 확보하기 위한 가장 이상적인 방법으로 평가된다. 따라서 국가가 정당에 대해서 보조금을 지급하는 경우에 당비를 내는 이른바 '진성당원'의 숫자를 하나의 지급기준으로 삼는 방법도 생각해 볼 수 있다. 정당법도 정당에 대해서 당원의 정예화와 정당의 재정자립을 도모하기 위하여 당비납부제도를 설정 · 운영하도록 요구하고 있다(동법 제31조 제1항). 한편 당비를 가장한 불법 정치자금을 원천적으로 차단하기 위한 법적 장치로써 정치자금법은 **차명 · 가명당비의 국고귀속제도**(정치자금법 제4조 제2항)와 **당비영수증발급제도**(동법 제5조)를 만들어 놓고 있다.

2) 후 원 금 후원금은 정치자금법의 규정에 의하여 **후원회에 기부**하는 금전이나 유가증권 그 밖의 물건을 말한다(동법 제3조 제4호). 여기서 후원회는 **후원회지정권자**에 대한 정치자금의 기부를 목적으로 설립 · 운영되는 단체로서 관할 선거관리위원회에 등록된 것을 말한다(동법 동조 제7호). 후원회를 지정하여 둘 수 있는 '후원회지정권자'는 중앙당, 국회의원, 대통령선거의 후보자 · 예비후보자, 지역구국회의원선거의 후보자 · 예비후보자 등 법률에서 열거한 자로 한정된다(아래 [법령] 참조). 정당에 후원회를 두지 못하도록 금지한 법률조항은 위헌결정을 받아 현재는 정당도 후원회지정권자가 될 수 있다. 한편 지역구국회의원선거를 준비하는 자는 예비후보자로 등록하기 전에는 후원회를 둘 수 없도록 한 것은 헌법에 위배되지 않는다고 한다.[28] 또한 국회의원이 아닌 원외 당협위원장이나 국회의원선거를 준비하는 자 등을 후원회지정권자에서 제외하여 정

28) 헌재 2022. 12. 22. 2020헌바254.

치자금을 모금할 수 없도록 한 것도 평등원칙에 위배되지 않는다고 한다.[29] 하지만 광역자치단체장과 지방의회의원을 후원회지정권자에서 제외하는 것은 평등권을 침해한다고 한다(아래 [판례] 참조). 이에 따라 현재 지방의회의원, 지방의회선거 후보자, 지방자치단체장선거 후보자는 후원회를 지정할 수 있다.

후원인이나 후원회의 영향력을 배제한다는 의미에서 후원인의 **연간기부한도제**(동법 제11조)와 후원회의 **연간모금 · 기부한도제**(동법 제12조)를 규정하고, 후원금의 투명성과 공정성을 확보한다는 의미에서 **후원회원명부제**(동법 제8조), **익명기부한도제**(동법 제11조 제3항), 익명기부한도초과액과 차명 · 가명기부금의 **국고귀속제도**(동법 동조 제4항), **집회에 의한 금품모집의 금지**(동법 제14조 제1항), **정치자금영수증제도**(동법 제17조), **불법후원금반환제도**(동법 제18조), **법인 · 단체기부금지**(동법 제31조 제1항) 등을 규정하고 있다. 이 가운데 법인 · 단체기부금지에 대하여 헌법재판소는 합헌결정을 하였다.[30] 대통령선거, 임기만료에 의한 국회의원선거나 동시지방선거가 있는 연도에는 연간모금 · 기부한도액의 2배를 모금 및 기부할 수 있다(동법 제13조).

후원회가 해산되거나 후원회지정권자가 후원회를 둘 수 있는 자격을 상실한 경우에 후원금 가운데 잔여재산은 법률에서 정한 방법에 따라 처분해야 되고(동법 제21조 제1항 및 제2항), 대통령선거경선후보자 · 당대표경선후보자 · 대통령예비후보자 · 국회의원예비후보자 · 지방의회의원예비후보자 또는 지방자치단체장예비후보자가 후원회를 둘 수 있는 자격을 상실한 경우에는 잔여재산을 국고에 귀속시켜야 한다(동법 동조 제3항). 이와 관련하여 헌법재판소는 대통령선거경선후보자 또는 국회의원예비후보자가 경선과정에서 사퇴하는 경우에 잔여재산뿐만 아니라 이미 사용한 후원금까지 국고에 귀속시키는 제도가 후보자의 평등권, 선거운동의 자유, 공직선거에 입후보하지 않을 자유(경선과정에서 사퇴할 자유)를 침해하여 위헌이라고 본다.[31]

[법령] 후원회지정권자: 정치자금법 제6조

다음 각 호에 해당하는 자(이하 "후원회지정권자"라 한다)는 각각 하나의 후원회를 지정하여 둘 수 있다.

1. 중앙당(중앙당창당준비위원회를 포함한다)
2. 국회의원(국회의원선거의 당선인을 포함한다)

2의2. 지방의회의원(지방의회의원선거의 당선인을 포함한다)

2의3. 대통령선거의 후보자 및 예비후보자(이하 "대통령후보자 등"이라 한다)

3. 정당의 대통령선거후보자 선출을 위한 당내경선후보자(이하 "대통령선거경선후보자"라 한다)
4. 지역선거구(이하 "지역구"라 한다)국회의원선거의 후보자 및 예비후보자(이하 "국회의원후보자 등"이라 한다). 다만, 후원회를 둔 국회의원의 경우에는 그러하지 아니하다.
5. 중앙당 대표자 및 중앙당 최고 집행기관(그 조직형태와 관계없이 당헌으로 정하는 중앙당

29) 헌재 2023. 10. 26. 2020헌바402.

30) 헌재 2012. 7. 26. 2009헌바298.

31) 헌재 2009. 12. 29. 2007헌마1412; 2009. 12. 29. 2008헌마141.

최고 집행기관을 말한다)의 구성원을 선출하기 위한 당내경선후보자(이하 "당대표경선후보자 등"이라 한다)

6. 지역구지방의회의원선거의 후보자 및 예비후보자(이하 "지방의회의원후보자 등"이라 한다). 다만, 후원회를 둔 지방의회의원의 경우에는 그러하지 아니하다.

7. 지방자치단체의 장선거의 후보자 및 예비후보자(이하 "지방자치단체장후보자 등"이라 한다)

[판례] 예비후보자로 후원회지정권자의 한정

정치자금법의 입법목적을 고려할 때 후원회를 통한 정치자금조달이 허용되는 대상자를 선정함에 있어 특정이 객관적으로 명확하지 아니한 단순한 입후보예정자를 제외한 것은 위와 같은 입법목적을 실현하기 위한 불가피한 선택이고 예비후보자로 등록 가능한 시점을 선거일 전 120일로 정한 것 역시 예비후보자로 등록되면 관할선거구선거관리위원회의 규제를 받으며 일부 선거운동이 허용되고 후보자 등록무효 규정의 준용을 받는 등 후보자에 준하는 지위가 부여되는 점을 생각할 때, 그것이 우리 재판소가 관여하여야 할 정도로 입법재량을 현저히 불합리하게 또는 자의적으로 행사한 것이라고 단정할 수도 없으므로 평등의 원칙에 위배되지 않는다(2005. 2. 3. 2004헌마216).

[판례] 기초자치단체장선거후보자 · 예비후보자에 대한 후원회 불인정

(1) **기초자치단체장과 국회의원**은 그 지위와 성격, 기관의 직무 및 기능의 점에서 본질적으로 다르고, 결국 후원회를 통하여 정치자금을 지원할 필요성의 측면에서 양자 사이에는 본질적인 차이가 있으므로, 국회의원 및 그 후보자와 예비후보자에 대하여는 후원회를 인정하면서 기초자치단체장의 경우에는 그 후보자나 예비후보자에 대하여 이를 인정하지 않는 법률조항은 그 차별의 합리성을 충분히 인정할 수 있다. (2) **기초자치단체장과 광역자치단체장**은 그 관할구역의 범위와 권한 그리고 정치적 역할의 의미에는 현저한 차이가 있어 선거자금을 비롯한 정치자금의 수요의 측면에서 상당한 차이를 보이고 있으므로, 이러한 차이를 후원회 구성에 반영하여 광역자치단체장의 후보자와 기초자치단체장의 후보자를 달리 취급하는 것은 입법의 재량을 현저히 남용하거나 재량의 한계를 현저히 일탈한 것이라고 볼 수 없어 그 차별에 합리적인 이유가 있다. (3) **기초자치단체장의 후보자**에게 후원회 설치를 인정하지 않는 것이 국회의원이나 광역자치단체장과 비교할 때 위와 같이 합리적이라고 인정되는 이상 아직 후보자의 지위에도 도달하지 못한 **예비후보자**에 대하여 후원회를 인정하지 않는 것은 더욱 그 합리성을 인정할 수밖에 없다(2006. 5. 25. 2005헌마1095). → 광역자치단체장에게만 후원회가 인정되던 종래의 법률이 개정되어 현재는 후원회가 모든 지방자치단체장에게 확대되어 인정되지만 여전히 예비후보자에게는 인정되지 않는다.

[판례] 정당의 후원회 설치 금지

(정당에 대한 재정적 후원을 금지하는) 이 사건 법률조항은 정당 후원회를 금지함으로써 불법 정치자금 수수로 인한 정경유착을 막고 정당의 정치자금 조달의 투명성을 확보하여 정당 운영의 투명성과 도덕성을 제고하기 위한 것으로, 입법목적의 정당성은 인정된다. 그러나 정경유착의 문제는 일부 재벌기업과 부패한 정치세력에 국한된 것이고 대다수 유권자들과는 직접적인 관련이 없으므로 일반 국민의 정당에 대한 정치자금 기부를 원천적으로 봉쇄할 필요는 없고, 기부 및 모금한도액의 제한, 기부내역 공개 등의 방법으로 정치자금의 투명성을 충분히 확보할 수 있다. 정치자금 중 당비는 반드시 당원으로 가입해야만 납

부할 수 있어 일반 국민으로서 자신이 지지하는 정당에 재정적 후원을 하기 위해 반드시 당원이 되어야 하므로, 정당법상 정당 가입이 금지되는 공무원 등의 경우에는 자신이 지지하는 정당에 재정적 후원을 할 수 있는 방법이 없다. 그리고 현행 기탁금 제도는 중앙선거관리위원회가 국고보조금의 배분비율에 따라 각 정당에 배분·지급하는 일반기탁금제도로서, 기부자가 자신이 지지하는 특정 정당에 재정적 후원을 하는 것과는 전혀 다른 제도이므로 이로써 정당 후원회를 대체할 수 있다고 보기도 어렵다. 나아가 정당제 민주주의 하에서 정당에 대한 재정적 후원이 전면적으로 금지됨으로써 정당이 스스로 재정을 충당하고자 하는 정당활동의 자유와 국민의 정치적 표현의 자유에 대한 제한이 매우 크다고 할 것이므로, 이 사건 법률조항은 정당의 정당활동의 자유와 국민의 정치적 표현의 자유를 침해한다(2015. 12. 23. 2013헌바168).

[판례] 광역자치단체장의 후원회지정 금지

그동안 정치자금법이 여러 차례 개정되어 후원회지정권자의 범위가 지속적으로 확대되어 왔음에도 불구하고, 국회의원선거의 예비후보자 및 그 예비후보자에게 후원금을 기부하고자 하는 자와 광역자치단체장선거의 예비후보자 및 이들 예비후보자에게 후원금을 기부하고자 하는 자를 계속하여 달리 취급하는 것은, 불합리한 차별에 해당하고 입법재량을 현저히 남용하거나 한계를 일탈한 것이다. 따라서 심판대상조항 중 광역자치단체장선거의 예비후보자에 관한 부분은 청구인들 중 광역자치단체장선거의 예비후보자 및 이들 예비후보자에게 후원금을 기부하고자 하는 자의 평등권을 침해한다(2019. 12. 27. 2018헌마301등).

[판례] 지방의회의원의 후원회지정 금지

지방의회의원은 주민의 대표자이자 지방의회의 구성원으로서 주민들의 다양한 의사와 이해관계를 통합하여 지방자치단체의 의사를 형성하는 역할을 하므로, 지방의회의원의 전문성을 확보하고 원활한 의정활동을 지원하기 위해서는 지방의회의원들에게도 후원회를 허용하여 정치자금을 합법적으로 확보할 수 있는 방안을 마련해 줄 필요가 있다. **정치자금법**은 후원회의 투명한 운영을 위한 상세한 규정을 두고 있어 지방의회의원의 염결성을 확보할 수 있고, 국회의원과 소요되는 정치자금의 차이도 후원 한도를 제한하는 등의 방법으로 규제할 수 있으므로, 후원회 지정 자체를 금지하는 것은 오히려 지방의회의원의 정치자금 모금을 음성화시킬 우려가 있다. 현재 지방의회의원에게 지급되는 의정활동비 등은 의정활동에 전념하기에 충분하지 않고, 지방의회는 유능한 신인정치인의 유입 통로가 되므로, 지방의회의원에게 후원회를 지정할 수 없도록 하는 것은 경제력을 갖추지 못한 사람의 정치입문을 저해할 수도 있다. 따라서 심판대상조항이 국회의원과 달리 지방의회의원을 후원회지정권자에서 제외하고 있는 것은 불합리한 차별로서 청구인들의 평등권을 침해한다(2022. 11. 24. 2019헌마528등).

3) 기 탁 금 기탁금은 정치자금을 정당에 기부하고자 하는 개인(당원이 될 수 없는 공무원과 사립학교 교원을 포함)이 정치자금법의 규정에 의하여 **선거관리위원회**에 **기탁**하는 금전이나 유가증권 그 밖의 물건을 말한다(동법 제3조 제5호). 기탁금의 경우에도 기탁자의 영향력 배제와 기탁금의 투명성 확보를 위하여 **연간기탁한도제**(동법 제22조 제2항), **차명 · 가명기탁금지**(동법 동조 제3항), 연간한도초과액과 차명 · 가명기탁금의 **국고귀속제도**(동법 제24조 제1항), **기탁자공개제도**(동법 제23조 제2항), **법인 · 단체기부금지**(동법 제31조 제1항) 등

을 두고 있다. 기탁금은 국고보조금이 배분되는 방식에 따라 배분된다(동법 제23조 제1항).

[판례] 노동조합의 기부금지

노동조합 기부금지의 입법목적인 '노동단체의 정치화 방지'나 '노동단체 재정의 부실우려'는 헌법상 보장된 정치적 자유의 의미에 비추어 입법자가 헌법상 추구할 수 있는 정당한 입법목적의 범위를 벗어난 것으로 판단된다. 설사 이러한 입법목적 중 일부가 정당하다고 하더라도, 사회세력 누구나가 자유롭게 참여해야 할 정치의사형성과정과 정당한 이익조정과정을 근로자에게 불리하게 왜곡시키는 결과를 가져온다는 점에서 이러한 기본권 침해의 효과는 매우 중대하다. 이에 반하여, 달성하려는 공익인 '노동단체 재정의 부실 우려'의 비중은 상당히 작다고 판단된다. 따라서 노동단체의 기부금지를 정당화하는 중대한 공익을 인정하기 어려우므로 노동단체인 청구인의 **표현의 자유 및 결사의 자유의 본질적 내용을 침해하는 위헌적인 규정**이다. … 민주주의에서 사회단체가 국민의 정치의사형성과정에 있어서 가지는 의미와 기능의 관점에서 본다면, 노동단체는 다른 사회단체와 본질적으로 같은 것으로서 같게 취급되어야 하는데, 다른 이익단체, 특히 사용자의 이익을 대변하는 기업이나 사용자단체의 정치헌금을 허용하면서 유독 노동단체에게만 정치자금의 기부를 금지한 것은 노동단체로 하여금 정당에 영향력을 행사할 수 있는 정치활동의 영역을 다른 사회단체와 달리 **차별대우하고 있다**(1999. 11. 25. 95헌마154). → 이 결정이 있은 후에 입법자는 법률을 개정(2000. 2. 16. 법률 제6270호로 개정)하여 노동조합이 별도의 기금조성을 통해 정치자금을 기부할 수 있도록 허용하였다. 하지만 다시 법률이 개정(2004. 3. 12. 법률 제7191호로 개정)되어 모든 법인과 단체의 정치자금 기부가 금지되었다.

4) 국고보조금

A. 개념과 의의　　국고보조금은 정당의 보호·육성을 위하여 국가가 정당에 지급하는 금전이나 유가증권을 말한다(동법 제3조 제6호). 국고보조금은 정당이 국민의 정치적 의사형성에 참여하는 공적 지위와 과제에 근거하면서 ① 음성적 정치자금의 수수를 방지하여 정치부패를 막고, ② 선거비용과 정당운영비와 같은 정당의 재정부담을 완화하며, ③ 정당간 자금능력격차를 해소하여 공정한 경쟁을 유도하고, ④ 유능한 후보자의 당선가능성을 제고하는 것을 목적으로 한다.

B. 국고보조금의 계상　　국고보조금은 경상보조금과 선거보조금으로 구분된다. 우선 ① 매년 지급되는 **경상보조금**은 원칙적으로 최근 실시된 임기만료에 의한 국회의원선거의 선거권자 총수에 보조금 계상단가를 곱한 금액으로 매년 계상된다(동법 제25조 제1항). 그리고 ② 특정선거가 실시되는 연도에만 지급되는 **선거보조금**은 대통령선거나 임기만료에 의한 국회의원선거 또는 동시지방선거가 실시되는 연도에는 각 선거마다 보조금을 추가로 계상한다(동법 동조 제2항). 한편 ③ 임기만료에 의한 지역구국회의원선거 또는 지역구지방의회의원선거에서 여성후보자를 추천하는 정당에 지급하기 위한 **여성추천보조금**(동법 제26조 제1항)과 장애인후보자를 추천하는 정당에 지급하기 위한 **장애인추천보조금**(동법 제26조의2 제1항)을 해당 선거가 실시되는 연도마다 추가로 계상한다.

C. 국고보조금의 배분　　국고보조금의 배분과 관련하여 우선 경상보조금과 선거보조금의 경우에는 의석수와 득표율을 기준으로 배분한다. 먼저 ① 그 50퍼센트를

동일정당의 소속의원으로 **교섭단체를 구성한 정당**에 대하여 정당별로 균등하게 배분한다(동법 제27조 제1항). 그리고 ② 이런 방식으로 보조금을 지급받지 못한 정당에 대해서는 **일정한 의석(5석) 이상을 얻은 정당**의 경우에는 5퍼센트씩, 의석이 없거나 일정한 의석 미만의 의석을 가진 경우에는 최근에 실시된 **선거에서 일정비율**(임기만료에 의한 국회의원선거의 득표비율 2퍼센트 이상, 임기만료에 의한 국회의원선거에 참여하여 의석을 얻고 최근의 전국적 지방선거에서 득표비율이 0.5퍼센트 이상, 임기만료에 의한 국회의원선거에 참여하지 않고 최근의 전국적 지방선거에서 2퍼센트 이상)의 **득표를 한 정당**에 대해서 2퍼센트씩 배분한다(동법 동조 제2항). ③ 그리고도 남는 보조금은 그 가운데 50퍼센트는 의석을 가진 정당에 **의석수의 비율**에 따라 배분하고, 그 잔여분은 국회의원선거의 **득표수 비율**에 따라 배분한다(동법 동조 제3항).

한편 여성추천보조금과 장애인추천보조금 및 청년추천보조금의 경우에는 추천비율에 따라 의석수와 득표율을 고려하여 배분한다(아래 [표] 참조). 여성추천보조금은 여성후보자의 선거경비로, 장애인추천보조금은 장애인후보자의 선거경비로만 사용할 수 있다(동법 제28조 제3항).

유형	대상 정당	배분 비율(총액 기준)
경상 · 선거보조금	동일정당 교섭단체	50%를 정당별로 균등하게
	동일정당 비교섭단체	5석 이상: 5%씩
		5석 미만: 2%씩
여성추천 보조금	30% 이상 추천 정당	50%를 의석수:득표수:여성후보자수 비율 4:4:2
	20% 이상 30% 미만 추천 정당	30%를 의석수:득표수:여성후보자수 비율 4:4:2
	10% 이상 20% 미만 추천 정당	20%를 의석수:득표수:여성후보자수 비율 4:4:2
장애인추천 보조금	5% 이상 추천 정당	50%를 의석수:득표수:여성후보자수 비율 4:4:2
	3% 이상 5% 미만 추천 정당	30%를 의석수:득표수:여성후보자수 비율 4:4:2
	1% 이상 3% 미만 추천 정당	20%를 의석수:득표수:여성후보자수 비율 4:4:2
청년추천 보조금	20% 이상 추천 정당	50%를 의석수:득표수:여성후보자수 비율 4:4:2
	15% 이상 20% 미만 추천 정당	30%를 의석수:득표수:여성후보자수 비율 4:4:2
	10% 이상 15% 미만 추천 정당	20%를 의석수:득표수:여성후보자수 비율 4:4:2

이러한 국고보조금의 배분방식에 대해서는 기존정당과 교섭단체를 구성한 정당에 유리한 반면에 신생정당과 소수정당에 불리하다는 비판이 제기된다. 하지만 헌법재판소는 교섭단체의 구성 여부에 따라 국고보조금의 차등을 두고 있는 현행 제도에 대해서 정당국가적 민주주의의 현실, 소수정당의 보호를 위한 대안의 마련 및 제도적 문제점의 사소함을 고려할 때 헌법에 위반되지 않는다고 보았다(아래 [판례] 참조).

[판례] 국고보조금 배분의 차별

오늘날 대의제민주주의는 국민의 정치적 의사형성을 위한 매개체로서의 정당의 역할이 증대됨에 따라 정당국가적 민주주의로 변화하여, … 국회에 진출한 정당과 진출하지 못한 정당 사이, 그리고 국회에 진출하여 교섭단체를 구성한 정당과 이를 구성하지 못한 정당 사이에 상당한 차이가 나타날 수밖에 없다. 그리고 … 교섭단체를 구성할 정도의 다수 정당에 대해서만 보조금을 배분하는 것이 아니라 그에 미치지 못하는 소수정당에게도 일정 범위의 보조금 배분을 인정하여 소수정당의 보호·육성도 도모하고 있고, 교섭단체의 구성여부만을 보조금 배분의 유일한 기준으로 삼은 것이 아니라 정당의 의석수비율이나 득표수비율도 고려하여 정당에 대한 국민의 지지도도 반영하고 있다. 또한 … 현행의 보조금 배분비율과 의석수비율 또는 득표수비율을 비교하면 현행의 보조금 배분비율은 의석수비율보다는 오히려 소수정당에 유리하고, 득표수비율과는 큰 차이가 나지 않아 결과적으로 교섭단체 구성 여부에 따른 차이가 크게 나타나지 않고 있다. 위와 같은 사정들을 종합해 볼 때, 교섭단체의 구성 여부에 따라 보조금의 배분규모에 차이가 있더라도 그러한 차등 정도는 각 정당간의 경쟁상태를 현저하게 변경시킬 정도로 합리성을 결여한 차별이라고 보기 어렵다(2006. 7. 27. 2004헌마655).

D. 국고보조금의 용도제한 국고보조금은 정당의 운영에 소요되는 경비로서 법률에서 열거하는 경비 외의 용도로는 사용될 수 없다(동법 제28조 제1항). 특히 법정비율의 경상보조금은 반드시 법정용도로만 사용되어야 한다(동법 동조 제2항). 그리고 앞서 언급한 바와 같이 여성추천보조금과 장애인추천보조금 및 청년추천보조금도 법정용도로만 사용될 수 있다. 이러한 용도 외의 용도로 국고보조금을 사용한 경우에는 그 용도를 위반하여 사용한 금액의 2배에 상당하는 금액을 회수하는 제재가 가해지고, 회수가 어려운 때에는 그 이후 지급할 국고보조금에서 감액하여 지급한다(동법 제29조).

(3) 정치자금에 대한 통제

1) 정치자금의 기부에 대한 통제 우선 정치자금법에 의하지 않는 정치자금의 기부는 전면적으로 금지된다(동법 제2조 제1항). 정치자금의 기부를 규제하는 제도로서 ① 실명기부원칙과 현금기부제한(동법 동조 제4항), ② 차명·가명기부금지(동법 동조 제5항), ③ 법인·단체기부 및 법인·단체 관련자금기부의 금지(동법 제31조), ④ 특정행위 관련 기부의 금지(동법 제32조), ⑤ 부당한 기부알선의 금지(동법 제33조) 등이 있다. 정치자금법에서 정하지 않는 방법의 정치자금 기부나 정치자금법에서 금지하는 내용의 정치자금 모금이나 기부를 한 사람은 정치자금부정수수죄로 처벌받는다(동법 제45조). 헌법재판소에 따르면 이러한 정치자금규제는 금력으로부터 대의제 민주주의를 보호하기 위하여 필수적이다.[32] 특히 특정행위 관련 기부금지의 경우에 공직선거후보자의 추천과 관련한 정치자금의 기부금지는 이와 관련한 금품수수와 마찬가지로 정당공천의 공정성과 공명정대한 선거의 보장을 위해 필요하므로 정당활동의 자유를 침해하지 않는다.[33]

2) 정치자금의 운용에 대한 통제 정치자금의 운용과 관련하여 정치자금은 국민

32) 헌재 2004. 6. 24. 2004헌바16.

33) 공직선거후보자 추천과 관련된 금품수수금지의 합헌성에 대해서는 헌재 2009. 10. 29. 2008헌바146 참조.

의 의혹을 사는 일이 없도록 공명정대하게 운용되어야 하기 때문에 **회계공개원칙**이 적용된다(동법 제2조 제2항). 이에 따라 ① 회계책임자 선임 · 신고의무(동법 제34조), ② 회계책임자에 의한, 신고된 예금계좌를 통한 수입 · 지출관리(동법 제36조), ③ 회계장부비치 · 기재의무(동법 제37조), ④ 당헌 · 당규에 의한 회계처리절차규율(동법 제38조), ⑤ 증빙서류구비의 의무(동법 제39조), ⑥ 회계보고의무(동법 제40조) 등이 요청된다. 이와 같은 의무의 위반, 특히 선임이 신고된 회계책임자에 의하지 않는 정치자금이나 선거비용의 수입 · 지출, 신고된 예금계좌를 통하지 않는 정치자금이나 선거비용의 수입 · 지출을 한 자는 처벌을 받는다(동법 제47조 및 제49조). 정치자금법에 따르지 않는 선거비용의 수입 · 지출로 당선인이 징역형이나 100만 원 이상의 벌금형을 선고받으면 그 당선이 무효로 된다(공직선거법 제264조).

3) 정치자금의 사용에 대한 통제 정치자금은 정치활동을 위하여 소요되는 경비로만 지출되어야 하고, 사적 경비로 지출하거나 부정한 용도로 지출하는 것은 금지된다(동법 제2조 제3항). 여기서 '사적 경비'라 함은 가계의 지원 · 보조, 개인적인 채무의 변제 또는 대여, 향우회 · 동창회 · 종친회, 산악회 등 동호인회, 계모임 등 개인 간의 사적 모임의 회비 그 밖의 지원경비, 개인적인 여가 또는 취미활동에 소요되는 비용의 용도로 사용하는 경비를 말한다. 정치자금을 사적 경비나 부정한 용도로 사용하면 처벌을 받고(동법 제47조 및 제49조), 특히 부정하게 사용한 정치자금이 선거비용에 해당하는 경우 이로 인하여 당선인이 징역형이나 100만 원 이상의 벌금형을 선고받으면 당선이 무효로 된다(공직선거법 제264조).

V. 정당의 해산

1. 정당의 해산과 등록취소의 구분

정당의 해산은 크게 자발적으로 이루지는 '자진해산'과 강제적으로 이루어지는 '강제해산'으로 구분된다. 이러한 정당의 해산은 '정당의 등록취소'와 구별된다.

첫째, 정당해산은 가운데 자발적인 정당해산을 지칭하는 **자진해산**은 정당이 그 '대의기관의 의결로써 자발적으로' 해산하는 것을 의미한다(정당법 제45조 제1항). 정당이 자진해산했을 경우에는 그 대표자는 지체없이 그 뜻을 당해 선거관리위원회에 신고해야 한다(동법 동조 제2항). 이러한 자진해산의 신고가 있으면 당해 선거관리위원회는 그 정당의 등록을 말소하고 지체 없이 그 뜻을 공고해야 한다(동법 제47조). 한편 강제적인 정당해산을 지칭하는 **강제해산**은 정당이 '헌법재판소의 결정으로 강제적으로' 해산되는 것을 의미하고, '위헌정당해산제도' 또는 '정당강제해산제도'라고도 부른다. 이에 대해서는 아래에서 자세하게 설명하기로 한다.

둘째, **정당의 등록취소**는 정당이 ① 법정 시 · 도당수(동법 제17조) 및 법정 당원수(동법 제18조)에 관한 요건을 구비하지 못한 경우나 ② 최근 4년간 임기만료에 의한 국회의원선거 또는 임기만료에 의한 지방자치단체의 장선거나 시·도의회의원선거에 참여하지 않은 경우에 선거관리위원회에 의해서 등록이 취소되는 것을 말한다(동법 제44조 제1항). 헌법재판소에 따르면 임기만료에 의한 국회의원선거에 참여하여 의석을 얻지 못하고 유효득표총수의 2퍼센트 이상을 득표하지 못한 경우를 정당의 등록취소사유로 한 것은 정당설립의 자유를 침해한다고 한다(아래 [판례] 참조). 등록이 취소된 정당의 명칭과 동일한 명칭은 등록취소된 날부터 최초로 실시하는 임기만료에 의한 국회의원선거의 선거일까지는 정당의 명칭으로 사용할 수 없다(동법 제41조 제4항).

[판례] 국회의원선거결과에 따른 정당등록취소의 위헌성

정당등록의 취소는 정당의 존속 자체를 박탈하여 모든 형태의 정당활동을 불가능하게 하므로, 그에 대한 입법은 필요최소한의 범위에서 엄격한 기준에 따라 이루어져야 한다. 그런데 일정기간 동안 공직선거에 참여할 기회를 수 회 부여하고 그 결과에 따라 등록취소 여부를 결정하는 등 덜 기본권 제한적인 방법을 상정할 수 있고, 정당법에서 법정의 등록요건을 갖추지 못하게 된 정당이나 일정 기간 국회의원선거 등에 참여하지 아니한 정당의 등록을 취소하도록 하는 등 현재의 법체계 아래에서도 입법목적을 실현할 수 있는 다른 장치가 마련되어 있으므로, 정당등록취소조항(2005. 8. 4. 법률 제7683호로 개정된 정당법 제44조 제1항 제3호-필자주)은 침해의 최소성 요건을 갖추지 못하였다. … 어느 정당이 대통령선거나 지방자치선거에서 아무리 좋은 성과를 올리더라도 국회의원선거에서 일정 수준의 지지를 얻는 데 실패하면 등록이 취소될 수밖에 없어 불합리하고, 신생·군소정당으로 하여금 국회의원선거에의 참여 자체를 포기하게 할 우려도 있어 법익의 균형성 요건도 갖추지 못하였다. 따라서 정당등록취소조항은 과잉금지원칙에 위반되어 청구인들의 정당설립의 자유를 침해한다(2014. 1. 28. 2012헌마431).

국고보조금을 받은 정당이 해산하거나 그 등록이 취소된 때에는 지체없이 국고보조금의 지출내역을 중앙선거관리위원회에 보고하고, 남은 국고보조금이 있을 때에는 이를 반환해야 한다(정치자금법 제30조 제1항). 한편 정당이 자진해산하거나 등록취소된 경우에는 정당의 잔여재산은 당헌의 정하는 바에 의하여 처분하고(정당법 제48조 제1항), 이렇게 처분되지 않은 잔여재산은 국고에 귀속한다(동법 동조 제2항).

2. 정당의 강제해산과 위헌정당해산제도

(1) 정당의 강제해산과 방어적 민주주의

정당을 법적 절차에 따라 강제적으로 해산시키는 제도를 의미하는 위헌정당해산제도는 **방어적 민주주의**를 실현하는 구체적인 제도로 이해된다. 다시 말해 민주주의를 부정하거나 공격하는 정당에 대해서 민주주의가 스스로를 방어하기 위하여 헌법이 보장하는 민주적 질서 바깥으로 정당을 강제적으로 배제하는 제도가 위헌정당해산제도이다. 하지만 위헌정당해산제도는 정당의 해산에 대해서 헌법에 엄격한 요건과 절차를 규정함으로써 **정당에 대한 헌법적 보호**의 근거가 되기도 한다. 따라서 이 제도를 "정당에 대한 특권"으로 이해하는 견해[34]도 있다. 헌법재판소는 위헌정당해산제도가 정당을 보호하기 위한 절차로서의 성격을 갖는다는 점을 강조하면서도 정당활동의 자유는 민주적 기본질서라는 헌법적 한계 안에서 인정되는 것이라고 한다(아래 [판례] 참조).

[판례] 위헌정당해산제도의 의의

정당해산심판제도는 정부의 일방적인 행정처분에 의해 진보적 야당이 등록취소되어 사라지고 말았던 우리 현대사에 대한 반성의 산물로서 제3차 헌법 개정을 통해 헌법에 도입된 것이다. 우리나라의 경우 이 제도는 발생사적 측면에서 **정당을 보호하기 위한 절차**로서의 성격이 부각된다. 따라서 모든 정당의 존립과 활동은 최대한 보장되며, 설령 어떤 정당이 민주적 기본질서를 부정하고 이를 적극적으로 공격하는 것으로 보인다 하더라도 국민의 정치적 의사형성에 참여하는 정당으로서 존재하는 한 헌법에 의해 최대한 두텁게 보호되므로, 단순히 행정부의 통상적인 처분에 의해서는 해산될 수 없고, 오직 헌법재판소가 그 정당의 위헌성을 확인하고 해산의 필요성을 인정한 경우에만 정당정치의 영역에서 배제된다. 그러나 한편 이 제도로 인해서, 정당활동의 자유가 인정된다 하더라도 **민주적 기본질서**를 침해해서는 안 된다는 헌법적 한계 역시 설정된다(2014. 12. 19. 2013헌다1).

(2) 헌법적 근거

헌법은 정당의 목적이나 활동이 민주적 기본질서에 위배될 때에는 정부가 헌법재판소에 그 해산을 제소할 수 있고, 헌법재판소의 심판에 의하여 정당을 해산할 수 있도록 규정하여 위헌정당해산제도의 헌법적 근거를 마련하고 있다(제8조 제4항). 또한 이와 관련하여 정당의 해산심판을 헌법재판소의 관장사항으로 규정한다(제111조 제1항 제3호).

(3) 헌법상 요건

① 위헌정당해산제도에서 말하는 정당은 원칙적으로 정당법에 따른 등록을 마친 정당을 뜻한다. 이와 관련하여 중앙당창당준비위원회를 결성하여 그 대표자가 중앙선거관리위원회에 창당신고를 한 후 아직 등록을 마치지 않은 정당이 포함되는지에 대해서는 견해의 대립이 있다. 첫째, 등록이라는 형식적 요건을 중요시하여 등록을 마치지 않은 정당은 단순한 정치적 결사에 불과하기 때문에 포함되지 않는다는 견해,[35] 둘째, 정당의 실질적 요건을 중요시하여 정당의 실질적 요건을 갖추었지만 등록이라는 형식적 요건을 갖추지 못한 경우에도 위헌정당해산의 대상이 되는 정당에 포함된다는 견해[36]로 구분된다. 위헌정당해산제도의 목적을 '정당의 보호'라는 측면에서 볼 때 정당의 형식적 요건은 충족하지 못하였으나 실질적 요건은 충족한 정당의 보호를 위해서 포함된다고 보는 것이 타당하다.

② 위헌정당인지를 판단하기 위해서는 **정당의 목적과 활동**이 문제가 된다. 정당의 목적을 확인하기 위해서는 정당의 강령, 기본정책, 당헌, 당수와 당간부의 연설, 당기관

34) 계희열(상), 295면 이하; 장영수, 275면.
35) 계희열(상), 297면; 권영성, 194면; 김철수, 228면.
36) 장영수, 275면.

지, 출판물, 선전자료 등이 자료가 된다. 그리고 정당의 활동에는 당수와 당간부 및 평당원의 활동도 포함된다. 한편, 문언 자체의 형식적 의미와 정당의 헌법적 보호라는 위헌정당해산제도의 실질적 기능을 고려할 때 정당의 '목적과 활동'은 결합하여 이해되어야 한다. 헌법재판소는 정당의 목적과 활동을 별개의 심판대상으로 보아 목적이나 활동 중 어느 하나라도 민주적 기본질서에 위배된다면 정당해산의 사유가 될 수 있다고 한다(아래 [판례] 참조).

[판례] 위헌정당해산심판의 대상으로서 정당의 목적과 활동

① **정당의 목적**이란, 어떤 정당이 추구하는 정치적 방향이나 지향점 혹은 현실 속에서 구현하고자 하는 정치적 계획 등을 통칭한다. 이는 주로 정당의 공식적인 강령이나 당헌의 내용을 통해 드러나겠지만, 그 밖에 정당대표나 주요 당직자 및 정당관계자(국회의원 등)의 공식적 발언, 정당의 기관지나 선전자료와 같은 간행물, 정당의 의사결정과정에서 일정한 영향력을 가지거나 정당의 이념으로부터 영향을 받은 당원들의 행위 등도 정당의 목적을 파악하는 데에 도움이 될 수 있다. 만약 정당의 진정한 목적이 숨겨진 상태라면 … 강령 이외의 자료를 통해 진정한 목적을 파악해야 한다. ② **정당의 활동**이란, 정당 기관의 행위나 주요 정당관계자, 당원 등의 행위로서 그 정당에게 귀속시킬 수 있는 활동 일반을 의미한다. … 당대표의 활동, 대의기구인 당대회와 중앙위원회의 활동, 집행기구인 최고위원회의 활동, 원내기구인 원내의원총회와 원내대표의 활동 등 **정당 기관의 활동**은 정당 자신의 활동이므로 원칙적으로 정당의 활동으로 볼 수 있고, 정당의 최고위원 등 **주요 당직자의 공개된 정치 활동**은 일반적으로 그 지위에 기하여 한 것으로 볼 수 있으므로 원칙적으로 정당에 귀속시킬 수 있을 것으로 보인다. **정당 소속의 국회의원** 등은 … 가령 그들의 활동 중에서도 국민의 대표자의 지위가 아니라 그 정당에 속한 유력한 정치인의 지위에서 행한 활동으로서 정당과 밀접하게 관련되어 있는 행위들은 정당의 활동이 될 수도 있을 것이다. 그 밖의 **정당에 속한 개인이나 단체의 활동**은 … 예컨대, 활동을 한 개인이나 단체의 지위 등에 비추어 볼 때 정당이 그러한 활동을 할 권한을 부여하거나 그 활동을 독려하였는지 여부, … 사후에 그 활동을 적극적으로 옹호하는 등 그 활동을 사실상 정당의 활동으로 추인한 것과 같다고 볼 수 있는 사정이 있는지 여부, 혹은 사전에 그 정당이 그러한 활동의 계획을 알았더라도 이를 정당 차원에서 지원하고 지지했을 것이라고 가정적으로 판단할 수 있는 사정이 있는지 여부 등을 구체적으로 살펴 전체적이고 종합적으로 판단해야 한다. 반면, 정당대표나 주요 관계자의 행위라 하더라도 개인적 차원의 행위에 불과한 것이라면 이러한 행위에 대해서까지 정당해산심판의 심판대상이 되는 활동으로 보기는 어렵다. ③ 한편, 동 조항의 규정형식에 비추어 볼 때, **정당의 목적이나 활동 중 어느 하나라도** 민주적 기본질서에 위배된다면 정당해산의 사유가 될 수 있다고 해석된다(2014. 12. 19. 2013헌다1).

③ 위헌정당은 **민주적 기본질서에 위배**되는 목적을 가지고 활동하는 정당으로 여기서 말하는 민주적 기본질서의 내용은 앞서 헌법의 기본원리로 설명한 민주주의의 내용과 같다. 다만 민주적 기본질서가 자유민주적 기본질서인지 아니면 사회민주적 기본질서도 포함하는지에 대해서는 견해의 대립이 있다. 위헌정당해산제도가 정당을 보호하는 제도라는 측면을 고려한다면, 그리고 적어도 개념적으로는 민주주의원리와 사회복지주의(사회국가원리)가 구분된다는 점을 고려한다면 자유민주적 기본질서에 국한하는 것이

타당하다.

[판례] 헌법 제8조 제4항의 '민주적 기본질서'와 '위배될 때'의 의미

① 정당해산심판제도가 수호하고자 하는 민주적 기본질서는 … 민주적이고 자율적인 정치적 절차를 통해 국민적 의사를 형성·실현하기 위한 요소, 즉 **민주주의 원리에 입각한 요소**들과, 이러한 정치적 절차를 운영하고 보호하는 데에 필요한 기본적인 요소, 즉 **법치주의원리에 입각한 요소들 중에서 필요불가결한 부분**이 중심이 되어야 한다. … 우리 헌법 제8조 제4항이 의미하는 민주적 기본질서는, 개인의 자율적 이성을 신뢰하고 모든 정치적 견해들이 각각 상대적 진리성과 합리성을 지닌다고 전제하는 다원적 세계관에 입각한 것으로서, **모든 폭력적·자의적 지배를 배제하고, 다수를 존중하면서도 소수를 배려하는 민주적 의사결정과 자유·평등을 기본원리로 하여 구성되고 운영되는 정치적 질서**를 말하며, 구체적으로는 국민주권의 원리, 기본적 인권의 존중, 권력분립제도, 복수정당제도 등이 현행 헌법상 주요한 요소라고 볼 수 있다. … 이 민주적 기본질서의 외연이 확장될수록 정당해산결정의 가능성은 확대되고, 이와 동시에 정당 활동의 자유는 축소될 것이다. 민주 사회에서 정당의 자유가 지니는 중대한 함의나 정당해산심판제도의 남용가능성 등을 감안한다면, 헌법 제8조 제4항의 민주적 기본질서는 **최대한 엄격하고 협소한 의미**로 이해해야 한다. 따라서 민주적 기본질서를 현행 헌법이 채택한 민주주의의 구체적 모습과 동일하게 보아서는 안 된다. 정당이 위에서 본 바와 같은 민주적 기본질서, 즉 민주적 의사결정을 위해서 필요한 불가결한 요소들과 이를 운영하고 보호하는 데 필요한 최소한의 요소들을 수용한다면, 현행 헌법이 규정한 민주주의 제도의 세부적 내용에 관해서는 얼마든지 그와 상이한 주장을 개진할 수 있는 것이다. 마찬가지로, 민주적 기본질서를 부정하지 않는 한 정당은 각자가 옳다고 믿는 다양한 스펙트럼의 이념적인 지향을 자유롭게 추구할 수 있다. 오늘날 정당은 **자유민주주의 이념을 추구하는 정당에서부터 공산주의 이념을 추구하는 정당에 이르기까지 그 이념적 지향점이 매우 다양**하므로, 어떤 정당이 특정 이념을 표방한다 하더라도 그 정당의 목적이나 활동이 앞서 본 민주적 기본질서의 내용들을 침해하는 것이 아닌 한 그 특정 이념의 표방 그 자체만으로 곧바로 위헌적인 정당으로 볼 수는 없다. 정당해산 여부를 결정하는 문제는 결국 그 정당이 표방하는 정치적 이념이 무엇인지가 아니라 그 정당의 목적이나 활동이 민주적 기본질서에 위배되는지 여부에 달려있기 때문이다. ② 특정 정당을 해산하는 결정은 **해산되는 정당의 이념을 우리 사회의 정치적 공론의 장에서 영구적으로 추방시키는 것**이므로, 이러한 결정은 오늘날 우리의 민주주의에서 정당이 차지하는 핵심적 역할에 비추어 볼 때 매우 극단적인 조치로 이해되어야 하고, 따라서 매우 제한된 상황 속에서만 활용되어야 한다. … 그렇다면 헌법 제8조 제4항에서 말하는 민주적 기본질서의 위배란, 민주적 기본질서에 대한 단순한 위반이나 저촉을 의미하는 것이 아니라, 민주 사회의 불가결한 요소인 정당의 존립을 제약해야 할 만큼 그 정당의 목적이나 활동이 우리 사회의 민주적 기본질서에 대하여 **실질적인 해악을 끼칠 수 있는 구체적 위험성을 초래하는 경우**를 가리킨다(2014. 12. 19. 2013헌다1).

④ 마지막으로 위헌정당해산제도는 민주주의(민주적 기본질서)라는 가치를 위하여 정치적 결사인 정당의 결사의 자유를 제한하는 것이므로 기본권제한에 관한 헌법원칙인 **비례성원칙**이 적용되어야 한다. 다시 말해 민주주의라는 가치가 정당의 결사의 자유를 제한할 수 있을 만큼 중대한 경우에만 정당은 해산될 수 있다.

[판례] 위헌정당해산결정의 정당화 요건으로서 비례성원칙

일반적으로 비례원칙은 우리 재판소가 법률이나 기타 공권력 행사의 위헌 여부를 판단할 때 사용하는 위헌심사 척도의 하나이다. 그러나 정당해산심판제도에서는 헌법재판소의 정당해산결정이 정당의 자유를 침해할 수 있는 국가권력에 해당하므로 헌법재판소가 정당해산결정을 내리기 위해서는 그 **해산결정이 비례원칙에 부합하는지**를 숙고해야 하는바, 이 경우의 비례원칙 준수 여부는 그것이 통상적으로 기능하는 위헌심사의 척도가 아니라 헌법재판소의 정당해산결정이 충족해야 할 일종의 헌법적 요건 혹은 헌법적 정당화 사유에 해당한다. 이와 같이 강제적 정당해산은 우리 헌법상 핵심적인 정치적 기본권인 정당 활동의 자유에 대한 근본적 제한이므로 헌법재판소는 이에 관한 결정을 할 때 헌법 제37조 제2항이 규정하고 있는 비례원칙을 준수해야만 하는 것이다. 따라서 헌법 제37조 제2항의 내용, 침익적 국가권력의 행사에 수반되는 법치국가적 한계, 나아가 정당해산심판제도의 최후수단적 성격이나 보충적 성격을 감안한다면, 헌법 제8조 제4항의 명문규정상 요건이 구비된 경우에도 해당 정당의 위헌적 문제성을 해결할 수 있는 다른 대안적 수단이 없고, 정당해산결정을 통하여 얻을 수 있는 사회적 이익이 정당해산결정으로 인해 초래되는 정당의 정당활동 자유 제한으로 인한 불이익과 민주주의 사회에 대한 중대한 제약이라는 사회적 불이익을 초과할 수 있을 정도로 큰 경우에 한하여 정당해산결정이 헌법적으로 정당화될 수 있다(2014. 12. 19. 2013헌다1).

(4) 헌법상 절차

① 위헌정당해산을 '제소'할 수 있는 권한은 대통령이 수반인 정부가 가진다. **정부**는 국무회의 심의(제89조 제14호)를 거쳐 위헌정당의 해산을 헌법재판소에 **제소**한다(제8조 제4항). 헌법의 규정양식과 정당보호라는 제도의 목적에 비추어 볼 때 제소 여부는 정부의 재량에 속한다.[37]

② 위헌정당해산에 관한 '결정'의 권한은 헌법재판소에게 있다. **헌법재판소**가 위헌정당을 해산하는 **결정**을 하기 위해서는 9인의 재판관 중 6인 이상의 찬성이 있어야 한다(제113조 제1항).[38]

(5) 헌법상 효과

정당해산결정의 효과에 대해서 헌법은 규정하고 있는 바가 없고, 자세한 내용은 정당법에서 규정한다. 문제는 해산된 정당에 소속된 **국회의원의 의원직 상실 여부**다. 이에 관해서는 명시적인 법률규정은 없으나 위헌정당해산제도의 취지와 해산결정의 실효성확보 및 정당국가원리에 근거하여 상실된다고 보는 견해,[39] 국민의 대표성과 자유위임원리에 근거하여 상실되지 않는다고 보는 견해,[40] 그리고 입법자가 의원직상실 여부를 법률에 규정함으로써 해결할 수 있다는 견해로 나뉜다. 독일연방헌법재판소는 정당해산결

37) 같은 견해: 김철수, 228면; 장영수, 277면; 허영, 893면.

38) 정당해산심판절차에 대해서는 제4편 제6장 참조.

39) 권영성, 197면; 성낙인, 244면 이하; 장영수, 278면 이하; 허영, 894면.

40) 김철수, 231면 및 1708면: "무소속의원으로 남는다."; 전광석, 141면: "헌법의 요청인 국회의원의 국민대표성을 사실상의 요청인 국회의원의 정당대표성에 의하여 훼손시킬 수 있는가에 대해서는 의문이다."

정으로 해산된 정당에 소속된 의원은 의원직을 상실한다고 판시하였고,[41] 독일연방선거법은 명시적으로 의원직상실을 규정하고 있다. 우리 헌법재판소는 위헌정당해산제도의 헌법수호의 기능이나 방어적 민주주의의 이념과 원리, 그리고 정당해산결정의 실효성 확보를 근거로 명문의 규정이 있는지 여부를 고려하지 않고, 국회의원이 지역구에서 당선되었는지 비례대표로 당선되었는지 여부는 아무런 차이가 없다고 하면서 해산되는 위헌정당의 소속 국회의원들은 그 의원직을 상실한다고 한다(아래 [판례] 참조).

결론적으로 ① 단체와 구성원의 법적 지위가 항상 일치하는 것은 아니기 때문에 위헌인 정당을 해산하는 것과 그 정당에 소속된 국회의원의 의원직을 상실시키는 것은 논리필연적인 문제가 아니라는 점, ② 위헌정당해산제도는 정당의 해산보다는 정당의 보호에 초점이 맞춰져야 하기 때문에 정당이 해산되는 경우에도 해산의 효과는 최소화되어야 한다는 점, ③ 정당국가원리보다는 대의제를 구체화하는 자유위임의 원리가 원칙적으로 우선한다는 점에서 의원직을 상실하지 않는다는 견해가 타당하다. 그리고 법률의 규정을 통해서 해결하려는 견해도 여전히 그러한 법률의 위헌성 문제를 남긴다는 점에서 타당하지 않다고 생각된다.

[판례] 위헌정당해산결정과 소속 국회의원의 의원직 상실

어떠한 정당을 엄격한 요건 아래 위헌정당으로 판단하여 해산을 명하는 것은 헌법을 수호한다는 방어적 민주주의 관점에서 비롯되는 것이고, 이러한 비상상황에서는 국회의원의 국민대표성은 부득이 희생될 수밖에 없다. … 국회의원이 헌법기관으로서 정당기속과 무관하게 국민의 자유위임에 따라 정치활동을 할 수 있는 것은 헌법의 테두리 안에서 우리 헌법 이 추구하는 민주적 기본질서를 존중하고 실현하는 경우에만 가능한 것(이고–필자), … 만일 해산되는 위헌정당 소속 국회의원들이 의원직을 유지한다면 … 실질적으로는 그 정당이 계속 존속하여 활동하는 것과 마찬가지의 결과를 가져오게 될 것이다. 따라서 해산정당 소속 국회의원의 의원직을 상실시키지 않는 것은 결국 위헌정당해산제도가 가지는 헌법수호의 기능이나 방어적 민주주의 이념과 원리에 어긋나는 것이고, 나아가 정당해산결정의 실효성을 제대로 확보할 수 없게 된다. … 명문의 규정이 있는지 여부는 고려의 대상이 되지 아니하고, 그 국회의원이 지역구에서 당선되었는지, 비례대표로 당선되었는지에 따라 아무런 차이가 없이, 정당해산결정으로 인하여 신분유지의 헌법적인 정당성을 잃으므로 그 의원직은 상실되어야 한다(2014. 12. 19. 2013헌다1).

(6) 문 제 점

방어적 민주주의의 이념에서 도출되는 위헌정당해산제도는 방어적 민주주의의 이념 자체에 대한 문제점을 그대로 안고 있다. 즉 민주주의에 적대적인 정부에 의하여 민주적인 정당을 추방하는 도구로 악용될 수 있다는 점이다. 또한 위헌정당해산제도를 통해서 민주주의를 기본원리로 하는 헌법은 보호되지 않은 채 오히려 정당의 자유를 위축시킬 뿐이라는 점, 정부에 비판적인 야당을 탄압하는 도구로 사용될 수 있다는 문제도 지

41) BVerfGE 2, 1; 5, 85.

적된다. 따라서 정당의 해산은 위헌정당해산제도를 통한 강제적 해산보다는 국민이 선거를 통해 민주적 정당성을 부여하지 않음으로써 자연스럽게 이루어지는 것이 바람직한 대안으로 보인다.

제 3 절 선거제도

Ⅰ. 민주주의와 선거

정당제도와 마찬가지로 선거제도도 민주주의를 구체화하는 제도로 이해된다. 따라서 선거제도는 민주주의와의 관계 속에서 이해되어야 하고, 민주주의를 도덕적 의미의 민주주의와 법적 의미의 민주주의로 구분할 수 있는 한[42] 이렇게 구분된 민주주의의 의미 안에서 선거제도가 이해될 수 있다. 한편 국가원리는 기본권보장과 밀접한 관련이 있고, 특히 민주주의는 기본권의 기능 가운데 '능동적 지위'의 보장과 연관되므로 민주주의를 구체화하는 선거제도에서는 선거권이나 피선거권과 같은 능동적 지위를 보장하는 기본권과의 연관성이 동시에 고려되어야 한다.

1. 대화민주주의와 선거

선거제도는 단순하게 대의기관을 구성하는 제도로 이해한다면 **간접민주제**의 요소로 이해될 수 있지만, 국민이 직접 대표의 선출과 재신임에 참여하도록 만드는 절차이기 때문에 **직접민주제**의 요소로 이해될 수도 있다. 그리고 선거는 그 과정에서 다양한 집단과 세력들이, 특히 정당을 매개로 자신의 정치적 주장과 입장을 개진하는 제도적 수단이 되기도 한다. 따라서 대화하고 토론하는 민주주의에서 선거는 정책대결이라는 본래의 취지가 실현될 수 있다고만 한다면 대표의 선출을 매개로 다양한 정치적 주장과 입장들이 서로 **정신적 논쟁과 토론을 벌이는 공론의 장**이 되기도 한다. 이런 의미에서도 선거는 직접민주제의 요소로 이해될 수 있는 또 다른 측면을 갖게 된다.

2. 제도화된 민주주의와 선거

대화하고 토론하는 민주주의는 제도화되면서 참여자의 숫자를 제한하는 대의제적 민주주의가 될 수밖에 없다. 여기서 대의기관을 구성하는 절차로서 선거는 매우 중요한 의미를 갖는다. ① 국민의 편에서 볼 때 선거는 국민이 직접 대의기관의 구성원인 자신의 대표를 선출하여 **민주적 정당성**을 부여하는 절차이며, 동시에 선출된 **대표의 임기 동안의 책임**을 묻고 통제하는 절차이기도 하다. ② 한편 대표의 측면에서 보면 선거는 국민의 대표로서 국민으로부터 민주적 정당성을 확보하는 절차이며 동시에 재신임을 얻어

42) 제1편 제2부 제4장 제2절 Ⅰ. 참조.

다시 대표의 직무를 수행하거나 재신임을 얻지 못할 때 국민에 대해서 정치적 책임을 지는 절차이기도 하다.

3. 헌법규정

헌법은 선거제도와 관련하여 선거권과 피선거권, 선거의 유형과 선거원칙 등을 규정하고 있다. 첫째로, 선거권과 피선거권에 대해서 모든 국민은 법률이 정하는 바에 의하여 선거권과 피선거권을 가진다고 규정하여(제24조 및 제25조) 선거권과 피선거권에 관한 구체적 내용을 법률에서 규율하도록 유보하고 있다. 둘째로, 선거유형을 국회의원선거(제41조)와 대통령선거(제67조), 그리고 지방자치단체의 선거(제118조)로 구분하고, 선거원칙과 관련하여 보통, 평등, 직접, 비밀선거의 원칙을 규정한다(제41조 제1항 및 제67조 제1항). 셋째로, 각종 선거와 관련하여 자세한 사항에 대해서는 법률에서 규정하도록 유보하고 있다(제41조 제3항, 제67조 제5항, 제118조 제2항).

Ⅱ. 선거권과 피선거권

1. 선 거 권

선거권은 선거행위를 할 수 있는 법적 지위에 관한 자유와 권리, 즉 선거에 참여하여 자신이 원하는 후보에게 투표할 수 있는 자유와 방어권을 말한다.[43] 국가공동체의 의사를 결정하는 과정에 참여할 수 있는 권리도 보편적 권리인 인권으로 이해될 수 있으므로 원칙적으로 국가공동체의 모든 구성원은 선거권을 갖는다. 물론 현실적으로는 국가공동체의 모든 구성원에게 선거권이 부여되지는 않는다. 우선 국가공동체의 구성원인지 여부는 '국적'에 따라 결정되므로[44] '국적'을 가진 국민에게만 선거권이 한정된다. 그리고 합리적인 이유가 있을 때 차등적인 선거권 미부여(박탈)가 가능하다. 따라서 국민의 경우에도 주로 '연령'을 근거로 선거권이 제한된다. 또한 법률상 규정된 일정한 '결격사유'가 있을 때 선거권이 제한되기도 한다. 선거권제한은 법적 제한뿐만 아니라 사실적 제한도 포함하여야 하므로 선거 관련 방송광고, 방송연설, 후보자토론회 등은 반드시 한국수어나 자막으로 방영될 필요가 있다. 하지만 헌법재판소는 이러한 의무사항을 재량사항으로 규정한 법률조항이 선거권을 침해하지 않는다고 보는데[45] 이러한 입장에 대해서는 비판이 필요하다. 같은 맥락에서 신체의 장애로 인하여 자신이 기표할 수 없는 선거인에 대해 가족이 아닌 경우 반드시 2인을 동반해야만 투표를 보조할 수 있도록 규정한 법률조항에 대해서 합헌결정을 한 헌법재판소의 입장에 대해서도 비판이 필요하다.[46] 헌법은 선거권에 대한 구체적 형성을 입법자에게 위임하고 있다(제24조). 이에 근거하여 선거권에 관한

43) 선거권에 대한 자세한 설명은 제2편 제2부 제8장 제2절 참조.

44) 국적에 대해서는 제1편 제2부 제3장 제1절 Ⅱ. 참조.

45) 헌재 2020. 8. 28. 2017헌마813.

46) 헌재 2020. 5. 27. 2017헌마867.

자세한 내용은 **공직선거법**에서 규정한다.

(1) 적극적 요건

선거권을 가지는 적극적 요건으로 우선 선거연령은 '18세 이상'이다(동법 제15조 제1항 및 제2항).[47] 선거권자의 연령을 산정하는 기준은 선거일 현재인데(동법 제17조) 이러한 규정이 헌법이 보장하는 평등권을 침해하지 않는다는 것이 헌법재판소의 입장이다.[48] 구 공직선거법에서 선거권 연령을 '20세 이상'으로 한 것에 대해 헌법재판소는 입법부에 주어진 합리적인 재량의 범위에 있는 것으로 보았고, '19세 이상'으로 개정된 것에 대해서도 같은 이유로 19세 미만인 사람의 선거권 및 평등권을 침해하지 않는 것으로 본다(아래 [판례] 참조).

선거인명부작성기준일 현재 지역구국회의원선거는 해당 지역선거구 안에, 지방자치단체선거는 해당 관할 구역에 '주민등록'이 되어 있는 사람에게만 선거권이 부여된다(동법 제15조 제1항 및 제2항 제1호, 제2호). 주민등록 여부에 따른 선거권부여에 대해서 헌법재판소는 주민등록을 할 수 없는 재외국민의 선거권을 침해한다고 하였다.[49] 이에 따라 공직선거법은 해당 관할 구역의 국내거소신고인명부에 3개월 이상 계속하여 올라 있는 재외국민에게도 선거권이 부여되는 것으로 규정하였다(2009. 2. 12. 법률 제9466호 및 2011. 11. 7. 법률 제11071호). 하지만 재외동포법이 재외국민에 대한 국내거소신고제도를 폐지하고(동법 제6조 제1항), 주민등록법 개정으로 재외국민의 주민등록말소제도가 폐지됨과 동시에 재외국민도 주민등록을 할 수 있게 되면서(동법 제6조), 주민등록표에 3개월 이상 계속하여 올라 있고 해당 지역선거구나 관할 구역에 주민등록이 되어 있는 재외국민에게 지역구국회의원과 지방자치단체 의회의원 및 장에 대한 선거권이 인정된다(공직선거법 제15조 제1항 제2호 및 제2항 제2호). 개정 전 공직선거법이 주민등록이나 국내거소신고 요건을 갖추지 못한 재외국민에게 임기만료에 따른 지역구국회의원선거에 대한 선거권을 부여하지 않은 것과 국회의원 재·보궐선거에 대한 선거권을 인정하지 않는 것에 대해 헌법재판소는 재외국민의 선거권을 침해하지 않는다고 결정한 바 있다.[50] 그러나 재외국민의 선거권이 인정된 후에 재외국민을 위하여 실시하는 재외선거와 관련하여 재외투표기간 개시일에 임박하여 또는 재외투표기간 중에 재외선거사무 중지결정이 있는 등으로 인하여 재외투표기간 이후에 귀국한 재외선거인 등에 대하여 국내에서 선거일에 투표할 수 있도록 하는 절차를 마련하지 않은 불완전하고 불충분한 입법은 선거권을 침해한다고 본다.[51] 이에 따라 개정된 공직선거법은 재외투표기간 이후에 귀국한 재외선거인이 관할 선거관리위원회에 신고한 후 선

---

47) 전 세계 235개국(EU 포함) 중에 약 88퍼센트에 해당하는 207개국이 '18세 이상'을 선거권 연령으로 한다. 선거권 연령에 관한 논의는 이준일, 『인권법』(2021), 제18장 참조.

48) 헌재 2021. 9. 30. 2018헌마330.

49) 헌재 2007. 6. 28. 2004헌마644. 이 판례의 결정요지는 제1편 제2부 제3장 제1절 Ⅲ. 아래 [판례] 참조.

50) 헌재 2014. 7. 24. 2009헌마256. 자세한 판례 내용은 제1편 제2부 제3장 제1절 Ⅲ. 참조.

51) 헌재 2022. 1. 27. 2020헌마895.

거일에 투표할 수 있도록 규정한다(동법 제218조의16 제3항). 한편 지방자치단체선거의 경우에 '영주의 체류자격' 취득일 후 3년이 경과한 외국인으로서 해당 지방자치단체의 외국인등록대장에 올라 있는 사람에게도 선거권이 부여된다(공직선거법 제15조 제2항 제3호).

[판례] 연령에 따른 선거권 제한

[1] 입법자가 공직선거법에서 민법상의 성년인 20세 이상으로 선거권연령을 합의한 것은 미성년자의 정신적, 신체적 자율성의 불충분 외에도 교육적 측면에서 예견되는 부작용과 일상생활 여건상 독자적으로 정치적인 판단을 할 수 있는 능력에 대한 의문 등을 고려한 것이다. 선거권과 공무담임권의 연령을 어떻게 규정할 것인가는 입법자가 입법목적 달성을 위한 선택의 문제이고 입법자가 선택한 수단이 현저하게 불합리하고 불공정한 것이 아닌 한 재량에 속하는 것인바, 선거권연령을 공무담임권의 연령인 18세와 달리 20세로 규정한 것은 입법부에 주어진 합리적인 재량의 범위를 벗어난 것으로 볼 수 없다(1997. 6. 26. 96헌마89; 2001. 6. 28. 2000헌마111; 2002. 4. 25. 2001헌마851; 2003. 11. 27. 2002헌마787).

[2] ① 입법자는 우리의 현실상 19세 미만의 미성년자의 경우, 아직 정치적 · 사회적 시각을 형성하는 과정에 있거나, 일상생활에 있어서도 현실적으로 부모나 교사 등 보호자에게 의존할 수밖에 없는 상황이므로 독자적인 정치적 판단을 할 수 있을 정도로 정신적 · 신체적 자율성을 충분히 갖추었다고 보기 어렵다고 보고, 선거권 연령을 19세 이상으로 정한 것이다. ② 많은 국가에서 선거권 연령을 18세 이상으로 정하고 있으나, 선거권 연령은 국가마다 특수한 상황 등을 고려하여 결정할 사항이고, 다른 법령에서 18세 이상의 사람에게 근로능력이나 군복무능력 등을 인정한다고 하여 선거권 행사능력과 반드시 동일한 기준에 따라 정하여야 하는 것은 아니므로 선거권 연령을 19세 이상으로 정한 것이 불합리하다고 볼 수 없다. ③ 선거권 연령을 19세 이상으로 정한 것이 입법자의 합리적인 입법재량의 범위를 벗어난 것으로 볼 수 없으므로, 19세 미만인 사람의 선거권 및 평등권을 침해하였다고 볼 수 없다(2013. 7. 25. 2012헌마174).

(2) 소극적 요건

선거권을 갖지 못하는 소극적 요건에 해당하는 자로는 ① 금치산자, ② 1년 이상의 징역 또는 금고의 형의 선고를 받고 그 집행이 종료되지 아니하거나 그 집행을 받지 아니하기로 확정되지 아니한 사람(그 형의 집행유예를 선고받고 유예기간 중에 있는 사람 제외), ③ 선거범, 정치자금법 위반사범,[52] 대통령 · 국회의원 · 지방의회의원 · 자방자치단체장으로 재임중 직무관련 수뢰사범[53]으로서 100만원 이상의 벌금형이나 집행유예의 선고 또는 징역형의 미집행이 확정된 후 또는 징역형의 집행 종료나 면제 후 일정 기간[54]이 지나지 않은 자, ④ 법원의 판결 또는 다른 법률에 의하여 선거권이 정지 또는 상실된 자가 있다(공직선거법 제18조 제1항).

52) 정치자금법 제45조(정치자금 부정수수죄) 및 제49조(선거비용관련 위반행위에 관한 벌칙)에 규정된 죄를 범한 자.

53) 형법(특정범죄가중처벌 등에 관한 법률 제2조에 의하여 가중처벌되는 경우를 포함한다) 제129조(수뢰, 사전수뢰) 내지 제132조(알선수뢰) · 특정범죄가중처벌 등에 관한 법률 제3조(알선수재)에 규정된 죄를 범한 자.

54) 벌금형의 경우에는 그 형이 확정된 후 5년 또는 형의 집행유예의 선고를 받고 그 형이 확정된 후 10년, 징역형의 경우에는 형의 선고를 받고 그 집행을 받지 않기로 확정된 후 또는 그 형의 집행이 종료되거나 면제된 후 10년.

정상적인 선거권행사가 불가능한 금치산자에 대한 선거권박탈이나 선거법이나 정치자금법의 실효성을 확보하기 위한 선거범 등에 대한 선거권박탈에는 문제가 없으나[55] 종래 공직선거법이 선거권의 소극적 요건으로 "금고 이상의 형의 선고를 받고 그 집행이 종료되지 않거나 그 집행을 받지 않기로 확정되지 않은 자"를 규정함으로써 '형기가 만료되지 않아 복역중인 자와 가석방된 상태에서 형기가 종료되지 않은 자'뿐만 아니라 집행유예를 선고받고 그 기간이 경과되지 않은 자에게도 선거권을 부여하지 않아 문제점으로 지적되었다.

헌법재판소는 수형자의 선거권 제한과 관련하여 종전에는 ① 충분한 정보제공의 불가능성, ② 교정시설 관리자에 의한 선거부정의 가능성, ③ 부재자투표의 악용가능성, ④ 반사회적 성향의 수형자에 의한 정치적 결정가능성을 들어 형벌집행의 실효성과 선거의 공정성을 위하여 비례적인 수단이라고 보았다. 그렇지만[56] 견해를 변경하여 유기징역 또는 유기금고의 선고를 받은 집행유예자의 선거권 제한에 대해서는 단순위헌결정을, 유기징역 또는 유기금고의 선고를 받은 수형자의 선거권 제한에 대하서는 헌법불합치결정을 내렸다(아래 [판례] 참조). 이에 따라 공직선거법은 선거권이 없는 자에서 '집행유예를 선고받고 그 기관이 경과되지 않은 자'를 제외하고 선고받은 징역 또는 금고의 형기를 '1년 이상'으로 한정함으로써 선거권이 없는 수형자의 범위를 제한하도록 개정되었다(동법 제18조 제1항 제2호).

[판례] 수형자에 대한 선거권제한

[1] 금고 이상의 형을 선고받은 수형자에 대한 선거권제한은 공동체구성원으로서 반드시 지켜야 할 기본적 의무를 저버린 행위자의 반사회적 행위에 대한 사회적 제재의 의미를 갖고 있다. ① 수형자들은 불가피하게 선거와 관련된 충분한 정보자료를 제공받을 수 없게 마련이어서 이들에게 과연 적정한 투표가 가능할지 의문스러운 점이 있다. ② 수형자는 교정시설의 관리자가 수형자에 대하여 특정 정당이나 후보자에게 투표할 것을 강요하는 경우 수형자로서는 이를 거부하기가 매우 어렵고, 교정시설의 관리자가 외부정보를 통제하여 특정 정당이나 후보자에게 유리한 정보만을 수형자에게 전달하여 주는 경우 수형자의 정치적 의사형성은 왜곡될 수밖에 없게 되어 선거의 공정성을 해칠 우려가 있다. ③ 수형자가 부재자투표 봉투에 개인적 서신을 넣어 발송함으로써 외부에 있는 공범자 등에게 연락을 취할 수 있게 될 것이고, 이는 형벌집행의 실효성 확보에 부정적인 영향을 미칠 수 있다고 할 것이다. ④ 수형자들은 반사회적 성향을 가지고 있는 경우가 허다하고 처벌을 받는 것에 대한 강한 불만을 품고 있어 수형자의 정치적 의사표현이 정당하게 형성되지 않을 개연성이 있다. … 수형자의 선거권 제한을 통하여 달성하려는 **선거의 공정성 및 형벌집행의 실효성 확보**라는 공익이 자신의 범죄행위에 대한 책임으로 선거권을 행사하지 못하는 수형자 개인의 기본권침해의 불이익보다 크다고 할 것이어서 그 **법익간의 균형성도 갖추었다**(2004. 3. 25. 2002헌마411).

55) 헌재 2022. 3. 31. 2019헌마986.

56) 헌재 2004. 3. 25. 2002헌마411; 다수의견으로 수형자에 대한 일률적인 선거권 제한에 대한 위헌성이 지적된 판례는 헌재 2009. 10. 29. 2007헌마1462 참조.

[2] ① 심판대상조항은 **집행유예자와 수형자에 대하여 전면적 · 획일적으로 선거권을 제한**하고 있다. 심판대상조항의 입법목적에 비추어 보더라도, 구체적인 범죄의 종류나 내용 및 불법성의 정도 등과 관계없이 이와 같이 일률적으로 선거권을 제한하여야 할 필요성이 있다고 보기는 어렵다. 범죄자의 선거권을 제한할 필요가 있다 하더라도 그가 저지른 범죄의 경중을 전혀 고려하지 않고 수형자와 집행유예자 모두의 선거권을 제한하는 것은 침해의 최소성 원칙에 어긋난다. 특히 집행유예자는 집행유예 선고가 실효되거나 취소되지 않는 한 교정시설에 구금되지 않고 일반인과 동일한 사회생활을 하고 있으므로, 그들의 선거권을 제한해야 할 필요성이 크지 않다. ② 심판대상조항에 의해 집행유예자와 수형자의 선거권을 제한함으로써 달성하고자 하는 '중대한 범죄자에 대한 제재나 일반 시민의 법치주의에 대한 존중의식 제고' 등의 공익보다 이로 인하여 침해되는 **'집행유예자와 수형자 개인의 사익 또는 민주적 선거제도의 공익적 가치'**가 더 크다. 그러므로 심판대상조항은 헌법 제37조 제2항에 위반하여 청구인들의 선거권을 침해하고, 헌법 제41조 제1항 및 제67조 제1항이 규정한 보통선거원칙에 위반하여 집행유예자와 수형자를 차별취급하는 것이므로 평등의 원칙에도 어긋난다(2014. 1. 28. 2012헌마409).

2. 피선거권(입후보권)

피선거권 또는 입후보권이란 선거에 출마할 수 있는 법적 지위에 관한 자유와 권리, 즉 후보로 나설 수 있는 자유와 방어권을 말한다.[57] 피선거권의 경우에도 국민에게 한정될 뿐만 아니라 모든 국민에게 피선거권이 부여되지도 않는다. 피선거권도 합리적 이유가 있을 때 제한된다. 주로 '연령'과 '주소지'를 근거로 피선거권이 제한되며, 대체로 선거권보다 엄격한 제한이 가해지고 있다.

(1) 적극적 요건

피선거권을 가지는 적극적 요건으로 ① 대통령선거의 경우에는 국회의원의 피선거권이 있고 선거일 현재 40세에 달하여야 하며 5년 이상 국내에 거주하고 있는 국민이어야 한다(제67조 제4항, 공직선거법 제16조 제1항). ② 국회의원선거의 경우에는 18세 이상의 국민이어야 한다(동법 제16조 제2항). ③ 지방자치단체선거의 경우에는 선거일 현재 계속하여 60일 이상(공무로 외국에 파견되어 선거일전 60일 후에 귀국한 자는 선거인명부작성기준일부터 계속하여 선거일까지) 해당 지방자치단체의 관할구역 안에 주민등록이 되어 있는 주민으로서 18세 이상의 국민이어야 한다(동법 제16조 제3항). 헌법재판소에 따르면 지방선거의 피선거권 요건으로서 '60일 이상 주민등록'은 주민등록이 불가능한 국내거주 재외국민의 공무담임권을 침해한다고 한다.[58] 이에 따라 공직선거법은 '주민등록'에 국내거소신고인명부에 올라 있는 경우를 포함한다는 내용을 추가하였고, 이후에 재외국민도 주민등록이 가능해지면서[59] 이러한 추가내용은 삭제되었다. 따라서 공직선거법에서 지방자치단체의 피선거권은 다시 본래의 형태로 '60일 이상의 주민등록'을 요건으로

57) 피선거권에 대한 자세한 내용은 제2편 제2부 제8장 제3절 참조.
58) 헌재 2007. 6. 28. 2004헌마644.
59) 제1편 제2부 제3장 제1절 Ⅲ. 참조.

하고 있으나, 헌법불합치결정의 심판대상이 되었던 것과는 다른 내용을 갖는다.

[판례] 연령에 따른 피선거권의 제한

국가의 기관구성권과 정책결정권을 분리하고 정책결정권을 대의기관에게 자유위임하는 대의민주주의 통치질서에서 국가기능의 확대 및 복잡화에 따른 대의기관의 전문성 확보, 국회의원의 지위변화 및 권한의 확대로 인한 고양된 대의활동능력 및 정치적 인식능력에 대한 요구, 이러한 능력과 자질을 갖추기 위하여 요구되는 정규 또는 비정규적인 교육과정과 직접 또는 간접적인 경험을 쌓는 데 소요되는 최소한의 기간, 국가정책결정권자의 성실한 납세 및 병역 의무의 이행을 요구하는 국민의 기대와 요청 그리고 선거권의 행사연령에 비하여 피선거권의 행사연령을 일반적으로 높게 정하는 주요국가의 입법례 등을 고려할 때, 국회의원의 피선거권 행사연령을 25세 이상으로 정한 것은 입법자의 입법형성권의 범위와 한계 내의 것으로 공무담임권 등 기본권의 본질적 내용을 침해할 정도로 과도한 것이라 볼 수 없다(2005. 4. 28. 2004헌마219).

[판례] 지방자치단체선거 피선거권의 거주요건

거주요건은 헌법이 보장한 주민자치를 원리로 하는 지방자치제도에 있어서 지연적 관계를 고려하여 당해 지역사정을 잘 알거나 지역과 사회적 · 지리적 이해관계가 있어 당해 지역행정에 대한 관심과 애향심이 많은 사람에게 피선거권을 부여함으로써 지방자치행정의 민주성과 능률성을 도모함과 아울러 우리나라 지방자치제도의 정착을 위한 규정으로서, 그 내용이 공무담임권을 필요 이상으로 과잉제한하여 과잉금지의 원칙에 위배된다거나 공무담임권의 본질적인 내용을 침해하여 위헌적인 규정이라고는 볼 수 없다(1996. 6. 26. 96헌마200).

[판례] 지방선거의 피선거권 요건으로서 주민등록과 재외국민의 피선거권

'외국의 영주권을 취득한 재외국민'과 같이 주민등록을 하는 것이 법령의 규정상 아예 불가능한 자들이라도 지방자치단체의 주민으로서 오랜 기간 생활해 오면서 그 지방자치단체의 사무와 얼마든지 밀접한 이해관계를 형성할 수 있으며, 주민등록이 아니더라도 그와 같은 거주 사실을 공적으로 확인할 수 있는 방법은 존재한다. 그럼에도 오로지 일정기간 이상의 '주민등록'만을 기준으로 지방선거 피선거권 자격을 결정함으로써, 재외국민이라도 주민등록이 되지 않는다는 이유로 지방선거 피선거권을 전면적으로 부정하는 것은 이를 정당화할 어떠한 합리적 근거도 찾아보기 어렵다. 나아가 국회의원 선거에 있어서는 주민등록 여부와 관계없이 만25세 이상의 국민이라면 누구든지 피선거권을 가지는 것으로 규정함으로써, 국내거주 여부를 불문하고 재외국민도 국회의원 선거의 피선거권을 가진다는 사실을 고려할 때, 지방선거에서의 피선거권에 대해서만 주민등록 여부를 기준으로 하여 주민등록이 되어 있지 않은 자의 피선거권을 부정하는 것은 설득력이 없다. 따라서 지방선거 피선거권의 부여에 있어 주민등록만을 기준으로 함으로써 주민등록이 불가능한 재외국민인 주민의 지방선거 피선거권을 부인하는 것은 헌법 제37조 제2항에 위반하여 국내 거주 재외국민의 공무담임권을 침해한다(2007. 6. 28. 2004헌마644).

(2) 소극적 요건

피선거권을 갖지 못하는 소극적 요건으로 ① 금치산자, 선거범, 선거권이 정지 또는 상실된 자 등 선거권이 없는 자, ② 금고 이상의 형의 선고를 받고 그 형이 실효되지 않은 자, ③ 법원의 판결 또는 다른 법률에 의하여 피선거권이 정지되거나 상실된 자, ④ 국회법의 국회 회의 방해죄를 범한 자로서 500만원 이상의 벌금형이나 집행유예 선고 또는 징역형의 미집행의 확정 후 또는 징역형의 종료나 면제 후 일정 기간이 지나지 않은 자, ⑤ 공직선거법의 매수 및 이해유도죄를 범하여 벌금형이 확정된 후 일정 기간이 지나지 않은 자를 규정한다(동법 제19조). 헌법재판소에 따르면 선거범의 피선거권 제한은 선거법을 경시하는 선거풍토나 선거문화를 개선하여 선거의 공정성을 확보하고자 하는 입법목적이 정당하고 그 수단도 비례적이어서 헌법에 위반되지 않는다(아래 [판례] 참조).

[판례] 선거범의 피선거권 제한

[1] 100만원 이상의 벌금형을 선고받은 선거범에 대하여 5년간 피선거권을 정지시킴으로써 선거의 공정성을 해친 바 있는 선거범에 의한 부정선거를 방지함과 아울러 선거범에 대한 제재를 강화하여 선거법을 경시하는 선거풍토를 일신하고 선거문화를 쇄신하여 선거의 공정성을 확보하고자 하는 것은 그 **입법목적의 정당성**이 인정된다. 그리고 선거범에 대하여 피선거권을 제한하는 것은 선거범죄를 방지하기 위한 효과적인 제재수단이므로 입법목적의 달성을 위하여 **적절한 수단**이 될 수 있다. … 선거의 공정성을 해친 바 있는 선거범으로부터 부정선거의 소지를 차단하여 공정한 선거가 이루어지도록 하기 위하여는 피선거권을 제한하는 것이 효과적인 방법이 될 수 있는 점, 법원이 형량을 결정함에 있어서 양형의 조건뿐만 아니라 피선거권의 제한 여부에 대한 합리적 평가도 하게 되는 점, 제한기간이 공직선거의 참여를 1회 정도 제한하게 되는 점 및 입법자가 피선거권의 제한기준으로 채택한 수단이 지나친 것이어서 입법형성권의 범위를 벗어난 것이라고 단정하기 어려운 점 등을 종합하여 보면, **침해의 최소성 원칙**에 어긋나지 아니한다. … 선거의 공정성 확보라는 공익이 선거범 자신의 귀책사유로 인하여 피선거권을 행사하지 못하게 되는 불이익보다 크다고 할 것이므로 **법익의 균형성**도 인정된다. 따라서 공무담임권을 침해하고 있다고 할 수 없다(2008. 1. 17. 2004헌마41).

[2] 선거범죄로 100만 원 이상의 벌금형의 선고를 받고 그 형이 확정된 후 5년을 경과하지 아니한 자는 선거권이 없다고 규정한 선거권제한조항은 공정한 선거를 보장하고 선거범에 대하여 사회적 제재를 부과하며 일반국민에 대하여 선거의 공정성에 대한 의식을 제고하려는 목적을 달성하는 데 적합한 수단이다. … 선거의 공정성을 담보하기 위해서는 착신전환 등을 통한 중복 응답 등 범죄를 한 사람에 대한 선거권 제한이 필요하다. 선거권제한조항은 착신전환 등을 통한 중복 응답 등 범죄로 100만 원 이상의 벌금형의 선고를 받고 형이 확정된 후 5년이 경과하지 아니한 경우에 선거권을 제한하여 그 대상과 기간이 제한적이다. 법원이 벌금 100만 원 이상의 형을 선고한다면, 여기에는 피고인의 행위가 선거의 공정을 침해할 우려가 높다는 판단과 함께 피고인의 선거권을 일정 기간 박탈하겠다는 판단이 포함되어 있다고 보아야 한다. 선거권 제한을 통하여 달성하려는 선거의 공정성 확보라는 공익이 선거권을 행사하지 못함으로써 침해되는 개인의 사익보다 크다. 따라서 선거권제한조항은 선거권을 침해하지 아니한다(헌재 2022. 3. 31. 2019헌마986).

(3) 피선거권 제한의 구체적 문제

1) **입후보 전 공직사퇴** 공무원 등 공직선거법에 열거된 자는 후보자가 되려면 선

거일 전 90일까지 그 직을 그만두도록 하여 입후보를 제한하고 있다(동법 제53조 제1항). 특히 지방자치단체장은 선거구역이 당해 지방자치단체의 관할구역과 같거나 겹치는 지역구국회의원선거에 입후보하고자 하는 때에는 원칙적으로 당해 선거의 선거일 전 120일까지 그 직을 그만두어야 한다(동법 동조 제5항). 헌법재판소는 공무원의 입후보 전 공직사퇴는 선거의 공정성과 공직의 직무전념성을 보장하기 위한 입법목적에 비례적인 수단으로 헌법에 위반되지 않는다고 한다(아래 [판례] 참조). 다만 지방자치단체장에 대해서 일반공무원과 비교하여 사퇴시한에 과도한 격차를 두면 평등원칙에 위반될 수 있다.

[판례] 공무원 등의 입후보제한

[1] 공직선거법의 입후보제한규정은 정부투자기관의 경영에 관한 결정이나 집행에 상당한 영향력을 행사할 수 있는 지위에 있다고 볼 수 없는 직원을 임원이나 집행간부들과 마찬가지로 취급하여 지방의회의원선거에 적용하는 것은 헌법에 위반된다고 할 것이다(1995. 6. 12. 95헌마172). → 이 결정으로 임직원이 "상근 임원"으로 개정됨.

[2] 정부투자기관의 "임원"이나 "집행간부"에 대한 지방의회의원선거에서의 **입후보 제한**은 그 합리적 필요성(선거의 공정성과 형평성 보장 및 공무원의 직무전념성 보장의 관점에서)이 있고 이를 공무담임권의 과도한 제한이라고 볼 수 없다 할 것이나, 정부투자기관의 경영에 관한 결정이나 집행에 상당한 영향력을 행사할 수 있는 지위에 있다고 볼 수 없는 "직원"을 임원이나 집행간부들과 마찬가지로 취급하여 지방의회의원직에 입후보를 하지 못하도록 하고 있는 입후보금지 규정은 정부투자기관의 직원이라는 사회적 신분에 의하여 합리적인 이유 없이 청구인들을 차별하는 것이어서 헌법 제10조의 평등원칙에 위배되고, 헌법 제37조 제2항의 비례의 원칙에 어긋나서 공무담임권을 침해하는 것이므로 헌법에 위반된다. … 정부투자기관의 직원이 임원이나 집행간부들과 마찬가지로 지방의회의원직을 겸할 수 없도록 하는 것(겸직금지)은 공공복리를 위한 필요성이 인정되고, 겸직금지로 인하여 공무담임권이 제한된다 하여도 이 때 얻는 이익과 잃는 이익을 비교 형량하여 어느 것이 더 큰지는 판단하기 매우 어려운 일이라고 할 것이므로, 이 경우 겸직금지 규정을 두느냐의 여부는 차라리 광범위한 입법형성권을 가진 입법자의 결단 사항이라고 봄이 무방하다. 따라서 이 범위에서 정부투자기관 직원의 공무담임권에 대한 부당한 차별이라고 할 수 없으며, 공무담임권이나 평등권의 침해가 있다고 볼 수 없다. … 정부투자기관의 직원은 소속 투자기관의 사장의 허가 없이 다른 직무를 겸할 수 없다고 하는 규정은, 정부투자기관의 효율적인 운영이라고 하는 공공복리와 투자기관직원의 기본권의 상충에 있어 입법부가 선택한 입법재량의 문제라고 볼 수 있고, 정부투자기관의 사장이 가지는 겸직허가 여부에 대한 재량권은 합리적으로 행사되어야 하는 한계를 가진다고 해석되므로, 이러한 기본권의 제한이 입법재량권을 남용하였거나 입법형성권의 한계를 일탈하여 정부투자기관 직원의 기본권을 과도하게 제한하였다고 볼 수 없다(1995. 5. 25. 91헌마67).

[3] **지방자치단체장의 입후보 전 사퇴** 공무원으로서 공직선거의 후보자가 되고자 하는 자는 선거일 전 90일까지 그 직을 그만두도록 한 것은 선거의 공정성과 공직의 직무전념성을 보장함과 아울러 이른바 포말후보의 난립을 방지하기 위한 것으로서 그 필요성과 합리성이 인정되며, 그것이 공무담임권의 본질적 내용을 침해하였다거나 과잉금지의 원칙에 위배된다고 볼 수 없다. 그리고 국회의원이 대통령선거나 국회의원선거에, 지방의회의원이나 지방자치단체의 장이 당해 지방의회의원의 선거나 당해 지방

자치단체의 장의 선거에 각 입후보하는 경우에는 예외적으로 그 직을 보유한 채 입후보할 수 있도록 규정한 것은 다른 직에 있던 사람들에 비하여 이들 경우에는 특히 그 각 선거에 입후보할 가능성이 커서 이러한 경우까지 선거일 전 90일까지 그 직을 모두 그만두도록 한다면 그 직에 대한 업무수행에 특히 큰 지장이 생길 것이라는 입법자의 판단에 따른 것이고, 이러한 입법자의 판단이 우리의 경험칙에 비추어 일반적, 개연성론으로 보아 잘못이라 보기는 어려우므로, 여러 가지 사정을 고려하여 합리적으로 차등을 둔 것으로서 헌법상의 평등원칙에 위배되지 아니한다(1995. 3. 23. 95헌마53: 합헌). → 한편 헌법재판소는 '지방자치단체의 장은 선거구역이 당해 지방자치단체의 관할구역과 같거나 겹치는 지역구 국회의원선거에 입후보하고자 하는 때에는 당해 선거의 선거일 전 180일까지 그 직을 그만두어야 한다'고 규정한 법률조항에 대해서 지방자치단체장의 평등권과 공무담임권을 침해한다고 결정하였다(2003. 9. 25. 2003헌마106). 하지만 '선거일 전 180일까지'를 '선거일 전 120일까지로' 변경한 법률조항에 대해서는 일반 공무원과 단체장의 공직사퇴시한의 차이가 종전의 120일간에서 60일간(당시 공무원은 60일 전 사퇴)으로 줄었기 때문에 이 정도의 격차는 합리적인 것으로서 평등권을 침해하지 않고, 선거의 공정성과 직무전념성을 확보하려는 입법목적에 비추어 비례적인 수단으로서 공무담임권을 침해하지 않는다고 한다(2006. 7. 27. 2005헌마72).

[4] **지방자치단체장의 입후보금지** 지방자치단체의 장은 "그 임기 중에 그 직을 사퇴하여 대통령선거, 국회의원선거, 지방의회의원선거 및 다른 지방자치단체의 장 선거에 입후보할 수 없다"는 조항에 의한 피선거권의 제한은 민주주의의 실현에 미치는 부정적인 효과 및 당사자에게 생길 수 있는 피해는 매우 크고 심대한 반면, 이에 비교하여 달성하려는 공익적 효과(행정혼란의 방지 또는 자치행정의 효율성)는 상당히 작다고 판단된다. 따라서 피선거권의 제한을 정당화하는 합리적인 이유를 인정할 수 없으므로 제한을 통하여 얻는 공익적 성과와 제한이 초래하는 효과가 **합리적인 비례관계**를 현저하게 일탈하고 있다고 할 것이어서 결국 **보통선거원칙에 위반**되어 피선거권을 침해하는 위헌적인 규정이라 할 것이다. … 다음으로 차별을 통하여 실현하고자 하는 차별목적인 '행정의 혼란'은 이미 위에서 살펴본 바와 같이 국민주권의 원리와 민주주의의 실현을 위하여 받아들일 수밖에 없는 것으로서 다른 공무원과 자방자치단체의 장 사이의 차별을 정당화할 만한 합리적인 이유를 찾아 볼 수 없으므로 **평등의 원칙에 위반**된다(1999. 5. 27. 98헌마214: 위헌).

2) 기탁금제도 재산에 의한 피선거권의 제한으로 문제되는 것이 입후보자에게 기탁금을 부과하는 제도다. 헌법재판소는 기탁금제도에 대해서 후보자의 난립을 방지하여 선거의 공정성을 확보하기 위한 목적을 원칙적으로 인정하면서도 국민의 평균임금 등을 고려하여 그 가액의 많고 적음에 따라 위헌 여부를 판단하고 있다. 예를 들어 최초의 판례에서는 국회의원선거에서 정당후보 1천만원, 무소속후보 2천만원의 기탁금을 과다하다고 결정했고,[60] 이후에도 지방의회의원선거에서 광역(시·도)의회의원 후보자에게 700만원의 기탁금이 과다하다고 결정했다.[61] 그러나 대통령선거의 경우 후보자에게 3억원,[62] 기초의회의원선거의 경우 후보자에게 200만원[63]의 기탁금을 부과하는

60) 헌재 1989. 9. 8. 88헌가6.

61) 헌재 1991. 3. 11. 91헌마21.

것과 시 · 도지사 선거에서 후보자에게 5000만원[64]의 기탁금을 부과하는 것은 과다한 것이 아니라고 결정했다. 한편 대통령선거에서 5억원은 과다하고,[65] 국회의원선거에서 2000만원의 기탁금은 과다하지만[66] 1500만원의 기탁금은 과다하지 않되[67] 비례대표의 경우에는 과다하다[68]고 결정한 바 있다.

또한 **기탁금의 반환 및 국고귀속제도**에 대해서도 기탁금제도의 실효성을 보장하기 위한 목적을 인정하면서도 득표율 등 기탁금반환기준의 정도에 따라 위헌 여부를 판단하고 있다. 예를 들어 헌법재판소는 기탁금반환기준을 유효투표총수의 20퍼센트 이상으로 정한 것은 위헌이지만[69] 15퍼센트 이상으로 정하는 것이나 득표율에 따라 차등적으로 기탁금을 반환하는 것은 현저히 불합리하거나 자의적인 기준이 아니라고 판단하고 있다.[70] 한편 선거범죄로 당선무효형이 확정된 사람에게 반환받은 기탁금 등을 다시 반환하도록 규정한 조항은 재산권을 침해하지 않는다고 한다.[71] 하지만 지역구국회의원 선거예비후보자 또는 지방자치단체장 선거예비후보자의 기탁금 반환사유로 당내 공천심사 탈락을 규정하지 않은 것은 재산권을 침해한다고 본다.[72]

[판례] 기탁금제도

기탁금액이 낮은 경우에는 오로지 후보자등록과 선거과정에서 필수적으로 소요되는 행정비용을 사전확보(예납)하는 것에만 그 목적이 있고, **비교적 고액인 경우**에는 이러한 행정목적에 더하여 선거에 출마하려는 입후보자의 수를 적정한 범위로 제한함으로써 후보자난립으로 인한 선거관리사무와 비용의 증가를 방지하고, 이로써 유권자의 후보자선택을 용이하게 하며, 선거의 신뢰성 및 후보자의 진지성과 성실성을 담보하는 중대한 공익의 실현에도 그 목적이 있다. 기탁금액은 기탁금제도에 의하여 달성하려는 공익목적과 그로 인한 기본권제한 사이에 균형과 조화를 이루도록 적정하게 책정되어야 하는 헌법적 한계가 있고, 입법자가 정한 구체적인 기탁금액이 입법자에게 허용된 입법형성권의 범위와 한계 내에서 설정되어 그 금액이 현저하게 과다하거나 불합리하지 않다면, 이를 두고 헌법에 위반된다고 단정할 수 없다. 또한 기탁금제도의 실효성을 유지하기 위하여 일정한 반환기준에 미달하는 경우에는 기탁금을 국가에 귀속시키는 것 또한 반드시 필요하다. 그러나 기탁금반환의 기준은 입후보예정자가 기탁금을 반환받지 못하게 되는 부담에도 불구하고 선거에 입후보할 것인지 여부를 진지하게 고려할 정도에 이르러야 하고, 지나치게 높아 진지하게 입후보를 고려하는 예정자가 입후보를 포기할 정도로 높아서는 안 될 헌법적 한계를 갖는다(2003. 8. 21. 2001헌마687).

62) 헌재 1995. 5. 25. 92헌마269등.
63) 헌재 1995. 5. 25. 91헌마44.
64) 헌재 1996. 8. 29. 95헌마108; 2004. 3. 25. 2002헌마383등; 2019. 9. 26. 2018헌마128등.
65) 헌재 2008. 11. 27. 2007헌마1024.
66) 헌재 2001. 7. 19. 2000헌마91등.
67) 헌재 2003. 8. 21. 2001헌마687등.
68) 헌재 2016. 12. 29. 2015헌마1160등.
69) 헌재 2001. 7. 19. 2000헌마91등.
70) 헌재 2003. 8. 21. 2001헌마687등; 2021. 9. 30. 2020헌마899.
71) 헌재 2018. 1. 25. 2015헌마821등; 2024. 2. 28. 2021헌바302.
72) 헌재 2018. 1. 25. 2016헌마541; 2020. 9. 24. 2018헌바15등.

Ⅲ. 선거의 원칙

1. 보통선거의 원칙

보통선거의 원칙은 원칙적으로 모든 국민에게 선거권이 인정된다는 원칙으로 '제한선거'와 반대되는 선거원칙을 말한다. 이러한 보통선거원칙에 따르면 성별, 재산, 직업, 학력, 사회적 신분 등을 근거로 선거권이 제한되지 않는다. 물론 모든 제한이 허용되지 않는 것은 아니고, 합리적인 이유가 있을 때에는 제한이 가능하다. 예를 들어 연령 등의 이유가 있을 때 제한된다. 따라서 보통선거의 원칙을 "일정한 연령에 달한 모든 국민에게 선거권을 인정하는 선거원칙"73)으로 이해하여 애초에 보통선거의 개념에서부터 제한하는 것은 적절하지 못하다. 연령에 의한 제한은 보통선거의 개념에 대한 제한이 아니라 선거원칙에 대한 규범적 제한으로 이해되어야 한다.

[판례] 보통선거의 원칙과 선거권 제한

보통선거의 원칙은 선거권자의 능력, 재산, 사회적 지위 등의 실질적인 요소를 배제하고 성년자이면 누구라도 당연히 선거권을 갖는 것을 요구한다. 따라서 선거권자의 국적이나 선거인의 의사능력 등 선거권 및 선거제도의 본질상 요청되는 사유에 의한 내재적 제한을 제외하고 보통선거의 원칙에 위배되는 선거권 제한 입법을 하기 위해서는 기본권 제한입법에 관한 헌법 제37조 제2항의 규정에 따라야 한다(1999. 1. 28. 97헌마253등).

[판례] 보통선거의 원칙과 재외국민의 선거권 제한

재외국민 모두에게 선거권 행사를 인정한다면, 근소한 표 차이로 당락이 결정되는 경우에는 재외국민이 결정권(casting vote)을 행사하게 될 위험성이 있으므로 재외국민의 선거권 행사를 제한해야 한다는 주장도 있는데, 이는 보통선거의 원칙에 반하는 주장이다. 보통선거의 원칙은 선거권자의 능력, 재산, 사회적 지위 등의 실질적인 요소를 배제하고 일정 연령에 도달한 국민이면 누구라도 당연히 선거권을 가진다는 원칙으로, 일정 연령에 도달한 국민인 이상 누구든지 선거의 결과에 영향을 미칠 수 있고, 또 영향을 미칠 수 있어야 한다는 것은 보통선거원칙의 이념적 전제인 동시에 필연적 귀결이다. 따라서 선거의 결과에 영향을 미칠 수 있으므로 선거권을 행사할 수 없도록 해야 한다는 주장은 보통선거원칙에 어긋나는 부적절한 주장이다(1999. 1. 28. 97헌마253등).

2. 평등선거의 원칙

(1) 표면가치의 평등

평등선거의 원칙이란 한 표의 가치가 동등해야 한다는 원칙으로 1인 1표(one man one vote)의 원칙이라고도 한다. 이처럼 평등선거의 원칙은 우선은 투표의 '표면가치'의 평등을 의미한다. 이러한 의미의 평등선거원칙은 보통선거원칙과 함께 일반적 평등원칙을 선거의 영역에서 구체화한 **개별적 평등원칙**으로 이해된다. 따라서 특별한 이유, 예를

73) 권영성, 203면.

들어 성별, 연령, 재산 등을 이유로 복수의 투표권을 인정하는 '차별(차등)선거' 또는 '불평등선거'는 허용되지 않는다. 헌법재판소는 육군훈련소에서 군사교육을 받고 있었던 사람에게 대통령선거 후보자토론회 시청을 금지한 것은 평등권을 침해하지 않는다고 본다.[74] 또한 투표용지의 후보자 게재순위를 국회에서의 다수의석순으로 정하도록 규정한 기호조항은 평등권을 침해하지 않는다고 한다.[75] 물론 평등선거의 원칙에 따른다고 해도 모든 개인에게 동일하게 복수의 투표권을 인정하는 것은 배제되지 않는다.

(2) 결과가치의 평등

투표의 가치는 산술적 계산가치를 내용으로 하는 '표면가치'뿐만 아니라 투표가 선거의 결과에 기여하는 '결과(성과)가치'에서도 동등해야 한다(one man one value). 그런데 투표의 결과가치는 선거구획정이나 선거구제도에 따라 달라질 수 있다. 우선 선거구획정 및 선거구인구의 불균형이 평등선거원칙과 관련하여 중요한 문제로 등장한다. 이 문제는 최대선거구와 최소선거구의 인구를 어떠한 비율로 획정할 것인지의 문제로 구체화된다. 헌법재판소는 헌법상 허용되는 최대선거구와 최소선거구의 인구비율에 대한 견해를 종래의 4 : 1 비율(평균인구기준 상하 60퍼센트 편차)[76]에서 3 : 1 비율(평균인구기준 상하 50퍼센트 편차)[77]로 변경한 후, 이를 다시 2 : 1 비율(평균인구기준 상하 33 1/3퍼센트 편차)[78]로 엄격하게 변경했다. 한편 시 · 도의원 지역선거구 및 자치구 · 시 · 군의원 선거구의 경우에는 4 : 1 인구비율이 가장 적절하다는 종전의 견해를 변경하여 3 : 1이 타당하다고 본다.[79] 또한 사표(死票)의 문제도 평등선거원칙과 관련하여 중요하다. 일정한 정당이 득표수에서는 앞서고 의석수에서는 뒤질 수 있는 가능성을 배제할 수 없기 때문이다. 이와 관련하여 비례대표제의 필요성이 요청되고, 정당명부제의 확대도 주장된다.

[판례] 기탁금과 평등선거원칙

정당추천 후보자와 무소속 후보자의 기탁금에 차등을 둔 것은 정당인과 비정당인을 불합리하게 차별하는 것으로 평등선거원칙에 반한다(1989. 9. 8. 88헌가6).

[판례] 국회의원 지역선거구간 인구편차와 평등선거원칙

인구편차 상하 $33\frac{1}{3}$%를 넘어 인구편차를 완화하는 것은 지나친 투표가치의 불평등을 야기하는 것으로, 이는 대의민주주의의 관점에서 바람직하지 아니하고, 국회를 구성함에 있어 국회의원의 지역대표성이 고려되어야 한다고 할지라도 이것이 국민주권주의의 출발점인 투표가치의 평등보다 우선시 될 수는 없다. 특히, 현재는 지방자치제도가 정착되어 지역대표

---

74) 헌재 2020. 8. 28. 2017헌마813.
75) 헌재 2020. 2. 27. 2018헌마454.
76) 헌재 1995. 12. 27. 95헌마224.
77) 헌재 2001. 10. 25. 2000헌마92등.
78) 헌재 2014. 10. 30. 2012헌마192등.
79) 헌재 2018. 6. 28. 2014헌마166; 2018. 6. 28. 2014헌마189; 2019. 2. 28. 2018헌마415; 2021. 6. 24. 2018헌마405.

성을 이유로 헌법상 원칙인 투표가치의 평등을 현저히 완화할 필요성이 예전에 비해 크지 아니하다. … 인구편차의 허용기준을 점차로 엄격하게 하는 것이 외국의 판례와 입법추세임을 고려할 때, 우리도 인구편차의 허용기준을 엄격하게 하는 일을 더 이상 미룰 수 없다. 이러한 사정들을 고려할 때, 현재의 시점에서 헌법이 허용하는 인구편차의 기준을 인구편차 상하 33⅓%를 넘어서지 않는 것으로 봄이 타당하다(2014. 10. 30. 2013헌마781).

[판례] 시 · 도의원 지역선거구 간 인구편차와 평등선거원칙

헌재 2007. 3. 29. 2005헌마985등 결정은 인구편차 상하 60%의 기준을 시 · 도의원 지역구 획정에서 허용되는 인구편차 기준으로 보았다. 그런데 위 기준에 의하면 투표가치의 불평등이 지나치고, 위 기준을 채택한지 11년이 지났으며, 이 결정에서 제시하는 기준은 2022년에 실시되는 시 · 도의회의원선거에 적용될 것인 점 등을 고려하면, 현시점에서 인구편차의 허용한계를 보다 엄격하게 설정할 필요가 있다. 다만 시 · 도의원은 주로 지역적 사안을 다루는 지방의회의 특성상 지역대표성도 겸하고 있고, 우리나라는 도시와 농어촌 간의 인구격차가 크고 각 분야에 있어서의 개발불균형이 현저하다는 특수한 사정이 존재하므로, 시 · 도의원 지역구 획정에 있어서는 행정구역 내지 지역대표성 등 2차적 요소도 인구비례의 원칙에 못지않게 함께 고려해야 할 필요성이 크다. 인구편차 상하 50%를 기준으로 하는 방안은 투표가치의 비율이 인구비례를 기준으로 볼 때의 등가의 한계인 2 : 1의 비율에 그 50%를 가산한 3 : 1 미만이 되어야 한다는 것으로서 인구편차 상하 33⅓%를 기준으로 하는 방안보다 2차적 요소를 폭넓게 고려할 수 있고, 인구편차 상하 60%의 기준에서 곧바로 인구편차 상하 33⅓%의 기준을 채택하는 경우 시 · 도의원 지역구를 조정함에 있어 예기치 않은 어려움에 봉착할 가능성이 매우 크므로, 현시점에서는 시 · 도의원 지역구 획정에서 허용되는 인구편차 기준을 인구편차 상하 50%(인구비례 3 : 1)로 변경하는 것이 타당하다(2018. 6. 28. 2014헌마166).

[판례] 투표시간과 평등선거원칙

국회의원 재보궐선거일을 휴무일이 아닌 목요일로 하고, 투표시간도 직장인들의 근무시간 이후가 아닌 오후 6시까지로 한 것은 평등선거의 원칙에 반하지 않는다(2003. 11. 27. 2003헌마259등).

3. 직접선거의 원칙

직접선거의 원칙은 선거의 결과가 국민의 투표에 의해서 직접적으로 결정되어야 한다는 원칙을 말한다. 따라서 국민은 선거인을 선출하고 선거인이 대표를 선출하는 식으로 국민과 선거결과 사이에 선거인이 개입하는 '간접선거'와는 반대되는 개념이다. 같은 맥락에서 비례대표제를 규정하면서 정당명부에 대한 별도의 투표를 실시하지 않은 채 지역구의원에 대한 선거의 결과를 가지고 비례대표를 결정하는 것은 직접선거원칙에 반할 수 있다.

[판례] 정당명부제와 직접선거원칙

비례대표의원의 선거는 지역구의원의 선거와는 별도의 선거이므로 이에 관한 유권자의 별도의 의사표시, 즉 정당명부에 대한 별도의 투표가 있어야 한다. 그러나 현행제도는 정당명부에 대한 투표가 따로 없으므로 결국 비례대표의원의 선출에 있어서는 정당의 명부작성 행위가 최종적·결정적인 의미를 지니게 된다. 따라서 현행 비례대표 의석배분의 방식은 선거권자들의 투표행위가 비례대표의원의 선출을 직접·결정적으로 좌우할 수 없으므로 직접선거의 원칙에 위배된다(2001. 7. 19. 2000헌마91등).

4. 비밀선거의 원칙

비밀선거의 원칙은 선거인의 선거내용, 즉 선거인이 누구를 선거했는지에 대해서 비밀이어야 한다는 원칙으로 선거인의 선거내용이 공개되는 '공개투표'와 반대되는 개념을 말한다. 이러한 선거원칙은 자유로운 선거를 보장하기 위한 제도적 장치로서 '무기명투표제'와 같은 제도로 구체화된다. 비밀선거의 원칙에 따라 공직선거법은 투표의 비밀을 보장하고 있다(동법 제167조 제1항). 또한 선거인은 투표한 후보자의 성명이나 정당명을 누구에게도 또한 어떠한 경우에도 진술할 의무가 없으며, 누구든지 선거일 투표마감시각까지 이를 질문하거나 그 진술을 요구할 수 없다. 다만, 방송사 또는 신문사가 선거의 결과를 예상하기 위하여 선거일에 투표소로부터 50미터 밖에서 투표의 비밀이 침해되지 않는 방법으로 질문하는 경우에는 예외로 하고, 이 경우 투표마감시각까지 그 경위와 결과를 공표할 수 없다(동법 동조 제2항). 그리고 선거인이 자신이 기표한 투표지를 공개하는 것은 금지되며, 공개된 투표지는 무효로 한다(동법 동조 제3항). 한편 투표용지와 투표함을 선거관리위원회에서 작성하도록 한 것(동법 제151조)도 비밀선거의 원칙을 실현하기 위한 것으로 이해된다.

5. 자유선거의 원칙

자유선거의 원칙은 헌법에 명시된 선거원칙은 아니지만 민주적 선거원칙의 하나로 이해된다. 이 선거원칙에 따르면 선거의 참여와 결정은 자유로워야 한다. 반대개념은 선거의 참여와 결정이 외부로부터 강제되는 '강제선거'이다. 예를 들어 투표율을 제고하기 위하여 선거참여를 법적으로 의무화하는 것은 강제선거에 해당한다.

[판례] 자유선거의 원칙

자유선거의 원칙은 비록 우리 헌법에 명문으로 규정되지는 아니하였지만 민주국가의 선거제도에 내재하는 법원리로서 국민주권의 원리, 의회민주주의의 원리 및 참정권에 관한 규정에서 그 근거를 찾을 수 있다. 이러한 자유선거의 원칙은 선거의 전 과정에 요구되는 선거권자의 의사형성의 자유와 의사실현의 자유를 말하고, 구체적으로는 **투표의 자유, 입후보의 자유** 나아가 **선거운동의 자유**를 뜻한다. 선거운동의 자유는 널리 선거과정에서 자유로이 의사를 표현할 자유의 일환이므로 표현의 자유의 한 태양이기도 하다(2001. 8. 30. 99헌바92).

Ⅳ. 선거제도의 유형

1. 분 류

(1) 대표제와 대표결정방식

대표를 결정하는 방식, 즉 대표제는 다수대표제, 소수대표제, 비례대표제, 직능대표제로 구분된다. ① **다수대표제**는 다수자만이 대표를 낼 수 있는 제도로서 '상대다수대표제'와 '절대다수대표제'로 구별될 수 있다. 첫째, 상대다수대표제는 다른 후보와 비교하여 더 많이 득표하는 사람이 대표로 선출되는 제도이다. 둘째, 절대다수대표제는 총유효투표의 과반수를 획득해야 비로소 당선되는 제도를 말한다. ② **소수대표제**는 한 선거구에서 2인 이상의 대표를 선출하여 소수자도 대표를 선출할 수 있는 제도를 말한다. ③ **비례대표제**는 정당의 득표수 또는 의석수에 비례하여 의원수를 배분하는 제도를 말한다. ④ **직능대표제**는 직능단위로 대표를 선출하는 제도를 말한다.

(2) 선거구제

선거구별 대표자의 수에 따라 ① 소선거구제(1인), ② 중선거구제(2-4인), ③ 대선거구제(5인 이상)로 구분된다.

2. 조 합

① **소선거구제**는 **다수대표제**와 결합된다. 이러한 선거제도는 하나의 선거구에서 한 명의 대표자를 선출하고, 상대다수든 절대다수든 다수의 득표를 얻은 후보를 대표로 선출하는 제도이다. 이러한 제도의 장점으로는 국민의 다수와 소수를 분명하게 보여줌으로써 국민의 의사가 직접 전달되고, 다수의 형성에 유리하며, 양당제의 형성에 도움이 된다는 점이다. 반면에 단점으로는 사표가 많이 발생하고, 득표율과 의석수의 불균형현상(bias)을 발생시키며, 소수자보호에 미흡하고, 전국적 인물보다는 지역적 인물이 당선될 가능성이 높다는 점이다.

② **중·대선거구제**는 **소수대표제**와 결합된다. 이러한 선거제도는 1선거구에서 복수의 대표자를 선출하고, 소수를 득표한 후보도 당선될 수 있는 가능성이 있는 제도다. 공직선거법에 따르면 하나의 자치구·시·군의원지역구에서 선출한 의원정수를 2인 이상 4인 이하로 하여 중선거구제가 도입되어 있다(동법 제26조 제2항). 이러한 제도의 장점으로는 소수자의 보호에 유리하고, 다당제 형성에 유리하며, 사표를 방지할 수 있다는 점이다. 반면에 단점으로는 다수자나 소수자나 똑같이 한 명의 대표를 선출하기 때문에 투표가치에 불평등이 발생하고, 양당제 하에서는 양당의 후보가 모두 당선됨으로써 투표의 의미를 완전히 배제해 버릴 수도 있다는 점이다.

③ **대선거구제**는 **비례대표제**와 결합된다. 이러한 제도의 장점으로는 선거인의 의사를 득표율에 따라 가장 정확히 반영하고, 정당국가화와 소수자보호, 그리고 사표방지에

도움이 된다는 점이다. 반면에 단점으로는 군소정당의 난립을 가능하게 하여 정치불안정을 초래할 수 있다는 점이다. 이러한 단점을 보완하기 위하여 보통 '저지(봉쇄)조항'을 두어 일정한 의석수나 득표율을 획득한 정당에 대해서만 비례대표의석의 배분에 참여할 수 있도록 한다. 예를 들어 공직선거법에 따르면 비례대표국회의원 의석배분의 경우에 비례대표국회의원선거에서 유효투표총수의 3퍼센트 이상을 득표하였거나 지역구국회의원총선거에서 5석 이상의 의석을 차지한 정당(의석할당정당)만이 참여할 수 있다(동법 제189조 제1항). 그 밖에 비례대표제는 절차가 번잡하고, 선거권자와 후보자의 관계가 아니라 선거권자와 정당의 관계가 중요해진다는 점도 단점으로 지적된다. 그리고 국민의 의사가 정당을 매개로 표현되기 때문에 정당제도가 확립되지 못한 경우에는 국민의 의사가 왜곡될 가능성도 있다.

Ⅴ. 한국의 선거제도

1. 대통령선거

현행 헌법의 대통령선거는 국민이 선거를 통해 대통령을 직접 선출하는 **직선제**를 특징으로 한다(제67조 제1항). 예외적으로 최고득표자가 2인 이상인 경우에는 국회의 재적의원 과반수가 출석한 공개회의에서 다수표를 얻는 자를 당선자로 하는 간선제를 실시한다(동조 제2항). 한편 현행 대통령선거의 또 다른 특징은 **5년 단임제**이기 때문에 국민이 대통령의 정치적 책임을 물을 수 있는 방법이 없다는 점에서 연임제의 도입이 조심스럽게 제기되고 있다. 또한 대통령에게 민주적 정당성을 더욱 강력하게 부여한다는 측면에서 현행 상대다수대표제에서 절대다수대표제를 채택하고 결선투표제를 도입하는 방안도 제안된다.

헌법은 대통령선거의 선거일에 대해서는 임기만료 70일에서 40일 이전으로 규정하는데(제68조 제1항) 이를 구체화한 공직선거법은 그 **임기만료일 전 70일 이후 첫 번째 수요일**로 확정하고 있다(동법 제34조 제1항 제1호). 한편 헌법은 대통령이 궐위된 때(보궐선거) 또는 대통령 당선자가 사망하거나 판결 기타의 사유로 그 자격을 상실한 경우(재선거)에는 60일 이내에 후임자를 선거하도록 규정하고 있다(제68조 제2항). 공직선거법은 이를 구체화하여 대통령의 궐위로 인한 선거 또는 재선거(선거의 일부무효로 인한 재선거 제외)는 '그 선거의 실시사유가 확정된 때부터' 60일 이내에 실시하며 선거일 전 50일까지 공고하도록 하고 있다(동법 제35조 제1항). 대통령선거의 예비후보자로 등록하면 일부 선거운동이 허용된다(동법 제60조의3 제1항).

대통령선거에 있어서는 중앙선거관리위원회가 유효투표의 다수를 얻은 자를 당선인으로 결정한다. 다만, 대통령후보자가 1인인 때에는 그 득표수가 선거권자 총수의 3분의 1 이상에 달해야 당선인으로 결정한다(제67조 제3항). 한편 최고득표자가 2인 이상인 때에는 국회의 재적의원 과반수가 출석한 공개회의에서 다수표를 얻은 자를 당선인으로 결정한다(동조 제2항).

2. 국회의원선거

국회의원정수에 대해서 헌법은 200인 이상으로 하면서 법률로 정하도록 위임하고 있다(제41조 제2항). 이에 근거하여 공직선거법은 지역구국회의원과 비례대표국회의원을 합하여 정원을 300명으로 정하고 있다(동법 제21조 제1항, 2012. 2. 29. 부칙 제3조: 2012년 4월 11일에 실시하는 국회의원선거에서는 세종특별자치시가 새로이 설치되는 것을 고려하여 국회의 의원정수를 300인으로 하는 특례규정을 둠). 이에 따라 지역구국회의원을 선출하는 '소선거구·다수대표제'와 비례대표국회의원을 선출하는 '대선거구·비례대표제'를 병행하고 있다. 비례대표국회의원의 숫자를 정당별로 배분함에 있어서 지역구국회의원 당선인 숫자를 고려하는 연동형 비례대표제가 도입되어 있다. 물론 이러한 연동형 비례대표제는 지역구 의석과 비례대표 의석을 연동시키지 않는 병립형 비례대표제와 구분되지만 지역구 의석을 공제한 비례대표 의석 전체가 아니라 단지 절반만 반영하다는 점에서 준연동형 비례대표제이며 이와 같은 제도에 대해서 헌법재판소는 평등원칙에 위배되지 않는다고 설시하였다.[80)]

국회의원선거의 선거일은 그 **임기만료일 전 50일 이후 첫 번째 수요일**로 한다(동법 제34조 제1항 제2호). 국회의원의 보궐선거·재선거는 **4월 중 첫 번째 수요일**에 실시한다(동법 제35조 제2항 제1호). 이는 1년에 두 번, 즉 4월과 10월의 마지막 수요일에 실시하던 것이 한 번으로 개정된 것이다(2015. 8. 13. 법률 제13497호). 국회의원선거에서도 비례대표선거를 제외하고 예비후보자등록제도가 인정된다(동법 제60조의2 제1항).

지역구국회의원선거의 경우에는 선거구선거관리위원회가 당해 국회의원지역구에서 유효투표의 다수를 얻은 자를 당선인으로 결정하되, 최고득표자가 2인 이상인 때에는 연장자를 당선인으로 결정한다(동법 제188조 제1항). 한편 비례대표국회의원선거의 경우에는 유효투표총수의 3퍼센트 이상 득표하거나 지역구국회의원선거에서 5석 이상의 의석을 차지한 정당에 대해서만 의석을 배분한다(동법 제189조 제1항: 저지조항).

3. 지방자치단체선거

지방자치단체선거는 ① **지방의회의원선거**(이하 '지방의원선거'로 약칭)와 ② **지방자치단체장선거**(이하 '자치단체장선거'로 약칭)로 구분된다. 그리고 전자는 시·도의회의원선거와 자치구·시·군의회의원선거로 다시 구분되고, 각각의 선거는 또다시 비례대표의원선거와 지역구의회의원선거로 구분된다. 한편 후자는 시·도지사선거와 자치구·시·군의 장선거로 구분된다. 임기는 4년이고, 자치단체장의 재임은 3기로 제한된다.

지방의원선거 및 자치단체장선거의 선거일은 그 **임기만료일전 30일 이후 첫 번째**

---

80) 헌재 2023. 7. 20. 2019헌마1443.

수요일로 한다(동법 제34조 제1항 제3호). 다만 지방의원 및 자치단체장의 보궐선거·재선거·지방의회의원의 증원선거는 **4월 중 첫 번째 수요일**에 실시하고(동법 제35조 제2항 제1호), 자치단체장의 보궐선거·재선거는 1년에 두 번, 즉 4월과 10월의 첫 번째 수요일에 실시한다. 지방자치단체의 설치·폐지·분할 또는 합병에 의한 지방자치단체장선거는 '그 선거의 실시사유가 확정된 때부터 60일 이내'에 실시한다(동법 동조 동항 제2호). 예비후보자등록제도는 지방선거에도 비례대표선거를 제외하고 적용된다(동법 제60조의2 제1항). 다만 선거유형에 따라 예비후보등록기간에 차등을 두는 것은 평등권을 침해하지 않는다.[81]

지역구지방의원선거의 경우에는 선거구선거관리위원회가 당해 선거구에서 **유효투표의 다수를 얻은 자**(지역구자치구·시·군의원선거에 있어서는 유효투표의 다수를 얻은 자 순으로 의원정수에 이르는 자)를 당선인으로 결정하되, 최고득표자가 2인 이상인 때에는 **연장자순**에 의하여 당선인을 결정한다(동법 제190조 제1항). 한편 비례대표지방의원선거의 경우에는 원칙적으로 유효투표총수의 **5퍼센트 이상을 득표한 각 정당**(의석할당정당)에 대하여 당해 선거에서 얻은 득표비율에 따라 의석을 배분한다(동법 제190조의2 제1항). 하지만 비례대표시·도의원선거에서 하나의 정당에 의석정수의 3분의 2 이상의 의석이 배분되는 경우에는 그 정당에 3분의 2에 해당하는 수의 정수의 의석을 먼저 배분하고, 잔여의석은 나머지 의석할당정당간의 득표비율에 따라 배분한다(동법 동조 제2항). 한편 자치단체장선거의 경우에는 **유효투표의 다수를 얻은 자**를 당선인으로 결정하되, 최고득표자가 2인 이상인 때에는 연장자를 당선인으로 결정한다(동법 제191조 제1항).

[참조] 선거제도의 유형과 비교

	대통령선거	국회의원선거	지방자치단체선거
선거권	18세 이상	18세 이상 (지역구: 주민등록 - 재외국민은 주민등록표에 3개월 이상 계속 등재)	· 18세 이상 · 주민등록(재외국민은 주민등록표에 3개월 이상 계속 등재) · 체류자격 취득 3년 경과한 외국인등록대장에 오른 외국인
피선거권	· 40세 이상 · 5년 이상 국내거주	25세 이상	· 25세 이상 · 60일 이상 주민등록
선거기간	23일	14일	14일
선거일	임기만료일 전 70일 이후 첫 번째 수요일	임기만료일 전 50일 이후 첫 번째 수요일	임기만료일 전 30일 이후 첫 번째 수요일
보궐선거·재선거일	선거의 실시사유가 확정된 때부터 60일 이내	4월 중 첫 번째 수요일	· 의회: 4월 중 첫 번째 수요일 · 단체장: 4월 또는 10월 중 첫 번째 수요일

81) 헌재 2020. 11. 26. 2018헌마260.

후보자추천	5 이상의 시 · 도 하나의 시 · 도마다 700인 이상 총 3500-6000인	300-500인	· 자치구 · 시 · 군의 장: 300-500인 · 지역구시 · 도의원: 100-200인 · 시 · 도지사: 시 · 도 내 1/3 자치구, 하나의 자치구마다 50인 이상씩 총 1000-2000인 · 지역구 · 자치구 · 시 · 군의원: 50-100인(인구 1000명 미만 선거구: 30-50인)
기탁금	3억원	· 지역구: 1천500만원 · 비례대표: 500만원	· 시 · 도지사: 5천만원 · 시 · 도의회의원: 300만원 · 자치구 · 시 · 군의 장: 1천만원 · 자치구 · 시 · 군의원: 200만원
예비후보자 등록	선거일 전 240일	선거일 전 120일	· 시 · 도지사: 선거일 전 120일 · 시 · 도의원, 자치구 · 시의원, 자치구 · 시의 장: 선거기간 개시일 전 60일 · 군의원, 군수: 선거기간개시일 전 60일
당선인의 결정	· 유효투표의 다수득표자 · 후보자가 1인인 경우: 선거권자총수의 1/3 이상 · 최고득표자가 2인인 경우: 재적의원 과반수 출석 공개회의에서 다수득표자	· 지역구: 유효투표의 다수득표자, 최고득표자가 2인 이상인 경우 연장자, 후보자가 1인인 경우 후보자등록마감시각부터 선거일의 투표마감시각까지는 그 후보자 · 비례대표: 득표비율에 따라 유표투표총수의 3% 이상 또는 지역구선거에서 5석 이상	· 지역구: 유효투표의 다수득표자, 최고득표자가 2인 이상인 경우 연장자 · 비례대표: 득표비율에 따라 유효투표총수의 5% 이상, 하나의 정당의 의석수가 2/3 이상인 경우 1/3은 나머지 정당의 득표비율, 5%를 넘는 나머지 정당이 없는 경우 그 정당간의 득표비율 · 단체장: 다수득표자, 후보자가 1인인 경우 후보자등록마감시각부터 선거일의 투표마감시각까지는 그 후보자

Ⅵ. 선거운동과 선거비용

1. 헌법과 선거법의 규정

헌법은 선거운동과 선거비용에 대해서 **기회균등원칙과 선거공영제**를 규정하고 있다(제116조). 이에 따르면 선거운동은 각급 선거관리위원회의 관리하에 법률이 정하는 범위 안에서 하되, 균등한 기회가 보장되어야 한다. 그리고 선거에 관한 경비는 법률이 정하는 경우를 제외하고는 정당 또는 후보자에게 부담시킬 수 없다. 헌법재판소에 따르면 득표율에 따라 차등적으로 선거비용을 보전해 주는 제도도 국가예산의 효율적 집행과 후보자 난립의 방지를 위하여 비례적인 수단이므로 평등권을 침해하지 않는다고 한다.[82]

(1) 선거운동의 자유

공직선거법에 따르면 선거운동은 당선되거나 되게 하거나 되지 못하게 하기 위한 행위로 정의된다. 다만, ① 선거에 관한 단순한 의견의 개진 및 의사의 표시, ② 입후보와 선거운동을 위한 준비행위, ③ 정당의 후보자 추천에 관한 단순 지지·반대의 의견개진 및 의사표시, ④ 통상적인 정당활동, ⑤ 설날·추석 등 명절 및 석가탄신일·기독탄신일 등에 하는 의례적인 인사말을 문자메시지로 전송하는 행위는 선거운동으로 보지 않는다(동법 제58조 제1항). 선거운동에서 제외되던 특정 정당 또는 후보자(또는 후보자가 되려는 사람)를 지지·추천하거나 반대하는 내용 없이 투표참여를 권유하는 행위는 해당 조문이 삭제됨으로써(2014. 5. 14. 법률 제12583호) 선거운동에 포함된다. 이러한 선거운동은 누구든지 자유롭게 할 수 있지만 법률에 의하여 금지 또는 제한될 수 있다(동법 동조 제2항). 법적으로 보장된 선거운동의 자유는 선거의 공정성을 확보하기 위하여 필요하다. 입후보자는 자신과 자신의 정책을 알리고, 또 선거권자는 후보자와 그의 정책에 대해서 알 수 있는 권리가 보장되어야 공정한 선거가 이루어지기 때문이다. 공직선거법은 선거운동의 수단과 방법에 대해서 자세하게 규정하고 있다. 특히 후보자 초청 대담·토론회나 정보통신망을 이용한 선거운동, 인터넷광고가 강조되고 있다.

선거운동의 방법과 관련하여 문제되는 것은 **인터넷실명제**다. 종전의 공직선거법에 따르면 인터넷언론사 또는 정당이나 후보자가 개설한 인터넷홈페이지의 게시판·대화방 등에 정당·후보자에 대한 지지·반대의 문자·음성·화상 또는 동영상 등의 정보(정보등)를 게시할 수 있도록 하는 경우에는 '실명을 확인하는 기술적 조치'를 해야 했다(동법 제82조의6 제1항 및 제2항). 특히 인터넷언론사는 '실명인증' 표시가 나타나도록 하는 기술적 조치를 해야 하고(동법 동조 제4항), 실명인증 표시가 없이 게시된 정보 등에 대해서는 삭제할 의무가 있다(동법 동조 제6항). 인터넷실명제에 대해서 헌법재판소는 사전검열금지의 원칙에 위배되지 않고, 인신공격·흑색선전·허위사실유포를 막아 선거의 공정성을 확보하기 위한 비례적인 수단으로 과잉금지원칙에도 위배되지 않는다고 보았다.[83] 하지만 인터넷실명제는 선거운동을 포함한 정치적 표현의 자유를 심각하게 제한하는 제도로 평가할 수 있다. 익명의 표현을 금지함으로써 정치적 표현의 자유를 위축시키는 효과(chilling effect)가 있기 때문이다.[84] 이에 따라 헌법재판소는 실명확인제가 익명표현의 자유를 침해한다고 보았으며[85] 이 제도는 폐지되었다. 선거의 공정성에 대해서 헌법재판소는 선거운동 등 정치적 표현의 자유의 전제가 되는 것이라고 하지만,

82) 헌재 2010. 5. 27. 2008헌마491.

83) 헌재 2010. 2. 25. 2008헌마324; 2015. 7. 30. 2012헌마734.

84) 인터넷실명제의 문제점에 대해서는 이준일, 『인권법』(2021), 제42장 참조.

85) 헌재 2021. 1. 28. 2018헌마456등.

이는 표현의 자유와 선거의 공정성의 관계에 대한 오해를 불러일으킬 수 있다는 비판을 받는다(아래 [판례] 참조).

[판례] 선거운동의 자유

선거자유의 원칙은 민주국가의 선거제도에 내재하는 법원리로서 국민주권의원리, 대의민주주의의 원리 및 참정권에 관한 헌법규정들을 근거로 하며, 그 내용으로 선거권자의 의사형성의 자유와 의사실현의 자유, 구체적으로는 투표의 자유, 입후보의 자유 나아가 선거운동의 자유가 있다. 이 중 선거운동의 자유는 널리 선거과정에서 자유로이 의사를 표현할 자유로서 표현의 자유의 한 형태이기도 하므로 언론 · 출판 · 집회 · 결사의 자유에 의하여도 보호받는다. 한편, 선거권이 제대로 행사되기 위하여는 후보자에 대한 정보의 자유교환이 필연적으로 요청되므로, 선거운동의 자유는 선거권 행사의 전제 내지 선거권의 중요한 내용을 이룬다(2006. 7. 27. 2004헌마215).

[판례] 선거의 공정성

선거의 공정성이란 선거의 자유와 선거운동 등에 있어서의 기회의 균등이 담보되는 것을 의미하므로, 선거의 공정성 없이는 진정한 의미에서의 선거의 자유가 보장된다고 볼 수 없다. 따라서 대의민주주의에서 후보자나 정당 등에 관한 정치적 정보 및 의견을 자유롭게 발표하고 교환하는 것을 내용으로 하는 **선거운동 등 정치적 표현의 자유**는 선거의 공정성을 전제로 인정되는 것이며, 선거의 공정성은 그러한 자유의 한정원리로 기능할 수 있다(2014. 4. 24. 2011헌바17).

[반대의견] 국민의 기본권인 정치적 표현의 자유 자체가 선거의 공정성을 전제로 인정된다는 것은 자유권에 선거의 공정성이라는 한계를 설정하는 것으로, 표현의 자유와 선거의 공정성의 관계에 대해 오해의 소지가 있는 표현이다. 선거의 공정성 확보와 질서의 유지를 위한 규제는 일반국민의 정치적 표현을 포괄적 · 전면적으로 금지하는 것이 되어서는 아니되고, 선거의 공정성은 국민의 정치적 의사를 정확하게 반영하는 선거를 실현하기 위한 수단과 같은 가치이지, 그 자체가 헌법적 목표는 아니다.

한편 헌법재판소에 따르면 후보자가 되고자 하는 자에게 기부행위를 금지하고,[86] 후보자가 당선을 목적으로 허위사실을 공표하는 행위를 처벌하는 것은 선거운동의 자유를 침해하지 않는다.[87]

(2) 선거공영제

한편 선거비용의 공영제와 관련하여 대통령선거 및 국회의원선거의 관리준비와 실시에 필요한 경비로 공직선거법에서 열거하는 경비와 지방자치단체장선거에 관한 사무 중 통일적인 수행을 위하여 중앙선거관리위원회 및 시 · 도선거관리위원회가 집행하는 경비는 국가가 부담한다(동법 제277조 제1항). 반면에 지방의회자치단체선거의 관리준비와 실시에 필요한 경비로 공직선거법에서 열거하는 경비는 당해 **지방자치단체**가 부담한다(동법 동조 제2항).

86) 헌재 2014. 2. 27. 2013헌바106; 2021. 2. 25. 2018헌바223.

87) 헌재 2009. 11. 26. 2008헌마114; 2021. 2. 25. 2018헌바223.

[판례] 선거공영제의 원칙

선거공영제는 선거 자체가 국가의 공적 업무를 수행할 국민의 대표자를 선출하는 행위이므로 이에 소요되는 비용은 원칙적으로 국가가 부담하는 것이 바람직하다는 점과 선거경비를 개인에게 모두 부담시키는 것은 경제적으로 넉넉하지 못한 자의 입후보를 어렵거나 불가능하게 하여 국민의 공무담임권을 부당하게 제한하는 결과를 초래할 수 있다는 점을 고려하여, 선거의 관리·운영에 필요한 비용을 후보자 개인에게 부담시키지 않고 국민 모두의 공평부담으로 하고자 하는 원칙이다. 한편 선거공영제의 내용은 우리의 선거문화와 풍토, 정치문화 및 국가의 재정상황과 국민의 법감정 등 여러 가지 요소를 종합적으로 고려하여 입법자가 정책적으로 결정할 사항으로서 넓은 입법형성권이 인정되는 영역이라고 할 것이다(2011. 4. 28. 2010헌바232).

2. 선거운동의 제한

(1) 선거운동기간의 제한

지나치게 과열된 선거운동을 막기 위해 선거운동기간의 제한은 필요하지만 선거운동에 대한 지나친 제한은 오히려 공정한 선거를 방해할 수도 있다. 현행 공직선거법은 선거운동을 **선거기간 개시일부터 선거일 전일까지**에 한하여 할 수 있도록 규정한다. 다만, ① 예비후보자 등이 선거운동을 하는 경우, ② 문자메시지를 전송하는 방법으로 선거운동을 하는 경우, 또는 후보자와 예비후보자가 동시 수신대상자가 20명을 초과하거나 그 대상자가 20명 이하인 경우에 프로그램을 이용하여 수신자를 자동으로 선택하여 전송하는 자동 동보통신의 방법으로 8회 이내에서 문자메시지를 전송하는 경우, ③ 후보자와 예비후보자가 인터넷 홈페이지 또는 그 게시판·대화방 등에 글이나 동영상 등을 게시하거나 전자우편을 전송하는 경우, ④ 선거일이 아닌 때 전화나 말로 선거운동을 하는 경우, ⑤ 후보자가 되려는 사람이 선거일 전 180일부터 예비후보자등록신청 전까지 자신의 명함을 직접 주는 경우에는 예외로 한다(동법 제59조). 선거일이나 선거운동기간 전에 선거운동을 한 자는 '선거운동기간위반죄'로 처벌을 받는다(동법 제254조). 헌법재판소에 따르면 선거운동기간의 제한은 선거운동의 공정성과 효율성을 확보하기 위하여 불가피하므로 선거운동의 자유를 형해화할 정도로 과도한 기간만 아니면 위헌적 제한이 아니다(아래 [판례] 참조). 또한 선거일의 선거운동을 금지하는 것도 정치적 표현의 자유를 침해하지 않는다.[88] 다만 법률개정으로 선거운동기간 전에 말로 하는 대면 선거운동이 허용되었으나 그 전에 이를 금지한 정치적 표현의 자유를 침해하여 헌법에 위반된다고 본다.[89]

88) 헌재 2021. 12. 23. 2018헌바152.

89) 헌재 2022. 2. 24. 2018헌바146.

[판례] 선거운동기간을 제한하는 근거

[1] 기간의 제한 없이 선거운동을 무한정 허용할 경우에는 후보자간에 오랜 기간 동안 지나친 경쟁으로 선거관리의 곤란으로 이어져 **부정행위의 발생**을 막기 어렵게 된다. 또한 후보자간에 무리한 경쟁의 장기화는 경비와 노력이지나치게 들어 **사회경제적으로 많은 손실**을 가져올 뿐만 아니라 후보자간의 **경제력 차이에 따른 불공평**이 생기게 되고 아울러 막대한 선거비용을 마련할 수 없는 젊고 유능한 **신참 후보자의 입후보의 기회를 빼앗는 결과**를 가져올 수 있다. 그런데 우리나라는 아직껏 이상적인 선거풍토를 이룩하지 못하고 있기 때문에 공정한 선거를 실현하기 위하여 선거운동의 기간에 일정한 제한을 두는 것만으로 위헌으로 단정할 수 없다(1994. 7. 29. 93헌가4등; 1995. 11. 30. 94헌마97; 2001. 8. 30. 2000헌마121등; 2005. 9. 29. 2004헌바52).

[2] 선거운동기간을 어느 정도로 할 것인지 여부는 **입법정책**에 맡겨져 있다고 볼 수 있고, 그 구체적인 기간이 선거운동의 자유를 형해화할 정도로 과도하게 제한하는 것으로 볼 수 없다면 이 역시 위헌으로 볼 수 없다(2005. 2. 3. 2004헌마216).

(2) 선거운동원의 제한

모든 국민은 선거운동을 할 수 있는 자유를 보장받는다. 따라서 원칙적으로 모든 국민에게 선거운동을 금지하면서 특정한 국민에 대해서만 그러한 금지를 해제하여 선거운동을 허용하는 것은 기본권제한의 원칙에 위배된다.[90] 공직선거법에 따르면 선거운동을 할 수 없는 자로는 ① 대한민국 국민이 아닌 자, ② 미성년자(18세 미만의 자), ③ 선거권이 없는 자, ④ 국가공무원과 지방공무원(국회의원과 지방의원은 제외),[91] ⑤ 입후보전 일정기한까지 공직사퇴의무가 있는 자,[92] ⑥ 예비군 중대장급 이상의 간부, ⑦ 통·리·반의 장 및 읍·면·동 주민자치센터에 설치된 주민자치위원회위원, ⑧ 특별법에 의하여 설치된 국민운동단체로서 국가 또는 지방자치단체의 출연 또는 보조를 받는 단체(바르게살기운동협의회·새마을운동협의회·한국자유총연맹)의 상근 임·직원 및 이들 단체 등(시·도 조직 및 구·시·군 조직을 포함)의 대표자, ⑨ 선상부재자신고를 한 선원이 승선하고 있는 선박의 선장 등이 있다. 다만, 대한국민이 아닌 자가 예비후보자·후보자의 배우자인 경우와 '④'에서 '⑧'에 해당하는 자가 후보자의 배우자이거나 후보자의 직계존비속인 경우에는 선거운동을 할 수 있다(동법 제60조). 선거운동을 할 수 없는 자가 선거운동을 하거나 하게 한 경우에는 처벌을 받는다(동법 제255조 제1항 제2호). 특히 공무원이 선거에 영향을 미치는 행위는 금지되고, 이를 위반하면 부정선거운동죄로 처벌될 뿐만 아니라(동법 제255조 제1항 제10호) 그 공소시효도 연장된다(동법 제268조 제3항). 선거운동을 할 수 없는 자는 당내경선에서 경선운동도 할 수 없는데(동법 제57조의6 제1항) 지방

90) 헌재 1994. 7. 29. 93헌가4등.

91) 지방자치단체장이 선거운동을 할 수 없도록 한 것은 헌법에 위반되지 않는다고 본다. 헌재 2020. 3. 26. 2018헌바90.

92) 이러한 공직사퇴의무가 있는 자로 사립학교교원이 포함된 것은 합헌으로 본다. 헌재 2019. 11. 28. 2018헌마222. 다만 협동조합의 상근직원이 포함된 것에 대하여 헌법재판소는 5인의 재판관이 위헌의견을 제시하였지만 정족수미달로 합헌결정을 하였다. 헌재 2022. 11. 24. 2020헌바417. 지방공사 상근직원에 대한 선거운동 금지는 위헌결정을 받았다. 헌재 2024. 1. 25. 2021헌가14.

공사나 지방공단의 상근직원에 대하여 경선운동을 금지하는 것은 정치적 표현의 자유를 침해한다고 본다.93)

기관 · 단체도 그 명의 또는 그 대표의 명의로 선거운동을 할 수 없는 경우가 있는데 그에 해당하는 기관 · 단체는 다음과 같다: ① 국가 · 지방자치단체, ② 정부가 50퍼센트 이상 지분을 가진 공공기관, 농업 · 수산업 · 산림 · 엽연초생산협동조합, 지방공사 · 공단, ③ 향우회, 종친회, 동창회, 산악회 등 동호인회, 계모임 등 개인간의 사적 모임, ④ 특별법에 의하여 설립된 국민운동단체로서 국가 또는 지방자치단체의 출연 또는 보조를 받는 단체(바르게살기운동협의회 · 새마을운동협의회 · 한국자유총연맹), ⑤ 법령에 의하여 정치활동이나 공직선거에의 관여가 금지된 단체, ⑥ 후보자 또는 후보자의 가족이 임원으로 있거나, 그 재산을 출연하여 설립하거나, 운영경비를 부담하거나 관계법규나 규약에 의하여 의사결정에 실질적으로 영향력을 행사하는 기관 · 단체, ⑦ 구성원의 과반수가 선거운동을 할 수 없는 자로 이루어진 기관 · 단체(동법 제87조 제1항). 그리고 선거에서 후보자(후보자가 되고자 하는 자를 포함)의 선거운동을 위하여 연구소 · 동우회 · 향우회 · 산악회 · 조기축구회 · 정당의 외곽단체 등 그 명칭이나 표방하는 목적 여하를 불문하고 사조직 기타 단체를 설립 · 설치하는 행위는 금지된다(동법 동조 제2항). 선거운동이 금지된 단체가 선거운동을 하거나 하게 한 경우 또는 사조직 기타 단체를 설립 · 설치하거나 하게 한 경우에 처벌을 받는다(동법 제255조 제1항 제11호).

[판례] 선거운동원의 제한

원칙적으로 전국민에 대하여 선거운동을 금지한 후에 극소수의 선거관계인들만이 선거운동을 할 수 있도록 하는 것은 일반국민의 선거운동을 포괄적으로 금지한 것으로서 필요한 최소한도에 그쳐야 한다는 기본권제한의 원칙에 위배되는 것이다. 그러나 선거권이 없는 사람과 선거의 공정성을 해할 우려가 있는 일정 범위의 사람들에 대하여 선거운동을 금지하는 것은 합헌이고, 선거의 공정성을 해칠 우려가 없는 선거권을 가진 일반국민까지 선거운동을 금지하여 이들의 선거운동의 기회를 박탈하는 것은 헌법에 위반된다(1994. 7. 29. 93헌가4등).

[판례] 연령 기준에 따른 선거운동의 제한

입법자는 선거운동을 할 수 있는 연령 제한을 둘 것인지, 제한을 둔다면 그 연령은 어떻게 정할 것인지에 대하여 우리나라의 역사, 국민의 의식수준, 교육적 요소, 정치적 · 사회적 영향 등 여러 가지 사항을 종합하여 독자적으로 입법재량에 따라 결정할 수 있으므로, 다른 나라의 입법례와 단순하게 비교하여서는 안 되고, 입법자가 19세 이상의 사람에게만 선거운동의 자유를 인정하였다고 하여 이를 현저하게 불합리하거나 자의적이어서 입법형성권의 재량의 범위를 일탈한 것이라고 볼 수는 없다(2014. 4. 24. 2012헌마287).

93) 헌재 2021. 4. 29. 2019헌가11; 2022. 6. 30. 2021헌가24; 2022. 12. 22. 2021헌가36.

[판례] 선거운동원에 대한 이익제공행위의 금지

선거운동과 관련하여 이익제공행위를 허용하면, 과도한 선거운동으로 인하여 금권선거를 방지하기 힘들며, 선거운동원 등에게 이익이 제공되면, 선거운동원들도 이익을 목적으로 선거운동을 하게 되어, 과열선거운동이 행하여지고 종국적으로는 공명선거를 행하기 어렵게 될 것이다. 또한 만약에 선거운동과 관련된 이익제공행위에 대하여 기간의 제한을 두고 처벌하게 되면, 이러한 기간을 피하여 이익제공행위를 하여 매수행위를 하는 경우에는 처벌하기가 어려워서, 과열선거운동의 방지와 공명선거를 기대하기 어렵게 된다. 따라서 이 사건 법률조항들에 의한 제한은 선거운동의 자유와 공정을 보장하기 위한 제도적 장치로서의 의미를 가질 뿐만 아니라, 폐해 방지를 위하여 선거운동 관련 이익제공을 금지하는 것으로 '선거운동과 관련하여'라는 전제하에 그 제한이 이루어지며, 그 제한은 선거운동방법의 전반에 대한 전면적인 제한이 아니라, 선거운동과 관련하여 금품 등 재산상 이익을 제공하는 경우에만 국한되는 부분적인 제한에 불과하므로, 이로써 선거운동의 자유가 전혀 무의미해지거나 형해화된다고 단정할 수 없다(2002. 4. 25. 2001헌바26; 2011. 4. 28. 2010헌바473).

(3) 선거운동방법의 제한

공직선거법은 선거운동방법에 대해서 다양한 형태의 제한을 가하고 있다. 선거운동방법에 대한 제한이 선거의 공정성을 확보하기 위한 장치라고 하더라도 오히려 선거운동의 자유를 지나치게 제한하는 경우에는 위헌의 문제가 제기될 수 있다. 이를테면 헌법재판소는 선거기간 중 선거에 영향을 미치는 집회나 모임을 공직선거법에서 허용하지 않으면서 예외를 인정하지 않은 채 전면적으로 금지시키는 것은 위헌이라고 본다.[94] 공직선거법에 의하여 금지되거나 제한된 선거운동방법으로 선거운동을 한 자는 처벌을 받는다(동법 제252조, 제255조, 제256조, 제257조). 당내경선운동의 경우에도 마찬가지로 운동방법에 제한이 따른다(동법 제57조의3).[95]

[판례] 선거운동방법의 제한

[1] **거리행진 및 연호행위의 금지** 선거의 공정성 확보를 위한 필요 · 최소한의 규제이고, 제한되는 기본권과의 사이에 현저한 불균형도 없으며, 선거운동의 자유의 본질적 내용도 침해하지 않는다(2001. 12. 20. 2000헌바96등; 2006. 7. 27. 2004헌마215).

[2] **인사행위의 제한** 시민의 통행권과 평온한 사생활에 대한 침해를 방지함으로써 질서를 유지하고, 무분별한 경쟁으로 인한 후보자들간의 선거의 자유와 공정의 보장을 도모하여 선거관계자를 포함한 선거구민 내지는 국민 전체의 공동이익을 위하는 것으로서 그 입법목적의 정당성이 인정되고, 제한되는 기본권과의 사이에 현저한 불균형도 없으며, 선거운동의 자유의 본질적 내용도 침해하지 않는다(2006. 7. 27. 2004헌마215).

[3] **비례대표국회의원후보자의 사전선거운동 제한** 선거기간이 아니면 후보자 자신을 합법적으로 유권자에게 알릴 기회가 없는 정치신인인 지역구국회의원후보자의 경우에 비해 정당이 제시한 비례대표명부를 보고 정당에 투표하는 비례대표국회의원선거에 있어서 정당이 신생정당이라는 이유로 그 정당이나 비례대표국회의원후보자에게 선거기간 전에 선거운동의 기회를 부여해야 할 이유는 훨씬 적다. 따라서 정당이나 비례

94) 헌재 2022. 7. 21. 2018헌바164.
95) 헌재 2022. 10. 27. 2021헌바125.

대표국회의원후보자의 선거운동의 자유를 침해하는 것이라고 볼 수 없다(2006. 7. 27. 2004헌마217).

[4] **비례대표시 · 도의회의원후보자의 사전선거운동 제한** 정당법과 공직선거법에 의하면 정당은 일정한 요건을 갖춰 등록하는 순간, 선거기간 여부를 불문하고 통상적인 정당활동을 통해 정당의 정강이나 정책을 유권자에게 알릴 수 있는 이상 비례대표시 · 도의회의원후보자에게 예비후보자등록제도를 반드시 인정하여야 하는 것은 아니고, 제33조 제1항 제2호에서 정하는 선거운동기간 14일은 유권자인 선거구민이 각 후보자의 인물, 정견, 신념 등을 파악하기에 부족한 기간이라고 단정할 수 없으며, 우리나라에서의 선거의 태양, 현실적인 필요성 등을 고려할 때 필요하고도 합리적인 제한에 해당한다. 따라서 공직선거법 제60조의2 제1항은 비례대표시 · 도의회의원후보자의 선거운동의 자유를 침해하는 것이라고 볼 수 없다(2011. 3. 31. 2010헌마314).

[5] **공개장소에서의 연설 · 대담의 금지** 신문이나 방송을 통한 선거운동을 허용하고 있으므로 이러한 금지가 비례대표국회의원후보자나 그를 추천한 정당의 선거운동의 자유를 침해하는 것이라고 볼 수 없다(2006. 7. 27. 2004헌마217).

[6] **탈법적 방법에 의한 문서 · 도화의 배부 · 게시의 금지** 선거의 자유와 공정을 보장하기 위한 제도적 장치로서 선거운동 내지 의사표현에 있어서의 특정한 수단, 특히 폐해의 우려가 크다고 인정되는 인쇄물, 녹음 등의 배부, 살포 등 특정한 선거운동방법에 국한되고 있으므로 과잉금지의 원칙에 위반하여 선거운동의 자유 등을 제한하거나 그 본질적 내용을 침해하고 있다고 할 수 없다(1995. 4. 20. 92헌바29; 2001. 10. 25. 2000헌마193; 2001. 8. 30. 99헌바92등; 2001. 12. 20. 2000헌바96등; 2002. 5. 30. 2001헌바58; 2006. 7. 27. 2004헌마217).

[7] **기부행위의 금지** 개인의 자유로운 의사결정에 의하여 행하여져야 할 선거에서 부정한 경제적 이익 등으로 개인의 자유의사를 왜곡시키는 선거운동을 범죄로 하여 처벌함으로써 선거의 공정성을 보장하기 위한 규정이고, 최소침해의 원칙에서 말하는 이른바 수인의 한계점을 일탈하지 않았으며, 그 제한이 비례상 과다하고 그 제한의 폭이 넓지 않다(1997. 11. 27. 96헌바60; 2005. 6. 30. 2003헌바90).

[8] **서신에 의한 선거운동의 금지** 서신에 의한 폐해를 방지하고 선거의 자유와 공정을 확보함으로써 선거관계자를 포함한 국민전체의 공동이익을 위한 조치라 할 것이므로 그 **입법목적의 정당성**이 인정된다. 서신에 의한 선거운동은 후보자의 경제력의 차이에 따라 선거운동 규모의 차이가 현저하게 날 수 있는 점, 허무인 명의나 차명으로 서신이 작성 · 발송되어도 이를 단속하거나 제어할 방법이 없는 점, 현실적으로 자필서신 여부를 확인하기 어려운 점, 후보자에 대한 선거비용의 규제만으로는 그 폐해를 효과적으로 방지할 수 없는 점 등을 고려할 때, 서신에 의한 선거운동 자체를 전면적으로 금지한 것이 적절성이나 상당성의 범위를 벗어났다고 보기는 어렵다. 모든 선거운동방법의 전반에 대한 전면적인 제한이 아니라 특히 폐해의 우려가 크다고 인정되는 서신에 의한 선거운동방법을 제한하고 그 이외의 방법은 자유롭게 선택할 수 있는 여지를 남겨 두고 있다. 따라서 선거의 공정성과 기회균등을 위한 필요 · 최소한의 범위 내에서 선거운동의 자유를 제한하였다고 할 것이므로 **침해의 최소성**을 갖추었다 할 것이다. 서신에 의한 선거운동의 금지에 의하여 보호되는 선거의 실질적 자유와 공정의 확보라는 공공의 이익은 서신에 의한 선거운동의 금지라는 기본권의 제한에 비추어 결코 적다고 할 수 없으므로, **법익의 균형성**을 갖추었다고 할 것이다. 그렇다면 과잉금지원칙에 위반되지 아니할 뿐만 아니라 이로써 선거운동의 자유 등의 기본권이 전혀 무의미해지거나 형해화된다고 단정할 수 없어 기본권의 본질적 내용을 침

해한다고 볼 수도 없다(2007. 8. 30. 2004헌바49).

[9] **SNS를 이용한 선거운동의 금지** ① 인터넷은 누구나 손쉽게 접근 가능한 매체이고, … 선거운동비용을 획기적으로 낮출 수 있는 정치공간으로 평가받고 있고, 오히려 매체의 특성 자체가 '기회의 균형성 · 투명성 · 저비용성의 제고'라는 공직선거법의 목적에 부합하는 것이라고도 볼 수 있는 점, … 허위사실, 비방 등이 포함되지 아니한 정치적 표현만 이 사건 법률조항에 의하여 처벌되는 점, 인터넷의 경우에는 … 자발적 · 적극적으로 이를 선택(클릭)한 경우에 정보를 수용하게 되며, 선거과정에서 발생하는 정치적 관심과 열정의 표출을 반드시 부정적으로 볼 것은 아니라는 점 등을 고려하면, … **선거일전 180일부터 선거일까지 인터넷상 선거와 관련한 정치적 표현 및 선거운동을 금지하고 처벌하는 것**은 후보자 간 경제력 차이에 따른 불균형 및 흑색선전을 통한 부당한 경쟁을 막고, 선거의 평온과 공정을 해하는 결과를 방지한다는 입법목적 달성을 위하여 적합한 수단이라고 할 수 없다. ② 대통령 선거, 국회의원 선거, 지방선거가 순차적으로 맞물려 돌아가는 현실에 비추어 보면, 기본권 제한의 기간이 지나치게 길고, 그 기간 '통상적 정당활동'은 선거운동에서 제외됨으로써 정당의 정보제공 및 홍보는 계속되는 가운데, 정당의 정강 · 정책 등에 대한 지지, 반대 등 의사표현을 금지하는 것은 일반국민의 정당이나 정부의 정책에 대한 비판을 봉쇄하여 정당정치나 책임정치의 구현이라는 대의제도의 이념적 기반을 약화시킬 우려가 있다는 점, … 인터넷 상에서 선거운동을 할 수 없는 자의 선거운동, 비방이나 허위사실 공표의 확산을 막기 위한 사전적 조치는 이미 별도로 입법화되어 있고, 선거관리의 주체인 중앙선거관리위원회도 인터넷 상 선거운동의 상시화 방안을 지속적으로 제시해오고 있는 점, … 일정한 기간 이를 일률적 · 전면적으로 금지하고 처벌하는 것은 과도하다고 볼 수밖에 없는 점 등을 감안하면, 최소침해성의 요건도 충족하지 못한다. ③ 인터넷 상 정치적 표현 내지 선거운동을 금지함으로써 얻어지는 선거의 공정성은 명백하거나 구체적이지 못한 반면, 인터넷을 이용한 의사소통이 보편화되고 각종 선거가 빈번한 현실에서 선거일 전 180일부터 선거일까지 장기간 동안 인터넷 상 정치적 표현의 자유 내지 선거운동의 자유를 전면적으로 제한함으로써 생기는 불이익 내지 피해는 매우 크다 할 것이므로, … 법익균형성의 요건도 갖추지 못하였다고 할 것이다(2011. 12. 29. 2007헌마1001.).

[10] **공개장소에서 비례대표국회의원후보자의 연설 · 대담 금지** 선거에 소요되는 사회적 비용을 절감하고 효율적인 선거관리를 도모하여 선거의 공정성을 달성하고자 함에 그 목적이 있는바 그 **입법목적은 정당**하고, 비례대표국회의원후보자에게 공개장소에서의 연설 · 대담을 금지하는 것은 위와 같은 입법목적을 달성함에 있어 **적절한 수단**이다. 공직선거법은 비례대표국회의원선거가 기본적으로 전국을 하나의 선거구로 하는 정당선거라는 점을 고려하여 그 특성에 맞추어 더 적합하고 효율적인 선거운동방법을 허용하고 있는 점, 만약 비례대표국회의원후보자에게 공개장소에서의 연설 · 대담을 허용한다면 각 정당은 정당의 정강이나 정책실현 의지보다는 후보자 개인의 지명도나 연설 및 홍보 능력 등에 기초하여 비례대표국회의원후보자를 지명할 가능성이 높아져 비례대표국회의원선거제도의 취지가 몰각될 우려가 있고, 연설 · 대담에 소요되는 비용과 노력으로 인한 경제적 부담이 가중되어 정당의 재정적 능력의 차이에 따라 선거운동기회가 차별적으로 부여되는 결과가 야기될 수 있는 점 등을 종합하여 보면, 이 사건 법률조항과 동일한 효과를 가지면서도 덜 침익적인 수단을 발견할 수 없으므로, 이 사건 법률조항은 **침해의 최소성원칙**에 위배되지 아니한다. 또한 이 사건 법률조항을 통하여 달성하려는 선거의 공정성 확보 등의 공익은 매우 중대한 반

면, 비례대표국회의원후보자로 하여금 공개장소에서 연설·대담을 하게 할 필요성이나 이를 금지함으로써 제한되는 비례대표국회의원후보자의 이익 내지 정당활동의 자유가 결코 크다고 볼 수 없어, 이 사건 법률조항은 **법익의 균형성**도 갖추었다. 따라서 이 사건 법률조항은 과잉금지원칙에 반하여 청구인의 선거운동의 자유 및 정당활동의 자유를 침해한다고 할 수 없다(2013. 10. 24. 2012헌마311).

[11] **호별방문금지** 선거운동을 위한 호별방문을 금지하고 이를 위반한 자를 처벌하는 것은 선거운동의 자유나 정치적 표현의 자유를 침해하지 않는다(2019. 5. 30. 2017헌바458).

[12] **인터넷언론사의 후보자 칼럼게재 금지** 인터넷언론사에 대하여 선거일 전 90일부터 선거일까지 후보자 명의의 칼럼이나 저술을 게재하는 보도를 제한하는 것은 표현의 자유를 침해한다(2019. 11. 28. 2016헌마90).

[13] **그 밖의 집회·모임의 금지** 선거기간 중에 선거에 영향을 미치기 위한 집회나 모임으로 향우회, 종친회, 동창회, 단합대회, 야유회가 아닌 그 밖의 집회나 모임의 개최를 일률적으로 금지하는 것은 정치적 표현의 자유를 침해한다(2022. 7. 21. 2018헌바164; 2022. 7. 21. 2018헌바357등).

[14] **현수막·광고물의 설치·게시, 벽보·인쇄물의 게시·배부, 광고·문서·도화의 게시, 표시물의 사용을 통한 선거운동의 금지** 일정기간 동안 선거에 영향을 미치게 하기 위한 현수막이나 광고물, 문서나 도화 등의 설치나 게시 또는 표시물의 사용 등을 금지하는 것은 과잉금지원칙에 반하여 정치적 표현의 자유를 침해한다(2022. 7. 21. 2018헌바357등; 2022. 7. 21. 2017헌가4; 2022. 7. 21. 2017헌바100등; 2022. 7. 21. 2017헌가1등).

[판례] 여론조사결과공표의 금지

대통령선거에 대한 여론조사는 공정하고 정확하게 이루어졌다고 하여도 그 결과가 공표되면 **선거에 영향을 미쳐 국민의 진의를 왜곡하고 선거의 공정성을 저해할 우려**가 있으며, 더구나 선거일에 가까워질수록 여론조사결과의 공표가 갖는 부정적 효과는 극대화되고, 특히 불공정하거나 부정확한 여론조사결과가 공표될 때에는 선거의 공정성을 결정적으로 해칠 가능성이 높지만 이를 반박하고 시정할 수 있는 가능성은 점점 희박해진다고 할 것이므로, 대통령선거의 중요성에 비추어 선거의 공정성을 위하여 금지기간이 지나치게 길지 않는 한 위헌이라고 할 수 없다. 선거에 관한 여론조사결과의 공표금지기간은 입법부가 재량에 의하여 정책적으로 결정할 사항이고, 우리나라의 상황을 고려할 때 선거일공고일로부터 선거일까지의 선거기간 중에는 선거에 관한 여론조사의 결과 등의 공표를 금지하는 것은 필요하고도 합리적인 범위 내에서의 제한이다(1995. 7. 21. 92헌마177등; 1998. 5. 28. 97헌마362등; 1999. 1. 28. 98헌바64).

[판례] 방송토론회 참가 제한

방송매체를 이용한 대담·토론회에 참여할 수 있는 후보자를 아무런 제한 없이 할 경우 실질적인 대담이나 토론이 이루어질 수 없어 정견발표회 수준으로 전락할 수 있고, 후보자들 간의 자질과 정치적인 능력의 비교가 불가능해질 개연성이 있고, 전파자원 역시 한정되어 있는바, … 주된 대담·토론회에 참여할 수 있는 후보자를 일정한 범위로 제한하는 것은 위와 같은 입법자의 합리적 판단에 기인한 것이라고 할 수 있다. 또한, 그 제한기준은 주요 정당의 추천 여부나 후보자의 당선가능성 및 후보자에 대한 국민적 관심도 등을 살펴 일정 수준 이상의 자로 한정하고, 이에 따라 후보자들의 정책에 대한 대담·토론이 효과적이고 실증적인 기능을 발휘하도록 하여야 할 것인바, … 국회에 5인 이상의 소속의원을 가진 정당 또는 직전 선거에서 3% 이상을 득표한 정당이 추천한 후보자, 최근 4년 이내 선거에서 10% 이상을 득표하였거나 여론조사결과 5% 이상의 지지율을 보여주는 후보자로 그 초청대상을 한정하고 있는 것을 두고 특별히 자의적인 기준이라거나 지나치게 엄격한기준이라고 보기 어렵다 할 것이다. 아울러 비초청대상후보자의 경우 이들을 대상으로 한 대담·토론회가 개최될 수 있도록 규정하여 방송토론회를 통해 선거운동을 할 수 있는 기회를 제공하고 있는 점 등을 고려한다면, … 대담·토론회의 기능의 활성화를 위하여 적당한 수의 후보자만을 초청하여야 한다는 요청과 선거운동에서의 기회의 균등보장이라는 서로 대립하는 이익을 적절히 비교 형량한 합리적인 것으로서 이와 같은 취급을 두고 자의적인 차별로서 평등권을 침해하였다고 하기는 어렵다(2011. 5. 26. 2010헌마451).

3. 선거비용의 제한

공직선거법에서 "선거비용"은 당해 선거에서 선거운동을 위하여 소요되는 금전·물품 및 채무 기타 모든 재산상의 가치가 있는 것으로서 당해 후보자(후보자가 되고자 하는 자, 대통령선거에서 정당추천후보자, 비례대표국회의원선거 및 비례대표지방의회의원선거에서 그 추천정당 포함)가 부담하는 비용을 말한다(동법 제119조 제1항). 이러한 선거비용에 대해서 공직선거법은 일정한 제한을 부과하고 있다. 선거비용을 일정한 금액으로 제한하는 것(동법 제121조)이 대표적인 예가 된다. 정당이나 후보자 등이 법정 선고비용제한액의 200분의 1(0.5%)을 초과하여 지출하면 형사처벌을 받고(동법 제258조), 이러한 범죄로 당선인이 징역형이나 100만 원 이상의 벌금형, 선거사무장이나 회계책임자가 300만 원 이상의 벌금형을 선고받으면 당선은 무효가 된다(동법 제263조 및 제264조).

Ⅶ. 선거에 관한 쟁송

1. 선거소청

선거소청이란 **지방자치단체선거**에서 선거 또는 당선의 효력에 이의가 있을 때 선거인이나 후보자 또는 후보자추천정당이 **선거관리위원회**에 제기하는 심판의 청구를 말한다. 선거소청은 ① **선거의 효력**에 대한 선거소청, ② **당선의 효력**에 대한 선거소청으로 구분된다. 비례대표시·도의원, 지역구세종특별자치시의회의원 및 시·도지사의 선거에서는 중앙선거관리위원회에, 지역구시·도의원(지역구세종특별자치시의회의원선거 제외)과 기초의원(자치구·시·군의원)·단체장(자치구·시·군의 장)의 선거에서는 시·도선거관리위원회에 선거소청을 한다(동법 제219조).

	선거소청	당선소청
소청대상	선거의 효력	당선의 효력
소 청 인	선거인·후보자·후보자추천정당	후보자·후보자추천정당
피소청인	해당 선거구선거관리위원장	당선인 또는 해당 선거구선거관리위원장
소청기간	선거일부터 14일 이내	당선인결정일부터 14일 이내
소청관할	· 비례대표 시·도의원, 지역구세종특별자치시의회의원 및 시·도지사: 중앙선거관리위원회 · 지역구 시·도의원(지역구세종특별자치시의회의원 제외), 기초의원·단체장: 시·도선거관리위원회	

2. 선거소송

선거소송이란 선거의 효력에 이의가 있을 때 그 선거의 효력의 전부 또는 일부를 다투는 소송을 말한다. ① 대통령선거 및 국회의원선거의 경우에는 선거인이나 후보자 또는 후보자추천정당은 **대법원**에 제소할 수 있다(동법 제222조 제1항). ② 지방자치단체선거의 경우에는 먼저 선거소청을 거친 후에 비례대표시 · 도의원 및 시 · 도지사의 선거에서는 **대법원**에, 지역구시 · 도의원 및 기초의원 · 단체장의 선거에서는 선거구를 관할하는 **고등법원**에 제소할 수 있다(동법 동조 제2항).

3. 당선소송

당선소송이란 당선의 효력에 이의가 있을 때 제기하는 소송을 말한다. ① 대통령선거 및 국회의원선거의 경우에는 **대법원**에 제소할 수 있다(동법 제223조 제1항). ② 지방자치단체선거의 경우에는 먼저 선거소청을 거친 후에 비례대표시 · 도의원 및 시 · 도지사의 선거에서는 **대법원**에, 지역구시 · 도의원 및 기초의원 · 단체장의 선거에서는 선거구를 관할하는 **고등법원**에 제소할 수 있다(동법 동조 제2항).

	선거소송	당선소송
소송대상	선거의 효력	당선의 효력
제소권자	①②: 선거인, 후보자, 후보자추천정당 ③④: 소청인, 당선인	①②: 후보자, 후보자추천정당 ③④: 소청인, 당선인
피 고 인	①②: 해당 선거구선거관리위원장 ③④: 해당 선거구선거관리위원장, 기각결정을 한 선거관리위원장	당선인, ①: 중앙선거관리위원장, 국회의장 ②: 해당 선거구선거관리위원장 ③④: 해당 선거구선거관리위원장, 인용결정을 한 선거관리위원장
제소기간	①②: 선거일로부터 30일 ③④: 결정서를 받은 날로부터 10일	①②: 당선결정일로부터 30일 ③④: 결정서를 받은 날로부터 10일
관할법원	①②③: 대법원 ④: 고등법원	①②③: 대법원 ④: 고등법원

① 대통령선거, ② 국회의원선거, ③ 비례대표시 · 도의원 및 시 · 도지사선거, ④ 지역구시 · 도의원 및 기초의원 · 단체장선거

제 4 절 공무원제도

Ⅰ. 공무원제도의 의의

국가의 기능이나 작용은 국가기관이 담당하고, 국가기관의 구체적 활동은 공무원이 수행한다. 따라서 국가의 실제적인 활동을 보장하기 위해서는 공무원제도가 필요하다. 이처럼 국가와의 관련성 속에서 이해된다는 점에서 공무원제도는 법과 국가의 필요성과 밀접하게 관련되기 때문에 법과 국가의 필요성에서 논증된 '형식적 법치주의'와 관련을 맺는다. 또한 공무원제도는 국민의 기본권인 공무담임권과 관련되고, 공무담임권은 국가의사결정과정에 참여하는 능동적 지위인 피선거권과 관련되기 때문에 '민주주의'와도 관련을 맺는다.

제헌헌법은 "공무원은 주권을 가진 국민의 수임자이며 언제든지 국민에 대하여 책임을 진다"고 규정하여(제27조) 공무원의 헌법상 지위를 명시하였다. 그 후 1960년 헌법에서 "공무원의 정치적 중립성과 신분보장"에 관한 규정(제6조)이 신설되었다. 그리고 1962년 헌법에서부터 "국민전체에 대한 봉사자"로서 "국민에 대하여 책임"을 지는 헌법상 지위와 함께 "신분과 정치적 중립성"이 보장되는 직업공무원제도를 규정하였고(제6조), 그 내용은 현행 헌법에 이르기까지 규정되고 있다.

Ⅱ. 공무원의 개념과 유형

1. 개 념

(1) 용어: 공무원 또는 공직자

'공무원'이란 용어와 함께 '공직자'란 용어가 사용되고, 그에 따라 '공무원제도'와 함께 '공직제도'란 용어가 사용되고 있다.[96] 공무원은 보통 직업공무원을 지칭하는 반면에 공직자는 직업공무원을 포함한 더 넓은 의미의 공직수행자나 공무담당자를 의미할 수 있다. 같은 맥락에서 공직자를 공무원보다 넓게 이해하면서 선거직공직자까지 포함하는 최광의의 공직자, 법관이나 군인을 포함하는 광의의 공직자, 근무계약에 의한 공직자를 포함하는 협의의 공직자, 공무원만을 포함하는 최협의의 공직자로 구분하는 견해도 있다.[97] 이하에서는 공무원이라는 용어를 사용하기로 하고, 의미의 구분이 필요할 때는 공직자라는 용어도 함께 사용하기로 한다.

(2) 공무원의 개념

공무원이라 함은 직접 또는 간접으로 국민에 의해 선출되거나 일정한 절차에 따라

96) 장영수, 352면 이하; 허영, 812면 이하.
97) 허영, 813면 이하.

임용되어 국가 또는 공공단체와 공법상의 근무관계를 맺고 공적 업무(직무)를 담당하고 있는 자라고 하는 넓은 의미로 정의하기로 한다. 헌법재판소도 동일하게 공무원의 개념을 정의한다.[98] 따라서 선거직과 비선거직, 임용직과 계약직을 모두 포함한다. 다만 사안에 따라서 공무원의 범위는 달리 이해될 수 있기 때문에 그때그때마다 그 범위를 한정하기로 한다.

2. 유 형

(1) 국가공무원과 지방공무원

국가공무원과 지방공무원은 임용주체, 근무기관, 보수지급기관, 적용법규에 따라 구별된다. ① **국가공무원**은 국가로부터 임용되어, 국가기관에 근무하며, 국가로부터 보수를 받고, 국가공무원법의 적용을 받는 공무원을 말한다. ② **지방공무원**은 지방자치단체로부터 임용되어, 지방자치단체에 근무하며, 지방자치단체로부터 보수를 받고, 지방공무원법의 적용을 받는 공무원을 말한다. 아래에서는 **국가공무원법**의 적용을 받는 국가공무원을 중심으로 설명하면서 지방공무원에게 적용되는 특수한 내용이 있는 경우에 따로 논의하기로 한다.

(2) 경력직공무원과 특수경력직공무원

공무원은 경력직공무원과 특수경력직공무원으로 구분된다. ① **경력직공무원**이라 함은 실적과 자격에 의하여 임용되고 그 신분이 보장되며 원칙적으로 평생토록(근무기간이 정해진 경우에는 그 기간 동안) 공무원으로 근무할 것이 예정되는 공무원을 말한다(동법 제2조 제2항). ② **특수경력직공무원**이라 함은 경력직 공무원 외의 공무원을 말한다(동법 동조 제3항).

1) 경력직공무원 경력직공무원은 일반직공무원, 특정직공무원으로 구분된다. 첫째, **일반직공무원**은 기술, 연구 또는 행정일반에 대한 업무를 담당하는 공무원을 말한다(동법 동조 제2항 제1호). 둘째, **특정직공무원**은 법관, 검사, 외무공무원, 경찰공무원, 소방공무원, 교육공무원, 군인, 군무원 및 국가정보원의 직원과 특수분야의 업무를 담당하는 공무원으로서 다른 법률이 특정직 공무원으로 지정하는 공무원을 말한다(동법 동조 동항 제2호).

2) 특수경력직공무원 특수경력직 공무원은 정무직공무원, 별정직공무원으로 구분된다. 첫째, **정무직공무원**은 선거로 취임하거나 임명할 때 국회의 동의가 필요한 공무원 또는 고도의 정책결정업무를 담당하거나 이러한 업무를 보조하는 공무원으로서 법령에서 정무직으로 지정하는 공무원을 말한다(동법 동조 제3항 제1호). 둘째, **별정직공무원**은 비서관·비서 등 보좌업무 등을 수행하거나 특정한 업무수행을 위하여 별정직으로 지정하는 공무원을 말한다(동법 동조 동항 제2호).

---

98) 헌재 1992.4.28. 90헌바27등; 1993.9.27. 92헌바21.

Ⅲ. 공무원의 헌법상 지위

1. 헌법규정

헌법에 따르면 공무원은 국민전체에 대한 봉사자이며 국민에 대하여 책임을 지도록 규정하고 있다(제7조 제1항). 이에 따라 공무원은 ① 국민전체에 대한 봉사자, 그리고 ② 국민에 대해 책임을 지는 자라는 헌법상의 지위를 부여받는다.

2. 국민전체에 대한 봉사자

공무원은 전체 국민을 위해서 일해야 하지 특정한 이익이나 정파 또는 집단을 위해서 일하는 것은 금지된다. 왜냐하면 국가기능의 실제적인 담당자인 공무원은 국가기능을 정당화하는 민주주의원리에 따라 국민전체를 대표하여 직무를 공정하게 수행해야 하기 때문이다. 여기서 국민전체의 봉사자인 공무원은 가장 넓은 의미의 공무원, 즉 대통령을 포함한 '모든 공무원'을 뜻한다. 따라서 모든 공무원에게 국민전체의 봉사자로서 직무를 수행할 것이 요청된다. 헌법이 모든 공무원에게 부여한 국민전체에 대한 봉사자로서의 지위는 모든 공무원에게 직무수행에서 공익실현의무, 즉 공정성과 중립성의 의무를 부과한다.[99] 공무원에게 요구되는 중립성의무의 내용에 정치적 중립의무도 포함되므로 공무원의 정치적 중립의무, 특히 선거에서 중립의무는 국민전체의 봉사자로서 공무원에게 요구되는 공익실현의무에서 도출된다. 헌법재판소도 공무원이 국민전체에 대한 봉사자로서 가지는 헌법적 지위로부터 공무원의 '공익실현의무'를 도출하고, 이로부터 공정하고 균형있는 직무수행의무가 파생된다고 본다.[100] 또한 이러한 공익실현의무는 선거에서 공무원의 정치적 중립의무가 도출되는 근거가 된다고 본다.[101]

3. 국민에 대하여 책임을 지는 공무원

(1) 책임의 성격: 법적 책임설과 정치적 책임설

공무원은 국민의 대표이므로 국민에 대한 책임도 부여받는다. 공무원의 책임의 성격에 대해서는 ① 법적 책임설과 ② 정치적 책임설이 주장된다. 여기서 법적 책임은 법령에 규정된 근거와 절차, 그리고 효과에 따라 지는 책임을, 정치적 책임은 선거를 통해 지는 책임을 말한다. 공무원의 범위는 사안에 따라 달리 정의되기 때문에 공무원의 책임에 대하여 일률적으로 말할 수는 없다. 결국 공무원의 책임은 공무원의 유형에 따라 결정될 문제이다.

(2) 선거에 의한 정치적 책임

국민은 공무원에 대해서 선거를 통해 책임을 물을 수 있다. 즉 국민은 선거에서 공

99) 상세한 설명은 이준일, 헌법상 공무원조항의 해석, 『유럽헌법연구』 제43호, 유럽헌법학회, 2023, 211면 이하 참조.
100) 헌재 2017. 3. 10. 2016헌나1.
101) 헌재 2004. 5. 14. 2004헌나1.

직후보자를 당선시키지 않음으로써 지난 임기 동안의 책임을 묻는다. 이러한 정치적 책임은 민주주의원리에 포함되는 '자유위임의 원칙'과 관련을 맺는다.[102] 선거를 통해 민주적 정당성을 획득한 대표는 임기 동안 누구에게도 기속되지 않고 자유롭게 활동할 수 있는 대신에 임기가 끝나고 실시되는 선거에서 정치적 책임을 지는 것이다. 따라서 정치적 책임은 '선거직 공무원'에 대해서만 요구된다.

(3) 탄핵을 통한 법적 책임

대통령, 국무총리, 국무위원, 행정각부의 장, 헌법재판소 재판관, 법관, 중앙선거관리위원회 위원, 감사원장, 감사위원, 그리고 검사처럼 일반적인 재판절차나 징계절차에 따라 책임을 물을 수 없는 고위직공무원에 대해서는 탄핵을 통해 법적 책임을 물을 수 있다(제65조).[103] 탄핵소추의 의결은 국회의 권한에 속하고(동조 제1항), 탄핵심판의 권한은 헌법재판소의 권한에 속한다(제111조 제1항 제2호). 헌법재판소가 탄핵을 결정할 때에는 재판관 6인 이상의 찬성이 필요하다(제113조 제1항).

(4) 해임건의에 의한 정치적 책임

국회는 국무총리 또는 국무위원의 해임을 대통령에게 건의할 수 있다(제63조 제1항).[104] 이와 같은 해임건의를 의결하기 위해서는 국회재적의원 3분의 1 이상의 '발의'에 의하여 국회재적의원 과반수의 '찬성'이 있어야 한다(동조 제2항). 국회의 해임건의는 대통령을 법적으로 구속하지 않기 때문에 법적 책임보다는 정치적 책임을 묻는 수단에 가깝고, 대통령이 해임건의를 받고도 해임하지 않은 경우에는 해임건의의 대상인 국무총리나 국무위원에게 단순한 정치적 부담을 주는 데 지나지 않는다는 점에서 선거에 의한 정치적 책임과도 성격이 다르다.

(5) 파면청원에 의한 정치적 책임

국민은 청원권(헌법 제26조)에 근거하여[105] 공무원의 파면을 청원하는 방법으로 공무원의 책임을 물을 수 있다. 이것도 법적 구속력이 없기 때문에 정치적 책임에 가깝다고 할 수 있다.

(6) 국가배상청구에 의한 법적 책임

공무원의 직무상 불법행위로 손해를 받은 국민은 법률이 정하는 바에 의하여 국가 또는 공공단체에 정당한 배상을 청구할 수 있고, 이 경우에 공무원 자신의 책임은 면제되지 않는다(제29조 제1항).[106] 이러한 국가배상청구권에 근거한 책임은 공무원에 대한 법적 책임을 묻는 수단이 된다.

---

102) 자유위임의 원칙에 대해서는 제3편 제1장 제3절 Ⅲ. 1. (3) 참조.

103) 탄핵제도에 대해서는 제3편 제2장 제5절, 탄핵심판절차에 대해서는 제4편 제5장 참조.

104) 국회의 해임건의권에 대해서는 제3편 제2장 제5절 Ⅲ. 4. 참조.

105) 청원권에 대해서는 제2편 제2부 제9장 제2절 참조.

106) 국가배상청구권에 대해서는 제2편 제2부 제9장 제5절 참조.

(7) 징계에 의한 법적 책임

국가공무원법과 이 법에 의한 명령을 위반하였거나, 직무상의 의무에 위반하거나 직무를 태만한 때, 직무의 내외를 불문하고 그 체면 또는 위신을 손상하는 행위를 한 때에는 징계할 수 있다(국가공무원법 제78조 제1항). 징계의 종류에는 파면, 해임, 정직, 감봉, 견책 등이 있다(동법 제79조). 이러한 징계는 공무원의 법적 책임을 묻는 수단이 된다. 탄핵의 효과도 파면이므로 탄핵도 징계에 의한 법적 책임을 부과하는 수단이지만 탄핵의 대상이 되는 공무원은 헌법과 법률에서 정해진다.

(8) 형사처벌에 의한 법적 책임

정치운동을 한 경우(동법 제65조), 시험 또는 임용에 관하여 고의로 이를 방해하거나 부당한 영향을 주는 행위를 한 경우(동법 제44조), 채용시험 또는 승진이나 임용 기타 인사기록에 관하여 허위 또는 부정의 진술 · 기재 · 증명 · 채점 또는 보고를 한 경우(동법 제45조), 집단행동을 한 경우(동법 제66조)에는 형사처벌을 받을 수 있다(동법 제84조 및 제84조의2). 형사처벌도 공무원의 법적 책임을 묻는 수단이다.

Ⅳ. 직업공무원제도

1. 헌법규정

헌법은 공무원의 신분과 정치적 중립성을 법률이 정하는 바에 의하여 보장함으로써 직업공무원제도를 규정한다(제7조 제2항). 직업공무원제도에 대한 헌법적 보장은 입법자가 이 제도를 법률로써 폐지하거나 그 내용을 형해화시킬 수 없는 '제도보장'으로 이해되지만 공무담임권이라는 기본권과 '동전의 양면'을 이룬다. 따라서 헌법재판소가 이해하는 것처럼 직업공무원제도를 구체화해야 하는 입법자에게 "광범한 입법형성의 자유"가 인정되기보다는 공무담임권이라는 기본권을 과도하게 제한하지 않을 헌법적 한계 안에서만 입법형성의 자유를 갖는다고 보아야 한다. 직업공무원제도를 구체화하는 법률로는 국가공무원법, 지방공무원법, 외무공무원법, 교육공무원법, 경찰공무원법, 소방공무원법 등을 들 수 있다.

[판례] 직업공무원제도와 입법형성의 자유

직업공무원제도는 헌법이 보장하는 제도적 보장 중의 하나임이 분명하므로 입법자는 직업공무원제도에 관하여 **'최소한 보장'의 원칙의 한계 안에서 폭넓은 입법형성의 자유**를 가진다. 따라서 입법자가 동장의 임용의 방법이나 직무의 특성 등을 고려하여 동장(洞長)의 공직상의 신분을 지방공무원법상 신분보장의 적용을 받지 아니하는 별정직공무원의 범주에 넣었다 하여 바로 위헌이라고 할 수는 없다(1997. 4. 24. 95헌바48).

[판례] 제도보장으로서 직업공무원제도

직업공무원제도는 주관적 권리가 아닌 객관적 법규범이라는 점에서 기본권과 구별되기는 하지만 일단 헌법에 의해 제도로서 보장된 이상 입법자는 그 제도를 설정하고 유지할 입법의무를 지게 될 뿐만 아니라 헌법에 규정되어 있기 때문에 법률로써 이를 폐지할 수 없고, 비록 그 내용을 제한한다고 하더라도 그 본질적 내용을 침해할 수는 없다(1997. 4. 24. 95헌바48; 2004. 11. 25. 2002헌바8).

2. 공무원의 신분보장

직업공무원제도는 정권교체에 영향을 받지 않고 공무원을 선발, 임명, 보직, 승진, 보수지급 등 임용함으로써 국가정책을 일관성 있게 추진하고, 공무원의 신분을 보장하는 제도를 말한다. 즉 공무원의 측면에서는 '신분보장'을 목적으로, 국가의 측면에서는 '정책집행의 안정성과 효율성 제고'를 목적으로 보장된다. 이러한 목적을 달성하기 위해서는 공무원을 임용함에 있어서 정치적 논공행상의 엽관(獵官)주의(spoils system)나 정실(情實)주의(혈연, 지연, 학연)에 의하지 않고, '능력주의'(실적주의 또는 성적주의)에 따라야 한다. 또한 공무원에 대한 징계할 때에는 그 근거와 절차가 합리적이어야 하며, 그 밖에 종신직 보장과 보수지급을 통해 생활이 보장되어야 한다. 이에 따라 공무원은 원칙적으로 형의 선고, 징계처분 또는 국가공무원법에 정하는 사유에 의하지 아니하고는 그 의사에 반하여 휴직, 강임 또는 면직을 당하지 않는다(국가공무원법 제68조).

[판례] 직업공무원제도의 개념

헌법 제7조 제2항은 공무원의 신분과 정치적 중립성을 법률이 정하는 바에 의하여 보장할 것을 규정하고 있는데, 이는 공무원이 집권세력의 논공행상의 제물이 되는 엽관제도를 지양하고, 정권교체에 따른 국가작용의 중단과 혼란을 예방하며 일관성 있는 공무수행의 독자성 및 영속성을 유지하기 위하여 헌법과 법률로써 공무원의 신분을 보장하려는 공직구조에 관한 제도, 즉 직업공무원제도인 것이다(1989. 12. 18. 89헌마32등; 1990. 6. 25. 89헌마220; 1992. 11. 12. 91헌가2; 1998. 4. 30. 96헌마7).

[판례] 정년제도와 직업공무원제도

① 정년제도 자체에 대한 평가: 공무원정년제도는 공무원에게 정년까지 계속 근무를 보장함으로써 그 신분을 보장하는 한편 공무원에 대한 계획적인 교체를 통하여 조직의 능률을 유지, 향상시킴으로써 직업공무원제도를 보완하는 기능을 수행하고 있는 것이므로 공무원의 신분보장과 직업공무원제도를 규정한 헌법 제7조에 위반되지 아니한다. ② 정년의 구체적인 확정: 구체적인 정년연령은 광범위한 입법재량을 가진 입법권자가 국민의 평균수명과 사회경제적 여건 및 공무원 조직 내부의 인력수급사정 등을 종합적으로 고려하여 입법에 반영한 결과로서 헌법재판소가 관여하여야 할 정도로 입법재량의 한계를 벗어난 잘못이 있다고 볼 수 없으면 헌법에 보장된 공무담임권, 직업선택의 자유, 행복추구권 등 기본권을 침해하는 위헌의 것이 아니다(1997. 3. 27. 96헌바86).

[판례] 정년변경 · 계급정년과 직업공무원제도

① 정년의 변경: 공무원으로 임용된 경우에 있어서 정년까지 근무할 수 있는 권리는 헌법의 공무원 신분보장 규정에 의하여 보호되는 기득권이나, 공무원이 임용 당시의 공무원법상의 정년규정까지 근무할 수 있다는 기대와 신뢰는 행정조직, 직제의 변경 또는 예산의 감소 등 강한 공익상의 정당한 근거에 의하여 좌우될 수 있는 상대적이고 가변적인 것에 지나지 않는다

고 할 것이므로 정년규정을 변경하는 입법은 구법질서에 대하여 기대했던 당사자의 신뢰보호 내지 신분관계의 안정이라는 이익을 지나치게 침해하지 않는 한 공익목적 달성을 위하여 필요한 범위 내에서 **입법권자의 입법형성의 재량**을 인정하여 할 것이다. ② **계급정년제도**: 공무원의 계급정년제도는 직업공무원제의 요소인 공무원의 신분보장을 무한으로 관철할 때 파생되는 공직사회의 무사안일을 방지하고 인사적체를 해소하며 새로운 인재들의 공직참여 기회를 확대, 관료제의 민주화를 추구하여 직업공무원제를 합리적으로 보완, 운영하기 위한 것으로서 그 **목적의 정당성**이 인정된다. ③ **소급적용**: 계급정년규정은 그 시행일 이후에 임용되는 직원에 대하여만 적용될 수밖에 없다면 연령정년까지 신분보장이 확보된 특수계층이 존재하게 됨에 따라 계급정년제 본래의 목적달성이 불가능하게 될 것이다. 따라서 계급정년을 새로이 규정하면서 소급적용하도록 하더라도, 이는 정당한 공익목적을 달성하기 위한 것으로 구법질서하에서의 공무원들의 기대 내지 신뢰를 과도히 해치는 것으로 보기는 어렵다고 할 것이므로, **입법자의 입법형성재량 범위 내에서** 입법된 것이라고 할 것이고, 이를 공무원신분관계의 안정을 침해하는 입법이라거나 소급입법에 의한 기본권 침해규정이라고 할 수 없다(1994. 4. 28. 91헌바15등).

[판례] 공무원의 신분보장과 지방공무원의 전입

지방자치단체의 장은 다른 지방자치단체의 장의 동의를 얻어 그 소속 공무원을 전입할 수 있다고만 규정하고 있어, 이러한 전입에 있어 지방공무원 본인의 동의가 필요한지에 관하여 다툼의 여지없이 명백한 것은 아니나, 해당 지방공무원의 동의 없이도 지방자치단체의 장 사이의 동의만으로 지방공무원에 대한 전출 및 전입명령이 가능하다고 풀이하는 것은 헌법적으로 용인되지 아니하며, 헌법 제7조에 규정된 공무원의 신분보장 및 헌법 제15조에서 보장하는 직업선택의 자유의 의미와 효력에 비추어 볼 때 해당 지방공무원의 동의가 있을 것을 당연한 전제로 하여 그 공무원이 소속된 지방자치단체의 장의 동의를 얻어서만 그 공무원을 전입할 수 있음을 규정하고 있는 것으로 해석하는 것이 타당하고, 이렇게 본다면 인사교류를 통한 행정의 능률성이라는 입법목적도 적절히 달성할 수 있을 뿐만 아니라 지방공무원의 신분보장이라는 헌법적 요청도 충족할 수 있게 된다. 따라서 위 법률조항은 헌법에 위반되지 아니한다(2002. 11. 28. 98헌바101).

[판례] 직제폐지와 직권면직

행정조직의 개폐에 관한 문제에 있어 입법자가 광범위한 입법형성권을 가진다 하더라도 행정조직의 개폐로 인해 행해지는 직권면직은 보다 직접적으로 해당 공무원들의 신분에 중대한 위협을 주게 되므로 직제폐지 후 실시되는 면직절차에 있어서는 보다 엄격한 요건이 필요한데, 이와 관련하여 지방공무원법은 직제의 폐지로 인해 직권면직이 이루어지는 경우 임용권자는 인사위원회의 의견을 듣도록 하고 있고, 면직기준으로 임용형태 · 업무실적 · 직무수행능력 · 징계처분사실 등을 고려하도록 하고 있으며, 면직기준을 정하거나 면직대상을 결정함에 있어서 반드시 인사위원회의 의결을 거치도록 하고 있는바, 이는 합리적인 면직기준을 구체적으로 정함과 동시에 그 공정성을 담보할 수 있는 절차를 마련하고 있는 것이라 볼 수 있다. 그렇다면 직제가 폐지된 경우 직권면직을 할 수 있도록 규정하고 있다고 하더라도 이 것이 직업공무원제도를 위반하고 있다고는 볼 수 없다(2004. 11. 25. 2002헌바8).

3. 공무원의 정치적 중립성

국민전체의 봉사자로서 특정 정파가 아니라 전체 국민을 위하여 직무를 수행해야 하는 공무원에게는 정치적 중립성이 보장되어야 한다. 이러한 목적에서 공무원은 정당 기타 정치단체의 가입이 원칙적으로 금지되고 기타 정치활동과 집단행위도 금지 내지 제한되고 있다. 하지만 정치적 중립성은 정파적인 편파성이나 당파성을 금지하는 '불편부당성'으로 이해될 필요가 있고, 공무원의 정치적 표현의 자유를 제한하기 위한 정치적 중립의 의무로 해석되는 것은 지양될 필요가 있다. 정치적 중립의 의무는 국민전체의 봉사자로서 공무원에게 요구되는 공익실현의무에서 도출되며 신분과 함께 보장되는 정치적 중립성은 정권의 외압으로부터 직업공무원을 보호하기 위한 공무원의 권리로 이해되어야 한다.

[판례] 공무원의 정치적 중립성

공무원은 국민전체에 대한 봉사자이므로 중립적 위치에서 공익을 추구하고(국민전체의 봉사자설), 행정에 대한 정치의 개입을 방지함으로써 행정의 전문성과 민주성을 제고하고 정책적 계속성과 안정성을 유지하며(정치와 행정의 분리설), 정권의 변동에도 불구하고 공무원의 신분적 안정을 기하고 엽관제로 인한 부패·비능률 등의 폐해를 방지하며(공무원의 이익보호설), 자본주의의 발달에 따르는 사회경제적 대립의 중재자·조정자로서의 기능을 적극적으로 담당하기 위하여 요구되는 것(공적 중재자설)이다(1995. 5. 25. 91헌마67; 2004. 3. 25. 2001헌마710; 2014. 3. 27. 2011헌바42).

(1) 정치적 행위의 금지

공무원은 정당이나 그 밖의 정치단체의 결성에 관여하거나 이에 가입할 수 없다(국가공무원법 제65조 제1항). 또한 공무원은 선거에 있어서 특정정당 또는 특정인의 지지나 반대를 하기 위한 목적으로 ① 투표를 하거나 하지 아니하도록 권유운동을 한다든지, ② 서명운동을 기도·주재하거나 권유한다든지, ③ 문서 또는 도서를 공공시설 등에 게시하거나 게시하게 한다든지, ④ 기부금을 모집 또는 모집하게 하거나 공공자금을 이용 또는 이용하게 한다든지, ⑤ 타인으로 하여금 정당 기타 정치단체에 가입하게 하거나 또는 가입하지 아니하도록 권유운동을 한다든지 하는 행위를 할 수 없다(동법 동조 제2항). 이와 관련하여 헌법재판소는 초·중등학교의 교육공무원이 정치단체의 결성에 관여하거나 이에 가입하는 행위를 금지하는 것은 정치적 표현의 자유 및 결사의 자유를 침해한다고 본다.[107)]

[판례] 초·중등교원의 정당가입과 선거운동의 금지

① 근거: 초·중등학교에 근무하는 교원이 정당의 발기인 또는 당원이 되는 것을 금지하고 있는 것은 공무원의 신분을 보장하고 민주주의 및 법치주의의 통치이념에 기여하려는 공무원제도의 본질에 비추어 공무원의 정치적 중립성 확보를 위한 조치로서 헌법 제37조 제2항에 따른 최소한의 제한이라고 할 수 있다. 이는 우리나라의 정치적 현실과 역사적 경험에 비추어 행정의 중립성·효율성의 확보뿐만 아니라 특히 교원의 활동이 미성숙한 학생들의

107) 헌재 2020. 4. 23. 2018헌마551.

가치판단에 중대한 영향을 주고 있으므로 교육자로서의 특별한 처신이 요구되고, 피교육자인 학생들의 기본권 또는 학부모들의 자녀에 대한 교육권과의 갈등을 예방하기 위해 부득이하고 필요한 조치이기도 하다. ② **평등권**: 초 · 중등학교 교원에 대해서는 정당가입과 선거운동의 자유를 금지하면서 대학교원에게는 이를 허용한다 하더라도, 이는 양자간의 직무의 본질이나 내용, 그리고 근무태양이 다른 점을 고려할 때 합리적인 차별이라고 할 것이므로 헌법상의 평등권을 침해하지 않는다(2004. 3. 25. 2001헌마710).

(2) 집단행동의 금지

노동조합 및 노동관계조정법에 따르면 근로자는 자유로이 노동조합을 조직하거나 이에 가입할 수 있지만, 공무원과 교원에 대하여는 따로 법률로 정하도록 규정한다(동법 제5조). 이에 따라 국가공무원법에 따르면 공무원은 노동운동이나 그 밖에 공무 이외의 일을 위한 집단행위를 하는 것이 금지되고, 단지 사실상 노무에 종사하는 공무원만은 예외로 한다(동법 제66조 제1항). 다만 **공무원의 노동조합 설립 및 운영에 관한 법률**과 **교원의 노동조합 설립 및 운영에 관한 법률**에 따라 공무원과 교원에게 단결권과 단체교섭권이 인정되고 있다. 헌법재판소는 집단적으로 이루어지는 정부 정책에 대한 비판이나 반대 자체가 현실정치에 개입하려 한다거나, 정파적 또는 당파적인 것으로 오해 받을 소지가 크기 때문에 공무원의 집단행위를 금지한 것은 과잉금지원칙에 위반되지 않는다고 한다.[108] 또한 노동운동의 주체가 될 수 있는 공무원을 '사실상 노무에 종사하는 공무원'으로 한정한 것은 헌법 제33조 제2항에 근거한 것으로서 입법자에게 허용된 입법재량권을 벗어난 것도 아니고, 헌법상 평등원칙에 위반되는 것도 아니라고 한다.[109] 여기서 공무원에게 금지되는 '노동운동'은 단결권, 단체교섭권, 단체행동권 등 노동3권을 기초로 하여 이에 직접 관련된 행위를 말한다. 그리고 '집단행위'는 특정목적을 위한 다수인의 행위로서 단체의 결성단계에는 이르지 않는 상태에서의 행위를 말한다. 헌법재판소는 '공익에 반하는 목적을 위하여 직무전념의무를 해태하는 등의 영향을 가져오는 집단적 행위'로 한정축소 해석한다면 공무원의 표현의 자유를 침해하지 않는다고 본다.[110]

[판례] 공무원의 집단행위 금지

공무원의 정치적 의사표현이 집단적으로 이루어지는 것을 금지하는 것은, 다수의 집단행동은 그 행위의 속성상 개인행동보다 공공의 안녕질서나 법적 평화와 마찰을 빚을 가능성이 크고, 공무원이 집단적으로 정치적 의사표현을 하는 경우에는 이것이 공무원이라는 집단의 이익을 대변하기 위한 것으로 비춰질 수 있으며, 정치적 중립성의 훼손으로 공무의 공정성과 객관성에 대한 신뢰를 저하시킬 수 있기 때문이다. 특히 우리나라의 정치 현실에서는 집단적으로 이루어지는 정부 정책에 대한 비판이나 반대가 특정 정당이나 정파 등을 지지하는 형태의 의사표시로 나타나지 않더라도 그러한 주장 자체로 현실정치에 개입하려 한다거나, 정파적 또는 당파적인 것으로 오해 받을 소지가 크다. 따라서 공무원의 집단적인 의사표현

108) 헌재 2014. 8. 28. 2011헌바32.
109) 헌재 2007. 8. 30. 2003헌바51등.
110) 헌재 2020. 4. 23. 2018헌마550.

을 제한하는 것은 불가피하고 이것이 과잉금지원칙에 위반된다고 볼 수 없다(2014. 8. 28. 2011헌바32).

[판례] 사실상 노무에 종사하는 공무원에 노동3권의 한정

헌법 제33조 제2항이 직접 '법률이 정하는 자'만이 노동3권을 향유할 수 있다고 규정하고 있어서 '법률이 정하는 자' 이외의 공무원은 노동3권의 주체가 되지 못하므로, '법률이 정하는 자' 이외의 공무원에 대해서도 노동3권이 인정됨을 전제로 하여 헌법 제37조 제2항의 과잉금지원칙을 적용할 수는 없는 것이다. 한편, 국가공무원법 제66조 제1항은 근로3권이 보장되는 공무원의 범위를 사실상 노무에 종사하는 공무원에 한정하고 있으나, 이는 헌법 제33조 제2항에 근거한 것이고, 전체국민의 공공복리와 사실상 노무에 공무원의 직무의 내용, 노동조건 등을 고려해 보았을 때 입법자에게 허용된 입법재량권의 범위를 벗어난 것이라 할 수 없다. 사실상 노무에 종사하는 공무원에 대하여서만 근로3권을 보장하고 그 이외의 공무원들에 대하여는 근로3권의 행사를 제한함으로써 양자를 달리 취급하는 것은 헌법 제33조 제2항에 그 근거를 두고 있을 뿐 아니라 합리적인 이유가 있다 할 것이므로 헌법상 평등의 원칙에 위반되는 것이 아니다(1992. 4. 28. 90헌바27; 2007. 8. 30. 2003헌바51).

4. 직업공무원의 범위

직업공무원제도에서 말하는 공무원은 '경력직공무원', 즉 일반직, 특정직 공무원에 제한된다. 헌법재판소도 같은 취지에서 직업공무원제도에서 말하는 공무원은 "국가 또는 공공단체와 근로관계를 맺고 공무를 담당하는 것을 직업으로 하는 협의의 공무원"으로 "정치적 공무원"이나 "임시적 공무원"은 포함되지 않는 것으로 본다.[111]

V. 공무원의 권리와 의무

1. 공무원의 권리

(1) 신분상의 권리

공무원의 신분과 관련하여 인정되는 권리로는 첫째, 1급 공무원을 제외한 공무원은 형의 선고, 징계처분 또는 국가공무원법에 정하는 사유에 의하지 않고는 그 의사에 반하여 휴직, 강임 또는 면직을 당하지 않는 **신분보유권**(동법 제68조), 둘째, 법에 정한 사유(동법 제73조의3)가 아니고는 직위를 해제당하지 않는 **직위보유권**, 셋째, 자율적으로 직무를 수행할 수 있는 **직무수행권**, 넷째, 위법·부당하게 신분상 불이익을 입은 경우에 시정을 구할 수 있는 **행정쟁송권** 등이 인정된다.

(2) 재산상의 권리

공무원이 가지는 재산상의 권리로는 첫째, 근로의 대가에 대한 임금 등 보수를 청구할 수 있는 **보수청구권**(동법 제46조 및 제47조), 둘째, 퇴직·사망의 경우 또는 부상·질병의 경우에 청구할 수 있는 **연금청구권**(동법 제77조 제1항), 셋째, 보수 외에 직무에

111) 헌재 1989. 12. 18. 89헌마32등.

소요되는 실비를 청구할 수 있는 **실비변상수령권**(동법 제48조 제1항), 넷째, 소속기관장의 허가를 받아 특수한 연구과제를 위탁받아 처리한 경우에 보상을 지급받을 수 있는 **보상수령권** 등(동법 동조 제2항) 법률적 권리가 인정된다.

2. 공무원의 의무

(1) 공무원법상의 의무

헌법이 국민전체의 봉사자인 공무원에게 요구하는 공익실현의무는 공무원법에 따른 의무로 구체화된다. 공무원에게는 ① 직무수행에서 **성실의 의무**(동법 제56조)와 ② **법령준수의 의무**(동법 제56조), ③ 소속상관의 직무상 명령에 대한 **복종의 의무**(동법 제57조), ④ 소속상관의 허가 또는 정당한 이유 없는 **직장이탈의 금지의무**(동법 제58조), ⑤ 국민전체의 봉사자로서 집무와 관련된 **친절 · 공정의 의무**(동법 제59조), ⑥ 직무상 알게 된 비밀에 관한 **비밀엄수의 의무**(동법 제60조), ⑦ 직무와 관련된 사례 · 증여 · 향응수수와 소속공무원간의 증여를 금지하는 **청렴의 의무**(동법 제61조), ⑧ 직무 내외를 불문한 **품위유지의 의무**(동법 제63조), ⑨ 영리목적의 업무에 종사하지 못하는 **영리업무금지의 의무**(동법 제64조 제1항 전단), ⑩ 소속기관의 장의 허가가 없는 **겸직의 금지의무**(동법 동조 동항 후단)가 부과된다. 특히 공익의 대표자이자 인권옹호기관으로서 검사에게는 객관의무, 즉 실체적 진실에 입각한 국가형벌권의 실현을 위하여 공소제기와 유지를 할 의무뿐만 아니라 그 과정에서 피의자나 피고인의 소송법적 권리를 보호하고 그들의 정당한 이익을 옹호하여야 할 의무가 부과되는데 이러한 객관의무는 성실의무를 이행했는지 여부를 판단하는 준거가 된다.[112]

(2) 공직자윤리법상의 의무

1) 재산등록의무 공직자의 부정한 재산증식을 방지하고, 공무집행의 공정성을 확보하여 국민에 대한 봉사자로서 가져야 할 공직자의 윤리를 확립함을 목적으로 **공직자윤리법**이 제정되어 있다. 이에 따라 공직자윤리법에 열거된 공직자는 **재산등록의 의무**가 있다(동법 제3조). 또한 등록의무자는 재산의 변동사항을 신고해야 하는 의무도 있다(동법 제6조 제1항). 그리고 재산등록사항이나 변동사항을 공개해야 하는 등록의무자는 주식 및 가상자산의 취득 · 양도에 관한 거래내역을 등록기관에 신고해야 하는 **주식거래내역 신고의무**도 있다(동법 제6조의2).

2) 재산공개의무 재산등록의무가 있는 공직자 가운데 공직자윤리법에 열거된 공직자 본인과 배우자 및 본인의 직계존속 · 직계비속의 재산등록사항과 변동사항에 대해서는 **공직자윤리위원회**가 공개해야 할 의무가 있다(동법 제10조 제1항). 또한 공직선거의 후보자의 경우에는 등록대상재산을 관할 선거관리위원회에 신고해야 하고, 임명에 국회의 동의를 요하는 공직자와 국회에서 선출하는 공직자의 경우에도 등록대상재산을 국회에 신고

112) 헌재 2024. 8. 29. 2003헌나4.

해야 하며 **관할 선거관리위원회** 또는 **국회의장**은 재산신고사항을 공개해야 할 의무가 있다(동법 제10조의2 제1항 및 제2항).

3) 공직자윤리위원회의 심사 재산등록의무자가 등록한 사항에 대해서는 **공직자윤리위원회**가 심사한다(동법 제8조 제1항). 공직자윤리위원회는 등록사항을 심사한 결과로 등록대상재산을 거짓으로 기재한 경우, 중대한 과실로 빠트리거나 잘못 기재한 경우, 허위의 자료를 제출하거나 거짓으로 소명하는 등 불성실하게 재산등록을 하거나 심사에 응한 경우, 직무상 알게 된 비밀을 이용하여 재물 또는 재산상 이익을 취득한 사실이 인정되는 경우에는 ① 경고 및 시정조치, ② 과태료 부과, ③ 일간신문 광고란을 통한 허위등록사실의 공표, ④ 해임 또는 징계(파면 포함) 의결요청과 같은 조치를 해야 한다(동법 제8조의2 제1항).

4) 주식의 매각 또는 신탁의 의무 등록재산을 공개해야 하는 공직자 등은 본인 및 그 이해관계자 모두가 보유한 주식의 총 가액이 법정금액을 초과하는 경우에 주식을 매각하거나 신탁 · 투자신탁(주식백지신탁)에 관한 계약을 체결하고 이 사실을 신고해야 할 의무가 있다(동법 제14조의4 제1항). 다만 직무관련성이 없다고 인정된 경우에는 예외로 한다. 주식의 직무관련성 여부를 심사 · 결정하기 위하여 인사혁신처에 **주식백지신탁 심사위원회**를 둔다(동법 제14조의5 제1항). 주식백지신탁계약이 체결된 경우에는 그 신탁계약이 해지될 때까지는 새로 주식을 취득하는 것이 금지된다(동법 제14조의6 제1항).

[판례] 국회의원이 보유한 주식의 매각 및 백지신탁의 합헌성

국회의원이 보유한 직무관련성 있는 주식의 매각 또는 백지신탁을 명하고 있는 법률조항은 국회의원으로 하여금 직무관련성이 인정되는 주식을 매각 또는 백지신탁하도록 하여 그 직무와 보유주식 간의 이해충돌을 원천적으로 방지하고 있는바, 헌법상 국회의원의 국가이익 우선의무, 지위남용 금지의무 조항 등에 비추어 볼 때 이는 정당한 입법목적을 달성하기 위한 **적절한 수단**이다. 나아가 이 사건 법률조항은 국회의원이 보유한 모든 주식에 대해 적용되는 것이 아니라 직무관련성이 인정되는 금 3천만 원 이상의 주식에 대하여 적용되어 그 적용범위를 목적달성에 필요한 범위 내로 최소화하고 있는 점, 당사자에 대한 사후적 제재수단인 형사처벌이나 부당이득환수, 또는 보다 완화된 사전적 이해충돌회피수단이라 할 수 있는 직무회피나 단순보관신탁만으로는 이 사건 조항과 같은 수준의 입법목적 달성효과를 가져올 수 있을지 단정할 수 없다는 점에 비추어 **최소침해성원칙**에 반한다고 볼 수 없고, 국회의원의 공정한 직무수행에 대한 국민의 신뢰확보는 가히 돈으로 환산할 수 없는 가치를 지니는 점 등을 고려해 볼 때, 이 사건 법률조항으로 인한 사익의 침해가 그로 인해 확보되는 공익보다 반드시 크다고는 볼 수 없으므로 **법익균형성원칙** 역시 준수하고 있다. 따라서 이 사건 법률조항은 당해사건 원고의 재산권을 침해하지 아니한다(2012. 8. 23. 2010헌가65).

5) 선물수령신고의무와 퇴직공직자의 취업제한 공무원 또는 공직유관단체의 임 · 직원 또는 그 가족이 외국 또는 그 직무와 관련하여 외국인으로부터 선물을 받은 때에는 지체없이 소속기관 · 단체의 장에게 신고하고 당해 선물을 인도해야 하는 **선물수령신**

고 및 인도의 의무가 있다(동법 제15조 제1항). 또한 퇴직공직자에게 부당한 영향력행사나 공정한 업무수행저해의 가능성을 고려하여 자신이 소속하였던 부서의 업무와 밀접하게 관련이 있는 영리목적의 사기업체 등에 취업할 수 없는 **취업제한기관에의 취업금지의무**도 있다(동법 제17조).

(3) 그 밖의 법률상 의무

부패방지 및 국민권익위원회의 설치와 운영에 관한 법률(부패방지법)에 따르면 공직자는 그 직무를 행함에 있어 다른 공직자가 부패행위를 한 사실을 알게 되었거나 부패행위를 강요 또는 제의받은 경우에는 지체 없이 이를 수사기관 · 감사원 또는 국민권익위원회에 신고하여야 하는 의무를 부과받는다(동법 제56조). 부패방지법은 공직자의 '부패행위'를 ① 공직자가 직무와 관련하여 그 지위 또는 권한을 남용하거나 법령을 위반하여 자기 또는 제3자의 이익을 도모하는 행위, ② 공공기관의 예산사용, 공공기관 재산의 취득 · 관리 · 처분 또는 공공기관을 당사자로 하는 계약의 체결 및 그 이행에 있어서 법령에 위반하여 공공기관에 대하여 재산상 손해를 가하는 행위, ③ ①항목과 ②항목에 따른 행위나 그 은폐를 강요, 권고, 제의, 유인하는 행위로 정의한다(동법 제2조 제4호).

한편 공직자의 이해충돌방지법은 '이해충돌'을 "공직자가 직무를 수행할 때에 자신의 사적 이해관계가 관련되어 공정하고 청렴한 직무수행이 저해되거나 저해될 우려가 있는 상황"로 정의하면서(동법 제2조 제4호) 직무수행 중에 직무관련자가 사적 이해관계자임을 안 경우 신고와 회피신청의 의무를 부과한다(동법 제5조 제1항). 또한 부동산을 직접적으로 취급하는 공공기관의 공직자에게 본인이나 배우자 등 가족이 소속 공공기관의 업무와 관련된 부동산을 보유하고 있거나 매수하는 경우에 서면신고의 의무를 부과한다(동법 제6조 제1항). 그밖에도 고위공직자에게는 민간 부문 업무활동 내역에 대한 제출의무(동법 제8조 제1항), 공직자에게는 직무관련자와의 거래에 대한 신고의무(동법 제9조 제1항), 직무 관련 외부활동의 금지의무(동법 제10조), 공공기관 물품 등의 사적 사용 · 수익 금지의무(동법 제13조), 직무상 비밀 이용 금지의무(동법 제14조 제1항) 등이 부과된다.

제 5 절 지방자치제도

Ⅰ. 개념과 이념

1. 개 념

지방자치제도란 일정한 지역을 근거로 하는 '단체'나 일정한 지역에 거주하는 '주민'이 그 지방의 사무를 자신의 책임하에 자신이 선출한 기관을 통해서 처리하는 제도를 말한다.

2. 이 념

(1) 주민자치(정치적 자치)와 민주주의

지방자치제도의 이념적 뿌리 가운데 하나는 '주민자치'의 이념이다. 이것은 지역주민이 자신이 속한 지역사회의 정치와 행정에 직접 참여하여 자신의 책임하에 처리하는 지방자치로서 '민주주의'의 이념을 기초로 하고 있다. 이러한 지방자치의 이념은 지방의 사무를 지방주민이 선출한 명예직 공무원에게 맡김으로써 지방주민이 지역사무를 직접 처리하는 영국의 제도에서 유래하였다. 이때 지방자치단체의 기관은 국가의 행정기관으로서 국가의 지방행정사무를 담당하는 기관이다. 그리고 독립된 의결기관인 지방의회는 존재하지 않기 때문에 지방자치단체의 기관은 의결기관인 동시에 행정기관이며 국가의 입법적, 사법적 통제를 받게 된다. 즉 국가는 법률로써 지방자치단체의 조직, 권한 및 운영에 관한 사항을 정하고, 법률위반 여부를 사법부에 의하여 심사하여 통제한다.

(2) 단체자치(법적 자치)와 권력분립

지방자치제도의 또 다른 이념은 '단체자치'의 이념이다. 이것은 일정한 지역을 단위로 하는 지방자치단체가 국가 밑에서 독립된 인격과 자치권을 인정받아 자체의 기관을 가지고 스스로 단체의 의사를 결정하여 그 사무를 처리하는 지방자치로서, 권력분립원칙의 한 내용으로 이해되는 '지방분권주의'의 이념에 기초하고 있다. 이것은 지방분권이 발달된 유럽에서 중앙정부에 대해 독립성을 갖는 지방의 자치권을 중심으로 발전되어 왔다. 국가의 의결기관과 독립된 의결기관인 지방의회가 설치되기 때문에 의결기관과 집행기관의 분리, 고유사무와 위임사무의 분리, 그리고 중앙행정기관의 행정적 통제를 특징으로 한다. 즉 국가는 지방자치단체에게 일반적인 권한만을 법률로써 부여하고 중앙행정기관이 명령, 인·허가, 검사, 취소, 임명, 파면 등의 방법으로 통제한다.

Ⅱ. 지방자치제도의 현대적 기능

1. 지방자치제도와 권력분립

지방자치제도는 중앙정부와 지방 간에 권력의 분산을 통해 권력의 균형과 견제라는 효과를 거둘 수 있다. 이것은 법치주의의 이념을 구체화하는 권력분립원칙의 요청에 상응한다. 다만 전통적인 권력분립은 입법권·집행권·사법권과 같은 국가권력 상호간의 균형과 견제를 도모하는 '수평적' 권력분립인 데 반하여 지방자치제도가 지향하는 권력분립은 중앙정부와 지방정부의 권력 상호간에 균형과 견제를 도모하는 '수직적' 권력분립이라는 점에서 구분된다.

2. 지방자치제도와 민주주의

지방자치제도는 지방적 수준에서 민주주의를 실현하는 장이 된다. 민주주의를 대화하고 토론하는 민주주의로 이해할 때, 지방의 정책적 현안에 대하여 지역주민이 직접적이든 간접적이든 대화와 토론을 통해서 참여하게 하는 지방자치제도는 민주주의를 기초로 한다. 또한 지방자치제도는 지방자치단체의 기관을 구성함에 있어서 주민의 선거를 통해 민주적 정당성을 부여함으로써 지방단위에서 민주주의를 실현하기도 한다. 따라서 지방자치제도를 '민주주의의 훈련장' 또는 '풀뿌리 민주주의'라고 부르기도 한다.

3. 지방자치제도와 기본권

지방자치제도는 민주주의원리와 밀접하게 관련을 맺음으로써 국민의 기본권보장과도 관련을 맺게 된다. 우선 민주주의가 대의제를 통해서 실현되는 경우에 지방적 수준에서의 민주주의도 대의제를 통해 가능하다. 이때 지역주민은 지방참정권을 보장받음으로써 민주주의의 실현이 가능해진다. 또한 민주주의가 대의제와 함께 시민사회의 공론영역을 보장해야 한다면 지방자치제도도 지역의 정책적 현안과 관련하여 지역시민사회의 공론영역을 보장해 주어야 한다.

[판례] 지방자치제도의 개념과 이념

지방자치제도라 함은 일정한 지역을 단위로 일정한 지역의 주민이 그 지방주민의 복리에 관한 사무, 재산관리에 관한 사무, 기타 법령이 정하는 사무(헌법 제117조 제1항)를 그들 자신의 책임하에서 자신들이 선출한 기관을 통하여 직접 처리하게 함으로써 지방자치행정의 민주성과 능률성을 제고하고, 지방의 균형있는 발전과 아울러 국가의 민주적 발전을 도모하는 제도이다. 지방자치는 국민자치를 지방적 범위 내에서 실현하는 것이므로 지방시정에 직접적인 관심과 이해관계가 있는 지방주민으로 하여금 스스로 다스리게 한다면 자연히 민주주의가 육성, 발전될 수 있다는 소위 **'풀뿌리 민주주의'**를 그 이념적 배경으로 하고 있는 것이다. 지방자치제도는 현대 입헌민주국가의 통치원리인 권력분립 및 통제, 법치주의, 기본권보장 등의 제원리를 주민의 직접적인 관심과 참여 속에서 구현시킬 수 있어 바로 자율과 책임을 중시하는 자유민주주의 이념에 부합되는 것이므로 국민(주민)의 자치의식과 참여의식만 제고된다면 **권력분립원리의 지방차원에서의 실현**을 가져다 줄 수 있을 뿐 아니라(지방분권) 지방의 개성 및 특징과 다양성을 국가전체의 발전으로 승화시킬 수 있고, 나아가 헌법상 보장되고 있는 선거권, 공무담임권(피선거권) 등 국민의 **기본권의 신장에도 크게 기여할** 수 있는 제도라 할 것이다(1991. 3. 11. 91헌마21).

Ⅲ. 한국헌법의 지방자치제도

1. 헌법규정

지방자치제도와 관련하여 현행 헌법은 지방자치단체의 권한, 종류, 기관에 대해서 규정한다. 우선 지방자치단체는 주민의 복리에 관한 사무를 처리하고 재산을 관리하며 법령의 범위 안에서 자치에 관한 규정을 제정할 수 있는 권한을 가진다(제117조 제1항). 지방자치단체의 권한은 헌법으로부터 부여받은 권한이므로 별도의 법률적 위임을 필요로 하지 않는다. 다만 지방자치단체의 종류는 법률로 정하도록 위임하고 있다(동조 제2항). 한편 지방자치단체의 기관으로 지방자치단체에 의회를 두고(제118조 제1항), 지방의회의 조직, 권한, 의원선거와 지방자치단체의 장의 선임방법 기타 지방자치단체의 조직과 운영에 관한 사항은 법률로 정하도록 위임하고 있다(동조 제2항). 이에 따라 제정된 법률로는 '지방자치법'과 '공직선거법' 등이 있다. 이러한 법률들은 헌법이 보장하는 지방자치제도를 구체적으로 형성하는 과정에서 이 제도를 폐지하거나 형해화할 수 없다. 헌법재판소도 "지방자치단체의 자치권은 헌법상 보장을 받고 있으므로 비록 법령에 의하여 이를 제한하는 것이 가능하다고 하더라도, 지방자치단체의 존재 자체를 부인하거나 각종 권한을 말살하는 것과 같이 그 제한이 불합리하여 지방자치권의 본질을 훼손하는 정도에 이른다면 이는 헌법에 위반된다"고 본다.[113] 다만 헌법이 보장하는 지방자치권은 특정한 자치단체의 존속을 보장하는 것으로 아니므로 "지방자치단체에게 자신의 관할구역 내에 속하는 영토, 영해, 영공을 자유로이 관리하고 관할구역 내의 사람과 물건을 독점적, 배타적으로 지배할 수 있는 권리"인 영토고권이 부여되었다고 볼 수는 없다고 한다.[114] 한편 자치권이 미치는 관할구역의 해상경계와 관련하여 불문법상 해상경계가 성립될 수 있다고 본다.[115] 다만 지방자치단체 사이에 불문법상 해상경계가 성립하기 위해서는 ① 관련된 지방자치단체 주민들 사이에서 해상경계에 관한 일정한 관행이 존재하고, ② 해상경계에 관한 그러한 관행이 장기간 동안 반복되어야 하며, ③ 해상경계선에 관한 그와 같은 관행을 법규범이라고 인식하는 관련된 지방자치단체 주민들의 법적 확신이 존재해야 한다고 한다.

지방자치제도는 제헌헌법에서부터 규정되어(제8장) 1952년에 지방의회가 최초로 구성되었다. 1960년(제2공화국, 제3차 개정)헌법에서는 '시 · 읍 · 면장의 주민직선제'가 규정되었으나 곧바로 1962년(제3공화국, 제5차 개정)헌법에서 폐지되고 지방의회도 해산되었다. 1972년(제4공화국, 제7차 개정)헌법 부칙에서는 지방의회의 구성을 조국통일 이후로 연기한다고 규정하였다. 1980년(제5공화국, 제8차 개정)헌법에도 지방자치제도에 관한 규정은 있었으나 실제로 지방의회는 구성되지 않았다. 현행 1987년(제6공화국, 제9차 개정)헌법은 지방자치제도에 관한 규정을 두고, 1991년부터 지방의회선거를, 김영삼 대통령의 '문민정부' 시절인 1995년부터 지방자치단체장선거를 실시하였다.

2. 지방자치단체의 종류

헌법은 지방자치단체의 종류를 법률에서 정하도록 위임하고(제117조 제2항), 이에 따라 **지방자치법**은 지방자치단체를 크게 ① **특별시, 광역시, 특별자치시, 도, 특별자치도**, 그리고 ② **시, 군, 구**의 2종으로 구별하고 있다(동법 제2조 제1항). 지방자치단체는 법인

113) 헌재 2019. 4. 11. 2016헌라7.
114) 헌재 2006. 3. 30. 2003헌라2.
115) 헌재 2019. 4. 11. 2016헌라8등; 2021. 2. 25. 2015헌라7.

으로 한다(동법 제3조 제1항). 이로써 지방자치단체는 국가로부터 독립된 법인격을 가진 공법인으로서 활동한다. 특별시, 광역시, 특별자치시, 도, 특별자치도는 정부의 직할로 두고, 시는 도 또는 특별자치도의 관할구역 안에, 군은 광역시나 도 또는 특별자치도의 관할구역 안에 두며, 자치구는 특별시와 광역시의 관할구역 안에 둔다(동법 동조 제2항). 지방자치단체는 사무를 공동으로 처리하기 위하여 **행정협의회**를 구성할 수 있고(동법 제169조), 규약을 정하여 지방의회의 의결을 거쳐 상급행정기관의 승인을 받은 후 **지방자치단체조합**을 설립할 수도 있다(동법 제176조). 지방자치단체의 구성요소는 ① 주민, ② 자치권, ③ 구역이며 자치권이 미치는 관할구역의 범위에는 육지뿐만 아니라 공유수면을 포함한 바다도 포함한다. 헌법재판소에 따르면 지방자치단체의 해상경계는 불문법이 존재하면 이에 따르고 존재하지 않으면 형평의 원칙에 따라 해상경계선이 확정된다고 한다.[116] 여기서 해상경계에 관한 불문법이 성립하기 위해서는 ① 관계 지방자치단체·주민들 사이에 해상경계에 관한 일정한 관행이 존재하고, ② 그 해상경계에 관한 관행이 장기간 반복되어야 하며, ③ 그 해상경계에 관한 관행을 법규범이라고 인식하는 관계 지방자치단체·주민들의 법적 확신이 있어야 한다.[117]

[판례] 제주특별자치도의 설치

① 헌법 제117조 제2항은 지방자치단체의 종류를 법률로 정하도록 규정하고 있을 뿐 지방자치단체의 종류 및 구조를 명시하고 있지 않으므로 이에 관한 사항은 기본적으로 입법자에게 위임된 것으로 볼 수 있다. 헌법상 지방자치제도보장의 핵심영역 내지 본질적 부분이 특정 지방자치단체의 존속을 보장하는 것이 아니며 지방자치단체에 의한 자치행정을 일반적으로 보장하는 것이므로, 현행법에 따른 지방자치단체의 중층구조 또는 지방자치단체로서 특별시·광역시 및 도와 함께 시·군 및 구를 계속하여 존속하도록 할지 여부는 결국 입법자의 입법형성권의 범위에 들어가는 것으로 보아야 한다. 같은 이유로 일정 구역에 한하여 당해 지역 내의 지방자치단체인 시·군을 모두 폐지하여 중층구조를 단층화하는 것 역시 입법자의 선택범위에 들어가는 것이다. ② 새로운 행정수요에 따른 지방행정구조개편이 필요하며 자치단체인 시·군을 폐지하여 행정의 효율화를 달성하고 국제자유도시의 조성을 도모하려는 입법자의 판단이 부정확한 사실인식과 불합리한 예측을 근거로 한 것이라 할 수는 없다. 게다가 비록 기초자치단체의 폐지로 말미암아 주민들의 자치단체구성에 대한 참여기회가 일부 상실되었다 하더라도 그에 대한 보완책으로 광역자치단체 수준의 참여권이 확대되었고, 제주도가 중앙정부의 규율로부터 벗어나 폭넓은 자치권을 가지게 됨에 따라 실질적으로 주민들이 지역행정에 참여하여 영향을 미칠 수 있는 범위가 확대되었으므로, 주민들의 민주적 요구를 수용하는 지방자치제의 기능이 예전에 비하여 축소되었다고 볼 수도 없다. 따라서 청구인들의 참정권인 선거권과 공무담임권이 제한된다 하더라도 그것이 현저히 자의적이고 불합리하여 기본권 제한의 입법적 한계를 벗어난 것이라고 할 수 없다(2006. 4. 27. 2005헌마1190).

116) 헌재 2024. 8. 29. 2022헌라1.

117) 헌재 2019. 4. 11. 2016헌라8등; 2021. 2. 25. 2015헌라7.

3. 지방자치단체의 주민과 그 권리

지방자치단체의 구역 안에 주소를 가진 자는 그 지방자치단체의 주민이 된다(지방자치법 제16조). 주민은 기본적으로 ① 주민생활에 영향을 미치는 **지방자치단체의 정책결정과정 및 정책집행과정에 참여할 권리**, ② 소속 지방자치단체의 **재산과 공공시설을 이용할 권리**와 ③ 그 지방자치단체로부터 **균등하게 행정의 혜택을 받을 권리**를 가진다(동법 제17조 제1항 및 제2항). 그리고 ④ 국민인 주민은 그 지방자치단체에서 실시하는 지방의회의원 및 지방자치단체장의 선거와 같은 **지방선거에 참여할 권리**를 가진다(동법 동조 제3항). 공직선거법에 따라 외국인인 주민의 경우에도 영주의 체류자격 취득일 후 3년이 경과한 18세 이상의 외국인으로서 선거인명부 작성기준일 현재 해당 지방자치단체의 외국인등록대장에 올라 있는 사람은 선거권을 가진다(동법 제15조 제2항 제3호).

[판례] 재외국민의 지방선거 선거권과 피선거권

① 국내거주 재외국민은 주민등록을 할 수 없을 뿐이지 '국민인 주민'이라는 점에서는 '주민등록이 되어 있는 국민인 주민'과 실질적으로 동일하므로 지방선거 선거권 부여에 있어 양자에 대한 차별을 정당화할 어떠한 사유도 존재하지 않으며, 또한 헌법상의 권리인 국내거주 재외국민의 선거권이 법률상의 권리에 불과한 '영주의 체류자격 취득일로부터 3년이 경과한 19세 이상의 외국인'의 지방선거 선거권에 못 미치는 부당한 결과가 초래되고 있다는 점에서, 국내거주 재외국민에 대해 그 체류기간을 불문하고 지방선거 선거권을 전면적·획일적으로 박탈하는 공직선거법 조항은 국내거주 재외국민의 평등권과 지방의회 의원선거권을 침해한다. ② '외국의 영주권을 취득한 재외국민'과 같이 주민등록을 하는 것이 법령의 규정상 아예 불가능한 자들이라도 지방자치단체의 주민으로서 오랜 기간 생활해 오면서 그 지방자치단체의 사무와 얼마든지 밀접한 이해관계를 형성할 수 있고, 주민등록이 아니더라도 그와 같은 거주 사실을 공적으로 확인할 수 있는 방법은 존재한다는 점, 나아가 공직선거법 제16조 제2항이 국회의원 선거에 있어서는 주민등록 여부와 관계없이 25세 이상의 국민이라면 누구든지 피선거권을 가지는 것으로 규정함으로써 국내거주 여부를 불문하고 재외국민도 국회의원 선거의 피선거권을 가진다는 사실에 비추어, 주민등록만을 기준으로 함으로써 주민등록이 불가능한 재외국민인 주민의 지방선거 피선거권을 부인하는 공직선거법 제16조 제3항은 헌법 제37조 제2항에 위반하여 국내거주 재외국민의 공무담임권을 침해한다(2007. 6. 28. 2004헌마644).

그 밖에도 지방자치법은 주민에게 과도한 부담을 주거나 중대한 영향을 미치는 지방자치단체의 주요 결정사항 등에 대하여 주민투표에 부칠 수 있는 권한을 지방자치단체장에게 부여하고 있기 때문에(동법 제18조 제1항) ⑤ 주민은 주민투표가 실시되는 경우에 **주민투표권**을 가진다. 또한 ⑥ 지방자치단체의 18세 이상의 주민(공직선거법에 의한 선거권이 없는 사람은 제외, 영주권 취득 후 3년이 지난 외국인 포함)은 일정 수 이상의 연서로 해당 지방자치단체장에게 조례의 제정이나 개폐를 청구할 수 있는 **조례제정·개폐청구권**을 가진다(동법 제19조 제1항). 이와 같은 권리에 관한 상세한 사항은 「주민조례발안에 관한 법률」에서 규정한다. 또한 주민은 규칙의 제정이나 개정 또는 폐지와 관련된 의견을 자치단체장에게 제출할 수 있는 권한도 갖는다(동법 제20조 제1항).

[판례] 주민투표권의 법적 성격

[1] 지방자치법에서 규정한 주민투표권은 그 성질상 선거권, 공무담임권, 국민투표권과 전혀 다른 것이어서 이를 **법률이 보장하는 참정권**이라고 할 수 있을지언정 헌법이 보장하는 참정권이라고 할 수는 없다(2001. 6. 28. 2000헌마735).

[2] 자치사무의 처리에 주민들이 직접 참여하는 것을 의미하는 주민투표권을 헌법상 보장되는 기본권이라고 하거나 헌법 제37조 제1항의 "헌법에 열거되지 아니한 권리"의 하나로 보기는 어렵다. … 그렇다면 주민투표권은 법률이 보장하는 권리일 뿐이지 헌법이 보장하는 기본권 또는 헌법상 제도적으로 보장되는 주관적 공권으로 볼 수 없다(2005. 12. 22. 2004헌마530).

[3] 주민투표권이 헌법상 기본권이 아닌 법률상의 권리에 해당한다 하더라도 비교집단 상호간에 차별이 존재할 경우에 헌법상의 평등권 심사까지 배제되는 것은 아니다(2007. 6. 28. 2004헌마643).

[판례] 재외국민의 주민투표권

국내거소신고만 할 수 있고 주민등록을 할 수 없는 국내거주 재외국민에 대하여 주민투표권을 인정하지 않고 있는 주민투표법 조항은 주민등록만을 요건으로 주민투표권의 행사 여부가 결정되도록 함으로써 '주민등록을 할 수 없는 국내거주 재외국민'을 '주민등록이 된 국민인 주민'에 비해 차별하고 있고, 나아가 '주민투표권이 인정되는 외국인'과의 관계에서도 차별을 행하고 있는바, 그와 같은 차별에 아무런 합리적 근거도 인정될 수 없으므로 국내거주 재외국민의 헌법상 기본권인 평등권을 침해하는 것으로 위헌이다(2007. 6. 28. 2004헌마643).

[법령] 조례제정 · 개폐청구권

지방자치법 제19조

① 주민은 지방자치단체의 조례를 제정하거나 개정하거나 폐지할 것을 청구할 수 있다.

② 조례의 제정 · 개정 또는 폐지 청구의 청구권자 · 청구대상 · 청구요건 및 절차 등에 관한 사항은 따로 법률로 정한다.

주민조례발안에 관한 법률

제2조(주민조례청구권자) 18세 이상의 주민으로서 다음 각 호의 어느 하나에 해당하는 사람(「공직선거법」 제18조에 따른 선거권이 없는 사람은 제외한다. 이하 "청구권자"라 한다)은 해당 지방자치단체의 의회(이하 "지방의회"라 한다)에 조례를 제정하거나 개정 또는 폐지할 것을 청구(이하 "주민조례청구"라 한다)할 수 있다.

1. 해당 지방자치단체의 관할 구역에 주민등록이 되어 있는 사람
2. 「출입국관리법」 제10조에 따른 영주(永住)할 수 있는 체류자격 취득일 후 3년이 지난 외국인으로서 같은 법 제34조에 따라 해당 지방자치단체의 외국인등록대장에 올라 있는 사람

제4조(주민조례청구 제외 대상) 다음 각 호의 사항은 주민조례청구 대상에서 제외한다.

1. 법령을 위반하는 사항
2. 지방세 · 사용료 · 수수료 · 부담금을 부과 · 징수 또는 감면하는 사항
3. 행정기구를 설치하거나 변경하는 사항

4. 공공시설의 설치를 반대하는 사항

제5조(주민조례청구 요건) ① 청구권자가 주민조례청구를 하려는 경우에는 다음 각 호의 구분에 따른 기준 이내에서 해당 지방자치단체의 조례로 정하는 청구권자 수 이상이 연대 서명하여야 한다.

1. 특별시 및 인구 800만 이상의 광역시 · 도: 청구권자 총수의 200분의 1
2. 인구 800만 미만의 광역시 · 도, 특별자치시, 특별자치도 및 인구 100만 이상의 시: 청구권자 총수의 150분의 1
3. 인구 50만 이상 100만 미만의 시 · 군 및 자치구: 청구권자 총수의 100분의 1
4. 인구 10만 이상 50만 미만의 시 · 군 및 자치구: 청구권자 총수의 70분의 1
5. 인구 5만 이상 10만 미만의 시 · 군 및 자치구: 청구권자 총수의 50분의 1
6. 인구 5만 미만의 시 · 군 및 자치구: 청구권자 총수의 20분의 1

한편 ⑦ 지방자치단체의 18세 이상의 주민은 일정 수 이상의 연서로 시 · 도에서는 주무부장관에게, 시 · 군 및 자치구에서는 시 · 도지사에게 해당 지방자치단체와 그 장의 권한에 속하는 사무의 처리가 법령에 위반되거나 공익을 현저히 해친다고 인정되면 감사를 청구할 수 있는 **감사청구권**을 가진다(동법 제21조 제1항). 그리고 ⑧ 공금의 지출에 관한 사항, 재산의 취득 · 관리 · 처분에 관한 사항, 당해 지방자치단체를 당사자로 하는 계약의 체결 · 이행에 관한 사항 또는 공금의 부과 · 징수를 게을리 한 사항을 감사청구한 주민은 일정한 경우에 그 감사청구한 사항과 관련있는 위법한 행위나 업무를 게을리 한 사실에 대하여 당해 지방자치단체장을 상대방으로 소송을 제기할 수 있는 **주민소송제기권**을 가진다(동법 제22조 제1항). 주민소송에서 손해배상청구나 부당이득반환청구 또는 변상을 명하는 판결이 확정되면 자치단체장은 손해배상금이나 부당이득반환금 또는 변상금을 지급하도록 당사자에게 청구하여야 한다(동법 제23조 및 제24조).

[법령] 감사청구권: 지방자치법 제21조

① 지방자치단체의 18세 이상의 주민으로서 다음 각 호의 어느 하나에 해당하는 사람(「공직선거법」 제18조에 따른 선거권이 없는 사람은 제외한다. 이하 이 조에서 "18세 이상의 주민"이라 한다)은 시 · 도는 300명, 제198조에 따른 인구 50만 이상 대도시는 200명, 그 밖의 시 · 군 및 자치구는 150명 이내에서 그 지방자치단체의 조례로 정하는 수 이상의 18세 이상의 주민이 연대 서명하여 그 지방자치단체와 그 장의 권한에 속하는 사무의 처리가 법령에 위반되거나 공익을 현저히 해친다고 인정되면 시 · 도의 경우에는 주무부장관에게, 시 · 군 및 자치구의 경우에는 시 · 도지사에게 감사를 청구할 수 있다.

1. 해당 지방자치단체의 관할 구역에 주민등록이 되어 있는 사람
2. 「출입국관리법」 제10조에 따른 영주(永住)할 수 있는 체류자격 취득일 후 3년이 경과한 외국인으로서 같은 법 제34조에 따라 해당 지방자치단체의 외국인등록대장에 올라 있는 사람

② 다음 각 호의 사항은 감사 청구의 대상에서 제외한다.

1. 수사나 재판에 관여하게 되는 사항
2. 개인의 사생활을 침해할 우려가 있는 사항
3. 다른 기관에서 감사하였거나 감사 중인 사항. 다만, 다른 기관에서 감사한 사항이라

도 새로운 사항이 발견되거나 중요 사항이 감사에서 누락된 경우와 제22조 제1항에 따라 주민소송의 대상이 되는 경우에는 그러하지 아니하다.
4. 동일한 사항에 대하여 제22조 제2항 각 호의 어느 하나에 해당하는 소송이 진행 중이거나 그 판결이 확정된 사항
③~⑭ 생략

[법령] 주민소송제기권: 지방자치법 제22조

① 제21조 제1항에 따라 공금의 지출에 관한 사항, 재산의 취득 · 관리 · 처분에 관한 사항, 해당 지방자치단체를 당사자로 하는 매매 · 임차 · 도급 계약이나 그 밖의 계약의 체결 · 이행에 관한 사항 또는 지방세 · 사용료 · 수수료 · 과태료 등 공금의 부과 · 징수를 게을리 한 사항을 감사 청구한 주민은 다음 각 호의 어느 하나에 해당하는 경우에 그 감사 청구한 사항과 관련이 있는 위법한 행위나 업무를 게을리한 사실에 대하여 해당 지방자치단체의 장(해당 사항의 사무처리에 관한 권한을 소속 기관의 장에게 위임한 경우에는 그 소속기관의 장을 말한다. 이하 이 조에서 같다)을 상대방으로 하여 소송을 제기할 수 있다.
1. 주무부장관이나 시 · 도지사가 감사 청구를 수리한 날부터 60일(제21조 제9항 단서에 따라 감사기간이 연장된 경우에는 연장된 기간이 끝난 날을 말한다)이 지나도 감사를 끝내지 아니한 경우
2. 제21조 제9항 및 제10항에 따른 감사결과 또는 같은 조 제12항에 따른 조치요구에 불복하는 경우
3. 제21조 제12항에 따른 주무부장관이나 시 · 도지사의 조치요구를 지방자치단체의 장이 이행하지 아니한 경우
4. 제21조 제12항에 따른 지방자치단체의 장의 이행 조치에 불복하는 경우
② 제1항에 따라 주민이 제기할 수 있는 소송은 다음 각 호와 같다.
1. 해당 행위를 계속하면 회복하기 곤란한 손해를 발생시킬 우려가 있는 경우에는 그 행위의 전부나 일부를 중지할 것을 요구하는 소송
2. 행정처분인 해당 행위의 취소 또는 변경을 요구하거나 그 행위의 효력 유무 또는 존재 여부의 확인을 요구하는 소송
3. 게을리한 사실의 위법 확인을 요구하는 소송
4. 해당 지방자치단체의 장 및 직원, 지방의회의원, 해당 행위와 관련이 있는 상대방에게 손해배상청구 또는 부당이득반환청구를 할 것을 요구하는 소송. 다만, 그 지방자치단체의 직원이 「회계관계직원 등의 책임에 관한 법률」 제4조에 따른 변상책임을 져야 하는 경우에는 변상명령을 할 것을 요구하는 소송을 말한다.
③~⑱ 생략

마지막으로 ⑧ 주민은 '선출직 지방공직자'인 해당 지방자치단체장 및 지방의회의원(비례대표지방의회의원은 제외)을 소환할 수 있는 **주민소환권**을 가진다(동법 제25조 제1항). **주민소환에 관한 법률**에 따르면 지방선거권이 있는 19세 이상의 주민과 3년 넘게 영주권을 가진 19세 이상의 외국인은 '주민소환투표청구권'과 '주민소환투표권'을 포함하는 주민소환권을 갖는다(동법 제3조 제1항, 제7조 제1항). 주민소환투표의 청구가 적법한 경우에 주민소환투표대상자(지방자치단체장 또는 지방의회의원)는 관할선거관리위원회가 주민소환투표안을 공고한 때부터 주민소환투표결과를 공표할 때까지 그 권한행사가 정지된다(동법

제21조 제1항). 주민소환은 주민소환투표권자 총수의 3분의 1 이상의 투표와 유효투표 총수 과반수의 찬성으로 확정된다(동법 제22조 제1항). 주민소환이 확정된 때에는 주민소환투표대상자는 그 결과가 공표된 시점부터 그 직을 상실한다(동법 제23조 제1항). 주민소환투표의 효력에 관하여 이의가 있는 해당 주민소환투표대상자 또는 주민소환투표권자는 관할선거관리위원회에 소청할 수 있고(동법 제24조 제1항), 소청에 관한 결정에 불복이 있는 경우에는 고등법원 또는 대법원에 소를 제기할 수 있다(동법 동조 제2항).

헌법재판소에 따르면 ① 주민소환의 청구사유를 규정하지 않은 것, ② 주민소환투표청구권자 총수의 15퍼센트 이상의 서명요건, ③ 주민소환투표대상자의 반대활동을 보장하지 않은 것, ④ 주민소환투표의 발의 · 공고만으로 주민소환투표대상자의 권한행사를 정지되도록 한 것, ⑤ 주민소환투표권자 총수의 3분의 1 이상의 투표와 유효투표 총수 과반수의 찬성만으로 주민소환이 확정되도록 한 것 등은 헌법에 위반되지 않는다.[118]

[법령] 주민소환투표권: 주민소환에 관한 법률 제7조 등

제7조 (주민소환투표의 청구) ① 전년도 12월 31일 현재 주민등록표 및 외국인등록표에 등록된 제3조 제1항 제1호 및 제2호에 해당하는 자(이하 "주민소환투표청구권자"라 한다)는 해당 지방자치단체의 장 및 지방의회의원(비례대표선거구시 · 도의회의원 및 비례대표선거구자치구 · 시 · 군의회의원은 제외하며, 이하 "선출직 지방공직자"라 한다)에 대하여 다음 각 호에 해당하는 주민의 서명으로 그 소환사유를 서면에 구체적으로 명시하여 관할선거관리위원회에 주민소환투표의 실시를 청구할 수 있다.

1. 특별시장 · 광역시장 · 도지사(이하 "시 · 도지사"라 한다): 당해 지방자치단체의 주민소환투표청구권자 총수의 100분의 10 이상
2. 시장 · 군수 · 자치구의 구청장: 당해 지방자치단체의 주민소환투표청구권자 총수의 100분의 15 이상
3. 지역선거구시 · 도의회의원(이하 "지역구시 · 도의원"이라 한다) 및 지역선거구자치구 · 시 · 군의회의원(이하 "지역구자치구 · 시 · 군의원"이라 한다): 당해 지방의회의원의 선거구 안의 주민소환투표청구권자 총수의 100분의 20 이상

② 제1항의 규정에 의하여 시 · 도지사에 대한 주민소환투표를 청구함에 있어서 당해 지방자치단체 관할구역 안의 시 · 군 · 자치구 전체의 수가 3개 이상인 경우에는 3분의 1 이상의 시 · 군 · 자치구에서 각각 주민소환투표청구권자 총수의 1만분의 5 이상 1천분의 10 이하의 범위 안에서 대통령령이 정하는 수 이상의 서명을 받아야 한다. 다만, 당해 지방자치단체 관할구역 안의 시 · 군 · 자치구 전체의 수가 2개인 경우에는 각각 주민소환투표청구권자 총수의 100분의 1 이상의 서명을 받아야 한다.

③ 제1항의 규정에 의하여 시장 · 군수 · 자치구의 구청장 및 지역구지방의회의원(지역구시 · 도의원과 지역구자치구 · 시 · 군의원을 말한다. 이하 같다)에 대한 주민소환투표를 청구함에 있어서 당해 시장 · 군수 · 자치구의 구청장 및 당해 지역구지방의회의원 선거구 안의 읍 · 면 · 동 전체의 수가 3개 이상인 경우에는 3분의 1 이상의 읍 · 면 · 동에서 각각 주민소환투표청구권자 총수의 1만분의 5 이상 1천분의 10 이하의 범위 안에서 대통령령이 정하는 수 이상의 서명을 받아야 한다. 다만, 당해 시장 · 군수 · 자치구의 구청장 및 당해 지역구지방의

---

118) 헌재 2009. 3. 26. 2007헌마843.

회의원 선거구 안의 읍 · 면 · 동 전체의 수가 2개인 경우에는 각각 주민소환투표청구권자 총수의 100분의 1 이상의 서명을 받아야 한다.

④~⑤ 생략

제8조 (주민소환투표의 청구제한기간) 제7조 제1항 내지 제3항의 규정에 불구하고 다음 각 호의 어느 하나에 해당하는 때에는 주민소환투표의 실시를 청구할 수 없다.

1. 선출직 지방공직자의 임기개시일부터 1년이 경과하지 아니한 때
2. 선출직 지방공직자의 임기만료일부터 1년 미만일 때
3. 해당선출직 지방공직자에 대한 주민소환투표를 실시한 날부터 1년 이내인 때

4. 지방자치단체의 기구

(1) 지방의회

1) 개 념 지방의회라 함은 지방자치단체의 의결기관으로서 주민의 대의기관이며 주민에 의하여 선출된 의원으로 구성되는 합의제기관을 말한다.

2) 구성과 조직 지방의회는 주민의 보통 · 평등 · 직접 · 비밀선거에 의하여 선출된 **지방의회의원**으로 구성되는데(지방자치법 제38조), 의원의 임기는 4년이다(동법 제39조). 지방의회의원은 ① 의정활동비, ② 직무활동에 대한 월정수당, ③ 공무상 여비(동법 제40조 제1항)을 지급받고, ④ 직무로 인한 상해 · 사망 또는 상해나 직무로 인한 질병에 대한 보상금(동법 제42조 제1항)을 지급받을 수 있는 권리를 가진다. 한편 지방의회의원에게는 ① 겸직금지의 의무(동법 제43조 제1항), ② 공익우선 및 양심에 따른 성실한 직무수행의 의무(동법 제44조 제1항), ③ 청렴의무, ④ 품위유지의 의무(동법 동조 제2항), ⑤ 지위남용금지의 의무(동법 동조 제3항), ⑥ 겸직이 금지된 기관 등과 영리를 목적으로 거래금지의무(동법 동조 제4항), ⑦ 소관상임의원회의 직무와 관련된 영리행위금지의무(동법 동조 제5항)가 부과된다.

지방의회에는 **의장**과 **부의장**을 둔다. 의장과 부의장은 무기명투표로 선거하고(동법 제57조 제1항), 그 임기는 2년이다(동법 동조 제3항). 의장은 의회를 대표하고, 의사를 정리하며, 회의장 내의 질서를 유지하고, 의회의 사무를 감독한다(동법 제58조). 부의장은 의장이 사고가 있을 경우에 그 직무를 대리한다(동법 제59조). 의장이나 부의장이 법령을 위반하거나 정당한 사유 없이 직무를 수행하지 않으면 지방의회는 불신임을 의결할 수 있다(동법 제62조 제1항).

한편 지방의회에는 **위원회**를 둘 수 있다(동법 제64조 제1항). 위원회는 소관의안과 청원 등을 심사 · 처리하는 **상임위원회**와 특정한 안건을 일시적으로 심사 · 처리하기 위한 **특별위원회**의 두 가지로 한다(동법 동조 제2항). 그 밖에 의원의 윤리심사 및 징계에 관한 사항을 심사하기 위하여 **윤리특별위원회**를 설치하여야 한다(동법 제65조). 지방의회에도 교섭단체를 둘 수 있다(동법 제63조의2).

3) 권한과 운영 지방의회는 ① 조례의 제정 · 개정 · 폐지와 같은 입법에 관한 권한(동법 제47조 제1항), ② 예산의 심의 · 확정, 결산의 승인 등과 같은 재정에 관한 권

한(동법 동조 동항 제2호에서 제8호), ③ 행정사무의 감사·조사에 관한 권한(동법 제49조), ④ 의회규칙제정권(동법 제52조)이나 의원사직허가·자격심사·징계권(동법 제89조, 제91조, 제98조), ⑤ 부시장·부지사 등 일정한 공무원에 대한 인사청문권(동법 제47조의2) 등과 같은 자율권을 가진다. 국회의 자율권과는 달리 지방의회의 자율권은 제한적으로만 보장된다. 따라서 지방의회가 의결한 의장·부의장의 불신임, 의원의 제명 등은 행정소송의 대상이 된다.

지방의회는 ① **정례회**와 ② **임시회**로 소집된다. 지방의회는 매년 2회 정례회를 개최한다(동법 제53조 제1항). 그리고 지방자치단체장이나 조례로 정하는 수 이상의 의원이 요구하면 지방의회의장은 임시회를 소집해야 한다(동법 제54조 제3항). 한편 회의진행과 관련하여 ① 지방의회는 재적의원 3분의 1 이상의 출석으로 개의하고(동법 제72조 제1항), 원칙적으로 재적의원 과반수의 출석과 출석의원 과반수의 찬성으로 의결한다(동법 제73조 제1항). 의장은 의결에서 표결권을 가지며 찬성과 반대가 같으면 부결된 것으로 본다(동법 동조 제2항). 그리고 ② **회의공개의 원칙**에 따라 지방의회의 회의는 원칙적으로 공개한다(동법 제75조). 또한 ③ **회기계속의 원칙**에 따라 지방의회에 제출된 의안은 회기 중에 의결되지 못한 이유로 폐기되지 않고, 의원의 임기가 만료되는 경우에만 예외로 한다(동법 제79조). 마지막으로 ④ **일사부재의의 원칙**에 따라 지방의회에서 부결된 의안은 같은 회기 중에 다시 발의하거나 제출할 수 없다(동법 제80조).

(2) 지방자치단체의 장

1) 유 형 특별시에는 특별시장, 광역시에는 광역시장, 특별자치시에 특별자치시장, 도와 특별자치도에는 도지사, 시에는 시장, 군에는 군수, 자치구에는 구청장을 둔다(동법 제106조). 그리고 보조기관으로 특별시·광역시 및 특별자치시에 부시장, 도와 특별자치도에 부지사, 시에 부시장, 군에 부군수, 자치구에 부구청장을 둔다(동법 제123조 제1항).

2) 선 출 지방자치단체장은 주민의 보통·평등·직접·비밀선거에 의하여 선출하고(동법 제107조), 그 임기는 4년으로 하며, 그 계속 재임은 3기로 한정된다(동법 제108조). 현행 헌법이 시행된 후 지방자치법은 최초의 지방자치단체장 선거를 1991년 6월 30일 이내에 실시해야 한다고 규정하였지만(1990. 12. 31. 법률 제4310호로 개정된 지방자치법 부칙 제2조), 법률개정으로 시행 기한을 1995년 6월 30일로 연장한 끝에 실제로는 1995년 6월 27일에 실시되었다. 이는 1948년 제헌헌법 이래로 규정되어 실시되었던 지방자치제도가 1961년 5.16 군사쿠데타 이후에는 실제로 법률이 제정되지 않아 실시되지 않다가 30년도 넘게 지난 후에야 비로소 다시 실시된 지방자치단체선거였다. 최초의 지방자치단체장과 지방의회의원의 임기는 1995년 7월 1일에 시작하여 1998년 6월 30일로 만료되도록 함으로써 지방자치단체선거와 국회의원선거가 2년마다 엇갈려 실시되도록 하였다(1994. 3. 16. 법률 제4741호로 개정된 지방자치법 부칙 제3조).

[판례] 지방자치단체장의 계속재임 제한

지방자치단체 장의 계속 재임을 3기로 제한한 규정의 입법취지는 장기집권으로 인한 지역 발전저해 방지와 유능한 인사의 자치단체 장 진출확대로 대별할 수 있는바, 그 목적의 정당성, 방법의 적절성, 피해의 최소성, 법익의 균형성이 충족되므로 헌법에 위반되지 아니한다. 같은 선출직공무원인 지방의회의원 등과 비교해 볼 때, 지방자치의 민주성과 능률성, 지방의 균형적 발전의 저해요인이 될 가능성이 상대적으로 큰 지방자치단체 장의 장기 재임만을 규제대상으로 삼아 달리 취급하는 데에는 합리적인 이유가 있다고 할 것이므로, 평등권을 침해하지 않는다(2006. 2. 23. 2005헌마403).

3) 권 한 지방자치단체장은 ① 지방자치단체를 대표하고, 그 사무를 총괄한다(동법 제114조). 또한 ② 지방자치단체의 사무와 법령에 따라 그 지방자치단체장에게 위임된 사무를 관리하고 집행한다(동법 제116조). 그리고 ③ 소속직원을 지휘 · 감독하고, 법령과 조례 · 규칙이 정하는 바에 따라 그 임면 · 교육훈련 · 복무 · 징계 등에 관한 사항을 처리한다(동법 제118조).

(3) 지방교육자치단체

권력분립과 교육자치(자주성)에 대한 헌법의 요구에 따라 지방의 교육행정은 지방교육자치단체에 의해 실시된다. 이것은 중앙과 지방 차원의 권력분립뿐만 아니라 일반행정과 교육행정 차원의 권력분립을 의미한다. 이를 구체화하는 **지방교육자치에 관한 법률**(이하 '교육자치법'으로 약칭)에 따라 지방자치단체의 교육 · 과학 · 기술 · 체육 그 밖의 학예(이하 교육 · 학예)에 관한 사무는 특별시 · 광역시 및 도(이하 시 · 도)의 사무로 한다(동법 제2조).

1) 교 육 감 시 · 도의 교육 · 학예에 관한 사무의 집행기관으로 시 · 도에 교육감을 둔다(동법 제18조 제1항). 교육감은 교육 · 학예에 관한 소관 사무로 인한 소송이나 재산의 등기 등에 대하여 해당 시 · 도를 대표한다(동법 동조 제2항). 국가행정사무 중 시 · 도에 위임하여 시행하는 사무로서 교육 · 학예에 관한 사무는 원칙적으로 교육감에게 위임하여 행한다(동법 제19조). 교육감의 임기는 4년으로 하며, 교육감의 계속 재임은 3기에 한정한다(동법 제21조). 교육감은 주민의 보통 · 평등 · 직접 · 비밀선거에 따라 선출한다(동법 제43조). 교육감후보자가 되려는 사람은 당해 시 · 도지사의 피선거권이 있는 사람으로서 후보자등록신청개시일부터 과거 1년 동안 정당의 당원이 아닌 사람이어야 하고, 일정한 교육경력 또는 교육행정경력이 있는 사람이어야 한다(동법 제24조). 교육감을 소환할 수 있는 권리가 주민에게 부여된다(동법 제24조의2 제1항).

2) 교육위원회제도 및 교육의원선거제도의 폐지 교육 · 학예에 관한 의안과 청원 등을 심사 · 의결하기 위하여 **시 · 도의회의 상임위원회**로 교육위원회를 두도록 하면서, 그 구성을 교육경력이나 교육행정경력을 가진 자로서 별도로 선출된 교육의원이 차지하도록 한 규정 및 교육의원의 선거에 관한 규정이 입법(2010. 2. 26. 법률 제10046호로 개정된 교육자치법 부칙 제2조 제1항)에 의해 2014

년 6월 30일 이후 효력을 상실하게 되면서 두 제도는 폐지되었다. 그러므로 지방의회는 조례로 정하는 바에 따라 상임위원회로 교육위원회를 둘 수 있지만(지방자치법 제64조 제1항), 교육의원이 위원회를 구성하지는 않는다. 이에 따라 교육자치법은 시·도의회의 교육·학예에 관한 사무를 처리하기 위하여 조례로 정하는 바에 따라 시·도의회의 사무처에 지원조직과 사무직원을 두도록 하였다(동법 제29조의3 제1항).

[판례] 지방교육자치의 이념

지방교육자치도 지방자치권행사의 일환으로서 보장되는 것이므로, 중앙권력에 대한 지방적 자치로서의 속성을 지니고 있지만, 동시에 그것은 헌법 제31조 제4항이 보장하고 있는 교육의 자주성·전문성·정치적 중립성을 구현하기 위한 것이므로, 정치권력에 대한 문화적 자치로서의 속성도 아울러 지니고 있다. 이러한 '이중의 자치'의 요청으로 말미암아 지방교육자치의 민주적 정당성요청은 어느 정도 제한이 불가피하게 된다. 지방교육자치는 **'민주주의·지방자치·교육자주'**라고 하는 세 가지의 헌법적 가치를 골고루 만족시킬 수 있어야만 하는 것이다(2000. 3. 30. 99헌바113).

5. 지방자치단체의 권한

(1) 헌법규정

헌법은 지방자치단체에게 주민의 복리에 관한 사무를 처리하고 재산을 관리하며 법령의 범위 안에서 자치에 관한 규정을 제정할 수 있는 권한을 부여하고 있다(제117조 제1항). 이것은 지방자치단체에게 자치입법권, 자치행정권, 자치재정권을 부여한다는 뜻이다. 다만 헌법이 부여한 자치권의 범위는 법령에 의하여 형성되고 제한될 수 있다는 것이 헌법재판소의 입장이다.[119]

[판례] 지방자치권이 기본권인지 여부

지방자치권은 지방자치단체 자체에 부여된 것으로서 헌법에 의하여 보장된 개인의 주관적 공권으로 볼 수 없고, 이로써 그 구성원인 주민에게 달리 어떠한 기본권적인 권리가 보장되는 것으로 볼 수도 없다(2006. 8. 31. 2006헌마266).

(2) 자치입법권

지방자치단체는 법령의 범위 안에서 자치에 관한 규정을 제정할 수 있는 권한이 있는데 이것을 자치입법권이라고 부른다. 자치입법권은 헌법으로부터 부여받은 '헌법적 권한'에 속한다. 자치입법은 **지방의회**가 법령의 범위 안에서 그 지방의 사무에 관하여 정하는 **조례**와 **지방자치단체의 장**이 법령과 조례의 범위 안에서 그 권한에 속하는 사무에 관하여 정하는 **규칙**으로 구분된다.

1) 조례제정권

A. 개 념 　조례제정권이란 헌법에 근거하여 지방자치단체가 법령의 범위 안

119) 헌재 2002. 10. 31. 2002헌라2.

에서 그 사무에 관한 일반적이고 추상적인 법규범을 제정할 수 있는 권한을 말한다. 이러한 헌법적 권한을 구체화하여 지방자치법은 지방자치단체에 법령의 범위 안에서 그 사무에 관하여 조례를 제정할 수 있는 권한을 부여하되, 주민의 권리 제한 또는 의무 부과에 관한 사항이나 벌칙을 정할 때에는 법률의 위임을 요구하고 있다(지방자치법 제28조).

B. 조례에 대한 법률의 위임의 필요성과 범위 '법률의 위임'을 요구하는 지방자치법 제28조의 단서조항에 대해서는 헌법 제117조 제1항의 '법령의 범위 안에서'라는 문구에 대한 해석과 관련하여 논란이 발생할 수 있다. 다시 말해 '법령의 범위 안에서'라는 문구가 조례의 제정은 반드시 '법령의 위임'을 필요로 한다는 뜻인지, 아니면 단순히 '법령의 범위'를 벗어나지 않으면 충분하고 반드시 법령의 위임을 필요로 하는 것은 아니라는 뜻인지에 대하여 논란이 있을 수 있다. 만약 전자의 해석이 타당하다면 단서조항은 위헌이 아니지만 후자의 해석이 타당하다면 단서조항은 위헌이 될 수 있다. 왜냐하면 지방의회의 조례제정권은 헌법적 근거에 따라 부여된 헌법적 권한인데 법률에서 일정한 사항에 대하여 법률의 위임이 필요하다고 규정함으로써 그러한 권한을 제한하기 때문이다.

결론적으로 지방의회의 조례제정권은 헌법에 근거한 권한이기 때문에 자치사무에 관한 조례제정권은 원칙적으로 법령의 위임이 필요하지 않다고 보아야 한다. 이에 따라 지방자치단체는 원칙적으로 법령의 범위를 벗어나지 않는 한 법령의 위임이 없이도 자치사무에 관한 조례를 자율적으로 제정할 수 있는 권한을 가진다. 하지만 이 경우에도 주민의 권리를 제한하거나 주민에게 의무를 부과하는 사항 또는 벌칙을 정할 때에는 법률의 위임이 있어야 한다. 헌법 제37조 제2항에 따라 국민의 기본권제한은 원칙적으로 법률의 형식으로만 가능하기 때문이다. 따라서 헌법 제117조 제1항뿐만 아니라 제37조 제2항까지 고려하면 지방자치법 제28조 단서는 헌법에 위반되지 않는다. 헌법재판소도 지방자치단체가 국민의 권리·의무에 관하여 규율하는 조례를 제정할 때는 법률의 위임이 필요하다고 본다.[120]

여기서 또 하나 문제가 되는 것은 기본권을 제한하는 조례의 경우에 법률의 위임이 행정입법에 대한 위임처럼 구체적이어야 하는지 아니면 포괄적인 것으로 충분한지 하는 점이다. 헌법재판소는 조례에 대한 법률의 위임은 포괄적인 것으로 충분하다고 본다.[121] 그러나 국민의 기본권을 제한하는 조례의 제정에서 법률의 위임이 필요하다고 하면서도 그 범위는 포괄적일 수 있다면 사실상 법률의 위임이 불필요하다는 논리이기 때문에 조례에 대한 법률의 위임은 행정입법과 마찬가지로 구체적이어야 한다.

한편 법률의 위임에 따라 조례가 주민의 권리를 제한하거나 의무를 부과하는 경우에 법령의 범위 안에 있는지에 대한 판단에서 중요한 것은 조례가 법령에서 규정된

120) 헌재 1995. 4. 20. 92헌마264등.
121) 헌재 1995. 4. 20. 92헌마264등.

기준보다 강화된 기준을 설정할 수 없다는 점이다. 지방자치법에 따라 조례를 위반한 행위에 대해서 1천만원 이하의 과태료를 부과할 수 있는데(동법 제34조 제1항) 이보다 강화된 과태료의 부과는 허용되지 않는다.

[판례] 조례에 대한 법률의 위임의 범위

조례의 제정권자인 지방의회는 선거를 통해서 그 지역적인 민주적 정당성을 지니고 있는 주민의 대표기관이고 헌법이 지방자치단체에 포괄적인 자치권을 보장하고 있는 취지로 볼 때, 조례에 대한 법률의 위임은 법규명령에 대한 법률의 위임과 같이 반드시 구체적으로 범위를 정하여 할 필요가 없으며 포괄적인 것으로 족하다(1995. 4. 20. 92헌마264: 부천시 담배자동판매기 설치금지조례).

C. 조례제정절차 조례조례안이 지방의회에서 의결되면 의장은 지방자치단체장에게 이를 **이송**해야 한다(동법 제32조 제1항). 지방자치단체장은 지방의회에서 의결된 조례안을 이송받으면 **공포**해야 할 의무가 있고(동조 제2항), 이송받은 조례안에 대하여 이의가 있으면 이유를 붙여 지방의회로 환부하고 **재의**를 **요구**할 수 있다(동조 제3항). 지방자치단체장이 이송받은 조례안을 공포하지 않거나 재의요구를 하지 않으면 조례로서 확정된다(동조 제5항). 지방자치단체장의 재의요구가 있는 경우에는 재의요구를 받은 지방의회가 재의에 붙여 재적의원 과반수의 출석과 출석의원 3분의 2 이상의 찬성으로 **전과 같은 의결**을 하면 그 조례안은 조례로서 확정된다(동조 제4항). 지방의회의 재의결로 확정된 조례안이 법령에 위반된다고 인정되면 지방자치단체장은 대법원에 제소할 수 있다(동법 제120조 제3항). 지방자치단체장은 확정된 조례를 지체 없이 공포해야 하고, 이송된 후 5일 이내에 공포하지 않으면 지방의회의장이 공포한다(동법 제32조 제6항). 조례는 특별한 규정이 없는 한 공포한 날로부터 20일이 지나면 효력을 발생한다(동법 동조 제8항).

2) 규칙제정권 **지방자치단체의 장**은 법령 또는 조례가 위임한 범위 안에서 그 권한에 속하는 사무에 관하여 규칙을 제정할 수 있다(동법 제29조). 이때 시 · 군 및 자치구의 규칙은 시 · 도의 규칙에 위반할 수 없다(동법 제30조). 규칙도 조례와 같이 특별한 규정이 없는 한 공포한 날로부터 20일을 경과함으로써 효력을 발생한다(동법 제32조 제8항).

(3) 자치행정권

지방자치단체는 그 관할 구역의 자치사무와 법령에 의하여 지방자치단체에 속하는 사무를 처리한다(동법 제13조 제1항). 이에 따라 지방자치단체의 사무는 고유사무와 위임사무로 구분되고, 위임사무는 다시 단체위임사무와 기관위임사무로 구분된다. 지방자치단체는 법률에 다른 규정이 있는 경우를 제외하고는 원칙적으로 외교, 국방, 사법 등 지방자치법에 열거된 국가사무를 처리할 수 없다(동법 제15조).

1) 고유사무 고유사무는 지방자치단체의 존립목적인 주민의 복리에 관한 사무를 말한다. 이러한 고유사무의 경비는 지방자치단체가 전액부담한다. 국가는 사후에 합법성만 감독할 수 있다.

2) 단체위임사무 단체위임사무는 법령에 의하여 국가나 다른 지방자치단체로부터 위임된 사무를 말한다. 법률에서 규정된 "법령에 의하여 지방자치단체에 속하는 사무"에 해당한다. 단체위임사무의 경비는 사무를 위임한 국가와 지방자치단체가 부담한다(동법 제206조). 국가 등 사무를 위임한 주체는 사후에 합법성과 합목적성을 감독할 수 있다.

3) 기관위임사무 기관위임사무는 국가나 다른 지방자치단체로부터 지방자치단체의 집행기관에 위임된 사무를 말한다. 위임을 받은 지방자치단체의 기관은 국가 등의 하급기관과 동일한 지위에서 사무를 처리한다. 기관위임사무의 경비는 국가 등이 전액 부담한다. 국가 등은 사전에 합법성과 합목적성을 모두 감독할 수 있다.

[판례] 기관위임사무

기관위임사무는 국가의 사무가 지방자치단체의 장 등에게 위임된 것이므로 그 처리의 효과가 국가에 귀속되는 국가의 사무이다. 지방자치단체의 장 기타의 기관은 기관위임사무를 처리하는 범위 안에서는 지방자치단체의 기관이 아니고, 그 사무를 위임한 국가 등의 기관의 지위에 서게 된다. 따라서 지방자치단체는 기관위임사무의 집행에 관한 권한의 존부 및 범위에 관한 권한분쟁을 이유로 기관위임사무를 집행하는 국가기관 또는 다른 지방자치단체의 장을 상대로 권한쟁의심판청구를 할 수 없다고 할 것이다(2004. 9. 23. 2000헌라2).

(4) 자치재정권

1) 지방재정의 원칙 지방자치단체는 지방의 재정에 관하여 자율적으로 결정할 수 있는 권한을 가진다. 하지만 **건전운용의 원칙**에 따라 지방자치단체는 주민의 복리증진을 위하여 그 재정을 건전하고 효율적으로 운용해야 하고, 국가의 정책에 반하거나 국가나 다른 지방자치단체의 재정에 부당한 영향을 미칠 수 없는 한계를 갖는다(지방재정법 제3조 제1항). 이를 위하여 **회계연도 독립의 원칙**을 준수하여 각 회계연도의 경비는 원칙적으로 해당 연도의 **세입**으로 충당하여야 한다(동법 제7조 제1항). 지방자치단체의 회계는 일반회계와 특별회계로 구분하되 재정의 효율적 운용을 위하여 필요한 경우에는 여유재원이나 기금 예치금을 예탁하거나 예수하여 통합적으로 활용할 수 있다(동법 제9조의2 제1항). 예외적으로 공유재산의 조성 등 소관 재정투자사업과 그에 직접적으로 수반되는 경비의 충당, 재해예방 및 복구사업, 천재지변으로 발생한 예측할 수 없었던 세입결함의 보전, 지방채의 차환 등을 위해 지방자치단체장이 지방의회의 의결을 얻어 **지방채**를 발행할 수도 있다(동법 제11조 제1항, 제2항).

지방자치단체의 관할 구역의 자치사무에 관하여 필요한 경비는 당해 지방자치단체가 그 전액을 부담하는 것이 원칙이다(동법 제20조). 하지만 ① 국가가 이해관계를 가지는 자치사무의 경비 가운데 국가가 반드시 부담해야 하는 경비에 대해서는 국가가 '**부담금**'을 교부해야 한다(동법 제21조 제1항). 또한 ② 지방자치단체가 국가로부터 위임받아 수행하는 국가사무의 경비에 대해서도 국가는 '**교부금**'을 교부해야 한다(동법 동조 제2

항). 한편 ③ 국가시책상 필요하거나 지방자치단체의 재정사정상 필요하다고 인정되면 지방자치단체에 **보조금**을 교부할 수도 있다(동법 제23조 제1항). 요약하면 지방자치단체는 국가로부터 교부받는 부담금, 교부금, 보조금을 재원으로서 조달할 수 있는데 이것을 통칭하여 '**국고보조금**'이라고 부른다. 지방자치단체의 재정부담 및 재정위기관리에 관한 사항을 심의하기 위하여 행정안전부장관 소속으로 지방재정관리위원회를 둔다(동법 제27조의2).

그 밖에도 국가는 재정적 결함이 있는 지방자치단체에 **지방교부세**를 교부한다. 지방교부세의 종류에는 ① 보통교부세, ② 특별교부세, ③ 부동산교부세, ④ 소방안전교부세가 있다(지방교부세법 제3조). 이러한 지방교부세는 앞에서 설명한 국고보조금과 묶어서 '**정부간 수입**'이라고도 부른다.

지방자치단체의 재원			
1. 세입	2. 지방채	3. 정부간 수입	
		(1) 국고보조금	(2) 지방교부세
		① 부담금 ② 교부금 ③ 보조금	① 보통교부세 ② 특별교부세 ③ 부동산교부세 ④ 소방안전교부세

2) 재정에 관한 권한

A. 예산·결산에 관한 권한 지방자치단체는 자율적으로 예산을 편성하여 의결하고, 결산한다. 지방자치단체장은 회계연도마다 **예산안**을 편성하여 지방의회에 제출하고(지방자치법 제142조 제1항), 지방의회는 예산안을 의결한다(동법 동조 제2항). 한편 지방자치단체장은 한 회계연도를 넘어 계속하여 경비를 지출할 필요가 있으면 **계속비**로서 지방의회의 의결을 얻어야 한다(동법 제143조). 그리고 지방자치단체는 예측할 수 없는 예산 외의 지출이나 예산초과지출에 충당하기 위하여 **예비비**를 계상해야 한다(동법 제144조 제1항). 또한 지방자치단체장은 예산에 변경을 가할 필요가 있으면 **추가경정예산안**을 편성하여 지방의회의 의결을 얻어야 한다(동법 제145조 제1항). 새로운 회계연도가 시작될 때까지 예산안이 의결되지 못하면 예산안이 의결될 때까지 전년도 예산에 준하여 집행할 수도 있다. 마지막으로 지방자치단체장은 결산과 관련하여 지방의회의 승인을 얻어야 한다(동법 제150조 제1항).

B. 재산보유·기금설치·공기업운영에 관한 권한 지방자치단체는 행정목적을 달성하기 위한 경우나 공익상 필요한 경우에 재산을 보유하거나, 특정한 자금을 운용하기 위한 기금을 설치할 수 있고(동법 제159조 제1항), 주민의 복지증진과 사업의 효율적 수행을 위하여 지방공기업을 설치·운영할 수 있다(동법 제163조 제1항).

C. 조세 등의 징수에 관한 권한 지방자치단체는 법률이 정하는 바에 의하여 **지방세**를 부과·징수할 수 있다(동법 제152조). 또한 지방자치단체는 공공시설의 이용 또

는 재산의 사용에 대해서는 **사용료**(동법 제153조)를, 특정인을 위한 사무에 대해서는 수수료(동법 제154조)를, 그 재산 또는 공공시설의 설치로 특히 이익을 받는 일부 주민에 대해서는 **분담금**(동법 제155조)을 징수할 수 있다.

D. 지방채의 발행 등 지방자치단체장이나 지방자치단체조합은 지방채를 발행할 수 있고(동법 제139조 제1항), 지방자치단체장은 지방자치단체의 채무부담의 원인이 될 계약의 체결이나 그 밖의 행위를 할 수 있다(동법 동조 제2항). 또한 지방자치단체장은 공익을 위하여 필요하다고 인정하면 미리 지방의회의 의결을 얻어 **보증채무부담행위**를 할 수 있다(동법 동조 제3항).

E. 복권수익금의 분배에 관한 권한 지방자치단체는 행정협의회를 구성하여 '복권 및 복권기금법'에 따라 배분되는 복권수익금의 지방자치단체별 배분 비율을 정하고, 이를 행정자치부장관의 승인을 받아 복권위원회에 통보하여야 한다(지방재정법 제88조).

(5) 주민투표권

지방자치단체장은 주민에게 과도한 부담을 주거나 중대한 영향을 미치는 지방자치단체의 주요 결정사항 등에 대하여 주민투표에 부칠 수 있다(지방자치법 제14조 제1항). 주민투표의 대상, 발의자, 발의요건, 기타 투표절차 등에 관하여는 **주민투표법**에서 규정하고 있다.

1) 주민투표의 대상 주민투표의 대상은 주민에게 과도한 부담을 주거나 중대한 영향을 미치는 **지방자치단체의 주요결정사항**으로 조례로 정해진다(동법 제7조 제1항). 주민투표에 부칠 수 없는 사항으로는 ① 법령에 위반되거나 재판중인 사항, ② 국가 또는 다른 지방자치단체의 권한 또는 사무에 속하는 사항, ③ 지방자치단체의 예산의 편성·의결·집행, 회계·계약 및 재산관리에 관한 사항과 지방세·사용료·수수료·분담금 등 각종 공과금의 부과 또는 감면에 관한 사항, ④ 행정기구의 설치·변경에 관한 사항과 공무원의 인사·정원 등 신분과 보수에 관한 사항, ⑤ 다른 법률에 의하여 주민대표가 직접 의사결정주체로서 참여할 수 있는 공공시설의 설치에 관한 사항(지방의회가 주민투표의 실시를 청구하는 경우에는 예외), ⑥ 동일한 사항(그 사항과 취지가 동일한 경우를 포함)에 대하여 주민투표가 실시된 후 2년이 경과되지 않은 사항 등이 해당한다(동법 동조 제2항).

한편 **중앙행정기관의 장**은 행정안전부장관과의 사전협의를 거쳐 지방자치단체의 폐지·설치·분리·통합 또는 구역변경, 주요시설의 설치 등 **국가정책의 수립**에 관하여 주민의 의견을 듣기 위하여 필요하다고 인정하면 주민투표의 실시구역을 정하여 관계 지방자치단체장에게 주민투표의 실시를 요구할 수 있다(동법 제8조 제1항).

[판례] 중앙행정기관에 대한 지방자치단체장의 주민투표실시요구

주민투표법 제8조는 국가정책의 수립에 참고하기 위한 주민투표에 대해 규정하고 있는데 규정의 문언으로 볼 때 중앙행정기관의 장은 실시 여부 및 구체적 실시구역에 관해 상당한 범위의 재량을 가진다고 볼 수 있다. 이를 감안할 때 지방자치단체가 중앙행정기관장으로부터 제8조의 주민투표 실시요구를 받지 않은 상태에서 일정한 경우 중앙행정기관에게 실시요구를 해 줄 것을 요구할 수 있는 권한까지 가지고 있다고 보기는 어렵다(2005. 12. 22. 2005헌라5).

2) 주민투표권자 주민투표권은 재외국민을 포함한 **국민**과 함께 **외국인**에게도 있다는 점이 특이하다. 18세 이상의 주민으로서 투표인명부 작성기준일 현재 ① 그 지방자치단체의 관할구역 안에 주민등록이 되어 있는 사람(선거권이 없는 자는 제외), ② 대한민국에 계속 거주할 수 있는 자격(체류자격변경허가 또는 체류기간연장허가를 통하여 계속 거주할 수 있는 경우를 포함)을 갖춘 외국인으로서 지방자치단체의 조례가 정하는 사람에게는 주민투표권이 부여된다(동법 제5조 제1항).

3) 발의자와 청구권자 주민투표의 발의자는 **지방자치단체장**이다. 그리고 주민투표의 실시를 청구할 수 있는 주민투표청구권자는 **주민투표권자**와 **지방의회**다. **자치단체장**도 주민의 의견을 들을 필요가 있다고 판단하면 주민투표를 실시할 수 있다. 다만 주민이나 지방의회가 주민투표실시를 청구하면 자치단체장은 반드시 실시해야 한다. ① 주민투표권자는 주민투표청구권자 가운데 일정 수(5% 이상 20% 이하)의 서명으로, ② 지방의회는 재적의원 과반수의 출석과 출석의원 3분의 2 이상의 찬성으로 지방자치단체장에게 주민투표의 실시를 청구할 수 있다(동법 제9조 제2항, 제5항). 한편 지방자치단체장은 **직권으로** 주민투표를 실시할 수도 있는데 이 경우에 그 지방의회 재적의원 과반수의 출석과 출석의원 과반수의 동의를 얻어야 한다(동법 동조 제6항).

4) 투표절차 및 효력 등 지방자치단체장이 주민투표를 발의하려면 그 요지를 공표하고, 관할선거관리위원회에 통지해야 하며(동법 제13조 제1항), 주민투표안을 **공고**해야 한다(동법 동조 제2항). 주민투표권이 없는 자, 공무원, 선거관리위원회위원 등을 제외하고 투표운동을 할 수 있다. 주민투표는 특정한 사항에 대하여 찬성 또는 반대의 의사표시를 하거나 두 가지 사항 중 하나를 선택하는 형식으로 실시해야 한다(동법 제15조). 주민투표에 부쳐진 사항은 주민투표권자 총수의 4분의 1 이상의 투표와 유효투표수 과반수의 득표로 확정된다(동법 제24조 제1항). 주민투표의 효력에 관하여 이의가 있는 주민투표권자는 일정 수 이상의 서명으로 관할 선거관리위원회에 소청할 수 있다(동법 제25조 제1항). 소청에 대한 결정에 관하여 불복이 있는 소청인은 관할 법원에 소를 제기할 수 있다(동법 동조 제2항).

6. 지방자치단체에 대한 통제

(1) 집행부에 의한 통제

상급행정기관으로서 중앙정부나 상급지방자치단체는 감독권에 근거하여 지방자치단체의 권한을 통제할 수 있다. 다만 중앙행정기관장과 자치단체장이 사무를 처리하면서 의견을 달리하는 경우에 이를 협의 · 조정하기 위하여 국무총리 소속으로 행정협의조정위원회를 설치하고 있다.

1) **보고의무** 조례나 규칙을 제정 · 개정 · 폐지하는 경우에 시 · 도지사는 행정안전부장관에게, 시장 · 군수 및 자치구의 구청장은 시 · 도지사에게 각각 보고해야 할 의무가 있고, 보고를 받은 행정안전부장관은 이를 관계 중앙행정기관의 장에게 통보해야 할 의무가 있다(지방자치법 제35조).

2) **조언 · 권고 · 지도** 중앙행정기관의 장 또는 시 · 도지사는 지방자치단체의 사무에 관하여 조언 · 권고 · 지도할 수 있고, 이를 위하여 필요하면 지방자치단체에 자료의 제출을 요구할 수 있는 권한이 있다(동법 제184조 제1항).

3) **지도 · 감독** 국가사무를 위임받은 경우에 시 · 도에서는 주무부장관의 지도 · 감독, 시 · 군 및 자치구에서는 1차로 시 · 도지사의 지도 · 감독, 2차로 주무부장관의 지도 · 감독을 받는다(동법 제185조 제1항). 한편 시 · 도사무를 위임받은 경우에는 시 · 도지사의 지도 · 감독을 받는다(동법 동조 제2항).

4) **시정명령 · 취소 · 정지** 지방자치단체장의 명령 · 처분이 법령에 위반되거나 현저히 부당하여 공익을 해한다고 인정되면 시 · 도에 대하여는 주무부장관이 시정명령을 하고, 시 · 군 및 자치구에 대하여는 시 · 도지사가 시정명령을 할 수 있다(동법 제188조 제1항). 시 · 도지사가 시정을 명하지 않으면 주무부장관은 시정명령을 하도록 명할 수 있고, 그래도 시정명령을 하지 않으면 직접 시장 · 군수 · 구청장에게 시정명령을 할 수 있다. 이러한 시정명령을 불이행하면 지방자치단체장의 해당 명령 · 처분을 취소 · 정지할 수도 있다. 자치사무에 관한 명령 · 처분에 대하여 시정명령 · 취소 · 정지를 하는 경우에는 법령에 위반하는 것에 한정된다. 자치사무에 관한 명령 · 처분의 취소 · 정지에 대하여 이의가 있는 지방자치단체장은 대법원에 제소할 수 있다(동법 동조 제6항).

5) **직무이행명령** 지방자치단체장이 법령에 의한 의무에 속하는 국가위임사무 또는 시 · 도위임사무의 관리 · 집행을 명백히 게을리 하고 있다고 인정되면 시 · 도에 대하여는 주무부장관이 이행명령을 하고, 시 · 군 및 자치구에 대하여는 시 · 도지사가 이행명령을 할 수 있다(동법 제189조 제1항). 시 · 도지사가 이행명령을 하지 않으면 주무부장관은 이행명령을 하도록 명할 수 있고, 그래도 이행명령을 하지 않으면 직접 시장 · 군수 · 구청장에게 이행명령을 할 수 있다. 이행명령에 따라 이행하지 않으면 대집행하거나 행정 · 재정상 필요한 조치가 취해질 수 있다(동법 동조 제6항). 이행명령에 이의가 있는 지방자치단체장은 대법원에 제소할 수 있고, 이때 이행명령의 집행을 정지하게 하는 집행정지결정을 신청할 수 있다(동법 동조 제6항).

6) **감 사** 행정안전부장관 또는 시 · 도지사는 지방자치단체의 자치사무에 관하여 보고를 받거나 서류 · 장부 또는 회계를 감사할 수 있는데 이러한 감사는 법령위반사

항에 한정하여 실시된다(동법 제190조). 따라서 자치사무에 대한 감사는 합법성 감사로 한정되어야 하므로 포괄적이고 사전적인 일반감사나 법령위반사항을 적발하기 위한 감사는 합목적성 감사에 해당하여 허용되지 않는다.[122] 따라서 중앙행정기관이나 상급행정기관이 지방자치단체의 자치사무에 대한 감사에 착수하기 위하여 필요한 개시요건은 자치사무에 관하여 특정한 법령위반행위가 확인되었거나 위법행위가 있었으리라는 합리적 의심이 가능하며 감사대상이 특정된 경우이다.[123] 이미 감사원 감사 등이 실시된 사안은 원칙적으로 감사대상에서 제외하고 종전의 감사결과를 활용해야 한다(동법 제191조).

7) 재의요구지시 지방의회의 의결이 법령에 위반되거나 공익을 현저히 해한다고 판단되면 시·도에 대하여는 주무부장관이, 시·군 및 자치구에 대하여는 시·도지사가 재의를 요구하게 할 수 있고, 재의의 요구를 받은 지방자치단체의 장은 지방의회에 이유를 붙여 재의를 요구해야 한다(동법 제192조 제1항). 시·도지사가 재의요구를 지시하지 않으면 주무부장관은 재의요구를 지시하도록 할 수 있고 그래도 재의요구를 지시하지 않으면 직접 시장·군수·구청장에게 재의요구를 지시할 수 있다.

(2) 입법부에 의한 통제

헌법에 근거하여 입법부는 지방자치단체의 종류(제117조 제2항)와 그 조직 및 운영에 관한 사항(제118조 제2항)을 법률로 정함으로써 지방자치단체를 통제할 수 있다.

(3) 사법부에 의한 통제

스스로의 판단 또는 주무부장관이나 시·도지사의 지시에 따른 지방자치단체장의 재의요구를 받아 지방의회가 재의하여 전과 같은 의결을 한 경우에 지방자치단체장은 재의결된 사항이 법령에 위반된다고 판단되면 대법원에 소를 제기할 수 있고(지방자치법 제120조 제3항 및 제192조 제4항), 이때 필요하다고 인정되면 그 의결의 집행을 정지하게 하는 집행정지결정을 신청할 수 있다(동법 제192조 제4항). 주무부장관 또는 시·도지사는 재의결된 사항이 법령에 위반된다고 판단됨에도 불구하고 해당 지방자치단체장이 소를 제기하지 않으면 해당 지방자치단체장에게 제소를 지시하거나 직접 제소 및 집행정지결정을 신청할 수 있다(동법 동조 제5항). 재의요구 지시를 받고도 해당 자치단체장이 재의요구를 하지 않은 경우에도 마찬가지다.

(4) 지방자치단체 기관상호간의 통제

1) 지방자치단체장에 대한 지방의회의 통제권 ① 지방의회는 매년 1회 해당 지방자치단체의 사무에 대하여 감사를 실시하고, 지방자치단체의 사무 중 특정사안에 관하여 본회의의결로 본회의나 위원회에서 조사하게 할 수 있는 **감사·조사권**을 가진다(동법 제49조 제1항). 또한 ② 지방의회나 그 위원회는 지방자치단체장이나 관계공무원에게 출석·답변을 요구할 수 있는 **출석·답변요구권**을 가진다(동법 제51조 제2항).

122) 헌재 2009. 5. 28. 2006헌라6; 2022. 8. 31. 2021헌라1.

123) 헌재 2009. 5. 28. 2006헌라6; 2023. 3. 23. 2020헌라5.

2) 지방의회에 대한 지방자치단체장의 통제권 ① 지방의회의 의결이 i)월권이거나 법령에 위반되거나 공익을 현저히 해친다고 인정되는 경우(동법 제120조 제1항), ii) 예산상 집행할 수 없는 경비가 포함되어 있다고 인정되는 경우(동법 제121조 제1항), iii) 법령에 따라 지방자치단체에서 의무적으로 부담해야 할 경비나 비상재해로 인한 시설의 응급복구를 위하여 필요한 경비를 줄이는 의결을 할 경우(동법 동조 제2항)에 지방자치단체장은 이유를 붙여 재의를 요구할 수 있는 **재의요구권**을 가진다. 이러한 재의요구권에 대하여 지방의회가 재의한 결과 재적의원 과반수의 출석과 출석의원 3분의 2 이상의 찬성으로 전과 같은 의결을 하면 그 의결사항은 **확정된다**(동법 제120조 제2항, 제121조 제3항).

한편 ② 지방자치단체장은 i) 지방의회가 성립되지 않은 때(의원의 구속 등의 사유로 의결정족수에 미달하게 될 때), ii) 지방의회의 의결사항 중 주민의 생명과 재산보호를 위하여 긴급하게 필요한 사항으로서 지방의회를 소집할 시간적 여유가 없거나 지방의회에서 의결이 지체되어 의결되지 않을 때에는 **선결처분할 수 있는 권한**을 가진다(동법 제122조 제1항). 이러한 선결처분은 지체 없이 지방의회에 보고하여 승인을 얻어야 하고(동법 동조 제2항), 지방의회의 승인을 얻지 못하면 그 선결처분은 그때부터 효력을 상실한다(동법 동조 제3항).

2

기본권론

제1부

기본권총론

제2편의 제1부는 기본권에 관한 총론적 내용을 다룬다. 따라서 기본권 전반에 일반적으로 적용될 수 있는 이론이 논의된다. 우선 기본권의 개념이 무엇이고, 기본권은 어떻게 정당화될 수 있는지를 설명한다(제1장). 그리고 기본권의 일반적인 구조와 성격에 대해서 검토한다(제2장). 다음으로 기본권에 관한 일반론의 핵심인 기본권의 제한을 다루면서 ① 구성요건, ② 제한, ③ 정당화의 단계로 구성되는 기본권의 논증구조를 살펴본다(제3장). 또한 국가에 대한 효력과 사인(私人)인 국민에 대한 효력으로서 구성되는 기본권의 효력을 고찰하는 것도 빠질 수 없다(제4장). 마지막으로 기본권이 침해된 경우에 어떻게 구제받을 수 있는지 설명하면서(제5장) 제1부를 마치기로 한다.

제1장 기본권의 개념과 정당화

기본권의 개념을 정의하는 본질적 징표(표지)는 무엇이고, 또한 어떤 대상이 기본권의 범주에 포함될 수 있는가? 기본권의 개념은 기본권이 어떻게 정당화될 수 있는지에 대한 문제와 직접적으로 관련된다. 따라서 먼저 기본권의 정당화에 대해서 설명하면서 기본권의 개념적 징표들을 살펴보기로 한다.

제1절 정당화의 유형과 기본권개념

헌법적 권리를 뜻하는 기본권은 헌법에 수용되어 제도화된 인권을 의미한다. 따라서 기본권은 무엇보다도 실정법적 근거에 따라 정당화될 수 있다. 하지만 기본권은 실정법 이외의 근거에 의해서도 정당화될 수 있다. 지금부터 기본권을 정당화하는 세 가지 유형의 근거에 대해서 설명하고, 이에 따라 세 가지의 기본권개념을 구성해보기로 한다.

Ⅰ. 분석적 정당화와 형식적 기본권개념

기본권을 정당화할 수 있는 가장 용이한 근거는 기본권이 실정헌법에 명시적으로 규정되어 있다는 단순한 사실이다. 하지만 실정헌법에 명시적으로 규정된 기본권의 확실한 정당성을 위해서는 적어도 두 가지 확인이 더 필요하다. 우선 기본권이 헌법을 제정할 수 있는 '권한'을 가진 주체에 의해서 규정된 것인지가 확인되어야 한다. 그리고 기본권이 헌법의 제정과 관련되어 정해진 '절차'에 따라 규정된 것인지에 대한 확인도 필요하다. 이러한 권한과 절차에 대한 확인은 권한과 절차에 관한 규정의 내용을 분석하는 것이다. 따라서 기본권이 실정헌법에 명시적으로 규정되어 있다는 사실을 근거로 기본권을 정당화하는 방식을 '분석적 정당화'라고 부를 수 있다.

기본권의 분석적 정당화에서 본질적인 요소는 기본권의 헌법적 명시를 위한 권한과 절차의 내용에 대한 분석이다. 따라서 분석적 정당화의 과정에서 기본권의 내용에 대한 규범적 정당성은 전혀 문제되지 않는다. 이와 같은 분석적 정당화에 기초하여 권한을 가진 주체가 규정된 절차에 따라 헌법에 명시한 경우에 그 내용과 상관없이 기본권으로 인정하는 기본권개념을 '형식적 기본권개념'이라고 부른다.

Ⅱ. 사회적 정당화와 사회적 기본권개념

기본권을 정당화할 수 있는 또 다른 근거는 **기본권이 사회구성원들에 의해 인정되어 관철되고 있다**는 경험적 사실이다. 헌법에 규정된 대부분의 기본권은 사회구성원들에 의해 기본권으로 인정을 받고, 관철되지 않을 때 제재를 통해서 실제로 관철된다. 하지만 헌법에 규정된 기본권이라고 하더라도 사회구성원들이 그것을 기본권으로 인정하지 않거나 인정하더라도 현실적으로 관철되지 않는 경우도 있다. 따라서 기본권에 대한 사회구성원들의 인정과 관철을 근거로 기본권을 정당화하는 것은 매우 중요하다. 이처럼 기본권의 사회적 인정과 제재를 통한 관철을 근거로 기본권을 정당화하는 방식을 기본권의 '**사회적 정당화**'라고 부른다.

기본권의 사회적 정당화에서 본질적인 요소는 기본권을 준수해야 하는 사회구성원들의 **인정**과 제재를 통한 **관철**이라는 현실이다. 이러한 현실적 인정과 관철에 대한 확인은 순전히 경험적인 영역에 속한다. 따라서 기본권의 내용에 관한 규범적 정당성은 여전히 중요하지 않다. 이와 같은 사회적 정당화에 기초하여 사회구성원들이 인정하고 관철하는 경우에 기본권으로 인정하는 기본권개념을 '사회적 기본권개념'이라고 부른다.

Ⅲ. 도덕적 정당화와 실질적 기본권개념

기본권이 헌법에 명시적으로 규정되어 있거나 사회구성원들에 의해 인정되고 관철된다고 하더라도 기본권의 내용은 규범적으로 정당한 것이어야 한다. 따라서 기본권을 정당화할 수 있는 최종적 근거는 기본권이 마땅히 헌법에 규정되거나 사회적으로 인정받아야만 하는 합리적인 도덕적 근거다. 이러한 도덕적 근거로는 무엇보다도 보편적 효력을 가지는 **인권**을 들 수 있다. 보편적 효력을 가지는 인권에 근거하여 기본권을 정당화하는 방식을 '**도덕적 정당화**'라고 부른다.

기본권의 도덕적 정당화에서 본질적인 요소는 기본권의 **내용**에 대한 도덕적 정당성이다. 따라서 기본권의 도덕적 정당성에 대한 판단은 규범적 평가의 영역에 속한다. 이와 같은 도덕적 정당화에 기초하여 인권의 내용과 합치하는 경우에 기본권으로 인정하는 기본권개념을 '실질적 기본권개념'이라고 부른다.

Ⅳ. 대화이론과 절차적 기본권개념

대화이론에서 출발한 우리는 기본권의 정당성에 대한 논증에서 이러한 **세 가지 관점이 모두 다 중요하다**는 점에 동의한다. 하지만 세 가지 방식에 동의할 때 각각의 방식이 서로 충돌할 수 있는 문제가 발생할 수 있다. 첫째, 권한을 가진 주체가 정해진 절차에 따라 기본권을 헌법에 명시했다고 하더라도 도덕적 정당성이 당연히 확보되는 것은 아니며, 둘째, 기본권이 사회적으로 인정되어 관철되고 있다고 하더라도 반드시 도덕적으로 정당한 내용을 가진 것은 아니기 때문이다. 바로 이러한 이유 때문에 도덕적 정당성의 요소는 기본권의 개념을 이해함에 있어서 배제되기 쉬운 요소가 되곤 한다. 하지만 기본권의 정당성을 논증함에 있어서 가장 중요하고 본질적인 내용은 바로 이러한 도덕적 정당화의 요소가 반드시 포함되어야 한다는 점이다. 이로써 기본권개념에는 형식적 개념과 사회적 개념, 그리고 실질적 개념이 모두 포함되고, 이와 같은 기본권개념을 '절차적 기본권개념'이라고 부를 수 있다.

절차적 기본권개념은 기본권개념에 포함될 수 있는 다양한 요소들 가운데 오로지 하나의 요소만을 강조하여 기본권개념을 고정시키지 않고, 모든 개념요소들을 고려할 뿐만 아니라 각각의 요소들이 충돌하는 경우를 고려함으로써 기본권개념을 '개방적으로' 구성한다. 이처럼 기본권개념의 구성에서 '절차주의'의 이해를 반영한다는 점에서 '절차적'인 기본권개념에 따르면 기본권이란 국가공동체의 가장 중요한 대상을 내용으로 하는 권리를 말한다. 다시 말해 헌법에 명시해야 할 만큼, 또는 사회적으로 인정되고 관철되어야 할 만큼, 또는 도덕적 효력을 가지는 인권만큼 대단히 중요한 권리가 기본권이다. 여기서 각각의 개념요소가 충돌하는 경우에는 무엇이 더 중요한 개념요소인지를 합리적으로 평가하여 기본권으로 보장할지 여부가 결정되어야 한다.

제2절 대화이론과 인권의 도덕적 정당화

기본권개념을 이해하기 위하여 반드시 포함되어야 하는 기본권의 도덕적 정당화는 여러 가지 입장에 따라 다양한 가능성이 존재한다. 기본권의 도덕적 정당화를 위하여 여기서 기초가 되는 기본입장은 대화이론이다.[1] 대화이론은 ① 절차이론으로서 ② 실천이성에 대한 기본적 신뢰와 ③ 자유주의에 대한 원칙적 동의를 전제로 한다. 따라서 여기서는 우선 기본권의 도덕적 기초가 되는 인권을 절차이론, 실천이성, 자유주의의 관점에서 정당화하기로 한다.

Ⅰ. 절차이론과 인권

절차이론으로서 대화이론을 간단히 정의하자면 대화이론은 대화와 소통을 통해 진리에 관한 합의에 이르는 절차에 관한 이론이다. 따라서 첫째, '대화'의 이론으로서 진리탐구의 과정에서 항상 복수의 주체를 전제하고, 둘째, '합의'의 이론으로서 그러한 복수의 참여자들이 도달한 합의를 진리로 승인하며, 셋째, '절차'의 이론으로서 진리라는 실체보다 그에 도달하는 절차가 본질적으로 중요하다고 이해한다. 대화이론에서 가장 핵심적인 개념인 대화와 소통은 인간의 삶에서 가장 보편적으로 확인할 수 있는 삶의 양식이라는

1) 대화이론에 대해서는 제1편 제1부 제1장 참조.

측면에서 그 **경험적 보편성**이 논증된다. 그리고 대화와 소통은 인간의 생래적 불완전성, 개인의 인식에서 불가피한 상대성, 인간의 인식과정에서 언어적 매개의 필수성, 공동체적 가치와 규범의 필요성, 현대사회의 다양성과 이질성이라는 측면에서 그 **당위적 필요성**이 논증될 수 있다.[2)]

여기서 논증하려고 하는 인권과 관련하여 대화이론에서 가장 중요한 명제는 대화와 소통을 통해 진리에 관한 합의에 이르러 가는 절차에서 반드시 요구되는 **규범적 요청**이 존재한다는 점이다. 그것은 대화와 소통의 절차에 참여하는 모든 주체에게 **자유롭고, 평등한 참여**가 보장되어야 한다는 규범적 요청이다. 모든 주체에게 자유롭고 평등한 참여를 보장한다는 것은 모든 주체를 하나의 독립적이고 자주적이며 존엄한 인격체로 인정하는 것을 의미한다. 따라서 대화절차에서 요구되는 규범적 요청은 모든 절차참여자에 대한 '**인격적 인정**' 또는 '**인격체로서의 인정**'으로 요약될 수 있다.

이러한 인격적 인정에 관한 규범적 요청은 대화라는 '발언'의 수준에서뿐만 아니라 '행위'의 수준에서도 요구되는데 행위의 수준에서 요구되는 인격적 인정에 관한 규범적 요청을 **인권**(human rights, Menschenrechte)이라고 부른다. 발언의 수준을 넘어 행위의 수준에서도 상대방을 인격적 주체로 인정해야 하는 까닭은 대화참여자에 대한 '**진지성의 요청**' 때문이다. 즉 진지한 대화참여자라면 대화의 수준뿐만 아니라 행위의 수준에서도 상대방을 인격적 주체로 인정해야만 한다. 따라서 인권은 모든 참여자가 인격적 주체로 인정받는 대화절차(발언의 수준)에서 **반드시 합의될 수밖에 없는 규범**(행위의 수준)으로 정당화된다. 다시 말해 모든 주체가 하나의 독립적이고 자주적이며 존엄한 인격체로 인정되는 대화절차에서는 모든 참여자가 인권에 대해서 반드시 합의해야만 한다.

이로써 인격적 인정에 관한 규범적 요청은 인권에 관한 합의를 위한 '규범적 근거'가 된다는 점에서 양자는 밀접한 관련성을 갖는다. 또한 인격적 인정에 관한 규범적 요청은 인권과 마찬가지로 자유와 평등을 본질적 내용으로 하고 있는 '구조적 동일성'의 측면에서도 양자는 밀접한 관련성을 갖는다. 다만, 양자는 발언과 행동이라는 서로 상이한 수준에서 요구된다는 점에서 차이가 있을 뿐이다.

이와 같은 맥락에서 인권의 정당화에 관한 이론으로서 대화이론은 다음과 같은 특징을 가진다. ① 우선 대화이론은 인권에 관한 합의의 '또 다른 규범적 근거'를 제시한다는 점에서 인권에 관한 합의 그 자체를 자명하고 선험적인 것으로 전제하는 견해(**자연법적 인권론**)와 구분된다. ② 또한 대화이론은 인격적 인정에 관한 규범을 인권의 '규범적 최종근거'로 삼는다는 점에서 그 이상의 다른 규범적 근거를 계속해서 묻는 순환론적 견해(**순환론적 인권론**)와도 구분된다. ③ 한편 대화이론은 발언의 수준에서 요구되는 규범적 요청과 행위의 수준에서 요구되는 인권의 본질적 구조를 동일한 것으로 이해한다는 점에서 양자의 구조를 완전히 상이한 것으로 이해하는 견해(**인격적 인정과 인권의 분리론**)와도 구분된다. ④ 그리고 대화이론은 양자를 완전히 동일한 것으로 이해하지 않기 때문에 발언의

2) 제1편 제1부 제1장 제2절 Ⅰ. 참조.

수준에서 요구되는 규범적 요청에 대하여 논증함으로써 곧바로 행위의 수준에서 요구되는 인권이 논증되었다고 보는 견해(인격적 인정과 인권의 동일론)와도 구분된다.

Ⅱ. 실천이성과 인권

진리에 관한 절차이론인 대화이론은 정의의 영역에서도 적용될 수 있는가? 여기서 정의는 모든 또는 다수의 구성원이 합리적이라고 동의할 수 있는 공통의 규범과 가치를 의미한다. 공동체는 단순히 사람들의 집합이 아니다. 공동체가 진정한 공동체로서 구성되기 위해서는 공동체를 구속하는 **공통의 규범과 가치**가 존재해야 한다. 중요한 것은 그러한 공통의 규범과 가치가 합리적이어야 한다는 점이다. 여기서 실천이성, 즉 실천의 영역에서 요구되는 합리성의 문제가 등장한다.[3] 실천이성의 문제는 실천의 영역에 속하는 문제, 즉 규범과 가치에 관한 문제영역에서 합리적인 결정이 내려질 수 있는지에 대한 물음을 본질로 한다. 대화이론은 바로 이러한 물음에 대한 긍정적인 입장에서 출발한다. 다시 말해 대화이론에 따르면 실천에 관한 문제에 대해서도 합리적인 결정이 내려질 수 있다. 문제는 무엇이 합리적인지 하는 것인데 대화이론의 기초는 '**칸트주의적 이성관**'이다.[4] 그에 따르면 합리적인 것은 **보편적 당위성**의 개념으로 이해된다. 이에 따라 실천에 관한 주장은 그와 관련된 당사자들에 의하여 보편적으로 동의될 수 있는 당위적 근거를 가지는 경우에 합리적인 것으로 평가받을 수 있다.

여기서 중요한 것은 그러한 보편적 당위성에 대한 동의는 일정한 절차를 통해서만 가능하다는 점이다. 그런데 앞에서 설명한 것처럼 모든 절차에는 그것이 정당한 것이 되기 위해 반드시 요구되는 규범적 요청이 존재한다. 이렇게 실천이성과 절차이론이 만나면 실천적 합리성은 절차에서 반드시 요구되는 규범적 요청을 기준으로 판단될 수 있게 된다. 앞서 설명한 바와 같이 그러한 규범적 요청은 발언의 수준에서 요구되는 '인격적 인정'과 행위의 수준에서 요구되는 '인권'이다. 따라서 실천적 합리성을 지향하는 입장에서 인격적 인정과 인권은 실천적 문제에 대한 합리적 결정을 내리기 위해 반드시 전제되어야 할 규범적 요청으로서 정당화될 수 있다. 결론적으로 정의의 영역에서 합리적 결정을 지향하는 공동체라면 반드시 인격적 인정과 인권을 전제해야만 한다. 공동체에서 공통적으로 적용되는 규범과 가치에 대한 구성원의 동의는 모든 구성원에 대한 인격적 인정과 인권의 보장을 통해서만 가능하다.

Ⅲ. 자유주의와 인권

1. 절차주의적 자유주의

자유주의(liberalism)의 이념에 따르면 원칙적으로 개인은 공동체로부터 독립되어

3) 실천이성에 대해서는 제1편 제1장 제3절 참조.

4) 칸트주의적 실천이성에 대해서는 제1편 제1장 제3절 Ⅱ. 2. 참조.

무제한의 자유를 향유하는 존재이고, 개인의 자유는 공동체의 이익보다 우선한다. 개인은 단지 공동체라는 전체의 부분에 지나지 않는 것이 아니고 독립적인 주체로서 공동체의 명령이 아니라 자신의 의사에 따라 결정하고 행동할 수 있는 존재로 이해되어야 하기 때문이다. 따라서 자유주의는 자유를 본질적 구성요소로 하는 인권을 정당화하기 위한 정치철학적 기초가 된다.

그러나 대화이론의 기초가 되는 자유주의는 '**절차주의적**' **자유주의**다. 이러한 수정된 의미의 자유주의에 따르면 개인의 자유는 공동체의 이익보다 단지 '잠정적으로'만 우월하다. 이것은 개별적이고 구체적인 상황에서 합리적인 근거가 제시되는 경우에는 개인의 자유보다 공동체의 이익이 우월할 수 있다는 뜻이다. 따라서 특정한 상황에서 개인의 자유보다 공동체의 이익이 우월해야 되는 합리적인 근거가 제시되면 개인의 자유는 제한될 수 있다. 이 점에서 절차주의적 자유주의는 '자유절대주의'나 '자유지상주의'(libertarianism)와 구별된다. 후자에 따르면 개인의 자유는 언제나 공동체의 이익보다 우월하여 어떠한 경우에도 제한될 수 없기 때문이다.

2. 절차주의적 자유주의의 합리성

절차주의적 자유주의에 따르면 개인의 자유는 제한될 수 있다. 하지만 자유의 제한은 반드시 공동체적 이익의 우월성에 대한 논증을 필요로 한다. 그리고 그러한 논증에 대한 부담은 공동체적 이익의 우월성을 주장하는 쪽에서 진다. 따라서 개인의 자유는 애초부터 제한된 협소한 것이 아니라, **원칙적으로는 무제한적인 것**으로 상정된다. 왜냐하면 공동체의 이익이 개인의 자유보다 우월하다는 사실이 명백하게 증명될 때까지는 어떠한 공동체적 이익을 이유로도 개인의 자유가 제한될 수 없기 때문이다. 같은 맥락에서 자유의 주체인 인간도 제한적이고 왜소한 존재가 아니라, 자유롭고 무한한 존재로 이해된다. 또한 절차주의적 자유주의에 따르면 개인과 공동체의 관계가 합리적으로 구성될 수 있다. 개인과 공동체의 관계를 절대적 우열관계로 이해하지 않고, 구체적인 사안에 따라 결정되는 **상대적 우열관계**로 이해하여 합리적으로 조화시키기 때문이다.

하지만 절차주의적 자유주의에서 개인의 자유는 잠정적이지만 여전히 공동체의 이익보다 우월하다. 따라서 공동체적 이익의 우월성은 자명한 것으로 미리 주어져 있을 수는 없고, 반드시 논증을 필요로 한다. 예를 들어 많은 공동체에서 전통과 문화의 이름으로 일정한 공동체적 이익이 개인의 자유보다 우월한 것으로 자명하게 주어져 있다. 하지만 공동체의 전통과 문화도 끊임없이 변화하는 현실에 따라 다시금 정당화될 필요가 있다. 또한 공동체는 항상 새로운 구성원들로 채워지기 때문에 종래의 전통과 문화는 새로운 구성원들에 의해 계속적으로 동의를 얻어야 한다. 이러한 맥락에서 잠정적이지만 개인의 자유에 우월성을 부여하는 절차주의적 자유주의는 공동체의 이익을 지속적으로 비판하고 성찰한다는 점에서 합리적이다.

제 3 절 기본권의 특성

Ⅰ. 기본권의 개념상 특성: 도덕성

대화이론에 따르면 우선 의사소통의 과정을 의미하는 대화의 절차에서 필수적으로 요구되는 규범적 요청, 즉 모든 참여자에 대한 '인격적 인정'의 규범이 정당화되고, 다음으로 이러한 대화절차에서 반드시 합의될 수밖에 없는 도덕적 규범으로서 '인권'이 정당화된다. 이렇게 대화이론을 통해서 우선적으로 논증하려고 했던 것은 '인간'의 권리를 의미하는 도덕적 권리로서 '인권'의 정당성이었다. 그렇다면 국가를 전제로 하지 않는 도덕적 권리인 인권과 국가를 전제로 하는 헌법상의 기본권은 어떠한 관련을 맺으며 어떠한 차이가 있는가?

1. 인권과 기본권의 연관성

먼저 인권과 기본권의 연관성에 대해서 말하자면 기본권이란 국가 이전에 모든 인간에게 인정되어야 할 도덕적 권리인 인권이 법과 제도에 의하여 강제적으로 실현되기 위하여 국가 안에서 실정헌법적 권리로서 체화된 것을 의미한다. 다시 말해 인권이 국가를 전제로 하지 않은 채 모든 주체가 인격적으로 인정된 절차에서 반드시 합의되어야 할 당위적 권리임에도 불구하고, 현실적으로는 제대로 실현되지 못하기 때문에 국가에 의하여 '강제적으로'라도 실현되어야 하는 실정헌법적 권리로 전환된 것을 기본권이라 한다. 이렇게 국가의 실정헌법이라는 법과 제도의 형식에 의해 강제된 인권을 '기본권'이라 부른다. 이러한 의미에서 기본권은 적어도 모든 인권을 포함해야 한다. 물론 현실적으로는 모든 인권이 기본권으로서 실정헌법에 수용되지 못할 수도 있기 때문에 인권의 실정헌법적 제도화에 대한 요청은 규범적이고 당위적인 명제의 의미를 갖는다.

인권과 기본권의 관계를 이렇게 이해하면 실정헌법적 권리인 기본권은 도덕적 권리인 인권과 내용적으로 결합된다는 견해(결합설)를 따르게 된다. 이것은 실정헌법적 권리인 기본권과 도덕적 권리인 인권을 전혀 다른 내용적 범주로 분리시킴으로써 기본권을 오로지 실정헌법적 권리로 이해하는 견해(분리설)에 반대한다는 뜻이다. 이처럼 기본권의 개념에 관한 논의의 핵심은 기본권과 인권의 관계를 결합된 것으로 이해할 것인지, 아니면 분리된 것으로 이해할 것인지의 대립에 있다. 현행 헌법은 '제2장 국민의 권리와 의무'에서 기본권을 "기본적 인권"(제10조)이라고 표현함으로써 결합설에 기초하고 있다.

기본권을 '제도화된 인권'으로 파악하는 경우에 기본권은 실제적 내용에서 인권이지만 강제적 실천을 위해 법과 제도의 형식을 가짐으로써 '결정지향성'이라는 법의 특성을 얻게 된다.[5] 따라서 기본권은 이미 어느 정도 결정된 내용을 가지게 되고, 어느 정도

5) 법의 특성에 대해서는 제1편 제1부 제2장 제1절 Ⅰ. 4. 참조.

확정된 의미의 경계가 설정될 수밖에 없다. 이 점에서 기본권은 실정법상의 다른 권리와 다르지 않다. 하지만 기본권의 내용은 여전히 인권이기 때문에 의미의 경계가 불명확한 도덕적 권리의 성격을 완전히 배제할 수는 없다.

[참조] 헌법 제10조: 기본권의 연원은 인권

모든 국민은 인간으로서의 존엄과 가치를 가지며, 행복을 추구할 권리를 가진다. 국가는 개인이 가지는 불가침의 **기본적 인권**을 확인하고 이를 보장할 의무를 가진다.

2. 인권과 기본권의 구분

인권과 기본권이 밀접한 연관성을 맺고 있고, 적어도 모든 인권이 기본권에 포함되어야 함에도 불구하고 양자 사이에는 일정한 차이점이 발견된다. 인권과 기본권은 양자가 존재하는 형식에서 차이가 있고, 양자가 포함하는 내용의 범위에서 차이를 보여준다.

첫째, 인권과 기본권은 **존재의 형식**에서 다르다. 인권은 국가 이전에 존재하는, 정확하게 말하자면 특정한 시대와 특정한 장소를 존재기반으로 하는 특정한 국가를 초월하여 보편적인 '도덕적 정당성을 획득한 도덕적 권리'를 뜻한다. 하지만 기본권은 국가 안에서 존재하는, 정확하게 말하자면 특정한 시대와 특정한 장소를 존재기반으로 하는 특정한 국가의 헌법에 제도화되어 우선적으로 '분석적 정당성(합법성)을 획득한 실정법적 권리'를 말한다. 여기서 모든 기본권이 인권이어야만 하는 것은 아니라는 점을 확인할 수 있다. 각국의 현실에 따라 인권이 아닌 기본권도 헌법에 규정될 수 있다. 즉 특정한 국가의 헌법에 명시해야 할 만큼, 또는 특정한 국가에서 사회적으로 인정되고 관철되어야 할 만큼 대단히 중요한 권리들도 기본권으로 헌법에 규정될 수 있다.

둘째, 인권과 기본권은 양자가 포함하는 **내용의 범위**에서 다르다. 기본권은 인권을 실정헌법에 법의 형식으로 제도화한 권리이기 때문에 법과 제도에 의해 이미 어느 정도 의미의 경계가 확정된 내용을 포함한다. 반면에 인권은 그러한 법과 제도에 의해 의미의 경계가 결정된 내용을 포함하지 않는다. 따라서 인권과 기본권의 차이는 내용의 함의(intension)에서 나타나는 차이가 아니라 동일한 함의에 포함될 수 있는 대상의 외연(extension)에서 나타나는 차이라고 할 수 있다.

Ⅱ. 기본권의 효력상 특성: 개방성

실정법에 제도화된 인권을 의미하는 기본권은 어느 정도 의미의 경계가 확정되어 있을지라도 여전히 실정법적 권리와는 달리 효력의 범위가 불확정적이다. 하지만 기본권의 불확정적 효력은 무제한적 효력을 갖는다는 의미에서 절대적 효력을 뜻하지는 않는다. 대화이론이 기초하고 있는 절차주의적 자유주의에 따르면 개인의 자유보다 공동체의 이익이 우월하다고 판단할 만한 합리적인 근거가 제시되는 경우에는 공동체의 이익이 우월할 수 있기 때문이다. 이것은 공동체의 이익에 근거하여 개인의 기본권적 보호영역이 제한될 수 있다는 뜻이다. 하지만 그렇기 때문에 기본권은 공동체의 이익이 우월하다는 합리적 근거가 제시되기 전까지는 원칙적으로 무제한적이다. 따라서 기본권이 보호하는 영역의 경계는 공동체의 이익이 우월하다는 합리적인 근거가 제시된 후에야 비로소 확정적인 것이 되고, 그 전까지는 잠정적으로 불확정적이고 개방적인 것으로 남는다.

기본권의 이러한 잠정적인 무제한성 또는 개방성은 기본권의 도덕성에서 유래한다. 즉 기본권의 근거가 국가를 전제로 하지 않는 인권이라는 도덕적 권리에서 도출된다는 뜻이다. 견해에 따라서는 이러한 도덕적 권리를 '자연법적 권리' 또는 국가 이전의 '천부적 권리'라고 부르는 견해도 있다. 하지만 인권과 기본권의 관련성을 이처럼 자연법적 권리나 국가 이전에 존재하는 천부적 권리라는 자명한 듯 보이지만 막연한 논거에 기초한 '형이상학적 관점'에서 정당화하는 것은 합리적이지 못하다. 오히려 인권과 기본권의 관련성은 인간의 가장 보편적 삶의 양식인 대화와 의사소통 및 거기에 보편적으로 요구되는 규범적 요청이라는 논증가능한 논거에 기초한 '법이론적 관점'에서 정당화하는 것이 훨씬 설득력이 있다.

Ⅲ. 기본권의 적용상 특성: 형량

이렇게 형식은 실정법적 권리이지만 내용은 도덕적 권리라는 특성 때문에 기본권은 잠정적인 개방성과 불확정성, 그리고 무제한성이라는 특성을 갖는다. 이러한 특성들은 기본권의 보호영역을 잠정적으로 확장시켜 다른 규범들과 충돌할 가능성의 증가를 초래한다. 따라서 기본권에는 법규범의 전형적인 적용방식인 포섭보다도 형량이라는 적용방식이 사용된다.[6] 실정법에 명시된 인권으로서 기본권은 법과 제도의 형식을 가지기 때문에 법과 제도의 결정지향성에 기초한 어느 정도의 확정성을 피할 수 없는 것이 사실이다. 또한 이러한 확정된 내용으로부터 포섭이라는 적용방식이 사용될 수밖에 없는 것도 사실이다. 하지만 법과 제도의 형식에 담겼다고 해도 내용적 측면에서의 도덕성으로 인하여 기본권은 잠정적인 개방성과 불확정성, 그리고 무제한성이라는 특성을 가진다. 따라서 이러한 특성을 가지는 규범의 전형적인 적용방식인 형량의 사용이 기본권의 적용에서는 필수적이다. 즉 기본권은 다른 기본권이나 헌법적 이익들을 고려해서만 확정적으로 효력을 발생하게 된다.

제 4 절 기본권과 법체계

도덕적 성격으로 인하여 매우 불확정적이면서 개방적인 경계를 갖는 기본권이 헌법을 정점으로 하는 법체계 안으로 들어옴으로써 법체계 전체가 중대한 영향을 받는다.

---

6) 포섭과 형량에 대해서는 제1편 제1부 제4장 제3절 참조.

도덕성과 개방성을 특징으로 하는 기본권이 법체계의 정점인 헌법 안으로 수용되어 체화됨으로써 헌법의 지도를 받는 법체계 전체가 도덕성과 개방성이라는 특징을 내포하게 되는 것이다. 이로써 법체계를 이해하는 기본관점은 '**법률주의**(legalism)**에서 헌법주의**(constitutionalism)**로 패러다임의 전환**'이 요청된다.[7)]

Ⅰ. 입법자의 민주적 정당성에 대한 한계설정

도덕적 내용을 가지는 기본권이 법적 형식으로 법체계 안에 들어오면서 기본권은 민주적 정당성을 부여받은 입법자가 비록 다수결에 근거한다고 하더라도 결코 마음대로 처분(포기)할 수 없는 한계로서 법체계 안에 존재하게 된다. 이런 의미에서 기본권이란 국민으로부터 민주적 정당성을 부여받아 자유롭게 공동체의 의사를 결정할 수 있는 권한을 가진 입법자조차 **어떠한 경우에도 포기할 수 없을 만큼 중요한 대상**을 내용으로 하는 권리를 의미하게 된다. 기본적으로 입법자에 대한 불신에서 출발하는 헌법재판제도는 기본권의 이러한 '불가처분성(Unverfügbarkeit)'에 기초한다. 입법자가 어떠한 경우에도 포기할 수 없는 기본권을 완전히 제거하거나 헌법적 원칙에 합치하지 않게 제한하는 경우에는 아무리 민주적 정당성을 가지고 국민의 의사로 의제되는 결정을 내릴 수 있는 입법자라고 하더라도 그러한 결정은 헌법적으로 허용될 수 없게 된다. 이와 같은 **입법자의 기본권구속**은 헌법주의의 핵심적 내용을 이룬다.

Ⅱ. 사적 자치에 대한 한계설정

또한 사인간의 관계에서도 기본권은 사적 자치의 원칙에 따르더라도 마음대로 결정할 수 없는 한계로서 작동한다. 계약의 자유에 따라 개인 상호간에 스스로 결정할 수 있는 사항에 속하는 문제라고 하더라도 기본권을 포기하는 결정은 헌법적으로 허용될 수 없는 것이다. 이렇게 기본권은 공법적(公法的) 영역뿐만 아니라 **사법적**(私法的) **영역에도 효력**을 발생하게 된다. 따라서 입법자는 사법영역을 규율함에 있어서 관련되는 당사자들의 기본권을 보호하는 입법을 해야 하고, 사법적 영역에 관한 사항을 재판하는 법관도 기본권을 존중하는 판결을 내려야만 한다. 만약 기본권을 보호하지 않는 입법을 하거나 기본권을 존중하지 않는 판결을 내린다면 그것은 헌법적으로 허용될 수 없게 된다. 이로써 사법질서를 형성하는 입법자와 법관의 기본권구속, 또한 이를 통한 **사인의 기본권구속**도 헌법주의의 중요한 내용을 형성한다.

---

7) 헌법주의에 대해서는 제1편 제1부 제1장 제5절 참조.

제 2 장 기본권의 구조와 성격

제 1 절 서 설

헌법적 지위와 효력을 가지는 기본권은 '기본적 권리'의 줄임말로서 그 표현에서도 잘 드러나듯이 흔히 개인의 주관적 '**권리**'라는 의미로 사용된다. 그리고 이러한 의미의 권리는 객관적 기준으로서 '**법**'과 구분된다. 일반적으로 권리와 법을 구분하여 표현하는 한자 문화권 속에서 사는 우리에게 권리와 법의 차이는 너무나 자명하기까지 하다. 그런데 독일어권 사람들에게 권리와 법은 '레히트'(Recht)라는 동일한 단어로 표현된다. 그들에게 권리와 법은 동전의 양면과 같다. 기본권(Grundrecht)도 마찬가지다. 기본권에는 권리라는 **주관적 측면**과 법이라는 **객관적 측면**이 모두 포함된다는 사실을 충분히 당연하게 받아들일 수도 있다. 하지만 그 사람들에게도 기본권이 가지는 이러한 두 가지 측면이 처음부터 당연하게 인정된 것은 아니다. 기본권은 우선적으로 주관적 권리로서 인식되었다.

기본권의 주관적 측면을 표현하기 위해 '권리'라는 용어를 사용하는 경우에도 문제가 발생한다. 왜냐하면 기본권의 주관적 측면에는 세 가지 요소가 포함되기 때문이다. 통상적으로 권리라고 부르는 기본권의 주관적 측면에는 ① **권리**(right), ② **자유**(freedom), ③ **권한**(competence)으로 세분화될 수 있는 내용이 포함되는 것이다. 따라서 우리는 앞으로 기본권의 **주관적 측면**을 부를 때 '좁은 의미의 권리'와 구분하기 위하여 알렉시(R. Alexy)의 제안에 따라 권리와 자유와 권한, 이 세 가지 요소를 모두 다 아우르는 '**지위**'(position)라는 표현을 사용하기로 한다.[1] 한편으로 그에 상응하는 **객관적 측면**을 부를 때 '**규범**'(norm)이라는 표현을 사용하기로 한다.

기본권은 지위라는 주관적 측면과 규범이라는 객관적 측면을 동시에 포함한다. 흔히 주관적 측면만을 갖는다고 생각되는 기본권이 객관적 측면도 갖는다는 주장을 논증하기 위하여 "헌법관"이 인용되기도 한다.[2] 하지만 이른바 "헌법관"이 모든 헌법문제를 해결할 수 있는 논증도구도 아니고, 기본권의 주관적 측면과 객관적 측면의 관계는 다른 관점에서도 논증가능하기 때문에 헌법관과 기본권의 객관성의 관계에 대해서는 여기서 자세하게 설명하지 않기로 한다. 그러면 먼저 기본권의 주관적 측면인 지위로서 기본권을 설명하고, 이어서 객관적 측면인 규범으로서 기본권을 설명하기로 한다.

---

1) R. Alexy, *Theorie der Grundrechte*, 171면 이하 참조.

2) 기본권과 헌법관의 관계에 대해서는 계희열(중), 23면; 허영, 224면 이하 참조.

<table>
<tr><th colspan="3">기 본 권</th></tr>
<tr><td colspan="3">(1) 지위(position)
= 주관적 측면</td><td rowspan="2">(2) 규범(norm)
= 객관적 측면</td></tr>
<tr><td>① 권리</td><td>② 자유</td><td>③ 권한</td></tr>
</table>

제 2 절 주관적 지위로서의 기본권

이미 설명한 대로 주관적 측면, 즉 지위로서 기본권에는 권리, 자유, 권한이라는 세 가지 내용이 포함된다. 따라서 통상적으로 부르는 것처럼 기본권의 주관적 측면을 '권리'라고 부르는 경우에는 오해의 여지를 없애기 위하여 '**넓은 의미의 권리**'라고 부르는 것이 적절하다. 또한 주관적 측면들 가운데 하나로서 권리도 넓은 의미의 권리와 구분하기 위해서는 앞에서 언급한 것처럼 '**좁은 의미의 권리**'로 부르는 것이 적절하다. 그러므로 앞으로 명시적인 구분이 없는 한 단순히 권리라고 하면 기본권의 주관적 측면 가운데 하나로서의 권리, 즉 좁은 의미의 권리를 뜻하게 될 것이다. 자유는 권리의 논리적 전제가 되기 때문에 먼저 자유부터 설명하고, 권리와 권한의 순서로 검토하기로 한다.

Ⅰ. 자유로서의 기본권

1. 자유의 구조

자유는 ① 자유의 **주체**, ② 자유의 **내용**(대상 · 객체), ③ 자유에 대한 **제약행위**로 구성된다.

(1) 자유의 주체

원칙적으로 **모든 인간**은 자유의 주체가 될 수 있다. 따라서 국민뿐만 아니라 외국인, 심지어 무국적자도 자유의 주체가 된다. 직업의 자유처럼 자유의 성격에 따라 자연인뿐만 아니라 법인도 주체가 될 수 있는 자유가 있다.

(2) 자유의 내용

자유의 주체가 향유하는 대상은 일차적으로 주체의 **행위**이다. 이때 행위는 ① 어떤 것을 할 수 있는 적극적 행위(작위)와 ② 어떤 것을 하지 않을 수 있는 소극적 행위(부작위)의 조합으로 구성된다. 따라서 자유는 일정한 행위를 할 수도 있고 하지 않을 수도 있는 **자유방임의 상태에서 개인이 행위 여부를 결정할 수 있는 주관적 지위**를 말한다. 자유에 대한 이러한 이해는 자유를 어떤 것에도 얽매이지 않은 상태나 어디에도 구속되지 않은 상태로 이해하는 일상적 이해와 맥을 같이한다.

한편 자유의 주체가 함유하고 있는 일정한 **속성**(예: 생명, 명예)이나 자유의 주체가 처해 있는 일정한 **상황**(예: 비밀), 또는 자유의 주체가 가지고 있는 일정한 **법적 지위**(예: 재산권, 선거권)도 자유의 대상이 될 수 있다. 자유의 주체와 관련된 속성이나 상황은 '사실적 상태'라고 부를 수 있고, 법적 지위도 '법적 상태'로 부를 수 있기 때문에 속성이나 상황 또는 법적 지위와 관련된 자유를 모두 묶어 **'상태관련적 자유'**라고 부를 수 있다. 다만 이러한 상태는 인간의 존엄과 밀접하게 관련된 **인격적 상태**를 의미한다.

(3) 자유에 대한 제약행위

자유주체가 행하는 일정한 행위를 전혀 실현하지 못하도록 **저지**하거나 완벽하게 실현되지 못하도록 **방해**하는 행위는 자유를 제약하는 행위가 된다. 자유주체의 행위를 저지하거나 방해하는, 즉 저해하는 제약행위는 ① 할 수 있는 것(하고 싶은 것)을 강제로 하지 못하게 하는 **'금지'**(Verbot)와 ② 하지 않을 수 있는 것(하고 싶지 않은 것 = 하기 싫은 것)을 강제로 하게 하는 **'명령'**(Gebot)으로 구분된다. 예를 들어 담배를 피우고 싶은데 강제로 피우지 말라고 하거나 휴대 전화를 사용하고 싶은데 강제로 사용하지 못하도록 하는 것은 전형적인 금지에 해당한다. 반면에 자동차를 운전할 때 안전벨트를 착용하고 싶지 않은데 강제로 착용하도록 하거나 오토바이를 탈 때 헬멧을 착용하고 싶지 않은데 강제로 착용하도록 하는 것은 전형적인 명령에 해당한다.

한편 자유의 대상이 자유주체가 함유한 인격적 속성이나 자유주체가 처한 인격적 상황과 관련되는 경우에는 자유에 대한 제약행위는 속성을 **'훼손'**하거나 상황을 **'침범'**하는, 즉 침훼하는 행위를 뜻한다. 그리고 자유의 대상이 자유주체의 법적 지위와 관련되는 경우에는 자유에 대한 제약행위는 법적 지위를 전면적으로 또는 부분적으로 **'박탈'**하는 행위를 의미한다.

2. 적극적 자유와 소극적 자유

행위를 대상으로 하는 자유는 적극적 자유와 소극적 자유로 구분할 수 있다. ① **적극적 자유**는 자신이 원하는 것을 실제로 행하는 자유를 말한다. 다시 말해서 하고 싶은 것을 하기로 결정했으면 실제로 하거나, 하기 싫은 것을 하지 않기로 결정했으면 실제로 하지 않는 것이 적극적 자유다. 따라서 적극적 자유의 본질은 자유의 대상이 되는 행위가 작위든 부작위든 **행위 그 자체**다. 이러한 적극적 자유는 실제 행위여부와 관련 있기 때문에 **'실질적 자유'**라 부른다.

반면에 ② **소극적 자유**는 자신이 원하는 것을 할 수도 있고 하지 않을 수도 있는 '결정의 자유'를 말한다. 따라서 소극적 자유의 본질은 행위 이전에 **행위 여부의 결정**에 있다. 이것은 소극적 자유가 자신이 하고 싶은 것을 할 수 있는 자유와 하기 싫은 것을 하지 않을 수 있는 자유로 분리될 수 없음을 뜻한다. 이러한 소극적 자유는 실제적인 행위 여부와는 관련이 없기 때문에 **'형식적 자유'**라고 부른다. **법적 자유의 특성은 이러한 형식적 자유를 본질로 하는 소극적 자유**라는 데 있다.

한편 하고 싶은 것을 할 수 있는 자유를 '적극적 자유', 하고 싶지 않은 것을 하지 않을 수 있는 자유를 '소극적 자유'로 부르기도 한다. 이 경우에 자유는 적극적 자유와 소극적 자유 가운데 하나를 선택(결정)할 수 있는 주관적 지위를 뜻한다.

3. 보강되지 않은 자유와 보강된 자유

(1) 개 념

다시 한 번 정의를 내리면 행위를 대상으로 하는 자유는 자신이 원하는 것을 할 수도 있고 하지 않을 수도 있는 자유로운 결정의 상태, 즉 자유방임의 상태에서 개인이 누리는 주관적 지위를 말한다. 따라서 자유는 이에 대한 저지나 방해와 같은 제약행위가 있는 경우에 이를 배제할 수 있는 측면을 포함하지 않는다. 또한 속성이나 상황 또는 법적 지위를 대상으로 하는 자유의 경우에도 이에 대한 훼손이나 침범 또는 박탈과 같은 제약행위를 배제할 수 있는 지위를 포함하지 않는다는 점에서 동일하다. 이러한 의미의 자유를 **'보강되지 않은 자유'**(unbewehrte Freiheit)라고 부른다. 반면에 자유에 대한 저지나 방해 또는 훼손이나 침범 또는 박탈과 같은 제약행위가 있는 경우에 이를 배제할 수 있는 권리에 의하여 자유는 보강될 수 있다. 이러한 의미의 자유를 **'보강된 자유'**(bewehrte Freiheit)라고 부른다.[3)]

(2) 자유에 대한 보강의 유형

1) 직접적 보강과 간접적 보강 자유에 대한 제약행위는 그것을 중지해달라고 요구할 수 있는 소극적 권리인 '방어권'에 의해서 '직접적으로' 보강될 수도 있고, 적극적 권리인 '급부권'에 의해서 '간접적으로' 보강될 수도 있다. **방어권**은 자유의 내용과 동일하게 제약행위의 중지라는 소극적 행위(부작위)를 요구한다는 점에서 **직접적 보강**인 반면에 **급부권**은 적극적 행위(작위)의 요구를 통해 소극적 행위를 보강한다는 점에서 **간접적 보강**이다. 한편 자유는 권리뿐만 아니라 아래에서 설명할 권한에 의해서도 보강된다. 예를 들어 자유는 그것을 재판상 주장할 수 있는 권한에 의해서 보강될 수 있다.

2) 보강과 근거관계 직접적이든 간접적이든 권리는 자유를 보강한다는 의미에서 **자유는 권리를 도출하는 근거**가 된다. 다시 말해 자유가 존재하면 반드시 그것을 보강하는 권리가 동시에 존재해야 한다. 중요한 것은 자유가 모든 권리의 근거가 된다는 점이다. 따라서 방어권은 자유라는 기본권의 주관적 측면에 근거해서 도출하면서 급부권 중에 보호권이나 절차권은 **기본권의 객관적 측면**에서 도출하는 것은 적절하지 못하다. 국가의 적극적 행위를 요구하는 보호권이나 절차권의 경우에 이것을 기본권의 객관적 측면에서 도출하게 되면 보호와 절차에 관한 입법에 대한 요구는 **국민의 권리가 아니라 단지 국가의 의무로서만** 이해되기 때문이다.

물론 적극적 행위를 내용으로 하는 권리는 대체로 소극적 행위를 내용으로 하는 권

---

3) 보강되지 않은 자유와 보강된 자유의 구분에 대해서는 R. Alexy, *Theorie der Grundrechte*, 203면 이하 참조.

리보다 그 내용의 범위를 확정하는 것이 용이하지 않다. 따라서 적극적 행위를 내용으로 하는 주관적 권리를 인정하는 경우에 국가의 의무범위가 지나치게 확대되고, 그것을 통제하는 헌법재판소와 같은 기관의 권한도 확대될 위험성이 발생하게 된다. 이런 맥락에서 국가의 적극적 행위가 요청되는 경우에 그것을 국민의 권리보다는 국가의 의무로 이해하여 국가의 의무범위를 축소하려는 경향이 생겨나게 된다. 또 다른 급부권인 사회권을 국가의 의무로서만 이해하려는 견해(국가목표규정설 또는 입법위임설)도 같은 맥락에서 이해될 수 있다.[4]

하지만 아래에서 설명하는 바와 같이 기본권을 '원칙'으로 이해하는 경우에 기본권은 잠정적으로 최대한 실현되기를 요청하는 규범이다. 그리고 기본권은 국민의 권리로 이해되는 경우에 국가의 의무로 이해되는 경우보다 최대실현의 요청에 더 가까이 접근할 수 있다. 따라서 원칙으로서의 기본권은 우선적으로 국민의 권리로 이해되어야 한다. 또한 정도의 차이는 있겠지만 방어권의 내용범위를 확정하는 것도 급부권의 내용범위를 확정하는 것과 마찬가지로 용이한 일은 아니다. 게다가 적극적 행위를 요구하는 권리의 경우에도 반드시 그 내용범위가 무제한으로 확대될 수 있는 것은 아니다. 그렇다면 자유를 보강하기 위해서 필요한 보호나 절차에 관한 입법이나 사실적 급부도 국가의 의무가 아니라 국민의 권리로 이해될 필요성이 있다. 이런 의미에서 자유는 방어권뿐만 아니라 보호권이나 절차권, 그리고 사회권을 도출하는 근거가 된다. 결론적으로 보호권, 절차권, 사회권과 같은 급부권도 자유라는 주관적 측면에서 도출되고, 국민의 주관적 권리로 이해된다.

Ⅱ. 권리로서의 기본권

1. 권리의 구조

권리(right: R)는 흔히 '누가, 누구에 대해서, 어떤 것에 관한 권리를 가진다'라는 식으로 표현된다. 이것을 추상화하면 권리는 ① 권리의 **주체**(누가: x), ② 권리의 **상대방**(누구에 대해서: y), ③ 권리의 **내용 · 대상 · 객체**(어떤 것에 관한: G)로 구성된다. 정리하면 다음과 같이 기호화할 수 있다.

$$[\text{권리}] \quad RxyG$$

2. 권리의 유형(기본권의 기능)

권리는 그 대상에 따라 여러 가지 유형으로 구분된다. 권리의 대상이 될 수 있는 것은 상대방의 '행위'이다. 따라서 그 대상이 되는 행위가 ① **소극적 행위**, 즉 **부작위**인지 아니면 ② **적극적 행위**, 즉 **작위** 또는 **급부**인지에 따라 권리는 두 가지로 구분될 수 있다. 소극적 행위를 대상으로 하는 권리를 ① **'방어권'**(Abwehrrecht)이라고 부르고, 적극적 행위를 대상으로 하는 권리를 ② **'급부권'**(Leistungsrecht)이라고 부른다.[5] 옐리네

4) 제2편 제2부 제10장 제2절 제2항 Ⅱ. 2. 참조.

크(G. Jellinek)의 분류에 따라 전자를 "**소극적 지위**"(status libertatis), 후자를 "**적극적 지위**"(status civitatis)로 구분하기도 한다.[6] 이와는 범주가 다른 권리로서 방어권이나 급부권의 분배에 관한 권리인 ③ **평등권**이 있다. 권리로서 기본권도 방어권, 급부권, 평등권으로 구체화되는데 이것을 '기본권의 기능(function)'이라고 부른다.

(1) 방 어 권

상대방의 소극적 행위를 대상으로 하는 방어권은 소극적 행위의 내용에 따라 다시 세 가지로 구분된다.

① 우선 상대방이 권리주체의 **행위**를 '저지'하거나 '방해'하는 경우에 상대방에게 이러한 저해행위의 중지를 요구하는 권리가 있다면 저지하거나 방해하는 행위의 중지가 소극적 행위의 내용이 된다. 예를 들어 종교의 자유(제20조)에 포함된 신앙고백행위에 대한 저지나 방해의 중지, 예술의 자유(제22조)에 포함된 예술표현행위에 대한 저지나 방해의 중지가 소극적 행위의 내용이 된다.

② 상대방이 권리주체의 **속성**을 '훼손'하거나 **상황**을 '침범'하는 경우에 상대방에게 이러한 침훼행위의 중지를 요구하는 권리가 있다면 훼손하거나 침범하는 행위의 중지가 소극적 행위의 내용이 된다. 예를 들어 생명이나 건강과 같은 속성에 대한 훼손의 중지, 주거의 불가침(제16조)이나 사생활의 비밀(제17조)과 같은 상황에 대한 침범의 중지가 소극적 행위의 내용이 된다.

③ 상대방이 권리주체의 **법적 지위**를 '박탈'하는 경우에 상대방에게 이러한 박탈행위의 중지를 요구하는 권리가 있다면 박탈하는 행위의 중지가 소극적 행위의 내용이 된다. 예를 들어 재산권(제23조) 또는 선거권(제24조)에 대한 박탈의 중지가 소극적 행위의 내용이 된다.

여기서 위와 같은 저지나 방해, 훼손이나 침범, 그리고 박탈을 통칭하여 '**제약**'(Eingriff)이라고 부를 수 있다. 따라서 소극적 행위를 대상으로 하는 **방어권은 국가에 대해서 국가에 의한 제약의 부작위(중지)를 요구하는 권리**로 요약될 수 있다. 그리고 이러한 제약은 자유의 대상이 되는 행위, 속성 · 상황, 법적 지위에 대한 제약이기 때문에 방어권은 **자유에 대한 제약의 부작위를 요구하는 권리**로 이해될 수도 있다. 따라서 현행 헌법상 보장된 개별적 자유권으로부터 다양한 내용의 방어권을 도출할 수 있다. 이와 같은 방어권은 기본권에서 도출될 수 있는 여러 가지 기능들 가운데 여전히 중심적인 위치를 차지한다. 그리고 이러한 방어권과 자유를 결합하여 자유권으로 지칭한다.

[개념] 제약, 제한, 침해

제약은 기본권의 보호법익에 영향을 주어 보호영역을 축소하는 모든 행위를 뜻한다. 이러한 제약은 그것이 헌법적 근거를 가지고 헌법적 원칙에 따라 정당화되어 정당한 것으로 평가받는 경

5) 방어권과 급부권의 구분에 대한 상세한 논의는 이준일, 방어권과 급부권의 구분과 결합 - 재판청구권과 참정권을 중심으로, 『유럽헌법연구』(유럽헌법학회), 제41호(2023), 201면 이하 참조.

6) G. Jellinek, System der subjektiven öffentlichen Rechte, Tübingen, 제 2 판(1905), 86면 이하 참조.

우에는 **제한**이 되고, 그렇지 못하고 부당한 것으로 평가받는 경우에는 **침해**가 된다. 따라서 제약은 '중립적인' 개념으로, 제한은 '긍정적인' 개념으로, 침해는 '부정적인' 개념으로 사용하기로 한다. 정당한 제약을 뜻하는 제한의 경우에 정당한 제약이란 헌법적 근거가 있고, 동시에 헌법적 원칙을 준수한 제약을 의미하기 때문에 제한은 제약의 근거 자체나 근거가 있는 제약 또는 헌법적 원칙을 준수한 제약의 의미로 구분되어 사용될 수도 있다(제3장 기본권의 제한 참조). 물론 일반적으로는 제한이라는 개념이 제약과 제한, 그리고 침해를 포함하는 넓은 의미로 사용된다.

(2) 급 부 권

상대방의 적극적 행위, 즉 작위나 급부를 대상으로 하는 급부권은 다시 적극적 행위의 내용에 따라 ① 사실적 급부권과 ② 규범적 급부권으로 구분된다. 양자는 급부의 내용이 가지는 성격에서 차이를 보이는데 전자는 사실적 성격을 갖는 반면에 후자는 규범적 성격을 갖는다.

1) 사실적 급부권 급부권은 권리상대방(국가)의 **사실적인** 적극적 행위를 내용으로 할 수 있다. 여기서 사실적인 적극적 행위는 '사실적 급부(현금 · 현물 · 시설 · 서비스)'의 제공을 의미한다. 물론 사실적 급부도 법률적 근거를 갖기 위해 입법의 형식으로 제공되지만 이러한 입법의 형식이 사실적 급부의 내용을 변화시키지는 못한다. 어쨌든 이러한 사실적 급부를 내용으로 하는 기본권을 **'사회적 기본권'**(사회권)이라 부른다. 흔히 급부권이라고 하면 사회적 기본권을 의미하고, 이런 의미에서 사회적 기본권은 '좁은 의미의 급부권'이라고 부를 수 있다. 현행 헌법은 사회적 기본권의 일반조항으로 이해될 수 있는 인간다운 생활을 할 권리(제34조 제1항)를 규정하고 있을 뿐만 아니라 개별적인 사회적 기본권을 규정하고 있다. 또한 자유권으로 분류되는 개별적 기본권들 안에서도 사회적 기본권의 기능을 도출할 수 있다(예: 학문 · 예술의 자유에 포함된 사회권).

2) 규범적 급부권 급부권은 권리상대방의 **규범적인** 적극적 행위를 작위의 내용으로 할 수 있다. 여기서 규범적인 적극적 행위는 입법행위, 즉 법률제정행위를 말한다. 규범적인 적극적 행위는 입법의 내용에 따라 또다시 '보호'에 관한 입법과 '조직과 절차'에 관한 입법을 구분하여 전자를 **'보호권'**[7]이라 부르고, 후자를 **'절차권'**[8] 또는 '조직과 절차에 관한 기본권'이나 '절차적 기본권'이라 부른다.

A. 보호권 우선 보호권은 기본권에 대한 사인인 제3자의 제약행위를 전제로 하여 국가에 대해서 그러한 제약행위로부터 보호를 요구하는 권리를 말한다. 이러한 보호의 내용은 기본권을 침해하는 제3자의 행위로부터 보호하는 입법, 주로 형사법(금지와 처벌)의 제정이다. 따라서 보호권은 국가에 대해서 **제3자의 기본권침해로부터 보호하는 입법을 요구하는 권리**를 뜻한다. 이러한 권리에 상응하여 국가는 보호입법의 의무를 지는데 이것을 '기본권보호의무' 또는 줄여서 '보호의무'라고 부른다. 기본권에 대한 침해

---

7) 보호권에 대해서는 이준일, 기본권으로서 보호권과 기본권의 제3자효, 『저스티스』, 통권 제65호(2002), 65면 이하 참조.

8) 절차권에 대해서는 이준일, 조직과 절차에 관한 기본권, 『아·태공법연구』, 제9집(2001), 133면 이하 참조.

행위의 주체가 국가가 아니라 사인인 국민이라는 점에서 방어권과 구분된다. 그러나 보호권도 기본권의 상대방은 국가라는 점에서 방어권과 다르지 않다. 헌법재판소는 기본권보호를 국민의 권리인 보호권이 아니라 단지 국가의 의무인 보호의무로만 이해한다(아래 [판례] 참조).

[판례] 기본권보호의무

기본권 보호의무란 기본권적 법익을 기본권 주체인 사인에 의한 위법한 침해 또는 침해의 위험으로부터 보호하여야 하는 국가의 의무를 말하며, 주로 사인인 제3자에 의한 개인의 생명이나 신체의 훼손에서 문제되는데, 이는 타인에 의하여 개인의 신체나 생명 등 법익이 국가의 보호의무 없이는 무력화될 정도의 상황에서만 적용될 수 있다(2009. 2. 26. 2005헌마764).

보호권은 모든 개별적 기본권에 대해서 일반적으로 적용되는 독립적 규정을 두어 보장될 수도 있다. 하지만 모든 개별적 기본권에 적용되는 일반적 규정이 없는 경우에 보호권은 개별적 기본권에서 도출된다. 현행 헌법의 경우에는 보호권에 관한 독립적인 규정이 없기 때문에 **개별적 기본권에서 보호권을 도출**할 수 있다.

B. 절차권 다음으로 절차권은 조직과 절차에 관한 입법을 요구하는 권리를 뜻한다. 견해에 따라서는 '조직에 관한 권리'와 '절차에 관한 권리'를 분리하여 이해하기도 하지만 우리는 양자의 권리가 모두 **절차이념을 기초**로 하고 있다는 점에서 절차권 또는 절차적 기본권으로 결합시켜 이해하기로 한다. 이러한 절차권은 다시 다음과 같은 네 가지로 분류될 수 있다.

① 첫째, **'좁은 의미의 절차에 관한 권리'**로서 기본권을 보장하기 위한 행정절차나 사법(재판)절차에 관한 입법을 요구할 수 있는 절차권이 있다. 대표적으로 재판청구권(제27조 제1항)이 좁은 의미의 절차에 관한 권리에 포함될 수 있다. 절차의 내용으로서 재판절차처럼 모든 개별적 기본권에 대해서 '일반적으로 적용되는 절차'가 요구될 수도 있고, 행정절차처럼 개별적인 기본권마다 '특별하게 적용되는 절차'가 요구될 수도 있다.

② 둘째, **'좁은 의미의 조직에 관한 권리'**로서 기본권의 실현이 조직적인 형태로 이루어지는 기본권의 경우에 그 조직이 기본권실현에 적합한 조직이 될 수 있도록 입법적으로 보장해 줄 것을 내용으로 하는 절차권이 있다. 예를 들어 학문의 자유(제22조)에서 대학이나 언론의 자유(제21조)에서 언론사처럼 기본권이 조직이나 단체의 형태로 실현되는 경우에 그러한 조직이나 단체에 관련된 법률, 예를 들어 사립학교법이나 방송법 또는 신문법이 기본권실현에 적합한 내용을 규율하도록 요구하는 권리를 말한다.

③ 셋째, **'사법(私法)질서형성에 관한 권리'**로서 사법질서의 형성을 위한 사적 자치의 절차에 필수적인 법규범을 제정해 주도록 요구하는 절차권이 있다. 재산권(제23조) 및 혼인 · 가족에 관한 권리(제36조 제1항)는 사법질서의 중요한 두 축인 재산과 가족에 관한 질서를 형성하는 절차에서 필수적인 법규범을 제정해 주도록 요구하는 권리로 이해된다.

④ 넷째, '국가의사형성에 관한 권리'로서 국가의사형성의 절차에 필수적인 법규범을 제정해주도록 요구하는 권리가 있다. 예를 들어 선거권(제24조)은 국가의사형성절차에서 필수적인 법규범의 제정을 요구할 수 있는 권리로 이해된다.

첫 번째의 절차권, 즉 좁은 의미의 절차에 관한 권리는 다른 개별적 기본권의 보장을 위하여 개별적 기본권의 '외부에서 요구되는 절차권'인 데 비하여 두 번째부터 네 번째의 절차권들은 개별적 기본권의 성격상 개별적 기본권 안에서 '내부적으로 요구되는 절차권'이라는 점에서 차이가 있다. 따라서 전자의 절차권은 재판청구권처럼 일반적 절차권으로 규정될 수 있는 가능성이 있지만 후자의 절차권은 개별적 기본권마다 상이한 내용을 담기 때문에 일반화될 수 없다는 점에서도 구분된다. 전자의 절차권은 독립적인 규정이 없이도 개별적 기본권에 관한 규정에서 도출될 수도 있지만 그러한 절차권에 관한 독립적인 규정이 존재하는 경우에는 그 규정으로부터 도출된다. 따라서 현행 헌법의 경우에 재판절차는 이와 관련하여 재판청구권이 독립적인 기본권으로 규정되어 있기 때문에 이로부터 도출될 수 있고, 행정절차는 이와 관련하여 독립적인 기본권이 규정되어 있지 않기 때문에 개별적 기본권에 관한 규정에서 도출될 수 있다. 한편 후자의 절차권, 즉 개별적 기본권의 성격상 개별적 기본권 안에서 내부적으로 요구되는 절차권의 경우에는 그러한 기본권을 규정한 조항에서 도출된다.

(3) 평 등 권

작위나 부작위 이외에 자유와 권리의 분배와 관련된 행위가 기본권의 대상이 될 수 있다. 이러한 권리를 '평등권'이라 부르고, 분배를 받는 비교대상 간의 비교가 핵심이 된다. 평등권의 대상은 국가의 작위가 될 수도 있고, 부작위가 될 수도 있다. 따라서 평등권의 대상을 방어권으로만 이해하는 것은 적절하지 못하다. 평등권은 방어권의 평등을 내용으로 할 수도 있고, 급부권의 평등을 내용으로 할 수 있기 때문이다.

	기본권의 기능		기본권의 내용
권리로서의 기본권	(1) 방어권		부작위
	(2) 급부권	① 보호권	작위(급부)
		② 절차권	
		③ 사회권	
	(3) 평등권		부작위 또는 작위

Ⅲ. 권한으로서의 기본권

1. 권한의 개념

권한이란 법적 상태를 변화시킬 수 있도록 법적으로 부여된 권능을 말한다. 권한의 특징은 이러한 권한이 존재하기 위하여 권한을 부여하는 수권규범(권한규범)이 반드시 필요하다는 점이다. 법적 권능으로서 권한은 법적 상태를 변화시킬 수 있다는 점에서 **사실적 권능** 또는 권력과 공통되지만 그러한 권한을 부여하는 법적 근거를 반드시 필요로 한다는 점에서는 사실적 권능이나 권력과 구별된다. 또한 권한은 '법적 행위'의 가능성에 대한 보장이라는 점에서 단순히 행위의 가능성을 보장하는 자유와 구별된다. 하지만 법적 행위의 가능성에 대한 보장도 마찬가지로 행위의 영역을 확대하기 때문에 권한은 자유의 영역을 확대한다고 볼 수 있다. 그리고 권한은 자유가 침해되었을 때 이를 절차적으로 주장할 수 있도록 함으로써 자유를 보강하는 기능을 한다. 따라서 권한과 자유는 밀접한 관련을 맺는다. 한편 권한도 자유처럼 국가나 사인에 의해 제약(박탈)될 수 있으므로 권리에 의해 보강될 필요가 있다.

2. 권한과 제도보장

권한은 사법(私法)적 권한과 공법(公法)적 권한, 그리고 국민의 권한과 국가의 권한으로 구분된다. 흔히 슈미트(C. Schmitt)의 구분에 따라 사법적 권한이 관련되는 경우에 "**제도보장**"(Institutsgarantien)으로, 공법적 권한이 관련되는 경우에는 "**제도적 보장**"(institutionelle Garantien)으로 설명되곤 한다.[9] 아무튼 기본권에 포함된 권한은 제도의 보장과 밀접하게 관련되어 있다.[10] 문제는 제도의 보장이 일반적으로 기본권의 객관적 측면에서 설명된다는 점이다. 따라서 제도의 보장이 기본권의 주관적 측면에서도 설명될 수 있는지를 검토할 필요가 있다.

(1) 제도의 보장과 기본권의 객관적 측면

다양한 관점에서 제도가 이해될 수 있지만 권한과 관련하여 제도는 사법적 권한이나 공법적 권한, 정확히 말하자면 그러한 권한의 근거가 되는 수권규범의 복합체로 정의될 수 있다. 이러한 수권규범의 제정을 위해서는 입법행위라는 **국가의 적극적 행위**를 필요로 한다. 따라서 제도의 보장은 국민의 권리보다는 **국가의 의무**에 의해서 정당화하는 것이 용이해 보인다. 그리고 수권규범의 제정에 관한 국가의 입법의무는 **기본권의 객관적 측면**에서 쉽게 정당화될 수 있을 것으로 보인다. 여기서 제도의 보장을 기본권의 객관적 측면에서 설명하려는 견해가 설득력을 얻게 된다. 따라서 제도의 보장이 기본권의 객관적 측면을 강조하기 위한 논거로서 가지는 의미를 부인할 수는 없다.

(2) 제도의 보장과 기본권의 주관적 측면

하지만 기본권의 주관적 측면과 객관적 측면이 일반적으로 인정되는 경우에는 제도의 보장을 기본권의 객관적 측면만을 강조하기 위한 논거로 인용할 필요가 없게 된다. 더욱이 만약 제도의 보장이 기본권의 주관적 측면과 객관적 측면을 명확하게 분리하면

---

9) C. Schmitt, Freiheitsrechte und institutionelle Garantien der Reichsverfasssung, in: 같은 이, *Verfasssungsrechtliche Aufsätze*, Berlin, 제2판(1973), 140면 이하 및 160면 이하.

10) 제도보장에 대해서는 제1편 제2부 제5장 제1절 III. 참조.

서 오로지 기본권의 객관적 측면만이 존재하는 경우를 정당화하기 위해 주장되는 때에는 대단히 잘못된 결론을 담게 된다. 앞으로 살펴보는 바와 같이[11] 기본권의 주관적 측면과 객관적 측면은 논리적으로 불가분의 관계에 놓여 있으므로 기본권의 객관적 측면이 존재한다는 사실만을 제도의 보장이라고 부를 수 없기 때문이다. 그렇다면 기본권에 내포된 제도의 보장이라는 측면, 즉 수권규범의 제정에 관한 측면은 기본권의 객관적 측면에서 도출되는 국가의 의무에서 정당화될 뿐만 아니라 기본권의 주관적 측면에서 도출되는 국민의 권리에 의해서도 정당화될 수 있다.

이렇게 제도의 보장에 내포된 내용을 기본권의 주관적 측면에서 논증하게 되면 국민은 제도의 보장에 포함된 내용을 주관적 권리로서 헌법소원의 형태로 관철할 수 있게 된다. 이것은 제도의 보장에 내포된 내용을 보장해야 하는 국가의 의무에 반하여 국가가 제도를 폐지하는 대단히 예외적인 경우에만 위헌법률심판의 형태로 헌법위반을 확인할 수 있는 데 그치지 않음을 의미한다. 오히려 제도의 보장에 내포된 내용을 국가가 적어도 최소한도라도 적극적으로 실현하지 않은 경우까지 주관적 권리가 침해되었음을 이유로 헌법소원을 청구할 수 있음을 의미한다. 물론 기본권의 객관적 측면에서 우선적으로 국가의 의무로 이해되는 제도의 보장을 주관적 권리로 위치시키면 헌법소원의 형태로 발생할 수 있는 남소(濫訴)의 가능성을 배제할 수는 없다. 하지만 남소의 위험성을 염려하여 제도의 보장과 관련된 내용을 국가의 의무로 국한하기보다는 제도의 보장과 관련된 국가의 의무이행이 단지 0(零)에 지나지 않는 명백한 의무위반이 아닌 경우에도 국민의 권리를 주장할 수 있도록 주관적 권리로 논증할 필요가 있다.

3. 소극적 권한규범으로서 기본권

한편 국가의 권한과 관련해서 기본권은 국가의 권한을 제한하는 '소극적 권한규범'으로 기능하게 된다. 여기서 소극적 권한규범이란 권한을 부여하는 근거가 아니라 권한을 제한하는 근거가 되는 규범을 말한다. 따라서 기본권은 기본권을 제한하려는 국가의 권한을 다시금 제한하는 규범을 의미하게 된다.

Ⅳ. 지위의 총체로서의 기본권

1. 개념과 의의

주관적 지위로서의 기본권이란 위에서 설명한 권리와 자유와 권한의 총체를 말한다. 이것은 기본권 전체를 종합해서 볼 때 기본권체계가 이러한 주관적 지위들을 모두 포함한다는 것을 뜻할 수도 있고, 각각의 개별적 기본권 안에 이러한 주관적 지위들이 모두 포함된다는 뜻일 수도 있다. 전자의 경우에 기본권체계 안에 있는 개별기본권들은 주관적 지위의 유형에 따라 구분될 수 있다. 예를 들어 *A*라는 개별적 기본권은 방어권, *B*라

11) 제2편 제1부 제2장 제3절 Ⅱ. 3. 참조.

는 개별적 기본권은 절차권 하는 식으로 구분하는 것이다. 한편 후자의 경우에 특정한 개별기본권은 기본권이 가질 수 있는 모든 주관적 지위들을 모두 포함할 수 있다. 예를 들어 *A*라는 개별적 기본권에 방어권, 보호권, 절차권 등의 지위가 포함되는 것이다. 이러한 구분에 따르는 경우에는 개별기본권을 일률적으로 자유권, 사회권, 청구권 등 주관적 지위의 유형에 따라 구분하는 것이 적절하지 못하게 된다.

2. 기본권의 분류

(1) 기 준

재판청구권(제27조)이나 인간다운 생활을 할 권리(제34조 제1항)처럼 절차권이나 사회권과 같은 기본권의 **특정한 기능을 일반화한 개별기본권**도 존재한다. 또한 개별기본권마다 **중요하게 작동하는 기능**은 다를 수 있다. 따라서 개별기본권은 우선 거기에 포함된 중요하고 본질적인 주관적 지위의 기능에 따라 구분될 수 있다. 그러나 이러한 구분은 일정한 생활영역에 따라 구분되는 개별기본권인 경우에 이 기본권에서 중요하게 강조되는 일정한 주관적 지위의 기능 이외에 **다른 기능들을 축소하거나 배제할 위험성**을 내포한다. 따라서 개별기본권의 분류는 우선적으로 개별기본권의 성격에 따라 달라져야 한다. 예를 들어 정신활동이나 경제활동 또는 정치활동 등 일정한 생활영역에 따라 규정된 기본권의 경우에는 각각의 기본권에 포함되는 주관적 지위의 기능들이 종합적으로 검토되어야 한다. 하지만 기본권의 특정한 기능을 일반화한 개별기본권이나 특별히 중요하게 작동하는 기능을 포함하는 개별기본권의 경우에는 주관적 지위의 기능에 따라 구분될 수 있다.

(2) 생활영역에 따른 분류

전통적으로 자유권으로 분류되는 기본권, 즉 신체(제12조 제1항), 양심(제19조), 종교(제20조), 학문(제22조), 예술(제22조), 표현(제21조), 주거(제16조), 사생활(제17조), 통신(제18조), 거주 · 이전(제14조), 직업(제15조)의 자유, 재산권(제23조) 또는 참정권으로 분류되는 선거권(제24조), 피선거권(제25조) 등은 각각의 기본권에 포함되는 주관적 지위들이 종합적으로 검토되어야 한다. 그렇기 때문에 이러한 기본권들은 일정한 생활영역에 따른 분류가 가능하다. 따라서 ① 신체의 자유는 인신에 관한 기본권, ② 양심 · 종교 · 학문 · 예술 · 표현의 자유는 정신활동에 관한 기본권, ③ 주거 · 사생활 · 통신의 자유는 사적 영역에 관한 기본권, ④ 거주이전 · 직업 · 재산권은 경제활동에 관한 기본권, ⑤ 선거권 · 피선거권은 정치활동에 관한 기본권으로 분류될 수 있다.

(3) 기본권의 기능에 따른 분류

반면에 전통적으로 청구권으로 분류되는 절차적 기본권, 즉 재판청구권(제27조), 국가배상청구권(제29조), 청원권(제26조), 형사보상청구권(제28조) 또는 생존권으로 분류되는 사회적 기본권(제31조에서 제36조)은 특정한 지위를 일반화한 기본권 또는 특별히 중요하게 기능하는 지위를 포함하는 기본권으로 분류된다.

[참조] 옐리네크의 지위론

옐리네크(G. Jellinek)는 국민이 국가에 대해서 갖는 관계를 '지위'(Status)라고 부른다. 이러한 지위는 ① 수동적 지위, ② 소극적 지위, ③ 적극적 지위, ④ 능동적 지위로 구분된다. 여기서 지위는 개인이 국가에 대해서 가지는 구체적인 내용의 개별적인 지위들에 대한 추상화를 의미한다. 옐리네크의 지위론에서 특징은 소극적 지위를 보장되지 않은 자유로만 이해하여 방어권을 소극적 지위에 포함시키지 않고, 적극적 지위로 이해한다는 점이다. 그러나 우리가 앞에서 설명한 대로 방어권은 자유를 직접적으로 보장하는 권리이기는 하지만 여전히 자유와 마찬가지로 국가의 소극적 행위(= 부작위)를 대상으로 한다는 점에서 소극적 지위로 분류되는 것이 적절하다.

제 3 절 객관적 규범으로서의 기본권

Ⅰ. 규범의 개념

1. 의미론적 규범개념

규범(norm)이란 그것을 표현하는 규범문장(규정)에 포함된 의미를 말한다. 이러한 규범개념을 "의미론적 규범개념"[12]이라고 부른다. 이에 따르면 규범은 여러 가지 규범문장으로 표현될 수 있다. 따라서 서로 다른 규범문장이라고 하더라도 동일한 규범을 표현할 수 있다. 또한 동일한 규범문장이라고 하더라도 서로 다른 규범을 표현할 수 있다는 점을 배제할 수 없다. 결국 중요한 것은 규범문장보다 그 의미내용인 규범이 된다.

2. 기본권규정의 의미로서 기본권규범

기본권규범을 표현하는 문장을 '**기본권규범문장**'이라고 부르고, 더 흔하게는 '**기본권규정**'이라는 표현이 사용된다. 의미론적 규범개념에 따르면 기본권규범문장, 즉 기본권규정이 표현하고자 하는 의미내용이 기본권규범이다. 따라서 기본권규범을 도출하기 위해서는 우선적으로 기본권규정에 근거해야 한다. 이것은 기본권에 관한 논증이 무엇보다도 **헌법에 명시된 기본권규정**에 근거하여야 한다는 뜻이다. 예를 들어서 한국헌법의 기본권에 관한 논증을 위해서는 한국헌법에 명시된 기본권규정으로부터 시작되어야 한다.

---

12) R. Alexy, *Theorie der Grundrechte*, 42면 이하.

Ⅱ. 규범의 양식과 논리

1. 규범의 양식

규범은 당위의 양식으로 표현된다.[13] 당위의 양식에는 세 가지가 있다. ① **명령**(Gebot, obligatory: O), ② **금지**(Verbot, forbidden: F), ③ **허용**(Erlaubnis, permitted: P)이 그것이다. 첫째, 명령은 무엇을 하라고 요구하는 것을 말한다. 즉 명령이란 적극적 행위로서 일정한 긍정적 명제(positive proposition: p)로 표현되는 '작위의 의무'가 부과된 상태를 말한다(Op). 둘째, 금지는 무엇을 하지 말라고 요구하는 것을 말한다. 즉 금지란 소극적 행위로서 일정한 부정적 명제(negative proposition: $\neg p$)로 표현되는 '부작위의 의무'가 부과된 상태를 말한다($Fp = O\neg p$). 따라서 명령이나 금지는 **'의무가 부과된 상태'**라는 공통점을 갖는다. 셋째, 허용이란 무엇을 해도 되고 안 해도 될 수 있도록 내버려 둔 자유방임의 상태를 말한다. 즉 허용은 작위든 부작위든 전혀 의무가 부과되지 않은 **'의무 없는 상태'**, 다시 말해 '의무의 부정'($\neg O$)을 말한다($Pp = \neg Op$). 따라서 허용은 전혀 의무가 부과되지 않은 상태라는 점에서 일정한 의무가 부과된 상태인 명령이나 금지와 구분된다.

규 범	① 명령	Op
	② 금지	$Fp = O\neg p$
	③ 허용	$Pp = \neg Op$

기호설명: p = 명제, $\neg$ = 부정

2. 규범의 논리

(1) 명령과 금지

명령은 무엇을 적극적으로 하도록, 즉 '작위'의 의무(Op)를 부과하는 반면에 금지는 무엇을 소극적으로 하지 않도록, 즉 '부작위'의 의무($O\neg p$)를 부과한다는 점에서 명령과 금지는 **의무의 내용이 서로 반대되는** 관계에 놓인다. 하지만 명령과 금지는 일정한 의무를 부과한다는 점에서는 공통점을 갖는다.

(2) 허용의 부정으로서 명령 · 금지

허용이란 흔히 금지되지 않은 것을 의미한다. 그러나 허용에는 금지되지 않은 것뿐만 아니라 명령되지 않은 것도 포함된다. 왜냐하면 허용은 무엇을 해도 된다는 '적극적' 허용(Pp)뿐만 아니라 하지 않아도 된다는 '소극적' 허용($P\neg p$)을 모두 다 동시적으로(*and*: $\wedge$) 포함하기 때문이다($P = Pp \wedge P\neg p$). 따라서 허용의 부정($\neg P$)은 적극적 허용에 대한 부정($\neg Pp$)이나 소극적 허용에 대한 부정($\neg P\neg p$)을 선택적으로(*or*: $\vee$) 포함한다($\neg P$

13) 규범의 양식과 논리에 대해서는 C./O. Weinberger, *Logik, Semantik, Hermeneutik*, München, 초판(1979), 96면 이하 참조.

$= \neg Pp \vee \neg P\neg p$). 여기서 적극적 허용에 대한 부정, 즉 '해도 된다'의 부정은 '하면 안 된다', 또는 '하지 마라'는 금지(Fp)이고, 소극적 허용에 대한 부정, 즉 '안 해도 된다'의 부정은 '안 하면 안 된다' 또는 '해야만 한다'는 명령(Op)이다. 이런 맥락에서 명령과 금지는 허용에 의해서 정의될 수 있다. 즉 명령은 소극적 허용에 대한 부정으로($Op = \neg P\neg p$), 금지는 적극적 허용에 대한 부정으로($Fp = \neg Pp$) 정의된다. 결국 **명령과 금지는 허용의 부정**을 뜻한다.

규범의 논리
① 허용(해도 되고, 안 해도 된다): $P = Pp \wedge P\neg p$
② 허용의 부정(하면 안 된다 + 안 하면 안 된다): $\neg P = \neg Pp \vee \neg P\neg p$
③ 명령(해야만 한다): Op = 소극적 허용의 부정(안 하면 안 된다): $\neg P\neg p$
④ 금지(해서는 안 된다): Fp = 적극적 허용의 부정(하면 안 된다): $\neg Pp$

(3) 허용과 명령 · 금지의 논리적 선후관계

허용은 명령 · 금지로 정의될 수 있고, 명령 · 금지는 허용으로 정의될 수 있다는 점에서 허용과 명령 · 금지는 서로 논리적으로 정의하는 관계에 놓여 있을 뿐이지 어떤 것이 논리적으로 앞선다고 말할 수 없다. 따라서 허용이나 명령 · 금지는 그 자체가 '명시적으로' 규정될 수도 있지만 허용은 명령 · 금지의 부존재를 통해서, 명령 · 금지는 허용의 부존재를 통해서 '묵시적으로' 규정될 수도 있다. 다만 기본권에 포함된 허용규범의 경우에는 명령 · 금지의 부존재를 통해서 규정될 수 없다. 기본권에 포함된 허용규범이 단순히 법령상의 명령 · 금지가 부존재하는 상태만을 의미한다면 헌법에 규정된 기본권은 법령이 명령하거나 금지하지 않은 것으로 그 의미가 축소되어 버리기 때문이다. 심지어 기본권에 포함된 허용규범은 법령상의 명령 · 금지가 헌법에 위반되는지 여부를 판단하는 기준이 되지 못함으로써 헌법에 기본권을 명시적으로 규정한 의미는 완전히 상실될 수도 있다. 따라서 기본권에 포함된 허용규범은 법령상의 명령 · 금지보다 논리적으로 앞서 존재해야 하므로 명시적으로 규정될 필요가 있고, 법령상의 명령 · 금지에 헌법적 한계를 설정하는 역할을 수행할 수 있어야 한다.

3. 지위와 규범의 관계

(1) 자유와 허용

자유는 자신이 원하는 행위를 할 수도 있고 하지 않을 수도 있는 또는 원하는 상태를 유지할 수도 있고 유지하지 않을 수도 있는 자유방임의 상태에서 개인이 누리는 주관적 지위를 말한다. 바로 이러한 상태는 허용규범에 의하여 보장된다. 따라서 자유란 허용규범이라는 객관적 규범에 의해서 개인에게 보장된 주관적 지위라고 말할 수 있다. 이렇게 자유와 허용의 관계에서 주관적 지위와 객관적 규범은 논리적인 관계를 맺는다.

(2) 권리 · 의무와 명령 · 금지

권리가 존재하면 그에 상응하여 반드시 의무가 존재해야 한다. 의무에는 작위의 의무와 부작위의 의무가 있다. 작위의 의무는 일정한 행위를 적극적으로 해야 할 의무 또는 일정한 상태를 적극적으로 유지해야 할 의무로서 명령규범으로 표현된다. 반면에 부작위의 의무는 일정한 행위를 소극적으로 안 해야 할 의무 또는 일정한 상태를 소극적으로 유지하지 않아야 할 의무로서 금지규범으로 표현된다. 따라서 권리라는 주관적 지위가 개인에게 보장되면 그에 상응하여 명령규범이나 금지규범에 의해 국가에 의무가 부여된다. 이처럼 권리 · 의무와 명령 · 금지의 관계에서 주관적 지위와 객관적 규범은 논리적 관계를 맺는다.

(3) 규범의 객관성의 의미

방금 설명한 것처럼 개인의 주관적 지위로서 권리와 자유는 당위의 세 가지 양식, 즉 명령 · 금지 · 허용으로 정의될 수 있기 때문에 객관적 규범과 밀접한 관련을 맺는다. 여기서 '객관적 규범'이 무엇인지에 대해서 해명할 필요가 있다. 의미론적 규범개념에 따르면 헌법의 기본권규정(= 기본권규범문장)은 일종의 규범문장으로서 일정한 규범(당위)적 의미내용을 표현한다. 그 규범적 의미내용이란 모든 국민이 일정한 '자유' 또는 '권리'라는 주관적 '지위'를 가지고 있다는 것이다. 다만 그 주체가 '모든 인간'이나 '모든 국민'을 포함함으로써 지위의 일반성을 표현하는 **'보편규범'**(universelle Norm)이 표현된다. 만약에 이 보편규범이 특정한 주체에 한정된 규범문장으로 개별화되는 경우에는 **'개별규범'**(individuelle Norm)이 표현된다. 이러한 개별규범은 특정개인이 일정한 '지위'를 갖고 있음을 의미한다. 결국 기본권이란 개인의 지위에 대한 규범으로서 그 주체가 보편규범의 형태로 일반화될 수도 있고, 개별규범의 형태로 개별화될 수도 있다. 따라서 기본권규범은 보편규범에서 개별규범으로 개별화되면 개인의 주관적 지위를 표현하게 된다.

객관적 규범으로 주관적 지위가 표현될 수 있다면 주관적 지위라는 개념은 불필요한 것으로 보일 수도 있다. 하지만 규범과 지위의 구분은 다음과 같은 점에서 반드시 불필요한 것만은 아니다. 규범은 행위주체나 행위 각각의 **'규범적 성격'**에 대해서 보여준다. 즉 규범은 특정한 주체가 일정한 행위를 하는 것이 '명령', '금지', '허용'되는지에 대해서 말해준다. 이런 의미에서 규범은 행위주체나 행위에 대해 일정한 "특성을 부여"(Qualifikation)[14]한다. 하지만 지위는 행위주체 상호간이나 행위주체와 행위 상호간의 **'규범적 관계'**에 관하여 말해준다. 즉 지위는 일정한 주체가 일정한 상대방에 대해서, 일정한 행위를 내용으로 하는, 어떠한 권리와 의무를 갖는지에 대해서 보여준다. 따라서 규범과 지위는 동일한 사물을 서로 다른 측면에서 말해주는 것으로 규범과 지위라는 구별된 개념을 사용하는 것이 반드시 불필요한 것만은 아니다.

---

14) R. Alexy, *Theorie der Grundrechte*, 163면.

앞에서 설명한 규범과 지위의 관계를 올바로 이해했다면 이미 객관성의 의미는 어느 정도 분명해진다. 예를 들어 '김아무개는 국가에 대하여 어떠한 권리를 가진다'고 할 때 이러한 권리는 **'관계적 · 상대적 권리'**이다.[15] 즉 권리의 주체가 특정되어 있고, 특정한 상대방이 존재하는 권리이다. 그러나 단순히 '인간의 권리 또는 국민의 권리가 존재한다'고 할 때 이러한 권리는 주체가 특정되어 있지 않고, 특정한 상대방도 없는 권리이다. 권리의 주체에서 특정한 주체를 추상화 · 일반화하고, 권리의 상대방에서도 특정한 상대방을 추상화 · 일반화하면 객관적 권리가 된다. 이렇게 주체와 상대방이 특정되지 않은 권리가 **'비관계적 · 객관적 권리'**가 된다. 의무의 측면에서도 마찬가지이다. 국가는 '김아무개에 대하여 어떠한 의무를 가진다'고 할 때 이러한 의무는 '관계적 · 상대적 의무'이다. 즉 특정한 의무의 주체와 상대방이 존재하는 의무다. 그러나 '국가의 의무가 존재'한다고 할 때 이러한 의무는 '비관계적 · 객관적 의무'가 된다. 또한 권리와 의무의 대상도 역시 추상화될 수 있다. 이처럼 권리나 의무에 있어서 그 주체와 상대방, 그리고 대상을 **추상화 · 일반화**한 개념이 '객관성'이 된다. 따라서 권리와 의무의 주체와 상대방, 그리고 대상을 추상화한 객관적 권리와 객관적 의무가 '객관적 규범'인 것이다. 이러한 객관적 규범으로서 기본권은 단순히 국민이 국가에 대해서 가지는 주관적 지위를 넘어서 **법체계 전체에 포괄적으로 영향**을 미칠 수 있게 된다.

(4) 권한과 권한규범 및 명령 · 금지 · 허용

권한은 그것을 부여하는 권한규범(수권규범)에 의하여 보장된다. 이처럼 권한은 반드시 권한규범에 근거해야만 하기 때문에 권한규범이 없이 행사된 권한은 사실상의 권력에 지나지 않는다. 권한규범에 근거하여 창설된 권한에 따라 명령과 금지를 발생 · 변경 · 소멸시킬 수 있다. 앞에서 설명한 바와 같이 명령과 금지는 적극적 의무나 소극적 의무를 부과하는 것을 뜻한다. 따라서 권한에 근거하여 명령과 금지를 발생 · 변경시키는 것은 존재하지 않던 적극적 의무나 소극적 의무를 부과하거나 이미 존재하는 의무의 내용을 변경시키는 것을 의미한다. 또한 권한에 근거하여 이미 존재하는 의무를 소멸시키는 것은 의무없는 상태인 허용의 상태로 복귀시키는 것을 의미한다. 이렇게 권한을 통하여 의무가 없는 허용의 상태에서 의무가 부과된 명령 · 금지의 상태로, 또는 의무가 부과된 명령 · 금지의 상태에서 의무가 없는 허용의 상태로 개인의 법적 지위가 변화될 수 있다.

Ⅲ. 규범의 구조와 기본권

객관적 규범으로서 기본권을 이해하는 경우에 규범의 구조는 기본권에도 그대로 적용된다. 앞서 이미 설명한 것처럼 규범은 서로 다른 구조를 가지는 **규칙**과 **원칙**으로 구분된다.[16] 규칙과 원칙의 구조적 특성을 다시 한 번 정리해보자. 첫째, 규칙은 ① 구성

---

15) "관계적"(relationale) 권리 또는 의무와 "비관계적"(nicht-relationale) 권리 또는 의무의 구분은 R. Alexy, *Theorie der Grundrechte*, 186면 이하 참조.

요건이 충족되면 반드시 법적 효과가 발생하고, ② 구성요건이 충족되고도 법적 효과가 발생하지 않는 예외나 무효인 경우가 있으며, ③ 규칙의 갈등을 효력상실로 해결하고, ④ 전형적인 적용방식으로 '포섭'(Subsumtion)이 사용된다. 둘째, 원칙은 ① 구성요건이 충족되어도 반드시 법적 효과가 발생하지는 않고, ② 구성요건이 충족되고도 법적 효과가 발생하지 않는 예외나 무효인 경우는 없으며, ③ 원칙의 충돌을 효력상실로 해결하지 않고, ④ 전형적인 적용방식으로 '형량'(Abwägung)이 사용된다. 문제는 기본권이 규칙인지, 아니면 원칙인지 하는 점이다.

기본권은 원칙의 구조적 특성을 그대로 보여준다. 따라서 기본권은 일단 원칙으로 이해될 수 있다. 하지만 기본권은 형량의 과정을 거쳐 규칙으로 변환된다. 즉 구체적인 상황(Cx)에서 하나의 원칙으로서 기본권(P_1)은 또 다른 원칙으로서 다른 사람의 기본권이나 헌법적 이익 또는 공익(P_2)과 형량되어 우열관계(P)가 결정된다($Cx\,(P_1 \;\; P \;\; P_2)$). 그리고 이러한 우열관계를 결정하는 구체적인 조건은 규칙이 되어 기본권의 구성요건으로 추가되고, 추가된 구성요건이 충족이 되면 우선하는 원칙에 대해 헌법이 보장한 법적 효력이 확정적으로 발생하게 된다. 결국 기본권은 원칙이지만 형량을 거쳐 규칙이 된다. 이렇게 원칙이면서 동시에 형량을 통해서 규칙이 되기도 하는 기본권의 성격을 **기본권의 이중성**이라고 부를 수 있다. 이러한 이중성은 아래에서 설명하는 주관적 권리와 객관적 규범이라는 의미에서의 이중성과 구별된다.

Ⅳ. 원칙규범으로서의 기본권과 가치로서의 기본권

1. 원칙'규범'과 가치의 차이점

기본권이 가지는 객관적 측면은 '객관적 규범'이라고 불리기도 하고, '객관적 가치질서'라고 불리기도 한다. 그렇다면 기본권의 객관적 측면을 '규범'이라고 부르는 것과 '가치'라고 부르는 것은 어떠한 차이가 있는가? 결론부터 말하자면 **규범과 가치는 동전의 양면**과 같다. 다시 말해 양자는 실질적으로 동일한 내용을 담고 있지만 그 내용에 대해서 규범은 '명령 · 금지 · 허용'이라는 당위의 양식으로 **'당위론적'**(deontologisch) 측면에서 설명하고, 가치는 '가치있다 · 없다'라는 가치의 양식으로 **'가치론적으로'**(axiologisch) 측면에서 설명한다는 점에서 차이가 있을 뿐이다.[17)]

2. '원칙'규범과 가치의 공통점

가치란 대상을 평가하는 기준을 말한다. 그런데 평가의 기준이 되는 가치는 매우 다양하게 존재한다. 따라서 정당한 평가를 위해서는 가능한 한 모든 가치가 반영되어야 한다. 또한 모든 가치가 전체의 평가에 충분하게 반영되는 **종합적 평가**가 필요하다. 이

16) 규칙과 원칙의 구분에 대해서는 제1편 제1부 제2장 제2절 Ⅲ. 참조.

17) R. Alexy, *Theorie der Grundrechte*, 127면 참조.

러한 종합적 평가에서는 각각의 가치가 다른 가치와 비교된다. 따라서 가치가 적용될 때 원칙이 적용되는 동일한 구조를 가진다. 다시 말해 특정한 가치만 적용해서는 종합적이고 합리적인 평가가 불가능하고, 고려할 수 있는 모든 가치를 비교해서 적용하는 경우에만 합리적인 종합적 평가가 가능해진다. 바로 이 점에서 가치와 원칙은 단지 다른 측면에서 동일한 사물을 이해하고 있을 뿐이다.

제 4 절 기본권의 양면성

Ⅰ. 개 념

기본권은 개인의 주관적 권리일 뿐만 아니라 객관적 가치질서라고도 말한다. 이것을 기본권의 '이중성' 또는 '양면성'이라고 부른다. 이러한 이중성(양면성)은 기본권이 원칙이며 규칙이라는 의미에서의 이중성과는 다르다. 앞에서 설명한 것처럼 개인의 지위, 즉 자유 · 권리 · 권한은 객관적 규범, 즉 명령 · 금지 · 허용과 논리적 관계를 가지기 때문에 기본권의 이중성은 이미 논리필연적인 것이라고 말할 수 있다. 학설과 판례도 이러한 기본권의 이중성을 대체로 인정하고 있다. 기본권의 이중성은 다음과 같은 헌법적 효과를 발생시킨다.

[판례] 객관적 규범 내지 가치질서로서의 기본권

국민의 기본권은 국가권력에 의하여 침해되어서는 아니 된다는 의미에서 소극적 방어권으로서의 의미를 가지고 있을 뿐만 아니라, 헌법 제10조에서 국가는 개인이 가지는 불가침의 기본적 인권을 확인하고 이를 보장할 의무를 진다고 선언함으로써 국가는 나아가 적극적으로 국민의 기본권을 보호할 의무를 부담하고 있다는 의미에서 기본권은 국가권력에 대한 객관적 규범 내지 가치질서로서의 의미를 함께 갖는다. 객관적 가치질서로서의 기본권은 입법 · 사법 · 행정의 모든 국가기능의 방향을 제시하는 지침으로서 작용하므로 국가기관에게 기본권의 객관적 내용을 실현할 의무를 부여한다(1995. 6. 29. 93헌바45).

Ⅱ. 헌법적 효과

1. 국가권력의 기본권구속

기본권은 모든 국가권력을 구속한다. 기본권은 국민이 국가에 대해서 주관적 권리로서 주장하지 않아도 이미 객관적 규범으로서 국가에 대해서 일정한 과제와 의무를 부과한다. 특별히 기본권이 법률을 제정하는 입법권을 구속한다는 점이 중요하다. 따라서 입법자는 민주적 정당성에 기초하여 국가의사형성에 있어서 광범한 재량이 보장되지만 기본권의 통제를 받게 된다. 이것은 입법자가 기본권의 한계를 넘을 수 없다는 소극적 의미와 함께 기본권의 실현을 위한 과제와 의무를 진다는 적극적 의미를 지닌다. 또한 법률을 집행하고 해석하는 집행부나 사법부도 기본권에 구속되기 때문에 기본권을 법률의 집행과 해석의 지침으로 삼아야 한다. 현행 헌법은 이러한 국가권력의 기본권구속에 대해서 명시적으로 표현하고 있지 않지만 **헌법 제10조 제2문의 기본권보장의무는 기본권구속의무**로 해석될 수 있다.

[참조] 헌법 제10조 제2문: 국가권력의 기본권구속의무로서 기본권보장의무

국가는 개인이 가지는 불가침의 기본적 인권을 확인하고 이를 보장할 의무를 진다.

2. 사법영역에 대한 기본권의 파급효

기본권은 **모든 법영역에 효력**을 미친다. 즉 기본권은 국가와 국민의 관계가 문제되는 공법영역뿐만 아니라 국민과 국민의 관계가 문제되는 사법영역에도 효력을 미치는 것이다. 이른바 기본권의 대사인적 효력 또는 제3자효의 문제가 이러한 맥락에서 설명될 수 있다.[18] 어쨌든 이것은 기본권의 수범자가 국가를 넘어서 국민에게까지 확대됨을 의미한다.

3. 기본권의 기능강화

기본권의 이중성에 대한 확인은 **기본권의 기능을 강화**한다. 이러한 기본권의 기능강화는 이미 앞에서 설명한 바와 같이 자유에 대한 보장이라는 의미에서 기본권의 주관적 측면에서도 논증가능하지만 기본권의 객관적 측면에서 정당화될 수도 있다. 국가에 대해서 부작위를 요구하는 자유와 그에 대한 제약행위로부터의 방어라는 소극적 지위의 차원을 넘어서 보호와 절차 및 급부의 보장이라는 적극적 지위의 차원으로 기본권의 기능을 확대하는 것은 '국민의 권리'라는 측면보다는 '국가의 의무'라는 측면에서 설명하기가 용이하기 때문이다.

4. 헌법재판소의 권한강화

헌법적 권리인 기본권의 효력과 기능의 강화는 헌법을 기준으로 재판을 하는 헌법재판소의 권한강화로 이어진다. 그리고 헌법재판소의 권한강화는 입법에 대한 통제가 강화되는 것을 의미하고, 결국 이것은 헌법재판소와 입법자의 권한충돌이라는 문제로 귀결된다. 따라서 기본권의 이중성은 헌법재판소와 입법자의 합리적 권한분배라는 새로운 문제영역을 만들어낸다.

Ⅲ. 비판과 대안

기본권의 양면성을 인정한다는 것은 기본권에 대해서 주관적 권리로서의 성격과 객

---

18) 기본권의 대사인적 효력에 대해서는 제2편 제1부 제4장 제3절 참조.

관적 가치질서로서의 성격을 '동시에' 가진다는 점을 인정함과 함께 양자의 성격이 '밀접한 관련'을 가진다는 점을 인정한다는 뜻이다. 그런데 흔히 기본권의 대사인적 효력, 그리고 보호의무와 같은 국가의 적극적 의무 등 기본권의 기능강화라는 헌법적 효과들은 단지 기본권의 객관적 가치질서로서의 성격으로부터만 도출되는 것으로 이해된다. 그러나 이러한 논리에는 문제가 있다. 여전히 주관적 권리의 측면과 객관적 가치질서의 측면을 이분법적으로 구분하면서 기본권의 다양한 기능확대를 객관적 가치질서라는 하나의 측면에서만 도출하기 때문이다.

기본권이 가지는 주관적 권리의 측면과 객관적 가치질서의 측면은 동전의 양면과 같이 논리필연적인 관계를 가진다. 따라서 주관적 권리의 측면에서 도출되는 내용과 객관적 가치질서의 측면에서 도출되는 내용이 독립적으로 존재하는 것은 아니다. 즉 기본권의 대사인적 효력이나 국가의 적극적 의무도 기본권의 객관적 가치질서로부터만 도출되지는 않는다. 기본권의 대사인적 효력이나 국가의 적극적 의무를 기본권의 객관적 가치질서로부터 도출되는 내용으로 이해하는 경우에 국가의 의무라는 측면만이 강조되고 국민의 주관적 권리의 측면은 배제된다. 따라서 기본권의 대사인적 효력에서 간접효력설이나 직접효력설은 사법의 매개를 전제로 하는지 여부에서만 차이가 있을 뿐이지 양자 모두 법관의 기본권존중의무라는 국가의 의무가 전면에 선다.[19] 또한 보호의무와 같은 국가의 적극적 의무에서도 그러한 의무는 국가의 의무로 한정되고 국민의 권리로까지 확대되지는 않는다.

그러나 나중에 살펴보는 것처럼 기본권의 대사인적 효력을 구성함에 있어서도 국민의 권리로서의 구성이 가능하고, 보호의무와 같은 국가의 적극적 의무도 국민의 권리로 확대될 수 있다. 오히려 국가의 적극적 의무에 상응하는 보호권이나 절차권은 자유라는 주관적 지위를 보강하는 권리로서 논증이 가능하다. 이처럼 기본권이 객관적 가치질서로서의 성격도 가진다는 이론구성은 기본권의 기능을 확대했다는 기여에도 불구하고 그러한 기본권의 기능을 단순히 국가의 의무에 한정시켰다는 문제점을 발생시킨다. 따라서 기본권의 양면성을 구성할 때에는 기본권의 양면적 성격들이 가지는 논리필연적이고 불가분적인 관계가 강조되어야 한다. 그렇게 되는 경우에만 확대된 기본권의 기능들을 주관적 권리로서 구성하는 것이 가능해진다.

---

19) 제2편 제1부 제4장 제3절 Ⅱ. 6. 참조.

제 3 장 기본권의 제한

제 1 절 개 념

기본권은 제한될 수 있다. 여기서 첫 번째 풀어야 할 과제는 기본권이 왜 제한될 수 있는지, 즉 기본권제한을 정당화하는 형식적 **근거**를 찾는 일이다. 두 번째 과제는 기본권이 제한될 수 있다면 어느 정도까지 제한될 수 있는지, 즉 기본권제한을 실질적으로 **정당화**하는 일이다. 이러한 과제를 해결하기 위해 먼저 기본권제한의 개념을 정의하도록 한다.

Ⅰ. 제한행위와 제한규범

기본권제한이란 기본권을 제한하는 행위로서 반드시 제한규범에 근거해야만 한다. 따라서 기본권의 제한이라고 할 때 먼저 ① **제한행위**와 ② **제한규범**은 구분되어야 한다. 물론 제한규범에 근거하지 않은 채 기본권을 제한하는 경우가 있을 수 있다. 따라서 기본권을 제한하는 행위는 그 자체로만 보면 제한규범과 항상 결합되는 것은 아니다. 또한 제한규범에 근거한 제한행위라고 하더라도 반드시 헌법이 허용하는 정당한 제한이라고 말할 수도 없다. 기본권을 제한하는 행위는 헌법적 원칙을 준수하는 한도 내에서만 허용될 수 있기 때문이다. 여기서 다시 ① **정당한 제한행위**와 ② **부당한 제한행위**는 구분되어야 한다. 이렇게 기본권의 제한이라고 하면 기본권을 제한하는 행위, 제한행위의 근거가 되는 규범, 정당한 제한이라는 세 가지 의미로 사용된다. 따라서 제한이 가지는 이러한 세 가지 의미를 엄밀하게 구분하기 위해서는 기본권을 제한하는 행위는 **제약행위**로, 기본권을 제한하는 근거가 되는 규범은 **제한규범**으로, 헌법적 원칙에 따라 허용되는 정당한 제한을 **제한**으로 부르는 것이 적절하다. 물론 엄격한 구분을 하지 않은 채 폭넓게 제한이라는 개념을 사용할 수도 있고, 이 경우에는 문맥에 따라 세 가지 의미의 차이를 구분해 내는 것이 필요하다.

Ⅱ. 직접적 제한규범과 간접적 제한규범

제한의 근거가 되는 제한규범은 다시 ① **'직접적' 제한규범**과 ② **'간접적' 제한규범**으로 구분된다. 전자는 별도의 입법행위 없이 헌법에 의해 직접적으로 기본권을 제한하는 근거가 되는 제한규범인 반면에 후자는 단지 제한규범의 제정을 위한 권한을 부여하여 제한의 가능성만을 부여하는 데 그치는 제한규범을 의미한다. 물론 전자의 경우에도 구체적으로 기본권을 제한하는 행위로서 별도의 입법행위가 필요하지만 이미 헌법에 의해 제한 여부가 결정되었다는 점에서 입법행위에 의해서 비로소 제한 여부가 결정되는 후자의 경우와 구별된다.

제 2 절 기본권제한의 이론적 근거

I. 원칙으로서의 기본권

기본권이 제한될 수 있다는 점을 법체계의 규칙/원칙모델에 따라 **기본권은 원칙**이라는 기본입장에서 논증하고자 한다. 논증의 첫 번째 단계로서 기본권이 원칙이라면 기본권은 원칙이 가지는 네 가지 **개념적 성격**을 가져야 한다. ① 기본권은 구성요건이 충족되어도 곧바로 법적 효과가 발생하지 않아야 한다. 따라서 기본권주체는 기본권의 구성요건이 충족되어도 '확정적' 법적 효과를 주장할 수 없게 되고, 다만 **'잠정적'**(prima facie) **법적 효과**만을 주장할 수 있을 뿐이다. ② 기본권의 구성요건이 충족되고 법적 효과가 곧바로 발생하지 않아도 그것은 기본권규정이 '무효'이거나 기본권규정에 '예외조항'이 부가되어 있기 때문이 아니어야 한다. 기본권은 법적 효과가 확정적으로 발생하지 않으면서도, 그리고 효력상실에 관한 명시적 규정이나 예외조항이 없이도 여전히 효력을 유지하는 것이어야 한다. ③ 기본권이 서로 충돌하는 경우에 둘 중의 하나가 무효가 됨으로써 충돌이 해결되지 않아야 한다. 기본권의 충돌은 효력의 상실을 통해서 해결되지 않고, 충돌한 기본권은 모두 다 효력을 그대로 유지한 채로 **'공존'**해야 한다. ④ 기본권을 적용하는 전형적인 방식은 **'형량'**이어야 한다. 서로 충돌하는 기본권을 공존시킨 채 기본권을 적용하기 위해서는 서로 충돌하는 기본권을 균형있고 조화롭게 실현하는 방식으로 적용해야 한다. 바로 이러한 균형있고 조화로운 기본권실현을 위해서는 반드시 서로 충돌하는 기본권에 대한 제한이 필요하게 된다. 결국 기본권이 원칙이라면 기본권의 제한은 필수적이다.

그렇다면 기본권이 규칙인 경우에 기본권은 제한될 수 없는가? 기본권이 규칙이라면 기본권은 규칙이 가지는 네 가지 개념적 성격을 갖게 된다. ① 기본권은 구성요건이 충족되면 곧바로 법적 효과가 발생해야 한다. 규칙으로서 기본권은 **'확정적' 법적 효과**를 갖는 것이다. ② 기본권의 구성요건이 충족되었음에도 불구하고 곧바로 법적 효과가 발생하지 않으면 기본권규정이 '무효'이거나 '예외조항'이 부가되어 있기 때문이어야 한다. ③ 기본권이 서로 충돌하면 둘 중의 하나가 **무효**가 되어야 한다. 서로 모순되는 기본권은 병존할 수 없기 때문에 기본권의 충돌은 효력의 상실을 통해서 해결된다. ④ 기본권을 적용하는 전형적인 방식은 **'포섭'**이어야 한다. 이러한 규칙으로서의 기본권은 제한될 수 없다. 왜냐하면 기본권이 서로 모순을 일으키면 서로 제한됨으로써 문제를 해결하는 것이 아니라 하나의 **효력을 상실시킴으로써 문제가 해결**되기 때문이다. 또한 기본권이 서로 모순을 일으켜 구성요건에 대한 예외조항을 부가하는 경우에도 기본권에 대한 제한이라기보다 기본권의 부분적 효력상실을 의미하기 때문이다. 기본권의 제한은 전면적이든(무효) 부분적이든(예외조항) 기본권의 효력상실과는 분명하게 구분되어야 하는 것이다. 결론적으로 기본권이 규칙이라면 결코 제한될 수 없다.

Ⅱ. 최적화필요규범으로서의 원칙

논증의 두 번째 단계는 원칙의 **구조적 성격**을 밝히는 일이다. 원칙의 구조적 성격은 최적화가 필요한 규범이라는 데 있다. 최적화는 현실의 다양한 가능성을 고려하여 실현될 것을 말한다.[1] 이 말은 원칙이 본래 현실의 다른 사정이나 가능성을 전혀 고려하지 않은 규범이라는 것을 의미한다. 즉 원칙은 **'이상적 당위'**(ideales Sollen)로서 현실에서 일어날 수 있는 다른 사정이나 가능성을 고려하게 되면 탈락되어야 하는 일정한 '과잉된' 내용을 포함한 규범으로 이해된다(아래 그림에서 A). 따라서 원칙으로서 기본권은 이상적 당위로서 일정한 과잉된 내용을 포함하여 항시적으로 **충돌이 예정된 규범**이다. 원칙으로서 기본권에는 현실의 가능성을 고려하는 경우에 탈락되어야 할 과잉된 내용이 잠재되어 있기 때문에 항상 충돌의 가능성을 예정하고 있는 것이다. 그리고 이러한 잠재된 충돌가능성은 현실의 여러 가지 여건과 부딪히면서 실제로 충돌을 일으키게 된다. 이렇게 원칙으로서의 기본권이 현실의 여러 가지 여건과 충돌을 일으키면 **제한을 통해 충돌을 해결**한다. 이처럼 이상적 당위는 현실의 가능성을 고려하여 최적화됨으로써 제한된 현실적 당위(reales Sollen)로 구성된다(아래 그림에서 B).

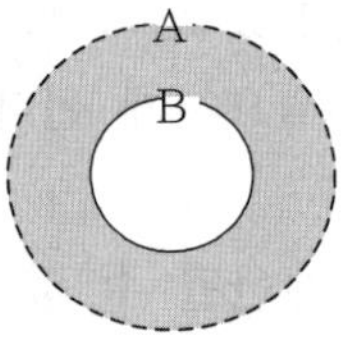

A = 이상적 당위
B = 현실적 당위
A−B = 과잉된 당위

최적화에서 고려해야 할 현실의 가능성은 ① **'법적'** 가능성과 ② **'사실적'** 가능성으로 구분된다. 따라서 최적화는 법적 가능성과 사실적 가능성에 따라 상대적으로 최대한 실현하는 것을 말한다. ① '사실적' 가능성은 비례성원칙의 부분원칙인 **'적합성원칙'**과 **'필요성원칙'**에 따라 결정되고, ② '법적' 가능성은 **'좁은 의미의 비례성원칙'**에 따라 결

1) 최적화에 대해서는 이준일, 법학에서 최적화, 『법철학연구』(한국법철학회), 제3권 제1호, 101면 이하 참조.

정된다.[2] 목적실현을 최대화하기 위한 적합성원칙과 피해발생을 최소화하기 위한 필요성원칙은 목적과 수단의 경험적 관계에 관한 원칙이고, 좁은 의미의 비례성원칙은 서로 충돌하는 목적 상호간의 규범적 관계에 관한 원칙이기 때문이다. 여기서 특별히 중요한 것은 좁은 의미의 비례성원칙에 따른 형량인데 그것은 서로 충돌하는 원칙을 조화롭고 균형있게 실현하는 것을 의미한다. 이런 맥락에서 최적화는 '**비례성원칙**'에 따라 형량하는 것을 말한다. 따라서 원칙으로서의 기본권은 '비례성원칙'에 따라 '형량'이 되어야 하는 '최적화필요규범'이다. 그렇다면 여기서 중요한 것은 왜 기본권이 제한될 수밖에 없고, 최적화가 필요한 원칙인지 하는 점이다. 그것은 기본권의 구성요건의 측면과 제한의 측면에서 고찰될 수 있다.

제 3 절 기본권의 구성요건과 제한

Ⅰ. 기본권의 구성요건

1. 개 념

(1) 구성요건

기본권의 구성요건(Tatbestand)이란 기본권규범의 법적 효과를 발생시키기 위해 충족해야 되는 모든 조건을 말한다. 따라서 가장 넓은 의미의 구성요건은 제한규범(Schrank)까지도 포함한다(가장 넓은 의미의 구성요건 = 구성요건 + 제한규범). 왜냐하면 기본권의 법적 효과는 구성요건에 해당할 뿐만 아니라 제한규범에 근거하여 제약되지 않는 경우에야 비로소 발생하기 때문이다. 예를 들어 헌법상 보장된 기본권인 언론 · 출판의 자유(제21조 제1항)의 법적 효과가 발생하기 위해서는 언론 · 출판의 자유의 구성요건에 해당할 뿐만 아니라 이 기본권에 대한 제한규범인 타인의 명예나 권리에 근거하여 제약되지 않아야 한다. 그러나 흔히 구성요건이라 하면 제한규범과 대칭되는 개념으로 이해된다. 이렇게 제한규범을 배제한 구성요건을 '넓은 의미의 구성요건'이라 부르고, 보통 구성요건이라 하면 이러한 의미로 사용된다(넓은 의미의 구성요건 = 구성요건).

(2) 보호법익과 보호영역

이렇게 기본권의 제한규범과 대칭되는 개념인 기본권의 구성요건에서는 일정한 헌법적 법익을 보호하는데 이것을 '보호법익'(Schutzgut)이라고 부른다. 예를 들어 학문 · 예술의 자유(제22조 제1항)의 구성요건에서 보장하는 보호법익은 학문활동이나 예술활동에 해당하는 행위의 자유이다. 그 밖에도 주거나 사생활의 자유에서 보장되는 '사실적 상태'와 관련된 자유, 그리고 재산권이나 참정권에서 보장되는 '법적 상태'와 관련된 자유도 기본

2) 제1편 제2부 제4장 제2절 V. 3. (3) 참조.

권의 보호법익이 될 수 있다. 이러한 보호법익에 해당하는 개별적이고 구체적인 행위나 상태를 '보호영역'(Schutzbereich)이라고도 부른다. 그렇다면 앞서 예로 든 학문활동이나 예술활동에 해당하는 행위의 자유는 학문 · 예술의 자유의 보호법익이고, 거기에 해당하는 연구활동, 창작활동 등은 보호영역이 된다. 이렇게 보호법익과 동일한 의미로 사용되는 보호영역을 '좁은 의미의 보호영역'이라고 한다(좁은 의미의 보호영역 = 보호법익).

이러한 좁은 의미의 보호영역인 보호법익과 같은 의미의 기본권구성요건의 개념은 '자유'와 '허용규범'의 경우에는 전혀 문제가 발생하지 않는다. 자유와 허용의 구성요건은 보호법익 및 보호영역과 일치하기 때문이다. 그러나 '방어권'의 경우에는 문제점이 발생한다. 왜냐하면 구성요건을 제한규범과 대칭되는 개념으로 구성하려면 방어권의 구성요건은 보호법익과 '제약'(Eingriff)으로 구성되어야 하기 때문이다. 그 이유는 우선 방어권의 내용은 보호법익에 대한 제약의 부작위 · 중지에 있으므로 방어권의 구성요건을 제대로 확인하기 위해서는 구성요건이 보호법익과 그에 대한 제약의 부작위 · 중지로 구성되어야 한다는 데 있다. 다음으로 보호법익에 대한 제약이 모두 다 제한규범에 근거하지는 않기 때문에 보호법익에 "영향을 미치는 행위(Einwirkung)"[3]에 의하여 제약되는 보호법익은 잠정적으로 구성요건에 포함되어야 한다는 데 있다. 이로써 방어권의 경우에 보호영역은 보호법익과 제약으로 구성된다. 이것은 기본권의 보호영역 안에 제한규범에 근거하여 제약될 수 있는 영역이 잠정적으로 포함되어 있음을 의미한다. 이러한 의미의 보호영역을 '넓은 의미의 보호영역'이라고 부른다(넓은 의미의 보호영역 = 보호법익 + 제약).

(3) 구성요건과 보호영역

정리하자면 구성요건에 의해서 보호받는 영역을 보호영역이라고 할 때 구성요건을 좁은 의미로 이해하면 구성요건은 보호법익과 같은 것이 되어 보호영역에는 보호법익만이 포함되지만(좁은 의미의 구성요건 = 좁은 의미의 보호영역 = 보호법익), 구성요건을 넓은 의미로 이해하면 구성요건은 보호법익과 제약을 포함하여 보호영역에는 보호법익뿐만 아니라 제약행위도 포함된다(넓은 의미의 구성요건 = 보호영역 = 보호법익 + 제약). 그런데 기본권규범은 자유와 허용규범뿐만 아니라 방어권을 포함하기 때문에 보호영역은 넓은 의미로 이해되어야 한다. 따라서 기본권의 구성요건은 보호법익과 제약을 포함하는 넓은 의미의 보호영역으로 구성되어야 한다.

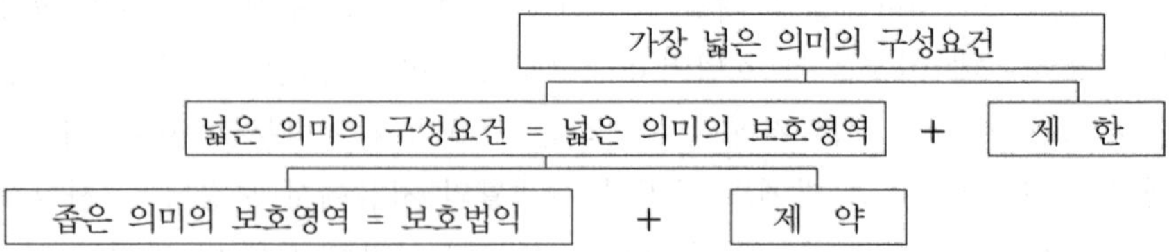

3) J. Ipsen, *Staatsrecht II*, Rn. 123 이하.

(4) 구성요건의 대상

방어권의 경우에 기본권구성요건의 한 축인 보호법익에는 기본권주체의 ① **행위**, ② **속성 · 상황**(사실적 상태), 그리고 ③ **법적 지위**(법적 상태)가 포함된다. 따라서 또 다른 축인 제약은 ① 행위에 대한 **저지나 방해**, ② 속성이나 상황에 대한 **훼손이나 침범**, ③ 법적 지위의 **박탈**을 포함한다. 예를 들어 학문활동이나 예술활동에 해당하는 행위를 저지 · 방해하는 행위, 생명을 훼손하거나 주거의 비밀을 침범하는 행위, 재산권이나 선거권과 같은 법적 지위를 박탈하는 행위가 자유에 대한 제약에 해당한다. 여기서 보호법익에 속하는 대상들은 '잠정적으로 허용'되고, 제약에 속하는 행위들은 '잠정적으로 금지'된다.

2. 기본권의 인적 구성요건

기본권의 인적 구성요건이란 기본권의 구성요건 가운데 **'기본권의 주체'**를 내용으로 하는 구성요건을 말한다. 기본권의 주체에 관한 논의를 기본권의 구성요건에서 다루는 목적은 구성요건과 제한규범의 대칭구조를 일관되게 유지하여 **기본권의 주체에 대한 제한도 기본권의 구성요건에 대한 제한**을 의미하도록 구성하려는 데 있다. 따라서 원칙적으로 모든 인간에게 또는 모든 국민에게 보장된 기본권으로부터 일정한 집단의 인간 또는 일정한 범위의 국민을 배제하는 것은 그러한 집단과 관련된 기본권에 대한 제한을 의미하기 때문에 이 경우에도 기본권의 다른 구성요건에 대한 제한과 마찬가지로 제한의 근거가 있어야 하고, 또한 정당화가 필요하다. 물론 원칙적으로 모든 인간 또는 국민에게 보장된 기본권에 대해서 일정한 집단의 인간 또는 일정한 범위의 국민을 배제하는 것은 차별을 의미할 수도 있기 때문에 **평등권과도 관련**된다. 이렇게 인적 구성요건의 제한은 관련된 기본권이 보장된 집단과 배제된 집단 사이에서는 평등의 문제를, 배제된 집단만을 고려하면 관련된 기본권에 대한 제한의 문제를 발생시킨다.

(1) 자 연 인

1) 국민과 외국인 기본권의 주체는 원칙적으로 자연인이다. 이러한 자연인의 범주에 국민이 포함된다는 점에 대해서는 이론이 없지만 외국인이 포함되는지에 대해서는 ① 부정하는 견해와 ② 긍정하는 견해의 대립이 있다. 외국인의 기본권주체성을 부정하는 견해의 가장 단순한 논거는 현행 헌법 제2장 기본권장의 제목이 "국민의 권리와 의무"로 되어 있고 개별적 기본권의 주체가 "국민"으로 한정되어 있어서 국민에게만 기본권이 인정된다는 점이다. 그러나 이러한 형식주의적인 견해는 타당하지 못하다. 그 밖에도 외국인에게 기본권주체성을 인정할 것인지를 단순히 국가적 법질서에 의하여 결정되는 입법정책적인 문제로만 이해하는 법실증주의적 견해나 국가공동체의 통합을 위한 가치질서로 기본권을 이해하여 외국인에 대한 기본권주체성을 부인하는 통합이론의 견해도 타당하지 못한 것으로 보인다.

오히려 기본권의 정당성은 많은 기본권의 경우에 이미 실정헌법 이전에 인간의 권리를 의미하는 인권으로서 도덕적으로 논증될 수 있다는 헌법주의의 관점에서,[4] 그리고 헌법이 명시적으로 외국인의 기본권주체성을 부정하고 있지 않다는 측면에서 보면 외국인의 기본권주체성은 원칙적으로 인정되어야 한다. 다만 **기본권의 성격에 따라** 자연인의 범주에 국민뿐만 아니라 외국인 및 무국적자가 포함되는 경우도 있고, 오로지 국민만이 포함되는 경우도 있다고 보아야 한다. 문제가 되는 기본권이 **'인간'의 권리**(인권)인 경우에는 전자에 해당하고, **'국민'**의 권리인 경우에는 후자에 해당한다. 따라서 국민은 인간의 권리뿐만 아니라 국민의 권리의 주체가 될 수 있는 반면에 외국인은 원칙적으로 인간의 권리의 주체만 될 수 있다. 이런 맥락에서 현행 헌법에 주체가 명시적으로 국민으로 한정된 기본권의 경우에도 인간의 권리로 이해될 수 있는 한 국민뿐만 아니라 외국인도 주체가 된다. 물론 무엇이 인간의 권리이고 국민의 권리인지에 대해서는 견해의 차이가 있을 수 있는데 이렇게 불명확한 경우에는 **원칙적으로 외국인에게도 기본권주체성이 인정**되어야 한다고 본다.

헌법재판소는 '국민' 또는 국민과 유사한 지위에 있는 '외국인'은 기본권의 주체가 될 수 있다고 판시하여 원칙적으로 외국인의 기본권 주체성을 인정하였다.[5] 한편 헌법재판소의 판례에 따르면 외국인의 범위에는 ① 외국국적자뿐만 아니라 ② 무국적자, ③ 이중국적자도 포함된다.[6]

[판례] 외국인의 기본권주체성

청구인들이 침해되었다고 주장하는 인간의 존엄과 가치, 행복추구권은 대체로 '인간의 권리'로서 외국인도 주체가 될 수 있다고 보아야 하고, 평등권도 인간의 권리로서 참정권 등에 대한 성질상의 제한 및 상호주의에 따른 제한이 있을 수 있을 뿐이다(2001. 11. 29. 99헌마494).

2) 기본권향유능력과 기본권행사능력의 구분론에 대하여 자연인은 원칙적으로 기본권의 주체가 될 수 있는 능력이 있다고 해도 기본권을 행사할 수 있는 능력은 갖지 못한다는 점에서 기본권향유(보유)능력과 기본권행사능력을 구분하기도 한다.[7] 물론 이러한 구분이 의미있는 구분이지만 기본권향유능력과 기본권행사능력을 구분하여 일정한 국민을 기본권주체로부터 배제하는 것은 구성요건의 단계에서부터 논의될 필요가 없다고 생각된다. 기본권주체의 문제를 인적 구성요건에 관한 문제로 이해하는 경우에 일정한 국민을 인적 구성요건에서 배제하는 것은 오히려 **제한의 단계에서 논의되는 것이 합리적**이다. 실제로 기본권행사능력이 문제되는 것은 주로 미성년자의 경우인데 미성년자의 연령을 구체적으로 설정하는 것은 입법자의 과제로서 법률에 의해 일정한 연령에 도

4) 제2편 제1부 제1장 참조.
5) 헌재 1994. 12. 29. 93헌마120.
6) 헌재 2000. 8. 31. 97헌가12.
7) 계희열(중), 59면 이하; 권영성, 315면; 허영, 247면.

달하지 못한 국민을 기본권주체에서 배제하는 기본권제한에 해당한다. 따라서 구성요건의 단계에서부터 기본권향유능력과 기본권행사능력을 구분하여 구성요건을 엄격하게 해석할 것이 아니라 원칙적으로 모든 국민에게 기본권의 주체성을 인정하고, 제한의 단계에서 기본권의 주체가 될 수 없는 국민을 배제하는 것이 타당하다고 생각된다.

[판례] 기본권주체로서 아동과 청소년

아동과 청소년은 되도록 국가의 방해를 받지 아니하고 자신의 인격, 특히 성향이나 능력을 자유롭게 발현할 수 있는 권리가 있다. 아동과 청소년은 인격의 발전을 위하여 어느 정도 부모와 학교의 교사 등 타인에 의한 결정을 필요로 하는 아직 성숙하지 못한 인격체이지만, 부모와 국가에 의한 단순한 보호의 대상이 아닌 **독자적인 인격체**이며, 그의 인격권은 성인과 마찬가지로 인간의 존엄성 및 행복추구권을 보장하는 헌법 제10조에 의하여 보호된다(2000. 4. 27. 98헌가16; 2004. 5. 27. 2003헌가1).

(2) 법 인

1) 인정기준으로서 기본권의 성격 자연인 이외에 법인도 기본권의 주체가 될 수 있는지에 대해서는 부정하는 견해도 있지만 대체로 긍정하는 견해가 우세하다. 부정하는 견해는 대표적인 논거로서 결단주의적 헌법관에서 주장하는 것처럼 기본권은 천부적이고 자연법적인 인간의 권리이기 때문이라는 점을 든다. 반면에 긍정하는 견해는 예를 들어 법실증주의에서 주장되는 것처럼 법인과 자연인은 법질서에 의하여 법인격을 인정받는다는 점(같은 맥락에서 법실증주의에 따르면 법인격이 없는 사단과 재단은 기본권주체가 될 수 없다)에서 다르지 않다는 논거를 제시하기도 한다.

하지만 법인은 **기본권의 성격**에 따라 기본권의 주체가 될 수 있다고 보는 것이 타당한 논거로 보인다.[8] 예를 들어 생명이나 신체 또는 정신활동처럼 자연인에게 전속적인 속성과 관련된 기본권이 아니라면 법인도 그러한 기본권의 주체가 된다. 물론 법인이 기본권의 주체가 될 수 있는 것은 그 구성원인 자연인들의 기본권을 보장하기 위해서가 아니라 독립적인 기본권주체로서 법인의 기본권을 보장하기 위한 것으로 이해되어야 한다. 최근에는 인공지능(AI)에 대해서도 법인격을 부여할 것인지가 논의되고 있다.

2) 인정기준으로서 법인의 성격 기본적으로 법인에게도 기본권 주체성이 인정된다고 하더라도 **법인의 성격**에 따라 인정될 수 없는 경우도 있다. 예를 들어 국가나 지방자치단체와 같은 **공법인**은 원칙적으로 기본권의 주체가 되지 못한다.[9] 왜냐하면 원칙적으로 기본권의 수범자는 기본권의 주체가 될 수 없기 때문이다. 다만 예외적으로 국·공립대학이나 공영방송처럼 국가로부터 법적으로 독립된 조직으로서 고유한 업무를 수행하고, 기본권이 보장되어야 할 필요가 있는 경우에는 기본권의 주체가 될 수 있다(예: 서울대학교).[10] 또한 공법인으로서의 성격과 사법인으로서의 성격을 겸하고 있는 경우에는 기

---

8) 헌재 1991. 6. 3. 90헌마56; 1996. 3. 28. 94헌바42.

9) 헌재 1994. 12. 29. 93헌마120; 1998. 3. 26. 96헌마345; 2000. 6. 1. 99헌마553; 2000. 11. 30. 99헌마190.

본권주체로 인정할 수 있는 경우도 있다. 그리고 사법상의 권리능력이 기본권주체성을 판단하는 기준으로 사용되는 것은 적절하지 않기 때문에 "대표자의 정함이 있고 독립된 사회적 조직체로서 활동하는 실체를 가진" **법인격(권리능력) 없는 사단이나 재단**도 기본권의 주체가 되는 경우가 있다.[11] 따라서 정당[12]이나 노동조합도 경우에 따라 기본권의 주체가 될 수 있다. 하지만 등록이 취소된 정당은 더 이상 등록된 정당이 아니므로 기본권의 주체가 될 수 없다.[13] 다만 등록이 취소된 정당이더라도 등록된 정당에 준하는 권리능력 없는 사단으로서의 실질을 유지하고 있는 경우에는 기본권의 주체성이 인정된다.[14] 한편 사법인이라고 하더라도 공적 과제의 수행을 위하여 국가가 설립한 기업은 모든 주식과 지분을 국가가 소유하고 있는 경우에 기본권의 주체가 될 수 없다고 보아야 한다. 헌법재판소에 따르면 대통령은 국민의 한 사람으로서, 즉 소속정당을 위하여 정당활동을 할 수 있는 사인으로서 제한적으로나마 기본권의 주체가 될 수 있다고 한다.[15]

[판례] 법인의 기본권주체성

[1] 국가나 국가기관 또는 국가조직의 일부나 **공법인**은 기본권의 수범자이지 기본권의 주체로서 그 소지자가 아니고 오히려 국민의 기본권을 보호 내지 실현해야 할 책임과 의무를 지니고 있는 지위에 있을 뿐이다. 그런데 청구인은 **국회의 노동위원회**로 그 일부조직인 상임위원회 가운데 하나에 해당하는 것으로 국가기관인 국회의 일부조직이므로 기본권의 주체가 될 수 없고, 따라서 헌법소원을 제기할 수 있는 적격이 없다고 할 것이다(1994. 12. 29. 93헌마120).

[2] **축협중앙회**는 회원의 임의탈퇴나 임의해산이 불가능한 점 등 그 공법인성이 상대적으로 크지만 이로써 축협중앙회를 공법인이라고 단정할 수 없고, 그 존립목적 및 설립형식에서의 자주적 성격에 비추어 사법인적 성격을 부인할 수 없다. 따라서 축협중앙회는 **공법인성과 사법인성을 겸유한 특수한 법인**으로서 이 사건에서 기본권의 주체가 될 수 있지만 위와 같은 두드러진 공법인적 특성이 축협중앙회가 가지는 기본권의 제약요소로 작용하는 것은 피할 수 없다(2000. 6. 1. 99헌마553).

[3] 우리 헌법은 법인의 기본권향유능력을 인정하는 명문의 규정을 두고 있지 않지만 본래 자연인에게 적용되는 기본권규정이라도 언론·출판의 자유, 재산권의 보장 등과 같이 **성질상 법인이 누릴 수 있는 기본권을 당연히 법인에게도 적용**하여야 한 것으로 본다. 따라서 법인도 사단법인·재단법인 또는 영리법인·비영리법인을 가리지 아니하고 위 한계 내에서는 헌법상 보장된 기본권이 침해되었음을 이유로 헌법소원심판을 청구할 수 있다. 또한 법인 아닌 사단·재단이라고 하더라도 **대표자의 정함이 있고 독립된 사회적 조직체로서 활동하는 때**에는 성질상 법인이 누릴 수 있는 기본권을 침해당하게 되면 그의 이름으로 헌법소원심판을 청구할 수 있다(1991. 6. 3. 90헌마56).

[4] **한국신문편집인협회**는 언론인들의 협동단체로서 법인격은 없으나 **대표자와 총회가 있**

10) 헌재 1992. 10. 1. 92헌마68등.
11) 헌재 1991. 6. 3. 90헌마56; 1995. 7. 21. 92헌마177등.
12) 헌재 1991. 3. 11. 91헌마21.
13) 헌재 2006. 2. 23. 2004헌마208.
14) 헌재 2006. 3. 30. 2004헌마246.
15) 헌재 2008. 1. 17. 2007헌마700.

고, 단체의 명칭, 대표의 방법, 총회운영, 재산의 관리 기타 단체의 중요한 사항이 회칙으로 규정되어 있는 등 **사단으로서의 실체**를 가지고 있으므로 **권리능력 없는 사단**이라고 할 것이고, 따라서 기본권의 성질상 자연인에게만 인정될 수 있는 기본권이 아닌 한 기본권의 주체가 될 수 있으며, 헌법상의 기본권을 향유하는 범위 내에서는 헌법소원심판청구능력도 있다고 할 것이다(1995. 7. 21. 92헌마177 등).

[5] 자연인의 안마사 자격에 관한 규정과 비시각장애인의 안마 영업행위 금지에 관한 규정은 그 규율대상이 개인이고 청구인 단체들(**안마, 마사지, 지압 등 각종 수기요법에 종사하는 사람들로 구성된 비법인사단**)은 규율대상이 아니며, 시각장애인이 아닌 사람들에 대하여 안마업에 종사할 수 있는 절차에 관한 법률을 제정하지 아니한 피청구인의 입법부작위도 자연인인 청구인들의 기본권과 관계될 뿐 청구인 단체들 자신의 기본권과는 관계가 없으므로, 청구인 단체들의 심판청구는 자기관련성이 없어 부적법하다(2010. 7. 29. 2008헌마664).

[6] 청구인(주식회사 형태의 공영방송)은 공법상 재단법인인 방송문화진흥회가 최다출자자인 **방송사업자**로서 방송법 등 관련 규정에 의하여 공법상의 의무를 부담하고 있지만, 그 설립목적이 언론의 자유의 핵심 영역인 방송 사업이므로 이러한 업무 수행과 관련해서는 기본권 주체가 될 수 있고, 그 운영을 광고수익에 전적으로 의존하고 있는 만큼 이를 위해 사경제 주체로서 활동하는 경우에도 기본권 주체가 될 수 있다(2013. 9. 26. 2012헌마271).

[7] **학교안전공제회**는 공법인적 성격과 사법인적 성격을 겸유하고 있는데, 공제회가 일부 공법인적 성격을 갖고 있다고 하더라도 공무를 수행하거나 고권적 행위를 하는 경우가 아닌 사경제주체로서 활동하는 경우나 조직법상 국가로부터 독립한 고유 업무를 수행하는 경우, 그리고 다른 공권력 주체와의 관계에서 지배복종관계가 성립되어 일반 사인처럼 그 지배하에 있는 경우 등에는 기본권 주체가 될 수 있다(2015. 7. 30. 2014헌가7).

[판례] 대통령의 기본권주체성

개인의 지위를 겸하는 국가기관이 기본권의 주체로서 헌법소원의 청구적격을 가지는지 여부는, 심판대상조항이 규율하는 기본권의 성격, 국가기관으로서의 직무와 제한되는 기본권 간의 밀접성과 관련성, 직무상 행위와 사적인 행위 간의 구별가능성 등을 종합적으로 고려하여 결정되어야 할 것이다. 그러므로 대통령도 국민의 한 사람으로서 제한적으로나마 기본권의 주체가 될 수 있는바, 대통령은 소속 정당을 위하여 정당활동을 할 수 있는 사인으로서의 지위와 국민 모두에 대한 봉사자로서 공익실현의 의무가 있는 헌법기관으로서의 지위를 동시에 갖는데 최소한 전자의 지위와 관련하여는 기본권 주체성을 갖는다고 할 수 있다(2008. 1. 17. 2007헌마700).

[판례] 기본권주체성이 인정된 경우 및 부정된 경우

인 정	① 축협중앙회, ② 국립대학(서울대), ③ 한국신문편집인협회, ④ 정당, ⑤ 등록이 취소되었지만 권리능력 없는 사단으로서의 실질을 유지하고 있는 정당(사회당), ⑥ 사인으로서 대통령, ⑦ 주식회사 형태의 공영방송, ⑧ 학교안전공제회
부 정	① 국회노동위원회, ② 지방자치단체, ③ 농지개량조합, ④ 등록취소된 정당(녹색사민당)

3. 좁은 구성요건이론과 넓은 구성요건이론

(1) 개 념

구성요건에 대해서는 ① **좁은 구성요건이론**과 ② **넓은 구성요건이론**이 주장될 수 있다. 좁은 구성요건이론에 따르면 기본권의 구성요건은 확정적이면서 좁게 설정된다. 반면에 넓은 구성요건이론에 따르면 기본권의 구성요건은 불확정적(잠정적)이면서 넓게 설정된다.

(2) 기본전제

이러한 두 가지 이론은 **개인과 공동체의 관계**에 대한 서로 다른 입장으로부터 나온다. ① 좁은 구성요건이론은 개인을 우선적으로 공동체의 구성부분으로서 이해한다. 즉 공동체라는 **전체의 부분**으로서만 개인을 이해하는 것이다. 이러한 의미에서 개인은 처음부터 매우 '제한되고 확정된' 자유만을 누릴 수밖에 없다. 왜냐하면 개인은 공동체의 규범과 가치에 의해 이미 규정되고, 한정된 존재이기 때문이다.

반면에 ② 넓은 구성요건이론에 따르면 개인은 공동체와 독립적으로 존재할 수 있다는 점을 전제한다. 즉 공동체라는 **전체로부터 독립된 부분**으로서 개인을 이해하는 것이다. 물론 이러한 입장에서도 개인과 공동체의 관계를 전적으로 부정하는 것은 아니지만 우선은 독립된 개인을 상정하고, 그러한 개인들이 공동체를 형성하는 것을 하나의 목표로 삼는다는 점에서 처음부터 선재하는 공동체를 전제하는 입장과 구분된다. 이러한 입장에 따르면 개인은 우선 '무제한적이고 불확정적인' 자유를 향유할 수 있게 된다. 처음부터 공동체의 규범과 가치에 의해 이미 규정되고 한정된 개인을 일단은 배제하기 때문이다. 다만 개인은 공동체를 형성하면서 다른 개인이나 공동체 때문에 자신의 자유를 비로소 제한하고 확정해야 하는 존재로 변화하게 된다.

4. 기본권구성요건의 중첩과 기본권의 경합

(1) 기본권경합의 개념

기본권주체의 일정한 행위가 두 가지 이상의 기본권구성요건에 중첩적으로 해당되는 경우를 '기본권의 경합'이라고 부른다. 따라서 기본권의 경합은 기본권과 관련된 논증의 단계들 가운데 구성요건의 단계에서 다루어져야 할 내용이다. 이러한 기본권의 경합은 동일한 주체의 상이한 기본권이 문제되는 경우로서 **복수의 기본권이 관련**되기 때문에, 흔히 상이한 주체의 동일한 기본권 또는 상이한 기본권이 문제되는 경우로서 마찬가지로 복수의 기본권이 관련되는 '기본권의 충돌'과 함께 '기본권의 경합(또는 경쟁)과 충돌'이라는 주제로 다루어진다.[16] 그러나 기본권의 경합이 구성요건의 문제인 데 비하여 기본권의 충돌은 제한의 문제라는 점에서 구분되어야 한다. 따라서 복수의 기본권이 관련된다는 단순한 이유로 양자를 동일한 주제로 함께 다루는 것은 두 문제의 본질

16) 권영성, 333면 이하; 허영, 274면 이하; 홍성방(상), 381면 이하.

을 혼동한 데서 나온 것으로 보인다.

(2) 기본권경합의 합리적 해결

1) 학 설 기본권이 경합하는 상황이 발생한 경우에 기본권주체는 어떠한 기본권을 주장할 수 있고, 기본권에 관한 논증의 의무를 지는 헌법재판소는 어떻게 판단해야 되는가? ① 첫째로, **특별법우선의 원칙**에 따라 특별법의 성격을 갖는 기본권이 일반법의 성격을 갖는 기본권보다 우선한다는 견해가 주장된다. ② 둘째로, 제한의 가능성이나 정도가 서로 다른 기본권이 경합하는 경우에는 제한가능성이 가장 크거나 가장 많이 제한될 수 있는 기본권, 즉 가장 약한 기본권이 주장되어야 한다는 견해(최약효력설)와 제한가능성이 가장 작거나 가장 적게 제한될 수 있는 기본권, 즉 가장 강한 기본권이 주장되어야 한다는 견해(최강효력설)로 구분되기도 한다. ③ 한편 기본권의 경합이 발생한 특정 사안과 가장 직접적인 관계가 있는 기본권을 중심으로 해서 최강효력설에 따라 융통성 있게 해결해야 한다고 하면서, 경쟁하는 기본권 간의 효력의 우열은 기본권을 주장하는 기본권주체의 의도와 기본권을 제한하는 공권력의 동기를 감안해서 개별적으로 판단하되, 기본권의 효력이 되도록 강화되는 방향의 해결책을 모색해야 한다고 하여 **다양한 기준**을 제시하는 견해[17]도 있다.

2) 판 례 헌법재판소는 우선 다음과 같은 일반적인 원칙을 제시한다. "하나의 규제로 인해 여러 가지 기본권이 동시에 제약을 받는 기본권경합의 경우에는 기본권침해를 주장하는 **제청신청인과 제청법원의 의도** 및 기본권을 제한하는 **입법자의 객관적 동기** 등을 참작하여 **사안과 가장 밀접한 관계**가 있고, 또 **침해의 정도가 큰 주된 기본권**을 중심으로 해서 그 제한의 한계를 따져 보아야 할 것이다."[18]

[판례] 기본권경합의 해결기준

[1] 음란 또는 저속한 출판물의 간행을 금지하고 있는 법률조항이 문제된 사건에서 **제청신청인과 제청법원**이 언론 · 출판의 자유의 침해를 주장하고 있고, **입법의 일차적 의도** 출판내용을 규율하고자 하는 데 있으며, **규제수단도** 언론 · 출판의 자유를 더 제약하는 것으로 보이므로 언론 · 출판의 자유를 중심으로 해서 이 사건 법률조항이 그 헌법적 한계를 지키고 있는지를 판단하기로 한다(1998. 4. 30. 95헌가16).

[2] 학교정화구역 내에서의 극장시설 및 영업을 금지하고 있는 법률조항에 의한 표현 및 예술의 자유의 제한은 극장운영자의 직업의 자유에 대한 제한을 매개로 하여 간접적으로 제약되는 것이라 할 것이고, 입법자의 객관적인 동기 등을 참작하여 볼 때 **사안과 가장 밀접한 관계**에 있고, 또 **침해의 정도가 가장 큰 주된 기본권**은 직업의 자유라고 할 것이다. 따라서 이하에서는 직업의 자유의 침해 여부를 중심으로 살피는 가운데 표현 · 예술의 자유의 침해여부에 대하여도 부가적으로 살펴보기로 한다(2004. 5. 27. 2003헌가1등).

17) 허영, 276면.

18) 헌재 1998. 4. 30. 95헌가16; 2002. 4. 25. 2001헌마614; 2004. 5. 27. 2003헌가1등; 2013. 12. 26. 2010헌가90; 2022. 3. 31. 2017헌마1343.

한편 헌법재판소는 개별적인 사안에 따라 구체적인 기준을 제시한다. 예를 들어 행복추구권을 다른 기본권에 대한 **보충적 기본권**으로 보아 행복추구권과 공무담임권이 동시에 문제된 사안에서 공무담임권을 우선적으로 적용하면서 행복추구권에 대한 독자적 판단을 하지 않았다.[19] 그리고 '직업'이 문제된 사안에서 직업의 자유와 행복추구권은 서로 **특별관계**에 있으므로 기본권의 내용상 특별성을 갖는 직업의 자유의 침해 여부가 우선하고 행복추구권의 위헌 여부의 심사는 배제된다고 한다.[20] 또한 선거운동의 자유가 문제된 사안에서도 정치적 표현의 자유 및 선거권과 일반적 행동자유권으로서의 행복추구권은 서로 **특별관계**에 있어 전자가 우선 적용되므로 후자에 대해서는 따로 판단할 필요가 없다고 보았다.[21]

한편 '공직'의 경우에 공무담임권은 직업선택의 자유에 대하여 **특별기본권**이어서 후자의 적용을 배제하므로 직업선택의 자유는 문제되지 않는다고 한다.[22] 그리고 헌법 제12조 제1항을 신체의 자유에 관한 일반규정으로, 그리고 동조 제3항은 수사기관의 피의자에 대한 강제처분절차 등에 관한 **특별규정**으로 이해하여 수사기관의 구속영장 재청구가 문제된 사안에서 원칙적으로 특별규정인 제12조 제3항에 위배 여부를 판단하였다.[23] 또한 공무원의 단결권이 문제된 사안에서는 노동3권을 우선적으로 적용하면서 결사의 자유나 행복추구권을 검토하지 않는다.[24]

3) 비판과 대안 이러한 견해들의 공통점은 기본권이 경합하는 경우에 **양자택일적인 해결책**을 제시한다는 점이다. 우선 일반법적 성격의 기본권과 특별법적 성격의 기본권이 경합하는 경우에는 양자택일적인 해결책이 타당하다고 생각된다.

하지만 기본권제한의 정도에 따른 양자택일적인 해결책은 기본권 상호간에 절대적 서열이 존재하는 경우에, 또는 적어도 문제가 될 수 있는 모든 사안에 대한 상대적 서열에 관한 완벽한 목록이 작성될 수 있는 경우에만 가능하다. 그렇지만 기본권 상호간에는 절대적 서열이 존재하지 않으며 적어도 추상적으로는 모든 기본권은 동등한 서열을 갖는다. 또한 문제가 될 수 있는 모든 개별적인 사안에서의 구체적 서열은 미리 예측될 수 있는 것이 아니다. 무엇보다도 개별적 법률유보의 방식이 아니라 일반적 법률유보의 방식을 채택하고 있는 우리 헌법의 경우에 법률유보의 방식에 따라 제한의 정도가 미리 결정될 수는 없다.

그리고 비록 기본권제한의 정도가 개별적이고 구체적인 사안에서 비로소 결정될 수 있다고 하더라도 경합하는 기본권들 가운데 하나를 선택함으로써가 아니라 **모든 기본권을 동시에 주장**함으로써 기본권의 실현의 가능성을 높일 수도 있다. 물론 이에 대해서

19) 헌재 2000. 12. 14. 99헌마112등; 2005. 10. 27. 2004헌바41.
20) 헌재 2003. 9. 25. 2002헌마519.
21) 헌재 2004. 4. 29. 2002헌마467; 2009. 3. 26. 2006헌마526.
22) 헌재 2003. 9. 25. 2002헌마519.
23) 헌재 2003. 12. 18. 2002헌마593.
24) 헌재 2008. 12. 26. 2006헌마462.

는 사안과의 관련정도를 기준으로 삼아야 한다는 견해도 제시된다. 그러나 기본권을 원칙으로 보는 한 기본권은 최대한 실현되도록 요청되기 때문에 사안과의 관련 정도만을 가지고 경합의 문제를 해결하는 견해도 문제가 있다. 이러한 견해도 기본적으로 양자택일적 해결책을 모색하고 있기 때문이다. 기본권이 경합하는 상황에서 문제가 되는 모든 기본권은 적어도 사안과 일정한 관련성을 맺고 있다. 그리고 기본권주체의 입장에서는 문제가 되는 기본권들 가운데 어떤 기본권의 구성요건에 더 해당하는지(어떤 기본권과 더 관련이 되는지)가 중요한 것이 아니다.

결론적으로 원칙으로서의 기본권의 성격에 비추어, 그리고 기본권주체의 입장에서 볼 때 문제가 되는 기본권들을 선택적으로 주장하는 것이 아니라 그것들을 모두 주장하여 **기본권이 최대한 실현될 수 있는 논증의 방식을 취하는 것이 합리적**이라고 생각된다. 물론 헌법재판소의 입장에서 볼 때 기본권경합의 문제는 우선적으로 적용해야 할 기본권의 순서를 확정해 주는 제한적 의미를 지닌다는 점까지 부인할 수는 없을 것이다.

Ⅱ. 제 한

1. 제한에 관한 두 가지 이론

(1) 내재이론과 외재이론

제한에 대해서는 ① **내재이론**과 ② **외재이론**이 주장된다. 내재이론에 따르면 기본권의 제한은 기본권 안에 처음부터 내재되어 있다. 기본권의 본질상 애초에 그 제한을 내부에 포함한다는 것이다. 그에 반해서 외재이론에 따르면 기본권의 제한은 사후에 기본권의 외부에서 비로소 덧붙여지는 것이다. 기본권의 내부적인 이유 때문이 아니라 외부적인 이유로 인하여 비로소 제한이 부가된다는 것이다. 기본권의 제한이 애초부터 포함되어 있다고 하는 내재이론의 입장에서는 '제한'이라는 용어보다는 '한계'라는 용어를 선호하고, 비록 제한이라는 용어를 사용하는 경우에도 '내재적 제한'이라고 부르거나 처음부터 '내재적 한계'라고 부르는 것이 보통이다. 이러한 내재적 제한이나 한계의 특성은 이미 자명하게 주어져 있어서 **논증의 필요성이 없다**는 데 있다. 따라서 일정한 이유 때문에 외부로부터 부가되는 외재적 제한은 그러한 이유에 대한 **논증이 필요하다**는 점에서 내재적 제한과 구분된다.

(2) 기본전제

1) 개인과 공동체의 관계 내재이론을 주장하는 사람들은 개인과 공동체의 관계에서 **개인을 공동체의 구성요소**로서 이해하는 반면에 외재이론을 주장하는 사람들은 **개인을 공동체로부터 독립될 수 있는 존재**로 이해한다. 개인을 공동체의 일부분이나 구성요소로 이해하는 경우에 개인은 이미 내부에 많은 제한을 가진 기본권을 향유할 수 있을 뿐이다. 따라서 기본권에 대한 제한은 외부적인 이유 때문에 부가된 것이 아니라 공동체 안에서만 기본권이 존재의의를 갖게 된다는 의미에서 기본권의 본질상 처음부터

내재되어 있는 것이 된다. 반면에 공동체로부터 독립될 수 있는 개인은 처음에는 전혀 제한되지 않은 기본권을 향유할 수 있다. 다만 공동체의 형성이라는 요구 때문에 나중에 기본권이 제한될 것을 요구받게 될 뿐이다.

2) 제한과 한계의 구분 앞에서 설명한 바와 같이 내재이론에 따라 제한을 내재적 한계로 이해하게 되면 제한은 일반적으로 **자명한 것**으로 이해되어 더 이상 논증과 정당화가 필요없는 것이 될 가능성이 크다. 반면에 외재이론에 따라 제한을 자명한 것으로 이해하지 않게 되면 공동체의 형성을 위해 요구되는 기본권의 제한은 공동체의 요구가 정당한 경우에만 인정될 수 있다. 왜냐하면 기본권의 제한을 위한 외부적 근거인 공동체의 요구는 결코 처음부터 당연하고 정당한 것이 아니라 반드시 **논증을 필요**로 하는 것이기 때문이다. 여기서 당연하고 자명한 것을 의미하는 '한계'를 논증과 정당화가 필요한 '제한'과 구별할 필요가 있다. 이러한 명확한 구분 없이 제한과 한계의 개념을 사용하는 경우에 제한이론의 일관성과 타당성은 상실될 수밖에 없다.

2. 제한의 유형

(1) 학 설

1) 학설의 분류 기본권제한에 관한 국내의 학설은 대체로 적어도 분류상으로는 기본권의 한계와 제한을 구분한다. 첫째로, 한계의 경우에는 보통 "내재적 한계"라고 부른다. 그리고 이러한 내재적 한계를 설명하기 위하여 ① 독일의 이론을 인용하여 타인의 권리, 도덕률, 헌법질서라는 세 가지의 한계를 제시하는 이론(3한계이론), ② 국가공동체의 이익을 한계로 제시하는 공동체유보이론, ③ 기본권구성요건의 개념에 내재된 한계를 제시하는 개념내재적 한계이론, ④ 헌법의 통일성의 측면에서 다른 사람의 기본권이나 헌법적 법익과의 조화를 한계로 제시하는 실제적 조화이론 등이 제시된다.

한편 이러한 내재적 한계에 대해서는 단순히 강학상의 분류를 위해서만 인정하면서 이론적으로는 부정하는 견해[25]와 이론적으로도 인정하는 견해로 대별되고, 후자의 경우에도 개념내재적 한계만을 인정하는 견해[26]와 모든 내재적 한계를 전부 인정하는 견해[27]로 구분된다. 내재적 한계를 부정하는 견해가 제시하는 근거는 대체로 모든 기본권에 대한 제한을 규정한 제37조 제2항의 일반적 법률유보조항이다. 둘째로, 제한의 경우에는 다시 ① 헌법에 의한 제한과 ② 법률에 의한 제한으로 구분하는 것이 대체적인 견해이고,[28] 견해에 따라서는 전자를 "헌법유보"나 "헌법직접적 제한" 또는 "헌법적 한계"로, 후자를 "법률유보"로 부르기도 한다.[29]

25) 성낙인, 943면 이하.
26) 계희열(중), 132면 이하; 장영수, 508면 이하.
27) 권영성, 345면..
28) 계희열(중), 134면 이하; 장영수, 510면 이하; 전광석, 254면 이하; 홍성방(상), 412면 이하.
29) 권영성, 346면 이하; 김철수, 418면; 허영, 281면 이하.

[학설] 기본권제한의 분류 및 내재적 한계 인정여부

- 계희열 〈(중), 132면 이하〉 【1】 기본권내재적 한계[1 개념내재적 한계, 2 부가적 문구에 의한 개념내재적 한계〈독일기본법 § 8① '평온한', '무기를 휴대하지 않은', § 5① 제1문 '일반적으로 접근할 수 있는 정보원으로부터의 정보'〉], 【2】 법규에 의한 제한[1 헌법에 의한 제한{ ㉠ 명시적 제한〈§ 8④, § 23②, § 29②, § 33②③〉, ㉡ 사리적 제한(기본권 상호간의 관계)}, 2 법률에 의한 제한{ ㉠ 개별적 법률유보(ⓐ 개별적 단순법률유보〈§ 12① 제2문〉, ⓑ 개별적 가중법률유보〈§ 21④〉), ㉡ 일반적 법률유보〈§ 37②〉}] → **개념내재적 한계 이외의 내재적 한계 부정설.**

- 권영성 〈344면 이하〉 【1】 기본권의 한계(내재적 한계성)[1 묵시적 한계(불문율에 따른 한계)〈타인의 권리의 불가침, 도덕률의 준수, 헌법질서의 존중 등〉, 2 명시적 한계〈§ 8④, § 21④ 제1문〉], 【2】 기본권의 제한[1 헌법유보(헌법직접적 기본권제약: 내재적 한계성의 명문화 또는 새로운 제한의 창설){ ㉠ 일반적 헌법유보〈독일기본법 § 2①〉, ㉡ 개별적 헌법유보〈§ 8④, § 21④ 제1문, § 23②〉}, 2 법률유보에 의한 제한(헌법간접적 기본권제약){ ㉠ 일반적 법률유보〈§ 37② 전단〉, ㉡ 개별적 법률유보〈§ 12①, § 23③, § 33③〉} → **내재적 한계 긍정설.**

- 김철수 〈418면 이하〉 【1】 헌법직접적 제한〈독일기본법 § 2① '타인의 권리, 헌법질서, 도덕률', 헌법 § 21④, § 29②,〉, 【2】 법률유보제한[1 규율유보, 2 제한유보], 【3】 헌법내재적 한계 → **내재적 한계의 실질적 필요 부정설.**

- 김하열a 〈271면 이하〉 【1】 헌법직접적 제한(헌법유보), 【2】 법률에 의한 제한(법률유보)

- 성낙인 〈941면 이하〉 【1】 헌법직접적 제한(헌법유보에 의한 제한)[1 일반적 헌법유보, 2 개별적 헌법유보], 【2】 헌법간접적 제한(법률유보에 의한 제한)[1 일반적 법률유보와 개별적 법률유보, 2 기본권제한적 법률유보와 기본권형성적 법률유보], 【3】 헌법내재적 한계(기본권의 내재적 한계) → **내재적 한계 부정설.**

- 장영수 〈507면 이하〉 【1】 기본권의 (내재적) 한계[1 기본권의 개념(내재)적 한계, 2 기본권의 규범(내재)적 한계(부정)], 【2】 기본권의 제한[1 헌법에 의한 기본권제한{ ㉠ 일반적 제한(부정)〈독일기본법 § 2① '타인의 권리, 도덕률, 헌법질서'〉, ㉡ 개별적 제한〈§ 8④, § 29②, § 33②③〉, ㉢ 사리(事理)상의 제한(기본권 상호간의 관계)}, 2 법률에 의한 기본권제한(법률유보){ ㉠ 개별적 법률유보〈§ 12① 제2문〉, ㉡ 일반적 법률유보〈§ 37②〉}] → **개념내재적 한계 이외의 내재적 한계 부정설.**

- 전광석 〈254면 이하〉 【1】 헌법에 의한 직접제한〈§ 8②④, § 21④, § 23②, § 29②, § 33②③〉, 【2】 법률에 의한 제한[1 개별적 제한 〈§ 12①, § 23① 등〉, 2 일반적 제

한〈§ 37②〉].

• 정종섭a 〈368면 이하〉 【1】 헌법에 의한 제한〈§ 8④, § 23②, § 29②〉, 【2】 법률에 의한 제한, 【3】 국가긴급권에 의한 제한[1 긴급재정 · 경제명령, 긴급명령에 의한 제한〈§ 76①②〉, 2 비상계엄에 의한 제한〈§ 77①③〉], 【4】 국제법규에 의한 제한.

• 한수웅 〈459면 이하〉 【1】 기본권(자유권)의 내재적 한계(공동체 내에서 개인의 자유의 한계), 【2】 기본권의 제한[1 헌법유보〈§ 8④, § 29②, § 33②, § 21④, § 23②〉, 2 법률유보{ ㉠ 개별적 법률유보(우리 헌법에 부존재), ㉡ 일반적 법률유보〈§ 37②〉}] → **기본권(자유권)의 내재적 한계 인정설**(한국 헌법에서 무의미한 기본권의 내재적 한계이론 부정).

• 허 영 〈282면 이하〉 【1】 기본권의 내재적 한계(불문의 한계)[1 3한계이론{ ㉠ 타인의 권리, ㉡ 헌법질서, ㉢ 도덕률}, 2 개념내재적 한계, 3 국가공동체유보, 4 헌법의 통일성과 규범조화(가장 설득력이 있는 설명)], 【2】 기본권의 제한[1 기본권의 헌법적 한계〈§ 21④, § 23②, § 29②, § 33②, § 8①②④〉, 2 법률에 의한 기본권의 제한{ ㉠ 개별적 법률유보〈독일기본법의 규정방식〉, ㉡ 일반적 법률유보〈§ 37②〉}] → **내재적 한계의 예외적 인정설.**

• 홍성방 〈(상), 406면 이하〉 【1】 기본권의 내재적 한계[1 3한계이론, 2 개념내재적 한계, 3 국가공동체유보이론, 4 실제적 조화(헌법의 통일성)], 【2】 기본권의 제한[1 헌법에 의한 제한{ ㉠ 기본권의 내용에 대한 제한, ㉡ 기본권의 주체에 대한 제한}], 2 법률에 의한 제한{㉠ (규정형식에 따라) 개별적 법률유보와 일반적 법률유보, ㉡ (제약요건에 따라) 단순법률유보와 가중법률유보, ㉢ (헌법제정자의 목적에 따라) 기본권제한적 법률유보, 기본권형성적 법률유보, 기본권구체화적 법률유보}] → **내재적 한계 부정설.**

2) 비판과 대안 ① 기본권을 원칙으로 이해하는 입장에서 기본적으로 기본권의 내재적 한계를 전면적으로 주장하는 견해에 대해서는 동의할 수 없다. ② 그리고 적어도 "개념내재적 한계"나 "부가적 문구에 의한 개념내재적 한계"를 주장하는 견해에 대해서도 찬성할 수 없다. 왜냐하면 전자는 구성요건으로, 후자는 헌법직접적 제한으로 보아야 하기 때문이다. ③ 또한 내재적 한계가 이론상 제기될 가능성이 희박하다고 하면서도 예외적으로 인정되어야 한다는 견해도 문제가 있다. 왜냐하면 예외적으로 인정되는 경우, 즉 "법률에 의한 외부적인 제약이 적당치 못한 기본권" 또는 "법률의 제도권 밖에 있는 기본권"의 경우에 문제가 되는 '다른 기본권이나 헌법적 가치'는 불문의 헌법직접적 제한으로 볼 수 있기 때문이다. ④ 같은 맥락에서 헌법직접적 제한을 성문의 형식으로 된 것에 국한하면서 불문의 형식으로 된 헌법직접적 제한을 내재적 한계로 보는 견해도 비판될 수 있다. ⑤ 한편 헌법직접적 제한을 헌법적 "한계"라고 부르는 견해도 내재이론의 인상을 주고 있다는 점에서 비판될 수 있다. ⑥ 그리고 헌법유보라는

용어를 사용하는 견해에 대해서는 그러한 용어가 적절하지 못하다는 비판이 가능하다. ⑦ 마지막으로 기본권의 내재적 한계를 부정하는 견해에 대해서도 그 실정법적 근거로 제시되는 제37조 제2항이 없다면 내재적 한계가 인정될 수 있는지 반문할 수 있다. 명문의 실정법적 근거가 헌법적 논증에서 중요하고 필요한 논거이기는 하지만 충분한 논거는 아니기 때문이다.

결론적으로 ① 우선 순전히 **이론적으로** 볼 때 기본권을 원칙으로 이해하는 입장에서는 기본적으로 기본권의 내재적 한계는 인정될 수 없다. 자유주의적 기본권이해에 따라 기본권을 원칙으로 이해한다면 그 구성요건을 넓게 설정하면서 기본권제한을 외부적인 것으로 설명할 수 있기 때문에 내재적 한계를 인정할 수 없는 것이다. ② 다음으로 **실정헌법적으로** 볼 때도 내재적 한계에 대한 구상은 일반적 법률유보조항을 두고 모든 기본권에 대한 제한이 가능하도록 하고 있는 우리 헌법체계에 적합하지 않다. 왜냐하면 내재적 한계는 일반적 법률유보조항을 두지 않고 개별적 법률유보조항만을 인정하는 헌법체계(예를 들어 독일 기본법)에서 개별적 법률유보조항이 없는 기본권을 절대적 기본권으로 전제하면서 이러한 절대적 기본권에 대한 제한으로서 인정되는 논리형식이기 때문이다. ③ 마지막으로 내재적 한계를 인정하기 위해 동원되는 근거들도 구성요건이나 제한으로 설명될 수 있거나 정당화의 단계에서 논의될 수 있는 것들이 대부분이다. 따라서 내재적 한계에 대한 구상은 실제적으로도 크게 도움이 되지 않는 것으로 판단된다.

(2) 헌법직접적 제한

1) 성문의 헌법직접적 제한과 불문의 헌법직접적 제한 헌법직접적 제한규범은 '헌법적 서열'의 법규범으로 규정된 제한규범을 말한다. 이것은 다시 ① **성문**의 헌법직접적 제한규범과 ② **불문**의 헌법직접적 제한규범으로 구분된다. 전자는 기본권에 대한 제한의 근거임을 명시적으로 밝히고 있는 헌법규범을 의미하고, 후자는 기본권에 대한 제한의 근거임을 명시적으로 밝히고 있지는 않으나 그에 근거하여 기본권을 제한할 수 있는 헌법규범을 의미한다.

첫째, 성문의 제한규범은 또다시 '규칙'의 구조를 가지는 제한규범과 '원칙'의 구조를 가지는 제한규범으로 구분될 수 있다. **규칙**의 구조를 가지는 제한규범은 구성요건에서 보장하는 자유와 권리를 확정적인 부자유와 무권리로 만든다. 반면에 **원칙**의 구조를 가지는 제한규범은 구성요건에서 보장하는 자유 및 권리와 형량됨으로써 확정적인 자유와 권리의 보호영역을 결정한다.

둘째, 불문의 제한규범으로는 **다른 사람의 기본권과 헌법적 법익**(법가치)을 들 수 있다. 불문의 제한규범이 내재적 한계와 헌법직접적 제한에 동시에 속한다고 설명하는 견해[30]도 있지만 앞에서 언급한 것처럼 제한과 한계를 명확하게 구분하여 사용하는 경우에 불문의 제한규범은 헌법직접적 제한으로 설명하는 것이 타당하다.

30) 권영성, 344면 이하.

헌법직접적 제한			
성문의 헌법직접적 제한		불문의 헌법직접적 제한	
규칙	원칙	타인의 기본권	헌법적 법익

2) 헌법직접적 제한으로서 다른 사람의 기본권과 '기본권의 충돌' 다른 사람의 기본권은 기본권을 제한하는 규범이 될 수 있기 때문에 기본권의 충돌은 기본권제한의 한 가지 유형으로 이해된다. 다시 말해 기본권의 충돌은 기본권을 제한하는 불문의 규범으로서 다른 사람의 기본권이 문제가 된 경우에 해당한다. 따라서 **기본권의 충돌은 기본권의 제한과 동일한 원칙에 따라 해결되어야** 한다. 그럼에도 불구하고 기본권의 제한과는 달리 기본권의 충돌이 독자적인 원칙에 따라 해결되는 것처럼 설명하는 것은 잘못이다.

(3) 헌법간접적 제한

헌법간접적 제한규범은 '헌법보다 하위의 서열'에 위치한 법규범으로 규정된 제한규범을 말한다. 일반적으로 법률에 의한 제한을 말하고, **'법률유보'**라고도 부른다. 법률유보는 ① 아무런 조건 없이 법률에 유보하는 '단순유보'와 ② 일정한 조건을 부가하면서 법률에 유보하는 '가중유보'로 구분된다. 또한 ① 개별기본권마다 규정되는 '개별적 법률유보'와 ② 모든 개별기본권에 일반적으로 규정되어 적용되는 '일반적 법률유보'로 구분되기도 한다. 한편 ① '기본권제한적 법률유보'를 ② '기본권형성적 법률유보'와 구분하기도 한다. 여기서 양자를 구분하는 기준은 비례성원칙의 적용 여부가 된다. 즉 비례성원칙이 적용되면 기본권의 보호영역을 제약하는 제한적 법률유보이지만 비례성원칙이 적용되지 않는다면 기본권의 보호영역을 구체적으로 형성하는 형성적 법률유보가 된다.

헌법간접적 제한			
개별적 법률유보		일반적 법률유보	
단순법률유보	가중법률유보	단순법률유보	가중법률유보

[판례] 형성적 법률의 위헌성판단기준

방송사업자의 주관적 권리로서 방송운영의 자유는 이를 허용하는 형성법률에 의해 비로소 그 형성된 기준에 따라 성립되는 것이므로 이러한 형성법률에 대한 위헌성 판단은 기본권 제한의 한계 규정인 헌법 제37조 제2항에 따른 과잉금지 내지 비례의 원칙의 적용을 받는 것이 아니라, 그러한 형성법률이 그 재량의 한계인 자유민주주의 등 헌법상의 기본원리를 지키면서 방송의 자유의 실질적 보장에 기여하는지 여부에 따라 판단된다(2003. 12. 18. 2002헌바49).

Ⅲ. 기본권이 원칙인 근거

1. 자유주의와 공동체주의의 기본권이해

좁은 구성요건이론을 주장하는 사람은 제한에 관한 내재이론에 기초하는 경향이 크고, 넓은 구성요건이론을 주장하는 사람은 제한에 관한 외재이론에 기초하는 경향이 크다. ① 전자의 결합(= 좁은 구성요건이론 + 제한의 내재이론)을 주장하는 견해는 개인을 공동체의 구성부분이라는 점에서 강조하는 **'공동체주의'**(communitarianism)의 전통에 서 있다. 반면에 ② 후자의 결합(= 넓은 구성요건이론 + 제한의 외재이론)을 주장하는 견해는 개인의 자율성을 강조하는 **'자유주의'**(liberalism)의 전통에 서 있다. 여기서 중요한 것은 ① 전자의 입장은 기본권을 '규칙'으로 이해하는 반면에 ② 후자의 입장은 '원칙'으로 이해한다는 점이다. 공동체주의의 입장에 서서 좁은 구성요건이론과 제한에 관한 내재이론을 주장하게 되면 기본권은 규칙으로 이해될 수 있다. 반면에 자유주의의 입장에 서서 넓은 구성요건이론과 제한에 관한 외재이론을 주장하게 되면 기본권은 원칙으로 이해될 수 있는 것이다.

자유주의와 공동체주의 기본권이해			
	구성요건	제한	규범양식
자유주의	넓은 구성요건	외재적 제한	원칙
공동체주의	좁은 구성요건	내재적 한계	규칙

2. 공동체주의적 기본권이해의 문제점

(1) 모든 제약행위의 침해가능성

기본권을 좁은 구성요건이론과 제한에 관한 내재이론에 따라 규칙으로 이해하는 공동체주의적 견해에 따르면 기본권은 '확정적'(definitive) 보호영역을 가지게 된다. 따라서 그러한 확정적 보호영역에 대한 외부적인 제약은 곧바로 기본권에 대한 '침해'가 된다. 제한은 이미 내부적으로 포함되어 확정된 것이므로 내재적인 제한 이외의 어떠한 외부적인 제약도 침해가 되는 것이다(제약 = 침해).

(2) 제한의 자명성

게다가 이러한 내재적 제한은 이미 내부적으로 '자명한' 것으로 주어진 '한계'이기 때문에 더 이상 논증을 필요로 하지 않는다는 데 특징이 있다. 물론 이러한 내재적 제한을 단순히 확정적인 것으로만 이해하면서 자명한 것으로는 이해하지 않는 주장도 가능할지 모르지만 제한의 내재성이라는 의미로부터 자명성이라는 요소를 배제한다면 이미 그것은 내재적 제한이라는 개념 자체가 의미를 상실하게 되는 것을 뜻한다. 왜냐하면 내재적 제한을 자명한 것으로 이해하지 않는 경우에 내재적 제한은 논증이 필요한 외부적 제약이 되면서 이미 그 확정적 경계도 무너지기 때문이다. 이것은 결국 내재이론 자체의 포기를 의미하게 된다.

(3) 개념내재적 한계

물론 기본권을 규칙으로 이해하는 경우에도 내재적 한계의 의미를 달리 이해하는 경우에는 탈출구가 생기게 된다. 다시 말해 이러한 내재적 한계를 단순히 '개념내재적 한계', 즉 개념에 내포된 의미의 확정적·고정적 한계로 이해하는 경우에는 기본권에 대한 내재적 한계를 인정하면서도 이러한 내재적 한계를 넘어선 외부적 제약을 동시에 인정할 수 있게 된다. 따라서 이 경우에는 내재적 한계를 넘어서는 모든 제약행위가 곧바로 침해가 되는 것은 아니다. 그러나 이처럼 내재적 제한 가운데 개념내재적 한계만을 자명한 것으로 이해하면서 그 밖의 제약을 논증이 필요한 외부적 제약으로 이해하는 경우에도 무엇이 자명한 개념내재적 한계인지를 분명히 하지 않는다면 논증이 필요한 외부적 제약도 자명한 개념내재적 한계로 보게 될 가능성은 여전히 남게 된다.

3. 자유주의적 기본권이해의 합리성

(1) 제한과 침해의 합리적 경계설정

반면에 기본권을 넓은 구성요건이론과 제한에 관한 외재이론에 따라 원칙으로 이해하는 자유주의적 견해에 따르면 기본권은 '불확정적' 또는 '잠정적'(prima facie) 보호영역을 가지게 된다. 따라서 그러한 보호영역에 대한 외부적인 제약이 반드시 기본권에 대한 침해가 되는 것은 아니다. 기본권에 대한 외부적인 제약은 정당한 '제한'이 될 수도 있고, 부당한 '침해'가 될 수도 있는 것이다. 이런 의미에서 외부적인 제약은 제한과 침해를 아우르는 포괄적인 개념으로 사용된다(제약 = 제한 + 침해). 중요한 것은 외부적인 제약을 제한과 침해로 구분하는 경계를 확정하는 일이다. 이러한 경계는 유동적이고 상대적이다. 따라서 구체적인 사례와 독립적으로 제한과 침해의 경계를 확정하는 것은 불가능한 것이 된다. 바로 이 점에서 처음부터 자명하고 확정적인 내부적 제한의 영역을 설정하는 내재이론과 구분된다.

규칙으로서의 기본권

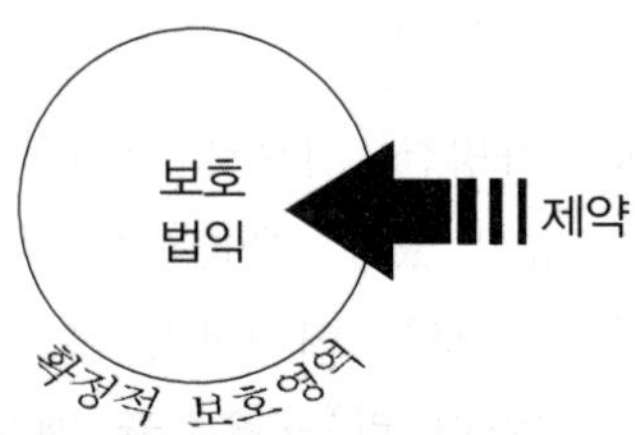

제약 = 침해
∵ (내재적)제한 = 한계
한계 외의 제약 = 침해

원칙으로서의 기본권

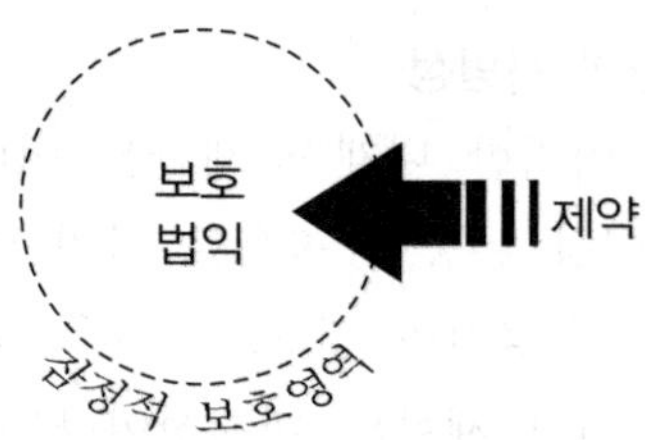

제약 = 제한 ∨ 침해
∵ 정당화된 제약 = 제한
정당화되지 못한 제약 = 침해

(2) 개인과 공동체의 관계에서의 합리성

개인과 공동체의 관계에 대해서는 어떠한 견해도 가능하지만 다음과 같은 점에서 넓은 구성요건이론과 외재이론의 입장이 타당하다고 생각된다. ① 첫째, 공동체는 개인의 단순한 집합으로 형성되지 않는다. 공동체는 그 구성원들이 일정한 가치나 규범을 공유할 때 비로소 성립과 유지가 가능한 것이다. 그러한 가치나 규범은 미리 주어지는 것이 아니라 **개인들의 동의**를 통해서 비로소 형성되는 것이다. 물론 개인이 동의할 수 없는 가치나 규범이 공동체의 전통이나 역사 또는 문화라는 이름으로 개인에게 미리 주어지는 경우도 존재한다. 그러나 이 경우에도 이러한 전통이나 역사 또는 문화는 구성원 개인들이 동의할 수 있을 때 비로소 공동체의 가치나 규범으로서의 의미를 획득하는 것이다. 이런 맥락에서 개인은 공동체로부터 독립된 개인으로 전제될 수 있어야만 한다. ② 둘째, 개인이 공동체로부터 독립된 존재라기보다는 공동체의 구성원으로서 이해되는 것이 일반적인 한국의 현실에 근거하여 이러한 견해가 잘못되었다고 주장할 수도 있다. 그러나 모든 현실이 반드시 잘못된 것은 아닐지라도 현실이 곧바로 규범적 당위성을 획득하는 것도 아니다. 현실은 합리적 논증의 과정을 통해서만 규범적 당위성을 갖는다고 말할 수 있다. 그렇다면 적어도 한국의 현실에 근거한다 할지라도 공동체주의가 타당하다고 주장하는 것은 정당화될 수 없다. 결론을 말하자면 개인을 공동체로부터 독립될 수 있는 존재로 이해해야 하는 당위성에 근거하여 잠정적으로 기본권의 구성요건을 넓게, 그리고 불확정적인 것으로 이해하는 동시에 제한을 외부적인 것으로 이해하면서 기본권을 원칙으로 이해하기로 한다.

(3) 기본권적 논증의 합리성

또한 구성요건의 확정을 구성요건의 해당성에 찬성하는 근거와 반대하는 근거 사이의 논증게임으로 이해할 때 잠정적으로 구성요건의 범위를 넓게 이해하는 넓은 구성요건이론과 제한을 이미 내부적 한계로서 주어진 자명한 것으로 전제하지 않고 논증을 통해서 비로소 확정되어야 할 것으로 이해하는 외재이론이 적절한 것이라고 평가된다. 넓은 구성요건이론과 외재이론에 의해서, 즉 기본권을 원칙으로 이해하는 견해에 의할 때 **기본권적 논증에서 합리성**의 요청을 최대한 실현할 수 있는 것으로 생각된다. 결론적으로 기본권에 관한 논증의 합리성을 제고시킨다는 측면에서도 기본권의 구성요건을 넓게, 그리고 불확정적인 것으로 구성하면서 동시에 제한을 외부적인 것으로 구성함으로써 기본권을 원칙으로 이해하는 입장에 서기로 한다.

(4) 자유주의적 기본권이해에 대한 비판과 재비판

기본권을 원칙으로 이해하는 자유주의적 이해의 합리성에도 불구하고 이러한 입장에 대해서는 다음과 같은 몇 가지 비판이 제기될 수 있다.

1) **보장약속의 공허성** 기본권을 원칙으로 이해하여 잠정적으로 구성요건을 넓게

설정하고, 이후에 제한의 단계에서 확정적으로 제한하여 버리면 잠정적인 구성요건적 보장이 공허한 약속이나 환상에 그쳐 버린다는 비판이 가능하다. 그러나 기본권적 보장에 대한 약속이 확정적인 것이 아니라 잠정적인 데 그친다고 해서 그러한 보장이 전혀 무의미하다고 볼 수는 없다. 즉 그러한 약속은 구체적 사안에서 문제가 된 기본권이 형량의 과정에서 반드시 고려되어야 할 것을 약속하는 것이며, 그리고 만약 그 기본권이 그러한 형량의 과정을 거쳐 확정적인 지위로 결정된다면 결코 공허한 약속으로 끝나버리는 것은 아니기 때문이다.

2) **유사충돌의 가능성 확대** 잠정적으로나마 기본권의 보장영역을 확대하여 법규범에 의하여 명백하게 금지될 가능성이 대단히 높은 사안까지 기본권으로 주장할 수 있도록 함으로써 이른바 **유사충돌의 가능성이 확대**되기 때문에 남소가능성의 증가도 문제점으로 지적될 수 있다. 여기서 유사충돌이란 실제로는 기본권이 충돌하여 제한되는 사안이 아님에도 불구하고 형식적으로 기본권이 충돌하여 제한될 수 있는 것처럼 보이는 사안을 말한다. 하지만 '잠재적' 기본권사안이 반드시 '현실적' 기본권사안이 되는 것은 아니기 때문에 유사충돌의 가능성이 그렇게 크지 않다고 볼 수 있다.

3) **기본권내용의 불확정성** 기본권이 요구하는 내용이 불확정적이기 때문에 국가에게 요구되는 의무의 내용이 불확정적인 것이 된다고 한다. 특별히 급부권의 경우에는 방어권과 비교하여 상대적으로 더 그 내용이 불명확하기 때문에 이러한 비판이 타당한 것처럼 보일 수도 있다. 그러나 이 비판에 대해서는 방어권의 경우에도 정도의 차이는 있지만 내용적 불확정성의 문제는 여전히 존재하고, 급부권의 내용 역시 절대적으로 불확정인 것이 아니라 좁은 의미의 비례성원칙에 따라 확정될 수 있는 것, 정확히 말해서 급부권의 경우에는 비례성원칙의 한 내용인 '과소금지원칙'(Untermaßverbot)에 따라 확정적인 것이 될 수 있다고 반박할 수 있다.

4) **권력분립원칙에 대한 침해** 원칙을 적용하는 형량의 절차가 '논증'의 절차가 아니라 '정책'의 절차가 되는 경우에 입법부의 권한이 헌법재판소로 이전될 수 있다는 비판이 가능하다. 특별히 급부권의 경우에는 이러한 권한이전이 민주주의와 권력분립의 원칙에 대한 심각한 위협으로 평가되기도 한다. 그러나 원칙을 형량하는 절차가 합리적 절차로 구성가능하고, 원칙적으로 기본권과 관련된 형량에 있어서는 형식적 원칙으로서 입법자의 '형성의 자유'가 고려되어야 한다는 점에서 반드시 헌법재판소의 권한이 강화된다는 비판은 정당하지 못한 것으로 평가된다.

5) **모든 법적 문제의 헌법문제화** 일반법원에서 발생하는 모든 문제가 항상 헌법문제가 될 수 있다는 비판도 제기될 수 있다. 그러나 이러한 비판에 대해서도 일반법원에서는 잠정적으로 기본권을 구체화한 일반 법규범이 우선적으로 적용되어야 하고, 만약 법원이 기본권을 적용해야 한다면 그것은 그럴 만한 충분한 근거가 제시되는 경우로

제한된다는 점을 지적하고 싶다.

4. 절차주의를 통한 자유주의와 공동체주의의 화해가능성

(1) 절차주의적 자유주의와 절차주의적 공동체주의

기본권을 원칙으로 이해하기 위하여 자유주의적 기본권이해에 기초한다고 하더라도 여기서 출발점으로 삼은 자유주의는 '절차주의적 자유주의'다. 절차주의적 자유주의는 앞에서 설명한 바와 같이 원칙적으로 개인의 자유와 공동체의 이익의 우월성에 관한 문제를 논증게임이라는 절차에서 결정되는 문제로 이해한다. 하지만 공동체의 이익보다 개인의 자유에 대해서 적어도 '잠정적' 우월성을 부여한다. 이것은 개인의 자유보다 공동체의 이익의 우월성을 주장하는 자가 그 주장을 논증해야 할 부담을 지게 됨을 의미한다. 여기서 공동체주의도 절차주의와 결합되어 '절차주의적 공동체주의'로 전환될 수 있는 가능성이 고려되어야 한다. 이에 따르면 원칙적으로 개인의 자유와 공동체의 이익의 우월성에 관한 문제가 논증게임이라는 절차에서 결정된다는 점에서 절차주의적 자유주의와 다름이 없게 된다. 하지만 개인의 자유보다 공동체의 이익이 적어도 잠정적으로 우월하게 되기 때문에 논증부담은 개인의 자유를 주장하는 자에게 돌아간다는 점에서 차이가 발생한다. 결국 절차주의 안에서 자유주의와 공동체주의는 개인의 자유와 공동체의 이익의 우월성에 관한 문제를 논증게임에서 결정되는 것으로 이해한다는 점에서 화해할 가능성이 높아진다.

(2) 절차주의와 논증부담

하지만 자유주의와 공동체주의가 각각 절차주의와 결합한다고 하더라도 논증부담의 문제에서는 여전히 입장의 차이를 보이게 된다. 논증부담이 '논증의 성패를 결정할 수 없다'는 점에서 보면 논증부담은 각각 절차주의와 결합된 자유주의와 공동체주의를 가르는 데 중요한 표지가 되지 못할 수도 있다. 하지만 논증부담이 적어도 '논증의 성패에 영향을 미칠 수 있다'는 점에서 보면, 자유주의와 공동체주의가 절차주의와 결합되어 절차주의 안에서 화해할 가능성이 높아진다고 해도 논증부담은 양자를 구분하는 본질적인 기준이 될 수 있다. 이러한 맥락에서 이해된 절차주의적 자유주의에 기초하더라도 기본권을 원칙으로 이해하는 우리의 입장을 변화시키지는 못한다.

제 4 절 기본권제한의 정당화

기본권구성요건에 해당해도 제한규범에 해당하는 행위는 기본권에 의해 보호되지 않는다. 기본권구성요건에 해당하면서 제한규범에 해당하지 않는 행위만이 기본권에 의해 허용되는 것이다. 따라서 우선 구성요건의 단계에서 보호법익으로서 '잠정적으로'(prima facie) 허용된 행위나 상태는 제한규범에 해당하지 않는 경우에만 기본권에 의해 '확정적으로' 보호되고, '잠정적으로 금지된' 제약행위는 제한규범에 근거하는 경우에 '잠정적으로 허용된' 행위로 바뀌게 된다. 그리고 제한규범에 근거하여 '잠정적으로' 허용된 제약행위는 기본권제한을 위한 헌법적 원칙을 준수한 경우에만 기본권에 의해 '확정적으로' 허용된다. 확정적으로 허용된 제약행위에 따라 제한되는 보호법익은 확정적으로 보호영역에서 배제되고, 이렇게 배제된 보호법익에 의해 잠정적으로 허용된 행위나 상태는 확정적으로 금지된다. 이러한 논증의 과정을 제약행위의 측면에서 볼 때는 제약의 '정당화'라고 부를 수 있고, 보호법익의 측면에서 볼 때는 보호법익의 '최적화'라고 부를 수 있다.

Ⅰ. 형식적 정당화

기본권제한의 형식적 정당화란 기본권을 제한하는 **권한, 절차, 형식**과 관련된 정당화를 말한다. ① 첫째로, 기본권제한의 권한과 관련하여 기본권제한에 관한 규범은 헌법제정권자나 헌법개정권자, 그리고 민주주의와 권력분립원칙에 따라 입법권자만이 제정할 수 있다. 예외적으로 위임입법에 의한 제한이 가능하지만 이 경우에도 '**포괄적 위임입법금지의 원칙**'이 준수되어야 한다. ② 둘째로, 기본권제한은 규정된 절차에 따라 진행되어야 한다. 헌법개정에 의한 경우에는 헌법에 규정된 절차에 따라서, 입법에 의한 경우에는 헌법과 법률에 규정된 절차에 따라서 가능하다. ③ 셋째로, 기본권을 제한하는 규범은 두 가지의 형식이 존재한다. 즉 기본권제한은 헌법 또는 법률의 형식으로만 가능하다. 여기서 헌법은 실정헌법이라는 형식적 의미에서의 헌법을, 법률은 국회가 입법절차에 따라 제정한 형식적 의미의 법률을 말한다. 특별히 법률은 '**일반적 법률**'(처분적 법률이나 개별적 법률의 금지)이어야 하고, '**명확성원칙**'과 '**불소급원칙**'을 준수해야 한다.

Ⅱ. 실질적 정당화

기본권제한의 실질적 정당화란 기본권을 제한함에 있어서 헌법이 제시하는 실질적 기준에 적합하다는 점을 정당화하는 것을 말한다. 실질적 정당화에서는 **두 가지 기준**, 즉 ① **비례성원칙**과 ② **본질내용침해금지원칙**이 적용된다. 그 밖에도 견해에 따라서는 '실제적 조화의 원리'나 '이익형량의 원칙'을 정당화의 기준으로 들면서 전자는 제한되는 기본권과 제한하는 공익목적의 조화와 균형을 고려하는 원칙인 반면에 후자는 서로 충돌하는 기본권과 공익목적 가운데 양자택일적 선택을 강조하는 원칙으로 이해하기도 한다.

하지만 실제적 조화의 원리나 이익형량의 원칙은 모두 그 내용에서 비례성원칙, 정확히 말하자면 좁은 의미의 비례성원칙, 즉 **합리적 형량의 명령** 또는 **최적화명령**과 다르지 않다. 왜냐하면 제한되는 기본권과 제한하는 목적인 공익을 조화시키도록 요청하는 실제적 조화의 원리는 서로 충돌하는 가치들을 합리적으로 형량하여 최적의 상태를 실현시키라는 요청과 다르지 않기 때문이다. 물론 형량명령을 서로 충돌하는 가치들 가운데 하나를 양자택일적으로 선택할 것을 요청하는 원리로 오해하게 되면 형량명령은 실제적 조화의 원리와 구별될 수도 있다. 하지만 형량명령의 내용을 서로 충돌하는 가치들의 비중을 합리적으로 평가하여 최적의 상태로 실현시키도록 요청하는 원리로 올바르게 이해한다면 이것도 실제적 조화의 원리와 다르지 않게 된다. 따라서 기본권제한의 실질적 정당화를 위한 원칙으로서 비례성원칙은 그 명칭이 실제적 조화의 원리든 형량명령 또는 이익형량의 원칙이든 상관없이 동일한 내용을 가진 것으로 이해될 수 있기 때문에 그러한 원칙들을 비례성원칙 이외에 부가적인 원칙으로 추가할 필요는 없다고 판단된다.

1. 비례성원칙

기본권제한의 실질적 정당화를 위한 헌법원칙으로서 비례성원칙이란 기본권제한의 목적에 비례적인 수단을 사용하라는 원칙을 말한다. 여기서 기본권제한의 목적에 비례적인 수단이란 ① 기본권제한의 목적을 실현하는 데 적합하고, ② 그러한 목적의 실현으로 발생할 수 있는 다른 목적에 대한 피해를 최소화하며, ③ 다른 목적과 조화롭게 실현될 수 있는 수단을 뜻한다.

(1) 세 가지 부분원칙

비례성원칙은 세 가지 부분원칙으로 구성된다. ① 적합성원칙, ② 필요성원칙, ③ 좁은 의미의 비례성원칙이 그것이다. 견해에 따라서는 '목적의 정당성'이라는 부분원칙을 추가하기도 한다.

1) 적합성원칙 **'적합성원칙'**은 기본권을 제한하는 목적(아래 그림에서 목적1), 즉 타인의 기본권이나 헌법적 법익 또는 공익을 실현하기 위해서 적합한 수단을 사용하라는 원칙을 말한다. 여기서 적합한 수단이란 기본권제한의 목적을 가장 많이 실현하는 수단을 뜻한다. 이런 의미에서 적합성원칙은 기본권제한 목적의 실현과 관련된 **'최대화명령'**이라고 부를 수도 있다. 투입되는 수단이 목적을 최대한 실현하는 적합한 수단인지 여부는 경험적으로 판단될 수 있는 영역에 속한다.

2) 필요성원칙 **'필요성원칙'**은 기본권을 제한하는 목적을 실현하기 위해서 필요한 수단을 사용하라는 원칙을 말한다. 여기서 필요한 수단이란 기본권제한의 목적을 실현함으로써 발생하는 다른 목적(아래 그림에서 목적2), 즉 기본권에 대한 피해를 가장 적게 만드는 수단을 뜻한다. 이런 의미에서 필요성원칙은 제한되는 목적인 기본권에 대한 피해와 관련된 **'최소화명령'**이라고 부를 수도 있다. 투입되는 수단이 다른 목적에 대한 피해를 최소화하는 데 필요한 수단인지 여부도 경험적으로 판단될 수 있는 영역에 속한다.

3) 좁은 의미의 비례성원칙 **'좁은 의미의 비례성원칙'**은 기본권을 제한함에 있어서 비례적 수단을 사용하라는 원칙을 말한다. 여기서 비례적 수단이란 기본권제한의 목

적의 실현과 이로써 제한되는 기본권의 실현을 가장 균형 있게 또는 조화롭게 유지하는 수단을 뜻한다. 이런 의미에서 좁은 의미의 비례성원칙은 서로 충돌하는 목적의 실현과 관련된 '**최적화명령**'이라고 부를 수도 있다. 좁은 의미의 비례성원칙은 서로 충돌하는 목적이나 이익을 '합리적으로 형량하라'는 명령으로도 이해될 수 있기 때문에 '합리적 형량의 명령'으로 부를 수도 있다. 서로 충돌하는 목적들의 최적화나 합리적 형량은 규범적 평가의 영역에 속한다.

4) 부분원칙의 상호관계 이러한 비례성원칙의 부분원칙들에 따른 기본권제한의 정당화가 반드시 ① 적합성, ② 필요성, ③ 좁은 의미의 비례성이라는 순서대로 심사되어야 하는 것은 아니다. 중요한 것은 **세 가지 부분원칙들에 따른 심사를 모두 진행**해야 한다는 점이다. 그리고 더욱 중요한 것은 세 가지 부분원칙들 가운데 **좁은 의미의 비례성원칙에 따른 심사가 가장 본질적인 요소**라는 점이다. 왜냐하면 규범적 평가를 의미하는 좁은 의미의 비례성심사에 따라 경험적 판단을 의미하는 적합성심사나 필요성심사의 규범적 의미가 다르게 결정될 수 있기 때문이다.

기본권제한과 비례성원칙

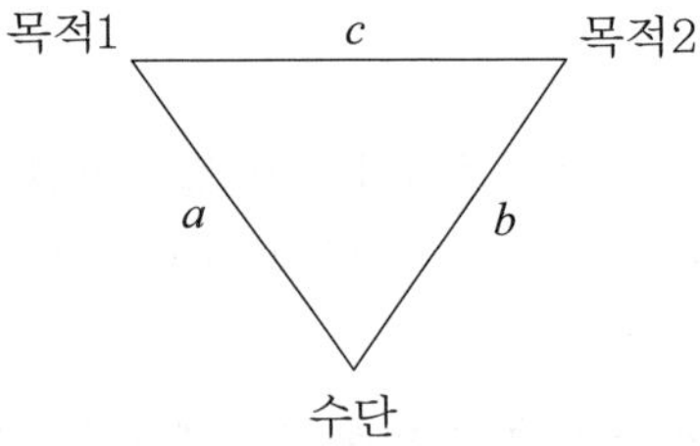

목적1: 기본권제한의 목적
목적2: 제한되는 기본권
수단: 기본권제한

a: 적합성원칙 = 최대화명령
b: 필요성원칙 = 최소화명령
c: 좁은 의미의 비례성원칙 = 최적화명령

헌법재판소는 이러한 세 가지 부분원칙 이외에 '목적의 **정당성원칙**'이라는 부분원칙을 추가하여 네 가지 부분원칙으로 비례성원칙을 구성한다.[31] 그러나 ① 첫째로, 비례성원칙은 그 구조상 **관계의 개념**, 즉 목적1과 수단, 목적2와 수단, 목적1과 목적2의 관계를 전제로 하고 있기 때문에 관계의 개념을 처음부터 배제하고 있는 목적의 정당성은 비례성원칙의 부분원칙에 포함되지 않는 것으로 보아야 한다. ② 둘째로, 기본권제한적 입법의 경우에 입법목적의 설정은 **정책수립의 문제**로서 입법자의 고유한 권한영역에 속해 헌법재판소가 통제할 수 없는 영역으로 보아야 하기 때문에 목적의 정당성에 대한 심사는 비례성심사의 대상이 될 수 없다. 물론 좁은 의미의 비례성을 심사하는 과정에서 기본권과 충돌하는 공익목적의 비중에 대한 평가가 이루어지는데 이러한 평가가 목적의 정당성에 대한 평가를 포함할 수는 있다. 하지만 이러한 평가는 충돌하는 기본권과의 '관계' 속에서 이루어지는 평가이지 목적 자체에 대한 평가가 아니라는 점에서 목적의 정당성에서 말하는 평가와는 성질이 다르다고 할 수 있다.

31) 헌재 1990. 9. 3. 89헌가95.

[판례] 비례성원칙 또는 과잉금지원칙

과잉금지의 원칙이라는 것은 국가가 국민의 기본권을 제한하는 내용의 입법활동을 함에 있어서 준수하여야 할 기본원칙 내지 입법활동의 한계를 의미하는 것으로서 ① 국민의 기본권을 제한하려는 입법의 목적이 헌법 및 법률의 체계상 그 정당성이 인정되어야 하고(**목적의 정당성**), ② 그 목적의 달성을 위하여 그 방법이 효과적이고 적절하여야 하며(**방법의 적절성**), ③ 입법권자가 선택한 기본권제한의 조치가 입법목적달성을 위하여 설사 적절하다 할지라도 보다 완화된 형태나 방법을 모색함으로써 기본권의 제한은 필요한 최소한도에 그치도록 하여야 하며(**피해의 최소성**), ④ 그 입법에 의하여 보호하려는 공익과 침해되는 사익을 비교형량할 때 보호되는 공익이 더 커야 한다(**법익의 균형성**)는 헌법상의 원칙이다(1990. 9. 3. 89헌가95).

(2) 기본권의 기능과 비례성원칙

앞에서 설명한 바와 같이[32] 기본권은 ① 소극적 행위, 즉 부작위를 청구하는 권리(방어권), ② 적극적 행위, 즉 작위 또는 급부를 청구하는 권리(급부권), ③ 분배적 행위를 청구하는 권리(평등권)로 구분된다. 따라서 관련된 기본권이 무엇인지에 따라 비례성원칙도 다른 모습으로 구체화된다. 아래에서 설명하는 바와 같이 비례성원칙은 문제가 된 기본권의 기능에 따라 과잉금지원칙과 과소금지원칙으로 구체화되기 때문에 비례성원칙과 과잉금지원칙을 동일한 것으로 이해하거나 비례성원칙과 과소금지원칙을 병렬시키는 견해는 비례성원칙에 대한 충분한 이해를 결여한 것으로 볼 수 있다.[33]

1) 방어권과 과잉금지원칙 소극적 행위인 부작위를 청구하는 권리, 즉 **방어권**의 경우에 비례성원칙은 '**과잉금지원칙**'으로 구체화된다. 왜냐하면 소극적 행위, 즉 부작위를 청구하는 권리의 경우에는 이러한 권리에 대한 제약행위가 작위의 형태로 나타나기 때문이다. 원칙적으로 모든 형태의 작위는 방어권에 대한 제약행위로서 잠정적으로 금지된다. 다만 제한규범에 근거하는 경우에 그러한 제약행위는 잠정적으로 허용될 수도 있지만 작위형태의 제약행위가 확정적으로 허용되기 위해서는 반드시 비례적이어야 한다. 이렇게 비례적이 되기 위해서는 제약의 정도가 지나치게 많지 않을 것, 즉 과잉되지 않을 것이 요구된다. 이것을 '과잉금지원칙'이라고 부른다.

2) 급부권과 과소금지원칙 적극적 행위인 작위 또는 급부를 청구하는 권리, 즉 **급부권**(= 보호권 + 절차권 + 사회권)의 경우에 비례성원칙은 '**과소금지원칙**'으로 구체화된다. 왜냐하면 적극적 행위, 즉 작위를 청구하는 권리의 경우에는 이러한 권리에 대한 제약행위가 부작위의 형태로 나타나기 때문이다. 원칙적으로 모든 형태의 부작위는 급부권에 대한 제약행위로서 잠정적으로 금지된다. 여기서 부작위는 전혀 아무것도 하지 않는 부작위뿐만 아니라, 반드시 요청되는 행위를 하지 않는 부작위까지를 포함한다. 이러한 부작위형태의 제약행위는 제한규범에 근거하여 잠정적으로 허용될 수도 있다. 그러나 이러한 제약행위가 비례적이지 않게 되면 확정적으로 금지된다. 이렇게 비례적이지 않은 것

---

32) 제2편 제1부 제2장 제2절 Ⅱ. 2. 참조.

33) 과잉금지원칙과 과소금지원칙의 구분에 대한 상세한 논의는 이준일, 헌법적 원칙으로서 과잉금지원칙과 과소금지원칙의 접점과 차이, 『유럽헌법연구』(유럽헌법학회), 제39호(2022), 283면 이하 참조.

은 반드시 요청되는 행위보다 적게 기본권을 실현하는 것, 다시 말해 그 정도가 지나치게 적은 것, 즉 과소하게 되는 것을 말한다. 이것을 금지하는 것을 '과소금지원칙'이라고 부른다. 헌법재판소는 제3자의 기본권침해에 대한 국가의 보호의무와 관련하여 과소금지원칙을 적용한다(아래 [판례] 참조).

[판례] 과소보호금지원칙

국가가 국민의 생명 · 신체의 안전을 보호할 의무를 진다 하더라도 국가의 보호의무를 입법자 또는 그로부터 위임받은 집행자가 어떻게 실현하여야 할 것인가 하는 문제는 원칙적으로 권력분립과 민주주의의 원칙에 따라 국민에 의하여 직접 민주적 정당성을 부여받고 자신의 결정에 대하여 정치적 책임을 지는 입법자의 책임범위에 속하므로, 헌법재판소는 단지 제한적으로만 입법자 또는 그로부터 위임받은 집행자에 의한 보호의무의 이행을 심사할 수 있는 것이다. 따라서 국가가 국민의 생명 · 신체의 안전에 대한 보호의무를 다하지 않았는지 여부를 헌법재판소가 심사할 때에는 국가가 이를 보호하기 위하여 적어도 적절하고 효율적인 최소한의 보호조치를 취하였는가 하는 이른바 '과소보호금지원칙'의 위반 여부를 기준으로 삼아, 국민의 생명 · 신체의 안전을 보호하기 위한 조치가 필요한 상황인데도 국가가 아무런 보호조치를 취하지 않았든지 아니면 취한 조치가 법익을 보호하기에 전적으로 부적합하거나 매우 불충분한 것임이 명백한 경우에 한하여 국가의 보호의무의 위반을 확인하여야 하는 것이다(1997. 1. 16. 90헌마110; 2009. 2. 26. 2005헌마764).

3) **평등권과 비례성원칙** 분배적 행위를 청구하는 권리, 즉 **평등권**의 경우에 비례성원칙은 평등의 대상이 되는 권리가 방어권인지 아니면 급부권인지에 따라 **과잉금지원칙**으로 구체화될 수도 있고, **과소금지원칙**으로 구체화될 수도 있다. 하지만 평등은 그 자체로 보호법익을 갖지 않아 비례성원칙과 관련될 수 없는데 이에 대해서는 평등권을 다루면서 자세하게 설명하기로 한다.[34]

구성요건	제 한	정 당 화
① 방어권 = 부작위	① 작위	① 과잉금지
② 급부권 = 작위	② 부작위	② 과소금지
③ 평등권 = 부작위 또는 작위	③ 작위 또는 부작위	③ 과잉금지 또는 과소금지

2. 본질내용침해금지원칙

본질내용침해금지원칙은 기본권을 제한하는 경우에도 기본권의 본질적 내용에 대한 침해가 금지된다는 원칙으로서 기본권제한의 한계를 제시하는 원칙이다. 여기서 문제는 기본권의 본질적 내용이 무엇인지가 되는데 이에 대해서는 절대적 본질내용을 주장하는 견해(절대설)와 상대적 본질내용을 주장하는 견해(상대설)가 대립한다.

(1) 절 대 설

본질내용에 관한 절대설에 따르면 기본권에는 어떠한 경우에도 제한될 수 없는 절

34) 제2편 제2부 제3장 제4절 참조.

대적 본질내용, 즉 핵심영역이 존재한다고 한다. 만약 이러한 영역이 존재한다면 비례성원칙에 따르는 경우에도 결코 제한될 수 없는 영역이 존재하게 된다. 이것은 기본권제한에 있어서 그것을 정당화하는 기준으로서 비례성원칙 이외에 본질내용침해금지원칙이라는 **독립적인 기준**이 하나 더 존재하게 된다는 것을 뜻한다. 즉 기본권제한을 정당화하는 원칙으로서 비례성원칙과 본질내용침해금지원칙이라는 **두 가지 원칙**이 존재하게 되는 것이다.

[판례] 본질내용에 관한 절대설

헌법 제37조 제2항 본문은 국민의 기본권을 법률로써 제한함에 있어서는 입법목적의 정당성, 입법수단의 필요성(적정성, 피해의 최소성, 법익균형성) 등 제 원칙을 지켜야 한다는 제1차적이고 원칙적이며 **상대적인** 기본권제한의 한계규정을 정한 것이고, 헌법 제37조 제2항 단서는 위와 같은 상대적인 한계규정을 준수하더라도 기본권의 본질적 내용을 침해할 수 없다는 최종적이고 예외적이며 **절대적인** 기본권제한의 한계규정을 정한 것이다(1996. 11. 28. 95헌바1(사형제도), 조승형 재판관의 소수의견).

(2) 상 대 설

본질내용에 관한 상대설에 따르면 기본권의 본질내용은 비례성원칙에 따라 제한되고 남은 나머지 영역을 말한다. 이 이론에 따르면 본질내용침해금지원칙은 비례성원칙과 독립적인 의미를 가지는 기본권제한의 또 다른 한계가 아니라 비례성원칙을 다시 한번 확인시켜주는 **확인적이고 선언적인 규정**에 불과하게 된다. 따라서 비례성원칙과 본질내용침해금지원칙은 동전의 양면과 같은 원칙으로서 기본권제한을 정당화하기 위해서는 비례성원칙이라는 **하나의 원칙**으로 충분하게 된다.

[판례] 본질내용에 관한 상대설

사형이 비례의 원칙에 따라서 최소한 동등한 가치가 있는 다른 생명 또는 그에 못지 아니한 공공의 이익을 보호하기 위한 불가피성이 충족되는 **예외적인 경우에만 적용되는 한**, 그것이 비록 생명을 빼앗는 형벌이라 하더라도 헌법 제37조 제2항 단서(본질내용침해금지원칙)에 위반되지 않는다(1996. 11. 28. 95헌바1(사형제도), 다수의견).

(3) 규칙모델/원칙모델과 본질내용

1) 원칙모델과 본질내용 기본권에 관한 **원칙모델**, 즉 기본권을 원칙으로 보는 견해는 본질내용에 관한 **상대설**과 결합하기 쉽다. 기본권을 언제나 충돌할 수 있고, 따라서 합리적 형량을 통해 제한될 수 있는 것으로 이해하기 때문이다. 따라서 충돌하지 않고, 그렇기 때문에 합리적 형량을 통해 제한되지 않는 영역을 전혀 남겨두지 않는 것이 기본권을 원칙으로 보는 견해로서 논리적으로 일관된 입장이라고 볼 수 있다.

그러나 대부분의 기본권을 원칙으로 보면서 예외적으로 일정한 기본권을 규칙으로 이해하는 경우에는 그러한 기본권에 대해서는 절대설을 주장할 수도 있을 것이다. 다만 어떤 기본권을 규칙으로 볼 것인지의 문제, 그리고 그렇게 예외를 인정하는 경우에 기본권을 원칙으로 보는 논리적 일관성에 하자가 생기게 된다는 문제를 해결해야 된다.

2) 규칙모델과 본질내용 반면에 기본권에 관한 **규칙모델**, 즉 기본권을 규칙으로 보는 견해는 내재적 한계를 어떻게 이해하는지에 따라 세 가지 견해가 가능하다. ① 첫째로, 내재적 한계 이외에 어떠한 제한도 인정하지 않는 견해가 가능하다. 그렇게 되면 기본권의 내재적 한계가 기본권의 절대적 본질내용이 될 것이다. ② 둘째로, 내재적 한계 이외에 제한을 인정하면서 본질내용에 관해서 절대설을 주장하는 견해도 있을 수 있다. 이러한 경우에 기본권제한은 우선적으로 내재적 한계라는 기준에 따라 심사되고, 다음으로 비례성원칙에 따른 심사를 거쳐, 그리고 최종적으로 절대적 본질내용의 침해금지원칙을 준수하고 있는지에 대한 심사 등 3단계의 심사가 필요하게 된다. ③ 마지막 셋째로, 내재적 한계 이외에 제한을 인정하면서 본질내용에 관해서 상대설을 주장하는 견해다. 이렇게 되면 기본권제한의 정당성에 대한 심사는 내재적 한계에 의한 심사와 비례성원칙에 따른 심사라는 2단계의 심사를 거치게 된다.

(4) 비판과 대안

① 기본권을 원칙규범으로 이해하는 입장에서 볼 때 기본권은 제한될 수 있고, 이러한 제한은 비례성원칙에 따라 정당화되어야 한다. 따라서 기본권의 본질내용은 **비례성원칙에 따라 제한되고 남은 상대적 영역**으로 보는 견해가 타당하다고 생각된다. 그리고 ② 기본권의 절대적 본질내용이 존재한다고 하더라도 그 구체적 내용이 무엇인지 불명확하다는 점, ③ 절대적 본질내용으로 흔히 인용되는 인간의 존엄과 가치에 관한 기본권도 절대적 기본권이 아니라 구체적 사안에 적용될 때는 원칙으로서 제한될 수 있는 상대적 기본권이라는 점도 논거로 제시할 수 있다.[35] 또한 ④ 인격의 영역을 제한될 수 없는 핵심영역과 제한될 수 있는 그 밖의 영역으로 구분하여 전자를 절대적 본질내용으로 이해하는 경우에도 다음과 같은 논거에서 비판받을 수 있다. 첫째, 두 가지 영역의 경계가 불명확하다는 점, 둘째, 처음부터 제한될 수 없는 핵심영역은 그 자체로 이미 법적으로 의미없는 영역일 수 있다는 점, 셋째, 인격의 영역을 그렇게 구분한다면 인간의 존엄과 가치에 관한 기본권은 제한될 수 없으면서 동시에 제한될 수 있는 기본권이 된다는 점, 넷째, 인간의 존엄과 가치에 관한 기본권을 절대적 기본권으로 전제하면서 제한될 수 없는 인격의 영역만을 이 기본권과 연결시키는 구상도 애초에 인간의 존엄과 가치에 관한 기본권이 절대적 기본권이 아니라면 그 전제가 상실된다는 점 등의 논거를 제시할 수 있다.

물론 상대설에 대해서도 **기본권을 형해화**할 수 있다는 비판이 없는 것은 아니다. 하지만 ① **본질내용의 존재론적 측면**에서 상대설에 따른다고 해서 기본권의 본질내용을 전면적으로 부정하는 것은 아니라는 점, ② **본질내용의 인식론적 측면**에서 기본권의 본질내용이 존재한다고 하더라도 기본권의 본질내용은 자명하게 주어져 인식될 수 있는 것이 아니라 기본권 및 그와 서로 충돌하는 가치를 비례성원칙에 따라 합리적으로 형량하

35) 제2편 제2부 제1장 제2절 Ⅱ. 1. (2) 2) 참조.

는 과정에서 그 존재가 확정됨으로써 비로소 인식될 수밖에 없는 상대적인 것이라는 점, ③ 비례성원칙에 따른 형량의 과정이 합리적으로 구성될 수만 있다면 어떤 경우에도 우월한 절대적 기본권이나 어떤 경우에도 열등한 기본권은 존재할 수 없기 때문에 기본권의 형해화에 대한 우려는 기우에 불과할 수 있다는 점 등을 논거로 상대설에 대한 절대설의 비판에 대해서는 재비판이 가능하다.

Ⅲ. 기본권적 논증의 3단계

위에서 살펴본 바와 같이 기본권에 관한 논증은 3단계로 이루어진다. ① 구성요건의 단계, ② 제한의 단계, ③ 정당화의 단계가 그것이다.

1. 구성요건의 단계

첫 번째 단계는 구체적 사안과 관련된 기본권후보들을 찾아서 그 구성요건의 의미내용을 확인하고 그 범위를 결정하는 **구성요건의 단계**이다. 이러한 구성요건의 단계에서는 무엇보다도 '보호영역'과 관련하여 다음과 같은 세 가지 정도가 확인되어야 한다. ① 첫째, 문제가 된 개별기본권이 자연인의 권리인지 아니면 법인의 권리이기도 한지 또는 국민의 권리인지 아니면 외국인, 무국적자도 주체가 되는지 등 **인적 구성요건의 범위**에 대한 확인이 필요하다. ② 둘째, 예를 들어 양심, 종교, 학문, 예술, 직업, 거주·이전 등 개별기본권에서 문제가 되는 **행위영역의 내용**에 대한 확인이 필요하다. 물론 기본권의 보호법익은 '사실적 상태(속성·상황)'나 '법적 상태(법적 지위)'가 될 수도 있기 때문에 이 경우에는 문제가 된 상태의 내용을 확인하여야 한다. ③ 셋째, 자유, 방어권, 보호권, 절차권 등 개별기본권에서 문제가 될 수 있는 **기본권의 기능**에 대한 확인이 필요하다. 다음으로 '제약행위'와 관련하여 보호법익에 대한 어떠한 제약행위가 가능한지에 대한 확인이 필요하다.

2. 제한의 단계

두 번째 단계는 제한규범의 의미내용을 확인하고 그 범위를 결정하는 **제한의 단계**이다. 이러한 제한의 단계에서는 문제가 된 개별기본권에 규정된 '헌법직접적 제한규범'이 존재하는지를 먼저 확인하고, 다음으로 '헌법간접적 제한규범', 즉 '법률유보'가 존재하는지를 확인해야 한다. 후자의 경우에 문제가 된 개별기본권에 규정된 개별적 법률유보와 모든 기본권에 적용되는 일반적 법률유보 가운데 어떤 것이 존재하는지에 대한 확인이 필요하다.

3. 정당화의 단계

세 번째 단계는 구성요건과 제한규범을 최적화하기 위한 **정당화의 단계**이다. 이러한 정당화의 단계에서는 형식적 정당화와 실질적 정당화에서 요청되는 헌법적 원칙들이 준수되고 있는지가 확인되어야 한다. 구성요건의 단계에서 확인된 보호법익에 해당되는 행위는 잠정적으로 허용된다. 다음으로 제한의 단계에서 확인된 제한규범에 해당되는 행위는 잠정적으로 금지된다. 마지막으로 정당화의 단계에서 형식적으로나 실질적으로 정당화된 행위만이 확정적으로 허용되고, 정당화되지 못한 행위는 확정적으로 금지된다. 이것을 제약행위의 관점에서 보면 구성요건의 단계에서 보호법익과 함께 잠정적으로 보호영역에 포함되었던 제약행위는 정당화의 단계에서 정당화된 경우에만 **정당한 제한**으로 인정되고, 정당화되지 못한 경우에는 **부당한 침해**로 확인된다.

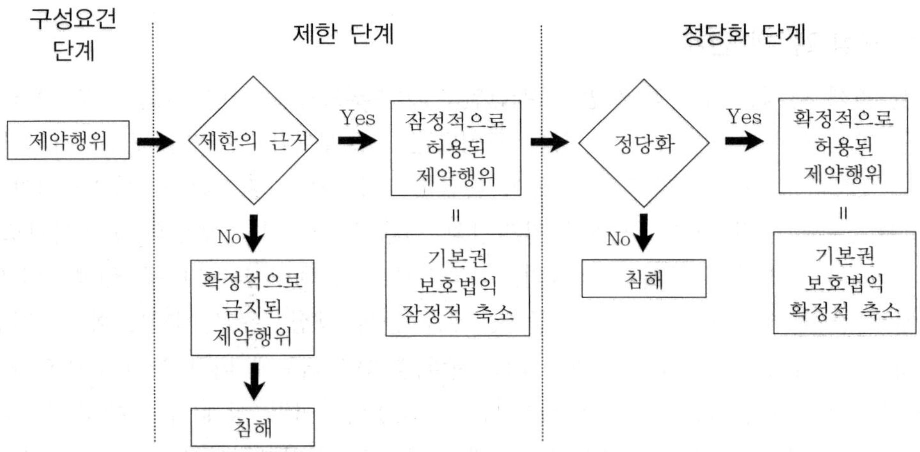

기본권적 논증의 3단계		
1단계	구성요건의 단계	(1) 사안과 관련된 기본권후보의 확인
		(2) 사안과 관련된 기본권의 보호법익에 대한 분석 ① 기본권이 보호하는 인적 구성요건에 대한 분석 ② 기본권이 보호하는 행위, 속성·상황, 법적 지위에 대한 분석 ③ 기본권의 기능에 대한 분석
		(3) 사안과 관련된 기본권의 제약행위에 대한 분석
2단계	제한의 단계	(1) 헌법직접적 제한 ① 성문의 헌법직접적 제한 ② 불문의 헌법직접적 제한 = 타인의 기본권 + 헌법적 법익
		(2) 헌법간접적 제한 ① 개별적 법률유보 ② 일반적 법률유보
3단계	정당화의 단계	(1) 형식적 정당화 ① 일반성원칙 ② 명확성원칙

		③ 불소급원칙 ④ 신뢰보호원칙 ⑤ 포괄위임입법금지원칙
		(2) 실질적 정당화 ① 비례성원칙 ② 본질내용침해금지원칙(절대설에 따르는 경우)

제 5 절 한국헌법의 기본권제한

Ⅰ. 헌법직접적 제한규범

1. 성문의 헌법직접적 제한규범

한국헌법은 기본권제한의 헌법적 근거가 되는 성문의 헌법직접적 제한규범을 규정하고 있다. ① 제21조 제4항에서 언론·출판의 자유가 타인의 명예나 권리 또는 공중도덕이나 사회윤리를 침해하지 못하도록 한 규정, ② 제23조 제2항에서 재산권의 행사는 공공복리에 적합하도록 한 규정, ③ 제8조 제4항에서 정당의 목적이나 활동이 민주적 기본질서에 위배될 때에 정당을 해산할 수 있도록 한 규정, ④ 제29조 제2항에서 군인·군무원·경찰공무원 등을 국가배상청구권의 주체에서 배제한 규정, 그리고 ⑤ 제33조 제3항에서 주요방위산업체에 종사하는 근로자를 노동3권의 주체에서 배제한 규정은 헌법직접적 제한규범을 규정한 대표적인 예가 된다.

이에 따르면 우선 언론·출판의 자유는 타인의 명예나 권리 또는 공중도덕이나 사회윤리에 의하여, 그리고 재산권의 행사는 공공복리를 위하여 제한될 수 있으며, 또한 정당의 설립과 활동이라는 정치적 결사의 자유는 민주적 기본질서에 의하여 헌법적 수준에서 직접적으로 제한된다. 이러한 헌법직접적 제한규범은 원칙의 성격을 갖기 때문에 제한하는 경우에 반드시 형량이 필요하다. 즉 원칙의 성격을 갖는 헌법직접적 제한의 경우에는 비례성원칙에 따른 형량을 거쳐 정당화되는 경우에만 정당한 제한으로서 허용된다. 반면에 국가배상청구권의 인적 구성요건에서 군인·군무원·경찰공무원을 배제한 헌법규정과 노동3권의 인적 구성요건에서 주요방위산업체 근로자를 배제한 헌법규정은 규칙의 성격을 갖기 때문에 형량이 필요하지 않다. 즉 규칙의 성격을 갖는 헌법직접적 제한의 경우에는 비례성원칙에 따른 형량을 거치지 않고서도 그 규정 자체만으로도 이미 정당한 제한으로서 확정적으로 허용된다.

2. 불문의 헌법직접적 제한규범

현행 헌법상 인정될 수 있는 기본권은 성문의 헌법직접적 제한규범에 근거하여 제한될 수 있을 뿐만 아니라 헌법이 보장하는 **다른 사람의 기본권**이나 **헌법적 법익**과 같은 불문의 헌법직접적 제한규범에 따라 제한될 수도 있다. 앞서 설명한 것처럼[36] 다른 사람의 기본권을 근거로 한 기본권제한을 '기본권의 충돌'이라고 부르기도 한다.

Ⅱ. 헌법간접적 제한규범

1. 일반적 법률유보

(1) 헌법규정

1) 모든 기본권에 대한 제한의 근거 우리 헌법 **제37조 제2항**에 따르면 국민의 모든 자유와 권리는 국가안전보장, 질서유지 또는 공공복리를 위하여 필요한 경우에 한하여 법률로써 제한할 수 있으며 제한하는 경우에도 자유와 권리의 본질적인 내용을 침해할 수 없다. 따라서 이 조항은 국민에게 보장된 모든 기본권에 대해서 일반적으로 헌법간접적 제한을 규정한 근거가 된다.

2) 절대적 기본권의 문제 이 조항에 따르면 현행 헌법은 모든 기본권이 제한될 수 있다고 명시적으로 규정하고 있기 때문에 어떠한 경우에도 제한될 수 없는 이른바 '**절대적 기본권**'은 존재하지 않는다. 따라서 절대적 기본권을 논리적으로 전제할 때 인정되는 기본권의 **내재적 한계**는 실정법의 명시적 규정에 근거해서도 인정될 여지가 없다. 물론 이 경우에도 '개념내재적' 한계는 예외적으로 인정하는 견해도 있지만 기본권의 개념내재적 한계는 제한의 개념에 포함되는 것이 아니라 구성요건의 개념에 포함되는 것으로 이해하는 것이 적절하다. 따라서 예외적으로라도 내재적 한계를 인정할 필요는 전혀 없다.

(2) 해 석 론

이 조항은 기본권의 제한을 위한 목적, 형식, 정도, 한계를 규정하고 있다고 해석된다. ① 기본권제한의 **목적**은 "국가안전보장, 질서유지 또는 공공복리"이다. 이러한 제한의 목적들은 결국 기본권이라는 사익을 제한하는 공익(공공의 이익)을 예시하고 있는 것으로 해석할 수 있다. 또한 목적의 정당성이라는 비례성원칙의 부분원칙에 따라 기본권제한의 목적으로 제시되는 입법목적이 헌법에 열거된 각각의 공익목적에 포함될 수 있는지를 검토할 필요도 있다. 하지만 민주적 정당성을 가진 입법자가 제시하는 대부분의 입법목적은 정당한 것으로 헌법에 열거된 공익목적에 해당된다고 판단될 가능성이 높다. ② 기본권제한의 **형식**은 "법률"이다. 이것은 기본권제한의 **형식적 정당화**와 관련하여 법률을 제정하는 권한, 절차, 형식이 준수되어야 한다는 점을 내용으로 한다. 따라서 권한과 관련해서는 포괄위임입법금지원칙, 절차와 관련해서는 민주적 입법절차, 형식과 관련해서는 일반성원칙, 명확성원칙, 불소급원칙 등이 준수되어야 한다. ③ 기본권제한의 **정도**는 "필요한 경우"로 한정되는데 이것은 기본권제한의 **실질적 정당화**와

36) 제2편 제1부 제3장 제3절 Ⅱ. 2. (2) 2) 참조.

관련된 비례성원칙을 규정한 것으로 이해된다. ④ 기본권제한의 한계로는 "본질내용을 침해할 수 없다"는 것을 들고 있는데 앞에서 설명한 대로[37] 절대설에 따르는 경우에만 독립적인 의미를 갖게 되고, 상대설에 따르는 경우에는 비례성원칙을 재확인하는 선언적 규정으로 해석된다. 결론적으로 헌법 제37조 제2항은 기본권제한의 근거인 동시에 기본권제한의 정당화를 위한 헌법적 원칙의 근거로 이해된다.

2. 개별적 법률유보

헌법간접적 제한을 개별 기본권에서 규정하고 있는 예로는 신체의 자유에 대한 제한을 규정한 제12조 제1항 제2문(법률에 의한 체포 · 구속 · 압수 · 수색 · 심문, 법률과 적법절차에 의한 처벌 · 보안처분 · 강제노역), 재산권에 대한 제한을 규정한 제23조 제1항 제2문(재산권의 내용과 한계), 제3항(법률에 의한 공용수용 · 사용 · 제한)을 들 수 있다. 물론 법률로 재산권의 내용과 한계를 규정하도록 한 제23조 제1항 제2문의 경우에는 기본권제한적 법률유보가 아니라 기본권형성적 법률유보로 이해하는 견해[38]도 있다. 앞에서 설명한 바와 같이[39] 기본권제한적 법률유보와 기본권형성적 법률유보를 구분하는 기준은 비례성원칙의 적용 여부이므로 재산권의 내용과 한계를 규정하면서 비례성원칙이 적용될 수 있다면 기본권제한적 법률유보로 볼 수 있다.

Ⅲ. 기본권제한의 특수한 경우

1. 국가긴급권과 기본권제한

우리 헌법 제76조는 국가긴급입법권을, 제77조는 비상계엄선포권을 규정하고 있는데[40] 이러한 비상사태의 경우에 기본권에 대한 제한은 위에서 언급한 원칙의 예외가 되는지가 문제가 될 수 있다. 그러나 이러한 경우에도 기본권제한에 관한 일반적 원칙이 적용되어야 하고, 결코 예외적인 상황으로 이해되어서는 안 된다. 물론 이러한 비상적 상황에서는 국가안전보장이나 공공의 안녕과 질서와 같은 공익의 요구가 통상의 상황보다 훨씬 강력하기 때문에 기본권이 제한될 가능성과 정도가 높은 것은 사실이다. 하지만 그렇다고 해서 반드시 모든 경우에 기본권이 강력하게 제한되어야만 하는 것은 아니고 구체적 상황에 따라 개별적으로 판단되어야 한다. 따라서 국가긴급권이 요구되는 비상적 상황에서도 원칙적으로 기본권제한에 관한 일반적 원칙이 준수될 것이 요구된다. 하지만 헌법재판소는 긴급재정 · 경제명령과 관련하여 헌법 제76조 소정의 요건과 한계에 부합하는 것이라면 그 자체로 기본권제한의 한계로서의 과잉금지원칙을 준수하는 것이 된다고 본다.[41]

---

37) 제2편 제1부 제3장 제4절 Ⅱ. 2. 참조.

38) 허영, 302면.

39) 제2편 제1부 제3장 제3절 Ⅱ. 2. (3) 참조.

40) 제3편 제3장 제1절 Ⅲ. 3. 참조.

2. 특수한 신분관계와 기본권제한

군인,[42] 공무원, 수형자,[43] 학생 등처럼 국가와 특수한 신분관계를 맺는 집단에 대해서 기본권제한에 관한 일반적 원칙이 똑같이 적용될 수 있어야 하는지가 문제될 수 있다. 이 문제와 관련하여 무엇보다도 당사자들 사이에 포괄적인 지배 · 복종의 관계가 성립하게 되는 이른바 **'특별권력관계이론'은 더 이상 주장될 수 없음**을 확인해야 한다. 특별권력관계이론에 따르면 국가와 일반 국민의 관계는 일반권력관계인 데 비해서 국가와 공무원의 관계는 특별권력관계로 이해된다. 이러한 특별권력관계에서 국가와 공무원은 포괄적인 명령 · 복종의 관계에 놓이게 된다. 이것은 특별권력관계가 기본권제한에 관한 일반적인 원칙이 적용되는 범위에 해당하지 않는다는 것을 뜻한다.

그러나 기본권제한은 구체적인 사안에 따라 개별적으로 판단되어야 할 문제이지 특별권력관계라는 근거를 가지고 일반적이고 포괄적인 제한을 가능하게 할 수는 없다. 따라서 여기서도 기본권제한에 관한 원칙의 예외를 인정할 수는 없다. 물론 국가긴급사태에서 요구되는 것과 같은 공익적 요구가 이러한 영역에서도 강하게 요청되기 때문에 '특수한 신분관계'가 형성되는 것은 사실이지만 그렇다고 해서 기본권제한에 관한 예외적 영역으로 분류될 수는 없기 때문이다.

그러한 공익적 요구가 매우 강력한 경우에는 헌법 제29조 제2항(군인 · 군무원 · 경찰공무원 등에 대한 국가배상권의 제한)이나 제33조 제3항(주요방위산업체근로자에 대한 단체행동권의 제한)에서처럼 **헌법직접적 제한규범에 의해서 명시적인 제한의 근거**가 규정되어 있어야 한다. 그렇지 않다면 헌법 제37조 제2항에 근거하여 법률에 의한 헌법간접적 제한이 가능할 것이다. 하지만 이러한 경우에도 원칙적으로 **기본권제한에 관한 일반적 원칙은 준수**되어야 한다. 이러한 관점에서 수형자의 서신에 대한 검열에도 헌법적 원칙의 준수를 요구한 헌법재판소의 태도[44]는 정당하다. 한편 학생의 기본권에 대한 심각한 제한을 의미하는 체벌을 인정하는 헌법재판소의 태도[45]는 납득하기 어렵다. 왜냐하면 체벌은 고문과 마찬가지로 확정적으로 금지된 제약행위로 이해되므로 어떠한 경우에도 정당한 징계행위로서 정당화될 수 없기 때문이다.[46]

[판례] 군인의 기본권 제한과 비례의 원칙

군인은 국민 전체에 대한 봉사자로서 고도의 윤리 · 도덕성을 갖추어야 할 뿐 아니라 그가 수행하는 직무 자체가 공공의 이익을 위한 것이고 원활한 직무수행을 위해서는 군인 개개

---

41) 헌재 1996. 2. 29. 93헌마186.

42) 군인의 인권에 대한 자세한 논의는 이준일, 『인권법』(2015), 제44장 참조.

43) 수형자를 비롯한 재소자의 인권에 대한 자세한 논의는 이준일, 『인권법』(2015), 제28장 참조; 수용자의 서신검열에 대해서는 제2편 제2부 제6장 제4절 제3항 II. 참조.

44) 헌재 1995. 7. 21. 92헌마144; 1998. 8. 27. 96헌마398.

45) 헌재 2000. 1. 27. 99헌마481.

46) 아동에 대한 체벌의 문제는 이준일, 『인권법』(2015), 제24장 참조.

인이나 군에 대한 국민의 신뢰가 기본바탕이 되어야 한다. 그런데 군인이 범죄행위로 인하여 형사처벌을 받은 경우에는 당해 군인에 대한 국민의 신뢰가 손상되어 원활한 직무수행에 어려움이 생기고 이는 곧바로 군 전체에 대한 신뢰를 실추시켜 공공의 이익을 해하는 결과를 초래하게 된다. 비록 군인의 직무와는 관련이 없는 사유라 하더라도 그에 대한 법률적 혹은 사회적 비난가능성, 군에 대한 신뢰를 실추시킬 가능성은 직무와 관련이 있는 사유보다 더욱 큰 경우를 충분히 예상할 수 있으므로, 지급제한 사유를 직무관련사유로 한정하지 아니하였다는 것만으로 곧바로 **비례의 원칙**에 반한다고 볼 수 없다(2013. 9. 26. 2011헌바100).

[판례] 수형자의 기본권제한

수형자의 경우에도 모든 기본권의 제한이 정당화될 수 없으며 국가가 개인의 불가침의 기본적인 인권을 확인하고 보장할 의무(헌법 제10조)로부터 자유로워질 수는 없다. 따라서 수형자의 지위에서 제한이 예정되어 있는 자유와 권리는 형의 집행과 도망의 방지라는 구금의 목적과 관련된 신체의 자유 및 거주·이전의 자유 등 몇몇 기본권에 한정되어야 하며 그 역시 필요한 범위를 벗어날 수 없다. 특히 수용시설 내의 질서 및 안전 유지를 위하여 행해지는 규율과 징계를 통한 기본권의 제한은 수형자에게 구금과는 별도로 부가적으로 가해지는 고통으로서 다른 방법으로는 그 목적을 달성할 수 없는 경우에만 예외적으로 허용되어야 할 것이다(헌재 2003. 12. 18. 2001헌마163). 이와 같이 수형자의 기본권 제한에 대한 구체적인 한계는 헌법 제37조 제2항에 따라 법률에 의하여, 구체적인 자유·권리의 내용과 성질, 그 제한의 태양과 정도 등을 교량하여 설정하게 되며(헌재 1999. 5. 27. 97헌마137), 수용시설 내의 안전과 질서를 유지하기 위하여 이들 기본권의 일부 제한이 불가피하다 하더라도 그 본질적인 내용을 침해하거나, 목적의 정당성, 방법의 적정성, 피해의 최소성 및 법익의 균형성 등을 의미하는 과잉금지의 원칙에 위배되어서는 안 된다(헌재 1997. 3. 27. 95헌가17; 1998. 5. 28. 95헌바18; 2002. 7. 18. 2000헌마 327; 2004. 12. 16. 2002헌마478; 2005. 2. 24. 2003헌마289).

[판례] 수형자의 서신에 대한 검열

수형자가 수발하는 서신에 대한 검열이 허용된다고 하더라도 통신의 비밀을 보호하려는 헌법정신에 따라 그 검열은 합리적인 방법으로 운용되어야 하고, 검열에 의한 서신수발의 불허는 엄격한 기준에 의하여야 하며, 또한 교도관 등이 지득한 서신내용의 비밀이 엄수되어야 할 것임은 미결수용자의 경우와 다름이 없다(1995. 7. 21. 92헌마144; 1998. 8. 27. 96헌마398).

[판례] 학생에 대한 교사의 체벌

초·중등교육법 제20조 제3항, 제18조 제1항, 동법시행령 제31조 제7항 등의 규정들의 취지에 의하면 비록 체벌이 교육적으로 효과가 있는지에 관하여는 별론으로 하더라도 교사가 학교장이 정하는 학칙에 따라 불가피한 경우 **체벌을 가하는 것이 금지되어 있지는 않**다고 보여진다. 그러나 어떤 경우에 어떤 방법으로 체벌을 가할 수 있는지에 관한 기준은 명확하지 않지만 대법원은 징계행위는 그 방법 및 정도가 교사의 **징계권행사의 허용한도**를 넘어선 것이라면 정당한 행위로 볼 수 없다라고 판시(대판 1990. 10. 30. 90도1456)함으로써 그 기준을 일응 제시하고 있다. 교사로서 특히 학생들의 생활지도 및 교칙 등의 준수 여부를 감독하여야 할 책임을 가진 업무를 담당하는 자로서 문제학생을 훈계하고 선도하기 위한 교육의 목적으로 체벌을 가한 경우에는 체벌의 수단과 그 정도 및 피해자의 피해 정도에 따라 정당한 체벌로서 허용된다(2000. 1. 27. 99헌마481).

제 4 장 기본권의 효력

제 1 절 대국가적 효력과 대사인적 효력

Ⅰ. 개 념

기본권은 ① 대국가적 효력과 ② 대사인적 효력이라는 두 가지 형태의 효력을 갖는다. 여기서 기본권의 대국가적 효력이란 기본권이 국가에 대해서 가지는 효력을 말한다. 그리고 기본권의 대사인적 효력이란 기본권이 사인(私人)인 국민에 대해서 가지는 효력을 말한다. 기본권의 대국가적 효력은 **국민과 국가** 사이의 대등하지 않은 관계에서 기본권이 효력을 미친다는 점에서 **'수직적'** 효력이라고도 부른다. 이러한 기본권의 수직적 효력에 기초하여 국민은 국가에 대해서 기본권을 주장할 수 있다. 이로써 국가는 기본권의 '상대방' 또는 '수범자'가 된다. 반면에 기본권의 대사인적 효력은 **국민과 국민** 사이의 대등한 관계에서 기본권이 효력을 미친다는 점에서 **'수평적'** 효력이라고도 부른다. 이러한 기본권의 수평적 효력에 기초하여 국민은 국민에 대해서 기본권을 주장할 수 있다. 이로써 사인도 기본권의 '상대방' 또는 '수범자'가 된다.

Ⅱ. 문제제기

기본권이 우선적으로 국가에 대한 '방어권'이라는 측면에서 볼 때 기본권의 대국가적 효력은 의문의 여지없이 인정된다. 다만 문제가 되는 것은 대국가적 효력의 의미가 무엇인지, 그리고 국가가 사법적(私法的) 형식으로 계약의 일방 당사자로서 활동하는 경우에도 기본권의 대국가적 효력을 인정할 것인지 정도이다. 하지만 대사인적 효력에 대해서는 어떤 근거에서 그러한 효력을 갖는지, 그리고 어떤 방식으로 그러한 효력을 이론적으로 구성할 수 있는지 등에 대해서 많은 문제점이 발생한다. 따라서 이하에서는 대국가적 효력에서 제기되는 문제들을 간단하게 살펴보고, 대사인적 효력을 더 자세하게 검토하도록 한다.

제 2 절 대국가적 효력

Ⅰ. 대국가적 효력의 잠정성

앞에서 설명한 것처럼[1] 기본권은 원칙규범으로 이해된다. 따라서 기본권의 효력은 잠정적이다. 이러한 잠정적 성격(prima-facie character)은 모든 기본권의 기능에 해당한다. 그러므로 기본권은 국가에 대해서 소극적 행위를 청구하는 방어권이든 적극적 행위를 청구하는 급부권, 즉 보호권, 절차권, 사회권이든 상관없이 잠정적 효력을 갖는다. 이에 따르면 방어권에 대해서만 대국가적 효력을 인정하고 급부권에 대해서는 대국가적 효력을 인정하지 않으려는 견해는 타당성을 상실한다. 방어권이든 급부권이든 대국가적 효력은 인정되어야 하고, 그 효력의 성격이 잠정적이라는 점에서 공통된다. 다만 급부권의 경우에는 방어권보다 보호법익이 불명확하다는 점에서 그 잠정성이 강화된다는 점을 부인할 수 없지만 그렇다고 해서 대국가적 효력을 부인할 수는 없다.

Ⅱ. 사법형식의 국가작용과 대국가적 효력

기본권의 대국가적 효력과 관련하여 문제가 되는 것은 국가가 '사법(私法)의 형식'으로 활동하는 경우에도 기본권의 효력을 인정할 수 있는지 여부다. 국가가 사법의 형식으로 활동하는 경우는 **국고작용**과 **행정사법**으로 구분된다. ① 국고작용은 국가가 사법상의 재산권주체인 국고(國庫)가 되어 활동하는 국가작용을 말한다. 이러한 국고작용에는 물품을 구입한다든지 건설도급계약을 맺는다든지 등의 **조달작용**과 은행을 경영한다든지 주식시장에 참여한다든지 등의 **영리작용**이 포함된다. 한편 ② 행정사법은 급부행정과 같이 공공적 성격 때문에 공법적 규율을 받으면서도 사법의 형식으로 행해지는 국가작용을 말한다. 이러한 행정사법은 공공복리의 실현을 목적으로 국가가 공기업을 경영한다든지 공물을 관리한다든지 하는 식으로 공적 사업이나 공적 재산의 관리주체가 되어 활동하는 **관리작용**과 중첩되기도 한다.

이러한 사법형식의 국가작용에 대해서도 기본권의 효력이 인정될 수 있는지 여부와 관련하여 긍정하는 견해와 부정하는 견해로 나뉜다. ① **긍정하는 견해**에 따르면 사법형식의 국가작용에 대해서 기본권의 효력을 인정하지 않게 되면 국가가 공법형식을 버리고 사법형식으로 도피하려는 위험이 증대되고, 사법형식의 국가작용에 대해서 기본권의 효력을 인정해도 국가작용의 유연성과 효율성이 감소되지 않는다고 한다. ② **부정하는 견해**에 따르면 비록 국가작용이라고 하더라도 사법형식을 갖는 경우에는 기본권의 대국가적 효력이 인정될 수 없다고 한다.

기본권이 국가권력을 구속한다면 그것은 **기본권이 모든 형식의 국가작용을 구속**한다는 의미로 이해되어야 한다. 만약 기본권에 구속되지 않는 국가작용의 형식을 인정하게 되면 국가는 그러한 형식으로 도피하려는 경향이 커질 수밖에 없기 때문이다. 따라서 **사법형식의 국가작용에 대해서도 기본권의 효력이 인정**되어야 한다는 견해가 타당하다.

1) 제2편 제1부 제3장 제2절 참조.

제3절 대사인적 효력

Ⅰ. 이론적 근거

우리는 앞에서 기본권을 주관적 지위로서, 그리고 객관적 규범으로서 정의했다. 이러한 기본권의 이중적(양면적) 성격과 기본권이 사인에 대해서 가지는 효력은 밀접한 관련을 맺는다. 왜냐하면 기본권이 **객관적 규범** 또는 **가치질서**로서의 성격을 갖는다는 사실로부터 기본권의 대사인적 효력이 설명될 수 있기 때문이다. 이미 설명한 대로 기본권이 가지는 객관성은 주관성의 추상화로 이해된다. 기본권의 주체, 상대방, 그리고 내용을 추상화한 것이 객관성을 의미하는 것이다. 이러한 객관성 때문에 기본권은 국가에 대한 주관적 방어권을 넘어 법체계에 중대한 영향을 미치는데 이것을 "방사효" 또는 "파급효"라고 부른다. 기본권의 객관성에 근거한 이와 같은 기본권의 방사효로부터 기본권의 대사인적 효력과 관련된 국가의 객관적 의무가 도출될 수 있다는 점은 기본권이해에 있어서 큰 진전을 의미한다. 기본권의 객관성을 인식함으로써 적어도 국가에 대한 주관적 방어권에 국한된 기본권의 이해로부터 벗어날 수 있기 때문이다.

하지만 기본권의 객관성이 가지는 의미는 더 나아가 그러한 방사효로부터 기본권의 대사인적 효력과 관련된 국민의 주관적 권리도 도출될 수 있다는 데까지 이르러야 한다. 앞에서 살펴본 바와 같이 기본권에 대한 체계적 이해를 기초로 하여 기본권은 다양한 기능들을 포함할 수 있다. 특별히 기본권의 기능들 가운데 보호권은 기본권의 대사인적 효력을 이해하는 중요한 기초가 된다. 사인인 제3자의 기본권침해로부터 국가의 보호를 요구하는 권리가 보호권이므로 이러한 보호권의 기능은 기본권이 사인에 대해서도 효력을 미칠 수 있는 가능성을 제공하기 때문이다. 결론적으로 기본권의 대사인적 효력과 관련된 국가의 의무든 국민의 권리든 여기서 확인할 수 있는 사실은 기본권의 대사인적 효력을 인정하기 위한 이론적 출발점은 기본권에 대해서 주관적 방어권의 성격을 넘어서는 객관적 성격을 부여한다는 데 있다는 점이다.

Ⅱ. 대사인적 효력의 이론구성

기본권의 대사인적 효력에 대해서 공법과 사법의 엄격한 이원성을 기초로 **부정하는 견해**가 있을 수 있다. 그러나 그러한 엄격한 이원성이 유지되기는 힘들다는 점에 근거하여 이제는 대사인적 효력을 긍정하는 것이 일반적인 견해이다. 따라서 대사인적 효력을 인정하면서 이것을 논증하는 방식에 대하여 설명하기로 한다.[2)]

---

2) 자세한 내용은 이준일, 기본권으로서 보호권과 기본권의 제3자효, 『저스티스』, 제65호(2002), 65면 이하 및 같은이, 기본권의 대사인적 효력의 적용, 『헌법실무연구』(헌법재판소), 제10호(2009), 148면 이하 참조.

1. 국가행위의제설(미국의 이론)

기본권의 대사인적 효력에 관한 미국의 이론(state action doctrine)들은 사인의 행위를 국가와의 관련성 속에서 **국가의 행위로 의제**하려는 공통점을 갖는다. 예를 들어 ① 국가재산을 임차한 사인의 행위라든지(**국가재산설**), ② 국가의 재정적 원조를 받는 사인의 행위라든지(**국가원조설**), ③ 실질적으로 통치기능을 수행하는 사인, 예를 들어 정당 또는 대학의 행위라든지(**통치기능설**), ④ 법원에 의해 사법적(司法的)으로 집행된 사인의 행위라든지(**사법집행설**), ⑤ 국가로부터 특권을 부여받고 국가와 밀접한 관련을 맺는 사인의 행위(**특권부여설**) 등과 같이 사인의 행위를 국가와 연계시킴으로써 국가의 행위로 의제하는 방식으로 기본권의 대사인적 효력을 구성한다.

그러나 기본권의 대사인적 효력은 국민의 행위가 여전히 사인의 행위임에도 불구하고, 그에 대해서 국가에 대해 일정한 책임을 지울 수 있는 이론구성이어야 한다. 따라서 사인을 국가로 의제하여 기본권의 제3자효를 여전히 국민과 국가의 관계로 이해하려는 이러한 구성은 본질적으로 국민과 국민의 관계에서 기본권이 효력을 발생한다는 점을 적절하게 설명할 수는 없을 것으로 평가된다.

2. 간접효력설

독일 연방헌법재판소의 견해이기도 한 간접효력설에 따르면 기본권이 국민과 국민 사이에 효력을 미치는 것은 사법(私法)을 적용하는 **법관**이 **사법**의 일반조항(예: 신의성실원칙, 권리남용금지원칙)이나 그 밖의 규범을 **해석 · 적용**하는 과정에서 기본권을 존중함으로써 간접적인 방식으로 이루어진다고 한다.[3] '간접적인' 효력이라고 말하는 것은 기본권에 대한 존중이 사인간의 관계에 직접적으로 적용되지 않고, 사법의 적용을 매개로 간접적으로, 즉 2차적으로 고려되기 때문이다.

이러한 이론구성에서 실제로 중요한 것은 사법의 적용을 매개로 기본권을 존중해야 하는 **'법관의 의무'**이다. 왜냐하면 사법을 적용하는 과정에서 기본권이 효력을 미칠 수 있다고 해도 실제로 법관이 기본권을 존중하지 않는다면 기본권의 효력은 현실적으로 발휘되지 못하기 때문이다. 따라서 간접효력설에서 무엇보다 전면에 서게 되는 것은 일종의 국가의 의무에 해당하는 '법관의 **기본권존중의무**'이다.

3. 직접효력설

독일 연방노동법원에 의해서 지지되고 있는 직접효력설에 따르면 기본권은 국민과 국민의 관계에서 직접 적용될 수 있다고 한다.[4] '직접적인' 효력이라고 말하는 것은 **사법의 적용을 매개로 하지 않고** 기본권의 효력이 사법관계에 직접적으로, 즉 기본권이 1

3) Maunz/Dürig, *Kommentar zum GG*, Art. 1 Rn. 127 이하 참조.

4) H. C. Nipperdey, Grundrechte und Privatrecht, H. C. Nipperdey(편), *Festschrift Für E. Monitor*, München /Berlin, 초판(1962), 24면 이하 참조.

차적으로 적용될 수 있기 때문이다.

간접효력설과 마찬가지로 이러한 견해에서도 국민과 국민 사이의 법률관계에 있어서 기본권을 존중해야 할 '**법관의 의무**'가 중요하다. 비록 기본권의 효력이 직접적으로 발생한다고 할지라도 기본권의 실제적 효력은 법관이 **기본권존중의무**를 고려하는 경우에만 발생하기 때문이다. 다만 사법의 적용을 매개함 없이 법관이 기본권을 직접 원용할 수 있다는 점에서 간접효력설과 차이가 있을 뿐이다. 직접효력설에서도 국가의 의무에 해당하는 법관의 기본권존중의무가 핵심이 된다.

4. 국가책임설

(1) 방어권설

간접효력설이든, 직접효력설이든 논의의 중점에는 '법관의 의무'가 전면에 등장한다. 이것은 기본권의 대사인적 효력이 단순히 **국가의 의무**, 즉 법관의 기본권존중의무를 통해서만 발생한다는 뜻이다. 즉 국민의 편에서는 기본권존중을 국가에 대한 권리로서 주장할 수는 없다는 의미가 된다. 여기서 기본권존중을 국가에 대한 **국민의 권리**로 구성할 수 있는 이론의 필요성이 제기된다. 이것이 방어권설이다.

방어권설에 따르면 국민과 국민 사이에서 발생한 기본권침해는 **국가의 공동침해**로 이해된다.[5] 국가가 국민에 의한 기본권침해에 대해서 책임을 져야 하는 까닭은 국가가 국민에게 기본권침해의 근거가 된 기본권을 보장하기 때문이다. 예를 들어 식사에 초대받은 사람이 음식을 먹고 배탈이 난 경우에 초대받은 사람의 건강에 관한 기본권이 침해된 까닭은 국가가 식사에 초대할 수 있는 기본권을 초대한 사람에게 보장하였기 때문이다. 따라서 기본권을 침해받은 국민은 **국가에 대해서 방어권**과 같은 권리를 주장할 수 있게 된다.

이러한 방어권설의 문제점은 국민 상호간에 발생한 기본권침해에 대해서 왜 국가가 침해당사자(가해자)와 동일한 책임을 부담해야 하는지 하는 의문을 해소하지 못한다는 점이다. 물론 국민 사이에 발생한 기본권침해에 대해서 국가도 일정 부분 책임이 있다는 사실을 확인한 것은 방어권설이 기여한 바이다. 여기서 사인간의 기본권침해에 있어서 **국가의 책임**을 고려하고 있는 방어권설의 장점을 수용하면서도 직접침해자인 사인과 동일한 책임을 국가에게도 인정하는 단점을 극복할 수 있는 구성, 즉 국가가 부담해야 할 책임의 부분을 한정하는 구성이 필요하게 된다. 그것이 보호권설이다.

(2) 보호권설

보호권설에 따르면 사인인 국민과 국민 사이에서 발생한 기본권침해에 대해서 **국가는 일정 부분의 책임**을 진다고 한다.[6] 그러한 책임을 정당화하는 것이 국가의 '**보호의무**'

---

5) J. Schwabe, *Probleme der Grundrechtsdogmatik*, Darmstadt, 초판(1977), 213면 이하 참조.

6) R. Alexy, *Theorie der Grundrechte*, 487면 이하 참조.

(Schutzpflicht)다. 국가는 국민의 기본권이 다른 국민으로부터 침해되는 것으로부터 보호해야 할 의무가 있다는 것이다. 이러한 의무는 기본권을 침해받는 국민의 측면에서 볼 때 국가에 대하여 자신의 기본권을 보호해주도록 요구할 수 있는 '권리'로 이해되는데 이것을 '**보호권**'(Schutzrecht)이라고 부른다. 이러한 보호권에 근거하여 기본권의 대사인적 효력을 주장하는 경우에 국민 상호간의 관계에서 기본권을 존중해야 하는 것은 단순히 국가의 의무에 불과한 것이 아니라 국민이 국가에 대해서 주장할 수 있는 '권리'가 된다. 바로 이와 같은 사실에서 보호권설은 간접효력설이나 직접효력설과 비교할 때 중요한 차이가 발생하게 된다.

앞에서 설명한 바와 같이 보호권은 국가에 대해서 제3자의 기본권침해로부터 보호해주도록 요구하는 권리이다.[7] 국가는 이러한 권리에 상응하여 국민의 기본권을 제3자의 침해로부터 보호해야 할 의무가 발생하는데 이러한 의무는 구체적인 **입법작용**을 통해서 실현된다. 주로 국민에게 **형사법적 보호막**을 형성해 줌으로써 그러한 의무를 다하게 된다. 따라서 보호권은 우선적으로 입법작용을 통해서, 그리고 무엇보다도 형사법의 제정을 통해서 실현되므로 법적용자인 법관이 아니라 법제정자인 '입법자'의 의무로 요구된다는 점에서 특징이 있다.

그런데 기본권의 대사인적 효력 또는 제3자효의 문제에 있어서 중요한 것은 **사법(재판)작용**이고, 특히 사인간의 분쟁을 해결하기 위하여 **사법(私法)을 적용하는 사법(司法) 작용**이다. 따라서 양자의 차이를 무시한 채 보호권의 문제를 제3자효와 등치시키거나 제3자효를 보호권설만으로 구성하는 것은 바람직하지 않다. 보호권은 그 자체로 독립적인 의미를 지니는 것이고, 다만 제3자효를 설명하는 하나의 도구로 사용될 수 있을 뿐이다. 이러한 맥락에서 보호권을 기본권의 대사인적 효력에 적용시켜 보면 사법을 적용하는 민사법관에게 기본권을 존중하도록 요구하는 권리가 국민에게 인정된다는 구성이 가능하다. 이렇게 보호권을 기본권의 대사인적 효력에 적용하는 경우에도 그 중심에는 여전히 법관의 기본권존중의무가 자리 잡는다.

5. 입체적 이론구성

앞에서 언급한 모든 이론구성은 나름대로 기본권의 대사인적 효력을 설명하는 여러 가지 측면 가운데 하나를 잘 설명해 주고 있다. ① 간접효력설은 '**국가의 의무**'라는 측면을, ② 방어권설과 보호권설이 주장하는 국가책임설은 '**국민의 권리**'라는 측면을, 마지막으로 ③ 직접효력설은 '**국민 상호간의 관계에서 국민의 권리**'라는 측면을 잘 설명해 주는 것이다.

하지만 어떠한 이론구성에 의하더라도 세 가지 측면에서 공통적으로 법관의 기본권 존중의무가 전면에 나온다. 즉 간접효력설에 따르면 국민의 권리가 상응하지 않는 법관

7) 제2편 제1부 제2장 제2절 Ⅱ. 참조.

의 '의무'만이 분명하게 부각되고, 보호권설에 따르면 국민의 '권리'로까지 주장될 수 있는 법관의 의무가 등장한다. 그리고 직접효력설은 이러한 의무와 권리에 따라 기본권을 존중하면서 내린 법관의 판결이 기본권을 존중하지 않으면서 내린 판결과는 다른 내용을 포함하는 경우에 그러한 범위에서 국민 상호간에 권리로서 주장할 수 있는 기본권의 측면까지 잘 설명될 수 있는 것이다.

따라서 위의 이론구성들은 그 가운데 어떤 한 가지를 선택하기보다 모두를 **종합적으로 고려**하는 것이 타당하다고 할 것이다. 다시 말해 어떤 하나의 견해가 다수설이니 소수설이니 구분하는 것보다 기본권의 대사인적 효력 또는 제3자효의 전체적 맥락에서 각각의 독립적인 역할을 부여하는 **'입체적인 구성방식'이 합리적**이라고 생각된다. 기본권의 대사인적 효력(제3자효)에 관한 법리는 간접효력설에 근거한 국가의 의무, 보호권설에 근거한 국민의 권리, 직접효력설에 근거한 국민 상호간의 권리와 의무를 전체적으로 고려하는 경우에만 합리적이고 체계적으로 해명될 수 있다.

Ⅲ. 대사인적 효력에 대한 비판과 재비판

1. 헌법재판소의 권한강화

기본권이 사인 상호간의 관계에도 효력을 미치게 됨으로써 그러한 관계를 규율하는 사법(재판)의 영역에 대한 헌법재판소의 통제가능성이 증가하게 된다. 특별히 사법을 규율하는 입법자와 이를 통제하는 헌법재판소 사이의 권한분배에 있어서 헌법재판소의 권한이 지나치게 강화되거나 심지어 헌법적으로 허용될 수 없을 만큼 비대해진다는 비판이 가능하다.

그러나 헌법재판소와 입법자의 권한은 일률적으로 확정되는 것이 아니라 사안마다 세분화되어 유동적으로 확정되어야 한다. 다시 말해서 일반적으로 주장되었던 '사법자제설'보다는 최근에 주장되듯이 통제의 강도를 '명백성통제', '주장가능성통제', '강화된 내용통제'로 세분하여 개별적 사례에 따라 헌법재판소의 권한의 범위를 판단하는 것이 합리적이라고 생각된다. 그러므로 경우에 따라서는 헌법재판소가 강화된 내용통제를 할 수 있다고 하더라도 그것을 헌법재판소 권한의 강화나 비대화라고 부를 수는 없다. 오히려 그것은 **헌법이 허용한 유동적 권한분배의 결과**라고 말할 수 있다.

2. 사적 자치의 원칙에 대한 제한

기본권이 사인의 문제에 효력을 미치게 됨으로써 개인들 상호간의 문제를 사법(私法) 영역의 대원칙인 **'사적 자치의 원칙'**에 따라 해결해야 함에도 불구하고 개인들 상호간의 문제에 기본권이 개입할 수 있게 된다. 이에 대해서는 사적 자치의 원칙에 대한 침해가 될 수 있다는 지적이 가능하다.

그러나 사적 자치의 원칙도 절대적 원칙이 아니기 때문에 제한될 수 있다. 그리고 이러한 사적 자치의 원칙에 대한 제한은 기본권충돌의 문제가 사법영역에서 구체화된 것으로 볼 수 있다. 따라서 이 문제는 기본권충돌에 관한 일반적인 해결방식인 **합리적 형량**의 과정을 통해서 해결되어야 한다. 그렇다면 사법영역에서 기본권이 효력을 미친다고 해서 사적 자치의 원칙이 침해되는 것이 아니라 오히려 기본권의 대사인적 효력이 **합리적인 사적 자치의 실현**을 위하여 사적 자치의 원칙에 대해서 일정한 방향과 지침을 제시하는 것으로 이해하는 것이 타당하다.

3. 사법(私法)의 독자성에 대한 침해

기본권의 대사인적 효력으로 인하여 법관은 사인 상호간의 문제를 사법(私法)규범보다 기본권규범에 의해서 먼저 해결하려고 시도할 수 있는 가능성이 존재하게 된다. 그렇게 되면 사법규범의 독자적 의미는 사라지게 될 것이라는 우려도 제기될 수 있다.

그러나 사법(私法)관계가 문제될 때에는 **사법규범의 잠정적 우월성**에 근거하여 원칙적으로 사법규범이 우선적으로 적용되어야 한다. 다만 기본권규범을 적용해야 할 **충분한 근거**가 제시되는 경우에 비로소 기본권규범이 적용될 수 있다. 따라서 사인 상호간의 문제에 대해서 항상 기본권규범이 우선적으로 적용되는 것은 아니기 때문에 기본권의 대사인적 효력으로 인하여 사법의 의미상실을 주장하는 것은 지나치게 과장된 측면이 있는 것으로 이해된다.

4. 개인의 의무의 증가

사인 상호간에 기본권의 효력이 발생하게 되면 사법영역에 기본권이 개입함으로써 국민의 권리는 사라지고 **의무만 증대**될 수 있는 가능성이 있다. 기본권이 국가에 대한 방어권으로서의 기능과 함께 객관적 규범이나 가치로서 작용하게 되면 그만큼 국민에게 많은 의무를 부과하기 때문이다.

물론 사법영역은 사적 자치의 원칙이라는 고유한 자기원칙에 따라 권리와 의무의 관계를 형성해 나갈 수 있다. 그러나 그럼에도 불구하고 충분한 근거가 있는 경우에는 **기본권의 통제**를 받아야 한다. 이러한 경우에 그러한 통제를 단순히 의무의 증가로만 이해할 수는 없을 것이다. 그것은 오히려 개인의 기본권적 권리에 대하여 헌법이 허용하는 범위를 설정하는 **헌법적 제한**으로 이해되어야 한다.

5. 기본권제한의 가능성

기본권의 효력이 사인 상호간에 미침으로써 해당 당사자 가운데 일방은 기본권의 보호를 받지만 다른 일방은 **기본권의 제한**을 받게 될 가능성이 커진다. 일정한 국민의 기본권을 보호하기 위해서는 반드시 그와 관계되는 다른 국민의 기본권을 제한할 수밖에 없기 때문이다.

그러나 기본권의 보호를 위해서 기본권의 제한은 필수적이다. 중요한 것은 단순히 기본권에 대한 제한이 가해진다는 사실이 아니라 문제가 된 당사자의 충돌하는 기본권을 **최적의 상태로 형량**해야 한다는 요청이다. 이러한 형량이 합리적인 방식으로 가능하다면 단지 기본권이 제한될 수 있다는 문제점 때문에 기본권의 대사인적 효력을 문제삼아야 하는 이유가 되지는 못한다.

Ⅳ. 한국헌법의 대사인적 효력

1. 학설과 판례

한국에서 학설의 대체적인 경향은 원칙적으로 기본권의 대사인적 효력을 인정하면서 간접효력설에 따라 이론을 구성하는 방식이다. 그러면서 기본권을 ① 성질상 대사인적 효력이 인정될 수 없는 기본권(예: 청구권적 기본권, 사법절차적 기본권, 참정권, 소급입법에 의한 참정권제한과 재산권박탈금지[8]), ② 헌법규정에 의하거나 또는 성질상 직접적인 대사인적 효력이 인정될 수 있는 기본권(예: 노동3권[9] 또는 언론·출판의 자유[10]), ③ 성질상 간접적인 대사인적 효력이 인정될 수 있는 기본권으로 분류한다. 대법원은 간접효력설에 따라 기본권의 대사인적 효력을 인정한다(아래 [판례] 참조).

[판례] 기본권의 대사인적 효력

[1] 헌법상의 기본권은 제1차적으로 개인의 자유로운 영역을 공권력의 침해로부터 보호하기 위한 방어적 권리이지만 다른 한편으로 헌법의 기본적인 결단인 객관적인 가치질서를 구체화한 것으로서, 사법(私法)을 포함한 모든 법 영역에 그 영향을 미치는 것이므로 사인간의 사적인 법률관계도 헌법상의 기본권 규정에 적합하게 규율되어야 한다. 다만 기본권 규정은 그 성질상 사법관계에 직접 적용될 수 있는 예외적인 것을 제외하고는 사법상의 일반원칙을 규정한 민법 제2조, 제103조, 제750조, 제751조 등의 내용을 형성하고 그 해석 기준이 되어 **간접적으로 사법관계에 효력**을 미치게 된다. **종교의 자유**라는 기본권의 침해와 관련한 불법행위의 성립 여부도 위와 같은 일반규정을 통하여 사법상으로 보호되는 종교에 관한 인격적 법익침해 등의 형태로 구체화되어 논하여져야 한다(대판 2010. 4. 22. 2008다38288).

[2] 헌법 제11조는 "모든 국민은 법 앞에 평등하다. 누구든지 성별·종교 또는 사회적 신분에 의하여 정치적·경제적·사회적·문화적 생활의 모든 영역에 있어서 차별을 받지 아니한다"라고 규정하여 평등의 원칙을 선언함과 동시에 모든 국민에게 평등권을 보장하고 있다. 따라서 사적 단체를 포함하여 사회공동체 내에서 개인이 성별에 따른 불합리한 차별을 받지 아니하고 자신의 희망과 소양에 따라 다양한 사회적·경제적 활동을 영위하는 것은 그 인격권 실현의 본질적 부분에 해당하므로 **평등권**이라는 기본권의 침해도 민법 제750조의 일반규정을 통하여 사법상 보호되는 인격적 법익침해의 형태로 구체화되어 논하여질 수 있고, 그 위법성 인정을 위하여 반드시 사인간의 평등권 보호에 관한 별개의 입법이 있어야만 하는 것은 아니다(대판 2011. 1. 27. 2009다19864).

---

8) 계희열(중), 100면; 성낙인, 929면; 허영, 274면.

9) 계희열(중), 100면; 권영성, 331면; 성낙인, 930면; 반대: 허영, 272면.

10) 성낙인, 930면; 허영, 273면.

2. 대사인적 효력의 인정기준

앞에서 살펴본 것처럼 기본권의 대사인적 효력은 ① 국가의 의무의 측면, ② 국가에 대한 국민의 권리의 측면, ③ 국민에 대한 국민의 권리와 의무의 측면 등 세 가지 측면으로 구성된다. 그리고 이러한 세 가지 측면의 핵심에는 '법관의 기본권존중의무'가 자리한다. 따라서 대사인적 효력이 인정될 수 있는 기본권인지에 대한 판단은 기본권의 성질에 의해서 이미 결정되어 있다고 보기 어렵다. 기본권의 대사인적 효력은 오히려 사인 상호간에 발생한 분쟁을 해결하기 위한 구체적인 재판에서 법관에 의해 기본권이 판단의 기준으로 인용될 수 있는지에 따라서 결정되어야 한다. 그러므로 기본권의 대사인적 효력을 기본권의 성질에 따라 분류하는 것은 기본권의 대사인적 효력에 대한 오해에서 유래한 것으로 보인다.

기본권을 원칙으로 이해하는 경우에 이상적 당위로서 기본권은 현실에서는 다른 기본권과 충돌할 수밖에 없다. 이러한 충돌은 우선적으로 입법자의 기본권보호의무에 의해서 해결되어야 한다. 다시 말해 사법을 제정하는 입법자는 사인 상호간의 기본권충돌이 발생하지 않도록 규율해야 할 제1차적인 책임이 있다. 그러나 기본적으로 사적 사치의 원칙에 따르는 사법의 영역에서 입법자의 역할은 소극적일 수밖에 없다. 가능하면 사인들의 문제에 대해서는 국가가 개입하지 않은 채 사인들의 결정을 존중해야 하기 때문이다.

그렇지만 사인들 사이에 분쟁이 발생하여 제기된 구체적인 재판에서는 사정이 다르다. 이 경우에는 분쟁당사자들의 기본권충돌이 국가에 의해서 해결되어야 한다. 우선은 입법자가 기본권충돌을 해결하기 위하여 미리 마련해놓은 민사법적 기준들이 동원되어야 한다. 하지만 기본권이 인용되어야 할 충분한 근거가 제시되는 경우에 법관은 기본권존중의무에 따라 분쟁당사자들의 기본권충돌을 합리적으로 해결해야 할 의무를 부담하게 된다. 이러한 기본권충돌의 합리적 해결은 **문제가 될 수 있는 모든 기본권을 충분히 고려할** 때에만 가능하다. 그렇다면 모든 기본권을 원칙으로 보는 한 민사법적 분쟁을 해결하기 위한 구체적인 재판에서는 모든 기본권이 고려되어야 한다. 따라서 기본권의 대사인적 효력은 기본권의 성질에 따라 미리 결정되는 것이 아니다. 오히려 '원칙으로서의 기본권'의 구조적 성격은 **모든 기본권이 민사법적 분쟁을 해결하기 위한 기준으**로서 인용될 것을 요청한다.

3. 대사인적 효력과 재판에 대한 헌법소원

기본권의 대사인적 효력은 어떠한 이론구성에 의하더라도 기본권의 대국가적 효력과는 전혀 다른 내용을 가진 효력으로 이해된다. 앞서 살펴본 바와 같이 기본권의 대사인적 효력을 '국가의 의무'로 이해하든, 국가에 대한 '국민의 권리'로 이해하든, 심지어 '국민에 대한 국민의 권리와 의무'로 이해하든 그 중심에는 법관의 기본권존중의무가 자리 잡는다. 따라서 기본권의 대사인적 효력이 실제적으로 작동하기 위해서는 **법관의 기본권존중의무를 통제할 수 있는 절차적 제도**가 마련되어야 한다. 무엇보다도 재판에 대한 헌법소원(재판소원)은 그러한 제도로 이해된다.

그럼에도 불구하고 현행 헌법재판소법에 따르면 원칙적으로 **법원의 재판은 헌법소원의 대상에서 제외**되고 있다(동법 제68조 제1항). 따라서 어떠한 이론구성에 따르더라도 현행법체계에서는 기본권의 대사인적 효력이 실제적 의미를 발휘할 수 없을 것으로 보인다. 같은 맥락에서 법원의 재판을 헌법소원의 대상에서 제외한 헌법재판소법이 위헌이라는 주장도 제기될 수 있다. 법관의 기본권존중의무는 자발적 이행을 전제하는 윤리적 의무가 아니라 법적 의무로서 자발적으로 이행되지 않았을 때 법적으로 관철될 필요가 있다. 결국 기본권의 효력 가운데 중요한 한 축인 대사인적 효력을 실제적으로 작동시키기 위해서라도 **재판에 대한 헌법소원의 제도화**를 적극적으로 검토하는 것이 바람직하다.

제 5 장 기본권의 침해와 구제

제 1 절 개 관

I. 제한과 침해

기본권에 대한 제약행위, 즉 기본권의 보호법익에 해당하는 보호영역의 범위를 축소시키는 행위는 제한규범에 근거하는 경우에 일단 잠정적으로 정당화된다. 그리고 기본권제한에서 요청되는 일반적 원칙(비례성원칙 또는/그리고 본질내용침해금지원칙)에 따른 심사를 거쳐 정당화되면 **정당한 제약, 즉 제한**으로서 확정적으로 허용되고, 정당화되지 못하면 **부당한 제약, 즉 침해**로서 확정적으로 금지된다. 따라서 정당한(합헌적) 제한과 부당한(위헌적) 침해는 구체적인 사안과 관련된 정당화과정이 없이는 확정될 수 없다. 그러므로 구체적인 사안과 관련된 정당화과정 이전에는 보호법익과 대립되는 개념으로서 '제약'이라는 중립적 개념이 사용되어야 한다.[1)]

II. 제한과 침해에 관한 논증절차로서 헌법재판

기본권에 대한 보장은 기본권에 대한 제약행위가 제한규범에 근거하는지, 그리고 정당한 제한에 해당하는지, 아니면 부당한 침해에 해당하는지를 확인할 수 있는 절차의 보장을 통해서 강화된다. 이러한 절차의 보장은 우선적으로 **헌법재판제도**에 의해서 구체화된다. 따라서 헌법재판은 헌법적 권리인 기본권에 대한 제약행위가 제한규범에 근거하는지, 그리고 정당한 제한인지 아니면 부당한 침해인지를 합리적으로 논증하는 절차로 이해된다. 이로써 기본권침해에 관한 기본적이고 원칙적인 구제절차는 헌법재판이라고 할 수 있다.

III. 제약행위의 다양성과 구제수단의 다원화

기본권은 대국가적 효력과 대사인적 효력을 가지기 때문에 국가에 의해서 제약될 수 있을 뿐만 아니라 사인에 의해서도 제약될 수 있다. 또한 **국가에 의한 제약**은 ① 입법권에 의한 제약, ② 집행권에 의한 제약, ③ 사법권에 의한 제약으로 구분될 수 있다. 우선 입법권에 의한 제약은 원칙적으로 위헌법률심판절차를 통해서 헌법재판소에 의해 심사를 받는다. 그리고 집행권에 의한 제약은 집행부 내부에서, 또는 행정소송절차에 따

1) 제약, 제한, 침해의 개념에 대해서는 제2편 제1부 제2장 제2절 II. 2. 참조.

라 법원에 의해서 심사를 받기도 하고, 경우에 따라서 헌법소원심판절차를 통해서 헌법재판소에 의해서 심사를 받을 수 있다. 행정입법의 경우에는 위헌법령심판절차에 따라 법원에 의해 또는 헌법소원심판절차에 따라 헌법재판소에 의해 심사를 받게 된다. 마지막으로 사법권에 의한 제약은 사법부 내부의 심급절차를 통해서, 또는 헌법소원절차에 따라 헌법재판소에 의해서 심사를 받을 수 있다. 한편 **사인에 의한 제약**은 보호권이론과 기본권의 대사인적 효력에 관한 이론에 따라 해결될 수 있다. 이처럼 기본권에 대한 제약 및 침해행위가 다양하기 때문에 그에 대한 구제수단도 다원화될 수밖에 없다. 이를 정리하면 다음과 같다.

<table>
<tr><th>기본권침해유형</th><th>구제제도</th><th>구제기관</th><th>유의사항</th></tr>
<tr><td rowspan="2">입법작용</td><td>위헌법률심판</td><td rowspan="2">헌법재판소</td><td>구체적 규범통제와
추상적 규범통제의 구분</td></tr>
<tr><td>헌법소원</td><td>권리구제형 헌법소원과 위헌심사형
헌법소원의 구분</td></tr>
<tr><td rowspan="3">집행작용</td><td>행정심판</td><td>행정기관</td><td rowspan="2"></td></tr>
<tr><td>행정소송</td><td>법원</td></tr>
<tr><td>헌법소원</td><td>헌법재판소</td><td>예외적으로만 인정</td></tr>
<tr><td rowspan="2">행정입법작용</td><td>위헌법령심판</td><td>법원</td><td rowspan="2">명령 · 규칙통제권을 둘러싼
대법원과 헌법재판소의 갈등</td></tr>
<tr><td>헌법소원</td><td>헌법재판소</td></tr>
<tr><td rowspan="2">사법작용</td><td>심급제도</td><td>상급법원</td><td></td></tr>
<tr><td>헌법소원</td><td>헌법재판소</td><td>예외적으로만 인정</td></tr>
<tr><td rowspan="2">사인의 행위</td><td>입법(보호권)</td><td>국회</td><td>형사입법 및 민사불법행위입법</td></tr>
<tr><td>재판(대사인적 효력)</td><td>법원</td><td>재판소원의 배제로 무의미</td></tr>
</table>

제2절 입법권에 의한 침해와 구제

입법자는 입법작용을 통해 기본권을 제약할 수 있다. 입법자가 수행한 입법작용의 결과는 법률이나 행정입법 등이기 때문에 입법자에 의한 기본권침해는 **법률이나 행정입법 등에 의한 기본권침해**를 의미한다. 다만 여기서는 국회가 제정하는 법률을 중심으로 좁은 의미의 입법에 의한 기본권침해를 설명하기로 한다.

Ⅰ. 규범통제

규범통제는 입법자의 입법작용의 결과인 법률이 기본권을 침해하는 경우에 이를 통제하는 제도로서 **위헌법률심판제도**라고도 한다. 이러한 규범통제는 ① **추상적 규범통제**와 ② **구체적 규범통제**로 구분된다. 양자의 차이는 법규범의 위헌 여부가 '구체적인 사건성'

을 전제로 문제되는지 여부에 있다. 구체적인 사건성을 전제로 하지 않는 추상적 규범통제는 기본권침해에 대한 '사전예방적인' 구제수단인 것과 비교하여 구체적인 사건성을 전제로 하는 구체적 규범통제는 기본권침해에 대한 '사후구제적인' 수단이라는 특성을 가진다. 여기서 구체적인 사건성은 문제가 된 법규범이 공포·시행되어서 기본권을 침해하거나 헌법에 위반되는지 여부에 대해서 구체적인 분쟁이 발생한 상태를 말한다.

우리 헌법은 구체적 규범통제만을 인정하고 있다. 즉 법률이 헌법에 위반되는지 여부가 '재판의 전제가 된 경우'에 법원은 헌법재판소에 제청하여 그 심판에 의하여 재판한다(제107조 제1항). 따라서 법률이 헌법에 위반되는지 여부가 재판의 전제가 된 경우에만 재판의 당사자는 법률의 위헌 여부에 대한 심판의 제청을 법원에 신청할 수 있다. 그리고 법원은 당사자의 제청신청을 심사하여 헌법재판소에 대한 제청 여부를 결정한다.

Ⅱ. 헌법소원

1. 권리구제형 헌법소원과 위헌심사형 헌법소원

헌법소원이란 공권력의 행사 또는 불행사로 인하여 기본권을 침해받은 국민이 구제받을 수 있는 절차를 말한다.[2] 따라서 공권력작용의 하나인 입법작용에 의해서 기본권을 침해받은 국민은 헌법소원을 통해서 구제를 받을 수 있다. 또한 입법작용에 의해서 기본권을 침해받은 국민은 앞에서 설명한 규범통제절차에 따라 구체적인 재판의 전제로서 법률의 위헌 여부가 문제되었을 때 법원에 법률의 위헌여부심판제청을 신청하고, 법원이 이를 기각한 경우에 헌법재판소에 직접 헌법소원의 방식으로 법률의 위헌 여부를 다툴 수 있다. 첫 번째 방식의 헌법소원을 본래적 의미의 헌법소원으로서 ① **권리구제형 헌법소원**(헌재법 제68조 제1항)이라 부르고, 두 번째 방식의 헌법소원을 ② **위헌심사형 헌법소원**(동법 동조 제2항)이라 부른다. 두 가지 모두 법률의 위헌 여부가 문제되지만 전자의 경우에는 구체적인 재판이 전제되지 않아도 법규범에 대한 위헌심사가 시작되는 반면에 후자의 경우에는 구체적인 재판의 전제가 되어야 법규범에 대한 위헌심사가 개시된다는 점에서 차이가 있다.

2. 입법부작위에 대한 헌법소원

공권력의 '행사'로서의 입법작용에 의한 기본권침해뿐만 아니라 공권력의 '불행사'로서의 입법작용, 즉 입법부작위에 의한 기본권침해에 대해서도 헌법소원을 통해 구제받을 수 있다.[3] 입법부작위는 진정입법부작위와 부진정입법부작위로 구분된다. ① **진정입법부작위**는 입법의무가 있음에도 불구하고 전혀 입법을 하지 않은 경우를 말하고, ② **부진정입법부작위**는 입법의무에 따라 입법을 했음에도 불구하고 불완전하거나 불충분한

2) 헌법소원제도에 대해서는 제4편 제4장 참조.

3) 입법부작위에 대한 헌법소원에 대해서는 제4편 제4장 제3절 Ⅱ. 1. 참조.

입법을 한 경우를 말한다.

공권력의 불행사로 인한(소극적인) 헌법소원의 대상이 되는 입법부작위는 진정입법부작위만을 의미한다. 부진정입법부작위의 경우에는 비록 불완전하거나 불충분한 입법이기는 하지만 적어도 입법의무의 이행은 존재하기 때문에 그러한 불완전하거나 불충분한 입법을 대상으로 하는 적극적인 헌법소원, 즉 공권력의 행사로서의 입법작용에 대한 헌법소원을 청구해야 한다. 결국 진정입법부작위나 부진정입법부작위는 모두 헌법소원의 대상이 될 수 있지만 전자의 경우에는 '공권력의 불행사'로 인한 헌법소원을 청구할 수 있고, 후자의 경우에는 '공권력의 행사'로 인한 헌법소원을 청구할 수 있다는 점에서 차이가 있다. 또한 진정입법부작위에 대한 헌법소원의 경우에는 기본권침해가 계속되고 있는 상태이기 때문에 청구기간의 준수가 적용되지 않는다는 특성을 지닌다.

Ⅲ. 입법청원과 대통령의 법률안거부권

국민은 청원권(제26조 제1항)에 근거하여 기본권을 침해하거나 침해할 우려가 있는 법률에 대해서 폐지나 개정을 청원할 수 있다. 또한 국회가 입법의무가 있음에도 불구하고 입법을 전혀 하지 않거나 입법을 했음에도 불구하고 불완전하고 불충분한 입법을 한 경우에 국민은 법률의 제정 또는 개정을 청원할 수 있다. 그러나 입법청원은 기본권침해를 구제하려는 **국회의 적극적 의지와 실천**이 없는 경우에는 실효성이 없는 구제수단이 될 가능성이 크다.

대통령은 기본권을 침해하거나 침해할 우려가 있는 법률안에 대해서 거부권(제53조 제2항)을 행사할 수 있다.[4] 하지만 이러한 구제수단도 국민의 권리로서 보장된 것이 아니라 **대통령의 권한**으로서 규정되어 있다. 따라서 법률안거부권도 입법청원권과 마찬가지로 기본권보장에 대한 **대통령의 적극적 의지와 실천**이 없는 경우에는 한계가 있을 수 밖에 없다.

제3절 집행권에 의한 침해와 구제

Ⅰ. 집행부에 의한 구제

집행권에 의한 기본권의 침해는 우선 집행부 자체에 의해서 구제받을 수 있는데 대표적으로 ① 행정심판제도와 ② 국가배상제도, 그리고 ③ 형사보상제도를 들 수 있다.

1. 행정심판제도

헌법은 재판의 전심절차로서 행정심판을 규정하고 있다(제107조 제3항). 이에 따르

4) 대통령의 거부권에 대해서는 제3편 제3장 제1절 Ⅲ. 5. (1) 2) 참조.

면 재판의 전심절차로서 행정심판을 할 수 있고, 행정심판의 절차는 법률로 정하되, 사법절차가 준용되어야 한다. 이러한 헌법의 규정을 구체화하고 있는 **행정심판법**에는 행정심판의 목적이 잘 나타나 있다. 즉 행정심판절차는 행정청의 **위법 또는 부당한 처분 그 밖의 공권력의 행사·불행사** 등으로 인한 국민의 권리 또는 이익의 침해를 구제하고, 아울러 행정의 적정한 운영을 기하는 데 목적이 있다(동법 제1조). 이처럼 행정심판은 집행작용에 의한 기본권침해를 구제하는 수단이다. 다만 이러한 행정심판은 '필수적' 전심절차가 아니라 '임의적' 전심절차라는 점에 주의해야 한다. 또한 행정심판은 행정작용의 부당성도 다툴 수 있다는 점에서 단지 위법성만을 다툴 수 있는 행정소송과 구별된다.

2. 국가배상제도

헌법은 국민의 기본권침해에 대한 구제수단으로서 국가배상제도를 규정하고 있다(제29조 제1항). 이에 따르면 공무원의 직무상 불법행위로 손해를 받은 국민은 법률이 정하는 바에 의하여 국가 또는 공공단체에 정당한 배상을 청구할 수 있고, 이 경우 공무원 자신의 책임은 면제되지 않는다. 국가배상제도는 **국가배상법**에서 구체화되는데 자세한 내용은 국가배상청구권에서 설명하기로 한다.[5)]

3. 형사보상제도

헌법은 국민의 기본권침해에 대한 구제수단으로서 형사보상제도를 규정하고 있다(제28조). 이에 따르면 형사피의자 또는 형사피고인으로서 구금되었던 자가 법률이 정하는 불기소처분을 받거나 무죄판결을 받은 때에는 법률이 정하는 바에 의하여 국가에 정당한 보상을 청구할 수 있다. **형사보상법**에서 구체화되는 형사보상제도에 관한 자세한 내용은 형사보상청구권에서 설명하기로 한다.[6)]

Ⅱ. 법원에 의한 구제

집행부에 의한 기본권의 침해는 또한 법원에 의해서도 구제받을 수 있는데 행정소송제도와 명령·규칙심사제도가 그것이다.

1. 행정소송제도

헌법은 행정소송제도를 규정하고 있다(제107조 제2항). 이에 따르면 행정청의 처분이 헌법이나 법률에 위반되는지 여부가 재판의 전제가 된 경우에는 대법원은 이를 최종적으로 심사할 권한을 가진다. 따라서 기본권을 침해하는 행정작용(처분)에 대해서는 행정소송제도를 통하여 구제받을 수 있다.

5) 제2편 제2부 제9장 제5절 참조.
6) 제2편 제2부 제9장 제4절 참조.

2. 명령 · 규칙심사제도

행정소송제도와 함께 헌법은 행정입법인 명령 · 규칙에 대한 심사제도를 규정하고 있다(제107조 제2항). 이에 따르면 행정청의 **명령 · 규칙**이 헌법이나 법률에 위반되는지 여부가 '재판의 전제가 된 경우'에 대법원은 이를 최종적으로 심사할 권한을 가진다. 재판의 전제가 된 경우에만 인정되기 때문에 행정입법에 대한 '구체적 규범통제'로 이해된다. 이러한 규범통제절차를 통하여 국민은 행정입법에 의하여 침해된 기본권을 구제받을 수 있다.

Ⅲ. 헌법재판소에 의한 구제

1. 헌법소원제도

원칙적으로 행정작용은 행정소송의 대상이기 때문에 행정작용에 의한 기본권침해는 행정소송의 방법으로 구제를 받을 수 있다. 하지만 행정소송의 대상이 되지 않는 행정상의 처분, 예를 들어 검사의 불기소처분이나 원행정처분과 같은 경우처럼 예외적으로 행정권에 대한 헌법소원이 인정되는 경우가 있기 때문에 헌법소원의 방식으로도 행정권에 의한 기본권침해를 구제받을 수 있다.[7)]

2. 규범통제: 명령 · 규칙에 대한 위헌심사

행정입법인 명령 · 규칙에 대한 심사권은 원칙적으로 대법원에 있다. 따라서 명령 · 규칙이 헌법이나 법률에 위반되는지 여부에 대해서는 구체적인 재판을 전제로 대법원에서 최종적으로 심사할 수 있다. 그러나 명령 · 규칙이 헌법이나 법률에 위반되는지 여부에 대해서는 구체적인 재판을 전제로 하지 않는다면 헌법소원의 방식으로 심사할 수 있다. 헌법재판소도 명령과 규칙이 헌법이 보장하는 기본권을 직접적으로 침해하는 경우에는 심사할 수 있다는 것이 헌법재판소의 일관된 입장이다.[8)] 한편 대법원은 명령 · 규칙 심사권은 대법원의 전속적인 권한에 속하므로 헌법재판소가 명령 · 규칙에 대한 위헌심사를 하는 것은 권력분립원칙에 위반된다고 한다.

개인적 견해로는 ① 대법원의 최종적 심사권은 사법부내에서의 최종적 심사권으로 해석된다는 점, ② 대법원의 최종적 심사권은 재판을 전제로 하는 규범통제에 한정되어 있기 때문에 재판을 전제로 하지 않는 규범통제를 의미하는 법령에 대한 헌법소원은 헌법재판소의 권한이 된다는 점, ③ 기본권침해로부터 구제받는 절차로서 헌법소원의 대상에는 당연히 행정입법도 포함된다는 점에서 헌법재판소는 명령 · 규칙에 대한 위헌심사권을 갖는다고 해석된다. 따라서 행정입법인 명령 · 규칙에 의하여 기본권을 침해받은 국민은 헌법소원의 방식으로 구제를 받을 수 있다. 다만 명령 · 규칙에 대한 구체적 규

---

7) 행정작용에 대한 헌법소원에 대해서 자세한 내용은 제4편 제4장 제3절 Ⅰ. 2. 참조.

8) 명령·규칙에 대한 헌법소원에 대해서 자세한 내용은 제4편 제4장 제3절 Ⅰ. 1. (2) 참조.

범통제의 권한은 대법원이 가지고 있기 때문에 명령 · 규칙에 대한 규범통제의 권한을 둘러싸고 헌법재판소와 대법원이 갈등을 일으킬 소지를 남기고 있다고 볼 수 있다.

제 4 절 사법권에 의한 침해와 구제

사법권은 ① 위헌적인 법률을 적용하거나 ② 법률의 해석 · 적용이나 사실판단에 있어서 잘못이 있는 재판을 하거나 ③ 재판을 지연함으로써 국민의 기본권을 침해할 수 있다.

Ⅰ. 심급제도

법률의 해석이나 적용 또는 사실판단에 잘못이 있어서 사법권이 기본권을 침해한 경우에는 우선적으로 상급법원에 상소 · 재심청구 · 비상상고 등을 함으로써 구제받을 수 있다.

[판례] 법관의 재판에 대한 국가배상책임이 인정되는 경우

① 법관의 재판에 법령의 규정을 따르지 아니한 잘못이 있다 하더라도 이로써 바로 그 재판상 직무행위가 국가배상법 제2조 제1항에서 말하는 위법한 행위로 되어 국가의 손해배상책임이 발생하는 것은 아니고, 그 국가배상책임이 인정되려면 당해 법관이 위법 또는 부당한 목적을 가지고 재판을 하였다거나 법이 법관의 직무수행상 준수할 것을 요구하고 있는 기준을 현저하게 위반하는 등 법관이 그에게 부여된 **권한의 취지에 명백히 어긋나게 이를 행사**하였다고 인정할 만한 특별한 사정이 있어야 한다. ② 재판에 대하여 따로 불복절차 또는 시정절차가 마련되어 있는 경우에는 재판의 결과로 불이익 내지 손해를 입었다고 여기는 사람은 그 절차에 따라 자신의 권리 내지 이익을 회복하도록 함이 법이 예정하는 바이므로, 불복에 의한 시정을 구할 수 없었던 것 자체가 법관이나 다른 공무원의 귀책사유로 인한 것이라거나 그와 같은 시정을 구할 수 없었던 부득이한 사정이 있었다는 등의 특별한 사정이 없는 한, 스스로 그와 같은 시정을 구하지 아니한 결과 권리 내지 이익을 회복하지 못한 사람은 원칙적으로 국가배상에 의한 권리구제를 받을 수 없다고 봄이 상당하다고 하겠으나, **재판에 대하여 불복절차 내지 시정절차 자체가 없는 경우**에는 부당한 재판으로 인하여 불이익 내지 손해를 입은 사람은 국가배상 이외의 방법으로는 자신의 권리 내지 이익을 회복할 방법이 없으므로, 이와 같은 경우에는 배상책임의 요건이 충족되는 한 국가배상책임을 인정하지 않을 수 없다. ③ 헌법재판소 재판관이 청구기간 내에 제기된 헌법소원심판청구 사건에서 **청구기간을 오인하여 각하결정을 한 경우**, 이에 대한 불복절차 내지 시정절차가 없는 때에는 국가배상책임(위법성)을 인정할 수 있다. ④ 헌법소원심판을 청구한 자로서는 헌법재판소 재판관이 일자 계산을 정확하게 하여 본안판단을 할 것으로 기대하는 것이 당연하고, 따라서 헌법재판소 재판관의 위법한 직무집행의 결과 잘못된 각하결정을 함으로써 청구인으로 하여금 본안판단을 받을 기회를 상실하게 한 이상, 설령 본안판단을 하였더라도 어차피 청구가 기각되었을 것이라는 사정이 있다고 하더라도 잘못된 판단으로 인하여 헌법소원심판 청구인의 위와 같은 합리적인 기대를 침해한 것이고 이러한 기대는 인격적 이익으로서 보호할 가치가 있다고 할 것이므로 그 침해로 인한 정신상 고통에 대하여는 위자료를 지급할 의무가 있다(대판 2003. 7. 11. 99다24218).

Ⅱ. 헌법소원

위헌적인 법률을 적용하거나 재판을 지연함으로써 사법권이 기본권을 침해한 경우에는 헌법소원의 방식으로 구제받을 수 있다. 그러나 현행법에 따르면 원칙적으로 법원의 재판은 헌법소원의 대상에서 제외된다(헌재법 제68조 제1항). 다만 예외적으로 헌법재판소가 위헌으로 선언한 법률을 적용한 재판에 대해서는 판례에 의하여 헌법소원의 대상으로 인정되고 있다.[9] 한편 재판의 지연으로 인한 기본권침해에 대해서는 헌법소원의 대상이 된다고 보는 것이 타당하다. 왜냐하면 ① 헌법소원의 대상이 되지 않는 사법작용을 단순히 "재판"이라고 규정하고 있기 때문에 사법부작위에 해당하는 재판의 지연이 포함되는지가 불분명하다는 점, ② 원칙적으로 재판은 헌법소원의 대상이 되어야 하고 헌법소원의 본질적 기능은 재판에 의한 기본권침해의 구제에 있는 데도 불구하고 재판이 헌법소원의 대상에서 제외되고 있는 현재의 불합리성을 부분적으로나마 제거할 수 있다는 점 때문이다.

Ⅲ. 사 면 권

대통령의 권한인 사면권(제79조)을 통해서도 사법권에 의한 기본권침해를 구제받을 수 있다. 하지만 사면권은 대통령의 권한에 속하기 때문에 기본권구제를 위한 효과적인 수단이 될 수 있을지에 대해서는 의문이 든다.

제 5 절 사인에 의한 침해와 구제

Ⅰ. 입법부에 의한 구제

사인에 의한 기본권침해의 경우에는 원칙적으로 입법자가 제정한 법률에 의해서 구제를 받을 수 있다. 왜냐하면 사인에 의한 기본권침해의 구제절차는 기본권보호의 입법에 관한 주관적 권리와 객관적 의무를 통해서 구체화되기 때문이다. 즉 국민은 자신의 기본권에 대한 제3자의 침해로부터 보호받을 수 있는 법률의 제정을 국가에 대해서 요구할 수 있고, 국가는 그러한 법률을 제정할 의무를 부담하기 때문이다. 따라서 사인에 의한 기본권침해의 경우에는 국가의 기본권침해가 동시에 문제될 수 있다. 사인의 기본권침해로부터 국민을 보호해야 할 국가의 입법의무를 이행하지 않은 경우에는 국가도 책임을 면할 수 없기 때문이다. 기본권보호에 관한 입법은 대체로 기본권침해에 관한 형사불법과 제재(형벌)를 규정하는 형사법의 제정이고, 경우에 따라서는 민사불법과 제재(손해배상)를 규정하는 민사법의 제정일 수도 있다. 따라서 사인에 의한 기본권침해의 구

9) 이에 관한 자세한 설명은 제4편 제4장 제3절 Ⅰ. 3. 참조.

제방법은 ① 형사상 제재와 구제 및 ② 민사상 제재와 구제의 두 가지로 구분된다. 기본권보호 입법에 관한 권리와 의무는 형사입법과 관련되기 때문에 민사적 제재와 구제를 위해서는 불법행위로 인한 손해배상청구권을 기본권으로 구성해야 할 필요성도 있다.

Ⅱ. 사법부에 의한 구제

한편 사인에 의한 기본권침해에 대해서는 기본권의 대사인적 효력 또는 제3자효를 통해서도 구제받을 수 있다.[10] 즉 사법을 적용하는 법관의 기본권존중의무를 매개로 사인간의 분쟁을 해결하는 재판을 통해 제3자에 의한 기본권침해로부터 구제받을 수 있다. 이 경우에는 법원의 기본권존중의무가 핵심이 되기 때문에 재판에 대한 헌법소원을 인정하는 경우에만 실효성 있는 보호를 받게 된다.

제 6 절 국가인권위원회에 의한 구제

Ⅰ. 국가인권위원회의 설치목적과 구성

기본적 인권의 보호와 향상을 목적으로 국가인권위원회(이하 '인권위'로 약칭)가 설치되어 있다(인권위법 제1조). 따라서 인권위는 기본권침해의 구제를 위한 중요한 기관으로 자리 잡게 되었다. 인권위는 위원장 1인과 3인의 상임위원을 포함한 11인의 인권위원으로 구성된다(동법 제5조 제1항). 인권위원은 국회가 선출하는 4인(상임위원 2인을 포함), 대통령이 지명하는 4인, 대법원장이 지명하는 3인을 대통령이 임명하되(동법 동조 제2항), 위원 중 특정한 성별이 60퍼센트를 초과할 수 없기 때문에 일정한 숫자는 반드시 여성으로 임명해야 한다(동조 제7항). 위원장은 위원 중에서 대통령이 임명한다(동법 동조 제5항).

[판례] 국가인권위원회 인권위원의 공직취임제한

국가인권위원회의 인권위원은 퇴직 후 2년간 교육공무원이 아닌 공무원으로 임명되거나 공직선거법에 의한 선거에 출마할 수 없도록 규정한 국가인권위원회법 제11조는 위원의 직무상의 공정성과 염결성을 확보하기 위한 입법목적을 가진 것이지만 그 효과와 입법목적 사이의 연관성이 객관적으로 명확하지 아니하여 국민생활에 기초가 되는 중요한 기본권인 참정권과 직업선택의 자유를 제한함에 있어서 갖추어야 할 **수단의 적합성이 결여되었고**, 위 기본권 제한으로 인한 **피해가 최소화되지 못하였으며**, 동 피해가 중대한 데 반하여 이 사건 법률조항을 통하여 달성하려는 공익적 효과는 상당히 불확실한 것으로서 **과잉금지의 원칙에 위배된다**. 유독 국가인권위원회 위원에 대해서만 퇴직한 뒤 일정기간 공직에 임명되거나 선거에 출마할 수 없도록 제한한 것은 아무런 합리적 근거 없이 동 위원이었던 자만을 차별하는 것으로서 **평등의 원칙에도 위배된다**(2004. 1. 29. 2002헌마788).

---

10) 제4장 제3절 참조.

인권위는 국민의 기본적 인권을 보호한다는 포괄적 목적을 위하여 설치되었지만 이미 앞에서 설명한 바와 같이 기본권침해에 대한 구제를 위하여 다른 여러 가지 제도들이 마련되어 있기 때문에 그 기능은 한정될 수밖에 없다. 더욱이 국가기관 상호간의 합리적 권한분배라는 헌법적 요청에 따를 때 인권위의 권한은 제한될 수밖에 없다. 여기서 인권위의 권한은 사인에 의한 기본권침해, 특히 평등권침해를 의미하는 **차별행위를 시정하는 기구**로서의 역할이 중심이 되어야 할 것으로 보인다. 왜냐하면 앞에서 언급한 바와 같이[11] 기본권의 대사인적 효력이 실제적으로 작동하기 위하여 필수적으로 요구되는 제도인 재판에 대한 헌법소원제도가 배제된 현행법체계에서 사인에 의한 기본권침해, 특히 평등권침해로부터 구제받을 수 있는 효과적인 제도가 필요하기 때문이다. 현재 인권위는 남녀차별시정의 업무까지 포함하여 차별시정에 관한 포괄적 권한을 가지고 있다.

Ⅱ. 국가인권위원회의 업무와 권한

1. 업 무

인권위는 다음과 같은 업무를 수행한다(인권위법 제19조): ① 인권에 관한 법령(입법과정중에 있는 법령안을 포함한다)·제도·정책·관행의 조사와 연구 및 그 개선이 필요한 사항에 관한 권고 또는 의견의 표명, ② 인권침해행위에 대한 조사와 구제, ③ 차별행위에 대한 조사와 구제, ④ 인권상황에 대한 실태조사, ⑤ 인권에 관한 교육 및 홍보, ⑥ 인권침해의 유형·판단기준 및 그 예방조치 등에 관한 지침의 제시 및 권고, ⑦ 국제인권조약 가입 및 그 조약의 이행에 관한 연구와 권고 또는 의견의 표명, ⑧ 인권의 옹호와 신장을 위하여 활동하는 단체 및 개인과의 협력, ⑨ 인권과 관련된 국제기구 및 외국의 인권기구와의 교류·협력, ⑩ 그 밖에 인권의 보장과 향상을 위하여 필요하다고 인정하는 사항. 이 가운데 기본권침해를 구제하는 기관으로서 인권위가 수행하는 가장 중요한 업무는 인권 관련 법령·제도·정책·관행에 대한 개선·시정권고와 의견표명 및 **인권침해행위와 차별행위에 대한 조사와 구제**다.

2. 조사의 대상과 방법

인권위가 조사할 수 있는 대상 또는 이러한 조사를 요구할 수 있는 **진정인**과 관련하여 ① 국가기관, 지방자치단체, 「초·중등교육법」 제2조, 「고등교육법」 제2조와 그 밖의 다른 법률에 따라 설치된 각급 학교, 「공직자윤리법」 제3조의2 제1항에 따른 공직유관단체 또는 구금·보호시설의 업무 수행(국회의 입법 및 법원·헌법재판소의 재판은 제외한다)과 관련하여 헌법 제10조에서 제22조에 보장된 인권을 침해당하거나 차별행위를 당한 경우, ② 법인, 단체 또는 사인(私人)에 의하여 평등권침해의 차별행위를 당한 경우에 인권침해나 차별행위를 당한 피해자 또는 그 사실을 알고 있는 사람이나 단체는 위원회에 그 내

---

11) 제2편 제1부 제4장 제3절 Ⅳ. 3. 참조.

용을 **진정**할 수 있다(인권위법 제30조 제1항). 한편 인권위는 진정이 없는 경우에도 인권침해나 차별행위가 있다고 믿을 만한 상당한 근거가 있고 그 내용이 중대하다고 인정할 때에는 이를 **직권으로 조사**할 수 있다(동법 동조 제3항). 인권침해나 차별행위를 당한 피해자 이외에 인권위가 직권으로 조사할 수 있다는 점, 피해자 이외에 인권침해나 차별행위의 사실을 알고 있는 사람이나 단체도 진정인이 될 수 있다는 점이 특징이다.

[판례] 법원의 재판을 국가인권위원회의 진정대상에서 제외

국가인권위원회는 제대로 운영되고 있는 기존의 국가기관들과 경합하는 것이 아니라 보충하는 방법으로 설립되고 운영되는 것이 바람직하며, 법원의 재판을 포함하여 모든 인권침해에 관한 진정을 빠짐없이 국가인권위원회의 조사대상으로 삼아야만 국가인권기구의 본질에 부합하는 것은 아니다. 입법례를 살피더라도 국가인권기구가 각 나라의 실정에 따라 진정대상을 제한하는 것이 보편적이다. 구두심리절차와 엄격한 증거방법을 모두 채택하기 어려운 국가인권위원회가 법원의 재판의 당부를 판단하는 것도 곤란한 측면이 있으며, 국가인권위원회가 법원의 재판을 진정대상으로 삼는다면, 분쟁 또는 인권침해의 해결과정이 무한정 반복되고 지연될 가능성마저 있게 된다. 또한 국가인권위원회는 인권의 보호와 향상을 위하여 필요하다고 인정하는 경우에는 법원에 대하여 정책과 관행의 개선 또는 시정을 권고하거나 의견을 표명할 수 있고, 법원의 담당재판부에 사실상 또는 법률상의 사항에 관하여 의견을 제출할 수 있다. 이러한 사정을 종합하면 입법자가 법원의 재판을 국가인권위원회의 조사대상에 포함시키지 않은 것이 국민의 기본적 인권보장을 다하지 못한 것이라고 단언할 수는 없다. 법원의 재판도 국민의 기본권을 침해할 가능성이 없지 아니하나, 기본권침해에 대한 보호의무를 담당하는 법원에 의한 기본권침해의 가능성은 입법기관인 국회나 집행기관인 행정부에 의한 경우보다 상대적으로 적고, 상급심법원이 하급심법원이 한 재판이 기본권을 침해하는지 여부에 관하여 다시 심사할 기회가 있다는 점에서 다른 기관에 의한 기본권침해의 경우와는 본질적인 차이가 있어 차별을 정당화하므로, 평등의 원칙에 위반된 것이라고 할 수 없다(2004. 8. 26. 2002헌마302).

[판례] 국가인권위원회의 진정대상에서 헌법 제23조 이하의 기본권 제외

입법자들은 국가인권위원회법을 제정하면서 제30조 제1항 제1호에서 피청구인에게 진정할 수 있는 인권침해를 국가기관, 지방자치단체 또는 구금·보호시설의 업무수행(국회의 입법 및 법원·헌법재판소의 재판을 제외한다)과 관련하여 헌법 제10조 내지 제22조에 정한 자유권적 기본권을 침해당한 경우로 한정하여 규정하였다. 그리고 헌법 제10조에 보장된 인권과 제11조 이하에 보장된 인권은 일반과 특별의 관계라고 할 수 있는바, 국가인권위원회법 제30조 제1항 제1호가 헌법 제10조에 보장된 인권의 침해를 조사대상으로 하고 있다고 하더라도 헌법 제11조부터 헌법 제22조까지에 보장된 인권의 침해는 조사대상으로 규정하고 있는 반면 헌법 제23조 이하에 보장된 인권의 침해를 조사대상에서 배제하고 있는 이상 후자의 경우가 피청구인의 조사대상에 포함된다고 보기 어렵다. 또, 국가인권위원회법 제30조 제1항 제1호는 '헌법 제10조 내지 제22조에 보장된 인권'이라고 열거식의 표현을 사용하고 있고, 위 조문에서 정하고 있는 조사대상이 헌법 제23조 이하에 보장된 인권을 포함한 모든 인권이 침해당한 경우라고 해석한다면 위 조문 중 '헌법 제10조 내지 제22조에 보장된' 부분은 무의미하거나 오히려 혼란을 초래하는 유해한 것이 된다. 따라서 청원권 침해는 피청구인의 조사대상에 해당하지 아니한다고 할 것인바, 피청구인의 진정사건 각하결정은 청구인의 인간으로서의 존엄과 가치 및 행복추구권을 침해한다고 볼 수 없다(2011. 3. 31. 2010헌마13.).

인권위는 ① 진정인 · 피해자 · 피진정인 또는 관계인에 대한 출석요구 및 진술청취 또는 진술서 제출요구, ② 당사자, 관계인 또는 관계기관 등에 대하여 조사사항과 관련이 있다고 인정되는 자료 등의 제출요구, ③ 조사사항과 관련이 있다고 인정되는 장소, 시설, 자료 등에 대한 현지조사 또는 감정, ④ 당사자, 관계인, 관계기관 등에 대하여 조사사항과 관련이 있다고 인정되는 사실 또는 정보에 대한 조회 등의 방법으로 진정에 관하여 조사할 수 있다(동법 제36조 제1항). 조사를 위하여 필요하면 인권위원 또는 소속직원 등으로 하여금 일정한 장소 또는 시설을 방문하여 장소, 시설 또는 자료 등에 대하여 현지조사 또는 감정을 하게 할 수 있고, 이 경우 그 장소 또는 시설에 당사자나 관계인의 출석을 요구하여 진술을 들을 수 있다(동법 동조 제2항). 한편 인권위의 조사는 국가기관의 기능수행에 지장을 초래하지 않도록 유의하여야 하는 한계가 있다(동법 제35조 제1항). 또한 인권위의 조사는 개인의 사생활을 침해하거나 계속중인 재판 또는 수사중인 사건의 소추에 부당하게 관여할 목적으로 행해질 수 없다는 한계도 있다(동법 동조 제2항).

3. 결 정

(1) 기 각

인권위는 진정을 조사한 결과 ① 진정내용이 사실이 아님이 명백하거나 사실이라고 인정할 만한 객관적인 증거가 없는 경우, ② 조사결과 인권침해나 차별행위에 해당하지 않는 경우, ③ 이미 피해회복이 이루어지는 등으로 별도의 구제조치가 필요하지 않다고 인정하는 경우에 해당할 때에는 그 진정을 기각한다(인권위법 제39조 제1항). 국가인권위원회의 기각결정에 대하여 다툼이 있는 경우에 법원을 거치지 않으면 보충성 요건을 충족하지 못하여 평등권 침해 등을 이유로 헌법재판소에 헌법소원을 청구할 수 없다. 각하결정이 있는 경우에도 마찬가지다.[12)]

(2) 합의의 권고

인권위는 조사중이거나 조사가 끝난 진정에 대하여 사건의 공정한 해결을 위하여 필요한 구제조치를 당사자에게 제시하고 **합의를 권고**할 수 있다(동법 제40조).

(3) 조 정

조정의 신속하고 공정한 처리를 위하여 인권위에 성 · 장애 등의 분야별로 조정위원회를 둘 수 있다(동법 제41조 제1항). 조정위원회는 인권침해나 차별행위와 관련하여 당사자의 신청이나 위원회의 직권으로 조정위원회에 회부된 진정에 대하여 조정절차를 시작할 수 있다(동법 제42조 제1항). 또한 조정위원회는 조정절차 중에 당사자 사이에 합의가

12) 헌재 2015. 3. 26. 2013헌마214 참조. 헌법재판소는 이를 통해 기각결정이나 각하결정에 대하여 헌법소원심판을 청구할 수 있다고 했던 종전의 견해(헌재 2012. 7. 26. 2011헌마829; 2009. 9. 24. 2009헌마63등)를 변경하였다.

이루어지지 않는 경우 사건의 공정한 해결을 위하여 **조정에 갈음하는 결정**을 할 수 있다(동법 동조 제3항). 조정에 갈음하는 결정에는 ① 조사대상 인권침해나 차별행위의 중지, ② 원상회복 · 손해배상 그 밖의 필요한 구제조치, ③ 동일 또는 유사한 인권침해나 차별행위의 재발을 방지하기 위하여 필요한 조치를 포함시킬 수 있다(동법 동조 제4항).

(4) 권 고

인권위가 진정을 조사한 결과 인권침해나 차별행위가 일어났다고 판단하는 때에는 피진정인, 그 소속기관 · 단체 또는 감독기관의 장에게 ① 조정에 갈음하는 결정으로 규정한 구제조치의 이행, ② 법령 · 제도 · 정책 · 관행의 시정 또는 개선을 **권고**할 수 있다(동법 제44조 제1항). 물론 인권위는 구체적인 진정사건이 제기되지 않아도 인권의 보호와 향상을 위하여 필요하다고 인정하면 정책이나 관행의 개선 · 사정을 권고하거나 의견을 표명할 수 있다(동법 제25조 제1항). 또한 인권위는 진정을 접수한 후 조사대상 인권침해나 차별행위가 계속되고 있다는 상당한 개연성이 있고, 이를 방치할 경우 회복하기 어려운 피해발생의 우려가 있다고 인정할 때에는 그 진정에 대한 결정 이전에 진정인이나 피해자의 신청에 의하여 또는 직권으로 피진정인, 그 소속기관 등의 장에게 **긴급구제조치**를 하도록 권고할 수 있다(동법 제48조 제1항).

(5) 고발 및 징계권고

인권위는 진정을 조사한 결과 진정의 내용이 범죄행위에 해당하고 이에 대하여 형사처벌이 필요하다고 인정할 때에는 검찰총장에게 그 내용을 **고발**할 수 있으되, 피고발인이 군인 등인 경우에는 소속 군 참모총장 또는 국방부장관에게 고발할 수 있다(동법 제45조 제1항). 또한 인권위가 진정을 조사한 결과 인권침해가 있다고 인정할 때에는 피진정인 또는 인권침해에 책임이 있는 자에 대한 **징계**를 소속기관 등의 장에게 **권고**할 수 있다(동법 동조 제2항).

제2부

기본권각론

제2편의 제2부인 기본권각론은 개별적인 기본권들을 다룬다. 가장 먼저 모든 개별적 기본권의 최종 근거인 인간의 존엄과 가치(제1장)로부터 출발하여 그것을 실현하기 위하여 필수적인 두 가지 조건, 즉 자유(제2장)와 평등(제3장)에 대해서 논의한다. 그리고 개별적 기본권들을 우선 기본권과 관련된 '생활영역'에 따라 인신에 관한 기본권(제4장), 정신활동에 관한 기본권(제5장), 사적 영역에 관한 기본권(제6장), 경제활동에 관한 기본권(제7장), 정치활동에 관한 기본권(제8장)으로 나누어 설명한다. 다음으로 '기본권의 기능'에 따라 절차적 기본권(제9장)과 사회적 기본권(제10장)으로 구분하여 설명한 뒤, 마지막으로 국민의 의무(제11장)에 대해서 검토한다.

제 1 장 인간의 존엄과 가치

제 1 절 헌법규정

우리 헌법은 제10조 제1문 전단에서 인간의 존엄과 가치에 관한 기본권을 규정한다. 이러한 기본권규정이 의미하는 것은 인간의 존엄과 가치에 관한 주관적 '지위'와 객관적 '규범'이다. 물론 인간의 존엄과 가치에 관한 기본권이 객관적 규범이라는 점에 대해서는 견해가 일치되지만 모든 견해가 다 주관적 지위를 인정하는 것은 아니다. 이에 대해서는 아래에서 자세하게 설명하기로 한다.

[헌법 제10조]

모든 국민은 인간으로서의 존엄과 가치를 가지며, 행복을 추구할 권리를 가진다. 국가는 개인이 가지는 불가침의 기본적 인권을 확인하고 이를 보장할 의무를 진다.

인간의 존엄과 가치에 관한 기본권은 1962년 헌법(제8조)에서부터 규정되어 현행 헌법에 이르기까지 계속해서 보장되고 있다.

제 2 절 구성요건

Ⅰ. 인간의 존엄과 가치

1. 인간존엄의 근거

인간의 존엄과 가치에 관한 기본권을 논의하면서 가장 먼저 문제가 되는 것은 '왜 인간이 존엄하고 가치 있는 존재로 인정받아야 하는지' 하는 점이다. 이에 대한 답변은 매우 간단하다. 인간은 인간이기 때문에 존엄하고 가치 있는 존재로 인정받아야 한다. 인간이라는 단순한 근거 외의 다른 근거는 요구되지 않는다. 예를 들어 성별, 인종, 재산, 학벌이나 출신지역과 같은 것들에 근거해서 인간으로서 존엄하고 가치 있는 존재로 인정받을 것인지 여부가 결정되는 것은 아니다. 심지어 스스로 인간으로서 존엄하고 가치 있는 존재로 행동하지 않는 국민에 대해서도 인간의 존엄과 가치는 인정되어야만 한다. 즉 이미 인간으로서 존엄하고 가치 있는 존재이기를 포기한 듯 보이는 중범죄자(예: 아동유괴살해범, 연쇄살인범 등)에 대해서도 인간의 존엄과 가치는 보장되어야 한다. 물론 현실적으로는 여러 기준들에 의해 인간의 존엄과 가치가 영향을 받기도 한다. 여기서 인간의 존엄과 가치에 관한 기본권은 **규범적이고 당위적인 요청**임을 확인할 수 있다. 현실적으로 모든 인간이 존엄하고 가치 있는 존재로 인정받고 있다는 '사실(Sein)'을 표현하는 것이 아니라 규범적으로 모든 인간은 존엄하고 가치 있는 존재로 인정받는 것이 마땅하다는 '당위(Sollen)'를 담고 있는 것이다. 하지만 인간의 존엄과 가치가 규범적으로 요청된다고 하더라도 그것은 국가가 모든 국민을 존엄하고 가치 있는 존재로 인정하라는 뜻이지 존엄하고 가치 있는 존재로 행동하지 않는 국민을 존엄하고 가치 있는 존재로서 행동하도록 강제하라는 뜻은 아니다.

인간을 존엄하고 가치 있는 존재로 인정하더라도 '왜 인간만이 유일하게 존엄하고 가치 있는 존재인지'에 대한 물음이 해결되어야 한다. 오로지 인간만이 존엄하고 가치 있는 존재인 까닭은 사람마다 정도의 차이는 있지만 **인간만이 세계를 이해하고 해석하는 유일한 존재**로 주어져 있기 때문이다. 왜 인간이 유일하게 그러한 존재로 주어졌는지에 대해서는 오로지 형이상학적 또는 종교적 답변(예를 들어 인간이 신의 형상과 동일하게 만들어졌다는 기독교의 신인동형설)만이 가능하기 때문에 이와 같은 사실은 인간의 존엄과 가치에 관한 논의에서 자명한 명제로서 전제되어야 한다. 이렇게 세계를 이해하고 해석하는 유일한 존재로 주어짐으로써 인간은 이러한 이해와 해석을 기초로 진리와 정의에 관한 **대화절차에 참여할 수 있는 유일한 주체**가 된다. 진리와 정의의 인식이 대화절차를 통해서만 가능하다면 인간은 진리와 정의에 도달하는 대화절차의 유일한 참여자가 될 수 있다. 물론 앞서 설명한 것처럼[1] 그러한 이해와 해석의 능력이 제한적이기는 해도 유일한 이해자와 해석자로서의 인간의 지위를 변화시키지는 못한다.

2. 인간존엄의 조건과 인간상

인간이 존엄하고 가치 있는 존재라고 할 때 '존엄과 가치'의 의미는 무엇인가? 인간의 존엄과 가치라는 개념은 인간으로서 존엄하고 가치 있는 존재가 되기 위한 **조건들의 집합**으로 구성된다. 견해에 따라 여러 가지 집합들이 제시될 수 있다. 이러한 집합들 사이에는 물론 완벽하게 일치하지는 않지만 서로 공유하는 요소를 포함하는 유사성, 즉 비트겐슈타인이 "가족유사성"이라 불렀던 유사성이 존재한다. "복잡한 그물처럼 서로 겹쳐서 얽혀 있는 유사성, 다시 말해 크고 작은 유사성"[2]이 존재하는 것이다.

독일연방헌법재판소는 인간의 존엄에 대한 구상을 '인간상(Menschenbild)'으로 정리하였는데 이것은 인간이 존엄하고 가치 있는 존재가 되기 위한 조건을 이해하는 좋은 지침을 제공한다. 그러한 인간상에 따르면 인간존엄규범의 기초가 되는 것은 "자유롭게 스스로 결정하며 스스로를 발현하는 소질을 부여받은 정신적·윤리적 존재로서 인간을 보는 관념"이다. 동시에 "기본법(GG: 독일헌법)은 이러한 자유를 고립적이고 독단적인

1) 제1편 제1부 제1장 참조.

2) L. Wittgenstein, Philosophische Untersuchungen, *Schriften*, Bd. 1, Frankfurt/M. 1969, §§ 66, 67 참조.

개인의 자유로 이해하지 않고, 공동체관련적이고 공동체구속적인 개인의 자유로 이해한다."[3] 정리하면 존엄하고 가치 있는 인간은 자율적이면서 동시에 공동체를 고려하는 인간이다. 이러한 인간상을 **'인격주의적' 인간상**이라 부르고, 지나치게 개인에게 지향된 '개인주의적' 인간상이나 반대로 지나치게 전체에 지향된 '전체주의적' 인간상과 구분한다.

우리 헌법재판소가 이해하는 인간상도 "자신이 스스로 선택한 인생관·사회관을 바탕으로 사회공동체 안에서 각자의 생활을 자신의 책임 아래 스스로 결정하고 형성하는"[4] 동시에 "공동체에 관련되고 공동체에 구속되어 있기는 하지만 그로 인하여 자신의 고유가치를 훼손당하지 아니하고 개인과 공동체의 상호연관 속에서 균형을 잡고 있는 인격체"[5]로 인간을 이해하는 인격주의적 인간상이다.

Ⅱ. 인간의 존엄과 가치에 관한 권리

1. 주관적 지위의 인정에 관한 논의

(1) 학 설

1) 부정설 인간의 존엄과 가치에 관한 기본권을 주관적 지위로서 이해하지 않고, "이념", "목적", "규범", "원리", "가치" 등 단지 객관적 규범으로만 이해하는 견해를 말한다. 헌법재판소도 인간의 존엄과 가치에 관한 규정을 단지 헌법이념 또는 헌법의 기본원리로만 이해한다.[6] 이러한 견해는 독일의 뒤리히(G. Dürig)의 이론에 근거한다. 그에 따르면 독일 기본법 제1조 제1항 '인간의 존엄'은 "최고의 구성원리"(das oberste Konstitutionsprinzip)이고, 제2조 제1항의 인격의 자유발현권은 "주자유권"(Hauptfreiheitsrecht), 제3조 제1항의 일반적 평등은 "주평등권"(Hauptgleichheitsrecht)이 된다. 이러한 주기본권은 그 이하에 열거된 개별적 기본권들을 포괄하는 기본권이 된다. 그리고 주기본권과 개별적 기본권은 마치 일반법과 특별법의 관계를 형성하면서 기본권체계를 "완결된 체계"로 만든다. 그 밖에도 독일 기본법 제1조 제1항에서 인간존엄을 규정하면서 제1조 제3항에서 "이하의 기본권"(die nachfolgenden Grundrechte)이라는 표현을 사용하고 있는데 이에 근거하여 제1조 제1항의 인간존엄에 대해서 주관적 권리성이 부정되기도 한다.

[학설] 주관적 권리 부정설

• 권영성 〈378면〉	제10조 1문 전단은 구체적 기본권을 보장한 조항이 아니라 모든 기본권의 **이념적 전제**가 되고 모든 기본권보장의 **목적**이 되는 **객관적 헌법원리**를 규범화한 것으로 보아야 한다. 여기서 기본권의 이념적 전제는 모든 기본권의 근원 내지 핵이라는 의미이고, 기본권보장의 목적은 제10조 제1문 전단

---

3) BVerfGE 45, 187(227); 그 밖에 4, 7(15 이하); 27, 1(7); 30, 173(193); 32, 98(108); 33, 303(334); 45, 187(227); 50, 166(175); 50, 290(353).

4) 헌재 1998. 5. 28. 96헌가5; 2000. 4. 27. 98헌가16등.

5) 헌재 2003. 10. 30. 2002헌마518.

6) 헌재 2001. 7. 19. 2000헌마546; 2004. 10. 28. 2002헌마328.

과 제10조 제1문 후단에서 제37조 제1항까지는 목적과 수단이라는 유기적 관계에 있다는 의미이다.

• 허 영 〈338면〉 우리 헌법 제10조가 보장하는 '인간으로서의 존엄과 가치'는 우리나라 기본권질서의 **이념적 · 정신적**인 출발점인 동시에 모든 기본권의 **가치**적인 핵심으로서의 성격을 갖기 때문에 우리나라 헌법질서의 바탕이며 우리 헌법질서에서 절대적이고 양보할 수 없는 최고의 가치적인 Konsens를 뜻하게 된다.

[판례] 헌법이념 또는 헌법원리로서 인간의 존엄과 가치

헌법 제10조에서 규정한 인간의 존엄과 가치는 **헌법이념의 핵심**으로, 국가는 헌법에 규정된 개별적 기본권을 비롯하여 헌법에 열거되지 아니한 자유와 권리까지도 이를 보장하여야 하며, 이를 통하여 개별 국민이 가지는 인간으로서의 존엄과 가치를 존중하고 확보하여야 한다는 **헌법의 기본원리**를 선언한 조항이다. 따라서 자유와 권리의 보장은 1차적으로 헌법상 개별적 기본권규정을 매개로 이루어지지만, 기본권제한에 있어서 인간의 존엄과 가치를 침해한다거나 기본권형성에 있어서 최소한의 필요한 보장조차 규정하지 않음으로써 결과적으로 인간으로서의 존엄과 가치를 훼손한다면, 헌법 제10조에서 규정한 인간의 존엄과 가치에 위반된다고 할 것이다(2000. 6. 1. 98헌마216).

2) **긍정설** 인간의 존엄과 가치에 관한 기본권을 객관적 규범으로서뿐만 아니라 주관적 지위로서도 이해하는 견해를 말한다. 이 경우에도 인간의 존엄과 가치에 관한 기본권을 행복추구권과 결합해서 이해하는 견해와 분리해서 이해하는 견해로 구분된다.

[학설] 주관적 권리 긍정설

• 계희열 〈(중), 208면〉 존엄성규정은 **구체적 기본권**으로서의 성격도 갖는다. 즉 인간이 그 인격성 때문에 존엄성을 갖는다고 하면, 모든 인간은 인격자로서의 정체성을 주장할 권리를 갖는다는 것은 당연하다.

• 김철수 〈486면〉 우리 헌법 제10조는 자연권적인 **주기본권**을 헌법에 선언하고 그 파생적인 기본권을 이하에서 세밀히 규정하고 있다고 보아야 할 것이다. 헌법 제11조에서 제36조까지의 기본권은 주기본권의 세분화이며, 제37조 제1항의 규정은 이 주기본권의 존재를 전제한 것이라고 보아야 할 것이다. 우리 헌법 제10조도 인간의 존엄과 가치 · 행복추구권을 주기본권으로서의 **포괄적 기본권**이라고 보는 것이 타당하다고 하겠다.

• 김하열a 〈302면〉 인간존엄성 조항은 다른 주관적 권리의 표현방식과 다르지 않고, 무엇보다도 인간의 존엄과 가치를 훼손하는 국가작용에 대한 방어적 지위를 개인에게 부여할 필요가 있으므로 주관적 권리의 성격을 부인할 이유가 없다.

• 한수웅 〈521면〉 인간존엄성 조항은 단지 객관적인 헌법규범에 지나지 않는 것이 아니라, 국가권력에 의하여 인간존엄성을 침해당하거나 또는 보호받지 못한 경우 개인에게 침해의 배제나 적극적인 보호를 요구할 수 있는 주관적 권리를 부여하는 기본권이다.

(2) 비판과 대안

1) **주관적 지위로서의 성격** 첫째, 적어도 형식적인 측면에서 볼 때 인간의 존엄

과 가치에 관한 기본권도 기본권장에 규정되어 있다는 점, 둘째, 기본권을 원칙으로 이해하여 최대한의 실현이 요구되는 규범으로 보면서 이러한 최대실현의 가능성은 주관적 권리로서 인정될 때 커진다는 점을 고려할 때 인간의 존엄과 가치에 관한 기본권에 대해 주관적 권리성이 인정되어야 한다.

2) 절대적 기본권의 성격

A. 상대적 기본권으로서 인간의 존엄과 가치에 관한 기본권 인간의 존엄과 가치를 주관적 권리로 이해할 때 발생하는 첫 번째 문제점은 다른 기본권이나 헌법적 가치와 충돌했을 때 제한될 수 있는 성격을 갖게 된다는 점이다. 즉 인간의 존엄과 가치에 관한 기본권에 대해서 인정되는 이른바 절대적 기본권으로서의 성격이 부정될 수 있다는 점이다.

그러나 ① 첫째, 모든 기본권이 원칙이듯이 인간의 존엄과 가치에 관한 기본권도 원칙의 구조를 갖는다. 따라서 인간의 존엄과 가치에 관한 기본권도 다른 기본권과 '충돌'할 수 있으며, 합리적인 '형량'을 통해서 '제한'될 수 있는 기본권이다. 즉 이 기본권은 이른바 '절대적' 기본권이 아니다. 절대적 기본권이란 다른 기본권과 수준이 다르기 때문에 어떠한 경우에도 다른 기본권과 충돌할 수 없거나, 충돌한다고 하더라도 항상 우월한 기본권을 말하기 때문이다. ② 둘째, 인간의 존엄과 가치에 관한 기본권을 포함한 모든 기본권이 제한될 수 있다는 우리 헌법 제37조 제2항의 일반적 법률유보조항을 고려할 때도 절대적 기본권은 인정될 수 없다. ③ 셋째, 헌법 제37조 제2항에 따라 모든 자유와 권리가 제한될 수 있다고 하더라도 인간의 존엄과 가치는 기본권제한에 관한 절대적 한계인 절대적 본질내용으로 이해하여 제한될 수 없다는 견해가 가능하지만 이러한 견해도 본질내용에 관한 상대설을 견지하는 경우에 문제가 생긴다.[7] 기본권을 원칙으로 이해하는 경우에 기본권의 본질내용은 비례성원칙에 따라 제한되는 상대적이고 가변적인 것으로 해석될 수 있기 때문이다. ④ 넷째, 인간의 존엄과 가치에 관한 기본권이 주관적 권리로 인정된다고 해도 구체적 사안에서 인간의 존엄과 가치에 관한 기본권 전체가 문제되는 것이 아니라 보충적 권리로서 다른 개별적 기본권이나 일반적 기본권으로 설명될 수 없는 개별적 기본권으로 적용되므로 상충하는 개별적 기본권과의 형량과 그에 따른 제한은 불가피하다.

B. 원칙으로서의 인간존엄과 규칙으로서의 인간존엄 물론 원칙으로서 인간의 존엄과 가치에 관한 기본권은 대부분의 경우에 충돌하는 다른 기본권보다 우월하게 되어 제한되지 않는 것도 사실이다. 하지만 그것은 원칙으로서 인간의 존엄과 가치에 관한 기본권이 구체적인 사안에서 합리적 형량을 통해서 제한되고 난 후 규칙으로 변화된 경우에 해당하는 것으로 이해할 수 있다. 우리가 보통 절대적 기본권으로 이해하는 인간의 존엄과 가치에 관한 기본권은 이러한 규칙으로서의 기본권이다. 그리고 인간의 존

---

7) 기본권의 본질내용에 관한 절대설과 상대설에 대해서는 제2편 제1부 제3장 제4절 II. 2. 참조.

엄과 가치에 관한 기본권에 대해서 객관적 규범의 성격만을 부여하는 견해도 이와 같이 규칙으로서의 기본권, 즉 절대적 기본권의 외양을 보이는 데 착안하고 있다고 보인다. 또한 같은 맥락에서 인간의 존엄과 가치를 기본권제한의 절대적 한계로서 규정된 "본질적 내용"으로 해석하려는 견해[8]도 규칙으로서의 인간의 존엄과 가치의 측면만을 고려하고 있다고 생각된다.

3) **포괄적 권리의 성격** 인간의 존엄과 가치에 관한 기본권에 대해서 주관적 지위의 성격을 부여했을 때 발생하는 또 다른 문제는 그것이 포괄적인 지위인지 하는 점이다. 이에 대해서는 긍정하는 견해와 부정하는 견해로 구분된다.

A. 개념적 포괄성과 경험적 포괄성 여기서 포괄성의 의미는 우선적으로 '개념적' 포괄성으로 이해될 수 있다. 즉 포괄성은 인간의 존엄과 가치에 관한 기본권이 이미 그 개념 안에 모든 기본권을 포괄한다는 뜻으로 이해되는 것이다. 또한 포괄성은 '경험적' 포괄성으로 이해되기도 한다. 이른바 인간의 존엄과 가치에 관한 기본권과 그 밖의 기본권의 관계를 이른바 '목적·수단의 관계'로 설명하는 견해가 그렇다. 목적·수단의 관계는 경험적 관계를 설명하는 논리형식이기 때문이다. 즉 어떤 목적을 실현하기 위해서 어떤 수단이 요청되는 것은 수단을 통해서 목적이 실현된다고 하는 경험적 법칙을 전제로 하는 것이다. 이러한 개념적 포괄성이나 경험적 포괄성은 이미 개념적으로 내포된 의미들 또는 이미 경험적으로 확인된 사실들의 '완결된' 체계를 전제로 하기 때문에 '폐쇄적' 포괄성을 의미한다.

B. 규범적 포괄성 우리는 여기서 포괄성이라는 개념을 완전히 포기하거나 포괄성의 의미를 **개방적 포괄성**으로 수정하여 이해하기로 한다. 즉 포괄성의 의미가 이미 개념적 범위 안에 포함되어 개념분석적 작업을 통해서 확인가능한 포괄성, 또는 이미 경험적 범위 안에 포함되어 경험분석적 작업을 통해서 확인가능한 포괄성이라면 포기하기로 한다. 하지만 포괄성이 아직 발견되지 않은 새로운 내용들도 규범적 평가를 통해서 포함될 수 있는 '규범적' 포괄성을 의미한다면 그러한 의미로 포괄성을 이해하기로 한다.

C. 소결 결론적으로 오로지 규범적 포괄성을 의미하는 한에서만 인간의 존엄과 가치에 관한 기본권은 포괄적 기본권으로 부를 수 있다. 하지만 포괄성은 대체로 개념적 또는 경험적 포괄성을 의미하기 때문에 이러한 의미에서 인간의 존엄과 가치에 관한 기본권은 포괄적 기본권으로 볼 수 없다.

[학설] 포괄적 기본권의 성격을 부정하는 견해

• 계희열 〈(중), 208면 이하〉	존엄성규정이 주기본권으로서 포괄적 기본권이라고 할 수는 없다. … 우리 헌법에 있어서는 제37조 제1항을 통해 헌법에 열거되지 아니한 국민의 자유와 권리를 충분히 보호할 수 있기 때문이다.

8) 허영, 341면 이하.

2. 인적 구성요건(주체)

인간의 존엄과 가치에 관한 기본권은 **인간의 권리**이기 때문에 이 기본권을 누리는 주체는 원칙적으로 모든 인간이다. 따라서 국민에 한정되지 않고, 외국인과 무국적자도 이 권리의 주체가 될 수 있다.

[판례] 인간의 존엄과 가치의 주체로서 외국인

외국인에게 모든 기본권이 무한정 인정될 수 있는 것이 아니라 원칙적으로 '국민의 권리'가 아닌 '인간의 권리'의 범위 내에서만 인정될 것인바, 인간의 존엄과 가치 및 행복추구권은 '인간의 권리'로서 외국인도 그 주체가 될 수 있고, 평등권도 인간의 권리로서 참정권 등에 대한 성질상 제한 및 상호주의에 의한 제한이 있을 수 있을 뿐이다(2007. 8. 30. 2004헌마670).

3. 행복추구권 및 열거되지 않은 권리와의 관계

(1) 제10조 제1문 전단(인간의 존엄과 가치)과 후단(행복추구권)의 관계

인간의 존엄과 가치에 관한 기본권은 개념적 또는 경험적 측면에서 그 안에 이미 자유를 포함하는 것은 아니다. 그러나 인간의 존엄과 가치에 관한 기본권은 **일반적 자유권의 근거가 된다**(근거관계). 인간이 존엄하고 가치 있는 존재로 인정받기 위해서는 무엇보다도 자유로운 존재이어야 하기 때문이다. 이런 맥락에서 **일반적 자유권은 인간의 존엄과 가치에 관한 기본권을 구체화한다**(구체화관계). 이것은 단순히 인간의 존엄과 가치에 관한 기본권의 개념 안에 이미 분석적으로 또는 경험적으로 일반적 자유권이 포함되어 있다는 것(개념적 · 경험적 포함관계)을 뜻하지 않는다. 오히려 인간의 존엄과 가치는 자유의 규범적 근거로서 일단은 형식적인 개념에 불과한 **자유를 실질적이고 내용적인 것이 되도록 보완한다**(보완관계). 따라서 제10조 제1문 후단의 행복추구권을 일반적 자유권으로 볼 수 있다면[9] 제10조 제1문 전단과 후단은 ① **근거관계**, ② **구체화관계**, ③ **보완관계**에 놓이게 된다.

(2) 제10조 제1문 전단(인간의 존엄과 가치)과 제37조 제1항의 관계

인간의 존엄과 가치에 관한 기본권을 개념적 포괄성이라는 의미에서의 포괄적 기본권으로 이해하는 견해에 따르면 헌법 제37조 제1항에 규정된 열거되지 않은 자유와 권리는 이미 인간의 존엄과 가치에 관한 기본권에 포함되어 있는 자유와 권리를 재확인하는 규정에 지나지 않게 된다. 그러나 인간의 존엄과 가치에 관한 기본권을 포괄적 기본권으로 이해하지 않는 견해에 따르면 헌법 제37조 제1항에 규정된 열거되지 않은 자유와 권리는 독자적인 의미를 가지는 기본권이 된다. 다만 이 경우에 인간의 존엄과 가치에 관한 기본권은 열거되지 않은 자유와 권리를 인식하는 내용적 표지를 제공하는 관계를 맺는다. 이렇게 인간의 존엄과 가치에 관한 기본권과 제37조 제1항이 개별적 기본권

---

9) 일반적 자유권으로서 행복추구권의 법적 성격에 대해서는 제2편 제2부 제2장 참조.

을 형성하는 관계를 "**쌍방적 (개별)기본권창설관계**"라고 부르기도 한다.[10]

자유의 실질적인 내용은 개별적 자유를 통해서 구체화되기 때문에 인간의 존엄과 가치에 관한 기본권은 헌법에 명시적으로 '열거된 개별적 기본권'과 '열거되지 않은 개별적 기본권'으로 구체화된다. 헌법에 명시적으로 열거된 개별적 기본권의 경우에는 인간의 존엄과 가치에 관한 기본권이 개별적 기본권의 내용을 확정하는 실질적 기준으로서 역할을 담당할 것이다. 한편 열거되지 않은 기본권의 경우에는 그것이 **헌법상 보장된 기본권으로 인정될 수 있는지를 결정하는 기준**으로서, 그리고 인정되었을 때에는 **그 내용을 확정하는 실질적 기준**으로서의 역할을 인간의 존엄과 가치에 관한 기본권이 담당하게 된다. 대부분 후자의 경우에 인간의 존엄과 가치에 관한 기본권이 자유의 실질적 내용을 결정하는 기준으로서 인용될 것이기 때문에 인간의 존엄과 가치에 관한 기본권은 실제로는 일반적 자유와 함께 **열거되지 않은 개별적 기본권을 도출하는 간접적 근거**로서 인용될 수 있다. 다만 인간의 존엄과 가치에 관한 기본권을 간접적 근거로 도출되는 열거되지 않은 개별적 기본권으로서의 독자성을 갖지 못하는 기본권의 경우에는 일반적 기본권도 그 기본권의 직접적 근거가 되지 못하면 최종적인 보충적 기본권으로서 인간의 존엄과 가치에 관한 기본권이 직접적 근거가 될 수 있는 가능성도 배제할 수는 없다.

4. 인간의 존엄과 가치에 관한 권리의 유형

자유가 인간의 존엄과 가치에 관한 기본권에 개념적으로 포함되지 않는다면 자유를 강화하는 방어권, 보호권, 절차권, 사회권도 인간의 존엄과 가치에 관한 기본권에 '개념적으로는' 포함되지 않는다. 하지만 인간의 존엄과 가치에 관한 기본권이 자유의 근거가 되고, 자유를 강화하는 것이 방어권, 보호권, 절차권, 사회권이라면 인간의 존엄과 가치에 관한 기본권은 비록 '간접적'일지라도 방어권, 보호권, 절차권, 사회권의 근거가 된다고 말할 수 있다.

Ⅲ. 인간의 존엄과 가치에 관한 권리에 대한 제약행위

인간으로서 존엄하고 가치 있기 위한 여러 가지 조건들을 제약하는 모든 행위는 인간의 존엄과 가치에 관한 권리를 제약하는 행위다. 예를 들어 인간을 독립적인 주체가 아니라 객체나 대상 또는 수단으로 대우하는 것은 인간의 존엄과 가치를 제약하는 행위가 된다. 좀 더 구체적으로 말하자면 인간을 노예나 성적 학대 또는 의학적 실험의 대상으로 취급하여 굴욕적으로 대우하는 행위는 인간의 존엄과 가치에 대한 제약행위다. 이러한 제약행위(작위)들은 **잠정적으로 금지**된다.

10) 계희열(중), 209면.

제3절 제한규범

인간의 존엄과 가치에 관한 기본권의 구성요건을 충족해도 제한규범에 근거하여 제약되는 인간존엄의 조건들은 확정적인 보호를 받지 못한다. 인간의 존엄과 가치에 관한 기본권의 구성요건을 충족하면서 제한규범에 근거하여 제약될 수 없는 인간존엄의 조건들만이 확정적으로 보호된다. 따라서 인간의 존엄과 가치에 관한 기본권의 구성요건 단계에서 보호법익에 해당하여 잠정적으로 보호된 인간존엄의 조건들은 제한규범에 근거하여 제약될 수 없으면 확정적으로 보호된다. 한편 구성요건의 단계에서 잠정적으로 금지된 제약행위는 제한규범에 근거하는 경우에만 잠정적으로 허용된 제약행위로 바뀌게 되고, 근거가 되는 제한규범이 없는 경우에는 확정적으로 금지된 제약행위가 된다.

Ⅰ. 헌법직접적 제한규범

인간의 존엄과 가치에 관한 권리에 대한 헌법직접적 제한규범은 '성문'의 형태와 '불문'의 형태로 가능하다. 우리 헌법규정은 인간의 존엄과 가치에 관한 권리에 대한 성문의 헌법직접적 제한을 규정하고 있지 않다. 불문의 헌법직접적 제한으로는 다른 사람의 기본권이나 헌법적 법익이 될 수 있다. 다른 사람의 기본권이 인간의 존엄과 가치에 관한 권리에 대한 헌법직접적 제한규범이 되면 두 기본권 사이에는 '기본권의 충돌'이 발생한다. 물론 다른 기본권과 충돌하는 인간의 존엄과 가치에 관한 기본권은 그 자체가 아니라 일반적 기본권이나 개별적 기본권을 근거로 도출될 수 없는 기본권의 근거가 되는 보충적 기본권으로 인용된다.

Ⅱ. 헌법간접적 제한규범

인간의 존엄과 가치에 관한 권리에 대한 헌법간접적 제한규범은 그 권리를 규정한 기본권규정에서 '개별적으로' 규정될 수도 있고, 그 권리를 규정한 기본권조항과는 독립적인 조항을 두어 모든 자유와 권리에 대해서 '일반적으로' 규정될 수도 있다. 우리 헌법은 인간의 존엄과 가치에 관한 권리에 대하여 개별적 법률유보조항을 두고 있지 않다. 따라서 일반적 법률유보조항인 헌법 제37조 제2항에 근거하여 인간의 존엄과 가치에 관한 권리는 "국가안전보장, 질서유지 또는 공공복리"를 위하여, "법률"에 의해서만 제한될 수 있다.

제 4 절 정 당 화

인간의 존엄과 가치에 관한 권리도 원칙으로 이해된다. 따라서 잠정적으로 보장된 이 권리의 구성요건이 확정적으로 보장받기 위해서는 **비례성원칙에 따른 합리적 형량**이 필요하다. 이것은 인간의 존엄과 가치에 관한 권리를 제한하는 다른 사람의 기본권이나 헌법적 법익 또는 공익을 이 권리와의 관계에서 정당화하는 것을 의미한다. 그러므로 인간의 존엄과 가치에 관한 권리에 대한 제약은 다른 사람의 기본권이나 헌법적 법익 또는 입법목적으로 제시된 공익과 균형을 이룰 수 있는 범위 안에서는 정당화된다.

한편 인간의 존엄과 가치에 관한 권리의 본질내용에 대해서는 **절대설**에 따르면 비례성원칙과는 독립적인 원칙으로서 본질내용침해금지원칙에 따른 독자적인 심사가 이 기본권에 대한 제약을 정당화하기 위하여 부가적으로 필요하다. 하지만 **상대설**에 따르면 비례성원칙에 따른 심사로 인간의 존엄과 가치에 관한 권리의 제약에 대한 정당화는 충분하게 된다.

[판례] 인간의 존엄과 가치에 관한 기본권에 대한 제한의 정당화

[1] 상법 제735조의3 제1항(단체보험에서 피보험자의 개별적 동의를 요건으로 하지 않은 것)의 입법취지는, 타인의 생명보험계약을 체결함에 있어서 계약체결시 피보험자의 서면동의를 얻도록 하는 개별보험의 일반원칙에서 벗어나 규약으로써 동의에 갈음할 수 있게 함으로써 단체보험의 특성에 따른 운용상의 편의를 부여해 주어 단체보험의 활성화를 돕는다는 것이다. 위와 같은 입법취지에 비추어 볼 때, 단체구성원들의 복리 증진 등 이익에 기여하는 바가 있고, 단체보험의 특성에 따라 개별적 동의를 집단적 동의로 대체하는 것에 불과하며 그 방법은 합리성을 가지고 있다. 그러므로, 인간의 존엄성과 가치를 훼손하고 행복추구권을 침해하는 것이며, 국가의 기본권 보장의무에 위배되는 것이라고는 할 수 없다(1999. 9. 16. 98헌가6).

[2] **인지청구의 소의 제소기간**을 부 또는 모의 사망을 안 날로부터 1년내로 규정한 것은 과잉금지원칙에 위배되지 아니하므로 인지청구를 하고자 하는 국민의 인간으로서의 존엄과 가치 그리고 행복을 추구하는 기본권을 침해하는 것은 아니다(2001. 5. 31. 98헌바9).

[3] **존속상해치사죄에 대해 형벌을 가중**하고 있는 형법 제259조 제2항에 의하여 가족 개개인의 존엄성 및 양성의 평등이 훼손되거나 인간다운 생활을 보장받지 못하게 되리라는 사정은 찾아볼 수 없고, 오히려 패륜적·반도덕적 행위의 가중처벌을 통하여 친족 내지 가족에 있어서의 자연적·보편적 윤리를 형법상 보호함으로써 개인의 존엄과 가치를 더욱 보장하고 이를 통하여 올바른 사회질서가 형성될 수 있다고 보아야 할 것이다. 따라서, 위 조항은 인간으로서의 존엄과 가치 또는 행복추구권을 침해하지 아니한다(2002. 3. 28. 2000헌마53).

[4] **사형제도**는 우리 헌법이 적어도 간접적으로나마 인정하고 있는 형벌의 한 종류일 뿐만 아니라, 사형제도가 생명권 제한에 있어서 헌법 제37조 제2항에 의한 헌법적 한계를 일탈하였다고 볼 수 없는 이상, 범죄자의 생명권 박탈을 내용으로 한다는 이유만으로 곧바로 인간의 존엄과 가치를 규정한 헌법 제10조에 위배된다고 할 수 없으며,

사형제도는 형벌의 경고기능을 무시하고 극악한 범죄를 저지른 자에 대하여 그 중한 불법 정도와 책임에 상응하는 형벌을 부과하는 것으로서 범죄자가 스스로 선택한 잔악무도한 범죄행위의 결과인바, 범죄자를 오로지 사회방위라는 공익 추구를 위한 객체로만 취급함으로써 범죄자의 인간으로서의 존엄과 가치를 침해한 것으로 볼 수 없다. 한편 사형을 선고하거나 집행하는 법관 및 교도관 등이 인간적 자책감을 가질 수 있다는 이유만으로 사형제도가 법관 및 교도관 등의 인간으로서의 존엄과 가치를 침해하는 위헌적인 형벌제도라고 할 수는 없다(2010. 2. 25. 2008헌가23).

[5] 수형자가 인간 생존의 기본조건이 박탈된 교정시설에 수용되어 인간의 존엄과 가치를 침해당하였는지 여부를 판단함에 있어서는 1인당 수용면적뿐만 아니라 수형자 수와 수용거실 현황 등 수용시설 전반의 운영 실태와 수용기간, 국가 예산의 문제 등 제반 사정을 종합적으로 고려할 필요가 있다. 그러나 **교정시설의 1인당 수용면적**이 수형자의 인간으로서의 기본 욕구에 따른 생활조차 어렵게 할 만큼 지나치게 협소하다면, 이는 그 자체로 국가형벌권 행사의 한계를 넘어 수형자의 인간의 존엄과 가치를 침해하는 것이다(2016. 12. 29. 2013헌마142).

[6] 교정시설에 수용된 사람이라 할지라도 인간으로서의 존엄과 가치는 존중되어야 한다. … 교정시설의 안전과 질서유지를 위해서는 **수용거실 안에 일정한 수준의 조명을 유지할 필요**가 있다. 수용자의 도주나 자해 등을 막기 위해서는 취침시간에도 최소한의 조명은 유지할 수밖에 없다. … 또 조명점등행위로 인한 청구인의 권익 침해가 교정시설 안전과 질서유지라는 공익 보호보다 더 크다고 보기도 어렵다. 그렇다면 조명점등행위가 과잉금지원칙에 위배하여 기본권을 침해한다고 볼 수 없다(2018. 8. 30. 2017헌마440).

제5절 효　　력

인간의 존엄과 가치에 관한 기본권은 ① 국가에 대해서 효력(대국가적 효력)이 발생할 수 있을 뿐 아니라 ② 사인인 제3자, 즉 국민에 대해서도 효력(대사인적 효력)이 발생할 수 있다. 인간의 존엄과 가치에 관한 기본권이 사인에 대해서 미치는 효력은 기본권의 대사인적 효력에 관한 이론구성에 따라 법관에 대해서 인간의 존엄과 가치를 존중하는 재판을 요구함으로써 실현될 수 있다.

제 2 장 행복추구권과 일반적 자유권

제 1 절 헌법규정

Ⅰ. 학 설

우리 헌법 **제10조 제1문 후단**은 "모든 국민은 … 행복을 추구할 권리를 가진다"라고 규정하고 있다. 이러한 행복추구권 규정에 대해서는 ① 기본권으로서의 법규범적 성격을 부정하는 견해와 긍정하는 견해로 구분된다. ② 기본권으로서의 법규범적 성격을 긍정하는 경우에도 인간의 존엄과 가치에 관한 기본권과 결합하여 이해하는 견해[1]와 양자를 분리하여 이해하는 견해[2]로 구분된다. ③ 또한 행복추구권에 대해서는 포괄적인 기본권으로 이해하는 견해[3]와 포괄적 기본권에 반대하는 견해[4]로 구분될 수도 있다.

[헌법 제10조]
모든 국민은 인간으로서의 존엄과 가치를 가지며, 행복을 추구할 권리를 가진다. 국가는 개인이 가지는 불가침의 기본적 인권을 확인하고 이를 보장할 의무를 진다.

[학설] 행복추구권에 대하여 기본권으로서의 법규범적 성격을 부정하는 견해

• 허 영 〈343면〉 우리 헌법에 보장된 행복추구권은 독자적인 기본권을 보장했다고 하기보다는 … 모든 국민의 당위적인 삶의 지표를 분명히 밝혀 놓은 것이라고 보아야 할 것이다. … 행복추구권은 그것이 아무리 기본권적인 형식으로 규정되었다 하더라도 어떤 구체적인 권리를 내용으로 한다기보다는 '인간으로서의 존엄과 가치'를 존중받으며 살아갈 수 있는 모든 국민의 당위적이고 이상적인 삶의 지표를 설정해 놓음으로써 '인간의 존엄과 가치'가 갖는 윤리규범적 성격과 실천규범적 성격을 강조하는 것이라고 이해하는 것이 마땅하다고 생각한다.

행복추구권은 1980년 헌법(제9조)에서부터 규정되어 현행 헌법에 이르기까지 기본권으로서 보장되고 있다.

---

1) 김철수, 486면 이하.
2) 계희열(중), 215면 이하; 권영성, 381면 이하; 김선택, 행복추구권과 헌법에 열거되지 않은 권리의 기본권체계적 해석, 『안암법학』(안암법학회), 제1호(1993), 177면 이하.
3) 김철수, 489면 이하; 권영성, 384면.
4) 계희열(중), 223면; 김선택, 앞의 논문(각주 2), 184면.

Ⅱ. 일반적 자유권으로서 행복추구권

우리는 행복추구권에 대해서 **기본권으로서의 법규범적 성격**을 인정하면서 인간의 존엄과 가치에 관한 기본권과는 **독립적인 의미를 가지는 기본권**으로 이해하기로 한다. 그리고 행복추구권에 관한 기본권규정이 ① 헌법체계상 인간의 존엄과 가치에 관한 기본권규정과 기본권체계상 밀접한 관련을 가지고 있고, ② 개념상으로도 자주적으로 형성된 행복의 구상들을 자유롭게 추구함으로써 개인의 인격을 발현할 수 있다는 의미에서 자유를 내포하기 때문에 독일기본법 제2조 제1항에서 규정된 '인격의 자유로운 발현권'과 유사한 것으로 이해하기로 한다. 따라서 행복추구권 규정이 의미하는 바는 **일반적 자유와 권리**라는 개인적 '지위', 그리고 그에 상응하는 객관적 '규범'이라고 이해하기로 한다. 헌법재판소도 행복추구권은 그 구체적인 표현으로서 일반적인 행동자유권과 인격의 자유로운 발현권을 포함한다고 하여 일반적 자유권으로 이해하고 있다.[5)]

Ⅲ. 인간의 존엄과 가치에 관한 기본권과 행복추구권의 관계

일반적 자유권은 인간의 존엄과 가치에 관한 기본권을 보장하기 위해서 필수적으로 요청되는 내용이다. 이로써 인간의 존엄과 가치에 관한 기본권은 일반적 자유권의 근거가 되고(근거관계), 일반적 자유권은 인간의 존엄과 가치에 관한 기본권을 구체화하는 관계에 놓인다(구체화관계). 따라서 인간의 존엄과 가치에 관한 기본권이 일반적 자유권을 대체할 수는 없다. 단지 인간의 존엄과 가치에 관한 기본권이 일반적 자유권의 실질적 내용을 보완하는 데 그칠 뿐이다(보완관계). 결론적으로 일반적 자유권으로 이해된 행복추구권은 인간의 존엄과 가치에 관한 기본권과는 **독립적인 의미를 갖는 기본권**으로 이해된다.

Ⅳ. 논증부담규칙으로서 행복추구권

인간의 존엄과 가치에 관한 기본권만 규정된 경우에도 그로부터 일반적 자유권은 충분히 도출될 수 있다. 따라서 인간의 존엄과 가치에 관한 기본권과 함께 일반적 자유권으로서 행복추구권을 명시적으로 규정하는 것은 단지 일반적 자유권을 명확하게 확인하는 의미만을 갖는다고 말할 수도 있다. 하지만 이렇게 헌법이 일반적 자유권을 명시적으로 확인함으로써 행복추구권은 **일반적 자유권에 유리한 논증부담규칙**으로서 기능한다. 그러므로 일반적 자유권을 규정한 행복추구권 규정에 따르면 자유를 주장하는 자가 아니라 자유를 제한하려는 자에게 논증부담이 돌아간다.

---

5) 헌재 1991. 6. 3. 89헌마204; 1998. 5. 28. 96헌가5; 1998. 10. 29. 97헌마345; 2003. 10. 30. 2002헌마518.

제 2 절 구성요건

행복추구권은 자유와 허용규범으로 이해되는 경우에 그 구성요건이 보호법익과 일치한다. 그러나 방어권으로 이해되는 경우에 그 구성요건은 보호법익과 제약행위로 구성된다. 보호법익에 해당하는 행위는 잠정적으로 허용되고, 그 행위를 제약하는 행위는 잠정적으로 금지된다. 급부권으로 이해되는 경우에 그 구성요건은 보호법익으로만 구성되는데 제약행위는 단지 보호법익에 대한 부작위를 의미하기 때문이다.

Ⅰ. 보호법익으로서 행위와 상태

1. 학 설

행복추구권의 독자적 기본권성을 인정하면서 포괄적 기본권의 성격을 부정하는 경우에 그 보호법익이 무엇인지가 문제될 수 있다. 인격의 자유로운 발현권을 의미하는 일반적 자유권으로서 행복추구권은 ① '일반적 인격권'과 ② '일반적 행동자유권'을 보호법익으로 포함한다. 문제는 일반적 인격권과 일반적 행동자유권의 보호법익을 구분하는 기준이다.

여기서 좁은 범위의 인격영역과 넓은 범위의 인격영역을 구분하여 전자는 '일반적 인격권'의 보호법익으로, 후자는 '일반적 행동자유권'의 보호법익으로 보는 견해가 있다.[6] 하지만 이러한 견해는 다음과 같은 근거에서 타당하지 않다. 우선 ① 좁은 범위의 인격영역과 넓은 범위의 인격영역을 구분하는 징표와 경계가 대단히 불명확하다. 그리고 ② 이러한 구분은 일반적 인격권에 대한 제한의 불가능성(절대성)이나 곤란성을 설명하기 위한 개념적 구상으로 고안되었고, 그 근거가 되는 인간의 존엄과 가치에 관한 기본권의 절대성을 전제해야 한다. 그렇지만 인간의 존엄과 가치에 관한 기본권은 일반적 행동자유권의 근거도 되기 때문에 절대적 기본권인 인간의 존엄과 가치에 관한 기본권이 일반적 인격권의 근거로서는 제한될 수 없으면서 일반적 행동자유권의 근거로서는 제한될 수도 있는 모순에 빠지게 된다. 마지막으로 ③ 처음부터 인간의 존엄과 가치에 관한 기본권의 제한가능성을 전제해 버리면 이러한 구분은 전혀 무의미한 구상이 된다.

이러한 비판에 대해서 일반적 인격권만을 제한이 불가능한 인간의 존엄과 가치에 관한 기본권과 관련시키고, 일반적 행동자유권은 인간의 존엄과 가치에 관한 기본권과 단절시켜 인간의 존엄과 가치에 관한 기본권의 제한불가성을 유지하고자 하는 견해[7]가 제시되기도 한다. 그러나 인격영역 가운데 좁은 범위의 인격영역만을 인간의 존엄과 가치에 관한 기본권과 관련시키는 구상도 무리가 있어 보인다. 이러한 무리한 견해도 여

6) 계희열(중), 217면 이하.

7) 김선택, 앞의 논문(각주 2), 201면 이하.

전히 인간의 존엄과 가치에 관한 기본권의 절대성을 전제함으로써 구상되었다고 볼 수 있다. 그러나 앞에서 살펴본 것처럼[8] 이 문제는 원칙으로서의 인간존엄과 규칙으로서의 인간존엄을 구분하고 인간의 존엄과 가치에 관한 기본권의 절대성을 포기함으로써 해결될 수 있다. 현실적으로 인간의 존엄과 가치에 관한 기본권은 일반적 기본권이나 개별적 기본권에 근거하여 도출될 수 없는 기본권의 근거가 되는 보충적 기본권으로만 적용된다는 점도 고려될 필요가 있다.

[학설] 행복추구권의 보호법익으로서 좁은 범위의 인격영역과 넓은 범위의 인격영역의 구분

- 계희열 〈(중), 217면〉 인간의 존엄과 가치의 보장이 인격의 제한된 영역과 관련하여서만 인격권을 인정할 수 있는 데 반해 인격의 자유로운 발현을 위한 보다 넓은 영역은 독자적인 기본권으로 구성되는 행복추구권의 보호 아래 놓이게 된다.
- 김선택 〈'각주 2'의 논문, 201면 이하〉 첫째, 인간으로서의 존엄과 가치라는 표지에 의해 제한되는 **매우 좁은 의미의 인격적 핵심영역**에 관련된 행복추구로서 이러한 보호영역에 해당되는 태도들(행동들)을 **일반적 인격권**이라는 카테고리로 묶어 볼 수 있다. 둘째, 일정한 공통되는 사항적 표지들에 의거하여 특정되는 카테고리로 묶기 어려운, 비정형적이고 무규정적인 광범한 자유행동으로서, 헌법에 열거된 기타의 기본권들 중 어느 하나(이상)의 보호영역내에 포섭되지 아니하는 행동들을 포괄하는 보호영역으로서 이를 **일반적 행동의 자유**라는 명칭으로 개괄할 수 있다. 나아가 행복추구권은 개별적, 독자적 기본권의 성격(주관적, 권리적 성격)을 넘어 헌법 제37조 제1항의 헌법에 열거되지 아니한 권리를 인정하는 실질적 기준의 역할을 하는 포괄규범의 성격(객관적, 법적 성격)도 가진다.

결론적으로 인간의 존엄과 가치에 관한 기본권의 절대성을 부정하면서 일반적 인격권과 일반적 행동자유권의 보호법익을 새롭게 구성하는 시도가 필요하다. 그것은 일반적 인격권과 일반적 행동자유권의 보호법익을 인간의 **행위**와 **상태(존재)**로 구분하는 구성이다.

2. 일반적 행동자유권

일반적 자유권은 우선 **행위(행동)를 보호법익**으로 하는 경우에 '일반적 행동자유권'으로 이해된다. 이러한 일반적 행동자유권은 행위에 관한 **허용규범**으로 표현된다. 즉 일반적 행동자유권은 어떠한 행위이든 원하는 대로 할 수도 있고 하지 않을 수도 있도록 행위의 결정 여부에 관하여 행위주체에게 자유롭게 방임된(허용된) 규범적 상태에서 개인이 누리는 주관적 지위를 말한다. 헌법재판소도 행복추구권 안에 일반적 행동자유권이 함축되어 있다고 하면서 적극적 자유(할 수 있는 자유)와 소극적 자유(하지 않을 수 있는 자유)를 포함하는 일반적 행동자유권에서 **계약의 자유**나 **유언의 자유**가 파생되며 가치 있는 행동만 보호영역으로 하는 것은 아니라고 한다. 또한 개인의 생활방식과 취미

8) 제2편 제2부 제1장 제2절 II. 1. (2) 참조.

에 관한 사항도 일반적 행동자유권의 보호영역에 포함된다고 본다. 그리고 일반적 행동자유권의 하나가 사적 자치의 원칙이며 법률행위의 영역에서는 계약자유의 원칙으로 나타난다고 한다.[9] 계약의 자유는 계약체결 여부, 계약 상대방, 계약의 방식과 내용 등을 당사자의 자유로운 의사로 결정할 수 있는 자유를 의미한다.[10] 다만 계약의 자유나 유언의 자유는 독자적인 기본권으로 볼 수 있으므로 일반적 행동자유권이 아니라 열거되지 않은 개별적 기본권(헌법 제37조 제1항)을 근거로 도출해야 한다. 흡연의 자유[11]처럼 독자적인 기본권으로 볼 수 없는 경우에만 일반적 행동자유권에서 도출할 수 있다.

[판례] 일반적 행동자유권과 계약의 자유

이른바 계약자유의 원칙이란 계약을 체결할 것인가의 여부, 체결한다면 어떠한 내용의, 어떠한 상대방과의 관계에서, 어떠한 방식으로 계약을 체결하느냐 하는 것도 당사자 자신이 자기의사로 결정하는 자유뿐만 아니라, 원치 않으면 계약을 체결하지 않을 자유를 말하여, 이는 헌법상의 행복추구권 속에 함축된 일반적 행동자유권으로부터 파생되는 것이라 할 것이다(1991. 6. 3. 89헌마204; 1998. 10. 29. 97헌마345; 1999. 12. 23. 98헌가12등; 2002. 1. 31. 2000헌바35; 2004. 10. 28. 2003헌바70; 2005. 12. 22. 2004헌바64; 2006. 3. 30. 2005헌마349;2006. 7. 27. 2005헌바19; 2008. 9. 25. 2005헌바81; 2009. 7. 30. 2007헌마870).

[판례] 일반적 행동자유권과 유언의 자유

유언의 자유는 단순한 재산권 처분의 권능 이외에도 사적 자치의 실현이라는 의미를 지니는바, 유언을 할지의 여부, 그 구체적인 내용의 선택, 유언의 방식 등은 기본적으로 개인의 자유로운 의사결정에 맡겨져 있다. 그러므로 자필증서에 의한 유언에 있어서 그 방식을 제한하는 것은 행복추구권에서 파생된 유언자의 일반적 행동의 자유를 제한하는 것이 된다(2008. 3. 27. 2006헌바82; 2008. 12. 26. 2007헌바128).

[판례] 일반적 행동자유권의 내용

일반적 행동자유권은 적극적으로 자유롭게 행동을 하는 것은 물론 소극적으로 행동을 하지 않을 자유도 포함되고, 가치 있는 행동만 보호영역으로 하는 것은 아니다(2003. 10. 30. 2002헌마518; 2005. 11. 24. 2005헌바46, 2011. 6. 30. 2009헌마406; 2012. 2. 23. 2010헌바99; 2022. 11. 24. 2021헌마425). 따라서 그 보호영역에는 개인의 생활방식과 취미에 관한 사항도 포함되며, 여기에는 위험한 스포츠를 즐길 권리와 같은 위험한 생활방식으로 살아갈 권리도 포함된다(2003. 10. 30. 2002헌마518). 또한 개인이 대마를 자유롭게 수수하고 흡연할 자유도 그 보호영역에 포함된다(2005. 11. 24. 2005헌바46).

3. 일반적 인격권

일반적 자유권의 보호법익에는 행위뿐만 아니라 **사실적 상태**(속성 · 상황)와 **법적 상태**(법적 지위)도 포함된다. 왜냐하면 법적 상태를 포함하여 상태에 대한 제약은 행동에 대한 간접적인 제약이 되기 때문이다. 상태에 관한 가장 추상적인 권리를 '일반적 인격

9) 헌재 2014. 3. 27. 2012헌가21; 2016. 9. 29. 2015헌바28; 2024. 8. 29. 2021헌바74.

10) 헌재 2024. 2. 28. 2019헌마500(주 52시간 근로시간 상한제: 합헌).

11) 헌재 2014. 9. 25. 2013헌마411등(조례에 의한 금연구역 지정); 2024. 4. 25. 2022헌바163(광장 벤치 흡연 사건).

권'이라 부른다. 이러한 일반적 인격권은 일정한 인격적 상태를 유지하거나 포기할 수 있도록 허용된 규범적 상태에서 개인이 누리는 주관적 지위를 뜻한다. 헌법재판소는 일반적 인격권에서 도출되는 권리로 '명예권',[12] '부모의 태아 성별정보에 대한 접근권',[13] '배아생성자의 배아에 대한 결정권'[14] 등을 든다.

4. 일반적 자유권과 개별적 자유권의 관계

행위든 상태든 일반적 자유권의 구체적인 내용은 인간의 존엄과 가치에 관한 기본권을 동시에 고려할 때 도출될 수 있다. 일반적 자유권의 이러한 구체적 내용은 한편으로 헌법에 ① **열거된 개별적 기본권**(제12조에서 제36조)으로 표현되고, 다른 한편으로 ② **열거되지 않은 개별적 기본권**(제37조 제1항), 즉 헌법에 명시적으로 열거되지는 않았을지라도 경시되어서는 안 되는 개별적 기본권으로도 표현된다.

'열거된 개별적 기본권'은 **헌법제정자**가 역사적 경험을 통해서 헌법에 우선적으로 명시할 필요성을 확인한 기본권을 의미한다. 반면에 '열거되지 않은 개별적 기본권'은 헌법의 제정 또는 개정 당시에는 예상할 수 없었던 상황이 발생하여 새롭게 보장이 필요하게 된 기본권이 **헌법해석자**의 판례를 통해서 확인된 기본권이다. 예를 들어 현행 헌법에 명시되지 않은 권리로서 생명권, 성적 자기결정권, 명예권, 성명권, 초상권, 일조권 등이 열거되지 않은 개별적 기본권에 해당한다. 헌법재판소의 판례를 예로 들면 '수형자의 접견교통권',[15] '미결수용자의 변호인 아닌 자와의 접견교통권',[16] '양육권'[17] '출생등록될 권리'[18] 등이 해당한다. 앞서 언급한 것처럼 헌법재판소는 명예권을 일반적 인격권에 포함된 것으로 보지만 명예권은 열거되지 않은 개별적 기본권으로 보는 것이 타당하다.

[판례] 열거되지 않은 권리의 인정요건

헌법에 열거되지 아니한 기본권을 새롭게 인정하려면, 그 필요성이 특별히 인정되고, 그 권리내용(보호영역)이 비교적 명확하여 구체적 기본권으로서의 실체 즉, 권리내용을 규범 상대방에게 요구할 힘이 있고 그 실현이 방해되는 경우 재판에 의하여 그 실현을 보장받을 수 있는 구체적 권리로서의 실질에 부합하여야 할 것이다(논리적이고 정제된 법률의 적용을 받을 권리는 헌법상 열거되지 않은 기본권으로 인정되지 않는다는 사례: 2011. 8. 30. 2008헌마477).

12) 헌재 2005. 10. 27. 2002헌마425; 2008. 11. 27. 2008헌마517.

13) 헌재 2008. 7. 31. 2004헌마1010(성별고지 전면금지: 헌법불합치); 2024. 2. 28. 2022헌마356(32주 이전 태아의 성별고지 금지: 위헌).

14) 헌재 2010. 5. 27. 2005헌마346.

15) 헌재 1998. 10. 15. 98헌마168; 2009. 9. 24. 2007헌마738.

16) 헌재 2003. 11. 27. 2002헌마193; 2025. 2. 27. 2021헌마368.

17) 헌재 2008. 10. 30. 2005헌마1156.

18) 헌재 2023. 3. 23. 2021헌마975.

[판례] 열거되지 않은 권리로서 평화적 생존권의 인정 여부

[1] 오늘날 전쟁과 테러 혹은 무력행위로부터 자유로워야 하는 것은 인간의 존엄과 가치를 실현하고 행복을 추구하기 위한 기본 전제가 되는 것이므로 헌법 제10조와 제37조 제1항으로부터 평화적 생존권이라는 이름으로 이를 보호하는 것이 필요하며, 그 기본 내용은 침략전쟁에 강제되지 않고 평화적 생존을 할 수 있도록 국가에 요청할 수 있는 권리라고 볼 수 있다(2006. 2. 23. 2005헌마268).

[2] 평화적 생존권이란 이름으로 주장하고 있는 평화란 헌법의 이념 내지 목적으로서 추상적인 개념에 지나지 아니하고, 평화적 생존권은 이를 헌법에 열거되지 아니한 기본권으로서 특별히 새롭게 인정할 필요성이 있다거나 그 권리내용이 비교적 명확하여 구체적 권리로서의 실질에 부합한다고 보기 어려워 헌법상 보장된 기본권이라고 할 수 없다(2009. 5. 28. 2007헌마369). → 판례변경

[판례] 열거되지 않은 권리로서 성적 자기결정권

헌법 제10조는 "모든 국민은 인간으로서의 존엄과 가치를 가지며, 행복을 추구할 권리를 가진다. 국가는 개인이 가지는 불가침의 기본적 인권을 확인하고 이를 보장할 의무를 진다"라고 규정하여 모든 기본권을 보장의 종국적 목적(기본이념)이라 할 수 있는 인간의 본질이며 고유한 가치인 개인의 인격권과 행복추구권을 보장하고 있다. 그리고 개인의 인격권 · 행복추구권에는 개인의 자기운명결정권이 전제되는 것이고, 이 자기운명결정권에는 성행위여부 및 그 상대방을 결정할 수 있는 성적 자기결정권이 또한 포함되어 있으며 … (1990. 9. 10. 89헌마82).

[판례] 열거되지 않은 권리로서 명예권

[1] 헌법 제10조로부터 도출되는 일반적 인격권에는 개인의 명예에 관한 권리도 포함될 수 있으나, 여기서 말하는 '명예'는 사람이나 그 인격에 대한 '사회적 평가', 즉 객관적 · 외부적 가치평가를 말하는 것이지 단순히 주관적 · 내면적인 명예감정은 포함하지 않는다고 보아야 한다. 그와 같은 주관적 · 내면적 · 정신적 사항은 객관성과 구체성이 미약한 것이므로 법적인 개념이나 이익으로 파악하는 데는 대단히 신중을 기하지 않을 수 없기 때문이다(2005. 10. 27. 2002헌마425).

[2] 명예는 생명, 신체와 함께 매우 중대한 보호법익이고 인격권으로서의 명예권은 물권의 경우와 마찬가지로 배타성을 가지는 권리라고 할 것이므로 사람의 품성, 덕행, 명성, 신용 등의 인격적 가치에 관하여 사회로부터 받는 객관적인 평가인 명예를 위법하게 침해당한 자는 손해배상 또는 명예회복을 위한 처분을 구할 수 있는 이외에 인격권으로서 명예권에 기초하여 가해자에 대하여 현재 이루어지고 있는 침해행위를 배제하거나 장래에 생길 침해를 예방하기 위하여 침해행위의 금지를 구할 수도 있다(대결 2005. 1. 17. 2003마1477).

[판례] 열거되지 않은 권리로서 성명권

[1] 무조건 성(姓)의 가나다순에 의하여 후보자 기호를 결정하도록 규정하는 것은 **인격권의 일종인 성명권**을 침해한다고 주장하나, 이 사건 조항은 후보자성명의 가나다순에 따라 기호배정을 하고 있는 것일 뿐 후보자의 성명을 간섭하거나 박탈하는 내용이 아니어서 성명권과는 직접 관련이 없다 할 것이므로, 성명권을 제한하는 것이라고 볼 수도 없다(2007. 10. 4. 2006헌마346등).

[2] 이름(성명)은 특정한 개인을 다른 사람으로부터 식별하는 표지가 됨과 동시에 이를 기초로 사회적 관계와 신뢰가 형성되는 등 고도의 사회성을 가지는 일방, 다른 한편 인격의 주체인 개인의 입장에서는 자기 스스로를 표시하는 인격의 상징으로서의 의미를 가지는 것이고, 나아가 이름에서 연유되는 이익들을 침해받지 아니하고 자신의 관리와 처분 아래 둘 수 있는 권리인 성명권의 기초가 되는 것이며, 이러한 **성명권은 헌법상의 행복추구권과 인격권의 한 내용**을 이루는 것이어서 자기결정권의 대상이 되는 것이므로 본인의 주관적인 의사가 중시되어야 하는 것이다(대결 2007. 11. 16. 2005스26).

[판례] 열거되지 않은 권리로서 초상권

[1] 사람은 누구나 자신의 얼굴 기타 사회통념상 특정인임을 식별할 수 있는 신체적 특징에 관하여 함부로 촬영 또는 그림묘사되거나 공표되지 아니하며 영리적으로 이용당하지 않을 권리를 가지는데, 이러한 초상권은 우리 헌법 제10조 제1문에 의하여 헌법적으로 보장되는 권리이다(대판 2006. 10. 13. 2004다16280).

[2] 사람은 자신의 의사에 반하여 얼굴을 비롯하여 일반적으로 특정인임을 식별할 수 있는 신체적 특징에 관하여 함부로 촬영당하지 아니할 권리를 가지고 있으므로, 경찰이 보도자료 배포 직후 기자들의 취재 요청에 응하여 피의자가 경찰서 조사실에서 양손에 수갑을 찬 채 조사받는 모습을 촬영할 수 있도록 허용한 촬영허용행위는 **헌법 제10조로부터 도출되는 초상권**을 포함한 일반적 인격권을 제한한다고 할 것이다(2014. 3. 27. 2012헌마652).

[3] 사람은 자신의 의사에 반하여 얼굴을 비롯하여 일반적으로 특정인임을 식별할 수 있는 신체적 특징에 관하여 함부로 촬영당하지 아니할 권리, 즉 **헌법 제10조로부터 도출되는 초상권**을 포함한 일반적 인격권을 가지고 있다. 따라서 옥외집회 · 시위 현장에서 참가자들을 촬영 · 녹화하는 경찰의 촬영행위는 집회참가자들에 대한 초상권을 포함한 일반적 인격권을 제한할 수 있다(2018. 8. 30. 2014헌마843).

열거된 개별적 기본권과 열거되지 않은 개별적 기본권은 모두 일반적 자유권을 구체화한다. 이러한 맥락에서 일반적 자유권과 열거된 기본권의 관계는 일반적 자유권과 열거되지 않은 기본권의 관계와 구조적으로 동일하다. 이렇게 열거된 개별적 기본권이든 열거되지 않은 개별적 기본권이든 일반적 자유권에 대해서 독자적 의미를 갖기 때문에 일반적 자유권을 포괄적 기본권으로 이해하기는 어렵다. 다만 열거되지 않은 기본권을 ① 하나의 독립적인 개별적 기본권으로 **유형화될 수 있는 기본권**과 ② 하나의 독립적인 개별적 기본권으로 **유형화될 수 없는 기본권**으로 구분하는 경우에 일반적 자유권은 포괄적 기본권의 성격을 가질 수 있다. 왜냐하면 전자의 직접적인 헌법적 근거는 '열거되지 않은 개별적 기본권'에 관한 규정이 되지만 후자의 경우에는 '일반적 자유권'에 관한 규정이 직접적인 헌법적 근거가 되기 때문이다. 하나의 독립적인 개별적 기본권으로 유형화될 수 있는지 여부는 문제가 되는 기본권이 개별적 기본권이 될 수 있을 만큼 추상화될 수 있는지 여부(추상화 정도)에 따라 결정된다.

예를 들어 '고속도로를 통행할 수 있는 자유'[19]나 '지역방언을 사용할 수 있는 자유'[20] 또는 개인이나 문중이 '가족구성원이나 문중구성원을 위하여 납골당을 설치할 수 있는 자유,'[21] '어린이 보호구역에서 운전자가 원하는 방식으로 운전할 수 있는 자유'[22] 등은 개별적 기본권으로 '유형화될 수 없는' 기본권이므로 일반적 자유권으로서 행복추구권이 직접적인 헌법적 근거가 된다. 반면에 앞서 헌법재판소가 일반적 행동자유권에서 도출한 '계약의 자유'나 '유언의 자유'는 개별적 기본권으로 '유형화될 수 있는' 기본권에 해당한다고 볼 수 있으므로 행복추구권보다는 헌법 제37조 제1항이 직접적인 헌법적 근거가 된다고 보는 것이 타당하다.

인간의 존엄과 가치에 관한 기본권
= 행복추구권의 근거

⬇ 근거 및 구체화의 관계

행복추구권(= 일반적 자유권)
= 인간의 존엄과 가치에 관한 기본권의 구체화
= 일반적 행동자유권(행위관련적 자유) + 일반적 인격권(상태관련적 자유)

⬇ 구체화의 관계

개별적 기본권
= 일반적 자유권의 구체화
= 열거된 개별적 기본권 + 열거되지 않은 개별적 기본권

5. 보충적 기본권으로서 일반적 자유권

일반적 자유권은 열거된 개별적 기본권과 열거되지 않은 개별적 기본권으로 구체화되기 때문에 구체적인 사안에서는 개별적 기본권이 우선적으로 적용되어야 하고, 일반적 자유권은 개별적 기본권이 적용될 수 없을 때 보충적으로만 적용된다. 앞서 설명한 '기본권경합'의 법리에 의하여[23] 구체적인 사안에서 복수의 기본권이 문제되면 특별법우선의 원칙에 따라 개별적 기본권이 적용되는 것과 같다.

[판례] 행복추구권의 보충성

행복추구권은 다른 기본권에 대한 보충적 기본권으로서의 성격을 지니므로, 공무담임권이라는 우선적으로 적용되는 기본권이 존재하여 그 침해여부를 판단하는 이상, 행복추구권 침해여부를 독자적으로 판단할 필요가 없다(2000. 12. 14. 99헌마112등; 2002. 8. 29. 2000헌가5등; 2004. 4. 29. 2002헌마467; 2011. 6. 30. 2009헌마709; 2011. 11. 24. 2010헌마510).

19) 헌재 2008. 7. 31. 2007헌바90.
20) 헌재 2008. 5. 28. 2006헌마618.
21) 헌재 2009. 7. 30. 2008헌가2.
22) 헌재 2023. 2. 23. 2020헌마460(민식이법 사건: 합헌).
23) 제2편 제1부 제3장 제3절 I. 4. 참조.

Ⅱ. 행위와 상태의 자유와 권리

1. 주 체

행위든 상태든 일반적 자유를 향유하는 주체는 원칙적으로 모든 인간이다. 우리 헌법이 "모든 국민"으로 규정했다고 해도 기본권의 성격상 **인간의 권리**로 이해되기 때문에 국민뿐만 아니라 외국인도 주체가 될 수 있다.

2. 행위와 상태의 자유

모든 국민은 일반적으로 어떤 행위를 하거나 하지 않을 수 있는 결정의 '자유'라는 개인적 지위를 가진다. 또한 모든 국민은 상태(속성 · 상황 · 법적 지위)를 유지하거나 포기할 수 있는 결정의 자유도 향유한다.

3. 행위와 상태의 권리

① 일반적 자유는 일반적으로 어떤 행위를 하거나 하지 않을 수 있는 결정의 자유를 국가가 저지 · 방해하는 경우에 이러한 제약행위의 부작위 · 중지를 요구할 수 있는 **일반적 방어권**을 포함한다. 또한 일반적 자유의 보호법익이 상태(속성 · 상황 · 법적 지위)이면 국가가 이러한 상태의 유지나 포기에 관한 결정에 간섭하는 경우에 이러한 제약행위의 부작위 · 중지를 요구할 수 있는 일반적 방어권도 포함한다.

그리고 ② 일반적 자유는 일반적으로 어떤 행위를 하거나 하지 않을 수 있는 결정의 자유에 대해서 사인(私人)인 제3자가 침해하는 경우, 또는 어떤 상태(속성 · 상황 · 법적 지위)의 유지나 포기에 대해서 사인인 제3자가 침해하는 경우에 **국가에 대해서 보호**를 요구할 수 있는 **일반적 보호권**을 포함한다. 일반적 보호권은 일반적 자유와 독립적으로 규정될 수도 있다. 그렇지 않은 경우에 일반적 자유는 일반적 방어권뿐만 아니라 일반적 보호권의 근거도 된다. 현행 헌법은 일반적 보호권에 관한 독립적인 규정을 두고 있지 않기 때문에 행복추구권은 일반적 보호권을 도출할 수 있는 직접적 근거가 된다.

마지막으로 ③ 일반적 자유는 일반적으로 어떤 행위를 하거나 하지 않을 수 있는 결정의 자유를 보장하기 위한 절차에 관한 규범의 제정을 국가에 대해서 요구할 수 있는 **일반적 절차권**을 포함한다. 다만 헌법은 적법절차원칙을 보장함으로써 절차에 관한 일반적 권리를 보장하고 있다고 이해하면 적법절차조항은 일반적 절차권으로 해석될 수도 있다. 절차권 가운데 재판절차에 관해서는 **재판청구권**(제27조 제1항)이 보장하고, 그 밖에도 청원권(제26조), 국가배상청구권(제29조), 형사보상청구권(제28조), 형사피해자구조청구권(제30조)과 같은 절차적 기본권들이 청원절차, 국가배상절차, 형사보상절차, 형사피해자구조절차와 같은 다양한 절차를 보장한다. 따라서 이러한 개별적인 절차적 기본권이 보장하는 절차의 경우에는 이러한 기본권이 우선적으로 적용되어야 한다.

한편 일반적 자유는 사실적 자유를 보장하는 사회권을 포함할 수도 있다. 그러나 헌법은 사실적 자유를 보장하는 사회권에 관한 일반조항으로서 **인간다운 생활을 할 권리**(제34조 제1항)를 규정하고 있기 때문에 일반적 사회권은 행복추구권에서 도출된다고 볼 수 없다.[24)]

[판례] 행복추구권과 사회권

헌법 제10조의 행복추구권은 국민이 행복을 추구하기 위하여 필요한 급부를 국가에게 적극적으로 요구할 수 있는 것을 내용으로 하는 것이 아니라, 국민이 행복을 추구하기 위한 활동을 국가권력의 간섭 없이 자유롭게 할 수 있다는 **포괄적인 의미의 자유권**으로서의 성격을 가진다(1995. 7. 21. 93헌가14; 2000. 6. 1. 98헌마216; 2004. 4. 29. 2003헌바64) → 사회적 기본권이 문제된 사건에서 행복추구권을 인용할 수 없다는 판례

Ⅲ. 일반적 자유권에 대한 제약행위

1. 명령(강제)

일반적으로 어떤 행위를 하지 않을 수도 있는 결정의 자유(소극적 행위의 자유)에 대해서 반드시 그것을 하도록 명령 또는 강제하는 행위는 일반적 행동자유권에 대한 제약행위다. 이러한 행위들은 잠정적으로 '금지'된다. 예를 들어 자동차를 운행하는 중에는 반드시 안전벨트를 착용하도록 하거나 오토바이를 운전하는 중에는 반드시 헬멧을 착용하도록 하는 것처럼 일정한 행위를 명령하는 것은 원칙적으로 금지된다.

헌법재판소의 판례를 예로 들면 ① 4층 이상의 건물과 같은 특수건물의 소유자에 대한 화재보험 계약체결의 강제,[25)] ② 소주판매자가 자도소주를 구입하도록 명령하여 소주소비자가 자도소주를 마시도록 하는 강제,[26)] ③ 사납금제를 규정하여 택시운송수입금의 전액납부 및 수납의무의 강제,[27)] ④ 탁주제조업자에게 탁주제조장이 소재한 행정구역으로만 탁주공급구역을 제한하여 탁주소비자에게 일정한 탁주만을 마시도록 하는 강제,[28)] ⑤ 국민연금 가입강제 및 연금보험료의 강제징수,[29)] ⑥ 모든 의료기관의 의료보험대상기관 강제지정 및 의료소비자에 대한 의료행위의 강제,[30)] ⑦ 건강보험 가입의무를 통한 공법상의 단체에 대한 가입강제,[31)] ⑧ 자동차 운전자에 대한 안전벨트 착용의무의 강제,[32)] ⑨ 음주측정의 강제 및 음주측정거부자에 대한 필요적 면허취소,[33)] ⑩

24) 제2편 제2부 제10장 제2절 참조.
25) 헌재 1991. 6. 3. 89헌마204.
26) 헌재 1996. 12. 26. 96헌가18.
27) 헌재 1998. 10. 29. 97헌마345.
28) 헌재 1999. 7. 22. 98헌가5.
29) 헌재 2001. 2. 22. 99헌마365.
30) 헌재 2002. 10. 31. 99헌바76등.
31) 헌재 2003. 10. 30. 2000헌마801; 2013. 7. 25. 2010헌바51; 2022. 3. 31. 2019헌바212.
32) 헌재 2003. 10. 30. 2002헌마518.
33) 헌재 2004. 12. 16. 2003헌바87; 2007. 12. 27. 2005헌바95.

수용자의 마약류반응검사를 위한 소변강제채취,[34] ⑪ 공공기관의 공문서 작성 및 교과용 도서 편찬에서 표준어의 강제,[35] ⑫ 소유권이전등기의 강제,[36] ⑬ 형의 집행유예와 동시에 선고되는 사회봉사명령,[37] ⑭ 거실 내 수형자를 대상으로 인원점검을 하는 동안 2-3분 가량 정렬한 상태에서 번호를 외치게 한 행위(점호행위),[38] ⑮ 학교폭력 가해학생의 보호자에 대한 특별교육 이수의무,[39] ⑯ 성범죄자에 대한 성폭력 치료프로그램 이수명령,[40] ⑰ 교통사고 발생 시 사상자 구호 등 필요한 조치의 의무,[41] ⑱ 본인의 의사와 상관없는 성년후견개시절차의 개시,[42] ⑲ 예비군훈련 참가의무의 부과,[43] ⑳ 사망사고에 대한 의료분쟁 조정절차의 자동개시,[44] ㉑ 의료기관에 대한 비급여 진료비용의 보고의무,[45] ㉒ 교도소에서 수용거실에 라디오방송을 송출하여 라디오청취를 강제하는 행위,[46] ㉓ 중대재해가 발생한 경우 사업주에게 중대재해의 내용 등을 고용노동부장관에게 보고하도록 강제하는 행위[47] 등이 일반적 행동의 자유를 제약하는 명령이나 강제에 해당한다. 이러한 명령 · 강제는 잠정적으로 금지되기는 하지만 그 자체로 아직 정당한 제한(합헌)이거나 부당한 침해(위헌)라고 확정할 수는 없다.

2. 금지(규제)

일반적으로 어떤 행위를 할 수도 있는 결정의 자유(적극적 행위의 자유)에 대해서 하지 못하도록 금지 또는 규제하는 행위는 일반적 행동자유권에 대한 제약행위다. 이러한 행위들은 잠정적으로 '금지'된다. 예를 들어 운전하는 중에는 휴대전화의 사용을 금지하거나 지정된 장소 이외에서는 흡연을 하지 못하도록 금지하는 행위를 들 수 있다.

헌법재판소의 판례를 예로 들면 ① 일정한 대상과의 성행위를 간통죄나 혼인빙자간음죄의 규정이나 동성동본금혼제로 금지,[48] ② 18세 미만의 자에 대한 당구장출입의

34) 헌재 2006. 7. 27. 2005헌마277.
35) 헌재 2009. 5. 28. 2006헌마618.
36) 헌재 2009. 9. 24. 2007헌바102.
37) 헌재 2012. 3. 29. 2010헌바100.
38) 헌재 2012. 7. 26. 2011헌마332.
39) 헌재 2013. 10. 24. 2012헌마832.
40) 헌재 2016. 12. 29. 2016헌바153.
41) 헌재 2019. 4. 11. 2017헌가28.
42) 헌재 2019. 12. 27. 2018헌바130.
43) 헌재 2021. 2. 25. 2016헌마757.
44) 헌재 2021. 5. 27. 2019헌마321.
45) 헌재 2023. 2. 23. 2021헌마374등.
46) 헌재 2023. 2. 23. 2020헌바90.
47) 헌재 2025. 2. 27. 2021헌바111.
48) ① 간통죄: 헌재 1990. 9. 10. 89헌마82; 1993. 3. 11. 190헌가70; 2001. 10. 25. 2000헌바60; 2008. 10. 30. 2007헌가17등(이상 합헌); 2015. 2. 26. 2005헌바17등(위헌), 간통죄에 대한 자세한 내용은 이준일, 『인권법』 (2021), 제4장 참조, ② 혼인빙자간음죄: 2002. 10. 31. 99헌바40등(합헌); 2009. 11. 26. 2008헌바58(위헌), ③ 동성동본금혼제: 1997. 7. 16. 95헌가6등(헌법불합치).

금지,[49] ③ 18세 미만의 청소년에 대한 노래연습장 출입의 금지,[50] ④ 기부금품 모집의 금지,[51] ⑤ 결혼식하객들에 대한 음식물 대접의 금지,[52] ⑥ 과외의 금지,[53] ⑦ 양쪽 눈의 시력이 각각 0.5 미만인 자에 대한 제1종 운전면허 취득의 금지,[54] ⑧ 지정된 금연구역에서 흡연의 금지,[55] ⑨ 공무원의 직무에 속하는 사항의 알선에 관하여 금품 수수 등 행위의 금지,[56] ⑩ 대마의 흡연과 수수의 금지,[57] ⑪ 자동차전용도로에서 이륜차의 통행금지,[58] ⑫ 채권자취소권을 규정하여 채권자에 대한 사해행위를 내용으로 하는 법률행위의 금지,[59] ⑬ 무면허운전으로 벌금 이상의 형을 선고받은 자에 대한 2년 동안 운전면허취득의 금지,[60] ⑭ 요트조정면허제 및 야간수상레저활동의 금지,[61] ⑮ 주취중 운전의 금지(2회 이상 위반시 필요적 면허취소),[62] ⑯ 기부행위의 금지,[63] ⑰ 서울광장에서의 통행제지,[64] ⑱ 자연공원 내 출입금지,[65] ⑲ 낙태의 금지,[66] ⑳ 가정법원의 변론기일에 대리인을 출석하게 하는 행위의 금지,[67] ㉑ 심야시간대 청소년의 인터넷게임 이용을 금지하는 강제적 셧다운제,[68] ㉒ 비어업인이 잠수용 스쿠버장비를 사용하여 수산자원을 포획 · 채취하는 행위의 금지,[69] ㉓ 술에 취한 상태로 도로 외의 곳에서 운전하기(음주운전) 금지,[70] ㉔ 공문서에서 한자 사용의 금지,[71] ㉕운전면허를 받은 사람이 다른 사람의 자동차 등을 훔치는 행위의 금지,[72] ㉖ 교통사고로 사람을 사상한 후 필요한 조치 및 신고를 하지 않아 운전면허가 취소된 사람(뺑소니 운전자)의 4년간 운전면허 취득 금지,[73] ㉗ 음주운전으로 벌금형 이상을 선고받은 날로부터 5년 이내에 다시 음주운전

49) 헌재 1993. 5. 13. 92헌마80.
50) 헌재 1996. 2. 29. 94헌마13.
51) 헌재 1998. 5. 28. 96헌가5(자유재량 허가제로서 위헌); 2010. 2. 25. 2008헌바83(기속재량 허가제로서 합헌).
52) 헌재 1998. 10. 15. 98헌마168.
53) 헌재 2000. 4. 27. 98헌가16등.
54) 헌재 2003. 6. 26. 2002헌마677.
55) 헌재 2004. 8. 26. 2003헌마457; 2014. 9. 25. 2013헌마411등.
56) 헌재 2005. 11. 24. 2003헌바108.
57) 헌재 2005. 11. 24. 2005헌바46; 2010. 11. 25. 2009헌바246.
58) 헌재 2007. 1. 17. 2005헌마1111등; 2015. 9. 24. 2014헌바291.
59) 헌재 2007. 10. 25. 2005헌바96.
60) 헌재 2007. 12. 27. 2005헌바1107.
61) 헌재 2008. 4. 24. 2006헌마954.
62) 헌재 2010. 3. 25. 2009헌바83.
63) 헌재 2010. 9. 30. 2009헌바201; 2014. 2. 27. 2013헌바106; 2018. 2. 22. 2016헌바370.
64) 헌재 2011. 6. 30. 2009헌마406.
65) 헌재 2012. 2. 23. 2010헌바99.
66) 헌재 2012. 8. 23. 2010헌바402; 2019. 4. 11. 2017헌바127.
67) 헌재 2012. 10. 25. 2011헌마598.
68) 헌재 2014. 4. 24. 2011헌마699등.
69) 헌재 2016. 10. 27. 2013헌마450.
70) 헌재 2016. 2. 25. 2015헌가11.
71) 헌재 2016. 11. 24. 2012헌마854.
72) 헌재 2017. 5. 25. 2016헌가6.

으로 벌금형 이상을 선고받은 사람의 5년 동안 총기소지 금지,[74] ㉘ 주방용 오물분쇄기 사용의 금지,[75] ㉙ 전용차로 통행금지,[76] ㉚ 카메라 등을 이용하여 성적 수치심 등을 유발할 수 있는 타인의 신체를 촬영하는 행위의 금지,[77] ㉛ 전동킥보드 최고속도 제한,[78] ㉜ 변호사시험 응시횟수 제한(졸업 후 5년 내 5회 제한),[79] ㉝ 운전 중 휴대전화 사용의 금지,[80] ㉞ 환각물질 섭취 · 흡입의 금지,[81] ㉟ 금융회사 종사자에 대한 거래정보 제공요구의 금지,[82] ㊱ 선불폰 개통에 필요한 증서 등의 타인제공 금지,[83] ㊲ 도시정비 사업 조합 임원의 선출과 관련하여 후보자의 금품제공 금지,[84] ㊳ 못된 장난 등으로 업무를 방해하는 행위의 금지[85] 등은 일반적 행동의 자유를 제약하는 금지에 해당한다. 이러한 금지행위 자체는 잠정적으로 금지되기는 하지만 정당한 제한(합헌)이나 부당한 침해(합헌)로 확정할 수 없다.

3. 훼손과 침범

일반적으로 어떤 사실적 상태(속성 · 상황)를 훼손하거나 침범하는 것은 일반적 인격권에 대한 제약이다. 이러한 행위들은 잠정적으로 '금지'된다. 헌법재판소의 판례를 예로 들자면 ① 미결수용자에게 재소자용 의류를 입게 한 행위,[86] ② 차폐시설이 불충분한 유치장내 화장실의 이용을 강제하여 신체부위가 다른 유치인들과 경찰관들에게 관찰되도록 한 행위,[87] ③ 경찰서유치장에서 형사피의자의 상의와 하의를 속옷까지 벗게 하여 신체를 과잉수색한 행위,[88] ④ 범죄인의 신상과 범죄행위를 공개하는 행위,[89] ⑤ 교도소수용자에게 장기간 금속수갑과 가죽수갑을 착용하게 하여 기본적인 생리현상을 해결할 때마다 인간으로서의 기본적인 품위유지를 어렵게 한 행위,[90] ⑥ 마약류사범에 대한 정밀신체검사를 위하여 교도관 앞에서 하의속옷을 내린 채 상체를 숙이고 양손으로

---

73) 헌재 2017. 12. 28. 2016헌바254.
74) 헌재 2018. 4. 26. 2017헌바341.
75) 헌재 2018. 6. 28. 2016헌마1151.
76) 헌재 2018. 11. 29. 2017헌바465.
77) 헌재 2017. 6. 29. 2015헌바243; 2019. 11. 28. 2017헌바182등.
78) 헌재 2020. 2. 27. 2017헌마1339.
79) 헌재 2020. 11. 26. 2018헌마733등.
80) 헌재 2021. 6. 24. 2019헌바5.
81) 헌재 2021. 10. 28. 2018헌바367.
82) 헌재 2022. 2. 24. 2020헌가5.
83) 헌재 2022. 6. 30. 2019헌가14.
84) 헌재 2022. 10. 27. 2019헌바324.
85) 헌재 2022. 11. 24. 2021헌마426.
86) 헌재 1995. 5. 27. 97헌마137등.
87) 헌재 2001. 7. 19. 2000헌마546.
88) 헌재 2002. 7. 18. 2000헌마327.
89) 헌재 2003. 6. 26. 2002헌가14.
90) 헌재 2003. 12. 18. 2001헌마163.

둔부를 벌려 항문을 보이게 하는 행위,[91] ⑦ 친일반민족행위진상규명위원회의 조사대상자 선정 및 친일반민족행위 결정,[92] ⑧ 교정시설에 수용자를 수용할 때마다 전자영상검사기로 알몸 상태의 수용자의 항문 부위를 관찰하는 행위[93] 등은 일반적 인격권을 제약하는 간섭행위에 해당한다. 이러한 간섭행위들도 잠정적으로 금지될 뿐이고 제한과 정당화의 단계를 거쳐 합헌적 제한 또는 위헌적 침해로 확정될 수 있다.

4. 박　탈

일반적으로 어떤 법적 지위를 박탈하는 것은 일반적 자유권에 대한 제약행위다. 이러한 제약행위는 전면적 박탈뿐만 아니라 부분적 박탈을 포함하고, 법적 지위의 행사를 사실적으로 저지 · 방해하는 행위도 포함하며 잠정적으로 '금지'된다. 잠정적으로 금지된 박탈행위는 정당화의 단계를 거쳐 합헌적 제한이나 위헌적 침해로 확정된다.

제 3 절 제한규범

행복추구권의 구성요건을 충족해도 제한규범에 해당하는 행위나 상태는 확정적인 보호를 받지 못한다. 행복추구권의 구성요건을 충족하면서 제한규범에 해당하지 않는 행위나 상태만이 확정적으로 보호된다. 따라서 행복추구권의 구성요건 단계에서 보호법익에 해당하여 잠정적으로 보호된 행위나 상태는 제한규범에 해당하지 않으면 확정적으로 보호된다. 한편 행복추구권에 포함된 일반적 방어권의 경우에 구성요건의 단계에서 잠정적으로 금지된 제약행위는 제한규범에 근거하는 경우에만 잠정적으로 허용된 제약행위로 바뀌게 되고, 근거가 되는 제한규범이 없는 경우에는 확정적으로 금지된 제약행위가 된다.

Ⅰ. 헌법직접적 제한규범

일반적 자유권에 대한 헌법직접적 제한규범은 '성문'의 형태와 '불문'의 형태로 가능하다. 우리 헌법규정은 일반적 자유권에 대한 성문의 헌법직접적 제한규범을 포함하고 있지 않다. 불문의 헌법직접적 제한규범은 다른 사람의 기본권이나 헌법적 법익 등이 있다. 다른 사람의 기본권이 행복추구권에 대한 헌법직접적 제한규범이 되면 두 기본권 사이에는 '기본권의 충돌'이 발생한다.

91) 헌재 2006. 6. 29. 2004헌마826.
92) 헌재 2010. 10. 28. 2007헌가23; 2011. 3. 31. 2008헌바111.
93) 헌재 2011. 5. 26. 2010헌마775.

Ⅱ. 헌법간접적 제한규범

일반적 자유권에 대한 헌법간접적 제한규범은 일반적 자유권을 규정한 기본권조항에서 '개별적으로' 규정될 수도 있고, 일반적 자유권을 규정한 기본권조항과는 독립적인 규정을 두어 모든 자유와 권리에 대해서 '일반적으로' 규정될 수도 있다. 우리 헌법은 일반적 자유권에 대하여 개별적 법률유보조항은 규정하지 않고, 일반적 법률유보조항에서 규정하고 있다. 따라서 일반적 법률유보조항인 헌법 제37조 제2항에 근거하여 일반적 자유권은 "국가안전보장, 질서유지 또는 공공복리"를 위하여, "법률"에 의해서만 제한될 수 있다.

제 4 절 정 당 화

일반적 자유권을 의미하는 행복추구권도 원칙규범으로 이해된다. 따라서 잠정적으로 보장된 행복추구권의 구성요건이 확정적인 것이 되기 위해서는 **비례성원칙에 따른 합리적 형량**이 필요하다. 이것은 행복추구권을 제한하는 다른 사람의 기본권이나 헌법적 법익 또는 공익을 행복추구권과의 관계에서 균형을 이루도록 함으로써 정당화하는 것을 의미한다. 그러므로 행복추구권에 대한 제약은 다른 사람의 기본권이나 헌법적 법익 또는 입법목적으로 제시된 공익과 균형을 이룰 수 있는 범위 안에서는 정당화된다. 비례성원칙은 행복추구권에 포함된 방어권의 경우에는 과잉금지원칙으로, 보호권과 절차권의 경우에는 과소금지원칙으로 구체화된다.

한편 행복추구권의 본질내용에 대해서는 **절대설**에 따르면 비례성원칙과는 독립적인 원칙으로서 본질내용침해금지원칙에 따른 독자적인 심사가 행복추구권에 대한 제약을 정당화하기 위하여 부가적으로 필요하다. 하지만 **상대설**을 따르면 비례성원칙에 따른 심사로 행복추구권의 제약에 대한 정당화는 충분하게 된다.

행복추구권에 대한 제약에서도 형식적 정당화가 중요할 수 있는데 헌법재판소는 결혼식하객들에 대한 음식물 대접을 금지하는 법률이 명확성원칙에 위반한다고 하여 행복추구권의 제약에 대한 형식적 정당화의 단계에서 위헌으로 선언하였다.[94)]

[판례] 사죄광고와 인격권의 제한

사죄광고과정에서는 자연인이든 법인이든 인격의 자유로운 발현을 위하여 보호받아야 할 인격권이 무시되고 국가에 의한 인격의 외형적 변형이 초래되어 인격형성의 분열이 필연적으로 수반되게 된다. 이러한 의미에서 사죄광고제도는 헌법에서 보장된 인격의 존엄과 가치 및 그를 바탕으로 하는 인격권에도 큰 위해도 된다. … 민법 제764조가 사죄광고를 포함시키는 취지라면 그에 의한 기본권 제한에 있어서 그 선택된 수단이 목적에 적합하지 않

94) 헌재 1999. 10. 15. 98헌마168.

을 뿐 아니라 그 정도 또한 과잉하여 비례의 원칙이 정한 한계를 벗어난 것으로 … 인격권의 침해에 이르게 된다(1991. 4. 1. 89헌마160: 위헌; 방송사업자에 대한 시청자 사과조치에 대해서는 2012. 8. 23. 2009헌가27: 위헌).

[판례] 친생부인의 소의 제소기간 제한

친생부인의 소의 제척기간을 일률적으로 자의 출생을 안 날로부터 1년으로 규정함으로써 부가 자의 친생자 여부에 대한 의심도 가지기 전에 그 제척 기간이 경과하여 버려 결과적으로 부로 하여금 혈연관계가 없는 친자관계를 부인할 수 있는 기회를 극단적으로 제한하고 또 자의 출생 후 1년이 지나서 비로소 그의 자가 아님을 알게 된 부로 하여금 당사자의 의사에 반하면서까지 친생부인권을 상실하게 하는 것이다. 이는 인간이 가지는 보편적 감정에도 반할 뿐 아니라 자유로운 의사에 따라 친자관계를 부인하고자 하는 부의 가정생활과 신분관계에서 누려야 할 인격권 및 행복추구권을 침해하고 있는 것이다(1997. 3. 27. 95헌가14등).

[판례] 인지청구의 소의 제소기간 제한

민법 제864조 중 혼인외의 출생자의 경우에 인지청구의 소의 제소기간을 부 또는 모의 사망을 안 날로부터 1년내로 규정한 것은 헌법 제10조가 보장하는 인간으로서의 존엄과 가치를 보존하고 행복을 추구하는 권리를 제한한다고 볼 수 있다. 그러나 부 또는 모가 사망한 경우에 인지청구의 제소기간을 너무 장기간으로 설정하는 것은 법률관계를 불안정하게 하여 다른 상속인들의 이익이나 공익을 위하여 바람직하지 않다. 따라서 인지청구의 제소기간을 제한하여 법률관계를 조속히 안정시키는 것은 혼인외 출생자의 이익과 공동상속인 등 이해관계인의 이익을 조화시킨 것이다(2001. 5. 31. 98헌바9).

[판례] 의료기관의 직접청구 제한

의료법상 의료기관의 진료의무가 규정되어 있으므로 이 사건 조항(의료기관의 교통사고환자에 대한 진료비의 직접청구를 제한)들로 인하여 교통사고환자가 진료거절의 위험에 처하게 된다고는 보기 어렵고, 오히려 교통사고환자에게 진료비를 청구할 수 있도록 하면 진료비지급능력이 없는 교통사고환자의 경우 정당한 치료를 받지 못하는 결과가 발생할 우려가 더욱 크다고 할 수 있으며, 또한 교통사고환자는 불가피한 경우가 아니더라도 자기가 진료비를 부담하는 조건으로 스스로의 선택이나 요구에 의하여 의료기관으로부터 선택진료를 받거나 상급병실을 사용할 수 있는 길도 열려 있으므로, 어느 모로 보나 이 사건 조항들이 교통사고환자가 충분한 진료를 받을 수 있는 기회를 박탈함으로써 행복추구권을 침해하는 것으로는 볼 수 없다(2004. 2. 26. 2002헌바97).

[판례] 건강보험의 강제가입

건강보험은 사적인 자율영역에 맡길 수 있는 성격의 문제가 아니므로 사회보험의 형태로 이루어질 수밖에 없고, 사회보험으로서의 건강보험은 경제적인 약자에게 기본적인 의료서비스를 제공하고자 하는 것으로서 이는 공공복리를 위한 것이다. 그런데 소득재분배와 위험분산의 효과를 거두려는 사회보험의 목표는 임의가입의 형식으로 운영되는 한 달성하기 어렵고 법률로써 가입을 강제하여야만 이루어질 수 있다. … 결국, 보험에의 강제가입으로 인하여 일반적 행동의 자유로서 보험에 가입하지 않을 자유와 재산권 등에 제한이 가해진다 하더라도 이러한 기본권의 제한은 부득이한 것으로 볼 수 있다. 따라서 건강보험에의 강제가입에 관하여 규정한 이 사건 강제가입조항은 과잉금지원칙에 위배하여 청구인의 행복추구권, 재산권 등을 침해하는 것이라고 볼 수 없다(2013. 7. 25. 2010헌바51).

제 5 절 효 력

일반적 자유권을 의미하는 행복추구권은 ① 국가에 대해서 효력(대국가적 효력)을 발생할 수 있을 뿐 아니라 ② 사인인 제3자, 즉 국민에 대해서도 효력(대사인적 효력)을 발생할 수 있다. 행복추구권의 사인에 대한 효력은 기본권의 대사인적 효력에 관한 이론구성에 따라 법관에 대해서 행복추구권을 존중하는 재판을 요구함으로써 실현될 수 있다.

제3장 평 등 권

제1절 헌법규정

평등권은 **헌법 제11조**에 규정되어 있다. 이러한 평등권 규정이 의미하는 바는 평등에 관한 개인의 주관적 지위와 법질서로서의 객관적 규범이다. 한편 평등조항은 차별금지원칙과 특수계급부인 및 영전일대원칙을 규정하고 있다.

[헌법 제11조]

① 모든 국민은 법 앞에 평등하다. 누구든지 성별·종교 또는 사회적 신분에 의하여 정치적·경제적·사회적·문화적 생활의 모든 영역에 있어서 차별을 받지 아니한다.
② 사회적 특수계급의 제도는 인정되지 아니하며, 어떠한 형태로도 이를 창설할 수 없다.
③ 훈장 등의 영전은 이를 받은 자에게만 효력이 있고, 어떠한 특권도 이에 따르지 아니한다.

제2절 구성요건

Ⅰ. 인적 구성요건(주체)

평등권은 인간의 권리이기 때문에 그 인적 구성요건, 즉 평등권을 향유하는 주체에는 **모든 자연인**이 포함된다. 따라서 대한민국 국민이든 외국인이든 혹은 무국적자든 평등권의 주체가 된다. 예를 들어 헌법재판소에 따르면 외국인 건설근로자가 사망하면 그 유족이 외국거주 외국인인 경우에 퇴직공제금 지급대상에서 제외하는 것은 평등원칙에 위반되는데 평등원칙이 외국인에게도 적용되어 사실상 외국인의 평등권 주체성이 인정되고 있다.[1] 또한 외국인의 국민건강보험 가입과 관련하여 내국인이 가입할 때와 달리 지역가입자로 자동 가입하도록 하며 가족구성원을 별도의 세대로 구성하도록 할 뿐만 아니라 보험료의 하한선을 설정하여 고액의 보험료를 납부하도록 하면서 단 1회 체납만으로도 보험혜택을 중단시키는 것은 평등권을 침해한다고 설시함으로써 외국인에게 평등권의 주체로서 자격을 인정한다.[2] 헌법재판소는 코로나19 확산에 따른 긴급재난지원금 지급과 관련하여 외국인만으로 구성된 가구 중 영주권자 및 결혼이민자는 지급대상

1) 헌재 2023. 3. 23. 2020헌바471.
2) 헌재 2023. 9. 26. 2019헌마1165.

에 포함시키면서 난민인정자를 제외한 것은 합리적 이유가 없는 불리한 대우로 난민인정자의 평등권을 침해한다고 보는데 여기서 외국인인 난민인정자는 평등권의 주체로 인정되고 있다.[3] 또한 자연인 이외의 법인도 평등권의 주체가 될 수 있다. 평등권의 대상은 자유와 권리이기 때문에 예를 들어 재산권이나 참정권처럼 평등권의 대상이 되는 자유와 권리의 성격에 따라서는 외국인이 평등권의 주체가 되지 못할 수도 있다.

Ⅱ. 보호법익

1. 법적용의 평등과 법제정의 평등

(1) 개 념

헌법이 규정하고 있는 평등은 "법 앞에 평등"이라는 전통적 형식으로 되어 있다. ① 이러한 법 앞에 평등의 요청은 우선 '이미 제정된' 법을 적용하는 과정에서 평등해야 된다는 원칙으로 이해되며, 이러한 원칙을 '법적용의 평등'이라고 부를 수 있다. ② 그러나 평등은 법이 제정되는 단계에서부터 평등해야 된다는 원칙으로 이해될 수도 있다. 이러한 원칙은 '법제정의 평등'(법내용의 평등)이라 부를 수 있다. 법적용의 평등은 법의 내용이 어떤 것이든 상관없이 단지 법을 적용할 때 평등할 것을 요청하는 데 그치기 때문에 법적용자를 구속할 뿐이고, 법제정자인 입법자는 구속하지 못한다(입법자비구속설). 반면에 법제정의 평등은 적용되는 법규범의 내용에서부터 이미 평등할 것을 요청하기 때문에 법제정자까지도 구속한다(입법자구속설)는 점에서 차이가 있다. 경우에 따라서 법적용의 평등을 '형식적 평등'으로, 법제정의 평등을 '실질적 평등'으로 부르기도 한다.

(2) 법제정의 평등이 포함되어야 하는 논거

평등은 법적용의 평등뿐만 아니라 법제정의 평등까지도 요구하는데 그것은 두 가지 논거에 의하여 뒷받침된다.

① 첫째로, 법적용의 평등이란 어떤 사안이 일정한 법규범의 구성요건에 해당하기만 하면 당해 법규범이 그 사안에 적용되어야 한다는 요청이기 때문에 '법규범은 반드시 준수되어야 한다'는 요청과 다르지 않다. 그러나 이러한 법준수의 요청은 이미 당위적 요청으로서 모든 법규범에 내포되어 있다고 볼 수 있다. 따라서 평등원칙이 법적용의 평등을 의미하는 것으로 한정된다면 평등원칙은 이미 명백한 요청을 다시 한 번 확인하는 데 불과한 원칙이 되어 그 의미를 상실하게 된다.

② 둘째로, 만약 평등을 법적용의 평등으로만 이해하게 되면 평등원칙은 입법자를 구속하지 못하게 된다. 그러나 기본권이 모든 국가권력을 구속한다고 이해할 때 평등권은 입법자도 구속한다. 따라서 평등원칙은 입법자도 구속하는, 법제정의 평등까지 포함하는 것으로 이해되어야 한다. 물론 기본권이 모든 국가권력, 특히 입법권을 구속한다

3) 헌재 2024. 3. 28. 2020헌마1079.

는 요청은 예를 들어 독일기본법 제1조 제3항처럼 명시적으로 표현될 수도 있다. 하지만 국가권력(특히 입법자)의 기본권구속에 관한 명시적 규정이 없더라도 헌법이 기본권에 의한 법률의 통제(규범통제)를 규정한 경우에는 묵시적으로나마 그러한 기본권구속의 이념을 표현하고 있는 것으로 해석된다. 왜냐하면 기본권에 대한 입법자의 구속은 기본적으로 입법자에 대한 불신을 표현하는 것으로서 그러한 불신은 무엇보다도 규범통제제도를 통해 구체화될 수 있기 때문이다.

[판례] 법적용의 평등과 법내용(법제정)의 평등

우리 헌법이 선언하고 있는 "인간의 존엄성"과 "법 앞에 평등"은 행정부나 사법부에 의한 **법적용상의 평등만을 의미하는 것이 아니고**, 입법권자에게 정의와 형평의 원칙에 합당하게 합헌적으로 법률을 제정하도록 하는 것을 명하는 **법내용상의 평등**을 의미하고 있기 때문에 그 입법내용이 정의와 형평에 반하거나 자의적으로 이루어진 경우에는 평등권 등의 기본권을 본질적으로 침해한 입법권의 행사로서 위헌성을 면하기 어렵다(1992. 4. 28. 90헌바24; 1995. 10. 26. 92헌바45; 2022. 3. 31. 2021헌바62등).

2. 절대적 평등과 상대적 평등

(1) 개 념

평등은 모든 것을 동등하게 대우하라는 '절대적' 평등으로 이해되지 않고, **같은 것은 동등하게 대우하고 다른 것은 차등적으로 대우하라는** '상대적' 평등으로 이해된다.[4] 왜냐하면 절대적 평등은 현실적으로 가능하지도 않고, 가능하다고 하더라도 그것은 인간의 균질화를 의미하며 바람직하지 않기 때문이다. 평등을 절대적 평등으로 이해하게 되면 평등권의 보호법익은 당연히 동등한 대우이다. 그러나 평등을 상대적 평등으로 이해하면 동등한 대우만이 평등권의 보호법익이라고 말할 수는 없게 된다. 평등권에 근거하여 동등한 대우를 주장할 수도 있고, 차등적 대우를 주장할 수도 있기 때문이다. 따라서 상대적 평등을 내용으로 하는 평등권의 보호법익에는 잠정적으로 동등한 대우뿐만 아니라 차등적 대우도 포함된다.

[판례] 상대적 평등으로서 평등

헌법 제11조 제1항이 규정하는 평등의 원칙은 **'본질적으로 같은 것을 같게, 다른 것을 다르게' 취급해야** 한다는 것을 의미한다. 이는 일체의 차별적 대우를 부정하는 절대적 평등을 의미하는 것이 아니라 법의 적용이나 입법에 있어서 불합리한 조건에 의한 차별을 하여서는 안된다는 **상대적 · 실질적 평등**을 뜻하는 것이므로 합리적 근거 없이 자의적으로 차별하는 경우에 한하여 평등의 원칙에 위반될 뿐이다(1989. 5. 24. 89헌가37등; 1991. 2. 11. 90헌가27; 1994. 2. 24. 92헌바43; 1996. 12. 26. 96헌가18; 1997. 3. 27. 93헌마159; 1997. 4. 24. 96헌가3등; 1998. 9. 30. 98헌가77등; 1998. 11. 26. 97헌바31; 1999. 5. 27. 98헌바26; 2001. 9. 27. 2000헌마342; 2001. 11. 29. 99헌마494; 2004. 6. 24. 2003헌바53).

---

4) 그동안 평등에 포함된 대우를 평등대우와 불평등대우로 표현하였지만 개념적 불명확성 때문에 동등한 대우와 차등적 대우로 표현하기로 한다.

(2) 상대적 평등과 비교기준

평등을 상대적 평등으로 이해하는 경우에 평등의 본질적인 문제는 무엇이 같고 무엇이 다른지를 비교하는 일, 즉 '**대상의 비교**'다. 이러한 대상의 '같음'(동일성) 또는 '다름'(차이)에 대한 비교는 비교의 기준(가치)에 따라 달라진다. 즉 어떠한 비교기준에 근거하는지에 따라 비교대상이 본질적 차이가 없는 같은 것으로 판단될 수도 있고, 본질적 차이가 있는 다른 것으로 판단될 수도 있다. 헌법재판소의 견해처럼 비교대상의 동일성 여부를 결정하는 비교기준은 비교대상을 규율하는 "법률의 의미나 목적"에 의해 제시된다.[5] 이러한 비교기준에 따라 비교대상은 같은 것으로 판단되어 동등한 대우를 받을 수도 있고, 다른 것으로 판단되어 차등적 대우를 받을 수도 있게 된다. 결국 평등에서 가장 중요한 것은 비교대상의 같음과 다름에 대한 비교의 기준들 가운데 **어떤 것이 더 합리적인지**를 결정하는 일이다.

그런데 평등원칙 자체는 어떠한 비교기준이 더 합리적인지에 대해서 결정적인 기준을 제시하지 않고 있다. 이런 의미에서 평등원칙은 다시금 명확한 보호법익을 설정하기 어려운 문제를 발생시킨다. 비록 평등이 상대적 평등을 의미한다고 해도 어떤 것이 같고 어떤 것이 다른지에 대한 결정적 기준을 평등원칙 스스로 제시하고 있다면 그러한 기준에 따른 동등한 대우 또는 차등적 대우가 평등권의 보호법익이라고 말할 수 있다. 그러나 평등원칙은 비교대상의 같음과 다름을 판단하는 비교기준의 합리성을 평가할 수 있는 최종적 기준을 명확하게 제시하지 않고 있다. 따라서 평등원칙이 동등한 대우나 차등적 대우 가운데 무엇을 확정적으로 명령하고 있는지 명확하지 않기 때문에 평등권의 보호법익이 동등한 대우인지 차등적 대우인지를 확인할 수 없게 된다.

(3) 비교기준의 합리성과 판단권한

여기서 두 가지 문제가 제기된다. 첫째로, 동등한 대우와 차등적 대우 및 그 전제로서 비교대상의 본질적 차이 유무의 결정에서 중요한 것이 비교기준이라면, 그리고 평등원칙 자체는 그러한 비교기준에 대해서 아무런 언급도 하고 있지 않다면, 도대체 어떠한 비교기준이 더 합리적이라고 판단할 수 있는가? 둘째로, 누가 그러한 판단을 할 수 있는 권한을 갖는가? 평등원칙을 입법을 통해 구체화하는 입법자인가, 아니면 평등원칙을 기준으로 판단하는 헌법재판소인가? 첫 번째 물음은 결론부터 말하자면 비교대상의 동일성과 그에 대한 동등한 대우에 찬성하는 논거들과 비교대상의 상이성과 그에 대한 차등적 대우에 찬성하는 논거들 가운데 무엇이 더 설득력이 있는지에 관한 '**논증게임**'의 문제다. 첫 번째 물음이 평등에 관한 본질이기 때문에 나중에 자세하게 설명하기로 하고, 순서를 바꿔 두 번째 물음부터 먼저 대답하기로 하자.

---

5) 헌재 1996. 12. 26. 96헌가18(자도소주 구입명령제도: 주조회사와 다른 제조기업의 비교); 2001. 11. 29. 99헌마494(외국국적동포의 정의: 정부수립이전 이주동포와 정부수립이후 이주동포의 비교); 2008. 10. 30. 2006헌마547(선거일 전 60일까지 공직사퇴: 공무원과 정부투자기관직원의 비교): "두 개의 사실관계가 본질적으로 동일한가의 판단은 일반적으로 당해 법률조항의 의미와 목적에 달려있다."

비교대상의 동일성과 그에 대한 동등한 대우와 비교대상의 상이성과 그에 대한 차등적 대우의 비교기준에 대해서 요구되는 합리성은 이상적인 의미가 아니라 현실적인 의미의 합리성이다. 이것은 헌법상 요청되는 평등원칙을 입법을 통해 구체화해야 하는 입법자가 자의적으로 입법하지 않는 한계 안에서 '형성의 자유'라는 폭넓은 활동영역을 보장한다는 뜻이다. 다시 말해 **평등의 실현은 우선적으로 입법자의 권한영역**에 속한다. 다만 헌법재판소는 입법자가 '자의적 입법의 금지'라는 권한의 한계를 벗어나는 경우에 비로소 평등을 구체화하는 입법을 통제할 수 있게 된다. 이를테면 헌법재판소는 성폭력범죄 중 디엔에이 증거 등 그 죄를 증명할 수 있는 과학적인 증거가 있는 경우에 다른 성폭력범죄와 달리 공소시효를 연장하는 법률조항이 평등원칙에 위배되는지 여부를 판단하면서 공소시효제도의 구체화와 관련된 입법자의 폭넓은 재량을 인정하면서도 입법재량권의 자의적 행사 여부를 평가할 수 있다고 본다.[6]

(4) **논증부담규칙으로서 평등원칙**

평등이 상대적 평등을 의미하기 때문에 발생하는 또 다른 문제가 있다. 그것은 평등원칙에 근거하여 한편으로 동등한(본질적 차이가 없는) 대우를 주장할 수도 있고, 다른 한편으로 차등적(본질적 차이가 있는) 대우를 주장할 수도 있다면 평등원칙을 헌법에 규정한 의미가 도대체 무엇인지 하는 점이다.

평등원칙은 비교기준에 따라 일정한 비교대상에 대해서 한편으로 동등한 대우를 명령하는 동시에 다른 한편으로 차등적 대우를 명령하는 모순된 결론에 이르게 된다. 이것을 평등의 첫 번째 '내재적 모순'이라고 부른다. 이러한 모순을 해결하기 위하여 평등원칙의 규범적 의미를 살리는 해석이 필요하게 된다. 그것은 평등원칙을 비교대상과 그에 대한 대우의 관계에서 **잠정적으로 '평등에 유리한' 명령으로 해석**하는 것이다.[7] 이러한 해석에 따르면 비교대상과 그에 대한 대우의 관계에서 불평등을 주장하는 사람이 우선적으로 논증의 부담을 져야 한다. 다시 말해 일정한 비교대상에 대해서 본질적 차이 유무에 부합하게 대우하도록 요구하는 평등을 주장하는 사람이 아니라, 본질적 차이 유무에 부합하지 않게 대우하도록, 즉 불리한 대우를 하도록 요구하는 불평등을 주장하는 사람이 먼저 그에 대한 충분한 근거를 제시해야 할 부담을 진다는 뜻이다. 이러한 의미에서 **평등원칙은 '논증부담규칙'**으로 이해된다. 논증부담과 관련된 이러한 규범적 내용을 평등권의 보호법익에 포함시킬 수 있다면 적어도 그런 범위에서나마 평등권은 보호법익을 포함하고 있다고 말할 수 있다. 이러한 논증부담에 관한 규칙은 다음과 같은 세부적인 규칙들로 구체화될 수 있다.

---

6) 헌재 2023. 5. 25. 2020헌바309.

7) R. Alexy, *Theorie der Grundrechte*, 373면 참조.

[평등규칙[1]] 평등에 유리한 논증부담규칙

(1) 비교대상의 본질적 차이 유무에 부합하는 대우는 확정적으로 명령된다.
(2) 비교대상의 본질적 차이 유무에 부합하지 않는 불리한 대우는 잠정적으로 금지된다.
(3) 비교대상의 본질적 차이 유무에 부합하지 않는 불리한 대우를 하면서 합리적 이유를 제시하여 정당화하지 못하면 그러한 불리한 대우는 확정적으로 금지된다.
(4) 비교대상의 본질적 차이 유무에 부합하지 않는 불리한 대우를 하면서 합리적 이유를 제시하여 정당화하면 그러한 불리한 대우는 확정적으로 허용된다.

이러한 규칙들을 통해서도 평등의 구체화에서 입법자가 가지는 자유로운 활동영역을 다시 한 번 확인할 수 있다. 비교대상의 본질적 차이가 존재하는지 여부에 부합하는 대우는 평등에 해당하여 확정적으로 명령된다. 하지만 비교대상의 본질적 차이가 존재하는지 여부에 부합하지 않는 불리한 대우는 평등에 해당하지 않아 잠정적으로 금지된다. 비교대상의 본질적 차이가 존재하는지 여부에 부합하지 않는 불리한 대우를 하려면 이를 정당화할 수 있는 합리적 이유가 제시되어야만 한다. 따라서 입법자는 비교대상의 본질적 차이가 존재하는지 여부에 부합하지 않는 대우도 할 수 있는 폭넓은 권한을 갖는다. 다만 이 경우에 입법자는 합리적 이유를 제시하여 이러한 불리한 대우를 정당화해야 하는 논증부담을 질 뿐이다.

3. 법적 평등과 사실적 평등

(1) 개 념

평등원칙은 법적으로 평등할 것을 요청할 뿐만 아니라 사실적으로도 평등할 것을 요청한다. 왜냐하면 일정한 법규범은 그 자체로 보면 평등할 수 있어도 그것이 실현된 사실상의 결과는 불평등할 수 있기 때문이다. 그것은 법규범이 실현되는 **현실적 조건이나 상황이 다르다**는 점에서 기인한다. 다양한 현실적 조건이나 상황이 존재할 수 있지만 그 가운데 중요한 것으로는 현실적인 사회적, 문화적 여건이나 경제적 사정을 들 수 있다. 예를 들어 일정한 사회의 문화와 구성원들의 의식을 지배하는 가치관에 따라 유리한 집단과 불리한 집단이 존재한다는 사회적, 문화적 여건에도 불구하고, 또한 경제적으로 우월한 집단과 경제적으로 열등한 집단이 존재한다는 경제적 사정에도 불구하고 문제가 된 비교집단에게 법적으로 평등한 기회를 부여한다고 해도 그 결과는 사실상 불평등하게 나타날 수 있다.

따라서 평등원칙은 '행위'의 평등뿐만 아니라 '결과'의 평등, 다시 말해 법규범에 의하여 단순하게 기회나 가능성을 평등하게 제공하도록 요청할 뿐만 아니라, 일정한 법규범이 서로 다른 사실상의 결과를 초래하게 되는 여러 가지 현실적 조건이나 상황에 이르기까지의 평등을 요구한다. 여기서 행위의 평등을 '법적' 평등이라 부르고, 결과의 평등을 '사실적' 평등이라 부른다. 전자를 '형식적' 평등으로, 후자를 '실질적' 평등으로 부를 수도 있는데 이렇게 되면 형식적 평등은 법적용의 평등과 법적 평등을, 실질적 평등은 법제정의 평등과 사실적 평등을 의미하게 된다.

결론적으로 **평등원칙은 법적 평등과 사실적 평등을 포괄하는 원칙**이다. 미국을 배경으로 하여 발전된, 사회적 약자에 대한 이른바 **'적극적 우대조치'**(= 적극적 평등실현조치 또는 소수자보호정책, affirmative action)의 이론도 사회적 약자에 대한 사실적 평등의 보장, 즉 사회적 약자들에게 주어진 현실적 조건과 상황에서 발생하는 결과의 불평등을 완화하기 위해 사실적 평등을 실현하려는 정책적 배려로 이해될 수 있다. 예를 들어 여성이나 장애인에 대한 **할당제** 또는 **채용목표제**는 사실적 평등을 고려한 적극적 우대조치가 될 수 있다.

[법령] 적극적 우대조치를 구체화하고 있는 법률

남녀고용평등과 일 · 가정 양립 지원에 관한 법률 제2조 (정의)

3. "적극적 고용개선조치"란 현존하는 남녀 간의 고용차별을 없애거나 고용평등을 촉진하기 위하여 잠정적으로 특정 성을 우대하는 조치를 말한다.

양성평등기본법 제20조 (적극적 조치)

① 국가 및 지방자치단체는 차별로 인하여 특정 성별의 참여가 현저히 부진한 분야에 대하여 합리적인 범위에서 해당 성별의 참여를 촉진함으로써 관계 법령에서 정하는 바에 따라 적극적 조치를 취하도록 노력하여야 한다.

장애인차별금지 및 권리구제 등에 관한 법률 제4조 (차별행위)

④ 장애인의 실질적 평등권을 실현하고 장애인에 대한 차별을 시정하기 위하여 이 법 또는 다른 법령 등에서 취하는 적극적 조치는 이 법에 따른 차별로 보지 아니한다.

장애인고용촉진 및 직업재활법

제27조 (국가와 지방자치단체의 장애인 고용 의무) ① 국가와 지방자치단체의 장은 장애인을 소속 공무원 정원에 대하여 다음 각 호의 구분에 해당하는 비율 이상 고용하여야 한다.

1. 2021년 1월 1일부터 2021년 12월 31일까지: 1천분의 34
2. 2022년 1월 1일부터 2023년 12월 31일까지: 1천분의 36
3. 2024년 이후: 1천분의 38

제28조 (사업주의 장애인 고용 의무) ① 상시 50명 이상의 근로자를 고용하는 사업주(건설업에서 근로자 수를 확인하기 곤란한 경우에는 공사 실적액이 노동부장관이 정하여 고시하는 금액 이상인 사업주)는 그 근로자의 총수(건설업에서 근로자 수를 확인하기 곤란한 경우에는 대통령령으로 정하는 바에 따라 공사 실적액을 근로자의 총수로 환산한다)의 100분의 5의 범위에서 대통령령으로 정하는 비율(이하 "의무고용률"이라 한다) 이상에 해당(그 수에서 소수점 이하는 버린다)하는 장애인을 고용하여야 한다.

(2) 법적 평등에 유리한 논증부담규칙

1) 사실적 평등과 역차별 문제는 평등원칙이 법적 평등과 사실적 평등을 모두 다 포함한다고 할 때 평등원칙 안에 또다시 '내재적 모순'이 발생한다는 점이다. 왜냐하면 일정한 집단의 사실적 평등을 실현하기 위해서는 다른 집단의 법적 평등을 제한해야 하기 때문이다. 즉 사실적 평등의 실현은 법적 불평등의 발생을 야기한다. 이로써 사실적 평등을 위하여 이른바 **'역차별'**의 문제가 발생하게 된다. 사회적 약자의 사실적 평등을

실현하기 위하여 이른바 사회적 강자의 법적 평등을 제한하는 역차별이 발생할 수밖에 없기 때문이다.

이에 따라 역차별을 야기하는 사실적 평등을 평등의 보호영역 안에 반드시 포함시켜야 하는지에 대한 의문이 제기될 수 있다. 또한 사실적 평등은 사실적 자유를 의미하는 사회적 기본권으로서 주장될 수도 있다는 견해도 같은 맥락에서 제기된다. 물론 현행 헌법은 사회적 기본권을 명시적으로 규정하여 사실적 평등이 사회적 기본권에 근거하여 주장될 수 있는 것도 사실이다. 하지만 사회적 기본권이 주관적 권리로서의 법적 성격을 갖는지에 대한 논란이 여전히 존재한다는 점을 고려할 때[8] 사실적 평등을 평등권에 근거하여 주관적 권리로서 주장할 수 있도록 하는 것은 사회적 약자의 편에서 볼 때 상당히 유리하다.

2) 법적 평등이 사실적 평등보다 우선하는 논거 평등 안에 법적 평등뿐만 아니라 (법적 불평등을 발생시키는) 사실적 평등도 포함된다고 할 때 이러한 두 번째 내재적 모순을 해결하기 위하여 우선순위의 문제가 또다시 제기된다. 여기서 평등원칙은 다시금 논증부담규칙으로 이해된다. 평등원칙은 원칙적으로 **'법적 평등에 유리하게'** 해석하도록 요청되는 것이다. 왜냐하면 ① 법적 평등은 그 자체로 이미 보편적으로 합의된 하나의 가치이고, ② 사실적 평등의 실현은 반드시 법적 불평등을 야기하는데 앞에서 언급한 바와 같이 법적 불평등을 주장하는 사람이 논증부담을 져야 하는 것은 실천적 합리성이 요구하는 최소한의 준칙으로 이해될 수 있으며, ③ 사실적 평등이 지향하는 행위의 결과는 예측이 불가능하거나 불완전할 수밖에 없기 때문이다.[9] 이로써 사실적 평등을 주장하는 사람이 우선적으로 그것을 논증해야 할 부담을 지게 된다는 점은 분명해진다.

3) 사실적 평등의 기능 그렇다면 사실적 평등은 실제로는 평등의 구성요소로서 불필요한가? 그렇지 않다. 논증부담규칙이 말하고자 하는 바는 법적 평등이 **단지 잠정적으로만** 우선한다는 뜻이다. 이것은 사실적 평등을 우선할 만한 충분한 근거가 제시되기만 하면 사실적 평등을 우선해야 한다는 의미다. 따라서 평등과 관련된 문제에서 법적 평등과 함께 **사실적 평등은 반드시 동시에 고려되어야** 한다. 여기서 사실적 평등은 법적 불평등을 '허용'하거나 '명령'할만한 충분한 근거로서 제시된다. 이와 같은 내용은 다음과 같은 명제로 정리해볼 수 있다.

[평등규칙②] 법적 평등에 유리한 논증부담규칙

(1) 사실적 평등을 '허용'할 만한 충분한 근거가 제시되기 전까지는 잠정적으로 법적 평등이 명령되고, 사실적 평등은 금지된다. = **법적 평등의 잠정적 명령 및 사실적 평등의 잠정적 금지**

8) 사회적 기본권의 법적 성격에 대한 논란에 대해서는 제2편 제2부 제10장 제2절 제2항 II. 2. 참조.

9) R. Alexy, *Theorie der Grundrechte*, 379면 이하 참조.

(2) 사실적 평등을 '허용'하거나 '명령'할 만한 충분한 근거가 제시되지 못하면 확정적으로 법적 평등이 명령되고, 사실적 평등은 금지된다. = **법적 평등의 확정적 명령 및 사실적 평등의 확정적 금지**
(3) 사실적 평등을 '허용'할 만한 충분한 근거가 제시되면 확정적으로 사실적 평등이 허용되고, 법적 평등도 허용된다. = **사실적 평등의 확정적 허용 및 법적 평등의 확정적 허용**
(4) 사실적 평등을 '명령'할 만한 충분한 근거가 제시되면 확정적으로 사실적 평등이 명령되고, 법적 평등은 금지된다. = **사실적 평등의 확정적 명령 및 법적 평등의 확정적 금지**

4. 평등원칙과 평등권

객관적 규범으로서 평등원칙은 주관적 지위인 평등권으로 이해될 수 있다. 하지만 앞서 언급한 것처럼 평등원칙은 동등한 대우뿐만 아니라 차등적 대우의 근거가 될 수 있고, 또한 동등한 대우와 차등적 대우에 관한 판단에 대해서 결정적 기준을 제시하지 않기 때문에 엄격하게 말하자면 평등권의 보호법익은 없다. 바로 이것은 객관적 규범의 성격을 의미하는 '평등원칙'이라는 용어가 주관적 권리의 성격을 의미하는 '평등권'이라는 용어보다 자주 사용되는 이유이기도 하다. 하지만 평등원칙이 논증부담규칙으로서 비교대상의 본질적 차이에 부합하지 않는 불리한 대우를 주장하는 사람에게 논증부담을 지우는 요청으로 이해된다면 평등권은 그에 상응하여 **논증부담에 관한 보호법익을 갖는 주관적 권리**를 뜻한다. 다만 이러한 권리는 동등한 대우 또는 차등적 대우를 주장할 수 있는 '실체적 권리'가 아니라 평등 또는 불평등을 결정하는 논증게임에서 상대방의 논증부담을 주장할 수 있는 '절차적 권리'에 지나지 않는다. 이러한 절차적 권리를 존중하여 비교대상에 대한 동등한 대우나 차등적 대우가 결정될 수 있기 때문에 평등권이 실체적 권리와 무관하다고 볼 수는 없다. 어쨌든 그와 같은 권리는 다음과 같이 정리할 수 있다.

[평등권의 내용]

(1) 비교대상의 본질적 차이 유무에 부합하는 대우를 요구할 수 있는 권리를 갖는다.
  (1-1) 비교대상 간에 본질적 차이가 없으면 동등한 대우를 요구할 수 있는 권리를 가진다.
  (1-2) 비교대상 간에 본질적 차이가 있으면 차등적 대우를 요구할 수 있는 권리를 가진다.
(2) 비교대상의 본질적 차이 유무에 부합하지 않는 불리한 대우를 받는 경우에 이를 정당화할 수 있는 합리적 이유를 요구할 수 있는 권리를 갖는다.
  (2-1) 비교대상 간에 본질적 차이가 없는데도 차등적 대우를 받으면 이를 정당화할 수 있는 합리적 이유를 요구할 수 있는 권리를 가진다.
  (2-2) 비교대상 간에 본질적 차이가 있는데도 동등한 대우를 받으면 이를 정당화할 수 있는 합리적 이유를 요구할 수 있는 권리를 가진다.
(3) 비교대상의 본질적 차이 유무에 부합하지 않는 불리한 대우를 받으면서 이를 정당화할 수 있는 합리적 이유를 제시받지 못하면 불리한 대우를 거부하고 그에 합당한 대우를 요구할 수 있는 권리를 갖는다.
  (3-1) 비교대상 간에 본질적 차이가 없는데 차등적 대우를 받으면서도 이를 정당화할 수 있는 합리적 이유를 제시받지 못하면 차등적 대우를 거부하고 동등한 대우를 요

구할 수 있는 권리를 가진다.
(3-2) 비교대상 간에 본질적 차이가 있는데 동등한 대우를 받으면서도 이를 정당화할 수 있는 합리적 이유를 제시받지 못하면 동등한 대우를 거부하고 차등적 대우를 요구할 수 있는 권리를 가진다.

5. 일반적 평등과 개별적 평등

일반적 평등원칙과 일반적 평등권은 평등이 요구되는 '생활영역' 또는 그 대상이 되는 '기본권'에 따라, 그리고 '차별대우의 근거'에 따라 개별적 평등원칙과 개별적 평등권으로 구체화된다. 우선 헌법 제11조 제1항 제2문은 "정치적 · 경제적 · 사회적 · 문화적 생활의 모든 영역"에서 평등을 요구하면서, 대표적인 차별대우의 근거로서 "성별 · 종교 · 사회적 신분"을 들고 있다. 한편 제2항과 제3항은 차별대우의 한 형태인 "사회적 특수계급"이나 "영전에 따른 특권"의 금지를 규정하고 있다.

그 밖에도 ① **균등한 교육**을 받을 권리를 규정한 제31조 제1항은 '교육'이라는 생활영역에서, ② **고용과 임금 및 근로조건**에서의 남녀평등을 규정한 제32조 제4항은 '근로'와 관련된 생활영역에서, ③ 제36조 제1항은 **혼인과 가족생활**영역에서, ④ **국회의원선거**에서의 평등을 규정한 제41조 제1항이나 **대통령선거**에서의 평등을 규정한 제67조 제1항, **선거운동**에서의 균등한 기회의 보장을 규정한 제116조 제1항은 '선거'와 관련된 정치생활영역에서 평등을 요청하고 있다. 그리고 ⑤ 이미 언급한 제32조 제4항과 제36조 제1항은 영역은 다르지만 **성별**에 따른 차별을 금지하고, ⑥ 병역의무를 규정한 제39조의 제2항은 **병역**에 따른 차별("불이익한 처우")을 금지하고 있다.

헌법재판소는 **조세평등주의**(= 조세공평주의)를 헌법 제11조 제1항에 규정된 일반적 평등원칙을 세법영역에서 구현하는 원칙으로 이해한다.[10] 그러면서 이 원칙은 조세의 부과와 징수는 납세자의 담세능력에 상응하여 공정하고 평등하게 이루어져야 하고, **합리적 이유 없이 특정의 납세의무자를 불리하게 차별하거나 우대하는 것은 허용되지 않는다**는 것을 내용으로 한다고 한다. 이에 따르면 조세평등주의는 개별적 평등원칙의 하나로 이해될 수 있다.

[정리] 평등권의 보호법익
1. 법적용의 평등 + 법제정(법내용)의 평등
2. 상대적 평등 = 평등은 평등에 유리한 논증부담규칙
3. 법적 평등 + 사실적 평등 = 평등은 법적 평등에 유리한 논증부담규칙
4. 일반적 평등 + 개별적 평등

10) 헌재 1995. 6. 29. 94헌바39; 1996. 8. 29. 95헌바41.

Ⅲ. 불리한 대우를 제약행위로 보기 어려운 근거

상대적 평등을 내용으로 하는 평등권에 근거해서는 본질적인 차이가 없는 동등한 대우뿐만 아니라 본질적인 차이가 있는 차등적 대우도 요청할 수 있으므로 동등한 대우를 평등권의 보호법익으로 이해하면서 차등적 대우를 제약행위로 이해하기에는 어려움이 따른다. 왜냐하면 앞에서 언급한 바와 같이 평등원칙은 동등한 대우에 찬성하는 근거와 차등적 대우에 찬성하는 근거 가운데 무엇이 더 합리적인지에 대해서 아무런 기준도 제시하지 않고 있어서 반드시 동등한 대우가 평등권의 보호법익이 된다고 말할 수는 없기 때문이다. 다만 비교대상의 본질적 차이 유무에 부합하는 대우를 요구하고, 그렇지 않은 경우에 그러한 **불리한 대우**를 정당화할 수 있는 합리적 이유를 제시하도록 요구할 수 있을 뿐이다. 따라서 비교대상의 본질적 차이 유무에 부합하지 않는 불리한 대우도 평등권에 대한 제한이라고 볼 수 없으므로 엄격하게 말하자면 평등권의 보호법익은 없다고 할 수 있으므로 그에 대한 제약행위도 구성할 수 없게 된다.

제 3 절 불리한 대우의 법적 근거

평등은 상대적 평등으로 평등권에 근거하여 비교대상 간에 본질적 차이가 존재하는지 여부에 따라 동등한 대우를 요구할 수도 있고, 차등적 대우를 요구할 수도 있다. 따라서 평등권에 따라 비교대상의 본질적 차이 유무에 부합하는 대우를 요구할 수 있고, 만약 비교대상의 본질적 차이 유무에 부합하지 않는 불리한 대우를 하는 경우에 이를 정당화할 수 있는 합리적 이유를 제시하도록 요구할 수 있다. 다만 그러한 불리한 대우를 정당화하는 합리적 이유가 헌법이나 법률에 명시되어 불리한 대우는 법적 근거를 가질 수도 있다.

Ⅰ. 불리한 대우의 헌법직접적 근거

불리한 대우의 헌법직접적 근거로는 ① 군인, 군무원, 경찰공무원에 대하여 국가배상청구권을 제한하고 있는 제29조 제2항, ② 주요방위산업체 근로자의 근로3권을 제한하고 있는 제33조 제2항과 제3항, ③ 현역군인의 국무총리 및 국무위원 임용을 제한하고 있는 제86조 제3항과 제87조 제4항, ④ 군사재판을 규정한 제27조 제2항, ⑤ 대통령의 특권을 규정하고 있는 제84조(불소추특권), ⑥ 국회의원의 특권을 규정하고 있는 제44조(불체포특권)와 제45조(면책특권), ⑦ 정당의 특권을 규정하고 있는 제8조 제4항, ⑧ 여성과 청소년의 근로에 대한 특별한 보호 및 국가유공자 등에 대한 우선적 근로기회보장을 규정한 제32조 제4항에서 제6항을 들 수 있다. 이 경우에는 불리한 대우가 헌법적으로 정당화되어 확정적으로 불리한 대우가 명령되기 때문에 평등권에 근거하여 불리한 대우의 거부를 주장할 수 없게 된다.

Ⅱ. 불리한 대우의 헌법간접적 근거

헌법은 불리한 대우에 대해 단지 간접적으로만 근거를 제공하고, 즉 그 가능성만을 부여하고, 불리한 대우에 대한 직접적인 결정은 법률에서 이루어질 수도 있다. 이 경우에 불리한 대우는 단지 허용될 뿐이고, 명령되지는 않기 때문에 불리한 대우를 확정적으로 주장할 수는 없다. 불리한 대우의 헌법간접적 근거로는 ① 법률이 정하는 바에 의한 정당의 특별한 보호와 재정보조를 규정한 제8조 제3항, ② 법률이 정하는 바에 의한 국가유공자 등의 우선적인 근로기회를 보장한 제32조 제6항을 들 수 있다. 물론 우선적 근로기회를 제공받는 '주체'를 "국가유공자 · 상이군경 및 전몰군경의 유가족"으로 규정한 부분은 불리한 대우의 헌법직접적 근거로 이해되지만 우선적 근로기회제공의 '내용'을 법률에서 규정하도록 한 부분은 불리한 대우의 헌법간접적 근거로 이해된다.

평등권의 보호법익은 동등한 대우나 차등적 대우로 결정되어 있지 않고, 불리한 대우에 관하여 규정하는 법률도 제한규범이 아니기 때문에 기본권제한에 관한 일반적 법률유보조항(헌법 제37조 제2항)은 평등권을 제한하는 불리한 대우에 관한 입법의 근거조항으로 보기 어렵다. 오히려 불리한 대우에 관한 법률을 제정하는 입법자는 평등권을 제한하는 것이 아니라 평등권을 구체화하는 것으로 보아야 한다. 정확하게 말하자면 입법자는 제37조 제2항의 근거 없이도 평등권을 구체화하기 위하여 법률을 제정할 수 있다. 따라서 입법의 내용이 불리한 대우를 포함하고 있더라도 그것은 제37조 제2항에 근거한 것이라고 볼 수는 없다. 따라서 자유권과 그에 대한 제약행위를 전제로 하여 제한에 관한 일반조항으로 이해되는 제37조 제2항은 평등권에는 적용될 수 없다.

제 4 절 평등심사

Ⅰ. 합리성요청으로서 평등원칙

1. 자의금지원칙과 합리성요청

(1) 불리한 대우의 자의성에 대한 판단기준으로서 합리성

평등원칙은 비교대상의 본질적 차이 유무에 부합하는 대우에 유리한 논증부담규칙이기 때문에 잠정적으로 본질적 차이에 합당한 대우를 요청한다. 따라서 본질적 차이에 부합하지 않는 불리한 대우를 주장하는 사람이 우선적으로 그것을 논증해야 할 부담을 진다. 이것은 불리한 대우를 허용하거나 명령하려면 반드시 '충분한 근거'가 제시되어야 한다는 뜻이다. 다시 말해 충분한 근거가 제시되지 않는 불리한 대우는 '자의적인' 불리한 대우로서 금지된다. 이런 의미에서 평등원칙은 **'자의금지원칙'**으로 해석될 수 있다. 요약하면 평등원칙은 충분한 근거가 없는, 자의적인 불리한 대우를 금지한다.

그렇다면 불리한 대우의 자의성 여부, 즉 충분한 근거가 제시될 수 있는지 여부는 어떻게 판단할 수 있는가? 그것은 비교대상의 본질적 차이 유무에 부합하는 대우에 찬성하는 근거가 비교대상의 본질적 차이 유무에 부합하지 않는 불리한 대우에 찬성하는 근거보다 더 합리적인지 여부에 따라 결정된다. 결국 평등원칙은 비교대상의 동일성/상이성 및 비교대상에 대한 대우의 동등성/차등성을 둘러싼 논쟁에서 비교대상의 본질적 차이 유무에 부합하거나 부합하지 않는 대우에 각각 찬성하는 근거의 '합리성'을 요청하는 원칙이다.

(2) 합리성요청의 내용

평등원칙에 따라 요청되는 합리성은 그 강도에 따라 '약한 합리성'과 '강한 합리성'으로 구분될 수 있고, 그 사이에 '중간정도의 합리성'이 추가되어 세분화될 수도 있다.

① **약한 합리성**은 단지 비교대상의 동일성이나 상이성에 대한 단순한 선택적 판단의 합리성만을 요청한다. 따라서 비교대상의 사소한 차이까지 세밀하게 판단하도록 요구하지는 않고, 비교대상에 **'대체적인 차이'가 존재하는지에 대한 판단만**을 요구한다. 이것은 비교대상이 일정한 차이를 보이는 한 비교대상을 차등적으로 대우해도 평등원칙에 위반되지 않음을 의미한다. 약한 합리성은 대체적으로 판단해도 **'명백한 차이'**가 존재하는 비교대상에 대해서 요청될 수 있다.

② **중간정도의 합리성**은 비교대상의 동일성이나 상이성에 대한 단순한 선택적 판단뿐만 아니라 상이성의 정도에 대한 판단의 합리성까지 요청한다. 따라서 비교대상의 대체적인 차이는 물론이고, 사소한 차이까지 세밀하게 판단해서 그 차이가 차등적 대우를 해야 할 정도로 **'정밀한 차이'인지에 대해서도 판단**하도록 요구한다. 이에 따라 비교대상에 정밀한 차이가 없음에도 불구하고 비교대상을 차등적으로 대우하면 평등원칙에 위배된다. 중간정도의 합리성은 비교대상에 명백하지 않은 **'사소한 차이'**지만 조금만 세밀하게 판단하면 '중대한 차이'로 평가될 수 있는 차이가 존재하는 비교대상에 대하여 요청될 수 있다.

③ **강한 합리성**은 비교대상에서 나타나는 (대체적인 또는 정밀한) 차이를 넘어 그러한 **'차이와 차등적 대우의 상응성'에 대한 판단**의 합리성까지도 요청한다. 따라서 먼저 비교대상의 차이뿐만 아니라 비교대상에 대한 차등적 대우의 정도에 대해서 세밀하게 판단해야 하고, 나아가 차등적 대우의 정도가 그러한 차이에 상응하는지 여부에 대해서도 엄밀하게 판단해야 한다. 결국 비교대상의 차이에 상응하지 않을 정도로 비교대상을 차등적으로 대우하는 경우에는 평등원칙을 위반하게 된다. 강한 합리성은 단지 비교대상뿐만 아니라 비교대상에 대한 대우까지 엄밀하게 판단해야만 인식될 수 있는 **'미세한 차이'**지

만 엄밀하게 판단하면 '중대한 차이'로 평가될 수 있는 차이가 존재하는 비교대상에 대해서 요청될 수 있다.

2. 평등원칙과 비례성원칙의 구분

평등원칙의 실현 여부를 판단할 때 비례성원칙이 적용되는 것처럼 보이기도 한다. 주지하다시피 비례성원칙은 목적이 정당해도 그것을 실현하는 모든 수단이 정당한 것은 아니라는 원칙을 말한다. 이것을 평등원칙과 연결시켜 보면 불리한 대우에도 목적이 있어야 하고, 이러한 목적에 근거하더라도 모든 불리한 대우가 정당화되지는 않는다. 다시 말해 불리한 대우의 목적에 대해 비례적인 차별행위만이 허용된다고 볼 수 있다. 이처럼 평등의 문제가 비례성의 문제로 환원되어 버리는 이유는 불리한 대우를 '기본권의 제약'으로 이해했기 때문이다. 물론 불리한 대우는 평등원칙의 구체적 대상이 되는 기본권에 대한 제약을 포함하기 때문에 평등원칙이 문제되더라도 그 대상인 기본권의 제약과 관련해서는 비례성원칙이 적용될 수 있다. 그러나 평등원칙은 독자적인 의미를 가지는 헌법적 요청이기 때문에 기본권제한에 관한 비례성원칙과 등치될 수는 없다.[11] 평등원칙은 기본권을 분배할 때 발생하는 '대상의 비교'에서 요구되는 규칙인 반면에 비례성원칙은 기본권을 제약할 때 발생하는 '가치의 충돌'에서 요구되는 규칙이다. 가치의 충돌에서는 서로 충돌하는 가치들을 균형적으로 실현하는 '가치의 균형(balance)'이 요구되지만 대상의 비교에서는 비교의 기준이 되는 가치들 가운데 하나를 결정하는 '가치의 선택(choice)'이 요구된다.

3. 평등원칙과 비례성원칙의 공통점

기본권의 분배에서 요청되는 평등원칙의 본질은 '비교'에 있는 반면에 기본권제한에서 요청되는 비례성원칙의 본질은 '균형(형량)'에 있다. 하지만 비교의 핵심도 합리성이고, 균형의 핵심도 합리성이다. 평등원칙은 비교대상에 대한 동등한 대우에 찬성하는 논거들과 차등적 대우에 찬성하는 논거들, 즉 비교대상의 본질적 차이 유무 및 거기에 부합하지 않는 불리한 대우에 관한 찬반논거들의 합리성에 관한 논증게임이다. 그리고 비례성원칙은 기본권제한의 목적(공익 또는 기본권)에 찬성하는 논거들과 제한되는 기본권에 찬성하는 논거들의 합리성에 관한 논증게임이다. 이처럼 평등원칙이 적용되는 구조와 비례성원칙이 적용되는 구조에서 공통적으로 발견되는 요청은 '합리성'이다. 그렇지만 평등원칙과 비례성원칙에서 공통적으로 요청되는 합리성만 가지고 평등원칙과 비례성원칙을 동일한 것으로 이해할 수는 없다.

11) 필자는 종래에 평등원칙은 비례성원칙으로 환원될 수 있다고 주장하였는데 이 견해는 평등원칙의 독자적 의미를 부정할 뿐만 아니라 기본권을 제약하는 모든 사안을 평등사안으로 보게 될 위험성이 있기 때문에 이를 변경하기로 한다. 이준일, 『헌법학강의』(2008), 508면 이하 참조.

Ⅱ. 판 례

1. 자의금지이론

헌법재판소는 평등원칙을 단순한 자의금지로 해석하여 문제가 된 차별에 대해서 **충분한 근거** 또는 **합리적인 근거**가 제시될 수 있는지 여부에 따라 평등원칙에 대한 위반 여부를 판단한다. 예를 들어 초·중등교원의 정년을 단축하는 '교육공무원법'에 대한 판례[12]에서 초·중등교원과 대학교원은 그 임무, 자격기준, 임용과 승진의 과정 등의 면에서 차이가 있기 때문에 대학교원의 정년을 초·중등교원의 정년보다 높게 책정한 것은 **합리적 근거에 기초**한 것이므로 이로 인하여 초·중등교원들의 평등권이 침해된다고 할 수 없다고 한다. 이렇게 차별에 대한 합리적 근거가 존재하는지 여부, 즉 자의금지에 따라 평등원칙에 대한 위반 여부를 판단하는 것은 매우 명료해 보이기까지 한다.

한편 헌법재판소의 다른 판례[13]에 따르면 "평등원칙은 **행위규범**으로서 입법자에게 객관적으로 같은 것은 같게, 다른 것은 다르게 규범의 대상을 실질적으로 평등하게 규율할 것을 요구하나, 헌법재판소의 심사기준이 되는 **통제규범**으로서의 평등원칙은 단지 자의적인 입법의 금지기준만을 의미하게 되므로 헌법재판소는 입법자의 결정에서 차별을 정당화할 수 있는 합리적인 이유를 찾아 볼 수 없는 경우에만 평등원칙의 위반을 선언하게 된다"고 한다. 그러면서 다음과 같이 부연설명한다. "헌법에 따른 입법자의 평등실현의무는 헌법재판소에 대하여는 **단지 자의금지원칙으로 그 의미가 한정축소**되므로 헌법재판소가 행하는 규범에 대한 심사는 그것이 가장 합리적이고 타당한 수단인가에 있지 아니하고 단지 입법자의 정치적 형성이 헌법적 한계 내에 머물고 있는가 하는 것에 국한될 수밖에 없다." 이렇게 평등원칙을 행위규범과 통제규범으로 구분하는 이론은 평등원칙을 자의금지원칙으로 이해하기 위하여 입법자의 형성의 자유를 지나치게 강조한 나머지 그만큼 헌법재판소의 통제권한을 고려하지 않는다는 점에서 비판될 수 있다.

2. 합헌추정이론

평등권에 관한 다른 판례로 예를 들어 선거권연령을 제한하는 법률조항은 해당 연령 미만의 국민을 불평등하게 대우하는 위헌적인 것이라고 주장하며 제기한 헌법소원심판청구 사건[14]에서 헌법재판소의 다수견해는 합리적인 차별로서 평등권을 침해하지 않는다고 한다. 헌법이론적으로 더욱 재미있는 것은 보충의견에서 주장된다. "**헌법 제11조 제1항 후단이 일정사유로 예시**하고 있는 '성별·종교 또는 사회적 신분'은 … 민주제의 기본요소에 해당되고 동 사유에 의한 차별취급은 통상 허용할 수 없는 것으로 인정되어 **합리적인 근거가 없는 차별로 추정**되기 때문에 합헌이라고 주장하는 측이 합리적 차별

12) 헌재 2000. 12. 14. 99헌마112등.

13) 헌재 1997. 1. 16. 90헌마110등; 1998. 9. 30. 98헌가7등; 2005. 2. 24. 2003헌바72.

14) 헌재 1997. 6. 26. 96헌마89.

취급이라는 점을 입증하여야 한다. 그러나 일정사유로 **예시되지 아니한 그 밖의 사유에 의한 차별취급**에 관하여는 대의민주기관의 입법행위는 **합헌으로 추정**되고, 차별취급 또한 합리성의 추정을 받게 되는 것이다. … 선거권 '연령'은 예시사유 중 '사회적 신분'으로 볼 수도 없으므로 선거권연령 제한이 위헌이라고 주장하는 청구인들이 합리성이 결여된 차별취급이라는 점을 논증할 책임이 있다." 연령은 헌법에서 명시한 차별금지사유에 해당하지 않기 때문에 연령에 의한 차등대우는 합리적 · 합헌적 차등대우로 추정되므로 차등대우를 받는 자가 차등대우의 위헌성을 입증해야 한다는 요지다.

3. 심사척도구분이론

이러한 차별사유의 헌법적 명시 여부에 따른 위헌성/합헌성추정 및 입증책임분배의 이론은 이후의 판례에서 차별사유의 헌법적 명시에 따른 **'엄격한' 심사척도**와 **'완화된' 심사척도**의 구분이론으로 발전된다. 여기서 엄격한 심사척도는 비례성원칙을, 완화된 심사척도는 자의금지원칙을 의미한다. 그리고 자의금지원칙에 따른 심사(자의심사)는 차별을 정당화하는 합리적인 이유가 객관적으로 존재하는지에 대해서만 심사하는 것이기 때문에 그에 해당하는 비교대상간의 사실상의 차이나 입법목적(차별목적)의 발견 · 확인에 그치는 반면에, 비례성원칙에 따른 심사(비례성심사)는 단순히 합리적인 이유의 존부문제가 아니라 차별을 정당화하는 이유와 차별간의 상관관계에 대한 심사, 즉 비교대상간의 사실상의 차이의 성질과 비중 또는 입법목적의 비중과 차별의 정도에 적정한 균형관계가 이루어져 있는지를 심사하는 것이라고 한다.[15]

헌법재판소는 이러한 이론을 '제대군인 가산점제도'에 관한 판례[16]에서 다음과 같이 주장한다. "평등위반 여부를 심사함에 있어 엄격한 심사척도에 의할 것인지, 완화된 심사척도에 의할 것인지는 입법자에게 인정되는 **'입법형성권의 정도'**에 따라 달라지게 된다. ① 먼저 헌법에서 특별히 평등을 요구하고 있는 경우에 엄격한 심사척도가 적용될 수 있다. **헌법이 스스로 차별의 근거로 삼아서는 아니되는 기준**을 제시하거나 **차별을 특히 금지하고 있는 영역**을 제시하고 있다면 그러한 기준을 근거로 한 차별이나 그러한 영역에서의 차별에 대하여 엄격하게 심사하는 것이 정당화된다. ② 다음으로 차별적 취급으로 인하여 관련 **기본권에 대한 중대한 제한**을 초래하게 된다면 입법형성권은 축소되어 보다 **엄격한 심사척도**가 적용되어야 한다."[17] 그러면서 '제대군인 가산점제도'는 근로와 고용에서 남성과 여성을 차별하는 것이고, 공무담임권에 대한 중대한 제약을 초래하는 것이기 때문에 엄격한 심사척도가 적용되어야 한다고 한다. 같은 맥락에서 국적의 결정에서 부계혈통주의를 따르는 것도 성별을 이유로 한 차별에 해당하여 엄격한 심

---

15) 헌재 2001. 2. 22. 2000헌마25; 2003. 6. 26. 2002헌가14.

16) 헌재 1999. 12. 23. 98헌마363.

17) 이러한 헌법재판소의 입장은 최근까지도 일관되게 유지되고 있다. 이를테면 헌재 2023. 10. 26. 2017헌가16등 참조.

사척도가 적용되어야 한다고 한다.[18] 반면에 헌법에서 차별의 근거로 삼을 수 없는 사유로 명시적으로 열거되지 않은 연령 등의 경우에 완화된 심사척도가 적용되고 그럴 경우 합헌가능성 높은데 헌법재판소는 입법자에게 광범위한 입법재량권이 인정되는 사회보장법의 성격을 가지는 국가유공자법에 따른 연장자우선조항은 평등원칙에 위배된다고 판단하였다.[19]

한편 헌법재판소는 '국가유공자와 그 유족에 대한 가산점제도'도 가산점의 혜택을 부여받는 자 이외의 자들의 기본권에 대한 중대한 침해를 의미하기 때문에 엄격한 심사척도가 적용되어야 하지만 국가유공자에 대한 헌법적 우대를 고려하여 그보다 완화된 기준이 적용되어야 한다고 하여 이른바 '완화된 비례성심사'를 하기도 한다.[20] 하지만 헌법재판소는 다른 판례에서 헌법상 우대되는 "국가유공자 · 상이군경 및 전몰군경의 유가족"의 의미를 '국가유공자와 상이군경 본인' 및 '전몰군경의 유가족'으로 해석함으로써 국가유공자의 가족과 상이군경의 가족의 경우에는 엄격한 심사척도가 적용된다고 보았다.[21] 또한 지방교육위원 선거에서 교육경력자에 비하여 비경력자를 차별하는 법률규정에 대해서도 기본권에 대한 중대한 제한을 초래하기 때문에 엄격한 심사척도가 적용되어야 한다고 한다.[22]

이처럼 헌법에 명시된 차별금지사유에 해당하는지 여부 및 기본권에 대한 중대한 제한을 초래하는지 여부를 기준으로 하면 예를 들어 백화점 등의 셔틀버스운행에 대한 원칙적 금지,[23] 교섭단체를 구성하지 못한 정당에 대한 정책연구위원 배정의 배제,[24] 노동조합법에 따른 설립신고를 마치지 않은 노동조합에 대한 노동조합 명칭사용의 금지[25] 등은 엄격한 심사척도가 적용되는 영역의 어디에도 해당하지 않아 완화된 심사척도가 적용될 수밖에 없다.

하지만 최근에 헌법재판소는 남성에게만 병역의무를 부과하는 병역법에 대한 헌법소원 사건[26]에서 종래의 판례를 변경하는 듯한 내용의 결정을 내놓았다. "이 사건 법률조항은 '성별'을 기준으로 병역의무를 달리 부과하도록 한 규정이고, 이는 헌법 제11조 제1항 후문이 예시하는 사유에 기한 차별임은 분명하다. 그러나 헌법 제11조 제1항 후문의 위와 같은 규정은 불합리한 차별의 금지에 초점이 있고, 예시한 사유가 있는 경우에 절대적으로 차별을 금지할 것을 요구함으로써 입법자에게 인정되는 입법형성권을 제한하는 것은 아니다." 헌법에 명시적으로 열거된 차별금지사유이기 때문에 헌법이 특별히 평등을 명령한 경우에도 반드시 엄격한 심사척도가 적용될 수는 없다는 뜻이다. 성

18) 헌재 2000. 8. 31. 97헌가12.
19) 헌재 2025. 4. 10. 2024헌가12.
20) 헌재 2001. 2. 22. 2000헌마25.
21) 헌재 2006. 2. 23. 2004헌마675.
22) 헌재 2003. 3. 27. 2002헌마573.
23) 헌재 2001. 6. 28. 2001헌마132.
24) 헌재 2008. 3. 27. 2004헌마654.
25) 헌재 2008. 7. 31. 2004헌바9.
26) 헌재 2010. 11. 25. 2006헌마328; 2011. 6. 30. 2010헌마460.

별에 의한 차별임에도 완화된 심사척도를 적용받아 합헌결정이 내려진 남성에 한정된 병역의무부과는 이후에도 헌법재판소로부터 계속해서 합헌이라는 판단을 받는다.[27] 이러한 헌법재판소의 입장변화는 성별과 마찬가지로 헌법에 명시적으로 열거된 차별금지 사유인 '사회적 신분'의 경우에도 반드시 엄격한 심사척도가 적용될 수 없다는 판례[28]에서 다시 한 번 확인되고 있다. 한편 합의에 의한 이성 간의 성적 교섭행위는 처벌하지 않으면서 합의에 의한 동성 간의 성적 교섭행위는 처벌하는 군형법 상 추행죄 조항의 평등권 침해 여부와 관련하여 헌법재판소는 이러한 성적 지향을 이유로 하는 차별의 경우에 완화된 심사척도가 적용된다고 하여 엄격한 심사척도가 적용되는 성별을 이유로 하는 차별과 구분하고 있다.[29]

헌법재판소의 심사척도구분론은 평등심사에서 비례성원칙을 적용함으로써 평등원칙의 본질인 '대상의 비교'와 비례성원칙의 본질인 '가치의 형량'을 구분하지 못하는 문제점을 안고 있다. 또한 그 내용을 엄밀하게 들여다보면 평등원칙의 핵심인 합리성의 요청에 대한 정도를 두 단계(자의성/비례성) 또는 세 단계(자의성/완화된 비례성/엄격한 비례성)로 구분하면서도 그 구체적인 내용을 명확하게 제시하지 못하는 문제점도 포함하고 있다.

[판례] 제도의 단계적 개선과 완화된 심사척도

헌법재판소는 "헌법상 평등의 원칙은 국가가 언제 어디에서 어떤 계층을 대상으로 하여 기본권에 관한 사항이나 제도의 개선을 시작할 것인지를 선택하는 것을 방해하지 않는다. 말하자면 국가는 합리적인 기준에 따라 능력이 허용하는 범위 내에서 법적 가치의 상향적 구현을 위한 제도의 단계적인 개선을 추진할 수 있는 길을 선택할 수 있어야 한다"라고 반복적으로 판시하여 제도의 단계적 개선의 경우는 평등원칙의 예외가 되는 것으로 인정해 왔다. … 그러나 국가가 제도의 단계적 개선을 추진하는 경우에 해당한다고 하더라도 능력이 허용하는 범위 내에서 '합리적인 기준'에 따를 것을 요구하였던 것처럼, 국가가 모든 대상자 중 일부로 수혜자를 한정하는 경우에 그러한 입법적 형성은 무제약적 자유의 영역에 속하는 것이라고 할 수는 없는 것이고, 수혜자 한정의 기준은 어디까지나 합리적인 이유가 인정되어 그로부터 배제되는 자들의 평등권을 해하지 않는 것이어야 한다(고엽제후유의증환자의 유족에 대한 교육지원과 취업지원 등의 혜택을 환자의 사망시기라는 우연적 사정에 따라 차별취급하는 것은 합리적인 이유 없는 차별로 위헌이다)(2011. 6. 30. 2008헌마715, 2009헌마39 · 87(병합)).

[판례] 수혜법률과 완화된 심사척도

[1] 국민에게 혜택을 부여하는 법률은 국민의 권리를 제한하거나 새로운 의무를 부과하는 법률과는 달리 입법자에게 보다 광범위한 입법형성의 자유가 인정되므로 입법자는 그 입법의 목적, 수혜자의 상황, 예산 등 제반사항을 고려하여 그에 합당하다고 스스로 판단하는 내용의 입법을 할 권한이 있고, 그렇게 하여 제정된 법률의 내용이 현저하게 합리성이 결여되어 있지 않는 한 헌법에 위반된다고 할 수는 없다(1993. 12. 23. 89헌마189; 1999. 7. 22. 98헌바14; 2004. 6. 24. 2003

27) 헌재 2014. 2. 27. 2011헌마825; 2023. 9. 26. 2019헌마423등.

28) 헌재 2011. 3. 31. 2008헌바141.

29) 헌재 2023. 10. 26. 2017헌가16.

헌바111). 따라서 이와 같은 경우 **평등위반의 심사척도는 완화된다**(2001. 3. 21. 99헌바81등).

[2] 공무원연금법상 공무원의 **유족연금수급권**을 18세 미만인 자와 18세 이상의 폐질상태에 있는 자로 한정하여 원칙적으로 18세 이상의 자녀에게는 지급하지 않는 경우 합리적 차별(1999. 4. 29. 97헌마333).

[3] 국가유공자예우및지원에관한법률에 따라 공상군경 등과 달리 **공상공무원**에게 **연금 및 사망일시금**을 지급하지 않는 경우에도 합리적 차별(2001. 6. 28. 99헌바32).

[4] **임용결격 · 당연퇴직공무원**은 사실상 공무원으로 근무하였다 하더라도 적법한 공무원 신분으로 인정받을 수 없기 때문에 결격사유가 없는 일반공무원과는 달리 공무원연금법상의 공무상요양비 또는 공무상요양일시금에 관한 규정만을 준용하여 불리하게 차별취급하는 것은 합리적 근거가 있는 것으로 평등권을 침해하지 않는다(2001. 9. 27. 2000헌마342).

[5] 국가유공자예우및지원에관한법률에 따라 국가유공자의 **유족연금수급권**을 미성년인 자녀와 생활능력이 없는 정도의 장애가 있는 성년인 자녀에 한정하여 원칙적으로 생활능력이 있는 성인의 자녀에게는 지급하지 않는 경우에도 합리적 차별(2003. 11. 27. 2003헌바39).

[6] 임용결격사유가 해소된 후의 사실상의 근무기간을 경력으로 인정하지 않는 법률조항은 수익적 규정에 관련된 사항으로서 평등권 침해여부의 심사기준을 **합리성 유무**로 족하다(2004. 4. 29. 2003헌바64).

[7] 당연퇴직공무원에 대한 특별채용 등에 관한 특례법을 제정하면서 특별채용시 반영할 호봉에 있어서 **당연퇴직사유의 경중**을 입법요소로서 중요하게 참작하지 않고 사실상 근무기간만을 그 기준으로 설정하였다고 하더라도 이 특례법의 주된 입법목적, 수혜자의 상황, 국가의 예산 및 보상능력 등에 따른 **시혜적 법률제정**의 한계, 이에 따른 국회의 넓은 입법재량을 고려하면 비합리적이거나 자의적이어서 평등권을 침해한 것은 아니다(2004. 6. 24. 2003헌바111).

[8] 국가가 독립유공자와 그 유족에 대한 예우에 있어서 최소한의 합리적인 내용도 이행하지 않거나 현저히 자의적으로 의무를 이행한다면, 그러한 국가의 작위 또는 부작위는 헌법상 기본권을 침해하는 것이라고 볼 것이다. … **독립유공자의 손자녀 중 1명에게만 보상금을 지급**하도록 하면서, 독립유공자의 선순위 자녀의 자녀에 해당하는 손자녀가 2명 이상인 경우에 나이가 많은 손자녀를 우선하도록 한 것은 합리적인 이유없이 상대적으로 나이가 적은 손자녀인 청구인을 차별하여 평등권을 침해한다(2013. 10. 24. 2011헌마724).

[판례] 공무담임권의 제한과 완화된 심사척도

공무담임권의 제한의 경우는 그 직무가 가지는 공익실현이라는 특수성으로 인하여 그 직무의 본질에 반하지 아니하고 결과적으로 다른 기본권의 침해를 야기하지 아니하는 한 상대적으로 강한 합헌성이 추정될 것이므로, 주로 평등의 원칙이나 목적과 수단의 합리적인 연관성 여부가 심사대상이 될 것이며, 법익형량에 있어서도 상대적으로 다소 완화된 심사를 하게 된다(2002. 10. 31. 2001헌마557; 2006. 2. 23. 2005헌마403).

4. 미국의 이론

판례법 국가인 미국에서는 평등원칙과 관련된 사안에서 세 가지 심사척도, 즉 ① 엄격한 심사(strict scrutiny), ② 중도심사(intermediate scrutiny), ③ 완화된 심사(relaxed scrutiny) 또는 이성적 근거에 따른 심사(rational based scrutiny)를 구분하여 그에 따라 사안을 판단한다. 중요한 것은 차별의 사유, 예를 들어 인종이나 성별에 따라 심사척도가 결정되고, 심사척도에 따라 위헌 여부가 결정된다는 식으로 법칙화된다는 점이다. 그리고 판례법 국가의 법적 대원칙인 '선판례구속의 원칙'(stare decisis)에 따라 이러한 법칙은 이후의 판결에서도 기속력을 발휘한다는 점이다. 물론 우리 법체계가 판례법 국가에 속하지 않는다고 하더라도 선판례구속의 원칙은 정의의 일반적 요청이 허용하는 한도에서, 즉 그러한 선판례에 대해서 합리적인 반대논거가 제시되기 전까지는 정당한 것으로 받아들여야 한다는 정도의 의미에서 수용할 수 있다. 하지만 심사척도에 관하여 이전의 사안에서 법칙화할 수 있을 만큼 꾸준히 확인되었다고 하더라도 그에 대한 합리적 반론은 언제나 가능하기 때문에 심사척도를 구체적 사안과 관련 없이 사전에 법칙화해서 기계적으로 적용하는 것은 문제가 있다.

5. 비판과 대안

헌법재판소가 사용하는 심사척도구분이론은 합헌성추정이론과 언뜻 보기에 구분된다. 그러나 두 가지 이론은 결론에 있어서 동일할 가능성이 높다. 왜냐하면 엄격한 심사척도가 적용된다고 해서 곧바로 위헌이 되는 것은 아니지만 위헌이 될 가능성이 높아지기 때문이다. 따라서 차별사유의 헌법적 명시 여부에 따라 심사척도를 구분하는 이론은 완화된 의미이기는 하지만 합헌성추정 및 입증책임분배의 이론과 유사하다. 헌법재판소가 제시하는 헌법의 명시적 차별금지사유에 근거한 합헌성추정 및 심사척도구분에 관한 이러한 이론들은 비판받아 마땅하다. 왜냐하면 그것은 헌법적 명시성이라는 '실증주의적' 기준에 터잡아 명백한 헌법현실에 눈감는 것이기 때문이다. 만약 헌법재판소의 주장대로 성별, 종교, 사회적 신분 외의 사유에 의한 차별행위를 합헌으로 추정하거나 완화된 심사를 하여 결국 합헌으로 본다면 한국사회에서 더 빈번하게, 그리고 더 가혹하게 일어나고 있는 출신지역이나 재산, 키와 외모, 장애 또는 학벌 등에 따른 차별행위에 대한 심사를 사실상 포기하는 것이다.

물론 헌법에 명시적으로 규정된 차별금지사유는 헌법제정자가 명시적으로 규정할 만큼 명백하고 중대한 차별행위에 대한 역사적 경험에 근거했다고 볼 수 있기 때문에 그러한 사유에 의한 차별행위의 경우에 특별히 엄격한 심사가 요구된다고 볼 수는 있다. 하지만 그렇다고 해서 헌법제정자가 예측할 수 없어서 헌법에 명시하지는 못하였으나 판례를 통해서 헌법해석자(헌법재판소)가 명백하고 중대한 차별금지사유로 확인할 수 있는 그 밖의 사유에 의한 차별행위를 완화된 심사척도에 따라 심사해야 한다는 결론이 도출될 수 있는 것은 아니다. 따라서 헌법에 명시된 차별금지사유를 제한적 · 열거적인 것으로 해석할 수는 없고, 예시적인 것으로 해석해야 한다. 다시 말해 성별 · 종교 · 사회적 신분 외에 헌법재판소가 명백하고 중대하다고 판단하는 사유로 차별하는 경우에도 원칙적으로 엄격한 심사가 필요하다.

오히려 입법자는 국가인권위원회법에서 차별사유를 성별, 종교, 장애, 나이, 사회적 신분, 출신지역(출생지, 등록기준지, 성년이 되기 전의 주된 거주지 등), 출신국가, 출신민족, 용모 등 신체조건, 기혼 · 미혼 · 별거 · 이혼 · 사별 · 재혼 · 사실혼 등 혼인 여부, 임신 또는 출산, 가족형태 또는 가족상황, 인종,[30] 피부색, 사상 또는 정치적 의견, 형의 효력이 실효된 전과(前科), 성적(性的) 지향, 학력, 병력(病歷) 등으로 헌법에서 명시된 것보다 더 구체적으로 열거하고 있다(동법 제2조 제3호). 입법자의 이러한 태도가 헌법제정자의 의도를 올바로 반영한 것으로 평가할 수 있다.

비록 헌법에 명시된 차별금지사유에 해당하지 않더라도 기본권에 대한 중대한 제한이 초래되는 경우에는 엄격한 심사척도를 적용해야 한다는 심사척도구분이론의 또 다른 측면도 문제가 있다. 제한의 중대성이란 제한되는 기본권의 비중과의 관련 속에서만 평가될 수 있는 성질의 것이고, 제한되는 기본권의 비중은 그 기본권과 관련을 맺는 다른 기본권이나 공익과의 관련 속에서만 평가될 수 있기 때문이다. 다시 말해서 제한의 중대성에 대한 평가는 비례성원칙에 따라 제한에 대한 심사에 들어가서야 비로소 평가될 수 있다. 따라서 제한의 중대성에 따라 평등심사의 척도를 심사 이전에 미리 결정하는 것도 헌법재판소가 비례성심사에 따라 나온 결론을 평등심사의 결론으로 미리 정해놓고 심사에 임함으로써 평등심사를 사실상 무의미하게 만들 위험성이 있다.

결론적으로 헌법재판소는 차별사유의 헌법적 명시성이나 제한의 중대성에 따라 심사척도를 구분할 것이 아니라 '대상의 비교에서 합리성을 요청하는' 평등원칙의 본질적 구조를 고려하여 비교대상의 차이에서 나타나는 특성에 따라 심사강도를 조절할 수 있다고 본다. 다시 말해 비교대상의 차이가 ① 대체로 판단해도 '명백한' 차이인지, ② 일견 '사소한' 차이로 보이지만 세밀하게 판단하면 중대하다고 평가될 수 있는 차이인지, ③ 비교대상에 대한 대우까지 살펴보아 그 정도에 따라 엄밀하게 판단해야만 비로소 중대하다고 평가될 수 있는 '미세한' 차이인지에 따라 '요청되는 합리성의 강도'를 달리하여 상이한 심사강도가 적용될 수 있다. 그래야만 차별이라고 주장하는 모든 사안에서 동일한 강도의 합리성에 따라 판단됨으로써 발생할 수 있는 심사의 낭비를 줄일 수 있다.

[판례] 차별의 합리성을 비례성으로 보는 판례

합리적 근거가 없는 차별이란 정의에 반하는 자의적인 차별을 의미하는 것으로서 국민의 기본권에 대한 차별적인 대우를 규정하는 입법은 그 목적이 국가안전보장 · 질서유지 또는 공공복리를 위하여 필요하고 또 정당한 것이어야 하고, 나아가 그 수단 또는 방법이 위 목적의 실현을 위하여 실질적인 관계가 있어야 할 뿐만 아니라, 그 정도 또한 적정한 것이어야 하며, 이러한 요건을 갖추지 못한 입법은 헌법상 평등원칙에 반한다(1995. 9. 28. 92헌가11등; 2002. 9. 19. 2000헌바84).

6. 직접차별과 간접차별

합리성이 결여된 불리한 대우는 차별이 된다. 이러한 차별은 직접차별과 간접차별

30) 예를 들어 혼혈인에 대해서 인종차별이 문제될 수 있다. 혼혈인의 인권에 대한 논의는 이준일 『인권법』(2021), 제37장 참조.

로 구분된다. 직접차별이란 법률에서 차별목적으로 제시된 차별사유에 직접적으로 근거하는 '의도적이며 가시적인' 차별을 의미하고, 간접차별이란 법률에서 차별목적으로 제시된 차별사유에 직접적으로 근거하지 않는 '의도되지 않은 비가시적인' 차별을 의미한다. 예를 들어 어떤 법률이 차별목적으로서 직접적으로 성별을 차별사유로 들어 성별에 따른 차별의 결과를 의도하고 있지는 않지만 그러한 법률을 시행하여 결과적으로 성별에 따른 의도하지 않은 차별, 즉 일정한 성별에 소속된 사람들에게만 불리한 결과를 야기하고 있는 경우에 직접차별은 아니지만 간접차별의 문제가 발생한다.

차별의 개념에 직접차별만이 포함되어야 한다는 견해와 간접차별도 포함되어야 한다는 견해의 대립이 있다. 차별의 개념에 간접차별을 포함시키는 경우에 차별받는 국민의 입장에서는 논증부담이 경감됨으로써 평등권에 의하여 더욱 효과적으로 보호받을 수 있지만 입법자의 입장에서는 의도하지 않은 차별의 결과가 평등심사에서 고려되고 논증부담이 가중됨으로써 입법자의 형성의 자유가 제약될 수 있다. 결론적으로 평등권에 의한 국민의 효과적인 보호를 위해서는 간접차별도 차별의 개념에 포함되어야 한다.

[참조] 직접차별과 간접차별의 구별에 관한 입법례

[1] **직접차별** → ① 남녀고용평등과 일 · 가정 양립지원에 관한 법률 제2조 제1호 제1문: "차별"이란 사업주가 근로자에게 성별, 혼인, 가족 안에서의 지위, 임신 또는 출산 등의 사유로 합리적인 이유 없이 채용 또는 근로의 조건을 다르게 하거나 그 밖의 불리한 조치를 취하는 경우를 말한다.
② 장애인차별금지 및 권리구제 등에 관한 법률 제4조 제1항 제1호: 장애인을 장애를 사유로 정당한 사유 없이 제한 · 배제 · 분리 · 거부 등에 의하여 불리하게 대하는 경우

[2] **간접차별** → ① 남녀고용평등과 일 · 가정 양립지원에 관한 법률 제2조 제1호 괄호: "차별"이란 … [사업주가 채용 조건이나 또는 근로 조건은 동일하게 적용하더라도 그 조건을 충족할 수 있는 남성 또는 여성이 다른 한 성(性)에 비하여 현저히 적고 그에 따라 특정 성에게 **불리한 결과를 초래**하며 그 기준이 정당한 것임을 증명할 수 없는 경우를 포함한다].
② 장애인차별금지 및 권리구제 등에 관한 법률 제4조 제1항 제2호: 장애인에 대하여 형식상으로는 제한 · 배제 · 분리 · 거부 등에 의하여 불리하게 대하지 아니하지만 정당한 사유 없이 장애를 고려하지 아니하는 기준을 적용함으로써 장애인에게 **불리한 결과를 초래**하는 경우.

제 5 절 효 력

평등권은 ① 국가에 대한 효력(대국가적 효력)을 가질 뿐만 아니라 ② 제3자(사인)에 대해서도 효력(대사인적 효력)을 갖는다. 평등권의 대사인적 효력은 민사재판을 담당하는 법원의 기본권존중의무를 매개로 평등권이 사인 간에도 적용될 수 있지만 법원의 재판

에 대한 헌법소원이 원칙적으로 배제된 현재의 제도하에서는 평등권의 제3자효가 실제로 발생하기 어렵도록 되어 있다. 따라서 국가인권위원회법에서 법인, 단체 또는 사인(私人)에 의하여 평등권을 침해하는 차별행위를 당한 경우(동법 제30조 제1항 제2호)에 평등권을 침해당한 피해자 또는 그 사실을 알고 있는 사람이나 단체에게 국가인권위원회에 그 내용을 진정할 수 있도록 하고, 여기에 대해서 (또는 직권으로) 국가인권위원회가 조사하여 구제조치 등을 권고하거나 조정할 수 있도록 규정한 것은 부족하나마 평등권의 제3자효와 관련된 의미있는 입법으로 평가할 수 있다.

한편 평등권이 사인인 제3자에 의해 침해되는 경우에는 보호권에 근거하여 국가(입법부)에 대해서 제3자의 침해를 금지하고 제재를 규정하는 입법을 요구할 수 있다. 예를 들어 '장애인차별금지 및 권리구제 등에 관한 법률'은 장애 또는 과거의 장애경력 또는 장애가 있다고 추측됨을 이유로 차별하는 행위를 금지하면서(동법 제6조), 차별행위가 금지되는 영역으로 고용, 교육, 재화 · 용역의 제공 · 이용, 사법 · 행정절차 및 서비스와 참정권, 모 · 부성권과 성생활, 가족 · 가정 · 복지시설과 건강권 등 거의 모든 생활영역을 포괄하여 규정하고 있다. 중요한 것은 차별행위에 대해서 법무부장관의 시정명령권(동법 제43조), 법원의 구제조치(동법 제48조), 악의적 차별행위에 대한 처벌(동법 제49조) 등을 규정하고 있는데 바로 이러한 규정들이 사인에 의한 평등권을 침해하는 차별행위로부터 국민을 보호하는 입법에 해당한다. 이러한 입법을 요구하는 보호권은 평등권의 대국가적 효력과 관련되기 때문에 평등권의 대사인적 효력에 따라 요구되는 평등권에 대한 법관의 존중의무와 구분되어야 한다.

제 4 장　인신에 관한 기본권

제 1 절 서　　설

인신(人身)에 관한 기본권은 인간의 '몸'과 관련된 기본권을 말한다. 이 점에서 다음 장에서 다룰 인간의 '마음'과 관련된 기본권, 즉 정신활동에 관한 기본권과 비교될 수 있다. 인신에 관한 기본권으로는 ① 생명권, ② 신체를 훼손당하지 않을 권리, ③ 신체의 자유 등이 포함될 수 있다.

생명권의 경우 인간의 존엄과 가치에 관한 기본권에서 설명되기도 한다. 하지만 ① 생명권은 독립적인 개별적 기본권으로 이해되어야 한다는 점, ② 인간의 존엄과 가치는 모든 열거되지 않은 개별적 기본권을 이미 포함하는 포괄적 기본권으로 이해될 수 없다는 점, ③ 인간의 존엄과 가치에 관한 기본권을 절대적 기본권 또는 기본권의 절대적 본질내용으로 이해하지 않는다면 그러한 절대적 내용으로서 생명권을 포함시킬 필요가 없게 된다는 점, ④ 생명현상은 그에 대한 신화적 해석을 배제하고 나면 단순한 신체적 현상으로 이해될 수 있으므로 인간의 존엄과 가치의 절대성과 연계시킬 필요가 없다는 점 등을 고려하면 인신에 관한 개별적 기본권에 포함시킬 수 있다.

인신에 관한 개별적 기본권들은 생명에 관한 권리를 전제로 하여 신체의 완전성이나 건강성에 관한 권리의 인정이 가능하고, 신체의 완전성이나 건강성에 관한 권리를 전제로 하여 신체의 자유에 대한 인정이 가능하다는 점에서 차례대로 다른 기본권에 대해서 논리적으로 우선한다. 그렇다고 해서 논리적으로 우선하는 기본권이 다른 기본권보다 효력에서 우선하는 것은 아니다.

제 2 절 생 명 권

제1항　헌법규정

Ⅰ. 학설과 판례

생명권에 관한 명시적인 헌법규정은 없다. 따라서 생명권의 헌법적 근거에 대해서는 대체로 ① 제10조 제1문 전단의 인간의 존엄과 가치(또는 후단 행복추구권을 포함한 제10조 제1문), ② 제12조 제1항의 신체의 자유, ③ 제37조 제1항의 열거되지 않은 기본권이 인용되고 있다. 견해에 따라 이 가운데 한 가지 또는 두 가지, 심지어 세 가지 모두를 근거로 들기도 한다. 예를 들어 ① 제10조의 존엄권은 사자(死者)도 그 주체가 되고 제12조 제1항은 육체적 존재에 관한 규정이므로 **제37조 제1항**을 그 근거로 보는 견해,[1] ② **헌법 제10조 제1문 전단, 제12조 제1항**, 그리고 **제37조 제1항** 세 규정에서 근거를 찾는 견해,[2] ③ 생명권은 인간의 본질적 가치에 해당하여 **제10조 제1문**으로 보는 견해,[3] ④ 헌법 **제10조**뿐만 아니라 생명은 신체의 안전과 자유의 본원적 기초이므로 헌법 **제12조**도 근거로 삼을 수 있다는 견해,[4] ⑤ 생명권을 비롯한 명문화되지 않은 기본권은 헌법 **제37조 제1항**의 열거되지 않은 기본권에 의해 보장된다고 보는 견해,[5] ⑥ '생명권'은 '신체의 자유'의 당연한 전제일 뿐 아니라 명문규정의 유무에 관계없이 **당연한 헌법상의 권리**로 인정된다고 보는 견해,[6] ⑦ 생명권은 '존엄한 인간존재의 근원'이어서 **헌법 제10조 제1문 전단**이라고 보는 견해[7] 등이 있다. 한편 헌법재판소는 생명권의 헌법적 근거는 제시하지 않으면서 생명권을 "선험적이고 자연법적인 권리"로 본다(아래 [판례] 참조).

[판례] 생명권의 헌법적 근거

인간의 생명은 고귀하고, 이 세상에서 무엇과도 바꿀 수 없는 존엄한 인간존재의 근원이다. 이러한 생명에 대한 권리는 비록 헌법에 명문의 규정이 없다 하더라도 인간의 생존본능과 존재목적에 바탕을 둔 **선험적이고 자연법적 권리**로서 헌법에 규정된 모든 기본권의 전제로서 기능하는 기본권 중의 기본권이라 할 것이다(1996. 11. 28. 95헌바1; 2010. 2. 25. 2008헌가23: 사형제도 사건).

Ⅱ. 비판과 대안

생명권은 명시적 규정이 없고 열거된 개별적 기본권과 동일한 수준의 추상성을 가지는 독자적 기본권이므로 일단 **열거되지 않은 개별적 기본권**에 해당하기 때문에 헌법 **제37조 제1항**이 '직접적 근거'가 된다. 하지만 열거되지 않은 개별적 기본권은 행복추구권에서 도출되는 일반적 자유, 정확하게 말하자면 인격적 속성을 가진 '상태'와 관련된 일반적 인격권을 구체화하고, 이러한 일반적 자유의 실질적 내용은 인간의 존엄과 가치에 관한 기본권에 의해서 결정되므로 **제10조 제1문 전단**과 **후단**은 생명권의 내용을 보완하는 '간접적 근거'가 된다. 한편 헌법재판소가 생명권이 "선험적이고 자연법적 권리", 즉 인권이라는 이유로 그 헌법적 근거를 제시하지 않은 것은 타당하지 못하다. 많은 기본권이 인권에 해당하고, 기본권에 관한 모든 헌법적 논증은 적어도 헌법규정으로부터

1) 계희열(중), 273면.
2) 권영성, 410면; 정종섭a, 478면.
3) 김철수, 495면.
4) 성낙인, 1049면.
5) 장영수, 595면.
6) 허영, 365면; 정종섭a, 478면.
7) 홍성방(중), 25면.

출발하여야 하기 때문이다. 어쨌든 헌법이 생명권을 통해서 보장하는 것은 생명에 관한 주관적 '지위'와 객관적 '규범'이다.

제2항 구성요건

Ⅰ. 인적 구성요건(주체)

생명권은 인간의 권리이기 때문에 그 주체는 모든 자연인이다. 따라서 대한민국 국민뿐만 아니라 외국인도 생명권의 주체가 된다. 완전한 인간은 아니지만 태아도 생성되는 인간으로서 생명권의 주체가 될 수 있다. 헌법재판소도 태아가 생명권의 주체가 될 수 있음을 확인하고 있다.[8] 하지만 초기배아(수정 후 착상 전 또는 원시선이 나타나기 전의 배아)에 대해서는 생명권의 주체가 될 수 없다고 한다.[9]

Ⅱ. 보호법익

1. 생 명

생명권의 보호법익은 인간의 생명이다. 생명인지 여부는 원칙적으로 생물학적 기준에 의해서 결정되지만 예외적으로 생명에 대한 판단이 필요한 경우에는 법적 가치판단이 개입될 수 있다. 생명은 인간의 일정한 '속성'을 보호법익으로 하기 때문에 행위나 법적 지위를 보장하는 기본권과 구별된다.

2. 생명에 관한 권리와 규범

(1) 생명에 관한 자유

생명권은 생명이라는 상태, 즉 인간의 일정한 '속성'과 관련되는 자유다. 이러한 자유에는 생명을 유지할 수 있는 자유뿐만 아니라 생명의 포기(죽음)에 관한 결정의 자유, 즉 '죽을 자유'가 포함된다.

(2) 생명에 관한 권리

① 생명권은 국가가 생명을 훼손하는 경우에 이러한 훼손행위를 중지해달라고 요구할 수 있는 **방어권**을 포함한다. 또한 ② 생명에 대한 사인(私人)인 제3자의 훼손행위로부터 보호하는 입법을 요구할 수 있는 **보호권**도 포함한다. 그리고 ③ 국가를 상대로 생명에 관한 절차를 보장하는 입법을 요구할 수 있는 **절차권**도 포함한다. 보호권과 절차권의 경우에 국가는 생명을 보호하고 생명에 관한 절차를 보장하는 입법을 해야 할 의무를 진다. 헌법재판소도 생명에 대한 보호의무가 국가에게 있음을 확인하고 있다.[10]

---

8) 헌재 2008. 7. 31. 2004헌바81.
9) 헌재 2010. 5. 27. 2005헌마346.
10) 헌재 2008. 7. 31. 2004헌바81; 2008. 12. 26. 2008헌마419(미국산 쇠고기 고시).

예를 들어 **형법상 살인의 죄** 또는 **낙태의 죄**에 관한 규정들(형법 제250조 이하 및 제269조 이하)은 생명권에 대한 제3자의 침해로부터 생명권을 보호하는 입법에 해당한다.

Ⅲ. 제약행위

생명에 관한 '방어권'의 경우에 제약행위는 인간의 생명에 대한 '**훼손행위**'다. 따라서 인간의 생명을 훼손하는 행위, 즉 살인행위는 생명권을 제약하는 행위로서 잠정적으로 금지된다. 정당화될 수 있는 살인행위, 즉 생명권에 대한 제한의 구체적인 문제로서 사형제도, 낙태, 안락사, 뇌사 등이 논의될 수 있는데 그 허용 여부는 제한의 정당성에서 결정되어야 하므로 나중에 다시 자세하게 다루기로 한다. 생명의 포기를 방해하는 행위도 생명권에 대한 제약행위가 된다.

제 3 항 제한규범

생명권의 구성요건을 충족해도 제한규범에 근거하여 제약될 수 있는 생명상태는 확정적 보호를 받지 못한다. 생명권의 구성요건을 충족하면서 제한규범에 근거하여 제약될 수 없는 생명상태만이 확정적으로 보호된다. 따라서 생명권의 구성요건 단계에서 잠정적으로 보호된 생명상태는 제한규범에 근거하여 제약될 수 없어야 확정적으로 보호된다. 한편 생명권에 포함된 방어권의 경우에 구성요건의 단계에서 잠정적으로 금지된 제약행위는 제한규범에 근거하는 경우에만 잠정적으로 허용된 제약행위로 바뀌게 되고, 근거가 되는 제한규범이 없는 경우에는 확정적으로 금지된 제약행위가 된다.

Ⅰ. 헌법직접적 제한규범

생명권에 대한 헌법직접적 제한규범은 '성문'의 형태와 '불문'의 형태로 규정될 수 있다. 우리 헌법규정이 생명권에 대한 성문의 헌법직접적 제한규범을 규정하고 있는지에 대해서는 의견이 나누어진다. 무엇보다도 사형제도와 관련하여 헌법 **제110조 제4항**은 "비상계엄하의 군사재판은 … 단심으로 할 수 있다. 다만, **사형**을 선고한 경우에는 그러하지 아니하다."고 규정하고 있는데 이것이 사형제도를 인정하여 생명권에 대한 성문의 헌법직접적 제한으로 볼 수 있는지가 문제될 수 있다. 일단 헌법의 명시적인 문구로만 보면 **사형제도를 허용**하고 있는 것으로 보인다. 헌법재판소도 같은 의견이다.[11] 다만 그렇다고 입법자가 사형제도를 반드시 규정하도록 헌법적으로 명령하고 있는 것은 아니기 때문에 입법자가 **사형제도를 폐지하는 것도 가능**하다. 따라서 사형제도에 관해서는 입법자에게 형성의 자유가 보장되어 있다고 보아야 한다. 결론적으로 헌법이 명시적

11) 헌재 2010. 2. 25. 2008헌가23.

문구를 통해 생명에 대한 훼손을 적어도 허용하고 있기 때문에 이 조항은 생명권에 대한 헌법직접적 제한규범으로 볼 수 있다. 한편 불문의 헌법직접적 제한규범으로는 다른 사람의 기본권이나 헌법적 법익이 될 수 있다. 다른 사람의 기본권의 생명권에 대한 헌법직접적 제한규범이 되면 두 기본권 사이에 '기본권의 충돌'이 발생한다. 생명권은 흔히 다른 사람의 생명권과 충돌하고, 여성의 임신·출산에 관한 자기결정권과도 충돌할 수 있다.

Ⅱ. 헌법간접적 제한규범

생명권에 대한 헌법간접적 제한규범은 생명권을 규정한 기본권규정에서 '개별적으로' 규정될 수도 있고, 생명권을 규정한 기본권조항과는 독립적인 조항을 두어 모든 자유와 권리에 대해서 '일반적으로' 규정될 수도 있다. 우리 헌법은 생명권 자체에 대하여 명시적 규정을 두고 있지 않기 때문에 생명권의 제한을 수권하는 개별적 법률유보조항은 애초부터 문제되지 않는다. 결국 생명권은 일반적 법률유보조항에 의해서 제한될 수 있다. 따라서 일반적 법률유보조항인 헌법 제37조 제2항에 근거하여 생명권은 "국가안전보장, 질서유지 또는 공공복리"를 위하여, "법률"에 의해서만 제한될 수 있다.

제4항 정 당 화

Ⅰ. 상대적 기본권으로서 생명권

생명권이 이른바 '절대적 기본권'이라면 생명권은 어떠한 경우에도 다른 기본권이나 헌법적 법익과 충돌할 수 없거나 충돌하는 경우에도 항상 우월한 기본권을 의미하기 때문에 결코 제한될 수 없게 된다. 그러나 **생명에 관한 기본권을 원칙규범으로 이해**하는 경우에 생명권도 다른 기본권이나 헌법적 법익과 충돌할 수 있고 충돌한 경우에 반드시 다른 기본권보다 우월한 것은 아니기 때문에 제한될 수 있는 기본권, 즉 '상대적 기본권'으로 이해된다. 또한 헌법 제37조 제2항과 같은 일반적 법률유보조항이 규정되어 있는 한 생명권을 포함한 모든 기본권은 상대적 기본권에 지나지 않는다. 헌법재판소도 생명권을 헌법 제37조 제2항에 의한 법률유보의 대상이 되는 상대적 기본권으로 본다.[12)]

따라서 생명권의 구성요건도 잠정적으로만 보장된다. 잠정적으로 보장된 생명권의 구성요건이 확정적인 것이 되기 위해서는 **비례성원칙에 따른 합리적 형량**이 필요하다. 이것은 생명권을 제한하는 다른 사람의 기본권이나 헌법적 법익 또는 공익을 이 권리와의 관계에서 조화와 균형을 이루게 함으로써 정당화하는 것을 의미한다. 비례성원칙은 생명에 관한 방어권의 경우에는 과잉금지원칙으로 구체화되지만 생명에 관한 보호권이

12) 헌재 2010. 2. 25. 2008헌가23.

나 절차권의 경우에는 과소금지원칙으로 구체화된다. 헌법재판소도 생명에 관한 보호의무의 경우에 과소(보호)금지원칙을 적용하고 있다.[13]

생명권의 본질내용에 대해서는 **절대설**을 취하게 되면 비례성원칙과는 독립적인 원칙으로서 본질내용침해금지원칙에 따른 독자적인 심사가 생명권에 대한 제한을 정당화하기 위해 부가적으로 필요하다. 하지만 **상대설**을 취하게 되면 비례성원칙에 따른 심사로 생명권의 제한을 위한 정당화는 충분하게 된다.

Ⅱ. 생명권과 사형제도

생명권에 대한 제한의 정당성을 판단하는 문제로서 우선 사형제도가 문제될 수 있다.[14] 사형제도와 관련하여 우리 헌법재판소는 두 차례에 걸쳐 합헌이라는 결정을 내렸지만(아래 [판례] 참조) 논란의 여지는 아직도 남아 있다.

[판례] 사형제도

[1] ① 생명권에 대한 제한은 곧 생명권의 완전한 박탈을 의미하므로, 사형이 비례의 원칙에 따라서 최소한 동등한 가치가 있는 다른 생명 또는 그에 못지아니한 공공의 이익을 보호하기 위한 불가피성이 충족되는 예외적인 경우에만 적용되는 한, 그것이 비록 생명을 빼앗는 형벌이라 하더라도 헌법 제37조 제2항 단서에 위반되는 것으로 볼 수는 없다. ② 모든 인간의 생명은 자연적 존재로서 동등한 가치를 갖는다고 할 것이나 그 동등한 가치가 서로 충돌하게 되거나 생명의 침해에 못지아니한 중대한 공익을 침해하는 등의 경우에는 국민의 생명·재산 등을 보호할 책임이 있는 국가는 어떠한 생명 또는 법익이 보호되어야 할 것인지 그 규준을 제시할 수 있는 것이다. 인간의 생명을 부정하는 등의 범죄행위에 대한 불법적 효과로서 지극히 한정적인 경우에만 부과되는 사형은 죽음에 대한 인간의 본능적 공포심과 범죄에 대한 응보욕구가 서로 맞물려 고안된 "필요악"으로서 불가피하게 선택된 것이며 지금도 여전히 제 기능을 하고 있다는 점에서 정당화될 수 있다(1996. 11. 28. 95헌바1).

[2] ① 사형은 일반국민에 대한 심리적 위하를 통하여 범죄의 발생을 예방하며 극악한 범죄에 대한 정당한 응보를 통하여 정의를 실현하고, 당해 범죄인의 재범 가능성을 영구히 차단함으로써 사회를 방어하려는 것으로 그 **입법목적은 정당**하고, 가장 무거운 형벌인 사형은 입법목적의 달성을 위한 **적합한 수단**이다. ② 사형은 무기징역형이나 가석방이 불가능한 종신형보다도 범죄자에 대한 법익침해의 정도가 큰 형벌로서, 인간의 생존본능과 죽음에 대한 근원적인 공포까지 고려하면, 무기징역형 등 자유형보다 더 큰 위하력을 발휘함으로써 가장 강력한 범죄억지력을 가지고 있다고 보아야 하고, 극악한 범죄의 경우에는 무기징역형 등 자유형의 선고만으로는 범죄자의 책임에 미치지 못하게 될 뿐만 아니라 피해자들의 가족 및 일반국민의 정의관념에도 부합하지 못하며, 입법목적의 달성에 있어서 사형과 동일한 효과를 나타내면서도 사형보다 범죄자에 대한 법익침해 정도가 작은 다른 형벌이 명백히 존재한다고 보기 어

13) 헌재 2008. 7. 31. 2004헌바81; 2008. 12. 26. 2008헌마419.

14) 사형제도에 관해서는 이준일, 헌법적 정의와 사형제도, 『금촌 육종수박사 정년기념논문집』, 275면 이하; 같은 이, 『인권법』(2021), 제1장 참조.

> 려우므로 사형제도가 **침해최소성원칙**에 어긋난다고 할 수 없다. 한편, 오판가능성은 사법제도의 숙명적 한계이지 사형이라는 형벌제도 자체의 문제로 볼 수 없으며 심급제도, 재심제도 등의 제도적 장치 및 그에 대한 개선을 통하여 해결할 문제이지, 오판가능성을 이유로 사형이라는 형벌의 부과 자체가 위헌이라고 할 수는 없다. ③ 사형제도에 의하여 달성되는 범죄예방을 통한 무고한 일반국민의 생명 보호 등 중대한 공익의 보호와 정의의 실현 및 사회방위라는 공익은 사형제도로 발생하는 극악한 범죄를 저지른 자의 생명권이라는 사익보다 결코 작다고 볼 수 없을 뿐만 아니라, 다수의 인명을 잔혹하게 살해하는 등의 극악한 범죄에 대하여 한정적으로 부과되는 사형이 그 범죄의 잔혹함에 비하여 과도한 형벌이라고 볼 수 없으므로, 사형제도는 **법익균형성원칙**에 위배되지 아니한다(2010. 2. 25. 2008헌가23).

1. 학 설

사형제도에 대해서는 합헌론과 위헌론이 대립한다. 합헌론으로는 ① 생명권을 보장하려면 사형제도를 폐지하는 것이 논리적 일관성을 가지며 사형제도는 원칙적으로 **위헌**이라고 보면서도 우리 **헌법**은 간접적이지만 사형제도를 **인정**하고 있다는 견해,[15] ② 현행 헌법은 명문규정을 두고 있지 않지만 제110조 제4항 단서는 사형제도를 **간접적으로 시인**한 규정이라 볼 수 있다는 견해,[16] ③ 생명의 박탈은 원칙적으로 생명권의 본질적 내용을 침해하지만 그것이 사회 또는 국가의 유지에 필수적인 경우 예외적으로 허용될 수 있다고 보는 견해,[17] ④ 사형제도 자체가 곧 위헌이라고 보기는 어렵다고 하면서 다만 헌법은 사형을 금지하지 않을 뿐, 사형의 폐지를 배제한 것도 아니기 때문에 법률로써 사형제도를 폐지하는 것은 가능하다는 견해,[18] ⑤ 사실상 사형제도는 '생명보호의 위협효과' 때문에 일응 그 **정당성이 인정**된다고 할지라도 사형선고는 생명권의 관점에서 매우 신중한 검토 후에 지극히 **예외적으로만 행해져야** 한다고 보는 견해[19]가 있다. 이처럼 합헌론도 원칙적인 위헌성을 지적하거나 집행의 신중성을 강조한다.

한편 위헌론으로는 ① 죄수의 생명권의 본질적인 내용의 침해로 위헌이라고 보아야 하고, 또한 사형집행인이라든가 사형선고인, 사형집행확인인 등의 인간의 존엄권을 침해하는 것이라고 보는 견해,[20] ② 사형제도는 인간으로서의 존엄과 가치 및 생명권과 **정면으로 모순**되기 때문에 지극히 예외적인 경우라도 **사형선고를 내릴 수는 없다**고 보는 견해[21] 등이다.

---

15) 계희열(중), 281면.
16) 권영성, 412면.
17) 성낙인, 1052면.
18) 장영수, 598면 이하.
19) 허영, 366면 이하.
20) 김철수, 514면 이하.
21) 홍성방(중), 32면.

2. 비판과 대안

생명권은 원칙의 성격을 가지는 상대적 기본권으로서 비례성원칙에 따라 제한될 수 있기 때문에 생명권의 제한불가능성이나 절대적 본질내용설에 기초하여 사형제도의 위헌성을 주장하는 견해는 타당하지 못하다. 따라서 생명권을 제한하는 사형제도의 위헌성 여부는 범죄자의 **생명권**과 범죄피해자의 **생명권** 또는 범죄예방이라는 **공익을 비례성원칙에 따라 합리적으로 형량한 결과에 의하여 판단되어야** 한다. 여기서 범죄피해자의 생명권을 보호하는 것도 범죄예방이라는 공익이 실현될 때만 가능한 것이므로 사형제도에 있어서 핵심은 그 위하력에 기초한 일반예방효과, 즉 범죄억지효과를 인정할 것인지 여부의 문제다. 이에 대해서는 긍정하는 견해와 부정하는 견해가 첨예하게 대립되어 있으므로 헌법의 명시적 규정이 없는 한 '의심스러울 때는 자유에 유리하게'라는 이성법의 원칙에 따라 부정설에 기초한 위헌론을 지지하는 것이 타당하다고 생각된다. 하지만 현행 헌법의 경우에 헌법제정자는 규칙의 성격을 가지는 헌법직접적 제한규범(제110조 제4항 단서)을 규정함으로써 일반예방효과에 대하여 긍정하는 견해를 선택하고 있기 때문에 사형제도는 합헌으로 판단된다. 다만 사형제도를 존치시킨다고 해도 사형은 인간의 생명을 박탈하는 극형이라는 점에서 사형선고는 엄격하게 제한되는 것이 타당하다.

[판례] 사형선고의 허용요건

사형은 인간의 생명 자체를 영원히 박탈하는 냉엄한 궁극의 형벌로서 문명국가의 이성적인 사법제도가 상정할 수 있는 극히 예외적인 형벌이라는 점을 감안할 때, 사형의 선고는 범행에 대한 책임의 정도와 형벌의 목적에 비추어 그것이 정당화될 수 있는 특별한 사정이 있다고 누구라도 인정할 만한 객관적인 사정이 분명히 있는 경우에만 허용되어야 하고, 따라서 사형을 선고함에 있어서는 형법 제51조가 규정한 사항을 중심으로 한 범인의 연령, 직업과 경력, 성행, 지능, 교육정도, 성장과정, 가족관계, 전과의 유무, 피해자와의 관계, 범행의 동기, 사전계획의 유무, 준비의 정도, 수단과 방법, 잔인하고 포악한 정도, 결과의 중대성, 피해자의 수와 피해감정, 범행 후의 심정과 태도, 반성과 가책의 유무, 피해회복의 정도, 재범의 우려 등 양형의 조건이 되는 모든 사항을 철저히 심리하여 위와 같은 특별한 사정이 있음을 명확하게 밝힌 후 비로소 사형의 선택 여부를 결정하여야 한다(대판 2004. 9. 3. 2004도3538; 2006. 3. 24. 2006도354).

Ⅲ. 생명권과 낙태

낙태란 자연적인 분만의 시기가 도래하기 전에 자궁에서 발육중인 태아의 생명을 인위적으로 제거하는 행위를 말한다.[22] 모자보건법은 낙태(인공임신중절수술)를 "태아가 모체 밖에서는 생명을 유지할 수 없는 시기에 태아와 그 부속물을 인공적으로 모체 밖으로 배출시키는 수술"로 정의한다(동법 제2조 제7호). 생명권을 제한될 수 있는 기본권으로 이해하는 한 낙태의 허용 그 자체가 위헌이 될 수는 없다. 결국 낙태의 허용 여부

22) 낙태의 헌법적 문제에 관해서는 이준일, 『인권법』(2021), 제27장 참조.

에 관한 문제도 태아의 **생명권**과 산모의 **생명권** 또는 **출산권**이 충돌하는 문제로 보아 서로 충돌하는 기본권에 대한 합리적 형량의 문제로 구성하여야 한다. 우선 이러한 논의는 생명의 시점을 출생 이전부터 인정할 것인지를 전제로 하는데 인정하는 경우에도 출생 이전의 어느 시점을 생명의 시점으로 할 것인지에 대해서는 논란이 있다. 다음으로 낙태의 허용 여부에 대해서는 ① 완전히 금지하자는 견해(전면적 금지설), ② 원칙적으로 금지하고 예외적으로 허용하자는 견해(예외적 허용설), 그리고 ③ 완전히 허용하자는 견해(전면적 허용설)로 구분될 수 있다. 낙태와 관련된 서로 충돌하는 기본권을 합리적 형량해 볼 때 대체적으로 두 번째의 방식이 가장 합리적인 것으로 평가되지만 허용하는 기준에는 ① 낙태를 허용하는 **기한**을 정하는 방식과 ② 낙태를 **정당화하는 사유**를 정하는 방식으로 구분된다. 현행 모자보건법은 후자의 방식을 채택하고 있다. 다만 모자보건법시행령은 법적으로 허용되는 낙태를 임신한 날로부터 24주 이내로 제한함으로써 전자의 방식이 병용되고 있다(동시행령 제15조 제1항). 헌법재판소는 임신 초기의 낙태나 사회적·경제적 사유에 의한 낙태를 허용하고 있지 않는 자기낙태죄 조항이 임부의 자기결정권에 대한 과도한 제한으로 보기 어렵다고 보았다(아래 [판례] 참조). 하지만 헌법재판소는 이러한 판례를 변경하여 태아의 생명 보호라는 공익에 대해서만 일방적이고 절대적인 우위를 부여하는 위헌적 것이라고 판시하였다.[23]

[법령] 모자보건법의 낙태정당화사유

제14조 (인공임신중절수술의 허용한계) ① 의사는 다음 각 호의 어느 하나에 해당되는 경우에만 본인과 배우자(사실상의 혼인관계에 있는 사람을 포함한다. 이하 같다)의 동의를 받아 인공임신중절수술을 할 수 있다.

1. 본인이나 배우자가 대통령령으로 정하는 우생학적(優生學的) 또는 유전학적 정신장애나 신체질환이 있는 경우
2. 본인이나 배우자가 대통령령으로 정하는 전염성 질환이 있는 경우
3. 강간 또는 준강간(準强姦)에 의하여 임신된 경우
4. 법률상 혼인할 수 없는 혈족 또는 인척 간에 임신된 경우
5. 임신의 지속이 보건의학적 이유로 모체의 건강을 심각하게 해치고 있거나 해칠 우려가 있는 경우

②~③ 생략

[판례] 낙태죄의 위헌 여부

가. [재판관 4인의 헌법불합치의견]

자기낙태죄 조항은 모자보건법이 정한 예외를 제외하고는 임신기간 전체를 통틀어 모든 낙태를 전면적·일률적으로 금지하고, 이를 위반할 경우 형벌을 부과함으로써 임신의 유지·출산을 강제하고 있으므로, 임신한 여성의 자기결정권을 제한한다. 자기낙태죄 조항은 태아의 생명을 보호하기 위한 것으로서, 정당한 입법목적을 달성하기 위한 적합한 수단이다. 임신·출산·육아는 여성의 삶에 근본적이고 결정적인 영향을 미칠 수 있는 중요한 문제이므로, 임신한 여성이 임신을 유지 또는 종결할 것인지 여부를 결정하는 것은 스스로 선택

23) 헌재 2019. 4. 11. 2017헌바127 참조.

한 인생관 · 사회관을 바탕으로 자신이 처한 신체적 · 심리적 · 사회적 · 경제적 상황에 대한 깊은 고민을 한 결과를 반영하는 전인적(全人的) 결정이다. 현 시점에서 최선의 의료기술과 의료 인력이 뒷받침될 경우 태아는 임신 22주 내외부터 독자적인 생존이 가능하다고 한다. 한편 자기결정권이 보장되려면 임신한 여성이 임신 유지와 출산 여부에 관하여 전인적 결정을 하고 그 결정을 실행함에 있어서 충분한 시간이 확보되어야 한다. 이러한 점들을 고려하면, 태아가 모체를 떠난 상태에서 독자적으로 생존할 수 있는 시점인 임신 22주 내외에 도달하기 전이면서 동시에 임신 유지와 출산 여부에 관한 자기결정권을 행사하기에 충분한 시간이 보장되는 시기(이하 착상 시부터 이 시기까지를 '결정가능기간'이라 한다)까지의 낙태에 대해서는 국가가 생명보호의 수단 및 정도를 달리 정할 수 있다고 봄이 타당하다. 낙태갈등 상황에서 형벌의 위하가 임신종결 여부 결정에 미치는 영향이 제한적이라는 사정과 실제로 형사처벌되는 사례도 매우 드물다는 현실에 비추어 보면, 자기낙태죄 조항이 낙태갈등 상황에서 태아의 생명 보호를 실효적으로 하지 못하고 있다고 볼 수 있다. 낙태갈등 상황에 처한 여성은 형벌의 위하로 말미암아 임신의 유지 여부와 관련하여 필요한 사회적 소통을 하지 못하고, 정신적 지지와 충분한 정보를 제공받지 못한 상태에서 안전하지 않은 방법으로 낙태를 실행하게 된다. 모자보건법상의 정당화사유에는 다양하고 광범위한 사회적 · 경제적 사유에 의한 낙태갈등 상황이 전혀 포섭되지 않는다. 예컨대, 학업이나 직장생활 등 사회활동에 지장이 있을 것에 대한 우려, 소득이 충분하지 않거나 불안정한 경우, 자녀가 이미 있어서 더 이상의 자녀를 감당할 여력이 되지 않는 경우, 상대 남성과 교제를 지속할 생각이 없거나 결혼 계획이 없는 경우, 혼인이 사실상 파탄에 이른 상태에서 배우자의 아이를 임신했음을 알게 된 경우, 결혼하지 않은 미성년자가 원치 않은 임신을 한 경우 등이 이에 해당할 수 있다. 자기낙태죄 조항은 모자보건법에서 정한 사유에 해당하지 않는다면 결정가능기간 중에 다양하고 광범위한 사회적 · 경제적 사유를 이유로 낙태갈등 상황을 겪고 있는 경우까지도 예외 없이 전면적 · 일률적으로 임신의 유지 및 출산을 강제하고, 이를 위반한 경우 형사처벌하고 있다. 따라서, 자기낙태죄 조항은 입법목적을 달성하기 위하여 필요한 최소한의 정도를 넘어 임신한 여성의 자기결정권을 제한하고 있어 침해의 최소성을 갖추지 못하였고, 태아의 생명 보호라는 공익에 대하여만 일방적이고 절대적인 우위를 부여함으로써 법익균형성의 원칙도 위반하였으므로, 과잉금지원칙을 위반하여 임신한 여성의 자기결정권을 침해한다. 자기낙태죄 조항과 동일한 목표를 실현하기 위하여 임신한 여성의 촉탁 또는 승낙을 받아 낙태하게 한 의사를 처벌하는 의사낙태죄 조항도 같은 이유에서 위헌이라고 보아야 한다. 자기낙태죄 조항과 의사낙태죄 조항에 대하여 각각 단순위헌결정을 할 경우, 임신 기간 전체에 걸쳐 행해진 모든 낙태를 처벌할 수 없게 됨으로써 용인하기 어려운 법적 공백이 생기게 된다. 더욱이 입법자는 결정가능기간을 어떻게 정하고 결정가능기간의 종기를 언제까지로 할 것인지, 결정가능기간 중 일정한 시기까지는 사회적 · 경제적 사유에 대한 확인을 요구하지 않을 것인지 여부까지를 포함하여 결정가능기간과 사회적 · 경제적 사유를 구체적으로 어떻게 조합할 것인지, 상담요건이나 숙려기간 등과 같은 일정한 절차적 요건을 추가할 것인지 여부 등에 관하여 앞서 헌법재판소가 설시한 한계 내에서 입법재량을 가진다. 따라서 자기낙태죄 조항과 의사낙태죄 조항에 대하여 단순위헌 결정을 하는 대신 각각 헌법불합치 결정을 선고하되, 다만 입법자의 개선입법이 이루어질 때까지 계속적용을 명함이 타당하다.

[재판관 3인의 단순위헌의견]

헌법불합치의견이 지적하는 기간과 상황에서의 낙태까지도 전면적 · 일률적으로 금지하고, 이를 위반한 경우 형사처벌하는 것은 임신한 여성의 자기결정권을 침해한다는 점에 대하여 헌법불합치의견과 견해를 같이한다. 다만 여기에서 더 나아가 이른바 '임신 제1삼분기(first trimester, 대략 마지막 생리기간의 첫날부터 14주 무렵까지)'에는 어떠한 사유를 요구함이 없이 임신한 여성이 자신의 숙고와 판단 아래 낙태할 수 있도록 하여야 한다는 점, 자기낙태죄 조항 및 의사낙태죄 조항(이하 '심판대상조항들'이라 한다)에 대하여 단순위헌결정을 하여야 한다는 점에서 헌법불합치의견과 견해를 달리 한다. 임신한 여성이 임신의 유지 또는 종결에 관하여 한 전인격적인 결정은 그 자체가 자기결정권의 행사로서 원칙적으로 보장되어야 한다. 다만 이러한 자기결정권도 태아의 성장 정도, 임신 제1삼분기를 경과하여 이루어지는 낙태로 인한 임신한 여성의 생명 · 건강의 위험성 증가 등을 이유로 제한될 수 있다. 한편, 임신한 여성의 안전성이 보장되는 기간 내의 낙태를 허용할지 여부와 특정한 사유에 따른 낙태를 허용할지 여부의 문제가 결합한다면, 결과적으로 국가가 낙태를 불가피한 경우에만 예외적으로 허용하여 주는 것이 되어 임신한 여성의 자기결정권을 사실상 박탈하게 될 수 있다. 그러므로 태아가 덜 발달하고, 안전한 낙태 수술이 가능하며, 여성이 낙태 여부를 숙고하여 결정하기에 필요한 기간인 임신 제1삼분기에는 임신한 여성의 자기결정권을 최대한 존중하여 그가 자신의 존엄성과 자율성에 터 잡아 형성한 인생관 · 사회관을 바탕으로 자신이 처한 상황에 대하여 숙고한 뒤 낙태 여부를 스스로 결정할 수 있도록 하여야 한다. 심판대상조항들은 임신 제1삼분기에 이루어지는 안전한 낙태조차 일률적 · 전면적으로 금지함으로써, 과잉금지원칙을 위반하여 임신한 여성의 자기결정권을 침해한다. 자유권을 제한하는 법률에 대하여, 기본권의 제한 그 자체는 합헌이나 그 제한의 정도가 지나치기 때문에 위헌인 경우에도 헌법불합치결정을 해야 한다면, 법률이 위헌인 경우에는 무효로 선언되어야 한다는 원칙과 그에 기초한 결정형식으로서 위헌결정의 존재 이유가 사라진다. 심판대상조항들이 예방하는 효과가 제한적이고, 형벌조항으로서의 기능을 제대로 하지 못하고 있으므로, 이들 조항이 폐기된다고 하더라도 극심한 법적 혼란이나 사회적 비용이 발생한다고 보기 어렵다. 반면, 헌법불합치결정을 선언하고 사후입법으로 이를 해결하는 것은 형벌규정에 대한 위헌결정의 효력이 소급하도록 한 입법자의 취지에도 반할 뿐만 아니라, 그 규율의 공백을 개인에게 부담시키는 것으로서 가혹하다. 또한 앞서 본 바와 같이 심판대상조항들 중 적어도 임신 제1삼분기에 이루어진 낙태에 대하여 처벌하는 부분은 그 위헌성이 명확하여 처벌의 범위가 불확실하다고 볼 수 없다. 심판대상조항들에 대하여 단순위헌결정을 하여야 한다.

나. 자기낙태죄 조항과 의사낙태죄 조항이 헌법에 위반된다는 단순위헌의견이 3인이고, 헌법에 합치되지 아니한다는 헌법불합치의견이 4인이므로, 단순위헌의견에 헌법불합치의견을 합산하면 법률의 위헌결정을 함에 필요한 심판정족수에 이르게 된다. 따라서 위 조항들에 대하여 헌법에 합치되지 아니한다고 선언하되, 2020. 12. 31.을 시한으로 입법자가 개선입법을 할 때까지 계속적용을 명한다. 아울러 종전에 헌법재판소가 이와 견해를 달리하여 자기낙태죄 조항과 형법(1995. 12. 29. 법률 제5057호로 개정된 것) 제270조 제1항 중 '조산사'에 관한 부분이 헌법에 위반되지 아니한다고 판시한 헌재 2012. 8. 23. 2010헌바402 결정은 이 결정과 저촉되는 범위 내에서 변경하기로 한다(헌재 2019. 4. 11. 2017헌바127).

Ⅳ. 생명권과 안락사

1. 학 설

안락사란 불치의 질병을 앓고 있는 임종환자(죽음이 임박한 환자) 또는 말기환자가 심각한 고통을 당하고 있는 경우에 편하게 죽을 수 있도록 환자의 생명을 인위적으로 단축시키는 행위를 말한다.[24] 이러한 안락사 및 그와 관련된 자살권의 문제에 대해서는 금지설과 허용설이 대립하는데 대체로 금지설이 우세하고 허용설은 소수의 견해인 것으로 보인다.

우선 금지설로는 ① 안락사는 원칙적으로 금지되고, 자살권은 헌법적으로 보장되지 않으며 존엄사는 생명권의 보호에 반한다는 견해,[25] ② 안락사는 인간의 생명권을 침해하여 위헌이고, 자살방조를 처벌하는 법이론에 따라 환자의 인간답게 죽을 권리(존엄사)는 허용되지 않는다는 견해,[26] ③ 생명에 대한 존중은 인간의 존엄에 직결되므로 생명을 처분할 권리는 누구에게도 없다는 견해,[27] ④ 존엄사의 이름으로 안락사를 무조건 허용하는 입법정책은 받아들일 수 없다는 견해,[28] ⑤ 생명권의 포기불가성 때문에 존엄사는 인정되지 않으며 안락사란 명칭은 안락살(安樂殺)로 바뀌어야 한다는 견해[29] 등이 있다.

한편 허용설의 예로는 ① 회생 가망이 없는 환자가 생명에 대한 자기결정권을 행사하여 생명유지조치를 원하지 않음을 명백히 표시한 경우에는 살인죄를 구성하지 않고, 자살할 권리도 원칙적으로 인정되지 않지만 자살에 대해서는 도덕적 비난이 가해질 뿐 법적 제재는 가해질 수 없다는 견해,[30] ② 엄격한 조건에서 소극적 안락사는 인정할 수 있다는 견해[31]를 들 수 있다.

2. 판 례

대법원은 사망의 단계에 진입한 환자의 연명치료중단(소극적 안락사)을 허용하였다. 다만 연명치료중단을 위해서 본인의 의사가 필요하고, 이러한 의사는 추정적 의사로도 충분하다고 한다(아래 [판례] 참조). 헌법재판소도 유사하게 죽음이 임박한 환자에게 죽음에 관한 자기결정권를 인정하였다(아래 [판례] 참조). 대법원 판례와 헌법재판소 판례에서 나타나는 공통점은 소극적 안락사를 의미하는 연명치료중단이 이미 죽음의 과정에 진입한 경우에만 허용된다고 봄으로써 죽음을 하나의 '과정'으로 이해하면서 안락사의 문제를 생명의 단축이 아니라 '죽음의 단축'으로 규정한다는 점이다.

[판례] 안락사에 대한 대법원의 견해

① 회복불가능한 사망의 단계에 이른 후에 환자가 인간으로서의 존엄과 가치 및 행복추구

---

24) 안락사의 헌법적 문제에 관해서는 이준일, 『인권법』(2021), 제2장 및 같은 이, 안락사(존엄사)에 관한 헌법이론적 논의, 『헌법학연구』(한국헌법학회), 제16권 제1호(2010), 1면 이하 참조.

25) 계희열(중), 283면 이하; 그러나 계희열 교수는 이전에 엄격한 요건하에 존엄사가 인정되어야 한다고 보았다. 계희열(중), 초판(2000), 248면 이하 참조.

26) 김철수, 514면.

27) 장영수, 599면.

28) 허영, 366면.

29) 홍성방(중), 33면.

30) 권영성, 414면.

31) 성낙인, 1054면.

권에 기초하여 자기결정권을 행사하는 것으로 인정되는 경우에는 특별한 사정이 없는 한 연명치료의 중단이 허용될 수 있다. ② 환자가 회복불가능한 사망의 단계에 이르렀을 경우에 대비하여 미리 의료인에게 자신의 연명치료 거부 내지 중단에 관한 의사를 밝힌 경우(이하 '사전의료지시'라 한다)에는, 비록 진료 중단 시점에서 자기결정권을 행사한 것은 아니지만 사전의료지시를 한 후 환자의 의사가 바뀌었다고 볼 만한 특별한 사정이 없는 한 사전의료지시에 의하여 자기결정권을 행사한 것으로 인정할 수 있다. ③ 환자의 사전의료지시가 없는 상태에서 회복불가능한 사망의 단계에 진입한 경우에는 … 환자의 평소 가치관이나 신념 등에 비추어 연명치료를 중단하는 것이 객관적으로 환자의 최선의 이익에 부합한다고 인정되어 환자에게 자기결정권을 행사할 수 있는 기회가 주어지더라도 연명치료의 중단을 선택하였을 것이라고 볼 수 있는 경우에는, 그 연명치료 중단에 관한 환자의 의사를 추정할 수 있다고 인정하는 것이 합리적이고 사회상규에 부합된다(대판 2009. 5. 11. 2009다17417).

[판례] 안락사에 대한 헌법재판소의 견해

'연명치료 중단, 즉 생명단축에 관한 자기결정'은 '생명권 보호'의 헌법적 가치와 충돌하므로 '연명치료 중단에 관한 자기결정권'의 인정 여부가 문제되는 '죽음에 임박한 환자'란 '의학적으로 환자가 의식의 회복가능성이 없고 생명과 관련된 중요한 생체기능의 상실을 회복할 수 없으며 환자의 신체상태에 비추어 짧은 시간 내에 사망에 이를 수 있음이 명백한 경우', 즉 '회복 불가능한 사망의 단계'에 이른 경우를 의미한다 할 것이다. 이와 같이 '죽음에 임박한 환자'는 전적으로 기계적인 장치에 의존하여 연명할 수밖에 없고, 전혀 회복가능성이 없는 상태에서 결국 신체의 다른 기능까지 상실되어 기계적인 장치에 의하여서도 연명할 수 없는 상태에 이르기를 기다리고 있을 뿐이므로, '죽음에 임박한 환자'에 대한 연명치료는 의학적인 의미에서 치료의 목적을 상실한 신체침해 행위가 계속적으로 이루어지는 것이라 할 수 있고, 죽음의 과정이 시작되는 것을 막는 것이 아니라 자연적으로는 이미 시작된 죽음의 과정에서의 종기를 인위적으로 연장시키는 것으로 볼 수 있어, 비록 연명치료 중단에 관한 결정 및 그 실행이 환자의 생명단축을 초래한다 하더라도 이를 생명에 대한 임의적 처분으로서 자살이라고 평가할 수 없고, 오히려 인위적인 신체침해 행위에서 벗어나서 자신의 생명을 자연적인 상태에 맡기고자 하는 것으로서 인간의 존엄과 가치에 부합한다 할 것이다. 그렇다면 환자가 장차 죽음에 임박한 상태에 이를 경우에 대비하여 미리 의료인 등에게 연명치료 거부 또는 중단에 관한 의사를 밝히는 등의 방법으로 죽음에 임박한 상태에서 인간으로서의 존엄과 가치를 지키기 위하여 연명치료의 거부 또는 중단을 결정할 수 있다 할 것이고, 위 결정은 헌법상 기본권인 자기결정권의 한 내용으로서 보장된다 할 것이다(2009. 11. 26. 2008헌마385).

3. 생명권과 존엄하게 죽을 권리의 충돌

안락사의 경우에는 안락사를 원하는 사람의 **생명권**과 **인간답게**(존엄하게) **죽을 권리**가 충돌한다. 우선 문제는 동일인의 두 가지 권리가 충돌하는 것인데 이 경우에 생명권은 **객관적 규범**으로서의 성격이 전면에 등장하여 국가의 생명보호의무로 나타나게 된다. 다음으로 인간답게 죽을 권리의 경우에도 이것이 '생명'의 단축에 관한 권리인지 '죽음'의 단축에 관한 권리인지가 확인될 필요가 있다. 생명권의 보호법익에 생명의 처분(포기)에 관한 결정의 자유가 포함된다면 생명의 단축에 관한 권리로서 인간답게 죽을 권리는 생명권에 포함된다. 하지만 생명의 처분에 관한 결정의 자유가 생명권의 보호법익에 포함될 수 없다면 인간답게 죽을 권리는 생명의 단축이 아닌 죽음의 단축으로 이해될 필요가 있으며 독자적인 기본권으로 구성될 수밖에 없다.

결론적으로 인간답게 죽을 권리는 죽음의 단축뿐만 아니라 생명의 단축에 관한 권리를 의미하는 '죽음에 관한 자기결정권'으로 이해되어야 한다. 따라서 인간답게 죽을 권리는 죽음이 임박한 '임종환자'뿐만 아니라 죽음이 임박하지 않은 환자, 특히 '말기환자'에게도 인정될 수 있다. 죽음의 과정이 시작된 임종환자는 생명권과 상관없이 인간답게 죽을 권리를 독자적인 권리로 주장할 수 있고, 죽음의 과정이 시작되지 않은 환자는 생명권에 근거하여 죽음에 관한 자기결정권을 주장할 수 있다. 후자의 경우에 생명의 처분에 관한 결정의 '자유'가 생명권의 보호법익에 포함될 것을 전제로 한다.[32]

4. 합리적 형량

안락사를 생명권이라는 객관적 규범과 인간답게 죽을 권리라는 주관적 지위가 충돌하는 문제로 이해할 때 이를 해결하는 방식으로 세 가지 견해가 가능하다. ① 전면적으로 금지하는 견해(**전면적 금지설**), ② 원칙적으로 금지하고 예외적으로 허용하는 견해(**예외적 허용설**), ③ 전면적으로 허용하는 견해(**전면적 허용설**)로 구분될 수 있다. 안락사와 관련하여 충돌하는 두 개의 권리를 가장 합리적으로 형량하고 있다고 보이는 예외적 허용설에 따르면 생존의 가치가 없는 자의 생명을 인위적으로 단절시키는 '도태적 안락사'는 금지되는 반면에 회생가능성이 전혀 없는 임종환자나 말기환자의 생명을 고통이 없는 방법으로 단절시키는 '적극적 안락사'나 회생가능성이 희박한 환자의 생명을 연장하는 데 필요한 약물의 투여나 기구의 제공을 중단시키는 '소극적 안락사(존엄사)'는 허용된다. 다만 구체적으로 어떤 경우에 허용될 수 있는지가 문제된다. 적어도 ① 환자의 질병이 당시의 의학으로 치유불가능한 것으로 확인되고, ② 환자의 육체적 고통이 대단히 심각하면서, ③ 본인의 명시적 의사가 있는 경우에(또는 예외적으로 본인의 의사가 불분명한 경우에는 가족의 동의가 있는 경우에), ④ 반드시 의사의 시술에 의해서, 그리고 ⑤ 가능한 한 가장 인도적인 방법으로 시술된다면 안락사는 대단히 **예외적인 경우에만 허용**될 수 있다고 생각된다. '호스피스 · 완화치료 및 임종과정에 있는 환자의 연명의료결정에 관한 법률'에 따르면 임종과정에 있는 환자 또는 말기환자는 사전연명의료의향서나 연명의료계획서를 통해 연명의료의 중단 등에 관한 결정을 할 수 있다(동법 제10조 제2항 및 제12조 제1항).

5. 자살의 문제

안락사를 인정할 경우에 생명의 처분에 관한 권리가 인정되는 것인데 이와 관련하여 **자살**의 문제가 제기될 수 있다. 자살은 스스로 생명의 중단을 선택한 것이다. 본인

32) 필자는 종래에 생명의 포기에 관한 자유가 생명권의 보호법익에 포함되지 않는다고 보았는데(제3판, 2008, 531면) 이를 변경한다(제4판, 2011).

이 진지하게 원한 경우에는 생명이라는 객관적 규범의 비중보다 생명의 중단에 이르는 죽음을 결행한 주관적 권리의 비중이 더 우월하게 평가되어야 한다. 따라서 자살은 물론 성공한 경우에 처벌이 불가능하기 때문이 아니라 그 자체가 허용되어야 하기 때문에 처벌하면 안 되고, 설사 미수에 그쳤다고 하더라도 바로 같은 이유 때문에 처벌이 금지되어야 한다. 그러나 자살의 교사나 방조의 경우에는 생명이라는 객관적 규범에 대한 침해를 이유로, 그리고 본인의 부탁을 받고 자살을 도운 촉탁살인의 경우에는 안락사가 인정되는 예외적인 경우를 제외하고는 역시 생명이라는 객관적 규범에 대한 침해를 이유로 처벌되어야 한다. 다만 의사의 처방을 받아 자살하는 의사조력자살은 본인의 동의와 상담절차 등 엄격한 요건을 충족한 경우에 생명중단이나 죽음에 관한 자기결정권을 존중하여 허용될 수 있다.

Ⅴ. 생명권과 뇌사

뇌사의 문제는 생명의 종점과 관련되고, 일반적으로 인정되어온 심폐사, 즉 심장(맥박)과 폐(호흡)의 기능이 종지하는 시점보다 먼저 뇌의 기능이 종지하는 경우에 이 시기를 생명의 종점으로 인정하려는 논의에서 출발한다. 실제로는 장기이식과 관련하여 신선한 장기의 원활한 공급을 목적으로 뇌사의 문제가 논의된다고 볼 수 있다.[33] 심폐사만을 인정하는 경우에는 뇌사자의 장기를 적출할 수 없고, 장기이식의 목적이 아니라면 굳이 생명의 종점을 앞당겨야 할 이유는 없기 때문이다. 구 '장기 등 이식에 관한 법률'도 장기이식의 관점에서 뇌사를 규정하고 있다(동법 제14조 이하). 하지만 "뇌사자가 … 장기 등의 적출로 사망한 때에는 뇌사의 원인이 된 질병 또는 행위로 인하여 사망한 것으로 본다"(동법 제17조)고 규정함으로써 뇌사 시점을 사망 시점으로 인정하지는 않는다. 이러한 문제점을 해결하기 위하여 개정된 현행법률은 뇌사판정이 내려진 시점을 사망 시점으로 규정한다(동법 제21조 제2항). 어쨌든 뇌사 인정의 문제에서도 생명이라는 객관적 가치와 생명포기 또는 죽음의 선택에 관한 주관적 권리가 충돌하기 때문에 죽음에 관한 본인의 의사가 가장 중요한 요소가 된다. 따라서 뇌사상태를 예정하여 생전에 표시한 본인의 의사가 있고, 전문의료진으로 구성된 뇌사판정절차가 선행된다면 뇌사는 인정될 수 있다.

Ⅵ. 생명권과 생명복제

생명복제(배아복제, human embryonic cloning)는 ① 생식목적복제(개체복제)와 ② 연구·치료목적복제로 구분된다.[34] 생식목적복제는 복제된 배아를 자궁에 착상시켜 완전

33) 장기이식과 뇌사의 헌법적 문제에 관해서는 이준일, 『인권법』(2021), 제3장 참조.

34) 생명복제에 대해서는 이준일, 생명복제와 기본권, 『고려법학』(고려대학교 법학연구원), 제42호(2004), 123면 이하; 같은 이, 『인권법』(2021), 제13장 참조.

한 개체로 탄생키기 위한 목적을 가진 복제를 의미하고, 연구 · 치료목적복제는 복제된 배아를 희귀 · 난치병의 치료 또는 연구의 목적으로 행해지는 복제를 의미한다. 개체복제의 경우에는 복제된 배아로 탄생한 인간의 존엄성이 문제되기 때문에 생명권의 문제보다는 인격권의 문제로 논의되어야 한다. 따라서 복제된 배아로 탄생한 인간의 인격권에 대한 침해가 없다는 조건이 충족된다면 개체복제는 허용될 수 있다.

한편 연구 · 치료목적의 배아복제는 연구나 장기배양을 위하여 배아를 파괴해야 하기 때문에 배아를 생명체로 보는 경우에 생명권에 대한 침해가 발생한다. 헌법재판소는 원시선이 나타나기 전의 상태인 '초기배아'를 기본권의 주체로 보지 않는다.[35] 또한 현행 '생명윤리 및 안전에 관한 법률'도 5년의 보존기간(또는 동의권자가 정한 기간)이 경과된 잔여배아(인공수정으로 생성되어 임신목적으로 이용하고 남은 배아)는 발생학적으로 원시선이 나타나기 전까지에 한하여 체외에서 연구 목적으로 이용할 수 있다고 규정함으로써 초기배아를 인간의 생명체로 보지 않는 듯하다. 어쨌든 생식목적의 생명복제는 절대적으로 금지되고(동법 제20조), 오로지 희귀 · 난치병의 치료를 위한 연구목적의 생명복제만 허용된다(동법 제22조).

[판례] 초기배아가 인간의 생명체인지 여부

수정이 된 배아라는 점에서 형성 중인 생명의 첫걸음을 떼었다고 볼 여지가 있기는 하나, 아직 모체에 착상되거나 원시선이 나타나지 않은 이상 현재의 자연과학적 인식 수준에서 독립된 인간과 배아 간의 개체적 연속성을 확정하기 어렵다고 봄이 일반적이라는 점, 배아의 경우 현재의 과학기술 수준에서 모태 속에서 수용될 때 비로소 독립적인 인간으로의 성장가능성을 기대할 수 있다는 점, 수정 후 착상 전의 배아가 인간으로 인식된다거나 그와 같이 취급하여야 할 필요성이 있다는 사회적 승인이 존재한다고 보기 어려운 점 등을 종합적으로 고려할 때, 초기배아에 대한 국가의 보호필요성이 있음은 별론으로 하고, 초기배아의 기본권 주체성을 인정하기 어렵다(2010. 5. 27. 2005헌마346).

[법령] 생명윤리 및 안전에 관한 법률

제20조 (인간복제의 금지) ① 누구든지 체세포복제배아 및 단성생식배아(이하 "체세포복제배아 등"이라 한다)를 인간 또는 동물의 자궁에 착상시켜서는 아니 되며, 착상된 상태를 유지하거나 출산하여서는 아니 된다.

제31조 (체세포복제배아 등의 연구) ① 누구든지 제29조 제1항 제2호에 따른 희귀 · 난치병의 치료를 위한 연구 목적 외에는 체세포핵이식행위 또는 단성생식행위를 하여서는 아니 된다.

Ⅶ. 생명권과 특수직업종사자

1. 학 설

생명권과 관련하여 **특수직업종사자**, 예들 들어 경찰관, 소방관, 의사, 군인 등이 다

35) 헌재 2010. 5. 27. 2005헌마346.

른 사람의 생명이나 공익을 이유로 생명권을 포기하게 할 수 있는지가 문제된다. 이 문제에 대해서는 ① 구체적인 상황에서 비례성원칙을 적용하여 판단되어야 한다는 견해,[36] ② 타인의 생명을 구출하기 위하여 생명의 희생을 감수하도록 하는 것은 생명권을 침해하는 위헌행위가 되지 아니하고 면책된다는 견해,[37] ③ 직무의 위험성을 충분히 알고 그 직업을 선택한 사람들을 위험한 상황에 투입하는 것은 불가피하다는 견해,[38] ④ 자기생명의 희생이 확실시되는 직무집행을 강요할 수는 없고, 그 직무명령을 어긴 공무원에 대한 국가의 형벌권은 인정될 수 없다는 견해[39] 등이 제시된다.

2. 비판과 대안

어떤 경우에도 다른 사람의 생명, 특히 다수의 생명을 구하기 위해서 또는 공익을 이유로 한 사람의 생명이 포기되도록 명령하는 것은 헌법적으로 허용되지 않는다. 여기서도 역시 중요한 것은 생명을 희생하기로 결정하는 선택권이 본인에게 맡겨져야 한다는 점이다. 그리고 그 이전에 생명을 희생해야만 하는 특수직업으로서 어떤 것이 법적으로 인정될 수 있는지가 결정적으로 중요하다. 결국 ① 일정한 직업이 다른 사람의 기본권이나 공익 때문에 반드시 필요한 것으로 인정될 수 있다면, 그리고 ② 그 직업을 선택하여 생명의 위험을 무릅쓰기로 스스로 결정하였다면 실제로 자신의 생명에 대한 위험이 발생할 수도 있는 구체적 상황에서 목숨을 걸고 위험한 상황에 참가하라는 명령에 대해서는 원칙적으로 거부할 수 없다고 본다. 물론 이 경우에 생명권과 충돌하는 다른 사람의 기본권이나 공익을 합리적으로 형량하여 후자가 우월하다고 판단하는 경우에만 거부할 수 없다. 그러나 비록 거부하는 경우에도 다수의 희생자가 발생했다는 이유 때문에 거부자에 대해서 형벌권을 행사하도록 규정할 수는 없고, 다만 파면 등 징계권의 대상이 될 수 있을 뿐이다.

제5항 효 력

생명권은 ① 국가에 대해서 효력(대국가적 효력)이 발생할 수 있을 뿐 아니라 ② 사인인 제3자, 즉 국민에 대해서도 효력(대사인적 효력)이 발생할 수 있다. 생명권의 사인에 대한 효력은 기본권의 대사인적 효력에 관한 이론구성에 따라 법관에게 기본권존중의무를 매개로 생명권을 존중하는 재판을 요구함으로써 실현될 수 있다.

36) 계희열(중), 284면; 김철수, 517면.
37) 권영성, 414면.
38) 장영수, 600면.
39) 허영, 367면.

제 3 절 신체를 훼손당하지 않을 권리

제1항 헌법규정

Ⅰ. 학설과 판례

신체를 훼손당하지 않을 권리 즉, 신체의 완전성에 관한 권리의 헌법적 근거로는 ① 헌법 제10조 제1문 전단의 인간의 존엄과 가치 또는 ② 제10조 제1문 후단의 행복추구권, ③ 제12조 제1항의 신체의 자유, ④ 제37조 제1항의 열거되지 않은 기본권이 인용된다. 구체적으로는 ① 우리 헌법은 열거되지 않은 기본권의 보호를 명시적으로 규정하고 있기 때문에 제37조 제1항을 그 근거로 보는 것이 타당하다는 견해,[40] ② 제10조 제1문 전단, 제12조 제1항, 그리고 제37조 제1항의 통합적 해석에 의하여 헌법상 보장된다고 보는 견해,[41] ③ 포괄적 기본권인 행복추구권에 포함된다고 보는 견해,[42] ④ 제10조 제1문 전단과 제12조 제1항에서 찾는 견해,[43] ⑤ 헌법은 '신체의 완전성'과 '신체활동의 임의성'을 제12조 제1항의 신체의 자유에서 보장한다는 견해[44] 등이다. 헌법재판소는 신체를 훼손당하지 않을 권리의 헌법적 근거로 신체의 자유를 들고 있다(아래 [판례] 참조).

[판례] 신체를 훼손당하지 않을 자유의 헌법적 근거

헌법 제12조 제1항 전문에서 … 신체의 자유를 보장하고 있는 것은 신체의 안정성이 외부로부터의 물리적인 힘이나 정신적인 위험으로부터 침해당하지 아니할 자유와 신체활동을 임의적이고 자율적으로 할 수 있는 자유를 말하는 것, … (1992. 12. 24. 92헌가8; 2004. 12. 16. 2002헌마478).

Ⅱ. 비판과 대안

우리 헌법은 신체를 훼손당하지 않을 권리에 의해 보호되어야 할 법익이 중대함에도 불구하고 그에 관한 명시적 규정을 두고 있지 않다. 우선 인간의 존엄과 가치에 관한 기본권이나 행복추구권은 개별적 기본권을 포함하는 포괄적 기본권이 아니므로 열거되지 않은 개별적 기본권의 직접적 근거가 될 수 없다. 또한 행동의 자유인 신체의 자유가 신체를 훼손당하지 않을 권리와 관련을 맺기는 하지만 직접적 근거가 될 수 없기는 마찬가지다. 따라서 생명권과 마찬가지로 열거된 개별적 기본권과 동일한 수준의 추상성을 가지는 신체를 훼손당하지 않을 권리의 경우에 **열거되지 않은 개별적 기본권의**

40) 계희열(중), 282면; 장영수, 601면.

41) 권영성, 415면.

42) 김철수, 493면.

43) 성낙인, 1059면.

44) 허영, 367면 이하.

근거가 되는 헌법 제37조 제1항이 '직접적 근거'가 된다. 하지만 신체를 훼손당하지 않을 권리 역시 생명권과 마찬가지로 일반적 자유권의 근거가 되는 행복추구권(제10조 제1문 후단)과 일반적 자유의 실질적 내용을 보완하는 인간의 존엄과 가치에 관한 기본권(제10조 제1문 전단)도 '간접적 근거'가 된다. 헌법이 신체를 훼손당하지 않을 권리에 의해서 보장하는 것은 신체의 완전성에 관한 주관적 '지위'와 객관적 '규범'이다.

제2항 구성요건

Ⅰ. 인적 구성요건(주체)

신체를 훼손당하지 않을 권리는 인간의 권리로 이해되기 때문에 모든 인간이 이 기본권의 주체가 될 수 있다. 따라서 국민뿐만 아니라 외국인도 주체가 될 수 있다. 이 기본권은 성격상 신체를 가진 자연인을 전제로 하고 있기 때문에 자연인만이 주체가 되고, 법인은 주체가 될 수 없다.

Ⅱ. 보호법익

1. 신체의 완전성

신체를 훼손당하지 않을 권리는 신체적 · 정신적 완전성 또는 건강성을 침해당하지 않을 권리를 말한다. 여기서 말하는 신체적 · 정신적 건강의 완전성은 생명과 같이 인간의 일정한 '속성'을 뜻한다. 따라서 일정한 사실적 상태를 보호법익으로 하는 기본권이기 때문에 행위나 법적 지위를 보호법익으로 하는 기본권과 구분된다. 헌법재판소는 신체의 안정성이 외부로부터의 물리적인 힘이나 정신적인 위험으로부터 침해당하지 않을 자유를 신체의 자유에 포함되는 것으로 본다.[45)]

2. 신체의 완전성에 관한 자유와 권리

(1) 신체의 완전성에 관한 자유

신체를 훼손당하지 않을 권리는 신체적 · 정신적 완전성 및 건강성이라는 인간의 일정한 '속성'과 관련되고, 이러한 속성이 훼손되지 않은 상태가 허용규범으로 표현될 수 있다. 논란이 되는 것은 이러한 속성을 포기할 수 있는 자유가 허용규범의 내용에 포함되는지 여부다. '신체의 완정성에 관한 자기결정권'으로 표현할 수 있는 이러한 자유도 포함되어 있다고 볼 수 있다.

(2) 신체의 완전성에 관한 권리

① 신체를 훼손당하지 않을 권리는 국가가 신체의 완전성을 훼손하는 경우에 이러

45) 헌재 2014. 8. 28. 2011헌마28; 2018. 8. 30. 2016헌마344 참조.

한 훼손행위를 중지해달라고 요구할 수 있는 **방어권**을 포함한다. 또한 ② 신체의 완전성에 대한 사인(私人)인 제3자의 훼손행위로부터 보호하는 입법을 요구할 수 있는 **보호권**도 포함한다. 위험한 물건을 휴대하여 폭행의 죄를 범하여 사람을 상해에 이르게 한 때 징역형에 처하도록 규정한 형법 조항[46]이나 작업 중 근로자가 추락할 위험이 있는 장소 등에 대한 안전조치(위험방지조치)의무를 위반한 사업주에게 형사처벌을 부과하는 산업안전보건법 조항[47]은 이러한 보호권을 구체화하는 입법에 해당한다. 그리고 ③ 국가를 상대로 신체의 완전성에 관한 절차를 보장하는 입법을 요구할 수 있는 **절차권**도 포함한다. 보호권과 절차권의 경우에 국가는 신체의 완전성을 보호하고 신체의 완전성에 관한 절차를 보장하는 입법을 해야 할 의무를 진다. 예를 들어 **형법상 상해와 폭행의 죄**에 관한 규정들(형법 제257조 이하)은 신체의 완전성을 제3자의 침해로부터 보호하는 입법에 해당한다.

Ⅲ. 제약행위

신체적 · 정신적 완전성 및 건강성이라는 인간의 일정한 속성을 훼손하는 행위는 신체를 훼손당하지 않을 권리를 제약하는 행위이다. 대표적으로 신체에 대한 **상해행위**가 제약행위가 된다. 그 밖에도 거세, 인체실험, 강제불임시술, 체형(體刑) 등이 신체의 완전성에 대한 제약행위로 문제될 수 있다. 이러한 작위 형태의 제약행위는 잠정적으로 금지된다. 신체의 완전성에 대한 제약행위를 의미하는 **고문**에 대해서 헌법은 명시적으로 금지하고 있기 때문에 고문은 확정적으로 금지된다(제12조 제2항).

제 3 항 제한규범

신체를 훼손당하지 않을 권리의 구성요건을 충족해도 제한규범에 근거하여 제약되는 신체의 완전성은 확정적인 보호를 받지 못한다. 신체를 훼손당하지 않을 권리의 구성요건을 충족하면서 제한규범에 근거하여 제약될 수 없는 신체의 완전성만이 확정적으로 보호된다. 따라서 신체를 훼손당하지 않을 권리에 관한 구성요건의 단계에서 보호법익에 해당하여 잠정적으로 보호된 신체의 완전성은 제한규범에 근거하여 제약되지 않으면 확정적으로 보호된다. 한편 신체를 훼손당하지 않을 권리에 포함된 방어권의 경우에 구성요건의 단계에서 잠정적으로 금지된 제약행위는 제한규범에 근거하는 경우에만 잠정적으로 허용된 제약행위로 바뀌게 되고, 근거가 되는 제한규범이 없는 경우에는 확정적으로 금지된 제약행위가 된다.

46) 헌재 2018. 7. 26. 2018헌바5.
47) 헌재 2017. 10. 26. 2017헌바166.

Ⅰ. 헌법직접적 제한규범

신체를 훼손당하지 않을 권리에 대한 헌법직접적 제한규범은 '성문'의 형태와 '불문'의 형태로 규정될 수 있다. 현행 헌법에 신체를 훼손당하지 않을 권리에 대한 성문의 헌법직접적 제한규범은 규정되어 있지 않다. 불문의 헌법직접적 제한규범으로는 다른 사람의 기본권이나 헌법적 법익이 될 수 있다. 다른 사람의 기본권이 신체를 훼손당하지 않을 권리에 대한 헌법직접적 제한규범이 되면 두 기본권 사이에 '기본권의 충돌'이 발생한다.

Ⅱ. 헌법간접적 제한규범

신체를 훼손당하지 않을 권리에 대한 헌법간접적 제한규범은 이 권리를 규정한 기본권조항에서 개별적으로 규정될 수도 있고, 이 규정과는 독립적인 조항을 두어 모든 자유와 권리에 대해서 일반적으로 규정될 수도 있다. 우리 헌법은 신체를 훼손당하지 않을 권리에 대하여 명시적 규정을 두고 있지 않기 때문에 개별적 법률유보조항은 애초부터 문제되지 않는다. 따라서 신체를 훼손당하지 않을 권리는 **일반적 법률유보조항**에 의해서 제한될 수 있다. 따라서 일반적 법률유보조항인 헌법 **제37조 제2항**에 근거하여 신체를 훼손당하지 않을 권리는 "국가안전보장, 질서유지, 또는 공공복리"를 위하여, "법률"에 의해서만 제한될 수 있다.

제4항 정 당 화

신체를 훼손당하지 않을 권리도 다른 권리와 마찬가지로 원칙규범으로 이해된다. 따라서 잠정적으로 보장된 신체를 훼손당하지 않을 권리의 구성요건이 확정적인 것이 되기 위해서는 **비례성원칙에 따른 합리적 형량**이 필요하다. 이것은 신체를 훼손당하지 않을 권리를 제한하는 다른 사람의 기본권이나 헌법적 법익 또는 공익을 이 권리와의 관계에서 정당화하는 것을 의미한다. 그러므로 신체를 훼손당하지 않을 권리에 대한 제약은 다른 사람의 기본권이나 헌법적 법익 또는 입법목적으로 제시된 공익과 균형을 이룰 수 있는 범위 안에서는 정당화된다. 비례성원칙은 방어권의 경우에는 과잉금지원칙으로, 보호권과 절차권의 경우에는 과소금지원칙으로 구체화된다.

신체를 훼손당하지 않을 권리의 본질내용에 대해서는 **절대설**에 따르게 되면 비례성원칙과는 독립적인 원칙으로서 본질내용침해금지원칙에 따른 독자적인 심사가 이 기본권에 대한 제약을 정당화하기 위하여 부가적으로 필요하다. 하지만 **상대설**에 따르게 되면 신체를 훼손당하지 않을 권리의 제약을 위한 정당화는 비례성원칙에 따른 심사로 충분하게 된다. 헌법재판소에 따르면 성폭력범죄를 저지른 성도착증 환자에게 성충동약물

치료를 명령할 수 있도록 한 것은 신체적 완전성이 훼손당하지 않을 자유를 비례성원칙에 위반하여 침해하는 것은 아니라고 한다.[48)]

[판례] 금치처분을 받은 수형자의 절대적 운동금지

실외운동은 구금되어 있는 수형자의 신체적·정신적 건강 유지를 위한 최소한의 기본적 요청이라고 할 수 있는데, 금치 처분을 받은 수형자는 일반 독거 수용자에 비하여 접견, 서신수발, 전화통화, 집필, 작업, 신문·도서열람, 라디오청취, 텔레비전 시청 등이 금지되어(행형법시행령 제145조 제2항 본문) 외부세계와의 교통이 단절된 상태에 있게 되며, 환기가 잘 안 되는 1평 남짓한 징벌실에 최장 2개월 동안 수용된다는 점을 고려할 때, 금치 수형자에 대하여 일체의 운동을 금지하는 것은 수형자의 신체적 건강뿐만 아니라 정신적 건강을 해칠 위험성이 현저히 높다. 따라서 금치 처분을 받은 수형자에 대한 절대적인 운동의 금지는 징벌의 목적을 고려하더라도 그 수단과 방법에 있어서 필요한 최소한도의 범위를 벗어난 것으로서, 수형자의 헌법 제10조의 인간의 존엄과 가치 및 신체의 안전성이 훼손당하지 아니할 자유를 포함하는 제12조의 신체의 자유를 침해하는 정도에 이르렀다고 판단된다(2004. 12. 16. 2002헌마478).

제5항 효 력

신체를 훼손당하지 않을 권리는 ① 국가에 대해서 효력(대국가적 효력)을 발생할 수 있을 뿐 아니라 ② 사인인 제3자, 즉 국민에 대해서도 효력(대사인적 효력)을 발생할 수 있다. 신체를 훼손당하지 않을 권리가 사인에 대해 갖는 효력은 기본권의 대사인적 효력에 관한 이론구성에 따라 법관에게 기본권존중의무를 매개로 신체를 훼손당하지 않을 권리를 존중하는 재판을 요구함으로써 실현될 수 있다.

제 4 절 신체의 자유

제1항 헌법규정

헌법 제12조는 신체의 자유에 대해서 규정하고 있다. 이러한 기본권규정이 의미하는 내용은 신체의 자유에 관한 주관적 '지위'와 객관적 '규범'이다. 이와 함께 ① 죄형법정주의 및 적법절차의 원칙, ② 고문 및 불리한 진술강요의 금지, ③ 사전영장제도, ④ 변호인의 조력을 받을 권리, ⑤ 체포 및 구속의 이유와 변호인의 조력을 받을 권리에 대한 고지의무, ⑥ 구속적부심사제도, ⑦ 자백의 증거능력·증명력제한 등 신체의 자유를 보장하기 위한 실체적·절차적 원칙을 규정한다.

---

48) 헌재 2015. 12. 23. 2013헌마9.

[헌법 제12조]

① 모든 국민은 **신체의 자유**를 가진다. 누구든지 **법률**에 의하지 아니하고는 체포 · 구속 · 압수 · 수색 또는 심문을 받지 아니하며, **법률과 적법한 절차**에 의하지 아니하고는 처벌 · 보안처분 또는 강제노역을 받지 아니한다.
② 모든 국민은 **고문**을 받지 아니하며, 형사상 자기에게 **불리한 진술**을 강요당하지 아니한다.
③ 체포 · 구속 · 압수 또는 수색을 할 때에는 **적법한 절차**에 따라 검사의 신청에 의하여 법관이 발부한 **영장**을 제시하여야 한다. 다만, 현행범인 경우와 장기 3년 이상의 형에 해당하는 죄를 범하고 도피 또는 증거인멸의 염려가 있을 때에는 사후에 영장을 청구할 수 있다.
④ 누구든지 체포 또는 구속을 당한 때에는 즉시 **변호인의 조력을 받을 권리**를 가진다. 다만, 형사피고인이 스스로 변호인을 구할 수 없을 때에는 법률이 정하는 바에 의하여 국가가 변호인을 붙인다.
⑤ 누구든지 체포 또는 구속의 이유와 변호인의 조력을 받을 권리가 있음을 **고지**받지 아니하고는 체포 또는 구속을 당하지 아니한다. 체포 또는 구속을 당한 자의 가족 등 법률이 정하는 자에게는 그 이유와 일시 · 장소가 지체없이 **통지**되어야 한다.
⑥ 누구든지 체포 또는 구속을 당한 때에는 **적부의 심사**를 법원에 청구할 권리를 가진다.
⑦ 피고인의 **자백**이 고문 · 폭행 · 협박 · 구속의 부당한 장기화 또는 기망 기타의 방법에 의하여 자의로 진술된 것이 아니라고 인정될 때 또는 정식재판에 있어서 피고인의 자백이 그에게 불리한 유일한 증거일 때에는 이를 유죄의 증거로 삼거나 이를 이유로 처벌할 수 없다.

[헌법 제13조]

① 모든 국민은 행위시의 법률에 의하여 범죄를 구성하지 아니하는 행위로 소추되지 아니하며, 동일한 범죄에 대하여 거듭 처벌받지 아니한다.
② 모든 국민은 소급입법에 의하여 참정권의 제한을 받거나 재산권을 박탈당하지 아니한다.
③ 모든 국민은 자기의 행위가 아닌 친족의 행위로 인하여 불이익한 처우를 받지 아니한다.

신체의 자유 및 "죄형법정주의", "사전영장제도", "변호인의 조력을 받을 권리", "구속적부심사제도"는 제헌헌법(제9조 및 제23조)에서부터 규정되었다. 그리고 "고문 및 불리한 진술의 금지", "국선변호인제도", "자백의 증거능력제한"에 관한 규정은 1962년 헌법(제10조)에서부터, "법률에 의한 보안처분"은 1972년 유신헌법(제10조 제1항)에서부터 추가되었다. 또한 구속적부심사제도와 자백의 증거능력제한에 관한 규정은 1972년 유신헌법(제10조)에서 삭제되었다가 1980년 헌법(제11조)에서 부활되었고, "연좌제금지원칙"은 1980년 헌법(제12조 제3항)에서부터 규정되었다. 한편 "적법절차"의 원칙은 현행 헌법에서 비로소 규정되었다.

제2항 구성요건

Ⅰ. 인적 구성요건(주체)

신체의 자유는 **인간의 권리**로 이해되기 때문에 이 기본권의 주체는 원칙적으로 모든 인간이다. 따라서 국민뿐만 아니라 외국인도 주체가 될 수 있다. 신체의 자유는 기본권의 성격상 신체를 가진 자연인을 전제로 하고 있기 때문에 자연인만이 주체가 되고, 법인은 주체가 될 수 없다.

Ⅱ. 보호법익

1. 신체의 거동

인간의 신체와 관련하여 신체의 완전성이라는 '상태(속성)'는 앞 절에서 다룬 신체를 훼손당하지 않을 권리에 의해서 보호되고, 신체의 자유에서 보호하는 법익은 신체의 **거동**이라는 '행위'이다. 여기서 거동이란 몸을 움직이거나 자신이 원하는 장소로 이동하는 행위를 말한다.

2. 신체의 자유와 권리

(1) 신체의 거동에 관한 자유

모든 국민은 신체의 거동에 해당하는 행위를 하거나 하지 않을 수 있는 결정의 자유라는 주관적 지위를 가진다. 이것은 신체의 거동에 해당하는 행위를 하거나 하지 않을 수 있도록 규범적으로 **허용**되어 있음을 뜻한다. 헌법재판소에 따르면 이러한 자유는 "신체활동을 임의적이고 자율적으로 할 수 있는 자유"로 이해된다.[49]

(2) 신체의 거동에 관한 권리

1) 방어권과 보호권 ① 신체의 자유는 신체의 거동을 저지 · 방해하는 국가의 제약행위에 대한 부작위 또는 중지를 요구할 수 있는 **방어권**을 포함한다. 또한 ② 신체의 거동에 대한 사인(私人)인 제3자의 침해행위로부터 국가의 보호를 요구할 수 있는 **보호권**도 포함한다. 보호권의 경우에 이러한 권리에 상응하여 국가는 신체의 자유를 보호하고 보장하는 입법의 의무를 부담한다. 예를 들어 형법상 체포와 감금의 죄에 관한 규정들(형법 제276조 이하)은 신체의 자유에 대한 제3자의 침해로부터 보호하는 입법에 해당한다.

2) 절차권

A. 일반적 절차권 신체의 자유에는 다음과 같은 절차권적 내용이 포함된다. ① **국가에 대해서** 신체의 자유와 관련된 **절차의 보장**을 요구할 수 있는 **권리**가 보장된다. ② 이에 상응하여 국가는 국민에게 신체의 자유에 관한 절차를 보장할 **의무**를 진

49) 헌재 1992. 12. 24. 92헌가8.

다. ③ 이러한 권리와 의무가 발생하는 것은 신체의 자유에 관한 절차의 보장이 **객관적으로 명령**되기 때문이다. ④ 이러한 절차의 보장은 절차에 관한 법규범의 제정과 같은 **규범적 급부**(입법)를 내용으로 한다. 어떠한 내용의 입법을 할 것인지는 입법자의 형성의 자유에 속하지만 적어도 최소한의 입법은 명령된다.

B. 신체의 자유에 특수한 절차권 신체의 자유의 구성요건에서는 특히 절차권적 내용이 중요하기 때문에 헌법은 신체의 자유에 관한 절차들 가운데 반드시 보장되어야 할 최소한의 내용들을 상세하게 명시하고 있다. 무엇보다도 체포 · 구속의 단계에서 피의자나 피고인에게 보장되어야 할 권리들을 명시하고 있다. 물론 이러한 권리들은 단순하게 신체의 자유를 보장하기 위한 절차적 기본권으로 이해될 수도 있지만 범죄의 실체적 진실을 발견하기 위한 대화의 절차를 의미하는 **형사사법절차**에서 국가기관과 비교하여 불리한 위치에 놓일 수밖에 없는 피의자와 피고인에게 대등한 지위를 보장하기 위한 목적도 있다.

i) 영장주의원칙 수사기관은 형사피의자나 피고인이 도망하거나 범죄의 증거를 인멸하는 것을 막기 위하여 그들의 인신을 일정기간 동안 구속해 둘 필요가 있다. 그러나 인신의 구속은 신체의 자유에 대한 중대한 제약을 의미한다. 또한 범죄의 실체적 진실을 발견하기 위한 대화의 절차에서 피의자나 피고인의 대등한 지위에 대한 심각한 위협을 의미하기도 한다. 따라서 인신의 구속을 위해서는 사전에 절차적인 보장이 필요하다. 이를 위한 가장 중요한 절차적 요청으로서 **헌법은 사전영장제도**를 규정하고 있다(제12조 제3항). 이에 따르면 국민을 체포 · 구속 · 압수 또는 수색을 할 때에는 적법한 절차에 따라 검사의 신청에 의하여 법관이 발부한 영장을 제시하여야 한다. 이러한 원칙에 대한 예외로서 ① **현행범인**인 경우와 ② 장기 3년 이상의 형에 해당하는 죄를 범하고 **도피** 또는 **증거인멸**의 염려가 있을 때에는 사후에 영장을 청구할 수 있다. 그리고 **비상계엄**이 선포된 경우에 법률이 정하는 바에 의하여 영장제도에 대한 특별한 제한적 조치가 취해질 수 있다(제77조 제3항).

영장주의원칙과 관련하여 영장은 검사의 신청에 의하여 법관이 발부하도록 규정되어 있는데 검사의 신청이 없이도 법관의 영장발부가 가능한지가 문제될 수 있다. 이에 대하여 헌법재판소는 모든 영장의 발부에 검사의 신청이 필요한 것이 아니라 단지 **수사단계에서만 영장발부의 신청자를 검사로 한정**한 것으로 해석한다.[50] 수사단계와 공판단계를 구분하지 않은 채 모든 단계의 영장발부에서 검사의 신청이 필요하다고 해석하면 신체의 자유를 보장하기 위하여 사법적 억제의 대상이 되는 수사기관이 사법적 억제의 주체인 법관을 통제하는 결과를 발생시키기 때문에 오히려 영장주의의 본질에 반한다고 이해하는 헌법재판소의 견해는 타당하다. 다만 헌법재판소에 따르면 수사단계에서 영장신청권자는 검찰청법에 따른 검사에 국한되지 않고, 공수처법에 따른 검사도 포

50) 헌재 1997. 3. 27. 96헌바28.

함될 수 있다고 본다.[51)]

한편 **행정상 즉시강제**의 경우에도 영장주의원칙이 적용되는지 여부에 대해서 헌법재판소는 부정한다.[52)] 하지만 신체의 자유를 포함한 모든 기본권의 절차권적 측면이 보장되어야 하다는 점에서 주거의 비밀이나 재산권에 대한 제한을 의미하는 행정상 즉시강제의 경우에도 영장주의원칙이 원칙적으로 적용된다고 보는 것이 타당하다.

그러나 음주측정이나 피의자의 지문채취 또는 소변채취와 같이 당사자의 자발적 협조가 필수적인 처분의 경우에는 강제처분으로 볼 수 없기 때문에 영장주의원칙이 적용되지 않는다.[53)] 한편 병사에 대한 징계처분으로 일정기간 부대 내 영창이나 구금장소에 감금하는 영창처분이 과잉금지원칙을 위반하여 신체의 자유를 침해한다고 보면서도 영장주의원칙에 대한 위배여부는 검토하지 않았다.[54)]

특별검사가 참고인에게 지정된 장소까지 동행할 것을 명령할 수 있는 **동행명령제**에 대해서 헌법재판소는 위헌으로 결정했는데 5인의 재판관은 영장주의원칙과 과잉금지원칙 위반을 위헌의견의 이유로 제시한 반면에 2인의 재판관은 영장주의원칙을 적용할 수 없다고 하면서 과잉금지원칙 위반만을, 1인의 재판관은 신체의 자유가 아니라 일반적 행동의 자유를 제한한다고 하면서 영장주의원칙에 대한 검토 없이 과잉금지원칙 위반을 위헌의견의 이유로 제시하였다.[55)]

[판례] 영장주의원칙

[1] 영장주의는 구속의 개시시점에 한하지 않고 구속영장의 효력을 계속 유지할 것인지 아니면 취소 또는 실효시킬 것인지의 여부도 사법권독립의 원칙에 의하여 신분이 보장되고 있는 법관의 판단에 의하여 결정되어야 한다는 것을 의미하고, 따라서 형사소송법 제331조 단서 규정과 같이 구속영장의 실효(失效) 여부를 검사의 의견에 좌우되도록 하는 것은 헌법상의 적법절차의 원칙에 위배된다(1992. 12. 24. 92헌가8: 위헌).

[2] **보석허가결정에 대하여 검사의 즉시항고**를 허용하여 그 즉시항고에 대한 항고심의 재판이 확정될 때까지 그 집행이 정지되도록 한 형사소송법 규정은 당해 피고인에 대한 보석허가결정이 부당하다는 검사의 불복을 그 피고인에 대한 구속집행을 계속할 필요가 없다는 법원의 판단보다 우선시킨 것이어서 구속의 여부와 구속을 계속시키는 여부에 대한 판단을 사법권의 독립이 보장된 법관의 결정에만 맡기려는 **영장주의에 위반**된다(1993. 12. 23. 93헌가2: 위헌).

[3] 도로교통법에 규정된 **음주측정**은 성질상 강제될 수 있는 것이 아니며 궁극적으로 당사자의 자발적 협조가 필수적인 것이므로 이를 두고 법관의 영장을 필요로 하는 강제처분이라 할 수 없다. 따라서 이 사건 법률조항이 주취운전의 혐의자에게 영장없는 음주측정에 응할 의무를 지우고 이에 불응한 사람을 처벌한다고 하더라도 영장주의

51) 헌재 2021. 1. 28. 2020헌마264등.
52) 헌재 2002. 10. 31. 2000헌가12.
53) 헌재 1997. 3. 27. 96헌가11; 2004. 9. 23. 2002헌가17등; 2006. 7. 27. 2005헌마277.
54) 헌재 2020. 9. 24. 2017헌바157등.
55) 헌재 2008. 1. 10. 2007헌마1468.

에 위배되지 않는다(1997. 3. 27. 96헌가11).

[4] 관계행정청이 등급분류를 받지 아니하거나 등급분류를 받은 게임물과 다른 내용의 게임물(**불법게임물**)을 발견한 경우에 관계공무원으로 하여금 이를 수거 · 폐기할 수 있도록 **행정상 즉시강제**를 허용하는 법률조항은 급박한 상황에 대처하기 위한 것으로서 그 불가피성과 정당성이 충분히 인정되는 경우이므로 영장 없는 수거를 인정한다고 하더라도 이를 두고 헌법상 영장주의에 위배되는 것으로 볼 수 없다(2002. 10. 31. 2000헌가12).

[5] **구속영장의 재청구**에 관련하여 검사로 하여금 헌법상 신분이 보장되고 중립적 심판자로서의 지위를 갖는 판사에게 피의자에 대한 구속영장을 청구하도록 하고, 판사가 형사소송법에 규정된 구속사유에 대하여 사전적 심사를 한 다음 그 구속영장의 발부여부를 결정하도록 규정하고 있다. 따라서 형식적으로 '영장주의'에 위배된다고 볼 수는 없다(2003. 12. 18. 2002헌마593).

[6] 범죄의 피의자로 입건된 사람들에게 경찰공무원이나 검사의 신문을 받으면서 자신의 신원을 밝히지 않고 **지문채취**에 불응하는 경우 형사처벌을 통하여 지문채취를 강제하는 것은 형벌에 의한 불이익을 부과함으로써 심리적 · 간접적으로 지문채취를 강요하고 있다. 그러므로 피의자가 본인의 판단에 따라 수용여부를 결정한다는 점에서 강제처분이 아니고, 궁극적으로 당사자의 자발적 협조가 필수적임을 전제로 하므로 영장주의의 원칙에 위반되지 않는다. 또한 수사상 필요에 의하여 수사기관이 직접강제에 의하여 지문을 채취하려 하는 경우에는 반드시 법관이 발부한 영장에 의하여야 하므로 영장주의원칙은 여전히 유지되고 있다(2004. 9. 23. 2002헌가17등).

[7] **소변채취**는 교정시설의 안전과 질서유지를 위한 목적에서 행하는 것으로 수사에 필요한 처분이 아닐 뿐만 아니라, 검사대상자에게 소변을 종이컵에 채취하여 제출하도록 한 것으로서 당사자의 협력이 불가피하므로 이를 두고 강제처분이라고 할 수도 없다. 따라서 구치소 등 교정시설 내에서 위와 같은 방법에 의한 소변채취가 법관의 영장이 없이 실시되었다고 하여 영장주의에 위배하였다고 할 수는 없다(2006. 7. 27. 2005헌마277).

[8] 국가보안법위반죄 등 일부 범죄혐의자를 법관의 영장 없이 구속, 압수, 수색할 수 있도록 한 이 사건 법률조항은 수사기관이 법관에 의하여 발부된 영장 없이 일부 범죄혐의자에 대하여 구속 등 강제처분을 할 수 있도록 규정하고 있을 뿐만 아니라, 그와 같이 영장 없이 이루어진 강제처분에 대하여 일정한 기간 내에 법관에 의한 사후영장을 발부받도록 하는 규정도 마련하지 아니함으로써, 수사기관이 법관에 의한 구체적 판단을 전혀 거치지 않고서도 임의로 불특정한 기간 동안 피의자에 대한 구속 등 강제처분을 할 수 있도록 하고 있는 바, 이는 이 사건 법률조항의 입법목적과 그에 따른 입법자의 정책적 선택이 자의적이었는지 여부를 따질 필요도 없이 형식적으로 영장주의의 본질을 침해한다고 하지 않을 수 없다(2012. 12. 27. 2011헌가5).

[9] **긴급조치 제1호** 제5항은 긴급조치 위반자 및 비방자는 법관의 영장 없이 체포 · 구속 · 압수 · 수색할 수 있다고 규정하고 있다. 이는 앞서 본 바와 같이 광범위한 정치적 의사표현행위를 범죄로 처벌하도록 하면서도 어떠한 제약 조건도 두지 아니하고 법관의 구체적 판단 없이 체포 · 구속 · 압수 · 수색할 수 있도록 하고, 이에 대하여 법관에 의한 아무런 사후적 심사장치도 두지 아니한 것이므로, 비록 국가긴급권이 발동되는 상황이라 하더라도 지켜져야 할 영장주의의 본질을 침해하는 것이다(2013. 3. 21. 2010헌바70).

[10] 채취대상자가 동의하는 경우에 영장 없이 **디엔에이감식시료를 채취**할 수 있도록 규정하여 신체의 자유에 대해 제한을 가하는 채취동의조항은 … 채취를 거부할 수 있음을

사전에 고지하고 서면으로 동의서를 받도록 하고 있으며, 동의가 없으면 반드시 법관이 발부한 영장에 의하여 채취하도록 하고 있으므로, … 영장주의를 회피하는 수단이 되어 영장주의와 적법절차원칙에 반한다고 보기는 어렵다(2014. 8. 28. 2011헌마28등).

[11] 미결수용자의 접견내용을 녹음·녹화하는 것은 직접적으로 물리적 강제력을 수반하는 강제처분이 아니므로 영장주의가 적용되지 않아 영장주의에 위배된다고 할 수 없다(2016. 11. 24. 2014헌바401).

[12] 체포영장을 집행하는 경우 필요한 때에는 타인의 주거 등에서 피의자 수사를 할 수 있도록 하는 것은 체포영장이 발부된 피의자가 타인의 주거 등에 소재할 개연성은 소명되나, 수색에 앞서 영장을 발부받기 어려운 긴급한 사정이 인정되지 않는 경우에도 영장 없이 피의자 수색을 할 수 있다는 것이므로 영장주의에 위반된다(2018. 4. 26. 2015헌바370).

[13] **긴급체포**한 피의자를 구속하고자 할 때에는 48시간 이내에 구속영장을 청구하되, 그렇지 않은 경우 사후 영장청구 없이 피의자를 즉시 석방하도록 한 형사소송법 규정은 헌법상 영장주의원칙에 위반되지 않는다(2021. 3. 25. 2018헌바212).

[14] **고위공직자범죄수사처(공수처) 검사**도 공익의 대표자로서 다른 수사기관인 공수처 수사관을 지휘·감독하고, 단지 소추권자로서 처벌을 구하는 데에 그치는 것이 아니라 피고인의 이익도 함께 고려하는 인권옹호기관으로서의 역할을 한다. 또한 공수처 검사는 변호사 자격을 일정 기간 보유한 사람 중에서 임명하도록 되어 있으므로, 법률전문가로서의 자격도 충분히 갖추었다. 따라서 공수처 검사에게 영장청구권을 부여해도 영장주의원칙을 침해하지 않는다(2021. 1. 28. 2020헌마264등).

[판례] 영장주의와 동행명령제

(1) **재판관 이강국, 재판관 김희옥, 재판관 민형기, 재판관 이동흡, 재판관 목영준의 위헌의견** ① 참고인에 대한 동행명령제도는 참고인의 신체의 자유를 사실상 억압하여 일정 장소로 인치하는 것과 실질적으로 같으므로 영장주의원칙이 적용되어야 한다. 그럼에도 불구하고 법관이 아닌 특별검사가 동행명령장을 발부하도록 하고 정당한 사유 없이 이를 거부한 경우 벌금형에 처하도록 함으로써, 실질적으로는 참고인의 신체의 자유를 침해하여 지정된 장소에 인치하는 것과 마찬가지의 결과가 나타나도록 규정한 이 사건 동행명령조항은 **영장주의원칙에 위반**되거나 적어도 위 헌법상 원칙을 잠탈하는 것이다. ② 참고인은 수사의 협조자에 불과하므로 원칙적으로 출석의무가 없는 점, 입법론적으로 특별검사가 참고인을 강제로 소환할 절실한 필요가 있는 경우 법관에게 그 소환을 요청하여 법관의 명령으로 참고인을 소환하도록 하더라도 수사의 목적 달성에 큰 지장이 없는 점, 특별검사는 형사소송법상 출석요구에 응하지 않는 참고인에 대하여 증거보전절차(제184조) 또는 제1회 공판기일 전 증인신문의 청구(제221조의2) 절차에 의하여 '진상을 규명하기 위해 필수불가결한 참고인의 진술을 확보'할 수 있는 점 등에 비추어 보면, 이 사건 동행명령조항에 의한 신체의 자유의 제한이 입법목적 달성을 위한 필요한 최소한에 그쳤다고는 볼 수 없다. 또한 참고인 진술의 수사상 효용가치에 한계가 있기 때문에 이 사건 동행명령조항으로 달성하고자 하는 '진상을 규명하기 위해 필수불가결한 참고인의 진술 확보'라는 공익은 그 실현 여부가 분명하지 않은데 반하여, 위 조항으로 인하여 청구인들이 감수해야 할 신체의 자유에 대한 침해는 지나치게 크다. 결국 이 사건 동행명령조항은 **과잉금지원칙에 위배**하여 청구인들의 신체의 자유와 평등권을 침해한다.

(2) **재판관 이공현, 재판관 김종대의 위헌의견** ① 신체의 자유와 관련한 헌법상 영장주의는 '신체에 대해 직접적이고 현실적인 강제력이 행사되는 경우'에 적용되는 것으로 보아야

하는바, 이 사건 동행명령조항은 동행명령을 거부하는 참고인에 대해 직접적이고 현실적인 강제력을 행사할 수 있음을 규정한 것이 아니라 동행명령을 거부할 정당한 사유가 없는 참고인에 대하여 지정된 장소에 출석할 의무를 부과하고 벌금형이라는 제재를 수단으로 하여 그 출석의무의 이행을 **심리적·간접적으로 강제**하는 것이어서, **영장주의의 적용대상이 될 수 없다.** 따라서 이 사건 동행명령조항은 영장주의에 위반된다고 볼 수 없다. ② 그러나 이 사건 동행명령조항은 정당한 사유 없이 동행명령을 거부한 자를 형사처벌하도록 규정함으로써 침해의 최소성에 반하여 청구인들의 신체의 자유를 침해하였다.

(3) **재판관 조대현의 제18조 제2항 부분에 대한 위헌의견** ① 이 사건 법률에 의한 특별검사제도는 근본적으로 특정사건을 일반 검찰조직과 지휘계통으로부터 떼어내어 독립된 특별검사로 하여금 수사하게 함으로써 특정사건 수사의 독립성과 공정성을 확보하기 위한 제도이고 수사능력의 강화를 목적으로 하는 것이 아닌 점, ② 특별검사는 담당사건에 관하여 형사소송법에 의한 검사의 권한을 모두 행사할 수 있는 점(이 사건 법률 제6조 제8항), ③ 특별검사가 수사과정에서 어느 참고인의 출석·진술이 반드시 필요한 경우에는 형사소송법 제184조(증거보전 청구)나 제221조의2(공판 전 증인신문청구)에 따라 법원에 그 참고인에 대한 증인신문을 청구할 수 있고 그 증인신문절차에서 증인의 출석과 증언을 강제할 수 있는 점, ④ 참고인은 원래 범죄수사에 필요한 경험을 가지고 있다는 연유로 수사에 협조하는 입장에 서게 된 사람이지 수사의 대상이 아닌 점, ⑤ 형사소송법이 참고인에 대하여 수사절차에서는 협력의무를 부과하지 아니하고 재판절차에서만 증인으로 출석하여 증언할 의무를 부과하고 있는 점 등에 비추어 보면, 이 사건 법률 제18조 제2항의 수단이 특별검사의 수사절차에 반드시 필요한 것이고 합리적인 것이라고 볼 수 있는지 의문이고, 그러한 수단이 도모하는 공익이 그로 인하여 참고인이 받게 되는 자유제한보다 우월하다고 볼 수 있는지도 의문이며, 그것이 참고인의 자유제한을 최소한에 그치게 하는 수단이라고 보기도 어렵다. 따라서 이 사건 법률 제18조 제2항은 참고인의 **행동의 자유**를 필요한 한도를 넘어 과도하게 제한함으로써 헌법 제37조 제2항에 위반된다(2008. 1. 10. 2007헌마1468: 위헌).

ii. 체포·구속의 이유 및 변호인의 조력을 받을 권리의 고지　신체의 자유와 관련된 또 다른 절차의 보장으로 헌법은 **체포·구속 이유의 고지 및 변호인의 조력을 받을 권리의 고지 의무**를 규정하고 있다(제12조 제5항 제1문). 이른바 '미란다원칙'을 헌법에 명시적으로 규정하고 있는 것으로서 제1문은 체포 또는 구속을 당하는 자의 입장에서 그러한 의무가 국가에게 있음을 규정하고 있고, 제2문은 그의 가족의 입장에서 체포·구속의 이유와 일시·장소의 통지의무가 국가에게 있음을 규정하고 있다. 인신을 구속당하는 국민의 입장에서 볼 때 체포·구속의 이유를 고지받고, 인신의 구속으로 다른 사람과의 접촉이 차단된 불리한 상황이 되더라도 변호인의 조력을 받을 수 있는 권리가 있음을 고지받는 것은 당연한 요청이다. 뿐만 아니라 이러한 권리들은 범죄의 실체적 진실을 발견하기 위한 형사수사절차에서 형사피의자나 피고인이 여전히 대등한 당사자의 지위를 인정받기 위한 최소한의 권리로 이해될 수 있다.

iii. 구속적부심사제도　헌법은 신체의 자유에 관한 또 하나의 절차로서 **구속적부심사제**를 보장한다(제12조 제6항). 이러한 절차에 포함된 구속적부심사청구권은 법관이 발부한 영장에 따라 체포 또는 구속을 당한 자가 다시 한 번 그러한 체포·구속의

적부에 관해서 법원에 심사를 청구할 수 있는 권리를 말한다. 따라서 구속적부심사의 청구는 영장발부에 관한 법관의 결정에 대한 '항고적' 성격을 갖는다. 자세한 내용은 형사소송법에서 규정한다(동법 제214조의2). 이러한 제도는 신체의 자유에 대한 중대한 제한을 의미하고, 범죄의 실체적 진실을 발견해가는 대화의 절차에서 대등한 당사자로서의 지위에 대한 심각한 위협을 의미하는 인신의 구속 여부를 신중하게 결정하기 위한 제도로 이해된다.

헌법재판소는 형사피의자가 구속적부심사를 청구한 다음 검사가 법원의 결정이 있기 전에 기소하는 '전격기소'의 경우에 영장에 근거한 구속의 헌법적 정당성에 대하여 법원이 실질적인 판단을 하지 못하고 그 청구를 기각할 수밖에 없어서 구속취소라는 후속절차가 보장되어 있다고 하더라도 형사피의자의 절차적 기본권을 박탈하는 것으로 헌법에 위반된다고 한다(아래 [판례] 참조). 이 결정이 있은 후에 형사소송법이 개정되어 심사청구후 피의자에 대한 공소제기가 있는 경우에도 법원은 구속적부에 관한 실질적인 판단을 하도록 규정하고 있다(동법 동조 제4항).

[판례] 절차적 기본권으로서 구속적부심사청구권

헌법 제12조 제6항의 규정은 … 우리 헌법이 헌법적 차원에서 일정한 권리를 인정하는 것으로서 입법자가 법률로써 이러한 권리행사의 주체를 임의로 제한할 수는 없을 것이다. … '체포 · 구속적부심사청구권'의 경우 원칙적으로 국가기관 등에 대하여 특정한 행위를 요구하거나 국가의 보호를 요구하는 절차적 기본권(청구권적 기본권)이기 때문에, 본질적으로 제도적 보장의 성격을 강하게 띠고 있다(2004. 3. 25. 2002헌바104).

iv. 무죄추정의 원칙 현행범인이 아닌 한 범죄의 실체적 진실을 둘러싼 논쟁은 과거의 범죄사실을 둘러싸고 벌어지는 유죄의 주장과 무죄의 주장에 관한 대화절차의 성격을 갖는다. 이러한 대화절차에서 **헌법**은 **무죄추정**을 **원칙**으로 규정한다(제27조 제4항). 이에 따르면 형사피고인은 물론 형사피의자도 유죄의 판결이 확정될 때까지는 무죄로 추정된다.56) 따라서 형사피고인이나 형사피의자가 유죄로 확정될 때까지 받을 수 있는 불이익은 최소한에 그쳐야 하고, 유죄라는 입증의 책임은 기소인인 검사가 부담한다. 그러므로 무죄추정원칙에 따르면 피의자와 피고인에 대해서는 **원칙적으로 불구속수사와 불구속재판**을 진행해야 한다. 또한 불가피하게 구속수사나 구속재판을 하는 경우에도 피의자나 피고인이 받을 수 있는 불이익은 비례성원칙에 따라 최소한에 그쳐야 한다. 피의자나 피고인을 유죄인으로 취급하게 되면 인신의 구속이 그만큼 수월해지기 때문에 무죄추정에 관한 권리는 피의자나 피고인의 신체의 자유에 대한 침해를 사전에 방지하기 위하여 형사피의자와 피고인에게 보장된 **절차적 기본권**으로 이해된다. 헌법재판소도 "무죄추정을 받을 권리"라는 표현을 사용하여 무죄추정의 원칙으로부터 주관적 권리를 도출하고 있다.57)

56) 헌재 2003. 11. 27. 2002헌마193.

[판례] 무죄추정의 원칙과 불이익의 최소화

공소의 제기가 있는 피고인이라도 유죄의 확정판결이 있기까지는 원칙적으로 죄가 없는 자에 준하여 취급하여야 하고, 불이익을 입혀서는 안된다고 할 것으로 가사 그 불이익을 입힌다 하여도 **필요한 최소한도에 그치도록 비례의 원칙이 존중**되어야 하는 것이 헌법 제27조 제4항의 무죄추정의 원칙이며, 여기의 불이익에는 형사절차상의 처분뿐만 아니라 그 밖의 기본권제한과 같은 처분도 포함된다(1990. 11. 19. 90헌가48; 1994. 7. 29. 93헌가3등).

[판례] 무죄추정의 원칙과 불구속수사의 원칙

무죄추정의 원칙은 증거법에 국한된 원칙이 아니라 수사절차에서 공판절차에 이르기까지 형사절차의 전과정을 지배하는 지도원리로서 **인신의 구속 자체를 제한하는 원리**로 작용한다. 신체의 자유를 최대한으로 보장하려는 헌법정신, 특히 무죄추정의 원칙으로 인하여 **수사와 재판은 불구속을 원칙**으로 한다. 그러므로 구속은 예외적으로 구속 이외의 방법에 의하여서는 범죄에 대한 효과적인 투쟁이 불가능하여 형사소송의 목적을 달성할 수 없다고 인정되는 경우에 한하여 최후의 수단으로만 사용되어야 하며 구속수사 또는 구속재판이 허용될 경우라도 그 구속기간은 가능한 한 최소한에 그쳐야 한다(2003. 11. 27. 2002헌마193).

[판례] 무죄추정의 원칙

[1] 형사사건으로 공소제기된 변호사에 대한 업무정지명령제도(1990. 11. 19. 90헌가48: 위헌)

[2] 형사사건으로 공소제기된 교원에 대한 필요적 직위해제처분(1994. 7. 29. 93헌가3등: 위헌)

[3] 형사사건으로 공소제기된 공무원에 대한 필요적 직위해제처분(1998. 5. 28. 96헌가12: 위헌)

[4] 직접주의와 전문법칙의 예외를 규정한 형사소송법 제314조(1994. 4. 28. 93헌바26: 합헌 – 적법절차와도 관련)

[5] 관세법상 몰수할 것으로 인정되는 물품을 압수한 경우에 있어서 범인이 당해관서에 출두하지 않거나 또는 범인이 도주하여 그 물품을 압수한 날로부터 4월을 경과한 때에는 당해 물품은 별도의 재판이나 처분 없이 국고에 귀속하도록 한 규정(1997. 5. 29. 96헌가17: 위헌)

[6] 증인신문사항의 서면제출을 명하고 이를 이행하지 않을 경우에 증거결정을 취소할 수 있는 권한의 근거가 되는 형사소송법 제279조(재판장의 소송지휘권) 및 제299조(불필요한 변론 등의 제한)(1998. 12. 24. 94헌바46: 합헌)

[7] 수사 및 재판단계에서 미결수용자에게 재소자용 의류를 입게 한 행위(1999. 5. 27. 97헌마137등: 위헌)

[8] 형사소송에서 수사를 담당한 경찰공무원의 증인자격 인정(2001. 11. 29. 2001헌바41: 합헌)

[9] 공정거래위원회가 사업자단체에 대해서 독점규제및공정거래법 위반행위가 있는 경우에 법위반사실의 공표를 명할 수 있도록 한 조항(2002. 1. 31. 2001헌바43: 위헌–양심의 자유와도 관련)

[10] 공정거래위원회로 하여금 부당내부거래를 한 사업자에게 과징금을 부과할 수 있도록 한 조항(2003. 7. 24. 2001헌가25: 합헌)

[11] 국가보안법 제7조(찬양 · 고무죄) 및 제10조(불고지죄)의 범죄에 대하여 형사소송법상의 수사기관에 의한 피의자구속기간 30일보다 많은 50일을 인정한 규정(1992. 4. 14. 90헌마82: 위헌 – 제8조(회합 · 통신죄)에 대한 구속기간연장은 합헌: 1997. 6. 26. 96헌가8등; 1997. 8. 21. 96헌마48)

[12] 군사법경찰관에게 구속기간의 연장을 허용한 조항(2003. 11. 27. 2002헌마193: 위헌)

[13] 교도소에 수용된 때에는 국민건강보험급여를 정지하도록 한 조항(2005. 2. 24. 2003헌마31등: 합헌)

57) 헌재 1994. 4. 28. 93헌바26.

[14] 지방자치단체장이 금고 이상의 형의 선고를 받은 경우 부단체장으로 하여금 그 권한을 대행하도록 한 규정(2005. 5. 26. 2002헌마699등: 합헌)

[15] 명의신탁이 증여세 회피를 목적으로 이용되는 경우에 증여세를 부과하도록 한 규정(2005. 6. 30. 2004헌바40등: 합헌 – 증여세는 형벌이 아니므로)

[16] 진술을 요할 자가 외국거주로 인하여 진술할 수 없는 경우에 예외적으로 전문증거의 증거능력을 인정하는 형사소송법 규정(2005. 12. 22. 2004헌바45: 합헌)

[17] 형사사건으로 기소된 국가공무원의 직위해제(2006. 5. 25. 2004헌바12: 합헌)

[18] 특별검사가 공소제기한 사건의 재판기간과 상소절차 진행기간을 일반사건보다 단축하고 있는 규정(2008. 1. 10. 2007헌마1468: 합헌)

[19] 미결구금일수 산입범위의 결정을 법관의 자유재량에 맡기는 규정(재량통산)(2009. 6. 25. 2007헌바25: 위헌)

[20] '상소제기 후의 미결구금일수 산입'에 관하여 규정하면서 상소제기 후 상소취하시까지의 미결구금일수를 본형에 산입하도록 규정하지 않음으로써 이를 본형 산입의 대상에서 제외되도록 한 규정(2009. 12. 29. 2008헌가13: 헌법불합치)

[21] 지방자치단체의 장이 금고 이상의 형을 선고받고 그 형이 확정되지 아니한 경우 부단체장이 그 권한을 대행하도록 한 규정(2010. 9. 2. 2010헌마418: 헌법불합치)

[22] 지방자치단체장이 공소 제기된 후 구금상태에 있는 경우 부단체장으로 하여금 그 권한을 대행하도록 한 규정(2011. 4. 28. 2010헌마474: 합헌)

[23] 마약류사범인 미결수용자에 대하여 마약류사범인 수형자와 마찬가지로 다른 수용자와 달리 처우할 수 있도록 한 규정(2013. 7. 25. 2012헌바63: 합헌)

[24] 국민참여재판으로 진행하는 것이 적절하지 아니하다고 인정되는 경우 법원이 국민참여재판 배제 결정을 할 수 있도록 한 규정(2014. 1. 28. 2012헌바298: 합헌)

[25] 변호사가 공소제기되어 그 재판의 결과 등록취소에 이르게 될 가능성이 매우 크고, 그대로 두면 장차 의뢰인이나 공공의 이익을 해칠 구체적인 위험성이 있는 경우 법무부변호사징계위원회의 결정을 거쳐 법무부장관이 업무정지를 명할 수 있도록 한 규정(2014. 4. 24. 2012헌바45: 합헌)

[26] 공무원의 징계 사유가 공금 횡령인 경우에는 해당 징계 외에 공금 횡령액의 5배 내의 징계부가금을 부과하도록 한 규정(2015. 2. 26. 2012헌바435: 합헌)

[27] 가짜석유제품 판매와 관련이 없는 임대인에게도 가짜석유제품 판매에 제공된 시설을 이용하여 2년 동안 가짜석유제품 판매에 제공된 시설을 이용하여 석유판매업 등록을 하지 못하도록 한 규정(2015. 3. 26. 2013헌마461: 기각)

[28] 법인인 의료기기업자의 대표자 등이 법인의 업무에 관하여 리베이트를 제공한 경우 법인에게도 벌금형을 과하도록 한 규정(2018. 1. 25. 2016헌바201등: 합헌)

v. 변호인의 조력을 받을 권리 헌법은 형사피의자나 피고인에게 **변호인의 조력을 받을 권리**를 보장하고 있다(제12조 제4항 본문). 누구든지 체포 또는 구속을 당한 때에는 즉시 법적인 전문지식과 경험을 갖춘 변호인의 조력을 받을 권리를 가진다는 것이다. 또한 형사피고인이 스스로 변호인을 구할 수 없을 때에는 법률이 정하는 바에 의하여 국가가 변호인을 붙이는 국선변호인 제도를 보장하고 있다(제12조 제4항 단서). 인

신을 구속당할 가능성이 있거나 또는 이미 구속을 당한 국민이 자신에게 불리한 상황에서 자신을 위하여 유리한 진술을 대신해줄 조력자로서 변호인의 도움을 받을 권리를 의미한다. 여기서 구속은 사법절차에서 이루어진 구속뿐만 아니라 행정절차에서 이루어진 구속까지 포함한다.[58]

헌법재판소에 따르면 여기서 말하는 '변호인의 조력'은 "변호인의 충분한 조력"을 의미한다.[59] 그리고 변호인의 충분한 조력이란 변호인과의 충분한 대화와 상담이기 때문에 변호인의 조력을 받을 권리의 필수적 내용은 변호인과의 자유로운 접견교통이다. 또한 이러한 변호인과의 자유로운 접견교통은 구속당한 자와 변호인의 접견과 대화에 비밀이 완전하게 보장되어 교도관이나 수사관 등 관계공무원의 참여나 간섭 또는 방해가 없을 때에만 가능하다. 더 나아가 변호인과의 자유로운 접견교통권은 어떠한 경우에도 제한될 수 없는 기본권으로 이해되기도 한다. 다만 이것은 구속된 자와 변호인 간의 접견이 실제로 이루어지는 경우에 자유로운 접견이 제한될 수 없다는 뜻에 지나지 않으며 미결수용자의 변호인 접견권도 공익적 목적을 위하여 법률로써 제한될 수 있다.[60] 국선변호인의 조력을 받을 권리는(제12조 제4항의 본문과 단서의 체계상) 피고인에게만 인정되는 것으로 본다.[61] 또한 70세 이상인 불구속 피의자에게 피의자신문을 받을 때 국선변호인을 선정하는 법률을 제정해야 할 입법의무는 없다고 한다.[62]

한편 변호인과의 자유로운 접견교통의 원칙은 변호인과 미결수용자 사이의 서신의 경우에도 적용되어야 하기 때문에 그러한 서신에 대해서는 비밀이 보장된다.[63] 하지만 헌법재판소는 형사절차가 종료되어 교정시설에 수용중인 수형자(= 기결수)에 대해서는 원칙적으로 변호인의 조력을 받을 권리의 주체성을 인정하지 않고 있다.[64] 다만 수형자의 변호인과의 접견교통권은 재판청구권의 내용으로서 변호사의 도움을 받을 권리에 의해서 보호된다고 한다.[65] 형사피의자나 피고인만큼 인권침해의 개연성이 높은 수형자에 대해서도 변호인의 조력을 받을 권리가 인정되어야 한다는 점은 부정할 수 없다. 하지만 헌법 제12조 제4항에서 인정된 변호인의 조력을 받을 권리는 원칙적으로 무죄추정을 받는 형사피의자나 피고인을 전제로 하고 있다는 점에서 수형자에 대해서 이러한 의미의 변호인의 조력을 받을 권리를 인정하지 않으면서 재판청구권의 한 내용으로 이해한 헌법재판소의 견해에 동의할 수 있다.

변호인의 조력을 받을 권리와 관련하여 추가로 지적하고 싶은 것은 ① 이 권

58) 헌재 2018. 5. 31. 2014헌마346.
59) 헌재 1992. 1. 28. 91헌마111.
60) 헌재 2011. 5. 26. 2009헌마341.
61) 헌재 2004. 9. 23. 2000헌마138; 2008. 9. 25. 2007헌마1126.
62) 헌재 2023. 2. 23. 2020헌마1030.
63) 헌재 1995. 7. 21. 92헌마144.
64) 헌재 1998. 8. 27. 96헌마398.
65) 헌재 2004. 12. 16. 2002헌마478.

리가 피의자 · 피고인의 권리이지 변호인 자신의 권리가 아니라는 점,[66] ② 피의자 · 피고인의 변호인이 아닌 타인과의 접견교통권은 이 권리가 아닌 행복추구권에서 도출된다는 점,[67] ③ 불구속 피의자 · 피고인에게도 변호인의 조력을 받을 권리가 인정된다는 점,[68] ④ 변호인의 조력할 권리도 변호인의 조력을 받을 권리와 표리의 관계에 있으므로 헌법상 권리로 보호된다는 점,[69] ⑤ 변호인이 되려는 자의 피의자 접견교통권도 헌법적 권리로 인정된다는 점,[70] ⑥ 변호인을 통해 수사서류를 열람 · 등사할 수 있는 권리도 포함한다는 점[71] 등이다.

[판례] 변호인의 조력을 받을 권리

[1] 헌법상의 변호인과의 접견교통권은 체포 또는 구속당한 피의자 · 피고인 자신에만 한정되는 신체적 자유에 관한 기본권이고, **변호인 자신**의 구속된 피의자 · 피고인과의 **접견교통권**은 헌법상의 권리라고는 말할 수 없으며 단지 형사소송법에 의하여 비로소 보장되는 권리임에 그친다(1991. 7. 8. 89헌마181).

[2] 미결수용자와 변호인의 접견에 수사관을 참여하게 한 것은 변호인의 조력을 받을 권리를 침해한다(1992. 1. 28. 91헌마111: 위헌).

[3] 변호인의 조력을 받을 권리를 위하여서는 신체구속을 당한 사람에게 변호인과 사이의 **충분한 접견교통**을 허용함은 물론 교통내용에 대하여 **비밀이 보장**되고 부당한 간섭이 없어야 하는 것이며, 이러한 취지는 접견의 경우뿐만 아니라 **변호인과 미결수용자 사이의 서신에도 적용**되어 그 비밀이 보장되어야 할 것이다. 다만 미결수용자와 변호인 사이의 서신으로서 그 비밀을 보장받기 위하여는, 첫째, 교도소측에서 상대방이 변호인이라는 사실을 확인할 수 있어야 하고, 둘째, 서신을 통하여 마약 등 소지금지품의 반입을 도모한다든가 그 내용에 도주 · 증거인멸 · 수용시설의 규율과 질서의 파괴 · 기타 형벌법령에 저촉되는 내용이 기재되어 있다고 의심할 만한 합리적인 이유가 있는 경우가 아니어야 한다(1995. 7. 21. 92헌마144: 한정위헌 – 서신지연발송 부분은 각하).

[4] 형사절차가 종료되어 교정시설에 수용중인 **수형자**는 원칙적으로 변호인의 조력을 받을 권리의 주체가 될 수 없다. 다만, 수형자의 경우에도 재심절차 등에는 변호인 선임을 위한 일반적인 교통 · 통신이 보장될 수도 있다(1998. 8. 27. 96헌마398).

[5] 변호인의 조력을 받을 권리는 변호인과의 자유로운 접견교통권에 그치지 아니하고 더 나아가 변호인을 통하여 **수사서류를 포함한 소송관계 서류를 열람 · 등사**하고 이에 대한 검토결과를 토대로 공격과 방어의 준비를 할 수 있는 권리도 포함된다고 보아야 할 것이므로 변호인의 수사기록 열람 · 등사에 대한 지나친 제한은 결국 피고인에게 보장된 변호인의 조력을 받을 권리를 침해하는 것이다. 검사가 보관중인 수사기록에 대한 열람 · 등사는 당해 사건의 성질과 상황, 열람 · 등사를 구하는 증거의 종류 및 내용 등 제반 사정을 감안하여 그 **열람 · 등사가 피고인의 방어를 위하여 특히 중요하고 또 그로**

66) 헌재 1991. 7. 8. 89헌마181.
67) 헌재 2003. 11. 27. 2002헌마193.
68) 헌재 2004. 9. 23. 2000헌마138.
69) 헌재 2003. 3. 27. 2000헌마474.
70) 헌재 2019. 2. 28. 2015헌마1204.
71) 헌재 1997. 11. 27. 94헌마60; 2010. 6. 24. 2009헌마257.

인하여 국가기밀의 누설이나 증거인멸, 증인협박, 사생활침해, 관련사건 수사의 현저한 지장 등과 같은 폐해를 초래할 우려가 없는 때에 한하여 허용된다(1997. 11. 27. 94헌마60: 위헌).

[6] 변호인에게 고소장과 피의자신문조서에 대한 열람 및 등사를 거부한 경찰서장의 정보비공개결정은 **변호인의 피구속자를 조력할 권리** 및 알 권리를 침해하여 헌법에 위반된다(2003. 3. 27. 2000헌마474: 위헌).

[7] **불구속 피의자나 피고인**의 경우 형사소송법상 특별한 명문의 규정이 없더라도 스스로 선임한 변호인의 조력을 받기 위하여 변호인을 옆에 두고 조언과 상담을 구하는 것은 수사절차의 개시에서부터 재판절차의 종료에 이르기까지 언제나 가능하다. … 불구속 피의자가 피의자신문시 조언과 상담을 구하기 위하여 자신의 변호인을 대동하기를 원한다면, 수사기관은 특별한 사정이 없는 한 이를 거부할 수 없다고 할 것이다. … 따라서 아무런 이유 없이 피의자신문시 청구인들의 변호인과의 조언과 상담요구를 제한한 이 사건 행위는 청구인들의 변호인의 조력을 받을 권리를 침해한다(2004. 9. 23. 2000헌마138: 위헌).

[8] 신체구속을 당한 피의자 또는 피고인이 범한 것으로 의심받고 있는 범죄행위에 해당 변호인이 관련되어 있다는 등의 사유에 기하여 그 변호인의 변호활동을 광범위하게 규제하는 변호인의 제척과 같은 제도를 두고 있지 아니한 우리 법제 아래에서는, 변호인의 접견교통의 상대방인 신체구속을 당한 사람이 그 변호인을 자신의 범죄행위에 공범으로 가담시키려고 하였다는 등의 사정만으로 그 변호인의 신체구속을 당한 사람과의 접견교통을 금지하는 것이 정당화될 수는 없다(대결 2007. 1. 31. 2006모6576).

[9] 법원의 열람 · 등사 허용 결정에 (대한) … 검사의 거부행위는 … 피고인의 변호인의 조력을 받을 권리까지 침해하게 되는 것이다(2010. 6. 24. 2009헌마257: 위헌).

[10] 검찰수사관이 피의자신문에 참여한 변호인에게 피의자 후방에 앉으라고 요구한 행위는 변호인인 청구인의 변호권을 침해한다(2017. 11. 30. 2016헌마503).

[11] 인천국제공항에서 난민인정신청을 하였으나 난민인정심사불회부결정을 받은 청구인을 공항 송환대기실에 약 5개월째 수용하고 환승구역으로의 출입을 막은 상태에서 청구인의 변호인 접견신청을 거부한 것은 변호인의 조력을 받을 권리를 침해한다(2018. 5. 31. 2014헌마346).

[12] 교도소장이 금지물품 동봉 여부를 확인하기 위하여 미결수용자와 같은 지위에 있는 수형자의 변호인이 그 수형자에게 보낸 서신을 개봉한 후 교부한 행위는 해당 수형자가 변호인의 조력을 받을 권리를 침해하지 않는다(2021. 10. 28. 2019헌마973).

[13] 별건으로 공소제기 후 확정되어 검사가 보관하고 있는 서류에 대하여 법원의 열람 · 등사 허용 결정이 있었음에도 검사가 청구인에 대한 형사사건과의 관련성을 부정하면서 해당 서류의 열람 · 등사를 허용하지 않은 거부행위는 변호인의 조력을 받을 권리를 침해한다(2022. 6. 30. 2019헌마356).

[14] 미결수용자와 변호인의 접견을 일반접견실에서 실시하도록 한 행위는 변호인의 조력을 받을 권리를 침해하지 않는다(2025. 2. 27. 2021헌마368: 기각).

[판례] 헌법상 권리로서 변호인이 되려는 자의 접견교통권

변호인 선임을 위하여 피의자 · 피고인(이하 '피의자 등'이라 한다)이 가지는 '변호인이 되려는 자'와의 접견교통권은 헌법상 기본권으로 보호되어야 하고, '변호인이 되려는 자'의 접견교통권은 피의자 등이 변호인을 선임하여 그로부터 조력을 받을 권리를 공고히 하기 위한 것으로서, 그것이 보장되지 않으면 피의자 등이 변호인 선임을 통하여 변호인으로부터 충분한 조력을 받는다는 것이 유명무실하게 될 수밖에 없다. 이와 같이 '변호인이 되려는 자'의 접견교통권은 피의자 등을 조력하기 위한 핵심적인 부분으로서, 피의자 등이 가지는 헌법상의 기본권인 '변호인이 되려는 자'와의 접견교통권과 표리의 관계에 있다. 따라서 피의자 등이 가지는 '변호인이 되려는 자'의 조력을 받을 권리가 실질적으로 확보되기 위해서는 '변호인이 되려는 자'의 접견교통권 역시 헌법상 기본권으로서 보장되어야 한다(2019. 2. 28. 2015헌마1204).

[판례] 수형자의 변호인 접견

[1] 변호사와 접견하는 경우에도 수용자의 접견은 원칙적으로 접촉차단시설이 설치된 장소에서 하도록 하는 접견조항에 따르면 수용자는 효율적인 재판준비를 하는 것이 곤란하게 되고, 특히 교정시설 내에서의 처우에 대하여 국가 등을 상대로 소송을 하는 경우에는 소송의 상대방에게 소송자료를 그대로 노출하게 되어 무기대등의 원칙이 훼손될 수 있다. 변호사 직무의 공공성, 윤리성 및 사회적 책임성은 변호사 접견권을 이용한 증거인멸, 도주 및 마약 등 금지물품 반입 시도 등의 우려를 최소화시킬 수 있으며, 변호사접견이라 하더라도 교정시설의 질서 등을 해할 우려가 있는 특별한 사정이 있는 경우에는 예외를 두도록 한다면 악용될 가능성도 방지할 수 있다. 따라서 이 사건 접견조항은 과잉금지원칙에 위배하여 청구인의 **재판청구권**을 지나치게 제한하고 있으므로, 헌법에 위반된다(2013. 8. 29. 2011헌마122).

[2] 수형자와 변호사와의 접견내용을 녹음, 녹화하게 되면 그로 인해 제3자인 교도소 측에 접견내용이 그대로 노출되므로 수형자와 변호사는 상담과정에서 상당히 위축될 수밖에 없고, … 변호사의 접견내용에 대해서는 접견의 목적이나 접견의 상대방 등을 고려할 때 녹음, 기록이 허용되어서는 아니 될 것임에도, 이를 녹음, 기록한 행위는 청구인의 **재판을 받을 권리**를 침해한다(2013. 9. 26. 2011헌마396).

[판례] 헌법상의 권리로서 변호인의 조력할 권리

변호인의 "조력을 받을" 피구속자의 권리는 피구속자를 "조력할" 변호인의 권리가 보장되지 않으면 유명무실하게 된다. 그러므로 피구속자를 조력할 변호인의 권리 중 그것이 보장되지 않으면 피구속자가 변호인으로부터 조력을 받는다는 것이 유명무실하게 되는 핵심적인 부분은, "조력을 받을 피구속자의 기본권"과 표리의 관계에 있기 때문에 이러한 핵심부분에 관한 **변호인의 조력할 권리** 역시 **헌법상의 기본권**으로서 보호되어야 한다(2003. 3. 27. 2000헌마474).
→ 변호인의 조력할 권리는 헌법상의 권리가 아니라 형사소송법상의 권리라고 본 이전 판례(1991. 7. 8. 89헌마181)를 변경하는 결정

vi. 진술거부권 수사기관의 입장에서 볼 때는 범죄의 실체적 진실에 대해서 형사피의자나 피고인이 순순히 자백해주는 것이 가장 간편한 수사기법이 될 수 있다. 그러나 형사피의자나 피고인의 입장에서 볼 때는 자신에게 불리한 범죄사실에 대하여 순순히 자백할 가능성이 없고, 게다가 그들이 실제도 범죄인이 아닌 경우에는 전혀 자백할 수조차 없게 된다. 따라서 헌법은 어떤 경우에나 형사피의자나 피고인에게 자신에게 불리한 자백을 강요할 수 없도록 규정한다. 즉 헌법은 형사피의자나 피고인의 **'묵비권'**, 즉 자신에게 **불리한 진술의 거부권**을 보장하고 있다(제12조 제2항).

헌법재판소의 지적처럼[72] 진술거부권에 대한 헌법적 보장의 의미는 무엇보다도 비인간적인 자백의 강요와 고문을 근절하려는 데 있다. 이러한 진술거부권은 현재 피의자나 피고인으로서 수사 또는 공판절차에 참여하는 자뿐만 아니라 장차 피의자나 피고인이 될 자에게도 보장되고, 형사절차 이외에 행정절차나 국회에서의 조사절차 등에서도 보장된다. 또한 진술거부권은 고문 등 폭행에 의한 강요는 물론 법률에 의한 진술의 강요도 금지한다.

[판례] 진술거부권

[1] **교통사고를 일으킨 운전자에게 신고의무**를 부담시키고 있는 도로교통법 조항은 피해자의 구호 및 교통질서의 회복을 위한 조치가 필요한 범위내에서 교통사고의 객관적 내용만을 신고하도록 한 것으로 해석하고, 형사책임과 관련되는 사항에는 적용되지 않는 것으로 해석하는 한 헌법(진술거부권)에 위반되지 않는다(1990. 8. 27. 89헌가118: 한정합헌).

[2] 군무이탈죄와 명령위반죄는 보호법익과 구성요건을 달리하는 별개의 범죄이므로 군무이탈죄의 공소시효가 완성된 자가 군무이탈자 복귀명령을 준수하지 않았다는 이유로 명령위반죄로 처벌한다고 하여 군무이탈죄에 대한 공소시효 자체가 배제되는 것이라고 할 수는 없고, **복귀명령을 준수하지 아니한 행위를 형사처벌함으로써 군무이탈죄를 범한 자에게 자수의무를 부과**하는 결과가 될 수 있다고 하더라도 이는 군병력 유지를 주된 목적으로 하는 복귀명령의 부수적인 효과에 불과하므로 위 복귀명령이 군무이탈자에 대하여 형사상 자기에게 불리한 진술을 강요당하지 아니할 권리의 본질적 내용을 침해하는 것이라고 할 수도 없다(1995. 5. 25. 91헌바20: 합헌).

[3] 헌법은 진술거부권을 보장하고 있으나, 여기서 "진술"이라 함은 생각이나 지식, 경험사실을 정신작용의 일환인 언어를 통하여 표출하는 것을 의미하는 데 반해, 도로교통법에 규정된 **음주측정**은 호흡측정기에 입을 대고 **호흡**을 불어넣음으로써 신체의 물리적, 사실적 상태를 그대로 드러내는 행위에 불과하므로 이를 두고 "진술"이라 할 수 없고, 따라서 주취운전의 혐의자에게 호흡측정기에 의한 주취여부의 측정에 응할 것을 요구하고 이에 불응할 경우 처벌한다고 하여도 이는 형사상 불리한 "진술"을 강요하는 것에 해당한다고 할 수 없으므로 헌법의 진술거부권조항에 위배되지 않는다(1997. 3. 27. 96헌가11: 합헌).

[4] 특정범죄가중처벌등에관한법률은 교통사고로 인한 피해자의 생명, 신체의 안전 등을 보호하기 위하여 **사고피해자에 대한 구호의무위반**을 그 필수적 구성요건으로 하고 있으므로 구호조치를 취하기만 하면 되고 도로교통법 에 규정된 사고신고의무위반은 범죄의 구성요건이 아니다. 따라서 동 조항은 사고운전자에게 사고신고나 불리한 진술 등을 강요하는 규정이 아니므로 진술거부권을 침해한다고 할 수 없다(1997. 7. 16. 95헌바2등: 합헌).

[5] 구 국가보안법이 규정한 **불고지죄**는 소위 진정부작위범으로서 행위자가 자기 또는 공범 이외의 타인이 구 국가보안법의 죄를 범한 자라는 정을 알면서도 그로부터 사회통념상 상당하다고 인정되는 기간내에 이를 수사기관 또는 정보기관에 신고하지 아니한 경우에 성립되는 범죄이다. 따라서 불고지죄가 성립하기 이전의 단계, 즉 불고지의 대상이 되는 죄를 범한 사실을 알게 되어 고지의무가 발생하였으나 아직 상당한 기간이 경과하지 아니한 단계에 있어서는 고지의무의 대상이 되는 것은 **자신의 범**

72) 헌재 1997. 3. 27. 96헌가11.

죄사실이 아니고 타인의 **범죄사실**에 대한 것이므로 자기에게 불리한 진술을 강요받지 아니할 진술거부권의 문제가 발생할 여지가 없다(1998. 7. 16. 96헌바35: 합헌).

[6] 형사소송절차상 피고인의 증인적격이 부정되고 있어 피고인의 진술거부권이 침해될 소지는 없다고 보여질 뿐 아니라, 피고인은 증인이 아닌 당사자로서 그 법정진술이 직접 자신을 위한 유리한 증거로 사용될 수 있다는 점에서 **경찰공무원에 대한 증인적격 인정**이 바로 피고인에 대한 증인적격 인정으로 귀결된다고 볼 아무런 근거가 없고, 그 밖에 이 사건 법률조항에 의한 경찰공무원의 증인적격 인정과 피고인의 진술거부권 침해와의 연관성을 인정할 만한 사정도 없다(2001. 11. 29. 2001헌바41).

[7] ① 정치자금의 수입 · 지출에 관한 내역을 회계장부에 **허위 기재**하거나 관할 선거관리위원회에 **허위 보고**한 정당의 회계책임자를 형사처벌하는 규정은 '정치자금의 투명성 확보'라는 공익에 비추어 진술거부권을 침해한다고 볼 수 없다. ② 정치자금의 수입 · 지출에 관한 **명세서, 영수증 및 회계장부를 보존**하지 않은 정당의 회계책임자를 형사처벌하는 규정의 경우에 회계장부 · 명세서 · 영수증을 보존하는 행위는 진술거부권의 보호대상이 되는 "진술" 즉 언어적 표출의 등가물로 볼 수 없으므로 진술거부권을 침해하지 않는다(2005. 12. 22. 2004헌바25).

[8] 변호사인 변호인에게는 변호사법이 정하는 바에 따라서 이른바 진실의무가 인정되는 것이지만, 변호인이 신체구속을 당한 사람에게 법률적 조언을 하는 것은 그 권리이자 의무이므로 변호인이 적극적으로 피고인 또는 피의자로 하여금 허위진술을 하도록 하는 것이 아니라 단순히 헌법상 권리인 진술거부권이 있음을 알려 주고 그 행사를 권고하는 것을 가리켜 변호사로서의 진실의무에 위배되는 것이라고는 할 수 없다(대결 2007. 1. 31. 2006모6576).

[9] 국회증언감정법에 따른 증인의 경우 진술거부권을 고지받을 권리가 인정되지 않으므로, 청구인이 진술거부권을 고지받지 않았다고 하더라도 국회에서 허위의 진술을 한 증인을 위증죄로 처벌하는 조항이 헌법상 진술거부권을 제한한다고 볼 수 없다(2015. 9. 24. 2012헌바410).

[10] '대체유류'를 제조하였다고 신고하는 것이 곧 석유사업법위반죄를 시인하는 것이나 마찬가지라고 할 수 없고, 신고의무 이행 시 과세절차가 곧바로 석유사업법위반죄의 처벌을 위한 자료의 수집 · 획득 절차로 이행되는 것도 아니므로, 교통 · 에너지 · 환경세 등의 납부 의무가 발생하고 그 세금을 신고 · 납부기한 내에 납부하지 아니하는 등의 사유로 유사석유제품을 제조하여 조세를 포탈한 자를 처벌하는 조항에 따라 처벌된다고 하더라도 이를 두고 형사상 불리한 진술을 강요하는 것이라고 볼 수 없다(2017. 7. 27. 2012헌바323).

vii. 고문받지 않을 권리 또한 헌법은 형사피의자나 피고인에게 **'고문받지 않을 권리'**를 보장함으로써 수사기관이 형사피의자나 피고인의 자백을 강요할 수 없도록 규정한다(제12조 제2항). 고문은 형사피의자나 피고인의 자백을 강요하는 가장 전형적인 수단이기 때문이다.

viii. 자백의 증거능력제한 더 나아가 헌법은 **자백의 증거능력 및 증명력**을 제한함으로써 자백의 강요를 원천적으로 봉쇄하고자 한다(제12조 제7항). 자백에만 의존하는 수사는 오로지 수사편의를 위한 것으로서 곧바로 고문에 대한 유혹으로 이어지기 때문에 고문의 금지와 함께 애초에 강압적으로 받아낸 자백의 증거능력 또는 증명력을 제한함으로써 증거에 의한 수사를 요청하고 있는 규정으로 이해된다. 이에 따라 임의성이 없이 범죄사실을 시인하는 자백, 즉 "고문 · 폭행 · 협박 · 구속의 부당한 장기화 또는 기망 기타의 방법으로" 자의로 진술되지 않은 자백은 애초에 증거로 사용될 수 없도록 함으로써 '자백의 증거능력'(= 증거로 사용될 수 있는 능력)이 제한될 수 있다. 또한 비록 임의성이 있는 자백이라고 하더라도 그것이 피고인의 범죄사실을 인정하는 유일한 증거인 경우에는 법관이 이를 근거로 유죄로 판결하거나 처벌하지 못하도록 함으로써 '자백의 증명력'(= 증거로서 사실을 증명하는 능력)이 제한될 수 있다.

ix. 공개재판을 받을 권리　마지막으로 헌법은 형사피고인이 지체없이 공개재판을 받을 권리를 보장하고 있다(제27조 제3항 제2문).

Ⅲ. 제약행위

1. 거동의 명령(강제)

신체의 거동에 해당하는 행위를 하지 않을 수 있는 소극적 행위의 자유에 대해서 반드시 그것을 하도록 강제 · 명령하는 행위는 신체의 자유에 대한 제약행위가 된다. 예를 들어 강제노역(제12조 제1항 제2문)을 들 수 있다. 이러한 행위들은 잠정적으로 금지된다.

2. 거동의 금지(규제)

신체의 거동에 해당하는 행위를 할 수 있는 적극적 행위의 자유에 대해서 그것을 하지 못하도록 금지 · 규제하는 행위는 신체의 자유에 대한 제약행위가 된다. 대표적으로 체포, 구속, 압수, 수색, 심문, 그리고 처벌, 보안처분 등이 이에 해당한다. 이러한 행위들은 '잠정적으로' 금지되고, 특히 처벌의 경우에 일사부재리원칙(제13조 제1항)과 연좌제금지원칙(동조 제2항)에 따라 동일한 범죄에 대한 이중처벌과 친족의 행위로 인한 불이익처우는 '확정적으로' 금지된다.

제 3 항　제한규범

신체의 자유의 구성요건을 충족해도 제한규범에 근거하여 제약되는 거동행위는 확정적 보호를 받지 못한다. 신체의 자유의 구성요건을 충족하면서 제한규범에 근거하여 제약될 수 없는 거동행위만이 확정적으로 허용된다. 따라서 신체의 자유에 관한 구성요건의 단계에서 보호법익에 해당하여 잠정적으로 허용된 거동행위는 제한규범에 근거하여 제약되지 않으면 확정적으로 보호된다. 한편 신체의 자유에 포함된 방어권의 경우에 구성요건의 단계에서 잠정적으로 금지된 제약행위는 제한규범에 근거하는 경우에만 잠정적으로 허용된 제약행위로 바뀌게 되고, 근거가 되는 제한규범이 없는 경우에는 확정적으로 금지된 제약행위가 된다.

Ⅰ. 헌법직접적 제한규범

신체의 자유에 대한 헌법직접적 제한규범은 '성문'의 형태와 '불문'의 형태로 규정될 수 있다. 우리 헌법규정은 신체의 자유에 대한 성문의 헌법직접적 제한규범을 포함하고 있지 않다. 불문의 헌법직접적 제한규범으로는 다른 사람의 기본권이나 헌법적 법익을 들 수 있다. 다른 사람의 기본권이 신체의 자유에 대한 헌법직접적 제한규범이 되면 두 기본권 사이에 '기본권의 충돌'이 발생한다.

Ⅱ. 헌법간접적 제한규범

1. 개별적 법률유보와 일반적 법률유보

신체의 자유에 대한 헌법간접적 제한규범은 신체의 자유를 규정한 기본권조항에서 개별적으로 규정될 수도 있고, 신체의 자유를 규정한 기본권조항과는 독립적인 규정을 두어 모든 자유와 권리에 대해서 일반적으로 규정될 수도 있다. 우리 헌법은 신체의 자유에 대하여 **개별적 법률유보조항**을 두고 있다. 즉 헌법 제12조 제1항 제2문에 다음과 같이 규정한다. "누구든지 **법률**에 의하지 아니하고는 체포·구속·압수·수색 또는 심문을 받지 아니하며, **법률과 적법한 절차**에 의하지 아니하고는 처벌·보안처분 또는 강제노역을 받지 아니한다."

이 조항은 신체의 자유에 대한 '실체적 보장'으로서 '**죄형법정주의원칙**'을 규정하고 있는 것으로 이해되기도 한다. 그러면서 제13조 제1항의 **형벌불소급원칙** 및 **일사부재리원칙**, 제3항의 **연좌제금지원칙**을 파생시키는 것으로 이해된다. 이러한 원칙들은 신체의 자유를 제한하는 입법의 근거(법률유보원칙)를 규정하는 동시에 그 한계(죄형법정주의원칙)를 규정하기도 한다. 따라서 신체의 자유를 제한하는 입법의 한계라는 측면에서 결국 신체의 자유를 보장하기 위한 실체적 원칙으로 이해하는 것도 무리는 없다고 생각된다. 하지만 기본권에 관한 논증의 체계에 비추어볼 때 기본권을 제한하는 입법의 한계는 제한의 단계가 아니라 정당화의 단계에서 논의하는 것이 더 타당하다.

신체의 자유는 일반적 법률유보조항에 의해서도 제한될 수 있다. 따라서 **일반적 법률유보조항**인 헌법 제37조 제2항에 근거하여 신체의 자유는 "국가안전보장, 질서유지 또는 공공복리"를 위하여, "법률"에 의해서만 제한될 수 있다. 하지만 개별적 법률유보조항이 있기 때문에 일반적 법률유보조항은 보충적으로만 적용될 수 있다. 일반적 법률유보조항에 규정된 비례성원칙이나 본질내용침해금지원칙은 개별적 법률유보의 경우에도 적용되어야 한다.

[판례] 형벌의 종류와 범위

[1] 어떤 범죄를 어떻게 처벌할 것인가하는 문제, 즉 법정형의 종류와 범위의 결정은 그 범죄의 죄질과 보호법익의 성격에 대한 고려뿐만 아니라 우리의 역사와 문화, 입법당시의 시대적 상황, 국민일반의 가치관 내지 법감정, 그리고 그 범죄의 실태와 예방을 위한 형사정책적 측면 등 여러 가지 요소를 종합적으로 고려하여 **입법자가 결정할 국가의 입법정책에 관한 사항으로서 광범위한 입법재량 내지 형성의 자유가 인정되어야 할 분야**이다. 따라서 어느 범죄에 대한 법정형이 그 범죄의 죄질 및 이에 따른 행위자의 책임에 비하여 지나치게 가혹한 것이어서 현저히 형벌체계상 균형을 잃고 있다거나 그 범죄에 대한 형벌 본래의 목적과 기능을 달성함에 있어 필요한 정도를 일탈하였다는 등 헌법상의 평등의 원리 및 비례의 원칙 등에 명백히 위배되는 경우가 아닌 한 쉽사리 헌법에 위반된다고 단정하여서는 안되며, 죄질이 서로 다른 둘 또는 그 이상의 범죄를 동일선상에 놓고 그 중 어느 한 범죄의 법정형을 기준으로 하여 단순한 평면적인 비교로써 다른 범죄의 법정형의 과중여부를 판정하여서는 안된다(1992. 4. 28. 90헌바24; 1995. 4. 20. 91헌바1; 1995. 4. 20. 93헌바40; 1995. 10. 26. 92헌바45; 1997. 8. 21. 93헌바60; 1999. 5. 27. 98헌바26; 2001. 4. 26. 99헌바43).

[2] 강도상해죄에 대하여 집행유예의 선고가 불가능하도록 한 형법 제337조(1997. 8. 21. 93헌바60; 2001. 4. 26. 99헌바43: 합헌 - 법관의 양형판단재량권, 특히 집행유예 여부에 관한 재량권은 어떠한 경우에도 제한될 수 없는 성질의 것이 아니므로)

[판례] 행정형벌과 행정질서벌

[1] 어떤 행정법규위반의 행위에 대하여 이를 단지 간접적으로 행정상의 질서에 장애를 줄 위험성이 있음에 불과한 경우로 보아 행정질서벌인 과태료를 과할 것인지, 아니면 직접적으로 행정목적과 공익을 침해한 행위로 보아 행정형벌을 과할 것인지, 행정형벌을 과할 경우 그 법정형의 형종과 형량을 어떻게 정할 것인가는 당해 위반행위가 위의 어느 경우에 해당하는가에 대한 법적 판단을 그르친 것이 아닌 한 그 처벌내용은 기본적으로 **입법권자가 제반 사정을 고려하여 결정할 입법재량**에 속하는 문제이다(1994. 4. 28. 91헌바14; 1998. 5. 28. 96헌바83; 2003. 10. 30. 2002헌마518).

[2] 좌석안전벨트착용의무의 위반행위에 대해서 행정질서벌인 과태료가 아니라 범칙금을 부과하도록 한 도로교통법(2003. 10. 30. 2002헌마518: 합헌 - 재량의 범위를 벗어나지 않은 입법)

[판례] 형벌과 도덕률

특정한 인간행위에 대하여 그것이 불법이며 범죄라 하여 국가가 형벌권을 행사하여 이를 규제할 것인지, 아니면 단순히 도덕률에 맡길 것인지의 문제는 인간과 인간, 인간과 사회와의 상호관계를 함수로 하여 시간과 공간에 따라 그 결과를 달리할 수밖에 없는 것이고, 결국은 그 사회의 시대적인 상황, 사회구성원들의 의식 등에 의하여 결정될 수밖에 없다(1997. 7. 16. 95헌가6등; 2001. 10. 25. 2000헌바60; 2003. 10. 30. 2002헌마518).

[판례] 책임주의와 양벌규정

[1] '책임없는 자에게 형벌을 부과할 수 없다'는 형벌에 관한 책임주의는 형사법의 기본원리로서, 헌법상 법치국가의 원리에 내재하는 원리인 동시에, 국민 누구나 인간으로서의 존엄과 가치를 가지고 스스로의 책임에 따라 자신의 행동을 결정할 것을 보장하고 있는 헌법 제10조의 취지로부터 도출되는 원리이다. 영업주가 고용한 종업원 등이 그 업무와 관련하여 위반행위를 한 경우에, 그와 같은 종업원 등의 범죄행위에 대

해 영업주가 비난받을 만한 행위가 있었는지 여부와는 전혀 관계없이 종업원 등의 범죄행위가 있으면 자동적으로 영업주도 처벌하도록 규정한 것은 아무런 비난받을 만한 행위를 한 바 없는 자에 대해서까지, 다른 사람의 범죄행위를 이유로 처벌하는 것으로서 형벌에 관한 책임주의에 반하므로 헌법에 위반된다(2009. 7. 30. 2008헌가10).

[2] 오늘날 법인의 반사회적 법익침해활동에 대하여 법인 자체에 직접적인 제재를 가할 필요성이 강하다 하더라도, 입법자가 일단 '형벌'을 선택한 이상, 형벌에 관한 헌법상 원칙, 즉 법치주의와 죄형법정주의로부터 도출되는 책임주의원칙이 준수되어야 한다. 법인이 고용한 종업원 등이 업무에 관하여 범죄행위를 저지른 사실이 인정되면, 법인이 그와 같은 종업원 등의 범죄에 대해 어떠한 잘못이 있는지를 전혀 묻지 않고 곧바로 그 종업원 등을 고용한 법인에게도 벌금형을 과하도록 규정한 것은 법인이 종업원 등의 위반행위와 관련하여 선임·감독상의 주의의무를 다하여 아무런 잘못이 없는 경우까지도 법인에게 형벌을 부과될 수밖에 없게 되어 책임주의원칙에 반하므로 헌법에 위반된다(2009. 7. 30. 2008헌가14; 같은 취지로 2013. 6. 27. 2013헌가10; 2013. 11. 28. 2013헌가25; 2014. 11. 27. 2014헌가14; 2015. 2. 26. 2013헌마789등).

2. 적법절차원칙

(1) 학 설

헌법은 신체의 자유에 대한 제한의 단계에서 법률유보원칙과 함께 적법절차원칙을 요구하고 있다. 적법절차원칙은 미국법의 대원칙으로 대륙법계를 따르는 우리 법체계에서 이질적인 원칙이기 때문에 '체계정합적인 해석'이 요구된다. 적법절차원칙에 대해서는 대체로 적용범위가 논란이 되는데 ① 적법절차조항은 처벌·보안처분·강제노역과 영장발부에 대해서만 제한적으로 적용된다고 보는 **제한적 열거설**과 ② 본인에게 신체적·정신적 또는 재산상 불이익이 되는 모든 제재에 대해서 적용되어야 한다고 보는 **예시설**로 구분된다.

조금 더 구체적으로 살펴보면 ① 철저한 인권의 보장이라는 관점에서 예시설이 적절하다고 하면서 특히 행정절차에도 적용되어야 한다고 보는 견해,[73] ② 본인에게 신체적·정신적 그리고 재산상 불이익이 되는 일체의 제재에 적용되어야 한다고 하면서 입법·집행·사법 등 모든 국가작용에 적용되는 헌법원리로 보는 견해,[74] ③ 미국과 같이 모든 기본권조항에 확대적용하기는 어렵지만 행정절차에는 적용된다고 보는 견해,[75] ④ 적법절차는 법치주의의 미국식 표현으로 그 내용에는 절차적 보장뿐만 아니라 실체적 요청까지도 포함되기 때문에 신체의 자유에 대한 절차적 보장에 한정시킬 필요가 없다는 견해,[76] ⑤ '절차적 차원의 적정성'과 '실체적 차원의 적정성'을 모두 요구하고 있다고 하면서 형사처벌이 아닌 행정상의 불이익처분의 경우에도 적용된다고 보는 견해,[77] ⑥ 모든 기본권에

73) 계희열(중), 305면 이하.
74) 권영성, 425면.
75) 김철수, 647면 이하.
76) 장영수, 605면, 각주 34.
77) 허영, 371면 이하.

적용되고 형사절차뿐만 아니라 행정절차에도 적용된다고 보는 견해[78] 등이 있다.

(2) 판 례

헌법재판소에 따르면 "적법절차의 원칙은 독자적인 헌법원리의 하나로서 형식적인 절차뿐만 아니라 실체적인 법률내용이 합리성과 정당성을 갖춘 것이어야 한다는 실질적 의미를 포함하는 것이며 그 적용대상을 형사소송절차에 국한하지 않고, 모든 국가작용 특히 입법작용 전반에 대하여 문제된 법률의 실체적 내용이 합리성과 정당성을 갖추고 있는지 여부를 판단하는 기준으로도 적용된다"고 한다.[79] 따라서 "국가작용으로서 기본권제한과 관련되든 관련되지 않든 모든 입법작용 및 행정작용에도 광범위하게 적용된다"고 한다.[80]

이에 따르면 적법절차원칙은 첫째, 절차와 관련된 법률의 합리성과 정당성에 대한 요청으로 이해된다. 그렇다면 무엇보다도 절차와 관련된 모든 법규범, 즉 모든 절차법에 대해서는 적법절차원칙이 요구된다. ① 따라서 적어도 신체의 자유와 직접적으로 관련이 있는 형사소송절차를 규율하는 법규범에 적법절차원칙이 적용되어야 하므로 절차의 적법성뿐만 아니라 적정성까지 보장되어야 한다.[81] 이러한 절차에는 형벌이 아닌 보안처분과 같은 수용처분절차[82]와 형사소송에서 형사소추를 위한 검사와 수사기관의 수사절차[83]도 포함된다. ② 또한 신체의 자유와 직접적으로 관련이 있는 행정절차를 규율하는 법규범에도 적법절차원칙이 적용된다. ③ 그 밖에도 헌법재판소는 신체의 자유와 직접적으로 관련이 없는 절차를 규율하는 법규범에 대해서도 적법절차원칙을 적용한다. 예를 들어 직업의 자유를 제한하는 징계절차,[84] 공무담임권을 제한하는 징계절차,[85] 재산권을 제한하는 재판절차[86]에도 적법절차원칙이 적용된다. 따라서 신체의 자유와 관련이 없는 재판절차가 문제된 경우에는 원칙적으로 재판청구권이 인용되어야 함에도 불구하고 사실상 적법절차원칙이 적용된다.[87] 또한 같은 맥락에서 파산절차에도 적법절차원칙이 적용된다.[88] ④ 심지어 재판절차나 행정절차가 아닌 지방자치단체의 주민투표에 관한 입법절차에 대해서도 적법절차원칙이 적용된다.[89] ⑤ 하지만 탄핵소추절차와 같이

78) 홍성방(중), 107면.
79) 헌재 1989. 9. 8. 88헌가6; 1990. 11. 19. 90헌가48; 1992. 12. 24. 92헌가8; 1993. 12. 23. 93헌가2; 1997. 3. 7. 96헌가11; 1997. 11. 27. 92헌바28; 2001. 3. 15. 2001헌가1등.
80) 헌재 1992. 12. 24. 92헌가8.
81) 헌재 1993. 7. 29. 90헌바35.
82) 헌재 1989. 7. 14. 88헌가5등; 1991. 4. 1. 89헌마17등.
83) 헌재 1992. 11. 12. 91헌마146.
84) 헌재 1990. 11. 19. 90헌가48(변호사업무정지명령제도); 1994. 7. 29. 93헌가3(공소제기된 교원의 필요적 직위해제).
85) 헌재 1998. 4. 30. 96헌마7(선고유예를 받은 경찰공무원의 당연퇴직제).
86) 헌재 1994. 6. 30. 93헌바9; 1995. 9. 28. 94헌바23.
87) 헌재 1998. 5. 28. 96헌바4; 2003. 10. 30. 2002헌마275.
88) 헌재 2001. 3. 15. 2001헌가1등.
89) 헌재 1994. 12. 29. 94헌마201(충주시와 중원군의 통합); 1995. 3. 23. 94헌마175(포항시와 영일군의 통합).

국민과 국가의 관계가 아니라 국가기관 상호간의 관계가 문제되는 경우에는 적법절차가 적용되지 않는다고 한다.[90] 그런데 이러한 견해는 기본권과 관련되지 않는 경우에도 적법절차원칙이 적용될 수 있다고 본 종래의 견해와 부합하지 않는다.

둘째, 헌법재판소의 이해에 따르면 적법절차원칙은 절차와 관련된 법률을 포함하여 기본권을 제한하는 모든 법규범, 즉 모든 **실체법의 형식과 내용에 있어서 합리성과 정당성**을 요구하기까지 한다. 예를 들어 적법절차원칙은 형벌을 규정한 실체법의 합리성과 정당성을 평가하는 중요한 기준인 명확성원칙[91]이나 과잉금지원칙[92]의 근거로, 또는 조세법률주의를 "실질적 적법절차가 지배하는 법치주의"로 이해하여 조세를 규정한 실체법의 합리성과 정당성을 평가하는 과잉금지원칙[93]의 근거로 인용된다. 그러나 이렇게 이해하면 적법절차원칙은 모든 국가작용을 지배하는 독자적인 헌법적 기본원리로서의 지위를 갖게 되지만 헌법 제37조 제2항의 일반적 법률유보조항의 해석상 요구되는 기본권제한법률의 정당성요건들과 개념상 중복될 수도 있다. 이것은 기본권을 제한하는 법률의 정당성을 판단할 때 항상 적법절차원칙이 적용되어야 한다는 것을 의미하지만 실제적으로는 기본권제한의 정당화에 필요한 다른 원칙들에 따라 판단됨으로써 적법절차원칙은 아무런 역할도 못한 채 **불필요하게 중복적으로 인용**되는 결과를 초래할 수도 있다.

[판례] 적법절차의 적용범위

1. 신체의 자유를 제한하는 형사소송절차(=수사절차 + 재판절차)

[1] 재범의 위험성 유무와 상관없이 전과나 감호처분을 선고받은 사실 등 법정의 요건에 해당하면 **필요적 보호감호제도**를 규정한 사회보호법 조항은 재범의 위험성에 대한 법관의 판단재량을 박탈하여 적법절차에 위반된다(1989. 7. 14. 88헌가5등).

[2] 피보호청구인에 대한 **재범의 위험성의 판단**은 결국 법원에 의한 사후의 예측 · 판단작용인 이상 절차상 감호사건과 피고사건을 병합하여 심리하는 경우에 그 예측 · 판단의 시점이 **피고사건의 심리종결시점**으로 된다해도 보호처분의 관리와 집행에 관한 사회보호위원회가 설치되어 가출소 또는 보호감호의 면제가 가능하여 적법절차조항에 위배되지 않는다(1991. 4. 1. 89헌마17등).

[3] 반국가행위자의처벌에관한특별조치법 제11조 제1항에서 피고인이 체포되거나 임의로 검사에게 출석하지 아니하면 상소를 할 수 없도록 제한한 것과 동법 제13조 제1항에서 상소권회복청구의 길을 전면 봉쇄한 것은 **상소권을 본질적으로 박탈**하는 것이어서 적법절차주의에 반한다(1993. 7. 29. 90헌바35).

[4] 반국가행위자의처벌에관한특별조치법에서 중형에 해당되는 사건에 대하여 피고인에게 출석 기회조차 주지 아니하여 답변과 입증 및 반증 등 공격 · 방어의 기회를 부여하지 않고, 피고인에게 불출석에 대한 개인적 책임을 전혀 물을 수 없는 경우까지 **궐**

90) 헌재 2004. 5. 14. 2004헌나1.

91) 헌재 1992. 4. 28. 90헌바27등(공무원노동운동금지).

92) 헌재 1995. 3. 23. 92헌가14.

93) 헌재 1994. 6. 30. 93헌바9; 1995. 9. 28. 94헌바23; 1997. 7. 16. 96헌바36등; 1997. 12. 24. 96헌가19등; 1998. 2. 27. 95헌바5.

석재판을 행할 수 있다는 것은 절차의 내용이 심히 적정하지 못하여 적법절차의 원칙에 반한다. **피고인의 소환불응에 대하여 전재산 몰수**를 규정한 것은 행위책임의 법리를 넘어서 자의적이고 심정적인 처벌의 길은 열어 둠으로써 형벌체계상 정당성과 균형을 벗어나 적법절차 및 과잉금지의 원칙에 어긋난다(1996. 1. 25. 95헌가5).

[5] 청구인의 **기소유예처분**은 청구인에 대한 불리한 처분을 함에 있어서 청구인에 대하여 청문의 기회를 보장하지 않은 경우에 해당하는 것으로서 현저한 수사미진에서 기인하는 중대한 이유불비의 하자가 있어 그 처분에 이르기까지의 과정에서 적법절차를 위배한 자의적인 검찰권의 행사라고 할 것이다(1992. 11. 12. 91헌마146).

[6] **구속영장의 실효(失效) 여부를 검사의 의견에 좌우**되도록 규정한 형사소송법조항은 헌법상의 적법절차의 원칙에 위배된다(1992. 12. 24. 92헌가8).

[7] **보석허가결정에 대하여 검사의 즉시항고**를 허용하여 그 즉시항고에 대한 항고심의 재판이 확정될 때까지 그 집행이 정지되도록 한 형사소송법조항은 그 내용에 있어서 합리성과 정당성이 없으면서 피고인의 신체의 자유를 제한하는 것이므로 적법절차의 원칙에 반한다(1993. 12. 23. 93헌가2).

[8] **직접주의와 전문법칙(傳聞法則)의 예외**를 규정한 형사소송법 제314조는 그 내용에 있어 그 예외를 인정하여야 할 필요성이 있는 사유에 관하여 정당성이 있는 사유에 한정하였고, 그 필요성이 있는 경우도 합리적인 조건하에 적용되는 것으로 한정하여 그 적용범위를 합리적인 최소한도에 그치게 하였으므로 적법절차에 합치한다(1994. 4. 28. 93헌바26; 1998. 9. 30. 97헌바51).

[9] 형벌과 보호감호가 병과된 경우 **형을 먼저 집행한 후에 보호감호를 집행**하는 것은 재범의 위험성의 소멸정도에 따른 단계적인 사회복귀절차를 규정하고 있으므로 헌법 제12조 제1항의 신체의 자유 내지 적법절차의 원칙에 위반되지 않는다(1996. 11. 28. 95헌바20).

[10] 제1회 **공판기일전 증인신문제도**를 규정하면서 그에 대한 피고인피의자 또는 변호인의 참여 여부에 대한 판사의 재량사항으로 규정한 법률조항은 피고인들의 공격·방어권을 과다하게 제한하고 자유심증주의를 제한하는 것으로서 형사절차에서 피고인 등에게 당사자로서의 지위를 보장하고 있는 헌법상의 적법절차의 원칙 및 청구인의 공정한 재판을 받을 권리를 침해한다(1996. 12. 26. 94헌바1).

[11] 피고인의 소재를 확인할 수 없는 때 **피고인의 진술 없이 재판할 수 있도록 제1심 공판의 특례**를 규정한 조항은 자기에게 아무런 책임없는 사유로 출석하지 못한 피고인에 대하여 별다른 증거조사도 없이 곧바로 유죄판결을 선고할 수 있도록 한 것은 그 절차의 내용이 심히 적정치 못한 경우로서 헌법 제12조 제1항 후문의 적법절차원칙에 반한다(1998. 7. 16. 97헌바22).

[12] **보안관찰처분**을 다투는 행정소송에서는 다른 행정소송사건에서와는 달리 **집행정지나 가처분을 원천적, 일률적으로 봉쇄**하는 규정은 보안관찰처분의 적법여부를 다투는 소송절차의 내용을 형성함에 있어서 피보안관찰자의 기본권보장이 합리적 이유 없이 축소되도록 하였다는 점에서 그 내용이 합리성과 정당성을 갖춘 것이라고 볼 수 없어 적법절차원칙에 위배된다(2001. 4. 26. 98헌바79등).

[13] 검사가 법원의 증인으로 채택된 수감자를 그 증언에 이르기까지 **거의 매일 검사실로 하루 종일 소환**하여 피고인측 변호인이 접근하는 것을 차단하고, 검찰에서의 진술을 번복하는 증언을 하지 않도록 회유·압박하는 한편, 때로는 검사실에서 그에게 편의를 제공하기도 한 행위는 증인의 증언 전에 일방 당사자만이 증인과의 접촉을 독점하게 되어 상대방은 증인이 어떠한 내용을 증언할 것인지를 알 수 없어 그에 대한 방어

를 준비할 수 없게 되며 상대방이 가하는 예기치 못한 공격에 그대로 노출될 수밖에 없으므로 헌법이 규정한 적법절차의 원칙에도 반한다(2001. 8. 30. 99헌마496).

[14] **검사나 사법경찰관이 아닌 사법경찰리**에게 기계적 사무보조에 한정되지 않는 **수사의 보조**를 하도록 정하였다 하더라도 사법경찰리는 여전히 검사와 사법경찰관의 구체적 명령과 지휘하에서 수사를 '보조'함에 그치고 독자적 수사권이 없음은 물론 사건을 종결할 권한이 부여된 것은 아니다. 이와 같이 사법경찰리의 '수사의 보조'에 대한 근거를 마련하는 데 그치는 이 사건 법률조항이 적법절차원칙에 위배되는 등 그 자체에 위헌성이 내재되어 있다고 볼 수 없다(2001. 10. 25. 2001헌바9). → 수사절차에 관한 입법

[15] 수사단계에서 검사의 지휘, 감독을 받는 **경찰공무원의 증인적격**을 인정하여 검사가 경찰공무원을 증인으로 신문할 수 있도록 함으로써 재판의 한 당사자인 검사에게 증인자격을 인정하는 것과 같은 결과가 된다고 하더라도 수사기관으로서의 검사와 소추기관으로서의 검사는 그 법률상 지위가 다르므로 공판에 관여하는 소송당사자로서의 검사와 사법경찰관리를 지휘, 감독하는 수사 주재자로서의 검사를 동일하게 볼 수 없고, 실체 판단의 자료가 되는 경찰공무원의 증언내용은 공소사실과 관련된 주관적 '의견'이 아닌 경험에 의한 객관적 '사실'에 그치는 것이며, 또한 형사소송구조상 경찰공무원은 당사자가 아닌 제3자의 지위에 있을 뿐만 아니라 나아가 경찰공무원의 증언에 대하여 피고인 또는 변호인은 반대신문권을 보장받고 있다는 점에서 적법절차의 원칙에 반하지 않는다(2001. 11. 29. 2001헌바41).

[16] 법원의 **범죄인인도심사**를 서울고등법원의 전속관할로 하고 그 심사결정에 대한 불복절차를 인정하지 않는 것은 적법절차에서 요구되는 합리성과 정당성을 결여하지 않는다(2003. 1. 30. 2001헌바95).

[17] 공시송달에 의한 소환절차에 따라 피고인이 출석하지 않은 상태에서 그의 진술 없이 유죄판결을 하는 것을 허용하는 것은 적법절차에 위반되지 않는다(2005. 7. 21. 2005헌바21). → 판례 [11](1998. 7. 16. 97헌바22)에서 지적된 위헌요소를 제거하였으므로 합헌

[18] 공익의 대표자로서 준사법기관적 성격을 가지고 있는 검사에게만 치료감호 청구권한을 부여한 것은, 본질적으로 자유박탈적이고 침익적 처분인 치료감호와 관련하여 재판의 적정성 및 합리성을 기하기 위한 것이므로 적법절차원칙에 반하지 않는다.

2. 신체의 자유를 제한하는 행정절차

[1] 음주측정불응자에 대한 처벌을 통한 **음주측정의 강제**는 적법절차에 위반되지 않는다(1997. 3. 27. 96헌가11).

[2] 교도소 · 구치소의 수용자가 교정시설 외부로 나갈 경우 도주 방지를 위하여 해당 수용자의 발목에 전자장치를 부착하도록 하는 행위는 적법절차원칙에 위반되지 않는다(2018. 5. 31. 2016헌마191등).

3. 신체의 자유를 제외한 다른 기본권을 제한하는 절차(= 징계절차 + 행정절차)

[1] 공소제기된 변호사에 대하여 법무부장관의 일방적 명령에 의하여 변호사업무를 정지시키는 것(변호사업무정지명령제도)은 당해 변호사가 자기에게 유리한 사실을 진술하거나 필요한 증거를 제출할 수 있는 **청문의 기회**가 보장되지 아니하여 적법절차를 존중하지 아니한 것이 된다(1990. 11. 19. 90헌가48). → 직업의 자유를 제한하는 징계절차

[2] 형사사건으로 기소된 **교원을 직위해제**할 수 있도록 하는 법률조항은 직위해제처분이 실질상 징계처분의 일종인 정직과 비슷한 처분인데도 불구하고 징계절차에 있어서와

같은 **청문의 기회**가 보장되지 아니하여 당해 교원은 자기에게 유리한 사실을 진술하거나 필요한 증거를 제출할 방법조차 없는 것이니 그러한 의미에서 적법절차가 존중되고 있지 않다(1994. 7. 29. 93헌가3). → 직업의 자유를 제한하는 징계절차

[3] **관세법상 몰수할 것으로 인정되는 물품을 압수**한 경우에 있어서 범인이 당해관서에 출두하지 않거나 또는 범인이 도주하여 그 물품을 압수한 날로부터 4월을 경과한 때에는 당해 물품은 별도의 재판이나 처분 없이 **국고에 귀속**하도록 한 규정은 적법절차의 원칙과 무죄추정의 원칙에 위배된다(1997. 5. 29. 96헌가17). → 처벌(몰수형)로서 재산권을 제한하는 형사재판절차

[4] 자격정지 이상의 선고유예를 받고 그 **선고유예기간중에 있는 경찰공무원에 대하여 당연퇴직**을 규정하고 있는 경찰공무원법 조항은 적법절차의 원리를 위배하지 않는다(1998. 4. 30. 96헌마7). → 공무담임권을 제한하는 징계절차

[5] 퇴직연금의 지급정지 및 환수결정에 앞서 **청문절차**를 거치도록 직접 규정하지 않은 것은 적법절차의 원칙에 어긋나지 않는다(2000. 6. 29. 98헌바106). → 재산권을 제한하는 행정절차

[6] 법에서 규정된 기간내에 매매대금을 납부하지 아니하면 **예외없이 귀속재산 매매계약이 자동해제되도록** 한 규정은 적법절차에 위반된다(2000. 6. 1. 98헌가13). → 재산권을 제한하는 행정절차

[7] 간이과세 또는 과세특례 적용대상자가 일반과세에 관한 규정을 적용받기 위해서는 적용을 받고자 하는 달의 전달 20일까지 관할세무서장에게 신고하도록 규정한 구 부가가치세법상의 **포기신고기간**에 관한 조항은 자신의 의사에 따른 선택을 보장하여 절차적 차원에서 당사자인 납세의무자에게 자기의 입장과 의견을 자유로이 개진할 수 있는 기회를 법으로 보장하는 제도로서 적법절차에 위배되지 않는다(2001. 4. 26. 99헌바108). → 재산권을 제한하는 조세부과 절차

[8] 실용신안권의 등록료 납부기한을 1회 6개월간 유예할 뿐 등록료 미납시 **실용신안권을 소멸시키면서도 다른 사후적 구제수단을 두지 않은 법률조항**은 비록 법이 정하는 절차는 아니라고 하더라도 실용신안권의 등록과 동시에 반드시 교부하도록 되어 있는 실용신안등록증에는 등록료 납부의무와 그 불이행시 실용신안권의 소멸이라는 법적 효과를 고지하고 있고, 실용신안권 설정등록 후 처음으로 납부하게 되는 4년차분 등록료를 납부기간 내에 납부하지 않는 경우에는 미리 미납사실과 권리소멸을 예고하는 사전통지를 하는 등 행정실무상으로도 절차적인 면을 보완하고 있으므로 적법절차의 원칙에 어긋나지 않는다(2002. 4. 25. 2001헌마200). → 행정상의 불이익으로서 재산권을 제한하는 행정절차

[9] **공무원의 범죄행위를 연금급여의 제한사유**로 규정한 법률조항은 그에 해당하는 사유가 있으면 반드시 급여를 지급하지 않게 되어 있어 청문절차를 거치더라도 그 결과에 따라 급여제한의 내용이 달라질 가능성이 있는 것도 아니고, 급여제한에 관한 결정은 행정처분으로서 그 결정에 이의가 있는 수급자는 공무원연금급여재심위원회에 심사를 청구하고 행정소송을 제기하여 구제를 받을 수 있는 길이 열려 있으므로 급여의 제한조치에 앞서 청문절차를 거치도록 직접 규정하지 아니하였다고 하여 적법절차의 원칙에 어긋난다고 할 수는 없다(2002. 7. 18. 2000헌바57). → 퇴직급여를 환수하여 재산상의 불이익을 가하는 행정처분의 절차에 관한 입법의 미비

[10] 관계행정청이 등급분류를 받지 아니하거나 등급분류를 받은 게임물과 다른 내용의 게임물(불법게임물)을 발견한 경우에 관계공무원으로 하여금 이를 수거 · 폐기할 수 있도

록 하는 법률조항은 관계공무원이 당해 게임물 등을 수거한 때에는 그 소유자 또는 점유자에게 수거증을 교부하도록 하고 있고, 수거 등 처분을 하는 관계공무원이나 협회 또는 단체의 임·직원은 그 권한을 표시하는 증표를 지니고 관계인에게 이를 제시하도록 하는 등의 절차적 요건을 규정하고 있으므로 적법절차의 원칙에 위배되는 것으로 볼 수 없다(2002. 10. 31. 2000헌가12). → 재산권을 제한하는 행정상 즉시강제

[11] **청소년보호위원회가 신상 등의 공개를 결정**함에는 범행동기, 범행후의 정황 등을 고려하도록 하고 있고, 구체적인 절차 등에 관하여 필요한 사항을 대통령령으로 정하도록 하고 있다. 한편 청소년보호위원회는 최소한의 독립성과 중립성을 갖춘 기관이고 신상공개결정에 대해서는 행정소송을 통해 그 적법 여부를 다툴 기회가 보장되고 있으며, 이미 법관에 의한 재판을 거쳐 형이 확정된 이후에 신상공개가 결정된다. 그렇다면 신상공개제도는 법률이 정한 형식적 절차에 따라 이루어지며 그 절차의 내용도 합리성과 정당성을 갖춘 것이라고 볼 것이므로 절차적 적법절차원칙에 위반되지 않는다(2003. 6. 26. 2002헌가14). → 명예권과 사생활의 비밀에 관한 권리를 제한하는 행정절차

[12] **공정거래위원회**로 하여금 부당내부거래를 한 사업장에 대하여 그 매출액의 2%범위 내에서 **과징금**을 부과할 수 있도록 규정한 법률조항은 적법절차에 위반되지 않는다(2003. 7. 24. 2001헌가25). → 재산권을 제한하는 행정절차

[13] 부실경영주주의 주식을 3분의 2 이상 강제소각하도록 규정한 법률조항(**징벌적 주식소각제도**)은 정리계획을 인가하기 이전에는 부실경영주주가 정리계획안에 대한 의견을 진술할 수 있는 제도적 장치가 마련되어 있고, 부실경영주주의 주식을 소각하도록 한 정리계획인가결정이 있은 후에는 이에 대하여 이의가 있는 자는 즉시항고를 제기하여 구제를 받을 수 있는 길이 열려져 있으므로, 주식소각요건에 관한 사정절차나 당사자의 의견진술, 변명절차를 거치도록 규정하지 아니하였다고 하여 이 사건 소각조항이 적법절차의 원칙에 어긋난다고 할 수는 없다(2003. 12. 18. 2001헌바91등).

[14] **형사사건으로 기소된 국가공무원에 대한 직위해제처분**은 이러한 처분을 행함에 있어서 구체적이고도 명확한 사실의 적시가 요구되는 처분사유고지서를 반드시 교부하도록 하여 해당 공무원에게 방어의 준비 및 불복의 기회를 보장하고 임용권자의 판단에 신중함과 합리성을 담보하게 하고 있고, 직위해제처분을 받은 공무원은 사후적으로 소청이나 행정소송을 통하여 충분한 의견진술 및 자료제출의 기회를 보장받고 있으므로 적법절차원칙에 위배된다고 볼 수 없다(2006. 5. 25. 2004헌바12).

[15] 민간기업의 지정신청에 의하여 시·도지사가 일반지방산업단지를 지정하는 경우에는 고시의 방법을 통한 통지, 주민 및 관계전문가 등의 의견제출의 기회부여, 건설교통부장관의 지정승인을 위한 심의회의 심의 등이 보장되어 있음을 알 수 있고 또한 행정소송을 통한 사후심사도 보장되어 있으므로 이 사건 조항들은 적법절차원칙에 위배되지 아니한다(2007. 4. 26. 2006헌바10). → 재산권과 관련된 행정절차

[16] 택지개발예정지구를 지정함에 있어 당사자들에게 사전에 적절한 고지를 하고 의견제출의 기회를 부여하고 있으며 사후 불복의 기회도 주는 등 절차적인 투명성을 확보하면서 주민과 이해관계기관의 절차적 참여를 나름대로 보장해 주고 있으므로 구 택지개발촉진법 제3조의3 제1항 본문은 적법절차원칙에 위배되지 아니한다(2007. 10. 4. 2006헌바91). → 재산권과 관련된 행정절차

[17] 도시계획시설사업 자체에 있어서도 공공필요성 요건은 충족되고, 국토계획법상 이해관계인의 의견청취, 관계행정기관과의 협의 등 공공필요에 대한 판단을 할 수 있는

적절한 절차가 규정되어 있으므로 **도시계획시설 실시인가를 사업인정으로 의제하는** 구 국토계획법 제96조 제2항 본문은 적법절차원칙에 위반되지 않는다. … 토지수용위원회로 하여금 재결에 관한 사항을 관장하도록 한 것은 법률관계를 신속하게 확정하여 시간과 비용을 절약하도록 한 것이고, 심리에 있어서 토지수용위원회가 필요하다고 인정하는 경우에만 토지소유자 등이 출석하여 의견을 진술하도록 하였다고 해도 이해관계인은 열람기간 중에 관계서류를 열람하여 재결에 있어서 의견을 제시할 수 있으며, 수용재결에 대하여 행정소송을 제기할 수 있으므로 토지수용위원회의 관할 등에 관한 공익사업법상의 제 규정 및 **토지수용위원회의 심리에 있어서 이해관계인들의 출석에 의한 진술을 제한하는** 공익사업법 제32조 제2항은 적법절차에 위배되지 않는다(2007. 11. 29. 2006헌바79). → 재산권과 관련된 행정절차

[18] 송·수신이 완료된 전기통신에 대한 압수·수색 사실을 수사대상이 된 가입자에게만 통지하도록 하고, 그 상대방에 대하여는 통지하지 않도록 한 심판대상조항은 적법절차원칙에 위배되지 않는다(2018. 4. 26. 2014헌마1178). → 개인정보자기결정권과 관련된 행정절차

[19] 수사가 장기간 진행되거나 기소중지결정이 있는 경우에는 정보주체에게 위치정보 추적자료 제공사실을 통지할 의무를 규정하지 아니하고, 그 밖의 경우에 제공사실을 통지받더라도 그 제공사유가 통지되지 아니하며, 수사목적을 달성한 이후 해당 자료가 파기되었는지 여부도 확인할 수 없게 한 것은 적법절차원칙에 위반된다(2018. 6. 28. 2012헌마191등). → 개인정보자기결정권과 관련된 행정절차

[20] 연락운송 운임수입의 배분에 관한 협의가 성립하지 아니한 때에는 당사자의 신청을 받아 국토교통부장관이 결정하도록 한 법률조항은 적법절차원칙에 위배되지 않는다(2019. 6. 28. 2017헌바135). → 직업수행의 자유와 관련된 행정절차

[21] 의견제출 기한 내에 감경된 과태료를 자진납부한 경우 해당 질서위반행위에 대한 과태료 부과 및 징수절차는 종료한다고 규정한 법률조항은 적법절차원칙을 위반하지 않는다(2019. 12. 27. 2017헌바413). → 재산권과 관련된 행정절차

[22] 개성공단 전면중단 조치를 하는 과정에서 국무회의 심의, 이해관계자에 대한 의견청취절차 등을 거치지 않았더라도 적법절차원칙을 위반한 것은 아니다(2022. 1. 27. 2016헌마364). → 영업의 자유 및 재산권과 관련된 행정절차

[23] 수사기관 등이 전기통신사업자에게 이용자의 성명 등 통신자료의 제공을 요청하여 취득하는 과정에서 통신자료의 정보주체인 이용자에게는 통신자료 제공요청이 있었다는 점이 사전에 고지되지 아니하며, 전기통신사업자가 수사기관 등에게 통신자료를 제공한 경우에도 이러한 사실이 이용자에게 별도로 통지되지 않는 것은 적법절차원칙에 위배된다(2022. 7. 21. 2016헌마388등). → 통신의 비밀과 관련된 행정절차

4. 신체의 자유와 관련이 없는 재판절차

[1] 통고처분은 상대방의 임의의 승복을 그 발효요건으로 하기 때문에 그 자체만으로 통고이행을 강제하거나 상대방에게 아무런 권리의무를 형성하지 않으므로 통고처분을 행정심판이나 행정소송의 대상에서 제외한 관세법 조항은 적법절차에 위배되지 않는다(1998. 5. 28. 96헌바4). → 행정절차나 재판절차(재판청구권)

[2] 도로교통법상의 통고처분은 행정기관인 경찰서장의 처분으로 당사자에게는 정식재판의 절차가 보장되어 있고, 위반행위에 대한 제재를 신속·간편하게 종결할 수 있게 하며, 행정공무원에 의한 전문적이고 신속한 사건처리를 가능하게 하고, 검찰 및 법원의 과중한 업무를 덜어주며, 형벌의 비범죄화 정신에 접근하는 제도로서 적법절차

원칙에 위배되지 않는다(2003. 10. 30. 2002헌마275). → 행정절차나 재판절차

[3] 채권자의 1인인 예금보험공사(예보)측을 파산관재인으로 선임하도록 하고, 예보가 파산관재인일 경우 감독권을 배제하였다고 하더라도 입법목적과 그 실현수단의 적정성, 부보금융기관과 관련한 예보의 법적 지위와 전문성, 공적 지위 등을 고려할 때 합리성과 정당성을 갖춘 것이어서 적법절차의 원칙에 위배되지 않는다(2001. 3. 15. 2001헌가1등). → 파산절차의 정당성

[4] **배우자의 중대 선거범죄를 이유로 후보자의 당선을 무효로 하는 것**은 후보자책임의 법적 구조의 특징, 배우자에게 재판절차라는 완비된 절차적 보장이 주어진다는 점, 당선무효라는 효과를 발생시킴에 있어 후보자에게 변명·방어의 기회를 따로 부여하는 절차를 마련할 경우 나타날 수 있는 문제점 등을 종합하면 후보자에 대하여 그러한 절차를 따로 마련하지 않았다는 점만으로 적법절차원칙에 어긋난다고 볼 수 없다(2005. 12. 22. 2005헌마19).

[5] 정리계획 변경안이 부결되면 정리회사는 파산절차로 이행되기 쉬워 정리회사 갱생의 목적을 달성할 수 없는 점, 이해관계인의 경제적 손실은 회사정리절차에 필연적으로 수반되는 것으로서 정리계획 변경은 이미 정리계획에 의하여 결정된 손실의 내용을 일부 변경하는 것에 불과한 점, 정리계획에 동의하였다가 정리계획 변경을 위한 관계인집회에 출석하지 않은 이해관계인의 동의의사를 간주하지 않게 되면, 정리계획 변경을 위한 결의정족수를 채우기 어렵고 이해관계인들의 진정한 의사에 부합하지 않게 될 가능성도 있는 점, 이해관계인으로 하여금 관계인집회에 출석하여 정리계획 변경의 필요성과 내용을 정확하게 파악하고 정리계획의 변경에 대한 동의 여부를 결정하도록 제한할 필요가 있는 점, 이해관계인 본인이 출석하기 어려운 경우에는 대리인을 출석시킬 수 있는 점, 정리계획 변경절차는 획일적·집단적으로 처리할 필요가 있는 점 등에 비추어 보면, 이 사건 법률조항(종전 정리계획에 동의한 자가 변경계획안의 결의를 하기 위한 관계인집회에 출석하지 아니한 경우 변경계획에 동의한 것으로 보도록 한 규정)은 **정리계획 변경을 위한 관계인집회의 결의나 정리계획 변경절차**를 현저하게 불공정하거나 부당하게 하는 규정이라고 보기 어려우므로, 헌법상 적법절차의 원칙에 어긋난다고 보기 어렵다(2008. 1. 17. 2006헌바38).

[6] **전자우편에 대한 압수수색 집행의 경우**에도 급속을 요하는 때에는 **사전통지를 생략**할 수 있도록 한 규정에 의하여 피의자 등이 압수수색 사실을 사전 통지받을 권리 및 이를 전제로 한 참여권을 일정 정도 제한받게 되기는 하지만, 그 제한은 '사전통지에 의하여 압수수색의 목적을 달성할 수 없는 예외적인 경우'로 한정되어 있고, 전자우편의 경우에도 사용자가 그 계정에서 탈퇴하거나 메일 내용을 삭제·수정함으로써 증거를 은닉·멸실시킬 가능성을 배제할 수 없으며, 준항고 제도나 위법수집증거의 증거능력 배제 규정 등 조항 적용의 남용을 적절히 통제할 수 있는 방법이 마련되어 있는 점, 반면에 이와 같은 제한을 통해 압수수색 제도가 전자우편에 대하여도 실효적으로 기능하도록 함으로써 실체적 진실 발견 및 범죄수사의 목적을 달성할 수 있도록 하여야 할 공익은 매우 크다고 할 수 있는 점 등을 종합해 보면, 이 사건 법률조항에 의하여 형성된 절차의 내용이 적법절차원칙에서 도출되는 절차적 요청을 무시하였다거나 비례의 원칙이나 과잉금지원칙을 위반하여 합리성과 정당성을 상실하였다고 볼 수 없다(2012. 12. 27. 2011헌바225).

[7] 특정 공무원범죄의 범인에 대한 추징판결을 범인 외의 자가 그 정황을 알면서 취득한 불법재산 및 그로부터 유래한 재산에 대하여 그 범인 외의 자를 상대로 집행할 수 있도록 규정한 법률조항은 추징판결을 집행하기에 앞서 제3자에게 통지하거나 의견을 진술할 기회를 부여하지 않는 합리적 이유가 있으므로 적법절차원칙에 위배되

지 않는다(2020. 2. 27. 2015헌가4).

5. 입법절차

[1] 지방자치단체의 폐치 · 분합에 관한 법률의 제정과정에서 주민투표실시는 임의규정으로 되어 있고 실시여부도 지방자치단체의 장의 재량사항으로 되어 있으며 아직 주민투표법이 제정되지도 않았다. 따라서 **지방자치단체의 폐치 · 분합을 규정한 법률의 제정과정**에서 주민투표를 실시하지 않았다고 하더라도 적법절차원칙을 위반하였다고 할 수 없다(1994. 12. 29. 94헌마201: 충주시와 중원군의 통합; 1995. 3. 23. 94헌마175: 포항시와 영일군의 통합).

[2] 세무대학을 폐지하는 **법률을 제정하는 과정**에서 별도의 **청문절차**를 거치지 않았다는 이유만으로 적법절차를 위반한 것은 아니다(2001. 2. 22. 99헌마613).

[3] **본회의** 의결안과 규정의 형식이나 체계가 다소 상이하다는 이유만으로 그 입법절차가 헌법상 적법절차의 원칙에 위배된다 할 수 없다(2009. 6. 25. 2007헌마451).

[4] 매월 1회 이상 정기적으로 지급하는 상여금 등 및 복리후생비의 일부를 최저임금에 산입하도록 한 최저임금법 조항의 입법과정에서 절차적 하자가 있다고 볼 수 없다(2021. 12. 23. 2018헌마629등).

6. 탄핵절차 국가기관이 국민과의 관계에서 공권력을 행사함에 있어서 준수해야 할 법원칙으로서 형성된 적법절차의 원칙을 **국가기관에 대하여 헌법을 수호하고자 하는 탄핵소추절차에는 직접 적용될 수 없고**, 그 외 달리 탄핵소추절차와 관련하여 피소추인에게 의견진술의 기회를 부여할 것을 요청하는 명문의 규정도 없으므로 국회의 탄핵소추절차가 적법절차원칙에 위배되었다는 주장은 이유 없다(2004. 5. 14. 2004헌나1).

7. 선거관리위원회의 의결절차 각급 선거관리위원회의 의결을 거쳐 행하는 사항에 대하여는 원칙적으로 **행정절차에 관한 규정이 적용되지 않는바**(행정절차법 제3조 제2항 제4호), 이는 권력분립의 원리와 선거관리위원회 의결절차의 합리성을 고려한 것으로 보인다. 또한 선거운동의 특성상 선거법 위반행위인지 여부와 그에 대한 조치는 가능하면 신속하게 결정되어야 할 뿐 아니라, 선거관리위원회법 제14조의2의 조치가 위반행위자에 대하여 종국적 법률효과를 발생시키는 것도 아니므로, 위반행위자에게 의견진술의 기회를 보장하는 것이 반드시 필요하거나 적절하다고 보기는 어렵다. 이와 같이 선거관리의 특성, 이 사건 조치가 규율하는 행위의 성격, 위 조치의 제재효과 및 기본권침해의 정도 등을 종합하여 볼 때, 청구인에게 위 조치 전에 의견진술의 기회를 부여하지 않은 것이 적법절차원칙에 어긋나서 청구인의 기본권을 침해한다고 볼 수 없다(2008. 1. 17. 2007헌마700).

8. 실체법의 합리성과 정당성

[1] 공무원의 노동운동을 금지하는 법률조항에서 **노동운동의 개념**은 적법절차나 죄형법정주의의 원칙에서 요구되는 보다 엄격한 의미의 명확성원칙에 의한 판단기준에도 위배된다고 할 수 없다(1992. 4. 28. 90헌바27등). → 명확성원칙의 근거

[2] 사용자가 **노동위원회의 확정되지 아니한 구제명령**을 이행하지 아니한 경우에 확정된 구제명령을 위반한 경우와 차별함이 없이 똑같이 2년 이하의 징역과 3,000만원 이하의 벌금이라는 형벌을 그 제재방법과 이행확보수단으로 선택함으로써 국민의 기본권 제한방법에 있어 형평을 심히 잃어 법률규정의 실제적 내용에 있어 그 합리성과 정당성을 더욱 결하였다고 할 것이므로 헌법상의 적법절차의 원리에 반한다(1995. 3. 23. 92헌가14). → 형벌의 정당성

[3] 오늘날의 법치주의는 국민의 권리의무에 관한 사항을 법률로써 정해야 한다는 형식적 법치주의에 그치는 것이 아니라 그 **법률의 목적과 내용 또한 기본권 보장의 헌법이념에 부합되어야 한다는 실질적 적법절차**를 요구하는 법치주의를 의미하며, 헌법 제38조, 제59조가 선언하는 조세법률주의도 이러한 실질적 적법절차가 지배하는 법치주의를 뜻한다고 할 것이다. 그러므로 비록 과세요건이 법률로 명확히 정해진 것일지라도 그것만으로 충분한 것이 아니고 조세법의 목적이나 내용이 기본권 보장의 헌법이념과 이를 뒷받침하는 헌법상 요구되는 제 원칙에 합치되어야 한다(1994. 6. 30. 93헌바9; 1995. 9. 28. 94헌바23; 1997. 7. 16. 96헌바36등; 1997. 12. 24. 96헌가19등; 1998. 2. 27. 95헌바5). → 실질적 법치주의와 조세법률주의

[4] **음주측정불응자에 대한 처벌**은 적법절차에 위반되지 않는다(1997. 3. 27. 96헌가11). → 처벌의 합리성과 정당성

[5] **지급거절될 것을 예견하고 수표를 발행**한 사람이 그 수표의 지급제시기일에 수표금이 지급되지 아니하게 한 경우 수표의 발행인을 처벌하도록 규정한 법률조항은 실질적 죄형법정주의나 적법절차조항에 위배되지 않는다(2001. 4. 26. 99헌가13). → 형벌의 정당성

[6] 대통령이 임명할 특별검사 1인에 대하여 그 후보자 2인의 추천권을 교섭단체를 구성하고 있는 두 야당의 합의로 행사하게 한 특별검사임명에 관한 법률조항은 합리성과 정당성을 잃은 입법으로 볼 수 없다(2019. 2. 28. 2017헌바196). → 법률내용의 합리성과 정당성

(3) 비판과 대안

헌법에 규정된 **적법절차원칙**은 신체의 자유와 관련된 절차의 보장으로 이해될 수 있다는 점에 대해서는 의문의 여지가 없다. 문제는 ① 적법절차원칙이 신체의 자유 외에 다른 기본권에도 적용될 수 있는지, 그리고 ② 형사사법절차 이외에 다른 절차에도 적용될 수 있는지 하는 점이다.

이미 설명했듯이 기본권과 관련된 절차의 보장을 요구할 수 있는 권리를 의미하는 절차권은 명시적 규정이 없이도 개별적 기본권에서 도출될 수 있다.[94] 따라서 기본권과 관련된 절차의 보장이 필요하다는 사실을 부인하지 않는 한 신체의 자유에서 규정된 절차의 보장에 관한 명시적 언급은 우선 **신체의 자유, 그리고 그에 관한 사법절차와 그에 준하는 행정절차**(예를 들어 행정상 즉시강제)에 **한정**되어야 한다. 즉 헌법의 명시적 문구대로 신체의 자유에 대한 제약과 직접적으로 관련이 있는 "체포 · 구속 · 압수 또는 수색"(제12조 제3항) 및 "처벌 · 보안처분 또는 강제노역"(동조 제1항 제2문 후단)에 대해서만 적용될 수 있다. 물론 처벌에는 자유형뿐만 아니라 재산형(벌금형 · 몰수형)이나 자격형(자격정지형 · 자격상실형)도 존재하기 때문에 재산권이나 공무담임권과 관련해서도 적법절차가 적용될 수 있는 가능성이 확인된다. 하지만 이 경우에도 형벌을 부과하는 형사사법절차와 관련되기 때문에 신체의 자유에 대한 제한을 동반할 수밖에 없다. 따라서 적법절차원칙의 적용을 신체의 자유 외의 다른 기본권으로 확대할 수 있다고 하더라도 그것은 **형사사법절차에 국한**되어야 한다. 헌법의 기본권체계 전체에 대한 체계정합적인 고려 없이 적법절차원칙의 의미를 그 이상으로 확대하는 것, 즉 신체의 자유와 관련이 없는 모든

94) 제2편 제1부 제2장 제2절 I. 2. (2) 2) B. 참조.

절차입법이나 심지어 절차와 전혀 관련이 없는 모든 입법으로 확대하는 것은 합리적이지 않은 해석으로 판단된다.

물론 적법절차원칙은 신체의 자유에 한정하여 적용하더라도 **개별적 기본권에서 절차권이 도출될 수 있다는 간접적인 근거, 그러나 매우 강력한 근거**로 인용될 수 있다는 점을 부인하는 것은 아니다. 특별히 신체의 자유와 관련하여 적법절차를 명시한 까닭은 헌법제정 당시에 헌법제정자가 역사적 경험으로부터 신체의 자유와 관련된 절차의 보장에 대한 긴박하고 중대한 필요성을 인식했기 때문이라고 생각된다. 같은 맥락에서 헌법재판소처럼 적법절차를 모든 법률의 합리성과 정당성에 대한 요청으로 이해하여 적법절차를 법치주의 안에 포함된 정의의 이념과 동일한 것으로 이해하는 입장에는 동의할 수 없다. 이러한 이해 역시 적법절차규정의 의미를 한국 헌법의 기본권체계 전체에 대한 체계정합적인 고려 없이 지나치게 확대해석하는 것이기 때문이다.

결국 헌법에 규정된 적법절차원칙은 원칙적으로 신체의 자유를 제한하는 형사사법절차(= 수사절차 + 재판절차)에 관련된 입법, 즉 **형사소송 관련 법규범과 그 집행절차에 한정**하여 적용되는 것이 헌법체계에 비추어 합리적이다. 다만 적법절차원칙을 적법절차에 관한 권리로 이해하여 일반적 절차권으로 이해할 수 있는 여지도 완전히 배제하기는 어렵다. 물론 이 경우에도 개별적 기본권에 포함된 절차권이 먼저 인용되어야 하고, 적법절차원칙에 포함된 일반적 절차권은 보충적으로만 인용될 수 있다.

제4항 정 당 화

Ⅰ. 형식적 정당화와 죄형법정주의

1. 명확성원칙과 형벌불소급원칙

신체의 자유를 제한하는 법률, 특히 '형벌'을 부과함으로써 신체의 자유를 제한하는 법률은 형식적 정당화의 측면에서 볼 때 **특별히 '명확성원칙'과 '소급입법금지원칙'이 엄격하게 요구**된다. 따라서 이러한 요청은 형벌과 관련된 죄형법정주의원칙으로 독립되어 독자적인 헌법원리로서 요구된다. 즉 헌법은 "누구든지 … 법률과 적법한 절차에 의하지 아니하고는 처벌, 보안처분 또는 강제노역을 받지 아니한다"(제12조 제1항 제2문 전단), 그리고 "모든 국민은 행위시의 법률에 의하여 범죄를 구성하지 아니하는 행위로 소추되지 아니하며"(제13조 제1항 전단)라고 규정하여 죄형법정주의원칙을 선언하고, 그로부터 파생되는 명확성원칙을 묵시적으로 포함하면서 소급입법금지원칙을 명시적인 헌법적 원칙으로 규정하고 있다.

우선 ① **죄형법정주의에서 파생되는 명확성원칙**에 따르면 누구나 처벌되는 행위가 무엇이고, 어떠한 처벌이 부과되는지를 예견할 수 있도록 범죄의 구성요건은 일의적이고 명확하게 규정되어야 한다.[95] 그리고 ② **형벌불소급원칙**에 따르면 범죄와 형벌에 관한 법규범은 행위 이전에 미리 제정되어 있어야 하고, 행위 이후에 제정되어 과거의 행위에 대해서 소급적으로 적용될 수 없다.[96] 형벌은 신체의 자유에 대한 제한을 의미하는 자유형뿐만 아니라 참정권에 대한 제한을 의미하는 명예형이나 재산권에 대한 제한을 의미하는 재산형도 가능하기 때문에 소급입법에 의한 참정권이나 재산권의 박탈도 명시적으로 금지하고 있다(제13조 제2항).

명확성원칙과 형벌불소급원칙을 핵심으로 하는 죄형법정주의원칙은 범죄와 형벌의 부과에서 법률형식을 요청한다는 점에서 법률유보원칙과 공통된다. 하지만 죄형법정주의는 신체의 자유에 대한 제약의 한계로서 정당화의 단계에서 요청되는 반면에 법률유보원칙은 신체의 자유에 대한 제약의 근거로서 제한의 단계에서 요청되기 때문에 범죄와 형벌의 부과에서 법률형식의 요청이 반드시 신체의 자유에 대한 '실체적 보장'으로 이해될 수는 없다.

[판례] 죄형법정주의상의 명확성원칙과 형벌불소급원칙

명확성원칙 및 불소급원칙과 관련된 판례는 제1편 제2부 제4장 제2절 V. 1. (2)에 수록된 판례를 참조.

2. 일사부재리원칙과 연좌제금지원칙

모든 국민은 동일한 범죄에 대해서 거듭 처벌받지 않는다(제13조 제1항 후단). 또한 모든 국민은 자기의 행위가 아닌 친족의 행위로 인하여 불이익한 처우를 받지 않는다(제13조 제3항). 전자를 '일사부재리원칙(이중처벌금지원칙)'으로, 후자는 '연좌제금지원칙'으로 부른다. 일사부재리원칙과 연좌제금지원칙은 명시적으로 금지된 제약행위로서 구성요건의 단계에서 설명하는 것이 적절하지만 죄형법정주의의 중요한 부분원칙이기 때문에 여기서 설명하기로 한다.

일사부재리원칙의 경우에 신체의 자유를 포함한 여러 가지 기본권을 제한하는 형벌에 관한 입법자의 권한에 명확한 한계를 긋는 원칙으로 이해된다. 헌법재판소도 "이 원칙은 한 번 판결이 확정되면 동일한 사건에 대해서는 다시 심판할 수 없다는 … **국가형벌권의 기속원리**로 헌법상 선언된 것으로서 동일한 범죄행위에 대하여 국가가 형벌권을 거듭 행사할 수 없도록 함으로써 국민의 기본권, 특히 신체의 자유를 보장하기 위한 것"으로 이해한다.[97] 따라서 헌법 제13조 제1항에서 말하는 '처벌'은 원칙적으로 범죄에 대한 **국가의 형벌권 실행으로서의 과벌**을 의미하고, 국가가 행하는 일체의 제재나 불이익처분을 모두 그 '처벌'에 포함시킬 수는 없다고 본 것은 타당하다. 따라서 형벌과 함께 병과되는 보안처분, 과태료, 과징금, 추징금 등은 이중처벌에 해당하지 않는다(아래

95) 명확성원칙에 대한 자세한 설명은 제1편 제2부 제4장 제2절 V. 1. (2) 1) 참조.

96) 불소급원칙에 대한 자세한 설명은 제1편 제2부 제4장 제2절 V. 1. (2) 2) 참조.

97) 헌재 1994. 6. 30. 92헌바38.

[판례] 참조). 한편 이중처벌금지의 원칙은 **처벌 또는 제재가 '동일한 행위'를 대상으로 부과될 때에 적용**될 수 있고, 해당 행위의 동일성에 대한 판단은 기본적 사실관계가 동일한지 여부에 따라 결정된다.

[판례] 일사부재리(이중처벌금지)원칙

[1] 보호감호와 형벌은 다같이 신체의 자유를 박탈하는 수용처분이라는 점에서 서로 유사한 점이 있기는 하나 **보호감호처분**은 재범의 위험성이 있고 특수한 교육개선 및 치료가 필요하다고 인정되는 자에 대하여 사회복귀를 촉진하고 사회를 보호하기 위하여 헌법 제12조 제1항을 근거로 한 **보안처분으로서 그 본질과 추구하는 목적 및 기능에 있어 형벌과는 다른 독자적 의의**를 가진 사회보호적인 처분이므로 형벌과 보호감호를 서로 병과하여 선고한다고 해서 그것이 헌법 제13조 제1항 후단의 일사부재리의 원칙(거듭처벌금지의 원칙)에 위반된다고 할 수 없다(2001. 3. 21. 99헌바7; 1989. 7. 14. 88헌가5등; 1991. 4. 1. 89헌마17등; 1996. 11. 28. 95헌바20).

[2] **보안처분**은 그 본질, 추구하는 목적 및 기능에 있어 형벌과는 다른 독자적 의의를 가진 사회보호적인 처분이므로 형벌과 보안처분은 서로 병과하여 선고한다고 해서 그것이 헌법 제13조 제1항 후단 소정의 거듭처벌금지원칙에 해당되지 아니하므로, **보안관찰법상의 보안관찰처분** 역시 그 본질이 헌법 제12조 제1항에 근거한 보안처분인 이상, 형의 집행종료후 별도로 이 법상의 보안관찰처분을 명할 수 있다고 하여 헌법 제13조 제1항이 규정한 일사부재리의 원칙에 위반하였다고 할 수 없다(1997. 11. 27. 92헌바28).

[3] 형법 제35조 제1항이 **누범을 가중처벌**하는 것은 전범에 대하여 형벌을 받았음에도 다시 범행을 하였다는 데 있는 것이지, 전범에 대하여 처벌을 받았음에도 다시 범행을 하는 경우에는 전범도 후범과 일괄하여 다시 처벌한다는 것은 아님이 명백하므로, 누범에 대하여 형을 가중하는 것이 헌법상의 일사부재리의 원칙에 위배하여 피고인의 기본권을 침해하는 것으로 볼 수 없다(1995. 2. 23. 93헌바43).

[4] 누범에 대하여 형을 가중하는 근거는 전범에 대한 형벌의 경고기능을 무시하고 다시 범죄를 저지름으로써 범죄추진력이 새로이 강화되었기 때문에 행위책임이 가중된다는 점에 있는 바, '폭력행위등처벌에관한법률 제3조 제4항(폭력범죄로 2회 이상의 징역형을 받아 그 집행이 종료하거나 면제를 받은 후 3년 내에 다시 집단적 · 흉기휴대적 폭력범죄를 범한 경우에 누범가중을 하도록 한 조항)이 정하는 누범요건은 과실범간의 또는 과실범과 고의범간의 누범도 인정하는 형법상의 누범요건과는 달리 전범과 후범이 모두 고의범으로서 폭력범죄라는 관련성을 가질 것과 폭력범죄로 인한 2회 이상의 징역형을 요구하고 있다는 점에서 보다 엄격히 그 요건을 정하고 있다. 따라서 누범의 요건을 형식적인 전범과 후범의 존재 및 누범기간만을 정한 것에서 벗어나 전범과 후범 사이에 범죄행위의 실질적 관련성을 요구하고, 전판결의 경고기능을 실질화한 위 조항이 정한 누범요건은 형법상의 그것과 비교하여 더욱 책임원칙과 조화된다고 할 것이므로 일사부재리원칙이나 평등원칙에 위배된다고 볼 수 없다(2002. 10. 31. 2001헌바68).

[5] 절도죄의 **상습범을 가중처벌**하도록 규정한 조항이 처벌대상으로 삼고 있는 것은 이미 처벌받은 전범이 아니라 후범이며 상습성의 위험성 때문에 일반범죄와 달리 가중처벌함에 목적을 두고 있으므로 헌법 제13조 제1항 소정의 일사부재리의 원칙에 위배되지 않는다(1995. 3. 23. 93헌바59).

[6] 구 건축법 제54조 제1항에 의한 형사처벌의 대상이 되는 범죄의 구성요건은 당국의 허가 없이 건축행위 또는 건축물의 용도변경행위를 한 것이고, 동법 제56조의2 제1

항에 의한 과태료는 건축법령에 위반되는 위법건축물에 대한 시정명령을 받고도 건축주 등이 이를 시정하지 아니할 때 과하는 것이므로, 양자는 **처벌 내지 제재대상이 되는 기본적 사실관계로서의 행위를 달리**하는 것이다. 그리고 전자가 무허가건축행위를 한 건축주 등의 행위 자체를 위반한 것으로 보아 처벌하는 것인 데 대하여, 후자는 위법건축물의 방치를 막고자 행정청이 시정조치를 명하였음에도 건축주 등이 이를 이행하지 아니한 경우에 행정명령의 실효성을 확보하기 위하여 제재를 과하는 것이므로 양자는 그 **보호법익과 목적에서도 차이**가 있고, 또한 무허가건축행위에 대한 형사처벌에 위법건축물에 대한 시정명령의 위반행위까지 평가된다고 할 수 없으므로 시정명령 위반행위가 무허가건축행위의 불가벌적 사후행위라고 할 수도 없다. 이러한 점에 비추어 구 건축법 제54조의 제1항에 의한 **무허가건축행위에 대한 형사처벌**과 동법 제56조의2 제1항에 의한 **과태료의 부과**는 헌법 제13조 제1항이 금지하는 이중처벌에 해당한다고 할 수 없다(1994. 6. 30. 92헌바38).

[7] 공무원연금법 제64조 제3항에서 **재직중의 범죄행위를 급여의 제한사유**로 규정한 것은 이중적인 처벌에 해당하지 않는다(2002. 7. 18. 2000헌바57).

[8] 청소년의성보호에관한법률 제20조 제1항은 "청소년의 성을 사는 행위 등의 범죄방지를 위한 계도"가 **신상공개제도**의 주된 목적임을 명시하고 있는 바, 이 제도가 당사자에게 일종의 수치심과 불명예를 줄 수 있다고 하여도, 이는 어디까지나 신상공개제도가 추구하는 입법목적에 부수적인 것이지 주된 것은 아니다. 또한 공개되는 신상과 범죄사실은 이미 공개재판에서 확정된 유죄판결의 일부로서, 개인의 신상 내지 사생활에 관한 새로운 내용이 아니고, 공익목적을 위하여 이를 공개하는 과정에서 부수적으로 수치심 등이 발생된다고 하여 이것을 기존의 형벌 외에 **또 다른 형벌로서 수치형이나 명예형에 해당한다고 볼 수는 없다**. 그렇다면 신상공개제도는 헌법 제13조의 이중처벌금지 원칙에 위배되지 않는다(2003. 6. 26. 2002헌가14).

[9] 어떤 행정제재의 기능이 오로지 제재(및 이에 결된 억지)에 있다고 하여 이를 헌법 제13조 제1항에서 말하는 국가형벌권의 행사로서의 '처벌'에 해당한다고 할 수 없는 바, 구 독점규제및공정거래에관한법률 제24조의2에 의한 **부당내부거래에 대한 과징금**은 그 취지와 기능, 부과의 주체와 절차 등을 종합할 때 부당내부거래 억지라는 행정목적을 실현하기 위하여 그 위반행위에 대하여 제재를 가하는 **행정상의 제재금으로서의 기본적 성격에 부당이득환수적 요소**도 부가되어 있는 것이라 할 것이고, 이를 두고 제13조 제1항에서 금지하는 **국가형벌권 행사로서의 '처벌'에 해당한다고는 할 수 없으므로**, 공정거래법에서 형사처벌과 아울러 과징금의 병과를 예정하고 있더라도 이중처벌금지원칙에 위반된다고 볼 수 없다(2003. 7. 24. 2001헌가25).

[10] 일정액수의 **추징금**을 납부하지 않은 자에게 내리는 **출국금지의 행정처분**은 형벌이 아니라 형벌의 이행확보를 위하여 출국의 자유를 제한하는 행정조치의 성격을 지니므로 이중처벌금지원칙에 위배되지 않는다(2004. 10. 28. 2003헌가18).

[11] 구 의료법 제53조 제1항 제5호의 **의사면허정지제도**와 구 국민건강보험법 제85조 제2항의 **과징금부과제도**는 범죄에 대한 국가의 형벌권 실행으로서의 과벌에 해당한다고 할 수 없고, 양자는 제재대상이 되는 기본적 사실관계, 보호법익, 목적 및 처분대상을 달리하고, 또한 전자에 대한 제재 시에 후자에 대한 위반행위까지 이미 평가되었다고 할 수 없으므로 후자를 전자의 불가벌적 사후행위라고 할 수도 없다. 따라서 구 의료법 제53조 제1항 제5호에 의한 의사면허자격정지처분과 구 국민건강보험법 제85

조 제2항에 의한 과징금부과처분이 이중처벌에 해당한다고 할 수는 없다(2008. 7. 31. 2007헌바85).

[12] 교통사고로 인하여 범칙금을 납부하고 **개인택시운송사업면허 양도·양수인가를 받지 못하는 불이익**을 입게 되더라도 이러한 불이익은 국가의 형벌권실행으로서의 과벌이 아니므로 이중처벌금지원칙에 반하지 않는다(2008. 11. 27. 2006헌마688).

[13] 벌금형을 선고받는 자가 그 벌금을 납입하지 않은 때에 그 집행 방법의 변경으로 하게 되는 **노역장 유치**는 이미 형벌을 받은 사건에 대해 또다시 형을 부과하는 것이 아니라, 단순한 형벌집행방법의 변경에 불과한 것이므로 이중처벌금지의 원칙에 위반되지 않는다(2009. 3. 26. 2008헌바52).

[14] **운전면허 취소처분**은 형법상에 규정된 형(刑)이 아니고, 그 절차도 일반 형사소송절차와는 다를 뿐만 아니라, 주취중 운전금지라는 행정상 의무의 존재를 전제하면서 그 이행을 확보하기 위해 마련된 수단이라는 점에서 형벌과는 다른 목적과 기능을 가지고 있다고 할 것이므로, 운전면허 취소처분을 이중처벌금지원칙에서 말하는 "처벌"로 보기 어렵다. 따라서 주취중 운전금지규정을 2회 이상 위반한 사람이 다시 이를 위반한 때에는 운전면허를 필요적으로 취소하도록 한 것은 이중처벌금지원칙에 위반되지 않는다(2010. 3. 25. 2009헌바83).

[15] 일반 산림절도에 비해 가중처벌되고 있는 '장물 운반을 위해 차량을 사용한 산림절도' 행위에 대해 새로운 가중처벌 사유없이 **재차 가중처벌**하는 것은 아직 처벌받지 아니한 행위에 대해서 재차 그 형을 가중한 것으로 이중처벌에 해당한다고 볼 수 없다(2010. 4. 29. 2008헌바170).

[16] 이 사건 법률조항에 의한 매입세액 불공제 제도 및 부가가치세법 제22조 제1항 제1호 소정의 **가산세 제도**는 모두 사업자등록 제도의 실효성을 확보하기 위하여 세법상의 의무위반에 대하여 가하는 과세상의 제재일 뿐 헌법 제13조 제1항에서 말하는 형사상 처벌에 해당하지 않으므로 이 사건 법률조항이 이중처벌금지원칙을 위반하였다고 할 수 없다(2011. 3. 31. 2009헌바319).

[17] 사후적 경합범에 대하여 형을 선고하는 경우 임의적으로 그 형을 감면하도록 규정한 부분은 일사부재리원칙에 위반되지 않는다(헌재 2011. 5. 26. 2009헌바63등; 2013. 6. 27. 2012헌바345등; 2017. 7. 27. 2012헌바323; 2019. 2. 28. 2018헌바8; 2019. 7. 25. 2018헌바355; 2025. 6. 27. 2020헌바318).

[18] 성범죄를 저지른 사람에게 유죄판결을 선고하면서 성폭력 치료프로그램의 이수명령을 병과하도록 하는 것은 형벌과 본질적 차이가 있는 보안처분에 해당하므로, 동일한 범죄행위에 대하여 형벌과 병과되더라도 이중처벌금지원칙에 위배된다고 할 수 없다(2016. 12. 29. 2016헌바153).

[19] 이중처벌은 처벌 또는 제재가 동일한 행위를 대상으로 거듭 행해질 때 발생하는 문제로서, 하나의 형사재판절차에서 다루어진 사건을 대상으로 동시에 징역형과 자격정지형을 병과하는 것은 이중처벌금지원칙에 위반되지 아니한다(2018. 3. 29. 2016헌바361).

[20] 집행유예가 실효되는 경우에 부활되는 본형은 이미 판결이 확정된 동일한 사건에 대하여 다시 심판한 결과 새로이 부과되는 것이 아니라 집행유예에 본래부터 내재되어 있던 효과가 발생한 것에 불과하고 동일한 범죄행위에 대하여 국가가 형벌권을 거듭 행사하도록 하는 것이 아니므로, 이중처벌금지원칙은 문제되지 않는다(2020. 6. 25. 2019헌마192).

[21] '등록을 하지 아니하고 선불식 할부거래업을 하는 것'과 '미등록 선불식 할부거래업에 대한 시정조치 명령을 받고도 이에 응하지 아니한 것'은 구성요건을 달리하고 있으므로, 두 죄는 처벌대상이 되는 기본적 사실관계로서의 행위를 달리하여 이중처벌금지

원칙에 위배되지 않는다(2021. 5. 27. 2019헌바177).

[22] 동일한 거래에 관한 것인 경우에도 각 공급가액 등을 별도로 산정하여 합산하도록 하여 가중처벌하는 것은 이중처벌금지원칙에 위배되지 않는다(2022. 11. 24. 2019헌바350).

한편 연좌제금지원칙의 경우에는 반드시 형벌과 관련되지 않지만 형벌과 관련된 자기책임의 원칙을 확대하여 친족의 행위로 인한 일체의 불이익을 받는 것을 명시적으로 금지하고 있다. 이와 같은 연좌제금지원칙은 친족의 행위와 본인 간에 실질적으로 의미있는 아무런 관련성을 인정할 수 없음에도 불구하고 오로지 친족이라는 사유 그 자체만으로 불이익한 처우를 가하는 경우에만 적용된다는 것이 헌법재판소의 일관된 입장이다.[98]

[판례] 연좌제금지

[1] 헌법 제13조 제3항은 '친족의 행위와 본인 간에 실질적으로 의미 있는 아무런 관련성을 인정할 수 없음에도 불구하고 오로지 친족이라는 사유 그 자체만으로' 불이익한 처우를 가하는 경우에만 적용된다. 배우자는 후보자와 일상을 공유하는 자로서 선거에서는 후보자의 분신과도 같은 역할을 하게 되는바, 이 사건 법률조항은 배우자가 죄를 저질렀다는 이유만으로 후보자에게 불이익을 주는 것이 아니라, **후보자와 불가분의 선거운명공동체를 형성하여 활동**하게 마련인 배우자의 실질적 지위와 역할을 근거로 후보자에게 연대책임을 부여한 것이므로 연좌제에 해당하지 아니한다(2005. 12. 22. 2005헌마19).

[2] **2인 이상이 공동으로 문서를 작성**한 경우에 그 작성자는 당해 문서에 대한 **인지세를 연대하여 납부할 의무**가 있음을 규정한 인지세법 제1조 제2항은 과세문서의 공동작성자에게 인지세 연대납세의무를 지우는 것이고 자기의 행위가 아닌 행위에 대하여 납세의무를 부과하는 것이 아니므로, 헌법 제13조 제3항에 위반된다고 볼 수 없다(2007. 5. 31. 2006헌마1169).

[3] **회계책임자가 300만 원 이상의 벌금을 선고**받은 경우에 **후보자의 당선을 무효**로 하는 것은 원칙적으로 회계책임자가 친족이 아닌 이상 적어도 헌법 제13조 제3항의 규범적 실질내용에 위배될 수는 없다(2010. 3. 25. 2009헌마170).

[4] **배우자가 선거범죄로 300만 원 이상의 벌금형**을 선고받은 경우 그 선거구 **후보자의 당선을 무효**로 하는 것은 친족인 배우자의 행위와 본인 간에 실질적으로 의미 있는 아무런 관련성을 인정할 수 없음에도 불구하고 오로지 배우자라는 사유 그 자체만으로' 불이익한 처우를 가하는 것이 아니라, 후보자와 불가분의 선거운명공동체를 형성하여 활동하게 마련인 배우자의 실질적 지위와 역할을 근거로 후보자에게 연대책임을 부여한 것이므로, 헌법 제13조 제3항에서 금지하고 있는 연좌제에 해당하지 아니하고, 자기책임의 원칙에도 위배되지 아니한다(2011. 9. 29. 2010헌마68).

[5] 친일재산은 친일반민족행위자가 일본제국주의에 협력한 대가로 취득하거나 이를 상속받은 재산 또는 친일재산임을 알면서 유증·증여받은 재산을 말한다. 따라서 위와 같은 **친일재산**에 한정하여 **국가로 귀속**시키는 것은 '친족의 행위와 본인 간에 실질적으로 의미있는 아무런 관련성을 인정할 수 없음에도 불구하고 오로지 친족이라는 사

98) 헌재 2011. 3. 31. 2008헌바141등.

유 그 자체만으로' 불이익을 입는 경우에 해당하지 않는다(2011. 3. 31. 2008헌바141, 2009헌바14·19·36·247·352, 2010헌바91(병합)).

[6] 배우자가 언론인 및 사립학교 관계자의 직무와 관련하여 수수 금지 금품 등을 받은 사실을 안 경우 언론인 및 사립학교 관계자에게 신고의무를 부과하면서 미신고시 형벌 또는 과태료의 제재를 하도록 하는 것은 언론인 본인이나 사립학교 관계자와 경제적 이익 및 일상을 공유하는 긴밀한 관계에 있는 배우자가 언론인이나 사립학교 관계자의 직무와 관련하여 수수 금지 금품 등을 받은 행위는 사실상 사립학교 관계자나 언론인 본인이 수수한 것과 마찬가지라고 볼 수 있으므로 연좌제금지원칙에 위반되지 않는다(2016. 7. 28. 2015헌마236).

[7] 신상정보 공개 · 고지명령을 받은 성범죄자의 친족에 대하여 직접적으로 어떠한 처벌을 가하거나 불이익을 주는 제도라고 보기 어렵다. 따라서 심판대상조항이 *연좌제금지*원칙에 위배되는 것이라고 볼 수 없다(2016. 12. 29. 2015헌바196등).

[8] 선천적 복수국적자가 지닌 대한민국 국민으로서의 지위는 혈통에 의하여 출생과 동시에 국적법에 따라 자동적으로 취득하는 것으로, 복수국적의 선천적 취득과 이로 인한 국적이탈의 문제는 헌법상 연좌제금지원칙에서 규율하고자 하는 대상이라 볼 수 없다(2023. 2. 23. 2019헌바462).

[9] 각급 행정기관의 근로자가 가구원인 경우 해당 가구의 격리자를 코로나19 입원 · 격리자 생활지원비 지원제외 대상으로 정한 것은 행정기관 근로자를 가구원으로 둔 격리자가 행정기관 근로자와 생계를 같이하는 경제공동체를 형성하여, 격리조치를 이행하더라도 생계가 곤란하게 될 위험이 현저히 낮기 때문에 오로지 친족이라는 사유 그 자체만으로 불이익한 처우를 가하는 경우로 볼 수 없다(2024. 8. 29. 2021헌마450).

Ⅱ. 비례성원칙과 본질내용침해금지원칙

신체의 자유도 다른 기본권과 같이 원칙에 해당한다. 따라서 잠정적으로 보장된 신체의 자유의 구성요건이 확정적으로 보장받기 위해서는 **비례성원칙에 따른 합리적 형량**이 필요하다. 이것은 신체의 자유를 제한하는 다른 사람의 기본권이나 헌법적 법익 또는 공익과 이 자유의 균형을 실현함으로써 정당화하는 것을 의미한다. 그러므로 신체의 자유에 대한 제약은 다른 사람의 기본권이나 헌법적 법익 또는 입법목적으로 제시된 공익과 균형을 이룰 수 있는 범위 안에서는 정당화된다. 비례성원칙은 방어권의 경우에는 과잉금지원칙으로, 보호권과 절차권의 경우에는 과소금지원칙으로 구체화된다.

신체의 자유의 본질내용에 대해서는 **절대설**에 따르게 되면 비례성원칙과는 독립적인 원칙으로서 본질내용침해금지원칙에 따른 독자적인 심사가 신체의 자유에 대한 제약을 정당화하기 위해 필요하게 된다. 하지만 **상대설**에 따르게 되면 비례성원칙에 따른 심사로 신체의 자유의 제약을 위한 정당화는 충분하게 된다.

제5항 효 력

신체의 자유는 ① 국가에 대해서 효력(대국가적 효력)을 발생할 뿐만 아니라 ② 사인인 제3자, 즉 국민에 대해서도 효력(대사인적 효력)을 발생한다. 신체의 자유의 사인에 대한 효력은 기본권의 대사인적 효력의 이론구성에 따라 법관에게 기본권존중의무를 매개로 신체의 자유를 존중하는 재판을 요구함으로써 실현될 수 있다.

제5장 정신활동에 관한 기본권

제1절 서 설

Ⅰ. 정신적 기본권에 대한 체계적 해석의 필요성

헌법 제19조(양심의 자유), 제20조(종교의 자유), 제21조(표현의 자유), 제22조(학문·예술의 자유)는 모두 인간의 **정신활동**과 관련된 기본권을 보장한다. 이러한 정신적 기본권들은 전체를 종합적이고 체계적으로 이해할 필요가 있다. 왜냐하면 정신활동은 인간 내면의 활동으로서 개별적인 정신활동들이 서로 불가분의 관계를 맺기 때문이다. 게다가 어차피 인간의 모든 정신활동은 헌법적으로 보호되어야 하기 때문에 단순히 개별적 정신활동의 개념에 포섭되지 않는다는 이유로 헌법적 보호를 배제하는 것은 헌법의 목적에도 반하기 때문이다.

Ⅱ. 개별적 정신활동의 표지

정신활동은 '가치판단'과 관련된 활동이라는 데 특징이 있다. 따라서 그 기초가 되는 가치를 보편적으로 확인된 **가치의 범주**에 따라 유형화하고, 이를 바탕으로 개별적인 정신활동의 개념이 구분될 필요가 있다. 다시 말해 개별적 정신활동의 기초가 되는 가치범주의 유형에 따라 ① **양심은 선악**(善惡)에 관한 가치판단, 즉 **도덕적·윤리적 가치**에 근거하여 판단하는 정신활동이고, ② **종교는 성속**(聖俗)에 관한 가치판단, 즉 **초월적·형이상학적 가치**에 근거하여 판단하는 정신활동이며, ③ **학문은 진위**(眞僞)에 관한 가치판단, 즉 **과학적·논리적** 가치에 근거하여 판단하는 정신활동이고, ④ **예술은 미추**(美醜)에 관한 가치판단, 즉 **심미적·미학적 가치**에 근거하여 판단하는 정신활동이라는 점에서 구분된다.

Ⅲ. 개별적 정신활동의 공통점

개념적으로는 구분될 수 있는 개별적 정신활동은 ① **내면적 형성단계**, ② **외부적 표현단계**, ③ **실천적 행동단계**라는 세 단계로 구분될 수 있다는 점에서 공통점을 갖는다. 이런 맥락에서 **표현**(언론·출판·집회·결사)**의 자유**도 단순히 표현단계에 국한된 자유를 보장하는 것이 아니라 이러한 세 단계를 모두 다 보장하는 기본권으로 이해할 수 있다. 물론 나중에 설명하는 바와 같이 표현의 자유에는 행동의 자유가 포함되지 않는다.[1] 따

1) 제2편 제2부 제5장 제6절 제2항 Ⅱ. 참조.

라서 표현의 자유는 적어도 표현의 전제가 되는 의사(생각)형성과정을 포함시켜 이해한다면 정신활동과 관련된 **가장 일반적인 권리**로 이해할 수 있게 된다.

제 2 절 양심의 자유

제 1 항 헌법규정

우리 헌법 제19조는 양심의 자유를 규정하고 있다. 이러한 기본권규정이 의미하는 바는 양심의 자유에 관한 주관적 지위와 객관적 규범이다. 양심의 자유는 제헌헌법(제12조)에서부터 규정되었다. 다만 "신앙과 양심의 자유"로 결합되어 규정되었다가 1962년 헌법(제17조)에서부터 양심의 자유로 독립되었다.

[헌법 제19조]
모든 국민은 양심의 자유를 가진다.

제 2 항 구성요건

Ⅰ. 인적 구성요건(주체)

양심의 자유는 **인간의 권리**로 이해되기 때문에 이 기본권의 주체는 모든 인간이다. 따라서 국민뿐만 아니라 외국인도 양심의 자유의 주체가 될 수 있다. 양심의 자유는 성질상 자연인의 권리이기 때문에 법인은 그 주체가 될 수 없다.

Ⅱ. 보호법익

1. 양심활동

(1) 학 설

양심의 자유는 양심활동이라는 '행위'를 보호법익으로 한다. 이러한 양심활동의 의미 또는 양심의 개념에 대해서는 대체로 ① 양심의 개념을 넓게 이해하여 사상이 포함된다는 견해(사상포함설)와 ② 양심의 개념을 좁게 이해하여 사상이 포함되지 않는다는 견해(사상불포함설)로 구분된다.

첫째, **사상포함설**로는 ① 양심의 자유는 특수한 형태의 사상의 자유이고 양심은 사상의 내면화를 의미하여 사상이 포함된다는 견해,[2] ② 현행 헌법에서 사상의 자유가 보장되기 위해서는 양심에는 일련의 가치관 내지 일반적 신조까지 포함된다는 견해,[3] ③

2) 계희열(중), 333면.
3) 권영성, 481면 이하; 성낙인, 1106면(사상 개념의 축소).

헌법상 사상의 자유를 보장한 특별규정이 없어 양심과 사상을 일체로 보아야 한다는 견해[4]가 있다.

둘째, **사상불포함설**로는 ① 사상의 자유를 헌법 제37조 제1항의 열거되지 않은 기본권으로 파악하는 견해,[5] ② 양심은 동화되거나 변질될 수 있는 포용성향을 내포한 사상과는 달리 합의가 불가능하다는 견해,[6] ③ 사상의 자유의 헌법적 근거를 헌법 제10조, 제19조, 제20조 제1항, 제22조 제1항, 제37조 제1항으로 보는 견해[7] 등이 있다.

(2) 판 례

헌법재판소는 "양심이란 세계관 · 인생관 · 주의 · 신조 등은 물론 이에 이르지 아니하여도 보다 널리 개인의 인격형성에 관계되는 내심에 있어서의 가치적 · 윤리적 판단도 포함된다"고 하여 사상을 양심의 개념에 포함시키고, 양심의 핵심적 표지를 두 가지, 즉 ① 가치적 · 윤리적 판단, ② 개인의 인격형성에 대한 관련성으로 본다.[8] 따라서 "단순한 사실관계의 확인과 같이 가치적 · 윤리적 판단이 개입될 수 없는 경우"는 양심이 아니고, "법률해석에 관하여 여러 견해가 갈리는 경우처럼 다소의 가치관련성을 가진다고 하더라도 개인의 인격형성과는 관계가 없는 사사로운 사유나 의견 등"도 양심의 대상은 아니라고 한다.[9] 예를 들어 주민등록증 발급신청시에 지문날인을 할 것인지 여부의 결정은 윤리적 결정이 아니므로 양심과 관련이 없다.[10] 채무자에게 재산목록을 제출하고 그 진실함을 법관 앞에서 선서하는 것,[11] 그리고 군인이 민간법원에서 약식명령을 받아 확정된 사실을 자진신고하는 것도[12] 양심에 포함되지 않는다.

한편 헌법이 보호하는 양심을 "어떤 일의 옳고 그름을 판단함에 있어서 그렇게 행동하지 아니하고는 자신의 인격적인 존재가치가 허물어지고 말 것이라는 강력하고 진지한 마음의 소리"라고 정의하여 양심의 표지로 ③ 강력성과 진지성이 추가되기도 한다.[13] 더욱이 다른 판례에서는 ④ 절박성과 구체성의 표지를 추가하여 "절박하고 구체적인 양심"으로 양심의 범위를 더욱 축소시키고 있다.[14] 그리고 양심적 병역거부에 관한 판례[15]에서는 ⑤ "양심상의 심각한 갈등"이라는 요소가 추가된다. "양심상의 결정이

4) 김철수, 791면; 홍성방(중), 163면.
5) 장영수, 649면.
6) 허영, 417면.
7) 정종섭a, 551면.
8) 헌재 1991. 4. 1. 89헌마160(사죄광고); 1997. 3. 27. 96헌가11(음주측정); 1997. 11. 27. 92헌바28(보안관찰처분); 1998. 7. 16. 96헌바35(불고지죄); 2001. 8. 30. 99헌바92(의정활동보고).
9) 헌재 2002. 1. 31. 2001헌바43(공정거래법 위반사실의 공표).
10) 헌재 2005. 5. 26. 99헌마513(지문날인제도).
11) 헌재 2014. 9. 25. 2013헌마11.
12) 헌재 2021. 8. 31. 2020헌마12등.
13) 헌재 1997. 3. 27. 96헌가11; 2001. 8. 30. 99헌바92.
14) 헌재 2002. 4. 25. 98헌마425(준법서약서).
15) 헌재 2004. 8. 26. 2002헌가1(양심적 병역거부); 2008. 10. 30. 2006헌마1401(연말정산 소득공제증빙서류).

란 선과 악의 기준에 따른 모든 진지한 윤리적 결정으로서 구체적인 상황에서 개인이 이러한 결정을 자신을 결정하고 무조건적으로 따라야 하는 것으로 받아들이기 때문에 양심상의 심각한 갈등이 없이는 그에 반하여 행동할 수 없는 것을 말한다."

결론적으로 헌법재판소는 양심개념을 넓게 이해했던 과거의 견해를 변경하여 현재는 양심의 개념에 사상이 포함되지 않는다고 보는 견해에 따르는 것으로 보인다.

(3) 비판과 대안

정신활동을 체계적으로 이해했을 때 양심의 자유가 보호하는 양심활동은 선악(善惡)에 관한 가치판단, 즉 도덕적·윤리적 가치에 근거한 판단과 관련된 활동을 말한다. 이러한 의미의 가치판단을 포함하는 한에서 세계관적 확신으로 이해되는 **사상은 양심활동에 포함**된다. 여기서 세 가지 결론을 도출할 수 있다. ① 첫째, 이른바 '윤리적 양심설'이라고도 부르는 사상불포함설에 따라 양심을 좁게 보는 경우에도 사상 안에 포함된 도덕적·윤리적 판단은 양심에 해당될 수 있고, 또한 이른바 '사회적 양심설'이라고도 부르는 사상포함설에 따라 양심을 넓게 보는 경우에도 도덕적·윤리적 판단을 포함하지 않은 사상까지 양심에 해당될 수는 없다. ② 둘째, 양심은 합의가 불가능한 도덕적·윤리적 가치판단에 국한되는 것은 아니다. 실천이성의 관점에서 도덕적·윤리적 가치판단도 원칙적으로 합의가 가능한 영역에 속하기 때문이다. ③ 셋째, 기본권은 가능한 한 최대한 실현될 수 있도록 요청되므로 헌법재판소가 이해하는 것처럼 양심의 범위를 구성요건의 단계에서부터 "강력하고 진지한" 양심이나 "절박하고 구체적인" 또는 "심각한 갈등"이 요구되는 양심으로 한정할 필요는 없다고 생각된다. 왜냐하면 이러한 강력성과 진지성, 그리고 절박성과 구체성 및 심각한 갈등 여부에 대한 객관적 판단이 용이하지 않기 때문이다.

다른 정신활동과 마찬가지로 양심활동은 세 단계로 구성된다. 첫째, 양심이 **형성**되는 단계, 둘째, 양심을 **표현**하는 단계, 셋째, 양심을 행동으로 **실천**하는 단계가 그것이다. 양심활동은 이러한 세 단계에서 모두 보호된다.

2. 양심활동의 자유와 권리

(1) 양심활동의 자유

1) 학 설 양심의 자유에 포함되는 내용은 다양하게 분류된다. 대체로 양심을 내면적으로 형성하는 자유와 양심을 외부에 표현하거나 실현하는 자유로 구분한다. 견해에 따라서는 양심을 표현하거나 실현하는 자유를 소극적 자유와 적극적 자유로 구분하여 세분화하기도 한다.

[학설] 양심의 자유의 내용

• 계희열 〈(중), 334면 이하〉 【1】 양심의 형성의 자유, 【2】 양심의 활동의 자유[[1] 양심활동의 소극적 자유{ ㉠ 양심을 표명하도록 강제당하지 않을 자유, ㉡ 양심에 반하는 행동을

강제당하지 않을 자유}, [2] 양심활동의 적극적 자유(양심상의 결정을 표명하고 실현할 자유)].

• 권영성 〈483면 이하〉 【1】 양심결정(형성)의 자유, 【2】 침묵의 자유[[1] 양심추지의 금지, [2] 충성선서, [3] 양심에 반하는 행위의 강제금지], 【3】 양심상의 결정을 표명하거나 실현할 자유.

• 김철수 〈791면 이하〉 【1】 양심의 형성의 자유, 【2】 양심의 유지와 실현의 자유(침묵의 자유), 【3】 양심표현의 자유.

• 김하열a 〈426면 이하〉 【1】 양심형성의 자유, 【2】 양심실현의 자유[[1] 양심을 표명하고 양심의 명령을 실천할 수 있는 자유, [2] 양심을 드러낼지 말지를 결정할 자유, [3] 양심에 반하는 행동을 강요당하지 않을 자유]

• 성낙인 〈1107면 이하〉 【1】 양심형성(결정)의 자유, 【2】 양심유지의 자유(침묵의 자유), 【3】 양심의 표현(실현)의 자유.

• 장영수 〈650면 이하〉 【1】 양심형성(결정)의 자유, 【2】 침묵의 자유(양심추지의 금지), 【3】 양심실현의 자유(인정할 실익 없음).

• 정종섭a 〈554면 이하〉 【1】 양심형성의 자유, 【2】 양심활동의 자유[[1] 소극적 양심활동의 자유(양심을 지키는 자유){ ㉠ 양심을 표명하도록 강제당하지 않을 자유, ㉡ 양심에 반하는 행동을 강제당하지 않을 자유}, [2] 적극적 양심활동의 자유(양심실현의 자유)].

• 전광석 〈348면 이하〉 【1】 양심형성의 자유, 【2】 양심실현의 자유(침묵의 자유).

• 한수웅 〈710면 이하〉 【1】 양심형성의 자유(양심상의 문제에서 사고의 자유), 【2】 양심유지의 자유(양심표명의 자유), 【3】 양심실현의 자유.

• 허 영 〈419면 이하〉 【1】 양심형성 및 결정의 자유, 【2】 양심을 지키는 자유[[1] 양심을 언어나 행동으로 표명하도록 강제당하지 않는 자유, [2] 양심에 어긋나는 행동을 강요당하지 않는 자유], 【3】 양심실현의 자유.

• 홍성방 〈(중), 165면 이하〉 【1】 양심형성(결정)의 자유, 【2】 양심유지의 자유[[1] 양심을 언어나 행동으로 표명당하도록 강제당하지 않을 자유{ ㉠ 침묵의 자유, ㉡ 양심추지의 금지}, [2] 양심에 반하는 행동을 강제당하지 않을 자유].

2) 비판과 대안

A. 양심의 자유의 세 가지 내용 모든 국민은 양심활동에 해당하는 행위를 하거나 하지 않을 수 있는 결정의 자유라는 주관적 지위를 가진다. 이것은 양심활동에 해당하는 행위를 하거나 하지 않을 수 있도록 규범적으로 허용되어 있음을 뜻한다. 양심활동이 세 단계로 이루어지기 때문에 양심의 자유는 다음과 같이 세 가지 내용을 갖는다. ① 양심이 형성되는 단계에서 일정한 양심을 갖거나 갖지 않을 수 있는 자유(**양심결정의 자유**), ② 양심을 표현하는 단계에서 일정한 양심을 표현하거나 표현하지 않을 수 있는 자유(**양심표현의 자유**: 소극적 표현으로서 **침묵의 자유**를 포함), ③ 양심을 행동으로 실

천하는 단계에서 일정한 양심을 행동으로 실천하거나 하지 않을 수 있는 자유(양심실천의 자유)가 그것이다. 헌법재판소도 양심의 자유는 양심의 형성과 표현 및 행동에 관한 자유가 모두 포함된다고 본다(아래 [판례] 참조). 다만 헌법재판소에 따르면 자신의 자발적인 의사를 선전하거나 선동하는 행위처럼 양심을 표현하는 행위에 대한 제한의 경우에 양심을 형성하고 결정하는 자유를 직접적으로 제한하지 않으면 표현의 자유에 대한 제한으로 이해되어야 한다고 본다.[16]

[판례] 양심의 자유의 내용

양심의 자유는 크게 양심형성의 내부영역과 형성된 양심을 실현하는 외부영역으로 나누어 볼 수 있으므로, 그 구체적인 보장내용에 있어서도 내심의 자유인 **'양심형성의 자유'**와 양심적 결정을 외부로 표현하고 실현하는 **'양심실현의 자유'**로 구분된다. 양심형성의 자유란 외부로부터의 부당한 간섭이나 강제를 받지 않고 개인의 내심영역에서 양심을 형성하고 양심상의 결정을 내리는 자유를 말하고, 양심실현의 자유란 형성된 **양심을 외부로 표명하고 양심에 따라 삶을 형성할 자유**, 구체적으로는 양심을 표명하거나 또는 양심을 표명하도록 강요받지 아니할 자유(양심표명의 자유), 양심에 반하는 행동을 강요받지 아니할 자유(부작위에 의한 양심실현의 자유), 양심에 따른 행동을 할 자유(작위에 의한 양심실현의 자유)를 모두 포함한다(2004. 8. 26. 2002헌가1).

B. 양심실현의 자유에서 소극적 행위(부작위)의 자유와 적극적 행위(작위)의 자유의 구분 　양심실현의 자유, 즉 내면에서 형성되고 결정된 양심을 외부에 표현하거나 행동으로 실천하는 자유와 관련하여 소극적 행위의 자유와 적극적 행위의 자유를 구분하는 견해[17]가 있다. 소극적 양심활동의 자유는 형성된 양심을 표명하지 않거나 그에 따라 행동하지 않을 자유, 즉 부작위의 자유를 말한다고 하면서 여기에는 양심을 표명하도록 강제당하지 않을 자유(침묵의 자유와 양심추지금지)와 양심에 반하는 행동을 강제당하지 않을 자유가 포함된다고 한다. 한편 적극적 양심활동의 자유는 형성된 양심을 적극적으로 표명하고 그에 따라 행동할 자유, 즉 작위의 자유를 말한다고 한다. 양심의 자유의 내용에 원칙적으로 적극적 양심활동의 자유를 포함시키지 않으면서 침묵의 자유나 양심유지의 자유를 포함시키는 견해[18]도 소극적 행위의 자유와 적극적 행위의 자유를 구분한다는 점에서 유사한 견해에 속한다.

그러나 양심의 자유 가운데 양심표현이나 양심실천의 자유에서 단지 소극적 행위를 선택할 수 있는 자유만을 따로 떼어서 양심유지의 자유나 양심을 지키는 자유 또는 침묵의 자유로 인정하는 것은 문제가 있다. 자유의 본질은 소극적 행위(부작위)와 적극적 행위(작위) 가운데 하나(행위 여부)를 결정하는 데 있기 때문이다. 따라서 소극적

16) 헌재 2015. 4. 30. 2012헌바95등; 2025. 1. 23. 2019헌바317(테러방지법에 따른 테러단체 가입의 권유 및 선동 처벌 사건: 합헌).

17) 계희열(중), 335면 이하; 정종섭a, 555면 이하.

18) 권영성, 483면 이하; 김철수, 793면.

행위의 결정에 대해서 적극적 행위를 하도록 강제 · 명령하는 것도 자유에 대한 제한이지만 적극적 행위의 결정에 대해서 소극적 행위를 하도록 강제 · 금지하는 것도 자유에 대한 제한이다.

C. 양심실천의 자유가 양심의 자유에 포함되는지에 관한 논의 양심을 행동으로 실천할 수 있는 양심실천의 자유가 양심의 자유에 포함되는지에 대해서는 긍정설과 부정설이 대립한다.

첫째, **긍정설**로는 ① 흠결없는 권리보장을 위해서 양심의 실현의 자유도 보장되어야 한다는 견해,[19] ② 양심의 자유에 의해 보호되는 것이 내심영역에 국한된다면 양심의 자유를 특별히 헌법상의 기본권으로 보장한 것이 무의미해진다는 이유에서 양심실현의 자유도 포함된다고 보는 견해[20]가 있다.

둘째, **부정설**로는 ① 양심표명과 양심실현의 자유는 표현의 자유 또는 행동의 자유에 해당한다는 견해,[21] ② 양심의 실현은 다른 기본권에 의해 보호되는 영역과 중첩되어 양심실현의 자유를 인정하는 것은 항상 다른 기본권과 경합되기 때문에 양심실현의 자유를 별도로 인정하는 것은 실익이 없다는 견해,[22] ③ 헌법은 양심을 실현하는 여러 가지 기본권을 별도로 규정하고 있다는 점, 양심실현의 자유를 인정하면 다른 법익과 충돌할 수 있고 타인의 권리를 침해할 수도 있다는 점을 들어 포함되지 않는다고 보는 견해[23] 등이 있다.

결론적으로 양심실천의 자유가 양심의 자유에 포함되는지에 대해서 긍정설의 논거는 ① 헌법이 양심의 자유를 독자적 기본권으로 보장한 취지, 그리고 ② 흠결없는 권리보장으로, 부정설의 논거는 ① 양심표명이나 양심실현은 표현의 자유나 행동의 자유에 포함된다는 점, ② 양심실현의 자유가 포함되면 다른 법익과 충돌할 수 있고 타인의 권리를 침해할 수 있다는 점으로 정리된다.

부정설에 대해서는 다음과 같은 비판이 가능하다. 첫째로, 양심실천의 자유를 배제하는 견해는 정신적 기본권이 공통적으로 세 단계로 구성된다는 정신적 기본권에 대한 체계적 이해를 결여하고 있다. 그리고 비록 이러한 견해가 양심의 자유에 관하여 내심의 자유로 국한하면서 양심의 표현과 실천에 관한 소극적 자유만이 양심의 자유에 포함된다고 하더라도 소극적 자유와 적극적 자유를 분리해야 하는 문제가 발생하게 된다. 또한 양심의 자유에 관하여 헌법이 보장하고 있는 의미를 완전히 사라지게 만드는 결과를 초래할 수도 있다. 둘째로, 양심실천의 자유는 다른 기본권에 의해 보호된다거나 다른 기본권과의 충돌가능성이 있다는 논거가 제시되는데 이에 대해서는 양심의 자유를

19) 계희열(중), 341면.
20) 허영, 422면.
21) 권영성, 489면; 김철수, 797면.
22) 장영수, 652면.
23) 홍성방(중), 172면 이하.

독자적인 개별적 기본권으로 규정한 헌법의 목적에 반하고, 기본권의 충돌가능성은 다른 기본권에서도 마찬가지로 문제될 수 있다는 반론이 가능하다. 결론적으로 양심실천의 자유, 즉 양심에 따른 행동을 결정할 수 있는 자유는 양심의 자유에 포함되어야 한다.

[판례] 침묵의 자유

양심의 자유에는 널리 사물의 시시비비나 선악과 같은 윤리적 판단에 국가가 개입해서는 안 되는 **내심적 자유**는 물론, 이와 같은 윤리적 판단을 국가권력에 의하여 외부에 표명하도록 강제받지 않는 자유, 즉 윤리적 판단사항에 관한 **침묵의 자유**까지 포괄한다 (1991. 4. 1. 89헌마160(사죄광고); 1997. 3. 27. 96헌가11(음주측정)).

[판례] 양심실현의 자유

양심의 자유는 양심형성의 자유와 양심적 결정의 자유를 포함하는 **내심적 자유**(forum internum)뿐만 아니라, 양심적 결정을 외부로 표현하고 실현할 수 있는 **양심실현의 자유**(forum externum)를 포함한다(1998. 7. 16. 96헌바35).

(2) 양심활동의 권리

① 양심의 자유에는 양심의 자유를 저지·방해하는 국가의 제약행위에 대해서 중지를 요구할 수 있는 **방어권**이 포함된다. 그리고 ② 양심의 자유를 사인인 제3자가 저지·방해하는 경우에 국가에 대해서 양심의 자유를 보호하는 입법을 요구할 수 있는 **보호권**이 포함된다. 또한 ③ 양심의 자유와 관련된 절차를 보장하는 입법을 국가에 대해서 요구할 수 있는 **절차권**도 포함된다. 양심적 병역거부자의 대체복무제를 실시하기 위한 조직과 절차에 관한 입법을 요구할 수 있는 권리가 대표적인 절차권에 해당한다. 보호권과 절차권의 경우에 이에 상응하여 국가는 양심의 자유를 보호하고 그와 관련된 절차를 보장하는 입법의무를 진다. 특히 보호에 관한 입법의무에 따라 국가는 양심활동을 저지·방해하는 행위에 대하여 형벌이나 손해배상책임을 부과하는 법률을 제정해야 한다.

Ⅲ. 제약행위

1. 양심활동의 명령(강제)

양심활동에 해당하는 행위를 하지 않을 수도 있는 자유(소극적 행위의 자유)에 대해서 반드시 그것을 하도록 명령하는 행위(강제행위 = 적극적 의무의 부과)는 양심의 자유에 대한 제약행위가 된다. 이러한 행위는 양심활동이 세 단계로 걸쳐 구성되는 것에 맞추어 세 가지 유형이 가능하다. ① 양심형성의 단계에서 일정한 양심을 갖도록 명령하는 행위, 예를 들어 일정한 도덕적·윤리적 가치의 **세뇌, 주입**, ② 양심표현의 단계에서 양심을 외부에 표현하도록 강요하는 행위, 예를 들어 **양심추지**(良心推知), 즉 일정한 행위를 통해 간접적으로 양심표현을 강제하는 행위, ③ 양심실천의 단계에서 양심에 반하게 행동하도록 강요하는 행위, 예를 들어 **양심적 병역거부자에 대한 병역의무의 강제**가 그것이다. 이러한 제약행위들은 **잠정적으로 금지**된다.

2. 양심활동의 금지(규제)

양심활동에 해당하는 행위를 할 수 있는 자유(적극적 행위의 자유)에 대해서 하지 못하도록 금지하는 행위(규제행위 = 소극적 의무의 부과)도 양심의 자유에 대한 제약행위가 된다. 이러한 행위도 양심활동의 단계에 따라 세 가지 유형이 가능하다. ① 양심형성의 단계에서 일정한 양심을 갖지 못하도록 금지하는 행위, ② 양심표현의 단계에서 양심을 외부에 표현하는 것을 금지하는 행위, ③ 양심실천의 단계에서 양심에 따라 행동하지 못하게 금지하는 행위, 예를 들어 **양심범**, 즉 양심에 따라 옳다고 생각하는 것을 그 양심에 따라 행동하지 못하게 금지하는 것이 그것이다. 이러한 제약행위들도 **잠정적으로 금지**된다.

제 3 항 제한규범

양심의 자유의 구성요건을 충족해도 제한규범에 근거하여 제약되는 양심활동은 확정적 보호를 받지 못한다. 양심의 자유의 구성요건을 충족하면서 제한규범에 근거하여 제약될 수 없는 양심활동만이 확정적으로 허용된다. 따라서 양심의 자유에 관한 구성요건의 단계에서 보호법익에 해당하여 잠정적으로 허용된 양심활동은 제한규범에 근거하여 제약되지 않으면 확정적으로 보호된다. 한편 양심의 자유에 포함된 방어권의 경우에 구성요건의 단계에서 잠정적으로 금지된 제약행위는 제한규범에 근거하는 경우에만 잠정적으로 허용된 제약행위로 바뀌게 되고, 근거가 되는 제한규범이 없는 경우에는 확정적으로 금지된 제약행위가 된다.

Ⅰ. 헌법직접적 제한규범

양심의 자유에 대한 헌법직접적 제한규범은 '성문'의 형태와 '불문'의 형태로 규정될 수 있다. 우리 헌법규정은 양심의 자유에 대한 성문의 헌법직접적 제한규범을 포함하고 있지 않다. 불문의 헌법직접적 제한규범으로는 다른 사람의 기본권이나 헌법적 법익을 들 수 있다. 다른 사람의 기본권이 양심의 자유에 대한 헌법직접적 제한규범이 되는 경우에는 두 기본권 사이에 '기본권의 충돌'이 발생하게 된다.

Ⅱ. 헌법간접적 제한규범

1. 학설과 판례

양심의 자유의 제한에 대해서는 대체로 내면적 양심은 제한될 수 없는 절대적 기본권의 보호영역에 해당하지만 양심의 표현은 제한될 수 있는 상대적 기본권의 보호영역에 해당한다는 견해(**내면적 무한계설** 또는 내심자유 무제한설)[24]가 우세하다.

하지만 ① 내면적 양심에 대하여는 제한이 물리적으로 가능할 뿐만 아니라 그 정당성이 인정되기 때문에 이를 절대적 기본권으로 인정하기는 곤란하다고 하면서 내면적 양심에 대한 제한은 극히 예외적으로만 인정되어야 한다고 보는 견해(**내심자유 제한설**)[25] 도 주장된다. ② 또한 양심실현의 자유를 제외한 양심의 자유는 법률에 의한 제한이 사실상 어려운 내면에 관한 것이기 때문에 기본권의 내재적 한계이론에 따라 제한될 수 있다는 견해(**내재적 한계설**)[26]도 있다.

한편 헌법재판소는 내면적 양심은 제한될 수 없는 절대적 기본권이지만 양심의 실현은 제한될 수 있는 상대적 기본권으로 본다(아래 [판례] 참조).

[판례] 양심의 자유의 제한

내심적 자유, 즉 양심형성의 자유와 양심적 결정의 자유는 내심에 머무르는 한 **절대적 자유**라고 할 수 있지만, 양심실현의 자유는 타인의 기본권이나 다른 헌법적 질서와 저촉되는 경우 헌법 제37조 제2항에 따라 국가안전보장 · 질서유지 또는 공공복리를 위하여 제한될 수 있는 **상대적 자유**라고 할 수 있다(1998. 7. 16. 96헌바35; 2004. 8. 26. 2002헌가1).

2. 비판과 대안

첫째로, 내심영역에 대한 제한이 '사실적인' 측면에서 불가능하다는 의미로, 또는 '규범적인' 측면에서 어떠한 경우에도 결코 제한될 수 없다는 의미로 절대적 기본권이라고 주장하는 견해에 대해서는 내심영역에 대한 제한이 실제로 가능하다는 점(예: 세뇌, 교육, 홍보 등에 의한 일정한 양심의 주입)과 규범적으로 제한될 수 있는지 여부는 제한의 정당성에서 결정되어야 한다는 점을 근거로 비판할 수 있다. 둘째로, 양심의 자유에서 양심표현 및 실천의 소극적 자유만 인정하고 양심표현 및 실천의 적극적 자유를 배제하는 견해에 대해서는 어차피 전자는 제한될 수 없고 단지 후자만 제한될 수 있다고 보기 때문에 양심의 자유에 대한 제한을 처음부터 논의할 필요조차 없게 된다는 점에서 비판되어야 한다. 셋째로, 양심의 형성 및 실천의 자유에 대한 내재적 한계를 주장하는 이론에 대해서는 현행 기본권체계 안에서는 내재적 한계를 인정할 수 없다는 점에서 비판될 수 있다.

양심의 자유에 대한 헌법간접적 제한규범은 양심의 자유를 규정한 기본권조항에서 '개별적으로' 규정될 수도 있고, 그 규정과는 독립적인 규정을 두어 모든 자유와 권리에 대해서 '일반적으로' 규정될 수도 있다. 우리 헌법은 양심의 자유에 대하여 개별적 법률유보조항은 규정하지 않고, 일반적 법률유보조항에서 규정하고 있다. 따라서 일반적 법

24) 계희열(중), 345면; 권영성, 488면; 김철수, 800면 이하; 성낙인, 1113면; 홍성방(중), 175면.
25) 장영수, 653면.
26) 허영, 423면.

률유보조항인 헌법 제37조 제2항에 근거하여 양심의 자유는 내면적 양심의 자유든 양심의 외부적 표현이나 실천의 자유든 "국가안전보장, 질서유지 또는 공공복리"를 위하여, "법률"에 의해서만 제한될 수 있다. 양심의 자유를 제한하는 공익적 입법목적으로는 국가안보를 들 수 있다. 예를 들어 병역법은 양심을 이유로 하더라도 병역거부를 전면적으로 인정하지는 않고, 대체복무제를 시행하고 있다.

제4항 정 당 화

Ⅰ. 비례성원칙과 본질내용침해금지원칙

양심의 자유도 원칙규범으로 이해된다. 따라서 잠정적으로 보장된 양심의 자유의 구성요건이 확정적인 것이 되기 위해서는 **비례성원칙에 따른 합리적 형량**이 필요하다. 이것은 양심의 자유를 제한하는 다른 사람의 기본권이나 헌법적 법익 또는 공익을 이 자유와의 관계에서 조화와 균형을 이루게 함으로써 정당화하는 것을 의미한다. 그러므로 양심의 자유에 대한 제약은 다른 사람의 기본권이나 헌법적 법익 또는 입법목적으로 제시된 공익과 균형을 이룰 수 있는 범위 안에서는 정당화된다. 비례성원칙은 방어권의 경우에는 과잉금지원칙으로, 보호권과 절차권의 경우에는 과소금지원칙으로 구체화된다.

양심의 자유의 본질내용에 대해서는 **절대설**에 따르게 되면 비례성원칙과는 독립적인 원칙으로서 본질내용침해금지원칙에 따른 독자적인 심사가 이 기본권의 제약을 정당화하기 위하여 부가적으로 필요하다. 하지만 **상대설**에 따르게 되면 비례성원칙에 따른 심사로 양심의 자유의 제약을 위한 정당화는 충분하게 된다.

Ⅱ. 구체적 문제

1. 사죄광고제도와 준법서약서제도

우리 헌법재판소는 **사죄광고제도**에 관한 판례에서 양심에 반하여 사죄광고를 명하는 것은 헌법에 위반된다고 결정하였다(아래 [판례] 참조). 과잉금지원칙에 반하는 지나친 제한이라는 것이다. 하지만 학교폭력 가해학생에게 피해학생에 대한 '서면사과조치'를 취할 수 있도록 할 것은 반성과 사과의 기회를 제공하는 교육적 조치로서 양심의 자유를 침해하지 않는다고 한다.[27] 한편 **준법서약서제도**에 대해서 가석방 여부의 심사에서 요구되는 준법서약서는 국가보안법 등을 위반한 특별한 범죄자에 대한 "국법질서 준수의 확인절차"이므로 평등원칙과 비례성원칙에 반하지 않아 양심의 자유를 침해하지 않는 것이라고 결정한 바 있다.[28]

---

27) 헌재 2023. 2. 23. 2019헌바93등.

28) 헌재 2002. 4. 25. 98헌마425등.

[판례] 사죄광고와 과잉금지

사죄광고는 민사책임을 규정한 민법 제764조의 제도적 의의와 목적에는 **적합치 않은** 처분이라 볼 것이다. … 나아가 결코 사죄광고만이 명예회복에 유일무이한 수단이 아니라고 한다면 … 사죄광고제도는 어디까지나 **과도한** 것이며 또한 **불필요한** 국민의 기본권의 제한이 된다(1991. 4. 1. 89헌마160).

2. 양 심 범

양심의 자유를 양심실천의 자유까지 포함시켜 이해하는 경우에 가장 먼저 검토해야 할 것이 **양심범**의 문제다. 이 문제의 본질은 자신의 양심에 따라 옳다고 생각하는 것을 법규범이 못하도록 금지하면서 만약 그러한 행위를 실천에 옮겼을 때 처벌받는 데 있다. 이 문제는 개인의 양심의 자유라는 사익과 법질서의 유지라는 공익이 충돌하는 일반적 문제의 구체적인 한 실례로서 특히 합리적 형량이 필요하다. 개인적으로는 양심의 진지성에 대한 판단에 따라 양심의 자유에 대한 잠정적인 우월성을 보장해야 할 것으로 생각된다. 이것은 결국 구체적인 재판을 할 때 법관의 양형단계에서 반영될 수 있을 것으로 보이기 때문에 입법자는 법규범을 제정하면서 그러한 재량영역을 보장하는 방법으로 문제를 해결할 수 있을 것이다.

[양심범에 관한 학설]

• 허 영 〈425면〉	양심의 자유는 양심의 결정에 따라 행해진 행위의 불법 여부의 판단뿐 아니라, 책임성의 판단과 양형의 판단에까지도 그 파급효과를 미친다고 생각할 때, 모든 양심범이 양심의 자유 때문에 반드시 무죄가 되는 것은 아니라 하더라도 국가가 형벌권을 행사할 때는 양심범의 특수성을 최대한으로 존중해야 할 헌법적인 의무를 진다고 할 것이다.

3. 양심적 병역거부

양심적 병역거부의 문제도 같은 맥락에서 해결되어야 한다.[29] 따라서 "명문의 규정이 없는 우리 헌법질서 내에서 양심상의 이유로 인한 병역거부가 인정될 수 없는 것도, 헌법이 규정하는 국방의 의무와의 규범조화적 해석의 결과로서 당연하다"는 결론[30]은 너무 성급하다. 병역의 의무라는 헌법직접적 제한규범이 존재한다는 사실에 근거해서 그러한 규범이 다른 기본권보다 반드시 우월하다는 결론을 도출할 수는 없기 때문이다. 오히려 양심의 자유와 병역의무에 포함된 공익(국토방위를 위한 병력의 유지)의 비중에 대한 합리적 형량을 거쳐 양심에 따른 병역거부를 인정할 수 있을지가 결정되어야 한다.

헌법재판소도 양심실현의 자유를 보장하는 문제는 '양심의 자유'와 이를 제한하여 실현하고자 하는 '헌법적 법익' 및 '국가의 법질서' 사이의 조화와 형량의 문제로 본다.[31]

29) 양심적 병역거부에 관한 자세한 논의는 이준일, 『인권법』(2021), 제10장 참조.

30) 허영, 423면.

하지만 양심의 자유가 문제된 경우에 비례의 원칙을 통하여 양심의 자유와 공익을 조화와 균형의 상태로 이루어 양 법익을 함께 실현하는 것이 아니라, 단지 '양심의 자유'와 '공익' 중 양자택일, 즉 양심에 반하는 작위나 부작위를 법질서에 의하여 '강요받는가 아니면 강요받지 않는가'의 문제가 있을 뿐이라고 한다. 결론적으로 헌법재판소는 "병역의무와 양심의 자유가 충돌하는 경우 입법자는 법익형량과정에서 국가가 감당할 수 있는 범위 내에서 가능하면 양심의 자유를 고려해야 할 의무가 있으나, 법익형량의 결과가 국가안보란 공익을 위태롭게 하지 않고서는 양심의 자유를 실현할 수 없다는 판단에 이르렀기 때문에 병역의무를 대체하는 대체복무의 가능성을 제공하지 않았다면, 이러한 입법자의 결정은 국가안보라는 공익의 중대함에 비추어 정당화될 수 있는 것으로서 입법자의 '양심의 자유를 보호해야 할 의무'에 대한 위반이라고 할 수 없다"고 한다.[32]

양심적 병역거부의 문제를 양심의 자유와 공익의 형량의 문제로 구성한 헌법재판소의 견해는 원칙적으로 동의할 수 있다. 하지만 양심의 자유의 경우에 형량의 과정을 양자택일의 문제로 구성한 점, 그리고 양심적 병역거부자에 대한 대체복무제의 도입보다 병역의무를 통해 실현하려는 국가안보라는 공익의 중대성이 크다고 판단하면서 그 근거로 오로지 입법자의 형성의 자유만을 고려한 점에 대해서는 의문이 든다. 첫째, 대체복무제는 양심의 자유와 병역의무로 실현하려는 공익을 합리적으로 형량한 결과이지 전자를 보호하기 위하여 후자를 포기하는 양자택일적 선택이 아니기 때문이다. 둘째, 합리적 형량을 위해서는 입법자의 형성의 자유뿐만 아니라 문제가 되는 모든 가치나 이익이 동시에 고려되어야 하기 때문이다. 이후 헌법재판소는 비례원칙을 심사기준으로 적용하여 양심적 병역거부자에 대해 형사처벌하는 규정이 헌법에 위반되지 않는다고 결정하였다(아래 [판례] 참조). 하지만 헌법재판소는 판례를 변경하여 양심의 자유와 국가안보를 조화시킬 수 있는 대안으로 대체복무제가 양심적 병역거부자를 위하여 인정되지 않는 것은 양심의 자유를 침해한다고 판시하였다(아래 [판례] 참조). 다만 대체복무요원의 복무내용과 범위에 관한 결정에서 입법자에게 폭넓은 입법형성권이 인정되므로 대체복무기관을 교정시설로 한정하고 복무기간을 현역 육군의 복무기간과 비교하여 1.5배로 길게 하며 대체복무요원에게 합숙복무를 강제하더라도 양심의 자유를 침해하는 것은 아니라고 본다.[33]

[판례] 양심의 자유와 국방의 의무의 충돌

헌법상 보장되는 양심의 자유는 우리 헌법이 실현하고자 하는 가치의 핵이라고 할 '인간의 존엄과 가치'와 직결되는 기본권인 반면, 이 사건 법률조항은 헌법상 기본의무인 국방의 의무를

31) 헌재 2004. 8. 26. 2002헌가1.

32) 대법원도 양심의 자유는 제한될 수 있는 상대적 기본권으로서 병역의무에서 문제되는 헌법적 법익보다 우월한 가치가 아니기 때문에 대체복무를 인정하지 않는 현행 병역법조항은 헌법에 반하지 않는다고 한다: 대판 2004. 7. 15. 2004도2965.

33) 헌재 2024. 5. 30. 2021헌마117등.

형성하기 위한 법률인데, 국방의 의무는 국가의 존립과 안전을 위한 불가결한 헌법적 가치를 담고 있으므로 헌법적으로 양심의 자유와 국방의 의무 중 어느 것이 더 가치 있는 것이라 말하기는 곤란하다. 이처럼 헌법적 가치가 서로 충돌하는 경우, 국가권력은 양 가치를 양립시킬 수 있는 조화점을 최대한 모색해야 하고, 그것이 불가능해 부득이 어느 하나의 헌법적 가치를 후퇴시킬 수밖에 없는 경우에도 그 목적에 비례하는 범위 내에 그쳐야 한다. 그런데 헌법 제37조 제2항의 비례원칙은, 단순히 기본권제한의 일반원칙에 그치지 않고, 모든 국가작용은 정당한 목적을 달성하기 위하여 필요한 범위 내에서만 행사되어야 한다는 국가작용의 한계를 선언한 것이므로, 비록 이 사건 법률조항이 헌법 제39조에 규정된 국방의 의무를 형성하는 입법이라 할지라도 그에 대한 심사는 **헌법상 비례원칙**에 의하여야 한다(2011. 8. 30. 2008헌가22등).

[판례] 양심병역거부와 대체복무제

병역종류조항은, 병역부담의 형평을 기하고 병역자원을 효과적으로 확보하여 효율적으로 배분함으로써 국가안보를 실현하고자 하는 것이므로 정당한 입법목적을 달성하기 위한 적합한 수단이다. 병역종류조항이 규정하고 있는 병역들은 모두 군사훈련을 받는 것을 전제하고 있으므로, 양심적 병역거부자에게 그러한 병역을 부과할 경우 그들의 양심과 충돌을 일으키는데, 이에 대한 대안으로 대체복무제가 논의되어 왔다. 양심적 병역거부자의 수는 병역자원의 감소를 논할 정도가 아니고, 이들을 처벌한다고 하더라도 교도소에 수감할 수 있을 뿐 병역자원으로 활용할 수는 없으므로, 대체복무제를 도입하더라도 우리나라의 국방력에 의미 있는 수준의 영향을 미친다고 보기는 어렵다. 국가가 관리하는 객관적이고 공정한 사전심사절차와 엄격한 사후관리절차를 갖추고, 현역복무와 대체복무 사이에 복무의 난이도나 기간과 관련하여 형평성을 확보해 현역복무를 회피할 요인을 제거한다면, 심사의 곤란성과 양심을 빙자한 병역기피자의 증가 문제를 해결할 수 있으므로, 대체복무제를 도입하면서도 병역의무의 형평을 유지하는 것은 충분히 가능하다. 따라서 대체복무제라는 대안이 있음에도 불구하고 군사훈련을 수반하는 병역의 무만을 규정한 병역종류조항은, 침해의 최소성 원칙에 어긋난다. 병역종류조항이 추구하는 '국가안보' 및 '병역의무의 공평한 부담'이라는 공익은 대단히 중요하나, 앞서 보았듯이 병역종류조항에 대체복무제를 도입한다고 하더라도 위와 같은 공익은 충분히 달성할 수 있다고 판단된다. 반면, 병역종류조항이 대체복무제를 규정하지 아니함으로 인하여 양심적 병역거부자들은 최소 1년 6월 이상의 징역형과 그에 따른 막대한 유·무형의 불이익을 감수하여야 한다. 양심적 병역거부자들에게 공익 관련 업무에 종사하도록 한다면, 이들을 처벌하여 교도소에 수용하고 있는 것보다는 넓은 의미의 안보와 공익실현에 더 유익한 효과를 거둘 수 있을 것이다. 따라서 병역종류조항은 법익의 균형성 요건을 충족하지 못하였다. 그렇다면 양심적 병역거부자에 대한 대체복무제를 규정하지 아니한 병역종류조항은 과잉금지원칙에 위배하여 양심적 병역거부자의 양심의 자유를 침해한다(2018. 6. 28. 2011헌바379).

제5항 효 력

양심의 자유는 ① 국가에 대해서 효력(대국가적 효력)을 미칠 뿐만 아니라 ② 사인인 제3자, 즉 국민에 대해서도 효력(대사인적 효력)을 발생시킨다. 양심의 자유의 사인에 대한 효력은 기본권의 대사인적 효력에 관한 이론구성에 따라 법관에게 기본권존중의무를 매개로 양심의 자유를 존중하는 재판을 요구함으로써 실현될 수 있다.

제3절 종교의 자유

제1항 헌법규정

종교의 자유는 헌법 제20조가 규정한다. 이러한 기본권규정이 표현하는 의미내용은 종교의 자유에 관한 주관적 지위와 객관적 규범이다. 그 밖에도 종교의 자유를 구체화하는 원칙으로서 국교부인(國教否認)의 원칙과 정교분리(政教分離)의 원칙이 선언되어 있다. 이러한 원칙은 제도보장으로 이해되기도 한다.

[헌법 제20조]
① 모든 국민은 종교의 자유를 가진다. ② 국교는 인정되지 아니하며, 종교와 정치는 분리된다.

종교의 자유는 제헌헌법(제12조)에서부터 규정되었다. 다만 "신앙의 자유"라는 표현양식을 가지고 "신앙과 양심의 자유"로 결합되어 규정되었다. 하지만 1962년 헌법(제16조)에서부터 "종교의 자유"라는 양식으로 독립되어 현행 헌법에 이르기까지 규정되고 있다. 한편 "국교부인"의 원칙과 "정교분리"의 원칙도 제헌헌법에서부터 지금까지 규정되어 왔다.

제2항 구성요건

Ⅰ. 인적 구성요건(주체)

종교의 자유는 인간의 권리이기 때문에 이 기본권의 주체는 원칙적으로 모든 인간이다. 따라서 국민뿐만 아니라 외국인도 주체가 될 수 있다. 종교의 자유를 누리는 주체는 원칙적으로 자연인이지만 기본권의 성격상 법인도 주체가 될 수 있다. 예를 들어 기본권의 성격상 종교의 자유에 포함되는 신앙의 자유는 자연인만이 주체가 될 수 있지만 종교교육이나 종교적 집회 · 결사의 자유는 법인(종교기관이나 종교단체)도 주체가 될 수 있다.

Ⅱ. 보호법익

1. 종교활동

종교의 자유는 종교활동이라는 '행위'를 보호법익으로 한다. 종교의 자유가 보호하는 종교활동은 성속(聖俗)에 관한 판단, 즉 초월적, 형이상학적 가치에 근거한 판단과 관련된 활동을 말한다. 이러한 종교활동은 다른 정신활동과 마찬가지로 세 단계로 구성된다. 첫째, 종교적 신념(신앙)이 내면적으로 형성되는 단계, 둘째, 종교적 신념을 외부에 표현하는 단계, 셋째로, 종교적 신념을 순교 등의 방식에 의하여 행동으로 실천하는 단계가 그것이다. 헌법은 이 세 단계의 종교활동을 모두 보호한다.

2. 종교활동의 자유와 권리

(1) 종교활동의 자유

1) 학설과 판례 종교의 자유에 포함될 수 있는 내용과 관련하여 다양한 명칭에도 불구하고 대체로 ① 내면적 신앙의 자유와 ② 이러한 신앙을 외부로 표현하거나 실현하는 자유가 포함된다. 그리고 후자에는 ① 신앙고백의 자유, ② 종교의식의 자유, ③ 선교의 자유, ④ 종교교육의 자유, ⑤ 종교적 집회 · 결사의 자유가 포함된다고 본다(아래 [학설] 참조).

헌법재판소는 종교의 자유에 포함되는 내용을 ① 신앙의 자유, ② 종교적 행위의 자유, ③ 종교적 집회 · 결사의 자유로 구분하거나[34] ① 신앙의 자유와 ② 종교적 행위의 자유로 구분한 뒤에 후자에 신앙고백의 자유, 종교적 의식 및 집회 · 결사의 자유, 종교전파 · 교육의 자유를 포함시키기도 한다.[35] 그러면서 종교적 의식이나 종교적 행위와 밀접한 관련이 있는 시설(예: 납골시설)의 설치와 운영은 종교적 행위의 자유에 포함된다고 한다.[36]

한편 헌법재판소에 따르면 누구에게나 자신의 종교 또는 종교적 확신을 알리고 선전하는 자유를 의미하는 종교전파(포교 · 선교)의 자유는 국민에게 그가 선택한 임의의 장소에서 자유롭게 행사할 수 있는 권리까지 보장하지는 않고, 특히 그 임의의 장소가 대한민국의 주권이 미치지 않는 지역, 나아가 국가에 의한 국민의 생명 · 신체 및 재산의 보호가 강력히 요구되는 해외 위난지역인 경우에는 더욱 그렇다고 한다.[37] 하지만 구성요건의 단계에서부터 종교전파의 자유에 포함되는 내용을 이렇게 축소할 필요는 없고, 정당화의 단계에서 제한의 정당성을 판단한 뒤에 축소하는 것이 합리적이다.

[학설] 종교의 자유의 내용

• 계희열 〈(중), 351면 이하〉	【1】 신앙의 자유[[1] 신앙을 변경(개종)할 자유, [2] 신앙을 포기할 자유], 【2】 종교적 행위의 자유[[1] 신앙고백의 자유, [2] 종교의식의 자유, [3] 선교와 종교교육의 자유, [4] 종교적 집회 · 결사의 자유].

34) 헌재 2001. 9. 27. 2000헌마159.
35) 헌재 2008. 6. 26. 2007헌마1366.
36) 헌재 2009. 7. 30. 2008헌가2.
37) 헌재 2008. 6. 26. 2007헌마1366.

- 권영성 〈490면 이하〉 【1】 신앙의 자유[1 신앙선택의 자유, 2 신앙변경(개종)의 자유, 3 신앙고백의 자유, 4 신앙불표현(침묵)의 자유, 5 무신앙의 자유], 【2】 종교적 행사의 자유, 【3】 종교적 집회 · 결사의 자유, 【4】 선교와 종교교육의 자유.
- 김철수 〈802면 이하〉 【1】 신앙의 자유[1 신앙선택 · 변경의 자유, 2 신앙고백의 자유, 3 신앙유무로 인해 불이익을 받지 않을 자유], 【2】 종교적 행위의 자유[1 선교의 자유, 2 종교교육의 자유], 【3】 종교적 집회 · 결사의 자유.
- 김하열a 〈436면 이하〉 【1】 신앙의 자유, 【2】 종교적 행위의 자유[1 종교적 신념을 표명하거나 신앙에 따라 행동할 수 있는 자유, 2 종교적 신념에 반하는 표명이나 행동을 거부할 수 있는 자유]
- 성낙인 〈1116면 이하〉 【1】 신앙의 자유[1 종교선택의 자유, 2 종교변경(개종)의 자유, 3 무종교의 자유, 4 신앙고백의 자유], 【2】 종교적 행위의 자유[1 종교의식의 자유, 2 선교의 자유, 3 종교교육의 자유], 【3】 종교적 집회 · 결사의 자유.
- 장영수 〈639면 이하〉 【1】 신앙의 자유, 【2】 종교적 활동의 자유[1 종교의식의 자유, 2 종교적 집회 · 결사의 자유, 3 선교의 자유, 4 종교교육의 자유].
- 전광석 〈350면 이하〉 【1】 신앙의 자유[1 신앙을 갖거나 갖지 않을 자유, 2 신앙선택의 자유, 3 기존의 신앙을 변경할 자유, 4 신앙을 외부로 표현하도록 강제당하지 않을 자유, 5 신앙에 반하는 행위를 강제당하지 않을 자유], 【2】 종교실현의 자유[1 신앙의식의 자유, 2 포교의 자유, 3 종교적 집회 · 결사의 자유].
- 정종섭a 〈569면 이하〉 【1】 신앙의 자유[1 신앙형성의 자유, 2 신앙변경의 자유, 3 신앙포기의 자유], 【2】 종교적 행위의 자유[1 신앙고백의 자유, 2 종교적 의식 · 집회의 자유, 3 종교적 결사의 자유, 4 종교적 전파 · 교육의 자유].
- 한수웅 〈726면 이하〉 【1】 신앙의 자유(신앙형성 · 신앙보유의 자유), 【2】 신앙고백의 자유, 【3】 신앙실행의자유[1 종교의식의 자유, 2 종교에 따른 생활형성의 자유, 3 종교교육의 자유, 4 종교적 집회 · 결사의 자유].
- 허 영 〈428면 이하〉 【1】 신앙의 자유[1 신앙을 가지는 자유{ ㉠ 신앙선택의 자유, ㉡ 신앙변경(개종)의 자유, ㉢ 신앙포기의 자유, ㉣ 신앙고백의 자유, ㉤ 신앙침묵의 자유 등}, 2 신앙을 가지지 않는 자유], 【2】 신앙실행의 자유[1 종교의식의 자유, 2 종교선전의 자유, 3 종교교육의 자유, 4 종교적 집회 · 결사의 자유].
- 홍성방 〈(중), 179면 이하〉 【1】 신앙의 자유[1 신앙선택의 자유, 2 신앙변경의 자유, 3 신앙고백의 자유, 4 무신앙의 자유], 【2】 종교적 행위의 자유[1 종교의식의 자유, 2 종교선전의 자유], 【3】 종교적 집회 · 결사의 자유.

2) 소 결 종교의 자유는 종교활동에 해당하는 행위를 하거나 하지 않을 수 있는 결정의 **자유**를 의미한다. 종교활동이 세 단계로 이루어지므로 종교의 자유는 다음과 같은 세 가지 내용을 갖는다. ① 종교적 신념이 내면적으로 형성되는 단계에서 일정한 종교를 갖거나 갖지 않을 수 있는 자유[**종교선택 · 결정의 자유(신앙의 자유)**: 1 신앙선택의 자유, 2 신앙변경의 자유, 3 무신앙의 자유], ② 종교적 신념을 외부로 표현하는 단계에서

일정한 종교적 신념을 표현하거나 표현하지 않을 수 있는 자유[**종교표현의 자유**: ① 신앙고백의 자유, ② 신앙침묵의 자유], ③ 종교적 신념을 행동으로 실천하는 단계에서 일정한 종교적 신념을 행동으로 실천하거나 하지 않을 수 있는 자유[**종교실천의 자유**: ① 종교의식의 자유, ② 종교선전의 자유, ③ 종교교육의 자유, ④ 종교적 집회·결사의 자유, ⑤ 소극적 종교실천의 자유{㉠ 종교적 내용의 기도를 하지 않을 자유, ㉡ 종교적 내용의 수업에 참여하지 않을 자유[38]}]가 그것이다.

[판례] 타종교 비방과 종교표현의 자유

우리 헌법이 종교의 자유를 보장함으로써 보호하고자 하는 것은 종교 자체나 종교가 신봉하는 신앙의 대상이 아니라, 종교를 신봉하는 국민, 즉 신앙인이고, 종교에 대한 비판은 성질상 어느 정도의 편견과 자극적인 표현을 수반하게 되는 경우가 많으므로, 타 종교의 신앙의 대상에 대한 모욕이 곧바로 그 신앙의 대상을 신봉하는 종교단체나 신도들에 대한 명예훼손이 되는 것은 아니고, 종교적 목적을 위한 언론·출판의 자유를 행사하는 과정에서 타 종교의 신앙의 대상을 우스꽝스럽게 묘사하거나 다소 모욕적이고 불쾌하게 느껴지는 표현을 사용하였더라도 그것이 그 종교를 신봉하는 신도들에 대한 증오의 감정을 드러내는 것이거나 그 자체로 폭행·협박 등을 유발할 우려가 있는 정도가 아닌 이상 허용된다고 보아야 한다(대판 2014. 9. 4. 2012도13718).

(2) 종교활동의 권리

① 종교의 자유에는 국가가 종교의 자유를 저지·방해하는 경우에 이러한 행위를 중지하도록 요구할 수 있는 **방어권**이 포함된다. 또한 ② 사인(私人)인 제3자가 종교의 자유를 저지·방해하는 경우에 국가에 대해서 보호의 입법을 요구할 수 있는 **보호권**도 포함된다. 그리고 ③ 종교의 자유를 보장하는 절차에 관한 입법을 요구할 수 있는 **절차권**도 포함된다. 보호권과 절차권의 경우에는 이에 상응하여 국가는 보호입법이나 절차입법의 의무를 진다. 예를 들어 **형법상 예배 또는 설교방해죄**에 관한 규정(형법 제158조)은 종교의 자유에 대한 제3자의 침해로부터 보호하는 입법에 해당한다.

Ⅲ. 제약행위

1. 종교활동의 명령(강제)

종교활동에 해당하는 행위를 하지 않을 수도 있는 자유(소극적 행위의 자유)에 대해서 반드시 그것을 하도록 명령하는 행위(강제행위 = 적극적 의무의 부과)는 종교의 자유에 대한 제약행위가 된다. 이러한 행위는 종교활동이 세 단계로 구성되는 것에 맞추어 세 가지 유형이 가능하다. ① 종교형성의 단계에서 일정한 종교를 갖도록 강요하는 행위(예: 일정한 종교적 신념을 세뇌·주입하는 행위), ② 종교표현의 단계에서 종교를 외부에

38) 이른바 '채플'로 대표되는 종교교육에 참여하지 않을 자유와 종교교육을 할 수 있는 자유가 충돌하는 문제에 대해서는 이준일, 『인권법』(2021), 제12장 참조.

표현하도록 강제하는 행위(예: 십자가 밟기처럼 종교적 상징인 십자가를 밟는 일정한 행위를 통해 간접적으로 종교의 표현을 강요하는 행위), ③ 종교실천의 단계에서 종교적 신앙에 반하게 행동하도록 강요하는 행위가 그것이다.

판례를 예로 들자면 국·공립학교 등 공공기관에 종교적 상징물을 설치하는 행위는 종교의 자유를 제약하는 행위가 된다. 독일의 판례에 따르면 초등학교 교실에 십자가에 못박힌 그리스도상(Kruzifix)을 설치하도록 의무화하여 초등학생들이 보게 만드는 것은 십자가상이 갖는 호소력이나 상징적인 종교적 내용에 비추어 볼 때 비판능력이나 자신의 입장을 체득하여야 하는 청소년의 종교형성에 영향을 미치는 행위가 될 수 있다고 한다.[39] 또한 이슬람교를 믿는 여학생에게 남녀합반 체육수업을 받도록 강제하여 이슬람율법인 코란에서 금지하고 있는 것들, 즉 비록 헐렁한 옷을 입을지라도 자신의 몸매가 드러나거나 머리에 쓴 두건이 벗겨질 수 있도록 하는 것, 그리고 남학생과 신체적 접촉이 이루어지거나 몸에 딱 달라붙는 체육복을 입은 남학생을 보도록 하는 것은 이 여학생의 신앙에 반하는 행위를 강제하는 것으로서 종교의 자유를 제약하는 행위가 된다고 한다.[40] 이러한 제약행위들은 잠정적으로 금지된다.

2. 종교활동의 금지(규제)

종교활동에 해당하는 행위를 할 수 있는 자유(적극적 행위의 자유)에 대해서 하지 못하도록 금지하는 행위(규제행위 = 소극적 의무의 부과)도 종교의 자유에 대한 제약행위가 된다. 이러한 행위도 세 가지 유형이 가능하다. ① 종교형성의 단계에서 일정한 종교를 갖지 못하도록 금지하는 행위, ② 종교표현의 단계에서 종교를 외부에 표현하는 것을 금지하는 행위, ③ 종교실천의 단계에서 종교적 신앙에 따라 행동하지 못하게 금지하는 행위가 그것이다. 예를 들어 십자가상이나 히잡 같은 종교적 상징물의 착용을 금지하거나 부모가 자신의 미성년 자녀를 종교적 신념에 따라 홈스쿨링을 하거나 대안학교에 보내는 방식 등으로 교육하는 행위 또는 종립학교가 설립기반인 종교적 신념에 따라 교육하는 행위를 금지하는 것 등이 해당한다. 이러한 제약행위들도 잠정적으로 금지된다.

3. 국교의 부인과 정교분리의 원칙

우리 헌법은 종교의 자유에 대한 제약행위들 가운데 명시적으로 금지된 행위를 규정하고 있다(제20조 제2항). 이로써 ① 국교의 지정과 ② 정교의 일치는 헌법에 따라 확정적으로 금지된다.

(1) 국교부인의 원칙

국교부인원칙에 따라 특정 종교를 국교로 지정하여 특별히 보호하거나 국교로 지정된 종교 이외의 종교를 차별하는 것은 금지된다.

39) BVerfGE 93, 1(19 이하).
40) BVerfGE 94, 82(89 이하).

(2) 정교분리의 원칙

정교분리원칙은 정치와 종교가 상호 간섭하지 않을 것을 요청한다. 따라서 정치는 종교에 대해서, 그리고 종교는 정치에 대해서 중립을 지킬 것이 요구된다.

1) 정치의 종교에 대한 중립성 우선 정치가 종교에 대해서 간섭하는 것은 금지된다. 따라서 국가에 의한 종교교육 및 종교활동이 금지되기 때문에 국·공립학교에서 특정한 종교를 위한 종교교육을 실시하는 것은 금지된다(교육기본법 제6조 제2항). 그리고 국가나 지방자치단체가 그 소속공무원에게 종교활동을 강제하거나 공직취임식과 같은 행사를 특정 종교의 의식에 따라 진행하는 것도 금지된다. 또한 특정 종교에 대한 국가의 우대 또는 차별은 금지된다. 그러나 종교행사(석가탄신일, 크리스마스 등)나 종교단체에 대한 국가의 재정적 지원이 모두 금지되는 것은 아니다. 그것이 특정 종교에 국한된 재정적 지원이 아니고, 특별히 종교적 의미보다 세속적이고 문화적인 의미를 갖는 경우에는 허용된다.

[판례] 정교분리의 원칙과 종교의 자율성

종교활동은 헌법상 종교의 자유와 정교분리의 원칙에 의하여 국가의 간섭으로부터 그 자유가 보장되어 있다. 따라서 국가기관인 법원으로서도 종교단체 내부관계에 관한 사항에 대하여는 그것이 일반 국민으로서의 권리의무나 법률관계를 규율하는 것이 아닌 이상 원칙적으로 실체적인 심리·판단을 하지 아니함으로써 당해 종교단체의 자율권을 최대한 보장하여야 한다. 한편 종교단체가 그 교리를 확립하고 종교단체 및 신앙의 질서를 유지하기 위하여 교인으로서의 비위가 있는 사람을 종교적인 방법으로 제재하는 것은 종교단체 내부의 규제로서 헌법이 보장하는 종교의 자유의 영역에 속하는 것임에 비추어, 교인의 구체적인 권리 또는 법률관계에 관한 분쟁이 있어서 그에 관한 청구의 당부를 판단하는 전제로 종교단체의 교인에 대한 징계의 당부를 판단하는 것은 별론으로 하더라도, 법원이 그 징계의 효력 자체를 사법심사의 대상으로 삼아 효력 유무를 판단할 수는 없다고 할 것이다(대판 2011.10.27. 2009다32386).

2) 종교의 정치에 대한 중립성 정교분리의 원칙은 정치에 대한 종교의 간섭도 금지한다. 그러나 종교가 정치적 목소리를 내는 것을 모두 금지하는 것은 아니다. 종교적 교리의 세속화로 종교와 정치가 중첩되는 영역이 확대되면서 사실상 종교와 정치의 명확한 구분이 어렵기 때문이다. 결국 종교와 정치가 분리되는 영역의 협소화로 인하여 정치에 대한 종교의 중립성이 요구되는 영역은 실제로는 매우 협소하다. 이러한 현실에서 정치에 대한 종교의 중립성을 지나치도록 엄격하게 요구하면 종교의 정치참여를 전면적으로 봉쇄하는 위험한 결론에 이를 수도 있다. 따라서 재정적 지원의 문제와 마찬가지로 특정 종교에 국한하여 정치적 발언권을 보장하는 것이 아니라면 종교의 정치참여는 오히려 헌법적으로 보장되어야 한다. 특정 종교를 가졌다는 이유로 정치적 발언권을 허용하지 않는다면 무종교인에 대해서 종교인을 차별하는 결과가 발생하기 때문이다. 따라서 종교가 정치적 활동을 위하여 정당을 설립하거나 그러한 정당에서 대통령이나 국회의원 후보를 공천하여 당선시키는 것도 허용된다. 하지만 종교적 신념에 근거한

정당이 국회의 다수당이 되더라도 종교적 교리를 직접적으로 담는 법률의 제정은 허용되지 않는다. 헌법재판소는 종교단체 내에서 직무상 지위를 이용한 선거운동을 제한하는 것이 종교적 신념이나 종교의식 등을 제한하여 종교의 자유를 직접적으로 제한하지 않는 한 정치적 표현의 자유를 제한하는 것으로 이해해야 한다고 본다.[41)]

[판례] 종교단체가 운영하는 학교 · 학원의 인가 · 등록

학교나 학원설립에 인가나 등록주의를 취했다고 하여 감독청의 지도 · 감독하에서만 성직자와 종교지도자를 양성하라고 하는 것이 되거나, 정부가 성직자양성을 직접 관장하는 것이 된다고 할 수 없고, 또 특정 종교를 우대하는 것도 아니므로 이는 국교금지 내지 정교분리의 원칙을 위반하지 않는다(2000. 3. 30. 99헌바14).

[판례] 군종장교의 다른 종교에 대한 비판

① 군대 내에서 군종장교는 국가공무원인 참모장교로서의 신분뿐 아니라 성직자로서의 신분을 함께 가지고 소속 종단으로부터 부여된 권한에 따라 설교 · 강론 또는 설법을 행하거나 종교의식 및 성례를 할 수 있는 종교의 자유를 가지는 것이므로, 군종장교가 최소한 성직자의 신분에서 주재하는 종교활동을 수행함에 있어 소속종단의 종교를 선전하거나 다른 종교를 비판하였다고 할지라도 그것만으로 종교적 중립을 준수할 의무를 위반한 직무상의 위법이 있다고 할 수 없다. ② 공군참모총장이 전 공군을 지휘 · 감독할 지위에서 수하의 장병들을 상대로 단결심의 함양과 조직의 유지 · 관리를 위하여 계몽적인 차원에서 군종장교로 하여금 교계에 널리 알려진 특정 종교에 대한 비판적 정보를 담은 책자를 발행 · 배포하게 한 행위가 특별한 사정이 없는 한 정교분리의 원칙에 위반하는 위법한 직무집행에 해당하지 않는다(대판 2007. 4. 26. 2006다87903).

(3) 종교의 자유와 국교부인 및 정교분리원칙의 관계

종교의 자유를 규정한 헌법 제20조 제1항과 국교부인원칙 및 정교분리원칙을 규정한 동조 제2항의 관계에 대해서 견해의 대립이 있다. ① 우선 전자는 후자를 포함한다는 견해[42)]가 있다. ② 한편 전자는 후자를 포함하지 않고 전자는 주관적 권리를 보장하는 반면에 후자는 객관적 제도를 보장한다는 견해[43)]도 있다. 개인적으로는 기본권이 주관적 측면과 객관적 측면을 모두 포함하기 때문에 종교의 자유라는 기본권도 주관적 측면과 객관적 측면을 모두 포함한다고 본다. 따라서 종교의 자유에는 이미 국교부인원칙이나 정교분리원칙과 같은 객관적 규범(= 금지 또는 명령)의 측면도 포함되어 있다고 본다. 이것은 헌법 제20조 제2항이 제1항에 이미 포함된 내용을 다시 한 번 확인해주는 '선언적 의미'만을 갖는다는 뜻이다. 헌법재판소에 따르면 훈련병을 육군훈련소 내 종교행사에 참석하도록 한 행위는 정교분리원칙에 위배되어 종교의 자유를 침해한다.[44)]

---

41) 헌재 2024. 1. 25. 2021헌바233등.

42) 계희열(중), 360면.

43) 권영성, 493면; 김철수, 807면; 성낙인, 1120면.

44) 헌재 2022. 11. 24. 2019헌마941.

제 3 항 제한규범

종교의 자유의 구성요건을 충족해도 제한규범에 근거하여 제약되는 종교활동은 확정적인 보호를 받지 못한다. 종교의 자유의 구성요건을 충족하면서 제한규범에 근거해서 제약될 수 없는 종교활동만이 확정적으로 허용된다. 따라서 종교의 자유에 관한 구성요건의 단계에서 보호법익에 해당하여 잠정적으로 허용된 종교활동은 제한규범에 근거해서 제약될 수 없으면 확정적으로 보호된다. 한편 종교의 자유에 포함된 방어권의 경우에 구성요건의 단계에서 잠정적으로 금지된 제약행위는 제한규범에 근거하는 경우에만 잠정적으로 허용된 제약행위로 바뀌게 되고, 제한규범에 근거가 없는 경우에는 확정적으로 금지된 제약행위가 된다.

Ⅰ. 헌법직접적 제한규범

종교의 자유에 대한 헌법직접적 제한규범은 '성문'의 형태와 '불문'의 형태로 규정될 수 있다. 우리 헌법은 종교의 자유에 대한 성문의 헌법직접적 제한규범을 규정하고 있지 않다. 불문의 헌법직접적 제한규범으로는 다른 사람의 기본권이나 헌법적 법익을 들 수 있다. 다른 사람의 기본권이 종교의 자유에 대한 제한규범이 되는 경우에 두 기본권 사이에 '기본권의 충돌'이 발생하게 된다.

Ⅱ. 헌법간접적 제한규범

1. 학설과 판례

종교의 자유의 제한에 대해서는 대체로 내심의 자유인 신앙의 자유는 제한될 수 없는 '절대적 자유'로 이해되는 반면에 신앙을 외부에 표현하거나 실현하는 자유는 제한할 수 있는 '상대적 자유'로 이해된다.[45] 한편 원칙적으로 이러한 견해에 동의하면서 내면적 자유인 신앙의 자유에 대해서도 기본권의 내재적 한계를 인정하는 견해[46]도 있다. 또한 내면적 신앙의 자유도 물리적으로는 제한이 가능한 상대적 자유이지만 제한을 인정하기 곤란하고 제한의 필요성도 발견하기 어려워 현실적으로 신앙의 자유를 제외한 외적 종교활동의 자유에 대한 제한만이 문제된다는 견해[47]도 결론에서는 동일하다. 한편 헌법재판소에 따르면 신앙의 자유는 절대적 자유이지만 종교적 행위의 자유는 절대적 자유가 아니므로 제한될 수 있다.[48]

45) 계희열(중), 357면 이하; 권영성, 492면; 김철수, 804면; 성낙인, 1117면; 홍성방(중), 183면.

46) 허영, 431면.

47) 장영수, 643면 이하.

48) 헌재 2001. 9. 27. 2000헌마159(사법시험 일요일 시행); 2010. 2. 25. 2007헌바131(기반시설부담금의 종교시설 적용); 2010. 4. 29. 2009헌마399(법학적성시험 일요일 시행); 2010. 6. 24. 2010헌마41(사법시험 토요일 시행); 2022. 12. 22. 2021헌마271(독학사시험 일요일 시행) 참조.

2. 비판과 대안

첫째, 기본권은 원칙이고, 모든 기본권은 제한될 수 있다는 헌법규정이 존재한다는 점에서 절대적 기본권을 인정할 수 없으므로 내면적 자유도 절대적 자유로 볼 수 없다. 둘째, 역시 기본권을 원칙으로 보는 경우에 내면적 자유에 대한 내재적 한계는 구성요건이나 제한규범으로 이해되어야 한다. 셋째, 내면적 자유를 절대적 자유로 보는 데 반대하면서도 제한을 인정하기 어렵거나 그 필요성이 없다는 이유를 들어 외면적 자유에 대한 제한만이 문제된다는 현실론은 제한이 인정되고 필요한지에 대한 판단은 제한의 단계가 아니라 제한의 정당화 단계에서 결정될 수 있다는 점에서 문제가 있다. 제한의 단계에서는 제한의 근거가 되는 규범이 존재하는지 여부, 즉 제한의 가능성에 대한 판단만으로 충분하기 때문이다.

종교의 자유가 제한될 수 있는 자유인 경우에 종교의 자유에 대한 헌법간접적 제한규범은 종교의 자유를 규정한 기본권규정에서 '개별적으로' 규정될 수도 있고, 그 규정과는 독립적인 조항을 두어 모든 자유와 권리에 대해서 '일반적으로' 규정될 수도 있다. 우리 헌법은 종교의 자유에 대하여 개별적 법률유보조항은 규정하지 않고, 일반적 법률유보조항에서 규정하고 있다. 따라서 일반적 법률유보조항인 헌법 제37조 제2항에 근거하여 종교의 자유는 내면적 자유인 신앙의 자유를 포함하여 "국가안전보장, 질서유지 또는 공공복리"를 위하여, "법률"에 의해서 제한될 수 있다.

제4항 정 당 화

Ⅰ. 비례성원칙과 본질내용침해금지원칙

종교의 자유도 원칙규범이다. 따라서 잠정적으로 보장된 종교의 자유의 구성요건이 확정적으로 보장받기 위해서는 **비례성원칙에 따른 합리적 형량**이 필요하다. 이것은 종교의 자유를 제한하는 다른 사람의 기본권이나 헌법적 법익 또는 공익을 이 자유와의 관계에서 조화와 균형을 이루게 함으로써 정당화하는 것을 의미한다. 따라서 종교의 자유에 대한 제약은 다른 사람의 기본권이나 헌법적 법익 또는 입법목적으로 제시된 공익과 균형을 이룰 수 있는 범위 안에서는 정당화된다. 비례성원칙은 방어권의 경우에는 과잉금지원칙으로, 보호권과 절차권의 경우에는 과소금지원칙으로 구체화된다.

종교의 자유의 본질내용에 대해서는 **절대설**에 따르게 되면 비례성원칙과는 구별되는 원칙인 본질내용침해금지원칙에 따른 독자적인 심사가 이 기본권에 대한 제약을 정당화하기 위하여 부가적으로 필요하다. 하지만 **상대설**에 따르게 되면 비례성원칙에 따른 심사로 종교의 자유의 제약을 위한 정당화는 충분하게 된다.

[판례] 종교교육기관의 인가 · 등록의무와 종교의 자유

종교교육을 담당하는 기관들에 대하여 예외적으로 인가 혹은 등록의무를 면제하여 주지 않았다고 하더라도, 헌법 제31조 제6항이 교육제도에 관한 기본사항을 법률로 입법자가 정하도록 한 취지, 종교교육기관이 자체 내부의 순수한 성직자 양성기관이 아니라 학교 혹은 학원의 형태로 운영될 경우 일반국민들이 받을 수 있는 부실한 교육의 피해의 방지, 현행 법률상 학교 내지 학원의 설립절차가 지나치게 엄격하다고 볼 수 없는 점 등을 고려할 때, 위 조항들이 청구인의 종교의 자유 등을 침해하였다고 볼 수 없고, 또한 위 조항들로 인하여 종교교단의 재정적 능력에 따라 학교 내지 학원의 설립상 차별을 초래한다고 해도 거기에는 위와 같은 합리적 이유가 있으므로 평등원칙에 위배된다고 할 수 없다(2000. 3. 30. 99헌바14).

[판례] 사법시험 · 법학적성시험 시행일을 일요일 · 토요일로 정한 행위

[1] 일요일에 예배행사 참석과 기도, 봉사행위 이외의 다른 업무를 일체 금지한다는 교리에 위반하지 않으면 사법시험 응시가 불가능하게 되어 청구인의 **종교적 확신에 반하는 행위를 강요**하는 결과가 된다는 것이므로 그 점에서 종교적 행위의 자유에 제한이 될 수 있다. … 사법시험 시행일을 일요일로 정하여 공고한 것은 다수 국민의 편의를 위한 것이므로 이로 인하여 청구인의 종교의 자유가 어느 정도 제한된다 하더라도 이는 **공공복리를 위한 부득이한 제한**으로 보아야 할 것이고 그 정도를 보더라도 비례의 원칙에 벗어난 것으로 볼 수 없고 청구인의 종교의 자유의 본질적 내용을 침해한 것으로 볼 수도 없다. … 또한 기독교 문화를 사회적 배경으로 하고 있는 구미 제국과 달리 우리나라에서는 일요일은 특별한 종교의 종교의식일이 아니라 **일반적인 공휴일**로 보아야 할 것이고 앞서 본 여러 사정을 참작한다면 … 청구인이 신봉하는 종교를 다른 종교에 비하여 불합리하게 차별대우하는 것으로 볼 수도 없다(2001. 9. 27. 2000헌마159).

[2] 법학적성시험 시행일을 일요일로 정하고 있는 것은 대다수의 국민의 응시기회 보장 및 용이한 시험관리라는 정당한 목적을 달성하기 위한 적절한 수단이며, 시험장으로 임차된 학교들의 구체적인 학사일정에 차이가 있고 주5일 근무제의 시행이 배제되는 사업장이 존재하며 국가시험의 종류에 따라 시험의 시행기관 및 투입비용 등이 다르다는 점에 비추어 위 공고가 피해의 최소성 및 법익균형성 원칙에 반하여 종교의 자유를 침해한다고 볼 수 없다(2010. 4. 29. 2009헌마399).

[3] 제칠일안식일예수재림교의 교리에 의하면 성경상 일곱째날인 토요일은 거룩한 안식일로서 하나님을 예배하거나 선을 행하는 일 외에 개인적인 일을 하지 말아야 한다는 것인바, 사법시험일자를 토요일이나 토요일을 포함한 기간으로 지정함으로써 청구인들로서는 사법시험 응시를 하려면 안식일에 관한 교리에 위반할 수밖에 없어서 종교의 자유가 제한된다 할 것이다. 그러나 법무부장관이 다수의 사법시험 응시생들의 응시상 편의를 도모하고 시험장소의 확보, 시험관리 등을 용이하게 하기 위하여 토요일을 사법시험 일자로 지정한 것은 과잉금지원칙을 위반하여 청구인들의 종교의 자유를 침해한 것이라고 할 수 없다(2010. 6. 24. 2010헌마41).

[4] 독학학위 취득시험의 시험일을 일요일로 정한 것은, 가능한 한 다수의 국민이 본인의 학업 · 생계활동 등 일상생활에 지장 없이 시험에 응시할 수 있도록 하고, 시험장소의 확보와 시험관리를 용이하게 하기 위한 것이다. 독학학위 취득시험의 응시 인원, 연령 및 직업 구성, 국가전문자격시험과 공무원시험 등 국가나 지방자치단체가 주관하는 시험이라 할지라도 각각의 시험별로 시행부처 및 시행기관이 달라 시험의 목적과

실시기간 역시 다를 수밖에 없는 점 등을 종합적으로 고려하면 시험일을 일요일로 정한 시험공고는 종교의 자유를 침해하지 않는다(2022. 12. 22. 2021헌마271).

[판례] 현역병 복무를 마친 군종장교의 예비역 장교 편입과 종교의 자유

현역병 복무를 마치고 군종신부로 자원입대하여 전역한 신부의 경우와 같이 예비역 병과 예비역 장교의 요건을 동시에 가지는 자는 예비군 조직상 장교로 편성되는 것으로 인하여 군종장교로 복무하였던 자가 예비역 장교의 자격으로 향토예비군으로 조직되어 훈련을 받게 되었는데, 이들은 예비군 훈련을 받음으로 인하여 훈련이 없었다면 그 훈련기간 동안 할 수 있었던 종교적 활동을 하지 못하게 되는 것은 사실이나, 향토예비군설치법은 예비군 훈련대상자의 범위를 일정한 범위의 인력으로 한정하고 있고(제3조), 훈련의 실시에 있어서 사전에 훈련소집통지서를 본인에게 전달하도록 하고 있으며(제6조의2), 훈련기간은 연20일을 초과할 수 없도록 하고 있을 뿐만 아니라(제6조), 훈련자의 사용자는 훈련을 이유로 훈련자에게 어떠한 불이익한 처분도 할 수 없으며 이를 위반한 사용자는 처벌되도록 하고 있다(제10조, 제15조 제7항). 그렇다면 향토예비군설치법이 정하는 이와 같은 훈련의 정도와 방법은 국가의 안전보장을 도모하기 위하여 훈련대상자의 종교활동의 자유 등 제반 행동의 자유에 대하여 부득이하게 필요한 최소한도의 제한을 가하는 것이라고 하겠으므로 헌법상의 비례의 원칙에 적합하다고 판단된다. 그렇다면 결국 이 사건 법률조항들이 헌법 제37조 제2항에 위배하여 군종장교로 복무하였던 자 등 훈련참가자의 종교의 자유를 침해한다고 볼 수 없다(2000. 3. 30. 99헌바14).

[판례] 미결수용자의 종교의 자유

피청구인은 출력수(작업에 종사하는 수형자)를 대상으로 원칙적으로 월 3~4회의 종교집회를 실시하는 반면, 미결수용자와 미지정 수형자에 대해서는 원칙적으로 매월 1회, 그것도 공간의 협소함과 관리 인력의 부족을 이유로 수용동별로 돌아가며 종교집회를 실시하여 실제 연간 1회 정도의 종교집회 참석 기회를 부여하고 있다. 이는 미결수용자 및 미지정 수형자의 구금기간을 고려하면 사실상 종교집회 참석 기회가 거의 보장되지 않는 결과를 초래할 수도 있다. 나아가 피청구인은 현재의 시설 여건 하에서도 종교집회의 실시 회수를 출력수와 출력수 외의 수용자의 종교의 자유를 보장하는 범위 내에서 적절히 배분하는 방법, 공범이나 동일사건 관련자가 있는 경우에 한하여 이를 분리하여 종교집회 참석을 허용하는 방법, 미지정 수형자의 경우 추가사건의 공범이나 동일사건 관련자가 없는 때에는 출력수와 함께 종교집회를 실시하는 등의 방법으로 청구인의 기본권을 덜 침해하는 수단이 있음에도 불구하고 이를 전혀 고려하지 아니하였다. 따라서 이 사건 종교집회 참석 제한 처우는 부산구치소의 열악한 시설을 감안하더라도 과잉금지원칙을 위반하여 청구인의 종교의 자유를 침해한 것이다(2014. 6. 26. 2012헌마782).

Ⅱ. 구체적 문제

학교에서의 종교의식 · 선교 · 교육은 학교의 종교의 자유와 학생의 종교의 자유가 충돌하는 문제로서 다음과 같이 정당화할 수 있다.[49] 이러한 행위는 국 · 공립학교에서는 금지되지만 사립학교에서는 종교의 자유로서 허용된다. 물론 여기서 중요한 것은 사

49) 사립학교의 종교교육에 대해서는 이준일, 『인권법』(2021), 제12장 참조.

립학교를 선택할 수 있는 결정권이 학생에게 부여되었는지 여부가 된다. 따라서 중·고등학교의 경우에 본인의 의사와 상관없이 학교가 강제로 배정되고 있는 현실을 고려한다면 사립학교라고 하더라도 학생에게 종교적 의식이나 교육을 강요하는 것은 학생의 종교의 자유를 침해한다. 한편 대학의 경우에는 학생에게 선택권이 보장되기 때문에 원칙적으로 종교의 자유에 대한 침해는 문제될 수 없다. 하지만 비례성의 원칙에 따라 대학의 종교의 자유만을 지나치게 강조하여 학생의 선택권을 배제함으로써 학생의 종교의 자유가 침해되는 것은 허용될 수 없다. 한편 감염병의 확산을 차단하기 위한 목적으로 종교집회를 제한하거나 금지하는 것은 종교의 자유를 침해하지 않다는 것이 헌법재판소의 입장이다.50)

[판례] 사립학교의 종교교육(채플)

사립학교는 국·공립학교와는 달리 종교의 자유의 내용으로서 종교교육 내지는 종교선전을 할 수 있고, … 사립대학은 종교교육 내지 종교선전을 위하여 학생들의 신앙을 가지지 않을 자유를 침해하지 않는 범위 내에서 학생들로 하여금 일정한 내용의 종교교육을 받을 것을 졸업요건으로 하는 학칙을 제정할 수 있는 바 위 대학교의 예배는 복음전도나 종교인 양성에 직접적인 목표가 있는 것이 아니고, 신앙을 가지지 않을 자유를 침해하지 않는 범위 내에서 학생들에게 종교교육을 함으로써 진리·사랑에 기초한 보편적 교양인을 양성하는 데 목표를 두고 있다고 할 것이므로 대학예배에의 6학기 참석을 졸업요건으로 정한 위 대학교의 학칙은 헌법상 종교의 자유에 반하는 위헌무효의 학칙이 아니다(대판 1998. 11. 10. 96다37268).

[판례] 종교의 자유와 국기에 대한 경례

국기에 대한 경례를 종교상의 우상숭배라 하여 거부한 학생에 대해서 학칙위반으로 제적한 학교의 징계처분은 신앙양심, 즉 우상을 숭배하여서는 아니된다는 종교적인 신념을 그 처분의 대상으로 삼은 것이 아니고, 나라의 상징인 국기(國旗)의 존엄성에 대한 경례를 우상숭배로 단정하고 그 경례를 거부한 학생들의 행위 자체를 처분의 대상으로 한 것이므로 헌법이 보장하고 있는 종교의 자유가 침해되었다고 할 수 없다(대판 1976. 4. 27. 75누249). → 종교의 자유의 내용 가운데 신앙표현(국기에 대한 경례를 거부함으로써 간접적으로 신앙을 표현하는 행위)의 자유는 제한될 수 있다고 보는 입장

제5항 효 력

종교의 자유는 ① 국가에 대해서 효력(대국가적 효력)을 미칠 뿐만 아니라 ② 사인인 제3자, 즉 국민에 대해서도 효력(대사인적 효력)을 발생시킨다. 종교의 자유의 사인에 대한 효력은 기본권의 대사인적 효력에 관한 이론구성에 따라 법관에게 기본권존중의무를 매개로 종교의 자유를 존중하는 재판을 요구함으로써 실현될 수 있다. 예를 들어 사립학교의 종교교육을 거부하여 학칙위반으로 제적된 학생이 이러한 학칙의 위헌성을 다투는 소송을 제기한 경우에 법관이 학생의 종교의 자유를 존중하는 판결을 내림으로써 종

50) 헌재 2024. 6. 27. 2021헌바178.

교의 자유는 사립학교라는 사인에 대해서도 효력을 발생하게 된다. 대법원은 종립학교에서 실시하는 종교교육이 “용인될 수 있는 한계를 초과”한 경우에 학생의 종교에 관한 인격적 법익이 침해된다고 판시하였다(아래 [판례] 참조).

[판례] 학교의 종교교육이 학생의 종교의 자유를 침해하는 경우

종립학교가 고등학교 평준화정책에 따라 학생 자신의 신앙과 무관하게 입학하게 된 학생들을 상대로 종교적 중립성이 유지된 보편적인 교양으로서의 종교교육의 범위를 넘어서서 학교의 설립이념이 된 특정의 종교교리를 전파하는 종파교육 형태의 종교교육을 실시하는 경우에는 그 종교교육의 구체적인 내용과 정도, 종교교육이 일시적인 것인지 아니면 계속적인 것인지 여부, 학생들에게 그러한 종교교육에 관하여 사전에 충분한 설명을 하고 동의를 구하였는지 여부, 종교교육에 대한 학생들의 태도나 학생들이 불이익이 있을 것을 염려하지 아니하고 자유롭게 대체과목을 선택하거나 종교교육에 참여를 거부할 수 있었는지 여부 등의 구체적인 사정을 종합적으로 고려하여 사회공동체의 건전한 상식과 법감정에 비추어 볼 때 용인될 수 있는 한계를 초과한 종교교육이라고 보이는 경우에는 위법성을 인정할 수 있다(대판 2010. 4. 22, 2008다38288).

제 4 절 학문의 자유

제 1 항 헌법규정

헌법은 제22조 제1항에서 학문의 자유를 보장한다. 동조 제2항에서 보장하고 있는 저작자 · 발명가 · 과학기술자 · 예술가의 권리는 지적 재산권에 대한 보장으로 재산권보장과 관련된다. 헌법 제22조 제1항과 제2항의 관계와 관련하여 헌법재판소에 따르면 제2항은 제1항의 자유를 제도적으로 뒷받침하고 문화국가의 실현을 위하여 지식재산권을 특별히 보호함으로써 더 많은 창작을 유인 · 장려하는 데 목적이 있기 때문에 제2항의 보호를 받는 대상은 창작성이 있음으로 전제로 한다고 한다.[51]

그 밖에 관련된 규정으로는 ‘대학의 자율성’을 규정한 헌법 제31조 제4항이 있다. 이러한 기본권규정이 의미하는 바는 학문의 자유에 관한 주관적 지위와 객관적 규범이다.

[헌법 제22조]

① 모든 국민은 학문과 예술의 자유를 가진다.
② 저작자 · 발명가 · 과학기술자와 예술가의 권리는 법률로써 보호한다.

[헌법 제31조]

④ 교육의 자주성 · 전문성 · 정치적 중립성 및 대학의 자율성은 법률이 정하는 바에 의하여 보장된다.

51) 헌재 2023. 7. 20. 2020헌바497.

학문의 자유는 예술의 자유와 결합되어 제헌헌법(제14조)에서부터 현행 헌법에 이르기까지 규정되고 있다. "대학의 자율성"에 관한 규정은 현행 헌법에서 추가되었다.

제 2 항 구성요건

Ⅰ. 인적 구성요건(주체)

학문의 자유는 **인간의 권리**이기 때문에 이 기본권의 주체는 원칙적으로 모든 인간이다. 따라서 국민뿐만 아니라 외국인도 학문의 자유의 주체가 될 수 있다. 또한 **자연인** 외에 대학이나 연구기관과 같은 **법인**도 학문의 자유의 주체가 될 수 있고, **공법인**에 속하는 국·공립대학교도 주체가 될 수 있다.[52]

[판례] 국립대학교의 기본권주체성

국립대학인 서울대학교는 다른 국가기관 내지 행정기관과는 달리 공권력의 행사자의 지위와 함께 기본권의 주체라는 점도 중요하게 다루어져야 한다. (서울대학교가 입시요강에서 일본어를 선택과목에서 제외하여) 현재 고등학교에서 일본어를 외국어 선택과목으로 배우고 있는 학생들이 받는 불이익은 서울대학교가 학문의 자유와 대학의 자율권이라고 하는 기본권의 주체로서 자신의 주체적인 학문적 가치판단에 따른, 법률이 허용하는 범위내에서의 적법한 자율권행사의 결과 초래된 반사적 불이익이어서 부득이한 일이다(1992. 10. 1. 92헌마68등).

Ⅱ. 보호법익

1. 학문활동

학문의 자유는 학문활동이라는 '행위'를 보호법익으로 한다. 학문의 자유가 보호하는 학문활동은 진위(眞僞), 즉 진리와 비(非)진리라는 가치에 근거한 판단과 관련된 정신적·문화적 활동을 말한다. 흔히 이러한 활동을 '진리탐구'라고 부른다. 학문활동도 다른 정신활동과 같이 세 단계로 구성된다. ① 학문을 형성하는 단계, ② 학문적 성과를 표현하는 단계, ③ 학문적 신념을 행동으로 실천하는 단계가 그것이다. 헌법은 이 세 가지 단계의 학문활동을 모두 보호한다.

2. 학문활동의 자유와 권리

(1) 학문활동의 자유

1) 학설과 판례 학문의 자유의 내용에 대해서는 '대학의 자치'를 포함할 것인지에 관해서만 긍정하는 견해[53]와 부정하는 견해[54]로 차이를 보이고, 대체로 ① 연구의

52) 헌재 1992. 10. 1. 92헌마68등.

53) 계희열(중), 371면; 권영성, 546면; 김하열a, 512면; 성낙인, 1124면; 장영수, 710면; 정종섭a, 589면 이하; 허영, 441면.

자유, ② 교수의 자유, ③ 연구결과발표의 자유, ④ 학문적 집회·결사의 자유를 포함한다는 데 견해의 일치를 보인다. 다만 분류나 명칭에서는 다소 차이가 있다. 헌법재판소도 학문의 자유에는 기본적으로 연구의 자유, 교수의 자유, 연구결과발표의 자유가 포함된다고 본다.[55]

[판례] 학문의 개념 및 학문의 자유의 내용

학문의 자유에서 말하는 '학문'이란 일정한 지식수준을 기반으로 방법론적으로 정돈된 비판적인 성찰을 함으로써 진리를 탐구하는 활동을 말한다(2003. 9. 25. 2001헌마814). 학문의 자유라 함은 진리를 탐구하는 자유를 의미하는데, 그것은 단순히 진리탐구의 자유에 그치지 않고, 탐구한 결과에 대한 발표의 자유 내지 가르치는 자유 등을 포함한다(1992. 11. 12. 89헌마88; 2001. 2. 22. 99헌마613).

2) 내 용

A. 학문의 자유의 세 가지 영역 모든 국민은 학문활동에 해당하는 행위를 하거나 하지 않을 수 있는 결정의 **자유**를 가진다. 학문활동이 세 단계로 이루어지므로 학문의 자유는 다음과 같이 세 가지 내용을 갖는다. ① 학문을 형성하는 단계에서 일정한 학문을 하거나 하지 않을 수 있는 자유를 뜻하는 **학문형성의 자유**[1 연구의 자유, 2 학문적 연구를 위한 집회·결사의 자유], ② 학문적 성과를 표현하는 단계에서 일정한 학문적 성과를 표현하거나 표현하지 않을 수 있는 자유를 뜻하는 **학문표현의 자유**[1 교수(강의)의 자유, 2 연구결과발표의 자유, 3 학문적 결과의 표현을 위한 집회·결사의 자유], ③ 학문적(과학적, 이론적) 신념을 행동으로 실천하는 단계에서 일정한 학문적 신념을 행동으로 실천하거나 하지 않을 수 있는 자유를 뜻하는 **학문실천의 자유**[1 학문적 신념의 적극적 실천의 자유, 2 학문적 신념에 반하는 행동을 강요당하지 않을 자유]가 그것이다.

B. 연구의 자유 학문의 자유에서 가장 본질적인 요소는 **연구의 자유**다. 연구의 자유는 연구의 주제와 방법, 그리고 기간과 장소를 자유롭게 결정할 수 있는 자유를 말한다. 여기서 법질서에 반하는 "사이비학문연구"[56]가 학문의 자유에 포함되는지, 즉 이른바 '내재적 한계' 때문에 포함될 수 없는지가 문제될 수 있다. 내재적 한계를 원칙적으로 부정하는 입장에서 그러한 연구도 잠정적으로는 구성요건에 포함될 수 있다고 생각된다. 물론 그러한 연구는 공공의 이익과 충돌되는 경우에 제약될 수 있다. 하지만 이러한 제약이 확정적으로 허용되는지 여부는 제약의 근거를 확인하고, 헌법적 정당성을 평가한 뒤에 판단될 수 있으므로 그러한 연구를 구성요건에서부터 배제할 필요는 없다.

C. 교수의 자유 학문의 자유에는 **교수(강의 또는 강학)의 자유, 즉 가르칠 자유**가 포함된다. 교수의 자유는 연구의 결과를 가르쳐 전달하는 자유를 말한다. 이러한 자유에는 가르치고자 하는 '내용'뿐만 아니라 가르쳐 전달하기 위한 '수단과 방법'(강의, 출판,

---

54) 김철수, 813면; 홍성방(중), 237면.

55) 헌재 1992. 11. 12. 89헌마88; 2001. 2. 22. 99헌마613; 2009. 7. 30. 2007헌마991 참조.

56) 계희열(중), 367면.

방송, 인터넷 등), 그리고 '시간과 장소'를 선택할 수 있는 자유를 포함한다. 한편 교수의 자유는 교수와 학생의 '쌍방향적 의사소통'을 의미하기 때문에 교수뿐만 아니라 학생도 교수의 자유의 주체가 될 수 있다. 하지만 교수의 자유는 원칙적으로 교수에게 인정되기 때문에 학생은 교수의 자유에 있어서 독립적이지 않고 참여적인 의미만을 갖는다.

[판례] 교사의 수업권

교사의 수업권은 … 그것이 헌법상 보장되는 기본권이라고 할 수 있느냐에 대하여서는 이를 부정적으로 보는 견해가 많으며, 설사 헌법상 보장되고 있는 학문의 자유 또는 교육을 받을 권리의 규정에서 교사의 수업권이 파생되는 것으로 해석하여 기본권에 준하는 것으로 간주하더라도 수업권을 내세워 수학권을 침해할 수는 없으며 국민의 수학권의 보장을 위하여 교사의 수업권은 일정범위 내에서 제약을 받을 수밖에 없는 것이다(1992. 11. 12. 89헌마88). 진리탐구의 과정과는 무관하게 단순히 기존의 지식을 전달하거나 인격을 형성하는 것을 목적으로 하는 '교육'은 학문의 자유의 보호영역이 아니라 교육에 관한 기본권(헌법 제31조)의 보호영역에 속한다고 할 것이다(2003. 9. 25. 2001헌마814).

D. 연구결과 발표의 자유 **연구결과를 발표할 수 있는 자유**도 학문의 자유의 중요한 요소다. 이러한 연구결과 발표의 자유는 학문적 연구의 성과를 외부에 주장하고 발표할 수 있는 자유를 말한다. 이러한 의미에서 앞에서 설명한 교수의 자유도 연구결과 발표의 자유의 특수한 형태로 이해될 수 있다. 발표의 자유는 학문적 연구의 성과를 논문이나 책으로 출판하거나 사이버공간에 올리는 것, 또는 학회나 학술대회에서 발표하는 것 등 발표의 수단과 방법을 선택함에 있어서 자유롭다는 것을 의미한다.

E. 학문실천의 자유 학문적 성과가 주관적 확신으로까지 강화된 학문적 신념을 행동으로 실천하는 학문실천의 자유도 학문의 자유에서 빠질 수 없는 요소다. 학문적 신념을 양심이나 사상으로 볼 수도 있지만 학문적 신념의 경우에는 그것의 논리적이고 체계적인 성격상 특별히 학문의 자유에 의해 보호받을 필요가 있다.

F. 학문적 집회 · 결사의 자유 학문의 자유는 개인의 자유일 뿐만 아니라 집단 또는 조직이나 단체의 자유일 수 있다. 학문활동을 위한 이러한 모임의 형성 또는 조직과 단체의 결성은 일반적인 집회 · 결사의 자유보다 **학문적 집회 · 결사의 자유**에 의해서 우선적으로 보호된다. 물론 이러한 집회와 결사는 연구를 위한 것일 수도 있고, 교수(강의)나 연구결과 발표를 위한 것일 수도 있다.

G. 대학의 자치 대학자치의 헌법적 근거에 관해서는 원칙적으로 헌법 제22조 제1항 학문의 자유에서 도출하는 견해와 제31조 제4항에서 도출하는 견해로 구분된다. 전자의 경우에 ① 대학의 자치는 제31조 제4항이 없더라도 이미 학문의 자유에 당연히 포함되는 내용이므로 대학의 자율성 보장에 관한 제31조 제4항은 대학의 자치를 보완하는 규정으로 보는 견해[57]와 ② 학문의 자유는 대학의 자치를 내포하는 반면에 헌법 제

57) 계희열(중), 371면; 권영성, 546면; 전광석, 355면; 허영, 443면 및 460면 이하.

31조 제4항은 대학의 자율성을 확보하기 위하여 필요한 문화국가적 급부의 보장을 담는 것으로 이해하는 견해[58]로 구분된다. 한편 헌법재판소는 학문의 자유를 개인뿐만 아니라 대학에 대해서도 보장된 자유로 보면서 대학의 자치를 학문의 자유에 대한 보장수단으로 이해하여[59] 제22조 제1항에서 도출하는 것으로 보인다. 결론적으로 아래에서 설명하는 바와 같이 학문의 자유는 절차권을 포함하기 때문에 절차권의 한 내용인 대학의 자유는 학문의 자유에 이미 포함되어 있다고 보는 것이 타당하다. 헌법재판소의 이해처럼 학문의 자유는 '목적'으로, 대학의 자치는 이 목적을 달성하기 위한 '수단'으로 보는 것이 반드시 양자의 개념적 포함관계를 의미하는지는 명확하지 않으나, 대학의 자치를 제도보장으로 이해하여 이를 제한하는 입법에 대하여 입법자의 형성의 자유에 속한다고 보아 입법형성의 한계를 일탈했는지 여부만을 심사하는 것은 문제가 있어 보인다.[60]

어쨌든 학문활동을 위한 학문적 결사 가운데 가장 중요한 것이 대학이다. 따라서 학문의 자유는 개인의 자유나 연구단체의 자유이기도 하지만 우선적으로 **대학의 자유**를 의미한다. 이러한 대학의 자유는 대학의 자주적 운영을 내용으로 하는 **'대학자치'**를 의미한다. 대학의 자치는 ① 인사(교원의 임용과 보직 등), ② 학사(학생의 선발, 교육, 평가, 학위수여, 징계 등), ③ 재정 및 시설, ④ 질서유지에 있어서의 자치를 포함한다.

[판례] 대학의 폐교와 대학의 자율성 및 학문의 자유

국립대학인 세무대학은 공법인으로서 사립대학과 마찬가지로 대학의 자율권이라는 기본권의 보호를 받으므로, 세무대학은 국가의 간섭 없이 인사 · 학사 · 시설 · 재정 등 대학과 관련된 사항들을 자주적으로 결정하고 운영할 자유를 갖는다. 그러나 대학의 자율성은 그 보호영역이 원칙적으로 당해 대학 자체의 계속적 존립에까지 미치는 것은 아니다. 즉, 이러한 자율성은 법률의 목적에 의해서 세무대학이 수행해야 할 과제의 범위 내에서만 인정되는 것으로서, 세무대학의 설립과 폐교가 국가의 합리적인 고도의 정책적 결단 그 자체에 의존하고 있는 이상 세무대학의 계속적 존립과 과제수행을 자율성의 한 내용으로 요구할 수는 없다고 할 것이다. 따라서 이 사건 **폐지법에 의해서 세무대학을 폐교한다고 해서 세무대학의 자율성이 침해되는 것은 아니다.** 국가가 세무대학과 같은 국립대학을 설치 · 조직 · 폐지하는 등의 조직권한은 원칙적으로 당해 대학에 재직 중인 자들의 기본권에 의해서 제한되지 아니한다. 게다가 이 사건 폐지법(부칙 제4조 제3항)은 세무대학소속 교수 · 부교수 · 조교수 및 전임강사의 신분보장에 관하여 교육공무원법의 해당 조항을 준용함으로써 세무대학을 폐지하더라도 교수들의 지속적인 학문활동을 보장하는 등 기존의 권리를 최대한 보장하고 있다. 따라서, 이 사건 **폐지법에 의한 세무대학의 폐교로 인하여 곧바로 청구인 자신의 진리탐구와 연구발표 및 교수의 자유가 침해되는 것은 아니다**(2001. 2. 22. 99헌마613).

[판례] 대학자치권의 주체 · 내용 · 제한

① 대학의 자율성은 학문의 자유의 확실한 보장수단으로서 대학에게 부여된 헌법상의 기본

---

58) 장영수, 710면.

59) 헌재 1998. 7. 16. 96헌바33; 2008. 4. 24. 2005헌마857; 2023. 10. 26. 2018헌마872.

60) 자세한 내용은 이준일, 학문의 자유와 대학의 자치, 『헌법논총』(헌법재판소), 제23집(2012), 5면 이하 참조.

권이다(1992. 10. 1. 92헌마68등). 그러나 학문의 자유를 침해하는 대학의 장에 대한 관계에서는 교수나 교수회가 주체가 될 수 있고, 또한 국가에 의한 침해에 있어서는 대학 자체 외에도 대학 전 구성원이 자율성을 갖는 경우도 있을 것이므로 문제되는 경우에 따라서 대학, 교수, 교수회 모두가 단독, 혹은 중첩적으로 주체가 될 수 있다. ② 전통적으로 대학자치는 학문활동을 수행하는 교수들로 구성된 교수회가 누려오는 것이었고, … 교수나 교수회에 대학총장 후보자 선출에 참여할 권리가 있고 이 권리는 대학의 자치의 본질적인 내용에 포함되므로 결국 **헌법상의 기본권**으로 인정할 수 있다. ③ 대학의 자율도 헌법상의 기본권이므로 … 헌법 제37조 제2항에 따라 제한될 수 있고, 대학의 자율의 구체적인 내용은 법률이 정하는 바에 의하여 보장되며, 또한 국가는 헌법 제31조 제6항에 따라 모든 학교제도의 조직, 계획, 운영, 감독에 관한 포괄적인 권한 즉, 학교제도에 관한 전반적인 형성권과 규율권을 부여받았다고 할 수 있으므로 교육의 본질을 침해하지 않는 한 궁극적으로는 **입법권자의 형성의 자유**에 속한다. 따라서 문제가 된 법률조항이 대학의 자유를 제한하고 있다고 하더라도 그 위헌 여부는 입법자가 기본권을 제한함에 있어 헌법 제37조 제2항에 의한 합리적인 입법한계를 벗어나 자의적으로 그 본질적 내용을 침해하였는지 여부에 따라 판단되어야 한다. ④ 대학의장임용추천위원회에서 국립대학총장을 선정하는 것, 국립대학에서 총장이 임명되지 못하는 경우에 대통령이 교육인적자원부장관의 제청으로 총장을 임용하는 것, 국가의 예산과 공무원이라는 인적조직에 의하여 운용되는 국립대학에서 선거관리를 공정하게 하기 위하여 중립적 기구인 선거관리위원회에 선거관리를 위탁하는 것은 매우 자의적인 것으로서 합리적인 입법한계를 일탈하였거나 대학의 자율의 본질적인 부분을 침해하였다고 볼 수 없다(2006. 4. 27. 2005헌마1047등).

[판례] 개방이사제와 대학의 자치

개방이사제에 관한 사립학교법 제14조 제3항, 제4항은 사립학교운영의 투명성과 공정성을 제고하고, 학교구성원에게 학교운영에 참여할 기회를 부여하기 위한 것으로서, 개방이사가 이사 정수에서 차지하는 비중, 대학평의원회와 학교운영위원회가 추천하는 개방이사추천위원회 위원의 비율, 학교법인 운영의 투명성 확보를 위한 사전적·예방적 조치의 필요성 등을 고려할 때 학교법인의 사학의 자유를 침해한다고 볼 수 없다(2013.11.28. 2007헌마1189).

[판례] 여자대학교의 학생 선발과 대학의 자율성

학교법인 이화학당은 1886년 한국여성들에게 신교육의 기회를 주기 위하여 설립된 국내 최초의 여성 고등교육기관으로서 120년 이상 여자 사립대학의 전통을 유지하여 왔고, 교육목표는 '국가와 인류사회의 발전에 공헌하는 여성지도자 양성'에 두고 있다. 따라서 이화여자대학교의 정체성의 핵심은 '여성 고등교육기관'이라는 점이고, 교육목표의 핵심은 여성지도자 양성에 있다. 따라서 이화여자대학교가 여자대학교로서의 정체성을 유지할 것인지, 남녀공학으로 전환할 것인지는 사립대학인 이화여자대학교의 자율성의 본질적인 부분에 해당한다고 할 것이다(2013.5.30. 2009헌마514).

(2) 학문활동의 권리

1) 방어권과 보호권 ① 학문의 자유에는 학문활동을 저지·방해하는 국가의 제약행위에 대해서 중지를 요구할 수 있는 **방어권**이 포함된다. 또한 ② 학문활동을 사인(私人)인 제3자가 저지·방해하는 경우에 국가의 보호에 관한 입법을 요구할 수 있는 **보**

호권이 포함된다. 보호권의 경우에 이에 상응하여 국가는 학문의 자유를 보호해야 하는 적극적인 입법의무를 진다. 이러한 입법의무에 따라 국가는 학문활동을 저지 · 방해하는 행위에 대하여 형벌이나 손해배상책임을 부과하는 법률을 제정해야 한다. 다만 보호권의 내용은 형사입법에 국한되므로 손해배상에 관한 입법을 요구할 수 있기 위해서는 손해배상청구권을 기본권으로 보장할 필요가 있다.

2) 절 차 권

A. 일반적 절차권　　학문의 자유는 이 자유와 관련된 절차를 보장하는 입법을 국가에 대해서 요구할 수 있는 **절차권**을 포함한다. 이러한 절차권에 상응하여 국가는 학문의 자유에 관한 절차를 보장해야 하는 입법의무를 진다.

B. 학문의 자유에 특수한 절차권　　학문의 자유는 원칙적으로 개인의 자유이지만 조직의 형태로도 실현된다. 이미 설명했듯이 이러한 조직은 주로 대학이기 때문에 학문의 자유는 '대학의 자유'를 포함한다. 따라서 대학의 자유는 이미 학문의 자유 안에 포함되지만 헌법 제31조 제4항에 "대학의 자율성"을 명시적으로 규정함으로써 그것을 재확인하고 있다. 이러한 명시적인 확인을 통해 강조되고 있는 대학의 자유가 대학구성원 개인들, 특히 교수들의 학문의 자유를 단순히 집적한 것에 불과하다면 대학의 자유는 특별한 의미를 갖지 못한다. 대학의 자유는 학문활동을 위한 조직인 대학이 그 구성원들에게 **학문의 자유를 최대로 실현할 수 있는 조직**을 갖추어야 한다는 의미로 해석된다. 이것은 단지 대학을 국가의 간섭으로부터 벗어나 자유롭게 운영 및 관리할 수 있다는 소극적 의미를 넘어선다. 따라서 대학의 자유는 국민이 국가에 대해서 대학이 학문의 자유를 실현하는 데 적합한 조직이 될 수 있도록 규율하는 법규범을 제정하도록 요구하는 권리를 가지며 국가는 그에 상응한 입법의무를 진다는 적극적 의미로 해석되어야 한다.

3) 사회권　　학문의 자유를 실현하기 위해서는 사실적 기초, 즉 경제적 · 재정적 여건이 보장되어야 한다. 학문의 자유가 가지는 이러한 사실적 자유의 측면은 **사회권**으로 이해될 수 있다. 그런데 이러한 측면을 이른바 '문화국가원리'에 근거하여 설명하기도 한다. "스스로를 문화국가로 이해하는 국가는 학문의 자유를 … 적극적 활동을 통해서 보호하고 장려하여야" 하기 때문에 "오늘날에는 독립적인 학문활동을 보장하고 장려하기 위한 재정적 · 조직적 조치를 취할 국가의 문화국가적 과제가 강조되고 있을 뿐 아니라, 이와 관련하여 학문의 지원을 위한 국가의 조치가 있을 경우 기본권주체들이 이러한 지원의 혜택을 받을 수 있는 권리가 문제된다"는 견해[61]가 그것이다. 여기서 "학문활동을 보장하고 장려하기 위한" "적극적 활동"은 모든 개별기본권의 기능인 절차권과 사회권으로 설명될 수 있다고 생각된다. 즉 "조직적 조치"는 절차권에 의해서, "재정적 조치"는 사회권에 의해서 설명될 수 있다. 따라서 문화국가원리를 독립적인 국가원리로서 전제하고, 이 원리에 근거하여 학문의 자유를 보장하기 위한 국가의 의무를

61) 장영수, 704면 및 706면.

논증할 필요는 없다고 생각된다.

Ⅲ. 제약행위

1. 학문활동의 명령(강제)

학문활동에 해당하는 행위를 하지 않을 수 있는 자유(소극적 행위의 자유)에 대해서 반드시 그것을 하도록 명령하는 행위(강제행위 = 적극적 의무의 부과)는 학문의 자유에 대한 제약행위가 된다. 학문활동이 세 단계로 걸쳐 구성되는 것에 맞추어 세 가지 유형이 가능하다. ① 학문형성의 단계에서 일정한 학문적 결과를 형성하도록 강제하는 행위, ② 학문표현의 단계에서 학문적 결과를 외부에 표현하도록 강제하는 행위, ③ 학문실천의 단계에서 학문적 신념에 반하게 행동하도록 강제하는 행위가 그것이다. 이러한 행위들은 **잠정적으로 금지**된다.

2. 학문활동의 금지(규제)

학문활동에 해당하는 행위를 할 수 있는 자유(적극적 행위의 자유)에 대해서 하지 못하도록 금지하는 행위(규제행위 = 소극적 의무의 부과)도 학문의 자유에 대한 제약행위가 된다. 마찬가지로 세 가지 유형이 가능하다. ① 학문형성의 단계에서 일정한 학문적 결과를 형성하지 못하도록 금지하는 행위(유전자조작이나 생명복제에 관한 연구의 금지), ② 학문표현의 단계에서 학문의 결과를 외부에 표현하는 것을 금지하는 행위(금서), ③ 학문실천의 단계에서 학문적 신념에 따라 행동하지 못하게 금지하는 행위가 그것이다. 또한 대학의 자치와 관련하여 대학의 학생선발에 대한 국가의 각종 규제도 제약행위에 해당한다. 이러한 행위들도 **잠정적으로 금지**된다.

제 3 항 제한규범

학문의 자유의 구성요건을 충족해도 제한규범에 근거하여 제약되는 학문활동은 확정적인 보호를 받지 못한다. 학문의 자유의 구성요건을 충족하면서 제한규범에 근거하여 제약될 수 없는 학문활동만이 확정적으로 허용된다. 따라서 학문의 자유에 관한 구성요건의 단계에서 보호법익에 해당하여 잠정적으로 허용된 학문활동은 제한규범에 근거해서 제약될 수 없으면 확정적으로 보호된다. 한편 학문의 자유에 포함된 방어권의 경우에 구성요건의 단계에서 잠정적으로 금지된 제약행위는 제한규범에 근거하는 경우에만 잠정적으로 허용된 제약행위로 바뀌게 되고, 근거가 되는 제한규범이 없는 경우에는 확정적으로 금지된 제약행위가 된다.

Ⅰ. 헌법직접적 제한규범

학문의 자유에 대한 헌법직접적 제한규범은 '성문'의 형태와 '불문'의 형태로 규정될 수 있다. 우리 헌법규정은 학문의 자유에 대한 성문의 헌법직접적 제한규범을 규정하고 있지 않다. 불문의 헌법직접적 제한규범으로는 다른 사람의 기본권이나 헌법적 법익을 들 수 있다. 다른 사람의 기본권이 학문의 자유에 대한 헌법직접적 제한규범이 되면 두 기본권 사이에는 '기본권의 충돌'이 발생한다.

Ⅱ. 헌법간접적 제한규범

학문의 자유의 제한가능성과 관련하여 연구의 자유는 절대적 기본권이라는 견해[62]도 있지만 연구의 자유를 포함하여 학문의 자유는 이를 원칙규범으로 이해하는 한 제한될 수 있는 상대적 기본권이다. 헌법재판소는 연구결과를 발표하는 자유와 강의하는 자유만을 상대적 기본권으로 본다(아래 [판례] 참조). 학문의 자유에 대한 헌법간접적 제한규범은 학문의 자유를 규정한 기본권조항에서 '개별적으로' 규정될 수도 있고, 그 조항과는 독립적인 조항을 두어 모든 자유와 권리에 대해서 '일반적으로' 규정될 수도 있다. 우리 헌법은 학문의 자유에 대한 개별적 법률유보조항은 규정하지 않고, 일반적 법률유보조항을 규정하고 있다. 따라서 일반적 법률유보조항인 헌법 제37조 제2항에 근거하여 학문의 자유는 "국가안전보장, 질서유지 또는 공공복리"를 위하여 "법률"로써 제한될 수 있다.

[판례] 절대적 기본권으로서 진리탐구의 자유

진리탐구의 자유와 결과발표 내지 수업의 자유는 같은 차원에서 거론하기가 어려우며, 전자는 신앙의 자유·양심의 자유처럼 절대적인 자유라고 할 수 있으나, 후자는 표현의 자유와도 밀접한 관련이 있는 것으로서 경우에 따라 헌법 제21조 제4항은 물론 제37조 제2항에 따라 제약될 수 있다(1992. 11. 12. 89헌마88).

제4항 정 당 화

학문의 자유도 다른 기본권과 같이 원칙규범으로 이해된다. 따라서 잠정적으로 보장된 학문의 자유의 구성요건이 확정적인 것이 되기 위해서는 **비례성원칙에 따른 합리적 형량**이 필요하다. 이것은 학문의 자유를 제한하는 다른 사람의 기본권이나 헌법적 법익 또는 공익을 이 자유와의 관계에서 조화와 균형을 이루게 함으로써 정당화하는 것을 의미한다. 따라서 학문의 자유에 대한 제약은 다른 사람의 기본권이나 헌법적 법익 또는 입법목적으로 제시된 공익과 균형을 이룰 수 있는 범위 안에서는 정당화된다. 비

62) 권영성, 546면; 김철수, 821면.

례성원칙은 방어권의 경우에는 과잉금지원칙으로, 보호권과 절차권의 경우에는 과소금지원칙으로 구체화된다.

한편 학문의 자유의 본질내용에 대해서는 **절대설**을 선택하게 되면 비례성원칙과는 독립적인 원칙으로서 본질내용침해금지원칙에 따른 독자적인 심사가 이 기본권에 대한 제약을 정당화하기 위하여 부가적으로 필요하다. 하지만 **상대설**을 취하게 되면 비례성원칙에 따른 심사로 학문의 자유의 제약에 대한 정당화는 충분하게 된다.

제5항 효 력

학문의 자유는 ① 국가에 대해서 효력(대국가적 효력)을 미칠 뿐만 아니라 ② 사인인 제3자, 즉 국민에 대해서도 효력(대사인적 효력)이 미친다. 학문의 자유의 사인에 대한 효력은 기본권의 대사인적 효력에 관한 이론구성에 따라 법관에게 기본권존중의무를 매개로 학문의 자유를 존중하는 **재판**을 요구함으로써 실현될 수 있다.

제 5 절 예술의 자유

제1항 헌법규정

헌법은 **제22조 제1항**에서 예술의 자유를 규정한다. 이러한 기본권규정이 의미하는 바는 예술의 자유에 관한 주관적 지위와 객관적 규범이다. 한편 동조 제2항은 저작자·발명가·과학기술자·예술가의 권리를 법률로써 보호한다고 규정하고 있는데 이것은 '지적 재산권'의 보호에 관한 규정이므로 재산권의 문제로 다루어져야 한다.

[헌법 제22조]
① 모든 국민은 학문과 예술의 자유를 가진다.
② 저작자·발명가·과학기술자와 예술가의 권리는 법률로써 보호한다.

예술의 자유는 학문의 자유와 결합되어 제헌헌법(제14조)에서부터 현행 헌법에 이르기까지 규정되고 있다.

제2항 구성요건

Ⅰ. 인적 구성요건(주체)

예술의 자유는 인간의 권리로 이해되기 때문에 이 기본권의 주체는 원칙적으로 모든 인간이다. 따라서 국민뿐만 아니라 외국인도 예술의 자유의 주체가 된다. 또한 자연인 이외에 대학이나 예술단체와 같은 법인도 예술의 자유의 주체가 될 수 있으며 공법인에 속하는 국·공립대학교도 주체가 될 수 있다. 법인에게 인정되는 예술의 자유는 실제로는 법인의 자유가 아니라 법인을 구성하는 구성원들의 자유라는 견해도 주장된다.

Ⅱ. 보호법익

1. 예술활동

(1) 학 설

예술의 자유는 예술활동이라는 '행위'를 보호법익으로 한다. 이러한 예술활동의 의미 또는 '예술의 개념'에 대해서는 다양한 견해가 제시된다. 예를 들어 ① 예술에 대한 다양한 개념을 모두 활용할 수밖에 없으며 스스로 예술임을 주장하는 사람들, 그 분야의 전문가 및 예술의 수용자(비평가, 감상자 등)의 견해를 참고해야 하고, 예술인지 아닌지를 확정하기 어려운 때에는 '의심스러운 경우에는 예술에게 유리하게'라는 원칙에 따라 판단해야 한다는 견해,[63] ② 헌법적인 예술개념은 내용적·실질적 요소보다는 형식적 내지 기능적 요소(인공이 가해진 문화현상, 예술가의 내면의 외부적 표출, 외부세계와의 커뮤니케이션 지향)에 의존하게 되지만 예술의 비평가나 감상자의 견해도 중요한 판단기준으로 작용할 수 있다는 견해,[64] ③ 헌법에 의해서 보호받는 예술이기 위해서는 예술가와 일반대중(평균적 동시대인) 사이에 유형·무형의 대화가 가능해야 하고, 예술은 기본권주체의 창조적이고 개성적인 표현형태를 뜻하며 예술작품은 그 주안점이 '표현'에 있지 '전달'에 있지 않기 때문에 예술은 '자기목적적'인 것이지 어떤 '목적'을 위한 수단이 아니라고 보는 견해,[65] ④ 예술은 내용적으로 미를 추구하는 창조적 활동이고, 주관적인 것이며, 최소한의 형식적·기능적 요소를 갖고, 예술이기 위해서는 예술가의 주장 외에도 동시대인의 안목에서 예술로 받아들여져야 한다는 견해[66] 등이다.

(2) 비판과 대안

예술의 개념을 정의하는 표지로서 "외부세계와의 커뮤니케이션" 또는 "대화"라고 하는 형식적 표지는 예술의 자유에서만 발견되는 것이 아니라 모든 정신활동에서 발견되는 것이기 때문에 적절한 표지가 될 수 없다. 한편 "창조성"이나 "자기목적성" 또는 "수용자의 견해"나 "동시대인의 안목"과 같은 '실질적·내용적' 표지들을 드는 것도 적절하지 않다고 생각된다. 그러한 표지들은 일정한 가치에 근거한 규범적인 것들로서 예술의 영역을 부당하게 축소할 수 있기 때문이다. 미추에 관한 심미적인 체험과 인식 또

63) 계희열(중), 382면.
64) 장영수, 716면 이하.
65) 허영, 448면.
66) 홍성방(중), 243면 이하.

는 판단은 우선적으로 주관적일 수밖에 없기 때문에 예술의 개념을 정의함에 있어서는 무엇보다도 예술이라고 주장하는 사람의 주관적 판단이 결정적인 기준이 되어야 한다. 헌법재판소에 따르면 문신시술은 예술활동에 포함된다.[67)]

예술의 자유가 보호하는 예술활동은 미추(美醜)에 관한 심미적 체험과 인식 또는 판단과 관련된 활동을 말한다. 예술활동의 개념에 대해서는 '실질적 · 내용적' 기준이든 '형식적 · 기술적' 기준이든 예술활동의 영역을 처음부터 합리적 근거 없이 제한하는 기준은 허용되지 않는다. 예술활동은 세 단계로 구성된다. ① 예술적 체험과 인식 또는 판단이 형성(창작)되는 단계, ② 예술적 체험과 인식 또는 판단을 표현하는 단계, ③ 예술적 체험과 인식 또는 판단을 행동으로 실천하는 단계가 그것이다. 헌법은 이 세 가지 단계의 예술활동을 모두 보호한다.

2. 예술활동의 자유와 권리

(1) 예술활동의 자유

모든 국민은 예술활동에 해당하는 행위를 하거나 하지 않을 수 있는 결정의 '**자유**'라는 주관적 지위를 가진다. 예술활동이 세 단계로 이루어지므로 예술의 자유는 다음과 같이 세 가지 내용을 갖는다. ① 예술형성의 단계에서 일정한 예술적 체험과 인식 또는 판단을 형성하거나 하지 않을 수 있는 자유를 뜻하는 **예술형성의 자유** 또는 예술창작의 자유, ② 예술표현의 단계에서 일정한 예술적 체험과 인식 또는 판단을 표현하거나 표현하지 않을 수 있는 자유를 뜻하는 **예술표현의 자유**(예술작품의 공연, 연주, 상영, 전시의 자유 + 예술작품의 표현을 위한 집회 · 결사의 자유), ③ 예술실천의 단계에서 일정한 예술적 체험과 인식 또는 판단을 행동으로 실천하거나 하지 않을 수 있는 자유를 뜻하는 **예술실천의 자유**(예술가의 사회참여, 예술적 신념의 실천을 위한 집회 · 결사의 자유)가 그것이다.

(2) 예술활동의 권리

1) 방어권 · 보호권 · 절차권 ① 예술의 자유는 예술활동을 저지 · 방해하는 국가의 제약행위를 중지하도록 요구할 수 있는 **방어권**을 포함한다. 또한 ② 예술활동을 사인(私人)인 제3자가 저지 · 방해하는 경우에 국가의 보호에 관한 입법을 요구할 수 있는 **보호권**도 포함한다. 그리고 ③ 이 자유와 관련된 조직과 절차를 보장하는 입법을 국가에 대해서 요구할 수 있는 **절차권**도 포함된다. 보호권과 절차권의 경우에 이에 상응하여 국가는 예술활동의 보호와 절차보장에 관한 입법의무를 진다.

2) 사회권 예술의 자유를 실현하기 위해서는 사실적 기초, 즉 실질적인 재정적 여건이 보장되어야 한다. 이러한 측면을 이른바 '문화국가원리'에 근거하여 설명하기도 한다. "스스로를 문화국가로 이해하는 현대국가에 있어서 예술의 자유에 대한 헌법적 보장은 … 예술의 진흥을 위한 국가적 지원에까지 미치는 것이다."[68)] 이러한 견해의 기

---

67) 헌재 2022. 3. 31. 2017헌마1343등.

초에는 "국가의 예술에 대한 지원은 생존배려의 관점에서 행해지는 사회국가적 관점에서의 급부와는 달리 전체국가의 문화적 수준의 향상이라는 관점에 따라"[69] 이해되어야 한다는 생각이 자리 잡고 있다. 그러나 예술에 대한 "국가적 지원"은 학문의 자유를 보호하고 장려하기 위한 재정적 지원과 같은 적극적 활동과 마찬가지로 사회권에 의해서 설명될 수 있다. 왜냐하면 위와 같은 견해는 사회국가원리를 제한적으로 이해하여 문화국가원리를 독립적인 국가원리로서 전제하면서 이 원리에 근거하여 예술의 자유를 보장하기 위한 국가의 의무를 논증하는 것인데 반드시 사회국가원리의 의미를 '생존배려'에 국한시킬 필요가 없고 '자유의 사실적 기초의 보장'으로 확대할 수 있기 때문이다.

Ⅲ. 제약행위

1. 예술활동의 명령(강제)

예술활동에 해당하는 행위를 하지 않을 수 있는 자유(소극적 행위의 자유)에 대해서 반드시 그것을 하도록 명령하는 행위(강제행위 = 적극적 의무의 부과)는 예술의 자유에 대한 제약행위가 된다. 예술활동이 세 단계로 걸쳐 구성되는 것에 맞추어 세 가지 유형이 가능하다. ① 예술형성의 단계에서 일정한 예술을 형성하도록 강제하는 행위(창작에 대한 국가간섭주의), ② 예술표현의 단계에서 일정한 예술적 구상을 외부에 표현하도록 강제하는 행위(예술적 표현에 대한 국가간섭주의), ③ 예술실천의 단계에서 일정한 예술적 신념에 반하게 행동하도록 강제하는 행위가 그것이다. 이러한 행위들은 모두 **잠정적으로 금지된다.**

2. 예술활동의 금지(규제)

예술활동에 해당하는 행위를 할 수 있는 자유(적극적 행위의 자유)에 대해서 하지 못하도록 금지하는 행위(규제행위 = 소극적 의무의 부과)도 예술의 자유에 대한 제약행위가 된다. 마찬가지로 세 가지 유형이 가능하다. ① 예술형성의 단계에서 일정한 예술을 형성하지 못하도록 금지하는 행위, ② 예술표현의 단계에서 일정한 예술적 구상을 외부에 표현하는 것을 금지하는 행위, ③ 예술실천의 단계에서 일정한 예술적 신념에 반하여 행동하지 못하게 금지하는 행위가 그것이다. 이러한 행위들도 모두 **잠정적으로 금지된다.**

제 3 항 제한규범

예술의 자유의 구성요건을 충족해도 제한규범에 근거하여 제약되는 예술활동은 확정적인 보호를 받지 못한다. 예술의 자유의 구성요건을 충족하면서 제한규범에 근거하여 제약될 수 없는 예술활동만이 확정적으로 허용된다. 따라서 예술의 자유에 관한 구

68) 장영수, 720면.
69) 장영수, 717면.

성요건의 단계에서 보호법익에 해당하여 잠정적으로 허용된 예술활동은 제한규범에 근거해서 제약될 수 없으면 확정적으로 보호된다. 한편 예술의 자유에 포함된 방어권의 경우에 구성요건의 단계에서 잠정적으로 금지된 제약행위는 제한규범에 근거하는 경우에만 잠정적으로 허용된 제약행위로 바뀌게 되고, 근거가 되는 제한규범이 없는 경우에는 확정적으로 금지된 제약행위가 된다.

Ⅰ. 헌법직접적 제한규범

예술의 자유에 대한 헌법직접적 제한규범은 '성문'의 형태와 '불문'의 형태로 규정될 수 있다. 우리 헌법규정은 예술의 자유에 대한 성문의 헌법직접적 제한규범을 규정하고 있지 않다. 불문의 헌법직접적 제한규범으로는 다른 사람의 기본권이나 헌법적 법익을 들 수 있다. 다른 사람의 기본권이 예술의 자유에 대한 헌법직접적 제한규범이 되는 경우에 두 기본권 사이에는 '기본권의 충돌'이 발생한다. 예술의 자유와 충돌할 수 있는 기본권으로는 명예권이나 사생활의 비밀에 관한 자유 또는 성적 자기결정권 등이 있다. 예를 들어 예술적 표현이 타인의 명예를 손상시키거나 타인의 사생활을 공개하는 경우 또는 타인에게 혐오감이나 불쾌감을 주는 경우에 예술의 자유는 다른 사람의 기본권과 충돌하게 된다.

Ⅱ. 헌법간접적 제한규범

예술의 자유에 대한 헌법간접적 제한규범은 예술의 자유를 규정한 기본권조항에서 '개별적으로' 규정될 수도 있고, 그 조항과는 독립적인 조항을 두어 모든 자유와 권리에 대해서 '일반적으로' 규정될 수도 있다. 우리 헌법은 예술의 자유에 대하여 개별적 법률유보조항은 규정하지 않고, 일반적 법률유보조항에서 규정하고 있다. 따라서 일반적 법률유보조항인 헌법 제37조 제2항에 근거하여 예술의 자유는 "국가안전보장, 질서유지 또는 공공복리"를 위하여 "법률로써" 제한될 수 있다. 예술의 자유를 제한하기 위한 공익적 입법목적으로는 '청소년보호'를 들 수 있다. 이에 따라 청소년 보호법은 청소년에게 유해한 예술적 표현을 금지하고 있다.

제4항 정 당 화

Ⅰ. 비례성원칙과 본질내용침해금지원칙

예술의 자유도 원칙규범이다. 따라서 잠정적으로 보장된 예술의 자유의 구성요건이 확정적으로 보장받기 위해서는 **비례성원칙에 따른 합리적 형량**이 필요하다. 이것은 예술의 자유를 제한하는 다른 사람의 기본권이나 헌법적 법익 또는 공익을 이 자유와의 관계에서 균형을 이루게 함으로써 정당화하는 것을 의미한다. 따라서 예술의 자유에 대한 제약은 다른 사람의 기본권이나 헌법적 법익 또는 입법목적으로 제시된 공익과 균형을 이룰 수 있는 범위 안에서는 정당화된다. 비례성원칙은 방어권의 경우에는 과잉금지원칙으로, 보호권과 절차권의 경우에는 과소금지원칙으로 구체화된다.

예술의 자유의 본질내용에 대해서는 **절대설**을 취하게 되면 비례성원칙과는 독립적인 원칙으로서 본질내용침해금지원칙에 따른 독자적인 심사가 예술의 자유에 대한 제약을 정당화하기 위하여 부가적으로 필요하다. 하지만 **상대설**을 취하게 되면 비례성원칙에 따른 심사로 예술의 자유의 제약을 위한 정당화는 충분하게 된다.

Ⅱ. 구체적 문제

1. 외설(음란)의 문제

예술의 자유와 관련된 구체적인 문제로는 흔히 외설(음란)의 문제가 제기된다.[70] 외설의 문제는 예술의 자유가 **공중도덕**이나 **사회윤리**와 충돌할 수도 있고, **청소년보호**라는 공익과 충돌할 수도 있다는 점을 보여준다. 우선 공중도덕이나 사회윤리의 내용은 구체적인 시대적 상황에 따라 달라질 수 있기 때문에 먼저 공중도덕이나 사회윤리의 내용이 시대마다 확정되고 그 정당성에 대한 합리적인 평가가 이루어져야 한다.[71] 만약 이러한 확정과 평가가 이루어지지 않은 채 공중도덕이나 사회윤리라는 이유로 예술의 자유에 대한 무제한적인 제한이 이루어진다면 예술의 자유는 공허한 기본권이 될 수도 있다. 마찬가지로 청소년보호라는 공익도 청소년의 일반적 도덕의식의 수준에 따라 달라질 수 있는 문제이기 때문에 청소년의 도덕의식수준에 대한 신중한 평가가 선행되어야 한다. 이러한 평가가 선행되지 않은 청소년보호는 청소년을 보호한다는 명목으로 오히려 실제적으로는 청소년을 독립적인 인격체로 보호해야 하는 헌법적 요청에 위반하는 결과를 초래할 수도 있다. 외설과 음란의 문제는 표현의 자유에서 다시 자세하게 논의하기로 한다.

[판례] 대법원이 이해하는 음란의 개념과 판단기준 및 판단주체

[1] 음란표현물이라고 하기 위하여는 그 표현물이 단순히 성적인 흥미에 관련되어 저속하다거나 문란한 느낌을 준다는 정도만으로는 부족하고, 사회통념에 비추어 전적으로 또는 지배적으로 성적 흥미에만 호소할 뿐 **하등의 문학적 · 예술적 · 사상적 · 과학적 · 의학적 · 교육적 가치를 지니지 아니한** 것으로서, 과도하고도 노골적인 방법에 의하여 성적 부위나 행위를 적나라하게 표현 · 묘사함으로써 존중 · 보호되어야 할 인격체로서의 **인간의 존엄과 가치를 훼손 · 왜곡**한다고 볼 정도로 평가되는 것을 뜻하고, 이를 판단함에 있어서는 표현물 제작자의 주관적 의도가 아니라 사회 평균인의 입장에서 그 전체적인 내용을 관찰하여 건전한 사회통념에 따라 객관적이고 규범적으로 평가

---

70) 외설적(또는 음란한) 표현물에 관한 자세한 논의는 이준일, 『인권법』(2021), 제14장 참조.

71) 대법원도 음란의 개념은 "사회와 시대적 변화에 따라 변동하는 상대적이고 유동적인 것"이라는 점을 강조한다. 대판 2008. 6. 12. 2007도3815; 2009. 2. 26. 2006도3119 참조.

하여야 한다(대판 2008. 6. 12. 2007도3815; 대판 2008. 3. 13. 2006도3558)

[2] 음란한 행위라 함은 일반 보통인의 성욕을 자극하여 **성적 흥분**을 유발하고 정상적인 **성적 수치심**을 해하여 **성적 도의관념**에 반하는 것을 가리키는바, … 음란성의 판단에 있어서는 당해 공연행위의 성에 관한 노골적이고 상세한 묘사·서술의 정도와 그 수법, 묘사·서술이 행위 전체에서 차지하는 비중, 공연행위에 표현된 사상 등과 묘사·서술과의 관련성, 연극작품의 구성이나 전개 또는 예술성·사상성 등에 의한 성적 자극의 완화의 정도, 이들의 관점으로부터 당해 공연행위를 전체로서 보았을 때 주로 관람객들의 **호색적 흥미**를 돋구는 것으로 인정되느냐 여부 등의 여러 점을 검토하는 것이 필요하고, 이들의 사정을 종합하여 그 시대의 건전한 사회통념에 비추어 그것이 공연히 성욕을 흥분 또는 자극시키고 또한 보통인의 정상적인 성적 수치심을 해하고, 선량한 성적 도의관념에 반하는 것이라고 할 수 있는가 여부에 따라 결정되어야 한다(대판 1996. 6. 11. 96도980; 동지: 대판 1995. 6. 16. 94도2413; 대판 1995. 6. 29. 94누2558).

[3] '음란'(을) 판단함에 있어서는 그 시대의 건전한 사회통념에 따라 객관적으로 판단하되 그 사회의 평균인의 입장에서 **문서 전체를 대상으로** 하여 규범적으로 평가하여야 할 것이며, 문학성 내지 예술성과 음란성은 차원을 달리하는 관념이므로 어느 문학작품이나 예술작품에 **문학성 내지 예술성이 있다고 하여 그 작품의 음란성이 당연히 부정되는 것은 아니라 할** 것이고, 다만 그 작품의 문학적·예술적 가치, 주제와 성적 표현의 관련성 정도 등에 따라서는 그 음란성이 완화되어 결국은 형법이 처벌대상으로 삼을 수 없게 되는 경우가 있을 수 있을 뿐이다(대판 2000. 10. 27. 98도679; 동지: 대판 2002. 8. 23. 2002도2889).

[4] '음란한 행위'라 함은 … 반드시 성행위를 묘사하거나 성적인 의도를 표출할 것을 요하는 것은 아니다(대판 2000. 12. 22. 2000도4372; 동지: 대판 2005. 7. 22. 2003도2911; 대판 2006. 1. 13. 2005도1264).

[5] 형법 제243조 소정의 "음란"이라는 개념 자체가 **사회와 시대적 변화에 따라 변동하는 상대적이고도 유동적인** 것이고, 그 시대에 있어서 사회의 풍속, 윤리, 종교 등과도 밀접한 관계를 가지는 추상적인 것이므로 결국 구체적인 판단에 있어서는 사회통념상 일반 보통인의 정서를 그 판단의 규준으로 삼을 수밖에 없다고 할지라도, 이는 법관이 일정한 가치판단에 의하여 내릴 수 있는 규범적인 개념이라 할 것이어서 그 **최종적인 판단의 주체**는 어디까지나 **당해 사건을 담당하는 법관**이라 할 것이다(대판 1995. 2. 10. 94도2266).

2. 타인의 명예와 인격권의 문제

다음으로 예술의 자유는 **타인의 명예나 인격권**을 침해하는 경우에 헌법적으로 보호받지 못한다. 물론 어떤 경우에 타인의 명예나 인격권을 침해하는 것인지에 대해서는 구체적인 사안에 따라 합리적인 형량을 통해서 결정되어야 한다.

제5항 효 력

예술의 자유는 ① 국가에 대해서 효력(대국가적 효력)을 미칠 뿐만 아니라 ② 사인인 제3자, 즉 국민에 대해서도 효력(대사인적 효력)을 미칠 수 있다. 예술의 자유의 사인에 대한 효력은 기본권의 대사인적 효력에 관한 이론구성에 따라 법관에게 기본권존중의무를 매개로 예술의 자유를 존중하는 **재판**을 요구함으로써 실현될 수 있다.

제 6 절 언론 · 출판의 자유

제1항 헌법규정

언론 · 출판의 자유는 헌법 제21조에 규정되어 있다. 이러한 기본권규정이 의미하는 바는 언론 · 출판의 자유에 관한 주관적 지위와 객관적 규범이다. 한편 헌법 제21조는 언론 · 출판에 대한 검열금지원칙과 방송 · 통신의 시설기준과 신문기능보장에 관한 법률유보원칙 및 언론피해자의 손해배상청구권을 규정하고 있다.

[헌법 제21조]

① 모든 국민은 언론 · 출판의 자유와 집회 · 결사의 자유를 가진다.
② 언론 · 출판에 대한 허가나 검열과 집회 · 결사에 대한 허가는 인정되지 아니한다.
③ 통신 · 방송의 시설기준과 신문의 기능을 보장하기 위하여 필요한 사항은 법률로 정한다.
④ 언론 · 출판은 타인의 명예나 권리 또는 공중도덕이나 사회윤리를 침해하여서는 아니된다. 언론 · 출판이 타인의 명예나 권리를 침해한 때에는 피해자는 이에 대한 피해의 배상을 청구할 수 있다.

언론 · 출판의 자유는 제헌헌법(제13조)에서부터 현행 헌법에 이르기까지 집회 · 결사의 자유와 결합되어 규정되고 있다. 다만 제헌헌법에서는 언론 · 출판의 자유에 대한 개별적 법률유보조항을 두고 있었으나 1960년 헌법(제13조)에서 삭제되었고, 1972년 유신헌법(제18조)에서 다시 추가되었다가 1980년 헌법(제20조)에서 다시 삭제되었다. 1960년 헌법(제28조 제2항)에서 언론 · 출판의 자유에 대한 "허가나 검열"의 금지가 추가되었지만 1962년 헌법(제18조)에서 "공중도덕과 사회윤리를 위하여는 영화나 연예에 대한 검열"이 예외적으로 허용되었다가 1972년 헌법(제18조)에서 삭제되었다. 한편 언론 · 출판이 "타인의 명예나 권리 또는 공중도덕이나 사회윤리를 침해해서는 아니된다"는 규정은 1962년 헌법에서 규정되었다가 1972년 헌법에서 삭제되었고, 1980년 헌법에서부터 피해자의 손해배상청구권과 함께 다시 추가되었다.

제2항 구성요건

Ⅰ. 인적 구성요건(주체)

언론 · 출판의 자유를 누리는 주체는 원칙적으로 모든 인간이다. 따라서 국민뿐만 아니라 외국인도 주체가 될 수 있다. 또한 자연인 이외에 언론사나 출판사와 같은 법인도 언론 · 출판의 자유의 주체가 될 수 있으며 공법인에 속하는 국 · 공립대학교나 국 ·

공영방송사도 주체가 될 수 있다.

Ⅱ. 보호법익

1. 언론 · 출판활동

언론 · 출판의 자유는 언론 · 출판활동이라는 '행위'를 보호법익으로 한다. 언론 · 출판의 자유에 의해 보호되는 언론 · 출판활동은 문언 그대로 언론과 출판, 즉 말(음성언어)과 글(문자 · 인쇄 · 활자언어)이라는 수단에 그치지 않고, 가능한 모든 수단을 통해서 내면의 생각을 외부에 **표현하는 활동**을 뜻한다. 헌법재판소도 표현수단에는 제한이 없음을 강조하고 있다(아래 [판례] 참조). 헌법재판소에 따르면 심지어 **상업적 광고**도 언론 · 출판의 자유가 보호하는 표현활동에 포함될 수 있다.[72] 그리고 이러한 광고에는 방송광고도 포함된다.[73] 다만 상업광고를 제한하는 입법은 직업수행의 자유도 동시에 제한하게 된다.[74]

따라서 표현활동을 보장하는 언론 · 출판의 자유는 '표현의 자유'라고도 부를 수 있다. 여기서 표현의 내용인 내면의 생각을 가장 일반적으로 담을 수 있는 개념은 '의사(意思)'다. 따라서 언론 · 출판의 자유는 정확하게 말하자면 '의사표현'의 자유다.

[판례] 표현수단의 무제한성

의사표현 또는 전파의 매개체는 **어떠한 형태이건 가능하며 그 제한이 없다.** 즉 담화 · 연설 · 토론 · 연극 · 방송 · 음악 · 영화 · 가요 등과 문서 · 소설 · 시가 · 도화 · 사진 · 조각 · 서화 등 모든 형상의 의사표현 또는 의사전파의 매개체를 포함한다(1993. 5. 13. 91헌바17; 2001. 8. 30. 2000헌가9; 2002. 4. 25. 2001헌가27; 2004. 1. 29. 2001헌마894; 2004. 5. 27. 2003헌가1등; 2009. 5. 28. 2006헌바109등; 2023. 2. 23. 2019헌바305).

[판례] 인터넷도 표현수단의 하나

[1] 청소년유해매체물로 결정된 매체물 내지 인터넷 정보라 하더라도 이들은 의사형성적 작용을 하는 의사의 표현 · 전파의 형식 중의 하나이므로 언론 · 출판의 자유에 의하여 보호되는 의사표현의 매개체에 해당된다(2004. 1. 29. 2001헌마894).

[2] 인터넷언론사의 선거와 관련한 게시판 · 대화방 등도 정치적 의사를 형성 · 전파하는 매체로서 역할을 담당하고 있으므로 의사의 표현 · 전파의 형식의 하나로 인정되고, 따라서 언론 · 출판의 자유에 의하여 보호된다(2010. 2. 25. 2008헌마324).

[판례] 상업적 광고표현

[1] 식품 또는 식품의 용기나 포장에 표시되는 "음주전후" 또는 "숙취해소"라는 문구는 식품판매를 위한 상업적 광고표현에 해당한다고 할 것인데, 상업적 광고표현 또한 표

72) 헌재 1998. 2. 27. 96헌바2; 2000. 3. 30. 99헌마143; 2002. 12. 18. 2000헌마764; 2005. 10. 27. 2003헌가3; 2010. 7. 29. 2006헌바75; 2022. 12. 22. 2019헌마1328.

73) 헌재 2008. 6. 26. 2005헌마506.

74) 헌재 2000. 3. 30. 99헌마143; 2005. 10. 27. 2003헌가3; 2014. 3. 27. 2012헌바293; 2015. 12. 23. 2012헌마685; 2022. 5. 26. 2021헌마619.

현의 자유의 보호를 받는 대상이 되므로 그러한 표시를 금지하는 규정은 표현의 자유를 제한한다(2000. 3. 30. 99헌마143: 숙취해소 광고금지).

[2] 광고가 단순히 상업적인 상품이나 서비스에 관한 사실을 알리는 경우에도 그 내용이 공익을 포함하는 때에는 표현의 자유에 의하여 보호된다. … 광고물도 사상 · 지식 · 정보 등을 불특정다수인에게 전파하는 것으로서 표현의 자유에 의한 보호를 받는 대상이 됨은 물론이다(1998. 2. 27. 96헌바2). 뿐만 아니라 알권리의 정보원으로서 광고를 배제시킬 합리적인 이유가 없음을 고려할 때, 광고는 이러한 관점에서도 표현의 자유에 속한다(2002. 12. 18. 2000헌마764: 교통수단을 이용한 옥외광고물금지).

[3] 건강기능식품 표시 · 광고도 언론 · 출판의 자유의 보호 대상이다(2010. 7. 29. 2006헌바75).

[판례] 정치적 표현

국가공무원 복무규정 제3조 제2항 등은 "공무원은 집단 · 연명으로 또는 단체의 명의를 사용하여 국가의 정책을 반대하거나 국가 정책의 수립 · 집행을 방해해서는 아니 된다"라고 규정하고 있는바, 공무원의 국가 정책에 대한 집단적인 반대 · 방해 행위는 국가 정책에 대한 공무원의 판단과 선호를 외부적 행위로써 구체적으로 표현한 것이면서 정치적인 내용과 성격을 가지는 것이라고 할 수 있으므로, 결국 이 사건 국가공무원 복무규정 제3조 제2항 등은 공무원의 정치적 표현의 자유를 제한하는 규정이라 할 수 있다. 한편, 이 사건 국가공무원 복무규정 제8조의2 제2항 등은 "공무원이 직무를 수행할 때 정치적 주장을 표시 또는 상징하는 복장을 하거나 관련 물품을 착용해서는 아니 된다"라고 규정하고 있는바, 정치적 주장을 표시 · 상징하는 복장 등 관련 물품을 착용하는 행위는 복장 등 비언어적인 방법을 통해 정치적 의사표현을 행하는 것이라 할 수 있으므로, 이 사건 국가공무원 복무규정 제8조의2 제2항 등 역시 공무원의 정치적 표현의 자유를 제한하는 규정이라 할 것이다(2012. 5. 31. 2009헌마705, 2010헌마90(병합)).

표현의 개념과 관련하여 '표현'은 그 주체의 측면에서 자신의 의사를 외부에 '표명'하는 행위를 강조한다는 점에서 표현의 상대방의 측면에서 표현된 의사를 '접촉'시키는 행위를 강조하는 '전파'의 개념과 구별될 수도 있다. 하지만 표현과 전파는 개념적으로 구별이 용이하지 않고 구별해야 될 필요성도 거의 없기 때문에 구별하지 않고 사용하기로 한다. 헌법재판소도 표현의 자유는 사상 · 의견을 표명하는 '발표의 자유'와 그것을 전파하는 '전달의 자유'를 포함한다고 본다.[75)]

언론 · 출판활동은 세 단계로 구성된다. 첫째, 언론 · 출판의 대상인 의사가 형성되는 단계, 둘째, 언론 · 출판의 대상인 의사를 표현하는 단계, 셋째, 언론 · 출판의 대상인 의사를 행동으로 실천하는 단계가 그것이다. 헌법은 이 가운데 앞의 두 단계를 언론 · 출판의 자유를 통해서 보호하고, 세 번째 단계는 일반적 행동의 자유를 통해서 보호한다.

75) 헌재 1989. 9. 4. 88헌마22; 1992. 11. 12. 89헌마88; 2010. 2. 25. 2008헌마324.

2. 언론 · 출판활동의 자유와 권리

(1) 언론 · 출판활동의 자유

1) 학 설 언론 · 출판의 자유에 포함될 수 있는 내용은 다양한 체계에 따라 분류된다. 하지만 대체로 포함되는 내용은 ① 의사표현의 자유, ② 알 권리(정보의 자유), ③ 언론기관의 자유, ④ 액세스권이다.

[학설] 언론 · 출판의 자유의 내용

- 계희열 〈(중), 430면 이하〉 【1】 의사의 표현과 전파의 자유, 【2】 정보의 자유(알 권리), 【3】 언론매체의 자유[1 신문의 자유, 2 방송의 자유, 3 언론매체에 대한 액세스권].
- 권영성 〈498면 이하〉 【1】 고전적 언론 · 출판의 자유(의견이나 사상의 자유로운 표명 · 전달의 자유), 【2】 현대적 언론 · 출판의 자유[1 알 권리, 2 액세스권, 3 반론권, 4 언론기관설립의 자유, 5 언론기관의 자유].
- 김철수 〈844면 이하〉 【1】 의견의 표현 · 전파의 자유, 【2】 정보의 자유(알 권리), 【3】 보도의 자유, 【4】 방송 · 방영의 자유.
- 김하열a 〈450면 이하〉 【1】 의사표현의 자유, 【2】 알 권리(정보의 자유), 【3】 매스미디어의 자유, 【4】 인터넷상 표현의 자유, 【5】 언론매체에 대한 액세스권
- 성낙인 〈1149면 이하〉 【1】 사상 · 의견을 표명 · 전달할 자유, 【2】 알 권리(헌법상 독자적인 개별적 기본권), 【3】 액세스(access)권, 【4】 보도의 자유(매스미디어의 자유를 포괄)[1 언론기관시설법정주의, 2 취재의 자유, 3 언론기관 내부의 자유, 4 방송의 자유].
- 장영수 〈662면 이하〉 【1】 의사표현자의 자유[1 표현의 자유, 2 전파의 자유], 【2】 의사(정보) 수령자의 자유[1 알 권리(정보의 자유), 2 소극적 정보수령의 자유], 【3】 대중매체의 자유[1 취재(정보수집)의 자유, 2 편집의 자유, 3 보도의 자유, 4 전파 · 보급의 자유, 5 광고의 자유].
- 한수웅 〈733면 이하〉 【1】 의사표현의 자유, 【2】 언론(보도)의 자유[1 출판의 자유, 2 방송의 자유], 【3】 알 권리.
- 허 영 〈597면 이하〉 【1】 의사표현의 자유, 【2】 정보의 자유(알 권리), 【3】 보도의 자유[1 출판물에 의한 보도의 자유, 2 전파매체에 의한 보도의 자유], 【4】 액세스권.
- 홍성방 〈(중), 187면 이하〉 【1】 의사표현의 자유, 【2】 알 권리(열독의 자유, 정보의 자유), 【3】 보도의 자유, 【4】 액세스(access)권(언론기관접근권).

2) 내 용

A. 의사의 결정과 표현의 자유 모든 국민은 언론 · 출판(= 의사표현)활동에 해당하는 행위를 하거나 하지 않을 수 있는 결정의 자유를 가진다. 언론 · 출판활동이 두 단계로 이루어지므로 언론 · 출판의 자유는 다음과 같은 두 가지 내용을 갖는다. ① 의사가 형성되는 단계에서 일정한 의사를 갖거나 갖지 않을 수 있는 자유(의사결정의 자

유), ② 의사를 표현하는 단계에서 일정한 의사를 표현하거나 표현하지 않을 수 있는 자유(**의사표현의 자유**: 소극적 표현은 침묵의 자유)가 그것이다. 이로써 모든 국민은 의사의 형성과 결정 및 표현의 내용과 수단의 결정에서 자유로운 지위를 획득한다.

표현의 내용인 의사의 개념에 대해서는 '사실'을 포함시킬 수 있는지 여부에 따라 견해의 차이가 있다. 첫째, **긍정설**(**사실포함설**)로는 ① 고의적이고 명백히 허위인 사실은 제외하고 자신의 의사와 상관없이 의사형성을 가능하게 하고 영향을 주는 사실도 보호된다는 견해,[76] ② 평가적인 의사와 단순한 사실의 전달을 구별하는 것이 쉽지 않고, '평가를 수반하지 않는' 사실전달이란 존재하지 않으며, 사실에 대한 주장은 공적 의사를 형성하는 데 결정적 역할을 하고, 의사표현의 자유를 흠결 없이 보호할 필요가 있기 때문에 의사를 넓게 해석해야 한다는 견해[77] 등이 있다. 둘째, **부정설**(**평가적 의사설=사실불포함설**)로는 원칙적으로 합리적인 사고과정을 거친 평가적인 의사만 보호된다는 견해[78]가 있다. 결론적으로 '의사의 표현'과 '사실의 전달'은 개념적으로는 구별이 가능하지만 실제로는 구별이 힘들고, 평가가 없는 사실의 전달이 가능할 수 있는지가 의심스럽기 때문에 양자가 모두 표현활동에 포함된다고 보아야 한다.

B. 정보의 자유(알 권리) 표현된 의사나 정보에 접근할 수 있는 자유 또는 의사형성 및 결정에 필요한 정보에 접근하여 정보를 수집할 수 있는 **정보의 자유** 또는 **알 권리**도 언론 · 출판의 자유의 한 내용으로 포함될 수 있다. 언론 · 출판의 자유로부터 알 권리를 논증하는 방식으로 두 가지가 가능하다. 첫째는 표현의 자유를 의사소통의 자유로 넓게 이해하여 '표현의 상대방'의 측면에서 표현된 정보에 대한 접근의 자유로 논증하는 방식이고, 둘째는 '표현의 주체'의 측면에서 표현을 위해 필요한 정보에 접근할 수 있는 자유로 논증하는 방식이다.

헌법재판소는 두 가지의 논증방식을 모두 사용하여 언론 · 출판의 자유에서 알 권리를 도출한다. 그리고 헌법재판소에 따르면 '알 권리'란 모든 정보원(情報源)으로부터 일반적 정보를 수집하고 이를 처리할 수 있는 권리이고, 여기서 '일반적'이란 신문, 잡지, 방송 등 불특정다수인에게 개방될 수 있는 것을 말하며, '정보'란 양심, 사상, 의견, 지식 등의 형성에 관련이 있는 일체의 자료를 말한다.[79] 이러한 알 권리에 대해서 헌법재판소는 자유권적 성격과 함께 청구권적 성격을 모두 인정한다. 한편 정부가 보유하고 있는 정보에 대하여 정당한 이해관계가 있는 자가 그 공개를 요구할 수 있는 권리인 '정보공개청구권'[80]을 알 권리의 내용으로 보면서 국회에 대하여 입법과정의 공개를 요구할 권리[81]도 알 권리의 내용이지만 국회의 의사(議事)에 대해서는 직접적인 이해관계 유무와

76) 계희열(중), 433면 이하.
77) 홍성방(중), 188면 이하.
78) 허영, 581면 이하.
79) 헌재 2010. 10. 28. 2008헌마638.
80) 헌재 2009. 9. 24. 2007헌바107.
81) 헌재 2009. 9. 24. 2007헌바17.

상관없이 요구할 수 있는 일반적 정보공개청구권을 가진다고 한다.

[판례] 알권리

[1] 사상 또는 의견의 자유로운 표명은 자유로운 의사의 형성을 전제로 하는데 자유로운 의사의 형성은 충분한 정보에의 접근이 보장됨으로써 비로소 가능하며 다른 한편으로 자유로운 표명은 자유로운 수용 또는 접수와 불가분의 관계에 있다. 그러한 의미에서 정보에의 접근·수집·처리의 자유, 즉 "알 권리"는 **표현의 자유에 당연히 포함**되는 것으로 보아야 한다(1989. 9. 4. 88헌마22).

[2] 이해관계인의 **문서열람청구**에 대하여 당해 행정기관이 그가 보관하고 있는 현황대로 문서를 열람하게 하고 당해 문서를 보관하지 않을 경우에 그 문서를 보관하고 있지 않음에 대하여 일반인이 납득할 수 있을 정도로 확인의 기회를 부여하였다면 비록 청구인이 문서열람의 목적을 달성하지 못하게 되었다고 하더라도 알권리를 침해한 것은 아니다(1994. 8. 31. 93헌마174).

[3] 청소년의 건전한 심성을 보호하기 위해서 퇴폐적인 성표현이나 지나치게 폭력적이고 잔인한 표현 등을 규제할 필요성은 분명 존재하지만 이들 **저속한 표현을 규제**하더라도 그 보호대상은 청소년에 한정되어야 하고, 규제수단 또한 청소년에 대한 유통을 금지하는 방향으로 좁게 설정되어야 할 것인데 저속한 간행물의 출판을 전면 금지시키고 출판사의 등록을 취소시킬 수 있도록 하는 것은 청소년보호를 위해 지나치게 과도한 수단을 선택한 것이고, 성인의 알권리의 수준을 청소년의 수준으로 맞출 것을 국가가 강요하는 것이어서 성인의 알권리까지 침해하게 된다(1998. 4. 30. 95헌가16: 음란·저속출판물사건).

[4] 대통령선거의 공정성을 확보하기 위하여 선거일공고일로부터 선거일까지의 선거기간 중에는 선거에 관한 **여론조사의 결과 등의 공표를 금지**하는 것은 필요하고도 합리적인 범위내에서의 제한이어서 국민의 알권리를 침해하지 않는다(1995. 7. 21. 92헌마177; 1998. 5. 28. 97헌마362등; 1999. 1. 28. 98헌바64).

[5] 대통령선거방송토론위원회가 공영방송 텔레비전을 이용한 후보자 대담·토론회에 참석할 **후보자를 적정한 범위내로 제한**하여 토론기능을 활성화시키는 것은 유권자들에게 유용한 정보를 제공하는 길이 되므로 국민의 알권리를 침해하지 않는다(1998. 8. 27. 97헌마372등).

[6] 자치구·시·군의 장선거의 **후보자의 방송연설**을 잠정적으로 **종합유선방송**만을 이용하여 실시하고 지역방송국을 이용할 수 없도록 제한한 것은 선거의 공정을 기하기 위한 필요하고 합리적인 제한이라고 할 것이므로 선거운동의 자유와 알권리를 본질적으로 침해한 것으로 볼 수 없다(1999. 6. 24. 98헌마153).

[7] 교육위원의 선거에서 선거공보의 발행배포와 소견발표회의 개최 이외에 일체의 선거운동을 금지하는 것은 후보자나 선거인을 위하여 충분한 선거운동 방법이므로 국민의 알권리의 본질적 내용을 침해하지 않는다(2000. 3. 30. 99헌바113).

[8] 헌법 제50조 제1항 단서에서 의사공개의 원칙에 대하여 예외를 둔 것은 의사공개의 원칙 및 알권리에 대한 헌법유보에 해당한다(2009. 9. 24. 2007헌바17).

[9] 개인정보가 정보주체의 의사와 무관하게 누구에게나 노출되어 개인의 사생활의 비밀과 자유가 침해되는 것을 방지하고자 하는 이 사건 법률조항의 **입법목적은 정당**하고, 공개하면 개인의 사생활의 비밀 또는 자유를 침해할 우려가 있다고 인정되는 개인정보를 비공개할 수 있도록 한 것은 그 입법목적을 달성하기 위한 **효과적이고 적절한 수단**이라고 할 수 있다. 한편, 정보공개법은 비공개대상으로 정할 수 있는 개인정보의 범위를 공개될 경우 개인의 사생활의 비밀 또는 자유를 침해할 우려가 있다고 인

정되는 정보로 제한하고 있으며, 공개청구한 정보가 비공개대상정보에 해당하는 부분과 공개가 가능한 부분이 혼합되어 있는 경우로서 공개청구의 취지에 어긋나지 아니하는 범위 안에서 두 부분을 분리할 수 있는 때에는 비공개대상정보에 해당하는 부분을 제외하고 공개하도록 규정하고 있으며(정보공개법 제14조), 공공기관은 비공개대상정보에 해당하는 개인정보가 비공개의 필요성이 없어진 경우에는 그 정보를 공개대상으로 하여야 한다고 규정하여(정보공개법 제9조 제2항), 국민의 알권리(정보공개청구권)를 **필요 · 최소한으로 제한**하고 있다. 나아가 이 사건 법률조항에 따른 비공개로 인하여 법률상 이익을 침해받은 자를 위한 구제절차(이의신청, 행정심판, 행정소송)도 마련되어 있어, 국민의 알권리(정보공개청구권)와 개인정보 주체의 사생활의 비밀과 자유 사이에 **균형을 도모**하고 있으므로 이 사건 법률조항은 청구인의 알권리(정보공개청구권)를 침해하지 아니한다(2010. 12. 28. 2009헌바258).

[10] 정치자금의 투명성을 높이고 정치자금과 관련한 부정을 방지하기 위해 일정한 기간 동안 정치자금의 수입 · 지출내역 등의 자료를 공개하면서도, 그 목적 달성에 필요한 기간 이후에는 이러한 자료를 공개하지 아니함으로써, 정치자금을 둘러싼 법률관계 등을 조기에 안정화시키고, 선거관리위원회의 공개에 따른 업무부담을 줄이고자 하는 이 사건 열람기간 제한규정은 그 **입법목적이 정당**하고 이를 위해 정치자금에 관한 수입 · 지출내역과 그 첨부서류 등의 열람기간을 일정한 기간 내로 한정한 **방법 역시** 그 한도에서 **적절**하다. 또한 열람기간을 어느 정도로 설정할 것인지는 기본적으로 입법자의 입법형성 영역에 속하는 것으로서, 사회통념상 3개월은 그 자체만 놓고 보더라도 결코 짧지 않아 국민들의 정보에 대한 접근을 본질적으로 침해하는 정도의 단기간이라 보기 어렵고, 3개월의 열람기간 제한과 같은 시간적 제약을 둠으로써 행정적인 업무부담을 경감시키고 정치자금을 둘러싼 법률관계 등을 조기에 안정시키는 공익이 정보접근이 시간적으로 제한되는 사익과 비교하여 결코 작다 할 수 없으므로 **법익의 균형성** 원칙에도 위배되지 아니하므로 청구인의 알권리 등을 침해한다고 볼 수 없다(2010. 12. 28. 2009헌마466).

[11] 형사소송법 제56조의2 제3항이 속기록 등을 보관하도록 하는 취지는 공판조서 기재의 정확 여부가 문제될 경우 그 확인을 위한 자료로 속기록 등을 활용하기 위함인바, 재판이 확정된 후에는 더 이상 공판조서의 정확성을 다툴 수 없고, 공판조서 기재의 잘못은 재심사유에 해당하지 아니하므로, 결국 위 법률조항은 속기록 등이 그 효용을 다하는 시기, 즉 재판의 확정시까지 이를 보관할 것을 전제로 하고 있는 것이다. 따라서 규칙 제39조 중 '속기록 등 폐기'에 관한 부분은 재판이 확정된 이후에는 속기록 등의 보관에 따른 사법자원의 낭비를 막기 위해 이를 폐기하도록 한 것으로 그 **입법목적이 정당**할 뿐만 아니라 **수단의 적정성**이 인정된다. 또한, 형사소송법은 공판조서 기재의 정확성을 담보하기 위해 작성주체, 방식, 기재요건 등에 관하여 엄격히 규정하고, 피고인 등으로 하여금 재판이 확정되기 전에는 속기록 등의 사본 청구나 공판조서의 열람 또는 등사를 통하여 공판조서의 기재 내용에 대한 이의를 진술할 수 있도록 함으로써 기본권 제한을 최소화하고 있고, 이 사건 규칙조항으로 인한 기본권 제한이 속기록 등의 무용한 보관으로 인한 자원낭비 방지라는 공익보다 결코 크다고 볼 수 없으므로, **피해의 최소성**과 함께 **법익균형성**의 요건도 갖추었다 할 것이어서, 이 사건 규칙조항이 청구인의 알권리를 침해하였다고 볼 수 없다(2012. 3. 29. 2010헌마599).

[12] **변호사시험 성적 비공개**를 통하여 법학전문대학원 간의 과다경쟁 및 서열화를 방지하고, 교육과정이 충실하게 이행될 수 있도록 하여 다양한 분야의 전문성을 갖춘 양질

> 의 변호사를 양성하기 위한 심판대상조항의 **입법목적**은 정당하다. 그러나 변호사시험 성적 비공개로 인하여 변호사시험 합격자의 능력을 평가할 수 있는 객관적인 자료가 없어서 오히려 대학의 서열에 따라 합격자를 평가하게 되어 대학의 서열화는 더욱 고착화된다. … 오히려 시험성적을 공개하는 경우 경쟁력 있는 법률가를 양성할 수 있고, 각종 법조직역에 채용과 선발의 객관적 기준을 제공할 수 있다. 따라서 변호사 시험 성적의 비공개는 기존 대학의 서열화를 고착시키는 등의 부작용을 낳고 있으므로 **수단의 적절성**이 인정되지 않는다. 또한 법학교육의 정상화나 교육 등을 통한 우수 인재 배출, 대학원 간의 과다경쟁 및 서열화 방지라는 입법목적은 법학전문대학원 내의 충실하고 다양한 교과과정 및 엄정한 학사관리 등과 같이 알 권리를 제한하지 않는 수단을 통해서 달성될 수 있고, 변호사시험 응시자들은 자신의 변호사시험 성적을 알 수 없게 되므로, 심판대상조항은 **침해의 최소성 및 법익의 균형성** 요건도 갖추지 못하였다. 따라서 심판대상조항은 과잉금지원칙에 위배하여 청구인들의 알 권리를 침해한다(2015. 6. 25. 2011헌마769).

C. 언론기관의 자유 언론의 자유는 원칙적으로 개인의 자유이지만 조직의 형태로도 실현될 수 있다. 이러한 조직은 주로 언론기관(언론사 = 신문사 + 방송사)이기 때문에 언론의 자유는 '언론기관의 자유'를 포함한다. 이러한 언론기관의 자유는 ① **언론사의 설립의 자유**와 ② **언론활동의 자유**가 포함된다. 신문사의 경우에는 보도가 주요한 언론활동이기 때문에 '신문의 취재 · 편집 · 보도의 자유'를 내용으로 하는 반면, 방송사의 경우에는 보도를 포함한 교양이나 오락도 주요한 언론활동이기 때문에 방송의 보도와 관련된 '취재 · 편집 · 보도의 자유'뿐만 아니라 보도 외에 교양이나 오락 프로그램의 편성 및 기획과 관련된 '기획 · 편성의 자유'도 그 내용으로 한다. 헌법재판소에 따르면 방송의 자유는 헌법 제21조 제3항을 고려할 때 입법자에게 광범위한 입법형성재량이 인정된다고 한다.[82] 인터넷매체의 경우에 신문사로 볼 것인지 방송사로 볼 것인지에 대해서는 논란이 있을 수 있지만 언론기관으로 인정되는 데에는 문제가 없다고 보인다. 다만 인터넷매체는 전통적인 언론매체인 신문이나 방송과는 매우 상이한 성격을 가지고 있기 때문에 독립적인 법률로써 규율되는 것이 적합하다.

3. 익명표현의 자유와 권리

"자신의 신원을 누구에게도 밝히지 아니한 채 익명 또는 가명으로 자신의 사상이나 견해를 표명하고 전파할" 수 있는 '익명표현의 자유'도 언론 · 출판의 자유에 포한된다고 보는 것이 헌법재판소의 입장이다.[83] 하지만 익명표현의 자유는 행위를 보호법익으로 하는 표현의 자유와 상태를 보호법익으로 하는 익명성의 자유가 결합되어 있다. 익명성의 자유는 사생활의 비밀과 자유(헌법 제17조) 등 비밀에 관한 기본권에 의하여

82) 헌재 2003. 12. 18. 2002헌바49; 2024. 5. 30. 2023헌마820등(수신료 분리징수 사건: 합헌).
83) 헌재 2010. 2. 25. 2008헌마324등; 2012. 8. 23. 2010헌마47등; 2021. 1. 28: 2018헌마456등; 2022. 12. 22. 2019헌마654.

보장된다. 만약 익명표현의 자유가 표현의 자유에 의하여 보장된다면 모든 개별적 행동자유권에는 익명의 행동자유권이 포함될 수밖에 없다. 사실상 행동과 관련된 비밀의 자유는 독자성을 상실하고 만다. 그렇다면 비밀에 관한 기본권인 주거의 자유(제16조)나 통신의 비밀(제18조)도 익명으로 주거 내 활동을 할 수 있는 자유나 익명의 통신활동을 할 수 있는 자유로 축소되어 버린다. 따라서 익명으로 특정한 행동을 할 수 있는 자유는 그러한 행동을 할 수 있는 개별적 자유권과 그러한 행동의 비밀에 관한 자유권으로 분리되어 보장될 필요가 있다. 그래야만 헌법이 비밀에 관한 자유권을 보장하는 의미가 살아날 수 있다. 익명표현의 자유는 주로 인터넷게시판의 실명확인제나 본인확인제에서 문제되었는데 이러한 제도는 이름 등 본인의 정체성을 드러내는 개인정보를 공개해야 한다는 점에서 개인정보자기결정권을 제한한다. 만약 이 경우에 익명표현의 자유를 인정하면 사실상 개인정보자기결정권의 보호법익은 모두 익명표현의 자유에 포함되어 개인정보자기결정권은 의미를 상실하게 된다. 실제로 헌법재판소는 익명표현의 자유를 강조하면서 개인정보자기결정권의 의미를 축소하고 있는 것으로 보인다.

[판례] 방송의 자유의 법적 성격

방송의 자유는 **주관적 권리**로서의 성격과 함께 자유로운 의견형성이나 여론형성을 위해 필수적인 기능을 행하는 **객관적 규범질서로서 제도적 보장**의 성격을 함께 가진다. 이러한 방송의 자유의 보호영역에는, 단지 국가의 간섭을 배제함으로써 성취될 수 있는 방송프로그램에 의한 의견 및 정보를 표현, 전파하는 주관적인 자유권 영역 외에 그 자체만으로 실현될 수 없고 그 실현과 행사를 위해 실체적, 조직적, 절차적 형성 및 구체화를 필요로 하는 객관적 규범질서의 영역이 존재하며, 더욱이 방송매체의 특수성을 고려하면 방송의 기능을 보장하기 위한 규율의 필요성은 신문 등 다른 언론매체보다 높다. 그러므로 입법자는 자유민주주의를 기본원리로 하는 헌법의 요청에 따라 국민의 다양한 의견을 반영하고 국가권력이나 사회세력으로부터 독립된 방송을 실현할 수 있도록 광범위한 입법형성재량을 갖고 방송체제의 선택을 비롯하여, 방송의 설립 및 운영에 관한 조직적, 절차적 규율과 방송운영주체의 지위에 관하여 실체적인 규율을 행할 수 있다(2003. 12. 18. 2002헌바49).

(2) 언론 · 출판활동의 권리

1) 방어권과 보호권　① 언론 · 출판의 자유는 언론 · 출판활동을 저지 · 방해하는 국가의 제약행위를 중지하도록 요구할 수 있는 **방어권**을 포함한다. 또한 ② 언론 · 출판활동에 대한 사인(私人)인 제3자의 침해로부터 국가의 보호에 관한 입법을 요구할 수 있는 **보호권**도 포함한다. 보호권의 경우에 이에 상응하여 국가는 언론 · 출판의 자유를 보호해야 하는 입법의무를 진다. 헌법상 보장된 언론피해자의 손해배상청구권의 경우에 언론사가 가해자가 된다는 점에서 언론 · 출판의 자유에서 도출되는 보호권으로 설명될 수는 없다. 하지만 이러한 손해배상청구권 또는 손해배상제도의 보장은 적어도 언론피해자의 기본권을 보호하는 손해배상절차에 관한 입법을 내용으로 한다는 점에서는 절차권과 관련된다. 이러한 절차권은 **언론중재 및 피해구제 등에 관한 법률**(이하 '언론중재법'으로

약칭)에서 언론의 위법행위로 인하여 발생한 재산적 · 정신적 손해에 대한 배상청구권으로 구체화되어 있다(동법 제30조 제1항). 허위 · 조작보도에 대한 징벌적 손해배상제도도 같은 맥락에서 이해될 수 있다.[84]

2) 절차권

A. 일반적 절차권　언론 · 출판의 자유는 이 자유를 보장하는 절차에 관한 입법을 요구할 수 있는 **절차권**을 포함한다. 이러한 절차권에 상응하여 국가는 언론 · 출판의 자유를 보장하는 절차에 관한 입법의무를 진다. 언론 · 출판의 자유를 보장하는 절차로는 '언론중재절차'가 있다. 언론중재절차는 우선적으로 언론보도로 피해를 입은 국민의 기본권(명예권, 사생활의 비밀)을 보장하는 절차로 볼 수 있지만 언론기관의 입장에서 보면 언론보도로 인한 분쟁(언론의 자유와 다른 기본권의 충돌)을 합리적으로 해결하는 절차를 규정함으로써 언론의 자유를 보장하는 절차로 이해될 수도 있다. 한편 기본권을 침해당한 경우에 구제받기 위한 절차적 기본권으로 재판청구권이 보장되는데 이를 구체화하여 언론보도의 피해자는 법원에 정정보도 · 반론보도 · 추후보도청구의 소를 제기할 수 있는 절차적 권리(동법 제26조 제1항)가 보장된다.

[판례] 정정보도청구권의 헌법적 정당성

정정보도청구권은 반론보도청구권이나 민법상 불법행위에 기한 청구권과는 전혀 다른 새로운 성격의 청구권이다. 허위의 신문보도로 피해를 입었을 때 피해자는 기존의 민 · 형사상 구제제도로 보호를 받을 수도 있지만, 신문사 측에 고의 · 과실이 없거나 위법성조각사유가 인정되는 등의 이유로 민사상의 불법행위책임이나 형사책임을 추궁할 수 없는 경우도 있다. 이러한 경우 피해자에 대한 적합한 구제책은 문제의 보도가 허위임을 동일한 매체를 통하여 동일한 비중으로 보도 · 전파하도록 하는 것이다. 더욱이 정정보도청구권은 그 내용이나 행사방법에 있어 필요 이상으로 신문의 자유를 제한하고 있지 않다. 일정한 경우 정정보도를 거부할 수 있는 사유도 인정하고 있고, 제소기간도 단기간으로 제한하고 있으며, 정정보도의 방법도 동일 지면에 동일 크기로 보도문을 내도록 하여 원래의 보도 이상의 부담을 지우고 있지도 않다. 따라서 정정보도청구권의 보장은 신문의 자유를 침해하지 않는다(2006. 6. 29. 2005헌마165등).

[판례] 정정보도청구의 소에서 소명과 언론의 자유에 대한 위축효과

언론중재법은 정정보도청구의 소를 민사집행법상의 가처분절차에 의하여 재판하도록 규정하고 있다. 그 결과 정정보도청구의 소에서는 그 청구원인을 구성하는 사실의 인정을 '증명' 대신 '소명'으로 할 수 있게 되었다. 그런데 정정보도청구소송은 통상의 가처분과는 달리 그 자체가 본안소송이다. 이러한 정정보도청구의 소에서, 승패의 관건인 "사실적 주장에 관한 언론보도가 진실하지 아니함"이라는 사실의 입증에 대하여, 통상의 본안절차에서 반드시 요구하고 있는 증명을 배제하고 그 대신 간이한 소명으로 이를 대체하는 것은 소송을 당한 언론사의 방어권을 심각하게 제약하므로 공정한 재판을 받을 권리를 침해하고, 나

84) 징벌적 손해배상제도에 포함된 절차권의 의미에 대해서는 이준일, 포털사이트에 대한 법적 규율의 필요성과 내용 - 포털사이트 이용자 및 언론사의 입장에서 필요한 추가적 법적 규율을 중심으로, 『헌법재판연구』(헌법재판연구원), 제9권 제1호(2022), 193면 이하 참조.

아가 언론의 자유를 매우 위축시킨다. 진실에 부합하지 않을 개연성이 있다는 소명만으로 정정보도 책임을 지게 되므로 언론사로서는 사후의 분쟁에 대비하여 진실임을 확신할 수 있는 증거를 수집 · 확보하지 못하는 한, 사실주장에 관한 보도를 주저하게 될 것이다. 이러한 언론의 위축효과는 중요한 사회적 관심사에 대한 신속한 보도를 자제하는 결과를 초래하고 그로 인한 피해는 민주주의의 기초인 자유언론의 공적 기능이 저하된다는 것이다. 이와 같이 피해자의 보호만을 우선하여 언론의 자유를 합리적인 이유 없이 지나치게 제한하는 것은 위헌이다(2006. 6. 29. 2005헌마165등).

B. 언론 · 출판의 자유에 특수한 절차권　앞에서 설명한 것처럼 언론의 자유는 원칙적으로 개인의 자유이지만 조직의 형태로도 실현될 수 있기 때문에 언론을 위한 조직인 '언론기관의 자유'를 포함한다. 그렇지만 언론의 자유는 우선적으로 언론사라는 조직의 자유보다 언론사 구성원 개인의 자유이며 언론사라는 특정 집단의 자유보다 국민 전체의 자유이다. 따라서 언론기관과 같은 언론을 위한 조직은 그 구성원들과 더 나아가 모든 국민에게 **언론의 자유를 최대로 실현할 수 있는 데 적합한 조직**을 갖추어야 한다. 이런 맥락에서 국민은 국가에 대해서 언론기관이 언론의 자유를 실현하는 데 적합한 조직이 될 수 있도록 규율하는 **법규범의 제정을 요구할 수 있는 주관적 권리**를 가지며 국가는 그에 상응한 **의무**를 진다. 이러한 절차권은 언론 · 출판의 자유가 가지는 독특한 **성격상 도출되는 '특수한 절차권'**으로 이해된다.

언론기관이 언론의 자유를 실현하는 데 적절한 조직을 갖기 위해서는 우선 **언론기관 조직 내부**의 문제로서 언론사의 '편집권독립', 전체 **언론시장의 구조**적 문제로서 '독과점금지', 언론사에 대한 국민의 '접근권(액세스권)'과 같은 것들이 문제될 수 있다.

i. 편집권의 독립　편집권의 독립은 언론사의 소유주나 경영자의 부당한 간섭으로부터 편집의 자유가 확보되어야 한다는 요청을 말한다. 이러한 요청에 따라 언론사의 소유주나 경영자가 자신의 정치적 · 경제적 이해관계를 관철하기 위하여 편집의 자유를 침해하는 것은 허용되지 않는다. 이를 위하여 **신문 등의 진흥에 관한 법률**(이하 '신문법'으로 약칭)과 **방송법**이 제정되어 있다.

우선 신문법은 신문과 인터넷신문에 대해서 편집의 자유와 독립을 보장하면서 신문과 인터넷신문에 대한 규제나 간섭을 금지하고, 특히 신문사업자와 인터넷신문사업자에게 편집인의 자율적인 편집을 보장해야 할 의무를 부과한다(동법 제4조). 또한 방송법도 방송편성의 자유와 독립을 보장하면서 방송편성에 대한 규제나 간섭을 금지하고, 방송사업자에게 방송편성책임자를 선임하고, 방송편성책임자의 자율적인 방송편성을 보장해야 할 의무를 부과한다(동법 제4조).

ii. 언론시장 독과점의 금지　독과점의 금지는 하나 또는 일부 언론사가 언론시장을 독점 또는 과점하여 일방적인 의사나 정보를 제공함으로써 왜곡 또는 조작된 여론형성이 가능해지지 않도록 언론시장의 독과점을 금지하는 요청을 말한다. 이러한 요청도 신문법과 방송법에서 구체화된다.

우선 신문법은 일반일간신문사의 주식이나 지분에 대한 대기업의 소유를 일정 한도로 제한한다(동법 제18조 제1항). 한편 현재보다 강화된 내용의 독과점금지를 규정하고 있던 종래의 신문법과 관련하여 헌법재판소는 ① '신문사의 겸영금지'에 대해서는 입법자의 미디어정책적 판단을 존중하여 합헌으로, ② '신문의 복수소유'에 대해서는 반드시 언론의 다양성을 해치지 않는다는 취지에서 헌법불합치로, ③ '신문사업자의 시장지배적 사업자 추정'에 대해서는 신문의 다양성이라는 목적의 달성을 위한 합리적인 수단이 되지 못한다는 이유에서 위헌으로 판시하였다(아래 [판례] 참조).

또한 방송법도 방송사의 주식이나 지분의 소유를 일정 한도로 제한한다(동법 제8조 제2항). 특히 대기업이나 그 계열사 또는 일간신문사나 뉴스통신사가 방송사의 주식이나 지분을 소유할 수 있는 한도를 더욱 축소하고(동법 동조 제3항 및 제5항), 구독률이 20퍼센트 이상인 일간신문사의 방송사겸영이나 주식 · 지분소유는 금지된다(동법 동조 제4항). 그리고 방송사 간의 상호겸영이나 주식 · 지분소유도 일정 한도로 제한된다(동법 동조 제6항, 제7항 및 제8항).

iii. 언론기관접근권(액세스권) 언론기관이라는 조직과 국민의 관계에서 언론기관이라는 매체에 대한 국민의 수월한 접근의 보장을 위하여 언론매체에 접근하여 이것을 이용할 수 있는 권리가 보장된다. 이러한 권리를 **'넓은 의미의 액세스권'**이라고도 부르는데 이것은 언론 · 출판의 자유에 포함된 절차권으로 이해될 수 있다.

[판례] 신문법의 위헌 여부

① **신문사의 겸영금지(합헌)**: 신문법 제15조 제2항은 일간신문이 뉴스통신이나 일정한 방송사업을 겸영하는 것을 금지하고 있다. 그런데 일간신문이 뉴스통신이나 방송사업과 같은 이종 미디어를 겸영하는 것을 어떻게 규율할 것인가 하는 것은 고도의 정책적 접근과 판단이 필요한 분야로서, 겸영금지의 규제정책을 지속할 것인지, 지속한다면 어느 정도로 규제할 것인지의 문제는 입법자의 미디어정책적 판단에 맡겨져 있다. 신문법 제15조 제2항은신문의 다양성을 보장하기 위하여 필요한 한도 내에서 그 규제의 대상과 정도를 선별하여 제한적으로 규제하고 있다고 볼 수 있다. 규제 대상을 일간신문으로 한정하고 있고, 겸영에 해당하지 않는 행위, 즉 하나의 일간신문법인이 복수의 일간신문을 발행하는 것 등은 허용되며, 종합편성이나 보도전문편성이 아니어서 신문의 기능과 중복될 염려가 없는 방송채널사용사업이나 종합유선방송사업, 위성방송사업 등을 겸영하는 것도 가능하다. 그러므로 신문법 제15조 제2항은 헌법에 위반되지 아니한다. ② **신문사 지배주주의 복수신문소유금지(헌법불합치)**: 신문법 제15조 제3항에서 일간신문의 지배주주가 뉴스통신 법인의 주식 또는 지분의 2분의1 이상을 취득 또는 소유하지 못하도록 함으로써 이종 미디어 간의 결합을 규제하는 부분은 언론의 다양성을 보장하기 위한 필요한 한도 내의 제한이라고 할 것이어서 신문의 자유를 침해한다고 할 수 없다. 그런데 제15조 제3항은 나아가 일간신문의 지배주주에 의한 신문의 복수소유를 규제하고 있다. 신문의 다양성을 보장하기 위하여 신문의 복수소유를 제한하는 것 자체가 헌법에 위반된다고 할 수 없지만, 신문의 복수소유가 언론의 다양성을 저해하지 않거나 오히려 이에 기여하는 경우도 있을 수 있는데, 이 조항은 신문의 복수소유를 일률적으로 금지하고 있어서 필요 이상으로 신문의 자유를 제약하고 있다.

그러나 신문의 다양성 보장을 위한 복수소유 규제의 기준을 어떻게 설정할지의 여부는 입법자의 재량에 맡겨져 있으므로 이 조항에 대해서는 단순위헌이 아닌 헌법불합치결정을 선고하고, 다만 입법자의 개선입법이 있을 때까지 계속 적용을 허용함이 상당하다. → 3인의 단순위헌의견을 포함하여 결론적으로 헌법불합치 및 법률개정시까지 계속적용. ③ **신문사업자의 시장지배적 사업자추정(위헌)**: 신문법 제17조는 신문사업자를 일반사업자에 비하여 더 쉽게 시장지배적 사업자로 추정되도록 규정하고 있는데, 이러한 규제는 신문의 다양성 보장이라는 입법목적 달성을 위한 합리적이고도 적정한 수단이 되지 못한다. 첫째, 발행부수만을 기준으로 신문시장의 점유율을 평가하고 있는 점, 둘째, 신문시장의 시장지배력을 평가함에 있어 서로 다른 경향을 가진 신문들에 대한 개별적인 선호도를 합쳐 이들을 하나의 시장으로 묶고 있는 점, 셋째, 그 취급분야와 독자층이 완연히 다른 일반일간신문과 특수일간신문 사이에 시장의 동질성을 인정하고 있는 점, 넷째, 신문의 시장지배적 지위는 결국 독자의 개별적 · 정신적 선택에 의하여 형성되는 것인 만큼 그것이 불공정행위의 산물이라고 보거나 불공정행위를 초래할 위험성이 특별히 크다고 볼만한 사정이 없는데도 신문사업자를 일반사업자에 비하여 더 쉽게 시장지배적 사업자로 추정되도록 하고 있는 점 등이 모두 불합리하다. 따라서 신문법 제17조는 신문사업자인 청구인들의 평등권과 신문의 자유를 침해하여 헌법에 위반된다(2006. 6. 29. 2005헌마165등).

Ⅲ. 제약행위

1. 언론 · 출판활동의 명령(강제)

언론 · 출판활동에 해당하는 행위를 하지 않을 수도 있는 자유(소극적 행위의 자유)에 대해서 반드시 그것을 하도록 명령하는 행위(강제행위 = 적극적 의무의 부과)는 언론 · 출판의 자유에 대한 제약행위가 된다. 언론 · 출판활동이 두 단계로 걸쳐 구성되는 것에 맞추어 두 가지 유형이 가능하다. ① 언론 · 출판의 대상인 의사가 형성되는 단계에서 일정한 의사를 갖도록 강제하는 행위(세뇌, 주입), ② 의사표현의 단계에서 의사를 외부에 표현하도록 강제하는 행위가 그것이다. 일정한 내용의 표현만을 강요하거나 일정한 수단에 의한 표현만을 강요하는 것, 일정한 시간과 일정한 장소에서의 표현만을 강요하는 것들을 예로 들 수 있다. 이러한 행위들은 잠정적으로 금지된다.

2. 언론 · 출판활동의 금지(규제)

언론 · 출판활동에 해당하는 행위를 할 수도 있는 자유(적극적 행위의 자유)에 대해서 하지 못하도록 금지하는 행위(규제행위 = 소극적 의무의 부과)도 언론 · 출판의 자유에 대한 제약행위가 된다.[85] 이러한 행위도 두 가지 유형이 가능하다. ① 의사형성의 단계에서 일정한 의사를 갖지 못하도록 금지하는 행위, ② 의사표현의 단계에서 의사를 외부에 표현하는 것을 금지하는 행위가 그것이다. 이것도 일정한 내용의 표현을 금지하거나 일정한 수단에 의한 표현을 금지하는 것, 일정한 시간과 일정한 장소에서의 표현을 금지

85) 예를 들어 특정 집단에 대한 증오와 반감을 담은 표현을 금지하는 것도 언론 · 출판의 자유에 대한 제약행위가 된다. 혐오표현(hate speech)의 문제에 대해서는 이준일, 『인권법』(2021), 제49장 참조.

하는 것들을 예로 들 수 있다. 이러한 행위들은 **잠정적으로 금지**된다.

3. 허가와 검열의 명시적 금지

우리 헌법은 언론·출판의 자유에 대한 제약행위들 가운데 명시적으로 금지된 행위를 규정하고 있다(제21조 제2항). "허가나 검열"이 그것이다. 헌법재판소가 잘 정의하고 있듯이[86] 검열은 행정권이 주체가 되어 사상이나 의견 등이 발표되기 이전에 예방적 조치로서 그 내용을 심사 및 선별하여 발표를 사전에 억제하는, 즉 허가받지 아니한 표현물의 발표를 금지하는 제도를 뜻한다.[87] 이러한 의미의 검열에 해당하기 위한 요건으로는 ① 허가를 받기 위한 표현물의 **제출의무**, ② 행정권이 주체가 된 **사전심사절차**, ③ 허가를 받지 않은 의사표현의 **금지**, ④ 심사절차를 관철할 수 있는 **강제수단** 등이 단계적으로 요구된다. 따라서 행정권에 의한 사전심사나 금지처분이 아니라 법원이 사법절차에 의하여 심리, 결정하는 방송금지가처분은 사전검열에 해당하지 않는다.[88]

이처럼 검열의 개념에는 허가가 포함되어 있으므로 허가와 검열을 분리하여 이해할 필요는 없다. 그리고 검열의 개념상 표현되기 이전의 검열만 금지되기 때문에 헌법상 금지되는 것은 '사전검열'이다. 다만 헌법재판소에 따르면 사전검열금지원칙은 표현의 자유의 "진정한 목적에 맞는 범위 내로 제한하여 적용"되어야 하므로 영리목적의 순수한 상업적 광고에 대해서는 이 원칙이 적용되지 않을 수 있다고 한다.[89] 그러나 상업적 광고를 표현활동에 포함시키면서 사점검열금지원칙을 상업적 광고에 적용하지 않은 것은 논리적 일관성이 없다. 다시 말해 상업적 광고에 사전검열금지원칙을 적용하지 않으려면 상업적 광고는 헌법이 보호하는 표현활동에서 제외되어야 한다. 한편 인터넷언론사 게시판에 선거운동기간 중 후보자에 대한 지지나 반대의 글을 게시할 때 요구되는 실명확인제는 사전검열금지원칙에 위배되지 않는다고 한다.[90]

(1) 사전심의제도

헌법재판소는 영화를 상영하기 이전에 '공연윤리위원회'의 사전심의를 받을 의무를 부과하고, 사전심의를 받지 아니한 모든 영화의 상영을 금지하면서 사전심의를 받지 아니하고 영화를 상영한 자를 처벌할 수 있도록 규정하는 것은 헌법이 금지한 사전검열제도를 채택하여 헌법에 위반된다고 결정하였다.[91] 여기서 '공연윤리위원회'가 사전검열을 위한 행정기관에 해당한다고 본 이유는 다음과 같다. "검열을 행정기관이 아닌 독립적인 위원회에서 행한다고 하더라도 행정권이 주체가 되어 검열절차를 형성하고, 검열기

86) 헌재 1996. 10. 4. 93헌가13등.
87) 사전검열의 문제에 대해서는 이준일, 『인권법』(2021), 제15장 참조.
88) 헌재 2001. 8. 30. 2000헌바36.
89) 헌재 2010. 7. 29. 2006헌바75.
90) 헌재 2010. 2. 25. 2008헌마324등.
91) 헌재 1996. 10. 4. 93헌가13등.

관의 구성에 지속적인 영향을 미칠 수 있는 경우라면 실질적으로 보아 검열기관은 행정기관이라고 보아야 한다."

그 밖에도 같은 논거에 기초하여 '공연윤리위원회'의 사전심의를 받지 아니한 '음반'의 제작 · 판매[92] 및 보관,[93] '비디오'의 제작 · 판매[94] 및 복제 · 대여 · 보관 · 상영,[95] '한국공연예술진흥협의회'(1997. 4. 10. 개정된 법률에 따라 변경된 심의기관)의 사전심의를 받지 아니한 '비디오' 제작과 판매[96]를 금지한 법률이 헌법에 위반된다고 결정하였다. 또한 같은 취지에서 '영상물등급위원회'(1999. 2. 8. 개정된 법률에 따라 변경된 심의기관)의 영화[97] 또는 비디오[98]에 대한 '등급분류보류제도'도 사전검열에 해당한다고 결정하였다. 그리고 외국비디오물을 수입할 경우에 영상물등급위원회의 추천을 받도록 한 '외국비디오물 수입추천제도'[99] 및 외국음반을 국내에서 제작하고자 하는 자에게 음반제작 전에 반드시 영상물등급위원회로부터 추천을 받도록 한 '외국음반 국내제작추천제도'[100]도 사전검열에 해당하여 위헌이라고 선언하였다. 또한 '한국광고자율심의기구'의 텔레비전 방송광고에 대한 사전심의도 사점검열에 해당하는 것으로 위헌결정을 내렸다.[101] 그리고 사전심의를 받지 않은 의료광고를 금지하고 이를 위반한 경우 처벌하는 것,[102] 사전심의를 받은 내용과 다른 내용의 건강기능식품 기능성광고를 금지하고 이를 위반한 경우 처벌하는 것[103], 의료기기 광고에 대한 사전심의제도[104] 역시 사전검열에 해당하여 헌법에 위반된다고 본다.

(2) 등록제도 등

반면에 정기간행물 발행자의 등록의무,[105] 정기간행물의 납본제도,[106] 국정교과서제도,[107] 음반제작자의 등록의무,[108] 영화제작자의 등록의무,[109] 옥외광고물의 규제,[110] 종

92) 헌재 1996. 10. 31. 94헌가6.
93) 헌재 1997. 3. 27. 97헌가1.
94) 헌재 1998. 12. 24. 96헌가23.
95) 헌재 2000. 2. 24. 99헌가17.
96) 헌재 1999. 9. 16. 99헌가1.
97) 헌재 2001. 8. 30. 2000헌가9.
98) 헌재 2008. 10. 30. 2004헌가18.
99) 헌재 2005. 2. 3. 2004헌가8.
100) 헌재 2006. 10. 26. 2005헌가14.
101) 헌재 2008. 6. 26. 2005헌마506.
102) 헌재 2015. 12. 23. 2015헌바75.
103) 헌재 2018. 6. 28. 2016헌가8; 2019. 5. 30. 2019헌가4.
104) 헌재 2020. 8. 28. 2017헌가35등.
105) 헌재 1992. 6. 26. 90헌가23; 1997. 8. 21. 93헌바51.
106) 헌재 1992. 6. 26. 90헌바26.
107) 헌재 1992. 11. 12. 89헌마88.
108) 헌재 1993. 5. 13. 91헌바17.
109) 헌재 1996. 8. 29. 94헌바15.
110) 헌재 1998. 2. 27. 96헌바2.

합유선방송사업의 허가제,[111] TV방송의 방영금지 가처분제도,[112] 게임물 판매업자의 등록의무[113] 등은 사전검열에 해당하지 않는다고 본다.

제 3 항 제한규범

언론 · 출판의 자유의 구성요건을 충족해도 제한규범에 근거하여 제약되는 표현활동은 확정적 보호를 받지 못한다. 언론 · 출판의 자유의 구성요건을 충족하면서 제한규범에 근거하여 제약될 수 없는 표현활동만이 확정적으로 허용된다. 따라서 언론 · 출판의 자유에 관한 구성요건의 단계에서 보호법익에 해당하여 잠정적으로 허용된 표현활동은 제한규범에 근거하여 제약될 수 없으면 확정적으로 보호된다. 한편 언론 · 출판의 자유에 포함된 방어권의 경우에 구성요건의 단계에서 잠정적으로 금지된 제약행위는 제한규범에 근거하는 경우에만 잠정적으로 허용된 제약행위로 바뀌게 되고, 근거가 되는 제한규범이 없는 경우에는 확정적으로 금지된 제약행위가 된다.

Ⅰ. 헌법직접적 제한규범

1. 성문의 헌법직접적 제한규범

현행 헌법은 언론 · 출판의 자유에 대한 성문의 헌법직접적 제한규범을 규정하고 있다. "**타인의 명예**나 **권리** 또는 **공중도덕**이나 **사회윤리**"(제21조 제4항 제1문)가 그것인데 견해[114]에 따라서는 "내재적 한계"로 이해되기도 한다. 물론 이 경우에 타인의 명예나 권리가 법률상의 권리일 때에는 헌법간접적 제한규범으로 분류될 수도 있다. 이와 관련하여 헌법 제21조 제4항을 '개별적 가중법률유보'로 보는 견해[115]도 있다. 하지만 이러한 견해는 타인의 명예나 권리를 법률적 권리로만 보고 이것이 헌법적인 권리일 수 있다는 점을 고려하지 않았다는 점에서 타당하지 않다.

한편 공중도덕이나 사회윤리와 관련해서는 주로 음란한 표현이 문제가 된다. 헌법재판소에 따르면 음란이란 "인간존엄 내지 인간성을 왜곡하는 노골적이고 적나라한 성표현으로서 오로지 성적 흥미에만 호소할 뿐 전체적으로 보아 하등의 문학적, 예술적, 과학적 또는 정치적 가치를 지니지 않은 것으로서, 사회의 건전한 성도덕을 크게 해칠 뿐만 아니라 사상의 경쟁메커니즘에 의해서도 그 해악이 해소되기 어려워 언론 · 출판의 자유에 의한 보장을 받지 않는 것"이라고 하여 음란한 표현을 처음부터 언론 · 출판의 자유의 보호영역에서 배제하였다.[116] 하지만 이렇게 되면 "음란표현에 대한 최소한의 헌

111) 헌재 2001. 5. 31. 2000헌바43등.
112) 헌재 2001. 8. 30. 2000헌바36.
113) 헌재 2002. 2. 28. 99헌바17.
114) 권영성, 509면.
115) 계희열(중), 470면.

법상 보호마저도 부인하게 될 위험성이 농후하게 된다는 점"에서 음란한 표현도 언론 · 출판의 자유의 보호영역에 포함된다고 판례를 변경하였다.[117] 다만 청소년보호나 정보통신망의 건전하고 안전한 이용 환경 조성 등의 공익적 목적을 위해서 제한될 수는 있다.[118]

2. 불문의 헌법직접적 제한규범

언론 · 출판의 자유에 대한 불문의 헌법직접적 제한규범으로는 다른 사람의 기본권이나 헌법적 법익을 들 수 있다. 다른 사람의 기본권이 언론 · 출판의 자유에 대한 헌법직접적 제한규범이 되면 두 기본권 사이에는 '기본권의 충돌'이 발생한다. 언론 · 출판의 자유와 충돌할 수 있는 기본권으로는 성문의 헌법직접적 제한규범으로 열거된 '명예권' 외에 '사생활의 비밀에 관한 권리', '초상권', '지적 재산권' 등을 들 수 있다. 이렇게 충돌하는 기본권을 형량한 결과로 언론보도의 피해자에게 ① '정정보도청구권', ② '반론보도청구권', ③ '추후보도청구권'이 보장되는데 이렇게 반론 내지 해명을 요구할 수 있는 권리를 "협의의 액세스권"[119]으로 부르기도 한다. 따라서 이러한 권리들은 언론 · 출판의 자유에 포함된 권리들이 아니라 언론 · 출판의 자유와 다른 기본권을 형량하여 도출한 권리로 이해되어야 한다.

언론중재법에 따르면 ① **정정보도청구권**은 사실적 주장에 관한 언론보도가 진실하지 않음으로 인하여 피해를 입은 피해자가 그 언론보도의 내용을 진실에 부합되게 고쳐서 보도하도록 언론사에 청구할 수 있는 권리를 말한다(동법 제14조 제1항). 그리고 ② **반론보도청구권**은 사실적 주장에 관한 언론보도로 인하여 피해를 입은 피해자가 그 보도내용의 진실 여부에 관계없이 그와 대립되는 반박적 주장을 보도하도록 언론사에 청구할 수 있는 권리를 말한다(동법 제16조 제1항). 또한 ③ **추후보도청구권**은 언론에 의하여 범죄혐의가 있거나 형사상의 조치를 받았다고 보도 또는 공표된 자가 그에 대한 형사절차가 무죄판결 또는 이와 동등한 형태로 종결된 때에 이 사실에 관한 추후보도의 게재를 언론사에 청구할 수 있는 권리를 말한다(동법 제17조 제1항).

Ⅱ. 헌법간접적 제한규범

언론 · 출판의 자유에 대한 헌법간접적 제한규범은 언론 · 출판의 자유에 대해서만 '개별적으로' 규정될 수도 있고, 언론 · 출판의 자유를 포함한 모든 자유와 권리에 대해서 '일반적으로' 규정될 수도 있다. 우리 헌법은 언론 · 출판의 자유에 대하여 개별적 법률유보조항을 규정한다. 헌법 **제21조 제3항** "통신 · 방송의 시설기준과 신문의 기능을

116) 헌재 1998. 4. 30. 95헌가16.
117) 헌재 2009. 5. 28. 2006헌바109.
118) 헌재 2023. 2. 23. 2019헌바305.
119) 계희열(중), 455면; 성낙인 1154면.

보장하기 위하여 필요한 사항은 법률로 정한다."는 규정이 그것이다. 이 규정은 특별히 '언론기관의 자유'를 제한할 수 있는 법률유보조항으로 이해된다. 또한 일반적 법률유보조항인 헌법 **제37조 제2항**에 근거하여 언론·출판의 자유는 "국가안전보장, 질서유지 또는 공공복리"를 위하여, "법률"에 의해서 제한될 수 있다.

한편 헌법 **제77조 제3항**은 비상계엄이 선포된 때에는 법률이 정하는 바에 의하여 언론·출판의 자유에 관하여 '특별한 조치'를 할 수 있도록 규정한다. 이러한 특별한 조치에는 헌법 제22조 제2항에서 금지하고 있는 "허가나 검열"도 포함된다.[120] 이는 '비상계엄'이라는 가중된 요건을 두면서 법률에 의한 제한을 허용하고 있기 때문에 **개별적 가중법률유보조항**으로 이해된다.

[판례] 방송의 자유에 대한 제한으로서 방송위원회의 경고와 법률유보원칙

문화방송의 PD수첩에 대한 방송위원회의 경고는 방송위원회가 방송사업자에게 방송표현 내용에 대한 경고를 함으로써 해당 방송에 대하여 제재를 가하는 것이라고 볼 때, 그러한 제재는 방송의 자유를 제한하는 것이므로 헌법 제37조 제2항에 따라 **법률적 근거**를 지녀야 한다. 이 사건 경고는 결국 기본권 제한에서 요구되는 법률유보원칙에 위배된 것이므로 더 나아가 살펴볼 필요 없이 청구인 문화방송의 방송의 자유를 침해하는 것이다(2007. 11. 29. 2004헌마290).

제4항 정 당 화

I. 형식적 정당화와 명확성원칙

언론·출판의 자유를 제한하는 법률의 정당화를 위해 요구되는 원칙으로 **명확성원칙**이 제시되기도 한다. 그러나 명확성원칙은 언론·출판의 자유에 대한 제한에 한정되지 않고, 모든 기본권을 제한하는 법률에서 요구되는 형식적 정당화를 위한 원칙으로 이해되어야 한다. 물론 언론·출판의 자유는 다른 모든 기본권에 대한 논의의 전제가 된다는 점에서 언론·출판의 자유에 대한 제한에서 명확성원칙을 특별히 강조하는 것은 의미가 있다.

[판례] 불온통신의 명확성 여부

표현의 자유를 규제하는 입법에서 명확성원칙은 특별히 중요한 의미를 지닌다. 무엇이 금지되는 표현인지가 불명확한 경우에, 자신이 행하고자 하는 표현이 규제의 대상이 아니라는 확신이 없는 기본권주체는 대체로 규제를 받을 것을 우려해서 표현행위를 스스로 억제하게 될 가능성이 높기 때문에 표현의 자유를 규제하는 법률은 규제되는 표현의 개념을 세밀하고 명확하게 규정할 것이 헌법적으로 요구된다. 그런데 '공공의 안녕질서 또는 미풍양속을 해하는'이라는 불온통신의 개념은 너무나 불명확하고 애매하다. '공공의 안녕질서', '미풍양속'은 매우 추상적인 개념이어서 어떠한 표현행위가 과연 이러한 개념에 해당하는지

120) 계희열(중), 474면; 권영성, 513면 이하.

에 대한 판단은 사람마다의 가치관, 윤리관에 따라 크게 달라질 수밖에 없고 법집행자의 통상적 해석을 통하여 그 의미내용을 객관적으로 확정하기도 어렵다(2002. 6. 27. 99헌마480).

[판례] 청소년이용음란물의 명확성 여부

이 사건 법률의 입법경과와 입법목적, 같은 법률의 다른 규정들과의 체계조화적 해석, 관계부처의 법률해석, 다른 처벌법규와의 법정형 비교 등을 고려하여 목적론적으로 해석할 때 '청소년이용음란물'에는 실제인물인 청소년이 등장하여야 한다고 보아야 함이 명백하고, 따라서 법률적용단계에서 다의적으로 해석될 우려가 없이 건전한 법관의 양식이나 조리에 따른 보충적인 해석에 의하여 그 의미가 구체화되어 해결될 수 있는 이상 죄형법정주의에 있어서의 명확성의 원칙을 위반하였다고 볼 수 없다(2002. 4. 25. 2001헌가27).

[판례] 모욕의 명확성 여부

모욕죄의 구성요건으로서 '모욕'이란 사실을 적시하지 아니하고 단순히 사람의 사회적 평가를 저하시킬 만한 추상적 판단이나 경멸적 감정을 표현하는 것으로서, 모욕죄의 보호법익과 그 입법목적, 취지 등을 종합할 때, 건전한 상식과 통상적인 법 감정을 가진 일반인이라면 금지되는 행위가 무엇인지를 예측하는 것이 현저히 곤란하다고 보기 어렵고, 법집행기관이 이를 자의적으로 해석할 염려도 없으므로 명확성원칙에 위배되지 아니한다(2013. 6. 27. 2012헌바37; 2020. 12. 23. 2017헌바456등; 2021. 9. 30. 2021헌가등; 2022. 5. 26. 2021헌바342).

Ⅱ. 실질적 정당화

1. 비례성원칙

언론 · 출판의 자유도 원칙으로 이해된다. 따라서 잠정적으로 보장된 언론 · 출판의 자유의 구성요건이 확정적인 것이 되기 위해서는 **비례성원칙에 따른 합리적 형량**이 필요하다. 이것은 언론 · 출판의 자유를 제한하는 다른 사람의 기본권이나 헌법적 법익 또는 공익을 이 자유와의 관계에서 조화와 균형을 이루게 함으로써 정당화하는 것을 의미한다. 따라서 언론 · 출판의 자유에 대한 제약은 다른 사람의 기본권이나 헌법적 법익 또는 입법목적으로 제시된 공익과 균형을 이룰 수 있는 범위 안에서는 정당화된다. 비례성원칙은 방어권의 경우에는 과잉금지원칙으로, 보호권과 절차권의 경우에는 과소금지원칙으로 구체화된다.

헌법재판소는 이른바 '김일성애도편지 사건'에서 언론의 자유와 명예권이 충돌한 경우에 이 두 권리를 비교형량하여 어느 쪽이 우위에 서는지를 가리는 것은 헌법적인 평가의 문제에 속한다고 한다.[121] 그러면서 언론매체의 명예훼손적 표현에 대해서 개인의 명예를 보호하기 위한 실정법을 해석 · 적용할 때에는 언론의 자유와 명예의 보호라는 상반되는 헌법상의 두 권리를 조정하는 과정에서 구체적인 표현 내용과 방식에 따라 상반되는 두 권리를 유형적으로 형량한 비례관계를 따져 언론의 자유에 대한 한계 설정

121) 헌재 1999. 6. 24. 97헌마265.

을 할 필요가 있다고 한다. 이에 따라 공적 인물 또는 공적 관심의 대상이 되는 사항에 대해서는 표현의 자유가 넓게 보장되어야 하므로 표현의 목적인 '공익'은 넓게 해석하고, 표현의 대상은 '진실'이라고 믿을 만한 정당한 이유만 있으면 충분하며 표현의 내면적 의도인 '비방'은 엄격하게 해석되어야 한다. 한편 남북합의서를 위반하는 행위로서 전단 등을 살포하여 국민의 생명 · 신체에 위해를 끼치거나 심각한 위험을 발생시키는 행위를 금지시키는 것은 과잉금지원칙을 위반하여 표현의 자유를 침해한다고 본다.[122)]

[판례] 김일성애도편지사건

신문보도의 명예훼손적 표현의 피해자가 공적 인물인지 아니면 사인인지, 그 표현이 공적인 관심 사안에 관한 것인지 순수한 사적인 영역에 속하는 사안인지의 여부에 따라 헌법적 심사기준에는 차이가 있어야 한다. 객관적으로 국민이 알아야 할 공공성 · 사회성을 갖춘 사실은 민주제의 토대인 여론형성이나 공개토론에 기여하므로 형사제재로 인하여 이러한 사안의 게재를 주저하게 만들어서는 안 된다. 신속한 보도를 생명으로 하는 신문의 속성상 허위를 진실한 것으로 믿고서 한 명예훼손적 표현에 정당성을 인정할 수 있거나, 중요한 내용이 아닌 사소한 부분에 대한 허위보도는 모두 형사제재의 위협으로부터 자유로워야 한다. 시간과 싸우는 신문보도에 오류를 수반하는 표현은, 사상과 의견에 대한 아무런 제한 없는 자유로운 표현을 보장하는 데 따른 불가피한 결과이고 이러한 표현도 자유토론과 진실확인에 필요한 것이므로 함께 보호되어야 하기 때문이다. 그러나 허위라는 것을 알거나 진실이라고 믿을 수 있는 정당한 이유가 없는데도 진위를 알아보지 않고 게재한 허위보도에 대하여는 면책을 주장할 수 없다. 첫째, 명예훼손적 표현이 진실한 사실이라는 입증이 없어도 행위자가 진실한 것으로 오인하고 행위를 한 경우, 그 오인에 정당한 이유가 있는 때에는 명예훼손죄는 성립되지 않는 것으로 해석하여야 한다. 둘째, 형법 제310조 소정의 "오로지 공공의 이익에 관한 때에"라는 요건은 언론의 자유를 보장한다는 관점에서 그 적용범위를 넓혀야 한다. 셋째, 형법 제309조 소정의 "비방할 목적"은 그 폭을 좁히는 제한된 해석이 필요하다. 법관은 엄격한 증거로써 입증이 되는 경우에 한하여 행위자의 비방목적을 인정하여야 한다(1999. 6. 24. 97헌마265).

[판례] 모욕죄와 표현의 자유

사람의 인격을 경멸하는 표현이 공연히 이루어진다면 그 사람의 사회적 가치는 침해되고 그로 인하여 사회구성원으로서 생활하고 발전해 나갈 가능성도 침해받지 않을 수 없으므로, 모욕적 표현으로 사람의 명예를 훼손하는 행위는 분명 이를 금지시킬 필요성이 있고, 모욕죄는 피해자의 고소가 있어야 형사처벌이 가능한 점, 그 법정형의 상한이 비교적 낮은 점, 법원은 개별 사안에서 형법 제20조의 정당행위 규정을 적정하게 적용함으로써 표현의 자유와 명예보호 사이에 적절한 조화를 도모하고 있는 점 등을 고려할 때, (모욕죄)조항이 표현의 자유를 침해한다고 볼 수 없다(2013. 6. 27. 2012헌바37).

2. 본질내용침해금지의 원칙

언론 · 출판의 자유의 본질내용에 대해서는 **절대설**을 따르면 비례성원칙과는 독립적

122) 헌재 2023. 9. 26. 2020헌마1724등.

인 원칙으로서 본질내용침해금지원칙에 따른 독자적인 심사가 언론 · 출판의 자유에 대한 제약을 정당화하기 위하여 필요하다. 하지만 **상대설**을 따르면 비례성원칙에 따른 심사로 언론 · 출판의 자유의 제약을 위한 정당화는 충분하게 된다.

[판례] 단체의 정치자금 기부 금지와 표현의 자유의 본질

단체관련자금 기부금지 조항은 단체의 정치자금 기부금지 규정에 관한 탈법행위를 방지하기 위한 것으로서, 단체의 정치자금 기부를 통한 정치활동이 민주적 의사형성과정을 왜곡하거나, 선거의 공정을 해하는 것을 방지하고, 단체 구성원의 의사에 반하는 정치자금 기부로 인하여 단체 구성원의 정치적 의사표현의 자유가 침해되는 것을 방지하는 것인 바, 정당한 입법목적 달성을 위한 적합한 수단에 해당한다. 한편 단체의 정치적 의사표현은 그 방법에 따라 정당 · 정치인이나 유권자의 선거권 행사에 심대한 영향을 미친다는 점에서 그 방법적 제한의 필요성이 매우 크고, 이 사건 기부금지 조항은 단체의 정치적 의사표현 자체를 금지하거나 그 내용에 따라 규제하도록 한 것이 아니라, 개인과의 관계에서 불균형적으로 주어지기 쉬운 '자금'을 사용한 방법과 관련하여 규제를 하는 것인 바, 정치적 표현의 자유의 본질을 침해하는 것이라고 볼 수 없다. 또한, 개인의 정치적 의사형성이 온전하게 이루어질 수 있는 범위에서의 자금모집에 관한 단체의 관여를 일반적 · 추상적으로 규범화하여 허용하는 것은 입법기술상 곤란할 뿐만 아니라, 개인의 정치적 기본권 보호라는 입법목적 달성에 충분한 수단이라고 보기 어렵고, 달리 덜 제약적 수단이 존재함이 명백하지 않은 이상 이 사건 기부금지 조항이 침해의 최소성원칙에 위반된다고 보기 어렵다. 나아가 이 사건 기부금지 조항에 의한 개인이나 단체의 정치적 표현의 자유 제한은 내용중립적인 방법 제한으로서 수인 불가능할 정도로 큰 것이 아닌 반면, 금권정치와 정경유착의 차단, 단체와의 관계에서 개인의 정치적 기본권 보호 등 이 사건 기부금지 조항에 의하여 달성되는 공익은 대의민주제를 채택하고 있는 민주국가에서 매우 크고 중요하다는 점에서 법익균형성원칙도 충족된다. 따라서 이 사건 기부금지 조항이 과잉금지원칙에 위반하여 정치활동의 자유 등을 침해하는 것이라 볼 수 없다(2010. 12. 28. 2008헌바89; 2014. 4. 24. 2011헌바254).

3. 명백하고 현존하는 위험의 원칙

그 밖에도 1919년 미국 연방대법원의 홈즈(O. W. Holmes) 대법관이 주장한 '**명백하고 현존하는 위험의 원칙**'을 언론 · 출판의 자유를 제한하는 법률의 정당화를 위해 요구되는 원칙으로 설명하기도 한다. 이 원칙은 일정한 표현이 다른 사람의 기본권이나 공익에 대하여 위험(해악)을 야기할 가능성이 ① 경험적 인과법칙에 따라 너무나 분명하고(명백성; clear), ② 시간적으로도 매우 급박한(현존성; present) 것이라면 금지될 수 있다는 것을 내용으로 한다.

결론부터 말하자면 이 원칙은 비례성원칙과 밀접하게 관련된다. 왜냐하면 이 원칙은 표현의 자유가 제한되기 위해서는 공익과 서로 충돌하고 있을 것을 요청하는 원칙이고, 따라서 비례성원칙이 개입되기 위한 전제를 말하고 있기 때문이다. 그러나 이 원칙의 핵심적 내용은 위험의 명백성이나 현존성(긴박성)보다 **위험의 중대성**에 있다. 이러한 중대성에 대한 판단은 구체적인 상황에 따라 개별적으로 이루어질 수밖에 없다. 무엇보다 중요한 상황적 표지는 표현의 자유와 충돌하는 다른 사람의 기본권이나 헌법적 법익 또는 공익이 된다. 다시 말해 표현의 자유와 충돌하는, 따라서 표현의 자유를 제한하는 근거(목적)가 되는 다른 사람의 기본권(예를 들어 명예나 사생활의 비밀)이나 헌법적 법익 또는 공익(예를 들어 국가안보)이 표현의 자유를 압도할 만큼 중요한 경우에만 표현의 자유가 제한될 수 있다는 뜻이다. 따라서 이 원칙은 비례성원칙, 정확히 말하자면 **합리적 형량의 요청을 구체화한 원칙**으로 이해될 수 있다.

[판례] 긴급조치 제1호의 위헌성

긴급조치 제1호는 '대한민국 헌법을 부정 · 반대 · 왜곡 또는 비방하는 일체의 행위', '대한민국 헌법의 개정 또는 폐지를 주장 · 발의 · 제안 또는 청원하는 일체의 행위' 등 유신헌법의 개정 논의 자체를 전면적으로 금지하였다. 그러나 모든 국민은 헌법의 개정논의를 포함하여 자신의 정치적 의견과 정치사상을 외부에 표현할 정치적 표현의 자유를 가지며, 이는 자유민주적 헌법의 근본가치이자 민주정치의 필수불가결한 요소이다. … 유신헌법에 대한 일체의 부정적인 견해 표명 자체를 금지하고 그 위반행위에 대하여 형벌을 과하는 긴급조치 제1호는 전면적이고 광범위하며 극단적인 조치이므로, 최고 수준의 명확성이 요구되며, 이러한 조치는 개별적인 표현행위의 시간 · 장소나 방법을 제한하는 것으로는 방지할 수 없는 **급박하고 명백하며 중대한 위험**이 실제로 있는 경우에 한하여 비로소 취할 수 있는 거의 마지막 수단에 해당한다(2011. 6. 30. 2009헌마406 참조). 그러나 긴급조치 제1호는 유신헌법을 부정하거나 반대하고 폐지를 주장하는 행위 중 실제로 국가의 안전보장과 공공의 안녕질서에 대한 심각하고 중대한 위협이 명백하고 현존하는 경우 이외에도, 국가긴급권의 발동이 필요한 상황과는 전혀 무관하게 헌법과 관련하여 자신의 견해를 단순하게 표명하는 모든 행위까지 처벌하고, 처벌의 대상이 되는 행위를 전혀 구체적으로 특정할 수 없으므로, 이는 표현의 자유 제한의 한계를 일탈한 것이다(2013. 3. 21. 2010헌바132).

제5항 효 력

언론 · 출판의 자유는 ① 국가에 대해서 효력(**대국가적 효력**)을 미칠 뿐만 아니라 ② 사인인 제3자, 즉 국민에 대해서도 효력(**대사인적 효력**)을 미친다. 언론 · 출판의 자유가 사인에 대해서 미치는 효력은 기본권의 대사인적 효력에 관한 이론구성에 따라 법관에 대해서 언론 · 출판의 자유를 존중하는 **재판**을 요구함으로써 실현될 수 있다. 견해에 따라서는 헌법 제21조 제4항이 언론 · 출판의 자유의 대사인적 효력을 명시적으로 인정하는 규정으로 이해하기도 한다. 하지만 기본권의 대사인적 효력은 기본권침해의 '피해자'가 주장할 수 있기 때문에 언론 · 출판의 자유를 주장하는 자가 아니라 인격권이나 명예권을 침해당한 자가 주장할 수 있다는 점에서 언론 · 출판의 자유의 대사인적 효력을 명시한 규정으로 이해하기는 힘들다.

제 7 절 집회 · 결사의 자유

제 1 항 헌법규정

헌법은 제21조 제1항에서 집회 · 결사의 자유를 보장한다. 또한 동조 제2항에서는 집회 · 결사에 대한 '허가'를 금지한다. 이러한 기본권규정이 의미하는 바는 집회 · 결사의 자유에 관한 주관적 지위와 객관적 규범이다.

[헌법 제21조]
① 모든 국민은 언론 · 출판의 자유와 집회 · 결사의 자유를 가진다.
② 언론 · 출판에 대한 허가나 검열과 집회 · 결사에 대한 허가는 인정되지 아니한다.
③ ④ 생략

집회 · 결사의 자유는 언론 · 출판의 자유와 함께 제헌헌법(제13조)에서부터 현행 헌법에 이르기까지 규정되고 있다. 다만 제헌헌법에서 집회 · 결사의 자유는 개별적 법률유보조항을 두고 있었으나 1960년 헌법(제13조)에서 삭제되었고, 1962년 헌법(제18조 제4항)에서 "옥외집회의 시간과 장소"에 대한 개별적 법률유보조항이 추가되었다. 1972년 헌법(제18조)에서 집회 · 결사의 자유에 대한 개별적 법률유보조항은 다시 추가되었다가 1980년 헌법(제20조)에서 또다시 삭제되었다. "집회 · 결사에 대한 허가"의 금지는 1960년 헌법(제28조 제2항 단서)에서부터 규정되어 1962년 헌법(제18조 제2항)에서도 유지되었고, 1972년 유신헌법에서 삭제되었다가 현행 헌법에서 다시 추가되었다.

제 2 항 구성요건

Ⅰ. 인적 구성요건(주체)

집회 · 결사의 자유는 성격상 인간의 권리이기 때문에 이 자유를 누리는 주체는 원칙적으로 모든 인간이다. 따라서 국민뿐만 아니라 외국인도 주체가 될 수 있다. 그리고 자연인뿐만 아니라 법인도 원칙적으로 주체가 될 수 있다. 헌법재판소는 '농지개량조합'의 경우에 결사의 성격상 공법상의 결사, 즉 '공법인'이기 때문에 결사의 자유의 주체가 될 수 없다고 한다.[123] 하지만 '축산업협동조합'은 사법인으로서 결사의 자유의 주체가 된다고 한다.[124] 또한 축산업협동조합들이 회원이 되어 결성한 '축협중앙회'도 결사체 자체로서 결사의 자유의 주체가 될 수 있고, 또한 공법인적 특성을 많이 가지고 있기는 하지만

123) 헌재 2000. 11. 30. 99헌마190.
124) 헌재 1996. 4. 25. 92헌바47.

공법인성과 사법인성을 겸유한 특수한 법인으로서 결사의 자유의 주체가 된다고 한다.[125)]

[판례] 법인과 결사의 자유

[1] **농지개량조합**은 농지소유자의 조합가입이 강제되는 점, 조합원의 출자에 의하여 조합재산이 형성되는 것이 아니라 국가 등이 설치한 농업생산기반시설을 그대로 인수하는 점, 조합의 합병 · 분할 · 해산은 법정 사유로 제한되어 있는 점, 조합원은 그 자격을 상실하지 않는 한 조합에서 임의탈퇴할 수 없는 점, 탈퇴되는 경우에도 조합에 대한 지분반환청구는 허용되지 않는 점, 해산한 조합의 잔여재산은 조합원들에게 분배되지 아니하고 농지개량조합자립육성금고에 납입되는 점, 조합원들에게 조합비를 부과 · 징수하여 경비에 충당하나 그 징수절차가 지방세체납처분의 예에 의하고 이용료의 성격을 띠고 있는 점, 조합과 그 직원과의 관계는 공법상의 특별권력관계인 점, 주요사업인 농업생산기반시설의 정비 · 유지 · 관리사업은 농업생산성의 향상 등 그 조합원들의 권익을 위한 것만이 아니고 수해의 방지 및 수자원의 적정한 관리 등 일반국민들에게도 직접 그 영향을 미치는 고도의 공익성을 띠고 있는 점 등 농지개량조합의 조직, 재산의 형성 · 유지 및 그 목적과 활동전반에 나타나는 **매우 짙은 공적인 성격**을 고려하건대, 이를 **공법인**이라고 봄이 상당하므로 헌법소원의 청구인적격을 인정할 수 없다(2000. 11. 30. 99헌마190).

[2] **축산업협동조합**은 그 목적이나 설립, 관리면에서 자주적인 단체로서 공법인이라기보다는 **사법인**으로서 결사의 자유의 주체가 된다(1996. 4. 25. 92헌바47).

Ⅱ. 보호법익

1. 집회 · 결사활동

(1) 집회활동

집회의 자유는 집회활동이라는 '행위'를 보호법익으로 한다. 집회활동의 표지로는 대체로 ① 공동의 목적, ② 다수인, ③ 일시성, ④ 모임을 들고 있다.[126)] 다만, 우연한 '군집'과 구별시키는 표지인 공동목적의 범위에 대해서만 해석의 차이가 존재한다. 예를 들어 공동목적을 넓게 이해하면서 의사형성과 표현을 목적으로 하는 집회가 모두 포함된다고 보지만 다수인 상호간에는 '내적 유대'에 의한 의사소통의 요소가 있어야 한다는 견해[127)]도 있다. 하지만 공동목적을 비교적 좁게 이해하여 공공적인 사건에 대한 공동적인 토의나 사실고지를 위한 목적으로 보는 견해[128)]도 있다. 헌법재판소는 공동의 목적은 '내적인 유대관계'면 족한 것으로 본다.[129)] 한편 다수인을 3인 이상으로 보는 견해[130)]도 있지만 집회의 개념을 넓게 이해할 수 있다는 점에서 2인 이상의 모임도 집회의 개념에

---

125) 헌재 2000. 6. 1. 99헌마553.
126) 계희열(중), 478면 이하; 권영성, 536면 이하; 김철수, 875면; 성낙인, 1199면; 허영, 601면; 홍성방(중), 219면.
127) 계희열(중), 480면; 허영, 604면.
128) 김철수, 875면.
129) 헌재 2009. 5. 28. 2007헌바22; 2014. 1. 28. 2011헌바174.
130) 계희열(중), 480면; 권영성, 536면.

포함된다고 보는 것이 타당하다. 따라서 이른바 '1인 시위'는 집회가 아니지만 다수인이 일정한 거리를 두고 동일한 내용의 1인 시위를 벌이거나 같은 장소에서 교대로 같은 내용의 1인 시위를 벌이는 '변형된 1인 시위'는 구체적인 형태에 따라서 집회가 될 수도 있다.

집회의 자유가 보호하는 집회활동은 복수의 사람이 의사형성과 표현을 위한 공동의 목적을 가지고 비교적 일시적으로 모이는 행위로 이해된다. 일정한 공동목적은 너무 좁게 해석될 필요가 없고, 일시성이라는 표지는 집회의 범위를 지나치게 좁힐 수 있는 단점 때문에 상대적 개념으로 이해되는 것이 적절하다. 집회는 ① 장소에 따라 옥내집회와 옥외집회, ② 시간에 따라 주간집회와 야간집회, ③ 목적에 따라 정치적 집회와 비정치적 집회, ④ 공개 여부에 따라 공개집회와 비밀집회, ⑤ 무장 여부에 따라 무장집회와 비무장집회, ⑥ 성격에 따라 평화적 집회와 비평화적 집회로 구분된다. 옥외집회와 관련하여 **집회 및 시위에 관한 법률**(이하 '집시법'으로 약칭)은 옥외집회를 "천장이 없거나 사방이 폐쇄되지 않은 장소에서 여는 집회"로 정의한다(동법 제2조 제1호).

(2) 결사활동

결사의 자유는 결사활동이라는 '행위'를 보호법익으로 한다. 결사활동의 표지로는 대체로 ① 공동의 목적, ② 다수인, ③ 계속성, ④ 조직적 의사에 대한 복종, ⑤ 단체의 결성이 제시된다.[131] 결사의 개념에 포함된 다수인이라는 표지는 2인 이상을 의미한다.[132]

결사의 자유가 보호하는 결사활동은 복수의 사람이 공동의 목적을 가지고 비교적 계속적으로 조직적 의사에 대한 복종을 전제로 단체를 결성하는 행위로 이해된다. 계속성이라는 표지는 결사의 범위를 지나치게 좁힐 수 있는 단점 때문에 상대적 개념으로 이해하는 것이 적절하다. 헌법재판소에 따르면 '결사'의 개념에는 **법이 특별한 공공목적에 의하여 구성원의 자격을 정하고 있는 특수단체**의 조직활동은 해당하지 않는다.[133] 따라서 주택건설촉진법에서 주택조합의 조합원 자격을 무주택자로 한정했다고 해서 유주택자의 결사의 자유를 침해하는 것은 아니라고 한다.[134] 그러나 헌법재판소의 견해는 구성요건과 제한의 문제를 혼동하고 있는 것으로 보이고, 결사의 자유의 주체를 제한하는 문제는 구성요건의 단계가 아니라 제한의 단계에서 해결하는 것이 적절하다. 한편 헌법재판소는 **영리단체**(예: 약국경영을 위하여 약사들이 설립 · 운영하는 법인)의 결성도 헌법상의 결사의 자유에 의하여 보호된다고 한다.[135]

---

131) 계희열(중), 500면; 권영성, 542면; 김철수, 878면 이하; 장영수, 692면 이하.

132) 계희열(중), 500면.

133) 헌재 1994. 2. 24. 93헌바43.

134) 같은 요지의 판례: 헌재 1997. 5. 29. 94헌바5.

135) 헌재 2002. 9. 19. 2000헌바84.

2. 집회 · 결사활동의 자유와 권리

(1) 집회 · 결사활동의 자유

모든 국민은 집회활동과 결사활동에 해당하는 행위를 하거나 하지 않을 수 있는 주관적 지위를 가진다. 첫째, 집회활동의 자유에는 ① **집회의 개최**, ② **집회의 진행**, ③ **집회에의 참가**, ④ **집회의 해산**의 자유가 포함된다. 둘째, 결사활동의 자유에는 ① **단체의 결성**(설립), ② **단체의 존속 및 활동**, ③ **단체의 해체**(해산), ④ **단체에의 가입**, ⑤ **단체로부터의 탈퇴**의 자유가 포함된다. 특히 결사의 자유에 포함된 단체활동의 자유는 단체 외부에 대한 활동뿐만 아니라 단체의 조직, 의사형성의 절차 등 단체의 내부적 생활을 스스로 결정하고 형성할 권리인 단체 내부활동의 자유를 포함한다는 것이 헌법재판소의 일관된 입장이다.[136]

집회활동의 자유는 '**시위의 자유**'도 포함되고, 이러한 시위의 자유에는 움직이는 집회로서 행진의 자유가 포함된다. 집시법은 시위를 "여러 사람이 공동의 목적을 가지고 도로 · 광장 · 공원 등 일반인이 자유로이 통행할 수 있는 장소를 행진하거나 위력 또는 기세를 보여 불특정한 여러 사람의 의견에 영향을 주거나 제압을 가하는 행위"라고 정의한다(동법 제2조 제2호). 여기서 문제가 되는 것은 집회의 개념에는 없는 "일반인이 자유로이 통행할 수 있는 장소"라는 표지가 시위라는 개념에는 포함되어 있다는 점이다. 이에 대해서 헌법재판소는 이러한 표지가 시위의 개념에 반드시 포함되는 표지는 아니라고 한다.[137] 오히려 시위의 개념에서 중요한 표지는 "불특정 다수인(여러 사람)의 의견에 영향을 주거나 제압을 가하는 행위"라고 한다. 다만 이러한 행위는 공중(일반인)이 자유로이 통행할 수 있는 장소를 행진하는 것을 통해서뿐만 아니라 비록 공중이 자유로이 통행할 수 있는 장소는 아니더라도 위력 또는 기세를 보여주는 것을 통해서도 가능하기 때문에 시위의 유형은 두 가지로 구분된다고 한다. 이러한 시위 및 행진의 자유가 집회의 자유에 포함되는지와 관련하여 시위는 힘을 보여주는 집회로서, 행진은 이동적 성격의 움직이는 집회로서 집단적 의사표현의 한 형태이기 때문에 긍정되어야 한다는 견해가 일반적이다. 헌법재판소도 시위의 자유는 집회의 자유에 의하여 보호되는 기본권이라고 본다.[138]

[판례] 집회의 자유의 내용

집회의 자유는 집회의 시간, 장소, 방법과 목적을 스스로 결정할 권리를 보장한다. 집회의 자유에 의하여 구체적으로 보호되는 주요행위는 집회의 준비 및 조직, 지휘, 참가, 집회장소 · 시간의 선택이다. 그러나 집회를 방해할 의도로 집회에 참가하는 것은 보호되지 않는다. 주최자는 집회의 대상, 목적, 장소 및 시간에 관하여, 참가자는 참가의 형태와 정도,

136) 헌재 2012. 12. 27. 2011헌마562등; 2016. 11. 24. 2015헌바62; 2017. 6. 29. 2016헌가1; 2017. 7. 27. 2016헌바372; 2019. 7. 25. 2018헌바85.

137) 헌재 1994. 4. 28. 91헌바14.

138) 헌재 2005. 11. 24. 2004헌가17.

복장을 자유로이 결정할 수 있다. 비록 헌법이 명시적으로 밝히고 있지는 않으나, 집회의 자유에 의하여 보호되는 것은 단지 '평화적' 또는 '비폭력적' 집회이다(2003. 10. 30. 2000헌바67등).

[판례] 결사의 개념과 결사의 자유의 내용

결사의 자유는 다수의 자연인 또는 법인이 공동의 목적을 위하여 단체를 결성할 수 있는 자유로서, 적극적으로는 ① 단체결성의 자유, ② 단체존속의 자유, ③ 단체활동의 자유, ④ 결사에의 가입 · 잔류의 자유를, 소극적으로는 기존의 단체로부터 탈퇴할 자유와 결사에 가입하지 아니할 자유를 내용으로 하고, 여기서 말하는 결사란 자연인 또는 법인의 다수가 상당한 기간 동안 공동목적을 위하여 자유의사에 기하여 결합하고 조직화된 의사형성이 가능한 단체로서 공법상의 결사는 이에 포함되지 않는다(1996. 4. 25. 92헌바47).

(2) 집회 · 결사활동의 권리

1) 방어권과 보호권 ① 집회 · 결사의 자유는 집회 · 결사활동을 저지 · 방해하는 국가의 제약행위에 대해서 중지를 요구할 수 있는 **방어권**을 포함한다. 또한 ② 사인(私人)인 제3자가 집회 · 결사활동을 침해하는 경우에 국가에 대해서 보호의 입법을 요구할 수 있는 **보호권**도 포함한다. 보호권의 경우에 이에 상응하여 국가는 집회 · 결사의 자유를 보호하는 입법의무를 진다. 예를 들어 집시법에 규정된 집회 · 시위의 방해금지에 관한 규정(동법 제3조) 및 이를 위반한 자에 대한 처벌규정(동법 제22조 제1항)은 집회의 자유에 대한 제3자의 침해로부터 보호하는 입법에 해당한다.

2) 절 차 권

A. 일반적 절차권 집회 · 결사의 자유는 국가에 대해서 이 자유를 보장하는 절차에 관한 입법을 요구할 수 있는 **절차권**을 포함한다. 이러한 절차권에 상응하여 국가는 집회 · 결사의 자유에 관한 절차를 보장해야 하는 입법의무를 진다.

B. 결사의 자유에 특수한 절차권 결사의 자유는 기본권의 성격상 조직과 단체의 형태로 실현되기 때문에 국민은 국가에 대해서 모든 조직이나 단체가 결사의 자유를 실현하는 데 적합한 조직이나 단체가 될 수 있도록 규율하는 법률의 제정을 요구할 수 있는 권리를 가지고, 국가는 그에 상응하는 입법의무를 부담한다.

[판례] 결사의 자유와 단체제도의 보장

입법자는 결사의 자유에 의하여, 국민이 모든 중요한 생활영역에서 결사의 자유를 실제로 행사할 수 있도록 그에 필요한 단체의 결성과 운영을 가능하게 하는 최소한의 법적 형태를 제공해야 한다는 구속을 받을 뿐만 아니라, 단체제도를 법적으로 형성함에 있어서 지나친 규율을 통하여 단체의 설립과 운영을 현저하게 곤란하게 해서도 안 된다는 점에서 입법자에 의한 형성은 비례의 원칙을 준수해야 한다(2002. 8. 29. 2000헌가5등).

Ⅲ. 제약행위

1. 집회 · 결사활동의 명령(강제)

집회 · 결사를 하지 않을 수 있는 자유(소극적 행위의 자유)에 대해서 반드시 그것을 하도록 명령하는 행위(강제행위 = 적극적 의무의 부과)는 집회 · 결사의 자유에 대한 제약행위가 된다. 예를 들어 국가에 의해 강제로 동원된 집회나 강제로 구성된 단체가 여기에 해당한다. 이러한 행위는 **잠정적으로 금지**된다. 이와 관련하여 사법상의 강제결사가 제약행위로서 원칙적으로 금지될 뿐만 아니라 **공법상의 강제결사**도 제약행위로서 원칙적으로 금지되고, 정당한 제한으로서 논증이 가능한 경우에만 헌법적으로 허용된다.[139)]

2. 집회 · 결사활동의 금지(규제)

집회 · 결사를 할 수 있는 자유(적극적 행위의 자유)에 대해서 그것을 하지 못하도록 금지하는 행위(규제행위 = 소극적 의무의 부과)도 집회 · 결사의 자유에 대한 제약행위가 된다. 예를 들어 국가가 일정한 집회의 개최와 참가를 금지시키거나(차벽설치 등) 강제로 해산시키는 행위(물포발사 등), 단체의 설립과 활동을 금지시키거나 강제로 해체시키는 행위가 이에 해당한다. 또한 집회의 시간과 장소 및 목적을 제한한다든지 단체의 목적을 제한하는 것도 집회 · 결사의 자유에 대한 규제행위가 된다. 이러한 행위들도 **잠정적으로 금지**된다.

[판례] 집회의 자유에 대한 제약행위

집회의 자유는 일차적으로 국가공권력의 침해에 대한 방어를 가능하게 하는 기본권으로서 개인이 집회에 참가하는 것을 방해하거나 또는 집회에 참가할 것을 강요하는 국가행위를 금지하는 기본권이다. 따라서 집회의 자유는 집회에 참가하지 못하게 하는 국가의 강제를 금지할 뿐 아니라, 예컨대 집회장소로의 여행을 방해하거나, 집회장소로부터 귀가하는 것을 방해하거나, 집회참가자에 대한 검문의 방법으로 시간을 지연시킴으로써 집회장소에 접근하는 것을 방해하거나, 국가가 개인의 집회참가행위를 감시하고 그에 관한 정보를 수집함으로써 집회에 참가하고자 하는 자로 하여금 불이익을 두려워하여 미리 집회참가를 포기하도록 집회참가의사를 약화시키는 것 등 **집회의 자유행사에 영향을 미치는 모든 조치**를 금지한다(2003. 10. 30. 2000헌바67등).

[판례] 집회장소의 제한

집회의 장소는 일반적으로 집회의 목적 · 내용과 밀접한 내적 연관관계를 가질 수 있다. 집회는 특별한 상징적 의미 또는 집회와 특별한 연관성을 가지는 장소, 예를 들면, 집회를 통해 반대하고자 하는 대상물이 위치하거나 집회의 계기를 제공한 사건이 발생한 장소 등에서 행해져야 이를 통해 다수의 의견표명이 효과적으로 이루어질 수 있으므로, 집회의 장소에 대한 선택은 집회의 성과를 결정짓는 주요 요인이 될 수 있다. 따라서 집회의 장소를 선택할 자유는 집회의 자유 보장의 핵심적 내용이다(2018. 5. 31. 2013헌바322등; 2022. 12. 22. 2018헌바48등).

---

139) 예를 들어 변리사회 가입강제에 대한 헌재 2008. 7. 31. 2006헌마666(합헌) 참조.

3. 명시적 금지로서 허가의 금지

헌법은 집회 · 결사의 자유에 대한 제약행위 가운데 **명시적으로 금지**된 행위를 규정하고 있다(제21조 제2항). 집회 · 결사의 "허가"에 대한 금지가 그것이다. 여기서 허가는 일반적으로 집회를 금지하고, 모든 집회를 그 시작 전에 심사하여 특정한 집회에 대해서만 허용하는 것을 의미한다. 현행 집시법은 **옥외집회 · 시위**를 주최하려는 자에게 집회신고서의 제출의무를 부과하면서 일정한 경우에 집회 · 시위를 금지하거나 제한할 수 있도록 규정하고 있다(동법 제6조 제1항 및 제8조 제1항). 이러한 신고제는 허가제가 아니므로 헌법에 반하지 않는다. 다만, 사전에 계획되지 않아서 주최자가 없는 '우발적 집회'나 긴급한 목적달성을 위하여 개최되는 '긴급집회'의 경우에는 성질상 신고가 불가능하거나 곤란하기 때문에 신고제를 강제하면 집회의 자유를 침해하게 된다. 헌법재판소는 집시법의 사전신고는 협력의무로서의 신고인데다 일정한 신고절차만 밟으면 일반적 · 원칙적으로 옥외집회 및 시위를 할 수 있기 때문에 집회에 대한 사전신고제도는 헌법 제21조 제2항의 사전허가금지에 위반되지 않는다고 한다.[140] 하지만 사전신고 요건을 충족시키기 어려운 긴급집회의 경우에 대해 집시법은 그 신고를 유예하거나 즉시 신고로서 옥외집회를 가능하게 하는 조치를 전혀 취하고 있지 않아 집회의 자유를 침해할 뿐만 아니라 협조의무의 이행을 징역형이 있는 형벌로 강제하는 것은 신고제를 허가제에 준하여 운영하는 것이라는 반론이 제기된다.[141] 한편 야간옥외집회에 대한 원칙적 금지와 예외적 허용은 헌법상 금지된 허가제에 해당한다는 다수 헌법재판관의 의견이 있다.[142]

[판례] 집회에 대한 허가제의 금지

헌법 제21조 제2항은, 집회에 대한 허가제는 집회에 대한 검열제와 마찬가지이므로 이를 절대적으로 금지하겠다는 헌법개정권력자인 국민들의 헌법가치적 합의이며 헌법적 결단이다. 또한 위 조항은 헌법 자체에서 직접 집회의 자유에 대한 제한의 한계를 명시한 것이므로 기본권 제한에 관한 일반적 법률유보조항인 헌법 제37조 제2항에 앞서서, 우선적이고 제1차적인 위헌심사기준이 되어야 한다. 헌법에서 금지하고 있는 '허가'는 행정권이 주체가 되어 집회 이전에 예방적 조치로서 집회의 내용 · 시간 · 장소 등을 사전심사하여 일반적인 집회금지를 특정한 경우에 해제함으로써 집회를 할 수 있게 하는 제도, 즉 허가를 받지 아니한 집회를 금지하는 제도를 의미한다(2009. 9. 24. 2008헌가25).

[판례] 결사에 대한 허가제의 금지

헌법 제21조 제2항 후단의 결사의 자유에 대한 '허가제'란 행정권이 주체가 되어 예방적 조치로 단체의 설립 여부를 사전에 심사하여 일반적인 단체 결성의 금지를 특정한 경우에 한하여 해제함으로써 단체를 설립할 수 있게 하는 제도, 즉 사전 허가를 받지 아니한 단체 결성을 금지하는 제도를 말한다(2012. 3. 29. 2011헌바53).

140) 헌재 2014. 1. 28. 2011헌바174.
141) 헌재 2014. 1. 28. 2011헌바174 재판관 4인의 반대의견 참조.
142) 헌재 2009. 9. 24. 2008헌가25 재판관 5인의 위헌의견 참조.

제 3 항 제한규범

집회 · 결사의 자유의 구성요건을 충족해도 제한규범에 근거하여 제약되는 집회 · 결사활동은 확정적인 보호를 받지 못한다. 집회 · 결사의 자유의 구성요건을 충족하면서 제한규범에 근거하여 제약될 수 없는 집회 · 결사활동만이 확정적으로 허용된다. 따라서 집회 · 결사의 자유에 관한 구성요건의 단계에서 보호법익에 해당하여 잠정적으로 허용된 집회 · 결사활동은 제한규범에 근거해서 제약될 수 없으면 확정적으로 보호된다. 한편 집회 · 결사의 자유에 포함된 방어권의 경우에 구성요건의 단계에서 잠정적으로 금지된 제약행위는 제한규범에 근거하는 경우에만 잠정적으로 허용된 제약행위로 바뀌게 되고, 근거가 되는 제한규범이 없는 경우에는 확정적으로 금지된 제약행위가 된다.

Ⅰ. 헌법직접적 제한규범

집회 · 결사의 자유에 대한 헌법직접적 제한규범은 ① '성문'의 형태와 ② '불문'의 형태로 규정이 가능하다. 헌법은 집회 · 결사의 자유에 대한 성문의 헌법직접적 제한규범을 규정하지 않고 있다. 불문의 헌법직접적 제한규범으로는 다른 사람의 기본권이나 헌법적 법익을 들 수 있다. 다른 사람의 기본권이 집회 · 결사의 자유에 대한 헌법직접적 제한규범이 되면 두 기본권 사이에는 '기본권의 충돌'이 발생한다. 예를 들어 집시법은 주거의 평온이나 재산권 또는 학습권을 근거로 주거지역 또는 학교주변지역에서의 집회 · 시위를 제한할 수 있도록 규정하는데(동법 제8조 제5항 제1호 및 제2호) 이는 집회의 자유와 다른 사람의 기본권이 충돌하는 경우에 집회의 자유가 제한되는 예에 해당한다.

Ⅱ. 헌법간접적 제한규범

집회 · 결사의 자유에 대한 헌법간접적 제한규범은 ① 집회 · 결사의 자유에 대해서만 '개별적으로' 규정될 수도 있고, ② 집회 · 결사의 자유를 포함한 모든 기본권에 대해서 '일반적으로' 규정될 수도 있다. 헌법은 집회 · 결사의 자유에 대하여 개별적 법률유보를 규정하지 않고, 제77조 제3항에서 **비상계엄**이 선포된 경우에 법률이 정하는 바에 의하여 집회 · 결사의 자유에 관하여 '특별한 조치'를 할 수 있도록 하여 비상계엄이라는 가중된 요건에서 법률에 의한 제한의 근거를 규정하고 있다(**개별적 가중법률유보**). 이러한 특별한 조치에는 헌법 제21조 제2항에서 금지하고 있는 "허가"도 포함된다.

또한 일반적 법률유보조항인 헌법 제37조 제2항에 근거하여 집회 · 결사의 자유는 "국가안전보장, 질서유지 또는 공공복리"를 위하여, "법률"에 의해서 제한될 수 있다. 예를 들어 집회의 자유의 경우에 교통소통을 위하여 도로상의 집회가 제한될 수 있고 (집시법 제12조), 주요 국가기관의 활동을 보호하기 위하여 그 근처의 집회가 금지될 수 있다(동법 제11조). 또한 결사의 자유의 경우에도 반국가단체(국가보안법 제3조)나 범죄단체(형법 제114조)와 같은 불법단체의 결성은 금지된다. 일반적 법률유보조항에 근거한 제한은 헌법 제21조 제2항에서 금지하고 있는 "허가"를 포함하지 않는다는 점에서 개별적 법률유보조항에 근거한 특별한 조치와는 구별된다.

제4항 정 당 화

Ⅰ. 비례성원칙과 본질내용침해금지원칙

집회 · 결사의 자유도 원칙규범이다. 따라서 잠정적으로 보장된 집회 · 결사의 자유의 구성요건이 확정적인 것이 되기 위해서는 **비례성원칙에 따른 합리적 형량**이 필요하다. 이것은 집회 · 결사의 자유를 제한하는 다른 사람의 기본권이나 헌법적 법익 또는 공익을 이 자유와의 관계에서 조화와 균형을 이루게 함으로써 정당화하는 것을 의미한다. 그러므로 집회 · 결사의 자유에 대한 제약은 다른 사람의 기본권이나 헌법적 법익 또는 입법목적으로 제시된 공익과 균형을 이룰 수 있는 범위 안에서는 정당화된다. 비례성원칙은 방어권의 경우에는 과잉금지원칙으로, 보호권과 절차권의 경우에는 과소금지원칙으로 구체화된다.

[판례] 개별 학교법인의 결사강제와 비례성원칙

개별 학교에서의 교원노조를 인정하지 않는 것에 대응하여 개별 학교법인이 단체교섭의 상대방이 될 수 없도록 함으로써 교원노조로 하여금 개별 학교의 운영에 관여하지 못하도록 한 것은, 첫째 교원의 근로조건이 각 학교법인별로 크게 다르지 아니한 점, 둘째 교원의 지위를 통일적으로 보장할 필요가 있는 점, 셋째 교원의 노사관계가 일반 노사관계와는 다른 특수성을 지니는 점 등을 모두 고려하여 개별 학교차원의 교섭으로 인한 혼란을 방지하고자 하는 것이라고 할 것이므로, 그 입법목적의 정당성 및 방법의 적절성을 인정할 수 있다. 개별 학교법인에게 단체교섭의 상대방이 될 수 있도록 한다면 전국 단위 또는 시 · 도 단위 교원노조가 모든 개별 학교법인과 단체교섭을 해야 하므로 이는 불필요한 인적 · 물적 낭비요인이 될 뿐만 아니라, 단체교섭의 결과인 단체협약의 내용이 개별 학교마다 다르다면 각 학교 사이에서 적지 않은 혼란이 야기될 수도 있다. 따라서 결사의 자유에 대한 필요 · 최소한의 제한이라고 할 수 있으므로 침해의 최소성 요건을 충족한다. 그리고 추구하고자 하는 공익은 개별 학교법인이 단체교섭의 상대방이 되지 못함으로 인하여 발생할 수 있는 결사의 자유의 제한보다 크다고 할 것이므로 법익의 균형성도 충족한다(2006. 12. 18. 2004헌바67).

[판례] 화물자동차 운송사업자의 결사강제

운송사업자로 구성된 협회로 하여금 연합회에 강제로 가입하게 하고 임의로 탈퇴할 수 없도록 하는 것은, 연합회의 전국적인 단일 조직으로서의 지위를 강화함으로써 운송사업자의 공동이익을 효과적으로 증진시키고 법령에 따른 공익적 기능을 원활하게 수행하게 하여 화물자동차 운송사업의 건전한 발전을 도모하기 위한 것이다. 연합회는 공공재적 성격을 가지는 화물자동차 운송사업의 공익성을 구현한다는 점에서 다른 사법인과 차이가 있다. 전국적인 단일 조직을 갖춘 연합회는 협회가 관련 정보를 교환하고 전국적인 협력을 도모할 수 있는 기반이 된다. 연합회는 공제사업의 실시 주체이므로, 원활한 사업 운영을 위해서는 충분한 규모를 갖출 필요가 있다. 연합회는 법령에 따라 다양한 공익적 기능을 수행하는바, 전국적인 단일 조직을 갖추지 못한다면 업무 수행의 효율성과 신속성 등이 저해될 우려가 있다. 국가나 지방자치단체가 공익적 기능을 직접 수행하거나 별개의 단체를 설립하는 방안은 연합회에의 가입강제 내지 임의탈퇴 불가와 같거나 유사한 효과를 가진다고 보기 어렵다. 따라서 과잉금지원칙에 위배되어 결사의 자유를 침해한다고 볼 수 없다(2022. 2. 24. 2018헌가8).

집회 · 결사의 자유의 본질내용에 대해서는 **절대설**을 따르면 비례성원칙과는 독립적인 원칙으로서 본질내용침해금지원칙에 따른 독자적인 심사가 집회 · 결사의 자유에 대한 제약을 정당화하기 위해 필요하다. 하지만 **상대설**을 따르면 비례성원칙에 따른 심사로 집회 · 결사의 자유의 제약을 위한 정당화는 충분하게 된다.

[판례] 공적 역무를 수행하는 법인의 결사의 자유에 대한 제한

상공회의소는 상공업자들의 사적인 단체이기는 하나, 설립 · 회원 · 기관 · 의결방법 · 예산편성과 결산 등이 상공회의소법에 의하여 규율되고, 단체결성 · 가입 · 탈퇴에 상당한 제한이 있는 조직이며 다른 결사와 달리 일정한 공적인 역무를 수행하면서 지방자치단체의 행정지원과 자금지원 등의 혜택을 받고 있는 법인이므로, 그 결사의 자유에 대한 제한이 과잉금지원칙에 위배되는지 판단할 때에는, 순수한 사적인 임의결사에 비해서 **완화된 기준**을 적용할 수 있다(2006. 5. 25. 2004헌가1).

Ⅱ. 구체적 문제

1. 야간옥외집회의 금지

야간옥외집회를 금지한 법률조항에 대해서 헌법재판소는 '야간'이라는 상황적 특수성과 '옥외집회'라는 속성상 공공의 안녕질서가 침해될 수 있는 높은 개연성을 들어 합헌결정을 한 바 있다.143) 하지만 야간옥외집회를 원칙적으로 금지하면서 예외적으로만 허용하는 방식에 대해서는 위헌의 의문이 제기되었다.144) 이에 따라 헌법재판소는 야간옥외집회가 허가제에 해당하여 위헌이라는 의견과 과잉금지원칙을 위반하여 헌법에 불합치한다는 의견이 다수를 차지함으로써 판례를 변경하여 헌법불합치결정을 내렸다.145) 야간시위를 금지한 같은 법률조항의 단서에 대해서는 절대적 금지규정으로 해석하여 "해가 뜨기 전이나 해가 진 후"에 "해가 진 후부터 같은 날 24시까지"를 포함시키는 한 헌법에 위반된다는 한정위헌결정을 내렸고,146) 헌법불합치결정을 받은 야간옥외집회 금

143) 헌재 1994. 4. 28. 91헌바14.
144) 야간의 옥외집회 및 시위 금지에 대한 자세한 논의는 이준일, 『인권법』(2021), 제16장 참조.
145) 헌재 2009. 9. 24. 2008헌가25.

지조항과 같은 내용의 구법 조항에 대해서도 야간옥외집회에 “일몰시간 후부터 같은 날 24시까지의 옥외집회”가 포함되는 것으로 해석하는 한 헌법에 위반된다는 한정위헌결정을 내렸다.147)

2. 외교기관 근처 옥외집회의 금지

헌법재판소는 외교기관의 경계지점으로부터 1백미터 이내의 장소에서 행해지는 모든 옥외집회와 시위를 전면적으로 금지하는 법률조항에 대해서 ① 우연히 금지장소 내에 위치한 다른 항의대상에 대한 집회의 경우, ② 소규모집회의 경우, ③ 외교기관의 업무가 없는 휴일에 행해지는 집회의 경우에는 예외적으로 허용되어야 함에도 불구하고 전면적 금지의 방식을 선택한 것은 최소침해의 원칙에 위반된다고 결정했다.148) 이에 따라 현행 집시법은 ① 해당 외교기관이나 외교사절의 숙소를 대상으로 하지 않는 경우, ② 대규모 집회 또는 시위로 확산될 우려가 없는 경우, ③ 외교기관의 업무가 없는 휴일에 개최되는 경우 중 어느 하나에 해당하고 외교기관이나 외교사절 숙소의 기능이나 안녕을 침해할 우려가 없다고 인정되는 때에는 외교기관이나 외교사절의 숙소가 위치한 100미터 이내의 장소에서 행해지는 집회나 시위도 허용할 수 있도록 규정하고 있다(동법 제11조 제5호). 이와 같이 외교기관 근처의 집회에 대하여 원칙적으로 금지하면서 예외적으로 허용하는 것은 헌법재판소에 따르면 헌법에 위반되지 않는다.149)

3. 법원 근처 옥외집회의 금지

헌법재판소에 따르면 각급법원 인근에서의 옥외집회나 시위를 전면적으로 금지하는 것은 법원의 기능보호와 안녕보호라는 입법목적에 비추어 비례적이어서 헌법에 위반되지 않는다고 한다.150) 하지만 외교기관 근처의 옥외집회를 전면적으로 금지한 법률조항에 대해서 위헌을 선고하면서 법원 근처의 옥외집회를 전면적으로 금지한 법률조항에 대해서는 합헌을 선고한 것이 논리적 일관성이 있는지와 관련하여 여전히 의문이 남는다. 이에 따라 헌법재판소는 판례를 변경하여 이러한 전면적 금지가 입법목적을 달성하는 데 필요한 최소한도의 범위를 넘어 규제가 불필요하거나 또는 예외적으로 허용 가능한 옥외집회 · 시위까지도 일률적 · 전면적으로 금지함으로써 침해의 최소성 원칙에 위배될 뿐만 아니라 상충하는 법익 사이의 조화를 이루려는 노력을 전혀 기울이지 않음으로써 법익의 균형성 원칙에도 어긋나 집회의 자유를 침해한다고 본다.151) 이에 따라 법관이나 재판관의 직무상 독립이나 구체적 사건의 재판에 영향을 미칠 우려가 없거나 대

146) 헌재 2014. 3. 27. 2010헌가2.
147) 헌재 2014. 4. 24. 2011헌가29.
148) 헌재 2003. 10. 30. 2000헌바67등.
149) 헌재 2010. 10. 28. 2010헌마111; 2023. 7. 20. 2020헌바131.
150) 헌재 2005. 11. 24. 2004헌가17; 2009. 12. 29. 2006헌바13.
151) 헌재 2018. 7. 26. 2018헌바137.

규모 집회 또는 시위로 확산될 우려가 없는 경우로서 각급 법원, 헌법재판소의 기능이나 안녕을 침해할 우려가 없으면 법원 근처 옥외집회는 허용된다(동법 제11조 제2호).

4. 국회의사당 근처 옥외집회의 금지

국회의사당 근처의 옥외집회를 전면적으로 금지하는 것에 대해서도 헌법재판소는 국회의 헌법적 기능을 보호하려는 입법목적에 비추어 비례적인 제한으로 본다.[152] 그렇지만 법원 근처 옥외집회의 전면적 금지에 대한 헌법재판소의 입장에 대해서 비판한 것과 마찬가지로 외교기관 근처 옥외집회의 전면적 금지를 위헌으로 본 입장과 비교할 때 논리적 일관성의 문제점이 제기될 수 있다. 이러한 문제점을 의식한 헌법재판소는 판례를 변경하여 이와 같은 전면적 금지가 입법목적을 달성하는 데 필요한 최소한도의 범위를 넘어, 규제가 불필요하거나 또는 예외적으로 허용하는 것이 가능한 집회까지도 일률적 · 전면적으로 금지함으로써 침해의 최소성 원칙에 위배됨과 동시에 구체적인 상황을 고려하여 상충하는 법익간의 조화를 이루려는 노력을 전혀 기울이지 않음으로써 법익의 균형성 원칙에도 위배된다고 판시하였다.[153] 이에 따라 국회의 활동을 방해할 우려가 없거나 대규모 집회 또는 시위로 확산될 우려가 없는 경우로서 국회의 기능과 안녕을 침해할 우려가 없으면 국회의사당 근처 옥외집회는 허용된다(동법 제11조 제1호).

5. 관저 또는 공관 근처 옥외집회의 금지

헌법재판소에 따르면 국무총리 공관 인근에서 행진을 제외한 옥외집회 · 시위를 금지하고 위반시 처벌하는 것은 국무총리 공관의 기능과 안녕을 직접 저해할 가능성이 거의 없는 '소규모 옥외집회 · 시위의 경우', '국무총리를 대상으로 하는 옥외집회 · 시위가 아닌 경우'까지도 예외 없이 옥외집회 · 시위를 금지함으로써 과잉금지원칙에 위반하여 집회를 자유를 침해한다고 한다.[154] 같은 맥락에서 대통령 관저 근처의 옥외집회 · 시위를 금지하는 것도 대통령 관저 인근 일대를 광범위하게 집회금지장소로 설정하여 집회가 금지될 필요가 없는 장소까지도 집회금지장소에 포함되고, 대규모 집회 또는 시위로 확산될 우려가 없는 소규모집회까지 금지하며 대통령 등의 안전이나 대통령 관저 출입과 직접적으로 관련이 없는 장소에서 열리는 집회까지도 금지함으로써 집회의 자유를 침해한다고 본다.[155] 또한 국회의장 공관 근처의 옥외집회를 금지하는 것도 국회의장에게 물리적 위해를 가할 가능성 또는 국회의장 공관으로의 출입 내지 안전에 위협을 가할 우려가 없는 장소에서의 집회나 소규모집회까지 금지하여 국회의장 공관 인근의 모든 집회를 예외 없이 금지함으로써 집회의 자유를 침해한다고 한다.[156]

152) 헌재 2009. 12. 29. 2006헌바20.
153) 헌재 2018. 5. 31. 2013헌바322.
154) 헌재 2018. 6. 28. 2015헌가28.
155) 헌재 2022. 12. 22. 2018헌바48등.
156) 헌재 2023. 3. 23. 2021헌가1.

제5항 효 력

집회 · 결사의 자유는 ① 국가에 대해서 효력(대국가적 효력)을 미칠 뿐만 아니라 ② 사인인 제3자, 즉 국민에 대해서도 효력(대사인적 효력)을 미친다. 집회 · 결사의 자유가 사인에 대해서 미치는 효력은 기본권의 대사인적 효력에 관한 이론구성에 따라 법관에 대해서 집회 · 결사의 자유를 존중하는 재판을 요구함으로써 실현될 수 있다.

제 6 장 사적 영역에 관한 기본권

제 1 절 서 설

현행 헌법은 제16조, 제17조, 제18조에서 개인의 사적(비밀) 영역과 관련된 기본권을 규정하고 있다. 이러한 기본권에서 공통적으로 발견되는 특징은 **'상태관련적 자유권'**, 즉 행위가 아니라 **상태**를 **보호법익**으로 하는 자유권이라는 점이다. 상태관련적 자유권은 다시 ① 인간의 '속성'과 관련된 자유권과 ② '상황'과 관련된 자유권으로 구분되는데 사적 영역과 관련된 자유권은 **상황**과 관련된 자유권에 속한다.

상황과 관련된 상태관련적 자유권인 주거, 사생활, 통신의 자유가 보호하는 영역은 모두 사적 영역, 즉 **비밀성·은밀성·비공개성**이 요구되는 영역이라는 점에서 공통된 표지를 갖는다. 여기서 비밀성을 판단하는 중요한 기준은 나중에 설명하는 것처럼 공개하지 않기로 한 **'본인의 의사'**다. 따라서 비밀이 요구되는 사적 영역과 공개될 수 있는 공적 영역은 객관적 기준이 아니라 본인의 의사라는 주관적 기준에 따라 구분된다.

비밀이 요구되는 생활영역을 '사생활'이라고 부를 수 있다는 점에서 사생활의 자유를 사적 영역과 관련된 '일반적 기본권'으로 이해할 수 있을지도 모른다. 그러나 우리 헌법의 체계상 주거의 자유는 **'공간'**과 관련된 비밀영역을 보호하고, 통신의 자유는 **'통신'**과 관련된 비밀영역을 보호한다면 사생활의 자유는 **공간이나 통신을 제외한 다른 비밀영역**을 보호한다고 할 수 있다. 따라서 사생활의 자유를 사적 영역과 관련된 일반적인 기본권으로 이해하기는 어려울 것으로 보인다.

제 2 절 주거의 자유

제 1 항 헌법규정

우리 **헌법 제16조**는 주거의 자유를 규정하고 있다. 이러한 기본권규정이 의미하는 바는 주거의 자유에 관한 주관적 지위와 객관적 규범이다.

[헌법 제16조]

모든 국민은 주거의 자유를 침해받지 아니한다. 주거에 대한 압수나 수색을 할 때에는 검사의 신청에 의하여 법관이 발부한 영장을 제시하여야 한다.

주거의 자유는 제헌헌법(제10조)에서부터 현행 헌법에 이르기까지 규정되고 있다. 다만 제헌헌법에서 주거의 자유는 개별적 법률유보조항을 두었고, 1962년 헌법(제12조)에서 삭제되었다가 개별적 법률유보조항을 많이 규정했던 1972년 유신헌법(제12조)에서 다시 추가되었다. 주거의 자유에 대한 개별적 법률유보조항은 1980년 헌법(제13조)에서부터 다시 삭제되었다.

제 2 항 구성요건

Ⅰ. 인적 구성요건(주체)

주거의 자유는 인간의 권리이기 때문에 이 기본권을 누리는 주체는 원칙적으로 모든 인간이다. 따라서 국민뿐만 아니라 외국인도 주체가 될 수 있다. 또한 주거의 자유는 기본권의 성격상 자연인뿐만 아니라 법인도 주체가 될 수 있다.

Ⅱ. 보호법익

1. 주거의 비밀

주거의 자유가 보호하는 법익은 주거와 관련된 일정한 '상태'를 말한다. 주거의 자유가 보호하는 일정한 상태란 '비밀한 상태'이므로 주거는 비밀이 요구되는 사적 영역 가운데 '공간적' 영역을 의미한다. 이러한 공간적 영역은 반드시 주거용 공간일 필요가 없기 때문에 넓게 이해되어 주거에 대한 권한을 가진 자가 사적 생활과 활동의 장소로 결정하고, 일반인의 접근을 금지한 모든 공간을 의미한다. 예를 들어 독일 연방헌법재판소도 이와 같은 이해에 따라 이른바 "고속세탁소"(Schnellreinigung) 판례 이후에 주거의 개념을 넓게 이해해 오고 있다.[1] 이렇게 넓게 이해된 주거라는 공간에 대한 접근금지의 표시는 필요하지 않다. 다만 이러한 주거에는 업무나 영업공간도 포함되기 때문에 일반인의 접근이 금지된 업무 및 영업공간만을 의미한다는 견해도 있으나 일반인에게 공개하기로 결정한 공간, 예를 들어 음식점, 상점, 여관 등도 접근금지의 의사가 표시된다면 주거에 포함될 수 있다.

2. 주거의 비밀에 관한 자유와 권리

(1) 주거의 비밀에 관한 자유

헌법규정이 주거의 '자유'라는 표현을 사용하고 있지만 기본권의 체계상으로 보나 '침해되지 않는다'는 표현으로 보나 '자유'의 의미는 '비밀'에 있다. 따라서 주거의 자유는 주거의 비밀이라는 일정한 '상태'를 보호법익으로 한다. 주거와 관련하여 비밀이 요

1) BVerfGE 32, 54(69 이하).

구되는 대상은 주거에서 이루어지는 활동(행위)과 주거내의 정황(상태)이다.

(2) 주거의 비밀에 관한 권리

① 주거의 자유는 국가에 대해서 주거의 비밀을 간섭하는 제약행위의 부작위 또는 중지를 요구할 수 있는 **방어권**을 포함한다. 또한 ② 주거의 비밀에 대한 사인(私人)인 제3자의 침해행위로부터 국가의 보호를 요구할 수 있는 **보호권**을 포함한다. 그리고 ③ 주거의 비밀에 관한 절차를 보장하는 입법을 요구할 수 있는 **절차권**을 포함한다. 보호권과 절차권의 경우에 이에 상응하여 국가는 주거의 비밀을 보호하고 보장하는 입법의 의무를 진다.

예를 들어 **형법상 주거침입죄**에 관한 규정들(형법 제319조 이하)은 주거의 비밀에 대한 제3자의 침해로부터 보호하는 입법에 해당한다. 또한 헌법은 주거에 대한 압수나 수색을 할 때에는 검사의 신청에 의하여 법관이 발부한 영장을 제시하여야 한다고 규정(제16조 제2문)하고 있는데 이것은 주거의 자유에서 도출되는 절차권을 헌법에 명시적으로 규정한 조항으로 이해된다. 따라서 압수나 수색에 대한 영장주의의 요청은 형사절차뿐만 아니라 순수한 행정목적을 위한 것이 아닌 한 행정상의 강제절차에도 요구된다. 하지만 헌법재판소는 행정상 즉시강제의 경우에 영장주의원칙이 적용되지 않는다고 한다.[2)]

[판례] 주거의 자유와 주거침입죄

주거침입죄는 주거의 평온과 안전을 침해하는 범죄인바, 주거는 사생활의 중심이 되는 장소이기 때문에 그 불가침이 보장되지 않고서는 개인의 생명, 신체, 재산의 안전은 물론, 나아가 인간 행복의 최소한의 조건인 개인의 사적 영역이 지켜질 수 없다는 점에서 주거침입죄가 강간죄와 결합될 경우에는 그 불법의 정도가 높아진다고 할 것이다(2004. 6. 24. 2003헌바53).

Ⅲ. 제약행위

주거의 일정한 상태, 즉 비밀한 상태에 간섭하는 행위가 주거의 자유를 제약하는 행위이다. 대표적으로 주거에 대한 **수색행위**가 제약행위에 해당한다. 주거에 대한 수색행위는 이를 통해 압수한 물건으로부터 수사기관이 정보를 얻기 위해서 행해지기 때문에 압수한 물건을 처분할 수 있는 자유, 즉 일반적 행동자유권을 제약하는 행위가 된다. 그 밖에도 **도청장치**를 몰래 갖고 주거에 들어오거나 주거에 직접 침입하지 않은 채 주거 밖에 설치한 **기술적 장치**를 통해 주거 안의 소리를 도청 또는 녹음하는 것은 주거의 비밀에 대한 제약행위가 된다. 또한 주거밖에 설치한 기술적 장치를 통해 주거를 몰래 들여다보거나 촬영하는 것도 주거의 비밀을 제약하는 행위이다. 이러한 제약행위는 **잠정적으로 금지**된다.

2) 헌재 2002. 10. 31. 2000헌가12.

제 3 항 제한규범

주거의 자유의 구성요건을 충족해도 제한규범에 근거하여 제약되는 비밀상태는 확정적인 보호를 받지 못한다. 주거의 자유의 구성요건을 충족하면서 제한규범에 근거하여 제약될 수 없는 비밀상태만이 확정적으로 보호된다. 따라서 주거의 자유에 관한 구성요건의 단계에서 보호법익에 해당하여 잠정적으로 보호된 비밀상태는 제한규범에 근거하여 제약될 수 없으면 확정적으로 보호된다. 한편 주거의 자유에 포함된 방어권의 경우에 구성요건의 단계에서 잠정적으로 금지된 제약행위는 제한규범에 근거하는 경우에만 잠정적으로 허용된 제약행위로 바뀌게 되고, 근거가 되는 제한규범이 없는 경우에는 확정적으로 금지된 제약행위가 된다.

Ⅰ. 헌법직접적 제한규범

주거의 자유에 대한 헌법직접적 제한규범은 '성문'의 형태와 '불문'의 형태로 규정이 가능하다. 현행 헌법은 주거의 자유에 대한 성문의 헌법직접적 제한규범을 규정하고 있지 않다. 불문의 헌법직접적 제한규범으로는 다른 사람의 기본권이나 헌법적 법익이 될 수 있다. 다른 사람의 기본권이 헌법직접적 제한규범이 되면 두 기본권 사이에 '기본권의 충돌'이 발생한다.

Ⅱ. 헌법간접적 제한규범

주거의 자유에 대한 헌법간접적 제한규범은 주거의 자유에 대해서만 '개별적으로' 규정될 수도 있고, 주거의 자유를 포함한 모든 자유와 권리에 대해서 '일반적으로' 규정될 수도 있다.

현행 헌법은 주거의 자유에 대하여 개별적 법률유보조항을 규정하고 있다. 즉 주거에 대한 압수나 수색을 할 때에는 검사의 신청에 의하여 법관이 발부한 영장을 제시하여야 한다(헌법 제16조 제2문). 압수나 수색이라는 제약행위는 영장에 의한 것이어야 하고, 이러한 영장에 관한 조항은 법률에서 규정하여야 하므로 법률에 유보한 헌법간접적 제한규범이라고 볼 수 있다. 헌법재판소에 따르면 주거에 대한 압수 · 수색의 경우에도 영장주의원칙에 대한 예외가 인정되는데 이러한 예외는 ① 그 장소에 범죄혐의 등을 입증할 자료나 피의자가 존재할 개연성이 소명되고, ② 사전에 영장을 발부받기 어려운 긴급한 사정이 있는 경우에만 제한적으로 허용될 수 있다고 한다.[3)]

또한 일반적 법률유보조항에 의해서 제한될 수 있다. 따라서 일반적 법률유보조항인 헌법 제37조 제2항에 근거하여 주거의 자유는 "국가안전보장, 질서유지 또는 공공

3) 헌재 2018. 4. 26. 2015헌바370.

복리"를 위하여, "법률"에 의해서만 제한될 수 있다. 예를 들어 ① 형사소송법, ② 경찰관직무집행법, ③ 소방법, ④ 감염병예방법, ⑤ 우편법 등에 따라 주거의 자유는 제한된다.

제4항 정 당 화

주거의 자유도 다른 기본권처럼 원칙규범이다. 따라서 잠정적으로 보장된 주거의 자유의 구성요건이 확정적인 것이 되기 위해서는 **비례성원칙에 따른 합리적 형량**이 필요하다. 이것은 주거의 자유를 제한하는 다른 사람의 기본권이나 헌법적 법익 또는 공익을 이 자유와의 관계에서 조화와 균형을 이루게 함으로써 정당화하는 것을 의미한다. 따라서 주거의 자유에 대한 제약은 다른 사람의 기본권이나 헌법적 법익 또는 입법목적으로 제시된 공익과 균형을 이룰 수 있는 범위 안에서는 정당화된다. 비례성원칙은 방어권의 경우에는 과잉금지원칙으로, 보호권과 절차권의 경우에는 과소금지원칙으로 구체화된다.

주거의 자유의 본질내용에 대해서는 **절대설**에 따르면 비례성원칙과는 독립적인 원칙인 본질내용침해금지원칙에 따른 독자적인 심사가 주거의 자유에 대한 제약을 정당화하기 위하여 부가적으로 필요하다. 하지만 **상대설**에 따르면 비례성원칙에 따른 심사로 주거의 자유의 제약을 위한 정당화는 충분하게 된다.

제5항 효 력

주거의 자유는 ① 국가에 대해서 효력(대국가적 효력)을 미칠 뿐만 아니라 ② 사인인 제3자, 즉 국민에 대해서도 효력(대사인적 효력)을 발생한다. 주거의 자유의 사인에 대한 효력은 기본권의 대사인적 효력에 관한 이론구성에 따라 법관에게 기본권존중의무를 매개로 주거의 자유를 존중하는 **재판**을 요구함으로써 실현될 수 있다.

제 3 절 사생활의 비밀과 자유

제1항 헌법규정

헌법은 제17조에서 사생활의 비밀과 자유에 대해서 규정한다. 이러한 기본권규정이 의미하는 바는 사생활의 비밀과 자유에 관한 주관적 지위와 객관적 규범이다.

[헌법 제17조]
모든 국민은 사생활의 비밀과 자유를 침해받지 아니한다.

사생활의 비밀과 자유는 1980년 헌법(제16조)에서부터 규정되었다. 행복추구권과 함께 1980년 헌법에서 규정되기 시작한 사생활의 비밀과 자유는 기본권체계상 해석의 어려움을 많이 제공하는 규정이다.

제 2 항 구성요건

Ⅰ. 인적 구성요건(주체)

사생활의 비밀과 자유는 인간의 권리이기 때문에 이 기본권을 누리는 주체는 원칙적으로 모든 인간이다. 따라서 국민뿐만 아니라 외국인도 주체가 될 수 있다. 법인이 사생활의 비밀과 자유의 주체가 될 수 있는지에 대해서는 긍정하는 견해[4]와 부정하는 견해[5]로 나뉜다. 결론적으로 이 기본권의 보호법익이 인간에게만 전속적인 속성이 아니라 '비밀(은밀 · 비공개)'의 상황이라는 점에서 법인도 주체가 될 수 있다고 보는 것이 타당하다.

Ⅱ. 보호법익

1. 사생활의 비밀

(1) 사적 영역에 관한 개별적 기본권

사생활의 비밀과 자유는 일정한 '상태'를 보호법익으로 한다. 일반적 자유권이 일정한 상태와 관련될 때 '일반적 인격권'이라 부르는데 그러한 일반적 인격권의 구체적 내용들 가운데 **사적 영역**(= 비밀영역 + 내심영역)이 공간이나 통신을 제외한 영역으로 독립되어 사생활로 표현된다. 따라서 사생활은 일반적 인격권의 보호법익인 상태들 가운데 일정한 유형의 상태(상황)가 독립된 개별적 기본권의 보호법익으로 이해된다. 그렇다면 사생활은 마찬가지로 상태를 보호법익으로 하는 명예 · 성명 · 초상 같은 인격적 징표(속성)와는 구별되는 개별적 보호법익이 된다. 따라서 사생활은 명예 등과 같은 인격적 징표를 포함하지 않는다. 다만 이러한 인격적 징표의 '비밀(비공개)'이 보호법익이 되는 경우에 사생활에 포함될 수 있다.

(2) 사적 영역과 공적 영역의 객관적 구분설

사생활 또는 사적 생활은 특정한 생활영역으로 이해되어 사회생활 또는 공적 생활의 영역과 객관적으로 구별된다고 볼 수도 있다(객관적 구분설). 예를 들어 헌법재판소는 개인적 영역(사생활)과 공적 영역(공적 생활)을 구분하면서 흡연[6], 질병명,[7] 전과기록,[8] 병

4) 권영성, 453면.
5) 계희열(중), 400면; 김철수, 726면.
6) 헌재 2004. 8. 26. 2003헌마457.
7) 헌재 2007. 5. 31. 2005헌마1139.

력 · 성적 지향 · 가정사,[9] 성생활[10] 등은 사생활에 포함되지만 운전중 좌석안전띠의 착용,[11] 변호사업무와 관련된 수임건수 · 수임액[12] 등은 사생활에 포함되지 않는다고 한다.

그러나 개인의 생활영역을 개인적(사적) 영역과 사회적(공적) 영역으로 구별할 때 그 경계를 확정하기가 쉽지 않다. 또한 사생활영역을 다시 '내심영역'(die innerste Sphäre)과 '그 밖의 사적 영역'(die weitere Privatsphäre)으로 구분하기도 하는데 이러한 구분 역시 쉽지가 않다. 이러한 구분은 보통 내심영역을 다른 사람의 기본권이나 공익에 아무런 영향을 미치지 않는 영역, 또는 어떠한 경우에도 제한될 수 없는 절대적 기본권의 대상영역으로 이해하려는 데 목적이 있다. 그러나 ① 이러한 두 가지 사적 영역의 경계가 명확하지 않다는 점, ② 다른 사람의 기본권이나 공익에 아무런 영향을 미치지 않는 영역이 과연 존재할 수 있는지에 대한 의문이 있다는 점, ③ 그러한 영역이 존재한다고 해도 그러한 영역에 대한 헌법적 문제는 전혀 발생할 수 없다는 점, ④ 기본권을 원칙규범으로 이해하는 입장에서 모든 경우에 다른 기본권보다 우월한 절대적 기본권은 인정될 수 없다는 점에서 그러한 구분은 의미가 없다.

(3) 사적 영역에 대한 판단기준으로서 비밀성과 본인의 의사

사생활과 사회생활로 구분하든, 또는 내심영역, 그 밖의 사적 영역, 공적 영역으로 구분하든 그 경계가 분명하지 않다면 사생활에 속하는지 여부는 생활영역에 따라 이미 결정되어 있는 것이 아니라 해당 생활영역에 대해서 **비밀성 · 은밀성 · 비공개성**이 요구되는지 여부에 따라 결정된다. 따라서 사생활에 속한다고 미리 결정된 특정한 생활에 대해서 비밀이 요구되는 것이 아니라 오히려 거꾸로 비밀이 요구되는 일정한 생활 전체를 사생활로 이해해야 한다. 따라서 사생활의 개념은 이미 그 안에 비밀성을 내포하기 때문에 헌법에 규정된 사생활의 '비밀'이라는 개념은 사생활의 특성을 재차 확인하는 강조에 지나지 않는다. 또한 헌법은 사생활의 '비밀과 자유'를 병렬시켰지만 자유의 의미는 '주거의 자유'처럼 비밀이므로 자유는 비밀의 강조이거나 불필요한 반복으로 이해된다. 여기서 비밀성을 판단하는 객관적 기준을 제시할 수도 있겠지만 이것 역시 명확하지 않기 때문에 가장 중요한 기준은 **공개 여부에 관한 '본인의 의사'**라는 주관적 기준이 될 것이다(주관적 구분설). 따라서 사생활은 **본인이 공개하지 않기로 결정하여 비밀이 요구되는 생활영역**으로 이해되어야 한다.

헌법재판소는 사생활의 '비밀'과 사생활의 '자유'를 구분한다. 그러면서 사생활의 비밀은 국가가 사생활영역을 들여다보는 것에 대한 보호를 제공하는 기본권이고, 사생활의 자유는 국가가 사생활의 자유로운 형성을 방해하거나 금지하는 것에 대한 보호를 의미

8) 헌재 2008. 4. 24. 2006헌마402.
9) 헌재 2021. 2. 25. 2017헌마113등.
10) 헌재 2024. 6. 27. 2022헌바106등.
11) 헌재 2003. 10. 30. 2002헌마518.
12) 헌재 2009. 10. 29. 2007헌마667.

한다고 한다.[13)] 이에 따르면 흡연권은 사생활의 자유에 포함된다.[14)] 하지만 사생활의 '자유'는 일반적 행동의 자유로 보장이 가능하고, 단지 그러한 행동에 관한 비밀이 요구되는 경우에 사생활의 '비밀'로 보장되는 것이 합리적이다.

(4) 사적 영역의 유형

공개 여부에 대한 본인의 의사에 따라 사적 영역과 공적 영역의 경계를 설정할 수 있다면 사적 영역도 '행위'와 관련된 비밀영역과 '상태'와 관련된 비밀영역으로 구분할 수 있다. 우선적으로 문제가 되는 것은 **행위가 문제되는 사적 영역**이다. 이 경우에 사적 영역에서도 행위와 관련된 결정의 자유는 개별적 또는 일반적 행동의 자유가 보장하고, **행위의 내용에 관한 비밀성**은 사생활의 비밀과 자유가 보장한다. 예를 들어 대표적인 사생활영역인 성생활과 관련된 행위의 결정은 개별적 행동의 자유에 근거한 성적 자기결정권이 보장하고, 성행위의 내용(상대방, 시간, 장소 등)은 사생활의 비밀과 자유에 의해서 보호된다. 그 밖에 **행위와 관련이 없는 사적 영역**, 즉 개인을 식별하는 개인정보(성명, 나이, 생년월일, 생김새, 키, 몸무게, 주소, 전화번호, 주민등록번호, 가족관계, 병력 등)에 대한 비밀성도 사생활의 비밀과 자유에 의해서 보호된다.

[판례] 사적 영역으로서 성행위

개인의 성행위와 같은 사생활의 내밀영역에 속하는 부분에 대하여는 그 권리와 자유의 성질상 국가는 최대한 간섭과 규제를 자제하여 개인의 자기결정권에 맡겨야 한다. 국가형벌권의 행사는 중대한 법익에 대한 위험이 명백한 경우에 한하여 최후의 수단으로 필요 최소한의 범위에 그쳐야 한다. 성인이 서로 자발적으로 만나 성행위를 하는 것은 개인의 자유영역에 속하고, 다만 그것이 외부에 표출되어 사회의 건전한 성풍속을 해칠 때 비로소 법률의 규제를 필요로 한다. 그런데 성도덕에 맡겨 사회 스스로 질서를 잡아야 할 내밀한 성생활의 영역에 국가가 개입하여 형벌의 대상으로 삼는 것은, 성적 자기결정권과 사생활의 비밀과 자유를 침해하는 것이다(2015. 2. 26. 2009헌바17).

[판례] 사적 영역으로서 질병명

질병명은 신체상의 특징이나 건강상태에 관한 사적 정보이므로 이를 개인의 의사와 무관하게 일방적으로 공개하는 것은 그 개인의 사생활의 비밀과 자유를 제한하는 것이다(2007. 5. 31. 2005헌마1139).

2. 사생활의 비밀에 관한 자유와 권리

(1) 사생활의 비밀에 관한 자유

사생활의 비밀과 자유가 보호하는 법익은 비밀이므로 앞서 언급한 것처럼 사생활의 '비밀'과 함께 '자유'를 병렬시키는 것은 불필요한 반복이거나 비밀의 강조다. 오히려 사생활의 비밀은 이미 상태에 관한 자유를 의미한다. 따라서 이하에서는 '사생활의 비밀에

13) 헌재 2003. 10. 30. 2002헌마518; 2009. 10. 29. 2007헌마667.

14) 헌재 2004. 8. 26. 2003헌마457.

관한 자유'로 지칭하기로 한다. 사생활의 비밀이 요구되는 대상은 주거와 통신을 제외한 생활영역에서 이루어지는 활동(행위)과 그러한 생활영역에 관한 정황(상태)이다.

[학설] 사생활의 비밀과 자유의 내용

• 계희열 〈(중), 395면 이하〉	【1】 사생활의 비밀의 불가침[1 은거나 독거 또는 사사(私事)에의 침입금지, 2 사사(난처한 사적 사항)의 공개금지, 3 오해를 낳게 하는 사사의 공표금지, 4 인격적 징표의 영리적 이용금지], 【2】 사생활의 자유의 불가침, 【3】 자신에 관한 정보의 통제권.
• 권영성 〈454면 이하〉	【1】 사생활의 비밀의 불가침[1 개인에 관한 난처한 사적 사항의 불가침, 2 명예나 신용의 불가침, 3 인격적 징표(성명, 초상, 경력, 이미지 등)의 불가침], 【2】 사생활의 자유의 불가침[1 자유로운 사생활의 형성과 유지의 불가침, 2 사생활평온의 불가침], 【3】 자기정보통제관리권(개인정보자기결정권)[1 자기정보자율결정권 또는 자기정보수집 · 분석 · 처리배제권, 2 자기정보접근권 · 자기정보열람청구권, 3 자기정보정정청구권, 자기정보사용중지 · 봉쇄청구권, 자기정보삭제청구권, 4 이의신청권, 손해배상청구권].
• 김철수 〈726면 이하〉	【1】 광의의 사생활의 비밀과 자유(인격적 이익의 총체, 미국에서의 프라이버시권), 【2】 협의의 사생활의 비밀과 자유(한국헌법의 사생활의 비밀과 자유권)[1 비밀영역에 대한 권리, 2 사적 영역의 존중에 대한 권리, 3 내밀영역(양심영역이나 성적 영역), 4 인격적인 감정세계의 존중의 권리와 정신적인 내면생활의 무상성(Integrität)에 관한 권리] → "우리 헌법은 사생활의 비밀 · 자유를 자유권조항에서 규정하고 있으므로, 사생활의 비밀 · 자유는 소극적인 권리로 보는 것이 타당하다. … 정보에 대한 자기결정권은 헌법 제17조의 사생활의 비밀 · 자유규정이 아니라 헌법 제10조에서 보장되고 있다고 볼 것이다."
• 김하열a 〈522면 이하〉	【1】 사생활의 비밀, 【2】 사생활의 자유
• 성낙인 〈1223면 이하〉	【1】 사생활의 비밀의 불가침[1 사사의 공개금지, 2 오해를 낳게 하는 공표의 금지, 3 인격적 징표의 영리적 이용금지], 【2】 사생활의 자유의 불가침[1 사생활평온의 불가침, 2 자유로운 사생활형성 · 유지의 불가침], 【3】 자기정보에 대한 통제권.
• 장영수 〈618면 이하〉	사적인 생활을 자율적으로 형성할 권리(정보와 행동의 상호작용)[1 자신의 사생활에 관한 문제들을 결정하기 위해 필요한 정보를 얻을 권리, 2 자기정보를 자율적으로 처리할 권리].
• 정종섭a 〈647면 이하〉	【1】 사생활의 비밀의 불가침(개인의 사생활을 공개당하지 않을 권리), 【2】 사생활의 자유의 불가침[1 내밀한 영역에 대한 보호, 2 인격적인 감정세계에 대하여 존중받을 권리, 3 정신적인 내면생활을 침해받지 아니할 권리, 4 사생활 영역에 대한 불간섭, 5 자유로운 사생활의 형성 · 영위 보장 등].
• 한수웅 〈548면 이하,	【1】 사생활의 비밀(사생활 정보의 공개에 관한 자기결정권), 【2】 사생활의 자유(사생활의 형성 그 자체에 관한 자기결정권) → 일반적 인격권의 내용 중 하나.

695면 이하〉

- 허 영 〈405면 이하〉 【1】 사생활의 자유(사생활의 설계 및 그 내용에 대해서 외부로부터 간섭을 받지 아니할 권리), 【2】 사생활의 비밀(사생활과 관련된 전혀 사사로운 '나만의 영역'이 본인의 의사에 반해서 타인에게 알려지지 않도록 나만이 간직할 수 있는 권리).
- 홍성방 〈(중), 150면 이하〉 【1】 사생활 비밀의 불가침(본인의 의사에 반하여 사적 사항, 명예나 신용, 인격적 징표가 파악, 공개되는 것의 금지), 【2】 사생활자유의 불가침(평온한 사생활의 유지, 자신이 원하는 방식의 사생활을 적극적으로 형성·전개, 사생활의 자율성에 대한 비방해 또는 불간섭), 【3】 자기정보통제권(자기정보열람청구권, 자기정보정정청구권, 개인정보사용중지·삭제청구권).

[판례] 사생활의 비밀과 자유의 내용

사생활의 비밀과 자유가 보호하는 것은 개인의 내밀한 내용의 비밀을 유지할 권리, 개인이 자신의 사생활의 불가침을 보장받을 수 있는 권리, 개인의 양심영역이나 성적 영역과 같은 내밀한 영역에 대한 보호, 인격적인 감정세계의 존중의 권리와 정신적인 내면생활이 침해받지 아니할 권리 등이다. 요컨대 헌법 제17조가 보호하고자 하는 기본권은 사생활영역의 자유로운 형성과 비밀유지라고 할 것이다(2003. 10. 30. 2002헌마518; 2007. 5. 31. 2005헌마1139).

(2) 사생활의 비밀에 관한 권리

1) 방어권과 보호권 ① 사생활의 비밀에 관한 자유에는 이를 간섭하는 국가의 제약행위에 대한 중지를 요구할 수 있는 **방어권**이 포함된다. 또한 ② 이에 대한 사인(私人)인 제3자의 침해행위로부터 보호하는 입법을 요구할 수 있는 **보호권**도 포함된다. 헌법이 직업의 자유를 보장하지만 타인의 사생활을 조사하는 직업을 금지하는 것이 허용되는 이유가 바로 여기에 있다.[15]

2) 절차권 사생활의 비밀에 관한 자유는 이에 관한 절차를 보장하는 입법을 요구할 수 있는 절차권을 포함한다. 헌법은 명시적으로 언론·출판에 의하여 기본권을 침해당한 피해자의 손해배상청구권(제21조 제4항 제2문)을 규정하고 있는데 이 규정은 사생활의 비밀에 관한 자유에 포함된 절차권의 근거로 인용될 수 있다. 언론중재 및 피해구제 등에 관한 법률은 이러한 손해배상청구권을 구체화하고 있는 입법이다. 사생활의 비밀에 관한 자유에 포함된 절차권을 구체화하는 법률로서 구 공공기관의 개인정보에 관한 법률이 폐지되고, **개인정보 보호법**이 제정되었다. 이에 따라 개인정보의 보호를 위한 원칙으로서 개인정보처리자에게는 ① 개인정보의 처리 목적을 명확하게 하여야 하고 그 목적에 필요한 범위에서 최소한의 개인정보만을 적법하고 정당하게 수집하여야 하는 원칙, ② 개인정보의 처리 목적에 필요한 범위에서 적합하게 개인정보를 처리하여야 하며, 그 목적 외의 용도로 활용하여서는 아니 되는 원칙, ③ 개인정보의 처리 목적에 필요한 범위에서 개인정보의 정확성, 완전성 및 최신성이 보장되도록 하여야 하는 원칙, ④ 개인정보의 처리 방법 및 종류 등에 따라 정보주체의 권리가 침해받을 가능성과 그 위험

15) 헌재 2018. 6. 28. 2016헌마473 참조.

정도를 고려하여 개인정보를 안전하게 관리하여야 하는 원칙, ⑤ 개인정보 처리방침 등 개인정보의 처리에 관한 사항을 공개하여야 하며, 열람청구권 등 정보주체의 권리를 보장하여야 하는 원칙, ⑥ 정보주체의 사생활 침해를 최소화하는 방법으로 개인정보를 처리하여야 하는 원칙, ⑦ 개인정보의 익명처리가 가능한 경우에는 익명에 의하여 처리될 수 있도록 하여야 하는 원칙, ⑧ 개인정보 보호법 및 관계 법령에서 규정하고 있는 책임과 의무를 준수하고 실천함으로써 정보주체의 신뢰를 얻기 위하여 노력하여야 하는 원칙이 요구되고 있다(동법 제3조).

3) 개인정보자기결정권 사생활 가운데 개인정보의 공개와 관련하여 '**개인정보자기결정권**' 또는 '**자기정보통제권**'이라 불리는 권리는 사생활의 비밀 · 자유에 관한 절차권으로 이해될 수 있다. 왜냐하면 개인정보 또는 자기정보의 비밀에 관한 권리가 사생활의 비밀 · 자유에 의해서 보호받는다면 사생활의 비밀 · 자유는 단지 개인정보의 공개 여부만을 결정할 수 있는 자유와 방어권에 국한되지 않기 때문이다. 개인정보의 공개에 관한 자율성이 충분히 보장되기 위해서는 공개된 개인정보에 자유롭게 '접근'해서 '열람'할 수 있고, 잘못된 개인정보에 대해서는 '수정'이나 '삭제'를 요구할 수 있으며, 공개목적 외의 목적으로 개인정보가 사용되고 있으면 '사용중지'를 요구할 수 있는 권리가 인정되어야 한다. 바로 이러한 권리가 사생활의 비밀에 관한 자유에 포함된 특수한 절차권으로 이해될 수 있다. 개인정보 보호법에 따라 개인정보의 주체에게는 ① 개인정보의 처리에 관한 정보를 제공받을 권리, ② 개인정보의 처리에 관한 동의 여부, 동의 범위 등을 선택하고 결정할 권리, ③ 개인정보의 처리 여부를 확인하고 개인정보에 대하여 열람(사본의 발급을 포함)을 요구할 권리, ④ 개인정보의 처리 정지, 정정 · 삭제 및 파기를 요구할 권리, ⑤ 개인정보의 처리로 인하여 발생한 피해를 신속하고 공정한 절차에 따라 구제받을 권리가 보장되는데(동법 제4조) 이러한 권리들은 사생활의 비밀에 관한 자유에 포함된 특수한 절차권인 개인정보자기결정권을 구체화하는 권리로 이해된다.

헌법재판소는 개인정보를 개인의 인격주체성을 특징짓는 사항으로서 그 개인의 동일성을 식별할 수 있게 하는 일체의 정보로 정의한다. 예를 들어 지문정보,[16] 졸업생 신상정보,[17] 병역면제사유,[18] 진료정보,[19] 금융거래정보,[20] 범죄경력,[21] 디엔에이(DNA)정보,[22] 혼인 전 자녀에 관한 정보,[23] 혼인무효사실,[24] 기지국 접속정보[25] 등이 개인정보

16) 헌재 2005. 5. 26. 99헌마513등; 2024. 4. 25. 2020헌마542.
17) 헌재 2005. 7. 21. 2003헌마282등.
18) 헌재 2007. 5. 31. 2005헌마1139.
19) 헌재 2009. 9. 24. 2007헌마1092.
20) 헌재 2010. 9. 30. 2008헌바132.
21) 헌재 2012. 7. 26. 2010헌마446.
22) 헌재 2014. 8. 28. 2011헌마28등.
23) 헌재 2022. 11. 24. 2021헌마130.
24) 헌재 2024. 1. 25. 2020헌마65.
25) 헌재 2024. 4. 25. 2020헌마1028.

에 해당한다. 개인정보자기결정권을 정보주체가 개인정보의 공개와 이용에 관하여 스스로 결정할 수 있는 권리로 이해한다(아래 [판례] 참조). 하지만 개인정보자기결정권은 사생활의 비밀 · 자유뿐만 아니라 일반적 인격권 및 자유민주적 기본질서와 국민주권원리 및 민주주의원리 등을 헌법적 근거로 하는 열거되지 않은 개별적 기본권이라고 한다. 그러나 개인정보자기결정권을 열거되지 않은 개별적 기본권으로서 독자적 기본권으로 인정하게 되면 개인정보에 관한 비밀을 핵심적 구성요건으로 하는 사생활의 비밀에 관한 기본권의 독자적 의미가 사라질 수밖에 없는 가능성을 배제하기 어렵다.

[판례] 개인정보자기결정권

개인정보자기결정권은 자신에 관한 정보가 언제 누구에게 어느 범위까지 알려지고 또 이용되도록 할 것인지를 그 정보주체가 스스로 결정할 수 있는 권리이다. 즉 정보주체가 개인정보의 공개와 이용에 관하여 스스로 결정할 권리를 말한다. 개인정보자기결정권의 보호대상이 되는 개인정보는 개인의 신체, 신념, 사회적 지위, 신분 등과 같이 개인의 인격주체성을 특징짓는 사항으로서 그 개인의 동일성을 식별할 수 있게 하는 일체의 정보라고 할 수 있고, 반드시 개인의 내밀한 영역이나 사사(私事)의 영역에 속하는 정보에 국한되지 않고 공적 생활에서 형성되었거나 이미 공개된 개인정보까지 포함한다. 또한 그러한 개인정보를 대상으로 한 조사 · 수집 · 보관 · 처리 · 이용 등의 행위는 모두 원칙적으로 개인정보자기결정권에 대한 제한에 해당한다(2005. 5. 26. 99헌마513등; 2005. 7. 21. 2003헌마282; 2009. 9. 24. 2007헌마1092; 2009. 10. 29. 2008헌마257; 2010. 5. 27. 2008헌마663; 2014. 7. 24. 2013헌마423등; 2014.8.28. 2011헌마28; 2015.7.30. 2014헌마340; 2015. 12. 23. 2013헌바68; 2017. 12. 28. 2016헌마1124; 2018. 4. 26. 2014헌마1178; 2018. 6. 28. 2012헌마538; 2018. 8.30. 2014헌마843; 2020. 5. 27. 2017헌마1326; 2020. 6. 25. 2019헌마699; 2022. 11. 24. 2021헌마130; 2024. 4. 25. 2020헌마542).

Ⅲ. 제약행위

사생활의 일정한 상태, 즉 비밀한 상태에 간섭하는 행위가 사생활의 비밀에 관한 자유를 제약하는 행위이다. 예를 들어 폐쇄회로 텔레비전(CCTV)를 이용한 행동의 감시는 사생활의 비밀에 관한 자유에 대한 대표적인 제약행위가 된다. 또한 개인정보를 본인의 동의 없이 수집 · 누설 · 배포 · 이용하는 행위는 사생활의 비밀에 관한 자유에 대한 제약행위에 해당한다. 이러한 제약행위는 **잠정적으로 금지**된다.

제 3 항 제한규범

사생활의 비밀에 관한 자유의 구성요건을 충족해도 제한규범에 근거하여 제약되는 비밀상태는 확정적인 보호를 받지 못한다. 사생활의 비밀에 관한 자유의 구성요건을 충족하면서 제한규범에 근거하여 제약될 수 없는 비밀상태만이 확정적으로 보호된다. 따라서 사생활의 비밀에 관한 자유에 관한 구성요건의 단계에서 보호법익에 해당하여 잠정적으로 보호된 비밀상태는 제한규범에 근거하여 제약될 수 없으면 확정적으로 보호된다. 한편 사생활의 비밀에 관한 자유에 포함된 방어권의 경우에 구성요건의 단계에서 잠정적으로 금지된 제약행위는 제한규범에 근거하는 경우에만 잠정적으로 허용된 제약행위로 바뀌게 되고, 근거가 되는 제한규범이 없는 경우에는 확정적으로 금지된 제약행위가 된다.

Ⅰ. 헌법직접적 제한규범

사생활의 비밀에 관한 자유에 대한 헌법직접적 제한규범은 '성문'의 형태와 '불문'의 형태로 규정이 가능하다. 현행 헌법은 사생활의 비밀에 관한 자유에 대한 성문의 헌법직접적 제한규범을 규정하고 있지 않다. 불문의 헌법직접적 제한규범으로는 다른 사람의 기본권이나 헌법적 법익을 들 수 있다. 다른 사람의 기본권이 사생활의 비밀에 관한 자유의 헌법직접적 제한규범이 되면 두 기본권 사이에 '기본권의 충돌'이 발생한다. 사생활의 비밀에 관한 자유와 자주 충돌하는 기본권으로는 표현(언론 · 출판)의 자유에서 도출되는 알 권리나 보도의 자유가 있다.

Ⅱ. 헌법간접적 제한규범

사생활의 비밀에 관한 자유에 대한 헌법간접적 제한규범은 ① 사생활의 비밀에 관한 자유에 대해서만 '개별적으로' 규정될 수도 있고, ② 이 기본권을 포함한 모든 자유와 권리에 대해서 '일반적으로' 규정될 수도 있다. 우리 헌법은 사생활의 비밀에 관한 자유에 대하여 개별적 법률유보조항은 규정하지 않고, 일반적 법률유보조항에 의해서 규정하고 있다. 따라서 일반적 법률유보조항인 헌법 제37조 제2항에 근거하여 사생활의 비밀에 관한 자유는 "국가안전보장, 질서유지 또는 공공복리"를 위하여, "법률"에 의해서만 제한될 수 있다. 예를 들어 '개인정보 보호법'에 따라 공공기관의 장은 범죄예방 및 교통단속 등 공익을 위하여 필요한 경우에 영상정보처리기기를 설치할 수 있다(동법 제25조).

제4항 정 당 화

Ⅰ. 비례성원칙과 본질내용침해금지원칙

사생활의 비밀에 관한 자유도 원칙규범으로 이해된다. 따라서 잠정적으로 보장된 사생활의 비밀에 관한 자유의 구성요건이 확정적인 것이 되기 위해서는 **비례성원칙에 따른 합리적 형량**이 필요하다. 이것은 사생활의 비밀에 관한 자유를 제한하는 다른 사람의 기본권이나 헌법적 법익 또는 공익을 이 자유와의 관계에서 조화와 균형을 이루게 함으로써 정당화하는 것을 의미한다. 그러므로 사생활의 비밀에 관한 자유에 대한 제약은 다른 사람의 기본권이나 헌법적 법익 또는 입법목적으로 제시된 공익과 균형을 이룰 수 있는 범위 안에서는 정당화된다. 비례성원칙은 방어권의 경우에는 과잉금지원칙으로, 보호권과 절차권의 경우에는 과소금지원칙으로 구체화된다. 사생활의 비밀에 관한 자유에서 도출되는 개인정보자기결정권의 경우에도 그 안에 포함된 방어권에 대한 제한은 과잉금지원칙, 보호권이나 절차권에 대한 제한은 과소금지원칙이 적용된다. 이를테면 정보주체의 동의 없이 통계작성, 연구, 공익적 기록본존 목적에서 가명정보를 처리할 수 있도록 한 것은 개인정보자기결정권에 포함된 방권을 제한하므로 과잉금지원칙이 적용된다.[26)]

[판례] 사생활의 비밀에 대한 제한과 비례성원칙

[1] 졸업증명서 발급업무에 관한 민원인의 편의 도모, 행정효율성의 제고를 위하여 개인의 존엄과 인격권에 심대한 영향을 미칠 수 있는 민감한 정보라고 보기 어려운 **성명, 생년월일, 졸업일자 정보**만을 NEIS에 보유하고 있는 것은 목적의 달성에 필요한 최소한의 정보만을 보유하는 것이라 할 수 있고, 공공기관의개인정보보호에관한법률에 규정된 개인정보 보호를 위한 법규정들의 적용을 받을 뿐만 아니라 피청구인들이 보유목적을 벗어나 개인정보를 무단 사용하였다는 점을 인정할 만한 자료가 없는 한 NEIS라는 자동화된 전산시스템으로 그 정보를 보유하고 있다는 점만으로 피청구인들의 적법한 보유행위 자체의 정당성마저 부인하기는 어렵다(2005. 7. 21. 2003헌마282).

[2] 국민기초생활보장법상의 급여신청자에게 금융거래정보의 제출을 요구할 수 있도록 한 것은 급여신청자의 수급자격 및 급여액 결정을 객관적이고 공정하게 판정하려는 데 그 목적이 있는 것으로 그 정당성이 인정되고, 이를 위해서 **금융거래정보**를 파악하는 것은 적절한 수단이며 금융기관과의 금융거래정보로 제한된 범위에서 수집되고 조사를 통해 얻은 정보와 자료를 목적 외의 다른 용도로 사용하거나 다른 기관에 제공하는 것이 금지될 뿐만 아니라 이를 어긴 경우 형벌을 부과하고 있으므로 정보주체의 자기결정권을 제한하는 데 따른 피해를 최소화하고 있고, 정보주체의 불이익보다 추구하는 공익이 더 크므로 개인정보자기결정권을 침해하지 않는다(2005. 11. 24. 2005헌마112).

[3] 근로소득자들의 **진료정보**가 본인들의 동의 없이 국세청 등으로 제출·전송·보관되는 것은 이들의 개인정보자기결정권을 제한하는 것이지만, 의료비 특별공제를 받고자 하는 근로소득자의 연말정산을 위한 소득공제증빙자료 제출의 불편을 해소하는 동시에 이에 따른 근로자와 사업자의 시간적·경제적 비용을 절감하고 부당한 소득공제를 방지하려는데 그 목적이 있고, 위 목적을 달성하기 위하여, 연말정산에 필요한 항목 등을 제출대상으로 삼고 있으므로, 그 **방법의 적절성** 또한 인정된다. 또 소득공제증빙서류를 발급받는 자는 본인의 의료비내역과 관련된 자료의 제출을 자료집중기관이 국세청장에게 소득공제증빙서류를 제출하기 전까지 거부할 수 있도록 하고, 근로소득자 내지 부양가족 본인만이 자료를 조회하고 출력할 수 있도록 하는 등 자료제출제도가 개인의 자기정보결정권에 대한 제한이 최소화되도록 제반 장치를 갖추어 개인의 자기정보결정권이 필요최소한 범위 내에서 제한되도록 **피해최소성의 원칙**을 충족하고 있으며, 얻게 되는 공익이 이로 인하여 제한되는 개인정보자기결정권인 사익보다 커서 **법익의 균형성**을 갖추었다고 할 것이므로 헌법상 과잉금지 원칙에 위배하여 개인정보자기결정권을 침해하였다고 볼 수 없다(2008. 10. 30. 2006헌마1401).

[4] 의료급여 자격관리시스템을 통해 개별 의료급여기관으로 하여금 의료급여수급권자의

26) 헌재 2023. 10. 26. 2020헌마1476.

진료정보를 국민건강보험공단에 알려줄 의무를 부과한 것은 의료이용자가 의료급여를 받을 적법한 수급자인지 여부 및 의료급여의 범위 등을 정확하게 확인하려는 데에 그 목적이 있는 것으로서 그 **목적은 정당**하고, 의료이용자에게 그 수급의 자격이 있는지 여부 및 필요한 급여액의 정도를 파악하기 위하여는 수급권자 자격관리기관인 공단이 상병명 등 정보를 파악하는 것이 필요하다 할 것이어서 의료급여기관이 이러한 정보를 공단에 제공하고 공단이 이러한 정보를 보유하도록 하는 것은 **적절한 수단**이 된다. 또한 수집되는 정보의 범위는 건강생활유지비의 지원 및 급여일수의 확인을 위해 필요한 정보로 제한되어 있고, 공인인증서 이용을 통한 개인정보 보호조치 강화, 각종 법률에서의 업무상 비밀 누설 금지의무 부과 및 그 위반시 형벌규정 등을 통해 **피해를 최소화**하는 장치가 갖추어져 있다 할 것이며, 수급자격 및 급여액의 정확성을 확보하여 의료급여제도의 원활한 운영을 기한다는 공익이 이로 인하여 제한되는 수급권자의 개인정보자기결정권인 사익보다 크다 할 것이므로 **법익의 균형성**도 갖추었다(2009. 9. 24. 2006헌마1264).

[5] 검사의 '혐의없음' 불기소처분을 받은 경우 피의자의 **지문정보**와 함께 인적사항 · 죄명 · 입건관서 · 입건일자 · 처분결과 등의 개인정보를 보관하는 것은 재수사에 대비한 기초자료를 보존하여 형사사법의 실체적 진실을 구현하는 한편, 형사사건 처리결과를 쉽게 그리고 명확히 확인하여 수사의 반복을 피함으로써 수사력의 낭비를 막고 피의자의 인권을 보호하기 위한 것으로서 그 **목적의 정당성**이 충분히 인정되고, 형사사건 처리 내역에 관한 개인정보를 일정기간 보관한 후 삭제하도록 한 것은 위와 같은 목적을 달성하기 위한 효과적이고 적절한 방법의 하나가 될 수 있다. 개인정보의 이용범위가 제한적인 점, 개인정보의 누설이나 법령이 규정한 목적 외 취득 · 사용이 엄격히 금지되며, 이를 위반한 자는 형사처벌될 수 있는 점, 개인정보의 법정 보존기간이 합리적 범위 내에 있다고 여겨지는 점 등을 종합적으로 고려하면, 개인정보자기결정권을 덜 침해하는 방법이나 수단을 찾아보기 어렵다 할 것이므로 **기본권침해 최소성의 원칙**에 위반된다고 볼 수 없다. 또한 국가가 개인정보를 일정기간 보존한다고 하더라도 이로 인하여 현실적으로 입게 되는 불이익은 그다지 크다고 보기 어려운 반면, 위와 같이 '혐의없음' 불기소처분에 관한 개인정보를 보존함으로써 얻고자 하는 공익은 크다고 보아야 할 것이므로, **법익의 균형성**을 상실하였다고 볼 수도 없다. 따라서 과잉금지의 원칙에 위반하여 개인정보자기결정권을 침해한다고 볼 수 없다(2009. 10. 29. 2008헌마257).

[6] '금융실명거래 및 비밀보장에 관한 법률'에서 법원의 제출명령이 있을 때 그 사용목적에 필요한 최소한의 범위 안에서 **거래정보** 등을 제공할 수 있음을 규정하고 있는 것은 객관적인 증거에 의해 확인되는 실체적 진실에 따라 법적 분쟁을 공정하게 해결하기 위한 것으로서 그 **입법목적의 정당성**이 인정되고, **수단의 적합성**이 인정된다. 또한 제공되는 거래정보 등의 범위를 '사용목적에 필요한 최소한의 범위'로 한정하여 표준양식에 의하여 금융기관의 특정점포에 이를 요구하도록 하는 한편, 관련 규정을 위반하면 형사처벌을 받도록 규정하고 있고 당사자는 법원의 제출명령에 즉시항고할 수 있으며, '사용목적에 필요한 최소한의 범위'에 관한 판단을 사법기관인 법원에 맡기는 것은 불가피하다고 볼 수 있는 반면, 그 외 '법적 분쟁의 공정한 해결'이라는 입법목적을 효과적으로 달성할 수 있는 다른 대체수단도 없으므로 **피해의 최소성 원칙**에도 위반되지 아니하며, 개인정보의 주체가 입게 되는 불이익이 '법적 분쟁의 공정한 해결'이라는 공익에 비하여 결코 크다고 볼 수도 없다. 따라서 개인정보자기결

정권을 침해하지 않는다(2010. 9. 30. 2008헌바132).

[7] 구치소장이 수용자의 거실에 **폐쇄회로 텔레비전**(이하 'CCTV'라 한다)을 **설치하여 계호**한 행위는 청구인(수용자)의 생명·신체의 안전을 보호하기 위한 것으로서 그 **목적이 정당**하고, 교도관의 시선에 의한 감시만으로는 자살·자해 등의 교정사고 발생을 막는 데 시간적·공간적 공백이 있으므로 이를 메우기 위하여 CCTV를 설치하여 수형자를 상시적으로 관찰하는 것은 위 목적 달성에 **적합한 수단**이라 할 것이며, '형의 집행 및 수용자의 처우에 관한 법률' 및 동법 시행규칙은 CCTV 계호행위로 인하여 수용자가 입게 되는 피해를 최소화하기 위하여 CCTV의 설치·운용에 관한 여러 가지 규정을 하고 있고, 이에 따라 피청구인은 청구인의 사생활의 비밀 및 자유에 대한 제한을 최소화하기 위한 조치를 취하고 있는 점, 상시적으로 청구인을 시선계호할 인력을 확보하는 것이 불가능한 현실에서 자살이 시도되는 경우 신속하게 이를 파악하여 응급조치를 실행하기 위하여는 CCTV를 설치하여 청구인의 행동을 지속적으로 관찰하는 방법 외에 더 효과적인 다른 방법을 찾기 어려운 점 등에 비추어 보면, 이 사건 CCTV 계호행위는 **피해의 최소성** 요건을 갖추었다 할 것이고, 이로 인하여 청구인의 사생활에 상당한 제약이 가하여진다고 하더라도, 청구인의 행동을 상시적으로 관찰함으로써 그의 생명·신체를 보호하고 교정시설 내의 안전과 질서를 보호하려는 공익 또한 그보다 결코 작다고 할 수 없으므로, **법익의 균형성**도 갖추었다. 따라서 이 사건 CCTV 계호행위가 과잉금지원칙을 위배하여 청구인의 사생활의 비밀 및 자유를 침해하였다고는 볼 수 없다(2011. 9. 29. 2010헌마413).

[8] **범죄경력자료**를 범인 추적과 실체적 진실 발견, 각종 결격사유 판단 등을 위한 자료로 사용하기 위해 보존하는 것은 그 **목적이 정당**하고 **수단의 적합성**을 갖추고 있다. 벌금형에 해당하는 전과나 실효된 전과라고 하여 그 범죄경력자료를 보존할 필요가 없게 되는 것이 아니고 범죄경력을 보존할 필요가 있는지 여부를 결정하는 다양한 요소들을 모두 고려해 각개의 전과마다 개별화된 보존기간을 설정하는 것 또한 현실적으로 가능하지 않으므로, 입법자가 범죄경력자료의 보존기간을 세분화하지 않았다는 사정만으로 기본권을 덜 침해하는 가능한 수단을 택하지 않았다고 볼 수 없다. 또한 형실효법은 범죄경력자료의 불법조회나 누설에 대한 금지 및 벌칙 규정을 두고 있고 범죄경력자료를 조회·회보할 수 있는 사유를 제한하고 있으므로 개인의 범죄경력에 관한 정보가 수사나 재판 등에 필요한 정도를 넘어 외부의 일반인들에게까지 공개될 가능성은 극히 적고, 범죄경력자료의 보존 그 자체만으로 전과자들의 사회복귀가 저해되는 것도 아니다. 따라서 이 사건 수사경력자료 정리조항에서 범죄경력자료의 삭제를 규정하지 않은 것이 청구인의 개인정보 자기결정권을 침해한다고 볼 수 없다(2012. 7. 26. 2010헌마446).

[9] 인터넷게시판을 설치·운영하는 정보통신서비스 제공자에게 본인확인조치의무를 부과하여 게시판 이용자로 하여금 본인확인절차를 거쳐야만 게시판을 이용할 수 있도록 하는 **본인확인제**를 규정한 것은 인터넷의 특성을 고려하지 아니한 채 본인확인제의 적용범위를 광범위하게 정하여 법집행자에게 자의적인 집행의 여지를 부여하고, 목적달성에 필요한 범위를 넘는 과도한 기본권 제한을 하고 있으므로 **침해의 최소성**이 인정되지 아니한다. 또한 이 사건 법령조항들은 국내 인터넷 이용자들의 해외 사이트로의 도피, 국내 사업자와 해외 사업자 사이의 차별 내지 자의적 법집행의 시비로 인한 집행곤란의 문제를 발생시키고 있고, 나아가 본인확인제 시행 이후에 명예훼손, 모욕, 비방의 정보의 게시가 표현의 자유의 사전 제한을 정당화할 정도로 의미 있게 감소하였다

는 증거를 찾아볼 수 없는 반면에, 게시판 이용자의 표현의 자유를 사전에 제한하여 의사표현 자체를 위축시킴으로써 자유로운 여론의 형성을 방해하고, 본인확인제의 적용을 받지 않는 정보통신망상의 새로운 의사소통수단과 경쟁하여야 하는 게시판 운영자에게 업무상 불리한 제한을 가하며, 게시판 이용자의 개인정보가 외부로 유출되거나 부당하게 이용될 가능성이 증가하게 되었는바, 이러한 인터넷게시판 이용자 및 정보통신서비스 제공자의 불이익은 본인확인제가 달성하려는 공익보다 결코 더 작다고 할 수 없으므로, **법익의 균형성**도 인정되지 않는다. 따라서 과잉금지원칙에 위배하여 인터넷게시판 이용자의 표현의 자유, 개인정보자기결정권 및 인터넷게시판을 운영하는 정보통신서비스 제공자의 언론의 자유를 침해한다(2012. 8. 23. 2010헌마47).

[10] 재산등록 조항은 금융감독원 직원의 비리유혹을 억제하고 업무 집행의 투명성 및 청렴성을 확보하기 위한 것으로 입법목적이 정당하고, 금융기관의 업무 및 재산상황에 대한 검사 및 감독과 그에 따른 제재를 업무로 하는 금융감독원의 특성상 소속 직원의 금융기관에 대한 실질적인 영향력 및 비리 개연성이 클 수 있다는 점을 고려할 때 일정 직급 이상의 금융감독원 직원에게 **재산등록의무를 부과**하는 것은 **적절한 수단**이다. 재산등록제도는 재산공개제도와 구별되는 것이고, 재산등록사항의 누설 및 목적 외 사용 금지 등 재산등록사항이 외부에 알려지지 않도록 보호하는 조치가 마련되어 있다. 재산등록대상에 본인 외에 배우자와 직계존비속도 포함되나 이는 등록의무자의 재산은닉을 방지하기 위하여 불가피한 것이며, 고지거부제도 운용 및 혼인한 직계비속인 여자, 외조부모 등을 대상에서 제외함으로써 **피해를 최소화**하고 있다. 또한 이 사건 재산등록 조항에 의하여 제한되는 사생활 영역은 재산관계에 한정됨에 비하여 이를 통해 달성할 수 있는 공익은 금융감독원 업무의 투명성 및 책임성 확보 등으로 중대하므로 **법익균형성**도 충족하고 있다. 따라서 이 사건 재산등록 조항은 청구인들의 사생활의 비밀과 자유를 침해하지 아니한다(2014. 6. 26. 2012헌마331).

[11] 통계청장이 2015 **인구주택총조사의 방문 면접조사**를 실시하면서, 담당 조사원을 통해 2015 인구주택총조사 조사표의 조사항목들에 응답할 것을 요구한 행위는 방문 면접을 통해 행정자료로 파악하기 곤란한 항목들을 조사하여 그 결과를 사회 현안에 대한 심층 분석과 각종 정책수립, 통계작성의 기초자료 또는 사회·경제현상의 연구·분석 등에 활용하도록 하고자 한 것이므로 그 목적이 정당하고, 15일이라는 짧은 방문 면접조사 기간 등 현실적 여건을 감안하면 인근 주민을 조사원으로 채용하여 방문면접 조사를 실시한 것은 목적을 달성하기 위한 **적정한 수단**이 된다. 2015 인구주택총조사 조사표의 조사항목들은 당시 우리 사회를 진단하고 미래를 대비하기 위하여 필요한 항목들로 구성되어 있다. 한편, 1인 가구 및 맞벌이 부부의 증가, 오늘날 직장인이나 학생들의 근무·학업 시간, 도시화·산업화가 진행된 현대사회의 생활형태 등을 고려하면, 출근 시간 직전인 오전 7시 30분경 및 퇴근 직후인 오후 8시 45분경이 방문 면접조사를 실시하기에 불합리할 정도로 이르거나 늦은 시간이라고 단정하기 어렵다. 나아가 관련 법령이나 실제 운용상 표본조사 대상 가구의 개인정보 **남용을 방지할 수 있는 여러 제도적 장치도 충분히 마련**되어 있다. 따라서 심판대상행위가 과잉금지원칙을 위반하여 청구인의 개인정보자기결정권을 침해하였다고 볼 수 없다(2017. 7. 27. 2015헌마1094).

[12] 보호자 전원이 반대하지 않는 한 **어린이집에 의무적으로 CCTV 설치**하도록 한 것은 어린이집 안전사고와 보육교사 등에 의한 아동학대를 방지하기 위한 것으로, CCTV 설치 그 자체만으로도 안전사고 예방이나 아동학대 방지 효과가 있으므로 **입법목적이**

정당하고 수단의 적합성이 인정된다. 법은 CCTV 외에 네트워크 카메라 설치는 원칙적으로 금지하고, 녹음기능 사용금지(법 제15조의5 제2항 제2호 중 "녹음기능을 사용하거나" 부분) 등으로 관련 기본권 침해를 최소화하기 위한 조치를 마련하고 있으며, 보호자 전원이 CCTV 설치에 반대하는 경우에는 CCTV를 설치하지 않을 수 있는 가능성을 열어두고 있으므로 이 조항은 침해의 최소성에 반하지 아니한다. 영유아 보육을 위탁받아 행하는 어린이집에서의 아동학대근절과 보육환경의 안전성 확보는 단순히 보호자의 불안을 해소하는 차원을 넘어 사회적·국가적 차원에서도 보호할 필요가 있는 중대한 공익이다. 이 조항으로 보육교사 등의 기본권에 가해지는 제약이 위와 같은 공익에 비하여 크다고 보기 어려우므로 법익의 균형성도 인정된다. 따라서 법 제15조의4 제1항 제1호 및 제15조의5 제2항 제2호 중 "녹음기능을 사용하거나" 부분은 과잉금지원칙을 위반하여 청구인들의 기본권을 침해하지 않는다(2017.12.28. 2015헌마994).

[13] 이동전화의 이용과 관련하여 필연적으로 발생하는 통신사실 확인자료는 비록 비내용적 정보이지만 여러 정보의 결합과 분석을 통해 정보주체에 관한 정보를 유추해낼 수 있는 민감한 정보인 점, 수사기관의 통신사실 확인자료 제공요청에 대해 법원의 허가를 거치도록 규정하고 있으나 수사의 필요성만을 그 요건으로 하고 있어 제대로 된 통제가 이루어지기 어려운 점, 기지국수사의 허용과 관련하여서는 유괴·납치·성폭력범죄 등 강력범죄나 국가안보를 위협하는 각종 범죄와 같이 피의자나 피해자의 통신사실 확인자료가 반드시 필요한 범죄로 그 대상을 한정하는 방안 또는 다른 방법으로는 범죄수사가 어려운 경우(보충성)를 요건으로 추가하는 방안 등을 검토함으로써 수사에 지장을 초래하지 않으면서도 불특정 다수의 기본권을 덜 침해하는 수단이 존재하는 점을 고려할 때, 이 사건 요청조항(검사 또는 사법경찰관이 수사를 위하여 필요한 경우 전기통신사업법에 의한 전기통신사업자에게 통신사실 확인자료의 열람이나 제출을 요청할 수 있도록 한 조항)은 과잉금지원칙에 반하여 청구인의 개인정보자기결정권과 통신의 자유를 침해한다(2018. 6. 28. 2012헌마538).

[14] 서울용산경찰서장이 청구인들을 검거하기 위하여 청구인들의 약 2년 또는 3년이라는 장기간의 요양급여내역을 제공받는 것이 불가피하였다고 보기 어렵다. 한편 급여일자와 요양기관명은 피의자의 현재 위치를 곧바로 파악할 수 있는 정보는 아니므로, 국민건강보험공단이 서울용산경찰서장에게 요양급여내역을 제공한 정보제공행위로 얻을 수 있는 수사상의 이익은 없었거나 미약한 정도였다. 반면 서울용산경찰서장에게 제공된 요양기관명에는 전문의의 병원도 포함되어 있어 청구인들의 질병의 종류를 예측할 수 있는 점, 2년 내지 3년 동안의 요양급여정보는 청구인들의 건강 상태에 대한 총체적인 정보를 구성할 수 있는 점 등에 비추어 볼 때, 이 사건 정보제공행위로 인한 청구인들의 개인정보자기결정권에 대한 침해는 매우 중대하다. 그렇다면 이 사건 정보제공행위는 이 사건 정보제공조항 등이 정한 요건을 충족한 것으로 볼 수 없고, 침해의 최소성 및 법익의 균형성에 위배되어 청구인들의 개인정보자기결정권을 침해하였다(2018. 8. 30. 2014헌마368).

[15] 이동통신서비스 가입 시 본인확인절차를 거치도록 함으로써 타인 또는 허무인의 이름을 사용한 휴대전화인 이른바 대포폰이 보이스피싱 등 범죄의 범행도구로 이용되는 것을 막고, 개인정보를 도용하여 타인의 명의로 가입한 다음 휴대전화 소액결제나 서비스요금을 그 명의인에게 전가하는 등 명의도용범죄의 피해를 막고자 하는 입법목적은 정당하고, 이를 위하여 본인확인절차를 거치게 한 것은 적합한 수단이다. 또한 가입자의 이름과 주소, 생년월일, 주민등록번호 등 개인정보 수집에 따른 유출피해

등 부작용을 방지하기 위해 법률에서는 정보처리자에게 개인정보의 기술적·관리적 보호조치를 취할 것을 요구하고 그 준수 여부를 행정청이 점검하는 등 적절한 통제장치를 마련함으로써 개인정보자기결정권의 제한을 최소화하고 있다. 개인정보자기결정권, 통신의 자유가 제한되는 불이익과 비교했을 때, 명의도용피해를 막고, 차명휴대전화의 생성을 억제하여 보이스피싱 등 범죄의 범행도구로 악용될 가능성을 방지함으로써 잠재적 범죄 피해 방지 및 통신망 질서 유지라는 더욱 중대한 공익의 달성효과가 인정된다. 따라서 개인정보자기결정권 및 통신의 자유를 침해하지 않는다(2019. 9. 26. 2017헌마1209).

[16] **변호사시험 합격자가 결정된 즉시 명단을 공개**하도록 한 것은 법무부장관이 시험 관리 업무를 위하여 수집한 응시자의 개인정보 중 합격자의 성명을 공개하도록 하는데 그치므로, 개인정보자기결정권이 제한되는 범위와 정도는 매우 제한적이다. 합격자 명단이 공고되면 누구나, 언제든지 이를 검색할 수 있으므로, 공공성을 지닌 전문직인 변호사의 자격 소지에 대한 일반 국민의 신뢰를 형성하는 데 기여하며, 변호사에 대한 정보를 얻는 수단이 확보되어 법률서비스 수요자의 편의가 증진된다. 합격자 명단을 공고하는 경우, 시험 관리 당국이 더 엄정한 기준과 절차를 통해 합격자를 선정할 것이 기대되므로 시험 관리 업무의 공정성과 투명성이 강화될 수 있다. 따라서 개인정보자기결정권을 침해한다고 볼 수 없다(2020. 3. 26. 2018헌마77등; 2023. 3. 23. 2020헌마358등).

[17] 이동통신사업자로 하여금 이동통신사업자로부터 제공받은 **청소년유해매체물 차단수단**이 청소년의 이동통신단말장치에 설치되었다가 삭제되거나 15일 이상 작동하지 아니하는 경우 매월 법정대리인에게 그 사실을 통지하도록 규정한 것은 입법목적의 정당성 및 수단의 적합성이 인정된다. 이동통신사업자로 하여금 이와 같은 사실을 통지하도록 한 것은 차단수단 제공의무의 실효성을 확보하기 위한 최소한의 조치이고, 입법목적을 달성하기 위해 덜 제약적인 수단이 있다고 보기 어려우므로, 침해의 최소성이 인정된다. 또한 이로 인하여 제한되는 사익의 정도가 크지 않은 반면, 청소년유해매체물 등으로부터의 청소년 보호라는 공익은 매우 중대하므로, 법익의 균형성도 인정된다. 따라서 청소년의 사생활의 비밀과 자유 및 개인정보자기결정권을 침해하지 않는다(2020. 11. 26. 2016헌마738).

[18] 대통령의 지시로 대통령 비서실장, 정무수석비서관, 교육문화수석비서관, 문화체육관광부장관이 야당 소속 후보를 지지하였거나 정부에 비판적 활동을 한 **문화예술인이나 단체를 정부의 문화예술 지원사업에서 배제할 목적으로 개인의 정치적 견해에 관한 정보를 수집·보유·이용한 행위**는 그 대상인 정치적 견해에 관한 정보는 공개된 정보라 하더라도 개인의 인격주체성을 특징짓는 것으로, 개인정보자기결정권의 보호 범위 내에 속하며, 국가가 개인의 정치적 견해에 관한 정보를 수집보유·이용하는 등의 행위는 개인정보자기결정권에 대한 중대한 제한이 되므로 이를 위해서는 법령상의 명확한 근거가 필요함에도 그러한 법령상 근거가 존재하지 않고, 정치적 견해를 확인하여 야당 후보자를 지지한 이력이 있거나 현 정부에 대한 비판적 의사를 표현한 자에 대한 문화예술 지원을 차단하는 위헌적인 지시를 실행하기 위한 것으로, 그 목적의 정당성을 인정할 여지가 없으므로 개인정보자기결정권을 침해한다(2020. 12. 23. 2017헌마416).

[19] **출소 후 출소사실을 신고하여야 하는 신고의무** 내용에 비추어 보안관찰처분대상자의 불편이 크다거나 7일의 신고기간이 지나치게 짧다고 할 수 없다. 보안관찰해당범죄는 민주주의체제의 수호와 사회질서의 유지, 국민의 생존 및 자유에 중대한 영향을 미치는 범죄인 점, 보안관찰법은 보안관찰처부대상자를 파악하고 재범의 위험성 등 보안

관찰처분의 필요성 유무의 판단 자료를 확보하기 위하여 위와 같은 신고의무를 규정하고 있다는 점 등에 비추어 출소 후 신고의무 위반에 대한 제재수단으로 형벌을 택한 것이 과도하다거나 법정형이 다른 법률들에 비하여 각별히 과중하다고 볼 수도 없다. 따라서 출소 후 신고조항 및 위반 시 처벌조항은 과잉금지원칙을 위반하여 사생활의 비밀과 자유 및 개인정보자기결정권을 침해하지 아니한다(2021. 6. 24. 2017헌바479).

[20] 소년에 대한 수사경력자료의 삭제 및 보존기간에 대하여 규정하면서 **법원에서 불처분 결정된 소년부송치 사건**에 대하여는 규정하지 않은 것은 수사경력자료에 기록된 개인정보가 당사자의 사망 시까지 보존되도록 함으로써 개인정보자기결정권을 침해한다(2021. 6. 24. 2018헌가2).

[21] 수사기관 등이 전기통신사업자에게 이용자의 성명 등 **통신자료의 열람이나 제출을 요청**할 수 있도록 한 것은 범죄수사나 정보수집의 초기단계에서 수사기관 등이 통신자료를 취득할 수 있도록 함으로써 수사나 형의 집행, 국가안전보장 활동의 신속성과 효율성을 도모하고, 이를 통하여 실체적 진실발견, 국가 형벌권의 적정한 행사 및 국가안전보장에 기여한다. 수사기관 등이 통신자료 제공요청을 할 수 있는 정보의 범위를 성명, 주민등록번호, 주소 등 피의자나 피해자를 특정하기 위한 불가피한 최소한의 기초정보로 한정하고, 민감정보를 포함하고 있지 않으며, 그 사유 또한 '수사, 형의 집행 또는 국가안전보장에 대한 위해를 방지하기 위한 정보수집'으로 한정하고 있다. 또한, 전기통신사업법은 통신자료 제공요청 방법이나 통신자료 제공현황 보고에 관한 규정 등을 두어 통신자료가 수사 등 정보수집의 목적달성에 필요한 최소한의 범위 내에서 이루어지도록 하고 있다. 따라서 과잉금지원칙에 위배되지 않는다(2022. 7. 21. 2016헌마388등).

[22] 정보주체의 배우자나 직계혈족이 스스로의 정당한 법적 이익을 지키기 위하여 정보주체 **본인의 위임 없이도 가족관계 상세증명서를 간편하게 발급**받을 수 있게 해 주는 것은, 상세증명서 추가 기재 자녀의 입장에서 보아도 자신의 개인정보가 공개되는 것을 중대한 불이익이라고 평가하기는 어렵다. 나아가 가족관계 관련 법령은 가족관계 증명서 발급 청구에 관한 부당한 목적을 파악하기 위하여 '청구사유기재'라는 나름의 소명절차를 규정하는 점 등을 아울러 고려하면 심판대상조항은 그 입법목적과 그로 인해 제한되는 개인정보자기결정권 사이에 적절한 균형을 달성한 것으로 평가할 수 있다. 따라서 과잉금지원칙에 위배되어 청구인의 개인정보자기결정권을 침해하지 아니한다(2022. 11. 24. 2021헌마130).

[23] 비급여는 급여와 달리 사회적 통제기전이 없어 국민들이 비급여 진료의 필요성과 위험성을 바탕으로 진료 여부를 결정할 수 있는 체계가 부족하고, 그동안 시행되었던 표본조사의 방법으로는 비급여 현황을 정확히 파악하는 데 한계가 있다. 병원마다 제각각 비급여 진료의 명칭과 코드를 사용하고 있으므로 구체적인 진료내역을 추가로 조사할 수밖에 없고, 보고된 정보는 입법목적에 필요한 용도로만 제한적으로 이용하고 안전하게 관리되도록 관련 법률에서 명확히 규정하고 있으며, 보고의무의 이행에 드는 노력이나 시간도 의사의 진료활동에 큰 부담을 주는 정도라고 보기 어렵다. 따라서 의료기관의 장으로 하여금 보건복지부장관에게 **비급여 진료비용에 관한 사항을 보고하도록 하는 보고의무조항**은 과잉금지원칙에 반하여 환자의 개인정보자기결정권을 침해하지 아니한다(2023. 2. 23. 2021헌마374등).

[24] **대한적십자사의 회비모금 목적으로 자료제공**을 요청받은 국가와 지방자치단체는 특별한 사유가 없으면 그 자료를 제공하여야 한다고 규정한 것은 자료제공의 목적이 적십

> 자회비 모금을 위한 것으로 한정되고, 제공되는 정보의 범위가 세대주의 성명과 주소로 한정되며 적십자사는 공공기관에 해당하여 개인정보처리자로서 개인정보 보호법을 준수하여야 하므로 개인정보자기결정권을 침해하지 않는다(2023. 2. 23. 2019헌마1404등).

사생활의 비밀에 관한 자유의 본질내용에 대해서는 **절대설**에 따르면 비례성원칙과는 독립적인 원칙인 본질내용침해금지원칙에 따른 독자적인 심사가 사생활의 비밀에 관한 자유에 대한 제한을 정당화하기 위하여 부가적으로 필요하다. 하지만 **상대설**에 따르면 비례성원칙에 따른 심사로 사생활의 비밀에 관한 자유의 제한을 위한 정당화는 충분하게 된다.

Ⅱ. 공인이론

사생활의 비밀에 관한 자유에 대한 제한은 '공인이론'(公人理論)에 의하여 정당화되기도 한다. 공인이론에 따르면 공적 관심의 대상이 되는 '공적 인물(public figures)', 예를 들어 정치인, 연예인, 운동선수 등 공인(公人)의 경우에는 사생활의 비밀에 관한 자유에 대한 제한이 수월하고 강력할 수 있다. 물론 공적 인물에 대해서는 공적 성격 때문에 일반인보다 사생활의 비밀에 관한 자유가 제한되는 경우가 비교적 많고, 그 제한의 정도도 증가할 수 있지만 모든 경우에 그렇다고는 할 수 없다. 따라서 이 경우에도 기본권제한에 관한 예외적 영역으로 보기보다는 다른 영역과 마찬가지로 **비례성원칙에 따른 제한이 필수적인 영역**으로 이해되어야 한다.

Ⅲ. 신상공개제도

청소년의 성을 매수한 자의 신상을 공개하는 제도에 대해서 헌법재판소의 법정의견인 4인의 합헌견해는 다음과 같이 주장한다.[27] "신상공개제도는 … 이를 통하여 달성하고자 하는 **'청소년의 성보호'라는 목적은 우리 사회에 있어서 가장 중요한 공익**의 하나라고 할 것이다. 이에 비하여 … 이미 공개된 형사재판에서 유죄가 확정된 형사판결이라는 공적 기록의 내용 중 일부를 국가가 공익 목적으로 공개하는 것으로 공개된 형사재판에서 밝혀진 범죄인들의 신상과 전과를 일반인이 알게 된다고 하여 그들의 인격권 내지 사생활의 비밀을 침해하는 것이라고 단정하기는 어렵다. 또한 신상과 범죄사실이 공개되는 범죄인들은 이미 국가의 형벌권 행사로 인하여 해당 기본권의 제한 여지를 일반인보다는 더 넓게 받고 있다. … 그렇다면 청소년 성매수자의 일반적 인격권과 사생활의 비밀과 자유가 제한되는 정도가 청소년 성보호라는 공익적 요청에 비해 크다고 할 수 없으므로 … 신상공개제도는 해당 범죄인들의 일반적 인격권, 사생활의 비밀의 자유를 과잉금지원칙에 위배하여 침해한 것이라 할 수 없다."

27) 헌재 2003. 6. 26. 2002헌가14.

그러나 5인의 위헌견해가 주장하는 바와 같이 신상공개제도는 소위 '현대판 주홍글씨'에 비견할 정도로 수치형과 매우 흡사한 특성을 갖기 때문에 "범죄인을 하나의 인격체로서가 아니라 한낱 범죄퇴치의 수단으로 취급하고 그를 대중의 조롱거리나 경멸의 대상으로 만들어 필경 사회적 매장으로 몰고 가려는 의도가 짙다"고 볼 수 있다. 따라서 청소년의 성보호라는 공익적 목적이 대단히 중요하다고 하더라도 그러한 공익을 위하여 범죄인의 기본권에 대한 심대한 훼손을 정당화할 만큼 중요한 것인지에 대해서는 의심의 여지가 있다.[28]

한편 법률이 몇 차례 개정되면서 신상공개제도는 **신상정보등록 · 열람제도**를 거쳐 **신상등록 · 공개 · 고지제도**로 점차 강화되었다. 등록정보도 확대되고 이를 정보통신망에 공개하도록 하는 한편, 실명인증 절차를 거친 성년이면 누구나 열람할 수 있도록 하였고, 그 대상자도 13세 미만의 아동 · 청소년 대상 성폭력범죄자에서, 모든 아동 · 청소년 대상 성폭력범죄자로 확대하는가 하면, 성인대상 성폭력범죄자에 대해서도 '**성폭력범죄의 처벌 등에 관한 특례법**'에 의해 재범의 위험성과 상관없이 신상정보를 등록 · 공개 · 고지할 수 있도록 대폭 확대되었다. 이에 따라 성폭력범죄의 처벌 등에 관한 특례법에 열거된 성폭력범죄로 유죄판결을 받거나 신상정보 공개명령을 받은 자는 신상정보를 제출할 의무가 있고(동법 제42조, 제43조), 경찰관서나 교정시설의 장을 통해 신상정보를 송달받은 법무부장관은 이를 등록하여 성범죄의 유형에 따라 10년에서 30년 동안 보존 · 관리해야 한다(동법 제44조, 제45조). 등록된 신상정보는 법원의 판결로 공개 또는 고지되는데(동법 제47조, 제49조), 구체적으로는 '**아동 · 청소년의 성보호에 관한 법률**'에 규정된 방식에 따라 정보통신망을 이용하여 공개되고(동법 제49조, 제52조), 그 중에 고지명령을 선고 받은 성범죄자가 거주하는 지역의 아동 · 청소년의 친권자 또는 법정대리인이 있는 가구나 아동 · 청소년을 보육 또는 교육하는 기관이나 시설 등의 장에게 고지된다(동법 제50조, 제51조).

헌법재판소는 "신상정보 공개제도는, 그 공개대상이나 공개기간이 제한적이고, 법관이 '특별한 사정' 등을 고려하여 공개 여부를 판단하도록 되어 있으며, 공개로 인한 피해를 최소화하는 장치도 마련되어 있으므로 침해의 최소성이 인정되고, 이를 통하여 달성하고자 하는 '아동 · 청소년의 성보호'라는 목적이 침해되는 사익에 비하여 매우 중요한 공익에 해당하므로 법익의 균형성도 인정된다"고 하여 여전히 그 합헌성을 인정하고 있지만,[29] 사생활의 비밀과 명예에 관한 기본권 침해 및 이중처벌의 문제는 강화된 신상공개제도에 그대로 남아 있다. 모든 등록대상자에게 획일적으로 20년의 등록기간을 부과한 것에 대해서는 헌법불합치결정을 내렸지만, 경미한 성인대상 성범죄자에게도 신상정보를 등록하도록 하는 것은 헌법에 위반되지 않는다고 한다.[30] 특히 아동 · 청소년

28) 신상공개제도의 헌법적 문제에 대해서는 이준일, 『인권법』(2021), 제7장 참조.

29) 헌재 2013. 10. 24. 2011헌바106; 같은 취지로 2014. 7. 24. 2013헌마423.

30) 헌재 2015. 7. 30. 2014헌마340; 같은 취지로 2016. 3. 31. 2014헌마457; 2017. 9. 28. 2016헌마964; 2017.

대상 성범죄로 벌금형을 선고받은 사람의 등록정보를 10년 간 보존 · 관리하도록 규정한 것은 개인정보자기결정권을 침해하지 않는다고 한다.[31)]

신상정보공개는 주로 형이 확정된 범죄자에 대해서만 이루어졌는데 **특정중대범죄 피의자 등 신상정보 공개에 관한 법률**에 따라 피의자에 대한 신상정보공개도 이루어질 수 있게 되었다. 이 법률에 따라 특정중대범죄 사건의 피의자는 미성년자인 경우를 제외하고 ① 범행수단이 잔인하고 중대한 피해가 발생할 뿐만 아니라 ② 피의자가 그 죄를 범하였다고 믿을 만한 충분한 증거가 있으며, ③ 국민의 알권리 보장, 피의자의 재범방지 및 범죄예방 등 오로지 공공의 이익을 위하여 필요한 경우에 한하여 얼굴, 성명, 나이와 같은 신상정보가 공개될 수 있다(동법 제4조 제1항). 특히 피의자의 얼굴을 공개하기 위하여 검사와 사법경찰관은 필요한 경우에 피의자를 식별할 수 있도록 피의자의 얼굴(일명 '머그샷')을 촬영할 수 있으며 피의자는 이에 따라야 하는 의무가 부과된다(동법 동조 제5항).

Ⅳ. 지문날인제도

17세 이상이 되는 모든 국민에게 주민등록증 발급신청시에 열 손가락의 지문날인을 강제하고, 이러한 지문정보를 경찰에게 제공하여 범죄수사에 이용하도록 하는 지문날인제도는 지문이라는 개인정보의 공개를 강제할 뿐만 아니라 지문정보의 수집 · 보관 · 전산화 · 이용을 가능하게 함으로써 사생활의 비밀과 자유를 제약할 수 있다.[32)] 이에 대해서 헌법재판소는 정확하고 효율적인 신원확인제도로서 지문날인제도는 범죄예방과 신원확인이라는 공익목적의 실현을 위한 비례적인 수단이라고 한다.[33)] 하지만 지문날인제도는 17세 이상의 모든 국민의 지문정보, 그것도 열 손가락의 지문정보의 공개를 강제한다는 점에서, 그리고 국민을 감시하는 수단이 될 수 있다는 점에서 여전히 문제가 있다.[34)]

Ⅴ. 디엔에이(DNA)신원확인정보 채취 · 관리제도

디엔에이신원확인정보의 이용 및 보호에 관한 법률(이하 '디엔에이법'으로 약칭)에 따르면 국가는 일정한 범죄와 관련된 '수형인 등'이나 '구속피의자 등'을 대상으로(동법 제5조, 제6조) 디엔에이감식시료를 채취할 수 있고(동법 제8조), 이를 감식하고 데이터베이스에 수록하여 관리할 수 있다(동법 제10조). 특히 이러한 디엔에이신원확인정보는 본인이 사망한 경우에 삭제하도록 되어 있어(동법 제13조 제3항) 사생활의 비밀과 자유, 특히 개

12. 28. 2016헌마1124; 2019. 11. 28. 2017헌마1163; 2020. 6. 25. 2019헌마699.

31) 헌재 2025. 1. 23. 2021헌마853등.

32) 지문날인제도의 헌법적 문제에 대해서는 이준일, 『인권법』(2021), 제8장 참조.

33) 헌재 2005. 5. 26. 99헌마513등(합헌); 2015. 5. 28. 2011헌마731(합헌).

34) 그 밖에 주민등록번호, 디엔에이(DNA)신원확인정보 등 개인의 고유식별정보에 대한 감시의 문제는 이준일, 『감시와 법』(2014), 제7장 참조.

인정보자기결정권을 제약할 수 있다. 이에 대해서 헌법재판소는 "디엔에이신원확인정보는 개인식별을 위한 최소한의 정보인 단순한 숫자에 불과하여 이로부터 개인의 유전정보를 확인할 수 없는 것이어서 개인의 존엄과 인격권에 심대한 영향을 미칠 수 있는 민감한 정보라고 보기 어렵고, 디엔에이신원확인정보를 범죄수사 등에 이용함으로써 달성할 수 있는 공익의 중요성을 고려할 때 개인정보자기결정권을 침해하지 않는다"고 한다.[35] 그러나 기본권에 대한 제약의 정도를 최소화해야 한다는 피해최소성의 원칙이라는 관점에서 범죄자의 재범가능성을 평생으로 예정하고 죽을 때까지 평생토록 자신의 DNA정보를 보관하여 이용하도록 하는 것은 과도한 제한이라고 볼 수밖에 없다.[36] 어쨌든 헌법재판소에 따르면 채취대상자에게 디엔에이감식시료채취영장 발부 과정에서 자신의 의견을 진술할 수 있는 기회를 절차적으로 보장하고 있지 않을 뿐만 아니라 발부 후 그 영장 발부에 대하여 불복할 수 있는 기회를 주거나 채취행위의 위법성 확인을 청구할 수 있도록 하는 구제절차마저 마련하고 있지 않으며 이러한 불완전·불충분한 입법으로 인하여 채취대상자의 재판청구권이 형해화되고 채취대상자가 범죄수사 및 범죄예방의 객체로만 취급받게 된다는 점에서 양자 사이에 법익의 균형성이 인정된다고 볼 수도 없어 재판청구권을 침해한다고 본다.[37]

제5항 효 력

사생활의 비밀에 관한 자유는 ① 국가에 대해서 효력(대국가적 효력)을 미칠 뿐만 아니라 ② 사인인 제3자, 즉 국민에 대해서도 효력(대사인적 효력)을 발생한다. 사생활의 비밀에 관한 자유가 사인에 대해서 가지는 효력은 기본권의 대사인적 효력에 관한 이론구성에 따라 법관에게 기본권존중의무를 매개로 사생활의 비밀에 관한 자유를 존중하는 재판을 요구함으로써 실현될 수 있다.

제 4 절 통신의 비밀에 관한 권리

제1항 헌법규정

우리 헌법 제18조는 통신의 비밀에 관한 권리를 규정한다. 이러한 기본권규정이 의미하는 바는 통신의 비밀에 관한 주관적 지위와 객관적 규범이다.

35) 헌재 2014. 8. 28. 2011헌마28; 2020. 5. 27. 2017헌마1326.

36) 그 밖에 디엔에이법의 영장주의원칙, 평등원칙, 포괄위임입법금지원칙 위반 여부에 대해서는 이준일, '디엔에이신원확인정보의 이용 및 보호에 관한 법률'의 위헌성에 관한 검토 – 개인정보자기결정권에 대한 침해를 중심으로, 『인권과 정의』(대한변호사협회), 제37호(2011), 83면 이하 참조.

37) 헌재 2018. 8. 30. 2016헌마344.

[헌법 제18조]

모든 국민은 통신의 비밀을 침해받지 아니한다.

통신의 비밀에 관한 권리는 제헌헌법(제11조)에서부터 현행 헌법에 이르기까지 규정되고 있다. 다만 제헌헌법에서 통신의 비밀에 관한 권리는 개별적 법률유보조항을 두었고, 1962년 헌법(제12조)에서 삭제되었다가 개별적 법률유보조항을 많이 규정했던 1972년 헌법(제12조)에서 다시 추가되었다. 통신의 비밀에 관한 권리에 대한 개별적 법률유보조항은 1980년 헌법(제13조)에서 다시 삭제되었다.

제 2 항 구성요건

Ⅰ. 인적 구성요건(주체)

통신의 비밀에 관한 권리는 **인간의 권리**이기 때문에 이 기본권을 누리는 주체는 원칙적으로 모든 인간이다. 따라서 국민뿐만 아니라 외국인도 주체가 될 수 있다. 또한 기본권의 성격상 자연인뿐만 아니라 법인도 주체가 될 수 있다.

Ⅱ. 보호법익

1. 통신의 비밀

통신의 비밀에 관한 권리가 보호하는 법익은 통신과 관련된 일정한 '상태'(상황)이다. 따라서 상태와 관련된 가장 추상적인 기본권인 '일반적 인격권'과 밀접한 관련을 맺는다. 또한 통신은 표현수단이란 점에서 '언론 · 출판의 자유'하고도 일정한 관계를 맺는다. 여기서 통신이란 의사나 정보를 전달 · 교환하는 행위, 즉 커뮤니케이션을 하는 행위를 말하고, 그 수단에는 예를 들어 편지(서신), 전화, 팩스, 인터넷 등이 해당한다. 비밀이란 그러한 의사나 정보의 전달 및 교환과정이 공개되지 않는 것을 뜻한다.

[법령] 통신의 개념

통신비밀보호법 제2조 (정의) 이 법에서 사용하는 용어의 정의는 다음과 같다.

1. "통신"이라 함은 **우편물** 및 **전기통신**을 말한다.
2. "우편물"이라 함은 우편법에 의한 통상우편물과 소포우편물을 말한다.
3. "전기통신"이라 함은 전화 · 전자우편 · 회원제정보서비스 · 모사전송 · 무선호출 등과 같이 유선 · 무선 · 광선 및 기타의 전자적 방식에 의하여 모든 종류의 음향 · 문언 · 부호 또는 영상을 송신하거나 수신하는 것을 말한다.

4.-12. 생략

우편법 제1조의2 (정의) 이 법에서 사용하는 용어의 뜻은 다음과 같다.

1. "우편물"이란 통상우편물과 소포우편물을 말한다.
2. "통상우편물"이란 서신(書信) 등 의사전달물, 통화(송금통지서를 포함한다) 및 소형포장

우편물을 말한다.
3. "소포우편물"이란 통상우편물 외의 물건을 포장한 우편물을 말한다.
4.-6. 생략.
7. "서신"이란 의사전달을 위하여 특정인이나 특정 주소로 송부하는 것으로서 문자·기호·부호 또는 그림 등으로 표시한 유형의 문서 또는 전단을 말한다. 다만, 신문, 정기간행물, 서적, 상품안내서 등 대통령령으로 정하는 것은 제외한다.

2. 통신의 비밀에 관한 자유와 권리

(1) 통신의 비밀에 관한 자유

통신의 비밀에 관한 자유는 통신활동과 관련된 비밀한 **상태**를 보호법익으로 한다. 통신의 비밀이 요구되는 대상은 통신활동 그 자체와 통신활동에서 전달 및 교환되는 의사나 정보다. 헌법재판소는 통신의 비밀에 관한 자유는 통신의 자유에 포함되고, 통신의 자유는 통신수단을 자유로이 이용하여 의사소통할 권리로 이해하면서 통신수단의 익명성 보장은 통신의 자유에 포함된다고 본다.[38] 하지만 통신의 비밀에 관한 자유와 통신활동의 자유는 구분될 필요가 있다. 헌법재판소도 "통신의 비밀이란, 서신·우편·전신의 통신수단을 통하여 개인 간에 의사나 정보의 전달과 교환(의사소통)이 이루어지는 경우, 통신의 내용과 통신이용의 상황이 개인의 의사에 반하여 공개되지 아니할 자유를 의미한다"고 설시하여 통신활동의 자유와 구분되는 통신비밀의 불가침성에 관한 자유를 분리하기도 한다.[39]

(2) 통신의 비밀에 관한 권리

① 통신의 비밀에 관한 자유는 통신의 비밀을 간섭하는 제약행위의 부작위 또는 중지를 요구할 수 있는 **방어권**을 포함한다. 또한 ② 통신의 비밀을 침해하는 사인(私人)인 제3자의 제약행위로부터 국가의 보호를 요구할 수 있는 **보호권**을 포함한다. ③ 통신의 비밀에 관한 절차를 보장하는 입법을 요구할 수 있는 **절차권**을 포함한다. 보호권과 절차권의 경우에는 이에 상응하여 국가는 통신의 비밀을 보호하고 보장하는 입법의 의무를 진다. 예를 들어 **형법상 비밀침해죄**에 관한 규정들(동법 제316조 이하)은 통신의 비밀에 관한 권리에 대한 제3자의 침해로부터 보호하는 입법에 해당한다.

통신비밀보호법에 따르면 범죄수사를 위하여 검사(검찰관 포함)는 **통신제한조치**의 요건이 구비된 경우에 법원(군사법원 포함)으로부터 통신제한조치의 허가를 받아 통신제한조치를 할 수 있다(동법 제6조: 사법경찰관은 검사를 통해 청구). 또한 국가안보를 위하여 정보수사기관의 장은 통신의 당사자에 따라 고등법원 수석부장판사의 허가 또는 대통령의 승인을 받아 통신제한조치를 할 수 있다(동법 제7조). 한편 검사 또는 사법경찰관은 수사 또는 형의 집행을 위하여 필요한 경우에 관할 지방법원(보통군사법원 포함) 또는 지

38) 헌재 2019. 9. 26. 2017헌마1209.
39) 헌재 2016. 11. 24. 2014헌바401; 2023. 10. 26. 2019헌마158등.

원의 허가를 받아 전기통신사업자에게 **통신사실 확인자료의 제공**을 요청할 수 있다(동법 제13조). 또한 정보수사기관의 장은 국가안보를 위하여 통신제한조치를 할 때와 동일한 절차에 따라 전기통신사업자에게 통신사실 확인자료의 제공을 요청할 수 있다(동법 제13조의4). 통신제한조치 및 통신사실 확인자료제공과 관련된 이러한 절차들은 통신의 비밀에 관한 권리에 포함된 절차권을 구체화하고 있는 것으로 이해된다.

Ⅲ. 제약행위

통신의 비밀에 간섭하는 행위, 즉 통신의 당사자의 동의를 받지 않은 채 **통신의 내용을 지득 · 녹취 · 이용하는 행위**가 통신의 비밀에 관한 자유를 제약하는 행위다.[40] 예를 들어 서신이나 우편물을 개봉하거나 그 내용을 지득하는 행위가 제약행위에 해당한다. 누가 그 서신이나 우편물을 개봉했는지는 중요하지 않다. 제3자에 의해 또는 자연적 마모로 개봉되었다고 하더라도 그 내용을 지득하는 것은 통신의 비밀을 제약하는 행위가 된다. 또한 배달할 수 없는 서신이나 우편물을 반송하기 위해 개봉하는 것과 같이 업무상 필요한 행위라고 하더라도 제약행위가 될 수 있다. 통신의 비밀은 본인의 의사에 반하여 공개되지 않는 것을 의미하기 때문에 본인의 의사에 따라 공개된 경우에는 제약행위가 되지 않는다.

통신의 비밀과 관련된 제약행위로 가장 문제가 되는 것이 우편물의 '검열'과 통신의 '감청'(도청)이다.[41] **통신비밀보호법**에 따르면 **검열**은 우편물에 대하여 당사자의 동의 없이 이를 개봉하거나 기타의 방법으로 그 내용을 지득 또는 채록하거나 유치하는 것을 뜻하고(동법 제2조 제6호), **감청**은 전기통신에 대하여 당사자의 동의 없이 전자장치 · 기계장치 등을 사용하여 통신의 음향 · 문언 · 부호 · 영상을 청취 · 공독(共讀)하여 그 내용을 지득 또는 채록하거나 전기통신의 송 · 수신을 방해하는 것을 의미한다(동법 동조 제7호). 이러한 감청의 개념에 대해서 헌법재판소는 명확성원칙에 위배되지 않는다고 본다.[42]

원칙적으로 통신비밀보호법과 형사소송법 또는 군사법원법의 규정에 의하지 않고는 우편물의 검열 · 전기통신의 감청 또는 통신사실확인자료의 제공을 하거나 공개되지 않은 타인간의 대화를 녹음 또는 청취하는 행위는 금지된다(동법 제3조 제1항). 또한 우편물의 검열 또는 전기통신의 감청(통신제한조치)은 범죄수사 또는 국가안전보장을 위하여 보충적인 수단으로 이용되어야 하고, 국민의 통신비밀에 대한 침해가 최소한에 그치도록 노력해야 할 의무가 요구된다(동법 동조 제2항). 동시에 불법검열에 의하여 취득한 우편물이나 그 내용 및 불법감청에 의하여 지득 또는 채록된 전기통신의 내용은 재판 또는 징계절차에서 증거로 사용할 수 없다(동법 제4조).

---

40) BVerfGE 85, 386(398).

41) 감청을 비롯한 통신감시의 문제는 이준일, 『감시와 법』(2014), 제8장 참조.

42) 헌재 2004. 11. 25. 2002헌바85.

[참조] 통신비밀보호법(제3조 제1항)에 따라 검열과 감청이 허용되는 경우

1. 환부우편물 등의 처리: 우편법 제28조 · 제32조 · 제35조 · 제36조 등의 규정에 의하여 폭발물 등 우편금제품이 들어 있다고 의심되는 소포우편물(이와 유사한 우편물을 포함한다)을 개피하는 경우, 수취인에게 배달할 수 없거나 수취인이 수령을 거부한 우편물을 발송인에게 환부하는 경우, 발송인의 주소 · 성명이 누락된 우편물로서 수취인이 수취를 거부하여 환부하는 때에 그 주소 · 성명을 알기 위하여 개피하는 경우 또는 유가물이 든 환부불능우편물을 처리하는 경우

2. 수출입우편물에 대한 검사: 관세법 제256조 · 제257조 등의 규정에 의한 신서 외의 우편물에 대한 통관검사절차

3. 구속 또는 복역중인 사람에 대한 통신: 형사소송법 제91조, 군사법원법 제131조, 「형의 집행 및 수용자의 처우에 관한 법률」 제41조 · 제43조 · 제44조 및 「군에서의 형의 집행 및 군수용자의 처우에 관한 법률」 제42조 · 제44조 및 제45조에 따른 구속 또는 복역중인 사람에 대한 통신의 관리

4. 파산선고를 받은 자에 대한 통신: 「채무자 회생 및 파산에 관한 법률」 제484조의 규정에 의하여 파산선고를 받은 자에게 보내온 통신을 파산관재인이 수령하는 경우

5. 혼신제거 등을 위한 전파감시: 전파법 제49조 내지 제51조의 규정에 의한 혼신제거 등 전파질서유지를 위한 전파감시의 경우

제 3 항　제한규범

통신의 비밀에 관한 자유의 구성요건을 충족해도 제한규범에 근거하여 제약되는 비밀상태는 확정적인 보호를 받지 못한다. 통신의 비밀에 관한 자유의 구성요건을 충족하면서 제한규범에 근거하여 제약될 수 없는 비밀상태만이 확정적으로 보호된다. 따라서 통신의 비밀에 관한 자유의 구성요건 단계에서 보호법익에 해당하여 잠정적으로 보호된 비밀상태는 제한규범에 근거하여 제약될 수 없으면 확정적으로 보호된다. 한편 통신의 비밀에 관한 자유에 포함된 방어권의 경우에 구성요건의 단계에서 잠정적으로 금지된 제약행위는 제한규범에 근거하는 경우에만 잠정적으로 허용된 제약행위로 바뀌게 되고, 근거가 되는 제한규범이 없는 경우에는 확정적으로 금지된 제약행위가 된다.

Ⅰ. 헌법직접적 제한규범

통신의 비밀에 관한 자유에 대한 헌법직접적 제한규범은 '성문'의 형태와 '불문'의 형태로 규정될 수 있다. 현행 헌법은 통신의 비밀에 관한 자유에 대한 성문의 헌법직접적 제한규범을 규정하고 있지 않다. 불문의 헌법직접적 제한규범에는 다른 사람의 기본권이나 헌법적 법익이 포함된다. 예를 들어 전화 수신인의 기본권에 대한 보장을 위하여 송신인의 전화번호를 수신인에게 통보해주는 **발신자전화번호통보제도**는 타인의 기본권에 근거한 통신의 비밀에 대한 제한으로 이해된다.

Ⅱ. 헌법간접적 제한규범

통신의 비밀에 관한 자유에 대한 헌법간접적 제한규범은 ① 이 기본권에 대해서만 '개별적으로' 규정될 수도 있고, ② 이 기본권을 포함한 모든 기본권에 대해서 '일반적으로' 규정될 수도 있다. 우리 헌법은 통신의 비밀에 관한 자유에 대하여 개별적 법률유보조항은 규정하지 않고, 일반적 법률유보조항에서 규정하고 있다. 따라서 일반적 법률유보조항인 헌법 제37조 제2항에 근거하여 통신의 비밀에 관한 자유는 "국가안전보장, 질서유지 또는 공공복리"를 위하여, "법률"에 의해서만 제한될 수 있다. 예를 들어 ① 통신비밀보호법에 따라 범죄수사를 위하여, 그리고 국가안보를 위하여 통신제한조치(검열 · 감청)가 취해지거나(동법 제5조 이하) 통신사실 확인자료가 제공될 수 있다(동법 제13조 이하). 또한 ② **국가보안법**에 따르면 반국가단체의 구성원 또는 그 지령을 받은 자와의 통신은 금지된다(동법 제8조). 그리고 ③ **전파법**은 헌법 또는 헌법에 의하여 설치된 국가기관을 폭력으로 파괴할 것을 주장하는 통신을 금지한다(동법 제80조).

한편 ④ **형의 집행 및 수용자의 처우에 관한 법률**에 따르면 교도소장은 수용자가 주고받는 서신에 법령이 금지한 물품이 들어 있는지 확인할 수 있고, 일정한 경우에 수용자가 주고받는 서신은 검열을 받을 수 있다(동법 제43조). 수용자의 서신에 대한 검열에 대해서 헌법재판소는 교정시설의 수용자에 대한 서신검열은 원칙적으로 허용되지만 미결수가 변호인과의 교통을 위한 것이라면 허용되지 않고,[43] 형이 확정된 수형자에 대해서는 비록 예외적이기는 하지만 변호인의 조력이 필요한 경우에만 서신검열이 허용되지 않는다고 한다.[44] 이에 따라 수용자에게 온 서신을 개봉하거나 수용자가 국가기관에 보내는 서신을 개봉하는 교도소장의 행위는 통신의 자유를 침해하지 않는다고 본다.[45]

[판례] 미결수의 서신검열

질서유지 또는 공공복리를 위하여 구속제도가 헌법 및 법률상 이미 용인되어 있는 이상 미결수용자는 구속제도 자체가 가지고 있는 일면의 작용인 사회적 격리의 점에 있어 외부와의 자유로운 교통과는 상반되는 성질을 가지고 있으므로, 증거인멸이나 도망을 예방하고 교도소 내의 질서를 유지하여 미결구금제도를 실효성 있게 운영하고 일반사회의 불안을 방지하기 위하여 **미결수용자의 서신에 대한 검열은 그 필요성이 인정된다**고 할 것이고, 이로 인하여 미결수용자의 통신의 비밀이 일부 제한되는 것은 질서유지 또는 공공복리라는 정당한 목적을 위하여 불가피할 뿐만 아니라 유효적절한 방법에 의한 최소한의 제한으로서 헌법에 위반된다고 할 수 없다. … 헌법 제12조 제4항 본문에 신체구속을 당한 사람에 대하여 변호인의 조력을 받을 권리를 규정하고 있는 바, 이를 위하여서는 신체구속을 당한 사람에게 변호인과 사이의 충분한 접견교통을 허용함은 물론 교통내용에 대하여 비밀이 보장되고 부당한 간섭이 없어야 하는 것이며, 이러한 취지는 접견의 경우뿐만 아니라 **변호인과 미결수용자 사이의 서신에도 적용되어 그 비밀이 보장되어야 할 것이다.** 다만, 미결수용자와

43) 헌재 1995. 7. 21. 92헌마144.

44) 헌재 1998. 8. 27. 96헌마398.

45) 헌재 2021. 9. 30. 2019헌마919.

변호인 사이의 서신으로서 그 비밀을 보장받기 위하여는, 첫째, 교도소측에서 상대방이 변호인이라는 사실을 확인할 수 있어야 하고, 둘째, 서신을 통하여 마약 등 소지금지품의 반입을 도모한다든가 그 내용에 도주 · 증거인멸 · 수용시설의 규율과 질서의 파괴 기타 형벌법령에 저촉되는 내용이 기재되어 있다고 의심할 만한 합리적인 이유가 있는 경우가 아니어야 한다(1995. 7. 21. 92헌마144).

[판례] 수용자의 서신검열

수형자를 구금하는 목적은 자유형의 집행이고, 자유형의 본질상 수형자에게는 외부와의 자유로운 교통 · 통신에 대한 제한이 수반된다. 따라서 수형자에게 통신의 자유를 구체적으로 어느 정도 인정할 것인가의 기준은 기본적으로 입법권자의 입법정책에 맡겨져 있다. 수형자의 교화 · 갱생을 위하여 서신수발의 자유를 허용하는 것이 필요하다고 하더라도, 구금시설은 다수의 수형자를 집단으로 관리하는 시설로서 규율과 질서유지가 필요하므로 수형자의 서신수발의 자유에는 내재적 한계가 있고, 구금의 목적을 달성하기 위하여 **수형자의 서신에 대한 검열은 불가피**하다. 현행법령과 제도하에서 수형자가 수발하는 서신에 대한 검열로 인하여 수형자의 통신의 비밀이 일부 제한되는 것은 국가안전보장 · 질서유지 또는 공공복리라는 정당한 목적을 위하여 부득이할 뿐만 아니라 유효적절한 방법에 의한 최소한의 제한이며 통신의 자유의 본질적 내용을 침해하는 것이 아니다. … 형사절차가 종료되어 교정시설에 수용중인 **수형자는 원칙적으로 변호인의 조력을 받을 권리의 주체가 될 수 없다.** 다만, 수형자의 경우에도 재심절차 등에는 변호인 선임을 위한 일반적인 교통통신이 보장될 수도 있겠으나 기록에 의하면 청구인은 교도소 내에서의 처우를 왜곡하여 외부인과 연계, 교도소내의 질서를 해칠 목적으로 변호사에게 이 사건 서신을 발송하려는 것이므로 이와 같은 경우에는 변호인의 조력을 받을 권리가 보장되는 경우에 해당한다고 할 수 없다(1998. 8. 27. 96헌마398; 2003. 12. 18. 2001헌마826).

[판례] 국가기관에 발송한 수형자의 서신에 대한 검열

교도소 수용자로 하여금 제한 없이 서신을 발송할 수 있게 한다면, 서신교환의 방법으로 마약이나 범죄에 이용될 물건을 반입할 수 있고, 외부 범죄세력과 연결하여 탈주를 기도하거나 수용자끼리 연락하여 범죄행위를 준비하는 등 수용질서를 어지럽힐 우려가 많으므로 이들의 도주를 예방하고 교도소내의 규율과 질서를 유지하여 구금의 목적을 달성하기 위해서는 서신에 대한 검열이 불가피하며, 만약 국가기관과 사인에 대한 서신을 따로 분리하여 사인에 대한 서신의 경우에만 검열을 실시하고, 국가기관에 대한 서신의 경우에는 검열을 하지 않는다면 사인에게 보낼 서신을 국가기관의 명의를 빌려 검열 없이 보낼 수 있게 됨으로써 검열을 거치지 않고 사인에게 서신을 발송하는 탈법수단으로 이용될 수 있게 되므로 수용자의 서신에 대한 검열은 국가안전보장 · 질서유지 또는 공공복리라는 정당한 목적을 위하여 부득이 할 뿐만 아니라 유효 적절한 방법에 의한 최소한의 제한이며, 통신비밀의 자유의 본질적 내용을 침해하는 것이 아니어서 헌법에 위반된다고 할 수 없다(2001. 11. 29. 99헌마713).

[판례] 수용자 서신의 무봉함 제출

수용자가 밖으로 내보내는 모든 서신을 봉함하지 않은 상태로 교정시설에 제출하도록 규정하고 있는 시행령 조항은 교정시설의 안전과 질서유지, 수용자의 교화 및 사회복귀를 원활하게 하기 위해 수용자가 밖으로 내보내는 서신을 봉함하지 않은 상태로 제출하도록 한 것이나, 이와 같은 목적은 교도관이 수용자의 면전에서 서신에 금지물품이 들어 있는지를 확인하고 수용자로 하여금 서신을 봉함하게 하는 방법, 봉함된 상태로 제출된 서신을 X-ray 검색기 등으로 확인한 후 의심이 있는 경우에만 개봉하여 확인하는 방법, 서신에 대한 검열이 허용되는 경우에만 무봉함 상태로 제출하도록 하는 방법 등으로도 얼마든지 달성할 수 있다고 할 것인바, 위 시행령 조항이 수용자가 보내려는 모든 서신에 대해 무봉함 상태의 제출을 강제함으로써 수용자의 발송 서신 모두를 사실상 검열 가능한 상태에 놓이도록 하는 것은 기본권 제한의 최소침해성 요건을 위반하여 수용자인 청구인의 통신비밀의 자유를 침해하는 것이다(2012. 2. 23. 2009헌마333).

제4항 정 당 화

통신의 비밀에 관한 자유도 원칙규범이다. 따라서 잠정적으로 보장된 통신의 비밀에 관한 자유의 구성요건이 확정적인 것이 되기 위해서는 **비례성원칙에 따른 합리적 형량**이 필요하다. 이것은 통신의 비밀에 관한 자유를 제한하는 다른 사람의 기본권이나 헌법적 법익 또는 공익을 이 자유와의 관계에서 조화와 균형을 이루게 함으로써 정당화하는 것을 의미한다. 그러므로 통신의 비밀에 관한 자유에 대한 제약은 다른 사람의 기본권이나 헌법적 법익 또는 입법목적으로 제시된 공익과 균형을 이룰 수 있는 범위 안에서는 정당화된다. 비례성원칙은 방어권의 경우에는 과잉금지원칙으로, 보호권과 절차권의 경우에는 과소금지원칙으로 구체화된다.

통신의 비밀에 관한 자유의 본질내용에 대해서는 **절대설**에 따르면 비례성원칙과는 독립적인 원칙으로서 본질내용침해금지원칙에 따른 독자적인 심사가 통신의 비밀에 관한 자유의 제약을 정당화하기 위하여 부가적으로 필요하다. 하지만 **상대설**을 취하게 되면 비례성원칙에 따른 심사로 통신의 비밀에 관한 자유의 제약을 위한 정당화는 충분하게 된다.

[판례] 인가 없는 국가의 감청설비

사인이 감청설비를 보유 · 사용하는 경우에 정보통신부장관의 인가를 받도록 하면서 국가는 인가 없이 감청설비를 보유 · 사용할 수 있도록 한 통신비밀보호법 규정은 통신의 비밀을 침해하지 않는다(2001. 3. 21. 2000헌바25: 합헌 - 국가기관의 경우에는 감청설비의 보유와 사용이 제도적으로 관리, 감독될 수 있기 때문에).

[판례] 총연장기간 또는 총연장횟수의 제한을 두지 않은 통신제한조치기간의 연장허가

통신제한조치기간의 연장을 허가함에 있어 총연장기간 또는 총연장횟수의 제한을 두고 그 최소한의 연장기간동안 범죄혐의를 입증하지 못하는 경우 통신제한조치를 중단하게 한다고 하여도, 여전히 통신제한조치를 해야 할 필요가 있으면 법원에 새로운 통신제한조치의 허가를 청구할 수 있으므로 이로써 수사목적을 달성하는데 충분하다. 또한 법원이 실제 통신제한조치의 기간연장절차의 남용을 통제하는데 한계가 있는 이상 통신제한조치 기간연장에 사법적 통제절차가 있다는 사정만으로는 그 남용으로 인하여 개인의 통신의 비밀이 과도하게 제한되는 것을 막을 수 없다. 그럼에도 통신제한조치기간을 연장함에 있어 법운용자의 남용을 막을 수 있는 최소한의 한계를 설정하지 않은 이 사건 법률조항은 **침해의 최소성원칙**에 위반한다. 나아가 통신제한조치가 내려진 피의자나 피내사자는 자신이 감청을 당하고 있다는 사실을 모르는 기본권제한의 특성상 방어권을 행사하기 어려운 상태에 있으므로 통신제한조치기간의 연장을 허가함에 있어 총연장기간 또는 총연장횟수의 제한이 없을 경우 수사와 전혀 관계없는 개인의 내밀한 사생활의 비밀이 침해당할 우려도 심히 크기 때문에 기본권 제한의 **법익균형성 요건**도 갖추지 못하였다. 따라서 이 사건 법률조항은 헌법에 위반된다 할 것이다(2010. 12. 28. 2009헌가30: 헌법불합치).

[판례] 패킷감청의 위헌성

인터넷회선감청은, 인터넷회선을 통하여 흐르는 전기신호 형태의 '패킷'을 중간에 확보한 다음 재조합 기술을 거쳐 그 내용을 파악하는 이른바 '패킷감청'의 방식으로 이루어진다. 따라서 이를 통해 개인의 통신뿐만 아니라 사생활의 비밀과 자유가 제한된다. 그러나 '패킷감청'의 방식으로 이루어지는 인터넷회선 감청은 수사기관이 실제 감청 집행을 하는 단계에서는 해당 인터넷회선을 통하여 흐르는 불특정 다수인의 모든 정보가 패킷 형태로 수집되어 일단 수사기관에 그대로 전송되므로, 다른 통신제한조치에 비하여 감청 집행을 통해 수사기관이 취득하는 자료가 비교할 수 없을 정도로 매우 방대하다는 점에 주목할 필요가 있다. 불특정 다수가 하나의 인터넷회선을 공유하여 사용하는 경우가 대부분이므로, 실제 집행 단계에서는 법원이 허가한 범위를 넘어 피의자 내지 피내사자의 통신자료뿐만 아니라 동일한 인터넷회선을 이용하는 불특정 다수인의 통신자료까지 수사기관에 모두 수집 · 저장된다. 따라서 인터넷회선 감청을 통해 수사기관이 취득하는 개인의 통신자료의 양을 전화감청 등 다른 통신제한조치와 비교할 바는 아니다. 따라서 인터넷회선 감청은 집행 및 그 이후에 제3자의 정보나 범죄수사와 무관한 정보까지 수사기관에 의해 수집 · 보관되고 있지는 않는지, 수사기관이 원래 허가받은 목적, 범위 내에서 자료를 이용 · 처리하고 있는지 등을 감독 내지 통제할 법적 장치가 강하게 요구된다. 이 사건 법률조항은 인터넷회선 감청의 특성을 고려하여 그 집행 단계나 집행 이후에 수사기관의 권한 남용을 통제하고 관련 기본권의 침해를 최소화하기 위한 제도적 조치가 제대로 마련되어 있지 않은 상태에서, 범죄수사 목적을 이유로 인터넷회선 감청을 통신제한조치 허가 대상 중 하나로 정하고 있으므로 침해의 최소성 요건을 충족한다고 할 수 없다. 이러한 여건 하에서 인터넷회선의 감청을 허용하는 것은 개인의 통신 및 사생활의 비밀과 자유에 심각한 위협을 초래하게 되므로 이 사건 법률조항으로 인하여 달성하려는 공익과 제한되는 사익 사이의 법익 균형성도 인정되지 아니한다(2018. 8. 30. 2016헌마263).

제5항 효 력

통신의 비밀에 관한 자유는 ① 국가에 대해서 효력(**대국가적 효력**)을 미칠 뿐만 아니라 ② 사인인 제3자, 즉 국민에 대해서도 효력(**대사인적 효력**)을 발생한다. 통신의 비밀에 관한 자유의 사인에 대한 효력은 기본권의 대사인적 효력의 이론구성에 따라 법관에게 기본권존중의무를 매개로 통신의 비밀에 관한 권리를 존중하는 **재판**을 요구함으로써 실현될 수 있다.

제 7 장 경제활동에 관한 기본권

제 1 절 서 설

Ⅰ. 개 념

거주 · 이전의 자유(제14조), 직업의 자유(제15조), 그리고 재산권(제23조)은 **기본권의 대상이 경제활동**과 관련된다는 점에서 공통점을 갖는다. 이러한 기본권을 묶어서 '**경제적 기본권**'이라 부르기도 한다. 하지만 경제적 기본권이라 하면 다른 의미로도 사용될 수 있다. 기본권의 대상이 아니라 기본권을 제약하는 행위가 경제와 관련되는 경우에도 경제적 기본권이라 부를 수 있는 것이다. 이에 따르면 사회적 기본권은 기본권을 제약하는 행위가 경제와 관련되기 때문에 이것을 경제적 기본권이라 부를 수도 있다. 하지만 보통은 경제적 기본권이라 하면 기본권의 대상이 경제활동과 관련된 기본권을 의미한다.

Ⅱ. 경제적 기본권과 경제헌법의 관계

경제적 기본권은 **헌법의 경제질서**와 밀접한 관련을 맺는다.[1] 따라서 개인 · 기업의 경제상의 자유와 창의에 대한 존중을 기본으로 하면서(제119조 제1항) 균형있는 국민경제의 성장 · 안정과 적정한 소득분배의 유지, 시장지배와 경제력남용의 방지, 경제주체간의 조화를 통한 경제의 민주화를 위하여 경제에 관한 국가의 규제와 조정을 허용하는(동조 제2항) '사회적 시장경제질서' 안에서 경제적 기본권은 이해되어야 한다. 이것은 경제적 기본권들이 헌법에서 열거하고 있는 법익(헌법적 법익), 즉 ① 균형있는 국민경제의 성장 · 안정, ② 적정한 소득분배, ③ 시장지배와 경제력남용의 방지, ④ 경제주체간의 조화를 통한 경제의 민주화와 같은 **경제헌법상의 헌법적 법익을 근거로 제한**될 수 있음을 의미한다.

Ⅲ. 소비자의 권리

경제적 기본권의 하나로 '소비자의 권리'를 드는 견해가 있다.[2] 그 근거로 인용되는 **헌법 제124조**에 따르면 "국가는 건전한 소비행위를 계도하고 생산품의 품질향상을

---

1) 헌법의 경제질서에 대해서는 제1편 제2부 제4장 제4절 Ⅱ. 3. 참조.

2) 계희열(중), 582면 이하; 권영성, 585면 이하; 장영수, 780면 이하.

촉구하기 위한 소비자보호운동을 법률이 정하는 바에 의하여 보장한다." 이러한 소비자의 권리는 구조적으로 기업과 소비자의 관계를 전제로 하고 있기 때문에 국가에 대한 방어권이라는 전통적 의미의 기본권으로 이해하기 어려운 측면이 있다. 하지만 기본권의 기능과 관련하여 국민과 국가의 관계를 넘어서 국민과 국민의 관계까지 확대하는 '보호권'까지 고려한다면 소비자의 권리는 보호권의 기능 안에서 이해될 수 있다. 즉 기본적으로 국민과 국민의 관계인 기업과 소비자의 관계에서 소비자인 국민은 국가의 보호를 요구할 수 있는 권리가 있고, 국가는 소비자인 국민을 보호해야 할 의무가 있다. 따라서 국민은 국가에 대해서 소비자인 국민을 보호하는 입법을 요구할 수 있고, 그에 상응하여 국가는 소비자인 국민을 보호하는 입법의 의무를 진다. 결론적으로 헌법 제124조에 규정된 소비자의 권리는 소비자인 국민의 기본권을 침해하는 기업으로부터 소비자인 국민을 보호하는 입법을 국가에 대해서 요구하는 권리로 이해된다. 그리고 이러한 권리는 기본권의 대상이 경제활동과 관련된다는 점에서 경제적 기본권이라 부를 수 있다.

[판례] 소비자보호운동

(1) 소비자보호운동의 의의

현행 헌법이 보장하는 소비자보호운동이란 '공정한 가격으로 양질의 상품 또는 용역을 적절한 유통구조를 통해 적절한 시기에 안전하게 구입하거나 사용할 소비자의 제반 권익을 증진할 목적으로 이루어지는 구체적 활동'을 의미하고, 단체를 조직하고 이를 통하여 활동하는 형태, 즉 근로자의 단결권이나 단체행동권에 유사한 활동뿐만 아니라, 하나 또는 그 이상의 소비자가 동일한 목표로 함께 의사를 합치하여 벌이는 운동이면 모두 이에 포함된다 할 것이다.

(2) 소비자불매운동의 성립요건 및 헌법적 허용한계

소비자보호운동의 일환으로서, 구매력을 무기로 소비자가 자신의 선호를 시장에 실질적으로 반영하려는 시도인 소비자불매운동은 모든 경우에 있어서 그 정당성이 인정될 수는 없고, 헌법이나 법률의 규정에 비추어 정당하다고 평가되는 범위에 해당하는 경우에만 형사책임이나 민사책임이 면제된다고 할 수 있다. 우선, i) 객관적으로 진실한 사실을 기초로 행해져야 하고, ii) 소비자불매운동에 참여하는 소비자의 의사결정의 자유가 보장되어야 하며, iii) 불매운동을 하는 과정에서 폭행, 협박, 기물파손 등 위법한 수단이 동원되지 않아야 하고, iv) 특히 물품 등의 공급자나 사업자 이외의 제3자를 상대로 불매운동을 벌일 경우 그 경위나 과정에서 제3자의 영업의 자유 등 권리를 부당하게 침해하지 않을 것이 요구된다. 이 경우 제3자의 정당한 영업의 자유 기타 권리를 부당하게 제한하거나 위축시키는지 여부는, 불매운동의 취지나 목적, 성격에 비추어 볼 때, 제3자를 불매운동 대상으로 선택해야 할 필요성이 있었는지, 또한 제3자를 대상으로 이루어진 불매운동의 내용과 그 경위 및 정도와 사이에 긴밀한 상관관계가 존재하는지를 기준으로 결정될 수 있을 것이다 (2011. 12. 29. 2010헌바54, 2010헌바407(병합)).

제 2 절 거주 · 이전의 자유

제1항 헌법규정

헌법 제14조는 거주 및 이전의 자유에 대해서 규정하고 있다. 이러한 기본권규정이 의미하는 바는 거주 및 이전의 자유에 관한 주관적 지위와 객관적 규범이다.

[헌법 제14조]
모든 국민은 거주 · 이전의 자유를 가진다.

거주 · 이전의 자유는 제헌헌법(제10조)에서부터 현행 헌법에 이르기까지 규정되고 있다. 다만 제헌헌법에서 거주 · 이전의 자유는 개별적 법률유보조항을 두었고, 1962년 헌법(제12조)에서 삭제되었다가 개별적 법률유보조항을 많이 규정했던 1972년 유신헌법(제12조)에서 다시 추가되었다. 거주 · 이전의 자유에 대한 개별적 법률유보조항은 1980년 헌법(제13조)에서부터 또 다시 삭제되었다.

제2항 구성요건

Ⅰ. 인적 구성요건(주체)

거주 · 이전의 자유는 **국민의 자유**로 이해된다. 따라서 원칙적으로 국민만이 주체이고, 외국인은 예외적으로만 주체가 될 수 있다. 거주 · 이전의 자유는 인간의 권리로서 외국인도 주체가 된다고 볼 수 있는 여지가 없는 것은 아니지만 현실적으로 불가피한 사정이 있는 난민이나 인도적 체류자가 아니라면 외국인의 입국이나 체류에 관한 권리는 법률에 의하여 제한될 가능성이 크다. 같은 맥락에서 병역기피를 목적으로 한국국적을 포기하고 외국국적을 취득한 자는 원칙적으로 거주 · 이전의 자유의 주체가 될 수 없고, 외국인의 입국과 관련하여 입법자는 광범한 형성의 자유를 가지기 때문에 이러한 외국인에 대한 입국의 금지는 원칙적으로 허용될 수 있다. 한편 거주 · 이전의 자유는 기본권의 성격상 자연인뿐만 아니라 법인도 주체가 될 수 있다.

[판례] 법인도 거주 · 이전의 자유의 주체가 될 수 있는가?
법인 등의 경제주체는 거주 · 이전의 자유의 주체로서 기업활동의 근거지인 본점이나 사무소를 어디에 둘 것인지, 어디로 이전할 것인지 자유로이 결정할 수 있고, 한편 본점이나 사무소의 설치 · 이전은 통상적인 영업활동에 필수적으로 수반되는 것이므로 그 설치 · 이전의 자유는 직업의 자유의 내용에 포함되기도 한다(2000. 12. 14. 98헌바104).

탈북주민의 경우에 북한주민의 법적 지위를 국민으로 볼 것인지 아니면 외국인으로 볼 것인지에 따라 거주 · 이전의 자유의 주체로서 인정 여부가 결정된다.[3] 즉 북한주민도 대한민국 국민으로 인정하는 경우에 탈북주민은 거주 · 이전의 자유의 주체가 되지만 북한주민을 외국인으로 보는 경우에는 탈북주민에게 정치적 망명자[4]나 경제적 난민[5]으로서의 법적 지위는 인정될 수 있을지 몰라도 거주 · 이전의 자유는 인정될 수 없다. 또한 북한주민의 법적 지위는 헌법 제3조(영토조항)와 제4조(평화통일조항)에 대한 해석과 밀접한 관련이 있다.[6] 따라서 헌법 제3조를 우선시켜 북한을 반국가단체로 보고 북한주민을 반국가단체의 구성원이지만 여전히 대한민국 국민으로 보는 경우에는 탈북주민이 대한민국으로 입국하는 행위는 거주 · 이전의 자유에 의하여 보호받을 수 있다. 하지만 헌법 제4조를 우선시켜 평화통일을 위한 동반자로서 북한에 대해서 국가의 실체를 인정하여 북한주민을 외국인으로 보는 경우에는 탈북주민이 대한민국으로 입국하는 행위는 거주 · 이전의 자유에 의하여 보호받지 못한다. 물론 이 경우에 혈통주의에 따르는 대한민국 국적법에 따라[7] 북한주민은 북한의 국적과 함께 대한민국의 국적을 동시에 가지는 복수국적자가 될 가능성도 완전히 배제할 수는 없다. 현행 '북한이탈주민의 보호 및 정착지원에 관한 법률'에 따르면 탈북주민을 '북한이탈주민'이라고 부르면서 "북한에 주소 · 직계가족 · 배우자 · 직장 등을 두고 있는 자로서 북한을 벗어난 후 외국의 국적을 취득하지 아니한 사람"으로 정의한다(동법 제2조 제1호). 이 규정만 가지고는 탈북주민의 국적문제를 결정할 수 없기 때문에 탈북주민의 국적에 대한 명확한 규정이 필요하다. 북한이탈주민이 법적 보호를 받기 위해서는 원칙적으로 본인이 직접 신청해야 하기 때문에(동법 제7조 제1항) 선박의 고장이나 해류의 영향 등으로 본인의 의지와 상관없이 대한민국 영토로 진입한 경우에 귀순의 의사 없이 북한으로 돌아가기 원하면 통상 북한으로 송환되는데 이 경우에 북한주민은 여권이나 비자 없이 입국한 외국인으로 취급되어 입국이 거부된 것으로 보아야 한다.

Ⅱ. 보호법익

1. 거주 및 이전활동

거주 및 이전의 자유는 거주 및 이전활동에 해당하는 '행위'를 보호법익으로 한다. 여기서 ① '거주'란 일정한 장소를 체류나 주거를 위한 장소로 결정하는 행위를 말한다. '체류'는 일시적으로 머무르고자 하는 의사로 충분하지만 '주거'는 그러한 의사에다가 생활의 중심으로 삼고자 하는 의사가 더 필요하다는 점에서 구분된다. ② '이전'이란 종래

3) 탈북자(북한이탈주민)의 인권에 관한 자세한 논의는 이준일, 『인권법』(2021), 제35장 참조.
4) 홍성방(중), 120면.
5) 난민의 인권에 대해서는 이준일, 『인권법』(2021), 제39장 참조.
6) 제1편 제2부 제3장 제2절 참조.
7) 국적법에 대해서는 제1편 제2부 제3장 제1절 II. 참조.

의 체류지나 주거지로부터 새로운 체류지나 주거지로 결정한 장소로 이동하는 행위를 말한다. 이전도 신체의 이동이라는 점에서 신체의 자유에서 보장되는 신체의 거동과 중첩되기도 하지만 이전에는 체류의 '의사'가 필요하고, 일시적이라도 체류의 '기간'이 필요하다는 점에서 양자는 구별된다. 체류지나 주거지는 일시적으로 머물러서 생활의 중심으로 삼으려는 의사만 있으면 충분하고, 일정한 시간의 지속을 요구하지는 않는다. 그리고 체류지나 주거지는 반드시 하나에 국한될 필요가 없다. 또한 체류나 주거의 의도만 있으면 충분하고, 예를 들어 경제활동이나 정치활동의 목적과 같은 체류나 주거 외의 다른 목적은 중요하지 않다. 체류와 거주의 장소는 국내는 물론이고 해외를 포함한다.

[판례] 거주 및 이전활동의 의미

거주 · 이전의 자유는 거주지나 체류지라고 볼 만한 정도로 생활과 밀접한 연관을 갖는 장소를 선택하고 변경하는 행위를 보호하는 기본권으로서, 생활의 근거지에 이르지 못하는 일시적인 이동을 위한 선택과 변경까지 그 보호영역에 포함되는 것은 아니다(2011. 6. 30. 2009헌마406).

2. 거주 및 이전활동의 자유와 권리

(1) 거주 · 이전활동의 자유

모든 국민은 거주 및 이전활동에 해당하는 행위를 하거나 하지 않을 수 있는 결정의 '자유'라는 **주관적 지위**를 가진다. 거주 · 이전의 자유는 '국내에서'는 물론이고 '국외(해외)로' 자유롭게 거주 · 이전할 수 있는 자유를 포함한다(거주 · 이전의 자유 = ① 국내에서의 거주 · 이전의 자유 + ② 국외로의 거주 · 이전의 자유). 국외로 자유롭게 거주 · 이전할 수 있는 자유에는 비교적 오랫동안 국외에 거주하는 국외이주(해외이민)의 자유와 비교적 짧은 기간 동안 국외에 다녀오는 해외여행의 자유로 구분된다(국외로의 거주 · 이전의 자유 = ① 국외이주의 자유 + ② 해외여행의 자유). 국외이주든 해외여행이든 국외로의 거주 · 이전의 자유는 출국의 자유와 함께 입국의 자유를 포함한다(국외로의 거주 · 이전의 자유 = ① 출국의 자유 + ② 입국의 자유). 한편 국외이주의 자유는 대한민국의 국적을 포기하고 외국의 국적을 취득하여 국적을 변경하는 **국적변경의 자유**(국적이탈의 자유)까지 포함한다.[8] 하지만 무국적자의 발생을 방지하려는 국제법적 경향에 따르면 무국적의 자유는 포함되지 않는다.[9]

[판례] 거주 · 이전의 자유의 내용

거주 · 이전의 자유는 … 구체적으로는 국내에서 체류지와 거주지를 자유롭게 정할 수 있는 자유영역뿐 아니라 나아가 국외에서 체류지와 거주지를 자유롭게 정할 수 있는 '해외여행 및 해외 이주의 자유'를 포함하고, 덧붙여 대한민국의 국적을 이탈할 수 있는 '국적변경의 자유' 등도 그 내용에 포섭된다고 보아야 한다. 따라서 해외여행 및 해외이주의 자유는 필연적으로 외국에서 체류 또는 거주하기 위해서 대한민국을 떠날 수 있는 '출국의 자유'와

8) 헌재 2006. 11. 30. 2005헌마739; 2023. 2. 23. 2019헌바462.

9) 계희열(중), 515면; 권영성, 470면 이하; 김철수, 689면; 허영, 483면; 홍성방(중), 122면.

외국체류 또는 거주를 중단하고 다시 대한민국으로 돌아올 수 있는 '입국의 자유'를 포함한다(2004. 10. 28. 2003헌가18; 2003. 11. 27. 2003헌바2).

거주 · 이전의 자유와 관련하여 쟁점이 되는 구체적인 문제들이 몇 가지 있다. ① 첫째, 출국의 자유의 경우에 전쟁지역 등과 같은 **위험지역으로의 출국의 자유**가 포함되는지가 문제될 수 있다. 우선 구성요건의 단계에서 볼 때 출국의 목적지에 대한 제한이 없기 때문에 출국의 자유에는 원칙적으로 위험지역으로 출국하는 자유도 포함된다. 다만 정당화의 단계에서 출국의 자유를 제약해야 할 만큼 중대한 위험성이 존재하는 것으로 정당화될 수 있는 경우에는 제한이 허용된다. 헌법재판소도 위험지역으로 출국할 자유를 구성요건 단계가 아니라 정당화 단계에서 다루면서 전쟁과 테러의 위험이 높은 특정 해외 위난지역에 대한 방문 · 체류를 금지하는 것은 정당하다고 본다.[10]

② 둘째, **병역의무자에게도 출국의 자유**가 보장되는지 여부가 문제될 수 있다. 구성요건의 단계에서는 원칙적으로 병역의무자에게도 출국의 자유는 보장된다. 다만 제한의 단계에서 헌법직접적 제한규범인 국방의무조항(제39조)과 헌법간접적 제한규범인 일반적 법률유보조항(제37조 제2항)을 고려하고, 정당화의 단계에서 비례성원칙을 고려한다면 현행 병역법상 병역의무자에 대한 '국외여행허가제도'(병역법 제70조)를 규정하여 병역의무자의 출국의 자유를 제약하는 것은 정당화될 수 있다. 헌법재판소에 따르면 병역의무자가 국외여행허가를 받지 않고 출국한 경우에 처벌하는 법률조항은 죄형법정주의에서 요구하는 명확성원칙에 위반되지 않는다.[11]

③ 셋째, 이른바 **'고향에 관한 권리'**는 원칙적으로 거주 · 이전의 자유에 포함될 수는 있지만 그 안에 포함된 사회권은 보장되지 않는다. 예를 들어 탄광의 폐쇄나 댐의 건설을 목적으로 해당 지역의 주민들을 강제로 이주시켜야 하는 경우에 주민들이 자신들이 살던 고향에서 계속 거주할 수 있는 자유는 보장된다. 하지만 자신이 살던 고향에서 주거할 수 있는 물적 여건을 보장해주도록 주장하는 경우에 이러한 사회권적 의미의 고향에 관한 권리는 인정되지 않는다. 비록 주거에 관한 사회권이 인정된다고 하더라도 이것은 특정 주거에 거주할 수 있는 권리를 의미하지 않기 때문이다.

[학설] 거주 · 이전의 자유의 내용

- 계희열 〈512면 이하〉 — 【1】 국내 거주 · 이전의 자유, 【2】 국외 거주 · 이전의 자유[1 출국의 자유, 2 해외여행의 자유, 3 국외이주의 자유, 4 입국(귀국)의 자유], 【3】 국적변경의 자유, 【4】 소극적 거주 · 이전의 자유(고향에 대한 권리의 근거).
- 권영성 〈469면 이하〉 — 【1】 국내에서의 거주 · 이전의 자유, 【2】 국외이주와 해외여행의 자유[1 국외이주의 자유, 2 해외여행의 자유{ ㉠ 출국의 자유, ㉡ 입국의 자유 }, 3 귀국의 자유], 【3】 국적이탈(변경)의 자유.

10) 헌재 2008. 6. 26. 2007헌마1366.
11) 헌재 2009. 7. 30. 2007헌바120.

- 김철수 〈686면 이하〉 【1】 국내 거주 · 이전의 자유, 【2】 국외 거주 · 이전의 자유, 【3】 국적이탈의 자유.
- 김하열a 〈550면 이하〉 【1】 국내 거주 · 이전의 자유, 【2】 국외 거주 · 이전의 자유, 【3】 국적 선택 · 변경의 자유.
- 성낙인 〈1254면 이하〉 【1】 국내 거주 · 이전의 자유, 【2】 국외 거주 · 이전의 자유[1 국외이주 · 해외여행 · 귀국의 자유, 2 국적변경의 자유].
- 장영수 〈765면 이하〉 【1】 국내적 거주 · 이전의 자유, 【2】 국제적 거주 · 이전의 자유.
- 정종섭a 〈681면 이하〉 【1】 국내 거주 · 이전의 자유, 【2】 국외 거주 · 이전의 자유[1 국외이주의 자유, 2 해외여행의 자유, 3 입국의 자유].
- 한수웅 〈656면 이하〉 【1】 체류와 거주의 자유, 【2】 입국과 출국의 자유[1 입국의 자유, 2 출국의 자유{ ㉠ 해외여행과 해외이주의 자유, ㉡ 국적이탈의 자유 }].
- 허 영 〈480면 이하〉 【1】 국내에서의 거주 · 이전의 자유, 【2】 해외여행 및 해외이주의 자유(출국 · 입국의 자유), 【3】 국적변경의 자유.
- 홍성방 〈(중), 121면 이하〉 【1】 국내거주 · 이전의 자유, 【2】 국외거주 · 이전의 자유[1 해외이주의 자유, 2 해외여행의 자유, 3 귀국의 자유], 【3】 국적이탈 · 변경의 자유.

(2) 거주 · 이전활동에 관한 권리

① 거주 · 이전의 자유는 거주 · 이전활동을 저지 · 방해하는 국가의 제약행위에 대한 부작위 또는 중지를 요구할 수 있는 **방어권**을 포함한다. 또한 ② 거주 · 이전활동에 대한 사인(私人)인 제3자의 침해행위로부터 국가의 보호를 요구할 수 있는 **보호권**도 포함한다. 그리고 ③ 거주 · 이전활동에 관한 절차를 보장하는 입법을 요구할 수 있는 **절차권**도 포함한다. 보호권과 절차권의 경우에 이러한 권리에 상응하여 국가는 거주 · 이전의 자유를 보호하고 보장하는 입법의 의무를 부담한다.

Ⅲ. 제약행위

1. 거주 · 이전활동의 명령(강제)

거주 · 이전활동에 해당하는 행위를 하지 않을 수도 있는 자유(= 소극적 행위의 자유)에 대해서 반드시 그것을 하도록 명령하는 행위(강제행위 = 적극적 의무의 부과)는 거주 · 이전의 자유에 대한 제약행위가 된다. 예를 들어 일정 지역에 거주할 것을 직접적으로 강제하는 행위뿐만 아니라 일정한 지역에 거주할 것을 조건으로 채용함으로써 거주지의 선택을 간접적으로 강제하는 행위가 해당한다. 이러한 행위들은 **잠정적으로 금지**된다.

[판례] 거주 · 이전활동에 대한 강제

[1] **거주지를 기준으로 한 중 · 고등학교의 입학을 제한**하는 법률규정이 적용되는 학교에 자녀를 입학시키고자 하는 학부모는 생활상 발생할 수 있는 여러 가지 불이익을 감수하면서라도 당해 학교 소재지로 거주지를 이전하여야 한다. 그러나 학부모는 원하는 경우 언제든지 자유로이 거주지를 이전할 수 있으므로 그와 같은 생활상의 불이익만으로는 거주 · 이전의 자유를 제한한다고 할 수 없다(1995. 2. 23. 91헌마204).

[2] 거주 · 이전의 자유가 국민에게 그가 선택할 직업 내지 그가 취임할 공직을 그가 선택하는 임의의 장소에서 자유롭게 행사할 수 있는 권리까지 보장하는 것은 아니다. 물론 직업에 관한 규정이나 공직취임에의 자격에 관한 제한규정이 그 직업 또는 공직을 선택하거나 행사하려는 자의 거주 · 이전을 **간접적으로 어렵게 하거나 불가능하게** 하거나 원하지 않는 지역으로 이주할 것을 강요하게 될 수는 있다. 그러나 그와 같은 조치가 특정한 직업 내지 공직의 선택 또는 행사에 있어서의 필요와 관련되어 있는 것인 한, 그러한 조치에 의하여 헌법 제15조의 직업의 자유 내지 헌법 제25조의 공무담임권이 제한될 수는 있어도 헌법 제14조의 거주 · 이전의 자유가 제한되었다고 볼 수 없다. 그러므로 선거일 현재 계속하여 **90일 이상 당해 지방자치단체 관할 구역 안에 주민등록**이 되어 있을 것을 입후보의 요건으로 하는 것으로 인하여 그 체류지와 거주지의 자유로운 결정과 선택에 사실상 제약을 받는다고 하더라도 공무담임권에 대한 제한이 있는 것은 별론으로 하고 거주 · 이전의 자유가 침해되었다고 할 수는 없다(1996. 6. 26. 96헌마200).

[3] 일정기간 농지소재지에 거주하는 거주자가 직접 경작한 토지에 대해서 양도소득세의 면제(= **자경농지의 양도소득세면제**)를 규정한 법률조항은 자경농민이 농지소재지로부터 거주를 이전하는 것을 직접적으로 제한하는 내용의 규정이라고 볼 수 없고, 다만 8년 이상 농지를 자경한 농민이 농지소재지에 거주하는 경우 양도소득세를 면제함으로써 농지소재지 거주자가 농지에서 이탈되는 것을 기대하는 범위 내에서 **간접적으로 제한**되는 측면이 있을 뿐이며, 따라서 양도세의 부담을 감수하기만 한다면 자유롭게 거주를 이전할 수 있는 것이므로 거주 · 이전의 자유를 형해화할 정도로 침해하는 것은 아니다(2003. 11. 27. 2003헌바2).

[4] **행정중심복합도시의 건설**로 이전대상이 되는 중앙행정기관의 공무원 및 공공기관 근무자들이 어떤 불이익을 입는다고 하더라도 그것은 사실적인 것에 불과하다. 따라서 기본권과 관련되는 법적 불이익으로는 볼 수 없어 기본권 침해의 가능성은 인정되지 않는다(2005. 11. 24. 2005헌마579등).

[5] 공익사업을 위한 **수용 개시일까지 토지 등의 인도의무**를 부과하면서 형사처벌로 강제한 것은 인도의무자의 권리가 절차적으로 보호되고 의견제출 및 불복수단이 마련되어 있는 점 등을 고려할 때, 인도의무의 강제로 인한 부담이 공익사업의 적시 수행이라는 공익의 중요성보다 크다고 볼 수 없어 거주 · 이전의 자유를 침해하였다고 볼 수 없다(2020. 5. 27. 2017헌바464등; 2020. 11. 26. 2017헌바350등).

2. 거주 · 이전활동의 금지(규제)

거주 · 이전활동에 해당하는 행위를 할 수도 있는 자유(적극적 행위의 자유)에 대해서 하지 못하도록 금지하는 행위(규제행위 = 소극적 의무의 부과)는 거주 · 이전의 자유에 대한 제약행위가 된다. 예를 들어 일정 지역으로 이주하는 것을 직접적으로 금지하는 행위뿐만 아니라 일정한 지역으로 이주하는 경우에 조세를 부과함으로써 거주지의 선택을 간접적으로 금지하는 행위가 해당한다. 국적변경의 자유가 거주 · 이전의 자유에 포함되어 있다면 국적의 이탈이나 변경을 금지하는 것도 거주 · 이전활동에 대한 금지에 해당한다. 이러한 행위들은 **잠정적으로 금지**된다.

[판례] 거주 · 이전활동에 대한 규제

[1] **법인이 대도시내에서 하는 부동산등기에 대한 중과세**는 대도시내에서의 법인의 설립 등 행위를 직접적으로 제한하는 내용의 규정이라고 볼 수 없고, 다만 대도시내에서의 법인의 설립 등 행위가 억제될 것을 기대하는 범위내에서 사실상 법인의 그러한 행위의 자유가 **간접적으로 제한**되는 측면이 있을 뿐이다. 따라서 어떠한 법인이라도 중과세의 부담을 감수하기만 한다면 자유롭게 대도시내에서 설립 등 행위를 할 수 있고, 또한 그에 필요한 부동산등기도 할 수 있는 것이므로 대도시내에서 업무용 부동산을 취득할 정도의 재정능력을 갖춘 법인의 담세능력을 일반적으로 또는 절대적으로 초과하는 것이어서 그 때문에 법인이 대도시내에서 향유하여야 할 직업수행의 자유나 거주 · 이전의 자유가 형해화할 정도에 이르러 그 본질적인 내용이 침해되었다고 볼 수 없다(1996. 3. 28. 94헌바42).

[2] **수도권내의 과밀억제권역**안에서 본점 또는 주사무소의 사업용 부동산을 취득할 경우에 **취득세를 중과세**하도록 규정한 법률조항은 거주 · 이전의 자유와 직업의 자유가 일정하게 제약을 받게 된다. 하지만 이미 과밀억제권역 내에 본점 또는 주사무소용 사무실을 가지고 있다가 같은 권역 내의 다른 곳으로 사무실을 이전하는 경우와 같이 '과밀억제권역내에 인구유입 또는 경제력 집중을 유발하는 효과가 없는' 경우에는 적용되지 않는 것으로 좁게 풀이하는 한 거주 · 이전의 자유를 침해하지 않는다(2000. 12. 14. 98헌바104).

[3] 공직자가 해직된 후 그 의사대로 자유로이 국외이주를 택한 후, 거주 · 이전의 자유와는 관계없는 사회보장적 목적의 사후입법으로 국내에서 본인의 의사에 반하여 해직된 경우의 보상을 규정함에 있어서 해직이 없더라도 국내의 종전직장에서의 계속근무를 할 수 있었던 경우에 한하여 해직된 기간에 관한 보상만 하고, **국외에 이민 감으로써 국내의 종전직장에서의 계속근무가 불가능한 상황에 있는 경우는 보상을 하지 않는 입법**을 하였다 하여도 이로써 거주 · 이전의 자유를 제한하는 것이라고 할 수 없다(1993. 12. 23. 89헌마189: 1980년해직공무원의보상등에관한특별조치법 사건).

[4] **고액 추징금 미납자에게 하는 출국금지조치**는 정당한 목적실현을 위해 상당한 비례관계가 유지되는 합헌적 근거 법조항에 따라 시행되는 제도라 할 것이다(2004. 10. 28. 2003헌가18).

[5] **인천국제공항고속도로를 건설한 민간사업시행자가 고속도로 사용료를 징수**할 수 있도록 하여 고속도로 사용계약체결을 강요한다고 해도 영종도에 국제공항신도시가 건설된 후 그 곳에 이주해 온 경우에 공항고속도로를 이용하지 않고도, 이 도로개설 이전의 영종도 주민들과 마찬가지로, 뱃길을 이용하여 자유로이 다른 곳으로 이동할 수도 있고 다른 곳으로 거주를 옮길 수도 있으며 또 이 도로를 이용해도 비록 통행료의 부담이 있기는 하지만 그 부담의 정도가 이전의 자유를 실제로 제약할 정도로, 이용의 편익에 비하여, 현저히 크다고는 볼 수 없다. 따라서 거주 · 이전의 자유가 제한된 것으로 볼 수 없다(2005. 12. 22. 2004헌바64).

[6] 거짓이나 그 밖의 부정한 방법으로 귀화허가를 받은 자에 대하여 그 허가를 취소할 수 있도록 **귀화허가취소제도**를 규정하면서도 그 취소권의 행사기간을 따로 정하고 있

지 아니한 것은 귀화허가신청자의 진실성을 담보하고, 국적 관련 행정의 적법성을 확보하기 위한 것으로서 거주 · 이전의 자유를 침해하지 않는다(2015. 9. 24. 2015헌바26).

[7] 거짓이나 그 밖의 부정한 방법으로 국적회복허가를 받은 사람에 대하여 그 허가를 취소할 수 있도록 하는 **국적회복취소제도**는 국적 취득에 있어 진실성을 담보하고 사회구성원 사이의 신뢰를 확보하며 나아가 국가질서를 유지하기 위한 것으로 거주 · 이전의 자유를 침해하지 않는다(2020. 2. 27. 2017헌바434).

[8] 여행금지국가로 고시된 사정을 알면서도 외교부장관으로부터 예외적 여권사용 등의 허가를 받지 않고 **여행금지국가를 방문하는 등의 행위**를 형사처벌하는 것은 국외 위난상황으로부터 국민의 생명 · 신체나 재산을 보호하고 국외 위난상황으로 인해 국가 · 사회에 미칠 수 있는 파급 효과를 사전에 예방하기 위한 것으로 거주 · 이전의 자유를 침해하지 않는다(2020. 2. 27. 2016헌마945).

[9] 이중국적자로서 구체적인 병역의무 발생 시부터 일정기간(3월) 내에 한국 국적을 이탈함으로써 한국의 병역의무를 면하는 것은 허용하되, 위 기간 내에 국적이탈을 하지 않은 이중국적자는 **병역문제를 해소하지 않는 한 한국 국적을 이탈하지 못하게 하는** 것은 국적선택제도를 통하여 병역의무를 면탈하지 못하게 하려는 데에 그 입법취지가 있고, 일정한 시기적인 제약을 받을 뿐이지 병역의무를 이행하거나 면제 받는 등으로 병역문제를 해소한 때에는 역시 자유롭게 국적을 이탈할 수 있으므로 거주 · 이전의 자유의 한 내용으로서 국적이탈의 자유를 침해하지 않는다(2006. 11. 30. 2005헌마749; 2015. 11. 26. 2013헌마805등).

[10] 병역준비역에 편입된 **복수국적자의 국적선택 기간**이 지났다고 하더라도, 그 기간 내에 국적이탈 신고를 하지 못한 데 대하여 사회통념상 그에게 책임을 묻기 어려운 사정 즉, 정당한 사유가 존재하고, 병역의무 이행의 공평성 확보라는 입법목적을 훼손하지 않음이 객관적으로 인정되는 경우라면, 병역준비역에 편입된 복수국적자에게 국적선택 기간이 경과하였다고 하여 일률적으로 국적이탈을 할 수 없다고 할 것이 아니라, 예외적으로 국적이탈을 허가하는 방안을 마련할 여지가 있으므로 국적이탈의 자유를 침해한다(2020. 9. 24. 2016헌마889). → 2006년과 2015년의 결정취지를 그대로 유지하면서도 특별한 처지에 놓인 복수국적자의 사정을 고려하지 않고 예외를 인정하지 않은 부분에 대해서만 헌법불합치결정

[11] 지방병무청장으로 하여금 **병역준비역에 대하여 27세를 초과하지 않는 범위에서 단기국외여행을 허가**하도록 한 것은 공정하고 효율적인 병역의무의 이행을 확보한다는 입법목적을 해치지 않으면서도 징집 연기가 가능한 범위에서 국외여행의 자유를 최대한 보장하고 있으므로 거주 · 이전의 자유를 침해하지 않는다(2023. 2. 23. 2019헌마1157).

제 3 항 제한규범

거주 · 이전의 자유의 구성요건을 충족해도 제한규범에 근거하여 제약되는 거주 · 이전활동은 확정적인 보호를 받지 못한다. 거주 · 이전의 자유의 구성요건을 충족하면서 제한규범에 근거하여 제약될 수 없는 거주 · 이전활동만이 확정적으로 허용된다. 따라서 거주 · 이전의 자유에 관한 구성요건의 단계에서 보호법익에 해당하여 잠정적으로 허용된 거주 · 이전활동은 제한규범에 근거하여 제약될 수 없으면 확정적으로 보호된다. 한

편 거주 · 이전의 자유에 포함된 방어권의 경우에 구성요건의 단계에서 잠정적으로 금지된 제약행위는 제한규범에 근거하는 경우에만 잠정적으로 허용된 제약행위로 바뀌게 되고, 근거가 되는 제한규범이 없는 경우에는 확정적으로 금지된 제약행위가 된다.

Ⅰ. 헌법직접적 제한규범

거주 · 이전의 자유에 대한 헌법직접적 제한규범은 '성문'의 형태와 '불문'의 형태로 규정이 가능하다. 현행 헌법규정은 거주 · 이전의 자유에 대한 성문의 헌법직접적 제한규범을 포함하고 있지 않다. 불문의 헌법직접적 제한규범으로는 다른 사람의 기본권이나 헌법적 법익이 될 수 있다. 예를 들어 미성년자인 자녀에 대한 **'거소지정권'**(민법 제914조)이라든지 **'부부의 동거의무'**(동법 제826조)에 관한 규정은 미성년자인 자녀의 거주 · 이전의 자유가 가족생활에서 있어서 친권자의 법적 지위에 관한 기본권(제36조 제1항)에 의하여 제한될 수 있고, 부부의 거주 · 이전의 자유가 혼인질서의 유지라는 헌법적 법익(제36조 제1항)에 의하여 제한될 수 있음을 구체화한 규정으로 이해될 수 있다.

Ⅱ. 헌법간접적 제한규범

거주 · 이전의 자유에 대한 헌법간접적 제한규범은 거주 · 이전의 자유에 대해서만 '개별적으로' 규정될 수도 있고, 거주 · 이전의 자유를 포함한 모든 자유와 권리에 대해서 '일반적으로' 규정될 수도 있다. 현행 헌법은 거주 · 이전의 자유에 대하여 개별적 법률유보조항은 두고 있지 않다. 따라서 일반적 법률유보조항에 의해서 거주 · 이전의 자유는 제한될 수 있다. 일반적 법률유보조항인 헌법 제37조 제2항에 근거하여 거주 · 이전의 자유는 "국가안전보장, 질서유지 또는 공공복리"를 위하여, "법률"에 의해서만 제한될 수 있다. 예를 들어 거주 · 이전의 자유는 국가안전보장의 목적을 위하여 **국가보안법**이나 **군사기지 및 군사시설보호법**에 따라 제한되거나, 질서유지의 목적을 위하여 **출입국관리법**, **여권법**, **해외이주법**에 따라 제한되며, 공공복리의 목적을 위하여 **감염병의 예방 및 관리에 관한 법률**에 따라 제한된다.

[법령] 거주 · 이전의 자유를 제한하는 법률

[1] 국가보안법 제6조 제1항에 따르면 국가의 존립 · 안전이나 자유민주적 기본질서를 위태롭게 한다는 정을 알면서 반국가단체의 지배하에 있는 지역으로부터 잠입하거나 그 지역으로 탈출한 자는 처벌받는다. 또한 제2항에 따라 반국가단체나 그 구성원의 지령을 받거나 받기 위하여 또는 그 목적수행을 협의하거나 협의하기 위하여 잠입하거나 탈출한 자도 처벌받는다.

[2] **군사기지 및 군사시설보호법** 제4조 제1항에 따르면 국방부장관은 합참의장의 건의에 따라 **보호구역**, **민간인통제선**(민통선), 비행안전구역, 대공방어협조구역을 지정 · 변경 · 해제할 수 있다. 여기서 보호구역이란 '군사기지 및 군사시설 보호구역'의 줄임말

로서 통제보호구역과 제한보호구역으로 구분된다(제2조 제6호). 이러한 보호구역 등의 지정 · 변경 · 해제에 관한 사항을 심의하기 위하여 국방부장관 소속으로 **군사기지 및 군사시설 보호 심의위원회**를 설치하고 있다(제15조 제1항).

[3] **출입국관리법** 제3조 제1항에 따르면 국민이 대한민국에서 대한민국 밖의 지역으로 출국하려면 유효한 **여권**을 가지고 출국하는 출입국항에서 출입국관리공무원의 출국심사를 받아야 한다. 한편 법무부장관에게 법정요건에 해당하는 국민의 **출국을 금지할 수 있는 권한**이 부여되어 있다(제4조 제1항).

[4] **여권법** 제12조 제1항은 외교부장관에게 법정요건에 해당하는 사람에 대하여 **여권의 발급이나 재발급을 거부할 수 있는 권한**을 부여하고 있다.

[5] **해외이주법** 제3조에 따르면 ① **병역**을 **기피**하고 있는 사람, ② **금고 이상의 형**의 선고를 받고 그 집행이 끝나지 아니하거나 그 집행을 받지 아니하기로 확정되지 아니한 사람에 대해서는 해외이주가 제한된다.

[6] **감염병의 예방 및 관리에 관한 법률** 제47조 제1호에 따르면 보건복지부장관, 시 · 도지사 또는 시장 · 군수 · 구청장은 감염병이 유행하면 감염병의 전파를 막기 위하여 필요한 경우 감염병환자 등이 있는 장소나 감염병병원체에 오염되었다고 인정되는 장소에 대해서 ① 일시적 폐쇄, ② 일반 공중의 출입금지, ③ 해당 장소 내 이동제한, ④ 그 밖에 통행차단을 위하여 필요한 조치를 하여야 한다.

제4항 정 당 화

거주 · 이전의 자유도 원칙규범으로 이해된다. 따라서 잠정적으로 보장된 거주 · 이전의 자유의 구성요건이 확정적인 것이 되기 위해서는 **비례성원칙에 따른 합리적 형량**이 필요하다. 이것은 거주 · 이전의 자유를 제한하는 다른 사람의 기본권이나 헌법적 법익 또는 공익을 이 자유와의 관계에서 조화와 균형을 이루게 함으로써 정당화하는 것을 의미한다. 그러므로 거주 · 이전의 자유에 대한 제약은 다른 사람의 기본권이나 헌법적 법익 또는 입법목적으로 제시된 공익과 균형을 이룰 수 있는 범위 안에서는 정당화된다. 비례성원칙은 방어권의 경우에는 과잉금지원칙으로, 보호권과 절차권의 경우에는 과소금지원칙으로 구체화된다.

거주 · 이전의 자유의 본질내용에 대해서는 **절대설**에 따르면 비례성원칙과는 독립적인 원칙으로서 본질내용침해금지원칙에 따른 독자적인 심사가 거주 · 이전의 자유에 대한 제약을 정당화하기 위하여 부가적으로 필요하다. 하지만 **상대설**에 따르면 비례성원칙에 따른 심사로 거주 · 이전의 자유의 제약을 위한 정당화는 충분하게 된다.

제5항 효 력

거주 · 이전의 자유는 ① 국가에 대해서 효력(**대국가적 효력**)을 미칠 뿐만 아니라 ② 사인인 제3자, 즉 국민에 대해서도 효력(**대사인적 효력**)을 발생한다. 거주 · 이전의 자유의 사인에 대한 효력은 기본권의 대사인적 효력에 관한 이론구성에 따라 법관에게 기본권 존중의무를 매개로 거주 · 이전의 자유를 존중하는 **재판**을 요구함으로써 실현될 수 있다.

제 3 절 직업의 자유

제 1 항 헌법규정

우리 **헌법 제15조**는 직업의 자유에 대해서 규정하고 있다. 물론 명시적인 용어는 "직업선택"의 자유라고 되어 있지만 넓은 의미의 '직업의 자유'를 보장한 규정으로 이해된다. 이러한 기본권규정이 의미하는 바는 직업의 자유에 관한 주관적 지위와 객관적 규범이다.

[헌법 제15조]
모든 국민은 직업선택의 자유를 가진다.

직업의 자유는 1962년 헌법(제13조)에서부터 "직업선택의 자유"로 규정되어 현행헌법에 이르기까지 기본권으로 보장되고 있다. 1972년 유신헌법(제13조)에서 개별적 법률유보조항을 두었다가 1980년 헌법(제14조)에서 삭제되었다.

[판례] 객관적 법질서로서 직업의 자유

직업의 선택 혹은 수행의 자유는 … 주관적 공권의 성격이 두드러지고, 한편으로는 국민 개개인이 선택한 직업의 수행에 의하여 국가의 사회질서와 경제질서가 형성된다는 점에서 사회적 시장경제질서라고 하는 객관적 법질서의 구성요소이기도 하다(1995. 7. 21. 94헌마125(국산영화의무상영제); 1996. 8. 29. 94헌마113; 1997. 4. 24. 95헌마273; 2001. 6. 28. 2001헌마132; 2002. 4. 25. 2001헌마614).

제 2 항 구성요건

Ⅰ. 인적 구성요건(주체)

직업의 자유는 거주 · 이전의 자유를 전제하고, 거주 · 이전의 자유가 현실적으로 국민에 의해서만 향유될 수 있으므로 **국민의 권리**이기 때문에 원칙적으로 국민만이 주체가 될 수 있고, 외국인은 직업의 자유의 주체가 될 수 없다.[12] 그리고 직업의 자유의 성질상 자연인뿐만 아니라 법인도 직업의 자유의 주체가 될 수 있다. 헌법재판소도 직

12) 다만, 헌법재판소는 제한적으로 직장 선택의 자유를 향유할 수 있다고 본다, 헌재 2011. 9. 29. 2007헌마1083, 2009헌마230 · 352(병합).

업의 자유는 법인에게도 인정되는 기본권이라고 본다.[13)]

Ⅱ. 보호법익

1. 직업활동

직업의 자유는 직업활동에 해당하는 **'행위'를 보호법익**으로 한다. 직업활동에 해당하는 행위로는 ① 직업을 '선택'하는 행위, 그리고 ② 선택한 직업을 자신이 원하는 방식으로 '수행'하는 행위가 포함된다. 여기서 **직업**이란 **생활수단을 얻거나 유지하기 위한 계속적인 활동**으로 정의된다. 이처럼 직업의 개념과 관련하여 흔히 ① 생활수단성, ② 계속성이 개념적 표지로 열거되고, 그 밖에도 ③ 공공무해성이 개념적 표지로 열거되는데 특별히 문제가 되는 것은 공공무해성이라는 표지이다. 기본권을 원칙규범으로 이해하여 구성요건을 넓게 이해하는 입장에서 구성요건의 단계에서부터 직업의 개념을 축소해야 할 필요는 없고, 제한과 정당화의 단계에서 판단되는 것이 합리적이기 때문에 공공무해성은 개념표지에서 배제하는 것이 타당하다. 한편 공직도 직업에 포함되지만 공직이 문제되는 경우에는 직업의 자유보다 공무담임권이 우선적으로 적용되어야 한다. 이에 대해서 헌법재판소는 공무담임권만이 문제된다고 보기도 하고,[14)] 직업의 자유를 함께 검토하기도 한다.[15)]

[판례] 공직과 직업의 자유

[1] 공무원직에 관한 한 **공무담임권은** 직업의 **자유에 우선하여 적용되는 특별법적 규정**이고, … (1999. 12. 23. 99헌마135).

[2] 공직의 경우 **공무담임권은 직업선택의 자유에** 대하여 **특별기본권**이어서 후자의 적용을 배제하므로 … 직업선택의 자유는 문제되지 아니한다(2000. 12. 14. 99헌마112등).

[3] 지방공무원의 의사에 반한 전출명령 및 전입임용으로 자신이 선택한 직업(지방공무원)을 수행해 나가기 위한 직장(지방자치단체)을 옮기도록 강요하는 것이므로, **지방공무원의 직업선택의 자유**, 그 중에서도 직장선택의 자유를 침해하는 것이 된다(2002. 11. 28. 98헌바101등).

헌법재판소도 직업의 개념표지로서 생활수단성과 계속성을 들면서 이러한 개념표지는 개방적 성격을 지니므로 엄격하게 해석할 필요가 없다고 한다.[16)] 그러면서 **계속성**이라는 표지에 대해서는 주관적으로 활동의 주체가 어느 정도 계속적으로 해당 소득활동을 영위할 의사가 있고, 객관적으로도 그러한 활동이 계속성을 띨 수 있으면 족하므로 휴가기간 중에 하는 일, 수습직으로 하는 활동 따위도 이에 포함된다고 한다. 또한 **생활수단성**에 대해서는 단순한 여가활동이나 취미활동은 직업의 개념에 포함되지 않으나 겸

13) 헌재 1991. 6. 3. 90헌마56; 1996. 3. 28. 94헌바42; 2001. 6. 28. 2001헌마132; 2003. 10. 30. 2000헌마563.

14) 헌재 1999. 12. 23. 99헌마135; 2000. 12. 14. 99헌마112등.

15) 헌재 2002. 11. 28. 98헌바101등.

16) 헌재 2003. 9. 25. 2002헌마519.

업이나 부업은 삶의 수요를 충족하기 적합하므로 직업에 해당된다고 한다. 또한 직업은 생활수단을 얻기 위한 소득활동이라는 점에서 무보수 봉사직은 직업으로 보기 어렵다고 한다.[17] 공공무해성을 직업의 표지로 보는 견해도 판례의 소수견해에서 발견된다.[18]

[판례] 직업의 개념

[1] 여기서 '직업'이란 생활의 기본적 수요를 충족시키기 위한 **계속적인 소득활동**을 의미하며 그러한 내용의 활동인 한 그 종류나 성질을 묻지 않는다(1990. 10. 15. 89헌마178; 1993. 5. 13. 92헌마80(당구장); 1997. 3. 27. 94헌마196; 2003. 9. 25. 2002헌마519; 2003. 10. 30. 2000헌마563; 2004. 5. 27. 2003헌가1등).

[2] 방학중에 학원강사로 활동하는 행위는 직업에 해당한다(2003. 9. 25. 2002헌마519).

[3] 학교운영위원이 무보수 봉사직이라는 점을 고려하면 운영위원으로서의 활동을 직업으로 보기 어렵다(2007. 3. 29. 2005헌마1144).

2. 직업활동의 자유와 권리

(1) 직업활동의 자유

1) 직업선택의 자유와 직업수행의 자유 모든 국민은 직업활동과 관련된 행위를 하거나 하지 않을 수 있는 결정의 '자유'라는 주관적 지위를 가진다. 직업활동은 직업을 '선택'하는 단계와 선택한 직업을 '수행'하는 단계로 구분된다. 따라서 직업의 자유는 ① **직업선택의 자유**와 ② **직업수행의 자유**로 나눌 수 있다. 현행 헌법은 "직업선택의 자유"라고 규정되어 있지만 이 규정의 의미는 직업선택의 자유뿐만 아니라 직업수행의 자유까지 포함하는 '넓은 의미의 직업의 자유'로 이해된다. 헌법재판소도 동일하게 해석한다.[19]

여기서 직업선택의 자유는 자신이 원하는 직업을 자유롭게 선택할 수 있는 자유를 말하고, 직업수행의 자유는 자신이 선택한 직업을 자신이 원하는 시간과 장소에서 자신이 원하는 방식으로 수행할 수 있는 자유를 말한다. 직업선택의 자유에는 직업을 바꾸는 **전직(轉職)의 자유**가 포함된다. 또한 소극적 의미의 직업선택의 자유인 **무직업의 자유**도 직업의 자유에 포함된다.[20] 헌법이 근로의 의무를 규정하고 있지만 기본의무를 '헌법직접적 제한규범'으로 이해한다면[21] 근로의 의무는 직업의 자유를 제약할 수 있는 헌법적 근거이지만 여전히 합리적인 형량을 통한 정당화가 필요하기 때문에 무직업의 자유와 근로의 의무는 서로 충돌할 수는 있어도 양립할 수 없는 것은 아니다.[22]

2) 영업의 자유와 기업의 자유 및 경쟁의 자유 직업의 자유에는 **영업의 자유**와

17) 헌재 2007. 3. 29. 2005헌마1144.
18) 헌재 1990. 10. 15. 89헌마178, 이성렬 재판관의 반대의견 참조.
19) 헌재 1993. 5. 13. 92헌마80; 1996. 8. 29. 94헌마113; 1997. 3. 27. 94헌마196; 1998. 3. 26. 97헌마194; 2004. 5. 27. 2003헌가1등.
20) 계희열(중), 527면; 권영성, 576면; 성낙인, 1260면; 홍성방(중), 130면.
21) 제2편 제2부 제11장 참조.
22) 반대견해: 김철수, 698면.

기업의 자유가 포함된다.[23] 왜냐하면 직업의 내용에는 계속적인 영리활동을 목적으로 하는 '영업'이 포함될 수 있고, '기업'과 같은 법인도 직업의 자유의 주체가 될 수 있기 때문이다.[24] 또한 직업의 자유는 다양한 주체들의 직업참여와 다양한 형태의 직업수행방법을 보장하여 직업종사자들 상호간의 '경쟁'을 위한 토대가 된다는 점에서 **경쟁의 자유**를 포함한다. 따라서 국가가 스스로 특정한 직업을 독점하거나, 일정한 집단에게 특정한 직업을 독점시키거나, 일정한 직업을 수행하기 위한 특정한 방법을 강제하거나 규제하는 것은 경쟁의 자유를 제약함으로써 직업의 자유를 제약하게 된다.

3) 직업교육장선택의 자유와 직장선택의 자유 한편 직업의 자유에는 **직업교육장선택의 자유**와 **직장선택의 자유**도 포함된다. 우선 ① 직업교육장선택의 자유는 직업과 관련된 교육과 훈련을 받을 수 있는 기관을 자유롭게 선택할 수 있는 자유를 의미하고, 이러한 자유는 자유로운 직업의 선택을 위하여 전제되어야 하기 때문에 직업선택의 자유에 포함될 수 있다.[25] 또한 ② 직장선택의 자유는 자유롭게 선택한 일정한 직업의 영역 안에서 구체적인 직장을 자유롭게 선택할 수 있는 자유를 의미하고, 이와 같은 자유는 선택한 직업의 구체적인 수행을 위하여 필요하기 때문에 직업수행의 자유에 포함된다.

[판례] 경쟁의 자유

직업의 자유는 영업의 자유와 기업의 자유를 포함하고, 이러한 영업 및 기업의 자유를 근거로 원칙적으로 누구나가 자유롭게 경쟁에 참여할 수 있다. 경쟁의 자유는 기본권의 주체가 직업의 자유를 실제로 행사하는 데에서 나오는 결과이므로 당연히 직업의 자유에 의하여 보장되고, 다른 기업과의 경쟁에서 국가의 간섭이나 방해를 받지 않고 기업활동을 할 수 있는 자유를 의미한다(1996. 12. 26. 96헌가18: 자도소주구입명령제도 사건).

[판례] 직장선택의 자유

직업의 자유는 독립적 형태의 직업활동뿐만 아니라 고용된 형태의 종속적인 직업활동도 보장한다. 따라서 직업선택의 자유는 직장선택의 자유를 포함한다(1989. 11. 20. 89헌가102). … 이러한 직장선택의 자유는 개인이 그 선택한 직업분야에서 구체적인 **취업의 기회**를 가지거나, 이미 **형성된 근로관계를 계속 유지하거나 포기**하는 데에 있어 국가의 방해를 받지 않는 자유로운 선택·결정을 보호하는 것을 내용으로 한다. 그러나 이 기본권은 원하는 직장을 제공하여 줄 것을 청구하거나 한 번 선택한 **직장의 존속보호를 청구할 권리를 보장하지 않으며**, 또한 사용자의 처분에 따른 직장 상실로부터 직접 보호하여 줄 것을 청구할 수도 없다. 다만 국가는 이 기본권에서 나오는 객관적 보호의무, 즉 사용자에 의한 해고로부터 근로자를 보호할 의무를 질 뿐이다(2002. 11. 28. 2001헌바50: 한국보건산업진흥원 사건).

(2) 직업활동의 권리

① 직업의 자유는 직업활동을 저지·방해하는 국가의 제약행위에 대하여 부작위·

---

23) 헌재 1996. 12. 26. 96헌가18.

24) 기업의 사회적 책임에 대해서는 이준일 『인권법』(2021), 제41장 참조.

25) 헌재 2011. 6. 30. 2010헌마503.

중지를 요구할 수 있는 **방어권**을 포함한다. 또한 ② 직업의 자유에 대한 사인(私人)인 제3자 침해행위로부터 국가의 보호를 요구할 수 있는 **보호권**도 포함한다. 그리고 ③ 직업의 자유에 관한 절차를 보장하는 입법을 요구할 수 있는 **절차권**도 포함한다. 보호권과 절차권의 경우에는 이에 상응하여 국가에 대해서 직업의 자유를 보호하고 보장하는 입법의 의무가 부과된다.

Ⅲ. 제약행위

1. 직업활동의 명령(강제)

직업활동에 해당하는 행위를 하지 않을 수 있는 자유(소극적 행위의 자유)에 대해서 반드시 그것을 하도록 명령·강제하는 행위(적극적 의무의 부과)는 직업의 자유에 대한 제약행위가 된다. 일정한 직업의 선택을 강제하거나, 일정한 장소나 시간에서의 직업수행 또는 일정한 방식의 직업수행을 강제하는 행위가 그러한 제약행위에 포함된다. 이러한 행위들은 **잠정적으로 금지**된다.

[판례] 방법의 강제

[1] 국산영화의무상영제(스크린쿼터)에 따라 극장경영자에게 국산영화의 상영강제(1995. 7. 21. 94헌마125: 합헌)

[2] 자도(自道)소주구입명령제도에 따라 소주판매업자에게 자도소주의 구입강제(1996. 12. 26. 96헌가18: 위헌)

[3] 탁주공급구역제한제도에 따라 탁주공급업자에게 탁주공급구역의 제한(1999. 7. 22. 98헌가5: 합헌-합헌4, 위헌5)

[4] 모든 의료기관을 요양기관으로 강제지정(2002. 10. 31. 99헌바76등: 합헌)

[5] 화장품판매업자의 가격표시의무(2007. 4. 26. 2006헌가2: 합헌)

2. 직업활동의 금지(규제)

(1) 원칙적 금지

직업활동에 해당하는 행위를 할 수도 있는 적극적 행위의 자유에 대해서 하지 못하도록 금지·규제하는 행위(소극적 의무의 부과)는 직업의 자유에 대한 제약행위가 된다. 직업활동은 직업선택과 직업수행으로 구분되기 때문에 직업의 자유에 대한 제약행위도 두 가지 유형으로 구분된다.

1) 직업선택의 자유에 대한 제약행위 ① 처음부터 특정한 직업, 예를 들어 '살인청부업'이나 '성매매업'이라는 직업의 선택을 **절대적으로 금지**하는 것은 직업선택의 자유에 대한 제약행위가 된다. 판례를 예로 들면 '게임결과물의 환전업'의 금지[26], 세무사 자격 보유 변호사에 대한 세무조정업무의 금지[27], '주방에서 발생하는 음식물 찌꺼기 등을 분쇄하여 오수와 함께 배출하는 주방용오물분쇄기 판매'의 금지[28], '특정인의 사생활

26) 헌재 2010. 2. 25. 2009헌바38. 같은 맥락에서 잠수기어업 허가의 정수(건수제한)도 직업선택의 자유에 대한 제약행위로 본다. 헌재 2008. 6. 26. 2005헌마173.

27) 헌재 2018. 4. 26. 2016헌마116.

등을 조사하는 일을 업'으로 하는 행위의 금지[29]가 그에 해당한다. 또한 ② 일정한 직업에 종사하는 사람의 숫자를 한정함과 동시에 허가제도를 두어 허가받은 자에 대해서만 **제한적으로 허용**하는 것도 직업선택의 자유에 대한 제약행위가 된다. 헌법재판소는 전공과 출신대학에 따라 법학전문대학원 입학정원의 비율을 제한하는 것은 직업선택의 자유에 대한 제약행위로 보면서도[30] 사법시험 합격자의 숫자를 제한하는 것은 직업선택의 자유에 대한 제약행위에 해당하지 않는다고 한다.[31] 하지만 두 경우 모두 숫자의 제한임에도 불구하고 서로 달리 취급하는 것은 논리적으로 일관되지 못하다고 판단된다. 같은 맥락에서 공증인의 정원을 설정한 것도 직업선택의 자유에 대한 제한임에도 입법자에게 광범위한 입법재량(형성의 자유)을 인정한 것은 선뜻 이해하기 힘들다.[32] 그리고 ③ 특정한 직업을 선택할 경우에 개인적 능력을 평가하는 시험 또는 업적이나 경력을 평가하는 절차를 통해 일정한 자격, 예를 들어 의사자격이나 변호사자격을 취득한 사람이나 허가요건을 충족한 사람 외에는 원칙적으로 금지하는 **시험제도**나 **자격제도**도 직업선택의 자유에 대한 제약행위에 해당한다. 마지막으로 ④ 형의 선고나 선고유예 또는 집행유예로 당연퇴직되는 경우에도 직업박탈이라는 소극적 의미에서 직업선택의 자유에 대한 제약행위로 이해될 수 있다. 이를테면 금고 이상의 형의 집행유예를 받으면 사립학교 교원직에서 당연퇴직시키거나[33] 금고 이상의 형의 선고유예를 받으면 청원경찰직에서 당연퇴직시키는[34] 경우가 이에 해당한다. 직업선택과 관련된 절대적 금지나 일정한 숫자만큼의 제한적 허용처럼 일정한 직업을 선택할 때 개인의 주관적 조건과 관련이 없는 **객관적 사유에 의한 제약행위**는 개인의 주관적 능력이나 업적과 같은 **주관적 사유에 의한 제약행위**와 구별된다. 직업선택에 대한 이러한 모든 형태의 제약행위들은 **잠정적으로 금지**된다.

2) 직업수행의 자유에 대한 제약행위 일정한 장소나 시간에서의 직업수행 또는 일정한 방식의 직업수행을 금지하는 것은 직업수행의 자유에 대한 제약행위가 된다. 예를 들어 학교근처 영업의 금지, 심야영업금지, 청소년 대상 영업의 금지 등이 해당한다. 직업수행에 대한 이러한 모든 형태의 제약행위들도 **잠정적으로 금지**된다.

(2) 자격제도

헌법재판소에 따르면 입법자는 일정한 전문분야에 관한 자격제도를 마련할 때 그 제도를 마련한 목적을 고려하여 **정책적인 판단**에 따라 자유롭게 제도의 내용을 구성할 수 있고, 그 내용이 명백히 불합리하고 불공정하지 않는 한 원칙적으로 입법부의 정책

28) 헌재 2018. 6. 28. 2016헌마1151.
29) 헌재 2018. 6. 28. 2016헌마473.
30) 헌재 2009. 2. 26. 2007헌마1262.
31) 헌재 2010. 5. 27. 2008헌바110.
32) 헌재 2022. 11. 24. 2019헌마572.
33) 헌재 2010. 10. 28. 2009헌마442; 2020. 6. 25. 2018헌바256.
34) 헌재 2018. 1. 25. 2017헌가26.

적 판단은 존중된다.[35] 따라서 일정한 전문분야에 관하여 자격제도를 마련하고 자격자의 업무 영역에 관하여 상당한 법률상 보호를 하고 있는 경우에도 자격자 외의 자에게 동종 업무의 취급을 허용할 것인지의 문제는 기본적으로 그 제도를 도입하게 된 배경과 목적, 해당 전문분야 업무의 성격 등을 종합적으로 고려하고 합목적적으로 판단하여 결정할 **입법정책의 문제**라고 한다.[36] 하지만 자격제도는 직업선택의 자유를 제약한다는 점에서 해당 직업활동을 수행하는 데 필수적이지 않는 자격요건을 두는 것은 허용되지 않으므로 이러한 경우까지 입법자의 정책적인 판단에 완전히 맡길 수는 없다고 본다.

[판례] 겸직 및 겸영의 금지(직업선택의 자유에 대한 제약행위)

[1] 행정사에 대한 모든 겸직의 금지(1997. 4. 24. 95헌마90: 위헌).

[2] 경비업자에 대한 경비업 외의 영업금지(2002. 4. 25. 2001헌마614: 위헌).

[3] 부속병원을 개설한 학교법인에 대한 의약품도매상의 금지(2004. 1. 29. 2001헌바30: 합헌).

[4] 지방의회의원의 지방공사 겸직금지(2012. 4. 24. 2010헌마605: 합헌).

[5] 국회의원으로 당선된 자에게 사립대학 교원의 직에서 사직할 의무를 부과(2015. 4. 30. 2014헌마621:합헌).

[6] 사회복무요원이 복무기관의 장의 허가 없이 다른 직무를 겸하는 행위의 금지(2022. 9. 29. 2019헌바 938: 합헌).

[판례] 등록 및 허가에 의한 규제(직업선택의 자유에 대한 제약행위)

[1] 유료직업소개소의 허가제(1996. 10. 31. 93헌바14: 합헌)

[2] 근로자공급사업의 허가제(1998. 11. 26. 97헌바31: 합헌)

[3] 학원의 등록제도(2001. 2. 22. 99헌바93: 합헌)

[4] 인 · 허가를 받지 않은 유사수신행위(類似受信行爲)의 금지(2003. 2. 27. 2002헌바4: 합헌)

[5] 운전학원의 등록제 = 무등록자의 운전교육 및 운전연습용시설제공의 금지(2003. 9. 25. 2001헌마447: 합헌)

[6] 건설업자의 등록의무와 부정한 방법으로 등록한 자에 대한 필요적 등록 말소(2004. 7. 15. 2003헌바35등: 합헌)

[7] 학력인정시설의 설치자에게 교사(校舍) 및 교지(校地)를 소유할 의무를 부과하는 시설지정기준(2004. 8. 26. 2003헌마337: 합헌)

[8] 금고 이상의 실형을 선고받고 그 형의 집행이 종료되거나 면제되지 아니한 자에게 중도매업 허가를 하지 않는 규정(2005. 5. 26. 2002헌바67: 합헌)

[9] '자동차운전전문학원을 졸업하고 운전면허를 받은 사람 중 교통사고를 일으킨 비율이 대통령령이 정하는 비율을 초과하는 때'에는 학원의 등록취소나 운영정지(2005. 7. 21. 2004헌가30: 합헌)

[10] 신규카지노업 허가대상기관을 한국관광공사로 한정(2006. 7. 27. 2004헌마924: 합헌)

[11] 자동차대여업자가 부정한 방법으로 등록을 한 경우 자동차대여업등록의 필요적 취소(2006. 12. 18. 2005헌바87: 합헌)

[12] 정화조청소업의 허가에 대한 제한(2007. 4. 26. 2004헌바56: 합헌)

[13] 건설업자가 부정한 방법으로 건설업의 등록을 한 경우 건설업 등록의 필요적 말소

35) 헌재 1990. 10. 15. 89헌마178; 1996. 4. 25. 94헌마129등.

36) 헌재 1996. 4. 25. 94헌마129등; 1997. 4. 24. 95헌마273; 1997. 10. 30. 96헌마109; 2003. 9. 25. 2001헌마156.

(2007. 5. 31. 2007헌바3: 합헌)

[14] 금고 이상의 실형을 선고 받고 그 집행이 종료된 날부터 3년이 경과되지 않은 자에 대한 중개사무소 개설등록의 금지(2008. 9. 25. 2007헌마419: 합헌)

[15] 인터넷컴퓨터게임시설제공업의 등록제와 미등록 영업의 금지(2009. 9. 24. 2009헌바28: 합헌)

[16] 건설업자가 '금고 이상의 실형을 선고받고 그 집행이 종료되거나 그 집행이 면제된 날부터 3년이 경과되지 아니한 자 또는 그 형의 집행유예선고를 받고 그 유예기간 중에 있는 자'에 해당하는 경우에 건설업 등록의 필요적 말소(2010. 4. 29. 2008헌가8: 합헌(위헌의견 5인))

[17] 학원설립 · 운영자가 '학원의 설립 · 운영 및 과외교습에 관한 법률'을 위반하여 벌금형을 선고받은 경우 등록의 효력을 잃도록 한 규정(2014. 1. 28. 2011헌바252: 위헌)

[18] 임원이 금고 이상의 형을 선고받은 경우 법인의 건설업 등록을 필요적으로 말소(2014. 4. 24. 2013헌바25: 위헌)

[19] '학원의 설립 · 운영 및 과외교습에 관한 법률'을 위반하여 벌금형을 선고받은 후 1년이 지나지 아니한 자는 학원설립 · 운영의 등록을 할 수 없도록 규정(2015. 5. 28. 2012헌마653: 합헌)

[20] 금고 이상의 실형을 선고받고 그 집행이 종료된 날부터 3년이 경과되지 않은 경우 중개사무소 개설등록을 취소하도록 하는 규정(2019. 2. 28. 2016헌바467: 합헌)

[21] 주류 판매업면허를 받은 자가 타인과 동업 경영을 하는 경우에 관할 세무서장이 해당 주류 판매업자의 면허를 필요적으로 취소하도록 한 규정(2021. 4. 29. 2020헌바328: 합헌)

[판례] 자격에 의한 규제(직업선택의 자유에 대한 제약행위)

[1] 군법무관에 대한 변호사자격부여의 요건으로서 복무기간(1995. 6. 29. 90헌바43: 합헌)

[2] 물리치료사와 임상병리사 등 의료기사자격제도와 업무범위(1996. 4. 25. 94헌마129등: 합헌)

[3] 무면허 의료행위, 즉 의료인이 아닌 자의 의료행위에 대한 금지(1996. 10. 31. 94헌가7; 2002. 12. 18. 2001헌마370; 2005. 3. 31. 2001헌바87: 합헌)

[4] 기술사 외의 자에 대하여도 엔지니어링활동의 허용(1997. 3. 27. 93헌마159: 합헌)

[5] 행정기관이 발급한 행정문서를 외국어번역행정사 외의 일반인도 번역할 수 있도록 한 법령(1997. 4. 24. 95헌마273: 합헌)

[6] 자동차매매업자 · 제작판매자에게 자동차등록대행업무 허용(1997. 10. 30. 96헌마109: 합헌)

[7] 약사의 한약조제금지(1997. 11. 27. 97헌바10: 합헌)

[8] 미수복지 등에서 귀순한 의약업자에게 한시적으로 의사 또는 한의사로 활동할 수 있도록 한 법률(1998. 2. 27. 96헌바5: 합헌)

[9] 변호사가 아닌 자의 법률사무취급에 대한 금지(2000. 4. 27. 98헌마95등; 2007. 8. 30. 2006헌바96; 2021. 6. 24. 2020헌바38: 합헌)

[10] 5급 이상의 세무공무원에게만 세무사자격의 인정(2000. 4. 28. 97헌바88: 합헌)

[11] 고소 · 고발장 작성업무의 법무사 허용 및 일반행정사 금지(2000. 7. 20. 98헌마52: 합헌)

[12] 증권회사임원의 결격사유(2001. 3. 21. 99헌마150: 합헌)

[13] 관세사자격 부여절차로서 공개경쟁시험 외의 특별전형제도(2001. 1. 18. 2000헌마364: 합헌)

[14] 한의사전문의제도의 자격요건에서 특례(2001. 3. 15. 2000헌마96등: 합헌)

[15] 소방시설공사업자(위험물탱크안전성능시험자)의 결격사유(2001. 5. 31. 99헌바94: 합헌)

[16] 특허청 경력공무원에 대한 변리사자격의 불인정(2001. 9. 27. 2000헌마208등: 합헌–일부 경력공무원에 대한 자격인정은 헌법불합치)

[17] 국세관련 경력공무원에 대한 세무사자격 불인정(2001. 9. 27. 2000헌마152: 합헌-일부 경력 공무원에 대한 자격인정은 헌법불합치)

[18] 비영리법인에게만 지적측량업무대행 허용(2002.5.30. 2000헌마81: 헌법불합치 및 잠정적 적용)

[19] 결격사유 해당자에 대한 세무사자격시험 응시제한(2002. 8. 29. 2002헌마160: 합헌)

[20] 법인의 약국개설금지(2002.9.19. 2000헌바84: 헌법불합치 및 잠정적 적용 - 법률의 효력상 실로 일반인이나 일반법인의 약국개설이 가능해지기 때문에 헌법불합치)

[21] 외국 치·의과대학 졸업생이 국내 의사면허시험에 응시할 자격요건으로 예비시험의 부과(2003. 4. 24. 2002헌마611: 합헌)

[22] 안마사 자격 인정제도(2003. 6. 26. 2002헌가16: 합헌)

[23] 제1종 운전면허의 취득요건으로서 양쪽 눈의 시력 0.5 이상(2003. 6. 26. 2002헌마677: 합헌)

[24] 법무사가 아닌 자에 대한 등기업무와 같은 법무행위의 금지(2003. 9. 25. 2001헌마156: 합헌)

[25] 등록된 운전학원에 대해서만 운전교습의 허용(2003. 9. 25. 2001헌마447등: 합헌)

[26] 일반학원의 강사 자격요건으로서 대학졸업 이상의 학력(2003. 9. 25. 2002헌마519: 합헌)

[27] 사람을 사상한 후, 교통사고 사상자 구호의무 및 교통사고 신고의무를 이행하지 않음으로써 벌금 이상의 형을 선고받고, 운전면허가 취소된 사람은 운전면허가 취소된 날부터 5년간 운전면허를 받을 자격박탈(2005. 4. 28. 2004헌바65: 합헌)

[28] '운전면허를 받은 사람이 자동차 등을 이용하여 범죄행위를 한 때' 필요적 운전면허 취소(2005. 11. 24. 2004헌가28: 합헌)

[29] 금고 이상의 형을 선고받고 그 집행이 종료되거나 그 집행을 받지 아니하기로 확정된 후 5년을 경과하지 않은 자의 변호사자격 금지(2006. 4. 27. 2005헌마997: 합헌)

[30] 외국 치과대학 졸업자에게 국내면허취득을 위한 국가시험 응시자격으로 '예비시험의 합격'의 추가적 요구(2006. 4. 27. 2005헌마406: 합헌)

[31] 시각장애인에 한하여 안마사 자격인정을 받을 수 있도록 하는 비맹제외기준(非盲除外基準)(2006. 5. 25. 2003헌마715등: 위헌; 2008. 10. 30. 2006헌마1098; 2010. 7. 29. 2008헌마664등; 2013. 6. 27. 2011헌가39등; 2017. 12. 28. 2017헌가15; 2021. 12. 23. 2019헌마656: 합헌). → 종전 위헌결정의 기속력 부인

[32] 주취중 운전금지규정 3회 위반자의 필요적 운전면허취소(2006. 5. 25. 2005헌바91: 합헌)

[33] 사법시험 제1차시험 응시에서 어학과목을 영어로 한정하고 다른 시험에서 일정 수준의 합격점수 요구 및 35학점 이상의 법학과목을 이수한 자에 한하여 사법시험응시자격 부여(2007. 4. 26. 2003헌마947등: 합헌)

[34] 세무사자격시험의 일부 시험 면제에서 지방세에 관한 행정사무에 종사한 경력이 있는 자를 국세에 관한 행정사무에 종사한 경력이 있는 자에 비해 불리하게 취급(2007. 5. 31. 2006헌마646: 합헌)

[35] 군법무관 임용시험에 합격한 군법무관들에게 군법무관시보로 임용된 때부터 10년간 근무하여야 변호사 자격을 유지하게 한 규정(2007. 5. 31. 2006헌마767: 합헌)

[36] 의료인에게 하나의 의료기관만을 개설할 수 있도록 함으로써 의사 및 한의사의 복수면허 의료인에게도 하나의 의료기관 이외에 다른 의료기관의 개설을 금지한 규정(2007. 12. 27. 2004헌마1021: 위헌)

[37] 음주측정거부자에 대한 필요적 운전면허취소(2007. 12. 27. 2005헌바95: 합헌)

[38] 선거범죄로 100만 원 이상의 벌금형이 확정된 사립학교 교원의 당연퇴직(2008. 4. 24. 2005헌마857: 합헌)

[39] 건축사자격시험의 응시자격으로서 건축사예비시험 합격 및 건축사예비시험 응시자격 취득 후 일정기간 실무경력(2008. 5. 29. 2005헌마195: 합헌)

[40] 무면허운전으로 벌금 이상의 형을 선고 받은 자에 대한 2년 동안의 운전면허취득금지(2007. 12. 27. 2005헌마1107: 합헌)

[41] 사법시험의 시험방법으로서 민법의 시험시간은 3시간, 민법을 제외한 나머지 과목의 시험시간은 각 과목당 2시간으로 배정(2008. 6. 26. 2007헌마917: 합헌)

[42] 공인회계사 자격 없이 회계감사 행위를 한 자의 처벌(2008. 9. 25. 2005헌바74: 합헌)

[43] 사법시험 제2차 시험에서 해당 문제번호의 답안지에 답안을 작성하지 않은 경우에 해당 과목의 영점처리(2008. 10. 30. 2007헌마1281: 합헌)

[44] 파산선고를 받은 사립학교 교원의 당연퇴직(2008. 11. 27. 2005헌가21: 합헌)

[45] 개인택시운송사업면허의 양도 · 양수인가 요건인 5년 이상의 무사고 운전경력(2008. 11. 27. 2006헌마688: 합헌)

[46] 별도로 국가기술자격법에 의한 기사 · 산업기사의 자격을 취득하지 않으면 초급기술자에서 중급 이상의 기술자로 기술등급의 승급 제한(2008. 11. 27. 2007헌마389: 합헌)

[47] 건축사예비시험의 응시자격으로서 대학에서 건축에 관한 소정의 과정 이수(2008. 11. 27. 2007헌바51: 합헌)

[48] 공인중개사 자격시험 제1차 시험과 제2차 시험을 동시에 시행하는 경우 제1차 시험에 불합격한 자의 제2차 시험 무효(2008. 12. 26. 2006헌마273: 합헌)

[49] 서울특별시 보도상 영업시설물 운영자 중 자산가액 2억 원 미만인 자로서 제소전화해조서를 제출한 자에 대하여만 1년의 범위 안에서 2회에 한하여 도로점용허가를 갱신하도록 한 규정(2008. 12. 26. 2007헌마1387: 합헌)

[50] 감정평가사의 결격사유로서 '금고 이상의 실형을 선고받고 그 집행이 종료되거나 그 집행이 면제된 날로부터 3년이 지나지 않은 경우'(2009. 7. 30. 2007헌마1037: 합헌)

[51] '금고 이상의 형의 집행유예를 선고받고 그 기간이 경과한 후 2년을 경과하지 아니한 자'는 변호사가 될 수 없다는 규정(2009. 10. 29. 2008헌마432: 합헌)

[52] 산업의학과 전문의에게만 특수건강진단업무 허용(2010. 6. 24. 2008헌마271: 합헌)

[53] 국민의 생명 · 건강에 직결되는 분야에 대한 민간자격의 금지(2010. 7. 29. 2010헌바252: 합헌)

[54] 외국인 근로자의 사업장 변경허가 기간을 신청일로부터 2개월로 제한(2011.9.29. 2009헌마351 : 합헌)

[55] 변호사 시험 응시 요건으로 법학전문대학원 석사학위 취득을 요구한 법률(2012. 3. 29. 2009헌마754: 합헌)

[56] 변리사에 대한 소송대리 자격 미부여(2012. 8. 23. 2010헌마740: 합헌)

[57] 부정당업자의 공기업 · 준정부기관 입찰자격 제한(2012. 10. 25. 2011헌바99: 합헌)

[58] 의료인이 아닌 자의 의료행위를 전면적으로 금지한 것(2013. 6. 27. 2010헌마658: 합헌)

[59] 금고 이상의 형의 집행유예를 선고받고 그 유예기간이 지난 후 2년이 지나지 아니한 사람에 대하여 변호사시험에 응시할 수 없도록 한 규정(2013. 9. 26. 2012헌마365: 합헌)

[60] 사립 초 · 중등학교의 장을 1회에 한하여 중임할 수 있도록 한 규정(2013. 11. 28. 2007헌마1189 등; 2022. 3. 31. 2018헌바522: 합헌)

[61] 운전면허를 받은 사람이 자동차등을 이용하여 살인 또는 강간 등 행정안전부령이 정하는 범죄행위를 한 때 운전면허를 취소하도록 하는 규정(2015. 5. 28. 2013헌가6: 위헌)

[62] 성인대상 성범죄로 형을 선고받아 확정된 자로 하여금 그 형의 집행을 종료한 날부터 10년 동안 의료기관에 취업할 수 없도록 한 규정(2016. 3. 31. 2013헌마585등: 합헌)

[63] 법학전문대학원으로 하여금 필수적으로 외국어능력을 입학전형자료로 활용하도록 규정하여 외국어능력이 부족한 사람의 응시기회를 차단한 것(2016. 12. 29. 2016헌마550: 합헌)

[64] 법학전문대학원에 입학할 수 있는 자를 학사학위를 가지고 있거나 법령에 따라 이와

동등 이상의 학력이 있다고 인정된 자로 정한 규정(2016. 3. 31. 2014헌마1046: 합헌)

[65] 사법시험을 폐지하는 법률조항(2016. 9. 29. 2012헌마1002: 합헌)

[66] 국가기술자격증을 다른 자로부터 빌려 건설업의 등록기준을 충족시킨 경우 그 건설업 등록을 필요적으로 말소하도록 하는 규정(2016. 12. 29. 2015헌바429: 합헌)

[67] 동물검역기관의 장의 승인을 받지 않고 지정검역물의 관리에 필요한 비용을 화주로부터 징수한 경우 보관관리인 지정을 필요적으로 취소하도록 하는 규정(2017. 4. 27. 2014헌바405: 합헌)

[68] 운전면허를 받은 사람이 다른 사람의 자동차등을 훔친 경우에는 운전면허를 필요적으로 취소하도록 하는 규정(2017. 5. 25. 2016헌가6: 위헌)

[69] 문화재수리 등에 관한 법률 위반으로 형의 집행유예를 선고받은 문화재수리기술자의 자격을 필요적으로 취소하는 규정(2017. 5. 25. 2015헌바373: 합헌)

[70] 공기업이나 준정부기관으로 하여금 부정당업자에 대하여 2년의 범위 내에서 입찰참가자격을 제한할 수 있도록 한 규정(2017. 8. 31. 2015헌바388: 합헌)

[71] 여객자동차운송사업 중 대통령령으로 정하는 여객자동차운송사업의 운전자격을 취득한 자가 '특정범죄 가중처벌 등에 관한 법률'에 따른 죄를 범하여 금고 이상의 형의 집행유예를 선고받고 그 집행유예기간 중에 있는 경우 그 운전자격을 취소하도록 하는 규정(2017. 9. 28. 2016헌바339: 합헌)

[72] 사람을 사상한 후 필요한 조치 및 신고를 하지 아니하여 벌금 이상의 형을 선고 받고 운전면허가 취소된 사람은 운전면허가 취소된 날부터 4년간 운전면허를 받을 수 없도록 하는 규정(2017. 12. 28. 2016헌바254: 합헌)

[73] 청원경찰이 금고 이상의 형의 선고유예를 받은 경우 당연 퇴직되도록 하는 규정(2018. 1. 25. 2017헌가26: 합헌)

[74] 담배제조업 허가요건으로 자본금 및 시설기준의 하한을 정한 규정(2018. 2. 22. 2017헌마438: 합헌)

[75] 음주운전으로 벌금 이상의 형을 선고받은 날부터 5년 이내에 다시 음주운전으로 벌금 이상의 형을 선고받고 그 집행이 종료되거나 면제된 날부터 5년이 지나지 아니한 사람에게 총포소지허가를 금지하는 규정(2018. 4. 26. 2017헌바341: 합헌)

[76] 택시운전자격을 취득한 사람이 강제추행 등 성범죄를 범하여 금고 이상의 형의 집행유예를 선고받은 경우 그 자격을 취소하도록 하는 규정(2018. 5. 31. 2016헌바14: 합헌)

[77] 아동학대관련범죄로 형을 선고받아 확정된 자로 하여금 그 형이 확정된 때부터 형의 집행이 종료되거나 집행을 받지 아니하기로 확정된 후 10년 동안 체육시설 및 학교를 운영하거나 이에 취업 또는 사실상 노무를 제공할 수 없도록 한 규정(2018. 6. 28. 2017헌마130: 합헌)

[78] 선거범으로 벌금형을 선고받은 사람을 벌금액수와 상관없이 신용협동조합 임원이 될 수 없도록 하는 규정(2018. 7. 26. 2017헌마452: 합헌)

[79] 변리사 국가자격시험 시행계획 공고에서 제2차 시험과목 중 특허법과 상표법 과목에 실무형 문제를 각 1개씩 출제된다고 공지한 행위(2019. 5. 30. 2018헌마1208: 합헌)

[80] 택시운전자격을 취득한 자가 친족관계인 사람을 강제추행하여 금고 이상의 실형을 선고받은 경우에 그 택시운전자격을 취소하도록 한 규정(2020. 5. 27. 2018헌바264: 합헌)

[81] 나무의사만이 수목진료를 할 수 있도록 한 규정(2020. 6. 25. 2018헌마974: 합헌)

[82] 거짓이나 그 밖의 부정한 수단으로 운전면허를 받은 경우에 모든 범위의 운전면허를 필요적으로 취소하도록 한 규정(2020. 6. 25. 2019헌가9등: 위헌)

[83] 변호사시험의 응시기간과 응시횟수를 법학전문대학원의 석사학위를 취득한 달의 말일 또

는 취득예정기간 내 시행된 시험일로부터 5년 내에 5회로 제한하는 규정(2020. 9. 24. 2018헌마739등: 합헌)

[84] 약사가 아닌 자연인의 약국 개설을 금지하는 규정(2020. 10. 29. 2019헌바249: 합헌)

[85] 세무사법위반으로 벌금형을 받은 세무사의 등록을 필요적으로 취소하도록 한 규정(2021. 10. 28. 2020헌바221: 합헌)

[86] 변호사시험에 응시하려는 사람이 납부하여야 할 응시 수수료를 일률적으로 20만 원으로 책정하고 있는 규정(2021. 10. 28. 2020헌마1283: 합헌)

[87] 코로나19 확진환자의 변호사시험 응시 금지 또는 자가격리자의 변호사시험 응시 제한(2023. 2. 23. 2020헌마1736: 합헌).

[88] 음주측정거부 전력이 있는 자가 음주운전을 한 경우 운전면허를 필요적으로 취소하도록 하는 규정(2024. 5. 30. 2022헌바256: 합헌)

[89] 강제추행죄로 벌금형이 확정된 체육지도자의 자격을 필요적으로 취소하도록 하는 규정(2024. 8. 29. 2023헌가10: 합헌)

[90] 보복범죄로 징역형의 집행유예를 선고받은 자에 대하여 택시운전자격을 필요적으로 취소하는 규정(2025. 3. 27. 2021헌바219: 합헌)

[판례] 장소의 규제(직업수행의 자유에 대한 제약행위)

[1] 변호사의 개업지제한(1989. 11. 20. 89헌가102: 위헌)

[2] 한약업사의 영업지제한(1991. 9. 16. 89헌마231: 합헌)

[3] 학교환경위생정화구역 안에서의 당구장 영업금지(1997. 3. 27. 94헌마196등: 일부위헌)

[4] 학교환경위생정화구역 안에서의 노래연습장 영업금지(1999. 7. 22. 98헌마480등: 합헌)

[5] 공장총량제에 따라 수도권지역에서 공장 신설 등의 총허용량을 초과하는 부분의 신설 등의 금지(2001. 11. 29. 2000헌바78: 합헌)

[6] 일반주거지역, 준주거지역, 준공업지역 안에서 단란주점의 건축금지(2002. 8. 29. 2000헌마556: 합헌)

[7] 의료기관의 시설 안 또는 구내에서의 약국개설 등록의 금지(2003. 10. 30. 2000헌마563: 합헌)

[8] 의료기관의 시설 또는 부지의 일부를 분할 · 변경 · 개수하여 약국을 개설하는 것의 금지(2003. 10. 30. 2001헌마700등: 합헌)

[9] 학교환경위생정화구역 안에서 극장시설 및 영업의 금지(2004. 5. 27. 2003헌가1등: 대학의 경우 위헌이고, 유치원 및 초 · 중등학교의 경우 극장영업의 절대적 금지는 위헌이지만 헌법불합치 및 적용중지명령)

[10] 학교환경위생정화구역 안에서 여관시설 및 영업의 금지(2004. 10. 28. 2002헌바41: 합헌)

[11] 액화석유가스 판매사업자가 액화석유가스를 용기로 판매하는 경우 그 판매지역을 행정구역을 기준으로 제한하는 규정(2007. 6. 28. 2004헌마540: 합헌)

[12] 학교환경위생정화구역 내 미풍양속을 해하는 행위 · 시설금지(2008. 4. 24. 2004헌바92: 합헌)

[13] 유치원 주변 학교환경위생 정화구역에서 성관련 청소년유해물건을 제작 · 생산 · 유통하는 청소년유해업소를 예외 없이 금지하는 조항(2013. 6. 27. 2011헌바8: 합헌)

[14] 선박급유업자가 항만별로 지방해양항만청장에게 등록하도록 하여 등록하지 않은 항만에서는 선박급유업 영업을 하지 못하게 하는 규정(2017. 8. 31. 2016헌바386: 합헌)

[15] 허가받은 지역 밖에서의 이송업의 영업을 금지하고 처벌하는 규정(2018. 2. 22. 2016헌바100: 합헌)

[16] 공항시설 내에서의 영업행위 금지(2024. 4. 25. 2021헌바112: 합헌)

[17] 대형트롤어업의 허가 시 동경 128도 이동수역에서 조업을 금지하는 조건을 붙이도록 하는 규정(2024. 7. 18. 2021헌마533: 합헌)

[판례] 시간의 규제(직업수행의 자유에 대한 제약행위)

[1] 노래연습장의 영업시간제한(1996. 2. 29. 94헌마213: 합헌)
[2] 무도장(카바레)의 영업시간제한(2000. 7. 20. 99헌마455: 합헌)
[3] 숙박업자에게 매년 일정시간 위생교육을 받을 의무를 부과(2006. 2. 23. 2004헌마597: 합헌)
[4] 16세 미만 청소년에게 오전 0시부터 오전 6시까지 인터넷게임의 제공을 금지(2014. 4. 24. 2011헌마659: 합헌)
[5] 학교교과 교습학원 및 교습소의 심야교습을 제한하고 있는 조례(2016. 5. 26. 2014헌마374: 합헌)
[6] 특별자치시장 · 시장 · 군수 · 구청장으로 하여금 대형마트 등에 대하여 영업시간 제한을 명하거나 의무휴업을 명할 수 있도록 하는 규정(2018. 6. 28. 2016헌바77: 합헌)

[판례] 방법의 규제(직업수행의 자유에 대한 제약행위)

[1] 18세 미만자에 대한 당구장 영업금지(1993. 5. 13. 92헌마80: 위헌)
[2] 업무범위를 위반한 건축사의 필요적 등록취소(1995. 2. 23. 93헌가1: 위헌)
[3] 담배자판기에 의한 담배판매의 금지(1995. 4. 20. 92헌마264: 합헌)
[4] 18세 미만자에 대한 노래연습장 영업금지(1996. 2. 29. 94헌마13: 합헌)
[5] 감정평가업자의 업무영역의 구분(1996. 8. 29. 94헌마113: 합헌)
[6] 다단계판매행위의 금지(1997. 11. 27. 96헌마12: 합헌)
[7] 증기탕에서 이성 입욕보조자의 입욕을 금지(1998. 2. 27. 97헌마64: 합헌)
[8] 보석감정업자에게 밀수품의 감정을 금지(1998. 3. 26. 97헌마194: 합헌)
[9] 운수종사자가 수령한 운송수입금 전액을 택시운수사업자가 납부받도록 하는 '운송수입금 전액관리제도'(1999. 9. 16. 96헌마39; 2009. 9. 24. 2008헌바75: 합헌)
[10] 단란주점의 미성년자출입금지(1999. 9. 16. 96헌마39: 합헌)
[11] 지입제 경영을 한 여객운송사업자에 대한 필요적 면허취소제도(2000. 6. 1. 99헌가11등: 위헌)
[12] 19세 미만자에 대한 술판매를 금지한 청소년보호법(2001. 1. 18. 99헌마555: 합헌 – 청소년에 대한 술의 판매를 규제하여 청소년이 건전한 인격체로 성장하는 데 기여하게 되는 공익이 청소년에게 술을 팔지 못하여 받게 되는 불이익보다 매우 크고 중요하기 때문에)
[13] 건설업자의 명의대여행위에 대한 제재로서 필요적 등록말소(2001. 3. 21. 2000헌바27: 합헌 – 부실공사로부터 국민의 생명과 재산을 보호해야 하는 공익의 긴급성과 중대성)
[14] 백화점의 셔틀버스운행금지(2001. 6. 28. 2001헌마132: 합헌)
[15] 유사석유제품의 제조 및 판매의 금지(2001. 12. 20. 2001헌가6등: 합헌)
[16] 부동산중개업자에게 법정수수료를 초과하여 받지 못하게 하고, 이를 위반한 경우 행정상 제재나 형사처벌을 할 수 있도록 한 법률(2002. 6. 27. 2000헌마642등: 합헌)
[17] 아케이드이큅프멘트 게임기구를 이용한 게임장(유기장)영업자에게 등록의무를 부과하고, 등급분류를 받도록 한 법률(2002. 7. 18. 99헌마574: 합헌)
[18] 약국의 셔틀버스운행금지(2002. 11. 28. 2001헌마596: 합헌)
[19] 광고대행업자가 교통수단을 이용한 광고의 금지(2002. 12. 18. 2000헌마764: 합헌)
[20] 법무사보수기준제를 두어 수임한 업무에 대하여 자유롭게 보수를 정하지 못하도록

한 규정(2003. 6. 26. 2002헌바3: 합헌)

[21] 의료기관의 조제실에서 외래환자에게 의약품의 조제 및 투약업무의 금지(2003. 10. 30. 2000헌마563: 합헌)

[22] 의료기관이 의약품도매상을 설립하는 행위의 금지(2004. 1. 29. 2001헌바30: 합헌)

[23] 18세 이용가 게임물의 설치비율 제한, 전체이용가 게임물과 18세 이용가 게임물의 구분 비치·관리 및 18세 이용가 게임물의 비치장소에 청소년 출입금지 표시의무(2005. 2. 3. 2003헌마930: 합헌)

[24] 특정의료기관이나 특정의료인의 기능·진료방법에 관한 광고의 금지(2005. 10. 27. 2003헌가3: 위헌)

[25] 변호사 사무직원에 대하여 변호사에게 사건을 알선해 주고 금품을 수수하는 행위의 금지(2005. 11. 24. 2004헌바83: 합헌)

[26] 엘피파워를 유사석유제품으로 분류하여 그 제조 및 판매 등을 금지(2005. 11. 24. 2004헌마536: 합헌)

[27] 자동차매매사업조합에 대한 중고자동차 성능점검부 발행영업의 배제(2006. 1. 26. 2005헌마424: 합헌)

[28] 재해발생이 우려되는 등의 경우에 산림 안에서 채석허가의 불허(2006. 3. 30. 2005헌바78: 합헌)

[29] 노래연습장업자에게 영업장내 주류판매·제공·보관금지 및 고객의 주류반입묵인금지(2006. 11. 30. 2004헌마431등; 2020. 12. 23. 2019헌바82: 합헌)

[30] 식품접객업소에서 배달 등의 경우에 합성수지 재질의 도시락 용기의 사용금지(2007. 2. 22. 2003헌마428등: 합헌)

[31] 지적측량업자의 지적측량업무 범위를 경계점좌표등록부가 비치된 지역에서의 지적측량과 도시개발사업 등이 완료됨에 따라 실시하는 지적확정측량에 한정하고 있는 규정(2007. 6. 28. 2004헌마262: 합헌)

[32] 국민건강보험법에 따라 보수와 비용을 요양급여로 지급하는 검사방법의 제한(2007. 8. 30. 2006헌마417 합헌)

[33] 24시간 찜질방 영업자에 대한 보호자를 동반하지 않은 청소년의 출입금지의무(2008. 1. 17. 2005헌마1215: 합헌)

[34] 위탁급식업체에 대한 학교급식 운영방식의 제한(2008. 2. 28. 2006헌마1028: 합헌)

[35] 검사를 받지 않은 홍삼의 판매 및 판매목적 진열의 금지(2008. 4. 24. 2006헌바68: 합헌)

[36] 한약사의 임의조제가 허용되는 한약처방 범위의 제한(2008. 7. 31. 2005헌마667: 합헌)

[37] 변리사에 대한 변리사회 가입강제(2008. 7. 31. 2006헌마666: 합헌)

[38] 석유계 용제를 사용하는 세탁업자에 대한 회수건조기 부착 세탁용 기계 사용의무(2008. 7. 31. 2006헌마1087: 합헌)

[39] 한국방송광고공사와 이로부터 출자를 받은 회사가 아니면 지상파방송사업자에 대해 방송광고 판매대행을 할 수 없도록 한 규정(2008. 11. 27. 2006헌마352: 위헌)

[40] 부동산중개업자에 대한 부동산 거래내역 신고의무의 부과(2009. 3. 26. 2007헌마988: 합헌)

[41] 선출원상표의 상표등록 무효심결이 확정되더라도 그와 동일 또는 유사한 상표 등록의 금지 또는 후출원된 등록상표의 무효(2009. 4. 30. 2006헌바113: 위헌)

[42] 게임제공업자에 대한 경품용상품권제도의 폐지(2009. 4. 30. 2007헌마103: 합헌)

[43] 변호사에 대한 수임사건·수임액의 보고의무의 부과(2009. 10. 29. 2007헌마667: 합헌)

[44] 특수한 유형의 온라인서비스제공자에게 저작물 등의 불법전송을 차단하는 기술적 조치 등을 할 의무의 부과(2011. 2. 24. 2009헌바13: 합헌)

[45] 종합전문요양기관은 신청에 따른 별도의 지정행위 없이 당연히 산재보험 의료기관이

되도록 한 규정(2011. 6. 30. 2008헌마595: 합헌)

[46] 외국인 근로자에 대한 사업장 이동의 3회 제한(2011. 9. 29. 2007헌마1083: 합헌)

[47] 밴형 화물자동차의 구조요건으로서 3명 이하의 승차 정원 제한(2011. 10. 25. 2010헌마482: 합헌)

[48] PC방 전체를 금연구역으로 지정하도록 한 규정(2013. 6. 27. 2011헌마315등: 합헌)

[49] '영리'를 위한 음란한 물건 판매 행위 및 판매 목적 소지행위 금지(2013. 8. 29. 2011헌바176: 합헌)

[50] 신용카드가맹점에 대하여 신용카드로 거래한다는 이유로 신용카드 결제를 거절하거나 신용카드회원을 불리하게 대우하는 것을 금지(2014. 3. 27. 2011헌마744:합헌)

[51] 의약품 도매상 허가를 받기 위해 필요한 창고면적의 최소기준을 규정(2014. 4. 24. 2012헌마811:합헌)

[52] 전문과목을 표시한 치과의원은 그 표시한 전문과목에 해당하는 환자만을 진료하여야 한다는 규정(2015. 5. 28. 2013헌마799: 위헌)

[53] 리베이트를 수수한 의료인을 처벌하도록 하는 규정(2015. 11. 26. 2014헌바299: 합헌)

[54] 개인과외교습자에게 신고의무를 부여한 규정(2015. 12. 23. 2014헌바294: 합헌)

[55] 의료인 등으로 하여금 거짓이나 과장된 내용의 의료광고를 하지 못하도록 하고 이를 위반한 자를 처벌하도록 하는 규정(2015. 12. 23. 2012헌마685: 합헌)

[56] 약사에 대한 이른바 '의약품 리베이트 수수 쌍벌제'를 정한 규정(2016. 2. 25. 2014헌바393: 합헌)

[57] 일반음식점영업소를 금연구역으로 지정하여 운영하도록 하는 규정(2016. 6. 30. 2015헌마813: 합헌)

[58] 수중형 체험활동 운영자에게 연안체험활동 안전관리 계획서를 작성하여 신고하도록 하는 규정(2016. 7. 28. 2015헌마923: 합헌)

[59] 비의료인의 의료에 관한 광고의 금지(2016. 9. 29. 2015헌바325: 합헌)

[60] 샘플 화장품 판매의 금지와 그 위반자에 대한 형사처벌에 관한 규정(2017. 5. 25. 2016헌바408: 합헌)

[61] 양곡매매업자가 국산 미곡(쌀)과 같은 종류의 수입 미곡을 혼합하거나 생산연도가 다른 미곡을 혼합하여 유통하는 행위의 금지(2017. 5. 25. 2015헌마869)

[62] 생산자 · 수입자 또는 판매자로 하여금 산양삼 유통 · 판매 또는 통관을 하는 경우 품질표시를 하도록 하는 규정(2017. 7. 27. 2017헌가8: 합헌)

[63] 방송통신기자재 등을 제조 · 판매 · 수입하려는 자에 대하여 해당 기자재의 적합성평가를 받도록 하는 규정(2017. 7. 27. 2015헌바278: 합헌)

[64] 전문문화재수리업자에 대하여 하도급을 금지하고 이를 위반하는 경우 형벌을 부과하도록 하는 규정(2017. 11. 30. 2015헌바377: 합헌)

[65] 보호자가 어린이집의 운영실태를 확인하기 위하여 어린이집 참관을 요구하는 경우 어린이집 원장은 특별한 사유가 없으면 이에 따라야 한다고 정한 규정(2017. 12. 28. 2015헌마994: 합헌)

[66] 의료기기 수입업자가 의료기관 개설자에게 리베이트를 제공하는 경우를 처벌하는 (2018. 1. 25. 2016헌바201: 합헌)

[67] 의료기관의 시설 또는 부지의 일부를 분할 · 변경 또는 개수(改修)하여 약국을 개설하는 경우 약국의 개설등록을 받지 않도록 하는 규정(2018. 2. 22. 2016헌바401: 합헌)

[68] 장애인활동보조기관에게 지급되는 시간당 급여비용을 매일 일반적으로 제공하는 경우에는 9,240원으로, 공휴일과 근로자의 날에 제공하는 경우에는 13,860원으로 정한 고시(2018. 2. 22. 2017헌마322: 합헌)

[69] 수탁자로서 신탁회사 및 신탁업자가 신탁재산을 고유재산으로 하거나 이에 관하여 권리를 취득하는 것을 금지한 규정(2018. 3. 29. 2016헌바468)

[70] 계약의 체결 · 이행 등과 관련한 금품 제공 등으로 부정당업자 제재 처분을 받은 자를 일정 기간 지방자치단체가 체결하는 수의계약의 계약상대자에서 배제하도록 한 규정(2018. 5. 31. 2015헌마853: 합헌)

[71] 변호사가 비변호사로서 유상으로 법률사무를 처리하려는 자에게 자기의 명의를 이용하게 하는 것을 금지하는 규정(2018. 5. 31. 2017헌바204: 합헌)

[72] 온라인서비스제공자가 자신이 관리하는 정보통신망에서 아동 · 청소년이용음란물을 발견하기 위하여 대통령령으로 정하는 조치를 취하지 아니하거나 발견된 아동 · 청소년이용음란물을 즉시 삭제하고, 전송을 방지 또는 중단하는 기술적인 조치를 취하지 아니한 경우 처벌하는 규정(2018. 6. 28. 2016헌가15: 합헌)

[73] 웹하드사업자에게 불법음란정보의 유통방지를 위하여 대통령령으로 정하는 기술적 조치를 할 의무를 부과하는 동시에 이러한 기술적 조치의 운영 · 관리 실태를 자동으로 기록되도록 하고 대통령령으로 정하는 기간 동안 보관할 의무를 부과하는 규정(2018. 6. 28. 2015헌마545: 합헌)

[74] 택시운송사업자가 운송비용을 택시운수종사자에게 전가할 수 없도록 정한(2018. 6. 28. 2016헌마1153: 합헌)

[75] 변호사가 법률사건 등의 수임에 관하여 소개 · 알선 또는 유인의 대가로 금품 등의 이익을 제공하거나 제공하기로 약속하는 행위를 금지하고 이를 위반한 경우 처벌하는 규정(2018. 7. 26. 2018헌바112: 합헌)

[76] 의료급여 수가기준을 정하면서 행위별수가제로 정한 다른 질환과 달리 정신질환 입원진료8시 1일당 정액수가제로 정한(2018. 7. 26. 2016헌마431: 합헌)

[77] 하청생산 납품 등 부당한 방법으로 직접 생산하지 아니한 제품을 납품한 경우 직접생산 확인을 필요적으로 취소하도록 하는 규정(2017. 7. 27. 2016헌가9; 2018. 11. 29. 2016헌바353: 합헌)

[78] 건강기능식품판매업을 하려는 자에게 신고의무를 부과한 규정(2018. 8. 30. 2017헌바368: 합헌)

[79] 유사군복을 판매할 목적으로 소지한 행위를 처벌하는 규정(2019. 4. 11. 2018헌가14: 합헌)

[80] 세무사 자격을 보유한 변호사로 하여금 세무조정업무를 할 수 없도록 한 규정(2018. 4. 26. 2016헌마116: 헌법불합치)

[81] 부동산중개 보조인이 중개의뢰인과 직접 거래하는 것을 금지한 규정(2019. 11. 28. 2016헌마188: 합헌)

[82] 변호사 등록을 신청하는 자에게 등록료로 1,000,000원을 납부하도록 한 변호사협회 규칙(2019. 11. 28. 2017헌마759: 합헌)

[83] 학점이 인정되는 교육훈련기관이 대학의 학과나 학부의 명칭을 사용하여 학생을 모집하는 행위를 금지하는 규정(2019. 11. 28. 2016헌마40: 합헌)

[84] 영업비밀에 해당하지 않는 영업상 주요자산인 정보를 유출한 경우까지 처벌하는 업무상 배임죄 규정(2019. 12. 27. 2017헌가18: 합헌)

[85] 안경사 면허를 가진 자연인에게만 안경업소의 개설 등을 허용함으로써 안경사가 아닌 자의 안경업소 개설 등을 금지한 규정(2021. 6. 24. 2017헌가31: 합헌 - 헌법불합치 의견이 5인이지만 정족수 미달로 합헌)

[86] 임차인이 승차정원 11인승 이상 15인승 이하인 승합자동차를 관광 목적으로 대여시간이 6시간 이상이거나, 대여 또는 반납 장소가 공항 또는 항만인 경우에 한하여 자동차대여사업자로 하여금 운전자를 알선할 수 있도록 함으로써 승합자동차를 사실상 여객을 운송하는 택시운송사업과 유상하게 운영하는 행위를 금지하는 규정(2021. 6. 24. 2020헌마651: 합헌)

[87] 법인인 전기공사업자의 사업 부분이 분할된 이후 분할합병된 경우에 합병 후 존속하

는 법인인 분할승계법인이 분할된 분할법인의 전기공사업자의 지위를 승계하도록 한 규정(2021. 7. 15. 2018헌바30: 합헌)

[88] 국내에 널리 인식된 타인의 성명, 상호, 표장(標章), 그밖에 타인의 영업임을 표시하는 표지와 동일하거나 유사한 것을 사용하여 타인의 영업상의 시설 또는 활동과 혼동하게 하는 행위를 '부정경쟁행위'로 정의하면서 금지하는 규정(2021. 9. 30. 2019헌바217: 합헌)

[89] 변호사는 분쟁처리기관에 계속 중인 사건에서 다툼의 대상이 되는 권리를 의미하는 '계쟁권리'를 양수할 수 없다고 한 규정(2021. 10. 28. 2020헌바488: 합헌)

[90] 소송사건의 대리인인 변호사가 수형자를 접견하고자 하는 경우 소송계속 사실을 소명할 수 있는 자료를 제출하도록 한 규정(2021. 10. 28. 2018헌마60: 위헌)

[91] 금융감독원의 4급 이상 직원에 대하여 3년간 취업심사대상기관의 취업을 금지한 규정(2021. 11. 25. 2019헌바555: 합헌)

[92] 사업용 자동차에 해당하지 않는 비사업용 자동차의 외부에는 소유자의 성명, 명칭, 주소, 업소명, 전화번호, 자기의 상표 또는 상징형 도안과 같은 자기광고만 표시할 수 있고, 이에 해당하지 않는 타인광고는 표시할 수 없도록 한 규정(2022. 1. 27. 2019헌마327: 합헌)

[93] 변호사가 변호사협회의 유권해석에 위반되는 광고를 할 수 없도록 하는 규정(2022. 5. 26. 2021헌마619: 위헌)

[94] 건설공사의 수급인으로 하여금 공사내용에 상응하는 건설업자에게만 공사를 하도급하도록 한 규정(2022. 9. 29. 2019헌마206: 합헌)

[95] 건강기능식품의 효능에 관한 표시나 광고의 금지(2022. 12. 22. 2019헌마1328: 합헌)

[96] 도서 가격의 할인범위를 정가의 15퍼센트 이하로 제한하는 도서정가제 규정(2023. 7. 20. 2020헌마104: 합헌)

[97] 의약외품이 아닌 것을 용기, 포장 또는 첨부 문서에 의학적 효능, 효과 등이 있는 것으로 오인될 우려가 있는 표시를 하거나, 이와 같은 의약외품과 유사하게 표시된 것을 판매하는 것을 금지하는 규정(2024. 4. 25. 2022헌바204: 합헌)

[98] 100세대 이상 민간임대사업자가 증액할 수 있는 임대료의 증액 비율 상한 설정(2024. 7. 18. 2020헌마1434: 합헌).

[99] 육계 또는 육용오리농가에 대한 일제 입식 및 출하 준수의무 부과(2025. 1. 23. 2021헌마1194: 합헌)

제 3 항 제한규범

직업의 자유의 구성요건을 충족해도 제한규범에 근거하여 제약되는 직업활동은 확정적인 보호를 받지 못한다. 직업의 자유의 구성요건을 충족하면서 제한규범에 근거하여 제약될 수 없는 직업활동만이 확정적으로 허용된다. 따라서 직업의 자유에 관한 구성요건의 단계에서 보호법익에 해당하여 잠정적으로 허용된 직업활동은 제한규범에 근거하여 제약될 수 없으면 확정적으로 보호된다. 한편 직업의 자유에 포함된 방어권의 경우에 구성요건의 단계에서 잠정적으로 금지된 제약행위는 제한규범에 근거하는 경우에만 잠정적으로 허용된 제약행위로 바뀌게 되고, 근거가 되는 제한규범이 없는 경우에는 확정적으로 금지된 제약행위가 된다.

Ⅰ. 헌법직접적 제한규범

직업의 자유에 대한 헌법직접적 제한규범은 '성문'의 형태와 '불문'의 형태로 규정이 가능하다. 현행 헌법은 직업의 자유에 대한 성문의 헌법직접적 제한규범을 규정하고 있지 않다. 불문의 헌법직접적 제한규범으로는 다른 사람의 기본권이나 헌법적 법익을 들 수 있다. 다른 사람의 기본권이 직업의 자유에 대한 헌법직접적 제한규범이 되면 양자 사이에 '기본권의 충돌'이 발생한다. 직업의 자유에 대한 헌법직접적 제한규범이 되는 헌법적 법익으로는 경제질서에서 국가의 규제 · 조정이 허용되기 위해 열거된 목적들(제119조 제2항)을 들 수 있다.

Ⅱ. 헌법간접적 제한규범

직업의 자유에 대한 헌법간접적 제한규범은 직업의 자유에 대해서만 '개별적으로' 규정될 수도 있고, 직업의 자유를 포함한 모든 자유와 권리에 대해서 '일반적으로' 규정될 수도 있다. 현행 헌법은 직업의 자유에 대한 개별적 법률유보조항은 두고 있지 않다. 따라서 일반적 법률유보조항인 헌법 제37조 제2항에 근거하여 직업의 자유는 "국가안전보장, 질서유지 또는 공공복리"를 위하여, "법률로써"만 제한될 수 있다.

제4항 정 당 화

Ⅰ. 비례성원칙

직업의 자유도 다른 기본권과 마찬가지로 원칙규범이다. 따라서 잠정적으로 보장된 직업의 자유의 구성요건이 확정적인 것이 되기 위해서는 **비례성원칙에 따른 합리적 형량**이 필요하다. 이것은 직업의 자유를 제한하는 다른 사람의 기본권이나 헌법적 법익 또는 공익을 이 자유와의 관계에서 조화와 균형을 이루게 함으로써 정당화하는 것을 의미한다. 그러므로 직업의 자유에 대한 제약은 다른 사람의 기본권이나 헌법적 법익 또는 입법목적으로 제시된 공익과 균형을 이룰 수 있는 범위 안에서는 정당화된다. 비례성원칙은 방어권의 경우에는 과잉금지원칙으로, 보호권과 절차권의 경우에는 과소금지원칙으로 구체화된다.

[판례] 직업 수행의 자유와 비례성원칙

농협 · 축협 조합장이 금고 이상의 형을 선고받고 그 형이 확정되지 아니한 경우에도 이사가 그 직무를 대행하도록 규정한 법률조항들의 입법목적을 달성하기 위하여 직무정지라는 불이익을 가한다고 하더라도 그 사유는 형이 확정될 때까지 기다릴 수 없을 정도로 조합장 직무의 원활한 운영에 대한 '구체적인' 위험을 야기할 것이 명백히 예상되는 범죄 등으로 한정되어야 한다. 그런데 이 사건 법률조항들은 …, 단순히 금고 이상의 형을 선고받은 모든 범죄로 그 적용대상을 무한정 확대함으로써 기본권의 최소 침해성 원칙을 위반하였다. 또한 이 사건 법률조항들에 의하여 달성하려는 공익은 모호한 반면에, 금고 이상의 형이 선고되었다는 이유만으로 형의 확정이라는 불확정한 시기까지 직무수행을 정지 당하는 조합장의 불이익은 실질적이고 현존하는 기본권 침해로서 위와 같은 공익보다 결코 작다고 할 수 없으므로 이 사건 법률조항들은 법익균형성 요건도 충족하지 못하였다. 따라서 이 사건 법률조항들은 과잉금지원칙에 위반하여 청구인들의 직업수행의 자유를 침해한다(2013. 8. 29. 2010헌마562).

Ⅱ. 본질내용침해금지원칙

직업의 자유의 본질내용에 대해서는 **절대설**에 따르면 비례성원칙과는 독립적인 원칙인 본질내용침해금지원칙에 따른 독자적인 심사가 직업의 자유에 대한 제약을 정당화하기 위하여 부가적으로 필요하다. 하지만 **상대설**에 따르면 비례성원칙에 따른 심사로 직업의 자유의 제약을 위한 정당화는 충분하게 된다. 직업선택의 자유의 절대적 본질내용에 대해서 "개성신장이나 생계유지를 불가능하게 할 정도"의 제한은 본질내용에 대한 침해라고 보는 견해가 있다.[37]

[판례] 직업의 자유와 본질내용침해금지원칙

골프장에 대한 취득세 부담이 높다는 것(**골프장에 대한 취득세 중과세 제도**)은 결국 이러한 경제적 부담을 감수하더라도 골프장을 취득하여 사업을 운영할 것인가 말 것인가 하는 기업주체의 자율적인 경제적 선택의 문제일 뿐, 골프장업의 운영을 법률적으로나 사실상으로 금지하는 것이라고 볼 수는 없으므로, 직업선택의 자유나 재산권의 본질적인 내용을 침해하는 것이라고 볼 수 없다(1995. 2. 25. 96헌바64).

Ⅲ. 단계이론

직업의 자유에 대한 제약을 정당화하기 위한 이론으로서 **단계이론**이 제시된다. 단계이론에 따르면 직업의 자유에 대한 제약은 ① **직업수행의 자유에 대한 제약**, ② **주관적 사유에 근거한 직업선택의 자유에 대한 제약**, ③ **객관적 사유에 근거한 직업선택의 자유에 대한 제약**으로 단계적으로 구분된다. 이러한 이론의 핵심은 위와 같은 단계에 따라 일반적으로 직업의 자유에 대한 '제약의 강도'가 높아지고, 따라서 제약을 위한 '공익 목적의 비중(중대성)'이 그만큼 더 클 것을 요구한다는 점에 있다. 단계이론은 직업의 자유에 대한 제약의 강도와 제약되는 직업의 자유의 비중이 비례성원칙에 따른 합리적 형량의 결과로서 일반화될 수 있다는 것을 보여주는 공식으로 이해된다. 따라서 이 이론은 **비례성원칙을 직업의 자유와 관련하여 구체화한 이론**으로 이해되기 때문에 직업의 자유에 대한 제약을 정당화함에 있어서 일반적으로 적용될 수 있을 것으로 보인다.

하지만 단계이론의 본질적 구조가 비례성원칙의 구조와 동일하다는 점을 고려한다

37) 권영성, 582면.

면 단계이론을 기계적으로 적용하기보다는 구체적 사안에 따라 직업활동과 관련되어 제약되는 기본권과 제약을 위한 공익목적을 합리적으로 형량하는 것이 중요하다. 따라서 단계이론이 직업의 자유에 대한 제약을 정당화할 때 어느 정도 타당성을 가진다는 점은 인정되지만 구체적인 사안에 따라 수정이 필요하다. 즉 직업수행의 자유에 대한 제약의 강도가 직업선택의 자유에 대한 제약의 강도보다 높아서 전자를 정당화하기 위하여 요구되는 공익의 비중이 후자를 정당화하기 위하여 요구되는 공익의 비중보다 클 수도 있다.

[판례] 단계이론

좁은 의미의 직업선택의 자유를 제한하는 것은 인격발현에 대한 침해의 효과가 직업수행의 자유를 제한하는 경우보다 일반적으로 크기 때문에 전자에 대한 제한은 후자에 대한 제한보다 더 엄격한 제약을 받는다. 또한 직업선택의 자유를 제한하는 경우에 기본권 주체의 능력이나 자격 등 주관적 사유에 의한 제한보다는 기본권 주체와는 전혀 무관한 객관적 사유를 이유로 하는 제한이 가장 심각한 제약이 되므로, 객관적 사유에 의한 직업선택의 자유의 제한은 가장 엄격한 요건이 갖추어진 경우에만 허용될 수 있고 그 제한법률에 대한 심사기준도 엄격한 비례의 원칙이 적용된다(2010. 5. 27. 2008헌바110).

[판례] 직업선택(결정)의 자유와 직업수행(행사)의 자유에 대한 제한의 정도

직업행사의 자유는 직업결정의 자유에 비하여 상대적으로 그 침해의 정도가 작다고 할 것이어서 이에 대하여는 공공복리 등 공익상의 이유로 비교적 넓은 법률상의 규제가 가능하다(1993. 5. 13. 92헌마80; 1998. 5. 28. 95헌바18; 2002. 10. 31. 99헌바76; 2003. 6. 26. 2002헌바3; 2003. 10. 30. 2000헌마363). 그러나 직업수행의 자유를 제한할 때에도 헌법 제37조 제2항에 의거한 비례의 원칙에 위배되어서는 안된다(1989. 11. 20. 89헌가102; 1996. 12. 26. 96헌가18; 2002. 1. 31. 2000헌가8; 2002. 7. 18. 99헌마574; 2002. 10. 31. 99헌바76; 2003. 6. 26. 2002헌바3; 2003. 10. 30. 2000헌마563).

[판례] 직업선택의 자유에 대한 제한과 엄격한 비례성심사

당사자의 능력이나 자격과 상관없는 객관적 사유에 의한 제한은 월등하게 중요한 공익을 위하여 명백하고 확실한 위험을 방지하기 위한 경우에만 정당화될 수 있고, 따라서 과잉금지의 원칙, 즉 엄격한 비례의 원칙이 그 심사척도가 된다(2002. 4. 25. 2001헌마614).

제5항 효 력

직업의 자유는 ① 국가에 대해서 효력(대국가적 효력)을 미칠 뿐만 아니라 ② 사인인 제3자, 즉 국민에 대해서도 효력(대사인적 효력)을 발생한다. 직업의 자유의 사인에 대한 효력은 기본권의 대사인적 효력의 이론구성에 따라 법관에게 기본권존중의무를 매개로 직업의 자유를 존중하는 재판을 요구함으로써 실현될 수 있다.

제 4 절 재 산 권

제1항 헌법규정

헌법은 제23조에서 재산권에 대해서 규정하고 있다. 이러한 기본권규정이 의미하는 바는 재산권에 관한 주관적 지위와 객관적 규범이다. 그 밖에도 재산권과 관련된 조항으로는 소급입법에 의한 재산권박탈의 금지를 규정한 헌법 제13조 제2항, 지적 재산권의 보장을 규정한 헌법 제22조 제2항을 들 수 있다.

[헌법 제23조]
① 모든 국민의 재산권은 보장된다. 그 내용과 한계는 법률로 정한다. ② 재산권의 행사는 공공복리에 적합하도록 하여야 한다. ③ 공공필요에 의한 재산권의 수용·사용 또는 제한 및 그에 대한 보상은 법률로써 하되, 정당한 보상을 지급하여야 한다.

재산권에 대한 보장은 "재산권의 내용과 한계의 법정주의", "재산권행사의 공공복리적합성", "재산권에 대한 공용제약 및 손실보상"과 함께 제헌헌법(제15조)에서부터 현행 헌법에 이르기까지 규정되고 있다. 다만 보상의 기준에 대해서는 제헌헌법에서는 "상당한 보상"으로 규정하였고, 1962년 헌법(제20조 제3항)에서 "정당한 보상"으로 개정되었다가 1972년 유신헌법(제20조 제3항)에서는 "보상의 기준과 방법을 법률로" 정하도록 하였다. 1980년 헌법(제22조 제3항)은 보상에 있어서 "공익 및 관계자의 이익을 정당하게 형량"하도록 요구하였고, 현행 헌법에서 "정당한 보상"으로 규정되었다.

제2항 구성요건

Ⅰ. 인적 구성요건(주체)

재산권은 **국민의 권리**이기 때문에 재산권의 주체는 원칙적으로 국민이다. 예외적으로 외국인도 주체가 될 수 있다. 또한 자연인뿐만 아니라 법인도 주체가 될 수 있다.

Ⅱ. 보호법익

1. 재 산

재산이란 재산적·경제적 가치가 있는 모든 대상을 말한다. 이러한 대상에는 우선 동산과 부동산, 그리고 금전과 같은 **유형의 대상**이 포함된다. 또한 지적 재산과 같이 재산적 · 경제적 가치가 있는 **무형의 대상**도 포함된다.

2. 재산에 관한 법적 지위와 권리

(1) 학설의 검토

재산권의 법적 성격에 대해서는 ① 재산권이라는 개인의 주관적 권리를 기본권으로 보장한다는 **자유권적 기본권설**과 ② 사유재산제도라는 제도를 보장한다는 **제도보장설**이 주장될 수 있다고 설명된다. 이러한 자유권적 기본권설과 제도보장설의 대립적 설명은 재산권을 절대적 기본권 또는 상대적 기본권이라는 이분법적 구도에서 보는 경우에만 가능하다. 그리고 절충설도 이러한 이분법적 구도를 유지하고 있다는 점에서는 다르지 않다.

재산권은 재산과 관련된 일정한 **법적 지위**를 의미한다. 적어도 이러한 법적 지위는 헌법 이전에 존재하여 잠정적으로나마 무제한적으로 보장된다는 점에서 **재산권도 원칙규범**으로 이해될 수 있기 때문에 일단은 자유권적 기본권설의 취지에 동의할 수 있다. 그러나 이러한 법적 지위는 헌법 이전에도 제도적 의미를 갖는다. 왜냐하면 법적 지위는 헌법 이전에도 그러한 법적 지위를 규율하는 사법상의 제도와 관련되기 때문이다. 헌법은 이렇게 헌법 이전의 제도적 의미를 갖는 재산권을 보장하고, 입법자는 이러한 재산권을 구체화하기 위하여 제한하게 된다. 따라서 재산권이 제한될 수 있기 때문에 곧바로 제도보장으로 이해하는 견해는 잘못된 것이고, 또한 그렇기 때문에 양자를 논리적으로 결합시키지 못한 채 절충하는 견해도 잘못된 것이다. 제도가 필요한 기본권이라고 하더라도 잠정적으로 최대한 실현될 것이 요구되고, 다른 기본권이나 헌법적 법익 또는 공익을 고려할 때 제한될 수밖에 없는 점은 다른 기본권과 동일하다. 결론적으로 재산권도 다른 자유권과 마찬가지로 원칙규범으로서 잠정적으로 무제한적 보호영역을 갖는다는 점에서는 자유권적 기본권이라 부를 수 있지만 다른 자유권과는 달리 법적 지위를 보호법익으로 하고 그러한 법적 지위를 구체화하는 제도를 필요로 한다는 점에서는 제도보장으로 부를 수도 있다.

(2) 재산에 관한 법적 지위

재산권은 상태, 즉 일정한 주체가 재산에 대해서 가지는 법적 지위를 보호법익으로 하는 자유이다. 이러한 법적 지위는 **재산을 취득 · 사용 · 수익 · 처분할 수 있는 법적 지위**를 의미한다. 이 가운데 재산을 사용 또는 수익할 수 있는 법적 지위를 '사적 유용성'으로, 처분할 수 있는 법적 지위를 '처분권'으로 부르면서 양자를 구분하기도 한다. 또한 재산에 관한 법적 지위에는 재산적 가치가 있는 ① **사법상의 권리**뿐만 아니라 ② **공법상의 권리**도 포함된다. 따라서 재산권에는 민법상의 소유권 기타 물권, 채권, 그리고 상속권[38]뿐만 아니라 특별법상의 광업권, 어업권,[39] 수렵권과 아울러 지적 재산권에 속

---

38) 헌재 1998. 8. 27. 96헌가22; 2004. 10. 28. 2003헌가13; 2008. 2. 28. 2005헌바7; 2010. 4. 29. 2007헌바144.

하는 저작권, 특허권, 실용신안권, 의장권, 상표권도 포함된다. 한편 재산권에는 재산적 가치가 있는 공법상의 권리로서 그 주체의 노력이나 희생과 같은 기여가 있는 권리도 포함된다. 이러한 법적 지위는 **법적 행위**의 가능성을 보장한다는 점에서 단순히 행위의 가능성을 보장하는 자유와 구분된다.

헌법재판소에 따르면 헌법이 보장하는 재산권은 **사적 유용성** 및 그에 대한 원칙적 **처분권**을 내포하는 재산가치가 있는 구체적 권리이고, 단순한 이익이나 재화의 획득에 관한 기회 또는 기업활동의 사실적 · 법적 여건 등은 재산권보장의 대상이 되지 않는다고 한다.[40] 그리고 헌법이 보장하는 재산권에는 공법상의 권리뿐만 아니라 사법상의 권리도 포함되고, 그 재산가액의 다과를 불문한다고 한다.[41] 헌법재판소는 특히 공법상의 권리가 헌법상의 재산권보장의 보호를 받기 위해서는 다음과 같은 요건을 갖추어야 한다고 한다. 첫째, 공법상의 권리가 권리주체에게 귀속되어 개인의 이익을 위하여 이용가능해야 하며(사적 유용성), 둘째, 국가의 일방적인 급부에 의한 것이 아니라 권리주체의 노동이나 투자, 특별한 희생에 의하여 획득되어 자신이 행한 급부의 등가물에 해당하는 것이어야 하며(수급자의 상당한 자기기여), 셋째, 수급자의 생존의 확보에 기여해야 한다. 이러한 요건을 통하여 사회부조와 같이 국가의 일방적인 급부에 대한 권리는 재산권의 보호대상에서 제외되고, 단지 사회법상의 지위가 자신의 급부에 대한 등가물에 해당하는 경우에 한하여 사법상의 재산권과 유사한 정도로 보호받아야 할 공법상의 권리가 인정된다. 즉 공법상의 법적 지위가 사법상의 재산권과 비교될 정도로 강력하여 그에 대한 박탈이 법치국가원리에 반하는 경우에 한하여, 그러한 성격의 공법상의 권리가 재산권의 보호대상에 포함된다.[42]

헌법재판소가 제시한 기준에 따르면 ① 환매권,[43] ② 군인연금법상의 연금수급권,[44] ③ 공무원연금법상의 퇴직급여청구권과 연금수급권,[45] ④ 국가유공자의 보상수급권,[46] ⑤ 의료보험수급권[47] 등은 재산권의 대상이 된다. 하지만 ① 약사의 한약조제권,[48] ② 관재담당공무원이 국유재산을 취득할 수 있는 기회,[49] ③ 국민건강보험상 적립금,[50] ④ 농지개량조합의 재산,[51] ⑤ 영업권 또는 영업활동으로 인한 이익,[52] ⑥ 물

39) 헌재 1997. 7. 22. 97헌마76.
40) 헌재 1999. 4. 29. 96헌바55; 2000. 7. 20. 99헌마452; 2023. 6. 29. 2020헌마1669(집합제한조치로 발생한 영업상 손실).
41) 헌재 1992. 6. 26. 90헌바26.
42) 헌재 2000. 6. 29. 99헌마289.
43) 헌재 1994. 2. 24. 92헌가15; 1998. 12. 24. 97헌마87등; 2020. 11. 26. 2019헌바131.
44) 헌재 1994. 6. 30. 92헌가9.
45) 헌재 1995. 7. 21. 94헌바27등; 1996. 10. 4. 96헌가6; 1999. 4. 29. 97헌마333.
46) 헌재 1995. 7. 21. 93헌가14; 2001. 6. 28. 99헌마516.
47) 헌재 2000. 6. 29. 99헌마289.
48) 헌재 1997. 11. 27. 97헌바10.
49) 헌재 1999. 4. 29. 96헌바55.
50) 헌재 2000. 6. 29. 99헌마289.

납할 권리,[53] ⑦ '공유토지분할에 관한 특례법'상 분할신청권자에게 주어진 지위,[54] ⑧ 체육시설업(골프장) 사업계획승인권[55] 등은 헌법에 의해 보장되는 재산권에 해당하지 않는다.

[판례] 재산권으로 인정되는 권리

[1] 공무원연금법상의 각종 급여는 기본적으로 모두 사회보장적 급여로서의 성격을 가짐과 동시에 공로보상 내지 후불임금으로서의 성격도 함께 가진다고 할 것이다(1998. 12. 24. 96헌바73; 1999. 4. 29. 97헌마333; 2000. 3. 30. 99헌바53; 2002. 7. 18. 2000헌바57; 2003. 9. 25. 2001헌마93). 따라서 **공무원연급법상 연금수급권**은 경제적 가치가 있는 권리로서 헌법 제23조에 의하여 보장되는 재산권으로서의 성격을 가진다(1994. 6. 30. 92헌가9; 1996. 10. 4. 96헌가6; 1998. 12. 24. 96헌바73; 1999. 4. 29. 97헌마333; 2002. 7. 18. 2000헌바57; 2003. 9. 25. 2001헌마93; 2014. 5. 29. 2012헌마515).

[2] **공무원연금법상 퇴직연금수급권**은 경제적 가치 있는 권리로서 헌법 제23조에 의하여 보장되는 재산권으로서의 성격을 가진다고 할 수 있는데(1994. 6. 30. 92헌가9; 1998. 12. 24. 96헌바73; 1999. 4. 29. 97헌마333; 2002. 7. 18. 2000헌바57) 다만, 그 구체적인 급여의 내용, 기여금의 액수 등을 형성하는 데에 있어서는 직업공무원제도나 사회보험원리에 입각한 사회보장적 급여로서의 성격으로 인하여 일반적인 재산권에 비하여 입법자에게 상대적으로 보다 폭넓은 재량이 헌법상 허용된다고 볼 수 있다(2003. 9. 25. 2001헌마93등; 2005. 6. 30. 2004헌바42; 2006. 3. 30. 2005헌마337).

[3] 주식은 주주가 회사에 대하여 갖는 권리의무의 기초인 사원의 지위 또는 자격, 즉 사원권을 의미하는 것으로 이러한 주주권에 의하여 주주는 재산권적 성질의 권리인 이익배당청구권과 잔여재산분배청구권 등의 자익권(自益權)과 인격권적 내용의 의결권이나 지배권 등의 공익권(共益權)을 갖는다. 따라서 **재산권적 성질을 갖는 주식**은 헌법이 보장하는 재산권의 객체가 된다. … 정리회사의 주식이라 해도 헌법이 보장하는 재산권의 객체가 된다(2003. 12. 18. 2001헌바91; 2012. 5. 31. 2010헌가85).

[4] 의료보험법상의 보험급여는 가입자가 기여금의 형태로 납부한 보험료에 대한 반대급부의 성질을 갖는 것이고 본질상, 보험사고로 초래되는 가입자의 재산상의 부담을 전보하여 주는 경제적 유용성을 가지므로 **의료보험수급권**은 재산권의 성질을 갖는다(2003. 12. 18. 2002헌바1).

[5] 공무원연금법상 퇴직 공무원의 퇴직연금 · 퇴직일시금 · 퇴직수당 수급권 역시 모두 사회보장 수급권으로서의 성격과 아울러 재산권으로서의 성격도 가지고 있다. 그 중 **퇴직일시금 및 퇴직수당**의 경우에는 기업의 퇴직금에 해당하는 것으로서 그 수급권은 상대적으로 후불임금 내지 재산권적 성격을 많이 띠고 있다(2000. 3. 30. 99헌바53등; 2002. 7. 18. 2000헌바57) 이에 비하여 **퇴직연금 수급권**의 경우에는 직업공무원제도나 사회보험원리에 입각한 사회보장적 급여로서의 성격이 강하므로 그 구체적인 급여의 내용, 기여금의 액수 등을 형성하는 데에 있어서 일반적인 재산권에 비하여 입법자에게 상대적으로 보다 폭넓은 재량이 헌법상 허용된다고 볼 수 있다(2008. 2. 28. 2005헌마872등).

[6] 개인택시운송사업자는 장기간의 모범적인 택시운전에 대한 보상의 차원에서 개인택시면허를 취득하였거나, 고액의 프리미엄을 지급하고 개인택시면허를 양수한 사람들

51) 헌재 2000. 11. 30. 99헌마190.

52) 헌재 2000. 7. 20. 99헌마452; 2002. 7. 18. 99헌마574; 2007. 6. 28. 2004헌마540.

53) 헌재 2007. 5. 31. 2006헌바49.

54) 헌재 2007. 11. 29. 2006헌바106.

55) 헌재 2010. 4. 29. 2007헌바40.

이므로 **개인택시면허**는 자신의 노력으로 혹은 금전적 대가를 치르고 얻은 재산권이라고 할 수 있다(2012. 3. 29. 2010헌마443, 2011헌마362(병합)).

[7] 매각허가결정에 불복하는 모든 항고인에게 매각대금의 10분의 1에 해당하는 현금 또는 유가증권을 보증으로 공탁하도록 한 것은 무익한 항고의 제기로 강제집행절차가 지연되는 것을 방지하여 절차를 촉진하기 위한 것인데(2012. 7. 26. 2011헌바283 참조), … 항고가 기각되면 공탁한 항고보증금의 일부를 돌려주지 않으므로, 청구인의 재산권이라 할 수 있는 **공탁물회수청구권**이 제한된다(2014. 10. 30. 2013헌바368).

[8] **댐사용권**은 사적 유용성 및 그에 대한 원칙적 처분권을 내포하는 재산가치가 있는 구체적 권리로 헌법 제23조에 의한 재산권 보장의 대상이 된다(2022. 10. 27. 2019헌바44).

[9] **광업권**이란, 등록을 한 일정한 토지의 구역에서 등록을 한 광물과 이와 같은 광상에 묻혀 있는 다른 광물을 탐사하고, 채굴하여 취득하는 권리로서 국가가 부여하는 권리이고, 토지소유권과 분리된 독자적 재산권으로서 물권으로 취급된다(2015. 10. 21. 2014헌바170).

[판례] 재산권으로 인정되지 않은 권리

[1] 종전의 규정에 의한 폐기물재생처리신고업자의 영업활동은 원칙적으로 자신의 계획과 책임하에 행위하면서 법제도에 의하여 반사적으로 부여되는 기회를 활용한 것에 지나지 않는다 할 것이어서 청구인들이 주장하는 **영업권**은 헌법조항들이 말하는 재산권의 범위에 속하지 않는다(2000. 7. 20. 99헌마452).

[2] **교원의 정년단축으로 기존 교원이 입는 경제적 불이익**은 계속 재직하면서 재화를 획득할 수 있는 기회를 **박탈당한다**는 것인데 이러한 경제적 기회는 재산권보장의 대상이 아니라는 것이 우리 재판소의 판례이다(2000. 12. 14. 99헌마112등).

[3] **전몰군경의 유족 및 전공사상자의 보상금수급권**은 법률에 의하여 비로소 인정되는 권리이기 때문에 법정요건을 갖춘 후 발생하는 보상금수급권은 구체적인 법적 권리로서 성질상 경제적·재산적 가치가 있는 공법상의 권리이지만 **법정 요건을 갖추기 전**에는 헌법이 보장하는 재산권이라고 할 수 없다(1995. 7. 21. 93헌가14).

[4] **고엽제에 의한 고엽제후유증환자 및 그 유족의 보상수급권**은 법률에 의하여 비로소 인정되는 권리로서 재산권적 성질을 갖는 것이긴 하지만 그 발생에 필요한 요건이 법정되어 있는 이상 **이러한 요건을 갖추기 전에**는 헌법이 보장하는 재산권이라고 할 수 없다(2001. 6. 28. 99헌마516).

[5] 아케이드이큅프멘트 게임장운영자들로 하여금 6개월 이내에 게임제공업의 등록을 하고 게임물의 등급분류를 받도록 규정함으로써 **영업을 포기해야 하기 때문에 발생하는 재산상의 손실**은 헌법 제23조의 재산권의 범위에 속하지 아니한다(2002. 7. 18. 99헌마574).

[6] 물납은 조세 납부방법의 하나로서 조세채무의 임의적 실현절차에 해당하는바, 청구인이 말하는 물납할 권리란 것은 조세채무자가 조세채무 실현절차상 경제적 득실이 다를 수도 있는 복수의 채무이행방법을 가짐으로써 얻는 단순한 이익에 불과한 것일 뿐만 아니라 이러한 이익 그 자체는 양도·양수할 수 없고 상속의 대상이 되지도 않는다. 따라서 청구인들이 주장하는 **물납할 권리**라는 것은 사적 유용성 및 그에 대한 원칙적 처분권을 내포하는 재산가치 있는 구체적 권리라고 볼 수 없으므로 결국 헌법 제23조 제1항에 의하여 보장되는 재산권의 보호대상에 해당하지 아니한다(2007. 5. 31. 2006헌바49).

[7] **'공유토지분할에 관한 특례법'**은 간이한 절차에 의한 분할의 기회를 제공하기 위하여 마련된 시혜적인 법률이고, 그 자체로서 공유자에 대하여 새로운 권리의 제한이나 의

무를 부여하는 것이 아니며, 이로써 원래 민법상의 공유물분할 제도를 이용할 수 없게 되거나 그 이용을 정지당한다 할 수 없고, 특례법상 분할이 이루어지기 위하여는 공유자 상호간에 그에 따른 절차와 실체적인 내용에 따라 신속히 분할하겠다는 의사가 결집되는 것을 전제로 하고 있으므로, **분할신청권자에게 주어지는 지위는** 법률상 권리로서 확고한 것이 아니라 특례법에 의해 주어지는 절차적 · 실체적인 편의성을 이용할 수 있는 사실상의 이익 내지 기회에 지나지 아니한다(2007.11.29. 2006헌바106).

[8] 사업계획승인은 해당 체육시설이 법령에서 정한 시설기준을 갖출 수 있는지를 비롯한 제반 사업수행능력에 대한 승인에 해당하므로, 여기에 어떠한 재산적 가치가 내포되어 있다고 할 수도 없다. 따라서 위 **사업계획승인권**은 헌법상 보호되는 재산권에 해당되지 않는다(2010.4.29. 2007헌바40).

[9] **도시정비사업의 시행으로 인하여 사업시행자에게 무상으로 양도**되는 용도가 폐지되는 국가 또는 지방자치단체 소유의 정비기반시설을 국토계획법령에 의하여 설치된 기반시설만을 그 대상으로 하고 위 법령에 의하여 설치되지 아니한 사실상의 기반시설(도로, 공공공지)을 제외하고 있는 규정은 … 시혜적인 것으로서 … 시혜적 입법의 시혜대상이 될 경우 얻을 수 있는 재산상 이익의 기대가 성취되지 않았다고 하여도 그러한 단순한 재산상 이익의 기대는 헌법이 보호하는 재산권의 영역에 포함되지 않는다(2011.7.28. 2008헌바13; 같은 취지, 2012.7.26. 2009헌마499).

[10] **경매를 통해 임대주택을 매각한다는 기대**는 보장되는 것이 아니고, 설령 경매가액과 분양전환가격의 차액이 발생한다 하더라도 그 차액에 대한 권리는 단순한 반사적 이익 또는 재화 획득의 기회에 불과하여 헌법상 보장되는 재산권에 포함되지 않는다. 따라서 임차인신청권 조항 및 매도청구권 조항으로 인하여 임차인이 임대주택의 분양전환을 받게 되고, 그 결과 임대사업자가 당해 임대주택을 경매를 통해 매각하지 못한다 하더라도, 이로 인하여 임대사업자의 일반 채권자의 재산권이 제한된다고 볼 수 없다(2013.5.30. 2011헌바74).

(3) 재산에 관한 권리

1) 방어권과 보호권 ① 재산권은 자신의 재산에 관한 법적 지위를 박탈하는 제약행위의 부작위 · 중지를 요구할 수 있는 **방어권**을 포함한다. 또한 ② 재산에 관한 법적 지위를 박탈하는 사인(私人)인 제3자의 침해행위에 대해서 국가의 보호를 요구할 수 있는 **보호권**을 포함한다. 보호권의 경우에 이에 상응하여 국가는 재산권에 대한 제3자의 침해행위로부터 보호하는 입법의 의무를 진다.

2) 절 차 권

재산권은 사법질서를 형성하는 사적 자치의 절차에서 필수적인 법규범의 제정을 요구할 수 있는 권리를 의미한다. 사적 자치의 절차와 관련된 중요한 두 가지 법규범은 재산에 관한 법규범과 가족에 관한 법규범이다. 따라서 재산권에 포함된 절차권은 사법질서를 형성하는 데 중요한 법규범들 가운데 하나에 관한 입법을 요구하는 권리로 이해된다.

(4) 재산에 관한 제도보장

재산권은 '법적 지위'에 관한 자유이고, '절차권적 측면'을 가지고 있다는 점에서 재산에 관한 '법적 지위'와 사적 자치의 절차에 필수적인 '법규범'을 구체화하는 '제도'

를 반드시 필요로 한다. 이 점에서 재산권은 재산에 관한 제도보장의 측면을 포함한다. 이미 앞에서 재산권의 법적 성격에서 설명한 바와 같이 재산권보장이 **사유재산제도**의 보장으로도 이해되는 것이다. 이러한 이해에 따르면 재산권보장에 근거하는 사유재산제도는 법률의 제정이나 개정으로도 폐지할 수 없다고 한다.[56] 그러나 제도보장은 기본권이 객관적 측면도 가진다는 점을 강조하는 데 그쳐야지 오로지 객관적 측면만을 인정하기 위한 논거로 인용되는 경우에는 대단히 잘못된 결론에 이를 수 있다. 즉 기본권에 관한 극단적 제도보장론에 따르면 제도와 관련된 기본권의 주관적 측면이 간과될 수 있다. 사실 기본권으로서 재산권과 관련된 제도란 재산에 관한 법적 지위, 재산에 관한 법질서형성에 필수적인 법규범, 사법적 권한의 발생 · 변경 · 소멸에 중요한 법규범의 제정을 요구하는 주관적 권리의 객관적 측면, 즉 그러한 규범의 제정에 관한 국가의 의무가 실현된 결과물에 지나지 않는다. 따라서 재산권보장과 관련된 제도보장이란 재산권에 포함된 주관적 측면에 기초하여 이해되는 것이 적절하다.

Ⅲ. 제약행위

재산에 관한 법적 지위, 즉 사적 유용성이나 처분권의 일부 또는 전부를 박탈하는 행위는 재산권에 대한 제약행위로서 **잠정적으로 금지**된다. 재산에 관한 법적 지위를 박탈하는 행위는 ① 재산권의 내용과 한계를 확정하는 경우(제23조 제1항 제2문), ② 재산권을 사회적으로 구속(제약)하는 경우(제23조 제2항), 그리고 ③ 공공필요에 따라 재산권을 수용 · 사용 · 제한하는 경우(제23조 제3항)에 발생한다.

제 3 항 제한규범

재산권의 구성요건을 충족해도 제한규범에 근거하여 제약되는, 재산에 관한 법적 지위는 확정적인 보호를 받지 못한다. 재산권의 구성요건을 충족하면서 제한규범에 근거하여 제약될 수 없는, 재산에 관한 법적 지위만이 확정적으로 보호된다. 따라서 재산권에 관한 구성요건의 단계에서 보호법익에 해당하여 잠정적으로 보호된, 재산에 관한 법적 지위는 제한규범에 근거하여 제약될 수 없으면 확정적으로 보호된다. 한편 재산권에 포함된 방어권의 경우에 구성요건의 단계에서 잠정적으로 금지된 제약행위는 제한규범에 근거하는 경우에만 잠정적으로 허용된 제약행위로 바뀌게 되고, 근거가 되는 제한규범이 없는 경우에는 확정적으로 금지된 제약행위가 된다.

56) 김철수, 746면.

I. 헌법직접적 제한규범

1. 성문의 헌법직접적 제한규범으로서 공공복리적합성

재산권에 대한 헌법직접적 제한은 '성문'의 규범과 '불문'의 규범에 의해서 가능하다. 우선 재산권에 대한 성문의 헌법직접적 제한규범으로서 헌법은 **제23조 제2항**에서 재산권행사의 **"공공복리적합성"**을 규정하고 있다. 재산권행사의 공공복리적합성은 **'사회적 구속성'**(사회적 의무)이나 '사회적 제약'으로도 이해되는 것으로서 '공공복리'라는 헌법직접적 근거에 기초하여 재산권이 제한될 수 있음을 의미한다. 이렇게 "재산권의 사회적 제약 내지 사회기속성을 강조하는 것은 **재산권의 절대적 보장에서 배태되는 사회적 폐단을 최소화**함과 아울러 사유재산제도의 기본이념을 보호하는 것으로서 사유재산제도의 유지·존속을 위한 사유재산제도의 최소한의 자기희생 내지 양보"[57]로 이해된다.

이와 관련하여 재산권의 공공복리적합성 또는 사회적 구속성조항은 일차적으로 입법자를 수규자로 하기는 하지만 입법자가 그 유일한 수규자는 아니기 때문에 헌법 제23조 제2항은 제1항 제2문과는 독립적으로 재산권제한의 기초가 된다는 견해[58]는 동의할 만하다. 헌법 제23조 제2항과는 달리 제1항 제2문은 헌법간접적 제한규범으로 이해되기 때문이다. 물론 이렇게 헌법 제23조 제1항 제2문과 제2항을 독립적으로 이해하더라도 제2항의 사회적 구속성이 제1항 제2문에 따라 재산권의 내용과 한계를 정할 때 고려되어야 하는 중요한 지침임에는 틀림없다. 헌법재판소도 "입법자는 재산권의 내용을 구체적으로 형성함에 있어서 헌법상의 재산권보장(제23조 제1항 제1문)과 재산권의 제한을 요청하는 공익 등 재산권의 사회적 기속성(제23조 제2항)을 함께 고려하고 조정하여 양 법익이 조화와 균형을 이루도록 하여야 한다"고 한다.[59]

한편 헌법 제23조 제2항을 재산권의 "헌법적 한계"로 이해하는 견해[60]도 있다. 이러한 견해에 따르면 헌법 제23조 제1항 제2문과 제23조 제2항의 밀접한 관련성 때문에 양자를 모두 재산권의 한계에 관한 규정으로서 결합시켜 이해하는 것이 논리적일 수 있다. 헌법재판소도 헌법 제23조 제2항의 사회적 제약을 "내재적 한계"로 이해하기도 한다.[61] 하지만 기본권을 원칙규범으로 이해하는 한 헌법 제23조 제2항은 한계보다는 제한으로 이해하는 것이 타당하고, 아래에서 설명하듯이 헌법 제23조 제1항 제2문이 제한으로서의 성격도 포함하고 있다면 양자는 모두 제한의 의미를 포함하면서도 결합되어 이해될 수 있다. 이렇게 헌법 제23조 제2항을 재산권의 제한으로 이해하면 사회적 제약의 경우에도 비례성원칙이 적용되어야 한다. 헌법재판소도 헌법 제23조 제2항을 재

57) 헌재 1989. 12. 22. 88헌가13.
58) 계희열(중), 564면.
59) 헌재 1998. 12. 24. 89헌마214; 2003. 4. 24. 99헌바110등.
60) 계희열(중), 561면; 허영, 505면 및 513면 이하.
61) 헌재 1998. 12. 24. 89헌마214; 2003. 4. 24. 99헌바110등.

산권의 제한으로 이해하면서 비례성원칙이 적용되는 것으로 보기도 한다.[62]

2. 불문의 헌법직접적 제한규범

한편 불문의 헌법직접적 제한규범으로는 다른 사람의 기본권이나 헌법적 법익이 될 수 있다. 다른 사람의 기본권이 재산권에 대한 헌법직접적 제한규범이 되는 경우에 양자 사이에는 '기본권의 충돌'이 발생한다.

[판례] 사회적 구속성의 허용정도

(사회적 의무성에 근거한) 재산권 제한의 허용정도는 재산권행사의 대상이 되는 객체가 기본권의 주체인 국민 개개인에 대하여 가지는 의미와 다른 한편으로는 그것이 사회전반에 대하여 가지는 의미가 어떠한가에 달려 있다. 즉, 재산권 행사의 대상이 되는 객체가 지닌 **사회적인 연관성과 사회적 기능**이 크면 클수록 입법자에 의한 보다 광범위한 제한이 정당화된다. … 그런데 토지는 원칙적으로 생산이나 대체가 불가능하여 공급이 제한되어 있고, 우리나라의 가용토지면적은 인구에 비하여 절대적으로 부족한 반면에, 모든 국민이 생산 및 생활의 기반으로서 토지의 합리적인 이용에 의존하고 있으므로, 그 사회적 기능에 있어서나 국민경제의 측면에서 다른 재산권과 같게 다룰 수 있는 성질의 것이 아니므로 공동체의 이익이 보다 강하게 관철되어야 한다(1998. 12. 24. 89헌마214등: 개발제한구역(그린벨트)).

[판례] 사회적 구속성의 목적과 내용

재산권행사의 사회적 의무성을 헌법 자체에서 명문화한 것은 사유재산제도의 보장이 타인과 더불어 살아가야 하는 공동체생활과의 조화와 균형을 흐트러뜨리지 않는 범위내에서의 보장임을 천명하여 재산권의 악용 또는 남용으로 인한 **사회공동체의 균열과 파괴를 방지하고 실질적인 사회정의를 구현**하겠다는 국민적 합의의 표현이라고 할 수 있으며 사법(私法)영역에서도 신의성실의 원칙이라든가 권리남용금지의 원칙, 소유권의 상린관계 등의 형태로 그 정신이 투영되어 있다. 재산권행사의 사회적 의무성은 헌법 또는 법률에 의하여 일정한 행위를 제한하거나 금지하는 형태로 구체화될 이치이나 이는 재산의 종류, 성질, 형태, 조건, 상황, 위치 등에 따라 달라진다(1989. 12. 22. 88헌가13: 토지거래허가제 사건).

[판례] 토지재산권의 사회적 구속성의 한계

첫째, 새로운 법규정으로 이미 실현된 토지사용을 배제한다면, 즉 구역지정 후 토지를 종래 **합법적으로 행사된 토지이용의 목적으로도 사용할 수 없는 경우**에는 토지재산권의 제한을 단순히 사회적 제약으로 판단할 수 없고 수용적 효과를 인정해야 한다. 둘째, **사용제한으로 인하여 토지소유자에게 법적으로 허용되는 사적 효용을 가져오는 사용방법이 없기 때문에 토지재산권의 사적 효용성이 폐지된 경우**에도, 사회적 제약의 한계를 넘는 특별한 재산적 손해가 발생하였다고 보아 수용적 효과를 인정해야 한다(2003. 4. 24. 99헌바110등: 국립공원지정 사건).

62) 헌재 1999. 10. 21. 97헌바26; 2006. 1. 26. 2005헌바18; 2010. 4. 29. 2008헌바70.

Ⅱ. 헌법간접적 제한규범

1. 두 가지 헌법간접적 제한규범

재산권에 대한 헌법간접적 제한규범, 즉 법률유보규정은 이 기본권에 대해서만 '개별적으로' 규정될 수도 있고, 이 기본권을 포함한 모든 자유와 권리에 대해서 '일반적으로' 규정될 수도 있다. 현행 헌법은 재산권에 대하여 두 가지 유형의 법률유보규정을 모두 규정하고 있다.

2. 개별적 법률유보

현행 헌법은 재산권에 대하여 개별적 법률유보조항을 재산권에 관한 규정에서뿐만 아니라 경제질서에 관한 규정에서도 두고 있다. 우선 ① **재산권규정**인 제23조에서는 제1항 제2문과 제3항이 개별적 법률유보로서 문제된다. 또한 ② **경제질서에 관한 규정**인 제126조에 따라 국방상 또는 국민경제상 긴절한 필요가 있는 경우에 법률로써 **사영기업을 국·공유화**할 수 있고, ③ 제122조에 따라 국토의 효율적이고 균형 있는 이용·개발과 보전을 위하여 법률에 의해 **필요한 제한과 의무를 부과**할 수 있도록 규정하고 있다. 이 경우에 '국민경제상의 긴절한 필요'라든지 '국토의 효율적이고 균형 있는 이용·개발과 보전'이라는 일정한 가중된 조건을 규정하면서 재산권에 대한 제한의 가능성을 유보하고 있기 때문에 '개별적 가중법률유보'로 이해된다.

(1) 제23조 제1항 제2문: 재산권의 내용과 한계의 결정을 위한 법률유보

1) 학 설 ① 우선 헌법 제23조 제1항 제2문과 제2항의 관계에 대해서는 양자를 결합시켜 이해하는 견해와 분리시켜 이해하는 견해가 있을 수 있다. 우리는 앞에서 양자를 분리시켜 독자적인 의미를 가지는 규정으로 이해하였다. 물론 양자를 분리시켜 이해하는 경우에도 양자의 관련성 자체를 부인하는 것은 아니다. ② 다음으로 제23조 제1항 제2문의 의미에 대해서는 기본권을 구체화하는 **형성적 법률유보**라는 견해[63]와 그와 동시에 **제한적 법률유보**도 의미한다는 견해[64]로 구분된다. 헌법 제23조 제1항 제2문과 제2항을 결합시켜 이해하는 견해든 분리시키지만 양자의 관련성을 인정하는 견해든 양자의 밀접한 관련성 때문에, 양자를 모두 형성적 법률유보만을 의미하는 것으로 설명하든지 양자가 모두 제한적 법률유보도 의미하는 것으로 설명하는 것이 논리적으로 자연스럽다. ③ 헌법 제23조 제1항 제2문을 형성적 법률유보로 이해하는 경우에 이 조항은 재산권의 존속을 보장해주기 때문에 **'존속보장'**이라고 불리고, 재산권의 존속을 박탈하면서 그 가치, 즉 보상을 보장해주는 제23조 제3항의 **'가치보장'**과 구별된다.

2) 판 례 제한의 개념에 대한 헌법재판소의 이해는 유동적이다. 이에 따라 헌법 제23조 제1항 제2문의 의미는 달리 해석된다. 첫째, 헌법재판소는 **제한의 개념을**

63) 권영성, 566면; 허영, 504면.
64) 계희열(중), 562면.

넓게 이해하여 형성과 제한을 모두 포함하는 개념으로 사용하기도 한다. 예를 들어 다음과 같은 표현에서 그러한 의도를 확인할 수 있다. "헌법 제23조에 의하여 재산권을 제한하는 형태에는 제1항 및 제2항에 근거하여 재산권의 내용과 한계를 정하는 것과 제3항에 따른 수용·사용 또는 제한을 하는 것의 두 가지 형태가 있다."[65] 그러면서 전자는 '입법자가 장래에 있어서 추상적이고 일반적인 형식으로 재산권의 내용을 형성하고 확정하는 것'을 의미하고, 후자는 '국가는 구체적인 공적 과제를 수행하기 위하여 이미 형성된 구체적인 재산적 권리를 전면적 또는 부분적으로 박탈하거나 제한하는 것'을 의미한다는 점에서 구분된다고 한다.

둘째, 헌법재판소는 **제한의 개념을 좁게 이해**하여 제한과 형성을 엄격하게 구분하기도 한다. 헌법재판소에 따르면 헌법이 보장하는 재산권의 내용과 한계를 정하는 법률은 재산권을 제한하는 의미가 아니라 재산권을 형성하는 의미를 갖는다고 하여 형성적 법률유보로 이해함으로써 헌법 제37조 제2항이 적용되지 않는다고 한다.[66] 하지만 재산권의 내용과 한계를 정하는 형성적 법률의 경우에도 재산권의 본질적 내용인 사유재산제도나 사유재산을 부인하는 것은 정당화될 수 없고,[67] 헌법 제23조 제2항의 사회적 기속성을 함께 고려하여 균형을 이루도록 해야 한다고 봄으로써[68] 헌법 제23조 제1항도 본질내용침해금지원칙이나 비례성원칙이 적용되는 제한적 법률유보가 될 수 있음을 간접적으로나마 인정하기도 한다.

셋째, 헌법재판소는 **형성과 제한의 동시성을 인정**하여 재산권을 형성하는 과정에서 재산권에 대한 제한이 동시에 이루어질 수 있다고 보기도 한다. 하지만 재산권의 형성은 헌법 제23조 제1항 제2문을 근거로 하고, 재산권의 제한은 헌법 제37조 제2항을 근거로 한다고 본다.[69]

3) 비판과 대안 재산권에 대한 법률유보를 '형성적' 법률유보와 '제한적' 법률유보로 엄격하게 구분하여 헌법 제23조 제1항 제2문을 형성적 법률유보로 분류하면서 재산권의 한계설정을 위한 근거규정으로 이해하는 견해가 주장될 수 있다. 하지만 재산권의 내용과 한계를 결정하는 것이 일률적으로 형성 또는 제한으로 이해될 수는 없고, 재산권의 내용과 한계를 정하면서 **비례성원칙이 적용될 수 있다면 제한적 법률유보조항**으로 이해되어야 할 것이다. 왜냐하면 헌법 제23조 제1항 제2문에 따라 재산권의 내용을 구체적으로 형성하면서 거기에 포함되지 않는 재산에 관한 법적 지위는 결과적으로 제한되고, 이러한 제한을 정당화하기 위해서는 비례성원칙이 적용되어야 하기 때문이다. 또한 재산권의 한계란 자명하게 주어지지 않고 제한과 정당화라는 합리적인 논증의 과정을 거쳐 확정되는데 여기서도 비례성원칙이 중요한 역할을 하기 때문이다. 따라서 재

---

65) 헌재 1999. 4. 29. 94헌바37등.
66) 헌재 1993. 7. 29. 92헌바20; 2000. 2. 24. 97헌바41.
67) 헌재 1993. 7. 29. 92헌바20.
68) 헌재 1998. 12. 24. 89헌마214.
69) 헌재 2005. 5. 26. 2004헌바90; 2008. 11. 27. 2004헌바54; 2010. 4. 29. 2010헌바37.

산권의 내용과 한계의 법률유보에 관한 헌법 제23조 제1항 제2문은 형성적 법률유보와 함께 비례성원칙이 적용되는 제한적 법률유보의 의미도 동시에 갖는다고 보는 견해가 타당하다. 그리고 헌법 제23조 제1항 제2문이 제한적 법률유보를 의미하는 경우에 "존속보장에서 가치보장으로 전환된다"70)고 말할 수 있게 된다.

제한을 넓게 이해하여 제한과 형성을 포함하는 개념으로 이해하든 제한을 좁게 이해하여 제한과 형성을 구분하든 헌법재판소는 형성을 제한으로부터 분리시켜 이해하고 있는 듯하다. 이러한 이해는 원칙적으로 형성의 경우에는 비례성원칙이 적용되지 않아 보상이 필요 없고, 제한의 경우에는 비례성원칙이 적용되어 보상이 필요하다는 결론에 이르러야 한다. 하지만 헌법재판소는 형성의 경우에도 비례성원칙이 적용될 수 있다고 보는 것 같은데 그 이유는 형성의 경우에도 비례성원칙을 적용하여 보상이 필요한 경우가 있다는 점을 정당화하기 위한 것으로 보인다. 이와 같은 결론은 아래에서 보듯이 헌법재판소가 분리이론에 기초하고 있다는 중요한 근거가 된다. 하지만 동일하게 비례성원칙이 적용될 수 있음에도 불구하고 하나는 형성이고, 하나는 제한이라는 이분법은 논리적으로 모순을 안고 있다. 한편 재산권에 대한 형성과 제한이 동시에 발생하는 경우에 형성 부분에 대해서만 헌법 제23조 제1항 제2문을 근거로 삼는 것은 재산권의 내용과 한계를 설정하는 과정에서 적용되는 비례성원칙의 근거를 헌법 제37조 제2항에서 찾으려는 의도로 이해된다. 하지만 재산권의 내용과 한계를 설정하는 과정에서 제한이 발생할 수 있다면 제한을 정당화하기 위한 비례성원칙의 근거도 헌법 제23조 제1항 제2문에서 찾는 것이 논리일관성을 갖는다.

[판례] 형성적 법률유보로 본 사례

[1] 사인의 대지에 건축후퇴선을 적용한 결과 그 대지 일부가 사실상 도로로 사용하게 되었는데도 불구하고 손실보상을 하지 않은 경우(도로편입토지 불보상, 2001. 1. 18. 99헌마636: 합헌 - 내용과 한계 또는 공공복리적합성을 구체화한 규정으로 이해)

[2] 어음의 수취인과 발행인을 어음의 필요적 기재사항으로 하고 그 기재를 흠결한 경우 어음의 효력이 없다고 규정한 법률(2000. 2. 24. 97헌바41: 합헌)

[3] 택지의 소유에 상한을 두거나 그 소유를 금지하고, 허용된 소유상한을 넘은 택지에 대하여는 처분 또는 이용·개발의무를 부과하며 이러한 의무를 이행하지 않은 경우에는 부담금을 부과하는 등의 제한 및 의무부과 규정을 두는 택지소유상한제(1999. 4. 29. 94헌바37등: 위헌 - 법률전체를 위헌으로 결정한 사례)

[4] 조세범처벌법에 위반한 자의 포탈세액 또는 벌금액을 산정함에 있어서 중요한 자료를 제공한 자에 대하여 일정한 금액을 교부할 수 있도록 한 법률(1999. 1. 28. 97헌바90: 합헌)

(2) 제23조 제3항: 공용제약을 위한 법률유보

1) 공용제약의 개념 헌법은 제23조 제3항에서 재산권에 대한 법률유보에 대해서 다음과 같이 규정한다. "공공필요에 의한 재산권의 수용·사용 또는 제한 및 그에 대한 보상은 법률로써 하되, 정당한 보상을 지급하여야 한다." 여기서 ① '수용'은 공공

70) Pieroth/Schlink, Grundrechte (Staatrecht II), Rn. 934.

필요를 위하여 재산권의 전부 또는 일부를 박탈하는 행위를, ② **'사용'**은 공공필요를 위하여 재산권의 객체를 일시적으로 사용하는 행위를, ③ **'제한'**은 공공필요를 위하여 재산권의 사용 또는 수익을 제한하는 행위를 말한다. 이렇게 공공필요를 위하여 재산권을 수용 · 사용 · 제한하는 것을 **'공용제약'**이라고 부른다. 이러한 공용제약에서 중요한 포인트는 ① 제약의 목적이 **공공필요**에 해당해야 한다는 점, 그리고 ② 제약의 형식이 **법률**이어야 한다는 점, 그리고 ③ 반드시 **정당한 보상**이 지급되어야 한다는 점으로 요약할 수 있다. 헌법재판소에 따르면 수용의 주체가 반드시 국가일 필요는 없다.[71)]

[판례] 공용제약(공용수용)의 요건으로서 공공필요

'공공필요'의 개념은 '공익성'과 '필요성'이라는 요소로 구성되어 있는바, **'공익성'**의 정도를 판단함에 있어서는 공용수용을 허용하고 있는 개별법의 입법목적, 사업내용, 사업이 입법목적에 이바지 하는 정도는 물론, 특히 그 사업이 대중을 상대로 하는 영업인 경우에는 그 사업 시설에 대한 대중의 이용 · 접근가능성도 아울러 고려하여야 한다. 그리고 **'필요성'**이 인정되기 위해서는 공용수용을 통하여 달성하려는 공익과 그로 인하여 재산권을 침해당하는 사인의 이익 사이의 형량에서 사인의 재산권침해를 정당화할 정도의 공익의 우월성이 인정되어야 하며, 사업시행자가 사인인 경우에는 그 사업 시행으로 획득할 수 있는 공익이 현저히 해태되지 않도록 보장하는 제도적 규율도 갖추어져 있어야 한다(2014. 10. 30. 2011헌바129등).

2) 제23조 제3항(공용제약)과 제1항 제2문(내용과 한계)의 관계 헌법 제23조 제1항 제2문은 재산권을 '일반적이고 추상적인 형식으로' 구체적으로 형성하면서 **부수적으로 발생할 수 있는 의도하지 않은 제한**과 관련된다. 반면에 헌법 제23조 제3항은 그렇게 구체적으로 형성된 재산권에 대한 **처음부터 의도하여 예상할 수 있는 제한**이라는 점에서 차이가 있다. 하지만 양자가 모두 제한이기 때문에 비례성원칙이 적용되어야 하고, 보상이 필요하다는 점에서는 동일하다. 다만 헌법 제23조 제3항에 의한 제한은 처음부터 의도되어 예상가능한 제한으로서 정당한 보상, 즉 완전한 보상이 전제되지만 동조 제1항 제2문에 의한 제한은 의도되지 않은 부수적 제한으로서 반드시 완전한 보상이 전제되지 않는다는 점에서는 서로 구별된다. 후자를 정당한 보상과 구별하여 **'조정적 보상'**이라고 부른다.

3) 제23조 제3항(공용제약)과 제2항(사회적 구속성)의 관계

A. 학 설 재산권의 사회적 구속성에 관한 규정인 헌법 제23조 제2항과 공용제약에 관한 규정인 헌법 제23조 제3항의 관계에 대해서는 두 가지 견해가 가능하다. 이러한 두 가지 견해는 모두 제23조 제2항과 제1항 제2문의 밀접한 관련성 때문에 양자와 제3항의 관계에 대한 견해로 이해될 수도 있다.

첫 번째 견해는 **경계이론**으로 헌법 제23조 제2항과 제3항은 동일한 범주 안에서 정도의 차이(양적 차이)가 있음에 불과하고, 양자의 경계는 사회적 구속성이라는 기

---

71) 헌재 2009. 9. 24. 2007헌바114; 2013. 2. 28. 2011헌마250.

준에 따라 구분된다고 이해한다. 이러한 견해에 따르면 사회적 구속성의 범위 안에 있는 정도의 제약은 헌법 제23조 제2항에 근거한 사회적 제약이고, 그 범위의 경계를 넘어가는 정도의 제약은 헌법 제23조 제3항에 근거한 공용제약에 해당한다. 따라서 제한의 근거(목적)로서 헌법 제23조 제2항에서 사용된 "공공복리"의 개념과 헌법 제23조 제3항에서 사용된 "공공필요"의 개념은 동일한 내용을 의미한다. 양자의 실질적 차이는 전자는 보상이 불필요한 데 비해서 후자는 보상이 필요하다는 데 있다. 다시 말해 양자의 경계는 재산권의 제약에 대한 '보상의 유무'에 따라 명확하게 구분된다. 더욱이 이러한 보상은 '완전한 보상'을 의미하며, 보상에 관한 규정은 반드시 제한에 관한 규정과 '동시에(결부되어)' 규정되어야 한다. 보상이 불필요한 사회적 제약의 경우에는 재산권에 대한 '제한'이라기보다 재산권의 '내재적 한계'로 이해되어 애초에 비례성원칙이 적용될 여지가 없고, 보상이 필요한 공용제약의 경우에만 제한으로 이해되어 비례성원칙이 적용된다.

양자의 경계를 구분하는 사회적 구속성의 범위를 판단하는 기준에 대해서는 형식설과 실질설이 주장된다. ① 형식설에 따르면 구분기준은 제약행위가 특정 가능한 '인적 범위'와 관련되는지, 또는 제약행위와 관련된 특정한 개인이나 집단에 대해서만 불평등하게 '특별한 희생'을 요구하는지 여부이다. ② 실질설에 따르면 구분기준은 재산권의 '보호가치'가 있는 실체를 제약하는지 여부(보호가치설), 재산권주체에게 기대할 수 있는 '수인한도'를 넘는지 여부(수인한도설), 재산권의 본질상 필요한 경제적 기능에 대한 제한이 '실체박탈'에 이르는지 여부(실체박탈설), 제약되는 재산의 '목적변질'이나 '사적 효용의 박탈'에 이르는지 여부(목적변질설 또는 사적 효용설), 재산권의 '상황구속성'으로부터 나오는 성질상의 부담을 넘는지 여부(상황구속성설) 등 다양하게 제시된다. 결론적으로 형식설과 실질설은 서로 접근해 가는 경향에 있고, 형식설과 실질설에서 제시되는 여러 가지 기준들이 종합적으로 검토되어야 한다는 견해가 유력해지고 있다.

두 번째 견해는 분리이론으로 양자는 서로 질적으로 명백하게 구분되는 범주에 속하고(질적 차이), 양자는 제약의 근거에 따라 분리된다고 이해한다. 이러한 견해에 따르면 사회적 구속성에 근거한 제약은 헌법 제23조 제2항의 제약이고, 공공필요에 근거한 제약은 헌법 제23조 제3항의 제약이 된다. 따라서 헌법 제23조 제2항에서 사용된 "공공복리"의 개념과 헌법 제23조 제3항에서 사용된 "공공필요"의 개념은 상이한 내용을 표현한다. 경계이론과 비교해서 실질적 차이는 헌법 제23조 제2항에 근거한 사회적 제약의 경우에도 보상이 필요한 제약이 존재한다는 점이다. 이러한 보상을 헌법 제23조 제3항의 보상과 구별하여 '조정적 보상'이라고 부른다. 이러한 조정적 보상은 완전한 보상이 아니고, 보상에 관한 규정이 제한에 관한 규정과 동시에 규정될 필요가 없다는 점에서 헌법 제23조 제3항의 정당한 보상과 차이가 있다. 재산권에 대한 공용제약뿐만 아니라 사회적 제약도 제한으로 이해되어 비례성원칙이 적용된다.

경계이론	
A	B
·제23조 제2항	·제23조 제3항
·사회적 구속성	·공용제약
·보상불필요	·보상필요
	= 정당한 보상
	= 불가분조항(○)
·비례성원칙(×)	·비례성원칙(○)

분리이론		
A		B
A	A'	
·제23조 제2항	·제23조 제2항	·제23조 제3항
·사회적 구속성	·사회적 구속성	·공용제약
·보상불필요	·보상필요	·보상필요
	= 조정적 보상	= 정당한 보상
	= 불가분조항(×)	= 불가분조항(○)
·비례성원칙(○)	·비례성원칙(○)	·비례성원칙(○)

사회적 구속성에 근거한 사회적 제약과 공공필요에 의한 공용제약을 구분하는 기준에 대해서는 비례성원칙을 어기는 재산권의 제한은 재산권의 단순한 사회적 제약으로 평가하기 어렵다고 하여 비례성원칙을 제시하는 견해[72]가 있다. 한편 헌법 제23조 제2항의 공공복리적합성을 기본권의 '내재적 한계' 또는 '헌법유보'로 이해하면서 동조 제3항을 기본권의 '제한'으로 해석하는 견해[73]에 따르면 처음부터 양자는 구별된다. 헌법재판소는 헌법 제23조 제2항을 내재적 한계로 이해하면서도 비례성원칙이 적용될 수 있다고 하면서 보상을 전제로 하는 동조 제3항의 공공제약과의 구별도 비례성원칙에 따라 판단할 수 있다고 하여 불분명한 태도를 보이고 있다.[74]

B. 비판과 대안　　우선 앞에서 설명했듯이 헌법 제23조 제2항은 헌법직접적 제한으로 이해되어야 하고, 동조 제3항은 헌법간접적 제한으로 이해되어야 한다는 점에서 양자는 형식적 측면에서는 구분된다. 하지만 헌법직접적 제한이든 헌법간접적 제한이든 모두가 제한으로 이해되는 경우에는 비례성원칙에 의한 정당화가 필요하기 때문에 실질적 측면에서는 차이가 없게 된다. 그리고 헌법 제23조 제2항의 "공공복리" 개념이나 동조 제3항의 "공공필요" 개념은 내용적으로 볼 때 공익이라는 점에서 다르지 않기 때문에 제한의 근거(목적)라는 측면에서도 차이가 없다고 보는 것이 타당하다. 물론 헌법직접적 제한의 근거인 공공복리가 헌법간접적 근거인 공공필요보다 상대적으로 강한 중대성을 요구할 수는 있다. 여기까지는 사회적 제약의 경우에 비례성원칙이 적용되지 않는다는 점만 제외하면 경계이론이 타당하다고 보인다. 다만 헌법 제23조 제3항은 명시적으로 정당한 보상의 지급을 요구하여 보상을 전제로 한 재산권제약인 반면에 동조 제2항은 보상에 관한 명시적 규정이 없어 보상을 전제로 하지 않은 재산권제약이라는 점에서만 차이가 있다. 이처럼 양자를 '보상의 유무'에 따라 구분하면 국가는 재산권제약에 대한 보상을 줄이기 위하여 보상이 불필요한 사회적 제약의 영역을 넓히게 된다. 반면에 재산권 주체의 입장에서는 어떻게든 보상을 받기 위하여 재산권제약을 공용제약

72) 허영, 517면.

73) 권영성, 568면 이하.

74) 헌재 1999. 10. 21. 97헌바26.

으로 주장할 가능성이 높다.

하지만 헌법 제23조 제2항의 경우에도 내재적 한계가 아니라 제한으로 이해되면 비례성원칙이 적용되어야 하기 때문에 재산권에 대한 사회적 제약이라고 하더라도 비례성원칙에 따라 보상이 필요한 경우가 존재할 수 있다. 그렇다면 헌법 제23조 제2항의 사회적 제약과 동조 제3항의 공용제약의 구분 및 그에 따른 보상의 여부와 정도는 서로 단절적으로 확정되는 것이 아니라 비례성원칙에 따라 서로 연속적으로 확정된다. 이 점에서 사회적 제약에 대해서는 비례성원칙을 적용하지 않고, 제약의 정도를 일정한 경계에 의하여 단절적으로 이해함으로써 헌법 제23조 제2항과 제3항을 구분하고 있는 경계이론은 오류를 범하고 있다. 또한 같은 이유에서 보상이 필요한 제약은 모두 다 헌법 제23조 제3항에 의한 공용제약으로 포섭되기 때문에 동조 제2항에 의한 사회적 제약은 전혀 보상의 필요성이 없다고 이해함으로써 경계이론은 기본권 보호에 소홀해질 수 있는 단점을 피할 수 없게 된다.

그렇다고 분리이론이 타당하다는 결론은 성급하다. 분리이론의 경우에도 헌법 제23조 제2항과 제3항의 관계에서 비례성원칙이 어떠한 역할을 하는지에 대해서 여전히 불분명한 상태로 남겨 놓고 있기 때문이다. 만약 분리이론도 사회적 제약과 공용제약의 구분 및 그에 따른 보상의 여부와 정도가 단절적으로 확정된다고 전제하는 경우에 비례성원칙은 아무런 역할도 하지 못하게 되어 경계이론과 동일한 오류를 범하게 된다. 다만 분리이론의 독자성은 사회적 제약을 보상이 불필요한 경우와 필요한 경우로 구분할 때 비례성원칙을 적용하면서 나타난다. 그러나 비례성원칙은 사회적 제약에 포함된 두 가지 영역의 경계를 설정하는 경우에만 작동하는 것이 아니라 사회적 제약과 공용제약을 구분하는 경우에도 작동한다. 사회적 제약의 경우에 공용제약의 경우보다 상대적으로 강한 공익의 중대성이 요구되기 때문이다. 물론 사회적 제약과 공용제약을 구분할 때 적용되는 비례성원칙과 보상유무에 따라 사회적 제약의 경계를 구분할 때 적용되는 비례성원칙은 서로 다른 성격을 가진다고 반박할 수도 있다. 하지만 이러한 반박은 동일한 내용의 비례성원칙에 대해서 서로 다른 두 가지 성격을 부여하는 결정적 오류를 범하게 된다.

결론적으로 분리이론이 사회적 제약과 공용제약을 구분하는 기준을 비례성원칙으로 삼고, 또한 사회적 제약 안에서 보상이 불필요한 제한과 보상이 필요한 제한을 구분하는 기준도 비례성원칙으로 삼는다면 헌법 제23조 제2항과 제3항은 실질적으로는 분리되지 않게 된다. 따라서 헌법 제23조 제2항과 제3항은 비례성원칙에 따라 제약의 강도와 보상의 정도에서 차이를 나타내는 규정으로서 **연속적인 경계를 형성**하고 있다고 보는 것이 타당하다. 즉 비례성원칙에 따라 ① 보상이 불필요한 사회적 제약, ② 보상이 필요한 사회적 제약, ③ 보상이 필요한 공용제약은 다음과 같이 연속적인 것으로 구성될 수 있다.

A		B
A	A'	
· 제23조 제2항	· 제23조 제2항	· 제23조 제3항
· 사회적 기속성	· 사회적 기속성	· 공용제약
· 보상불필요	· 보상필요	· 보상필요
	= 조정적 보상	= 정당한 보상
	= 불가분조항(×)	= 불가분조항(○)
· 비례성원칙(○)	· 비례성원칙(○)	· 비례성원칙(○)

[판례] 분리이론

토지소유자가 개발제한구역의 지정에도 불구하고 자신의 토지를 원칙적으로 종래의 용도대로 사용할 수 있는 한 개발제한구역 내의 토지소유자에게 부과되는 현상태의 유지의무나 변경금지의무는 토지재산권의 사회적 기능 및 법규정이 실현하려는 법익의 중요성에 비추어 **재산권에 내재하는 사회적 제약**을 비례의 원칙에 합치하게 합헌적으로 구체화한 것이다. 그러나 예외적으로 종래의 용도대로도 토지를 사용할 수 없거나 아니면 사적으로 사용할 수 있는 가능성이 완전히 배제되는 경우에도 아무런 보상없이 이를 감수하도록 규정하고 있는 한 이러한 부담은 법규정이 실현하려는 중대한 공익으로도 정당화될 수 없는 과도한 부담으로서 비례의 원칙에 위반되어 토지소유자의 재산권을 과도하게 침해하는 위헌적인 것이다. 따라서 입법자가 국민의 재산권을 비례의 원칙에 부합하게 합헌적으로 제한하기 위해서는 **수인의 한계를 넘어 가혹한 부담이 발생하는 예외적인 경우에는 이를 완화하는 보상규정**을 두어야 한다(1999. 10. 21. 97헌바26: 도시계획시설 지정).

4) 정당한 보상과 불가분조항

A. 정당한 보상 헌법 제23조 제3항의 경우에 특별히 주목해야 할 것은 공공필요에 의하여 재산권을 제한하는 경우에 **정당한 보상**이 제공되도록 요청하고 있다는 점이다. 재산권의 제한에 대한 정당한 보상은 제한 당시의 실제가액에 해당하는 **완전한 보상에 가까운 보상**이라는 점에서 그에 못 미치는 '상당한 보상'과는 구별된다. 정당한 보상이 필요한 공용제약에 해당하는지 여부를 결정할 때는 공공필요의 비중과 제약되는 재산권의 비중을 합리적으로 형량하기 위하여 **비례성원칙**이 적용되어야 한다.

헌법재판소도 정당한 보상의 의미를 재산의 객관적 가치에 대한 완전한 보상으로 이해하면서 보상의 기준이 되는 법률의 규정이 그러한 객관적 가치를 평가하는 데 적정한 경우에는 헌법에 위반되지 않는다고 보았다.[75] 그러면서 토지의 경우에 공시지가를 보상기준으로 할 때 평가방법의 적정성을 판단하는 기준으로서 ① 공시지가가 대상지역 공고일 당시의 표준지의 객관적 가치를 정당하게 반영하는 것이고(기준시가의 산정의 적정성), ② 표준지와 지가산정 대상토지 사이에 가격의 유사성을 인정할 수 있도

75) 헌재 1995. 4. 20. 93헌바20; 1998. 3. 26. 93헌바12; 1999. 12. 23. 98헌바13등; 2001. 4. 26. 2000헌바31; 2010. 2. 25. 2008헌바6; 2013. 12. 26. 2011헌바162.

록 표준지의 선정이 적정하고(표준지의 선정의 적정성), ③ 대상지역 공고일 이후 수용시까지의 시가변동을 산출하는 시점보정의 방법이 적정할 것을 요구하고 있다.[76] 이러한 기준이 충족되면 토지수용의 경우에 공시지가를 보상기준으로 하는 것이 헌법상 허용된다.[77] 한편 보상의 범위에 공익사업으로 인한 개발이익은 포함되지 않는다.[78]

[판례] 정당한 보상

헌법 제23조 제3항이 규정하는 정당한 보상이란 원칙적으로 피수용재산의 **객관적인 재산가치를 완전하게 보상하는 완전보상을 의미**하며, 토지의 경우에는 그 특성상 인근 유사토지의 거래가격을 기준으로 하여 토지의 가격형성에 미치는 제 요소를 종합적으로 고려한 합리적 조정을 거쳐서 객관적인 가치를 평가할 수밖에 없는데 이때 소유자가 갖는 주관적인 가치, 투기적 성격을 띠고 우연히 결정된 거래가격 또는 흔히 불리는 호가(呼價), 객관적 용도에 사용할 것을 전제로 한 가격 등에 좌우되어서는 안되며, 개발이익은 그 성질상 완전보상의 범위에 포함되지 않는다(1995. 4. 20. 93헌바20등; 1999. 12. 23. 98헌바13등; 2001. 4. 26. 2000헌바31; 2009. 6. 25. 2007헌바104; 2013. 12. 26. 2011헌바162).

B. 불가분조항 이러한 정당한 보상에 관한 규정은 제한에 관한 규정과 결합되어 동시에 규정되어야 한다. 이런 의미에서 헌법 제23조 제3항은 재산권제한과 보상규정을 반드시 결합시키도록 요구하는 **'불가분조항'**(= 결부조항; Junktimklausel)으로 이해된다. 헌법재판소는 공용수용의 요건으로 "수용과 그에 대한 보상은 모두 법률에 의거할 것"을 요구함으로써[79] 수용과 보상이 모두 법률에 의하는 것만으로 충분하고, 반드시 동시에 규정될 필요는 없는 것으로 이해하여 헌법 제23조 제3항을 불가분조항으로 해석하지 않는다.

이와 관련하여 보상규정이 없이 재산권을 제한하는 법률에 대해서는 ① 위헌이라는 **위헌무효설**, ② 헌법 제23조 제3항을 직접적으로 적용하여 보상을 청구할 수 있다는 **직접적용설**도 있고, ③ 헌법 제23조 제1항과 제11조(평등원칙)를 직접적 근거로 하고 제23조 제3항을 유추적용하여 보상이 인정되어야 한다고 이해하는 **유추적용설**도 주장된다. 유추적용설의 경우에는 보상규정이 없는 재산권제한은 원칙적으로 위법한 재산권제약행위로서 헌법 제23조 제3항이 적용될 수 없지만 '수용유사침해'로 보아 제23조 제3항을 유추적용하여 보상이 인정되어야 한다는 논증방식, 또는 원칙적으로 적법한 재산권제약행위로서 입법 당시 예상하지 못해 발생한 의도되지 않은 '수용적 침해'로 보아야 한다는 논증방식이 사용된다.

결론적으로 재정에 관한 입법자의 권한과 법률의 위헌성 통제에 관한 헌법재판소의 권한을 모두 고려하는 권력분립원칙의 측면에서 위헌무효설이 타당하다. 왜냐하면 위

76) 헌재 1990. 6. 25. 89헌마107; 1991. 2. 11. 90헌바17등; 1995. 4. 20. 93헌바20등.
77) 헌재 1995. 4. 20. 93헌바20등; 1999. 12. 23. 98헌바13등; 2001. 4. 26. 2000헌바31; 2007. 11. 29. 2006헌바79; 2009. 6. 25. 2007헌바104; 2010. 3. 25. 2008헌바102.
78) 헌재 2009. 9. 24. 2008헌바112; 2010. 3. 25. 2008헌바102.
79) 헌재 1998. 3. 26. 93헌바12; 2010. 2. 25. 2008헌바6.

헌무효설에 따르는 경우에 보상규정이 없는 재산권제한에 대해서까지 보상의 범위를 확대하지 않음으로써 입법자가 예상할 수 없었던 재정적 부담을 발생시키지 않게 되고, 대신에 보상규정이 없는 재산권제한에 대하여 헌법재판소가 위헌으로 선언함으로써 불가분조항은 **입법자에 대한 경고의 기능**을 수행할 수 있기 때문이다.[80] 물론 직접효력설이나 유추적용설이 재산권을 제한당한 국민의 입장에서 신속하게 보상을 받을 수 있다는 장점을 가진다는 점은 분명하다. 위헌무효설에 따르면 보상규정이 없는 재산권제한입법은 위헌결정을 받고 보상규정을 삽입한 후에야 비로소 보상을 제공할 수 있기 때문이다.

한편 헌법 제23조 제1항 제2문 및 제2항도 제한적 법률유보로 보는 경우에 이 규정에 의한 제한에서도 보상의 문제가 제기될 수 있는데 이에 대해서는 이미 설명한 바와 같이 '조정적 보상'이 필요하고, 헌법 제23조 제3항에 의한 제한과는 달리 불가분조항이 적용되지 않기 때문에 '구제조항'을 규정함으로써 충분하다.

3. 일반적 법률유보

(1) 원 칙

재산권은 **일반적 법률유보조항**에 근거해서도 제한될 수 있다. 따라서 일반적 법률유보조항인 헌법 제37조 제2항에 근거하여 재산권은 "국가안전보장, 질서유지 또는 공공복리"를 위하여, "법률"에 의해서만 제한될 수 있다.

(2) 제23조 제3항과 제37조 제2항의 관계

여기서 문제가 되는 것은 일반적 법률유보조항인 헌법 제37조 제2항과 개별적 법률유보조항인 헌법 제23조 제1항 제2문 및 제3항의 관계다. 헌법 제37조 제2항에 따른 헌법간접적 제한은 재산권에 대한 **모든 제한을 대상으로 하는 일반규정**인 반면에, 헌법 제23조 제1항 제2문 및 제3항에 의한 헌법간접적 제한은 경우에 따라서 보상을 필요로 하는 재산권제한 또는 언제나 **보상을 필요로 하는 재산권제한을 대상으로 하는 특별규정**이라는 점에서 양자는 서로 구별된다. 하지만 헌법 제37조 제2항에 근거한 재산권제한이나 제23조 제1항 제2문 및 제3항에 근거한 재산권제한은 모두 비례성원칙이 적용되어야 한다는 점에서 차이가 없다. 다만 견해에 따라서는 공공복리보다 공공필요를 넓게 이해하여 헌법 제37조 제2항에 근거한 재산권제한보다 제23조 제3항에 근거한 재산권제한에서 비례성원칙이 엄격하게 요구되지 않는다는 주장도 제시된다.[81] 보상을 전제로 하지 않은 헌법 제23조 제2항의 헌법직접적 제한과 보상을 전제로 하는 제23조 제3항의 헌법간접적 제한의 구별이 비례성원칙에 따라 가능한 것처럼, 보상을 전제로 하지 않는 제37조 제2항의 헌법간접적 제한은 비례성원칙에 따라 보상을 전제로 하는 제23조 제3항과 구별될 수 있다.

---

80) Pieroth/Schlink, Grundrechte(Staatrecht II), Rn. 939.

81) 김철수, 763면.

	제한의 성격	법률유보의 성격	비례성원칙	보 상
제23조 제1항	헌법간접적 제한	개별적 법률유보	적용가능	조정적 보상
제23조 제2항	한법직접적 제한	법률유보 불필요	적용필수	조정적 보상
제23조 제3항	헌법간접적 제한	개별적 법률유보	적용필수	완전한 보상
제37조 제2항	헌법간접적 제한	일반적 법률유보	적용필수	조정적 보상

Ⅲ. 조세와 제한규범

조세의 부과는 재산권에 대한 제약을 의미한다. 따라서 제약의 근거가 되는 제한규범이 필요하다. 조세부과의 근거로는 **헌법 제38조에 규정된 납세의 의무와 제59조에 규정된 조세법률주의**를 들 수 있다. 국민의 의무의 법적 성격을 헌법직접적 제한규범으로 이해하는 경우에 납세의 의무도 재산권에 대한 헌법직접적 제한규범으로 이해할 수 있다. 반면에 조세법률주의는 재산권에 대한 헌법간접적 제한규범으로 이해될 수 있다. 여기서 양자의 의미를 구별할 필요가 있다. 우선 재산권에 대한 헌법직접적 제한규범인 납세의 의무는 **국가의 존립과 유지에 필수적인 재정적 수요**를 충족시키기 위하여 필요한 조세부과의 근거가 된다. 헌법제정자는 그러한 의미의 조세의 필요성에 대해서 이미 헌법제정 당시에 예상할 수 있었기 때문에 헌법에 직접적으로 명시한 것으로 이해할 수 있다. 그렇다면 재산권에 대한 헌법간접적 제한규범인 조세법률주의는 그 밖에 **국가의 공익적 정책을 수행하기 위하여 필요한 재정적 수요**를 충족시키기 위하여 필요한 조세의 부과를 위한 근거가 된다고 볼 수 있다. 헌법제정자가 헌법 제정 당시에는 미처 예상할 수 없었지만 국가의 과제를 실현하기 위하여 필요한 경우에는 조세를 부담시킬 수 있는 권한을 입법자에게 부여하고 있는 것으로 이해된다.

조세처럼 반대급부적 성격이 없이 공법상 강제로 부과·징수되지만 특별한 과제의 수행을 위하여 해당 공익사업과 일정한 관련성이 있는 특정 부류의 사람들에 대해서만 부과되는 **부담금**은 두 가지 유형으로 구분된다. "부담금은 그 부과목적과 기능에 따라 ① 순수하게 재정조달 목적만 가지는 것(이하 '재정조달목적 부담금'이라 한다)과 ② 재정조달 목적뿐 아니라 부담금의 부과 자체로 추구되는 특정한 사회·경제정책 실현 목적을 가지는 것(이하 '정책실현목적 부담금'이라 한다)으로 양분해 볼 수 있다. 전자의 경우에는 추구되는 공적 과제가 부담금 수입의 지출 단계에서 비로소 실현된다고 한다면, 후자의 경우에는 추구되는 공적 과제의 전부 혹은 일부가 부담금의 부과 단계에서 이미 실현된다고 할 것이다. 가령 부담금이라는 경제적 부담을 지우는 것 자체가 국민의 행위를 일정한 정책적 방향으로 유도하는 수단이 되는 경우(유도적 부담금) 또는 특정한 공법적 의무를 이행하지 않은 사람과 그것을 이행한 사람 사이 혹은 공공의 출연(出捐)으로부터 특별한 이익을 얻은 사람과 그 외의 사람 사이에 발생하는 형평성 문제를 조정하는 수단이 되는 경우(조정적 부담금), 그 부담금은 후자의 예에 속한다고 할 수 있다."[82] 헌법재판소에 따르면 특히 재정조달목적 부담금의 위헌 여부를 판단할 때 ① 부담금은 조세에 대한 관계에서 예외적으로만 인정되어야 하며 일반적 공익사업을 수행하는 데 사용할 목적이라면 부담금을 남용할 수 없고, ② 부담금납부의무자는 일반국민에 비해 '특별히 밀접한 관련성'(집단적 동질성, 객관적 근접성, 집단적 책임성, 집단적 효용성)을 가져야 하며, ③ 부담금이 장기적으로 유지되는 경우에 있어서는 그 징수의 타당성이나 적정성이 입법자에 의해 지속적으로 심사되어야 한다는 세 가지 기준을 제시한다.[83] 또한 부담금의 경우에도 재산권을 제한하므로 재산권을 제한하는 입법에서 요구되는 헌법적 한계로서 비례성원칙이나 평등원칙을 준수해야 한다.

제4항 정 당 화

Ⅰ. 비례성원칙과 본질내용침해금지원칙

재산권도 원칙규범으로 이해될 수 있다. 따라서 재산권에 대한 잠정적인 보장이 확정적인 것이 되기 위해서는 **비례성원칙에 따른 합리적 형량**이 필요하다. 이것은 재산권을 제한하는 다른 사람의 기본권이나 헌법적 법익 또는 공익을 이 기본권과의 관계에서 조화와 균형을 이루게 함으로써 정당화하는 것을 의미한다. 그러므로 재산권에 대한 제약은 다른 사람의 기본권이나 헌법적 법익 또는 입법목적으로 제시된 공익과 균형을 이룰 수 있는 범위 안에서는 정당화된다. 비례성원칙은 방어권의 경우에는 과잉금지원칙으로, 보호권과 절차권의 경우에는 과소금지원칙으로 구체화된다. 이를테면 법정상속인 중 일정 범위의 근친자에게 법정상속분의 일부가 귀속되도록 법률상 보장하는 유류분제도가 증여 또는 유증으로 자유로이 재산을 처분하는 것을 제한하여 피상속인의 재산권을 침해하는지 여부를 판단할 때 과잉금지원칙이 적용된다.[84]

재산권의 본질내용에 대해서는 **절대설**에 따르면 비례성원칙과는 독립적인 원칙으로서 본질내용침해금지원칙에 따른 심사가 재산권에 대한 제약을 정당화하기 위하여 부가적으로 필요하지만, **상대설**에 따르면 비례성원칙에 따른 심사로 재산권의 제약을 위한 정당화는 충분하게 된다. 헌법재판소에 따르면 재산권의 본질내용은 "토지재산권의 핵이 되는 실질적 요소 내지 근본요소"를 뜻하고, 재산권의 본질적인 내용에 대한 침해는 "그 침해로 사유재산권이 유명무실해지고 사유재산제도가 형해화되어 헌법이 재산권을 보장하는 궁극적인 목적을 달성할 수 없게 되는 지경에 이르는 경우"를 의미한다.[85] 재산권의 본질내용을 침해하는 행위로는 ① 사유재산제도와 상속제도의 전면적 폐지, ②

82) 헌재 2004. 7. 15. 2002헌바42.
83) 헌재 2004. 7. 15. 2002헌바42; 2008. 9. 25. 2007헌가1; 2008. 11. 27. 2007헌마860.
84) 헌재 2024. 4. 25. 2020헌가4(헌법불합치).
85) 헌재 1989. 12. 12. 88헌가13.

소급입법에 의한 재산권의 박탈, ③ 보상 없는 재산권의 제한, ④ 재산권이 갖는 사회적 기속성의 한계를 지나치게 넓게 잡는 것 등이 제시된다.[86)]

[판례] 토지재산권의 본질내용과 비례성원칙

토지재산권의 본질적인 내용이라는 것은 토지재산권의 핵이 되는 실질적 요소 내지 근본요소를 뜻하며, 따라서 재산권의 본질적인 내용을 침해하는 경우라고 하는 것은 그 침해로 사유재산권이 유명무실해지고 사유재산제도가 형해화되어 헌법이 재산권을 보장하는 궁극적인 목적을 달성할 수 없게 되는 지경에 이르는 경우라고 할 것이다. **사유재산제도의 전면적인 부정, 재산권의 무상몰수, 소급입법에 의한 재산권박탈** 등이 본질적인 침해가 된다는데 대하여서는 이론의 여지가 없으나 토지거래허가제는 헌법의 해석이나 국가, 사회공동체에 대한 철학과 가치관의 여하에 따라 결론이 달라질 수 있는 것이다. 그리고 헌법의 기본정신(헌법 제37조 제2항)에 비추어 볼 때 기본권의 본질적인 내용의 침해가 설사 없다고 하더라도 과잉금지의 원칙에 위반되면 역시 위헌임을 면하지 못한다고 할 것이다(1989. 12. 22. 88헌가13: 토지거래허가제 사건). → 본질내용에 대한 절대설

Ⅱ. 소급입법금지의 원칙

1. 내 용

비례성원칙이나 본질내용침해금지원칙과 같은 기본권제한의 실질적 정당화와 관련된 원칙 이외에 기본권제한의 **형식적 정당화**와 관련된 원칙으로서 소급입법금지의 원칙이 문제되는데 이에 대해서 헌법은 명시적인 규정을 두고 있다. 헌법 **제13조 제2항**에서 모든 국민은 소급입법에 의하여 재산권을 박탈당하지 아니한다고 규정하는 것이다. 그러나 이러한 명시적 규정이 없어도 모든 기본권제한의 형식적 정당화를 위해서는 소급입법금지의 원칙이 요청된다고 볼 수 있기 때문에 헌법 제13조 제2항은 특별히 재산권의 제한과 관련하여 이러한 원칙을 명시함으로써 이 원칙의 중요성을 **다시 한 번 확인하여 강조하는 의미**로 해석해야 한다.

2. 진정소급입법과 부진정소급입법

소급입법은 신법이 이미 종료된 사실관계에 적용되는지 아니면 현재 진행 중인 사실관계에 적용되는지에 따라 ① **'진정소급입법'**과 ② **'부진정소급입법'**으로 구분된다.[87)] 전자는 헌법적으로 허용되지 않는 것이 원칙이며 단지 특별한 사정이 있는 경우에만 예외적으로 허용될 수 있다. 그에 반해 후자는 원칙적으로 허용되기는 하지만 소급효에 찬성하는 공익상의 요청과 소급효에 반대하는 신뢰보호의 요청 사이의 형량이 필요하기 때문에 소급입법에 관한 입법자의 형성권은 신뢰보호의 요청에 의해서 제한을 받게 된다.[88)]

86) 계희열(중), 580면 이하; 허영, 524면 이하; 헌재 1989. 12. 12. 88헌가13.
87) 제1편 제2부 제4장 제2절 V. 1. (2) 2) 참조.
88) 헌재 1995. 10. 26. 94헌바12; 1998. 9. 30. 97헌바38; 1998. 11. 26. 97헌바58; 1999. 7. 22. 97헌바76; 2001. 4. 26. 99헌바55; 2002. 7. 18. 99헌마574; 2003. 9. 25. 2001헌마93등; 2003. 9. 25. 2001헌마194.

진정소급입법과 부진정소급입법의 차이는 원칙과 예외를 서로 다르게 설정한다는 데 있을 뿐이고, 결국 소급입법이 허용된다는 점에서는 다르지 않다. 그리고 양자는 모두 소급입법이 허용되는지에 대한 판단을 **좁은 의미의 비례성원칙**에 따라 내린다는 점에서 공통적이다. 즉 소급입법을 금지함으로써 얻는 법적 안정성 및 신뢰보호의 이익과 소급입법을 허용함으로써 얻는 구체적 정의의 이익을 **형량**함으로써 소급입법에 대한 금지 또는 허용이 결정되는 것이다. 헌법재판소도 신뢰보호원칙의 위배 여부를 판단하기 위해서는 한편으로 침해받은 이익의 보호가치, 침해의 중한 정도, 신뢰가 손상된 정도, 신뢰침해의 방법 등과 다른 한편으로는 새 입법을 통하여 실현하고자 하는 공익적 목적을 종합적으로 비교 · 형량하여야 한다고 한다.[89] 이렇게 소급입법의 문제는 신뢰보호의 문제와 밀접하게 관련되고, 소급입법의 허용 여부나 신뢰보호원칙의 위배 여부는 관련되는 가치나 이익의 형량의 문제가 된다.

[판례] 소급입법에 의한 재산권의 제한

[1] 기존 명의신탁에 대한 실명등기의무 등에 관한 부동산실명법의 적용(2001. 5. 31. 99헌가18등: 합헌 – 법률에 의하여 보호하고자 하는 공익에 비하여 국민의 신뢰보호나 법적 안정성을 더 크게 해치지 않기 때문에)

[2] 공무원연금법 시행일 이후에 이행기가 도래하는 퇴직연금에 대하여 소득과 연계하여 그 일부의 지급을 정지할 수 있도록 한 규정(2008. 2. 28. 2005헌마872: 합헌)

[3] 군인연금법상 퇴역연금 수급권자가 '사립학교교직원 연금법' 제3조의 학교기관으로부터 보수 기타 급여를 지급받는 경우에는 퇴역연금의 전부 또는 일부의 지급을 정지할 수 있도록 규정(2007. 10. 25. 2005헌바68: 합헌)

[4] 친일재산을 그 취득 · 증여 등 원인행위시에 국가의 소유로 하도록 한 '친일반민족행위자 재산의 국가귀속에 관한 특별법'의 규정(2011.3.31. 2008헌바141: 합헌; 같은 취지 2013.7.25. 2012헌가1: 합헌)

[5] 공무원이 '직무와 관련 없는 과실로 인한 경우' 및 '소속상관의 정당한 직무상의 명령에 따르다가 과실로 인한 경우'를 제외하고 재직 중의 사유로 금고 이상의 형을 받은 경우, 퇴직급여 등을 감액하도록 한 규정을 소급적용하는 부칙 조항(2013. 8. 29. 2010헌바354등: 위헌)

[6] 사립학교 교원이 '직무와 관련 없는 과실로 인한 경우' 및 '소속상관의 정당한 직무상의 명령에 따르다가 과실로 인한 경우'를 제외하고 재직 중의 사유로 금고 이상의 형을 받은 경우, 퇴직급여 등을 감액하도록 한 규정을 소급하여 적용하도록 한 부칙조항(2013. 9. 26. 2013헌바170: 위헌)

[7] 부당환급받은 세액을 징수하는 근거규정인 개정조항을 개정된 법 시행 후 최초로 환급세액을 징수하는 분부터 적용하도록 규정(2014. 7. 24. 2012헌바105: 위헌)

[판례] 재산권에 대한 제한의 정도

재산권에 대한 제한의 허용정도는 재산권 객체의 **사회적 기능**, 즉 재산권의 행사가 기본권의 주체와 사회전반에 대하여 가지는 의미에 달려 있다고 할 것인데, 재산권의 행사가 **사회적 연관성**과 사회적 기능을 가지면 가질수록 입법자에 의한 보다 광범위한 제한이 허용

89) 헌재 1995. 10. 26. 94헌바12; 1998. 11. 26. 97헌바58; 1999. 7. 22. 97헌바76; 2001. 2. 22. 98헌바19; 2001. 4. 26. 99헌바55; 2003. 9. 25. 2001헌마93등; 2003. 9. 25. 2001헌마194.

된다. 즉 재산권의 이용과 처분이 소유자의 개인적 영역에 머무르지 아니하고 국민 일반의 자유행사에 큰 영향을 미치거나 국민일반이 자신의 자유를 행사하기 위하여 문제되는 재산권에 의존하는 경우에는 입법자가 공동체의 이익을 위하여 개인의 재산권을 제한하는 규율권한은 더욱 넓어진다고 하겠다(1999. 4. 29. 94헌바37등(택지소유상한제); 1999. 10. 21. 97헌바26).

제5항 효 력

재산권은 ① 국가에 대해서 효력(대국가적 효력)을 미칠 뿐만 아니라 ② 사인인 제3자, 즉 국민에 대해서도 효력(대사인적 효력)을 발생할 수 있다. 재산권의 사인에 대한 효력은 기본권의 대사인적 효력에 관한 이론구성에 따라 법관에게 기본권존중의무를 매개로 재산권을 존중하는 **재판**을 요구함으로써 실현될 수 있다.

[판례] 부담금

[1] **부담금 부과의 한계: 수질개선부담금**과 같은 부담금을 부과함에 있어서는 평등원칙이나 비례성원칙과 같은 기본권제한입법의 한계를 준수하여야 함은 물론 이러한 부담금의 부과를 통하여 수행하고자 하는 특정한 사회적 · 경제적 과제에 대하여 조세외적 부담을 지울만큼 특별하고 긴밀한 관계가 있는 특정집단에 국한하여 부과되어야 하고, 이와 같이 부과 · 징수된 부담금은 그 특정과제의 수행을 위하여 별도로 관리 · 지출되어야 하며 국가의 일반적 재정수입에 포함시켜 일반적 국가과제를 수행하는 데 사용되어서는 아니된다. 그렇지 않으면 국가가 조세저항을 회피하기 위한 수단으로 부담금이라는 형식을 남용할 수 있기 때문이다(1998. 12. 24. 98헌가1).

[2] **부담금과 이행강제금의 구분**: 보통 부담금이라 함은 특정의 공익사업과 특별한 관계가 있는 자에 대하여 그 사업에 필요한 경비를 부담시키기 위하여 과하는 금전적 지급의무를 말하고, 분담금이라고 하기도 한다. 그러나 택지소유상한제에 의한 부담금은 비록 "부담금"이라는 표현을 취하고 있으나, 그 징수목적이 토지의 과다보유를 억제하고, 소유상한을 초과한 택지의 처분 또는 이용 · 개발을 유도하는 데 있는 것이기 때문에, 이를 특정한 공익사업을 위한 경비 충당을 목적으로 하는 원래 의미의 부담금이라고 보기는 어렵다. 그리고 위와 같은 부담금에 부수적이나마 재정수입의 목적이 있다고도 인정하기 어려우므로, 이를 조세의 일종이라고 할 수도 없다. 결국 이러한 부담금은 법이 정한 상한을 초과하여 택지를 소유하고 있는 자에 대하여 의무위반에 대한 제재로서 부과하는 금전적 부담으로서, 법의 목적을 실현하기 위한 **이행강제수단**이라고 할 것인데, 현대 행정이 복잡 · 다양해지고 복리행정이 확대됨에 따라 간접적 수단에 의하여 **국민의 행위를 일정한 방향으로 유도 · 조정함으로써 사회 · 경제적인 정책목적을 효율적으로 달성하기 위하여 도입된 새로운 유형의 공과금**이라고 할 수 있다(1999. 4. 29. 94헌바37등).

[3] **조세로서 부담금: 개발부담금**은 특정한 공익사업을 위한 경비 충당을 목적으로 하지 않는다는 의미에서 원래 의미의 부담금이라고 보기는 어렵다고 하거나, 재정수입을 목적으로 하는 것이 아니므로 이를 조세의 일종이라고 할 수도 없으며, 투기방지를 위한 법령상의 부작위의무의 이행을 확보하기 위한 것으로 새로운 형태의 의무이행확보수단의 성질을 가진다고 보기도 한다. 그러나 비록 그 명칭이 "부담금"이고, 국세기본법에서 나열하고 있는 "국세"의 종류에도 빠져 있다고 하더라도, "국가의 재정수요를 충족시키

기 위하여 반대급부 없이 법률에 규정된 요건에 해당하는 모든 자에 대하여 일반적 기준에 의하여 부과하는 금전급부"라는 **조세로서의 특징을 지니고 있다는 점에서 실질적인 조세**로 보아야 할 것이므로, 개발부담금에도 세법의 기본원리 및 이론이 유추적용된다고 할 것이다(2001. 4. 26. 99헌바39; 2016. 6. 30. 2013헌바191등; 2020. 5. 27. 2018헌바465: 개발이익환수제).

[4] **농지조성비 및 농지전용부담금**은 한정된 농지가 무분별한 개발 등으로 인하여 다른 용도로 전용되는 것을 억제함과 아울러 예외적으로 이러한 전용을 허용하더라도 그에 상응하는 대체 농지를 새로이 조성하고 나아가 농업과 농민을 보호·육성하기 위한 구조개선사업 등에 투자할 재원을 확보하기 위한 목적에서 당해 농지를 전용하고자 하는 사람에게 부과되는 것으로 이는 농지 및 농업에 관하여 특별한 보호를 할 것을 선언하고 있는 헌법상의 제원칙을 구현하기 위한 것이다(2002. 10. 31. 2001헌바88).

[5] **부담금의 유형**: 부담금은 그 부과목적과 기능에 따라 ① 순수하게 재정조달 목적만 가지는 것(이하 '**재정조달목적 부담금**'이라 한다)과 ② 재정조달 목적뿐 아니라 부담금의 부과 자체로 추구되는 특정한 사회·경제정책 실현 목적을 가지는 것(이하 '**정책실현목적 부담금**'이라 한다)으로 양분해 볼 수 있다. 전자의 경우에는 추구되는 공적 과제가 부담금 수입의 지출 단계에서 비로소 실현된다고 한다면, 후자의 경우에는 추구되는 공적 과제의 전부 혹은 일부가 부담금의 부과 단계에서 이미 실현된다. 가령 부담금이라는 경제적 부담을 지우는 것 자체가 국민의 행위를 일정한 정책적 방향으로 유도하는 수단이 되는 경우(유도적 부담금) 또는 특정한 공법적 의무를 이행하지 않은 사람과 그것을 이행한 사람 사이 혹은 공공의 출연(出捐)으로부터 특별한 이익을 얻은 사람과 그 외의 사람 사이에 발생하는 형평성 문제를 조정하는 수단이 되는 경우(조정적부담금)에 후자의 예에 속한다(2004. 7. 15. 2002헌바42).

[6] **해양환경개선부담금**은 어업경영자금의 지원, 수산물 유통구조개선 및 가격안정, 경쟁력 있는 수산업 육성에 필요한 재원을 확보하기 위해 설립된 수산발전기금의 안정적인 운용재원 확보와 부담금의 부과를 통한 해양배출의 억제라는 특별한 공적 과제를 위하여 부과되며, 그 지출 용도가 제한적으로 설정되어 있고(어특법 제25조), 위 공적 과제와의 관련성을 매개로 특정 부류의 사람들에 대해서만 부과되는 점에서, 그 이념과 기능이 조세의 그것과 실질적으로 구별되므로 부담금에 해당한다(2007. 12. 27. 2006헌바25).

[7] **재정조달목적 부담금의 헌법적 정당화 요건**: **영화상영관 입장권에 대한 부과금**은 그 부과의 목적이 한국영화산업의 진흥 발전을 위한 각종 사업의 용도로 쓰일 영화발전기 금의 재원을 마련하는 것으로서, 그 부과 자체로써 부과금의 부담 주체인 영화상영관 관람객의 행위를 특정한 방향으로 유도하거나 관람객 이외의 다른 사람들과의 형평성 문제를 조정하고자 하는 등의 목적은 없으며, 또한 추구하는 공적 과제가 부과금으로 재원이 마련된 영화발전기금의 집행 단계에서 실현되므로 순수한 **재정조달부담금**에 해당한다. 재정조달목적 부담금은 그 부과가 헌법적으로 정당화되기 위하여는 ① 조세에 대한 관계에서 예외적으로만 인정되어야 하며 국가의 일반적 과제를 수행하는 데에 부담금 형식을 남용하여서는 아니 되고, ② 부담금 납부의무자는 일반 국민에 비해 부담금을 통해 추구하고자 하는 공적 과제에 대하여 특별히 밀접한 관련성을 가져야 하며, ③ 부담금이 장기적으로 유지되는 경우 그 징수의 타당성이나 적정성이 입법자에 의해 지속적으로 심사되어야 한다(2008. 11. 27. 2007헌마860).

[8] **예금보험기금채권상환 특별기여금**은 1997년 외환위기 당시 부보금융기관의 구조조정을 지원하는 과정에서 발생한 예금보험기금의 채무를 정리하기 위하여 설치된 상환기금의 재원 확보라는 특별한 공적 과제를 위하여 부과되며, 그 지출 용도가 제한적으

로 설정되어 있고, 위 공적 과제와의 관련성을 매개로 부보금융기관이라는 특정한 인적 범위에 대해서만 부과되는 점에서, 그 이념과 기능이 조세의 그것과 실질적으로 구별되므로 부담금에 해당하며, 특히 **재정조달목적 부담금**에 해당한다(2009. 4. 30. 2006헌마603).

[9] **광역교통시설부담금**은 부담금관리기본법의 적용을 받고(부담금관리기본법 제3조, 별표 제72호), 교통시설의 건설 및 개량 사업을 위한 특별회계로 귀속되어 관리되며(대도시권 광역교통관리에 관한 특별법 제11조의6, 제11조의7), 광역교통시설의 개선이라는 특정한 공익적 과제의 필요에 충당하기 위하여 교통에 부담을 유발하는 사업을 하는 일부 사람들에게만 강제적으로 부과·징수되므로(특별법 제11조) 성질상으로도 부담금에 해당한다. 특히 부과대상과 사용용도 사이의 관계를 기준으로 보면 원인자부담금에 해당하며, 기능적 측면에서는 교통시설의 개선에 필요한 재원 확보를 목적으로 하는 **재정조달목적 부담금**에 해당한다(2009. 2. 26. 2007헌바112; 2009. 5. 28. 2007헌바26; 2018. 12. 27. 2017헌바215).

[10] **기반시설부담금**은 기반시설의 설치 등을 위한 재원을 확보하기 위한 것이므로 **재정조달목적**이 강한 것으로 보인다. 다만 기반시설을 설치하고 계획적으로 조성된 택지지구 등의 부근에서 기반시설을 추가로 설치하지 않고 하는 난개발 등과 같이, 기반시설부족을 야기하고 중장기적으로 주거환경을 악화시키는 건축행위를 할 유인을 억제한다는 측면에서 특정한 사회·경제정책을 실현하기 위한 **정책실현목적 부담금**의 성격도 일부 가진다(2010. 2. 25. 2007헌바131).

[11] 장애인 고용의무제도의 실효성 확보수단으로서 가장 강력한 수단으로 평가되는 **고용부담금제도**는 사회연대책임의 이념을 반영하여 장애인의 고용에 따르는 경제적 부담을 장애인을 고용하는 사업주와 고용하지 아니하는 사업주 간에 평등하게 조정하고, 실업 중인 장애인의 고용촉진을 위해 장애인을 새로이 고용하는 사업주가 작업설비 등의 개선을 위하여 지는 부담을 줄이기 위한 사업주의 공동갹출금이라고 할 수 있다. 이 부담금제도는 고용률을 하회하는 사업체의 사업주로부터 기금을 납부받아 고용률을 초과해서 장애인을 고용한 사업주에게 고용지원금을 지급함으로써 사업주 간의 장애인고용에 수반되는 경제적 부담을 평등화하자는 것이다. 그러므로 … 장애인 고용부담금은 재정적인 목적보다는 고용에 어려움을 겪는 장애인의 고용촉진을 주된 목적으로 하는 '유도적·조정적 (특별)부담금'의 성격이 강하다고 할 수 있다(2012. 3. 29. 2010헌바432).

[12] **손해배상금 대불제도**는 의료사고라는 특정한 종류의 사고가 발생하는 영역에 국한하여 그 피해자를 신속히 구제하고 안정적 진료환경을 조성하기 위한 것으로서, 이와 관련된 특정 집단으로부터 그 재원이 조달될 수 있는 특수한 공적 과제의 성격을 가지므로, 이를 위해 보건의료기관 개설자에게 **대불비용 부담금**을 부과하는 것이 국가의 일반적 과제를 수행하면서 부담금 형식을 남용한 것이라고는 볼 수 없다. … 손해배상금 대불제도를 통해 추구하는 공적 과제와 보건의료 개설자 간에 특별히 밀접한 관련성을 인정할 수 있다(2014. 4. 24. 2013헌가4; 2022. 7. 21. 2018헌바504).

[13] 공익사업의 시행으로 인해 철거된 건축물을 취락지구가 아닌 지역으로 이축하는 경우 **개발제한구역보전부담금**을 부과함으로써 개발제한구역을 보전하고 개발제한구역의 관리 재원을 마련하는 것이다. 이는 개발행위자들에게 경제적 부담을 줄 뿐 이축 자체를 금지하지 않는다. 이축을 하려는 토지와 이와 유사한 개발제한구역이 아닌 토지 사이의 가격 차이를 기준으로 부담금을 계산하고, 이축으로 인한 개발이익이 개발자에게 돌아가는 점을 고려하면 청구인의 재산권을 침해하지 않는다(2017. 9. 28. 2016헌바76).

[14] **재건축부담금**은 주택재건축사업에서 발생되는 초과이익을 환수함으로써 주택가격의 안정과 사회적 형평을 제고한다는 특정한 공적 과제의 수행을 위하여, 주택재건축사

업을 하기 위하여 설립된 조합(또는 조합원)이라는 특정 부류의 법인 또는 사람들에게 특정한 반대급부 없이 일정한 금전을 강제적 · 일률적으로 부과하는 것이다. 또한 이렇게 마련된 부과금은 법률상 규정된 과세요건이 충족되면 국민이면 누구나 부담하는 일반적인 재정책임, 즉 일종의 일반부담으로서 정부의 재정수요를 충당하기 위하여 보상이나 반대급부 없이 국민으로부터 강제적으로 징수하는 조세와는 그 목적과 기능이 구별되므로, 재건축부담금은 조세가 아닌 부담금에 해당한다(2019. 12. 27. 2014헌바381).

[15] **물이용부담금**은 한강수계의 주민지원사업과 수질개선사업 등에 사용될 한강수계관리기금의 재원을 마련하는 데에 그 부과의 목적이 있을 뿐, 그 부과 자체로써 수돗물 최종수요자의 행위를 특정한 방향으로 유도하거나 물이용부담금 납부의무자 이외의 다른 집단과의 형평성 문제를 조정하고자 하는 등의 목적이 있다고 보기 어렵다. 게다가 부담금 부과조항이 물이용부담금을 통해 추구하는 공적 과제는 한강수계관리기금의 집행 단계에서 비로소 실현된다고 할 수 있으므로, 물이용부담금은 재정조달목적 부담금에 해당한다(2020. 8. 28. 2018헌바425).

[16] **환경개선부담금**은 부담금의 부과를 통해 대기오염물질 배출을 억제하고 환경개선을 위한 투자재원을 합리적으로 조달한다는 특정한 공적 과제의 수행을 목적으로 하고, '경유차 소유자'라는 특정 부류의 집단에만 특정한 반대급부 없이 강제적 · 일률적으로 부과된다. … 환경개선부담금은 조세와는 그 목적과 기능이 구별되므로, '조세'가 아닌 '부담금'이라고 볼 수 있다(2022. 6. 30. 2019헌바440).

[판례] 과징금

[1] 과징금제도는 대체로 **행정법상의 의무위반행위**에 대하여 행정청이 의무위반행위로 인한 불법적인 이익을 박탈하거나 또는 당해 법규상의 일정한 행정명령의 이행을 강제하기 위하여 의무자에게 부과 · 징수하는 금전이라고 그 개념과 법적 성격을 설명할 수 있다. 또한 과징금은 형사처벌이나 행정벌과는 그 성격을 달리하기는 하지만 위반자에 대하여 금전지급채무를 부담시킨다는 측면에서 실질적으로는 제재로서의 성격을 가지고 있으므로 ① 그 부과요건에 관하여 법률상 명시적인 근거가 있어야 하고, ② 헌법상 과잉금지의 원칙과 관련하여 과징금을 부과하여야 할 합리적인 근거가 있어야 하며, ③ 위반자의 의무위반의 정도나 취득한 이익의 크기에 상응하여 과징금을 산정하며, ④ 그 산정기준 및 부과절차 등도 적정하게 규정되어야 한다(2001. 5. 31. 99헌가18등).

[2] 부동산실명법이 실명등기의무 이행의 확보수단으로서 명의신탁자 등에 대하여 과징금을 부과하는 규정(2001. 5. 31. 99헌가18등: 헌법불합치 – 부동산가액의 100분의 30이라는 과징금은 과다하고, 명의신탁의 의도와 관계없이 일률적으로 부과하는 것도 지나친 제재)

[판례] 특별부담금

[1] 조세나 부담금과 같은 전통적인 공과금체계만으로는 현대국가의 새로운 행정수요에 원활하게 대처할 수 없기 때문에 특별부담금이라는 새로운 유형의 공과금제도가 인정되고 있다. 특별부담금은 **특별한 과제**를 위한 재정에 충당하기 위하여 특정집단에게 과업과의 관계 등을 기준으로 부과되고 공적기관에 의한 반대급부가 보장되지 않는 금전급부의무를 말하는 것인데 이 부담금은 특정과제의 수행을 위하여 별도로 지출 · 관리된다. 따라서 특별부담금은 일반적인 국가재정수요의 충당을 위하여 일반 국민으로부터 그 담세능력에 따라 징수되는 조세와 구별된다(1999. 10. 21. 97헌바84; 2003. 12. 18. 2002헌가2). 일반적으로 특별부담금은 그 성격에 따라 ① 일정한 과제의 수행에 필요한 재정경비를 조성

하는 것을 목적으로 한 '**재정충당 특별부담금**'과 ② 법상의 명령이나 금지에 의하여 직접 규제하는 대신에 금전의 부담을 지워 간접적으로 일정한 국가목적의 달성을 유도하는 기능을 가진 '**유도적 특별부담금**'으로 나눌 수 있다(2003. 1. 30. 2002헌바5; 2003. 12. 18. 2002헌가2). 특별부담금은 조세의 납부의무자인 일반국민들 중 일부가 추가적으로 부담하는 또 하나의 공과금이므로 국민들 사이의 공과금 부담의 형평성 내지 조세평등을 침해하지 않기 위해서는 특별부담금은 ① 일반인과 구별되는 동질성을 지니어 특정집단이라고 이해할 수 있는 그러한 사람들에게만 부과되어야 하고(**집단의 동질성**), ② 특별부담금의 부과를 통하여 수행하고자 하는 특정한 경제적·사회적 과제와 특별히 객관적으로 밀접한 관련성이 있어야 하고(**객관적 근접성**), ③ 그리하여 그러한 과제의 수행에 관하여 조세외적 부담을 져야 할 책임이 인정될 만한 집단에 대해서만 부과되어야 할 것이며(**집단적 책임성**), ④ 특별부담금의 수입이 특별부담금 납부의무자의 집단적 이익을 위하여 사용되어야 할 것(**집단적 효용성**)이다(1998. 12. 24. 98헌가1; 1999. 10. 21. 97헌바84; 2003. 1. 30. 2002헌바5; 2003. 12. 18. 2002헌가2).

[2] **문예진흥기금**은 ① 모금대상이 동질성 있는 특별한 집단이 아니고, ② 납입금의무자들이 문화예술진흥이라는 공적 과제에 더 근접한 위치에 있지 않으며, ③ 공연관람자들이 문화예술진흥에 특별한 책임을 부담하여야 할 합리적 이유가 없고, ④ 문예진흥기금이 공연관람자의 집단적 이익을 위하여 사용되는 것이 아니므로 특별부담금의 헌법적 허용한계를 벗어나 국민의 재산권을 침해한다(2003. 12. 18. 2002헌가2: 위헌).

[3] **국외여행자납부금**은 관광사업의 효율적 발전 및 관광외화수입의 증대라는 과제를 위한 관광진흥개발기금의 재원을 마련하는 동시에, 내국인의 국외여행을 간접적으로 규제함으로써 관광수지 적자를 억제하고 국내 관광사업의 활성화를 유동하기 위하여 내국인 중 국외여행자라는 특정집단으로부터 재정충당 및 유도적 성격을 지닌 특별부담금이다(2003. 1. 30. 2002헌바5).

[4] **텔레비전 방송수신료**는 공영방송사업이라는 특정한 공익사업의 경비조달에 충당하기 위하여 수상기를 소지한 특정집단에 대하여 부과되는 특별부담금에 해당한다(2008. 2. 28. 2006헌바70).

[5] **관광진흥개발기금**은 기금의 설치 목적이 관광사업의 발전 등을 위한 것이고, 기금의 주된 재원이 정부출연금과 국내 공항 등을 통해 출국하는 사람이 납부한 납부금으로 조세 유사의 특별부담금이다(2014. 7. 24. 2012헌바188).

제8장 정치활동에 관한 기본권

제1절 서 설

I. 개 념

헌법은 정치활동과 관련된 기본권, 즉 정치적 기본권으로 선거권과 공무담임권을 규정하고 있다. 그리고 정치적 목적과 내용의 표현활동이 가능하기 때문에 정치적 기본권으로 헌법 제21조 **언론 · 출판 · 집회 · 결사의 자유**가 언급되기도 한다. 또한 헌법 제130조 제2항과 제72조에 근거한 **국민투표권**과 헌법 제8조에 근거한 **정당의 설립과 활동에 관한 자유**가 정치적 기본권에 포함되기도 한다.

표현의 자유로도 불리는 언론 · 출판 · 집회 · 결사의 자유는 정치적 목적을 위한 것으로 정치적 내용을 가질 때 정치적 기본권으로 이해될 수도 있다. 물론 표현활동이 정치활동의 일부로만 이해될 수 없기 때문에 정치적 기본권으로 분류될 수 없다고 할지라도 정치적 목적을 위하여 행해지고 정치적 내용을 가진 표현활동의 중요성은 더 강조할 필요가 없을 정도로 크다. 헌법재판소도 공직선거법 상 후보비방죄와 관련하여 정치적 표현의 자유를 침해한다고 결정하면서 정치적 표현의 자유를 독자적 기본권으로 취급한다.[1] 하지만 표현의 자유를 보장하는 목적은 정치적 목적에 국한되지 않기 때문에 정신활동에 관한 기본권으로 분류하여 다루기로 한다.[2] 또한 국민투표권은 대통령의 권한[3]이나 헌법개정절차[4]와 관련되기 때문에 거기서 다루기로 한다. 그리고 정치적 목적을 위한 결사체인 정당은 결사의 자유[5]에 포함된 내용이 그대로 적용될 수 있고, 또한 정당제도[6]에서도 논의되기 때문에 여기서는 자세하게 다루지 않기로 한다. 다만 표현의 자유, 국민투표권, 정당설립과 활동에 관한 자유도 정치활동과 밀접하게 관련되어 있다는 사실만을 확인하는 데 그치기로 한다.

II. 민주주의와 정치적 기본권

민주주의를 대화하고 토론하는 민주주의로 이해하면서 이러한 민주주의가 제도화되

1) 헌재 2024. 6. 27. 2023헌바78.
2) 제2편 제2부 제5장 제6절 참조.
3) 제3편 제3장 제1절 III. 2. 참조.
4) 제1편 제1부 제3장 제2절 II. 2. 참조.
5) 제2편 제2부 제5장 제7절 참조.
6) 제1편 제2부 제5장 제2절 참조.

어 원칙적으로 간접민주제로 실현된다고 할 때 **선거권은 민주주의에서 중요한 의미**를 가진다. 선거권의 행사를 통해 국민은 대표에게 민주적 정당성을 부여하고, 또한 정치적 책임을 물을 수도 있다. 더 나아가 국가기관의 구성에 참여함으로써 비록 간접적이나마 국가공동체의 정치적 의사결정과정에 참여하게 된다. 한편 피선거권의 경우에는 국민의 대표를 선출하는 과정에서 후보자로 나서고, 당선된 경우에는 국민의 대표로서 국가공동체의 정치적 의사결정과정에 직접적으로 참여하게 된다. 이처럼 선거권과 피선거권을 포함하는 **참정권은 국가의사형성절차에 참여하는 기본권, 즉 절차권**으로 이해된다. 이러한 절차권은 절차에 관한 입법을 요구할 수 있는 권리를 의미하기 때문에 이러한 권리에 상응하는 국가의 입법의무에 따라 선거제도에 관한 입법이 제정될 수 있다. 따라서 참정권과 선거제도는 기본권과 제도보장으로 분리될 수 있는 것이 아니라 기본권에서 도출되는 절차입법에 관한 주관적 권리와 절차입법에 관한 객관적 의무로 결합될 수밖에 없는 것으로 이해된다.

제 2 절 선 거 권

제 1 항 헌법규정

우리 **헌법 제24조**는 선거권에 대해서 규정하고 있다. 이러한 기본권규정이 의미하는 바는 선거권에 관한 주관적 '지위'와 객관적 '규범'이다.

[헌법 제24조]
모든 국민은 법률이 정하는 바에 의하여 선거권을 가진다.

선거권은 제헌헌법(제25조)에서부터 현행 헌법에 이르기까지 규정되고 있다. 선거권 연령은 1960년 헌법(제25조)에서부터 20세로 헌법에 명문화하였고, 현행 헌법에서부터는 법률에서 정하도록 개정되었다.

제 2 항 구성요건

Ⅰ. 인적 구성요건(주체)

국가공동체의 모든 구성원을 대표하여 공동체의 의사를 결정하는 대표를 선출할 수 있는 선거권은 원칙적으로 국가공동체의 모든 구성원이어야 한다. 이러한 구성원이 되는 자격은 국적에 따라 결정되기 때문에 선거권은 **국민의 권리**로 이해된다. 따라서 이 기본권을 누리는 주체는 원칙적으로 **국민**이다. 다만 선거권을 법적 지위에 관한 자유권으로 이해하는 경우에 국적과 상관없이 부여된 선거에 관한 법적 지위의 자유를 외국인에 대하여 국적을 이유로 제한하는 것으로 구성할 여지도 없는 것은 아니다. 그리고 기본권의 성격상 **자연인**만이 선거권의 주체가 될 수 있다.

Ⅱ. 보호법익

1. 선거행위

선거권이 보호하는 선거행위는 공무원을 선출하는 행위를 말한다. 이러한 선거행위는 이 행위를 할 수 있는 법적 지위를 가진 자만이 할 수 있는 '법적 행위'를 의미한다.

2. 선거행위에 관한 법적 지위와 권리

(1) 선거행위를 할 수 있는 법적 지위에 관한 자유

선거권은 상태, 즉 법적 지위가 보장된 법적 상태를 보호법익으로 하는 자유다. 이러한 법적 지위는 선거행위를 할 수 있는 법적 지위를 의미하므로 선거권은 공무원을 선출하는 선거행위를 할 수 있는 법적 지위에 관한 자유로 이해된다. 헌법재판소에 따르면 선거권은 자유로운 투표절차뿐만 아니라 공정한 개표절차가 확보될 때 보장된다고 한다.[7]

(2) 선거행위를 할 수 있는 법적 지위에 관한 권리

1) 방어권과 보호권 ① 선거권은 선거행위를 할 수 있는 법적 지위를 박탈하는 제약행위의 부작위 · 중지를 요구할 수 있는 **방어권**을 포함한다. 또한 ② 선거행위를 할 수 있는 법적 지위를 박탈하는 사인인 제3자의 침해행위로부터 국가의 보호를 요구할 수 있는 **보호권**을 포함한다. 선거에 관한 법적 지위의 행사는 사인(私人)인 제3자에 의해서도 저지 · 방해받음으로써 **박탈**될 수 있기 때문이다. 예를 들어 **공직선거법상 선거자유방해죄**에 관한 규정들(동법 제237조 이하)은 선거권에 대한 제3자의 침해로부터 보호하는 입법에 해당한다.

2) 절 차 권

선거는 국가기관을 구성함으로써 비록 간접적이기는 하지만 **국가의사형성을 위한 절차**를 보장하기 때문에 선거권은 국가의사형성의 절차에 필수적인 법규범의 제정을 요구할 수 있는 절차권으로 이해된다. 선거권은 선거제도의 유형에 따라 ① 대통령선거권, ② 국회의원선거권, ③ 지방의회의원 및 지방자치단체장선거권으로 구분된다.

(3) 선거에 관한 제도보장

선거권은 '법적 지위'에 관한 자유이고, '절차권적 측면'을 보장한다는 점에서 선거에 관한 '법적 지위'와 선거의 절차에 필수적인 '법규범'을 구체화하는 '제도'를 반드시

7) 헌재 2013. 8. 29. 2012헌마326; 2023. 10. 26. 2022헌마232등.

필요로 한다. 이 점에서 선거권은 선거에 관한 제도보장의 측면을 포함한다. 중요한 것은 선거제도의 보장이라는 객관적 측면은 선거권에 포함된 주관적 측면과 표리관계를 이룬다는 점이다.

Ⅲ. 제약행위

선거권에 포함된 방어권의 경우에 선거권을 박탈하는 행위는 선거권에 대한 제약행위로서 잠정적으로 금지된다. 선거권의 박탈은 전면적 박탈뿐만 아니라 부분적 박탈도 포함한다. 또한 선거권의 행사를 저지·방해하는 행위도 선거권의 간접적 박탈행위에 포함된다.

제3항 제한규범

선거권의 구성요건을 충족해도 제한규범에 근거하여 제약되는, 선거에 관한 법적 지위는 확정적인 보호를 받지 못한다. 선거권의 구성요건을 충족하면서 제한규범에 근거하여 제약될 수 없는, 선거에 관한 법적 지위만이 확정적으로 보호된다. 따라서 선거권에 관한 구성요건의 단계에서 보호법익에 해당하여 잠정적으로 보호된, 선거에 관한 법적 지위는 제한규범에 근거하여 제약될 수 없으면 확정적으로 보호된다. 한편 선거권에 포함된 방어권의 경우에 구성요건의 단계에서 잠정적으로 금지된 제약행위는 제한규범에 근거하는 경우에만 잠정적으로 허용된 제약행위로 바뀌게 되고, 근거가 되는 제한규범이 없는 경우에는 확정적으로 금지된 제약행위가 된다.

Ⅰ. 헌법직접적 제한규범

선거권에 대한 헌법직접적 제한규범은 '성문'의 형태와 '불문'의 형태로 규정이 가능하다. 우리 헌법규정은 선거권에 대한 성문의 헌법직접적 제한규범을 포함하고 있지 않다. 불문의 헌법직접적 제한규범으로는 다른 사람의 기본권이나 헌법적 법익을 들 수 있다. 다른 사람의 기본권이 선거권에 대한 헌법직접적 제한규범이 되면 두 기본권 사이에 '기본권의 충돌'이 발생한다.

Ⅱ. 헌법간접적 제한규범

선거권에 대한 헌법간접적 제한규범은 선거권에 대해서만 '개별적으로' 규정될 수도 있고, 선거권을 포함한 모든 자유와 권리에 대해서 '일반적으로' 규정될 수도 있다. 우리 헌법은 선거권에 대하여 개별적 법률유보조항을 두고 있다. 선거권을 "법률이 정하는 바에 의하여" 가지는 기본권으로 규정하는 것이다. 물론 이 문언에 대해서는 ①

'형성적' 법률유보로 이해하는 견해와 ② '제한적' 법률유보로 이해하는 견해, 그리고 ③ 양자의 성격을 모두 가진다고 보는 견해[8]가 있을 수 있다. 선거권은 선거와 관련되어 잠정적으로 무제한적인 보호를 받는 법적 지위로 이해되므로 선거권을 구체화하는 법률은 그러한 법적 지위의 보호법익을 제약하는 제한적 법률유보로 보는 것이 타당하다. 또한 선거권은 일반적 법률유보조항인 헌법 제37조 제2항에 근거하여 "국가안전보장·질서유지 또는 공공복리"를 위하여, "법률"에 의해서만 제한될 수 있다.

제4항 정 당 화

Ⅰ. 소급입법금지원칙

기본권제한의 **형식적 정당화**와 관련된 원칙으로서 소급입법금지의 원칙이 문제되는데 이에 대해서 헌법은 명시적인 규정을 두고 있다. **헌법 제13조 제2항**에서 모든 국민은 소급입법에 의하여 '참정권'을 박탈당하지 아니한다고 규정하는 것이다. 그러나 이러한 명시적 규정이 없어도 모든 기본권제한의 형식적 정당화를 위해서는 소급입법금지의 원칙이 요청된다고 볼 수 있기 때문에 헌법 제13조 제2항은 특별히 참정권, 즉 여기서 문제가 되는 선거권의 제한과 관련하여 이러한 원칙을 명시함으로써 이 원칙의 중요성을 **다시 한 번 확인하여 강조하는 의미**로 해석해야 한다.

Ⅱ. 비례성원칙과 본질내용침해금지원칙

선거권도 법적 지위에 관한 자유권으로서 원칙규범으로 이해된다. 따라서 잠정적으로 보장된 선거권의 구성요건이 확정적으로 보장받기 위해서는 **비례성원칙에 따른 합리적 형량**이 필요하다. 이것은 선거권을 제한하는 다른 사람의 기본권이나 헌법적 법익 또는 공익을 선거권과의 관계에서 조화와 균형을 이루게 함으로써 정당화하는 것을 의미한다. 따라서 선거권에 대한 제약은 다른 사람의 기본권이나 헌법적 법익 또는 입법목적으로 제시된 공익과 균형을 이룰 수 있는 범위 안에서는 정당화된다. 비례성원칙은 방어권의 경우에는 과잉금지원칙으로, 보호권과 절차권의 경우에는 과소금지원칙으로 구체화된다.

선거권의 본질내용에 대해서는 **절대설**에 따르면 비례성원칙과는 독립적인 원칙으로서 본질내용침해금지원칙에 따른 독자적인 심사가 선거권에 대한 제한을 정당화하기 위하여 부가적으로 필요하다. 하지만 **상대설**에 따르면 비례성원칙에 따른 심사로 선거권의 제한을 위한 정당화는 충분하게 된다. 선거권의 본질내용에 관한 절대설을 주장하면서 그 내용에 대해서는 "참정권을 무의미하게 만들 정도로 제한하는 경우"[9]라는 식으로 절대적 본질내용이 불명확하게 설명되는 경우에는 상대설과 다르지 않게 된다.

---

8) 계희열(중), 613면.

9) 계희열(중), 614면.

Ⅲ. 구체적 문제

1. 연령에 따른 선거권 제한

연령에 따라 선거권을 제한하는 법률에 대해서 헌법재판소는 다음과 같은 견해를 보였다. "선거권과 공무담임권의 연령을 어떻게 규정할 것인가는 입법자가 입법목적 달성을 위한 선택의 문제이고 입법자가 선택한 수단이 현저하게 불합리하고 불공정한 것이 아닌 한 재량에 속하는 것인바, 선거권연령을 공무담임권의 연령인 18세와 달리 20세로 규정한 것은 입법부에 주어진 합리적인 재량의 범위를 벗어난 것으로 볼 수 없다."[10] 연령에 따른 선거권제한은 동시에 평등의 문제도 발생시킨다. 선거연령 미만의 자를 선거연령 이상의 자와 차별하여 선거권을 부여하지 않기 때문이다. 현행 공직선거법은 선거권 연령을 18세 이상으로 정하고 있는데(동법 제15조 제1항), 헌법재판소는 선거권 연령을 이전에 19세 이상으로 정한 것에 대해서도 입법자의 합리적인 입법재량의 범위를 벗어나지 않는 것으로 보았다.[11] 또한 선거연령을 산정하는 기준을 선거일 현재로 규정한 것도 선거권을 침해하지 않는다고 본다.[12]

2. 투표시간에 따른 선거권 제한

부재자투표시간을 오전 10시부터 오후 4시까지로 정한 법률조항에 대해서 헌법재판소는 일과 시간 이전에 투표를 할 수 없도록 했다는 이유로 투표개시시간에 대해서만 헌법불합치결정을 한 반면에 투표종료시간은 부재자투표의 인계·발송을 신속하고 효율적으로 하기 위한 것이어서 헌법에 위반되지 않는다고 한다.[13] 또한 투표소를 선거일 오후 6시에 닫도록 한 법률조항은 선거결과의 확정 및 선거권의 행사를 보장하면서도 투표·개표관리에 소요되는 행정자원의 배분을 적정한 수준으로 유지하기 위한 것으로서 정당한 목적 달성을 위한 적합한 수단에 해당하고, 일과 시작 전이나 근로시간 중에 부재자투표를 할 수 있는 제도가 정비되어 있으므로 침해의 최소성과 법익의 균형성도 충족시켜 선거권을 침해하지 않는다고 한다.[14] 하지만 일과 시간 이후에 투표를 할 수 없도록 하는 것은 일과 시간 전에 투표를 할 수 없는 사람들의 선거권 행사를 직접적 또는 간접적으로 방해하는 것일 뿐만 아니라 모든 선거권자가 동일한 일과 시간을 보내는 것도 아니기 때문에 투표시간의 제한은 평등의 문제를 발생시킨다.

3. 수형자에 대한 선거권 제한

수형자의 선거권을 제한하는 법률조항에 대해서 헌법재판소는 선거의 공정성 및 형

---

10) 헌재 1997.6.26. 96헌마89; 2003.11.27. 2002헌마 787등.
11) 헌재 2013.7.25. 2012헌마174; 자세한 판례 내용은 제1편 제2부 제5장 제3절 Ⅱ. 1. (1) 참조.
12) 헌재 2021.9.30. 2018헌마300.
13) 헌재 2012.2.23. 2010헌마601.
14) 헌재 2013.7.25. 2012헌마815.

벌집행의 실효성 확보라는 공익과 선거권을 형량하는 문제로 이해한다.[15] 그러면서 수형자에게 선거권을 부여하는 것이 선거의 공정성 및 형벌집행의 실효성 확보를 위협하는 근거로서 ① 범죄자에게 그가 속한 공동체의 운용을 주도하는 통치조직의 구성에 직·간접으로 참여토록 하는 것은 바람직하지 않다는 점, ② 수형자가 선거권을 행사하기 위하여 필요한 정보의 제공이 현실적으로 어렵다는 점, ③ 수형자는 교정시설의 관리자에 대하여 열세적 지위에 있을 수밖에 없어 수형자의 정치적 의사형성이 왜곡될 수 있다는 점 등을 든다. 또한 형사처벌을 받는 모든 수형자에 대하여 선거권을 제한하는 것이 아니라 금고 이상의 형의 선고를 받은 자에 대하여 그 집행이 종료되지 않은 경우에 한하여 선거권을 제한하고 있기 때문에 최소침해원칙에도 반하지 않는다고 한다. 마지막으로 수형자의 선거권 제한으로 실현하는 공익이 선거권제한으로 발생하는 개인의 불이익보다 크기 때문에 법익의 균형성을 충족한다고 한다. 하지만 형벌은 그 자체로 범죄자의 많은 기본권을 제한하고 있기 때문에 그에 추가하여 수형자의 선거권을 제한하는 것이 정당화될 수 있는지에 대해서는 여전히 의심의 여지가 있다. 이러한 의심 때문에 이후의 판례에서 다수의 견해는 오히려 수형자에 대한 선거권 제한을 위헌으로 보았고,[16] 결국 범죄의 경중을 고려하지 않고 수형자(유기징역 또는 유기금고의 선고를 받고 그 집행이 종료되지 아니한 자)의 선거권을 제한하는 것에 대해서 헌법불합치결정으로 판례를 변경하였다.[17]

4. 재외국민과 해외거주자에 대한 선거권 제한

영주권자와 해외교포를 포함한 재외국민의 선거권에 대한 제한과 관련하여 헌법재판소는 거주요건에 따른 제한으로 이해하면서 다음과 같은 이유로 헌법에 위반되지 않는다고 한다. "국토가 분단된 우리나라의 현실, 선거의 공정성 확보상의 문제점, 선거기술상의 문제점 및 납세의무 등 국민의 의무와 선거권과의 관계 등을 고려하면, 그 입법목적에 있어서 정당할 뿐 아니라 그 입법에 의하여 보호하려는 공공의 필요와 침해되는 기본권 사이의 균형성을 갖추었고 그 목적달성을 위하여 적절한 방법을 취하고 있다."[18]

하지만 헌법재판소는 "선거권의 제한은 불가피하게 요청되는 개별적·구체적 사유가 존재함이 명백할 경우에만 정당화될 수 있고, 막연하고 추상적인 위험이나 국가의 노력에 의해 극복될 수 있는 기술상의 어려움이나 장애 등을 사유로 그 제한이 정당화될 수 없다"고 하면서 "북한주민이나 조총련계 재일동포가 선거에 영향을 미칠 가능성, 선거의 공정성, 선거기술적 이유 등은 재외국민등록제도나 재외국민 거소신고제도, 해외에서의 선거운동방법에 대한 제한이나 투표자 신분확인제도, 정보기술의 활용 등을

15) 헌재 2004. 3. 25. 2002헌마411.

16) 헌재 2009. 10. 29. 2007헌마1462.

17) 헌재 2014. 1. 28. 2012헌마409; 같은 결정에서 집행유예자(유기징역 또는 유기금고의 선고를 받고 그 집행유예기간 중인 자)에 대한 선거권 제한에 대해서는 단순위헌결정이 내려졌다.

18) 헌재 1999. 1. 28. 97헌마253등.

통해 극복할 수 있으며, 나아가 납세나 국방의무와 선거권 간의 필연적 견련관계도 인정되지 않는다는 점 등에 비추어 볼 때, 단지 주민등록이 되어 있는지 여부에 따라 선거인명부에 오를 자격을 결정하여 그에 따라 선거권 행사 여부가 결정되도록 함으로써 엄연히 대한민국의 국민임에도 불구하고 주민등록법상 주민등록을 할 수 없는 재외국민의 선거권 행사를 전면적으로 부정하고 있는" 법률조항은 어떠한 정당한 목적도 찾기 어렵기 때문에 헌법 제37조 제2항에 위반하여 재외국민의 선거권과 평등권을 침해하고 보통선거원칙에도 위반된다는 취지로 판례를 변경하였다.[19] 다만 주민등록과 국내거소 신고를 기준으로 지역구국회의원 선거권을 인정하는 것, 재·보궐선거의 경우에 재외선거를 인정하지 않는 것, 재외선거인으로 하여금 선거를 실시할 때마다 재외선거인 등록신청을 하도록 한 것, 재외선거의 방법으로 공관에 설치된 재외투표소에 직접 방문하도록 한 것은 선거권을 침해하지 않는다고 한다.[20]

한편 헌법재판소는 해외거주 국민을 위한 부재자투표제의 미실시에 대해서 ① 선거기간의 연장으로 국가적 부담이 가중된다는 점, ② 해외에서는 공정선거 감시체제의 부족으로 선거의 공정성을 확보하기 어렵다는 점, ③ 해외거주자들은 투표권 행사에 장애가 되는 사유를 스스로 초래했다는 점, ④ 해외거주 국민들에 대한 부재자투표의 실시는 훨씬 많은 비용과 시간이 소요된다는 점 등을 근거로 들어 합리적인 이유가 있는 차별행위로 보았다.[21] 또한 해외거주자들에 대한 부재자투표의 실시 여부는 선거권 자체의 문제가 아니라 선거권 행사를 위한 편의제공의 문제이고, 입법재량의 범위에 속하는 문제이므로 해외거주자를 위한 부재자투표의 미실시는 선거권 자체를 침해하지 않는다고 한다.

그러나 헌법재판소는 선거인명부에 오를 자격이 있는 국내거주자에 대해서만 부재자투표제를 허용함으로써 국외거주자 전부의 선거권을 부인하는 것은 정당한 입법목적을 갖추지 못하여 국외거주자의 선거권과 평등권을 침해하고 보통선거원칙에도 위반된다고 판례를 변경하였다.[22] 헌법재판소가 위헌견해의 근거로 든 것은 ① 자진 출국한 자들이 선거권을 행사하려고 하면 반드시 귀국해야 하고 귀국하지 않으면 선거권 행사를 못하도록 하는 것은 헌법이 보장하는 해외체류자의 국외 거주·이전의 자유, 직업의 자유, 공무담임권, 학문의 자유 등 다른 기본권을 희생하도록 강요한다는 점, ② 가속화되고 있는 국제화시대에 해외로 이주하여 살 가능성이 높아지고 있는 상황에서, 그것이 자발적 계기에 의해 이루어졌다는 이유만으로 선거권의 행사가 부인되는 것은 타당성이 없다는 점이다.

19) 헌재 2007.6.28. 2004헌마644등.
20) 헌재 2014.7.24. 2009헌마256등.
21) 헌재 1999.3.25. 97헌마99.
22) 헌재 2007.6.28. 2004헌마644등.

5. 장애인에 대한 선거권 제한

청각장애인이나 시각장애인에게 충분한 정치적 정보를 전달받지 못하도록 하는 것은 이들의 선거권 행사를 간접적으로 방해한다. 이는 동시에 장애인을 비장애인과 차별하여 선거권의 행사를 제약하기 때문에 평등권 침해의 문제도 발생시킨다.

선거운동기간 중에 선거 관련 방송에서 청각장애 선거인을 위한 자막 또는 수화통역의 방영을 의무사항으로 규정하지 아니한 것에 대해서 헌법재판소는 청각장애 선거인들이 "홍보유인물 등 문서 · 도화에 의한 선거운동이나 정보통신망을 이용한 선거운동방식 등에 의해서도 선거에 관한 정보를 얻을 수" 있고, "현 단계에서 수화방송 등을 어떠한 예외도 없이 반드시 실시하여야만 하는 의무사항으로 규정할 경우 후보자의 선거운동의 자유와 방송사업자의 보도 · 편성의 자유를 제한하는 문제가 있을 수 있다"는 이유로 참정권, 평등권 등 헌법상 기본권을 침해하지 않는 것으로 본다.[23)]

또한 후보자가 시각장애선거인을 위한 점자형 선거공보를 책자형 성건공보 면수 이내에서 임의로 작성할 수 있도록 한 것에 대해서는 "시각장애인은 의무적으로 시행되는 여러 선거방송을 통하여 선거에 관한 정보를 충분히 얻을 수 있다"고 하면서 "인터넷을 이용한 음성정보전송 방식의 선거운동이 특별한 제한 없이 허용되고 있고, 음성을 이용한 인터넷 정보 검색이 가능하며, 인터넷상의 문자정보를 음성으로 전환하는 기술이 빠르게 발전하고 있는 현실에 비추어 보면, 선거공보는 다양한 선거정보제공 수단 중 하나에 불과"하고, "시각장애인 중 상당수는 점자를 해독하지 못한다는 사정까지 감안하면 책자형 선거공보와 달리 점자형 선거공보의 작성을 의무사항으로 하는 것은 후보자의 선거운동의 자유에 대한 지나친 간섭이 될 수 있다"는 이유로 선거권과 평등권을 침해하지 않는다고 한다.[24)]

이러한 규정들에 대해서는 장애인들에게 충분한 정치적 정보를 전달받지 못하게 하여, 선거권의 실질적인 행사가능성을 보장받지 못하게 함으로써 비장애인들과 차별하는 것이라는 비판이 가능하다. 이에 따라 개정된 공직선거법(2020. 12. 29. 법률 제17813호)에 따르면 대통령선거와 지역구국회의원선거 및 지방자치단체장선거에서는 후보자는 점자형 선거공보를 작성 · 제출하여야 한다. 다만, 이러한 점자형 선거공보 작성 · 제출의무는 책자형 선거공보에 그 내용이 음성 · 점자 등으로 출력되는 인쇄물 접근성 바코드를 표시하는 것으로 대신할 수 있다(아래 [법령] 참조).

[법령] 점자형 선거공보와 수화(자막)방송: 공직선거법

제65조 (선거공보) ④ 후보자는 제1항의 규정에 따른 선거공보 외에 시각장애선거인(선거인으로서 「장애인복지법」 제32조에 따라 등록된 시각장애인을 말한다. 이하 이 조에서 같다)을 위한 선거공보(이하 "점자형 선거공보"라 한다) 1종을 제2항에 따른 책자형 선거공보의 면수의 두

23) 헌재 2009. 5. 28. 2006헌마285.

24) 헌재 2014. 5. 29. 2012헌마913; 2016. 12. 29. 2016헌마548; 2020. 8. 28. 2017헌바813.

배 이내에서 작성할 수 있다. 다만, 대통령선거 · 지역구국회의원선거 및 지방자치단체의 장선거의 후보자는 점자형 선거공보를 작성 · 제출하여야 하되, 책자형 선거공보에 그 내용이 음성 · 점자 등으로 출력되는 인쇄물 접근성 바코드를 표시하는 것으로 갈음할 수 있다.

제70조 (방송광고) ⑥ 후보자는 제1항의 규정에 의한 방송광고에 있어서 청각장애선거인을 위한 한국수화언어(이하 "한국수어"라 한다) 또는 자막을 방영할 수 있다.

제71조 (후보자 등의 방송연설) ③ 제70조(放送廣告) 제1항 후단 · 제6항 및 제8항의 규정은 후보자 등의 방송연설에 이를 준용한다.

제72조 (방송시설주관 후보자연설의 방송) ② 제1항의 규정에 의한 후보자 연설의 방송에 있어서는 청각장애선거인을 위하여 한국수어 또는 자막을 방영할 수 있다.

제73조 (경력방송) ④ 제71조(후보자 등의 방송연설) 제12항 및 제72조(방송시설주관 후보자연설의 방송) 제2항의 규정은 경력방송에 이를 준용한다.

제74조 (방송시설주관 경력방송) ② 제71조(후보자 등의 방송연설) 제12항 및 제72조(방송시설주관 후보자연설의 방송) 제2항 및 제3항의 규정은 방송시설주관 경력방송에 이를 준용한다.

제5항 효 력

선거권은 선거행위를 할 수 있는 법적 지위를 보장함으로써 우선적으로 국가에 대해서 효력을 미친다. 선거에 관한 법적 지위에 영향을 미칠 수 있는 주체는 오로지 선거에 관한 입법의 권한을 가진 국가만이 될 수 있기 때문이다. 따라서 사인인 제3자는 선거권에 관한 법적인 영향력을 행사할 수 없기 때문에 원칙적으로 선거권에 대한 제3자효는 문제되지 않는다. 다만 제3자도 선거권의 행사를 저지 · 방해함으로써 선거권에 관한 간접적 · 사실적 영향력을 행사할 수 있기 때문에 그런 한도 내에서 제3자효가 문제될 수 있다. 선거권의 사인에 대한 효력은 기본권의 대사인적 효력에 관한 이론구성에 따라 법관에게 기본권존중의무를 매개로 선거권을 존중하는 재판을 요구함으로써 실현될 수 있다. 한편 선거권의 대사인적 효력과 선거권에 포함되는 보호권의 중간 영역으로서 선거권을 침해하는 계약에 대하여 형사제재적 입법을 통하여 선거권이 보호되는 경우도 있다. 예를 들어 공직선거법상 매수 및 이해유도죄(동법 제230조 이하)는 선거권을 침해하는 사인간의 계약에 대한 형사적 제재를 통하여 선거권이 보호되는 입법에 해당한다.

제 3 절 공무담임권

제 1 항 헌법규정

우리 헌법 제25조는 공무담임권에 대해서 규정하고 있다. 이러한 기본권규정이 의미하는 바는 공무담임권에 관한 주관적 '지위'와 객관적 '규범'이다.

[헌법 제25조]
모든 국민은 법률이 정하는 바에 의하여 공무담임권을 가진다.

공무담임권은 제헌헌법(제26조)에서부터 규정된 이래로 현행 헌법에 이르기까지 기본권으로서 보장되고 있다.

제 2 항 구성요건

Ⅰ. 인적 구성요건(주체)

국가공동체의 모든 구성원을 대표하여 공동체의 의사를 결정하는 대표로 선출되거나 그러한 결정을 집행하는 공직자로 선발될 수 있는 공무담임권은 원칙적으로 국가공동체의 모든 구성원이어야 한다. 이러한 구성원이 되는 자격은 국적에 따라 결정되기 때문에 공무담임권은 **국민의 권리**로 이해된다. 따라서 공무담임권은 **국민의 권리**이기 때문에 이 기본권의 주체는 원칙적으로 모든 **국민**이다. 다만 공동체의 대표로 선출되거나 공직자로 선발될 수 있는 법적 지위는 국적과 상관없이 일정기간 동안 거주하고 있는 모든 사람에게 인정될 여지도 있다. 기본권의 성격상 **자연인**만이 공무담임권의 주체가 될 수 있다.

Ⅱ. 보호법익

1. 공무담임에 관한 법적 지위와 권리

공무담임권은 공직에 취임하여 공무를 담임(담당)할 수 있는 법적 지위를 말한다. 헌법재판소에 따르면 '승진시험의 응시제한'이나 이를 통한 승진기회의 보장에 관한 문제는 공직신분의 유지나 업무수행에는 영향을 주지 않는 단순한 내부 승진인사에 관한 문제에 불과하여 공무담임권의 보호영역에 포함되지 않는다.[25] 같은 맥락에서 '승진가능성'도 공무담임권의 보호영역에 포함되지 않는다.[26] 한편 이장과 같이 공무원이 아닌 경우에는 헌법상 보호되는 공무담임권의 대상이 되지 않는다.[27]

[판례] 공무담임권의 개념
공무담임권이란 입법부, 집행부, 사법부는 물론 지방자치단체 등 국가, 공공단체의 구성원으로서 그 직무를 담당할 수 있는 권리를 말한다. 공무담임권의 보호영역에는 공직취임의 기회의 자의적인 배제뿐 아니라, 공무원 신분의 부당한 박탈까지 포함되는 것이다(1997. 3. 27. 96헌바86; 2000. 12. 14. 99헌마112; 2003. 10. 30. 2002헌마684등).

25) 헌재 2007. 6. 28. 2005헌마1179.
26) 헌재 2010. 3. 25. 2009헌마538.
27) 헌재 2009. 10. 29. 2009헌마127.

(1) 공직에 취임할 수 있는 법적 지위에 관한 자유

공무담임권은 '상태', 즉 법적 지위가 보장된 '법적 상태'를 보호법익으로 하는 자유다. 이러한 법적 지위는 공직에 취임할 수 있는 법적 지위를 의미하므로 공무담임권은 공무원에 취임할 수 있는 법적 지위에 관한 자유로 이해된다.

(2) 공직에 취임할 수 있는 법적 지위에 관한 권리

1) 방어권과 보호권 ① 공무담임권은 공직에 취임할 수 있는 법적 지위를 박탈하는 제약행위의 부작위 · 중지를 요구할 수 있는 방어권을 포함한다. 또한 ② 공직에 취임할 수 있는 법적 지위를 박탈하는 사인인 제3자의 침해행위로부터 국가의 보호를 요구할 수 있는 보호권을 포함한다. 공직취임에 관한 법적 지위의 행사는 사인(私人)인 제3자에 의해서도 저지 · 방해받음으로써 박탈될 수 있기 때문이다.

2) 절차권

공무의 담임, 즉 공직에 취임하여 공무를 수행하는 과정은 국가의사가 형성되는 절차를 의미하기 때문에 공무담임권은 국가의사형성의 절차에 필수적인 법규범의 제정을 요구할 수 있는 절차권으로 이해된다. 공무담임권에 포함된 이러한 절차권적 기능은 공무담임권이 가지는 특수한 성격에서 유래하는 절차권이다.

(3) 공무담임에 관한 제도보장

공무담임권은 법적 지위에 관한 자유이고, 절차권적 측면을 보장한다는 점에서 공무를 담임할 수 있는 '법적 지위', 공무담임을 통해 국가의사가 형성되는 데 필수적인 '법규범'을 구체화하는 제도를 반드시 필요로 한다. 이 점에서 공무담임권은 공무담임에 관한 제도보장의 측면을 포함한다. 중요한 것은 공무담임제도(공무원제도)의 보장이라는 객관적 측면은 공무담임권에 포함된 주관적 측면과 표리관계를 이룬다는 점이다.

2. 입후보에 관한 법적 지위와 권리

공무를 담임하기 위해서는 선거에 의해서 선출될 수도 있지만 채용시험에 의해서 선발될 수도 있기 때문에 공무담임권이 선거권과 반드시 대칭되는 개념은 아니다. 하지만 정치적 기본권으로서 공무담임권의 핵심적인 내용을 이루는 것은 여전히 피선거권이다.

(1) 입후보할 수 있는 법적 지위에 관한 자유

피선거권은 '상태', 즉 법적 지위가 보장된 '법적 상태'를 보호법익으로 하는 자유다. 이러한 법적 지위는 선거에 입후보할 수 있는 법적 지위를 의미하므로 피선거권은 선출직 공무원이 되기 위하여 입후보할 수 있는 법적 지위에 관한 자유로 이해된다.

(2) 입후보할 수 있는 법적 지위에 관한 권리

1) 방어권과 보호권 ① 피선거권은 선거에 입후보할 수 있는 법적 지위를 박탈

하는 제약행위의 부작위 · 중지를 요구할 수 있는 **방어권**을 포함한다. 또한 ② 선거에 입후보할 수 있는 법적 지위를 박탈하는 사인인 제3자의 침해행위로부터 국가의 보호를 요구할 수 있는 **보호권**을 포함한다. 선거에 관한 법적 지위의 행사는 사인(私人)인 제3자에 의해서도 저지 · 방해받음으로써 **박탈**될 수 있기 때문이다.

2) 절차권

선거에 입후보하는 과정은 그 자체가 국가의사를 형성하는 절차는 아니지만 **국가의사형성의 절차에 필수적인 국가기관의 구성을 위한 절차**를 의미하기 때문에 피선거권은 국가의사형성의 절차에 필수적인 법규범의 제정을 요구할 수 있는 절차권으로 이해된다. 피선거권에 포함된 이러한 절차권적 기능은 피선거권이 가지는 특수한 성격에서 유래하는 절차권이다.

피선거권은 선거제도의 유형에 따라 ① 대통령피선거권, ② 국회의원피선거권, ③ 지방의회의원 및 지방자치단체장피선거권으로 구분된다.

(3) 선거에 관한 제도보장

피선거권은 법적 지위에 관한 자유이고, 절차권적 측면을 보장한다는 점에서 입후보할 수 있는 '법적 지위', 입후보와 같이 선거절차에 필수적인 '법규범'을 구체화하는 제도를 반드시 필요로 한다. 이 점에서 피선거권은 선거에 관한 제도보장의 측면을 포함한다. 중요한 것은 입후보에 관한 제도(선거제도)의 보장이라는 객관적 측면은 피선거권에 포함된 주관적 측면과 표리관계를 이룬다는 점이다.

Ⅲ. 제약행위

피선거권을 포함하여 공무담임권을 박탈하는 행위는 공무담임권에 대한 제약행위로서 **잠정적으로 금지**된다. 공무담임권의 박탈은 전면적 박탈뿐만 아니라 부분적 박탈도 포함한다. 공무담임권의 행사를 저지 · 방해하는 행위도 공무담임권을 간접적으로 박탈하는 행위에 포함된다.

[판례] 공무담임권의 제약

공무담임권의 보호영역에는 공직취임 기회의 자의적인 배제 뿐 아니라, 공무원 신분의 부당한 박탈이나 권한(직무)의 부당한 정지도 포함된다고 할 것이다(2005. 5. 26. 2002헌마699등; 2006. 5. 25. 2004헌바12).

제 3 항 제한규범

피선거권을 포함한 공무담임권의 구성요건을 충족해도 제한규범에 근거하여 제약되는, 공무담임에 관한 법적 지위는 확정적인 보호를 받지 못한다. 공무담임권의 구성요건을 충족하면서 제한규범에 근거하여 제약될 수 없는, 공무담임에 관한 법적 지위만이 확정적으로 보호된다. 따라서 공무담임권의 구성요건 단계에서 보호법익에 해당하여 잠정적으로 보호된, 공무담임에 관한 법적 지위는 제한규범에 근거하여 제약될 수 없으면 확정적으로 보호된다. 한편 공무담임권에 포함된 방어권의 경우에 구성요건의 단계에서 잠정적으로 금지된 제약행위는 제한규범에 근거하는 경우에만 잠정적으로 허용된 제약행위로 바뀌게 되고, 근거가 되는 제한규범이 없는 경우에는 확정적으로 금지된 제약행위가 된다.

Ⅰ. 헌법직접적 제한규범

피선거권을 포함한 공무담임권에 대한 헌법직접적 제한규범은 '성문'의 형태와 '불문'의 형태로 규정이 가능하다. 우리 헌법규정은 공무담임권에 대한 성문의 헌법직접적 제한규범을 규정하고 있다. 대통령선거와 관련하여 **헌법 제67조 제4항**은 대통령으로 선거될 수 있는 자는 선거일 현재 40세에 달하여야 한다고 규정하고 있는 것이다. 불문의 헌법직접적 제한규범으로는 다른 사람의 기본권이나 헌법적 법익을 들 수 있다. 다른 사람의 기본권이 공무담임권에 대한 헌법직접적 제한규범이 되면 두 기본권 사이에는 '기본권의 충돌'이 발생한다.

Ⅱ. 헌법간접적 제한규범

피선거권을 포함한 공무담임권에 대한 헌법간접적 제한규범은 이 기본권에 대해서만 '개별적으로' 규정될 수도 있고, 이 기본권을 포함한 모든 자유와 권리에 대해서 '일반적으로' 규정될 수도 있다. 우리 헌법 **제25조**는 공무담임권에 대하여 개별적 법률유보조항을 두고 있다. 공무담임권을 "법률이 정하는 바에 의하여" 가지는 기본권으로 규정하는 것이다. 공무담임권은 공무수행과 관련되어 잠정적으로 무제한적인 보호를 받는 법적 지위로 이해되므로 공무담임권을 구체화하는 법률은 그러한 법적 지위의 보호법익을 제약하는 제한적 법률유보로 이해된다. 한편 공무담임권은 일반적 법률유보조항인 **헌법 제37조 제2항**에 근거하여 "국가안전보장, 질서유지 또는 공공복리"를 위하여, "법률"에 의해서만 제한될 수 있다.

[판례] 공무담임권의 제한

[1] 지방자치단체장이 금고 이상의 형을 선고받은 경우 부단체장의 직무대행(2005. 5. 26. 2002헌마699: 합헌; 2010. 9. 2. 2010헌마418: 헌법불합치) → 판례변경

[2] 자격정지형을 받은 공무원의 당연퇴직(2005. 9. 29. 2003헌마127: 합헌)

[3] 9급 공무원 공개경쟁채용시험의 응시연령 제한(2006. 5. 25. 2005헌마11등: 합헌)

[4] 5급 공개경쟁채용시험 응시연령의 상한을 '32세까지'로 제한(2008. 5. 29. 2007헌마1105: 위헌)

[5] 선거범죄를 범한 비례대표지방의회의원 당선인 본인의 의원직 박탈로 그치지 않고, 그로 인하여 궐원된 의석의 승계에 대한 제한(2009. 6. 25. 2007헌마40: 위헌)

[6] 임기만료일 전 180일 이내에 비례대표국회의원에 궐원이 생긴 때를 비례대표국회의

원 의석승계 제한사유로 규정(2009. 6. 25. 2008헌마413: 헌법불합치)

[7] 경찰대학의 입학 연령을 21세 미만으로 제한(2009. 7. 30. 2007헌마991: 합헌)

[8] 선거범죄를 범한 비례대표국회의원 당선인 본인의 의원직 박탈로 그치지 않고, 그로 인하여 궐원된 의석의 승계를 인정하지 않는 규정(2009. 10. 29. 2009헌마350: 위헌)

[9] 순경 공채시험, 소방사 등 채용시험 그리고 소방간부 선발시험의 응시연령 상한을 30세까지로 제한(2012. 5. 30. 2010헌마278: 헌법불합치)

[10] 군 부사관으로 최초로 임용되는 사람의 최고연령을 27세로 정한 규정(2014. 9. 25. 2011헌마414: 합헌)

[11] 지방공무원이 국회의원재선거에 출마하는 경우 후보자등록신청 전까지 그 직에서 사퇴하도록 한 규정(2014. 3. 27. 2013헌마185: 합헌)

[12] 금고 이상의 형이 선고유예를 받고 그 기간 중에 있는 자를 지방공무원 임용결격사유로 삼고 있는 조항(2016. 7. 28. 2014헌바437: 합헌)

[13] 채용 예정 분야의 해당 직급에 근무한 실적이 있는 군인을 전역한 날부터 3년 이내에 군무원으로 채용하는 경우 특별채용시험으로 채용할 수 있도록 하여 전역 후 3년 이내로 응시를 제한한 조항(2016. 10. 27. 2015헌마734: 기각)

[14] 공무원으로 임용되기 전에 병역의무를 이행한 기간을 공무원 경력평정에 60퍼센트만 반영하는 규정 및 승진소요 최저연수에 포함하는 규정을 두지 않은 것(2018. 7. 26. 2017헌마1183: 기각)

[15] 국가공무원 공개채용시험에서 노동직류와 직업상담직류를 선발할 때 직업상담사 자격증 소지자에게 점수를 가산하도록 한 공고(2018. 8. 30. 2028헌마46: 기각)

[16] 미성년자에 대하여 성범죄를 범하여 형이 확정된 자와 성인에 대한 성폭력범죄를 범하여 벌금 100만 원 이상의 형이 확정된 자는 초·중등교육법상의 교원에 임용될 수 없도록 한 조항(2019. 7. 25. 2016헌마754: 기각)

[17] 방위사업청장이 행정5급 일반임기제공무원을 채용하면서 그 응시자격요건으로 '변호사 자격 등록'을 요구하여 변호사 자격을 가졌으나 변호사 자격을 등록하지 않은 사람을 배제한 경력경쟁채용시험공고(2019. 8. 29. 2019헌마616: 기각)

[18] 관련 자격증 소지자에게 세무직 국가공무원 공개경쟁채용시험에서 일정한 가산점을 부여하는 조항(2020. 6. 25. 2017헌마1178: 기각)

[19] 교육의원후보자가 되려는 사람은 5년 이상의 교육경력 또는 교육행정경력을 갖추도록 규정하는 조항(2020. 9. 24. 2018헌마444: 기각)

[20] 판사와 검사의 임용자격을 각각 변호사 자격이 있는 자로 제한하는 조항(2020. 10. 29. 2017헌마1128: 기각)

[21] 성인에 대한 성폭력범죄 행위로 벌금 100만 원 이상의 형이 확정된 사람에 대하여 고등교육법상 교원으로 임용될 수 없도록 한 조항(2020. 12. 23. 2019헌마502: 기각)

[22] 공무원이 감봉처분을 받은 경우 12월간 승진임용을 제한하는 조항(2022. 3. 31. 2020헌마211)

[23] 사회복무요원 소집해제예정인 변호사를 검사신규임용대상에서 제외한 임용공고(2021. 4. 29. 2020헌마999: 기각)

[24] 청원주로 하여금 청원경찰이 품위를 손상하는 행위를 한 때에는 대통령령으로 정하는 징계절차를 거쳐 징계처분을 하도록 규정한 조항(2022. 5. 26. 2019헌바530: 기각)

[25] 아동에 대한 성적 학대행위로 형이 확정된 사람이 일반직공무원이나 부사관에 임용될 수 없도록 규정한 조항(2022. 11. 24. 2022헌마1181: 헌법불합치)

[26] 관련 자격증 소지자에게 관세직 국가공무원 공개경쟁채용시험에서 일정한 가산점을

부여하는 조항(2023. 2. 23. 2019헌마401: 기각)

[27] 교육부 및 그 소속기관에서 근무하는 교육연구사 선발에 수석교사가 응시할 수 없도록 응시 자격을 제한한 선발공고(2023. 2. 23. 2017헌마604: 기각)

[28] 아동 · 청소년이용음란물임을 알면서 이를 소지한 죄로 형이 확정된 사람은 일반직공무원으로 임명될 수 없도록 한 것은 아동 · 청소년과 관련이 없는 직무를 포함하며 임용제한기간을 설정하는 덜 침해적인 방법이 있으므로 공무담임권을 침해한다(2023. 6. 29. 2020헌마1605등: 헌법불합치).

제4항 정 당 화

Ⅰ. 소급입법금지의 원칙

기본권제한의 **형식적 정당화**와 관련된 원칙으로서 소급입법금지의 원칙이 문제되는데 이에 대해서 헌법은 명시적인 규정을 두고 있다. **헌법 제13조 제2항**에서 모든 국민은 소급입법에 의하여 참정권을 박탈당하지 아니한다고 규정하는 것이다. 그러나 이러한 명시적 규정이 없어도 모든 기본권제한의 형식적 정당화를 위해서는 소급입법금지의 원칙이 요청된다고 볼 수 있기 때문에 헌법 제13조 제2항은 특별히 참정권에서 문제가 되는 피선거권의 제한과 관련하여 이러한 원칙을 명시함으로써 이 원칙의 중요성을 다시 한 번 확인하여 강조하는 의미로 해석해야 한다.

Ⅱ. 비례성원칙과 본질내용침해금지원칙

피선거권을 포함한 공무담임권도 법적 지위에 관한 자유권으로서 원칙규범이다. 따라서 잠정적으로 보장된 공무담임권의 구성요건이 확정적인 것이 되기 위해서는 **비례성원칙에 따른 합리적 형량**이 필요하다. 이것은 공무담임권을 제한하는 다른 사람의 기본권이나 헌법적 법익 또는 공익을 공무담임권과의 관계에서 조화와 균형을 이루게 함으로써 정당화하는 것을 의미한다. 그러므로 공무담임권에 대한 제약은 다른 사람의 기본권이나 헌법적 법익 또는 입법목적으로 제시된 공익과 균형을 이룰 수 있는 범위 안에서는 정당화된다. 비례성원칙은 방어권의 경우에는 과잉금지원칙으로, 보호권과 절차권의 경우에는 과소금지원칙으로 구체화된다.

공무담임권의 본질내용에 대해서는 **절대설**에 따르면 비례성원칙과는 독립적인 원칙으로서 본질내용침해금지원칙에 따른 독자적인 심사가 공무담임권에 대한 제약을 정당화하기 위하여 부가적으로 필요하다. 하지만 **상대설**에 따르면 비례성원칙에 따른 심사로 공무담임권의 제약을 위한 정당화는 충분하게 된다.

Ⅲ. 구체적 문제

1. 기탁금제도

공직선거에 입후보하는 사람에게 일정한 금액을 납부하도록 요구하는 기탁금제도의 경우에 재산에 따라 피선거권을 제한하는 문제가 제기될 수 있다. 이에 대해서 헌법재판소는 "선거에 있어서 후보자로 하여금 일정금액을 기탁하게 하고 후보자가 선거에서 일정수준의 득표를 하지 못할 때 기탁금의 전부 또는 일부를 국고귀속시킴으로써 **후보자의 무분별한 난립을 방지**하고, 그럼으로써 당선자에게 가급적 다수표를 몰아주어 **정국의 안정**도 기하고, 아울러 **후보자의 성실성을 담보**하려는 취지", 그리고 "**공영비용(에 대한 보증금)예납**의 의미와 후보난립을 방지하고 후보사퇴·등록무효 등 후보자의 성실성을 담보하기 위한 **제재금예납**의 의미"도 있다고 한다.[28] 그러면서 기탁금제도의 위헌성을 판단하는 기준으로 기탁금액수가 과다한지 여부를 삼고 상이한 결정을 내리고 있다. 또한 **기탁금국고귀속제도**에 대해서도 역시 기탁금반환을 위해 요구되는 득표율이 과도한지 여부에 따라 위헌성을 판단하고 있다. 결국 헌법재판소는 기탁금제도를 후보자의 성실성담보, 선거비용에 대한 예납의 목적으로 정당화하고 있는데 과연 이러한 목적을 달성하는 데 기탁금제도 자체가 비례적인 수단인지에 대해서는 의문이 제기될 수 있다. 특히 비례대표후보자에게 기탁금을 부과하는 것은 문제가 될 수 있는데 헌법재판소에 따르면 지역구후보자와 동일한 액수의 비례대표 기탁금제도는 정당활동의 자유를 침해한다고 한다.[29]

[판례] 기탁금제도

기탁금제도는 선거에 출마하려는 자에게 입후보의 요건으로 기탁금을 납부할 것을 요구하고, 선거결과 일정한 득표수에 미달되는 경우에는 이를 반환하지 않고 국고에 귀속시킴으로써 선거에 자유롭게 입후보할 자유를 제한함과 동시에 과태료나 대집행비용을 사전에 확보하는 법적 효과를 갖는 것으로, 그 목적과 성격은 구체적인 기탁금의 액수와 그 반환의 기준, 정치문화와 선거풍토, 선거를 통하여 선출하려는 공직의 종류와 선거의 유형, 일인당 국민소득 등 경제적 사정과 국민의 법감정 등을 모두 고려하여 개별적·구체적으로 파악하여야 한다(2003. 8. 21. 2001헌마687등).

[판례] 기탁금제도와 기탁금액수

[1] 국회의원선거의 경우 정당추천후보 1000만원, 무소속후보 2000만원은 과다하다(1989. 9. 8. 88헌가6: 헌법불합치).

[2] 시·도의회의원선거의 경우 700만원은 과다(1991. 3. 11. 91헌마21: 헌법불합치); 300만원은 과다하지 않다(2004. 3. 25. 2002헌마383등: 합헌).

[3] 기초의회의원선거의 경우 200만원은 과다하지 않다(1995. 5. 25. 91헌마44; 2004. 3. 25. 2002헌마383등: 합헌).

28) 헌재 1991. 3. 11. 91헌마21.

29) 헌재 2016. 12. 29. 2015헌마509.

[4] 대통령선거의 경우 3억원은 과다하지 않다(1995. 5. 25. 92헌마269: 합헌).
[5] 시 · 도지사선거의 경우 5000만원은 과다하지 않다(1996. 8. 29. 95헌마108; 2004. 3. 25. 2002헌마383등; 2019. 9. 26. 2018헌마128등: 합헌).
[6] 국회의원선거의 경우 2000만원은 과다(2001. 7. 19. 2000헌마91등: 위헌); 1500만원은 과다하지 않고, (2003. 8. 21. 2001헌마687등; 2017. 10. 26. 2016헌마623.) 비례대표 1500만원은 과다(2016. 12. 29. 2015헌마1160등)
[7] 시 · 군 · 구의 장선거의 경우 1000만원은 과다하지 않다(2004. 3. 25. 2002헌마383등: 합헌).
[8] 대통령선거의 경우 5억원은 과다하다(2008. 11. 27. 2007헌마1024: 헌법불합치).

[판례] 기탁금국고귀속제도

① 유효투표 총수를 후보자 수로 나눈 수의 2분의 1의 득표율은 과도하지 않다(1997. 5. 29. 96헌마143: 합헌); ② 유효투표 총수를 후보자수로 나눈 수 이상이거나 유효투표 총수의 100의 20 이상은 과도하다고 판단(2001. 7. 19. 2000헌마91등: 위헌); ③ 유효투표 총수를 후보자수로 나눈 수 또는 유효투표총수의 100분의 15 이상은 과도하지 않다(2003. 8. 21. 2001헌마687등; 2004. 3. 25. 2002헌마383등: 합헌); ④ 중선거구제를 도입한 기초의회의원선거에서도 대통령선거와 지역구국회의원선거와 마찬가지로 유효투표 총수의 100분의 15이상(전액) 및 100분의 10이상 100분의 15미만(반액)은 합리적이다(2011. 6. 30. 2010헌마542: 합헌).

2. 거주요건에 의한 피선거권제한

지방자치단체장의 피선거권 자격요건으로서 선거일 현재 60일 이상 당해 지방자치단체의 관할구역 내에 주민등록이 되어 있을 것을 요구하는 법률조항이 공무담임권을 침해하는지 여부가 문제될 수 있다. 이에 대해서 헌법재판소는 "지역사정을 잘 알거나" "지역행정에 대한 관심과 애향심이 많은 사람에게 피선거권을 부여함으로써 지방자치행정의 민주성과 능률성을 도모함과 아울러 우리나라 지방자치제도의 정착을 위한 규정"으로 이해하면서 과잉금지원칙에 위배하는 정도로 공무담임권을 제한하지 않는다고 본다.[30] 또한 "공무로 외국에 파견되어 선거일전 60일 후에 귀국한 자에 대하여 예외규정을 두고 있는 것은 이들이 공무수행으로 인하여 불이익을 입지 않도록 하면서" 거주기간을 규정한 "입법목적을 달성하기 위한 최소한의 거주요건을 규정한 것이라 할 수 있으므로 합리적 근거 있는 차별"로 보고 있다. 다만, 주민등록만을 기준으로 함으로써 주민등록이 불가능했던 재외국민인 주민의 지방선거 피선거권을 부인하는 것은 국내거주 재외국민의 공무담임권을 침해하는 것으로 본다.[31] 현행 공직선거법은 대통령의 피선거권 자격요건으로 선거일 현재 5년 이상 국내에 거주할 것을 요구한다(동법 제16조 제1항).

3. 선거범의 피선거권제한

선거범으로서 일정한 형벌을 받은 자에 대하여 일정기간 피선거권을 정지시키는 규정이 공무담임권을 침해하는지가 문제될 수 있다. 이에 대해서 헌법재판소는 "선거의 공정을 확보함과 동시에 본인의 반성을 촉구하기 위한 법적 조치로서 국민의 기본권인

30) 헌재 2004. 12. 16. 2004헌마376; 1996. 6. 26. 96헌마200.
31) 헌재 2007. 6. 28. 2004헌마644.

공무담임권과 평등권을 합리적 이유 없이 자의적으로 제한하는 위헌규정"이 아니라고 한다.[32] 이 경우에 구체적으로 어떠한 형벌을 받은 자에 대하여 피선거권을 제한할 것인지의 문제는 "기본적으로 입법형성권을 갖고 있는 입법권자가 결정할 그 입법재량에 속하는 사항"으로 본다. 따라서 "합리적 재량의 한계"를 벗어나지 않는 한 위헌이 되지는 않는다. 하지만 선거범의 피선거권을 제한하는 경우에도 과잉금지원칙을 적용하여 형벌의 유형과 기간을 고려함으로써 피선거권에 대한 침해여부가 판단될 필요가 있다.

[판례] 피선거권의 제한

[1] 교육위원과 초·중등교원의 겸직금지(1993. 7. 29. 91헌마69: 기각 – 초·중등교원의 교육위원선거 입후보 자체를 금지하는 것은 아니므로)

[2] 지방자치단체장을 포함하여 공무원이 공직선거에 입후보하는 경우 '선거일 전 90일까지' 그 직을 그만두도록 한 규정(1995. 3. 23. 95헌마53: 합헌)

[3] 지방의회의원선거에 있어서 정부투자기관 직원의 입후보제한(1995. 5. 25. 91헌마67: 한정위헌 – 임원이나 집행간부 이외의 직원을 포함하는 한 위헌)

[4] 검찰총장 퇴임 후 2년 이내의 공직취임금지(1997. 7. 16. 97헌마26: 위헌)

[5] 지방자치단체장의 임기중 공직선거입후보금지(1999. 5. 27. 98헌마214: 위헌)

[6] 지방자치단체장으로 하여금 당해 지방자치단체의 관할구역과 같거나 겹치는 선거구역에서 실시되는 지역구 국회의원선거에 입후보하고자 하는 경우 당해 선거의 선거일 전 180일까지 그 직을 사퇴하도록 한 규정(2003. 9. 25. 2003헌마106: 위헌 – 다른 공무원과 비교하여 차별대우이며 제한의 정도가 과도하므로)

[7] 국가인권위원회의 인권위원은 퇴직 후 2년간 교육공무원이 아닌 공무원으로 임명되거나 공직선거및선거부정방지법에 의한 선거에 출마할 수 없도록 한 규정(2004. 1. 29. 2002헌마788: 위헌)

[8] 선거기간 중 선거운동과 관련하여 공무원이 정상적 업무 외의 출장을 하여 선거에 영향을 미치는 행위를 한 경우를 처벌하도록 한 규정을 위반하여 100만원 이상의 벌금형을 받은 자의 당연퇴직(2005. 10. 27. 2004헌바41: 합헌)

[9] 배우자의 중대 선거범죄를 이유로 후보자의 당선 무효(2005. 12. 22. 2005헌마19: 합헌)

[10] 지방자치단체장의 계속재임을 3기로 제한(2006. 2. 23. 2005헌마403: 합헌)

[11] 지방자치단체의 장에게 선거구역이 당해 지방자치단체의 관할구역과 같거나 겹치는 지역구 국회의원선거에 입후보하고자 하는 때에는 당해 선거의 선거일 전 120일까지 그 직을 그만두도록 한 규정(2006. 7. 27. 2003헌마758등: 합헌)

[12] 교육감 후보자 자격을 후보자 등록신청개시일부터 과거 2년 동안 정당의 당원이 아닌 자로 규정(2008. 6. 26. 2007헌마1175: 합헌)

[13] 공무원이 공직선거 후보자가 되고자 하는 경우 선거일 전 60일까지 그 직을 그만두도록 한 규정(2008. 10. 30. 2006헌마547: 합헌)

[14] 교육감 입후보자에게 5년 이상의 교육경력 또는 교육공무원으로서의 교육행정경력을 요구하는 규정 및 교육의원 입후보자에게 10년 이상의 교육경력 또는 교육행정경력을 요구하는 규정(2009. 9. 24. 2007헌마117: 합헌)

[15] 선거범으로서 100만 원 이상의 벌금형의 선고를 받고 그 형이 확정된 후 5년을 경과하지 않은 사람의 피선거권을 제한하는 조항(2011. 12. 29. 2009헌마476)

32) 헌재 1993. 7. 29. 93헌마23; 1997. 12. 24. 97헌마16; 2008. 1. 17. 2004헌마41; 2018. 1. 25. 2015헌마821등.

[16] 국립대학교 총장임용후보자선거의 후보자로 등록하면서 3,000만 원의 기탁금을 납부하고, 제1차 투표에서 유효투표수의 15퍼센트 이상을 득표한 경우에는 기탁금 전액을, 10퍼센트 이상 15퍼센트 미만을 득표한 경우에는 반액을 반환하도록 하는 학내 규정(2021. 12. 23. 2019헌마825; 2022. 5. 26. 2020헌마1219: 기각)

[판례] 공무담임권과 당연퇴직제도

당연퇴직제도는 지방공무원법뿐 아니라, 국가공무원법, 경찰공무원법 등 다수의 공무원관계법령에서 다양하게 규정하고 있는바, 그 효과는 지방공무원법 등 관계법령에 규정된 임용결격사유가 발생하는 것 자체에 의하여 법률상 당연히 퇴직하는 것이지, 공무원관계를 소멸시키기 위한 별도의 행정처분을 요하는 것이 아니다. 한편, 이와 같이 공무원관계 법에서 공무원의 임용결격사유 및 당연퇴직에 관한 규정을 두고 있는 것은 임용결격사유에 해당하는 자를 공무원의 직무로부터 배제함으로써 그 직무수행에 대한 국민의 신뢰, 공무원직에 대한 신용 등을 유지하고 그 직무의 정상적인 운영을 확보하기 위한 것뿐만 아니라, 공무원범죄를 사전에 예방하고 공직사회의 질서를 유지하고자 함에 그 목적이 있는 것이다(2002. 8. 29. 2001헌마788등).

[1] 금고 이상의 형의 선고유예를 받은 경우에 당연히 퇴직한다고 규정한 지방공무원법 조항(1990. 6. 25. 89헌마220: 합헌)

[2] 금고 이상의 형의 선고유예를 받은 경우 공무원직에서 당연퇴직하도록 규정하고 있는 지방공무원법 조항(2002. 8. 29. 2001헌마788등: 위헌)

[3] 금고 이상의 형의 선고유예를 받은 경우에는 공무원직에서 당연히 퇴직하는 것으로 규정한 구 국가공무원법 조항(2003. 10. 30. 2002헌마684등: 위헌)

[4] 자격정지 이상의 형의 선고유예를 받은 경우에 군공무원직에서 당연히 제적하도록 규정한 구 군인사법 조항(2003. 9. 25. 2003헌마293등: 위헌)

[5] 자격정지 이상의 형의 선고유예를 받은 경우 당연퇴직하도록 규정하고 있는 구 경찰공무원법 조항(2004. 9. 23. 2004헌가12: 위헌)

[6] 선거기간 중 선거운동과 관련하여 공무원이 정상적 업무 외의 출장을 하여 선거에 영향을 미치는 행위를 함으로써 벌금 100만원의 형을 선고받은 경우를 당연퇴직사유로 규정한 지방공무원법 조항(2005. 10. 27. 2004헌바41: 합헌)

[7] 향토예비군 지휘관이 금고 이상의 형의 선고유예를 받은 경우에 당연 해임되도록 규정하고 있는 구 향토예비군설치법시행규칙 조항(2005. 12. 22. 2004헌마947: 위헌)

[8] 금고 이상의 형의 선고유예를 받은 경우에는 군무원직에서 당연히 퇴직하는 것으로 규정한 구 군무원인사법 조항(2007. 6. 28. 2007헌가3: 위헌)

[9] 공무원이 금고 이상의 형의 집행유예를 받은 경우 지방공무원직에서 당연히 퇴직하는 것으로 규정한 구 지방공무원법 조항(2011. 6. 30. 2010헌바478: 합헌)

[10] 공직선거 및 교육감선거 입후보 시 선거일 전 90일까지 교원직을 그만 두도록 하는 조항(2019. 11. 28. 2018헌마222: 기각)

[11] 100만 원 이상의 벌금형의 선고를 받은 자는 지방의회의원의 직에서 퇴직되도록 한 조항(2022. 3. 31. 2019헌마986)

[12] 피성년후견인인 공무원은 곧바로 당연퇴직한다는 조항(2022. 12. 22. 2020헌가8: 위헌)

4. 연령에 의한 피선거권제한

원칙적으로 모든 국민에게 보장된 피선거권을 일정한 연령에 도달한 국민에게만 보장하는 경우에 연령에 의한 피선거권의 제한이 문제될 수 있고, 이것은 동시에 연령에 따른 차별로서 평등권의 제한으로 이해될 수도 있다. 피선거권이 있는 연령에 대해 대통령은 40세 이상으로(제67조 제4항), 국회의원과 지방의회의원 및 지방자치단체장은 18세 이상으로 제한된다(공직선거법 제16조). 국회의원 피선거권에 대해서 헌법재판소는 ① 대의기관에 요구되는 전문성, ② 국회의원에 대해 요구되는 고양된 대의활동능력 및 정치적 인식능력, ③ 교육과정 이수와 경험 축적에 필요한 최소한의 기간, ④ 정책결정자에게 기대되는 납세 및 병역 의무의 이행, ⑤ 선거권연령에 비하여 피선거권연령이 높은 입법례 등을 고려할 때, 과거에 국회의원의 피선거권 행사연령을 25세 이상으로 정한 것은 입법자의 입법형성권의 범위와 한계 내의 것으로, 공무담임권 등 기본권의 본질적 내용을 침해할 정도로 과도한 것이라 볼 수 없다고 한다.[33] 2022년 공직선거법 개정으로 피선거권 연령은 18세 이상으로 인하되어 선거권 연령과 동일하게 맞추어졌다.

제5항 효 력

공무담임권은 공직에 취임하여 공무를 담임할 수 있는 법적 지위를 보장함으로써 우선적으로 국가에 대해서 효력을 미친다. 이러한 법적 지위에 영향을 미칠 수 있는 주체는 오로지 공무담임권에 관한 입법의 권한을 가진 국가만이 될 수 있기 때문이다. 따라서 사인인 제3자는 공무담임권에 관한 법적인 영향력을 행사할 수 없기 때문에 원칙적으로 공무담임권에 대한 제3자효는 문제되지 않는다. 다만 제3자도 공무담임권의 행사를 저지·방해함으로써 공무담임권에 관한 간접적·사실적 영향력을 행사할 수 있기 때문에 그런 한도에서 제3자효가 문제될 수 있다. 이 경우에 공무담임권의 사인에 대한 효력은 기본권의 대사인적 효력에 관한 이론구성에 따라 법관에게 기본권존중의무를 매개로 공무담임권을 존중하는 재판을 요구함으로써 실현될 수 있다.

---

33) 헌재 2005. 4. 28. 2004헌마219; 2013. 8. 29. 2012헌마288; 2014. 4. 24. 2012헌마287; 2017. 10. 26. 2016헌마623; 2018. 6. 28. 2017헌마1362.

제 9 장　절차적 기본권

제1절 서　　설

Ⅰ. 개　　념

모든 권리는 '자유의 보강'으로서 정당화되기 때문에 절차적 기본권도 자유를 보강하는 권리로 이해된다. 그리고 자유를 보강하는 권리를 기능에 따라 크게 ① 소극적 행위(부작위)를 요구하는 '방어권'과 ② 적극적 행위(작위나 급부)를 요구하는 '급부권'으로 구분할 때 절차적 기본권은 **급부권**에 해당한다. 또한 급부권을 다시 적극적 행위의 성격에 따라 ① 규범적 급부(입법)를 요구하는 '규범적 급부권'과 ② 사실적 급부를 요구하는 '사실적 급부권'으로 구분할 때 절차적 기본권은 **규범적 급부권**에 해당된다.[1)]

절차적 기본권은 ① **좁은 의미의 조직에 관한 권리**(대학이나 언론사, 정당처럼 기본권 실현을 위해 조직적 활동이 필요한 경우 그러한 조직이나 단체를 규율하는 법규범의 제정에 관한 권리), ② **좁은 의미의 절차에 관한 권리**(기본권보장을 위한 절차를 규율하는 법규범의 제정에 관한 권리), ③ **사법질서형성에 관한 권리**(재산이나 혼인 · 가족에 관한 법규범과 같은 사법질서형성에 필수적인 법규범의 제정에 관한 권리), ④ **국가의사형성에 관한 권리**(선거권과 같은 국가의사형성절차를 구체화하는 법규범의 제정에 관한 권리)로 세분화된다.[2)] 이와 같은 권리들이 모두 절차적 기본권에 포함될 수 있지만 절차적 기본권이라고 하면 우선은 좁은 의미의 절차에 관한 권리(②)를 의미할 수 있다. 전자를 넓은 의미의 절차적 기본권으로, 후자를 좁은 의미의 절차적 기본권으로 부르기로 한다. 이미 앞에서 설명한 바와 같이 절차적 기본권은 개별적 기본권을 보강하기 위한 기본권으로서 **원칙적으로 개별적 기본권에 근거하여 도출**될 수 있는 기본권이다. 그러한 절차적 기본권들 가운데 모든 기본권들에 대해서 일반적으로 적용될 수 있는 좁은 의미의 절차적 기본권들을 유형화하여 헌법제정자가 명시적으로 규정한 것이 개별적인 절차적 기본권으로 이해된다.

Ⅱ. 절차적 기본권과 청구권적 기본권

좁은 의미의 절차적 기본권을 흔히 '**청구권적 기본권**'으로 분류하면서 청원권(제26조), 재판청구권(제27조), 형사보상청구권(제28조), 국가배상청구권(제29조), 범죄피해자구조청구권(제30조), 손실보상청구권(제23조) 등을 예로 든다.[3)] 그리고 이러한 기본권의 특

1) 제2편 제1부 제2장 제2절 II. 2. (2) 참조.

2) 제2편 제1부 제2장 제2절 II. 2. (2) 2) B. 참조.

성으로 ① 국가내적 권리, ② 적극적 권리, ③ 구체적 권리 또는 직접효력을 갖는 권리, ④ 절차적 권리, ⑤ 주관적 공권 등을 열거한다.

이러한 견해는 다음과 같은 점에서 비판될 수 있다. 첫째, 국가의 적극적 행위를 요구하는 급부권적 기본권을 청구권적 기본권이라고 부르는 경우에 사실적 급부를 요구하는 권리인 사회적 기본권도 청구권적 기본권에 포함되어야 하기 때문에 규범적 급부(입법)를 요구하는 권리만을 청구권적 기본권으로 부르는 것은 적절하지 않은 용어의 사용이다. 둘째, 같은 맥락에서 절차적 기본권이나 사회적 기본권이 모두 국가의 급부를 요구하는 권리임에도 불구하고 규범적 급부를 내용으로 하는 전자는 청구권적 기본권으로서 구체적 권리로 이해되면서 사실적 급부를 내용으로 하는 후자는 사회적 기본권으로서 구체적 권리로 이해되지 못하게 된다. 셋째, 청구권적 기본권으로 부르는 기본권들은 좁은 의미의 절차적 기본권으로서 모든 절차적 기본권의 전체 체계 안에서 이해되어야 하는데 그렇지 않음으로써 마찬가지로 절차적 기본권의 성격을 가지고 있는 다른 기본권과의 공통된 성격을 간과하게 된다. 예를 들어 이른바 청구권적 기본권들은 옐리네크의 분류에 따라 적극적 지위로 이해되어 능동적 지위로 이해되는 참정권과 구별되기도 하지만 절차적 기본권으로 이해될 수 있는 참정권은 입법에 관한 권리로서 우선적으로 적극적 지위의 성격을 갖는다.

Ⅲ. 손실보상청구권과 손해배상청구권

좁은 의미의 절차적 기본권은 기본권의 보장을 위한 절차에 관한 입법을 요구하는 권리이기 때문에 이 기본권에 근거하여 **위법한 국가행위**로부터 권리구제를 받을 수 있는 절차뿐만 아니라 **적법한 국가행위**로부터 권리구제를 받을 수 있는 절차도 요구할 수 있다. 더욱이 사인의 위법한 행위로부터 권리구제를 받을 수 있는 절차를 요구할 수 있는 권리도 절차적 기본권의 내용에 포함될 필요가 있다. 이와 같은 절차에 관한 권리는 원칙적으로 개별적 기본권에 의하여 보장되지만 독립적인 기본권으로서 보장될 수도 있다. 헌법은 위법한 국가행위로부터 권리구제를 받을 수 있는 절차로서 **국가배상청구권**을 독립적인 기본권으로 헌법 제29조에서 명시적으로 보장한다. 하지만 적법한 국가행위로부터 권리구제를 받을 수 있는 절차에 대해서는 헌법 제23조 제3항의 재산권보장에 관한 규정과 헌법 제28조의 형사보상청구권에 관한 규정에서 **손실보상청구권**을 보장하고 있을 뿐이다. 이것은 적법한 국가행위에 의하여 발생할 수 있는 손해가 주로 재산권에 대한 제약과 인신의 구속으로 발생하기 때문으로 생각된다. 하지만 재산권이나 신체의 자유 이외의 다른 기본권에 대한 적법한 제약행위에 의해서도 손해가 발생할 수 있다는 점은 예상할 수 있다. 따라서 이러한 경우에는 해당 기본권에 포함된 절차권에서 손실보상청구권을 도출할 수 있다. 재산권과 관련된 손실보상청구권은 재산권을 설명하면서 논

3) 계희열(중), 616면; 성낙인 1400면.

의하였기 때문에 이 장에서는 형사보상청구권에 포함된 손실보상청구권에 대해서만 설명하기로 한다. 한편 사인의 위법한 행위로부터 권리구제를 받을 수 있는 절차에 대해서는 오로지 위법한 언론 · 출판활동으로 타인의 명예나 권리를 침해당한 피해자에게 손해배상청구권을 명시적으로 규정하고 있을 뿐이다(제21조 제4항). 따라서 국가의 위법한 기본권침해행위에 대해서 일종의 손해배상청구권으로서 국가배상청구권이 인정되는 것처럼 사인의 위법한 기본권침해행위로 손해를 입은 피해자에게 일반적으로 인정될 수 있는 손해배상청구권이 일종의 열거되지 않은 기본권으로 보장되어 있다고 해석하거나 개별적 기본권에서 도출된다고 해석하는 것이 합리적이다.

제 2 절 청 원 권

제 1 항 헌법규정

헌법 제26조는 청원권을 규정하고 있다. 이러한 기본권규정이 의미하는 바는 청원과 관련된 주관적 지위와 객관적 규범이다.

[헌법 제26조]

① 모든 국민은 법률이 정하는 바에 의하여 국가기관에 문서로 청원할 권리를 가진다.
② 국가는 청원에 대하여 심사할 의무를 진다.

청원권은 제헌헌법(제21조)에서 규정된 이래로 현행 헌법에 이르기까지 기본권으로 보장되고 있다.

제 2 항 구성요건

Ⅰ. 인적 구성요건(주체)

모든 국민은 청원권의 주체가 되고, 외국인도 청원권의 주체가 될 수 있다. 자연인뿐만 아니라 법인도 청원권의 주체가 될 수 있다.

Ⅱ. 보호법익

1. 청 원 권

청원권은 국가기관에 대해서 자신의 권리를 구제해주도록 요구하거나, 또는 정치적 의견이나 요구, 특히 입법에 관한 의견이나 요구를 표명할 수 있는 권리를 말한다. 따라서 ① 사법절차나 행정절차를 대신하는 **권리구제**의 의미와 ② **국가의사형성과정**에 참여하는 의미를 동시에 지닌다.

2. 청원할 수 있는 법적 지위에 관한 자유와 권리

(1) 청원할 수 있는 법적 지위에 관한 자유

청원권은 '상태', 즉 '법적 지위'가 보장된 법적 상태를 보호법익으로 하는 자유다. 이러한 법적 지위는 청원할 수 있는 법적 지위를 의미하므로 청원권은 권리구제나 정치참여를 목적으로 청원할 수 있는 법적 지위에 관한 자유로 이해된다.

[학설] 청원권의 법적 성격

• 계희열 〈(중), 627면 이하〉
청원권은 … 소극적이고 방어적인 자유권적 성격을 갖는다는 설, … 청구권적 기본권이라는 설, … 참정권이라는 설, … 자유권과 청구권의 성격을 아울러 가진 복합적 성격의 권리라는 설, … 참정권적 성격과 청구권적 성격을 가진 복합적 성격의 권리라는 설이 있다. … 청원권은 이처럼 **다양한 성격**을 가진 기본권이다.

• 권영성 〈604면〉
청원권은 소극적 측면에서는 청원의 자유(방어적 권리)를 보장하는 것이고, 적극적 측면에서는 국가기관에 대하여 일정한 국가적 행위를 요구할 수 있음을 내용으로 하는 것(청구권)이므로, 청원권은 자유권과 청구권의 성격을 아울러 가진 **복합적 성격의 권리**로 보아야 한다.

• 김철수 〈1053면〉
청원권은 공권력에 대한 소극적·방어적 자유권처럼 보이나, 청원의 수리·심사라는 작위를 공기관에 의무지우는 것이기에 자유권이 아니고 **청구권**이라고 하여야 할 것이다. 참정권의 일종이라고 보는 견해가 있기는 하나 청원권은 국가의사에 참여하는 권리 그 자체는 아니기 때문에 전형적 참정권이라고 할 수는 없다.

• 성낙인 〈1401면〉
청원권은 국민이 국가기관에 대하여 의견이나 희망을 자유롭게 진술할 수 있는 권리라는 점에서 **자유권적 측면**도 있다. 또한 국민이 청원을 통해서 국가의사형성과정에 참여한다는 의미에서 **참정권적 측면**도 있다. … 그러나 국민이 국가기관에 대하여 의견이나 희망을 진술하여 국가가 이를 수리·심사할 것을 청구할 수 있는 적극적인 권리라는 점에서 **청구권적 성격**이 청원권의 본질적 내용이다.

• 장영수 〈873면〉
청원권의 법적 성격은 전통적인 분류에 따른 자유권이나 청구권 또는 참정권 등으로 파악하기 어렵다. 청원권은 기본권의 침해를 전제로 그 구제를 위한 수단 자체를 기본권으로 구성하고 있는 **절차적 기본권**의 대표적 예로 보는 것이 타당할 것이다.

• 정종섭a 〈761면〉
청원권은 소극적인 측면에서는 … 국가에 대하여 방어권으로서의 **청원의 자유**를 보장하는 것이고, 적극적인 측면에서는 국가에 대해 일정한 작위나 부작위를 요구하는 **청구권**으로서의 성격을 가지고 있으며, **정치적 참여**를 실현하거나 **권리구제**를 위한 수단으로서의 성격도 지니는 기본권이다.

• 전광석 〈419면〉 오늘날 청원권은 권리구제수단으로서보다는 국가기관에 절차와 형식에 구해됨이 없이 의견을 표현하는 수단으로, 그리고 이를 통해서 **국정에 참여하고 국정을 통제하는 수단**으로서의 기능이 더 강하다.

• 한수웅 〈894면 이하〉 청원권의 성격은 **자유권**에 그치는 것이 아니라 국가로부터 일정 행위, 즉 청원의 처리를 요구하는 **청구권적 성격**을 가진다. … 청구권은 개인의 비정규적인 권리구제절차라는 차원을 넘어서 적극적인 민주시민의 **집단적인 정치적 건의권**이라는 성격을 띠게 되었다.

• 허 영 〈573면〉 국민이 자신의 이해관계 내지 관심사에 관해서 국가기관에 자유롭게 의견 또는 희망을 진술할 수 있다는 점에서는 그 **자유권적 성격**을 부인할 수 없다. 또 청원은 국가에게 적어도 수리 및 심사의무를 생기게 한다는 점에서 그 **청구권적 성격**도 무시할 수 없다. 그뿐 아니라 국민은 청원권의 행사에 의해서 자신의 정치적 견해를 밝힐 수 있다는 점에서는 그 input **수단적 성격**도 간과할 수 없다. 또 청원권이 국민의 권리구제수단으로서의 기능을 갖는다는 점에서는 그 **기본권보장적 성격**도 빼놓을 수 없다. 이렇게 볼 때 청원권은 이와 같은 여러 가지 성격을 함께 가지는 **복합적 성격의 기본권**이라고 말할 수 있다.

• 홍성방 〈(중), 413면〉 청원권은 역사적으로는 자유권의 형태로 시작되었다. 그리고 이러한 요소가 아직까지도 남아 있는 것을 부인하기는 어렵다 할 것이다. 또한 청원권은 국민이 표시한 의견이나 희망에 대하여 국가가 이를 수리 · 심사할 것을 요청하는 측면이 있다는 것도 부인하기는 힘들다 할 것이다. 따라서 개인적으로는 청원권을 **자유권과 청구권의 이중적 성격**을 가진 것으로 보고자 한다.

[판례] 청원권의 내용

헌법 제26조와 청원법의 규정에 의할 때, 헌법상 보장된 청원권은 공권력과의 관계에서 일어나는 여러 가지 이해관계, 의견, 희망 등에 관하여 적법한 청원을 한 모든 국민에게, 국가기관이 청원을 수리 · 심사하여 그 결과를 통지할 것을 요구할 수 있는 권리를 말하므로, 청원서를 접수한 국가기관은 이를 수리 · 심사하여 그 결과를 통지하여야 할 헌법에서 유래하는 작위의무를 지고 있고, 이에 상응하여 청원인에게는 청원에 대하여 위와 같은 적정한 처리를 할 것을 요구할 수 있는 권리가 있다(2004. 5. 27. 2003헌마851).

(2) 청원할 수 있는 법적 지위에 관한 권리

1) 방어권과 보호권 ① 청원권은 청원할 수 있는 법적 지위를 박탈하는 제약행위의 부작위 · 중지를 요구할 수 있는 **방어권**을 포함한다. 공법적 제도를 전제로 하는 청원권에 포함된 자유와 방어권의 측면을 부정하면 청원권에 의하여 보장되는 법적 지위는 절차권을 의미하게 된다. 또한 ② 청원할 수 있는 법적 지위를 박탈하는 사인인 제3자의 침해행위로부터 국가의 보호를 요구할 수 있는 **보호권**을 포함한다. 청원할 수 있는 법적 지위의 행사는 사인(私人)인 제3자에 의해서도 저지 · 방해받음으로써 **박탈**될 수 있기 때

문이다. 보호권을 구체화하는 예를 들면 청원을 이유로 한 차별대우나 불이익의 강요를 금지하고 있는데(청원법 제12조)하고 있는데 이러한 차별대우나 불이익강요행위를 사인이 하는 경우에 처벌하는 규정을 둔다면 청원권에 대한 제3자의 침해행위로부터 보호하는 입법이 된다.

2) **절차권**

A. 일반적 절차권 청원권은 청원할 수 있는 법적 지위에 관한 절차를 보장하는 입법을 요구할 수 있는 **절차권**을 포함한다. 이에 상응하여 국가는 청원에 관한 절차를 보장하는 입법의 **의무**를 진다.

B. 청원권에 특수한 절차권 청원절차를 포함한 모든 절차에 관한 규범을 요구할 수 있는 권리는 이미 개별적 기본권의 절차권적 측면에서 일반적으로 도출될 수 있는데 이러한 일반적 절차권 가운데 특별히 청원절차와 관련된 절차규범을 요구하는 권리가 청원권으로 독립된다. 따라서 개별적 기본권에서 도출되는 일반적 절차권 가운데 청원절차에 관한 규범을 요구하는 권리는 청원권에 의해서 우선적으로 보호된다. 청원권이 절차권으로 이해되더라도 청원의 내용에 따라 '권리구제'에 관한 절차규범을 요구하는 것이면 **좁은 의미의 절차에 관한 기본권**으로, '정치적 참여'에 관한 절차규범을 요구하는 것이면 **국가의사형성의 절차에 관한 기본권**으로 해석된다.

(3) **청원에 관한 제도보장**

청원권은 법적 지위에 관한 자유이고, 특수한 절차권적 측면을 가지고 있다는 점에서 청원할 수 있는 '법적 지위'와 청원절차에 필수적인 '법규범'을 구체화하는 제도를 반드시 필요로 한다. 이 점에서 청원권은 청원에 관한 제도보장의 측면을 포함한다. 중요한 것은 청원에 관한 제도(청원제도)의 보장이라는 객관적 측면은 청원권에 포함된 주관적 측면과 표리관계를 이룬다는 점이다.

Ⅲ. 제약행위

청원권에 포함된 방어권의 경우에 청원할 수 있는 법적 지위를 박탈하는 행위는 청원권에 대한 제약행위에 해당한다. 이에 해당하는 행위로는 ① 청원의 접수를 거부하거나 ② 청원의 처리를 신속·공정·성실하게 하지 않는 행위, ③ 청원인에게 과도한 비용을 부담시키는 행위, ④ 청원을 했다는 이유로 차별대우나 불이익을 주는 행위가 해당한다. 이러한 행위들은 **잠정적으로 금지**된다.

제 3 항 제한규범

청원권의 구성요건을 충족해도 제한규범에 근거하여 제약되는, 청원에 관한 법적 지위는 확정적인 보호를 받지 못한다. 청원권의 구성요건을 충족하면서 제한규범에 근거하여 제약될 수 없는, 청원에 관한 법적 지위만이 확정적으로 보호된다. 따라서 청원권의 구성요건 단계에서 보호법익에 해당하여 잠정적으로 보호된, 청원에 관한 법적 지위는 제한규범에 근거하여 제약될 수 없으면 확정적으로 보호된다. 한편 청원권에 포함된 방어권의 경우에 구성요건의 단계에서 잠정적으로 금지된 제약행위는 제한규범에 근거하는 경우에만 잠정적으로 허용된 제약행위로 바뀌게 되고, 근거가 되는 제한규범이 없는 경우에는 확정적으로 금지된 제약행위가 된다.

Ⅰ. 헌법직접적 제한규범

헌법은 청원의 방식을 문서에 의한 청원으로 제한함으로써 청원권에 대한 성문의 헌법직접적 제한규범을 두고 있다. 불문의 헌법직접적 제한규범으로는 다른 사람의 기본권이나 헌법적 법익이 될 수 있다. 다른 사람의 기본권이 청원권에 대한 헌법직접적 제한규범이 되면 두 기본권 사이에는 '기본권의 충돌'이 발생한다.

Ⅱ. 헌법간접적 제한규범

청원권에 대한 헌법간접적 제한, 즉 법률유보와 관련하여 헌법은 "법률이 정하는 바에 의하여"라고 규정하여 제한가능성을 열어 두고 있다. 또한 청원권은 법률유보조항인 헌법 제37조 제2항에 근거하여 "국가안전보장, 질서유지 또는, 공공복리"를 위하여 "법률로써" 제한될 수 있다. 청원권은 청원에 관한 일반법인 청원법, 그리고 특별법인 국회법과 지방자치법에서 구체화되고 있다.

1. 청원사항과 청원처리의 예외사항

청원법에 따르면 청원사항을 ① 피해의 구제, ② 공무원의 위법 · 부당한 행위에 대한 시정이나 징계의 요구, ③ 법률 · 명령 · 조례 · 규칙 등의 제정 · 개정 또는 폐지, ④ 공공의 제도 또는 시설의 운영, ⑤ 그 밖에 청원기관의 권한에 속하는 사항으로 규정하고 있다(동법 제5조). 그러나 청원사항은 법률에 규정된 것들에 한정되지 않기 때문에 청원법에 규정된 청원사항들은 예시적으로 열거된 것에 불과한 것으로 해석되고, 적어도 "그 밖에 국가기관 등의 권한에 속하는 사항"(동법 동조 제5호)이라는 포괄적 규정에 의해서 국가기관의 활동과 관련된 거의 모든 사항은 청원사항이 될 수 있다.

한편 청원법은 청원처리의 예외사항을 규정하고 있다. 우선 ① 국가기밀 또는 공무상 비밀에 관한 사항, ② 감사 · 수사 · 재판 · 행정심판 · 조정 · 중재 등 다른 법령에 의한 조사 · 불복 또는 구제절차가 진행 중인 사항, ③ 허위의 사실로 타인으로 하여금 형사처분 또는 징계처분을 받게 하거나 국가기관 등을 중상모략하는 사항, ④ 허위의 사실로 국가기관 등의 명예를 실추시키는 사항, ⑤ 사인간의 권리관계 또는 개인의 사생활에 관한 사항, ⑥ 청원인의 성명 · 주소 등이 불분명하거나 청원내용이 불명확한 사항은 청원을 처리하지 않을 수 있다(동법 제5조). 그리고 ⑦ 타인을 모해할 목적으로 허위의 사실을 적시한 청원을 해서는 안 되고(동법 제25조), 이를 위반하여 타인을 모해할 목적으로 허위의 사실을 적시한 청원을 한 경우에는 처벌 받는다(동법 제27조). 또한 **이중청원을 금지**하여 동일인이 동일한 내용의 청원서를 동일한 기관에 2건 이상 제출하거나 2 이상의 기관에 제출한 반복청원인 경우에는 나중에 접수된 청원서는 이를 반려하거나 종결처리할 수 있다(동법 제16조).

2. 청원의 방법과 절차

그 밖에도 청원법과 국회법은 청원의 대상기관 및 방법과 절차를 규정한다. 청원을 제출할 수 있는 기관(청원기관)은 ① 국회 · 법원 · 헌법재판소 · 중앙선거관리위원회, 중앙행정기관(대통령 소속 기관과 국무총리 소속 기관을 포함한다), ② 지방자치단체와 그 소속기관, ③ 법령에 의하여 행정권한을 가지고 있거나 행정권한을 위임 또는 위탁받은 법인 · 단체 또는 그 기관이나 개인이다(청원법 제4조). 한편 헌법의 **접수 및 심사의 의무**를 구체화하여 청원법은 제출된 청원서를 지체없이 접수하고(동법 제12조 제1항), 접수일로부터 15일 이내에 청원심의회의 심의를 거쳐 그 처리결과를 청원인에게 **통지**해야 할 **국가기관의 의무**를 규정하고 있다(동법 제13조 제3항). 또한 청원을 이유로 한 차별대우나 불이익의 강요는 금지된다(동법 제26조).

이와 관련하여 헌법재판소는 국가기관의 의무의 범위에 대해서 다음과 같은 견해를 주장한다. "청원사항의 **처리결과에 심판서나 재결서에 준하여 이유를 명시할 것까지를 요구하는 것**은 청원권의 보호범위에 포함되지 아니하므로 청원 소관관서는 청원법이 정하는 절차와 범위내에서 청원사항을 성실 · 공정 · 신속히 심사하고 청원인에게 그 청원을 어떻게 처리하였거나 처리하려고 하는지를 알 수 있는 정도로 결과통지함으로써 충분하고, 비록 그 처리내용이 청원인이 기대하는 바에 미치지 않는다고 하더라도 헌법소원의 대상이 되는 공권력의 행사 내지 불행사라고는 볼 수 없다."[4] 원칙규범으로 이해되는 청원권은 잠정적으로 청원인이 기대하는 충분한 정도의 처리내용을 보장해야 한다. 하지만 그와 같은 내용을 입법자가 확정적으로 보장하도록 명령되는 것은 아니다. 따라서 청원법에서 국가기관의 의무를 수리와 심사처리 및 결과통지의 의무로 확정적으로 한정하고, 그러한 범위 내에서 국가기관이 의무를 이행하였다면 청원권을 침해하였다고 보기는 어렵다.

4) 헌재 1994. 2. 24. 93헌마213; 1997. 7. 16. 93헌마239; 2004. 5. 27. 2003헌마851; 2004. 10. 28. 2003헌마898; 2004. 11. 30. 2004헌마884; 2005. 3. 29. 2005헌마248; 2011. 6. 30. 2009헌마430.

제4항 정 당 화

Ⅰ. 비례성원칙과 본질내용침해금지원칙

청원권도 원칙규범으로 이해된다. 따라서 잠정적으로 보장된 청원권의 구성요건이 확정적으로 보장받기 위해서는 **비례성원칙에 따른 합리적 논증**이 필요하다. 이것은 청원권을 제한하는 다른 사람의 기본권이나 헌법적 법익 또는 공익을 청원권과의 관계에서 정당화하는 것을 의미한다. 따라서 청원권에 대한 제약은 다른 사람의 기본권이나 헌법적 법익 또는 입법목적으로 제시된 공익과 균형을 이룰 수 있는 범위 안에서는 정당화된다. 비례성원칙은 방어권의 경우에는 과잉금지원칙으로, 보호권과 절차권의 경우에는 과소금지원칙으로 구체화된다.

청원권의 본질내용에 대해서는 **절대설**에 따르면 비례성원칙과는 독립적인 원칙으로서 본질내용침해금지원칙에 따른 독자적인 심사가 청원권에 대한 제약을 정당화하기 위하여 부가적으로 필요하다. 하지만 **상대설**에 따르면 비례성원칙에 따른 심사로 청원권의 제약을 위한 정당화는 충분하게 된다.

Ⅱ. 구체적 문제

청원권에 대한 제한으로서 국회법(제123조 제1항)과 지방자치법(제73조 제1항)에 따라 국회나 지방의회에 청원을 하는 경우에 **국회의원과 지방의회의원의 소개**가 필요하다고 규정한 경우가 문제될 수 있다. 이에 대해서 헌법재판소는 다음과 같은 이유에서 합헌으로 본다. "의원이 미리 청원의 내용을 확인하고 이를 소개하도록 함으로써 **청원의 남발을 규제하고 심사의 효율을 기하기 위한 것**이고, 지방의회 의원 모두가 소개의원이 되기를 거절하였다면 그 청원내용에 찬성하는 의원이 없는 것이므로 지방의회에서 심사하더라도 인용가능성이 전혀 없어 심사의 실익이 없으며, 청원의 소개의원도 1인으로 족한 점을 감안하면 이러한 정도의 제한은 **공공복리를 위한 필요 · 최소한의 것**이라고 할 수 있다."[5] 이에 반해 소수의견은 다음과 같은 이유에서 위헌으로 보았다. "청원인 거주지 선출의원이 결원이거나 청원내용을 반대하는 경우 다른 의원의 소개를 얻기가 쉽지 않고, 또 소개 여부가 완전히 의원 개인의 임의에 맡겨져 있어 이는 결국 청원서의 제출을 어렵게 하는 수단에 다름 아니며, 직접민주주의적인 요소가 결여된 우리의 지방자치제도하에서는 청원권의 행사를 통하여 주민의 의사를 직접 반영하는 보완기능으로서의 역할 또한 중요하다 할 것임에도 불구하고 위와 같은 제한을 둔 것은 지방의회의 편의를 도모하기 위한 것으로 청원권 그 자체를 유명무실하게 하는 것이므로 위헌이 선언되어야 한다." 간접민주제를 기본으로 하는 헌법질서에서 청원권이 국가의사형성절차

---

5) 헌재 1999. 11. 25. 97헌마54.

에 대한 국민의 직접적 참여의 기능을 한다는 점을 고려할 때 청원의 요건은 형식상의 요건 등 최소한으로 그쳐야 하기 때문에 의원의 소개라는 요건이 반드시 필요한지에 대해서는 의문의 여지가 있다.

[판례] 국회에 대한 청원과 행정부에 대한 청원

① 청원권의 구체적 내용은 입법활동에 의하여 형성되며, 입법형성에는 폭넓은 재량권이 있으므로 입법자는 청원의 내용과 절차는 물론 청원의 심사·처리를 공정하고 효율적으로 행할 수 있게 하는 합리적인 수단을 선택할 수 있는 바, 의회에 대한 청원에 국회의원의 소개를 얻도록 한 것은 청원 심사의 효율성을 확보하기 위한 적절한 수단이다. 또한 청원은 일반의안과 같이 처리되므로 청원서 제출단계부터 의원의 관여가 필요하고, 의원의 소개가 없는 민원의 경우에는 진정으로 접수하여 처리하고 있으며, 청원의 소개의원은 1인으로 족한 점 등을 감안할 때 국회에 청원을 하려는 자의 청원권을 침해한다고 볼 수 없다. ② 행정부 등에 대한 청원은 당해 기관이 단독으로 의사결정을 할 수 있기 때문에 합의제기관인 국회에 대한 청원과는 달리 취급할 수 있으므로 국회에 청원을 하려는 자를 행정기관 등에 청원을 하는 자와 차별하는 것이 자의적이라거나 합리성이 없는 것이라고 볼 수 없다(2006. 6. 29. 2005헌마604).

[판례] 서신을 통한 수용자의 청원제한

헌법상 청원권이 보장된다 하더라도 청원권의 구체적 내용은 입법활동에 의하여 형성되며 입법형성에는 폭넓은 재량권이 있으므로 입법자는 수용 목적 달성을 저해하지 않는 범위 내에서 교도소 수용자에게 청원권을 보장하는 합리적인 수단을 선택할 수 있다고 할 것인바, 서신을 통한 수용자의 청원을 아무런 제한 없이 허용한다면 수용자가 이를 악용하여 검열 없이 외부에 서신을 발송하는 탈법수단으로 이용할 수 있게 되므로 이에 대한 검열은 수용 목적 달성을 위한 불가피한 것으로서 청원권의 본질적 내용을 침해한다고 할 수 없다(2001. 11. 29. 99헌마713).

제5항 효 력

청원권은 공법상의 법적 지위를 보장함으로써 우선적으로 국가에 대해서 효력을 미친다. 청원에 관한 법적 지위에 영향을 미칠 수 있는 주체는 오로지 청원에 관한 입법의 권한을 가진 국가만이 될 수 있기 때문이다. 따라서 사인인 제3자는 청원권에 관한 법적인 영향력을 행사할 수 없기 때문에 원칙적으로 청원권에 대한 제3자효는 문제되지 않는다. 다만 제3자도 청원권의 행사를 저지·방해함으로써 청원권에 관한 **간접적·사실적 영향력**을 행사할 수 있기 때문에 그런 한도에서 제3자효가 문제될 수 있다. 이 경우에 청원권의 사인에 대한 효력은 기본권의 대사인적 효력에 관한 이론구성에 따라 법관에게 기본권존중의무를 매개로 청원권을 존중하는 **재판**을 요구함으로써 실현될 수 있다.

제 3 절 재판청구권

제1항 헌법규정

헌법은 제27조에서 재판청구권(재판을 받을 권리)을 규정한다. 이러한 기본권규정이 의미하는 바는 재판의 청구에 관한 주관적 지위와 객관적 규범이다.

[헌법 제27조]

① 모든 국민은 헌법과 법률이 정한 법관에 의하여 법률에 의한 재판을 받을 권리를 가진다.

② 군인 또는 군무원이 아닌 국민은 대한민국의 영역 안에서는 중대한 군사상 기밀·초병·초소·유독음식물공급·포로·군용물에 관한 죄 중 법률이 정한 경우와 비상계엄이 선포된 경우를 제외하고는 군사법원의 재판을 받지 아니한다.

③ 모든 국민은 신속한 재판을 받을 권리를 가진다. 형사피고인은 상당한 이유가 없는 한 지체없이 공개재판을 받을 권리를 가진다.

④ 형사피고인은 유죄의 판결이 확정될 때까지는 무죄로 추정된다.

⑤ 형사피해자는 법률이 정하는 바에 의하여 당해 사건의 재판절차에서 진술할 수 있다.

재판청구권은 제헌헌법(제22조) 이래로 현행 헌법에 이르기까지 계속해서 규정된 기본권이다. 다만 1962년 헌법(제24조)에서부터 "헌법과 법률이 정한 법관에 의하여 법률에 의한 재판을 받을 권리"의 형식으로, 그리고 "군사법원의 재판", "신속한 재판" 및 "형사피고인의 지체없이 공개재판을 받을 권리"가 규정되었다. 무죄추정의 원칙은 1980년(제26조 제4항)에서, 그리고 "형사피해자의 재판절차진술권"은 현행 헌법에서 비로소 규정되었다.

제2항 구성요건

Ⅰ. 인적 구성요건(주체)

기본권의 성격상 외국인과 법인도 기본권의 주체가 될 수 있으므로 침해된 기본권의 구제를 위한 재판청구권의 주체에 국민뿐만 아니라 외국인도 포함되고, 자연인 이외에 법인도 포함된다.

[판례] 교원징계재심위원회의 재심결정에 대한 학교법인의 행정소송 제기 금지

교원이 제기한 민사소송에 대하여 응소하거나 피고로서 재판절차에 참여함으로써 자신의 권리를 주장하는 것은 어디까지나 상대방인 교원이 교원지위법이 정하는 재심절차와 행정소송절차를 포기하고 민사소송을 제기하는 경우에 비로소 가능한 것이므로 이를 들어 학교

법인에게 자신의 침해된 권익을 구제받을 수 있는 실효적인 권리구제절차가 제공되었다고 볼 수 없고, 교원지위부존재확인 등 민사소송절차도 교원이 처분의 취소를 구하는 재심을 따로 청구하거나 또는 재심결정에 불복하여 행정소송을 제기하는 경우에는 민사소송의 판결과 재심결정 또는 행정소송의 판결이 서로 모순·저촉될 가능성이 상존하므로 이 역시 간접적이고 우회적인 권리구제수단에 불과하다. 그리고 학교법인에게 재심결정에 불복할 제소권한을 부여한다고 하여 사립학교 교원의 신분보장에 특별한 장애사유가 생긴다든가 그 권리구제에 공백이 발생하는 것도 아니므로 분쟁의 당사자이자 재심절차의 피청구인인 **학교법인의 재판청구권**을 침해한다(2006. 2. 23. 2005헌가7: 평등원칙 및 제101조 제1항과 제107조 제2항에도 위배 → 종전의 1998. 7. 16. 95헌바19등 결정에서 합헌으로 판시한 의견을 변경한 판례).

Ⅱ. 보호법익

1. 재판청구권

(1) 기 능

재판청구권은 기본권의 실효성 있는 보장을 위해서 기본권에 대한 침해를 구제받거나 법적인 분쟁을 해결하기 위하여 재판을 받을 수 있는 권리를 말한다. 권리구제를 위한 기본권이라는 점에서 재판청구권은 절차적 기본권의 성격이 강하다.

(2) 재판의 개념

여기서 재판은 구체적인 권리침해나 분쟁을 전제로 독립적인 법관이 사실을 확인하고 법률에 근거하여 판단하는 절차를 말한다. 이러한 재판은 민사, 형사, 행정, 헌법재판 등 **모든 재판**을 포함한다.

(3) 헌법과 법률이 정한 법관에 의한 재판

여기서 말하는 재판은 **헌법과 법률이 정한 법관**에 의한 재판을 말한다(제27조 제1항). 즉 재판은 헌법과 법률이 정한 자격을 갖추고(제101조 제3항, 법원조직법 제42조), 헌법과 법률이 정한 절차에 따라 임명되어(제104조, 법원조직법 제41조), 신분이 보장되고(제105조, 제106조) 직무상 독립된 법관(제103조)에 의해 진행되어야 한다. 헌법과 법률이 정한 법관에 의한 재판의 예외로서 다음과 같은 절차들이 문제된다.

① 첫째, 종전에 법관의 자격이 없는 현역장교가 재판하는 **군사재판**이 문제될 수 있는데 이것은 헌법적 근거(제27조 제2항, 제110조)를 두고(특별법원의 개념에 관한 예외법원설에 따르는 경우[6]), 군사재판의 상고심도 원칙적으로 대법원의 관할(제110조 제2항)로 하여 위헌의 문제를 해결하고 있다. ② 둘째, 재판의 전심절차로서 행정기관에 의해 분쟁을 해결하는 **행정심판**이 문제될 수 있는데 이것도 헌법적 근거(제107조 제3항)를 두고 있기 때문에 위헌의 문제는 제기되지 않는다. 다만 행정심판은 전심절차이어야 하고, 사법절차가 준용되어야 하기 때문에 전심절차가 아닌 종심절차로 규정하거나 필수적 절차로 규정되면서 사법절차가 준용되지 않는 경우에는 위헌의 문제가 제기될 수 있다. ③ 셋째, 지방법

6) 제3편 제4장 제3절 VIII. 1. 참조.

원, 지원, 시 · 군법원의 판사가 20만원 이하의 벌금, 구류 또는 과료에 처할 수 있는 경미한 사건을 심판하는 절차로서 **즉결심판**(즉결심판에 관한 절차법 제1조, 제2조)은 헌법과 법률이 정한 법관에 의한 재판이고 정식재판이 보장되기 때문에 위헌이 되지 않는다. ④ 넷째, 서면심리로 재판하여 형벌을 부과하는 간이형사절차로서 **약식절차**도 정식재판을 청구할 수 있기 때문에 위헌이라고 볼 수 없다. ⑤ 다섯째, **배심제**나 **참심제**의 경우에 법률심이 아닌 사실심에 한정하여 일반 국민이 참여한다면 문제가 되지 않는다는 것이 학설의 대체적인 견해이지만[7] 헌법재판소는 법률심뿐만 아니라 사실심에서도 법관에 의한 재판이 요구된다고 하면서,[8] 우리 헌법상 재판을 받을 권리의 보호범위에는 배심재판을 받을 권리가 포함되지 아니한다고 한다.[9] ⑥ 여섯째, 세무서장이나 경찰서장 등의 **통고처분**도 처분을 받은 당사자의 승복을 발효요건으로 하고, 불응시에는 정식재판이 보장되기 때문에 위헌이 아니다. ⑦ 일곱째, 교원징계재심위원회의 **재심결정**에 대해서 교원에게만 행정소송을 제기할 수 있도록 하고 학교법인에게는 이를 금지하는 것과 관련하여 헌법재판소는 합헌결정을 한 적이 있으나,[10] 판례를 변경하여 학교법인의 재판청구권을 침해한다고 보았다.[11] 또한 같은 맥락에서 재임용에 탈락한 사립학교 교원을 구제하기 위한 교원소청심사특별위원회의 재심결정에 대해서 학교법인에게 제소를 금지한 것도 위헌으로 보았다.[12] 그 밖에도 사법보좌관이 독촉절차의 법원사무를 처리할 수 있도록 한 것도 법관에게 이의신청을 할 수 있다는 점에서 재판청구권을 침해하지 않는다고 본다.[13]

[판례] 법관에 의한 재판을 받을 권리

법관에 의한 재판을 받을 권리를 보장한다고 함은 **법관이 사실을 확정하고 법률을 해석 · 적용하는 재판을 받을 권리**를 보장한다는 뜻이고, 그와 같은 법관에 의한 사실확정과 법률의 해석적용의 기회에 접근하기 어렵도록 제약이나 장벽을 쌓아서는 아니되며, 만일 그러한 보장이 제대로 이루어지지 아니한다면 헌법상 보장된 재판을 받을 권리의 본질적 내용을 침해하는 것으로서 우리 헌법상 허용되지 아니한다(1992. 6. 26. 90헌바25). ① 특허청의 심판절차에 의한 심결이나 보정각하결정은 특허청의 행정공무원에 의한 것으로서 이를 헌법과 법률이 정한 법관에 의한 재판이라고 볼 수 없고(1995. 9. 28. 92헌가11등), ② '대한변호사협회 변호사징계위원회'나 '법무부 변호사징계위원회'의 징계에 관한 결정은 비록 그 징계위원 중 일부 법관이 참여한다고 하더라도 이를 헌법과 법률이 정한 법관에 의한 재판이라고 볼 수 없다(2000. 6. 29. 99헌가9; 2002. 2. 28. 2001헌가18).

[판례] 행정심판과 재판청구권

[1] ① 행정심판임이 분명한 특허청의 항고심판 심결이나 결정(1995. 9. 28. 92헌가11등: 헌법불합치) 또는 ② 행정

7) 계희열(중), 642면; 권영성, 614면; 김철수, 1065면; 성낙인, 1411면; 허영, 393면; 홍성방(중), 428면.
8) 헌재 1992. 6. 26. 90헌바25.
9) 헌재 2009. 11. 26. 2008헌바12; 헌재 2014. 1. 28. 2012헌바298.
10) 헌재 1998. 7. 16. 95헌바19등.
11) 헌재 2006. 2. 23. 2005헌가7.
12) 헌재 2006. 4. 27. 2005헌마1119.
13) 헌재 2020. 12. 23. 2019헌바353.

심판에 불과한 '법무부 변호사징계위원회'의 결정(2000. 6. 29. 99헌가9; 2002. 2. 28. 2001헌가18)에 대하여 법률에 위반된 것을 이유로 하는 경우에 한하여 법률심인 대법원에 곧바로 상고하거나 즉시항고할 수 있도록 한 특허법 규정과 변호사법 규정은 … 법관에 의한 사실확정 및 법률적용의 기회를 박탈한 것으로서 헌법상 국민에게 보장된 "법관에 의한" 재판을 받을 권리를 침해하는 위헌규정이다. … 법원의 사실적 측면과 법률적 측면에 대한 심사를 배제하고 대법원으로 하여금 특허사건이나 변호사징계사건의 최종심 및 법률심으로서 단지 법률적 측면의 심사만을 할 수 있도록 하고 재판의 전심절차로서만 기능해야 할 특허청의 항고심판이나 '법무부 변호사징계위원회'의 결정을 **사실확정에 관한 한 사실상 최종심**으로 기능하게 하고 있으므로 일체의 법률적 쟁송에 대한 재판기능을 대법원을 최고법원으로 하는 법원에 속하도록 규정하고 있는 헌법 제101조 제1항 및 재판의 전심절차로서 행정심판을 두도록 하는 헌법 제107조 제3항에 위반된다.

[2] 헌법 제107조 제3항은 … 입법자가 행정심판을 전심절차가 아니라 **종심절차**로 규정함으로써 정식재판의 기회를 배제하거나, 어떤 행정심판을 **필요적 전심절차**로 규정하면서도 그 절차에 사법절차가 준용되지 않는다면 이는 위 헌법조항, 나아가 재판청구권을 보장하고 있는 헌법 제27조에도 위반되며, 헌법 제107조 제3항은 사법절차가 '준용'될 것만을 요구하고 있으나 판단기관의 독립성과 공정성, 대심적 심리구조, 당사자의 절차적 권리보장 등의 면에서 사법절차의 본질적 요소를 현저히 결여하고 있다면 '준용'의 요청에마저 위반된다. … 지방세 부과처분에 대한 이의신청 및 심사청구의 심의·의결기관인 **지방세심의위원회**는 그 구성과 운영에 있어서 심의·의결의 독립성과 공정성을 객관적으로 신뢰할 수 있는 토대를 충분히 갖추고 있다고 보기 어려운 점, 이의신청 및 심사청구의 심리절차에 사법절차적 요소가 매우 미흡하고 당사자의 절차적 권리보장의 본질적 요소가 결여되어 있다는 점에서 지방세법상의 이의신청·심사청구제도는 헌법 제107조 제3항에서 요구하는 '사법절차 준용'의 요청을 외면하고 있다고 할 것인데, 지방세법 제78조 제2항은 이러한 **이의신청 및 심사청구라는 2중의 행정심판을 거치지 아니하고서는 행정소송을 제기하지 못하도록 하고 있으므로** 위 헌법조항에 위반될 뿐만 아니라, 재판청구권을 보장하고 있는 헌법 제27조 제3항에도 위반된다 할 것이며, 나아가 필요적 행정심판전치주의의 예외사유를 규정한 행정소송법 제18조 제2항, 제3항에 해당하는 사유가 있어 행정심판제도의 본래의 취지를 살릴 수 없는 경우에까지 그러한 전심절차를 거치도록 강요한다는 점에서도 국민의 재판청구권을 침해한다 할 것이다(2001. 6. 28. 2000헌바30).

[3] ① **도로교통법에 의한 처분에 대해서 행정심판의 필요적 전치주의**를 규정한 법률조항과 관련하여 행정심판 전치주의를 정당화하는 합리적인 이유를 살펴본다면, 교통관련 행정처분의 적법성 여부에 관하여 판단하는 경우, 전문성과 기술성이 요구되므로, 법원으로 하여금 행정기관의 전문성을 활용케 할 필요가 있으며, 도로교통법에 의한 운전면허취소처분은 대량적·반복적으로 행해지는 처분이라는 점에서도 행정심판에 의하여 행정의 통일성을 확보할 필요성이 인정된다. ② 이 사건 법률조항에 의하여 달성하고자 하는 공익과 한편으로는 전심절차를 밟음으로써 야기되는 국민의 일반적인 수고나 시간의 소모 등을 비교하여 볼 때, 이 사건 법률조항에 의한 재판청구권의 제한은 정당한 공익의 실현을 위하여 필요한 정도의 제한에 해당하는 것으로 헌법 제37조 제2항의 비례의 원칙에 위반되어 국민의 재판청구권을 과도하게 침해하는 위헌적인 규정이라 할 수 없다. ③ 입법자는 행정심판을 임의적 또는 필요적 전치절차로 할 것인가에 관하여 행정심판을 통한 권리구제의 실효성, 행정청에 의한 자기시정의 개연성, 문제되는 행정

처분의 특수성 등을 고려하여 구체적으로 형성할 수 있는데, 이 사건 법률조항에서 교통관련 행정처분에 대하여 행정심판 전치주의를 규정한 것은, '교통관련 행정처분이 대량으로 행해지는 것으로서 행정의 통일을 기할 필요가 있고, 처분의 적법성 여부에 관한 판단에 있어서 전문성과 기술성이 요구된다'는 행정심판사항의 특수성에 기인하는 것이다. 따라서 이 사건 법률조항에 나타난 입법자의 결정이 차별을 정당화하는 합리적인 이유를 결여하고 있다고 볼 수 없으므로, 평등권에 위반되지 않는다(2002. 10. 31. 2001헌바40).

[4] **교원에 대한 징계처분에 대한 필요적 전심절차로서 재심청구**는 불복절차로 행정소송을 제기할 수 있으므로 재판의 전심절차로서의 한계를 준수하고 있고, 판단기관인 재심위원회의 구성과 운영에 있어서 심사·결정의 독립성과 공정성을 객관적으로 신뢰할 수 있으며, 교원지위법과 교원징계처분등의재심에관한규정이 규정하고 있는 재심청구의 절차와 보완적으로 적용되는 행정심판법의 심리절차를 고려하여 보면 심리절차에 사법절차를 준용하고 있으므로, 헌법 제107조 제3항에 위반된다고 할 수 없다(2007. 1. 17. 2005헌바86).

[5] 헌법 제27조 제1항은 권리구제절차에 관한 구체적 형성을 입법자에게 맡기고 있으나, 구체적으로 형성된 절차규정들에 의하여 합리적인 이유 없이 국민의 재판을 받을 권리가 제한을 받게 된다면, 이는 재판청구권에 대한 과도한 제한이 될 것이다. 다만, 보상법상의 보상금 수급권은 국가배상청구권과는 달리 보상법에 의하여 비로소 특별히 인정되는 권리로서 수급권에 관하여 그 구제절차를 포함하여 구체적인 사항을 정하는 것은 입법자의 보다 광범위한 입법형성 영역에 속한다. 살피건대, 개정 보상법상의 위원회는 국무총리 소속으로 관련분야의 전문가들로 구성되고, 임기가 보장되며, 국무총리의 위원에 대한 지휘·감독권 규정이 없는 등 제3자성 및 독립성이 보장되어 있는 점, 위원회가 보상금 지급심사를 함에 있어서 심의절차의 공정성·신중성이 충분히 갖추어져 있는 점, 보상금 등의 수급권은 보상법 및 시행령에서 정하는 지급요건과 기준에 따라 그 권리가 당연히 발생함과 아울러 그 금액도 확정되는 것으로서 위원회에서 결정되는 보상액과 법원의 그것 사이에 별 다른 차이가 없게 되는 점, 보상금 지급결정에 대한 보상신청인들의 동의에는 특수임무수행 등으로 인한 피해에 대하여 더 이상 재판을 청구하지 않겠다는 재판청구권 포기의사까지 명백하게 포함되어 있는 점, … 청구인들이 보상금 지급결정에 대한 동의 여부를 자유롭게 선택할 수 있는 상황에서 보상금 지급결정에 동의한 다음 보상금까지 수령한 점까지 감안하여 볼 때, 이 사건 **재판상 화해조항**으로 인하여 청구인들의 동의 과정에 실체법상 무효 또는 취소사유가 있더라도 **재심절차 이외에는 더 이상 재판을 청구할 수 있는 길이 막히게 된다**고 하더라도, 위 재판상 화해조항이 합리적인 범위를 벗어나 청구인들의 재판청구권을 과도하게 제한하였다고 보기는 어렵다.(2009. 4. 30. 2006헌마1322; 2011. 2. 24. 2010헌바199).

[판례] 통고처분

[1] 통고처분은 **상대방의 임의의 승복**을 그 발효요건으로 하기 때문에 그 자체만으로는 통고이행을 강제하거나 상대방에게 아무런 권리의무를 형성하지 않으므로 행정심판이나 행정소송의 대상으로서의 처분성을 부여할 수 없고, 통고처분에 대하여 이의가 있으면 통고내용을 이행하지 않음으로써 고발되어 **형사재판절차**에서 통고처분의 위법·부당함을 얼마든지 다툴 수 있기 때문에 관세법 제38조 제3항 제2호(통고처분을 행정심판이나 행정소송의 대상에서 제외)가 법관에 의한 재판받을 권리를 침해한다든가 적법절차의 원칙에 저촉된다고 볼 수 없다(1998. 5. 28. 96헌바4).

[2] 통고처분의 이행 여부가 당사자의 임의에 맡겨져 있는 점, 승복하지 않는 당사자에게 법관에 의한 정식재판을 받을 기회가 보장되어 있는 점, 비범죄화 정신에 근접한 통고처분의 제도적 의의 등을 종합할 때, 통고처분 제도의 근거규정인 도로교통법 제118조 본문이 적법절차원칙이나 사법권을 법원에 둔 권력분립원칙에 위배된다거나, 재판청구권을 침해하는 것이라 할 수 없다(2003. 10. 30. 2002헌마275).

[판례] 재심결정에 대한 제소금지

재임용 거부의 부당성에 관한 교원소청심사특별위원회(이하 '특별위원회')의 재심결정에 대해서 학교법인의 소송제기를 금지하는 제소금지규정은 재임용에서 탈락한 사립대학 교원의 권리구제절차를 형성하면서 분쟁의 당사자이자 재심절차의 피청구인인 학교법인에게는 특별위원회의 재심결정에 대하여 소송으로 다투지 못하게 함으로써 학교법인의 **재판청구권을 침해**한다. 또한 학교법인은 그 소속 대학교원과 사법상의 고용계약관계에 있고 재심절차에서 그 결정의 효력을 받는 일방 당사자의 지위에 있음에도 불구하고 제소금지규정은 합리적인 이유 없이 학교법인의 제소권만을 부인함으로써 헌법 제11조의 **평등원칙에 위배**되고, 재임용 거부 조치가 부당하였는지 여부에 관하여 특별위원회의 재심결정이 최종적인 것이 되는 결과 일체의 법률적 쟁송에 대한 재판권능을 법원에 부여한 **헌법 제101조 제1항에도 위배**될 뿐 아니라, 행정처분인 재심결정의 적법 여부에 관하여 대법원을 최종심으로 하는 법원의 심사를 박탈함으로써 **헌법 제107조 제2항에도 아울러 위배**된다(2006. 4. 27. 2005헌마1119).

(4) 법률에 의한 재판

헌법이 보장하는 재판은 **법률에 의한 재판**을 뜻한다. 재판에서 법관의 주관적 자의를 배제하기 위하여 객관적 기준인 법률에 의해서 진행되도록 요구하고 있다. 이 경우에 법률은 실체법과 절차법을 모두 포함하고,[14] 헌법에 합치하는 것이어야 한다. 따라서 법관은 재판에 적용하는 법률이 헌법에 위반된다는 의심이 있거나 당사자의 의심이 이유있다고 판단된 경우에는 먼저 재판을 정지하고 헌법재판소에 법률의 위헌여부심판을 제청하여 헌법재판소의 판단을 받은 다음에 재판을 해야 한다. 이처럼 재판은 **헌법과 법률에 의한 재판**을 의미하기 때문에 법률에 의한 재판을 담당하는 법원은 법률의 위헌 여부에 관한 재판을 담당하는 헌법재판소의 통제를 받아야 한다. 형사재판의 경우에는 죄형법정주의의 원칙에 따라 형식적 의미의 법률에 의할 것이 엄격하게 요구되지만 민사재판의 경우에는 관습법과 같은 불문법이 적용될 수 있는 등으로 비교적 완화될 수 있다.

(5) 공정하고 신속한 공개재판

재판은 '공정'하고 '신속'하며 '공개'된 재판이어야 한다. ① 우선 **공정한 재판**을 위해 재판은 원칙적으로 당사자에게 평등한 공격(주장과 입증)과 방어(답변과 반증)의 기회를 부여하는 '대심구조'로 진행되어야 한다. 이를 위해 당사자의 모든 증거자료가 조사·진술되는 '당사자주의'와 즉각적인 공격과 방어가 가능한 '구두변론주의'에 기초해야 한다. 예외적으로 법원이 후견적·감독적 입장에서 사인 간의 법률관계를 구체적으로

---
14) 헌재 1993. 7. 29. 90헌바35.

형성하는 비송사건절차나 파산절차에서는 대심구조가 배제될 수 있다. ② **신속한 재판**은 효율적인 재판진행을 통해 권리구제절차로서 재판의 의미를 보강하기 위해 필요하다. 재판의 지연 여부에 대한 판단은 지연기간, 지연사유, 지연으로 인해 침해된 이익을 종합적으로 검토하여 내려져야 한다. ③ 재판의 공정성을 확보하기 위해서 요구되는 **공개재판**과 관련하여 원칙적으로 재판의 '심리와 판결'은 공개되어야 하고, 예외적으로 '심리'는 국가의 안전보장 또는 안녕질서를 방해하거나 선량한 풍속을 해할 염려가 있을 때에는 법원의 결정으로 공개되지 않을 수 있다(제109조). 따라서 판결은 반드시 공개되어야 한다. 헌법재판소에 따르면 사법자원은 한정되어 있기 때문에 사법자원은 합리적으로 분배되어야 하고 사법자원을 분배할 때 재판의 공정과 신속이라는 상반되는 요청을 조화시킬 필요가 있다.[15]

[판례] 재판청구권의 내용

재판청구권에는 물론 형사피고인의 공정한 재판을 받을 권리가 포함된다. 여기에서 공정한 재판이라 함은 헌법과 법률이 정한 자격이 있고, 헌법 제104조 내지 제106조에 정한 절차에 의하여 임명되고 신분이 보장되어 독립하여 심판하는 법관으로부터 헌법과 법률에 의하여 그 양심에 따라 적법절차에 의하여 이루어지는 재판을 의미한다. 또한 그 권리는 재판절차를 규율하는 법률과 재판에서 적용될 실체적 법률이 모두 합헌적이어야 한다는 의미에서의 법률에 의한 재판을 받을 권리뿐만 아니라 재판의 공정을 보장하기 위하여 비밀재판을 배제하고 일반국민의 감시 아래 재판의 심리와 판결을 받을 권리도 내용으로 한다. 이로부터 공개된 법정의 법관의 면전에서 모든 증거자료가 조사 · 진술되고 이에 대하여 피고인이 공격 · 방어할 수 있는 기회를 보장받을 권리, 즉 원칙적으로 당사자주의와 구두변론주의가 보장되어 당사자에게 공소사실에 대한 답변과 입증 및 반증의 기회가 부여되는 등 공격 · 방어권이 충분히 보장되는 재판을 받을 권리가 파생되어 나온다(1994. 4. 28. 93헌바26; 1996. 1. 25. 95헌가5; 1996. 12. 26. 94헌바1; 1994. 4. 28. 93헌바26; 1996. 1. 25. 95헌가5; 1996. 12. 26. 94헌바1; 1998. 7. 16. 97헌바22; 2001. 6. 28. 99헌가14). → (평석) 재판의 개념을 공정한 재판으로 이해하여 재판이 아니라 공정성의 개념으로부터 재판청구권의 내용을 도출하고 있다는 점에 문제가 있다.

[판례] 공정한 재판을 받을 권리

[1] 사망, 질병 또는 이에 준하는 부득이한 사유로 원진술자 또는 작성자가 진술을 할 수 없는 때에 한하여 **직접주의와 전문법칙의 예외**를 규정한 형사소송법 규정은 공정한 재판을 받을 권리를 침해하지 않는다(1994. 4. 28. 93헌바26; 1998. 9. 30. 97헌바51).

[2] 증인신문사항의 서면제출을 명하고 이를 이행하지 않을 경우에 증거결정을 취소할 수 있는 권한의 근거가 되는 형사소송법 규정(**재판장의 소송지휘권**)은 소송절차에 질서를 부여하고 심리의 신속 · 원활을 도모함으로써 당사자의 소송활동을 합리화하는 목적에 비추어 공정한 재판을 받을 권리를 침해하지 않는다(1998. 12. 24. 94헌바46).

[3] 약식절차에서 피고인이 정식재판을 청구한 경우 약식명령보다 더 중한 형을 선고할 수 없도록 한 형사소송법 규정(**불이익변경의 금지**)은 오히려 피고인의 공정한 재판을 받을 권리를 실질적으로 보장하는 기능을 하며 그 입법목적이나 효과의 면에서 피고인의 권리를 제한하는 것으로 볼 수 없다(2005. 3. 31. 2004헌가27등).

15) 헌재 2024. 8. 29. 2021헌바146.

[4] **검사 작성의 피의자신문조서**에 대하여 그것이 전문증거임에도 불구하고 검사 이외의 수사기관이 작성한 피의자신문조서와는 달리 특히 신빙할 수 있는 상태(특신상태) 하의 진술이라는 조건하에 증거능력을 인정할 수 있도록 한 것은, 검사의 소송법적 지위를 고려하고 실체적 진실의 발견과 신속한 재판을 위한 것으로서 공정한 재판을 받을 권리를 침해하지 않는다(2005. 5. 26. 2003헌가7).

[5] 진술을 요할 자가 외국거주로 인하여 진술할 수 없는 경우에 **예외적으로 전문증거의 증거능력을 인정**하는 형사소송법 규정은 직접주의와 전문법칙의 예외로서 신속한 재판과 실체적 진실발견을 위하여 인정된다는 점에서 공개재판을 받을 권리를 침해하지 않는다(2005. 12. 22. 2004헌바45).

[6] 형사재판에서 증거의 증명력에 대한 평가를 법관의 자유로운 판단에 맡기는 **자유심증주의**는 법정증거주의의 불합리성을 극복하기 위하여 수립된 형사증거법의 기본원리로서 실체적 진실을 발견하기에 적합한 제도이므로, 형사피고인의 공정한 재판을 받을 권리를 침해하지 않는다(2009. 11. 26. 2008헌바25).

[7] **법원의 열람 · 등사 허용 결정**에도 불구하고 검사가 이를 신속하게 이행하지 아니하는 경우에는 해당 증인 및 서류 등을 증거로 신청할 수 없는 불이익을 받는 것에 그치는 것이 아니라, 그러한 **검사의 거부행위**는 … 피고인의 신속 · 공정한 재판을 받을 권리(를) … 침해하게 되는 것이다(2010. 6. 24. 2009헌마257).

[8] 무죄추정의 원칙이 적용되는 미결수용자의 경우에 의사에 반하게 수형자용 의류를 입혀 출정시킨다면 법관으로 하여금 유죄라는 선입견을 줄 수 있고, 방어권의 제약을 받을 여지가 있어 공정한 재판을 받을 권리가 침해될 수 있다. 반면에 수형자의 경우에는 이미 유죄판결이 확정된 자이므로 무죄추정의 원칙이라든가 방어권이 문제될 여지가 없다. 또한 무죄추정원칙이나 방어권은 원칙적으로 형사재판에서 문제되는 기본권인데, 청구인이 출정한 재판은 청구인에 대한 형사재판이 아니라 청구인이 국가를 상대로 제기한 민사재판이었다. 민사재판에서의 법관이, 당사자가 운동화가 아니라 고무신을 신었다는 이유로 불리한 심증을 갖거나 불공정한 재판진행을 하게 될 우려가 있다고 볼 수는 없다. 따라서 이 사건 **운동화착용불허행위**로 인하여 공정한 재판을 받을 권리가 침해될 여지는 없다(2011. 2. 24. 2009헌마209).

[9] 형사소송법 제297조 제1항 전문 중 "재판장은 **증인**이 피고인의 면전에서 충분한 진술을 할 수 없다고 인정한 때에는 **피고인을 퇴정하게 하고 진술**하게 할 수 있다"는 부분은 증인의 진술을 제약하는 요소를 제거하고 이를 통해 실체적 진실의 발견을 용이하게 하기 위한 것으로서, 그 목적의 정당성 및 수단의 적합성이 인정된다. 또한 … 기본권제한에 관한 피해의 최소성이 인정된다. 나아가 기본권제한의 정도가 증인을 보호하여 실체적 진실의 발견에 이바지하는 공익에 비하여 크다고 할 수 없어 법익의 균형성도 갖추고 있으므로, 공정한 재판을 받을 권리를 침해한다고 할 수 없다(2012. 7. 26. 2010헌바62).

[10] 압수물은 검사의 이익을 위해서 뿐만 아니라 이에 대한 증거신청을 통하여 무죄를 입증하고자 하는 피고인의 이익을 위해서도 존재하므로 사건종결 시까지 이를 그대로 보존할 필요성이 있다. 따라서 **사건종결 전 일반적 압수물의 폐기**를 규정하고 있는 형사소송법 제130조 제2항은 엄격히 해석할 필요가 있으므로, 위 법률조항에서 말하는 '위험발생의 염려가 있는 압수물'이란 사람의 생명, 신체, 건강, 재산에 위해를 줄 수 있는 물건으로서 보관 자체가 대단히 위험하여 종국판결이 선고될 때까지

보관하기 매우 곤란한 압수물을 의미하는 것으로 보아야 하고, 이러한 사유에 해당하지 아니하는 압수물에 대하여는 설사 피압수자의 소유권포기가 있다 하더라도 폐기가 허용되지 아니한다고 해석하여야 한다. … 압수물에 대하여 소유권포기가 있다는 이유로 이를 사건종결 전에 폐기하였는 바,… (이러한) 행위는 적법절차의 원칙을 위반하고, 청구인의 공정한 재판을 받을 권리를 침해한 것이다(2012. 12. 27. 2011헌마351).

[11] **성폭력 피해아동의 영상녹화물에 신뢰관계인의 성립인정의 진술만으로 증거능력을 부여하여** 피해아동에 대한 법정에서의 조사와 신문을 최소화한 것은 (성폭력범죄 피해아동이 법정에서 반복하여 피해경험을 진술함으로써 입을 수 있는 심리적·정서적 외상과 충격으로부터 피해아동을 보호하려는) 목적을 달성하기 위한 적절한 수단이 된다. … 피고인으로 하여금 … 자신을 방어할 수 있게 하는 효과적인 대체수단이 존재하고, 구체적인 사건에서 … 제반 요소를 고려한 법원의 개별적 판단에 따라 피해아동에 대한 반대신문권을 행사할 수 있는 기회도 여전히 남아 있으므로, 증거능력 특례조항이 침해최소성 및 법익균형성의 원칙에 위배된다거나, 피해아동의 보호만을 앞세워 피고인의 방어권을 본질적으로 침해하고 있다고 볼 수 없다(2013. 12. 26. 2011헌바108).

[12] 영상물에 수록된 19세 미만의 미성년 성폭력범죄 피해자의 진술에 관하여 미성년 피해자의 2차 피해를 막기 위하여 조사 과정에 동석하였던 신뢰관계인이나 진술조력인의 법정진술에 의하여 그 성립의 진정함이 인정된 경우에도 증거능력을 인정할 수 있도록 한 것은 피고인의 반대신문권(방어권)을 보장하지 않아 공정한 재판을 받을 권리를 침해한다(2021. 12. 23. 2018헌바524). → 위 2011헌바108결정을 변경하는 취지의 결정

[13] 면책허가결정에 대해서 공고로 송달을 갈음하고, 즉시항고기간은 공고일로부터 기산하도록 규정한 것은 현저히 불합리하고 자의적인 것으로 볼 수 없어 재판청구권의 구체적 형성에 관한 합리적인 입법재량을 일탈하지 않아 재판청구권을 침해하지 않는다(2024. 1. 25. 2021헌바17).

[14] 피고인이 정식재판을 청구한 사건에 대해서 약식명령의 형보다 중한 종류의 형을 선고하지 못하도록 하는 형사소송법 규정은 불이익변경금지원칙을 적용하지 않지만 정식재판청구권을 위축시키지 않으면서 정식재판청구권 행사의 남용을 방지하여 사법의 효율성을 모도하여 공정한 재판을 받을 권리를 침해하지 않는다(2024. 5. 30. 2021헌바6등)

[판례] 신속한 재판을 받을 권리

이 사건 법률조항과 달리 일정한 경우에 필수적으로 변론을 병합, 분리하도록 하는 것은 이를 법률로써 세분화하여 구체적, 서술적, 일률적으로 규정하는 것이 입법기술상 불가능하거나 현저히 곤란할 뿐만 아니라 그에 따른 부작용 또한 상당할 것으로 보이므로 **변론의 병합, 분리에 관한 판단을 직접 변론을 진행하는 법원에 맡기는 것**은 불가피하다고 볼 수 있고, … 그렇다면 이 사건 법률조항은 신속한 재판을 받을 권리를 침해한다고 할 수 없으므로 헌법에 위반되지 아니한다(2011. 3. 31. 2009헌바351).

헌법은 **형사피해자의 재판절차진술권**을 규정하여 형사피해자가 법률이 정하는 바에 의하여 당해 사건의 재판절차에서 진술할 수 있는 권리를 보장하고 있다(제27조 제5항). 여기서 형사피해자는 범죄행위로 인하여 직접적으로 피해를 입은 자 뿐만 아니라 간접적으로 법률적 불이익을 입은 자까지 포함한다.[16] 형사피해자에게 자신이 입은 피해의

상황이나 내용을 진술할 수 있는 권리를 보장하는 것은 객관적인 재판의 진행을 목적으로 한다. 형사소송법 제294조의2는 이러한 권리를 구체화하고 있다.

[법령] 형사소송법 제294조의2 (피해자의 진술권)

① 법원은 범죄로 인한 피해자 또는 그 법정대리인(피해자가 사망한 경우에는 배우자 · 직계친족 · 형제자매를 포함한다. 이하 이 조에서 "피해자 등"이라 한다)의 신청이 있는 때에는 그 피해자등을 증인으로 신문하여야 한다. 다만, 다음 각 호의 어느 하나에 해당하는 경우에는 그러하지 아니하다.

1. 삭제
2. 피해자 등 이미 당해 사건에 관하여 공판절차에서 충분히 진술하여 다시 진술할 필요가 없다고 인정되는 경우
3. 피해자 등의 진술로 인하여 공판절차가 현저하게 지연될 우려가 있는 경우

② 법원은 제1항에 따라 피해자등을 신문하는 경우 피해의 정도 및 결과, 피고인의 처벌에 관한 의견, 그 밖에 당해 사건에 관한 의견을 진술할 기회를 주어야 한다.

③ 법원은 동일한 범죄사실에서 제1항의 규정에 의한 신청인이 여러 명인 경우에는 진술할 자의 수를 제한할 수 있다.

④ 제1항의 규정에 의한 신청인이 출석통지를 받고도 정당한 이유없이 출석하지 아니한 때에는 그 신청을 철회한 것으로 본다.

[판례] 형사피해자의 형사고소에 대한 권리

자신의 법익을 침해한 범죄에 대하여 형사고소를 할 수 있는 것은 사회구성원으로서의 가장 바탕이 되는 권리로서, 헌법상 명문으로 규정된 기본권이 아니라 하더라도 **재판절차진술권의 직접적 전제가 되는 권리라** 할 수 있으므로, 고소권의 침해 논의는 재판절차진술권이라는 기본권의 침해에 대한 논의로 이어져야 한다(2011. 2. 24. 2008헌바56).

2. 재판을 받을 수 있는 법적 지위에 관한 자유와 권리

(1) 학설과 판례

재판청구권의 법적 성격에 대해서는 다양한 견해가 주장된다. 우선 ① 청구권과 자유권의 양면적 성격을 가진 권리로 보는 견해[17]가 있다. 이러한 견해에 대해서는 ② 재판청구권의 소극적 측면은 주관적 공권에서 나오는 당연한 내용이며 이를 자유권적 기본권이라고 볼 이유가 없다고 보는 견해,[18] 그리고 ③ 재판청구권을 절차적 기본권으로 이해하면서 재판청구권이 자유권적 측면을 가지고 있다는 주장은 재판청구권의 본질 내지 자유권의 본질에 대한 잘못된 이해에서 비롯된 것으로 보는 견해[19]가 주장된다. 또한 ④ 재판청구권은 사법절차적 또는 소송적 기본권으로서 보조적이고 형식적인 기본권이라는 견해[20]도 있다. ⑤ 한편 재판청구권으로서의 실체적 권리와 사법절차적 기본권

16) 헌재 2002. 10. 31. 2002헌마453: 예를 들어 교통사고로 사망한 자의 부모.
17) 권영성, 608면.
18) 계희열(중), 650면.
19) 장영수, 880면.

으로서의 절차적 권리가 포함된다는 견해[21]도 주장된다. 한편 헌법재판소에 따르면 재판청구권은 침해된 기본권의 회복과 구제를 위한 절차적 기본권으로 이해된다.[22] 재판청구권은 기본적으로 재판절차에 관한 입법을 요구하는 '절차권'이다. 하지만 재판청구권은 재판을 받을 수 있는 법적 지위에 관한 자유와 방어권을 보장한다는 점에서 '자유권'의 측면을 동시에 가진다. 공법적 제도(재판제도)를 전제로 하는 재판을 받을 수 있는 법적 지위에 관한 자유권이 인정되지 않으면 이러한 법적 지위에 대한 보장은 단지 절차권의 보장만을 의미하게 된다.

(2) 재판을 받을 수 있는 법적 지위에 관한 자유

재판청구권은 '상태', 즉 일정한 '법적 지위'가 보장된 법적 상태를 보호법익으로 하는 자유다. 이러한 법적 지위는 재판을 받을 수 있는 법적 지위를 의미하므로 재판청구권은 재판을 받을 수 있는 법적 지위에 관한 자유로 이해된다.

(3) 재판을 받을 수 있는 법적 지위에 관한 권리

1) 방어권과 보호권 ① 재판청구권은 재판을 받을 수 있는 법적 지위를 박탈하는 제약행위의 부작위 · 중지를 요구할 수 있는 **방어권**을 포함한다. 또한 ② 재판을 받을 수 있는 법적 지위를 박탈하는 사인인 제3자의 침해행위로부터 국가의 보호를 요구할 수 있는 **보호권**을 포함한다. 재판을 받을 수 있는 법적 지위의 행사는 사인(私人)인 제3자에 의해서도 저지 · 방해받음으로써 사실상 박탈될 수 있기 때문이다.

2) 절차권

재판청구권은 기본적으로 재판을 받을 수 있는 법적 지위에 관한 자유권으로 이를 보강할 수 있는 재판절차에 관한 입법을 요구할 수 있는 절차권에 의하여 보강될 필요가 있다. 재판청구권을 침해하는 공권력작용에 대해서 헌법재판과 같은 권리구제절차에 관한 입법을 요구할 수 있는 절차권이 재판청구권에 포함된다.

(4) 재판에 관한 제도보장

재판청구권은 법적 지위에 관한 자유이고, 절차권적 측면을 보장한다는 점에서 재판을 받을 수 있는 '법적 지위'와 재판절차에 관한 '법규범'을 구체화하는 제도를 반드시 필요로 한다. 이 점에서 재판청구권은 재판에 관한 제도보장의 측면을 포함한다. 헌법재판소도 재판청구권의 보장을 위해서 입법자에 의한 재판청구권의 구체적 형성이 불가피하다고 보면서 이 과정에서 입법자에게 광범위한 입법형성권이 인정된다고 한다.[23] 또한 재판청구권의 실현은 재판권을 행사하는 법원의 조직과 소송절차에 관한 입법에 의존하므로 형식적 의미의 법률에 의한 구체적 형성이 불가피하고 이것은 원칙적으로

20) 김철수, 1061면; 성낙인, 1406면.

21) 허영, 391면 이하.

22) 헌재 2010. 4. 29. 2008헌마622.

23) 헌재 2009. 2. 26. 2007헌바8.

입법형성의 자유에 속한다고 본다.[24] 중요한 것은 재판제도의 보장이라는 객관적 측면은 재판청구권에 포함된 주관적 측면과 표리관계를 이룬다는 점이다. 하지만 헌법재판소는 재판의 방식과 그에 대한 불복방식,[25] 교원소청심사결정에 대한 행정소송제기의 주체,[26] 행정소송의 청구취지나 원인의 변경 시점[27] 등에서 제도보장의 측면에서만 문제를 삼기로 한다. 따라서 재판청구권이 문제되었을 때 자유권과 절차권의 관점에서 적극적인 심사가 필요하다.

Ⅲ. 제약행위

재판을 청구할 수 있는 법적 지위를 박탈하는 행위는 방어권으로 기능하는 재판청구권에 대한 제약행위로서 **잠정적으로 금지**된다. 헌법과 법률이 정한 법관에 의하여, 법률에 의한 공정하고 신속한 공개재판을 받을 권리에 대한 제약행위로는 ① 헌법과 법률이 정하는 법관이 아닌 자에 의한 재판을 받도록 하는 행위, ② 법률이 아닌 다른 규범에 의한 재판을 받도록 하는 행위, ③ 공정하지 않거나 신속하지 못한 비공개의 재판을 받도록 하는 행위가 해당된다.

헌법재판소에 따르면 '**소송구조**(訴訟救助)**의 거부**'는 재판청구권에 대한 "간접적인 제한"으로서 본질적 내용을 침해할 수도 있다고 한다.[28] 하지만 이것은 재판에 의한 권리구제의 가능성이 있는 경우에만 문제될 수 있고, 그러한 가능성이 전혀 없는 경우, 즉 패소할 것이 명백한 경우에는 문제되지 않는다고 한다.[29] 소송구조제도는 민사재판에 의한 권리구제절차인 민사소송에서 소송비용을 지출할 자력이 부족한 자에게 소송비용의 납입을 유예하거나, 변호사보수 등의 지급을 유예하거나 또는 소송비용의 담보제공을 면제하는 등의 조력을 제공하는 제도이기 때문에 절차권인 **재판청구권에 포함된 사회권적 기능**을 구체화하는 제도로 이해된다. 따라서 헌법재판소가 이해하는 것처럼 소송구조의 거부를 단순히 재판청구권에 대한 간접적인 제한에 지나지 않는 것으로 이해되는 것은 적절하지 않다. 소송구조가 재판청구권에 포함된 사회권적 기능의 구체화라면 소송구조의 거부는 그러한 사회권적 기능에 대한 제약행위가 된다. 그렇다면 소송구조의 거부는 재판청구권에 대한 **국가의 부작위에 의한 제약행위**로서 다루어지는 것이 타당하다. 헌법재판소도 적어도 간접적으로나마 소송구조가 사회적 기본권과 관련되어 있음을 인정하고 있다.[30]

---

24) 헌재 2018. 8. 30. 2014헌바180등.
25) 헌재 2021. 7. 15. 2018헌바484.
26) 헌재 2022. 10. 27. 2019헌바117.
27) 헌재 2023. 2. 23. 2019헌바244.
28) 헌재 2001. 2. 22. 99헌바74; 2002. 6. 27. 2001헌바100; 2004. 3. 25. 2003헌마591; 2013. 2. 28. 2010헌바450.
29) 헌재 2001. 2. 22. 99헌바74.
30) 헌재 2002. 5. 30. 2001헌바28.

[판례] 재판청구권에 대한 침해

'민사재판 등 소송 수용자 출정비용 징수에 관한 지침'(이하 '이 사건 지침'이라 한다) 제4조 제3항에 의하면, 수형자가 출정비용을 납부하지 않고 출정을 희망하는 경우에는 소장은 수형자를 출정시키되, 사후적으로 출정비용 상환청구권을 자동채권으로, 영치금 반환채권을 수동채권으로 하여 상계함을 통지함으로써 상계하여야 한다고 규정되어 있으므로, 교도소장은 수형자가 출정비용을 예납하지 않았거나 영치금과의 상계에 동의하지 않았다고 하더라도, 우선 수형자를 출정시키고 사후에 출정비용을 받거나 영치금과의 상계를 통하여 출정비용을 회수하여야 하는 것이지, 이러한 이유로 수형자의 출정을 제한할 수 있는 것은 아니다. 그러므로 피청구인이, 청구인이 출정하기 이전에 여비를 납부하지 않았거나 출정비용과 영치금과의 상계에 미리 동의하지 않았다는 이유로 이 사건 **출정제한행위**를 한 것은, 피청구인에 대한 업무처리지침 내지 사무처리준칙인 이 사건 지침을 위반하여 청구인이 **직접 재판에 출석하여 변론할 권리**를 침해함으로써, 형벌의 집행을 위하여 필요한 한도를 벗어나서 청구인의 재판청구권을 과도하게 침해하였다고 할 것이다(2012. 3. 29. 2010헌마475).

[판례] 재판청구권에 대한 사실적 침해

법원의 구속기간을 제한하고 있는 형사소송법 제92조 제1항은 미결구금의 부당한 장기화로 인하여 피고인의 신체의 자유가 침해되는 것을 방지하기 위한 목적에서 미결구금기간의 한계를 설정하고 있는 것이다. 따라서 법원의 심리기간이 제한된다거나 피고인의 공격 · 방어권의 행사를 제한하여 피고인의 공정한 재판을 받을 권리가 침해된다고 볼 수는 없다. 물론 구속기간의 제한과 구속기간 내에 심리를 마쳐 판결을 선고하는 법원의 실무관행이 맞물려 피고인의 공정한 재판을 받을 권리가 **사실상 침해**되는 결과가 발생할 수는 있다. 그러나 이것은 법률의 목적에 반하여 그릇되게 해석 · 적용하는 법원의 실무관행에서 연유한다. 이러한 잘못된 법원의 실무관행으로부터 결과적으로 발생하는 피고인의 공정한 재판을 받을 권리에 대한 침해로 인하여 구속기간의 제한에 관한 법률조항이 헌법에 위반된다고 할 수는 없다(2001. 6. 28. 99헌가14).

제 3 항 제한규범

재판청구권의 구성요건을 충족해도 제한규범에 근거하여 제약되는, 재판을 받을 법적 지위는 확정적인 보호를 받지 못한다. 재판청구권의 구성요건을 충족하면서 제한규범에 근거하여 제약될 수 없는, 재판을 받을 법적 지위만이 확정적으로 보호된다. 따라서 재판청구권의 구성요건 단계에서 보호법익에 해당하여 잠정적으로 보호된, 재판을 받을 법적 지위는 제한규범에 근거하여 제약될 수 없으면 확정적으로 보호된다. 한편 재판청구권에 포함된 방어권의 경우에 구성요건의 단계에서 잠정적으로 금지된 제약행위는 제한규범에 근거하는 경우에만 잠정적으로 허용된 제약행위로 바뀌게 되고, 근거가 되는 제한규범이 없는 경우에는 확정적으로 금지된 제약행위가 된다.

Ⅰ. 헌법직접적 제한규범

재판청구권에 대한 **성문**의 헌법직접적 제한규범으로는 ① 우선 일반법원에 의한 재판을 제한하여 **군사재판을 규정한 헌법 제27조 제2항**이다. 즉 "군인 또는 군무원이 아닌 국민은 대한민국의 영역 안에서는 중대한 군사상 기밀 · 초병 · 초소 · 유독음식물공급 · 포로 · 군용물에 관한 죄 중 법률이 정한 경우와 비상계엄이 선포된 경우를 제외하고는 군사법원의 재판을 받지 아니한다." 이에 따르면 첫째, '군인이나 군무원'은 군사재판을 받는다. 둘째, 일반국민도 '비상계엄이 선포된 경우'에는 군사재판을 받을 수 있다. ② 다음으로 **상고심을 제한하는 헌법 제110조 제4항**에 따르면 "비상계엄하의 군사재판은 군인 · 군무원의 범죄나 군사에 관한 간첩죄의 경우와 초병 · 초소 · 유독음식물공급 · 포로에 관한 죄 중 법률이 정한 경우에 한하여 단심으로 할 수 있다." 따라서 첫째, '비상계엄'이 선포된 경우에 '군인이나 군무원'에 대한 군사재판은 단심으로 할 수 있고, 둘째, 일반국민에 대한 군사재판도 '군사에 관한 간첩죄'는 단심으로 할 수 있다. ③ 마지막으로 **헌법 제64조 제4항에 따라 국회의원에 대한 국회의 자격심사나 징계 및 제명**은 법원에 제소할 수 없도록 되어 있는데 이것도 헌법직접적 제한규범으로 이해될 수 있다. 다만 '법원'에의 제소로 규정되어 있기 때문에 '헌법재판소'에의 제소도 허용되지 않는지에 대해서는 논란의 여지가 있다.[31]

불문의 헌법직접적 제한규범으로는 다른 사람의 기본권이나 헌법적 법익을 들 수 있다. 다른 사람의 기본권이 재판청구권에 대한 헌법직접적 제한규범이 되면 두 기본권 사이에는 '기본권의 충돌'이 발생한다.

[판례] 헌법 제27조 제2항의 군용물의 범위

구 헌법 제26조 제2항이 군용물 · 군사시설에 관한 죄를 병렬적으로 규정하고 있었던 점에 비추어 위 조항의 '군용물'은 명백히 '군사시설'을 포함하지 않은 것이라 할 것이다. 여기에다 동일한 사항을 규율하는 현행 헌법 조문에서도 '군용물'이라는 용어가 구 헌법과 동일하게 사용된 점, 현행 헌법 개정 과정에서 헌법개정권력자들은 '군사시설'에 관한 죄를 범한 일반 국민에 대하여 군사법원의 재판권을 제외하기로 명백히 의도한 점 등을 종합하면, 현행 헌법 제27조 제2항에 규정된 '군용물'에는 '군사시설'이 포함되지 않는다고 해석하는 것이 법문의 내용에도 합치되고 헌법 개정의 취지에도 부합한다(2013. 11. 28. 2012헌가10).

Ⅱ. 헌법간접적 제한규범

개별적 법률유보로서 우선 ① **헌법 제27조 제2항**에 따르면 일반국민은 군사상 기밀 · 초병 · 초소 · 유독음식물공급 · 포로 · 군용물에 관한 죄 중 법률이 정하는 경우에 군사재판을 받는다. 일정한 가중적 요건(헌법에 열거된 범죄)을 두고 재판청구권을 법률로 제한할 수 있도록 규정하고 있기 때문에 **'개별적 가중법률유보조항'**으로 이해된다. 또한 ② 동

31) 제3편 제2장 제5절 V. 4. 참조.

일한 성격의 개별적 법률유보로서 헌법 제110조 제4항에 따라 일반국민은 비상계엄하의 군사재판을 받는 초병 · 초소 · 유독음식물공급 · 포로에 관한 죄 중 법률이 정한 경우에 단심으로 할 수 있다.

일반적 법률유보로서 헌법 제37조 제2항에 따라서 "국가안전보장, 질서유지 또는 공공복리"를 위하여 "법률"에 의해 제한될 수 있다. 예를 들어 행정소송법 제20조에서 행정소송의 제소기간을 제한하거나 헌법재판소법 제69조에서 헌법소원의 청구기간을 제한하고 있는 등 제소기간을 제한하는 경우가 해당한다.

<table>
<tr><th>구 분</th><th colspan="2">평상시</th><th colspan="2">비상계엄시</th></tr>
<tr><td rowspan="4">일반
국민</td><td colspan="2">일반법원</td><td colspan="2">일반법원</td></tr>
<tr><td rowspan="3">군사법
원</td><td rowspan="3">헌법간접적 제한(제27조 ②항)
① 군사상 기밀
② 초병
③ 초소
④ 유독음식물공급
⑤ 포로
⑥ 군용물
에 관한 죄 중 법률이 정한 경우</td><td>군사
법원</td><td>헌법직접적 제한(제27조 ②항)
→계엄법 제10조에서 규정한 죄</td></tr>
<tr><td rowspan="2">군사
법원
+
단심제
(사형
제외)</td><td>헌법직접적 제한(제110조 ④항)
→ 군사에 관한 간첩죄</td></tr>
<tr><td>헌법간접적 제한(제110조 ④항)
① 초병
② 초소
③ 유독음식물공급
④ 포로
에 관한 죄 중 법률이 정한 경우</td></tr>
<tr><td>군인
군무원</td><td colspan="2">군사법원</td><td colspan="2">군사법원 + 단심제(사형 제외)</td></tr>
</table>

제4항 정 당 화

I. 비례성원칙과 본질내용침해금지원칙

재판청구권도 원칙규범이다. 따라서 잠정적으로 보장된 재판청구권의 구성요건이 확정적인 것이 되기 위해서는 비례성원칙에 따른 합리적 형량이 필요하다. 이것은 재판청구권을 제한하는 다른 사람의 기본권이나 헌법적 법익 또는 공익을 재판청구권과의 관계에서 조화와 균형을 이루게 함으로써 정당화하는 것을 의미한다. 그러므로 재판청구권에 대한 제약행위는 다른 사람의 기본권이나 헌법적 법익 또는 입법목적으로 제시된 공익과 균형을 이룰 수 있는 범위 안에서는 정당화된다. 비례성원칙은 방어권의 경우에는 과잉금지원칙으로, 보호권과 절차권의 경우에는 과소금지원칙으로 구체화된다.

[판례] 재판청구권의 제한에 대한 위헌심사기준

재판청구권과 같은 절차적 기본권은 원칙적으로 제도적 보장의 성격이 강하기 때문에, 자유권적 기본권 등 다른 기본권의 경우와 비교하여 볼 때 상대적으로 광범위한 입법형성권이 인정되므로, 관련 법률에 대한 위헌심사기준은 합리성원칙 내지 자의금지원칙이 적용된다(1998. 9. 30. 97헌바51; 1998. 12. 24. 94헌바46; 2005. 5. 26. 2003헌가7).

[판례] 재판청구권의 제한과 비례성원칙

[1] **인지(印紙)제도**의 목적은 수익자부담의 원칙에 따라 국가 또는 공공단체가 특정 개인을 위하여 행하는 역무에 대한 반대급부로서의 수수료의 성질을 가짐과 아울러 불필요하고 성공가능성이 없는 소송을 방지하고 남소에 따른 법원의 과중한 업무부담에서 오는 법원업무의 양질성과 효율성 저하를 방지하는 데에 있는 것인바, 현행 민사소송인지법은 인지액 산정비율을 통일, 일원화하였고(1천분의 5) 종전에 적용되던 비율 중 가장 낮은 비율을 채택하여 국민의 부담을 경감시키고 있으며, 법원이 소송비용을 지출할 자력이 부족한 자에 대하여는 소송상의 구조를 할 수 있게 하고 있을 뿐만 아니라 이 사건 법률조항에 의하여 제한되는 재판청구권과 그에 의하여 추구되는 공익 사이에는 상당한 비례관계가 있다고 할 것이므로 이 사건 법률조항이 재판청구권을 과잉금지의 원칙에 반하여 과도하게 제한하고 있는 것이라고 할 수 없다(1996. 10. 4. 95헌가1등; 유사사건: 2004. 8. 26. 2003헌바20(대통령선거소송에서 인지증액)).

[2] 피고인의 소재를 확인할 수 없는 때 피고인의 진술없이 재판(=**궐석재판**)할 수 있도록 제1심 공판의 특례를 규정한 법률조항은 피고인 불출석 상태에서 중형이 선고될 수도 있는 가능성을 배제하고 있지 아니할 뿐만 아니라 그 적용대상이 너무 광범위하므로, 비록 정당한 입법목적 아래 마련된 조항이라 할지라도 헌법 제37조 제2항의 과잉금지의 원칙에 위배되어 피고인의 공정한 재판을 받을 권리를 침해하는 것이다(1998. 7. 16. 97헌바22: 위헌).

[3] 배상결정전치주의(2000. 2. 24. 99헌바17등: 합헌)

[4] 강제집행절차(배당절차)에서 배당에 대한 이의를 신청한 채권자가 이의소송의 최초 변론기일에 출석하지 아니한 때에는 소를 취하한 것으로 보도록 한 민사소송법 제596조의 **소취하 의제**(2001. 2. 22. 2000헌가1: 합헌 – 강제집행절차의 신속성과 채권자의 권리구제를 위한 합리적 제한)

[5] 채무자나 소유자 또는 경락인이 경락허가결정에 대하여 항고를 할 때 보증으로 경락대금의 10분의 1을 공탁하도록 한 구 민사소송법 제642조 제4항의 **항고보증금제도**(2001. 3. 21. 99헌바114등: 합헌 – 항고권을 남용함으로써 강제집행절차를 지연시키는 폐단을 시정하기 위한 적정한 수단)

[6] **비용보상청구권의 제척기간**을 무죄판결이 확정된 날부터 6개월로 규정한 법률조항은 비용보상에 관한 국가의 채무관계를 조속히 확정하여 국가재정을 합리적으로 운영하기 위한 것으로 입법목적의 정당성 및 수단의 적합성이 인정된다. 비용보상청구권은 그 보상기준이 법령에 구체적으로 정해져 있어 비용보상청구인은 … 객관적 재판 진행상황에 관한 간단한 소명만으로 권리의 행사가 가능하므로 이 사건 법률조항에 규정된 제척기간이 현실적으로 비용보상청구권 행사를 불가능하게 하거나 현저한 곤란을 초래할 정도로 지나치게 짧다고 단정할 수 없다. 이 사건 법률조항을 통해 달성하려고 하는 비용보상에 관한 국가 채무관계를 조기에 확정하여 국가재정을 합리적으로 운영한다는 공익이 청구인 등이 입게 되는 경제적 불이익에 비해 작다고 단정하기도 어려워 법익의 균형성도 갖추었다. 따라서 이 사건 법률조항은 과잉금지원칙에 위반되어 청구인의 재판청구권 … 을 침해하지는 않는다(2015.4.30. 2014헌바408 등).

재판청구권의 본질내용에 대해서는 **절대설**에 따르면 비례성원칙과는 독립적인 원칙으로서 본질내용침해금지원칙에 따른 독자적인 심사가 재판청구권에 대한 제약을 정당화하기 위하여 부가적으로 필요하다. 하지만 **상대설**에 따르면 비례성원칙에 따른 심사만으로 재판청구권에 대한 제약을 위한 정당화는 충분하게 된다. 헌법재판소에 따르면 **법관에 의한 사실확정과 법률의 해석적용의 기회에 대한 보장**이 제대로 이루어지지 않으

면 헌법상 보장된 재판을 받을 권리의 본질적 내용을 침해한다고 한다.[32]

Ⅱ. 구체적 문제

1. 제소기간제한

제소기간의 제한은 법률관계의 신속한 확정을 통하여 법적 안정성을 도모하려는 공익적 목적으로 재판청구권을 제한하는 것으로 이해된다. 따라서 이것이 정당화되기 위해서는 그러한 공익과 재판청구권에 대한 합리적 형량을 거쳐야 된다. 헌법재판소에 따르면 출소기간의 제한은 '사실상 재판의 거부'에 해당할 정도로 재판청구권의 본질적인 내용을 침해하지 않는 한 입법재량으로 허용된다고 한다.[33] 또한 합리적인 재량의 한계를 일탈하지 않은 경우에도 허용된다고 본다.[34]

[판례] 출소기간의 제한

[1] 출소기간의 제한은 재판청구권에 대하여 직접적인 제한을 가하는 것이지만, 그 제한이 출소를 사실상 불가능하게 하거나 매우 어렵게 하여 "사실상 재판의 거부"에 해당할 정도로 재판청구권의 본질적인 내용을 침해하지 않는 한, 구체적인 법률관계의 성질에 비추어 그 법률관계를 조속히 확정할 합리적인 필요가 인정되는 경우에는 헌법 제37조 제2항에 따라 상당한 범위내에서 입법재량으로 허용되는 것이다. 그런데 이 사건 심판대상규정을 보면 "권리조사가 있은 날로부터 1월내"라고 수계신청기간을 제한하고 있으나, 그 1개월이 중단된 소송절차의 수계를 신청하기에 비교적 충분한 기간으로서 "사실상 재판의 거부"라고 볼 수 있는 경우로는 보이지 아니하며, 회사정리절차가 다수관계인의 이해관계가 한꺼번에 조정되어야 할 필요가 있고 절차의 간이·신속성이 요구된다는 점에 비추어 합리적인 범위내의 제한이라고 볼 수 있으므로, 이 제한은 재판청구권의 본질적 내용을 침해한 것이라고 볼 수 없다(1996. 8. 29. 95헌가15).

[2] **채권자취소권의 제소기간 제한** 채권자취소권의 제소기간을 법률행위가 있은 날로부터 5년으로 제한하는 민법 제406조 제2항으로 인하여 채권자의 재산권 및 재판청구권 행사가 제한을 받게 되어 채권자의 이익을 해하게 된다고 하더라도 한편 동조항은 채권의 존속기간을 고려하여 채권자취소권의 행사기간을 정함으로써 채권자의 이익을 보호하고 있을 뿐만 아니라, 채권자의 이익이 감소하는 시점에서 법률관계의 조속한 안정과 제3자의 보호를 통한 거래의 동적 안전도 도모하고 있으므로 그것이 현저히 불합리하여 기본권 제한의 입법적 한계를 벗어난 것이라고 할 수 없다. … 채권자취소권은 민법상의 일반적인 취소권이나 상속회복청구권과는 본질적으로 다른 것이어서 비교대상으로 삼기에 부적절하거나 그 차별에 합리적인 이유가 있다고 할 것이므로 평등원칙에 반한다고 볼 수 없다(2006. 11. 30. 2003헌바66).

[3] **형사판결의 항소제기기간 제한** 제1심의 형사판결에 대한 항소제기기간을 판결선고 후 7일 이내로 정하고 있는 형사소송법 조항은 재판청구권에 대한 과도한 제한을 하고 있다고 보기 어렵고, 항소기간을 2주로 규정한 민사 및 행정재판과 비교할 때도

32) 헌재 1992. 6. 26. 90헌바25; 1995. 9. 28. 92헌가11등; 2000. 6. 29. 99헌가9; 2002. 2. 28. 2001헌가18.

33) 헌재 1997. 10. 30. 97헌바37등; 2007. 12. 27. 2006헌바1.

34) 헌재 2006. 11. 30. 2003헌바66; 2013. 10. 24. 2012헌바428; 2022. 9. 29. 2022헌바32.

형사소송 피고인과 민사 및 행정소송 당사자 사이에 발생한 차별은 합리적 근거가 있다(2007. 11. 29. 2004헌바49).

[4] **약식명령에 대한 정식재판 청구기간** 약식명령에 대하여 단기의 불복기간을 설정한 것은, 경미하고 간이한 사건들을 신속하게 처리하게 함으로써 사법자원의 효율적인 배분을 통하여 국민의 재판청구권을 충실하게 보장하고자 하는 것으로서 그 합리성이 인정된다. 형사 입건된 피의자로서는 수사 및 재판에 관한 서류를 정확하게 송달받을 수 있도록 스스로 조치하여야 하므로, 입법자가 그러한 전제 하에 불복기간을 정하였더라도 입법재량을 현저하게 일탈하였다고 할 수 없다. 또한 정식재판청구서에는 불복의 이유를 따로 기재할 필요가 없으므로 약식명령에 대한 불복 여부의 결정에 많은 시간과 노력이 소요된다고 보기도 어렵다. 따라서 이 사건 법률조항이 합리적인 입법재량의 범위를 벗어나 약식명령 피고인의 재판청구권을 침해한다고 볼 수 없다(2013. 10. 24. 2012헌바428).

[5] **3일의 즉시항고기간** 오늘날의 형사사건은 그 내용이 더욱 복잡해져 즉시항고 여부를 결정함에 있어서도 많은 시간이 소요될 수 있고, 근로기준법의 개정으로 주 40시간 근무가 확대, 정착됨에 따라 금요일 오후에 결정문을 송달받을 경우 주말동안 공공기관이나 변호사로부터 법률적 도움을 구하는 것도 쉽지 않게 되었으며, 우편 접수를 통해 즉시항고를 한다고 하더라도 사실상 월요일 하루 안에 발송 및 도달을 완료해야 한다. 형사재판절차의 당사자가 직접 또는 다른 사람의 도움을 받아 인편으로 법원에 즉시항고장을 제출하기 어려운 상황은 얼마든지 발생할 수 있고, 교도소 또는 구치소에 있는 피고인에게 적용되는 형사소송법 제344조의 재소자 특칙 규정은 개별적으로 준용규정이 있는 경우에만 그 적용을 받게 되며, 형사소송법상의 법정기간 연장조항이나 상소권회복청구 조항들만으로는 3일이라는 지나치게 짧은 즉시항고 제기기간의 도과를 보완하기에 미흡하다. 나아가 민사소송, 민사집행, 행정소송, 형사보상절차 등의 즉시항고기간 1주나, 외국의 입법례와 비교하더라도 3일이라는 제기기간은 지나치게 짧다. 즉시항고 자체가 형사소송법상 명문의 규정이 있는 경우에만 허용되므로 기간 연장으로 인한 폐해가 크다고 볼 수도 없는 점 등을 고려하면, 심판대상조항은 즉시항고 제도를 단지 형식적이고 이론적인 권리로서만 기능하게 함으로써 헌법상 재판청구권을 공허하게 하므로 입법재량의 한계를 일탈하여 재판청구권을 침해하는 규정이다(2018. 12. 27. 2015헌바77·).

[6] **판단누락을 이유로 든 재심의 제기기간 제한** 판단누락을 이유로 든 재심의 제기기간을 판결이 확정된 뒤 그 사유를 안 날부터 30일 이내로 제한한 것은 입법재량의 범위를 일탈하여 민사소송 당사자의 재판청구권을 침해하지 않는다(2019. 12. 27. 2018헌바84).

[7] **신주발행 관련 제소기간의 제한** 신주를 발행한 날로부터 6월 이내로 제소기간을 정한 것은 합리적인 재량의 한계를 벗어나지 않아 재판청구권을 침해하지 않는다(2020. 3. 26. 2017헌바370).

[8] **재심제기기간의 제한** 재심사유가 있음을 안 날로부터 30일이라는 재심제기간이 재심청구를 현저히 곤란하게 하거나 사실상 불가능하게 할 정도로 짧다고 보기도 어려워 재판청구권을 침해하지 않는다(2020. 9. 24. 2019헌바130).

2. 상고제한

재판청구권에 대한 제한으로서 **상고의 제한**이 문제될 수 있다. 구체적으로 민사·

가사 · 행정 · 특허 등 소송사건에서 상고심의 초기단계에 대법원이 상고이유의 당부에 관하여 판단하기에 앞서 상고인이 주장한 상고이유에 민사소송법상의 적법한 상고이유가 실질적으로 포함되어 있는지 여부를 검토하여 그에 해당하지 않은 경우에는 상고심의 심리를 속행하지 않고 바로 상고기각판결을 할 수 있게 한 절차로서 **심리불속행제도**가 논란이 된다.

현행 헌법이 대법원을 최고법원으로 하면서 그 아래에 각급법원을 둔다고 해서 모든 사건에 대하여 상고심 절차에 의한 재판을 받을 권리가 재판청구권에 당연히 포함된다고 볼 수는 없다. 대법원에 상고할 수 있는지 여부와 상고이유가 어떤 것인지에 관한 규정은 원칙적으로 입법자가 자유롭게 결정할 수 있는 입법정책의 문제로 보는 것이 타당하다. 물론 이 경우에 재판청구권이 고려되어야 한다. 이런 맥락에서 상고제도를 입법정책과 관련된 형량의 문제로 이해하면서 상고의 제한이 정당화될 수 있다고 한 헌법재판소의 입장[35]에 대해서는 동의할 수 있지만 단순하게 입법자의 형성의 자유로 결론지은 것에 대해서는 문제가 있다. 왜냐하면 헌법재판소는 입법자의 형성의 자유에 대해서 비례성원칙에 따라 심사할 수 있는 권한을 헌법으로부터 부여받은 기관이므로 단지 입법자에게 형성의 자유가 인정된다는 확인에 그치지 않고 그러한 자유의 영역에 비례성원칙에 따른 한계를 설정해주는 것이 타당하기 때문이다. 따라서 헌법재판소는 비례성원칙에 따라 형량한 결과 상고제도의 제한이 헌법에 위반되지 않는다고 판단하는 것이 올바른 논증방법이 된다.

한편 유사한 문제로서 재심을 비상의 불복신청방법으로 보아 예외적으로 인정되는 것으로 보는 헌법재판소는 **재심청구권**에 대해서도 입법정책의 문제로 이해한다.[36] 하지만 동일한 이유로 다시 재심을 청구하는 것을 금지하는 것에 대해서는 과잉금지원칙을 적용하여 재판청구권을 침해하지 않는 것으로 본다.[37] 또한 **특별항고사유**와 관련해서도 입법자가 법적 안정성과 법원의 업무부담 등을 고려하여 결정하여야 할 입법정책의 문제라고 본다.[38]

[판례] 상고제한의 정당성

'헌법과 법률이 정하는 법관에 의하여 법률에 의한 재판을 받을 권리'가 사건의 경중을 가리지 아니하고 모든 사건에 대하여 대법원을 구성하는 법관에 의한 균등한 재판을 받을 권리를 의미한다거나 또는 상고심재판을 받을 권리를 의미하는 것이라고 할 수는 없다. 왜냐하면 상고제도의 목적을 법질서의 통일과 법발견 또는 법창조에 관한 **공익의 추구**에 둘 것인지, 아니면 구체적인 사건의 적정한 판단에 의한 **당사자의 권리구제**에 둘 것인지, 또는 양자를 다 같이 고려할 것인지는 역시 입법자의 형성의 자유에 속하는 사항이고, 그 중 어

35) 헌재 1997. 10. 30. 97헌바37등.

36) 헌재 1996. 3. 28. 93헌바27; 2004. 12. 16. 2003헌바105; 2009. 4. 30. 2007헌바121; 2014. 10. 30. 2012헌마192.

37) 헌재 2020. 2. 27. 2017헌바420.

38) 헌재 2007. 11. 29. 2005헌바12.

느 하나를 더 우위에 두었다고 하여 헌법에 위반되는 것은 아니기 때문이다. 다시 말하면, 심급제도는 사법에 의한 권리보호에 관하여 한정된 법 발견자원의 합리적인 분배의 문제인 동시에 재판의 적정과 신속이라는 서로 상반되는 두 가지의 요청을 어떻게 조화시키느냐의 문제로 돌아가므로 **원칙적으로 입법자의 형성의 자유**에 속하는 사항이다(1997. 10. 30. 97헌바37등; 같은 취지 1992. 6. 26. 90헌바25; 1995. 1. 20. 90헌바1; 1997. 10. 30. 97헌바37등; 2001. 2. 22. 99헌마461등; 2002. 5. 30. 2001헌마781; 2003. 1. 30. 2001헌바95; 2004. 11. 25. 2003헌마439; 2004. 12. 16. 2003헌바105).

[판례] 재심의 예외적 인정

재심은 그 제도적 취지상 확정판결을 불복의 대상으로 한다는 점에서 법적 안정성의 요청을 물리쳐야 할 만큼 정의의 요청이 절박한 예외적인 경우에 한하여 인정되어야 한다(2009. 4. 30. 2007헌바121).

[판례] 상소심사유와 재심사유의 중복 금지

소송당사자가 민사소송법 제451조 제1항의 재심사유를 상소심에서 이미 주장하여 판단을 받았다면, 이러한 사유를 재심사유로 하여 재심의 소를 제기하는 것을 허용해야 할 만큼 정의의 요청이 절박하다고 보기 어렵다. 오히려 이를 허용하는 경우 비상의 불복신청방법이라는 재심제도의 취지에 어긋날 수 있으며, 불필요한 재심이 제기되어 종국판결의 법적 안정성 유지 및 사법자원의 효율적 활용이라는 입법목적을 도모하기 어려워진다. 따라서 이 사건 법률조항이 상소심에서 주장한 사유를 재심사유로 주장하지 못하도록 하는 것이, 재판청구권의 본질을 심각하게 훼손하는 등 입법형성권의 한계를 일탈하여 그 내용이 자의적이라고 하기 어렵다(2012. 12. 27. 2011헌바547).

3. 국가소추주의와 기소독점주의 및 기소편의주의

형사재판에서 공소제기에 관한 권한은 국가(검사)가 독점한다. 또한 공소제기 여부도 검사가 결정한다. 이러한 국가소추주의와 기속독점주의 및 기소편의주의와 관련하여 헌법재판소는 우선 "형사소송에서 어떤 절차나 형식에 따라 공소를 제기하고 그에 대한 통제를 할 것인가의 문제는 입법자가 우리의 역사와 문화, 입법 당시의 시대적 상황과 국민 일반의 가치관 내지 법감정, 범죄성향, 우리가 채택한 형사사법제도의 기본골격 등을 종합적으로 고려하여 결정해야 할 입법형성의 자유에 속하는 영역"이라는 원칙을 확인한다.[39]

이러한 원칙에 따라 국가소추주의와 기소독점주의에 대해서는 "공소제기를 개인적 감정에 좌우되지 아니하고 전국적으로 통일되게 행사함으로써 획일적이며 공평한 소추를 담보"한다는 점에서, 기소편의주의에 대해서는 "형사정책적인 고려와 소송경제 및 구체적 정의의 실현이 가능하도록 특별히 고려"한다는 점에서 그 정당성이 있다고 판단한다.[40] 또한 검사의 불기소처분에 대한 사법적 통제를 의미하는 재정신청의 대상을 제한하는 것에 대해서도 입법자의 입법정책에 속한 문제로서 그 제한이 현저하게 불합리하게 설정되지 않는 한 헌법에 위반되지 않는다고 한다.[41] 같은 맥락에서 형사재판에서

39) 헌재 1997. 8. 21. 94헌바2.

40) 헌재 1989. 4. 17. 88헌마3.

41) 헌재 1997. 8. 21. 94헌바2.

상소권자의 범위를 정하는 문제도 입법정책에 맡겨져 있고, 형사피해자를 제외하고 검사 또는 피고인에게만 상소권을 주는 것은 입법재량의 한계를 벗어나지 않는다고 한다.[42] 나아가 형사피해자의 권익보호를 위하여 형사소송법 등에서 고소권, 항고·재항고권, 재정신청권, 재판절차에서의 피해자진술권, 헌법소원심판청구권 등의 규정을 두어 형사피해자가 형사절차에 관여할 수 있는 여러 제도를 마련하고 있다는 점에서 국가소추주의는 재판청구권을 침해하지 않는다고 한다.[43] 인지수사라는 이름의 표적수사, 봐주기식 선택적 수사가 기소권을 독점하는 검찰에 의해서 이루어지는 현실을 고려하여 수사권과 기소권을 분리하고, 국가소추주의, 기소독점주의, 기소편의주의의 문제점을 해결할 수 있는 입법적 대안을 마련하는 것이 재판청구권을 실현할 수 있는 방안이 될 수 있다.

4. 변호사강제주의

헌법재판소는 변호사강제주의에 의해서 실현되는 공익이 그로 인하여 당사자가 지출해야 할 변호사선임비용과 같은 이익보다 커서 공공복리를 위한 필요한 제한이고, 변호사를 대리인으로 선임할 자력이 없는 당사자를 위하여 국선대리인제도를 마련하고 있으므로 국민의 재판을 받을 권리의 본질적 내용을 침해하지 않는다고 한다.[44] 하지만 변호사강제주의에 의해 제약되는 기본권이 본질적으로 재판청구권임에도 불구하고 변호사선임비용과 같은 재산권을 실제로 제약되는 기본권으로 이해한 것은 타당하지 않다.

[판례] 변호사강제주의

첫째, 법률지식이 불충분한 당사자가 스스로 심판을 청구하여 이를 수행할 경우 헌법재판에 특유한 절차적 요건을 흠결하거나 전문적인 주장과 자료를 제시하지 못하여, 침해된 기본권의 구제에 실패할 위험이 있다. 변호사강제주의는 이러한 위험을 제거하거나 감소시켜 **기본권의 침해에 대한 구제를 보장**한다. 둘째, 변호사는 한편으로는 당사자를 설득하여 승소의 가망이 없는 헌법재판의 청구를 자제시키고 다른 한편으로는 헌법재판에서의 주장과 자료를 정리, 개발하고 객관화하는 기능을 수행한다. 이로써 재판소와 관계당사자 모두가 시간, 노력, 비용을 절감할 수 있고 이렇게 하여 여축된 시간과 노력 등이 **헌법재판의 질적 향상**에 투입되게 된다. 셋째, 변호사는 헌법재판이 공정하게 진행되도록 감시하는 역할도 수행하는바, 이는 **국가사법의 민주적 운영**에 기여한다. 한편 변호사강제주의 아래에서는 국민은 변호사에게 보수를 지급하여야 하는 경제적 부담을 지고, 자신의 재판청구권을 혼자서는 행사할 수 없게 되는 제약을 받는다. 그러나 이러한 부담과 제약은 개인의 사적 이익에 대한 제한임에 반하여 변호사가 헌법재판에서 수행하는 앞에서 본 기능은 모두 국가와 사회의 공공복리에 기여하는 것이다. 양자를 비교할 때 변호사의 강제를 통하여 얻게 되는 공공의 복리는 그로 인하여 제한되는 개인의 사익에 비하여 훨씬 크다. 더구나 헌법재판

42) 헌재 1998. 10. 29. 97헌마17.

43) 헌재 2007. 7. 26. 2005헌마167.

44) 헌재 1990. 9. 3. 89헌마120; 2001. 9. 27. 2001헌마152; 2002. 7. 18. 2001헌마839; 2004. 4. 29. 2003헌마783; 2010. 3. 25. 2008헌마439.

중 헌법소원의 경우에는 광범위한 국선대리인제도가 마련되어 있다는 점, 변호사가 선임되어 있는 경우에도 당사자 본인이 스스로의 주장과 자료를 헌법재판소에 제출하여 재판청구권을 행사하는 것은 전혀 봉쇄되어 있지 않다는 점, 변호사는 본질적으로 당사자 본인의 재판청구권 행사를 도와주는 것이지 이를 막거나 제한하는 것이 아니라는 점 등을 고려하면 더욱 그렇다(1990. 9. 3. 89헌마120; 2002. 7. 18. 2001헌마839; 2004. 4. 29. 2003헌마532; 2004. 4. 29. 2003헌마783; 2005. 10. 27. 2005헌마502).

5. 소송비용부담과 변호사보수의 소송비용산입

소송의 수행을 위하여 지출한 비용을 패소자에게 부담시킬 것인지, 그리고 이러한 소송비용에 변호사보수를 포함시킬 것인지는 원칙적으로 입법자가 결정할 수 있는 사항이다. 입법자가 이러한 결정을 함에 있어서는 기본권에 대한 효율적인 보호와 소송절차의 합리적인 운영의 측면을 종합적으로, 그리고 합리적으로 검토하여야 한다. 이러한 맥락에서 볼 때 헌법재판소도 적절하게 논증하고 있듯이[45] 소송비용을 패소자에게 부담시키고, 소송비용에 변호사보수를 포함시키는 제도는 기본권에 대한 효율적 보호와 소송절차의 합리적인 운영을 위한 입법자의 선택으로 보인다. 증인 등 신청에 관한 비용 등 형사소송비용을 피고인의 부담으로 하는 것도 합리적인 입법형성의 범위를 일탈하지 않아 재판청구권을 침해하지 않는다고 보는 것이 헌법재판소의 입장이다.[46]

[판례] 소송비용부담 및 변호사보수의 소송비용산입

변호사보수를 소송비용에 산입하여 패소한 당사자의 부담으로 한 구 민사소송법 제99조의 2 제1항은 변호사보수를 소송비용에 산입하는 것은 정당한 권리행사를 위하여 소송을 제기하거나 부당한 제소에 대하여 응소하려는 **당사자를 위하여 실효적인 권리구제**를 보장하고, 남소와 남상소를 방지하여 **사법제도의 적정하고 합리적인 운영**을 도모하려는 데 취지가 있다고 할 것이므로 그 입법목적이 정당하고, 이로써 정당한 권리실행을 위하여 소송을 제기하거나 응소한 사람의 경우 지출한 변호사비용을 상환받을 수 있게 되는 반면 패소할 경우 비교적 고액인 변호사비용의 부담으로 인하여 부당한 제소 및 방어와 상소를 자제하게 되어 입법목적의 달성에 실효적인 수단이 된다고 할 것이므로 **방법의 적정성**도 인정된다. 또한 위 법률 조항과 이에 근거한 '변호사보수의 소송비용산입에 관한 규칙'은 변호사보수를 소송비용에 산입함으로써 자신의 정당한 권리실행을 위하여 제소하거나 응소하려는 자가 패소할 경우의 변호사비용의 상환을 염려하여 소송제도의 이용을 꺼리게 될 것을 방지하기 위하여 소송비용에 포함되는 변호사보수를 구체적인 소송의 유형에 따라 차등을 두어 따로 정하고, 같은 소송의 유형이라도 사건처리의 경과와 난이도 및 변호인의 노력 정도에 따라 법원이 재량으로 변호사보수로 산정될 금액을 감액할 수 있도록 하여 패소한 당사자가 부담하게 되는 구체적인 소송비용의 상환범위를 당사자가 수인할 수 있는 범위 내에서 위 법률조항의 입법목적을 실현할 수 있도록 합리적으로 제한하고 있다. 나아가 비록 변호사보수를 소송비용에 산입함으로써 특히 경제적인 능력이 부족한 사람들의 법원에의 접근을 일부 제한하게 되는 점은 부인할 수 없다고 할 것이지만, 위 법률조항은 정당한 권리실행을

45) 헌재 2002. 4. 25. 2001헌바20; 2011. 5. 26. 2010헌바204; 2013. 7. 25. 2012헌바68; 2016. 6. 30. 2013헌바370등; 2019. 11. 28. 2018헌바235등.

46) 헌재 2021. 2. 25. 2018헌바224.

위하여 소송제도를 이용하려는 사람들에게 실효적인 권리구제수단을 마련하고 사법제도를 적정하고 합리적으로 운영하기 위한 중대한 공익을 추구하고 있다고 할 것이므로 **피해의 최소성과 법익의 균형성**도 갖추고 있다(2002. 4. 25. 2001헌바20).

제5항 효 력

I. 학 설

재판청구권의 대사인적 효력에 대해서는 다음과 같은 부정하는 견해가 제시된다. ① 재판청구권은 국가에 대하여 재판을 청구할 수 있는 권리이고, 국가와의 관계에서 성립되는 기본권이기 때문에 사인상호간의 관계에서는 직접이든 간접이든 적용될 수가 없다는 견해,[47] ② 재판청구권 등 절차적 기본권의 행사에 대하여 사인에 의한 방해가 있을 수 있겠지만 그것이 곧 절차적 기본권의 대사인적 효력의 문제로 인식되어서는 곤란하다는 견해[48]가 그것이다. 한편 간접적용설에 따라 재판청구권의 대사인적 효력이 인정된다는 견해[49]도 있다.

Ⅱ. 비판과 대안

재판청구권은 법적 지위에 관한 자유권을 보장함으로써 우선적으로 국가에 대해서 효력을 미친다. 재판청구에 관한 법적 지위에 영향을 미칠 수 있는 주체는 오로지 재판청구에 관한 입법의 권한을 가진 국가만이 될 수 있기 때문이다. 따라서 사인인 제3자는 재판청구권에 관한 법적인 영향력을 행사할 수 없기 때문에 원칙적으로 재판청구권에 대한 제3자효는 문제되지 않는다. 다만 제3자도 재판청구권의 행사를 저지 · 방해함으로써 재판청구권에 관한 **간접적 · 사실적 영향력**을 행사할 수 있기 때문에 그런 한도에서 제3자효가 문제될 수 있다. 예를 들어 사인 상호 간에 '부제소합의' 또는 '불상소합의'를 내용으로 하는 계약을 체결하는 경우에 이러한 계약을 재판청구권이라는 기본권의 관점에서 허용할 수 있는지 여부가 문제될 수 있다. 이 경우에 재판청구권의 사인에 대한 효력은 기본권의 대사인적 효력에 관한 이론구성에 따라 법관에게 기본권존중의무를 매개로 재판청구권을 존중하는 **재판**을 요구함으로써 실현될 수 있다.

47) 계희열(중), 651면.
48) 장영수, 888면 이하.
49) 권영성, 617면; 김철수, 1062면 이하.

제 4 절 형사보상청구권

제1항 헌법규정

헌법 제28조는 형사보상청구권을 규정하고 있다. 이 기본권규정이 의미하는 내용은 형사보상청구권에 관한 주관적 지위와 객관적 규범이다.

[헌법 제28조]

형사피의자 또는 형사피고인으로서 구금되었던 자가 법률이 정하는 불기소처분을 받거나 무죄판결을 받은 때에는 법률이 정하는 바에 의하여 국가에 정당한 보상을 청구할 수 있다.

형사보상청구권은 제헌헌법(제24조)에서부터 규정되었다. 당시에는 "형사피고인"의 권리로서만 규정되었다. 1980년 헌법(제27조)에서 단순한 "보상"이라는 표현 대신에 "정당한 보상"으로 개정되었고, 현행 헌법에서부터 "형사피의자"의 권리로까지 확대되었다.

제2항 구성요건

I. 인적 구성요건(주체)

형사보상청구권의 주체는 **형사피의자 또는 형사피고인으로서 구금되었던 자**이면서 법률이 정하는 **불기소처분**을 받거나 **무죄판결**을 받은 **국민**이다. 형사보상청구권은 인간의 권리인 신체의 자유에 대한 제약행위를 전제로 하기 때문에 신체의 자유를 누리는 **외국인**도 형사보상청구권의 주체가 될 수 있다. 형사보상청구권을 구체화하는 형사보상 및 명예회복에 관한 법률(이하 '형사보상법'으로 약칭)에 따르면 형사보상청구권의 주체가 그 청구를 하지 않고 사망했을 때에는 그 **상속인**이 이를 청구할 수 있다(동법 제3조 제1항).

II. 보호법익

1. 형사보상청구권

(1) 개 념

형사보상청구권이란 형사피의자나 형사피고인으로서 구금되었던 자가 불기소처분을 받거나 무죄를 선고받은 때 국가에 대해서 정당한 보상을 청구하는 권리를 말한다.

1) 형사피의자와 형사피고인 **형사피의자**는 범죄의 혐의가 있어 수사기관에 의해 수사의 대상이 된 자로서 검사의 공소제기는 아직 없는 자를 말한다. 이에 비해 **형사피**

고인은 검사에 의해 공소제기가 된 자를 말한다.

2) 구금되었던 자 여기서 구금은 형사소송법에 규정된 구금을 뜻한다. 따라서 행정작용에 의한 구금, 이를테면 출입국관리법에 따른 보호처분을 받은 외국인의 수용은 형사보상청구권을 행사할 수 있는 구금에 해당하지 않는다.50) 형사보상청구권은 구금으로 인하여 발생한 불이익에 대한 보상을 의미하기 때문에 구금이 아니라 다른 과실로 발생한 불이익이나 손해를 배상하도록 요구하는 권리는 아니다. 같은 맥락에서 구금 없이 불기소처분을 받거나 불구속재판을 받고 무죄판결을 받은 경우에는 형사보상청구권이 인정되지 않는다.

3) 불기소처분 또는 무죄를 선고받은 자 첫째, 형사피의자로 구금되었던 자는 불기소처분 또는 불송치결정을 받은 경우에 그 구금에 관한 형사보상(피의자보상)을 청구할 수 있다. 불기소처분에는 기소유예처분이나 기소중지처분은 포함되지 않는다(동법 제27조 제1항 및 형사소송법 제247조). 이 경우에는 형사피의자에게 구속이나 기소에 대해서 책임이 있음에도 불구하고 기소편의주의에 따라 검사가 불기소한 데 지나지 않기 때문이다.

[법령] 피의자보상: 형사보상 및 명예회복에 관한 법률

제27조 (피의자에 대한 보상) ① 피의자로서 구금되었던 자 중 검사로부터 불기소처분을 받거나 사법경찰관으로부터 불송치결정을 받은 자는 국가에 대하여 그 구금에 대한 보상(이하 "피의자보상"이라 한다)을 청구할 수 있다. 다만, 구금된 이후 불기소처분 또는 불송치결정이 종국적(終局的)인 것이 아니거나 「형사소송법」 제247조에 따른 것일 경우에는 그러하지 아니하다.

② 다음 각 호의 어느 하나에 해당하는 경우에는 피의자보상의 전부 또는 일부를 지급하지 아니할 수 있다.

1. 본인이 수사 또는 재판을 그르칠 목적으로 거짓 자백을 하거나 다른 유죄의 증거를 만듦으로써 구금된 것으로 인정되는 경우
2. 구금기간 중에 다른 사실에 대하여 수사가 이루어지고 그 사실에 관하여 범죄가 성립한 경우
3. 보상을 하는 것이 선량한 풍속이나 그 밖에 사회질서에 위배된다고 인정할 특별한 사정이 있는 경우

③ 피의자보상에 관한 사항을 심의·결정하기 위하여 지방검찰청에 피의자보상심의회(이하 "심의회"라 한다)를 둔다.

④ 심의회는 법무부장관의 지휘·감독을 받는다.

⑤ 심의회의 관할·구성·운영, 그 밖에 필요한 사항은 대통령령으로 정한다.

제28조 (피의자보상의 청구 등) ① 피의자보상을 청구하려는 자는 불기소처분을 한 검사가 소속된 지방검찰청(지방검찰청 지청의 검사가 불기소처분을 한 경우에는 그 지청이 속하는 지방검찰청을 말한다) 또는 불송치결정을 한 사법경찰관이 소속된 경찰관서에 대응하는 지방검찰청의 심의회에 보상을 청구하여야 한다.

② 제1항에 따라 피의자보상을 청구하는 자는 보상청구서에 불기소처분 또는 불송치결정을

50) 헌재 2024. 1. 25. 2020헌바475등.

받은 사실을 증명하는 서류를 첨부하여 제출하여야 한다.
③ 피의자보상의 청구는 불기소처분 또는 불송치결정의 고지(告知) 또는 통지를 받은 날부터 3년 이내에 하여야 한다.
④ 피의자보상의 청구에 대한 심의회의 결정에 대하여는 「행정심판법」에 따른 행정심판을 청구하거나 「행정소송법」에 따른 행정소송을 제기할 수 있다.
⑤ 심의회의 보상결정이 송달(제4항의 심판을 청구하거나 소송을 제기한 경우에는 그 재결 또는 판결에 따른 심의회의 보상결정이 송달된 때를 말한다)된 후 2년 이내에 보상금 지급청구를 하지 아니할 때에는 그 권리를 상실한다.
제29조 (준용규정) ① 피의자보상에 대하여 이 장에 특별한 규정이 있는 경우를 제외하고는 그 성질에 반하지 아니하는 범위에서 무죄재판을 받아 확정된 사건의 피고인에 대한 보상에 관한 이 장의 규정을 준용한다. ② 생략.

둘째, **형사피고인**으로 구금되었던 자는 **무죄판결**을 받은 경우에 그 구금에 관한 형사보상을 청구할 수 있다. 무죄판결은 당해 절차뿐만 아니라 상소, 재심, 상소권회복에 의한 상소, 비상상고에 의한 무죄판결까지도 포함한다(형사보상법 제2조 제1항). 다만 ① 형사미성년자인 14세 미만자(형법 제9조) 또는 심신장애자(동법 제10조 제1항)라는 사유로 무죄재판을 받은 경우, ② 본인이 수사 또는 심판을 그르칠 목적으로 허위의 자백을 하거나 또는 다른 유죄의 증거를 만듦으로써 기소, 미결구금 또는 유죄재판을 받게 된 것으로 인정된 경우, ③ 1개의 재판으로써 경합범의 일부에 대하여 무죄재판을 받고 다른 부분에 대하여 유죄재판을 받았을 경우에는 법원의 재량에 따라 보상의 전부 또는 일부를 기각할 수 있다(형사보상법 제4조). 헌법재판소는 무죄판결을 받지는 않았으나 재심으로 원판결보다 가벼운 형으로 유죄판결이 확정됨에 따른 초과구금에 대한 형사보상을 규정하지 않은 것은 평등권을 침해한 것으로 본다(아래 [판례] 참조). 이러한 헌법재판소 결정을 반영하는 취지로 형사소송법이 개정되었다(동법 제26조 제1항).

[법령] 무죄재판을 받은 자에 대한 보상: 형사보상 및 명예회복에 관한 법률

제7조 (관할법원) 보상청구는 **무죄재판**을 한 **법원**에 대하여 하여야 한다.
제8조 (보상청구의 기간) 보상청구는 무죄재판이 확정된 사실을 안 날부터 3년, 무죄재판이 확정된 때부터 5년 이내에 하여야 한다.
제9조 (보상청구의 방식) ① 보상청구를 할 때에는 **보상청구서**에 재판서의 등본과 그 재판의 확정증명서를 첨부하여 법원에 제출하여야 한다.
② 보상청구서에는 다음 각 호의 사항을 적어야 한다.
1. 청구자의 등록기준지, 주소, 성명, 생년월일
2. 청구의 원인이 된 사실과 청구액
제14조 (보상청구에 대한 재판) ① 보상청구는 법원 합의부에서 재판한다.
② 보상청구에 대하여는 법원은 검사와 청구인의 의견을 들은 후 결정을 하여야 한다.
③ 보상청구를 받은 법원은 6개월 이내에 보상결정을 하여야 한다.
④ 제2항에 따른 결정의 정본(正本)은 검사와 청구인에게 송달하여야 한다.
제20조 (불복신청) ① 제17조 제1항에 따른 보상결정에 대하여는 1주일 이내에 즉시항고

(卽時抗告)를 할 수 있다.
② 제17조 제2항에 따른 청구기각 결정에 대하여는 즉시항고를 할 수 있다.
제21조 (보상금 지급청구) ① 보상금 지급을 청구하려는 자는 보상을 결정한 법원에 대응하는 검찰청에 보상금 지급청구서를 제출하여야 한다.
② 제1항의 청구서에는 법원의 보상결정서를 첨부하여야 한다.
③ 보상결정이 송달된 후 2년 이내에 보상금 지급청구를 하지 아니할 때에는 권리를 상실한다.
④ 보상금을 받을 수 있는 자가 여러 명인 경우에는 그 중 1명이 한 보상금 지급청구는 보상결정을 받은 모두를 위하여 그 전부에 대하여 보상금 지급청구를 한 것으로 본다.
제21조의2 (보상금 지급 기한 등) ① 보상금 지급청구서를 제출받은 검찰청은 3개월 이내에 보상금을 지급하여야 한다.
② 제1항에 따른 기한까지 보상금을 지급하지 아니한 경우에는 그 다음 날부터 지급하는 날까지의 지연 일수에 대하여 민법 제379조의 법정이율에 따른 지연이자를 지급하여야 한다.
제22조 (보상금 지급의 효과) 보상금을 받을 수 있는 자가 여러 명인 경우에는 그 중 1명에 대한 보상금 지급은 그 모두에 대하여 효력이 발생한다.
제23조 (보상청구권의 양도 및 압류의 금지) 보상청구권은 양도하거나 압류할 수 없다. 보상금 지급청구권도 또한 같다.
제26조(면소 등의 경우) ① 다음 각 호의 어느 하나에 해당하는 경우에도 국가에 대하여 구금에 대한 보상을 청구할 수 있다. 다만, 제3호의 경우 재심 절차에서 선고된 형을 초과하여 집행된 구금일수를 제5조 제1항에 따른 구금일수로 본다.
1. 「형사소송법」에 따라 면소 또는 공소기각의 재판을 받아 확정된 피고인이 면소 또는 공소기각의 재판을 할 만한 사유가 없었더라면 무죄재판을 받을 만한 현저한 사유가 있었을 경우
2. 「치료감호법」 제7조에 따라 치료감호의 독립 청구를 받은 피치료감호청구인의 치료감호사건이 범죄로 되지 아니하거나 범죄사실의 증명이 없는 때에 해당되어 청구기각의 판결을 받아 확정된 경우
3. 「헌법재판소법」에 따른 재심 절차에서 원판결보다 가벼운 형으로 확정됨에 따라 원판결에 의한 형 집행이 재심 절차에서 선고된 형을 초과한 경우

[판례] 초과구금에 대한 형사보상규정의 흠결

원판결의 근거가 된 가중처벌규정에 대하여 헌법재판소의 위헌결정이 있었음을 이유로 개시된 재심절차에서, 공소장의 교환적 변경을 통해 위헌결정된 가중처벌규정보다 법정형이 가벼운 처벌규정으로 적용법조가 변경되어 피고인이 무죄판결을 받지는 않았으나 원판결보다 가벼운 형으로 유죄판결이 확정됨에 따라 원판결에 따른 구금형 집행이 재심판결에서 선고된 형을 초과하게 된 경우, 재심판결에서 선고된 형을 초과하여 집행된 구금에 대하여 보상요건을 규정하지 아니한 것은 부당한 구금으로 이미 피고인의 신체의 자유에 관한 중대한 피해가 발생한 이상, 공소장의 교환적 변경을 통하여 무죄재판을 피하였다는 사정은 피고인에 대한 형사보상청구권 인정 여부를 달리할 합리적인 근거가 될 수 없는 것으로 현저히 자의적인 차별로서 평등원칙을 위반하여 청구인들의 평등권을 침해한다(2022. 2. 24. 2018헌마998등).

4) 정당한 보상 헌법 제28조에 따르면 형사보상은 "정당한 보상"이어야 하기 때

문에 완전한 보상에 가까운 보상이어야 한다. 이를 구체화하고 있는 형사보상법은 보상액에 대해서 우선 **구금에 대한 보상**에 있어서는 구금일수에 따라 지급하되 1일 하한액을 보상청구의 원인이 발생한 연도의 「최저임금법」에 따른 일급 최저임금액으로 규정한다(동법 제5조 제1항). 그리고 형사보상법시행령은 1일 상한액을 "보상청구의 원인이 발생한 연도의 최저임금법상 일급 최저임금액의 5배"로 규정한다(동법시행령 제2조). 보상액수와 관련하여 1일 하한액이 약 8만2천여 원(=2026년 기준 10,320원×8시간)에 지나지 않는다는 점, 청구권자의 소득과 상관없이 일률적으로 상한액을 최저임금의 5배로 정한 점에 대해서는 정당한 보상으로 볼 수 있는지 여부가 문제될 수 있다. 한편 **사형집행에 대한 보상금**은 집행 전 구금에 대한 보상금 외에 3천만원 이내에서 모든 사정을 고려하여 법원이 상당하다고 인정하는 액을 가산 보상하도록 규정한다(동법 제5조 제3항).

[참조] 형사보상금의 범위 한정

형사보상청구권은 헌법 제28조에 따라 '법률이 정하는 바에 의하여' 행사되므로 그 내용은 법률에 의해 정해지는바, 형사보상의 구체적 내용과 금액 및 절차에 관한 사항은 입법자가 정하여야 할 사항이다. 이 사건 보상금조항 및 이 사건 보상금 시행령조항은 보상금을 일정한 범위 내로 한정하고 있는데, 형사보상은 형사사법절차에 내재하는 불가피한 위험으로 인한 피해에 대한 보상으로서 국가의 위법·부당한 행위를 전제로 하는 국가배상과는 그 취지 자체가 상이하므로 형사보상절차로서 인과관계 있는 모든 손해를 보상하지 않는다고 하여 반드시 부당하다고 할 수는 없으며, 보상금액의 구체화·개별화를 추구할 경우에는 개별적인 보상금액을 산정하는데 상당한 기간의 소요 및 절차의 지연을 초래하여 형사보상제도의 취지에 반하는 결과가 될 위험이 크고 나아가 그로 인하여 형사보상금의 액수에 지나친 차등이 발생하여 오히려 공평의 관념을 저해할 우려가 있는바, (형사보상금을 일정한 범위 내로 한정하고 있는) 이 사건 보상금조항 및 이 사건 보상금시행령조항은 청구인들의 형사보상청구권을 침해한다고 볼 수 없다(2010. 10. 28. 2008헌마514).

(2) 형사보상의 법적 성격

형사보상의 법적 성격에 대해서는 크게 ① 손해배상설과 ② 손실보상설로 구분된다. 대체로 현행 헌법이 형사보상제도를 국가배상제도와는 별도로 규정하고 있다는 점, 국가배상은 고의·과실을 요건으로 하는 데 반해서 형사보상은 고의·과실을 요건으로 하지 않기 때문에 인신의 구속으로 인한 손실의 발생에 대하여 **결과책임**인 **무과실손실보상책임**을 인정한 점 등을 근거로 손실보상설이 일치된 견해로 주장된다.[51]

2. 형사보상을 청구할 수 있는 법적 지위에 관한 자유와 권리

(1) 학 설

형사보상청구권의 법적 성격에 대해서는 형사보상청구권은 헌법규정 자체만으로 **직접 효력**을 발생한다고 보는 것이 대체적인 견해이지만[52] 국가에 대해서 입법의무를 부

51) 계희열(중), 687면; 권영성, 636면; 김철수, 1101면; 장영수, 905면; 허영, 398면; 홍성방(중), 441면 이하.

과하는 규정으로 이해하는 견해[53]도 있다. 형사보상청구권이 직접효력을 발생하는 구체적 권리라고 하더라도 그것은 민법상의 채권과는 구별되는 헌법상의 기본권이라는 점을 유의해야 한다. 법률적 권리는 확정적 지위인데 비해서 헌법적 기본권은 잠정적 지위이기 때문이다. 따라서 형사보상청구권도 구조상 **원칙인 기본권으로서 잠정적 지위**로 이해되기 때문에 다른 사람의 기본권이나 헌법적 법익 또는 공익과 합리적 형량을 거쳐 확정적 효력을 갖게 된다.

(2) 형사보상을 청구할 수 있는 법적 지위에 관한 자유

형사보상청구권은 상태, 즉 법적 지위가 보장된 법적 상태를 보호법익으로 하는 자유다. 이러한 법적 지위는 형사보상을 청구할 수 있는 법적 지위를 의미하므로 형사보상청구권은 형사보상을 청구할 수 있는 법적 지위에 관한 자유로 이해된다. 형사보상청구권에 포함된 이러한 법적 지위가 공법적 제도(형사보상제도)를 전제한다는 이유로 자유권의 성격이 인정되지 못하면 이와 같은 법적 지위의 보장은 절차권의 보장을 의미하게 된다.

(3) 형사보상을 청구할 수 있는 법적 지위에 관한 권리

1) 방어권과 보호권 ① 형사보상청구권은 형사보상을 청구할 수 있는 법적 지위를 박탈하는 제약행위의 부작위 · 중지를 요구할 수 있는 **방어권**을 포함한다. 또한 ② 형사보상을 청구할 수 있는 법적 지위를 박탈하는 사인인 제3자의 침해행위로부터 국가의 보호를 요구할 수 있는 **보호권**을 포함한다. 형사보상을 청구할 수 있는 법적 지위의 행사는 사인(私人)인 제3자에 의해서도 저지 · 방해받음으로써 사실상 **박탈**될 수 있기 때문이다.

2) 절 차 권

A. 일반적 절차권 형사보상청구권은 형사보상을 청구할 수 있는 법적 지위에 관한 절차를 보장하는 입법을 요구할 수 있는 **절차권**을 포함한다. 이에 상응하여 국가는 재판에 관한 절차를 보장하는 입법의 **의무**를 진다. 형사보상청구권을 침해하는 공권력작용에 대해서 헌법재판과 같은 권리구제절차에 관한 입법을 요구할 수 있는 절차권이 형사보상청구권에서 도출된다.

B. 형사보상청구권에 특수한 절차권 재판절차를 포함한 모든 절차에 관한 입법을 요구할 수 있는 권리는 이미 개별적 기본권의 절차권적 측면에서 일반적으로 도출될 수 있는데 이러한 일반적 절차권 가운데 특별히 형사보상절차와 관련된 입법을 요구하는 권리가 형사보상청구권으로 독립된다. 따라서 개별적 기본권에서 도출되는 일반적 절차권 가운데 형사보상절차에 관한 입법을 요구하는 권리는 형사보상청구권에 의해서 우선적으로 보호된다.

---

52) 계희열(중), 691면; 권영성, 636면; 김철수, 1101면; 허영, 398면.

53) 장영수, 905면.

(4) 형사보상에 관한 제도보장

형사보상청구권은 법적 지위에 관한 자유이고, 절차권적 측면을 가지고 있다는 점에서 형사보상을 청구할 수 있는 '법적 지위'와 형사보상절차에 관한 '법규범'을 구체화하는 제도를 반드시 필요로 한다. 이 점에서 형사보상청구권은 형사보상에 관한 제도보장의 측면을 포함한다. 중요한 것은 형사보상제도의 보장이라는 객관적 측면은 형사보상청구권에 포함된 주관적 측면과 표리관계를 이룬다는 점이다.

Ⅲ. 제약행위

형사보상청구권에 포함된 방어권의 경우에 형사보상에 관한 법적 지위를 박탈하는 행위는 형사보상청구권에 대한 제약행위로서 **잠정적으로 금지**된다. 형사보상청구권의 행사를 저지 · 방해하는 행위도 제약행위에 포함된다.

제 3 항 제한규범

형사보상청구권의 구성요건을 충족해도 제한규범에 근거하여 제약되는, 형사보상청구에 관한 법적 지위는 확정적인 보호를 받지 못한다. 형사보상청구권의 구성요건을 충족하면서 제한규범에 근거하여 제약될 수 없는, 형사보상청구에 관한 법적 지위만이 확정적으로 보호된다. 따라서 형사보상청구권의 구성요건 단계에서 보호법익에 해당하여 잠정적으로 보호된, 형사보상청구에 관한 법적 지위는 제한규범에 근거하여 제약될 수 없으면 확정적으로 보호된다. 한편 형사보상청구권에 포함된 방어권의 경우에 구성요건의 단계에서 잠정적으로 금지된 제약행위는 제한규범에 근거하는 경우에만 잠정적으로 허용된 제약행위로 바뀌게 되고, 근거가 되는 제한규범이 없는 경우에는 확정적으로 금지된 제약행위가 된다.

Ⅰ. 헌법직접적 제한규범

형사보상청구권에 대한 성문의 헌법직접적 제한규범은 규정되어 있지 않다. 불문의 헌법직접적 제한으로는 다른 사람의 기본권이나 헌법적 법익을 들 수 있다. 다른 사람의 기본권이 형사보상청구권에 대한 불문의 헌법직접적 제한규범이 되면 양 기본권들 사이에 '기본권의 충돌'이 발생한다.

Ⅱ. 헌법간접적 제한규범

형사보상청구권에 대한 헌법간접적 제한규범, 즉 법률유보조항은 이 기본권에 대해서만 개별적으로 규정될 수도 있고, 이 기본권을 포함한 모든 기본권에 대해서 일반적으로 규정될 수도 있다. 형사보상청구권을 구체화하고 있는 **형사보상법**은 형사보상청구권을 구체적으로 형성하고 있는 규범이기도 하지만 형사보상청구권을 제한하는 법률이기도 하다. 따라서 형사보상청구권의 구체적 내용을 법률에서 규정하도록 요구하는 헌법 제29조는 제한적 법률유보로도 이해된다. 한편 형사보상청구권은 일반적 법률유보조항인 헌법 제37조 제2항에 근거하여 "국가안전보장, 질서유지 또는 공공복리"를 위하여 "법률로써" 제한될 수 있다.

제4항 정 당 화

형사보상청구권도 원칙규범이다. 따라서 잠정적으로 보장된 형사보상청구권의 구성요건이 확정적인 것이 되기 위해서는 **비례성원칙에 따른 합리적 형량**이 필요하다. 이것은 형사보상청구권을 제한하는 다른 사람의 기본권이나 헌법적 법익 또는 공익을 형사보상청구권과 균형을 이루도록 함으로써 정당화하는 것을 의미한다. 비례성원칙은 방어권의 경우에는 과잉금지원칙으로, 보호권과 절차권의 경우에는 과소금지원칙으로 구체화된다. 헌법재판소에 따르면 형사보상청구권의 제척기간을 '무죄재판이 확정된 날로부터 1년 이내'로 규정한 것은 비례성원칙에 위반된다(아래 [판례] 참조).

[판례] 형사보상청구권의 제척기간을 1년으로 규정한 경우

권리의 행사가 용이하고 일상 빈번히 발생하거나 권리의 행사로 인하여 상대방의 지위가 불안정해지는 경우 또는 법률관계를 보다 신속히 확정하여 분쟁을 방지할 필요가 있는 경우에는 특별히 짧은 소멸시효나 제척기간을 인정할 필요가 있으나, 형사보상청구권의 1년 제척기간은 위의 어떠한 사유에도 해당하지 아니하는 등 달리 합리적인 이유를 찾기 어렵고, 일반적인 사법상의 권리보다 더 확실하게 보호되어야 할 권리인 형사보상청구권의 보호를 저해하고 있다. 또한 형사소송법상 형사피고인이 재정하지 아니한 가운데 재판할 수 있는 예외적인 경우를 상정하고 있는 등 형사피고인은 당사자가 책임질 수 없는 사유에 의하여 무죄재판의 확정사실을 모를 수 있는 가능성이 있으므로, 형사피고인이 책임질 수 없는 사유에 의하여 제척기간을 도과할 가능성이 있는바, 이는 국가의 잘못된 형사사법작용에 의하여 신체의 자유라는 중대한 법익을 침해받은 국민의 기본권을 사법상의 권리보다도 가볍게 보호하는 것으로서 부당하다(2010. 7. 29. 2008헌가4).

형사보상청구권의 본질내용에 대해서는 **절대설**에 따르면 비례성원칙과는 독립적인 원칙으로서 본질내용침해금지원칙에 따른 독자적인 심사가 형사보상청구권에 대한 제약을 정당화하기 위하여 부가적으로 필요하다. 하지만 **상대설**에 따르면 비례성원칙에 따른 심사로 형사보상청구권의 제약을 위한 정당화는 충분하게 된다.

제5항 효 력

형사보상청구권은 법적 지위를 보장함으로써 우선적으로 국가에 대해서 효력을 미친다. 형사보상청구에 관한 법적 지위에 영향을 미칠 수 있는 주체는 오로지 형사보상에 관한 입법의 권한을 가진 국가만이 될 수 있기 때문이다. 따라서 사인인 제3자는 형사보상청구권에 관한 법적인 영향력을 행사할 수 없기 때문에 원칙적으로 형사보상청구권에 대한 제3자효는 문제되지 않는다. 다만 제3자도 형사보상청구권의 행사를 저지 · 방해함으로써 형사보상청구권에 관한 **간접적 · 사실적 영향력**을 행사할 수 있기 때문에 그런 한도에서 제3자효가 문제될 수 있다. 이 경우에 형사보상청구권의 사인에 대한 효력은 기본권의 대사인적 효력에 관한 이론구성에 따라 법관에게 기본권존중의무를 매개로 형사보상청구권을 존중하는 **재판**을 요구함으로써 실현될 수 있다.

제 5 절 국가배상청구권

제1항 헌법규정

헌법 제29조는 국가배상청구권을 규정하고 있다. 이 규정이 의미하는 바는 국가배상청구에 관한 주관적 지위와 객관적 규범이다.

[헌법 제29조]

① 공무원의 직무상 불법행위로 손해를 받은 국민은 법률이 정하는 바에 의하여 국가 또는 공공단체에 정당한 배상을 청구할 수 있다. 이 경우 공무원 자신의 책임은 면제되지 아니한다.

② 군인 · 군무원 · 경찰공무원 기타 법률이 정하는 자가 전투 · 훈련 등 직무집행과 관련하여 받은 손해에 대하여는 법률이 정하는 보상 외에 국가 또는 공공단체에 공무원의 직무상 불법행위로 인한 배상은 청구할 수 없다.

국가배상청구권은 제헌헌법(제27조)에서부터 규정되었다. 당시에는 불법행위를 한 공무원에 대한 파면청원권과 함께 규정되었다. 1962년 헌법(제26조)에서 현행 헌법 제29조 제1항의 형태로 규정되었고, 1972년 헌법(제26조)에서 현행 헌법 제29조 제2항의 군인 · 군무원 · 경찰공무원 등의 배제조항이 삽입되었다. 단순히 "배상"이라고 표현 대신에 "정당한 배상"으로 규정된 것은 1980년 헌법(제28조)에서부터다.

제 2 항 구성요건

Ⅰ. 인적 구성요건(주체)

국가배상청구권은 **국민의 권리**이기 때문에 이 기본권의 주체는 원칙적으로 모든 국민이다. 다만 헌법 제29조 제2항에 따라 **군인 · 군무원 · 경찰공무원은 헌법에 의해 직접적으로 주체성이 제한**되고 있다. 헌법재판소에 따르면 국가배상청구권의 주체성이 제한되는 군인 등의 유족도 국가배상청구권의 주체가 될 수 없다고 한다.[54] 그런데 헌법재판소에 따르면 이 조항을 구체화하고 있는 국가배상법 제2조 제1항은 일반국민이 직무집행중인 군인과 함께 공동불법행위로 다른 군인에게 공상(公傷)을 입혔을 때 그 피해자에게 공동불법행위로 인한 손해를 배상한 다음에 공동불법행위자인 군인의 부담부분에 관하여 국가에 대해서 구상권(求償權)을 행사하는 것을 허용하지 않는다고 해석하는 한 헌법에 위반된다고 한다.[55] 왜냐하면 일반국민이 직무집행중인 군인과 공동불법행위로 다른 군인에게 공상을 입혀 그 피해자에게 손해를 배상한 경우까지 피해자인 군인에 대한 국가의 손해배상책임을 절대적으로 인정하지 않는다면 손해를 배상한 일반국민은 공동불법행위의 책임을 지는 군인에게 자력이 없는 경우에 국가에 대해서 구상권을 행사할 수 있어야 하는데 그럴 수 없게 되어 재산권에 대한 중대한 제한을 초래하기 때문이다. 따라서 이 판례는 일반국민과 군인의 공동불법행위에서 일반국민이 군인에 대해서 가지는 구상권 범위 내에서 피해자인 군인에 대한 국가의 배상책임을 인정한 사례로 평가된다. 한편 외국인도 국가배상권의 주체가 될 수 있지만 **국가배상법 제7조에 따라 상호주의원칙**에 따른 제한을 받는다.

[판례] 군인에 대한 국가배상청구권의 배제와 일반국민의 구상권

국가배상법 제2조 제1항 단서 중 군인에 관련되는 부분을, 일반국민이 직무집행 중인 군인과의 공동불법행위로 직무집행 중인 다른 군인에게 공상을 입혀 그 피해자에게 공동의 불법행위로 인한 손해를 배상한 다음 공동불법행위자인 군인의 부담부분에 관하여 국가에 대하여 구상권을 행사하는 것을 허용하지 않는다고 해석한다면, 이는 위 단서 규정의 헌법상 근거규정인 헌법 제29조가 구상권의 행사를 배제하지 아니하는데도 이를 배제하는 것으로 해석하는 것으로서 합리적인 이유 없이 일반국민을 국가에 대하여 지나치게 차별하는 경우에 해당하므로 헌법 제11조, 제29조에 위반되며, 또한 국가에 대한 구상권은 헌법 제23조 제1항에 의하여 보장되는 재산권이고 위와 같은 해석은 그러한 재산권의 제한에 해당하며 재산권의 제한은 헌법 제37조 제2항에 의한 기본권제한의 한계 내에서만 가능한데, 위와 같은 해석은 헌법 제37조 제2항에 의하여 기본권을 제한할 때 요구되는 비례의 원칙에 위배하여 일반국민의 재산권을 과잉제한하는 경우에 해당하여 헌법 제23조 제1항 및 제37조 제2항에도 위반된다(1994. 12. 29. 93헌바21).

54) 헌재 2024. 8. 29. 2021헌바86등.

55) 헌재 1994. 12. 29. 93헌바21.

[판례] 일반국민의 공동불법행위와 국가의 구상책임 부인

헌법 제29조 제2항, 국가배상법 제2조 제1항 단서의 입법 취지를 관철하기 위하여는, 국가배상법 제2조 제1항 단서가 적용되는 공무원의 직무상 불법행위로 인하여 직무집행과 관련하여 피해를 입은 군인 등에 대하여 위 불법행위에 관련된 일반국민(법인을 포함한다. 이하 '민간인'이라 한다)이 공동불법행위책임, 사용자책임, 자동차운행자책임 등에 의하여 그 손해를 자신의 귀책부분을 넘어서 배상한 경우에도, 국가 등은 피해 군인 등에 대한 국가배상책임을 면할 뿐만 아니라, 나아가 민간인에 대한 국가의 귀책비율에 따른 **구상의무도 부담하지 않는**다고 하여야 할 것이다. … 위와 같은 경우에는 공동불법행위자 등이 부진정연대채무자로서 각자 피해자의 손해 전부를 배상할 의무를 부담하는 공동불법행위의 일반적인 경우와 달리 예외적으로 민간인은 피해 군인 등에 대하여 그 손해 중 국가 등이 민간인에 대한 구상의무를 부담한다면 그 내부적인 관계에서 부담하여야 할 부분을 제외한 나머지 자신의 부담부분에 한하여 손해배상의무를 부담하고, 한편 국가 등에 대하여는 그 귀책부분의 구상을 청구할 수 없다고 해석함이 상당하다 할 것이고, 이러한 해석이 손해의 공평·타당한 부담을 그 지도원리로 하는 손해배상제도의 이상에도 맞는다 할 것이다(대판 2001. 2. 15. 96다42420). → 국가의 구상책임을 인정하는 헌법재판소의 견해에 반대(하지만 헌법재판소의 결정에 반하는 판결이므로 취소될 수 있다).

Ⅱ. 보호법익

1. 국가배상청구권

(1) 개 념

국가배상청구권은 공무원의 직무상 불법행위로 손해를 입은 국민이 국가 또는 공공단체에 대해서 그 손해를 배상하도록 요구하는 권리를 말한다. 국가배상청구권을 구체화하고 있는 국가배상법은 공무원의 직무상 불법행위로 인한 손해(동법 제2조) 이외에 공공시설 등의 하자로 인한 손해(동법 제5조)에 대해서도 배상을 청구할 수 있는 권리를 규정하고 있다.

[법령] 국가배상법

제2조 (배상책임) ① 국가나 지방자치단체는 공무원 또는 공무를 위탁받은 사인(이하 "공무원"이라 한다)이 직무를 집행하면서 고의 또는 과실로 법령을 위반하여 타인에게 손해를 입히거나, 「자동차손해배상 보장법」에 따라 손해배상의 책임이 있을 때에는 이 법에 따라 그 손해를 배상하여야 한다. 다만, 군인·군무원·경찰공무원 또는 예비군대원이 전투·훈련 등 직무 집행과 관련하여 전사(戰死)·순직(殉職)하거나 공상(公傷)을 입은 경우에 본인이나 그 유족이 다른 법령에 따라 재해보상금·유족연금·상이연금 등의 보상을 지급받을 수 있을 때에는 이 법 및 「민법」에 따른 손해배상을 청구할 수 없다.
② 제1항 본문의 경우에 공무원에게 고의 또는 중대한 과실이 있으면 국가나 지방자치단체는 그 공무원에게 구상할 수 있다.

제5조 (공공시설등의 하자로 인한 책임) ① 도로·하천, 그 밖의 공공의 영조물의 설치나 관리에 하자가 있기 때문에 타인에게 손해를 발생하게 하였을 때에는 국가나 지방자치단체는 그 손해를 배상하여야 한다. 이 경우 제2조 제1항 단서, 제3조 및 제3조의2를 준

용한다.
② 제1항을 적용할 때 손해의 원인에 대하여 책임을 질 자가 따로 있으면 국가나 지방자치단체는 그 자에게 구상할 수 있다.

1) 공무원의 행위 국가배상청구권은 **공무원의 행위**로 발생한 손해를 배상하도록 요구하는 권리다. 여기서 공무원은 국가공무원법과 지방공무원법이 규정한 공무원 이외에 사실상 공무를 위탁받아 실질적으로 공무를 수행하는 모든 자(공무수탁사인)를 포함한다.

2) 직무상 불법행위 국가배상청구권은 공무원의 **직무상 불법행위**로 발생한 손해를 배상하도록 요구하는 권리다. 여기서 첫째, **직무**는 권력작용과 비권력작용을 포함하고 사법(私法)상의 작용은 포함되지 않는다.[56] 또한 직무행위를 판단함에 있어서는 객관적인 외관이 기준이 된다(객관설: 객관적 외형상 직무집행에 포함된다고 판례가 인정한 것으로 ① 감방 내에서의 사형(私刑), ② 상관의 명에 의한 상관의 이삿짐 운반, ③ 훈계권행사로서의 기합, ④ 공무원 자신의 승용차를 운전하여 공무를 수행하고 돌아오던 중 교통사고로 동승한 다른 공무원을 사망하게 한 경우 등을 들 수 있다. 한편 직무행위로 인정되지 않은 것으로 ① 공무원이 자기 소유차량을 운전하여 출근하던 중 교통사고를 일으킨 경우, ② 예비군면대장인 군무사무관이 소속사단본부의 회의에 참석하기 위하여 자기 소유의 오토바이 뒷좌석에 다른 예비군면대장을 태우고 운행하다가 사고가 발생한 경우 등이 있다). 둘째, **불법행위**는 고의나 과실에 의하여 법령에 위반한 행위를 말한다. 불법행위에 대한 입증책임은 원칙적으로 피해자에게 있었으나 점차 입증책임이 완화되어 가는 경향이 나타나고 있다. 즉 국민의 권리구제에 유리하게 국가가 과실 없음을 반증해야 하는 쪽으로 입증책임이 전환되고 있다. 국회의 입법작용이나 법원의 사법작용도 불법행위의 대상이 될 수 있지만 국회의 행위에 대해서는 원칙적으로 정치적 책임을 물을 수 있고, 법원의 재판에 대해서는 원칙적으로 심급제도를 통해서 구제받을 수 있다. 물론 법원(정확하게는 헌법재판소)의 재판에 대해서도 국가배상책임이 인정된 경우도 있다.[57] 헌법재판소는 국가배상청구권의 성립요건으로서 공무원의 고의 또는 과실을 규정함으로써 무과실책임을 인정하지 않는 것은 국가배상청구권을 침해하지 않는다고 본다.[58]

[판례] 사유지의 불법사용과 토지수용권

공권력의 작용에 의한 손실(손해)전보제도를 손실보상과 국가배상으로 나누고 있는 우리 헌법 아래에서는 불법사용의 경우에는 원래 국가배상 등을 통하여 문제를 해결할 것으로 예정되어 있고 기존 침해상태의 유지를 전제로 보상청구나 수용청구를 함으로써 문제를 해결하도록 예정되어 있지는 않으므로 이 사건 심판대상 규정이 적법한 사용의 경우에 한하여 수용청구권을 인정하고 있다고 하여 입법재량의 한계를 일탈한 것이라고 할 수는 없다(1997. 3. 27. 96헌바21).

56) 대판 1998. 7. 10. 96다38971.
57) 대판 2003. 7. 11. 99다24218: 제2편 제1부 제5장 제4절 I. [판례] 참조.
58) 헌재 2015. 4. 30. 2013헌바395.

3) 손해의 발생 국가배상청구권은 공무원의 직무상 불법행위로 인한 **손해의 발생**이 있어야 요구할 수 있는 권리다. 여기서 손해는 재산적인 것과 비재산적인 것, 그리고 적극적 손해(불법행위로 인해 발생한 손해)와 소극적 손해(불법행위가 없었더라면 존재했을 이익)를 포함한다. 손해로 인정되기 위해서는 공무원의 직무상 불법행위와 손해 사이에 상당인과관계가 존재해야 한다.

(2) 국가배상책임의 법적 성격

1) 학 설 국가배상청구권의 배상책임에 대해서는 대위책임설, 자기책임설, 절충설 등의 견해가 주장된다. ① **대위책임설**에 따르면 배상책임은 원칙적으로 **공무원의 '사법적' 책임**이고, 다만 피해자의 보호를 위하여 국가가 그 책임을 대신 부담하는 일종의 사용자책임으로 본다.[59] 이러한 견해는 국가무책임사상에 기초하고, 공무원에 대한 국가의 구상권이 인정된다는 점을 근거로 삼는다. ② **자기책임설**에 따르면 배상책임은 원칙적으로 **국가 자신의 '공법적' 책임**이 된다. 공무원은 국가기관의 구성원으로서 공무원의 행위는 국가의 행위가 된다는 점, 국가가 공무원을 대신하여 책임을 진다는 명시적 규정이 없다는 점을 근거로 든다.[60] ③ **절충설**에 따르면 공무원에 대한 국가의 구상권이 존재하는지 여부에 따라 공무원의 고의나 중과실이 있는 경우에는 구상권이 존재하여 공무원의 책임으로 보고, 경과실이 있는 경우에만 구상권이 존재하지 않아 국가의 책임이 되는 것으로 이해한다.

2) 비판과 대안 ① 대위책임설이 근거로 삼고 있는 것처럼 기본적으로 국가의 무책임사상을 주장하는 견해는 법치주의에 정면으로 위반되고, ② 헌법에 국가가 공무원의 책임을 대신한다는 명문의 규정도 없으며, ③ 구상권의 면제는 공무원의 사기를 고려한 정책적 목적을 위하여 존재하는 것이므로 법률상 구상권의 존재 여부가 국가배상권의 법적 성격을 결정할 수 없기 때문에 **국가의 배상책임은 자기책임**으로 이해되는 것이 타당하다.

(3) 공무원의 책임

이와 관련하여 피해자에 대한 국가의 책임 이외에 공무원의 책임도 발생하는지에 대해서는 ① **대위책임설**에 따르면 배상책임은 공무원의 민사상 책임을 국가가 일종의 사용자로서 대신 부담하는 데 지나지 않기 때문에 국가의 책임 이외에 공무원의 책임도 발생한다. 따라서 피해자는 국가와 공무원에 대해서 **선택적으로 배상을 청구**할 수 있고,[61] 헌법 제29조 제1항 단서가 규정한 공무원의 책임은 **피해자에 대한 '외부적인' 책임**으로 이해된다. 반면에 ② **자기책임설**에 따르면 배상책임은 국가의 자기책임이기 때문에 공무원의 책임은 발생하지 않고, 헌법 제29조 제1항 단서가 규정한 공무원의 책임

59) 대위책임설에 반대하면서 사용자책임을 주장하는 견해: 장영수, 900면.
60) 계희열(중), 663면 이하; 권영성, 621면; 허영, 620면 이하.
61) 김철수, 1112면.

은 '**내부적인**' **구상책임**으로 이해된다.[62] 결론적으로 피해자의 보호라는 측면에서 보면 공무원의 책임도 인정하는 것이 타당하지만 배상책임을 국가의 자기책임으로 이해하는 한 국가의 책임과 공무원의 책임을 선택적으로 인정하기에는 이론상 무리가 있다.

(4) 국가와 공무원의 내부적 관계

한편 국가와 공무원의 내부적 관계에서는 **구상권**이 발생한다. 헌법 제29조 제1항의 단서는 이러한 구상권을 규정하고 있는 것으로 이해된다. 다만 경과실이 있는 경우에 구상권을 면제하는 것은 앞에서 설명한 것처럼 공무원의 사기를 고려한 정책적 목적을 위한 것으로 이해된다.

2. 국가배상을 청구할 수 있는 법적 지위에 관한 자유와 권리

(1) 학 설

국가배상청구권의 법적 성격에 대해서는 법률상의 권리처럼 직접적 근거로 삼을 수 있는지 여부, 재산권과의 구별, 사법상의 손해배상청구권과 비교하여 공권인지 사권인지의 측면에서 다양한 견해가 존재한다. 이에 대해서는 대체로 ① 국가배상청구권을 구체화하고 있는 법률이 존재하지 않는 경우에도 당사자는 헌법규정을 그 근거규범으로 삼을 수 있다는 **직접효력규정설**이 당사자의 권리구제의 관점에서 볼 때 타당하다는 견해가 우세하고,[63] ② 우리 헌법 스스로가 제23조 외에 제29조를 별도로 규정하고 있다는 사실과 이 기본권이 국가의 위법적인 공무집행에 대한 권리구제수단의 성질을 갖는다는 점에 비추어 그 중점은 재산권보다 **청구권** 또는 **절차적 기본권**이라는 견해가 다수이다.[64] 또한 ③ 국가배상청구권이 주관적 공권의 성질을 갖는다는 점과 우리와 같이 대륙법계의 전통하에 공법과 사법의 이원화를 인정하는 체계에서는 행정청의 처분 등이 원인이 되어 발생한 국가배상청구권은 **공권**에 해당한다고 보는 견해가 대체적이지만,[65] 재산상 손실보상청구권과 마찬가지로 국가가 사적인 사용자의 지위에서 지는 책임이기 때문에 이를 **사권**으로 보는 견해도 있다.[66]

결론적으로 첫째, 공법과 사법의 이원성을 기초로 하고 있는 현행법체계에 비추어 볼 때 국가배상청구권은 민법상 손해배상청구권과 유사하지만 **공법적 권리(공권)**로 이해되는 것이 타당하다. 다만 국가배상청구권이 국가를 상대방으로 하는 권리로서 공법의 규율을 받지만 본질적으로 손해배상청구권과 동일한 내용을 갖는다는 점에서 공권으로 분류하는 실질적인 의미는 없다. 둘째, 국가배상청구권은 국가를 채무자로 하는 **금전채권으로서 재산권**에 포함될 수 있으므로 국가배상청구권의 보장은 재산권의 보장과 동일

62) 전광석, 520면 이하; 허영, 621면 이하.
63) 계희열(중), 667면 이하; 김철수, 1106면; 성낙인, 1433면; 장영수, 895면; 허영, 615면.
64) 계희열(중), 668면 이하; 권영성, 620면; 김철수, 1107면; 성낙인, 1433면; 허영, 615면.
65) 계희열(중), 669면; 권영성, 620면; 성낙인, 1433면 이하; 허영, 615면.
66) 김철수, 1108면.

한 의미를 갖는다. 헌법재판소도 국가배상청구권의 보장을 금전청구권을 의미하는 재산권의 보장이면서[67] 재산권의 보장에 대한 특별한 보장으로 이해한다.[68] 셋째, 국가배상청구권은 국가배상에 관한 **법적 지위의 자유권**으로서 주관적 지위를 보장하면서 법적 지위와 관련된 객관적 **국가배상제도**를 보장하기도 한다. 넷째, 국가배상청구권에 포함된 법적 지위의 자유권을 보강하기 위하여 국가배상의 절차에 관한 입법을 요구할 수 있는 **절차권**도 국가배상청구권에 포함된다. 다섯째, 국가배상청구권을 구체화하는 법률이 없어도 그에 직접 근거하여 주장할 수 있는 직접효력을 갖는 기본권으로 보는 견해에는 원칙적으로 동의하지만 헌법적 권리인 기본권으로 보장된 국가배상청구권과 법률상의 권리로서 국가배상청구권이 혼동될 수 있기 때문에 여기에는 부연설명이 필요하다. 금전채권을 의미하는 법률상의 국가배상청구권은 규칙의 성격을 가지는 확정적인 권리다. 하지만 헌법적 권리인 기본권으로서 국가배상청구권은 재산적 대상 및 국가배상에 관한 법적 지위의 자유권이면서 국가배상절차에 관한 입법을 요구할 수 있는 절차권으로서 비례성원칙에 따라 확정적 효력을 갖게 되는 원칙의 성격을 가지는 **잠정적 권리**다.

(2) 국가배상을 청구할 수 있는 법적 지위에 관한 자유

국가배상청구권은 상태, 즉 법적 지위가 보장된 법적 상태를 보호법익으로 하는 자유다. 이러한 법적 지위는 국가배상을 청구할 수 있는 법적 지위를 의미하므로 국가배상상청구권은 국가보상을 청구할 수 있는 법적 지위에 관한 자유로 이해된다. 다만 이와 같은 법적 지위가 공법적 제도(국가배상제도)와 관련되어 자유권의 성격이 부인되면 이러한 법적 지위의 보장은 단지 절차권의 보장만을 의미하게 된다.

(3) 국가배상을 청구할 수 있는 법적 지위에 관한 권리

1) 방어권과 보호권 ① 국가배상청구권은 국가에 대한 금전채권 및 국가배상을 청구할 수 있는 법적 지위를 박탈하는 제약행위의 부작위 · 중지를 요구할 수 있는 **방어권**을 포함한다. 또한 ② 국가에 대한 금전채권 및 국가배상을 청구할 수 있는 법적 지위를 박탈하는 사인인 제3자의 침해행위로부터 국가의 보호를 요구할 수 있는 **보호권**을 포함한다. 국가에 대한 금전채권 및 국가배상을 청구할 수 있는 법적 지위의 행사는 사인(私人)인 제3자에 의해서도 저지 · 방해받음으로써 사실상 **박탈**될 수 있기 때문이다.

2) 절 차 권

국가배상청구권은 국가배상을 청구할 수 있는 법적 지위에 관한 자유권을 보강하는 국가배상절차에 관한 입법을 요구할 수 있는 **절차권**을 포함한다. 국가배상청구권을 침해하는 공권력작용에 대해서 헌법재판과 같은 권리구제절차에 관한 입법을 요구할 수 있는 절차권이 국가배상청구권에서 도출된다. 이에 상응하여 국가는 국가배상에 관한 절차를 보장하는 입법의 **의무**를 진다.

---

67) 헌재 1996. 6. 13. 94헌바20; 1997. 7. 20. 96헌바24; 2015. 4. 30. 2013헌바395.
68) 헌재 2021. 5. 27. 2019헌가17.

(4) 국가배상에 관한 제도보장

국가배상청구권은 법적 지위에 관한 자유이고, 절차권적 측면을 가지고 있다는 점에서 국가배상을 청구할 수 있는 '법적 지위'와 국가배상절차에 관한 '법규범'을 구체화하는 제도를 반드시 필요로 한다. 이 점에서 국가배상청구권은 국가배상에 관한 제도보장의 측면을 포함한다. 중요한 것은 국가배상제도의 보장이라는 객관적 측면은 국가배상청구권에 포함된 주관적 측면과 표리관계를 이룬다는 점이다.

Ⅲ. 제약행위

국가배상청구권에 포함된 방어권의 경우에 국가배상청구권을 박탈하는 행위는 국가배상청구권에 대한 제약행위로서 잠정적으로 금지된다. 국가배상청구권의 행사를 저지 · 방해하는 행위도 박탈행위에 포함된다. 국가배상청구권에 포함된 절차권을 구체화하는 입법을 하지 않는 입법부작위도 잠정적으로 금지된다.

제 3 항 제한규범

국가배상청구권의 구성요건을 충족해도 제한규범에 근거하여 제약되는, 국가배상청구에 관한 법적 지위는 확정적인 보호를 받지 못한다. 국가배상청구권의 구성요건을 충족하면서 제한규범에 근거하여 제약될 수 없는, 국가배상청구에 관한 법적 지위만이 확정적으로 보호된다. 따라서 국가배상청구권의 구성요건 단계에서 보호법익에 해당하여 잠정적으로 보호된, 국가배상청구에 관한 법적 지위는 제한규범에 근거하여 제약될 수 없으면 확정적으로 보호된다. 한편 국가배상청구권에 포함된 방어권의 경우에 구성요건의 단계에서 잠정적으로 금지된 제약행위는 제한규범에 근거하는 경우에만 잠정적으로 허용된 제약행위로 바뀌게 되고, 근거가 되는 제한규범이 없는 경우에는 확정적으로 금지된 제약행위가 된다.

Ⅰ. 헌법직접적 제한규범

1. 이중배상금지의 원칙

국가배상청구권에 대한 성문의 헌법직접적 제한규범으로는 헌법 제29조 제2항을 들 수 있다. 이에 따르면 군인, 군무원, 경찰공무원은 국가배상권의 주체가 될 수 없다. 이른바 '이중배상금지의 원칙'에 따라 국가배상청구권의 주체가 될 수 없는 자들에 대해서는 다른 법령에 의한 보상이 예정되어 있기 때문에 국가배상청구권의 주체가 될 수 없다고 한다. 그러나 이 규정에 대해서는 국가배상법 규정에 대한 위헌의 문제[69]를 헌법

69) 대법원은 이중배상금지를 규정한 국가배상법조항에 대해서 위헌판결을 내린 바 있다. 대판 1971.6.22. 70다

적 명시를 통해 해결하려고 했던 역사적 배경(이중배상금지의 원칙은 1972년 유신헌법에 최초로 명시되었다)에 대한 비판이 있다. 뿐만 아니라 국가배상권의 주체가 될 수 없는 자들에 대해서 예정된 다른 법령에 의한 보상은 사회보장적 성격이 강하기 때문에 이중배상금지의 원칙에 해당하지 않는다는 비판도 제기된다. 또한 명시적인 헌법적 근거를 마련함으로써 형식적으로나마 문제가 해결되어 버린 현실을 인정한다고 할 때 국가배상권의 주체가 될 수 없는 자들에 대한 사회보장적 성격의 보상을 더욱 확대해야 한다거나 군인, 군무원, 경찰공무원 이외에 법률에 유보한 인적 범위를 가능한 한 축소해야 한다는 견해가 합리적 대안으로 제시되고 있다.

2. 위헌적 헌법규정

군인 · 군무원 · 경찰공무원을 국가배상권의 주체에서 배제함으로써 발생하는 여러 가지 문제점들을 해결하기 위하여 제시된 대안에도 불구하고 이 규정에 대해서는 좀 더 근본적인 문제제기도 있다. 즉 **위헌적 헌법규정**이 가능할 수 있는지에 대한 문제의 제기가 그것이다. 이 쟁점에 대해서 헌법재판소는 다음과 같이 원칙적으로 헌법은 헌법재판소의 심판대상이 아니라고 전제하면서 헌법 제29조 제2항을 구체화하고 있는 국가배상법에 대해서는 합헌의 견해를 주장한다.[70] ① "헌법 제111조 제1항 제1호, 제5호 및 헌법재판소법 제41조 제1항, 제68조 제2항은 위헌심사의 대상이 되는 규범을 **'법률'로 명시**하고 있으며, 여기서 '법률'이라고 함은 국회의 의결을 거쳐 제정된 이른바 **형식적 의미의 법률**을 의미하므로 헌법의 개별규정 자체는 헌법소원에 의한 위헌심사의 대상이 아니다." ② "헌법은 전문과 각 개별조항이 서로 밀접한 관련을 맺으면서 **하나의 통일된 가치체계**를 이루고 있는 것으로서, 헌법의 제규정 가운데는 헌법의 근본가치를 보다 추상적으로 선언한 것도 있고, 이를 보다 구체적으로 표현한 것도 있으므로 **이념적 · 논리적으로는 헌법규범상호간의 우열을 인정**할 수 있는 것이 사실이다. 그러나 이때 인정되는 헌법규범상호간의 우열은 추상적 가치규범의 구체화에 따른 것으로서 헌법의 통일적 해석에 있어서는 유용할 것이지만, 그것이 헌법의 어느 특정 규정이 다른 규정의 효력을 전면적으로 부인할 수 있을 정도의 개별적 **헌법규정 상호간에 효력상의 차등을 의미하는 것이라고는 볼 수 없다.**"

이에 대해서는 이미 위헌으로 선언된 법률규정을 헌법개정을 통해 헌법규정화함으로써 문제를 해결했기 때문에 **헌법개정**을 통해 다시 제거하는 해결방법, 헌법재판소의 주장처럼 헌법규범상호간의 효력상의 차이는 원칙적으로 인정될 수 없지만 헌법 제29조 제2항의 경우에 **예외적으로 인정**하는 해결방법, 실정헌법을 초월하는 **정의나 자연법**을 근거로 효력을 부인하는 해결방법 등이 제시될 수 있다. 하지만 ① 헌법개정이라는

1010.

70) 헌재 1995. 12. 28. 95헌바3; 1996. 6. 13. 94헌바20(향토예비군대원); 1996. 6. 13. 94헌마118등(경찰공무원, 전투경찰순경); 2001. 2. 22. 2000헌바38; 2005. 5. 26. 2005헌바28.

해결방법은 가장 간단할 수는 있지만 용이하지 않을 뿐만 아니라 입법정책적인 해결방법은 헌법해석적 수단을 모두 동원한 후에 최후 수단으로 제시되어야 한다는 점, ② 예외적으로나마 헌법규범상호간의 효력상의 서열을 인정할 때 예외의 범위가 어디까지이며 헌법 제29조 제2항의 경우가 그러한 예외의 범위에 해당하는 근거가 불분명하다는 점, ③ 정의나 자연법의 의미내용은 불명확하고 적어도 정의에 관한 절차이론에 따르는 경우에 정의를 위한 절차에 필수적인 규범적 요청인 인권은 기본권으로서 이미 헌법에 실정화되어 있다는 점 등을 고려할 때 그러한 해결방법에는 한계가 드러난다.

Ⅱ. 헌법간접적 제한규범

국가배상청구권에 대한 헌법간접적 제한규범은 이 기본권에 대해서만 '개별적으로' 규정될 수도 있고, 이 기본권을 포함한 모든 자유와 권리에 대해서 '일반적으로' 규정될 수도 있다. 국가배상청구권에 대한 헌법간접적 제한규범으로는 앞에서 살펴본 헌법 제29조 제1항의 경우에 "법률이 정하는 바에 의하여", 그리고 동조 제2항의 경우에 "기타 법률이 정하는 자"라고 규정한 부분이 개별적 법률유보에 해당한다. 또한 헌법 제37조 제2항의 일반적 법률유보조항에 따라 제한될 수도 있다.

제4항 정 당 화

Ⅰ. 비례성원칙과 본질내용침해금지원칙

국가배상청구권도 원칙으로 이해된다. 따라서 잠정적으로 보장된 국가배상청구권의 구성요건이 확정적으로 보장받기 위해서는 **비례성원칙에 따른 합리적 형량**이 필요하다. 이것은 국가배상청구권을 제한하는 다른 사람의 기본권이나 헌법적 법익 또는 공익을 국가배상청구권과의 관계에서 정당화하는 것을 의미한다. 그러므로 국가배상청구권에 대한 제약행위는 다른 사람의 기본권이나 헌법적 법익 또는 입법목적으로 제시된 공익과 균형을 이룰 수 있는 범위 안에서는 정당화된다. 비례성원칙은 방어권의 경우에는 과잉금지원칙으로, 보호권과 절차권의 경우에는 과소금지원칙으로 구체화된다. 헌법재판소는 민주화운동 및 5·18민주화운동과 관련된 보상금 지급 결정에 동의하면 정신적 손해에 관한 부분도 재판상 화해가 성립된 것으로 보는 것은 국가배상청구권을 과잉금지원칙에 위배되어 침해한 것으로 본다.[71]

국가배상청구권의 본질내용에 대해서는 **절대설**에 따르면 비례성원칙과는 독립적인 원칙으로서 본질내용침해금지원칙에 따른 독자적인 심사가 국가배상청구권에 대한 제한을 정당화하기 위하여 부가적으로 필요하다. 하지만 **상대설**에 따르면 비례성원칙에 따

---

71) 헌재 2018. 8. 30. 2014헌바180등; 2021. 5. 27. 2019헌가17.

른 심사로 국가배상청구권의 제한을 위한 정당화는 충분하게 된다.

Ⅱ. 국가배상청구권의 소멸시효제도

민법상의 소멸시효제도는 권리의 주체가 그의 권리를 행사할 수 있음에도 불구하고 일정한 기간 동안 그 권리를 행사하지 않는 상태, 즉 권리불행사의 상태가 계속된 경우에 법적 안정성을 위하여 그 권리의 주체로부터 권리를 박탈하여 소멸시키는 제도를 말한다. 이러한 제도의 의의, 즉 존재이유에 대해서 헌법재판소는 다음과 같이 말한다.[72] "계속되어 온 사실상태를 그대로 진정한 권리관계로 인정함으로써 과거사실의 증명의 곤란으로부터 채무자를 구제함으로써 민사분쟁의 적정한 해결을 도모한다는 점, … 장기간에 걸쳐 권리행사를 받지 아니한 채무자의 신뢰는 보호할 필요가 있으며 … 피해자가 손해 및 가해자를 알면서도 상당한 기간 동안 권리를 행사하지 아니하는 때에는 손해배상청구권을 시효에 걸리게 하여 가해자를 보호할 필요가 있는 점 등의 고려에 의하여 민사상의 법률관계의 안정을 도모하고 증거보전의 곤란을 구제함으로써 민사분쟁의 적정한 해결을 위하여 존재하는 제도이다." 그러면서 국가배상청구권에도 민법상의 소멸시효제도가 그대로 적용된다고 한다. 국가배상청구권은 기본권이지만 잠정적인 권리로서 다른 사람의 기본권이나 헌법적 법익 또는 공익과의 합리적인 형량을 거쳐 확정적인 권리로 전환되기 때문에 헌법재판소가 제시하고 있는 것처럼 신뢰보호의 이익과 법적 안정성을 고려하여 합리적으로 형량해 볼 때 소멸시효제도에 의하여 제한될 수 있다고 본다. 다만 가해자인 채무자가 국가라는 점에서 반인륜적인 국가범죄에 대해서는 소멸시효제도를 인정하지 않는 것이 타당하다. 국가배상청구권의 소멸시효를 원칙적으로 인정하고 있는 헌법재판소도 민간인 집단희생사건이나 중대한 인권침해·조작의혹사건에까지 국가배상청구권의 소멸시효를 적용하는 것은 입법형성의 한계를 일탈하여 국가배상청구권을 침해하는 것으로 본다.[73] 대법원도 국가배상청구권의 소멸시효를 인정하여 국가의 소멸시효에 관한 주장을 인정하고 있다.[74]

제5항 효 력

국가배상청구권은 국가배상에 관한 법적 지위를 보장함으로써 우선적으로 국가에 대해서 효력을 미친다. 국가배상에 관한 법적 지위에 영향을 미칠 수 있는 주체는 오로지 국가배상에 관한 입법의 권한을 가진 국가만이 될 수 있기 때문이다. 따라서 사인인 제3자는 국가배상청구권에 관한 법적인 영향력을 행사할 수 없기 때문에 원칙적으로 국

72) 헌재 1997. 2. 20. 96헌바24.
73) 헌재 2018. 8. 30. 2014헌바148.
74) 대판 1997. 2. 11. 94다23692.

가배상청구권에 대한 대사인적 효력은 문제되지 않는다. 다만 제3자도 국가배상청구권의 행사를 저지 · 방해함으로써 국가배상청구권에 관한 간접적 · 사실적 영향력을 행사할 수 있기 때문에 그런 한도 내에서 대사인적 효력이 문제될 수 있다. 이 경우에 국가배상청구권의 사인에 대한 효력은 기본권의 대사인적 효력에 관한 이론구성에 따라 법관에게 기본권존중의무를 매개로 국가배상청구권을 존중하는 재판을 요구함으로써 실현될 수 있다.

제 6 절 범죄피해자구조청구권

제 1 항 헌법규정

헌법 제30조는 범죄피해자구조청구권을 규정하고 있다. 이 규정이 의미하는 내용은 범죄피해자구조청구권에 관한 주관적 지위와 객관적 규범이다. 범죄피해자구조청구권은 현행 헌법에서 최초로 규정된 기본권이다.

[헌법 제30조]
타인의 범죄행위로 인하여 생명 · 신체에 대한 피해를 받은 국민은 법률이 정하는 바에 의하여 국가로부터 구조를 받을 수 있다.

제 2 항 구성요건

Ⅰ. 인적 구성요건(주체)

범죄피해자구조청구권의 주체는 타인의 범죄행위로 인하여 생명이나 신체에 대한 피해를 당한 국민이다.[75] 범죄피해자구조청구권을 구체화하고 있는 범죄피해자 보호법에 따르면 범죄피해자에는 ① 피해를 당한 사람(피해자)뿐만 아니라 ② 그 배우자, 직계친족 및 형제자매가 포함된다(동법 제3조 제1항 제1호). 그 밖에 범죄피해 방지 및 범죄피해자 구조 활동으로 피해를 당한 사람도 범죄피해자에 포함된다(동법 동조 제2항). 이러한 범죄피해자 가운데 사람의 생명이나 신체를 해치는 범죄로 인해 사망하거나 장해 또는 중상해를 입은 피해자(구조피해자)나 그 유족이 범죄피해자구조청구권의 주체가 된다. 원칙적으로 국민만이 주체가 될 수 있고, 외국인의 경우에도 상호주의원칙에 따라 인정될 수 있다. 범죄피해자 보호법은 외국인이 구조피해자이거나 유족인 경우에는 해당 국가의 상호의 보증이 있는 경우 또는 해당 외국인이 구조대상 범죄피해 발생 당시 대한민국 국

75) 범죄피해자의 인권에 대한 자세한 논의는 이준일, 『인권법』(2021), 제44장 참조.

민의 배우자이거나 대한민국 국민과 혼인관계(사실혼 포함)에서 출생한 자녀를 양육하고 있는 자로서 영주자격이나 법무부령이 정하는 장기체류자격을 가지고 있는 경우에만 적용한다고 규정한다(동법 제23조).

Ⅱ. 보호법익

1. 범죄피해자구조청구권

범죄피해자구조청구권이란 타인의 범죄행위로 생명이나 신체에 대한 피해를 당한 국민이 국가에 대해서 구조를 청구하는 권리를 말한다.

2. 범죄피해자구조를 청구할 수 있는 법적 지위에 관한 자유와 권리

(1) 학 설

범죄피해자구조청구권의 법적 성격에 대해서는 ① 국가는 범죄의 발생을 예방하고 진압할 책임이 있기 때문에 범죄로 인하여 발생한 책임에 대해서 국가가 일부를 부담한다는 측면에서 **국가배상청구권의 성격**을 갖는 동시에 ② 범죄자가 배상능력이 없다는 것을 전제로 범죄피해자에 대한 사회보장적 측면에서 **사회적 기본권의 성격**을 아울러 가지고 있는 **직접효력규정**으로 이해하는 견해가 대체적인 것으로 보인다.[76]

범죄피해자구조청구권이 직접효력을 발생하는 구체적 권리라고 하더라도 그것은 법률상의 권리와는 구별되는 기본권이라는 점을 유의해야 한다. 법률상의 권리는 확정적 지위인데 비해서 헌법상의 기본권은 잠정적 지위이기 때문이다. 따라서 범죄피해자구조청구권도 구조상 **원칙규범인 기본권으로서 잠정적 지위**로 이해되기 때문에 다른 사람의 기본권이나 헌법적 법익 또는 공익과 합리적 형량을 거쳐 확정적 효력을 갖게 된다.

(2) 범죄피해자구조를 청구할 수 있는 법적 지위에 관한 자유

범죄피해자구조청구권은 상태, 즉 법적 지위가 보장된 법적 상태를 보호법익으로 하는 자유다. 이러한 법적 지위는 범죄피해자가 되었을 때 구조를 청구할 수 있는 법적 지위를 의미하므로 범죄피해자구조청구권은 범죄피해자가 되었을 때 구조를 청구할 수 있는 법적 지위에 관한 자유로 이해된다. 물론 이러한 법적 지위가 공법적 제도(범죄피해자구조제도)와 관련되어 자유권의 성격이 부인되면 이와 같은 법적 지위의 보장은 절차권의 보장을 의미하게 된다.

(3) 범죄피해자구조를 청구할 수 있는 법적 지위에 관한 권리

1) 방어권과 보호권 ① 범죄피해자구조청구권은 범죄피해자가 되었을 때 구조를 청구할 수 있는 법적 지위를 박탈하는 제약행위의 부작위·중지를 요구할 수 있는 **방어권**을 포함한다. 또한 ② 범죄피해자가 되었을 때 구조를 청구할 수 있는 법적 지위를

76) 계희열(중), 698면 이하; 권영성, 641면; 김철수, 1120면; 성낙인, 1447면; 허영, 627면 이하; 홍성방(중), 464면; 입법의무부과규정이라는 견해로는 장영수, 909면.

사인인 제3자가 침해하는 경우에 국가의 보호를 요구할 수 있는 **보호권**을 포함한다. 범죄피해자가 되었을 때 구조를 청구할 수 있는 법적 지위의 행사는 사인(私人)인 제3자에 의해서도 저지 · 방해받음으로써 사실상 **박탈**될 수 있기 때문이다.

2) 절 차 권

범죄피해자구조청구권은 범죄피해자가 되었을 때 구조를 청구할 수 있는 법적 지위에 관한 절차를 보장하는 입법을 요구할 수 있는 **절차권**을 포함한다. 범죄피해자구조청구권을 침해하는 공권력작용에 대해서 헌법재판과 같은 권리구제절차에 관한 입법을 요구할 수 있는 절차권이 범죄피해자구조청구권에서 도출된다. 이에 상응하여 국가는 범죄피해자의 구조에 관한 절차를 보장하는 입법의 **의무**를 진다.

3) 사 회 권

범죄피해자구조청구권은 범죄피해자가 되었을 때 국가에 대해서 사실적 급부인 구조를 요구할 수 있는 **사회권**을 포함한다. 범죄피해자보호법에 따르면 범죄피해자구조청구권은 사람의 생명이나 신체를 해치는 범죄로 인해 사망하거나 장해 또는 중상해를 입은 것으로 충분하고 피해자나 그 유족의 생계곤란 여부는 문제되지 않는다. 하지만 구조금액을 구체적으로 결정할 때 피해자나 그 유족의 생계유지상황이 고려된다는 점에서(동법 제22조) 범죄피해자구조청구권에는 사회권적 기능이 포함된다.

(4) 범죄피해자구조에 관한 제도보장

범죄피해자구조청구권은 '법적 지위'에 관한 자유이고, '절차권'의 측면을 보장한다는 점에서 범죄피해자구조를 청구할 수 있는 '법적 지위'와 범죄피해자구조절차에 관한 '법규범'을 구체화하는 제도를 반드시 필요로 한다. 이 점에서 범죄피해자구조청구권은 범죄피해자의 구조에 관한 제도보장의 측면을 포함한다. 중요한 것은 범죄피해자구조제도의 보장이라는 객관적 측면은 범죄피해자구조청구권에 포함된 주관적 측면과 표리관계를 이룬다는 점이다. 같은 맥락에서 헌법재판소도 범죄피해자구조청구권은 입법자에 의한 구체적 형성이 불가피하고 이 과정에서 입법자의 광범위한 입법재량이 인정된다고 본다.[77]

Ⅲ. 제약행위

범죄피해자구조청구권에 포함된 방어권의 경우에 범죄피해자가 되었을 구조를 청구할 수 있는 법적 지위를 박탈하는 행위는 범죄피해자구조청구권에 대한 제약행위로서 잠정적으로 금지된다.

77) 헌재 2011. 12. 29. 2009헌마354; 2022. 8. 31. 2019헌마1331.

제 3 항 제한규범

범죄피해자구조청구권의 구성요건을 충족해도 제한규범에 근거하여 제약되는, 범죄피해자구조에 관한 법적 지위는 확정적인 보호를 받지 못한다. 범죄피해자구조청구권의 구성요건을 충족하면서 제한규범에 근거하여 제약될 수 없는, 범죄피해자구조에 관한 법적 지위만이 확정적으로 보호된다. 따라서 범죄피해자구조청구권의 구성요건 단계에서 보호법익에 해당하여 잠정적으로 보호된, 범죄피해자구조에 관한 법적 지위는 제한규범에 근거하여 제약될 수 없으면 확정적으로 보호된다. 한편 범죄피해자구조청구권에 포함된 방어권의 경우에 구성요건의 단계에서 잠정적으로 금지된 제약행위는 제한규범에 근거하는 경우에만 잠정적으로 허용된 제약행위로 바뀌게 되고, 근거가 되는 제한규범이 없는 경우에는 확정적으로 금지된 제약행위가 된다.

Ⅰ. 헌법직접적 제한규범

범죄피해자구조청구권에 대한 성문의 헌법직접적 제한규범은 규정되어 있지 않다. 불문의 헌법직접적 제한으로는 다른 사람의 기본권이나 헌법적 법익을 들 수 있다. 다른 사람의 기본권이 범죄피해자구조청구권에 대한 헌법직접적 제한규범이 되면 양 기본권들 사이에 '기본권의 충돌'이 발생한다.

Ⅱ. 헌법간접적 제한규범

범죄피해자구조청구권에 대한 헌법간접적 제한규범, 즉 법률유보와 관련하여 헌법은 "법률이 정하는 바에 의하여"라고 규정하여 제한가능성을 열어 두고 있다. 범죄피해자구조청구권을 구체화하고 있는 법률로 **범죄피해자 보호법**이 제정되어 있다. 이 법률은 범죄피해자구조청구권의 구체적 내용을 '형성'하는 법률이면서 동시에 '제한'하는 법률로 이해된다. 한편 범죄피해자구조청구권은 일반적 법률유보조항인 헌법 제37조 제2항에 근거하여 "국가안전보장, 질서유지, 공공복리"를 위하여 "법률로써" 제한될 수 있다.

1. 성립요건

범죄피해자 보호법은 구체적인 **성립요건**을 정하고 있다. **적극적 요건**은 범죄피해자구조청구권이 발생하는 두 가지 경우로 구분된다(동법 제16조). 첫째로, ① 생명과 신체를 해치는 타인의 범죄로 인해 사망하거나 장해 또는 중상해를 입어야 하고, ② 피해자가 피해의 전부 또는 일부를 배상받지 못하는 경우이어야 한다. 둘째로, 자기 또는 타인의 형사사건의 수사 또는 재판에서 고소·고발 등 수사단서를 제공하거나 진술, 증언 또는 자료제출을 하다가 피해를 입은 경우이어야 한다. 이러한 두 가지 경우에 또한 **소**

극적 요건에 해당하지 않아야 한다. ① 피해자와 가해자간에 일정한 친족관계가 있는 경우는 구조금의 전부 또는 일부를 지급하지 않고(동법 제19조 제1항, 제2항), ② 피해자가 해당 범죄행위를 교사 · 방조하거나 유발하는 행위 등을 한 경우에도 구조금의 전부 또는 일부를 지급하지 않는다(동조 제3항, 제4항).

2. 청구권자와 구조금

범죄피해구조금을 받는 주체는 피해자나 유족이다(동법 제17조). 피해자에게는 **장해구조금** 또는 **중상해구조금**이, 유족에게는 **유족구조금**이 일시금으로 지급된다. 범죄피해자 또는 유족이 해당 범죄피해를 원인으로 하여 국가배상법이나 그 밖의 법령에 의한 급여 등을 지급받을 수 있는 경우에는 구조금을 지급하지 않는다(동법 제20조). 그리고 ① 국가는 피해자 또는 유족이 해당 범죄피해를 원인으로 하여 손해배상을 받았으면 그 범위에서 구조금을 지급하지 않고, ② 국가는 지급한 구조금의 범위에서 해당 구조금을 받은 사람이 가지는 손해배상청구권을 대위한다(동법 제21조 제1항, 제2항).

3. 청구절차

범죄피해자구조금의 지급 및 손해배상청구권 대위에 관한 사항을 심의 · 결정하기 위하여 각 지방검찰청과 법무부에 **'범죄피해구조심의회'**를 두고(동법 제24조 제1항), 법무부장관의 지휘 · 감독을 받도록 하고 있다(동법 동조 제4항).

범죄피해자구조금을 지급받고자 하는 자는 그 주소지 · 거주지 또는 범죄발생지를 관할하는 지구심의회에 신청하여야 하는데 이 신청은 당해 **범죄피해의 발생을 안 날로부터 3년 또는 당해 범죄피해가 발생한 날로부터 10년**이 경과한 때에는 이를 할 수 없다(동법 제25조). 신청을 받은 지구심의회는 신속하게 구조금의 지급 여부와 금액에 관한 결정을 해야 한다(동법 제26조). 그리고 지구심의회에서 구조금 지급신청을 기각(일부기각된 경우를 포함) 또는 각하하면 신청인은 그 지구심의회를 거쳐 본부심의회에 재심을 신청할 수 있다(동법 제27조 제1항).

범죄피해자구조금의 지급을 받을 권리는 그 **구조결정이 당해 신청인에게 송달된 날로부터 2년간** 행사하지 않으면 시효로 인하여 소멸한다(동법 제31조). 또한 범죄피해자구조금의 지급을 받을 권리는 양도나 담보제공 또는 압류가 금지된다(동법 제32조).

제4항 정 당 화

범죄피해자구조청구권도 원칙규범이다. 따라서 잠정적으로 보장된 범죄피해자구조청구권의 구성요건이 확정적으로 보장받기 위해서는 **비례성원칙에 따른 합리적 형량**이 필요하다. 이것은 범죄피해자구조청구권을 제한하는 다른 사람의 기본권이나 헌법적 법익 또는 공익을 범죄피해자구조청구권과의 관계에서 정당화하는 것을 의미한다. 그러므로 범죄피해자구조청구권에 대한 제약행위는 다른 사람의 기본권이나 헌법적 법익 또는 입법목적으로 제시된 공익과 균형을 이룰 수 있는 범위 안에서는 정당화된다. 비례성원칙은 방어권의 경우에는 과잉금지원칙으로, 보호권과 절차권의 경우에는 과소금지원칙으로 구체화된다.

범죄피해자구조청구권의 본질내용에 대해서는 **절대설**에 따르면 비례성원칙과는 독립적인 원칙으로서 본질내용침해금지원칙에 따른 독자적인 심사가 범죄피해자구조청구권에 대한 제한을 정당화하기 위하여 부가적으로 필요하다. 하지만 **상대설**에 따르면 비례성원칙에 따른 심사로 범죄피해자구조청구권의 제한을 위한 정당화는 충분하게 된다.

제5항 효 력

범죄피해자구조청구권은 법적 지위를 보장함으로써 우선적으로 국가에 대해서 효력을 미친다. 범죄피해자구조청구에 관한 법적 지위에 영향을 미칠 수 있는 주체는 오로지 범죄피해자구조에 관한 입법의 권한을 가진 국가만이 될 수 있기 때문이다. 따라서 사인인 제3자는 범죄피해자구조청구권에 관한 법적인 영향력을 행사할 수 없기 때문에 원칙적으로 범죄피해자구조청구권에 대한 제3자효는 문제되지 않는다. 다만 제3자도 범죄피해자구조청구권의 행사를 저지 · 방해함으로써 범죄피해자구조청구권에 관한 **간접적 · 사실적 영향력**을 행사할 수 있기 때문에 그런 한도에서 제3자효가 문제될 수 있다. 이 경우에 범죄피해자구조청구권의 사인에 대한 효력은 기본권의 대사인적 효력에 관한 이론구성에 따라 법관에게 기본권존중의무를 매개로 범죄피해자구조청구권을 존중하는 **재판**을 요구함으로써 실현될 수 있다.

제10장 사회적 기본권

제1절 서 설

Ⅰ. 기본권의 기능으로서 사회적 기본권

사회적 기본권은 입법의 형식으로 국가의 적극적 행위(작위 또는 급부)를 청구하는 권리 가운데 입법의 내용으로 현물이나 현금과 같은 사실적 급부를 청구하는 권리를 뜻하는 '사실적 급부권'에 해당한다.[1] 따라서 국가의 소극적 행위를 청구하는 방어권, 또는 국가의 적극적 행위 가운데 형식이나 내용에서 모두 규범적 급부를 청구하는 보호권이나 절차권과 구별된다. 이런 의미에서 사회적 기본권은 우선 방어권, 보호권, 절차권과 같은 여러 가지 기본권의 기능들 가운데 하나로 이해된다.

Ⅱ. 사회생활영역에 관한 기본권으로서 사회적 기본권

한편 사회적 기본권은 문화적 기본권, 정치적 기본권, 경제적 기본권처럼 일정한 생활영역과 관련된 기본권을 의미할 수도 있다. 그러나 다음과 같은 이유 때문에 사회적 기본권은 우선적으로 기본권의 기능으로 이해되는 것이 적절할 것이다. ① 첫째, 다른 생활영역과는 달리 사회적 생활영역의 경계가 불분명하다. ② 둘째, 사회적 기본권의 대상이 되는 대표적 생활영역, 즉 생계, 교육, 의료, 주거, 근로 등을 하나의 생활영역으로 묶기에는 무리가 있다. ③ 셋째, 굳이 그것들을 하나의 생활영역으로 묶을 수 있다고 하는 경우에도 그것들의 공통점은 오히려 사회적 기본권의 기능이 강조되는 성격, 즉 사실적 급부를 청구하는 기본권적 기능이 다른 기본권보다 더욱 강하게 요청된다는 데 있다. ④ 넷째, 사회적 기본권의 의미를 생활영역에 따른 기본권으로 이해하게 되면 대표적으로 사회적 기본권으로 분류되는 기본권 이외의 다른 개별적 기본권에 대해서 사회적 기본권의 기능을 부여하는 데 어려움을 발생시키기도 한다.

Ⅲ. 사회적 기본권과 사회권의 구분

앞에서 언급한 대로 기본권이 가지는 여러 가지 기능들 가운데 사회적 기본권의 기능이 다른 기능보다 특별히 부각되어 강조되는 기본권을 사회적 생활영역에 속하는 기본권으로 묶어서 사회적 기본권이라고 부를 수도 있다. 이러한 의미에서는 사회적 기본

1) 제2편 제1부 제2장 제2절 Ⅱ. 2. 참조.

권이라고 하면 대체로 사회적 생활영역과 관련을 맺는 기본권으로 이해된다. 따라서 불필요한 오해를 막기 위해서 사회적 기본권이 기본권의 기능 가운데 하나를 의미하는 경우에 '**사회권**'이라고 부를 수도 있다. 하지만 중요한 것은 사회적 기본권이든 사회권이든 사용되는 맥락에 따라 **기본권의 기능**을 의미할 수도 있고, **일정한 생활영역**을 의미할 수도 있다는 점이다.

제 2 절 인간다운 생활을 할 권리

제 1 항 헌법규정

헌법 제34조는 인간다운 생활을 할 권리를 규정하면서 사회보장 및 사회복지의 증진에 관한 **국가의 의무**를 규정하고 있다. 인간다운 생활을 할 권리의 내용이 사회보장 및 사회복지에 관한 사항을 포괄한다는 점을 확인할 수 있다. 또한 여성, 노인, 청소년, 장애인, 생활무능력자 등 사회적 약자들에 대한 국가의 보호의무와 재해예방의무를 규정한다. 인간다운 생활을 할 권리가 우선적으로 보장되는 주체는 사회적 약자인 것으로 이해할 수 있다.

[헌법 제34조]

① 모든 국민은 인간다운 생활을 할 권리를 가진다.
② 국가는 사회보장·사회복지의 증진에 노력할 의무를 진다.
③ 국가는 여자의 복지와 권익의 향상을 위하여 노력하여야 한다.
④ 국가는 노인과 청소년의 복지향상을 위한 정책을 실시할 의무를 진다.
⑤ 신체장애자 및 질병·노령 기타의 사유로 생활능력이 없는 국민은 법률이 정하는 바에 의하여 국가의 보호를 받는다.
⑥ 국가는 재해를 예방하고 그 위험으로부터 국민을 보호하기 위하여 노력하여야 한다.

인간다운 생활을 할 권리와 관련하여 제헌헌법(제19조)은 "노령, 질병 기타 근로능력의 상실로 인하여 생활유지의 능력이 없는 자는 법률이 정하는 바에 의한 국가의 보호를 받는다"고 규정하였다. 1962년 헌법(제30조)에서는 현행 헌법과 같이 "인간다운 생활을 할 권리"와 "사회보장의 증진"에 관한 국가의 의무 및 "생활능력이 없는 국민"에 대한 국가의 보호라는 양식으로 규정되었다. 1980년 헌법(제32조)에서는 사회보장과 함께 "사회복지"가 추가되었고, 현행 헌법부터는 생활능력이 없는 국민과 함께 "여자", "노인과 청소년", "신체장애자"에 대한 국가의 보호로 확대되었다.

제 2 항 구성요건

Ⅰ. 인적 구성요건(주체)

인간다운 생활을 할 권리의 주체는 우선적으로 모든 국민이다. 아래에서 살펴보는 것처럼 인간다운 생활을 할 권리가 '사실적 자유'를 의미하는 사회적 기본권의 일반조항으로 이해된다면 법적 자유를 보강하는 사실적 자유에 대해서도 외국인의 주체성이 인정되어야 한다. 한편 기본권의 성격상 자연인만이 인간다운 생활을 할 권리의 주체가 될 수 있다.

Ⅱ. 일반적인 사회적 기본권으로서의 인간다운 생활을 할 권리

1. 사회적 기본권의 개념

(1) 학 설

사회적 기본권의 개념은 "국가의 급부와 배려"[2] 또는 "경제·사회적 조건의 창출"[3]을 요구하는 권리로 이해된다. 다만 그것이 모든 국민 또는 인간의 권리인지,[4] 사회적·경제적 약자의 권리인지[5]에 대해서 견해의 차이가 있다. 이러한 견해들로 사회적 기본권의 본질을 이해하는 데는 한계가 있다.

(2) 사실적 자유로서 사회적 기본권

사회적 기본권의 본질은 '사실적 자유'에 있다. 여기서 사실적 자유는 실질적 자유를 의미한다. 따라서 사실적 자유는 형식적 자유를 본질로 하는 법적 자유와 대칭되는 개념이다. 법적 자유의 본질인 형식적 자유는 행위 여부의 선택이나 결정에서 자유로운 주관적 지위를 말한다. 따라서 형식적 자유는 행위 여부의 자유로운 선택이나 결정에 대해 어떠한 '법적' 억압, 즉 강제나 규제도 없는 상태에서 개인이 누리는 주관적 지위를 말한다. 이에 반해 사실적 자유는 행위 여부의 자유로운 선택이나 결정에 대해 어떠한 '사실적' 장애도 없는 상태에서 개인이 누리는 주관적 지위를 말한다. 사실적 장애는 대체로 경제적 장애로 이해된다. 따라서 사실적 자유의 대상은 시장에 충분한 공급이 이루어지고 개인에게 충분한 자력만 제공된다면 시장에서도 얼마든지 구입할 수 있는 것들이 해당된다. 예를 들어 생계, 교육, 의료, 주거, 노동, 환경과 같은 것들이 사실적 자유의 대상이 된다.[6]

---

2) 계희열(중), 704면; 권영성, 644면.
3) 홍성방(중), 280면.
4) 권영성, 653면; 홍성방(중), 280면.
5) 계희열(중), 704면.
6) 사회적 기본권에 대해서는 이준일, 사회적 기본권, 『헌법학연구』(한국헌법학회), 제10권 제1호(2003), 449면 이하 참조.

2. 사회적 기본권의 법적 성격

(1) 학 설

사회적 기본권의 법적 성격에 대해서는 대체로 ① **국민의 권리**로 이해하는 견해와 ② **국가의 의무**로 이해하는 견해로 크게 구분되고, 국민의 권리로 이해하는 경우에도 권리의 성격에 대해서는 견해의 차이를 보인다. 구체적으로는 ① 사회적 기본권을 '원칙' 규범으로 이해하여 사회적 기본권에 권리성을 부여하면서 구체적 사안에 따라 형량을 통하여 융통성 있게 실현해야 한다는 견해(원칙으로서 국민의 권리),[7] ② 일련의 사회적 기본권을 불완전하나마 구체적인 법적 권리로 해석하는 견해(불완전한 구체적 권리),[8] ③ 침해배제청구권으로서 구체적 권리의 측면을 가지고 있고 재판규범으로서의 측면도 가진다고 보는 견해(구체적 권리),[9] ④ 실정헌법의 문언을 존중하고 헌법소원심판을 통한 권리구제를 보장하기 위해서 구체적이고 주관적인 권리성이 인정되어야 한다는 견해,[10] ⑤ 입법자에 대한 헌법적 위임으로서 입법을 통해 구체화되어 실제 적용됨으로써 국가권력을 구속하는 힘을 발휘하게 된다는 견해(국가의 의무),[11] ⑥ 사회국가실현의 국가적 의무를 내포하는 국민의 구체적인 권리로 보는 견해(구체적 권리),[12] ⑦ 주관적 공권이 아니라, 일차적으로 기본전제를 형성하라는 입법자에 대한 입법위임규정이자 동시에 국가목표규정으로 이해할 수 있다는 견해(국가의 의무)[13] 등이 있다.

(2) 판 례

1) 원칙: 추상적 권리설 헌법재판소에 따르면 헌법상의 사회보장수급권은 그에 관한 수급요건, 수급자의 범위, 수급액 등 구체적인 사항이 **법률에 규정됨으로써 비로소 구체적인 법적 권리로 형성**된다고 하여 **추상적 권리설**을 주장하는 듯하다.[14] 따라서 사회보장수급권을 법률로 형성함에 있어서는 입법자에게 광범위한 형성의 자유가 보장되기 때문에 입법자의 결정이 현저히 자의적이거나, 사회적 기본권의 최소한도의 내용마저 보장하지 않은 경우에 한하여 헌법에 위반된다고 한다.

[판례] 사회적 기본권의 법적 성격

[1] '국가유공자예우등에관한법률'상 **전몰군경의 유족 및 전공사상자의 보상수급권**은 특별한 희생에 대한 국가보상적 내지 국가보훈적 성격과 함께 수급권자의 생활보호를 위

---

7) 계희열(중), 718면.
8) 권영성, 648면.
9) 김철수, 945면.
10) 김하열a, 658면.
11) 장영수, 792면 이하.
12) 허영, 554면 이하.
13) 홍성방(중), 291면.
14) 헌재 1995. 7. 21. 93헌가14; 1997. 5. 29. 94헌마33; 1997. 12. 24. 95헌마390; 1999. 4. 29. 97헌마333; 2000. 6. 1. 98헌마216; 2002. 12. 18. 2001헌마546; 2003. 5. 15. 2002헌마90; 2004. 10. 28. 2002헌마328.

한 **사회보장적 성질**도 겸하고 있기 때문에 **구체적인 법률에 의하여 비로소 구체적인 법적 권리로서 형성**된다. 따라서 입법자에게는 광범위한 입법재량이 부여되어 입법자가 국가유공자로서의 등록신청을 한 날이 속하는 달 이후부터 보상금을 지급하도록 규정한다고 해도 입법재량의 범위에 속하여서 헌법에 위반되지 않는다(1995. 7. 21. 93헌가14). 또한 국가 등의 양로시설 등에 입소하는 국가유공자에게 부가연금, 생활조정수당 등의 지급을 정지하도록 규정해도 인간의 존엄에 상응하는 최소한의 물질생활을 보장하는 헌법 제34조 제1항의 인간다운 생활을 할 권리를 침해하지 않는다(2000. 6. 1. 98헌마216). 그리고 기본연금에 상이등급에 따른 차등을 두고, 같은법시행령에서 상이등급 7급인 전상군경 국가유공자에게 기본연금으로 월 180,000원을 지급하도록 규정해도 헌법 제34조 제1항의 인간다운 생활을 할 권리를 침해하지 않는다(2003. 5. 15. 2002헌마90). 한편 전몰군경 또는 순직군경의 자녀에게 6 · 25전몰군경자녀수당을 지급함에 있어 1998. 1. 1. 이후 유족 중 1인이 연금을 받은 사실이 있는 전몰군경 또는 순직군경의 자녀를 제외하도록 규정해도 평등권을 침해하지 않는다(2002. 12. 18. 2001헌마546).

[2] **인간다운 생활을 할 권리**는 입법부와 행정부에 대해서는 가능한 한 최대한으로 건강하고 문화적인 생활을 누릴 수 있도록 하여야 하는 **행위규범**으로, 헌법재판소에 대해서는 국가기관이 국민에게 객관적으로 필요한 최소한의 조치를 취했는지를 심사하는 **통제규범**으로 작용한다. 따라서 보건복지부장관이 고시한 생활보호사업지침상의 1994 **년 생계보호기준**에서 정한 생계보호의 수준은 생활보호대상자에 대한 생계보호급여와 그밖의 각종 급여 및 각종 부담감면의 액수를 고려할 때 청구인에게 인간다운 생활을 보장하기 위하여 국가가 실현해야 할 객관적 내용의 최소한도의 보장에도 이르지 못하였거나 헌법상 용인될 수 있는 재량의 범위를 명백히 일탈하였다고 보기 어렵기 때문에 일반 최저생계비에 못 미친다고 하더라도 곧바로 청구인의 인간다운 생활을 할 권리를 침해한 것은 아니다(1997. 5. 29. 94헌마33). 또한 **국민연금제도**의 가입대상에서 60세 이상의 국민을 제한한다고 하더라도 사회부조의 방식으로 행해지는 각종 급여나 각종 부담의 면제, 시설제공 등으로 인한 노인들의 생활여건에 비추어 볼 때 인간다운 생활을 보장하기 위하여 국가가 실현해야 할 객관적 내용의 최소한도의 보장에도 이르지 못하였다거나 헌법상 용인될 수 있는 재량의 범위를 명백히 일탈했다고 보기 어렵다(2001. 4. 26. 2000헌마390).

[3] '의료보험법'상의 **분만급여청구권**은 사회보장제도 중 사회보험인 의료보험급여의 일종으로 의료보험법이라는 **입법에 의하여 구체적으로 형성된 권리**이다. 그러나 일단 입법을 통하여 주관적 권리로 구체화한 경우라도 분만급여와 같이 국가로부터 일정한 급부를 요구하는 이러한 구체적 권리는 국가의 재정능력이나 다른 공공복리의 목적으로 다시 법률로써 축소 · 제한될 수 있고, 이 경우에도 반드시 법률 그 자체에 의하여야 하는 것은 아니며 행정입법에 위임할 수 있다(1997. 12. 24. 95헌마390).

[4] '공무원연금법'상의 **연금수급권은 사회보장수급권**과 재산권의 성격을 아울러 지니고 있어서 사회보장법리의 강한 영향을 받기 때문에 **법률에 의해서 비로소 확정되는 권리**로서 입법자의 형성의 자유가 인정된다. 따라서 입법자가 18세 이상의 폐질상태에 있지 않은 자녀에게 유족급여수급권을 지급하지 않아도 되도록 규정했다고 해도 유족급여제도의 최소한마저 외면한 것은 아니다(1999. 4. 29. 97헌마333). 공무원연금법상 장해연금 등 장기급여에 대하여 5년의 소멸시효(2009. 5. 28. 2008헌바107); 군인연금법상 공무상 질병 또는 부상으로 '퇴직 이후에 폐질상태가 확정된 군인'에 대해서 상이연금 지급에 관한 규정을

두지 않은 것(2010. 6. 24. 2008헌바128).

[5] '국민의료보험법'상의 **의료보험수급권**은 사회보장수급권의 하나로서 헌법상의 **사회적 기본권의 성격**과 재산권의 성격을 아울러 지니고 있기 때문에 **법률에 의해 비로소 구체적으로 형성되고 확정되는 권리**다. 따라서 의회는 넓은 형성의 재량을 갖지만 그 재량은 제도의 본질을 침해하여서는 안된다는 헌법상의 한계를 갖기 때문에 경과실의 범죄행위에 기인한 보험사고의 경우에까지 의료보험의 수급권을 부정하는 것은 재량의 한계를 현저히 일탈하여 사회적 기본권으로서의 의료보험수급권의 본질을 침해한다(2003. 12. 18. 2002헌바1).

[6] **사회보상금수급권**도 다른 국가보상적 내지 국가보훈적 수급권이나 사회보장수급권과 마찬가지로 **구체적인 법률에 의하여 구체적으로 형성되는 권리**라고 할 것이고, 국가가 국가유공자에게 지급할 구체적인 보상의 내용 등에 관한 사항은 국가의 재정부담능력과 전체적인 사회보장의 수준, 국가유공자에 대한 평가기준 등에 따라 정하여질 수 밖에 없으므로, 입법자의 광범위한 입법형성의 자유영역에 속하는 것으로 기본적으로는 국가의 입법정책에 달려 있다(2010. 5. 27. 2009헌바49).

[7] 공무원연금법상의 **장해급여수급권**은 사회적 기본권 가운데 하나인 **사회보장수급권**의 성격을 가짐과 동시에 공로보상으로서의 성격도 함께 가진다. 이와 같은 장해급여수급권은 국가가 일방적으로 베푸는 시혜적인 급부를 요구할 수 있는 권리에 그치지 아니하고, **헌법상 보장된 사회적 기본권의 성격**을 가지는 것이므로, 이 사건에 있어 만일 입법자가 장해급여수급권자의 범위를 정하면서 어느 집단을 합리적인 이유 없이 포함시키지 아니하거나 급여의 대상에서 제외하는 등 불완전하거나 불충분한 입법형성을 함으로써 입법재량의 한계를 일탈한 경우에는, 그러한 흠결을 가진 입법 그 자체에 의하여 청구인의 평등권이나 사회적 기본권이 침해된다 할 수 있다(2011. 11. 24. 2010헌마510).

2) 예외: 구체적 권리설 헌법재판소가 원칙적으로 추상적 권리설에 따르는 듯 보이면서도 경우에 따라 예외적으로 구체적 권리설을 주장하는 듯한 표현도 발견된다. 즉 인간다운 생활을 할 권리로부터 인간의 존엄에 상응하는 생활에 필요한 '최소한의 물질적인 생활'의 유지에 필요한 급부를 요구할 수 있는 구체적인 권리가 상황에 따라서는 직접 도출될 수 있다고 한다.[15]

(3) 비판과 대안: 원칙으로서의 사회적 기본권

1) 구속력 없는 기본권으로서의 사회적 기본권과 구속력 있는 기본권으로서의 사회적 기본권 사회적 기본권에 대해서는 우선 ① 구속력이 없는 기본권이라는 견해와 ② 구속력이 있는 기본권이라는 견해로 구분될 수 있다. 사회적 기본권의 법적 구속력을 부인하면서 사회적 기본권을 단순히 입법방침(프로그램)에 불과하다고 보는 견해를 이른바 '**프로그램규정설**'이라고도 부른다. 사회적 기본권은 법률에 규정됨으로써 비로소 구체적 권리가 된다고 보는 추상적 권리설도 실제적으로는 프로그램규정설과 다르지 않다. 사회적 기본권을 이처럼 구속력없는 기본권으로 보는 견해의 가장 큰 약점은 사회적 기본권을 빈껍데기의 기본권으로 이해함으로써 **헌법 자체의 공동화**(空洞化) **내지 헌법존중**

15) 헌재 2000. 6. 1. 98헌마216; 2003. 5. 15. 2002헌마90.

정신의 약화를 초래할 수 있다는 점이다. 사회적 기본권을 구속력없는 기본권으로 이해하는 입장의 논거는 사회적 기본권의 경우에 헌법에 의한 보장을 통해서가 아니라 일반 법률에 의한 보장을 통해서 더 높은 수준으로 보장될 수 있다는 것이다. 그러나 사회적 기본권의 보장수준은 헌법이나 법률의 명시적 보장 여부 자체에 의해서가 아니라 개별 국가의 경제규모와 정책방향에 따라 결정되는 문제라고 보아야 한다. 만약 사회적 기본권의 보장수준이 일반 입법자에 의해서 더 잘 보장될 수 있다는 견해를 유지한다면 입법자는 사회적 기본권의 보장 자체를 포기할 수도 있게 된다. 그러나 기본권이란 그 보장 여부를 입법자의 처분에 맡길 수 없을 만큼 대단히 중요한 국민의 기본적 권리를 말한다. 따라서 입법자에게 기본권보장의 여부까지도 맡길 수 있다는 생각은 기본권보장의 근본사상과 배치되는 주장으로 판단된다.

2) 의무로서 사회적 기본권과 권리로서 사회적 기본권 사회적 기본권에 법적 구속력이 있다고 인정하는 경우에도 그러한 구속력을 개인이 주관적 권리로서 주장할 수 있는 것인지, 아니면 다만 국가에게 객관적 의무로서 부과된 것인지에 대해서는 입장이 나뉜다. 만약 사회적 기본권이 객관적 의무에 불과하다면 국민에게는 그에 상응하는 주관적 권리가 없기 때문에 자신의 기본권에 대한 침해를 '규범통제'(위헌법률심판)절차를 통해서만 주장할 수 있다. 그러나 사회적 기본권이 주관적 권리를 보장한다면 그에 상응하는 국가의 의무도 존재하며 국민은 자신의 기본권에 대한 침해를 '헌법소원'절차를 통해서 주장할 수 있게 된다.

먼저 단순히 국가의 의무로서만 사회적 기본권을 이해하는 견해(= 국가의무설 = 객관설)에 해당하는 것으로는 ① 사회적 기본권의 주관적 권리성을 부정하면서 사회적 기본권을 모든 국가작용의 방향과 과제를 지시하는 의무규정으로 이해하는 **'국가목표규정설'**이나 ② 입법자에게 일정한 내용의 입법을 위임함으로써 입법의무를 부과하는 규정으로 이해하는 **'입법위임설'** 등이 있다.

그에 반해 사회적 기본권을 주관적 권리로 인정하는 견해(= 법적 권리설 = 주관설)도 ① 입법자가 입법을 하기 전까지는 추상적 권리에 불과하다고 하여 실제적으로는 프로그램규정설에 가까운 **'추상적 권리설'**, ② 입법자의 입법이 없어도 헌법에 규정된 사회적 기본권에 직접 근거하여 국가에 대한 사회적 급부를 청구할 수 있다고 하는 **'구체적 권리설'**, ③ 구체적 권리이지만 불완전한 의미의 권리로 이해하는 **'불완전한 구체적 권리설'** 등으로 구분된다.

우리는 사회적 기본권이 **주관적 권리**로 이해되어야 한다는 점에서 출발하는데 그 이유는 다음과 같다. 첫째, 기본권은 **원칙규범**이기 때문이다. 원칙은 "법적 가능성과 사실적 가능성에 따라 상대적으로 최대한 실현되기를 요청하는 규범", 즉 "최적화명령"이다. 따라서 원칙으로서 기본권을 가능한 한 최대로 실현하기 위해서는 객관적 의무로 주장되는 것보다 주관적 권리로 주장될 수 있어야 한다. 둘째, 법치주의원리에 따르면 권리는 **법원에서 주장가능한 권리**가 되어야 한다. 그렇다면 기본권은 주관적 권리로서 헌법재판소에서 주장할 수 있어야 한다. 여기에 대해서는 입법자의 재량영역을 축소하고, 헌법재판소의 업무를 과중시킬 수 있다는 비판이 가해질 수 있다. 물론 주관적 권리로 보장할 것인지, 아니면 객관적 의무로 보장할 것인지는 소송절차를 구체화하는 입법자가 결정할 문제지만 입법자가 권리를 객관적 의무로 보장한다는 것 자체가 또 하나의 '기본권제한'이므로 그것은 일반적인 기본권제한에 있어서와 마찬가지로 정당한 근거가 제시되어야만 한다. 왜냐하면 기본권은 잠정적으로(prima facie) 주관적 권리로서, 즉 법원에서 주장가능한 권리로서 보장되는 것이기 때문이다.

3) 규칙으로서의 사회적 기본권과 원칙으로서의 사회적 기본권 사회적 기본권을 주관적 권리로 이해하는 경우에도 규칙으로 이해할 수도 있고, 원칙으로 이해할 수도 있다. 우선 규칙(rule)으로서의 사회적 기본권은 다음과 같은 네 가지의 구조적 특성을 갖는다.[16] 첫째, 사회적 기본권의 **구성요건**이 충족되면(사안이 사회적 기본권의 구성요건에 해당하면) 곧바로 법적 효과가 발생한다(사회적 기본권을 주장할 수 있다). 둘째, 사회적 기본권의 구성요건이 충족되어 있음에도 불구하고 곧바로 **법적 효과**가 발생하지 않으면 그 사회적 기본권에 '예외조항'이 부가되어 있거나 그 사회적 기본권이 '무효'이기 때문이다. 셋째, 사회적 기본권이 다른 기본권과 서로 **갈등**(Konflikt)을 일으키면 갈등하는 기본권들 가운데 하나에 '예외조항'이 부가되거나 하나의 기본권이 '무효'가 되어야 한다. 넷째, 사회적 기본권의 전형적인 적용방식은 '**포섭**'(Subsumtion)이다.

다음으로 원칙(principle)으로서의 사회적 기본권은 규칙으로서의 사회적 기본권의 특성에 상응하여 다음과 같은 네 가지의 구조적 특성을 갖는다.[17] 첫째, 사회적 기본권의 **구성요건**이 충족되더라도 곧바로 법적 효과가 발생하지 않는다. 둘째, 사회적 기본권의 구성요건이 충족되어 있음에도 불구하고 곧바로 **법적 효과**가 발생하지 않는다고 해서 그것이 그 사회적 기본권에 '예외조항'이 부가되어 있거나 그 사회적 기본권이 '무효'이기 때문은 아니다. 셋째, 사회적 기본권이 다른 기본권과 **충돌**(Kollision)하면 충돌하는 기본권들 가운데 하나의 기본권에 '예외조항'이 부가되거나 하나의 기본권이 '무효'로 되는 것은 아니다. 충돌하는 기본권들 가운데 하나가 뒤로 물러남으로써 충돌을 해결하는 것이다. 물론 어떤 기본권이 뒤로 물러날 것인지는 그때그때의 구체적인 사정에 따라 상대적으로 결정된다. 넷째, 사회적 기본권의 전형적인 적용방식은 '**형량**'(Abwägung)이다.

사회적 기본권은 주관적 권리로 이해되지만 동시에 원칙으로 이해된다. 이렇게 원칙으로서 사회적 기본권을 이해하는 견해에 대해서는 기본권을 원칙으로 이해하는 이론 일반에 대해서 제기되는 비판이 똑같이 가해진다. 즉 헌법의 기본권보장에 대한 약속이 공허해진다거나, 내용의 불확정성으로 인해 국가의무의 내용이 불확정적이라거나, 입법

16) 제2편 제1부 제2장 제3절 III. 참조.
17) 제2편 제1부 제2장 제3절 III. 참조.

부의 권한이 헌법재판소의 권한으로 이전함으로써 권력분립원칙을 침해한다거나, 일반 재판이 항상 헌법재판이 될 수 있다는 비판이 그것이다. 이러한 비판은 우선적으로 기본권이 원칙일 수밖에 없다는 **적극적 논증**을 통해 극복될 수 있다.[18] 한편 이러한 비판이 원칙으로서 사회적 기본권에 국한된 것이라면 **소극적 논증**을 통해 재비판될 수 있다. 즉 위의 비판은 모든 기본권을 원칙으로 보는 경우에 기본권을 원칙으로 보는 입장 자체에 대한 비판으로는 가능하지만 국가의 적극적 행위를 대상으로 하는 기본권, 즉 급부권이기 때문에 그러한 비판이 정당하다는 논거로는 설득력이 없다는 것이다. 다시 말해 모든 기본권을 원칙으로 보는 경우에 그것이 소극적 행위를 대상으로 하는 '방어권'이든 아니면 적극적 행위를 대상으로 하는 '급부권'이든 원칙이라는 점에서 동일하다면 기본권을 원칙으로 이해하는 견해에 대한 비판은 급부권에 국한될 수 없다. 또한 같은 이유에서 급부권의 하나인 사회적 기본권만을 급부권 전체에서 따로 떼어내서 그것을 원칙으로 보는 견해를 비판하는 것도 문제가 있다고 할 것이다.

결론적으로 기본권을 원칙으로 이해하는 경우에 이러한 이해는 적극적 행위를 대상으로 하는 기본권에도 해당하기 때문에 사회적 기본권에도 예외없이 적용된다. 이 말은 **사회적 기본권도 원칙으로서 최적화가 필요한 기본권**이고, 이러한 최적화는 **비례성원칙**에 따라 판단된다는 뜻이다. 다만 적극적 행위를 대상으로 하는 기본권의 경우에는 보호영역이 작위이기 때문에 그에 대한 제약행위가 부작위의 형태로 이루어지므로 비례성원칙이 **과소금지원칙**으로 구체화된다는 점에서 차이가 있을 뿐이다.[19] 이렇게 과소금지원칙에 따라 진행된 최적화의 과정에서 다른 사람의 기본권이나 헌법적 법익 또는 전체의 이익(공익)과 같은 실질적 원칙, 그리고 입법자의 형성의 자유 같은 형식적 원칙보다 사회적 기본권이 우월하다고 판단할 만한 합리적인 근거가 있는 경우에는 사회적 기본권이 확정적 효력을 갖게 된다. 이와 같이 사회적 기본권은 이미 헌법적 수준에서 최적화를 통해 확정적 내용이 결정될 수 있는 구체적 권리이지 법률의 수준에서 입법자가 확정함으로써 비로소 구체적 권리가 되는 것은 아니다. 물론 기본권의 최적화를 위한 권한은 우선 입법자에게 부여되어 있다. 하지만 그렇다고 해서 입법자가 기본권의 최적화를 위한 유일한 기관이라는 뜻은 아니다. 헌법재판소도 헌법적 수준에서 기본권을 최적화하고, 가능한 최적화의 범위를 설정하여 입법자의 최적화가 그러한 범위를 일탈했는지를 통제할 수 있다.

4) 정　　리　위에서 고찰한 세 가지 기준, 즉 ① 사회적 기본권에 법적 구속력을 부여할 것인지 여부, ② 사회적 기본권을 단순히 객관적 의무로만 볼 것인지 아니면 주관적 권리로도 볼 것인지, 그리고 ③ 사회적 기본권이 규칙으로 이해되는지 아니면 원칙으로 이해되는지에 따라 사회적 기본권에 대한 입장은 알렉시(R. Alexy)가 적절하게

18) 제2편 제1부 제3장 제3절 III. 참조.
19) 제2편 제1부 제3장 제4절 II. 1. (2) 참조.

정리한 것처럼 다음과 같은 8가지로 대별될 수 있다.[20] 그런데 우리는 사회적 기본권을 포함하여 모든 기본권을 원칙으로서 이해하기 때문에 사회적 기본권을 **법적 구속력이 있는 주관적 권리이지만 잠정적 효력을 가지는 권리**로 구성하고자 한다(다음 표의 2). 다만 사회적 기본권은 다른 사람의 기본권이나 헌법적 법익 또는 공익과 형량되어 확정적 효력을 가지는 주관적 권리가 될 수도 있고(다음 표의 1), 확정적 효력을 갖기는 하지만 단순히 국가의 의무에 불과할 수도 있다(다음 표의 3). 심지어 전혀 구속력이 없는 확정적인 권리나 의무가 될 수도 있다(다음 표의 5, 7).

구속력 있음				구속력 없음			
주관적 권리		객관적 의무		주관적 권리		객관적 의무	
확정적	잠정적	확정적	잠정적	확정적	잠정적	확정적	잠정적
1	2	3	4	5	6	7	8

3. 사회적 기본권의 일반조항으로서 인간다운 생활을 할 권리

(1) 학설과 판례

헌법에 규정된 인간다운 생활을 할 권리(제34조 제1항)의 개념에 대해서는 대체로 ① 생존에 필요한 최소한의 물질적 급부를 청구할 수 있는 권리라는 견해와 ② 건강하고 문화적인 생활을 위한 최저한도의 급부를 청구할 수 있는 권리라는 견해로 구분된다. 첫째, 전자의 견해로는 ① 모든 사회적 기본권의 이념적 목표로서 **인간의 생존에 필요한 최소한의 물질적 급부**를 국가에 대하여 청구할 수 있는 권리라는 견해[21]와 ② '물질적인 궁핍으로부터의 해방'을 그 주 내용으로 하는 **물질적인 최저생활권**을 말한다는 견해[22]가 있다. 둘째, 후자의 견해로는 ① 육체적 · 정신적 통일체로서의 인간이 정상적인 사회생활을 할 수 있는 정도의 **인간적인 최저 생활수준**을 주장할 수 있는 권리라는 견해, ② **인간의 존엄성에 상응하는 건강하고 문화적인 최저한의 생활**을 할 권리로 이해하는 견해,[23] ③ 생존권적 기본권 중에서 가장 핵심적인 권리로서 **건강하고 문화적인 최저한도의 생활**을 할 권리라는 견해,[24] ④ 개인과 그의 가족에게 건강과 행복, 특히 의식주 및 필요한 사회적 시설을 확보하기에 충분한 생활을 할 권리로 보는 견해[25] 등이 있다. 헌법재판소는 생존(생활)에 필요한 최소한의 급부를 요구하는 권리로 이해하고 있다(아래 [판례] 참조).

한편 인간다운 생활을 할 권리가 일반적 권리인지에 대해서는 명문화되지 않은 사

20) R. Alexy, Theorie der Grundrechte, 456면 참조.
21) 계희열(중), 721면.
22) 허영, 551면.
23) 성낙인, 1334면.
24) 김철수, 951면.
25) 홍성방(중), 345면.

회적 기본권을 인정하고자 할 경우에는 헌법 제37조 제1항에 의해 열거되지 않은 자유와 권리로서 보장될 수 있기 때문에 포괄적 사회권을 별도로 인정할 실익이 없다고 하면서 '인간다운 생활을 할 권리'는 포괄적 기본권이 아닌 **하나의 개별적 기본권**으로서 보아야 한다는 견해[26]가 주장된다.

[판례] 인간다운 생활을 할 권리의 개념

[1] '인간다운 생활을 할 권리'는 여타 사회적 기본권에 관한 헌법규범들의 이념적인 목표를 제시하고 있는 동시에 국민이 **인간적 생존의 최소한을 확보하는 데 있어서 필요한 최소한의 재화**를 국가에게 요구할 수 있는 권리를 내용으로 하고 있다(1995. 7. 21. 93헌가14).

[2] '인간다운 생활을 할 권리'로부터는, 그것이 사회복지 사회보장이 지향하여야 할 이념적 목표가 된다는 점을 별론으로 하면, **인간의 존엄에 상응하는 생활에 필요한 '최소한의 물질적인 생활'의 유지**에 필요한 급부를 요구할 수 있는 구체적인 권리가 상황에 따라서는 직접 도출될 수 있다고 할 수는 있어도, 동 기본권이 직접 그 이상의 급부를 내용으로 하는 구체적인 권리를 발생케 한다고는 볼 수 없다고 할 것이다(2000. 6. 1. 98헌마216; 2003. 5. 15. 2002헌마90).

[3] 인간다운 생활을 할 권리의 법적 성질에 비추어 볼 때 그 법규범력이 미치는 범위는 **'최소한의 물질적 생존'의 보장**에 필요한 급부에의 요구권으로 한정될 뿐, 그것으로부터 그 이상의 급부를 내용으로 하는 구체적 권리가 직접 도출되어 나오는 것은 아니라고 할 수 있다(2003. 7. 24. 2002헌바51).

[4] 인간다운 생활을 할 권리는 사회권적 기본권의 일종으로서 인간의 존엄에 상응하는 **최소한의 물질적인 생활의 유지에 필요한 급부**를 요구할 수 있는 권리를 의미하는데, 이러한 권리는 국가가 재정형편 등 여러 가지 상황들을 종합적으로 감안하여 법률을 통하여 구체화할 때에 비로소 인정되는 법률적 권리라고 할 것이다(2004. 10. 28. 2002헌마328; 2009. 9. 24. 2007헌마1092; 2009. 11. 26. 2008헌마691).

[5] '인간다운 생활을 할 권리'는 인간의 존엄에 상응하는 **최소한의 물질적인 생활의 유지에 필요한 급부를 요구할 수 있는 권리**를 의미하고, '국가의 사회보장 및 사회복지증진 의무'는 국가가 물질적 궁핍이나 각종 재난으로부터 국민을 보호할 의무로서 '인간다운 생활을 할 권리' 실현을 위한 수단적인 성격을 갖는다(2010. 5. 27. 2009헌마338).

(2) 비판과 대안

학설의 대립에서 중요한 핵심은 인간다운 생활을 할 권리에서 요구되는 급부의 수준이 생존에 필요한 최소한인지, 아니면 건강하고 문화적인 생활에 필요한 최소한인지에 있다. 전자의 경우에 인간다운 생활의 영역은 생계에 국한되고, 후자의 경우에는 의료와 교육 및 문화까지 확대될 수 있다. 인간다운 생활을 할 권리에서 요구되는 급부의 수준은 이 기본권 하나만 가지고 논의될 성격이 아니라 한국 헌법에 규정된 **사회적 기본권 전체에 대한 체계적인 해석의 결과**로서 결정되어야 할 문제다.

이에 따라 우리 헌법 제34조 제1항은 이 규정의 전체 조항과 사회적 기본권의 전체 체계를 종합적으로 해석할 때 사회적 기본권에 관한 '일반규정'으로 이해된다. 그리

26) 장영수, 803면.

고 헌법 제34조 제1항과 제2항은 국민의 권리와 국가의 의무를 대칭적으로 표현한다. 따라서 헌법 제34조 제2항에서 규정한 사회보장 · 사회복지의 증진에 관한 국가의 의무에 상응하여 제1항의 인간다운 생활을 할 권리는 사회보장 · 사회복지를 청구할 수 있는 국민의 권리를 의미하는 **사회보장 · 복지수급권**으로 이해할 수 있다. 여기서 말하는 사회보장 · 사회복지는 사회적 기본권의 내용인 '사실적 자유'의 보장으로 해석된다.

사회보장 · 사회복지의 구체적인 내용으로는 ① 생계급여, 주거급여, 의료급여, 교육급여, 긴급복지지원, 기초노령연금과 같은 '**공공부조**', ② 건강보험, 연금보험, 산업재해보험, 실업보험, 노인요양보험과 같은 '**사회보험**', ③ 장애인, 아동, 노인 등에 대한 사회적 도움을 제공하는 '**사회복지서비스**', ④ 범죄피해자에 대한 구조나 국가유공자에 대한 지원을 내용으로 하는 '**사회보상**'이 포함된다.[27] 따라서 사회보장 · 복지수급권은 사회보장 · 사회복지의 내용에 따라 ① 공공부조수급권, ② 사회보험수급권, ③ 사회복지수급권, ④ 사회보상수급권으로 구체화될 수 있다.

한편 헌법 제34조 제3항, 제4항, 제5항에서는 이른바 '사회적 약자', 즉 **사회적 기본권의 대표적인 주체**를 예시하고 있다. 예를 들어 여성, 노인, 청소년,[28] 장애인,[29] 기타 생활능력이 없는 자 등이 그들이다. 여성의 경우에는 좀 더 구체적으로 '근로'의 영역에서 특별한 보호를 받으며(제32조 제4항), 자녀를 가진 경우에 어머니로서 '모성'에 대한 특별한 배려를 받는다(제36조 제2항). 한편 헌법 제34조 제6항의 재해예방은 사실적 자유의 대상이 될 수 있기 때문에 함께 규정된 것으로 이해된다.

[판례] 사회적 약자를 열거한 이유

헌법은 제34조 제1항에서 모든 국민의 "인간다운 생활을 할 권리"를 사회적 기본권으로 규정하면서, 제2항 내지 제6항에서 특정한 사회적 약자와 관련하여 "인간다운 생활을 할 권리"의 내용을 다양한 국가의 의무를 통하여 구체화하고 있다. 헌법이 제34조에서 여자(제3항), 노인 · 청소년(제4항), 신체장애자(제5항) 등 특정 사회적 약자의 보호를 명시적으로 규정한 것은, '장애인과 같은 사회적 약자의 경우에는 개인 스스로가 자유행사의 실질적 조건을 갖추는 데 어려움이 많으므로, 국가가 특히 이들에 대하여 자유를 실질적으로 행사할 수 있는 조건을 형성하고 유지해야 한다'는 점을 강조하고자 하는 것이다(2002. 12. 18. 2002헌마52).

우리 헌법은 제34조 제1항에서 규정된 일반적인 사회적 기본권과 함께 사실적 자유의 대상이 될 수 있는 대표적인 개별적 범주, 즉 교육(제31조), 주거 · 주택(제35조 제3항), 보건 · 의료(제36조 제3항), 환경(제35조 제1항), 근로(제32조)에 관한 **개별적인 사회적 기본권**을 규정하고 있다. 사실적 자유의 중요한 대상들 가운데 하나인 생계의 경우에는 헌법 제34조 제1항의 일반적인 사회적 기본권과 제37조 제1항의 열거되지 않은 자유와 권리를 근거로 도출할 수 있을 것이다. 헌법재판소는 기본생계[30]나 이와 유사한 기초연

27) 자세한 내용은 이준일, 『헌법과 사회복지법제』(2010), 75면 이하 참조.
28) 가출청소년과 같은 위기청소년의 인권에 대한 자세한 논의는 이준일, 『인권법』(2021), 제25장 참조.
29) 정신장애인의 인권에 관한 자세한 논의는 이준일, 『인권법』(2021), 제34장 참조.

금[31]의 헌법적 근거로 인간다운 생활을 권리를 인용하고 있다.

결론적으로 사실적 자유를 본질로 하는 사회적 기본권에 관한 일반조항을 의미하는 인간다운 생활을 할 권리는 단순히 생계를 위한 물질적 급부에 그치지 않고, 대표적인 사회적 기본권의 대상인 교육, 주거, 의료를 포함하여 정신적 · 문화적 기본권이나 정치적 기본권과 경제적 기본권 또는 심지어 절차적 기본권에 이르기까지 **'기본권의 실현을 위한 모든 사실적 급부'**까지 포함한다. 다만 개별적인 사회적 기본권이나 사회권적 기능이 문제되는 다른 개별적 기본권이 먼저 적용되어야 하기 때문에 일반적인 사회적 기본권을 의미하는 인간다운 생활을 할 권리는 사회권적 기능이 문제되는 경우에 **보충적으로 적용**될 수 있다.

4. 인간다운 생활을 할 권리에 관한 보호권과 절차권

인간다운 생활을 할 권리가 일반적인 사회적 기본권으로서 보장되면 헌법은 국민에게 인간다운 생활에 관한 **법적 지위**를 보장하게 된다. 이러한 법적 지위의 박탈은 국가만이 할 수 있지만 사인인 제3자에 의해서도 간접적 · 사실적으로 제약될 수 있다. 따라서 국민은 인간다운 생활을 할 권리에 대한 제3자의 제약행위로부터 보호의 입법을 요구할 수 있는 권리, 즉 **보호권**를 주장할 수 있다. 또한 인간다운 생활을 할 권리를 보장하는 절차에 관한 입법을 요구할 수 있는 권리, 즉 **절차권**도 국민에게 보장된다.

제 3 항 제한규범

Ⅰ. 헌법직접적 제한규범

인간다운 생활을 할 권리에 대한 성문의 헌법직접적 제한규범은 규정되어 있지 않다. 불문의 헌법직접적 제한규범으로는 다른 사람의 기본권이나 헌법적 법익이 될 수 있다.

Ⅱ. 헌법간접적 제한규범

인간다운 생활을 할 권리에 대한 헌법간접적 제한규범, 즉 법률유보는 이 기본권에 대해서만 규정하고 있는 헌법 제34조 제5항에 근거해서, 그리고 이 기본권을 포함한 모든 기본권에 대해서 규정하고 있는 헌법 제37조 제2항에 근거해서 가능하다.

30) 헌재 1997. 5. 29. 94헌마33; 2004. 10. 28. 2002헌마328; 2011. 3. 31. 2009헌마671등.

31) 헌재 2018. 8. 30. 2017헌바197등; 2020. 5. 27. 2018헌바398.

제4항 정 당 화

I. 비례성원칙과 본질내용침해금지원칙

인간다운 생활을 할 권리도 원칙규범으로 이해된다. 따라서 잠정적으로 보장된 이 권리의 구성요건이 확정적인 것이 되기 위해서는 **비례성원칙**에 따른 **합리적 형량**이 필요하다. 이것은 인간다운 생활을 할 권리를 제한하는 다른 사람의 기본권이나 헌법적 법익 또는 공익을 이 권리와의 관계에서 조화와 균형을 이루게 함으로써 정당화하는 것을 의미한다. 일반적인 사회적 기본권으로 이해되는 인간다운 생활을 할 권리의 경우에 비례성원칙은 과소금지원칙으로 구체화된다.

인간다운 생활을 할 권리의 본질내용에 대해서는 **절대설**에 따르면 본질내용침해금지원칙은 독립적인 원칙으로서 기능하기 때문에 인간다운 생활을 할 권리의 제한을 위하여 부가적으로 이 원칙에 따른 독자적인 심사가 필요하다. 하지만 **상대설**에 따르면 비례성원칙에 따른 심사로 인간다운 생활을 할 권리의 제한을 위한 정당화는 충분하게 된다.

[판례] 60세 이상 노인의 국민연금 가입금지

현행 국민연금법상의 연금제도는 자기 기여를 전제로 하는 사회보험의 전형적인 한 형태이다. 그렇다면, 국가가 국민의 인간다운 생활을 보장하기 위한 헌법적 의무를 다하였는지 여부는 국민연금제도와 같은 사회보험에 의한 소득보장제도만으로 판단하여서는 아니되고, 사회부조의 방식에 의하여 행하여지는 각종 급여나 각종 부담의 감면 등을 총괄한 수준을 가지고 판단하여야 할 것이다. 사실조회 회신에 의하면, 국민기초생활보장법, 노인복지법 등 법령에 의하여 저소득 노인에 대한 각종 급여 및 부담의 면제, 시설제공 등으로 인한 노인들의 생활여건에 비추어 볼 때, 이 사건 법률조항이 청구인들과 같은 노인들의 국민연금가입을 제한하고 있다고 하더라도 인간다운 생활을 보장하기 위하여 국가가 실현해야 할 객관적 내용의 최소한도의 보장에도 이르지 못하였다거나 헌법상 용인될 수 있는 재량의 범위를 명백히 일탈하였다고는 보기 어렵고 청구인들이 국민연금제도에서 제외되었다는 사실만으로 곧 그것이 헌법에 위반된다거나 청구인들의 인간으로서의 존엄과 가치, 행복추구권이나 인간다운 생활을 할 권리를 침해한 것이라고는 볼 수 없다(2001. 4. 26. 2000헌마390).

[판례] 수형자의 건강보험 정지

교도소에 수용된 때에는 국민건강보험급여를 정지하도록 한 국민건강보험법 제49조 제4호는 수용자에게 불이익을 주기 위한 것이 아니라, 국가의 보호, 감독을 받는 수용자의 질병치료를 국가가 부담하는 것을 전제로 수용자에 대한 의료보장제도를 합리적으로 운영하기 위한 것이므로 입법목적의 정당성을 갖고 있다. 가사 국가의 예산상의 이유로 수용자들이 적절한 의료보장을 받지 못하는 것이 현실이라고 하더라도 이는 수용자에 대한 국가의 보건의무불이행에 기인하는 것이지 위 조항에 기인하는 것으로 볼 수 없다. 위 조항은 수용자의 의료보장수급권을 직접 제약하는 규정이 아니며, 입법재량을 벗어나 수용자의 건강권을 침해하거나 국가의 보건의무를 저버린 것으로 볼 수 없으므로 수용자의 건강권, 인간의 존엄성, 행복추구권, 인간다운 생활을 할 권리를 침해하는 것이라 할 수 없다(2005. 2. 24. 2003헌마31등).

[판례] 최저생계비 이하의 소득에 대한 과세

헌법은 국민 각자가 자신의 생활을 스스로 경제적으로 형성한다는 것을 전제로 하고 있으므로, 국가는 납세자가 자신과 가족의 기본적인 생계유지를 위하여 꼭 필요로 하는 소득을 제외한 잉여소득 부분에 대해서만 납세의무를 부과할 수 있다. 따라서 소득에 대한 과세는 원칙적으로 최저생계비를 초과하는 소득에 대해서만 가능하다. 이는 국민에게 인간다운 생활을 할 최소한의 조건을 마련해 주어야 한다는 사회국가원리의 관점에서 요청되는 것이다. 그러나 법률이 최저생계비는 과세되어서는 아니된다는 헌법적 요청에 대한 예외를 설정하고 있다고 할지라도 이를 정당화할 수 있는 합리적 사유가 있는 경우에는 그로 인하여 저소득층의 인간다운 생활을 할 권리가 침해되었다고 보기 어렵다(1999. 11. 25. 98헌마55; 2006. 11. 30. 2006헌마489).

[판례] 최저생계비 이하 저소득층의 국민연금 강제가입

소득이 최저생계비 이하인 경우에도 소득으로 환산할 수 있는 일정한 재산을 보유하고 있거나 부양의무자로부터 부양을 받을 수 있는 자를 국민연금의 가입대상으로 하는 것은 제도의 취지에 부합하는 것이고, 국민기초생활보장법상 수급권자는 국민연금의 강제가입 대상이 아니며 국민연금 가입자라도 소득의 상실 등의 사유를 들어 보험료 납부예외신청을 할 수 있는 점 등에 비추어 보면, 이 사건 법률조항이 표준소득월액의 최하한을 최저생계비 이상으로 정하지 않은 것이 청구인의 인간다운 생활을 할 권리를 침해하는 것은 아니다(2007. 8. 30. 2004헌바88).

Ⅱ. 행위규범과 통제규범의 구분이론

1. 내　　용

우리 헌법재판소는 보건복지부장관이 고시한 '생활보호사업지침'상의 '1994년 생계보호기준'이 헌법이 보장하는 '인간다운 생활을 할 권리'를 침해하는 것인지를 판단하면서 사회적 기본권과 관련된 중요한 내용을 언급하고 있다.[32] "모든 국민은 인간다운 생활을 할 권리를 가지며 국가는 생활능력 없는 국민을 보호할 의무가 있다는 헌법의 규정은 모든 국가기관을 기속하지만, 그 기속의 의미는 적극적 · 형성적 활동을 하는 입법부 또는 행정부의 경우와 헌법재판에 의한 사법적 통제기능을 하는 헌법재판소에 있어서 동일하지 아니하다. … 입법부나 행정부에 대하여는 국민소득, 국가의 재정능력과 정책 등을 고려하여 가능한 범위 안에서 **최대한**으로 모든 국민이 물질적인 최저생활을 넘어서 인간의 존엄성에 맞는 건강하고 문화적인 생활을 누릴 수 있도록 하여야 한다는 행위의 지침 즉 **행위규범**으로서 작용하지만, 헌법재판에 있어서는 다른 국가기관 즉 입법부나 행정부가 국민으로 하여금 인간다운 생활을 영위하도록 하기 위하여 **객관적으로 필요한 최소한**의 조치를 취할 의무를 다하였는지를 기준으로 국가기관의 행위의 합헌성을 심사하여야 한다는 **통제규범**으로 작용하는 것이다."

32) 헌재 1997. 5. 29. 94헌마33; 2004. 10. 28. 2002헌마328(2002년도 최저생계비고시) 참조. 그 밖에도 행위규범과 통제규범의 구분론을 언급하고 있는 판례로 2009. 9. 24. 2007헌마1092; 2009. 11. 26. 2007헌마734 참조.

이처럼 헌법재판소는 사회적 기본권이 국가기관에 따라 그 기속의 정도를 달리한다고 보면서 '행위규범'과 '통제규범'으로 구분한다. 그러면서 인간다운 생활은 "그 자체가 추상적이고 상대적인 개념으로서 그 나라의 문화의 발달, 역사적 · 사회적 · 경제적 여건에 따라 어느 정도는 달라질 수 있는 것일 뿐만 아니라, 국가가 이를 보장하기 위한 생계보호 수준을 구체적으로 결정함에 있어서는 국민 전체의 소득수준과 생활수준, 국가의 재정규모와 정책, 국민 각 계층의 상충하는 갖가지 이해관계 등 복잡하고도 다양한 요소들을 함께 고려하여야 한다"고 한다. 따라서 "생계보호의 구체적 수준을 결정하는 것은 입법부 또는 입법에 의하여 다시 위임을 받은 행정부 등 해당기관의 **광범위한 재량**에 맡겨져 있다고 보아야" 하고, "국가가 인간다운 생활을 보장하기 위한 헌법적 의무를 다하였는지의 여부가 사법적 심사의 대상이 된 경우에는, 국가가 생계보호에 관한 입법을 전혀 하지 아니하였다든가 그 내용이 현저히 불합리하여 헌법상 용인될 수 있는 **재량의 범위를 명백히 일탈한 경우에 한하여** 헌법에 위반된다고 할 수 있다"고 한다.

2. 비판과 대안

사회적 기본권을 원칙규범으로 이해할 때 원칙규범은 최적화가 필요한 규범으로 정의된다. 최적화는 법적 가능성과 사실적 가능성에 따라 상대적으로 가능한 한 최대로 실현하는 것을 말한다. 이 말은 원칙규범이 현실적 가능성의 영역을 고려하지 않은 채 잠정적으로 요구하는 범위와 현실적 가능성의 영역을 고려한 후에 비로소 확정적으로 명령하는 범위가 다르다는 뜻이다. 원칙규범은 잠정적으로 "과잉된 어떤 것"을 요구하는 것이다. 따라서 원칙규범은 입법자에게 현실적 가능성의 영역을 고려하지 않은 채 과잉된 어떤 것을 잠정적으로 요구한다. 하지만 이렇게 과잉된 어떤 것이 포함된 기준에 따라 헌법재판소가 입법자의 활동을 통제할 수는 없다. 헌법재판소는 단지 입법자의 활동이 현실적 가능성의 영역을 고려한 후에 확정적으로 명령되는 것을 준수하고 있는지를 통제할 수 있을 뿐이다. 한편 입법자의 활동은 현실적 가능성의 영역을 고려한 후에 확정적으로 명령되는 것을 실현하는 것으로 충분하기 때문에 원칙으로서 잠정적으로 요구되었던 과잉된 어떤 것을 실현하지 못한 경우에도 원칙규범을 준수하는 것이 된다. 바로 이러한 맥락에서 행위규범과 통제규범의 구분이 이해된다. 기본권이 입법자에게 '행위규범'으로 요구된다는 것은 기본권이 '원칙규범으로서 잠정적으로 과잉된 어떤 것'을 입법자에게 요구한다는 뜻이고, 기본권이 헌법재판소에게 '통제규범'으로 요구된다는 것은 기본권이 현실적 가능성의 영역을 고려한 후에 '규칙규범으로서 확정적으로 명령된 어떤 것'을 기준으로 입법자의 활동을 통제할 수 있다는 것을 뜻하는 것으로 재해석되어야 한다.

여기서 중요한 것은 입법자에게 확정적으로 명령되는 내용은 **구체적인 사안에 따라 유동적이고 가변적**이라는 점이다. 즉 구체적인 사안에서 문제가 된 다른 사람의 기본권이나 공익(특히 국가의 경제수준과 재정규모)과 같은 실질적 원칙, 그리고 입법자의 형성의 자유와 같은 형식적 원칙들 등을 모두 고려한 후에야 비로소 입법자에게 확정적으로 명령되는 내용들이 결정될 수 있는 것이다. 그런데 헌법재판소의 견해는 입법자에게 확정적으로 명령되는 내용들을 결정함에 있어서 오로지 입법자의 재량권과 헌법재판소의 통제권이라는 형식적 원칙규범만이 고려되고, 그것도 지나치게 전자의 권한에 비중을 두어 이해함으로써 그러한 확정적 내용이 축소되고 고정적으로 결정되어 있다는 인상을 지우기 어렵다. 이러한 문제점은 입법자에게 확정적으로 명령되는 내용들을 과소금지원칙에 따라 문제가 될 수 있는 원칙규범들과 가치들을 합리적으로 형량하게 되는 경우에 극복될 수 있다.[33]

제5항 효 력

인간다운 생활을 할 권리는 원칙적으로 국가에 대해서만 효력을 발생한다. 하지만 인간다운 생활을 할 권리는 사인인 제3자에 의해서도 간접적·사실적으로 제약될 수 있기 때문에 사인에 대해서도 효력을 미친다. 인간다운 생활을 할 권리의 사인에 대한 효력은 기본권의 대사인적 효력에 관한 이론구성에 따라 법관의 기본권존중의무를 매개로 인간다운 생활을 할 권리를 존중하는 판결을 요구함으로써 실현될 수 있다.

제 3 절 교육을 받을 권리

제1항 헌법규정

헌법 제31조는 교육을 받을 권리를 규정하고 있다. 이 규정이 의미하는 내용은 교육에 관한 주관적 지위와 객관적 규범이다.

[헌법 제31조]

① 모든 국민은 능력에 따라 균등하게 교육을 받을 권리를 가진다.
② 모든 국민은 그 보호하는 자녀에게 적어도 초등교육과 법률이 정하는 교육을 받게 할 의무를 진다.
③ 의무교육은 무상으로 한다.
④ 교육의 자주성·전문성·정치적 중립성 및 대학의 자율성은 법률이 정하는 바에 의하여 보장된다.
⑤ 국가는 평생교육을 진흥하여야 한다.
⑥ 학교교육 및 평생교육을 포함한 교육제도와 그 운영, 교육재정 및 교원의 지위

33) 사회적 기본권의 형량에서 적용되는 과소금지원칙에 대해서는 이준일, 『헌법과 사회복지법제』(2010), 35면 이하 참조.

에 관한 기본적인 사항은 법률로 정한다.

교육을 받을 권리는 제헌헌법(제16조)에서부터 규정되었다. 1962년 헌법(제27조 제1항)에서 "능력에 따라"라는 문구가 추가되었고, 국가의 "평생교육을 진흥하여야" 할 의무는 1980년 헌법(제29조 제5항)에서 규정되었다.

제 2 항 구성요건

Ⅰ. 인적 구성요건(주체)

교육을 받을 권리의 주체는 원칙적으로 국민이다. 하지만 교육을 받을 권리를 자유권 또는 사실적 자유를 의미하는 사회적 기본권으로 이해하는 한 외국인도 주체가 될 수 있다고 보아야 한다.

Ⅱ. 보호법익

1. 교육을 받을 자유

교육은 인간의 존엄과 가치를 실현하는 통로이며 또한 민주주의를 실현하는 기초가 된다. 헌법재판소는 교육의 기능에 대해서 다음과 같이 정리하고 있다. "교육을 받을 권리는, 첫째 교육을 통해 개인의 잠재적인 능력을 계발시켜줌으로써 인간다운 문화생활과 직업생활을 할 수 있는 기초를 마련해 주고, 둘째 문화적이고 지적인 사회풍토를 조성하고 문화창조의 바탕을 마련함으로써 헌법이 추구하는 **문화국가**를 촉진시키고, 셋째 합리적이고 계속적인 교육을 통해서 민주주의가 필요로 하는 민주시민의 윤리적 생활철학을 어렸을 때부터 습성화시킴으로써 헌법이 추구하는 **민주주의**의 토착화에 이바지하고, 넷째 능력에 따른 균등한 교육을 통해서 직업생활과 경제생활영역에서 **실질적인 평등**을 실현시킴으로써 헌법이 추구하는 사회국가, 복지국가의 이념을 실현한다는 의의와 기능을 가지고 있다."[34] 교육을 받을 권리에는 교육을 받을지 여부를 결정할 수 있는 주관적 지위로서 교육을 받을 자유가 포함된다.

2. 사회적 기본권으로서의 교육을 받을 권리

사실적 자유를 의미하는 사회적 기본권은 법적 자유를 전제하므로 교육을 받을 권리는 교육을 받을 '자유'를 포함하지만 이 권리의 중심은 사회적 기본권에 있다. 사회적 기본권으로서 교육을 받을 권리는 국민이 국가에 대해서 교육을 받을 수 있도록 국가의 적극적인 배려와 급부를 청구하는 권리를 말한다. 교육은 개인에게 충분한 재정적 능력

34) 헌재 1994. 2. 24. 93헌마192.

이 있고, 또한 시장에 충분한 공급이 된다면 사인으로부터도 구입할 수 있는 대상으로서 사회적 기본권의 중요한 내용이 된다. 교육을 받을 권리가 사회적 기본권으로 이해된다고 하더라도 그것은 **원칙으로서 잠정적인 구체적 권리**를 의미한다.

[판례] 교육을 받을 권리(수학권)의 개념

[1] 헌법은 제31조 제1항에서 '교육을 받을 권리'를 보장함으로써 국가로부터 교육에 필요한 시설의 제공을 요구할 수 있는 권리 및 각자의 능력에 따라 교육시설에 입학하여 배울 수 있는 권리를 국민의 기본권으로서 보장하고 있다(1991. 2. 11. 90헌가27; 1992. 11. 12. 89헌마88; 2001. 2. 22. 99헌바93). 그런데, '각자의 능력에 따라 교육시설에 입학하여 배울 수 있는 권리'의 대상인 국가의 교육시설은 그 물적, 인적 한계 등으로 말미암아 입학자격조건을 정하는 데 있어서 능력에 따른 차별이 가능한 영역으로서, 입법적 재량범위가 넓은 영역이라고 할 것이다(2011. 6. 30. 2010헌마503).

[2] 헌법 제31조 제1항은 "모든 국민은 능력에 따라 균등하게 교육을 받을 권리를 가진다"고 규정하여 국민의 교육을 받을 권리(이하 "수학권"(修學權)이라 한다)를 보장하고 있다. 이 권리는 통상 국가에 의한 교육조건의 개선 · 정비와 교육기회의 균등한 보장을 적극적으로 요구할 수 있는 권리로 이해되고 있다. 수학권의 보장은 인간으로서의 존엄과 가치를 가지며 행복을 추구하고(헌법 제10조 전문) 인간다운 생활을 영위하는 데(헌법 제34조 제1항) 필수적인 조건이자 대전제다. 헌법 제31조 제2항 내지 제6항 소정의 교육을 받게 할 의무, 의무교육의 무상, 교육의 자주성 · 전문성 · 정치적 중립성 및 대학의 자율성, 평생교육진흥, 교육제도와 그 운영 · 교육재정 및 교원지위 법률주의 등은 수학권의 효율적인 보장을 위한 규정이다(1999. 3. 25. 97헌마130).

[3] '교육을 받을 권리'란, 국민이 헌법규정을 근거로 하여 직접 특정한 교육제도나 학교시설을 요구할 수 있는 권리라기보다는 모든 국민이 능력에 따라 균등하게 교육을 받을 수 있는 교육제도를 제공해야 할 국가의 의무를 규정한 것이다. 즉, '교육을 받을 권리'란, 모든 국민에게 저마다의 능력에 따른 교육이 가능하도록 그에 필요한 설비와 제도를 마련해야 할 국가의 과제와 아울러 이를 넘어 사회적 · 경제적 약자도 능력에 따른 실질적 평등교육을 받을 수 있도록 적극적인 정책을 실현해야 할 국가의 의무를 뜻한다(2000. 4. 27. 98헌가16등).

(1) '능력에 따라' 교육을 받을 권리

여기서 능력은 개인의 정신적, 육체적 능력과 같은 일신전속적인 능력을 말하고, 성별, 종교, 경제력, 가문, 사회적 신분 등과 같은 비전속적인 능력을 말하지 않는다. 따라서 공개전형시험은 능력에 따른 교육의 방법으로 헌법에 합치된다.

(2) '균등하게' 교육을 받을 권리

균등하게 교육을 받을 권리는 평등원칙이 교육을 받을 권리에 구체적으로 적용된 경우이다. 이때 평등은 법적 평등과 사실적 평등을 모두 말한다. 따라서 교육에 있어서 원칙적으로 법적 차별은 금지되어 **취학의 평등**이 보장되고, 국가는 교육에 있어서 사실적 평등을 실현하기 위해 각종 **교육시설을 설치 · 운영**하며, 능력은 있으나 경제력이 없어 교육을 받지 못하는 국민을 위해 여러 가지 **장학정책**을 시행하여야 한다. 헌법재판소도 비슷한 견해를 가지고 있다.[35] 즉 교육의 기회균등권은 "정신적 · 육체적 능력 이외의 성별 · 종교 · 경제력 · 사회적 신분 등에 의하여 교육을 받을 기회를 차별하지 않고, 즉 합리적 차별사유 없이 교육을 받을 권리를 제한하지 아니함과 동시에 국가가 모든 국민에게 균등한 교육을 받게 하고 특히 경제적 약자가 실질적인 평등교육을 받을 수 있도록 적극적 정책을 실현해야 한다"는 뜻이라고 한다. 하지만 이것은 실질적 평등교육을 실현해야 할 '국가의 의무'를 규정할 뿐이고, 이로부터 실질적 평등교육을 위한 교육비를 청구할 수 있는 '국민의 권리'가 도출되는 것은 아니라고 한다.[36] 이러한 헌법재판소의 견해에 대해서는 균등하게 교육을 받을 권리도 비록 잠정적인 권리이지만 국민의 권리로서 인정되어야 한다는 비판이 가능하다. **교육기본법**은 균등하게 교육받을 권리를 다음과 같이 구체화하고 있다. "모든 국민은 성별, 종교, 신념, 인종, 사회적 신분, 경제적 지위 또는 신체적 조건 등을 이유로 교육에 있어서 차별을 받지 아니한다"(동법 제4조 제1항). 헌법재판소에 따르면 대학입시에서 검정고시로 고등학교 졸업학력을 취득한 사람들의 지원을 제한하는 것은 균등하게 교육을 받을 권리를 침해한다.[37]

(3) 교육을 받을 권리

사회적 기본권으로서 교육을 받을 권리는 ① 의무교육과 ② 평생교육으로 구체화된다. 첫째, 헌법은 **의무교육**과 관련하여 보호하는 자녀에게 적어도 초등교육과 법률이 정하는 교육을 받게 할 의무를 부여하면서(제31조 제2항) 이러한 **의무교육의 무상원칙**을 규정한다(동조 제3항). 이를 구체화하고 있는 교육기본법에 따르면 6년의 초등교육과 3년의 중등교육을 의무교육으로 하고 있다(동법 제8조 제1항). 헌법재판소는 **의무교육의 무상제**(무상교육제도)와 관련하여 "헌법상 초등교육에 대한 의무교육과는 달리 중등교육의 단계에 있어서는 어느 범위에서 어떠한 절차를 거쳐 어느 시점에서 의무교육으로서 실시할 것인가는 **입법자의 형성의 자유**에 속하는 사항으로서 국회가 입법정책적으로 판단하여 법률로 구체적으로 규정할 때에 비로소 헌법상 권리로서 구체화되는 것으로 보아야" 한다고 한다.[38] 하지만 이 경우에 사회적 기본권인 교육을 받을 권리가 원칙규범으로서 잠정적이지만 구체적인 권리임을 고려하여 헌법재판소는 단순히 '입법자의 형성의 자유'를 확인하는 데 그치지 말고, 과소금지원칙에 따라 합리적인 형량이 이루어졌는지를 판단했어야 한다.

[학설] 무상교육의 범위

① 무상범위법정설, ② 수업료무상설, ③ 취학필수비무상설

• 계희열 《(중), 742면》 무상범위법정설은 법률에 규정되지 않았다는 이유로 헌법의 규정을 공동화시킬 염려가 있고, 수업료무상설은 무상의 내용을 일부에만 국한시키기 때

35) 헌재 1994. 2. 24. 93헌마192.
36) 헌재 2003. 11. 27. 2003헌바39.
37) 헌재 2017. 12. 28. 2016헌마649.
38) 헌재 1991. 2. 11. 90헌가27.

문에 타당하지 않다. 국가의 재정이 허용하는 경우에는 교재 · 학용품을 비롯한 **급식의 무상까지**도 포함한다고 보아야 할 것이다.

- 권영성 〈671면〉 **취학필수비무상설**이 … 타당하다. 이로써 국가는 재정이 허락하는 한 교과서와 그 밖의 교재 그리고 **급식까지도 무상**으로 해야 한다.
- 김철수 〈976면〉 무상이라 함은 수업료면제만이 아니라, 국가의 재정이 허용하는 경우에는 학용품을 비롯한 **급식의 무상까지**도 포함한다고 보아야 할 것이다.
- 김하열a 〈681면〉 의무교육 보장의 취지상 의무교육 실시에 **필수적인 비용**은 국가가 부담해야 한다.
- 성낙인 〈1352면〉 **취학필수비무상설**이 이론상 타당하다. 국가는 재정능력 등을 종합적으로 고려하여 보호자의 부담을 경감시키도록 노력하여야 한다.
- 한수웅 〈1088면〉 국가는 다른 국가과제와 국가재정이 허용하는 범위 내에서 무상의 범위를 교과서 등 교재, 학용품, 급식 등에도 확대할 수는 있으나 헌법적으로 보장되는 무상교육의 범위, 이로써 헌법의 구속을 받는 반드시 시행해야 하는 무상제도의 범위는 **수업료에 국한**되는 것으로 이해하는 것이 타당하다.

[판례] 의무교육과 학교용지(學校用地)부담금

헌법은, 모든 국민은 그 보호하는 자녀에게 적어도 초등교육과 법률이 정하는 교육을 받게 할 의무를 지고(헌법 제31조 제2항), 의무교육은 무상으로 한다(헌법 제31조 제3항)고 규정하고 있다. 이러한 의무교육제도는 국민에 대하여 보호하는 자녀들을 취학시키도록 한다는 의무부과의 면보다는 국가에 대하여 인적 · 물적 교육시설을 정비하고 교육환경을 개선하여야 한다는 의무부과의 측면이 보다 더 중요한 의미를 갖는다. 의무교육에 필요한 학교시설은 국가의 일반적 과제이고, 학교용지는 의무교육을 시행하기 위한 물적 기반으로서 필수조건임은 말할 필요도 없으므로 이를 달성하기 위한 비용은 국가의 일반재정으로 충당하여야 한다. 따라서 적어도 의무교육에 관한 한 일반재정이 아닌 부담금과 같은 별도의 재정수단을 동원하여 특정한 집단으로부터 그 비용을 추가로 징수하여 충당하는 것은 의무교육의 무상성을 선언한 헌법에 반한다(2005. 3. 31. 2003헌가20).

[판례] 의무교육 경비의 지방자치단체 부담

① 헌법 제31조 제2항 · 제3항으로부터 직접 의무교육 경비를 중앙정부로서의 국가가 부담하여야 한다는 결론은 도출되지 않으며, 그렇다고 하여 의무교육의 성질상 중앙정부로서의 국가가 모든 비용을 부담하여야 하는 것도 아니므로, 지방교육자치에관한법률 제39조 제1항이 의무교육 경비에 대한 지방자치단체의 부담 가능성을 예정하고 있다는 점만으로는 헌법에 위반되지 않는다. ② 헌법 제31조 제4항 · 제6항은 교육제도와 교육재정제도의 형성에 관하여 헌법이 직접 규정한 사항 외에는 입법자에게 위임하고 있으므로, 입법자는 중앙정부와 지방정부의 재정상황, 의무교육의 수준 등의 여러 가지 요소와 사정을 감안하여 교육 및 교육재정의 충실을 위한 여러 정책적 방안들을 구상하고 그 중의 하나를 선택할 수 있으며, 이에 관한 입법자의 정책적 판단 · 선택권은 넓게 인정된다. ③ 지방교육재정교부금법 제11조 제1항에서 의무교육 경비를 교부금과 지방자치단체의 일반회계로부터의 전입금으로 충당토록 규정한 것 및 같은 조 제2항 제3호에서 서울특별시 · 부산광역시와 그 밖

의 지방자치단체를 구분하여 서울특별시의 경우에는 당해 시 · 도세 총액의 100분의 10에 해당하는 금액을 일반회계예산에 계상하여 교육비특별회계로 전출하도록 규정한 것은 교육재정제도를 형성함에 있어 의무교육을 받을 권리를 골고루 실질적으로 보장하라는 헌법의 위임취지에 명백히 반하는 자의적인 것이라 할 수 없어 위헌이 아니다(2005. 12. 22. 2004헌라3).

[판례] 의무교육과 급식비용부담

급식활동이 의무교육에 있어서 필수불가결한 교육 과정이며 이에 소요되는 경비가 의무교육의 실질적인 균등보장을 위한 본질적이고 핵심적인 항목에 해당한다면, 이에 관한 모든 재원마련도 전적으로 국가와 지방자치단체의 몫이 되어야 하므로 급식에 관한 경비를 전면 무상으로 하지 않고 그 일부를 학부모의 부담으로 하고 있는 이 사건 법률조항들은 의무교육의 무상원칙에 위배될 여지가 있다. 그러나 비록 학교급식이 학생들에게 한 끼 식사를 제공하는 영양공급의 차원을 넘어서 편식교정지도 등 식생활 개선, 공동체 의식 및 협동심 함양 등 교육적 성격을 갖고 있다 하더라도, 급식활동으로 얻을 수 있는 교육적 측면은 기본적이고 필수적인 학교 교육 이외에 부가적으로 이루어지는 식생활 및 인성 교육으로서의 보충적 성격을 가지므로 의무교육의 실질적인 균등보장을 위한 본질적이고 핵심적인 부분이라고 까지는 할 수 없고, 따라서 학교급식 비용과 관련된 입법에 대하여는 입법자에게 입법형성의 재량이 인정된다고 봄이 상당하다(2012. 4. 24. 2010헌바164).

[판례] 의무교육과 학교운영지원비

학교운영지원비는 그 운영상 교원연구비와 같은 교사의 인건비 일부와 학교회계직원의 인건비 일부 등 의무교육과정의 인적기반을 유지하기 위한 비용을 충당하는데 사용되고 있다는 점, 학교회계의 세입상 현재 의무교육기관에서는 국고지원을 받고 있는 입학금, 수업료와 함께 같은 항에 속하여 분류되고 있음에도 불구하고 학교운영지원비에 대해서만 학생과 학부모의 부담으로 남아있다는 점, 학교운영지원비는 기본적으로 학부모의 자율적 협찬금의 외양을 갖고 있음에도 그 조성이나 징수의 자율성이 완전히 보장되지 않아 기본적이고 필수적인 학교 교육에 필요한 비용에 가깝게 운영되고 있다는 점 등을 고려해보면 이 사건 세입조항은 헌법 제31조 제3항에 규정되어 있는 의무교육의 무상원칙에 위배되어 헌법에 위반된다(2012. 8. 23. 2010헌바220).

둘째, 헌법은 교육과 관련하여 정규의 학교교육 이외에 각종 사회교육을 포괄하는 **평생교육**에 대해서 규정한다(제31조 제5항). 이를 구체화하고 있는 법률인 교육기본법은 국민의 평생교육을 위한 모든 형태의 사회교육의 장려의무를 규정하고(동법 제10조 제1항), **평생교육법**은 이에 대해서 상세하게 규정하고 있다.

(4) 교육과 관련된 원칙

1) 교육의 자주성 · 전문성 · 정치적 중립성 및 대학의 자율성 교육과 관련된 원칙으로서 헌법은 교육의 자주성, 전문성, 정치적 중립성 및 대학의 자율성에 대해서 규정한다(제31조 제4항). ① **교육의 자주성**은 교육내용 및 교육기구가 교육자에 의해 자주적으로 결정될 것을 의미한다. 헌법재판소는 국정교과서제도가 교육의 자주성을 침해하는 것이 아니라는 견해를 가지고 있다.[39] ② **교육의 전문성**은 교육전문가에 의해 교육

정책이 수립되고 집행될 것을 내용으로 한다. ③ **교육의 정치적 중립성**은 교육에 대해서 국가의 간섭을 배제할 것을 내용으로 한다. ④ **대학의 자율성**은 교육을 받을 권리에 규정되어 있지만 이미 학문의 자유에서 보장된 것으로 이해된다.[40)]

[판례] 교육의 자주성과 대학의 자율성

헌법 제31조 제4항이 규정하고 있는 교육의 자주성, 대학의 자율성 보장은 대학에 대한 공권력 등 외부세력의 간섭을 배제하고 대학인 자신이 대학을 자주적으로 운영할 수 있도록 함으로써 대학인으로 하여금 연구와 교육을 자유롭게 하여 진리탐구와 지도적 인격의 도야라는 대학의 기능을 충분히 발휘할 수 있도록 하기 위한 것으로서 이는 학문의 자유의 확실한 보장수단이자 대학에 부여된 헌법상의 기본권이다(1992. 10. 1. 92헌마68).

2) 교육제도 · 교육재정 · 교원지위 법정주의 또한 헌법은 교육과 관련된 원칙으로서 ① 교육제도의 법정주의, ② 교육재정의 법정주의, ③ 교원지위의 법정주의를 규정한다(제31조 제6항). 이러한 원칙들은 교육제도와 교육재정 및 교원지위를 국민의 대표기관인 입법자가 규정하도록 한 것으로서 헌법재판소가 잘 설명하듯이 "넓은 의미에서 교원의 지위를 포함한 교육제도는 한 시대와 국가 · 사회공동체의 이념 및 윤리와 조화되는 가운데서 형성 · 발전되어져야 할 성격을 지닌 것이기 때문에 그러한 제도의 구체적 형성과 변경은 국민의 대표기관인 입법부가 그 시대의 구체적인 사회적 여건과 교육의 특수성을 고려하여 민주적인 방법에 의하여 합리적으로 이루어 나가도록 하는 것이 적합하다는 데" 근거를 두고 있다.[41)] 이에 따라 교육과 관련된 법률로서 교육기본법, 초 · 중등교육법, 고등교육법, 지방교육자치에 관한 법률, 교육공무원법, 사립학교법, 교육세법 등이 제정되었다.

특별히 교원지위의 법정주의와 관련하여 헌법재판소는 교원지위를 "교원의 직무의 중요성 및 그 직무수행능력에 대한 인식의 정도에 따라서 그들에게 주어지는 사회적 대우 또는 근무조건 · 신분보장 · '보수' 및 그 밖의 물적 급부 등을 모두 포함하는 의미"로 이해한다.[42)] 또한 헌법재판소에 따르면 입법자는 교원지위를 정하는 법률에서 교원의 의무에 관한 사항을 포함하여 교원의 기본권을 제한하는 사항까지도 규율할 수 있다.[43)] 한편 헌법재판소는 **'교수재임용제도'**에 대해서 이 제도는 입법자가 그 장점과 단점을 고려하여 마련한 것으로 교원지위법정주의에 위반되지 않는다고 하였다.[44)] 그러나 이후에 헌법재판소는 견해를 바꾸어 대학교원의 신분의 부당한 박탈에 대한 최소한의 보호장치가 없어 교원지위법정주의에 위반된다고 하였다.[45)]

---

39) 헌재 1992. 11. 12. 89헌마88.
40) 제2편 제2부 제5장 제4절 제2항 Ⅱ. 2. 참조.
41) 헌재 2006. 5. 25. 2004헌바72.
42) 헌재 1991. 7. 22. 89헌가106; 2006. 5. 25. 2004헌바72.
43) 헌재 1991. 7. 22. 89헌가106; 2008. 11. 27. 2005헌가21.
44) 헌재 1998. 7. 16. 96헌바33.

[판례] 교육제도 법정주의와 국가의 학교제도규율권

헌법 제31조 제6항은 … 국가에게 학교제도를 통한 교육을 시행하도록 위임하였고, 이로써 국가는 학교제도에 관한 포괄적인 규율권한과 자녀에 대한 학교교육의 책임을 부여받았다. 따라서 국가는 헌법 제31조 제6항에 의하여 모든 학교제도의 조직, 계획, 운영, 감독에 관한 포괄적인 권한 즉, 학교제도에 관한 전반적인 형성권과 규율권을 가지고 있다(2000. 4. 27. 98헌가16; 2004. 5. 27. 2003헌가1).

[판례] 교수재임용제도와 교원지위 법정주의

[1] 기간임용제와 정년보장제는 국가가 문화국가의 실현을 위한 학문진흥의 의무를 이행함에 있어서나 국민의 교육권의 실현 · 방법 면에서 각각 장단점이 있어 어느 쪽이 좋은 제도인지에 대한 판단에는 어려움이 있고, 이러한 점에 대한 판단 · 선택은 헌법재판소에서 이를 가늠하기보다는 **입법자의 입법정책**에 맡겨 두는 것이 옳다고 본다. … 기간임용제는 대학교육기관의 교원을 기간을 정하여 임면할 수 있도록 한 것일 뿐 교원의 학문에 대한 연구 · 활동 내용이나 방식을 규율한 것은 아니며, 재임용될 교원을 결정함에 있어서도 임면권자인 학교법인의 교원인사에 관한 자율성을 제한하는 것도 아니다. 비록 교원의 기간임용제를 일부 악용하는 등의 사례가 있다면 그것은 입법적인 결함이라기보다는 운영에 있어서 생긴 문제에 불과한 것이다. 따라서 기간임용제는 **교원지위 법정주의**에 위반된다고 할 수 없고 학문의 자유와 교육의 자주성 · 전문성 · 정치적 중립성 · 대학의 자율성을 침해하는 위헌조항이라고 보기 어렵다(1998. 7. 16. 96헌바33).

[2] 객관적인 기준의 재임용 거부사유와 재임용에서 탈락하게 되는 교원이 자신의 입장을 진술할 수 있는 기회 그리고 재임용거부를 사전에 통지하는 규정 등이 없으며, 나아가 재임용이 거부되었을 경우 사후에 그에 대해 다툴 수 있는 제도적 장치를 전혀 마련하지 않고 있는 것은, 현대사회에서 대학교육이 갖는 중요한 기능과 그 교육을 담당하고 있는 대학교원의 신분의 부당한 박탈에 대한 최소한의 보호요청에 비추어 볼 때 헌법 제31조 제6항에서 정하고 있는 교원지위 법정주의에 위반된다고 볼 수밖에 없다(2003. 2. 27. 2000헌바26).

[3] 임기가 만료된 교원이 "재임용을 받을 권리 내지 기대권"을 가진다고는 할 수 없지만 적어도 학교법인으로부터 재임용 여부에 관한 **"합리적인 기준과 정당한 평가에 의한 심사를 받을 권리"**를 가진다고 보아야 한다. 그러므로 예컨대 학교법인이 아무런 기준을 정하지 아니하고 자의적으로 재임용 여부를 결정하는 경우, 학교법인이 정한 기준이 심히 불합리한 경우, 합리적인 기준이 있다고 하더라도 부당한 평가를 하여 재임용을 거부하는 경우, 그리고 관계법령 등에 정한 사전고지 및 청문절차의 의무를 위반한 경우 등은 모두 임기만료 교원의 재임용 여부에 관하여 '합리적인 기준과 정당한 평가에 의한 심사를 받을 권리'를 침해하는 것에 해당한다고 할 것이다. 그렇다면, 위와 같은 경우 임기만료 교원에 대한 재임용거부는 이 사건 교원지위법조항 소정의 "징계처분 기타 그 의사에 반하는 불리한 처분"에 버금가는 효과를 가진다고 보아야 하므로 이에 대하여는 마땅히 교육인적자원부 교원징계재심위원회의 재심사유, 나아가 법원에 의한 사법심사의 대상이 되어야 한다. 그럼에도 불구하고 이 사건 교원지위법조항은 이에 대하여 아무런 규정을 하고 있지 아니하므로, 입법자가 법률로 정하여 할 교원지위의 기본적 사항에는 교원의 신분이 부당하게 박탈되지 않도록

45) 헌재 2003. 2. 27. 2000헌바26.

하는 최소한의 보호의무에 관한 사항이 포함되어야 한다는 헌법 제31조 제6항 소정의 교원지위 법정주의에 위반된다고 할 것이다(2003. 12. 18. 2002헌바14등: 헌법불합치).

3. 교육을 받을 권리에 관한 보호권과 절차권

교육을 받을 권리가 교육을 받을 자유와 이에 대한 저지 · 방해행위의 부작위(중지)를 요구할 수 있는 방어권이 결합된 자유권으로 이해되는 경우에 이로부터 보호권을 도출할 수 있다. 한편 교육을 받을 권리가 사회적 기본권으로서 보장되면 헌법은 국민에게 교육에 관한 **법적 지위**를 보장하게 된다. 이러한 법적 지위의 박탈은 국가만이 할 수 있지만 사인인 제3자에 의해서도 간접적 · 사실적으로 제약될 수 있다. 따라서 국민은 교육을 받을 권리에 대한 제3자의 제약행위로부터 보호의 입법을 요구할 수 있는 **보호권**을 주장할 수 있다. 또한 교육을 받을 권리를 보장하는 절차에 관한 입법을 요구할 수 있는 **절차권**도 국민에게 보장된다.

제 3 항 제한규범

Ⅰ. 헌법직접적 제한규범

교육을 받을 권리에 대한 성문의 헌법직접적 제한규범은 규정되어 있지 않다. 불문의 헌법직접적 제한규범으로는 다른 사람의 기본권이나 헌법적 법익이 될 수 있다.

Ⅱ. 헌법간접적 제한규범

교육을 받을 권리에 대한 헌법간접적 제한규범, 즉 법률유보는 이 기본권에 대해서만 규정하고 있는 개별적 법률유보조항이 없기 때문에 이 기본권을 포함한 모든 기본권에 대해서 규정하고 있는 헌법 제37조 제2항에 근거해서 가능하다.

제 4 항 정 당 화

Ⅰ. 비례성원칙과 본질내용침해금지원칙

교육을 받을 권리도 원칙으로 이해된다. 따라서 잠정적으로 보장된 이 권리의 구성요건이 확정적으로 보장되기 위해서는 **비례성원칙에 따른 합리적 형량**이 필요하다. 사회적 기본권으로 이해되는 교육을 받을 권리의 경우에 비례성원칙은 과소금지원칙으로 구체화된다.

교육을 받을 권리의 본질내용에 대해서는 **절대설**에 따르면 본질내용침해금지원칙은 독립적인 원칙으로서 기능하기 때문에 교육을 받을 권리의 제한을 위한 정당화는 부가적으로 이 원칙에 따른 독자적인 심사가 필요하다. 하지만 **상대설**에 따르면 비례성원칙에 따른 심사로 교육을 받을 권리의 제한을 위한 정당화는 충분하다.

Ⅱ. 구체적 문제

교육을 받을 권리와 관련하여 헌법재판소는 **과외금지**를 규정한 법률조항에 대해서 국가는 공교육(제도교육)뿐만 아니라 사교육을 지원하고 장려해야 할 의무가 있다고 하면서 교육기회의 불평등은 사교육 억제로 실현될 수 없기 때문에 과외를 금지하는 것은 위헌이라고 한다.[46] 과외라는 사교육에 대해서도 국가의 지원과 장려의 의무를 언급한 헌법재판소의 견해는 매우 인상적이다.

[판례] 과외금지

헌법 제31조의 '능력에 따라 균등한 교육을 받을 권리'는 국가에 의한 교육제도의 정비·개선 외에도 의무교육의 도입 및 확대, 교육비의 보조나 학자금의 융자 등 교육영역에서의 사회적 급부의 확대와 같은 국가의 적극적인 활동을 통하여 사인간의 출발기회에서의 불평등을 완화해야 할 국가의 의무를 규정한 것이다. 그러나 위 조항은 교육의 모든 영역, 특히 학교교육 밖에서의 사적인 교육영역에까지 균등한 교육이 이루어지도록 개인이 별도로 교육을 시키거나 받는 행위를 국가가 금지하거나 제한할 수 있는 근거를 부여하는 수권규범이 아니다. 오히려 국가는 헌법이 지향하는 문화국가이념에 비추어, 학교교육과 같은 제도교육외에 **사적인 교육의 영역에서도 사인의 교육을 지원하고 장려해야 할 의무**가 있는 것이다. 경제력의 차이 등으로 말미암아 교육의 기회에 있어서 사인간에 불평등이 존재한다면, 국가는 원칙적으로 **의무교육의 확대 등 적극적인 급부활동을 통하여 사인간의 교육기회의 불평등을 해소**할 수 있을 뿐, 과외교습의 금지나 제한의 형태로 개인의 기본권행사인 사교육을 억제함으로써 교육에서의 평등을 실현할 수는 없다(2000. 4. 27. 98헌가16등).

[판례] 교육을 받을 권리와 사립유치원에 대한 재정적 지원

국가 및 지방자치단체에게 사립유치원에 대한 교사 인건비, 운영비 및 영양사 인건비를 예산으로 지원하라는 헌법상 명문규정이 없음은 분명하다. 그리고 헌법 제31조 제1항은 국민의 교육을 받을 권리를 보장하고 있지만 그 권리는 통상 국가에 의한 교육조건의 개선·정비와 교육기회의 균등한 보장을 적극적으로 요구할 수 있는 권리로 이해되고 있을 뿐이고, 그로부터 위와 같은 작위의무가 헌법해석상 바로 도출된다고 볼 수 없다(2006. 10. 26. 2004헌마13).

제5항 효 력

자유권으로서 교육을 받을 권리는 국가에 대해서뿐만 아니라 사인에 대해서도 효력을 발생한다. 한편 사회권으로서 교육을 받을 권리는 원칙적으로 국가에 대해서만 효력을 발생한다. 하지만 사회권으로서 교육을 받을 권리는 사인인 제3자에 의해서도 간접적·사실

46) 헌재 2000. 4. 27. 98헌가16등.

적으로 제약될 수 있기 때문에 사인에 대해서도 효력을 미친다. 교육을 받을 권리의 사인에 대한 효력은 기본권의 대사인적 효력에 관한 이론구성에 따라 법관의 기본권존중의무를 매개로 교육을 받을 권리를 존중하는 재판을 요구함으로써 실현될 수 있다.

제 4 절 환경권 및 주거권

제 1 항 헌법규정

헌법 제35조는 '환경권'과 '주거권'을 규정하고 있다. 이 조항은 환경권과 함께 환경보호에 관한 국가와 국민의 의무를 규정하면서, 쾌적한 주거에 관한 권리를 독자적인 기본권으로서 규정한다. 주거를 환경의 한 유형으로 이해하여 환경권과 함께 주거권을 규정하고 있으나 엄격한 의미에서 환경권은 사회권으로만 분류될 수 없다는 점, 그리고 주거권은 사회적 기본권으로서 특별한 의미를 가진다는 점을 고려할 때 양자는 분리되어야 하고, 특히 주거권을 독립된 조항으로 독립시킬 필요가 있다. 어쨌든 이러한 기본권들이 의미하는 내용은 환경과 쾌적한 주거에 관한 주관적 지위와 객관적 규범이다.

[헌법 제35조]

① 모든 국민은 건강하고 쾌적한 환경에서 생활할 권리를 가지며, 국가와 국민은 환경보전을 위하여 노력하여야 한다.
② 환경권의 내용과 행사에 관하여는 법률로 정한다.
③ 국가는 주택개발정책 등을 통하여 모든 국민이 쾌적한 주거생활을 할 수 있도록 노력하여야 한다.

환경권은 1980년 헌법(제8차 개정헌법 제33조)에서 처음으로 규정되었다. 한편 쾌적한 주거에 관한 권리는 현행 헌법에서부터 규정되었다.

제 2 항 구성요건

I. 인적 구성요건(주체)

환경권과 주거권은 원칙적으로 자연인의 권리이다. 사실적 자유를 의미하는 사회권의 기능이 중심이 되는 경우에는 원칙적으로 외국인도 주체가 될 수 있다.

Ⅱ. 보호법익

1. 환 경

(1) 학설과 판례

환경권의 대상인 환경의 개념에 대해서는 자연환경에 국한되는지 아니면 생활환경이나 사회적 환경까지 포함하는지와 관련하여 견해가 차이가 있다. 구체적으로는 ① **자연환경**을 기본으로 하고 **물리적 인공환경**도 그 대상이 되지만, 사회적·문화적 환경은 그 대상이 되지 않는다고 보는 견해,[47] ② **자연환경**과 **생활환경**을 모두 포함한다는 견해,[48] ③ 환경권은 넓게 이해하여 **자연환경** 속에서 살 권리, 보다 좋은 **사회적 환경**에서 살 권리도 포함된다고 하면서 환경권과 주거권, 행복추구권, 보건에 관한 권리를 통합하여 광의의 환경권이 헌법상 보장된다고 보는 견해,[49] ④ 단지 **자연환경**에 **국한**된다는 견해[50] 등이 있다. 헌법재판소는 환경의 개념에 자연환경과 생활환경(인공적 환경)을 포함시킨다.[51]

(2) 비판과 대안

환경에 사회적 환경, 예를 들어 교육환경이나 의료환경, 주거환경까지도 포함하여 넓게 이해하려는 견해도 있지만 이러한 견해는 교육, 의료, 주거에 관한 권리를 독립적인 기본권으로서 보장하고 있는 헌법의 전체적 체계에 비추어 볼 때 적절하지 못하다. 따라서 헌법이 보장하는 환경의 개념에는 **자연환경과 생활환경이 포함**된다(환경정책기본법 제3조 제1호). 여기서 '자연환경'이라 함은 지하·지표(해양을 포함) 및 지상의 모든 생물과 이들을 둘러싸고 있는 비생물적인 것을 포함한 자연의 상태(생태계 및 자연경관을 포함)를 말한다(동법 동조 제2호). 그리고 '생활환경'이라 함은 대기, 물, 토양, 폐기물, 소음·진동, 악취, 일조, 인공조명, 화학물질 등 사람의 일상생활과 관계되는 환경을 말한다(동법 동조 제3호).

2. 환경에 관한 자유와 권리

(1) 학설과 판례

환경권의 법적 성격에 대해서는 자유권(방어권), 사회권(생존권), 제도보장 등 다양한 성격이 부여된다. 예를 들어 ① 부분적으로 **자유권적 기본권**의 성격과 부분적으로 **사회적 기본권**의 성격을 갖는다는 견해,[52] ② 인간의 존엄성존중을 그 이념적 기초로 하면서 여러 가지 성격을 아울러 가진 **종합적 기본권**이며 그 주된 성격은 사회적 기본

47) 계희열(중), 797면.
48) 권영성, 701면; 성낙인, 1383면.
49) 김철수, 1041면.
50) 홍성방(중), 362면.
51) 헌재 2008. 7. 31. 2006헌마711; 2017. 12. 28. 2016헌마45; 2019. 12. 27. 2018헌마730; 2020. 3. 26. 2017헌마1281.
52) 계희열(중), 804면.

권성에 있다는 견해,[53] ③ **자유권적 성격과 생존권적 성격**을 아울러 가진다고 하면서 자유권적 성격에서 환경침해배제청구권이, 생존권적 성격에서 환경보호 · 보장청구권이 인정된다는 견해,[54] ④ 국가와 국민의 환경보전의무를 전제로 하는 권리와 의무의 복합적 형태로서 **'기본권의 전제조건을 보장'하는 기본권**으로서의 성질과 **기본권의 헌법적 한계**로서의 성질을 함께 가지고 있는 종합적인 기본권이라고 하면서 **인간의 당연한 생활질서**로서의 성질도 가지며 법률제도의 보장이라는 **'제도적 보장'의 성질**도 함께 내포하고 있다는 견해,[55] ⑤ 국가에 대하여 환경의 유지 · 보존 · 개선을 요구할 수 있는 권리이기 때문에 **사회적 기본권**이며 깨끗한 환경을 국가가 침해해서는 안된다는 **방어권적 측면**도 가진다는 견해[56] 등이 주장된다. 헌법재판소는 환경권을 방어권적 성격과 함께 급부권적 성격을 가지는 "종합적 기본권"으로 이해한다(아래 [판례] 참조).

[판례] 환경권의 법적 성격

[1] 환경권은 건강하고 쾌적한 생활을 유지하는 조건으로서 양호한 환경을 향유할 권리이고, 생명 · 신체의 자유를 보호하는 토대를 이루며, 궁극적으로 '삶의 질' 확보를 목표로 하는 권리이다. 환경권을 행사함에 있어 국민은 국가로부터 건강하고 쾌적한 환경을 향유할 수 있는 자유를 침해당하지 않을 권리를 행사할 수 있고, 일정한 경우 국가에 대하여 건강하고 쾌적한 환경에서 생활할 수 있도록 요구할 수 있는 권리가 인정되기도 하는바, 환경권은 그 자체 **종합적 기본권**으로서의 성격을 지닌다. 환경권의 내용과 행사는 법률에 의해 구체적으로 정해지는 것이기는 하나, 이 헌법조항의 취지는 특별히 명문으로 헌법에서 정한 환경권을 입법자가 그 취지에 부합하도록 법률로써 내용을 구체화하도록 한 것이지 환경권이 완전히 무의미하게 되는데도 그에 대한 입법을 전혀 하지 아니하거나, 어떠한 내용이든 법률로써 정하기만 하면 된다는 것은 아니다(2008. 7. 31. 2006헌마711).

[2] 헌법 제35조 제1항은 환경권을 기본권의 하나로 승인하고 있으므로, 사법의 해석과 적용에 있어서도 이러한 기본권이 충분히 보장되도록 배려하여야 하나, 헌법상의 기본권으로서의 환경권에 관한 위 규정만으로서는 그 보호대상인 환경의 내용과 범위, 권리의 주체가 되는 권리자의 범위 등이 명확하지 못하여 이 규정이 개개의 국민에게 직접적으로 구체적인 사법상의 권리를 부여한 것이라고 보기는 어렵고, 사법적 권리인 환경권을 인정하면 그 상대방의 활동의 자유와 권리를 불가피하게 제약할 수밖에 없으므로, 사법상의 권리로서의 환경권이 인정되려면 그에 관한 명문의 법률규정이 있거나 관계 법령의 규정취지나 조리에 비추어 권리의 주체, 대상, 내용, 행사방법 등이 구체적으로 정립될 수 있어야 한다(대결 1995. 5. 23. 94마2218; 대판 1995. 9. 15. 95다23378; 대판 1997. 7. 22. 96다56153; 대판 1999. 7. 27. 98다47528).

(2) 쾌적한 환경에 관한 자유

환경권은 건강하고 '쾌적한 환경'이라는 일정한 상태를 보호법익으로 하는 '자유'로

53) 권영성, 703면.
54) 김철수, 1039면; 성낙인, 1383면.
55) 허영, 469면.
56) 홍성방(중), 356면 이하; 비슷한 견해: 장영수, 859면.

이해된다. 환경권에 포함된 환경의 자유는 쾌적한 환경의 유지 여부에 관한 자유로운 결정이 보장된 규범적 허용상태에서 향유하는 주관적 지위를 뜻한다.

(3) **쾌적한 환경에 관한 권리**

1) **방어권 · 보호권 · 절차권** ① 환경권은 국가가 쾌적한 환경을 오염 · 훼손하는 경우에 이러한 제약행위를 중지해달라고 요구할 수 있는 **방어권**을 포함한다. 또한 ② 쾌적한 환경에 대한 사인(私人)인 제3자의 오염 · 훼손행위로부터 보호하는 입법을 요구할 수 있는 **보호권**도 포함한다. 헌법재판소는 적어도 사인인 제3자에 의한 환경권 침해에 대하여 적극적으로 기본권 보호조치를 취할 국가의 의무를 인정한다.[57] 그리고 ③ 국가를 상대로 쾌적한 환경에 관한 절차를 보장하는 입법을 요구할 수 있는 **절차권**도 포함한다. 보호권과 절차권의 경우에 국가는 쾌적한 환경을 보호하고 쾌적한 환경에 관한 절차를 보장하는 입법을 해야 할 의무를 부담한다. 환경권은 일반적으로 ① 사전예방적인 '공해예방청구권'(환경보전청구권)과 ② 사후회복적인 '공해배제청구권'(환경복구청구권)으로 구체화된다고 설명되는데 이 가운데 전자가 방어권의 핵심적 내용이 되고, 후자는 환경권에 대한 사후구제적인 의미에서의 절차권의 핵심적 내용을 구성한다. 다만 사전예방적인 측면에서도 보호권이나 절차권과 같은 급부권의 기능은 환경권의 내용을 구성한다.

환경정책기본법에 따르면 '환경오염'이라 함은 사업활동 및 그 밖의 사람의 활동에 의하여 발생하는 대기오염, 수질오염, 토양오염, 해양오염, 방사능오염, 소음 · 진동, 악취, 일조방해, 인공조명에 의한 빛공해 등으로서 사람의 건강이나 환경에 피해를 주는 상태를 말한다(동법 제3조 제4호). 그리고 '환경훼손'이라 함은 야생동 · 식물의 남획 및 그 서식지의 파괴, 생태계질서의 교란, 자연경관의 훼손, 표토(表土)의 유실 등으로 인하여 자연환경의 본래적 기능에 중대한 손상을 주는 상태를 말한다(동조 제5호). 환경오염의 경우에는 보호되는 법익이 환경뿐만 아니라 건강(신체의 완전성)도 포함된다는 점을 확인할 수 있다.

2) **사 회 권** 사회권으로서 환경권은 환경보호를 위한 사실적 · 재정적 기초를 보장해주도록 요구하는 권리로 이해된다. 환경도 개인에게 충분한 자력이 보장되고 시장에 충분한 공급만 제공된다면 개인이 시장에서 구입할 수 있는 대상이기 때문에 방어권이나 보호권 또는 절차권에 의한 보강으로 충분하지 않고 사회권에 의한 보강이 필수적이다.

3. 주거에 관한 권리

주거에 관한 권리는 주거에 관한 사실적 · 재정적 기초의 제공을 요구하는 사회적 기본권으로 이해된다. 왜냐하면 주거는 교육이나 의료와 함께 개인에게 충분한 자력이 보장되고 시장에 충분한 공급만 제공된다면 개인이 시장에서도 얼마든지 구입할 수 있

57) 헌재 2008. 7. 31. 2006헌마711; 2019. 12. 27. 2018헌마730; 2024. 4. 25. 2020헌마107.

는 대표적인 대상이기 때문이다. 물론 헌법의 규정이 쾌적한 주거생활의 보장에 관한 '국가의 의무(노력해야 한다)'만을 표현하는 것으로도 보인다. 하지만 헌법 제31조에서 제36조까지의 규정은 하나의 체계를 이루며 사회적 기본권을 규정하고 있다는 점, 그리고 주거는 의복이나 식품과 함께 인간다운 생활을 위해 필수적으로 요구되는 최소한이라는 점에서 '국민의 권리'로 이해되는 것이 타당하다.[58] 이러한 권리를 구체화한 예로 주거급여법을 들 수 있다.

Ⅲ. 제약행위

환경권의 경우에는 방어권의 측면을 포함하기 때문에 환경을 오염시키고 훼손하는 행위가 환경권에 대한 제약행위가 된다. 이러한 행위들은 **잠정적으로 금지**된다.[59]

제 3 항 제한규범

Ⅰ. 헌법직접적 제한규범

환경권이나 주거권에 대한 헌법직접적 제한규범은 성문의 형태로는 규정되어 있지 않고, 불문의 형태로는 다른 사람의 기본권이나 헌법적 법익을 들 수 있다.

Ⅱ. 헌법간접적 제한규범

환경권에 대한 헌법간접적 제한규범으로는 환경권에 대해서만 규정되어 있는 개별적 법률유보로서 헌법 제35조 제2항을 들 수 있다. 또한 환경권을 포함한 모든 자유와 권리에 대한 일반적 법률유보로서 헌법 제37조 제2항이 있다. 한편 주거권의 경우에 개별적 법률유보는 규정되어 있지 않고, 일반적 법률유보조항인 헌법 제37조 제2항에 따라서 제한될 수 있다.

제 4 항 정 당 화

'잠정적으로' 보장된 환경권과 주거권이 확정적인 권리가 되기 위해서는 그것과 충돌하는 다른 원칙(= 다른 사람의 기본권 + 헌법적 법익 + 공익)과의 **합리적인 형량**이 요구된다. 이러한 합리적인 형량은 **비례성원칙**에 따라 결정된다. 환경권에 포함된 방어권처럼 소극적 행위를 청구하는 권리에 대해서는 '과잉금지원칙'으로, 보호권, 절차권, 사회권으로서 환경권, 그리고 사회권으로서 주거권과 같은 적극적 행위를 청구하는 권리에 대

58) 주거권과 관련하여 철거민과 세입자의 인권에 관해서는 이준일, 『인권법』(2021), 제19장 및 제20장 참조.
59) 대형 국토개발사업에서의 환경권 문제는 이준일, 『인권법』(2021), 제21장 참조.

해서 비례성원칙은 '과소금지원칙'으로 구체화된다. 헌법재판소도 보호권은 아니지만 보호의무의 위반 여부를 확인하기 위하여 과소금지원칙을 적용한다.60) 특히 기후위기에 대응하기 위한 국가의 온실가스 감축목표 제시의무를 국가의 헌법적 의무로 규정한 뒤 이러한 환경보호의무 위반 여부를 판단하는 기준으로 과소금지원칙을 제시하면서 2030년까지의 정량적 감축목표는 제시하면서 2031년부터 2050년까지의 정량적 감축목표를 제시하지 않은 것은 과소금지원칙을 위반한다고 본다.61)

환경권과 주거권의 본질내용에 대해서는 **절대설**에 따르면 본질내용침해금지원칙은 독립적인 원칙으로서 비례성원칙과 함께 독자적으로 기능한다. 하지만 **상대설**에 따르면 본질내용침해금지원칙과 비례성원칙은 동일한 원칙으로서 기능한다.

제5항 효 력

환경권과 주거권은 국가에 대한 효력과 함께 사인에 대한 효력을 갖는다. 특별히 사회적 기본권으로서의 환경권과 주거권은 원칙적으로 국가에 대해서만 효력을 발생한다. 하지만 사회권으로서의 환경권과 주거권은 사인인 제3자에 의해서도 간접적 · 사실적으로 제약될 수 있기 때문에 사인에 대해서도 효력을 미친다. 환경권과 주거권의 사인에 대한 효력은 기본권의 대사인적 효력에 관한 이론구성에 따라 법관의 기본권존중의무를 매개로 환경권과 주거권을 존중하는 **판결**을 요구함으로써 실현될 수 있다.

제 5 절 혼인 · 가족, 모성 및 보건에 관한 권리

제1항 헌법규정

헌법 제36조는 ① 혼인 · 가족에 관한 권리, ② 모성에 관한 권리 및 ③ 보건에 관한 권리를 동시에 규정하고 있다. 전통적으로 혼인과 가족은 자녀의 임신이나 출산을 전제로 하기 때문에 모성에 관한 권리가 함께 규정되었고, 자녀의 임신이나 출산은 보건의료의 한 범주에 속할 수 있기 때문에 보건에 관한 권리도 아울러 규정된 것으로 이해된다. 이처럼 세 가지 권리들이 기능적으로 서로 연관되어 있기는 하지만 구조적으로 볼 때 반드시 하나의 조항으로 묶여야 할 필요는 없다. 어쨌든 이러한 규정들이 의미하는 내용은 혼인 · 가족, 모성 및 보건에 관한 주관적 지위와 객관적 규범이다.

혼인 · 가족에 관한 권리는 사회적 기본권이 강조되는 기본권과 함께 규정되어 있

60) 헌재 2008. 7. 31. 2006헌마711.

61) 헌재 2024. 8. 29. 2020헌마389등.

지만 사법상의 지위에 관한 '자유', 사법(私法)절차의 형성을 위한 '절차권' 및 '제도보장'의 의미도 강조되어야 한다. 한편 모성의 보호는 사회적 약자로서의 여성, 특히 자녀를 임신하고 출산하는 '어머니'로서의 여성에 대한 보호를 의미하며 사회적 기본권의 기능이 부각되어야 하지만 임신 · 출산에 관한 권리(재생산권)도 강조될 필요가 있다. 또한 보건에 관한 권리도 사회적 기본권의 본질적인 대상으로서 보건(의료)에 관한 권리를 의미한다.

[헌법 제36조]

① 혼인과 가족생활은 개인의 존엄과 양성의 평등을 기초로 성립되고 유지 되어야 하며, 국가는 이를 보장한다.
② 국가는 모성의 보호를 위하여 노력하여야 한다.
③ 모든 국민은 보건에 관하여 국가의 보호를 받는다.

제헌헌법(제20조)에서 혼인 · 가족에 관한 권리는 다음과 같이 보건에 관한 권리와 결합되어 규정되었다. "혼인은 남녀동권(男女同權)을 기본으로 하며 혼인의 순결과 가족의 건강은 국가의 특별한 보호를 받는다." 1962년 헌법(제31조)에서는 "혼인의 순결과 보건"에 관한 국가의 보호로 개정되었다. 1980년 헌법(제34조)에서 현행 헌법 제1항과 제3항의 형태로 개정되었고, 현행 헌법에서 모성의 보호에 관한 국가의 의무가 새로 추가되었다.

제 2 항 구성요건

Ⅰ. 인적 구성요건(주체)

기본권의 성격상 자연인만이 혼인 · 가족, 모성 및 보건에 관한 권리의 주체가 될 수 있다. 혼인 · 가족에 관한 권리는 인간의 권리이므로 외국인도 주체가 되고, 사회적 기본권의 성격이 중심이 되는 모성에 관한 권리와 보건에 관한 권리의 경우에도 원칙적으로 외국인도 주체가 될 수 있다.

Ⅱ. 보호법익

1. 혼인과 가족에 관한 자유와 권리

(1) 학설과 판례

혼인과 가족에 관한 권리의 법적 성격에 대해서는 다양한 견해가 제시된다. 첫째, 자유권적 성격과 사회권적 성격을 인정하는 견해로 ① 혼인과 가족생활이 국가권력 스스로에 의해 침해되는 경우 이를 방어할 수 있는 소극적 권리, 즉 자유권적 측면과 함께 국가는 이러한 혼인과 가족생활을 적극적으로 보호하고 장려해야 할 국가적 과제를 갖는다는 점에서 사회적 기본권의 성격을 확인할 수 있다는 견해,[62] ② 혼인 및 가족생활의 자율성을 통한 자율적인 삶의 형성과 유지를 확보하기 위하여 국가의 침해를 배제하는 자유권적 측면과 건전한 혼인과 가족생활의 보장을 통한 건전한 국가공동체의 구성을 위해 국가의 지원을 요청하는 사회권적 측면을 동시에 갖고 있다고 보는 견해[63]가 있다. 둘째, 사회권적 성격을 부정하면서 스스로 선택한 상대방과 **혼인을 맺을 권리 내지는 자유**를 본질적인 구성부분으로 표현하면서 우리의 전형적이고 **전통적인 혼인제도**뿐만 아니라 **일반적인 혼인제도**에 대한 당위의 부분으로 구성되어 있다고 보는 견해[64]가 주장된다. 한편 혼인제도와 가족제도의 **제도보장**일 뿐만 아니라 국민의 혼인의 자유, 양성의 평등, 가족제도의 보호를 규정한 **생존권**(사회권)이라고 보는 견해[65]도 제시된다. 헌법재판소에 따르면 혼인과 가족에 관한 권리는 혼인과 가족생활을 스스로 결정하고 형성할 수 있는 자유권을 보장한다고 한다.[66] 특히 가족에 관한 권리는 입양과 관련하여 당사자가 입양 여부를 결정할 수 있는 자유로서 적극적으로 자신의 의사에 따라 입양을 하거나 입양될 자유뿐만 아니라 입양의 의사가 없을 때는 강제로 입양을 하거나 입양되는 것을 방지하여 원하지 않는 가족관계를 형성하지 않을 자유도 포함한다고 한다.[67]

[판례] 혼인 · 가족에 관한 권리의 법적 성격

헌법 제36조 제1항은 혼인과 가족생활을 스스로 결정하고 형성할 수 있는 **자유를 기본권으로서 보장**하고, 혼인과 가족에 대한 **제도를 보장**한다. 그리고 헌법 제36조 제1항은 혼인과 가족에 관련되는 공법 및 사법의 모든 영역에 영향을 미치는 헌법원리 내지 원칙규범으로서의 성격도 가지는데, 이는 적극적으로는 적절한 조치를 통해서 **혼인과 가족을 지원**하고 제삼자에 의한 침해 앞에서 **혼인과 가족을 보호해야 할 국가의 과제**를 포함하며, 소극적으로는 불이익을 야기하는 제한조치를 통해서 **혼인과 가족을 차별하는 것**을 금지해야 할 국가의 의무를 포함한다(2002. 8. 29. 2001헌바82; 동지: 2005. 5. 26. 2004헌가6).

[판례] 가족생활에서의 인간의 존엄에 관한 기본권의 법적 성격

헌법 제36조 제1항에 의하여 보장되는 가족생활에서의 인간으로서의 존엄에 관한 기본권의 내용으로서 미성년인 가족구성원이 성년인 가족으로부터 부양과 양육, 보호 등을 받는 것은 법제도 형성 이전의 인간의 자연적인 생활 모습과 관련되는 것이다. 따라서 이러한 기본권은 사회적 기본권인 헌법 제34조 제1항의 인간다운 생활권과는 달리 자유권적 성격을 가지므로, 이를 제한하는 입법은 헌법 제37조 제2항의 과잉금지원칙을 준수하여야 할 것이다(2011. 2. 24. 2009헌바89 · 248(병합)).

62) 계희열(중), 820면.
63) 장영수, 848면 이하.
64) 홍성방(중), 374면 이하.
65) 김철수, 1026면; 성낙인, 1391면.
66) 헌재 2011. 2. 24. 2009헌바89등; 2013. 9. 26. 2011헌가42; 2022. 10. 27. 2018헌바115.
67) 헌재 2022. 11. 24. 2019헌바108.

[판례] 헌법 제36조 제1항에서 '혼인'의 의미와 사실혼 포함 여부

헌법 제36조 제1항에서 규정하는 '혼인'이란 양성이 평등하고 존엄한 개인으로서 자유로운 의사의 합치에 의하여 생활공동체를 이루는 것으로서 법적으로 승인받은 것을 말하므로, 법적으로 승인되지 아니한 사실혼은 헌법 제36조 제1항의 보호범위에 포함된다고 보기 어렵다(2014. 8. 28. 2013헌바119).

(2) 비판과 대안

① 혼인과 가족에 관한 권리의 경우에 **법적 지위에 관한 '자유'**로서 이해된다. 따라서 우선 국가에 대해서 이러한 법적 지위를 박탈하는 제약행위의 부작위 또는 중지를 요구하는 **'방어권'**으로서 이해된다. ② 그리고 혼인과 가족에 관한 권리를 보장하는 절차규범의 제정을 요구하는 권리이고, 또한 사법질서형성의 절차에 관한 사법적 권한을 보장하는 법규범의 제정을 요구하는 권리이기 때문에 **'절차권'**으로서 이해된다. 사법질서형성의 절차에 관한 권한을 보장하는 법규범을 제도보장으로 이해하는 견해도 있지만 기본권의 절차권적 측면에서 기본권이 가지는 주관적 측면과 객관적 측면의 불가분의 관계를 인정하는 한 기본권의 주관적 측면과 관련없이 객관적 측면만을 의미하는 제도보장론은 동의할 수 없다. ③ 또한 가정의 유지와 자녀의 양육을 위한 재정적 기초를 제공해주도록 요구하는 권리는 **'사회권'**으로 이해될 수 있다. ④ 마지막으로 혼인과 가족생활의 영역에서 "양성의 평등"에 대한 요청은 일반적 평등원칙을 구체화하는 **개별적 평등권**으로 이해된다.

2. 모성에 관한 자유와 권리

(1) 학 설

모성에 관한 권리의 법적 성격에 대해서는 견해의 차이가 발견된다. 예를 들어 ① 국가에 의한 모성의 침해를 **방어할 수 있는 권리**인 동시에 국가에 대하여 모성보호를 요구할 수 있는 **사회적 기본권**으로서의 성격을 갖는다고 보는 견해,[68] ② 모성의 **건강을 특별히 보호**하여야 하고, 모성으로 인한 **불이익의 금지**이며, 모성에 대한 **적극적 보호**를 내용으로 한다고 보는 견해,[69] ③ 모성보호청구권은 사회적 기본권으로만 보는 견해[70] 등이다.

(2) 비판과 대안

모성에 관한 권리는 임신 · 출산하는 어머니로서 여성에 대한 보호를 요구하는 권리를 말한다. ① 무엇보다 임신 · 출산의 주체인 여성에 대한 보호를 요구하는 권리로서 모성에 대한 국가의 제약행위의 부작위 또는 중지를 요구하는 **'방어권'**, ② 모성에 대한

68) 계희열(중), 821면.
69) 권영성, 714면.
70) 홍성방(중), 379면.

제3자의 침해행위로부터 보호하는 입법을 요구하는 **'보호권'**, ③ 모성보호를 위한 절차에 관한 입법을 요구하는 **'절차권'**, ④ 모성보호를 위한 사실적 급부를 요구할 수 있는 **'사회권'**의 기능을 모두 포함한다.

모성에 관한 권리에 포함된 방어권의 경우에 낙태의 금지와 처벌을 통한 출산의 강요가 문제될 수 있다. 따라서 모성에 관한 권리에 포함된 방어권은 낙태와 관련하여 여성이 임신 · 출산 여부와 주기를 자유롭게 결정할 수 있는 '재생산권'으로 주장되기도 한다. 어쨌든 사회권의 체계 안에서 모성에 관한 권리를 보장한 헌법제정자의 의도를 고려한다면 모성의 보호는 특히 임신 · 출산과 관련한 사실적 기초를 보장해주도록 요구하는 **사회적 기본권의 기능이 강조**되어야 한다.[71] 예를 들어 고용보험법상의 '육아휴직급여'(동법 제70조), '출산전후휴가급여' 및 '유산 · 사산휴가급여'(동법 제75조)는 모성에 관한 권리에 포함된 사회권을 구체화한 규정으로 이해된다. 특히 출생율의 감소로 인한 인구절벽 현상에 대응하기 위해서는 모성에 관한 권리에 포함된 사회적 기본권의 기능이 보강될 필요가 있다.

3. 보건에 관한 권리

보건에 관한 권리에 대해서는 대체로 자유권적 측면과 사회권적 측면을 동시에 가지고 있다는 견해가 우세하지만[72] 사회권적 측면만을 가지고 있다는 견해도 주장된다.[73] 개인적으로는 보건에 관한 권리가 국가의 건강침해행위의 중지를 요구하는 자유권적 측면이 있다는 점을 부정할 수는 없지만 이것은 신체를 훼손당하지 않을 권리에서 우선적으로 보장된다고 이해한다면 보건에 관한 권리는 건강보호를 위한 사실적 기초를 보장해주도록 요구하는 **사회적 기본권**으로서 이해되어야 한다고 본다. 구체적으로는 전염병(감염병)의 예방이나 치료와 같은 방역정책이나 건강보험정책 등 국가의 적극적 급부를 요구할 수 있는 권리를 내용으로 한다. 실제로 국민건강보험은 사회보험의 하나로서 사회복지법제의 중요한 부분을 차지하고 있다.[74]

[판례] 보건에 관한 권리의 내용

헌법 제36조 제3항이 규정하고 있는 국민의 보건에 관한 권리는 국민이 자신의 건강을 유지하는 데 필요한 국가적 급부와 배려를 요구할 수 있는 권리를 말하는 것으로서, 국가는 국민의 건강을 소극적으로 침해하여서는 아니될 의무를 부담하는 것에서 한걸음 더 나아가 적극적으로 국민의 보건을 위한 정책을 수립하고 시행하여야 할 의무를 부담한다는 것을 의미한다(1995. 4. 20. 91헌바11).

71) 이와 관련해서 대리모와 미혼모의 인권에 관한 논의는 이준일 『인권법』(2021), 제30장 및 제32장 참조.

72) 계희열(중), 823면 이하; 권영성, 712면; 성낙인, 1396면; 홍성방(중), 380면; 허영, 462면.

73) 장영수, 852면.

74) 자세한 내용은 이준일, 『헌법과 사회복지법제』(2010), 104면 이하 참조.

제 3 항 제한규범

Ⅰ. 헌법직접적 제한규범

헌법 제36조 제1항의 "개인의 존엄과 양성의 평등"은 혼인과 가족에 관한 권리를 제한하는 성문의 헌법직접적 제한규범이다. 따라서 축첩(蓄妾)이나 인신매매적 혼인, 조혼(早婚)제도는 금지된다. 불문의 헌법직접적 제한규범으로는 다른 사람의 기본권이나 헌법적 법익이 될 수 있다.

Ⅱ. 헌법간접적 제한규범

헌법간접적 제한규범으로는 개별적 법률유보는 규정되어 있지 않기 때문에 헌법 제37조 제2항의 일반적 법률유보조항에 따라 제한될 수 있다.

제 4 항 정 당 화

Ⅰ. 비례성원칙과 본질내용침해금지원칙

혼인과 가족에 관한 권리, 모성에 관한 권리, 보건에 관한 권리도 원칙규범으로 이해된다. 따라서 일단 잠정적으로 보장되는 이러한 권리들의 구성요건은 비례성원칙에 따른 합리적 형량을 거친 후에 비로소 확정적인 구성요건으로 전환된다. 여기서 비례성원칙은 이러한 권리들에 포함된 방어권의 경우에는 과잉금지원칙으로, 보호권 · 절차권 · 사회권의 경우에는 과소금지원칙으로 구체화된다. 헌법재판소에 따르면 8촌 이내의 혈족 사이에서 혼인할 수 없도록 하는 근친혼금지는 과잉금지원칙을 위반해서 혼인의 자유를 침해하지 않지만 근친혼금지를 위반한 혼인을 무효로 하는 것은 과잉금지원칙을 위반하여 혼인의 자유를 침해한다고 한다.[75)]

혼인과 가족에 관한 권리, 모성에 관한 권리, 보건에 관한 권리의 본질내용에 대해서는 절대설에 따르면 본질내용침해금지원칙은 독립적인 원칙으로서 기능하기 때문에 이러한 권리들의 제한을 위한 정당화는 부가적으로 이 원칙에 따른 심사가 필요하다. 하지만 상대설에 따르면 비례성원칙에 따른 심사로 이러한 권리들의 제한을 위한 정당화는 충분하다.

75) 헌재 2022. 10. 27. 2018헌바115.

Ⅱ. 구체적 문제

1. 부부합산과세

부부의 자산소득을 합산하여 과세하도록 규정하고 있는 소득세법 조항에 대해서 헌법재판소는 자산소득이 있는 모든 납세의무자 중에서 혼인한 부부가 혼인하였다는 이유만으로 혼인하지 않은 자산소득자보다 더 많은 조세부담을 하여 소득을 재분배하도록 강요받는 것은 부당하며, 부부 자산소득 합산과세를 통해서 혼인한 부부에게 가하는 조세부담의 증가라는 불이익이 자산소득합산과세를 통하여 달성하는 사회적 공익보다 크다고 할 것이므로, 혼인한 부부를 혼인하지 않은 부부나 독신자에 비하여 차별취급하는 것은 헌법상 정당화되지 아니하기 때문에 헌법 제36조 제1항에 위반된다고 본다.[76] 또한 헌법재판소는 이후의 판례에서 부부합산과세제도의 차별성을 비례성원칙의 관점에서 심사하여 다시 한 번 위헌으로 확인하고 있다.[77]

[판례] 공동사업합산제도

공동사업합산과세제도(특수관계자와 공동사업을 하는 경우에 특수관계자의 사업소득을 지분이 큰 다른 공동사업자의 소득으로 보는 제도)는 공동사업이라는 특정한 사업형태에 대한 소득세 조세규율에 있어 조세회피방지라는 목적을 위해 특수한 관계에 있는 자들을 예외적으로 규율하는 것으로 이러한 관계 속에 배우자나 가족이 들어간다 하여도 이것이 혼인이나 가족관계를 결정적 근거로 한 차별 취급이라고 볼 수 없으며 단지 합리적인 조세제도 운용에 있어 파생된 부수적인 결과물이다. 또한, 공동사업은 이것을 영위하는 것처럼 가장하여 소득분산을 기도할 개연성이 높고 그 입증이 쉽지 않으므로 이러한 특성을 고려하여 입법자는 공동사업을 위장하여 소득분산을 추구할 개연성이 높은 집단의 조세회피행위에 대처하기 위한 입법정책상의 강한 필요에 따라 이들을 달리 취급하도록 규정한 것이며 그러한 집단을 선정함에 있어 혼인이나 가족관계를 특별히 차별 취급하려는 것이 아니라 위장 분산의 개연성이 높고 그 입증이 쉽지 않을 것으로 예상되는 여러 집단 중의 하나로 규정한 것으로 이 사건 법률조항은 헌법 제36조 제1항에 위반되지 않는다(2006. 4. 27. 2004헌가19 - 하지만 비례성원칙에 위반되어 위헌).

[판례] 1세대 3주택 이상 보유자에 대한 중과세

주택 양도소득세 과세에 있어 '1세대'를 과세단위로 한 것이 적절한지에 관하여 보면, ① 이 사건 법률조항이 3주택 이상에 해당하는 자의 인적 범위를 정함에 있어 주로 생계를 같이하는 '1세대'를 기준으로 한 것은, 세대별로 주택이 사용되어지고, 세대의 개념상 1주택을 넘는 주택은 일시적 1세대 2주택자 등의 예외를 제외하고는 보유자의 주거용으로 사용되지 않을 개연성이 높은 점을 고려한 것이며, 주택이 다른 재산권과 구별되는 위와 같은 특성을 고려하여 오로지 보유 주택수를 제한하고자 '세대'를 주택 양도소득세의 과세단위로 규정하고 있는 점, ② 이 사건 법률조항이 1세대 3주택 이상 보유자에 대한 양도소득세 중과세로 인하여 사실상 보유 주택수를 제한하는 것은 맞으나, 주택 이외의 다른 재산을 소유하는 것까지 막는 것은 아니어서 세대별 보유 재산권에 대한 제한이 상대적으로 크다고

76) 헌재 2002. 8. 29. 2001헌바82.

77) 헌재 2005. 5. 26. 2004헌가6.

할 수 없는 점 등을 합쳐 보면, 이 사건 법률조항이 정하고 있는 '1세대'를 기준으로 하여 3주택 이상 보유자에 대해 중과세하는 방법은 보유 주택수를 억제하여 주거생활의 안정을 꾀하고자 하는 이 사건 법률조항의 입법목적을 위하여 일응 합리적인 방법이라 할 수 있다. 그러나 혼인으로 새로이 1세대를 이루는 자를 위하여 상당한 기간 내에 보유 주택수를 줄일 수 있도록 하고 그러한 경과규정이 정하는 기간 내에 양도하는 주택에 대해서는 혼인 전의 보유 주택수에 따라 양도소득세를 정하는 등의 완화규정을 두는 것과 같은 손쉬운 방법이 있음에도 이러한 완화규정을 두지 아니한 것은 최소침해성원칙에 위배된다고 할 것이고, 이 사건 법률조항으로 인하여 침해되는 것은 헌법이 강도 높게 보호하고자 하는 헌법 제36조 제1항에 근거하는 혼인에 따른 차별금지 또는 혼인의 자유라는 헌법적 가치라 할 것이므로 이 사건 법률조항이 달성하고자 하는 공익과 침해되는 사익 사이에 적절한 균형관계를 인정할 수 없어 법익균형성원칙에도 반한다. 결국 이 사건 법률조항은 과잉금지원칙에 반하여 헌법 제36조 제1항이 정하고 있는 혼인에 따른 차별금지원칙에 위배되고, 혼인의 자유를 침해한다(2011. 11. 24. 2009헌바146).

2. 호 주 제

한편 헌법재판소[78]는 호주제(戶主制)에 대해서 첫째, 가족 내에서의 남성의 우월적 지위, 여성의 종속적 지위라는 전래적 여성상에 뿌리박은 차별로서 성역할에 관한 고정관념에 기초한 차별에 지나지 않는다고 한다. 둘째, 호주 지위의 승계적 취득에 있어서도 철저하게 남성우월적 서열을 매김으로써 남녀를 차별적으로 취급하고 있다고 한다. 셋째, 처의 입적제도와 관련하여 여성에 대한 봉건적 삼종지의(三從之義)의 한 모습을 오늘날에 재현하고 있는 것이라 할 수 있을지언정 개개의 여성을 존엄한 독립적 인격체로서 존중하라는 헌법 제36조 제1항에서 예정하고 있는 여성의 모습과는 거리가 멀다고 이해한다. 넷째, 자녀가 태어나면 당연히 부가(父家)에 입적되도록 한 규정에 대해서는 부에 비하여 모의 지위를 열위에 둠으로써 부당히 차별하는 것이라고 한다. 다섯째, 호주제는 개인을 독립적 인격체로서 존중하는 것이 아니라 오로지 남계혈통 중심의 가(家)의 유지와 계승이라는 목적을 위한 대상적 · 도구적 존재로 파악하여 혼인과 가족생활에서 개인의 존엄을 존중하라는 헌법 제36조 제1항의 요구에 부합하지 않는다고 한다.

[판례] 부성주의

(1) **재판관 5인의 의견**(부성주의를 원칙으로 규정한 것 자체는 헌법에 위반되지 아니하나 부성주의를 강요하는 것이 부당한 경우에 대해서도 예외를 규정하지 않은 것이 헌법에 위반되므로 헌법불합치를 선고하고 잠정적용을 명하여야 한다는 의견): ① 양계 혈통을 모두 성으로 반영하기 곤란한 점, 부성의 사용에 관한 사회 일반의 의식, 성의 사용이 개인의 구체적인 권리의무에 영향을 미치지 않는 점 등을 고려할 때 민법 제781조 제1항 본문 중 **"자(子)는 부(父)의 성(姓)과 본(本)을 따르고"** 부분이 성의 사용 기준에 대해 부성주의를 원칙으로 규정한 것은 입법형성의 한계를 벗어난 것으로 볼 수 없다. ② 출생 직후의 자(子)에게 성을 부여할 당시 부(父)가 이미 사망하였거나 부모가 이혼하여 모가 단독으로 친권을 행사하고 양육할 것이 예

78) 헌재 2005. 2. 3. 2004헌가5.

상되는 경우, 혼인외의 자를 부가 인지하였으나 여전히 모가 단독으로 양육하는 경우 등과 같은 사례에 있어서도 일방적으로 부의 성을 사용할 것을 강제하면서 모의 성의 사용을 허용하지 않고 있는 것은 개인의 존엄과 양성의 평등을 침해한다. ③ 입양이나 재혼 등과 같이 가족관계의 변동과 새로운 가족관계의 형성에 있어서 구체적인 사정들에 따라서는 양부 또는 계부 성으로의 변경이 개인의 인격적 이익과 매우 밀접한 관계를 가짐에도 부성의 사용만을 강요하여 성의 변경을 허용하지 않는 것은 개인의 인격권을 침해한다.
(2) **재판관 2인의 의견**(부성주의를 원칙으로 규정하고 있는 것이 헌법에 위반되므로 위헌을 선고하여야 하지만 법적 공백과 혼란의 방지를 위해 헌법불합치를 선고하고 잠정적용을 명하여야 한다는 의견): ① 모든 개인으로 하여금 부의 성을 따르도록 하고 모의 성을 사용할 수 없도록 하여 남성과 여성을 차별취급하고 있으면서도 그와 같은 차별취급에 대한 정당한 입법목적을 찾을 수 없어 혼인과 가족생활에 있어서의 양성의 평등을 명하고 있는 헌법 제36조 제1항에 위반된다. ② 혼인과 가족생활에 있어 개인의 성을 어떻게 결정하고 사용할 것인지에 대해 개인과 가족의 구체적인 상황이나 의사를 전혀 고려하지 않고 국가가 일방적으로 부성의 사용을 강제하고 있음에도 그와 같은 부성 사용의 강제에 대한 구체적인 이익을 찾을 수 없어 혼인과 가족생활에 있어서의 개인의 존엄을 보장한 헌법 제36조 제1항에 위반된다(2005. 12. 22. 2003헌가5).

3. 동성애자의 혼인

최근에 동성애자도 혼인과 가족에 관한 권리의 주체가 될 수 있는지에 대한 문제가 제기되고 있다.[79] 여기서 문제의 핵심은 헌법상 보장된 혼인의 개념이다. 즉 오로지 성별이 다른 커플(opposite-sex couple)의 결합만을 혼인으로 볼 것인지, 아니면 성별이 같은 커플(same-sex couple)의 결합도 혼인의 개념에 포함시킬 것인지가 문제된다. 우선 헌법이 명시적으로 혼인의 개념에 동성간의 혼인을 포함하는 명시적인 문구를 담기 전까지 혼인의 개념은 전통적이고 역사적인 맥락에서 이성간의 혼인으로 이해될 수밖에 없다. 하지만 헌법의 평등원칙과 현행 국가인권위원회법에 따르면 성적 지향에 따른 차별이 금지되고 있기 때문에(동법 제2조 제4호) 혼인한 커플에게 인정된 권리가 동성간의 커플에게도 동등하게 보장되어야 한다. 한편 헌법제정자가 명시적으로 동성간의 혼인을 규정하지 않은 것이 동성간의 혼인을 금지하는 의도로 해석될 수 있다면 입법자가 동성간의 혼인을 금지하는 법률을 제정해도 위헌이 되지는 않는다. 결국 동성간의 혼인에 대한 인정 여부는 시대와 가치의 변화에 따라 혼인의 개념에 대한 새로운 사회적 합의를 도출하는 것이므로 헌법개정이나 법률제정을 통해 확인되어야 하는 문제에 속한다고 볼 수 있다. 대법원은 건강보험 피부양자의 범위에 사실혼 관계에 있는 동성동반자를 포함시키지 않는 것은 합리적 이유없는 불리한 대우로서 평등원칙을 침해한다고 본다.[80]

79) 이 문제에 대해서는 이준일, 헌법상 혼인의 개념, 『공법연구』(한국공법학회), 제37집 제3호(2009), 178면 이하; 같은 이, 『섹슈얼리티와 법』(2009) 제3장 및 같은 이, 『인권법』(2021) 제43장 참조.

80) 대법원 2024. 1. 18. 2023두36800(전원합의체 판결).

제5항 효 력

혼인 · 가족에 관한 권리, 모성에 관한 권리, 보건에 관한 권리는 방어권의 성격을 갖는 경우에는 제3자에 대해서도 효력을 갖는다. 규범적 급부권인 절차권이나 사실적 급부권인 사회권처럼 급부권을 의미하는 경우에도 그러한 급부권은 사인인 제3자에 의해서도 간접적 · 사실적으로 제약될 수 있기 때문에 사인에 대해서도 효력을 미친다. 혼인 · 가족, 모성, 보건에 관한 권리의 사인에 대한 효력은 기본권의 대사인적 효력에 관한 이론구성에 따라 법관의 기본권존중의무를 매개로 이러한 권리들을 존중하는 재판을 요구함으로써 실현될 수 있다.

제 6 절 근로의 권리

제 1 항 헌법규정

헌법은 제32조에서 근로의 권리를 규정한다. 이 규정이 의미하는 내용은 근로에 관한 주관적 지위와 객관적 규범이다. 또한 ① 국가의 고용증진의무, ② 적정임금의 보장과 최저임금제의 실시, ③ 근로조건법정주의, ④ 여자 및 연소자의 근로에 대한 보호, ⑤ 국가유공자의 유가족에 대한 우선적 근로기회보장도 규정한다. 근로의 의무에 관한 규정도 있지만 이에 대해서는 국민의 의무에서 다루기로 한다.

[헌법 제32조]

① 모든 국민은 근로의 권리를 가진다. 국가는 사회적 · 경제적 방법으로 근로자의 고용의 증진과 적정임금의 보장에 노력하여야 하며, 법률이 정하는 바에 의하여 최저임금제를 시행하여야 한다.
② 모든 국민은 근로의 의무를 진다. 국가는 근로의 의무의 내용과 조건을 민주주의원칙에 따라 법률로 정한다.
③ 근로조건의 기준은 인간의 존엄성을 보장하도록 법률로 정한다.
④ 여자의 근로는 특별한 보호를 받으며, 고용 · 임금 및 근로조건에 있어서 부당한 차별을 받지 아니한다.
⑤ 연소자의 근로는 특별한 보호를 받는다.
⑥ 국가유공자 · 상이군경 및 전몰군경의 유가족은 법률이 정하는 바에 의하여 우선적으로 근로의 기회를 부여받는다.

근로의 권리와 의무는 제헌헌법(제17조)에서부터 규정되었다. 또한 건국헌법에는 "근로조건의 기준에 관한 법정주의", "여자와 연소자(건국헌법에서는 "소년")의 근로에 대한 보호"도 규정되었다. 반면에 "국가의 고용증진의무", "민주주의원칙에 따른 근로의무의 내용과 조건의 법정주의"는 1962년 헌법(제28조)에서 처음으로 규정되었다. 한편 "적정임금의 보장", 근로기준의 법정주의에서 "인간의 존엄성", "국가유공자 등에 대한 우선적 근로기회보장"에 관한 규정은 1980년 헌법(제30조)에서부터 규정되었다.

제 2 항 구성요건

Ⅰ. 인적 구성요건(주체)

근로의 권리가 자유권으로 이해될 때 국민뿐만 아니라 외국인도 주체가 될 수 있다는 점에 대해서는 의문의 여지가 없다. 그러나 사회권으로 이해되는 경우에는 보통 원칙적으로 국민에게만 근로의 권리가 인정되고, 단지 예외적으로만 외국인도 주체가 될 수 있다는 견해도 있다. 하지만 근로의 권리는 자유실현의 경제적 기초를 보장하기 위한 사실적 자유를 의미하는 사회권으로서 원칙적으로 외국인도 주체가 될 수 있다. 적정임금이나 최저임금의 보장원칙, 인간존엄을 보장하는 근로조건의 보장원칙과 같은 것들은 외국인도 주장할 수 있다고 보아야 한다. 또한 불법체류 외국인노동자의 경우에도 체류의 불법성과 상관없이 임금과 근로조건에 관한 헌법적 원칙들이 동일하게 적용되어야 한다.

[판례] 근로의 권리에 관한 외국인의 기본권 주체성

근로의 권리의 구체적인 내용에 따라, 국가에 대하여 고용증진을 위한 사회적·경제적 정책을 요구할 수 있는 권리는 사회권적 기본권으로서 국민에 대하여만 인정해야 하지만, 자본주의 경제질서하에서 근로자가 기본적 생활수단을 확보하고 인간의 존엄성을 보장받기 위하여 최소한의 근로조건을 요구할 수 있는 권리는 자유권적 기본권의 성격도 아울러 가지므로 이러한 경우 외국인 근로자에게도 그 기본권 주체성을 인정함이 타당하다(2007. 8. 30. 2004헌마670).

[판례] 외국인 근로자의 근로자성

[1] 산업기술연수사증을 발급받은 외국인이 정부가 실시하는 외국인 산업기술연수제도의 국내 대상 업체에 산업기술연수생으로 배정되어 대상 업체와 사이에 연수계약을 체결하였다 하더라도 그 계약의 내용이 단순히 산업기술의 연수만으로 그치는 것이 아니고 대상 업체가 지시하는 바에 따라 소정시간 근로를 제공하고, 그 대가로 일정액의 금품을 지급받으며 더욱이 소정시간 외의 근무에 대하여는 근로기준법에 따른 시간외 근로수당을 지급받기로 하는 것이고, 이에 따라 당해 외국인이 대상 업체의 사업장에서 실질적으로 대상 업체의 지시·감독을 받으면서 근로를 제공하고 수당 명목의 금품을 수령하여 왔다면 당해 외국인도 근로기준법 제14조에 정한 근로자에 해당한다(대판 2005. 11. 10. 2005다50034).

[2] 외국인 근로자에 대하여도 국내의 근로자들과 마찬가지로 근로기준법상의 퇴직금 지급에 관한 규정이나 최저임금법상의 최저임금의 보장에 관한 규정이 그대로 적용된다(대판 2006. 12. 7. 2006다53627).

Ⅱ. 보호법익

1. 근로(노동)

헌법적 개념으로서 근로 또는 노동이란 법률적 개념처럼 근로자가 사용자로부터 임금이나 급료 등 보수를 받는 대가로 제공하는 육체적, 정신적 활동으로 국한될 필요는 없다. 근로는 생활수단을 확보할 뿐만 아니라 인격을 실현할 수 있는 수단이 된다. 생활수단을 확보하고 인격실현의 수단이 된다는 점에서 근로는 직업활동과 밀접한 관련을 맺는다. 하지만 근로는 사용자가 지급하는 임금을 대가로 제공하는 활동이라는 점에서 사용자에 대한 종속적인 성격이 강하기 때문에 반드시 종속적 활동만을 의미하지 않는 직업활동과 구분된다. 이러한 의미에서 직업활동은 근로보다 넓은 개념으로 이해될 수 있다. 같은 맥락에서 최근에 문제가 되고 있는 '유사근로자' (arbeitnehmerähnliche Personen, 예를 들어 골프장캐디 또는 학습지교사)의 근로는 종속적 성격이 강한 근로관계를 전제로 하기 때문에 임금을 대가로 제공하는 것이 아니더라도 근로의 개념에 포함시키는 것이 타당하다.[81)]

2. 근로의 자유와 권리

(1) 근로의 자유

근로의 권리에는 자신이 원하면 일(근로)할 수 있고, 싫으면 일하지 않을 수 있는 자유를 포함한다. 이러한 근로의 자유에는 일하는 장소, 시간, 내용을 스스로 선택할 수 있는 자유가 포함된다. 앞에서 설명한 대로 사용자에 대한 종속성을 포함하는 근로도 넓은 의미의 직업활동으로 이해될 수 있기 때문에 근로의 '자유'는 우선적으로 직업의 자유에서 보장되어야 한다. 헌법재판소는 근로의 권리에 포함된 자유권적 측면을 "일할 환경에 관한 권리"라고 부른다(아래 [판례] 참조). 대표적으로 해고예고제도는 근로조건에 해당하는 사항으로 일할 환경에 관한 권리에 포함된다고 본다.[82)]

[판례] 근로의 권리의 자유권적 성격

근로의 권리란 인간이 자신의 의사와 능력에 따라 근로관계를 형성하고, 타인의 방해를 받음이 없이 근로관계를 계속 유지하며, 근로의 기회를 얻지 못한 경우에는 국가에 대하여 근로의 기회를 제공하여 줄 것을 요구할 수 있는 권리를 말하며, … 그러나 근로의 권리가 "일할 자리에 관한 권리"만이 아니라 "일할 환경에 관한 권리"도 함께 내포하고 있는바, 후자는 인간의 존엄성에 대한 침해를 방어하기 위한 자유권적 기본권의 성격도 갖고 있어

81) 지금까지 근로 또는 근로자에 대한 헌법적 개념과 법률적 개념을 구분하지 않은 채 근로 또는 근로자의 개념을 협소하게 이해하던 입장을 변경하여 근로 또는 근로자의 개념을 근로계약이라는 형식으로 임금 등 보수를 전제하는 것이 아닌 넓은 의미로 이해하기로 한다. 이에 대한 상세한 논의는 이준일, 이른바 '노란 봉투 법'과 기본권 충돌 - 노동3권의 확대와 손해배상청구권의 축소를 담은 법률안에 대한 헌법적 평가, 『헌법학연구』(한국헌법학회), 제29권 제1호(2023), 259면 이하 참조.

82) 헌재 2015. 12. 23. 2014헌바3; 2017. 5. 25. 2016헌마640.

건강한 작업환경, 일에 대한 정당한 보수, 합리적인 근로조건의 보장 등을 요구할 수 있는 권리 등을 포함한다(2007. 8. 30. 2004헌마670).

(2) **근로기회제공청구권**

노동(근로)은 그 자체가 시장에 충분한 공급이 있고, 개인에게 자력(資力)만 충분히 주어진다면 시장에서 사인으로부터도 구입할 수 있는 대상이다. 그러나 이러한 측면에서 노동이 사회적 기본권의 대상이 된다는 결론은 매우 성급한 것이다. 왜냐하면 근로의 권리는 사용자의 입장에서 국가에 대하여 근로를 구입할 수 있도록 재정적 기초를 요구하는 권리가 아니기 때문이다. 사회적 기본권으로서 근로의 권리는 오히려 **근로자의 입장**에서 이해되어야 한다. 근로자의 입장에서 볼 때 근로의 권리는 자신의 **자유를 실현하는 재정적 기초를 마련하기 위한 수단**으로 이해될 수 있다. 즉 근로자는 자신의 노동력을 팔아 그 대가로 임금을 받게 되는데 이러한 임금이 자신의 자유를 실현하는 물적 토대를 형성하게 된다. 그러므로 만약 근로자에게 자신의 노동력을 팔 수 있는 일자리가 제공되지 않는다면 자유실현의 물적 토대가 무너지고 만다. 여기서 근로자의 입장에서 국가에 대해서 근로기회, 즉 자신의 노동력을 팔아 그 대가로 임금을 받을 수 있는 일자리를 제공해주도록 요구하는 권리가 사회적 기본권으로서 의미를 가지게 된다. 이처럼 사회적 기본권으로서 근로의 권리는 국민이 근로자의 입장에서 '근로기회의 제공을 청구하는 권리'로 이해될 수 있다. 물론 이러한 근로기회, 즉 일자리나 직장은 자신이 원하는 구체적인 일자리나 직장을 의미하지는 않는다. 한편 근로의 권리가 근로기회청구권으로서 사회적 기본권으로 이해된다고 하더라도 그것은 **원칙으로서 잠정적인 구체적 권리**를 의미한다.

[판례] 근로기회제공청구권의 내용

[1] 근로의 권리는 사회적 기본권으로서 국가에 대하여 직접 일자리(직장)를 청구하거나 일자리에 갈음하는 생계비의 지급청구권을 의미하는 것이 아니라, **고용증진을 위한 사회적·경제적 정책을 요구할 수 있는 권리**에 그친다. 근로의 권리를 직접적인 일자리 청구권으로 이해하는 것은 사회주의적 통제경제를 배제하고, 사기업 주체의 경제상의 자유를 보장하는 우리 헌법의 경제질서 내지 기본권규정들과 조화될 수 없다. 마찬가지로 이유로 근로의 권리로부터 국가에 대한 직접적인 직장존속청구권을 도출할 수도 없다(2002. 11. 28. 2001헌바50; 같은 취지 2013. 10. 24. 2010헌마219).

[2] 나아가 근로자가 퇴직급여를 청구할 수 있는 권리도 헌법상 바로 도출되는 것이 아니라 퇴직급여법 등 관련 법률이 구체적으로 정하는 바에 따라 비로서 인정될 수 있는 것이다(2011. 6. 30. 2010헌마503).

(3) **국가의 고용증진(일자리 창출)의무**

근로자가 국가에 대해서 근로기회를 제공해주도록 요구할 수 있는 권리에 상응한 의무가 국가에게 부과된다. 헌법은 "국가는 사회적·경제적 방법으로 근로자의 고용의 증진 … 에 노력하여야 하며"라고 하여 국가의 **고용증진의무**를 규정한다(제32조 제1항 제2문 전단). 앞에서 설명한 대로 국민의 근로기회청구권은 특정한 개인이 원하는 구체적인 일자리나 직장을 제공해주도록 청구하는 권리가 아니기 때문에 국가는 사회적 · 경제적 정책을 개발하여 국가 전체적으로 더 많은 일자리나 직장을 창출함으로써 더 많은 국민이 일자리를 가질 수 있도록 노력해야 할 의무를 진다. 이러한 의무를 실현하기 위하여 고용정책기본법, 직업안정법, 고용보험법, 장애인고용촉진 및 직업재활법, 고용상 연령차별금지 및 고령자고용촉진에 관한 법률 등이 제정되어 있다.

(4) 적정임금의 보장과 최저임금제의 실시

근로의 권리가 사회적 기본권으로서 의미를 갖는 것은 자유실현을 위한 물질적 토대를 마련하기 위하여 자신의 노동을 대가로 '임금'을 받는다는 데 있다. 따라서 사회적 기본권으로서 근로의 권리는 단순히 근로기회를 제공받는 것에 그치지 않고, 자신의 노동에 대한 정당한 임금(적정임금)과 적어도 최소한의 임금(최저임금)을 보장받는 데 중요한 의미가 있다.

1) 국가의 적정임금보장의무 이와 같은 맥락에서 헌법은 우선 국가에 대해서 **적정임금보장의무**를 부과한다(제32조 제1항 제2문 전단). 여기서 '적정임금'이란 근로자와 그 가족이 인간의 존엄성에 상응하는 건강하고 문화적인 생활을 영위하는 데 필요한 정도의 임금수준를 의미한다.[83)]

이와 관련하여 우선 문제가 되는 것이 파업기간 동안 임금을 지급하지 않는 '**무노동 무임금 원칙**'이다. 노동조합 및 노동관계조정법은 이 원칙을 구체화하여 ① 사용자는 쟁의행위에 참가하여 근로를 제공하지 않은 근로자에 대하여 그 기간중의 임금을 지급할 의무가 없고, ② 노동조합은 쟁의행위 기간에 대한 임금의 지급을 요구하여 이를 관철할 목적으로 쟁의행위를 할 수 없음을 확인하고 있다(동법 제44조). 또한 '퇴직금'과 관련하여 근로기준법에 규정된 '퇴직금 무제한 우선변제' 조항이 재산권을 침해할 수 있어 헌법에 합치하지 않는다는 헌법재판소의 결정이 있다.[84)] 이에 따라 우선변제특권이 인정되는 퇴직금의 범위가 퇴직금 전액에서 "최종 3년간의 퇴직금"으로 제한되었고, 현재는 이와 같은 내용을 '근로자퇴직급여 보장법'에서 규정하고 있다(동법 제12조). 한편 임금채권 우선변제제도를 시행하면서 소급효를 인정하지 않는다고 해도 이로 인해 근로자의 헌법상 기본권이 침해되지 않는다고 한다.[85)]

[판례] 퇴직금의 무제한 우선변제

근로자에게 그 퇴직금 전액에 대하여 질권자나 저당권자에 우선하는 변제수령권을 인정함으로써 결과적으로 질권자나 저당권자가 그 권리의 목적물로부터 거의 또는 전혀 변제를

83) 계희열(중), 760면; 권영성, 677면; 김철수, 998면.
84) 헌재 1997. 8. 21. 94헌바19등.
85) 헌재 2006. 7. 27. 2004헌바20.

받지 못하게 되는 경우에는, 그 질권이나 저당권의 본질적 내용을 이루는 우선변제수령권이 형해화하게 되므로 "퇴직금"부분은 **질권이나 저당권의 본질적 내용을 침해**할 소지가 생기게 되는 것이다. … 또한 근로자의 퇴직후의 생활보장 내지 사회보장을 위하여서는, 기업금융제도를 훼손하지 아니하고 기업금융을 훨씬 원활하게 할 수 있으며 오히려 어떤 의미에서는 새로운 기업금융제도를 창출할 수 있는, 종업원 퇴직보험제도의 개선, 기업연금제도의 도입 등 사회보험제도를 도입, 개선, 활용하는 것이 보다 적절할 것이다. 그럼에도 불구하고 근로자의 생활보장이라는 입법목적의 정당성만을 앞세워 담보물권제도의 근간을 흔들고 기업금융의 길을 폐쇄하면서까지 퇴직금의 우선변제를 확보하자는 것으로서 부당하다고 아니할 수 없다. 그렇다면 근로자의 생활보장 내지 복지증진이라는 공공복리를 위하여담보권자의 담보권을 제한함에 있어서 그 방법의 적정성을 그르친 것이며 침해의 최소성 및 법익의 균형성 요청에도 저촉되는 것이므로 **과잉금지의 원칙에도 위배**된다고 할 것이다(1997. 8. 21. 94헌바19등).

2) 국가의 최저임금제시행의무 한편 헌법은 근로자가 자신의 노동에 대한 최소한도의 대가를 받을 수 있도록 보장하기 위하여 **최저임금제**를 규정한다(제32조 제1항 제2문 후단). 여기서 최저임금이란 인간의 물질적인 생활을 위하여 필요한 최소한도의 임금수준을 의미한다. 헌법재판소에 따르면 최저임금은 인간의 존엄성을 보장하기 위한 최소한의 근로조건에 해당하고, 근로의 권리는 최저임금에 관한 권리를 포함한다.[86] 이것을 구체화하고 있는 **최저임금법**에 따르면 최저임금은 근로자의 생계비, 유사근로자의 임금, 노동생산성 및 소득분배율 등을 고려하여 정하고, 사업의 종류별로 구분하여 정할 수 있다(동법 제4조 제1항).

(5) 근로조건의 기준에 대한 법정주의

자신이 제공한 노동의 대가로 임금을 받아 자유실현의 물질적 토대를 삼아야 하는 국민에게 우선적인 목표는 임금이기 때문에 임금을 받기 위하여 부당한 근로조건을 감내하도록 강요당할 수 있다. 이에 따라 헌법은 "근로조건의 기준은 인간의 존엄성을 보장하도록 법률로 정한다"고 하여 근로조건의 기준에 대한 법정주의와 그 판단기준으로서 "인간의 존엄성"을 제시하고 있다(동법 제32조 제3항). 이 규정은 사회적 약자인 근로자가 사용자에 비해 열세한 지위에 있기 때문에 발생할 수 있는 부당한 임금이나 근로시간, 해고 등에 대해서 근로자를 보호하기 위한 것으로 이해된다.

물론 사용자와 근로자의 관계는 원칙적으로 사법상의 계약관계이기 때문에 근로조건에 대해서는 사적 자치의 원칙이 적용되어야 하지만 기본권에 의한 제한을 받는다. 따라서 근로의 권리라는 사회적 기본권이 아니더라도 근로계약은 근로자의 건강에 관한 권리나 직업의 자유에서 도출되는 보호권에 따라 제3자의 제약행위로부터 보호하는 입법을 요구할 수 있는 권리에 의하여 제한될 수 있다. 하지만 근로계약은 근로의 권리라는 사회적 기본권에 따라 더 많은 제한을 받게 된다. 근로조건의 기준에 대한 법정주의는 그러한 보호권과 사회권에 의한 근로계약의 제한가능성을 헌법적으로 명시한 규정으

86) 헌재 2021. 12. 23. 2018헌마629등.

로 이해될 수 있다. 최소한의 근로기준은 근로기준법에서 구체화되어 있고, 기간제근로자와 단시간근로자의 근로조건 보호를 위해서 **기간제 및 단시간근로자 보호 등에 관한 법률**이, 파견근로자의 근로조건을 보호하기 위해 **파견근로자보호 등에 관한 법률**이 제정되어 있다.[87]

헌법재판소는 인간의 존엄성을 보장하는 근로조건의 기준이 사회적 · 경제적 상황에 따라 변화될 수 있는 상대적인 것으로 이해한다.[88] 하지만 중요한 것은 최소한의 근로기준에 대해서 헌법재판소가 과소금지원칙에 따라 통제할 수 있다는 점이다. 즉 근로조건의 법정주의에 따라 입법자가 근로조건을 구체화한다고 하더라도 헌법재판소는 인간의 존엄성을 기준으로 입법자의 형성의 자유에 한계를 그어 통제할 수 있다. 이러한 기준에 따라 ① 계속근로기간 1년 미만인 근로자를 퇴직급여 지급대상에서 제외한 것,[89] ② 계속근로기간 1년 이상인 근로자가 근로연도 중도에 퇴직한 경우에 중도퇴직 전 1년 미만이 근로에 대하여 유급휴가를 보장하지 않는 것,[90] ③ 월급근로자로서 6개월이 되지 못한 자를 해고예고제도의 적용예외 사유로 규정한 것,[91] ④ 고용허가를 받아 국내에 입국한 외국인근로자의 출국만기보험금을 출국 후 14일 이내에 지급하도록 한 것,[92] ⑤ 일용근로자로서 3개월을 계속 근무하지 않은 자를 해고예고제도의 적용예외 사유로 규정한 것,[93] ⑥ 부당해고제한조항과 노동위원회 구제절차를 4인 이하 사업장에 적용하지 않은 것,[94] ⑦ 동물을 사육하는 축산업 근로자에 대하여 근로시간 및 휴일에 관한 규정의 적용을 제외하도록 한 것,[95] ⑧ 4주간을 평균하여 1주간의 소정근로시간이 15시간 미만인 '초단시간근로자'를 퇴직급여제도의 적용대상에서 제외한 것[96] 등 근로시간, 유급휴가, 해고예고, 퇴직금과 같은 근로조건에 관한 입법은 대체로 근로의 권리를 침해하지 않는다고 보게 된다.

[판례] 근로조건의 기준

헌법이 근로조건의 기준을 법률로 정하도록 한 것은 인간의 존엄에 상응하는 근로조건에 관한 기준의 확보가 사용자에 비하여 경제적 · 사회적으로 열등한 지위에 있는 개별 근로자의 인간존엄성의 실현에 중요한 사항일 뿐만 아니라, 근로자와 그 사용자들 사이에 이해관계가 첨예하게 대립될 수 있는 사항이어서 사회적 평화를 위해서도 민주적으로 정당성이 있는 입법자가 이를 법률로 정할 필요성이 있으며, **인간의 존엄성에 관한 판단기준도 사회 · 경제적**

87) 비정규직 노동자의 인권에 대한 자세한 논의는 이준일, 『인권법』(2021), 제40장 참조.
88) 헌재 1996. 8. 29. 95헌바36.
89) 헌재 2011. 7. 28. 2009헌마408.
90) 헌재 2015. 5. 28. 2013헌마619.
91) 헌재 2015. 12. 23. 2014헌바3.
92) 헌재 2016. 3. 31. 2014헌마367.
93) 헌재 2017. 5. 25. 2016헌마640.
94) 헌재 2019. 4. 11. 2017헌마820.
95) 헌재 2021. 8. 31. 2018헌마563.
96) 헌재 2021. 11. 25 2015헌바334등.

상황에 따라 변화하는 상대적 성격을 띠는 만큼 그에 상응하는 근로조건에 관한 기준도 시대상황에 부합하게 탄력적으로 구체화하도록 법률에 유보한 것이다. 한편 입법자는 헌법 제32조 제3항에 의거하여 근로조건의 최저기준을 근로기준법에 규정하고 있다(1996. 8. 29. 95헌바36; 2003. 7. 24. 2002헌바51).

[판례] 근로계약의 자유와 기간제 근로자의 사용기간 제한

사용자로 하여금 2년을 초과하여 기간제근로자를 사용할 수 없도록 한 심판대상조항으로 인해 경우에 따라서는 개별 근로자들에게 일시 실업이 발생할 수 있으나, 이는 기간제근로자의 무기계약직 전환 유도와 근로조건 개선을 위해 불가피한 것이고, 심판대상조항이 전반적으로는 고용불안 해소나 근로조건 개선에 긍정적으로 작용하고 있다는 것을 부인할 수 없으므로 기간제근로자의 계약의 자유를 침해한다고 볼 수 없다(2013. 10. 24. 2010헌마219 등).

(6) 여성근로자의 보호와 차별대우의 금지

헌법은 여자의 근로에 대한 특별한 보호와 고용·임금 및 근로조건에서 부당한 차별의 금지를 규정한다(제32조 제4항). 이러한 여성근로자에 대한 보호의 명령과 차별의 금지는 일반적 평등원칙을 구체화하고 있는 것으로 이해된다. 여성근로자에 대한 '특별한 보호'는 여성에게 유리한 **차등적 대우의 확정적 명령**으로, 고용영역에서의 '성차별금지'는 여성에게 불리한 **차등적 대우의 확정적 금지**로 이해된다.[97] 따라서 여성근로자에 대한 특별한 보호와 차등적 대우의 금지는 단순한 논증부담규칙에 그치지 않고 그러한 특별한 보호와 차등적 대우의 금지를 확정적으로 명령하기 때문에 여성근로자에 대해서 특별한 보호를 하지 않거나 차등적 대우를 하는 것은 절대적으로 금지된다. 이것은 여성과 남성의 본질적 차이를 확정적으로 인정한다는 의미일 수도 있고, 여성과 남성의 본질적 차이가 인정되지 않는다면 그에 부합하지 않게 여성을 불리하게 대우하는 것이 확정적으로 허용되지 않는다는 뜻일 수도 있다. 이를 구체화하고 있는 법률로서 근로기준법과 남녀고용평등과 일·가정 양립 지원에 관한 법률이 있다.

근로기준법에 따르면 임산부를 도덕상 또는 보건상 유해·위험한 사업에 사용하는 것과 임산부가 아닌 18세 이상의 여성을 보건상 유해·위험한 사업 중 임신 또는 출산에 관한 기능에 유해·위험한 사업에 사용하는 것은 금지된다(동법 제65조 제1항, 제2항). 또한 18세 이상의 여성을 야간 및 휴일에 근로시키고자 하는 경우에는 당해 근로자의 동의를 얻어야 하고, 원칙적으로 고용노동부장관의 인가와 본인의 동의나 청구가 없으면 임산부를 야간 및 휴일에 근로시키는 것은 제한된다(동법 제70조 제1항, 제2항). 그 밖에도 임산부에 대한 시간외 근로의 법정한도초과(동법 제71조)와 여성의 갱내근로(동법 제72조)가 금지되며, 생리휴가(동법 제73조), 출산전후휴가(동법 제74조), 임산부 정기건강검진시간 허용(동법 제74조의2), 유급수유시간(동법 제75조)이 보장된다.

한편 '**남녀고용평등과 일·가정 양립 지원에 관한 법률**'은 정년·퇴직 및 해고에서 여성근로자에 대한 차별을 금지한다(동법 제11조). 이 법에서 차별은 "사업주가 근로자에

97) 제2편 제2부 제3장 제3절 Ⅰ. 참조.

게 성별, 혼인, 가족 안에서의 지위, 임신 또는 출산 등의 사유로 합리적인 이유 없이 채용 또는 근로의 조건을 다르게 하거나 그 밖의 불리한 조치를 취하는 경우"로 정의된다(동법 제2조 제1호). 이러한 차별은 '직접차별'뿐만 아니라 '간접차별'도 포함한다. 즉 사업주가 채용 또는 근로의 조건은 동일하게 적용하더라도 그 조건을 충족할 수 있는 남성 또는 여성이 다른 한 성(性)에 비하여 현저히 적고 그에 따라 특정 성에게 불리한 결과를 초래하며 그 조건이 정당한 것임을 증명할 수 없는 경우에도 차별로 본다(동법 동조 동호 괄호). 하지만 ① 직무의 성격에 비추어 특정 성이 불가피하게 요구되는 경우, ② 여성 근로자의 임신·출산·수유 등 모성보호를 위한 조치를 하는 경우, ③ 그 밖에 이 법률 또는 다른 법률에 따라 적극적 고용개선조치를 취하는 경우는 차별로 보지 않는다(동법 동조 동호 가목에서 다목). 여기서 '적극적 고용개선조치'란 현존하는 남녀간의 고용차별을 없애거나 고용평등을 촉진하기 위하여 잠정적으로 특정 성을 우대하는 조치를 말한다(동법 동조 제3호).

(7) 청소년의 근로에 대한 특별보호

헌법에 따라 연소자의 근로는 특별한 보호를 받는다(제32조 제5항). 여성근로자에 대한 특별한 보호와 마찬가지로 연소자인 근로자에게 유리한 **차등적 대우의 확정적 명령**으로 이해된다. 이것은 연소자를 다른 집단과 비교하여 본질적 차이를 인정하거나 본질적 차이가 인정되지 않는다면 그에 부합하지 않는 불리한 대우가 연소자에게 유리한 방향으로 확정적으로 허용된다는 의미가 된다. 이러한 명령은 근로기준법에서 구체화되고 있다. 이에 따르면 원칙적으로 15세 미만의 자(초·중등교육법에 따른 중학교에 재학 중인 18세 미만인 자를 포함)는 근로자로 사용하지 못하고(동법 제64조 제1항), 18세 미만자를 도덕상 또는 보건상 유해·위험한 사업에 사용하지 못한다(동법 제65조 제1항). 또한 15세 이상 18세 미만인 자를 사용하는 경우에도 법정근로시간(1일 7시간, 1주일 40시간)을 초과하는 것은 원칙적으로 금지된다(동법 제69조). 그리고 18세 미만의 자는 고용노동부장관의 인가와 본인의 동의나 청구가 없으면 야간 및 휴일근로가 제한된다(동법 제70조 제2항). 한편 미성년자는 독자적으로 임금을 청구할 수 있다(동법 제68조).

(8) 국가유공자 등에 대한 우선적 근로기회보장

헌법에 따르면 국가유공자·상이군경 및 전몰군경의 유가족은 법률이 정하는 바에 의하여 우선적으로 근로의 기회를 부여받는다(제32조 제6항). 이를 구체화하고 있는 법률로 **'국가유공자 등 예우 및 지원에 관한 법률'**이 마련되어 있다. 이에 따라 국가는 국가유공자의 유족의 생활안정 및 자아실현을 위하여 취업지원을 한다(동법 제28조). 국가유공자 등에 대한 우선적 근로기회보장으로 헌법은 원칙적으로 평등에 유리하게 해석되는 평등원칙에 따라 비교대상의 본질적 차이 유무에 부합하지 않는 불리한 대우를 주장하는 사람에게 논증부담을 부과하는 것과 달리 국가유공자 등에 대해서 유리하게 차등적 대우를 하도록 확정적으로 명령하고 있다. 이것은 국가유공자 등을 일반국민과 비교할 때 본질적 차이가 있다고 인정하는 뜻일 수도 있고, 그런 본질적 차이를 인정하지 않는다면 그에 부합하지 않게 국가유공자 등에게 유리한 방향으로 제공되는 불리한 대우는 확정적으로 명령된다는 의미다. 헌법재판소에 따르면 우선적 근로기회를 부여받는 대상자는 국가유공자 본인과 상이군경 본인 및 전몰군경의 유가족에 한정된다고 한다.[98] 이에 따르면 국가유공자의 가족과 상이군경의 가족은 우선적 근로기회가 보장되는 주체에 포함되지 않게 된다.

[판례] 국가유공자 등에 대한 예우와 입법재량

헌법 전문과 헌법 제32조 제6항 등에 담긴 헌법정신에 따르면, 국가는 "사회적 특수계급"을 창설하지 않는 범위 내에서(헌법 제11조 제2항 참조) 국가유공자등을 예우할 포괄적인 의무를 지닌다고 해석되고, 아울러 헌법 제34조 제1항에 의하면 국민의 인간다운 생활을 할 권리를 보장하고 있으며, 같은 조 제2항에서 국가의 사회보장 및 사회복지증진 의무를 천명하고 있다. 그런데 법에 의한 국가유공자 등에 대한 예우는 생명 또는 신체의 손상이라는 특별한 희생에 대한 국가 보상적 내지 국가 보훈적 성격을 띠는 한편, 장기간에 걸쳐 수급권자의 생활보호를 위하여 주어지는 특성을 가지고 있으므로 사회보장적 성질도 겸하고 있다고 하지 않을 수 없다. 따라서 국가가 국가유공자에게 예우할 구체적인 의무의 내용이나 범위, 그 방법 · 시기 등은 국가의 재정부담능력과 전체적인 사회보장의 수준, 국가유공자에 대한 평가기준 등에 따라 정하여지는 **입법자의 광범위한 입법형성의 자유영역**에 속하는 것으로 기본적으로는 국가의 입법정책에 달려 있다(2001. 6. 28. 99헌바32; 동지: 1995. 7. 21. 93헌가14; 2003. 6. 26. 2002헌마624; 2003. 7. 24. 2002헌마378).

[판례] 국가유공자 등에 대한 가산점제도

가산점제도의 입법목적은 국가유공자와 그 유족 등에게 가산점의 부여를 통해 헌법 제32조 제6항이 규정하고 있는 우선적 근로의 기회를 제공함으로써 이들의 생활안정을 도모하고, 다시 한 번 국가사회에 봉사할 수 있는 기회를 부여하기 위한 것으로서 그 목적의 정당성이 인정되고, 가산점제도는 위와 같은 입법목적을 달성함에 있어 정책수단으로서의 적합성을 가지고 있으며, 헌법 제32조 제6항에서 국가유공자 등의 근로의 기회를 우선적으로 보호한다고 규정함으로써 그 이외의 자의 근로의 기회는 그러한 범위내에서 제한될 것이 헌법적으로 예정되어 있는 이상 차별대우의 필요성의 요건을 엄격하게 볼 것은 아니므로, 차별대우의 필요성의 요건도 충족되었다고 할 것이다. … 가산점제도는 국가유공자 등에게 우선적으로 근로의 기회를 제공할 것을 규정하고 있는 헌법 제32조 제6항에 근거를 두고 있는 제도라는 점을 고려하면, 가산점제도가 법익균형성을 상실한 제도라고는 볼 수 없다. 따라서 가산점제도는 국가유공자와 그 유족 등에 비하여 그 이외의 자를 비례의 원칙에 반하여 차별하는 것으로는 볼 수 없으므로, 청구인의 평등권을 침해하지 아니한다. … 가산점제도에 의한 공직취임권의 제한은 헌법 제32조 제6항에 헌법적 근거를 두고 있는 능력주의의 예외로서, 평등권 침해 여부와 관련하여 비례의 원칙 내지 과잉금지의 원칙에 위반된 것으로도 볼 수 없으므로, 가산점제도는 공무담임권을 침해하지 아니한다(2001. 2. 22. 2000헌마25).

98) 헌재 2006. 2. 23. 2004헌마675.

3. 근로의 자유와 권리에 관한 보호권과 절차권

근로의 권리가 자유권으로 이해되면 사인인 제3자에 의한 제약행위가 가능하기 때문에 근로의 권리 안에 포함된 보호권을 도출하는 데 어려움이 없다. 하지만 근로의 권리가 사회적 기본권으로서 보장되면 헌법은 국민에게 근로에 관한 **법적 지위**를 보장함으로써 보호권의 도출에 어려움이 발생한다. 왜냐하면 이러한 법적 지위의 박탈은 국가만이 할 수 있기 때문이다. 그렇지만 이러한 법적 지위는 사인인 제3자에 의해서도 간접적·사실적으로 제약될 수 있다. 따라서 국민은 근로의 권리에 대한 제3자의 제약행위로부터 보호의 입법을 요구할 수 있는 권리, 즉 **보호권**을 주장할 수 있다. 또한 근로의 권리를 보장하는 절차에 관한 입법을 요구할 수 있는 권리, 즉 **절차권**도 국민에게 보장된다. 예를 들어 **근로기준법**에서 정한 기준에 미치지 못하는 근로조건을 정한 근로계약은 그 부분에 한하여 무효로 한다는 규정(동법 제15조 제1항)이나 사용자는 일정한 근로자에 대하여 휴업한 기간과 그 후 30일 동안 해고하지 못하게 하면서 이를 위반한 자에 대해서 처벌하도록 한 규정(동법 제23조 제2항 및 제107조)은 근로의 권리에 대한 제3자의 제약행위로부터 보호하는 입법에 해당한다.

제 3 항 제한규범

Ⅰ. 헌법직접적 제한규범

근로의 권리에 대한 성문의 헌법직접적 제한규범은 규정되어 있지 않다. 불문의 헌법직접적 제한규범으로는 다른 사람의 기본권이나 헌법적 법익이 될 수 있다.

Ⅱ. 헌법간접적 제한규범

근로의 권리에 대한 헌법간접적 제한규범, 즉 법률유보는 이 기본권에 대해서만 규정하고 있는 헌법 제32조 제1항 제2문 후단과 제3항(제32조 제6항은 평등권에 대한 헌법간접적 제한규범)에 근거해서, 그리고 이 기본권을 포함한 모든 기본권에 대해서 규정하고 있는 헌법 제37조 제2항에 근거해서 가능하다. 최저임금에 관한 권리나 최소한의 근로조건에 관한 권리가 사회적 기본권과의 관련성 속에서 이해되고 사회적 기본권이 잠정적이지만 구체적인 권리라면 최저임금이나 최소한의 근로조건을 규정하는 법률은 추상적 권리를 구체적 권리로 만드는 법률이 아니라 잠정적 권리를 확정적 권리로 '제한하는' 법률을 의미한다.

제4항 정 당 화

근로의 권리도 원칙규범으로 이해될 수 있다. 따라서 잠정적으로 보장된 구성요건이 확정적인 것이 되기 위해서는 **비례성원칙에 따른 합리적 형량**이 필요하다. 여기서 비례성원칙은 근로의 권리가 자유권으로 이해될 수 있는 경우에는 과잉금지원칙으로, 사회적 기본권으로 이해될 수 있는 경우에는 과소금지원칙으로 구체화된다.

근로의 권리의 본질내용에 대해서는 **절대설**에 따르면 본질내용침해금지원칙은 독립적인 원칙으로서 기능하기 때문에 근로의 권리의 제한을 위한 정당화는 부가적으로 이 원칙에 따른 심사가 필요하다. 하지만 **상대설**에 따르면 비례성원칙에 따른 심사로 근로의 권리의 제한을 위한 정당화는 충분하다.

제5항 효 력

자유권으로서 근로의 자유는 국가에 대해서뿐만 아니라 사인에 대해서도 효력을 발생한다. 한편 사회권으로서 근로의 권리는 원칙적으로 국가에 대해서만 효력을 발생한다. 하지만 사회권으로서 근로의 권리는 사인인 제3자에 의해서도 간접적 · 사실적으로 제약될 수 있기 때문에 사인에 대해서도 효력을 미친다. 근로의 권리의 사인에 대한 효력은 기본권의 대사인적 효력에 관한 이론구성에 따라 법관의 기본권존중의무를 매개로 근로의 권리를 존중하는 **재판**을 요구함으로써 실현될 수 있다.

[판례] 부당해고에 대한 처벌

정당한 이유 없이 근로자를 해고한 사용자를 처벌하는 것(구 근로기준법 제30조 제1항 및 제110조: 2007. 4. 11. 법률 제8372호로 전부개정시 처벌대상에서 제외)은 과잉금지원칙에 반하지 않고, '정당한 이유'라는 문구도 명확성원칙에 위반되지 않는다(2005. 3. 31. 2003헌바12).

제 7 절 노동3권

제1항 헌법규정

헌법은 제33조에서 근로자의 노동3권을 규정하고 있다(동조 제1항). 그러면서 공무원인 근로자(동조 제2항)와 주요방위산업체에 종사하는 근로자(동조 제3항)의 노동(근로)3권을 제한하고 있다.

[헌법 제33조]

① 근로자는 근로조건의 향상을 위하여 자주적인 **단결권 · 단체교섭권** 및 **단체행동권**을 가진다.

② **공무원인 근로자**는 법률이 정하는 자에 한하여 단결권 · 단체교섭권 및 단체행동권을 가진다.

③ 법률이 정하는 **주요방위산업체에 종사하는 근로자**의 단체행동권은 법률이 정하는 바에 의하여 이를 제한하거나 인정하지 아니할 수 있다.

노동3권은 제헌헌법(제18조)에서부터 규정되었다. 다만 원칙적으로 법률유보("법률의 범위내에서")하에 있었고, 1962년 헌법(제29조)에서부터 법률유보조항이 삭제되었다. 또한 1962년 헌법에서부터 공무원인 근로자에 대한 노동3권의 제한이 명시되었고, 1972년 헌법(제29조)에서는 현행 규정과는 달리 "공무원과 국가 · 지방자치단체 · 국영기업체 · 공익사업체 또는 국민경제에 중대한 영향을 미치는 사업체에 종사하는 근로자"로 단체행동권이 제한되는 근로자의 범위가 상당히 넓게 규정되었다. 또한 1980년 헌법(제31조)은 단체행동권에 대해서 법률유보조항("다만, 단체행동권의 행사는 법률이 정하는 바에 의한다")을 두었다. 현행 헌법은 이러한 단체행동권에 대한 법률유보조항을 삭제하고, 단체행동권이 제한되는 주체를 "법률이 정하는 주요방위산업체에 종사하는 근로자"로 축소하였다.

제 2 항 구성요건

Ⅰ. 인적 구성요건(주체)

노동3권의 주체가 될 수 있는 자는 **근로자인 모든 국민**이다. 따라서 사용자나 자영업자는 노동3권의 주체가 되지 못하고, 사용자단체의 활동은 결사의 자유나 일반적 행동의 자유에 의하여 보호된다. 근로기준법에서는 근로자를 직업의 종류를 불문하고 사업 또는 사업장에서 **임금을 목적으로 근로를 제공하는 자**로 정의하지만(동법 제2조 제1호), '노동조합 및 노동관계조정법'에서는 근로자를 직업의 종류를 불문하고 임금 · 급료 기타 이에 준하는 **수입에 의하여 생활하는 자**로 정의하여 근로기준법보다 근로자의 범위를 확대하고 있다(동법 제2조 제1호). 이러한 법률적 근로자 개념은 헌법적 근로자 개념과 일치하는 것은 아니다. 근로자에 관한 헌법적 개념은 임금 등을 목적으로 형식상 근로계약을 체결한 사람으로 한정할 필요가 없기 때문이다. 아무튼 근로자에 관한 헌법적 개념을 법률적 개념이 축소하면 이것은 기본권의 제한에 해당한다. 헌법재판소는 근로자에 관한 법률적 개념에 따라 "노무에 종사하고 그 대가로 임금 · 금료 기타 이에 준하는 수입으로 생활하는 사람"으로 근로자를 정의한다.[99] 기본권의 성질상 자연인뿐만 아니라 단체

99) 헌재 2015. 5. 28. 2013헌마671등.

도 노동3권의 주체가 된다. 노동3권이 근로의 권리와 밀접한 관련이 있고 외국인도 근로의 권리의 주체가 될 수 있다면 노동3권은 원칙적으로 외국인에게도 보장되어야 한다.[100]

[판례] 취업자격 없는 외국인근로자의 노동조합 결성 및 가입

타인과의 사용종속관계 하에서 근로를 제공하고 그 대가로 임금 등을 받아 생활하는 사람은 노동조합법상 근로자에 해당하고, 노동조합법상의 근로자성이 인정되는 한, 그러한 근로자가 외국인인지 여부나 취업자격의 유무에 따라 노동조합법상 근로자의 범위에 포함되지 아니한다고 볼 수는 없으므로, 취업자격 없는 외국인근로자도 노동조합을 결성하거나 노동조합에 가입할 수 있다(대판 2015. 6. 25. 2007두4995).

[판례] 근로자로서 교원

교원도 학생들에 대한 지도·교육이라는 노무에 종사하고 그 대가로 받는 임금·급료 그밖에 이에 준하는 수입으로 생활하는 사람이므로 근로자에 해당한다(2015. 5. 28. 2013헌마671등; 2018. 8. 30. 2015헌가38).

Ⅱ. 보호법익

노동3권은 노동조합의 결성과 활동의 자유와 함께 국가에 대해서 이러한 자유의 저지·방해행위를 하지 않도록 요구하는 방어권을 보장함으로써 본질적으로 자유권의 성격을 가진다.

1. 단 결 권

단결권이란 근로자들이 근로조건의 유지와 개선을 위하여 사용자와 대등한 교섭력을 가질 목적으로 단체를 결성하고 이에 가입하여 활동할 수 있는 권리를 말한다. 노동조합 및 노동관계조정법에 따르면 근로자는 자유로이 노동조합을 조직하거나 이에 가입할 수 있고(동법 제5조), 노동조합은 그 규약이 정하는 바에 의하여 법인으로 할 수 있다(동법 제6조 제1항).

(1) 개인의 단결권과 단체의 단결권

단결권은 개인의 단결권뿐만 아니라 단체의 단결권도 의미한다. ① **개인의 단결권**은 노동조합 등의 단체의 조직, 가입, 탈퇴에 있어서 국가나 사용자의 부당한 개입 또는 간섭을 받지 아니할 권리를 말한다. ② **단체의 단결권**은 단체의 존속, 자치 및 활동의 권리를 말한다.

(2) 적극적 단결권과 소극적 단결권

소극적 단결권은 ① 단결하지 않을 자유 또는 ② 단결체에 가입하지 않을 권리, ③ 단결체에서 탈퇴할 권리를 말한다. 이에 대해서는 부정하는 견해와 긍정하는 견해가

100) 외국인 노동자의 인권에 대한 자세한 논의는 이준일, 『인권법』(2021), 제36장 참조.

있다. 긍정하는 견해의 경우에 헌법 제33조 제1항에서 도출하는 견해,[101] 일반적 행동의 자유 또는 헌법에 열거되지 않은 자유로 보장된다는 견해[102]로 구분된다. 아래에서 자세하게 설명하는 바와 같이 단결권을 포함한 노동3권의 기본적 기능은 자유와 방어권이므로 단결권에는 소극적 단결권도 포함되는 것으로 이해해야 한다.

한편 노동조합 및 노동관계조정법에 따르면 사용자에게 근로자가 어느 노동조합에 가입하지 아니할 것 또는 탈퇴할 것을 고용조건으로 하거나 특정한 노동조합의 조합원이 될 것을 고용조건으로 하는 행위는 금지된다(동법 제81조 제1항 제2호). 다만 노동조합이 당해 사업장에 종사하는 근로자의 3분의 2 이상을 대표하고 있을 때에는 근로자가 그 노동조합의 조합원이 될 것을 고용조건으로 하는 단체협약의 체결은 예외로 하고 있다. 이 경우 사용자는 근로자가 당해 노동조합에서 제명된 것을 이유로 신분상 불이익한 행위를 할 수 없도록 규정한다. 이 규정은 예외적이나마 단결의 강제를 내용으로 하는 유니온숍(union shop)협약의 체결을 인정하고 있는데 이것은 노동3권의 보호권적 기능이 강하게 요구되고 사회권과의 밀접한 관련성이 존재하기 때문으로 이해된다. 유니온숍협약의 체결에 대해서 헌법재판소도 합헌으로 결정하였다.[103]

2. 단체교섭권

단체교섭권은 근로자가 사용자와 근로조건에 관한 교섭을 하고, 단체협약을 체결할 수 있는 권리를 말한다. 단체교섭의 대상은 임금 기타 근로조건의 유지와 개선에 관한 것에 한정되고, 경영권이나 인사권에 속하는 사항은 교섭의 대상이 아니다. 하지만 근로자의 지위나 근로조건과 직접적으로 관련되거나 그에 중대한 영향을 미치는 사항인 경우에는 경영권이나 인사권에 속하더라도 단체교섭의 대상이 될 수 있다. 단체교섭에 대해서는 노동조합 및 노동관계조정법에서 자세하게 규정하고 있다. 특히 사용자가 정당한 이유 없이 단체교섭을 거부하거나 해태하는 행위를 부당노동행위로 규정하고 있는데 (동법 제81조 제1항 제3호) 이 규정은 단체교섭권을 보호하기 위한 것으로서 단체교섭권이라는 기본권 안에 포함되어 있는 보호권이 구체화된 것으로 이해될 수 있다. 헌법재판소는 부당노동행위로 열거된 행위 가운데 지배 · 개입행위가 명확성원칙에 위배되지 않는다고 본다.[104] 한편 사용자가 노동조합의 운영비를 원조하는 행위를 부당노동행위로 금지하는 것은 노동조합의 자주성을 저해하지 않음에도 일체의 운영비 원조 행위를 금지하여 노동조합의 단체교섭권을 침해한다고 한다.[105]

101) 허영, 540면 이하.
102) 권영성, 688면.
103) 헌재 2005. 11. 24. 2002헌바95.
104) 헌재 2022. 5. 26. 2019헌바341.
105) 헌재 2018. 5. 31. 2012헌바90.

[판례] 단체협약체결권

헌법이 노동3권을 기본권으로 보장하는 뜻은 근로자가 사용자와 대등한 지위에서 단체교섭을 통하여 자율적으로 임금 등 근로조건에 관한 단체협약을 체결할 수 있도록 하기 위한 것이다. 비록 헌법이 '단체협약체결권'을 명시하여 규정하고 있지 않다고 하더라도 근로조건의 향상을 위한 근로자 및 그 단체의 본질적인 활동의 자유인 '단체교섭권'에는 단체협약체결권이 포함되어 있다고 보아야 한다(1998. 2. 27. 94헌바13등).

[판례] 단체협약체결거부의 금지와 단체협약위반자의 처벌

[1] 사용자가 "노동조합의 대표자 또는 노동조합으로부터 위임을 받은 자와의 **단체협약체결 기타 단체교섭을 정당한 이유없이 거부하거나 해태**"하지 못하도록 한 노동조합 및 노동관계조정법 조항은 헌법상 보장된 단체교섭권을 실효성 있게 하기 위한 것으로서 정당한 입법목적을 가지고 있다. 입법자는 이 사건 조항으로써 사용자에게 성실한 태도로 단체교섭 및 단체협약체결에 임하도록 하는 수단을 택한 것인데, 이는 위와 같은 입법목적의 달성에 적합한 것이다. 한편 이 사건 조항은 사용자로 하여금 단체교섭 및 단체협약체결을 일방적으로 강요하는 것은 아니며 "정당한 이유 없이 거부하거나 해태"하지 말 것을 규정한 것일 뿐이고, 어차피 노사간에는 단체협약을 체결할 의무가 헌법에 의하여 주어져 있는 것이므로, 이 사건 조항이 기본권 제한에 있어서 최소침해성의 원칙에 위배된 것이라고 단정할 수 없다. 또한 이 사건 조항은 노동관계 당사자가 대립의 관계로 나아가지 않고 대등한 교섭주체의 관계로서 분쟁을 평화적으로 해결하게 함으로써 근로자의 이익과 지위의 향상을 도모하고 헌법상의 근로3권 보장 취지를 구현한다는 공익을 위한 것인데 비해, 이로 인해 제한되는 사용자의 자유는 단지 정당한 이유 없는 불성실한 단체교섭 내지 단체협약체결의 거부 금지라는 합리적으로 제한된 범위 내의 기본권 제한에 그치고 있으므로, 법익간의 균형성이 위배된 것이 아니다. 따라서 이 사건 조항이 비례의 원칙에 위배하여 청구인의 계약의 자유, 기업활동의 자유, 집회의 자유를 침해할 것이라 볼 수 없다. … 이 사건 법률조항은 사용자만의 단체협약체결 기타의 단체교섭 거부 혹은 해태를 금지하고 있지만, 헌법이 근로자에게 단체교섭권 등 근로3권을 보장하고 있고, 그러한 권리가 사용자의 불성실한 단체교섭 태도로 인하여 약화되는 것을 방지하기 위한 것이므로 그 차별이 자의적인 것이라거나 비합리적인 것이라 단정할 수 없다(2002. 12. 18. 2002헌바12).

[2] **단체협약에 위반한 자를 처벌**하도록 규정한 법률조항은 범죄구성요건의 외피만 설정하였을 뿐 구성요건의 실질적 내용을 직접 규정하지 아니하고 모두 단체협약에 위임하고 있어 죄형법정주의의 기본적 요청인 "법률"주의에 위배되고, 그 구성요건도 지나치게 애매하고 광범위하여 죄형법정주의의 명확성의 원칙에 위배된다(1998. 3. 26. 96헌가20).

[판례] 교섭창구단일화제도

교섭창구단일화제도는 교섭대표가 되지 못한 노동조합의 단체교섭권을 제한하는 것을 내용으로 하고 있고, 창구단일화에 참여한 노동조합이 쟁의행위를 하고자 할 경우 단일화에 참여한 사업장 소속 노조 조합원의 과반수 찬성을 얻도록 하는 쟁의행위 제한에 관한 것은 그 내용으로 하고 있지 아니하다(2012. 4. 24. 2011헌마338).

3. 단체행동권

단체행동권이란 노동쟁의가 발생한 경우에 쟁의행위를 할 수 있는 권리를 말한다. 노동조합 및 노동관계조정법은 "**노동쟁의**"를 "노동조합과 사용자 또는 사용자단체(이하 "노동관계 당사자"라 한다)간에 임금·근로시간·복지·해고 기타 대우 등 근로조건의 결정에 관한 주장의 불일치로 인하여 발생한 분쟁상태"로 정의한다(동법 제2조 제5호). 여기서 "주장의 불일치"는 "당사자간에 합의를 위한 노력을 계속하여도 더 이상 자주적 교섭에 의한 합의의 여지가 없는 경우"를 의미한다.

한편 "**쟁의행위**"는 "파업·태업·직장폐쇄 기타 노동관계 당사자가 그 주장을 관철할 목적으로 행하는 행위와 이에 대항하는 행위로서 업무의 정상적인 운영을 저해하는 행위"로 정의된다(동법 동조 제6호). 여기서 ① **파업**(strike)은 노동력의 제공을 거부하는 행위를 말하고, ② **태업**(sabotage)은 작업능력을 떨어뜨리는 집단행동을 말한다. 그 밖에도 쟁의행위로 인정되는 행위로서 ③ **보이코트**(boycott)는 사용자 또는 그와 거래관계에 있는 제3자의 상품구입, 시설이용 등을 거절하거나 그들과의 근로계약의 체결을 거절할 것을 호소하는 것을 말한다. 그리고 ④ **피켓팅**(감시행위: picketing)은 근로희망자들의 사업장 또는 공장출입을 저지하고 파업에 협력할 것을 구하는 시위행위를 말한다. 한편 ⑤ **생산관리**는 근로자들이 사업장 또는 공장을 점거하고 사용자의 의사에 반하여 생산수단을 자기지배하에 두고 경영까지 장악하는 실력행사를 뜻하는데 이것은 사용자의 재산권과 헌법적 법익 및 공익과 형량하여 비례적인 경우에만 허용될 수 있다.[106]

사용자의 쟁의행위로 인정되고 있는 **직장폐쇄**에 대해서는 합헌설[107]과 위헌설[108]로 나뉜다. 사용자에게 인정되는 직장폐쇄는 노동3권에서 도출될 수는 없지만 재산권에서 도출될 수 있기 때문에 위헌으로 볼 수는 없다.

노동조합 및 노동관계조정법에 따르면 합법적인 노동행위는 정당행위로서 **형사상 면책**을 받는다(동법 제4조). 즉 형법 제20조의 정당행위에 관한 규정은 노동조합이 단체교섭·쟁의행위 기타의 행위로서 노동조합 및 노동관계조정법의 입법목적을 달성하기 위하여 한 정당한 행위에 대하여 적용된다. 다만, 어떠한 경우에도 폭력이나 파괴행위는 정당한 행위로 해석되지 않는다. 또한 합법적인 노동행위에 대해서 손해배상청구를 제한하여 **민사상 면책**을 받는다. 즉 사용자는 노동조합 및 노동관계조정법에 의한 단체교섭 또는 쟁의행위로 인하여 손해를 입은 경우에 노동조합 또는 근로자에 대하여 그 배상을 청구하는 것이 금지된다. 형사상 또는 민사상 면책되는 단체행동은 '정당한' 쟁의행위에 한정되고, 이러한 정당성에 대한 판단은 비례성원칙에 따라 결정된다. 헌법재판소는 정당성이 인정되지 않는 쟁의행위를 위력업무방해죄로 형사처벌할 수 있다는 대

---

106) 비슷한 견해로 계희열(중), 781면; 허영, 545면. 위헌설: 권영성, 692면; 김철수, 1015면.

107) 권영성, 693면 이하; 홍성방(중), 336면.

108) 김철수, 1014면.

법원 판례의 해석방법이 근로3권을 침해하지 않는다고 한다.[109] 또한 하나의 사업 또는 사업장에 복수의 노동조합이 존재하는 경우에 사용자와 단체교섭을 실행할 수 있는 교섭창구를 단일화하도록 강제하는 제도는 단체행동권을 침해하지 않는다고 본다.[110] 한편 불법적 쟁의행위로 발생한 사용자의 피해에 대해서 손해배상액을 제한하면서 근로자와 사용자의 범위를 확대하는 이른바 '노란봉투법'의 입법이 추진되고 있는데 이 법률은 근로자의 노동3권, 특히 단체행동권을 강화할 수 있을 것으로 기대된다.[111]

[판례] 근로조건의 결정과 관련없는 쟁의행위

전교조 조합원들이 다수 조합원들과 함께 집단 연가서를 제출한 후 수업을 하지 않고 무단결근 내지 무단 조퇴를 한 채 교육인적자원부가 추진하고 있는 교육행정정보시스템(NEIS) 반대집회에 참석하는 등의 쟁의행위는 NEIS의 시행을 저지하기 위한 목적으로 이루어진 것인바, 청구인들의 행위는 직접적으로는 물론 간접적으로도 근로조건의 결정에 관한 주장을 관철할 목적으로 한 쟁의행위라고 볼 수 없어 노동조합및노동관계조정법의 적용대상인 쟁의행위에 해당하지 않는다(2004. 7. 15. 2003헌마878).

4. 기능(법적 성격)

노동3권은 국가의 간섭과 규제로부터 방어하는 **방어권**의 기능, 제3자(특히 사용자)의 제약행위로부터 보호를 청구하는 **보호권**의 기능을 가진다는 점은 분명하다. 그러나 자유의 실질적 조건을 획득하기 위한 근로를 함에 있어서 필수적으로 요구되는 권리이기 때문에 사회권과 밀접하게 관련되지만 그 자체가 사회권의 기능을 가진다고 볼 수는 없다. 특별히 노동3권은 본질상 제3자인 사용자와 밀접한 관련을 맺는다. 이러한 측면 때문에 방어권적 측면보다 보호권적 측면이 강조되는 것은 사실이다. 그러나 이러한 보호권적 측면이 국가의 적극적 행위를 청구하는 권리이기 때문에 사회권으로 오해되어서는 안 될 것이다.

헌법재판소는 노동3권의 법적 성격에 대해서 다음과 같이 이해한다.[112] "근로3권은 국가공권력에 대하여 근로자의 단결권의 방어를 일차적인 목표로 하지만, 근로3권의 보다 큰 헌법적 의미는 근로자단체라는 사회적 반대세력의 창출을 가능하게 함으로써 노사관계의 형성에 있어서 사회적 균형을 이루어 근로조건에 관한 노사간의 실질적인 자치를 보장하려는 데 있다. 경제적 약자인 근로자가 사용자에 대항하기 위해서는 근로자단체의 결성이 필요하고 단결된 힘에 의해서 비로소 노사관계에 있어서 실질적 평등이 실현된다. 다시 말하면, 근로자는 노동조합과 같은 근로자단체의 결성을 통하여 집단으로 사용자에 대항함으로써 사용자와 대등한 세력을 이루어 근로조건의 형성에 영향을

109) 헌재 1998. 7. 16. 97헌바23; 2005. 3. 31. 2003헌바91; 2010. 4. 29. 2009헌바168; 2022. 5. 26. 2012헌바66(5인의 일부위헌의견이 있지만 정족수미달로 기각).

110) 헌재 2024. 6. 27. 2020헌마237등.

111) 상세한 설명은 이준일, 이른바 '노란 봉투 법'과 기본권충돌 - 노동3권의 확대와 손해배상청구권의 축소를 담은 법률안에 대한 헌법적 평가, 『헌법학연구』, 제29권 제1호, 한국헌법학회, 2023. 255면 이하 참조.

112) 헌재 1998. 2. 27. 94헌바13등.

미칠 수 있는 기회를 가지게 되므로 이러한 의미에서 근로3권은 '**사회적 보호기능을 담당하는 자유권**' 또는 '**사회권적 성격을 띤 자유권**'이라고 말할 수 있다. … **근로3권의 사회권적 성격은 입법조치를 통하여 근로자의 헌법적 권리를 보장할 국가의 의무**에 있다. 이는 곧, 입법자가 근로자단체의 조직, 단체교섭, 단체협약, 노동쟁의 등에 관한 노동조합관련법의 제정을 통하여 노사간의 세력균형이 이루어지고 근로자의 근로3권이 실질적으로 기능할 수 있도록 하기 위하여 **필요한 법적 제도와 법규범을 마련하여야 할 의무**가 있다는 것을 의미한다." 여기서 "입법조치를 통하여 근로자의 헌법적 권리를 보장할 국가의 의무"라든지 "필요한 법적 제도와 법규범을 마련하여야 할 의무"와 같은 헌법재판소의 표현에서도 보이듯이 헌법재판소가 이해하는 "사회권적 성격"은 보호권이나 절차권을 의미하지 사회권을 의미하지는 않는 것으로 이해된다.

[학설] 노동3권의 법적 성격

- 계희열 〈(중), 786면〉
  근로자의 단결·단체교섭·단체행동권은 우선 국가로부터 부당한 방해나 간섭 또는 제재를 받지 아니할 권리, 즉 국가에 대한 **방어적 성격의 권리**이다. … 다른 한편 노동3권은 경제적·사회적 약자로서의 근로자가 경제적·사회적 강자인 사용자와 대등한 관계에서 단체협약을 체결하고 이를 준수하도록 국가에 대하여 요구할 수 있는 권리이다. 이러한 청구권은 급부청구권과는 구별되는, 보호 내지 규제를 요구하는 내용으로 **자유권적 기본권**과 다를 바 없는 것이다. 따라서 노동3권은 자유권적 성격의 기본권이라고 하겠다. … 노동3권은 **사회적 성격을 띤 자유권**이라고 하겠다.

- 권영성 〈684면〉
  근로자가 단결·단체교섭·단체행동을 함에 있어 국가로부터 부당한 간섭이나 제재를 받지 아니하는 측면(…)은 **자유권의 성격**을 가지는 것이지만, 자본주의사회에서 생산수단을 소유하지 못한 경제적 약자인 근로자가 인간다운 생활을 확보하기 위하여 국가적 배려와 보호를 요구할 수 있는 측면(…)은 **사회권의 성격**을 가지는 것이다.

- 김철수 〈1006면〉
  근로자의 근로3권은 사회적 약자인 근로자가 사회적 강자인 사용자와 대등한 노사계약을 할 수 있게 하기 위하여 헌법이 보장하고 있는 근로자의 **생존권**이라고 하겠다. … 근로3권의 복합적인 성격을 부정하는 것은 아니다. 근로3권의 자유권적 측면도 무시할 수 없고, … 근로자의 3권은 자유권으로보다는 생존권으로 보아야 할 것이다.

- 김하열a 〈700면〉
  근로3권은 사회적 기본권의 성격과 자유권의 성격을 모두 지니고 있다.
- 성낙인 〈1369면〉
  근로3권은 **사회권적 성격과 자유권적 성격이 병존**하는 권리라고 할 수 있다.
- 장영수 〈838면〉
  노동삼권의 **자유권적 측면**은 노동자들의 자유로운 단결, … 단체교섭, 단체행동을 보장하며, 이에 대한 국가의 개입을 배제하는 것을 내용으로 한다. … 노동삼권은 사용자에 의한 침해를 막기 위해 국가가 적극적으로 활동하도록 요청하는 내용까지 포함하는 것으로 확장되었다. 이로 인하여 노동삼권의 **사회권적 측면**이 인정되는 것이다.

• 전광석 〈455면 이하〉 노동3권이 자유권적 성격을 갖는다고는 할 수 없다. … 근로자가 사용자와 자유롭게 교섭할 수 있는 상태는 자연적으로 실현될 수 없다는 점을 인식하고 노동3권은 근로자가 자유권을 행사하기 위한 조건을 제도적으로 배려하는 기본권이며, 이 점에서 노동3권은 기본적으로 **사회적 기본권의 성격**을 갖는다.

• 정종섭a 〈722면〉 단결권 · 단체교섭권 · 단체행동권은 … **자유권으로서의 성격**을 갖는다. … **사회적 기본권으로서의 성격**도 약간은 지니고 있지만 국가에 대하여 무엇을 요구하는 내용은 가지지 않는다는 점에 특징이 있다.

• 한수웅 〈1014면〉 근로3권은 그 본질상 일차적으로 국가공권력에 대하여 부당한 침해를 하지 말 것을 요구하는 **자유권적 기본권**이다. … 근로3권은 국가공권력에 대하여 근로자 권리의 방어를 일차적인 목표로 하지만, 그보다 더욱 중요한 헌법적 의도는, 근로자단체라는 사회적 반대세력의 창출을 가능하게 함으로써 노동생활의 형성에 있어서 사회적 균형을 이루어 근로조건에 관한 노사단체의 사적 자치를 보장하려는 데 있다. … 이러한 의미에서 근로3권은 '**사회적 보호기능을 담당하는 자유권**' 또는 '**사회권적 성격을 띤 자유권**'이라고 할 수 있다.

• 허 영 〈537면〉 이념적으로 볼 때 근로자의 노동3권이 국가권력의 간섭 없이 자주적으로 행사되고 근로자와 사용자 사이에 체결되는 단체협약이 국가적인 간섭이나 방해 없이 자율적으로 이루어질 수 있도록 보장한다는 의미에서는 노동3권의 **자유권적인 성질**을 부인할 수 없다. 그러나 또 한편 노동3권의 실현은 국가의 제도적인 뒷받침에 의해서 비로소 가능하다는 점에서는 노동3권이 갖는 **생활권적 성질**도 무시할 수 없다고 할 것이다.

• 홍성방 〈(중), 327면〉 노동3권은 우리 헌법재판소도 판시하고 있듯이 '**사회적 보호기능을 담당하고 있는 자유권**' 또는 '**사회권적 성격을 띤 자유권**'이라고 보는 것이 타당하리라고 본다.

• 평 가 노동3권은 근로의 권리와 같은 사회적 기본권과 밀접한 관련이 있을 뿐 그 본질은 자유권에 있다. 또한 노동3권이 가지는 보호권과 절차권적 내용을 사회권으로 이해하는 것도 적절하지 못한 것으로 평가된다.

Ⅲ. 제약행위

단결, 단체교섭, 단체행동에 관한 자유를 강제하거나 규제하는 행위, 예를 들어 정당한 쟁의행위를 형사처벌하거나 민사책임을 부과하는 행위는 노동3권에 대한 제약행위로서 잠정적으로 금지된다. 또한 노동3권을 제약하는 제3자의 행위, 예를 들어 정당한 쟁의행위에 참가한 근로자를 해고하거나 불이익을 주는 사용자의 행위로부터 보호하는 입법을 하지 않거나 노동3권을 보장하는 절차에 관한 규범을 제정하지 않는 것도 제약행위로서 잠정적으로 금지된다.

제 3 항 제한규범

Ⅰ. 헌법직접적 제한규범

노동3권에 대한 성문의 헌법직접적 제한규범으로는 **헌법 제33조 제2항**에서 ① 공무원인 근로자의 노동3권, 그리고 **제3항**에서 ② 주요방위산업체에 종사하는 근로자의 단체행동권을 제한한 규정이다. 불문의 헌법직접적 제한규범으로는 다른 사람의 기본권이나 헌법적 법익이 될 수 있다. 다른 사람의 기본권이 노동3권에 대한 헌법직접적 제한규범이 되면 두 기본권 사이에는 '기본권의 충돌'이 발생한다.

Ⅱ. 헌법간접적 제한규범

노동3권에 대한 헌법간접적 제한규범으로는 헌법 제33조 제2항에서 ① 공무원인 근로자는 "법률이 정하는 자"에 한하여, 그리고 제3항에서 ② "법률이 정하는" 주요방위산업체에 종사하는 근로자로 제한하고 있는 부분이 개별적 법률유보에 해당한다. **국가공무원법**과 **지방공무원법**에 따라 '사실상 노무에 종사하는 공무원'은 노동3권의 주체가 된다. 그리고 **교원의 노동조합 설립 및 운영에 관한 법률 및 공무원의 노동조합 설립 및 운영에 관한 법률**에 따라 초·중등교육법에서 규정한 교원과 6급 이하의 일반직공무원 등도 노동3권의 주체가 된다. 한편 헌법 제37조 제2항의 일반적 법률유보조항에 근거해서도 노동3권이 제한될 수 있다.

[법령] 공무원의 노동조합 설립 및 운영에 관한 법률 제6조 (가입범위)

① 노동조합에 가입할 수 있는 사람의 범위는 다음 각 호와 같다.
1. 일반직공무원
2. 특정직공무원 중 외무영사직렬·외교정보기술직렬 외무공무원, 소방공무원 및 교육공무원(다만, 교원은 제외한다)
3. 별정직공무원
4. 제1호부터 제3호까지의 어느 하나에 해당하는 공무원이었던 사람으로서 노동조합 규약으로 정하는 사람
5. 삭제

② 제1항에도 불구하고 다음 각 호의 어느 하나에 해당하는 공무원은 노동조합에 가입할 수 없다.
1. 업무의 주된 내용이 다른 공무원에 대하여 지휘·감독권을 행사하거나 다른 공무원의 업무를 총괄하는 업무에 종사하는 공무원
2. 업무의 주된 내용이 인사·보수 또는 노동관계의 조정·감독 등 노동조합의 조합원 지위를 가지고 수행하기에 적절하지 아니한 업무에 종사하는 공무원
3. 교정·수사 등 공공의 안녕과 국가안전보장에 관한 업무에 종사하는 공무원
4. 삭제

③ 삭제

④ 제2항에 따른 공무원의 범위는 대통령령으로 정한다.

제4항 정 당 화

Ⅰ. 비례성원칙과 본질내용침해금지원칙

노동3권도 원칙규범으로 이해된다. 따라서 잠정적으로 보장된 노동3권의 구성요건이 확정적인 것이 되기 위해서는 **비례성원칙에 따른 합리적 형량**이 필요하다. 여기서 비례성원칙은 노동3권이 자유권으로 이해될 수 있는 경우에는 과잉금지원칙으로, 보호권이나 절차권으로 이해될 수 있는 경우에는 과소금지원칙으로 구체화된다. 헌법재판소는 노동3권의 제한에서 과잉금지원칙을 적용하여 특수경비원에 대해서 일체의 쟁의행위를 금지한 것은 단체행동권을 침해하지 않는다고 본다.[113] 또한 최저임금 산입을 위하여 임금지급 주기에 관한 취업규칙을 변경하는 경우에 노동조합 또는 근로자 과반수의 동의를 받을 필요가 없도록 규정한 것도 단체교섭권을 제한하기는 하지만 과잉금지원칙에 위배되어 단체교섭권을 침해하는 것은 아니라고 본다.[114] 다만 공무원이 아니라 일반근로자인 청원경찰의 노동운동을 금지하는 것은 모든 청원경찰의 근로3권을 전면적으로 제한하는 것은 과잉금지원칙을 위반하여 근로3권을 침해한다고 한다.[115]

노동3권의 본질내용에 대해서는 **절대설**에 따르면 본질내용침해금지원칙은 독립적인 원칙으로서 기능하기 때문에 노동3권의 제한을 정당화하기 위해서는 이 원칙에 따른 독자적인 심사가 부가적으로 필요하다. 하지만 **상대설**에 따르면 비례성원칙에 따른 심사로 노동3권의 제한을 위한 정당화는 충분하다.

[판례] 노동3권과 본질내용침해금지원칙

헌법 제33조는 제1항에서 근로3권을 규정하되, 제2항 및 제3항에서 '공무원인 근로자' 및 '법률이 정하는 주요방위산업체 근로자'에 한하여 근로3권의 예외를 규정한다. 그러므로 헌법 제37조 제2항 전단에 의하여 근로자의 근로3권에 대해 일부 제한이 가능하다 하더라도, '공무원 또는 주요방위사업체 근로자'가 아닌 근로자의 근로3권을 전면적으로 부정하는 것은 헌법 제37조 제2항 후단의 본질적 내용 침해금지에 위반된다. 그런데 심판대상조항은 단체교섭권·단체행동권이 제한되는 근로자의 범위를 구체적으로 제한함이 없이, 단체교섭권·단체행동권의 행사요건 및 한계 등에 관한 기본적 사항조차 법률에서 정하지 아니한 채, 그 허용 여부를 주무관청의 조정결정에 포괄적으로 위임하고 이에 위반할 경우 형사처벌하도록 하고 있는 바, 이는 모든 근로자의 단체교섭권·단체행동권을 사실상 전면적으로 부정하는 것으로서 헌법에 규정된 근로3권의 본질적 내용을 침해하는 것이다(2015. 3. 26. 2014헌가5).

113) 헌재 2023. 3. 23. 2019헌마937(위헌의견이 5인이지만 정족수미달로 기각결정).

114) 헌재 2021. 12. 23. 2018헌마629등.

115) 헌재 2017. 9. 28. 2015헌마653.

Ⅱ. 구체적 문제

1. 교사의 노동3권

헌법재판소는 사립학교 교원들에 대하여 노동조합의 구성, 가입 및 활동을 제한하는 법률에 대해서 "사립학교교원이 가지는 근로기본권의 본질적 내용을 침해한 것으로 볼 수 없고, 그 제한은 입법자가 교원지위의 특수성과 우리의 역사적 현실을 종합하여 공공의 이익인 교육제도의 본질을 지키기 위하여 결정하는 것으로 필요하고 적정한 범위내의 것"이어서 합헌이라고 결정하였다.[116] 그러나 **교원의 노동조합 설립 및 운영 등에 관한 법률**이 제정됨으로써 교원의 노동3권이 제한적으로나마 인정되기에 이르렀다. 즉 교원은 시·도단위나 전국단위의 노동조합을 설립할 수 있고(동법 제4조 제1항), 노동조합의 대표자는 그 노동조합 또는 조합원의 임금, 근무조건, 후생복지 등 경제적·사회적 지위향상에 관한 사항에 대하여 교섭하고 단체협약을 체결할 권한을 갖지만(동법 제6조 제1항), 노동조합과 그 조합원이 파업, 태업 또는 그 밖에 업무의 정상적인 운영을 저해하는 일체의 쟁의행위를 하는 것은 금지된다(동법 제8조). 교원은 임용권자의 동의를 받아 노동조합으로부터 급여를 지급받는 노동조합 전임자가 될 수 있으며(동법 제5조 제1항) 단체협약의 규정이나 임용권자의 동의가 있으면 노동조합활동을 위하여 보수의 손실없이 근로시간을 면제받을 수 있다(동법 제5조의2 제1항).

한편 헌법재판소에 따르면 노동3권이 인정되는 교원의 범위를 초·중등교원에 한정하여 대학교원의 노동3권을 인정하지 않는 것은 헌법에 위반된다고 한다.[117] 이에 따라 현재는 강사를 제외한 대학의 교원도 단결권과 단체교섭권을 보장받는다.

[판례] 사립학교교원의 노동3권 제한

사립학교법의 법률조항들은 교육법 및 교육공무원법과 마찬가지로 바로 헌법 제31조 제6항을 근거로 하고, 교육의 본질에 따른 교육제도의 구조적 특성, 교원직무의 공공성·전문성과 자주성, 교육에 대한 우리나라의 역사적 전통과 국민의식 및 교육현장의 여러 가지 사정 따위를 아울러 고려하여 제정된 것이므로 비록 사립학교법의 법률조항들이 교원인 근로자의 근로기본권을 제한하고 있다고 하더라도 그것만으로 근로기본권에 관한 헌법 제33조 제1항의 규정을 내세워 바로 헌법에 위반된다고 단정할 수는 없다. 왜냐하면 헌법 제31조 제6항은 앞서 밝힌 바와 같이 국민의 교육을 받을 기본적인 권리를 보다 효과적으로 보장하기 위하여 교원의 보수 및 근무조건 등을 포함하는 개념인 "교원의 지위"에 관한 기본적인 사항을 법률로서 정하도록 한 것이므로 교원의 지위에 관련된 사항에 관한 한 위 헌법조항이 헌법 제33조 제1항에 우선하여 적용된다고 보아야 할 것이기 때문이다(1991. 7. 22. 89헌가106).

[판례] 해직교원들의 단결권

교원노조는 교원을 대표하여 단체교섭권을 행사하는 등 교원의 근로조건에 직접적이고 중

116) 헌재 1991. 7. 22. 89헌가106.

117) 헌재 2018. 8. 30. 2015헌가38.

대한 영향력을 행사하고, 교원의 근로조건의 대부분은 법령이나 조례 등으로 정해지므로 교원의 근로조건과 직접 관련이 없는 교원이 아닌 사람을 교원노조의 조합원 자격에서 배제하는 것이 단결권의 지나친 제한이라고 볼 수 없고, 교원으로 취업하기를 희망하는 사람들이 '노동조합 및 노동관계조정법'에 따라 노동조합을 설립하거나 그에 가입하는 데에는 아무런 제한이 없으므로 이들의 단결권이 박탈되는 것도 아니다(2015.5.28. 2013헌마671 등).

[법령] 교원의 노동조합 설립 및 운영 등에 관한 법률

제2조 (정의) 이 법에서 "교원"이란 다음 각 호의 어느 하나에 해당하는 사람을 말한다.
1. 「유아교육법」 제20조 제1항에 따른 교원
2. 「초 · 중등교육법」 제19조 제1항에 따른 교원
3. 「고등교육법」 제14조 제2항 및 제4항에 따른 교원. 다만, 강사는 제외한다.

제4조 (노동조합의 설립) ① 제2조 제1호 · 제2호에 따른 교원은 특별시 · 광역시 · 특별자치시 · 도 · 특별자치도(이하 "시 · 도"라 한다) 단위 또는 전국 단위로만 노동조합을 설립할 수 있다.

② 제2조 제3호에 따른 교원은 개별학교 단위, 시 · 도 단위 또는 전국 단위로 노동조합을 설립할 수 있다.

③ 노동조합을 설립하려는 사람은 고용노동부장관에게 설립신고서를 제출하여야 한다.

제4조 (가입범위) 노동조합에 가입할 수 있는 사람의 범위는 다음 각 호와 같다.
1. 교원
2. 교원으로 임용되어 근무하였던 사람으로서 노동조합 규약으로 정하는 사람

제6조 (교섭 및 체결 권한 등) ① 노동조합의 대표자는 그 노동조합 또는 조합원의 임금, 근무 조건, 후생복지 등 경제적 · 사회적 지위 향상에 관하여 다음 각 호의 구분에 따른 자와 교섭하고 단체협약을 체결할 권한을 가진다.

1.~2. 생략

② 제1항의 경우에 노동조합의 교섭위원은 해당 노동조합의 대표자와 그 조합원으로 구성하여야 한다.

③~⑨ 생략

제8조 (쟁의행위의 금지) 노동조합과 그 조합원은 파업, 태업 또는 그밖에 업무의 정상적인 운영을 방해하는 어떠한 쟁의행위도 하여서는 아니 된다.

2. 공무원의 노동3권

헌법재판소는 공무원의 경우에 사실상의 노무에 종사하는 공무원에게 한정하여 노동3권을 인정한 것에 대해서 입법자에게 부여된 형성적 재량권의 범위를 벗어난 것이 아니라는 이유에서 합헌으로 결정하였다.[118] 한편 모든 공무원에게 단체행동권, 즉 쟁의권을 근본적으로 부인한 것에 대해서는 원칙적으로 일정한 범위내의 공무원에게 노동3권을 인정하고 있는 헌법 제33조 제2항의 규정과 저촉되고 충돌되는 것으로서 헌법 제37조 제2항의 일반적 법률유보조항에 의해서도 정당화될 수 없다고 한다.[119] 하지만 헌

118) 헌재 1992. 4. 28. 90헌바27등.

119) 헌재 1993. 3. 11. 88헌마5.

법 제33조 제2항의 규정은 일부 공무원에게는 단체행동권을 주지 않는다는 것도 전제하고 있으므로 합헌적인 면도 포함되어 있기 때문에 헌법불합치로 결정하였다. 헌법이 원칙적으로 일정한 범위의 공무원에 대해서는 노동3권을 인정하고 있다는 점, 단체행동권의 제한은 법률에서 정하는 주요방위산업체 근로자에 대해서만 예외적으로만 인정된다는 점 등을 고려할 때 노동3권이 인정되는 공무원의 범위가 확대되고 단체행동권이 제한되는 공무원의 범위는 가능한 축소되는 것이 타당하다. 현행 공무원의 노동조합 설립 및 운영에 관한 법률에 따라 일정한 공무원은 노동3권의 주체가 된다. 다만 단결권과 단체교섭권만 인정되고, 단체행동권은 인정되지 않아 쟁의행위는 금지된다(동법 제11조).

[판례] 사실상 노무에 종사하는 공무원의 노동3권

[1] 입법권자가 헌법 제33조 제2항의 규정에 따라 근로3권의 주체가 될 수 있는 공무원의 범위를 정함에 있어서는 근로3권을 보장하고 있는 헌법의 정신이 존중되어야 함은 물론 국제사회에 있어서의 노동관계 법규 등도 고려되어야 한다. 그러나 다른 한편, 근로자인 공무원의 직위와 직급, 직무의 성질, 그 시대의 국가 · 사회적 상황 등도 아울러 고려하여 합리적으로 결정하여야 한다. 입법자가 고려하여야 할 위와 같은 여러가지 입법상의 참작사유 등에 미루어 위 법률조항을 살펴볼 때, 위 법률조항이 근로3권이 보장되는 공무원의 범위를 사실상의 노무에 종사하는 공무원에 한정하고 있는 것은, 근로3권의 향유주체가 되는 공무원의 범위를 정함에 있어서 공무원이 일반적으로 담당하는 **직무의 성질에 따른 공공성의 정도와 현실의 국가 · 사회적 사정** 등을 아울러 고려하여 사실상의 노무에 종사하는 자와 그렇지 아니한 자를 기준으로 삼아 그 범위를 정한 것으로 보여진다. 이러한 입법내용은 앞서 본 바와 같이 헌법상 근로자에 대한 근로3권의 실질적 보장이 전제되고 있으면서도 헌법 제33조 제2항이 근로3권이 보장되는 공무원의 범위를 법률에 의하여 정하도록 유보함으로써 공무원의 국민 전체에 대한 봉사자로서의 지위 및 그 직무상의 공공성 등의 성질을 고려한 합리적인 공무원제도의 보장, 공무원제도와 관련한 주권자 등 이해관계인의 권익을 공공복리의 목적아래 통합 조정하려는 의도와 어긋나는 것이라고는 볼 수 없다. 그러므로 위 법률조항은 입법권자가 근로3권의 향유주체가 될 수 있는 공무원의 범위를 정하도록 하기 위하여 헌법 제33조 제2항이 입법권자에게 부여하고 있는 형성적 재량권의 범위를 벗어난 것이 아니며, 따라서 헌법에 위반하는 것이라고 할 수는 없다(1992. 4. 28. 90헌바27등).

[2] ① 헌법 제33조 제2항이 직접 '법률이 정하는 자'만이 노동3권을 향유할 수 있다고 규정하고 있어서 '법률이 정하는 자' 이외의 공무원은 노동3권의 주체가 되지 못하므로, '법률이 정하는 자' 이외의 공무원에 대해서도 노동3권이 인정됨을 전제로 하여 헌법 제37조 제2항의 과잉금지원칙을 적용할 수는 없는 것이다. 한편, 법 제66조 제1항은 근로3권이 보장되는 공무원의 범위를 사실상 노무에 종사하는 공무원에 한정하고 있으나, 이는 헌법 제33조 제2항에 근거한 것이고, 전체국민의 공공복리와 사실상 노무에 공무원의 직무의 내용, 노동조건 등을 고려해 보았을 때 입법자에게 허용된 입법재량권의 범위를 벗어난 것이라 할 수 없다. ② 사실상 노무에 종사하는 공무원에 대하여서만 근로3권을 보장하고 그 이외의 공무원들에 대하여는 근로3권의 행사를 제한함으로써 양자를 달리 취급하는 것은 헌법 제33조 제2항에 그 근거를 두

고 있을 뿐 아니라 합리적인 이유가 있다 할 것이므로 헌법상 평등의 원칙에 위반되는 것이 아니다(2007. 8. 30. 2003헌바51).

3. 사전직권중재제도

헌법재판소는 필수공익사업에서 노동쟁의가 발생한 경우에 노동위원회 위원장이 직권으로 중재회부결정을 할 수 있도록 한 법률조항에 대해서 과잉금지원칙에 위배되지 않는다고 결정하였다.[120] 이것은 노동3권이라는 기본권과 공익이 충돌하는 사례로서 비례성원칙에 따른 합리적인 형량이 필요한 전형적인 경우로 판단된다. 여기서 ① 중재회부의 결정과정에서 근로자가 참여하여 의견을 제시할 수 있는 기회가 법적으로 보장되어 있지 않다는 점, ② 중재재정의 과정에서도 충분한 사실조사와 그에 필요한 청문절차 등이 법적으로 규정되어 있지 않다는 점, ③ 중재재정에 대한 불복은 중재재정이 위법이거나 월권에 의한 것이라고 인정되는 경우로 극히 제한적으로만 인정된다는 점, ④ 중재회부결정으로 모든 쟁의행위가 일률적으로 금지됨으로써 단체행동권의 행사를 사실상 박탈하고 있다는 점에서 비례성원칙에 반한다는 소수견해가 더 타당한 것으로 보인다. 현재는 이 제도가 폐지되고, 필수공익사업의 업무 중 그 업무가 정지되거나 폐지되면 공중의 생명 · 건강 또는 신체의 안전이나 공중의 일상생활을 현저히 위태롭게 하는 '필수유지업무'의 경우에는 이러한 업무의 정당한 유지 · 운영을 정지 · 폐지 또는 방해하는 행위를 쟁의행위의 대상에서 제외하는 제도가 도입되었다(노동조합 및 노동관계조정법 제42조의2).

제5항 효 력

노동3권은 국가에 대해서뿐만 아니라 제3자에 대해서도 효력을 가진다. 제3자효에 대해서는 다른 기본권의 경우에는 간접효력설을 주장하면서도 노동3권의 경우에는 직접효력이 적용되는 예외적인 경우로 설명하는 것이 일반적이다. 그러나 기본권의 제3자효는 간접효력설과 직접효력설, 그리고 보호권설을 종합적으로 고려해서만 충분하게 설명될 수 있다는 우리의 기본입장에 따른다면 노동3권의 제3자효를 특별한 예외로서 설명할 필요는 없게 된다. 다만 노동3권이 다른 기본권보다 사용자라는 제3자와의 밀접한 관련성 때문에 그만큼 제3자에 의한 침해의 가능성도 높다는 것은 사실이다. 그러나 이러한 측면은 보호권에 근거하여 충분히 설명가능하기 때문에 다른 이론구성의 필요는 없다고 판단된다.

---
120) 헌재 2003. 5. 15. 2001헌가31.

[학설] 노동3권의 대사인적 효력

- 계희열 〈(중), 787면 이하〉 노동3권의 규정을 직접 적용하느냐 간접 적용하느냐의 문제는 원칙적으로 구체적 상황에 따라 판단할 문제이지만 노동3권의 성질상 **직접 적용되는 것이 일반적**이라고 할 수 있다.

- 권영성 〈695면〉 명문의 규정은 없지만 성질상 헌법 제33조의 근로3권은 근로자 대 사용자라는 차원에서 사인간에도 **직접적용되는 현실적·구체적 권리의 성격**을 가지는 것이다.

- 김철수 〈1009면〉 원칙적으로 헌법상의 기본권규정은 사인간에 있어서는 간접적으로 적용된다고 볼 것이나, 권리의 내용상 사인간의 관계에 관한 것이 명백한 근로3권 등은 **직접 적용된다**고 보아야 할 것이기 때문이다.

- 김하열 〈701면 이하〉 근로3권의 대사인적 효력 문제의 대부분은 개별 노동법률의 규정 또는 그 해석·적용을 통해 해결된다. 다만 근로3권의 대사인적 효력이 문제됨에도 불구하고 이를 규율할 노동법률이 없는 경우라면 근로3권 보장의 목적과 기능을 고려할 때 직접적용설에 의한 사안 해결의 여지가 있다고 할 것이다.

- 장영수 〈843면〉 성질상 대사인적 효력이 인정되는 기본권은 **자유권에 한정**된다. 사회권은 국가에 대한 급부의 청구를 내용으로 하는 것이기 때문에 대사인적 효력을 인정하여 사인에 대한 급부청구를 인정하는 것은 곤란하기 때문이다.

- 한수웅 〈1035면〉 **근로3권에 대하여 직접적인 제3자효가 인정**되는 이유는, 근로3권에 대한 침해가 예나 지금이나 국가권력뿐만 아니라 노조에 가입하였다는 이유로 고용을 거부하거나 해고하는 형태로 사용자에 의해서도 발생하므로, 사인에 대해서도 근로3권을 보호해야 할 필요성이 있기 때문이다.

- 허 영 〈550면 이하〉 사인간의 직접적 효력에 관한 아무런 명문의 규정도 없는 우리 헌법상의 노동3권을 이해하는 데 있어서는, 이 기본권에 내포된 객관적 가치질서로서의 성질을 논거로 하는 **간접적 사인효력설**이 옳다고 생각한다. 다만 사용자에게 노동3권의 효력을 간접적으로 미치게 하는 데 필요한 사법상의 매개물이 없을 수도 있는데, 이런 경우에는 사회공동체의 **'객관적인 가치질서'로서의 노동3권에서 나오는 '기속효과'가 직접 사용자**에게 미치게 된다.

- 홍성방 〈(중), 337면〉 노동3권은 **직접적 제3자효**를 갖는다고 보아야 할 것이다. 왜냐하면 사회적 권력이 부분영역에 대하여 거대한 경제적 또는 사회적 압력을 행사하여 사실상 국가 자신과 마찬가지로 작용하고 침해하는 경우에는 예외적으로 기본권규범은 직접 구속력을 가지지 않으면 안 되기 때문이다.

제11장 국민의 의무

제 1 절 헌법규정

우리 헌법은 국민의 기본의무로서 납세의 의무(제38조), 국방의 의무(제39조), 교육을 받게 할 의무(제31조 제2항), 근로의 의무(제32조 제2항), 환경보전의 의무(제35조 제1항) 등을 규정하고 있다. 이러한 의무 등을 **헌법에 명시된 의무**로 이해하면서 **헌법에 명시되지 않은 의무**로서 헌법과 법률을 준수할 의무라든지 타인의 권리를 존중할 의무 등을 예로 들고 있는 견해도 있다.1)

[헌법 제38조]
모든 국민은 법률이 정하는 바에 의하여 납세의 의무를 진다.

[헌법 제39조]
① 모든 국민은 법률이 정하는 바에 의하여 국방의 의무를 진다. ② 누구든지 병역의무의 이행으로 인하여 불이익한 처우를 받지 아니한다.

[헌법 제31조]
② 모든 국민은 그 보호하는 자녀에게 적어도 초등교육과 법률이 정하는 교육을 받게 할 의무를 가진다.

[헌법 제32조]
② 모든 국민은 근로의 의무를 진다. 국가는 근로의 의무의 내용과 조건을 민주주의원칙에 따라 법률로 정한다.

[헌법 제35조]
① … 국가와 국민은 환경보전을 위하여 노력하여야 한다.

제 2 절 법적 성격

Ⅰ. 기본권에 대한 헌법직접적 제한규범으로서의 기본의무

의무의 본질은 국민에게 일정한 행위를 명령하거나 금지하는 데 있다. 따라서 의무

1) 헌법상 기본의무에 관해서는 헌법재판소(공동연구책임자 이준일), 『헌법상 기본의무에 관한 연구』 헌법재판연구총서(헌법재판소) 제13권(2012) 참조.

는 기본권제한과 유사한 성격을 가진다. 이러한 측면을 잘 보여주는 것이 헌법 제23조 제2항에 규정된 재산권의 공공복리적합성 또는 사회적 구속성이다. 재산권에 대해 헌법이 요구하는 이러한 공공복리적합성이나 사회적 구속성은 한편으로는 **헌법직접적 제한규범**으로 이해될 수도 있지만,[2] 다른 한편으로는 헌법적 **기본의무**로 이해되어 공공복리적합의 의무 또는 사회적 구속의 의무로 해석될 수도 있는 것이다. 이런 맥락에서 모든 기본의무는 헌법직접적 제한규범으로 이해하는 것이 타당하다고 생각된다. 헌법 제38조나 제39조 제1항이 "법률이 정하는 바에 의하여"라고 규정하여 법률유보의 형식을 취하고 있지만 제한규범으로서 기본의무 자체가 헌법에 직접적으로 근거하고 있다는 점은 변하지 않기 때문에 헌법직접적 제한규범으로 이해되는 데는 문제가 없다.

물론 여기서 말하는 기본의무는 '헌법에 명시된 기본의무'에 국한된다. 왜냐하면 기본권제한규범에 다른 사람의 기본권이나 헌법적 법익과 같은 '불문의' 헌법직접적 제한규범까지 포함되는 것으로 이해하는 경우에, 기본의무의 범위를 헌법에 명시되지 않은 기본의무로까지 확대하는 것은 불필요한 중복이거나 자명한 기본권제한의 가능성을 열어둔다는 점에서 합리적이지 못하기 때문이다. 모든 기본의무를 헌법직접적 제한규범으로 이해하고자 하는 목적은 기본의무의 범위를 확대하자는 데 있는 것이 아니라, **기본의무를 그 안에서 서로 충돌하는 공익과 기본권이 합리적으로 형량되도록 재구성**하여 기본의무가 자명한 것으로 주어져 있는 것이 아니라는 점을 보여주려는 데 있다. 따라서 이러한 목적이 충분히 실현된다면 불문의 헌법직접적 제한규범까지 기본의무로 보는 것은 불필요한 중복이 되고, 이러한 목적이 충분히 실현되지 못한 채 기본의무가 여전히 자명한 것으로 이해된다면 불문의 헌법직접적 제한규범까지 기본의무로 보는 것은 자명한 기본권제한의 범위를 확대하는 데 지나지 않게 된다.

기본의무를 기본권에 대한 헌법직접적 제한규범으로 이해하게 되면 기본권제한의 정당화에 필요한 원칙들이 기본의무의 구체화에서도 요구된다. 우선적으로 기본권제한의 형식적 정당화에 필요한 원칙들이 준수되어야 한다. 따라서 법률의 형식이라는 측면에서 법률제정의 권한, 절차, 형식과 관련해서 요청되는 **법률유보원칙**이나 **포괄위임입법금지원칙**이라든지, **민주적 입법절차의 원칙**이라든지, **법률명확성원칙**이나 **법률불소급원칙**이 준수되어야 한다. 다음으로 기본권제한의 실질적 정당화에 필요한 원칙들도 준수되어야 한다. 따라서 **비례성원칙**이나 **본질내용침해금지원칙**이 기본의무를 구체화하는 경우에도 준수되어야 한다.

Ⅱ. 헌법직접적 제한규범으로서 기본의무의 특성

기본의무를 헌법직접적 제한규범으로 이해하는 경우에 다른 헌법직접적 제한규범과 구별되는 차이가 발견된다. ① 첫째, 기본의무는 **'성문'**의 헌법직접적 제한규범이다. 이

2) 예를 들어 홍성방(중), 493면.

점에서 다른 사람의 기본권이나 헌법적 법익과 같은 불문의 헌법직접적 제한규범과는 구별된다. 물론 다른 사람의 기본권이나 헌법적 법익과 같은 불문의 헌법직접적 제한규범도 기본의무로 이해하는 경우에 그것은 불문의 기본의무로 이해될 수 있다. 이렇게 되면 모든 헌법직접적 제한규범은 기본의무로 이해될 가능성이 있다. 하지만 앞에서 설명한 대로 기본의무를 헌법직접적 제한규범으로 이해하는 것은 기본의무의 범위를 확대하려는 데 목적이 있는 것이 아니라 기본의무를 합리적 형량이 필요한 대상으로 재구성하려는 데 있기 때문에 기본의무의 범위를 불문의 헌법직접적 제한규범으로까지 확대할 필요는 없다. ② 둘째, 기본의무는 국가의 존립과 유지라는 공익에 근거한 기본권제한이라는 점이다. 따라서 기본권의 제한은 사익이나 공익을 위해서 가능하지만 기본의무는 오로지 공익에 근거한 기본권제한으로 이해된다.

제3절 내 용

Ⅰ. 납세의 의무

1. 내용과 원칙

납세의 의무는 조세납부의 의무를 말한다. 여기서 조세는 국가 또는 지방자치단체가 과세권에 근거하여 재정조달을 목적으로 국민에게 반대급부 없이 부과·징수하는 과징금을 말한다. 이러한 조세납부의 의무도 국민의 기본권에 대한 제한을 의미하기 때문에 기본권제한에 관한 형식적 정당화와 실질적 정당화가 가능한 경우에만 허용된다. 이를 위해 요구되는 원칙으로는 조세법률주의와 조세평등주의, 그리고 소급입법금지원칙 등이 중요하다. 납세의무를 구체화하고 있는 법률로는 국세기본법 등이 있다.

[판례] 납세자의 권리

헌법상 조세의 효율성과 타당한 사용에 대한 감시는 국회의 주요책무이자 권한으로 규정되어 있어(헌법 제54조, 제61조), 재정지출의 효율성 또는 타당성과 관련된 문제에 대한 국민의 관여는 선거를 통한 간접적이고 보충적인 것에 한정되며, 재정지출의 합리성과 타당성 판단은 재정분야의 전문성을 필요로 하는 정책판단의 영역으로서 사법적으로 심사하는 데에 어려움이 있을 수 있고, 재정지출에 대한 국민의 직접적 감시권을 기본권으로 인정하게 되면 재정지출을 수반하는 정부의 모든 행위를 개별 국민이 헌법소원으로 다툴 수 있게 되는 문제가 발생할 수 있으므로, 재정사용의 합법성과 타당성을 감시하는 납세자의 권리를 헌법에 의해 보장되는 기본권으로 볼 수 없다(2006. 3. 30. 2005헌마598).

2. 납세의무와 조세법률주의

헌법재판소는 헌법 제38조와 제59조에서 조세법률주의를 도출하면서 이것은 헌법 제11조 제1항에서 도출되는 조세평등주의와 함께 조세법의 기본원칙으로서 법률의 근거

없이 국가는 조세를 부과 · 징수할 수 없고, 국민은 조세의 납부를 강요당하지 않는다는 원칙으로 이해한다.[3] 그러면서 조세법률주의는 ① 조세는 국민의 재산권을 침해하는 것이 되므로 납세의무를 성립시키는 납세의무자, 과세물건, 과세표준, 과세기간, 세율 등의 모든 과세요건과 조세의 부과 · 징수절차는 모두 국민의 대표기관인 국회가 제정한 법률로 규정하여야 한다는 **과세요건 법정주의**와 ② 과세요건을 법률로 규정하였다고 하더라도 그 규정내용이 지나치게 추상적이고 불명확하면 과세관청의 자의적인 해석과 집행을 초래할 염려가 있으므로 그 규정내용이 명확하고 일의적이어야 한다는 **과세요건 명확주의**를 그 핵심적 내용으로 한다고 한다. 따라서 조세법률주의의 이념은 과세요건을 법률로 명확하게 규정함으로써 국민의 재산권을 보장함과 동시에 국민의 경제생활에 법적 안정성과 예측가능성을 부여하겠다는 것으로 이해된다. 납세의무를 재산권이라는 기본권과 관련시킨 헌법재판소의 입장은 국민의 의무를 원칙적으로 기본권제한으로 전제하고 있다. 따라서 과세요건 법정주의나 과세요건 명확주의를 법치주의원리가 조세법 영역에서 구체화된 원칙으로 이해하면서도 기본권제한의 형식적 정당화를 위해 요청되는 법률의 형식성과 명확성의 원칙과 연결시킨 헌법재판소의 견해는 동의할 수 있다.

[판례] 토지초과이득세

① **미실현이득 과세 문제:** 과세대상인 자본이득의 범위를 실현된 소득에 국한할 것인가 혹은 미실현이득을 포함시킬 것인가의 여부는 과세목적, 과세소득의 특성, 과세기술상의 문제 등을 고려하여 판단할 **입법정책의 문제**일 뿐이다. 그러나 미실현이득은 현실적으로 지배 · 관리 · 처분할 수 있는 상태에 있는 것이 아니라는 특성으로 인하여 수득세(收得稅)의 형태로 이를 환수함에 있어서는 과세대상이득의 공정하고도 정확한 계측 문제, 조세법상의 응능부담(應能負擔)원칙과 모순되지 않도록 납세자의 현실담세력을 고려하는 문제, 지가변동 순환기(循環期)를 고려한 적정한 과세기간의 설정문제, 지가하락에 대비한 적절한 보충규정 설정 문제 등 선결되어야 할 여러가지 과제가 있다. 특히 토초세는 원본에 대한 과세가 아니라 원본으로부터 파생된 이득에 대하여 과세하는 수득세의 일종이므로, 만약 유휴토지 등 소유자가 가공이득에 대한 토초세를 부담하는 경우가 생긴다면 이는 원본인 토지 자체를 무상으로 몰수당하는 셈이 되어 결과적으로 헌법상의 재산권보장원칙에 위배되고, 조세원리상의 실질과세, 공평과세의 이념에도 반하게 된다. ② **이중과세문제:** 종합토지세와 토초세는 그 과세목적과 과세물건을 달리할 뿐만 아니라 종합토지세만으로는 토초세가 달성하려는 개발이익 또는 불로소득의 환수문제를 효과적으로 해결하기 어렵다는 점 등에서 위 두 가지 조세 사이에 이중과세문제가 발생할 여지는 없다. 한편 토초세는 본질적으로 양도소득세와 마찬가지로 수득세의 일종이라고 보아야 하며, 토초세가 그 과세대상으로 삼고 있는 이득은 양도소득세의 그것과 완전히 중복되고 있을 뿐만 아니라, 과세목적 또한 크게 다르지 아니하므로 양세의 과세대상 중 중복되는 부분은 원칙적으로 이중과세에 해당한다고 보지 않을 수 없다. 따라서 양도소득세 부과시 양도소득세와 중복과세의 성격을 가진 기발생 토초세를 정산하는 문제가 완전히 해결되어 있지 아니하는 한 이중과세문제로 인한 토초세제도 자체의 합헌성에는 의문이 있다. ③ **과세대상의 범위문제:** 토지의 효율적 이용 또는 실수요자에 대한 유휴토지의 공급확대라는 토초세의 부차적 목적달성을 위하여 토초

3) 헌재 1992. 12. 24. 90헌바21.

세의 과세대상토지를 유휴토지 등으로 제한하는 것은 정책수단선택의 문제라고 일응 수긍한다 하더라도, 그와 같은 과세대상토지 범위의 제한으로 인하여 토초세가 불로소득의 환수 및 지가안정이라는 그 본래 목적의 달성에 있어서는 극히 제한적으로만 기능할 수밖에 없다. 따라서 과세대상토지 범위의 제한으로 발생하는 이러한 불합리성은 세율의 조정 기타 어떠한 방법으로든지 보완되어야 한다(1994. 7. 29. 92헌바49; 1995. 7. 27. 93헌바1).

[판례] 조세와 연금보험료

국민연금제도는 가입기간 중에 납부한 보험료를 급여의 산출근거로 하여 일정한 급여를 지급하는 것이므로 반대급부 없이 국가에서 강제로 금전을 징수하는 조세와는 성격을 달리한다. 비록 국민연금법에서 연금보험료를 납부하지 아니하는 경우 국세체납처분의 예에 따라 강제로 징수하도록 규정하고 있지만 이것은 국민연금제도의 고도의 공익성을 고려하여 법률이 특별히 연금보험료의 강제징수 규정을 둔 것에 불과하기 때문에 국민연금료를 조세로 볼 수는 없다(2001. 2. 22. 99헌마365).

3. 납세의무와 조세평등주의

조세평등주의 또는 조세공평주의는 헌법 제11조 제1항에서 규정된 일반적 평등원칙을 세법영역에서 구현하는 원칙으로 이해된다. 헌법재판소도 조세평등주의를 "평등의 원칙 또는 차별금지의 원칙의 조세법적 표현"으로 이해하고 있다.[4] 이 원칙은 ① 조세의 부과와 징수는 납세자의 담세능력에 상응하여 공정하고 평등하게 이루어져야 하고, ② 합리적 이유없이 특정의 납세의무자를 불리하게 차별하거나 유리하게 우대하는 것은 허용되지 않는다는 것을 내용으로 한다. 여기서 입법자는 조세법의 분야에서도 광범위한 입법형성의 자유를 가지므로 구체적인 조세관계에서 납세자들을 동일하게 대우할 것인지 혹은 달리 대우할 것이지를 결정할 수 있지만 이러한 결정을 함에 있어서는 재정정책적, 국민경제적, 사회정책적, 조세기술적 제반요소들에 대한 형량을 통하여 그 조세관계에 맞는 합리적인 조치를 해야만 평등원칙에 부합할 수 있다. 헌법재판소에 따르면 납세의무자들간에 차별 혹은 동등대우를 함에 있어서 현저하게 비합리적이고 불공정한 조치, 또는 정의의 관념에 합치할 수 없는 조치라고 인정될 때에는 조세평등주의에 반하여 위헌이 된다고 한다.[5] 이처럼 평등의 의미를 합리성이나 정의와 연결시켜 조세평등주의를 이해하는 헌법재판소의 입장은 조세법률주의를 형식적 법치주의와 관련시키고, 조세평등주의를 실질적 법치주의에 연결시키는 전제가 된다.[6]

4. 납세의무와 소급입법금지 및 신뢰보호원칙

(1) 소급입법에 의한 과세금지

일반적인 소급입법과 마찬가지로 조세입법의 경우에도 소급입법은 ① 진정소급입

4) 헌재 1997. 8. 21. 97헌바24등.

5) 헌재 1995. 6. 29. 94헌바39; 1996. 8. 29. 95헌바41.

6) 헌재 1992. 2. 25. 90헌가69등; 1997. 6. 26. 93헌바49등; 1997. 11. 27. 95헌바38.

법과 ② 부진정소급입법으로 구분될 수 있다.[7] 그리고 이미 종료된 사실관계를 규율하는 전자는 원칙적으로 금지되는 반면에 과거에 시작되어 현재까지 진행중인 사실관계를 규율하는 후자는 원칙적으로 허용된다. 물론 전자의 경우에도 소급입법을 위한 공익의 중대성이 대단히 큰 경우에는 허용되고, 후자의 경우에도 소급입법으로 인해 제한되는 신뢰보호의 이익이 대단히 큰 경우에는 금지된다.

(2) 신뢰보호원칙

신뢰보호의 원칙은 헌법상 **법치주의**로부터 파생되는 원칙으로[8] 이에 따르면 법률을 제정 · 개정하면서 구법질서에 대한 당사자의 신뢰가 합리적이고 정당하면 그러한 신뢰는 잠정적으로 보호되지만 법률의 제정 · 개정으로 야기되는 당사자의 손해와 새로운 입법으로 달성하고자 하는 공익적 목적을 비교형량하여 전자보다 후자가 우월한 경우에는 신뢰보호의 원칙은 뒤로 물러나고, 새로운 입법은 허용된다.[9] 그런데 헌법재판소가 지적하듯이 조세법영역에서는 국가가 조세 · 재정정책을 탄력적 · 합리적으로 운용할 필요성이 매우 크기 때문에 조세에 관한 법규와 제도는 신축적으로 변할 수밖에 없다는 점에서 납세의무자가 구법질서에 의거한 신뢰를 바탕으로 적극적으로 새로운 법률관계를 형성하였다든지 하는 특별한 사정이 없는 한 원칙적으로 세율 등 현재의 세법이 변함없이 유지되리라고 기대하거나 신뢰할 수는 없을 것이다.[10] 따라서 **조세법영역에서 신뢰보호원칙은 잠정적으로 후퇴**한다고 볼 수 있다.

[판례] 소급입법에 의한 과세와 신뢰보호원칙

[1] 종래 특별부가세가 면제되었던 공유수면매립지의 양도로 인한 소득에 대해서 개정법률에 따라 50%만 감면하도록 규정한 경우(1995. 3. 23. 93헌바18등: 합헌→장래입법이며 신뢰와 공익목적 사이의 조화를 도모하고 있으므로)

[2] 공공사업용지의 양도소득세 감면의 종합한도액을 3억으로 설정(1995. 6. 29. 94헌바39: 합헌→장래입법)

[3] **법인의 증자금액에 대한 소득공제율을 낮추는 세법**이 과세연도 도중에 개정된 경우(1995. 10. 26. 94헌바12: 한정위헌→부진정소급효, 투자유인이라는 공익목적보다 신뢰보호원칙이 중요하므로 개정법률 시행 이전의 사업연도에 적용되는 한 위헌)

[4] 법인세의 과세기간중에 농어촌특별세법을 제정하여 법인세를 본세로 하는 **농어촌특별세**를 부과하기로 하면서 그 법 시행일 이후 최초로 종료하는 사업연도의 개시일부터 적용하도록 한 경우(1998. 11. 26. 97헌바58: 합헌→부진정소급입법)

[5] 개발이 진행중인 사업에 대하여 장차 개발이 완료되면 부과되는 **개발부담금**(2001. 2. 22. 98헌바19: 합헌→부진정소급입법)

[6] 장기임대주택 소유자에게 종전에 감면되어 오던 양도소득세에 대하여 농어촌특별세법을 신설하여 감면분 중 일부를 **농어촌특별세**로 부과징수하면서 동법 시행 이후 양도된 분에 대하여 곧바로 적용하기로 한 동법 부칙규정(2001. 4. 26. 99헌바55: 합헌→부진정소급입법)

[7] 법인이 보유해온 부동산이 법률개정으로 **차입금 지급이자의 손금불산입** 요건에 해당하는 자산이 되어 법인의 납세의무가 가중된 경우(2002. 2. 28. 99헌바4: 합헌→장래입법이며 보호할 신뢰가부존재)

7) 제1편 제2부 제4장 제2절 V. 1. (2) 2) 참조.

8) 제1편 제2부 제4장 제2절 V. 1. (2) 3) 참조.

9) 헌재 1995. 6. 29. 94헌바39; 2001. 2. 22. 98헌바19; 2001. 4. 26. 99헌바55; 2003. 4. 24. 2002헌바9.

10) 헌재 1998. 11. 26. 97헌바58; 2002. 2. 28. 99헌바4; 2003. 4. 24. 2002헌바9; 2003. 6. 26. 2000헌바82.

[8] 법률개정으로 **상장주식에 대한 양도소득세의 부과**(2003. 4. 24. 2002헌바9: 합헌→장래입법이며 신뢰보다 공익이 우월)

[9] 법률개정으로 상속세부과권의 **제척기간 연장**(2003. 6. 26. 2000헌바82: 합헌→장래입법이며 신뢰보다 공익이 우월)

[10] 법률개정으로 증여세 면제혜택의 상실(2004. 7. 15. 2002헌바63: 합헌→신뢰보호이익보다 개정법률로 달성하려는 공익이 더 막중하므로)

[11] 공무원연금급여를 전국소비자물가변동률에 따라 조정하도록 법률을 개정하면서 이러한 조정규정을 개정일 현재 연금수급자의 연금액은 개정일 현재의 연금액을 기준으로 적용하도록 하는 것(2005. 6. 30. 2004헌바42: 합헌→ 연금수급자의 신뢰이익보다 공무원연금제도의 공익이 중요하므로)

[12] 군인연금법상 퇴역연금 수급권자가 '사립학교교직원 연금법'의 학교기관으로부터 보수 기타 급여를 지급받는 경우에 퇴역연금의 전부 또는 일부의 지급을 정지할 수 있도록 규정하면서 그 시행 전의 연금수급권자가 시행 이후에 지급받는 연금부터 적용하는 것(2007. 10. 25. 2005헌바68: 합헌 → 연금수급자의 신뢰이익보다 군인연금제도의 공익이 중요하므로)

[13] 공무원연금법 시행일 이후에 이행기가 도래하는 퇴직연금에 대하여 소득과 연계하여 그 일부의 지급을 정지할 수 있도록 한 것(2008. 2. 28. 2005헌마872등: 합헌→ 연급수자의 신뢰이익보다 군인연금제의 공익이 중요하므로)

[14] 개별공시지가 고시 전 취득한 토지의 취득 당시 기준시가를 산정하는 경우에 개별공시지가를 기본으로 하는 것(2008. 9. 25. 2007헌바74: 합헌→부진정소급입법)

[15] 1세대 3주택 이상에 해당하는 자에 대한 양도소득금액을 정함에 있어 장기보유특별공제를 배제한 것(2010. 10. 28. 2009헌바67: 합헌→부진정소급입법)

[16] 부당환급받은 세액을 징수하는 근거규정인 개정조항을 개정된 법 시행 후 최초로 환급세액을 징수하는 분부터 적용하도록 규정한 법인세법 부칙(2014. 7. 24. 2012헌바105: 위헌→진정소급입법)

Ⅱ. 국방의 의무

국방의 의무는 국토의 방위를 위하여 병역을 제공해야 할 의무를 말한다. 국방의 의무를 구체화하고 있는 법률로는 병역법 등이 있다. 병역법은 남성에게만 병역의무를 부과하고 있는데 이에 대해서 헌법재판소는 "성별에 의한 차별취급이 곧바로 위헌의 강한 의심을 일으키는 사례군으로서 언제나 엄격한 심사를 요구하는 것"은 아니라고 하면서 평등권을 침해하지 않는다고 본다.[11] 한편 헌법은 국방의 의무와 관련하여 "병역의무의 이행으로 인한 불이익한 처우"를 금지한다(제39조 제2항). 이 규정은 평등원칙을 병역의무와 관련하여 구체화하고 있는 **개별적 평등조항**으로 이해된다. 따라서 평등원칙이 법적 평등과 사실적 평등을 모두 포함한다면 헌법 제39조 제2항에서 규정하는 "불이익한 처우", 즉 차별에는 법적 차별과 사실적 차별이 모두 포함된다고 이해되는 것이 타당하다. 이와 관련하여 헌법재판소는 헌법 제39조 제2항의 차별을 법적 차별에 국한된다고 본다.[12] 또한 병역의무 이행의 일환으로 병역의무를 이행하면서 입는 불이익은 '병역의무의 이행으로 인한' 불이익에는 해당하지 않는다.[13]

11) 헌재 2010. 11. 25. 2006헌마328; 2011. 6. 30. 2010헌마460; 2014. 2. 27. 2011헌마825.
12) 헌재 1999. 12. 23. 98헌마363.
13) 헌재 1999. 2. 25. 97헌바3.

[판례] 병역의무로 인한 '불이익한 처우'의 의미

헌법 제39조 제2항의 병역의무조항에서 금지하는 "불이익한 처우"라 함은 사실상 · 경제상의 불이익을 모두 포함하는 것이 아니라 법적인 불이익을 의미하는 것으로 보아야 한다. 그렇지 않으면 병역의무의 이행과 자연적 인과관계를 가지는 모든 불이익으로부터 보호하여야 할 의무를 국가에 부과하는 것이 되어 이 또한 국민에게 국방의 의무를 부과하고 있는 헌법 제39조 제1항과 조화될 수 없기 때문이다(1999. 12. 23. 98헌마363: 제대군인가산점제도).

[판례] 병역의무로 인한 결과적 불이익

헌법재판소의 국립사범대학출신자 우선임용규정에 대한 위헌결정으로 교원에 임용되지 못한 자들 중 특히 병역의무 이행으로 인하여 입학연도가 같은 자보다 졸업이 늦어져서 교사임용후보자명부에 후순위로 등재됨으로써 임용되지 않은 자들을 별도로 구제함에 있어 위 헌결정 당시 국립사범대학 재학생들을 제외한 것은 구제대상을 규정하면서 병역의무 이행 그 자체를 이유로 대상에서 제외하고 있지 않으며 다만 국립사범대학을 졸업하였는지 여부에 따라 졸업생만을 구제대상으로 하고 있어 청구인들이 결과적으로 배제되고 있을 뿐이다. 입법자가 시혜의 대상을 규정함에 있어 병역의무 이행자를 의도적으로 배제하려고 한 것이 아니라 별도의 기준을 설정함에 따라 일부 병역의무 이행자가 포함되지 못하였다 하더라도 이를 병역의무 이행을 이유로 불이익을 받은 것이라 할 수 없다(2006. 5. 25. 2005헌마715).

[판례] 병역의무이행으로 인한 희생에 대한 보상

헌법 제39조 제2항은 병역의무를 이행한 사람에게 보상조치를 취하거나 특혜를 부여할 의무를 국가에게 지우는 것이 아니라 병역의무의 이행을 이유로 불이익한 처우를 하는 것을 금지하고 있을 뿐이므로, 군부대에 입영하기 위하여 개별입영중인 자를 보상의 대상에서 제외한 병역법 조항이 위 헌법조항에 위배된다고 할 수 없다(2005. 10. 27. 2004헌바37).

헌법재판소에 따르면 국방의 의무는 외부 적대세력의 직간접적인 침략행위로부터 국가의 독립을 유지하고 영토를 보전하기 위한 의무로서, 현대전이 고도의 과학기술과 정보를 요구하고 국민전체의 협력을 필요로 하는 이른바 총력전인 점에 비추어 ① 단지 병역법에 의한 군복무에 임하는 등의 **직접적인 병력형성의무**만을 가리키는 것이 아니라, ② 병역법, 향토예비군설치법, 민방위기본법, 비상대비자원관리법 등에 의한 **간접적인 병력형성의무** 및 ③ 병력형성 이후 **군작전명령에 복종하고 협력하여 할 의무**도 포함하는 개념이라고 한다.[14] 따라서 현역병으로 입영하여 대간첩작전을 수행하는 전투경찰,[15] 향토예비군[16] 등의 병력형성의무도 국방의 의무에 포함된다.

[판례] 국방의 의무

일반적으로 국방의 의무를 부담하는 국민들 중에서 구체적으로 어떤 사람을 국군의 구성원으로 할 것인지 여부를 결정하는 문제는 이른바 '직접적인 병력형성의무'에 관련된 것으로

14) 헌재 1995. 12. 28. 91헌마80; 2002. 11. 28. 2002헌바45.
15) 헌재 1995. 12. 28. 91헌마80.
16) 헌재 2010. 4. 29. 2009헌바46.

서, ① 원칙적으로 국방의무의 내용을 법률로써 구체적으로 형성할 수 있는 입법자가 국가의 안보상황, 재정능력 등의 여러 가지 사정을 고려하여 국가의 독립을 유지하고 영토를 보전함에 필요한 범위내에서 결정할 사항이고(1999. 2. 25. 97헌바3), ② 예외적으로 국가의 안위에 관계되는 중대한 교전상태 등의 경우에는 대통령이 헌법 제76조 제2항에 근거하여 법률의 효력을 가지는 긴급명령을 통하여 결정할 수도 있는 사항이라고 보아야 한다(2002. 11. 28. 2002헌바45).

Ⅲ. 교육을 받게 할 의무

헌법에 규정된 교육을 받게 할 의무(제31조 제2항)는 친권자나 보호자가 보호하는 자녀에게 초등교육과 법률이 정하는 교육을 받게 할 의무를 말한다. 교육기본법에서 의무교육은 6년의 초등교육과 3년의 중등교육으로 구체화된다(동법 제8조 제1항). 초·중등교육법에 따라 모든 국민은 보호하는 자녀 또는 아동을 초등학교나 중학교에 취학시켜야 하는 의무의 이행을 독려받고도 이행하지 않으면 과태료를 부과받게 된다(동법 제68조 제1항).

Ⅳ. 근로의 의무

헌법 제32조 제2항에 규정된 근로의 의무는 국가의 존립과 유지에 필수적으로 요구되는 노동력을 확보하기 위해 국민에게 강제로 근로의 의무를 부과하는 것을 말한다. 근로의 의무의 내용과 조건은 민주주의원칙에 따라 법률에 규정하도록 하고 있다.

Ⅴ. 환경보전의 의무

헌법 제35조 제1항 후단에 규정된 환경보전의 의무는 환경을 오염시키거나 파괴하지 않을 소극적 의무와 환경을 보전하기 위해 노력해야 할 적극적 의무를 말한다.

[판례] 환경보전의무와 환경부담금

헌법 제35조 제1항은 국민의 환경권을 보장함과 아울러 국가와 국민에게 환경보전을 위하여 노력할 의무를 부과하고 있다. 이 헌법조항은 환경정책에 관한 국가적 규제와 조정을 뒷받침하는 헌법적 근거가 되며, 국가는 환경정책 실현을 위한 재원마련과 환경침해적 행위를 억제하고 환경보전에 적합한 행위를 유도하기 위한 수단으로서 수질개선부담금과 같은 환경부담금을 부과·징수하는 방법을 선택할 수 있는 것이다(1998. 12. 24. 98헌가1).

[학설] 기본의무의 분류

- 계희열 《(중), 833면 이하》 【1】 헌법에 명시된 기본의무[1 납세의 의무, 2 국방의 의무, 3 교육을 받게 할 의무, 4 근로의 의무, 5 환경보전의무, 6 재산권행사의 공공복리적합의무, 7 재산권의 이양의무《§ 23③》], 【2】 헌법에 열거되지 아니한 기본의무[1 법률에 대한 복종의무, 2 타인의 권리를 존중할 의무, 3 허용된 위험을 감수할 의무, 4 증언의무].

- 권영성 〈717면〉 【1】 납세의 의무, 【2】 국방의 의무, 【3】 교육을 받게 할 의무, 【4】 근로의 의무, 【5】 환경보전의 의무.

- 김철수 〈1160면 이하〉 【1】 납세의 의무, 【2】 국방의 의무, 【3】 교육을 받게 할 의무, 【4】 근로의 의무, 【5】 재산권행사의 공공복리적합의무, 【6】 환경보전의 의무.

- 김하열a 〈747면 이하〉 【1】 납세의무, 【2】 국방의 의무, 【3】 의무교육을 받게 할 의무, 【4】 근로의 의무

- 성낙인 〈1451면 이하〉 【1】 납세의무, 【2】 국방의무, 【3】 교육을 받게 할 의무, 【4】 근로의무, 【5】 재산권행사의 공공복리적합의무, 【6】 환경보전의무.

- 장영수 〈917면 이하〉 【1】 명문화된 헌법상의 기본의무[[1] 납세의 의무, [2] 국방의 의무, [3] 교육을 받게 할 의무, [4] 근로의 의무, [5] 환경보전의무, [6] 재산권행사의 공공복리적합의무], 【2】 불문의 헌법상의 기본의무[[1] 헌법과 법률을 준수할 의무, [2] 타인의 권리를 존중할 의무, [3] 자신의 권리를 행사함에 있어서 공존의 이념을 고려해야 할 의무].

- 전광석 〈532면 이하〉 【1】 납세의 의무와 국방의 의무, 【2】 교육의 의무, 【3】 근로의 의무, 【4】 재산권의 공공복리적합의무.

- 정종섭a 〈894면 이하〉 【1】 헌법에 명시된 의무[[1] 납세의무, [2] 국방의무, [3] 교육을 받게 할 의무, [4] 근로의 의무], 【2】 헌법에 명시되지 않은 의무[[1] 법준수의무, [2] 타인의 권리존중의무].

- 한수웅 〈1083면 이하〉 【1】 법질서에 대한 복종의무[[1] 법률에 복종해야 할 의무, [2] 평화의무], 【2】 납세의 의무, 【3】 국방의 의무, 【4】 교육을 받게 해야 할 의무, 【5】 근로의 의무, 【6】 환경보전의무.

- 허 영 〈631면 이하〉 【1】 국가창설적 국민의 의무[[1] 순종의무, [2] 평화의무], 【2】 기본권에 내포된 국민의 윤리적 의무(묵시적인 도덕유보〈기본권을 악용 내지 남용하지 않을 의무〉), 【3】 헌법상의 국민의 기본적 의무[[1] 납세의 의무, [2] 국방의 의무, [3] 교육을 받게 할 의무, [4] 근로의 의무, [5] 환경보전의무, [6] 재산권행사의 공공복리적합의무].

- 홍성방 〈(중), 483면 이하〉 【1】 납세의 의무, 【2】 국방의 의무, 【3】 교육을 받게 할 의무, 【4】 근로의 의무, 【5】 환경보전의무, 【6】 재산권의 공공복리적합의무(의무의 성격을 부인하고 제한으로 이해).

- 평 가 국민의 의무를 기본권에 대한 헌법직접적 제한규범으로 이해하는 경우에 헌법에 명시된 의무 이외에 헌법에 명시되지 않은 의무까지 국민의 기본의무로 이해하는 것은 불필요한 중복으로 생각된다. 게다가 국민의 기본의무에 윤리적 의무까지 포함시켜 '내재적 한계'로 이해하는 견해(허영)는 내재적 한계이론의 문제점에 비추어 볼 때 왜 국민의 의무가 헌법에 명시된 의무로 한정되어야 하는지를 잘 보여주는 예라고 생각된다.

3

국가조직론

제3편 국가조직론은 헌법총론에서 설명했던 국가원리가 국가조직과 어떠한 관계를 맺는지 설명하면서 시작한다(제1장). 주된 내용은 법치주의에서 도출되는 권력분립원칙과 민주주의에서 도출되는 대의제원리가 될 것이고, 특별히 권력분립원칙을 구체화하는 정부형태에 대한 논의도 포함된다. 다음으로 헌법상의 국가기관으로서 국회(제2장), 대통령과 정부(제3장), 법원(제4장) 등의 헌법상 지위, 구성과 조직, 권한과 책임에 대한 설명이 이어진다.

제 1 장 국가원리와 국가조직

제 1 절 대화이론과 국가조직

Ⅰ. 법과 국가

1. 두 가지의 모델

(1) 내 용

법과 국가의 관계에 대해서는 두 가지 이해가 가능하다. 첫째는, 국가가 법 이전에 이미 존재하고 법은 나중에 국가를 제한하고 통제하는 기능을 수행한다는 이해방식이다(사회학적 모델: 모델1). 둘째는, 법이 국가보다 앞서 존재하고 국가는 법에 의해 비로소 구성되고 조직된다는 이해방식이다(규범학적 모델: 모델2). 전자의 이해방식은 현실적으로 존재하는 국가에 대한 **'사회학적 인식'**을 중심으로 하는 반면에 후자의 이해방식은 당위적으로 존재해야 하는 국가에 대한 **'규범학적 인식'**을 핵심으로 한다.

1) **사회학적 모델** 국가에 대한 사회학적 인식방법은 이미 존재하는 국가, 즉 국가권력과 그 행사주체인 국가기관이 활동하는 현상을 있는 그대로 이해하면서 일정한 규범적 기준에 따라 비판하고 제한하여 재구성해가는 방법이다. 이런 구성방법에 따르면 국가의 활동영역은 비교적 확대될 수 있지만 그에 비해 기본권의 영역은 상대적으로 축소될 수가 있다. 왜냐하면 국가의 활동영역에 대해서 의문이 제기되지만 국가의 활동영역을 제한하고 통제할 명확한 근거가 없는 경우에는 일단 현실적으로 존재하는 국가의 활동이나 작용에 대해서도 정당성을 부여할 가능성이 높기 때문이다.

2) **규범학적 모델** 반면에 국가에 대한 규범학적 인식방법은 처음부터 일정한 규범적 기준에 따라 국가를 구성하고 활동하게 하면서 현실적으로 작동하는 국가작용을 그러한 규범적 기준에 따라 제한하여 재구성해가는 방법이다. 이러한 구성방법에 따르면 국가의 활동영역은 비교적 축소되고 그에 비해 기본권의 영역은 상대적으로 확대될 수 있다. 왜냐하면 국가의 활동영역에 대한 의문이 제기되고 국가의 활동영역에 관한 명확한 근거가 없는 경우에는 규범적으로 요구되는 국가작용이 아니어서 정당성이 부여될 수 없기 때문이다.

(2) 두 가지 모델의 국가철학적 기초

법과 국가의 관계에 대한 이러한 두 가지 모델은 개인과 공동체의 관계에 대한 두 가지 이해와 결합될 수 있다. 우선 법과 국가의 관계에 대한 사회학적 인식은 개인과 공동체의 관계에 대한 **공동체주의적 이해**와 결합되는 반면에 법과 국가의 관계에 대한 규범학적 인식은 개인과 공동체의 관계에 대한 **자유주의적 이해**와 결합된다.[1] 왜냐하면 개인의 자유보다 공동체의 가치를 우선시키는 공동체주의에 따르면 국가는 하나의 공동체로서 공동체의 미덕이나 의무와 함께 '이미 주어진 것'으로서 존재하지만, 공동체의 가치보다 개인의 자유를 우선시키는 자유주의에 따르면 국가라는 공동체는 자유로운 개인들을 전제로 그들의 상호이해를 통하여 도출한 합의를 의미하는 공동선에 따라 '비로소 구성되는 것'이기 때문이다.

2. 두 가지 모델의 장단점

전자의 방법(모델1)이 가지는 장점은 무엇보다도 있는 그대로의 **국가를 객관적으로 인식**할 수 있도록 한다는 점이다. 그러나 객관적 인식에 대한 문제의식에서부터 출발하는 대화이론의 관점에서 볼 때[2] 과연 있는 그대로의 국가에 대한 객관적 인식이 가능한지에 대한 의문이 우선 제기될 수 있다. 그리고 그것이 가능하다고 하더라도 자칫 있는 그대로의 국가의 현실을 마땅히 그래야만 하는 규범적 당위로 정당화하는 경우에는 기본권의 영역을 부당하게 축소시켜 기본권침해의 가능성을 무제한적으로 열어 놓을 수 있다는 단점을 갖는다. 한편 후자의 방법(모델2)은 **국가의 이념형을 제시**함으로써 국가가 지향해야 할 목표와 활동범위를 미리 설정하여 국가를 합리적으로 통제함으로써 국민의 기본권보장에 기여할 수 있다는 장점을 가진다. 하지만 다양하고 가변적인 현대사회에서 국가의 활동범위를 지나치게 제한하고, 빠르게 변화하는 현실에 국가가 능동적으로 대처할 수 없게 만드는 단점도 가진다.

3. 비판과 대안

결론적으로 규범학의 한 분과인 헌법학의 관점에서는 **국민의 기본권보장을 고려할 때 국가에 대한 규범학적 인식방법이 우선**해야 한다. 물론 규범의 현실적합성이라는 측면에서 다양하고 가변적인 국가작용에 대한 사회학적 인식방법이 소홀히 될 수도 없다. 다만 '잠정적으로'나마 규범학적 인식방법에 우선권이 주어져야 한다는 점에 대해서는 의문의 여지가 없다고 할 수 있다. 따라서 우선적으로 규범학적 인식방법에 기초하여 국가 이전에 법규범이 먼저 존재한다는 모델에 따라 국가를 이해하기로 한다.

Ⅱ. 법과 국가의 정당성

법과 국가의 관계에서 법이 국가 이전에 먼저 존재한다고 이해하는 규범학적 인식방법을 기초로 할 때 우선적으로 해명되어야 할 것은 법의 정당성, 즉 법이 존재해야

1) 법과 국가의 관계에 대한 자유주의적 이해와 공동체주의적 이해에 대해서는 제1편 제1부 제1장 제4절 참조.
2) 제1편 제1부 제1장 참조.

하는 도덕적 근거나 목적이다. 법의 정당성 또는 존재근거나 존재목적을 법규범에서는 찾을 수 없기 때문이다. 이러한 법의 존재근거나 목적이 논증될 수 있을 때 비로소 국가의 존재근거와 목적도 논증될 수 있다.

1. 법의 정당성

대화이론을 법이해의 출발점으로 삼을 때 법의 존재근거나 목적, 즉 법의 필요성은 대화이론에 기초하여 논증된다.[3] 이에 따르면 법의 형식은 인간에게 가장 보편적인 삶의 양식인 ① 대화(의사소통)를 방해하는 외부적인 요소와 ② 대화의 한계에서 나오는 내부적인 요소 때문에 필요하다.

(1) 법의 목적으로서 인격적 상호인정의 규범과 인권

모든 공동체는 반드시 대화(소통)를 필요로 하고, 대화는 어떠한 공동체에서도 보편적으로 경험될 수 있는 현상이다. 이러한 대화를 방해하는 외부적인 요소란 대화의 과정에서 필수적으로 요구되는 규범적 요청인 인격적 상호인정의 규범(발언의 자유와 평등)과 그것이 행위수준에서 요청되는 인권(행동의 자유와 평등)이 실현되는 데 방해가 되는 요인들을 말한다. 예를 들어 관행, 전통, 문화, 자본, 권력 등을 들 수 있다. 이러한 방해요소를 제거하고 인격적 상호인정의 규범과 인권을 강제로라도 관철시켜 실천되도록 하기 위하여 법의 형식은 '강제규범'으로서 필요하다. 인격적 상호인정의 규범과 인권이 법이라는 강제규범의 형식으로 보장되면 헌법이 보장하는 권리를 의미하는 기본권이 된다. 아무튼 인격적 상호인정의 규범과 인권의 강제적 관철을 위하여 법의 형식을 요구할 수 있는 권리 자체도 인권에 속하게 된다. 다시 말해 **법의 형식을 요구하는 권리도 인권**으로서 도덕적 정당성을 갖는다. 여기서 법의 형식은 무엇보다도 인격적 상호인정의 규범과 인권을 강제로라도 실현시키는 데 그 존재목적이 있기 때문에 인격적 상호인정의 규범과 인권은 '법의 목적'이 되고, 동시에 법의 형식이 반드시 담아야 할 '필수적 내용'이며 법의 형식이 결코 담을 수 없는 '내용적 한계'를 설정하는 기능도 수행하게 된다.

(2) 법의 기능으로서 결정 · 실천 · 조직

모든 공동체에 필수적으로 요구될 뿐만 아니라 보편적으로 경험되는 대화의 한계에서 나오는 내부적인 요소는 대화를 방해하는 외부적인 요소가 없다고 하더라도 대화의 과정을 통해 공동체의 의사를 결정하지 못하고, 결정에 대한 실천을 강제할 수 없으며, 결정과 실천이 조직적으로 이루어지지 못하는 대화 자체의 한계를 뜻한다. 대화의 과정에 내재하는 이러한 한계를 극복하여 공동체의 의사로서 일정한 결정을 도출하고, 결정에 대한 실천을 강제하며, 결정과 실천을 조직화하기 위하여 법의 형식이 필요하다. 이로써 일반적인 대화의 과정은 법의 형식을 가진 '제도화된' 법적 대화의 절차로 변형될

3) 제1편 제1부 제2장 제1절 참조.

수밖에 없다. 그리고 이러한 법적 절차가 입법절차든 사법절차든 간에 그 고유한 특성은 '결정'과 '실천'(관철), 그리고 '조직'을 지향한다는 점에 있게 된다.

(3) 법의 목적과 기능의 합리적 조화

결론적으로 국가의 정당성에 대한 기초가 되는 법의 필요성을 논증하면서 확인된 중요한 내용은 '법의 목적과 기능'이다. 즉 법은 인격적 상호인정과 인권의 보장을 그 '목적'으로 하면서 동시에 공동체의 의사를 결정하고 실천을 강제하며 조직화하는 '기능'을 수행해야 한다. 이러한 법의 목적과 기능은 서로 '보완관계'에 있기도 하지만 경우에 따라 '충돌관계'에 놓이기도 한다. 예를 들어 법의 목적은 실천을 강제하는 법의 기능을 통하여 현실에서 관철되기도 하지만, 공동체의사를 결정하고 조직하는 법의 기능 때문에 법의 목적인 인권의 실현이 방해받기도 한다. 여기서 법의 목적을 실현하면서도 법의 기능을 수행하도록 합리적으로 조화시키는 대안이 필요하다. 그것은 일률적으로 확정될 수 없고 법의 목적이 되는 인격적 상호인정의 규범과 인권의 구체적 내용에 따라, 결정과 실천 및 조직이 필요한 공동체의사의 구체적 내용에 따라 개별적으로 확정될 수밖에 없다.

2. 국가의 정당성

(1) 법의 제정 · 집행 · 해석작용으로서 국가

법의 정당성이 논증되면 우선적으로 법규범을 제정하는 국가권력, 즉 입법권과 그것을 행사하는 국가기관인 입법부의 정당성이 논증된다. 또한 이에 근거하여 일반적이고 추상적인 법규범을 개별적이고 구체적인 행위로써 집행하는 국가권력, 즉 집행권과 그것을 행사하는 국가기관인 집행부의 정당성을 논증하는 것도 어려운 일이 아니다. 마지막으로 일반적이고 추상적인 법규범을 개별적인 사안에 적용하기 위해서 그 의미내용을 해석하고 구체화하는 국가권력, 즉 사법권과 그것을 행사하는 국가기관인 사법부의 정당성도 같은 맥락에서 논증될 수 있다. 다만 이러한 세 가지 국가권력을 행사하는 국가기관이 하나의 주체이어야 하는지 또는 서로 다른 주체이어야 하는지에 대해서는 또 다른 논증이 필요하다. 어쨌든 법의 정당성에 기초하여 국가(국가권력과 국가기관)의 정당성이 논증될 수 있다면, 그리고 법의 형식을 요구할 수 있는 권리 자체도 인권일 수 있다면, **국가를 요구할 수 있는 권리도 인권**에 속한다.

(2) 국가의 목적으로서 인격적 상호인정과 인권

인격적 상호인정의 규범과 인권은 법의 존재목적이기 때문에 법규범을 제정하고, 집행하며, 적용하는 국가권력과 그것을 수행하는 국가기관의 존재목적도 인격적 상호인정의 규범과 인권이 된다. 같은 맥락에서 "통치구조"를 "기본권의 시녀"로 비유하면서 기본권을 "통치질서의 가치지표"로 이해하는 견해[4]는 동의할 수 있다. 기본권은 법의

4) 허영, 663면.

형식으로 강제된 인격적 상호인정의 규범과 인권으로서 국가권력이 지향해야 할 목적이기 때문이다. 따라서 인격적 상호인정의 규범적 요청과 인권은 국가가 궁극적으로 지향하면서 실현해야 하는 '국가의 목적'인 동시에 어떤 경우에도 포기하거나 침해할 수 없는 '권력의 한계'이기도 하다. 같은 맥락에서 국민의 기본적 인권은 국가기관의 권한을 부여하는 적극적 권한규범과 대비하여 국가기관의 권한을 제한할 수 있다는 의미에서 '소극적 권한규범'이라고도 부른다.

(3) 국가의 기능으로서 결정 · 실천 · 조직

또한 국가는 기본권보장이라는 목적을 실현하면서 동시에 법의 기능에 적합한 작용을 수행해야 한다. 따라서 국가는 기본권의 의미내용을 벗어나지 않는 한계 내에서, 더 나아가 기본권의 구체적 실현을 목적으로 하면서 동시에 국가공동체의 의사를 결정하고, 그것을 강제적으로 실천시키며 조직화하는 기능을 수행한다.

(4) 국가의 목적과 기능의 합리적 조화

법의 정당성을 논증하면서 법의 목적과 기능을 확인한 것처럼 법의 정당성에 기초하여 국가의 정당성을 논증하면서 확인된 내용은 국가의 목적과 기능이다. 또한 법의 목적과 기능이 충돌할 수 있듯이 국가의 목적과 기능도 충돌할 수 있기 때문에 이러한 목적과 기능도 같은 맥락에서 합리적으로 조화를 이룰 필요가 있다. 다시 말해 국가는 인권보장이라는 존재목적을 실현하면서도 공동체의사를 결정 · 관철 · 조직화하는 기능을 균형있게 실현해야 한다.

Ⅲ. 국가의 과제와 국가구성원리

국가가 국민의 기본적 인권을 보장하면서 국가공동체의 권위있는 결정을 끌어내고, 그것을 관철시키며 또한 조직화하는 자신의 목적과 기능을 제대로 수행하기 위하여 국가에 대해서 일정한 헌법적 과제가 부과된다. 법치주의와 민주주의, 그리고 사회복지주의와 같은 보편적 국가원리에 따른 국가의 과제가 그것이다.[5] 그리고 이러한 국가의 과제를 효과적으로 수행하기 위하여 국가를 구성하고 조직하는 단계에서부터 그러한 국가원리에 상응하는 헌법적 원칙이 요구된다.

1. 국가의 소극적 과제와 국가구성원리

법과 국가의 당위적 필요성이 인정된 후에 국가에 대해서 가장 먼저 요구되는 것은 법의 형식으로 활동해야 한다는 '형식적 법치주의'의 요청이다. 이러한 형식적 법치주의에서도 여전히 인권의 보장은 법과 국가의 목적이기 때문에 인권의 보장을 위한 최소한의 원칙으로서 **권력분립원칙**이 국가의 구성원리로서 요구된다. 더욱이 국가활동의 형식

5) 국가원리에 대해서는 제1편 제2부 제4장 참조.

인 법은 내용적 정당성을 확보하기 위하여 기본적 인권에 합치해야 한다는 '실질적 법치주의', 즉 **헌법주의**도 기본권존중의무로 구체화되는 국가의 과제로서 요구된다. 따라서 형식적 법치주의에 따라 국가는 우선 법의 형식으로 강제력이 있고 조직화된 국가공동체의 의사를 결정해야 하는 과제를 부담한다. 그리고 실질적 법치주의에 따라 국가는 그러한 결정이 동시에 기본권을 존중하고 실현해야만 하는 과제도 부담한다.

기본적 인권을 존중해야 하는 헌법국가에서 국민의 기본권은 우선 자유와 방어권이라는 **소극적 지위**가 강조된다. 그리고 국민의 소극적 지위는 본질상 개인의 생활영역에 대한 국가의 개입을 거부한다. 따라서 헌법국가에서 국가와 사회는 가능하면 서로 개입하지 않은 채 일정한 거리를 유지한다. 다만 사회를 구성하는 개인들 상호간의 관계를 규율하거나 국가공동체적 이익을 위하여 개인의 자유를 제한해야 할 필요가 있는 예외적인 경우에만 강제적이고 조직화된 국가공동체의 의사결정을 의미하는 법의 형식으로 국가는 사회에 개입한다. 또한 보호권이라는 적극적 지위에 근거하여 국민이 사회에 대한 국가의 개입을 적극적으로 요구하는 경우에도 국가는 사회에 개입할 수 있다. 하지만 법의 형식에 의한 국가의 개입은 반드시 필요한 경우에 한정되고, 보호권은 방어권과 같이 소극적 지위인 자유를 보강하는 의미가 크기 때문에 여전히 국가와 사회의 관계에는 일정한 거리가 형성된다. 이처럼 형식적 의미에서나 실질적 의미에서나 **법치주의는 원칙적으로 국가와 사회를 구분하여 거리를 유지**하면서 예외적으로만 강제력이 있고 조직화된 국가공동체의 의사를 결정함으로써 국가와 사회를 접근시키고, 사회에 대한 국가의 개입을 허용한다. 이렇게 법치주의에 따른 국가의 과제는 반드시 필요한 경우에만 허용되는 소극적인 내용을 갖는다. 따라서 국가의 과제와 목표를 의미하는 법치주의는 국가의 구성과 조직에 있어서도 이러한 국가와 사회의 원칙적 구분과 예외적 접근이 실현될 수 있는 원칙을 요구한다.

2. 국민의 능동적 지위를 보장해야 하는 국가의 적극적 과제와 국가구성원리

법과 국가의 필요성에 따라 정당화된 법치주의는 국가활동의 형식인 법의 민주적 정당성을 확보하기 위하여 '민주적 법치주의'가 될 것을 요청받는다. 이러한 민주적 법치주의는 **국가공동체의 의사를 결정하는 절차에 국민의 참여를 보장**함으로써 국민의 기본권을 보장하고 '절차적 정당성'이 확보된 헌법국가를 요구한다. 이와 같은 의미의 헌법국가에서 국민의 기본권은 국가의 의사결정에 영향을 미치는 시민사회의 공론영역에 대한 참여를 보장하는 정치적 표현의 자유나, 국가기관을 구성함으로써 국가의사를 결정하는 절차에 대한 간접적 참여를 보장하는 선거권과 같은 **능동적 지위**의 측면이 강조된다. 그리고 국민에게 보장된 능동적 지위를 통해 개인들은 공적 의사의 결정에 자주적으로 참여함으로써 국가영역에 개입한다. 따라서 민주적 헌법국가에서 국가와 사회는 민주적 정당성 또는 절차적 정당성 및 국민의 능동적 지위를 매개로 밀접하게 결합된다. 다시 말해 민주적 헌법국가는 국가와 사회를 결합시키고, 국가에 대한 사회의 개입을 허용한다. 이로써 민주주의에 따른 국가의 과제는 국민의 능동적 지위를 보장해야 하는 적극적 과제로 이해된다. 또한 국가의 과제와 목표를 의미하는 민주주의는 국가의 구성과 조직에 있어서도 국가에 대한 사회의 개입을 통해 국가와 사회의 원칙적 결합과 접근이 실현될 수 있는 원칙을 요구한다.

3. 국민의 적극적 지위를 보장해야 하는 국가의 적극적 과제와 국가구성원리

사적(私的) 의사뿐만 아니라 공적(公的) 의사에 대한 자율적 결정이 보장되는 민주적 헌법국가는 여전히 그러한 자율성의 실현을 위한 경제적 수단을 필요로 한다. 이것은 국민에게 자신의 자율성을 실현하는 경제적 수단을 제공해주도록 국가에 대해서 요구할 수 있는 **적극적 지위**가 보장되어야 함을 의미한다. 이러한 적극적 지위는 사회국가에 의해서 보장된다. 사회국가가 지향하는 사회복지주의는 국민의 자유를 실현하는 경제적 토대를 보장하기 위하여 사회에 대한 국가의 적극적 개입을 요청한다. 따라서 자율성을 실현하는 경제적 수단까지 보장되는 사회적 헌법국가는 민주적 헌법국가에서 결합된 국가와 사회를 더욱 밀접하게 결합시키고, 사회에 대한 국가의 적극적 개입을 허용한다. 같은 맥락에서 사회복지주의에 따른 국가의 과제도 민주주의에 따른 국가의 과제처럼 국민의 적극적 지위를 보장하기 위한 적극적 과제로 이해된다. 또한 국가의 과제와 목표를 의미하는 사회복지주의는 국가의 구성과 조직에 있어서도 사회에 대한 국가의 개입을 통해 국가와 사회의 원칙적 결합과 접근이 실현될 수 있는 원칙을 요구한다.

제2절 법치주의와 국가조직

Ⅰ. 법치주의와 권력분립

1. 국가권력의 목적 및 기능과 권력분립

법치주의는 법에 의한 통치(지배)의 원리로 이해된다. 따라서 법치주의는 우선적으로 모든 국가권력의 근거와 한계가 법에 기초하도록 요청한다. 이로써 법치주의의 요청에 따르면 통치와 지배의 주체이자 내용을 의미하는 국가권력은 법의 목적이나 기능과 밀접한 관련을 맺어야 한다. 앞에서 설명한 바와 같이[6] 법의 목적은 인격적 상호인정의 규범적 요청과 인권의 보장에 있다. 그리고 법의 기능은 공동체의 의사를 결정하고, 그러한 결정의 실천을 강제하며, 체계적으로 조직화하는 데 있다. 따라서 법치주의는 국가권력의 존재목적을 법의 목적인 국민의 기본권보장에 두고, 국가권력의 기능도 법의 기능인 결정과 실천 및 조직에 두도록 요청한다.

---

6) 제3편 제1장 제1절 II. 1. 참조.

(1) 국가권력의 목적으로서 기본권보장과 권력분립

법치주의는 국가권력의 존재목적을 법의 목적인 국민의 기본권보장에 두기 때문에 원칙적으로 국가권력이 국민의 기본권보장이라는 목적의 실현에 적합하게 조직되고 구성되도록 요청한다. 이것은 국가권력의 합리적인 분할과 분배를 요청하는 '권력분립원칙'으로 구체화된다. 왜냐하면 국가권력은 분할되어 서로 다른 기관에 분배됨으로써 상호 견제와 균형을 이루는 경우에만 국민의 기본권보장에 적합하기 때문이다. 이것은 권력집중으로 인하여 인간의 기본적 인권이 침해될 수 있었던 역사적 경험으로부터 논증될 수도 있다. 결론적으로 권력분립원칙은 국가권력 상호간의 견제와 균형을 통하여 국민의 기본권을 보장하기 때문에 기본권을 존중하는 국가의 구성과 조직을 위한 최소한의 요청으로서 요구된다.

(2) 국가권력의 기능으로서 국가의사의 결정 · 실천 · 조직과 권력분립

법치주의는 국가권력의 기능을 법의 기능과 같이 국가공동체의 의사를 결정하고, 그 실천을 강제하며, 그러한 결정과 실천을 조직화하는 데 둔다. 이러한 국가권력의 기능은 권력분립원칙에 따라 효과적으로 수행될 수 있다. 우선 입법부에 의하여 강제력이 있고 조직화된 공동체의사를 결정하고, 다음으로 그러한 의사결정이 집행부에 의하여 집행되며, 다시금 사법부에 의하여 해석되고 적용되는 방식으로 국가권력을 단계화함으로써 그러한 공동체의사의 결정과 실천, 그리고 조직화는 효과적으로 실현될 수 있다. 따라서 권력분립원칙은 국가기능을 효과적으로 수행하는 국가의 구성과 조직의 원리로서 요구되기도 한다.

2. 권력분립원칙의 내용

(1) 전통적 의미의 권력분립원칙과 수평적 · 기계적 권력분립

전통적 의미의 권력분립론은 두 가지 방향에서 발전되었다. 첫째, 로크(J. Locke)는 영국에서 발생한 명예혁명을 계기로 의회의 권한이 강화되는 것을 배경으로 권력분립론을 전개한다. 그에 따르면 국가권력은 ① 입법권, ② 집행권, ③ 외교권(동맹권), ④ 대권 등 4권으로 구분된다(사법권에 대한 논의가 없음에 주의). 이렇게 구분된 국가권력은 국왕과 의회라는 2개의 기관이 담당하도록 해야 한다고 한다(2권분립론). 이러한 주장은 의원내각제를 핵심으로 하는 영국의 헌정사에 중요한 영향을 미친 것으로 평가된다. 둘째, 몽테스키외(Montesquieu)는 국가권력을 ① 입법권, ② 집행권, ③ 사법권으로 구분하여 이를 각각의 독립된 기관이 담당하도록 해야 한다는 3권분립론을 주장하였다. 이러한 주장은 군주제의 전통이 없는 미국의 대통령제에 중대한 영향을 미치게 된다.

전통적 의미의 권력분립원칙은 이미 확립되어 존재하는 중앙정부의 권력을 분할 · 분배하는 '수평적' 권력분립을 뜻한다. 이러한 의미의 권력분립원칙에 따르면 우선 국가권력은 입법권, 집행권, 사법권으로 분할된다. 그리고 원칙적으로 입법권은 입법부, 집행권은 집행부, 사법권은 사법부에 분배된다. 예외적으로 다른 국가기관이 담당하는 국가작용을 직접적으로 행사하거나 다른 국가기관이 담당하는 국가작용의 일부절차에 참여하는 경우도 있을 수 있다. 그러나 각각의 국가기관이 담당하는 고유한 국가작용을 다른 국가기관에 전적으로 양도하거나 다른 국가기관의 고유한 국가작용을 완전히 박탈하는 것은 허용되지 않는다. 물론 각국의 구체적인 제도에 따라서는 입법부와 집행부의 관계에서 대통령제와 같이 엄격한 권력분립원칙이 적용되는 경우도 있지만 의원내각제처럼 완화된 권력분립원칙이 적용되는 경우도 있다. 그리고 견해에 따라서는 '입법부와 집행부'의 관계를 기준으로 ① 입법부우위형(회의정부제), ② 집행부우위형(제한군주제, 신대통령제), ③ 엄격한 분립형(대통령제), ④ 균형형(의원내각제)으로, 또한 '입법부와 사법부'의 관계를 기준으로 법률에 대한 법원의 위헌심사가능성에 따라 ① 입법부우위형, ② 사법부우위형, ③ 균형형으로 세분화하기도 한다.[7]

아무튼 전통적 의미의 권력분립원칙을 통하여 국가권력 상호간의 견제와 균형이 실현되고, 국민의 기본권이 보장될 수 있다는 사실은 분명하다. 하지만 이러한 전통적 의미의 권력분립원칙은 이미 법 이전에 존재하여 그 범위가 확정된 국가권력을 전제로 한다. 그리고 국가권력의 분배 자체보다는 마찬가지로 법 이전에 존재하는 국가기관을 분리하여 각 기관에 권력을 분배하기 위한 권력분할의 의미가 강하다. 따라서 이러한 의미의 권력분립은 국가기관이 가진 현실적인 힘에 따라 고정적이고 기계적으로 형성될 수밖에 없다. 또한 이러한 의미의 권력분립에 따르면 국가권력과 국가기관은 그 자체가 목적이 될 수도 있다. 왜냐하면 국가권력과 국가기관은 그 존재목적인 기본권보장보다 앞서 존재함으로써 스스로 목적이 되기 때문이다. 현행 헌법은 원칙적으로 국가작용을 입법, 집행, 사법으로 분할하여 입법에 관한 권한은 국회(제40조), 집행에 관한 권한은 대통령을 수반으로 하는 정부(제66조 제4항), 사법에 관한 권한은 법원(제101조 제1항)에 분배하고 있다. 이것은 국가권력을 분할하여 분리된 국가기관에 분배하는 전통적 의미의 권력분립원칙이 현재도 여전히 의미가 있다는 중요한 징표이다.

(2) 현대적 의미의 권력분립원칙과 수직적 · 역동적 권력분립

현대사회적 위험이 증대되고 사회국가적 보호의 필요성이 증가하면서 강한 집행부를 요구하는 현대적 상황 때문에 전통적 의미의 권력분립원칙은 변화를 요구받고 있다. 또한 정당국가화 경향으로 인하여 입법부와 집행부가 형식적으로만 분리되고 정당을 매개로 실질적으로는 결합되고 있는 현실은 권력분립원칙의 의미를 근본적으로 변화시키고 있다. 그럼에도 불구하고 비록 본질적으로 국가기관을 분리하여 각 기관에 국가권력을 분배하기 위한 목적이라고 할지라도 국가권력의 분할과 분배를 통한 국가권력 상호간의 견제와 균형의 실현이라는 권력분립원칙의 전통적 의미는 여전히 유지된다. 따라서 중요한 것은 국가권력을 분할하여 분리된 국가기관에 분배하는 전통적 의미의 권력

7) 권영성, 752면 이하; 김철수, 1210면 이하; 장영수, 967면 이하; 홍성방(하), 38면.

분립을 그대로 고수하거나 완전히 포기하는 것이 아니다. 오히려 그러한 전통적 의미를 유지하면서도 국가권력과 국가기관의 존재목적과 기능을 고려하여 국가권력 상호간의 견제와 균형을 실현할 수 있는 국가권력의 분배로서 권력분립원칙을 보완하는 것이다.

현대적 상황에 따라 변화와 보완을 요구받고 있는 권력분립원칙은 무엇보다도 국가가 인권보장이라는 자신의 목적을 달성하고 결정 · 실천 · 조직이라는 자신의 기능을 수행할 수 있도록 유동적이고 탄력적인 형태로 재구성되어야 한다. 또한 구체적인 상황과 제도에 따라 합리적인 국가권력의 분배를 실현할 수 있는 역동적인 형태로 재구성되어야 한다. 이렇게 재구성된 권력분립원칙은 이미 존재하는 국가권력의 기계적인 분할과 분배가 아니라 국민의 기본권보장과 국가의사의 결정 · 실천 · 조직이라는 본래의 목적과 기능을 실현할 수 있는 국가권력의 균형적이고 합리적인 구성과 조직을 의미한다. 또한 중앙정부의 권력을 수평적으로 분배하는 데 머무르지 않고, 중앙정부와 지방정부의 '수직적' 권한분배 및 여당과 야당의 권한분배까지 포함하는 새로운 의미로 확대된 권력분립원칙을 뜻한다. 예를 들어 국가기능을 정책결정, 정책집행, 정책통제의 기능으로 구분하는 뢰벤슈타인(K. Loewenstein)의 "동태적 권력분립론"이나 권력분립이 실현되는 범주를 다양화하여 모든 범주에서 권력분립원칙을 요구하는 캐기(W. Kägi)의 "포괄적 권력분립론"이 그러한 새로운 이해를 위한 대표적인 이론이다.[8)]

(3) 규칙/원칙모델과 권력분립원칙

본질적으로 국가기관의 분리와 국가권력의 기계적 분할을 의미하는 전통적 의미의 권력분립원칙이 국가의 본래적 목적과 기능을 실현하면서 변화된 현대적 상황에 적응할 수 있도록 국가권력을 합리적으로 분배하는 모델은 규칙/원칙모델에 의해서 구체화될 수 있다.[9)] 이 모델에 따르면 권력분립원칙은 합리적 형량이 필요한 "형식적 원칙"에 속한다.[10)] 그 밖의 형식적 원칙으로는 법적 안정성의 원칙이나 민주주의의 원칙을 들 수 있다. 아무튼 이러한 형식적 원칙들은 특히 입법자와 헌법재판소의 권한분배에 있어서 대체로 입법자에게 보장된 형성의 자유를 정당화함으로써 국민의 기본권을 제한하는 기능을 한다. 따라서 형식적 원칙의 하나인 권력분립원칙은 기본권을 포함한 실질적 원칙과 합리적 형량을 통하여 그 확정적 내용과 효력이 결정될 수 있어야 한다.

Ⅱ. 법우위의 원칙

1. 헌법우위의 원칙과 법률우위의 원칙

법규범을 통치(지배)의 근거와 형식으로 삼아야 하는 법치주의에서 법규범의 형식으

---

8) 뢰벤슈타인과 캐기의 권력분립론에 대해서는 권영성, 755면 이하; 김철수, 1206면 이하; 장영수, 975면 이하 참조.

9) 제1편 제2부 제2장 제2절 참조.

10) R. Alexy, Theorie der Grundrechte, 120면 참조.

로 된 국가작용은 다른 어떠한 국가작용보다 우위에 서게 되는 '법우위의 원칙'이 요구된다. 그리고 법치주의에서 통치의 근거와 형식이 되는 법규범은 질서정연하게 정돈된 체계로 구성될 것을 요구받는다. 다시 말해 법치주의는 헌법을 최정점으로 법률, 명령, 규칙 등 위계서열을 가진 **법질서의 단계구조**를 전제한다. 이러한 법질서의 단계구조하에서 법률은 헌법의 한계를 벗어날 수 없다. 헌법은 실질적인 측면에서 내용상 가장 중요한 대상을 규율하는 법규범일 뿐만 아니라 적어도 형식적인 측면에서 서열상 전체 법질서의 최상위에 위치하기 때문이다. 이를 '헌법우위의 원칙'이라고 부른다. 이러한 원칙에 따라 민주적 정당성에 기초하여 국민을 대표하여 법률을 제정하는 입법자도 넘을 수 없는 헌법적 한계가 존재하게 된다. 또한 입법자에 의해 제정된 법률 역시 법질서의 단계구조에서 법률하위의 규범에 대해서는 우위에 놓이게 되는데 이를 '법률우위의 원칙'이라고 부른다. 이러한 법률우위의 원칙에 따르면 법률의 형식으로 된 입법작용이 다른 입법작용보다 우위에 놓이게 된다.

2. 법규범의 규율대상과 법률유보의 원칙

법질서의 단계구조는 형식적인 측면에서뿐만 아니라 내용적인 측면에서도 검토되어야 한다. 즉 단순히 형식적인 서열의 측면에서가 아니라 실질적인 내용에 있어서도 상위의 법규범과 하위의 법규범은 구별될 수 있어야 한다. 여기서 중요한 것은 각각의 서열에 있는 법규범이 어떠한 내용을 담아야 하는지의 문제이다. 앞에서 설명한 바와 같이 법의 목적은 국민의 기본권의 보장이고, 법의 기능은 공동체의사의 결정과 실천 및 조직화에 있다. 따라서 법규범은 국민의 기본권이나 공동체의 의사와 관련하여 그 **규율하는 내용의 중요성에 따라 서열이 결정**될 수 있다. 즉 국민의 기본권이나 공동체의 의사와 관련된 가장 중요한 대상들은 헌법에, 그만큼은 아니지만 여전히 중요하고 본질적인 대상들은 법률에, 그리고 그보다 덜 중요한 대상들은 하위의 법령에 담게 된다. 특별히 국민의 기본권이나 공동체의 의사와 관련하여 중요하고 본질적인 대상들은 법률의 내용으로 담겨져야 한다는 원칙을 '법률유보의 원칙'이라고 부른다.

Ⅲ. 행정의 합법률성 및 포괄위임입법금지의 원칙

'법률유보의 원칙'에 따라 입법자는 국민의 기본권이나 공동체의 의사와 관련된 사항으로 헌법에 담아야 할 만큼 대단히 중요한 대상은 아닐지라도 여전히 중요하고 본질적인 대상들을 법률의 형식으로 규율해야 한다. 이러한 법률유보의 원칙은 집행부의 측면에서 달리 이해될 수 있다. 즉 법률유보의 원칙에 따라 집행작용은 법률에 근거해야 하고 그 한계 내에서만 활동할 수 있다. 이것을 '행정의 합법률성' 또는 '법치행정의 원칙'이라고 부른다. 이 원칙에 따라 집행부의 활동은 반드시 법률적 근거를 필요로 하고, 법률의 내용과 모순될 수 없다.

엄격하게 이 원칙을 적용하면 집행부가 입법작용을 수행하는 것은 금지되지만 예외적으로 집행부가 입법작용을 수행할 수도 있다. 하지만 이 경우에도 입법자의 명시적인 위임이 있어야 하고, 그 위임은 백지위임식 전권위임이 아니라 '구체적인 범위'를 정한 위임이어야 한다. 이것을 '포괄위임입법금지의 원칙'이라고 부른다.[11] 입법위임에서 요구되는 이러한 '구체성'에 대한 명령은 위임의 목적과 범위가 명확할 것을 요구하는 '명확성명령'으로 이해된다. 물론 이러한 명확성의 기준에 따라 심사할 때에는 관련 법규정이라든지 입법취지 등이 종합적으로 고려되어야 하고 구체적인 상황에 따라 개별적으로 판단되어야 한다.

Ⅳ. 사법권의 독립과 사법적 권리구제절차의 보장

법치주의에 따라 법규범을 해석하고 적용하는 국가작용인 사법권도 헌법과 법률에 구속된다. 이것을 다른 측면에서 보면 사법권은 오로지 헌법과 법률에만 구속될 뿐이지 다른 어떠한 권력에도 구속되지 않는다는 것으로 **'사법권의 독립'**을 의미한다. 사법권의 독립은 사법부의 '조직'이 다른 국가조직으로부터 독립되고, 사법부의 구성원인 '법관'이 신분상 독립되며, 사법부의 고유한 작용인 '재판'이라는 직무가 독립될 때에만 가능하다.

법치주의가 국민의 기본권보장을 목적으로 한다고 할 때 이러한 기본권보장은 실체법적으로 보장될 뿐만 아니라 절차법적으로도 보장되어야 한다. 기본권에 대한 절차법적 보장은 기본권침해가 있는 경우에 재판이라는 구제절차의 보장, 즉 **사법적 권리구제절차의 보장**을 의미한다. 이러한 의미에서도 사법권의 독립은 기본권보장을 목적으로 하는 법치주의와 밀접하게 관련된다.

제 3 절 민주주의와 국가조직

Ⅰ. 민주주의와 헌법재판

1. 형식적 민주주의와 실질적 민주주의

민주주의는 '도덕적' 의미의 민주주의와 '법적' 의미의 민주주의로 구별될 수 있다.[12] 도덕적 의미의 민주주의는 법적 의미의 민주주의에 대한 규범적 기초가 되는데 대화이론에 따르면 '함께 생각하는(deliberative) 민주주의', 즉 국가의사를 결정하기 위하여 **대화하고 토론함으로써 의사소통하는 민주주의**가 민주주의의 도덕적 의미로 이해된

---

11) 제1편 제2부 제4장 제2절 Ⅵ. 4. 참조.

12) 제1편 제2부 제4장 제3절 Ⅰ. 참조.

다. 이에 따르면 민주주의는 ① 상대적으로 올바른 공동선에 도달하기 위해서(민주주의의 목적), ② 현실적으로 다양하게 존재하는 이해관계에 기초한 주장과 입장을 출발점으로 삼아(민주주의의 조건), ③ 이러한 주장과 입장들이 끊임없이 정신적인 논쟁을 계속하면서 서로의 주장과 입장을 수정하고 변경하여(민주주의의 내용), ④ 모두가 합의할 수 있는 상호이해에 접근해 가는(민주주의의 결과) 과정과 절차를 뜻한다.

이렇게 민주주의와 대화절차의 밀접한 연관성을 고려할 때 민주주의는 '제도화된 대화절차'로 이해되고, 거꾸로 대화절차는 '제도화되지 않은 민주주의'로 이해된다. 제도화되지 않은 대화의 절차든 제도화된 민주주의의 절차든 중요한 것은 그러한 절차에 필수적으로 전제되어야 하는 규범적 요청의 준수 여부이다. 따라서 민주주의가 이러한 규범적 요청이 준수되지 않은 형식적 절차를 의미하는 경우에는 '형식적 민주주의'라고 부를 수 있고, 그러한 규범적 요청이 준수된 실질적 절차를 의미하는 경우에는 '실질적 민주주의'라고 부를 수 있다.

2. 실질적 민주주의로서 민주적 헌법국가

대화를 통한 의사소통의 절차에서 필수적으로 요구되는 규범적 요청은 제도화된 대화의 절차인 민주주의에서도 필수적으로 준수됨으로써 실질적 민주주의가 실현된다. 제도화되지 않은 민주주의를 의미하는 대화와 소통의 절차에서 필수적으로 요구되는 규범적 요청은 대화참여자에 대한 인격적 상호인정의 규범과 인권이다. 따라서 이러한 규범적 요청이 제도화된 대화절차로 이해되는 민주주의에서 준수되어야만 실질적 민주주의가 실현될 수 있다. 실질적 민주주의에서 요구되는 규범적 요청은 헌법에 수용됨으로써 공동체의 의사형성에 참여하는 구성원에 대한 기본권으로서 요구된다. 이런 의미에서 기본권은 민주주의라는 '절차'에서 필수적으로 전제되어야 하는 최소한의 '내용'이면서 그러한 절차가 어떠한 경우에도 넘어설 수 없는 '한계'이기도 하다.

바로 여기에서 헌법재판제도가 정당화된다. 기본권은 민주적 절차가 항상 지켜야 되는 한계선이기 때문에 헌법재판은 민주적 절차가 그러한 한계선을 준수하고 있는지에 대한 제도화된 통제수단으로 이해된다. 이처럼 민주적 절차의 기본권존중이 헌법재판이라는 제도화된 통제수단에 의하여 강제적으로 관철되는 국가를 '민주적 헌법국가'라고 지칭한다. 물론 그러한 통제를 전통적인 의미의 사법부, 즉 법원이 담당하도록 할 것인지 아니면 독립적인 법원을 두어 담당하도록 할 것인지는 또 다른 문제이다. 그렇다면 민주주의의 관점에서도 헌법재판은 단순히 민주주의에 대한 '후견주의적 간섭'(paternalism)이 아니라 포기할 수 없는 헌법적 기준에 따라 민주주의의 한계를 설정한다는 '헌법주의적 통제'(constitutionalism)의 관점에서 정당화될 수 있다.[13)]

---

13) 헌법주의에 대해서는 제1편 제1부 제1장 제5절 참조.

Ⅱ. 민주주의와 국민주권

1. 국민주권과 간접민주제

공동체의 모든 구성원들에게 기본권이 보장되어야 한다는 규범적 요청은 민주주의 안에서 **국민주권**으로 구체화된다.[14] 민주주의는 공적 자율성에 본질이 있는 국민의 능동적 지위를 보장한다.[15] 다시 말해 국가공동체의 의사를 형성하는 과정에 그 구성원인 국민이 자주적이고 능동적으로 참여할 수 있는 지위를 기본권으로서 보장하는 것이 민주주의의 핵심요소다. 이것은 국민이 국가공동체의 주인이 되어 국가공동체의 의사를 스스로 결정함으로써 국민에게 주권이 있다는 국민주권이 실현됨을 의미한다. 따라서 국민주권에 포함된 '주권'이란 국가공동체의 의사를 결정하는 과정에 능동적으로 참여할 수 있는 주관적 지위의 총합으로 이해된다.

그렇다면 민주주의는 국민이 주권을 직접적으로 행사한다는 의미에서 **직접민주제**의 형태로 구체화되어야 한다. 그러나 앞서 법과 국가의 정당성을 논증하면서 확인한 것처럼[16] 국민에 의한 직접적인 국가의사형성은 '결정'에 도달하지 않거나, 도달한다고 해도 '실천'을 강제할 수 없고, '조직'적인 실천이 불가능할 수도 있기 때문에 법의 형식으로 제도화된 절차를 필요로 한다. 또한 그러한 법적 절차에서 법규범을 제정하고 집행하며 적용하는 국가권력과 그것을 행사하는 국가기관도 필요하다. 따라서 민주주의는 법과 국가를 전제로 국민이 직접 국가의사를 결정하지 않고 국가기관이 국가의사를 결정하는 **간접민주제**의 형태로 구체화될 수밖에 없는 것이 현실이다.

2. 국민주권과 직접민주제

법과 국가의 정당성에 기초하여 간접민주제가 정당화된다고 하더라도 민주주의와 국민주권의 본질적 형태라고 할 수 있는 직접민주제의 요소는 여전히 그 의미를 유지한다. 따라서 여러 가지 직접민주제적 요소가 간접민주제적 요소와 함께 헌법에 제도화되어 국민이 국가의사결정에 직접적으로 영향을 미칠 수 있도록 민주주의와 국민주권을 구체화할 수 있다.

① 첫째, 대화절차가 제도화된 절차로 전환되어서 입법절차와 사법절차로 구체화될 때 입법과 사법에 관한 제도화되지 않은 대화절차는 여전히 배제되지 않는다. 이러한 영역을 입법과 사법에 관한 **시민사회의 공론영역**이라고 부를 수 있다.[17] 공동체의 중요한 의제를 두고 이성적인 시민들이 자유롭고 평등하게 대화하고 토론하는 과정과 절차를 의미하는 시민사회의 공론영역은 '표현의 자유'라는 헌법적 권리(기본권)를 통하여 보

14) 국민주권에 대해서는 제1편 제2부 제4장 제3절 Ⅲ. 1. 참조.
15) 민주주의의 기본요소로서 공적 자율성과 능동적 지위에 대해서는 제1편 제1부 제1장 제1절 Ⅲ. 참조.
16) 제3편 제1장 제1절 Ⅱ. 참조.
17) 제1편 제2부 제4장 제3절 Ⅲ. 1. (4) 3) 참조.

장된다. 현행 헌법도 표현의 자유를 의미하는 언론·출판·집회·결사의 자유(제21조)를 보장하고 있기 때문에 헌법적으로 시민사회의 공론영역은 확보되고 있다. 이러한 시민사회의 공론영역을 통해 국민은 자신을 대신해 국가의사를 결정하는 국가기관에 지속적으로 영향을 주고, 국가기관을 압박할 수 있다.

② 둘째, 국민은 **선거제도**를 통해서 법을 제정하고 집행하며 적용하는 국가권력에 정당성을 부여한다. 선거제도는 국민의 '대표를 선출'하는 제도라는 측면에서는 간접민주제의 요체로 인식될 수 있지만 한편으로 국민이 자신의 대표를 '직접 선출'한다는 측면에서는 직접민주제의 중요한 요소를 담고 있다. 현행 헌법은 선거권(제24조)과 공무담임권(제25조)을 보장하고, 국회의원선거(제41조), 대통령선거(제67조), 지방자치단체선거(제118조 제2항) 등 선거제도에 관한 헌법적 근거를 규정하고 있다. 이와 같은 헌법적 근거에 따라 구체화된 선거제도를 통해 국민은 국가기관의 구성을 위한 정기적인 선거에 참여함으로써 국가기관의 구성을 통제하고 국가의사결정에 영향을 미칠 수 있다.

③ 셋째, 국민투표, 국민발안, 국민소환과 같은 **직접민주제**의 요소가 대체적으로 간접민주제적 제도로 구성된 국가에서도 채택될 수 있다. 이것을 "반대표제" 또는 "반직접민주주의"라고 부르는 견해[18]도 있다. 직접민주제적 요소로서 현행 헌법에서는 국민투표제만 규정되어 있다(제72조, 제130조 제2항). 예외적인 경우로 한정되어 있기는 하지만 국민투표제야말로 국민이 직접 국가의사를 결정하는 제도로 이해된다.

Ⅲ. 민주주의와 대의제

1. 대의제의 개념과 기본요소

민주주의가 몇 가지 직접민주제적 요소를 포함한다고 하더라도 대체적으로는 간접민주제적 제도로 구체화된다. 그런데 간접민주제가 반드시 국가기관을 구성하기 위한 선거제도를 본질적 구성요소로서 포함하는 것은 아니다. 따라서 간접민주제는 선거제도가 본질적 구성요소로서 포함되는 대의제와 구별된다. 하지만 간접민주제의 핵심은 **대의제**에 있다. 대의제에 따르면 국민은 직접 국가의사를 결정하는 것이 아니라 선거를 통해 선출한 대표를 통해서 국가의사를 결정하게 된다. 이러한 대의제의 기본요소로는 ① 치자와 피치자의 이원성, ② 선거제도, ③ 자유위임의 원칙, ④ 대표의사의 국민의사로의 의제, ⑤ 대표의 정치적 책임 등을 들 수 있다.

(1) 치자와 피치자의 이원성

대의제는 **치자와 피치자의 이원성**, 즉 통치하는 '대표'와 통치받는 '국민'의 구분을 전제로 한다. 이것은 직접민주제가 '치자와 피치자의 동일성'에 기초하는 것과 구분된다. 법과 국가의 필요성을 인정하는 한 국가권력을 담당하여 통치하는 자와 그러한 통

18) 김철수, 1202면 및 1204면; 성낙인, 154면 및 328면.

치의 대상이 되는 자의 구분은 반드시 필요하다. 따라서 국민을 대신하여 국가의사를 결정하고 강제하며 조직화하는 치자(지배자)로서 국가기관이 필요하다. 그리고 피치자(피지배자)인 국민은 자신을 대신하여 국가기관이 결정한 국가의사를 준수해야 할 의무가 있고, 준수하지 않는 경우에는 치자인 국가기관에 의해 제재를 받게 된다.

(2) 선거제도

대의제는 국민과 대표를 구분하되 국민과 대표를 연결하는 고리로서 **선거제도**를 전제하게 된다. 선거제도는 국민이 대표에게 통치를 위한 민주적 정당성을 부여하며, 대표가 국민으로부터 통치를 위한 민주적 정당성을 부여받는 제도적 연결고리가 되는 것이다. 여기서 선거제도가 민주적 정당성의 관점에서 볼 때 대의제적 간접민주제 아래에서 대단히 중요한 의미를 가지고 있음을 발견하게 된다. 따라서 민주적이고 공정한 선거제도를 확립시키는 것은 대표의 민주적 정당성을 확보하기 위한 필수적인 전제가 된다. 특별히 정당국가의 현실을 고려할 때 정당이 입후보자를 공천하는 과정에서 국민의 의사가 반영되는 민주적 절차에 따르도록 강제하는 제도적 장치의 마련이 중요하다. 또한 국민의 의사가 선거의 결과에 적정하게 반영될 수 있도록 공정하고 합리적인 선거제도를 디자인하는 것도 대의제의 실현에서 핵심적인 과제다.

(3) 자유위임의 원칙

선거를 통해 민주적 정당성을 획득한 대표는 **자유위임**(= 무기속위임)의 원칙에 따라 임기 동안 자유롭게 활동할 수 있도록 보장받는다. 왜냐하면 대표는 자신이 소속한 정당이나 사회단체 또는 지역구의 대표가 아니라 '국민전체의 대표'이기 때문이다. 따라서 대표는 자신을 선출해준 지역구선거민이나 자신을 공천해준 소속정당, 그리고 자신을 도와준 사회세력이나 이익단체 등으로부터 독립되어 자유롭게 활동할 수 있어야 한다. 이로써 국민의 대표는 임기 동안 누구의, 그리고 어떠한 형태의 명령이나 지시에도 복종할(기속될) 필요가 없이 양심에 따라 자유롭게 활동할 수 있는 법적 지위를 획득하게 된다. 헌법은 이러한 지위를 국가이익을 위하여 양심에 따라 직무를 수행해야 하는 국회의원의 책무로 명시하고 있다(제46조 제2항).

물론 **정당국가화** 경향에 따라 국민이 정당을 매개로 대표를 선출하게 됨으로써 대표는 정당의 의사에 구속되어야 한다는 주장도 제기된다.[19] 하지만 이러한 정당국가화 경향을 일정 부분 인정한다고 하더라도 그 전제는 정당내부의 민주화이다. 내부적으로 민주화되지 못한 정당의 의사에 국민의 대표를 구속시키는 것은 정당을 매개로 한 국민의 의사를 빙자하여 비민주적으로 운영되는 정당의 보스나 지배집단의 의사를 국민의 대표에게 관철시킬 수 있는 위험성이 크기 때문이다. 정당내부가 민주화되지 못한 한국의 현실에서 국민의 대표에게 자유위임의 지위가 특별히 보장되어야 하는 이유가 바로 여기에 있다.

---

19) 제3편 제2장 제6절 Ⅰ. 3. 참조.

(4) 대표의사의 국민의사로의 의제

양심에 따라 자유롭게 활동하는 대표의 결정은 **국민의 결정으로 의제**된다. 비록 현실적으로 존재하는 국민의 의사와 대표의 결정 사이에 일정한 거리가 존재한다고 할지라도 법적인 의미에서 대표의 의사결정은 국민의 의사결정이 된다. 따라서 대표를 통해 결정된 국가의사에 동의하지 않는다고 하더라도 국민은 원칙적으로 이에 구속된다. 만약 대표가 중요한 국가의제에 대하여 국민의 실제적 의사에 반하는 결정을 내리는 경우에 국민은 정치적 표현의 자유를 통해 자신의 의사를 전달하고, 계속해서 그러한 결정이 반복되는 경우에는 선거를 통해 낙선시킴으로써 정치적 책임을 물을 수 있을 뿐이다.

(5) 대표의 정치적 책임

따라서 국민의 입장에서 대표에게 지울 수 있는 책임은 **정치적 책임**에 한정된다. 이런 맥락에서 선거제도는 국민이 대표를 정치적으로 재신임하거나 불신임하는 제도로서의 의미도 갖는다. 물론 대의제는 이처럼 국민이 대표에게 임기 동안 법적 책임을 물어 아무 때나 소환할 수 없고, 단지 다음 선거에서 정치적 책임만을 물을 수 있도록 되어 있다. 이것은 국민과 대표의 입장이 갈등을 일으킬 때 양자 사이의 긴장을 고조시킬 수 있는 원인이 되기도 한다. 이러한 갈등과 긴장을 완화시킬 수 있는 최선의 방법은 앞에서 언급한 대로 시민사회의 공론영역을 활성화하여 입법절차에서 문제되는 '정책'이든 사법절차에서 문제되는 '논증'이든 시민사회의 광범한 동의를 얻어 가는 것이다.

2. 한국헌법의 대의제

현행 헌법은 입법권과 집행권을 국민이 직접 선출한 국민의 대표인 국회(제40조, 제41조 제1항)와 대통령(제66조 제4항, 제67조 제1항)에게 부여함으로써 대표가 국가의 의사를 결정하는 대의제를 채택하고 있다. 이러한 대의제의 기본요소인 선거제도는 앞에서 설명한 바와 같이 선거권과 공무담임권 및 각종 선거제도에 관한 헌법규정을 통하여 헌법적 근거를 마련하고 있다. 또한 대의제의 중요한 구성요소인 자유위임원리에 대해서는 국민 전체에 대한 봉사자 및 국민에 대하여 책임을 지는 공무원에 관한 헌법규정(제7조 제1항), 그리고 국가이익을 우선하여 양심에 따라 직무를 수행해야 하는 국회의원의 의무에 관한 헌법규정(제46조 제2항)에서 헌법적 근거를 두고 있다.

제4절 정부형태

Ⅰ. 개 념

정부형태란 권력분립원칙에 따라 국가권력 상호간에 견제와 균형을 이룰 수 있도록 구체화된 국가권력의 분배형태를 말한다. 따라서 정부형태는 국가권력을 어떻게 분배하고, 분배된 국가권력을 어떻게 행사하며, 국가권력을 행사하는 국가기관 상호간에 어떠한 관계를 맺고 있는지를 의미한다. 경우에 따라서 정부형태는 입법부와 집행부의 권한분배 및 상호관계, 또는 좁은 의미의 정부를 의미하는 집행부의 형태를 의미하기도 한다.

Ⅱ. 유　형

1. 의원내각제

(1) 개념과 유형

의원내각제(parliamentary system)는 민주적 정당성이 일원화되고 **완화된 권력분립 원칙**에 따라 집행부(내각)가 입법부(의회)에 의해 구성될 뿐만 아니라 입법부에 대해서 책임을 지는 정부형태를 말한다.[20] 역사적으로 보면 의회의 권력이 강화되면서 절대군주의 권력이 약화되기는 했지만 여전히 제한적으로나마 실질적 권력을 행사할 수 있던 상황에서는 내각이 국왕과 의회의 이중적 신임을 얻어야 하는 '이원적 의원내각제'도 존재했다. 하지만 국왕이 상징적 존재에 불과한 현재는 의회의 신임만으로 충분한 '일원적 의원내각제'를 의미한다. 어쨌든 의원내각제는 입법부와 집행부가 서로 밀접하게 관련을 맺고 의존하면서 협조하고 공화하는 정부형태이다.

입법부와 집행부의 관계에 따라 여러 가지 형태의 의원내각제로 구체화될 수 있다. 예를 들어 ① 프랑스 제3공화국과 제4공화국의 헌법에서 나타나는 것처럼 입법부인 의회의 우월적 지위에 기초하여 강한 의회와 약한 정부를 특징으로 하는 '프랑스형 의원내각제'(고전적 의원내각제), ② 집행부인 수상과 내각이 우월적 지위를 가지기 때문에 강한 정부와 약한 의회를 특징으로 하는 '영국형 의원내각제'(**내각책임제 또는 수상정부제**)로 구분되기도 한다. 또한 ③ 프랑스 제5공화국의 헌법과 같이 집행부가 국민이 직접 선출한 대통령과 의회에 의하여 구성되는 내각으로 이원화된 **이원정부제적**(이원집행부적) **의원내각제**도 있다.

(2) 본질적 요소

① 국민은 선거를 통해 의회를 구성하여 직접적으로 의회에 민주적 정당성을 부여하고 의회는 집행부를 구성하여 간접적으로만 집행부에 민주적 정당성을 부여함으로써 민주적 정당성을 일원화하는 데 의원내각제의 본질이 있다. ② 의원내각제는 입법부와 집행부가 **상호의존적인 정부형태**이기 때문에 집행부는 입법부에 의하여 성립되고 입법부의 신임에 따라 존속 여부가 결정된다. 이처럼 국민으로부터 민주적 정당성을 부여받은 입법부에 의하여 집행부가 구성되고 재신임됨으로써 입법부와 집행부에 대한 민주적

20) 의원내각제에 대한 자세한 설명은 이준일, 한국에서 의원내각제, 『고려법학』(고려대학교 법학연구원), 제51호 (2008), 171면 이하 참조.

정당성이 일원화된다. 또한 ③ 집행부는 명목적이고 의례적인 권한만을 가지는 대통령(또는 국왕)과 실질적인 권한을 가지는 내각이라는 **이원적 구조**로 구성된다. 하지만 형식적으로만 이원적 구조를 가질 뿐이지 실질적으로는 수상을 중심으로 한 내각으로 집행부가 일원화된다. ④ 입법부(의회)는 행정부(내각)를 불신임할 수 있는 권한을 가지고(**내각불신임권**), 집행부는 입법부를 해산할 수 있는 권한을 가진다(**의회해산권**). 이로써 입법부와 집행부는 권력의 균형을 유지한다. 또한 ⑤ 입법부의 구성원인 의원은 집행부의 구성원인 각료를 겸임할 수 있고, 집행부는 법률안제출권과 의회출석 및 발언권을 갖는다. 이를 통해서 입법부와 집행부는 상호협력의 관계를 형성한다.

(3) 장 단 점

의원내각제의 장점으로는 우선 ① 집행부가 입법부에 대해서 책임을 지고 입법부는 집행부에 의해서 해산될 수 있기 때문에 **책임정치**가 구현될 수 있고 **권력의 균형**이 이루어진다는 점이다. 또한 ② 집행부가 국민의 대표로 구성되는 입법부에 의하여 불신임됨으로써 **민주주의의 요청을 만족**시킨다는 점도 장점으로 지적된다. 하지만 집행부가 입법부에 의하여 불신임될 수 있는 것은 집행부가 입법부에 의하여 구성됨으로써 단지 간접적으로만 민주적 정당성을 가지기 때문이다. 따라서 대통령제하에서 집행부는 임기가 보장되어 임기 동안 입법부에 의하여 불신임될 수는 없지만 국민으로부터 직접적인 민주적 정당성을 부여받는다는 점에서 대통령제도 역시 민주주의의 요청을 만족시킨다. 한편 ③ 내각에 대한 불신임과 의회의 해산으로 **입법부와 집행부 상호간의 대립과 갈등을 손쉽게 해소**할 수 있다는 점도 의원내각제의 장점으로 이해될 수 있다. 그 밖에도 ④ 입법부와 집행부가 밀접하게 결합됨으로써 국가의 중요한 의제를 다루는 법률안이 신속하게 통과될 수 있다는 점, ⑤ 집행부의 권력이 1인에게 집중된 대통령제와 달리 집단적으로 공유될 수 있기 때문에 다양한 이해관계를 대변하는 세력들에 의해 권력이 분산될 수 있고, 권력의 독점으로 인한 부패를 방지할 수 있다는 점 등도 의원내각제의 장점으로서 빠뜨릴 수 없다.

반면에 의원내각제의 단점으로는 ① 잦은 내각불신임과 의회해산으로 **정국이 불안정**해질 수 있다는 점을 들 수 있다. 이러한 단점을 극복하기 위하여 독일의 의원내각제는 '건설적 불신임제'를 두고 있다. 이에 따르면 내각에 대한 불신임은 연방의회 재적의원의 과반수로 후임 연방수상이 결정된 경우에만 허용된다. 또한 ② 의원내각제는 **의회가 정권획득을 위한 정쟁의 장소로 변질**될 수 있다는 점도 단점으로 지적된다. 그 밖에도 ③ 입법부의 신임 여부에 따라 존속 여부가 결정되는 집행부가 강력한 정치를 실현할 수 없다는 점, 그리고 ④ 입법부의 다수파와 집행부가 연합할 경우에 다수의 횡포를 견제할 수 없다는 점 등이 단점으로 제시된다. 한편 ⑤ 집행부의 수반이 입법부에 의해서 선출됨으로써 국민에 의한 직접적인 민주적 정당성이 결여될 뿐만 아니라 심지어 의회의 다수파인 정당의 수뇌부가 국민의 의사에 반하여 집행부의 수반을 선출할 가능성도 있다는 점, ⑥ 정해진 임기에 따라 규칙적인 선거가 실시되지 않고 의회의 다수파의 정치적 이해관계에 따라 선거일정이 결정될 수 있다는 점 등도 의원내각제가 가지는 단점으로 지적된다.

2. 대통령제

(1) 개념과 유형

대통령제(presidential system)는 민주적 정당성을 이원화하여 **엄격한 권력분립원칙**에 따라 집행부가 입법부와는 독립적으로 국민의 선거에 의해 구성되는 정부형태를 말한다. 따라서 원칙적으로 집행부는 입법부에 대해서 책임을 지지 않고, 입법부도 집행부의 의사에 따라 그 존속 여부가 결정되지 않는다.

대통령제는 ① 엄격한 권력분립이 지켜지는 **미국식대통령제**, ② 대통령에게 권한이 집중되는 **신대통령제**, ③ 집행부가 국민의 직선으로 선출되는 대통령과 의회에 의하여 구성되는 내각으로 이원화되는 **반대통령제** 또는 이원정부제로 구분될 수 있다. 미국식 대통령제의 경우에 다시 ① 집행부가 입법부보다 우위에 서는 해밀턴형 대통령제, ② 입법부가 집행부보다 우위에 서는 메디슨형 대통령제, ③ 집행부와 입법부가 대등한 지위에 놓이는 제퍼슨형 대통령제로 구분되기도 한다.

(2) 본질적 요소

① 국민이 별도의 선거를 통해 의회를 구성할 뿐만 아니라 대통령을 선출하여 각각 직접적으로 민주적 정당성을 부여함으로써 민주적 정당성이 이원화되는 데 대통령제의 본질이 있다. ② 대통령제는 입법부와 집행부가 **상호 독립적인 정부형태**이기 때문에 집행부의 수반인 대통령은 국민에 의하여 직접 선출되고 임기가 보장된다. 이처럼 입법부와 집행부가 각각 국민으로부터 민주적 정당성을 부여받음으로써 민주적 정당성이 이원화된다. 또한 ③ 집행부는 대통령을 수반으로 하는 **일원적인 구조**로 구성된다. 한편 ④ 입법부(의회)는 집행부(정부 또는 내각)를 불신임할 수 있는 권한이 없고, 집행부는 입법부를 해산할 수 있는 권한이 없다. 또한 ⑤ 입법부의 구성원인 의원은 집행부의 구성원인 각료를 겸임할 수 없고, 집행부는 법률안제출권이나 의회출석 및 발언권을 갖지 않는다. 하지만 ⑥ 집행부는 입법부가 의결한 법률안을 거부할 수 있고, 입법부는 집행부의 구성원에 대한 임명의 동의나 탄핵 또는 국정감사의 권한을 가짐으로써 대통령제는 **상호 견제와 균형을 유지하는 정부형태**이기도 하다.

(3) 장 단 점

대통령제의 장점으로는 ① 집행부의 수반이 국민에 의해 직접 선출됨으로써 강력한 민주적 정당성을 기반으로 효과적으로 입법부를 견제할 수 있다는 점, ② 국민에 의해 직접 선출된 집행부의 수반은 국민의 의사를 정확하게 반영하고 국민에 대해서 책임을 질 수 있다는 점, ③ 엄격한 권력분립원칙에 따라 집행부와 입법부가 상호 독립적으로 존재함으로써 하나의 국가권력이 다른 국가권력을 감시 · 견제할 수 있기 때문에 권력남용이 방지될 수 있다는 점, ④ 강력한 집행부가 구성됨에 따라 급변하는 환경에 효과적으로 대처할 수 있다는 점, ⑤ 독립적으로 구성된 집행부의 수반에게 임기를 보장함으로써 국정의 안정을 도모할 수 있다는 점 등을 들 수 있다.

반면에 대통령제의 단점으로는 ① 강력한 민주적 정당성에 기반하고 임기가 보장된 집행부가 입법부에 대해서 견제되거나 책임지지 않음으로써 권위주의적인 대통령의 독주나 심지어 독재가 가능할 수 있다는 점, ② 대통령이 속한 정당에 의해 의회가 지배되는 경우 대통령에 대한 통제가 불가능하다는 점, ③ 엄격하게 분리된 집행부와 입법부가 대립하고 갈등하는 경우에 정국의 불안이나 국가기능의 마비를 초래하여 극단적인 경우에는 쿠데타를 유발시킬 수 있다는 점, ④ 집행부와 입법부 상호간에 엄격한 권력의 분립은 국정의 책임을 상대방에게 전가함으로써 국민에 대한 책임을 약화시킬 수 있다는 점, ⑤ 임기가 보장된 대통령이 직무를 수행하기에 부적합한 인물인 경우에도 임기 중에는 대통령직에서 물러나게 할 수 없기 때문에 국가 전체에 중대한 문제를 초래할 수 있다는 점 등을 들 수 있다.

3. 혼합형 정부형태

혼합형 정부형태란 대통령제와 의원내각제를 혼합하여 절충한 정부형태를 말한다. 이미 앞에서 살펴본 이원정부제나 반대통령제가 이러한 정부형태에 속한다. 따라서 이러한 정부형태를 독립적인 정부형태로 보면서도 그 본질적인 요소로서 집행부의 실질적 이원화(양두제), 대통령의 사실상 직선제, 의회의 정부불신임권을 제시하는 견해[21]는 여전히 대통령제의 요소와 의원내각제의 요소를 혼합한 이러한 정부형태가 왜 독립적인 정부형태인지를 명확하게 설명하지 못한다고 할 수 있다.

Ⅲ. 대한민국의 정부형태

대한민국의 정부형태는 **변형된 대통령제**로 이해될 수 있다. ① 집행부의 수반인 대통령을 국민이 직접 선출함으로써 집행부의 구성과 조직에서 입법부의 영향력이 배제되고, ② 입법부도 국민에 의하여 독립적으로 구성될 뿐만 아니라, ③ 입법부가 집행부에 의하여 존속이 결정되지 않기 때문에 대한민국의 정부형태는 원칙적으로 대통령제의 특성을 보인다. 다만 예외적이기는 하지만 ① 국무총리의 임명에 국회의 동의를 받도록 하여 집행부의 구성에 입법부가 참여한다든지, ② 입법부의 구성원인 국회의원이 집행부의 구성원인 각료를 겸임할 수 있고, ③ 집행부가 법률안제출권과 의회출석 및 발언권을 갖는다는 점에서 의원내각제적 요소를 함께 갖고 있다. 이런 의미에서 현행 헌법의 정부형태를 '혼합형 정부형태'라고 부를 수 있다.

21) 성낙인, 376면 이하.

	정부형태	정부와 국회의 관계
제헌헌법(1948)	· 대통령제: 간선제(국회), 임기 4년, 1차 중임 허용 · 부통령제	· 대통령의 법률안거부권(제40조), 임시국회소집요구권(제35조) · 정부의 법률안제출권(제39조) 및 출석·발언권(제44조) · 국회의 국무총리임명승인권(제69조)
제1차 헌법개정	· 대통령제: 직선제 개헌	· 국회의 국무원불신임권(제70조) · 국무총리·국무위원의 연대책임
제2차 헌법개정	· 대통령제: 초대 대통령에 한하여 3선 허용	· 국무총리제 폐지 · 국무위원의 개별적 책임(제70조의2)
1960년 헌법(제2공화국)	· 의원내각제 · 행정권은 국무원 · 상징적 국가원수로서 대통령 존속: 임기 5년, 2선 허용, 양원합동회의에서 간선	· 국무원의 민의원해산권(제71조) · 국무총리와 국무위원의 과반수는 국회의원으로 구성(제69조) · 민의원의 국무원불신임권 및 국무원의 연대책임(제68조)
1962년 헌법(제3공화국)	· 대통령제: 직선제, 임기 4년	· 대통령의 법률안 거부권(제49조 제3항), 임시국회소집요구권(제43조) · 정부의 법률안제출권(제48조) · 국회의 해임건의권(제59조)
1972년 헌법(제4공화국)	· 대통령제: 간선제(통일주체국민회의), 임기 6년	· 통일주체국민회의에서 선출하는 국회의원에 대한 대통령의 추천권(제40조) · 대통령의 긴급조치권(제53조) · 국회의 국무총리임명동의권(제63조)
1980년 헌법(제5공화국)	· 대통령제: 간선제(선거인단), 단임제, 임기 7년	· 대통령의 국회해산권(제57조), 법률안제출권(제88조), 비상조치권(제51조) · 국회의 출석요구권(제98조), 해임의결권(제99조)
1987년 헌법(제6공화국)	· 대통령제: 직선제, 임기 5년, 단임제	· 대통령의 법률안제출권(제52조) 및 법률안 거부권(제53조) · 국회의 국무총리임명동의권(제86조 제1항) · 국회의 출석요구권(제62조 제2항), 해임건의권(제63조)

제 2 장 국 회

제 1 절 의회주의

Ⅰ. 개 념

1. 의회중심의 정치이념

의회주의는 의회가 국가의사를 결정하는 중심적 역할을 담당한다는 정치이념을 말한다. 역사적으로 보면 우선 '고전적인 의미'에서는 군주가 지배하는 정부에 대해서 의회가 우월적 지위를 확보한다는 의미가 강조되었다. 하지만 '현대적인 의미'에서는 집행부의 기능확대와 사회국가 및 정당국가의 발전으로 인하여 집행부와 균형을 이루면서 의회가 국가의사를 결정하는 중추적 기능을 담당한다는 의미로 변화되었다. 의회가 국가의사결정의 중심에 놓이는 근거는 의회가 국민으로부터 '민주적 정당성'을 직접적으로 부여받은 국민의 대표기관으로서 국민의 다양한 의사를 수렴하여 '합리적인 토론'을 거쳐 국가의사를 결정한다는 데 있다. 따라서 기본적으로 대의제와 합리적인 토론을 내용으로 하는 의회주의는 민주주의에 근거한다. 같은 맥락에서 의회주의의 본질적인 요소에는 ① 대표의 원리, ② 토론의 원리, ③ 공개성의 원리, ④ 다수결의 원리와 같은 민주주의의 기본요소들이 포함된다.

2. 의회주의와 의원내각제

한편 의회주의라는 정치이념의 역사적 배경에는 군주에 대항하여 의회의 권한을 강화하고 의회를 통해서 민주적 정당성이 일원화되는 의원내각제가 자리하기 때문에 의회주의와 의원내각제는 밀접하게 관련된다. 같은 맥락에서 의회주의를 정부형태로 이해하는 경우에 의회주의는 의원내각제를 의미한다는 견해[1]도 발견된다. 하지만 대통령제도 의회주의와 결합될 수 있고, 대통령제를 채택하는 경우에는 입법부뿐만 아니라 집행부도 국민으로부터 직접적인 민주적 정당성을 획득하기 때문에 의회주의의 의미는 달라질 수밖에 없다. 즉 대통령제든 의원내각제든 어떠한 형태의 정부형태를 채택하더라도 의회가 국가의사결정의 중심에 위치해야 하는 이유는 국민의 직접적인 민주적 정당성에 있다기보다 다양한 배경을 가진 대표들의 토론과 대화를 본질로 하는 의사결정구조에 있다고 보인다.

1) 성낙인, 404면.

Ⅱ. 의회주의의 위기와 변질

현대사회에 들어와 의회주의는 많은 도전에 직면하여 변화를 요구받고 있다. 의회가 국가의사를 결정하는 과정에서 중심적 역할을 담당하지 못하도록 의회주의의 위기와 변질을 초래한 원인으로는 다음과 같은 것들을 들 수 있다. ① 첫째로, 현대사회를 구성하는 영역과 집단들이 매우 이질적일 정도로 다양하게 분화되고 전문화되어 그것을 반영하여 대표하는 의회도 다양한 주장과 이익들이 대립하고 갈등을 일으킴으로써 **합리적 토론에 어려움이 발생**하게 되었다는 점이다. ② 둘째로, 급속한 사회변화에 맞추기 위하여 행정부의 역할이 강조되는 행정국가화 경향과 사회복지주의의 요청에 따라 행정권이 강화됨에 따라 국가의사결정과정에서 상대적으로 **전문성이 떨어지는 의회의 역할이 축소**되고 있다는 점이다. ③ 셋째로, 정당국가화 경향으로 인하여 정당에 대한 의원의 구속이 강화되어 의원들은 국민의 의사보다 정당의 의사(당론)에 구속되고 의원들의 자유로운 토론이 형식화됨으로써 **의회의 국민대표성과 토론의 합리성이 약화**되고 있다는 점이다.

Ⅲ. 의회의 기능강화를 위한 대안

의회주의의 위기에 대처하여 의회의 기능을 강화하기 위해서는 ① 의회도 사회의 다원화와 전문화에 발맞춰 **전문성을 확보**하는 것이 우선적으로 필요하다. ② 또한 정당국가화 경향이 강화되고 있음에도 불구하고 의회주의의 본질적 의사결정구조인 토론의 활성화를 위하여 의회 내에서 **의원의 자유로운 토론이 보장**되어야 하고, ③ 적어도 의원들이 자신이 속한 정당의 의사를 존중한다고 할 때 우선 **정당내부의 민주주의**가 전제되어야 한다. 이를 위해서는 구체적으로 ① 선거제도와 관련하여 전문성을 갖춘 의원의 선출에 유리한 **비례대표제와 직능대표제의 확대**가 필요하다. ② 그리고 정당제도와 관련하여 정당의 조직과 의사결정과정 및 공직후보자의 추천에 있어서 민주적 절차를 강화하는 **당내 민주주의의 실현을 위한 제도적 장치**가 요청된다.[2] ③ 또한 의회의 책임을 강화하고 실질적인 민주적 정당성을 확보하기 위하여 국민소환제와 같은 **직접민주제의 도입과 시민사회의 공론영역의 역할강화**도 대안으로 고려해볼 수 있다.[3]

---

2) 제1편 제1부 제5장 제2절 Ⅲ. 3. (2) 참조.

3) 제1편 제2부 제4장 제3절 Ⅲ. 1. (4) 참조.

제 2 절 국회의 헌법상 지위

Ⅰ. 국민의 대표기관

민주주의가 제도화된 민주주의로 이해되어 간접민주주의 또는 대의제 민주주의의 형태로 구체화되면서 대표기관은 민주주의의 필수적인 요소가 된다. 물론 대의제 민주주의에서도 여전히 민주적 정당성의 확보가 중요하기 때문에 이것을 가능하게 하는 제도가 필요하다. 다름 아닌 선거제도는 대표기관이 민주적 정당성을 획득하는 의미를 가지는 제도다. 이와 같은 선거에 의하여 민주적 정당성을 얻은 국민의 대표기관은 임기 동안 '자유위임(무기속위임)의 원칙'에 따라 행동한다. 즉 자신을 공천해준 정당, 자신을 선출해준 지역구민, 자신이 속해 있는 이익단체 등으로부터 자유롭게 활동할 수 있다. 그리고 임기 동안 대표기관이 행한 모든 행위는 국민의 행위로 의제된다. 다만 대표기관은 임기가 끝난 뒤 다음 선거에서 다시금 국민의 통제를 받게 된다. 이렇게 국회는 선거를 통하여 국민으로부터 직접 민주적 정당성을 부여받아 전체국민의 대표로서 자유롭게 활동하고 국민에 대해서 선거를 통하여 정치적 책임을 지는 국민의 대표기관이다.

[쟁점] 대표의 법적 성격: 법적 대표 또는 정치적 대표

국민의 대표는 헌법 제7조 제1항(국민전체의 봉사자로서 공무원) 및 제46조 제2항(국회의원의 국가이익우선의무)에 근거하여 자유위임원칙으로부터 나오는 지위를 누리게 된다. 따라서 임기 중에 법적인 책임을 의미하는 소환을 당하지 아니한다. 다만 다음 선거에서 정치적 책임을 질 뿐이다. 결론적으로 선거에 의한 정치적 책임에 기초한 정치적 대표설이 타당하다.

Ⅱ. 입법기관

헌법 제40조는 "입법권은 국회에 속한다"라고 규정하여 국회가 입법기관, 즉 법률을 제정하는 기능을 담당하는 기관임을 선언하고 있다. 이것은 국회만이 '유일한' 입법기관이라는 뜻은 아니다. 다만 국회가 입법과정에서 '중심적인' 역할을 한다는 점을 부인할 수는 없다. 다시 말해 적어도 형식적 의미의 법률, 즉 '법률'의 형식으로 제정되는 법규범의 제정권한은 원칙적으로 국회에게 있다.

예외적으로 입법과정에 다른 국가기관이 개입하는 경우가 있다. 예를 들어 헌법에 따라 ① 정부에게 법률안제출권이 부여되어 있다든지(제52조), ② 대통령에게 법률안거부권(제53조 제2항) 및 ③ 법률안공포권(제53조 제1항)이 부여되어 있는 경우가 그것이다. 그 밖에도 다른 국가기관에 입법권이 부여된 경우도 존재한다. 예를 들어 헌법으로부터 부여받은 ① 대통령의 긴급명령권 및 긴급재정 · 경제명령권(제76조), ② 행정부의 입법권(제75조, 제95조), ③ 헌법재판소, 대법원, 중앙선거관리위원회와 같은 헌법기관의 규칙제정권(제113조 제2항, 제108조, 제114조 제6항), ④ 지방자치단체의 입법권(제117조 제1항) 등이 그것이다.

Ⅲ. 국정통제기관

권력분립의 이념에 따라 국회는 집행부와 사법부를 감시, 비판, 견제하는 기능을 담당한다. 대표적으로 탄핵소추의결권(제65조)이라든지 국정감사 및 조사권(제61조) 등을 국정통제수단으로서 국회가 갖는다. 이에 대해서는 국회의 권한에서 다시 자세하게 설명한다.

[학설] 국회의 헌법상 지위

• 권영성 〈868면 이하〉	【1】 국민대표기관, 【2】 입법기관, 【3】 국정통제기관, 【4】 국가의 최고기관성(부정).
• 김철수 〈1257면 이하〉	【1】 국민대표기관, 【2】 입법기관, 【3】 국정통제기관, 【4】 주권행사기관(최고기관)의 하나.
• 김하열a 〈771면 이하〉	【1】 대의기관, 【2】 입법기관, 【3】 국정통제기관.
• 성낙인 〈415면 이하〉	【1】 주관적 의사의 대표기관, 【2】 입법기관, 【3】 국정통제기관.
• 장영수 〈1096면 이하〉	【1】 국민대표기관, 【2】 입법기관, 【3】 국정통제기관, 【4】 국가최고기관.
• 정종섭a 〈1041면 이하〉	【1】 대의기관, 【2】 입법기관, 【3】 국가정책결정기관, 【4】 국정통제기관, 【5】 합의체결정기관.
• 허 영 〈916면 이하〉	【1】 대의기관, 【2】 입법기관, 【3】 국정통제기관, 【4】 합의체의 국가의사결정기관.
• 홍성방 〈(하), 97면 이하〉	【1】 국민의 대표기관, 【2】 입법기관, 【3】 국정통제기관.

제 3 절 국회의 구성과 조직

Ⅰ. 국회의 구성

국회의 구성과 관련해서는 하나의 기관(chamber or house)으로 구성할 것인지, 아니면 상호 독립적인 두 개의 기관으로 구성할 것인지가 문제된다. 즉 국회의 구성에 있어서 문제는 '단원제'나 '양원제' 가운데 어떤 제도를 선택할 것인지 하는 점이다. 물론 이러한 선택의 문제는 여러 나라의 역사와 문화에 따라 달리 결정될 수 있는 것이지 하나의 제도가 다른 제도보다 보편적으로 우월하다는 평가는 애초에 불가능하다.

1. 단원제와 양원제

단원제(unicameralism)는 국회를 하나의 기관으로 구성함으로써 국가의사결정에 있어서 **신속성과 효율성**을 확보한다는 측면에서 장점을 갖는다. 반면에 양원제(bicameralism)는 두 개의 독립적인 기관으로 국회를 구성하여 국회 내의 권력분립을 실현하고, ① 조직독립의 원칙, ② 의결독립의 원칙, ③ 의사일치의 원칙, ④ 동시행동의 원칙에 따라 활동하여 국가의사결정의 **신중성과 정당성**을 확보한다는 측면에서 장점을 갖는다. 그 밖에도 다수파의 횡포를 방지하고, 하나의 원이 정부와 충돌하는 경우에 다른 원이 조정할 수 있으며, 연방국가인 경우에 지방의 이익이 고려될 수 있다는 장점도 있다.

한편 단원제와 양원제의 이러한 장점은 또한 단점으로 작용하기도 한다. 즉 단원제의 장점은 그만큼 **경솔하고 편파적인 의사결정**을 할 수 있다는 단점으로 작용할 수 있다. 그리고 양원제의 장점은 **비효율성과 책임소재의 불명확성**을 발생시킬 수 있다는 단점으로 변할 수 있다. 여기서 중요한 것은 단원제와 양원제의 장점과 단점이 국회를 운영하는 국가의 현실에 따라 상당히 다르게 나타날 수 있다는 점이다.

[참조] 한국헌법의 양원제

1952년 헌법(제1차 헌법개정)	1960년 헌법(제3차 헌법개정)
제32조 ② 누구든지 양원의 의원을 겸할 수 없다.	제32조 ③ 민의원의원의 정수와 선거에 관한 사항은 법률로써 정한다(개정). ④ 참의원의원은 특별시와 도를 선거구로 하여 법률의 정하는 바에 의하여 선거하며 그 정수는 민의원의원 정수의 4분의 1을 초과하지 못한다(신설).
제33조 ① 민의원의원의 임기는 4년으로 한다. ② 참의원의원의 임기는 6년으로 하고 2년마다 의원의 3분의 1을 개선한다.	
제36조 ① 민의원은 의장 1인, 부의장 2인을 선출한다. ② 참의원은 부통령을 의장으로 하고, 부의장 2인을 선거한다.	제36조 ② 참의원은 의장 1인과 부의장 1인을 선거한다(개정).
제37조 법률안 기타 의안에 관하여 양원의 의결	제37조 ② 국회의 의결을 요하는 의안에 관하여

이 일치하지 아니할 때에는 각원의 재적의원과반수가 출석한 양원합동회의에서 출석과반수로써 의결한다.	양원의 의결이 일치하지 아니할 때에는 의안을 민의원의 재의에 부하고 각원에서 의결된 것 중 민의원에서 재적의원 과반수의 출석과 출석의원 3분의 2 이상의 찬성으로 다시 의결된 것을 국회의 의결로 한다. ④ 각원의 의장은 의결에 있어서 표결권을 가지며 가부동수인 경우에 표결권을 가진다.

2. 한국헌법의 국회의 구성

(1) 단 원 제

제헌헌법에서는 단원제를 채택하였고, 1952년헌법(제1차 헌법개정)과 1960년헌법(제2공화국, 제3차 헌법개정)에서 양원제를 채택하여 민의원과 참의원으로 의회를 구성한 바 있지만(실제로 양원제국회는 1960년 제5대 국회의원선거에 의해서 구성되었다) 1962년헌법(제3공화국, 제5차 헌법개정) 이래 현행헌법(1987년 헌법, 제9차 헌법개정)까지 **단원제**를 채택하고 있다.

(2) 국민의 선거로 선출된 국회의원으로 구성

국회는 **국회의원**으로 구성되고, 국회의원은 국민의 보통 · 평등 · 직접 · 비밀선거에 의하여 선출된다(제41조 제1항). 국회의원의 숫자는 법률로 정하되, 200인 이상으로 한다(동조 제2항). 헌법은 국회의원 숫자의 하한선만을 규정하고 있으므로 상한선은 법률에 위임하였다고 볼 수 있다. 그리고 국회의원의 선거구와 비례대표제 기타 선거에 관한 사항은 법률에서 정한다(동조 제3항). 국회의원의 임기는 4년이다(제42조).

헌법에 근거하여 제정된 공직선거법에 따르면 국회의 의원정수는 **지역구국회의원**과 **비례대표국회의원**을 합하여 300인으로 한다(동법 제21조 제1항). 2012년 4월 11일 국회의원선거에 의해 구성된 제19대 국회는 공직선거법(2012. 2. 29. 법률 제11374호) 부칙 제3조에 따라 세종특별자치시의 신설을 고려해 지역구국회의원 246명과 비례대표국회의원 54명, 총 300명으로 구성되었다. 2016년 4월 13일에 실시된 국회의원선거에 의해 구성된 제20대 국회의 경우에는 지역구국회의원은 253명, 비례대표국회의원은 47명으로 변경되었다. 2020년 4월 15일에 실시된 제21대 국회의원선거에서도 국회의원의 숫자는 그대로 유지되었으나 비례대표제의 경우에 정당별 득표비율에 정당의 지역구국회의원 당선인수를 반영하는 연동형 비례대표제가 도입되었다. 2024년 4월 10일에 실시된 제22대 국회의원선거에서는 비례대표국회의원이 한 명 줄어 46명으로 변경되었다.

지역구국회의원의 경우에 소선거구제를 채택하여 하나의 국회의원지역선거구에서 선출할 국회의원의 정수는 1인으로 한다(동법 동조 제2항). 비례대표국회의원의 경우에는 전국을 단위로(동법 제20조 제1항) 지역구의원선거와 독립된 투표로 선거하며(동법 제146

조 제2항) 유효투표총수의 3퍼센트 이상을 득표하였거나 지역구국회의원총선거에서 5석 이상의 의석을 차지한 정당(의석할당정당)에 대하여 당해 정당이 비례대표국회의원선거에서 얻은 득표비율에 따라 비례대표국회의원의석을 배분한다(동법 제189조 제1항).

국회의원선거권은 18세 이상의 국민에게 있고(동법 제15조 제1항), 피선거권도 동일하게 18세 이상의 국민에게 부여된다(동법 제16조 제2항). 다만 특정한 정당의 정당별 득표율보다 해당 정당이 지역구국회의원 총 의석수에서 차지하는 비율이 낮을 때 이를 반영하여 비례대표국회의원을 배분하는 연동형 비례대표제가 적용된다. 그 밖의 선거제도에 관한 자세한 내용은 앞에서 이미 설명하였다.[4)]

Ⅱ. 국회의 조직

1. 의장과 부의장

(1) 선 거

국회는 **의장 1인과 부의장 2인**을 선출한다(제48조). 의장과 부의장은 국회에서 **무기명투표로 선거**하되 재적의원 과반수의 득표로 당선된다(국회법 제15조 제1항). 의장·부의장선거는 국회의원총선거 후 최초집회일에 실시하며, 처음 선출된 의장 또는 부의장의 임기가 만료되는 때에는 원칙적으로 그 임기만료일 5일 전에 실시한다(동법 동조 제2항). 의장 또는 부의장이 궐위된 때나 의장과 부의장이 모두 궐위된 때에는 지체없이 보궐선거를 실시한다(동법 제16조).

(2) 임 기

의장과 부의장의 **임기는 2년**으로 한다. 다만, 국회의원 총선거 후 처음 선출된 의장과 부의장의 임기는 그 선출된 날부터 개시하여 의원의 임기개시 후 2년이 되는 날까지로 한다(동법 제9조 제1항). 보궐선거에 의하여 당선된 의장 또는 부의장의 임기는 **전임자의 잔임기간**으로 한다(동법 동조 제2항).

(3) 권 한

1) 내 용 의장은 ① 국회를 대표하고(**국회대표권**), ② 의사를 정리하며(**의사정리권**), ③ 질서를 유지하고(**질서유지권**), ④ 사무를 감독하는(**사무감독권**) 권한을 갖는다(동법 제10조). 또한 의장은 위원회에 출석하여 발언할 수 있으나 표결에는 참가할 수 없다(동법 제11조).

2) 직무대리 의장이 사고가 있을 때에는 의장이 지정하는 **부의장**이 그 직무를 대리한다(동법 제12조 제1항). 의장이 심신상실 등 부득이한 사유로 의사표시를 할 수 없게 되어 직무대리자를 지정할 수 없는 때에는 소속의원수가 많은 교섭단체 소속 부의장의 순으로 의장의 직무를 대행한다(동법 동조 제2항). 의장과 부의장이 모두 사고가 있을

---

4) 제1편 제2부 제5장 제3절 선거제도 참조.

때에는 임시의장을 선출하여 의장의 직무를 대행하게 한다(동법 제13조).

(4) 사임과 겸직제한 및 의장의 당적보유금지

의장과 부의장은 '국회의 동의'를 받아 그 직을 사임할 수 있다(동법 제19조). 그리고 의장과 부의장은 특히 법률로 정한 경우를 제외하고는 의원 외의 직을 겸할 수 없다(동법 제20조 제1항). 다른 직을 겸한 의원이 의장 또는 부의장으로 당선된 때에는 당선된 날에 그 직에서 해직된 것으로 본다(동법 동조 제2항). 한편 의원이 의장으로 당선된 때에는 당선된 다음날부터 그 직에 있는 동안은 당적보유가 금지된다. 다만, 국회의원 총선거에서 정당추천후보자로 추천을 받고자 하는 경우에는 의원 임기만료일 90일 전부터 당적을 가질 수 있다(동법 제20조의2 제1항). 국회의장의 당적보유를 금지하는 이유는 국회의 운영과 의사절차에서 중립성과 공정성을 확보하려는 데 있다. 당적을 이탈한 의장이 그 임기를 만료한 때에는 당적을 이탈할 당시의 소속정당으로 복귀한다(동법 동조 제2항).

2. 위 원 회

(1) 의 의

위원회는 소수의원들의 합의체기관으로서 의안처리의 효율성과 전문성을 강화하기 위하여 둔다. 하지만 위원회중심의 국회운영으로 ① 본회의를 형식화하고, ② 위원회와 관련된 행정부처와 이익단체의 로비를 용이하게 하며, ③ 국회의원들의 폭넓은 심의의 기회를 박탈한다는 점 등은 위원회제도의 단점으로 지적되기도 한다. 국회의 위원회는 상임위원회와 특별위원회의 2가지 종류로 한다(국회법 제35조). 양자는 심의범위와 존속기간이라는 측면에서 구분된다. 상임위원회나 특별위원회는 ① 본회의의 의결이 있을 때, ② 의장이나 위원장이 필요하다고 인정할 때, ③ 재적위원 4분의 1 이상의 요구가 있을 때 개회한다(동법 제52조).

(2) 상임위원회

1) 종류와 소관사항 대체로 행정각부의 업무에 상응하여 17개의 상임위원회가 구성되어 있다. 각 상임위원회의 소관사항은 아래 표와 같다(동법 제37조 제1항). 어느 상임위원회에도 속하지 아니하는 사항에 대해서는 의장이 국회운영위원회와 협의하여 소관 상임위원회를 정한다(동법 동조 제2항).

상임위원회	소관사항
1. 국회운영위원회	① 국회운영에 관한 사항, ② 국회법과 국회규칙에 관한 사항, ③ 국회사무처 소관에 속하는 사항, ④ 국회도서관 소관에 속하는 사항, ⑤ 국회예산정책처 소관에 속하는 사항, ⑥ 국회입법조사처 소관에 속하는 사항, ⑦ 대통령비서실, 국가안보

	실, 대통령경호처 소관에 속하는 사항, ⑧ 국가인권위원회 소관에 속하는 사항
2. 법제사법위원회	① 법무부 소관에 속하는 사항, ② 법제처 소관에 속하는 사항, ③ 감사원 소관에 속하는 사항, ④ 고위공직자범죄수사처 소관에 속하는 사항, ⑤ 헌법재판소 사무에 관한 사항, ⑥ 법원·군사법원의 사법행정에 관한 사항, ⑦ 탄핵소추에 관한 사항, ⑧ 법률안·국회규칙안의 체계·형식과 자구의 심사에 관한 사항
3. 정무위원회	① 국무조정실, 국무총리비서실 소관에 속하는 사항, ② 국가보훈부 소관에 속하는 사항, ③ 공정거래위원회 소관에 속하는 사항, ④ 금융위원회 소관에 속하는 사항, ⑤ 국민권익위원회 소관에 속하는 사항
4. 기획재정위원회	① 기획재정부 소관에 속하는 사항, ② 한국은행 소관에 속하는 사항
5. 교육위원회	① 교육부 소관에 속하는 사항, ② 국가교육위원회 소관에 속하는 사항
6. 과학기술정보방송통신위원회	① 과학기술정보통신부 소관에 속하는 사항, ② 방송통신위원회 소관에 속하는 사항, ③ 원자력안전위원회 소관에 속하는 사항
7. 외교통일위원회	① 외교부 소관에 속하는 사항, ② 통일부 소관에 속하는 사항, ③ 민주평화통일자문회의 사무에 관한 사항
8. 국방위원회	국방부 소관에 속하는 사항
9. 행정안전위원회	① 행정안전부 소관에 속하는 사항, ② 인사혁신처 소관에 속하는 사항, ③ 중앙선거관리위원회 사무에 관한 사항, ④ 지방자치단체에 관한 사항
10. 문화체육관광위원회	문화체육관광부 소관에 속하는 사항
11. 농림축산식품해양수산위원회	① 농림축산식품부 소관에 속하는 사항, ② 해양수산부 소관에 속하는 사항
12. 산업통상자원중소벤처기업위원회	① 산업통상자원부 소관에 속하는 사항, ② 중소벤처기업부 소관에 속하는 사항
13. 보건복지위원회	① 보건복지부 소관에 속하는 사항, ② 식품의약품안전처 소관에 속하는 사항
14. 환경노동위원회	① 환경부 소관에 속하는 사항, ② 고용노동부 소관에 속하는 사항
15. 국토교통위원회	국토교통부 소관에 속하는 사항

16. 정보위원회	① 국가정보원 소관에 속하는 사항, ② 국가정보원법 제4조 제1항 제5호에 규정된 정보 및 보안업무의 기획·조정 대상부처 소관의 정보예산안과 결산심사에 관한 사항
17. 여성가족위원회	여성가족부 소관에 속하는 사항

2) 구성과 임기

A. 상임위원의 선출과 임기 상임위원회는 '상임위원'으로 구성된다. 상임위원의 정수는 **국회규칙**으로 정하되 정보위원회의 경우에만 법률에서 12인으로 명시하고 있다(동법 제38조). **의원은 2개 이상의 상임위원**이 될 수 있고(동법 제39조 제1항), 각 **교섭단체 대표의원은 국회운영위원회의 위원**이 된다(동법 동조 제2항). **의장은 상임위원이 될 수 없다**(동법 동조 제3항). 그리고 국무총리 또는 국무위원의 직을 겸한 의원은 상임위원을 사임할 수 있다(동법 동조 제4항). 이로써 국회의원이 국무총리나 국무위원을 겸직할 수 있다는 사실을 간접적으로 확인할 수 있다.

상임위원은 **교섭단체 소속의원수의 비율**에 의하여 각 교섭단체 대표의원의 요청으로 의장이 선임 및 개선하는데 어느 교섭단체에도 속하지 않는 의원의 상임위원 선임은 의장이 행한다(동법 제48조 제1항, 제2항). 정보위원회의 위원은 의장이 각 교섭단체 대표의원으로부터 당해 교섭단체 소속의원 중에서 후보를 추천받아 부의장 및 각 교섭단체 대표의원과 협의하여 선임 또는 개선하되, 각 **교섭단체 대표의원은 정보위원회의 위원**이 된다(동법 동조 제3항).

상임위원을 개선할 때 임시회의 경우에는 회기중 개선될 수 없고, 정기회의 경우에는 선임 또는 개선 후 30일 이내에는 개선될 수 없으며, 예외적으로 위원이 질병 등 부득이한 사유로 의장의 허가를 받은 경우에만 가능하다(동법 동조 제6항). 이것은 상임위원의 개선(사임 및 보임)이 정당한 사유가 아닌 정치적 이유에 따라 남용되는 것을 방지하기 위하여 규정된 조항으로 이해된다. 예를 들어 당론에 반대하는 소속의원에 대한 "정당내부의 사실상 강제"를 위한 수단으로 위원의 개선이 남용되는 것을 방지하는 규정으로도 해석될 수 있다.

원칙적으로 **상임위원의 임기는 2년**으로 하고, 국회의원총선거 후 처음 선임된 위원의 경우에는 그 선임된 날부터 개시하여 의원의 임기개시 후 2년이 되는 날까지를 임기로 한다(동법 제40조 제1항). 상임위원은 소관 상임위원회의 직무와 관련된 영리행위를 하는 것이 금지된다(동법 제40조의2).

[참조] 정보위원회에 대한 특례	
위원정수	·법률에 명시(12인: 국회법 제38조 단서)
선임·개선	·교섭단체 대표의원으로부터 추천받아 의장이 부의장 및 교섭단체 대표의원과 협의 결정(동법 제48조 제3항)

	·교섭단체 대표의원은 정보위원회의 위원(동법 제48조 제3항 단서)
소위원회	·법률안을 심사하는 소위원회의 매월 3회 이상 개최 원칙의 예외(제57조 제6항)
회의공개	·비공개원칙(동법 제54조의2 제1항) → 헌법재판소 위헌결정(2022. 1. 27. 2018헌바428)
예산안·결산심사	·국가정보원의 예산안과 결산에 대한 심사의 특례(동법 제84조 제4항)

B. 상임위원장의 선출과 임기 상임위원회에 '**상임위원장**' 1인을 둔다(동법 제41조 제1항). 상임위원장은 당해 상임위원들 가운데 국회의 **본회의에서 선거**한다(동법 동조 제2항). 상임위원장의 임기는 상임위원으로서의 임기와 같다(동조 제4항). 상임위원장은 본회의의 동의를 얻어 그 직을 사임할 수 있으되, 폐회중에는 의장의 허가를 받아 사임할 수 있다(동법 동조 제5항).

(3) 특별위원회

1) 특별위원회의 구성과 존속기간 특별위원회는 ① 여러 개의 상임위원회 소관과 관련된 안건이나, ② 특히 필요하다고 인정한 안건을 효율적으로 심사하기 위하여 본회의의 의결로 둘 수 있다(동법 제44조 제1항). 특별위원회를 구성할 때에는 그 활동기한을 정해야 하고, 본회의의 의결로 그 기간을 연장할 수 있다(동법 동조 제2항).

특별위원회의 **위원**은 상임위원의 선임에 관한 규정에 따라 의장이 상임위원 중에서 선임한다(동법 제48조 제4항). 특별위원회에는 **위원장 1명**을 두되 위원회에서 **호선**하고 본회의에 보고한다(동법 제47조 제1항). 특별위원회의 위원장은 그 위원회의 동의를 얻어 그 직을 사임할 수 있으되, 폐회중에는 의장의 허가를 받아 사임할 수 있다(동법 동조 제3항).

국회법에 따르면 예산결산특별위원회와 윤리특별위원회가 상설 특별위원회로 설치되어 있고, 인사청문특별위원회가 비상설 특별위원회로서 설치될 수 있다.

2) 예산결산특별위원회 예산안과 기금운용계획안 및 결산(세입·세출결산 및 기금결산)을 심사하기 위하여 예산결산특별위원회를 둔다(동법 제45조 제1항). 예산결산특별위원회의 **위원수는 50명**으로 하고, 그 선임은 교섭단체 소속 의원수의 비율과 상임위원회 위원수의 비율에 의하여 각 교섭단체 대표의원의 요청으로 의장이 행한다(동법 동조 제2항). 예산결산특별위원회의 위원의 임기는 원칙적으로 1년이다(동법 동조 제3항). 예산결산특별위원회의 **위원장**은 예산결산특별위원회의 위원들 가운데 **본회의에서 선거**한다(동법 동조 제4항).

3) 윤리특별위원회 의원의 자격심사와 징계에 관한 사항을 심사하기 위하여 윤리특별위원회를 둔다(동법 제46조 제1항). 윤리특별위원회는 의원의 징계에 관한 사항을 심사하기 전에 윤리심사자문위원회의 의견을 청취해야만 하고 이를 존중하여야 한다(동법 동조 제3항). 이에 따라 의원징계의 중립성과 공정성을 확보하기 위하여 국회에 위원

장 1명을 포함한 8명의 자문위원으로 구성된 윤리심사자문위원회가 설치된다(동법 제46조의2 제1항).

4) 인사청문특별위원회

A. 권 한 인사청문특별위원회는 공무원에 대한 '임명동의안'이나 '선출안'을 심사하기 위하여 설치한다. 즉 ① 헌법에 의하여 그 임명에 **국회의 동의를 요하는 공무원**인 대법원장 · 헌법재판소장 · 국무총리 · 감사원장 및 대법관에 대한 임명동의안, ② **국회에서 선출하는 공무원**인 헌법재판소 재판관 및 중앙선거관리위원회 위원에 대한 선출안을 심사하기 위하여 인사청문특별위원회를 둔다. ③ 그 밖에도 **대통령당선인이 국무총리후보자에 대한 인사청문의 실시를 요청**하는 경우에 그 인사청문을 실시하기 위한 인사청문특별위원회를 둔다(동법 제46조의3 제1항).

한편 ① 대통령이 각각 임명하는 헌법재판소 재판관 · 중앙선거관리위원회 위원 · 국무위원 · 방송통신위원회 위원장 · 국가정보원장 · 공정거래위원회 위원장 · 금융위원회 위원장 · 국가인권위원회 위원장 · 고위공직자범죄수사처장 · 국세청장 · 검찰총장 · 경찰청장 · 합동참모의장 · 한국은행 총재 · 특별감찰관 또는 한국방송공사 사장의 후보자에 대한 인사청문을 요청한 경우, ② 대통령당선인이 지명하는 국무위원 후보자에 대한 인사청문을 요청한 경우, ③ 대법원장이 지명하는 헌법재판소 재판관 또는 중앙선거관리위원회 위원의 후보자에 대한 인사청문을 요청한 경우에는 그 인사청문을 실시하기 위하여 **소관상임위원회별**로 인사청문회를 연다(동법 제65조의2 제2항). 하지만 헌법재판소 재판관 후보자가 헌법재판소장 후보자를 겸하는 경우에는 인사청문특별위원회의 인사청문회를 열고, 이 경우 소관상임위원회의 인사청문회를 겸하는 것으로 본다(동법 동조 제5항).

인사청문특별위원회의 구성과 운영에 관하여 필요한 사항을 규율하기 위하여 **인사청문회법**이 제정되어 있다.

B. 인사청문회의 구성과 청문절차 인사청문특별위원회의 **위원정수는 13인**으로 한다(동법 제3조 제2항). 인사청문특별위원회의 위원은 교섭단체 등의 의원수의 비율에 의하여 각 교섭단체 대표의원의 요청으로 국회의장이 선임 및 개선한다(동법 동조 제3항). 인사청문특별위원회는 **위원장 1인과 각 교섭단체별로 간사 1인**을 호선한다(동법 동조 제5항). 인사청문특별위원회의 존속기간은 임명동의안이나 선출안이 본회의에서 의결될 때 또는 인사청문경과가 본회의에 보고될 때까지이다(동법 동조 제6항).

임명동의안이나 선출안 또는 인사청문요청안이 제출되면 국회의장은 즉시 본회의에 보고하고 위원회에 회부하며, 그 심사 또는 인사청문이 끝난 후 본회의에 부의하거나 위원장으로 하여금 본회의에 보고하도록 하되, 폐회 또는 휴회 등으로 본회의에 보고할 수 없을 경우에는 이를 생략하고 회부할 수 있다(동법 제6조 제1항). 임명동의안이나 선출안 또는 인사청문요청안에 대한 심사 또는 인사청문은 인사청문회를 열어, 공직후보자를 출석하게 하여 질의를 행하고 답변과 의견을 청취하는 방식으로 한다(동법 제4조).

국회는 임명동의안이나 선출안 또는 인사청문요청안이 **제출된 날부터 20일 이내**에 그 심사 또는 인사청문을 마쳐야 한다(동법 제6조 제2항). 인사청문요청안의 경우에 부득이한 사유로 이 기간 이내에 인사청문회를 마치지 못하면 대통령·대통령당선인 또는 대법원장은 **해당 기간의 다음날부터 10일 이내**의 범위에서 기간을 연장할 수 있다(동법 동조 제3항). 이 연장기간 이내에도 인사청문경과보고서를 국회가 송부하지 않은 경우에 대통령 또는 대법원장은 해당 후보자를 헌법재판소 재판관 등으로 임명 또는 지명할 수 있다(동법 동조 제4항). 한편 위원회는 임명동의안이나 선출안 또는 인사청문요청안이 회부된 날부터 15일 이내에 인사청문회를 마치되, 인사청문회 **기간은 3일 이내**로 한다. 다만, 부득이한 사유로 인사청문회를 그 기간 이내에 마치지 못하여 연장기간이 정하여진 때에는 그 연장된 기간 이내에 인사청문회를 마쳐야 한다(동법 제9조 제1항).

인사청문회는 원칙적으로 공개한다(동법 제14조). 위원회는 임명동의안이나 선출안 또는 인사청문요청안에 대한 인사청문회를 마친 날부터 3일 이내에 심사경과보고서 또는 인사청문경과보고서를 의장에게 제출한다(동법 제9조 제2항). 대통령당선인이 국무위원후보자에 대한 인사청문을 요청한 후 대통령 임기가 개시된 때에는 대통령당선인이 인사청문과 관련하여 행한 행위는 대통령이 행한 행위로 본다(동법 제11조의2).

(4) 소위원회

1) 개념과 유형 위원회는 소관사항을 분담·심사하기 위하여 **상설소위원회**를 둘 수 있으며 **특정한 안건의 심사**를 위하여 소위원회를 둘 수 있다(국회법 제57조 제1항). 그리고 상임위원회는 소관 법률안의 심사를 분담하는 2개 이상의 **소위원회**를 둘 수 있다(동법 동조 제2항). 소위원회의 위원장은 위원회에서 소위원회의 위원 중에서 선출하고, 소위원회의 위원장이 사고가 있을 때에는 소위원회의 위원장이 소위원회의 위원 중에서 지정하는 위원이 그 직무를 대리한다(동법 동조 제3항). 한편 예산결산특별위원회는 소위원회 외에도 심사를 위하여 필요한 경우에는 이를 여러 개의 **분과위원회**로 나눌 수 있다(동법 동조 제8항).

2) 활동과 권한 소위원회의 활동은 위원회가 의결로 정하는 범위에 한정된다(동법 동조 제4항). 그리고 소위원회의 회의는 공개하되, 소위원회의 의결로 공개하지 않을 수도 있다(동법 동조 제5항). 헌법재판소는 헌법의 의사공개원칙이 소위원회의 회의에 적용되는 것처럼 의사공개원칙의 예외도 소위원회의 회의에 적용되기 때문에 소위원회의 회의를 의결로 공개하지 않도록 허용한 것은 헌법에 위반되지 않는다고 본다.[5] 한편 소위원회는 폐회중에도 활동할 수 있으며 법률안을 심사하는 소위원회는 매월 3회 이상 개최해야 한다(동법 동조 제6항). 그리고 그 의결로 의안의 심사와 직접 관련된 보고 또는 서류 및 해당 기관이 보유한 사진·영상물의 제출을 정부·행정기관 등에 대하여

5) 헌재 2009. 9. 24. 2007헌바17.

요구할 수 있고, 증인 · 감정인 · 참고인의 출석을 요구할 수도 있다(동법 동조 제7항). 소위원회에 관하여는 국회법에서 다르게 정하거나 성질에 반하지 않는 한 위원회에 관한 규정을 적용하되, 소위원회는 축조심사를 생략할 수 없다(동법 동조 제8항).

(5) 연석회의

소관위원회는 다른 위원회와 협의하여 연석회의를 열고 의견을 교환할 수 있지만 **표결은 할 수 없다**(동법 제63조 제1항). 연석회의를 열고자 하는 위원회는 위원장이 부의할 안건명과 이유를 서면으로 제시하여 다른 위원회의 위원장에게 요구하여야 한다(동법 동조 제2항). 세입예산안과 관련있는 법안을 회부받은 위원회는 예산결산특별위원회 위원장의 요청이 있을 때에는 연석회의를 열어야 한다(동법 동조 제4항).

(6) 전원위원회

상임위원회 중심의 의안심사가 가지는 문제점을 보완하기 위하여 전원위원회제도를 두고 있다. 즉 국회는 위원회의 심사를 거치거나 위원회가 제안한 의안 중 정부조직에 관한 법률안, 조세 또는 국민에게 부담을 주는 법률안 등 주요의안의 본회의 상정 전이나 본회의 상정 후에 재적의원 4분의 1 이상이 요구할 때에는 그 심사를 위하여 **의원 전원으로 구성되는 전원위원회**를 개회할 수 있다. 다만, 의장은 주요의안의 심의 등 필요하다고 인정하는 경우 각 교섭단체 대표의원의 동의를 얻어 전원위원회를 개회하지 않을 수 있다(동법 제63조의2 제1항). 전원위원회는 의안에 대한 수정안을 제출할 수 있고, 이 경우에 당해 수정안은 전원위원장이 제출자가 된다(동법 동조 제2항). 전원위원회에 **위원장 1인을 두되 의장이 지명하는 부의장**으로 한다(동법 동조 제3항). 전원위원회는 재적위원 5분의 1 이상의 출석으로 개회하고, **재적위원 4분의 1 이상의 출석과 출석위원 과반수의 찬성으로 의결**한다(동법 동조 제4항).

3. 교섭단체

교섭단체란 동일정당에 소속된 국회의원으로 구성되는 원내의 정치단체를 말한다. 국회에 20명 이상의 소속의원을 가진 정당은 하나의 교섭단체가 된다. 그러나 다른 교섭단체에 속하지 않는 20명 이상의 의원으로 따로 교섭단체를 구성할 수 있다(동법 제33조 제1항). 교섭단체의 대표의원은 그 단체의 소속의원이 연서 · 날인한 명부를 의장에게 제출하여야 하며, 그 소속의원에 이동이 있거나 소속정당의 변경이 있을 때에는 그 사실을 지체없이 의장에게 보고하여야 한다(동법 동조 제2항).

제 4 절 국회의 운영과 의사절차

Ⅰ. 국회의 운영

1. 입법기와 회기

'입법기' 또는 '의회기'란 국회의원의 임기개시일로부터 임기만료일 또는 국회해산일까지를 말한다. 한편 '회기'란 국회의 집회일로부터 폐회일까지를 말한다. 국회법에 따르면 국회의 회기는 의결로 정하고, 의결로 연장할 수 있다(동법 제7조 제1항). 또한 국회의 회기는 집회 후 즉시 정해야 하고(동법 동조 제2항), 국회는 의결로 기간을 정하여 휴회할 수 있다(동법 제8조 제1항). 국회는 휴회중이라도 ① 대통령의 요구가 있을 때, ② 의장이 긴급한 필요가 있다고 인정할 때 또는 ③ 재적의원 4분의 1 이상의 요구가 있을 때에는 회의를 재개한다(동법 동조 제2항).

2. 정기회와 임시회

국회는 정기적인 집회인 '정기회'와 부정기적인 집회인 '임시회'로 운영된다.

(1) 정 기 회

정기회는 **매년 1회** 집회되며(제47조 제1항), 정기회는 100일을 초과할 수 없다(동조 제2항). 이에 근거한 국회법에 따르면 원칙적으로 정기회는 **매년 9월 1일**에 집회한다(동법 제4조).

(2) 임 시 회

임시회는 **대통령 또는 국회재적의원의 4분의 1 이상의 요구**에 의하여 집회된다(제47조 제1항). 그리고 임시회의 회기는 30일을 초과할 수 없다(동조 제2항). 대통령이 임시회의 집회를 요구할 때에는 기간과 집회요구의 이유를 명시하여야 한다(동조 제3항). 국회법에 따르면 임시회의 집회요구가 있을 때에는 의장은 원칙적으로 집회기일 3일 전에 공고한다(동법 제5조 제1항). 하지만 예외적으로 ① 내우 · 외환 · 천재 · 지변 또는 중대한 재정 · 경제상의 위기, ② 국가의 안위에 관계되는 중대한 교전상태나 전시 · 사변 또는 이에 준하는 국가비상사태에 있어서는 집회기일 1일 전에 공고할 수 있다(동법 동조 제2항).

의장은 **국회의 연중 상시운영**을 위하여 각 교섭단체 대표의원과의 협의를 거쳐 원칙적으로 매년 12월 31일까지 다음 연도의 '국회운영 기본일정'을 정하여야 한다(동법 제5조의2 제1항). 이러한 연간 국회운영 기본일정을 작성함에 있어서 준수해야 할 기준이 있다(동법 동조 제2항). ① 첫째, 2월 · 3월 · 4월 · 5월 및 6월 1일과 8월 16일(그 날이 공휴일인 때에는 그 다음날)에 임시회를 집회하되, 국회의원총선거가 있는 월의 경우에는 예외로 한다. ② 둘째, 임시회의 회기는 원칙적으로 해당 월의 말일까지로 하되, 임시회의 회기가 30일을 초과하는 경우에는 30일로 한다. ③ 셋째, 2월, 4월 및 6월에 집회하는 임시회의 회기 중 1주는 정부에 대하여 질문을 행한다.

Ⅱ. 국회의 의사절차

국회의 의사진행절차와 관련해서 민주주의원리에 따라 ① 의사공개의 원칙, ② 회기계속의 원칙, ③ 일사부재의의 원칙, ④ 다수결원칙 등이 요구된다.

1. 의사공개의 원칙

(1) 헌법규정

국회의 의사는 원칙적으로 공개되어야 한다. 왜냐하면 국회의 의사가 공개되는 경우에만 국회가 국민의 감시와 비판을 받을 수 있고, 이에 따라 진지하고 책임있는 의정활동을 하도록 할 수 있기 때문이다. 이러한 의사공개의 원칙은 구체적으로 ① 방청의 자유, ② 보도의 자유, ③ 국회의사록의 공개 등과 같은 내용을 포함한다. 헌법은 이러한 원칙을 확인하면서 출석의원 과반수의 찬성이 있거나 의장이 국가의 안전보장을 위하여 필요하다고 인정할 경우를 제외하고는 국회의 의사를 공개하도록 요구한다(제50조 제1항). 그리고 공개하지 않은 회의내용의 공표에 관하여는 법률에 위임하고 있다(동조 제2항).

(2) 국회법상 본회의와 위원회의 공개원칙

이러한 헌법의 규정에 근거하여 국회법도 원칙적으로 **본회의의 공개**를 요구한다. 다만, 의장의 '제의' 또는 의원 10명 이상의 연서에 의한 '동의(動議)'로 본회의의 의결이 있거나 의장이 각 교섭단체 대표의원과 협의하여 국가의 안전보장을 위하여 필요하다고 인정할 때에는 공개하지 않을 수 있는 예외를 인정하고 있다(동법 제75조 제1항). 예외적으로 인정되는 비공개의 제의나 동의에 대하여는 토론을 하지 않고 표결한다(동법 동조 제2항). 위원회의 경우에는 명시적인 규정은 없고, 의원이 아닌 자는 위원장의 허가를 받아 방청할 수 있다고 규정하고 있을 뿐이다(동법 제55조 제1항). 하지만 소위원회의 회의도 원칙적으로 공개하도록 하고 있는 규정(동법 제57조 제5항)에 비추어 볼 때 **공개의 원칙은 위원회에도 적용**되어야 한다. 헌법재판소도 같은 견해다.[6)]

(3) 공개원칙에 대한 제한

한편 국회법은 이러한 공개의 원칙을 제한하기도 한다. ① **정보위원회의 회의 및 징계에 관한 회의는 비공개**로 한다(동법 제54조의2 제1항, 제158조). 다만, 정보위원회의 회의는 공청회 또는 인사청문회를 실시하는 경우에는 위원회의 의결로 공개할 수 있고, 징계에 관한 회의도 본회의 또는 위원회의 의결이 있을 때에는 공개할 수 있다. 정보위

---

6) 헌재 2000. 6. 29. 98헌마443등.

원회의 회의를 비공개하는 원칙에 대하여 헌법재판소는 의사공개원칙에 위배되어 알권리를 침해한다고 결정했다.[7] ② 의장이 방청권을 발행하여 방청을 허가하도록 하고(동법 제152조 제1항), 또한 질서를 유지하기 위하여 필요한 때에는 방청인수를 제한할 수 있도록 하여(동법 동조 제2항) **방청의 허가**와 **방청인수의 제한**에 대해 구체화하고 있다. ③ 그 밖에도 흉기를 지닌 사람, 술기운이 있는 사람, 정신에 이상이 있는 사람, 그 밖에 행동이 수상하다고 인정되는 사람은 방청을 허가하지 않도록 하고(동법 제153조 제1항), 의장에게 필요한 때에는 경위 또는 경찰공무원으로 하여금 방청인의 신체를 검사하게 할 수 있도록 하여(동법 동조 제2항) **방청의 금지**와 **방청인의 신체검사**에 대한 근거를 규정한다. ④ 마지막으로 의장은 회의장 안의 질서를 방해하는 방청인의 퇴장을 명할 수 있으며 필요한 때에는 국가경찰관서에 인도할 수 있도록 하고(동법 제154조 제1항), 방청석이 소란할 때에는 의장이 모든 방청인을 퇴장시킬 수 있도록 하여(동법 동조 제2항) 의장에게 **방청인에 대한 퇴장명령권**을 부여하고 있다. 이 가운데 정신이상자에 대한 방청금지는 '정신이상'의 개념이 매우 포괄적이어서 정신장애인의 방청의 자유를 침해하고, 정신장애를 이유로 한 차별대우에 해당할 수 있으므로 회의에 방해가 되는 정도의 정신장애로 한정하는 것이 타당하다.

[판례] 의사공개의 원칙

헌법재판소는 '경제정의실천시민연합 국회예산감시위원회' 등이 '국회예산결산특별위원회 계수조정소위원회'와 '국회상임위원회'에 대해 신청한 방청허가가 취소되자 이러한 취소처분의 근거가 되는 국회법에 의하여 이들 시민단체 구성원들의 기본권이 침해당했다고 주장한 사건에서 다음과 같은 요지로 결정하였다: 국회법 제55조 제1항은 **위원회의 공개원칙을 전제**로 한 것이지, 비공개를 원칙으로 하여 위원장의 자의에 따라 공개 여부를 결정케 한 것이 아닌바, 위원장이라고 하여 아무런 제한없이 임의로 방청불허 결정을 할 수 있는 것이 아니라, 회의장의 장소적 제약으로 불가피한 경우, 회의의 원활한 진행을 위하여 필요한 경우 등 결국 **회의의 질서유지를 위하여 필요한 경우에 한하여 방청을 불허할 수 있는** 것으로 제한적으로 풀이되며, 이와 같이 이해하는 한, 위 조항은 헌법에 규정된 의사공개의 원칙에 저촉되지 않으면서도 **국민의 방청의 자유와 위원회의 원활한 운영간에 적절한 조화**를 꾀하고 있다고 할 것이므로 국민의 기본권을 침해하는 위헌조항이라 할 수 없다. 또한 소위원회의 회의도 가능한 한 국민에게 공개하는 것이 바람직하나, 전문성과 효율성을 위한 제도인 소위원회의 회의를 공개할 경우 우려되는 부정적 측면도 외면할 수 없고, **헌법은 국회회의의 공개여부에 관하여 회의 구성원의 자율적 판단을 허용**하고 있으므로, 소위원회 회의의 공개 여부 또한 소위원회 또는 소위원회가 속한 위원회에서 여러 가지 사정을 종합하여 합리적으로 결정할 수 있다 할 것인바, 예산결산특별위원회의 계수조정소위원회는 예산의 각 장·관·항의 조정과 예산액 등의 수치를 종합적으로 조정·정리하는 소위원회로서, 예산심의에 관하여 이해관계를 가질 수밖에 없는 많은 국가기관과 당사자들에게 계수조정 과정을 공개하기는 곤란하다는 점과, 계수조정소위원회를 비공개로 진행하는 것이 국회의 확립된 관행이라는 점을 들어 방청을 불허한 것이고, 한편 절차적으로도 계수조

7) 헌재 2022. 1. 27. 2018헌마1162등.

정소위원회를 비공개로 함에 관하여는 예산결산특별위원회 위원들의 실질적인 합의 내지 찬성이 있었다고 볼 수 있으므로, 이 사건 소위원회 방청불허행위를 헌법이 설정한 국회 의사자율권의 범위를 벗어난 위헌적인 공권력의 행사라고 할 수 없다(2000. 6. 29. 98헌마443등).

2. 회기계속의 원칙

국회의 의사는 헌법에 근거하여 회기계속의 원칙에 따라 진행된다. 이 원칙에 따르면 국회에 제출된 법률안 기타의 의안은 회기중에 의결되지 못한 이유로 폐기되지 않으며 단지 국회의원의 임기가 만료된 때에만 폐기된다(제51조). 회기계속의 원칙은 회기의 제한으로 의안이 처리되지 않아 다음 회기에 반복적으로 상정되는 일을 예방함으로써 의안심사의 '경제적 효율성'을 증대시킨다는 측면에서 정당화될 수도 있다. 또한 회기에 구속되지 않은 채 합리적 토론에 의하여 의안을 신중하게 처리하게 함으로써 의안심사의 '민주적 정당성'을 강화한다는 측면에서도 회기계속의 원칙은 정당화될 수 있다.

3. 일사부재의의 원칙

국회법에 따르면 국회의 의사는 일사부재의의 원칙에 따라 진행된다(동법 제92조). 이 원칙에 따르면 부결된 안건은 같은 회기중에 다시 발의 또는 제출하지 못한다. 이러한 원칙은 의사진행의 효율성을 제고시키고, 소수파에 의해 행해질 수 있는 의사진행방해를 방지하기 위한 목적에서 요청되는 것으로 이해된다. 따라서 ① 의제로 상정되어 의결되기 전에 철회된 의안이 다시 발의된 경우, ② 이전 회기에 의결된 의안과 동일하지만 다음 회기에 다시 발의된 경우, ③ 위원회에서 의결된 의안을 본회의에서 다시 심사하는 경우, ④ 동일한 인물에 대하여 다시금 새로운 사유에 근거한 해임건의안을 심의하는 경우 등은 일사부재의의 원칙이 적용되지 않는다.

4. 다수결원칙과 정족수

(1) 일반정족수

헌법은 다수결원칙에 따라 국회의 일반적인 의결정족수에 대해서 규정하고 있다. 이에 따르면 국회는 헌법 또는 법률에 특별한 규정이 있는 경우를 제외하고는 **재적의원 과반수의 출석**과 **출석의원 과반수의 찬성**으로 의결하고, 가부동수인 때에는 부결된 것으로 본다(제49조). 한편 국회법은 국회의 의사정족수 및 의결정족수에 대해서 다음과 같이 규정한다. **위원회**의 경우에는 재적위원 5분의 1 이상의 출석으로 개회하고, 재적위원 과반수의 출석과 출석위원 과반수의 찬성으로 의결한다(동법 제54조). **본회의**의 경우에는 재적의원 5분의 1 이상의 출석으로 개의하고(동법 제73조 제1항), 헌법 또는 국회법에 특별한 규정이 없는 한 재적의원 과반수의 출석과 출석의원 과반수의 찬성으로 의결한다(동법 제109조).

[참조] 헌법과 국회법의 정족수

정 족 수	사 안
재적의원 3분의 2 이상 찬성	① 헌법개정안 의결(제130조 제1항), ② 국회의원 제명(제64조 제3항), ③ 대통령에 대한 탄핵소추 의결(제65조 제2항 단서)
재적의원 과반수 출석 및 출석의원 3분의 2 이상 찬성	① 법률안 재의결(제53조 제4항), ② 번안동의의 의결(국회법 제91조)
재적의원 과반수	① 헌법개정안 발의(제128조 제1항), ② 일반 탄핵소추 의결(제65조 제2항), ③ 대통령에 대한 탄핵소추발의(제65조 제2항 단서), ④ 해임건의(제63조 제2항), ⑤ 계엄해제 요구(제77조 제5항), ⑥ 국회의장 및 부의장 선출(국회법 제15조 제1항)
재적의원 과반수 출석 및 출석의원 과반수 찬성	① 일반적 의결정족수(제49조, 국회법 제109조), ② 국회의장 및 부의장 결선투표(동법 제15조 제3항: 출석의원 다수득표자)
재적의원(또는 위원) 3분의 1 이상	① 해임건의의 발의(제63조 제2항), ② 일반 탄핵소추 발의(제65조 제2항), ③ 법률안의 심사를 위한 청문회 개회요구(국회법 제65조 제2항), ④ 무제한토론의 요구(동법 제106조의2 제1항)
재적의원(또는 위원) 4분의 1 이상	① 임시회소집 요구(제47조 제1항), ② 휴회 중 회의재개 요구(국회법 제8조 제2항), ③ 국정조사 발의(국감법 제3조 제1항), ④ 의원의 석방요구(국회법 제28조), ⑤ 위원회 개회요구(동법 제52조 및 제63조의2 제1항), ⑥ 전원위원회 의결정족수(동법 제63조의2 제4항: 재적위원 4분의 1 이상 출석 및 출석위원 과반수 찬성)
재적의원(또는 위원) 5분의 1 이상	① 본회의 및 위원회 의사정족수(국회법 제73조 제1항, 제54조), ② 기명 · 호명 · 무기명투표 요구(동법 제112조 제2항)
50인 이상	예산안에 대한 수정동의(국회법 제95조 제1항 단서)
30인 이상	① 의원의 자격심사 청구(국회법 제138조), ② 일반의안의 수정동의(동법 제95조 제1항), ③ 위원회에서 폐기된 법률안의 본회의 부의(동법 제87조 제1항)
20인 이상	① 의원에 대한 윤리심사 및 징계의 요구(국회법 제156조 제3항), ② 국무총리 · 국무위원 등 출석요구(동법 제121조 제1항), ③ 의사일정변경의 발의(동법 제77조), ④ 교섭단체의 구성(동법 제33조 제1항)
10인 이상	① 회의의 비공개 발의(국회법 제75조 제1항), ② 일반의안의 발의(동법 제79조 제1항)

(2) 특별정족수

이와 같은 일반정족수와는 달리 특별정족수가 규정된 경우도 있다. ① 첫째, **헌법개정안을 의결**하는 경우에 국회의 의결은 재적의원 3분의 2 이상의 찬성을 얻어야 한다(제130조 제1항). ② 둘째, **법률안을 재의결**하는 경우에 재적의원 과반수의 출석과 출석의원 3분의 2 이상의 찬성으로 전과 같은 의결을 하면 그 법률안은 법률로서 확정된다(제53조 제4항). ③ 셋째, **대통령에 대한 탄핵소추를 의결**하는 경우에 탄핵소추는 원칙적으로 국회재적의원 3분의 1 이상의 발의가 있어야 하며 그 의결은 국회재적의원 과반수의 찬성이 있어야 하지만 대통령에 대한 탄핵소추는 국회재적의원 과반수의 발의와 국회재적의원 3분의 2 이상의 찬성이 있어야 한다(제65조 제2항). ④ 넷째, **계엄해제요구를 의결**하는 경우에 국회 재적의원 과반수의 찬성이 있어야 하며 대통령은 이를 해제하여야 한다(제77조 제5항). ⑤ 다섯째, **국무총리 · 국무위원에 대한 해임을 건의**하는 경우에 국회재적의원 3분의 1 이상의 발의에 의하여 국회재적의원 과반수의 찬성이 있어야 한다(제63조 제2항). ⑥ 여섯째, **국회의원을 제명**하는 경우에 국회재적의원 3분의 2 이상의 찬성이 있어야 한다(제64조 제3항).

5. 표결방식

1) 유　　형　　국회에서 표결을 할 때에는 ① 원칙적으로 **전자투표에 의한 기록표결**로 가부를 결정하고, ② 예외적으로 투표기기의 고장 등 특별한 사정이 있을 때에는 **기립표결**로, 기립표결이 어려운 의원이 있는 경우에는 의장의 허가를 받아 본인의 의사표시를 할 수 있는 방법에 의한 표결로 가부를 결정할 수 있다(동법 제112조 제1항). 한편 ③ 중요한 안건으로서 의장의 제의 또는 의원의 동의로 본회의의 의결이 있거나 재적의원 5분의 1 이상의 요구가 있을 때에는 **기명 · 호명 또는 무기명투표**로 표결한다(동법 동조 제2항). 의장은 안건에 대한 이의의 유무를 물어서 이의가 없다고 인정한 때에는 가결되었음을 선포할 수 있다. 그러나 이의가 있을 때에는 앞에서 열거된 전자투표, 기립표결, 기명 · 호명 · 무기명투표의 방법으로 표결하여야 한다(동법 동조 제3항).

2) 법정 표결방식　　① **헌법개정안은 기명투표**로 표결한다(동법 동조 제4항). ② 대통령으로부터 환부된 법률안과 기타 인사에 관한 안건은 무기명투표로 표결하되, 겸직으로 인한 의원사직과 위원장사임에 대하여 의장이 각 교섭단체대표의원과 협의한 경우에는 예외로 한다(동법 동조 제5항). ③ 법률에 특별한 규정이 없는 한 국회에서 실시하는 각종 **선거는 무기명투표**로 한다(동법 동조 제6항). ④ 국무총리 또는 국무위원의 해임건의안이 발의된 때에는 무기명투표로 표결한다(동법 동조 제7항).

3) 표결절차　　국회에서 표결할 때에는 의장이 **표결할 안건의 제목을 의장석에서 선포**하여야 한다(동법 제110조 제1항). 표결을 할 때에는 회의장에 있지 않은 의원은 표결에 참여할 수 없으나 기명 · 무기명투표에 의하여 표결할 때에는 투표함이 폐쇄될 때

까지 표결에 참가할 수 있다(동법 제111조 제1항). 기명 · 무기명투표할 때에는 각 의원은 먼저 명패를 명패함에, 다음에 투표용지를 투표함에 투입한다(동법 제114조 제1항). 국회의장의 경우에 의장석에서 기표한 후 의사직원으로 하여금 투표용지를 투표함에 넣게 하는 국회의 관례가 있는데, 이에 대하여 헌법재판소는 의장이 직접 기표한 후 다른 사람이 알지 못하도록 접은 경우에 대리투표에 해당하지 않는다고 본다.[8] 표결이 끝났을 때에는 의장은 그 결과를 의장석에서 선포한다(동법 제113조).

[판례] 국회의장의 투표용지 대리투입

국회의장이 국회의 관례에 따라 의장석에서 투표용지에 직접 기표를 하고 기표내용을 다른 사람이 알지 못하도록 투표용지를 접은 후 의사직원에게 전달하여 그로 하여금 투표함에 넣게 한 사실이 인정될 뿐이므로, 대리투표에 해당하지 않는다(2004. 5. 14. 2004헌나1).

제 5 절 국회의 권한

I. 입법에 관한 권한

헌법에 따르면 입법권은 국회에 속한다(제40조). 이에 근거하여 입법, 즉 일반적이고 추상적인 법규범을 정립(제정)하는 작용은 원칙적으로 국회의 권한에 속한다. 따라서 국회는 입법작용에서 중심적인 역할을 담당하고, 특별히 '법률'의 형식으로 된 법규범의 제정은 국회만이 가지는 고유한 권한에 해당한다.

1. 헌법개정안의 발의 및 의결권

국회는 헌법개정안을 발의하고 의결할 수 있는 권한을 가진다. 헌법개정은 **국회재적의원 과반수**의 발의로 제안된다(제128조 제1항). 국회는 헌법개정안이 공고된 날로부터 60일 이내에 의결하여야 하며, 국회의 의결은 **재적의원 3분의 2 이상의 찬성**을 얻어야 한다(제130조 제1항). 국회에서 의결된 헌법개정안은 국민투표를 통해서 비로소 확정될 수 있다.

2. 법률안의 제안 및 심의 · 의결권

(1) 법률의 개념

법률은 국회가 헌법이 규정하고 있는 절차에 따라 심의 · 의결하고, 대통령이 서명 · 공포함으로써 성립하는 '형식적 의미의 법률'을 의미한다. 또한 법률은 법치국가원리에서 도출되는 법적 안정성의 이념에 따라 일반성, 명확성, 불소급성을 갖춘 법률이

8) 헌재 2004. 5. 14. 2004헌나1.

어야 한다. 이러한 형식적 의미의 법률에는 국민의 기본권과 관련된 '법규사항'뿐만 아니라 국민의 기본권과 관련이 없는 '입법사항'도 내용으로 담길 수 있다. 여기서 입법사항이라 함은 소극적 의미에서는 민주적 입법자의 처분에 맡길 수 없을 만큼 가장 중요한 대상으로 헌법에서 규율되는 헌법사항에 속하지 않는 것을 뜻하고, 적극적 의미에서는 민주적 입법자가 규율해야 할 만큼 중요한 대상에 속하는 것을 뜻한다. 이러한 법률개념은 고정적이지 않고 개방적이라는 의미에서 '절차적인' 법률개념이라고 부를 수 있다.

(2) **처분적 법률의 문제**

1) **처분적 법률의 개념** 특별히 법률의 일반성과 관련하여 일반적이고 추상적인 법규범이 아니라 개별적이고 구체적인 법규범인 **처분적 법률**이 허용될 수 있는지가 문제될 수 있다. 여기서 처분적 법률이란 집행을 매개로 하지 않고 적용될 수 있거나 특정한 범위의 개인(개별인법률)이나 사건(개별사건법률) 또는 시간(한시법)에만 적용될 수 있도록 구체적이고 개별적으로 규정된 법규범을 의미한다. 견해에 따라서는 처분적 법률을 단지 집행을 매개로 하지 않고 적용될 수 있도록 구체적으로 규정된 법규범으로만 좁게 이해하여(좁은 의미의 처분적 법률) 특정한 개인이나 사건 또는 시간에 한정하여 적용되는 '개별적 법률'과 구분하기도 한다. 이러한 견해에 따르더라도 처분적 법률이든 개별적 법률이든 규율대상과 규율범위를 한정하여 법률의 일반성과 추상성의 요건을 충족하지 못한다는 공통적인 문제점을 발생시키게 된다. 따라서 여기서는 처분적 법률을 넓게 이해하여 좁은 의미의 처분적 법률과 개별적 법률을 포함하는 개념으로 이해하기로 한다.

2) **문제의 소재와 해결** 처분적 법률이 문제되는 것은 그것이 국민의 기본권을 침해할 수 있고, 권력분립원칙과 평등원칙에 반할 수 있다는 점 때문이다. 따라서 처분적 법률은 기본권제한에 필요한 원칙을 준수하는 한, 권력분립원칙의 범위 안에서, 그리고 평등원칙이 허용하는 한도 내에서 인정될 수 있다. 우선 기본권침해와 관련하여 국회는 국민의 기본권과 관련된 법규사항이나 그 밖의 법률사항(입법사항)들을 법률의 형식으로 규율할 수 있다. 이러한 규율영역에서 원칙적으로 입법자의 형성의 자유가 보장되지만 이러한 법률은 국민의 기본권이나 헌법적 가치를 침해할 수 없다. 따라서 처분적 법률에 의한 구체적인 기본권침해 여부는 입법자가 추구하는 공익의 목적과 국민의 기본권이나 헌법적 가치의 형량을 통해서 결정되기 때문에 비례성원칙의 준수는 처분적 법률의 한계로서 중요한 의미를 갖게 된다. 다음으로 집행부나 사법부의 권한을 합리적인 범위에서 제약하는 정도의 처분적 법률은 권력분립원칙에 반하지 않는다. 물론 이 경우에도 권한제약의 정도가 합리적인지 여부를 판단하기 위해서는 권한과 관련된 형식적 원칙들 상호간의 형량이 필수적이다. 또한 평등원칙은 상대적 평등으로 이해되어 합리적인 근거가 있는 불리한 대우를 허용하기 때문에 합리적인 근거가 있는 처분적 법률의 제정은 허용될 수 있다.

[판례] 처분적 법률

[1] **5·18특별법** 개별사건법률은 원칙적으로 평등원칙에 위배되는 자의적 규정이라는 강한 의심을 불러일으키는 것이지만, 개별법률금지의 원칙이 법률 제정에 있어서 입법자가 평등원칙을 준수할 것을 요구하는 것이기 때문에 특정규범이 **개별사건법률에 해당한다 하여 곧바로 위헌을 뜻하는 것은 아니며**, 이러한 차별적 규율이 합리적인 이유로 정당화될 수 있는 경우에는 합헌적일 수 있다. 이른바 12·12 및 5·18 사건의 경우 그 이전에 있었던 다른 헌정질서파괴범과 비교해 보면, 공소시효의 완성 여부에 관한 논의가 아직 진행중이고, 집권과정에서의 불법적 요소나 올바른 헌정사의 정립을 위한 과거청산의 요청에 미루어 볼 때 특별법이 개별사건법률이라고 하더라도 입법을 정당화할 수 있는 공익이 인정될 수 있으므로 헌법에 위반되지 않는다(1996. 2. 16. 96헌가2등).

[2] **세무대학폐지법** 세무대학설치법폐지법률은 세무대학설치의 법적 근거로 제정된 기존의 세무대학설치법을 폐지함으로써 세무대학을 폐교하는 법적 효과를 발생시키는 것이므로, 동법은 세무대학과 그 폐지만을 규율목적으로 삼는 처분법률의 형식을 띤다. 그러나 이와 같은 처분법률의 형식은 폐지대상인 세무대학설치법 자체가 이미 처분법률에 해당하는 것이므로, 이를 폐지하는 법률도 당연히 그에 상응하여 처분법률의 형식을 띨 수밖에 없는 필연적 현상이다. 한편 **어떤 법률이 개별사건법률 또는 처분법률의 성격을 띠고 있다고 해서 그것만으로 헌법에 위반되는 것은 아니다.** 따라서 정부의 조직 및 기능 조정을 위해 세무대학을 폐지해야 할 합리적 이유가 있는 것이므로 이 사건 폐지법은 그 처분법률의 성격에도 불구하고 헌법적으로 정당하다(2001. 2. 22. 99헌마613).

[3] **보안관찰대상자의 출소신고의무** 보안관찰법 제6조 제1항 전문 후단이 보안관찰처분대상자에게 출소 후 신고의무를 법집행기관의 구체적 처분(예컨대 신고의무부과처분)이 아닌 법률로 직접 부과하고 있기는 하나 위 조항은 보안관찰처분대상자 중에서 일부 특정 대상자에게만 적용되는 것이 아니라 위 대상자 모두에게 적용되는 **일반적이고 추상적인 법률규정**이다. 일반적으로 특정법률이 일반 국민에게 특정한 행위를 하지 못하도록 금지하거나 특정한 의무를 부과할 필요가 있는 경우에는 법률 자체에서 직접 규율하고 있는데 이러한 입법형식은 여러 법영역에서 광범위하게 찾아볼 수 있고, 또한 널리 인정되고 있다. 따라서 이 사건 조항은 보안관찰처분대상자 모두에게 적용되는 일반적·추상적인 법률규정으로서 법률이 직접 출소 후 신고의무를 부과하고 있다고 하더라도 처분적 법률 내지 개인적 법률에 해당된다고 볼 수 없으므로 권력분립원칙에 위반되지 아니한다(2003. 6. 26. 2001헌가17).

[4] **연합뉴스의 국가기간뉴스통신사 지정** 헌법은 처분적 법률로서 개인대상법률 또는 개별사건법률의 정의를 따로 두고 있지 않음은 물론, 처분적 법률의 제정을 금하는 명문의 규정도 두고 있지 않은바, 특정규범이 개인대상 또는 개별사건 법률에 해당한다고 하여 그것만으로 바로 헌법에 위반되는 것은 아니다. 따라서 연합뉴스사를 위한 심판대상조항(주식회사 연합뉴스를 국가기간뉴스통신사로 지정하고 이에 대한 재정지원 등을 규정한 조항)의 차별적 규율이 합리적인 이유로 정당화되는 경우에는 이러한 처분적 법률도 허용된다(2005. 6. 30. 2003헌마841).

[5] **이명박특검법** 특별검사에 의한 수사대상을 특정인에 대한 특정 사건으로 한정한 이 사건 법률 제2조가 처분적 법률에 해당한다는 청구인들의 주장은 결국 위 조항으로 인하여 청구인들의 평등권이 침해되었다는 주장으로 볼 것인바, 특별검사제도의 장단점 및 우리나라 특별검사제도의 연혁에 비추어 볼 때, 검찰의 기소독점주의 및 기소

편의주의에 대한 예외로서 특별검사제도를 인정할지 여부는 물론, 특정 사건에 대하여 특별검사에 의한 수사를 실시할 것인지 여부, 특별검사에 의한 수사대상을 어느 범위로 할 것인지는 국민을 대표하는 국회가 검찰 기소독점주의의 적절성, 검찰권 행사의 통제 필요성, 특별검사제도의 장단점, 당해 사건에 대한 국민적 관심과 요구 등 제반 사정을 고려하여 결정할 문제로서 그 판단에는 본질적으로 국회의 폭넓은 재량이 인정된다. 따라서 국회가 여러 사정을 고려하여 이 사건 법률 제2조가 규정하고 있는 사안들에 대하여 특별검사에 의한 수사를 실시하도록 한 것이 명백히 자의적이거나 현저히 부당한 것이라고 단정하기 어렵다(2008. 1. 10. 2007헌마1468).

[6] **법정 국기원의 신설** 헌법상 과잉금지원칙에 위배되어 청구인의 직업의 자유를 침해한다고는 볼 수 없을 뿐만 아니라, 태권도 진흥법 최초 시행일 당시의 이사와 그 이후에 선임된 이사 사이의 신뢰 보호의 필요성에는 분명한 차이가 있다고 할 것이므로, 태권도 진흥법 최초 시행일 당시의 기존 국기원의 이사와 그 이후 선임된 기존 국기원의 이사를 달리 취급하는 것에는 합리적 이유가 있다 할 것이므로 청구인의 평등권을 침해하지 않는다(헌재 2011. 5. 26. 2010헌마183).

(3) 법률제정절차

법률안은 ① 제안되고, ② 국회의 심의와 의결을 거쳐, ③ 공포됨으로써 효력을 발생한다.

[표] 법률제정절차

제안	보고 · 회부	심의 · 의결			정부이송	재의결	공포
의원 및 정부	국회의장	상임위원회	법사위	본회의	대통령	국회	대통령, 국회의장
발의 · 제출	본회의 보고 상임위 회부	토론 표결	체계 · 자구심사	토론 표결	공포 또는 재의요구 (환부거부)	법률 확정	공포 후 발효

1) **법률안의 제안** 법률안은 **국회의원과 정부**가 제출할 수 있다(제52조). 정부도 법률안을 제출할 수 있다는 점은 의원내각제적 요소로 이해되고, 국무회의의 심의(제89조 제3호) 및 국무총리와 관계국무위원의 부서(제82조)를 필요로 한다는 점에서 차이가 있다. 국회법에 따르면 국회의원은 10인 이상의 찬성으로 의안을 발의할 수 있으므로 법률안을 발의하는 경우에도 동일하다(동법 제79조 제1항). 국회의원이 법률안을 발의하는 때에는 발의의원과 찬성의원을 구분하되, 그 제명의 부제로 발의의원의 성명을 기재하고, 발의의원이 2명 이상인 경우에는 대표발의의원 1명을 명시하여야 한다(동법 동조 제3항). 그리고 의결된 제정법률안이나 전부개정법률안을 공표하거나 홍보할 때 해당 법률안의 부제를 함께 표기할 수 있다(동법 동조 제4항). 이것을 '법안실명제'라고 부르는데 법률안의 발의에서 신중성과 책임성을 제고하기 위한 목적으로 도입된 제도다.

국회의원이나 위원회 또는 정부가 예산 또는 기금상의 조치를 수반하는 법률안을 발의 또는 제안하거나 제출하는 경우에는 그 법률안의 시행에 수반될 것으로 예상되는

'비용에 대한 국회예산정책처의 추계서 또는 국회예산정책처에 대한 추계요구서'를 아울러 제출해야만 한다(동법 제79조의2 제1항, 제3항 및 제4항). 더욱이 정부는 이에 상응하는 재원조달방안에 관한 자료도 첨부해야만 한다(동법 동조 제4항). 이와 같이 재정을 수반하는 법률안에 대해서 비용추계서를 첨부하도록 의무화하는 제도는 법률의 경제적 타당성과 실효성을 제고하기 위한 목적에서 도입된 것으로 이해된다. 그렇다면 법률안을 발의 · 제출하는 단계뿐만 아니라 심의되는 단계에서 수정안이나 대안이 제출되는 경우에도 비용추계서의 첨부가 요구된다고 해석할 수 있다.

2) 국회의 심의 · 의결

A. 위원회의 심의 · 의결절차　　제출된 법률안은 국회의 심의 및 의결을 거쳐야 한다. 우선 위원회의 심의 · 의결절차에 대해서 살펴보면 ① 법률안이 발의 · 제출된 때에 국회의장은 이를 의원에게 배부하고 **본회의에 보고**하며, **소관 상임위원회에 회부**하되, 폐회 또는 휴회 등으로 본회의에 보고할 수 없을 때에는 이를 생략하고 회부할 수 있다(동법 제81조 제1항). 국회의장은 발의 · 제출된 법률안과 직접적인 이해관계를 가지는 위원이 소관 상임위원회 재적위원 과반수로 해당 법률안의 심사에 공정을 기할 수 없다고 인정하면 그 법률안을 소관 상임위원회에 회부하지 않고 국회운영위원회와 협의하여 다른 위원회에 회부하여 심사하게 할 수 있다(동법 동조 제3항).

② 국회의장을 통해 법률안을 회부받은 위원회는 긴급하고 불가피한 사유로 위원회의 의결이 있는 경우를 제외하고는 신중한 심의를 위하여 발의 · 제출된 법률안이 그 위원회에 회부된 후 일정기간(일부개정법률안: 15일, 제정 · 전부개정법률안: 20일, 법제사법위원회의 체계 · 자구심사: 5일, 법률안 외의 의안: 20일)을 경과한 후에야 비로소 이를 **의사일정으로 상정**할 수 있다(동법 제59조).

③ 위원회는 법률안을 심사할 때 가장 먼저 그 **취지의 설명과 전문위원의 검토보고**를 듣는다(동법 제58조 제1항). 다음으로 **대체토론**(법률안 전체에 대한 문제점과 당부에 관한 일반적인 토론)과 **축조심사**(逐條審査: 법률조항 하나하나를 차례대로 따라가며 심사하는 것) 및 **찬반토론**을 거친다(동법 동조 동항). 이 가운데 축조심사는 위원회의 의결로 생략할 수도 있지만 제정법률안 및 전부개정법률안에 대하여는 생략할 수 없고(동법 동조 제5항), 특히 소위원회는 축조심사를 생략할 수 없다(동법 제57조 제8항).

④ 상임위원회는 법률안을 심사할 때 **상설 소위원회에 회부하여 이를 심사 · 보고**하도록 하여야 한다(동법 제58조 제2항). 다만 대체토론이 끝난 후에야 비로소 소위원회에 회부할 수 있다(동법 동조 제3항). 그리고 위원회는 제정법률안 및 전부개정법률안에 대하여는 **공청회 또는 청문회**를 개최해야 하지만 위원회의 의결로 생략할 수도 있다(동법 동조 제6항). 또한 위원회는 법률안이 예산상의 조치를 수반하는 경우에는 **정부의 의견**을 들어야 한다(동법 동조 제7항).

⑤ 위원회는 **번안동의**(飜案動議: 이미 가결된 의안을 무효로 하고 다른 내용으로 번복

하여 다시 의결하기 위한 제안) **또는 수정안이나 대안을 제출**할 수 있다. 위원회에서 번안동의는 위원의 동의(動議)로 그 안을 갖춘 서면으로 제출하되, 재적위원 과반수의 출석과 출석위원 3분의 2 이상의 찬성으로 의결하되, 본회의에 의제가 된 후에는 번안할 수 없다(동법 제91조 제2항). 그리고 위원회는 소관사항 외의 법률안에 대하여는 수정안을 제출할 수 없다(동법 제95조 제3항).

⑥ 법률안의 심사절차가 모두 끝나면 마지막으로 **표결**한다(동법 제58조 제1항).

[표] 위원회의 법률안 심의 · 의결절차

국회의장	상임위	제안자 및 전문위원	상임위	소위원회	상임위	상임위
의원에 배부 본회의 보고 상임위 회부	의사일정 상정	취지설명 및 검토보고	대체토론	심사 및 보고	축조심사 찬반토론	표결

B. 본회의의 심의 · 의결절차 다음으로 본회의의 심의절차에 대해서 살펴보면 ① 위원회가 법률안의 심사를 마친 때에는 심사경과와 결과 기타 필요한 사항을 서면으로 **의장에게 보고**해야만 한다(동법 제66조 제1항). 보고서가 제출되면 의장은 본회의에서 의제가 되기 전에 인쇄하거나 전산망에 입력하는 방법으로 **의원에게 배부**하되 긴급을 요할 때에는 생략할 수 있다(동법 동조 제4항).

② 위원회에서 법률안의 심사를 마친 때에는 **법제사법위원회에 회부하여 체계와 자구에 대한 심사**를 거쳐야 한다(동법 제86조 제1항). 법제사법위원회의 체계 · 자구심사에서는 제정 · 전부개정법률안에 대해서도 축조심사가 생략될 수 있고, 공청회나 청문회가 개최되지 않을 수 있다(동법 제58조 제10항). 법제사법위원회에 회부된 법률안에 대해서는 회부된 날로부터 이유 없이 60일 이내에 심사가 마쳐지지 않으면 원칙적으로 본회의 부의를 요구할 수 있고, 이의가 있는 경우에 위원회 재적위원 5분의 3 이상의 찬성으로 본회의 부의 여부를 의결한다(동법 제86조 제1항). 또한 법제사법위원회에 회부된 법률안에 대해서 체계와 자구 심사의 범위를 벗어나는 것은 금지된다(동법 동조 제5항).

③ 소관 상임위원회에 회부하여 그 심사가 끝나고 본회의에 부의하기로 의결한 법률안은 국회의장이 **본회의에 부의**한다(동법 제81조 제1항). 따라서 위원회에서 본회의에 부의할 필요가 없다고 결정된 법률안은 원칙적으로 본회의에 부의할 필요가 없지만 예외적으로 위원회의 결정이 본회의에 보고된 날로부터 폐회 또는 휴회중의 기간을 제외한 7일 이내에 의원 30인 이상의 요구가 있는 경우에는 그 법률안을 본회의에 부의해야만 한다(동법 제87조).

④ 상임위원장은 소관위원회에서 심사를 마친 법률안이 본회의에서 의제가 된 때에는 필요한 사항을 **본회의에 보고**한다(동법 제67조 제1항). 본회의는 법률안을 심사한 위원장의 심사보고를 듣고 **질의 · 토론**을 거친다. 다만 위원회의 심사를 거치지 않은 법률안에 대하여는 제안자가 그 취지를 설명해야만 하지만 위원회의 심사를 거친 법률안에

대하여는 의결로 질의와 토론 모두를 또는 그 중의 하나를 생략할 수 있다(동법 제93조).

⑤ 본회의는 법률안에 대하여 **번안동의 또는 수정동의**(修正動議: 원안의 제목이나 내용을 변경 · 삭제 · 추가하는 제안)할 수 있다. 첫째, 본회의에서 번안동의는 법률안을 발의한 의원이 그 법률안을 발의할 때의 발의의원 및 찬성의원 3분의 2 이상의 동의(同意)로, 정부 또는 위원회가 제출한 법률안은 소관위원회의 의결로, 각각 그 안을 갖춘 서면으로 제출하되 재적의원 과반수의 출석과 출석의원 3분의 2 이상의 찬성으로 의결한다(동법 제91조 제1항). 둘째, 법률안에 대한 수정동의는 그 안을 갖추고 이유를 붙여 의원 30인 이상의 찬성의원과 연서하여 미리 의장에게 제출해야만 한다(동법 제95조 제1항). 위원회에서 심사보고한 수정안은 찬성없이 의제가 된다(동법 동조 제2항).

⑥ 법률안에 대한 질의 · 토론을 거쳐 심의가 끝나면 본회의는 **표결**한다(동법 제93조).

3) 대통령의 공포 또는 거부 및 국회의 재의결과 발효 ① 국회에서 의결된 법률안은 정부로 이송되어 15일 이내에 대통령이 서명하고 공포해야 하는데(제53조 제1항) 이때 국무총리와 관계국무위원의 부서가 필요하다.

② 국회가 의결한 법률안에 대해서는 **대통령이 거부권**을 행사할 수 있는데 이것은 대표적인 대통령제의 요소다. 이에 따라 국회에서 의결된 법률안에 이의가 있을 경우에 대통령은 15일 이내에 이의서를 붙여 국회로 환부하고, 그 재의를 요구할 수 있다(제53조 제2항). 국회가 폐회중인 경우에도 재의 요구가 가능하다. 하지만 법률안의 일부에 대하여 또는 법률안을 수정하여 재의를 요구하는 것은 허용되지 않는다(동조 제3항).

③ 대통령의 재의 요구가 있으면 국회는 재의에 붙이고, **재적의원 과반수의 출석과 출석의원 3분의 2 이상의 찬성**으로 전과 같은 의결을 하면 그 법률안은 법률로서 확정된다(동조 제4항). 또한 대통령이 국회에서 의결된 법률안이 정부로 이송된 후 15일 이내에 공포나 재의의 요구를 하지 않은 때에도 그 법률안은 법률로서 확정된다(동조 제5항).

④ 대통령은 확정된 법률을 **지체없이 공포**해야만 한다. 대통령이 공포나 재의의 요구를 하지 않아 법률이 확정된 후 또는 대통령의 재의 요구에 대하여 국회가 재의결하여 확정된 법률이 정부에 이송된 후 5일 이내에 대통령이 공포하지 않으면 국회의장이 이를 공포한다(동조 제6항). 법률은 특별한 규정이 없는 한 공포한 날로부터 20일을 경과하면 효력을 발생한다(동조 제7항).

3. 조약 체결 · 비준의 동의권

대통령이 체결하고 비준한 조약(제73조)에 대해서 국회는 동의할 수 있는 권한을 가진다. 구체적으로 국회는 ① 상호원조 또는 안전보장에 관한 조약, ② 중요한 국제조직에 관한 조약, ③ 우호통상항해조약, ④ 주권의 제약에 관한 조약, ⑤ 강화조약, ⑥ 국가나 국민에게 중대한 재정적 부담을 지우는 조약, ⑦ 입법사항에 관한 **조약의 체결 · 비준에 대한 동의권**을 가진다(제60조 제1항). 국회의 동의가 필요한 조약사항을 규정하고 있는 헌법 제60조 제1항은 대통령의 권한을 제한하면서 국회의 권한을 부여하고 있으므로 예시조항이 아니라 **열거조항**으로 이해되어야 한다. 이러한 국회의 동의는 조약에 대해서 **국내법적 효력**을 부여하기 위한 절차로 이해된다. 따라서 국회의 동의를 받은 조약은 국내적으로, 그리고 법률과 같은 효력을 가진다.[9] 한편 조약의 내용을 수정하여 동의하는 **수정동의권**은 인정될 수 없다. 왜냐하면 수정동의는 대통령의 조약체결권을 침해하고, 실제로는 조약에 대한 동의거부 또는 새로운 조약의 제안을 의미하기 때문이다.

4. 국회규칙제정권

국회의 자율권을 보장하기 위해 국회는 법률에 저촉되지 않는 범위 안에서 의사와 내부규율에 관한 규칙을 제정할 수 있다(제64조 제1항). 이러한 국회규칙제정권은 권력분립원칙에 근거하여 국회의 독립성과 자율성을 존중하기 위하여 인정되는 권한이기도 하다.

Ⅱ. 재정에 관한 권한

국회는 공익적 수요를 충족하기 위하여 필요한 재원을 조달하거나 재산을 관리·사용·처분하는 재정과 관련된 권한을 가진다. 왜냐하면 이러한 재정행위는 국민의 재산권과 같은 기본권에 중대한 영향을 미치는 행위로서 국민의 대표기관인 국회의 권한에 속하기 때문이다. 국회의 재정권과 관련해서는 재원의 조달을 위한 조세징수권, 그리고 재원의 사용을 위한 예산 및 결산권이 문제된다.

1. 조세법률주의

조세란 국가 또는 지방자치단체가 재원의 조달을 위해 국민에게 반대급부 없이 부과하는 금전적 부담을 말한다. 헌법은 조세의 종목과 세율은 법률로 정한다고 규정함으로써 조세법률주의원칙을 선언하고 있다(제59조). 이 원칙은 ① 과세요건 법정주의의 원칙, ② 과세요건 명확주의의 원칙, ③ 소급과세금지의 원칙 등으로 구체화된다. 여기서 과세요건은 헌법이 명시하고 있는 조세의 종목과 세율뿐만 아니라 납세의무자, 과세물건, 과세표준, 과세절차, 과세에 대한 권리구제 등을 포함한다. 관련조항으로는 국민의 기본의무로서 납세의 의무를 규정한 헌법 제38조를 들 수 있다.[10]

조세법률주의원칙과 관련하여 지방세의 부과와 징수를 '조례'에 위임한다든지, '조약'에 의해 세율을 정하는 것도 이 원칙에 위반되는 것은 아니다. 왜냐하면 조례제정권도 헌법이 부여한 권한에 속하고, 헌법에 의하여 체결·공포된 조약은 국내법과 같은 효력을 가지기 때문이다. 또한 대통령이 긴급재정·경제명령권에 의하여 조세에 관한 법률적 효력을 갖는 명령을 발하는 경우에도 국회의 승인이 필요하기 때문에 조세법률

---

9) 제1편 제2부 제4장 제5절 IV. 1. (3) 참조.
10) 제2편 제2부 제11장 제3절 참조.

주의의 예외로 보기는 힘들다.

2. 예산심의 · 확정권

(1) 예산의 개념

1) 예산의 법적 성격 예산이란 1회계연도에 예상되는 세입과 세출을 계획 · 편성하여 국회의 의결을 얻은 일종의 법규범을 말한다. 예산은 **예산법률주의**에 따라 법률의 형식으로 존재하는 경우와 **예산비법률주의**("예산특수의결주의"[11])에 따라 법률의 형식과는 독립적인 형식으로 존재하는 경우로 구분된다. 전자의 경우에는 예산이 법규범이지만 후자의 경우에는 예산이 법규범인지에 대한 문제가 제기될 수 있는데 이에 대해 법규범의 성격을 인정하는 견해(법규범설)와 부정하는 견해(법규범부인설)가 주장된다. 예산은 법률의 형식으로 존재하지 않는 경우에 적어도 관계기관을 구속하지만 강제할 수 있는 법적 제재수단이 없기 때문에 '특수한 법규범'으로서 이해되는 것이 적절하다.

2) 예산과 법률의 구분 ① 법률안은 정부와 국회가 제출할 수 있지만 예산안은 정부만이 제출할 수 있다는 점, ② 법률안은 정부의 동의 없이도 국회가 수정할 수 있지만 예산안은 정부의 동의 없이는 증액하거나 새 비목을 설치할 수 없다는 점, ③ 국회가 의결한 법률안에 대해서는 대통령이 거부권을 행사할 수 있지만 예산안에 대해서는 대통령이 거부권을 행사할 수 없다는 점, ④ 법률은 한시법이 아닌 경우에 개정 · 폐지될 때까지 계속적으로 효력을 갖지만 예산은 '예산1년주의원칙'에 따라 시간적으로 1회계연도에만 효력을 가진다는 점, ⑤ 법률은 국가기관뿐만 아니라 일반국민도 구속하지만 예산은 대상적으로 관련된 국가기관만을 구속할 뿐 국민에게는 효력을 미치지 않는다는 점, ⑥ 법률은 공포됨으로써 효력을 갖지만 예산은 국회에서 의결됨으로써 확정되어 효력을 갖는다는 점에서 법률과 예산은 구분된다. 그 밖에도 ⑦ 예산과 법률은 형식상 구분되고, 각각의 의결에 관한 권한은 별개의 헌법규정(제53조 및 제54조)에 근거한다.

3) 예산과 법률의 불일치 예산과 법률이 형식상 구분되기 때문에 ① 법률의 집행을 위한 예산이 편성되지 않거나, ② 예산에 편성된 지출의 근거가 되는 법률이 존재하지 않는 경우가 발생할 수 있는데 이것을 '예산과 법률의 불일치'라고 부른다. 이러한 상태의 발생을 사전에 예방하기 위해서는 가능한 한 모든 세출을 예산에 반영하고, 근거법령과 예산안을 동시에 제출하며, 정부의 국회출석 · 발언권을 충분히 활용해야 한다. 예산상 또는 기금상의 조치를 수반하는 법률안을 발의 · 제출하는 경우에 반드시 국회예산정책처의 비용추계서를 함께 제출하도록 하는 것도(동법 제79조의2) 같은 맥락에서 이해된다. 그럼에도 불구하고 예산과 법률의 불일치가 발생하면 추가경정예산이나 예비비에 관한 제도를 이용하거나 법률의 시행시기를 연기함으로써 해결해야 한다.

11) 권영성, 903면.

(2) 예산안의 심의 · 확정절차

우리 헌법상 예산은 형식상 '법률'이 아니고 '예산'이라는 독립된 형식을 가진다. 국회는 국가의 예산안을 심의 · 확정하는 권한을 갖는다(제54조 제1항). 헌법은 예산의 편성 · 제출의 권한은 정부에, 심의 · 의결의 권한은 국회에 부여하고 있다. 이에 따라 정부는 회계연도마다 예산안을 편성하여 **회계연도 개시 90일 전**(10월 2일)까지 국회에 제출하고, 국회는 회계연도 개시 **30일 전**(12월 1일)까지 이를 의결하여야 한다(동조 제2항). 국가의 회계연도는 매년 1월 1일에 시작하여 12월 31일에 종료한다(국가재정법 제2조).

[표] 예산안 편성 및 의결 절차

기 한	1월 31일	3월 31일	5월 31일	~	9월 2일 (2016년부터)	12월 1일
내 용	중기사업 계획서 제출	예산평성지침 통보	예산요구서 제출	예산안 편성	예산안 제출	예산안 심의 · 의결
주 체	중앙관서의 장	기획재정부 장관	중앙관서의 장	기획재정부 장관	정부	국회
상 대 방	기획재정부 장관	중앙관서의 장	기획재정부 장관	-	국회	-
사전절차	-	국무회의 심의 대통령의 승인	-	국무회의 심의 대통령의 승인	-	소관상임위/ 예결산특위의 심사

1) 예산안의 편성과 제출 예산안의 편성과 관련하여 **각 중앙관서의 장**은 매년 1월 31일까지 당해 회계연도부터 5회계연도 이상의 기간 동안의 신규사업 및 기획재정부장관이 정하는 주요 계속사업에 대한 '중기사업계획서'를 기획재정부장관에게 제출해야 한다(동법 제28조). **기획재정부장관**은 국무회의의 심의를 거쳐 대통령의 승인을 얻은 다음 연도의 '예산안편성지침'을 매년 3월 31일까지 각 중앙관서의 장에게 통보해야 하고(동법 제29조 제1항), 이 지침을 국회 예산결산특별위원회에 보고하여야 한다(동법 제30조). 이러한 예산안편성지침에 따라 **각 중앙관서의 장**은 그 소관에 속하는 다음 연도의 세입세출예산 · 계속비 · 명시이월비 및 국고채무부담행위 요구서, 즉 '예산요구서'를 작성하여 매년 5월 31일까지 기획재정부장관에게 제출해야 한다(동법 제31조 제1항). 제출받은 예산요구서에 따라 **기획재정부장관은 예산안을 편성**하여 국무회의의 심의를 거친 후 **대통령의 승인**을 얻어야 한다(동법 제32조).

정부는 대통령의 승인을 얻은 예산안을 회계연도 개시 120일 전까지 국회에 제출하여야 한다(동법 제33조). 정부는 예산안을 국회에 제출한 후 부득이한 사유로 인하여 그 내용의 일부를 수정하고자 할 때에는 국무회의의 심의를 거쳐 대통령의 승인을 얻어 **수정예산안**을 국회에 제출할 수 있다(동법 제35조).

2) 예산안의 심의와 확정 예산안은 소관 상임위원회에 회부되어 **예비심사**를 받고 그 결과가 의장에게 보고된다. 이 경우 예산안에 대하여는 본회의에서 **정부의 시정**

연설을 듣는다(국회법 제84조 제1항). 의장은 예산안에 소관상임위원회의 예비심사보고서를 첨부하여 이를 **예산결산특별위원회**에 회부하고 그 심사가 끝난 후 **본회의에 부의**한다(동법 동조 제2항). 국회는 정부의 동의 없이 정부가 제출한 지출예산 각항의 금액을 증가하거나 새 비목을 설치할 수 없다(제57조). 따라서 정부의 동의가 있으면 증액이나 새로운 비목의 추가가 가능하고, 정부의 동의 없이도 감액이나 비목의 삭제는 가능하다. 본회의에 부의된 예산안은 질의와 토론을 거쳐 표결하고 이로써 의결된 예산안은 확정되어 효력을 발생한다.

(3) 계속비 · 예비비 · 추가경정예산 및 준예산제도

한 회계연도를 넘어 계속하여 지출을 할 필요가 있을 때에는 정부는 연한을 정하여 **계속비**로서 국회의 의결을 얻어야 한다(제55조 제1항). 이처럼 계속비는 완성에 수년이 필요한 공사나 제조 및 연구개발사업과 관련된 것으로서 경비의 총액과 연 부액(賦額)을 정하여 미리 국회의 의결을 얻은 범위 안에서 수년도에 걸쳐서 지출할 수 있는 금액을 말한다(국가재정법 제23조 제1항). 여기서 국가가 지출할 수 있는 연한은 그 회계연도로부터 5년 이내로 해야 하지만 사업규모 및 국가재원 여건상 필요한 경우에는 예외적으로 10년 이내로 할 수 있고(동법 동조 제2항), 기획재정부장관은 필요하다고 인정하는 때에는 국회의 의결을 거쳐 그 지출연한을 연장할 수 있다(동법 동조 제3항).

예비비는 총액으로 국회의 의결을 얻어야 하고, 예비비의 지출은 **차기국회의 승인**을 얻어야만 한다(제55조 제2항). 예비비는 예측할 수 없는 예산 외의 지출 또는 예산초과지출에 충당하기 위하여 정부가 세입세출예산에 계상할 수 있는 금액을 말한다(국가재정법 제22조 제1항). 현재는 일반회계 예산총액의 1퍼센트 이내의 금액으로 한정된다. 그리고 정부는 예산에 변경을 가할 필요가 있을 때에는 **추가경정예산안**을 편성하여 국회에 제출할 수 있다(제56조).

새로운 회계연도가 개시될 때까지 예산안이 의결되지 못한 때에는 정부는 국회에서 예산안이 의결될 때까지 ① 헌법이나 법률에 의하여 설치된 기관 또는 시설의 유지 · 운영, ② 법률상 지출의무의 이행, ③ 이미 예산으로 승인된 사업의 계속이라는 목적을 위한 경비는 전년도 예산에 준하여 집행할 수 있는 **준예산제도**를 두고 있다(제54조 제3항).

3. 결산심사권

국회는 정부의 예산집행을 사후에 심사하는 권한을 가진다. 헌법은 예산집행에 대한 심사의 절차에 대해서 단지 감사원이 세입 · 세출의 결산을 매년 검사하여 대통령과 차년도 국회에 그 결과를 보고할 것만을 규정한다(제99조). 결산보고에 관해서는 '국가재정법'에 자세하게 규정되어 있다. ① **중앙관서의 장**은 회계연도마다 작성한 '중앙관서 결산보고서'를 다음 연도 2월 말일까지 기획재정부장관에게 제출해야만 한다(동법 제58조 제1항). ② **기획재정부장관**은 회계연도마다 '국가결산보고서'를 작성하여 **대통령의 승**

인을 받아 다음 연도 4월 10일까지 감사원에 제출해야만 한다(동법 제59조). ③ **감사원**은 제출된 국가결산보고서를 검사하고, 다음 연도 5월 20일까지 기획재정부장관에게 송부해야만 한다(동법 제60조). ④ 정부는 감사원의 검사를 거친 국가결산보고서를 다음 연도 5월 31일까지 국회에 제출해야만 한다(동법 제61조).

[정리] 결산심사절차

① 중앙관서의 장은 기획재정부장관에게 중앙관서결산보고서 제출(다음 연도 2월 말일까지) → ② 기획재정부장관은 국가결산보고서 작성, 대통령의 승인 및 감사원에 제출(다음 연도 4월 10일까지) → ③ 감사원은 국가결산보고서 검사 및 기획재정부장관에게 송부(다음 연도 5월 20일까지) → ⑤ 정부는 국가결산보고서를 국회에 제출(다음 연도 5월 31일까지)

4. 국채모집 등에 관한 권한

① 국채를 모집하거나 ② 예산 외에 국가의 부담이 될 계약을 체결하려 할 때에는 정부는 미리 국회의 의결을 얻어야 한다(제58조). ③ 그 밖에도 국회는 국가나 국민에게 중대한 재정적 부담을 지우는 조약의 체결 · 비준에 대한 동의권을 가진다(제60조 제1항). ④ 또한 대통령은 중대한 재정 · 경제상의 위기에 있어서 재정 · 경제상의 처분이나 법률적 효력을 가지는 명령을 발하는 경우에 지체없이 국회에 보고하여 승인을 얻어야 한다(제76조 제1항, 제3항).

Ⅲ. 국정통제를 위한 권한

입법에 관한 권한과 재정에 관한 권한과 함께 국회의 중요한 권한은 국정을 통제하기 위하여 부여된 권한이다. 이러한 권한은 민주적 정당성을 가진 국회가 다른 국가기관을 비판과 감시를 통해 견제하기 위한 목적으로 부여된다. 그러나 대통령도 국민으로부터 민주적 정당성을 부여받는 경우에는 국회의 통제권은 절대적인 것이 될 수 없고, 대통령과 국회의 적절한 기능분배를 전제로 인정될 수밖에 없다. 그럼에도 불구하고 현행 헌법의 변형된 대통령제는 대통령의 독주가능성을 열어놓고 있기 때문에 대통령에 대한 국회의 견제는 여전히 중요한 의미를 갖는다고 볼 수 있다.

1. 탄핵소추권

(1) 의 의

국회는 탄핵소추권을 통해서 다른 국가기관을 통제한다. 탄핵소추제도는 일반적인 사법절차나 징계절차에 따라 소추하거나 징계하기 어려운 고위직공무원이 직무상 중대한 비위를 저지른 경우에 의회가 소추하여 처벌하거나 파면하는 제도를 말한다. 이러한 제도는 국회가 다른 국가기관을 통제하는 가장 고전적인 제도로서 사법절차나 징계절차를 대신하는 절차이기 때문에 **사법적인 성격의 통제수단**이 된다. 탄핵심판절차에 대한 자세한 내용은 헌법재판소의 심판절차를 다루면서 설명하기로 하고 여기서는 국정통제수단으로서 탄핵제도에 대한 간략한 언급만을 하기로 한다.[12)]

(2) 한국헌법의 탄핵소추권

현행 헌법은 국회에 탄핵을 '소추'할 수 있는 권한만을 부여하는 데 그치고, 탄핵의 '심판'에 관한 권한은 헌법재판소에 부여하고 있기 때문에 국정통제수단으로서의 탄핵제도의 의미는 상당히 축소된 듯한 인상을 주고 있다. 어쨌든 헌법은 대통령·국무총리·국무위원·행정각부의 장·헌법재판소 재판관·법관·중앙선거관리위원회 위원·감사원장·감사위원 기타 법률이 정한 **공무원이 그 직무집행에 있어서 헌법이나 법률을 위배한 때**에는 국회가 탄핵의 소추를 의결할 수 있는 권한을 부여하고 있다(제65조 제1항). 이로써 헌법은 열거된 탄핵소추의 대상자와 함께 법률에서 탄핵소추의 대상자를 구체적으로 규정할 수 있도록 하고 있다. 예를 들어 검찰청법은 검사를 탄핵소추의 대상으로 전제하고 있다(동법 제37조).

그리고 탄핵소추의 사유를 "그 직무집행에 있어서 헌법이나 법률을 위배한 때"라고 규정함으로써 소추대상인 공무원의 직무집행과 관련하여 고의 또는 과실로 헌법이나 법률을 위배한 경우로 한정하고 있다. 따라서 직무집행의 대상적 범위와 관련하여 정치적 무능력이나 정책결정상의 과오는 탄핵소추의 사유가 되지 못한다. 헌법재판소도 "정치적 무능력이나 정책결정상의 잘못 등 직책수행의 성실성여부는 그 자체로서" 소추사유가 될 수 없다고 본다.[13)] 또한 직무집행의 시간적 범위와 관련하여 직위를 보유하고 있는 임기 동안을 의미하기 때문에 "당선 후 취임시까지의 기간"[14)]이나 퇴직 후에 이루어진 행위는 탄핵소추의 사유가 될 수 없다. 여기서 헌법은 성문헌법뿐만 아니라 헌법판례와 같은 불문헌법을 포함하고, 법률은 형식적 의미의 법률과 함께 그와 동등한 효력을 가지는 국제조약, 일반적으로 승인된 국제법규 등을 포함한다.

국회가 탄핵소추를 의결하기 위해서는 우선 국회재적의원 3분의 1 이상의 발의가 있어야 하며 그 의결은 국회재적의원 과반수의 찬성이 있어야 한다. 다만, 대통령에 대한 탄핵소추는 국회재적의원 과반수의 발의와 국회재적의원 3분의 2 이상의 찬성이 있어야 한다(제65조 제2항). 탄핵소추의 의결이 있으면 탄핵심판이 있을 때까지 권한행사가 정지되고(동조 제3항), 탄핵결정은 공직에서 파면하는 데 그치기 때문에 현행 헌법에 규정된 탄핵제도는 처벌적인 성격보다는 **징계적인 성격**을 가진 것으로 이해된다. 한편 현행 탄핵제도는 대통령에 대한 탄핵소추의 발의나 의결을 위한 정족수가 가중되어 있어서 실효성을 의심하는 견해도 없지 않지만 민주적 정당성에 기초한 국회가 다른 국가기관을 견제하는 제도로서, 그리고 헌법을 보호하는 제도로서 그 의미가 여전히 유지되

12) 제4편 제4장 탄핵심판절차 참조.

13) 헌재 2004. 5. 14. 2004헌나1.

14) 헌재 2004. 5. 14. 2004헌나1.

어야 한다. 실제로 이러한 가중된 정족수에도 불구하고 대통령의 탄핵소추가 의결된 바 있다.

2. 국정감사 · 조사권

(1) 개념과 역사

국민으로부터 직접적으로 민주적 정당성을 부여받은 국회는 다른 국가기관을 견제하기 위해서 국가기관이 수행하는 특정한 국정사안에 대해서 조사할 수 있는 권한을 가진다. 이를 '국정조사권'이라 부르고, 국정 전반에 관한 일반적인 조사의 권한을 갖는 경우에는 '국정감사권'이라 부른다. 국정조사권은 1688년에 일어난 명예혁명 이후 강화된 의회의 권한에 기초하여 1689년 아일랜드 전쟁에 관한 조사를 위해서 영국에서 유래한 것으로 알려져 있다. 이러한 국정조사권은 현재 많은 국가에서 국정을 통제하기 위한 수단으로서 사용되고 있다. 우리 헌법도 1948년 건국헌법에서 국정감사권을 규정했다가 1972년 헌법(유신헌법)에서 폐지되었지만 1980년 헌법에서 국정조사권이 부활되고, 현행 헌법에서는 국정감사권까지 부활되었다.

(2) 법적 성격

국회가 가지는 국정조사에 관한 권한의 법적 성격에 대해서는 ① 국민주권원리나 권력분립원칙에서 도출된 의회의 최고기관성에 근거하여 인정되는 '독립적 권한'이라고 보는 견해[15]와 ② 입법이나 재정에 관한 권한을 유용하고 실효성 있게 수행하기 위해 인정되는 '보조적 권한'으로 보는 견해,[16] 그리고 ③ 양자의 구분을 부인하면서 두 가지 성격을 인정함과 동시에 국민의 알권리와 같은 '기본권실현을 위한 수단'의 성격을 추가하는 견해[17]로 구분된다. 국정조사에 관한 권한이 국정을 통제하는 기능과 함께 입법이나 재정과 관련된 권한을 적절하게 사용하기 위한 수단의 기능, 그리고 국민에게 국정에 관한 정보를 제공하여 국민의 알 권리를 충족시키는 기능을 모두 가지고 있다면 세 가지 법적 성격을 구분하는 것보다는 동시에 인정하는 것이 타당하다고 보인다.

(3) 헌법규정

현행 헌법에 따르면 국회는 국정을 감사하거나 특정한 국정사안에 대하여 조사할 수 있으며, 이에 필요한 서류의 제출 또는 증인의 출석과 증언이나 의견의 진술을 요구할 수 있다(제61조 제1항). 이처럼 현행 헌법은 두 가지 종류의 국정에 대한 조사의 권한을 구분하고 있다. 즉 정기적이고 일반적인 조사인 국정감사에 관한 권한과 부정기적이고 특정사안에 대한 조사인 국정조사에 관한 권한으로 구분된다. 그리고 이러한 국정감사 및 조사에 관한 절차 기타 필요한 사항은 법률에서 정해진다(동조 제2항). 이

15) 김철수, 1351면: 김철수 교수는 국정감사를 '독립적' 권한으로, 국정조사는 '보조적' 권한으로 본다.

16) 권영성, 922면 이하.

17) 허영, 962면.

에 따라 '국정감사 및 조사에 관한 법률(국감법)'과 '국회에서의 증언 · 감정 등에 관한 법률(국회증언감정법)'이 제정되어 있다.

(4) 시기와 기간

1) 국정감사의 시기와 기간 　국회는 국정전반에 관하여 소관 상임위원회별로 매년 정기회 집회일 이전에 감사시작일부터 30일 이내의 기간을 정하여 감사를 행하지만 본회의 의결로 정기회 기간 중에 감사를 실시할 수 있다(국감법 제2조 제1항). 국정감사는 상임위원장이 국회운영위원회와 협의하여 감사계획서를 작성하여 이에 따라 행한다(동법 동조 제2항). 국회운영위원회의 협의를 필수적 절차로 규정한 이유는 상임위원회간에 감사대상기관이나 감사일정이 중복되는 등의 특별한 사정을 대비하기 위함이다.

2) 국정조사의 시기와 기간 　한편 국회는 재적의원 4분의 1 이상의 요구가 있는 때에는 특별위원회 또는 상임위원회로 하여금 국정의 특정사안에 관하여 조사를 시행하게 한다(동법 제3조 제1항). 이러한 조사요구는 요구의원이 연서한 서면인 조사요구서로 해야만 한다(동법 동조 제2항). 의장은 조사요구서가 제출되면 지체없이 본회의에 보고하고, 교섭단체 대표의원들과 협의하여 조사를 시행할 특별위원회를 구성하거나 해당 상임위원회에 회부하여 조사를 시행할 위원회를 확정한다(동법 동조 제3항).

조사위원회는 조사계획서를 본회의에 제출하여 승인을 받아 조사를 시행한다(동법 동조 제4항). 본회의는 조사계획서를 검토한 다음 의결로써 이를 승인하거나 반려한다(동법 동조 제5항). 조사계획서에 조사위원회의 활동기간이 확정되지 않은 경우에는 그 활동기간은 조사위원회의 조사결과가 본회의에서 의결될 때까지로 한다(동법 제9조 제3항).

(5) 대상기관

국정감사의 대상기관은 다음과 같다(동법 제7조): ① 정부조직법 그 밖의 법률에 따라 설치된 국가기관, ② 지방자치단체 중 특별시 · 광역시 · 도(다만, 그 감사범위는 국가위임사무와 국가가 보조금 등 예산을 지원하는 사업으로 한다), ③ 공공기관의 운영에 관한 법률 제4조에 따른 공공기관 · 한국은행 · 농업협동조합중앙회 · 수산업협동조합중앙회, ④ 제1호 내지 제3호 외의 지방행정기관 · 지방자치단체 · 감사원법에 의한 감사원의 감사대상기관(다만, 이 경우 본회의가 특히 필요하다고 의결한 경우에 한한다). ①, ②, ③의 경우에는 감사를 시행하는 상임위원회가 자체적으로 감사대상기관을 선정할 수 있지만, ④의 경우에는 본회의의 의결로써 감사대상기관에 대한 승인이 필요하다는 점에서 차이가 있다.

(6) 방법과 절차 및 장소

국정감사나 조사를 위한 위원회는 보고 또는 서류 및 해당기관이 보유한 사진 · 영상물의 제출을 관계인 또는 기관 기타에 요구하고, 증인 · 감정인 · 참고인의 출석을 요구하고 검증을 행할 수 있으되, 위원회가 서류 등의 제출요구를 하는 경우에는 재적위원 3분의 1 이상의 요구가 필요하다(동법 제10조 제1항). 또한 위원회는 이러한 증거의 채택 또는 증거의 조사를 위하여 **청문회**를 열 수 있다(동법 동조 제3항). 보고 · 서류 등의 제출 및 출석의 요구를 받은 자 또는 기관은 '국회에서의 증언 · 감정 등에 관한 법률'에서 특별히 규정한 경우를 제외하고는 누구든지 이에 따라야만 하며, 위원회의 검증 기타의 활동에 협조해야만 한다(동법 동조 제4항). 그 밖에도 국정감사나 조사를 시행하는 위원회는 국정조사를 하기 전에 **예비조사**를 하게 할 수 있다(동법 제9조의2). 국정감사 및 조사는 원칙적으로 **공개**로 해야 하지만 위원회의 의결로 달리 정할 수도 있다(동법 제12조).

국정감사 또는 조사를 위한 증인 · 감정인 · 참고인의 증언 · 감정 등에 관한 절차는 **'국회에서의 증언 · 감정 등에 관한 법률'**에서 규정한다(국감법 제10조 제5항). 이 법률에 따르면 국회에서 국정감사나 국정조사와 관련하여 **보고와 서류 및 사진 · 영상물 제출의 요구**를 받거나, 증인 · 참고인으로서의 **출석이나 감정의 요구**를 받은 때에는 원칙적으로 **누구든지 이에 따라야만** 한다(국회증언감정법 제2조). 본회의 또는 위원회가 보고나 서류 및 사진 · 영상물 제출의 요구 또는 증인 · 감정인 · 참고인의 출석요구를 할 때에는 해당자나 기관의 장에게 **요구서를 발부**한다(동법 제5조 제1항). 증인이 정당한 이유없이 출석하지 않은 때에는 그 의결로 해당 증인에 대하여 지정한 장소까지 **동행할 것을 명령**할 수 있고(동법 제6조 제1항), 이때 **동행명령장**을 발부한다(동법 동조 제2항). 이러한 동행명령은 강제구인(형소법 제152조)과는 달리 강제집행이 불가능하고, 다만 동행명령을 받고도 "정당한 이유없이" 불출석한 증인을 처벌할 수 있을 뿐이다(국회증언감정법 제12조 제1항). 따라서 동행명령은 처벌에 의하여 출석을 간접적으로 강제한다고 할 수 있다. 한편 헌법재판소는 특별검사의 동행명령제는 헌법에 위반된다고 판시하여 유사한 내용을 가진 국회증언감정법상의 동행명령제도 동일한 헌법적 평가를 받을 가능성이 높다.

[판례] 특별검사의 동행명령제

특별검사의 동행명령제에 대해서는 제2편 제2부 제4장 제4절 제2항 Ⅱ. 2. (4) 참조.

증인의 보호를 위하여 증인은 변호사를 대동할 수 있고(동법 제9조 제1항), 증인 · 참고인은 중계방송이나 사진보도 등에 응하지 않겠다는 의사를 표명하거나 회의의 비공개를 요구할 수 있으며(동법 동조 제2항), 증인 · 감정인 · 참고인으로 조사받은 자는 원칙적으로 그 증언 · 감정 · 진술로 인하여 **어떠한 불이익한 처분도 받지 않는다**(동법 동조 제3항). 다만 이 경우에 국회증언감정법에 따른 처벌만 받을 수 있으므로 이 법률이 아닌 다른 법률에 따른 처벌을 받도록 하기 위하여 제기된 공소에 대해서 법원은 공소기각을 결정해야 한다(형사소송법 제328조). 또한 국회가 감사 또는 조사시 작성한 서류 또는 녹취한 녹음테이프 등은 원칙적으로 이를 **외부에 공표할 수 없다**(동법 동조 제4항).

하지만 정당한 이유없이 출석하지 아니한 증인, 고의로 출석요구서의 수령을 회피한 증인, 보고 또는 서류제출요구를 거절한 자, 선서 또는 증언이나 감정을 거부한 증인이나 감정인은 **법률이 정한 처벌**을 받는다(동법 제12조 제1항). 또한 정당한 이유없이 증인 · 감정인 · 참고인의 출석을 방해하거나 검증을 방해한 자도 동일한 처벌을 받는다(동법 동조 제2항). 그리고 증인이 증언할 때 폭행 · 협박, 그 밖의 모욕적인 언행으로 국회의 권위를 훼손한 때 또는 증인이 동행명령을 거부하거나 고의로 동행명령장의 수령을 회피한 때, 제3자로 하여금 동행명령장의 집행을 방해하도록 한 경우에도 처벌을 받는다(동법 제13조). 그 밖에 선서한 증인 또는 감정인이 허위의 진술이나 감정을 한 때도 원칙적으로 처벌받는다(동법 제14조 제1항).

국정감사 또는 조사는 위원회에서 정하는 바에 따라 **국회 또는 감사 · 조사대상현장이나 기타의 장소**에서 할 수 있다(국감법 제11조).

(7) 결과의 처리

국정감사나 조사를 마친 때에는 위원회는 지체없이 그 **감사 또는 조사 보고서**를 작성하여 **의장에게 제출**해야만 한다(동법 제15조 제1항). 국정감사 또는 조사 보고서를 제출받은 의장은 이를 지체없이 **본회의에 보고**해야만 한다(동법 동조 제3항). 국회는 **본회의의 의결로 감사 또는 조사 결과를 처리**한다(동법 제16조 제1항). 국정감사 또는 조사를 한 결과로 위법하거나 부당한 사항이 있을 때에는 그 정도에 따라 정부 또는 해당 기관에 변상, 징계조치, 제도개선, 예산조정 등 **시정을 요구**하고, 정부 또는 해당기관에서 처리함이 타당하다고 인정되는 사항은 **정부 또는 해당기관에 이송**한다(동법 동조 제2항). 정부 또는 해당 기관은 시정요구를 받거나 이송받은 사항을 지체없이 처리하고 그 결과를 **국회에 보고**해야만 한다(동법 동조 제3항). 국회는 정부 또는 해당기관의 처리결과보고에 대하여 적절한 조치를 취할 수 있다(동법 동조 제4항).

(8) 한 계

국정감사 또는 조사에 관한 권한은 일정한 한계를 갖는다. 우선 국정감사나 조사는 원칙적으로 국회의 입법권이나 재정권 등의 권한을 효율적으로 수행하기 위한 '보조적 수단'이기 때문에 그러한 목적의 한계 내에서만 허용된다. 따라서 국정감사 또는 조사를 할 때에는 그 대상기관의 기능과 활동이 현저히 저해되거나 기밀이 누설되지 않도록 주의해야 할 의무가 있다(동법 제14조 제1항). 또한 정부 또는 해당기관에서 처리함이 타당하다고 인정되는 사항에 대해서는 **정부 또는 해당기관에 이송**한다(동법 제16조 제2항).

한편 국정조사에 관한 국회의 권한은 ① 권력분립원칙, ② 기본권, ③ 헌법적 법익, ④ 공익과 같은 것들과 충돌할 수 있다. 이 경우에 원칙적으로 **합리적인 형량**에 따라 결정되어야 한다.

1) 권력분립원칙에 따른 한계 권력분립원칙과 관련하여 국회는 국정감사나 조사에 의하여 다른 국가기관의 기능을 침해할 수 없다. ① 우선 사법권의 독립을 확보하고 준사법기관인 검찰의 권한에 대한 부당한 침해를 방지하기 위하여 국정감사나 조사는 **계속중인 재판** 또는 **수사중인 사건의 소추**에 관여할 목적으로 행사될 수 없다(동법 제8

조). 재판의 경우에 계속중인 재판뿐만 아니라 이미 종국판결이 내려진 재판에 대해서도 그 내용이나 절차에 대한 감사나 조사는 허용되지 않는다. 왜냐하면 비록 종국판결이 내려진 경우에도 그 내용이나 절차에 대한 사후적 감사나 조사가 허용된다면 그와 유사한 문제를 다루는 재판에 대해서 중대한 영향을 미칠 수 있기 때문이다. 하지만 사법권의 독립이 절대적 원칙이 아닌 한 재판에 관여할 목적이 아니라 탄핵소추 등의 다른 목적을 가지고,[18] 합리적 형량에 따라 허용될 수 없는 범위를 넘어서지 않는 경우에는 재판에 대한 감사와 조사도 허용될 수 있다.[19] 이러한 논리는 검찰권의 경우에도 마찬가지이기 때문에 수사중인 사건의 소추에 관여할 목적이 아닌 다른 목적으로 검찰에 대한 국정감사나 조사는 허용될 수 있다.

② 한편 중앙정부와 지방자치단체 상호간에 권력분립원칙을 실현시키기 위하여 국회는 지방자치단체의 고유사무에 대한 국정감사나 조사를 할 수 없다. 물론 고유사무와 위임사무의 구별이 어렵다는 점은 인정된다. 어쨌든 법률도 국정감사의 대상을 지방자치단체 중 원칙적으로 **특별시 · 광역시 · 도**에 한정하면서 그 밖의 지방자치단체는 본회의의 의결이 있는 경우에만 허용한다. 그리고 그 감사범위도 국가위임사무와 국가가 보조금 등 예산을 지원하는 사업으로 한정하고 있다(동법 제7조 제2호).

2) 기본권보호를 위한 한계 기본권보호의 측면에서 국정감사나 조사에 관한 국회의 권한은 국민의 기본권을 침해할 수 없다. 특별히 국감법에 따라 국정감사나 조사로 인한 **개인의 사생활**에 대한 침해는 금지된다(동법 제8조). 또한 의원 및 사무보조자에 대해서는 감사 또는 조사를 통하여 알게 된 비밀을 정당한 사유없이 누설할 수 없는 의무가 부과된다(동법 제14조 제2항). 한편 헌법상 기본권으로 보장된 **불리한 진술거부권**(제12조 제2항 후단)과 관련하여 증인은 형사소송법 제148조(근친자의 형사책임과 증언거부) 또는 제149조(업무상비밀과 증언거부)의 규정에 해당하는 경우에 선서 · 증언 또는 서류 및 해당기관이 보유하고 있는 사진 · 영상물 제출을 거부할 수 있다(국회증언감정법 제3조 제1항). 증인에게 변호사를 대동할 수 있는 권리를 부여한 것(동법 제9조 제1항)도 같은 맥락에서 이해된다.

3) 공익 또는 국익에 따른 한계 **공익**이나 **국익**의 관점에서 국가기밀에 대한 국정감사나 조사를 할 수 없는 경우가 있다. 물론 국회로부터 공무원 또는 공무원이었던 자가 증언의 요구를 받거나, 국가기관이 서류 및 사진 · 영상물의 제출을 요구받은 경우에 증언할 사실이나 제출할 서류 및 사진 · 영상물의 내용이 직무상 비밀에 속한다는 이유로 증언이나 서류 및 사진 · 영사물의 제출을 거부할 수는 없다(동법 제4조 제1항). 하지만 **군사 · 외교 · 대북관계의 국가기밀에 관한 사항**으로서 그 발표로 말미암아 국가안위에 중대한 영향을 미친다는 주무부장관(대통령 및 국무총리의 소속기관에서는 당해 관서의

18) 권영성, 927면.

19) 같은 취지 성낙인, 511면: "사법권의 본질적 내용을 침해하지 않는 범위 내에서 가능하다."

장)의 소명이 있으면 거부할 수 있는 예외가 인정된다. 국회가 이러한 소명을 수락하지 않으면 증언이나 서류 및 사진 · 영상물의 제출이 국가의 중대한 이익을 해친다는 취지의 국무총리의 성명을 요구할 수 있다(동법 동조 제2항).

3. 동의 · 승인권

민주적 정당성에 기초한 국회는 다음과 같은 동의권 또는 승인권을 통하여 대통령의 권한행사와 정책수행을 통제한다. ① 긴급명령권과 긴급재정 · 경제처분 및 명령권에 대한 승인권(제76조 제3항), ② 계엄해제요구권(제77조 제5항), ③ 외교 · 국방정책에 대한 동의권(제60조), ④ 일반사면에 대한 동의권(제79조 제2항)이 그것이다.

4. 국무총리 · 국무위원 해임건의권

(1) 헌법규정

국회는 국무총리 또는 국무위원의 해임을 대통령에게 건의할 수 있다(제63조 제1항). 이러한 해임건의를 위해서는 국회재적의원 3분의 1 이상의 발의 및 국회재적의원 과반수의 찬성이 있어야만 한다(동조 제2항).

(2) 법적 성격

국회가 가지는 이러한 해임건의권에 대해서는 의원내각제에서 인정되는 내각불신임제도로 볼 수 있는 가능성도 존재한다. 물론 이러한 제도가 전형적인 대통령제를 변형시키는 의원내각제적 요소라고 볼 수도 있다. 하지만 의원내각제적 요소라고 해서 반드시 불신임적 성격을 갖는다고 보기 어렵고, 특히 내각불신임권에 상응해서 인정되어야 하는 국회해산권이 대통령에게 부여되지 않았기 때문에 현행 해임건의권이 반드시 불신임적 성격을 가졌다고 보기는 어렵다. 따라서 대통령이 국회의 해임건의권을 내각에 대한 불신임으로 받아들여 반드시 해임해야 하는 법적 구속력이 발생한다는 견해[20]도 없지는 않지만 불신임의 성격을 인정할 수 없기 때문에 법적 구속력이 발생하지는 않는다고 보는 것이 타당하다.

또한 명시적인 문구도 '의결'이 아니라 '건의'로 되어 있다는 점, 1962년 헌법(제59조)과 같이 해임건의가 있는 경우에 "대통령은 특별한 사유가 없는 한 이에 응하여야 한다"는 규정이나 1972년 헌법(제97조)과 1980년 헌법(제99조)에 규정되어 있던 것처럼 해임의결이 있는 경우에 반드시 "대통령은 국무총리 또는 당해 국무위원을 해임하여야 한다"는 명시적인 문구도 발견되지 않는다는 점 등을 고려할 때 해임건의에 대한 법적 구속력을 인정하기는 어려울 것으로 보인다.

같은 맥락에서 대통령이 국회의 해임건의를 받아들여 국무총리를 해임하는 경우에도 국무위원들에게 연대책임을 인정하여 국무위원 전원을 해임해야 될 의무는 없다. 결

---

20) 김철수, 1344면; 성낙인, 502면 이하.

론적으로 반드시 이러한 명시적 권한이 규정되어 있지 않다고 하더라도 해임건의를 포함한 여러 가지 건의가 가능한 것이다. 그렇다면 국무총리나 국무위원에 대한 해임건의권이 "무의미한 전시적인 통제수단"[21]이라거나 법적으로는 의미가 없는 "정치적 통제권"[22]에 지나지 않는다는 비판도 지나친 것만은 아니라고 할 수 있다.

(3) 해임건의의 사유 및 표결

해임건의권을 대통령이 반드시 해임하도록 의무 지우는 해임의결권과 동일한 권한으로, 또는 적어도 특별한 사유가 없는 경우에 대통령이 응하여야 하는 법적 구속력이 있는 권한으로 이해[23]하는 경우에 해임건의의 사유는 상당히 엄격하게 해석되어야 한다. 하지만 단순히 건의의 성격을 가지고 법적 구속력이 없는 권한으로 해임건의권을 이해하는 경우에는 그 사유를 엄격하게 해석해야 할 필요는 없다. 따라서 탄핵사유인 "직무집행에 있어서 헌법과 법률에 위배한 때"보다 넓게 인정될 수 있다. 예를 들어 직무집행에 있어서의 과오나 무능력, 부하직원의 과오나 범법행위에 대한 정치적 추궁과 같은 정치적 책임을 물어야 되는 사유 등이 포함될 수 있다.

국무총리 또는 국무위원의 해임건의안이 발의된 때에는 의장은 그 해임건의안이 발의된 후 처음 개의하는 본회의에 이를 보고하고, 본회의에 보고된 때로부터 **24시간 이후 72시간 이내에 무기명투표**로 표결한다. 이 기간내에 표결하지 아니한 때에는 그 해임건의안은 폐기된 것으로 본다(국회법 제112조 제7항).

5. 국회출석요구권 및 질문권

원칙적으로 국무총리 · 국무위원 또는 정부위원[24]은 국회나 그 위원회에 출석하여 국정처리상황을 보고하거나 의견을 진술하고 질문에 응답할 수 있다(제62조 제1항). 한편 국회나 그 위원회의 요구가 있으면 국무총리 · 국무위원 또는 정부위원은 출석 · 답변해야만 한다. 다만 국무총리 또는 국무위원이 출석요구를 받은 때에는 국무위원 또는 정부위원으로 하여금 출석 · 답변하게 할 수 있다(동조 제2항). 본회의나 위원회가 국무총리·국무위원 또는 정부위원의 출석을 요구하려면 의결이 필요하다(국회법 제121조).

의원이 정부에 **서면으로 질문**하려면 질문서를 의장에게 제출해야만 한다(동법 제122조 제1항). 그리고 본회의는 회기중 기간을 정하여 국정전반 또는 국정의 특정분야를 대상으로 정부에 대하여 **대정부질문**을 할 수 있다(동법 제122조의2 제1항). 또한 의원은 20인 이상의 찬성으로 회기중 현안이 되고 있는 중요한 사항을 대상으로 정부에 대하여 **긴급현안질문**을 할 것을 의장에게 요구할 수 있다(동법 제122조의3 제1항).

21) 허영, 969면.

22) 권영성, 932면.

23) 성낙인, 502면.

24) 정부조직법에 따르면 국무총리실의 실장 및 차장, 특임장관 밑의 차관, 부·처·청의 처장·차관·청장·차장·실장·국장 및 차관보와 외교통상부의 본부장은 정부위원이 된다(동법 제10조).

Ⅳ. 헌법기관구성에 관한 권한

1. 대통령선출권

국회는 예외적이지만 대통령을 선출하는 권한을 가진다. 현행 헌법상 대통령은 국민이 직접 선거에 의해서 선출하는 것이 원칙이지만 대통령선거에 있어서 최고득표자가 2인 이상인 때에는 국회에서 결선투표를 실시하여 국회의 재적의원 과반수가 출석한 공개회의에서 다수표를 얻은 자를 당선자로 한다(제67조 제2항). 이와 관련하여 최고득표자가 2인 이상인 경우에는 **결선투표제를 도입**하여 국민의 결선투표에 의한 대통령의 선출이 적절하다는 견해[25]가 주장된다.

2. 헌법기관구성원선출권

국회는 헌법기관구성원의 일부를 선출하는 권한을 가진다. 즉 헌법재판소 재판관 중 3인을 국회에서 선출하고(제111조 제3항), 중앙선거관리위원회 위원 가운데 3인을 국회에서 선출하는데(제114조 제2항) 이로써 국회는 이들 헌법기관의 구성에 비록 간접적이지만 민주적 정당성을 부여하게 된다. 특히 국회의 헌법재판관 선출권은 “독자적이고 실질적인” 권한이므로 국회가 선출한 자를 대통령은 헌법재판관으로 임명해야 할 헌법상 의무를 부담한다.[26] 대통령은 헌법재판관의 자격요건이나 선출절차에 관한 법적 하자가 있는 경우에만 임명을 보류하고 국회에 재선출을 요구할 수 있을 뿐이다.

3. 헌법기관구성원의 임명동의권

국회는 헌법기관구성원의 임명에 대한 동의권을 가진다. ① 우선 **국무총리**는 국회의 동의를 얻어 대통령이 임명한다(제86조 제1항). ② 그리고 **대법원장**도 국회의 동의를 얻어 대통령이 임명한다(제104조 제1항). ③ 한편 **대법관**은 대법원장의 제청으로 국회의 동의를 얻어 대통령이 임명한다(동조 제2항). ④ 또한 **헌법재판소장**도 국회의 동의를 얻어 재판관 중에서 대통령이 임명한다(제111조 제4항). ⑤ 마지막으로 **감사원장**도 국회의 동의를 얻어 대통령이 임명한다(제98조 제2항). 이러한 권한도 역시 국회가 헌법기관구성에서 민주적 정당성을 부여한다는 의미와 함께 대통령의 임명권을 제한한다는 의미를 동시에 갖는다. 따라서 국회의 동의는 이러한 헌법기관구성원의 임명을 위한 형식적인 사후적 추인권이 아니라 실질적인 ‘사전적 동의권’을 의미하기 때문에 국회의 동의를 받지 않고 대통령이 이른바 ‘서리’를 임명하는 것은 헌법에 위반하는 권한행사가 된다. 헌법재판소의 소수견해도 국무총리서리제가 위헌이라는 견해를 제시한 바 있다.[27]

---

25) 권영성, 910면 이하; 허영, 969면 이하.

26) 헌재 2025. 2. 27. 2025헌라1.

27) 헌재 1998. 7. 14. 98헌라1.

[주의] 국회의 동의가 필요하지 않은 기관

국무위원, 법관, 헌법재판소의 재판관, 감사위원, 중앙선거관리위원회의 위원장 및 위원 등

V. 자 율 권

1. 개 념

국회는 의사와 내부사항에 관하여 다른 국가기관으로부터 독립하여 자율적으로 결정할 수 있는 권한을 가진다. 이러한 국회의 권한을 자율권이라 부른다.

2. 근 거

이러한 국회의 권한은 국민으로부터 부여받은 **민주적 정당성**에 근거할 뿐만 아니라 국회에 맡겨진 국가기능을 올바로 수행하도록 요구되는 **권력분립원칙**에 근거하기도 한다.

3. 내 용

(1) 규칙제정권

규칙제정권은 법률에 저촉되지 아니하는 범위 안에서 의사와 내부규율에 관한 규칙을 제정할 수 있는 권한을 말한다(제64조 제1항). 국회가 제정한 내부규칙의 법적 성격에 대해서는 **명령설**과 **자주법설**을 구분하는 견해[28]가 있다. 이 견해에 따르면 명령설은 국회규칙을 명령에 해당하는 법규범으로서 국회법의 시행령으로 보는 반면에 자주법설은 국회규칙을 국회의 자주적인 법규범으로서 명령과는 본질적으로 다른 것으로 본다고 설명한다. 그러면서 "국회규칙은 국회의 자주적 결정에 의한 것이기는 하지만, 국회법 등 법률의 시행세칙과 국회의 내규에 해당하는 것이며, 그 형식적 효력은 명령에 준하는 것과 행정규칙에 준하는 것으로 구별된다"고 한다. 이에 대해서 "국회규칙은 그 제정권원으로 볼 때는 국회의 자율입법이고, 그 내용면에서 볼 때는 법률의 시행세칙이고 그 효력면에서는 명령과 유사하다"고 하면서 명령설과 자주법설을 구분하는 견해를 실익이 없다고 비판하는 견해[29]도 있다. 결론적으로 국회의 내부규칙은 국회법의 시행령으로서 국회구성원이 아니면서 국회에 출석한 사람에게도 효력이 미친다는 점에서 명령과 유사하지만 대부분의 경우에 국회구성원에게만 효력이 미친다는 점에서는 행정규칙에 가깝다고 할 수 있다.

(2) 국회의원의 신분에 관한 자율권

1) 헌법규정 헌법은 국회가 국회의 구성원인 **의원의 자격을 심사**하며, **의원을 징계**할 수 있는 권한을 부여하여 국회의원의 신분에 관한 자율권을 인정하고 있다(제64조 제2항). 이때 의원을 제명하려면 국회재적의원 3분의 2 이상의 찬성이 필요하다(동조 제

28) 권영성, 936면.

29) 허영, 972면.

3항). 이러한 제명처분에 대해서는 법원(헌법재판소 포함)에 제소할 수 없다(동조 제4항). 하지만 제명의 '절차'와 관련하여 헌법과 법률을 위반한 흠이 중대하고 명백한 경우에는 헌법재판소에 제소할 수 있다고 보아야 한다.

2) 의원의 사직허가 국회는 의결로 의원의 사직을 허가할 수 있고, 폐회중에는 의장이 의원의 사직을 허가하는 권한을 가진다(국회법 제135조 제1항). 사직의 허가 여부에 대해서는 토론을 하지 않고 표결한다(동법 동조 제3항). 의원의 사직허가에 관한 의결에 필요한 정족수에 대하여 다른 규정이 없으므로 재적의원 과반수의 출석과 출석의원 과반수의 찬성이 필요하다.

3) 의원의 자격심사

A. 심사대상 피선거권이 없게 된 경우에는 당연 **퇴직되기 때문에**(동법 제136조 제2항) 국회는 의원이 이와 같은 퇴직사유에 해당하여 자격을 상실하는지에 대해서 심사를 할 수 있다.

B. 심사절차 의원이 다른 의원의 자격에 대하여 이의가 있으면 30명 이상의 연서로 자격심사를 의장에게 청구할 수 있다(동법 제138조). 청구서가 제출되면 국회의장은 **윤리특별위원회**에 회부하고 그 부본을 심사대상의원에게 송달하여 답변서를 제출하게 한다(동법 제139조 제1항). 윤리특별위원회는 청구서와 답변서에 의하여 심사하고(동법 제140조 제2항), 필요한 경우에는 청구의원과 피심의원을 출석하게 하여 심문할 수도 있다(동법 제141조). 윤리특별위원회가 심사보고서를 의장에게 제출하면 의장은 본회의에 부의해야만 한다(동법 제142조 제1항). 심사대상의원의 자격의 유무에 대해서 **본회의는 의결로 결정**하되 그 자격이 없는 것을 의결하기 위해서는 재적의원 3분의 2 이상의 찬성이 있어야만 한다(동법 동조 제3항).

4) 의원의 징계

A. 징계사유 국회의원을 **징계할 수 있는 사유**로는 헌법이나 법률상의 의무를 위반하는 경우와 법률의 징계사유에 해당하는 경우가 있다. 구체적으로 보면 ① 헌법 제46조 제1항 청렴의 의무 및 제3항 이권운동의 금지를 위반하는 행위를 한 때, ② 국회법 제29조의 겸직 금지 규정을 위반한 때, ③ 국회법 제29조의2의 영리업무 종사 금지 규정을 위반한 때, ④ 국회법 제32조의2 제1항을 위반하여 사적 이해관계의 등록·변경등록을 하지 않거나 고의누락과 허위제출을 한 때, ⑤ 국회법 제32조의4 제2항에 따른 이해충돌신고를 하지 않았을 때, ⑥ 국회법 제32조의5 제1항에 따라 표결 및 발언을 회피할 의무가 있음을 알면서도 회피신청을 하지 않았을 때, ⑦ 국회법 제54조의2 제2항 직무상 알게 된 국가기밀공개·누설금지를 위반한 때, ⑧ 국회법 제102조를 위반하여 의제 외 또는 허가받은 발언의 성질에 반하는 발언을 하거나 국회법에서 정한 발언시간의 제한규정을 위반하여 의사진행을 현저히 방해한 때, ⑨ 국회법 제118조 제3항을 위반하여 불게재부분을 다른 사람에게 열람하게 하거나 이를 전재(轉載) 또는 복사

하게 한 때, ⑩ 국회법 제118조 제4항을 위반하여 공표금지 내용을 공표한 때, ⑪ 국회법 제145조 제1항에 해당되는 회의장의 질서문란행위를 하거나 이에 대한 의장 또는 위원장의 조치에 불응한 때, ⑫ 국회법 제146조를 위반하여 본회의 또는 위원회에서 다른 사람을 모욕하거나 다른 사람의 사생활에 대한 발언을 한 때, ⑬ 국회법 제148조의2를 위반하여 의장석 또는 위원장석을 점거하고 점거 해제를 위한 동법 제145조에 따른 의장 또는 위원장의 조치에 불응한 때, ⑭ 국회법 제148조의3을 위반하여 의원의 본회의장 또는 위원회 회의장 출입을 방해한 때, ⑮ 정당한 이유없이 국회집회일로부터 7일 이내에 본회의 또는 위원회에 출석하지 아니하거나 의장 또는 위원장의 출석요구서를 받은 후 5일 이내에 출석하지 아니한 때, ⑯ 탄핵소추사건의 조사를 함에 있어서 국정감사 및 조사에 관한 법률에 따른 조사상의 주의의무에 위반되는 행위를 한 때, ⑰ 국정감사 및 조사에 관한 법률 제17조(회피의무 및 주의의무 위반)에 따른 징계사유에 해당한 때, ⑱ 공직자윤리법 제22조(재산등록의무 위반)에 따른 징계사유에 해당한 때, ⑲ 공직자의 이해충돌 방지법을 위반하였을 때, ⑳ 국회의원윤리강령 및 국회의원윤리실천규범을 위반한 때가 징계사유에 포함된다(국회법 제155조).

B. 징계의 절차와 종류 국회의장은 '징계사유에 해당하는 징계대상의원'(징계대상자)이 있으면 이를 **윤리특별위원회에 회부**하고 본회의에 보고한다(동법 제156조 제1항). 또한 **위원장**은 소속위원 중에서 징계대상자가 있으면 의장에게 보고하고, 의장은 윤리특별위원회에 회부하고 본회의에 보고한다(동법 동조 제2항). 그리고 국회의원이 징계대상의원에 대한 징계를 요구하려면 **의원 20명 이상의 찬성**으로 그 사유를 기재한 요구서를 의장에게 제출해야만 한다(동법 동조 제3항). 윤리특별위원회는 징계대상자와 관계의원을 출석하게 하여 심문할 수 있다(동법 제159조). 윤리특별위원회의 심사는 제10호(징계사유 ⑬) 사유를 제외하고는 필수적 절차이지만 국회의원이 징계사유에 해당하는 행위를 하여 징계할지 여부는 **국회가 의결로써** 결정한다(동법 제155조 제2항). 징계에 관한 회의는 원칙적으로 공개하지 않는다(동법 제158조).

징계의 종류로는 ① 공개회의에서의 경고, ② 공개회의에서의 사과, ③ 30일(겸직 및 영리업무 금지의무 위반은 90일) 이내의 출석정지와 출석정지기간에 해당하는 수당 등의 감액, ④ 제명이 있다(동법 제163조 제1항). 징계대상의원에 대한 제명이 의결되지 않으면 본회의는 다른 징계의 종류를 의결할 수 있다(동법 동조 제4항). 징계로 제명된 자는 그로 인하여 궐원된 의원의 보궐선거에서 후보자가 될 수 없다(동법 제164조).

(3) 조직 · 의사 · 질서에 관한 자율권

① 국회는 독립적으로 내부조직을 관리하고(조직자율권), ② 의사절차에 관하여 자율적으로 결정하며(의사자율권), ③ 회의장의 질서를 유지하기 위하여 필요한 조치를 자주적으로 결정할 수 있는(질서자율권) 권한을 가진다.

4. 자율권에 대한 사법심사

국회의원의 자격심사와 징계 및 제명에 관한 국회의 결정에 대하여는 원칙적으로 법원에 제소할 수 없다(제64조 제4항). 한편 국회의 의사절차나 입법절차가 사법심사의 대상이 되는지에 대해서는 권력분립의 원칙과 국회의 자주성존중의 원칙에 비추어 원칙적으로 심사를 부정하면서 입법절차상의 하자가 중대하고 명백한 경우, 특히 국민의 기본권을 명백히 침해하는 경우에는 헌법재판소의 심사가 가능하다는 견해가 주장된다.[30) 헌법재판소에 따르면 "국회의 자율권도 헌법이나 법률을 위반하지 않는 범위 내에서 허용되어야 하고, 따라서 국회의 의사절차나 입법절차에 헌법이나 법률의 규정을 명백히 위반한 흠이 있는 경우에도 국회가 자율권을 가진다고는 할 수 없다"고 한다.[31) 결론적으로 국회의 자율권을 존중한다고 하더라도 의사절차나 입법절차가 헌법과 법률을 위반한 흠이 중대하고 명백한 경우에, 특히 국민의 기본권을 침해하는 경우에는 사법심사의 대상이 될 수 있다고 보는 것이 타당하다.

제 6 절 국회의원의 지위와 권한

Ⅰ. 국회의원의 헌법상 지위

1. 국회의 구성원

국회는 국민의 보통 · 평등 · 직접 · 비밀선거에 의하여 선출된 국회의원으로 구성된다(제41조 제1항). 따라서 국회의원은 국회의 구성원이라는 헌법상 지위를 가진다. 하지만 국회의원은 단순히 국회의 구성원으로서만 국민의 대표가 되는 것이 아니라 국회의원 한 사람 한 사람이 국민의 대표가 된다.

2. 국민의 대표

국회의원은 국민의 선거에 의해서 선출됨으로써 '국민의 대표자'라는 헌법적 지위를 가진다. 이와 관련하여 헌법은 우선 국회의원을 포함한 모든 공무원이 국민전체에 대한 봉사자로서 공익실현의무를 부담하며, 국민에 대하여 책임을 지도록 요구하면서(제7조 제1항), 또한 국회의원이 국가이익을 우선하여 양심에 따라 직무를 행하도록 요청한다(제46조 제2항). 이것은 국회의원이 **국민 '전체'의 대표**로서 의원직을 수행하기 위해서 '자유위임'(무기속위임)의 원칙에 따라 선거구민이나 정당 또는 어떠한 이익세력의 지시나 명령에도 구속받지 않고 자유롭게 활동할 수 있다는 것을 의미한다. 따라서 대표

30) 권영성, 941면; 허영, 975면.
31) 헌재 1997. 7. 16. 96헌라2.

의 법적 성격과 관련하여 국회의원은 적어도 국민의 지시나 명령에 법적으로 구속되지 않기 때문에 '법적 대표'라는 개념은 국민과 국회의원 간에는 적절하지 못하다. 굳이 국회의원이 국민에 대해서 지는 책임이 있다면 선거를 통한 정치적 책임만이 존재하기 때문에 **정치적 성격의 대표**라는 말이 적절할 것이다.

3. 정당의 대표?

국회의원은 국민의 대표이지 정당의 대표는 아니다. 그러나 국회의원은 일정한 정당에 소속되어 공천되었다는 사실에 기초하여 당선되는 것이 현실이다. 국민은 일정한 후보가 특정한 정당에 소속되어 있다는 이유로 그를 정당의 대표자로 보고 국회의원 개인에 대한 선거이지만 정당에 대한 선거인 것처럼 투표할 수 있는 것이다. 여기서 이러한 정당국가의 현실을 대의제에 기초한 자유위임의 원칙과 어떻게 조화시킬 것인지가 문제된다.

(1) 당적의 이탈 또는 변경과 의원직상실

대의제에 따르면 국회의원은 국민 전체의 대표로서 임기중 자유롭게 활동할 수 있도록 보장되기 때문에 원칙적으로 **탈당(당적이탈)이나 당적변경의 자유**가 보장된다. 그러나 정당국가의 현실을 고려할 때 정당소속원이기도 한 국회의원은 정당의 대표자로서 선출된 측면을 완전히 배제할 수 없기 때문에 국회의원에게 탈당이나 당적변경의 자유를 완전히 보장할 수는 없다는 비판이 제기된다. 여기서 국회의원이 탈당하거나 당적을 변경했을 때 국회의원직을 상실하는지가 문제된다.

국회의원을 지역구와 전국구(비례대표)의원으로 구분하는 경우에 우선 지역구 의원은 자유위임의 원칙에 따라 탈당이나 당적변경의 자유가 보장되어 탈당이나 당적변경시 의원직을 상실하지 않는다는 점에 대해서는 의문의 여지가 없다. 따라서 헌법에 명문의 규정을 둔 경우가 아니라면 법률로써 지역구 의원에 대해서 탈당이나 당적변경시 의원직을 상실한다는 규정을 둔다면 위헌이 된다. 한편 특별히 정당소속의 의미가 강한 전국구 의원에 대해서는 정당을 통한 기속위임의 원칙을 적용하려는 견해[32]가 제시된다. 이러한 견해는 다시 두 가지 입장, 즉 전국구 의원의 경우에 탈당이나 당적변경시 의원직을 상실하도록 하는 규정을 입법자가 반드시 규정해야 하는 '입법의무'가 도출된다는 입장과 그러한 엄격한 의미는 아니지만 적어도 입법자가 그러한 규정을 제정하는 것 자체는 위헌이 아니라는 입장으로 구분된다.

그러나 선출방식과 관련없이 **지역구든 전국구든 국회의원이 전체국민의 대표**가 된다는 점에서는 차이가 없다. 따라서 전국구 의원에 대해서만 탈당이나 당적변경을 이유로 국회의원직을 상실시키는 것은 입법의무가 아닐 뿐만 아니라 입법자가 그러한 법률을 제정한 경우에는 '위헌'의 소지가 있다. 그런데 현행 공직선거법은 비례대표 국회의원

32) 권영성, 945면; 성낙인, 256면 이하 및 440면 이하.

(전국구 국회의원) 또는 비례대표 지방의회의원이 소속정당의 합당 · 해산 또는 제명 외의 사유로 당적을 이탈 · 변경하거나 2개 이상의 당적을 가지고 있는 때에는 퇴직된다고 규정하고 있다(공직선거법 제192조 제4항: 다만, 비례대표국회의원이 국회의장으로 당선되어 국회법 규정에 의하여 당적을 이탈한 경우에는 예외).

(2) 당론의 강제와 의원의 징계

한편 국회의원은 국민 전체의 대표로서 자유롭게 의사를 결정할 수 있기 때문에 정당의 지시나 명령에 복종해야 할 의무가 없다. 따라서 이른바 '당론'이라 불리는 **소속정당의 의사결정에 복종해야 할 법적 의무는 존재하지 않는다.** 국회법도 "의원은 국민의 대표자로서 소속정당의 의사결정에 기속되지 아니하고 양심에 따라 투표한다"고 규정하여 국회의원이 소속정당에 구속되지 않고 양심에 따라 자유롭게 투표할 수 있도록 **자유투표제**를 명문화하고 있다(동법 제114조의2). 다만 소속정당의 의사결정에 복종하지 않은 국회의원을 해당 정당이 징계하거나 제명할 수는 있다.

[판례] 당적변경과 의원직상실

전국구의원이 그를 공천한 정당을 탈당할 때 의원직을 상실하는 여부는 그 나라의 헌법과 법률이 국회의원을 이른바 자유위임(또는 무기속위임)하에 두었는가, 명령적 위임(또는 기속위임)하에 두었는가, 양제도를 병존하게 하였는가에 달려있는데, 자유위임하의 국회의원의 지위는 그 의원직을 얻은 방법, 즉 **전국구로 얻었는가, 지역구로 얻었는가에 의하여 차이가 없으며,** 전국구의원도 그를 공천한 정당을 탈당하였다고 하여도 별도의 법률규정이 있는 경우는 별론으로 하고 당연히 국회의원직을 상실하지는 않는다. 헌법 제7조 제1항, 제45조, 제46조 제2항의 규정들을 종합하면 헌법은 국회의원을 자유위임의 원칙 하에 두었다고 할 것이고, … 구(舊) 국회의원선거법이나 국회법에는 전국구의원이 그를 공천한 정당을 탈당한 경우에 의원직을 상실한다는 규정을 두고 있지 않았다(1994. 4. 28. 92헌마153).

[판례] 자유위임과 당론의 강제

무릇 국회의원의 원내활동을 기본적으로 각자에게 맡기는 자유위임은 자유로운 토론과 의사형성을 가능하게 함으로써 당내민주주의를 구현하고 정당의 독재화 또는 과두화를 막아주는 순기능을 갖는다. 그러나 자유위임은 의회 내에서의 정치의사형성에 정당의 협력을 배척하는 것이 아니며, 의원이 정당과 교섭단체의 지시에 기속되는 것을 배제하는 근거가 되는 것도 아니다. 또한 국회의원의 국민대표성을 중시하는 입장에서도 특정 정당에 소속된 국회의원이 정당기속 내지는 교섭단체의 결정(소위 '당론')에 위반하는 정치활동을 한 이유로 제재를 받는 경우, 국회의원 신분을 상실하게 할 수는 없으나 **"정당내부의 사실상의 강제" 또는 소속 "정당으로부터의 제명"은 가능**하다고 보고 있다. 그렇다면, 당론과 다른 견해를 가진 소속 국회의원을 당해 교섭단체의 필요에 따라 다른 상임위원회로의 전임(사·보임)하는 조치는 특별한 사정이 없는 한 헌법상 용인될 수 있는 "정당내부의 사실상 강제"의 범위내에 해당한다고 할 것이다(2003. 10. 30. 2002헌라1).

Ⅱ. 국회의원자격의 발생과 소멸

1. 국회의원자격의 발생

국회의원의 자격이 발생하는 시점에 대해서는 ① 취임승락설, ② 당선결정설, ③ 임기개시설 등이 주장된다. 취임승락설에 따르면 국회의원의 자격은 당선의 결정과 함께 당선인의 취임승락의 의사표시가 있을 때 발생하고, 당선결정설에 따르면 당선의 결정만으로 국회의원의 자격이 발생하며, 임기개시설에 따르면 국회의원의 자격은 헌법과 법률에서 정한 임기가 개시된 날에 발생한다. 국회의원의 자격은 법적 자격이므로 헌법과 법률이 정한 **임기개시일에 발생**한다고 보는 것이 타당하다. 헌법은 국회의원의 임기를 4년으로 정하고(제42조), 공직선거법은 국회의원의 임기가 총선거에 의한 **전임의원의 임기만료일의 다음 날부터 개시된다**고 규정한다. 다만 국회의원의 임기가 개시된 후에 실시하는 선거(보궐선거)와 증원선거에 의한 의원의 임기는 **당선이 결정된 때부터 개시되**며 전임자 또는 같은 종류의 의원의 잔임기간으로 한다(동법 제14조 제2항).

2. 국회의원자격의 소멸

국회의원의 자격이 소멸되는 경우는 ① 임기만료(제42조), ② 선거무효(선거법 제224조)나 당선무효판결의 확정(동법 제263조에서 제265조), ③ 사직의 허가(국회법 제135조), ④ 국회의 제명(제64조 제3항), ⑤ 국회의 무자격의결(제64조 제2항), ⑥ 피선거권의 상실(국회법 제136조 제2항) 등이 있다.

[법령] 선거무효 또는 당선무효의 사유: 공직선거법

제224조 (선거무효의 판결 등) 소청이나 소장을 접수한 선거관리위원회 또는 대법원이나 고등법원은 선거쟁송에 있어 선거에 관한 규정에 위반된 사실이 있는 때라도 **선거의 결과에 영향을 미쳤다고 인정하는 때에 한하여** 선거의 전부나 일부의 무효 또는 당선의 무효를 결정하거나 판결한다.

제263조 (선거비용의 초과지출로 인한 당선무효) ① 제122조(선거비용제한액의 공고)의 규정에 의하여 공고된 선거비용제한액의 200분의 1이상을 초과지출한 이유로 **선거사무장, 선거사무소의 회계책임자가 징역형 또는 300만원 이상의 벌금형**의 선고를 받은 때에는 그 후보자의 당선은 무효로 한다. 다만, 다른 사람의 유도 또는 도발에 의하여 당해 후보자의 당선을 무효로 되게 하기 위하여 지출한 때에는 그러하지 아니하다

② 「정치자금법」 제49조(선거비용관련 위반행위에 관한 벌칙) 제1항 또는 제2항 제6호의 죄를 범함으로 인하여 **선거사무소의 회계책임자가 징역형 또는 300만원 이상의 벌금형**의 선고를 받은 때에는 그 후보자(대통령후보자, 비례대표국회의원후보자 및 비례대표지방의회의원후보자를 제외한다)의 당선은 무효로 한다. 이 경우 제1항 단서의 규정을 준용한다.

제264조 (당선인의 선거범죄로 인한 당선무효) **당선인**이 당해 선거에 있어 이 법에 규정된 죄와 「정치자금법」 제49조(선거비용관련 위반행위에 관한 벌칙)의 죄를 범함으로 인하여 **징역 또는 100만원 이상의 벌금형**의 선고를 받은 때에는 그 당선은 무효로 한다.

제265조 (선거사무장등의 선거범죄로 인한 당선무효) **선거사무장 · 선거사무소의 회계책임자**

(선거사무소의 회계책임자로 선임 · 신고되지 아니한 자로서 후보자와 통모하여 당해 후보자의 선거비용으로 지출한 금액이 선거비용제한액의 3분의 1 이상에 해당되는 자를 포함한다) 또는 **후보자**(후보자가 되고자 하는 자를 포함한다)**의 직계존 · 비속 및 배우자가 당해 선거에** 있어서 제230조(매수 및 이해유도죄) 내지 제234조(당선무효유도죄), 제257조(기부행위의 금지제한등 위반죄) 제1항 중 기부행위를 한 죄 또는 「정치자금법」 제45조(정치자금부정수수죄) **제1항의 정치자금 부정수수죄를 범함으로 인하여 징역형 또는 300만원 이상의 벌금형**의 선고를 받은 **때**(선거사무장, 선거사무소의 회계책임자에 대하여는 선임 · 신고되기 전의 행위로 인한 경우를 포함한다)에는 그 후보자(대통령후보자, 비례대표국회의원후보자 및 비례대표지방의회의원후보자를 제외한다)의 당선은 무효로 한다. 다만, 다른 사람의 유도 또는 도발에 의하여 당해 후보자의 당선을 무효로 되게 하기 위하여 죄를 범한 때에는 그러하지 아니하다.

[판례] 선거사무장등의 선거범죄로 인한 당선무효와 연좌제금지

선거사무장등의 선거범죄로 인한 당선무효(선거법 제265조) 및 그로 인한 보궐선거에서의 입후보제한(동법 제266조 제2항)에 관한 규정이 연좌제를 금지한 헌법규정에 위반하여 청구인의 기본권을 침해하였다고 주장하면서 제기된 헌법소원심판사건에서 헌법재판소는 청구인 스스로 의원직을 사직하고 당해 보궐선거에 입후보하여 당선되었으므로 자기관련성이 없다는 이유로 각하하였다(2003. 2. 27. 2001헌마550).

Ⅲ. 국회의원의 특권

국회의원은 국민의 대표자로서 전체 국민을 위해서 활동해야 하는 직무상의 특성에 근거하여 일정한 특권이 부여된다. '면책특권'과 '불체포특권'이 그것인데 이러한 특권의 부여는 **헌법직접적 근거에 의한 합리적인 근거가 있는 차등적 대우**를 의미하기 때문에 헌법상의 평등원칙에 위반되지 않는다. 그리고 이러한 특권은 국회의원으로서의 지위에서 나오는 특권이면서 동시에 국회의 구성원으로서 보장된 특권이므로 국회의 기능을 보장하기 위하여 이러한 특권의 포기는 금지된다.

1. 면책특권

(1) 개 념

국회의원은 국회에서 직무상 행한 발언과 표결에 관하여 국회 외에서 책임을 지지 아니하는데(제45조) 이것을 국회의원의 '면책특권'이라고 부른다. 국민으로부터 민주적 정당성을 부여받은 국민의 대표자로서 국회의원이 국민전체를 위하여 양심에 따라 독립적으로 직무를 수행하고, 집행부의 간섭이나 탄압없이 국정을 비판하고 견제할 수 있도록 하기 위하여 부여된 헌법적 특권이다. 따라서 국회의원이 국회에서 행한 발언이나 표결은 그것이 비록 형법상의 범죄행위나 민법상의 불법행위에 해당한다고 해도 **법적 책임을 면제**받게 된다(인적 처벌조각사유). 이런 맥락에서 면책특권은 범죄행위를 저지른 국회의원이 단순히 인신의 구속만 받지 않을 뿐이지 법적 책임 자체까지는 면제받지 않는 불체포특권과 구별된다. 한편 면책특권은 헌법에 규정된 엄격한 요건하에서만 인정되는 특권이기 때문에 이러한 요건에 해당하지 않는 행위로서 처벌이 요구되는 경우에 국회의 고발이 있어야만 처벌될 수 있는 것은 아니다. 즉 면책특권의 요건에 해당하지 않는 행위에 대해서는 국회의원의 특권이 인정되지 않으므로 국회의 고발이 없이도 처벌할 수 있다(고발불필요설).

(2) 요 건

1) **국회의원** 면책특권은 **국회의원의 특권**이기 때문에 국회의원이 행한 발언과 표결에 대해서만 면책특권이 인정된다. 국무총리나 국무위원을 겸직하는 국회의원의 발언과 표결도 국회의원으로서의 발언과 표결이라면 면책특권이 인정될 수 있다. 하지만 국회의원의 위법성이 있는 발언과 표결을 교사하거나 방조하는 자는 국회의원의 면책특권에 근거하여 민사상 또는 형사상 책임을 면제받을 수 없다. 또한 지방의회의원에게도 면책특권이 인정되지 않는다. 면책특권은 국민전체의 대표인 국회의원에게만 헌법에 의하여 명시적으로 인정된 특권으로서 지역의 대표에 불과한 지방의회의원에게는 헌법의 명시적 규정이 없는 한 적용될 수 없기 때문이다.

2) **국회에서** 면책특권은 국회의원이 **'국회에서' 행한 발언과 표결**의 경우에만 인정된다. 여기서 말하는 '국회'는 국회의사당이라는 건물을 의미하기보다는 국회의원의 의사가 표현되고 토론이 이루어지는 장소를 뜻한다. 이러한 장소에는 본회의뿐만 아니라 위원회가 열리는 장소를 포함한다.

3) **발언과 표결** 면책특권이 부여되는 '발언'이란 국회의원의 모든 의사표시로서 발의, 토론, 연설, 질문, 진술 등을 포함한다. 국회에서 행한 발언이나 표결이라고 하더라도 그것을 국회 외에서 발표하거나 출판하는 데는 일정한 제한이 따른다. 하지만 국회의 회의록을 공개하는 것은 회의의 비공개에 관한 의결이나 의장의 결정이 없는 한 허용된다.

4) **직 무 상** 면책특권은 국회의원이 국회에서 **'직무상' 행한 발언과 표결**의 경우에만 인정된다. 직무상 행한 발언과 표결은 직무와 직접적으로 관련된 것뿐만 아니라 직무집행에 부수된 행위도 포함된다. 따라서 예를 들어 본회의나 위원회에서 발언할 내용을 미리 배포하는 행위도 직무행위에 포함될 수 있다.

[판례] 면책특권과 직무부수행위

국회의원의 면책특권의 대상이 되는 행위는 직무상의 발언과 표결이라는 의사표현행위 자체에 국한되지 아니하고 이에 통상적으로 부수하여 행하여지는 행위까지 포함하고, 그와 같은 부수행위인지 여부는 결국 구체적인 행위의 목적, 장소, 태양 등을 종합하여 개별적으로 판단할 수밖에 없다. 원고의 내용이 공개회의에서 행할 발언내용이고(회의의 공개성), 원고의 배포시기가 당초 발언하기로 예정된 회의 시작 30분 전으로 근접되어 있으며(시간적 근접성), 원고 배포의 장소 및 대상이 국회의사당 내에 위치한 기자실에서 국회출입기자들만을 상대로 한정적으로 이루어지고(장소 및 대상의 한정성), 원고 배포의 목적이 보도의 편의를 위한 것(목적의 정당성)이라면, 국회의원이 국회본회의에서 질문할 원고를 사전에 배포한 행위는 면책특권의 대상이 되는 직무부수행위에 해당한다(대판 1992. 9. 22. 91도3317).

(3) 효 과

국회의원은 면책특권에 따라 국회 외에서 법적 책임을 지지 않는다. 이러한 법적 책임은 '형사적' 책임뿐만 아니라 '민사적' 책임도 포함하고, '임기중'은 물론 '임기후'에도 적용된다. 그러나 정치적 책임을 지우거나 국회 내의 징계 또는 소속정당의 제명이나 제재 등이 가해질 수는 있다.

(4) 한 계

국회의원에게 부여된 면책특권도 헌법이 부여한 권한이기 때문에 기본권이나 다른 헌법적 가치보다 항상 우월한 절대적인 권한은 아니다. 예를 들어 국회법에 따르면 의원은 본회의 또는 위원회에서 다른 사람을 모욕하거나 다른 사람의 사생활에 대한 발언을 할 수 없도록 규정되어 있다(국회법 제146조).

하지만 국회의원에게 부여된 면책특권은 여전히 남용될 수 있는 위험성이 있다. 그렇다고 해도 국회의원에게 부여된 면책특권은 국회에서 행한 발언이나 표결에 대해서 어떠한 형사상 또는 민사상의 책임도 부과하지 않는다는 취지이기 때문에, 면책특권에 대해서 형사상 또는 민사상의 책임을 부과함으로써 제한하려고 하는 것은 적절하지 못하다. 만약 국회의원의 면책특권이 형사상 또는 민사상의 책임을 부과함으로써 제한될 수 있다면 정부를 비판하고 견제하는 발언이나 표결에 대해서 집행부의 소송제기가 증가할 것이고, 또한 그에 관한 결정을 사법부에서 담당함으로써 국회의원의 신분과 관련된 중요한 결정을 사법부에게 넘기는 결과를 초래할 것이다. 이로써 국회의 민주주의적 기능이 위축되고, 권력분립원칙에 기초한 국회의 독립성과 자율성이 타격을 받을 것이 분명하다.

따라서 국회의원의 면책특권도 헌법적으로 제한될 수 있는 것은 사실이지만 국민으로부터 민주적 정당성을 부여받은 국민의 대표기관인 국회의 자율성을 존중하는 의미에서 국회 스스로 징계절차의 강화를 통해서 면책특권을 제한하는 것이 적절하다. 그리고 면책특권에 대한 가장 강력한 통제수단은 선거를 통한 국민의 통제가 될 것이다.

2. 불체포특권

(1) 개 념

국회의원은 현행범인인 경우를 제외하고는 회기중에 국회의 동의가 없으면 체포 또는 구금되지 않고(제44조 제1항), 국회의원이 회기전에 체포 또는 구금된 때에는 현행범인이 아닌 한 국회의 요구가 있으면 회기중 석방되는데(동조 제2항) 이것을 국회의원의 '불체포특권'이라고 부른다. 불체포특권은 의원에 대한 절대군주의 불법적인 체포 · 구금을 방지하기 위한 제도로서 영국에서 유래한다. 미국연방헌법에 최초로 성문화되었고, 오늘날 여러 나라에서 이 제도를 채택하고 있다. 불체포특권은 국민의 대표기관인 국회의 기능을 보장하고, 또한 국회의 구성원인 국회의원의 자유로운 직무수행을 보장하기 위한 제도로 이해된다. 불체포특권은 **국회의원이 일시적으로 인신의 구속을 당하지 않는**다는 것을 의미할 뿐이고, 형사상의 책임을 완전히 면제받는다는 의미는 아니다.

(2) 요 건

첫째로, 불체포특권은 원칙적으로 '**회기중에**' 국회의원이 가지는 특권이다. 여기서 회기는 집회일로부터 폐회일까지를 의미하고, 휴회중인 경우도 이에 포함된다. 둘째로, '**회기전에**' 국회의원이 체포·구금된 경우에는 **국회의 석방요구**가 있으면 국회의원을 석방해야 한다. 따라서 정부는 체포 또는 구금된 의원이 있을 때에는 지체없이 의장에게 영장의 사본을 첨부하여 이를 통지하여야 한다(국회법 제27조). 의원이 체포 또는 구금된 의원의 석방요구를 발의할 때에는 재적의원 4분의 1 이상의 연서로 그 이유를 첨부한 요구서를 의장에게 제출해야만 한다(동법 제28조).

(3) 예 외

첫째로, **현행범인**인 경우에는 불체포특권이 인정되지 않는다. 범죄사실이 명백한 현행범인인 경우까지 국회의원을 보호할 필요가 없기 때문이다. 둘째, **국회의 동의**가 있는 경우에는 불체포특권을 행사할 수 없다. 의원을 체포 또는 구금하기 위하여 국회의 동의를 얻으려면 관할 법원의 판사는 영장을 발부하기 전에 **체포동의요구서**를 정부에 제출해야 하며, 정부는 이를 수리한 후 지체없이 그 사본을 첨부하여 국회에 체포동의를 요청해야만 한다(국회법 제26조 제1항). 정부가 국회에 의원체포동의를 요구하면 의장은 처음 개의하는 본회의에 이를 보고하고, 본회의에 보고된 때부터 24시간 이후 72시간 이내에 표결해야만 한다(동법 동조 제2항). 국회의원의 체포·구금에 대한 동의가 요청된 경우에 국회는 가부만을 결정할 수 있고, 조건이나 기한을 붙여 동의할 수는 없다. 정부의 체포동의요청에 대하여 국회는 동의 여부를 자율적으로 결정할 수 있기 때문에 범죄사실이 명백한 경우에도 반드시 동의를 해야만 하는 법적 구속력은 없다(**재량설**).

(4) 계엄법상의 불체포특권

계엄법에 따르면 계엄선포중 국회의원은 현행범인인 경우를 제외하고는 체포 또는 구금되지 않는다(동법 제13조). 따라서 계엄선포중에는 회기전이나 회기중을 불문하고, 그리고 국회의 동의 여부와 상관없이 국회의원의 불체포특권이 보장됨으로써 헌법이 보장하는 불체포특권보다 강화되고 있다. 이것은 계엄선포중에 계엄해제를 요구할 수 있는 국회의 권한을 보장하기 위한 불가피한 조치로 이해된다. 다만 계엄이 선포된 뒤 계엄사령관이 법규명령에 해당하는 특별조치(포고령)를 발령하여 이 조치를 위반하는 국회의원을 현행범인으로 영장 없이 체포·구속할 수 있으므로 이에 대비하는 법률개정으로 국회의원의 불체포특권을 확보할 필요가 있다.

Ⅳ. 국회의원의 권한

1. 발 의 권

국회의원은 의안을 발의할 수 있는 발의권을 가진다. 이에 따라 국회의원은 헌법개정안(제128조 제1항), 법률안(제52조), 국회규칙안(제64조 제1항), 탄핵소추안(제65조 제2항), 계엄해제요구안(제77조 제5항), 의원의 석방요구안(제44조 제2항), 국무총리 및 국무위원 등의 출석 및 답변요구안(제62조 제2항), 국무총리 및 국무위원의 해임건의안(제63조), 의원의 자격심사와 징계요구안(제64조 제2항) 등 의안을 발의할 수 있다. 헌법과 법률에 다른 규정이 없는 한 원칙적으로 의원은 **10명 이상의 찬성으로 의안을 발의**할 수 있다(국회법 제79조 제1항).

2. 발 언 권

국회의원은 본회의 또는 위원회에서 발언할 수 있는 발언권을 가진다. 하지만 의원이 발언하려고 할 때에는 **미리 의장에게 통지하여 허가를 받아야** 한다(국회법 제99조 제1항). 그리고 의제와 관계없거나 허가받은 발언의 성질과 다른 발언은 금지된다(동법 제102조). 한편 의원은 동일의제에 대하여 원칙적으로 **2회에 한하여** 발언할 수 있다(동법 제103조). 또한 정부에 대한 질문 외의 의원의 **발언시간은 15분**을 초과하지 않는 범위 안에서 의장이 정한다. 다만, 의사진행발언·신상발언 및 보충발언은 5분을, 다른 의원의 발언에 대한 반론발언은 3분을 초과할 수 없다(동법 제104조 제1항). 그렇지만 교섭단체를 가진 정당을 대표하는 의원이나 교섭단체의 대표의원이 정당 또는 교섭단체를 대표하여 연설이나 그 밖의 발언을 할 때에는 40분까지 발언할 수 있다(동법 동조 제2항).

의장은 본회의가 개의되는 경우 그 개의시부터 1시간을 초과하지 않는 범위 내에서 의원에게 국회가 심의중인 의안과 청원, 그 밖의 **중요한 관심사안에 대한 의견을 발표**할 수 있도록 하기 위하여 5분 이내의 발언(5분자유발언)을 허가할 수 있다(동법 제105조 제1항). 5분자유발언을 하고자 하는 의원은 늦어도 본회의개의 4시간 전까지 그 발언취지를 간략히 기재하여 의장에게 신청해야만 한다(동조 제2항). 그리고 5분자유발언의 발언자수와 발언순서는 교섭단체별 소속의원수의 비율을 고려하여 의장이 각 교섭단체 대표의원과 협의하여 정한다(동조 제3항).

3. 질 문 권

(1) 내 용

국회의원은 정부에 대하여 질문할 수 있는 질문권을 가진다(제62조 제1항). ① 우선 국회의원은 정부에 대한 질문을 위하여 국무총리·국무위원 또는 정부위원에 대한 **출석요구권**을 가진다. 첫째, **본회의**는 그 의결로 국무총리·국무위원 또는 정부위원의 **출석을 요구**할 수 있다. 이 경우 그 발의는 의원 20명 이상이 이유를 구체적으로 밝힌 서면으로 해야만 한다(국회법 제121조 제1항). 둘째, **위원회**는 그 의결로 국무총리·국무위원 또는 정부위원의 출석을 요구할 수 있고, 이 경우에 위원장은 의장에게 이를 보고해야만 한다(동법 동조 제2항). 본회의나 위원회의 요구가 있으면 국무총리·국무위원 또는 정부위원은 출석·답변해야 하며, 국무총리 또는 국무위원이 출석요구를 받은 때에는 의장 또는 위원장의 승인을 얻어 국무총리는 국무위원으로 하여금, 국무위원은 정부위원으로 하여금 대리하여 출석·답변하게 할 수 있다(동법 동조 제3항). ② 한편 본회의 또는 위원회는 특정한 사안에 대하여 질문하기 위하여 **대법원장·헌법재판소장·중앙선거관리위원회위원장·감사원장 또는 그 대리인의 출석을 요구**할 수 있고, 이 경우에 위원장은 의장에게 이를 보고해야만 한다(동법 동조 제4항).

(2) 서면질문

국회의원은 **정부에 대하여 서면질문**의 방식으로 질문할 수 있다. 의원이 정부에 서면으로 질문하려고 할 때에는 질문서를 의장에게 제출해야 하고(동법 제122조 제1항), 의장은 질문서가 제출된 때에는 지체없이 이를 정부에 이송한다(동법 동조 제2항). 정부는 질문서를 받은 날로부터 10일 이내에 **서면으로 답변**해야만 한다. 그 기간 내에 답변하지 못하면 그 이유와 답변할 수 있는 기한을 국회에 통지해야만 한다(동법 동조 제3항).

(3) 대정부질문

본회의는 회기중 기간을 정하여 국정전반 또는 국정의 특정분야를 대상으로 정부에 대하여 질문, 즉 대정부질문을 할 수 있다(동법 제122조의2 제1항). 대정부질문은 **일문일답의 방식**으로 하되, 의원의 **질문시간은 20분**을 초과할 수 없고, 질문시간에는 답변시간이 포함되지 않는다(동법 동조 제2항). 질문을 하고자 하는 의원은 미리 질문의 요지를 기재한 **질문요지서**를 구체적으로 작성하여 의장에게 제출해야 하며, 의장은 늦어도 질문시간 48시간 전까지 질문요지서가 정부에 도달되도록 송부해야만 한다(동법 동조 제7항).

(4) 긴급현안질문

의원은 20인 이상의 찬성으로 회기중 현안이 되고 있는 중요한 사항을 대상으로 정부에 대하여 질문, 즉 긴급현안질문을 할 것을 의장에게 요구할 수 있다(동법 제122조의3 제1항). 긴급현안질문을 요구하는 의원은 **질문요구서**를 본회의개의 24시간 전까지 의장에게 제출해야만 한다(동법 동조 제2항). 긴급현안질문시간은 원칙적으로 **총 120분**으로 하고, 의장은 각 교섭단체 대표의원과 협의하여 이를 연장할 수 있다(동법 동조 제5항). 긴급현안질문을 할 때 **의원의 질문은 10분**을 초과할 수 없고, 보충질문은 5분을 초과할 수 없다(동법 동조 제6항).

4. 질 의 권

국회의원은 그때그때 문제가 된 의안에 대하여 질의할 수 있는 질의권을 가진다. 질문은 정부를 상대로 국정전반에 대하여 질문요지서를 미리 작성하고 의사일정에 올린

후에야 할 수 있는 것이지만, 질의는 의안의 제안자를 상대로 의제가 된 의안에 대하여 그때그때 의문이 있는 경우에 의사일정에 올리지 않고도 할 수 있는 것이라는 점에서 차이가 있다.

5. 토 론 권

국회의원은 그때그때 문제가 된 의안에 대해서 **찬성 또는 반대의 토론**을 할 수 있는 토론권을 가진다. 의사일정에 올린 안건에 대하여 토론하고자 하는 의원은 미리 반대 또는 찬성의 뜻을 의장에게 통지해야만 한다(동법 제106조 제1항). 본회의에 부의된 안건에 대하여 시간의 제한을 받지 않는 흔히 필리버스트로도 불리는 **'무제한토론'**을 하려면 재적의원 3분의 1 이상이 서명한 요구서를 의장에게 제출해야 한다(동법 제106조의2 제1항). 재적의원 5분의 3 이상의 찬성으로 무제한토론은 종결된다(동법 동조 제6항). 무제한토론을 할 의원이 더 이상 없거나 무제한토론의 종결이 가결된 경우에 해당 안건을 지체 없이 표결해야 한다(동법 동조 제7항). 의장이 토론에 참가할 때에는 의장석에서 물러나야 하며, 그 안건에 대한 표결이 끝날 때까지 의장석에 돌아갈 수 없다(동법 제107조). 본회의는 원칙적으로 질의와 토론을 거쳐 표결하지만, 위원회의 심사를 거친 안건에 대하여는 의결로 질의와 토론 또는 그 중의 하나를 생략할 수 있다(동법 제93조). 헌법재판소에 따르면 국회의장이 적법한 반대토론 신청이 있었음에도 반대토론을 허가하지 않고 토론절차를 생략하기 위한 의결을 거치지도 않은 채 법률안들에 대한 표결절차를 진행한 것은 국회의원의 법률안 심의 · 표결권을 침해한다.[33] 다만 입법절차가 위법하여 국회의원의 법률안 심의 · 표결권이 침해되었더라도 그것이 다수결의 원칙이나 회의공개의 원칙과 같은 입법절차에 관한 헌법의 규정을 명백하게 위반한 것이 아니라면 그 법률안의 가결 · 선포행위를 곧바로 무효로 볼 수는 없다고 본다.

6. 표 결 권

국회의원은 그때그때 문제가 된 의안에 대해서 표결할 수 있는 표결권을 가진다. 국회의원은 자유투표가 보장되어 국민의 대표자로서 소속정당의 의사에 기속되지 않고, **양심에 따라 투표**한다(동법 제114조의2).

7. 임시회소집요구권

국회의원은 국회의 임시회의 소집을 요구할 수 있는 권한을 가진다. 이때 국회재적의원 4분의 1 이상의 요구가 있어야 임시회가 집회된다(제47조 제1항).

8. 수당과 여비를 받을 권리

국회의원은 법률이 정하는 바에 따라 수당과 여비를 받는다(국회법 제30조). **국회의**

33) 헌재 2011. 8. 30. 2009헌라7.

원의 보좌직원과 수당 등에 관한 법률에 따르면 수당과 입법활동비를 매월 지급하고(동법 제7조 제1항, 제11조 제1항), 공무로 여행할 때에는 여비를 지급한다(동법 제14조 제1항). 회기중 입법활동을 지원하기 위해 특별활동비를 지급하고(동법 제12조 제1항), 입법 및 정책개발 활동을 지원하기 위하여 예산의 범위 안에서 입법 및 정책개발비를 지급할 수 있다(동법 제13조 제1항).

Ⅴ. 국회의원의 의무

1. 헌법상의 의무

국회의원에게는 헌법상의 의무가 부과된다. ① 첫째, 국회의원은 **청렴의 의무**가 있다(제46조 제1항). ② 둘째, 국회의원은 국가이익을 우선하여 양심에 따라 직무를 행하여야 하는 **국가이익우선의 의무**를 진다(동조 제2항). ③ 셋째, 국회의원은 그 지위를 남용하여 국가·공공단체 또는 기업체와의 계약이나 그 처분에 의하여 재산상 권리·이익 또는 직위를 취득하거나 타인을 위하여 그 취득을 알선할 수 없는 **이권운동금지의 의무**를 진다(동조 제3항). ④ 넷째, 국회의원은 법률이 정하는 직을 겸할 수 없는 **겸직금지의 의무**를 진다(제43조). 국회법에 따라 국회의원이 국무총리나 국회의원을 겸직하는 것은 금지되지 않는다.

[법령] 국회의원의 겸직금지: 국회법 제29조

① 의원은 국무총리 또는 국무위원의 직 이외의 다른 직을 겸할 수 없다. 다만, 다음 각 호의 어느 하나에 해당하는 경우에는 그러하지 아니하다.
 1. 공익 목적의 명예직
 2. 다른 법률에서 의원이 임명·위촉되도록 정한 직
 3. 「정당법」에 따른 정당의 직

② 의원이 당선 전부터 제1항 각 호의 직 이외의 직을 가진 경우에는 임기개시일 전까지(재선거·보궐선거 등의 경우에는 당선이 결정된 날의 다음 날까지를 말한다. 이하 이 항에서 같다) 그 직을 휴직 또는 사직하여야 한다. 다만, 다음 각 호의 어느 하나의 직을 가진 경우에는 임기개시일 전까지 그 직을 사직하여야 한다.
 1. 「공공기관의 운영에 관한 법률」 제4조에 따른 공공기관(한국은행을 포함한다)의 임직원
 2. 「농업협동조합법」·「수산업협동조합법」에 따른 조합, 중앙회와 그 자회사(손자회사를 포함한다)의 임직원
 3. 「정당법」 제22조 제1항에 따라 정당의 당원이 될 수 있는 교원

③ 의원이 당선 전부터 제1항 각 호의 직(제3호의 직은 제외한다. 이하 이 조에서 같다)을 가지고 있는 경우에는 임기개시 후 1개월 이내에, 임기 중에 제1항 각 호의 직을 가지는 경우에는 지체 없이 이를 의장에게 서면으로 신고하여야 한다.

④~⑧ 생략

2. 법률상의 의무

그 밖에도 국회의원에게는 법률상의 의무가 부과된다. 의원은 ① 의원으로서의 품위를 유지할 의무(국회법 제25조), ② 영리업무 종사금지의무(동법 제29조의2), ③ 사적 이해관계의 등록 및 변경등록 의무(동법 제32조의2 제1항 및 제2항), ④ 이해충돌 신고의무(동법 제32조의4 제1항), ⑤ 이해충돌 우려가 있는 안건 등에 대한 회피의무(동법 제32조의5 제1항), ⑥ 본회의나 위원회에 출석할 의무(동법 제155조 제2항 제8호), ⑦ 다른 의원을 모욕하거나 다른 의원의 발언을 방해하지 않을 의무(동법 제146조에서 제147조), ⑧ 회의장의 질서유지를 위한 규칙준수의 의무(동법 제148조), ⑨ 의장의 질서유지명령에 대한 복종의 의무(동법 제145조), ⑩ 열람이 금지된 회의록이나 공개되지 않은 회의내용의 공표금지의무(동법 제118조 제3항, 제4항) 등 국회법에 규정된 의무를 진다. 특히 국회의원이 등록해야 하는 사적 이해관계의 대상에는 본인이나 배우자 등이 소유한 주식과 가상재산이 포함된다(동법 제32조의2 제1항 제6호 및 제6의2호). 그리고 국회의원은 공직자윤리법에 규정된 재산등록 및 공개의무를 진다.[34]

3. 의무위반에 대한 제재

국회의원이 헌법상의 청렴의무나 이권운동금지의무, 국회법상의 모욕 등 발언금지의무와 그 밖의 의무들을 위반한 경우에는 윤리특별위원회의 심사를 거쳐 **의결로써 징계**할 수 있다(동법 제155조). 한편 국회의원윤리강령과 국회의원윤리실천규범을 위반한 경우에도 징계를 의결할 수 있다(동법 동조 동항 제16호).

Ⅵ. 국회의원과 국회의장 간의 권한쟁의심판에 관한 판례

헌법은 헌법재판소의 관장사항으로 국가기관 상호간, 국가기관과 지방자치단체간 및 지방자치단체 상호간의 권한쟁의에 관한 심판을 규정한다(제111조 제1항 제4호).[35] 이에 근거한 헌법재판소법도 국가기관 상호간, 국가기관과 지방자치단체 간 및 지방자치단체 상호간에 **권한의 유무 또는 범위**에 관하여 다툼이 있을 때에는 당해 국가기관 또는 지방자치단체는 헌법재판소에 권한쟁의심판을 청구할 수 있도록 규정한다(동법 제61조 제1항). 그러면서 이러한 권한쟁의심판의 종류 가운데 하나인 국가기관 상호간의 권한쟁의심판의 범위를 국회, 정부, 법원 및 중앙선거관리위원회 상호간의 권한쟁의심판으로 규정한다(동법 제62조 제1항 제1호). 이 규정의 해석과 관련하여 열거조항으로 보는 견해와 예시조항으로 보는 견해가 대립하는데, 여기서 국회의원과 국회의장 간의 권한쟁의심판이 가능한지가 문제된다. 헌법재판소는 열거조항으로 보아 국회의 내부기관인 국회의장과 국회의원은 권한쟁의심판의 당사자가 될 수 없다고 각하하였다가[36] 판례를

34) 제1편 제2부 제5장 제4절 VI. 2. (2) 참조.

35) 권한쟁의심판절차에 대해서는 제4편 제7장 참조.

변경하여 예시조항으로 보아 당사자가 될 수 있다고 하고 있다.[37)]

36) 헌재 1995. 2. 23. 90헌라1.

37) 헌재 1997. 7. 16. 96헌라2; 2000. 2. 24. 99헌라2.

제 3 장 대통령과 정부

제 1 절 대 통 령

I. 대통령의 헌법상 지위

1. 국가원수

(1) 대외적 국가원수와 대내적 국가원수의 구분

대통령은 국가의 원수이며, 외국에 대하여 국가를 대표한다(제66조 제1항). 여기서 국가의 최고지도자로 이해될 수 있는 국가원수의 의미에 대해서는 단지 외국에 대해서 국가를 대표하는 지위로만 이해하는 견해[1]와 외국에 대해서뿐만 아니라 국내적으로도 국정전체를 통할하는 지위도 포함시켜 이해하는 견해[2]로 구분된다. 전자의 견해와 같이 국가원수의 의미가 외국에 대한 국가의 대표에 국한되는 경우에 앞의 헌법규정은 같은 의미를 반복하고 있는 데 불과하게 된다. 대통령에게 부여된 국가원수의 지위가 제왕적 대통령제의 근본원인이므로 헌법개정으로 이 문구를 삭제해야 한다는 의견도 제시된다.

(2) 대외적 국가원수의 외교적 권한

우선 대통령은 외국에 대하여 국가를 대표한다는 의미에서 국가원수의 지위를 갖는다는 점에 대해서는 의문의 여지가 없다(제66조 제1항). 이러한 의미의 국가원수로서 대통령은 ① 외국과의 **조약**을 체결 · 비준하고, ② **외교사절**을 신임 · 접수 또는 파견하며, ③ **선전포고**와 **강화**를 할 수 있는 권한을 가진다(제73조).

(3) 대내적 국가원수

헌법이 대통령에게 국가의 독립과 영토의 보전 및 국가의 계속성과 헌법을 수호할 책무를 지우고(제66조 제2항), 취임식에서 헌법을 준수하고 국가를 보위해야 하는 의무를 지고 있음을 선서하도록 한 것(제69조)은 대내적으로도 **국가원수에 버금가는 지위**를 부여한 것처럼 보일 수도 있다. 이러한 지위를 "국헌수호자로서의 지위"라고 부르는 견해도 있다.[3] 그 밖에도 **국가긴급권**(제76조, 제77조), **헌법개정안제안권**(제128조 제1항), 국가안위에 관한 중요정책의 **국민투표부의권**(제72조), 대법원장과 대법관, 헌법재판소장과 헌법재판관, 감사원장과 감사위원, 중앙선거관리위원과 같은 **헌법기관구성원의 임명권**

---

1) 허영, 992면.

2) 권영성, 962면 이하; 김철수, 1406면.

3) 권영성, 962면.

(제104조, 제111조, 제98조 제2항, 제114조 제2항), **사면권**(제79조) 등은 대통령이 국내적으로도 단순히 행정부의 수반을 넘어 국가원수에 가까운 헌법상 지위를 가지고 있음을 가늠케 한다. 이러한 지위를 "국정의 통합 · 조정자로서의 지위"와 "헌법기관구성권자로서의 지위"로 부르거나[4] 앞에서 이른바 "국헌수호자로서의 지위"로 부르는 지위와 다 함께 묶어 "국정의 최고책임자로서의 지위"라고 지칭하는 견해도 있다.[5] 대통령의 지위를 "국헌수호자로서의 지위", "국정의 통합조정자로서의 지위", "헌법기관구성권자로서의 지위"로 구분하는 견해는 이러한 세 가지 지위가 대통령이 대내적으로도 국가원수의 지위에서 갖는 지위라고 보는 반면에 대통령에게 "국정의 최고책임자로서의 지위"를 부여하려는 견해는 이러한 지위를 국가원수로서의 지위와 구분하여 국가원수의 지위는 대외적으로만 인정된다고 본다.

결론적으로 ① 대통령에게 대내적인 국가원수의 지위도 부여하기 위해서 인용되는 권한들을 살펴보면 대부분 국회의 동의가 필요하다는 점, ② 국회의 동의가 필요없는 중요정책에 대한 국민투표부의권도 대단히 예외적인 경우로만 제한된다는 점에서 대통령에게 대내적으로도 국가원수의 지위를 부여하기는 어렵다고 보인다. 따라서 이와 같이 국가원수에 버금가는 지위를 통칭하여 **국정최고책임자로서의 지위**라고 부르는 것이 타당하다.

2. 행정부수반

행정권은 대통령을 수반으로 하는 정부에 속한다(제66조 제4항). 따라서 대통령은 국가의 집행기능에 있어서 최고의 책임자가 된다. 국민은 선거를 통해 대통령에게 집행부의 최고책임자로서 활동할 수 있도록 민주적 정당성을 부여한다. 대통령은 집행부의 최고책임자로서 대통령을 보좌하는 **집행부구성원을 임명**하는 권한을 가진다. 이에 따라 국회의 동의를 얻어 국무총리를 임명하고(제86조 제1항), 국무총리의 제청으로 국무위원을 임명한다(제87조 제1항). 또한 대통령은 그 밖의 집행부구성원인 **공무원을 임면**하는 권한을 가진다(제78조). 그리고 대통령은 집행부의 권한에 속하는 중요한 정책을 심의하는 기관인 **국무회의의 의장**이 된다(제88조).

3. 국민의 대표

대통령은 국회와 마찬가지로 국민의 대표기관이다. 대통령도 국민이 직접 선거에 의해서 선출하기 때문이다(제67조 제1항). 따라서 선거에 의해서 국민으로부터 민주적 정당성을 부여받은 대통령은 자유위임의 원칙에 따라 유권자나 정당 또는 사회단체의 지시나 명령에 구속되지 않고, 임기 동안 탄핵결정(제65조)에 의하지 않고는 물러나지 않는다.

---

4) 권영성, 962면.

5) 허영, 992면 이하.

Ⅱ. 대통령의 신분상 지위

1. 대통령의 선거

(1) 선거의 방법

1) 유형: 직선제와 간선제 대통령을 선거하는 방법은 ① 직선제, 즉 국민이 선거로 직접 선출하는 방법과 ② 간선제, 즉 국회나 선거인단에 의하여 간접적으로 선출하는 방법으로 구분된다. 1948년(제1공화국) 제헌헌법에서 대통령은 국회에서 간선하였고, 제1차 헌법개정으로 직선제로 바뀌었다. 1960년(제2공화국) 헌법은 의원내각제를 채택하였지만 형식적인 대통령이 존재하였고 국회에서 간선하였다. 1962년(제3공화국) 헌법은 대통령을 국민이 직선하도록 규정하였다가 1972년(제4공화국) 유신헌법에서 통일주체국민회의에 의한 간선제로 개정되었다. 1980년(제5공화국) 헌법에서 대통령선거는 선거인단에 의한 간선제로 바뀌었다가 현행 1987년(제6공화국) 헌법에서 직선제로 개정되었다. 하지만 현행헌법에서도 예외적으로 국회에 의한 간선제가 규정되어 있다.

2) 직선제와 상대다수대표제 현행 헌법에 따르면 대통령은 국민의 보통·평등·직접·비밀선거에 의하여 선출한다(제67조 제1항). 이처럼 현행 헌법은 대통령의 선출에 있어서 집행부에 대한 민주적 정당성을 확보하기 위하여 국민에 의한 **직선제**를 채택하고 있다. 그렇지만 대통령선거에서는 절대다수대표제의 채택을 전제로 결선투표제를 도입함으로써 직선제를 보완할 필요성이 있다. 한편 대통령선거에 있어서 최고득표자가 2인 이상인 때에는 국회의 재적의원 과반수가 출석한 공개회의에서 다수표를 얻은 자를 당선자로 하도록 규정하여 **예외적인 간선제**를 두고 있다(동조 제2항). 이 경우에도 국회에 의한 간선제가 아니라 결선투표제를 채택할 필요성이 있다고 보인다. 대통령후보자가 1인일 때에는 그 득표수가 선거권자 총수의 3분의 1 이상이 아니면 대통령으로 당선될 수 없다(동조 제3항).

3) 선거일 대통령의 임기가 만료되는 때에는 **임기만료 70일 내지 40일전**에 후임자를 선거한다(제68조 제1항). 공직선거법에 따르면 대통령선거는 원칙적으로 임기만료일전 70일 이후 첫 번째 수요일에 실시한다(동법 제34조). 한편 대통령이 '궐위'된 때 또는 대통령 당선자가 '사망'하거나 판결 기타의 사유로 그 '자격을 상실'하면 **60일 이내**에 후임자를 선거해야 한다(제68조 제2항). 공직선거법에 따르면 대통령의 궐위로 인한 선거 또는 재선거(선거의 일부무효로 인한 재선거 제외)는 그 선거의 실시사유가 확정된 때부터 60일 이내에 실시해야만 한다(동법 제35조 제1항). 여기서 "선거의 실시사유가 확정된 때"라 함은 대통령의 궐위로 인한 선거는 그 사유가 발생한 날, 재선거는 그 사유가 확정된 날(법원의 판결 또는 결정에 의하여 확정된 경우에는 관할선거구선거관리위원회가 그 판결이나 결정의 통지를 받은 날)을 말한다(동법 동조 제5항).

(2) 선거권과 피선거권

대통령으로 선거될 수 있는 자는 국회의원의 피선거권이 있고 **선거일 현재 40세**에 달하여야 한다(제67조 제4항). 이를 구체화하고 있는 공직선거법에 따르면 선거일 현재 **5년 이상 국내에 거주하고 있는 40세 이상의 국민**은 대통령의 피선거권이 있다(동법 제16조 제1항). 이와 같은 5년 이상 국내거주요건은 대통령선거의 피선거권을 법률에 의하여 제한하는 것으로 과잉금지원칙을 위반한 것으로 보기는 어렵다. 이 경우 공무로 외국에 파견된 기간과 국내에 주소를 두고 일정기간 외국에 체류한 기간은 국내거주기간으로 본다. 한편 **18세 이상의 국민**은 대통령선거의 선거권이 있다(동법 제15조 제1항).

(3) 후보자의 추천과 기탁금

정당은 대통령선거에서 그 소속당원을 후보자로 추천할 수 있고(동법 제47조 제1항), 이 경우에 민주적인 절차에 따라야만 한다(동법 동조 제2항). 한편 관할선거구 안에 주민등록이 된 선거권자는 대통령선거에서 **정당의 당원이 아닌 자를 무소속후보자**로 추천할 수 있다(동법 제48조 제1항). 무소속후보자가 되고자 하는 자는 **5 이상의 시·도**에 나누어 하나의 시·도에 주민등록이 되어 있는 선거권자의 수를 700인 이상으로 한 **3천 500인 이상 6천인 이하**의 선거권자의 추천을 받아야 한다(동법 동조 제2항 제1호).

대통령선거에서 후보자등록을 신청하는 자는 등록신청시에 후보자 1인마다 **3억원의 기탁금**을 관할선거구의 선거관리위원회에 납부해야만 한다(동법 제56조 제1항 제1호).[6] ① 후보자가 '당선'되거나 '사망'한 경우와 유효투표총수의 '15퍼센트 이상을 득표'한 경우에는 기탁금전액, ② 후보자가 유효투표총수의 '10퍼센트 이상 15퍼센트 미만'을 득표한 경우에는 기탁금의 50퍼센트 금액 중에서 기탁금에서 부담해야 할 비용을 공제하고 기탁자에게 반환한다(동법 제57조 제1항 제1호 및 제2항). 예비후보자의 경우에는 사망하거나 소속정당의 추천을 받지 못하여 후보자등록을 하지 않으면 전액을 반환한다.

[판례] 기탁금반환의 기준

기탁금반환의 기준은 입후보예정자가 기탁금을 반환받지 못하게 되는 부담에도 불구하고 선거에 입후보할 것인지의 여부를 진지하게 고려할 정도에 이르러야 하고, 지나치게 그 반환기준이 높아 진지하게 입후보를 고려하는 예정자가 입후보 자체를 포기할 정도에 이르지 않아야 한다는 점에서 헌법적인 한계를 갖는다(대판 2011. 6. 30. 2010헌마542.).

(4) 대통령당선인

대통령선거에서 당선인으로 결정된 대통령당선인은 그러한 결정이 있은 때부터 대통령 임기 시작일 전날까지 **대통령직 인수에 관한 법률**에서 정하는 바에 따라 대통령직 인수를 위하여 필요한 권한을 가진다(동법 제3조). 대통령당선인에게는 교통, 통신, 사무

6) 대통령선거 후보자에게 5억원의 기탁금을 납부하도록 한 것에 대해서 헌법재판소는 헌법불합치결정을 했다. 헌재 2008.11.27. 2007헌마1024 참조.

실제공, 진료 등의 지원을 해주는 예우를 한다(동법 제4조). 대통령당선인의 '배우자'에 대해서도 진료와 같은 예우를 한다(동법 동조 제2호). 대통령당선인은 대통령 임기 시작 전에 국회의 인사청문 절차를 거치게 하기 위하여 국무총리 및 국무위원 후보자를 지명할 수 있다(동법 제5조). 대통령당선인을 보좌하여 대통령직 인수와 관련된 업무를 담당하기 위하여 **대통령직인수위원회**를 설치하고(동법 제6조 제1항), 이 위원회는 대통령의 임기 시작일 이후 30일의 범위에서 존속한다(동법 동조 제2항).

2. 취　　임

대통령은 취임에 즈음하여 다음의 선서를 한다(제69조). "나는 헌법을 준수하고 국가를 보위하며 조국의 평화적 통일과 국민의 자유와 복리의 증진 및 민족문화의 창달에 노력하여 대통령으로서의 직책을 성실히 수행할 것을 국민 앞에 엄숙히 선서합니다." 헌법재판소에 따르면 헌법 제69조는 단순히 대통령의 취임선서의무만을 규정한 것이 아니라, 헌법 제66조 제2항 및 제3항에 규정된 대통령의 헌법적 책무를 구체화하고 강조하는 실체적 내용을 지닌 규정이다. 따라서 '헌법을 준수할 의무'와 '직책을 성실히 수행할 의무'는 모두 헌법적 의무이지만 후자는 규범적으로 그 이행이 관철될 수 있는 성격의 의무가 아니므로 원칙적으로 사법적 판단의 대상이 되지 않는다고 한다.[7]

[판례] 대통령의 취임선서의무

① 헌법 제66조 제2항 및 제69조에 규정된 대통령의 '헌법을 준수하고 수호해야 할 의무'는 헌법상 법치국가원리가 대통령의 직무집행과 관련하여 구체화된 헌법적 표현이다. '헌법을 준수하고 수호해야 할 의무'가 이미 법치국가원리에서 파생되는 지극히 당연한 것임에도, 헌법은 국가의 원수이자 행정부의 수반이라는 대통령의 막중한 지위를 감안하여 제66조 제2항 및 제69조에서 이를 다시 한 번 강조하고 있다. 이러한 헌법의 정신에 의한다면, 대통령은 국민 모두에 대한 '법치와 준법의 상징적 존재'인 것이다. ② 대통령이 현행법을 '관권선거시대의 유물'로 폄하하고 법률의 합헌성과 정당성에 대하여 대통령의 지위에서 공개적으로 의문을 제기하는 것은 헌법과 법률을 준수해야 할 의무와 부합하지 않는다. 물론, 대통령도 정치인으로서 현행 법률의 개선방향에 관한 입장과 소신을 피력할 수는 있으나, 어떠한 상황에서, 어떠한 연관관계에서 법률의 개정에 관하여 논의하는가 하는 것은 매우 중요하며, 이 사건의 경우와 같이, 대통령이 선거법위반행위로 말미암아 중앙선거관리위원회로부터 경고를 받는 상황에서 그에 대한 반응으로서 현행 선거법을 폄하하는 발언을 하는 것은 법률을 존중하는 태도라고 볼 수 없는 것이다. 모든 공직자의 모범이 되어야 하는 대통령의 이러한 언행은 법률을 존중하고 준수해야 하는 다른 공직자의 의식에 중대한 영향을 미치고, 나아가 국민 전반의 준법정신을 저해하는 효과를 가져오는 등 법치국가의 실현에 있어서 매우 부정적인 영향을 미칠 수 있다. 결론적으로, 대통령이 국민 앞에서 현행법의 정당성과 규범력을 문제삼는 행위는 법치국가의 정신에 반하는 것이자, 헌법을 수호해야 할 의무를 위반한 것이다(2004. 5. 14. 2004헌나1).

7) 헌재 2004. 5. 14. 2004헌나1.

3. 임 기

대통령의 임기는 5년이며, 중임할 수 없도록 하여 **단임제**를 채택하고 있다(제70조). 이러한 5년 단임제에 대한 헌법제정자의 의지를 분명하게 하고자 이 조항에 대한 헌법개정의 효력을 제한하고 있다. 즉 대통령의 임기연장 또는 중임변경을 위한 헌법개정은 그 헌법개정 제안 당시의 대통령에 대하여는 효력이 없다(제128조 제2항). 이 조항은 헌법개정금지조항이 아니라 효력제한조항으로 이해되어야 한다.[8] 이것은 장기집권의 폐해에 대한 역사적 경험으로부터 나온 조항으로서 평화적 정권교체의 전통을 확립하기 위한 규정으로 이해되기도 한다.[9] 그러나 단임제는 대통령에 대한 국민의 정치적 통제를 봉쇄하고 있기 때문에 문제가 있고, 오히려 중임을 허용하면서 대통령의 권력을 통제하는 수단을 마련하는 것이 합리적이라는 지적도 있다.[10] 결론적으로 대통령에 대한 국민의 민주적 통제를 가능하게 하여 국민에 대한 대통령의 책임성을 강화한다는 측면에서 중임을 허용하는 것이 타당하다고 보인다.

4. 형사상 특권

대통령에게는 국가원수로서의 권위를 유지하고, 직무집행을 원활하게 하기 위한 목적으로 형사상 특권이 인정된다. 대통령은 내란 또는 외환의 죄를 범한 경우를 제외하고는 재직중 형사상의 소추를 받지 않는데 이것을 **불소추특권**(不訴追特權)이라고 부른다(제84조). 이에 따르면 ① 우선 내란 또는 외환의 죄는 형사상 특권의 대상에서 제외되기 때문에 이 죄를 범한 경우에는 재직중에도 형사상 소추가 가능하다. ② 또한 재직중에 형사상 소추를 받지 않는 것이기 때문에 퇴직 후에는 형사상 소추가 가능하다. ③ 그리고 형사상 소추에 한정되기 때문에 재직중에도 민사상 책임을 물을 수 있고, 탄핵소추는 가능하다. ④ 형사상의 소추는 공소제기뿐만 아니라 공소유지까지도 포함하므로 대통령이 취임 전에 기소된 경우에도 취임 후에는 대통령을 피고인으로 하는 형사재판은 중지된다.

[판례] 불소추특권과 공소시효

대통령에게 불소추특권을 부여한 헌법의 취지는 대통령 개인에게 특권을 부여한 것이 아니라, 단지 국가의 원수로서 외국에 대하여 국가를 대표하는 지위에 있는 대통령이라는 특수한 직책의 원활한 수행을 보장하고, 그 권위를 확보하여 국가의 체면과 권위를 유지하여야 할 실제상의 필요 때문에 대통령으로 재직중인 동안만 형사상 특권을 부여하고 있음에 지나지 않는 것이다. 그런데 만일 헌법 제84조 때문에 대통령의 범죄행위에 대한 공소시효의 진행이 대통령의 재직중에도 정지되지 않는다고 본다면, 대통령은 재직 전이나 재직 중에 범한 대부분의 죄에 관하여 **공소시효가 완성되는 특별한 혜택**을 받게 되는 결과 일반국민이

---

8) 제1편 제1부 제3장 제2절 III. 3. 참조.
9) 권영성, 971면; 김철수, 1418면.
10) 허영, 994면 이하.

누릴 수 없는 특권을 부여받는 셈이 된다. 또 만일 대통령의 재직중에도 공소시효가 진행된다고 해석한다면 임기 중에 공소시효가 완성되는 범죄가 상당히 있게 되어 **정의와 형평에 반하는 결과**가 될 것이다. … 비록 헌법이나 형사소송법 등의 법률에 대통령의 재직중 공소시효의 진행이 정지된다고 명백히 규정되어 있지는 않다고 하더라도, 위 헌법규정의 근본취지를 **대통령의 재직중 형사상의 소추를 할 수 없는 범죄에 대한 공소시효의 진행은 정지되는 것으로 해석하는 것이 원칙**일 것이다. 즉 위 헌법규정은 바로 공소시효진행의 소극적 사유가 되는 국가의 소추권행사의 법률상 장애사유에 해당하므로, **대통령의 재직중에는 공소시효의 진행이 당연히 정지**되는 것으로 보아야 한다. … 또한 위 헌법규정이 대통령에 한하여 적용되는 것이므로 공소시효의 진행이 정지되는지의 여부도 대통령에 한하여 문제로 되는 것은 당연한 결과라고 할 것이고, 그렇게 본다고 하여 일반국민에 비하여 대통령을 형사상 특별히 불리하게 취급하는 것으로 보기는 어렵다고 할 것이다. 헌법이 대통령에 대하여 재직중 형사상의 소추를 유예한다는 특권을 부여하였다면 그로 인한 일반국민과 대통령 사이의 불평등을 해소하기 위한 조치로서 형사상의 소추가 유예되는 동안은 공소시효의 진행이 정지된다고 보는 것이 오히려 헌법상의 국민주권주의와 평등주의에 합치되는 해석이 될 것이다. 더욱이 헌법 제84조가 적용되는 사람은 오로지 대통령 1인 뿐이므로 설사 헌법이나 법률에 명문으로 규정되어 있지 아니함에도 불구하고 위 헌법규정 자체의 해석만으로 공소시효의 정지를 인정한다고 하더라도, 그것 때문에 일반국민의 법적 안정성을 해할 우려가 있다고는 보기 어려운 것이다. 따라서 헌법 제84조에 따라 소추가 불가능한 경우에는 공소시효의 진행이 정지되어야 한다는 것은 위와 같은 당연하고도 정당한 법리가 적용된 결과일 뿐이라고 할 것이므로 헌법상의 적법절차주의나 죄형법정주의에 반한다고 할 수 없다. 결론적으로 피의자 전두환에 대한 군형법상의 반란죄 등에 관한 공소시효는 그가 대통령으로 재직한 7년 5월 24일간은 진행이 정지되었다고 할 것이므로, 2001년 이후에야 완성된다고 할 것이다(1995. 1. 20. 94헌마246).

5. 권한대행

(1) 헌법규정

대통령이 **궐위**되거나 **사고**로 인하여 직무를 수행할 수 없을 때에는 국무총리 또는 법률이 정한 국무위원의 순서로 그 권한을 대행한다(제71조). 여기서 '궐위'란 대통령의 ① 사망, ② 탄핵결정에 의한 파면, ③ 판결 등에 의한 자격상실, ④ 사임 등의 사유로 **대통령이 재직하고 있지 않은 상태**를 말한다. 한편 '사고'는 대통령이 재직하고 있기는 하지만 대통령의 ① 질병, ② 해외순방 등의 사유로 권한을 행사할 수 없거나, 탄핵소추의 의결로 **권한행사가 정지된 상태**를 말한다.

(2) 권한대행자와 권한대행의 범위

1) 권한대행자와 권한대행기간 대통령제 정부형태를 채택하고 있는 국가에서는 보통 부통령(副統領)을 함께 두어 대통령이 궐위되거나 사고로 직무를 수행할 수 없을 때 대통령의 직무를 대행하도록 하거나 대통령직을 승계하도록 한다. 예를 들어 1948년 건국헌법(제52조)은 대통령과 마찬가지로 독립적으로 국회에서 간선하는 부통령을 두어 대통령의 사고시에 대통령의 권한을 대행할 수 있도록 하였다. 그러나 현행 헌법은

대통령제를 채택하면서도 부통령을 두고 있지 않기 때문에 같은 상황에서 **국무총리나 국무위원이 대통령의 직무를 대행**하도록 규정하고 있다(제71조). 이것은 국민이 직접 선거에 의해서 민주적 정당성을 부여하는 대통령의 직무를 전혀 민주적 정당성을 부여받지 못한 자가 대행한다는 문제점을 야기한다. 따라서 헌법은 대통령이 궐위된 때 또는 대통령 당선자가 사망하거나 판결 기타의 사유로 그 자격을 상실한 때에는 **60일 이내에 후임자를 선거**하도록 규정하여 직무대행기간을 최대 60일을 넘지 못하도록 제한하고 있다(제68조 제2항). 하지만 사고의 경우에는 직무대행기간에 관한 규정이 없기 때문에 대행기간을 언제까지로 할 것인지가 문제된다. 또한 일정한 상황이 권한대행이 필요한 사고에 해당하는지 여부를 누가 결정할 것인지도 문제가 될 수 있다. 결론적으로 대통령에 대한 탄핵결정권을 가지고 있는 헌법재판소에 사고 여부의 판단권을 부여하는 것이 합리적이고, 이를 명시하는 법률이 제정되는 것이 바람직한 해결방안이다.

2) 권한대행에서 직무범위 한편 대통령의 직무를 대행하는 경우에 직무의 범위에 대해서는 궐위시에는 현상유지적일 필요가 없지만 사고시에는 현상유지에 머물러야 된다는 견해,[11] 이에 반대하여 궐위시에도 대행자의 직무범위는 관리자의 직무에 머물러야 하고 사고시에도 현상유지 이상의 직무를 수행할 수 없다는 견해[12]가 있다.

결론적으로 궐위든 사고든 민주적 정당성이 없는 권한대행자가 대통령의 직무를 수행하는 것은 대단히 문제가 많다. 따라서 부통령과 같은 민주적 정당성이 부여된 권한대행자를 대통령과 함께 선출하여 대통령의 궐위나 사고시에 포괄적으로 권한을 대행시킬 필요가 있다. 어쨌든 이러한 법정책적인 대안이 마련되기 전까지는 현행 제도하에서 궐위든 사고든 민주적 정당성이 없는 권한대행자가 대통령의 권한과 동일한 범위에서 직무를 수행할 수 있도록 허용될 수는 없다. 예를 들어 중요정책에 대한 국민투표부의나 헌법개정안의 제안 등은 직무대행자의 직무범위를 넘어선 것으로 이해된다. 또한 헌법기관에 민주적 정당성을 부여하는 대통령의 고유권한으로 헌법재판관 임명권, 중앙선거관리위원회 위원 임명권을 권한대행자는 행사할 수 없다. 헌법재판소는 대통령 권한대행 국무총리가 임기만료로 퇴임할 예정인 헌법재판관의 후임자를 지명하여 임명할 수 있다고 단정할 수 없다고 보았다.[13]

6. 대통령의 의무

(1) 직무상의 의무

대통령은 취임선서에서 나타나 있듯이 헌법을 준수하고 국가를 보위하며 조국의 평화적 통일과 국민의 자유와 복리의 증진 및 민족문화의 창달에 노력하여 대통령으로서의 직책을 성실히 수행할 직무상의 의무를 진다(제69조).

11) 권영성, 973면 이하.

12) 김철수, 1423면; 허영, 996면.

13) 헌재 2025. 4. 16. 2025헌사399.

(2) 겸직금지의 의무

대통령은 국무총리 · 국무위원 · 행정각부의 장 기타 법률이 정하는 공사(公私)의 직을 겸할 수 없는 겸직금지의 의무를 진다(제83조).

7. 전직대통령의 예우

전직대통령은 법률에 의하여 신분보장과 예우를 받는다(제85조). 또한 국정의 중요한 사항에 관한 대통령의 자문에 응하기 위하여 국가원로로 구성되는 **국가원로자문회의**를 둘 수 있는데(제90조 제1항) 이 경우에 국가원로자문회의의 의장은 직전(直前)대통령이 되고, 직전대통령이 없을 때에는 대통령이 지명한다(동조 제2항). **'전직대통령 예우에 관한 법률'**에 따르면 전직대통령과 유족에게는 연금이 지급되고(동법 제4조, 제5조), 전직대통령(서거한 경우 그 배우자)은 비서관과 운전기사를 둘 수 있고, 전직대통령 또는 그 유족은 필요한 기간의 경호 및 경비(警備), 교통 · 통신 및 사무실 등의 지원, 본인 및 그 가족에 대한 치료 등의 예우를 받는다(동법 제6조). 대통령은 국립묘지 안장대상자에 속하는데(국립묘지법 제5조 제1항 제1호), 탄핵으로 파면된 사람은 국립묘지에 안장될 수 없고(동법 동조 제4항 제4호), 국립묘지에 안장되지 않으면 필요한 지원을 받을 수 있다. 그러나 전직대통령이 ① 재직 중 탄핵결정을 받아 퇴임한 경우, ② 금고 이상의 형이 확정된 경우, ③ 형사처분을 회피할 목적으로 외국정부에 도피처 또는 보호를 요청한 경우, ④ 대한민국의 국적을 상실한 경우에는 필요한 기간의 경호 및 경비를 제외하고는 예우를 하지 않는다(동법 제7조).

Ⅲ. 대통령의 권한

헌법은 대통령에게 다양한 권한들을 보장하는데 이러한 권한들은 선출된 공무원인 대통령을 포함한 모든 공무원이 국민전체의 봉사자로서 헌법으로부터 부여받은 공익실현의무, 즉 중립성과 공정성의 의무를 준수하는 헌법적 한계 안에서만 행사될 수 있다.

1. 헌법기관구성에 관한 권한

대통령은 ① 대법원의 구성과 관련하여 대법원장 및 대법관의 임명권(제104조), ② 헌법재판소의 구성과 관련하여 헌법재판소장 및 헌법재판관의 임명권(제111조), ③ 중앙선거관리위원회와 관련하여 중앙선거관리위원회 위원 중 3인 임명권(제114조), ④ 감사원과 관련하여 감사원장 및 감사위원 임명권(제98조), ⑤ 정부의 구성과 관련하여 국무총리와 국무위원의 임명권(제86조)을 가진다. 하지만 대법원장과 대법관, 헌법재판소장, 감사원장, 국무총리를 임명하는 경우에는 국회의 동의가 필요하다.[14] 헌법재판관 임명권의 경우에 국회가 선출하거나 대법원장이 지명하는 헌법재판관에 대한 임명권은 형식

14) 제3편 제2장 제5절 Ⅳ. 3. 참조.

적 권한에 지나지 않고 오히려 임명의무를 부담하며 임명의무를 불이행하는 부작위는 국회나 대법원장의 권한을 침해하게 된다.[15]

2. 국민투표부의권

(1) 개념과 의의

대통령은 필요하다고 인정할 때에는 외교 · 국방 · 통일 기타 국가안위에 관한 중요정책을 국민투표에 붙일 수 있는 권한을 가진다(제72조). 1954년 제2차 헌법개정에서 주권의 제약이나 영토의 변경에 관한 국민투표제도(제7조의2)가 헌법에 도입된 이래로 이 제도는 1972년 헌법에서 '국가안위에 관한 중요정책'으로 확대된 후 현행 헌법까지 계승되고 있다. 국민투표제도는 ① 중요정책과 법안에 대한 찬반의 의사를 묻기 위하여 제도화된 국민투표인 레퍼렌덤(referendum)과 ② 대통령의 신임을 묻는 것으로 제도화되지 않은 국민투표인 플레비시트(plebiscite)로 구분된다. 국민투표제도는 헌법질서 안에서 민주주의를 대의제적 간접민주주의로 제도화하면서도 직접민주주의적 요소로서 남아 있는 제도로 이해된다. 국민으로부터 부여받은 민주적 정당성에 근거하여 정책결정에 관한 권한을 갖는 국회에서 중요정책을 결정하지 않은 채 국민이 직접 결정하도록 만드는 국민투표제도는 분명히 국회에 대한 견제수단이면서 국민주권을 실현하는 수단으로서의 의의를 갖기도 한다. 그러나 이러한 제도는 우리의 역사적 경험에서도 나타나듯이 권위주의적 권력을 정당화하는 데 악용될 소지가 크다. 이런 측면에서 헌법의 요건을 엄격하게 해석해야 할 필요성이 있다.

(2) 요 건

대통령이 국민투표에 붙일 수 있는 대상은 ① 외교 · 국방 · 통일 기타 국가안위에 관한 중요정책이다. 헌법이 국가의 안위에 관한 중요정책으로 한정하고 있기 때문에 원칙적으로 대통령의 신임에 관한 국민투표는 허용되지 않는다. 다만 중요정책과 연계하여 신임에 관한 국민투표는 실시할 수 있지만[16] 대통령은 그 결과에 법적으로 구속되지 않는다. 즉 중요정책에 대한 국민투표를 실시하여 과반수의 반대로 부결된다고 하더라도 대통령이 반드시 사임해야 할 법적 구속력이 발생하지는 않는다. 하지만 대통령이 중요정책과 연계시키지 않은 채 전적으로 신임의 의미만을 갖는 국민투표를 실시한 경우에는 위헌으로 보아야 한다. 따라서 이러한 사태가 발생했을 경우에 국회는 탄핵소추를 의결할 수 있다. 헌법재판소에 따르면 대통령이 자신에 대한 재신임을 국민투표의 형태로 묻는 것은 국민투표부의권을 위헌적으로 행사하는 것으로서 헌법적 의무를 위반한 것이라고 한다.[17] ② 국가의 안위에 관한 중요정책인지 여부, 그리고 국민투표가 필요한지 여부에 대한 판단은 전적으로 대통령에게 맡겨지는 재량영역에 속한다.[18] 왜냐

15) 헌재 2025. 2. 27. 2025헌라1.

16) 같은 견해로 성낙인, 561면; 허영, 999면.

17) 헌재 2004. 5. 14. 2004헌나1.

하면 국민투표부의권은 대통령의 '권한'으로 규정된 것이지 대통령의 '의무'를 규정한 것은 아니기 때문이다. 다만 대통령의 재량적 판단이 현저하게 비합리적이거나 자의적인 경우에는 헌법을 위반한 권한행사에 해당한다.

[판례] 대통령의 재신임국민투표제안

국민투표는 직접민주주의를 실현하기 위한 수단으로서 '사안에 대한 결정', 즉 특정한 국가정책이나 법안을 그 대상으로 한다. 따라서 국민투표의 본질상 **'대표자에 대한 신임'은 국민투표의 대상이 될 수 없으며**, 우리 헌법에서 대표자의 선출과 그에 대한 신임은 단지 선거의 형태로써 이루어져야 한다. 대통령이 자신에 대한 재신임을 국민투표의 형태로 묻고자 하는 것은 헌법 제72조에 의하여 부여받은 **국민투표부의권을 위헌적으로 행사**하는 경우에 해당하는 것으로, 국민투표제도를 자신의 정치적 입지를 강화하기 위한 정치적 도구로 남용해서는 안된다는 **헌법적 의무를 위반**한 것이다. 물론, 대통령이 위헌적인 재신임 국민투표를 단지 제안만 하였을 뿐 강행하지는 않았으나, 헌법상 허용되지 않는 재신임 국민투표를 국민들에게 제안한 것은 그 자체로서 헌법 제72조에 반하는 것으로 헌법을 실현하고 수호해야 할 대통령의 의무를 위반한 것이다(2004. 5. 14. 2004헌나1).

(3) 국민투표의 법적 구속력

대통령이 국가의 중요한 정책을 국민투표에 부의하여 확정된 경우에 그러한 결정의 법적 구속력이 문제될 수 있다. 국민투표의 요건을 엄격하게 해석하지 않는 경우에 국민투표에 의한 모든 국민의 결정에 대해서 법적 구속력을 인정해야 할 필요는 없다. 예를 들어 앞의 예처럼 대통령이 중요정책과 연계하여 신임투표를 실시한 경우와 같이 단순히 국민의 의사를 청취하기 위하여 실시한 국민투표의 경우에는 그 결과에 대해서 법적으로 구속되지 않는다. 하지만 국민투표의 요건을 엄격하게 해석하는 경우에는 국민투표절차에 의한 국가의사결정은 법적 구속력이 인정되어야 한다. 단지 신임과 연계된 경우에 신임의 부분에 대해서만 법적 구속력이 없을 뿐이다. 왜냐하면 그것은 국회에 의한 국가의사결정이라는 일반적 절차는 아닐지라도 적어도 헌법에 의하여 국가의사를 결정하는 예외적 절차로서 인정되고 있기 때문이다. 따라서 헌법의 요건에 해당하는 사항에 대한 국민투표는 명시적 규정은 없다고 하더라도 헌법개정절차에서의 국민투표와 같이 국회의원선거권자 과반수의 투표와 투표자 과반수의 찬성으로 확정되어 모든 국민과 국가기관을 법적으로 구속한다고 보는 것이 타당하다.

3. 국가긴급권

국가의 독립과 영토의 보전, 국가의 계속성과 헌법수호의 책무를 맡고 있는 대통령이 국가비상사태가 발생한 경우에 그 책무를 효과적으로 수행하기 위해 대통령에게 부여된 권한을 국가긴급권이라고 부른다. 여기에는 ① 긴급명령권, ② 긴급재정·경제처분권과 긴급재정·경제명령권, ③ 계엄선포권이 포함된다. 대통령의 국가긴급권은 비

18) 같은 견해로 권영성, 994면; 허영, 999면.

(非)통상적인 상황을 전제로 하고 있지만 여전히 헌법질서 안에서 부여된 권한이기 때문에 헌법은 그 요건을 엄격하게 규정하고 있다. 같은 맥락에서 헌법에서 부여되지 않은 '초헌법적' 국가긴급권은 인정될 수 없다.

[판례] 초헌법적 국가긴급권

국가비상사태의 선포를 규정한 특별조치법 제2조는 헌법에 한정적으로 열거된 국가긴급권의 실체적 발동요건 중 어느 하나에도 해당되지 않은 것으로서 '초헌법적 국가긴급권'의 창설에 해당되나, 그 제정 당시의 국내외 상황이 이를 정당화할 수 있을 정도의 '극단적 위기상황'이라 볼 수 없다. 또한 국가비상사태의 해제를 규정한 특별조치법 제3조는 대통령의 판단에 의하여 국가비상사태가 소멸되었다고 인정될 경우에만 비상사태선포가 해제될 수 있음을 정하고 있을 뿐 국회에 의한 민주적 사후통제절차를 규정하고 있지 아니하며, 이에 따라 임시적·잠정적 성격을 지녀야 할 국가비상사태의 선포가 장기간 유지되었다. 그렇다면 국가비상사태의 선포 및 해제를 규정한 특별조치법 제2조 및 제3조는 헌법이 인정하지 아니하는 초헌법적 국가긴급권을 대통령에게 부여하는 법률로서 헌법이 요구하는 국가긴급권의 실체적 발동요건, 사후통제 절차, 시간적 한계에 위반되어 위헌이고, 이를 전제로 한 특별조치법상 그 밖의 규정들도 모두 위헌이다(2015. 3. 26. 2014헌가5).

(1) 긴급명령권

1) 개 념 긴급명령이란 국가의 비상적인 사태를 맞아 통상적인 입법절차에 의하지 않는 예외적인 긴급입법을 말한다. 대통령은 국가의 안위에 관계되는 중대한 교전상태에 있어서 국가를 보위하기 위하여 긴급한 조치가 필요하고 국회의 집회가 불가능한 때에 한하여 법률의 효력을 가지는 명령을 발할 수 있다(제76조 제2항). 긴급명령권을 통하여 대통령에게 입법권이 부여되기 때문에 긴급명령권은 국회의 입법권에 대한 중대한 예외가 된다.

2) 요 건

A. 실체적 요건 긴급명령권을 발동하기 위하여 필요한 실체적 요건으로는 ① 첫째, **국가를 보위**하기 위한 목적이어야 한다. 따라서 공공복리의 실현과 같은 적극적인 목적을 위해서는 발동할 수 없고, 단지 국가보위라는 현상유지적이고 소극적인 목적에 국한되어 발동될 수 있다. ② 둘째, 국가의 안위에 관계되는 **중대한 교전상태**가 발생해야 한다. 여기서 중대한 교전상태는 외국과의 전쟁이나 내란 또는 사변 등 대규모의 군사적 충돌이 발생한 상태를 말한다. ③ 셋째, 국가를 보위하기 위하여 **긴급한 조치**가 필요한 경우이어야 한다. 따라서 국가를 보위하기 위하여 시간적으로 긴박하고, 국가보위와 긴급명령 사이에 필수적인 관계가 있어야 한다. ④ 넷째, **국회의 집회가 불가능**한 때이어야 한다. 집회가 불가능한 때란 집회가 사실상 불가능한 모든 경우를 말한다.

B. 절차적 요건 긴급명령권을 발동하기 위하여 필요한 절차적 요건으로는 ① 첫째, 긴급명령을 발하기 위해서는 **국무회의의 심의**를 거쳐야 한다(제89조 제5호). 또한 긴급명령에 관한 문서에는 국무총리와 관계국무위원의 **부서**가 있어야 한다(제82조). ②

둘째, 지체없이 국회에 보고하고 그 **승인**을 얻어야 한다(제76조 제3항). 국회의 승인을 위한 정족수의 규정이 없는데 이에 대해서는 '재적의원 과반수설'과 '출석의원 과반수설'이 있으나 유사한 성격의 계엄선포권과 마찬가지로 재적의원 과반수가 요구된다고 보는 것이 타당하다. ③ 셋째, 국회에 대한 보고와 승인요청, 그리고 승인 여부에 대한 사실을 **공포**하여야 한다(제76조 제5항).

3) 내 용 국가긴급권에 포함되는 내용은 국가를 보위하기 위한 긴급한 조치이다. 따라서 국가를 보위하기 위한 소극적인 목적을 실현하는 내용의 조치에 국한되고, 공익의 실현과 같은 적극적인 목적을 실현하는 내용의 조치를 포함할 수 없다. 또한 긴급한 조치에 의해서 헌법을 개정하거나, 국회를 해산하거나, 국회 · 법원 · 헌법재판소의 권한에 대한 특별한 조치를 하거나, 군정을 실시할 수는 없다.[19] 왜냐하면 법률적 효력을 갖는 긴급명령으로 헌법을 개정할 수 없고, 긴급명령에 대한 승인권이 국회에 있으며, 법원이나 헌법재판소는 긴급명령에 대한 규범통제의 권한을 가지고 있고, 군정과 관련해서는 계엄선포권이 별도로 규정되어 있기 때문이다.

4) 효 력 국회의 승인을 얻었는지 여부에 따라 긴급명령의 효력(법률적 효력)의 상실 여부가 결정된다(제76조 제4항 제1문). 국회의 승인을 받지 못하여 효력을 상실할 때까지 긴급명령은 **법률과 같은 효력**을 가진다. 따라서 긴급명령을 개정하거나 폐지하기 위해서는 다른 법률적 조치가 필요하다. 법률적 효력을 가지는 긴급명령은 국민의 권리를 제한하거나 의무를 부과할 수 있고, 기존의 법률을 개정하거나 폐지할 수 있다. 긴급명령이 국회의 승인을 얻지 못하여 더 이상 효력을 갖지 못하고 상실하게 되면 긴급명령에 의하여 개정 또는 폐지되었던 법률은 그 명령이 승인을 얻지 못한 때부터 당연히 효력을 회복한다(제76조 제4항 제2문).

5) 통 제 긴급명령권을 통제하는 제도로는 ① 국회의 승인권이나 법률개정권, ② 위헌적인 긴급명령에 대한 법원의 위헌제청권과 헌법재판소의 위헌심사권(제111조 제1항 제1호 및 제5호)을 들 수 있다. 긴급명령도 헌법질서 안에서만 효력을 갖기 때문에 헌법재판소는 국민의 기본권을 제한하는 긴급명령에 대해서도 기본권제한에 관한 일반적인 원칙에 따라 심사할 수 있다.[20]

(2) 긴급재정 · 경제처분권 및 명령권

1) 개 념 긴급재정 · 경제처분권 및 명령권이란 국가의 비상적인 사태를 맞아 통상적인 행정작용절차나 입법절차에 의하지 않는 예외적인 긴급처분이나 긴급입법으로서 재정이나 경제와 관련된 처분이나 입법을 말한다. 대통령은 내우 · 외환 · 천재 · 지변 또는 **중대한 재정 · 경제상의 위기**에 있어서 국가의 안전보장 또는 공공의 안녕질서를 유지하기 위하여 긴급한 조치가 필요하고 국회의 집회를 기다릴 여유가 없을 때에 한하

19) 같은 견해로 권영성, 980면; 성낙인, 590면.

20) 같은 견해로 허영, 1003면.

여 최소한으로 필요한 재정 · 경제상의 처분을 하거나 이에 관하여 법률의 효력을 가지는 명령을 발할 수 있다(제76조 제1항). 긴급재정 · 경제처분권 및 명령권을 통하여 대통령에게 국회의 개입이 없는 재정권과 입법권이 부여되기 때문에 긴급재정 · 경제처분권 및 명령권은 국회의 재정권과 입법권에 대한 중대한 예외가 된다.

2) 요 건

A. 실체적 요건 긴급재정 · 경제처분권 및 명령권을 발동하기 위하여 필요한 실체적 요건으로는 ① 첫째, 내우 · 외환 · 천재 · 지변 또는 **중대한 재정 · 경제상의 위기**가 발생해야 한다. 이러한 상황들은 재정이나 경제와 관련된 비상사태를 의미한다. 그리고 이러한 비상사태들은 현재적으로 발생한 것이어야 하고, 발생할 우려가 있는 것으로는 충분하지 않다. 따라서 긴급재정 · 경제처분권 및 명령권은 사전적 · 예방적으로 발동될 수는 없다.

② 둘째, 국가의 안전보장 또는 공공의 안녕질서를 유지하기 위하여 **긴급한 조치가 필요**해야 한다. 국가의 안전보장이나 공공의 안녕질서의 유지와 긴급재정 · 경제처분 및 명령권과 필수적인 관계를 맺고 있고 시간적으로도 긴박한 상태를 말한다.

③ 셋째, **국회의 집회를 기다릴 여유가 없을 경우**, 즉 국회의 집회가 불가능하거나 가능하더라도 국회가 폐회중이어서 국회의 집회를 기다리면 목적달성이 불가능할 만큼 급박한 경우이어야 한다. 따라서 국회가 휴회중인 경우는 제외되고, 예를 들어 임시회소집공고(국회법 제5조 제2항) 후 1일의 여유도 없을 만큼 급박한 경우가 해당된다.[21]

헌법재판소에 따르면 헌법 제76조 소정의 요건과 한계에 부합하는 것이라면 기본권제한의 한계로서의 과잉금지원칙을 준수하는 것이라고 한다.[22] 하지만 국가의 안전보장이나 공공의 안녕질서의 유지를 위하여 긴급한 조치가 필요한 경우라는 요건은 적합성원칙만을 암시하고 있기 때문에 비례성원칙의 다른 부분원칙들에 따른 심사가 필요하다고 보인다.

B. 절차적 요건 긴급재정 · 경제처분권 및 명령권을 발동하기 위하여 필요한 절차적 요건으로는 ① 첫째, **국무회의의 심의**를 거쳐야 한다(제89조 제5호). 또한 국무총리와 관계 국무위원의 부서가 필요하다(제82조). ② 둘째, 지체 없이 국회에 보고하고 그 **승인**을 얻어야 한다(제76조 제3항). ③ 셋째, 국회에 대한 보고 및 승인요청, 그리고 승인 여부에 대해서 **공포**해야만 한다(동조 제5항).

3) 내 용 긴급재정 · 경제처분권 및 명령권에 포함될 수 있는 내용은 재정이나 경제와 관련된 것으로서 국가의 안전보장이나 공공의 안녕질서의 유지를 위하여 최소한으로 필요한 긴급한 조치이다. 따라서 재정이나 경제와 관련된 것에 국한되고, 최소한으로 필요한 조치에 한정된다. 또한 국가의 안전보장이나 공공의 안녕질서의 유지를 위한 소극적인 목적에 국한되고, 공익의 실현과 같은 적극적인 목적을 위하여 발동될 수 없다.

21) 같은 견해로 허영, 1003면; 홍성방(하), 216면.

22) 헌재 1996. 2. 29. 93헌마186.

4) **효 력** 긴급명령권과 마찬가지로 국회의 승인이 있는 경우에만 처분은 **처분적 효력**을 갖게 되고, 명령은 **법률적 효력**을 갖게 된다. 법률적 효력을 갖는 명령에 의해서는 국민의 권리를 제한하거나 의무를 부과할 수 있고, 기존의 법률을 개정하거나 폐지할 수 있다. 그러나 긴급재정 · 경제명령이 국회의 승인을 얻지 못하여 효력을 상실하게 되면 이 명령에 의하여 개정 또는 폐지되었던 법률은 그 명령이 승인을 얻지 못한 때부터 당연히 효력을 회복한다(제76조 제4항 제2문).

5) **통 제** 긴급재정 · 경제처분권에 대해서는 ① 국회의 승인이나 ② 행정소송, 또는 ③ 예외적이지만 헌법재판소의 헌법소원심판에 의한 통제가 가능하다. 한편 긴급재정 · 경제명령권에 대해서는 ① 국회의 승인이나 그러한 명령을 폐지하는 법률개정, ② 헌법재판소의 규범통제나 헌법소원에 의한 통제를 받을 수 있다.

[판례] 긴급재정 · 경제명령권에 대한 헌법재판소의 통제

대통령의 긴급재정 · 경제명령은 국가긴급권으로서 대통령의 고도의 정치적 결단을 요하고 가급적 그 결단이 존중되어야 할 것이다. 그러나 이른바 통치행위를 포함하여 모든 국가작용은 국민의 기본권적 가치를 실현하기 위한 수단이라는 한계를 반드시 지켜야 하는 것이고, 헌법재판소는 헌법의 수호와 국민의 기본권 보장을 사명으로 하는 국가기관이므로 비록 고도의 정치적 결단에 의하여 행해지는 국가작용이라고 할지라도 그것이 **국민의 기본권 침해와 직접 관련되는 경우**에는 당연히 헌법재판소의 심판대상이 될 수 있고, **긴급재정 · 경제명령은 법률의 효력**을 갖는 것이므로 마땅히 헌법에 기속되어야 할 것이다(1996. 2. 29. 93헌마186: 금융실명거래제 사건).

(3) 계엄선포권

1) **개 념** 대통령은 전시 · 사변 또는 이에 준하는 국가비상사태에 있어서 병력으로써 군사상의 필요에 응하거나 공공의 안녕질서를 유지할 필요가 있을 때에는 법률이 정하는 바에 의하여 계엄을 선포할 수 있는 계엄선포권을 갖는다(제77조 제1항). 앞에서 설명한 국가긴급권이 입법작용과 관련되는 반면에 계엄선포권은 사법작용이나 행정작용과 관련된다는 점에서 차이가 있다. 계엄령이나 계엄포고라는 표현도 사용되지만 일본국왕의 칙령이나 미군정의 포고(proclamation)에서 유래한 것으로 엄밀한 의미에서 헌법적 용어는 아니다.

2) **요 건**

A. 실체적 요건 계엄선포권이 발동되기 위하여 필요한 실체적 요건으로는 ① 첫째, 전시 · 사변 또는 이에 준하는 **국가비상사태**가 발생해야 한다. 외국과의 전쟁, 무장반란집단의 폭동 또는 자연적 재해로 국가의 존립이나 헌법의 유지에 위해가 될 정도의 사회적 혼란상태가 요구된다. 이러한 혼란상태는 이미 발생한 것이어야 하고 발생할 우려가 있는 경우에는 해당하지 않는다. 계엄선포권은 사후진압적 성격을 가지는 데 불과하고 사전예방적 성격을 갖지 않기 때문이다. ② 둘째, **병력으로써** 군사상의 필요에 응하거나 공공의 안녕질서를 유지할 필요가 있을 때이어야 한다. 경찰력으로 진압할 수

있는 정도를 넘어서 군병력을 동원해야 할 필요성이 있어야 한다.

B. 절차적 요건 계엄선포권이 발동되기 위하여 필요한 절차적 요건으로는 ① 첫째, **국무회의의 심의**를 거쳐야 한다(제89조 제5호). ② 둘째, **국회에 통고**해야만 한다(제77조 제4항). 그 밖에도 대통령이 계엄을 선포하려면 그 이유 · 종류 · 시행일시 · 시행지역 및 계엄사령관을 공고해야만 한다(계엄법 제3조).

3) 내용과 효력 계엄은 비상계엄과 경비계엄으로 구분된다(제77조 제2항). **비상계엄**은 적과 교전상태에 있거나 사회질서가 극도로 교란되어 행정 및 사법기능의 수행이 현저히 곤란한 국가비상사태에서 선포되고(계엄법 제2조 제2항), **경비계엄**은 사회질서가 교란되어 일반행정기관만으로는 치안을 확보할 수 없는 국가비상사태에서 선포된다(동법 동조 제3항).

비상계엄이 선포된 때에는 법률이 정하는 바에 의하여 영장제도, 언론 · 출판 · 집회 · 결사의 자유, 정부나 법원의 권한에 관하여 '특별한 조치'를 할 수 있다(제77조 제3항). 이러한 특별한 조치에는 언론 · 출판에 대한 검열이나 집회 · 결사에 대한 허가가 포함된다. 비상계엄의 선포와 동시에 계엄사령관은 계엄지역의 모든 행정사무와 사법사무를 관장하고(계엄법 제7조 제1항), 경비계엄의 선포와 동시에 계엄사령관은 계엄지역의 군사에 관한 행정사무와 사법사무를 관장한다(동법 동조 제2항). 따라서 계엄지역 안의 **행정기관 및 사법기관은 지체 없이 계엄사령관의 지휘 · 감독**을 받아야 한다(동법 제8조 제1항). 비상계엄하에서도 재판은 원칙적으로 법원에서 관할하고, 계엄법에 규정된 경우(동법 제10조)에만 군사법원에서 재판한다.

계엄법에 따르면 비상계엄지역 안에서 계엄사령관은 군사상 필요한 때에는 체포 · 구금 · 압수 · 수색 · 거주 · 이전 · 언론 · 출판 · 집회 · 결사 또는 단체행동에 대하여 특별한 조치를 할 수 있고, 이때 계엄사령관은 그 조치내용을 미리 공고해야만 한다(동법 제9조 제1항). 이와 관련하여 헌법에 명시적으로 규정되어 있지 않은 거주 · 이전의 자유 및 단체행동이 포함된 것에 대하여 합헌설과 위헌설이 주장될 수 있다. 합헌설은 헌법의 규정을 예시적인 것으로 이해하는 반면에 위헌설은 제한적으로 열거한 것으로 이해하는데 후자의 견해가 기본권보장의 측면에서 타당하다.[23] 물론 거주 · 이전의 자유나 단체행동도 헌법 제37조 제2항에 근거하여 제한될 수 있다. 하지만 이러한 제한은 헌법 제77조 제3항에 근거한 '특별한 조치'와는 성격이 다른 것이므로 헌법 제37조 제2항에 근거하여 계엄법에서 거주 · 이전의 자유나 단체행동에 대한 특별한 조치를 규정한 것은 여전히 위헌이라고 볼 수 있다.

계엄사령관은 현역 장성급 장교[24] 가운데 국방부장관이 추천한 자를 국무회의의 심의를 거쳐 대통령이 임명한다(동법 제5조 제1항). 계엄사령관은 계엄의 시행에 관하여 국방부장관의 지휘 · 감독을 받되, 전국을 계엄지역으로 하는 경우와 대통령이 직접 지

23) 같은 견해로 권영성, 990면; 허영, 1005면.

24) 군인사법에 따르면 장성급장교에는 원수, 대장, 중장, 소장, 준장이 포함된다(동법 제3조 제1항).

휘 · 감독을 할 필요가 있는 경우에는 대통령의 지휘 · 감독을 받는다(동법 제6조 제1항).

4) 계엄의 해제 사태가 평상상태로 회복되거나 국회가 **재적의원 과반수의 찬성**으로 계엄의 해제를 요구하면 대통령은 국무회의의 심의를 거쳐 지체없이 계엄을 해제해야만 한다(제77조 제5항). 긴급명령권이나 긴급재정 · 경제처분권 및 명령권의 경우에는 국회의 승인을 받아야 하는 것과 비교하여 계엄선포권의 경우에는 국회가 해제를 요구할 수 있다는 점에서 차이가 있다. 계엄의 해제요구를 받고도 대통령이 이를 해제하지 않으면 탄핵소추의 사유에 해당하게 된다. 계엄이 해제되면 모든 행정사무와 사법사무는 평상상태로 복귀하기 때문에 군사법원에 계속중인 재판은 일반법원으로 이관된다. 다만 대통령이 필요하다고 인정할 때에는 군사법원의 재판권을 1개월의 범위에서 연기할 수 있다(계엄법 제12조 제2항). 이러한 연기규정은 국민의 기본권보장이라는 측면에서 위헌의 소지가 있다.[25)]

5) 통 제 국회는 계엄이 선포되는 동안에도 활동할 수 있기 때문에 계엄해제의 요구를 포함하여 계엄을 통제할 수 있다. 계엄선포권도 헌법에 근거한 권한이기 때문에 계엄선포 자체뿐만 아니라 계엄에 근거한 개별적이고 구체적인 조치들도 사법적 심사의 대상이 된다.[26)] 이런 의미에서 계엄선포행위 자체는 이른바 통치행위로서 사법적 심사의 대상이 되지 않는다는 결론은 도출될 수 없다. 계엄선포의 객관적 요건으로서 국가위기상황의 실재 여부에 대한 판단에서 대통령의 재량이 인정될 수 있지만 대통령의 재량판단이 현저하게 비합리적이거나 자의적인 경우에는 헌법에 위배된다.[27)] 특히 국회의 헌법상 권한인 탄핵소추권, 입법권, 예산심의 · 확정권 등의 행사로 대통령의 국정운영에 상당한 지장이 초래되더라도 그것만으로 계엄을 선포할 수 있는 국가위기상황이 발생했다고 볼 수 없다. 국민은 계엄선포뿐만 아니라 계엄에 근거한 구체적인 조치들에 의해 기본권을 침해받은 경우에 헌법재판소에 헌법소원심판을 청구할 수 있다.

4. 집행에 관한 권한

(1) 공무원임면권

대통령은 헌법과 법률이 정하는 바에 의하여 공무원을 임면한다(제78조). 여기서 임면이란 임명, 파면, 휴직, 전직, 징계처분을 포함한다. 이러한 대통령의 공무원임면권에는 헌법과 법률에 의한 제한이 따른다. 국가공무원법에 따르면 대통령은 **행정기관 소속 5급 이상 공무원** 및 고위공무원단에 속하는 일반직공무원을 임명한다(동법 제32조 제1항). 대통령은 임용권의 일부를 소속 장관에게 위임할 수 있다(동법 동조 제3항). 한편 대통령은 ① 선거에 의해서 선출되는 공무원, ② 임명에서 국회의 동의가 필요한 공무원(국무총리, 대법원장 및 대법관, 헌법재판소장, 감사원장), ③ 임명에서 다른 기관의 제청이

25) 같은 견해로 김철수, 1451면; 허영, 1007면.

26) 같은 견해로 권영성, 992면; 허영, 1007면.

27) 헌재 2025. 4. 4. 2024헌라8.

필요한 공무원, ④ 임명에서 국무회의의 심의가 필요한 공무원(검찰총장, 합참의장, 참모총장, 국립대학교총장 등), ⑤ 헌법과 법률에 자격이 정해진 공무원 등을 임명하는 경우에는 임명권에 제한이 따른다. 또한 헌법상 신분이 보장되고 임기가 보장된 공무원을 면직시키는 경우에도 대통령의 권한에 제한이 따른다.

(2) 국군통수권

1) 개 념 대통령은 헌법과 법률이 정하는 바에 의하여 국군을 통수하는 권한을 가진다(제74조). 따라서 대통령은 국군의 최고지휘·명령권자이다.

2) 성 격 대통령이 가지는 이러한 권한의 성격에 대해서 국가원수를 대외적인 국가대표이자 대내적인 국헌수호자 내지 국정의 최고책임자로 보는 입장에서는 국가원수의 지위에서 가지는 권한으로 보는 반면에[28] 국가원수를 외국에 대한 국가의 대표로만 보는 입장에서는 국정의 최고책임자의 지위와 행정부수반의 지위에서 가지는 권한으로 이해한다.[29] 단순하게 군대조직을 행정조직의 일부로 이해할 때는 대통령은 행정부수반으로서 국군통수권을 가진다고 볼 수 있다. 하지만 국군통수권은 헌법을 수호하고 영토를 보전하며 국가의 독립성을 보장해야 하는 대통령이 적어도 단순한 행정부수반을 넘어서는 지위에서 가지는 권한이라고 보아야 한다. 그러나 군대의 조직과 편성을 법률에서 규정하도록 하고, 대통령의 국군통수권도 헌법과 법률이 정하는 테두리 안에서 행사될 수 있는 권한이기 때문에 국가원수로서 가지는 지위라고 보기는 어렵다. 헌법재판소에 따르면 대통령의 국군통수권 행사는 국군의 정치적 중립성을 보장하는 한계 내에서만 인정될 수 있으므로 국회와의 대립을 타개할 정치적 의도로 병력을 동원하는 계엄을 선포하면 위헌적 권한행사에 해당한다.[30] 결론적으로 국군통수권은 대통령이 국정최고책임자로서 가지는 권한으로 이해하는 것이 타당하다.

[판례] 국군의 정치적 중립성 보장을 위반한 국군통수권 행사

국군이 정치에 개입하거나 특정 정당을 지원하는 등 정치적 활동을 하는 것은 물론, 정치권이 국군에 영향력을 행사하려고 시도하거나, 국군을 정치적으로 이용하는 것은 헌법 제5조 제2항에 위반된다. 결국 대통령이 정치적 목적으로 국군통수권을 행사하여 국군을 이용하는 것은 헌법 제74조 제1항이 정한 헌법에 따른 국군통수의무를 위반하는 것이다(헌재 2025. 4. 4. 2024헌라8).

3) 내 용 국군통수권에는 군대를 조직하고 관리하는 **군정권**과 군대를 실제로 지휘하고 명령하는 **군령권**이 포함된다. 군정권과 군령권을 분리시켜 군령권을 일반행정기관에서 독립된 특수기관에 부여하는 군정·군령이원주의(병정(兵政)분리주의)도 가능하다. 하지만 우리 헌법은 대통령이 군정권과 군령권을 동시에 가지는 **군정·군령일원주**

28) 권영성, 999면.
29) 허영, 1010면 이하.
30) 헌재 2025. 4. 4. 2024헌라8.

의(병정(兵政)통합주의)를 채택하여 군대에 대한 문민정부의 통제를 가능하게 하고 있다. 대통령은 국군통수권에 기초하여 ① 선전포고 및 강화권, ② 국군의 해외파견권, ③ 외국군대의 국내주류허용권, ④ 계엄선포권 등을 가진다.

4) 한 계 대통령의 국군통수권도 헌법과 법률이 정하는 바에 따라 행사될 수 있는 권한이기 때문에 일정한 한계가 있다. 우선 대한민국은 **침략적 전쟁을 부인**하기 때문에(제5조 제1항) 침략적 전쟁을 목적으로 국군통수권을 행사할 수 없다. 또한 안전보장에 관한 조약이나 강화조약, 그리고 선전포고, 국군의 외국파견이나 외국군대의 국내주류에 대해서는 **국회의 동의**를 얻어야 한다(제60조). 그리고 선전이나 강화 기타 중요한 대외정책, 계엄선포와 해제, 군사에 관한 중요한 사항, 합동참모총장 · 각군참모총장의 임명에는 **국무회의의 심의**가 필요하다(제89조).

(3) 재 정 권

대통령은 국회와 함께 재정에 관련된 권한을 가진다. 헌법규정상 재정에 관한 권한이 "정부"의 권한으로 되어 있지만 대통령은 행정부의 수반이므로 대통령의 권한으로 이해될 수 있다. ① 첫째로, 대통령은 회계연도마다 예산안을 편성하여 회계연도 개시 90일 전(10월 2일)까지 국회에 제출할 수 있는 **예산안편성 · 제출권**을 가진다(제54조 제2항). ② 둘째로, 대통령은 새로운 회계연도가 개시될 때까지 예산이 의결되지 못한 때에는 국회에서 예산안이 의결될 때까지 헌법이나 법률에 의하여 설치된 기관 또는 시설의 유지나 운영, 법률상 지출의무의 이행, 이미 예산으로 승인된 사업의 계속을 위한 목적의 경비는 전년도 예산에 준하여 집행할 수 있는 **준예산집행권**을 가진다(제54조 제3항). ③ 셋째로, 대통령은 예산에 변경을 가할 필요가 있을 때에는 추가경정예산을 편성하여 제출할 수 있는 **추가경정예산편성제출권**을 가진다(제56조). 그 밖에도 ④ 국채를 모집하거나 예산 외에 국가의 부담이 될 계약을 체결할 수 있고(제58조), ⑤ 계속비나 예비비를 집행하며(제55조), ⑥ 긴급재정 · 경제처분권 및 명령권을 발할 수 있는데(제76조) 이 때는 국회의 의결이나 승인이 필요하다.

(4) 영전수여권

대통령은 법률이 정하는 바에 의하여 훈장 또는 기타의 영전을 수여할 수 있는 권한을 가진다(제80조). 이러한 권한을 행사하는 경우에 국무회의의 심의를 거쳐야 한다(제89조 제8호). 대통령의 영전수여에 관해서는 '**상훈법**(賞勳法)'에서 자세하게 규정하고 있다. 훈장(勳章)이나 포장(褒章)의 수여는 대한민국에 뚜렷한 공적을 세운 대한민국 국민이나 우방국 국민에게 하는 것을 원칙으로 하며(동법 제2조), 서훈(敍勳)의 추천은 중앙행정기관의 장(대통령 직속기관 및 국무총리 직속기관의 장 포함), 국회사무총장, 법원행정처장, 헌법재판소사무처장, 중앙선거관리위원회사무총장 및 행정안전부장관이 하고(동법 제5조), 서훈 대상자는 국무회의의 심의를 거쳐 대통령이 결정한다(동법 제7조).

[판례] 대통령의 영전수여권과 서훈요구권

서훈은 대통령의 권한으로서, 서훈여부는 대통령이 그 재량에 의하여 독자적으로 결정하는 것이므로, 훈장을 수여하여 줄 것을 요구할 수 있는 법규상 또는 조리상 권리는 없다 (2005. 6. 30. 2004헌마859; 2006. 4. 11. 2006헌마367).

5. 입법에 관한 권한

(1) 법률제정에 관한 권한

대통령은 법률의 제정과 관련하여 ① 법률안제출권(제52조), ② 법률안거부권(법률안재의요구권: 제53조 제2항), ③ 법률공포권(제53조 제6항)을 가진다.

1) 법률안제출권 법률안제출권의 경우에 국무회의의 심의가 필요하다(제89조 제3호). 전통적인 대통령제에서는 법률안제출권이 국회의 고유한 권한이기 때문에 대통령에게 법률안제출권을 인정하고 있는 현행 제도는 변형된 대통령제를 채택한 현행 헌법의 독특한 제도로 이해된다.

2) 법률안거부권

A. 개념과 유형 대통령은 국회에서 의결한 법률안에 대해서 이의가 있는 경우에 국회에 환부하여 재의를 요구할 수 있는 권한(제53조 제2항)을 가지는데 이것을 '법률안거부권' 또는 '법률안재의요구권'이라고 부른다. 이러한 권한은 대통령이 국회를 견제하는 수단으로 이해될 수 있다. 대통령의 법률안거부권에는 현행 헌법에 명시적으로 규정된 ① **환부거부권**과 함께 회기불계속원칙을 따르는 미국에서 법률안을 회기만료시까지 보류함으로써 실제적으로 거부의 효과를 거두는 ② **보류거부권**도 포함된다. 여기서 문제는 현행 헌법상 보류거부제가 인정될 수 있는지 여부다. 원칙적으로 명시적 근거가 없는 보류거부제는 인정될 수 없고, 다만 국회의원의 임기가 만료하여 환부할 수 없는 경우에는 보류거부로 볼 수 있다는 견해[31]가 제시되지만 이 경우도 보류거부로 보기는 어렵다.[32] 왜냐하면 실제로 거부라는 효과를 거둔다는 측면에서는 보류거부로 볼 수도 있지만 회기불계속원칙을 전제로 하는 보류거부권과는 구별되기 때문이다.

B. 요건과 통제 법률안거부권을 행사할 수 있는 실체적 요건에 대해서는 헌법에 명시적으로 규정되어 있지 않기 때문에 법률안이 헌법에 위반된다든지, 국가이익에 반하거나 집행부에 대한 부당한 정치적 압력이라든지, 법률안의 집행이 불가능하다든지 등의 견해가 제시된다.[33] 하지만 헌법의 명시적 규정이 없기 때문에 거부 여부에 대해서는 대통령의 재량에 맡겨져 있다고 보는 것이 원칙적으로 타당하다. 다만 공무원인 대통령도 모든 공무원에게 부과된 공익실현의무(헌법 제7조 제1항)에 따라 중립성과 공정성의 의무를 부담하므로 본인과 가족과 관련된 법률안에 대해서는 거부권을 행사할

31) 권영성, 1007면 이하.
32) 김철수, 1214면; 허영, 1013면.
33) 권영성, 1006면; 김철수, 1430면; 허영, 1013면 이하.

수 없으며 이 경우에 법률안거부권을 행사하면 위헌적 권한행사로 탄핵사유에 해당하게 된다.[34)]

대통령이 재량에 따라 거부권을 행사하는 경우에도 법률안의 일부에 대하여 또는 법률안을 수정하여 재의를 요구할 수는 없다(제53조 제3항). 또한 대통령의 거부권에 대해서는 국회가 통제할 수 있는 권한이 마련되어 있다. 즉 국회는 대통령이 환부하여 재의를 요구한 법률안에 대해서 재의에 회부하고 재적의원 과반수의 출석과 출석의원 3분의 2 이상의 찬성으로 다시 의결함으로써 법률로서 확정할 수 있다(제53조 제4항). 다만 재적의원 대부분이 출석하는 경우에 사실상 재적의원의 3분의 2를 요구하는 것이 되어서 재의결은 헌법에서 요구하는 가장 엄격한 의결정족수를 충족하여야 한다. 이렇게 확정된 법률이 정부에 이송된 후 5일 이내에 대통령이 공포하지 않을 때에는 국회의장이 이를 공포한다(제53조 제6항).

3) **법률공포권** 대통령은 국회에서 의결된 법률안을 공포하는 권한을 가진다. 대통령이 정부에 이송된 법률안을 15일 이내에 공포하지 않거나 재의를 요구하지 않은 때에 법률안은 법률로서 확정된다(제53조 제5항). 이렇게 확정된 법률을 5일 이내에 공포하지 않으면 국회의장이 공포한다(제53조 제6항). 법률은 특별한 규정이 없는 한 공포일로부터 20일을 경과함으로써 효력을 발생한다(제53조 제7항).

(2) 행정입법에 관한 권한

1) **헌법규정** 대통령은 법률에서 구체적으로 범위를 정하여 위임받은 사항과 법률을 집행하기 위하여 필요한 사항에 관하여 대통령령을 발할 수 있다(제75조). 이에 따라 대통령은 법률에서 위임받은 사항에 관하여 '위임명령'을, 법률을 집행하기 위하여 필요한 사항에 '집행명령'을 발할 수 있다. 위임명령이든 집행명령이든 반드시 법률을 전제로 해서만 입법될 수 있다.

2) **행정입법의 필요성** 국회입법원칙에 따라 국민의 기본권을 제한하는 사항(법규사항)은 반드시 국회가 법률의 형식으로 규율해야 한다. 그러나 행정국가와 사회국가의 경향은 입법의 탄력성 제고와 국회의 전문성 결여라는 측면에서 행정입법의 필요성을 증대시키게 되었다. 법률은 국민의 기본권을 제한하는 사항에 대해서 본질적인 부분만 규율하고 그것을 구체화하는 것은 행정입법에 맡기게 된 것이다. 물론 이것은 행정입법의 '가능성'을 설명해주기도 하지만 행정입법의 '한계'를 설정해주기도 한다. 즉 행정입법은 법률의 위임이 있고, 모법에서 위임의 범위를 '대강이라도 예측할 수 있는 경우'에만 허용되는 것이다.

3) **행정입법의 유형** 넓은 의미의 행정입법은 대통령, 국무총리, 행정각부의 장에 의해서 정립된 법규명령과 행정명령을 말한다.

---

34) 상세한 설명은 이준일, 대통령 거부권의 헌법적 한계, 『세계헌법연구』, 제29권 제3호, 세계헌법학회 한국학회, 2023, 1면 이하 참조.

A. 법규명령과 행정명령 ① **법규명령**은 법규로서의 성격을 가지는 명령, 즉 국민의 권리와 의무에 관한 사항을 일반적 · 추상적으로 규율하는 행정입법으로서 국민에 대한 대외적 구속력을 가진다. 따라서 일정한 형식과 절차가 요구된다. 이러한 법규명령에는 대통령령(제75조), 총리령과 부령(제95조), 대법원규칙(제108조), 헌법재판소규칙(제113조 제2항), 중앙선거관리위원회규칙(제114조 제6항)과 같은 것이 포함된다.

② **행정명령**은 법규로서의 성격을 갖지 않는 명령, 즉 국민의 권리나 의무와는 직접적으로 관계가 없는 사항을 규율하는 행정입법으로서 행정기관 내부에서만 구속력을 가지고, '행정규칙'이라고도 부른다. 따라서 일반적인 형식과 절차가 요구되지 않는다. 이러한 행정규칙에는 훈령, 고시, 예규와 같은 것이 포함된다. 그런데 중요한 것은 훈령, 고시, 예규와 같은 이름이 붙어 있는 행정규칙도 많은 경우에 국민의 기본권을 제한하는 내용을 담고 있다는 점이다. 따라서 법규명령과 행정규칙에 관한 전통적인 개념적 구분이 여전히 의미가 있지만 양자에 대한 통제와 관련해서는 국민의 기본권제한과의 관련성을 개별적 · 구체적으로 검토해서 판단되어야 한다.

B. 위임명령과 집행명령 법규명령은 다시 위임명령과 집행명령으로 구분된다.

① **위임명령**은 헌법에 근거하여 법률로부터 위임받은 사항을 규율하는 법규명령을 말한다. 위임명령은 법률의 위임에 근거하기 때문에 모법의 내용에 위반될 수 없고, 모법의 효력발생 및 상실에 전적으로 의존한다. 그러나 모법의 위임에 따라 모법에서 규율하지 않은 새로운 입법사항을 규정할 수는 있다. 이때 법률의 위임은 구체적이고 명확해야 한다. 여기서 말하는 구체성이나 명확성은 기본권을 제한하는 법률에 대해서 요구되는 명확성원칙과 같은 의미에서 이해될 수 있다. 헌법은 "구체적으로 범위를 정하여"라고 규정함으로써(제75조) 위임에 관한 '구체성명령' 또는 '포괄성금지'를 명시적으로 확인하고 있다. 이와 같은 구체성과 포괄성에 관한 판단을 위해서는 관련법조항을 전체적으로 고려해야 하고, 문제가 된 법률에 따라 구체적이고 개별적으로 검토되어야 한다. 한편 헌법에 의하여 국회의 전속적인 입법사항으로 규정된 것, 즉 국적취득요건(제2조), 조세의 종목과 세율(제59조), 지방자치단체의 종류(제117조 제2항) 등은 입법을 위임할 수 없다.[35] 다음으로 대통령령에서 부령으로 다시 위임하는 **재위임**은 원칙적으로 허용되지만(제95조) 적어도 법률에서 위임받은 사항의 대강을 시행령에서 규정하고, 구체적으로 범위를 정해서만 부령에 위임할 수 있다.

② **집행명령**은 헌법에 근거하여 법률을 집행하기 위해서 필요한 사항을 규율하는 법규명령을 말한다. 모법을 단지 집행하기 위하여 필요한 시행세칙을 규정하기 때문에 모법의 위임에 근거할 필요가 없지만 모법에 없는 새로운 입법사항을 규정할 수는 없다는 점에서 위임명령과 구별된다. 하지만 모법의 효력에 종속된다는 점에서는 위임명령과 같다.

---

35) 같은 견해로 권영성, 1014면 이하; 김철수, 1523면 이하.

법규명령	·대통령 ·총리령 ·부 령	·위임명령 ·집행명령
행정명령 (행정규칙)	·훈 령 ·고 시 ·예 규 ·일일명령	

[판례] 포괄위임입법금지원칙

[1] 사실상 입법권을 백지위임하는 것과 같은 일반적이고 포괄적인 위임은 의회입법과 법치주의를 부인하는 것이 되어 행정권의 부당한 자의와 기본권행사에 대한 무제한적 침해를 초래할 것이기 때문에, 위임입법의 한계에 관한 헌법의 취지는 위와 같은 결과를 사전에 방지하고자 함에 있다고 할 것이다. 따라서 법률의 위임은 반드시 **구체적 개별적으로 한정된 사항**에 대하여 행하여져야 할 것이다. 다만 구체적인 범위는 각종 법령이 규제하고자 하는 대상의 종류와 성격에 따라 달라진다 할 것이므로 일률적 기준을 정할 수는 없지만, 적어도 법률의 규정에 의하여 이미 대통령령으로 규제될 내용 및 범위의 기본사항이 구체적으로 규정되어 있어 누구라도 당해 법률로부터 대통령령에 규정될 내용의 **대강을 예측**할 수 있으면 족하고, 이 경우에 있어 그 예측가능성의 유무는 당해 특정조항 하나만을 가지고 판단할 것이 아니고 관련 **법조항 전체를 유기적 · 체계적**으로 종합 판단하여야 하며, 각 대상법률의 성질에 따라 **구체적 · 개별적으로 검토**하여야 할 것이다(1995. 7. 21. 94헌마125).

[2] 이러한 위임의 구체성 · 명확성의 요구 정도는 **규제대상의 종류와 성격**에 따라서 달라진다. 기본권침해영역에서는 급부행정영역에서 보다는 구체성의 요구가 강화되고, 다양한 사실관계를 규율하거나 사실관계가 수시로 변화될 것이 예상될 때에는 위임의 명확성의 요건이 완화되어야 한다(1991. 2. 11. 90헌가27).

[판례] 재 위 임

법률에서 위임받은 사항을 전혀 규정하지 않고 재위임하는 것은 '위임받은 권한을 그대로 다시 위임할 수 없다'는 복위임금지의 법리에 반할 뿐 아니라 수권법의 내용변경을 초래하는 것이 되고, 부령의 제정 · 개정절차가 대통령령에 비하여 보다 용이한 점을 고려할 때 재위임에 의한 부령의 경우에도 위임에 의한 대통령령에 가해지는 헌법상의 제한이 당연히 적용되어야 할 것이다. 따라서 법률에서 위임받은 사항을 전혀 규정하지 아니하고 그대로 재위임하는 것은 허용되지 않으며 위임받은 사항에 관하여 대강을 정하고 그 중의 특정사항을 범위를 정하여 하위법령에 다시 위임하는 경우에만 재위임이 허용된다(1996. 2. 29. 94헌마213).

[판례] 위임입법의 형식

제1편 제2부 제4장 제2절 VI. 4. 참조.

4) 행정입법에 대한 통제

A. 집행부에 의한 통제 대통령령을 발하기 위해서는 국무회의의 심의를 거쳐야 하고(제89조 제3호), 국무총리나 관계국무위원의 부서를 필요로 한다(제82조). 또한 총리령과 부령에 대해서는 상급행정기관인 대통령이 지휘 · 감독권에 근거하여 통제할 수

있다. 그 밖에 입법예고 또는 공청회와 같은 행정절차를 통해서도 행정입법이 통제된다.

B. 입법부에 의한 통제 국회는 대통령령의 모법을 개정 또는 폐지함으로써 그에 근거하는 행정입법을 통제할 수 있다. 또한 국정조사 · 감사권 등 집행부에 대한 여러 가지 통제수단을 통해서 간접적으로 행정입법을 통제할 수도 있다. 그리고 직접적 통제의 방법으로 중앙행정기관의 장은 법률에서 위임한 사항이나 법률을 집행하기 위하여 필요한 사항을 규정한 대통령령 · 총리령 · 부령 · 훈령 · 예규 · 고시 등이 제정 · 개정 또는 폐지된 때에는 10일 이내에 반드시 이를 국회 소관상임위원회에 제출하도록 하고 있다(국회법 제98조의2 제1항). 이때 상임위원회는 위원회 또는 상설소위원회를 정기적으로 개회하여 그 소관중앙행정기관이 제출한 대통령령 · 총리령 및 부령에 대하여 법률 위반 여부 등을 검토하여 대통령령이나 총리령이 법률의 취지 또는 내용에 합치되지 않는다고 판단되면 검토결과보고서를 의장에게 제출하고, 의장은 검토결과보고서를 본회의에 보고하며, 국회는 본회의 의결로 이를 처리한 뒤 정부에 송부한다(동법 동조 제2항, 제3항 및 제4항). 정부는 국회로부터 송부받은 검토결과에 대한 처리 여부를 검토한 후에 그 처리결과를 반드시 국회에 제출해야 한다(동법 동조 제6항).

C. 사법부에 의한 통제 명령이나 규칙이 헌법이나 법률에 위반되는지 여부가 '재판의 전제가 된 경우'(구체적 규범통제)에는 대법원이 이를 최종적으로 심사할 수 있는 권한을 가짐으로써(제107조 제2항) 사법부는 행정입법을 통제할 수 있다. 또한 명령이나 규칙이 국민의 기본권을 '직접적으로 침해하는 경우'에는 헌법소원을 청구할 수 있기 때문에 헌법재판소에 의한 행정입법의 통제도 가능하다.

6. 사법에 관한 권한

(1) 위헌정당해산제소권

정당의 목적이나 활동이 민주적 기본질서에 위배되는 경우에 정부는 헌법재판소에 그 해산을 제소할 수 있다(제8조 제4항). 이러한 위헌정당해산제도의 이념적 기초는 '방어적 민주주의'로 이해된다.[36] 위헌정당해산의 제소를 위해서는 국무회의의 사전심의가 필요하다(제89조 제14호). 한편 위헌정당해산제소권을 기속행위나 기속재량행위로 보는 경우에 이 권한은 의무이거나 권한인 동시에 의무일 수 있다. 하지만 이 권한을 재량행위로 보아야 하기 때문에 권한으로만 이해되어야 한다.[37]

(2) 사 면 권

1) 개념과 유형 대통령은 법률이 정하는 바에 의하여 사면 · 감형 또는 복권을 명할 수 있는 권한을 가진다(제79조 제1항). 넓은 의미의 사면권은 감형권과 복권권을 포함하는데 이를 "은사권"이라고 부르기도 한다.[38] 반면에 좁은 의미의 사면권은 단순히

36) 제1편 제2부 제5장 제2절 V. 참조.
37) 제4편 제6장 제2절 I. 1. 참조.
38) 허영, 1020면 이하.

사면권만을 의미한다.

① 첫째로, **사면**이란 법원의 형벌에 관한 선고의 효과를 소멸시키거나, 형벌의 선고 이전에 공소권을 소멸시키거나, 형이 확정된 후에 형의 집행을 면제시키는 행위를 말한다. 사면은 일정한 범죄에 해당하는 모든 범죄인을 사면시키는 **일반사면**과 특정인을 사면시키는 **특별사면**으로 구분된다. 일반사면을 명하려면 국회의 동의를 얻어야 한다(동조 제2항). ② 둘째로, **감형**이란 형을 경감시켜 주거나 형의 집행을 감경시켜 주는 행위를 말한다. 사면과 마찬가지로 일정한 범죄에 해당하는 모든 범죄인을 감형시키는 '일반감형'과 특정인을 감형시키는 '특별감형'으로 구분된다. ③ 셋째로, **복권**이란 형의 선고로 상실 또는 정지된 자격을 회복시켜 주는 행위를 말한다. 복권도 역시 '일반복권'과 '특별복권'으로 구분된다.

사면·감형 및 복권에 관한 사항은 법률로 정하도록 규정하고 있는데 이에 따라 **사면법**이 제정되어 있다. 사면법에 따르면 일반사면·감형·복권은 대통령령으로 행하고(동법 제8조), 특별사면·감형·복권은 법무부장관의 상신으로 대통령이 행한다(동법 제9조, 제10조). 특별사면·감형·복권 상신의 적정성을 심사하기 위하여 법무부장관 소속으로 **사면심사위원회**를 둔다(동법 제10조의2). 사면심사위원회는 위원장 1명을 포함하여 9명의 위원으로 구성되고, 법무부장관이 위원장이 된다(동법 동조 제2항, 제3항). 한편 검찰총장은 법무부장관에게 특별사면·감형·복권의 상신을 신청할 수 있다(동법 제11조, 제15조).

2) 한계와 통제 대통령의 사면권에 대해서 일정한 "헌법내재적 한계"가 있다는 견해가 있다.[39] 그러나 이러한 견해는 사면을 일종의 '통치행위'로 보고 이에 대한 사법적 통제의 가능성에 대해서 부정하는 견해를 취하고 있기 때문에 결론적으로는 사면권의 한계가 없다고 하는 것과 같은 무의미한 주장에 지나지 않게 된다. 결론적으로 사면권의 한계와 관련하여 권력분립의 원칙에 따른 한계가 인정되어야 한다. 예를 들어 대통령은 헌법재판소의 탄핵결정에 대해서는 사면권을 행사할 수 없다는 한계가 있다. 이러한 한계를 넘은 사면권행사는 탄핵사유가 되기 때문에 국회는 탄핵소추를 의결할 수 있고, 이에 따라 헌법재판소는 탄핵 여부를 심판할 수 있다.

[판례] 대통령의 사면권과 수형자의 특별사면요구권

헌법 제79조는 특별사면을 대통령의 권한으로 규정하면서 그 구체적인 사항을 법률로 정하도록 하고 있다. 이에 따라 제정된 사면법은 특별사면에 관하여, 검찰총장은 검찰관이나 형무소장의 보고에 의하여 또는 직권으로 법무부장관에게 상신을 신청할 수 있고(제11조) 법무부장관이 대통령에게 상신하여(제10조) 대통령이 행하도록 하고 있다(제9조). 따라서 수형자는 자신에 대한 특별사면을 대통령에게 직접 요구할 권리가 없을 뿐 아니라 검찰총장이나 법무부장관에 대해서도 자신에 대한 특별사면의 상신을 신청할 아무런 권리가 없다(2005. 11. 15. 2005헌마1081).

39) 권영성, 1020면.

7. 권한행사의 절차와 방법

대통령의 권한행사에는 헌법과 법률이 정한 절차와 방법이 요구된다. ① 우선 대통령의 국법상의 행위는 **문서**로 하고, 그 문서에는 국무총리와 관계국무위원의 **부서**(副署)가 있어야 한다(제82조). 부서는 대통령의 서명과 함께 행해진 부서권자의 서명을 말하고, 대통령의 전제를 방지하고 부서권자의 책임소재를 분명하게 만드는 기능을 한다. 한편 부서의 효력과 관련하여 부서없는 대통령의 국법상 행위는 무효라는 견해[40]도 있고, 부서없는 대통령의 국법상 행위도 여전히 유효하고 단지 탄핵소추의 사유가 될 뿐이라는 견해[41]도 있다. 부서권의 기능이 우선적으로 부서권자의 책임소재를 분명하게 하고, 부서권자의 보좌기능을 실현하려는 데 있다고 보는 한 부서없는 대통령의 국법상 행위도 유효하다고 보는 것이 타당하다. 다만 임명권을 가지고 있는 대통령의 국법상 행위에 대해서 부서권자가 부서를 거부할 수도 있겠지만 그러한 가능성은 매우 적다고 보아야 한다. ② 또한 헌법이 규정한 사항에 대해서는 **국무회의의 심의**가 필요하다(제89조). 그리고 **자문기관의 자문**이 필요한 경우도 있다(제91조). ③ 마지막으로 **국회의 동의와 승인**이 반드시 필요한 경우가 있다.

제 2 절 정 부

Ⅰ. 정부의 개념

헌법 제4장에서 말하는 정부는 대통령과 행정부를 합쳐 부르는 말로 입법부와 사법부에 대응하는 **집행부**를 의미한다. 따라서 헌법에서 지칭하는 정부는 집행부로서 대통령과 국무총리, 국무위원, 국무회의, 행정각부, 감사원, 그리고 자문기관을 포함한다. 헌법 제8조 제4항에서 위헌정당해산을 제소하는 권한을 가진 정부나 헌법 제52조에서 법률안을 제출할 수 있는 권한을 가진 정부도 같은 의미로 이해된다. 한편 넓은 의미의 정부는 입법 · 집행 · 사법의 **모든 국가기관**을 의미하기도 하고, 좁은 의미의 정부는 집행부에서 대통령을 제외한 **내각**을 의미할 수도 있다. 헌법 제4장 제1절의 '대통령'과 병렬적으로 규정된 제2절의 '행정부'가 좁은 의미의 정부에 해당한다. 이하에서 설명하는 정부는 이러한 좁은 의미의 정부(행정부)를 의미한다.

---

40) 김철수, 1453면; 허영, 1021면 이하.

41) 권영성, 1023면.

Ⅱ. 국무총리

1. 국무총리제의 헌법적 의의

국무총리제에 대해서는 대통령제에서 대통령의 유고시에 권한을 대행하는 부통령의 성격, 의원내각제에서 입법부와 집행부 사이에 공화유지의 기능을 수행하는 수상의 성격, 대통령제에서 대통령을 보좌하여 집행부를 통할하는 국무장관의 성격 등을 인정하면서 긍정적으로 평가하는 견해가 있다.[42] 반면에 대통령의 정치적 책임을 막는 방탄벽을 설치함으로써 대통령직을 성역화하고 대통령직을 격상시키기 위한 권위적인 대통령관의 그릇된 역사적 유물이라고 부정적으로 평가하면서 긍정적으로 평가하는 견해에서 인정된 성격을 부인하는 견해도 있다.[43] 현행 헌법의 국무총리제는 역사적 경험으로 볼 때 부정적으로 평가될 만한 측면이 있음을 부정할 수는 없다. 그러나 그렇다고 해서 긍정적 측면도 완전히 부정될 수는 없다. 대통령제에서 일반적으로 채택되는 부통령제를 두는 것이 좀 더 이상적으로 보이지만 적어도 부통령을 대신하는 기능과 국회의원이 국무총리를 겸직할 수 있다는 점에서 의원내각제적 기능을 국무총리제에서 부인할 수는 없을 것으로 보인다.

2. 국무총리의 헌법상 지위

(1) 대통령의 권한대행자

대통령이 궐위되거나 사고로 인하여 직무를 수행할 수 없을 때에는 국무총리, 법률이 정한 국무위원의 순서로 그 권한을 대행하도록 규정되어 있기 때문에 국무총리는 대통령의 **제1순위 권한대행자**다(제71조). 대통령제에서는 일반적으로 부통령을 두고 대통령의 궐위 또는 사고시에 그 권한을 대행하도록 하고 있기 때문에 부통령제를 채택하지 않은 현행 헌법에서 적어도 권한대행과 관련하여 국무총리는 부통령과 같은 지위를 부여받고 있다. 하지만 '민주적 정당성'이라는 측면을 고려하면 부통령을 두는 것이 적절하다. 비록 국무총리가 국회의 동의를 받아 간접적으로나마 민주적 정당성을 부여받고 있다고는 하지만 대통령의 권한대행자가 될 수 있다는 점에서 보면 대통령과 함께 직접적으로 민주적 정당성을 부여받을 필요가 있기 때문이다. 국민이 직접적으로 민주적 정당성을 부여하지 않은 국무총리는 대통령의 권한을 대행하더라도 대통령이 아니기 때문에 권한대행자로서 국무총리에 대한 탄핵소추를 위해서는 국회 재적의원 과반수의 찬성으로 충분하다.[44]

---

42) 권영성, 1029면.
43) 허영, 1022면 이하.
44) 헌재 2025. 3. 24. 2024헌나9.

[판례] 대통령 권한대행자로서 국무총리에 대한 탄핵소추 의결정족수

국무총리는 헌법 제86조에 따라 그 임명에 국회의 동의를 얻어 대통령이 임명하기는 하지만, 이는 국민으로부터 직접 선출된 대통령의 민주적 정당성과 비교하여 상당히 축소된 **간접적인 민주적 정당성**만을 보유하고 있으므로, 대통령 권한대행자로서 국무총리는 대통령과는 확연히 구분되는 지위에 있다. 또한 헌법 제71조가 규정하는 대통령 권한대행은 헌법과 법령 상으로 대행자에게 미리 예정된 기능과 과업의 수행을 의미하는 것이지, '권한대행' 또는 '권한대행자'라는 공직이나 지위가 새로이 창설되는 것이라 볼 수 없다. 여기에 해당 공직의 박탈을 통하여 헌법을 수호하고자 하는 탄핵심판 제도의 취지를 종합하면, 대통령의 권한을 대행하는 국무총리에 대한 탄핵소추에는 본래의 신분상 지위에 따라 헌법 제65조 제2항 본문에 의한 의결정족수를 적용함이 타당하다. 이 사건 탄핵소추는 국무총리에 대한 탄핵소추 의결정족수인 **국회 재적의원 과반수의 찬성**으로 의결되었으므로, 이를 근거로 한 이 사건탄핵심판 청구는 적법하다(헌재 2025. 3. 24. 2024헌나9).

(2) 대통령의 보좌기관

국무총리는 대통령을 **보좌**하여 행정에 관하여 대통령의 명을 받아 행정각부를 통할한다(제86조 제2항). 또한 국무총리는 국무회의의 의장인 대통령을 보좌하여 **국무회의 부의장**이 된다(제88조 제3항). 그리고 대통령의 국법상 행위는 문서로써 하는데 이 문서에는 국무총리가 **부서**함으로써 대통령을 보좌한다(제82조). 한편 대통령을 보좌하는 기관으로서의 지위와 집행부내 2인자로서의 지위는 중첩되는 측면이 있다고 하면서 전자보다는 후자를 더 강조하는 견해[45]도 있다. 하지만 국무총리의 집행부내 2인자로서의 지위는 집행부 조직내부에서 형식적으로만 차지하는 지위일 뿐이다. 왜냐하면 대통령은 국무총리의 임명에 있어서 국회의 동의가 필요하기는 하지만 여전히 임명권을 가지고 있고, 적어도 해임의 권한에 있어서는 국회의 동의와 같은 제한이 없다는 점에서 국무총리는 대통령의 권한을 견제할 수 있는 지위에 있지 못하기 때문이다. 따라서 민주적 정당성이 취약한 국무총리는 국민으로부터 직접적으로 민주적 정당성을 부여받은 대통령의 보좌기관에 지나지 않는다고 보는 것이 타당하다.

[판례] 국무총리의 보좌기관성과 국무총리의 통할을 받지 않는 중앙행정기관의 설치

헌법 제86조 제2항은 그 위치와 내용으로 보아 **국무총리의 헌법상 주된 지위가 대통령의 보좌기관**이라는 것과 그 보좌기관인 지위에서 행정에 관하여 대통령의 명을 받아 행정각부를 통할할 수 있다는 것을 규정한 것일 뿐, 국가의 공권력을 집행하는 행정부의 조직은 헌법상 예외적으로 열거되어 있거나 그 성질상 대통령의 직속기관으로 설치할 수 있는 것을 제외하고는 모두 국무총리의 통할을 받아야 하며, 그 통할을 받지 않은 행정기관은 법률에 의하더라도 이를 설치할 수 없음을 의미한다고는 볼 수 없을 뿐만 아니라, 헌법 제94조, 제95조 등의 규정취지에 비추어 정부의 구성단위로서 그 권한에 속하는 사항을 집행하는 모든 중앙정부기관이 곧 헌법 제86조 제2항 소정의 "행정각부"라고 볼 수도 없다. 국가가 정보기관을 대통령직속으로 하느냐 여부는 기본적으로 입법정책의 영역에 속하는 것으로서

---

45) 성낙인, 605면 이하.

당해 국가의 헌법이념에 위배되지 않는 한 위헌이라 할 수 없는 것인데, 국가안전기획부법은 그 목적, 직무범위, 통제방법 등의 관점에서 헌법이 요구하는 최소한의 요건을 갖추고 있다고 보아야 할 것이므로, 국무총리의 관할을 받지 않는 대통령직속기관인 국가안전기획부의 설치근거와 직무범위 등을 정한 행정조직법 제14조와 국가안전기획부법 제4조 및 제6조의 규정은 헌법에 위배된다 할 수 없다(1994. 4. 28. 89헌마221).

(3) 집행부내 서열 제2위의 기관

국무총리는 대통령을 보좌하여 행정에 관하여 대통령의 명을 받아 **행정각부를 통할**하기 때문에(제86조 제2항) 집행부 조직 내에서 대통령 바로 다음의 서열에 위치하는 최고기관이다. 집행부내 서열 제2위의 기관으로서 국무총리는 국무회의의 부의장이 되고(제88조 제3항), 국무위원과 행정각부의 장의 임명제청권(제87조 제1항, 제94조)과 국무위원의 해임건의권(제87조 제3항)을 가진다. 이러한 지위에 근거하여 국무총리의 권한이 실질화될 수 있다는 점에서 이러한 지위는 단순히 대통령의 보좌기관으로서의 지위와 중첩되는 측면이 있지만 양자는 구분되어야 한다. 하지만 집행부내 서열 제2위의 기관으로서 국무총리의 권한을 아무리 실질화한다고 해도 원칙적으로 대통령제를 유지하는 한 본질적으로 보좌기관에 지나지 않는 국무총리의 권한강화를 통하여 대통령의 권한을 실질적으로 견제할 수 있는 데까지 이르기는 어렵다고 보인다.

(4) 대통령 다음의 상급행정기관

국무총리는 정부조직내에서 대통령 다음에 위치하는 상급행정기관으로서 하급행정기관을 지휘 · 감독한다. 따라서 국무총리는 중앙행정기관의 장의 명령이나 처분이 위법 또는 부당하다고 인정한 경우에 대통령의 승인을 받아 중지 또는 취소할 수 있다(정부조직법 제18조 제2항). 또한 국무총리는 독립적으로 고유한 소관사무를 처리한다. 국무총리에 소속된 기관으로는 인사혁신처(동법 제22조의3), 법제처(동법 제23조), 식품의약품안전처(동법 제25조)가 있다.

3. 국무총리의 신분상 지위

(1) 임 명

국무총리는 **국회의 동의**를 얻어 대통령이 임명한다(제86조 제1항). 국무총리의 임명에서 국회의 동의를 요구하는 것은 간접적으로나마 민주적 정당성을 확보하기 위한 것으로 이해된다. 또한 대통령의 독주를 견제하면서 강력하고 안정적인 행정추진력을 부여하기 위한 목적도 포함된다. 따라서 원칙적으로 국회의 동의를 받지 않은 이른바 '국무총리서리제'는 헌법에 위반된다.[46] 만약 국무총리가 궐위된 경우라면 정부조직법에 따라 직무대행자를 임명할 수도 있을 것이다. 다만, 예외적으로 대통령이 적법하게 국무총리임명동의를 요청했지만 국회가 이를 처리하지 못한 채 지연시키고 있는 경우에는 국무총리서리를

46) 같은 견해로 권영성, 1033면; 김철수, 1460면 이하; 허영, 971면; 반대견해로 장영수, 1188면.

임명할 수도 있을 것이다. 이와 관련하여 헌법재판소의 법정의견은 국무총리서리제에 대해서 각하결정을 함으로써 본안에 대한 판단을 빗겨가고 있다.[47] 하지만 별개의견으로 정부조직법상 국무총리의 직무대행에 관한 규정에서 표현된 사고의 개념에 궐위는 포함되지 않아 궐위의 경우에는 직무대행자를 임명할 수 없기 때문에 국무총리서리제를 합헌으로 보는 견해도 있다(이영모 재판관의 기각의견). 또한 오히려 국무총리서리를 국무총리의 직무대행자로 간주하여 합헌으로 보는 견해도 있다(조승형, 고중석 재판관의 각하의견).

[판례] 국무총리서리제(1998. 7. 14. 98헌라1)

[1] **재판관 김용준의 의견(각하의견)** ① 국회의 부분기관에게 국회를 위한 '제3자소송담당'을 허용하는 것은 소수자를 보호하기 위한 것이므로 재적의원 과반수를 이루는 다수의원이나 그들 의원으로 구성된 교섭단체의 경우에는 '제3자소송담당'을 허용할 필요성은 없는 것이다. ② 대통령이 국무총리서리를 임명한 행위가 국무총리 임명동의안에 관한 청구인인 국회의원들의 심의·표결권한의 행사를 불가능하게 하거나 방해함으로써 그 권한을 침해할 가능성이 없다.

[2] **재판관 조승형, 재판관 고중석의 의견(각하의견)** ① 대통령이 헌법에 정한 바에 따라 국회에 국무총리 임명동의요청을 한 다음 국회가 그 사정으로 임명동의안을 처리해 주지 아니한 특별한 사정이 있는 경우에 국무총리서리를 임명한 것은, 대통령이 국무총리가 사고로 인하여 직무를 수행할 수 없을 때에 국회가 임명동의안을 의결할 때까지 한 시적으로 **국무총리 직무대행자를 임명한 것에 불과하다.** ② 국회는 국무총리 임명동의안에 대한 표결을 하여 가부를 결정할 수 있는 상태에 있고, 특히 청구인들은 국회의 다수당 소속 국회의원들로서 그들만으로도 국무총리 임명동의안에 대한 가부를 결정하여 분쟁을 스스로 해결할 수 있는 방법이 있음에도 불구하고, 미리 헌법재판소에 권한쟁의 심판을 청구한 것이므로 이 사건 심판청구는 **권리보호이익이 없어 부적법**하다.

[3] **재판관 정경식, 신창언의 의견(각하의견)** 국회의 경우 현행 권한쟁의심판제도하에서는 국가기관으로서의 국회만이 당사자로 되어 권한쟁의심판을 수행할 수 있을 뿐이고, 국회의 구성원이나 국회내의 일부기관인 국회의원 및 교섭단체 등이 **권한쟁의심판을 청구할 수는 없다.**

[4] **재판관 김문희, 재판관 이재화, 재판관 한대현의 반대의견(인용의견)** ① 청구인들은 국무총리 임명에 관한 국회의 동의권한 및 자신들의 국무총리 임명동의안에 대한 표결권한을 동시에 침해받았다고 주장하면서 권한쟁의심판을 청구할 자격이 있다. ② 청구인들이 장차 이 사건 임명동의안을 부결시켜 청구외 김종필을 국무총리로 재직하지 못하게 할 수 있다고 하더라도 그것과는 별도로 이 사건 임명처분에 의한 권한 침해를 다툴 이익이 있다. ③ 국회의 동의는 국무총리 임명에 있어 불가결한 본질적 요건으로서 대통령이 국회의 동의 없이 국무총리를 임명하였다면 그 임명행위는 **명백히 헌법에 위배된다.** ④ 정부조직법 제23조의 '사고'는 '사고'와 '궐위'를 포괄하는 넓은 개념으로 해석하는 것이 타당하다. 따라서 국무총리의 사퇴로 인하여 국무총리의 직무를 수행할 사람이 없어 국정공백이 우려된다면 **정부조직법에 따라 국무총리 직무대행자를 지명**함으로써 임명동의안의 처리시까지 국정공백을 방지할 수도 있다.

[5] **재판관 이영모의 반대의견(기각의견)** ① 특수한 경우에 한하여 대통령은 국무총리 임명동의안을 국회가 표결할 때까지 예외적으로 서리를 임명하여 총리직을 수행하게

47) 헌재 1998. 7. 14. 98헌라1.

할 수 있고, 헌법 제86조 제1항의 흠을 보충하는 **합리적인 해석범위 내의 행위이므로 헌법상의 정당성**이 있다. ② 정부조직법 제23조 사고의 개념에 궐위를 포함시키는 해석론은 옳지 않다. 신임 대통령의 취임으로 국무총리와 국무위원은 모두 사직서를 제출한 상태이고 국회는 국무총리 임명동의안을 처리하지 못하고 있는 경우에 사직서를 제출한 종전의 국무총리가 총리의 직무를 수행하거나 국무위원이 그 직무를 대행하여야만 헌법과 정부조직법의 관계조항에 부합한다는 견해는, 현실과 실질적인 면을 도외시한 것이다.

(2) 자　　격

1) 문민주의원칙　　문민주의원칙에 따라 군인은 현역을 면한 후가 아니면 국무총리로 임명될 수 없다(제86조 제3항). 이는 '군의 정치적 중립성'에 관한 헌법규정(제5조 제2항)의 취지와도 밀접한 관련이 있다.

2) 겸직의 문제　　헌법은 국회의원이 법률에서 정하는 직을 겸할 수 없도록 규정한다(제43조). 그런데 국회법에 따르면 국회의원이 겸직할 수 없는 직에 국무총리는 해당하지 않는다(동법 제29조). 또한 국회의원이 국무총리를 겸직하고 있는 경우에는 상임위원을 사임할 수 있도록 한 규정(동법 제39조 제4항)은 이미 겸직을 예정하고 있다. 따라서 **국무총리는 국회의원을 겸직할 수 있다**고 보는 것이 타당하다. 이로써 현행 대통령제는 집행부와 입법부의 관계에서 엄격한 권력분립이 지켜지지 않는 '변형된 대통령제'로 이해될 수 있다.

(3) 해　　임

대통령은 임명권자로서 국무총리를 해임할 수 있다. 바로 이 점에서 국무총리는 대통령의 보좌기관으로서의 지위를 갖는다. 한편 국회는 국무총리의 해임을 건의할 수 있다(제63조). 그러나 이미 국회의 권한에서 살펴본 바와 같이 해임건의는 단순한 건의에 지나지 않기 때문에 대통령은 이에 법적으로 구속되지 않는다.[48]

(4) 직무대행

국무총리가 사고로 직무를 수행할 수 없는 경우에는 우선 기획재정부장관이 겸임하는 경제정책 관련 부총리, 교육부장관이 겸임하는 교육·사회 및 문화 정책 관련 부총리의 순으로 직무를 대행한다. 다음으로 국무총리 및 부총리가 모두 사고로 직무를 수행할 수 없는 경우에는 **대통령의 지명**이 있으면 그 지명을 받은 국무위원이, 지명이 없는 경우에는 법률에 규정된 순서에 따른 국무위원이 그 직무를 대행한다(정부조직법 제22조). 법률은 직무대행하는 국무위원의 순서를 ① 기획재정부, ② 교육부, ③ 과학기술정보통신부, ④ 외교부, ⑤ 통일부, ⑥ 법무부, ⑦ 국방부, ⑧ 행정안전부, ⑨ 국가보훈부, ⑩ 문화체육관광부, ⑪ 농림축산식품부, ⑫ 산업통상자원부, ⑬ 보건복지부, ⑭ 환경부, ⑮ 고용노동부, ⑯ 여성가족부, ⑰ 국토교통부, ⑱ 해양수산부, ⑲ 중소벤

48) 제3편 제2장 제5절 Ⅲ. 4. 참조.

처기업부로 규정한다(동법 제26조 제1항).

4. 국무총리의 권한

(1) 대통령의 권한대행권

국무총리는 대통령이 궐위되거나 사고로 인하여 직무를 수행할 수 없을 때에 대통령의 권한을 대행한다(제71조). 민주적 정당성이 결여된 국무총리가 대통령의 권한을 대행하는 것은 문제가 있다. 따라서 권한대행의 기간은 최소한에 국한되어야 한다. 헌법은 대통령이 궐위된 때에는 60일 이내에 후임자를 선임하도록 규정하고 있기 때문에(제68조 제2항) 권한대행의 기간은 최대 60일이다. 권한대행의 범위는 현상유지적이고 소극적인 사항에 한정된다.[49)]

(2) 행정부구성에 대한 관여권

형식적이기는 하지만 집행부내 서열 제2위의 기관으로서 국무총리는 국무위원과 행정각부의 장의 임명에 대한 제청권을 갖고(**임명제청권**: 제87조 제1항, 제94조), 국무위원에 대한 해임건의권을 갖는다(**해임건의권**: 제87조 제3항). 그러나 국무총리의 이러한 권한은 대통령을 보좌하는 지위에 있는 국무총리에게 형식적이고 명목적인 의미에서 부여된 권한으로 이해된다. 따라서 국무총리의 제청이 없는 대통령의 임명행위도 법적으로 유효하고, 국무총리의 제청이 있다고 해도 대통령은 국무총리의 제청에 법적으로 구속되지 않는다.[50)] 다만 국무총리의 제청은 국무위원과 행정각부의 장에 대한 임명에서 헌법이 요구하는 필수적인 절차이므로 대통령이 국무총리의 제청을 생략한 채 임명행위를 하면 헌법위반으로 탄핵사유에 해당한다. 반면에 대통령과 국무총리의 권력분점이라는 측면에서 국무총리의 제청이 없는 대통령의 임명행위는 무효이지만 대통령이 국무총리의 제청에 법적으로 구속되지는 않는다는 견해[51)]도 있다. 한편 국무위원에 대한 국무총리의 해임건의에도 대통령은 법적으로 구속되지 않는다. 그리고 국무총리와 국무위원의 연대책임에 관한 명시적 규정이 없고, 앞서 설명한 것처럼 국무총리의 임명제청권은 형식적인 것이다. 따라서 국무총리가 사임하거나 해임된 경우에 다른 국무위원, 특히 해임된 국무총리가 자신이 직접 제청한 국무위원도 사임해야 할 법적 의무가 있는 것은 아니다.

(3) 행정각부의 통할 · 감독권

국무총리는 집행부조직 내부에서 서열 제2위의 기관 또는 상급행정기관으로서 하급행정기관을 통할하고 감독하는 권한을 가진다(제86조 제2항).

(4) 국무회의에서 심의권

국무총리는 국무회의의 부의장인 동시에 국무회의의 구성원으로서 국무회의에서 정

---

49) 제3편 제3장 제1절 Ⅱ. 5. 참조.

50) 같은 견해로 권영성, 1034면; 허영, 1025면.

51) 성낙인, 611면.

부의 권한에 속하는 중요한 정책을 심의할 수 있는 권한을 가진다(제88조 제3항, 제89조).

(5) 부 서 권

국무총리는 대통령의 모든 국무행위에 대해서 부서할 수 있는 권한을 가진다(제82조). 국무총리는 모든 국무행위에 대해서 부서할 수 있는 데 비하여 국무위원은 관계된 사항에 대해서만 부서할 수 있다는 점에서 차이가 있다. 국무총리의 부서권은 대통령의 전제를 방지하고 부서권자인 국무총리의 책임소재를 분명하게 만드는 기능을 한다. 또한 부서권을 통하여 국무총리는 대통령을 보좌하게 된다. 이로써 부서는 국무총리의 권한인 동시에 의무로도 이해될 수 있다. 한편 부서의 효력과 관련하여 부서권의 기능을 고려할 때, 부서없는 대통령의 국법상 행위도 유효하다고 보아야 한다.[52]

(6) 총 리 령

국무총리는 소관사무에 관하여 법률이나 대통령령의 위임 또는 직권으로 총리령을 발할 수 있다(제95조). 여기서 총리령은 세 가지 유형으로 구분된다. ① 첫째로, 국무총리는 소관사무에 관하여 법률이나 대통령령의 위임으로 법규명령의 성격을 가지는 **위임명령**을 발할 수 있다. ② 둘째로, 국무총리는 법률이나 대통령령을 집행하기 위하여 법규명령의 성격을 가지는 **직권명령**을 발할 수 있다. ③ 셋째로, 국무총리는 행정기관 내부에서만 효력을 미치는 **행정명령**(행정규칙)을 발할 수 있다.

국무총리의 위임명령과 직권명령은 국민의 권리 · 의무에 관한 사항을 규율하는 법규명령으로서 법규적 성격을 가지기 때문에 대외적 구속력을 가진다. 반면에 국무총리의 행정명령은 법규적 성격을 갖지 않아 대외적 구속력을 갖지 않는다는 점에서 국무총리의 위임명령이나 직권명령과 구분된다. 대외적 구속력을 가지는 법규명령의 경우에는 반드시 헌법적 수권이 필요한데 헌법 제95조는 그러한 수권조항으로 이해될 수 있다. 헌법 제75조와는 달리 제95조에는 수권의 한계에 대한 명시적 문구가 없다. 하지만 헌법 제95조도 제75조에 명시된 수권의 한계("구체적으로 범위를 정하여")가 포함된 것으로 해석되어야 한다.

(7) 국회출석 및 발언권

국무총리는 국회나 그 위원회에 출석하여 국정처리상황을 보고하거나 의견을 진술하고 질문에 응답할 수 있다(제62조 제1항). 국회나 그 위원회가 국무총리의 출석을 요구한 때 국무위원으로 하여금 출석 · 답변하게 할 수 있다(동조 제2항)

5. 국무총리의 책임

국무총리의 책임은 '정치적' 책임과 '법적' 책임으로 구분된다. ① 첫째, 국회는 재적의원 3분의 1 이상의 발의와 재적의원 과반수의 찬성으로 국무총리의 해임을 건의할 수 있다(제63조). 그러나 이 경우에 대통령은 국회의 건의에 법적으로 구속되지 않기 때

52) 제3편 제3장 제1절 III. 7. 참조.

문에[53] 국무총리해임건의권은 국무총리의 **정치적 책임**을 묻는 수단일 뿐이다. ② 둘째, 반면에 국회가 헌법과 법률에 위반되는 직무수행을 이유로 국무총리의 **탄핵**을 의결하면 권한행사가 정지되고, 헌법재판소의 결정으로 파면될 수도 있다(제65조). 따라서 탄핵은 국무총리의 **법적 책임**을 묻는 전형적인 수단이 된다. 국무총리에 대한 탄핵소추는 국회재적의원 3분의 1 이상의 발의가 필요하고, 국회재적의원 과반수의 찬성으로 의결된다(동조 제2항). 국무총리가 대통령의 권한을 대행하고 있는 경우에도 민주적 정당성이 없다는 점에서 과반수의 찬성으로 탄핵소추가 의결될 수 있다.

Ⅲ. 국무위원

1. 국무위원의 헌법상 지위

(1) 국무회의의 구성원

국무위원은 국무회의의 구성원이다. 국무회의는 국가중요정책에 대한 최고심의기관이기 때문에 국무위원은 국무회의의 구성원으로서 국가중요정책의 심의에 참여할 수 있는 권한을 가진다(제87조 제2항 후단). 국무회의는 대통령·국무총리와 15인 이상 30인 이하의 국무위원으로 구성된다(제88조 제2항). 헌법에서 국무위원의 최소숫자를 15명으로 한정하고 있으므로 자진사퇴 등으로 국무위원의 숫자가 최소한에 미달하는 경우에 국무회의의 개최가 불가능해지는 문제가 발생한다. 다만 국무회의는 심의기관이고 국무위원은 대통령의 보좌기관으로 대통령은 국무회의의 의결에 구속되지 않으므로 국무위원이 헌법상 최소숫자에 미달한 경우에 국무회의의 심의를 거치지 않고 권한행사가 가능하다고 보아야 한다. 여기서 대통령과 국무총리는 국무회의의 구성원이지만 국무위원이 아니라는 점을 확인할 필요가 있다. 행정각부의 장인 국무위원이 탄핵소추 등 사고로 직무를 수행할 수 없으면 차관이 그 직무를 대행한다(정부조직법 제7조 제2항). 다만 대통령령인 국무회의 규정에 따르면 국무위원을 대리하여 출석한 행정각부의 차관은 발언할 수 있지만 표결에 참가할 수는 없다(동규정 제7조). 대통령은 국무회의의 의장이 되고, 국무총리는 부의장이 되기 때문에(동조 제3항) 국무회의에서 국무위원은 대통령이나 국무총리와 대등한 지위를 가진다고 볼 수 없다.

(2) 대통령의 보좌기관

국무위원은 국무회의의 구성원으로서 대통령을 보좌하는 기관이다(제87조 제2항 전단). 이것은 국무회의에서 일반국무위원이 대통령과 대등한 지위를 갖지 못하는 또 다른 근거가 될 수 있다. 이에 따라 헌법정책적인 측면에서 국무회의가 진정한 의미의 심의기관이 되고, 또한 국무위원이 진정한 의미의 심의기관의 구성원이 될 수 있도록 보좌기관의 지위는 행정각부의 장에게 한정해야 한다는 견해[54]도 주장된다. 한편 국무위원이 대

53) 제3편 제2장 제5절 4. (2) 참조.

54) 성낙인, 619면.

통령을 보좌하기 위하여 대통령의 국무행위에 대해서 관계국무위원의 부서가 필요하다(제82조). 하지만 국무위원의 부서권은 대통령에 대한 보좌의 기능에서 그 근거를 찾을 수 있으므로 관계국무위원의 부서가 없는 대통령의 국법상 행위도 여전히 유효하다.

2. 국무위원의 임면

국무위원은 국무총리의 제청으로 대통령이 임명한다(제87조 제1항). 이때 '문민주의 원칙'에 따라 군인은 현역을 면한 후가 아니면 국무위원으로 임명될 수 없다(동조 제4항). 한편 국무위원은 행정각부의 장으로 임명될 수 있다(제94조). 국무총리와 마찬가지로 국무위원도 국회의원을 겸직할 수 있다. 국무위원의 임명권자인 대통령은 국무위원을 해임할 수 있는 권한도 가진다. 그리고 국무총리도 국무위원의 해임을 대통령에게 건의할 수 있는 권한을 가진다(제87조 제3항). 하지만 국무총리가 국무위원의 해임을 건의하는 경우에 대통령은 이에 법적으로 구속당하지 않는다.[55] 또한 국회도 국무위원의 해임을 대통령에게 건의할 수 있지만 이 경우에도 대통령은 법적으로 구속되지 않는다.[56]

3. 국무위원의 권한

(1) 대통령의 권한대행권

국무위원은 대통령이 궐위되거나 사고로 인하여 직무를 수행할 수 없을 때에는 국무총리, 그리고 법률이 정한 순서에 따라 그 권한을 대행한다(제71조).

(2) 정책심의권

국무위원은 국무회의의 구성원으로서 국가의 중요정책에 대해서 심의할 수 있는 권한을 가진다. 하지만 국무위원이 국무회의의 심의절차에서 의장인 대통령이나 부의장인 국무총리와 대등한 권한을 갖는다고 볼 수는 없다.

(3) 부 서 권

국무위원은 문서로 행해야 하는 대통령의 국법상 행위에 대해서 부서할 수 있는 권한을 가진다(제82조). 군사에 관한 것도 또한 같다. 다만 국무위원의 경우에는 국무총리와는 달리 대통령의 국법상 행위와 관계된 국무위원만이 부서할 수 있다. 관계국무위원의 부서가 없는 대통령의 국법상 행위도 유효하다는 점은 이미 언급한 바와 같다.

(4) 국회출석 및 발언권

국무위원은 국회나 그 위원회에 출석하여 국정처리상황을 보고하거나 의견을 진술하고 질문에 응답할 수 있다(제62조 제1항). 국회나 그 위원회가 국무위원의 출석을 요구한 때 정부위원으로 하여금 출석 · 답변하게 할 수 있다(동조 제2항).

---

55) 같은 견해로 권영성, 1041면; 허영, 1025면 이하 및 1029면.

56) 제3편 제2장 제5절 Ⅲ. 4. 참조.

4. 국무위원의 책임

국회는 재적의원 3분의 1 이상의 발의와 재적의원 과반수의 찬성으로 국무위원의 **해임을 건의**할 수 있다(제63조). 그러나 이 경우에 대통령은 국회의 건의에 법적으로 구속되지 않기 때문에, 국무위원의 **정치적 책임**을 묻는 수단일 뿐이다. 반면에 국회가 헌법과 법률에 위반되는 직무수행을 이유로 국무위원의 **탄핵**을 의결하면 권한행사가 정지되고, 헌법재판소의 결정으로 파면될 수도 있다(제65조). 따라서 탄핵은 국무위원의 **법적 책임**을 묻는 수단이 된다. 국무위원에 대한 탄핵소추는 국회재적의원 3분의 1 이상의 발의가 필요하고, 국회재적의원 과반수의 찬성으로 의결된다(동조 제2항). 행정각부의 장인 국무위원이 탄핵소추로 직무를 수행할 수 없는 경우에는 차관이 그 직무를 대행한다(정부조직법 제7조 제2항).

Ⅳ. 국무회의

1. 국무회의의 헌법상 지위

국무회의는 정부의 권한에 속하는 중요한 정책을 심의하는 정책심의기관이다(제88조 제1항). ① 첫째로, 국무회의는 **심의기관**이기 때문에 의결기관이나 자문기관과는 구별된다. 따라서 미국식 대통령제의 각료회의처럼 중요한 정책에 대해서 단순한 자문을 구하는 기관은 아니지만 의원내각제의 내각처럼 의결을 할 수 있는 기관도 아니기 때문에 국무회의의 결정에 대해서 대통령은 법적으로 구속당하지 않는다.[57] ② 둘째로, 국무회의는 집행부내 **최고의** 정책심의기관이기 때문에 국무회의보다 상위에 위치하는 심의기관은 존재하지 않는다. ③ 셋째로, 국무회의는 **합의제기관**으로 모든 구성원이 동등한 지위를 가지기 때문에 적어도 형식적으로는 대통령이나 국무총리도 국무회의에서 지시나 명령을 할 수 없다. 하지만 대통령은 국무회의의 의장이 되고 국무총리는 부의장이 되며, 국무위원은 국무회의의 구성원으로서 대통령을 보좌해야 하기 때문에 실질적으로 대등한 지위를 갖지는 못한다고 할 수 있다. ④ 마지막 넷째로, 국무회의는 임의기관이 아니라 **헌법상 필수적 기관**이기 때문에 반드시 설치하여야 한다. 이 점에서도 임의기관인 미국식 대통령제의 각료회의와 구분된다.

2. 구성과 운영

국무회의는 대통령 · 국무총리와 15인 이상 30인 이하의 국무위원으로 구성한다(제88조 제2항). 대통령은 국무회의의 의장이 되고, 국무총리는 부의장이 된다(동조 제3항). 대통령은 국무회의 의장으로서 회의를 소집하고 이를 주재한다(정부조직법 제12조 제1항). 의장이 사고로 직무를 수행할 수 없는 경우에는 부의장인 국무총리가 그 직무를 대행하

57) 같은 견해로 권영성, 1044면; 김철수, 1470면; 허영, 1031면.

고, 의장과 부의장이 모두 사고로 직무를 수행할 수 없으면 기획재정부장관이 겸임하는 부총리, 교육부장관이 겸임하는 부총리 및 정부조직법에 규정된 순서에 따라 국무위원이 그 직무를 대행한다(동법 동조 제2항). 국무위원은 의장에게 의안을 제출하고 국무회의의 소집을 요구할 수 있다(동법 동조 제3항). 국무조정실장 · 인사혁신처장 · 법제처장 · 식품의약품안전처장 그 밖에 법률로 정하는 공무원은 필요한 경우 국무회의에 출석하여 발언할 수 있고(동법 제13조 제1항), 소관사무에 관하여 국무총리에게 의안의 제출을 건의할 수 있다(동법 동조 제2항).

대통령령인 국무회의 규정에 따르면 국무회의는 **정례 국무회의**와 **임시 국무회의**로 구분하되, 정례 국무회의는 매주 1회 소집하고, 임시 국무회의는 필요에 따라 그때그때 소집한다(동규정 제2조 제2항). 대통령 · 국무총리 또는 국무위원은 헌법 제89조 및 법령에 규정된 국무회의의 심의사항을 의안으로 제출한다(동규정 제3조 제1항). 국무회의에 제출된 의안은 먼저 차관회의의 심의를 거쳐야 하지만 긴급한 의안은 예외로 한다(동규정 제5조 제1항). 국무회의는 구성원 과반수의 출석으로 개의하고, 출석구성원 3분의 2 이상의 찬성으로 의결한다(동규정 제6조 제1항). 국무위원이 국무회의에 출석하지 못할 때 각 부의 차관이 대리하여 출석할 수 있지만(동규정 제7조 제1항) 대리 출석한 차관은 의안에 관하여 발언만 가능하고 표결에는 참가할 수 없다(동조 제2항).

[참조] 국무회의 · 대법관회의 · 감사위원회의 · 선거관리위원회회의의 운영

	국무회의	대법관회의(14명)	감사위원회의(7명)	선거관리위원회회의(9명: 투표구선관위 7명)
회의 소집	· 정례 국무회의(매주1회) · 임시 국무회의(필요에 따라 수시 소집)	· 정례 대법관회의(매월 1회) · 임시 대법관회의(필요에 따라 대법원장이 수시소집)	· 정기회의 (매주 1회) · 임시회의(감사원장이 필요하다고 인정할 때)	· 위원장 또는 위원 3분의 1 이상의 요청으로 소집
의결 정족수	· 구성원 과반수 출석 및 출석구성원 3분의 2 이상 찬성	· 대법관전원의 3분의 2 이상 출석 및 출석인원 과반수 찬성(법원조직법 제16조 제2항) · 의장의 의결권 및 가부동수일 때 결정권(동법 동조 제3항)	· 재적 감사위원 과반수의 찬성(감사원법 제11조 제2항)	· 재적위원 과반수출석 및 출석위원 과반수 찬성(선거관리위원회법 제10조 제1항) · 위원장의 표결권 및 가부동수일 때 결정권(동법 동조 제2항)
관련 법령	· 정부조직법 제12조 · 국무회의 규정(대통령령) 제6조	· 법원조직법 제18조 · 대법관회의 운영규칙(대법원규칙) 제2조	· 감사원 사무처리규칙(감사원규칙) 제2조	· 각급선거관리위원회회의규칙(선거관리위원회규칙) 제2조

3. 심의사항과 심의의 법적 성격

(1) 심의사항

국무회의는 다음의 사항을 심의한다(제89조): ① 국정의 기본계획과 정부의 일반정책, ② 선전·강화 기타 중요한 대외정책, ③ 헌법개정안·국민투표안·조약안·법률안 및 대통령령안, ④ 예산안·결산·국유재산처분의 기본계획·국가의 부담이 될 계약 기타 재정에 관한 중요사항, ⑤ 대통령의 긴급명령·긴급재정경제처분 및 명령 또는 계엄과 그 해제, ⑥ 군사에 관한 중요사항, ⑦ 국회의 임시회 집회의 요구, ⑧ 영전수여, ⑨ 사면·감형과 복권, ⑩ 행정각부간의 권한의 획정, ⑪ 정부 안의 권한의 위임 또는 배정에 관한 기본계획, ⑫ 국정처리상황의 평가·분석, ⑬ 행정각부의 중요한 정책의 수립과 조정, ⑭ 정당해산의 제소, ⑮ 정부에 제출 또는 회부된 정부의 정책에 관계되는 청원의 심사, ⑯ 검찰총장·합동참모의장·각군참모총장·국립대학교총장·대사 기타 법률이 정한 공무원과 국영기업체관리자의 임명, ⑰ 기타 대통령·국무총리 또는 국무위원이 제출한 사항.

(2) 심의의 법적 성격

국무회의의 심의는 정부의 중요한 정책을 결정함에 있어서 반드시 거쳐야 하는 절차이기 때문에 대통령이 이러한 절차를 거치지 않고 결정한 경우에 헌법에 위반된다. 다만, 그러한 결정의 효력에 대해서는 심의절차를 단지 '적법요건'으로만 보아 효력을 긍정하는 견해(**유효설**)[58]와 심의절차를 '효력발생요건'으로 보아 효력을 부정하는 견해(**무효설**)[59]가 대립된다. 국무회의를 대통령의 보좌기관으로 보는 한 유효설이 타당하다고 할 수 있다. 하지만 이렇게 국무회의의 심의절차를 거치지 않은 대통령의 행위는 위헌적 행위로서 탄핵소추의 사유가 될 수 있다.

한편 심의기관의 결정에 대해서 대통령이 법적으로 구속당하는지 여부에 대해서도 긍정하는 견해(**구속설**)와 부정하는 견해(**비구속설**)[60]로 구분된다. 심의는 본질적으로 의결과는 성격이 다르기 때문에 대통령은 심의기관의 결정에 대해서 비록 의결이라는 형식을 갖는다고 할지라도 구속되지 않는다. 따라서 대통령은 심의기관의 결정과 다른 내용의 결정을 할 수도 있다.

V. 행정각부

1. 설치·조직·직무범위

집행부의 구성단위로서 정부의 정책을 집행하기 위한 중앙행정기관으로 행정각부를 둔다. 헌법은 행정각부의 설치·조직과 직무범위는 법률로 정하도록 규정한다(제96조).

58) 권영성, 1048면.
59) 김철수, 1472면; 성낙인, 630면.
60) 권영성, 1048면; 김철수, 1473면; 장영수, 1193면.

이에 따라 정부조직법이 제정되어 있다. 이 법률에 따르면 다음과 같은 **19개의 행정각부**가 설치되어 있다(동법 제26조 제1항): ① 기획재정부, ② 교육부, ③ 과학기술정보통신부, ④ 외교부, ⑤ 통일부, ⑥ 법무부, ⑦ 국방부, ⑧ 행정안전부, ⑨ 국가보훈부, ⑩ 문화체육관광부, ⑪ 농림축산식품부, ⑫ 산업통상자원부, ⑬ 보건복지부, ⑭ 환경부, ⑮ 고용노동부, ⑯ 여성가족부, ⑰ 국토교통부, ⑱ 해양수산부, ⑲ 중소벤처기업부. 그 밖에도 행정각부에는 **17개의 외청**이 설치되어 있다: 국세청 · 관세청 · 조달청 · 통계청(기획재정부장관 소속), 재외동포청(외교부 소속), 검찰청(법무부장관 소속), 병무청 · 방위사업청(국방부장관 소속), 경찰청 · 소방청(행정안전부장관 소속), 국가유산청(문화체육관광부장관 소속), 농촌진흥청 · 산림청(농림축산식품부장관 소속), 특허청(산업통상자원부장관 소속), 질병관리청(보건복지부 소속), 기상청(환경부장관 소속), 해양경찰청(해양수산부 소속). 한편 '신행정수도 후속대책을 위한 연기 · 공주지역 행정중심복합도시 건설을 위한 특별법'에 따라 국토교통부장관 소속으로 행정중심복합도시건설청이 설치되어 있다(동법 제38조 제1항).

2. 행정각부의 장

(1) 지 위

행정각부의 장은 국무위원 중에서 국무총리의 제청으로 대통령이 임명한다(제94조). 따라서 행정각부의 장은 국무위원이기도 하다. 하지만 행정각부의 장으로서의 지위와 국무위원으로서의 지위는 구분되어야 한다. 즉 행정각부의 장은 국무위원으로서 국무회의에서는 대통령이나 국무총리와 적어도 형식적으로나마 동등한 지위를 갖지만, 행정기관으로서 상급행정기관인 대통령이나 국무총리의 지휘 · 감독을 받는다. 정부조직법에 따르면 행정각부에는 '장관' 1명을 두고 국무위원으로 보한다(동법 제26조 제2항).

(2) 권 한

1) 사무통할 및 공무원지휘 · 감독권 행정각부의 장은 소관사무를 통할하고 소속공무원을 지휘 · 감독한다(동법 제7조 제1항). 또한 소관사무에 관하여 지방행정의 장을 지휘 · 감독한다(동법 제26조 제3항).

2) 부 령 행정각부의 장은 소관사무에 관하여 법률이나 대통령령의 위임 또는 직권으로 부령을 발할 수 있다(제95조). 부령에는 법규명령의 성격을 가지는 위임명령과 직권명령, 그리고 법규명령의 성격을 가지지 않는 행정명령(행정규칙)이 포함된다.

Ⅵ. 대통령의 자문기관

국정의 중요한 사항에 대한 대통령의 자문에 응하기 위하여 자문기관을 둘 수 있다. 이러한 자문기관은 반드시 설치해야 되는 **필수적 자문기관**과 대통령의 재량에 따라 설치될 수도 있는 **임의적 자문기관**으로 구분된다.

1. 국가원로자문회의

국정의 중요한 사항에 관한 대통령의 자문에 응하기 위하여 국가원로로 구성되는 국가원로자문회의를 둘 수 있다(제90조 제1항). 국가원로자문회의의 의장은 원칙적으로 직전대통령이 되지만 직전대통령이 없으면 대통령이 지명한다(동조 제2항). 국가원로자문회의의 조직 · 직무범위 기타 필요한 사항을 정하기 위하여 '국가원로자문회의법'이 제정되기도 했지만 위헌의 소지가 있어 폐지되었다.

2. 국가안전보장회의

국가안전보장에 관련되는 대외정책 · 군사정책과 국내정책의 수립에 관하여 국무회의의 심의에 앞서 대통령의 자문에 응하기 위하여 국가안전보장회의를 둔다(제91조 제1항). 따라서 국가안전보장회의(National Security Council: NSC)는 반드시 설치해야 하는 필수적 자문기관이다. 국가안전보장회의는 대통령이 주재한다(동조 제2항). 국가안전보장회의의 조직 · 직무범위 기타 필요한 사항을 정하기 위하여 **국가안전보장회의법**이 제정되어 있다. 이 법률에 따르면 국가안전보장회의는 의장인 대통령을 포함하여 국무총리, 외교부장관, 통일부장관, 국방부장관, 국가정보원장, 그리고 대통령령으로 정하는 위원으로 구성된다(동법 제2조).

3. 민주평화통일자문회의

평화통일정책의 수립에 관한 대통령의 자문에 응하기 위하여 민주평화통일자문회의를 둘 수 있다(제92조 제1항). 민주평화통일자문회의의 조직 · 직무범위 기타 필요한 사항을 정하기 위하여 **민주평화통일자문회의법**이 제정되어 있다. 민주평화통일자문회의의 의장은 대통령이 된다(동법 제6조 제1항) 의장은 자문위원 중에서 25명 이내의 부의장을 임명하고(동법 동조 제2항), 부의장 중에서 수석부의장 1명을 지명한다(동법 동조 제3항). 민주평화통일자문회의의 자문위원은 대통령이 위촉하는 7천명 이상의 자문위원으로 구성된다(동법 제3조). 비록 자문기관이지만 실질적인 자문을 위해서 자문위원은 현행 법률보다 훨씬 축소된 숫자의 전문가로 구성될 필요가 있다.

4. 국민경제자문회의

국민경제의 발전을 위한 중요정책의 수립에 관하여 대통령의 자문에 응하기 위하여 국민경제자문회의를 둘 수 있다(제93조 제1항). 국민경제자문회의의 조직 · 직무범위 기타 필요한 사항을 정하기 위하여 **국민경제자문회의법**이 제정되어 있다. 이 법률에 따르면 국민경제자문회의는 의장 1명, 부의장 1명, 당연직위원 5명 이내, 위촉위원 30명 이내 및 지명위원으로 구성된다(동법 제3조 제1항). 의장은 대통령이 되고, 부의장은 의장이 위촉위원 중에서 지명한다(동법 동조 제2항).

5. 국가과학기술자문회의

국가는 과학기술의 혁신과 정보 및 인력의 발전을 통하여 국민경제의 발전에 노력해야 할 의무를 진다(제127조 제1항). 대통령은 이러한 헌법의 목적을 달성하기 위하여 필요한 자문기구를 둘 수 있다(동조 제3항). 이와 관련해서 **국가과학기술자문회의법**이 제정되었고(1991. 3. 8. 법률 제4361호), 이 법률에 근거하여 국가과학기술자문회의가 설치되었다. 다른 자문기관이 헌법상의 기관인 데 비하여 국가과학기술자문회의는 법률상의 기관이라는 점에서 차이가 있다.

Ⅶ. 감 사 원

1. 헌법상 지위

(1) 대통령소속기관

감사원은 대통령에 소속되는 중앙행정기관이다(제97조). 감사원은 입법부에 소속될 수도 있고, 집행부에 소속될 수도 있으며, 입법 · 집행 · 사법부 어디에도 소속되지 않을 수도 있는데 현행 헌법은 감사원을 대통령에 소속하도록 규정하고 있다. 물론 감사원은 대통령에 소속되어 있기는 하지만 '독립적으로' 활동할 수 있는 기관이다.

(2) 독립기관

감사원은 어떠한 지시나 간섭도 받지 않고 독립적으로 업무를 수행할 수 있는 기관이다. 이에 따라 감사원법도 감사원은 대통령에 소속하되 직무에 관하여는 독립의 지위를 가지고, 감사원 소속 공무원의 임면, 조직 및 예산의 편성에 있어서는 감사원의 독립성이 최대한 존중되도록 요구하고 있다(동법 제2조). 또한 감사위원의 임기와 정년이 보장되고, 신분이 보장되며 겸직금지 및 정치운동금지도 같은 맥락에서 이해될 수 있다.

(3) 합의제기관

감사원은 감사원장을 포함한 감사위원으로 구성되어 위원들의 합의로 의사를 결정하는 합의제기관이다. 따라서 감사원의 의사결정에 있어서 감사원장과 감사위원은 대등한 지위를 가진다. 감사원법에 따르면 감사원장을 포함한 감사위원 전원으로 구성되고 감사원장이 의장이 되는 **감사위원회의**는 재적 감사위원 과반수의 찬성으로 의결한다(동법 제11조).

2. 구성과 신분보장

감사원은 원장을 포함한 5인 이상 11인 이하의 감사위원으로 구성한다(제98조 제1항). 감사원법에 따르면 감사원은 감사원장을 포함한 **7명의 감사위원**으로 구성된다(동법 제3조). 감사원장은 국회의 동의를 얻어 대통령이 임명하고, 그 임기는 4년으로 하며, 1차에 한하여 중임할 수 있다(제98조 제2항). 감사원장은 감사원을 대표하며 소속공무원을 지휘 · 감독한다(감사원법 제4조 제2항). 감사위원은 원장의 제청으로 대통령이 임명하고, 그 임기는 4년으로 하며, 1차에 한하여 중임할 수 있다(제98조 제3항). 감사위원의 정년은 65세, 감사원장의 정년은 70세다(감사원법 제6조 제2항).

감사위원은 신분이 보장되어 탄핵결정이나 금고 이상의 형의 선고 또는 장기의 심신쇠약(心身衰弱)으로 직무를 수행할 수 없게 된 때가 아니면 그 의사에 반하여 면직되지 않음으로써 신분보장을 받는다(동법 제8조). 또한 감사위원은 국회 또는 지방의회의 의원, 행정부서의 공무원, 감사원법에 의하여 감사의 대상이 되는 단체의 임 · 직원, 기타 보수를 받는 직을 겸하거나 영리를 목적으로 사업을 영위할 수 없다(동법 제9조). 그리고 감사위원은 정당가입이나 정치운동관여가 금지된다(동법 제10조).

3. 권 한

헌법에 따르면 감사원은 국가의 세입 · 세출의 결산, 그리고 국가 및 법률이 정한 단체의 회계검사와 행정기관 및 공무원의 직무에 관한 감찰을 하기 위하여 둔다(제97조).

(1) 결산검사 · 보고권 및 회계검사권

감사원은 국가의 세입 · 세출의 결산, 그리고 국가 및 법률이 정한 단체의 회계를 검사하는 권한을 가진다. 또한 감사원은 세입 · 세출의 결산을 매년 검사하여 대통령과 차년도 국회에 그 결과를 보고하여야 한다(제99조).

(2) 직무감찰권

감사원은 행정기관 및 공무원의 직무를 감찰하는 권한을 가진다. 감사원법에 따르면 직무감찰의 범위는 다음과 같다(동법 제24조 제1항): ① 정부조직법 및 그 밖의 법률에 따라 설치된 행정기관의 사무와 그에 소속한 공무원의 직무, ② 지방자치단체의 사무와 그에 소속한 지방공무원의 직무, ③ 한국은행, 국가 또는 지방자치단체가 자본금의 2분의 1 이상을 출자한 법인, 민법 또는 상법 외의 다른 법률에 의하여 설립되고 그 임원의 전부 또는 일부나 대표자가 국가 또는 지방자치단체에 의하여 임명되거나 임명 승인되는 단체 등의 사무와 그에 소속한 임원 및 감사원의 검사대상이 되는 회계사무와 직접 또는 간접으로 관련이 있는 직원의 직무, ④ 법령에 따라 국가 또는 지방자치단체가 위탁하거나 대행하게 한 사무와 그 밖의 법령에 의하여 공무원의 신분을 가지거나 공무원에 준하는 자의 직무. 감찰대상이 되는 행정기관에는 군기관과 교육기관이 포함된다(동법 동조 제2항). 한편 감찰대상이 되는 행정기관의 공무원에는 국회 · 법원 및 헌법재판소에 소속한 공무원을 제외한다(동법 동조 제3항). 지방자치단체에 대한 감사와 관련하여 자치사무의 합법성뿐만 아니라 합목적성에 대하여도 감사한 경우에 감사원에 부여된 법률상 권한에 따라 이루어진 것으로 본다.[61]

61) 헌재 2008. 5. 29. 2005헌라3.

제 4 장 법 원

제 1 절 법원의 헌법상 지위

Ⅰ. 사법기관으로서 법원

1. 사법작용의 개념

헌법에 따르면 사법권은 법관으로 구성된 법원에 속한다(제101조 제1항). 따라서 헌법은 법원에게 국가의 사법작용을 담당하는 **사법기관**의 지위를 부여하고 있다. 여기서 법원이 담당하는 사법작용이란 구체적인 법적 분쟁이 발생한 경우에 분쟁당사자의 청구에 따라 독립된 지위를 가진 기관이 제3자적 입장에서 중립적으로 무엇이 법인지를 판단하고 선언하는 국가작용을 말한다.

2. 권력분립원칙과 사법권의 독립

이러한 사법작용을 다른 국가작용으로부터 분리시켜 법원이라는 독립된 기관에 담당시키도록 하는 요청은 **형식적 법치주의에 근거한 권력분립원칙**에서 나온다. 법과 국가의 필요성에 근거하여 정당화된 형식적 법치국가는 인권의 보장을 위한 최소한의 제도로서 권력분립원칙을 채택한다. 다시 말해 형식적 법치국가는 국가권력을 하나의 기관에 독점시키지 않고 여러 기관에 분점시켜 상호 견제하고 통제하게 함으로써 권력독점으로 인한 인권침해를 예방한다. 권력의 독점이 인권침해로 귀결될 수밖에 없다는 사실은 역사적 경험을 통하여 충분히 입증되었기 때문이다. 이러한 권력분립원칙은 우선 행정의 합법률성과 함께 사법권의 독립성으로 구체화된다. 적어도 행정작용을 법률에 구속시킴으로써 행정부에 대해서 법률의 집행이라는 자신의 기능을 확인시키고, 법률의 해석과 적용의 기능을 행정작용으로부터 독립시키는 것이야말로 권력분립을 위한 최소한의 내용이기 때문이다. 결론적으로 사법기관으로서 법원의 헌법상 지위는 권력분립원칙에서 도출되는 사법권의 독립성에 근거한다.

Ⅱ. 사법작용의 특성

1. 논증작용으로서 사법작용

권력분립원칙에 따라 법원이 담당하는 사법작용은 국가의사를 법의 형식으로 결정하고 집행하는 입법작용이나 집행작용과는 달리 '정책작용이 아니다'는 점에서 구별된다. 물론 사법작용도 법의 해석과 적용의 과정에서, 예를 들어 법의 공백이나 악법이 발생한 상황에서 법형성이나 법창조와 같이 어떤 것을 새롭게 결정하는 정책작용의 성격을 가질 수 있다는 점을 완전히 부인할 수는 없다. 하지만 사법작용의 고유한 기능은 여전히 이미 결정된 것들을 확인하고 선언하는 **논증작용**이라는 데 있다. 또한 사법작용은 구체적 분쟁을 전제로 분쟁당사자의 청구에 따라 비로소 국가작용이 활동하는 **수동적 성격**을 가지고 있다는 점에서도 입법작용이나 집행작용과는 구별된다. 그럼에도 불구하고 사법작용은 비록 사후적이지만 절차적으로 국민의 기본권을 보호하는 기능을 수행한다. 따라서 사법작용이 논증작용으로서 **국민의 기본권을 보호**하는 기능을 하는 한 이른바 '통치행위'라 불리는 고도의 정치적 성격을 가지는 결정도 국민의 기본권과 관련된다면 사법심사의 대상이 될 수 있어야 한다. 다시 말해 사법심사의 한계로서 일반적으로 인용되는, 이른바 통치행위라 불리는 국가작용의 범위는 가능한 한 축소되어야 하고, 일률적으로 사법심사의 대상이 되지 않는다거나 사법심사가 자제되어야 한다는 이론은 타당하지 않다. 법과 국가의 정당성이 국민의 기본권보장에 있기 때문에 모든 국가작용은 국민의 기본권과 관련되는 경우에는 사법심사의 대상이 되어야 한다.

2. 법원이 담당하지 않는 사법작용

한편 사법작용은 본질적으로 정책작용은 아니지만 예외적으로 정책작용의 성격을 가질 수 있기 때문에, 헌법은 원칙적으로 사법작용을 법원이 담당하도록 하면서도 예외적으로 정책적 성격이 강한 사법작용인 **헌법재판은 헌법재판소**가 담당하도록 규정하고 있다(제111조 제1항). 그 밖에도 ① 국회의원의 자격심사나 징계는 국회에서 담당하며(제64조 제2항), ② 행정소송의 전심절차인 행정심판은 행정기관이 담당하고(제107조 제3항), ③ 사면, 감형, 복권은 대통령의 권한으로 규정되어 있다(제79조).

제 2 절 사법권의 독립

Ⅰ. 의 의

사법권독립의 원칙은 사법권을 행사하는 법관이 구체적 사건을 재판함에 있어서 어떠한 지시나 명령도 받지 않은 채 독립하여 심리하고 판결하도록 요청하는 원칙을 의미한다. 이것은 사법작용에서 입법부나 집행부의 간섭을 배제할 뿐만 아니라 더 나아가 사법부가 입법부나 집행부를 견제하고 통제하는 기능을 수행한다. 또한 이를 통해 국민의 기본권을 보호하는 기능을 수행하기도 한다. 다만 사법권의 독립도 법치주의에서 도출되는 권력분립원칙에 의하여 정당화된다는 점에서 헌법의 다른 가치나 원칙, 특히 민주주의에 의한 제한과 통제를 받는다.

사법권의 독립에 대해서 현행 헌법은 명시적으로 규정하고 있다. 우선 사법권을 법관으로 구성된 법원이라는 독립된 기관에 속하도록 하면서(제101조 제1항), 법관의 자격과 법원의 조직을 법률에서 정하도록 하고 있다(제101조 제3항, 제102조 제3항). 또한 법관에게 헌법과 법률에 의하여 그 양심에 따라 독립하여 심판하도록 규정한다(제103조). 그리고 법관의 임기를 보장하고(제105조), 법관은 탄핵이나 금고 이상의 형의 선고에 의하지 아니하고는 파면되지 아니하며, 징계처분에 의하지 아니하고는 불리한 처분을 받지 않도록 규정한다(제106조 제1항). 이처럼 사법권독립의 원칙은 **법원의 조직과 운영에서 독립성**을 확보하고, 그리고 **법관의 직무와 신분에서 독립성**을 보장함으로써 실현될 수 있다.

Ⅱ. 법원의 독립

1. 법원의 조직과 운영의 독립

사법권의 독립은 무엇보다도 법원이 조직과 운영에서 독립성과 자율성을 갖는 것을 의미한다. 헌법은 우선 법원을 법관으로 구성된 독립된 기관으로 하고(제101조 제1항), 법관의 자격과 법원의 조직을 법률로 정하도록 하여(제101조 제3항, 제102조 제3항) **법원의 조직에서 독립성**을 확보하고 있다. 또한 대법원이 법률에 저촉되지 아니하는 범위 안에서 소송에 관한 절차, 법원의 내부규율과 사무처리에 관한 규칙을 제정할 수 있도록 하여(제108조) **법원의 운영에서도 자율성**을 보장하고 있다. 이러한 독립성과 자율성은 입법부뿐만 아니라 집행부에 대해서도 보장된다. 따라서 원칙적으로 국회의원이나 집행부의 구성원은 법관을 겸직할 수 없다. 또한 국회는 재판에 간섭하거나 특정인을 처벌하는 법률을 제정함으로써 재판을 대신할 수 없고, 정부도 재판에 간섭하거나 영향력을 행사할 수 없다.

2. 법원의 독립성에 대한 국회와 정부의 견제

(1) 국회의 견제

법원이 조직과 운영에서 독립성과 자율성을 갖지만 **법원조직 법정주의**에 따라 법원의 조직이 법률로 정해진다는 점에서 국회의 견제를 받는다. 이와 관련하여 대법원장은 법원의 조직, 인사, 운영, 재판절차, 등기, 가족관계등록 그 밖의 법원 업무와 관련된 법률의 제정 또는 개정이 필요하다고 인정하는 경우에는 국회에 서면으로 그 의견을 제출할 수 있도록 함으로써(법원조직법 제9조 제3항) 한편으로 법원의 독립성을 확보하고 있다. 그 밖에도 국회는 대법원장과 대법관에 대한 **임명동의권**(제104조 제1항, 제2항) 법원의 예산안에 대한 **심의 · 확정권**, 법관에 대한 **탄핵소추의결권**(제65조 제1항) 등을 통해서 법원을 견제할 수 있다.

(2) 정부의 견제

법원조직의 독립성은 대통령이 가지는 대법원장 및 대법관에 대한 **임명권**에 의해서 제한받는다. 대법원장이나 대법관이 아닌 법관의 경우에는 대법관회의의 동의를 얻어 대법원장이 임명하도록 하여(제104조 제3항) 법원조직의 독립성을 보장하고 있는 것도 사실이다. 하지만 대법원장과 대법관에 대한 임명권을 대통령이 갖도록 한 것은 분명히 법원조직의 독립성에 대한 제한으로 이해될 수밖에 없다. 따라서 권력의 견제와 균형이라는 권력분립원칙에서 볼 때 대법원장이 가지는 **대법관임명제청권**에 대해서 실질적 의미를 부여하는 것이 중요하다. 한편 법원의 예산안에 대한 **편성권**을 통해서 정부의 견제를 받을 수 있다. 그렇지만 정부는 법원의 예산을 편성할 때에는 사법부의 독립성과 자율성을 존중해야만 한다(법원조직법 제82조 제2항).

Ⅲ. 법관의 독립

1. 재판의 독립(물적 독립)

(1) 학　설

재판의 독립에 대해서는 **법원의 독립**으로 이해하는 견해[1]와 **법관의 독립**으로 이해하는 견해[2]로 구분된다. 양자는 재판을 법원의 기능으로 이해하는지, 아니면 법관의 권한이나 직무로 이해하는지에 따라 차이가 있다. 즉 전자는 재판의 독립을 '법원의 기능상의 독립'으로 이해하는 반면에 후자는 '법관의 재판상 또는 직무상 독립이나 물적 독립'으로 이해한다. 양자의 실질적 차이는 크지 않다고 생각되고, 헌법의 명시적 규정도 법관을 주체로 표현되어 있기 때문에 법관의 독립으로 이해하기로 한다.

(2) 내　용

재판의 독립이란 법관이 재판에서 헌법과 법률에 의하여 그 양심에 따라 독립하여 심판하는 것을 말한다(제103조). 이것은 법관이 재판과 관련하여 오로지 헌법과 법률, 그리고 양심에만 구속되고 그 밖에 어떠한 지시나 명령도 받지 않고 독립적으로 직무를 수행할 수 있음을 뜻한다.

1) 헌법과 법률에 의하여　법관이 헌법과 법률에 의하여 재판한다는 것은 법관이 재판을 함에 있어서 헌법과 법률에 구속된다는 것을 뜻한다. 법관이 헌법과 법률에 구속되는 근거는 법치주의원리에서 찾을 수 있다. 여기서 말하는 헌법과 법률은 형식적 의미의 헌법과 법률뿐만 아니라 실질적 의미의 헌법과 법률도 포함된다. 하지만 죄형법정주의의 원칙을 엄격하게 준수해야 하는 형사재판의 경우에는 법관은 형식적 의미의 법률에 따라 재판해야 한다. 법관이 헌법과 법률에 따라 재판하면서 법규범 상호간에 모순이 발생한 경우에는 상위법우선원칙이나 특별법우선원칙 또는 신법우선원칙과 같은

---

1) 허영, 1059면 이하.

2) 권영성, 1070면 이하; 김철수, 1577면; 장영수, 1212면.

모순해결규칙에 따라 해결해야 한다. 한편 법관의 헌법구속은 재판에 대한 헌법소원이 배제된 현행 제도에서는 구체적인 통제를 받지 못한다는 문제점을 안고 있다.

2) 양심에 따라 법관이 양심에 따라 재판한다는 것은 법관이 재판에서 양심에 구속된다는 것을 뜻한다. 여기서 말하는 양심은 인간이면 누구나 가지고 있는 주관적 양심으로서 개인적 확신이나 신념에 기초한 도덕적 판단기준을 뜻하지 않는다. 법관이 구속되는 양심은 법조인으로서 직업상 가져야 되는 **객관적 양심**으로서 법리적으로 합리성과 정당성이 요구되는 도덕적 판단기준을 의미한다.

3) 독립하여 법관은 오로지 헌법과 법률에만 구속되고 그 밖에 어떠한 지시와 명령에도 구속되지 않는다. 따라서 법관은 재판을 하면서 입법부나 집행부, 그리고 사회세력이나 소송당사자의 **외부적 명령**뿐만 아니라 상급법원이나 소속법원장의 **내부적 지시**에도 구속되지 않는다. 또한 법관은 독립적으로 재판하기 위해서 재직 중에 ① 국회 또는 지방의회의 의원이 되는 일, ② 행정부서의 공무원이 되는 일, ③ 정치운동에 관여하는 일, ④ 대법원장의 허가 없이 보수를 받는 직무에 종사하는 일, ⑤ 금전상의 이익을 목적으로 하는 업무에 종사하는 일, ⑥ 대법원장의 허가를 받지 아니하고 보수의 유무에 상관없이 국가기관 외의 법인 · 단체 등의 고문, 임원, 직원 등의 직위에 취임하는 일이 금지된다(법원조직법 제49조).

재판절차는 사법에 관한 제도화된 대화절차로 이해된다. 이렇게 이해된 재판절차는 사법에 관한 제도화되지 않은 대화절차, 즉 **사법에 관한 시민사회의 공론영역**과 끊임없이 소통해야 한다. 따라서 사법에 관한 시민사회의 공론영역은 재판의 독립성과 대치되는 것이 아니므로 배심제나 참심제처럼 재판에 대한 시민참여가 제도화될 수 있다면 제도화되는 것도 가능하다. 하지만 제도화되지 않은 대화영역은 제도화되지 않은 채 제도화된 사법절차로부터 독립성을 유지했을 때 본질적 기능을 수행할 수 있기 때문에 제도화되지 않는 것이 더 바람직하다. 이러한 사법에 관한 제도화되지 않은 대화영역의 정당성은 다름 아닌 '합리성', 즉 자유롭고 평등한 이성적 시민의 참여에 근거하기 때문에 사법에 대한 비판은 이성적 시민이 주체가 되어 합리적인 근거를 제시하는 것으로 충분하고, 반드시 전문적인 "학리적 비판이나 사법민주화를 위한 비판"[3]에 국한될 필요는 없다. 어쨌든 사법에 관한 시민사회의 공론영역은 사법부의 보수화와 관료화를 억제할 수 있는 궁극적인 수단이다.

2. 신분의 독립(인적 독립)

법관의 독립은 법관이 재판에서뿐만 아니라 법관으로서의 신분과 관련하여 독립적일 때, 즉 법관의 신분이 충분하게 보장될 때 비로소 가능하다. 이것을 법관의 **신분상 독립**이나 **인적 독립**이라고 부른다.

---

3) 권영성, 1073면; 김철수, 1579면.

(1) 법관자격 법정주의

법관의 신분을 보장하기 위하여 헌법은 법관의 자격을 법률에 정하도록 하는 '법관자격 법정주의'를 채택하고 있다(제101조 제3항). 이에 근거하여 법원조직법이 제정되어 있다. 법관은 대법원장과 대법관, 그리고 판사로 구분되며 각각 별도로 자격요건이 정해진다.

(2) 임기제와 정년제

헌법은 법관에게 임기와 정년을 명시적으로 보장함으로써 법관의 신분을 보장한다. 대법원장의 임기는 6년으로 하여 중임할 수 없고(제105조 제1항), 대법관의 임기도 6년으로 하지만 법률에 정하는 바에 의하여 연임할 수 있다(동조 제2항). 그리고 대법원장과 대법관이 아닌 법관의 임기는 10년이고, 법률이 정하는 바에 의하여 연임할 수 있다(동조 제3항). 한편 헌법은 법관의 정년을 법률에 정하도록 규정한다(동조 제4항). 이에 따라 제정된 법원조직법에 따르면 대법원장과 대법관의 정년은 각각 70세, 판사의 정년은 65세로 한다(동법 제45조 제4항). 법관의 임기제나 정년제는 법관의 신분보장과 함께 법관의 노령화와 보수화를 방지하려는 데에도 목적이 있다.

[판례] 법관의 정년제

법관정년제는 **법관의 쇠퇴화 · 보수화 · 관료화를 완화 또는 방지**하고자 하는 데 그 입법목적이 있고, 나아가 정년을 명시함으로써 **법관의 신분보장**에도 기여한다. 또한 법관의 정년을 직위에 따라 순차적으로 낮게 차등하게 설정한 것은 법관 업무의 성격과 특수성, 평균수명, 조직체 내의 질서 등을 고려하여 정한 것으로 그 차별에 합리적인 이유가 있다고 할 것이므로, 평등권을 침해하지 않는다(2002. 10. 31. 2001헌마557).

(3) 법관의 신분보장

법관의 신분을 보장하기 위하여 다음과 같은 제도적 장치들이 마련되어 있다. ① 첫째, 법관은 탄핵 또는 금고 이상의 형의 선고에 의하지 않고는 파면되지 않도록 하여(제106조 제1항 전단) **파면사유를 헌법에서 명시적으로 제한**하고 있다. ② 둘째, 징계처분에 의하지 아니하고는 정직 · 감봉 기타 불리한 처분을 받지 않도록 하여 **불리한 처분의 사유도 제한**하고 있다(동조 동항 후단). ③ 셋째, 법관이 중대한 심신상의 장해로 직무를 수행할 수 없을 때에는 법률이 정하는 바에 의하여 퇴직하게 할 수 있도록 하여 **강제퇴직의 사유도 제한**된다(동조 제2항). ④ 넷째, 법원조직법에 따르면 대법원장은 다른 국가기관으로부터 법관의 파견근무요청이 있을 경우에 업무의 성질상 법관을 파견하는 것이 타당하다고 인정되고 당해 법관이 이에 동의하는 경우에는 그 기간을 정하여 이를 허가할 수 있도록 하여 **파견근무의 사유를 엄격하게 제한**하고 있다(동법 제50조). 더욱이 법관은 대통령비서실에 파견되거나 대통령비서실의 직위를 겸할 수 없으며 법관으로서 퇴직 후 2년이 지나야 대통령비서실의 직위에 임용될 수 있다(동법 제50조의2).

3. 법관의 독립에 대한 견제

(1) 국회의 견제

국회는 **국정감사 및 조사권**을 통해 법관의 독립을 견제한다. 그러나 이 경우에도 계속중인 재판에 개입하거나 간섭하는 것은 금지된다(국감법 제8조). 다만 재판이 지나치게 지연되거나 선거에 영향에 미칠 의도로 과도하게 신속한 속도로 진행되는 경우에 국회에 의한 민주적 통제가 이루어져야 한다.

(2) 정부의 견제

정부는 대통령의 **사면권**을 통해 법관의 독립을 견제할 수 있다.

(3) 사법부 내부의 견제

사법권의 독립성을 기반으로 하는 법관의 독립을 견제하는 가장 합리적인 방법은 국회나 정부에 의한 외부적 견제보다 심급제도를 통한 내부적 견제다.

제 3 절 법원의 구성과 조직

Ⅰ. 헌법규정

헌법에 따르면 법원의 구성과 조직에서 먼저 법원은 **법관**으로 구성되고(제101조 제1항), 최고법원인 **대법원**과 **각급법원**으로 조직된다(동조 제2항). 그리고 대법원과 각급법원의 조직은 법률에서 정해진다(제102조 제3항). 이에 따라 **법원조직법**이 제정되어 있다. 법원조직법에 따르면 판사의 수는 따로 법률로 정하도록 규정되어 있는데 이에 따라 제정된 각급 법원 · 판사 정원법은 2025년 현재 판사의 수를 3,584명으로 규정한다. 법관은 대법원장, 대법관, 판사로 구분되어 법적 지위와 자격요건이 정해진다.

Ⅱ. 대 법 원

1. 헌법상 지위

대법원은 법원조직 내에서 **최고법원**이다. 따라서 대법원은 사법작용을 담당하는 법원들 가운데 최상급법원이지만 사법작용의 하나인 헌법재판과 관련해서는 원칙적으로 그러한 지위를 갖지 못한다. 헌법재판에 관한 권한은 헌법재판소의 권한으로 규정되어 있기 때문이다(제111조 제1항). 예외적으로 명령 · 규칙에 대한 위헌심사권(제107조 제2항)이나 법률에 대한 위헌심판제청권(동조 제1항)을 통해 대법원이 헌법재판에 관여하기도 한다.

2. 구성과 조직

(1) 대법원장

대법원장은 국회의 동의를 얻어 대통령이 임명한다(제104조 제1항). 대법원장은 대법관회의의 의장이며, 대법원전원합의체의 재판장이 된다. 대법원장은 대법원의 일반사무를 관장하며, 대법원의 직원과 각급 법원 및 그 소속 기관의 사법행정 사무에 관하여 직원을 지휘·감독한다(법원조직법 제13조 제2항). 대법원장은 20년 이상 ① 판사·검사·변호사의 직에 있던 사람, ② 변호사의 자격이 있는 사람으로서 국가기관, 지방자치단체, 「공공기관의 운영에 관한 법률」 제4조에 따른 공공기관, 그 밖의 법인에서 법률에 관한 사무에 종사한 사람, ③ 변호사의 자격이 있는 사람으로서 공인된 대학의 법률학 조교수 이상으로 재직한 사람으로 45세 이상의 사람 중에서 임용한다(동법 제42조 제1항). 대법원장의 임기는 6년으로 하며, 중임할 수 없다(제105조 제1항). 대법원장의 정년은 70세로 한다(법원조직법 제45조 제4항).

(2) 대 법 관

대법원에 대법관을 둔다(제102조 제2항). 대법관의 수는 대법원장을 포함하여 14인으로 한다(법원조직법 제4조 제2항). 대법관의 숫자는 법률에서 정해지는 입법사항으로 헌법에서 정해지는 헌법재판관의 숫자와 달리 법률개정만으로 증원이나 감원이 가능하다. 대법관은 대법원장의 제청으로 국회의 동의를 얻어 대통령이 임명한다(제104조 제2항). 대법관은 대법관회의 및 대법관 전원합의체의 구성원이 된다. 대법관은 20년 이상 ① 판사·검사·변호사의 직에 있던 사람, ② 변호사의 자격이 있는 사람으로서 국가기관, 지방자치단체, 「공공기관의 운영에 관한 법률」 제4조에 따른 공공기관, 그 밖의 법인에서 법률에 관한 사무에 종사한 사람, ③ 변호사의 자격이 있는 사람으로서 공인된 대학의 법률학 조교수 이상으로 재직했던 사람으로 45세 이상의 사람 중에서 임용한다(법원조직법 제42조 제1항). 대법원장이 제청할 대법관 후보자의 추천을 위하여 대법원에 대법관후보추천위원회를 둔다(동법 제41조의2 제1항). 대법관의 임기는 6년으로 하며, 법률이 정하는 바에 의하여 연임할 수 있다(제105조 제2항). 대법관의 정년은 70세로 한다(법원조직법 제45조 제4항).

(3) 대법관회의

대법관회의는 대법관으로 구성되며, 대법원장이 그 의장이 된다(동법 제16조 제1항). 대법관회의는 대법관 전원의 3분의 2 이상의 출석과 출석인원 과반수의 찬성으로 의결한다(동법 제16조 제2항). 의장은 의결에 있어서 표결권을 가지며, 가부동수인 때에는 결정권을 가진다(동조 제3항). 대법관회의의 의결사항으로는 ① 판사의 임명 및 연임에 대한 동의, ② 대법원규칙의 제정과 개정 등에 관한 사항, ③ 판례의 수집·간행에 관한 사항, ④ 예산요구, 예비금지출과 결산에 관한 사항, ⑤ 다른 법령에 따라 대법관회의의

의 권한에 속하는 사항, ⑥ 특히 중요하다고 인정되는 사항으로서 대법원장이 회의에 부친 사항 등이다(동법 제17조).

(4) 대법관이 아닌 법관

대법원에는 법률이 정하는 바에 의하여 대법관이 아닌 법관을 둘 수 있다(제102조 제2항 단서). 대법원장과 대법관이 아닌 법관은 대법관회의의 동의를 얻어 대법원장이 임명한다(제104조 제3항). 대법원장과 대법관이 아닌 법관의 임기는 10년으로 하며, 법률이 정하는 바에 의하여 연임할 수 있다(제105조 제3항). 대법원장과 대법관이 아닌 법관을 판사로 한다(법원조직법 제5조 제1항). **판사는 5년 이상** ① 판사 · 검사 · 변호사의 직에 있던 사람, ② 변호사의 자격이 있는 사람으로서 국가기관, 지방자치단체, 「공공기관의 운영에 관한 법률」 제4조에 따른 공공기관, 그 밖의 법인에서 법률에 관한 사무에 종사한 사람, ③ 변호사의 자격이 있는 사람으로서 공인된 대학의 법률학 조교수 이상으로 재직한 사람 중에서 임용한다(동법 제42조 제2항). 판사의 자격요건에 해당하는 직에 20년 이상 있던 사람은 특정 재판사무만을 담당하는 판사로 임용될 수 있다. 한편 다른 법령에 따라 공무원으로 임용하지 못하는 사람이나 금고 이상의 형을 선고받은 사람 등은 법관으로 임용될 수 없는 결격사유에 해당하는데(동법 제43조 제1항) 이와 관련하여 헌법재판소는 과거 3년 이내의 당원 경력을 법관 임용 결격사유로 규정한 것은 공무담임권을 침해한다고 본다.[4)]

(5) 대법원의 부(部)

대법원에 부를 둘 수 있다(제102조 제1항). 대법원의 심판권은 원칙적으로 대법관전원의 3분의 2 이상의 합의체에서 행사하며 대법원장이 재판장이 된다. 하지만 대법관 3명 이상으로 구성된 부(部)에서 먼저 사건을 심리(審理)하여 의견이 일치한 경우에 한정하여 법률에서 정한 경우를 제외하고 그 부에서 재판할 수 있다(법원조직법 제7조 제1항). 대법원장은 필요하다고 인정하는 경우에 특정한 부로 하여금 행정 · 조세 · 노동 · 군사 · 특허 등의 사건을 전담하여 심판하게 할 수 있다(동법 동조 제2항).

3. 관 할

(1) 상고심(최종심)

대법원은 ① 고등법원 또는 항소법원 · 특허법원의 판결에 대한 **상고사건**, ② 항고법원 · 고등법원 또는 항소법원 · 특허법원의 결정 · 명령에 대한 **재항고사건**, ③ 다른 법률에 의하여 대법원의 권한에 속하는 사건을 최종심으로 심판한다(법원조직법 제14조). 다른 법률에서 대법원의 권한에 속하는 사항으로 규정한 것으로는 선거법에 규정된 **선거소송사건**[5)]과 지방자치관련법에 규정된 **기관소송사건**[6)]을 들 수 있다.

---

4) 헌재 2024. 7. 18. 2021헌마460.

5) 제1편 제2부 제5장 제3절 선거제도 참조.

(2) 명령 · 규칙심사권

명령 · 규칙이 헌법이나 법률에 위반되는 여부가 재판의 전제가 된 경우에는 대법원은 이를 최종적으로 심사할 권한을 가진다(제107조 제2항). 따라서 명령 · 규칙은 원칙적으로 헌법재판소의 권한으로 되어 있는 구체적 규범통제의 대상이 되지 못한다. 다만 명령 · 규칙이 직접적으로 기본권을 침해한 경우에는 헌법재판소에 헌법소원을 청구할 수는 있다.

4. 심 판

대법원의 심판권은 대법관 전원의 3분의 2 이상의 합의체(**전원합의체**)에서 이를 행하며 대법원장이 재판장이 된다. ① 명령 또는 규칙이 헌법에 위반된다고 인정하는 경우, ② 명령 또는 규칙이 법률에 위반된다고 인정하는 경우, ③ 종전에 대법원에서 판시(判示)한 헌법 · 법률 · 명령 또는 규칙의 해석 · 적용에 관한 의견을 변경할 필요가 있다고 인정하는 경우에는 반드시 합의체에서 재판하여야 한다(법원조직법 제7조 제1항). 합의체심판에서 헌법과 법률에 다른 규정이 없으면 과반수로써 결정한다(동법 제66조 제1항). 전원합의체의 재판장인 대법원장은 대법관회의와는 달리 가부동수인 때에 결정권을 갖지 않는다.

Ⅲ. 고등법원

1. 구성과 조직

고등법원은 대법원규칙에서 정하는 수의 **판사**로 구성된다(법원조직법 제5조 제2항, 제3한 단서). 고등법원에는 **고등법원장**(동법 제26조 제1항)과 **부**를(동법 제27조 제1항)를 둔다. 고등법원장은 판사로 보하고(동법 제26조 제2항), 그 법원의 사법행정사무를 관장하며, 소속 공무원을 지휘 · 감독한다(동법 동조 제3항). 고등법원장이 궐위되거나 부득이한 사유로 직무를 수행할 수 없을 때에는 수석판사, 선임판사의 순서로 그 권한을 대행한다(동법 동조 제4항). 부의 구성원 중 1인은 그 부의 재판에서 재판장이 되며, 고등법원장의 지휘에 따라 그 부의 사무를 감독한다(동법 동조 제3항). 재판업무 수행상 필요한 경우 대법원규칙으로 정하는 바에 따라 고등법원의 부로 하여금 그 관할구역의 지방법원 소재지에서 사무를 처리하게 할 수 있다(동법 동조 제4항). 대법원규칙인 **고등법원 부의 지방법원 소재지에서의 사무처리에 관한 규칙**에 따르면 고등법원 원외재판부 소재지의 지방법원 또는 그 관할지원의 제1심 판결에 대한 항소사건이나 제1심 심판 · 결정 · 명령에 대한 항고사건 등은 고등법원의 원외재판부가 재판하도록 한다(동규칙 제4조 제1항). 이에 대하여 헌법재판소는 고등법원 원외재판부에서 재판을 받는 것이 고등법원에서 재판받는 것보다 전문성이나 공정성 등의 측면에서 불이익한 것은 아니라고 한다.[7]

---

6) 제1편 제2부 제5장 제5절 지방자치제도 및 제4편 제7장 권한쟁의 참조.

[판례] 고등법원 원외재판부에서의 재판

① 고등법원 원외재판부 역시 고등법원의 재판부 중 하나로서 단지 재판부가 지방법원 소재지에 있다는 점에서만 차이가 있을 뿐, 고등법원 판사에 의한 심리검토가 이루어진다는 점에서 아무런 차이가 없고, **재판 내용의 전문성과 공정성**은 법원의 규모나 담당 재판부의 소재지 등과는 직접적 관련이 없다. 나아가 이 사건 규칙 제4조 제2항 및 제3항에 의하면 고등법원장은 사건의 성격, 전문성, 복잡성 등을 고려하여 필요한 경우 대법원장의 허가를 얻어 재판사무 중 일부를 고등법원에서 재판하는 것으로 정할 수 있고, 재판장의 요청에 따라 고등법원 원외재판부에 접수된 사건 중 고등법원에서 재판함이 상당한 사건을 고등법원에서 재판하게 할 수 있으므로 사건의 경중과 전문성에 따라 재판사무 분담을 합리적으로 조정할 수 있는 길이 열려 있다. 이러한 사정을 종합하면, 이 사건 심판대상조항들은 재판사무 범위의 배분에 관한 입법형성 재량을 일탈하여 청구인들의 재판받을 권리를 침해하였다고 볼 수 없다. ② 서울고등법원의 재판과 서울고등법원 춘천재판부의 재판은 재판의 장소만 다를 뿐 같은 고등법원에 소속된 판사들에 의한 2심 재판이라는 점에서 아무런 차이가 없으므로, 위 두 집단 사이에 차별이 있다고 할 수 없다(2013. 6. 27. 2012헌마1015).

2. 관할과 심판

고등법원은 ① 지방법원 합의부, 가정법원 합의부 또는 행정법원의 제1심 판결 · 심판 · 결정 · 명령에 대한 **항소 또는 항고사건**, ② 지방법원 단독판사, 가정법원 단독판사의 제1심 판결 · 심판 · 결정 · 명령에 대한 **항소 또는 항고사건**으로서 형사사건을 제외한 사건 중 대법원규칙으로 정하는 사건, ③ 다른 법률에 따라 고등법원의 권한에 속하는 사항 등을 심판한다(동법 제28조). 고등법원의 심판권은 판사 3명으로 구성된 합의부에서 행사한다(동법 제7조 제3항).

Ⅳ. 지방법원

1. 지방법원

(1) 구성과 조직

지방법원본원은 대법원규칙에서 정하는 수의 판사로 구성된다(법원조직법 제5조 제2항, 제3항 단서). 지방법원 본원에는 지방법원장(동법 제29조)과 부(동법 제30조)를 둔다. 지방법원장은 판사로 보하고(동법 제29조 제2항), 그 법원과 소속 지원, 시 · 군법원 및 등기소의 사법행정사무를 관장하며, 소속 공무원을 지휘 · 감독한다(동법 동조 제3항). 부에 부장판사를 둘 수 있고(동법 제30조 제2항, 제27조 제2항), 부의 구성원 중 1인은 그 부의 재판에서 재판장이 되며, 지방법원장의 지휘에 따라 그 부의 사무를 감독한다(동법 제30조 제2항, 제27조 제3항).

지방법원의 사무의 일부를 처리하게 하기 위하여 그 관할구역에 **지원**과 **가정지원**을 둘 수 있다(동법 제3조 제2항). 지원과 가정지원에는 **지원장**을 두고(동법 제31조 제1항), 부

7) 헌재 2013. 6. 27. 2012헌마1015.

를 둘 수 있다(동법 동조 제5항). 지원장은 판사로 보하고(동법 동조 제2항), 지원장은 소속 지방법원장의 지휘를 받아 그 지원과 관할구역에 있는 시 · 군법원의 사법행정사무를 관장하며, 소속 공무원을 지휘 · 감독한다(동법 동조 제3항). 사무국을 둔 지원의 지원장은 소속 지방법원장의 지휘를 받아 관할구역에 있는 등기소의 사무를 관장하며, 소속 공무원을 지휘 · 감독한다(동법 동조 제4항). 지방법원의 지원과 가정지원에 부를 두는 경우 부에 **부장판사**를 둘 수 있고, 부의 구성원 중 1인은 그 부의 재판에서 재판장이 되며, 지원장의 지휘에 따라 그 부의 사무를 감독한다(동법 동조 제6항, 동법 제27조 제2항, 제3항).

(2) 관할과 심판

지방법원과 그 지원의 심판권은 **단독판사**가 행사한다(동법 제7조 제4항). 지방법원과 그 지원에서 합의심판을 하여야 하는 경우에는 **판사 3명으로 구성된 합의부**에서 심판권을 행사한다(동법 동조 제5항). 지방법원과 그 지원의 합의부는 ① 합의부에서 심판할 것으로 합의부가 결정한 사건, ② 민사사건에 관하여는 대법원규칙으로 정하는 사건, ③ 사형, 무기 또는 단기 1년 이상의 징역 또는 금고에 해당하는 사건, ④ 제3호의 사건과 동시에 심판할 공범사건, ⑤ 지방법원판사에 대한 제척 · 기피사건, ⑥ 다른 법률에 따라 지방법원 합의부의 권한에 속하는 사건을 **제1심**으로 심판한다(동법 제32조 제1항). 또한 지방법원 본원 합의부 및 춘천지방법원 강릉지원 합의부는 지방법원 단독판사의 판결 · 결정 · 명령에 대한 항소 또는 항고사건을 **제2심**으로 심판한다(동법 동조 제2항). 가정지원은 가정법원이 설치되지 아니한 지역에서 가정법원의 권한에 속하는 사항을 관할한다. 다만, 가정법원 단독판사의 판결 · 심판 · 결정 · 명령에 대한 항소 또는 항고사건에 관한 심판에 해당하는 사항은 제외한다(동법 제31조의2).

2. 시 · 군법원

(1) 구성과 조직

지방법원과 가정법원의 사무의 일부를 처리하게 하기 위하여 그 관할구역에 시법원 또는 군법원을 둘 수 있다(동법 제3조 제2항). 대법원장은 지방법원 또는 그 지원 소속 판사 중에서 그 관할구역에 있는 시 · 군법원의 판사를 지명하여 시 · 군법원의 관할사건을 심판하게 한다. 이 경우 1명의 판사를 둘 이상의 시 · 군법원의 판사로 지명할 수 있다(동법 제33조 제1항). 시 · 군법원의 판사는 소속 지방법원장 또는 지원장의 지휘를 받아 시 · 군법원의 사법행정사무를 관장하며, 그 소속 직원을 지휘 · 감독한다. 다만, 가사사건에 관하여는 그 지역을 관할하는 가정법원장 또는 그 지원장의 지휘를 받는다(동법 동조 제2항).

(2) 관할과 심판

시 · 군법원의 심판권은 **단독판사**가 행사한다(동법 제7조 제4항). 시 · 군법원은 ①

소액사건심판법을 적용받는 민사사건, ② 화해 · 독촉 및 조정에 관한 사건, ③ 20만원 이하의 벌금 또는 구류나 과료에 처할 범죄사건, ④ 가족관계의 등록 등에 관한 법률 제75조에 따른 협의상 이혼의 확인을 심판한다(동법 제34조 제1항). '②' 및 '③'의 사건이 불복신청으로 제1심 법원에 계속하게 된 경우에는 그 지역을 관할하는 지방법원 또는 그 지원이 관할한다. 다만, 소액사건심판법을 적용받는 사건은 그 시 · 군법원에서 관할한다(동조 제2항). '③'에 해당하는 범죄사건에 대하여는 이를 즉결심판을 한다(동법 동조 제3항). 이러한 즉결심판에 대하여 피고인은 고지를 받은 날로부터 7일 이내에 정식재판을 청구할 수 있다(동법 제35조).

Ⅴ. 가정법원

1. 구성과 조직

가정법원은 대법원규칙에서 정하는 수의 판사로 구성된다(법원조직법 제5조 제2항, 제3항 단서). 가정법원에는 **가정법원장**(동법 제37조 제1항)과 **부**(동법 제38조 제1항)를 둔다. 가정법원장은 판사로 보하고(동법 제37조 제2항), 가정법원장은 그 법원과 소속 지원의 사법행정사무를 관장하며, 소속 공무원을 지휘 · 감독한다(동법 동조 제3항). 부에 **부장판사**를 둘 수 있고, 부의 구성원 중 1인은 그 부의 재판에서 재판장이 되며, 가정법원장의 지휘에 따라 그 부의 사무를 감독한다(동법 제38조 제2항, 동조 제27조 제3항 및 제30조 제2항).

가정법원에는 **지원**을 둘 수 있다(동법 제3조 제2항). 가정법원지원에 **지원장**을 두고, 지원장은 판사로 보하며, 소속 가정법원장의 지휘를 받아 지원의 사법행정사무를 관장하며, 소속 공무원을 지휘 · 감독한다(동법 제39조, 제31조 제2항). 가정법원의 지원에 부를 둘 수 있다(동법 제39조 제3항, 제31조 제5항). 가정법원의 지원에 부를 두는 경우에 부에 **부장판사**를 둘 수 있고, 부의 구성원 중 1인은 그 부의 재판에서 재판장이 되며, 지원장의 지휘에 따라 그 부의 사무를 감독한다(동법 제39조 제3항, 제27조 제3항, 제30조 제2항, 제5항).

2. 관할과 심판

가정법원과 그 지원의 심판권은 **단독판사**가 행사한다(동법 제7조 제4항). 가정법원과 그 지원에서 합의심판하여야 하는 경우에는 **판사 3명으로 구성된 합의부**에서 심판권을 행사한다(동조 제5항). 가정법원 및 그 지원의 합의부는 ① 가사소송법에서 정한 가사소송과 마류(類) 가사비송사건(家事非訟事件) 중 대법원규칙으로 정하는 사건, ② 가정법원 판사에 대한 제척 · 기피사건, ③ 다른 법률에 따라 가정법원 합의부의 권한에 속하는 사건을 **제1심**으로 심판한다(동법 제40조 제1항). 가정법원 본원 합의부 및 춘천가정법원 강릉지원 합의부는 가정법원 단독판사의 판결 · 심판 · 결정 · 명령에 대한 항소 또는 항고사건 중 고등법원의 관할에 해당하지 아니하는 사건을 **제2심**으로 심판한다(동법 동조 제2항).

Ⅵ. 특허법원

1. 구성과 조직

특허법원은 대법원규칙에서 정하는 수의 **판사**로 구성된다(법원조직법 제5조 제2항, 제3항 단서). 특허법원에는 **특허법원장**을 두고(동법 제28조의2 제1항) 판사로 보하며, 그 법원의 사법행정사무를 관장하고 소속 공무원을 지휘·감독한다(동법 동조 제2항, 제3항). 특허법원에 대해서는 고등법원에 관한 규정을 준용하여 특허법원장이 궐위되거나 부득이한 사유로 직무를 수행할 수 없을 때에는 수석판사, 선임판사의 순서로 그 권한을 대행한다(동법 동조 제4항, 제26조 제4항). 또한 특허법원에는 부를 두고(동법 제28조의3 제1항), 부의 구성원 중 1인은 그 부의 재판에서 재판장이 되며, 특허법원장의 지휘에 따라 그 부의 사무를 감독한다(동법 동조 제2항, 제27조 제3항).

2. 관할과 심판

특허법원은 ① 특허법 제186조 제1항, 실용신안법 제33조, 디자인보호법 제166조 및 상표법 제85조의3 제1항에서 정하는 특허심판원의 심결 등에 대한 소송의 제1심사건, ② 다른 법률에 따라 특허법원의 권한에 속하는 사건을 심판한다(동법 제28조의4). 특허법원의 심판권은 **판사 3명으로 구성된 합의부**에서 행사한다(동법 제7조 제3항).

Ⅶ. 행정법원

1. 구성과 조직

행정법원은 대법원규칙에서 정하는 수의 **판사**로 구성된다(법원조직법 제5조 제2항, 제3항 단서). 행정법원에는 **행정법원장**을 두고(동법 제40조의2 제1항) 판사로 보하며, 그 법원의 사법행정사무를 관장하고 소속 공무원을 지휘·감독한다(동법 동조 제2항, 제3항). 행정법원에 대해서는 지방법원에 관한 규정을 준용하여 행정법원장이 궐위되거나 부득이한 사유로 직무를 수행할 수 없을 때에는 수석부장판사, 선임부장판사의 순서로 그 권한을 대행한다(동법 동조 제4항, 제29조 제4항). 또한 행정법원에는 부를 두고(동법 제40조의3 제1항) 부에 **부장판사**를 둘 수 있으며, 부의 구성원 중 1인은 그 부의 재판에서 재판장이 되며, 행정법원장의 지휘에 따라 그 부의 사무를 감독한다(동법 동조 제2항, 제27조 제3항 및 제30조 제2항).

2. 관할과 심판

행정법원은 행정소송법에서 정한 행정사건과 다른 법률에 따라 행정법원의 권한에 속하는 사건을 제1심으로 심판한다(동법 제40조의4). 행정법원의 심판권은 **판사 3명으로 구성된 합의부**에서 행사한다. 다만, 행정법원에 있어서 단독판사가 심판할 것으로 행정법원 합의부가 결정한 사건의 심판권은 단독판사가 행사한다(동법 제7조 제3항).

Ⅷ. 회생법원

1. 구성과 조직

회생법원은 대법원규칙으로 정하는 수의 판사로 구성된다(동법 제5조 제2항, 제3항 단서). 회생법원에 회생법원장을 두고(동법 제40조의5), 회생법원장은 판사로 보하며(동법 동조 제2항), 회생법원의 사법행정사무를 관장하고, 소속 공무원을 지휘·감독한다(동법 동조 제3항). 회생법원에 대해서도 지방법원에 관한 규정을 준용하여 회생법원장이 궐위되거나 부득이한 사유로 직무를 수행할 수 없을 때에는 수석부장판사, 선임부장판사의 순서로 그 권한을 대행한다(동법 동조 제4항, 제29조 제4항). 또한 회생법원에 부를 두고(동법 제40조의6 제1항), 부에 부장판사를 둘 수 있으며, 부의 구성원 중 1인은 그 부의 재판에서 재판장이 되며, 회생법원장의 지휘에 따라 그 부의 사무를 감독한다(동법 동조 제2항, 제27조 제3항, 제30조 제2항).

2. 관할과 심판

회생법원의 합의부는 ① 「채무자 회생 및 파산에 관한 법률」에 따라 회생법원 합의부의 권한에 속하는 사건, ② 합의부에서 심판할 것으로 합의부가 결정한 사건, ③ 회생법원판사에 대한 제척·기피사건 및 「채무자 회생 및 파산에 관한 법률」 제16조에 따른 관리위원에 대한 기피사건, ④ 다른 법률에 따라 회생법원 합의부의 권한에 속하는 사건을 제1심으로 심판한다(동법 제40조의7 제1항). 또한 회생법원 합의부는 회생법원 단독판사의 판결·결정·명령에 대한 항소 또는 항고사건을 제2심으로 심판한다(동법 동조 제2항).

Ⅸ. 특별법원

1. 개　　념

특별법원의 개념에 대해서는 특수법원설과 예외법원설로 나뉜다. ① **특수법원설**에 따르면 특별법원이란 법관의 자격을 가진 자가 재판을 하고, 대법원에 상고가 인정되지만 관할이 특수한 사항에 한정된 법원을 뜻한다(법원조직법 제7조 제3항, 제4항). ② **예외법원설**에 따르면 특별법원이란 법관의 자격을 가지지 않은 자가 재판을 하거나, 그 재

판이 대법원에 상고가 인정되지 않는 법원을 뜻한다.[8)]

법관의 자격을 가진 자가 재판을 하고, 대법원에 상고가 인정되기만 한다면 특수한 사항에 한정된 재판을 담당하는 **특수법원은 허용**될 수 있다. 예를 들어 가정법원, 행정법원, 특허법원, 회생법원은 특수법원으로서 설치될 수 있다. 하지만 모든 국민은 헌법과 법률이 정한 법관에 의한 정당한 재판을 받을 권리가 헌법적으로 보장되기 때문에 법관의 자격을 갖지 않은 자에 의한 재판이나 그 재판이 대법원에 상고가 인정되지 않는 **예외법원은 원칙적으로 금지**된다.[9)] 다만 예외적으로 헌법에 명시적인 근거가 있는 경우에만 예외법원은 허용될 수 있다. 현행 헌법은 "특별법원으로서 군사법원을 둘 수 있다"(제110조 제1항)고 규정하고 있는데, 여기서 특별법원은 예외법원으로 해석된다. 헌법재판소도 같은 견해이다.[10)] 따라서 헌법에 근거하는 예외법원으로는 군사법원이 있다.

2. 군사법원

(1) 헌법규정

군사재판을 관할하기 위하여 예외법원을 의미하는 특별법원으로서 군사법원을 둘 수 있다(제110조 제1항). 군사법원의 상고심도 원칙적으로 대법원에서 관할한다(동조 제2항). 하지만 **비상계엄하의 군사재판**은 ① 군인·군무원의 범죄나, ② 군사에 관한 간첩죄의 경우와 초병·초소·유독음식물공급·포로에 관한 죄 중 법률이 정한 경우에 한하여 사형을 선고한 경우를 제외하고는 **단심**으로 할 수 있다(동조 제4항).

(2) 구성과 조직

헌법은 군사법원의 조직·권한 및 재판관의 자격을 법률로 정하도록 유보하고 있다(제110조 제3항). 이에 근거하여 제정된 **군사법원법**에 따르면 국방부장관 소속으로 하며 5개의 지역군사법원으로 구분하여 설치한다(동법 제6조 제1항). 군사법원에는 군사법원장을 두고 군판사로 보하며, 군사법원장은 그 군사법원의 사법행정사무를 관장하고 소속 지원을 지휘·감독한다(동법 제7조 제1항, 제3항, 제4항). 군사법원장은 군법무관으로서 15년 이상 복무한 영관급 장교 중에서 임명한다(동법 제24조 제1항). 군사법원장이 궐위되거나 부득이한 사유로 직무를 수행할 수 없을 때에는 그 군사법원의 선임 군판사의 순서로 그 권한을 대행한다(동법 동조 제5항). 지역군사법원 중 중앙지역군사법원의 법원장은 국방부장관의 명을 받아 군사법원의 사법행정사무를 총괄하고, 각 군사법원의 사법행정사무에 관한 직원을 지휘·감독한다(동법 동조 제3항).

군사법원의 재판관은 원칙적으로 군판사 3명으로 구성되고(동법 제22조 제1항), 군판사는 군법무관으로서 10년 이상 복무한 영관급 이상의 장교 중에서 임명한다(동법 제24조 제2항). 이에 따라 군법무관이 아닌 장교는 군판사가 될 수 없으므로 군사법원의 재

8) 특수법원을 "전문법원"으로, 예외법원만을 "특별법원"으로 부르는 견해로 장영수, 1223면.
9) 권영성, 1090면; 김철수, 1595면; 장영수, 1224면; 허영, 1076면.
10) 헌재 1996.10.31. 93헌바25.

판관으로 군사재판에 참여할 수 없다. 군판사는 임기와 정년이 보장되고(동법 제26조 제2항, 제3항), 헌법과 법률에 의하여 그 양심에 따라 독립하여 심판하도록 하여 재판의 독립성이 보장된다(동법 제21조 제1항).

[판례] 군사법원법의 합헌성

구 군사법원법 제6조가 군사법원을 군부대 등에 설치하도록 하고, 같은 법 제7조가 군사법원에 군 지휘관을 관할관으로 두도록 하고, 같은 법 제23조, 제24조, 제25조가 국방부장관, 각군 참모총장 및 관할관이 군판사 및 심판관의 임명권과 재판관의 지정권을 갖고 심판관은 일반장교 중에서 임명할 수 있도록 규정한 것은 헌법 제110조 제1항, 제3항의 위임에 따라 군사법원을 특별법원으로 설치함에 있어서 군대조직 및 군사재판의 특수성을 고려하고 군사재판을 신속, 적정하게 하여 군기를 유지하고 군지휘권을 확립하기 위한 것으로서 필요하고 합리적인 이유가 있다고 할 것이다. 헌법이 군사법원을 특별법원으로 설치하도록 허용하되 대법원을 군사재판의 최종심으로 하고 있고, 구 군사법원법 제21조 제1항은 재판관의 재판상의 독립을, 같은 조 제2항은 재판관의 신분을 보장하고 있으며, 또한 같은 법 제22조 제3항, 제23조 제1항에 의하면 군사법원의 재판관은 반드시 일반법원의 법관과 동등한 자격을 가진 군판사를 포함시켜 구성하도록 하고 있는바, 이러한 사정을 감안하면 구 군사법원법 제6조가 일반법원과 따로 군사법원을 군부대 등에 설치하도록 하였다는 사유만으로 헌법이 허용한 특별법원으로서 군사법원의 한계를 일탈하여 사법권의 독립을 침해하고 위임입법의 한계를 일탈하거나 헌법 제27조 제1항의 재판청구권, 헌법 제11조의 평등권을 본질적으로 침해한 것이라고 할 수 없고, 또한 같은 법 제7조, 제23조, 제24조, 제25조가 일반법원의 조직이나 재판부구성 및 법관의 자격과 달리 군사법원에 관할관을 두고 군검찰관에 대한 임명, 지휘, 감독권을 가지고 있는 관할관이 심판관의 임명권 및 재판관의 지정권을 가지며 심판관은 일반장교 중에서 임명할 수 있도록 규정하였다고 하여 바로 위 조항들 자체가 군사법원의 헌법적 한계를 일탈하여 사법권의 독립과 재판의 독립을 침해하고 죄형법정주의에 반하거나 인간의 존엄과 가치, 행복추구권, 평등권, 신체의 자유, 정당한 재판을 받을 권리 및 정신적 자유를 본질적으로 침해하는 것이라고 할 수 없다(1996. 10. 31. 93헌바25).

(3) 관할과 심판

군사법원은 군인이나 군무원 등의 군형법 위반사건과 그 신분취득 전에 범한 죄에 관한 사건, 군인이나 군무원 등이 아닌 내국인과 외국인의 일부 군형법 위반사건, 군인이나 군무원이 범한 성폭력범죄의 처벌 등에 관한 특례법에 따른 성폭력범죄 사건 및 아동 · 청소년의 성보호에 관한 법률에 따른 아동 · 청소년대상 성범죄 사건, 군인이나 군무원이 사망하거나 사망에 이른 경우 그 원인이 되는 범죄 사건, 국군부대가 관리하고 있는 포로의 범죄 사건에 대한 재판권을 갖는다(동법 제2조 제1항, 제2항). 그밖에도 군사법원은 계엄법에 따른 재판권 및 군사기밀 보호법에 따른 업무상 군사기밀 누설죄(동법 제13조 제1항)와 그 미수범에 대한 재판권을 갖는다(군사법원법 제3조). 이와 관련하여 헌법재판소는 '군사시설' 중 '전투용으로 공하는 시설'을 손괴한 일반 국민이 항상 군사법원에서 재판을 받도록 하는 것은 일반 국민이 군사법원의 재판을 받지 않도록 규정한 헌법 제27조 제2항에 위반되고, 국민이 헌법과 법률이 정한 법관에 의한 재판을 받을 권리를 침해하는 것으로 본다.[11] 따라서 군인이나 이에 준하는 사람이 아닌 내국인과 외국인 중에 군의 공장, 전투용으로 공하는 시설, 교량 또는 군용에 공하는 물건을 저장하는 창고에 대한 군형법 상의 군용시설 방화죄나 손괴죄 등을 범한 사람에 대해서는 군사법원이 재판권을 갖지 않는다(동법 제2조 제1항 제1호).

군사법원의 재판은 심리와 판결을 원칙적으로 공개해야 한다(동법 제67조). 다만 공공의 안녕과 질서를 해칠 우려가 있을 때 군사기밀을 보호할 필요가 있을 때에는 군사법원의 결정으로 재판의 심리만을 공개하지 않을 수 있으되, 그 결정은 구체적인 이유를 밝혀 선고해야 한다(동법 동조 제2항). 군사법원의 재판에 대한 항소사건, 항고사건 및 그밖에 다른 법률에 따라 고등법원의 권한에 속하는 사건에 대해서는 고등법원이 심판하고(동법 제10조 제1항), 그 고등법원은 서울고등법원에 둔다(동법 동조 제2항). 군사법원에 재판권이 있는 사건을 심판하는 고등법원 판결의 상고사건 및 결정 · 명령에 대한 재항고사건에 대해서는 대법원이 심판한다(동법 제9조).

[판례] 군사법원법 제239조(군사법경찰관의 구속기간연장)

군사법원법 제239조가 규정하고 있는 군사법경찰관의 10일간의 구속기간은 그 허용 자체가 헌법상 무죄추정의 원칙에서 파생되는 불구속수사원칙에 대한 예외이다. 그런데 이 사건 법률규정은 경찰단계에서는 구속기간의 연장을 허용하지 아니하는 형사소송법의 규정과는 달리 군사법경찰관의 구속기간의 연장을 허용하여 예외에 대하여 다시 특례를 설정함으로써 기본권 중에서도 가장 기본적인 것인 신체의 자유에 대한 제한을 가중하고 있으므로, 이 사건 법률규정이 과잉금지의 원칙에 위배되는지 여부를 심사함에 있어서는 그 제한되는 기본권의 중요성이나 기본권제한 방식의 중첩적 · 가중적 성격에 비추어 엄격한 기준에 의할 것이 요구된다. 군사법경찰관이 피의자에 대한 구속영장을 신청하는 단계에서는 범죄의 객관적 혐의를 인정할 수 있는 소명자료가 수집되어 있어야 하므로, 피의자를 구속할 즈음에는 이미 범죄의 객관적 혐의에 대한 수사가 대부분 완료된 상태라고 보아야 하고, 군사법경찰관이 구속피의자를 검찰관에게 인치한 후에도 증거수집을 위한 조사를 계속하여 수집된 증거를 추송할 수 있는 점 등은 일반 사법경찰관의 경우와 다를 것이 없으며, 그 밖에도 수사상의 특별한 필요성을 이유로 군사법경찰관의 구속기간을 일반사건에 비하여 특히 장기간으로 하여야 할 사정을 이를 찾아보기가 쉽지 않은 반면, 군사법경찰관에 의한 수사의 경우에는 군대사회의 특성상 방어권의 행사가 위축되기 쉽고, 군검찰관의 군사법경찰관에 대한 지휘 · 감독이나 견제가 미흡한 현실에 비추어 장기간의 구속이 허용될 경우의 폐단은 일반 사건에 비하여 오히려 크다고 할 수 있다. 군사법원법의 적용대상 중에 특히 수사를 위하여 구속기간의 연장이 필요한 경우가 있음을 인정한다고 하더라도, 이 사건 법률규정과 같이 군사법원법의 적용대상이 되는 모든 범죄에 대하여 수사기관의 구속기간의 연장을 허용하는 것은 그 과도한 광범성으로 인하여 과잉금지의 원칙에 어긋난다고 할 수 있을 뿐만 아니라, 국가안보와 직결되는 사건과 같이 수사를 위하여 구속기간의 연장이 정당화될 정도의 중요한 사건이라면 더 높은 법률적 소양이 제도적으로 보장된 군검찰관이 이를 수사하고 필요한 경우 그 구속기간의 연장을 허용하는 것이 더 적절하기 때문에, 군

11) 헌재 2013. 11. 28. 2012헌가10.

사법경찰관의 구속기간을 연장까지 하면서 이러한 목적을 달성하려는 것은 **부적절한 방식에 의한 과도한 기본권의 제한으로서, 과잉금지의 원칙에 위반**하여 신체의 자유 및 신속한 재판을 받을 권리를 침해하는 것이다(2003. 11. 27. 2002헌마193).

제 4 절 법원의 권한

Ⅰ. 재 판 권

법원은 구체적인 분쟁에서 당사자의 청구에 따라 무엇이 법인지를 확인하고 선언하는 재판기능을 담당하는 권한을 가진다. 이러한 재판에는 민사재판, 형사재판, 행정재판, 가사재판, 특허재판이 포함된다. 헌법재판은 독립된 사법기관인 헌법재판소가 담당한다. 법원은 위헌법률심판제청권을 가지고 헌법재판에 부분적으로 참여할 수 있을 뿐이다.

Ⅱ. 명령 · 규칙심사권

명령 · 규칙이 헌법이나 법률에 위반되는지 여부가 재판의 전제가 된 경우에는 대법원은 이를 최종적으로 심사할 권한을 가진다(제107조 제2항). 따라서 대법원뿐만 아니라 일반법원도 명령 · 규칙심사권을 가지며 대법원은 이에 관한 최종적 심사권을 갖는다. 대법원은 명령 · 규칙이 헌법이나 법률에 위반된다고 인정하는 경우에는 대법관 전원의 3분의 2 이상의 합의체에서 이를 심판한다(법원조직법 제7조 제1항). 여기서 말하는 명령은 대외적 구속력을 가지는 법규명령을 뜻하고, 규칙은 행정기관 내부에서만 구속력을 가지는 행정규칙을 제외한 대외적 구속력이 있는 규칙을 의미한다.

현행 헌법은 명령 · 규칙이 헌법이나 법률에 위반되는지 여부가 재판의 전제가 되는 경우에 인정되는 '구체적 규범통제'만을 인정하고 있다. 따라서 위헌 · 위법한 것으로 인정된 명령 · 규칙은 당해사건에 대한 적용을 거부할 수 있을 뿐이고, 문제된 명령 · 규칙의 효력 자체를 상실시킬 수는 없다. 명령 · 규칙은 헌법재판소의 위헌법률심판의 대상이 되지는 않지만 명령 · 규칙이 국민의 기본권을 직접적으로 침해하고 있는 경우에는 헌법소원심판절차에 따라 헌법재판소의 통제도 가능하다. 이 경우에 헌법재판소는 명령 · 규칙의 효력 자체를 상실시킬 수 있다는 점에서 단지 당해사건에서의 적용거부만을 할 수 있는 대법원의 통제와 구별된다.

[판례] 명령 · 규칙에 대한 헌법재판소의 통제

헌법 제107조 제2항이 규정한 명령 · 규칙에 대한 대법원의 최종심사권이란 구체적인 소송사건에서 명령 · 규칙의 위헌 여부가 재판의 전제가 되었을 경우 법률의 경우와는 달리 헌법재판소에 제청할 것 없이 대법원이 최종적으로 심사할 수 있다는 의미이며, **명령 · 규칙**

> 그 자체에 의하여 직접 기본권이 침해되었음을 이유로 하여 헌법소원심판을 청구하는 것은 위 헌법규정과는 아무런 상관이 없는 문제이다. 따라서 입법부 · 행정부 · 사법부에서 제정한 규칙이 별도의 집행행위를 기다리지 않고 직접 기본권을 침해하는 것일 때에는 모두 헌법소원심판의 대상이 될 수 있는 것이다(1990. 10. 15. 89헌마178).

Ⅲ. 위헌법률심판제청권

법률이 헌법에 위반되는지 여부가 재판의 전제가 된 경우에는 법원은 헌법재판소에 제청하여 그 심판에 의하여 재판한다(제107조 제1항). 따라서 법원은 구체적인 재판에서 적용되는 법률의 위헌 여부에 대해서 합리적인 의심이 있는 경우에는 위헌법률심판을 제청할 수 있는 권한을 가진다. 여기서 법원에게 **합헌판단권**(합헌결정권)이 있는지가 문제되는데, 원칙적으로 법원의 합헌판단권은 인정될 수 있지만 법원이 기각한 경우에 당사자는 헌법재판소법 제68조 제2항에 따른 헌법소원의 청구가 가능하다는 점에서 대단히 제한적인 권한을 의미한다.[12] 한편 법원의 제청권은 직권으로 행사할 수도 있고, 당사자의 신청에 따라 행사할 수도 있다. 중요한 것은 현행 위헌법률심판제도가 구체적 규범통제이기 때문에 반드시 법률의 위헌 여부가 재판의 전제가 되고 있는 경우에 한하여 위헌법률심판의 제청을 할 수 있다는 점이다. 대법원뿐만 아니라 각급법원도 위헌법률심판의 제청을 할 수 있지만 반드시 대법원을 거쳐야 한다(헌재법 제41조 제5항). 그러나 이때 대법원은 제청 여부에 관하여 심사의 권한을 갖는 것은 아니다. 위헌법률심판의 제청이 있으면 당해사건의 재판은 헌법재판소의 결정이 있을 때까지 정지된다(동법 제42조 제1항).

Ⅳ. 규칙제정권

대법원은 법률에 저촉되지 아니하는 범위 안에서 소송에 관한 절차, 법원의 내부규율과 사무처리에 관한 규칙을 제정할 수 있다(제108조). 대법원규칙은 대법관회의의 의결(법원조직법 제16조 제2항)과 공포(대법원규칙의공포에관한규칙 제4조 제1항)의 절차를 필요로 한다. 대법원규칙에 대해서는 헌법재판소가 통제할 수 있다.

Ⅴ. 법정질서유지권

법정의 질서유지는 재판장이 담당한다(법원조직법 제58조 제1항). 재판장은 법정의 존엄과 질서를 해칠 우려가 있는 사람의 **입정(入廷)금지** 또는 **퇴정**을 명할 수 있고, 그 밖에 법정의 질서유지에 필요한 **명령**을 할 수 있다(동법 동조 제2항). 재판장은 법정 안에서 하는 녹화 · 촬영 · 중계방송 등의 행위를 **허가**할 수 있고 허가가 없으면 이를 하지

---

12) 제4편 제3장 제3절 III. 1. (2) 참조.

못한다(동법 제59조). 재판장은 법정에 있어서의 질서유지를 위하여 필요하다고 인정할 때에는 개정 전후에 상관없이 관할 경찰서장에게 **경찰공무원의 파견**을 요구할 수 있다(동법 제60조 제1항). 재판장의 요구에 따라 파견된 경찰공무원은 법정 내외의 질서유지에 관하여 재판장의 지휘를 받는다(동법 동조 제2항). 법원은 직권으로 법정 내외에서 ① 입정금지명령, 퇴정명령, 그 밖에 법정의 질서유지에 필요한 명령에 위반하는 행위를 하거나, ② 허가받지 않고 법정 안에서 녹화 · 촬영 · 중계방송 등의 행위를 하거나, ③ 폭언 · 소란 등의 행위로 법원의 심리를 방해하거나, ④ 재판의 위신을 현저하게 훼손한 사람에 대하여 결정으로 20일 이내의 감치에 처하거나 100만원 이하의 과태료를 부과할 수 있고, 두 가지는 병과할 수 있다(동법 제61조 제1항). 감치를 위하여 행위자를 즉시 구속할 수 있으나 구속한 때부터 24시간 이내에 감치에 처하는 재판을 진행해야 한다(동법 동조 제2항).

제 5 절 재판의 심급제도와 공개원칙 및 배심제도

재판의 공정성과 합리성을 확보하기 위하여 '심급제도'와 '공개원칙'을 채택하고 있다. 또한 사법의 민주적 정당성을 제고하기 위하여 '배심제도'가 채택되어 있다.

Ⅰ. 재판의 심급제도

헌법은 법원을 대법원과 각급법원으로 규정함으로써(제101조 제2항) 심급제를 예정하고 있다. 이러한 심급제는 재판의 공정성을 확보하여 국민의 기본권을 보장하려는 데 목적이 있다.

1. 3심제의 원칙

헌법이 심급제를 예정하고 있다고 하더라도 그것이 반드시 3심제를 의미하지는 않는다. 그런데 법원조직법은 심급제를 3심제로 구체화하고 있다. 이에 따르면 ① **합의부 관할사항**의 경우에는 지방법원 합의부 → 고등법원 → 대법원의 3심으로 진행되고, ② **단독판사 관할사항**의 경우에는 지방(가정)법원(지원) 단독부 → 지방(가정)법원(본원) 합의항소부 또는 고등법원 → 대법원의 3심으로 진행된다.

2. 예 외

3심제의 원칙에도 불구하고 첫째, ① 대통령 및 국회의원의 선거에 관한 소송(선거법 제222조 제1항, 제223조 제1항), ② 시 · 도지사 및 시 · 도의회비례대표의 선거에 관한 소송(동법 제222조 제2항, 제223조 제2항), ③ 지방자치법상 기관소송(동법 제107조, 제169

조, 제170조), ④ 교육감선거에 관한 소송(교육자치법 제22조 제3항, 제49조 제1항 및 선거법 제222조 제2항, 제223조 제2항), ⑤ 군사법원에 의한 비상계엄하의 일정한 재판은 **단심**으로 진행된다(제110조 제4항). 둘째, ① 시 · 도의회지역구의 선거에 관한 소송(선거법 제222조 제2항, 제223조 제2항), ② 시 · 군 · 자치구의 단체장 및 의회의원 선거에 관한 소송(선거법 제222조 제2항, 제223조 제2항), ③ 특허소송(법원조직법 제28조의4)은 **2심**으로 진행된다.

Ⅱ. 재판의 공개원칙

재판의 공정성을 확보하고, 국민의 기본권을 보장하기 위하여 재판의 '심리와 판결'은 원칙적으로 공개한다(제109조 본문). 다만 예외적으로 국가의 안전보장 또는 안녕질서를 방해하거나 선량한 풍속을 해할 염려가 있으면 법원의 결정으로 '심리'는 공개하지 않을 수 있다(동조 단서). 여기서 말하는 재판의 공개란 일반인에게 재판의 '방청'을 허용하는 것을 뜻한다. 또한 재판의 '보도'도 재판의 공개에 포함된다. 공개되어야 하는 재판은 재판의 심리와 판결을 의미하기 때문에, 민사소송의 구두변론절차와 형사소송의 공판절차를 포함하지만 공판준비절차나 결정 · 명령은 포함되지 않는다. 재판의 공개는 헌법에서 규정하고 있는 국가안보, 안녕질서, 선량한 풍속과 같은 공익목적을 위하여, 그리고 개인의 기본권을 이유로 제한될 수 있다. 예를 들어 비송사건절차법의 심문비공개(동법 제13조)나 가사소송법에서 규정된 사유(동법 제10조)가 이에 해당한다. 비공개는 심리에 국한되기 때문에 '판결'은 반드시 공개해야 한다.

Ⅲ. 재판의 배심제도

1. 배심제도로서 국민참여재판

재판의 민주적 정당성과 신뢰를 높이기 위하여 국민이 형사재판에 참여하는 배심제도가 도입되었다.[13] **'국민의 형사재판 참여에 관한 법률'**에 따라 일반 국민이 배심원으로 형사재판에 참여할 수 있게 되었고, 이 법률에서 열거하고 있는 범죄(동법 제5조 제1항)는 배심원이 참여하는 '국민참여재판'의 대상이 된다. 이에 따라 원칙적으로 지방법원과 그 지원의 합의부 관할 사건은 국민참여재판의 대상이 된다. 다만 피고인이 국민참여재판을 원하지 않거나 법원이 배제결정을 한 경우에는 국민참여재판을 하지 않는다(동법 동조 제2항). 헌법재판소에 따르면 성폭력범죄 피해자가 국민참여재판을 원하지 않는 경우에 법원이 국민참여재판 배제를 결정할 수 있도록 한 것은 피해자에 대한 추가적 피해를 막기 위한 조치로 헌법에 위반되지 않는다고 한다.[14]

---

13) 자세한 내용은 이준일, 배심제도와 재판받을 권리, 『세계헌법연구』(세계헌법학회 한국학회), 제19권 제2호(2013), 297면 이하 참조.

14) 헌재 2025. 2. 27. 2023헌바155.

2. 배심원의 자격

법정형에 따라 배심원의 수는 원칙적으로 9명 또는 7명으로 구성된다(동법 제13조 제1항). 배심원은 만 20세 이상의 대한민국 국민 중에서 선정되고(동법 제16조), 결격사유(동법 제17조), 직업 등에 따른 제외사유(동법 제18조), 제척사유(동법 제19조)에 해당하지 않아야 배심원으로 선정될 수 있다. 배심원은 지방법원장이 작성한 '배심원후보예정자자명부'에서 필요한 수의 배심원후보자를 무작위로 추출하는 방식으로 결정된다(동법 제22조 및 제23조).

3. 배심원의 권한과 보호조치

원칙적으로 대상사건의 법정형에 따라 9명 또는 7명의 배심원이 참여하지만, 피고인 또는 변호인이 공판준비절차에서 공소사실의 주요내용을 인정한 때에는 5명의 배심원만 참여하게 할 수도 있다(동법 제13조 제1항). 배심원에게는 국민참여재판에서 사실의 인정, 법령의 적용 및 형의 양정에 관한 의견을 제시할 권한이 부여된다(동법 제12조 제1항). 구체적으로 배심원은 공판절차에서 피고인 · 증인에 대하여 필요한 사항을 신문하여 줄 것을 재판장에게 요청할 수 있고(동법 제41조 제1항 제1호), 심리에 관여한 배심원은 유 · 무죄에 관한 평의와 평결에 참여하고(동법 제46조 제2항, 제3항), 유죄로 평결한 경우에는 양형에 관한 토의에 참여하여 의견을 개진할 수도 있다(동법 동조 제4항). 배심원의 이러한 평결과 의견이 법원을 기속하지는 않는다(동법 동조 제5항).

한편 배심원을 보호하기 위하여 배심원인 사실로 불이익한 처우를 하는 것은 금지되고(동법 제50조), 재판에 영향을 미치거나 직무상 비밀을 알아내기 위하여 배심원이나 배심원이었던 자와 접촉하는 행위가 금지된다(동법 제51조). 또한 배심원이나 배심원이었던 자의 개인정보를 공개하는 행위가 금지되고(동법 제52조), 배심원에 대한 신변보호조치가 취해질 수도 있다(동법 제53조).

제 5 장 헌법재판소

현행 헌법은 제6장에서 헌법재판소의 관장사항 및 구성과 조직(제111조), 헌법재판소 재판관의 임기와 연임 및 신분보장(제112조), 헌법재판소의 심판정족수 및 규칙제정권(제113조) 등에 관해서 규정하고 있다. 헌법재판소에 대해서는 단순히 헌법재판소의 조직과 권한에 대한 설명으로 충분하지 않고, 헌법재판절차 전반에 대한 이해가 필요하기 때문에 편(編)을 바꾸어 '제4편 헌법재판론'에서 자세하게 설명하기로 한다.

제 6 장 선거관리위원회

제 1 절 헌법상 지위

Ⅰ. 독립기관

선거관리위원회는 헌법상 다른 국가기관으로부터 독립된 기관이다. 이처럼 선거관리위원회는 독립된 헌법기관이므로 헌법상 대통령 소속으로 행정부에 속하는 감사원의 직무감찰 대상에 선거관리위원회는 포함되지 않는다.[1] 또한 대통령이 계엄을 선포한 경우에 계엄군을 동원하여 독립된 헌법기관인 선거관리위원회에 대해서 영장 없이 압수·수색을 실시하는 행위는 선거관리위원회의 독립성을 침해하여 헌법에 위반된다.[2] 선거관리위원회는 선거와 국민투표의 공정한 관리 및 정당에 관한 사무를 처리하기 위한 목적으로 설치된 헌법기관이다(제114조 제1항). 선거관리를 일반행정기관에 맡기지 않고, 선거관리를 위하여 특별히 선거관리위원회라는 헌법상 독립된 기관을 둔 데에는 '선거관리의 공정성'을 확보하려는 헌법제정자의 의지가 표현되어 있다.

[판례] 선거관리위원회는 감사원의 감찰대상에 불포함

헌법 제97조는 피청구인에게 '국가'를 대상으로 한 회계검사권과 '행정기관'을 대상으로 한 직무감찰권을 부여하고 있다. 선거관리가 그 사무의 성격상 행정작용에 해당한다고 하더라도, 선거관리위원회를 독립된 헌법기관으로 설치함으로써 선거관리에 정부가 영향력을 행사할 수 없도록 하여 선거관리의 독립성과 중립성을 보장하고자 하는 것이 헌법개정권자의 의사인 점을 고려하면, 헌법상 대통령 소속으로 행정부에 속한 피청구인의 직무감찰 대상에 청구인이 당연히 포함된다고 볼 수 없다. 또한 피청구인의 직무감찰권은 행정부 내부의 통제장치로서의 성격을 갖는다고 볼 수 있는바, 정부와 독립된 헌법기관인 국회, 법원, 헌법재판소는 물론 이들 헌법기관과 마찬가지로 독립된 헌법기관으로 설치된선거관리위원회도 헌법 제97조가 정한 피청구인의 직무감찰 대상에 포함되지 않는다고 봄이 타당하다. 더욱이 피청구인은 대통령에 소속된 행정부 기관이고 그 구성에 있어서도 대통령이 감사원장과 감사위원을 임명하고 있으며, 감사원법 제42조 제1항은 피청구인이 감사 결과 중요하다고 인정되는 사항을 대통령에게 보고하도록 규정하고 있다. 대통령은 정당민주주의 하에서 특정 정당의 당원으로서 해당 정당의 정책이나 이익과 밀접하게 관련될 가능성이 있는바, 대통령 소속기관인 피청구인이 청구인에 대하여 직무감찰을 할 수 있게 된다면 선거관리의 공정성과 중립성에 대한 국민의 신뢰가 훼손될 위험이 있다. 따라서 헌법 제97조가 정한 피청구인의 직무감찰 대상인 '행정기관 및 공무원'에 청구인과 그 소속 공무원은 포함되지

1) 헌재 2025. 2. 27. 2023헌라5.
2) 헌재 2025. 4. 4. 2024헌나8.

않는다고 봄이 타당하다(헌재 2025. 2. 27. 2023헌라5).

Ⅱ. 합의제기관

선거관리위원회는 선거관리위원으로 구성되어 위원들의 합의로 의사를 결정하는 합의제기관이다. **선거관리위원회법**에 따르면 각급 선거관리위원회는 위원 과반수의 출석으로 개의하고 출석위원 과반수의 찬성으로 의결한다(동법 제10조 제1항). 위원장은 표결권을 가지며 가부동수인 때에는 결정권을 가진다(동법 동조 제2항).

제 2 절 구 성

중앙선거관리위원회는 대통령이 임명하는 3인, 국회에서 선출하는 3인과 대법원장이 지명하는 3인의 위원으로 구성한다. 위원장은 위원 중에서 호선한다(제114조 제2항). 이러한 구성방식과 관련하여 특히 대법원장이 지명하는 3인의 위원들 가운데 1인은 대법관, 2인은 법원장이 지명되어 대법관이 위원장으로 선출되고 있는 관례에 대해서는 독립기관으로서의 선거관리위원회의 헌법상 지위를 침해할 수 있다는 비판[3]이 제기된다. 위원의 임기는 6년이고(동조 제3항), 위원은 정당에 가입하거나 정치에 관여할 수 없다(동조 제4항). 위원은 탄핵 또는 금고 이상의 형의 선고에 의하지 않고는 파면되지 않아 신분보장을 받는다(동조 제5항). 이렇게 위원에 대한 임기 및 신분의 보장, 그리고 정치적 중립성의 확보를 통하여 공정한 선거관리라는 선거관리위원회의 설치목적을 구체화하고 있다. 각급 선거관리위원회의 조직·직무범위 기타 필요한 사항을 정하기 위하여 **선거관리위원회법**이 제정되어 있다(동조 제7항).

제 3 절 권 한

Ⅰ. 선거와 국민투표의 관리

선거관리위원회의 가장 중요한 업무는 선거와 국민투표의 공정한 관리다(제114조 제1항). 이를 위하여 각급 선거관리위원회는 선거인명부의 작성 등 선거사무와 국민투표사무에 관하여 관계 행정기관에 필요한 지시를 할 수 있다(제115조 제1항). 이러한 지시를 받은 당해 행정기관은 이에 응해야만 한다(동조 제2항). 또한 선거관리위원회는 선거운동을 관리한다. 이에 따라 선거운동은 각급 선거관리위원회의 관리하에 법률이 정하는

3) 성낙인, 668면.

범위 안에서 할 수 있고, 균등한 기회가 보장된다(제116조 제1항). 이로써 선거운동과 관련된 자유권과 평등권이 헌법적 권리로 보장된다.

Ⅱ. 정당사무처리

선거관리위원회의 또 다른 중요한 업무는 정당에 관한 사무의 처리다(제114조 제1항). 예를 들어 중앙당창당준비위원회의 신고(정당법 제7조), 정당의 등록(동법 제11조) 및 취소(동법 제44조), 정당의 감독(동법 제36조)에 관한 사무를 처리한다.

Ⅲ. 정치자금의 배분

선거관리위원회의 다른 업무로는 정치자금의 모금이나 기탁, 그리고 정치자금 및 국고보조금의 배분에 관한 사무를 처리하는 것이다. 예를 들어 후원회의 등록(정치자금법 제7조) 및 해산(동법 제19조), 기탁금의 접수(동법 제22조) 및 배분(동법 제23조), 그리고 국고보조금의 배분(동법 제25조 이하)에 관한 사무를 처리한다.

Ⅳ. 규칙제정권

중앙선거관리위원회는 법령의 범위 안에서 선거관리·국민투표관리 또는 정당사무에 관한 규칙을 제정할 수 있으며, 법률에 저촉되지 아니하는 범위 안에서 내부규율에 관한 규칙을 제정할 수 있다(제114조 제5항). 중앙선거관리위원회가 제정하는 규칙은 원칙적으로 법규명령의 성격을 갖는다.

[참조] 주요기관의 임기 · 중임 · 정년

	감사위원	선거관리위원회위원	대법원장 · 대법관 · 법관	헌법재판관
임 기	4년	6년	대법원장 · 대법관: 6년 법관: 10년	6년
중임 여부	1차 중임	규정 없음	대법원장: 중임불가 대법관 · 법관: 연임가능	연임가능
정 년	65세 (원장: 70세)	규정 없음	대법원장 · 대법관: 70세 법관: 65세	70세

4

헌법재판론

제4편 헌법재판론은 그동안 국가조직론 안에서 헌법재판소의 조직과 권한으로 다루어졌던 내용을 독립시켜 편제한 것이다. 헌법재판의 활성화로 헌법재판절차에 관한 상세한 논의가 필요해졌기 때문이다. 헌법재판론은 헌법재판이 무엇이고 어떠한 성격을 갖는지, 그리고 이러한 헌법재판을 담당하는 헌법재판소는 어떻게 구성되는지를 제일 먼저 다룬다(제1장). 다음으로 헌법재판절차와 관련하여 모든 심판절차에 일반적으로 적용되는 일반심판절차(제2장), 개별적인 심판절차로서 위헌법률심판절차(제3장), 헌법소원심판절차(제4장), 탄핵심판절차(제5장), 정당해산심판절차(제6장), 권한쟁의심판절차(제7장)를 차례대로 설명한다.

제1장 헌법재판과 헌법재판소

제1절 헌법재판

Ⅰ. 헌법재판의 특성

헌법재판의 본질 또는 법적 성격이 무엇인지에 대해서는 다양한 견해가 주장된다. 이러한 견해들을 정리해보면 ① 헌법규범을 해석하는 사법작용으로 보는 **사법작용설**,[1] ② 헌법적 분쟁을 정치적 분쟁으로 이해하면서 이러한 정치적 분쟁을 해결하는 정치작용으로 보는 **정치작용설**(C. Schmitt), ③ 헌법의 의미를 보충하고 형성하는 입법작용으로 보는 **입법작용설**, ④ 입법 · 행정 · 사법의 모든 국가작용을 통제하는 새로운 국가작용으로 보는 **제4의 국가작용설**[2]로 구분된다.

결론부터 말하면 **헌법재판도 원칙적으로 재판작용**이기 때문에 사법기능의 본질적 특성을 벗어날 수 없다. 다시 말해 법규범을 해석하고 적용하는 사법작용이라는 점에서 헌법재판도 다르지 않다. 물론 헌법재판은 헌법이라는 특수한 성격을 가지는 법규범을 해석하고 적용한다는 점에서 여러 가지 독특한 성격을 갖는다. 게다가 헌법이 국가의사결정의 기본구조를 설정한다는 점에서 헌법재판은 국가의사결정과 관련된 정치적 사안을 다루는 것도 맞다. 하지만 이러한 헌법재판의 독특한 성격이 사법작용으로서의 헌법재판의 본질적 성격을 근본적으로 변화시키지는 못한다. 따라서 이른바 "정치적 사법작용"[3]이라는 표현처럼 마치 사법작용에 포섭되는 듯하지만 실제로는 사법작용과 구별되는 독자적인 국가작용을 의미하는 표현은 헌법재판의 성격을 특징짓는 데 적절하지 못하다.

[학설] 헌법재판의 본질 또는 법적 성격

• 권영성 〈1116면 이하〉 — 헌법재판도 일종의 사법작용이라 할 수 있다. 하지만 헌법재판은 순수한 사법작용이 아니라 정치적 성격을 아울러 가지고 있는 **정치적 사법작용**이라는 특징이 있다.

• 김철수 〈77면〉 — 헌법재판의 본질은 입법작용이나 정치작용 혹은 제4의 권력이 아니고 **사법작용**이라고 할 수 있다. 우리나라에서는 특별한 규정은 없으나 헌법재판작용은 사법작용이라고 보아야 할 것이다.

---

1) 김철수, 77면; 장영수, 1041면; 홍성방(하), 315면.
2) 허영, 866면; 정종섭a, 1456면.
3) 권영성, 1116면 이하; 김하열a, 917면 이하.

• 김하열a 〈917면〉	헌법재판은 판단의 주된 기준인 헌법이 정치규범성을 띤다는 점, 그리고 정치적 과정이나 결과에서 연유한 정치적 사안을 판단의 대상으로 삼는 경우가 많다는 점에서 법원의 일반재판과는 다른 '**정치적' 사법작용**이라고 표현할 수 있다.
• 성낙인 〈731면〉	헌법재판은 그 본질에 있어서는 어디까지나 사법작용이라고 보아야 할 것이지만, '헌법'재판이므로 헌법이 갖는 특성에 입각하여 일련의 **정치작용·입법작용 내지 권력통제작용을 포괄**하는 것으로 이해하여야 한다.
• 장영수 〈1041면〉	재판관의 선출, 결정의 정치적 파급효 및 그에 따른 (결정과정에서의) 결과에 대한 고려 등이 일반 사법작용과 구별되는 특징으로 지적되기도 하지만, 그것이 헌법재판의 **사법적 성격**을 부정하는 정도에 이르는 것으로는 보기 어렵다.
• 정종섭a 〈1456면〉	헌법재판은 입법, 행정, 사법과 구별되는 국가작용이므로 … 헌법재판기관으로서의 헌법재판소는 재판작용·입법작용·정치작용의 복합적 성질을 가지는 **제4의 국가작용**을 수행하면서 ….
• 한수웅 〈1360면〉	헌법재판은 정치적 형성작용이 아니라, 비록 헌법이 개방적이라 하더라도 헌법의 해석과 적용을 통하여 헌법적으로 타당한 결정에 이르고자 하는 사법적 법인식작용이다. 결국, 헌법재판은 그 정치적 성격에도 불구하고 본질적으로 사법기능에 해당한다는 점에서, 헌법재판의 법적 성격은 '**정치적 사법기능**(政治的 司法機能)'으로 표현할 수 있다.
• 허 영 〈866면〉	헌법재판은 전통적인 의미의 사법작용과는 그 성격이 전혀 다를 뿐 아니라 헌법재판은 또 순수한 정치작용 또는 입법작용과는 그 본질과 성격을 달리하기 때문에 **제4의 국가작용**이라고 보는 것이 가장 무난하다고 생각한다.

1. 헌법재판과 형량

(1) 형량과 평가

헌법재판의 경우에 법규범을 해석하고 적용하는 두 가지 기본양식 가운데 포섭보다는 **형량**이 중요한 비중을 차지한다.[4] 포섭은 규칙형태의 법규범을 해석하고 적용하는 전형적인 양식인 반면에 형량은 원칙형태의 법규범을 해석하고 적용하는 전형적인 양식이다. 여기서 포섭이란 법규범의 확정적이고 고정적인 의미내용을 구체적 사안에 적용할 수 있을 만큼 쪼개고 분석하는 과정을 뜻한다. 반면에 형량은 서로 충돌하는 이익이나 가치를 조화롭고 균형있게 실현하기 위해 구체적인 사안에서 양자의 우열관계를 확정하는 과정을 말한다. 포섭의 과정과 비교하여 형량의 과정이 가지는 가장 큰 특징은 법규범을 해석하고 적용하는 주체의 '주관적 판단'이 개입될 가능성이 크다는 점이다. 서로 충돌하는 이익이나 가치의 우열관계를 확정하기 위해서는 각각의 이익이나 가치를 평가해야 하고, 이러한 평가의 과정에는 평가하는 주체의 주관적 가치판단이 반드시 개

4) 형량에 대해서는 제1편 제1부 제4장 제3절 II. 참조.

입되기 때문이다. 아무튼 헌법은 원칙형태의 법규범을 많이 포함하기 때문에 헌법재판에서 형량이 중요하게 사용된다는 점에서 다른 재판과 분명히 다르다.

(2) 형량의 합리성과 헌법재판의 합리성

헌법재판에서도 포섭은 헌법의 해석과 적용에서 중요한 기능을 수행한다. 하지만 헌법재판에서 더욱 중요한 기능을 담당하는 것은 형량이다. 문제는 앞서 지적했듯이 형량의 과정에서 구체적으로 형량을 담당하는 평가자의 주관적 판단이 개입될 수밖에 없다는 점이다. 따라서 헌법재판의 합리성과 정당성을 확보하기 위해서는 무엇보다도 형량의 합리성과 정당성이 확보되어야 한다. 그리고 형량의 합리성과 정당성은 형량을 진행하는 절차에 관한 합리성과 정당성이 담보되었는지에 따라 결정된다. 결론적으로 헌법재판의 합리성과 정당성은 형량을 위한 절차의 합리성과 정당성이 확보되었는지 여부에 달려 있게 된다. 현실적인 형량의 절차에서 자주 볼 수 있듯이, 만약 형량의 절차가 정치적 권력관계나 경제적 이해관계 또는 전근대적인 전통과 규범이 지배하는 경우에 헌법재판이 정치적 결단으로 환원될 수 있다는 점을 부인할 수는 없을 것이다. 하지만 형량의 절차에서 합리성과 정당성이 확보되는 경우에는 헌법재판도 사법작용일 수밖에 없다.

2. 헌법재판과 도덕

(1) 원칙규범과 도덕적 논증

헌법재판에서 형량의 과정을 통해 적용되는 원칙규범은 법의 형식으로 되어 있지만 도덕적 내용을 포함하는 규범이다. 따라서 헌법재판은 법규범을 근거로 법적 논증이 진행됨과 동시에 도덕규범을 근거로 **도덕적 논증**도 진행되는 공간이 된다. 결국 헌법재판의 본질인 헌법적 논증은 원칙규범을 적용하면서 **도덕적 논증에 개방된 절차**, 즉 법적 논거와 구별되는 일반적인 실천적 논거를 의미하는 도덕적 논거에 대해서 열려진 절차가 된다. 이것은 헌법재판에서 법적 논거뿐만 아니라 도덕적 논거도 인용될 수 있음을 의미한다. 헌법재판이 정치적 사법으로 오해되는 다른 이유이다.

(2) 도덕적 논증의 합리성과 헌법재판의 합리성

법전문가(법률가)만이 참여하는 법적 논증의 절차와는 달리 도덕적 논증의 절차에는 일반시민의 참여가 가능하다. 도덕적 논증의 절차가 실현되기 위한 이상적인 조건은 이성적 시민의 자유롭고 평등한 참여가 보장되는 것이다. 따라서 도덕적 논증에 개방된 절차로서 헌법재판의 합리성과 정당성은 이성적 시민의 자유롭고 평등한 참여가 보장되는지 여부에 따라 결정된다. 만약 도덕적 논증이 진행되는데도 이성적 시민의 자유롭고 평등한 참여가 보장되지 않는 경우에, 그리고 자유롭고 평등하게 참여한 시민이 이성적이지 않은 경우에 도덕에 개방된 절차인 헌법재판은 한정된 집단의 이해를 대변하거나 선동적 호소에 의지하는 포퓰리즘의 영향을 받음으로써 정파적이라는 의미의 정치적 절차로 변질될 것이다. 아무튼 도덕적 논증에 개방된 절차인 헌법재판에서도 잠정적으로는 법적 논증이 도덕적 논증보다 우선해야 한다. 법적 논증과 도덕적 논증의 관계에서는 잠정적으로 전자가 우월하기 때문이다.[5] 이것은 헌법재판이 우선적으로 법적 논증에 기초한다는 점에서 여전히 재판작용임을 확인해준다.

3. 헌법재판의 개방성

(1) 헌법의 의미론적 개방성과 헌법재판

헌법재판에서 적용되는 헌법규범은 대단히 **개방적인 개념**으로 표현된다. 예를 들어 인간존엄이나 자유 또는 평등과 같은 기본권이라든지 민주주의나 법치주의 또는 사회복지주의와 같은 국가목적조항이나 국가구성원리처럼 매우 개방적인 개념들이 헌법규범에 포함된다. 이처럼 '의미론적으로 개방적인' 헌법규범이 적용되는 헌법재판은 단순히 법발견이나 법해석이라는 의미의 사법작용이 아니라 **법창조**나 **법형성**이라는 의미의 입법작용으로 변화될 가능성이 크다. 개방적인 의미를 해석하고 확정하는 과정에서 새로운 법규범의 창조나 형성이 가능하기 때문이다. 헌법재판의 법적 성격을 입법작용으로 규정짓는 이유가 여기에 있다. 하지만 법규범을 창조하거나 형성하는 입법작용이 개입될 수 있음에도 불구하고 헌법재판의 주된 작용은 여전히 법규범의 주어진 의미를 확인하고 발견하는 사법작용이다. 다만 헌법재판은 주어진 의미의 경계가 일반적인 법규범보다 상대적으로 불확정적인 헌법규범의 의미를 확정하는 과정에서 그것이 마치 법규범의 창조나 형성으로 보일 수 있는 외관을 갖는다는 점에서 차이가 있을 뿐이다.

(2) 헌법의 구조적 개방성과 헌법재판

헌법규범은 '의미론적으로' 개방된 개념뿐만 아니라 '구조적으로' 개방된 개념을 포함한다. 예를 들어 기본권으로 보장된 '자유'라는 개념으로부터 부작위청구권을 의미하는 방어권과 작위청구권을 의미하는 급부권(보호권 · 절차권 · 사회권)이라는 구조적으로 완전히 상이한 개념이 도출된다. 헌법규범이 가지는 이러한 구조적 개방성 때문에 헌법재판은 실정헌법의 조문뿐만 아니라 구체적인 사안에서 형성되는 '법관법'(Richterrecht)이라고도 불리는 **판례(헌)법**의 역할이 중요하게 된다. 이러한 판례법의 형성으로 헌법재판이 입법작용이라는 오해를 불러일으키는 근거가 되기도 한다. 하지만 기본적으로는 헌법규범의 조문을 헌법적 논증의 출발점으로 삼는다는 점에서 헌법재판은 여전히 재판작용이다.

Ⅱ. 헌법재판의 합리성

1. 논증작용으로서 헌법재판

헌법재판은 원칙적으로 재판작용이지만 헌법규범이 적용된다는 점에서 다른 법규범이 적용되는 일반재판과는 성격을 달리 한다. 따라서 형량이 필요한 원칙규범으로서 도

5) 제1편 제1부 제4장 제4절 III. 참조.

덕적 내용을 가지고 개방적인 헌법규범이 적용됨으로써 형량의 과정에서 가치판단이 개입되고, 원칙규범을 적용하면서 법적 논거가 아닌 도덕적 논거가 인용되며, 개방적인 개념들의 의미를 확정하면서 정치작용 또는 입법작용이 되기도 하는 헌법재판을 '정치작용'이나 '입법작용'으로 부르기도 한다. 그러나 **'정책결정업무'를 본질로 하는 정치작용이나 입법작용과 '논증업무'를 본질로 하는 사법작용은 원칙적으로 구분**되어야 한다. 정책결정업무는 공동체의 의사를 비로소 '결정'하는 국가기능(작용)을 의미한다. 반면에 논증업무는 이미 내려진 일반적인 결정으로부터 개별적이고 구체적인 결정을 '정당화'하는 국가기능을 의미한다. 물론 헌법재판은 형량의 과정과 도덕적 논증의 과정, 그리고 개방적 개념을 확정하는 과정에서 정책적 결정이 내려짐으로써 정책결정업무를 수행할 가능성이 크다. 하지만 헌법재판은 본질적으로 논증작용이어야 하고, 정책결정작용이 되면 안 된다. 따라서 헌법재판을 논증작용으로 이해하기 위해서는 형량의 과정과 도덕적 논증의 과정, 그리고 개방적 개념을 확정하는 과정을 논증의 절차로서 재구성할 필요가 있다.

2. 헌법재판의 합리성과 합리적 권한분배

논증작용으로서 헌법재판의 정당성을 확보하는 것은 무엇보다도 **정책결정업무의 영역과 논증업무의 영역을 명확하게 구분**하는 일에서부터 시작된다. 이것은 정책결정업무를 담당하는 입법부의 권한영역과 논증업무를 담당하는 사법부의 권한영역을 구분하는 것으로 구체화된다. 국민으로부터 직접적으로 민주적 정당성을 부여받은 입법부가 국민을 대신해 정책을 결정하는 권한과 단지 간접적인 민주적 정당성만을 가지는 헌법재판소가 헌법이 무엇인지 논증하는 권한은 권력분립원칙에 따라 균형있게 분배될 필요가 있다. 여기서 권력분립원칙은 고정적이고 기계적인 권력분배가 아니라 가변적이고 역동적인 권력분배로 이해되어야 한다.[6] 따라서 입법부와 헌법재판소의 권한분배에 대해서는 추상적이고 일률적인 기준을 제시하기보다 **구체적이고 세분화된 기준의 제시가 필요**하다. 다시 말해 사법작용을 담당하는 헌법재판소가 모든 사안에서 언제나 소극적인 태도로 자제해야 한다는 '사법소극주의'나 모든 사안에서 언제나 적극적으로 개입해야 한다는 '사법적극주의' 가운데 양자택일하는 해결책은 바람직하지 못하다. 오히려 구체적인 사안에 따라 헌법재판소의 소극적 후퇴나 적극적 개입을 결정하는 것이 타당하다.

3. 헌법재판의 합리성과 절차의 합리성

형량을 필요로 하는 원칙규범으로서 도덕적 내용을 가지면서 매우 개방적인 헌법규범이 적용되는 헌법재판은, 언제든지 주관적 가치판단과 도덕적 논거가 개입될 수 있고 법형성작용이 작동할 수 있으며 판례법이 형성되기도 한다. 따라서 주관적 가치판단과

---

6) 현대적 의미의 권력분립원칙에 대해서는 제3편 제1장 제2절 I. 2. (2) 참조.

도덕적 논거 및 법형성작용과 판례법을 헌법재판의 과정에서 완전히 배제하는 것이 헌법재판의 합리성을 확보하기 위한 해결책으로 제시되기도 한다. 문제는 이것이 가능하고 바람직한지 하는 점이다. 만약 이것이 가능하지 않거나 바람직하지 않은 경우에는 다른 해결책의 제시가 필요하다.

주관적 가치판단과 도덕적 논거의 개입 및 법형성작용의 작동과 판례법의 형성으로 요약되는 헌법재판의 열린 공간으로 '다양한 이익이나 가치의 개입'은 필연적이다. 따라서 헌법재판의 합리성을 확보한다는 이유로 다양한 이익이나 가치의 개입을 막는 것은 바람직하지 못하다. 헌법재판에 이익이나 가치의 개입을 막는다는 목적으로 오히려 특정한 이익이나 가치가 배제되거나 또는 특정한 이익이나 가치만이 개입되는 경우가 발생할 수 있기 때문이다. 결국 해결책은 헌법과 헌법재판의 특성을 고려하여 다양한 이익이나 가치가 개입될 수밖에 없는 사실을 인정하고, 그것을 합리적으로 통제하는 방법을 모색하는 것이다. 그것은 다양한 이익이나 가치의 열린 공간이 될 수밖에 없는 헌법재판이라는 '절차의 합리성'을 확보하는 것이다. 다시 말해 헌법재판이라는 열린 공간에 특정한 이익이나 가치에 한정하지 말고 가능한 한 '다양한 이익이나 가치가 주장될 수 있는 절차를 보장'함으로써 헌법재판의 합리성을 확보하는 것이다. 이것은 헌법재판에서 '다양한 이익이나 가치가 주장될 수 있도록 배려해야 하는 의무'를 헌법재판관에게 부과하는 것으로 구체화된다.

Ⅲ. 헌법재판의 기능

헌법은 최고규범으로서 모든 국가권력을 구속하고, 공법영역뿐만 아니라 사법영역에도 효력을 미치는 최강력법이기도 하다. 따라서 헌법을 기준으로 재판하는 헌법재판은 헌법적 기준에 따라 **국가권력을 통제**하고, 사인간의 자치영역을 규율함으로써 **공동체의 평화와 질서를 확보**하기도 한다. 이로써 헌법재판은 논증의 절차로서 헌법재판의 합리성이 보장될 수만 있다면 **국민의 기본권을 보장**하고, 특히 소수자의 기본권을 보장하여 개인들 상호간의 **균형있는 기본권실현**에 기여함으로써 궁극적으로 **헌법을 보호하는** 수단이 된다.

제 2 절 헌법재판소

Ⅰ. 헌법재판소의 헌법적 지위

1. 사법기관으로서의 헌법재판소

헌법재판이 본질적으로 사법작용이라면 **헌법재판소는 헌법재판을 담당하는 사법기관**

이다. 즉 법규범을 해석하고 적용하는 재판기관이라는 점에서 헌법재판소는 일반법원과 다르지 않다. 다만, 앞서 지적했듯이 헌법재판에서는 형량이라는 적용양식이 사용되는 과정에서 주관적 가치판단의 개입으로, 그리고 원칙규범을 적용하는 과정에서 법적 논거가 아닌 도덕적 논거의 개입으로 정책결정이 내려질 수 있기 때문에, 또한 의미론적 · 구조적으로 개방적인 헌법규범을 적용하는 과정에서 법형성작용의 개입과 판례법의 형성으로 입법작용이 수행될 수 있기 때문에 헌법재판은 정치적 성격 또는 입법적 성격을 강하게 띨 수밖에 없다. 이런 점에서 현행 헌법은 일반 사법작용을 담당하는 일반법원과는 독립적으로 헌법과 관련된 사법작용, 즉 위헌법률심판, 탄핵심판, 정당해산심판, 권한쟁의심판, 헌법소원심판을 담당하는 헌법재판소를 설치한 것(제111조 제1항)으로 판단된다. 이로써 헌법재판소는 헌법재판을 담당하는 사법기관으로서, **헌법에 관한 최종적인 해석기관**으로서 위치한다.

[참조] 헌법재판기관의 유형

[1] 일반법원형(헌법재판을 일반법원에서 담당): 미국, 일본, 호주, 캐나다 등

[2] 헌법재판소형(독립된 법원으로서 헌법재판소가 헌법재판을 담당): 한국, 독일, 오스트리아, 이탈리아, 포르투갈, 스페인 등

[3] 특수기관형(일반법원도 아니고 헌법재판소도 아닌 특수한 성격의 기관이 헌법재판을 담당): 프랑스(헌법평의회: Conseil Constitutionnel)

[참조] 헌법재판기관의 변천

	제헌헌법 제1공화국	1960년헌법 제2공화국	1962년헌법 제3공화국	1972년헌법 제4공화국	1980년헌법 제5공화국	1987년헌법 제6공화국
재판기관	헌법위원회 탄핵재판소	헌법재판소	대법원 탄핵심판 위원회	헌법위원회	헌법위원회	헌법재판소
권한	· 헌법위원회: 위헌법률 심판 · 탄핵재판소: 탄핵심판	· 위헌법률 심사 · 헌법에 관한 최종적 해석 · 국가기관간 권한 쟁의 · 정당해산 · 탄핵심판 · 선거소송	· 대법원: 위헌법률 심사, 정당 해산 · 탄핵심판 위원회: 탄핵 심판	· 위헌법률 심판 · 탄핵심판 · 정당해산	· 위헌법률 심판 · 탄핵심판 · 정당해산	· 위헌법률 심판 · 탄핵심판 · 정당해산 · 권한쟁의 · 헌법소원
구성	부통령(위원장, 재판장) 대법관 5인 국회의원 5인	대통령, 대법원, 참의원 각각 3인씩 선임	탄핵심판 위원회: 대법원장, 대법원판사 3인, 국회의원 5인	대통령, 국회, 대법원장 각각 3인씩 선임	대통령, 국회, 대법원장 각각 3인씩 선임	대통령, 국회, 대법원장 각각 3인씩 선임

2. 헌법에 관한 사법기관으로서의 헌법재판소

정치적 성격과 입법적 성격으로 변질될 수 있음에도 불구하고 본질상 사법작용인 헌법재판은 정책결정작용이 아니라 논증작용을 수행해야 한다. 따라서 헌법재판을 담당하는 헌법재판소는 정책결정작용을 수행할 가능성이 크다는 이유로 일반법원과는 독립적으로 설치된 법원이지만 사법기관으로서의 본질적 특성이 바뀌지는 않는다. 또한 헌법재판의 정당성을 확보하기 위해서 헌법재판을 논증작용으로서 위치시키는 것이 필요한 것처럼, 헌법재판소의 정당성을 보장하기 위해서도 헌법재판소를 논증기관으로서 위치시키는 것이 필요하다. 헌법재판소가 논증기관으로 활동하기 위해서는 그 조직과 구성 및 활동의 절차가 독립적이고 합리적으로 구성될 필요가 있다. 이러한 전제조건만 충족된다면 헌법재판소는 헌법에 규정된 기본권을 보장하는 **기본권보장기관**이며 동시에 **헌법보장기관**이 될 수 있다. 또한 이러한 기본권과 헌법에 따라 **국가권력을 통제하는 기관**이 될 수도 있다.

[학설] 헌법재판소의 헌법상 지위

• 권영성 〈1128면 이하〉	【1】 헌법재판기관, 【2】 헌법수호기관, 【3】 기본권보장기관, 【4】 권력의 통제 · 순화기관.
• 김철수 〈1650면 이하〉	【1】 헌법보장기관, 【2】 주권행사기관 · 하나의 최고기관, 【3】 최종심판기관, 【4】 기본권보장기관.
• 성낙인 〈735면〉	【1】 헌법보장기관, 【2】 헌법수호기관, 【3】 기본권보장기관, 【4】 권력통제기관.
• 정종섭a 〈1456면 이하〉	【1】 헌법재판기관, 【2】 헌법수호기관, 【3】 기본권보장기관, 【4】 권력통제기관.
• 허 영 〈878면 이하〉	【1】 헌법재판기관, 【2】 헌법보호기관, 【3】 자유보호기관, 【4】 권력통제기관, 【5】 정치적 평화보장기관, 【6】 제4의 국가기관.
• 홍성방 〈(하), 320면 이하〉	【1】 기본적 지위[[1] 헌법재판기관, [2] 헌법의 최종적 해석기관, [3] 헌법수호기관], 【2】 파생적 지위[[1] 기본권보장기관, [2] 권력의 통제 · 순화기관, [3] 정치적 평화보장기관].

Ⅱ. 헌법재판소의 구성과 조직

1. 헌법재판소의 구성 · 조직의 지도원리

헌법재판소의 구성과 조직에 있어서도 국가기관의 구성과 조직의 일반적인 원리인 민주주의와 법치주의의 원리가 적용되어야 한다. 민주주의의 경우에는 민주적 정당성의 요청을 충족해야 하고, 법치주의의 경우에는 권력분립의 원칙이 실현되는 것이 중요하다.

(1) 헌법재판소의 구성과 민주주의

제도화된 민주주의가 비록 대의제적 간접민주주의로 구체화된다고 하더라도 국가기관의 구성과 조직에 있어서 국민주권원리에 기초하여 국민의 선거에 의하거나 적어도 국민의 선거에 의해서 선출된 대표로부터 **민주적 정당성**을 확보하는 것이 중요하다. 그런데 현행 헌법에 따르면 헌법재판소의 재판관은 국민에 의하여 선출되지도 않고, 국민의 대표인 국회의 동의를 받지도 않는다는 점에서 민주적 정당성에 문제가 있다. 물론 헌법재판소장은 국회의 동의를 얻어 임명되어야 하고(제111조 제4항), 3인의 헌법재판관은 국회에서 선출되지만(동조 제3항) 이것만으로 민주적 정당성의 문제가 완전하게 해결된 것은 아니다. 이러한 문제점은 다른 사법기관인 법원의 경우에 대법원장뿐만 아니라 대법관도 국회의 동의를 얻어 임명되어야 한다는 점(제104조 제1항, 제2항)과 비교해 볼 때 더욱 분명하게 드러난다.

(2) 헌법재판소의 구성과 법치주의

법치주의를 구체화하는 **권력분립의 원칙**에 따라 사법기관의 구성과 조직에 있어서 중요한 것은 사법권의 독립성을 확보하는 일이다. 이러한 사법권의 독립은 원칙적으로 사법기관인 헌법재판소에도 요구된다.

1) 조직의 독립 따라서 우선 헌법재판소는 **조직상 다른 국가기관과 독립적으로 구성**되어야 한다. 현행 헌법에 따르면 헌법재판소는 법관의 자격을 가진 9인의 재판관으로 구성되도록 하여 조직의 독립성을 보장하고 있다(제111조 제2항).

2) 재판관의 독립 또한 헌법재판소의 독립성을 확보하기 위해서는 **재판관에 대한 신분상**(인적) **독립**과 **재판에 대한 직무상**(물적 · 재판상 · 기능상) **독립**이 보장되어야 한다.

첫째, 재판관에 대한 신분상의 독립은 재판관자격의 법정주의나 임기제와 정년제와 같은 재판관에 대한 신분의 보장을 통해서 가능하다. 우선 재판관자격의 법정주의와 관련하여 현행 헌법에 따르면 헌법재판소의 재판관은 법관의 자격을 필요로 하는데(제111조 제2항) 법관의 자격은 법률로 정하도록 규정되어 있으므로(제101조 제3항) 헌법재판관의 자격에 대해서도 법정주의를 규정하고 있다고 볼 수 있다. 또한 헌법재판소법은 그 밖의 자격요건을 규정하여 법률에서 재판관의 자격을 규정한다. 다음으로 임기제 및 정년제와 관련하여 헌법재판소의 재판관은 6년의 임기가 보장되고, 법률에 따라 연임할 수 있으며(제112조 제1항), 헌법재판소법에 따라 정년이 보장된다(헌재법 제7조 제2항). 또한 헌법재판관은 탄핵 또는 금고 이상의 형의 선고에 의하지 아니하고는 파면되지 않는다(제112조 제3항, 헌재법 제8조). 이와 같은 여러 가지 제도적 장치들을 통해서 헌법재판관의 신분은 보장된다.

둘째, 재판에 대한 직무상 독립은 오로지 재판관이 헌법과 법률, 그리고 양심에만 구속되고 그 밖의 어떠한 세력으로부터도 독립됨으로써만 가능하다. 헌법에는 헌법재판소 재판관의 직무상 독립에 관한 규정은 없다. 하지만 법률에서 "재판관은 헌법과 법률에 의하여 양심에 따라 독립하여 심판한다"(헌재법 제4조)고 규정하여 재판관의 재판에 대한 직무상 독립을 명시하고 있다. 또한 재판관은 정당에 가입하거나 정치에 관여할 수 없게 함으로써(제112조 제2항, 헌재법 제9조) 재판관에 대한 직무상 독립이 보장된다.

2. 헌법재판소의 구성

헌법재판소의 구성에 관한 중요한 내용은 헌법이 직접 규율하고, 그 밖의 내용은 헌법재판소법이 규율한다.

첫째, 헌법재판소는 법관의 자격을 가진 **9인의 재판관**으로 구성되는데 재판관은 **대통령이 임명**한다(제111조 제2항). 헌법재판관의 숫자는 헌법사항이기 때문에 재판관의 증원을 위해서는 헌법개정이 필요하다.

둘째, 헌법재판소를 구성하는 9인의 재판관 중 3인은 **국회에서 선출**하는 자를, 3인은 **대법원장이 지명**하는 자를 임명한다(동조 제3항). 이로써 적어도 형식적으로는 헌법재판소의 구성에서도 권력분립원칙이 존중되고 있다고 볼 수 있다. 국회의 헌법재판관 선출권이나 대법원장의 헌법재판관 지명권은 독자적이고 실질적인 권한이므로 국회에서 선출되거나 대법원장이 지명한 후보자를 헌법재판관으로 임명해야 하는 의무가 대통령에게 있다. "대통령의 재판관 임명권 행사는 그의 권한인 동시에 헌법기관인 헌법재판소가 구성되어 헌법 수호와 국민의 기본권 보장을 위하여 중립적인 지위에서 헌법재판 기능을 수행할 수 있도록 할 헌법상 의무이기도 하므로, 대통령 또는 대통령의 권한을 대행하는 국무총리나 국무위원은 국회가 재판관으로 선출한 사람이 헌법과 헌법재판소법에서 정한 자격요건을 갖추고 그 선출과정에 의회민주주의를 원칙으로 하는 헌법 및 국회법 등 법률을 위반한 하자가 없는 한 그 사람을 재판관으로 임명할 헌법상 의무를 부담한다."[7] 따라서 대통령이 국회가 선출하거나 대법원장이 지명한 후보자를 헌법재판관으로 임명하지 않으면 국회나 대법원장의 권한을 침해하게 된다. 재판관은 국회의 인사청문을 거쳐 임명하여야 한다. 국회에서 선출하는 재판관의 경우에는 '인사청문특별위원회'의 인사청문을 실시하고(국회법 제65조의2 제1항), 대통령이 직접 임명하거나 대법원장이 지명하는 재판관의 경우에는 대통령이나 대법원장의 인사청문 요청이 있을 때 '소관 상임위원회'별로 인사청문을 실시한다(동법 동조 제2항).

셋째, **헌법재판소의 장은 국회의 동의**를 얻어 재판관 중에서 대통령이 임명한다(동조 제4항). 따라서 원칙적으로 헌법재판관의 임명은 국회의 동의를 받을 필요가 없다. 물론 국회에서 선출되는 3인의 재판관은 실질적으로 국회의 동의를 받는 것과 마찬가지로 이해될 수 있다.

넷째, 재판관의 임기는 6년이고(제112조 제1항), 임기가 만료되거나 정년이 도래한 때 또는 임기중 재판관이 결원된 때에는 임기만료 및 정년 또는 결원된 날로부터 **30일 이내에 후임자를 임명**해야 하되, 국회에서 선출한 재판관이 국회의 폐회 또는 휴회중에 그 임기가 만료되거나 정년 또는 결원이 된 때에는 국회는 다음 집회가 개시된 후 30

7) 헌재 2025. 2. 27. 2025헌라1.

일 이내에 후임자를 선출하여야 한다(헌재법 제6조 제3항, 제4항, 제5항). 임기만료나 정년 등으로 퇴임한 헌법재판관의 후임자를 사전에 임명하지 않음으로써 발생하는 헌법재판관 공백사태를 예방하기 위하여 후임자가 임명될 때까지 전임자의 임기를 연장하는 법률은 일반적으로 헌법재판관의 임기를 연장하는 것이 아니라 헌법이 예상하지 못한 불가피한 예외적 상황에 대처하기 위한 것이므로 헌법재판관 임기조항에 위반되지 않는다.

[판례] 공석인 재판관의 후임자 선출

헌법 제27조가 보장하는 재판청구권에는 공정한 헌법재판을 받을 권리도 포함되고, 헌법 제111조 제2항은 헌법재판소가 9인의 재판관으로 구성된다고 명시하여 다양한 가치관과 헌법관을 가진 9인의 재판관으로 구성된 합의체가 헌법재판을 담당하도록 하고 있으며, 같은 조 제3항은 재판관 중 3인은 국회에서 선출하는 자를 임명한다고 규정하고 있다. 그렇다면 헌법 제27조, 제111조 제2항 및 제3항의 해석상, 피청구인이 선출하여 임명된 재판관 중 공석이 발생한 경우, 국회는 공정한 헌법재판을 받을 권리의 보장을 위하여 공석인 재판관의 후임자를 선출하여야 할 구체적 작위의무를 부담한다고 할 것이다(2014. 4. 24. 2012헌마2).

3. 헌법재판소의 조직

헌법재판소는 ① 헌법재판소장, ② 헌법재판관, ③ 재판부, ④ 재판관회의, ⑤ 사무처, ⑥ 헌법연구관, ⑦ 헌법연구원 등의 기관으로 조직된다.

(1) 헌법재판소의 장

헌법재판소의 장은 국회의 동의를 얻어 재판관 중에서 대통령이 임명한다(제111조 제4항). 문언 그대로 보면 특정인을 먼저 재판관으로 임명한 뒤에 나중에 헌법재판소장으로 임명해야 하지만 특정인을 재판관으로 임명함과 동시에 헌법재판소장으로 임명하는 것도 허용된다고 본다. 헌법재판소장의 임기와 연임에 대해서는 헌법과 법률에 명시적인 규정이 없기 때문에 원칙적으로 임기는 재판관의 임기와 같은 6년으로, 그리고 연임도 가능한 것으로 해석될 수 있다. 헌법재판소장은 헌법재판소를 대표하고, 헌법재판소의 사무를 총괄하며, 소속공무원을 지휘 · 감독하는 권한을 가진다(헌재법 제12조 제3항). 한편 헌법재판소장이 일시적인 사고로 인하여 직무를 수행할 수 없으면 재판관 중에서 임명일자 순으로, 헌법재판소장이 궐위되거나 1개월 이상 사고로 인하여 직무를 수행할 수 없으면 재판관 중에서 재판관회의에서 선출된 사람이 그 권한을 대행한다(동법 제12조의2).

[법령] 헌법재판소법 제12조의2(헌법재판소장의 권한대행)

① 헌법재판소장이 일시적인 사고로 인하여 직무를 수행할 수 없을 때에는 재판관 중 임명일자 순으로 그 권한을 대행한다. 다만, 임명일자가 같을 때에는 연장자 순으로 대행한다.
② 헌법재판소장이 궐위(闕位)되거나 1개월 이상 사고로 인하여 직무를 수행할 수 없을 때

에는 재판관 중 **재판관회의에서 선출**된 사람이 그 권한을 대행한다. 다만, 그 권한대행자가 선출될 때까지는 제1항에 해당하는 사람이 권한을 대행한다.
③ 제2항 단서의 권한대행자는 제2항의 사유가 생긴 날부터 7일 이내에 제2항 본문의 권한대행자를 선출하기 위한 재판관회의를 소집하여야 한다.
④ 제2항 본문의 권한대행자는 재판관 전원의 3분의 2를 초과하는 인원의 출석과 출석인원 과반수의 찬성으로 선출한다. 다만, 1차 투표결과 피선자(被選者)가 없을 때에는 최고득표자와 차점자에 대하여 결선투표를 하여 그 중 다수득표자를 피선자로 하되, 다수득표자가 2명 이상일 때에는 연장자를 피선자로 한다.

(2) 헌법재판관

1) 임 명 헌법재판관의 자격으로 헌법은 **법관의 자격**을 요구한다(제111조 제2항). 법원조직법에 따라 법관의 자격은 대법원장, 대법관, 판사로 구분되어 정해지는데 대법원장과 대법관은 20년 이상 ① 판사·검사·변호사, ② 변호사 자격이 있는 사람으로서 국가기관, 지방자치단체, 「공공기관의 운영에 관한 법률」 제4조에 따른 공공기관, 그 밖의 법인에서 법률에 관한 사무에 종사한 사람, ③ 변호사 자격이 있는 사람으로서 공인된 대학의 법률학 조교수 이상으로 재직한 사람으로 45세 이상이어야 하고, 판사는 5년 이상 위와 같은 직에 있어야 한다(동법 제45조 제1항 및 제2항). 그 밖에도 헌법재판소법에 따르면 재판관은 **15년 이상** ① 판사·검사·변호사의 직에 있던 사람, ② 변호사의 자격을 가지고 국가기관, 국영·공영 기업체, 「공공기관의 운영에 관한 법률」 제4조에 따른 공공기관 또는 그 밖의 법인에서 법률에 관한 사무에 종사한 사람, ③ 변호사의 자격을 가지고 공인된 대학의 법률학 조교수 이상의 직에 있던 사람으로서(위의 2가지 이상의 직에 있던 사람의 재임기간은 이를 합산) **40세 이상**의 사람 중에서 임명한다(헌재법 제5조 제1항). 이로써 헌법전문가이면서도 법관의 자격이 없는 헌법학교수나 공법학교수는 헌법재판관이 될 수 없는데 이에 대해서는 헌법재판의 특수성을 고려하여 전향적인 입법정책적 검토가 필요하다고 보인다. 한편 ① 다른 법령에 의하여 공무원으로 임용하지 못하는 사람, ② 금고 이상의 형을 선고받은 사람, ③ 탄핵에 의하여 파면된 후 5년이 지나지 않은 사람, ④ 「정당법」 제22조에 따른 정당의 당원 또는 당원의 신분을 상실한 날부터 3년이 경과되지 아니한 사람, ⑤ 「공직선거법」 제2조에 따른 선거에 후보자(예비후보자를 포함한다)로 등록한 날부터 5년이 경과되지 않은 사람, ⑥ 「공직선거법」 제2조에 따른 대통령선거에서 후보자의 당선을 위하여 자문이나 고문의 역할을 한 날부터 3년이 경과되지 않은 사람은 재판관으로 임명할 수 없다(동법 동조 제2항).

2) 임기와 정년 헌법재판소 재판관의 임기와 정년에 대해서 헌법은 헌법재판소 재판관의 임기는 **6년**으로 하며, 법률이 정하는 바에 의하여 **연임**할 수 있다고 규정하고(제112조 제1항), 헌법재판소법(2014. 12. 30. 법률 제12897호)은 재판관과 헌법재판소장의 정년을 구분하던 것(65세와 70세)을 **70세**로 일원화했다(동법 제7조 제2항).

3) 재판관의 독립 헌법재판의 공정성을 확보하기 위하여 헌법재판관의 **독립성**이

요구되는데 헌법은 헌법재판관이 정당에 가입하거나 정치에 관여할 수 없다고 하여 **정당가입 및 정치관여금지의 원칙**을 확인하고 있다(제112조 제2항). 재판관의 자격요건으로 당원의 신분을 상실하거나 선거후보자로 등록한 날로부터 일정한 기간이 지나야 할 것을 요구하는 것도 정치적 독립성을 확보하기 위한 제도적 장치로 이해된다. 그리고 헌법재판소법에 따르면 재판관은 헌법과 법률에 의하여 그 양심에 따라 독립하여 심판하도록 하여 재판에 대한 **직무상 독립**을 보장한다(동법 제4조). 또한 탄핵결정이 된 경우나 금고 이상의 형의 선고를 받은 경우가 아니면 재판관은 그 의사에 반하여 해임되지 않는다고 하여 재판관에 대한 **신분상 독립**을 보장하고 있다(동법 제8조). 한편 재판관에게는 ① 국회 또는 지방의회의 의원의 직, ② 국회 · 정부 또는 법원의 공무원의 직, ③ 법인 · 단체 등의 고문 · 임원 또는 직원의 직을 겸하거나 영리를 목적으로 하는 사업을 영위할 수 없는 **겸직 및 영리행위금지의 의무**가 부과된다(동법 제14조).

(3) 재 판 부

헌법재판소의 심판은 원칙적으로 재판관전원으로 구성되는 재판부에서 관장하는데(동법 제22조 제1항) 이러한 재판부를 **전원재판부**라 부른다. 전원재판부의 재판장은 헌법재판소장이 된다(동법 동조 제2항). 한편 **헌법소원심판의 사전심사**를 담당하기 위하여 헌법재판소장은 재판관 3명으로 구성되는 **지정재판부**를 둘 수 있다(동법 제72조 제1항). 현재는 재판관 3명으로 구성된 3개의 지정재판부가 구성되어 있다(지정재판부의 구성과 운영에 관한 규칙 제2조). 지정재판부는 헌법소원의 심판청구를 각하하거나(헌재법 제72조 제3항) 헌법소원을 재판부의 심판에 회부하는 업무를 담당한다(동법 동조 제4항 제1문).

(4) 재판관회의

재판 이외의 사항을 의결하기 위한 합의체기관인 재판관회의는 재판관 전원으로 구성하며, **헌법재판소장**이 **의장**이 된다(동법 제16조 제1항). 재판관회의는 재판관 전원의 3분의 2를 초과하는 인원의 출석과 출석인원 과반수의 찬성으로 의결하고(동법 동조 제2항), 이때 의장은 의결에 있어 표결권을 가진다(동법 동조 제3항). 재판관회의 의결사항으로는 ① 헌법재판소규칙의 제정과 개정 및 입법의견의 제출에 관한 사항, ② 예산요구, 예비금지출과 결산에 관한 사항, ③ 사무처장, 사무차장, 헌법재판연구원장, 헌법연구관 및 3급 이상 공무원의 임면(任免)에 관한 사항, ④ 특히 중요하다고 인정되는 사항으로서 헌법재판소장이 부의하는 사항이 있다(동법 동조 제4항). 그 밖에 재판관회의의 운영에 관하여 필요한 사항은 헌법재판소규칙으로 정한다(동법 동조 제5항).

(5) 헌법연구관, 헌법연구관보 등

1) 헌법연구관 헌법재판소에 헌법재판소규칙으로 정하는 수의 **헌법연구관**을 두는데(동법 제19조 제1항), 헌법연구관은 헌법재판소장의 명을 받아 사건의 심리 및 심판에 관한 조사 · 연구에 종사한다(동법 동조 제3항). 헌법연구관의 임기는 10년으로 하되,

연임할 수 있고, 정년은 60세로 한다(동법 동조 제7항).

2) **헌법연구관보** 헌법연구관을 신규로 임용하는 경우에 3년의 기간 **헌법연구관보**로 임용하여 근무하게 한 후 그 근무성적을 참작하여 헌법연구관으로 임용한다. 다만, 경력 및 업무능력 등을 참작하여 헌법재판소규칙이 정하는 바에 따라 헌법연구관보 임용을 면제하거나 그 기간을 단축할 수 있다(동법 제19조의2 제1항). 헌법연구관보는 헌법재판소장이 재판관회의의 의결을 거쳐 임용한다(동법 동조 제2항).

3) **헌법연구위원** 헌법재판소에 **헌법연구위원**을 두어 사건의 심리와 심판에 관한 전문적인 조사 · 연구에 종사하게 할 수 있다(동법 제19조의3 제1항). 헌법연구위원은 3년 이내의 범위에서 기간을 정하여 임명한다(동법 동조 제2항).

4) **헌법재판연구원** 헌법재판소에는 헌법 및 헌법재판의 연구와 헌법연구관, 사무처 공무원 등의 교육을 위하여 헌법재판연구원을 둔다(동법 제19조의4 제1항). 헌법재판연구원의 정원은 원장 1명을 포함하여 40명 이내이고, 원장 밑에 부장, 팀장, 연구관 및 연구원으로 구성된다(동법 동조 제2항). 헌법재판소법(2014. 12. 30. 법률 제12897호)은 '헌법재판소 계약직공무원 규칙'에 따라 임용하던 헌법연구원(사건의 심리와 심판에 관한 조사 및 연구에 종사하는 직)의 자격요건을 법률에 명시하여 헌법연구관 또는 일반직 공무원으로 임명하도록 하였다(동법 동조 제4항, 제5항).

제 2 장 일반심판절차

제 1 절 재 판 부

Ⅰ. 전원재판부

헌법재판소가 심판을 진행하기 위해서는 재판부가 구성되어야 하는데 헌법재판소법에 특별한 규정이 있는 경우를 제외하고는 헌법재판소의 심판은 '전원재판부', 즉 **재판관 전원으로 구성되는 재판부**에서 관장한다(헌재법 제22조 제1항). 전원재판부의 재판장은 헌법재판소장이 된다(동법 동조 제2항). 헌법재판소의 재판기능을 담당하는 재판부는 동일한 재판관으로 구성된다고 하더라도 헌법재판소의 행정에 관한 결정을 내리기 위한 '재판관회의'와는 구별된다.

Ⅱ. 헌법소원과 지정재판부

예외적으로 **헌법소원심판**의 경우에는 재판관 3인으로 구성되는 '지정재판부'를 두고, 헌법소원심판청구의 **사전심사**를 담당하게 한다(헌재법 제72조 제1항).

Ⅲ. 재판관의 제척 · 기피 · 회피

1. 재판관의 제척

(1) 개념과 제척사유

재판관의 제척이란 재판의 공정성을 확보하기 위하여 **재판과 특별한 관계가 있는 재판관을 재판의 참여에서 배제하는** 것을 말한다. 재판관이 직무집행에서 배제되는 제척의 사유로는 ① 재판관이 당사자이거나 당사자의 배우자 또는 배우자였던 경우, ② 재판관과 당사자가 친족관계이거나 친족관계였던 경우, ③ 재판관이 사건에 관하여 증언이나 감정을 하는 경우, ④ 재판관이 사건에 관하여 당사자의 대리인이 되거나 되었던 경우, ⑤ 그 밖에 재판관이 헌법재판소 외에서 직무상 또는 직업상의 이유로 사건에 관여한 경우 등이다(동법 제24조 제1항).

(2) 절 차

재판부는 **직권 또는 당사자의 신청**에 의하여 제척의 결정을 한다(동법 동조 제2항). 당사자의 제척신청에 관한 심판에는 민사소송법의 규정을 준용한다(동법 동조 제6항). 이에 따라 재판관에 대한 제척은 헌법재판소에 그 이유를 밝혀 신청해야만 한다(민소법 제44조 제1항). 제척신청이 법정 방식에 어긋나거나 소송의 지연을 목적으로 하는 것이 분명한 경우에는 신청을 받은 헌법재판소 또는 헌법재판관은 결정으로 이를 각하한다(동법 제45조 제1항). 제척결정은 전원재판부의 재판으로 한다(동법 제46조 제1항). 지정재판부의 재판관에 대한 제척의 경우에도 같다. 제척신청을 받은 재판관은 제척에 관한 재판에 관여하지 못하고, 단지 의견을 진술할 수 있다(동법 동조 제2항). 이러한 제척제도는 재판관 3인 이상에 대한 제척신청이 동시에 제기되는 경우에 심판을 진행할 수 없다는 문제점을 갖는다. 기피제도처럼 2명 이상의 재판관에 대한 기피신청을 금지하고 있는 제도(헌재법 제24조 제4항)가 명시적으로 규정되어 있지 않기 때문이다.

2. 재판관의 기피

(1) 개념과 기피사유

재판관의 기피란 재판의 공정성을 확보하기 위하여 **제척 이외에 재판과 특별한 관계가 있는 재판관을 재판의 참여에서 배제**하는 것을 말한다. 재판관이 직무집행에서 배제되는 기피의 사유를 헌법재판소법은 "공정한 심판을 기대하기 어려운 사정"이라고 포괄적으로 규정하고 있다(동법 제24조 제3항). 하지만 이러한 사정은 당사자의 주관적 판단에 근거한 것이 아니라 객관적인 근거가 있어야 한다. 헌법재판소는 "어느 재판관이 앞 사건의 주심으로 관여하였다는 이유만으로는 그에게 … 심판의 공정을 기대하기 어려운 사정이 있다고 볼 수 없다"고 한다.[1] 한편 당사자가 변론기일에 출석하여 본안에 관한 진술을 한 때에는 기피신청을 할 수 없다(동법 동조 동항 단서). 또한 당사자는 동일한 사건에 대하여 2명 이상의 재판관을 기피할 수 없다(동법 동조 제4항).

(2) 절 차

당사자의 기피신청에 관한 심판에는 민사소송법의 규정이 준용된다(동법 동조 제6항). 이에 따라 재판관에 대한 기피는 헌법재판소에 그 이유를 밝혀 신청해야만 한다(민소법 제44조 제1항). 기피신청이 법정 방식에 어긋나거나 소송의 지연을 목적으로 하는 것이 분명한 경우에는 신청을 받은 헌법재판소 또는 헌법재판관은 결정으로 이를 각하한다(동법 제45조 제1항). 기피결정은 전원재판부의 재판으로 한다(동법 제46조 제1항). 지정재판부의 재판관에 대한 기피의 경우에도 같다. 기피신청을 받은 재판관은 기피에 관한 재판에 관여하지 못하고, 단지 의견을 진술할 수 있다(동법 동조 제2항).

3. 재판관의 회피

재판관의 회피란 제척 또는 기피의 사유가 있는 경우에 **재판관 스스로 재판에 참여하지 않는 결정**을 하는 것을 말한다. 회피는 제척 또는 기피의 사유가 있고, 재판장의

1) 헌재 1994. 2. 24. 94헌사10.

허가를 받는 것으로 충분하다(헌재법 제24조 제5항).

제 2 절 심판정족수

Ⅰ. 심리정족수

전원재판부의 심리는 재판관 7인 이상의 출석이 있을 때에만 가능하다(헌재법 제23조 제1항). 3인으로 구성되는 지정재판부의 경우에는 3인의 재판관 전원이 참석하여 사건을 심리한다. 이와 관련하여 헌법에 따라 헌법재판관도 탄핵소추의 대상이 되고, 헌법재판관이 국회에서 탄핵소추의 의결을 받아(제65조 제1항) 헌법재판소의 탄핵결정이 있을 때까지 권한행사가 정지되기 때문에(제65조 제3항, 헌재법 제50조) 헌법재판관 3인 이상에 대한 탄핵소추의 의결이 있는 경우에 헌법재판소는 심리를 진행할 수 없게 되는 문제가 발생한다. 이런 문제를 해결하기 위해서는 동시에 재판관 3인 이상에 대한 탄핵소추의 의결을 하지 못하도록 하는 장치가 마련되는 것이 합리적이다. 하지만 현행 제도하에서는 그러한 장치가 없기 때문에 동시에 3인 이상의 재판관에 대한 탄핵소추의 의결이 가능한지에 대해서는 해석론상으로 견해의 차이가 존재할 수 있다. 헌법재판소는 재판관이 임기만료로 퇴임하여 재판관 공석 사태가 발생한 경우에 신속한 결정을 위한 사건의 성숙필요성을 이유로 7인의 심리정족수에 관한 규정의 효력을 정지시키는 가처분을 인용하여[2] 6인의 재판관에 의한 심리를 진행한 바 있다.

Ⅱ. 결정정족수

1. 원칙: 과반수

재판부의 결정은 원칙적으로 재판관의 과반수가 찬성하는 경우에만 가능하다(헌재법 제23조 제2항). 이에 따라 예를 들어 권한쟁의심판은 재판관 과반수의 찬성으로 결정한다.

2. 예 외

(1) 6인 이상의 찬성

예외적으로 ① 법률의 위헌결정, ② 탄핵의 결정, ③ 정당해산의 결정, ④ 헌법소원에 관한 인용결정(제113조 제1항), ⑤ 종전에 헌법재판소가 판시한 헌법 또는 법률의 해석적용에 관한 의견의 변경(헌재법 제23조 제2항 단서)을 하는 경우에 재판부의 결정은 6인 이상의 찬성이 있어야 한다. 이 가운데 앞의 네 가지는 헌법사항이므로 정족수 변경을 위하여 헌법개정이 필요하지만 맨 뒤의 판례변경의 경우에는 법률개정으로 정족수

2) 헌재 2024. 10. 14. 2024헌사1250.

를 변경할 수 있다. 이러한 '강화된' 의결정족수는 헌법재판소의 신중한 결정을 도모한다는 의의도 있다. 하지만 오히려 '소수의 횡포'가 개입될 수 있고 국민의 기본권구제를 어렵게 만들 수 있기 때문에 적어도 법률의 위헌결정이라든지 헌법소원에 관한 인용결정의 경우에는 단순 과반수의 정족수를 요구하는 것이 더욱 타당하다는 법정책적인 비판이 제기될 수 있다.

(2) 계산방법

법률의 위헌결정이나 법률에 대한 헌법소원의 인용결정에서 필요한 6인 이상의 찬성은 원칙적으로 단순위헌에 찬성하는 견해가 6인 이상이어야 하는 것을 의미한다. 하지만 헌법재판소는 단순위헌의 의견이 6인 미만이라고 하더라도 한정합헌이나 한정위헌 또는 헌법불합치의 의견이 있을 때에는 이를 위헌의 의견에 합산하여 6인 이상이 되는 경우에 한정합헌이나 한정위헌 또는 헌법불합치로 결정하고 있다. 반면에 위헌의견이 5인이어서 과반수이지만 의결정족수에 미치지 못하는 경우에는 위헌불선언결정[3]을 하거나 합헌결정[4] 또는 (법률에 대한 헌법소원의 경우에) 기각결정[5]을 하기도 한다.

[판례] 위헌의견이 6인 미만이지만 한정위헌이나 헌법불합치가 되는 경우

[1] 관여재판관의 평의의 결과는 단순합헌의견 3, **한정합헌의견 5, 전부위헌의견 1**의 비율로 나타났는데, 한정합헌의 의견(5)은 질적인 일부위헌의견이기 때문에 전부위헌의견(1)도 일부위헌의견의 범위내에서는 한정합헌의 의견과 견해를 같이 한 것이라 할 것이므로 이를 합산하면 헌법재판소법 제23조 제2항 제1호 소정의 위헌결정정족수(6)에 도달하였다고 할 것이며 그것이 주문의 의견이 되는 것이다(1992. 2. 25. 89헌가104: 국가기밀보호법 사건).

[2] 이 사건 법률조항이 헌법에 위반된다는 점에 있어서는 재판관 7명의 의견이 일치되었으나, **재판관 5명은 단순위헌결정**을 선고함이 상당하다는 의견이고 **재판관 2명은 헌법불합치결정**을 선고함이 상당하다는 의견으로서, 재판관 5명의 의견이 다수의견이기는 하나 헌법재판소법 제23조 제2항 제1호에 규정된 '법률의 위헌결정'을 함에 필요한 심판정족수에 이르지 못하였으므로 헌법불합치의 결정을 선고한다(1997. 7. 16. 95헌가6등: 동성동본금혼제 사건).

[3] 이 사건 법률조항에 대한 재판관 1인의 일부 단순위헌 및 일부 헌법불합치 의견에 재판관 5인의 전부 헌법불합치 의견을 가산하면 위헌 정족수를 충족하게 된다. 따라서 이 사건 법률조항에 대하여 헌법불합치를 선고한다(2007. 3. 29. 2005헌바33: 재직중 사유로 금고 이상의 형을 받은 공무원의 퇴직급여감액).

[4] 이 사건 법률조항에 대하여는 아래와 같은 재판관 4인의 다른 의견이 있다(재판관 이공현의 단순위헌의견, 재판관 조대현의 일부위헌의견, 재판관 이동흡, 재판관 송두환의 적용중지 헌법불합치의견). 그리하여 어느 의견도 독자적으로는 헌법재판소법 제23조 제2항

---

3) 헌재 1989. 12. 22. 88헌가13; 1993. 5. 13. 90헌바22등; 1994. 6. 30. 92헌바23. 헌법재판소는 현재 위헌불선언결정의 주문형식 대신에 합헌결정이나 기각결정의 주문형식을 사용한다.

4) 헌재 1996. 2. 16. 96헌가2등; 1996. 12. 26. 90헌바19등; 1999. 7. 22. 98헌가3; 1999. 7. 22. 98헌가3; 1999. 7. 22. 98헌가5; 2005. 2. 24. 2001헌바71.

5) 헌재 1997. 1. 16. 90헌마110등; 1997. 12. 24. 97헌마16; 2000. 12. 14. 2000헌마659; 2001. 3. 21. 99헌바81등; 2001. 8. 30. 99헌바90; 재판관 5인이 인용의견이고 4인이 각하의견이어서 기각결정을 한 예로는 2000. 2. 24. 97헌마13등.

제1호에 규정된 법률의 위헌결정을 함에 필요한 심판정족수에 이르지 못하였으나 단순위헌의견과 적용중지 헌법불합치의견을 계속적용 헌법불합치의견에 합산하면 법률의 위헌결정을 함에 필요한 심판정족수에 이르게 되므로 이에 계속적용을 명하는 헌법불합치결정을 하기로 한다(2007. 5. 31. 2005헌마1139: 병역면제질병명공개 사건).

[5] 이 사건 심판대상 조항들이 청구인들의 공무담임권을 침해하는지 여부에 관하여는 재판관 5인이 헌법에 합치되지 아니한다는 의견을, 재판관 1인이 헌법에 위반된다는 의견을 표시하였는데, 어느 의견도 헌법재판소법 제23조 제2항 제1호에 규정된 법률이 헌법에 위반된다는 결정을 함에 필요한 재판관 6인 이상의 심판정족수에 이르지 못하였으나, 헌법에 위반된다는 의견도 헌법에 합치되지 아니한다는 의견의 범위 내에서는 견해를 같이 하는 것이므로, 이 사건 심판대상 조항들이 헌법에 합치되지 아니한다는 점에 대해서는 재판관 6인이 찬성하였다고 할 것이다(2012. 5. 31. 2010헌마278).

[6] 자기낙태죄 조항과 의사낙태죄 조항이 헌법에 위반된다는 단순위헌의견이 3인이고, 헌법에 합치되지 아니한다는 헌법불합치의견이 4인이므로, 단순위헌의견에 헌법불합치의견을 합산하면 법률의 위헌결정을 함에 필요한 심판정족수에 이르게 된다(2019. 4. 11. 2017헌바127).

[7] 보안관찰처분 대상자가 교도소 등에서 출소한 후 신고한 거주예정지 등 정보에 변동이 생길 때마다 신고하도록 하는 변동신고조항 및 위반 시 처벌조항에 대하여는 재판관 4인의 위헌의견에 재판관 2인의 헌법불합치 의견을 가산하면 위헌 정족수를 충족하게 된다(2021. 6. 24. 2017헌바479).

제 3 절 당사자와 대리인

Ⅰ. 국가기관 · 지방자치단체가 당사자인 경우

헌법재판소의 각종 심판절차에 있어서 정부가 당사자(참가인 포함)인 때에는 **법무부장관**이 이를 대표한다(헌재법 제25조 제1항). 한편 헌법재판소의 각종 심판절차에 있어서 당사자인 국가기관 또는 지방자치단체는 변호사 또는 변호사의 자격이 있는 소속공무원을 대리인으로 선임하여 심판을 수행하게 할 수 있다(동법 동조 제2항).

Ⅱ. 사인이 당사자인 경우: 변호사강제주의

1. 개 념

헌법재판소의 각종 심판절차에서 원칙적으로 당사자인 사인은 변호사를 대리인으로 선임하지 아니하면 심판청구나 심판수행을 하지 못하고, 그가 변호사의 자격이 있는 경우에만 예외로 한다(헌재법 제25조 제3항). 이렇게 헌법재판에서 사인인 당사자가 변호사의 자격이 있는 경우를 제외하고는 **변호사인 대리인의 선임을 강제하는 원칙**을 '변호사강제주의'라고 부른다. 이러한 변호사강제주의는 사인이 당사자가 될 수 없는 위헌법률심판절차나 권한쟁의심판절차에는 적용될 수 없다. 반면에 헌법재판소가 확인한 것처럼 사인이 당사자가 되는 탄핵심판절차와 헌법소원심판절차,[6] 그 밖에 마찬가지로 사인인 정당이 당사자가 되는 위헌정당해산심판절차에서도 변호사강제주의가 적용된다.

2. 효 력

이러한 원칙에 따라 **변호사를 대리인으로 선임하지 않은 심판청구나 심판수행은 부적법**하여 각하된다. 하지만 헌법재판소는 변호사의 자격이 없는 사인의 심판청구나 심판수행이라고 할지라도 변호사인 대리인이 추인한 경우에는 적법한 심판청구나 심판수행이 될 수 있으며 대리인이 국선대리인인 경우에도 마찬가지로 보고 있다.[7] 게다가 변호사인 대리인의 추인이 없어도 청구인 단독으로 헌법소원심판청구를 취하하는 것을 인정하더라도 개인의 주관적 권리구제제도라는 성격을 고려할 때 변호사강제주의의 취지나 본질에 반하지 않는다고 본다.[8] 또한 변호사인 대리인에 의한 심판청구가 있었으나 그 이후에 대리인이 사임하고 다른 대리인을 선임하지 않은 경우에도 그 이전의 대리인에 의하여 수행된 소송행위 자체로서 재판성숙단계에 이르렀다면 그 이전의 대리인에 의하여 수행된 소송행위가 무효로 되는 것은 아닌 것으로 본다.[9]

[판례] 변호사의 선임이 없는 헌법소원의 각하

변호사의 선임이 없는 헌법소원을 지정재판부가 각하하도록 규정하였다 하더라도 변호사의 선임이라는 소송요건은 그 구비 여부가 객관적으로 명백히 드러나서 누구나 그 구비여부를 쉽게 판별할 수 있기 때문에 이를 구비하지 아니한 소원을 지정재판부에서 바로 각하하여도 그 재판이 잘못될 염려가 없고, 오히려 이렇게 하는 것이 전원재판부의 업무부담을 줄여주고 소송의 결과에 대한 관계 당사자들의 공연한 기대를 조기에 차단하여 그들로 하여금 선후책을 강구할 수 있도록 도와주는 이점이 있으므로 위 규정은 합리적인 이유가 있는 것이고 재판청구권의 본질을 침해할 정도로 입법의 재량을 현저히 일탈한 것이라고 볼 수 없다(2004. 4. 29. 2003헌마783).

3. 판 례

변호사강제주의에 대하여 헌법재판소는 "재판업무에 분업화원리의 도입이라는 긍정적 측면을 제외하고도 재판을 통한 기본권의 실질적 보장, 사법의 원활한 운영과 헌법재판의 질적 개선, 재판심리의 부담경감 및 효율화, 그리고 사법운영의 민주화 등 공공복리에 그 기여도가 크다고 하겠고, **그 제도적 이익은 본인 소송주의를 채택함으로써 변호사 선임비용 지출을 하지 않는 이익보다는 이익형량상 크다** 할 것으로 … 변호사라는 사회적 신분에 의한 헌법재판권 행사의 차별이라 하더라도 차별에 합리성이 결여된 것

6) 헌재 1990. 9. 3. 89헌마120등.
7) 헌재 1992. 6. 26. 89헌마132; 1995. 2. 23. 94헌마105.
8) 헌재 2024. 5. 7. 2024헌마352.
9) 헌재 1992. 4. 14. 91헌마156.

이라고는 할 수 없을 것이고, 국민의 헌법재판을 받을 권리의 제한이라 하더라도 공공복리를 위하여 필요한 제한이라고 봄이 상당할 것"이며 "무자력자의 헌법재판을 받을 권리를 크게 제한하는 것이라 하여도 이와 같이 국선대리인 제도라는 대상조치(代償措置)가 별도로 마련되어 있는 이상 그러한 제한을 두고 재판을 받을 권리의 본질적 내용의 침해라고는 볼 수 없을 것"이라고 한다.10)

헌법재판소 결정의 핵심은 변호사강제주의를 통해서 실현하려는 공공의 이익이 그로 인해 피해를 입는 개인이 이익보다 크다는 점이다. 하지만 헌법상 보장된 국민의 기본권을 절차적으로 보장하기 위하여 마련된 헌법재판의 목적을 고려할 때 헌법재판소가 헌법재판에서 변호사선임의 강제라는 문제를 단순히 경제적 이익의 관점에서 판단한 것은 설득력이 없다. 왜냐하면 헌법재판소가 고려해야 하는 기본권에는 단순히 변호사선임 비용의 지출과 관련된 재산권뿐만 아니라 변호사선임을 강제함으로써 실질적으로 제한당하는 헌법재판을 받을 권리와 헌법재판을 통하여 구제받고자 하는 기본권도 포함되어야 하기 때문이다. 더욱이 변호사숫자를 제한하고 있는 현재 상황에서는 변호사강제주의는 오히려 변호사의 독과점적 지위를 보장하는 수단이 될 가능성도 배제할 수 없기 때문에 국민전체의 공익보다는 변호사집단의 사익을 보장하는 제도로서 기능할 수 있다.

제 4 절 심판의 청구

Ⅰ. 신청주의

1. 의 의

헌법재판소법은 **신청주의**의 원칙을 규정하고 있다. 이 원칙에 따라 심판의 개시를 위하여 위헌법률심판의 경우에는 법원의 '심판제청'(헌재법 제41조 제1항), 헌법소원심판(동법 제68조 제1항, 제2항)이나 탄핵심판(동법 제49조 제2항), 정당해산심판(동법 제55조)이나 권한쟁의심판(동법 제61조)의 경우에는 '심판청구'라고 하는 심판의 신청이 있어야 한다. 이와 같이 심판의 청구는 **심판의 신청으로서 소송절차를 개시하는 형식**이다. 심판의 청구는 각각의 헌법재판소 심판에서 요구하는 당사자와 심판의 대상을 특정하여야 한다.

2. 청구의 취하

헌법재판소에 대한 심판청구의 전부 또는 일부를 철회하는 의사표시를 **청구의 취하**라고 부른다. 청구의 취하가 있게 되면 원칙적으로 소송계속은 소급적으로 소멸되고 소

10) 헌재 1990. 9. 3. 89헌마120등; 1992. 4. 14. 91헌마156; 2001. 9. 27. 2001헌마152; 2004. 4. 29. 2003헌마783; 2005. 10. 27. 2005헌마502; 2010. 3. 25. 2008헌마439; 2015. 2. 10. 2015헌마68; 2016. 11. 1. 2016헌바892; 2022. 2. 22. 2022헌마117; 2022. 7. 12. 2022헌마933.

송은 종료된다. 청구의 취하가 허용되는지 여부에 대해서는 헌법재판소법에 명시적인 규정이 없기 때문에 준용규정인 헌법재판소법 제40조에 따라 헌법재판의 성질에 반하지 아니하는 한도 내에서 원칙적으로 민사소송에 관한 법령을 준용할 수 있다. 따라서 원칙적으로 민사소송법상의 소의 취하에 관한 규정을 준용하여 심판청구는 취하될 수 있지만 각 심판절차의 성격에 따라 청구의 취하가 허용되지 않을 수도 있다. 헌법재판소는 헌법소원심판의 경우에 헌법재판소법 제40조 제1항에 따라 민사소송에 관한 법령이나 행정소송법을 준용할 수 있는데 행정소송법에는 헌법소원심판청구의 취하와 이에 대한 피청구인의 동의나 그 효력에 관하여 특별한 규정이 없으므로 소의 취하에 관한 민사소송법규정을 헌법소원심판절차에 준용할 수 있다고 한다.[11]

결론적으로 소송절차의 개시와 종료에 대해서 헌법재판소가 결정하는 직권주의(Officialmaxime) 또는 당사자가 처분권을 가지는 처분권주의(Dispositionmaxime)의 구분에 기초하여[12] 헌법재판소법의 준용규정에 따라 심판절차의 성격(본질과 기능)을 고려한다면 청구의 취하에 대해서는 대체로 다음과 같이 정리해볼 수 있다. ① 객관적 소송의 성격이 강한 위헌법률심판에서 법원의 제청은 원칙적으로 취하할 수 없고 예외적으로만 취하할 수 있다.[13] ② 탄핵심판의 경우에 소추의원은 심판청구를 취하할 수 없고, 국회가 의결로서 취하할 수 있는지에 대해서는 명문의 규정이 없으므로 논란이 있을 수 있다. 국회에 소추의결권을 부여한 취지에 따르면 국회는 소추를 취하하는 의결권도 갖는다고 보는 것이 타당하다.[14] ③ 정당해산심판의 경우에 제소 여부는 정부의 재량에 속하므로 심판의 청구도 원칙적으로 취하할 수 있다. ④ 권한쟁의심판의 경우에 원칙적으로 당사자의 처분권주의가 인정되지만 헌법질서의 유지와 관련된 객관소송의 성격을 띠는 때에는 취하가 제한된다. ⑤ 헌법소원심판의 경우에 처분권주의에 따라 원칙적으로 청구인은 심판청구를 취하할 수 있다.[15] 청구의 취하가 허용되는 경우에 청구는 종국결정이 있을 때까지 취하될 수 있다.

3. 청구취하의 효력

청구의 취하가 있는 경우에 원칙적으로 소송은 종료되지만 심판절차의 성격에 따라 공익의 요구가 존재하는 경우에는[16] 청구의 취하가 허용되지 않을 뿐만 아니라 비록 허용되더라도 소송이 종료되지 않는 경우도 있다. ① 위헌법률심판의 경우에 청구가 취하

11) 헌재 1995. 12. 15. 95헌마221등; 2001. 6. 28. 2000헌라1; 2003. 4. 24. 2001헌마386; 2005. 3. 31. 2004헌마911.
12) Ch. Pestalozza, Verfassungsprozeßrecht, 53면.
13) 자세한 내용은 정종섭b, 124면 이하 참조; 이와 달리 제청 사유가 소멸된 경우 제청의 철회가 가능하다는 견해가 예로 드는 철회사유는 제청의 철회를 예외적으로 인정하는 견해가 제시하는 철회사유와 크게 다르지 않아 보인다. 이에 대해서는 김하열b, 133면 및 244면 참조.
14) 같은 견해로 정종섭b, 441면.
15) 헌재 2005. 2. 15. 2004헌마911.
16) Ch. Pestalozza, Verfassungsprozeßrecht, 53면.

되어도 헌법재판소가 판단을 계속해야 할 이익이 있으면 절차는 종료되지 않는다. ② 헌법소원심판의 경우에 이러한 절차의 성격이 개인의 권리보호가 우선이라고 보면 처분권주의에 따라 절차가 종료된다고 보아야 하지만 헌법질서의 보호와 같은 공익도 고려되어야 한다고 보면 처분권주의에는 일정한 한계가 있고 그러한 한계내에서 절차는 종료되지 않는다고 보아야 한다. 헌법재판소는 헌법소원심판청구의 취하로 인하여 심판절차가 종료되었음을 선언하면서 동시에 심판청구가 취하될 당시의 헌법재판소의 최종 평결결과와 그 이유를 밝힌 경우도 있다.[17] ③ 탄핵심판의 경우에 청구를 취하할 수 있다는 규정이 없지만 국회가 의결로써 청구를 취하한 경우에는 심판이 종료된다.[18] ④ 정당해산심판의 경우에 원칙적으로 심판의 청구를 취하할 수 있고, 청구취하의 의사표시가 있으면 소송은 종료된다. ⑤ 권한쟁의심판의 경우에 청구의 취하가 인정되기 때문에[19] 청구의 취하가 있으면 소송이 종료되지만 헌법질서를 유지하는 등 공익적 요청이 있는 경우에는 소송이 종료되지 않는다.[20] 헌법재판소에 따르면 기망에 의한 청구취하의 경우에도 이것은 무효가 되지 않을 뿐만 아니라 취소할 수도 없다고 한다.[21] 또한 법령에 대한 헌법소원의 경우에는 상대방 당사자가 없으므로 상대방 당사자의 동의나 동의간주 없이도 청구를 취하할 수 있으며, 일단 청구취하의 효력이 발생하면 그것을 다시 철회할 수는 없다.[22]

[판례] 헌법소원심판청구의 취하

헌법재판소법이나 행정소송법이나 헌법소원심판청구의 취하와 이에 대한 피청구인의 동의나 그 효력에 관하여 특별한 규정이 없으므로, 소의 취하에 관한 민사소송법 제239조(현행 민소법 제266조: 저자주)는 검사가 한 불기소처분의 취소를 구하는 헌법소원심판절차에 준용된다고 보아야 한다. 따라서 청구인들이 헌법소원심판청구를 취하하면 헌법소원심판절차는 종료되며, 헌법재판소로서는 헌법소원심판청구가 적법한 것인지 여부와 이유가 있는 것인지 여부에 대하여 판단할 수 없게 된다(1995. 12. 15. 95헌마221등; 2003. 2. 11. 2001헌마386).

[판례] 권한쟁의심판청구의 취하

헌법재판소법이나 행정소송법에 권한쟁의심판청구의 취하와 이에 대한 피청구인의 동의나 그 효력에 관하여 특별한 규정이 없으므로, 소의 취하에 관한 민사소송법 제239조(현행 민소법 제266조: 저자주)는 이 사건과 같은 권한쟁의심판절차에 준용된다고 보아야 한다. 비록 권한쟁의심판이 개인의 주관적 권리구제를 목적으로 삼는 것이 아니라 헌법적 가치질서를 보호하는 객관적 기능을 수행하는 것이고, 특히 국회의원의 법률안에 대한 심의·표결권의 침해 여부가 다투어진 이 사건 권한쟁의심판의 경우에는 국회의원의 객관적 권한을 보호함으로써 헌법적 가치질서

17) 헌재 2003. 2. 11. 2001헌마386.
18) 정종섭b, 127면.
19) 헌재 2001. 5. 8. 2000헌라1.
20) 같은 견해로 헌재 2001. 6. 28. 2000헌라1의 소수의견.
21) 헌재 2005. 3. 31. 2004헌마911.
22) 헌재 2021. 5. 1. 2020헌마1572; 2024. 5. 7. 2024헌마352.

를 수호 · 유지하기 위한 쟁송으로서 공익적 성격이 강하다고는 할 것이다. 그렇지만 법률안에 대한 심의 · 표결권 자체의 행사 여부가 국회의원 스스로의 판단에 맡겨져 있는 사항일 뿐만 아니라, 그러한 심의 · 표결권이 침해당한 경우에 권한쟁의심판을 청구할 것인지 여부 또한 국회의원의 판단에 맡겨져 있어서 심판청구의 자유가 인정되고 있는 만큼, 위에서 본 권한쟁의심판의 공익적 성격만을 이유로 이미 제기한 심판청구를 스스로의 의사에 기하여 자유롭게 철회할 수 있는 심판청구의 취하를 배제하는 것은 타당하지 않다(2001. 6. 28. 2000헌라1).

[판례] 기망에 의한 청구취하

헌법소원심판청구의 취하는 청구인이 제기한 심판청구를 철회하여 심판절차의 계속을 소멸시키는 청구인의 헌법재판소에 대한 소송행위이고 소송행위는 일반 사법상의 행위와는 달리 내심의 의사보다 그 표시를 기준으로 하여 그 효력 유무를 판정할 수밖에 없는 것인바, 청구인의 주장대로 청구인이 피청구인의 기망에 의하여 이 사건 헌법소원심판청구를 취하하였다고 가정하더라도 이를 무효라 할 수도 없고, 청구인이 이를 임의로 취소할 수도 없다(2005. 3. 31. 2004헌마911).

Ⅱ. 심판청구의 방식

헌법재판소에 심판을 청구하는 경우에는 **심판절차별로 정해진 청구서**를 헌법재판소에 제출해야 한다. 다만, 위헌법률심판에 있어서는 법원의 '제청서', 탄핵심판에 있어서는 국회의 '소추의결서'의 정본으로 이에 갈음한다(헌재법 제26조 제1항). "헌법재판소에 제출"해야 한다는 규정에 따라 **도달주의원칙**이 적용되기 때문에 청구서가 헌법재판소에 도달한 때에 심판의 청구가 있는 것으로 보게 된다. 청구서에는 필요한 증거서류 또는 참고자료를 첨부할 수 있다(동법 동조 제2항). 청구서는 **전자문서**(컴퓨터 등 정보처리능력을 갖춘 장치에 의하여 전자적인 형태로 작성되어 송수신 또는 저장된 정보)화하고 이를 정보통신망을 이용하여 헌법재판소에서 지정 · 운영하는 **전자정보처리조직**(심판절차에 필요한 전자문서를 작성 · 제출 · 송달하는 데에 필요한 정보처리능력을 갖춘 전자적 장치)을 통하여 제출할 수 있다(동법 제76조 제1항). 청구서 이외에 헌법재판소법에 따라 제출할 그 밖의 서면도 동일한 방식으로 제출이 가능하다.

Ⅲ. 청구서의 송달

헌법재판소에 청구서가 접수된 때에는 지체없이 그 등본을 피청구기관 또는 피청구인에게 송달해야만 한다(헌재법 제27조 제1항). 탄핵소추의 의결이 있은 때에는 국회의장은 지체없이 소추의결서의 정본을 법제사법위원장인 소추위원에게, 그 등본을 헌법재판소 · 피소추자와 그 소속기관의 장에게 송달한다(국회법 제134조 제1항). 위헌법률심판의 제청이 있은 때에는 법무부장관 및 당해 소송사건의 당사자에게 제청서의 등본을 송달한다(헌재법 제27조 제2항).

Ⅳ. 심판청구의 보정

주심 재판관은 청구서를 심사하고 청구서가 부적합하다고 판단된 경우에 재판장에게 보정을 요구하도록 요청하거나 보정할 수 없는 경우에는 각하한다. 재판장의 보정요구에 대하여 청구인이 보정서면을 제출한 때에는 지체없이 그 등본을 피청구기관 또는 피청구인에게 송달해야만 한다(헌재법 제28조 제2항). 또한 청구인이 보정서면을 제출한 때에는 처음부터 적법한 심판청구가 있은 것으로 본다(동법 동조 제3항). 헌법재판소는 심판사건을 접수한 날로부터 180일 이내에 종국결정을 선고하여야 하는데(동법 제38조), 이 기간에 보정기간은 산입되지 않는다(동법 제28조 제4항). 재판장은 필요하다고 인정하는 경우에 재판관 중 1명에게 보정요구를 할 수 있는 권한을 부여할 수 있다(동조 제5항). 또한 보정기간은 헌법소원심판의 사전심사를 담당하는 지정재판부의 사전심사기간(30일)에서도 제외된다(동법 제72조 제5항).[23] 재판장의 보정요구가 있음에도 불구하고 보정서면을 제출하지 않은 경우에는 심판청구 자체가 각하된다.

[판례] 보정명령의 불이행의 효과

청구인은 변호사를 대리인으로 선임하지 아니한 채 이 사건 심판청구를 하였고 변호사를 대리인으로 선임하라는 보정명령을 받고도 보정기간내에 보정하지 아니하였으므로, 헌법재판소법 제25조 제3항 · 제72조 제3항 제3호에 따라 이를 각하하기로 한다(2005. 2. 28. 2005헌마106).

Ⅴ. 답변서의 제출

청구서 또는 보정서면의 송달을 받은 피청구인은 헌법재판소에 답변서를 제출할 수 있다(헌재법 제29조 제1항). 답변서에는 심판청구의 취지와 이유에 대응하는 답변을 기재한다(동법 동조 제2항).

제 5 절 심 리

Ⅰ. 심리의 방식

헌법재판소의 심리는 탄핵심판, 정당해산심판, 권한쟁의심판의 경우에 반드시 당사자 또는 이해관계인이 재판정에서 재판부에 구술로 사실과 증거를 진술하는 **구두변론**에 의한다(**필수적 구두변론**: 헌재법 제30조 제1항). 그러나 위헌법률심판이나 헌법소원심판의 경우에는 재판부가 필요하다고 인정하는 경우에만 구두변론을 들을 수 있다(**임의적 구두변론**: 동법 동조 제2항). 따라서 이 경우에는 원칙적으로 서면으로 진술된 사실과 증거로

23) 헌재 1993. 10. 29. 93헌마222.

심리하는 **서면심리**에 의한다. 구두변론은 신청에 의하는 경우와 헌법재판소의 결정에 의하는 경우가 있을 수 있다. 재판부가 변론을 열 때에는 기일을 정하고 당사자와 관계인을 소환해야만 한다(동법 동조 제3항). 서면심리는 구두심리보다 심리시간을 단축할 수 있다는 장점이 있다. 반면에 구두진술은 직접적 진술과 즉각적 반문에 의하여 사안의 실체에 용이하게 접근할 수 있다는 장점이 있다.

Ⅱ. 증거조사

재판부는 사건의 심리를 위하여 필요하다고 인정하는 경우에는 당사자의 신청 또는 직권에 의하여 증거조사를 할 수 있다(헌재법 제31조 제1항). 증거조사는 재판부가 직접 재판정에서 실시하는 것이 원칙이지만 재판장이 필요하다고 인정할 경우에는 재판관 가운데 1명을 지정하여 증거조사를 하게 할 수 있다(동법 제31조 제2항). 첫째, 증거조사는 **당사자의 신청**에 의하는 경우와 **직권**에 의하는 경우로 구분된다. 당사자의 신청에 의한 증거조사의 경우에 당사자의 증거신청이 있어야 증거조사를 할 수 있다. 증거신청은 서면이나 구두로 하고(민소법 제161조 제1항) 이에 대해서는 민사소송법 조항이 준용된다. 증거신청은 심리의 종결시까지 가능하고, 반드시 구두변론을 해야 하는 심판절차에서는 변론의 종결시까지 가능하다. 증거신청은 증거조사가 실시될 때까지 철회할 수 있지만 이 경우에도 재판부는 직권으로 증거방법에 대해 조사할 수 있다. 둘째, 증거신청이 부적법한 경우에는 각하할 수 있고(동법 제147조, 제149조), 증거신청이 적합하다고 할지라도 증거조사의 실시 여부는 재판부의 재량에 속한다. 증거조사는 재판부가 사건의 심리를 위하여 필요하다고 인정하는 경우에 할 수 있기 때문이다(동법 제290조 본문, 헌재법 제31조 제1항). 다만 당사자가 신청한 증거가 당사자가 주장하는 사실에 대한 유일한 증거일 때에는 예외로 한다(민소법 제290조 단서). 증거조사의 실시 여부에 대한 재판은 결정의 형식으로 한다.

증거조사의 방법으로는 ① 당사자 본인 또는 증인을 신문하여 진술이나 증언을 얻어내는 방법, ② 당사자 또는 관계인이 소지하는 문서 · 장부 · 물건 기타 증거자료의 제출을 요구하고 이를 영치하여 증거를 얻어내는 방법, ③ 특별한 학식과 경험을 가진 자에게 감정을 명하여 증거조사하는 방법, ④ 필요한 물건 · 사람 · 장소 기타 사물의 성상 또는 상황을 검증하는 방법 등이 있다(헌재법 제31조 제1항).

Ⅲ. 자료제출요구

재판부는 결정으로 다른 국가기관 또는 공공단체의 기관에 대하여 심판에 필요한 사실을 조회하거나, 기록의 송부나 자료의 제출을 요구할 수 있다. 다만, 재판 · 소추 또는 범죄수사가 진행중인 사건의 기록에 대하여는 송부를 요구할 수 없다(동법 제32조). 이러한 사실조회 · 기록송부 · 자료제출요구는 국가기관이나 공공단체의 기관에 대하여 하는 것이므로 사인에 대한 증거조사를 위하여 사실조회 · 기록송부 · 자료제출을 요구할 수는 없다.

Ⅳ. 당사자 등의 의견제출

위헌법률심판의 경우에 당해 소송사건의 당사자와 법무부장관은 헌법재판소에 법률의 위헌 여부에 대한 의견서를 제출할 수 있다(동법 제44조). 의견서는 서면의 형식으로 제출한다. 헌법재판소법 제68조 제2항에 의한 법률에 대한 헌법소원의 경우에도 당해 소송사건의 당사자와 법무부장관은 법률의 위헌 여부에 대한 의견서를 제출할 수 있다(동법 제74조 제2항). 헌법소원심판의 경우에 이해관계가 있는 국가기관 또는 공공단체와 법무부장관은 헌법재판소에 그 심판에 관한 의견서를 제출할 수 있다(동법 제74조 제1항). 국가인권위원회는 인권의 보호와 향상에 중대한 영향을 미치는 재판이 계속 중인 경우에 헌법재판소의 요청이 있거나 필요하다고 인정하는 때에는 헌법재판소에 법률상의 사항에 관하여 의견을 제출할 수 있다(인권위법 제28조 제1항). 또한 국가인권위원회법이 정하는 인권침해의 조사와 구제에 있어서 국가인권위원회 또는 군인권보호위원회가 조사하거나 처리한 내용에 관하여 재판이 계속 중인 경우에 헌법재판소의 요청이 있거나 필요하다고 인정하는 때에는 헌법재판소에 사실상 및 법률상의 사항에 관하여 의견을 제출할 수 있다(동법 동조 제2항).

Ⅴ. 평　　의

헌법재판소의 심리가 종결되면 평의를 한다. 실무상 주심재판관이 평의요청서를 재판관들에게 배포하고 평의일정이 확정되면 재판장은 평의일자와 평의안건목록을 재판관에게 통지한다.[24] 평의는 주심재판관이 사건에 대하여 검토한 내용을 발표하고 재판관들이 평의를 한 후 최종적으로 표결(평결)을 하는 방식으로 진행된다.

1. 표결방식의 유형

평의의 표결방식은 ① 본안전 판단과 본안판단을 '순차적으로' 표결하는 **쟁점별 표결방식**(순차표결방식)과 ② 본안전 판단과 본안판단을 '동시에' 표결하는 **주문별 표결방식**(동시표결방식)으로 구분된다. 쟁점별 표결방식에 따르면 본안전 판단에서 각하의견이 과반수인 경우에는 청구를 각하하지만, 적법하다는 의견이 과반수인 경우에는 각하의견을 낸 재판관도 본안판단에 참여해야 한다. 반면에 주문별 표결방식에 따르면 본안전 판단에 관한 각하의견은 그것이 과반수가 아닌 경우에는 본안판단에 참여할 필요없이 본안판단에 관한 합헌(기각)의견으로 계산된다.

---

24) 헌법재판소,『헌법재판실무제요』, 60면.

2. 헌법재판소의 표결방식

헌법재판소는 주문별 표결방식을 채택하고 있다. 다만, 다수의 견해가 쟁점별 표결방식을 주장한 반면에 소수견해가 주문별 표결방식에 찬성한 사례도 있다.[25] 주문별 표결방식에 의하는 경우에도 재판관의 의견이 다른 경우에 구체적인 결정형식은 사안에 따라 다르지만 결국 위헌(인용)의 의견이 6인 이상이 되지 않는 한 합헌(기각)으로 결정하게 된다(아래 [판례] 참조).

[판례] 주문별(동시) 표결방식에서 결정형식

- 1인 각하 + 8인 합헌 = 합헌(2010. 5. 27. 2008헌바61)
- 1인 각하 + 5인 합헌 + 3인 위헌 = 합헌(2010. 2. 25. 2009헌바87)
- 1인 각하 + 4인 합헌 + 4인 위헌 = 합헌(2009. 12. 29. 2006헌바20)
- 1인 각하 + 3인 기각 + 5인 위헌 = 기각(2009. 10. 29. 2007헌마1462)
- 2인 각하 + 7인 기각 = 기각(2001. 3. 21. 99헌마139)
- 2인 각하 + 5인 합헌 + 2인 위헌 = 합헌(1989. 7. 14. 88헌가5등)
- 2인 각하 + 4인 기각 + 3인 인용 = 기각(2000. 2. 24. 99헌라1)
- 3인 각하 + 5인 기각 + 1인 인용 = 기각(1998. 8. 27. 96헌라1)
- 3인 각하 + 3인 기각 + 3인 인용 = 기각(1997. 7. 16. 96헌라2)
- 3인 각하 + 6인 인용(위헌확인) = 인용(2009. 7. 30. 2006헌마358)
- 4인 각하 + 4인 합헌 + 1인 한정위헌 = 합헌(2010. 5. 27. 2007헌바100)
- 4인 각하 + 4인 헌법불합치 + 1인 위헌 = 합헌(2003. 4. 24. 99헌바110)
- 5인 각하 + 1인 기각 + 3인 인용 = 각하(1998. 7. 14. 98헌라1; 1998. 7. 14. 98헌라2: 각하의견이 과반수이기 때문에)

제 6 절 심 판

Ⅰ. 심판의 장소

헌법재판소의 결정은 법원의 판결과 마찬가지로 선고로 효력이 생긴다(민소법 제205조). 결정은 재판장이 결정원본에 따라 주문을 읽어 선고하며, 필요한 때에는 이유를 간략히 설명할 수 있다(동법 제206조). 원칙적으로 **심판의 변론과 종국결정의 선고는 심판정**에서 행하지만, 헌법재판소장이 필요하다고 인정하면 심판정 외의 장소에서도 행할 수 있다(헌재법 제33조). 한편 '심판기간'과 관련하여 원칙적으로 헌법재판소는 심판사건을 **접수한 날로부터 180일 이내에 종국결정의 선고**를 해야만 하지만 재판관의 궐위로 7인의 출석이 불가능하면 그 궐위된 기간은 심판기간에 산입하지 않는다(동법 제38조).

25) 헌재 1994. 6. 30. 92헌바23.

이러한 심판기간은 단순한 훈시규정에 불과하기 때문에 강제되지 않는다. 헌법재판소도 법정 심판기간을 훈시규정으로 본다(아래 [판례] 참조).[26]

[판례] 180일의 심판기간: 헌법재판소법 제38조

헌법재판이 국가작용 및 사회 전반에 미치는 파급효과 등의 중대성에 비추어 볼 때, 180일의 심판기간은 개별사건의 특수성 및 현실적인 제반여건을 불문하고 모든 사건에 있어서 공정하고 적정한 헌법재판을 하는 데 충분한 기간이라고는 볼 수 없고, 심판기간 경과 시의 제재 등 특별한 법률효과의 부여를 통하여 심판기간의 준수를 강제하는 규정을 두지 아니하므로, 심판대상조항은 헌법재판의 심판기간에 관하여 지침을 제시하는 **훈시적 규정**이라 할 것이다. 신속한 재판을 구현하는 심판기간은 구체적 사건의 개별적 특수성에 따라 달라질 수밖에 없는 것이므로, 종국결정을 하기까지의 심판기간의 일수를 획일적으로 한정하는 것이 신속한 재판을 받을 권리의 내용을 이룬다거나, 심판기간의 일수를 한정한 다음 이를 반드시 준수하도록 강제하는 것이 신속한 재판을 받을 권리의 실현을 위해 필수적인 제도라고 볼 수는 없다. 모든 헌법재판에 대하여 일정한 기간 내에 반드시 종국결정을 내리도록 일률적으로 강제하는 것은 공정한 절차에 따라 실체적으로 적정한 결론을 도출하는 데 필요한 심리를 과도하게 제한할 수 있어, 오히려 헌법상 재판청구권의 중요한 내용 중 하나인 공정하고 적정한 재판을 받을 권리를 침해할 수 있기 때문이다. 헌법재판의 심판기간을 180일로 하여 종국결정을 선고해야 할 지침을 제시한 것은 구체적 사건의 공정하고 적정한 재판에 필요한 기간을 넘어 부당하게 종국결정의 선고를 지연하는 것을 허용하는 취지는 아니라 할 것이다. 따라서 헌법 제27조 제3항이 보장하는 '신속한 재판'의 의미와 심판대상조항의 취지 및 효과 등을 종합하여 보면, 심판대상조항이 헌법상 '신속한 재판을 받을 권리'를 침해하는 것이라고는 볼 수 없다(2009. 7. 30. 2007헌마732).

Ⅱ. 심판의 공개주의원칙

심판의 변론과 결정의 선고는 원칙적으로 공개해야 하지만 서면심리와 평의는 공개하지 않는다(헌재법 제34조 제1항). 그리고 법원조직법 제57조 제1항 단서 · 제2항 및 제3항의 규정은 헌법재판소의 심판에 관하여 준용되기 때문에(헌재법 제34조 제2항) 국가의 안전보장, 안녕질서 또는 선량한 풍속을 해칠 우려가 있는 경우에는 결정으로 헌법재판소의 심판은 예외적으로 공개되지 않을 수 있다. 이러한 비공개의 결정은 이유를 밝혀 선고한다. 비공개의 결정을 한 경우에도 재판장은 적당하다고 인정되는 사람에 대해서는 법정 안에 있는 것을 허가할 수 있다.

[법령] 재판의 공개: 법원조직법 제57조

① 재판의 심리와 판결은 공개한다. 다만, 심리는 국가의 안전보장, 안녕질서 또는 선량한 풍속을 해칠 우려가 있는 경우에는 결정으로 공개하지 아니할 수 있다.
② 제1항 단서의 결정은 이유를 밝혀 선고한다.
③ 제1항 단서의 결정을 한 경우에도 재판장은 적당하다고 인정되는 사람에 대해서는 법정 안에 있는 것을 허가할 수 있다.

26) 같은 취지의 결정으로 헌재 2013. 6. 11. 2013헌마348; 2014. 6. 3. 2014헌마433 참조.

한편 심판의 공개와 관련하여 누구든지 권리구제, 학술연구 또는 공익 목적으로 심판이 확정된 **사건기록의 열람 또는 복사**를 신청할 수 있다. 다만, 헌법재판소장은 ① 변론이 비공개로 진행된 경우나 ② 사건기록의 공개로 인하여 국가의 안전보장, 선량한 풍속, 공공의 질서유지나 공공복리를 현저히 침해할 우려가 있는 경우 또는 ③ 사건기록의 공개로 인하여 관계인의 명예, 사생활의 비밀, 영업비밀(「부정경쟁방지 및 영업비밀보호에 관한 법률」 제2조 제2호에 규정된 영업비밀) 또는 생명 · 신체의 안전이나 생활의 평온을 현저히 침해할 우려가 있는 경우에는 사건기록을 열람하거나 복사하는 것을 제한할 수 있다(헌재법 제39조의2 제1항). 그리고 사건기록을 열람하거나 복사한 자는 열람 또는 복사에 의하여 알게 된 사항을 이용하여 공공의 질서 또는 선량한 풍속을 침해하거나 관계인의 명예 또는 생활의 평온을 훼손하는 행위를 하는 것이 금지된다(동법 동조 제4항).

Ⅲ. 심판의 지휘

재판장은 심판정의 질서와 변론의 지휘 및 평의의 정리를 담당한다(헌재법 제35조 제1항). 헌법재판소 심판정의 질서유지와 용어의 사용에 관하여는 법원조직법 제58조 내지 제63조의 규정을 준용한다(동법 동조 제2항).

Ⅳ. 종국결정

1. 개 관

재판부가 심리를 마쳤을 때에는 **종국결정**을 한다(헌재법 제36조 제1항). 종국결정에는 심판절차의 유형에 따라 각하결정, 합헌결정, 위헌결정, 변형결정(= 한정합헌결정 + 한정위헌결정 + 헌법불합치결정), 기각결정, 인용결정, 탄핵결정, 정당해산결정, 권한과 의무의 확인결정 등이 있다. 종국결정을 할 때에는 ① 사건번호와 사건명, ② 당사자와 심판수행자 또는 대리인의 표시, ③ 주문, ④ 이유, ⑤ 결정일자 등의 사항을 적은 **결정서**를 작성하고 심판에 관여한 재판관 전원이 이에 서명 · 날인해야만 한다(동법 동조 제2항). 그리고 심판에 관여한 재판관은 결정서에 의견을 표시해야만 한다(동법 동조 제3항). 이러한 '개별의견표시의무'는 모든 심판절차에서 요구된다. **개별의견표시제도**는 헌법해석에 관한 다양한 견해의 존재를 국민에게 알리고, 그러한 다양한 견해에 대한 토론을 가능하게 하여 헌법해석의 합리성을 획득하기 위한 제도로 이해될 수 있다. 재판관의 개별의견은 반대의견이나 보충의견의 형태로 제시될 수 있다. 종국결정이 선고되면 서기는 지체없이 결정서 정본을 작성하여 이를 당사자에게 송달해야만 한다(동법 동조 제4항). 종국결정은 헌법재판소규칙으로 정하는 바에 따라 관보에 게재하거나 그 밖의 방법으로 공시한다(동법 동조 제5항). 이에 따라 ① 법률의 위헌결정, ② 탄핵심판에 관한 결정, ③ 정당해산심판에 관한 결정, ④ 권한쟁의심판에 관한 본안결정, ⑤ 헌법소원의 인용결정, ⑥ 기타 헌법재판소가 필요하다고 인정한 결정은 관보와 헌법재판소의 인터넷 홈페이지에 게재하고, ⑦ 그 밖의 종국결정은 헌법재판소의 인터넷 홈페이지에 게재하여 공시한다(헌법재판소 심판 규칙 제49조의2).

[판례] 탄핵심판에서 개별의견표시의 허용 여부

헌법재판소법 제34조 제1항에 의하면 헌법재판소 평의는 공개하지 아니하도록 되어 있다. 그러므로 개별 재판관의 의견을 결정문에 표시하기 위해서는 이와 같은 평의의 비밀에 대해 예외를 인정하는 특별규정이 있어야만 가능한데, 탄핵심판에 관해서는 평의의 비밀에 대한 예외를 인정하는 법률규정이 없다. 따라서 이 탄핵심판사건에 관해서도 재판관 개개인의 개별적 의견 및 그 의견의 수 등을 결정문에 표시할 수는 없다. 그러나 위의 견해에 대하여, '동법 제36조 제3항은 탄핵심판에 있어 의견을 표시할지 여부를 관여한 재판관의 재량판단에 맡기는 의미로 해석해야 할 것이므로 반대의견도 표시할 수 있다'는 견해가 있었다(2004. 5. 14. 2004헌나1).

2. 종국결정의 효력

헌법재판소가 결정을 선고하면 확정력, 기속력, 일반적 효력이 발생한다.

(1) 확 정 력

확정력이란 헌법재판소의 결정은 **헌법재판소나 당사자를 구속**하여 결정을 변경하거나 다시 다툴 수 없게 되는 효력을 말한다. 헌법재판소는 이미 심판을 거친 동일한 사건에 대하여는 다시 심판할 수 없다고 하여 **일사부재리원칙**이 규정되어 있는데(헌재법 제39조), 물론 이 원칙과 확정력이 동일한 것은 아니지만 밀접한 관련이 있다고 볼 수 있다.

[판례] 일사부재리의 원칙과 헌법재판소결정에 대한 불복신청

헌법재판소는 이미 심판을 거친 동일한 사건에 대하여는 다시 심판할 수 없으므로, 헌법재판소의 결정에 대하여는 원칙적으로 불복신청이 허용되지 아니하므로 **심판청구를 각하한다**(1995. 4. 6. 95헌마1; 1998. 12. 1. 98헌마393).

1) 불가변력(자기구속력) 우선 헌법재판소의 결정은 **헌법재판소 자체를 구속**하는 **불가변력** 또는 **자기구속력**을 발생시키기 때문에 헌법재판소는 당해 절차에서 자신의 결정을 취소하거나 철회할 수 없다. 다만 결정에 잘못된 계산이나 기재, 그 밖에 이와 비슷한 잘못이 있음이 분명한 때에는 헌법재판소는 직권으로 또는 당사자의 신청에 따라 **경정결정**을 할 수 있다(민소법 제211조 제1항). 경정결정은 결정의 원본과 정본에 덧붙여 적어야 한다. 다만, 정본에 덧붙여 적을 수 없을 때에는 결정의 정본을 작성하여 당사자에게 송달해야만 한다(동법 동조 제2항).

2) 불가쟁력(형식적 확정력) 헌법재판소의 결정에 대해서는 불복할 수 있는 상급심이 없기 때문에 **당사자**에게는 더 이상 결정에 대하여 불복하여 다투는 것이 허용되지 않는 **형식적 확정력** 또는 **불가쟁력**이 발생한다.

[판례] 일사부재리원칙과 헌법재판소결정에 대한 불복금지

헌법재판소는 이미 심판을 거친 동일한 사건에 대하여는 다시 심판할 수 없으므로, 헌법재판소의 결정에 대하여는 원칙적으로 불복신청이 허용되지 아니한다(1994. 12. 29. 92헌아1).

3) **기판력(실체적 확정력)** 헌법재판소나 당사자는 동일한 사건이 문제가 되는 이후의 심판에서 헌법재판소의 종국결정에 구속되는 **실체적 확정력** 또는 **기판력**이 발생한다. 불가변력이나 불가쟁력이 당해 심판과 관련되는 효력이라면 기판력은 **후행 심판과** 관련되는 효력이다.

(2) **기 속 력**

기속력이란 헌법재판소의 결정이 **국가기관과 지방자치단체를 구속**하는 효력을 말한다. 이러한 기속력에 대해서는 헌법재판소법에 명시적으로 규정되어 있다. 첫째로, 법률의 위헌결정은 법원 기타 국가기관 및 지방자치단체를 기속하고(헌재법 제47조 제1항), 둘째로, 헌법재판소법 제68조 제2항의 헌법소원에 대한 인용결정은 동법 제47조가 준용되기 때문에 마찬가지로 법원 기타 국가기관 및 지방자치단체를 기속한다(동법 제75조 제6항). 셋째로, 헌법재판소법 제68조 제1항의 헌법소원에 대한 인용결정과 권한쟁의의 결정은 모든 국가기관과 지방자치단체를 기속한다(동법 제75조 제1항, 제67조 제1항). 기판력이 당사자에 대한 효력이라면 기속력은 국가기관에 대한 효력이기 때문에 양자는 주관적 범위에서 차이가 있다. 기속력은 위헌결정에 대해서만 발생하고, 합헌결정에 대해서는 발생하지 않는다. 그리고 변형결정은 위헌결정의 한 유형이므로 기속력이 발생한다. 기속력의 객관적 범위와 관련해서는 결정주문에만 기속력이 미친다는 견해[27]와 결정이유에까지도 미친다는 견해[28]가 있다. 헌법재판이 논증작용[29]으로서 다양한 논거의 제시와 이에 대한 평가에 의해 이루어진다는 점을 고려할 때 결정이유에까지도 기속력이 미친다고 보아야 할 것이다. 헌법재판소는 "결정이유에까지 기속력을 인정할지 여부 등에 대하여는 신중하게 접근할 필요가 있을 것"이라고 하여 유보적인 태도를 취하면서도 결정이유에까지 기속력을 인정하려면 재판관 6인 이상의 찬성이 있어야 할 것이라고 한다.[30]

(3) **일반적 효력**

헌법재판소의 결정에는 당사자와 국가기관뿐만 아니라 일반인도 구속하는 **일반적**(법규적) **효력** 또는 **대세적 효력**이 인정된다. 따라서 국민은 위헌으로 선언된 법규범에 더 이상 구속되지 않는다. 종국결정의 법규적 효력에 관한 명시적 근거규정은 없다. 하지만 법률에 대한 위헌결정의 효력을 규정한 헌법재판소법 **제47조 제2항**, 공권력의 행

27) 정종섭b. 188면.

28) 계희열, 헌법재판과 국가기능-헌법재판의 기능적 및 제도적(관할권적) 한계를 중심으로-, 『한국헌법재판의 회고와 전망』(헌법재판소 창립10주년 기념세미나, 1998), 237면; 김하열b, 206면. 다만 두 견해 모두 기속력의 범위를 '중요한 결정이유'로 한정한다.

29) 제4편 제1장 제1절 Ⅱ. 1. 참조.

30) 헌재 2008. 10. 30. 2006헌마1098.

사 또는 불행사가 위헌인 법률에 근거한 경우나 법률의 위헌 여부에 관한 헌법소원심판이나 동법 제68조 제2항의 헌법소원심판의 경우에 위헌결정의 효력에 관한 조항을 준용한다는 동법 제75조 제6항에 근거하여 법규적 효력을 인정할 수 있다.

3. 종국결정에 대한 재심의 허용 여부

헌법재판소의 결정에 대한 재심이 허용되는지 여부와 관련해서는 별도의 명시적인 규정이 없기 때문에 견해의 대립이 있다. 헌법재판소의 다수견해는 이와 관련하여 "헌법재판은 그 심판의 종류에 따라 그 절차의 내용과 결정의 효과가 한결같지 아니하기 때문에 재심의 허용 여부 내지 허용 정도 등은 심판절차의 종류에 따라서 개별적으로 판단될 수밖에 없다"라고 하여 '개별적 판단설'에 따르고 있다.[31] 이에 대해 소수견해는 "헌법재판소법에는 재심에 관하여 특별한 규정이 없으므로 헌법재판소법 제40조에 따라 민사소송법의 재심에 관한 규정을 준용하여 헌법재판소의 심판절차의 성질에 반하지 않는 한 원칙적으로 헌법재판소의 심판에 대하여도 재심이 허용되어야 한다"고 하여 '원칙적 허용설'에 따르고 있다. 반면에 헌법재판소는 제68조 제2항의 헌법소원과 관련하여 "위헌법률심판을 구하는 헌법소원에 대한 헌법재판소의 결정에 대하여는 재심을 허용하지 아니함으로써 얻을 수 있는 법적 안정성의 이익이 재심을 허용함으로써 얻을 수 있는 구체적 타당성의 이익보다 훨씬 높을 것으로 쉽사리 예상할 수 있고, 따라서 헌법재판소의 이러한 결정에는 재심에 의한 불복방법이 그 성질상 허용될 수 없다고 보는 것이 상당하다"고 하여 '이익형량설'에 따르고 있다.[32] 결론적으로 헌법재판소의 결정에 대한 재심 여부는 재심을 허용하지 않음으로써 얻는 법적 안정성의 이익과 재심을 허용함으로써 얻는 구체적 타당성의 이익을 합리적으로 형량하여 결정하는 것이 타당하다.

한편 헌법재판소는 헌법재판소법 제68조 제1항의 헌법소원에서 판단유탈(판단누락)이 재심사유가 되는지 여부에 대하여 다음과 같이 판시하였다. "헌법소원심판절차에서 직권주의가 적용되고 있는 것은 사실이지만, … 직권주의가 적용된다고 하여 당사자의 주장에 대한 판단유탈이 원천적으로 방지되는 것도 아니므로 … '판단유탈'을 재심사유에서 배제할 만한 합당한 이유가 되지 못한다. … 더욱이 … 헌법소원의 심판청구서에는 반드시 청구이유를 기재하도록 되어 있는데, 그 취지는 청구인의 청구이유에 대하여 유탈함이 없이 판단할 것을 요구함에 있다 할 것이다. 또한 … 헌법의 해석을 주된 임무로 하고 있는 헌법재판의 특성이나 사전구제절차를 거친 뒤에야 비로소 헌법소원을 제기할 수 있다고 하는 사정도 '판단유탈'을 재심사유에서 배제할 합당한 이유가 되지 못한다고 하겠다. 결국 … 민사소송법 제422조(현행 민소법 제451조: 저자주) 제1항 제9호를 준용하여 '판단유탈'도 재심사유로 허용되어야 한다고 하겠다. 따라서 종전에 이와 견해를 달리하여 헌법재판소법 제68조 제1항에 의한 헌법소원 중 행정작용에 속하는

31) 헌재 1995. 1. 20. 93헌아1.
32) 헌재 1992. 6. 26. 90헌아1.

공권력 작용을 대상으로 한 권리구제형 헌법소원에 있어서 민사소송법 제422조 제1항 제9호 소정의 판단유탈은 재심사유가 되지 아니한다는 취지로 판시한 우리 헌법재판소의 의견(헌재 1995. 1. 20. 93헌아1; 1998. 3. 26. 98헌아2)은 이를 변경한다."[33]

[판례] 사실인정(재항고 제기기간의 산정)의 오류가 재심사유에 해당하는지 여부

행정작용에 속하는 공권력 작용을 대상으로 하는 권리구제형 헌법소원절차에어서는, 사안의 성질상 헌법재판소의 결정에 대한 재심은 재판부의 구성이 위법한 경우 등 절차상 중대하고도 명백한 위법이 있어서 재심을 허용하지 아니하면 현저히 정의에 반하는 경우에 한하여 제한적으로 허용될 수 있을 뿐인바, 원결정이 재항고 제기기간을 잘못 산정하였다 하더라도 이러한 사유는 재심이 허용될 수 없으며, 헌법재판소법 제40조 제1항에 따라 준용되는 민사소송법상의 재심사유에 해당되지 아니한다(2000. 6. 29. 99헌아18).

[판례] 헌법소원심판 청구기간을 잘못 계산하여 각하한 것이 재심사유에 해당하는지 여부

헌법재판소법 제70조 제4항에 의하여 헌법소원심판의 청구기간을 산정함에 있어서 청구인이 국선대리인 선임신청을 한 날로부터 위 선임신청 기각결정의 통지를 받은 날까지의 기간은 청구기간에 산입하지 아니함에도 불구하고 이를 간과한 채 청구기간을 잘못 계산하여 심판청구가 청구기간을 도과하여 부적법하다는 이유로 각하하는 결정을 한 경우, 재심대상사건에는 헌법재판소법 제40조 제1항에 의하여 준용되는 민사소송법 제451조 제1항 제9호의 '판결에 영향을 미칠 중요한 사항에 관하여 판단을 누락한 때'에 해당하는 재심사유가 있다고 할 것이다(2007. 10. 4. 2006헌아53).

헌법재판소의 결정에 대한 재심이 허용된다고 해도 민사소송법에 따른 재심사유 중 헌법소원심판 등에 대한 재심의 성질상 허용되는 사유를 재심청구의 이유로 주장하여야만 적법한 청구가 된다.[34]

제 7 절 가 처 분

I. 개 념

가처분이란 헌법재판소의 본안결정의 실효성을 확보하기 위하여 본안결정 이전에 **잠정적이고 임시적인 법적 지위를 정하는 가구제제도**를 말한다. 이러한 제도를 두는 목적은 본안결정 이전에 회복하기 어려운 손해가 발생할 수 있는 경우에 그러한 손해의 발생을 예방함으로써 당사자의 권리와 헌법질서를 보호하려는 데 있다. 헌법재판소법은 **정당해산심판**과 **권한쟁의심판**에 대해서만 가처분에 관한 명시적인 규정을 두고 있다. ① 우선 정당해산심판의 경우에 헌법재판소는 정당해산심판의 청구를 받은 때에는 청구인

33) 헌재 2001. 9. 27. 2001헌아3.
34) 헌재 2007. 2. 22. 2006헌마50.

의 신청 또는 직권으로 종국결정의 선고시까지 피청구인(정당)의 활동을 정지하는 결정을 할 수 있다(헌재법 제57조). ② 그리고 헌법재판소가 권한쟁의심판의 청구를 받은 때에는 직권 또는 청구인의 신청에 의하여 종국결정의 선고시까지 심판대상이 된 피청구인의 처분의 효력을 정지하는 결정을 할 수 있다(동법 제65조). 여기서 다른 심판절차에서도 가처분이 인정될 수 있는지가 문제될 수 있다.

Ⅱ. 판례와 학설

가처분제도를 정당해산심판과 권한쟁의심판에서만 규정하고 있는 헌법재판소법 조항에 대해서는 ① 예시적인 것으로 해석하는 견해(예시설)와 ② 제한적·열거적인 것으로 해석하는 견해(열거설)의 대립이 있다.

1. 헌법재판소의 입장

헌법재판소는 예시설에 따르고 있다.[35] 헌법재판소에 의하면 헌법재판소법 제68조 제1항에 의한 헌법소원심판절차에 있어서도 가처분의 필요성은 있을 수 있고, 달리 가처분을 허용하지 아니할 상당한 이유를 찾아볼 수 없으므로 헌법소원심판청구사건에서도 가처분은 허용된다고 한다. 가처분결정의 요건과 관련하여 헌법재판소에 따르면, 헌법소원심판에서의 가처분결정은 다투어지는 '공권력 행사 또는 불행사'의 현상을 그대로 유지시킴으로 인하여 생길 회복하기 어려운 손해를 예방할 필요가 있어야 하고 그 효력을 정지시켜야 할 긴급한 필요가 있어야 한다는 것 등이 그 요건이 된다. 따라서 본안심판이 부적법하거나 이유없음이 명백하지 않는 한, 위와 같은 가처분의 요건을 갖춘 것으로 인정된다. 또한 가처분을 인용한 뒤 종국결정에서 청구가 기각되었을 때 발생하게 될 불이익과 가처분을 기각한 뒤 청구가 인용되었을 때 발생하게 될 불이익에 대한 비교형량을 하여 후자의 불이익이 전자의 불이익보다 크다면 가처분을 인용할 수 있다고 한다. 한편 헌법재판소는 법령에 대한 헌법소원심판에서도 가처분이 허용될 수 있고, 다만 공공복리에 중대한 영향을 미칠 우려가 있는 경우에는 인용될 수 없다고 한다.[36]

[판례] 법령에 대한 헌법소원에서 가처분

헌법재판소법 제40조 제1항에 따라 준용되는 행정소송법 제23조 제2항의 집행정지규정과 민사소송법 제714조의 가처분규정에 의하면, 법령의 위헌확인을 청구하는 헌법소원심판에서의 가처분은 위헌이라고 다투어지는 법령의 효력을 그대로 유지시킬 경우 회복하기 어려운 손해가 발생할 우려가 있어 가처분에 의하여 임시로 그 법령의 효력을 정지시키지 아니하면 안 될 필요가 있을 때 허용되고, 다만 현재 시행되고 있는 법령의 효력을 정지시키는 것일 때에는 그 효력의 정지로 인하여 파급적으로 발생되는 효과가 클 수 있으므로 비록

35) 헌재 2000. 12. 8. 2000헌사471; 2006. 2. 23. 2005헌사754; 2014. 6. 5. 2014헌사592; 2018. 4. 6. 2018헌사242등.

36) 헌재 2002. 4. 25. 2002헌사129.

> 일반적인 보전의 필요성이 인정된다고 하더라도 공공복리에 중대한 영향을 미칠 우려가 있을 때에는 인용되어서는 안 될 것이다(2002. 4. 25. 2002헌사129).

2. 학 설

(1) 부정설(열거설)의 논거

이렇게 헌법소원심판에서도 가처분을 인정하는 헌법재판소의 견해와는 달리 정당해산심판이나 권한쟁의심판 이외의 심판절차에서는 가처분을 부정하는 견해도 제시된다. 그 근거는 ① 정당해산심판이나 권한쟁의심판에 대해서만 가처분제도를 규정하고 있는 헌법재판소법의 취지는 **제한적인 열거적 허용**으로 해석되어야 한다는 점, ② 헌법재판소법 제40조에서 준용하도록 하고 있는 행정소송법의 집행정지는 법령의 효력정지와는 **성질이 다르기** 때문에 위헌법률심판이나 헌법재판소법 제68조 제2항의 헌법소원심판에 준용될 수 없다는 점, ③ 헌법재판소법 제40조에 준용하도록 하고 있는 민사소송에 관한 법령상의 가처분규정은 가처분의 근거가 아니라 가처분의 절차에 관한 규정이기 때문에 **가처분의 근거가 없는 경우에는 가처분의 절차를 준용할 수 없다**는 점, ④ **대심적 구조**를 전제하는 민사소송상의 가처분규정은 대심적 구조를 갖지 않는 위헌법률심판이나 헌법소원심판에는 준용될 수 없다는 점, ⑤ 위헌법률심판이 제청된 경우에는 전제된 재판이 정지되고 탄핵소추가 의결된 경우에는 권한행사가 정지되며 헌법재판소법 제68조 제2항의 헌법소원이 청구된 경우에는 재심이 허용되어 실제로 가처분과 같은 효과를 달성할 수 있다는 점 등이다.

(2) 긍정설(예시설)의 논거

이러한 부정설에 대해서는 다음과 같은 비판이 제기된다. ① 정당해산심판이나 권한쟁의심판에서 가처분을 규정하고 있는 헌법재판소법의 취지는 가처분에 관한 **예시적 규정**이라는 점, ② 헌법재판소법 제40조에서 규정한 준용의 의미는 행정소송법의 집행정지와 법령에 대한 효력정지가 **성질이 다르다는 것을 전제**로 하고 있다는 점, ③ 헌법재판제도 자체가 **가처분의 근거**가 되기 때문에 가처분의 근거는 따로 필요가 없다는 점, ④ 위헌법률심판이나 헌법소원심판의 경우에도 변론을 여는 경우에는 대심적 구조를 가질 수 있다는 점, ⑤ 위헌법률심판에서 인정되는 재판의 정지 또는 탄핵심판에서 인정되는 권한행사의 정지는 심판절차의 본질상 논리적으로 당연히 포함되고, 헌법재판소법 제68조 제2항에서 인정되는 재심은 사후적인 구제수단이기 때문에 사전적인 구제수단인 가처분과 성질이 다르다는 점 등이다.

Ⅲ. 비판과 대안

결론적으로 부정설(열거설)에 대한 긍정설(예시설)의 비판논거가 더 설득력이 있고, 또한 헌법재판소법은 가처분을 정당해산심판과 권한쟁의심판에서만 규정하고 있지만 명시적으로 다른 심판절차에서 금지하고 있지는 않다는 점에서 **원칙적으로 다른 심판절차에서도 가처분이 허용된다**고 볼 수 있다. 물론 가처분이 허용된다고 하더라도 그것은 ① 회복하기 어려운 손해를 예방할 필요가 있고(**손해의 회복불가능성**), ② 그 효력을 정지시켜야 할 긴급한 필요가 있는(**효력정지의 긴급성**) 경우에 한정된다. 또한 ③ 개별적이고 구체적인 사안에서 가처분을 인정함으로써 얻는 이익이나 불이익과 인정하지 않음으로써 얻는 이익이나 불이익에 대한 **합리적 형량**이 전제되어야 한다.

Ⅳ. 절　　차

신속한 결정을 필요로 하는 가처분결정의 경우에 반드시 구두변론이 필요하지는 않다. 증거조사(헌재법 제31조)나 자료제출요구 등(동법 제32조)에 관한 규정도 가처분결정에 적용된다. 가처분의 경우에 재판관 7인 이상의 출석으로 심리하고(동법 제23조 제1항), 종국심리에 관여한 재판관 과반수의 찬성으로 결정한다(동법 동조 제2항). 헌법재판소는 가처분신청의 목적을 이루는 데 필요한 처분을 직권으로 정한다(동법 제40조 제1항, 민집법 제305조 제1항).

[판례] 가처분신청의 기각 또는 인용 사례

[1] 국무총리서리 임명행위의 효력정지 및 직무집행정지를 구하는 가처분신청(1998. 7. 14. 99헌사31: 기각)

[2] 감사원장서리 임명행위의 효력정지 및 직무집행정지를 구하는 가처분신청(1998. 7. 14. 99헌사43: 기각)

[3] 진입도로에 관한 경기도지사의 도시계획입안과 지정 · 인가처분의 효력정지를 구하는 가처분신청(1999. 3. 25. 98헌사98: 인용)

[4] 제1차시험을 4회 응시한 자는 마지막 응시 이후 4년간 제1차시험에 다시 응시할 수 없도록 하는 사법시험령 규정의 효력정지를 구하는 가처분신청(2000. 12. 8. 2000헌사471: 인용)

[5] 신분이 군인이거나 군형법의 적용을 받는 구속 피의자에게 군사법경찰관의 조사단계에서 10일의 구속기간 연장을 더 허용하고 있는 군사법원 규정의 효력정지를 구하는 가처분신청(2002. 4. 25. 2002헌사129: 기각)

[6] 기간임용제 교원 재임용 탈락의 당부에 대하여 다시 심사할 수 있도록 하면서, 재임용 탈락이 부당하였다는 결정에 대하여 학교법인은 소송으로 다투지 못하도록 하고 있는 '대학교원 기간임용제 탈락자 구제를 위한 특별법'의 효력정지를 구하는 가처분신청(2006. 2. 23. 2005헌사754: 인용) → 동법의 재임용 탈락에 대한 정의규정, 특별 재임용 재심사 규정, 퇴직 · 사망자의 재임용 재심사 청구규정, 재임용 재심사 결정의 효력규정에 대한 효력정지가처분신청은 기각

[7] 입국불허결정을 받은 외국인이 인천공항출입국관리사무소장을 상대로 인신보호청구의 소 및 난민인정심사불회부결정취소의 소를 제기한 후 그 소송수행을 위하여 변호인접견신청을 하였으나 거부당한 사안에서 변호인접견을 허가하도록 임시의 지위를 정하기 위한 가처분신청(2014. 6. 5. 2014헌사592: 인용)

[8] 법무부장관에게 변호사시험의 합격자가 결정되면 즉시 합격자의 성명을 공개하는 방법으로 공고하도록 하는 법률규정 중 명단공고 가운데 성명공개 부분의 효력정지를

구하는 가처분신청(2018. 4. 6. 2018 헌사242등: 인용)

[9] 법제사법위원회 위원장석을 점거하여 회의장의 질서를 어지럽히고 의사진행을 방해했다는 이유로 30일의 출석정지 징계를 받은 국회의원이 징계의 효력정지를 구하는 가처분신청(2022. 6. 3. 2022 헌사448: 인용)

[10] 법대통령의 권한을 대행하는 국무총리의 헌법재판관 임명권 행사의 위헌확인을 구하면서 임명 관련 행위의 효력정지를 구하는 가처분신청(2025. 4. 16. 2025 헌사399: 인용)

제 8 절 심판비용과 준용

Ⅰ. 심판비용

헌법재판소의 **심판비용은 원칙적으로 국가부담**으로 한다. 다만, 당사자의 신청에 의한 증거조사의 비용은 헌법재판소규칙이 정하는 바에 따라 그 신청인에게 부담시킬 수 있다(헌재법 제37조 제1항). 헌법재판소법은 헌법소원의 남소를 방지하기 위하여 **공탁금제도**와 **공탁금국고귀속제도**를 두고 있다. 이에 따르면 헌법재판소는 헌법소원심판의 청구인에 대하여 헌법재판소규칙으로 정하는 공탁금의 납부를 명할 수 있다(동법 동조 제2항). 또한 헌법재판소는 ① 헌법소원의 심판청구를 각하할 경우, ② 헌법소원의 심판청구를 기각하는 경우에 그 심판청구가 권리의 남용이라고 인정되는 경우에는 헌법재판소규칙이 정하는 바에 따라 공탁금의 전부 또는 일부의 국고귀속을 명할 수 있다(동법 동조 제3항).

Ⅱ. 준 용

헌법재판소의 심판절차에 관하여는 이 법에 특별한 규정이 있는 경우를 제외하고는 헌법재판의 성질에 반하지 아니하는 한도 내에서 **민사소송에 관한 법령**의 규정을 준용한다. 이 경우 탄핵심판의 경우에는 **형사소송에 관한 법령**을, 권한쟁의심판 및 헌법소원심판의 경우에는 **행정소송법**을 함께 준용한다(헌재법 제40조 제1항). 탄핵심판과 권한쟁의심판 및 헌법소원심판의 경우에 형사소송에 관한 법령 또는 행정소송법이 민사소송에 관한 법령과 저촉될 때에는 민사소송에 관한 법령은 준용하지 않는다(동법 동조 제2항).

제 3 장 위헌법률심판절차

제 1 절 의 의

위헌법률심판절차는 법률이 헌법에 위반되는지 여부를 다투는 심판절차를 말하며 **규범통제**절차라고도 부른다. 규범통제제도는 헌법에 근거하여 **입법자의 활동을 통제**하는 의미를 갖는다. 헌법주의의 원리에 따르면[1] 국민으로부터 민주적 정당성을 부여받은 입법자도 마음대로 처분할 수 없는 헌법적 한계이자 입법자가 적극적으로 실현해야 할 헌법적 과제가 존재하는데 그것은 기본권이다. 따라서 입법자의 활동이 이러한 헌법적 한계와 과제를 준수하고 있는지를 통제하는 절차의 보장을 통하여 헌법주의의 원리는 관철될 수 있다. 이렇듯 규범통제절차는 입법자의 활동을 통제함으로써 헌법주의의 원리를 관철시키는 구체적 제도로 이해된다.

이러한 규범통제제도는 '구체적 사건성'을 기준으로 ① **구체적 규범통제**와 ② **추상적 규범통제**로 구분된다. 규범통제의 유형을 구분하는 본질적 표지인 구체적 사건성은 법률의 제정, 공포 · 시행, 적용의 단계에서 문제될 수 있다. 그런데 현행 헌법은 법률의 적용단계에서 구체적 사건성을 요구하여 법률의 위헌 여부가 재판의 전제가 된 경우에 규범통제를 인정함으로써 구체적 규범통제제도를 규정하고 있다(제107조 제1항). 이러한 구체적 규범통제제도는 헌법재판소법에서 구체화되어 있다.

제 2 절 심판의 대상

I. 법 률

1. 현재 유효한 형식적 의미의 법률

위헌법률심판의 대상은 원칙적으로 법률이다. 여기서 위헌법률심판의 대상이 되는 법률은 **형식적 의미의 법률**을 의미한다. 즉 국회가 규정된 절차와 형식에 따라 제정한 법률을 의미한다. 그리고 이러한 법률은 이미 효력이 발생하여 **시행중인 법률**이어야 하므로 공포는 되었으나 시행되지 않은 법률은 심판의 대상이 되지 못한다.[2] 또한 심판대

---

1) 헌법주의에 대해서는 제1편 제1부 제1장 제5절 참조.

2) 헌재 1997. 9. 25. 97헌가4.

상은 **현재 유효한 법률**에 국한되기 때문에 헌법재판소가 이미 '위헌으로 선언한 법률'은 심판의 대상이 되지 못한다.[3] 같은 맥락에서 이미 '폐지된 법률'은 원칙적으로 심판대상이 되지 못한다.[4] 또한 위헌법률심판이 계속중에 대상 '법률이 개정된 경우'에는 신법을 적용해야 하므로 재판의 전제성을 상실하게 된다.[5] 그리고 헌법재판소의 헌법불합치결정이 있은 후 그 취지에 맞추어 개선입법이 이루어졌다면 동일한 법률조항에 대해서는 위헌법률심판을 제청할 수 없다.[6]

2. 위헌결정을 받은 법률 또는 폐지된 법률의 경우

하지만 위헌제청이 되어 심판중인 법률이 다른 사건에서 위헌으로 선언된 경우에는 부적법하다 하여 각하하지 않고 위헌임을 확인하는 결정을 할 수 있다.[7] 비록 폐지되었다고 하더라도 침해된 법익의 보호를 위하여 위헌 여부의 심판이 필요하거나[8] 관련된 소송사건에서 재판의 전제가 되었다면 심판대상이 될 수 있다.[9]

3. 입법부작위의 경우

한편 위헌법률심판은 이미 제정된 법률에 대해서만 제청할 수 있기 때문에 아직 법률의 제정이 없는 상태에서 법률의 부존재를 의미하는 '입법부작위'를 다투는 위헌법률심판은 원칙적으로 제청할 수 없다. 하지만 법률이 이미 제정된 상태에서 그 법률의 불완전성이나 불충분성을 다투는 이른바 '**부진정입법부작위**'는 위헌법률심판의 대상이 될 수 있다.[10]

[판례] 위헌법률심판의 대상으로서 법률

[1] **위헌으로 선언된 법률** 위 법률의 조항이 헌법에 위반된다고 이미 판시한 바 있어 위 법률의 조항의 위헌 여부는 더 이상 심판의 대상이 될 수 없고, 따라서 이 사건 위헌심판제청 중 위 법률의 조항에 관한 부분은 **부적법하다**(1989. 9. 29. 89헌가86; 1994. 8. 31. 91헌가1; 2016. 10. 17. 2014헌마709).

[2] **폐지된 법률** 개정된 법률에 의하여 … 금지규정 그리고 … 처벌규정은 모두 폐지되었으니 그 위헌 여부가 더 이상 재판의 전제가 될 수 없게 되었을 뿐더러, 폐지된 법률의 위헌 여부를 판단해야 할만한 별다른 이익이 있다고 인정되지도 아니한다. 그러므로 위헌제청을 **각하**하기로 하고 … (1989. 5. 24. 88헌가12등).

[3] **폐지된 법률** 폐지된 법률도 그 위헌 여부가 관련 소송사건의 재판의 전제가 되어 있다면 당연히 헌법재판소의 **위헌심판의 대상**이 된다(1989. 7. 14. 88헌가5등; 1994. 6. 30. 92헌가18).

---

3) 헌재 1989. 9. 29. 89헌가86; 1994. 8. 31. 91헌가1.
4) 헌재 1989. 5. 24. 88헌가12.
5) 헌재 1989. 4. 17. 88헌가4; 2000. 8. 31. 97헌가12.
6) 헌재 2007. 1. 17. 2005헌바41등.
7) 헌재 1999. 6. 24. 96헌바67.
8) 헌재 1989. 12. 18. 89헌마32등.
9) 헌재 1989. 7. 14. 88헌가5등; 1994. 6. 30. 92헌가18.
10) 헌재 1996. 3. 28. 93헌바27 참조; 2021. 1. 28. 2018헌바88 참조.

[4] **개정된 법률** 사회보호법은 청구인이 이 사건 헌법소원 심판을 청구한 뒤 … 개정되었고, … 한편 개정된 같은 법 부칙 제4조는 현재 재판에 계속중인 사건에 대하여는 신법을 적용하도록 규정하였다. … 청구인의 이 사건 헌법소원심판의 청구는 위헌 여부의 심판대상이 된 법률조항이 **더 이상 재판의 전제가 될 수 없게 되었다** 할 것이고, 청구인에 대한 관계에서 이미 폐지된 위 조항의 위헌 여부를 판단해야 할 별다른 이익이 있다고 인정되지도 아니한다(1989. 4. 17. 88헌마4).

[5] **진정입법부작위** 헌법재판소법 제41조에 의한 법원의 위헌제청에 의한 위헌법률심판이나 헌법재판소법 제68조 제2항에 따른 헌법소원은 법률이나 법률조항이 헌법에 위반되는지 여부를 적극적으로 다투는 제도이므로 법률의 부존재, 즉 입법부작위를 그 심판의 대상으로 하는 것은 그 자체로서 허용될 수 없다(2000. 1. 27. 98헌바12; 2004. 9. 7. 2004헌바63; 2007. 12. 27. 2005헌가9).

[6] **부진정입법부작위** 우리 재판소에서 청구인 주장을 받아들여 이 사건 법률조항이 재심사유를 정하면서 '화해의 합의가 없는 경우'와 같이 중대한 하자를 재심사유에서 제외하여 불완전, 불충분하게 규정함으로써(이른바 부진정입법부작위) 청구인의 헌법상 보장된 기본권을 침해한 것으로 판단하는 경우에는 당해사건의 재판의 주문이나 이유가 달라질 것이므로 이 사건 법률조항의 위헌 여부는 당해사건에 이어서 그 **재판의 전제가 된다고** 보아야 할 것이다(1996. 3. 28. 93헌바27).

[7] **효력을 상실한 법률** 심판대상조항은 헌법불합치결정과 개정법의 시행으로 그 효력을 상실하였을 뿐 아니라 이 사건 당해사건에 더 이상 적용될 여지가 없게 되어서 이에 대한 심판청구는 **부적법하다**(2001. 4. 26. 99헌바99).

[8] **헌법불합치결정 이후 개선된 법률** 어떠한 법률조항에 대하여 헌법재판소가 헌법불합치결정을 하여 입법자에게 그 법률조항을 합헌적으로 개정 또는 폐지하는 임무를 입법자의 형성 재량에 맡긴 이상, 그 개선입법의 소급적용 여부와 소급적용의 범위는 원칙적으로 입법자의 재량에 달린 것이기는 하지만, 이 사건 법률조항(대학교원의 기간임용제)에 대한 위 헌법불합치결정의 취지나 위헌심판에서의 구체적 규범통제의 실효성 보장이라는 측면을 고려할 때 적어도 위 헌법불합치결정을 하게 된 당해 사건 및 위 헌법불합치결정 당시에 이 사건 법률조항의 위헌 여부가 쟁점이 되어 법원에 계속중인 사건에 대하여는 위 헌법불합치결정의 소급효가 미치는바, 청구인들이 제기한 당해 사건은 위 법률조항에 대한 헌법불합치결정 당시 그 위헌 여부가 쟁점이 되어 법원에 계속중인 사건에 해당하며 헌법불합치결정 후 그 취지에 맞추어 위 법률조항이 개정된 이상 위 법률조항은 청구인들이 제기한 당해 사건의 적용법률로 볼 수 없으므로 재판의 전제성을 인정할 수 없다(2007. 1. 17. 2005헌바41등).

Ⅱ. 긴급명령과 조약

형식적 의미의 법률은 아니지만 그와 동일한 효력을 가지는 **긴급명령**은 위헌법률심판의 대상이 된다. 또한 헌법에 따라 국내법과 같은 효력을 가지는 **조약**도 위헌심판의 대상이 될 수 있다. 이 경우에 반드시 명칭이 조약으로 되어 있을 필요는 없고, 국회의 동의가 필요한 내용을 담고 있는 경우에는 조약으로 볼 수 있다. 따라서 형식적 의미의 법률과 동일한 효력을 갖는 조약 등은 위헌법률심판의 대상에 포함된다. 다만 조약이 위헌으로 선언될 경우 국내법적 효력만을 상실할 뿐이다.

[판례] 위헌법률심판의 대상으로서 긴급조치(국가긴급권 행사)

헌법 제107조 제1항, 제2항은 법원의 재판에 적용되는 규범의 위헌 여부를 심사할 때, '법률'의 위헌 여부는 헌법재판소가, 법률의 하위 규범인 '명령 · 규칙 또는 처분' 등의 위헌 또는 위법 여부는 대법원이 그 심사권한을 갖는 것으로 권한을 분배하고 있다. 이 조항에 규정된 '법률'인지 여부는 그 제정 형식이나 명칭이 아니라 규범의 효력을 기준으로 판단하여야 하고, '법률'에는 국회의 의결을 거친 이른바 형식적 의미의 법률은 물론이고 그 밖에 조약 등 '형식적 의미의 법률과 동일한 효력'을 갖는 규범들도 모두 포함된다. 따라서 최소한 법률과 동일한 효력을 가지는 이 사건 긴급조치들의 위헌 여부 심사권한도 헌법재판소에 전속한다(2013. 3. 21. 2010헌바70).

[판례] 위헌법률심판의 대상으로서 조약

[1] 헌법재판소법 제68조 제2항은 심판대상을 "법률"로 규정하고 있으나, 여기서의 "법률"에는 "조약"이 포함된다고 볼 것이다. 헌법재판소는 국내법과 같은 효력을 가지는 조약이 헌법재판소의 위헌법률심판대상이 된다고 전제하여 그에 관한 본안판단을 한 바 있다(헌재 1999. 4. 29. 97헌가14, 판례집 11-1, 273 참조). 이 사건 조항{국제통화기금협정 제9조(지위, 면제 및 특권) 제3항(사법절차의 면제) 및 제8항(직원 및 피용자의 면제와 특권), 전문기구의특권과면제에관한협약 제4절, 제19절(a)}은 각 국회의 동의를 얻어 체결된 것이므로 헌법 제6조 제1항에 따라 국내법적 효력을 가지며, 그 효력의 정도는 법률에 준하는 효력이라고 이해된다. 한편 이 사건 조항은 재판권 면제에 관한 것이므로 성질상 국내에 바로 적용될 수 있는 법규범으로서 위헌법률심판의 대상이 된다고 할 것이다(2001. 9. 27. 2000헌바20).

[2] 이 사건 조약은 그 명칭이 '협정'('대한민국과 아메리카합중국간의 상호방위조약 제4조에 의한 시설과 구역 및 대한민국에서의 합중국군대의 지위에 관한 협정', 즉 이른바 'SOFA협정' : 저자 주)으로 되어 있어 국회의 관여없이 체결되는 행정협정처럼 보이기도 하나 우리나라의 입장에서 볼 때에는 외국군대의 지위에 관한 것이고, 국가에게 재정적 부담을 지우는 내용과 근로자의 지위, 미군에 대한 형사재판권, 민사청구권 등 입법사항을 포함하고 있으므로 국회의 동의를 요하는 조약으로 취급되어야 하는 것이다(1999. 4. 29. 97헌가14).

Ⅲ. 관 습 법

관습법은 형식적 의미의 법률이 아니기 때문에 위헌법률심판의 대상이 될 수 있는지에 관해 논란이 있을 수 있다. 그러나 형식적 의미의 법률이 아니지만 그와 동일한 효력이 인정되는 긴급명령이나 조약이 위헌법률심판의 대상이 되는 것처럼 관습법도 형식적 의미의 법률과 동일한 효력을 가질 경우 위헌법률심판의 대상이 되는 것으로 보아야 한다. 이와 관련하여 헌법재판소는 법률과 같은 효력을 가지는 관습법이 위헌법률심판(헌재법 제68조 제2항의 헌법소원심판)의 대상이 되는 것으로 보는 반면, 대법원은 법원이 관습법의 효력을 부인할 수 있기 때문에 헌법재판소의 위헌법률심판 대상이 되지 않는다고 한다(아래 [판례] 참조).

[판례] 위헌법률심판의 대상으로서 관습법

[1] 헌법 제111조 제1항 제1호, 제5호 및 헌법재판소법 제41조 제1항, 제68조 제2항에 의하면 위헌심판의 대상을 '법률'이라고 규정하고 있는데, 여기서 '법률'이라고 함은 국회의 의결을 거친 이른바 형식적 의미의 법률뿐만 아니라 법률과 동일한 효력을 갖는 조약 등도 포함된다(1995. 12. 28. 95헌바3; 2996. 6. 13. 94헌바20; 2001. 9. 27. 2000헌바20 참조). 이처럼 법률과 동일한 효력을 갖는 조약 등을 위헌심판의 대상으로 삼음으로써 헌법을 최고규범으로 하는 법질서의 통일성과 법적 안정성을 확보할 수 있을 뿐만 아니라, 합헌적인 법률에 의한 재판을 가능하게 하여 궁극적으로는 국민의 기본권 보장에 기여할 수 있게 된다. 그렇다면 법률과 같은 효력을 가지는 이 사건 관습법도 당연히 헌법소원심판의 대상이 되고, 단지 형식적인 의미의 법률이 아니라는 이유로 그 예외가 될 수는 없다(2013. 2. 28. 2009헌바129; 2016. 4. 28. 2013헌바396등 2020. 10. 29. 2017헌바208).

[2] 헌법 제111조 제1항 제1호 및 헌법재판소법 제41조 제1항에서 규정하는 위헌심사의 대상이 되는 법률은 국회의 의결을 거친 이른바 형식적 의미의 법률을 의미하고(1995. 12. 28. 95헌바3 등 참조), 또한 민사에 관한 관습법은 법원에 의하여 발견되고 성문의 법률에 반하지 아니하는 경우에 한하여 보충적인 법원(법원)이 되는 것에 불과하여(민법 제1조) 관습법이 헌법에 위반되는 경우 법원이 그 관습법의 효력을 부인할 수 있으므로(대판 2003. 7. 24. 2001다48781 등 참조), 결국 관습법은 헌법재판소의 위헌법률심판의 대상이 아니라 할 것이다(대판 2009. 5. 28. 2007카기134).

Ⅳ. 헌법규정

헌법규정은 위헌법률심판의 대상이 되지 않는다. 헌법규정이 위헌법률심판의 대상이 되려면 심판의 기준이 되는 헌법규정과 심판의 대상이 되는 헌법규정 상호간에 서열을 인정하여야 한다. 하지만 헌법규정 상호간에는 서열을 인정할 수 없다. 왜냐하면 헌법은 전체로서 하나의 통일체를 이루기 때문이다. 헌법재판소도 국가배상권의 주체를 제한하고 있는 헌법 제29조 제2항에 대한 위헌심판에서 다음과 같은 동일한 견해에 기초하여 헌법규정에 대한 위헌심판의 제청을 부적법한 것으로 각하하였다. "헌법 제111조 제1항 제1호 및 헌법재판소법 제41조 제1항은 위헌법률심판의 대상에 관하여, 헌법 제111조 제1항 제5호 및 헌법재판소법 제68조 제2항, 제41조 제1항은 **헌법소원심판의 대상에 관하여 그것이 법률임을 명문으로 규정**하고 있고, 여기서 위헌심사의 대상이 되는 법률이 국회의 의결을 거친 이른바 형식적 의미의 법률을 의미하는 것이므로, 헌법의 개별규정 자체는 헌법소원에 의한 위헌심사의 대상이 아니다. 한편, 헌법은 전문과 각 개별조항이 서로 밀접한 관련을 맺으면서 **하나의 통일된 가치체계**를 이루고 있는 것으로서 이념적·논리적으로는 규범 상호간의 우열을 인정할 수 있다 하더라도, 그러한 규범 상호간의 우열이 헌법의 어느 특정규정이 다른 규정의 효력을 전면적으로 부인할 수 있을 정도의 **개별적 헌법규정 상호간에 효력상의 차등을 의미하는 것이라고는 볼 수 없으므로**, 이 점에서도 헌법의 개별규정에 대한 위헌심사는 허용될 수 없다."[11]

11) 헌재 1995. 12. 28. 95헌바3; 1996. 6. 13. 94헌바20; 2001. 2. 22. 2000헌바38.

V. 명령 · 규칙

헌법은 법률에 대한 위헌심판과 명령 · 규칙에 대한 위헌심판을 구분하여 전자는 헌법재판소의 관할사항으로(제107조 제1항), 후자는 대법원의 관할사항으로(동조 제2항) 규정하고 있기 때문에 **명령이나 규칙은 위헌심판의 대상이 될 수 없다**. 헌법재판소도 명령 · 규칙에 대한 위헌심판의 제청을 부적법한 것으로 각하하고 있다.[12] 다만 법률과 시행령 · 규칙 등이 결합하여 하나의 완결된 법적 효력을 발휘할 경우에는 법률의 위임에 근거한 하위법규는 법률의 위헌 여부를 판단하는 자료가 될 수 있다고 본다.[13] 하지만 법령이 위헌성을 포함한다고 해서 당연히 법령의 근거가 되는 법률의 위헌성이 도출되는 것은 아니라고 한다.[14]

[판례] 명령 · 규칙의 위헌법률심판대상 여부

법원의 위헌여부심판제청은 '법률'이 헌법에 위반되는 여부가 재판의 전제가 된 경우에 할 수 있는 것이고(헌법 제107조 제1항, 헌법재판소법 제41조 제1항), 명령이나 규칙이 헌법에 위반되는 여부는 법원 스스로 이를 판단할 수 있는 것인 바(헌법 제107조 제2항), 이 사건 위헌여부심판제청 중 국민연금법시행령 제54조 제1항에 대한 부분은 **'법률'이 아닌 '대통령령'에 대한 것으로서 부적법하다**(1996. 10. 4. 96헌가6).

제 3 절 심판의 제청

I. 제청요건: 재판의 전제성

1. 개 념

위헌법률심판을 제청하기 위해서는 법률이 헌법에 위반되는지 여부가 재판의 전제가 되어야 한다. 따라서 위헌법률심판절차에서 가장 중요한 요건은 '재판의 전제성'이다. 여기서 재판의 전제성이란 간단히 말해서 문제가 된 법률이 당해재판에 적용되고, 문제가 된 법률의 위헌 여부에 따라 재판의 주문이나 재판의 내용과 효력의 법률적 의미가 달라지는 것을 말한다.

헌법재판소는 재판의 전제성에 대해서 다음과 같이 더 구체적으로 정의하고 있다. "재판의 전제성이란, ① 구체적인 사건이 법원에 계속되어 있었거나 **법원에 계속중**이어야 하고, ② 위헌 여부가 문제되는 법률이 당해 소송사건의 **재판에 적용**되는 것이어야 하며, ③ 그 법률이 헌법에 위반되는지의 여부에 따라 당해 사건을 담당한 법원이 **다른 내용의 재판**을 하게 되는 경우를 말한다. 여기서 법원이 '다른 내용의' 재판을 하게 되

12) 헌재 1996. 10. 4. 96헌가6.
13) 헌재 1992. 6. 26. 90헌가23; 1995. 11. 30. 94헌바40등.
14) 헌재 1999. 2. 25. 97헌바63; 1999. 4. 29. 96헌바22등; 2001. 1. 18. 98헌바75등.

는 경우라 함은 원칙적으로 제청법원이 심리중인 당해 사건의 재판의 **결론이나 주문**에 어떠한 영향을 주는 것뿐만 아니라, 문제된 법률의 위헌여부가 비록 재판의 주문 자체에는 아무런 영향을 주지 않는다고 하더라도 재판의 결론을 이끌어내는 이유를 달리 하는데 관련되어 있거나 또는 재판의 **내용과 효력에 관한 법률적 의미**가 전혀 달라지는 경우도 포함된다."[15] 이러한 내용을 자세하게 살펴보면 다음과 같다.

(1) 구체적 재판의 계속

첫째, 위헌법률심판을 제청하려면 법원에 구체적 소송사건이 계속중이어야 한다. 그리고 당해 소송사건은 적법하게 계속중이어야 한다. 따라서 당해 소송사건이 부적법하여 각하될 수밖에 없는 경우에는 재판의 전제성이 흠결되어 위헌법률심판제청신청도 각하되어야 한다.

[판례] 법원에 계속중인 재판의 적법성

헌법재판소법 제68조 제2항에 의한 헌법소원심판의 청구는 같은 법 제41조 제1항의 규정에 의한 **적법한 위헌여부심판의 제청신청**을 법원이 각하 또는 기각하였을 경우에만 제기할 수 있는 것이고 위헌여부심판의 제청신청이 적법한 것이 되려면 제청신청된 법률의 위헌여부가 법원에 제기된 당해사건의 재판의 전제가 된 때라야 하므로 만약 **당해사건이 부적법한 것이어서** 법률의 위헌여부를 따져 볼 필요조차 없이 **각하를 면할 수 없는 것일 때에는** 위헌여부심판의 제청신청은 적법요건인 **'재판의 전제성'을 흠결한 것으로서** 각하될 수밖에 없고 이러한 경우에는 헌법재판소법 제68조 제2항에 의한 헌법소원심판을 청구할 수 없다(1992. 8. 19. 92헌바36; 동지: 2000. 11. 30. 98헌바83; 2005. 3. 31. 2003헌바113).

(2) 문제가 된 법률이 당해재판에 적용

둘째, 위헌법률심판을 제청하려면 위헌 여부가 문제된 법률이 당해 소송사건에 적용되어야 한다. 이러한 적용의 형태는 '직접적으로' 적용되는 경우는 물론, 적용되는 시행령과 밀접하게 관련을 맺는 근거법률이나 위헌 여부가 문제가 된 법률조항과 밀접하게 관련을 맺는 법률조항처럼 '간접적으로' 적용되는 경우를 포함한다.

[판례] 당해재판에 적용

[1] 왜냐하면 상위법인 특별조치법 제5조 제4항의 위헌 여부는 하위법인 특별조치령의 **위헌 여부 및 효력 유무의 전제**가 되고 특별조치법 제5조 제4항에 대하여 위헌결정이 되면 자동적으로 이 위헌법률조항에 근거한 특별조치령도 위헌·무효가 되고 아울러 위헌무효인 특별조치령에 근거한 수용처분도 위헌무효가 될 수 있기 때문이다(…). 따라서 특별조치법 제5조 제4항은 당연히 위헌여부심판의 대상이 되어야 한다(1994. 6. 30. 92헌가18).

[2] 청구인들에 대한 공소장에는 적용법조로 직업안정법 제10조 제1항만 기재되어 있고 제10조 제2항은 기재되어 있지 아니하나, 청구인들은 제10조 제1항이 헌법에 위반된다는 중요한 이유로서 제10조 제2항에서 허가요건을 법률로 규정하지 않고 대통령령

15) 헌재 1993. 12. 23. 93헌가2; 2000. 6. 29. 99헌바66등.

에 위임을 하고 있는 것이 위임입법의 한계를 벗어나 위헌이라고 주장하고 있으므로 이 사건에서 제10조 제1항의 위헌 여부는 제10조 제2항의 위헌 여부와 **불가분적 관계**에 있다고 할 것이어서 제10조 제2항도 재판의 전제성이 있다(1996. 10. 31. 93헌바14).

[3] 청구인은 사기죄로 기소되어 서울지방법원에 재판계속중에 있고, 심판대상조항이 이 당해사건의 **재판에 간접적으로** 적용되고 있으며, 심판대상법조항이 위헌여부에 따라 당해사건을 담당하는 법원이 다른 내용의 재판을 하게 되는 사실이 인정되므로, 이 사건 심판청구는 재판의 전제성 요건을 갖춘 것이다(2000. 1. 27. 99헌바23).

[4] 제청 또는 청구된 법률조항이 법원의 당해사건의 재판에 직접 적용되지는 않더라도 그 위헌 여부에 따라 당해사건의 재판에 직접 적용되는 법률조항의 위헌 여부가 결정되거나, 당해사건 재판의 결과가 좌우되는 경우 등과 같이 양 규범 사이에 **내적 관련이 있는 경우에는 간접 적용**되는 법률규정에 대하여도 재판의 전제성을 인정할 수 있다(2001. 10. 25. 2000헌바5; 2005. 2. 24. 2004헌바24; 2006. 6. 29. 2005헌바26).

(3) 다른 내용의 결정

셋째, 법률의 위헌 여부에 대한 결정에 따라 법원이 다른 내용의 결정을 하게 되어야 한다. 이것은 다시 재판의 결론이나 주문에 영향을 주는 경우와 재판의 결론에 대한 이유나 재판의 내용과 효력에 관한 법률적 의미에 영향을 주는 경우를 포함한다.

[판례] 다른 내용의 결정

따라서 법 제331조 단서규정의 위헌여부는 … 관련사건의 그 재판주문을 결정하고 기판력의 내용을 형성하는 그 자체에 영향을 주는 것은 아니라 할지라도 그 재판의 밀접 불가결한 실질적 효력이 달라지는 구속영장의 효력에 관계되는 것이어서 재판의 내용이나 효력 중에 어느 하나라도 그에 관한 **법률적 의미가 전혀 달라지는 경우**에 해당하는 것이므로 재판의 전제성이 있다고 할 것이다(1992. 12. 24. 92헌가8).

(4) 재판의 개념

여기서 말하는 재판에는 형식에 관계없이 모든 재판을 의미하기 때문에 판결, 결정, 명령이 모두 포함된다. 따라서 영장발부[16]나 구속적부심사[17]에 관한 재판, 그리고 보석허가결정[18]이나 증거채부결정[19] 또는 구속기간갱신결정[20] 및 보정명령[21]도 포함된다. 그리고 본안에 대한 재판뿐만 아니라 소송비용이나 가집행에 관한 재판도 포함되고, 종국재판뿐만 아니라 중간재판도 포함된다.

16) 헌재 1993. 3. 11. 90헌가70.
17) 헌재 1995. 2. 23. 92헌바18.
18) 헌재 1993. 12. 23. 93헌가2.
19) 헌재 1996. 12. 26. 94헌바1.
20) 헌재 2001. 6. 28. 99헌가14.
21) 헌재 1994. 2. 24. 91헌가3.

[판례] 위헌법률심판의 전제가 되는 재판의 유형

[1] **영장발부** 위헌여부심판의 제청에 관하여 규정하고 있는 헌법재판소법 제41조 제1항의 "재판"에는 종국판결 뿐만 아니라 형사소송법 제201조에 의한 지방법원판사의 영장발부 여부에 관한 재판도 포함된다고 해석되므로 지방법원판사가 구속영장발부 단계에서 한 위헌여부심판제청은 적법하다(1993. 3. 11. 90헌가70).

[2] **구속적부심사** 청구인은 군사법원법 제238조에 의하여 관할관이 발부한 사전구속영장에 의하여 구속되었고, 구속적부심사청구를 관할관에게 할 경우와 직접 군사법원에 할 경우와는 재판의 내용과 효력에 관한 법률적 의미가 달라지는 것으로 보아야 할 것이므로 관할관의 구속영장발부권을 규정한 위 법 제238조 제1항, 제3항, 제4항 및 구속적부심사를 관할관에게 청구하도록 규정한 위 법 제252조 제1항에 관하여는 그 위헌 여하에 따라서 전제되는 재판의 주문이 달라지거나 재판의 내용과 효력에 관한 법률적 의미가 달라지는 경우에 해당하여 재판의 전제성이 인정된다. 그리고 위헌여부심판의 제청신청을 받은 법원은 법리상 늦어도 본안사건에 대한 재판을 마치기 전까지는 제청신청에 대한 재판을 하여야 할 것인데도 이 사건의 경우 위헌여부심판의 제청에 대하여는 결정을 하지 아니한 채 먼저 구속적부심사청구를 기각한 다음 제청신청을 기각하여 사건을 부당하게 처리하였을 뿐만 아니라 헌법소원심판청구를 할 당시 청구인이 계속 구속상태에 있었고 또한 새로이 구속적부심사청구를 할 수 있는 상태에 있었으므로 헌법소원심판청구 당시 일단 구속적부심사청구가 기각되었다고 하더라도 재판의 전제성은 있다고 보아야 할 것이다(1995. 2. 23. 92헌바18).

[3] **보석허가결정** 보석허가결정에 대한 검사의 즉시항고권을 인정한 형사소송법 제97조 제3항의 위헌 여부는 보석허가결정을 한 위헌심판제청법원이 같은 법 제407조, 제408조에 따라 즉시항고에 대하여 원심법원으로서 할 재판 등 조치의 주문이 달라지거나 그 재판 등의 기초적인 이유, 직접적인 내용과 효력의 법률적 의미 등에 차이가 있게 되므로 원심법원이 한 위헌심판제청은 그 심판제청 당시 재판의 전제성이 있다(1993. 12. 23. 93헌가2).

[4] **증거채부결정** 여기서 "재판"이라 함은 판결 · 결정 · 명령 등 그 형식 여하와 본안에 관한 재판이거나 소송절차에 관한 재판이거나를 불문하며, 심급을 종국적으로 종결시키는 종국재판뿐만 아니라 중간재판도 이에 포함된다. 법 제295조에 의하여 법원이 행하는 증거채부결정은 당해 소송사건을 종국적으로 종결시키는 재판은 아니라고 하더라도, 그 자체가 법원의 의사결정으로서 헌법 제107조 제1항과 헌법재판소법 제41조 제1항 및 제68조 제2항에 규정된 재판에 해당된다(1996. 12. 26. 94헌바1).

[5] **보정명령** 여기서 '재판'이라 함은 원칙적으로 그 형식 여하와, 본안에 관한 재판이거나 소송절차에 관한 것이거나를 불문하며, **판결과 결정 그리고 명령이 여기에 포함**된다. 그러므로 민사소송법 제368조의2에 의하여 제청법원 또는 그 재판장이 하고자 하는 인지첩부를 명하는 보정명령은 당해 소송사건의 본안에 관한 판결주문에 직접 관련된 것이 아니라고 하여도, 헌법 제107조 제1항과 헌법재판소법 제41조 제1항에 규정된 재판에 해당한다고 할 것이다(1994. 2. 24. 91헌가3).

[6] **구속기간갱신결정** 구속기간갱신결정도 당해 소송사건을 종국적으로 종결시키는 재판은 아니라고 하더라도, 그 자체가 소송절차에 관한 재판에 해당하는 법원의 의사결정으로서 헌법 제107조 제1항과 헌법재판소법 제41조 제1항에 규정된 재판에 해당된다(2001. 6. 28. 99헌가14).

2. 판단의 주체

재판의 전제성이 있는지 여부에 대한 판단은 헌법재판소보다는 구체적 재판을 담당하는 법원이 잘 알 수 있기 때문에 우선적으로 **법원의 판단**이 존중되어야 한다. 따라서 그러한 판단에 명백한 오류가 있지 않는 한 헌법재판소는 법원의 판단을 존중해야만 한다.[22] 그리고 재판의 전제성에 관한 법원의 판단에 명백한 오류가 있다면 헌법재판소는 직권으로 독자적인 판단을 내릴 수 있다.[23] 헌법재판소는 재판의 전제성이 없다고 판단되는 경우에 심판제청을 각하할 수 있다.

[판례] 재판의 전제성에 대한 제1차적 판단주체로서 법원

위헌법률심판이나 제68조 제2항의 규정에 의한 헌법소원심판에 있어서 위헌여부가 문제되는 법률이 재판의 전제성 요건을 갖추고 있는지 여부는 헌법재판소가 별도로 독자적인 심사를 하기보다는 되도록 **법원의 이에 관한 법률적 견해를 존중**해야 할 것이며, 다만 그 전제성에 관한 법률적 견해가 명백히 유지될 수 없을 때에만 헌법재판소는 이를 직권으로 조사할 수 있다 할 것이다. 왜냐하면 문제되는 법률의 위헌여부가 재판의 전제가 되느냐 않느냐는 사건기록 없이 위헌여부의 쟁점만 판단하게 되어 있는 헌법재판소보다는 기록을 갖고 있는 당해 사건의 종국적 해결을 하는 법원이 더 잘 알 것이며, 또 헌법재판소가 위헌여부의 실체판단보다는 형식적 요건인 재판의 전제성에 관하여 치중하여 나름대로 철저히 규명하려고 든다면 결과적으로 본안사건의 종국적 해결에 커다란 지연요인이 될 것이기 때문이다(1993. 5. 13. 92헌가10등).

3. 판단의 시점

재판의 전제성은 위헌법률심판을 **제청하는 시점**뿐만 아니라 헌법재판소가 이에 대해서 **결정하는 시점**까지도 충족되어 있어야 한다.[24] 따라서 재판의 전제성이 위헌제청의 시점에서는 충족되어 있었으나 이에 대한 결정의 시점에서는 충족되어 있지 않은 경우에 제청법원은 위헌제청을 철회할 수 있고, 철회가 없는 경우에 헌법재판소는 위헌제청의 부적법을 이유로 각하해야 한다.[25] 다만 예외적으로 재판의 전제성이 없는 경우에도 법률의 위헌 여부에 대한 헌법적 해명이 긴요하게 필요하거나 기본권침해가 반복될 위험성이 있는 경우에는 헌법질서의 수호와 유지를 위하여 헌법재판소는 본안판단을 할 수 있다.[26]

---

22) 헌재 1993. 5. 13. 92헌가10등; 1995. 11. 30. 94헌가2; 1996. 10. 4. 96헌가6; 1997. 9. 25. 97헌가4; 1999. 9. 16. 98헌가6; 1999. 6. 24. 98헌바42; 1999. 12. 23. 98헌바33; 2003. 11. 27. 2002헌바102등; 2003. 11. 27. 2000헌바39.

23) 헌재 1999. 9. 16. 99헌가1.

24) 헌재 1993. 12. 23. 93헌가2.

25) 헌재 1989. 4. 17. 88헌가4.

26) 헌재 1993. 12. 23. 93헌가2.

[판례] 재판의 전제성이 없어도 본안판단을 해야 하는 경우

위헌심판제청된 법률조항에 의하여 침해되는 기본권이 중요하여 동 법률조항의 위헌 여부의 해명이 헌법적으로 중요성이 있는데도 그 해명이 없거나, 동 법률조항으로 인한 기본권의 침해가 반복될 위험성이 있는데도 좀처럼 그 법률조항에 대한 위헌심판의 기회를 갖기 어려운 경우에는 위헌제청 당시 재판의 전제성이 인정되는 한 당해소송이 종료되었더라도 예외적으로 객관적인 헌법질서의 수호·유지를 위하여 심판의 필요성을 인정하여 적극적으로 그 위헌 여부에 대한 판단을 하는 것이 헌법재판소의 존재이유에도 부합하고 그 임무를 다하는 것이 된다(1993. 12. 23. 93헌가2).

Ⅱ. 제청권자

1. 법 원

법률의 위헌 여부에 관한 심판을 제청할 수 있는 권한은 **법원**에게 있다. 따라서 당해 소송의 당사자인 사인은 법률의 위헌 여부에 관한 심판을 제청할 수 없다.[27] 사인이 법률의 위헌 여부에 관한 심판을 제청하면 헌법재판소는 부적법한 청구로 각하한다. 제청법원은 **수소법원**(受訴法院)뿐만 아니라 **집행법원**도 포함되고, **비송사건 담당법관**도 포함된다. 또한 법관의 자격이 없는 위원이 참여하는 **민사조정위원회**나 **가사조정위원회**도 법관이 주도하는 사법적 분쟁해결절차이기 때문에 위헌제청을 할 수 있는 법원에 포함된다. 그러나 행정심판위원회의 경우에는 법관이 주도하지 않기 때문에 제청할 수 있는 법원에 포함되지 않는다. 한편 여기서 법원은 대한민국의 법원이므로 외국법원은 해당하지 않는다. 헌법상 특별법원인 **군사법원**도 위헌법률심판을 제청할 수 있는 법원에 포함된다(헌재법 제41조 제1항). 대법원 외의 법원이 위헌법률심판을 제청하는 경우에는 대법원을 거쳐야 한다(동법 동조 제5항). 그러나 이 경우에 대법원은 각급법원의 제청을 실질적으로 심사할 권한을 갖지 않는다.

2. 헌법재판소의 직권에 의한 심판

한편 위헌법률심판절차가 아니라 헌법재판소의 다른 심판절차에서 법률의 위헌 여부가 문제되거나 각 심판절차에서 선결문제로서 법률의 위헌 여부가 문제되는 경우에는 헌법재판소법 제75조 제5항에 비추어 법원에 의한 별도의 제청이 없이도 **헌법재판소가 직권**으로 위헌법률심판절차에 따라 심판할 수 있다고 보아야 한다.

Ⅲ. 제청절차

1. 제청의 유형

(1) 법원의 직권에 의한 제청

법률이 헌법에 위반되는지 여부가 재판의 전제가 되는 경우에 당해 법원은 직권으

27) 헌재 1994. 6. 30. 94헌아5.

로 헌법재판소에 위헌법률심판을 제청할 수 있다. 이때 법원은 문제가 되고 있는 법률이 헌법에 위반된다는 합리적인 의심을 가지고 있어야 한다. 그러한 합리적인 의심이 있는지에 대한 판단은 전적으로 법원에게 맡겨져 있으므로 직권에 의한 제청은 법원의 재량에 속한다.

(2) 당사자의 제청신청에 의한 제청

법률이 헌법에 위반되는지 여부가 재판의 전제가 되는 경우에 당사자는 당해 사건을 담당하는 법원에 위헌심판제청의 신청을 할 수 있다. 제청의 신청을 받은 법원은 위헌의 의심을 받고 있는 법률이 헌법에 위반되는지 여부가 재판의 전제가 되는지, 그러한 위헌의 의심에 합리적인 이유가 있는지를 판단하여 헌법재판소에 대한 제청 여부를 결정한다. 여기서 법률의 위헌 여부에 관한 법원의 의심은 '합리적인' 의심이므로 '단순한' 의심으로는 충분하지 않지만 '명백한' 의심일 필요도 없다.

이처럼 법원의 제청 여부에 관한 결정은 재판의 전제성에 대한 판단뿐만 아니라 법률의 위헌성에 대한 판단을 포함하기 때문에 법원도 법률의 합헌 또는 위헌에 관한 판단권(합헌판단권)을 갖는다고 볼 수 있다. 이것은 법원이 법률의 위헌 여부를 헌법재판소에 제청할 때 제청서에 위헌이라고 해석되는 이유를 기재하여야 한다는 점(헌재법 제43조 제4호), 그리고 법원은 제청신청에 대해서 기각결정을 할 수 있다는 점(동법 제68조 제2항) 등에서 분명하다. 하지만 법률의 합헌 또는 위헌에 관한 최종적인 판단권은 헌법재판소가 갖기 때문에 법원의 판단권은 제한적일 수밖에 없다. 물론 제청 여부에 관한 법원의 판단은 헌법재판소에 의하여 존중되어야 한다. 그렇지만 이것이 법률의 합헌이나 위헌에 대한 법원의 판단까지도 존중한다는 뜻으로 이해될 수는 없다. 단지 재판의 전제성에 대한 법원의 판단만을 헌법재판소가 존중한다는 뜻이다.

위헌여부심판의 제청에 관한 법원의 결정에 대해서는 항고할 수 없다(동법 제41조 제4항). 법원이 당사자의 제청신청을 기각하는 결정을 하는 경우에 당사자는 법률의 위헌 여부에 관한 '헌법소원심판'을 청구할 수 있고, 이 경우에 그 당사자는 당해 사건의 소송절차에서 동일한 사유를 이유로 다시 위헌여부심판의 제청을 신청할 수 없다(동법 제68조 제2항).

[판례] 당사자의 제청신청에 대한 법원의 판단

헌법 제107조 제1항과 헌법재판소법 제41조(위헌여부심판의 제청), 제43조(제청서의 기재사항) 등의 각 규정의 취지는, 법원은 문제되는 법률조항이 담당법관 스스로의 법적 견해에 의하여 단순한 의심을 넘어선 **합리적인 위헌의 의심**이 있으면 위헌여부심판을 제청하라는 취지이다. 그리고 헌법재판소로서는 **제청법원의 이 고유판단을 될 수 있는 대로 존중**하여 제청신청을 받아들여 헌법판단을 하는 것이므로 이 사건 제청을 부적법한 것이라고 할 수는 없다(1993. 12. 23. 93헌가2).

[판례] 법원의 합헌판단권

헌법재판소법 제41조 제4항이나 제68조 제2항은 위헌제청신청에 대한 법원의 합헌판단권이나 그에 따른 위헌제청기각결정의 근거가 되는 법률조항이 아니므로, 법원의 위헌제청기각결정이 이들 법률조항에 근거를 둔 것임을 전제로 청구인이 그로 말미암아 재판청구권 기타 기본권이 침해되었다고 주장하여 이들 법률조항에 대하여 제기한 이 사건 심판청구는 부적법하다(1993. 7. 29. 90헌바35).

2. 제 청 서

법원이 법률의 위헌 여부를 헌법재판소에 제청할 때에는 제청서에 다음 사항을 기재하여야 한다(헌재법 제43조). ① 제청법원의 표시, ② 사건 및 당사자의 표시, ③ 위헌이라고 해석되는 법률 또는 법률의 조항, ④ 위헌이라고 해석되는 이유, ⑤ 기타 필요한 사항이 그것이다. 당사자가 법원에 제청신청을 할 때에도 위의 '②'부터 '④'에 해당하는 사항을 기재한 서면으로 해야 한다(동법 제41조 제2항).

3. 제청의 효력 (재판의 정지)

법원이 법률의 위헌 여부의 심판을 헌법재판소에 제청한 때에는 당해 소송사건의 재판은 헌법재판소의 위헌 여부의 결정이 있을 때까지 정지된다. 다만, 법원이 긴급하다고 인정하는 경우에는 **종국재판 외의 소송절차**를 진행할 수 있다(동법 제42조 제1항). 위의 재판정지기간은 형사소송법 제92조 제1항 · 제2항 및 군사법원법 제132조 제1항 · 제2항의 구속기간과 민사소송법 제199조의 판결선고기간에 산입되지 않는다(동법 동조 제2항).

4. 제청의 철회

제청의 철회는 원칙적으로 인정되지 않고 예외적으로만 허용된다. 예를 들어 당해 소송사건의 당사자가 당해 법원에 계속된 **소송을 취하하거나 화해한 경우**에는 법원에 계속중인 사건이 존재하지 않기 때문에 법원은 제청을 철회할 수 있다. 그 밖에도 헌법재판소가 다른 사건에서 당해 법률이나 법률조항을 위헌으로 결정하는 등의 사유로 위헌제청의 사유가 소멸한 경우에 제청법원은 제청결정을 취소하고 취소결정서를 헌법재판소에 송부함으로써 제청을 철회할 수 있다. 제청이 철회되면 헌법재판소는 **위헌법률심판의 절차를 종료**한다.

제 4 절 심판의 절차와 기준

Ⅰ. 심판절차

위헌법률심판의 절차는 원칙적으로 서면심리에 의하고, 재판부에서 필요하다고 인정하는 경우에 예외적으로 변론을 열어 당사자나 이해관계인 기타 참고인의 진술을 들을 수 있다. 재판부는 필요한 경우에 입법의 기초가 되었던 입법사실에 대한 조사를 할 수 있다.

Ⅱ. 심판의 기준

1. 헌 법

위헌법률심판의 절차에서 심판의 기준은 헌법이다. 이러한 헌법에는 ① 성문헌법뿐만 아니라 ② 불문헌법도 포함된다. 불문헌법은 ① 헌법도그마틱(헌법해석론), ② 헌법판례, ③ 헌법관습법으로 구분된다. 따라서 헌법전에 규정에 되어 있는 모든 조문, 헌법조문의 해석에 관한 학설과 판례 및 헌법관습법(관습헌법)도 심사의 기준이 된다. 아무튼 헌법재판소는 제청법원이나 제청신청인이 주장하는 심판기준에 구속되지 않고 모든 헌법적 기준을 동원하여 심사할 수 있다.

2. 판 례

헌법재판소에 따르면 헌법원리도 심판의 기준이 될 수 있다고 한다.[28] 또한 헌법관습법과 관련하여 헌법재판소는 "성문헌법이라고 하여도 그 속에 모든 헌법사항을 빠짐없이 완전히 규율하는 것은 불가능하고 또한 헌법은 국가의 기본법으로서 간결성과 함축성을 추구하기 때문에 형식적 헌법전에는 기재되지 아니한 사항이라도 이를 불문헌법 내지 관습헌법으로 인정할 소지가 있다"고 한다.[29] 그러면서 "특히 **헌법제정 당시 자명하거나 전제된 사항 및 보편적 헌법원리**와 같은 것은 반드시 명문의 규정을 두지 아니하는 경우도 있다"고 한다. 그렇지만 "헌법사항에 관하여 형성되는 관행 내지 관례가 전부 관습헌법이 되는 것은 아니고 강제력이 있는 헌법규범으로서 인정되려면 관습헌법의 성립에 요구되는 요건들이 엄격히 충족되어야 한다"고 한다. 그리고 그러한 요건으로서 ① 계속성(오랜 전통에 의하여 형성된 계속적 관행), ② 항상성(중간에 깨어진 일이 없는 실효적 지속성), ③ 명료성(개인적 견해의 차이를 보일 수 없는 명확한 내용), ④ 국민적 합의(국민들의 승인과 폭넓은 컨센서스)를 든다.

28) 헌재 1996. 4. 25. 92헌바47.
29) 헌재 2004. 10. 21. 2004헌마554등.

하지만 헌법재판소가 관습헌법의 인정요건으로서 제시한 것들은 매우 **형식적인 요건**들에 지나지 않는다. 따라서 그 밖에도 중요한 두 가지 요소, 즉 **실체적인 요건**과 **절차적인 요건**이 고려되어야 한다. 첫째, 헌법주의에 기초하여 법과 국가의 정당성은 인권의 보장으로부터 유래한다. 따라서 헌법에 의하여 규율될 내용인지에 대해서는 **인권과의 관련성**을 고려하여 평가되어야 한다. 이러한 인권과의 관련성은 일정한 관행이나 관례가 헌법적 효력을 가지는 관습헌법으로 인정될 수 있기 위한 실체적인 요건으로 이해된다. 둘째, 헌법은 민주적 정당성을 가진 입법자도 마음대로 처분하거나 포기할 수 없을 만큼 **대단히 중요한 사항**을 규율한다. 따라서 일정한 관행이나 관례가 헌법적 효력을 가지는 관습이 되려면 그러한 정도의 중요성을 가진 내용이어야 한다. 이러한 중요성에 대한 판단은 궁극적으로 헌법제정자인 국민이 합리적인 토론의 절차를 거쳐 결정할 수 있는 것이기 때문에(여기서 "국민적 합의"라는 단순한 사실과 구분된다) 일정한 관행이나 관례가 헌법적 효력을 가지는 관습으로 인정되기 위한 **절차적인 요건**으로 이해된다.

[판례] 위헌심사의 관점

헌법재판소는 위헌법률심판절차에 있어서 규범의 위헌성을 제청법원이나 제청신청인이 주장하는 법적 관점에서만 아니라 심판대상규범의 법적 효과를 고려하여 **모든 헌법적 관점**에서 심사한다. 법원의 위헌제청을 통하여 제한되는 것은 오로지 심판의 대상인 법률조항이지 위헌심사의 기준이 아니다(1996. 12. 26. 96헌가18).

제 5 절 결 정

Ⅰ. 결정의 유형

1. 각하결정

법원의 제청이 법률에서 요구되는 형식적 요건을 갖추지 못하여 부적법한 경우에 헌법재판소는 각하결정을 한다. 예를 들어 재판의 전제성이 없는 경우, 그리고 이미 헌법재판소가 위헌으로 결정한 법률이나 법률조항 또는 이미 폐지된 법률이나 법률조항에 대한 위헌심판을 제청하는 경우에 각하결정을 한다.

2. 단순결정

(1) 합헌결정

위헌의 의심이 있던 법률이나 법률조항이 헌법에 위반되지 않는 것으로 인정되는 경우에 헌법재판소는 합헌결정을 한다. "… 법률은 헌법에 위반되지 아니한다"는 형식으로 주문에 표시된다.

(2) 위헌결정

위헌 여부가 재판의 전제가 되어 위헌심판이 제청된 법률이나 법률조항이 헌법에 위반되는 것으로 인정되는 경우에 헌법재판소는 위헌결정을 한다. 위헌결정을 위해서는 헌법재판관 6인 이상의 찬성이 필요하다(제113조 제1항, 헌재법 제23조 제2항). 위헌결정은 "… 법률은 헌법에 위반된다"는 형식으로 주문에 표시된다.

위헌심판이 제청된 법률이나 법률조항의 일부가 위헌인 경우에는 그 일부에 대해서만 일부위헌결정(양적 일부위헌결정)을 선고할 수 있다. "… 법률조항 중 … 라는 부분은 헌법에 위반된다"라는 형식의 주문으로 표시된다.

법률조항에 대한 위헌결정으로 인해 당해 법률 전체를 시행할 수 없다고 인정되는 경우에 그 전부에 대하여 위헌결정을 할 수 있다(헌재법 제45조 단서). 또한 위헌으로 선언된 법률조항과 특별히 밀접한 관계를 맺으면서 하나의 전체를 형성하고 있는 법률조항도 다른 법률조항에 대한 위헌결정으로 인해 더 이상 적용될 수 없는 경우에 위헌결정을 할 수 있다. 헌법재판소는 이것을 "부수적 위헌선언"이라고 부른다.[30)]

[판례] 심판대상의 확장

'반(反)국가행위자의처벌에관한특별조치법'은 특유의 소송절차나 처벌에 관한 규정들이 모두 위헌으로 실효되고, 이들 법률조항들이 위 특별조치법의 핵심적 규정들이기 때문에 그 핵심적 규정들의 시행이 불가능하므로 위 특별조치법 **전체가 그 존재의미를 상실하게 되고 그 전체가 시행할 수 없는 경우**라고 할 것이다. 그러므로 나머지 점에 관한 판단을 생략하고도 헌법재판소법 제45조 단서규정에 의하여 위 특별조치법 **전체에 대하여 위헌의 결정**을 함이 타당하다(1996. 1. 25. 95헌가5).

[판례] 심판대상의 확장과 부수적 위헌선언

[1] 일정한 법률조항이 위헌으로 선언된 경우에도 위헌으로 선언되지 않은 다른 법률조항들은 효력을 그대로 유지하는 것이 원칙이다. 그러나 **합헌으로 남아 있는 나머지 법률조항만으로는 법적으로 독립된 의미를 가지지 못하거나, 위헌인 법률조항이 나머지 법률조항과 극히 밀접한 관계에 있어서 전체적·종합적으로 양자가 분리될 수 없는 일체를 형성하고 있는 경우, 위헌인 법률조항만을 위헌선언하게 되면 전체규정의 의미와 정당성이 상실되는 때에는** 예외적으로 다른 법률조항 내지 법률 전체를 위헌선언하여야 한다. 왜냐하면 일정한 법률조항이 제도의 핵심적 구성부분이어서 그에 대하여 위헌선언하는 경우에 제도전체의 내적인 평형을 무너뜨리는 결과를 가져와 입법자의 의도가 왜곡되므로 이런 때에는 위헌인 법률조항 이외의 나머지 부분도 함께 위헌선언하는 것이 마땅하기 때문이다(1996. 12. 26. 94헌바1).

[2] 택지소유의 상한을 정한 법 제7조 제1항, 법 시행 이전부터 이미 택지를 소유하고 있는 택지소유자에 대하여도 택지소유 상한을 적용하고 그에 따른 처분 또는 이용·개발의무를 부과하는 부칙 제2조, 그리고 부담금의 부과를 정한 법 제24조 제1항이 위헌으로 결정된다면 **법 전부를 시행할 수 없다고** 인정되므로, 헌법재판소법 제45조 단

30) 헌재 2001. 7. 19. 2000헌마91등; 2003. 9. 25. 2000헌바94등.

서의 규정취지에 따라 법 전부에 대하여 위헌결정을 하는 것이 보다 더 합리적이다(1999. 4. 29. 94헌바37등: 위헌).

[3] 비례대표국회의원선거의 근간이 되는 공직선거법 제189조 제1항(정당별 지역구의석수에 따른 비례대표의석배분방식)이 위헌이라면 그에 부수되는 동조 제2항 내지 제7항은 독자적인 규범적 존재로서의 의미를 잃게 되는바, 그렇다면 이 조항들이 비록 심판대상이 아니지만 함께 위헌선언을 함으로써 법적 명확성을 기하는 것이 상당하므로 그에 대하여도 아울러 위헌선언을 한다(2001. 7. 19. 2000헌마91등: 위헌).

[4] 퇴직연금 지급정지대상기관을 행정자치부령으로 정하도록 위임하고 있는 공무원연금법 제47조 제2호 및 제3호가 포괄위임입법금지의 원칙에 위반된다는 이유로 위헌으로 인정되는 이상 법 제47조 제4호 및 제5호 부분도 같은 이유로 위헌이라고 보아야 할 것이고, 그럼에도 불구하고 이들 부분을 **따로 분리하여 존속시켜야 할 이유가 없으므로** 헌법재판소법 제45조 단서 및 제75조 제6항에 의하여 이들 조항에 대하여도 아울러 위헌을 선고하기로 한다(2003. 9. 25. 2000헌바94등).

[5] 퇴역연금 지급정지대상기관인 정부투자기관·재투자기관을 국방부령으로 정하도록 위임하고 있는 군인연금법 제21조 제5항 제3호, 제4호 및 제5호는 지급정지대상기관의 종류만 다를 뿐 구체적인 대상기관의 선정을 국방부령에 위임하고 지급정지의 요건 및 내용을 대통령령에 위임하면서 구체적으로 범위를 정하지 않고 위임을 하고 있는 점에서는 심판대상조항인 법 제21조 제5항 제2호와 전적으로 동일하다. 따라서 심판대상조항인 법 제21조 제5항 제2호가 포괄위임금지의 원칙에 위반된다는 이유로 위헌으로 인정되는 이상 법 제21조 제5항 제3호, 제4호 및 제5호도 같은 이유로 위헌이라고 보아야 할 것이고 그럼에도 불구하고 이들을 따로 분리하여 존속시켜야 할 이유가 없으므로, 법 제21조 제2호 내지 제5호에 대하여 위헌선언을 하기로 한다(2003. 9. 25. 2001헌가22).

(3) 위헌불선언결정

위헌의견이 다수이나 위헌결정의 정족수인 6인에 미달한 경우(위헌 5 대 합헌 4)에 표시하는 주문의 형식을 말한다. "… 법률은 헌법에 위반된다고 선언할 수 없다"는 형식으로 주문에 표현된다. 위헌결정의 정족수에 미달한 것이므로 결과적으로는 합헌결정과 같다. 최근에는[31] 이 경우에 합헌형식의 주문, 즉 합헌결정[32]이나 기각결정[33]으로 표현하고 있다. 결과적으로는 합헌이지만 실제로는 위헌의견이 합헌의견보다 다수라는 점에서 단순합헌결정과 구분될 수 있다.

[참조] 위헌5 대 합헌4 결정

[1] 토지거래허가제를 규정한 국토이용관리법 조항(1989. 12. 22. 88헌가13: 위헌불선언→위헌의견이 종국심리에 관여한 재판관의 과반수가 되지만 위헌결정의 정족수인 6인에 미달인 때에는 주문에 "헌법에 위반된다고 선언할 수 없다"라고 표시한다)

[2] 1980년해직공무원(解職公務員)의보상(補償)등에관한특별조치법 조항(1993. 5. 13. 90헌바22: 위헌불선언)

31) 헌재 1996. 2. 16. 96헌가2(5.18특별법사건) 이후.

32) 위헌법률심판이나 헌재법 제68조 제2항의 헌법소원심판의 경우: 헌재 1996. 2. 16. 96헌가2등; 2001. 3. 21. 99헌바81등; 2001. 8. 30. 99헌바90; 2003. 8. 21. 2000헌가11등; 2005. 2. 24. 2001헌바71.

33) 헌재법 제68조의 제1항의 헌법소원심판의 경우: 헌재 2000. 12. 14. 2000헌마659; 2003. 3. 27. 2002헌마573.

[3] 5 · 18민주화운동등에관한특별법이 소급입법에 해당하여 위헌인지 여부(1996. 2. 16. 96헌가2: 합헌)
[4] 선거범과 다른 죄의 경합범으로 벌금 100만원 이상을 선고받아 확정된 경우 그 전부를 선거범으로 의제하는 법률조항(1997. 12. 24. 97헌마16: 기각)
[5] 탁주의 공급구역제한제도를 규정하고 있는 주세법 조항(1999. 7. 22. 98헌가5: 합헌)
[6] 국민건강보험법에 의하여 보건복지부장관이 요양급여비용의 산정기준을 개정한 권한을 갖는지 여부(2000. 12. 14. 2000헌마659: 기각)
[7] 수산업법 제81조 제1항에서 정한 어업면허 유효기간 연장불허시의 보상규정이 재산권과 평등권을 침해하는지 여부(2001. 3. 21. 99헌바81; 2002헌바17등: 합헌)
[8] 증여의제를 규정하고 있는 구 상속세법 제34조의2 제2항 중 "현저히 높은 가액" 부분이 과세요건 명확주의에 위반되는지 여부(2001. 8. 30. 99헌바90: 합헌)
[9] 지방교육위원선거에서 교육경력자를 우대하는 법률조항(2003. 3. 27. 2002헌마573: 기각)
[10] 청소년 성매수자에 대한 신상공개를 규정한 청소년의성보호에관한법률 조항(2003. 6. 26. 2002헌가14: 합헌)
[11] 시각장애인에 한해 안마사자격을 인정하는 근거를 직접 법률에 규정하지 않은 의료법 조항(2003. 6. 26. 2002헌가16: 합헌)
[12] 일정수 이상의 근로자를 고용하는 사업주는 기준고용률 이상에 해당하는 장애인을 고용해야 하는 장애인고용의무제 조항(2003. 7. 24. 2001헌바96: 합헌)
[13] 행정청이 아닌 시행자가 도시계획사업을 시행하여 새로이 설치한 공공시설은 그 시설을 관리할 국가 또는 지방자치단체에 무상으로 귀속되도록 한 구 도시계획법 조항을 준용하는 구 주택건설촉진법 조항(2003. 8. 21. 2000헌가11: 합헌)
[14] 전기간선시설의 설치비용을 설치방법에 상관없이 그 설치의무자에게 부담시키는 주택건설촉진법 조항(2005. 2. 24. 2001헌바71: 합헌)
[15] 파산선고 전의 원인에 기한 조세채권의 본세 이외에도 파산선고 후 발생한 가산금채권까지 재단채권에 포함시킴으로써 다른 채권자보다 우선적 지위를 부여하고 있는 파산법 조항(2008. 5. 29. 2006헌가6등: 합헌)
[16] 교도소내 엄중관리대상자를 CCTV가 설치된 독거시설에 수용할 수 있도록 규정한 특별관리대상자 관리지침(법무부 예규)(2008. 5. 29. 2005헌마137등: 기각)
[17] 무면허 의료행위를 금지 및 처벌하는 의료법 및 '보건범죄단속에 관한 특별조치법' 조항(2010.7. 29. 2008헌가19)
[18] 자기 또는 배우자의 직계존속을 고소하지 못하도록 규정한 형사소송법 제224조(2011.2.24. 2008헌바56)
[19] 지역농협의 임원선거와 관련하여 공연히 사실을 적시하여 후보자를 비방한 자에 대한 처벌조항(2012. 11. 29. 2011헌바137)
[20] 전자장치 부착을 통한 위치추적 감시제도의 소급적용(2012. 12. 27. 2010헌가82)
[21] 장기미집행 도시계획시설에 대한 실효제도를 도입하면서 경과규정을 둔 것(2014. 7. 24. 2013헌바387: 합헌)
[22] 대통령령으로 정하는 공공기관 및 공기업으로 하여금 매년 정원의 100분의 3 이상씩 34세 이하의 청년 미취업자를 채용하도록 한 조항(2014. 8. 28. 2013헌마553:합헌)
[23] 비용보상청구권의 제척기간을 무죄판결이 확정된 날부터 6개월로 한 규정(2015. 4. 30. 2014헌바408등: 합헌)
[24] 성적 목적으로 공공장소를 침입한 범죄로 유죄판결이 확정된 자를 신상정보 등록대

상자로 규정한 조항(2016. 10. 27. 2014헌마709: 합헌) → 위 범죄로 유죄판결이 확정된 자로 하여금 그 형의 집행을 종료한 날부터 10년 동안 의료기관을 제외한 아동청소년 관련기관 등을 개설하나 그에 취업할 수 없도록 조항은 위헌

[25] 자율형 사립고등학교(자사고)를 후기학교로 정하여 신입생을 일반고와 동시에 선발하도록 한 조항(2019. 4. 11. 2018헌마221: 합헌) → 자사고를 지원한 학생에게 평준화지역 후기학교에 중복지원을 금지한 조항은 위헌

[26] 신체장애인의 운전면허시험을 위한 이륜자동차를 제공하지 않은 부작위(2020. 10. 29. 2016헌마86) → 위헌의견 5인, 각하의견 4인

[27] 국가보안법상 이적표현물의 소지 및 취득 조항(2023. 9. 26. 2017헌바42: 합헌)

[28] 인체면역결핍바이러스(HIV)에 감염된 후천성면역결핍증(AIDS) 환자의 혈액이나 체액을 통한 전파매개행위에 대한 처벌(2023. 10. 26. 2019헌가30: 합헌)

[29] 탄소중립기본법에 따른 부문별 및 연도별 국가 온실가스 감축목표(2024. 8. 29. 2020헌마389: 합헌)

3. 변형결정

법률에 대한 다양한 해석의 가능성이 존재하는 경우에 위헌적인 해석가능성을 배제하고 합헌적인 해석가능성을 유지시키기 위해서 선택하는 결정형식을 '변형결정'이라고 부른다. 이것은 민주적 정당성에 기초하고 있는 입법자를 존중하고, 권력분립원칙의 관점에서 본질적으로 사법작용인 헌법재판의 성격을 벗어나지 않으며 법규범을 위헌으로 선언함으로써 발생할 수 있는 법적 공백을 막아 법적 안정성을 확보하기 위한 목적에 근거한다.

[판례] 변형결정에 대한 재판관의 재량

헌법재판소법 제45조 본문은 헌법재판소가 법률의 위헌여부만을 심사하는 것이지 결코 위헌제청된 전제사건에 관하여 심판하는 것은 아니라는 것으로 해석하여야 한다. 전제사건에 관한 재판은 법원의 고유권한에 속하기 때문이다. 그리고 현대의 복잡다양한 사회현상, 헌법상황에 비추어 볼 때 헌법재판은 심사대상 법률의 위헌 또는 합헌이라는 양자택일 판단만을 능사로 할 수 없다. 양자택일 판단만이 가능하다고 본다면 다양한 정치 · 경제 · 사회 현상을 규율하는 법률에 대한 합헌성을 확보하기 위한 헌법재판소의 유연하고 신축성있는 적절한 판단을 가로막아 오히려 법적 공백, 법적 혼란 등 **법적 안정성을 해치고, 입법자의 건전한 형성자유를 제약**하고, 나아가 **국가사회의 질서와 국민의 기본권마저 침해할 사태를 초래**할 수도 있다. 따라서 헌법재판소가 행하는 위헌여부 판단이란 그 성질상 사안에 따라 여러가지 변형재판이 필수적으로 요청된다. 그 예로는 한정무효, 헌법불합치, 조건부 위헌, 위헌성의 소지있는 법률에 대한 경고 혹은 개정촉구 등을 들 수 있다. 따라서 헌법재판소법 제47조 제2항 본문의 규정취지도 이에 상응하여 변형해석하는 것이 논리의 필연귀결이다. 즉 제45조에 근거하여 한 변형재판에 대응하여 위헌법률의 실효여부 또는 그 시기도 헌법재판소가 재량으로 정할 수 있는 것으로 보아야 하며 이렇게 함으로써 비로소 헌법재판의 본질에 적합한 통일적, 조화적인 해석을 얻을 수 있는 것이다. 단순위헌의 결정을 하여 그 결정이 있은 날로부터 법률의 효력을 즉시 상실하게 하는 하나의 극에서부터 단순합헌의 결정을 하여 법률의 효력을 그대로 유지시키는 또 하나의 극 사이에서, 문제된 법률

의 효력 상실의 시기를 결정한 날로부터 곧 바로가 아니라 새 법률이 개정될 때까지 일정 기간 뒤로 미루는 방안을 택하는 형태의 결정주문을 우리는 "헌법에 합치되지 아니한다"로 표현하기로 한 것이다. 재판 주문을 어떻게 내느냐의 주문의 방식문제는 민사소송에서 그러하듯 헌법재판에 대하여서도 아무런 명문의 규정이 없으며, 따라서 재판의 본질상 주문을 어떻게 **표시할 것인지는 재판관의 재량에 일임된 사항**이라 할 것이다(1989. 9. 8. 88헌가6).

(1) 한정합헌결정

법률이나 법률조항에 대한 다양한 해석의 가능성들 가운데 헌법에 합치하는 해석가능성으로 한정 축소하여 해석하도록 함으로써 법률이 헌법에 위반되지 않는다고 결정하는 형식을 말한다. " … 인 것으로 해석하는 한 헌법에 위반되지 아니한다"는 주문의 형식으로 표시된다. 한정합헌결정은 법률이나 법률조항에 대한 다양한 해석의 가능성들 가운데 일정한 해석가능성을 제외한 나머지의 해석가능성들은 위헌이라는 취지이기 때문에 한정위헌결정과 마찬가지로 **질적 일부위헌**이라고도 부른다.

[판례] 질적 일부위헌으로서 한정합헌

관여재판관의 평의의 결과는 단순합헌의견 3, 한정합헌의견 5, 전부위헌의견 1의 비율로 나타났는데, 한정합헌의 의견(5)은 질적인 일부위헌이기 때문에 전부위헌의견(1)도 일부위헌의견의 범위 내에서는 한정합헌의 의견과 견해를 같이 한 것이라고 할 것이므로 이 사건 머리에 적은 주문 " … 그러한 해석하에 헌법에 위반되지 아니한다"라는 문구의 취지는 문제가 된 조항에 대한 한정축소해석을 통하여 얻어진 일정한 합헌적 의미를 천명한 것이며 그 의미를 넘어선 확대해석은 바로 헌법에 합치하지 아니하는 것으로서 채택될 수 없다는 뜻이다(1992. 2. 25. 89헌가104).

[판례] 한정합헌결정

[1] **국가보안법** 제7조 제1항 및 제5항(찬양 · 고무) 국가보안법 제7조 제1항 및 제5항의 규정은 각 그 소정의 행위가 국가의 존립 · 안전을 위태롭게 하거나 자유민주적 기본질서에 위해를 줄 명백한 위험이 있을 경우에만 축소적용되는 것으로 해석한다면 헌법에 위반되지 아니한다(1990. 4. 2. 89헌가113; 1990. 6. 25. 90헌가11; 1992. 1. 28. 89헌가8).

[2] **도로교통법** 제50조 제2항(교통사고를 일으킨 운전자의 신고의무) 교통사고를 일으킨 운전자에게 신고의무를 부담시키고 있는 도로교통법 제50조 제2항, 제111조 제3호는, 피해자의 구호 및 교통질서의 회복을 위한 조치가 필요한 범위 내에서 교통사고의 객관적 내용만을 신고하도록 한 것으로 해석하고, 형사책임과 관련되는 사항에는 적용되지 아니하는 것으로 **해석하는 한** 헌법에 위반되지 아니한다(1990. 8. 27. 89헌가118).

[3] **구 집회및시위에관한법률** 제3조 제1항(현저히 사회적 불안을 야기시킬 우려가 있는 집회 또는 시위) 여기에서 규정된 바 집회 또는 시위가 공공의 안녕과 질서에 직접적 위협을 가할 것이 명백한 경우에 적용된다고 할 것이므로, **이러한 해석하에서는** 헌법에 위반되지 아니한다(1992. 1. 28. 89헌가8).

[4] **군사기밀보호법** 제6조(군사기밀의 범위) 군사기밀의 범위는 국민의 표현의 자유 내지 "알 권리"의 대상영역을 최대한 넓혀줄 수 있도록 필요한 최소한도에 한정되어야

할 것이며, 따라서 군사기밀보호법 제6조, 제7조, 제10조는 동법 제2조 제1항의 "군사상의 기밀"이 비공지의 사실로서 적법절차에 따라 군사기밀로서의 표지를 갖추고 그 누설이 국가의 안전보장에 명백한 위험을 초래한다고 볼 만큼의 실질가치를 지닌 것으로 인정되는 경우에 한하여 적용된다 할 것이므로 **그러한 해석하에** 헌법에 위반되지 아니한다(1992. 2. 25. 89헌가104).

[5] **국가보안법** 제9조 제2항(편의제공) 따라서 위 조항에서 처벌대상으로 되어야 할 것은 편의제공행위 가운데서 국가의 존립이나 자유민주적 기본질서에 실질적 해악을 미칠 구체적이고 명백한 위험성이 있는 경우로 **축소제한하여야 할 것이고 이와 같은 해석하에서** 위 조항은 헌법에 위반되지 아니한다(1992. 4. 14. 90헌마23).

[6] **한국보훈복지공단법 부칙** 제4조 제2항 후단(원호기금의 공단귀속) 한국보훈복지공단법 부칙 제4조 제2항 후단은, 보훈기금법 부칙 제5조를 전제로 하는 규정이므로 전제되는 보훈기금법 부칙 제5조의 위헌 여부에 따라서 그에 의존한 위 한국보훈복지공단법 부칙 규정의 위헌 여부가 결정되는 조건관계에 있다. 그런데 보훈기금법 시행 전에 이미 이 사건 분조합의 자산 및 부채가 대한민국에 정당히 귀속되었다면 그 귀속은 실제적 권리의무관계에 부합할 수 있다. 그러므로 한국보훈복지공단법 부칙 제4조 제2항 중 구 원호기금법 부칙 제5조에 관한 부분은, "원호대상자정착직업재활조합 서울목공분조합"으로부터 "원호기금"(현재의 보훈기금)에로의 자산 및 부채 귀속이 정당한 한, 헌법에 위반되지 않는다(1994. 4. 28. 92헌가3).

[7] **구 지방세법** 제31조 제2항 제3호 단서(당해 재산에 대하여 부과되는 지방세) 구 지방세법 제31조 제2항 제3호 단서 중 "당해 재산에 대하여 부과되는 지방세"라는 부분은 그 안에 당해 재산과 관련하여 부과되는 강학상의 수득세, 소비세 및 유통세까지도 모두 포함하거나 또는 그 일부가 포함되는 것으로 이를 넓게 해석하는 한, 조세법률주의의 이념인 국민의 경제생활에 관한 예측가능성의 보장을 허물고 기본권 제한입법의 한계와 재산권보장에 관한 헌법규정에도 위배될 것이나, 이를 당해 재산의 소유 그 자체에 담세력을 인정하여 부과하는 **강학상의 재산세에 한하여 적용되는 것으로 좁게 해석하는 한** 헌법에 위반되지 아니한다(1994. 8. 31. 91헌가1; 2000. 7. 20. 98헌바91).

[8] **구 국가보안법** 제5조 제1항(자진지원) 구 국가보안법의 입법목적, "국가기밀"의 일반적 의미 내지 실질적 요건 및 죄형법정주의에서 요구되는 명확성의 원칙과 죄형균형의 요청, 그리고 국가안보와 국민의 표현의 자유 내지 "알 권리"와의 조화의 요청 등을 고려할 때, 같은 법 제5조 제1항 중 "제4조 제1항 제2호 중단에 관한 부분"은 그 소정의 "국가기밀"을 일반인에게 알려지지 아니한 것으로서 그 내용이 누설되는 경우 국가의 안전에 명백한 위험을 초래한다고 볼 만큼의 실질가치를 지닌 사실, 물건 또는 지식이라고 해석하여야 하고, 이와 같이 **한정해석을 하는 한** 헌법에 위반되지 아니한다(1997. 1. 16. 89헌마240).

[9] **국가보안법** 제8조 제1항(회합·통신) 따라서 이 조항 소정행위 가운데 국가의 존립·안전이나 그 헌법적 기반인 자유민주적 기본질서에 무해한 행위는 처벌에서 배제하고 이에 해악을 끼칠 명백한 위험이 있는 경우에만 이 조항을 적용하도록 그 **적용범위를 축소제한하면** 헌법합치적 해석이 되고 위와 같은 위헌성은 제거될 수 있다고 보여진다(1997. 1. 16. 92헌바6등).

[10] **국가보안법** 제6조 제2항(목적수행 잠입·탈출) 국가보안법 제6조 제2항(목적수행 잠입·탈출)은 그 소정의 행위가 국가의 존립·안전이나 자유민주적 기본질서에 해악을 끼칠 명백한 위험성이 있는 경우에만 이를 적용하는 것으로 그 **적용범위를 축소제한한**

하면 헌법에 합치된다(1998. 8. 27. 97헌바85 2002. 4. 25. 99헌바27).

[11] **구 소득세법** 제23조 제4항 제1호 단서(실지거래가액에 의한 양도가액 산정), 제45조 제1항 제1호 가목 단서(실지거래가액에 의한 취득가액 산정) 개정전의 구법조항에 관하여 한정위헌 결정(1995. 11. 30. 94헌바40등)을 선고하였고, 이 사건에서 위 결정과 달리 판단해야 할 사정 변경은 없으므로, 위 결정에서 위헌으로 선고된 부분, 즉 실지거래가액에 의할 경우를 그 실지거래가액에 의한 세액이 그 본문의 기준시가에 의한 세액을 초과하는 경우까지를 포함하여 대통령령에 위임한 부분 이외에는 헌법에 위반되지 아니한다(1998. 8. 27. 97헌바85).

[12] **국세기본법** 제35조 제1항 제3호(재산에 대한 국세와 가산금) 이 부분 중 당해 재산의 소유 그 자체를 과세의 대상으로 하여 부과하는 국세와 가산금을 제외하는 부분은 헌법에 위반되지 아니한다(1999. 5. 27. 97헌바8).

[13] **구 지방세법** 제31조 제2항 제3호 단서(당해 재산에 대한 지방세와 가산금) 이 부분은 그 안에 당해 재산과 관련하여 부과되는 강학상의 수득세, 소비세 및 유통세까지도 모두 포함하거나 또는 그 일부가 포함되는 것으로 이를 넓게 해석하는 한, 조세법률주의의 이념인 국민의 경제생활에 관한 예측가능성의 보장을 허물고 기본권 제한 입법의 한계와 재산권보장에 관한 헌법규정에도 위배될 것이나, 이를 당해 재산의 소유 그 자체에 담세력을 인정하여 부과하는 강학상의 재산세에 한하여 적용되는 것으로 좁게 해석하는 한 헌법에 위반되지 아니한다(2000. 7. 20. 98헌바91).

(2) 한정위헌결정

법률이나 법률조항에 대한 다양한 해석의 가능성들 가운데 헌법에 위반되는 해석가능성만을 배제하여 해석하도록 함으로써 법률이 그러한 경우에만 위반된다고 결정하는 형식을 말한다. "… 인 것으로 해석하는 한 헌법에 위반된다"는 주문의 형식으로 표시된다. 법률이나 법률조항의 일부를 위헌으로 선언하는 결정을 '양적 일부위헌결정'이라고 하는 것과 달리 한정위헌결정은 법률이나 법률조항의 의미에 대한 다양한 해석가능성 가운데 일부를 위헌으로 선언하기 때문에 '질적 일부위헌결정'이라고 하여 구분하기도 한다.

[판례] 한정위헌결정

[1] 보훈기금법 부칙 제5조(이 법 시행 전에 해산된 원호대상자 직업재활법에 의한 원호대상자 정착직업재활조합 서울목공 분조합의 자산 및 부채는 기금에 귀속)는 이를 서울목공 분조합의 자산 및 부채 귀속의 근거규정으로 해석하는 한, 헌법 제23조 제1항, 제3항에 위반된다(1994. 4. 28. 92헌가3).

[2] **상속세법** 제7조의2 제1항(상속개시일 전 2년 이내에 피상속인이 상속재산을 처분한 경우의 상속세과세가액산입 규정) 이 조항 중 "용도가 객관적으로 명백하지 아니한 것 중 대통령령으로 정하는 경우"를 추정규정으로 보지 아니하고 간주규정으로 해석하는 것은 헌법에 위반된다(1995. 9. 28. 94헌바23; 2003. 12. 18. 2002헌바99).

[3] **헌법재판소법** 제68조 제1항(법원의 재판을 헌법소원심판의 대상에서 배제) 헌법재판소법 제68조 제1항이 원칙적으로 헌법에 위반되지 아니한다고 하더라도, 법원이 헌법재판소가 위헌으로 결정하여 그 효력을 전부 또는 일부 상실하거나 위헌으로 확인된 법률을 적용함으로써 국민의 기본권을 침해한 경우에도 법원의 재판에 대한 헌법소원이 허용되지 않는 것으로 해석한다면, 위 법률조항은 **그러한 한도 내에서 헌법에**

위반된다(1997. 12. 24. 96헌마172등; 2016. 4. 28. 2016헌마33).

[4] **상호신용금고법** 제37조의3 제1항(임원과 과점주주의 연대책임) 임원과 과점주주에게 연대책임을 부과하는 것 자체가 위헌이 아니라 부실경영에 기여한 바가 없는 임원과 과점주주에게도 연대책임을 지도록 하는 것이 위헌이라는 점에서 연대책임을 지는 임원과 과점주주의 범위를 적절하게 제한함으로써 그 위헌성이 제거될 수 있을 뿐만 아니라, 위 상호신용금고법 제37조의3을 단순위헌으로 선언할 경우 임원과 과점주주가 금고의 채무에 대하여 단지 상법상의 책임만을 지는 결과가 발생하고 이로써 예금주인 금고의 채권자의 이익이 충분히 보호될 수 없기 때문에, 가급적이면 위 법규정의 효력을 유지하는 쪽으로 이를 해석하는 것이 바람직하다. 따라서 이 사건 법률조항은 '부실경영의 책임이 없는 임원'과 '금고의 경영에 영향력을 행사하여 부실의 결과를 초래한 자 이외의 과점주주'에 대해서도 연대채무를 부담하게 하는 **범위 내에서** 헌법에 위반된다(2002. 8. 29. 2000헌가5등).

[5] **구 새마을금고법** 제66조 제2항 제1호(감독기관의 승인을 얻어야 할 사항에 대하여 승인을 얻지 아니한 행위의 처벌) 이 조항의 "승인"에 관한 부분은 새마을금고법시행령 제23조의 "승인"에 대하여 **적용하는 한** 헌법에 위반된다(2003. 3. 27. 2001헌바39).

[6] **구 국민의료보험법** 제41조 제1항(보험급여제한사유에 경과실에 의한 범죄행위 포함) 이 조항의 "범죄행위"에 고의와 중과실에 의한 범죄행위 이외에 경과실에 의한 범죄행위가 포함되는 것으로 **해석하는 한** 이는 헌법에 위반된다(2003. 12. 18. 2002헌바1).

[7] **화물자동차운수사업법시행규칙** 제3조 후단 제2호(정원제한조항), **화물자동차운수사업법** 제2조 제3호 후문, **화물자동차운수사업법시행규칙** 제3조의2 제1항, 제2항(화물제한조항) 이 조항은 2001년 11월 30일 전에 화물자동차운송사업의 등록을 한 6인승 밴형화물자동차운송사업자에게 **적용되는 한** 헌법에 위반된다(2004. 12. 16. 2003헌마226등).

[8] **공직선거법** 제86조 제1항 제2호(공무원의 선거운동 관여행위 금지) 공무원에 대해서 선거운동의 기획에 참여하거나 그 기획의 실시에 관여하는 행위를 금지시키는 법률조항은 공무원의 정치적 표현의 자유를 침해한다. 그런데 그러한 위헌성은 공무원이 '그 지위를 이용하여' 하는 선거운동의 기획행위 외에 사적인 지위에서 하는 선거운동의 기획행위까지 포괄적으로 금지하는 것에서 비롯된 것이므로, 이 사건 법률조항은 공무원의 지위를 이용하지 아니한 행위에까지 적용되는 한 헌법에 위반된다(2008. 5. 29. 2006헌마1096). → 종래의 합헌결정(2005. 6. 30. 2004헌바33)을 변경하는 판례

[9] **'축산물의 소비 촉진 등에 관한 법률'** 제11조 제1항 전단(의무거출금제도) 법규정들은 도축업자에게 거출금을 강제로 징수할 의무를 부과하고 있지 않으므로 이 사건 규정들을 거출금 강제징수의무를 부과하고 있는 것으로 해석하는 것은 청구인들의 직업수행의 자유를 침해하는 것으로 헌법에 위반된다(2008. 10. 30. 2006헌바1).

[10] **구 지방세법** 제112조 제2항 제4호(고급오락장에 대한 취득세 중과세율) 이 사건 법률조항은 고급오락장으로 사용할 목적 없는 취득에 대하여도 적용되는 한도 내에서 과잉금지원칙을 위반한 것이라 할 것이다. … 이 사건 법률조항이 '고급오락장으로 사용할 목적을 가지지 않은 취득행위'에 대하여도 적용되는 것은 불합리한 차별취급에 해당하여 평등원칙에 위반된다 할 것이다(2009. 9. 24. 2007헌바87).

[11] 형사소송법 제262조 제4항 전문(법원의 재정신청 기각결정에 대해 불복할 수 없다는 규정) 법 제262조 제4항 전문의 '불복'에 법 제415조의 재항고가 포함되는 것으로 해석하는 한, 기각결정에 대한 불복불허 규정은 재정신청인인 청구인들의 재판청구권을 침해하고, 법 제415조의 재항고가 허

용되는 고등법원의 여타 결정을 받은 사람에 비하여 합리적 이유 없이 재정신청인을 차별취급함으로써 청구인들의 평등권을 침해한다(2011. 11. 24. 2008헌마578).

[12] 구 공직선거법 제93조 제1항 및 공직선거법 제255조 제2항 제5호 중 제93조 제1항의 각 '기타 이와 유사한 것'과 공직선거법 제93조 제1항 및 공직선거법 제255조 제2항 제5호 중 제93조 제1항의 각 '그 밖에 이와 유사한 것'에, '정보통신망을 이용하여 인터넷 홈페이지 또는 그 게시판 · 대화방 등에 글이나 동영상 등 정보를 게시하거나 전자우편을 전송하는 방법'이 포함되는 것으로 해석하는 한 헌법에 위반된다(2011. 12. 29. 2007헌마1001).

[13] 구 조세감면규제법(1993. 12. 31. 법률 제4666호로 전부 개정된 것)의 시행에도 불구하고 구 조세감면규제법(1990. 12. 31. 법률 제4285호) 부칙 제23조가 실효되지 않은 것으로 해석하는 것은 헌법에 위반됨을 확인한다(2012. 5. 31. 2009헌바123; 2012. 7. 26. 2009헌바35).

[14] 법원조직법 부칙 제1조 단서 중 제42조 제2항에 관한 부분 및 제2조는 2011. 7. 18. 당시 사법연수생의 신분을 가지고 있었던 자가 사법연수원을 수료하는 해의 판사 임용에 지원하는 경우에 적용되는 한 헌법에 위반된다(2012. 11. 29. 2011헌마786).

[15] 형법상 수뢰죄의 주체인 공무원에 국가공무원법이나 지방공무원법에 따른 공무원이 아니고 공무원으로 간주되는 사람도 아닌 제주자치도 위촉위원이 포함된다고 해석하는 것은 법률해석의 한계를 넘은 것으로서 죄형법정주의에 위배된다(2012. 12. 27. 2011헌바117).

[16] 야간시위를 금지하는 집시법 제10조 본문에는 위헌적인 부분과 합헌적인 부분이 공존하고 있으며, 위 조항 전부의 적용이 중지될 경우 공공의 질서 내지 법적 평화에 대한 침해의 위험이 높아, 일반적인 옥외집회나 시위에 비하여 높은 수준의 규제가 불가피한 경우에도 대응하기 어려운 문제가 발생할 수 있으므로, 현행 집시법의 체계 내에서 시간을 기준으로 한 규율의 측면에서 볼 때 규제가 불가피하다고 보기 어려움에도 시위를 절대적으로 금지하여 위헌성이 명백한 부분에 한하여 위헌 결정을 한다. 심판대상조항들은, 이미 보편화된 야간의 일상적인 생활의 범주에 속하는 '해가 진 후부터 같은 날 24시까지의 시위'에 적용하는 한 헌법에 위반된다(2014. 3. 27. 2010헌가2등; 2014. 4. 24. 2011헌가29).

(3) 헌법불합치결정

헌법불합치결정이란 법률이나 법률조항이 헌법에 위반되었음을 인정하면서도 위헌으로 선언하여 곧바로 효력을 상실시키지 않고 단순히 헌법에 합치하지 않는다고 선언하여 일정기간 효력을 유지시키는 결정을 말한다. "… 법률은 헌법에 합치하지 아니한다"는 형식의 주문으로 표시된다. ① 수혜적 법률이 그 자체는 문제가 되지 않지만 평등원칙이나 다른 법익을 합리적으로 고려하지 않아 헌법에 위반된다는 결정을 받게 되면 이미 존재하는 혜택마저도 상실시키게 되는 경우라든지,[34] ② 위헌으로 결정된 법률이나 법률조항을 무효로 선언하여 법질서로부터 배제시킬 때 발생하는 법적 공백이나 혼란을 방지할 필요가 있는 경우에[35] 헌법불합치결정의 형식이 사용된다. 하지만 2007년에 제4기 재판부가 출범한 이후 헌법불합치 결정이 급증하고 있는 현실은 헌법재판소

34) 헌재 1997. 8. 21. 94헌바19등.

35) 헌재 1999. 10. 21. 97헌바26; 1999. 5. 27. 98헌바70; 2003. 1. 30. 2001헌바64(전통사찰보존법).

가 스스로 제시한 헌법불합치 결정의 요건에 구속되지 않고 있다는 사실을 보여준다. 대표적인 헌법불합치결정으로는 친생부인의 소의 제척기간으로서 출생을 안 날로부터 1년 내,[36] 출생에 의한 국적취득과 관련된 부계혈통주의,[37] 재외동포법의 적용대상에서 정부수립이전 이주동포의 제외,[38] 국가유공자의 가족에 대한 가산점제도,[39] 태아성별의 고지금지,[40] 야간옥외집회에 대한 일반적 금지,[41] 중혼의 취소권자에서 직계비속 제외,[42] 혼인 종료 후 300일 이내에 출생한 자에 대한 전남편의 친생자 추정,[43] 보호의무자 2인의 동의와 정신건강의학과 전문의 1인의 진단으로 허용되는 정신질환자에 대한 보호입원,[44] 양심적 병역거부자를 위한 대체복무제의 미규정,[45] 낙태죄,[46] 근친혼금지를 위반한 혼인의 무효,[47] 강제퇴거대상자에 대한 보호기간의 상한 없는 보호,[48] 선거에 영향을 미치는 화환설치의 금지,[49] 아동 · 청소년이용음란물 소지죄로 형이 확정된 자의 공무원 결격사유,[50] 친족간 재산범죄의 일률적 형면제(친족상도례),[51] 2030년까지의 중장기 국가 온실가스 감축목표,[52] 정신병원에 한의과 진료과목 추가설치에 관한 규정을 두지 않은 부작위,[53] 국가유공자의 유족인 자녀 중 연장자 우선[54] 등을 들 수 있다. 헌법불합치결정을 받은 입법은 대체로 계속적용이 명해지지만 적용중지가 명해지기도 한다.

Ⅱ. 결정의 효력

1. 합헌결정의 효력

합헌결정에 대해서는 기속력이 인정되지 않는다. 왜냐하면 ① 헌법재판소법 제47조 제1항에서 명시적으로 위헌결정에 대해서만 기속력을 인정하고 있고, ② 헌법재판소

36) 헌재 1997. 3. 27. 95헌가14등.
37) 헌재 2000. 8. 31. 97헌가12.
38) 헌재 2001. 11. 29. 99헌마494.
39) 헌재 2006. 2. 23. 2004헌마675등.
40) 헌재 2008. 7. 31. 2004헌마1010등.
41) 헌재 2009. 9. 24. 2008헌가25.
42) 헌재 2010. 7. 29. 2009헌가8.
43) 헌재 2015. 4. 30. 2013헌마623.
44) 헌재 2016. 9. 29. 2014헌가9.
45) 헌재 2018. 6. 28. 2011헌바379등.
46) 헌재 2019. 4. 11. 2017헌바127.
47) 헌재 2022. 10. 27 2018헌바115.
48) 헌재 2023. 3. 23. 2020헌가1등.
49) 헌재 2023. 6. 29. 2023헌가12.
50) 헌재 2023. 6. 29. 2020헌마1605등.
51) 헌재 2024. 6. 27. 2020헌마468등.
52) 헌재 2024. 8. 29. 2020헌마389등.
53) 헌재 2025. 1. 23. 2021헌마886.
54) 헌재 2025. 4. 10. 2024헌가12등.

는 법률의 해석 · 적용에 관한 의견을 변경할 수 있으며, ③ 상황의 변화나 재판관의 변화에 따라 의견을 달리 할 수 있기 때문이다.[55] 헌법재판소도 이미 합헌결정이 선언된 법률이나 법률조항에 대해서 다시 위헌제청이 있는 경우에 이러한 제청을 적법한 것으로 보아 합헌결정의 기속력을 부인하고 있다.[56] 따라서 법원은 재판의 전제가 된 법률이나 법률조항에 대한 위헌 여부에 대하여 이미 합헌결정이 있다고 하더라도 그 법률이나 법률조항이 위헌이라는 합리적인 의심이 있는 경우에는 위헌여부심판을 제청할 수 있다.

2. 위헌결정의 효력

위헌으로 결정된 법률이나 법률조항에 대해서는 문제가 된 당해사건에서 개별적으로 적용을 배제하거나 일반적으로 효력을 상실시킬 수도 있다. 현행 법률은 위헌으로 결정된 법률이나 법률조항의 일반적 효력상실의 효과를 규정한다(헌재법 제47조 제2항).

(1) 법률의 효력상실

1) 학 설 위헌결정을 받은 법률의 효력상실에 대해서는 ① 당연무효설과 ② 폐지무효설이 주장된다. 첫째로, **당연무효설**에 따르면 위헌으로 결정된 법률이나 법률조항은 위헌이 된 시점부터 당연히 무효다. 따라서 위헌으로 결정된 법률이나 법률조항은 위헌이 된 시점까지 **소급적으로 무효**가 된다. 그리고 헌법재판소의 위헌결정은 당연하고 소급적인 효력상실의 효과를 확인하는 '선언적인' 의미만을 갖게 된다. 이러한 주장은 헌법을 최고정점으로 하는 통일된 법질서의 체계 안에서 헌법에 위반되는 법률은 처음부터 허용되지 않는다는 점을 근거로 삼는다. 둘째로, **폐지무효설**에 따르면 위헌으로 결정된 법률이나 법률조항은 위헌이 된 시점부터 당연히 무효가 되는 것이 아니다. 따라서 위헌으로 결정된 법률이나 법률조항은 반드시 위헌이 된 시점까지 소급적으로 무효가 되는 것은 아니다. 이에 따르면 위헌으로 결정된 날로부터 효력을 상실하는 **장래효**나 위헌으로 결정된 날로부터 일정한 기간이 지난 후에야 비로소 효력을 상실하는 **미래효**를 규정하는 것도 가능한 것이다. 그렇기 때문에 헌법재판소의 위헌결정은 효력상실의 효과를 비로소 발생시키는 '형성적인' 의미를 갖게 된다. 이러한 주장은 법치주의 원리의 한 내용인 법적 안정성의 이념을 근거로 삼는다.

2) 법률규정 헌법재판소법에 따르면 위헌으로 결정된 법률이나 법률조항은 원칙적으로 **결정이 있은 날로부터 효력을 상실**한다(헌재법 제47조 제2항). 이처럼 원칙적으로 '소급효'를 부정하면서 '장래효'를 갖도록 하고, 단지 예외적으로만 소급효를 인정하고 있다. 즉 위헌으로 결정된 형벌에 관한 법률이나 법률조항에 대해서는 소급효를 인정하

---

55) 정종섭b, 336면.

56) 예를 들어 간통죄의 경우 합헌결정이 선언된 형법 제241조에 대해 여러 차례에 걸쳐 위헌여부심판이 이루어졌다. 헌재 1990. 9. 10. 89헌마82(1차: 합헌); 1993. 3. 11. 90헌가70(2차: 합헌); 2001. 10. 25. 2000헌바60(3차: 합헌); 2008. 10. 30. 2007헌가17(4차: 합헌); 2015. 2. 26. 2009헌바17(5차: 위헌).

기 때문에(동법 제47조 제3항 본문) 그러한 법률이나 법률조항에 근거하여 유죄로 확정된 판결에 대해서는 재심을 청구할 수 있다(동법 동조 제4항). 그러나 해당 법률 또는 법률의 조항에 대하여 종전에 합헌으로 결정한 사건이 있는 경우에는 그 결정이 있는 날의 다음 날로 소급하여 효력을 상실하기 때문에(동법 동조 제3항 단서) 이 경우 합헌결정이 있는 날까지의 유죄 확정 판결에 대해서는 소급효가 인정되지 않아 재심청구가 제한된다. 또한 위헌으로 결정된 형벌에 관한 법률이나 법률조항이 당사자에게 형사상 불이익을 초래하게 될 경우에는 소급효가 인정되지 않는다.

[판례] 형벌에 관한 법률의 소급효에 대한 제한

헌법재판소법 제47조 제2항 단서(2014. 5. 20. 법률 제12597호로 개정된 헌재법 제47조 제3항 본문과 같은 내용-필자주)의 규정취지는 형벌에 관한 법률조항에 있어서는 이를 소급적으로 실효시킴으로써 당해 법률조항이 적용되는 유죄판결을 제거 내지 방지함으로써 **실질적 정의**를 실현하는 것이 법치국가의 원리의 또 다른 이념인 **법적 안정성의** 요청보다 중요하며, 형사판결에서 있어서의 실질적 정의는 위헌적인 법률을 적용한 확정된 유죄판결에까지도 그 법률에 대한 위헌결정의 효력을 미치게 할 때에 실현될 수 있다는 데 있다. 그런데 이 사건 법률조항인 특례법 제4조 제1항은 비록 형벌에 관한 것이기는 하지만 **불처벌의 특례**를 규정한 것이어서 위 법률조항에 대한 위헌결정의 소급효를 인정할 경우 오히려 그 조항에 의거하여 형사처벌을 받지 않았던 자들에게 형사상의 불이익이 미치게 되므로 이와 같은 경우까지 헌법재판소법 제47조 제2항 단서의 적용범위에 포함시키는 것은 그 규정취지에 반한다(1997. 1. 16. 90헌마110등).

이렇게 원칙적으로 장래효를 인정하면서 예외적으로만 소급효를 인정하고 있는 헌법재판소법 제47조 제2항은 폐지무효설에 따르면 위헌의 문제가 발생하지 않지만 당연무효설에 따르면 위헌의 문제가 발생할 수 있다. 왜냐하면 당연무효설에 따르면 모든 경우에 소급효가 인정되어야 하기 때문이다. 폐지무효설도 소급효를 완전히 부정하는 것은 아니기 때문에 이 문제의 본질은 모든 경우에 소급효를 인정하지 않음으로써 평등원칙에 위반될 수 있다는 데 있다. 하지만 평등원칙은 모든 불리한 대우를 허용하지 않는 것이 아니라 합리적 근거가 있는 불리한 대우는 허용하기 때문에 모든 경우에 소급효를 인정하지 않는다고 해도 반드시 평등원칙에 위반된다고 할 수는 없다.

3) 판 례 헌법재판소는 원칙적 장래효와 예외적 소급효라는 헌법재판소법의 규정에도 불구하고 규범통제의 특수한 성격을 근거로 예외적 소급효가 적용되는 범위를 확대하기도 한다. 소급효를 인정하지 않음으로써 얻을 수 있는 법적 안정성이나 신뢰보호원칙과 같은 헌법적 가치보다 당사자의 권리구제라는 구체적 정의나 형평과 같은 헌법적 가치가 우월한 경우에는 소급효를 인정하는 것이다. 따라서 ① 법원의 제청이나 헌법소원의 청구 등을 통하여 헌법재판소에 법률의 위헌결정을 위한 계기를 부여한 **당해 사건**, ② 위헌결정이 있기 전에 이와 **동종의** 위헌 여부에 관하여 헌법재판소에 위헌제청을 하였거나 법원에 위헌제청신청을 한 경우의 당해 사건, 그리고 ③ 따로 위헌제

청신청을 아니하였지만 당해 법률 또는 법률의 조항이 **재판의 전제가 되어 법원에 계속 중인 사건**에 대하여는 소급효를 인정한다. 또한 ④ **소급효의 부인이 오히려 정의와 형평 등 헌법적 이념에 심히 배치되는** 경우에도 소급효를 인정한다.

한편 대법원은 위헌결정 이후에 당해 법률 또는 법률조항이 재판의 전제가 되었음을 이유로 제소된 일반사건에도 소급효를 인정하여 소급효의 범위를 헌법재판소보다 더 확대하고 있다. 헌법재판소는 적어도 위헌결정 이전에 제소된 사건에 대해서만 원칙적으로 소급효를 인정하고 위헌결정 이후에 제소된 사건에 대해서는 예외적으로 소급효를 인정한다. 하지만 대법원은 위헌결정 이후에 제소된 사건에 대해서도 원칙적으로 소급효를 인정함으로써 당사자가 위헌결정 이후에라도 법원에 제소하면 권리를 구제받을 수 있게 된다. 다만 법적 안정성 등에 반할 때에는 예외적으로 소급효를 배제한다.

[판례] 소급효가 인정되는 경우

① 헌법재판소에 의하여 위헌으로 선고된 법률 또는 법률의 조항이 제정 당시로 소급하여 효력을 상실하는가 아니면 장래에 향하여 효력을 상실하는가의 문제는 특단의 사정이 없는 한 헌법적합성의 문제라기보다는 입법자가 법적 안정성과 개인의 권리구제 등 제반이익을 **비교형량하여 가면서 결정할 입법정책의 문제**인 것으로 보인다. 우리 입법자는 법 제47조 제2항 본문의 규정을 통하여 형벌법규를 제외하고는 법적 안정성을 더 높이 평가하는 방안을 선택하였는바, 이에 의하여 구체적 타당성이나 평등의 원칙이 완벽하게 실현되지 않는다고 하더라도 헌법상 법치주의의 원칙의 파생인 법적 안정성 내지는 신뢰보호의 원칙에 의하여 정당화된다 할 것이고, 특단의 사정이 없는 한 이로써 헌법이 침해되는 것은 아니라 할 것이다. ② 다만 효력이 다양할 수밖에 없는 위헌결정의 특수성 때문에 예외적으로 그 적용을 배제시켜 **부분적인 소급효의 인정을 부인해서는 안 될 것**이다. 우선 생각할 수 있는 것은, **구체적 규범통제의 실효성의 보장**의 견지에서 법원의 제청이나 헌법소원의 청구 등을 통하여 헌법재판소에 법률의 위헌결정을 위한 계기를 부여한 **당해 사건**, 위헌결정이 있기 전에 이와 **동종**의 위헌 여부에 관하여 헌법재판소에 위헌제청을 하였거나 법원에 위헌제청신청을 한 경우의 당해 사건, 그리고 따로 위헌제청신청을 아니하였지만 당해 법률 또는 법률의 조항이 **재판의 전제가 되어 법원에 계속 중인 사건**에 대하여는 소급효를 인정하여야 할 것이다. 또 다른 한가지의 불소급의 원칙의 예외로 볼 것은, 당사자의 권리구제를 위한 구체적 타당성의 요청이 현저한 반면에 소급효를 인정하여도 법적 안정성을 침해할 우려가 없고 나아가 구법에 의하여 형성된 기득권자의 이익이 해쳐질 사안이 아닌 경우로서 **소급효의 부인이 오히려 정의와 형평 등 헌법적 이념에 심히 배치되는** 때라고 할 것으로, 이때에 소급효의 인정은 법 제47조 제2항 본문의 근본취지에 반하지 않을 것으로 생각한다. ③ 어떤 사안이 후자와 같은 테두리에 들어가는가에 관하여는 다른 나라의 입법례에서 보듯이 본래적으로 규범통제를 담당하는 헌법재판소가 위헌선언을 하면서 직접 그 결정주문에서 밝혀야 할 것이나, 직접 밝힌 바 없으면 그와 같은 경우에 해당하는가의 여부는 일반 법원이 구체적 사건에서 해당 법률의 연혁, 성질, 보호법익 등을 검토하고 제반이익을 형량해서 합리적, 합목적적으로 정하여 대처할 수밖에 없을 것으로 보인다(1993. 5. 13. 92헌가10; 2000. 8. 31. 2000헌바6;2001. 12. 20. 2001헌바7; 2008. 9. 25. 2006헌바108; 2013. 6. 27. 2010헌마535).

[판례] 소급효에 대한 대법원의 견해

헌법재판소의 위헌결정의 효력은, 위헌제청을 한 당해 사건, 위헌결정이 있기 전에 이와 동종의 위헌여부에 관하여 헌법재판소에 위헌여부심판제청을 하였거나 법원에 위헌여부심판제청신청을 한 경우의 당해 사건과 따로 위헌제청신청은 아니하였지만 당해 법률 또는 법률의 조항이 재판의 전제가 되어 법원에 계속중인 사건뿐만 아니라 **위헌결정 이후에 위와 같은 이유로 제소된 일반사건**에도 미친다. 위헌결정의 효력은 그 미치는 범위가 무한정일 수는 없고 법원이 위헌으로 결정된 법률 또는 법률의 조항을 적용하지는 않더라도 다른 법리에 의하여 그 소급효를 제한하는 것까지 부정되는 것은 아니라 할 것이며, **법적 안정성의 유지나 당사자의 신뢰보호를 위하여 불가피한 경우에 위헌결정의 소급효를 제한하는** 것은 오히려 법치주의의 원칙상 요청되는 바라 할 것이다(대판 1994. 10. 25. 93다42740).

4) 비판과 대안 위헌결정에 대하여 소급효를 인정할 것인지의 문제는 소급효를 인정하지 않음으로써 얻을 수 있는 법적 안정성의 가치와 소급효를 인정함으로써 얻을 수 있는 정의의 가치를 어떻게 조화시킬 것인지의 문제다. 이런 맥락에서 모든 경우에 소급효를 인정해야 한다는 당연무효설은 지나치게 정의의 가치만을 강조하는 견해라고 볼 수 있다. 따라서 경우에 따라서는 소급효를 허용하지 않을 수도 있는 폐지무효설이 법적 안정성과 정의를 합리적으로 형량하고 있는 견해라고 보인다. 물론 이 경우에도 원칙적 소급효와 예외적 장래효를 규정하여 소급효가 원칙이 될 수도 있지만 원칙적 장래효와 예외적 소급효를 규정하여 소급효가 예외가 될 수도 있다.

(2) 기속력과 일반적 효력 및 재심

헌법재판소의 위헌결정은 법원 기타 국가기관 및 지방자치단체를 기속한다(헌재법 제47조 제1항). 또한 위헌결정을 받은 법률은 효력을 상실하기 때문에(동법 동조 제2항) 일반적 효력 또는 법규적 효력이 발생한다. 따라서 위헌으로 선언된 법률에 대해서 일반국민은 구속되지 않는다. 또한 위헌결정을 받은 법률이나 법률의 조항에 근거하여 유죄의 확정판결을 받은 경우에 재심을 청구할 수 있다(동법 동조 제4항). 이러한 **재심**에 대해서는 형사소송법의 규정을 준용한다(동법 동조 제5항). 개정된 헌법재판소법(2014. 12. 30. 법률 제12897호)에 따르면 위헌결정을 받은 법률이나 법률의 조항에 대하여 종전에 합헌으로 결정한 사건이 있는 경우 효력 상실의 소급효가 제한되므로(동법 동조 제3항 단서) 위헌결정을 받은 법률이나 법률의 조항에 근거한 판결 중에 합헌 결정이 있는 다음 날부터의 유죄 확정판결에 대해서만 재심을 청구할 수 있게 된다.

헌법재판소가 위헌으로 결정한 법령에 근거한 행정처분은 당연히 무효가 되지 않고, 행정처분의 무효 여부는 법원이 판단할 사항에 속한다.[57] 왜냐하면 행정처분이 무효가 되는 것은 중대하고 명백한 하자가 있는 경우인데 헌법에 위반되는지 여부가 문제되는 법률에 근거하여 행정처분을 한 경우에는 반드시 명백하고 중대한 하자가 있다고 볼 수 없기 때문이다.

---

57) 헌재 1994. 6. 30. 92헌가18; 1998. 4. 30. 95헌마93등; 2001. 2. 22. 99헌마605.

3. 변형결정의 효력

헌법재판소법에 따르면 "법률의 위헌결정"은 법원 기타 국가기관 및 지방자치단체를 기속하기 때문에 변형결정도 이와 같은 기속력을 갖는지에 대해서 의문이 제기될 수 있다. 실제로 대법원은 다음과 같이 변형결정의 기속력을 부인하고 있다. "한정위헌결정은 법률 또는 법률조항의 의미, 내용과 그 적용범위를 정하는 법률해석이라고 이해하지 않을 수 없다. 그런데 … 법령의 해석·적용 권한은 바로 사법권의 본질적 내용을 이루는 것으로서, 전적으로 대법원을 최고법원으로 하는 법원에 전속한다. 이러한 법리는 우리 헌법에 규정된 국가권력분립구조의 기본원리와 대법원을 최고법원으로 규정한 헌법의 정신으로부터 당연히 도출되는 이치로서, 만일 법원의 이러한 권한이 훼손된다면 이는 헌법 제101조는 물론이요, 어떤 국가기관으로부터도 간섭받지 않고 오직 헌법과 법률에 의하여 그 양심에 따라 독립하여 심판하도록 사법권 독립을 보장한 헌법 제103조에도 위반되는 결과를 초래한다. 그러므로 한정위헌결정에 표현되어 있는 헌법재판소의 법률해석에 관한 견해는 법률의 의미·내용과 그 적용범위에 관한 헌법재판소의 견해를 일응 표명한 데 불과하여 이와 같이 법원에 전속되어 있는 법령의 해석·적용 권한에 대하여 어떠한 영향을 미치거나 기속력도 가질 수 없다."[58] 한편 헌법재판소는 변형결정의 기속력을 인정한다.[59] 결론적으로 헌법합치적 법률해석을 정당화하는 논거에 따라[60] 변형결정이 인정될 수 있다면 당연히 그 기속력도 인정되어야 할 것이다.[61]

(1) 한정합헌결정의 효력

한정합헌결정은 본질상 위헌결정이기 때문에 기속력이 발생하고, 소급효를 인정할 수 있는 범위에서 소급효가 발생한다. 헌법재판소도 한정합헌결정을 한정위헌결정과 함께 '질적 위헌결정'이라고 부르면서 기속력을 인정하고 있다.[62] 따라서 헌법재판소가 한정합헌결정을 한 경우에 법원 기타 국가기관 및 지방자치단체는 한정된 해석가능성을 넘어선 의미로 해석할 수 없다.

[판례] 한정합헌결정과 주문형식

법률의 다의적인 해석가능성이나 다기적(多岐的)인 적용범위가 문제될 때 위헌적인 것을 배제하여 합헌적인 의미 혹은 적용범위를 확정하기 위하여 한정적으로 합헌 또는 위헌을 선언할 수 있다. 양자는 다 같이 **질적인 일부위헌선언**이며 실제적인 면에서 그 효과를 달리하는 것이 아니다. 헌법재판소가 한정위헌 또는 한정합헌선언을 한 경우에 위헌적인 것으로 배제된 해석가능성 또는 축소된 적용범위의 판단은 단지 법률해석의 지침을 제시하는 데 그치는 것이 아니라 **본질적으로 부분적 위헌선언의 효과**를 가지는 것이며, 헌법재판소법

58) 대판 1996. 4. 9. 95누11405.
59) 헌재 1997. 12. 24. 96헌마172등.
60) 제1편 제1부 제4장 제5절 참조.
61) 같은 취지로 김하열b, 299면 이하.
62) 헌재 1992. 2. 25. 89헌가104; 1994. 4. 28. 92헌가3.

> 제47조에 정한 기속력을 명백히 하기 위하여는 어떠한 부분이 위헌인지 여부가 그 결정의 주문에 포함되어야 하므로, 이러한 내용을 결정의 이유에 설시하는 것만으로는 부족하고 결정의 주문에까지 등장시켜야 한다(1994. 4. 28. 92헌가3).

(2) 한정위헌결정의 효력

한정위헌결정도 위헌결정과 같기 때문에 기속력이 발생하고, 소급효를 인정할 수 있는 범위에서 소급효가 발생한다.

> **[판례] 한정위헌결정의 기속력**
>
> 헌법재판소의 법률에 대한 위헌결정에는 단순위헌결정은 물론, 한정합헌, 한정위헌결정과 헌법불합치결정도 포함되고 이들은 모두 당연히 기속력을 가진다. 헌법재판소의 한정위헌결정은 법률조항의 문언자체는 그대로 둔 채 그 적용범위를 제한하여 일정한 경우에는 이를 적용할 수 없다는 내용의 부분위헌인 것이다. 따라서 헌법재판소의 한정위헌결정의 효력은 헌법에 위반된다는 이유로 그 적용이 배제된 범위내에서 법원을 비롯하여 모든 국가기관 및 지방자치단체를 기속하므로 이로써 법원은 헌법재판소의 이러한 결정의 내용에 반하는 해석은 할 수 없게 되었다 할 것이다(1997. 12. 24. 96헌마172등). → 한정위헌결정도 기속력이 발생하므로 이러한 결정을 무시하는 법원의 재판은 위헌으로 헌법소원의 대상이 된다.

(3) 헌법불합치결정의 효력

1) 형식적 효력유지 헌법불합치결정의 경우에 문제가 된 법률이나 법률조항은 **형식적으로는 효력을 유지**한다. 이러한 결정의 내용은 기속력을 가진다.

2) 입법개선의무 및 입법촉구결정 입법자는 헌법에 합치하지 않는 법률이나 법률조항을 **개정해야 할 의무**를 지게 된다. 같은 맥락에서 헌법재판소가 헌법불합치결정을 하면서 입법자에게 **입법개선을 촉구하는 결정**을 함께 할 수도 있다. 그러나 입법에 관한 권한은 전적으로 입법자에게 속한 것이므로 이러한 입법촉구의 결정은 입법자에게 기속력이 없다고 보아야 한다. 다만 헌법재판소에 따르면 헌법재판소의 헌법불합치결정에 따른 입법개선을 하면서 헌법불합치결정의 취지를 고려하여 신법의 소급적용에 관한 경과규정을 두지 않으면 헌법에 위반될 수 있다.[63]

3) 적용중지 및 재판정지 헌법에 합치하지 아니하여 단지 형식적으로만 효력이 유지되는 데 불과한 법률과 법률조항에 대해서 적어도 위헌심판을 제청한 법원에 의한 **적용은 중지**되어야 한다. 따라서 제청법원은 신법이 제정될 때까지 이미 위헌제청으로 정지된 **재판을 계속해서 정지**해야만 한다. 헌법불합치결정을 받은 법률이나 법률조항의 적용이 중지되어 정지되는 재판은 소급효가 인정되는 위헌결정의 계기가 된 당해재판과 동종의 위헌 여부가 문제된 사건 등에 국한된다. 헌법재판소법 제68조 제2항의 헌법소원절차에서 헌법불합치결정이 내려진 경우에는 심판의 청구로 재판정지의 효과가 발생하지 않기 때문에 법률의 잠정적 효력유지기간이 지나거나 신법이 제정되어 구법의 효

63) 헌재 2024. 5. 30. 2019헌가29.

력이 상실된 후에 구법에 의하여 확정된 재판에 대해서 재심을 청구할 수 있다. 적용중지와 재판정지의 효과는 헌법불합치결정의 본질적 요소이기 때문에 반드시 주문에 표시될 필요가 없지만[64] 헌법재판소가 명시적으로 표시한 사례도 있다(아래 [판례] 참조).

[판례] 입법개선촉구 및 적용중지 판례

[1] 민법 제809조 제1항(동성동본금혼제: 저자주)은 헌법에 합치되지 않고, 입법자가 1998. 12. 31.까지 개정하지 않으면 1999. 1. 1. 그 효력을 상실하며 법원 기타 국가기관 및 지방자치단체는 입법자가 개정할 때까지 적용을 중지해야 한다(1997. 7. 16. 95헌가6등).

[2] 구 근로기준법 제30조의2 제2항 및 근로기준법 제37조 제2항 중 각 "퇴직금"부분은 헌법에 합치되지 않고, 입법자가 1997. 12. 31.까지 개정하지 않으면 1998. 1. 1. 그 효력을 상실하며 법원 기타 국가기관 및 지방자치단체는 입법자가 개정할 때까지 적용을 중지해야 한다(1997. 8. 21. 94헌바19).

[3] 민법 제1026조 제2호(상속인이 상속개시 있음을 안 날로부터 3개월 내에 한정승인이나 포기를 하지 않은 때에는 단순승인을 한 것으로 보는 규정: 저자주)는 헌법에 합치되지 않고, 1999. 12. 31.까지 개정하지 않으면 2000. 1. 1.부터 그 효력을 상실하며 법원 기타 국가기관 및 지방자치단체는 입법자가 개정할 때까지 적용을 중지해야 한다(1998. 8. 27. 96헌가22).

[4] 지방세법 제111조 제2항 제2호는 헌법에 합치되지 않고, 입법자가 2000. 12. 31.까지 개정하지 않으면 2001. 1. 1. 그 효력을 상실하며 법원 기타 국가기관 및 지방자치단체는 입법자가 개정할 때까지 적용을 중지해야 한다(1999. 12. 23. 99헌가2).

[5] 구 법인세법 제59조의2 제1항(특별부가세의 과세대상 범위를 토지 등으로 규정하면서 포괄적으로 시행령에 위임) 은 헌법에 합치되지 아니하며 법원 기타 국가기관 및 지방자치단체는 위 법률조항의 적용을 중지하여야 한다(2000. 1. 27. 96헌바95등).

[6] '부동산실권리자명의등기에관한법률' 제5조 제1항, 제10조 제1항 본문, 제12조 제2항 중 제5조 제1항 적용부분, 제14조 제2항은 모두 헌법에 합치되지 않고, 입법자가 2002. 6. 30.까지 개정하지 않으면 2002. 7. 1. 그 효력을 상실하며 법원 기타 국가기관 및 지방자치단체는 입법자가 개정할 때까지 적용을 중지해야 한다(2001. 5. 31. 99헌가18등).

[7] 소득세법 제101조 제2항(특수관계자인 수증자에 대한 증여세 이중부과: 저자주)은 헌법에 합치되지 않고, 법원 기타 국가기관 및 지방자치단체는 적용을 중지해야 한다(2003. 7. 24. 2000헌바28).

[8] 지방세법 제121조 제1항(법정기한내에 취득세 신고는 하였으나 납부하지 않은 자에 대하여 신고와 납부의무를 모두 이행하지 않은 자와 동일한 비율로 가산세를 부과하고, 가산세 산정시에 취득세가 미납된 기간을 전혀 고려하지 않은 지방세법 조항: 저자주)은 헌법에 합치되지 않고, 국회가 이를 개정할 때까지 그 적용을 중지한다(2003. 9. 25. 2003헌바16).

[9] 민법 부칙 제3항 본문 중 "1998년 5월 27일부터 이 법 시행 전까지 상속개시가 있음을 안 자 중" 부분은 소급적으로 특별한정승인을 할 수 있는 기회를 확장하여 헌법에 합치되지 않으므로 입법자가 개선할 때까지 법적용기관은 그 적용을 중지하여야 한다(2004. 1. 29. 2002헌바40등).

[10] 초·중·고등학교, 유치원의 정화구역 안에 극장의 시설 및 영업의 금지는 헌법에 합치되지 않으며 법원 기타 국가기관 및 지방자치단체는 입법자가 개정할 때까지 적용을 중지하여야 한다(2004. 5. 27. 2003헌가1등).

---

64) 예를 들면 헌재 2004. 1. 29. 2002헌바40.

[11] '부동산실권리자명의등기에관한법률' 제5조 제2항 본문(과징금을 부과하는 날 현재의 부동산가액을 기준으로 과징금을 산정: 저자주)은 헌법에 합치되지 않고, 입법자가 2007. 5. 31.까지 개정하지 않으면 2007. 6. 1.부터 그 효력을 상실하며 법원 기타 국가기관 및 지방자치단체는 입법자가 개정할 때까지 적용을 중지해야 한다(2006. 5. 25. 2005헌가17등).

[12] 실화책임에 관한 법률(일반 불법행위에 대한 과실책임주의의 예외로서 경과실로 인한 실화의 경우 실화피해자의 손해배상청구권을 전면 부정하고 있는 법률)은 헌법에 합치되지 않고, 법원 기타 국가기관과 지방자치단체는 입법자가 개정할 때까지 그 적용을 중지해야 한다(2007. 8. 30. 2004헌가25).

[13] 우체국예금 · 보험에 관한 법률 제45조 중 '압류'부분은 헌법에 합치되지 않고, 입법자가 2009. 12. 31.까지 개정하지 않으면 2010. 1. 1.부터 그 효력을 상실하며 법원 기타 국가기관 및 지방자치단체는 입법자가 개정할 때까지 적용을 중지해야 한다(2008. 5. 29. 2006헌바5).

[14] 구 공직선거법 제261조 제5항 제1호 및 공직선거법 제261조 제5항 제1호(50배 과태료)는 헌법에 합치되지 않고, 법원 기타 국가기관과 지방자치단체는 입법자가 개정할 때까지 그 적용을 중지해야 한다(2009. 3. 26. 2007헌가22).

[15] 국세징수법 제78조 제2항 후문(공매절차에서 매각결정을 받은 매수인이 기한 내에 대금납부의무를 이행하지 않아 매각결정이 취소되는 경우 그가 납부한 계약보증금을 국고에 귀속하도록 한 규정)은 헌법에 합치되지 않고, 입법자가 2009. 12. 31.까지 개정하지 않으면 2010. 1. 1.부터 그 효력을 상실하며 법원 기타 국가기관 및 지방자치단체는 입법자가 개정할 때까지 적용을 중지해야 한다(2009. 4. 30. 2007헌가8).

[16] 형사보상법 제7조호(1년의 형사보상청구기간: 저자주)는 헌법에 합치되지 않고, 입법자가 2011. 12. 31.까지 개정하지 않으면 2012. 1. 1.부터 그 효력을 상실하며 법원 기타 국가기관 및 지방자치단체는 입법자가 개정할 때까지 적용을 중지해야 한다(2010. 7. 29. 2008헌가4).

[17] 지방자치법 제111조 제1항 제3호(단체장이 금고 이상의 형을 선고 받은 경우에 부단체장의 권한대행: 저자주)는 헌법에 합치되지 않고, 입법자가 2011. 12. 31.까지 개정하지 않으면 2012. 1. 1.부터 그 효력을 상실하며 법원 기타 국가기관 및 지방자치단체는 입법자가 개정할 때까지 적용을 중지해야 한다(2010. 9. 2. 2010헌마418).

[18] 기부행위 금지규정에 위반하여 지역농협의 임원 선거 후보자 등으로부터 금전 · 물품, 그 밖의 재산상의 이익을 제공받은 자에게 일률적으로 제공받은 금액 또는 가액의 50배에 상당하는 금액을 과태료로 부과하는 법률조항은 헌법에 합치되지 않으며 이미 마련된 개선입법의 시행일 이전인 2012. 3. 1까지 법원 기타 국가기관 및 지방자치단체는 이 법률조항의 적용을 중지하여야 한다(2011. 6. 30. 2010헌가86).

[19] 구 소득세법 제104조 제1항 제2호의3(1세대 3주택 이상 보유자에 대한 양도소득세 중과세) 규정의 경우 당해 사건과 관련하여 그 적용을 중지하고 현행 소득세법 규정이 개정될 때를 기다려 개정된 신법을 적용하여야 할 것이다(2011. 11. 24. 2009헌바146).

[20] 구 토양환경보전법은 오염원인자의 범위를 토양오염관리대상시설의 소유자 · 점유자 · 운영자로 확장하여 이들에게 무과실의 책임을 부담시키고 있는데 이것은 소유자 · 점유자 · 운영자이 재산권과 평등권을 침해하여 헌법에 합치되지 않으며 법원 기타 국가기관과 지방자치단체는 적용을 중지하여야 한다(2012. 8. 23. 2010헌바167).

[21] 업무상 재해에 통상의 출퇴근 재해를 포함시키는 개정 법률조항을 개정법 시행 후 최초로 발생하는 재해부터 적용하도록 하는 산업재해보상보험법 부칙 조항은 평등원칙에 위반되어 헌법에 합치되지 않으며 법원 기타 국가기관 및 지방자치단체는 입법

자가 2020. 12. 31.까지 이 법률조항을 개정할 때가지 그 적용을 중지하여야 한다(2019. 9. 26. 2018헌바218등).

[22] 토지수용절차에서 환매권의 발생기간을 토지의 협의취득일 또는 수용의 개시일부터 10년 이내로 제한하는 법률조항은 재산권을 침해하여 헌법에 합치되지 않으며 법원 기타 국가기관 및 지방자치단체는 입법자가 개정할 때까지 이 법률조항의 적용을 중지하여야 한다(2020. 11. 26. 2019헌바131).

[23] 공동주택의 경비원이 허가받은 시설경비업무 외의 업무에 종사할 수 없도록 금지하면서 이를 위반한 경우에 경비업의 허가를 필요적으로 취소하도록 규정한 법률조항은 직업의 자유를 침해하여 헌법에 합치되지 않으며 입법자가 2024. 12. 31.까지 이 법률조항을 개선할 때까지 법원 기타 국가기관 및 지방자치단체는 이 법률조항의 적용을 중지하여야 한다(2023. 3. 23. 2020헌가19).

[24] 허위재무제표작성죄 및 허위감사보고서작성죄에 대하여 배수벌금형을 규정하면서도, '그 위반 행위로 얻은 이익 또는 회피한 손실액이 없거나 산정하기 곤란한 경우'에 관한 벌금 상한액을 규정하고 있지 않은 부분은 2025. 12. 31.을 입법개정 시한으로 하는 적용중지 헌법불합치결정을 하는 것이 타당하다(2024. 7. 18. 2022헌가6).

4) 잠정적 적용명령 헌법불합치결정으로 인한 법적 공백을 방지하기 위해 예외적으로 입법개선이 될 때까지 **잠정적으로 적용이 명령**되는 경우도 있다. 이를테면 헌법재판소는 표준휠체어를 이용할 수 있는 장애인과 표준휠체어를 이용할 수 없는 장애인을 합리적 이유 없이 달리 취급하면 평등권을 침해한다고 설시하면서 단순위헌결정으로 발생할 수 있는 법적 공백을 막기 위하여 기한을 두고 입법을 촉구하며 개선입법이 있을 때까지 계속적용을 명령하는 헌법불합치결정을 하였다.[65] 이러한 잠정적 적용명령은 우선 ① 형식적인 측면에서 주문에 명시적으로 표현되는 경우에(**명시적 주문표시**), 그리고 ② 실질적인 측면에서 위헌인 법규범을 잠정적으로 적용함으로써 얻을 수 있는 법적 안정성의 이익이 그와 충돌하는 기본권이나 다른 헌법적 가치보다 중대한 경우에(**형량명령**)만 허용될 수 있다.

헌법재판소에 따르면 헌법재판소가 이미 위헌적인 법률조항에 대해 헌법불합치결정을 하면서 입법자의 법률개정시한을 정하고 그때까지는 잠정적용을 명한 경우에 별건의 헌법소원심판청구에서 동일한 법률조항의 위헌확인을 구하는 부분은 권리보호의 이익이 없다고 한다.[66] 또한 헌법불합치결정을 하면서 잠정적용을 명한 경우에 개정입법시까지 해당 법률조항은 법률문언의 변화없이 계속 존속하나 법률의 위헌성을 확인한 헌법불합치결정은 당연히 기속력을 가지므로 동일한 법률조항에 대한 위헌법률심판청구는 심판의 이익이 없다고 한다.[67]

---

65) 헌재 2023. 5. 25. 2019헌마1234.
66) 헌재 2006. 6. 29. 2005헌마44.
67) 헌재 2006. 6. 29. 2005헌가13.

5) 헌법불합치결정의 소급효

A. 원 칙　헌법불합치결정을 하면서 효력유지기간을 설정한 경우에는 그 기간이 지나면 문제가 된 법률이나 법률조항은 효력을 상실한다. 이 경우에도 소급효가 인정될 수 있고, 그 범위는 위헌결정과 같다. 따라서 형벌에 관한 법률이나 법률조항, 그리고 위헌결정의 계기가 된 당해사건과 동종의 위헌 여부가 문제된 사건 등에 대해서 소급효가 발생한다.

B. 잠정적 적용명령의 경우　하지만 헌법불합치결정의 소급효가 발생하는 것은 적용중지가 된 경우에만 해당하고, 잠정적 적용명령을 한 경우에는 해당하지 않는다. 왜냐하면 잠정적 적용명령의 경우에는 이미 헌법재판소가 적용함으로써 얻는 이익과 적용하지 않음으로써 얻는 이익을 형량하여 전자의 이익이 크다고 판단했기 때문이다. 여기서 형벌에 관한 법률이나 법률조항의 경우에는 소급효가 규정되기 때문에 이 경우에도 잠정적 적용명령을 한 경우에는 소급효가 인정되지 않음으로써 법률의 명시적인 규정과 충돌하는 문제가 발생한다. 그러나 형벌에 관한 법률이나 법률조항의 경우에는 이미 법률로써 소급효가 인정되고 있기 때문에 헌법재판소는 잠정적 적용명령을 할 수 없다고 해석해야 한다. 그렇다면 형벌에 관한 법률이나 법률조항의 잠정적 적용명령으로 인하여 소급효를 인정하지 않음으로써 법률의 명시적인 소급효인정과 충돌하는 문제는 발생하지 않게 된다. 그런데 헌법재판소는 야간옥외집회를 금지하면서 금지위반에 대한 처벌을 규정하는 법률조항에 대하여 헌법불합치결정을 하면서도 잠정적 적용명령을 함으로써[68] 예외적으로 소급효를 규정하고 있는 입법의 목적을 벗어나는 결정을 하였다.

C. 신법의 소급효　한편 입법자가 헌법재판소의 헌법불합치결정을 존중하여 새로운 입법을 한 경우에 이 신법이 소급적으로 적용되는지 문제가 될 수 있다. 원칙적으로 신법의 제정 여부는 헌법불합치결정의 효력 또는 소급효와 관련이 없다. 신법의 효력범위는 입법자가 결정할 수 있는 권한에 속하기 때문이다. 다만 입법자가 헌법불합치결정을 진정으로 존중한다면 소급효를 명시하는 것이 타당하다. 또한 그 범위도 위헌결정과 동일한 범위로 규정하는 것이 타당하다.

[판례] 헌법불합치결정의 소급효

헌법재판소가 어떠한 법률조항에 대하여 헌법불합치결정을 하여 입법자에게 그 법률조항을 합헌적으로 개정 또는 폐지하는 임무를 입법자의 형성 재량에 맡긴 이상, 그 개선입법의 소급적용 여부와 소급적용의 범위는 원칙적으로 입법자의 재량에 달린 것이기는 하지만, 그 헌법불합치결정의 취지나 위헌심판에서의 구체적 규범통제의 실효성 보장이라는 측면을 고려할 때, 적어도 헌법불합치결정을 하게 된 당해 사건 및 그 결정 당시에 법률조항의 위헌 여부가 쟁점이 되어 법원에 계속중인 사건에 대하여는 헌법불합치결정의 소급효가 미친다(2006. 6. 29. 2004헌가3).

68) 헌재 2009. 9. 24. 2008헌가25.

제 4 장　헌법소원심판절차

제 1 절　개　　념

헌법소원제도는 공권력이 행사되거나 행사되지 않음(불행사)으로써 헌법상 보장된 기본권을 침해받은 자가 구제를 받을 수 있는 절차를 말한다. 이러한 헌법소원제도는 우선적으로 개인의 **주관적인 권리구제**에 목적이 있다. 하지만 기본권이 객관적 규범으로서 가지는 성격도 아울러 고려한다면 헌법소원제도는 기본권에 의하여 표현된 헌법질서를 수호하려는 **객관적인 질서유지**의 목적도 갖는다.

헌법소원제도의 이중적 목적이 기본권의 이중성에 근거한다고 할 때 기본권의 이중성이 가지는 의미에 대한 올바른 이해가 필요하다. 기본권의 이중성, 즉 기본권이 주관적 성격과 함께 객관적 성격을 갖는다는 사실은 대단히 중요하지만 여전히 주관성과 객관성의 이분법에 기초하고 있다. 이러한 이분법에 기초할 때 기본권의 주관성은 사실 기본권의 방어권적 기능에 국한된다. 따라서 기본권의 객관성에 대한 확인은 엄밀하게 말하면 기본권이 방어권 이외에 다양한 기능을 가진다는 사실을 확인하는 출발점에 지나지 않는다. 기본권은 방어권적 기능 이외에 급부권적 기능, 즉 보호권, 절차권, 사회권과 같이 국가의 적극적 급부나 작위를 요구할 수 있는 권리로서의 기능도 갖는다. 기본권의 이러한 급부권적 기능을 포괄하여 객관성으로 분류하는 것은 적절하지 않다. 여기서 기본권의 객관성은 다른 의미로 이해되어야 한다. 기본권의 객관성은 '주관성의 추상화'로 이해될 수 있다.[1] 따라서 기본권의 주관성과 객관성은 동전의 양면처럼 동일한 사물의 서로 다른 측면에 지나지 않는다. 물론 주관적 권리가 존재하는 경우에 반드시 그에 상응하는 객관적 규범이 존재해야 하는 반면에, 순수하게 객관적 규범으로서 국가에 대해서 의무만을 부여하고 국민에게 권리를 부여하지 않는 규범도 존재할 수 있다는 점을 주의해야 한다. 그렇다면 기본권의 객관성은 주관성으로 환원될 수 없는 순수한 객관성에 한정될 수도 있다. 하지만 대체로 기본권의 객관성은 주관적 지위로 환원될 수 있는 경우에 해당한다. 따라서 헌법소원제도가 기본권의 객관성의 측면에서 이해된다고 해도 그것은 주관성과 아무런 관련이 없는 성격, 즉 주관성으로 환원될 수 없는 순수한 객관성을 말하는 것은 아니다.

---

1) 제2편 제1부 제3장 제3절 Ⅱ. 3. (3) 참조.

제 2 절 유 형

헌법은 헌법소원제도의 구체적 내용을 법률에서 규정할 수 있도록 하고 있다. 이에 따라 헌법재판소법은 헌법소원제도를 두 가지 유형, 즉 제68조 제1항의 헌법소원과 제68조 제2항의 헌법소원으로 구분하여 규정한다. 전자는 기본권을 침해받은 당사자가 청구할 수 있는 '본래적 의미의 헌법소원'(권리구제형 헌법소원)인 반면에, 후자는 위헌법률심판에 관한 당사자의 제청신청이 기각된 경우에 당사자가 청구할 수 있는 심판유형이기 때문에 '실제의 내용은 위헌법률심판'(위헌심사형 헌법소원)인데 형식만 헌법소원이라고 할 수 있다. 본래적 의미의 헌법소원제도와 함께 실제로는 위헌법률심판인 헌법소원제도를 둔 이유는 법원의 재판에 대한 헌법소원을 배제함으로써 위헌법률심판제청신청을 법원이 기각하는 경우에 사실상 위헌법률심판제도가 유명무실해질 수 있는 가능성을 미리 방지하려는 데 있는 것으로 이해된다.

Ⅰ. 헌법재판소법 제68조 제1항의 헌법소원

헌법재판소법 제68조 제1항의 헌법소원은 **권리구제형 헌법소원**으로서 공권력에 의한 기본권침해에 대하여 구제를 받을 수 있는 **본래적 의미의 헌법소원심판**의 절차를 말한다. 아래(제3절)에서 설명하게 될 내용은 주로 이러한 헌법소원의 유형에 해당한다.

Ⅱ. 헌법재판소법 제68조 제2항의 헌법소원

1. 개 념

헌법재판소법 제68조 제2항의 헌법소원은 법률의 위헌여부심판에 관한 당사자의 **제청신청이 기각**된 경우에 그 제청신청을 한 당사자가 헌법재판소에 헌법소원심판을 청구할 수 있는 절차를 말한다. 이러한 헌법소원제도는 실제적 내용에 있어서 위헌법률심판절차를 의미하기 때문에 '**위헌심사형 헌법소원**'(위헌소원)이라고도 부른다. 즉 형식적으로만 헌법소원의 형태로 된 절차일 뿐, 실질적으로는 위헌법률심판의 절차를 내용으로 한다. 따라서 많은 경우에 위헌법률심판절차의 규정이 준용된다. 그리고 심판의 대상도 원칙적으로 법률이기 때문에 명령이나 규칙에 대해서는 헌법재판소법 제68조 제2항의 헌법소원을 청구하지 못한다.[2] 한정위헌을 구하는 헌법재판소법 제68조 제2항의 헌법소원 청구에 대해 대법원은 부적법하다고 보는 반면에,[3] 헌법재판소는 법률의 한정위헌을 구하는 헌법소원은 원칙적으로 허용되지 않고, 법률조항의 해석을 다투는 것이 아니

2) 헌재 1996. 10. 4. 96헌가6; 1998. 6. 25. 95헌바24; 2001. 4. 26. 99헌바108등.

3) 대판 2007. 2. 22. 2007초기14.

라 법률조항 자체의 위헌성에 대한 청구로 이해되는 경우에만 적법한 청구로 볼 수 있다고 하던 선례[4]를 변경하여 한정위헌청구를 원칙적으로 적법한 것으로 본다.[5] 그 밖에 헌법재판소법 제68조 제2항의 헌법소원심판에 대해서는 위헌법률심판에 관한 설명과 같다.

[판례] 대법원규칙의 헌재법 제68조 제2항의 헌법소원심판대상성

헌법재판소법 제68조 제2항의 규정에 의한 헌법소원심판청구의 심판대상은 재판의 전제가 되는 법률이지 규칙은 그 대상이 될 수 없으므로 형사소송규칙 제178조에 대한 헌법소원심판청구는 부적법하다(2004. 2. 26. 2003헌바31).

[판례] 조례의 헌재법 제68조 제2항의 헌법소원대상성

헌법재판소법 제68조 제2항에 의한 헌법소원의 대상은 당해 사건의 재판의 전제가 되는 '법률'인 것이므로 지방자치단체의 조례는 그 대상이 될 수 없다(1998. 10. 15. 96헌바77).

[판례] 한정위헌을 구하는 헌법소원의 예외적 인정(변경 전)

[1] 정리계획인부의 결정에 대한 항고심의 결정이 제1심법원의 정리계획 인가결정을 변경하여 스스로 자판하면서 새로운 정리계획 인가결정을 한 경우에도 그 항고심결정에 대한 민사소송법 제420조의 규정에 의한 특별항고는 항고인이 그 항고심결정을 송달받은 날로부터 1주일 이내에 제기되어야 하는 것으로 해석하는 한 헌법에 위반된다고 주장하며 위 법률조항들의 한정위헌결정을 구하고 있으나, 청구인들의 이 사건 심판청구는 **위 법률조항들 자체의 위헌성에 관한 청구**로 충분히 이해될 수 있으므로, 헌법재판소법 제68조 제2항이 규정하는 바에 따라 법률조항 자체의 위헌판단을 구하는 것이 아니라 한정위헌의 판단을 구한다는 이유로 각하할 것은 아니다(2000. 2. 24. 99헌바73).

[2] 민법 제70조 제3항은 사단법인의 경우에만 적용되고 법인 아닌 사단의 경우에는 적용되지 아니하고, 민사소송법 제48조는 소송사건의 경우에만 적용되고 비송사건의 경우에는 적용되지 아니함이 문언상 명백하며, 여기에 다의적 해석가능성이나 다양한 적용범위가 문제될 여지가 없고, 청구인이 위 각 법률조항에 관하여 다투는 것은 위 각 법률조항 자체에 내포된 어떤 위헌적 해석방법이나 적용범위가 아니라 이를 법인 아닌 사단의 비송사건에 적용하는 것의 위헌여부이므로, 이 부분 심판청구는 이 법률조항 자체의 위헌성을 다투는 것으로 볼 수 있는 한정위헌청구로 받아들일 여지도 없다. 청구인이 주장하는 위헌사유는 위 각 법률조항의 규율범위 내에서 발생한 것이 아니라, 그 밖에서, 법원이 위 각 법률조항을 유추적용함으로써 비로소 발생한 것이므로, 이 부분 심판청구는 법률 자체에 대한 위헌확인을 구하는 것으로 볼 여지가 없고, 위 각 법률조항을 유추적용한 사법작용의 정당성 여부를 다투는 것에 불과하다고 볼 수밖에 없으므로, 그 심판청구의 요건을 갖추지 못하여 부적법하다(2000. 7. 20. 98헌바74).

[3] 한정위헌을 구하는 헌법소원은 원칙적으로 헌법재판소의 심판대상이 될 수 없으나, 청구인은 구 개발이익환수에관한법률 제22조 제2항을 정산처분 자체의 위법만을 다툴 수 있도록 한 것이라고 본 법원의 제한적 해석을 다투는 것이 아니라, 위 법률조

4) 헌재 2001. 12. 20. 2001헌바7.

5) 헌재 2012. 12. 27. 2011헌바117.

항이 위와 같은 법원의 해석이 가능하도록 **불명확하다는 점을 다투는 것**으로 볼 수 있으므로 이 사건 심판청구는 적법하다(2001. 4. 26. 99헌바39).

[4] 청구인은 이 사건 심판대상규정이 공직선거에 출마한 후보자와 그 가족과 선거사무장, 선거연락소장, 선거사무원, 회계책임자, 연설원, 대담 · 토론자 그리고 후보자나 그 가족과 관계있는 회사 기타 법인, 단체 또는 그 임 · 직원과 그 소속 정당의 정당원 이외의 자에 대하여 적용될 경우에 한하여 헌법에 위반된다고 주장하면서 이 사건 심판대상조문들의 한정위헌결정을 구하고 있으나, 이 사건에서 위 청구인의 주장취지는 이 사건 심판대상규정이 유권자들의 선거참여운동을 후보자등의 선거운동과 동일하게 취급하거나 더 제한함으로써 청구인의 선거권, 행복추구권, 언론, 출판, 집회, 결사의 자유를 침해하고 있다는 것인바, 그렇다면 위 청구인의 청구는 이 사건 **심판대상규정 자체의 위헌성에 관한 청구로** 충분히 이해될 수 있으므로 헌법재판소법 제68조 제2항 상의 청구로서 적법하다(2001. 12. 20. 2000헌바96등).

[5] 청구인들은 법 제47조 제2항 단서에 관하여, 형벌에 관한 법률 또는 법률의 조항에 택지초과소유부담금의 부과근거법률인 택상법 조항들이 포함되지 않는다고 해석하는 한, 헌법에 위반된다고 주장하면서 심판대상조문의 한정위헌결정을 청구하고 있으나, 청구인들의 주장취지를 보면 법 제47조 제2항 단서의 규정이 벌금이나 과료를 받은 자와 택상법상의 부담금을 받은 자를 차별하고, 이로 인하여 청구인들의 평등권 등을 침해하고 있다는 것이다. 그렇다면 청구인들의 위 조항에 대한 심판청구는 위헌으로 결정된 법률조항 중 형벌에 관한 법률 또는 법률의 조항에만 위헌결정의 소급효를 인정하고 있는 법 제47조 제2항 단서 자체의 위헌성(평등의 원칙 위반)에 관한 청구로 이해되고 한정위헌을 구하는 취지는 아니라고 보이므로 헌법재판소법 제68조 제2항 소정의 법률에 대한 청구로서 적법하다(2001. 12. 20. 2001헌바7등).

[판례] 한정위헌을 구하는 헌법소원의 원칙적 인정(변경 후)

① 법률의 의미는 결국 개별 · 구체화된 법률해석에 의해 확인되는 것이므로 법률과 법률의 해석을 구분할 수는 없고, 재판의 전제가 된 법률에 대한 규범통제는 해석에 의해 구체화된 법률의 의미와 내용에 대한 헌법적 통제로서 헌법재판소의 고유권한이며, 헌법합치적 법률해석의 원칙상 법률조항 중 위헌성이 있는 부분에 한정하여 위헌결정을 하는 것은 입법권에 대한 자제와 존중으로서 당연하고 불가피한 결론이므로, 이러한 한정위헌결정을 구하는 한정위헌청구는 원칙적으로 적법하다고 보아야 한다. ② 다만, 재판소원을 금지하는 헌법재판소법 제68조 제1항의 취지에 비추어, 개별 · 구체적 사건에서 단순히 법률조항의 포섭이나 적용의 문제를 다투거나, 의미 있는 헌법문제에 대한 주장 없이 단지 재판결과를 다투는 헌법소원 심판청구는 여전히 허용되지 않는다(2012. 12. 27. 2011헌바117).

[반대의견] 한정위헌청구를 원칙적으로 적법하다고 하여 받아들이더라도, 심판의 대상범위를 '법원의 해석'으로 한정한 것은 규범통제제도로서 지니는 헌법재판의 객관적 법질서보호라는 특성에 부합하지 않고, 합헌 또는 단순위헌결정을 하게 될 경우 당사자가 청구한 것과 달리 판단하게 되므로 결론에 따라 심판대상이 달라지는 문제점이 있으며, 결국 법원의 재판을 심판대상으로 하는 것으로 재판소원을 금지하는 헌법재판소법 규정에 저촉되어 허용되기 어렵다. 헌법재판소법 제68조 제2항의 규정에 의한 헌법소원심판청구의 심판대상은 재판의 전제가 되는 법률이지 규칙은 그 대상이 될 수 없으므로 형사소송규칙 제178조에 대한 헌법소원심판청구는 부적법하다.

2. 심 판

헌법재판소법 제68조 제2항의 헌법소원을 청구할 수 있는 자는 구체적 재판에서 위헌법률심판제청을 신청하였다가 재판을 담당하는 법원으로부터 '기각'을 당한 **당사자**이다. 법원이 실질적으로 헌법문제에 대한 판단을 한 경우에는 비록 각하형식의 결정을 받은 경우에도 헌법소원을 청구할 수 있다. 물론 당사자라고 해도 법원에 위헌여부제청을 신청하여 기각당한 부분에 대해서만 헌법소원을 청구할 수 있고, 그렇지 않은 부분에 대한 헌법소원은 부적법한 청구로 각하된다. 다만 제청신청에 포함되지 않거나 법원의 기각결정에 포함되지 않은 부분도 묵시적으로 포함되었다고 볼 수 있는 경우에는 적법한 청구로 인정된다.[6] 위헌법률심판의 제청과는 달리 당사자가 헌법재판소법 제68조 제2항의 헌법소원심판을 청구해도 재판은 정지되지 않는다. 당사자는 나중에 심판청구가 인용되고 당해사건이 확정된 경우에는 **재심**을 청구할 수 있을 뿐이다(헌재법 제75조 제7항). 심판의 청구는 당사자가 자유롭게 취하할 수 있고, 이 경우에 헌법재판소는 재판절차를 종료하여야 한다.

[판례] 헌재법 제68조 제2항의 헌법소원의 요건으로서 제청신청의 기각

헌법재판소법 제68조 제2항의 헌법소원은 법률의 위헌여부심판의 제청신청을 하여 그 신청이 기각된 때에만 청구할 수 있는 것이므로, 청구인이 특정 법률조항에 대한 위헌여부심판의 제청신청을 하지 않았고 따라서 법원의 기각결정도 없었다면 그 부분 심판청구는 심판청구요건을 갖추지 못하여 부적법한 것이다(1994. 4. 28. 89헌마221; 1997. 11. 27. 96헌바12; 2000. 7. 20. 98헌바74). 다만, 당사자가 위헌법률심판 제청신청의 대상으로 삼지 않았고 또한 법원이 기각 또는 각하결정의 대상으로도 삼지 않았음이 명백한 법률조항이라 하더라도 예외적으로 위헌제청신청을 기각 또는 각하한 법원이 위 조항을 실질적으로 판단하였거나 위 조항이 명시적으로 위헌제청신청을 한 조항과 필연적 연관관계를 맺고 있어서 법원이 위 조항을 묵시적으로나마 위헌제청신청으로 판단을 하였을 경우에는 헌법재판소법 제68조 제2항의 헌법소원으로서 적법한 것이다(1998. 3. 26. 93헌바12; 2001. 2. 22. 99헌바93; 2001. 1. 18. 2000헌바29; 2005. 2. 24. 2004헌바24).

헌법재판소법 제68조 제2항의 헌법소원은 위헌법률심판을 전제로 하기 때문에 위헌법률심판제청의 요건인 **재판의 전제성**은 이와 같은 헌법소원심판청구에서 중요한 요건이 된다. 이러한 재판의 전제성은 원칙적으로 헌법소원심판을 청구하는 시점뿐만 아니라 심판의 시점에도 충족되어야 한다. 다만 예외적으로 헌법질서의 수호와 유지를 위하여 필요한 경우에는 심판의 시점에서 재판의 전제성이 없어도 적법한 청구로 볼 수 있다. 재판의 전제성을 갖추지 못한 심판의 청구는 부적법한 것으로서 각하된다. 심판청구서의 기재사항에 대해서는 위헌법률심판제청서에 관한 규정을 준용한다(동법 제71조 제2항, 제43조). 심판의 청구는 제청신청을 **기각하는 결정을 통지받은 날로부터 30일 이내**에 해야 한다(동법 제69조 제2항). 이 규정은 법률의 개정을 통해서 청구기간을 14일에

6) 헌재 1998. 3. 26. 93헌바12; 2001. 2. 22. 99헌바93; 2005. 2. 24. 2004헌바24.

서 30일로 연장함과 동시에 기준이 되는 시점을 '기각결정을 통지받은 날'로 확정했다는 의미를 갖는다. 심판의 절차와 기준에 대해서는 위헌법률심판의 절차 및 기준과 같다(동법 제74조, 제27조 제2항, 제44조).

[판례] 위헌소원의 적법요건으로서 재판의 전제성

헌법재판소법 제68조 제2항에 의한 헌법소원이 적법하기 위해서는 법원에 계속중인 구체적인 사건에 적용할 법률이 헌법에 위반되는 여부가 재판의 전제로 되어야 하는데, 재판의 전제가 된다고 함은 그 법률의 위헌 여부에 따라 재판의 결론이 달라지거나 재판의 내용과 효력에 관한 법률적 의미가 달라지는 경우를 말한다(1993. 7. 29. 90헌바35; 1995. 7. 21. 93헌바46; 2002. 11. 28. 2000헌바70; 2004. 8. 26. 2003헌바20; 2004. 9. 23. 2003헌바6).

3. 결 정

법률이 요구하는 형식적 요건을 갖추지 못한 경우에는 부적법한 청구로서 각하결정을 한다. 심판의 청구가 인용되는 경우에는 헌법재판소법 제45조와 제47조가 준용되기 때문에(동법 제75조 제5항) 결정의 유형과 효력과 관련해서는 위헌법률심판과 같다.[7] 심판청구가 인용된 경우에 당해 헌법소원과 관련된 소송사건이 이미 확정된 때에는 당사자가 **재심을 청구**하는 것이 가능하다(동법 제75조 제7항). 이때 형사사건에 대해서는 형사소송법의 규정을, 그외의 사건에 대해서는 민사소송법의 규정을 준용한다(동법 제75조 제8항).

[판례] 재심청구범위의 한정

재심은 확정판결에 대한 특별한 불복방법이고, 확정판결에 대한 법적 안정성의 요청은 미확정판결에 대한 그것보다 훨씬 크다고 할 것이므로 재심을 청구할 권리가 헌법 제27조에서 규정한 재판을 받을 권리에 당연히 포함된다고 할 수 없고, 심판대상 법조항(헌재법 제75조 제7항)에 의한 재심청구의 혜택은 일정한 적법요건하에 헌법재판소법 제68조 제2항에 의한 헌법소원을 청구하여 인용된 자에게는 누구에게나 일반적으로 인정되는 것이고, 헌법소원청구의 기회가 규범적으로 균등하게 보장되어 있기 때문에, 심판대상 법조항이 헌법재판소법 제68조 제2항에 의한 헌법소원을 청구하여 인용결정을 받지 않은 사람에게는 재심의 기회를 부여하지 않는다고 하여 청구인의 재판청구권이나 평등권, 재산권과 행복추구권을 침해하였다고는 볼 수 없다(2000. 6. 29. 99헌바66등).

4. 가 처 분

헌법재판소법 제68조 제2항의 헌법소원심판을 청구해도 헌법소원의 전제가 된 재판은 정지하지 않기 때문에 가처분을 인정해야 할 필요성이 제기된다.[8] 헌법재판소법 제68조 제2항의 헌법소원에서는 재심의 절차가 보장된다고 하더라도 국민의 기본권을 더욱 강력하게 보장한다는 측면에서 법원의 재판을 정지해야 할 합리적인 사유가 있는 경우에는 재판정지에 관한 가처분을 인정할 수 있다고 보인다. 특히 재판의 전제성은

7) 제4편 제3장 제5절 참조.
8) 정종섭b, 215면 이하 및 414면 이하.

헌법재판소법 제68조 제2항의 헌법소원심판에서도 청구의 적법요건이 되기 때문에 심판청구의 인용결정이 있기 전에 이미 당해 소송사건이 확정되면 재판의 전제성이 없어져 헌법소원청구가 각하될 수도 있다. 따라서 이 경우에는 재심의 의미가 완전히 사라질 수도 있기 때문에 가처분제도가 인정될 필요가 있다. 또한 같은 맥락에서 재판의 집행정지에 관한 가처분도 가능하다고 본다.9)

제 3 절 심판의 대상

헌법소원심판의 대상은 ① 공권력의 행사 또는 ② 불행사이다. 따라서 공권력작용에 해당하지 않는 행위는 헌법소원심판의 대상이 되지 않는다. 공권력작용으로는 입법작용, 행정작용, 사법작용이 문제될 수 있다. 헌법재판소에 따르면 '공권력의 행사'는 국민의 권리와 의무에 대하여 직접적인 법률효과를 발생시켜야 하고 청구인의 법적 지위를 그에게 불리하게 변화시키기에 적합해야 한다.10) 따라서 일반적으로 국가기관 간의 내부적 행위나 행정청의 지침, 의견진술, 행정규칙 등은 법적 구속력이나 외부효과가 결여되어 있어 공권력의 행사에 해당하지 않는다.11)

[판례] 공권력작용에 해당하지 않는 행위

[1] **한국증권거래소의 상장폐지확정결정** 한국증권거래소는 민법상의 사단법인에 준하는 것이고, 한국증권거래소의 상장폐지확정결정은 사법상의 계약관계를 해소하려는 일방적인 의사표시이므로 한국증권거래소의 상장폐지확정결정은 공권력의 행사에 해당하지 않는다(2005. 2. 24. 2004헌마442).

[2] **국제교류진흥회의 토익시험문제 공개거부** 순수한 민간단체인 국제교류진흥회가 토익문제 공개, 정답 공개, 맞은 개수 공개 등의 청구를 거부한 행위는 헌법소원 심판대상으로서의 공권력의 행사 또는 불행사에 해당한다고 볼 수 없다(2005. 7. 12. 2005헌마596).

[3] **한국감정평가협회의 토지보상평가지침** 토지보상평가지침을 만든 한국감정평가협회는 부동산가격공시및감정평가에관한법률 제40조의 규정에 따라 감정평가업자와 감정평가법인 또는 감정평가사사무소의 소속 감정평가사들이 감정평가제도의 개선 및 업무의 효율적인 수행을 위하여 설립한 사적 임의단체로서 동 협회에 관하여는 원칙적으로 민법 중 사단법인에 관한 규정이 준용된다. 따라서 공권력행사의 주체가 아닌 한국감정평가협회가 제정한 토지보상평가지침은 헌법소원의 대상이 되는 공권력의 행사에 해당하지 아니한다(2006. 7. 27. 2005헌마307).

[4] **한국방송공사의 예비사원 채용공고** 한국방송공사의 직원 채용관계는 특별한 공법적 규제 없이 한국방송공사의 자율에 맡겨진 셈이 되므로 이는 사법적인 관계에 해당한

9) 가처분에 대해서는 제4편 제2장 제7절 참조.
10) 헌재 1994. 8. 31. 92헌마174.
11) 헌재 2002. 3. 28. 2001헌마271.

다고 봄이 상당하다. 또한 직원 채용관계가 사법적인 것이라면, 그러한 채용에 필수적으로 따르는 사전절차로서 채용시험의 응시자격을 정한 이 사건 '예비사원 채용공고' 또한 사법적인 성격을 지닌다고 할 것이다. 그렇다면 이 사건 공고는 헌법소원으로 다툴 수 있는 공권력의 행사에 해당하지 않는다(2006. 11. 30. 2005헌마855).

[5] **대통령선거 후보경선과정에서 여론조사반영** 정당이 공권력 행사의 주체가 아니고, 정당의 대통령선거 후보선출은 자발적 조직 내부의 의사결정에 지나지 아니하므로, 청구인들 주장과 같이 한나라당이 대통령선거 후보경선과정에서 여론조사 결과를 반영한 것을 일컬어 헌법소원심판의 대상이 되는 공권력의 행사에 해당한다 할 수 없다(2007. 10. 30. 2001헌마1128).

[6] **수사기관의 내사** 내사는 범죄혐의의 유무를 확인하기 위하여 범죄인지 전에 행해지는 수사기관 내부의 조사활동에 불과하므로, 그 과정에서 피내사자의 기본권을 제한하는 별도의 처분이 있었음을 구체적으로 특정하여 다투지 않는 이상, 단지 내사 그 자체만으로는 피내사자에게 어떠한 의무를 부과하거나 피내사자의 기본권에 직접적이고 구체적인 침해를 가한다고 볼 수 없으므로, 헌법소원심판의 대상이 되는 공권력 행사로 보기 어렵다(2011. 2. 15. 2011헌마30).

[7] **교도관의 준비서면 제출 행위** 전주교도소 교도관이 국가의 소송수행자로서 청구인과의 민사재판 소송수행 중 준비서면을 제출한 행위는 청구인과 국가 간에 사적주체로서의 소송에서 이루어진 것에 불과하여 공권력의 행사라고 볼 수 없으므로 이 부분 심판청구는 부적법하다(2011. 2. 24 2009헌마209).

Ⅰ. 공권력의 행사

1. 입법작용

(1) 법 률

헌법소원의 대상인 공권력에는 입법권도 포함되기 때문에 입법작용의 결과인 법률도 헌법소원의 대상이 된다. 다만 이 경우에 법률은 별도의 구체적인 집행행위가 없이도 직접적이고, 현재적으로 기본권을 침해해야 한다. 이미 **폐지된 법률**의 경우에도 이 법률을 대체하는 개정법률이 기본권을 침해할 가능성이 확실하게 예상되고, 헌법질서를 수호하고 유지하기 위해서 헌법적 해명이 필요한 경우에는 헌법소원의 대상이 될 수 있다.

[판례] 폐지된 법률이 헌법소원의 대상이 되는 경우

헌법소원의 본질은 개인의 주관적 권리구제뿐만 아니라 객관적인 헌법질서의 보장도 겸하고 있으므로, 침해행위가 이미 종료하여 이를 취소할 여지가 없기 때문에 헌법소원이 주관적 권리구제에 별 도움이 안되는 경우라도 그러한 침해행위가 앞으로도 **반복될 위험**이 있거나 당해 분쟁의 해결이 **헌법질서의 수호·유지를 위하여 긴요한 사항**이어서 헌법적으로 그 해명이 중대한 의미를 지니고 있는 경우에는 심판청구의 이익을 인정하여 이미 종료한 침해행위가 위헌이었음을 선언할 수 있는 것이다(1995. 5. 25. 91헌마67).

(2) 조약, 명령 · 규칙, 조례

법률적 효력을 가지는 **조약**도 헌법소원의 대상이 될 수 있다.[12] 여기서 별도의 시행법규 없이도 적용될 수 있는 **자기집행조약**은 곧바로 헌법소원청구가 가능하고, 별도의 시행법규가 제정되어야 적용될 수 있는 **비(非)자기집행조약**의 경우에는 이 조약의 시행을 위한 법규가 제정되었을 때에야 비로소 이에 대해서 헌법소원을 청구할 수 있다.[13]

[판례] 공권력의 행사로서 조약체결

대한민국과 일본 사이에서 체결된 어업에 관한 협정은 헌법에 의해 국내법과 효력을 가지는 조약으로서 그 체결행위는 고권적 행위로서 공권력의 행사에 해당한다(2001. 3. 21. 99헌마139등).

행정입법인 **명령**이나 **규칙**도 헌법소원의 대상이 될 수 있다. 우선 국민의 기본권을 제한하는 **법규명령**이 헌법소원의 대상이 될 수 있다는 점에 대해서는 의심의 여지가 없다. 그에 비해 행정조직 내부를 규율하는 **행정규칙**은 단순히 사무처리지침으로서 대외적 구속력 없이 내부적 효력만을 갖는다면 헌법소원의 대상이 되지 않는다.[14] 하지만 외부적인 효력을 가지고 법규명령의 성격을 가지면서 국민의 기본권을 제한하는 행정규칙은 헌법소원의 대상이 될 수 있다.[15] 행정규칙이 상위법령과 결합하여 법규명령의 성격을 갖는 경우는 ① 법령이 행정규칙에 의한 내용적 구체화의 권한을 위임한 경우, ② 행정규칙에 의한 행정관행의 반복으로 재량권행사의 준칙이 되어 행정청이 자기구속되는 경우, ③ 법령의 시행에 필요한 구체화를 법령이 직접 위임한 경우 등이다.[16] 이에 따라 대외적 구속력이 있는 고시[17]나 공고[18] 또는 예규[19]는 헌법소원의 대상이 된다.[20]

대법원규칙과 같은 사법부의 입법도 헌법소원의 대상이 된다. 그리고 **조례**와 같은 지방자치단체의 입법도 국민의 기본권을 침해하는 경우에는 헌법소원의 대상이 된다.[21]

---

12) 헌재 2001. 3. 21. 99헌마139등.
13) 김하열b, 381면; 정종섭b, 611면.
14) 헌재 1991. 7. 8. 91헌마42; 2000. 6. 29. 2000헌마325; 2001. 2. 22, 2000헌마29.
15) 헌재 1992. 6. 26. 91헌마25; 2000. 7. 20. 99헌마455; 2000. 12. 14. 2000헌마659; 2004. 1. 29. 2001헌마894.
16) 헌재 2002. 7. 18. 2001헌마605.
17) 헌재 1997. 5. 29. 94헌마33; 2002. 7. 18. 2001헌마605; 2003. 12. 18. 2001헌마543; 2004. 1. 29. 2001헌마894.
18) 헌재 2000. 1. 27. 99헌마123; 2001. 9. 27. 2000헌마159; 2004. 3. 25. 2001헌마882; 2006. 7. 27. 2004헌마924; 2007. 7. 26. 2004헌마686; 2023. 2. 23. 2020헌마1736(변호사시험 실시계획 공고).
19) 헌재 2005. 12. 22. 2002헌마152; 2007. 8. 30. 2004헌마670.
20) 헌재 1990. 10. 15. 89헌마178.
21) 헌재 1995. 4. 20. 92헌마264; 1998. 10. 15. 96헌바77; 2023. 9. 26. 2019헌마1417.

[참조] 헌법소원의 대상으로 인정되지 않은 행정규칙

[1] 1996학년도 대학입시기본계획 중 필답고사 실시 등에 관한 권고(1997. 7. 16. 97헌마70)

[2] 예술고 학생에 대한 학생부성적반영 지침(1997. 12. 19. 97헌마317)

[3] 보건복지부장관이 산하기관인 한국보건의료인국가시험원장에게 시달한 한약관련과목의 범위 및 이수인정기준(2001. 2. 22. 2000헌마29)

[4] 학교장 · 교사 초빙제 실시에 관한 경기도교육청의 지침(2001. 5. 31. 99헌마413)

[5] 각급 학교장에게 생활기록부 전산매체를 50년간 당해 학교에 보관하도록 한 교육인적자원부장관의 지침(2004. 8. 20. 2004헌마584)

[6] 국적업무에 관한 사무처리준칙으로서 불법체류자인 중국동포들의 국적회복신청을 불허하고 있던 중국동포국적업무처리지침(법무부예규)(2006. 3. 30. 2003헌마806)

[7] 지방공무원에게 지방공무원법령에 따라 공로연수 파견근무를 명함에 있어 필요한 사항을 정하여 주기 위한 내부적인 사무처리지침에 불과한 지방공무원 공로연수 운영지침(2006. 12. 26. 2006헌마1373)

[8] 학군사관후보생 선발에 필요한 세부사항을 정하여 학생중앙군사학교장이 각 대학 학군단에 하달한 문서인 '학군사관후보생모집/선발계획'(2007. 5. 31. 2004헌마243)

[9] 보건복지부장관이 장애인차량 엘피지 보조금 지원사업과 관련하여 4~6급 장애인에 대한 지원을 중단하기로 하는 정책결정을 내리고 이에 따라 일선 공무원들에 대한 지침을 변경한 것(2007. 10. 25. 2006헌마1236)

[10] 교도소 · 구치소의 수용자가 교정시설 외부로 나갈 경우 도주 방지를 위하여 해당 수용자의 발목에 전자발찌를 부착하도록 한 법무부 산하 교정본부의 '운영방안'(2018. 5. 31. 2016헌마191)

[판례] 명령 · 규칙의 헌법소원 대상성

헌법 제107조 제2항이 규정한 명령 · 규칙에 대한 대법원의 최종심사권이란 **구체적인 소송사건**에서 명령 · 규칙의 위헌 여부가 재판의 전제가 되었을 경우에 법률의 경우와는 달리 헌법재판소에 제청할 것 없이 대법원이 최종적으로 심사할 수 있다는 의미이다. 헌법 제111조 제1항 제1호에서 법률의 위헌여부심사권을 헌법재판소에 부여한 이상 **통일적인 헌법해석과 규범통제**를 위하여 법률의 하위법규인 명령 · 규칙의 위헌여부심사권이 헌법재판소의 관할에 속함은 당연한 것으로서 헌법 제107조 제2항의 규정이 이를 배제한 것이라고는 볼 수 없다. 헌법소원심판의 대상이 되는 '공권력'이란 입법 · 사법 · 행정 등 모든 공권력을 말하는 것이므로 입법부에서 제정한 법률, 행정부에서 제정한 시행령이나 시행규칙 및 사법부에서 제정한 규칙 등은 그것들이 별도의 집행행위를 기다리지 않고 직접 기본권을 침해하는 경우에는 모두 헌법소원심판의 대상이 될 수 있다(1990. 10. 15. 89헌마178).

[판례] 행정명령(행정규칙)의 헌법소원 대상성

행정규칙이 법령의 규정에 의하여 행정관청에 **법령의 구체적 내용을 보충할 권한을 부여한 경우**나, 재량권 행사의 준칙인 규칙이 그 정한 바에 따라 되풀이 시행되어 행정관행이 이룩되게 되면 평등의 원칙이나 신뢰보호의 원칙에 따라 행정기관은 그 상대방에 대한 관계에서 그 규칙에 따라야 할 **자기구속을 당하게 되는 경우**에는 대외적 구속력을 가지게 되는 바, 이러한 경우에는 헌법소원의 대상이 될 수도 있고, 또한 **법령의 직접적 위임**에 따라 수임행정기관이 그 법령을 시행하는 데 필요한 구체적 사항을 정한 것이면, 그 제정형식은 비록 법규명령이 아닌 고시 · 훈령 · 예규 등과 같은 행정규칙이더라도 그것이 상위법령의 위임한계를 벗어나지 않는 한 상위법령과 결합하여 대외적인 구속력을 갖는 법규명령으로서 기능하게 된다고 보아야 할 것인 바, 헌법소원의 청구인이 법령과 예규의 관계규정으로 말미암아 직접 기본권을 침해받았다면 이에 대하여 헌법소원을 청구할 수 있다(2002. 7. 18. 2001헌마605).

2. 행정작용

(1) 원 칙

행정작용은 원칙적으로 행정소송의 대상이 되고, 행정소송에 의하여 권리구제를 받을 수 없거나 행정소송을 거친다고 해도 구제가능성이 없는 경우에만 예외적으로 헌법소원의 대상이 될 수 있다. 행정기관의 행위라고 하더라도 사법상(私法上)의 행위[22]나 단순한 사실의 고지,[23] 단순한 권고적 · 비권력적 행위[24]는 공권력의 행사가 아니기 때문에 헌법소원의 대상이 되지 못한다. 반면에 공법상의 사단이나 재단과 같은 공법인이나 국립대학교와 같은 영조물의 작용은 공권력의 행사로서 헌법소원의 대상이 될 수 있다.[25]

[판례] 중앙선거관리위원회의 회신행위

인터넷을 통한 선거광고대행행위의 법적 허용 여부에 관한 질의에 대한 중앙선거관리위원회의 회신은 공권력의 행사에 해당하지 않는다(2001. 3. 21. 2000헌마37: 각하 - 법률적 문제에 대한 해석 및 안내를위한 단순한 회신에 불과하므로).

[판례] 교육인적자원부장관의 학칙시정요구

교육인적자원부장관의 대학총장들에 대한 학칙시정요구는 고등교육법 제6조 제2항, 동법시행령 제4조 제3항에 따른 것으로서 그 법적 성격은 대학총장의 임의적인 협력을 통하여 사실상의 효과를 발생시키는 행정지도의 일종이지만, 그에 따르지 않을 경우 일정한 불이익조치를 예정하고 있어 사실상 상대방에게 그에 따를 의무를 부과하는 것과 다를 바 없으므로 단순한 행정지도로서의 한계를 넘어 규제적 · 구속적 성격을 상당히 강하게 갖는 것으로서 헌법소원의 대상이 되는 공권력의 행사라고 볼 수 있다(2003. 6. 26. 2002헌마337).

[판례] 사법시험 채점행위

'사법시험의 채점행위' 그 자체로는 직접적으로 국민의 권리의무에 영향을 미치지 아니하는 공권력 작용의 준비행위 또는 부수적 행위로서 비권력적 사실행위에 불과하고, 그 행위의 결과로 수험자가 득한 구체적인 점수가 사법시험의 합격결정의 판단자료가 되는 것일 뿐이므로 헌법소원의 대상성을 결여하여 부적법하다(2004. 3. 16. 2004헌마148).

---

22) 헌재 1992. 11. 12. 90헌마160; 1992. 12. 24. 90헌마182; 1994. 2. 24. 93헌마213.
23) 헌재 1999. 11. 30. 99헌마625.
24) 헌재 2003. 2. 27. 2002헌마106(선거관리위원회의 선거법위반행위에 대한 중지촉구).
25) 헌재 1998. 8. 27. 97헌마372.

[판례] 사법시험관리위원회의 사법시험 출제방향 및 기준에 관한 심의 · 의결

사법시험관리위원회가 정답개수형 문제를 출제하기로 한 심의 · 의결은 장차 시험출제의 권한을 갖고 있는 시험위원들에 대한 권고사항을 채택한 것으로 법적 효력이 없는 사실상의 내부적인 준비행위에 불과하고, 설사 그 내용이 공고의 형식으로 게시되었다고 하더라도 이는 법무부장관이 행정정보의 공개차원에서 알려준 것에 불과하거나, 앞으로 시험위원들에게 그와 같이 권고될 수도 있으니 그에 대비하라는 일종의 사전안내에 불과하다. 따라서 이 사건 심의 · 의결은 행정심판이나 행정쟁송의 대상이 될 수 있는 행정처분이나 헌법소원 심판청구의 대상이 되는 공권력의 행사에 해당하지 않는다(2004. 8. 26. 2002헌마107).

[판례] 제주 4.3사건과 관련된 대통령의 사과성명과 진상조사보고서

제주 4.3사건과 관련된 대통령의 사과성명은 대통령이 국가 내지 정부를 대표하여 유족 등에게 제주 4.3사건에 대한 공식 입장을 밝히면서 사건으로 인한 희생에 관한 의견과 감상을 표명한 것에 불과할 뿐 헌법재판소법 제68조 제1항 소정의 헌법소원의 대상이 되는 공권력의 행사에 해당한다고 볼 여지가 없다. 또한 제주 4.3사건과 관련된 진상조사보고서 내지 그 작성행위는 단순히 사안의 진상을 조사 · 분석하여 보고서로 만드는 사실행위 및 그 결과물로서, 그것만으로는 청구인들의 법적 지위에 직접 어떠한 영향을 미칠 여지가 없으므로 처음부터 기본권을 침해할 가능성 내지 위험성을 결하고 있다. 따라서 그것은 헌법소원의 대상이 되는 공권력의 행사에 해당한다고 할 수 없다(2004. 8. 17. 2004헌마577).

[판례] 대통령의 국가보안법폐지 주장

대통령이 방송 프로그램에 출연하여 국가보안법의 폐지를 주장한 행위는 법적인 효력이 있는 행위가 아니고 단순한 정치적 견해를 드러낸 것이거나 정치적 준비행위 또는 계획의 표명에 불과한 이상, 위와 같은 행위는 헌법소원의 대상이 되는 공권력의 행사에 해당한다고 할 수 없다(2004. 11. 16. 2004헌마839).

[판례] 전국공무원노조 관련 업무연락공문

행정자치부 자치행정과장이 지방자치단체 담당과장에게 '전공노 대책 관련 긴급지시'라는 제하에 "사태종료시까지 전공노 조합원의 병 · 연가 불허" 등을 내용으로 하는 업무연락공문을 발송한 행위는 행정자치부 소속 자치행정과장이 전국 공무원노조에 대한 대책과 관련한 상호 협조 차원에서 각 지방자치단체의 담당과장에게 업무연락을 한 것으로 행정기관 내부의 행위일 뿐 대외적으로 효력이 있는 명령이나 지시가 아니므로 헌법소원의 대상이 되는 공권력 행사에 해당하지 아니한다(2005. 5. 26. 2005헌마22).

[판례] 국민감사청구에 대한 감사원장의 기각결정

부패방지법(제40조)상의 국민감사청구제도는 일정한 요건을 갖춘 국민들이 감사청구를 한 경우에 감사원장으로 하여금 감사청구된 사항에 대하여 감사실시 여부를 결정하고 그 결과를 감사청구인에게 통보하도록 의무를 지운 것이므로(동법 제42조, 제43조), 이러한 국민감사청구에 대한 기각결정은 공권력주체의 고권적 처분이라는 점에서 헌법소원의 대상이 될 수 있는 공권력행사라고 보아야 할 것이다(2006. 2. 23. 2004헌마414).

[판례] 중앙항만정책심의회의 항만명칭에 관한 결정

중앙항만정책심의회는 항만기본계획의 수립 및 변경, 항만의 지정 및 폐지, 항만구역의 지정 및 조정, 항만배후단지의 지정 및 그 개발에 관한 종합계획의 수립, 기타 항만의 개발 및 관리·운영에 관하여 해양수산부장관이 심의에 부치는 사항에 관하여 심의하기 위하여 해양수산부장관 소속하에 설치된 기구로서 단지 심의권한만을 가지고 있을 뿐만 아니라 항만법상 지정항만의 명칭은 대통령령으로 정하도록 되어 있어 비록 위 위원회가 항만의 명칭에 대하여 의결하여 결정한다 하더라도 이로써 항만의 명칭이 확정적으로 정해진다고 볼 수 없다. 따라서 중앙항만정책심의회의 결정은 정책방향을 결정하는 국가기관 내부의 의사결정에 불과하여 그 자체로 대외적인 효력이 발생할 수 없고 국민의 권리와 의무에 대하여 변동을 주지 않으므로 헌법소원심판의 대상이 되는 공권력 작용으로 볼 수 없다(2006. 8. 31. 2006헌마266).

[판례] 북한 한의사자격의 국내인정에 관한 민원회신

북한에서 취득한 한의사 자격을 대한민국의 한의사 자격으로 인정할 것을 요구하는 취지의 민원에 대하여 보건복지부장관과 국회 보건복지위원장이 한 회신은 "북한이탈주민의 자격인정을 정한 북한이탈주민의보호및정착지원에관한법률 제14조와 한의사 등 의료면허의 취득요건을 정한 의료법 제5조 등 관련 법령조항의 취지에 비추어 볼 때, 탈북의료인에게 바로 대한민국의 한의사 면허를 부여할 수 없다"라는 취지의 법적 견해를 청구인에게 알리는 정도의 의미밖에 없고, 이로 인하여 청구인의 면허취득이 확정적으로 불가능해지는 것은 아니라고 할 것이므로, 청구인의 기본권을 직접 제한하는 공권력의 행사에 해당하지 아니한다(2006. 11. 30. 2006헌마679).

[판례] 대통령에 대한 중앙선거관리위원회의 경고조치

선거관리위원회법 제14조의2의 '경고'는 선거법 위반행위에 대한 제재적 조치의 하나로서 법률에 규정된 것이므로 피경고자는 이러한 경고를 준수하여야 할 의무가 있고, 피경고자가 경고를 불이행하는 경우 선거관리위원회 위원·직원에 의하여 관할 수사기관에 수사의뢰 또는 고발될 수 있으므로 위 '경고'가 청구인의 법적 지위에 영향을 주지 않는다고는 할 수 없다. 중앙선거관리위원회 위원장이 중앙선거관리위원회 전체회의의 심의를 거쳐 대통령의 위법사실을 확인한 후 그 재발방지를 촉구하는 내용의 이 사건 경고조치를 청구인인 대통령에 대하여 직접 발령한 것이 단순한 권고적·비권력적 행위라든가 대통령인 청구인의 법적 지위에 불리한 효과를 주지 않았다고 보기는 어렵다. 청구인이 이 사건 경고조치를 따르지 않음으로써 형사적으로 처벌될 가능성은 없다고 하더라도, 이 사건 조치가 그 자체로 청구인에게 그러한 위축효과를 줄 수 있음은 명백하다고 볼 것이고, 나아가 이 사건 조치에 대하여 법원에서 소송으로 구제받기는 어렵다는 점에서 헌법기관인 피청구인이 청구인의 위 발언내용이 위법이라고 판단한 이 사건 조치는 최종적·유권적인 판단으로서 기본권 제한의 효과를 발생시킬 가능성이 높다고 할 것이다. 설사 피청구인이 아무런 법적 근거 없이 이 사건 조치를 하였다고 하여도, 공권력의 주체인 피청구인이 뒤에서 보는 바와 같이 청구인의 기본권을 제한하는 처분을 한 것이므로 이는 기본권침해 가능성이 있는 공권력의 행사라고 할 것이다(2008. 1. 17. 2007헌마700).

[판례] 외교통상부장관의 외교행위

외교행위는 가치와 법률을 공유하는 하나의 국가 내에 존재하는 국가와 국민과의 관계를 넘어 가치와 법률을 서로 달리하는 국제환경에서 국가와 국가 간의 관계를 다루는 것이므로, 정부가 분쟁의 상황과 성질, 국내외 정세, 국제법과 보편적으로 통용되는 관행 등을 감안하여 정책결정을 함에 있어 폭넓은 재량이 허용되는 영역임을 부인할 수 없다. 그러나 헌법상의 기본권은 모든 국가권력을 기속하므로 행정권력 역시 이러한 기본권 보호의무에 따라 기본권이 실효적으로 보장될 수 있도록 행사되어야 하고, 외교행위라는 영역도 사법심사의 대상에서 완전히 배제되는 것으로는 볼 수 없다. 특정 국민의 기본권이 관련되는 외교행위에 있어서, 앞서 본 바와 같이 법령에 규정된 구체적 작위의무의 불이행이 헌법상 기본권 보호의무에 대한 명백한 위반이라고 판단되는 경우에는 기본권 침해행위로서 위헌이라고 선언되어야 한다(2011. 8. 30. 2006헌마788, 2011. 8. 30. 2008헌마648).

[판례] 사립대학의 법학전문대학원 모집요강

법학전문대학원은 교육기관으로서의 성격과 함께 법조인 양성이라는 국가의 책무를 일부 위임받은 직업교육기관으로서의 성격을 가지고 있기는 하나, (해당) 여자대학교는 사립대학으로서 국가기관이나 공법인, 국립대학교와 같은 공법상의 영조물에 해당하지 아니하고, 일반적으로 사립대학과 그 학생과의 관계는 사법상의 계약관계이므로 (해당) 학교법인 을 공권력의 주체라거나 그 모집요강을 공권력의 행사라고 볼 수 없다. 따라서 이 사건 모집요강은 헌법소원심판의 대상이 되는 공권력의 행사라고 볼 수 없다(2013. 5. 30. 2009헌마514).

[판례] 변호사시험 합격자 결정기준 공표

합격기준 공표는 앞으로 실시될 제3회 변호사시험의 합격자 결정에 대하여 최소한의 합격자수 기준이라는 행정관청 내부의 지침을 대외적으로 공표하는 것에 불과하고, 그 자체로 인하여 청구인들의 법적 지위에 영향을 미친다고 보기 어려우므로, 헌법소원심판의 대상이 되는 공권력의 행사에 해당하지 않는다(2014. 3. 27. 2013헌마523).

[판례] 코로나19 방역조치에 관한 서울특별시고시

코로나바이러스감염증-19의 예방을 위하여 음식점 및 피씨(PC)방 운영자 등에게 영업시간을 제한하거나 이용자 간 거리를 둘 의무를 부여하는 서울특별시고시는 항소소송의 대상인 행정처분에 해당하여 우선 행정심판이나 행정소송이라는 구제절차를 거쳤어야 함에도 이러한 구제절차를 거치지 아니하고 제기된 것으로 보충성 요건을 충족하지 못하였다(2023. 5. 25. 2021헌마21).

(2) 검사의 불기소처분

검사의 불기소처분에 대해서는 그 당부에 관한 재정신청이 허용되기 전까지 헌법재판소의 판례에 의하여 헌법소원심판청구가 인정되었다. 이러한 불기소처분에는 ① 피의사실이 인정되지 않거나 피의사실을 인정할 만한 충분한 증거가 없는 경우 또는 피의사실이 범죄를 구성하지 않는 경우에 하는 '혐의없음'처분,[26] ② 피의사실이 인정되지만 소추를 필요로 하지 않는 경우에 하는 '기소유예'처분,[27] ③ 피의사실이 범죄구성요건에

26) 헌재 1989. 7. 14. 89헌마10; 1998. 8. 20. 97헌마298; 2001. 4. 26. 2000헌마765.

해당하나 법률상의 범죄의 성립을 조각하는 사유가 있어 범죄를 구성하지 않는 경우에 하는 '죄가 안 됨'처분, ④ 공소제기나 확정판결의 존재, 고소기간의 도과, 공소시효의 완성, 형면제사유에 해당, 피고소인의 사망, 반의사불벌죄에서 처벌을 희망하지 않는 의사표시의 경우 등에 하는 '공소권 없음'처분,[28] ⑤ '기소중지'처분,[29] ⑥ '공소취소'처분, ⑦ 진정종결처분,[30] ⑧ 수사중지처분[31] 등이 모두 포함되는 것으로 보았다. 한편 헌법재판소에 따르면 ① 진정사건 내사종결처리,[32] ② 고소사실로 주장한 바가 없어서 검사가 처분한 바 없는 사실,[33] ③ 검사가 재기 수사한 다음 역시 불기소처분을 한 경우에 원래의 불기소처분,[34] ④ 검사의 수사재기결정 및 공소제기처분,[35] ⑤ 법원의 재정신청절차를 거친 불기소처분 및 고소취소로 인한 불기소처분[36]에 대한 헌법소원심판 청구는 부적법하다고 판단받았다. 헌법재판소는 검사의 불기소처분이 기본권을 침해하였는지를 판단할 때 첫째, 수사단계에서 정의와 형평에 반하는지, 둘째, 증거의 취사선택 및 가치판단, 헌법의 해석과 법률의 적용단계에서 불기소처분의 결정에 영향을 미친 중대한 잘못을 범하였는지, 셋째, 불기소처분이 헌법재판소가 관여할 만큼의 자의적인 처분이었는지를 심사하였다.[37] 이러한 요건을 침해하는 불기소처분은 평등권과 재판절차진술권과 같은 기본권을 침해하는 것으로 이해되었다.

[판례] 검사의 불기소처분이 헌법소원의 대상이 되는 근거

우리나라는 검사만이 공소를 제기할 수 있도록 규정함으로써(형사소송법 제246조), 사인소추주의를 일체 배제하고 국가소추주의 및 기소독점주의를 채택하고 있으며, 이에 대하여 아주 좁은 범위내에서만 준기소절차를 인정하고 있다. 헌법 제27조 제5항이 형사피해자의 재판절차진술권을 보장하고 있는 것도 국가소추주의를 전제로 한 것이라고 볼 수 있다. 이와 같이 국가기관이 공소권을 독점하고 있는 법제도하에서 범죄로 인한 피해자의 보호가 충분히 이루어지기 위하여는 피해자의 고소권의 행사를 보장하고, 고소인의 권리를 두텁게 보호하지 않으면 안된다고 할 것이다(1999. 1. 28. 98헌마85).

하지만 형사소송법이 개정되어 고소권자로서 고소를 한 자는 검사의 불기소처분에 대해서 관할 고등법원에 재정신청을 할 수 있게 되었고(동법 제260조 제1항), 재정신청을

27) 헌재 1989. 10. 27. 89헌마56; 1999. 3. 25. 98헌마303; 2001. 4. 26. 2001헌마15.
28) 헌재 2001. 9. 27. 2001헌마4; 2002. 6. 27. 2002헌마127; 2003. 1. 30. 2002헌마617; 2004. 5. 27. 2003헌마698; 2005. 1. 18. 2004헌마995.
29) 헌재 1991. 4. 1. 90헌마115; 1997. 2. 20. 95헌마362; 1999. 2. 25. 98헌마108.
30) 헌재 2004. 5. 27. 2003헌마149.
31) 헌재 1992. 10. 1. 91헌마31.
32) 헌재 1990. 12. 26. 89헌마277: 공권력의 행사가 아니므로.
33) 헌재 1990. 12. 26. 90헌마2: 심판의 대상이 될 수 없으므로.
34) 헌재 1994. 12. 29. 94헌마162: 효력을 상실한 처분이므로.
35) 헌재 1996. 2. 29. 96헌마32: 기본권을 직접적으로 침해하지 않으므로.
36) 헌재 1998. 8. 27. 97헌마79.
37) 헌재 2003. 2. 27. 2002헌마680.

하기 위해서는 검찰청법에 따른 항고를 거쳐야 한다(동조 제2항). 또한 검찰청법에 따르면 재정신청을 할 수 있는 자는 재항고를 할 수 없다(동법 제10조 제3항). 재정신청을 할 수 있는 고소·고발인은 불기소처분에 대하여 재항고를 제기할 수 없도록 규정한 법률조항은 평등권을 침해하지 않는다는 것이 헌법재판소의 입장이다.[38] 따라서 검사의 불기소처분에 대해서 고소를 한 피해자는 검찰에 항고를 한 뒤 이를 거쳐 고등법원에 재정신청을 할 수 있을 뿐이고, 헌법소원심판을 청구할 수 없다. 법원의 재판은 헌법소원의 심판대상이 되지 않기 때문에 법원의 재정결정에 대해서는 헌법소원심판을 청구할 수 없다. 재정신청 기각결정의 심판대상이 되었던 불기소처분에 대한 헌법소원심판청구는 부적법한 청구가 된다.[39] 다만 고소를 한 피해자에 한정되므로 고소를 하지 않은 피해자 또는 기소유예처분을 받은 형사피의자의 경우에는 여전히 헌법소원심판을 청구할 수 있는 여지가 남아 있다. 특히 정당방위의 성립요건과 관련하여 일방적으로 위법한 공격으로부터 자신을 보호하고 이를 벗어나기 위한 저항수단으로서 유형력을 행사한 경우에 그 행위가 새로운 공격이라고 평가되지 않는 한 이는 사회관념상 허용될 수 있는 상당성이 있는 정당행위나 정당방위로 위법성이 조각되므로 이와 같은 유형의 사건에서 검사가 기소유예처분을 하면 해당 기소유예처분은 평등권 등을 침해하여 취소될 수 있다.[40] 또한 공동거주자의 지위에 있는 사람이 사실상 평온을 해치는 방법으로 공동주거에 들어간 사실이 인정되지 않음에도 주거침입 피의사실이 인정됨을 전제로 검사가 기소유예처분을 하면 자의적인 검찰권 행사로 해당 기소유예처분은 평등권 등을 침해하여 취소될 수 있다.[41] 그리고 식당에서 자신의 우산과 외관이 유사한 타인의 우산을 가져간 경우에 절도의 고의가 없음에도 절도의 고의가 인정됨을 전제로 내려진 기소유예처분은 평등권 등을 침해하여 취소될 수 있다.[42] 재정신청의 대상이 되지 않는 불기소처분에 대해서는 재항고를 제기할 수 있기 때문에 재항고를 거치지 않고 헌법소원심판을 청구하면 보충성원칙을 위반하여 부적법한 청구로 각하된다.[43]

[판례] 고소를 하지 않는 피해자 또는 기소유예처분을 받은 피의자가 불기소처분에 대한 헌법소원을 청구할 수 있는 이유

① 피해자의 고소가 아닌 수사기관의 인지 등에 의해 수사가 개시된 피의사건에서 검사의 불기소처분이 이루어진 경우, **고소하지 아니한 피해자**로 하여금 별도의 고소 및 이에 수반되는 권리구제절차를 거치게 하는 방법으로는 종래의 불기소처분 자체의 취소를 구할 수 없고 당해 수사처분 자체의 위법성도 치유될 수 없다는 점에서 이를 본래 의미의 사전 권리구제절차라고 볼 수 없고, 고소하지 아니한 피해자는 검사의 불기소처분을 다툴 수 있는

38) 헌재 2014. 2. 27. 2012헌마983.
39) 헌재 2011. 10. 25. 2010헌마243.
40) 헌재 2023. 8. 31. 2021헌마994(남편의 일방적 폭행으로 인한 부부싸움 과정에서 정당방위).
41) 헌재 2023. 9. 26. 2021헌마1602(부부가 별거 중에 공동으로 거주하던 주택에 출입).
42) 헌재 2024. 8. 29. 2023헌마79.
43) 헌재 2009. 9. 24. 2008헌마255.

통상의 권리구제수단도 경유할 수 없으므로, 그 불기소처분의 취소를 구하는 헌법소원의 사전 권리구제절차라는 것은 형식적 · 실질적 측면에서 모두 존재하지 않을 뿐만 아니라, 별도의 고소 등은 그에 수반되는 비용과 권리구제가능성 등 현실적인 측면에서 볼 때에도 불필요한 우회절차를 강요함으로써 피해자에게 지나치게 가혹할 수 있으므로, 고소하지 아니한 피해자는 예외적으로 불기소처분의 취소를 구하는 헌법소원심판을 곧바로 청구할 수 있다. ② 검사의 불기소처분에 대한 검찰청법 소정의 항고 및 재항고는 그 피의사건의 고소인 또는 고발인만이 할 수 있을 뿐, **기소유예처분을 받은 피의자**가 범죄혐의를 부인하면서 무고함을 주장하는 경우에는 검찰청법이나 다른 법률에 이에 대한 권리구제절차가 마련되어 있지 아니하므로, 검사의 기소유예처분의 취소를 구하는 헌법소원심판을 청구하는 경우에는 보충성원칙의 예외에 해당한다(2010. 6. 24. 2008헌마716).

[판례] 고소권자로서 고소를 하지 않은 자가 헌법소원을 청구할 수 없는 경우

일부 고소권자가 사망한 피해자의 지위를 승계하여 고소를 하고 검사의 불기소처분에 대하여 항고와 재정신청 등의 구제절차가 진행 중이라면 이는 고소하지 아니한 나머지 고소권자에 대하여 구제절차가 진행 중인 것으로 볼 수 있으므로, 청구인의 외조모, 외삼촌, 어머니가 사망한 피해자의 지위를 승계하여 고소권자로서 피의자들을 고소하고, 검사의 불기소처분에 대하여 재정신청을 하여 그 절차가 진행 중인 상황에서 미성년자인 청구인의 어머니가 법정대리인으로서 헌법소원심판을 청구한 경우, 청구인으로서는 위 불기소처분에 대한 구제절차를 아직 거치지 않은 상황에 있다고 봄이 상당하므로, 심판청구는 보충성 요건을 흠결하였다(2020. 2. 27. 2019헌마987).

(3) 권력적 사실행위

권력적 사실행위는 행정권이 우월적 지위에서 국민을 일방적으로 강제하는 실제적인 공권력행사로서 법적 강제력은 없으나 일정한 사실상의 결과발생을 목적으로 하는 행위를 말한다. 이러한 권력적 사실행위도 헌법소원의 대상이 될 수 있다. 헌법재판소에 따르면 행정상의 사실행위는 대외적 구속력이 없는 비권력적 사실행위와 헌법소원의 대상이 되는 권력적 사실행위로 구분된다고 한다. 대외적 구속력이 없는 비권력적 사실행위에는 경고, 권고, 시사와 같은 정보제공행위나 임의적 협력을 통하여 사실상의 효과를 발생시키고자 하는 행정지도가 포함된다.[44] 그리고 어떤 행정행위가 권력적 사실행위에 해당하는지에 대해서는 당해 행정주체와 상대방과의 관계, 그 사실행위에 대한 상대방의 의사 · 관여정도 · 태도, 그 사실행위의 목적 · 경위, 법령에 의한 명령 · 강제수단의 발동 가부 등 그 행위가 행하여질 당시의 구체적 사정을 종합적으로 고려하여 개별적으로 판단해야 한다고 한다.[45] 그러면서 국제그룹해체 사건에서 재무부장관이 제일은행장에게 한 해체준비착수와 언론발표준비의 지시[46]와 같은 행위들을 권력적 사실행위로 보고 있다.

그 밖에도 권력적 사실행위에 해당한다고 본 것으로는 ① 미결수용자 또는 수형자

44) 헌재 2023. 10. 26. 2019헌마164; 2025. 1. 23. 2021헌마1359.

45) 헌재 1994. 5. 6. 89헌마35.

46) 헌재 1993. 7. 29. 89헌마31.

의 서신에 대한 교도소장의 검열 등의 행위,[47] ② 교도소내 접견실에 칸막이 설치행위,[48] ③ 미결수용자에게 재소자용 의류를 입게 한 구치소장의 행위,[49] ④ 체포된 피의자에게 차폐시설이 불충분한 유치장 화장실을 사용하게 한 행위,[50] ⑤ 피의자들의 신체를 과잉수색한 경찰서장의 행위,[51] ⑥ 신군부세력이 언론통폐합계획에 따라 동아방송을 한국방송공사에 양도한다는 내용의 각서를 작성하게 한 행위,[52] ⑦ 교도소수용자에게 장기간 금속수갑과 가죽수갑을 착용하도록 한 행위,[53] ⑧ 폐기물관련사업자에 대한 국가의 과다감사,[54] ⑨ 구속된 피의자가 검사조사실에서 수갑 및 포승을 시용한 상태로 피의자신문을 받도록 한 행위,[55] ⑩ 구치소에 수용되는 마약류사범에 대한 정밀신체검사로서 항문내 검사,[56] ⑪ 마약류 관련 수형자에 대하여 마약류반응검사를 위하여 소변을 받아 제출하게 한 행위,[57] ⑫ 방송위원회가 방송사에 대하여 행한 경고,[58] ⑬ 수형자의 화상접견시간 단축행위,[59] ⑭ 수형자에 대한 텔레비전시청 제한행위(수용처우),[60] ⑮ 검사의 수사자료 열람·등사거부행위,[61] ⑯ 수형자의 의무과 진료시 동행계호행위,[62] ⑰ 언론사의 취재 요청에 응하여 피의자의 조사받는 모습을 촬영할 수 있도록 허용한 행위,[63] ⑱ 구치소 내 과밀수용행위,[64] ⑲ 피의자신문에 참여한 변호인에 대한 후방착석요구행위,[65] ⑳ 법원의 수사서류 열람·등사 허용 결정에도 불구하고 해당 수사서류의 등사를 거부한 검사의 행위,[66] ㉑ 철거대집행이 실시되는 동안 철거대상시설인 움막들 밖으로 송전탑 건설공사에 반대하는 시민들을 강제로 이동시킨 행위 및 그 움막들로 접근을 막은 경찰서장의 행위,[67] ㉒ 집회 참가자에 대한 경찰의 촬영행위,[68] ㉓

47) 헌재 1995. 7. 21. 92헌마144; 1998. 8. 27. 96헌마398; 2003. 12. 18. 2001헌마826; 2008. 4. 24. 2005헌마914.
48) 헌재 1997. 3. 27. 92헌바273.
49) 헌재 1999. 5. 27. 97헌마137.
50) 헌재 2001. 7. 19. 2000헌마546.
51) 헌재 2002. 7. 18. 2000헌마327.
52) 헌재 2003. 3. 27. 2001헌마116.
53) 헌재 2003. 12. 18. 2001헌마163.
54) 헌재 2003. 12. 18. 2001헌마754.
55) 헌재 2005. 5. 26. 2001헌마728.
56) 헌재 2006. 6. 29. 2004헌마826.
57) 헌재 2006. 7. 27. 2005헌마277.
58) 헌재 2007. 11. 29. 2004헌마290.
59) 헌재 2009. 9. 24. 2007헌마738.
60) 헌재 2010. 2. 9. 2010헌마24.
61) 헌재 2010. 6. 24. 2009헌마257.
62) 헌재 2010. 10. 28. 2009헌마438.
63) 헌재 2014. 3. 27. 2012헌마652.
64) 헌재 2016. 12. 29. 2013헌마142.
65) 헌재 2017. 11. 30. 2016헌마503: 변호인 참여신청서의 작성을 요구한 행위는 비권력적 사실행위.
66) 헌재 2017. 12. 28. 2015헌마632.
67) 헌재 2018. 8. 30. 2014헌마681.

문화예술계 블랙리스트의 작성과 지원사업 배제 지시,[69] ㉔ 대한민국을 방문하는 외국의 국가원수를 경호하기 위하여 지정된 경호구역 안에서 삼보일배행진을 제지한 경찰서장의 행위,[70] ㉕ 개성공단의 운영을 전면중단한 대통령의 조치,[71] ㉖ 육군훈련소 내 종교행사에 훈련병들이 참석하도록 한 행위[72] 등이 있다.

[판례] 권력적 사실행위에 해당하지 않은 사례

[1] 서울특별시 선거관리위원회 위원장이 발송한 '선거법위반행위에 대한 중지촉구' 공문은 그 형식에 있어서 '안내' 또는 '협조요청'이라는 표현을 사용하고 있으며, 또한 그 내용에 있어서도 청구인이 계획하는 행위가 공선법에 위반된다는, 현재의 법적 상황에 대한 행정청의 의견을 단지 표명하면서, 청구인이 공선법에 위반되는 행위를 하는 경우 피청구인이 취할 수 있는 조치를 통고하고 있을 뿐이므로 국민에 대하여 직접적인 법률효과를 발생시키지 않는 **단순한 권고적, 비권력적 행위**로서, 헌법소원의 심판대상이 될 수 있는 '공권력의 행사'에 해당하지 않는다(2003. 2. 27. 2002헌마106).

[2] 구 국립보건원에서 **혈액제제 안전성 조사위원회**를 구성하여 역학조사를 한 것은 국산 혈액제제 투여로 인한 혈우병 환자의 에이즈 감염 사실 여부와 감염경로 혹은 감염원을 규명하기 위한 조사활동으로 역학조사의 경위, 조사위원회의 구성 및 조사활동 방법 등을 고려해 볼 때 우월적인 지위에서 일방적으로 강제하는 권력적 사실행위에 해당한다고 보기 어렵다(2004. 8. 26. 2003헌마505).

[3] 한국인과 결혼한 중국인 배우자가 한국에 입국하기 위하여 결혼동거목적거주(F-2) 사증발급을 신청함에 있어 주중국 대한민국대사가 전화예약에 의한 방법으로 사증신청 접수일을 지정한 행위로 말미암아 위 중국인 배우자의 경우 접수일이 전화예약일로부터 약 1개월 보름 정도 뒤에 지정된 것에 불과하고, 또한 그와 같은 접수일 지정제도는 사증신청인에 대한 사증발급 여부에는 아무런 영향을 미치지 않는다는 것도 명백하므로, 이로 인하여 사증발급과 관련된 위 중국인 배우자 또는 한국인의 기본권이 제한되거나 권리관계에 변동이 생길 위험성은 없다고 할 것이다. 따라서 주중국 대한민국대사가 전화예약을 통하여 사증신청접수일을 지정한 행위는 **단순한 비권력 사실행위**에 불과하여, 헌법소원의 대상이 되는 공권력의 행사에 해당하지 아니하므로 이 부분에 대한 심판청구는 부적법하다(2005. 3. 31. 2003헌마87).

[4] ① 구치소장이 수용자번호가 기재되지 않은 소포를 반송한 것은 교도소나 구치소와 같이 다수의 수용자들이 구금되어 있는 곳에서 신속하고 정확하게 우편물을 관리하기 위한 **내부적 업무처리 행위**에 불과하고, ② 소송서류복사 지연교부 행위는 **내부적 업무처리 행위**에 불과한 것으로서, 헌법소원의 대상이 되는 공권력의 행사에 해당한다고 보기 어려우므로, 이 부분에 대한 심판청구는 부적법하다(2009. 12. 29. 2008헌마617).

[5] 교도관들이 외부병원 진료 후 구치소 환소 과정에 있는 수형자에게 탑승을 위하여 병원 밖에 주차장 의자에 앉아 있을 것을 지시한 행위는 수형자의 신청에 의한 외부병원 진료에 이미 예정되어 있던 부수적 행위로서 단순한 비권력적 사실행위에 불과하

68) 헌재 2018. 8. 30. 2014헌마843.
69) 헌재 2020. 12. 23. 2017헌마416.
70) 헌재 2021. 10. 28. 2019헌마1091.
71) 헌재 2022. 1. 27. 2016헌마364.
72) 헌재 2022. 11. 24. 2019헌마941.

다 할 것이므로 헌법소원의 대상이 되는 공권력 행사에 해당하지 아니한다(2012. 10. 25. 2011헌마429).

[6] 사법경찰관이 압수하여 보관하고 있던 과도 등 임치물은 경찰관의 압수의사에 기하여 압수된 물건이 아니라, 단지 경찰관의 권유에 의해 청구인이 임의로 제출하여 경찰관이 이를 보관하게 된 단순한 임치물에 해당하므로, 임치물의 폐기행위를 경찰관이 우월적 지위에서 일방적으로 행한 권력적 사실행위로 볼 수는 없다(2012. 12. 27. 2011헌마351).

[7] 방송통신위원회가 방송사업자에 대하여 보도가 심의규정을 위반한 것으로 판단되며 향후 관련 규정을 준수할 것을 내용을 하는 의견제시는 비권력적 사실행위로서 방송사업자에게 직접적인 법률효과를 발생시켜 법률관계 내지 법적 지위를 불리하게 변화시키거나 표현의 자유를 제한하는 정도의 위축효과를 초래하였다고 볼 수 없어 헌법소원의 대상이 되는 공권력의 행사에 해당하지 않는다(2018. 4. 26. 2016헌마46).

[8] 금융위원회가 시중 은행들을 상대로 가상통화 거래를 위한 가상계좌의 신규 제공을 중단하도록 한 조치는 금융기관에 방향을 제시하고 자발적 호응을 유도하려는 일종의 '단계적 가이드라인'에 불과하여 당국의 우월적인 지위에 따라 일방적으로 강제된 것으로 볼 수 없으므로 헌법소원의 대상이 되는 공권력의 행사에 해당하지 않는다(2021. 11. 25. 2017헌마1384등).

[9] 수사기관 등이 전기통신사업자에게 이용자의 성명 등 통신자료의 제공을 요청하여 취득한 행위는 전기통신사업자가 이에 응하지 않는 경우에도 어떠한 법적 불이익을 받는다고 볼 수 없어 헌법소원의 대상이 되는 공권력의 행사에 해당하지 않는다(2022. 7. 21. 2016헌마388등).

[10] 대한적십자사가 회비모금의 목적으로 행정안전부장관에게 자료제공을 요청하여 제공받은 자료에 따라 세금으로 오인될 수 있는 적십자회비 지로통지서를 발송한 행위는 자율적으로 참여하는 모금을 위한 것으로 단순한 비권력적 사실행위에 해당한다(2023. 2. 23. 2019헌마1404등).

[11] 불법 해외 인터넷사이트의 접속을 차단하는 기능을 강화하도록 정보통신서비스제공자에게 협조를 요청하는 방송통신위원회의 조치는 임의적 의사에 따른 협력을 기대하고 행정목적 달성을 위해 행하는 비권력적 사실행위로서 행정지도에 해당한다(2023. 10. 26. 2019헌마164).

[12] 12세 이상 17세 이하의 소아청소년에 대한 질병관리청의 코로나19 예방접종 시행계획은 정보제공행위에 해당하거나, 사실상의 준비행위나 사전안내에 지나지 않는 행정계획에 해당하여 국민의 기본권에 직접적인 영향을 끼친다거나 국민에 대하여 직접적인 구속력을 갖는다고 볼 수 없으며 권고에 해당하거나, 행정주체가 소관 사무에 관하여 행정객체의 임의적 의사에 따른 협력을 기대하고 행정목적 달성을 위하여 행하는 행정지도에 해당한다(2025. 1. 23. 2021헌마1359).

(4) 통치행위

통치행위란 고도의 정치적 결단이 필요한 행위로서 원칙적으로 사법적 심사의 대상에서 배제되는 행위를 말한다. 헌법재판소는 국군의 이라크파병이 문제된 사건에서 외국에의 국군의 파견결정은 미래를 예측하고 목표를 설정하는 '고도의 정치적 결단'이 요구되는 사안으로 이해하면서 이러한 고도의 정치적 결단은 가급적 존중되어야 하고 '사법적 심사는 자제'되어야 한다고 한다.[73] 하지만 헌법재판소에 따르면 고도의 정치적 행위를 의미하는 통치행위도 기본권을 침해하는 경우에는 헌법소원의 대상이 될 수 있다.74) 대통령의 비상계엄 선포행위도 고도의 정치적 결단을 요하는 통치행위라고 하더라도 사법심사의 대상이 될 수 있다.75)

[판례] 통치행위의 사법적 심사

[1] 이라크파병결정은 그 성격상 국방 및 외교에 관련된 **고도의 정치적 결단**을 요하는 문제로서, 헌법과 법률이 정한 절차를 지켜 이루어진 것임이 명백하므로, 대통령과 국회의 판단은 존중되어야 하고 헌법재판소가 **사법적 기준만으로 이를 심판하는 것은 자제**되어야 한다. 이에 대하여는 설혹 사법적 심사의 회피로 자의적 결정이 방치될 수도 있다는 우려가 있을 수 있으나 그러한 대통령과 국회의 판단은 궁극적으로는 선거를 통해 국민에 의한 평가와 심판을 받게 될 것이다(2004. 4. 29. 2003헌마814).

[2] 이른바 **통치행위를 포함하여 모든 국가작용**은 국민의 기본권적 가치를 실현하기 위한 수단이라는 한계를 반드시 지켜야 하는 것이고, 헌법재판소는 헌법의 수호와 국민의 기본권 보장을 사명으로 하는 국가기관이므로 비록 고도의 정치적 결단에 의하여 행해지는 국가작용이라고 할지라도 그것이 **국민의 기본권 침해와 직접 관련되는 경우**에는 당연히 헌법재판소의 심판대상이 될 수 있는 것일 뿐만 아니라, 긴급재정경제명령은 법률의 효력을 갖는 것이므로 마땅히 헌법에 기속되어야 할 것이다(1996. 2. 29. 93헌마186).

(5) 원행정처분

행정처분이 법원의 재판을 거쳐 확정되어 더 이상 법원의 소송절차에 의해서는 다툴 수 없게 된 경우에 '문제가 된 당해 행정처분'을 원행정처분(原行政處分)이라 부른다. 이러한 원행정처분이 헌법소원의 대상이 될 수 있는지에 대해서는 부정하는 견해와 긍정하는 견해가 대립한다.

1) 부정설 부정설은 법원의 재판을 거쳐 확정된 원행정처분이 헌법소원의 대상이 되면 ① 법원의 재판이 가지는 '기판력'을 침해한다는 점, ② 사실상 '법원의 재판에 대한 헌법소원'을 인정하는 결과가 되어 법원의 재판에 대한 헌법소원을 인정하지 않는 법률규정(헌재법 제68조 제1항)의 취지에 위반된다는 점, ③ 명령 · 규칙 · 처분의 위헌 여부에 관한 '최종심사권'을 대법원에 부여하고 있는 헌법규정(제107조 제2항)에 위반된다는 점을 근거로 든다.76)

2) 긍정설 긍정설은 ① 공권력에 해당하는 '행정처분'도 당연히 헌법소원의 대상이 된다는 점, ② 헌법소원에서 요구되는 '보충성원칙'의 의미를 살리려면 적어도 다른 구제절차를 다 거친 행정처분은 헌법소원의 대상이 된다는 점, ③ 법원의 재판을 헌

73) 헌재 2004. 4. 29. 2003헌마814. 헌법재판소는 한미연합 군사훈련의 일종인 '2007년 전시증원연습'이 문제된 사건에서도 동일한 내용을 설시하고 있으나 이와 같은 군사훈련을 하기로 한 대통령의 결정은 통치행위에 해당하지 않는다고 보았다. 헌재 2009. 5. 28. 2007헌마369.

74) 헌재 1996. 2. 29. 93헌마186; 2004. 10. 21. 2004헌마554등.

75) 헌재 2025. 4. 4. 2024헌나8.

76) 헌재 1997. 12. 24. 96헌마172등의 재판관 3인의 소수견해 참조.

법소원의 대상에서 제외하고 있는 공백을 채우기 위해서도 필요하다는 점, ④ 명령 · 규칙 · 처분의 위헌 여부에 관한 대법원의 최종심사권은 '사법권(행정재판권) 안에서의 최종심'을 의미한다는 점, ⑤ 원행정처분에 대한 통제는 '행정청의 처분에 대한 통제'이지 법원의 재판에 대한 통제가 아니라는 점, ⑥ 헌법재판소의 인용결정이 가지는 '기속력'은 재판의 기판력보다 우월하다는 점을 근거로 삼는다.[77)]

3) 판 례 헌법재판소는 원칙적으로 부정설의 논거에 기초하여 원행정처분에 대한 헌법소원을 인정하지 않으면서도 예외적으로 법원의 재판이 헌법소원의 대상이 되어 취소되는 경우에 한하여 원행정처분에 대한 헌법소원을 인정하고 있다.[78)]

[판례] 원행정처분에 대한 헌법소원의 예외적 허용

행정처분에 대하여도 헌법소원심판을 청구할 수 있음이 원칙이다. 다만, 행정소송의 대상이 되는 행정처분의 경우에는 헌법소원심판을 청구하기에 앞서 행정소송절차를 거쳐야 하기 때문에 행정소송절차에서 선고되어 확정된 판결과 헌법재판소가 헌법소원심판절차에서 선고하게 될 인용결정의 기속력과의 관계, 법원의 재판을 원칙적으로 헌법소원심판의 대상에서 제외한 입법취지 등에 비추어 그에 대한 헌법소원심판청구의 적법성이 문제될 수 있다. 그러나 이와 다르게 **법원의 판결에 대한 헌법소원이 예외적으로 허용되는 경우**에는 그 판결의 대상이 된 행정처분에 대한 헌법소원심판의 청구가 허용된다. 뿐만 아니라, 법원의 재판과 행정처분이 다 같이 헌법재판소의 위헌결정으로 그 효력을 상실한 법률을 적용함으로써 청구인의 기본권을 침해한 경우에는 그 처분의 위헌성이 명백하므로 원래의 행정처분까지도 취소하여 보다 신속하고 효율적으로 국민의 기본권을 구제하면서 기본권침해의 위헌상태를 일거에 제거함으로써 합헌적 질서를 분명하게 회복하는 것이 법치주의의 요청에 부응하는 길이기도 하다(1997. 12. 24. 96헌마172등).

4) 비판과 대안 원행정처분이 헌법소원의 대상이 될 수 있는지에 관한 문제의 핵심에는 법원의 재판을 헌법소원의 대상에서 배제한 현행 제도가 있다고 생각된다. 이와 관련해서 헌법소원이 금지되는 재판을 본안판단에 관한 재판으로 한정하면서 법원으로부터 소 각하 판결을 받은 원행정처분에 대해서는 헌법소원의 독자적인 관점에서 적법요건을 판단해야 한다는 견해가 제시되기도 한다(부분적 허용설).[79)] 만약 법원의 재판이 헌법소원의 대상이 될 수 있다면 원칙적으로 행정처분에 대한 위헌성심사는 최종적으로 대법원이 담당하면 되고, 헌법재판소는 법원의 재판의 기본권침해성을 심사하면 된다. 따라서 가장 이상적인 대안은 법원의 재판을 헌법소원의 대상에 포함시키는 것이다. 하지만 이러한 입법정책적 대안이 실현되기 전까지는 그러한 법적 공백을 최소화하기 위하여 원행정처분에 대한 헌법소원이 가능해야 한다(전면적 허용설).

77) 헌재 1998. 8. 27. 97헌마79: 조승형 재판관의 반대견해도 같은 견해.

78) 헌재 1997. 12. 24. 96헌마172등; 1998. 5. 28. 91헌마98등; 1998. 6. 25. 97헌마169; 2001. 2. 22. 99헌마409; 2001. 2. 22. 99헌마605.

79) 김하열b, 404면 이하.

3. 사법작용

(1) 문언과 판례

1) 재판의 개념 현행 법률은 사법작용인 재판을 헌법소원의 대상에서 제외하고 있다. 따라서 법원의 재판에 대하여 헌법소원을 청구하면 부적법하여 각하된다.[80] 여기서 의미하는 재판에는 일반적으로 판결뿐만 아니라 기타 소송절차의 파생적 · 부수적인 사항에 대한 공권적 판단도 포함된다.[81] 따라서 소송지휘 또는 재판진행에 관한 재판장의 명령과 재판형식이 아닌 사실행위나 부작위의 경우도 종국판결을 위한 중간적 · 부수적 재판 또는 준비행위로서 종국판결이 선고된 이후에는 성질상 종국판결에 흡수 · 포함되기 때문에 그에 대한 불복은 종국판결에 대한 상소의 방법으로만 가능하다.[82]

[판례] 재판으로서 판결의 선고

판결의 선고는 확정된 판결내용을 당사자에게 알려주는 최종행위로서 주문의 낭독과 이유의 설명이 불가분적으로 결합한 일체로서 행해져 판결을 대외적으로 성립시키는 절차라고 할 것인 바, 이렇게 보면 관념의 통지 내지 사실행위로서 이루어지는 판결이유의 설명은 판결 선고행위의 중요한 구성요소 중 하나로서 넓게 법원의 재판작용에 속한다(2004. 9. 23. 2003헌마19).

2) 원칙적 배제와 예외적 허용 헌법재판소는 헌법재판소가 위헌으로 선언한 법률을 적용하는 재판은 헌법소원의 대상이 된다고 하여 극히 예외적으로만 재판을 헌법소원의 대상에 포함시키고 있다.[83] 이러한 원칙에 따르면 비록 위헌이기는 하지만 아직 헌법재판소에 의하여 위헌으로 선언된 바가 없는 법률이 적용된 재판은 위법한 공권력의 행사라고 하여 헌법소원의 대상으로 삼을 수는 없다.[84] 또한 대통령의 긴급조치 발령행위 등에 대하여 국가배상책임을 인정하지 않은 대법원 판결들도 헌법재판소의 위헌결정에 반하여 이러한 긴급조치가 합헌이라고 판단하였기 때문은 아니므로 헌법소원의 대상이 되지 않는다고 한다.[85] 같은 맥락에서 법원의 재판을 헌법소원의 대상에서 제외하고 있는 헌법재판소법이 헌법에 위반되는지 여부에 대해서도 헌법재판소가 위헌으로 선언한 법률을 적용하여 예외적으로 헌법소원의 대상이 되는 재판까지 포함하는 의미로 해석하는 한 위헌이 된다는 한정위헌결정을 내린 바 있다.[86] 특히 법률에 대한 위헌결정의 기속력에 반하는 재판을 헌법소원의 대상에서 제외하는 것은 헌법에 위반된다고 본다.[87]

---

80) 헌재 1992. 6. 26. 89헌마271; 1994. 9. 6. 94헌바36; 2002. 10. 31. 2000헌바76; 2005. 2. 24. 2004헌바24.
81) 헌재 1992. 12. 24. 90헌마158; 1993. 3. 15. 93헌마36.
82) 헌재 1993. 6. 2. 93헌마104.
83) 헌재 1997. 12. 24. 96헌마172; 2001. 2. 22. 99헌바74; 2001. 2. 22. 99헌마461등; 2001. 2. 22. 99헌마605; 2003. 3. 27. 2001헌마116.
84) 헌재 2001. 2. 22. 99헌마461등.
85) 헌재 2018. 8. 30. 2015헌마861.
86) 헌재 1997. 12. 24. 96헌마172; 2001. 2. 22. 99헌마461등; 2016. 4. 28. 2016헌마33; 2020. 11. 26. 2014헌마1175등.
87) 헌재 2022. 6. 30. 2014헌마760등.

[판례] 재판에 대한 헌법소원의 예외적 허용

재판은 원칙적으로는 헌법소원의 대상이 되지 아니하지만 헌법재판소에 의하여 위헌이 선언된 법률을 적용한 재판은 예외로 헌법소원의 대상이 된다. 왜냐하면 헌법은 위헌법률심사를 사법의 권한이 아니고 헌법재판소의 권한으로 규정하면서 법률에 대한 헌법재판소의 위헌여부심사에 대한 불복을 허용하지 아니함으로써 이를 최종적인 것으로 규정하였는데 그럼에도 불구하고 헌법재판소가 위헌이라고 선언한 법률을 법원이 합헌이라고 하여 이를 적용한다면 그것은 비록 형식은 재판이지만 실제로는 법원이 위헌법률심사를 다시 하는 측면이 있는 것이고, 이러한 위헌심사의 측면은 헌법 제111조 제1항, 제107조 제1항 및 제101조에 위반되기 때문이다(2001. 2. 22. 99헌마461등).

(2) 비판과 대안

법원의 재판을 헌법소원의 대상에서 배제한 현행 법률의 태도는 대단히 큰 문제들을 발생시킨다. 첫째, 기본권의 이중성에 근거하여 기본권의 대사인적 효력을 인정하면서 그 본질을 법관의 기본권구속성으로 이해하는 경우에[88] 이러한 기본권의 효력을 실질적으로 실현시키는 구체적 제도는 법원의 재판을 헌법소원의 대상으로 삼는 것이기 때문에 법원의 재판을 헌법소원의 대상에서 배제하는 것은 기본권의 대사인적 효력을 부정하는 것과 다름없다. 둘째, 특히 평등권과 관련하여 사인에 의하여 평등권이 침해된 경우에 구제절차가 전혀 없고, 민사재판을 통해서만 해결되어야 하는 현실을 고려해 볼 때 이러한 재판에 대한 헌법소원을 인정하지 않게 되면 평등권은 적어도 사인에 대해서는 전혀 구속력이 없는 기본권이 될 수 있다. 따라서 기본권의 대사인적 효력의 실효성을 확보하고, 특히 사인에 대한 평등권의 구속력을 강화하기 위해서는 반드시 재판에 대한 헌법소원이 인정되어야만 한다.

[판례] 재판에 대한 헌법소원 금지(헌재법 제68조 제1항)의 위헌성

법원의 재판도 헌법소원심판의 대상으로 하는 것이 국민의 기본권보호의 실효성 측면에서 바람직한 것은 분명하다. 그러나 현재의 법적 상태가 보다 이상적인 것으로 개선되어야 할 여지가 있다는 것이 곧 위헌을 의미하지는 않는다. 이는 헌법재판소의 위헌결정을 통하여 이루어질 문제라기보다 입법자가 해결해야 할 과제이다. 따라서 헌법재판소법 제68조 제1항은 원칙적으로 헌법에 위반되지 않지만, 법원이 헌법재판소가 위헌으로 결정하여 그 효력을 전부 또는 일부 상실하거나 위헌으로 확인된 법률을 적용함으로써 국민의 기본권을 침해한 경우에도 법원의 재판에 대한 헌법소원이 허용되지 않는 것으로 해석하는 한도 내에서 헌법에 위반된다(1997. 12. 24. 96헌마172).

88) 제2편 제1부 제4장 제3절 참조.

Ⅱ. 공권력의 불행사

1. 입법부작위

(1) 개념과 유형

입법부작위는 입법자에게 입법의무가 있음에도 불구하고 입법자가 의무이행을 전혀 하지 않거나 불완전하게 이행한 경우를 말한다. 이러한 입법부작위는 ① 진정입법부작위(眞正立法不作爲)와 ② 부진정입법부작위(不眞正立法不作爲)로 구분된다. 이러한 구분에 대해서는 양자의 경계가 불분명하다는 비판도 제기된다.

1) 진정입법부작위 진정입법부작위는 입법자에게 입법의무가 있음에도 불구하고 입법자가 **전혀 입법을 하지 않은 경우**를 말한다. 따라서 진정입법부작위는 입법자에게 입법의무가 없는 상태에서 입법자가 입법을 하지 않는 '단순입법부작위'와 구분되고, 진정입법부작위인지를 판단하기 위해서는 먼저 입법자에게 입법의무가 존재하는지를 확인해야 한다. 헌법재판소법 제68조 제2항에 의한 위헌심사형 헌법소원의 경우에 법률의 위헌성을 적극적으로 다투는 제도이므로 법률의 부존재를 의미하는 입법부작위는 원칙적으로 허용되지 않지만 부진정입법부작위에 포함된 입법의 결함만 그 위헌성을 다툴 수 있으므로 진정입법부작위의 위헌성을 다툴 수는 없다.[89)]

[판례] 진정입법부작위

[1] 사법서사법시행규칙 제1조의 폐지에 따르는 **경합자 환산경과규정**을 불비한 입법부작위(1989. 3. 17. 88헌마1: 각하 – 입법의무 부존재)

[2] **형사소송법상 재정신청의 대상이 되는 죄**의 해당범위를 확대시키는 법률개정을 하지 않은 입법부작위(1989. 9. 29. 89헌마13: 각하)

[3] **한약업사** 한약업사 아닌 자(약사)의 한약판매행위를 금지하고 처벌하는 규정을 제정하지 않은 입법부작위(1991. 9. 16. 89헌마163: 각하 – 입법의무 부존재)

[4] **침술의사자격** 외국에서 침구사자격을 얻는 사람들을 위하여 국내에서도 그들의 침구사자격을 인정하는 법률을 제정하지 않은 것(1991. 11. 25. 90헌마19: 각하 – 입법의무 부존재)

[5] **미수복지역 등에서 귀순한 의약업자**에게 의사국가시험응시자격을 부여하는 입법을 하지 아니한 입법부작위(1992. 12. 24. 90헌마174: 각하)

[6] **침구사 아닌 자의 침구시술행위**에 대한 규제입법의 부작위(1993. 11. 25. 90헌마209: 각하 – 입법의무 부존재, 청구기간 도과)

[7] **조선철도주식회사** 조선철도주식회사의 재산을 수용하면서 보상절차를 제정하지 않은 입법부작위(1994. 12. 29. 89헌마2: 인용(위헌확인))

[8] 압류명령이 제3채무자에게 송달되지 아니한 경우 압류명령의 신청인에게 그 사실을 통지하거나 주소보정을 명하도록 하는 내용의 대법원규칙을 제정하지 않은 입법부작위(1997. 5. 29. 96헌마4: 각하)

[9] **외국의 대사관저에 대한 강제집행**이 불가능한 경우 국가가 그 손실을 보상하는 법률을 제정하지 않은 입법부작위(1998. 5. 28. 96헌마44: 각하 – 입법의무 부존재)

---

89) 헌재 2008. 10. 30. 2006헌바80; 2024. 3. 28. 2020헌바494등(일방의 사망으로 종료된 사실혼 배우자의 재산분할청구권에 관한 규정을 두지 않은 입법부작위).

[10] 공업단지개발사업의 시행자가 사업지구로 편입된 **자연해몰지**(自然海沒地)**에 대하여 보상**을 하여야 하거나 국가가 자연해몰지에 대한 공공개발사업을 시행하면서 그에 대한 보상입법을 하지 않은 것(1999. 11. 25. 98헌마456: 각하)

[11] **주민투표** 주민투표에 관련된 구체적인 절차와 사항에 관한 법률을 제정하지 않은 입법부작위(2001. 6. 28. 2000헌마735: 각하-입법의무의 부존재 및 참정권에 불포함)

[12] 민사소송법상 보정요구사항, 사전각하 및 선고기일통보사항, 상소권상실통보사항과 관련된 규정을 제정하지 않은 입법부작위(2003. 2. 27. 2001헌마461: 각하-입법의무의 부존재)

[13] **제주도 모슬포 섯알오름사건** 1950년 8월 20일을 전후하여 제주도 모슬포 섯알오름에서 경찰서에 구금중이던 민간인들을 처형한 사건에 대해서 국가가 진상조사 및 피해자들의 명예회복 · 호적정정 · 피해배상을 위한 법률을 제정하지 않은 입법부작위(2003. 6. 26. 2000헌마509 등: 각하-입법의무 부존재)

[14] **6 · 25전쟁 당시 인민군에 의하여 처형된 전직 경찰관** 6 · 25전쟁 당시 전직 경찰관이라는 신분으로 인하여 인민군에 의해 처형된 자를 국가유공자에 준하여 구제하는 법률을 제정하지 않은 입법부작위(2003. 6. 26. 2002헌마624: 각하-입법의무 부존재) → 부진정입법부작위로 보는 경우에도 청구기간 도과

[15] **중국동포의 법적 지위** 중국동포의 특수한 상황을 고려하여 이들의 이중국적 해소 또는 대한민국 국적선택을 위한 특별법을 제정하거나 조약을 체결하지 않은 입법부작위(2006. 3. 30. 2003헌마806: 각하 - 입법의무 부존재)

[16] 한 · 미범죄인인도조약에 의한 인도 절차 진행 중 미국 정부에 의해 구금된 기간을 판결 선고 전 구금일수로 산입할 수 있는 근거조항을 마련하지 않은 입법부작위(2006. 4. 27. 2005헌마968: 각하 - 입법의무 부존재)

[17] 공립중등학교교사 임용후보자선정경쟁시험에서 양성평등채용목표제도를 규정하지 않은 입법부작위(2006. 5. 25. 2005헌마362: 각하 - 입법의무 부존재)

[18] 탈북의료인에게 국내 의료면허를 부여하는 입법을 하지 않은 입법부작위(2006. 11. 30. 2006헌마679: 각하 - 입법의무 부존재)

[19] 국민연금 가입기간에 공무원 재직기간을 합산하는 규정을 만들지 않은 입법부작위(2007. 5. 31. 2006헌마1000: 각하 - 입법의무의 부존재)

[20] 의료인이 아닌 자도 문신을 업으로 행할 수 있도록 그 자격 및 요건을 법률로 정하지 않은 입법부작위(2007. 11. 29. 2006헌마876: 각하 - 입법의무 부존재)

[21] 형사피고인과 달리 형사피의자에 대해서는 국선변호인제도를 규정하지 않고 있는 입법부작위(2008. 7. 1. 2008헌마428: 각하 - 입법의무 부존재)

[22] 항고소송의 유형으로 '의무이행소송'을 도입하지 않은 입법부작위(2008. 10. 30. 2005헌마723: 각하 - 위헌소원대상에 해당하지 않음)

[23] 행정사 자격시험을 즉시 실시하는 내용의 행정사법 개정법률안을 입법하지 않은 입법부작위(2009. 2. 10. 2009헌마65: 각하 - 입법의무 부존재)

[24] 정신질환 수용자를 위한 치료감호시설을 설치 · 운영하도록 정하고 있지 않은 입법부작위(2009. 2. 26. 2007헌마1285: 각하 - 입법의무 부존재)

[25] '사실상 노무에 종사하는 공무원의 범위'를 정하는 조례를 제정하지 않는 부작위(2009. 7. 30. 2006헌마358: 인용(위헌확인) - 입법의무 존재)

[26] 죽음에 임박한 환자를 위하여 '연명치료의 중단에 관한 법률'을 제정하지 않은 입법부작위(2009. 11. 26. 2008헌마385: 각하 - 입법의무 부존재)

[27] 공직선거법 위반행위에 관하여 검사 · 국가경찰공무원 등의 범죄수사 등에 관한 권한을 선관위의 선행 조사를 거친 뒤 선관위의 고발 등이 있을 경우로 제한하는 취지의 규정을 마련하지 않은 입법부작위(2010. 2. 25. 2009헌바95: 각하 –위헌소원대상에 해당하지 않음)

[28] 토지 수용시 현금보상 외에 환지방식에 의한 보상 내지 환지청구권을 보장하는 규정을 두지 않은 입법부작위(2010. 3. 25. 2007헌마933: 각하 – 입법의무 부존재)

[29] 지방자치단체가 폐지 · 통합되는 경우에 폐지되는 지방자치단체장이 새로 설치되는 지방자치단체장에 입후보할 때에는 폐지되는 지방자치단체장으로 재임한 기간을 포함하여 계속 재임이 3기에 한하도록 하는 경과규정을 두지 않은 입법부작위(2010. 6. 24. 2010헌마167: 각하 – 입법의무 부존재)

[30] 비의료인도 침구술 및 대체의학 시술을 할 수 있도록 그 자격 및 요건을 법률로 정하지 않은 입법부작위(2010. 7. 29. 2010헌마275: 각하 – 입법의무 부존재)

[31] 검사의 기소유예처분에 대한 피의자의 불복 재판절차를 마련하지 않은 입법부작위(2013. 9. 26. 2012헌마562: 각하 - 입법의무의 부존재)

[32] 법원이 구속영장이 청구된 피의자의 사선변호인에게 구속 전 피의자심문(영장실질심사) 기일 이전에 피의사실의 요지를 미리 고지하도록 규정하지 않은 입법부작위(2015. 12. 23. 2013헌마182: 각하 - 입법의무의 부존재)

[33] 국회 재적의원 과반수가 의안에 대하여 심사기간 지정을 요청하는 경우에 국회의장이 그 의안에 대하여 의무적으로 심사기간을 지정하도록 하여 위원회이 심사를 배제할 수 있는 비상입법절차와 관련된 아무런 입법을 하지 않은 입법부작위(2016. 5. 26. 2015헌라1: 각하)

[34] 사업주와의 관계에서 사용종속관계가 인정되지 않는 노무제공자 중 이른바 '특수형태근로종사자'에 대하여 근로기준법상 근로자와 동일한 보호가 이루어지지 않은 입법부작위(2016. 11. 24. 2015헌바413등: 각하)

[35] 독서실과 같은 정온을 요하는 사업장의 실내소음 규제기준을 규정하지 않는 입법부작위(2017. 12. 28. 2016헌마45: 각하 - 입법의무의 부존재)

[36] 한약조제의 안전성과 유효성에 관한 검토방법 및 절차를 규정하지 않은 입법부작위(2018. 5. 31. 2015헌마1181: 합헌)

[37] 양심적 병역거부를 이유로 유죄판결을 받은 사람의 개인통보로 자유권규약위원회가 채택한 견해에 따라 전과기록 말소 및 충분한 보상을 포함한 구제조치를 이행하는 법률을 제정하지 않은 입법부작위(2018. 7. 26. 2011헌마306: 각하 – 입법의무 부존재)

2) **부진정입법부작위** 부진정입법부작위는 입법자가 입법의무에 따라 입법을 하였지만 **불완전하고 불충분한 입법을 한 경우**를 뜻한다. 부진정입법부작위는 불완전하고 불충분한 입법의 부분만을 분리하여 입법의무의 존재 여부에 관한 문제로 다루는 경우에는 진정입법부작위로 문제될 수 있다. 바로 이 점에서 진정입법부작위와 부진정입법부작위의 개념적 경계가 불명확하다는 비판이 제기된다. 따라서 헌법재판소의 입장에서는 그때그때 사안에 따라 자의적으로 양자의 경계를 설정할 가능성이 발생한다. 즉 입법의무의 부존재가 어느 정도 명확한 사안에서는 진정입법부작위로 분류하여 입법의무의 부존재를 이유로 각하하고, 입법의무의 부존재가 명확하지 않은 사안에서는 부진정입법부작위로 보아 마찬가지로 각하해 버릴 가능성이 큰 것이다. 같은 맥락에서 헌법재

판소의 다수견해에 대해서는 다음과 같은 소수견해의 비판이 있다. "다수의견은 입법부작위를 진정 · 부진정의 두 경우로 나누고 있으며, 그 판단기준을 어떤 사항에 관한 '입법이 있었느냐'의 여부에만 두고 있으나, 이와 같은 2분법적 기준은 애매모호하여 국민의 기본권보호에 실효성이 없으며, 가사 2분법에 따른다 하더라도, 헌법상 입법의무의 대상이 되는 입법사항이 여러 가지로 나누어져 있을 때에 각 입법사항을 모두 규율하고 있으나 입법자가 질적 · 상대적으로 불완전 · 불충분하게 규율하고 있는 경우를 부진정입법부작위로, 위 입법사항들 중 일부의 입법사항에 대하여는 규율하면서 나머지 일부의 입법사항에 관하여서는 전혀 규율하고 있지 아니한 경우, 즉 양적 · 절대적으로 규율하고 있지 아니한 경우에는 진정입법부작위로 보아야 한다."[90] 소수견해의 비판은 합리적이라고 생각되지만 이하에서는 설명의 편의상 기존의 논의대로 양자를 구분하여 설명하기로 한다. 헌법재판소는 최근에 부진정입법부작위에 대하여 적극적으로 심사하는 태도를 보이고 있다.

[판례] 부진정입법부작위

[1] 사법서사법시행규칙 제1조의 폐지에 따르는 경합자 환산경과규정을 불비한 입법부작위(1989. 7. 28. 89헌마1: 각하)

[2] **침구사** 자격취득의 경과규정을 두지 않은 불완전한 입법부작위(1993. 3. 11. 89헌마79: 각하)

[3] **삼청교육대 피해자**에 대한 보상입법의 부작위(1996. 6. 13. 93헌마276; 1997. 7. 16. 97헌마143: 각하)

[4] 형의실효등에관한법률 제8조 제1항에서 형이 실효된 경우 등 소정의 사유가 있는 경우에 전과기록 중 수형인명표의 폐기 및 수형인명부 중 해당란의 삭제에 관하여만 규정하고 수사자료표에 관하여는 아무런 규정도 하지 않은 것(1996. 6. 13. 95헌마115: 각하).

[5] 1945. 8. 15. 이후에 비통상의 접촉과정에서 취득된 **대일(對日)민간청구권**에 관한 보상입법을 불완전하게 한 입법부작위(1996. 10. 31. 94헌마108: 각하) → 1996. 10. 31. 94헌마204 결정도 같은 취지

[6] **1980년 해직 정부산하기관임직원** 1980년 정화계획에 따른 해직공무원에 대한 보상을 위하여 '1980년 해직공무원의 보상 등에 관한 특별조치법'을 제정하면서 정화계획에 따라 강제해직된 정부산하기관의 임직원에 대한 보상입법을 제정하지 않은 입법부작위(1996. 11. 28. 93헌마258: 각하 – 혜택부여규정에서 일정 인적 집단을 배제한 경우 평등원칙에 반할 수는 있어도 평등하게 대우해야 할 입법의무가 발생하는 것은 아님)

[7] **피징용부상자의 청구권**에 관한 입법의 부작위(1996. 11. 28. 95헌마161: 각하)

[8] **형사소송법 제402조가 규정하는 재심이유** 외에 "유죄의 확정판결을 받은 후 동 판결에서 인정한 사실과 법률적 가치판단이 상치되어 양립할 수 없는 사실의 인정에 관한 확정판결이 있는 때"를 별도의 재심사유로 규정하지 아니한 것(1997. 3. 27. 94헌마235: 각하)

[9] 건축사면허를 취소당한 사람들의 재면허취득에 관한 규정을 두고 있지 않은 입법부작위(1998. 11. 26. 97헌마310: 각하)

[10] 개발제한구역이 지정된 경우에 보상을 지급하는 법률을 제정하지 않은 입법부작위(1999. 1. 28. 97헌마9: 각하)

90) 헌재 1996. 11. 28. 95헌마161.

[11] **재외국민에 대하여 선거권**을 부여하지 아니한 것(1999. 1. 28. 97헌마253: 각하)

[12] **해외거주자에 대한 부재자투표**를 인정하지 아니한 것(1999. 3. 25. 97헌마99: 각하)

[13] 심장장애등급을 규정하면서 선천성 심장질환에 의한 합병증의 위험 때문에 정상적인 사회생활을 할 수 없는 자를 심장장애자로 인정하는 입법을 하지 않은 입법부작위(2000. 4. 11. 2000헌마206: 각하)

[14] **특수부대원**을 국가유공자의 범위에 포함시키지 않은 입법부작위(2000. 4. 27. 99헌마76: 각하)

[15] **1980년 해직 법원공무원** 1980년 국보위에 의하여 강제해직된 행정부와 입법부의 공무원과는 달리 1981년 사회정화위원회에 의하여 강제해직된 법원공무원에 대한 보상 및 명예회복을 위한 법률을 제정하지 않은 입법부작위(2000. 6. 1. 2000헌마18: 각하).

[16] 인터넷을 통한 선거광고대행에 관한 입법부작위 (2001. 3. 21. 2000헌마37: 각하－컴퓨터통신을 이용한 선거운동에 관한 입법은 존재하기 때문에)

[17] **1980년 재산헌납** 국가가 1980년 공권력의 부당한 행사를 통하여 헌납 명목으로 청구인들의 재산을 강제 취득한 것과 관련하여 입법부는 국가배상법 및 민법의 규정에 의해 국가의 불법행위로 발생한 손해를 배상하는 제도를 마련하였기 때문에 이미 입법의무를 이행하였고, 이것이 특수한 성격의 기본권침해를 위한 구체절차로 적절하지 않다는 것만으로 새로운 입법의무가 발생하는 것은 아니다(2003. 1. 30. 2002헌마358: 각하).

[18] **언론통폐합사건** 신군부세력이 언론통폐합계획에 따라 동아방송을 폐쇄하고 한국방송공사에 흡수·통합하게 한 행위와 관련하여 언론통폐합으로 인한 피해에 대하여 보상입법을 하지 않은 입법부작위(2003. 3. 27. 2001헌마116: 각하).

[19] **문경학살사건 및 함평학살사건** 국군으로 추정되는 자들에 의하여 1949. 12. 24. 경북 문경군 및 1950. 11.부터 1951. 3. 사이 전남 함평군에서 발생한 민간인 학살사건에 대한 진상규명 및 피해보상을 위한 입법을 하지 않은 입법부작위(2003. 5. 15. 2000헌마192등: 각하).

[20] 공시송달로 진행된 재판에 있어서 형사소송법에 따로 항소기간을 정하는 규정을 두지 않은 것(2004. 1. 6. 2003헌마899: 각하).

[21] 무죄판결의 이유를 다투기 위한 항소를 허용하는 예외규정을 형사소송법에 두지 않은 것(2004. 2. 4. 2004헌마29: 각하).

[22] 구속취소청구 기각결정에 대한 **피고인의 즉시항고권**을 형사소송법에 규정하지 않은 것(2004. 2. 26. 2003헌바31: 각하).

[23] 구 사회교육법령에 의해 교지·교사를 임대하여 **학력인정시설**(학력인정 학교형태의 평생교육시설)을 지정받은 설치자에 대하여는 설치자 변경신청의 경우에도 종전의 시설기준이 적용되도록 규정하여야 함에도 이러한 입법을 하지 않은 것(2004. 8. 26. 2003헌마337: 기각).

[24] **민사소송법 제451조 재심사유** 상고심절차에관한특례법 제4조의 심리불속행사유가 되지 아니함에도 불구하고 대법원이 이에 해당한다고 판단하여 상고를 기각하는 경우를 재심사유로 규정하지 않는 것(2004. 12. 16. 2003헌바105: 합헌).

[25] 1951. 1. 4.부터 3. 25. 사이에 육군본부직할결사유격대(백골병단)에 편입되어 특수작전을 수행한 공로가 인정되어 2004. 3. 22. 제정된 '6.25전쟁중적후방지역작전수행공로자에대한군복무인정및보상등에관한법률'에 따라 보상금 등을 지급받은 자가 이 법률의 개선을 요구하는 진정을 수차에 걸쳐 하였음에도 개선입법을 하지 않은 것(2007. 2. 22. 2005헌마548: 각하).

[26] 비과세양도소득과 관련된 조항이 불완전하여 투기목적이 아닌 1가구 2주택을 비과세대상에 포함시키지 않은 것(2007. 2. 22. 2005헌마548: 각하).

[27] **공익근무요원**의 병역처분변경을 규정한 병역법 시행령 제136조가 현역병의 경우와 달리 징역 1년 6월 미만의 실형을 받은 경우 심사를 거쳐 **제2국민역에 편입**할 수 있는 내용을 포함하지 않은 것(2007. 2. 22. 2005헌마548: 기각)

[28] 독립유공자 예우에 관한 법률 제5조 제1항에서 동법에 의하여 보상을 받을 수 있는 유족의 범위를 손자녀까지만 규정하고 증손자녀는 이를 규정하지 않은 것(2007. 4. 24. 2007헌마405: 각하)

[29] 군사시설법 제4조가 군사시설보호구역을 설정할 수 있도록 하여 토지 소유자의 재산권행사를 제한하면서도 이에 대한 정당한 보상을 지급하는 규정을 두지 않은 것(2007. 7. 26. 2006헌마1164: 각하)

[30] 공직선거법이 선거권자로 하여금 투표용지에 기재된 후보자들 중 1인을 선택하는 방식 외에, 후보자들 모두를 부적합한 인물이라고 판단하는 경우 **'전부 거부'를 표시할 수 있는 투표방법**을 규정하지 않은 것(2007. 8. 30. 2006헌마975: 각하)

[31] 인근소란 등에 대하여 규정하고 있는 경범죄처벌법 제1조 제26호가 **층간소음**을 불충분하게 규율하고 있는 것(2007. 8. 30. 2006헌마975: 각하 – 진정입법부작위로 보는 경우에도 입법의무의 부존재로 각하)

[32] 공직선거법에서 확성장치 사용 등에 따른 소음제한기준을 두고 있지 않은 것(2008. 7. 31. 2006헌마711: 기각)

[33] 당사자신문에 임하여 선서한 당사자가 거짓 진술을 한 때에는 과태료에 처한다고만 규정하고 있을 뿐 '상대방 당사자가 법원에 대하여 거짓 진술한 당사자를 과태료에 처할 것을 신청할 권리'를 포함하여 규정하지 않은 것(2008. 9. 25. 2007헌바23: 기각 – 입법의무는 있으나 과소금지원칙에 위반되지 않아 기각)

[34] '군사정전에 관한 협정 체결 이후 납북피해자의 보상 및 지원에 관한 법률'이 납북자의 범위에서 6.25전쟁중 납북자를 제외한 것(2009. 6. 25. 2008헌마393: 기각)

[35] 초·중등교육법에 헌법 과목을 필수과목으로 규정하고 있지 않은 것(2011. 9. 29. 2010헌바66)

[36] 개표참관인들의 실질적 참관권을 보장함으로써 공정한 개표가 이루어질 수 있도록 동시계표 투표함 숫자에 대한 제한 규정이 있어야 하는데도 공직선거법이 그러한 제한규정을 두지 않은 입법부작위(2013. 8. 29. 2012헌마326: 합헌)

[37] 국가유공자 범위에 국군포로를 포함시키지 않은 입법부작위(2014. 6. 26. 2012헌마757: 합헌)

[38] 중혼 취소 청구권에 대한 권리소멸사유 또는 제척기간을 두지 않은 입법부작위(2014. 7. 24. 2011헌바275: 합헌)

[39] 새마을 금고법이 선거범죄로 인하여 100만 원 이상의 벌금형이 선고되면 임원의 결격사유가 됨에도, 선거범죄와 다른 죄가 병합되어 경합범으로 재판하게 되는 경우 선거범죄를 분리 심리하여 따로 선고하는 규정을 두지 않은 것(2014. 9. 25. 2013헌바208: 헌법불합치)

[40] 언론중재위원회의 시정권고에 관하여 규정하면서 직권 시정권고만을 규정하고 피해자가 아닌 자의 시정권고 신청권을 규정하지 않은 입법부작위(2015. 4. 30. 2012헌마890: 합헌)

[41] 지정보세구역 이외의 보세구역에 장치되어 있는 물품이 재해로 인하여 멸실되거나 가치가 감소된 경우에 관세를 환급할 수 있도록 규정하지 않은 입법부작위(2015. 6. 25. 2013헌바193: 합헌)

[42] 소년보호사건에서 1심 결정에 의한 소년원 수용기간을 항고심 결정에 의한 보호기간에 산입하는 규정을 두지 않은 입법부작위(2015. 12. 23. 2014헌마768: 합헌)

[43] 재심으로 무죄판결을 선고받아 퇴직급여 등의 지급정지사유가 소멸한 경우에 이자 가산 규정을 두지 않은 입법부작위(2016. 7. 28. 2015헌바20: 헌법불합치)

[44] 징계절차를 진행하지 아니함을 통보하지 않은 경우에는 징계시효가 연장되지 않는다는 예외규정을 두지 않은 입법부작위(2017. 6. 29. 2015헌바29: 합헌)

[45] 개인회생절차에서 면책취소신청 기각결정에 대하여 즉시항고를 허용하지 않은 입법부작위(2017. 7. 27. 2016헌바212: 합헌)

[46] 대한민국에 귀환하기 전에 사망한 국군포로의 보수 기타 지원에 관한 입법조치가 이루어지지 않은 입법부작위(2018. 5. 31. 2016헌마626: 각하 – 청구기간 도과)

[47] 병역의 종류를 규정하면서 양심적 병역거부자를 위한 대체복무제를 포함하지 않은 입법부작위(2018. 6. 28. 2011헌바379등: 헌법불합치)

[48] 디엔에이(DNA)감시시료채취영장 발부에 대한 불복절차를 규정하지 않은 입법부작위(2018. 8. 30. 2016헌마344등)

[49] 자율형 사립고등학교를 고등학교 입시일정에서 전기에 선발하는 고등학교에 포함시키지 않으면서 후기에 선발하는 고등학교에 중복지원을 허용하지 않은 입법부작위(2019. 4. 11. 2018헌마221: 위헌)

[50] 정당한 이유 없는 해고를 제한하는 규정을 두면서 4인 이하의 사업장에 적용될 조항을 정하고 있지 않은 입법부작위(2019. 4. 11. 2017헌마820: 합헌)

[51] 동물장묘시설 등록의 지역적 제한사유에 관하여 규정하면서 최소한의 기준, 즉 동물장묘시설에 관한 거리 제한규정이나 동물장요시설의 고유한 성격을 반영한 지역적 제한 기준 및 지역별로 설치가 가능한 동물장묘시설의 숫자 등에 관하여 규정하고 있지 않은 입법부작위(2020. 3. 25. 2017헌마1281: 합헌)

[52] 공무원이거나 공무원이었던 사람이 재직 중의 사유로 금고 이상의 형을 받거나 형이 확정된 경우 퇴직급여 및 퇴직수당의 일부를 감액하여 지급함에 있어 그 이후 형의 선고의 효력을 상실하게 하는 특별사면 및 복권을 받은 경우를 달리 취급하는 규정을 두지 않은 부진정입법부작위(2020. 4. 23. 2018헌바402: 합헌)

[53] 나무병원을 폐지하고 나무의사제도가 도입되면서 식물보호기사와 산업기사도 수목진료를 할 수 있도록 하는 규정을 두지 않은 입법부작위(2020. 6. 25. 2018헌마974: 합헌)

[54] 가정폭력 피해자이 개인정보를 보호하기 위한 구체적인 방안을 마련하지 않은 입법부작위(2020. 8. 28. 2018헌마927)

[55] 치료감호 청구권자를 검사로 한정하고 법원의 직권에 의한 치료감호선거를 규정하지 않은 입법부작위(2021. 1. 28. 2019헌가24등: 합헌)

[56] 재외국민 2세 지위의 상실에 관하여 규정하면서 1993. 12. 31. 이전에 출생한 사람들에 대한 예외를 규정하지 않은 입법부작위(2021. 5. 27. 2019헌마177등: 합헌)

[57] 사회복무요원의 복무관리를 규율하면서 겸직의 범위에 학교에서 수학하는 경우를 포함하지 않은 입법부작위(2021. 6. 24. 2018헌마526: 합헌)

[58] 건설폐기물 수집 · 운반업자가 임시보관장소로 건설폐기물을 수집 · 운반할 수 있도록 하는 승인사유 중 하나로 '매립대상 폐기물을 매립지 반입규격에 맞도록 하기 위하여 절단을 하기 위한 경우'를 포함시키지 않은 입법부작위(2021. 7. 15. 2019헌마406: 합헌)

[59] 재외투표기간 개시일에 임박하여 또는 재외투표기간 중에 재외선거사무 중지결정이 있었고 그에 대한 재개결정이 없었던 예외적인 상황에서 재외투표기간 개시일 이후에 귀국한 재외선거인 및 국외부재자신고인이 국내에서 선거일에 투표할 수 있도록 하는 절차를 마련하지 않은 입법부작위(2022. 1. 27. 2020헌마895: 헌법불합치)

[60] 상법에서 보험금청구권의 소멸시효를 정하면서 그 기산점에 대하여 별도로 규정하지 않은 입법부작위(2022. 5. 25. 2018헌바153: 합헌)

(2) 요 건

1) 헌법상의 입법의무의 존재 입법부작위가 헌법소원의 대상이 되기 위해서는 반드시 입법자에게 **헌법상의 입법의무**가 존재해야 한다. 따라서 입법의무가 없는 '단순 입법부작위'는 헌법소원의 대상이 되지 않는다. 입법부작위가 헌법소원의 대상이 되기 위하여 전제되어야 하는 입법의무는 ① 헌법이 **명시적으로 입법의무**를 규정하고 있는 경우에, 그리고 ② 국민에게 **구체적인 기본권이 인정**되어 그에 상응하는 국가의 입법의무가 도출되는 경우에 존재한다.[91] 예를 들어 헌법재판소는 '조선철도주식회사' 사건에서 해방 후 사설철도회사의 재산수용과 보상을 규정한 군정법령을 폐지하는 법률을 제정할 때 보상절차를 규정해야 할 헌법상의 입법의무가 발생하였기 때문에 헌법소원의 대상이 된다고 판시한 바 있다.

2) 입법의무의 불이행 다음으로 입법부작위가 헌법소원의 대상이 되기 위해서는 위와 같은 입법의무가 존재함에도 불구하고 입법자가 입법의무를 전혀 이행하지 않아야 한다. 따라서 헌법소원의 대상이 되는 입법부작위는 진정입법부작위와 부진정입법부작위의 구분이 가능하다면 **오로지 진정입법부작위만을 의미**한다. 왜냐하면 부진정입법부작위는 비록 불완전하고 불충분할지라도 적어도 입법의무의 이행이 존재하기 때문이다. 이러한 부진정입법부작위에 대해서는 그에 대한 헌법위반을 내용으로 하는 적극적인 헌법소원이 청구되어야 하기 때문에 **부진정입법부작위에 대한 헌법소원은 부적법하여 각하**된다.[92] 진정입법부작위의 경우에는 청구기간의 준수가 필요없지만 이와는 달리 적극적 헌법소원으로 청구되어야 하는 부진정입법부작위에 대해서는 청구기간의 준수가 요구된다. 한편 헌법재판소에 따르면 헌법재판소의 위헌결정으로 입법의 결함이 발생한 경우에 이러한 입법의 결함을 부진정입법부작위로 다투는 것은 위헌결정에 대한 불복으로 허용될 수 없다고 한다.[93]

[판례] 진정입법부작위와 부진정입법부작위

이른바 '진정입법부작위', 즉 본래의 의미에서의 입법부작위를 대상으로 하여 헌법소원을 제기하려면 헌법에서 기본권보장을 위하여 법령에 **명시적인 입법위임**을 하였음에도 불구하고 입법자가 상당한 기간내에 이를 이행하지 아니하거나 또는 헌법의 해석상 **특정인에게 구체적인 기본권**이 생겨 이를 보장하기 위한 국가의 행위의무 내지 보호의무가 발생하였음이 명백함에도 불구하고 입법자가 아무런 입법조치를 취하지 않고 있는 경우이어야 하고, '부진정입법부작위'를 대상으로, 즉 입법의 내용 · 범위 · 절차 등의 결함을 이유로 헌법소원

91) 헌재 1989. 3. 17. 88헌마1; 1989. 9. 29. 89헌마13; 1991. 9. 16. 89헌마163; 1993. 3. 11. 89헌마79; 1993. 9. 27. 89헌마248; 1993. 11. 25. 90헌마209; 1994. 12. 29. 89헌마2; 1996. 10. 31. 94헌마108; 1996. 11. 28. 93헌마258; 1998. 7. 16. 96헌마246; 1999. 1. 28. 97헌마9; 2000. 6. 1. 2000헌마18; 2001. 3. 21. 2000헌마37; 2001. 6. 28. 2000헌마735; 2001. 12. 20. 2001헌마484; 2003. 1. 30. 2002헌마358; 2003. 5. 15. 2000헌마192등; 2003. 6. 26. 2000헌마509등.

92) 헌재 1989. 7. 28. 89헌마1; 1993. 3. 11. 89헌마79; 1996. 10. 31. 94헌마108; 1999. 1. 28. 97헌마9; 1999. 6. 13. 93헌마276; 2000. 4. 11. 2000헌마206; 2001. 3. 21. 2000헌마37; 2000. 6. 1. 2000헌마18.

93) 헌재 2012. 12. 27. 2012헌바60.

을 제기하려면 이 경우에는 결함이 있는 당해 입법규정 그 자체를 대상으로 하여 그것이 평등의 원칙에 위배된다는 등 헌법위반을 내세워 적극적인 헌법소원을 제기하여야 하며, 이 경우에는 헌법재판소법 소정의 제소기간(청구기간)을 준수하여야 한다(1996. 10. 4. 94헌마108).

3) 행정입법의 부작위　**행정입법의 부작위**에 대해서도 ① 행정입법의 의무가 있는 경우에, 그리고 ② 그러한 입법의무를 정당한 이유없이 이행하고 있지 않는 경우에만 헌법소원의 청구가 가능하다.[94] 한편 헌법재판소는 행정입법의무의 불이행은 "권력분립의 원칙과 법치국가의 원칙에 위배되는 것"이라고도 한다.[95]

[판례] 행정입법부작위

[1] 행정명령의 제정 또는 개정의 지체가 위법으로 되어 그에 대한 법적 통제가 가능하기 위하여는 첫째, 행정청에게 시행명령을 제정(개정)할 **법적 의무**가 있어야 하고, 둘째, **상당한 기간**이 지났음에도 불구하고, 셋째, **명령제정(개정)권이 행사되지 않아야** 한다(1998. 7. 16. 96헌마246).

[2] **치과전문의자격시험제도**　보건복지부장관이 의료법과 대통령령의 위임에 따라 치과전문의자격시험제도를 실시할 수 있도록 시행규칙을 개정하거나 필요한 조항을 신설하는 등 제도적 조치를 마련하지 않은 것은 청구인의 직업의 자유, 행복추구권, 평등권을 침해한다(1998. 7. 16. 96헌마246: 인용=위헌확인).

[3] **평균임금결정 · 고시부작위**　노동부장관이 산업재해보상법과 근로기준법시행령의 위임에 의하여 평균임금을 정하여 고시하지 아니하는 행정입법부작위는 헌법에 위반된다(2002. 7. 18. 2000헌마707: 위헌확인).

[4] **국가유공자인 지방공무원의 우선보직 · 우선승진**　국가유공자인 지방공무원의 우선보직 · 우선승진의 시행에 관한 행정입법을 제정하지 않은 행정자치부장관의 입법부작위는 행정자치부장관에게 국가유공자인 지방공무원에 대한 우선보직 · 우선승직의 시행에 관한 행정입법을 제정하여 할 의무가 헌법에서 유래하는 작위의무로서 인정되지 아니하므로 이러한 작위의무가 있음을 전제한 이 사건 심판청구는 헌법소원의 대상이 될 수 없는 사안에 대한 것으로 부적법하다(2003. 7. 24. 2002헌마378: 각하).

[5] **기숙학원**　현행 학원법령상 기숙형태 학원을 규율하는 별도의 규정이 없고, 달리 기숙학원의 설립 · 운영을 규제하는 법령이 존재하지 아니하는 이상 교육인적자원부장관에게 청구인들이 주장하는 행정입법의 제정에 관하여 헌법에서 유래하는 작위의무가 있다고 보기 어렵다(2004. 1. 29. 2003헌가261).

[6] **군법무관의 보수**　법률이 군법무관의 보수를 판사, 검사의 예에 의하도록 규정하면서 그 구체적 내용을 시행령에 위임하고 있다면 이는 군법무관의 보수의 내용을 법률로써 일차적으로 형성한 것이기 때문에 상당한 수준의 보수청구권이 인정되는 것이라고 해석함이 상당하다. 그러므로 대통령령이 법률의 명시적 위임에도 불구하고 지금까지 해당 시행령을 제정하지 않아 그러한 보수청구권이 보장되지 않고 있다면 그러한 입법부작위는 정당한 이유 없이 청구인들의 재산권을 침해하는 것으로써 헌법에 위반된다(2004. 2. 26. 2001헌마718).

94) 헌재 1996. 6. 13. 94헌마118등; 2004. 2. 26. 2001헌마718.

95) 헌재 2004. 2. 26. 2001헌마718.

[7] 사법시험법과 동법시행령이 '성적의 세부산출방법 그 밖에 합격결정에 필요한 사항'에 대하여 법무부령에 의한 규율을 예정하고 있지만, 사법시험의 성적을 산출하여 합격자를 결정하는데 지장이 없을 정도로 충분한 규정을 두고 있기 때문에, 위 사항에 관한 법무부령의 제정이 사법시험법의 집행에 필수불가결한 것이라고 보기 어려워 법무부령을 제정하여야 할 헌법적 작위의무가 있다고 보기 어렵다(2005. 12. 22. 2004헌마66).

[8] 직업재활훈련 운영사업에 관하여는 외국인 산재장해자에 관한 규정을 두고 있으면서도 직업훈련비용 지원사업에 관하여는 외국인 산재장해자에 관한 규정을 두고 있지 않은 것은 반대해석에 의하여 직업훈련비용 지원사업에 있어서는 외국인 산재장해자가 그 대상이 되지 아니한다는 내용의 입법을 한 것으로 보아야 할 것이므로, 이는 입법자가 어떤 사항에 관하여 입법은 하였으나 불완전, 불충분 또는 불공정하게 규율한 경우에 불과하여 이는 '부진정입법부작위'에 해당한다(2008. 8. 19. 2008헌마805).

[9] 치과 전문의 자격취득을 위한 1차 시험을 면제해 주는 규정만을 두었을 뿐 그 외 치과 전문의의 자격을 주거나 전공의 수련과정을 면제해 주는 등의 행정입법을 하지 않은 것은 문언상 명백히 하지 않고 반대해석으로만 그 규정의 입법취지를 알 수 있도록 함으로써 불완전, 불충분 또는 불공정하게 규율한 경우에 불과하므로 이는 '부진정 입법부작위'에 해당한다(2009. 7. 14. 2009헌마349).

[10] 소득세법 시행령 제154조 제5항의 '거주기간' 부분이 법원의 법률해석과는 달리 해석될 여지가 있다는 점만으로는 곧바로 폐지하여 거주기간 규정 자체를 없애야 할 작위의무가 인정된다고 보기 어렵고, 특정 지역의 부동산 투기를 억제하기 위한 입법목적도 가지고 있는 이상, '실 거주 여부를 불문한다'는 형태로 개정해야 할 법적 의무가 도출된다고 볼 수 없다(2010. 5. 4. 2010헌마249).

[11] 위임법률인 소득세법 제104조의3 제1항 제2호 가목은 비사업용 토지에서 제외되는 임야의 범위를 대통령에게 위임한 것이므로 기획재정부장관의 행정입법이 당연히 전제된다고 볼 수 없고, 위 법률조항에 의해 위임된 입법의무는 대통령에 의해 이미 구체적으로 이행되었다고 할 것이어서 기획재정부장관이 그밖에 비사업용 토지에 제외되는 임야를 규정하지 아니하였다고 하여 법령의 공백상태를 야기한다고 볼 수도 없으므로, 기획재정부장관에게 청구인이 주장하는 것과 같은 입법을 하여야할 명시적인 입법의무는 존재하지 아니한다(2011. 2. 15. 2011헌마40).

[12] 초·중등교육법의 교사자격기준에서 초등학교 정교사 무시험 자격취득 기준의 하나로 교육대학원 등에서 초등교육과정을 전공하고 석사학위를 받은 자를 정하면서 교육대학원 등에 초등교사양성을 위한 과정의 개설에 관한 대통령령 등 행정입법을 마련하지 않아 일반대학 졸업자가 교육대학원 등 초등교육 석사학위과정 이수만으로 초등교사 자격을 취득할 수 없도록 했다고 해도 법률에 의한 입법의 위임이 있다고 보기 어렵다(2013. 2. 28. 2010헌마438: 각하).

[13] 국군포로법에 따라 등록포로, 등록하기 전에 사망한 귀환포로, 귀하기 전에 사망한 국군포로에 대한 예우의 신청, 기준, 방법 등에 필요한 사항을 대통령령으로 제정할 의무가 있음에도 불구하고 그 의무를 상당 기간 동안 불이행한 것은 헌법에 위반된다(2018. 5. 31. 2016헌마626: 위헌).

2. 행정부작위

행정부작위도 공권력의 불행사에 해당하기 때문에 헌법소원의 대상이 된다. 그러나 이 경우에도 행정청의 구체적인 **작위의무**가 존재해야 한다. 따라서 구체적인 작위의무가 없음에도 불구하고 행정부작위에 대한 헌법소원을 청구한 경우에는 부적법하여 각하된다. 청원권과 관련하여 청원서를 접수한 국가기관은 이를 적정히 처리하여야 할 의무를 부담하지만 비록 그 처리내용이 청원인이 기대한 바에 미치지 않는다고 하더라도 헌법소원의 대상이 되는 공권력의 불행사에는 해당하지 않는다.[96] 한편 행정청의 거부행위는 적어도 행정청의 적극적인 행위가 존재하기 때문에 헌법소원의 대상이 되지 못하지만 신청인의 신청한 내용에 따라 행정행위를 해야 할 의무가 존재하는 경우에는 헌법소원의 대상이 될 수 있다.[97]

[판례] 행정부작위로 인정된 사례

[1] 공정거래위원회가 '독점규제및공정거래에 관한법률' 위반의 탄원서를 접수하여 심의한 후 시정명령만 발하고 형사고발을 하지 않은 경우(1995. 7. 21. 94헌마136)

[2] 일본국에 대하여 가지는 일본군위안부 또는 원폭피해자로서의 배상청구권이 '대한민국과 일본국 간의 재산 및 청구권에 관한 문제의 해결과 경제협력에 관한 협정' 제2조 제1항에 의하여 소멸되었는지 여부에 관한 한·일 양국 간 해석상 분쟁을 위 협정 제3조가 정한 절차에 따라 해결하지 않고 있는 외교통상부작완의 부작위(2011. 8. 30. 2006헌마788; 2011. 8. 30. 2008헌마648)

[판례] 행정부작위로 인정되지 않은 사례

[1] 세무서장이 탈세사실을 고발, 제보한 자에 대해서 소송계속사실을 알리지 않고 증인으로 신청하지 않은 경우(1993. 2. 2. 93헌마2)

[2] 국방부장관이 국가유공자의 유족이 보상금을 받도록 유가족등록이나 대리등록하지 않은 경우(1998. 2. 27. 97헌가10)

[3] 서울특별시 지방경찰청장이 제주도 폭동진압작전에서 특별부대요원으로 파견근무한 공로로 대통령으로부터 공훈훈장을 하사받은 사실을 주장하는 청구인의 공훈사실을 확인·등재하지 않은 경우(2000. 6. 29. 98헌마391)

[4] 행정청이 '도시저소득주민의 주거환경개선을 위한 임시조치법'을 시행하면서 사인의 대지에 건축후퇴선을 적용한 결과 그 대지 일부가 사실상 도로로 사용되었지만 보상을 해주지 않은 경우(2001. 1. 18. 99헌마636)

[5] 군사법원 검찰관이 아니어서 사건송치의무가 없는 국방부 합동조사단장이 군인신분이 아닌 피고소인들을 관할권이 있는 검찰청에 사건송치를 하지 않은 경우(2001. 2. 23. 2001헌마79)

[6] 부산광역시장이 청구인 소유의 임야에 관하여 고시된 도시계획결정을 취소하지 않은 경우(1999. 11. 25. 99헌마198)

[7] 재일 한국인 피징용부상자들의 보상문제가 '대한민국과 일본국간의 재산 및 청구권에 관한 문제의 해결과 경제협력에 관한 협정'에 의해 타결된 것인지에 관한 한·일 양국정부의 분쟁을 해결하기 위한 방법으로서 우리나라 정부가 중재에 회부하지 않은 경우(2000. 3. 30. 98헌마206)

96) 헌재 1994. 2. 24. 93헌마213; 2004. 5. 27. 2003헌마851; 2005. 2. 3. 2004헌마34.

97) 헌재 1999. 6. 24. 97헌마315; 2000. 2. 24. 97헌마13.

[8] 장애인을 위한 저상버스를 도입하지 않은 경우(2002. 12. 18. 2002헌마52)
[9] 예비군소집훈련을 받은 자에게 훈련의무의 이행과정에서 불가피하게 지출된 비용을 지급하지 않은 경우(2003. 6. 26. 2002헌마484)
[10] 수용자들의 자비부담의약품을 일괄구입하여 전국의 모든 교정 및 구금시설의 수용자들에게 동일한 가격으로 공급하지 않은 경우(2005. 4. 19. 2005헌마331)
[11] 국가보훈처장이 독립유공자(순국선열 및 애국지사)로 인정받기 위한 전제로서 요구되는 서훈추천을 거부한 경우(2005. 6. 30. 2004헌마859)
[12] 수용자가 수용된 거실에 텔레비전 시청시설을 설치하지 않음으로써 텔레비전을 시청할 수 없도록 한 경우(2005. 9. 27. 2005헌마867; 2005. 11. 1. 2005헌마979)
[13] 국가유공자인 수용자가 특별사면의 대상에 포함되지 않은 경우(2005. 11. 15. 2005헌마1081)
[14] 교도소장이 미결수용자를 위한 종교행사를 매일 또는 매주 실시하지 않은 경우(2006. 4. 11. 2006헌마295)
[15] 수사과정에서 피의자가 요청하는 소변검사와 혈액검사를 경찰관이 실시하지 않은 경우(2006. 5. 30. 2006헌마602)
[16] 수용자의 독거수용 요청을 교도소장이 허용하지 않은 경우(2006. 6. 20. 2006헌마621)
[17] 독립유공자의 훈격재심사 및 변경 요구에 대하여 훈격변경을 해주지 않은 경우(2006. 7. 11. 2006헌마747)
[18] 사립유치원에 대한 교사 인건비, 운영비 및 영양사 인건비를 예산으로 지원하지 않은 경우(2006. 10. 26. 2004헌마13)
[19] 채플에 관한 대학의 학칙에 대해서 교육인적자원부장관이 시정명령을 하거나 제재를 가하지 않은 경우(2007. 3. 13. 2007헌마214)
[20] 초등학교 교정에 설치된 통일기원 국조 단군상 조형물을 교육장이 철거하지 않고 방치한 경우(2007. 9. 18. 2007헌마953)
[21] 대법원장에 대한 고발사건에 대하여 검사가 기소여부를 지연한 경우(2008. 3. 25. 2008헌마200)
[22] 사법경찰관이 피의자신문을 받는 단계에 있는 피의자가 제출한 국선변호인 선정신청서를 법원에 제출하지 않은 경우(2008. 9. 25. 2007헌마1126)
[23] 교육과학기술부 장관이 신활력지역으로 선정된 시 지역까지 농어촌학생특별전형의 지원자격을 부여하는 대학에 대하여 시정조치를 하지 않은 경우(2008. 9. 25. 2008헌마456)
[24] 환경부장관이 자동차 제작자에게 자동차교체명령을 하지 않은 경우(2018. 3. 29. 2016헌바795)

3. 재판의 지연

사법부의 재판에 관한 부작위도 구체적인 재판의 의무가 있는 경우에만 헌법소원의 대상이 된다. 따라서 재판의 의무가 있음에도 불구하고 재판을 지연하는 행위는 헌법소원의 대상이 된다. 특히 재판기간이 규정되어 있는 경우에 훈시규정에 불과하다면 재판의 의무가 발생하지 않지만 강제규정이라면 재판의 의무가 발생하기 때문에 정당한 사유 없이 재판기간을 넘기는 경우에는 헌법소원의 대상이 될 수 있다.[98] 그러나 헌법재

98) 제2편 제1부 제5장 제4절 II. 참조.

판소는 재판의 지연은 헌법소원의 대상이 되지 않는다고 한다.

[판례] 재판의 지연

[1] 기일지정신청에 대한 재판지연이라는 공권력의 불행사에 대한 헌법소원이 적법한 헌법소원이 되자면 공권력의 주체인 법원이 기일지정신청에 대하여 재판하여야 하는 헌법에 유래하는 작위의무가 특별히 규정되어 있고, 이에 의거하여 기본권의 주체가 공권력의 행사 즉 재판을 청구할 수 있어서 이를 하였음에도 법원이 그 작위의무를 해태하는 경우이어야 한다. 국민의 재판청구권은 국민의 중대한 기본권 중의 하나이다. 그러나 법원은 위 기본권에 근거해서 법령에 정한 국민의 정당한 재판청구행위에 대하여만 재판을 할 의무를 부담한다고 할 것이고, 법령이 규정하지 아니한 재판청구행위에 대하여까지 헌법상의 재판청구권에서 유래한 재판을 할 작위의무가 법원에 있다고 할 수는 없다(1994. 6. 30. 93헌마161).

[2] '법원의 재판'에는 재판 자체뿐만 아니라 재판절차에 관한 법원의 판단도 포함되는 것으로 보아야 할 것이다. 그런데 재판의 지연은 결국 법원의 재판절차에 관한 것이므로 헌법소원의 대상이 될 수 없다(1998. 5. 28. 96헌마46).

제 4 절 심판의 청구

심판의 청구를 위해서는 **서면주의원칙**에 따라 정해진 청구서를 제출해야 하고, 심판의 청구는 **도달주의원칙**에 따라 청구서가 헌법재판소에 도달된 시점을 기준으로 삼는다. 한편 청구인은 헌법재판소의 결정이 있기 전에는 심판의 청구를 취하할 수 있다. 청구를 취하하는 경우에 민사소송법 제266조를 준용하여 피청구인의 동의를 필요로 한다는 견해와 헌법소원심판절차는 양 당사자의 대립적 구조가 아니기 때문에 피청구인의 동의가 필요하지 않는다는 견해로 갈린다. 또한 청구의 취하가 있는 경우에 민사소송법 규정이 준용되어 심판절차가 종료된다는 견해[99]와 예외적으로 종료되지 않는다는 견해[100]로 나뉜다. 심판절차가 개인의 권리보호를 우선적인 목적으로 하는 경우에는 청구의 취하로 종료하지만 헌법질서의 보호와 같은 공익도 목적으로 하는 경우에는 종료하지 않는다고 보는 것이 타당하다.

Ⅰ. 청구권자

헌법소원을 청구할 수 있는 주체는 공권력의 행사나 불행사로 기본권을 침해받은 자이다. 따라서 헌법소원을 청구할 수 있는 자는 기본권의 주체가 될 수 있는 자이기 때문에 원칙적으로 **대한민국의 국민**이고, 여기에는 **자연인**뿐만 아니라 기본권의 성격에

99) 김하열b, 134면.

100) 정종섭b, 660면.

따라서 **법인**도 포함될 수 있다.[101] 자연인의 경우에 헌법소원을 청구하고 사망하면 문제가 된 기본권이 일신전속적인 성격이 강한 때에는 헌법소원이 종료하고,[102] 일신전속적인 성격이 약한 때에는 상속인에 의한 수계가 가능하다.[103]

한편 경우에 따라서는 **외국인**이나 **태아**[104]도 청구권자가 될 수 있다. 모체에 착상되지 않거나 원시선이 나타나지 않은 초기배아의 경우에 헌법재판소는 기본권주체성을 인정하지 않는다.[105] 또한 **법인격이 없는 사단**이나 **재단**도 대표가 있고 독립된 사회적 조직체로 활동하는 경우에는 청구인이 될 수 있다.[106] 같은 맥락에서 **노동조합**이나 **정당**도 헌법소원을 청구할 수 있는 자에 포함된다.[107] 그러나 단체의 내부기관은 헌법소원의 청구권자가 될 수 없다.[108]

원칙적으로 기본권의 주체가 될 수 없는 국가나 국가기관 또는 지방자치단체와 같은 공법인이나 공법인의 기관 또는 그 구성원은 헌법소원을 청구할 수 없다. 예를 들어 국회의 노동위원회,[109] 국회의원,[110] 경찰공무원,[111] 지방자치단체,[112] 지방자치단체장,[113] 지방의회,[114] 지방자치단체 교육위원회의 교육위원,[115] 지방공무원,[116] 농지개량조합,[117] 주택재개발조합[118] 등은 헌법소원의 청구권자가 되지 못한다. 하지만 국 · 공립대학이나 공영방송국[119]처럼 국가로부터 독립된 기구로서 국민의 기본권실현에 기여하는 경우에는 헌법소원의 청구권자가 될 수 있다. 다만 대학이 공법인으로서 기본권의 수범자인 경우에는 기본권의 주체가 될 수 없다.[120]

기본권의 주체가 될 수 있는 자가 헌법소원을 청구하는 경우에도 공권력의 행사가 청구인의 법적 지위에 아무런 영향을 미치지 않는다면 애초에 **기본권침해의 가능성**이나

---

101) 제2편 제1부 제3장 제3절 I. 2. 참조.
102) 헌재 1992. 11. 12. 90헌마33.
103) 헌재 1993. 7. 29. 92헌마234.
104) 헌재 2008. 7. 31. 2004헌바81.
105) 헌재 2010. 5. 27. 2005헌마346.
106) 헌재 1991. 6. 3. 90헌마56.
107) 헌재 1999. 11. 25. 95헌마154; 1991. 3. 11. 91헌마21.
108) 예를 들어 한국영화인협회의 감독위원회: 헌재 1991. 6. 3. 90헌마56.
109) 헌재 1994. 12. 29. 93헌마120.
110) 헌재 1995. 2. 23. 90헌마125; 2000. 8. 31. 2000헌마156.
111) 헌재 2009. 3. 24. 2009헌마118.
112) 헌재 2006. 2. 23. 2004헌마50; 2009. 5. 28. 2007헌바80등.
113) 헌재 1997. 12. 24. 96헌마365; 2014. 6. 26. 2013헌바122.
114) 헌재 1998. 3. 26. 96헌마345.
115) 헌재 1995. 9. 28. 92헌마23.
116) 헌재 2001. 1. 18. 2000헌마149.
117) 헌재 2000. 11. 30. 99헌마190.
118) 헌재 2022. 7. 21. 2019헌바543등.
119) 헌재 2013. 9. 26. 2012헌마271.
120) 헌재 2023. 3. 23. 2018헌바385.

위험성이 없으므로 그 공권력 행사를 대상으로 헌법소원을 청구하는 것을 허용되지 않는다.[121]

[판례] 국가기관의 헌법소원청구적격성

국가나 국가기관 또는 국가조직의 일부나 공법인은 기본권의 '수범자'(Adressat)이지 기본권의 주체가 아니고 오히려 국민의 기본권을 보호 내지 실현해야 할 '책임'과 '의무'를 지니고 있는 지위에 있을 뿐이다. 그런데 청구인은 국회의 노동위원회로 그 일부조직인 상임위원회 가운데 하나에 해당하는 것으로 **국가기관인 국회의 일부조직**이므로 기본권의 주체가 될 수 없고 따라서 **헌법소원을 제기할 수 있는 적격이 없다**고 할 것이다(1994. 12. 29. 93헌마120).

[판례] 국립대학의 헌법소원청구적격성

교육의 자주성이나 대학의 자율성은 학문의 자유의 확실한 보장수단으로 꼭 필요한 것으로서 이는 대학에게 부여된 헌법상의 기본권이다. 따라서 **국립대학**인 서울대학교는 다른 국가기관 내지 행정기관과는 달리 공권력의 행사자의 지위와 함께 **기본권의 주체**라는 점도 중요하게 다루어져야 한다(1992. 10. 1. 92헌마68등).

Ⅱ. 청구의 요건

1. 형식적 · 절차적 요건

(1) 청 구 서

헌법소원은 청구서를 제출하여 청구한다. 헌법재판소법 제68조 제1항의 규정에 의한 헌법소원의 심판청구서에는 ① 청구인 및 대리인의 표시, ② 침해된 권리, ③ 침해의 원인이 되는 공권력의 행사 또는 불행사, ④ 청구이유, ⑤ 그 밖에 필요한 사항을 기재해야만 한다(헌재법 제71조 제1항). 이와 함께 헌법소원의 심판청구서에는 대리인의 선임을 증명하는 서류 또는 국선대리인 선임통지서를 첨부해야만 한다(동법 동조 제3항).

(2) 변호사강제주의

다른 심판절차와 마찬가지로 당사자인 사인은 변호사를 대리인으로 선임하지 않으면 원칙적으로 심판청구를 하거나 심판수행을 하지 못하지만 그가 변호사의 자격이 있는 때에는 예외로 한다(동법 제25조 제3항). 헌법소원심판을 청구하고자 하는 자가 변호사를 대리인으로 선임할 **자력이 없는 경우**에는 헌법재판소에 국선대리인을 선임해줄 것을 신청할 수 있다(동법 제70조 제1항). 또한 헌법재판소는 **공익상 필요하다고 인정되는 경우**에 국선대리인을 선임할 수 있다(동법 동조 제2항). 국선대리인은 변호사 중에서 선정하고, 심판청구가 명백히 부적법하거나 이유 없는 경우 또는 권리의 남용이라고 인정되는 경우에는 국선대리인을 선정하지 않을 수 있다(동법 동조 제3항).

121) 헌재 1999. 5. 27. 97헌마368; 2024. 3. 28. 2017헌마371등(사드배치 사건).

[판례] 국선대리인선임과 승소가능성

국선대리인 선임신청은 신청인이 무자력으로 사선대리인을 선임할 능력이 없는 경우에는 누구나 할 수 있는 것이지만, 그 소명이 없거나 전제가 되는 본안사건이 성공할 가망(승소가능성)이 없는 것일 때에는 선임신청을 인용할 수 없다(2001. 8. 24. 2001헌사336).

2. 법적 관련성

헌법소원을 청구하기 위해서는 공권력의 행사 또는 불행사와 청구인의 기본권 사이에 법적 관련성이 존재해야 한다. 이러한 법적 관련성은 ① 자기관련성, ② 직접성, 그리고 ③ 현재성으로 구분된다.

[판례] 헌법규정·헌법원칙 위반에 대한 헌법소원

기본권 침해의 가능성이 없이 단순히 일반 헌법규정이나 헌법원칙에 위반된다는 주장은 기본권침해에 대한 구제라는 헌법소원의 적법요건을 충족시키지 못하는 것이다(2006. 2. 23. 2005헌마268).

(1) 자기관련성

자기관련성이란 공권력에 의해 자신의 기본권을 침해받고 있는 자만이 헌법소원을 청구할 수 있다는 뜻이다. 따라서 공권력작용의 직접적인 상대방이 아닌 제3자라고 하더라도 공권력작용으로 그 제3자의 기본권을 직접적이고 법적으로 침해하는 경우에는 그 제3자도 자기관련성을 인정받을 수 있지만 간접적·사실적 또는 경제적 이해관계로만 관련되는 제3자는 자기관련성을 인정받지 못하여 헌법소원을 청구할 수 없다.[122] 예를 들어 간접흡연으로 인한 폐해는 담배의 제조 및 판매 행위로 인하여 직접적으로 발생하는 것이 아니라 흡연자의 흡연 행위를 직접적 원인으로 발생하므로 담배사업을 규율하는 법률은 간접흡연을 하여 피해를 입는 비흡연자의 기본권을 침해하는 것은 아니다.[123] 다만 법의 목적 및 실질적인 규율대상, 법규정에서의 제한이나 금지가 제3자에게 미치는 효과나 진지성의 정도 등을 종합적으로 고려하여 예외적으로 제3자의 자기관련성이 인정될 수 있다.[124] 같은 맥락에서 단체는 그 구성원의 기본권이 침해당한 경우에도 직접 단체의 기본권이 침해당한 것은 아니므로 구성원의 권리구제를 위하거나 그를 대신하여 헌법소원을 청구할 수 없다.[125] 또한 법인과 그 소속 구성원 또는 직원은 서로

---

122) 헌재 1992. 9. 4. 92헌마175; 1993. 3. 11. 91헌마233; 1993. 7. 29. 89헌마123; 1994. 5. 6. 89헌마35; 1994. 6. 30. 92헌마61; 1995. 5. 25. 94헌마100; 1996. 6. 30. 92헌마61; 1997. 3. 27. 94헌마277; 1998. 8. 27. 97헌마372; 1998. 9. 30. 97헌마404; 2000. 6. 29. 99헌마289; 2002. 7. 18. 2001헌마605; 2003. 6. 26. 2002헌마312; 2003. 12. 18. 2003헌마255등.

123) 헌재 2015. 4. 30. 2012헌마38.

124) 헌재 1997. 9. 25. 96헌마133; 1998. 11. 26. 94헌마207; 2000. 6. 29. 99헌마289; 2003. 6. 26. 2002헌마337등.

125) 헌재 1991. 6. 3. 90헌마56; 1994. 2. 24. 93헌마33; 1995. 7. 21. 92헌마177등; 2002. 6. 27. 2000헌마642등; 2002. 8. 29. 2002헌마4; 2002. 10. 31. 2002헌마20; 2006. 10. 26. 2004헌마13; 2008. 9. 25. 2008헌마456; 2009. 3. 26. 2007헌마988; 2010. 7. 29. 2009헌마644.

별개의 독립된 기본권주체이므로 그 소속 구성원이나 직원의 기본권이 침해당하였다고 하여 법인이 그를 위하여 또는 그를 대신하여 헌법소원을 청구할 수 없다.[126] 한편 자연인을 수범자로 하는 입법에 대하여 범인은 자신의 기본권을 직접 침해당할 가능성이 없으므로 자기관련성이 인정될 수 없다.[127]

[판례] 단체의 구성원을 대신한 헌법소원심판청구와 자기관련성

단체는 원칙적으로 단체 자신의 기본권을 직접 침해당한 경우에만 그의 이름으로 헌법소원심판을 청구할 수 있을 뿐이고, **그 구성원을 위하여 또는 구성원을 대신하여 헌법소원심판을 청구할 수 없다** 할 것인데, 사단법인 한국영화인협회는 그 자신의 기본권이 침해당하고 있음을 이유로 헌법소원심판을 청구한 것이 아니고, 그 단체에 소속된 회원들인 영화인들의 헌법상 보장된 예술의 자유와 표현의 자유가 침해당하고 있음을 이유로 하여 헌법소원심판을 청구하여 자기관련성을 갖추지 못하였다(1991. 6. 3. 90헌마56).

[판례] 자기관련성이 인정된 사례

[1] 주식회사 임원의 업무상횡령사건에서 주주가 헌법소원을 청구한 경우(1991. 4. 1. 90헌마65)

[2] 교통사고로 사망한 자의 부모가 검사의 불기소처분에 대하여 헌법소원을 청구한 경우(1993. 3. 11. 92헌마48)

[3] 피해자의 상속인이 피해자가 제기한 고소사건에서 검사의 불기소처분에 대하여 헌법소원을 청구한 경우(1993. 7. 29. 92헌마234)

[4] 법인이 아닌 사단인 5.18광주민중항쟁동지회가 그 구성원들의 기본권이 침해되었다고 헌법소원을 청구한 경우(1994. 2. 24. 93헌마33)

[5] 주식회사의 주주총회의사록이나 이사회회의록이 위조된 사건에서 주주가 헌법소원을 청구한 경우(1994. 4. 28. 93헌마47)

[6] 주식회사에 대한 범죄행위에서 주주가 검사의 불기소처분에 대하여 헌법소원을 청구한 경우(1995. 5. 25. 94헌마100)

[7] 불공정거래행위에 해당하는 대리점계약으로 피해를 입은 당사자가 공정거래위원회의 고발권 불행사에 대하여 헌법소원을 청구한 경우(1995. 7. 21. 94헌마136)

[8] 광고표현물의 제작에 참여하는 광고인이 광고의 사전심의제도와 심의기준을 규정한 법령에 대해 헌법소원을 청구한 경우(1998. 11. 26. 94헌마207)

[9] 직장의료보험조합의 조합원이 의료보험통합의 근거가 되는 국민건강보험법에 대해 헌법소원을 청구한 경우(2000. 6. 29. 99헌마289): 법규정의 실질적인 규율대상에 제3자인 조합원들의 법적 지위가 포함되고, 법규정이 내포하는 불이익이 제3자인 조합원들에게도 거의 동일한 효과를 가지고 있기 때문에 인정

[10] 학원강사가 되려고 하는 자가 학원강사의 자격을 규정하는 법령에 대한 헌법소원을 청구한 경우(2003. 9. 25. 2002헌마519)

[11] 지방공사직원의 지방의회의원 겸직을 금지하는 법률조항에 대해서 지방의회의원선거의 피선거권이 있고 실제로 지방선거에 출마하여 당선 또는 낙선된 자가 헌법소원을

126) 헌재 2008. 11. 27. 2006헌마1144; 2019. 11. 28. 2016헌마188.

127) 헌재 2016. 7. 28. 2015헌마236등.

청구한 경우(2004. 12. 16. 2002헌마333)

[12] 주식회사 연합뉴스를 국가기간뉴스통신사로 지정하고 이에 대한 재정지원 등을 규정한 법률조항에 대해서 서로 경업관계에 있는 뉴스통신사가 헌법소원을 청구한 경우(2005. 6. 30. 2003헌마841)

[13] 신규카지노업에 진출하려는 자가 외국인전용 카지노업 신규허가요건을 정한 공고에 대해서 헌법소원을 청구한 경우(2006. 7. 27. 2004헌마924)

[14] '미국산 쇠고기 수입위생조건'에 대해서 일반소비자가 헌법소원을 청구한 경우(2008. 12. 26. 2008헌마419)

[15] 변리사 시험을 통해 변리사가 되고자 하는 자가 변호사이면서 변리사 등록을 한 자에게 변리사 자격을 부여하는 법률조항에 대해서 헌법소원을 청구한 경우(2010. 2. 25. 2007헌마956)

[16] 혜택을 주는 법규정 또는 공권력 행사의 경우에 수혜범위에서 제외된 청구인이 국가가 다른 집단에게 부여한 혜택으로부터 자신이 속한 집단을 평등원칙에 위배되게 배제하였다는 주장을 할 수 있고, 헌법재판소가 심판대상의 평등권 위반을 확인한다면 그 결과로 혜택규정에 의하여 배제되었던 혜택에 참여할 가능성이 있는 경우에는 청구인의 자기관련성을 인정할 수 있다(고엽제후유의증환자의 유족 중 일부에게 혜택부여를 제한하는 규정에 의해 혜택에서 배제되어 있던 고엽제후유의증환자의 유족이 동 규정에 대해 헌법소원을 제기한 경우 : 2011. 6. 30. 2008헌마715, 2009헌마39 · 87(병합)).

(2) 직 접 성

1) 원 칙 직접성이란 공권력의 행사 또는 불행사로 인하여 기본권을 직접적으로 침해받고 있는 자만이 헌법소원을 청구할 수 있다는 뜻이다. 기본권침해의 직접성은 주로 **법령에 대한 헌법소원**에서 문제된다. 이때 직접성이란 별도의 집행행위에 의하지 않고 '법률 그 자체에 의하여' 자유의 제한, 의무의 부과, 권리 또는 법적 지위의 박탈이 생김으로써 기본권을 침해하는 경우를 말한다.[128] 별도의 집행행위가 있는 경우에는 그러한 집행행위를 대상으로 하여 기본권침해의 구제절차를 먼저 거쳐야 하기 때문이다.[129] 따라서 별도의 집행행위가 있는 경우에는 아래에서 설명할 '보충성원칙'에 따라 그러한 집행행위를 대상으로 하는 구제절차를 먼저 거쳤는지 여부가 문제된다. 특히 법령에 근거한 구체적인 집행행위가 '재량행위'인 경우에는 그 주체에게 그것을 할 것인지 여부에 대한 판단의 여지가 주어지므로 법령에 의한 기본권침해의 직접성을 인정하기 어렵다.[130] 한편 헌법재판소에 따르면 "정의규정"이나 "선언규정" 등과 같이 그 법률조항 자체에 의하여는 기본권의 침해가 발생할 수 없는 경우에도 직접성의 요건이 결여된다고 한다.[131] 또한 벌칙조항의 전제가 되는 금지조항으로써 구성요건조항이 별도로 구성되어 있는 경우에는 금지조항의 위헌성을 전제로 벌칙조항의 위헌성을 주장하는 것은

128) 헌재 1989. 7. 21. 89헌가12; 1990. 6. 25. 89헌마220; 1990. 10. 15. 89헌마178; 1991. 7. 22. 89헌마174; 1992. 11. 12. 91헌마192; 1994. 1. 7. 93헌마283; 1994. 4. 28. 92헌마280; 1998. 5. 28. 96헌마151; 1998. 11. 26. 96헌마55; 1999. 5. 27. 98헌마372; 2004. 9. 23. 2002헌마563; 2006. 6. 29. 2005헌마165등; 2013. 5. 30. 2011헌마131; 2014. 8. 28. 2012헌마623; 2021. 6. 24. 2020헌마1614.

129) 헌재 1998. 4. 30. 97헌마141.

130) 헌재 1998. 4. 30. 97헌마141.

131) 헌재 1998. 10. 15. 96헌바77; 2004. 9. 23. 2002헌마563.

직접성이 인정되지 않는다고 본다.[132]

[판례] 기본권침해의 직접성

기본권침해의 직접성이란 집행행위에 의하지 아니하고 그 자체 의하여 자유의 제한, 의무의 부과, 권리 또는 법적 지위의 박탈이 생긴 경우를 뜻하므로, 구체적인 집행행위를 통하여 비로소 당해 법률 또는 법률조항에 의한 기본권침해의 법률효과가 발생하는 경우에는 직접성의 요건이 결여된다(1992. 11. 12. 91헌마192).

[판례] 헌법규정 · 헌법원칙 위반에 대한 헌법소원

기본권 침해의 가능성이 없이 단순히 일반 헌법규정이나 헌법원칙에 위반된다는 주장은 기본권침해에 대한 구제라는 헌법소원의 적법요건을 충족시키지 못하는 것이다(2006. 2. 23. 2005헌마268).

2) 예 외 하지만 별도의 집행행위가 필요한 경우에도 예외적으로 ① 그러한 집행행위를 대상으로 하는 **구제절차가 없는 경우**, 또는 ② 구제절차가 있어도 권리구제의 기대가능성이 없어 오히려 기본권침해를 받은 청구인에게 **불필요한 우회절차를 강요하는 것에 지나지 않은 경우**에는 헌법소원을 청구할 수 있다.[133] 또한 ③ 집행행위가 필요해도 이미 **법률에서 권리관계가 집행행위에 의해서 좌우될 수 없을 정도로 확정된 경우**에는 헌법소원을 청구할 수 있다.[134] 그리고 ④ 법령의 집행행위를 기다렸다가 그 집행행위에 대한 권리구제절차를 밟을 것을 국민에게 요구할 수 없는 경우(예를 들어 형법상의 법률조항)에도 구체적인 집행행위를 기다리지 않고 헌법소원을 청구할 수 있다.[135]

3) 위임입법의 경우 위임입법의 경우에 법률에서 그것을 구체화하는 법규명령을 예정하고 위임하고 있다면 법률 자체의 직접성은 인정되지 않는다.[136] 왜냐하면 법률을 구체화하는 입법행위도 법률을 집행하는 행위에 포함되기 때문이다. 따라서 이 경우에 법률 자체의 기본권침해 여부는 위임의 포괄성 또는 구체성에 따라 문제될 수 있다.

[판례] 직접성이 인정된 사례

[1] 1994년 생활보호사업지침의 94년 생계보호기준은 직접 대외적 효력을 가지기 때문에 그에 따른 집행행위는 단순한 사실적 집행행위에 지나지 않아 직접성을 인정한 사례(1997. 5. 29. 94헌마33)

[2] 지방의회에 청원을 할 때 지방의회의원의 소개를 필요적 요건으로 규정한 지방자치법에 대해서 집행행위 없이도 확정적으로 청원을 할 수 없는 결과가 발생하여 직접성을 인정한 사례(1999. 11. 25. 97헌마54)

[3] 이자소득 및 배당소득에 대하여 분리과세하도록 하면서 20%의 세율을 원천징수하도

132) 헌재 2014. 4. 24. 2011헌마659등.
133) 헌재 1997. 8. 21. 96헌마48.
134) 헌재 1997. 7. 16. 97헌마38; 2011. 12. 29. 2010헌마293.
135) 헌재 1996. 2. 29. 94헌마213; 1998. 4. 30. 97헌마141; 2003. 7. 24. 2003헌마3.
136) 헌재 1996. 2. 29. 94헌마213.

록 규정한 법률조항은 원천징수라는 집행행위에 대하여 구제절차가 없기 때문에 직접성의 예외로 인정한 사례(1999. 11. 25. 98헌마55)

[4] 어로활동의 영역을 제한하는 '대한민국과 일본간의 어업에 관한 협정'은 집행행위 없이도 기본권을 직접 침해한다고 본 사례(2001. 3. 21. 99헌마139)

[5] 지방공사 직원의 지방의회의원 겸직을 금지하는 규정은 지방선거에 출마하고자 하는 지방공사 직원이 지방의회의원직에 입후보할지 여부를 고려함에 있어 다른 집행행위를 요함이 없이 직접적으로 제한하는 규정이므로 직접성을 인정한 사례(2004. 12. 16. 2002헌마333)

[6] 검사 조사실에서의 계구사용에 관한 재량권 행사의 준칙으로서 오랫동안 반복적으로 시행되어 그 내용이 관행으로 확립되었다 할 수 있는 행정규칙인 법무부 훈령이 재량 없는 집행행위를 통하여 계호대상이 되는 수용자에게 직접적으로 계구사용으로 인한 기본권제한의 효력을 미치게 되는 경우(2005. 5. 26. 2004헌마49)

[7] 의료인에게 '하나의' 의료기관만을 개설할 수 있도록 함으로써 의사 및 한의사의 복수면허 의료인도 양방 또는 한방 중 그 선택에 따라 어느 '하나의' 의료기관 이외에 다른 의료기관의 개설을 금지하는 법률조항(2007. 12. 27. 2004헌마1021)

[8] 수용자는 보내려는 서신을 봉함하지 않은 상태로 교정시설에 제출해야 한다고 규정한 시행령 조항을 통해 수용자는 교도소장 등의 다른 집행행위가 없더라도 서신을 봉함하지 않은 상태로 제출할 의무를 부과받게 되므로 수용자의 기본권을 직접적으로 제한한다고 본 사례(2012. 2. 23. 2009헌마333)

[9] 청구인들은 현재 '국가공무원 복무규정' 및 '지방공무원 복무규정'의 적용을 받는 공무원들로서 별도의 구체적인 집행행위의 매개 없이 이 사건 규정들을 따라야 할 의무가 있고, 그것을 위반하는 경우 징계처분 등을 받게 되므로 이 사건 규정들로 인한 기본권침해의 직접성은 인정된다 할 것이다(2012. 5. 31. 2009헌마705, 2010헌마90(병합)).

[10] 권리침해 주장자의 삭제요청이 있는 경우라면 적어도 이해당사자 간에 다툼이 예상되는 경우에 해당되어 임시조치를 할 수 있는 요건이 충족될 수 있고 그러한 임시조치 등이 정보게재자에게 법률로 의무지워져 있어 직접성을 인정한 사례(2012. 5. 31. 2010헌마88).

[11] 자유형 형기의 '연월'을 역수에 따라 계산하도록 하면서 윤달이 있는 해에 형집행 대상이 되는 경우에 관하여 형기를 감하여 주는 보완규정을 두지 않은 법률조항은 형기의 계산방식을 일의적이고 확정적으로 정함으로써 형집행행위에 좌우될 수 없으므로 기본권침해의 직접성이 인정된다(2013. 5. 30. 2011헌마861).

(3) 현 재 성

현재성이란 헌법소원은 기본권을 현재 명백하게 구체적이고 현실적으로 침해받고 있는 경우에만 청구할 수 있고, 장래에 발생할 수도 있는 잠재적인 침해에 대해서는 청구할 수 없다는 뜻이다. 다만 예외적으로 장래에 침해가 발생할 것이 확실하게 예측되는 경우에는 현재성이 인정된다.[137] 이처럼 미리 앞당겨 현재의 법적 관련성을 인정하는 경우에는 청구기간 도과의 문제가 발생할 여지가 없다.[138] 또한 유죄판결이 확정되지 않아 기본권의 제한이 아직 현실화된 것은 아니지만 형사재판절차가 현재 계속 중에 있어 기본권제한의

137) 헌재 1992. 10. 1. 92헌마68등; 1996. 8. 29. 95헌마108; 1998. 10. 15. 98헌마168; 1999. 5. 27. 98헌마214; 2001. 2. 22. 2000헌마25; 2007. 5. 31. 2003헌마422.

138) 헌재 1999. 12. 23. 98헌마363; 2001. 2. 22. 2000헌마25.

가능성이 '구체적으로 현출된 단계'에 있는 경우에는 신속한 기본권구제를 위하여 기본권 침해의 현재성이 인정되기도 한다.[139)]

[판례] 현재성이 인정된 사례

[1] 결혼을 앞둔 예비신랑이 결혼식 하객들에게 주류 및 음식물을 접대하지 못하도록 규정한 법률조항에 대해서 헌법소원을 청구한 경우(1998. 10. 15. 98헌마168)

[2] 대통령선거나 국회의원선거에 입후보하고자 하는 자치단체장이 임기중에는 선거에 입후보하지 못하도록 규정한 선거법에 대해서 헌법소원을 청구한 경우(1999. 5. 27. 98헌마214)

[3] 공무원 채용시험에 응시하기 위하여 준비하고 있는 단계에 있는 자가 가산점제도를 규정한 법률조항에 대해서 헌법소원을 청구한 경우(1999. 12. 23. 98헌마363)

[4] 의료보험의 재정통합을 앞두고 해산되는 직장의료보험조합의 조합원들이 재정통합의 근거가 되는 시행이전의 법률에 대해서 헌법소원을 청구한 경우(2000. 6. 29. 99헌마289)

[5] 7급 국가공무원 시험을 준비중에 있는 자가 국가유공자 등에 대한 가산점제도를 규정한 법률조항에 대해서 헌법소원을 청구한 경우(2001. 2. 22. 2000헌마25)

[6] 2개월 내에 실시될 예정인 국회의원선거에 참여할 수 없는 미성년자가 선거법에 대해서 헌법소원을 청구한 경우(2001. 6. 28. 2000헌마111)

[7] 국가인권위원회의 인권위원으로 임명되어 재직중인 자가 국가인권위원회 위원을 퇴직후 2년간 공무원으로 임명되거나 선거에 출마할 수 없도록 규정한 법률조항에 대해서 헌법소원을 청구한 경우(2004. 1. 29. 2002헌마788)

[8] 후보자등록이 끝난 때부터 할 수 있는 선거운동이 금지된 자가 후보자 등록신청일 약 8개월 전에 그 금지규정에 대해서 헌법소원을 청구한 경우(2004. 3. 25. 2001헌마710)

[9] 임박한 지방선거에 출마하고자 하는 지방공사 직원이 지방공사 직원의 지방의회의원 겸직을 금지하고 있는 지방자치법에 대해서 헌법소원을 청구한 경우(2004. 12. 16. 2002헌마333)

[10] 군법무관 임용예정자 혹은 군법무관인 자들이 각종 위원회 위원 자격에서 판사·검사·변호사와 달리 군법무관을 배제하고 있는 법률조항들에 대해서 헌법소원을 청구한 경우(2007. 5. 31. 2003헌마422: 경력환산에서 군법무관 출신을 차별하는 명령규칙 부분은 현재성 부인)

[11] 제1순위 상속인을 '피상속인의 직계비속'으로만 규정하고 계자를 계모의 상속인으로 규정하지 않고 있는 법률조항에 대해서 계모가 아직 생존하고 있는 상태에서 계자(전처소생자녀)가 헌법소원을 청구한 경우(2009. 11. 26. 2007헌마1424)

[12] 장래의 선거에서 부재자투표 여부가 확정되는 선거인명부작성 기간이 아직 도래하지 않아 부재자투표를 할 것인지 여부가 확정되지 않은 상태에서, 부재자투표소 투표의 기간을 제한하고 있는 법률조항에 대해서 헌법소원을 청구한 경우(2010. 4. 29. 2008헌마438)

3. 보충성원칙

(1) 내 용

보충성원칙이란 헌법소원을 청구하기 위해서는 **다른 구제절차를 먼저 다 거쳐야 한다**는 원칙을 말한다. 여기서 다른 구제절차란 침해된 기본권을 구제받을 수 있도록 다른 법률에서 마련된 통상의 구제절차를 뜻한다. 이러한 구제절차는 기본권을 침해하는

139) 헌재 1995. 11. 30. 94헌마97; 2001. 3. 21. 99헌마150; 2010. 10. 28. 2008헌마612.

공권력의 행사나 불행사를 직접 대상으로 하는 구제절차를 뜻하기 때문에 보충적인 구제수단인 손해배상청구나 손실보상청구는 해당하지 않는다.[140] 다른 구제절차는 반드시 적법하게 거칠 것이 요구된다.[141] 헌법소원을 청구한 후, 다른 구제절차를 거친 경우에는 보충성의 하자가 치유된 것으로 보아야 한다.[142]

이러한 보충성원칙에 따르면 검사나 군검찰관의 불기소처분에 대한 헌법소원을 청구하는 경우에 먼저 검찰청법이나 군사법원법에서 규정하고 있는 항고 및 재항고나 재정신청 및 즉시항고의 절차를 거쳐야 한다.[143] 또한 수사기관의 체포행위에 대하여는 우선적으로 형사소송법에 규정된 체포적부심사의 절차를 거쳐야만 한다.[144] 그 밖에도 예를 들어 건설부장관의 개발제한구역 지정행위,[145] 교도소장의 이송처분,[146] 구청장의 택지초과소유 부담금 부과처분,[147] 서울특별시장의 과징금 부과처분,[148] 교도소장의 미결수 서신발송 거부행위,[149] 검찰의 불기소사건기록 등사신청 거부처분,[150] 교도소장의 도서구독 거부행위,[151] 검사가 보존중인 확정된 형사기록에 대한 등사거부처분[152]과 같은 행정처분에 대해서는 행정심판이나 행정소송의 절차를 먼저 거쳐야 한다.

[판례] 다른 구제절차를 거치지 않은 헌법소원심판청구

군검찰관의 불기소처분 군검찰관의 불기소처분에 대하여는 군사법원법상 검찰항고제도가 인정되지 않는 반면, 고등군사법원에 대한 재정신청(동법 제301조)과 대법원에 대한 즉시항고(동법 제464조)가 인정되어 이를 모두 거친 후가 아니면 헌법소원심판을 청구할 수 없음에도 불구하고, 청구인은 군검찰관의 불기소처분에 대하여 이러한 절차를 전혀 거치지 아니한 채 바로 헌법소원심판을 청구하였으므로, 이 부분 심판청구는 다른 법률에 의한 구제절차를 거치지 아니하고 제기된 것이어서 부적법하다고 할 것이다(1990. 10. 8. 89헌마278; 1991. 1. 25. 90헌마222; 2001. 8. 24. 2001헌마506).

(2) 예외와 적용불가능

보충성원칙에는 예외가 인정되고, 경우에 따라서는 보충성원칙이 적용될 수 없는 경우도 있다. 헌법재판소는 보충성원칙의 예외를 넓게 이해하여 보충성원칙이 적용될 수 없는 경우까지도 포함된 것으로 이해하지만 양자 사이에는 의미의 차이가 있기 때문

140) 헌재 1989. 4. 17. 88헌마3; 1989. 9. 4. 88헌마22; 1993. 7. 29. 89헌마31; 1993. 7. 29. 92헌마51; 1998. 7. 16. 96헌마246.
141) 헌재 1994. 6. 30. 90헌마107.
142) 헌재 1996. 3. 28. 95헌마211.
143) 헌재 1992. 7. 23. 92헌마103; 1991. 7. 8. 91헌마42; 1990. 10. 8. 89헌마278.
144) 헌재 2010. 9. 30. 2008헌마628.
145) 헌재 1991. 6. 3. 89헌마46.
146) 헌재 1992. 6. 19. 92헌마110.
147) 헌재 1995. 1. 20. 94헌마27.
148) 헌재 1995. 2. 23. 92헌마282.
149) 헌재 1995. 7. 21. 92헌마144; 1998. 8. 27. 96헌마398.
150) 헌재 1998. 2. 27. 94헌마77; 2000. 2. 24. 99헌마96.
151) 헌재 1998. 10. 29. 98헌마4.
152) 헌재 1999. 9. 16. 98헌마246.

에 구분하여 설명하기로 한다.

첫째로, **보충성원칙의 예외**인 경우는 보충성원칙이 적용될 수 있지만 일정한 이유 때문에 보충성원칙이 적용되지 않는 경우를 뜻한다. 헌법재판소는 ① 청구인의 불이익으로 돌릴 수 없는 정당한 이유있는 착오로 전심절차를 밟지 않은 경우, ② 전심절차로 권리가 구제될 가능성이 거의 없는 경우, ③ 권리구제절차가 허용되는지의 여부가 객관적으로 불확실하여 전심절차 이행의 기대가능성이 없을 경우를 보충성원칙의 예외인 경우로 든다.[153] 결국 전심절차의 요구가 "불필요한 우회절차의 강요에 지나지 않아 지나치게 가혹한 경우"에는 보충성의 예외로 인정된다.[154]

둘째로, **보충성원칙의 적용이 불가능**한 경우는 법령의 효력을 직접 다투는 것을 소송물로 하여 일반 법원에 소송을 제기할 수 없는 경우처럼 처음부터 보충성원칙이 적용될 수 없는 경우를 뜻한다.[155] 예들 들어 ① 판례가 일관되게 행정소송의 대상이 되는 행정처분으로 보지 않는 세무대학장의 '재임용거부처분'[156]이나 지방자치단체장의 '지목변경신청 반려처분'[157] 또는 경찰서장의 '집회신고서 반려처분',[158] ② 행정심판이나 행정소송의 대상이 되는 부작위의 요건을 갖추지 못한 공정거래위원회의 고발권 불행사,[159] ③ 권력적 사실행위로서 행정심판이나 행정소송이 된다고 단정하기도 어렵고 이미 종료된 행위로서 소의 이익이 부정될 가능성이 높은 미결수용자나 수형자에 대한 서신검열행위,[160] 또는 결혼동거목적거주 사증발급에 있어 결혼경위 등의 기재요구행위,[161] 그리고 ④ 행정입법부작위[162] 등이 해당한다.

[판례] 지목변경신청반려처분에 관한 판례변경과 보충성원칙

지목변경신청반려행위의 처분성을 부인하던 종래의 대법원 판례가 변경되기 전에 제기된 지목변경신청반려행위에 대한 헌법소원심판청구의 경우, 변경된 대법원 판례에 따라 보충성의 요건을 판례변경 전까지 소급하여 엄격하게 적용하면 헌법재판소로서는 청구인의 청구를 각하해야 될 뿐만 아니라, 청구인이 별도로 제기할 지목변경신청반려행위의 취소를 구하는 행정소송에서도 그 청구는 제소기간 도과로 각하될 것이 분명하므로 청구인으로서는 지목변경신청반려행위에 대하여 더 이상 다툴 수 없게 되고, 따라서 청구인의 권리를

---

153) 헌재 1989. 9. 4. 88헌마22; 1995. 12. 28. 91헌마80; 2000. 12. 14. 2000헌마659.
154) 헌재 2010. 6. 24. 2008헌마716.
155) 헌재 1997. 5. 29. 94헌마33.
156) 헌재 1993. 5. 13. 91헌마190.
157) 헌재 1999. 6. 24. 97헌마315; 2001. 1. 18. 99헌마703: 하지만 대법원은 2004년 4월 22일 선고된 판결(대판 2004. 4. 22. 2003두9015)에서 지목변경신청 반려행위가 항고소송의 대상이 되는 행정처분에 해당한다고 판시하였기 때문에 그러한 반려처분에 대해서는 우선 법원의 재판을 거치지 않으면 보충성 요건의 흠결로 각하될 것으로 예상된다.
158) 헌재 2008. 5. 29. 2007헌마712.
159) 헌재 1995. 7. 21. 94헌마136.
160) 헌재 1995. 7. 21. 92헌마144; 1998. 8. 27. 96헌마398.
161) 헌재 2005. 3. 31. 2003헌마87.
162) 헌재 1998. 7. 16. 96헌마246; 2002. 7. 18. 2000헌마707.

구제받을 길이 없게 된다. 이와 같이 종전의 대법원 판례를 신뢰하여 헌법소원의 방법으로 권리구제를 구하던 중 대법원 판례가 변경되고, 변경된 대법원 판례에 따를 경우 제소기간의 도과로 법원에 의한 권리구제를 받을 수 없게 되는 예외적인 경우라면, 그 이전에 미리 제기된 권리구제의 요청 즉, 청구인의 헌법소원심판청구는 헌법상 보장된 실질적인 재판청구권의 형해화를 막기 위하여 허용되어야 할 것이고, 이렇게 해석하는 것은 기본권 침해에 대한 마지막 구제수단으로서 허용된다는 보충성의 원칙에 어긋나는 것이 아니므로 보충성 요건의 흠결이 있다고 할 수 없다(2004. 6. 24. 2003헌마723; 2004. 10. 28. 2003헌마605).

4. 권리보호이익

(1) 원　칙

국민의 침해된 기본권의 구제를 목적으로 하는 헌법소원제도의 목적에 비추어 볼 때 헌법소원은 권리보호의 이익이 존재하는 경우에만 청구할 수 있다. 따라서 기본권을 침해하는 공권력의 행사가 취소되는 등 **더 이상 기본권에 대한 침해가 존재하지 않는 경우**에는 권리보호이익이 없어 헌법소원을 청구하지 못한다. 헌법재판소는 권리보호이익을 '소의 이익'으로도 부르면서 국가적 · 공익적 입장에서는 무익한 소송제도의 이용을 통제하는 원리이면서 당사자의 입장에서는 소송제도를 이용할 정당한 이익이나 필요성을 의미한다고 본다.[163] 예를 들어 검사의 불기소처분 이후에 그 불기소처분의 대상이 된 범죄에 대한 공소시효가 완성된 때에 청구한 헌법소원은 권리보호의 이익이 없는 대표적인 사례에 해당한다.[164] 한편 헌법재판소는 공소시효가 완성되었다는 이유로 권리보호의 이익이 없다고 하여 각하할 수도 있는 공소권없음의 불기소처분 자체를 권리보호이익이 있는 것으로 보고 심판의 대상으로 삼은 경우도 있다.[165]

권리보호이익은 심판청구의 시점뿐만 아니라 결정의 시점에도 존재해야 한다. 따라서 심판청구 이후 법률의 개정이나 폐지와 같은 사정변경 등으로 권리보호이익이 존재하지 않는 경우에도 부적법한 청구가 된다.[166]

[판례] 권리보호이익에 대한 판단

권리보호이익은 소송제도에 필연적으로 내재하는 요청으로 헌법소원제도의 목적상 필수적인 요건이라고 할 것이어서 이로 인하여 본안판단을 받지 못한다고 하여도 재판을 받을 권리의 본질적인 부분에 대한 침해가 있다고 보기 어렵다. 다만, 권리보호이익을 지나치게 좁게 인정하면 헌법재판소의 본안판단의 부담을 절감할 수는 있지만 반면에 재판을 받을 권리를 부당하게 박탈하는 결과에 이르게 될 것이므로 권리보호이익을 판단함에 있어 다른 분쟁의 해결수단, 행정적 구제 · 입법적 구제의 유무 등을 기준으로 **신중히 판단**하여야 할 것이다(2001. 9. 27. 2001헌마152).

163) 헌재 2001. 9. 27. 2001헌마152.

164) 헌재 1989. 4. 17. 88헌마3; 1995.1. 20. 94헌마246; 1998. 5. 28. 97헌마339; 1999. 10. 21. 99헌마124.

165) 헌재 1995. 7. 21. 95헌마8등; 2001. 4. 26. 99헌마671.

166) 헌재 1997. 3. 27. 93헌마251; 1999. 7. 22. 96헌마141; 1999. 9. 16. 98헌마46; 1999. 11. 25. 95헌마154; 2000. 3. 30. 99헌마594.

(2) 예외로서 심판의 이익

헌법소원은 개인의 '주관적 권리'를 구제하려는 목적뿐만 아니라 헌법의 '객관적 질서'를 수호·유지하려는 목적도 추구하기 때문에 권리보호이익이 없다고 하더라도 심판의 이익이 있는 경우에는 적법한 청구로 인정할 수 있다. 예외적으로 심판의 이익이 있는 경우는 ① **기본권침해가 반복될 위험**이 있고, ② 헌법질서의 수호와 유지를 위하여 **헌법적 해명이 긴요하게 필요한 경우**이다.[167)]

[판례] 심판의 이익

헌법소원의 본질은 개인의 주관적 권리구제뿐만 아니라 객관적인 헌법질서의 보장에도 있으므로 헌법소원에 있어서의 권리보호의 이익은 일반법원의 소송사건에서처럼 주관적 기준으로 엄격하게 해석하여서는 안 된다. 따라서 침해행위가 종료하여서 이를 취소할 여지가 없기 때문에 헌법소원이 주관적 권리구제에는 별 도움이 안 되는 경우라도 그러한 침해행위가 앞으로도 **반복될 위험**이 있거나 당해 분쟁의 해결이 헌법질서의 수호·유지를 위하여 긴요한 사항이어서 **헌법적으로 해명이 중대한 의미**를 지니고 있는 경우에는 **심판청구의 이익**을 인정하여 이미 종료한 침해행위가 위헌이었음을 선언적 의미에서 확인할 필요가 있는 것이다(1992. 1. 28. 91헌마111: 변호인의 조력을 받을 권리에 대한 헌법소원).

[판례] 행정청 법률해석·적용과 관련된 심판의 이익

행정청이 적용 법률의 해석에 있어서 법 규정에 미치는 기본권의 효력을 간과하거나 오해함으로써 법 규정을 위헌적으로 해석·적용한 경우에는 헌법적 해명의 필요성이 인정되나, 단순히 법률의 해석과 적용의 문제 즉 '행정청의 행위가 법률이 정한 바에 부합하는가'라는 위법성을 문제 삼고 있는 경우에는 헌법적 해명의 필요성이 인정되지 아니하며, 이와 같이 공권력 행사의 위헌성이 아니라 단지 위법성이 문제되는 경우에는 설사 유사한 침해행위가 앞으로도 반복될 위험이 있다고 하더라도, 공권력 행사의 위헌 여부를 확인할 실익이 없어 심판청구의 이익이 부인된다(2016. 10. 27. 2014헌마626; 2017. 7. 27. 2016헌마53).

5. 청구기간

(1) 의 의

청구기간을 두는 목적은 권리관계의 신속한 확정을 통하여 법적 안정성을 도모하고자 하는 데 있다. 청구기간을 도과하여 청구된 헌법소원은 원칙적으로 **부적법**하여 **각하**된다. 다만 예외적으로 헌법소원에 준용되는 행정소송법 제20조 제2항의 규정에 따라 **정당한 사유**가 있는 경우에는 청구기간을 도과한 청구도 적법한 청구로 인정될 수 있다.[168)]

---

167) 헌재 1992. 1. 28. 91헌마111; 1991. 7. 8. 89헌마181; 1992. 4. 14. 90헌마82; 1993. 3. 11. 92헌마98; 1993. 7. 29. 89헌마31; 1994. 7. 29. 91헌마137; 1995. 5. 25. 91헌마67; 1997. 3. 27. 92헌마273; 1997. 11. 27. 94헌마60; 1999. 5. 27. 97헌마137등; 2001. 8. 30. 99헌바92; 2002. 7. 18. 2000헌마707; 2003. 12. 18. 2001헌마163; 2003. 12. 18. 2001헌마754; 2008. 7. 31. 2004헌마1010; 2009. 3. 26. 2006헌마240등; 2012. 2. 23. 2010헌마660등; 2012. 12. 27. 2011헌마351; 2013. 8. 29. 2010헌마562; 2015. 7. 30. 2012헌마610; 2017. 12. 28. 2015헌마632; 2018. 8. 30. 2014헌마681; 2021. 10. 28. 2019헌마1091; 2022. 11. 24. 2019헌마941.

168) 헌재 1993. 7. 29. 89헌마31; 2001. 12. 20. 2001헌마39.

헌법소원청구기간의 제한이 재판청구권을 침해하는지 여부에 대해서 헌법재판소는 국민의 재판청구권의 행사를 현저히 곤란하게 하거나 사실상 불가능하게 하여 권리구제의 기회를 극단적으로 제한함으로써 재판청구권의 본질을 침해하지 않는 한 허용된다고 한다.[169]

(2) 법률규정

1) 원 칙　헌법재판소법 제68조 제1항의 규정에 의한 헌법소원의 심판은 그 사유가 있음을 안 날로부터 90일 이내에, 그 사유가 있은 날로부터 1년 이내에 청구하여야 한다. 다만, 다른 법률에 의한 구제절차를 거친 헌법소원의 심판은 그 최종결정을 통지받은 날로부터 30일 이내에 청구해야만 한다(헌재법 제69조 제1항). 청구기간의 기준이 되는 시점은 청구인이 청구서를 발송한 시점이 아니라 도달주의원칙에 따라 청구서가 헌법재판소에 접수된 시점이다. 헌법재판소가 개소하기 이전에 발생한 사건에 대해서는 헌법재판소가 구성된 1988년 9월 19일을 기산점으로 한다.[170]

2) 공권력의 불행사의 경우　청구기간은 공권력의 행사로 인한 경우에만 해당하고 공권력의 불행사로 인한 경우에는 적용되지 않는다.[171] 왜냐하면 공권력의 불행사로 인한 경우에는 그러한 부작위의 상태가 청구시점까지 계속되고 있기 때문이다. 다만 부진정입법부작위의 경우에는 적어도 공권력의 행사가 있는 것이기 때문에 청구기간을 준수해야 한다.[172]

3) 국선대리인의 선임신청이 있는 경우　헌법소원을 청구하고자 하는 자가 청구서를 제출하기 전에 국선대리인의 선임신청을 한 경우에는 선임신청이 있은 날을 청구기간의 기준시점으로 삼는다.[173] 국선대리인의 선임신청에 대해서 헌법재판소가 선임하지 않기로 결정한 경우에는 선임신청일로부터 그 통지를 받은 날까지의 기간은 청구기간에 포함시키지 않는다(동법 제70조 제4항).

(3) 다른 구제절차를 거치지 않은 경우

다른 구제절차를 거치지 않는 경우란 다른 법률에 규정된 구제절차가 없거나 보충성 원칙의 예외로 인정되어 다른 구제절차를 거쳐야 할 필요가 없는 경우를 말한다. 다른 구제절차를 거치지 않은 경우에는 사유가 있음을 안 날로부터 90일 이내에, 사유가 있은 날로부터 1년 이내에 헌법소원을 청구해야 한다. 따라서 두 가지 요건 가운데 하나만 충족하지 않아도 부적법한 청구로 각하된다. '사유가 있음', 즉 사유의 발생이란 공권력의 행사로 기본권에 대한 침해가 발생한 것을 말한다. 따라서 '사유가 있음을 안 날'이란 공

169) 헌재 2001. 9. 27. 2001헌마152; 2006. 2. 23. 2005헌마650; 2007. 10. 25. 2006헌마904; 2007. 11. 29. 2005헌바12.

170) 헌재 1991. 9. 16. 89헌마151; 1992. 12. 24. 90헌마174; 1994. 12. 29. 91헌마2; 1995. 3. 23. 91헌마143; 2003. 3. 27. 2001헌마116.

171) 헌재 1994. 12. 29. 89헌마2; 1998. 7. 16. 96헌마246; 2002. 7. 18. 2000헌마707.

172) 헌재 1996. 10. 31. 94헌마204.

173) 헌재 1998. 7. 16. 96헌마268; 2000. 6. 9. 98헌마36.

권력의 행사로 기본권의 '침해가 발생한 사실을 알게 된 날'을 뜻한다. 이것은 기본권침해가 된 사건이 '헌법소원의 대상이 된 사실을 알게 된 날'을 의미하지 않는다. 사유가 있음을 알았는지에 대한 판단은 직접적인 증거와 사실상의 추정에 근거할 수 있다.

(4) 다른 구제절차를 거친 경우

다른 구제절차를 거친 경우에는 그 최종결정을 **통지받은 날로부터 30일** 이내에 청구해야만 한다(동법 제69조 제1항 단서).

(5) 법령에 대한 헌법소원의 경우

법령에 대한 헌법소원을 청구하는 경우에는 ① 법령의 시행으로 곧바로 기본권의 침해가 발생한 경우와 ② 법령이 시행된 후 일정한 기간이 지난 뒤에 기본권의 침해가 발생한 경우로 구분된다. 전자의 경우에는 법령이 시행된 사실을 안 날로부터 90일 이내에, 법령이 시행된 날로부터 1년 이내에 청구해야 한다.[174] 후자의 경우에는 기본권침해의 발생을 안 날로부터 90일 이내에, 발생한 날로부터 1년 이내에 청구해야 한다.[175] 법령에 대한 헌법소원의 경우에는 규범통제의 성격을 가지고 있고, 다른 규범통제절차에 의해서도 다툴 수 있으며, 그 침해가 계속적이기 때문에 청구기간이 적용되지 않는다는 견해도 주장된다. 한편 헌법재판소는 청구기간의 기산시점을 **상황성숙성**(狀況成熟性)**이론**에 따라 당해 법령이 청구인의 기본권을 명백히 구체적으로 침해한 경우뿐만 아니라 침해가 확실히 예상되는 등 실체적 제요건이 성숙하여 헌법판단에 적합하게 된 때라고 판시한 바 있다.[176] 그러나 그 후 헌법재판소는 청구기간이 단축된다는 비판을 받고 판례를 변경하여 법령에 대한 헌법소원의 청구기간의 기산점을 기본권의 침해가 확실히 예상되는 때가 아니라고 하였다.[177] 더 나아가 아직 기본권의 침해는 없으나 장래에 확실히 기본권침해가 예측되는 경우에는 청구기간도과의 문제가 발생할 여지가 없다고 한다.[178] 한편 유예기간을 둔 법률의 경우에는 유예기간이 경과한 후에 비로소 기본권에 대한 침해가 발생하는 것이 아니라, 이미 법규정의 시행 당시에 기본권이 현실적·구체적으로 침해된다.[179]

[판례] 법령에 의한 기본권침해에서 헌법소원청구기간

법규정립행위(입법행위)는 그것이 국회입법이든 행정입법이든 막론하고 일종의 법률행위이므로, 그 행위의 속성상 행위자체는 한번에 끝나는 것이고, 그러한 **입법행위의 결과인 권리**

---

174) 헌재 1999. 4. 29. 96헌마352.

175) 헌재 1990. 10. 8. 89헌마89; 1992. 11. 12. 89헌마88; 1996. 8. 29. 94헌마113; 1998. 7. 16. 95헌바19등; 1999. 10.7. 99헌마537; 1999. 12. 22. 99헌마715; 2000. 4. 27. 99헌마360; 2000. 10. 10. 2000헌마613.

176) 헌재 1990. 6. 25. 89헌마220; 1990. 10. 8. 89헌마89; 1991. 3. 11. 91헌마21; 1992. 11. 12. 89헌마88; 1993. 5. 13. 92헌마80(당구장 사건); 1995. 1. 20. 93헌마250; 1995. 5. 25. 93헌마255; 1996. 2. 29. 94헌마213(노래방 사건).

177) 헌재 1996. 3. 28. 93헌마198.

178) 헌재 1999. 12. 23. 98헌마363; 2001. 2. 22. 2000헌마25; 2004. 1. 29. 2002헌마788.

179) 헌재 1996. 3. 28. 93헌마198; 2003. 1. 30. 2002헌마516; 2011. 3. 31. 2010헌마45; 2011. 5. 26. 2009헌마285.

침해상태가 계속될 수 있을 뿐이라고 보아야 한다. 다시 말하자면, 기본권침해의 행위가 계속되는 것이 아니라, 기본권침해의 결과가 계속 남을 수 있을 뿐인 것이다. 그렇다면 기본권침해행위는 한 번에 끝났음에도 불구하고, 그 결과가 계속 남아 있다고 하여 청구기간의 제한을 전면적으로 배제하여야 한다는 주장은, 법적 안정성의 확보를 위한 청구기간의 설정취지에 반하는 것으로서 부당하다고 하여야 할 것이다(1992. 6. 26. 91헌마25).

[판례] 법령에 대한 헌법소원의 청구기간산정의 기산점

여기서 청구기간산정의 기산점이 되는 '법령에 해당하는 사유가 발생한 날'이란 **법령의 규율을 구체적이고 현실적으로 적용받게 된 최초의 날**을 의미하는 것으로 보는 것이 상당하다. 즉, 일단 '법령에 해당하는 사유가 발생'하면 그 때로부터 당해 법령에 대한 헌법소원의 청구기간의 진행이 개시되며, 그 이후에 새로이 '법령에 해당하는 사유가 발생'한다고 하여서 일단 개시된 청구기간의 진행이 정지되고 새로운 청구기간의 진행이 개시된다고 볼 수는 없다. 여기에서 더 나아가 '법령에 해당하는 사유가 발생'한 이후에 당해 법령의 규율을 적용받게 되는 사유가 발생하는 때마다 새로이 청구기간이 진행된다고 본다면 사실상 법령에 대한 헌법소원에 대하여는 청구기간의 제한이 적용되지 아니하는 것으로 보는 결과를 초래하게 될 것이고, 이는 법령소원의 경우에도 헌법재판소법 제69조 제1항의 청구기간요건이 적용되어야 함을 일관되게 판시하고 있는 우리 헌법재판소의 입장에 반한다(2004. 4. 29. 2003헌마484).

[판례] 청구취지변경의 경우의 청구기간

헌법소원심판청구에 대한 청구취지변경이 이루어진 경우 청구기간의 준수 여부는 헌재법 제40조 제1항 및 민사소송법 제265조에 의하여 추가 또는 변경된 청구서가 제출된 시점을 기준으로 판단하여야 한다. 청구취지 등 정정서를 낸 경우도 마찬가지이다(2004. 4. 29. 2003헌마641).

6. 일사부재리의 원칙

헌법재판소는 이미 심판을 거친 동일한 사건에 대하여는 다시 심판할 수 없다(헌재법 제39조). 따라서 이미 심판을 거친 동일한 사건에 대해서 헌법소원을 청구하면 그것이 변호사강제주의나 보충성원칙과 같은 법적 요건의 흠결을 보정하는 것이 아닌 한 부적법한 것으로 각하된다.

[판례] 일사부재리원칙

헌법재판에 있어서 일사부재리 규정을 두고 있는 이유는 법적 분쟁을 조기에 종결시켜 법적 안정 상태를 조속히 회복하고, 동일 분쟁에 대해 반복적으로 소송이 제기되는 것을 미연에 방지하여 소송경제를 이루기 위함이다. 헌법재판은 일반 법원의 재판과는 달리, 사실판단이나 그에 대한 법령 적용을 주된 임무로 하는 것이 아니라 헌법의 해석을 주된 임무로 하고 있고, 그 결정의 효력은 당사자만이 아니라 국가기관은 물론, 일반 국민들에 대해서도 미치기 때문에 헌법재판에 있어 반복적인 소제기의 제한은 중요한 의미를 갖게 된다. 따라서 법적 안정성의 조기확보나 소송경제를 위해 일사부재리제도를 두는 것은 지나친 재판청구권의 제약이라고 할 수 없다. 또한, 권리구제형 헌법소원의 경우, 절차상 중대하고 명백한 하자가 있거나 구체적 타당성의 이익이 더 큰 경우 등에는 헌법재판에 대한 재심이 완전히 불가능한 것은 아닐 것이므로 헌법재판소법 제39조 규정이 일사부재리에 관하여 정하고 있다고 하더라도 이것이 지나친 기본권제한 규정이라고 볼 수 없으므로, 청구인들의 재판청구권을 침해하지 않는다(2005. 12. 22. 2005헌마330; 2007. 6. 28. 2006헌마1482; 2007. 11. 29. 2005헌바12).

제 5 절 심 판

I. 지정재판부와 사전심사

1. 지정재판부의 구성

헌법재판소장은 헌법재판소에 **재판관 3인으로 구성되는 지정재판부**를 두어 헌법소원심판의 **사전심사**를 담당하게 할 수 있다(헌재법 제72조 제1항). 지정재판부는 각하결정이나 심판회부결정을 할 수 있다.

2. 각하결정과 심판회부결정

첫째로, 지정재판부는 다음과 같은 경우에 지정재판부 재판관 전원의 일치된 의견에 의한 결정으로 헌법소원의 심판청구를 **각하**(却下)한다(동조 제3항). ① 다른 법률에 따른 구제절차가 있는 경우 그 절차를 모두 거치지 않거나 또는 법원의 재판에 대하여 헌법소원의 심판이 청구된 경우, ② 청구기간이 지난 후 헌법소원심판이 청구된 경우, ③ 대리인의 선임 없이 청구된 경우, ④ 그 밖에 헌법소원심판의 청구가 부적법하고 그 흠결을 보정할 수 없는 경우가 그것이다. 둘째로, 지정재판부는 전원의 일치된 의견으로 각하결정을 하지 아니하는 경우에는 헌법소원을 재판부의 **심판에 회부하는 결정**을 하여야 한다. 헌법소원심판의 청구 후 30일이 지날 때까지 각하결정이 없는 때에는 **심판에 회부하는 결정**이 있는 것으로 본다(동법 동조 제4항).

[판례] 지정재판부의 각하결정

청구인은 변호사를 대리인으로 선임하지 아니한 채 이 사건 심판청구를 하였고 우리 지정재판부의 보정명령에도 응하지 아니하였으므로, 헌법재판소법 제72조 제3항 제3호에 의하여 관여재판관 전원의 일치된 의견으로 심판청구를 각하한다(2000. 8. 11. 2000헌마440).

3. 심판회부결정과 통지

지정재판부는 헌법소원을 각하하거나 심판회부결정을 한 때에는 그 결정일로부터 14일 이내에 청구인 또는 그 대리인 및 피청구인에게 그 사실을 **통지**하여야 한다. 심판회부결정으로 간주하는 경우에도 또한 같다(동법 제73조 제1항). 헌법재판소장은 헌법소원이 재판부의 심판에 회부된 때에는 법무부장관에게 지체없이 그 사실을 **통지**해야만 한다(동법 동조 제2항).

Ⅱ. 심 리

헌법재판소가 헌법소원심판의 청구서를 접수한 때에는 지체없이 피청구인에게 그 **등본을 송달**해야만 한다(동법 제27조 제1항). 재판장은 심판청구가 부적법하나 보정할 수 있다고 인정하는 경우에는 상당한 기간을 정하여 **보정을 요구**해야만 한다(동법 제28조 제1항). 청구서 또는 보정서면의 송달을 받은 피청구인은 헌법재판소에 **답변서를 제출**할 수 있다(동법 제29조 제1항). 답변서에는 심판청구의 취지와 이유에 대응하는 답변을 기재한다(동법 동조 제2항).

헌법소원에 관한 심판은 원칙적으로 **서면심리**에 의하지만 재판부가 필요하다고 인정하면 **변론**을 열어 당사자 · 이해관계인 그 밖의 참고인의 진술을 들을 수 있다(동법 제30조 제2항). 재판부가 변론을 열 때에는 기일을 정하고 당사자와 관계인을 소환해야만 한다(동법 동조 제3항). 서면심리는 공개하지 않는 반면에 **심판의 변론은 공개**한다(동법 제34조 제1항). 심판의 변론은 원칙적으로 심판정에서 행하지만 헌법재판소장이 필요하다고 인정하면 심판정 이외의 장소에서도 행할 수 있다(동법 제33조). 재판부는 사건의 심리를 위하여 필요하다고 인정하면 당사자의 신청 또는 직권에 의하여 **증거조사**를 할 수 있다(동법 제31조 제1항). 또한 재판장은 필요하다고 인정하면 재판관 중 1인을 지정하여 증거조사를 하게 할 수도 있다(동법 동조 제2항). 재판부는 결정으로 다른 국가기관 또는 공공단체의 기관에 대하여 심판에 필요한 사실을 조회하거나, 기록의 송부나 **자료의 제출을 요구**할 수 있다. 다만, 재판 · 소추 또는 범죄수사가 진행중인 사건의 기록에 대하여는 송부를 요구할 수 없다(동법 제32조). 헌법소원의 심판에 이해관계가 있는 국가기관 또는 공공단체와 법무부장관은 헌법재판소에 그 심판에 관한 **의견서를 제출**할 수 있다(동법 제74조 제1항).

헌법소원심판의 비용은 원칙적으로 국가부담으로 하지만 당사자의 신청에 의한 증거조사의 비용은 그 신청인에게 부담시킬 수 있다(동법 제37조 제1항). 그리고 헌법재판소는 헌법소원심판의 청구인에 대하여 공탁금의 납부를 명할 수 있다(동법 동조 제2항). 또한 헌법재판소는 헌법소원의 심판청구를 각하할 경우에, 그리고 헌법소원의 심판청구를 기각하는 경우에 그 심판청구가 권리의 남용이라고 인정되면 공탁금의 전부 또는 일부의 국고귀속을 명할 수 있다(동법 동조 제3항). 헌법소원심판절차에 관하여는 헌법재판소법에 특별한 규정이 있는 경우를 제외하고는 헌법재판의 성질에 반하지 않는 한도 내에서 민사소송에 관한 법령과 행정소송법을 함께 준용한다(동법 제40조 제1항).

제 6 절 결 정

Ⅰ. 각하결정과 심판절차종료선언

헌법소원심판의 청구가 적법하지 않은 경우에 헌법재판소는 **각하결정**을 한다. 이처럼 전원재판부도 사전심사를 담당하는 지정재판부처럼 각하결정을 할 수 있다. 한편 심판의 청구가 청구인이 사망하여 소송절차를 수계할 당사자가 없거나 수계의사가 없는 경우, 또는 청구가 취하된 경우에 심판절차의 종료 여부를 분명하게 하기 위하여 **심판절차종료선언**을 한다. 각하결정과 심판절차종료선언은 본안판단에 들어가지 않는다는 점에서 공통점을 갖는다.

[판례] 헌법소원심판절차에서 각하결정의 효력

헌법소원심판청구가 부적법하다고 하여 헌법재판소가 각하결정을 하였을 경우에는, 그 각하결정에서 판시한 요건의 흠결을 보정할 수 있는 때에 한하여 그 요건의 흠결을 보정하여 다시 심판청구를 하는 것은 모르되, 그러한 요건의 흠결을 보완하지 아니한 채로 동일한 내용의 심판청구를 되풀이하는 것은 허용될 수 없다(1993. 6. 29. 93헌마123; 2001. 8. 24. 2001헌마467).

Ⅱ. 기각결정

헌법재판소는 헌법소원심판의 청구를 심리하여 이유가 없는 경우, 즉 공권력의 행사 또는 불행사로 인하여 헌법상 보장된 청구인의 기본권에 대한 침해가 없다고 인정되는 경우에 기각결정을 한다.

Ⅲ. 인용결정

1. 개념과 효력

헌법재판소는 헌법소원심판의 청구를 심리하여 이유가 있는 경우, 즉 공권력의 행사 또는 불행사로 인해 헌법상 보장된 청구인의 기본권에 대한 침해가 있다고 인정되는 경우에 인용결정을 한다. 헌법소원심판의 청구를 인용하는 경우에 **재판관 6인 이상의 찬성**이 있어야 한다(제113조 제1항, 헌재법 제23조 제2항). 헌법소원을 인용할 때에는 인용결정서의 주문에서 침해된 기본권과 침해의 원인이 된 공권력의 행사 또는 불행사를 특정해야만 한다(동법 제75조 제2항). 헌법소원의 인용결정은 모든 국가기관과 지방자치단체를 기속한다(동법 동조 제1항). 헌법재판소가 공권력의 불행사에 대한 헌법소원을 인용하는 결정을 하면 피청구인은 결정취지에 따라 새로운 처분을 해야만 한다(동법 동조 제4항).

2. 유 형

(1) 취소결정

헌법재판소가 헌법소원의 청구를 인용하는 결정을 하는 경우에 기본권침해의 원인이 된 공권력의 행사를 취소할 수 있다(동법 제75조 제3항). 검사의 불기소처분이나 행정행위 등이 취소할 수 있는 공권력의 행사에 해당한다. 불기소처분이 취소된 경우에 검찰에 대한 기속력의 의미에 대해서는 ① 재수사명령으로 보는 견해, ② 기소강제로 보는 견해, ③ 개별적으로 판단해야 한다는 견해 등이 있다. 헌법재판소는 재수사명령으로 이해한다.[180] 국가소추주의 및 기소독점주의(형소법 제246조), 그리고 기소편의주의(동법 제247조)를 규정하고 있는 입법자의 의도에 비추어 보면 재수사명령으로 보는 견해가 타당하다.

[판례] 기본권을 침해한 검사의 불기소처분의 취소

교사의 체벌이 징계권행사의 범위 안에 있는 정당행위인지에 대한 수사 없이 폭행혐의를 인정한 검사의 기소유예처분은 기본권을 침해하여 취소한다(2000. 1. 27. 99헌마481).

[판례] 검사의 불기소처분에 대한 취소결정의 의미

헌법재판소가 검사의 불기소처분에 대하여 객관적으로 유지될 수 없는 자의적인 증거판단으로 명백히 사안의 진상에 상응치 아니한 판단을 한 것이라는 이유로 이를 취소하는 결정을 한 때에는 재기수사(再起搜査)하는 검사로서는 헌법재판소가 그 취소결정에서 검사의 수사상의 잘못에 관하여 설시한 제반판단을 존중하여 **그 취지에 맞도록 성실히 수사하여** 결정을 하여야 하는데도, 헌법재판소법 제75조 제1항에서 명시된 헌법소원인용결정의 기속력을 간과하고 거듭 자의적인 증거판단을 하거나, 마땅히 조사하였어야 할 중요한 사항을 조사하지 아니한 무성의하고 자의적인 수사를 하여 다시 불기소처분을 한 것은, 불기소처분취소결정에 따라 재기된 피의사건에 대하여 차별 없이 성실한 수사를 요구할 수 있는 청구인의 평등권과 재판절차진술권을 침해한 것이다(1993. 11. 25. 93헌마113).

(2) 위헌확인결정

헌법재판소가 헌법소원의 청구를 인용하는 결정을 하는 경우에 기본권침해의 원인이 된 공권력의 불행사가 위헌임을 확인할 수 있다(동법 제75조 제3항). 진정입법부작위, 행정부작위, 재판의 지연 등이 위헌임을 확인할 수 있는 공권력의 불행사에 해당한다. 기본권침해의 원인이 공권력의 행사인 경우에도 그러한 침해행위가 종료된 때에는 위헌확인결정을 할 수 있다.[181]

[판례] 이미 종료된 공권력행사의 위헌확인

청구인의 기본권인 변호인의 조력을 받을 권리를 침해한 피청구인의 위헌적인 공권력행사는 취소되어야 할 것이나 취소되어야 할 공권력행사는 이미 종료되었으므로 이를 취소하는

---

180) 헌재 1992. 11. 25. 93헌마113.

181) 헌재 1992. 1. 28. 91헌마111; 1993. 7. 29. 89헌마31; 1995. 7. 21. 92헌마144; 1999. 5. 27. 97헌마137; 2001. 7. 19. 2000헌마546; 2001. 8. 30. 99헌마496.

대신, 위헌적인 공권력행사가 또 다시 반복될 수 있는 위험성을 제거하기 위하여, 그리고 헌법 제12조 제4항에 규정된 변호인의 조력을 받을 권리와 그 내용을 명백히 하기 위하여 피청구인의 공권력행사가 위헌임을 선언적으로 확인한다(1992. 1. 28. 91헌마111).

(3) 부수적 위헌결정

헌법재판소가 헌법소원의 청구를 인용하면서 공권력의 행사 또는 불행사가 위헌인 법률 또는 법률의 조항에 기인한 것이라고 인정되면 인용결정에서 당해 법률 또는 법률의 조항이 위헌임을 선고할 수 있다(동법 제75조 제5항). 이 경우에는 헌법재판소법 제45조 및 제47조의 규정을 준용한다(동법 동조 제6항). 부수적 위헌결정은 단순위헌이나 변형결정으로 할 수 있다.

[판례] 부수적 위헌결정

구 행형법 제62조는 형이 확정된 수형자에 대하여 서신검열을 규정한 같은 법 제18조 제3항 및 시행령 제62조를 미결수용자에 대하여도 준용하도록 규정하고 있고, 피청구인의 검열행위도 위 규정에 따른 것이므로 서신검열행위가 위헌임을 확인함에 있어서 구 행형법 제62조의 규정 중 변호인과의 사이의 서신검열이 허용되는 조건을 갖추지 아니한 경우에도 검열할 수 있도록 준용하는 부분에 대하여는 헌법재판소법 제75조 제5항에 따라 위헌선언을 하기로 한다(1995. 7. 21. 92헌마144).

(4) 법령에 대한 헌법소원의 경우

법령에 대한 헌법소원의 경우에는 위헌법률심판의 경우와 마찬가지로 단순위헌결정과 변형결정을 할 수 있다. 이 경우에 침해된 기본권과 침해의 원인이 된 법률이나 법률조항을 특정하고, 주문에 표시하여야 한다. 헌법재판소가 위헌으로 결정한 법령에 근거한 행정처분은 당연히 무효가 되지 않고, 행정처분의 무효 여부는 법원이 판단할 사항에 속한다.[182] 따라서 법원이 헌법재판소가 위헌으로 결정한 법률에 근거한 행정처분을 무효로 보지 않는 재판을 했다고 하더라도 그러한 법원의 재판은 헌법재판소가 위헌으로 결정한 법률을 적용한 재판에 해당하지 않게 되기 때문에 헌법소원의 대상이 되지 않는다.[183] 같은 맥락에서 그러한 재판의 대상이 된 행정처분은 예외적으로 헌법소원의 대상이 되는 원행정처분에 해당하지 않게 된다.

182) 헌재 1994. 6. 30. 92헌가18; 1998. 4. 30. 95헌마93등; 2001. 2. 22. 99헌마605.

183) 헌재 2001. 2. 22. 99헌마605.

제 7 절 재심과 가처분

Ⅰ. 재 심

헌법재판소의 구성에 위법이 있는 등 절차상의 하자가 있는 경우[184]나 판단유탈(판단누락)이 있는 경우[185]에는 재심을 청구할 수 있다.

Ⅱ. 가 처 분

명시적 규정은 없지만 정당해산심판절차나 권한쟁의심판절차에서 가처분제도를 인정하고 있다는 점, 헌법재판소법 제40조 제1항에 따라 헌법소원심판절차에는 민사소송에 관한 법령이나 행정소송법이 준용될 수 있다는 점을 고려할 때 헌법소원심판절차에서도 가처분 결정을 할 수 있다. 예를 들어 법령에 대한 헌법소원의 경우에 종국결정이 있을 때까지 법령의 효력을 정지시키는 가처분의 결정을 할 수 있다.[186]

184) 헌재 1995. 1. 20. 93헌아1.

185) 헌재 2001. 9. 27. 2001헌아3.

186) 헌재 2006. 2. 23. 2005헌사754.

제 5 장 탄핵심판절차

제 1 절 개 념

Ⅰ. 개념과 기능

탄핵제도는 일반적인 처벌절차나 징계절차에 의해서는 처벌이나 징계가 어려운 고위직공무원을 처벌하거나 징계하기 위한 **특별한 소추절차**를 말한다. 현행 헌법의 탄핵제도는 탄핵결정으로 공직으로부터 파면함에 그치기 때문에(제65조 제4항) 고위직공무원에 대한 징계절차의 성격이 강하다. 이러한 제도를 두는 목적은 고위직공무원에 의한 헌법위반행위를 시정하여 **헌법을 보호**하고, 한편으로 일정한 고위직공무원에 대해서는 징계절차를 규정함으로써 그 **신분을 보장**하는 데 있다.

[판례] 탄핵제도의 목적과 기능

헌법 제65조는 행정부와 사법부의 고위공직자에 의한 헌법위반이나 법률위반에 대하여 탄핵소추의 가능성을 규정함으로써 그들에 의한 **헌법위반을 경고하고 사전에 방지**하는 기능을 하며, 국민에 의하여 국가권력을 위임받은 국가기관이 그 권한을 남용하여 헌법이나 법률에 위반되는 경우에는 다시 그 권한을 박탈하는 기능을 한다. 즉 공직자가 직무수행에 있어서 헌법에 위반한 경우에 그에 대한 법적 책임을 추궁함으로써 **헌법의 규범력을 확보**하고자 하는 것이 바로 탄핵심판절차의 목적과 기능인 것이다(2004. 5. 14. 2004헌나1).

Ⅱ. 헌법규정

헌법은 탄핵제도에 대한 명시적 근거를 규정하고 있다. 이에 따르면 ① 우선 **소추대상자** 및 **소추사유**, 그리고 **소추기관**과 관련하여 대통령 · 국무총리 · 국무위원 · 행정각부의 장 · 헌법재판소재판관 · 법관 · 중앙선거관리위원회위원 · 감사원장 · 감사위원 기타 법률이 정한 공무원이 그 직무집행에 있어서 헌법이나 법률을 위배하면 국회는 탄핵의 소추를 의결할 수 있다(제65조 제1항). ② 다음으로 **소추발의 · 의결정족수**와 관련하여 탄핵소추는 국회재적의원 3분의 1 이상의 발의가 있어야 하며, 그 의결은 국회재적의원 과반수의 찬성이 있어야 한다. 다만, 대통령에 대한 탄핵소추는 국회재적의원 과반수의 발의와 국회재적의원 3분의 2 이상의 찬성이 있어야 한다(동조 제2항). ③ 그리고 **소추의결의 효과**와 관련하여 탄핵소추의 의결을 받은 자는 탄핵심판이 있을 때까지 그 권한행사가 정지된다(동조 제3항). ④ 마지막으로 **탄핵결정의 효과**와 관련하여 탄핵결정은 공직으로부터 파면함에 그친다. 그러나 이에 의하여 민사상이나 형사상의 책임이 면제되지는 아니한다(동조 제4항).

제 2 절 탄핵의 소추

Ⅰ. 탄핵소추의 대상자

헌법에 따르면 탄핵소추의 대상자는 대통령 · 국무총리 · 국무위원 · 행정각부의 장 · 헌법재판소재판관 · 법관 · 중앙선거관리위원회위원 · 감사원장 · 감사위원 및 법률에서 탄핵소추의 대상으로 정하는 공무원이다(제65조 제1항). 헌법재판소법도 동일하게 규정한다(헌재법 제48조). 그 밖에도 검찰청법은 검사가(동법 제37조), 선거관리위원회법은 각급선거관리위원회의 위원이(동법 제9조 제2호), 방송통신위원회의 설치 및 운영에 관한 법률은 방송통신위원회의 위원장이(동법 제6조 제5항) 탄핵소추의 대상자가 될 수 있음을 전제하는 규정을 두고 있다. 또한 경찰법은 경찰청장을 탄핵소추의 대상으로 규정한다(동법 제11조 제6항). 여기서 주목할 만한 것은 탄핵소추의 의결기관인 국회의 구성원, 즉 국회의원은 소추의 대상자에서 제외되고 있지만 탄핵심판의 결정기관인 헌법재판소의 구성원, 즉 헌법재판소 재판관은 탄핵소추의 대상자에 포함되어 있다는 점이다.

Ⅱ. 탄핵소추의 발의

탄핵소추는 원칙적으로 국회재적의원 3분의 1 이상의 발의가 있어야 하지만 대통령에 대한 탄핵소추는 국회재적의원 과반수의 발의가 요구된다(제65조 제2항). 탄핵소추가 발의되면 국회의장은 발의 후 처음 개의하는 본회의에 보고하고, 본회의는 의결로 법제사법위원회에 회부하여 조사하게 할 수 있다(국회법 제130조 제1항). 이와 관련하여 헌법재판소는 국회가 탄핵소추하기 전에 소추사유에 관하여 충분한 조사를 하는 것이 바람직하지만 규정의 의미상 법제사법위원회의 별도조사는 국회의 재량에 속하여 국회의 불충분한 조사가 헌법과 법률에 위반되는 것은 아니라고 한다.[1] 또한 탄핵소추절차는 국회와 대통령이라는 헌법기관 사이의 문제이고 대통령 개인의 기본권이 침해되지 않는 탄핵소추절차에서 국가기관이 국민에 대하여 공권력을 행사할 때 준수해야 하는 적법절차원칙은 탄핵소추절차에 적용되지 않으므로 법제사법위원회의의 별도조사 실시 여부에 대한 위헌성 판단에서 적법절차원칙은 판단기준이 되지 않는다고 본다. 법제사법위원회가 탄핵소추안을 회부받았을 때에는 지체없이 조사 · 보고해야만 한다(동법 제131조 제1항). 이러한 조사에서는 '국정감사 및 조사에 관한 법률'이 규정하는 조사의 방법 및 조

---

1) 헌재 2004. 5. 14. 2004헌나1; 2017. 3. 10. 2016헌나1; 2025. 4. 4. 2024헌나8.

사상의 주의의무규정을 준용한다(국회법 제131조 제2항). 조사를 받는 국가기관은 그 조사를 신속히 완료시키기 위하여 충분한 협조를 해야만 한다(동법 제132조). 탄핵소추의 사유가 발생한 날로부터 소추의 발의가 있는 날까지에 관한 기간의 제한은 없다. 헌법재판소에 따르면 국회에서 발의된 탄핵소추안은 국회의 의결로 철회될 수 있으며 이 경우에 의안철회에 필요한 일반적 정족수가 적용되고, 본회의에 보고되었으나 아직 안건으로 상정되지 않은 탄핵소추안은 국회의 의결 없이도 철회가 가능하다고 한다.[2)]

Ⅲ. 탄핵소추의 의결

1. 의결의 정족수

탄핵소추의 의결은 원칙적으로 국회재적의원 과반수의 찬성이 있어야 하지만 대통령에 대한 탄핵소추의 의결은 국회재적의원 3분의 2 이상의 찬성이 있어야 한다(제65조 제2항).

2. 의결의 절차

국회의 본회의가 탄핵소추를 위한 조사를 법제사법위원회에 회부하기로 의결하지 않으면 본회의에 보고된 때로부터 24시간 이후 72시간 이내에 탄핵소추의 여부를 무기명투표로 표결하고, 이 기간 내에 표결하지 않으면 그 탄핵소추안은 폐기된 것으로 본다(국회법 제130조 제2항). 본회의의 탄핵소추의 의결은 피소추자의 성명·직위 및 탄핵소추의 사유를 표시한 문서인 '소추의결서'로 해야만 한다(동법 제133조). 소추의결에 관한 '질의와 토론의 절차'가 필요한지에 대해서 헌법재판소는 탄핵소추의 중대성에 비추어 국회내의 충분한 질의와 토론을 거치는 것이 바람직하지만 탄핵소추의 경우에는 질의와 토론 없이도 표결할 수 있다고 본다.[3)]

[판례] 소추의결에 관한 질의와 토론절차의 필요성

국회법 제93조는 '본회의는 안건을 심의함에 있어서 질의·토론을 거쳐 표결할 것'을 규정하고 있으므로 탄핵소추의 중대성에 비추어 국회내의 충분한 질의와 토론을 거치는 것이 바람직하다. 그러나 법제사법위원회에 회부되지 않은 탄핵소추안에 대하여 '본회의에 보고된 때로부터 24시간 이후 72시간 이내에 탄핵소추의 여부를 무기명투표로 표결한다'고 규정하고 있는 국회법 제130조 제2항을 탄핵소추에 관한 특별규정인 것으로 보아, '탄핵소추의 경우에는 질의와 토론 없이 표결할 것을 규정한 것'으로 해석할 여지가 있기 때문에 국회의 자율권과 법해석을 존중한다면 이러한 법해석이 자의적이거나 잘못되었다고 볼 수 없다(2004. 5. 14. 2004헌나1).

---

2) 헌재 2024. 3. 28. 2023헌라9.

3) 헌재 2004. 5. 14. 2004헌나1.

3. 의결의 효과

탄핵소추의 의결이 있으면 국회의장은 지체없이 소추의결서의 정본을 법제사법위원장이 담당하는 소추위원에게, 그 등본을 헌법재판소 · 피소추자와 그 소속기관의 장에게 송달한다(국회법 제134조 제1항). 소추의결서가 송달되면 **피소추자의 권한행사는 정지**되며, 임명권자는 피소추자의 사직원을 접수하거나 해임할 수 없다(동법 동조 제2항). 이러한 사직이나 해임을 인정하는 경우에는 고위직공무원의 법위반을 확인하여 그러한 법위반의 반복을 금지함으로써 헌법과 법률을 보호하려는 탄핵절차의 의미가 사라지고, 헌법과 법률을 위반한 고위직공무원을 파면하여 일정기간 공직취임을 금지하고자 하는 탄핵결정의 효과가 상실될 수 있기 때문이다.

하지만 대통령은 탄핵소추의 의결이 있는 경우에 사임할 수 있다고 볼 수도 있다. 왜냐하면 ① 대통령의 경우 그 사직원을 접수하거나 해임할 수 있는 임명권자가 없으며, ② 사임을 금지하는 명시적 규정이 없을 뿐만 아니라, ③ 대통령이 사임한 이후에 다른 공직에 취임할 가능성은 거의 없으므로 탄핵결정에 의한 파면의 실질적 효과인 공직취임금지의 효과가 대통령에게는 사실상 무의미하며(탄핵결정의 효과로서 전직대통령의 예우가 제외된다는 것까지 고려한다면 사임을 허용하지 않을 수도 있지만 이러한 효과는 부수적인 것에 지나지 않는다), ④ 탄핵소추의 원인이 국회와 대통령 간의 정치적 갈등에 있는 경우에는 이러한 정치적 갈등이 대통령의 사임으로 해결될 수 있기 때문이다. 다만 탄핵심판제도의 취지에 비추어 보면 대통령이 사임한 경우에도 헌법재판소는 심판절차를 종료하지 않고 대통령의 법위반을 확인할 수는 있다고 보는 것이 타당하다. 게다가 대통령의 임명권자를 대통령을 선출한 국민으로 보는 경우에 국민이 선출한 국회의원의 사직에 국회의 의결이 필요한 것처럼(국회법 제135조 제1항) 대통령의 사직에도 국회의 의결이 필요하다고 볼 여지도 있다.

한편 명시적인 규정은 없지만 소추의결권을 가진 국회가 탄핵소추의 취하를 의결할 수 있다고 보는 것이 타당하다. 이 경우에 의결정족수는 대통령에 대한 탄핵소추를 포함하여 재적의원 과반수로 충분하다고 본다.

제 3 절 탄핵의 심판

Ⅰ. 심판의 청구

탄핵심판에 있어서는 **국회 법제사법위원회의 위원장이 소추위원**이 된다(헌재법 제49조 제1항). 소추위원은 헌법재판소에 **소추의결서의 정본**을 제출하여 그 심판을 청구한다(동법 제49조 제2항). 즉 소추의결서는 심판청구서를 갈음한다(동법 제26조 제1항). 국회에서 탄핵소추가 의결된 후 탄핵심판을 청구할 때까지의 기간에 대한 명시적인 제한은 없다. 그러나 탄핵소추의 의결만으로 피소추자의 권한행사가 정지되기 때문에 청구기간을 정할 필요가 있으며 청구기간이 없더라도 즉시 청구해야 하는 것으로 보아야 한다. 탄핵심판이 청구되면 탄핵심판절차가 개시된다.

Ⅱ. 심판의 대상

1. 직무집행

탄핵심판의 대상이 되는 '직무'의 범위는 법령에 정해진 소관업무에 국한되지 않는다. 따라서 법령에 정해진 것은 아니더라도 소관업무와 '관련된' 직무의 수행도 직무집행에 포함된다.

(1) 직무집행의 시간적 범위

직무집행의 시간적 범위와 관련하여 직무의 범위 안에 전직(前職)이 포함되는지 여부에 대해서는 논란이 있다. ① 전직은 전혀 탄핵심판의 대상이 되지 않는다는 부정설,[4] ② 전직이 탄핵심판의 대상이고 현직 공무원인 이상 전직도 심판의 대상이 된다는 제한적 긍정설,[5] 그리고 ③ 전직과 현직 모두 원칙적으로 심판의 대상이 된다는 긍정설[6] 등 다양하다. 헌법재판소는 대통령의 직위를 보유하고 있는 상태에서 범한 법위반행위만이 심판의 대상에 해당된다고 하여 부정설에 기초하고 있다.[7] 결론적으로 헌법재판소의 견해와 같이 직무집행의 시간적 범위는 '현직', 즉 대통령의 직위를 보유하고 있는 기간에 한정하는 것이 타당하다. 따라서 대통령취임전이나 퇴임후, 특히 당선후 취임전까지의 행위는 심판대상이 될 수 없다.

(2) 직무집행의 대상적 범위

한편 직무집행의 대상적 범위와 관련하여 정치적 무능력이나 정책결정상의 과오는 탄핵소추의 사유가 되지 못한다. 탄핵은 공무원의 법적 책임을 묻는 수단이므로 엄격한 요건이 요구되기 때문이다. 헌법재판소도 "정치적 무능력이나 정책결정상의 잘못 등 직책수행의 성실성 여부는 그 자체로서" 소추사유가 될 수 없다고 한다.[8]

[판례] 직무집행의 시간적 범위

대통령의 직위를 보유하고 있는 상태에서 범한 법위반행위만이 소추사유가 될 수 있다고 보아야 한다. 따라서 당선 후 취임시까지의 기간에 이루어진 대통령의 행위도 소추사유가 될 수 없다. 비록 이 시기 동안 '대통령직인수에관한법률'에 따라 법적 신분이 '대통령당선

4) 권영성, 916면.
5) 김하열b, 633면; 정종섭b, 432면.
6) 김철수, 1347면.
7) 헌재 2004. 5. 14. 2004헌나1.
8) 헌재 2004. 5. 14. 2004헌나1.

자'로 인정되어 대통령직의 인수에 필요한 준비작업을 할 수 있는 권한을 가지게 되나, 이러한 대통령당선자의 지위와 권한은 대통령의 직무와는 근본적인 차이가 있고, 이 시기 동안의 불법정치자금 수수 등의 위법행위는 형사소추의 대상이 되므로 헌법상 탄핵사유에 대한 해석을 달리할 근거가 없다(2004. 5. 14. 2004헌나1).

2. 헌법과 법률의 위반

(1) 헌법과 법률의 의미

여기서 말하는 헌법은 형식적 의미의 헌법뿐만 아니라 해석상 도출되는 헌법원칙이나 헌법관행 또는 판례와 같은 불문헌법까지 포함하는 실질적 의미의 헌법을 뜻한다. 또한 법률도 형식적 의미의 법률뿐만 아니라 실질적 의미의 법률을 포함한다. 헌법과 법률에 대한 위반행위는 주로 권한의 유월이나 의무의 불이행으로 나타난다.

(2) 법위반의 정도

헌법과 법률에 대한 위반의 정도와 관련해서 중대한 위반만을 의미하는지 아니면 중대하지 않은 단순한 위반도 포함되는지에 대해서 논란이 있을 수 있다. 또한 중대한 위반이 고의에 의한 것만을 의미하는지 아니면 과실이나 법의 무지에 의한 것도 포함되는지에 대해서도 논란이 있을 수 있다. 법위반은 고의에 의한 것에 한정되지 않고 과실이나 법의 무지에 의한 것도 포함된다.[9] 헌법재판소는 "직무행위로 인한 모든 사소한 법위반을 이유로 파면을 해야 한다면, 이는 피청구인의 책임에 상응하는 헌법적 징벌의 요청, 즉 법익형량의 원칙에 위배"되기 때문에 탄핵심판청구가 이유가 있어 피청구인을 당해 공직에서 파면하는 결정을 선고하기 위해서는 "단지 공직자의 파면을 정당화할 정도 '중대한' 법위반"이 존재해야 한다고 한다.[10]

결론적으로 탄핵결정은 '파면'이라는 중대한 효과를 발생시키기 때문에 그 요건인 헌법과 법률에 대한 위반의 정도는 '비례성원칙'에 따라 침해된 법익과 그에 대한 징계인 파면을 합리적으로 형량하여 결정되어야 한다. 따라서 파면을 정당화할 만큼 중대한 법위반이 있다고 판단되는 경우에만 탄핵결정을 할 수 있다.[11] 최근에 다중밀집으로 인한 압사피해 참사와 관련된 행정안전부장관에 대한 탄핵사건에서 헌법재판소의 법정의견은 사전 예방조치나 사후 재난대응과 관련해서는 헌법이나 법률에 규정된 의무의 위반이 없다고 설시하면서 사후 발언과 관련해서도 부적절한 점은 인정하되 법위반은 인정하지 않았다.[12] 소수의 별개의견도 대체로 법정의견과 견해를 같이 하면서 오로지 사후 발언과 관련해서만 법위반을 인정하기는 했지만 중대한 법위반은 아니라고 보았다. 기본권보호의 최후보루인 헌법재판소가 대규모 인명이 희생된 참사와 관련된 주무부처

9) 같은 견해로 권영성, 917면; 김철수, 1348면; 정종섭b, 444면; 허영, 891면.
10) 헌재 2004. 5. 14. 2004헌나1.
11) 같은 견해로 장영수, 1277면; 반대견해로 정종섭b, 445면.
12) 헌재 2023. 7. 25. 2023헌나1.

장관의 법적 책임을 판단하면서 선출직이 아닌 공무원임에도 불구하고 법위반과 그 중대성 여부의 판단기준을 지나치게 엄격하게 적용한 것은 아닌지에 대한 비판이 제기될 수 있다.

[판례] 중대한 법위반의 의미

헌법 제65조는 대통령이 '그 직무집행에 있어서 헌법이나 법률을 위배한 때'를 탄핵사유로 규정하고 있다. 여기에서 '직무'란 법제상 소관 직무에 속하는 고유 업무와 사회통념상 이와 관련된 업무를 말하고, 법령에 근거한 행위뿐만 아니라 대통령의 지위에서 국정수행과 관련하여 행하는 모든 행위를 포괄하는 개념이다. 또 '헌법'에는 명문의 헌법규정뿐만 아니라 헌법재판소의 결정에 따라 형성되어 확립된 불문헌법도 포함되고, '법률'에는 형식적 의미의 법률과 이와 동등한 효력을 가지는 국제조약 및 일반적으로 승인된 국제법규 등이 포함된다. 헌법재판소법 제53조 제1항은 '탄핵심판 청구가 이유 있는 경우' 피청구인을 파면하는 결정을 선고하도록 규정하고 있다. 대통령을 탄핵하기 위해서는 대통령의 법 위배 행위가 헌법질서에 미치는 부정적 영향과 해악이 중대하여 대통령을 파면함으로써 얻는 헌법 수호의 이익이 대통령 파면에 따르는 국가적 손실을 압도할 정도로 커야 한다. 즉, '탄핵심판청구가 이유 있는 경우'란 대통령의 파면을 정당화할 수 있을 정도로 중대한 헌법이나 법률 위배가 있는 때를 말한다(2017. 3. 10. 2016헌나1).

Ⅲ. 심판의 절차

탄핵의 심판은 **구두변론**에 의한다(헌재법 제30조 제1항). 재판부가 변론을 열 때에는 기일을 정하고 당사자와 관계인을 소환해야만 한다(동법 동조 제3항). 당사자가 변론기일에 출석하지 않으면 다시 기일을 정하고(동법 제52조 제1항), 다시 정한 기일에도 당사자가 출석하지 않으면 그 출석 없이 심리할 수 있다(동법 동조 제2항). 심판의 변론은 원칙적으로 심판정에서 행하지만 헌법재판소장이 필요하다고 인정하면 심판정 외의 장소에서 행할 수도 있다(동법 제33조). 심판의 **변론은 공개**한다(동법 제34조 제1항). 심판의 변론에서 소추위원은 피청구인을 신문(訊問)할 수 있다(동법 제49조 제2항).

재판부는 사건의 심리를 위하여 필요하다고 인정하면 당사자의 신청 또는 직권에 의하여 **증거조사**를 할 수 있다(동법 제31조 제1항). 재판부는 결정으로 다른 국가기관 또는 공공단체의 기관에 대하여 심판에 필요한 사실을 조회하거나 기록의 송부나 **자료의 제출을 요구**할 수 있다(동법 제32조).

헌법재판소는 탄핵심판절차에서 헌법재판소법에 특별한 규정이 있는 경우를 제외하고는 헌법재판의 성질에 반하지 않는 한도내에서 민사소송에 관한 법령과 형사소송에 관한 법령을 준용한다(동법 제40조).

피청구인에 대한 탄핵심판청구와 동일한 사유로 형사소송이 진행되고 있으면 재판부는 심판절차를 정지할 수 있다(동법 제51조).

제 4 절 탄핵의 결정

Ⅰ. 각하결정

탄핵심판의 적법요건을 갖추지 못한 경우에는 각하결정을 한다.

Ⅱ. 탄핵결정

1. 정 족 수

탄핵심판의 인용결정인 탄핵의 결정을 할 때에는 재판관 6인 이상의 찬성이 있어야 한다(제113조 제1항, 헌재법 제23조 제2항). 이와 관련하여 헌법재판소에 따르면 헌법재판은 9인의 재판관으로 구성된 재판부에 의하여 이루어지는 것이 원칙이지만 현실적으로는 일부 재판관이 재판에 참여할 수 없는 경우가 발생할 수밖에 없어서 헌법과 헌법재판소법은 재판관 중 결원이 발생한 경우에도 헌법재판소의 헌법 수호 기능이 중단되지 않도록 7명 이상의 재판관이 출석하면 사건을 심리하고 결정할 수 있도록 하고 있기 때문에 헌법재판관 1인이 결원이 되어 8인의 재판관으로 재판부가 구성되더라도 탄핵심판을 심리하고 결정하는 데 헌법과 법률상 아무런 문제가 없다고 한다.[13]

2. 효 과

① 탄핵결정으로 피청구인은 공직으로부터 파면되고, 이에 의하여 민사상이나 형사상의 책임이 면제되지는 않는다(제65조 제4항, 헌재법 제53조 제1항, 제54조 제1항). 그리고 ② 탄핵결정에 의하여 파면된 자는 결정선고가 있은 날로부터 5년을 경과하지 않으면 공무원이 될 수 없다(공직취임금지: 헌재법 제54조 제2항). 또한 ③ 전직대통령예우에관한 법률에서 정한 예우는 필요한 기간의 경호 · 경비를 제외하고 받지 못한다(동법 제7조 제2항). 한편 ④ 명시적인 규정은 없지만 탄핵결정으로 파면된 경우에는 대통령의 사면권의 대상이 되지 않는다(사면대상 불포함).

Ⅲ. 기각결정

심판의 청구가 이유없는 경우에는 기각결정을 한다. 또한 피청구인이 결정선고 전에 당해 공직에서 파면된 때에는 헌법재판소는 심판청구를 기각해야만 한다(동법 제53조 제2항).

---

13) 헌재 2017. 3. 10. 2016헌나1.

제 6 장 정당해산심판절차

제 1 절 개 념

위헌정당해산제도란 정당의 목적과 활동이 헌법질서에 위배될 때 헌법재판소의 결정에 따라 정당을 해산할 수 있는 제도를 말한다. 헌법은 위헌정당해산제도에 대해서 명시적으로 규정하고 있다. 이에 따르면 정당의 목적이나 활동이 민주적 기본질서에 위배될 때에는 정부는 헌법재판소에 그 해산을 제소할 수 있고, 정당은 헌법재판소의 심판에 의하여 해산된다(제8조 제4항). 이 제도는 이른바 **방어적 민주주의의 이념**에 근거하는 것으로 설명된다.[1] 이 이념에 따르면 민주주의는 가치의 다양성을 인정하는 가치다원주의에 기초하지만 모든 가치를 허용하지는 않는 가치구속성을 전제한다. 따라서 민주주의를 부정하거나 공격하는 주장이나 집단은 허용되지 않기 때문에 민주적 기본질서에 반하는 목적을 가지고 활동하는 정당을 강제적으로 해산할 수 있게 된다. 그러나 정당해산제도는 이러한 방어적 민주주의의 이념에 근거한 정당의 강제해산이라는 측면과 함께 정당에 대한 특별한 보호의 측면에서 이해되는 것이 적절하다.

제 2 절 심판의 청구

Ⅰ. 청구인과 피청구인

1. 청구인(제소권자)

정당해산심판을 청구할 수 있는 청구인은 **정부**이다. 여기서 정부는 입법부나 사법부와 구별되는 국가기관으로서 집행부를 말한다. 정부가 가지는 청구권의 성격에 대해서는 ① 정당해산의 요건이 충족되었다고 인정될 때에는 반드시 제소해야 한다는 **기속행위설**, ② 정당해산의 요건이 충족되었다고 하더라도 제소 여부는 정부의 재량에 속한다는 **자유재량행위설**,[2] ③ 정당해산의 제소 여부는 원칙적으로 정부의 재량이지만 경우에 따라서 반드시 제소해야 되는 경우도 존재한다는 **기속재량행위설**[3] 등이 주장된다.

---

1) 제1편 제2부 제5장 제2절 V. 1. (2) 참조.

2) 김철수, 230면; 김하열b, 666면; 허영 893면.

3) 정종섭b, 472면: "정당해산심판제도가 헌법보호의 기능을 가질 뿐 아니라 예방적 기능도 가지므로 이런 점을 고려하면, 위헌정당의 활동이 심각한 수준에 있음에도 정부가 이를 방치하는 것은 제도의 본질상 허용될 수 없

헌법의 규정양식과 정당보호라는 제도의 목적에 비추어 볼 때 제소 여부는 정부의 재량에 속한다고 보는 것이 타당하다.

2. 피청구인

피청구인은 **정당**이다. 여기서 정당은 원칙적으로 정당법의 요건을 갖추고 중앙선거관리위원회에 등록된 정당을 말한다. 다만, 위헌정당해산제도의 목적을 정당의 보호라는 측면에서 이해한다면 등록이라는 정당의 형식적 요건은 충족하지 못하였으나 실질적 요건을 충족한 정당(예를 들어 중앙선거관리위원회에 등록되기 이전의 창당준비위원회)은 그 보호를 위해서 정당에 포함된다고 보는 것이 타당하다.

Ⅱ. 청구의 절차

정부가 정당해산심판을 청구하는 경우에는 **국무회의의 심의**를 거쳐야 한다(제89조 제14호, 헌재법 제55조). 정당해산심판절차의 당사자는 정부이기 때문에 **법무부장관이 정부를 대표**한다(헌재법 제25조 제1항). 정당해산심판의 청구를 위해서는 정해진 **청구서**를 제출해야 하고(동법 제26조), 정당해산심판의 청구서에는 ① 해산을 요구하는 정당의 표시, ② 청구 이유가 기재되어야 한다(동법 제56조). 정당해산심판의 청구가 있으면 헌법재판소장은 그 사실을 국회와 중앙선거관리위원회에 통지해야만 한다(동법 제58조 제1항).

제 3 절 심 판

Ⅰ. 심판의 대상

1. 정당의 목적과 활동

정당의 목적에 대해서 평가하기 위해서는 당헌이나 강령, 정당에서 발간한 기관지나 출판물 또는 선전자료 등이 기준이 된다. 또한 정당의 활동은 당수나 당간부의 활동뿐만 아니라 평당원의 활동도 포함된다.

2. 민주적 기본질서에 위배

민주적 기본질서에 대해서는 자유민주적 기본질서로 이해하는 견해[4]도 있고, 자유민주적 기본질서와 사회민주적 기본질서를 모두 포함한다는 견해[5]도 있으며, 그보다 넓은 개념으로 헌법에서 보장된 기본권과 기본원리 및 기본제도를 포함하는 것으로 이해

다고 할 것이다."

4) 권영성, 195면.

5) 김철수, 229면 이하.

하는 견해[6]도 주장된다. 정당해산제도의 이념적 근거는 법치주의나 사회복지주의와 적어도 개념적으로는 구분되는 민주주의를 보호하려는 방어적 민주주의라는 점, 정당해산제도는 정당에 대한 특별한 보호로 이해되어야 한다는 점 등을 고려하면 자유민주적 기본질서로 국한할 필요는 없지만 적어도 민주주의로 한정하여 엄격하게 해석하는 것이 타당하다. 이런 맥락에서 정당해산제도를 민주주의가 아니라 헌법을 보호하는 제도로 이해하면서도 정당해산절차에서 요구되는 민주적 기본질서의 의미에 대해서는 헌법의 기본원리 전체가 아니라 자유민주주의에 국한하여 이해하는 견해[7]는 논리적으로 모순을 범하고 있다. 한편 민주적 기본질서에 대한 위배는 정당해산을 정당화할 만큼 중대한 것이어야 한다. 이러한 중대성을 판단함에 있어서는 비례성원칙이 적용된다.

Ⅱ. 심판의 절차

정당해산의 심판은 **구두변론**에 의한다(헌재법 제30조 제1항). 재판부가 변론을 열 때에는 기일을 정하고 당사자와 관계인을 소환해야만 한다(동법 동조 제3항). 심판의 변론은 원칙적으로 심판정에서 행하지만 헌법재판소장이 필요하다고 인정하면 심판정 외의 장소에서 할 수도 있다(동법 제33조). 심판의 변론은 공개한다(동법 제34조 제1항).

재판부는 사건의 심리를 위하여 필요하다고 인정하면 당사자의 신청 또는 직권에 의하여 **증거조사**를 할 수 있다(동법 제31조 제1항). 또한 재판부는 결정으로 다른 국가기관 또는 공공단체의 기관에 대하여 심판에 필요한 사실을 조회하거나 기록의 송부나 **자료의 제출을 요구**할 수 있다(동법 제32조).

헌법재판소는 정당해산심판절차에서 헌법재판소법에 특별한 규정이 있는 경우를 제외하고는 헌법재판의 성질에 반하지 않는 한도내에서 **민사소송에 관한 법령을 준용**한다(동법 제40조 제1항).

[판례] 민사소송에 관한 법령 준용의 적용범위

준용조항은 헌법재판에서의 불충분한 절차진행규정을 보완하고, 원활한 심판절차진행을 도모하기 위한 조항으로, 그 절차보완적 기능에 비추어 볼 때, 소송절차 일반에 준용되는 절차법으로서의 민사소송에 관한 법령을 준용하도록 한 것이 현저히 불합리하다고 볼 수 없다. 또한 '헌법재판의 성질에 반하지 아니하는 한도'에서 민사소송에 관한 법령을 준용하도록 규정하여 정당해산심판의 고유한 성질에 반하지 않도록 적용범위를 한정하고 있는바, 여기서 '헌법재판의 성질에 반하지 않는' 경우란, 다른 절차법의 준용이 헌법재판의 고유한 성질을 훼손하지 않는 경우로 해석할 수 있고, 이는 헌법재판소가 당해 헌법재판이 갖는 고유의 성질 · 헌법재판과 일반재판의 목적 및 성격의 차이 · 준용 절차와 대상의 성격 등을 종합적으로 고려하여 구체적 · 개별적으로 판단할 수 있다. 따라서 준용조항은 청구인의 공정한 재판을 받을 권리를 침해한다고 볼 수 없다(2014. 2. 27. 2014헌마7).

6) 정종섭b, 480면.
7) 권영성, 85면 이하 및 195면 이하.

제 4 절 결 정

Ⅰ. 각하결정

청구가 적법요건을 갖추지 못한 경우에는 각하결정을 한다.

Ⅱ. 해산결정

1. 정 족 수

정당해산심판의 청구가 이유있는 경우에 인용결정인 해산결정을 한다. 헌법재판소에서 정당해산의 결정을 할 때에는 재판관 6인 이상의 찬성이 있어야 한다(제113조 제1항, 헌재법 제23조 제2항).

2. 결정의 효과

(1) 정당의 해산

정당의 해산을 명하는 헌법재판소의 결정이 선고되면 그 정당은 해산된다(동법 제59조). 헌법재판소의 결정은 창설적 효력을 가지고, 소급효를 갖지 않는다.

(2) 대체정당의 금지

정당이 헌법재판소의 결정으로 해산되면 해산된 정당의 강령(또는 기본정책)과 동일하거나 유사한 것으로 정당을 창당하지 못한다(정당법 제40조).

(3) 동일명칭의 사용금지

헌법재판소의 결정에 의하여 해산된 정당의 명칭과 같은 명칭은 정당의 명칭으로 사용하지 못한다(동법 제41조 제2항).

(4) 잔여재산의 국고귀속

헌법재판소의 해산결정에 의하여 해산된 정당의 잔여재산은 국고에 귀속한다(동법 제48조 제2항).

(5) 소속의원의 의원직 상실 여부

위헌정당으로 해산된 정당에 소속된 국회의원의 의원직 상실 여부에 대해서는 명시적인 규정이 없다. 정당해산제도의 취지에 비추어 의원직을 상실한다는 견해[8]와 국민전체의 대표인 국회의원은 자유위임원칙에 따라 소속정당과 독립된 지위를 가지기 때문에 의원직을 상실하지 않는다는 견해[9]가 주장된다. 한편으로 국회의원의 자격상실 여부는

8) 권영성, 197면; 성낙인, 887면; 장영수, 1280면; 정종섭b, 492면; 허영, 894면; 홍성방(하), 365면.

9) 김철수, 231면, 1708면; 전광석, 120면.

국회의 자격심사나 제명처분과 같은 국회의 자율적 판단에 따라야 한다는 견해도 제시된다. 대의제에 포함된 자유위임원칙을 고려할 때 국회의원직을 상실하지 않는다는 견해가 타당하다.[10] 헌법재판소는 "위헌정당해산제도가 가지는 헌법수호의 기능이나 방어적 민주주의의 이념과 원리", 그리고 "정당해산결정의 실효성" 확보를 근거로 명문의 규정이 있는지 여부나 국회의원의 당선경위가 지역구인지 비례대표인지 여부와 상관없이 해산되는 위헌정당의 소속 국회의원들은 그 의원직을 상실하는 것으로 본다.[11]

3. 결정의 집행

정당해산을 명하는 결정서는 피청구인외에 국회 · 정부 및 중앙선거관리위원회에도 이를 송달해야만 한다(헌재법 제58조 제2항). 정당의 해산을 명하는 헌법재판소의 결정은 중앙선거관리위원회가 정당법의 규정에 의하여 이를 집행한다(동법 제60조). 헌법재판소의 해산결정의 통지가 있으면 당해 선거관리위원회는 그 정당의 등록을 말소하고 지체없이 그 뜻을 공고해야만 한다(정당법 제47조).

Ⅲ. 기각결정

정당해산심판의 청구가 이유없는 경우에 헌법재판소는 기각결정을 한다.

Ⅳ. 가 처 분

헌법재판소는 정당해산심판의 청구를 받으면 청구인의 신청 또는 직권으로 종국결정의 선고시까지 피청구인인 '정당의 활동을 정지'하는 결정을 할 수 있다(헌재법 제57조). 이러한 가처분결정을 하면 헌법재판소장은 그 사실을 국회와 중앙선거관리위원회에 통지해야만 한다(동법 제58조 제1항).

[판례] 가처분조항과 정당활동의 자유

가처분조항은 정당해산심판이 갖는 헌법보호라는 측면에 비추어 그 필요성이 인정되므로 입법목적의 정당성 및 수단의 적절성이 인정된다. 또한 가처분 결정이 인용되려면 인용요건이 충족되어야 하고, 그 인용범위도 종국결정의 실효성을 확보하고 헌법질서를 보호하기 위해 필요한 범위 내로 한정되며, 인용 시 종국결정 선고 시까지만 정당의 활동을 정지시키므로 기본권 제한 범위가 광범위하다고 볼 수 없다. 나아가 가처분과 동등하거나 유사한 효과가 있는 보다 덜 침해적인 사후적 수단이 존재한다고 볼 수도 없으므로 침해최소성의 요건도 충족한다. 아울러 정당해산심판의 실효성 확보 및 헌법질서의 유지 및 수호라는 공익은 정당해산심판의 종국결정 시까지 잠정적으로 제한되는 정당활동의 자유에 비하여 결코 작다고 볼 수 없으므로 법익균형성요건도 충족하였다. 따라서 가처분조항은 정당활동의 자유를 침해한다고 볼 수 없다(2014. 2. 27. 2014헌마7).

---

10) 제1편 제2부 제5장 제2절 V. 5. 참조.

11) 헌재 2014. 12. 19. 2013헌다1; 자세한 내용은 제1편 제2부 제5장 제2절 V. 2. (5) 참조.

제 7 장 권한쟁의심판절차

제1절 의 의

I. 권한쟁의제도의 개념과 기능

권한쟁의심판은 국가기관 상호간, 국가기관과 지방자치단체 및 지방자치단체 상호간에 권한의 유무 또는 범위에 관하여 다툼이 있을 때에 당해 국가기관 또는 지방자치단체가 헌법재판소에 청구하여 분쟁을 해결하는 제도를 말한다(제111조 제1항 제4호, 헌재법 제61조). 이러한 권한쟁의심판은 국가 또는 지방자치단체의 권한의 유무와 범위를 명확하게 확정함으로써 국가기능의 원활한 수행을 가능하게 하고 권력분립원칙을 실현하는 기능을 갖는다.

II. 권한쟁의와 기관소송

권한쟁의심판은 행정소송법에 규정된 기관소송(행소법 제3조 제4호)과 구분된다. 행정소송법에 따르면 기관소송은 국가 또는 공공단체의 기관 상호간에 있어서의 권한의 유무 또는 그 행사에 관한 다툼이 있을 때에 제기하는 소송이기 때문에 권한쟁의심판과 중첩될 가능성이 많다. 그러나 행정소송법은 기관소송의 대상에서 헌법재판소의 관장사항으로 되는 소송은 제외된다고 규정함으로써 이러한 중첩가능성의 문제를 해결하고 있다. 따라서 권한의 유무와 범위에 관한 다툼은 원칙적으로 권한쟁의심판의 대상으로서 포괄적으로 헌법재판소의 관장사항에 속한다.

III. 권한쟁의와 지방자치관련법의 권한소송

1. 상급행정기관의 시정명령, 처분의 취소 · 정지 및 이행명령에 대한 소송과 권한쟁의

지방자치단체의 '자치사무'에 관한 자치단체장의 명령이나 처분이 법령에 위반하거나 현저히 부당하여 공익을 해친다고 인정되면 시 · 도에 대해서는 주무부장관이, 시 · 군 및 자치구에 대해서는 시 · 도지사가 시정을 명령하고 이행하지 않은 경우 또는 주무부장관이 시 · 도지사에게 시정명령을 하도록 명하였는데도 시 · 도지사가 시정명령을 하지 않아 직접 시 · 군 및 자치구에 시정명령을 했으나 이행하지 않은 경우에는 이를 취소하거나 정지할 수 있고, 이 경우에 지방자치단체의 장은 자치사무에 관한 시정명령이나 처분의 취소 또는 정지에 대하여 이의가 있으면 **대법원에 소**를 제기할 수 있다(지방자치법 제188조). 또한 지방자치단체의 장이 법령의 규정에 의하여 그 의무에 속하는 '국가위임사무 또는 시 · 도위임사무'의 관리 및 집행을 명백히 게을리하고 있다고 인정되면 시 · 도에 대하여는 주무부장관이, 시 · 군 및 자치구에 대하여는 시 · 도지사가 그 이행할 사항을 명령할 수 있고, 또한 주무부장관이 시 · 도지사에게 이행명령을 하도록 명하였는데도 시 · 도지사 이행명령을 하지 않으면 직접 시 · 군 및 자치구에 이행명령을 할 수 있는데 이 경우에 자치단체장은 이행명령에 이의가 있는 때에는 **대법원에 소**를 제기할 수 있다(동법 제189조).

교육감의 교육 · 학예에 관한 자치사무의 경우에는 교육부장관이 시정명령, 처분의 취소 · 정지 및 이행명령을 할 수 있고, 이에 대해서 이의가 있는 때에는 교육감은 대법원에 소를 제기할 수 있다(교육자치법 제3조 및 지방자치법 제188조, 제189조).

이와 같이 자치사무나 위임사무와 관련하여 상급행정기관의 시정명령이나 처분의 취소 · 정지 또는 이행명령이 문제된 경우에도 국가기관과 지방자치단체 또는 지방자치단체 상호간에 권한의 유무와 범위에 관한 분쟁이 동시에 발생할 수 있다. 이러한 권한쟁의에 관한 분쟁은 헌법재판소의 결정에 의한다.

2. 지방의회 또는 교육위원회의 재의결에 대한 소송과 권한쟁의

한편 지방자치단체장은 지방의회의 의결이 월권이거나 법령에 위반되거나 공익을 현저히 해친다고 인정되면 이유를 붙여 재의를 요구할 수 있고, 지방의회는 재의의 요구에 대하여 전과 같은 의결로서 확정할 수 있는데 이 경우에 지방자치단체의 장은 재의결된 사항이 법령에 위반된다고 인정되면 **대법원에 소**를 제기할 수 있다(지방자치법 제120조). 그리고 지방의회의 의결이 법령에 위반되거나 공익을 현저히 해친다고 판단되면 주무부장관이나 시 · 도지사가 재의를 요구하게 할 수 있고, 재의의 요구를 받은 지방자치단체의 장은 지방의회에 이유를 붙여 재의를 요구하여야 하는데 지방의회는 재의의 요구에 대하여 전과 같은 의결로서 확정할 수 있다(동법 제192조 제1항, 제2항 및 제3항). 이 경우에 지방자치단체의 장은 재의결된 사항이 법령에 위반된다고 판단되면 **대법원에 소**를 제기할 수 있다(동법 동조 제3항). 이때 주무부장관 또는 시 · 도지사는 재의결된 사항이 법령에 위반된다고 판단됨에도 해당 지방자치단체의 장이 소를 제기하지 않으면 당해 지방자치단체의 장에게 제소를 지시하거나 직접 제소하고 집행정지 결정을 신청할 수 있다(동법 동조 제5항).

이와 유사하게 교육감은 교육 · 학예에 관한 시 · 도의회의 의결이 법령에 위반되거나 공익을 현저히 저해한다고 판단되면 그 의결사항을 이송받은 날부터 20일 이내에 이유를 붙여 재의를 요구할 수 있다. 또한 교육감이 교육부장관으로부터 재의요구를 하도록 요청받은 경우에는 시 · 도의회에 재의를 요구해야만 한다(교육자치법 제28조 제1

항). 다만 재의요구를 할 수 있는 기간을 지난 뒤에 재의요구를 하도록 요청할 수는 없다.[1] 이와 같은 재의요구가 있으면 재의요구를 받은 시·도의회는 재의에 붙여 전과 같은 의결을 하면 그 의결사항은 확정된다(동법 동조 제2항). 이렇게 재의결된 사항이 법령에 위반된다고 판단되면 교육감은 재의결된 날부터 20일 이내에 **대법원에 제소**할 수 있다(동법 동조 제3항). 또한 교육부장관은 재의결된 사항이 법령에 위반된다고 판단됨에도 해당 교육감이 소를 제기하지 않으면 해당 교육감에게 제소를 지시하거나 직접 제소할 수 있다(동법 동조 제4항).

이와 같이 지방의회의 재의결이 문제되는 경우에도 국가기관과 지방자치단체 또는 지방자치단체 상호간에 권한의 유무나 범위에 관한 분쟁이 동시에 발생할 수 있기 때문에 이 경우에는 헌법재판소에 심판을 청구하여 그 결정에 의하여야 한다.

Ⅳ. 적극적 권한쟁의와 소극적 권한쟁의

권한의 유무나 범위에 관한 다툼이 발생한 경우에 분쟁을 해결하는 권한쟁의는 두 가지 경우로 구분된다. 첫째로, 권한의 유무나 범위에 관한 다툼이 당사자에게 '권한이 존재한다'고 주장하여 발생하는 경우이다. 이것을 **적극적 권한쟁의**라고 부른다. 둘째로, 권한의 유무나 범위에 관한 다툼이 당사자에게 '권한이 존재하지 않는다'고 주장하여 발생하는 경우이다. 이것을 **소극적 권한쟁의**라고 부른다. 권한쟁의의 범위에 적극적 권한쟁의가 포함된다는 데에 대해서는 이론이 없지만 소극적 권한쟁의에 대해서는 긍정하는 견해[2]와 부정하는 견해[3]로 나뉜다. 소극적 권한쟁의도 권한과 관련된 분쟁이기 때문에 이러한 권한분쟁이 해결되지 않는 경우에 국가기능의 원활한 수행을 어렵게 만들 뿐만 아니라 심지어 국가기능의 마비상태까지 초래할 수 있다. 따라서 권한쟁의제도의 취지에 비추어 볼 때 권한쟁의의 범위에는 소극적 권한쟁의도 포함된다고 보는 것이 타당하다. 또한 법률의 명시적인 규정에 따르면 권한쟁의심판의 대상이 "권한의 유무"로 되어 있기 때문에 권한이 존재하지 않는다는 주장에 근거하여 발생하는 소극적 권한쟁의가 인정될 수 있는 여지도 충분히 있다.

제 2 절 당 사 자

Ⅰ. 국가기관 상호간의 권한쟁의심판과 당사자

헌법재판소법에 따르면 국가기관 상호간의 권한쟁의심판에서 당사자는 국회, 정부,

1) 헌재 2013. 9. 26. 2012헌라1.
2) 정종섭b, 544면 이하.
3) 김하열b, 556면 이하.

법원 및 중앙선거관리위원회로 열거되어 있다(헌재법 제62조 제1항 제1호). 그러나 이 규정은 제한적 열거조항이 아니라 **예시조항**으로 이해되기 때문에 열거된 국가기관에 한정되지 않는다. 정당은 권한쟁의심판의 당사자능력이 인정되는 국가기관에 해당하지 않는다.[4] 헌법재판소는 이 규정을 제한적 열거조항으로 이해하다가[5] 판례를 변경하여 예시조항으로 이해하고 있다.[6] 이렇게 헌법재판소법 규정을 예시조항으로 이해하여 권한쟁의심판의 당사자를 법률에 규정된 기관에 한정하지 않으면 국가기관의 부분기관도 권한쟁의심판의 당사자가 될 수 있다. 따라서 예를 들어 국회의원과 국회의장은 권한쟁의심판의 당사자가 될 수 있고, 국회의원과 국회 상임위원장도 권한쟁의심판의 당사자가 될 수 있다.[7] 한편 헌법재판소에 따르면 국회의 구성원인 국회의원이 국회를 위하여 국회의 권한침해를 주장하는 권한쟁의심판을 청구하는 '제3자 소송담당'은 이를 명시적으로 허용하는 법률의 규정이 없는 한 허용되지 않는다고 한다.[8] 또한 권한쟁의심판의 당사자능력은 헌법에 의하여 설치된 국가기관에 한정하여 인정되기 때문에 법률에 의하여 설치된 국가기관은 권한쟁의심판의 당사자능력을 인정받을 수 없다.[9] 특히 오로지 법률에 설치근거를 둔 국가기관으로서 국회의 입법행위에 의하여 존폐 및 권한범위가 정해지는 국가기관은 헌법에 의하여 설치되지지도 않았으며 헌법과 법률에 의하여 독자적인 권한을 부여받지도 않았으므로 권한쟁의심판의 당사자가 될 수 없다.[10] 그리고 국민은 그 자체로 헌법에 의하여 설치되고 헌법과 법률에 의하여 독자적인 권한을 부여받은 기관이 아니므로 권한쟁의심판의 당사자가 되는 국가기관에 해당하지 않는다.[11] 국회의 소위원회도 헌법에 명시되지 않은 국가기관으로 권한쟁의심판의 당사자가 될 수 없다.[12]

[판례] 국기기관 상호간의 권한쟁의에서 당사자의 범위

헌법 제111조 제1항 제4호에서 말하는 국가기관의 의미와 권한쟁의심판의 당사자가 될 수 있는 국가기관의 범위는 결국 **헌법해석을 통하여 확정**하여야 할 문제이다. 그렇다면 헌법재판소법 제62조 제1항 제1호가 비록 국가기관 상호간의 권한쟁의심판을 "국회, 정부, 법원 및 중앙선거관리위원회 상호간의 권한쟁의 심판"이라고 규정하고 있다고 할지라도 이 법률조항의 문언에 얽매여 곧바로 이들 열거된 기관외에는 권한쟁의심판의 당사자가 될 수 없다고 단정할 수는 없다. 따라서 헌법 제111조 제1항 제4호 소정의 국가기관에 해당하는지 아닌지를 판별함에 있어서는 그 국가기관이 헌법에 의하여 설치되고 헌법과 법률에 의하여

4) 헌재 2020. 5. 27. 2019헌라6.
5) 헌재 1995. 2. 23. 90헌라1.
6) 헌재 1997. 7. 16. 96헌라2.
7) 헌재 2023. 10. 26. 2023헌라2(국회의원과 국회 과학기술정보통신위원회 위원장 간 권한쟁의); 2023. 10. 26. 2023헌라3(국회의원과 국회 환경노동위원회 위원장 간 권한쟁의)
8) 헌재 2007. 7. 26. 2005헌라8; 2007. 10. 25. 2006헌라5; 2008. 1. 17. 2005헌라10; 2011. 8. 30. 2011헌라2; 2015. 11. 26. 2013헌라3; 2016. 4. 28. 2015헌라5.
9) 헌재 2010. 10. 28. 2009헌라6; 2022. 12. 22. 2022헌라5.
10) 헌재 2023. 12. 21. 2023헌라1(서울특별시 송파구와 문화재청장 간 권한쟁의).
11) 헌재 2017. 5. 25. 2016헌라2.
12) 헌재 2020. 5. 27. 2019헌라4.

독자적인 권한을 부여받고 있는지 여부, 헌법에 의하여 설치된 국가기관 상호간의 권한쟁의를 해결할 수 있는 적당한 기관이나 방법이 있는지 여부 등을 종합적으로 고려하여야 할 것이다. 국회의원과 국회의장을 국가기관에 해당하는 것으로 해석하는 이상 국회의원과 국회의장을 권한쟁의심판을 할 수 있는 국가기관으로 열거하지 아니한 헌법재판소법의 규정도 한정적, 열거적인 조항이 아니라 **예시적인 조항**으로 해석하는 것이 헌법에 합치된다고 할 것이다(1997. 7. 16. 96헌라2).

Ⅱ. 국가기관과 지방자치단체 간의 권한쟁의심판과 당사자

국가기관과 지방자치단체 간의 권한쟁의심판은 ① 정부와 특별시 · 광역시 · 특별자치시 · 도 또는 특별자치도 간의 권한쟁의심판, ② 정부와 시 · 군 또는 지방자치단체인 구(자치구) 간의 권한쟁의심판으로 구분된다(헌재법 제62조 제1항 제2호). 여기서 국가기관이 "정부"로만 되어 있지만 예시조항으로 해석되기 때문에 국회와 법원, 그리고 그 부분기관도 포함된다. 권한쟁의가 교육·학예에 관한 지방자치단체의 사무에 관한 것인 때에는 교육감이 당사자가 된다(동법 동조 제2항).

Ⅲ. 지방자치단체 상호간의 권한쟁의심판과 당사자

지방자치단체 상호간의 권한쟁의심판은 ① 특별시 · 광역시 · 특별자치시 · 도 · 특별자치도 상호간의 권한쟁의심판, ② 시 · 군 · 자치구 상호간의 권한쟁의심판, ③ 특별시 · 광역시 · 특별자치시 · 도 · 특별자치도와 시 · 군 · 자치구 간의 권한쟁의심판으로 구분된다(헌재법 제62조 제1항 제3호). 권한쟁의가 교육 · 학예에 관한 지방자치단체의 사무에 관한 것인 때에는 교육감이 당사자가 된다(동법 동조 제2항). 헌법재판소에 따르면 지방자치단체의 장은 원칙적으로 권한쟁의 심판청구의 당사자가 될 수 없지만 지방자치단체의 장이 국가위임사무에 대해 국가기관의 지위에서 처분을 행한 경우에는 권한쟁의 심판청구의 당사자가 될 수 있다.[13] 한편 국가기관 상호간의 권한쟁의에서는 열거된 국가기관들을 '예시'로 볼 수 있는 반면에 지방자치단체 상호간의 권한쟁의에서는 열거된 지방자치단체들을 '예시'로 볼 여지가 없으므로 지방의회의 의원과 의장은 권한쟁의의 당사자가 될 수 없다.[14] 그리고 지방자치단체 상호간의 권한쟁의는 '서로 상이한 권리주체간'을 의미하므로 교육감과 해당 자치단체 상호간의 권한쟁의심판의 청구는 부적법하다.[15] 또한 지방의회와 지방자치단체의 분쟁에서 양자는 권한쟁의의 당사자가 되지 못한다.[16] 마찬가지로 지방의회의 의장과 의원 간의 권한쟁의도 지방자치단체 상호간의 권한쟁의심판의 대상이 될 수 없다.[17]

---

13) 헌재 2006. 8. 31. 2003헌라1.
14) 헌재 2010. 4. 29. 2009헌라11.
15) 헌재 2016. 6. 30. 2014헌라1.
16) 헌재 2018. 7. 26. 2018헌라1.

제 3 절 심 판

Ⅰ. 심판의 청구

1. 청구인과 피청구인

1) 청 구 인 권한쟁의심판은 피청구인의 처분 또는 부작위가 헌법 또는 법률에 의하여 부여받은 청구인의 권한을 침해하였거나 침해할 현저한 위험이 있는 때에 한하여 청구할 수 있다(헌재법 제61조 제2항). 따라서 권한쟁의심판의 청구인은 피청구인의 처분 또는 부작위로 인하여 헌법 또는 법률에 의하여 부여받은 **권한을 침해받았거나 침해받을 현저한 위험이 있는 자**이다. 즉 권한쟁의심판의 청구인적격은 오로지 ① 헌법이나 법률로부터 부여받은 권한을 가진 주체에게만 있고, 또한 ② 그러한 권한을 침해받았거나 침해받을 위험이 있는 주체에게만 있다.

문제가 되는 청구인의 권한은 **헌법**으로부터 부여받은 권한뿐만 아니라 **법률**로부터 부여받은 권한도 포함된다. 다만 권한쟁의심판의 대상이 되는 권한은 특정한 국가기관이 부여받은 독자적인 권능을 행사하는 경우에만 해당한다.[18] 한편 피청구인의 처분뿐만 아니라 부작위로 인한 권한의 침해도 문제되기 때문에 피청구인의 **권한**의 행사뿐만 아니라 **의무**의 불이행으로 인한 권한의 침해도 청구의 대상이 될 수 있다. 다만 권한의 유무에 관한 권한쟁의심판에서 부작위는 권한의 불행사로 해석될 여지도 있다. 그렇다면 권한쟁의심판에서 문제되는 처분은 권한의 행사로, 부작위는 권한의 불행사로 이해될 수도 있다. 물론 법적으로 의미있는 부작위는 의무가 있는데도 이행하지 않는 부작위이므로 권한의 불행사로 이해되는 부작위는 권한행사의 의무가 있는데도 권한을 행사하지 않는 부작위를 의미한다. 헌법과 법률로부터 부여받은 권한이나 의무가 존재하는지 여부에 대한 종국적 판단은 본안판단에서 결정되기 때문에 적법성을 판단하는 단계에서는 권한이 존재한다는 **가능성**이나 **개연성**만으로 충분하다. 권리관계 주체 이외의 제3자가 자신의 고유한 법적 이익이 있는 경우에 당사자 적격을 가지게 되는 '제3자 소송담당'의 인정 여부, 예를 들어 부분기관이 전체기관을 위한 소송담당을 할 수 있는지에 대해서는 명문의 규정이 없지만 인정될 수 있다. 헌법재판소의 소수견해에 따르면 국회의 권한에 관한 제3자 소송담당은 소수파에게만 인정될 수 있다고 주장되기도 한다.[19]

2) 피청구인 권한쟁의심판의 피청구인은 처분이나 부작위로 청구인의 권한을 침해하였거나 침해할 현저한 위험이 있는 **국가**나 **지방자치단체**이다. 여기서 처분은 구체적이고 개별적인 행위뿐만 아니라 추상적이고 일반적인 법제정행위도 포함한다. 따라서

---

17) 헌재 2010. 4. 29. 2009헌라11.

18) 헌재 2010. 7. 29. 2010헌라1.

19) 헌재 1998. 7. 14. 98헌라1.

행정부의 행위의 경우에도 처분뿐만 아니라 행정입법까지도 포함된다. 한편 부작위는 헌법이나 법률에 의해 부과된 의무가 있음에도 불구하고 이를 이행하지 않은 것을 말한다. 물론 부작위는 헌법과 법률로부터 부여받은 권한의 불행사를 뜻할 수도 있다. 이 경우 권한의 불행사는 권한행사의 의무가 있을 것을 전제로 하는데 의무에 지나지 않는 권한은 사실상 존재하지 않는 권한을 의미한다. 실제로 대통령의 권한을 대행하는 국무총리가 국회에서 선출된 헌법재판관을 임명하지 않은 부작위는 임명권 행사의무의 부작위로 이해될 수도 있는데 여기서 대통령의 임명권은 의무만 남아 사실상 존재하지 않는 형식적 권한에 지나지 않는다.

2. 청 구 서

권한쟁의심판을 청구하기 위해서는 정해진 청구서를 제출해야만 한다(헌재법 제26조 제1항). 권한쟁의심판을 청구하는 청구서에는 ① 청구인 또는 청구인이 속한 기관 및 심판수행자 또는 대리인의 표시, ② 피청구인의 표시, ③ 심판대상이 되는 피청구인의 처분 또는 부작위, ④ 청구 이유, ⑤ 그 밖에 필요한 사항을 기재해야만 한다(동법 제64조).

3. 청구기간

권한쟁의의 심판은 그 사유가 있음을 안 날로부터 60일 이내에, 그 사유가 있은 날로부터 180일 이내에 청구해야만 한다(동법 제63조 제1항). 이러한 청구기간은 불변기간으로 한다(동법 동조 제2항).

[판례] 법률제정행위에 대한 권한쟁의에서 청구기간

법률의 제정에 대한 권한쟁의심판의 경우, 청구기간은 법률이 공포되거나 이와 유사한 방법으로 일반에게 알려진 것으로 간주된 때부터 기산되는 것이 일반적이다. 일정한 법률안이 법률로 성립하기 위해서는 국회의 의결을 거쳐 관보에 게재·공포되어야 하고, 이로써 이해당사자 및 국민에게 널리 알려지는 것이기 때문이다(2006. 5. 25. 2005헌라4).

[판례] 청구기간의 경과로 각하된 사례

청구인 화성시는 2006. 5. 4. 피청구인들의 이 사건 심판대상 행위에 따른 분쟁을 이유로 중앙분쟁조정위원회에 조정을 신청하였으므로 청구인으로서는 적어도 그 때부터 주장과 같은 권한침해의 사유가 있음을 알았다고 할 것이다. 그런데 이 사건 심판청구는 청구인이 심판청구의 사유를 안 날로부터 2년이 경과한 2008. 8. 28.경에야 청구되었다. 따라서 이 사건 권한쟁의심판은 청구기간이 경과된 후에 제기되었음이 역수상 명백하다(2009. 9. 24. 2008헌라5).

4. 청구의 취하

권한쟁의심판절차에 있어서 청구의 취하에 대해서는 명문의 규정이 없다. 하지만 일반적으로 헌법재판소의 심판절차에 관하여는 헌법재판의 성질에 반하지 아니하는 한도내에서 민사소송에 관한 법령을 준용하고, 특히 권한쟁의의 경우에는 행정소송법을 준용할 수 있는데(동법 제40조 제1항) 청구의 취하에 관한 행정소송법의 규정이 없기 때문에 민사소송법의 소의 취하에 관한 규정을 준용하여 권한쟁의심판청구는 취하될 수 있다고 보아야 한다.[20] 한편 헌법재판소에 따르면 국회의원과 국회의장 간 권한쟁의심판절차가 계속 중에 국회의원직을 상실한 일부 청구인들에 대해서는 국회의원의 심의·표결권이 일신전속적인 것이어서 수계될 수 있는 성질의 것이 아니므로 심판절차는 종료된다고 한다.[21] 또한 국회의원의 징계와 관련된 국회의원과 국회의장 간 권한쟁의심판절차에서 청구인의 임기가 만료된 경우에도 심판절차가 종료된다고 본다.[22]

[판례] 권한쟁의심판청구의 취하

제4편 제2장 제4절 I. 3. 아래의 판례(2001. 6. 28. 2000헌라1) 참조.

Ⅱ. 심판의 대상: 권한의 침해 또는 침해의 위험성

피청구인의 처분 또는 부작위가 헌법 또는 법률에 의하여 부여된 청구인의 권한을 침해하였거나 침해할 현저한 위험이 있는 경우에 권한쟁의심판을 청구할 수 있다. 따라서 권한쟁의심판의 대상에는 **현실적인 침해**뿐만 아니라 **발생의 개연성이 있는 침해**도 포함된다. 부작위에 의한 권한침해를 다투는 권한쟁의심판은 피청구인에게 헌법상 또는 법률상 유래하는 작위의무가 있음에도 피청구인이 그러한 의무를 다하지 않은 경우나 헌법상 또는 법률상 부여받은 권한을 행사해야 하는 의무가 있는데도 행사하지 않은 경우에 허용된다.[23] 침해의 형태는 ① 헌법과 법률이 부여한 권한을 유월하여 다른 기관의 권한을 침범하는 경우, ② 다른 기관의 권한행사를 저해하는 경우, ③ 다른 기관의 권한을 박탈하거나 기관 자체를 폐지하는 경우 등으로 구분된다. 헌법에 의하여 설치된 기관이 아니고, 따라서 그 권한을 헌법이 아니라 법률로부터 부여받은 경우에는 입법자가 그러한 기관을 폐지하거나 그 권한을 박탈해도 권한의 침해가 될 수 없다.[24] 국회의원이 심의·표결권은 국회의 대내적 관계에서만 침해될 수 있으므로 다른 국가기관에 의하여 침해될 수는 없다.[25]

[판례] 권한쟁의심판의 대상으로서 처분 또는 부작위의 개념

[1] 헌법재판소법 제61조 제2항에 따라 권한쟁의심판을 청구하려면 피청구인의 처분 또는 부작위가 존재하여야 한다. 여기서의 처분은 입법행위와 같은 법률의 제정과 관련된 권한의 존부 및 행사상의 다툼, 행정처분은 물론 행정입법과 같은 모든 행정작용,

20) 김하열b, 135면; 성낙인, 875면. 헌재 2001. 5. 8. 2000헌라1.
21) 헌재 2024. 3. 28. 2023헌라9.
22) 헌재 2024. 6. 27. 2022헌라3.
23) 헌재 1998. 7. 14. 98헌라3.
24) 정종섭b, 543면.
25) 헌재 2008. 1. 17. 2005헌라10.

그리고 법원의 재판 및 사법행정작용 등을 포함하는 넓은 의미의 공권력 처분을 의미하는 것으로 보아야 할 것이므로, 법률에 대한 권한쟁의심판도 허용된다고 봄이 일반적이나 다만, '법률 그 자체'가 아니라 '법률제정행위'를 그 심판대상으로 하여야 할 것이다(2006. 5. 25. 2005헌라4).

[2] 권한쟁의심판청구의 적법요건으로서의 '처분'에는 개별적 행위뿐만 아니라 규범을 제정하는 행위도 포함되며, 입법영역에서는 법률의 제정행위 및 법률 자체를, 행정영역에서는 법규명령 및 모든 개별적인 행정적 행위를 포함한다. … 적법요건으로서의 '부작위'는 단순한 사실상의 부작위가 아니고 헌법상 또는 법률상의 작위의무가 있는데도 불구하고 이를 이행하지 아니하는 것을 말한다(2006. 8. 31. 2004헌라2).

[판례] 장래처분에 대한 권한쟁의

피청구인의 장래처분에 의해서 청구인의 권한침해가 예상되는 경우에 청구인은 원칙적으로 이러한 장래처분이 행사되기를 기다린 이후에 이에 대한 권한쟁의심판청구를 통해서 침해된 권한의 구제를 받을 수 있으므로, 피청구인의 장래처분을 대상으로 하는 심판청구는 원칙적으로 허용되지 아니한다. 그러나 피청구인의 장래처분이 확실하게 예정되어 있고, 피청구인의 장래처분에 의해서 청구인의 권한이 침해될 위험성이 있어서 청구인의 권한을 사전에 보호해 주어야 할 필요성이 매우 큰 예외적인 경우에는 피청구인의 장래처분에 대해서도 헌법재판소법 제61조 제2항에 의거하여 권한쟁의심판을 청구할 수 있다(2004. 9. 23. 2000헌라2; 2008. 12. 26. 2005헌라11; 2009. 7. 30. 2005헌라2; 2021. 2. 25. 2015헌라7; 2022. 10. 27. 2020헌라4).

Ⅲ. 심판의 절차

재판부는 재판관 7인 이상의 출석으로 사건을 심리한다. 권한쟁의심판의 심리는 **구두변론**에 의한다(헌재법 제30조 제1항). 재판부가 변론을 열 때에는 기일을 정하고 당사자와 관계인을 소환해야만 한다(동법 동조 제3항). 권한쟁의심판에 관하여는 헌법재판소법에 특별한 규정이 있는 경우를 제외하고는 헌법재판의 성질에 반하지 않는 한도 내에서 민사소송에 관한 법령과 행정소송법을 준용한다(동법 제40조 제1항).

제 4 절 결 정

재판부는 종국심리에 관여한 재판관의 **과반수의 찬성**으로 권한쟁의심판사건에 관한 결정을 한다(헌재법 제23조 제2항).

Ⅰ. 유 형

1. 각하결정과 심판절차종료선언

권한쟁의심판의 청구가 부적법한 경우에는 각하결정을 한다. 헌법재판소에 따르면 권한쟁의심판은 비록 객관적 소송이지만 권한쟁의로써 해결해야 할 권리보호이익이 있어야 하므로 권한침해의 상태가 이미 종료되면 객관적 심판의 이익이 없는 한 그에 대한 청구는 부적법하다.[26] 청구의 취하가 있는 경우에는 심판절차종료선언을 할 수 있다.

2. 기각결정

권한의 침해가 없어 권한쟁의심판의 청구가 이유없는 경우에는 기각결정을 한다.

3. 인용결정

(1) 권한의 유무 및 침해에 관한 결정

헌법재판소는 심판의 대상이 된 국가기관 또는 지방자치단체의 권한의 유무에 관하여 판단한다(동법 제66조 제1항). 권한의 유무에 대한 결정이지만 권한의 침해 여부에 대한 결정과 결합되어 단계적으로 구성되고, 전자가 후자보다 선행하여 이루어진다. 하지만 소극적 권한쟁의의 경우에는 권한의 유무에 관한 결정만 독립적으로 이루어질 수도 있으나 의무에 지나지 않아 사실상 존재하지 않는 권한을 행사하여 청구인의 권한을 침해한다면 권한의 유무와 권한의 침해 여부가 결합되어 단계적으로 진행된다.

(2) 권한의 범위 및 침해에 관한 결정

헌법재판소는 심판의 대상이 된 국가기관 또는 지방자치단체의 권한의 범위에 관하여 판단한다(동법 제66조 제1항). 권한의 범위에 대한 결정도 권한의 침해 여부에 대한 결정과 결합되어 단계적으로 구성되고, 전자가 후자보다 선행하여 이루어진다. 권한의 범위에 관한 소극적 권한쟁의의 경우에도 권한의 범위에 관한 결정만 독립적으로 이루어질 수 있다.

(3) 취소결정

권한의 유무나 범위에 관하여 판단하는 경우에 피청구기관의 처분이 이미 청구인의 권한을 침해한 때에는 이를 **취소**할 수 있다(동법 제66조 제2항). 여기서 말하는 취소에 대해서는 ① 행정행위의 하자이론에서 말하는 무효와 구분되는 취소를 의미한다는 견해와 ② 그러한 취소를 의미하지 않는다는 견해로 구분된다. 전자의 견해에 따르면 헌법재판소는 권한의 침해가 명백하고 중대한 경우에는 무효확인결정을 하고, 명백하고 중대하지 않은 경우에는 취소결정을 할 수 있다고 한다. 반면에 후자의 견해에 따르면 취소결정은 '처분'으로 인한 권한의 침해를 인용하는 경우에 하고, 무효확인결정은 '부작위'로 인한 권한의 침해를 인용하는 경우에 한다. 헌법재판소는 전자의 견해에 따라 처분의 하자의 중대성과 명백성을 기준으로 취소와 무효를 구분한다.[27]

헌법재판소법에 따르면 처분에 대해서 취소뿐만 아니라 무효확인을 할 수 있다고

26) 헌재 2011. 8. 30. 2010헌라4.

27) 헌재 1999. 7. 22. 98헌라4.

규정하고 있기 때문에(동법 제66조 제2항 전단) 전자의 견해가 타당한 것처럼 보인다. 하지만 ① 취소결정이나 무효확인결정 모두 효과의 측면에서 동일하고, ② 또한 동일하게 청구기간의 제한이 있다는 점에서, ③ 그리고 헌법재판소법 제67조 제2항에서 '취소'라고만 규정하고 있지만 '무효확인'도 포함된다는 점에서 양자를 구별해야 할 실익은 없다고 판단된다.

한편 법률의 문언만 보면 침해한 경우로 한정하고 있지만 침해할 현저한 위험이 있는 경우도 포함된다. 처분을 취소하는 결정은 권한의 유무 및 범위에 관한 결정과 반드시 함께 선고하여야 하는 것은 아니고, 헌법재판소가 재량으로 판단할 수 있다. 하지만 취소결정을 하는 경우에는 반드시 선행하여 권한의 유무와 범위에 관한 결정을 해야 한다. 헌법재판소에 따르면 지방자치단체를 상대로 한 권한쟁의심판에서 자치사무에 관한 자치단체장의 처분은 취소할 수 있다.[28]

[판례] 취소와 무효의 구분

피청구인(경기도)이 행한 두 차례의 인용재결에서 재결의 주문에 포함된 것은 골프연습장에 관한 것뿐으로서, 이 사건 진입도로에 관한 판단은 포함되지 아니함이 명백하고, 재결의 기속력의 객관적 범위는 그 재결의 주문에 포함된 법률적 판단에 한정되는 것이다. 청구인(성남시)은 인용재결내용에 포함되지 아니한 이 사건 진입도로에 대한 도시계획사업시행자 지정처분을 할 의무는 없으므로 피청구인이 이 사건 진입도로에 대하여까지 청구인의 불이행을 이유로 행정심판법 제37조에 의하여 도시계획사업자시행자처분을 한 것은 인용재결의 범위를 넘어 청구인의 권한을 침해한 것으로서, 그 처분에 **중대하고 명백한 흠이 있어** 무효라고 할 것이다(1999. 7. 22. 98헌라4).

(4) 무효확인결정

권한의 유무나 범위에 관하여 판단하는 경우에 피청구기관의 처분이 이미 청구인의 권한을 침해했으면 그 무효를 확인할 수 있다(동법 제66조 제2항). 이 경우에도 침해에는 침해할 현저한 위험이 있는 경우도 포함된다. 또한 무효확인결정은 권한의 유무와 범위에 관한 결정과 반드시 함께 선고해야 하는 것은 아니지만 무효확인결정을 하는 경우에는 선행하여 권한의 유무와 범위에 관한 결정을 해야 한다.

취소결정을 행정행위의 취소와 다른 개념으로 이해하여 취소와 무효를 구분하지 않는 견해에 따르면 처분의 무효확인결정을 통해 얻으려는 폐지의 효과는 처분의 취소결정으로도 가능하기 때문에 처분의 무효확인결정은 인정할 필요가 없을 수도 있다.[29] 한편 취소와 무효확인은 효과에서는 동일하지만 침해의 원인이 된 처분과 부작위에 대해서 구분되어 사용될 수 있기 때문에 개념적으로는 구별의 필요성이 있다는 견해도 가능하다. 결론적으로 헌법재판소법은 처분에 대해서도 무효를 확인하는 결정을 할 수 있다

28) 헌재 2006. 8. 31. 2004헌라2.

29) 정종섭b, 560면 이하.

고 규정하고 있기 때문에 그러한 개념적 구별의 필요성은 인정하기 어렵다.

(5) 부작위위법확인결정

권한의 유무나 범위에 관하여 판단하는 경우에 피청구기관의 '부작위'가 이미 청구인의 권한을 침해했으면 그 위헌 또는 위법을 확인할 수 있다(동법 제66조 제2항). 이러한 **위헌 또는 위법을 확인**하는 결정으로 피청구인은 작위의무를 이행해야 할 책임이 발생한다.

Ⅱ. 효 력

헌법재판소의 권한쟁의심판에 관한 결정은 모든 국가기관과 지방자치단체를 기속한다(동법 제67조 제1항). 따라서 헌법재판소가 확인한 권한의 유무와 범위에 따라 국가기관과 지방자치단체의 권한이 행사되어야 하고, 피청구인의 권한을 침해하는 청구인의 동일한 권한행사는 금지된다. 또한 헌법재판소의 결정으로 취소되거나 무효로 확인된 권한행사(처분)의 경우에는 소급적으로 효력이 상실되고, 위법 또는 위헌으로 확인된 권한불행사(부작위)의 경우에는 확인된 의무를 이행해야 한다. 이 경우에 국가기관 또는 지방자치단체의 처분을 취소하는 결정은 그 '처분의 상대방'에 대하여 이미 생긴 효력에 영향을 미치지 않는다(동법 동조 제2항). 한편 부작위에 대한 심판청구를 인용하는 결정을 하면 피청구인은 결정취지에 따른 처분을 해야만 한다(동법 제66조 제2항).

Ⅲ. 가 처 분

헌법재판소가 권한쟁의심판의 청구를 받으면 직권 또는 청구인의 신청에 의하여 종국결정의 선고시까지 심판대상이 된 피청구기관의 처분의 효력을 정지하는 결정을 할 수 있다(동법 제65조).

[판례] 가처분의 요건

헌법재판소가 직권 또는 청구인의 신청에 따라 심판대상이 된 피청구기관의 처분의 효력을 정지하는 가처분신청은 본안사건이 부적법하거나 이유없음이 명백하지 않는 한, 가처분을 인용한 뒤 종국결정에서 청구가 기각되었을 때 발생하게 될 불이익과 가처분을 기각한 뒤 청구가 인용되었을 때 발생하게 될 불이익에 대한 **비교형량**을 하는 것이 가장 중요한 요건이고, 이 비교형량의 결과 후자의 불이익이 전자의 불이익보다 큰 때에 한하여 가처분결정을 허용할 수 있다(1999. 3. 25. 98헌사98).

부 록

- 대한민국헌법
- 헌법재판소법

대한민국헌법

(1987. 10. 29. 공포)

[전 문]

전 문

유구한 역사와 전통에 빛나는 우리 대한국민은 3·1운동으로 건립된 대한민국임시정부의 법통(法統)과 불의에 항거한 4·19민주이념을 계승하고, 조국의 민주개혁과 평화적 통일의 사명에 입각하여 정의·인도와 동포애로써 민족의 단결을 공고히 하고, 모든 사회적 폐습과 불의를 타파하며, 자율과 조화를 바탕으로 자유민주적 기본질서를 더욱 확고히 하여 정치·경제·사회·문화의 모든 영역에 있어서 각인의 기회를 균등히 하고, 능력을 최고도로 발휘하게 하며, 자유와 권리에 따르는 책임과 의무를 완수하게 하여, 안으로는 국민생활의 균등한 향상을 기하고 밖으로는 항구적인 세계평화와 인류공영에 이바지함으로써 우리들과 우리들의 자손의 안전과 자유와 행복을 영원히 확보할 것을 다짐하면서 1948년 7월 12일에 제정되고 8차에 걸쳐 개정된 헌법을 이제 국회의 의결을 거쳐 국민투표에 의하여 개정한다.

1987년 10월 29일

제1장 총 강

제1조 ① 대한민국은 민주공화국이다.
② 대한민국의 주권(主權)은 국민에게 있고, 모든 권력은 국민으로부터 나온다.

제2조 ① 대한민국의 국민이 되는 요건은 법률로 정한다.
② 국가는 법률이 정하는 바에 의하여 재외국민을 보호할 의무를 진다.

제3조 대한민국의 영토는 한반도와 그 부속도서(附屬島嶼)로 한다.

제4조 대한민국은 통일을 지향하며, 자유민주적 기본질서에 입각한 평화적 통일 정책을 수립하고 이를 추진한다.

제5조 ① 대한민국은 국제평화의 유지에 노력하고 침략적 전쟁을 부인한다.
② 국군은 국가의 안전보장과 국토방위의 신성한 의무를 수행함을 사명으로 하며, 그 정치적 중립성은 준수된다.

제6조 ① 헌법에 의하여 체결·공포된 조약과 일반적으로 승인된 국제법규는 국내법과 같은 효력을 가진다.
② 외국인은 국제법과 조약이 정하는 바에 의하여 그 지위가 보장된다.

제7조 ① 공무원은 국민전체에 대한 봉사자이며, 국민에 대하여 책임을 진다.
② 공무원의 신분과 정치적 중립성은 법률이 정하는 바에 의하여 보장된다.

제8조 ① 정당의 설립은 자유이며, 복수정당제(複數政黨制)는 보장된다.
② 정당은 그 목적·조직과 활동이 민주적이어야 하며, 국민의 정치적 의사형성에 참여하는데 필요한 조직을 가져야 한다.
③ 정당은 법률이 정하는 바에 의하여 국가의 보호를 받으며, 국가는 법률이 정하는 바에 의하여

정당운영에 필요한 자금을 보조할 수 있다.
④ 정당의 목적이나 활동이 민주적 기본질서에 위배될 때에는 정부는 헌법재판소에 그 해산을 제소할 수 있고, 정당은 헌법재판소의 심판에 의하여 해산된다.

제9조 국가는 전통문화의 계승·발전과 민족문화의 창달에 노력하여야 한다.

제 2 장 국민의 권리와 의무

제10조 모든 국민은 인간으로서의 존엄과 가치를 가지며, 행복을 추구할 권리를 가진다. 국가는 개인이 가지는 불가침의 기본적 인권을 확인하고 이를 보장할 의무를 진다.

제11조 ① 모든 국민은 법 앞에 평등하다. 누구든지 성별·종교 또는 사회적 신분에 의하여 정치적·경제적·사회적·문화적 생활의 모든 영역에 있어서 차별을 받지 아니한다.
② 사회적 특수계급의 제도는 인정되지 아니하며, 어떠한 형태로도 이를 창설할 수 없다.
③ 훈장 등의 영전(榮典)은 이를 받은 자에게만 효력이 있고, 어떠한 특권도 이에 따르지 아니한다.

제12조 ① 모든 국민은 신체의 자유를 가진다. 누구든지 법률에 의하지 아니하고는 체포·구속·압수·수색 또는 심문을 받지 아니하며, 법률과 적법한 절차에 의하지 아니하고는 처벌·보안처분 또는 강제노역을 받지 아니한다.
② 모든 국민은 고문을 받지 아니하며, 형사상 자기에게 불리한 진술을 강요당하지 아니한다.
③ 체포·구속·압수 또는 수색을 할 때에는 적법한 절차에 따라 검사의 신청에 의하여 법관이 발부한 영장(令狀)을 제시하여야 한다. 다만, 현행범인인 경우와 장기 3년 이상의 형에 해당하는 죄를 범하고 도피 또는 증거인멸의 염려가 있을 때에는 사후에 영장을 청구할 수 있다.
④ 누구든지 체포 또는 구속을 당한 때에는 즉시 변호인의 조력을 받을 권리를 가진다. 다만, 형사피고인이 스스로 변호인을 구할 수 없을 때에는 법률이 정하는 바에 의하여 국가가 변호인을 붙인다.
⑤ 누구든지 체포 또는 구속의 이유와 변호인의 조력을 받을 권리가 있음을 고지받지 아니하고는 체포 또는 구속을 당하지 아니한다. 체포 또는 구속을 당한 자의 가족 등 법률이 정하는 자에게는 그 이유와 일시·장소가 지체없이 통지되어야 한다.
⑥ 누구든지 체포 또는 구속을 당한 때에는 적부(適否)의 심사를 법원에 청구할 권리를 가진다.
⑦ 피고인의 자백이 고문·폭행·협박·구속의 부당한 장기화 또는 기망(欺罔) 기타의 방법에 의하여 자의로 진술된 것이 아니라고 인정될 때 또는 정식재판에 있어서 피고인의 자백이 그에게 불리한 유일한 증거일 때에는 이를 유죄의 증거로 삼거나 이를 이유로 처벌할 수 없다.

제13조 ① 모든 국민은 행위시의 법률에 의하여 범죄를 구성하지 아니하는 행위로 소추되지 아니하며, 동일한 범죄에 대하여 거듭 처벌받지 아니한다.
② 모든 국민은 소급입법(遡及立法)에 의하여 참정권의 제한을 받거나 재산권을 박탈당하지 아니한다.
③ 모든 국민은 자기의 행위가 아닌 친족의 행위로 인하여 불이익한 처우를 받지 아니한다.

제14조 모든 국민은 거주·이전의 자유를 가진다.

제15조 모든 국민은 직업선택의 자유를 가진다.

제16조 모든 국민은 주거의 자유를 침해받지 아니한다. 주거에 대한 압수나 수색을 할 때에는 검사의 신청에 의하여 법관이 발부한 영장(令狀)을 제시하여야 한다.

제17조 모든 국민은 사생활의 비밀과 자유를 침해받지 아니한다.

제18조 모든 국민은 통신의 비밀을 침해받지 아니한다.

제19조 모든 국민은 양심의 자유를 가진다.

제20조 ① 모든 국민은 종교의 자유를 가진다.
② 국교(國敎)는 인정되지 아니하며, 종교와 정치는 분리된다.

제21조 ① 모든 국민은 언론·출판의 자유와 집회·결사의 자유를 가진다.
② 언론·출판에 대한 허가나 검열과 집회·결사에 대한 허가는 인정되지 아니한다.
③ 통신·방송의 시설기준과 신문의 기능을 보장

하기 위하여 필요한 사항은 법률로 정한다.

④ 언론·출판은 타인의 명예나 권리 또는 공중도덕이나 사회윤리를 침해하여서는 아니된다. 언론·출판이 타인의 명예나 권리를 침해한 때에는 피해자는 이에 대한 피해의 배상을 청구할 수 있다.

제22조 ① 모든 국민은 학문과 예술의 자유를 가진다.

② 저작자·발명가·과학기술자와 예술가의 권리는 법률로써 보호한다.

제23조 ① 모든 국민의 재산권은 보장된다. 그 내용과 한계는 법률로 정한다.

② 재산권의 행사는 공공복리에 적합하도록 하여야 한다.

③ 공공필요에 의한 재산권의 수용·사용 또는 제한 및 그에 대한 보상은 법률로써 하되, 정당한 보상을 지급하여야 한다.

제24조 모든 국민은 법률이 정하는 바에 의하여 선거권을 가진다.

제25조 모든 국민은 법률이 정하는 바에 의하여 공무담임권을 가진다.

제26조 ① 모든 국민은 법률이 정하는 바에 의하여 국가기관에 문서로 청원할 권리를 가진다.

② 국가는 청원에 대하여 심사할 의무를 진다.

제27조 ① 모든 국민은 헌법과 법률이 정한 법관에 의하여 법률에 의한 재판을 받을 권리를 가진다.

② 군인 또는 군무원이 아닌 국민은 대한민국의 영역 안에서는 중대한 군사상 기밀·초병(哨兵)·초소(哨所)·유독음식물공급(有毒飮食物供給)·포로·군용물에 관한 죄 중 법률이 정한 경우와 비상계엄이 선포된 경우를 제외하고는 군사법원의 재판을 받지 아니한다.

③ 모든 국민은 신속한 재판을 받을 권리를 가진다. 형사피고인은 상당한 이유가 없는 한 지체없이 공개재판을 받을 권리를 가진다.

④ 형사피고인은 유죄의 판결이 확정될 때까지는 무죄로 추정된다.

⑤ 형사피해자는 법률이 정하는 바에 의하여 당해 사건의 재판절차에서 진술할 수 있다.

제28조 형사피의자 또는 형사피고인으로서 구금되었던 자가 법률이 정하는 불기소처분을 받거나 무죄판결을 받은 때에는 법률이 정하는 바에 의하여 국가에 정당한 보상을 청구할 수 있다.

제29조 ① 공무원의 직무상 불법행위로 손해를 받은 국민은 법률이 정하는 바에 의하여 국가 또는 공공단체에 정당한 배상을 청구할 수 있다. 이 경우 공무원 자신의 책임은 면제되지 아니한다.

② 군인·군무원·경찰공무원 기타 법률이 정하는 자가 전투·훈련 등 직무집행과 관련하여 받은 손해에 대하여는 법률이 정하는 보상 외에 국가 또는 공공단체에 공무원의 직무상 불법행위로 인한 배상은 청구할 수 없다.

제30조 타인의 범죄행위로 인하여 생명·신체에 대한 피해를 받은 국민은 법률이 정하는 바에 의하여 국가로부터 구조(救助)를 받을 수 있다.

제31조 ① 모든 국민은 능력에 따라 균등하게 교육을 받을 권리를 가진다.

② 모든 국민은 그 보호하는 자녀에게 적어도 초등교육과 법률이 정하는 교육을 받게 할 의무를 진다.

③ 의무교육은 무상으로 한다.

④ 교육의 자주성·전문성·정치적 중립성 및 대학의 자율성은 법률이 정하는 바에 의하여 보장된다.

⑤ 국가는 평생교육을 진흥하여야 한다.

⑥ 학교교육 및 평생교육을 포함한 교육제도와 그 운영, 교육재정 및 교원의 지위에 관한 기본적인 사항은 법률로 정한다.

제32조 ① 모든 국민은 근로의 권리를 가진다. 국가는 사회적·경제적 방법으로 근로자의 고용의 증진과 적정임금의 보장에 노력하여야 하며, 법률이 정하는 바에 의하여 최저임금제를 시행하여야 한다.

② 모든 국민은 근로의 의무를 진다. 국가는 근로의 의무의 내용과 조건을 민주주의원칙에 따라 법률로 정한다.

③ 근로조건의 기준은 인간의 존엄성을 보장하도록 법률로 정한다.

④ 여자의 근로는 특별한 보호를 받으며, 고용·임금 및 근로조건에 있어서 부당한 차별을 받지 아니한다.

⑤ 연소자의 근로는 특별한 보호를 받는다.

⑥ 국가유공자·상이군경(傷痍軍警) 및 전몰군경(戰歿軍警)의 유가족은 법률이 정하는 바에 의하여 우선적으로 근로의 기회를 부여받는다.

제33조 ① 근로자는 근로조건의 향상을 위하여 자주적인 단결권·단체교섭권 및 단체행동권을 가진다.

② 공무원인 근로자는 법률이 정하는 자에 한하여 단결권·단체교섭권 및 단체행동권을 가진다.

③ 법률이 정하는 주요방위산업체에 종사하는 근로자의 단체행동권은 법률이 정하는 바에 의하여 이를 제한하거나 인정하지 아니할 수 있다.

제34조 ① 모든 국민은 인간다운 생활을 할 권리를 가진다.

② 국가는 사회보장·사회복지의 증진에 노력할 의무를 진다.

③ 국가는 여자의 복지와 권익의 향상을 위하여 노력하여야 한다.

④ 국가는 노인과 청소년의 복지향상을 위한 정책을 실시할 의무를 진다.

⑤ 신체장애자 및 질병·노령 기타의 사유로 생활능력이 없는 국민은 법률이 정하는 바에 의하여 국가의 보호를 받는다.

⑥ 국가는 재해를 예방하고 그 위험으로부터 국민을 보호하기 위하여 노력하여야 한다.

제35조 ① 모든 국민은 건강하고 쾌적한 환경에서 생활할 권리를 가지며, 국가와 국민은 환경보전을 위하여 노력하여야 한다.

② 환경권의 내용과 행사에 관하여는 법률로 정한다.

③ 국가는 주택개발정책 등을 통하여 모든 국민이 쾌적한 주거생활을 할 수 있도록 노력하여야 한다.

제36조 ① 혼인과 가족생활은 개인의 존엄과 양성(兩性)의 평등을 기초로 성립되고 유지되어야 하며, 국가는 이를 보장한다.

② 국가는 모성(母性)의 보호를 위하여 노력하여야 한다.

③ 모든 국민은 보건에 관하여 국가의 보호를 받는다.

제37조 ① 국민의 자유와 권리는 헌법에 열거되지 아니한 이유로 경시되지 아니한다.

② 국민의 모든 자유와 권리는 국가안전보장·질서유지 또는 공공복리를 위하여 필요한 경우에 한하여 법률로써 제한할 수 있으며, 제한하는 경우에도 자유와 권리의 본질적인 내용을 침해할 수 없다.

제38조 모든 국민은 법률이 정하는 바에 의하여 납세의 의무를 진다.

제39조 ① 모든 국민은 법률이 정하는 바에 의하여 국방의 의무를 진다.

② 누구든지 병역의무의 이행으로 인하여 불이익한 처우를 받지 아니한다.

제 3 장 국　회

제40조 입법권은 국회에 속한다.

제41조 ① 국회는 국민의 보통·평등·직접·비밀선거에 의하여 선출된 국회의원으로 구성한다.

② 국회의원의 수는 법률로 정하되, 200인 이상으로 한다.

③ 국회의원의 선거구와 비례대표제 기타 선거에 관한 사항은 법률로 정한다.

제42조 국회의원의 임기는 4년으로 한다.

제43조 국회의원은 법률이 정하는 직을 겸할 수 없다.

제44조 ① 국회의원은 현행범인인 경우를 제외하고는 회기중 국회의 동의없이 체포 또는 구금되지 아니한다.

② 국회의원이 회기전에 체포 또는 구금된 때에는 현행범인이 아닌 한 국회의 요구가 있으면 회기중 석방된다.

제45조 국회의원은 국회에서 직무상 행한 발언과 표결에 관하여 국회 외에서 책임을 지지 아니한다.

제46조 ① 국회의원은 청렴의 의무가 있다.

② 국회의원은 국가이익을 우선하여 양심에 따라 직무를 행한다.

③ 국회의원은 그 지위를 남용하여 국가·공공단체 또는 기업체와의 계약이나 그 처분에 의하여 재산상의 권리·이익 또는 직위를 취득하거나 타인을 위하여 그 취득을 알선할 수 없다.

제47조 ① 국회의 정기회는 법률이 정하는 바에 의하여 매년 1회 집회되며, 국회의 임시회는 대통령 또는 국회재적의원 4분의 1 이상의 요구에 의하여 집회된다.

② 정기회의 회기는 100일을, 임시회의 회기는 30일을 초과할 수 없다.

③ 대통령이 임시회의 집회를 요구할 때에는 기간과 집회요구의 이유를 명시하여야 한다.

제48조 국회는 의장 1인과 부의장 2인을 선출한다.

제49조 국회는 헌법 또는 법률에 특별한 규정이 없는 한 재적의원 과반수의 출석과 출석의원 과반수의 찬성으로 의결한다. 가부동수인 때에는 부결된 것으로 본다.

제50조 ① 국회의 회의는 공개한다. 다만, 출석의원 과반수의 찬성이 있거나 의장이 국가의 안전보장을 위하여 필요하다고 인정할 때에는 공개하지 아니할 수 있다.

② 공개하지 아니한 회의내용의 공표에 관하여는 법률이 정하는 바에 의한다.

제51조 국회에 제출된 법률안 기타의 의안은 회기중에 의결되지 못한 이유로 폐기되지 아니한다. 다만, 국회의원의 임기가 만료된 때에는 그러하지 아니하다.

제52조 국회의원과 정부는 법률안을 제출할 수 있다.

제53조 ① 국회에서 의결된 법률안은 정부에 이송되어 15일 이내에 대통령이 공포한다.

② 법률안에 이의가 있을 때에는 대통령은 제1항의 기간내에 이의서를 붙여 국회로 환부하고, 그 재의(再議)를 요구할 수 있다. 국회의 폐회중에도 또한 같다.

③ 대통령은 법률안의 일부에 대하여 또는 법률안을 수정하여 재의를 요구할 수 없다.

④ 재의의 요구가 있을 때에는 국회는 재의에 붙이고, 재적의원과반수의 출석과 출석의원 3분의 2 이상의 찬성으로 전과 같은 의결을 하면 그 법률안은 법률로서 확정된다.

⑤ 대통령이 제1항의 기간내에 공포나 재의의 요구를 하지 아니한 때에도 그 법률안은 법률로서 확정된다.

⑥ 대통령은 제4항과 제5항의 규정에 의하여 확정된 법률을 지체없이 공포하여야 한다. 제5항에 의하여 법률이 확정된 후 또는 제4항에 의한 확정법률이 정부에 이송된 후 5일 이내에 대통령이 공포하지 아니할 때에는 국회의장이 이를 공포한다.

⑦ 법률은 특별한 규정이 없는 한 공포한 날로부터 20일을 경과함으로써 효력을 발생한다.

제54조 ① 국회는 국가의 예산안을 심의·확정한다.

② 정부는 회계연도마다 예산안을 편성하여 회계연도 개시 90일전까지 국회에 제출하고, 국회는 회계연도 개시 30일전까지 이를 의결하여야 한다.

③ 새로운 회계연도가 개시될 때까지 예산안이 의결되지 못한 때에는 정부는 국회에서 예산안이 의결될 때까지 다음의 목적을 위한 경비는 전년도 예산에 준하여 집행할 수 있다.

1. 헌법이나 법률에 의하여 설치된 기관 또는 시설의 유지·운영
2. 법률상 지출의무의 이행
3. 이미 예산으로 승인된 사업의 계속

제55조 ① 한 회계연도를 넘어 계속하여 지출할 필요가 있을 때에는 정부는 연한을 정하여 계속비로서 국회의 의결을 얻어야 한다.

② 예비비는 총액으로 국회의 의결을 얻어야 한다. 예비비의 지출은 차기국회의 승인을 얻어야 한다.

제56조 정부는 예산에 변경을 가할 필요가 있을 때에는 추가경정예산안을 편성하여 국회에 제출할 수 있다.

제57조 국회는 정부의 동의없이 정부가 제출한 지출예산 각항의 금액을 증가하거나 새 비목(費目)을 설치할 수 없다.

제58조 국채(國債)를 모집하거나 예산외에 국가의 부담이 될 계약을 체결하려 할 때에는 정부는 미리 국회의 의결을 얻어야 한다.

제59조 조세의 종목과 세율(稅率)은 법률로 정한다.

제60조 ① 국회는 상호원조 또는 안전보장에 관한 조약, 중요한 국제조직에 관한 조약, 우호통상항해(友好通商航海)조약, 주권의 제약에 관한 조약, 강화(講和)조약, 국가나 국민에게 중대한 재

정적 부담을 지우는 조약 또는 입법사항에 관한 조약의 체결·비준에 대한 동의권을 가진다.

② 국회는 선전포고, 국군의 외국에의 파견 또는 외국군대의 대한민국 영역 안에서의 주류(駐留)에 대한 동의권을 가진다.

第61條 ① 국회는 국정을 감사하거나 특정한 국정사안에 대하여 조사할 수 있으며, 이에 필요한 서류의 제출 또는 증인의 출석과 증언이나 의견의 진술을 요구할 수 있다.

② 국정감사 및 조사에 관한 절차 기타 필요한 사항은 법률로 정한다.

第62條 ① 국무총리·국무위원 또는 정부위원은 국회나 그 위원회에 출석하여 국정처리상황을 보고하거나 의견을 진술하고 질문에 응답할 수 있다.

② 국회나 그 위원회의 요구가 있을 때에는 국무총리·국무위원 또는 정부위원은 출석·답변하여야 하며, 국무총리 또는 국무위원이 출석요구를 받은 때에는 국무위원 또는 정부위원으로 하여금 출석·답변하게 할 수 있다.

第63條 ① 국회는 국무총리 또는 국무위원의 해임을 대통령에게 건의할 수 있다.

② 제1항의 해임건의는 국회재적의원 3분의 1 이상의 발의에 의하여 국회재적의원 과반수의 찬성이 있어야 한다.

第64條 ① 국회는 법률에 저촉되지 아니하는 범위 안에서 의사와 내부규율에 관한 규칙을 제정할 수 있다.

② 국회는 의원의 자격을 심사하며, 의원을 징계할 수 있다.

③ 의원을 제명하려면 국회재적의원 3분의 2 이상의 찬성이 있어야 한다.

④ 제2항과 제3항의 처분에 대하여는 법원에 제소할 수 없다.

第65條 ① 대통령·국무총리·국무위원·행정각부의 장·헌법재판소 재판관·법관·중앙선거관리위원회 위원·감사원장·감사위원 기타 법률이 정한 공무원이 그 직무집행에 있어서 헌법이나 법률을 위배한 때에는 국회는 탄핵의 소추를 의결할 수 있다.

② 제1항의 탄핵소추는 국회재적의원 3분의 1 이상의 발의가 있어야 하며, 그 의결은 국회재적의원 과반수의 찬성이 있어야 한다. 다만, 대통령에 대한 탄핵소추는 국회재적의원 과반수의 발의와 국회재적의원 3분의 2 이상의 찬성이 있어야 한다.

③ 탄핵소추의 의결을 받은 자는 탄핵심판이 있을 때까지 그 권한행사가 정지된다.

④ 탄핵결정은 공직으로부터 파면함에 그친다. 그러나, 이에 의하여 민사상이나 형사상의 책임이 면제되지는 아니한다.

제4장 정 부

제1절 대 통 령

第66條 ① 대통령은 국가의 원수(元首)이며, 외국에 대하여 국가를 대표한다.

② 대통령은 국가의 독립·영토의 보전·국가의 계속성과 헌법을 수호할 책무를 진다.

③ 대통령은 조국의 평화적 통일을 위한 성실한 의무를 진다.

④ 행정권은 대통령을 수반으로 하는 정부에 속한다.

第67條 ① 대통령은 국민의 보통·평등·직접·비밀선거에 의하여 선출한다.

② 제1항의 선거에 있어서 최고득표자가 2인 이상인 때에는 국회의 재적의원 과반수가 출석한 공개회의에서 다수표를 얻은 자를 당선자로 한다.

③ 대통령후보자가 1인일 때에는 그 득표수가 선거권자 총수의 3분의 1 이상이 아니면 대통령으로 당선될 수 없다.

④ 대통령으로 선거될 수 있는 자는 국회의원의 피선거권이 있고 선거일 현재 40세에 달하여야 한다.

⑤ 대통령의 선거에 관한 사항은 법률로 정한다.

第68條 ① 대통령의 임기가 만료되는 때에는 임기만료 70일 내지 40일전에 후임자를 선거한다.

② 대통령이 궐위(闕位)된 때 또는 대통령 당선자가 사망하거나 판결 기타의 사유로 그 자격을 상실한 때에는 60일 이내에 후임자를 선거한다.

第69條 대통령은 취임에 즈음하여 다음의 선서를

한다. "나는 헌법을 준수하고 국가를 보위하며 조국의 평화적 통일과 국민의 자유와 복리의 증진 및 민족문화의 창달에 노력하여 대통령으로서의 직책을 성실히 수행할 것을 국민 앞에 엄숙히 선서합니다."

제70조 대통령의 임기는 5년으로 하며, 중임할 수 없다.

제71조 대통령이 궐위되거나 사고로 인하여 직무를 수행할 수 없을 때에는 국무총리, 법률이 정한 국무위원의 순서로 그 권한을 대행한다.

제72조 대통령은 필요하다고 인정할 때에는 외교·국방·통일 기타 국가안위에 관한 중요정책을 국민투표에 붙일 수 있다.

제73조 대통령은 조약을 체결·비준하고, 외교사절을 신임·접수 또는 파견하며, 선전포고와 강화(講和)를 한다.

제74조 ① 대통령은 헌법과 법률이 정하는 바에 의하여 국군을 통수(統帥)한다.

② 국군의 조직과 편성은 법률로 정한다.

제75조 대통령은 법률에서 구체적으로 범위를 정하여 위임받은 사항과 법률을 집행하기 위하여 필요한 사항에 관하여 대통령령을 발할 수 있다.

제76조 ① 대통령은 내우·외환·천재·지변 또는 중대한 재정·경제상의 위기에 있어서 국가의 안전보장 또는 공공의 안녕질서를 유지하기 위하여 긴급한 조치가 필요하고 국회의 집회를 기다릴 여유가 없을 때에 한하여 최소한으로 필요한 재정·경제상의 처분을 하거나 이에 관하여 법률의 효력을 가지는 명령을 발할 수 있다.

② 대통령은 국가의 안위에 관계되는 중대한 교전상태에 있어서 국가를 보위하기 위하여 긴급한 조치가 필요하고 국회의 집회가 불가능한 때에 한하여 법률의 효력을 가지는 명령을 발할 수 있다.

③ 대통령은 제1항과 제2항의 처분 또는 명령을 한 때에는 지체없이 국회에 보고하여 그 승인을 얻어야 한다.

④ 제3항의 승인을 얻지 못한 때에는 그 처분 또는 명령은 그때부터 효력을 상실한다. 이 경우 그 명령에 의하여 개정 또는 폐지되었던 법률은 그 명령이 승인을 얻지 못한 때부터 당연히 효력을 회복한다.

⑤ 대통령은 제3항과 제4항의 사유를 지체없이 공포하여야 한다.

제77조 ① 대통령은 전시(戰時)·사변(事變) 또는 이에 준하는 국가비상사태에 있어서 병력으로써 군사상의 필요에 응하거나 공공의 안녕질서를 유지할 필요가 있을 때에는 법률이 정하는 바에 의하여 계엄을 선포할 수 있다.

② 계엄은 비상계엄과 경비계엄으로 한다.

③ 비상계엄이 선포된 때에는 법률이 정하는 바에 의하여 영장(令狀)제도, 언론·출판·집회·결사의 자유, 정부나 법원의 권한에 관하여 특별한 조치를 할 수 있다.

④ 계엄을 선포한 때에는 대통령은 지체없이 국회에 통고하여야 한다.

⑤ 국회가 재적의원 과반수의 찬성으로 계엄의 해제를 요구한 때에는 대통령은 이를 해제하여야 한다.

제78조 대통령은 헌법과 법률이 정하는 바에 의하여 공무원을 임면한다.

제79조 ① 대통령은 법률이 정하는 바에 의하여 사면·감형 또는 복권(復權)을 명할 수 있다.

② 일반사면을 명하려면 국회의 동의를 얻어야 한다.

③ 사면·감형 및 복권에 관한 사항은 법률로 정한다.

제80조 대통령은 법률이 정하는 바에 의하여 훈장 기타의 영전(榮典)을 수여한다.

제81조 대통령은 국회에 출석하여 발언하거나 서한(書翰)으로 의견을 표시할 수 있다.

제82조 대통령의 국법상 행위는 문서로써 하며, 이 문서에는 국무총리와 관계 국무위원이 부서(副署)한다. 군사에 관한 것도 또한 같다.

제83조 대통령은 국무총리·국무위원·행정각부의 장 기타 법률이 정하는 공사(公私)의 직을 겸할 수 없다.

제84조 대통령은 내란 또는 외환(外患)의 죄를 범한 경우를 제외하고는 재직중 형사상의 소추를 받지 아니한다.

제85조 전직대통령의 신분과 예우에 관하여는 법률로 정한다.

제2절 행 정 부

제1관 국무총리와 국무위원

제86조 ① 국무총리는 국회의 동의를 얻어 대통령이 임명한다.
② 국무총리는 대통령을 보좌하며, 행정에 관하여 대통령의 명을 받아 행정각부를 통할한다.
③ 군인은 현역을 면한 후가 아니면 국무총리로 임명될 수 없다.

제87조 ① 국무위원은 국무총리의 제청으로 대통령이 임명한다.
② 국무위원은 국정에 관하여 대통령을 보좌하며, 국무회의의 구성원으로서 국정을 심의한다.
③ 국무총리는 국무위원의 해임을 대통령에게 건의할 수 있다.
④ 군인은 현역을 면한 후가 아니면 국무위원으로 임명될 수 없다.

제2관 국무회의

제88조 ① 국무회의는 정부의 권한에 속하는 중요한 정책을 심의한다.
② 국무회의는 대통령·국무총리와 15인 이상 30인 이하의 국무위원으로 구성한다.
③ 대통령은 국무회의의 의장이 되고, 국무총리는 부의장이 된다.

제89조 다음 사항은 국무회의의 심의를 거쳐야 한다.

1. 국정의 기본계획과 정부의 일반정책
2. 선전(宣戰)·강화(講和) 기타 중요한 대외정책
3. 헌법개정안·국민투표안·조약안·법률안 및 대통령령안
4. 예산안·결산·국유재산처분의 기본계획·국가의 부담이 될 계약 기타 재정에 관한 중요사항
5. 대통령의 긴급명령·긴급재정경제처분 및 명령 또는 계엄과 그 해제
6. 군사에 관한 중요사항
7. 국회의 임시회 집회의 요구
8. 영전수여
9. 사면·감형과 복권(復權)
10. 행정각부간의 권한의 획정
11. 정부안의 권한의 위임 또는 배정에 관한 기본계획
12. 국정처리상황의 평가·분석
13. 행정각부의 중요한 정책의 수립과 조정
14. 정당해산의 제소
15. 정부에 제출 또는 회부된 정부의 정책에 관계되는 청원의 심사
16. 검찰총장·합동참모의장·각군참모총장·국립대학교총장·대사 기타 법률이 정한 공무원과 국영기업체관리자의 임명
17. 기타 대통령·국무총리 또는 국무위원이 제출한 사항

제90조 ① 국정의 중요한 사항에 관한 대통령의 자문에 응하기 위하여 국가원로로 구성되는 국가원로자문회의를 둘 수 있다.
② 국가원로자문회의의 의장은 직전(直前)대통령이 된다. 다만, 직전대통령이 없을 때에는 대통령이 지명한다.
③ 국가원로자문회의의 조직·직무범위 기타 필요한 사항은 법률로 정한다.

제91조 ① 국가안전보장에 관련되는 대외정책·군사정책과 국내정책의 수립에 관하여 국무회의의 심의에 앞서 대통령의 자문에 응하기 위하여 국가안전보장회의를 둔다.
② 국가안전보장회의는 대통령이 주재한다.
③ 국가안전보장회의의 조직·직무범위 기타 필요한 사항은 법률로 정한다.

제92조 ① 평화통일정책의 수립에 관한 대통령의 자문에 응하기 위하여 민주평화통일자문회의를 둘 수 있다.
② 민주평화통일자문회의의 조직·직무범위 기타 필요한 사항은 법률로 정한다.

제93조 ① 국민경제의 발전을 위한 중요정책의 수립에 관하여 대통령의 자문에 응하기 위하여 국민경제자문회의를 둘 수 있다.
② 국민경제자문회의의 조직·직무범위 기타 필요한 사항은 법률로 정한다.

제3관 행정각부

제94조 행정각부의 장은 국무위원 중에서 국무총리의 제청으로 대통령이 임명한다.

제95조 국무총리 또는 행정각부의 장은 소관사무

에 관하여 법률이나 대통령령의 위임 또는 직권으로 총리령 또는 부령을 발할 수 있다.

제96조 행정각부의 설치·조직과 직무범위는 법률로 정한다.

제4관 감사원

제97조 국가의 세입·세출의 결산, 국가 및 법률이 정한 단체의 회계검사와 행정기관 및 공무원의 직무에 관한 감찰을 하기 위하여 대통령 소속하에 감사원을 둔다.

제98조 ① 감사원은 원장을 포함한 5인 이상 11인 이하의 감사위원으로 구성한다.

② 원장은 국회의 동의를 얻어 대통령이 임명하고, 그 임기는 4년으로 하며, 1차에 한하여 중임할 수 있다.

③ 감사위원은 원장의 제청으로 대통령이 임명하고, 그 임기는 4년으로 하며, 1차에 한하여 중임할 수 있다.

제99조 감사원은 세입·세출의 결산을 매년 검사하여 대통령과 차년도국회에 그 결과를 보고하여야 한다.

제100조 감사원의 조직·직무범위·감사위원의 자격·감사대상공무원의 범위 기타 필요한 사항은 법률로 정한다.

제5장 법 원

제101조 ① 사법권은 법관으로 구성된 법원에 속한다.

② 법원은 최고법원인 대법원과 각급법원으로 조직된다.

③ 법관의 자격은 법률로 정한다.

제102조 ① 대법원에 부(部)를 둘 수 있다.

② 대법원에 대법관을 둔다. 다만, 법률이 정하는 바에 의하여 대법관이 아닌 법관을 둘 수 있다.

③ 대법원과 각급법원의 조직은 법률로 정한다.

제103조 법관은 헌법과 법률에 의하여 그 양심에 따라 독립하여 심판한다.

제104조 ① 대법원장은 국회의 동의를 얻어 대통령이 임명한다.

② 대법관은 대법원장의 제청으로 국회의 동의를 얻어 대통령이 임명한다.

③ 대법원장과 대법관이 아닌 법관은 대법관회의의 동의를 얻어 대법원장이 임명한다.

제105조 ① 대법원장의 임기는 6년으로 하며, 중임할 수 없다.

② 대법관의 임기는 6년으로 하며, 법률이 정하는 바에 의하여 연임할 수 있다.

③ 대법원장과 대법관이 아닌 법관의 임기는 10년으로 하며, 법률이 정하는 바에 의하여 연임할 수 있다.

④ 법관의 정년은 법률로 정한다.

제106조 ① 법관은 탄핵 또는 금고 이상의 형의 선고에 의하지 아니하고는 파면되지 아니하며, 징계처분에 의하지 아니하고는 정직(停職)·감봉(減俸) 기타 불리한 처분을 받지 아니한다.

② 법관이 중대한 심신상의 장해로 직무를 수행할 수 없을 때에는 법률이 정하는 바에 의하여 퇴직하게 할 수 있다.

제107조 ① 법률이 헌법에 위반되는 여부가 재판의 전제가 된 경우에는 법원은 헌법재판소에 제청하여 그 심판에 의하여 재판한다.

② 명령·규칙 또는 처분이 헌법이나 법률에 위반되는 여부가 재판의 전제가 된 경우에는 대법원은 이를 최종적으로 심사할 권한을 가진다.

③ 재판의 전심절차로서 행정심판을 할 수 있다. 행정심판의 절차는 법률로 정하되, 사법절차가 준용되어야 한다.

제108조 대법원은 법률에서 저촉되지 아니하는 범위 안에서 소송에 관한 절차, 법원의 내부규율과 사무처리에 관한 규칙을 제정할 수 있다.

제109조 재판의 심리와 판결은 공개한다. 다만, 심리는 국가의 안전보장 또는 안녕질서를 방해하거나 선량한 풍속을 해할 염려가 있을 때에는 법원의 결정으로 공개하지 아니할 수 있다.

제110조 ① 군사재판을 관할하기 위하여 특별법원으로서 군사법원을 둘 수 있다.

② 군사법원의 상고심은 대법원에서 관할한다.

③ 군사법원의 조직·권한 및 재판관의 자격은 법률로 정한다.

④ 비상계엄하의 군사재판은 군인·군무원의 범죄

나 군사에 관한 간첩죄의 경우와 초병(哨兵)·초소(哨所)·유독음식물공급(有毒飮食物供給)·포로에 관한 죄중 법률이 정한 경우에 한하여 단심(單審)으로 할 수 있다. 다만, 사형을 선고한 경우에는 그러하지 아니하다.

제 6 장 헌법재판소

제111조 ① 헌법재판소는 다음 사항을 관장한다.

1. 법원의 제청에 의한 법률의 위헌여부 심판
2. 탄핵의 심판
3. 정당의 해산 심판
4. 국가기관 상호간, 국가기관과 지방자치단체간 및 지방자치단체 상호간의 권한쟁의에 관한 심판
5. 법률이 정하는 헌법소원에 관한 심판

② 헌법재판소는 법관의 자격을 가진 9인의 재판관으로 구성하며, 재판관은 대통령이 임명한다.
③ 제2항의 재판관중 3인은 국회에서 선출하는 자를, 3인은 대법원장이 지명하는 자를 임명한다.
④ 헌법재판소의 장은 국회의 동의를 얻어 재판관중에서 대통령이 임명한다.

제112조 ① 헌법재판소 재판관의 임기는 6년으로 하며, 법률이 정하는 바에 의하여 연임할 수 있다.
② 헌법재판소 재판관은 정당에 가입하거나 정치에 관여할 수 없다.
③ 헌법재판소 재판관은 탄핵 또는 금고 이상의 형의 선고에 의하지 아니하고는 파면되지 아니한다.

제113조 ① 헌법재판소에서 법률의 위헌결정, 탄핵의 결정, 정당해산의 결정 또는 헌법소원에 관한 인용결정을 할 때에는 재판관 6인 이상의 찬성이 있어야 한다.
② 헌법재판소는 법률에 저촉되지 아니하는 범위안에서 심판에 관한 절차, 내부규율과 사무처리에 관한 규칙을 제정할 수 있다.
③ 헌법재판소의 조직과 운영 기타 필요한 사항은 법률로 정한다.

제 7 장 선거관리

제114조 ① 선거와 국민투표의 공정한 관리 및 정당에 관한 사무를 처리하기 위하여 선거관리위원회를 둔다.
② 중앙선거관리위원회는 대통령이 임명하는 3인, 국회에서 선출하는 3인과 대법원장이 지명하는 3인의 위원으로 구성한다. 위원장은 위원 중에서 호선(互選)한다.
③ 위원의 임기는 6년으로 한다.
④ 위원은 정당에 가입하거나 정치에 관여할 수 없다.
⑤ 위원은 탄핵 또는 금고 이상의 형의 선고에 의하지 아니하고는 파면되지 아니한다.
⑥ 중앙선거관리위원회는 법령의 범위 안에서 선거관리·국민투표관리 또는 정당사무에 관한 규칙을 제정할 수 있으며, 법률에 저촉되지 아니하는 범위 안에서 내부규율에 관한 규칙을 제정할 수 있다.
⑦ 각급 선거관리위원회의 조직·직무범위 기타 필요한 사항은 법률로 정한다.

제115조 ① 각급 선거관리위원회는 선거인명부의 작성 등 선거사무와 국민투표사무에 관하여 관계 행정기관에 필요한 지시를 할 수 있다.
② 제1항의 지시를 받은 당해 행정기관은 이에 응하여야 한다.

제116조 ① 선거운동은 각급 선거관리위원회의 관리하에 법률이 정하는 범위 안에서 하되, 균등한 기회가 보장되어야 한다.
② 선거에 관한 경비는 법률이 정하는 경우를 제외하고는 정당 또는 후보자에게 부담시킬 수 없다.

제 8 장 지방자치

제117조 ① 지방자치단체는 주민의 복리에 관한 사무를 처리하고 재산을 관리하며, 법령의 범위 안에서 자치에 관한 규정을 제정할 수 있다.
② 지방자치단체의 종류는 법률로 정한다.

제118조 ① 지방자치단체에 의회를 둔다.

② 지방의회의 조직·권한·의원선거와 지방자치단체의 장의 선임방법 기타 지방자치단체의 조직과 운영에 관한 사항은 법률로 정한다.

제9장 경 제

제119조 ① 대한민국의 경제질서는 개인과 기업의 경제상의 자유와 창의를 존중함을 기본으로 한다.
② 국가는 균형있는 국민경제의 성장 및 안정과 적정한 소득의 분배를 유지하고, 시장의 지배와 경제력의 남용을 방지하며, 경제주체간의 조화를 통한 경제의 민주화를 위하여 경제에 관한 규제와 조정을 할 수 있다.

제120조 ① 광물 기타 중요한 지하자원·수산자원·수력과 경제상 이용할 수 있는 자연력은 법률이 정하는 바에 의하여 일정한 기간 그 채취·개발 또는 이용을 특허할 수 있다.
② 국토와 자원은 국가의 보호를 받으며, 국가는 그 균형있는 개발과 이용을 위하여 필요한 계획을 수립한다.

제121조 ① 국가는 농지에 관하여 경자유전(耕者有田)의 원칙이 달성될 수 있도록 노력하여야 하며, 농지의 소작제도(小作制度)는 금지된다.
② 농업생산성의 제고와 농지의 합리적인 이용을 위하거나 불가피한 사정으로 발생하는 농지의 임대차와 위탁경영은 법률이 정하는 바에 의하여 인정된다.

제122조 국가는 국민 모두의 생산 및 생활의 기반이 되는 국토의 효율적이고 균형있는 이용·개발과 보전을 위하여 법률이 정하는 바에 의하여 그에 관한 필요한 제한과 의무를 과할 수 있다.

제123조 ① 국가는 농업 및 어업을 보호·육성하기 위하여 농·어촌종합개발과 그 지원 등 필요한 계획을 수립·시행하여야 한다.
② 국가는 지역간의 균형있는 발전을 위하여 지역경제를 육성할 의무를 진다.
③ 국가는 중소기업을 보호·육성하여야 한다.
④ 국가는 농수산물의 수급균형과 유통구조의 개선에 노력하여 가격안정을 도모함으로써 농·어민의 이익을 보호한다.
⑤ 국가는 농·어민과 중소기업의 자조조직(自助組織)을 육성하여야 하며, 그 자율적 활동과 발전을 보장한다.

제124조 국가는 건전한 소비행위를 계도하고 생산품의 품질향상을 촉구하기 위한 소비자보호운동을 법률이 정하는 바에 의하여 보장한다.

제125조 국가는 대외무역을 육성하며, 이를 규제·조정할 수 있다.

제126조 국방상 또는 국민경제상 긴절한 필요로 인하여 법률이 정하는 경우를 제외하고는, 사영(私營)기업을 국유 또는 공유로 이전하거나 그 경영을 통제 또는 관리할 수 없다.

제127조 ① 국가는 과학기술의 혁신과 정보 및 인력의 개발을 통하여 국민경제의 발전에 노력하여야 한다.
② 국가는 국가표준제도를 확립한다.
③ 대통령은 제1항의 목적을 달성하기 위하여 필요한 자문기구를 둘 수 있다.

제10장 헌법개정

제128조 ① 헌법개정은 국회재적의원 과반수 또는 대통령의 발의로 제안된다.
② 대통령의 임기연장 또는 중임변경을 위한 헌법개정은 그 헌법개정 제안 당시의 대통령에 대하여는 효력이 없다.

제129조 제안된 헌법개정안은 대통령이 20일 이상의 기간 이를 공고하여야 한다.

제130조 ① 국회는 헌법개정안이 공고된 날로부터 60일 이내에 의결하여야 하며, 국회의 의결은 재적의원 3분의 2 이상의 찬성을 얻어야 한다.
② 헌법개정안은 국회가 의결한 후 30일 이내에 국민투표에 붙여 국회의원선거권자 과반수의 투표와 투표자 과반수의 찬성을 얻어야 한다.
③ 헌법개정안이 제2항의 찬성을 얻은 때에는 헌법개정은 확정되며, 대통령은 즉시 이를 공포하여야 한다.

부 칙

제1조 이 헌법은 1988년 2월 25일부터 시행한다. 다만, 이 헌법을 시행하기 위하여 필요한 법률의 제정·개정과 이 헌법에 의한 대통령 및 국회의원의 선거 기타 이 헌법시행에 관한 준비는 이 헌법시행 전에 할 수 있다.

제2조 ① 이 헌법에 의한 최초의 대통령선거는 이 헌법시행일 40일 전까지 실시한다.

② 이 헌법에 의한 최초의 대통령의 임기는 이 헌법시행일로부터 개시한다.

제3조 ① 이 헌법에 의한 최초의 국회의원선거는 이 헌법공포일로부터 6월 이내에 실시하며, 이 헌법에 의하여 선출된 최초의 국회의원의 임기는 국회의원선거후 이 헌법에 의한 국회의 최초의 집회일로부터 개시한다.

② 이 헌법공포 당시의 국회의원의 임기는 제1항에 의한 국회의 최초의 집회일 전일까지로 한다.

제4조 ① 이 헌법시행 당시의 공무원과 정부가 임명한 기업체의 임원은 이 헌법에 의하여 임명된 것으로 본다. 다만, 이 헌법에 의하여 선임방법이나 임명권자가 변경된 공무원과 대법원장 및 감사원장은 이 헌법에 의하여 후임자가 선임될 때까지 그 직무를 행하며, 이 경우 전임자인 공무원의 임기는 후임자가 선임되는 전일까지로 한다.

② 이 헌법시행 당시의 대법원장과 대법원판사가 아닌 법관은 제1항 단서의 규정에 불구하고 이 헌법에 의하여 임명된 것으로 본다.

③ 이 헌법중 공무원의 임기 또는 중임제한에 관한 규정은 이 헌법에 의하여 그 공무원이 최초로 선출 또는 임명된 때로부터 적용한다.

제5조 이 헌법시행 당시의 법령과 조약은 이 헌법에 위배되지 아니하는 한 그 효력을 지속한다.

제6조 이 헌법시행 당시에 이 헌법에 의하여 새로 설치될 기관의 권한에 속하는 직무를 행하고 있는 기관은 이 헌법에 의하여 새로운 기관이 설치될 때까지 존속하며 그 직무를 행한다.

헌법재판소법

(2022. 2. 3. 일부개정, 법률 제18836호)

제1장 총 칙

제1조 (목 적) 이 법은 헌법재판소의 조직 및 운영과 그 심판절차에 관하여 필요한 사항을 정함을 목적으로 한다.

제2조 (관장사항) 헌법재판소는 다음 각 호의 사항을 관장한다.

1. 법원의 제청(提請)에 의한 법률의 위헌(違憲)여부 심판
2. 탄핵(彈劾)의 심판
3. 정당의 해산심판
4. 국가기관 상호간, 국가기관과 지방자치단체 간 및 지방자치단체 상호간의 권한쟁의(權限爭議)에 관한 심판
5. 헌법소원(憲法訴願)에 관한 심판

제3조 (구 성) 헌법재판소는 9명의 재판관으로 구성한다.

제4조 (재판관의 독립) 재판관은 헌법과 법률에 의하여 양심에 따라 독립하여 심판한다.

제5조 (재판관의 자격) ① 재판관은 다음 각 호의 어느 하나에 해당하는 직(職)에 15년 이상 있던 40세 이상인 사람 중에서 임명한다. 다만, 다음 각 호 중 둘 이상의 직에 있던 사람의 재직기간은 합산한다.

1. 판사, 검사, 변호사
2. 변호사 자격이 있는 사람으로서 국가기관, 국영·공영 기업체, 「공공기관의 운영에 관한 법률」 제4조에 따른 공공기관 또는 그 밖의 법인에서 법률에 관한 사무에 종사한 사람
3. 변호사 자격이 있는 사람으로서 공인된 대학의 법률학 조교수 이상의 직에 있던 사람

② 다음 각 호의 어느 하나에 해당하는 사람은 재판관으로 임명할 수 없다.

1. 다른 법령에 따라 공무원으로 임용하지 못하는 사람
2. 금고 이상의 형을 선고받은 사람
3. 탄핵에 의하여 파면된 후 5년이 지나지 아니한 사람
4. 「정당법」 제22조에 따른 정당의 당원 또는 당원의 신분을 상실한 날부터 3년이 경과되지 아니한 사람
5. 「공직선거법」 제2조에 따른 선거에 후보자(예비후보자를 포함한다)로 등록한 날부터 5년이 경과되지 아니한 사람
6. 「공직선거법」 제2조에 따른 대통령선거에서 후보자의 당선을 위하여 자문이나 고문의 역할을 한 날부터 3년이 경과되지 아니한 사람

③ 제2항 제6호에 따른 자문이나 고문의 역할을 한 사람의 구체적인 범위는 헌법재판소규칙으로 정한다.

제6조 (재판관의 임명) ① 재판관은 대통령이 임명한다. 이 경우 재판관 중 3명은 국회에서 선출하는 사람을, 3명은 대법원장이 지명하는 사람을 임명한다.

② 재판관은 국회의 인사청문을 거쳐 임명·선출 또는 지명하여야 한다. 이 경우 대통령은 재판관(국회에서 선출하거나 대법원장이 지명하는 사람은 제외한다)을 임명하기 전에, 대법원장은 재판관을 지명하기 전에 인사청문을 요청한다.

③ 재판관의 임기가 만료되거나 정년이 도래하는 경우에는 임기만료일 또는 정년도래일까지 후임자를 임명하여야 한다.

④ 임기 중 재판관이 결원된 경우에는 결원된 날부터 30일 이내에 후임자를 임명하여야 한다.

⑤ 제3항 및 제4항에도 불구하고 국회에서 선출한 재판관이 국회의 폐회 또는 휴회 중에 그 임기가 만료되거나 정년이 도래한 경우 또는 결원된 경우에는 국회는 다음 집회가 개시된 후 30일 이내에 후임자를 선출하여야 한다.

제7조 (재판관의 임기) ① 재판관의 임기는 6년으로 하며, 연임할 수 있다.

② 재판관의 정년은 70세로 한다.

제8조 (재판관의 신분 보장) 재판관은 다음 각 호의 어느 하나에 해당하는 경우가 아니면 그 의사에 반하여 해임되지 아니한다.

1. 탄핵결정이 된 경우
2. 금고 이상의 형을 선고받은 경우

제9조 (재판관의 정치 관여 금지) 재판관은 정당에 가입하거나 정치에 관여할 수 없다.

제10조 (규칙 제정권) ① 헌법재판소는 이 법과 다른 법률에 저촉되지 아니하는 범위에서 심판에 관한 절차, 내부 규율과 사무처리에 관한 규칙을 제정할 수 있다.

② 헌법재판소규칙은 관보에 게재하여 공포한다.

제10조의2 (입법 의견의 제출) 헌법재판소장은 헌법재판소의 조직, 인사, 운영, 심판절차와 그 밖에 헌법재판소의 업무와 관련된 법률의 제정 또는 개정이 필요하다고 인정하는 경우에는 국회에 서면으로 그 의견을 제출할 수 있다.

제11조 (경 비) ① 헌법재판소의 경비는 독립하여 국가의 예산에 계상(計上)하여야 한다.

② 제1항의 경비 중에는 예비금을 둔다.

제2장 조 직

제12조 (헌법재판소장) ① 헌법재판소에 헌법재판소장을 둔다.

② 헌법재판소장은 국회의 동의를 받아 재판관 중에서 대통령이 임명한다.

③ 헌법재판소장은 헌법재판소를 대표하고, 헌법재판소의 사무를 총괄하며, 소속 공무원을 지휘·감독한다.

④ 헌법재판소장이 궐위(闕位)되거나 부득이한 사유로 직무를 수행할 수 없을 때에는 다른 재판관이 헌법재판소규칙으로 정하는 순서에 따라 그 권한을 대행한다.

제13조 삭 제

제14조 (재판관의 겸직 금지) 재판관은 다음 각 호의 어느 하나에 해당하는 직을 겸하거나 영리를 목적으로 하는 사업을 할 수 없다.

1. 국회 또는 지방의회의 의원의 직
2. 국회·정부 또는 법원의 공무원의 직
3. 법인·단체 등의 고문·임원 또는 직원의 직

제15조 (헌법재판소장 등의 대우) 헌법재판소장의 대우와 보수는 대법원장의 예에 따르며, 재판관은 정무직(政務職)으로 하고 그 대우와 보수는 대법관의 예에 따른다.

제16조 (재판관회의) ① 재판관회의는 재판관 전원으로 구성하며, 헌법재판소장이 의장이 된다.

② 재판관회의는 재판관 전원의 3분의 2를 초과하는 인원의 출석과 출석인원 과반수의 찬성으로 의결한다.

③ 의장은 의결에서 표결권을 가진다.

④ 다음 각 호의 사항은 재판관회의의 의결을 거쳐야 한다.

1. 헌법재판소규칙의 제정과 개정, 제10조의2에 따른 입법 의견의 제출에 관한 사항
2. 예산 요구, 예비금 지출과 결산에 관한 사항
3. 사무처장, 사무차장, 헌법재판연구원장, 헌법연구관 및 3급 이상 공무원의 임면(任免)에 관한 사항
4. 특히 중요하다고 인정되는 사항으로서 헌법재판소장이 재판관회의에 부치는 사항

⑤ 재판관회의의 운영에 필요한 사항은 헌법재판소규칙으로 정한다.

제17조 (사무처) ① 헌법재판소의 행정사무를 처리하기 위하여 헌법재판소에 사무처를 둔다.

② 사무처에 사무처장과 사무차장을 둔다.

③ 사무처장은 헌법재판소장의 지휘를 받아 사무처의 사무를 관장하며, 소속 공무원을 지휘·감독한다.

④ 사무처장은 국회 또는 국무회의에 출석하여 헌법재판소의 행정에 관하여 발언할 수 있다.

⑤ 헌법재판소장이 한 처분에 대한 행정소송의 피고는 헌법재판소 사무처장으로 한다.

⑥ 사무차장은 사무처장을 보좌하며, 사무처장이 부득이한 사유로 직무를 수행할 수 없을 때에는 그 직무를 대행한다.

⑦ 사무처에 실, 국, 과를 둔다.

⑧ 실에는 실장, 국에는 국장, 과에는 과장을 두며, 사무처장·사무차장·실장 또는 국장 밑에 정책의 기획, 계획의 입안, 연구·조사, 심사·평가 및 홍보업무를 보좌하는 심의관 또는 담당관을 둘 수 있다.

⑨ 이 법에 규정되지 아니한 사항으로서 사무처의 조직, 직무 범위, 사무처에 두는 공무원의 정원, 그 밖에 필요한 사항은 헌법재판소규칙으로 정한다.

제18조 (사무처 공무원) ① 사무처장은 정무직으

로 하고, 보수는 국무위원의 보수와 같은 금액으로 한다.

② 사무차장은 정무직으로 하고, 보수는 차관의 보수와 같은 금액으로 한다.

③ 실장은 1급 또는 2급, 국장은 2급 또는 3급, 심의관 및 담당관은 2급부터 4급까지, 과장은 3급 또는 4급의 일반직국가공무원으로 임명한다. 다만, 담당관 중 1명은 3급 상당 또는 4급 상당의 별정직 국가공무원으로 임명할 수 있다.

④ 사무처 공무원은 헌법재판소장이 임면한다. 다만, 3급 이상의 공무원의 경우에는 재판관회의의 의결을 거쳐야 한다.

⑤ 헌법재판소장은 다른 국가기관에 대하여 그 소속 공무원을 사무처 공무원으로 근무하게 하기 위하여 헌법재판소에의 파견근무를 요청할 수 있다.

제19조 (헌법연구관) ① 헌법재판소에 헌법재판소규칙으로 정하는 수의 헌법연구관을 둔다.

② 헌법연구관은 특정직국가공무원으로 한다.

③ 헌법연구관은 헌법재판소장의 명을 받아 사건의 심리(審理) 및 심판에 관한 조사·연구에 종사한다.

④ 헌법연구관은 다음 각 호의 어느 하나에 해당하는 사람 중에서 헌법재판소장이 재판관회의의 의결을 거쳐 임용한다.

1. 판사·검사 또는 변호사의 자격이 있는 사람
2. 공인된 대학의 법률학 조교수 이상의 직에 있던 사람
3. 국회, 정부 또는 법원 등 국가기관에서 4급 이상의 공무원으로서 5년 이상 법률에 관한 사무에 종사한 사람
4. 법률학에 관한 박사학위 소지자로서 국회, 정부, 법원 또는 헌법재판소 등 국가기관에서 5년 이상 법률에 관한 사무에 종사한 사람
5. 법률학에 관한 박사학위 소지자로서 헌법재판소규칙으로 정하는 대학 등 공인된 연구기관에서 5년 이상 법률에 관한 사무에 종사한 사람

⑤ 삭제

⑥ 다음 각 호의 어느 하나에 해당하는 사람은 헌법연구관으로 임용될 수 없다.

1. 「국가공무원법」 제33조 각 호의 어느 하나에 해당하는 사람
2. 금고 이상의 형을 선고받은 사람
3. 탄핵결정에 의하여 파면된 후 5년이 지나지 아니한 사람

⑦ 헌법연구관의 임기는 10년으로 하되, 연임할 수 있고, 정년은 60세로 한다.

⑧ 헌법연구관이 제6항 각 호의 어느 하나에 해당할 때에는 당연히 퇴직한다. 다만, 「국가공무원법」 제33조 제5호에 해당할 때에는 그러하지 아니하다.

⑨ 헌법재판소장은 다른 국가기관에 대하여 그 소속 공무원을 헌법연구관으로 근무하게 하기 위하여 헌법재판소에의 파견근무를 요청할 수 있다.

⑩ 사무차장은 헌법연구관의 직을 겸할 수 있다.

⑪ 헌법재판소장은 헌법연구관을 사건의 심리 및 심판에 관한 조사·연구업무 외의 직에 임명하거나 그 직을 겸임하게 할 수 있다. 이 경우 헌법연구관의 수는 헌법재판소규칙으로 정하며, 보수는 그 중 고액의 것을 지급한다.

제19조의2 (헌법연구관보) ① 헌법연구관을 신규임용하는 경우에는 3년간 헌법연구관보(憲法研究官補)로 임용하여 근무하게 한 후 그 근무성적을 고려하여 헌법연구관으로 임용한다. 다만, 경력 및 업무능력 등을 고려하여 헌법재판소규칙으로 정하는 바에 따라 헌법연구관보 임용을 면제하거나 그 기간을 단축할 수 있다.

② 헌법연구관보는 헌법재판소장이 재판관회의의 의결을 거쳐 임용한다.

③ 헌법연구관보는 별정직국가공무원으로 하고, 그 보수와 승급기준은 헌법연구관의 예에 따른다.

④ 헌법연구관보가 근무성적이 불량한 경우에는 재판관회의의 의결을 거쳐 면직시킬 수 있다.

⑤ 헌법연구관보의 근무기간은 이 법 및 다른 법령에 규정된 헌법연구관의 재직기간에 산입한다.

제19조의3 (헌법연구위원) ① 헌법재판소에 헌법연구위원을 둘 수 있다. 헌법연구위원은 사건의 심리 및 심판에 관한 전문적인 조사·연구에 종사한다.

② 헌법연구위원은 3년 이내의 범위에서 기간을 정하여 임명한다.

③ 헌법연구위원은 2급 또는 3급 상당의 별정직공무원이나 「국가공무원법」 제26조의5에 따른 임기제공무원으로 하고, 그 직제 및 자격 등에 관하여는

헌법재판소규칙으로 정한다.

제19조의4 (헌법재판연구원) ① 헌법 및 헌법재판 연구와 헌법연구관, 사무처 공무원 등의 교육을 위하여 헌법재판소에 헌법재판연구원을 둔다.

② 헌법재판연구원의 정원은 원장 1명을 포함하여 40명 이내로 하고, 원장 밑에 부장, 팀장, 연구관 및 연구원을 둔다.

③ 원장은 헌법재판소장이 재판관회의의 의결을 거쳐 헌법연구관으로 보하거나 1급인 일반직국가공무원으로 임명한다.

④ 부장은 헌법연구관이나 2급 또는 3급 일반직공무원으로, 팀장은 헌법연구관이나 3급 또는 4급 일반직공무원으로 임명하고, 연구관 및 연구원은 헌법연구관 또는 일반직공무원으로 임명한다.

⑤ 연구관 및 연구원은 다음 각 호의 어느 하나에 해당하는 사람 중에서 헌법재판소장이 보하거나 헌법재판연구원장의 제청을 받아 헌법재판소장이 임명한다.

1. 헌법연구관
2. 변호사의 자격이 있는 사람(외국의 변호사 자격을 포함한다)
3. 학사 또는 석사학위를 취득한 사람으로서 헌법재판소규칙으로 정하는 실적 또는 경력이 있는 사람
4. 박사학위를 취득한 사람

⑥ 그 밖에 헌법재판연구원의 조직과 운영에 필요한 사항은 헌법재판소규칙으로 정한다.

제20조 (헌법재판소장 비서실 등) ① 헌법재판소에 헌법재판소장 비서실을 둔다.

② 헌법재판소장 비서실에 비서실장 1명을 두되, 비서실장은 1급 상당의 별정직국가공무원으로 임명하고, 헌법재판소장의 명을 받아 기밀에 관한 사무를 관장한다.

③ 제2항에 규정되지 아니한 사항으로서 헌법재판소장 비서실의 조직과 운영에 필요한 사항은 헌법재판소규칙으로 정한다.

④ 헌법재판소에 재판관 비서관을 둔다.

⑤ 재판관 비서관은 4급의 일반직국가공무원 또는 4급 상당의 별정직국가공무원으로 임명하며, 재판관의 명을 받아 기밀에 관한 사무를 관장한다.

제21조 (서기 및 정리) ① 헌법재판소에 서기(書記) 및 정리(廷吏)를 둔다.

② 헌법재판소장은 사무처 직원 중에서 서기 및 정리를 지명한다.

③ 서기는 재판장의 명을 받아 사건에 관한 서류의 작성·보관 또는 송달에 관한 사무를 담당한다.

④ 정리는 심판정(審判廷)의 질서유지와 그 밖에 재판장이 명하는 사무를 집행한다.

제 3 장 일반심판절차

제22조 (재판부) ① 이 법에 특별한 규정이 있는 경우를 제외하고는 헌법재판소의 심판은 재판관 전원으로 구성되는 재판부에서 관장한다.

② 재판부의 재판장은 헌법재판소장이 된다.

제23조 (심판정족수) ① 재판부는 재판관 7명 이상의 출석으로 사건을 심리한다.

② 재판부는 종국심리(終局審理)에 관여한 재판관 과반수의 찬성으로 사건에 관한 결정을 한다. 다만, 다음 각 호의 어느 하나에 해당하는 경우에는 재판관 6명 이상의 찬성이 있어야 한다.

1. 법률의 위헌결정, 탄핵의 결정, 정당해산의 결정 또는 헌법소원에 관한 인용결정(認容決定)을 하는 경우
2. 종전에 헌법재판소가 판시한 헌법 또는 법률의 해석 적용에 관한 의견을 변경하는 경우

제24조 (제척·기피 및 회피) ① 재판관이 다음 각 호의 어느 하나에 해당하는 경우에는 그 직무집행에서 제척(除斥)된다.

1. 재판관이 당사자이거나 당사자의 배우자 또는 배우자였던 경우
2. 재판관과 당사자가 친족관계이거나 친족관계였던 경우
3. 재판관이 사건에 관하여 증언이나 감정(鑑定)을 하는 경우
4. 재판관이 사건에 관하여 당사자의 대리인이 되거나 되었던 경우
5. 그 밖에 재판관이 헌법재판소 외에서 직무상 또는 직업상의 이유로 사건에 관여한 경우

② 재판부는 직권 또는 당사자의 신청에 의하여 제척의 결정을 한다.

③ 재판관에게 공정한 심판을 기대하기 어려운 사정이 있는 경우 당사자는 기피(忌避)신청을 할 수 있다. 다만, 변론기일(辯論期日)에 출석하여 본안(本案)에 관한 진술을 한 때에는 그러하지 아니하다.
④ 당사자는 동일한 사건에 대하여 2명 이상의 재판관을 기피할 수 없다.
⑤ 재판관은 제1항 또는 제3항의 사유가 있는 경우에는 재판장의 허가를 받아 회피(回避)할 수 있다.
⑥ 당사자의 제척 및 기피신청에 관한 심판에는 「민사소송법」 제44조, 제45조, 제46조 제1항 · 제2항 및 제48조를 준용한다.

제25조(대표자 · 대리인) ① 각종 심판절차에서 정부가 당사자(참가인을 포함한다. 이하 같다)인 경우에는 법무부장관이 이를 대표한다.
② 각종 심판절차에서 당사자인 국가기관 또는 지방자치단체는 변호사 또는 변호사의 자격이 있는 소속 직원을 대리인으로 선임하여 심판을 수행하게 할 수 있다.
③ 각종 심판절차에서 당사자인 사인(私人)은 변호사를 대리인으로 선임하지 아니하면 심판청구를 하거나 심판 수행을 하지 못한다. 다만, 그가 변호사의 자격이 있는 경우에는 그러하지 아니하다.

제26조 (심판청구의 방식) ① 헌법재판소에의 심판청구는 심판절차별로 정하여진 청구서를 헌법재판소에 제출함으로써 한다. 다만, 위헌법률심판에서는 법원의 제청서, 탄핵심판에서는 국회의 소추의결서(訴追議決書)의 정본(正本)으로 청구서를 갈음한다.
② 청구서에는 필요한 증거서류 또는 참고자료를 첨부할 수 있다.

제27조 (청구서의 송달) ① 헌법재판소가 청구서를 접수한 때에는 지체 없이 그 등본을 피청구기관 또는 피청구인(이하 "피청구인"이라 한다)에게 송달하여야 한다.
② 위헌법률심판의 제청이 있으면 법무부장관 및 당해 소송사건의 당사자에게 그 제청서의 등본을 송달한다.

제28조 (심판청구의 보정) ① 재판장은 심판청구가 부적법하나 보정(補正)할 수 있다고 인정되는 경우에는 상당한 기간을 정하여 보정을 요구하여야 한다.
② 제1항에 따른 보정 서면에 관하여는 제27조 제1항을 준용한다.
③ 제1항에 따른 보정이 있는 경우에는 처음부터 적법한 심판청구가 있은 것으로 본다.
④ 제1항에 따른 보정기간은 제38조의 심판기간에 산입하지 아니한다.
⑤ 재판장은 필요하다고 인정하는 경우에는 재판관 중 1명에게 제1항의 보정요구를 할 수 있는 권한을 부여할 수 있다.

제29조 (답변서의 제출) ① 청구서 또는 보정 서면을 송달받은 피청구인은 헌법재판소에 답변서를 제출할 수 있다.
② 답변서에는 심판청구의 취지와 이유에 대응하는 답변을 적는다.

제30조 (심리의 방식) ① 탄핵의 심판, 정당해산의 심판 및 권한쟁의의 심판은 구두변론에 의한다.
② 위헌법률의 심판과 헌법소원에 관한 심판은 서면심리에 의한다. 다만, 재판부는 필요하다고 인정하는 경우에는 변론을 열어 당사자, 이해관계인, 그 밖의 참고인의 진술을 들을 수 있다.
③ 재판부가 변론을 열 때에는 기일을 정하여 당사자와 관계인을 소환하여야 한다.

제31조 (증거조사) ① 재판부는 사건의 심리를 위하여 필요하다고 인정하는 경우에는 직권 또는 당사자의 신청에 의하여 다음 각 호의 증거조사를 할 수 있다.

1. 당사자 또는 증인을 신문(訊問)하는 일
2. 당사자 또는 관계인이 소지하는 문서 · 장부 · 물건 또는 그 밖의 증거자료의 제출을 요구하고 영치(領置)하는 일
3. 특별한 학식과 경험을 가진 자에게 감정을 명하는 일
4. 필요한 물건 · 사람 · 장소 또는 그 밖의 사물의 성상(性狀)이나 상황을 검증하는 일

② 재판장은 필요하다고 인정하는 경우에는 재판관 중 1명을 지정하여 제1항의 증거조사를 하게 할 수 있다.

제32조 (자료제출 요구 등) 재판부는 결정으로 다른 국가기관 또는 공공단체의 기관에 심판에 필요한 사실을 조회하거나, 기록의 송부나 자료의 제

출을 요구할 수 있다. 다만, 재판·소추 또는 범죄수사가 진행 중인 사건의 기록에 대하여는 송부를 요구할 수 없다.

제33조 (심판의 장소) 심판의 변론과 종국결정의 선고는 심판정에서 한다. 다만, 헌법재판소장이 필요하다고 인정하는 경우에는 심판정 외의 장소에서 변론 또는 종국결정의 선고를 할 수 있다.

제34조 (심판의 공개) ① 심판의 변론과 결정의 선고는 공개한다. 다만, 서면심리와 평의(評議)는 공개하지 아니한다.

② 헌법재판소의 심판에 관하여는 「법원조직법」 제57조 제1항 단서와 같은 조 제2항 및 제3항을 준용한다.

제35조 (심판의 지휘와 법정경찰권) ① 재판장은 심판정의 질서와 변론의 지휘 및 평의의 정리(整理)를 담당한다.

② 헌법재판소 심판정의 질서유지와 용어의 사용에 관하여는 「법원조직법」 제58조부터 제63조까지의 규정을 준용한다.

제36조 (종국결정) ① 재판부가 심리를 마쳤을 때에는 종국결정을 한다.

② 종국결정을 할 때에는 다음 각 호의 사항을 적은 결정서를 작성하고 심판에 관여한 재판관 전원이 이에 서명날인하여야 한다.

1. 사건번호와 사건명
2. 당사자와 심판수행자 또는 대리인의 표시
3. 주문(主文)
4. 이유
5. 결정일

③ 심판에 관여한 재판관은 결정서에 의견을 표시하여야 한다.

④ 종국결정이 선고되면 서기는 지체 없이 결정서 정본을 작성하여 당사자에게 송달하여야 한다.

⑤ 종국결정은 헌법재판소규칙으로 정하는 바에 따라 관보에 게재하거나 그 밖의 방법으로 공시한다.

제37조 (심판비용 등) ① 헌법재판소의 심판비용은 국가부담으로 한다. 다만, 당사자의 신청에 의한 증거조사의 비용은 헌법재판소규칙으로 정하는 바에 따라 그 신청인에게 부담시킬 수 있다.

② 헌법재판소는 헌법소원심판의 청구인에 대하여 헌법재판소규칙으로 정하는 공탁금의 납부를 명할 수 있다.

③ 헌법재판소는 다음 각 호의 어느 하나에 해당하는 경우에는 헌법재판소규칙으로 정하는 바에 따라 공탁금의 전부 또는 일부의 국고 귀속을 명할 수 있다.

1. 헌법소원의 심판청구를 각하하는 경우
2. 헌법소원의 심판청구를 기각하는 경우에 그 심판청구가 권리의 남용이라고 인정되는 경우

제38조 (심판기간) 헌법재판소는 심판사건을 접수한 날부터 180일 이내에 종국결정의 선고를 하여야 한다. 다만, 재판관의 궐위로 7명의 출석이 불가능한 경우에는 그 궐위된 기간은 심판기간에 산입하지 아니한다.

제39조 (일사부재리) 헌법재판소는 이미 심판을 거친 동일한 사건에 대하여는 다시 심판할 수 없다.

제39조의2 (심판확정기록의 열람·복사) ① 누구든지 권리구제, 학술연구 또는 공익 목적으로 심판이 확정된 사건기록의 열람 또는 복사를 신청할 수 있다. 다만, 헌법재판소장은 다음 각 호의 어느 하나에 해당하는 경우에는 사건기록을 열람하거나 복사하는 것을 제한할 수 있다.

1. 변론이 비공개로 진행된 경우
2. 사건기록의 공개로 인하여 국가의 안전보장, 선량한 풍속, 공공의 질서유지나 공공복리를 현저히 침해할 우려가 있는 경우
3. 사건기록의 공개로 인하여 관계인의 명예, 사생활의 비밀, 영업비밀(「부정경쟁방지 및 영업비밀보호에 관한 법률」 제2조 제2호에 규정된 영업비밀을 말한다) 또는 생명·신체의 안전이나 생활의 평온을 현저히 침해할 우려가 있는 경우

② 헌법재판소장은 제1항 단서에 따라 사건기록의 열람 또는 복사를 제한하는 경우에는 신청인에게 그 사유를 명시하여 통지하여야 한다.

③ 제1항에 따른 사건기록의 열람 또는 복사 등에 관하여 필요한 사항은 헌법재판소규칙으로 정한다.

④ 사건기록을 열람하거나 복사한 자는 열람 또는 복사를 통하여 알게 된 사항을 이용하여 공공의 질서 또는 선량한 풍속을 침해하거나 관계인의 명예 또는 생활의 평온을 훼손하는 행위를 하여서는 아니 된다.

제40조 (준용규정) ① 헌법재판소의 심판절차에

관하여는 이 법에 특별한 규정이 있는 경우를 제외하고는 헌법재판의 성질에 반하지 아니하는 한도에서 민사소송에 관한 법령을 준용한다. 이 경우 탄핵심판의 경우에는 형사소송에 관한 법령을 준용하고, 권한쟁의심판 및 헌법소원심판의 경우에는 「행정소송법」을 함께 준용한다.
② 제1항 후단의 경우에 형사소송에 관한 법령 또는 「행정소송법」이 민사소송에 관한 법령에 저촉될 때에는 민사소송에 관한 법령은 준용하지 아니한다.

제 4 장 특별심판절차

제 1 절 위헌법률심판

제41조 (위헌 여부 심판의 제청) ① 법률이 헌법에 위반되는지 여부가 재판의 전제가 된 경우에는 당해 사건을 담당하는 법원(군사법원을 포함한다. 이하 같다)은 직권 또는 당사자의 신청에 의한 결정으로 헌법재판소에 위헌 여부 심판을 제청한다.
② 제1항의 당사자의 신청은 제43조 제2호부터 제4호까지의 사항을 적은 서면으로 한다.
③ 제2항의 신청서면의 심사에 관하여는 「민사소송법」 제254조를 준용한다.
④ 위헌 여부 심판의 제청에 관한 결정에 대하여는 항고할 수 없다.
⑤ 대법원 외의 법원이 제1항의 제청을 할 때에는 대법원을 거쳐야 한다.

제42조 (재판의 정지 등) ① 법원이 법률의 위헌 여부 심판을 헌법재판소에 제청한 때에는 당해 소송사건의 재판은 헌법재판소의 위헌 여부의 결정이 있을 때까지 정지된다. 다만, 법원이 긴급하다고 인정하는 경우에는 종국재판 외의 소송절차를 진행할 수 있다.
② 제1항 본문에 따른 재판정지기간은 「형사소송법」 제92조 제1항·제2항 및 「군사법원법」 제132조 제1항·제2항의 구속기간과 「민사소송법」 제199조의 판결 선고기간에 산입하지 아니한다.

제43조 (제청서의 기재사항) 법원이 법률의 위헌 여부 심판을 헌법재판소에 제청할 때에는 제청서에 다음 각 호의 사항을 적어야 한다.
1. 제청법원의 표시
2. 사건 및 당사자의 표시
3. 위헌이라고 해석되는 법률 또는 법률의 조항
4. 위헌이라고 해석되는 이유
5. 그 밖에 필요한 사항

제44조 (소송사건 당사자 등의 의견) 당해 소송사건의 당사자 및 법무부장관은 헌법재판소에 법률의 위헌 여부에 대한 의견서를 제출할 수 있다.

제45조 (위헌결정) 헌법재판소는 제청된 법률 또는 법률 조항의 위헌 여부만을 결정한다. 다만, 법률 조항의 위헌결정으로 인하여 해당 법률 전부를 시행할 수 없다고 인정될 때에는 그 전부에 대하여 위헌결정을 할 수 있다.

제46조 (결정서의 송달) 헌법재판소는 결정일부터 14일 이내에 결정서 정본을 제청한 법원에 송달한다. 이 경우 제청한 법원이 대법원이 아닌 경우에는 대법원을 거쳐야 한다.

제47조 (위헌결정의 효력) ① 법률의 위헌결정은 법원과 그 밖의 국가기관 및 지방자치단체를 기속(羈束)한다.
② 위헌으로 결정된 법률 또는 법률의 조항은 그 결정이 있는 날부터 효력을 상실한다.
③ 제2항에도 불구하고 형벌에 관한 법률 또는 법률의 조항은 소급하여 그 효력을 상실한다. 다만, 해당 법률 또는 법률의 조항에 대하여 종전에 합헌으로 결정한 사건이 있는 경우에는 그 결정이 있는 날의 다음 날로 소급하여 효력을 상실한다.
④ 제3항의 경우에 위헌으로 결정된 법률 또는 법률의 조항에 근거한 유죄의 확정판결에 대하여는 재심을 청구할 수 있다.
⑤ 제4항의 재심에 대하여는 「형사소송법」을 준용한다.

제 2 절 탄핵심판

제48조 (탄핵소추) 다음 각 호의 어느 하나에 해당하는 공무원이 그 직무집행에서 헌법이나 법률을 위반한 경우에는 국회는 헌법 및 「국회법」에 따라 탄핵의 소추를 의결할 수 있다.
1. 대통령, 국무총리, 국무위원 및 행정각부(行政各部)의 장
2. 헌법재판소 재판관, 법관 및 중앙선거관리위

원회 위원

3. 감사원장 및 감사위원

4. 그 밖에 법률에서 정한 공무원

제49조 (소추위원) ① 탄핵심판에서는 국회 법제사법위원회의 위원장이 소추위원이 된다.

② 소추위원은 헌법재판소에 소추의결서의 정본을 제출하여 탄핵심판을 청구하며, 심판의 변론에서 피청구인을 신문할 수 있다.

제50조 (권한 행사의 정지) 탄핵소추의 의결을 받은 사람은 헌법재판소의 심판이 있을 때까지 그 권한 행사가 정지된다.

제51조 (심판절차의 정지) 피청구인에 대한 탄핵심판 청구와 동일한 사유로 형사소송이 진행되고 있는 경우에는 재판부는 심판절차를 정지할 수 있다.

제52조 (당사자의 불출석) ① 당사자가 변론기일에 출석하지 아니하면 다시 기일을 정하여야 한다.

② 다시 정한 기일에도 당사자가 출석하지 아니하면 그의 출석 없이 심리할 수 있다.

제53조 (결정의 내용) ① 탄핵심판 청구가 이유 있는 경우에는 헌법재판소는 피청구인을 해당 공직에서 파면하는 결정을 선고한다.

② 피청구인이 결정 선고 전에 해당 공직에서 파면되었을 때에는 헌법재판소는 심판청구를 기각하여야 한다.

제54조 (결정의 효력) ① 탄핵결정은 피청구인의 민사상 또는 형사상의 책임을 면제하지 아니한다.

② 탄핵결정에 의하여 파면된 사람은 결정 선고가 있은 날부터 5년이 지나지 아니하면 공무원이 될 수 없다.

제3절　정당해산심판

제55조 (정당해산심판의 청구) 정당의 목적이나 활동이 민주적 기본질서에 위배될 때에는 정부는 국무회의의 심의를 거쳐 헌법재판소에 정당해산심판을 청구할 수 있다.

제56조 (청구서의 기재사항) 정당해산심판의 청구서에는 다음 각 호의 사항을 적어야 한다.

1. 해산을 요구하는 정당의 표시
2. 청구 이유

제57조 (가처분) 헌법재판소는 정당해산심판의 청구를 받은 때에는 직권 또는 청구인의 신청에 의하여 종국결정의 선고 시까지 피청구인의 활동을 정지하는 결정을 할 수 있다.

제58조 (청구 등의 통지) ① 헌법재판소장은 정당해산심판의 청구가 있는 때, 가처분결정을 한 때 및 그 심판이 종료한 때에는 그 사실을 국회와 중앙선거관리위원회에 통지하여야 한다.

② 정당해산을 명하는 결정서는 피청구인 외에 국회, 정부 및 중앙선거관리위원회에도 송달하여야 한다.

제59조 (결정의 효력) 정당의 해산을 명하는 결정이 선고된 때에는 그 정당은 해산된다.

제60조 (결정의 집행) 정당의 해산을 명하는 헌법재판소의 결정은 중앙선거관리위원회가 「정당법」에 따라 집행한다.

제4절　권한쟁의심판

제61조 (청구 사유) ① 국가기관 상호간, 국가기관과 지방자치단체 간 및 지방자치단체 상호간에 권한의 유무 또는 범위에 관하여 다툼이 있을 때에는 해당 국가기관 또는 지방자치단체는 헌법재판소에 권한쟁의심판을 청구할 수 있다.

② 제1항의 심판청구는 피청구인의 처분 또는 부작위(不作爲)가 헌법 또는 법률에 의하여 부여받은 청구인의 권한을 침해하였거나 침해할 현저한 위험이 있는 경우에만 할 수 있다.

제62조 (권한쟁의심판의 종류) ① 권한쟁의심판의 종류는 다음 각 호와 같다.

1. 국가기관 상호간의 권한쟁의심판
   국회, 정부, 법원 및 중앙선거관리위원회 상호간의 권한쟁의심판
2. 국가기관과 지방자치단체 간의 권한쟁의심판
   가. 정부와 특별시·광역시·특별자치시·도 또는 특별자치도 간의 권한쟁의심판
   나. 정부와 시·군 또는 지방자치단체인 구(이하 "자치구"라 한다) 간의 권한쟁의심판
3. 지방자치단체 상호간의 권한쟁의심판
   가. 특별시·광역시·특별자치시·도 또는 특별자치도 상호간의 권한쟁의심판
   나. 시·군 또는 자치구 상호간의 권한쟁의 심판
   다. 특별시·광역시·특별자치시·도 또는

특별자치도와 시·군 또는 자치구 간의 권한쟁의심판

② 권한쟁의가 「지방교육자치에 관한 법률」 제2조에 따른 교육·학예에 관한 지방자치단체의 사무에 관한 것인 경우에는 교육감이 제1항 제2호 및 제3호의 당사자가 된다.

제63조 (청구기간) ① 권한쟁의의 심판은 그 사유가 있음을 안 날부터 60일 이내에, 그 사유가 있은 날부터 180일 이내에 청구하여야 한다.

② 제1항의 기간은 불변기간으로 한다.

제64조 (청구서의 기재사항) 권한쟁의심판의 청구서에는 다음 각 호의 사항을 적어야 한다.

1. 청구인 또는 청구인이 속한 기관 및 심판수행자 또는 대리인의 표시
2. 피청구인의 표시
3. 심판 대상이 되는 피청구인의 처분 또는 부작위
4. 청구 이유
5. 그 밖에 필요한 사항

제65조 (가처분) 헌법재판소가 권한쟁의심판의 청구를 받았을 때에는 직권 또는 청구인의 신청에 의하여 종국결정의 선고 시까지 심판 대상이 된 피청구인의 처분의 효력을 정지하는 결정을 할 수 있다.

제66조 (결정의 내용) ① 헌법재판소는 심판의 대상이 된 국가기관 또는 지방자치단체의 권한의 유무 또는 범위에 관하여 판단한다.

② 제1항의 경우에 헌법재판소는 권한침해의 원인이 된 피청구인의 처분을 취소하거나 그 무효를 확인할 수 있고, 헌법재판소가 부작위에 대한 심판청구를 인용하는 결정을 한 때에는 피청구인은 결정 취지에 따른 처분을 하여야 한다.

제67조 (결정의 효력) ① 헌법재판소의 권한쟁의심판의 결정은 모든 국가기관과 지방자치단체를 기속한다.

② 국가기관 또는 지방자치단체의 처분을 취소하는 결정은 그 처분의 상대방에 대하여 이미 생긴 효력에 영향을 미치지 아니한다.

제5절 헌법소원심판

제68조 (청구 사유) ① 공권력의 행사 또는 불행사(不行使)로 인하여 헌법상 보장된 기본권을 침해받은 자는 법원의 재판을 제외하고는 헌법재판소에 헌법소원심판을 청구할 수 있다. 다만, 다른 법률에 구제절차가 있는 경우에는 그 절차를 모두 거친 후에 청구할 수 있다.

② 제41조 제1항에 따른 법률의 위헌 여부 심판의 제청신청이 기각된 때에는 그 신청을 한 당사자는 헌법재판소에 헌법소원심판을 청구할 수 있다. 이 경우 그 당사자는 당해 사건의 소송절차에서 동일한 사유를 이유로 다시 위헌 여부 심판의 제청을 신청할 수 없다.

제69조 (청구기간) ① 제68조 제1항에 따른 헌법소원의 심판은 그 사유가 있음을 안 날부터 90일 이내에, 그 사유가 있는 날부터 1년 이내에 청구하여야 한다. 다만, 다른 법률에 따른 구제절차를 거친 헌법소원의 심판은 그 최종결정을 통지받은 날부터 30일 이내에 청구하여야 한다.

② 제68조 제2항에 따른 헌법소원심판은 위헌 여부 심판의 제청신청을 기각하는 결정을 통지받은 날부터 30일 이내에 청구하여야 한다.

제70조 (국선대리인) ① 헌법소원심판을 청구하려는 자가 변호사를 대리인으로 선임할 자력(資力)이 없는 경우에는 헌법재판소에 국선대리인을 선임하여 줄 것을 신청할 수 있다. 이 경우 제69조에 따른 청구기간은 국선대리인의 선임신청이 있는 날을 기준으로 정한다.

② 제1항에도 불구하고 헌법재판소가 공익상 필요하다고 인정할 때에는 국선대리인을 선임할 수 있다.

③ 헌법재판소는 제1항의 신청이 있는 경우 또는 제2항의 경우에는 헌법재판소규칙으로 정하는 바에 따라 변호사 중에서 국선대리인을 선정한다. 다만, 그 심판청구가 명백히 부적법하거나 이유 없는 경우 또는 권리의 남용이라고 인정되는 경우에는 국선대리인을 선정하지 아니할 수 있다.

④ 헌법재판소가 국선대리인을 선정하지 아니한다는 결정을 한 때에는 지체 없이 그 사실을 신청인에게 통지하여야 한다. 이 경우 신청인이 선임신청을 한 날부터 그 통지를 받은 날까지의 기간은 제69조의 청구기간에 산입하지 아니한다.

⑤ 제3항에 따라 선정된 국선대리인은 선정된 날부터 60일 이내에 제71조에 규정된 사항을 적은 심

판청구서를 헌법재판소에 제출하여야 한다.
⑥ 제3항에 따라 선정한 국선대리인에게는 헌법재판소규칙으로 정하는 바에 따라 국고에서 그 보수를 지급한다.

제71조 (청구서의 기재사항) ① 제68조 제1항에 따른 헌법소원의 심판청구서에는 다음 각 호의 사항을 적어야 한다.

1. 청구인 및 대리인의 표시
2. 침해된 권리
3. 침해의 원인이 되는 공권력의 행사 또는 불행사
4. 청구 이유
5. 그 밖에 필요한 사항

② 제68조 제2항에 따른 헌법소원의 심판청구서의 기재사항에 관하여는 제43조를 준용한다. 이 경우 제43조 제1호 중 "제청법원의 표시"는 "청구인 및 대리인의 표시"로 본다.
③ 헌법소원의 심판청구서에는 대리인의 선임을 증명하는 서류 또는 국선대리인 선임통지서를 첨부하여야 한다.

제72조 (사전심사) ① 헌법재판소장은 헌법재판소에 재판관 3명으로 구성되는 지정재판부를 두어 헌법소원심판의 사전심사를 담당하게 할 수 있다.
② 삭제
③ 지정재판부는 다음 각 호의 어느 하나에 해당되는 경우에는 지정재판부 재판관 전원의 일치된 의견에 의한 결정으로 헌법소원의 심판청구를 각하한다.

1. 다른 법률에 따른 구제절차가 있는 경우 그 절차를 모두 거치지 아니하거나 또는 법원의 재판에 대하여 헌법소원의 심판이 청구된 경우
2. 제69조의 청구기간이 지난 후 헌법소원심판이 청구된 경우
3. 제25조에 따른 대리인의 선임 없이 청구된 경우
4. 그 밖에 헌법소원심판의 청구가 부적법하고 그 흠결을 보정할 수 없는 경우

④ 지정재판부는 전원의 일치된 의견으로 제3항의 각하결정을 하지 아니하는 경우에는 결정으로 헌법소원을 재판부의 심판에 회부하여야 한다. 헌법소원심판의 청구 후 30일이 지날 때까지 각하결정이 없는 때에는 심판에 회부하는 결정(이하 "심판회부결정"이라 한다)이 있는 것으로 본다.
⑤ 지정재판부의 심리에 관하여는 제28조, 제31조, 제32조 및 제35조를 준용한다.
⑥ 지정재판부의 구성과 운영에 필요한 사항은 헌법재판소규칙으로 정한다.

제73조 (각하 및 심판회부 결정의 통지) ① 지정재판부는 헌법소원을 각하하거나 심판회부결정을 한 때에는 그 결정일부터 14일 이내에 청구인 또는 그 대리인 및 피청구인에게 그 사실을 통지하여야 한다. 제72조 제4항 후단의 경우에도 또한 같다.
② 헌법재판소장은 헌법소원이 제72조 제4항에 따라 재판부의 심판에 회부된 때에는 다음 각 호의 자에게 지체 없이 그 사실을 통지하여야 한다.

1. 법무부장관
2. 제68조 제2항에 따른 헌법소원심판에서는 청구인이 아닌 당해 사건의 당사자

제74조 (이해관계기관 등의 의견 제출) ① 헌법소원의 심판에 이해관계가 있는 국가기관 또는 공공단체와 법무부장관은 헌법재판소에 그 심판에 관한 의견서를 제출할 수 있다.
② 제68조 제2항에 따른 헌법소원이 재판부에 심판회부된 경우에는 제27조 제2항 및 제44조를 준용한다.

제75조 (인용결정) ① 헌법소원의 인용결정은 모든 국가기관과 지방자치단체를 기속한다.
② 제68조 제1항에 따른 헌법소원을 인용할 때에는 인용결정서의 주문에 침해된 기본권과 침해의 원인이 된 공권력의 행사 또는 불행사를 특정하여야 한다.
③ 제2항의 경우에 헌법재판소는 기본권 침해의 원인이 된 공권력의 행사를 취소하거나 그 불행사가 위헌임을 확인할 수 있다.
④ 헌법재판소가 공권력의 불행사에 대한 헌법소원을 인용하는 결정을 한 때에는 피청구인은 결정 취지에 따라 새로운 처분을 하여야 한다.
⑤ 제2항의 경우에 헌법재판소는 공권력의 행사 또는 불행사가 위헌인 법률 또는 법률의 조항에 기인한 것이라고 인정될 때에는 인용결정에서 해당 법률 또는 법률의 조항이 위헌임을 선고할 수 있다.

⑥ 제5항의 경우 및 제68조 제2항에 따른 헌법소원을 인용하는 경우에는 제45조 및 제47조를 준용한다.
⑦ 제68조 제2항에 따른 헌법소원이 인용된 경우에 해당 헌법소원과 관련된 소송사건이 이미 확정된 때에는 당사자는 재심을 청구할 수 있다.
⑧ 제7항에 따른 재심에서 형사사건에 대하여는 「형사소송법」을 준용하고, 그 외의 사건에 대하여는 「민사소송법」을 준용한다.

제 5 장 전자정보처리조직을 통한 심판절차의 수행

제76조 (전자문서의 접수) ① 각종 심판절차의 당사자나 관계인은 청구서 또는 이 법에 따라 제출할 그 밖의 서면을 전자문서(컴퓨터 등 정보처리능력을 갖춘 장치에 의하여 전자적인 형태로 작성되어 송수신되거나 저장된 정보를 말한다. 이하 같다)화하고 이를 정보통신망을 이용하여 헌법재판소에서 지정·운영하는 전자정보처리조직(심판절차에 필요한 전자문서를 작성·제출·송달하는 데에 필요한 정보처리능력을 갖춘 전자적 장치를 말한다. 이하 같다)을 통하여 제출할 수 있다.
② 제1항에 따라 제출된 전자문서는 이 법에 따라 제출된 서면과 같은 효력을 가진다.
③ 전자정보처리조직을 이용하여 제출된 전자문서는 전자정보처리조직에 전자적으로 기록된 때에 접수된 것으로 본다.
④ 제3항에 따라 전자문서가 접수된 경우에 헌법재판소는 헌법재판소규칙으로 정하는 바에 따라 당사자나 관계인에게 전자적 방식으로 그 접수 사실을 즉시 알려야 한다.

제77조 (전자서명 등) ① 당사자나 관계인은 헌법재판소에 제출하는 전자문서에 헌법재판소규칙으로 정하는 바에 따라 본인임을 확인할 수 있는 전자서명을 하여야 한다.
② 재판관이나 서기는 심판사건에 관한 서류를 전자문서로 작성하는 경우에 「전자정부법」 제2조 제6호에 따른 행정전자서명(이하 "행정전자서명"이라 한다)을 하여야 한다.
③ 제1항의 전자서명과 제2항의 행정전자서명은 헌법재판소의 심판절차에 관한 법령에서 정하는 서명·서명날인 또는 기명날인으로 본다.

제78조 (전자적 송달 등) ① 헌법재판소는 당사자나 관계인에게 전자정보처리조직과 그와 연계된 정보통신망을 이용하여 결정서나 이 법에 따른 각종 서류를 송달할 수 있다. 다만, 당사자나 관계인이 동의하지 아니하는 경우에는 그러하지 아니하다.
② 헌법재판소는 당사자나 관계인에게 송달하여야 할 결정서 등의 서류를 전자정보처리조직에 입력하여 등재한 다음 그 등재 사실을 헌법재판소규칙으로 정하는 바에 따라 전자적 방식으로 알려야 한다.
③ 제1항에 따른 전자정보처리조직을 이용한 서류 송달은 서면으로 한 것과 같은 효력을 가진다.
④ 제2항의 경우 송달받을 자가 등재된 전자문서를 헌법재판소규칙으로 정하는 바에 따라 확인한 때에 송달된 것으로 본다. 다만, 그 등재 사실을 통지한 날부터 1주 이내에 확인하지 아니하였을 때에는 등재 사실을 통지한 날부터 1주가 지난 날에 송달된 것으로 본다.
⑤ 제1항에도 불구하고 전자정보처리조직의 장애로 인하여 전자적 송달이 불가능하거나 그 밖에 헌법재판소규칙으로 정하는 사유가 있는 경우에는 「민사소송법」에 따라 송달할 수 있다.

제 6 장 벌 칙

제79조(벌칙) 다음 각 호의 어느 하나에 해당하는 자는 1년 이하의 징역 또는 100만원 이하의 벌금에 처한다.

1. 헌법재판소로부터 증인, 감정인, 통역인 또는 번역인으로서 소환 또는 위촉을 받고 정당한 사유 없이 출석하지 아니한 자
2. 헌법재판소로부터 증거물의 제출요구 또는 제출명령을 받고 정당한 사유 없이 이를 제출하지 아니한 자
3. 헌법재판소의 조사 또는 검사를 정당한 사유 없이 거부·방해 또는 기피한 자

부 칙

제1조 이 법은 공포한 날부터 시행한다.

제2조 제78조 제4항의 규정개정은 이 법 시행 후 최초로 청구서가 접수된 사건부터 적용한다.

사항색인

제1편 헌법총론

제 3 편 국가조직론

제 4 편 헌법재판론

판례색인

[독일연방헌법재판소]

[대법원]

[저자약력]
고려대학교 법과대학 졸업
고려대학교 대학원 법학과 석사과정 졸업 및 박사과정 수료(헌법전공)
독일 킬(Kiel) 대학교 법과대학 박사과정(Dr. jur.: 법학박사)
한동대학교 법학부 및 광운대학교 법과대학 교수 역임
헌법재판소 헌법연구위원 및 국가인권위원회 인권위원 역임
(현재) 고려대학교 법학전문대학원(Law School) 교수

[저서 · 역서]
『Das Gebot der Vehältnißmäßigkeit in der grundrechtlichen Argumentation』, Frankfurt/M. 1998
『법학입문』, 박영사, 2004
『법의 개념과 효력』(R. Alexy, 『Begriff und Geltung des Rechts』, 1994), 도서출판 지산, 2000; 고려대학교출판부, 2007
『기본권이론』(R. Alexy, 『Theorie der Grundrechte』, 1994), 한길사, 2007
『섹슈얼리티와 법』, 세창출판사, 2009(대한민국 학술원 우수도서)
『헌법과 사회복지법제』, 세창출판사, 2010
『가족의 탄생』, 고려대학교출판부, 2012
『차별금지법』, 고려대학교출판부, 2007; 『차별 없는 세상과 법』, 홍문사, 2012
『감시와 법』, 고려대학교출판부, 2014
『13가지 죽음』, 지식프레임, 2015
『인권법』, 홍문사, 2007; 2009; 2010; 2012; 2014; 2015; 2017; 2019; 2021
『외국인법』, 홍문사, 2021

제 9 판
헌법학강의

2005년 8월 30일 제 1 판 발행
2007년 3월 10일 제 2 판 발행
2008년 9월 10일 제 3 판 발행
2011년 3월 1일 제 4 판 발행
2013년 3월 8일 제 5 판 발행
2015년 9월 5일 제 6 판 발행
2019년 8월 30일 제 7 판 발행
2023년 8월 30일 제 8 판 발행
2025년 9월 1일 제 9 판 발행

저 자 이 준 일
발행인 임 권 규
발행처 弘 文 社

05855 서울시 송파구 송파대로 167 테라타워 B동 802호
등록 1993. 6. 24. 제1-1543호
TEL. 712-5311(代) FAX. 716-5311

값 55,000원

* 이 책의 무단전재 또는 복제행위를 금합니다.
ISBN 978-89-7770-775-7 93360